KB081530

세계 영화 대사전

THE HISTORY OF WORLD CINEMA

세계 영화 대사전

THE HISTORY OF WORLD CINEMA

제프리 노웰 스미스 책임 편집
이순호 외 옮김

미메시스

THE OXFORD HISTORY OF WORLD CINEMA
edited by GEOFFREY NOWELL-SMITH

이 책은 실로 꿰매어 제본하는 정통적인 사철 방식으로 만들어졌습니다.
사철 방식으로 제본된 책은 오랫동안 보관해도 손상되지 않습니다.

이 책의 완성을 못 보고 돌아가신 아버지와의 추억과
이 책의 출간을 보고 기뻐할 나의 아이들에게 이 책을 바친다.

감사의 말

이 책을 내는 데 오랜 준비가 필요했고 그 과정에서 나는 여러 사람들로부터 도움을 받았다. 우선 나는 이 책의 기고자들, 특히 맡은 분야의 글을 성실히 써줬을 뿐 아니라 이 프로젝트의 비공식적인 조언자 역할을 했던 토마스 엘제서, 찰스 머서, 아시시 라자댝샤, 그리고 A. L. 리스에게 감사의 마음을 전하고 싶다. 이들 외에도 스티븐 보터모어, 팸 쿡, 로절린드 델마, 휴 덴먼, 조엘 핀러, 주네 지반니, 데이비드 파킨슨, 야시아 라이허트, 그리고 그 누구보다도 고귀한 지적을 해준 마르쿠 살미 등을 통해서도 전문가의 조언을 얻을 수 있었다. 이 책의 구상 단계에서는 조카인 레베카 노웰-스미스로부터 업무적인 도움을 받았으며, 편집에 있어서는 — 너무 간략한 표현인지 모르겠지만 — 샘 쿡이 도와주었다. 이 책이 나오기 2년 전부터 보조 편집자 역할을 해준 케이트 비섬에 대한 감사의 마음은 이루 다 표현할 수 없다. 참고 문헌은 라엘 로윈스타인의 도움을 받았다. 사진 자료에 대한 조사는 리즈 히스먼이 맡았는데 그의 지식과 판단력은 까다롭기 그지없는 이 분야에서 어느 누구에게도 뒤지지 않는 것이었다. 사진 이용을 허가받는 힘들고 지루한 작업은 비키 리브와 디애나 모리스가 전적으로 맡아서 했다. 두 사람은 이 생색나지 않는 업무를 내가 특별히 고마움을 표시해야 할 정도로 훌륭히 해주었다.

번역은 로버트 고든(이탈리아: 스펙터클과 멜로드라마, 스칸디나비아 스타일, 이탈리아: 파시즘에서 네오리얼리즘까지, 이탈리아: 작가들과 그 후), 제럴드 브룩(소비에트 연방과 망명 러시아 인들의 영화), 티모시 시튼(소비에트 공화국들의 영화), 니나 테일러(유럽의 이디시 영화, 2차 대전 이전의 동중부 유럽, 동중부 유럽의 변화상)가 수고해 주었다.

제프리 노웰-스미스

기고자들

게일린 스터들라(미국)
고마쓰 히로시(일본)
그레이엄 페트리(영국)
나탈리아 누시노바(러시아)
다니엘라 잔발트(독일)
더글러스 고머리(미국)
던컨 페트리(영국)
데이비드 가드너(미국)
데이비드 로빈슨(영국)
데이비드 보드웰(미국)
데이비드 헤이넌(오스트레일리아)
도널드 크래프턴(미국)
로버타 피어슨(영국)
로열 브라운(미국)
로이 암스(영국)
로절린드 델마(영국)
루스 베이시(오스트레일리아)
리처드 몰트비(영국)
리처드 에이블(미국)
리축토(홍콩)
릭 올트먼(미국)
린다 윌리엄스(미국)
마레크&마우고르자타 헨드리코프스키(폴란드)
마샤 킨더(미국)
마이클 도널리(미국)
마이클 이튼(영국)

마이클 채넌(영국)
마크 A. 레이드(미국)
마틴 마크스(미국)
모란도 모란디니(이탈리아)
미셸 힐메스(미국)
밴스 케플리(미국)
벤 싱어(미국)
브라이언 윈스턴(영국)
비다 존슨(미국)
비비언 소브책(미국)
빈센트 메이곰브(영국)
빌 루트(오스트레일리아)
수전 헤이워드(영국)
스티븐 크로프츠(오스트레일리아)
아시시 라자댜샤(인디아)
안토니아 랜트(미국)
안톤 카에스(미국)
에드 오닐(미국)
에드워드 버스콤브(영국)
에릭 렌츨러(미국)
에스더 야우(미국)
A. L. 리스(영국)
윌리암 위리시오(네덜란드)
윌리엄 모리츠(미국)
유리 치비안(라트비아)
유수프 카플란(영국)
장 라드바니(프랑스)

재닛 버그스트롬(미국)
제임스 네어모어(미국)
조 매클러니(미국)
조지프 사텔(미국)
존 벨튼(미국)
존 호크리지(영국)
준 입(미국)
지넷 빈센도(영국)
질 맥그릴(영국)
짐 파인스(영국)
찰스 머서(미국)
카렐 디베츠(네덜란드)
캐시 파울러(영국)
크리스 다케(영국)
크리스 베리(오스트레일리아)
킴 뉴먼(미국)
토마스 엘제서(네덜란드)
토머스 샤츠(미국)
파올로 케르키 우사이(미국)
페터 그라암(프랑스)
프레다 프라이버그(오스트레일리아)
피터 케네즈(미국)
필 하디(영국)
필립 드루몬드(영국)
필립 켐프(영국)
하미드 나피시(미국)
한스-미하엘 보크(독일)

무성 영화 1895~1930

유성 영화 1930~1960

현대 영화 1960~1995

세계의 영화

결론

난외 기사

컬러 사진 목록

파테 사, 「예수의 생애Life of Christ」(1910)
사진: 조엘 핀러 컬렉션

퍼시 스미스, 「나비의 로맨스Romance of a Butterfly」(1912)
사진: 조엘 핀러 컬렉션

D. W. 그리피스, 「편협Intolerance」(1916)의 두 프레임
사진: 조엘 핀러 컬렉션

두 개의 테크니컬러 스트립: 「팔로 스루Follow Thru」(1930)
사진: 조엘 핀러 컬렉션

빅터 플레밍, 「오즈의 마법사The Wizard of Oz」(1939)
사진: BFI; (C) 1939 Turner Entertainment Co. All rights reserved.

월트 디즈니, 「판타지아Fantasia」(1940)
사진: 디즈니; (C) 1940 Walt Disney Co.

스탠리 도넌, 「사랑은 비를 타고Singin' in the Rain」(1951)
사진: BFI; (C) 1952 Turner Entertainment Co. All rights reserved.

존 포드, 「황색 리본」(1949)
사진: UCLA; (C) 1949 RKO Pictures Inc. Used by permission Turner Entertainment Co. All rights reserved.

로저 코먼, 「붉은 죽음의 가면The Masque of the Red Death」(1964)
사진: BFI; Artwork (C) Orion Pictures Corporation/Lumière Pictures Ltd.

데렉 저먼, 「카라바조Caravaggio」(1986)
사진: BFI; (C) BFI/Channel 4

잉마르 베리만, 「파니와 알렉산더Fanny and Alexander」(1982)
사진: BFI; (C) Sandrew Film AB.

우디 앨런, 「한여름 밤의 섹스 코미디A Midsummer Night's Sex Comedy」(1982)
사진: BFI; (C) Warner Brothers Inc.

구로사와 아키라, 「가게무샤(影無者)」(1980)
사진: BFI; (C) Toho Company, Twentieth-Century-Fox.

리들리 스콧, 「블랙 레인Black Rain」(1989)
사진: BFI; (C) 1996 Paramount Pictures. All rights reserved.

장-뤼크 고다르, 「주말Weekend」(1967)
사진: BFI; (C) 1967 Les Films Gaumont

팀 버튼, 「베트맨Batman」(1989)
사진: 조엘 핀러 컬렉션; (C) Warner Brothers Inc.

루키노 비스콘티, 「순수한 사람L'innocente」(1976)
사진: 제프리 노웰-스미스; (C) G. F. Lelli.

(본문 443~440페이지)

|일러두기|

1. 이 책의 영화명은 확인 가능한 경우, 개봉 당시의 제목을 따르는 것을 원칙으로 했다.
2. 외국어 고유 명사 표기는 국립국어연구원의 표기 용례에 따랐다. 표기 용례가 없는 경우, 현지 발음을 따르되 관용적으로 사용하는 이름과 크게 어긋날 때는 절충하여 표기했다.

총론

제프리 노웰-스미스

1930년대의 다큐멘터리 영화감독 폴 로사는 〈영화는 예술과 산업 사이의 풀 수 없는 대방정식〉이라고 썼다. 영화는 20세기의 문화적 삶을 지배한 최초의, 그리고 여전히 최고의 산업적인 예술 형태라고 말할 수 있다. 서커스 무대 같은 곳에서 초라하게 시작된 영화는 이제 수십억 달러의 가치를 창출하는 산업이자 가장 스펙터클하고 창의적인 현대 예술이 되었다.

예술 형태 그리고 기술 형태로서 영화의 역사는 겨우 100년이 채 넘지 않는다. 원시적인 영화적 장비들이 생겨나 이용되기 시작한 것은 1890년대의 일로 미국, 프랑스, 독일 그리고 영국에서 동시에 일어났다. 그 후 20년 동안 영화는 전 세계로 퍼져 나갔다. 이 시기에 영화는 정교한 기술을 발전시켰으며, 세계 전역의 도시 관객에게 최고의 대중적인 오락을 제공하며, 기업가, 예술가, 과학자, 정치인 등의 관심을 끌면서 주요 산업의 하나로 발돋움하기 시작했다. 영화 매체는 오락은 물론 교육, 프로파간다, 과학 연구의 목적으로 사용되어 왔다. 영화는 본래 보드빌*vaudeville*, 통속 멜로드라마, 강연 교재 등의 요소가 뒤섞인 형태에서 발전하여 빠르게 예술적인 차별성을 갖추기 시작하였는데, 이제 다른 종류의 대중 언론과 오락 매체가 뒤따라 출현하면서 영화의 헤게모니도 위협받고 있다.

이렇듯 복잡한 영화의 역사를 짧은 분량의 글로 요약하는 것은 매우 버거운 작업이다. 영화 발전의 어떤 측면은 전면에 부각시켜야 하지만 어떤 측면은 부차적인 것으로, 심지어는 제외시켜야 한다. 나는 몇 가지 특정한 원칙들을 이 책의 전체적인 기준으로 삼았다. 첫째, 우리의 작업은 필름*film*의 역사가 아니라 시네마*cinema*의 역사이다. 우리의 작업은 시네마의 모든 활용을 다루는 것이 아니며 셀룰로이드상의 움직이는 이미지들이란 최초의 발명을 〈시네마〉 혹은 〈무비*movie*〉라는 대단한 제도로 발전시켜 왔던 것들에 집중하는 것이다. 이런 의미에서 시네마의 경계는 그 제도가 생산하고 유통시키는 필름보다는 훨씬 넓다. 여기에는 관객, 산업, 그리고 스타에서 제작 관련 기술자, 검열관 등에 이르는 영화 종사자, 어떤 영화들은 관객이 봐도 좋고 어떤 영화들은 그러하지 않다는 것을 결정하는 규제 및 통제 메커니즘 등이 포함된다. 한편, 제도 밖에 있으면서 꾸준히 그 안으로 압력을 주는 것들로서 전쟁과 혁명, 그리고 문화, 인구, 삶의 양식 등의 변화, 지정학적 조건, 전 지구적 경제 현실 등의 세계사는 보다 넓은 의미의 영화 역사에 포함된다.

필름에 대한 이해는 시네마의 이해 없이는 불가능하며, 시네마의 이해는 — 특히 여느 형태의 예술보다도 그것이 담당하는 엄청난 숫자의 인구 때문에 — 시네마가 항상 그것이 통제할 수 없는 세력들의 영향을 받아 왔으며, 반대로 그것 또한 역사에 영향력을 발휘해 왔다는 사실을 인정하지 않고서는 불가능하다. 문학이나 음악의 역사는 — 물론 그렇게 해서는 안 되겠지만 — 인쇄와 녹음 기술 그리고 그것들을 이용하는 산업, 혹은 예술가와 그 청중들이 살아왔던 세계 등을 고려하지 않고서도 단순히 작가와 그 작품들의 역사로서 대신 쓰일 수 있다. 영화에 있어서는 이런 것이 불가능하다. 이 책의 기획 의도 가운데 핵심적인 것은 시네마를 그것 없이는 그 의미는 물론 그 존재마저도 불가능할 수 있는 맥락 속에서 보는 것이다.

두 번째, 우리의 작업은 그 기원과 그 계속적인 발전 선상에서 무엇보다 대중 예술로서의 시네마의 역사를 다루는 것이다. 여기에서 대중 예술이란 그것이 문화적 엘리트가 아닌 대중에서 유래되고 있다는 전통적인 의미가 아니라, 대량으로 확산될 수 있는 기계적 수단에 의해 보급되고 대중*public*의 요구, 관심, 욕구에 부합할 수 있는 능력에서 그 영향력을 가지고 있다는, 20세기의 특징적인 의미에서의 대중 예술이다. 이러한 대중과 연관되는 수준에서 시네마에 대해 이야기하는 것은 다시 한 번 보다 엄밀하게 예술과 산업으로서의 시네마의 문제, 곧 폴 로사의 〈풀 수 없는 대방정식〉을 제기한다.

시네마는 그 특성상, 즉 필름의 제작과 상영에 산업적인 기술을 사용하기 때문에 산업적인 성격을 갖는다. 또한 시네마는 보다 강한 의미에서, 즉 대규모 관객을 만나기 위하여 제작, 배급, 상영의 연속적인 과정이 산업적으로 (그리고 일반적으로는 자본주의적으로) 하나의 강력하고 효율적인 기제 *machine*로서 조직된다는 의미에서 산업적 특성을 갖는다. 이 기제가 어떻게 작동하는가(그리고 그것이 장애를 일으키면 어떻게 되는가)의 문제는 분명 시네마를 이해하는 데 매우 중요하다. 그러나 시네마의 역사는 단순히 이런 기제의 역사가 아니며 그 기제와 그것을 통제하는 조직체의 시각에서 기술될 수 있는 것도 아니다. 그리고 산업적인 영화가 시네마의 유일한 종류는 아니다. 나는 산업으로서의 영화뿐만 아니라 영화의 산업적인 메커니즘의 외부에서 혹은 그것과 대립하는 관계 속에서 작업해 왔던 영화인들의 그것들을 포함하여 다양한 지향들에도 지면을 할애하고자 했다.

이것은 시네마에서 산업과 예술로서 요구되는 사항들이 항상 똑같은 것도 아니지만 반드시 정반대되는 것도 아니라는 인식을 낳는다. 이런 것들은 서로 일치하지 않을 뿐이다. 시네마는 그 예술의 생산에서 산업적인 방식에서 발전된 산업적인 예술 형태이다. 이러한 사실은 전통적인 미학으로 다루기에는 커다란 난점을 가지고 있지만, 그럼에도 불구하고 사실이다. 다른 한편으로 그 예술성이 모호하다고밖에 말할 수 없는 수많은 영화들이 있으며, 산업적인 의도를 가지고 제작되었으나 그 산업적인 기준과 달리 예술적 가치를 평가받는 영화들도 많다. 로사의 방정식에 쉽게 주어질 수 있는 답은 없다. 이 책에서 내가 전체적으로 의도했던 바는 시장을 통해 표현되는 가치들과 그렇지 않은 것들 사이에서 균형을 유지하는 것이다.

세 번째, 이 책은 세계 영화의 역사이다. 이 점은 나로서는 매우 자랑스럽게 여기는 사항인데 여기에는 두 가지 의미가 있다. 먼저 이 책은 세계 전역으로 빠르게 확산되고 서로 맞물려 있는 이익 집단들의 단일한 특성에 의해 상당한 정도로 통제되는, 전 지구적인 단일 현상으로서의 영화 역사를 다룬다. 그러나 이와는 다른 사항으로 이 책은 또한 세계의 서로 다른 지역에서 발생하여 그것들에 통제를 가하려는 세력들에 저항하며 종종 독자적인 지위를 확보하고 세계 시장을 열었던 (즉 주도했던) 서로 다른 많은 영화들의 역사를 다룬다.

〈세계 영화〉라는 말이 가진 이러한 두 가지의 의미를 연결시키는 방법을 찾아내고, 전 지구적 영화 제도와 세계 전역에 존재하는 서로 다른 수많은 영화들이라는 양자의 대립되는 요구들 사이에서 균형을 잡는 것이 이 책의 기획과 편집에 있어 가장 커다란 문젯거리였다. 세계 영화의 다양성, 제작된 수많은 영화들(그 대다수는 국경을 넘어 세계적으로 상영되지 않는다), 그리고 그 세계의 영화들이 출현하는 다양한 정치, 문화적 맥락, 이 모든 것들을 고려한다면 영화 전체의 역사를 단숨에 파악하려는 시도는 정말 어리석고 오만한 일이다. 여기에는 또한 단순히 지식의 문제뿐만 아니라 시각의 문제도 있다. 복잡다단한 세계 영화에 대한 하나의 그림을 마련함에 있어 나는 운이 좋게도 뛰어난 필자들을 확보할 수 있었다. 이들은 개인적인 전문 영역에서 전문가였을 뿐만 아니라 많은 경우 자신의 분야에서 우선적인 주제와 시급한 문제를 집어내는 데 탁월한 〈통찰력*feel*〉을 발휘했다. 이런 능력은 각 분야의 문외한인 내가 도저히 흉내 낼 수 없었던 것으로, 설령 그들만큼 각 분야에 정통했다고 하더라고 불가능했을 것이다. 이와 관련하여 특히 인도와 일본의 경우가 돋보이는데, 이들 국가의 영화는 규모에 있어 할리우드와 쌍벽을 이룰 정도의 상태를 유지해 왔으나 지금까지 제대로 알려진 바가 없었으며, 대개의 경우 부분적이거나 편중되거나 혹은 역사적 맥락 없이 소개되어 왔기 때문이다.

다양한 관점들을 소개하는 것은 전체의 일부일 뿐이다. 이것들을 한데 묶어서 시간과 공간이 다른 영화들이 갖는 많은 측면들을 아우르는 특성을 이해하는 것은 또 다른 중요한 사안이다. 하나의 관점에서는 영화를 하나의 거대한 메커니즘이라 볼 수 있지만 사실 이것은 또한 수많은 부분들로 구성되어 있으며, 그 부분들과 전체에 대해 각각 서로 다른 수많은 접근 방식이 존재할 수 있다. 관객들(관객 〈일반〉과는 다르다), 예술가들(표준적이고 단일한 〈예술가〉란 존재하지 않는다), 영화 산업들과 기업들(마찬가지로 단순히 하나의 기업이 아니다)이 취하는 관점들은 종종 서로 어긋난다. 또한 다른 분야의 역사가들에게도 해당되는 것으로 〈실제 일어났던 것으로서의〉 역사(그리고 거기에 관여된 사람들이 이해했던 것으로서의 역사)와, 현재의 상황에서 모르고 있거나 필수 관심사가 되고 있는 것들 사이에 균형을 시도하는 문제가 있다. 이 문제처럼 일반 역사가들에게도 해당되는 다른 문제는 역사적인 메커니즘 안에서의 개인들의 기능이다. 이 부분에서 역설이 생기는데 다른 산업적인 메커니즘과 달리 영화는 개인들에게 의존할 뿐만 아니라 그런 개인들을 창조한다. 가장 눈에 띄는 것이 유명 영화배우들의 경우인데, 그들은 영화의 생산자이자 그 영화의 산물이다. 이 모든 문제들을 감안하여 나는 모든 것을 수용하는 하나의 관점을 강요하기보다는 서로 다른 관점들이 어떤 식으로 연관될 수 있는가를 밝히는 것을 나의 임무로 삼았다.

내용의 구성 방식

편집자의 필수적인 역량은 내용을 조직하는 것이다. 본서 전체를 통해 내가 그 내용의 구성을 위해 시도했던 작업은 위에서 언급한 서로 다른 관점들을 연관시키는 것이었다. 이 책은 시간적인 전개의 차원에서 무성 영화, 1930년에서 1960년까지의 유성 영화, 그리고 1960년 이후부터 현재에 이르는 현대 영화 등 세 부분으로 나뉜다. 그런 방식으로 이 책은 크게 3부로 구분되었고, 각 부의 서문에서 해당 시기의 영화에 관한 일반적 사항이 소개되고 이어서 세계 각 지역의 영화들에 대한 설명이 이어진다. 일반적인 사항을 다루는 글들에서는 스튜디오 시스템, 테크놀로지, 영화 장르, 그리고 미국과 유럽, 그 외 지역들에서 일어난 주류 영화와 독립 영화의 일반적인 발전상과 같은 주제들이 다루어진다.

나는 각각의 발전상이 보다 폭넓은 국제적 관점에서 조망될 수 있도록 주의를 기울였는데, 이는 영화가 그 초창기부터 어느 국가에서든 산업적으로 상당히 비슷한 양상으로 발전했다는 사실 때문이다. 그러나 또 다른 사실이 존재하는데 제1차 세계 대전 이후에 하나의 영화 산업, 즉 미국의 영화 산업이 주도적인 역할을 했으며, 다른 국가들의 영화 역사라는 것은 대부분 자국 영화 산업이 경쟁 상대인 미국(할리우드) 영화 산업에 대해 대항하고, 경합을 벌이고, 차별성을 가지려는 시도들이었다는 점이다. 그러므로 3부의 각 서문은 미국을 중심적으로 다뤘으며, 대신에 프랑스, 일본, 구소련 등의 〈국가별 영화〉 항목에서는 미국을 따로 다루지는 않았다.

〈국가별〉 혹은 〈세계의 영화〉라는 항목에서 다뤄지는 범위는 유럽, 아시아, 아프리카, 오스트레일리아, 아메리카 등의 주요 영화들이다. 그러나 약간 안타까운 것은 아시아 영화(세계에서 그 수가 가장 많은 영화들)의 경우, 모든 개별 국가들에 대한 조망보다는 가장 의미 있고 대표성을 띠는 국가의 영화들에 대해 심도 있는 고찰을 우선했다. 그 집중 고찰의 대상은 중국어 사용 영화(중국, 대만, 홍콩 영화), 일본, 인도네시아, 인도, 이란 등에서 제작된 영화들이다. 편집자가 또한 깨달은 바는 제1세계, 제2세계, 제3세계 영화라는 구분 방식을 포함하여 세계의 영화들을 구분하는 방식은 어떤 것일지라도 상당한 편견이 포함될 수밖에 없다는 점이다. 그러므로 〈국가별〉 혹은 〈세계의 영화〉 부분의 내용은 대략적으로 서양에서 시작하여 동양을 다루는 지리적 순서로 배열되었다. 이에 따라 때때로 정치적 혹은 문화적으로 유사성을 갖는 영화들이 한데 묶였다. 예를 들어 동유럽, 러시아, 카프카스와 중앙아시아 지역의 소비에트 공화국 등은 지리적으로 인접하고, 1948년에서 1990년 사이에는 똑같은 정치적 체제를 유지하고 있었기 때문에 3부에서 함께 다루어졌다. 그러나 이들 국가와 같은 정치 체제(그 영화들 또한 같은 이념적 강령에 따라 제작되었다)의 중국은 대만과 홍콩 등 다른 중국어 사용 영화 국가들과 함께 묶였다. 이 책을 구성하는 세 부분은 서술의 순서상 모두 프랑스에서 시작하여 1부에서는 일본, 2부와 3부에서는 남미 국가들로 끝난다. 프랑스를 처음으로 하는 서술 순서는 어떤 우월성에 입각해서 그러했다고 여겨질 수도 있으나 그 후의 서술 순서에는 무엇인가를 강조하려는 의도가 전혀 없다.

다양한 국가들의 영화는 또한 세계 영화 무대에 등장했던 시기의 측면에서도 다뤄진다. 1부에서는 상대적으로 그 수가 적고 3부로 갈수록 많아진다. 이러한 이유에서 2부와 특히 3부의 많은 논문들에서 문제의 시기 말고도 해당 국가의 그 이전 영화 시기를 되새기게 되었다. 이 책 전체의 연대기적 구성에 어긋나는 이러한 작은 위반들은 현학적으로 곧이곧대로 하는 것보다는 낫다고 생각했기 때문인데, 예를 들어 이란의 무성 영화를 무성 영화 시대에서 다루는 것보다는 이란 영화에 대한 항목에서 함께 다루는 것이 효과적이라고 판단했다.

이 총론의 서두에서 분명히 했던 바에 따라 본서의 많은 논문들은 제도적인 요인들 — 산업, 무역, 검열 등 — 과, 그것들이 영화와 영화인에 끼친 영향, 그리고 이것과 같은 비중으로 영화 제작 활동을 둘러싼 조건들을 중심적으로 다루고 있다. 또한 애석한 일이지만 이 책의 분량상 어쩔 수 없는 것으로 영화 역사상 주목할 만한 역할을 했던 모든 사람들을 적절하게 전부 다 다룰 수는 없었다. 사실 예술가, 기술자 혹은 프로듀서 등 영화 종사자들의 삶과 업적은 그 자체로 흥미로울 뿐만 아니라 영화가 전체적으로 어떻게 기능했는가를 명료하게 보여 주는 사례가 될 수 있다. 예를 들어 영화 인생 내내 스튜디오 시스템과 갈등을 일으키거나 혹은 그 영역 밖의 작업을 시도했던 오선 웰스의 경우는 어떤 의미에서 그것 안에서 생존하는 방식에 관한 다른 어떤 많은 설명들보다도 스튜디오 시스템에 대해 많은 것을 알려 준다. 물론 그것 자체의 흥미뿐만 아니라 이런 방식의 설명에 도움을 주고자 이 책의 본문에는 오늘날의 영화 발전에 다양한 방식으로 기여한 영화인들 — 배우, 감독, 프로듀서, 기술자 등 — 에 관한 내용을 난외 기사*inset*의 방식으로 삽입했다.

특별히 다뤄야 하는 영화인들의 선정에는 중복되는 수많은 기준들이 동원되었다. 어떤 영화인들은 확실히 중요하고 널리 알려졌으며, 그들의 경력에 대한 별도의 설명이 없다면 영화사의 기술이 불완전해질 수밖에 없기 때문에 선정되었다. 이러한 범주에는, 생각나는 대로 말한다면, D. W. 그리피스, 잉마르 베리만, 메릴린 먼로, 알랭 들롱 등이 포함될 것이다. 그러나 다른 부류의 영화인들이 선정되었는데, 예를 들어 인도의 〈대스타〉인 나르기스와 라마찬드란 등과 같이 외부에는 널리 알려지지 않았지만 그들의 경력상 세계 영화사의 기술에 다른 범주의 영화인들과 대등하게 등장시켜야 하는 인물들이다. 다양한 다른 관점을 제공하고자 하는 필요에서 다른 주류 감독들과 대등하게 여성 감독(아녜스 바르다, 샹탈 아케르망)과 다큐멘터리 감독들(험프리 제닝스, 요리스 이벤스)이 포함되었다. 이런 모든 예들은 영화 역사에 대한 좀 더 정통적인 기술로는 적절하게 반영할 수 없는 영화의 다른 측면을 분명하게 혹은 대표적으로 보여 줄 수 있다. 하지만 나는 여기에서 좀 더 나가고 싶었고, 〈난외 기사〉에 한두 명을 추가했다. 어떤 대표성을 갖는다고 볼 수는 없지만 이들의 이력은 영화가 갖는 매우 다양하고 때때로 기이하기도 한 측면들과 영화가 세계 역사에서 차지하는 지위를 부각시킨다. 말할 필요도 없지만, 그 결과 독자들이 영화사의 인물 목록에서 기대했지만 지면 부족으로 무대에 설 수 없었던 많은 인물들이 다른 대표적인 영화인들과 더불어 소개되었다. 그래서 독자들에 따라서는 특히 개인적으로 선호하는 인물들이 난외 기사의 영화인 목록에 빠져 있을 때 당연히 동의할 수 없다거나 때로는 실망스러운 느낌을 받을 것이다. 그러나 모든 취향을 수용하는 것은 불가능하며 난외 기사의 보다 중요한 목적은 (내가 분명하게 이해해 주길 바라는 것인데) 150명의 위대한 영화인들을 위한 명예의 전당이 필요해서가 아니라 영화를 폭넓게 설명하고자 하기 위한 것이다.

탄생 100년 만에 영화는 회화, 음악, 문학 등의 위대한 작품들에 버금가는 예술 작품들을 생산했다. 그러나 그 작품들은 세계 문화사상 전례 없는 급성장을 이루어 낸 예술 형태의 빙산의 일각일 뿐이다. 이런 사실 이상으로 영화는 20세기 역사 전체에 뿌리 깊게 박혀 있다. 영화는 우리 시대의 현실을 반영할 뿐만 아니라 그것을 형성하였으며, 세계 도처의 사람들의 꿈과 이상을 구체화하는 데 도움이 되었다. 이 책의 가장 큰 목표는 이런 독특한 성과를 이해하고, 단순히 영화 자체의 풍요로움만이 아니라, 영화가 보다 넓은 세계의 역사와 문화에서 차지하는 지위를 설명하는 것이다.

I

SILENT CINEMA
1895 ~ 1930

무성 영화

Cinema

서론

제프리 노웰-스미스

영화사의 첫 30년은 전례 없는 팽창과 성장의 역사였다. 뉴욕, 파리, 런던, 베를린 등 몇 안 되는 대도시에서 신기한 싸구려 오락물로 시작한 새로운 매체는 빠르게 세계 전역으로 퍼져 나갔다. 영화는 상영될 때마다 더 많은 관객을 끌어들이면서 다른 오락 매체를 대체해 나갔다. 관객층이 성장해 나감에 따라 상영되는 장소 또한 증가했으며, 결국 1920년대에는 규모와 화려함에 있어 연극 극장과 오페라하우스와 경쟁을 벌이는 거대한 〈영화 궁전*picture palace*〉이 생겼다. 다른 한편으로 영화 자체는 초창기에 편당 겨우 2분 정도의 짧은 〈오락물〉에서, 오늘날까지 세계의 영화관에서 주도적인, 장편 길이로 발전했다.

비록 프랑스, 독일 그리고 영국 출신의 개척자들 모두가 영화의 〈발명〉에 기여한 바가 있으나 영국과 독일은 영화의 전 세계적인 활용에 상대적으로 작은 역할을 했다. 특히 러시아와 중국, 일본, 라틴 아메리카 등지에서 영화가 뿌리내릴 수 있도록 도움을 줬으면서 가장 열렬하게 새로운 발명품을 세계 전역에 전파한 국민들은 프랑스 인들이었으며 미국이 그 뒤를 이었다. 예술적 발전의 측면에서도 비록 제1차 세계 대전 전까지 이탈리아, 덴마크, 러시아 등도 어느 정도 역할을 했으나 가장 주도적인 기여를 했던 국가는 역시 프랑스와 미국이었다.

결국에 가서 결정적인 역할을 했다고 판명된 국가는 미국이었다. 미국은 지금까지도 그러하지만 단일 규모로 가장 큰 영화 시장이었다. 자신들의 시장을 보호함과 동시에 활발한 수출 정책을 펴가면서 미국은 제1차 세계 대전 직전에 이르러 세계 시장에서 독보적인 위치를 확보했다. 전쟁 기간 동안 다른 유럽 국가들은 쇠약해졌던 반면 미국은 산업적인 통제력을 강화함과 동시에 새로운 기술을 개척하면서 계속 발전해 나갔다.

한편 미국의 경우, 영화 제작의 중심은 서쪽으로, 즉 할리우드로 옮겨졌으며, 현재까지도 그러하지만 1차 대전 이후 세계 시장을 가득 채운 영화들은 이 새로운 할리우드에서 생산된 것들이었다. 할리우드 영화의 쇄도에 직면하여 그 경쟁 상대가 될 수 있는 세계 영화 산업은 거의 없었다. 「쿠오 바디스Quo Vadis?」(1913), 「카비리아Cabiria」(1914) 등과 같은 화려한 스펙터클 영화를 개척한 바 있었던 이탈리아 산업은 거의 붕괴되었다. 스칸디나비아 반도에서는 덴마크의 전철을 밟아 상대적으로 그 명성을 잃기 전까지 스웨덴 영화가 빅토르 셰스트룀의 강력한 대하 서사극과 마우리츠 스틸레르의 재기발랄한 코미디 등의 유명세와 함께 짧은 영광 시대를 구가했다. 심지어 프랑스 영화도 불안정한 상태에 있었다. 유럽에서는 오직 독일만이 산업적으로 활기를 회복했으며 신생 소련과 일본에서는 외국과의 상업적 단절 상태에서 영화의 발전이 이루어졌다.

할리우드는 산업적 측면과 예술적 측면에서 모두 주도권을 확보했다. 사실 이 두 측면은 분리할 수 없는 것이다. 할리우드 영화는 다른 나라 영화들보다 잘 구성된 이야기, 놀라운 기술적 효과, 그리고 영화 연기에 새로운 차원을 가져온 스타 시스템 등을 통해 호소력을 가졌다. 할리우드는 자체적인 자원을 통해 주도권을 잡지 못하는 분야에 대해서는 현재 혹은 미래의 경쟁에서 계속 우월한 지위를 확보하고자 유럽의 예술가와 기술 혁신을 끌어들였다. 셰스트룀, 스틸레르, 그리고 두 사람이 보호하던 그레타 가르보를 스웨덴에서 데려왔으며, 에른스트 루비치와 F. W. 무르나우는 독일에서 유인해 왔다. 폭스 영화사는 나중에 시네마스코프CinemaScope가 되는 기술을 포함하여 많은 특허권을 확보했다.

미국 이외의 다른 국가들은 한편으로는 할리우드로부터 배우는 것들을 통해, 다른 한편으로는 할리우드가 제공하기 어려운 욕구들에 부합하는 영화 상품에 대한 관객이 계속해서 존재했기 때문에 명맥을 겨우 유지해 나갔다. 대중 관객과 더불어 좀 더 예술적으로 모험적인 영화, 혹은 영화 이외의 영역과 연관되는 영화를 찾는 관객이 증가했다. 그 연결 고리는 예술적인 아방가르드와 정치 조직, 특히 좌파 성향의 정치 단체와 함께 형성되었다. 미학적 운동이 출현하고 다른 예술 영역의 성향들과 연계가 되었다. 이런 흐름은 경우에 따라 모방적인 성격을 가졌으나 소련에서 영화는 서구에서 널리 인정되고 있는 바대로 전체적인 예술 발전에 선도적 역할을 했다. 무성 영화 시대가 끝나 갈 무렵 영화는 〈제7의 예술〉로서뿐만 아니라 산업적으로 확고한 지위를 확보했다.

우리 세계의 어떤 것도 기술 없이는 생각할 수 없는 것이지만 특히 영화는 그 기술적 특성에 따라 정의되는 예술 형태라

◀ A. V. 브램블과 앤서니 애스퀴스(인물 자막에 미기재)가 감독한 영국 코미디 「유성Shooting Stars」(1928)의 아넷 벤슨.

는 점에서 매우 독특하다. 이 책 1부의 첫 번째 부분인 〈초창기〉에서는 영화의 태동을 가져왔으며 이어 주요 예술 형태로의 급진전을 이루는 데 도움이 되었던 기술적, 재료적 발전이 가장 먼저 다루어진다. 초창기만 해도 이 예술 형태는 상당히 원시적이었으며, 그 미래가 불확실했다. 또한 영화가 확고한 서사적이고*narrative*, 허구적인*fictional* 매체로서 그 특징을 확보하기까지는 상당한 시간이 걸렸다. 이런 이유에서 태동 후 20년간의 영화사는 엄밀한 의미에서 초창기(대략 1905년까지)와 이행기(1차 대전 직전의 장편 영화 출현 시기까지)로 양분된다. 두 번째 시기 동안 영화는 지금까지 그 원리적인 정의가 되고 있는 서사적인 스펙터클 형태로서의 특징을 갖추게 되었다.

획기적인 전환이 1차 대전과 함께 이루어졌는데 이 시기에 적어도 주류 영화의 발전에서 미국의 주도권이 공고해졌다. 두 번째 부분인 〈할리우드의 부상〉에서는 먼저 1910년대와 1920년대의 할리우드와, 제작에서 상영에 이르는 영화의 모든 과정을 통제하는 통합적 산업인 할리우드 시스템의 작동 방식 등이 다루어진다. 여기에 이어서 할리우드가 주도권을 차지하는 국제적인 맥락이 다루어진다. 1914년에 이르러 영화는 진정 전 세계적 사업이 되었다. 영화는 세계의 산업 사회 곳곳에서 제작되고 상영되었다. 그러나 영화는 그 조종간들을 움직이는 힘이 초창기에는 파리와 런던, 그리고 점차 나중에는 뉴욕과 할리우드 등 외부에 멀리 떨어져 존재하는 사업이었고, 국제적인 배급의 통제력이 발생 초기, 혹은 확립 단계의 다른 지역의 영화 산업들에 끼쳤던 영향을 고려하지 않고서는 세계 영화의 발전을 이해할 수 없다.

유럽 영화의 경우, 1차 대전은 단순히 경제적이지만은 않은 위기를 가져왔다. 프랑스, 영국, 이탈리아와 같은 유럽의 영화 수출 국가들은 해외 시장에 대한 통제력을 상실했고, 그들 국내 시장은 경쟁력이 점점 강해지는 미국에 개방되었다. 뿐만 아니라 종전 후에 문화의 전체적인 경향에 변화가 일어났다. 1920년대 할리우드의 승리는 구세계에 대한 신세계의 승리였다. 현대 미국 대중문화의 규범들이 미국뿐만 아니라 아직 수용할 태세가 갖춰지지 않은 다른 국가에도 등장했다.

초창기 영화의 프로그램은 다큐멘터리*actuality*, 코미디 단편, 단독적인 스토리, 연작 영화*serial* 에피소드, 경우에 따라 속임수 영화*trick film*와 애니메이션 등 이것저것이 혼합되어 있었다. 장편 길이의 내러티브가 그 프로그램의 중심적인 것이 됨에 따라 영화의 다른 유형들은 부차적인 것으로 전락하거나 혹은 대안적인 상영 수단을 찾을 수밖에 없게 되었다. 이러한 현상은 그런 종류 영화의 발전을 실제로 저해하기도 했지만 그 차별성을 강화시키는 경향도 있었다. 애니메이션의 제작은 일반 영화 제작과는 구분되는 분야가 되었으며 일반적으로 메이저 스튜디오의 외부에서 수행되었다. 이것은 또한 연작 영화에도 마찬가지였다. 비록 프랑스에서 루이 푀야드의 어떤 연작 영화들은 프로그램 전체를 채울 수 있었고 간간이 장편 길이의 애니메이션 제작이 시도되기도 했지만 애니메이션과 연속극은 점차 뉴스 영화*newsreel*와 더불어 장편 길이 영화가 주가 되는 프로그램에 부가적인 단편으로 상영되는 경향을 띠게 되었다. 초창기 영화들에서 시작된 장르 가운데 단편과 장편 형식 양자에 있어서 계속적인 발전상을 보인 것은 사실상 슬랩스틱 코미디가 유일했다. 스탠 로럴과 올리버 하디를 포함한 대다수 무성 영화 코미디언들이 무성 영화 시대에 거의 대부분 단편 영화를 중심으로 활동 영역을 굳혔던 반면, 찰리 채플린과 버스터 키튼은 1920년대 초기에 성공적으로 장편으로 전환했다.

〈무성 영화〉 장에서는 애니메이션, 코미디, 연작 영화 등 1920년대 장편 영화와 더불어 계속해서 번성했던 모든 종류의 영화를 살핀다. 또한 시간이 지남에 따라 점차 뚜렷한 차별성을 획득해 간 사실적 영화, 혹은 다큐멘터리가 다루어지며 주류 영화와 나란히 (때로는 반대로) 진행된 아방가르드*avant-garde* 영화의 부상이 검토된다. 다큐멘터리와 아방가르드 영화는 때때로 상업적 성공을 달성했다(로버트 플라어티의 「북극의 나누크Nanook of the North」는 파리에서 수개월 동안 상영되었고 장 엡스탱과 제르멘 뒬라크 등 프랑스 인상주의 영화 제작자들의 작품들 또한 상당한 관객을 확보했다). 그러나 전체적으로 다큐멘터리와 아방가르드 영화는 비상업적인 형태였으며 주류 영화와 구별되는 가치와, 상업적인 관점으로는 산정할 수 없는 정치적·사회적인 기능을 가졌다. 아방가르드 영화는 1920년대 모더니즘 예술 운동에서 중요한 위치를 차지했으며, 특히 프랑스(만 레이, 마르셀 뒤샹, 페르낭 레제 등과 함께)는 물론 독일(한스 리히터)과 소련 등에서도 활발하게 전개되었다. 이런 모더니즘적 추동력은 1920년대(소련의 지가 베르토프와 독일의 발터 루트만)는 물론 그 후에도 다큐멘터리에 활력을 가져다주었다.

무성 영화 시대에 지리적으로 차별되는 영화를 개발하고 유지했던 지역들 가운데 가장 중요한 국가는 프랑스, 독일, 소련이었다. 이들 국가 가운데 프랑스는 전쟁이 야기한 위기와 전후 시기의 경제적인 불확실성에도 불구하고 가장 오래 지속된 연속성을 유지했다. 대조적으로 1차 대전 이전에는 상대적으로 덜 중요했던 독일은 1919년 표현주의 영화「칼리가리 박사의 밀실Das Cabinet des Dr. Caligari」로 세계적인 반향을 일으켰으며, 바이마르 공화국 시기를 통해 다양한 예술적 에너지를 새로운 영화적 형태로 결집하는 데 성공했다. 이보다 눈부셨던 현상은 1917년 혁명 이후 소련 영화의 출현이다. 새로운 소련 영화는 과거와 단절했으며 전전 러시아 영화의 양식은 혁명을 피해 서방으로 탈출한 많은 망명자들에 의해 지속되었다. 이러한 측면에서 세계 국가들의 영화 관련 장에서는 최근에 재발견된 혁명 이전의 러시아 영화, 소련 영화 그리고 러시아 망명자의 영화 등 세 가지 사항이 별도로 다루어진다.

이들 국가 이외에 몇몇 국가의 영화는 1부에서 별도의 지면을 통해 다루어질 가치가 있다. 영국은 무성 영화 시대에 흥미롭지만 상대적으로 특징이 작은 영화 역사를 이루었다. 이탈리아는 전쟁 발발 바로 전에 잠시 세계적인 명성을 날렸다. 그 가운데 주도적이던 덴마크와 스웨덴을 포함한 스칸디나비아 반도의 국가들은 상대적으로 적은 인구에도 불구하고 무성 영화의 발전에 크게 기여했다. 일본의 경우, 극예술을 포함하여 전통적인 형태의 예술에 바탕을 두고 영화가 발전했으며 서구의 영향에 서서히 반응했다. 또한 독특한 현상으로 양차 대전 사이의 시기에 동부와 중앙 유럽에서 꽃을 피운 국적을 초월한 이디시Yiddish 영화에 지면이 할애되었다.

1부의 글들은 대부분 각 영화 초창기에서 1920년대 말 동조음*synchronized sound*의 도입에 이르는 시기까지를 다룬다. 그러나 독일 영화의 경우, 나치가 정권을 장악하는 1933년이 논의의 마지막 지점이 된다. 비슷한 이유에서 유대인 영화의 논의는 유대 인 대학살에 의해 소멸되는 1939년까지 전개된다. 일본의 경우, 1923년 관동 대지진에 이르는 시기만이 1부에서 다루어지고, 그 후 1930년대까지 계속되는 일본 무성 영화 발전은 2부에서 논의된다.

무성 영화라는 표현은 엄밀하게 말한다면 잘못된 용어이다. 비록 그 필름 자체는 무성이었지만 영화는 그렇지 않았다. 초기 영화의 상영은, 특히 논픽션인 경우 종종 연사나 여리꾼*barker*이 따랐으며, 일본의 경우 연기에 대해 해설하고 대사를 말하는 변사(弁士)라는 눈에 띄는 관례가 발달했다. 다른 국가들이 유성 영화로 전환한 후에도 일본에서 오랫동안 무성 영화가 살아남았던 주된 이유는 변사의 존재였다. 그러나〈무성〉영화에 보편적으로 동반했던 것은 음악이었다. 그 음악은 조율도 제대로 안 된 피아노 즉흥 연주에서 생상스〔「기즈 공의 암살L'Assassinat du Duc de Guise」(1908)〕 혹은 쇼스타코비치〔「새로운 바빌론Novy Vavilon」(1929)〕와 같은 대작곡가가 창작한 악보에 따른 대규모 오케스트라 연주에 이르기까지 다양했다. 음악은 무성 영화 체험의 필수적 부분이었다. 1부의 마지막 장에서는 1920년대 한창 시기의 무성 영화에 대한 개관에 앞서 영화 음악의 눈부신 발전과 관객의 지각 형성에서의 역할을 살펴볼 것이다.

초 창 기

THE EARLY YEARS

기원과 생존

파올로 케르키 우사이

영화 이전의 기술, 필름, 텔레비전

영화의 역사는 한 번의 〈대폭발*big bang*〉로 시작되지 않았다. 성운처럼 불투명한 영화 이전의 상황에서 순수한 영화를 분리해 낼 수 있는 어떤 단일 사건 — 1891년 에디슨이 특허를 획득한 키네토스코프의 발명이든 1895년 뤼미에르 형제의 첫 유료 영화 상영이든 — 은 생각할 수 없다. 그것은 오히려 사건들의 연속체라 할 만한 것이었다. 그 연속체는 이미지들을 연속적으로 보여 주기 위한 목적의 초기 실험과 장치들(1798년 에티엔 가스파르 로베르송의 「판타스마고리아Phantasmagoria」에서 1892년 에밀 레노의 「팬터마임 장면Pantomimes Lumineuses」에 이르기까지)로 시작하여 1890년대에 영화라 인정되는 장치들의 출현뿐만 아니라 전자 이미지 창조의 선구적 역할을 했던 것들이 포함된다. 텔레비전 형태와 같은 장치로써 이미지를 전송하고자 했던 최초의 실험들은 사실상 영화만큼이나 오래되었다. 아드리아노 데 파이바는 1880년 이런 주제에 관한 첫 연구서를 출판했고, 조르주 리뉴는 1909년 사실상 이런 전송을 달성했던 것으로 보인다. 한편으로 특정 〈영화 이전의〉 기술들은 영화가 오락과 교육의 새로운 대중 매체로서 확립되는 1900년과 1905년 사이에 영화와 결합하여 계속 사용되었다. 움직임 효과를 갖는 환등 슬라이드는 계속 이어져 영화 상영과 밀접한 관계 속에서 오랫동안 사용되었다.

그러므로 환등기*magic lantern*, 영화*film*, 텔레비전 등은 개별 영역들(그리고 연구 분야들)로 구분되기보다는 단일한 진화 과정의 일부로서 함께 속해 있다. 그럼에도 이들은 기술적인 측면과 그 확산 방식의 측면은 물론, 발생한 시기의 관점에서도 구별될 수 있다. 환등 프로그램이 20세기 초에 점진적으로 영화 프로그램에 그 자리를 양보했으며 텔레비전은 20세기 후반기가 되어서야 온전한 형태로 출현했다. 이러한 연결선상에서 영화를 다른 것과 구별짓는 특징은 한편으로는 그 기술적인 기반(연속성의 환영을 산출하면서 빠르게 연이어 투영되는 사진적인 이미지들)이며, 다른 한편으로는 대규모 대중오락으로 널리 활용된 측면이다.

기본 장치

영화는 일련의 불연속 이미지들을 스크린에 투영시킬 수 있는 광원 앞에서 빠르게 연이어 통과시킴으로써 연속적인 움직임의 환영을 산출한다. 각 이미지들은 광원 앞에서 잠시 정지된 후 그다음의 이미지로 빠르게 대체된다. 그 과정이 충분히 빠르고 매끄러우며 그 이미지들이 서로 충분히 비슷하다면, 비연속인 이미지들은 연속적인 것으로 지각되고, 움직임의 환영이 창조된다. 이와 관련된 지각적 과정은 19세기경에 널리 알려졌으며, 이것은 각 이미지의 지각이 그다음 이미지의 지각과 점차 섞일 수 있는 충분한 시간 동안 그 이미지가 인간 망막에 잔존한다는 것으로 설명되었기 때문에 〈잔상 효과*persistence of vision*〉라 명명되었다. 이러한 설명은 현재 더 이상 적절한 것으로 여겨지지 않으며, 현대 심리학은 이 문제를 단순히 시각만의 차원보다는 뇌의 기능이란 측면에서 바라본다. 그러나 초기의 그런 가설은 1880년대와 1890년대에 연속되는 사진들을 가지고 소위 〈잔상 효과〉를 만들어 내려는 수많은 실험을 이끌어 낼 정도로 매우 생산적이었다.

이들 실험의 목적은 다양했다. 움직임을 분석하고 재현하는 것을 목적으로 했으며 과학적이며 상업적이었다. 영화의 출현과 관련하여 가장 주요한 실험은 사진을 일정한 속도(최소한 초당 10장 내지 12장 혹은 그 이상)로 촬영하여 그런 속도로 보여 줌으로써 움직임을 자연스럽게 재현하려는 시도였다. 사실 무성 영화 시대에 카메라 속도와 영사기 속도가 완벽하게 일치했던 적은 거의 없다. 초당 평균 사진 16장(프레임)

이라는 영사 관례 자체는 1920년대에 널리 일반화된 것으로 보이지만 실제의 상황은 상당히 달랐으며, 필름 영사 시에 빠른 화면 혹은 느린 화면 효과를 내기 위해 카메라 촬영 속도를 임의적으로 선택하는 것은 언제나 가능했다. 초당 24프레임(24fps)이란 기준이 카메라와 영사기에 표준적인 것으로 자리 잡은 것은, 정해진 일정한 속도로 재생되어야만 하는 동조 사운드트랙*synchronized soundtrack*의 도입 이후에나 가능했다.

그러나 무엇보다 사진들을 카메라에서 빠르게 연이어 빛에 노출시킬 수 있고 이와 똑같은 방식으로 영사시킬 수 있는 메커니즘이 생겨나야만 했다. 두루마리 형태의 사진 필름이 카메라 내부에 장착되어 번갈아서 각 이미지가 노출되는 사이에는 정지했다가 그다음 이미지를 포착하기 위해 매우 빠른 속도로 움직여야만 했다. 그리고 이와 똑같은 과정이 필름 영사 시에도 지켜져야만 했다. 필름을 끊임없이 움직였다 정지시키는 반복 과정은 필름 자체에 상당한 압력을 가하게 된다. 이 문제는 카메라보다 영사기에서 더 심각한 문제였는데, 촬영에 사용되는 네거티브 필름은 오직 한 번만 노출되면 그만인 반면 영사용 프린트는 반복해서 사용되었기 때문이다. 소위 간헐 운동*intermittent motion*의 이런 문제는 많은 영화 개척자들의 기술적 해결 의지를 자극했으며, 필름이 렌즈 앞쪽의 게이트를 통과할 때 작은 고리 모양*loop*이 되게 하는 필름 장착 방식을 도입함으로써 해결되었다(난외 기사 참조).

생 필 름

집단적 오락 형태로서의 동영상(소위 〈영화〉)은, 너비 35mm의 크기로 잘린, 유연한 반투명의 셀룰로이드 베이스 위에 복제(인화)된 사진적인 이미지의 형태로 발전하고 널리 확산되었다. 이런 재료 — 필름 — 는 1889년 조지 이스트먼에게 고용된 헨리 라이헨바흐가 고안했는데, 이 발명의 기초적인 부분에서 하이엇 형제, 해니벌 굿윈(1888), 헨리 라이헨바흐 등 여러 사람들이 기여했다. 19세기 후반 이래 사용된 필름의 기초적인 성분은 이후 100년 이상 변함이 없었다. 필름은 투명한 베이스*base*, 혹은 지지체*support*와 젤라틴 성분으로 된 매우 얇은 접착성 기질층*adhesive substrate*, 필름의 한쪽 면을 불투명하게 만드는 빛에 민감한 감광 유제*emulsion* 등으로 구성됐다. 감광 유제는 젤라틴 속에 분산된 은염*silver salt*으로 구성되며, 접착성 기질층에 의해 베이스에 부착된다. 1951년 2월 이전까지 생산된 가장 일반적인 35mm 필름

고리와 몰타 십자

영화는 필름이 영사될 수 있을 때까지는 사실상 생겨날 수가 없었다. 이런 관점에서 1891년 토머스 앨바 에디슨과 W. K. L. 딕슨이 특허를 내서 1893년부터 시장에 선보인 키네토스코프Kinetoscope는 정확하게는 영화로 볼 수 없다. 이것은 단순히 한 번에 한 사람씩 그 안에서 돌아가는 짧은 필름을 볼 수 있는 들여다보는 구경거리*peepshow*로 고안되었다. 키네토스코프의 경우, 조이트로프*Zoetrope* 같은 빅토리아 시대의 광학적 장난감들처럼 필름은 계속적으로 작은 셔터를 지나가고, 관람자의 접안 장치에 따라 빛의 공급이 이루어져 움직이는 대상의 이미지가 형성되었다. 이것은 관람자가 직접 장치를 들여다보아야만 가능한 형태의 관람 방식이었다. 그러나 1895년 수많은 발명가들은 카메라와 영사기 모두에서 간헐적으로 필름이 움직이도록 하는 장치를 내놓았다. 이 경우, 이미지들은 다른 이미지로 대체되기 전에 관람자 앞에서 안정적으로 정지될 수 있었다. 예를 들어 뤼미에르 형제들의 시네마토그라피의 경우(그 형태에 따라 똑같은 기계적 부속품이 카메라와 영사기에 양쪽에 사용되었다), 갈고리 모양의 쇠*claw*가 필름을 게이트*gate* 앞에서 한 프레임씩 순간적으로 끌어당겼으며 각 이미지가 보여지는 동안 필름은 안정적으로 고정되었다. 뤼미에르 형제가 이용한 필름의 길이가 짧았기 때문에 이런 형태의 간헐 운동으로 인해 필름이 팽팽하게 잡아당겨지는 것이 문제가 될 정도로 심각하지는 않았다.

그러나 좀 더 길이가 긴 필름의 경우, 혹은 연결된 짧은 필름을 정기적으로 영사해야 되는 상황에서는 게이트 앞에서 움직이는 필름의 이동을 느슨하게 만들 장치가 발명되어야만 했다. 1896년과 1897년 사이에 미국의 우드빌 래섬과 런던의 R. W. 폴의 선구적인 발명에 힘입어 제작된 영사기의 경우에 연속 회전하는 2개의 스프로켓 톱니바퀴*sprocket wheel* 사이 게이트 부분에서 필름이 고리를 형성하게끔 되어 있어 고리 상태의 필름 부분만이 간헐 운동의 영향을 받기 때문에 필름에 과도한 힘이 걸리는 것을 막을 수 있었다. 그다음으로 관심을 끌었던 것은 카메라와 영사기 모터의 연속적인 운동이, 필름이 게이트를 지나가는 사이 간헐 운동으로 바뀌는 과정을 좀 더 부드럽게 만드는 방법을 찾는 문제였다. 그 해결책 역시 R. W. 폴이 개척했는데, 몰타 십자Maltese cross라고 알려진 형태를 취했다. 몰타 십자가 회전하는 과정에서 캠(회전 운동을 왕복 운동 또는 진동으로 바꾸는 장치 — 역주)에 부착된 핀은 십자의 살들 사이의 작은 구멍에 맞물렸으며, 그럴 때마다 필름은 한 프레임씩 끌어당겨졌다. 이 방식은 1905년경에 완성되었으며 오늘날까지 35mm 필름 영사에 이용되고 있다.

제프리 노웰-스미스

베이스의 성분은 질산 셀룰로오스*cellulose nitrate*로 가연성이 높은 물질이었다. 이러한 질산 성분의 베이스는 1951년 2월 이후에 계속해서 가연성이 훨씬 낮은 초산 셀룰로오스*cellulose acetate*의 베이스 혹은 점차 폴리에스테르로 대체되었다. 그러나 영화 초창기부터 다양한 안전 필름*safety film*이 실험되었다. 먼저 일찍이 1901년에 아이헨그룬과 베커가 발명한 셀룰로오스 디아세테이트*cellulose diacetate*를 이용한 시도가 있었고, 질산을 불연성 물질로 덮은 방식도 있었다. 최초로 알려진 이런 과정의 예는 1909년까지 거슬러 올라간다. 안전 필름은 1차 대전 이후 비전문가용 필름의 표준이 되었다.

1920년 중반까지 사용된 흑백 네거티브 필름은 오르토크로매틱Orthochromatic이라 불렸다. 이것은 자색광, 보라색광, 청색광에는 민감했지만 녹색광과 황색광에는 감광도가 떨어졌다. 적색광은 브롬화은 유제에 전혀 반응을 일으키지 않았다. 그래서 장면의 일부분이 스크린에서 그냥 검은 얼룩으로 나타나는 것을 피하기 위해 초기의 촬영 기사들은 항상 촬영 세트에서 색상을 통제했다. 특정 색상은 촬영 세트나 의상에서 전체적으로 제외시켰다. 여배우들은 붉은색 립스틱을 피했으며, 실내 장면은 다양한 회색으로 칠한 세트를 배경으로 촬영되었다. 팬크로매틱Panchromatic이라 불린 새로운 유제가 1912년 고몽Gaumont 영화사의 의뢰를 받은 이스트먼 코닥 사에 의해 고안되었다. 이것은 그 후 거의 10년 만에 모든 메이저 영화 제작사에서 선호하는 필름이 되었다. 이것은 절대치에서 오르토크로매틱과 비교해 감광도가 떨어졌으며, 이는 훨씬 강화된 스튜디오 조명 체계가 개발되어야 함을 의미했다. 그러나 이것은 좀 더 넓은 범위의 회색을 재현하고 균형을 잡는 데는 훨씬 뛰어났다.

그러나 셀룰로이드 필름이 초창기 영화의 상영에 시도된 유일한 것은 아니었다. 그 대안적인 방식으로 가장 널리 알려진 것이 뮤토스코프Mutoscope였다. 이것은 너비 70mm 직사각형 종이가 수백 개 달린 회전 원통으로 구성되었다. 이들 직사각형 종이들에는 사진들이 있어 들여다보는 접안 장치를 통해 빠른 속도로 연이어 보게 되면 연속적으로 움직이는 인상을 주었다. 심지어 유리 위에 필름을 만들려는 시도까지 있었다. 카마토그래프Kammatograph라 불린 것은 지름 30cm의 원판을 사용하여, 약 600장의 사진 프레임을 나선형으로 배열했다. 그 밖에도 반투명 금속 위에 사진 유제를 입혀 반사를 통해 이미지를 투영하는 방식이나, 표면이 부조(浮彫)로 되어 있어 시각 장애자들이 손가락으로 느낄 수 있는, 원리상 점자와 유사한 필름 등이 시도되었다.

규격

셀룰로이드 필름의 35mm 너비(표준 치수)는 최초로 1892년 에디슨이 자신의 키네토스코프에 채용했던 방식이다. 키네토스코프는 한 번에 한 명의 관람자가 짧은 필름을 들여다볼 수 있는 장치로 이것의 상업적 성공은, 움직이는 이미지를 재현하는 다른 후속 기계들이 35mm를 표준적인 규격으로 채용하는 계기가 되었다. 이러한 관행의 유지에는 이스트먼 사가 상당한 역할을 했는데 당시 생산하는 사진 필름의 너비가 70mm였기 때문에 단순히 그 중간을 가르면 필요한 필름이 생겼다. 35mm 필름에서 각 프레임 양쪽에 대략 직사각형 모양의 이송 구멍*perforation*이 4개 있는 이유 또한 키네토스코프의 기계적 구조에 기인했는데, 이 구멍은 카메라와 영사기에서 필름을 끌어당기는 데 이용되었다. 19세기 말엽에 다른 영화 개척자들은 다른 유형을 사용했다. 예를 들어 뤼미에르 형제는 프레임 양쪽에 단 하나의 원형 구멍을 사용했다. 그러나 산업적 표준으로 채택되어 오늘날까지 남아 있는 것은 에디슨의 방식이었다. 대략 너비 1인치, 높이 0.75인치, 즉 35mm 프레임의 표준적인 크기와 형태 역시 에디슨의 회사에서 유래했다.

셀룰로이드 필름의 대안으로 시도된 카마토그래프(1900년경)는 유리 원판에 나선형으로 필름 프레임을 배열했다.

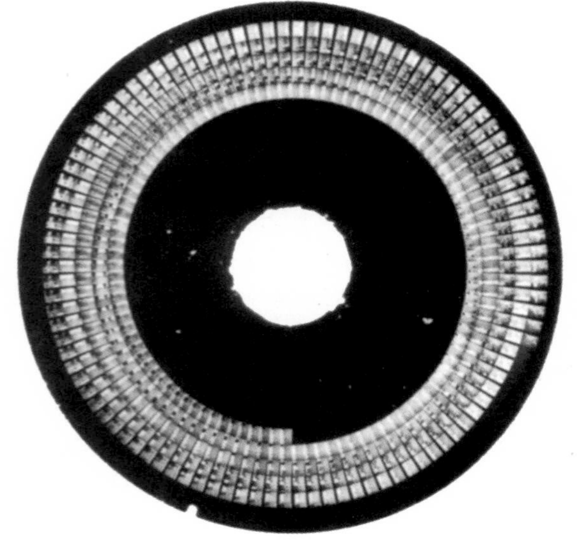

필로테오 알베리니의 제목 불명 70mm영화(1911). 뉴욕 주 로체스터 소재 조지 이스트먼 하우스의 필름 컬렉션에 소장된 것으로 네거티브 필름의 프레임을 확대한 것임.

비록 이것들이 나중에 표준적인 것이 되었지만 생필름*film stock*의 크기에 대한 다양한 실험은 영화 초창기는 물론 그 후에도 계속되었다. 1896년 프레스트위치Prestwich 사는 60mm 필름을 생산했으며, 그 견본이 런던의 국립영화텔레비전보관소National Film and Television Archive에 보관되어 있다. 똑같은 너비의 필름(이송 구멍의 형태는 다르다)이 프랑스의 조르주 드므니에 의해 사용되었다. 미국의 베리스코프Veriscope 사는 63mm의 필름을 도입했으며, 이런 형태의 필름이 현재까지 남아 있는데 1897년 코벳과 피츠시먼스의 역사적인 권투 챔피언 타이틀전을 기록했다. 이와 비슷한 시기에 루이 뤼미에르는 너비 60mm, 높이 45mm의 이미지 영역을 갖는 70mm 필름을 실험했다. 이들의 모든 체계는 기술적인 문제, 특히 영사에서 문제가 있었다. 비록 무성영화 시대가 끝날 때까지 실험들은 계속되었지만 65mm와 70mm 같은 넓은 크기의 필름은 1950년대 후반까지는 현실화되지 못했다.

그러나 이미지를 크게 하려는 어떤 시도보다 더 중요한 것은 그 이미지를 축소하고 비전문가들에게 적절한 장비들을 생산하려는 시도들이었다.

1900년 프랑스의 고몽 사는 프레임 중간에 단 하나의 이송 구멍이 있는, 15mm 필름을 사용하는 휴대용 카메라인 〈크로노 드 포슈Chrono de Poche〉를 판매하기 시작했다. 2년 후 영국의 워릭Warwick 무역회사는 아마추어용으로 17.5mm를 도입했다. 이것은 뤼미에르의 첫 번째 기계 장치처럼 카메라, 인화기, 영사기 모두에 사용될 수 있는 비오캄Biokam이라 불리는 기계를 이용하는 것이었다. 이러한 아이디어는 1920년대에 독일의 에르네만Ernemann 사와 프랑스의 파테 Pathé 사가 채택했다. 한편 파테 사는 1912년에 불연성 디아세테이트 베이스에 28mm 필름을 사용하고, 이미지 영역이 35mm 필름보다 약간 작은 시스템을 도입했다.

그러나 아마추어용 필름 규격의 절대적인 강자는 1920년 이스트먼 코닥 사가 개발한 불연성 베이스의 16mm였다. 코다스코프Kodascope라 알려진 초기 형태에서는 카메라에 사용된 원래의 필름에서 네거티브 필름 단계 없이 곧바로 포지티브 프린트를 얻는, 반전*reversal*의 원리가 이용되었다. 코닥 사는 1923년 16mm 필름을 시장에 내놓았으며, 같은 시기 파테 사는 불연성 9.5mm 필름인 파테-베이비Pathé-Baby를 선보였다. 9.5mm는 오랫동안 16mm 필름의 무서운 경쟁자였으며, 이후 한동안 아마추어 영화 제작 영화의 영사와 본래 35mm로 제작된 영화의 시사용 영사 크기로 살아남았다.

또한, 연이어 노출될 수 있는, 그 평행선 방향으로 갈라지는 필름을 사용하는 보다 이국적인 형태가 있었다. 이들 가운데 에디슨의 홈 키네토스코프Home Kinetoscope만이 상업적으로 의미 있게 사용되었다. 이는 이미지 너비가 5mm가 약간 넘으며, 그 각각이 일련의 구멍들에 의해 분리되는, 3개의 띠로 나눠지는 22mm 필름이었다.

컬러

1896년 같은 이른 시기에 이미 매우 정교한 붓으로 프레임별로 손으로 직접 색을 칠한 필름의 복사본을 구할 수 있었다. 이러한 기술로 성취한 결과는 멜리에스의 「요정의 왕국Le Royaume des fées」(1903)의 경우처럼 종종 깜짝 놀랄 정도였다. 이 작품의 이미지들은 중세 미니어처의 영광을 재현했다. 그러나 색을 프레임의 정확한 위치에 배치되도록 하는 것은 매우 어려운 일이었다. 이런 것을 성취하기 위해 1906년 파테는 파테컬러Pathécolor라는, 필름 베이스에 기계적으로 색을 물들이는 방법에 대한 특허를 확보했다. 프랑스 어로 〈오 포슈아르*au pochoir*〉, 영어로는 〈스텐실*stencil*〉이라 알려진 이 기법은 여섯 가지 색조 표현이 가능했다.

이보다 훨씬 저렴한 방식은 그림 같은 효과, 혹은 극적인 효과를 강화하기 위해서 각 프레임 혹은 시퀀스*sequence*별로 필름에 단일 색을 입히는 것이었다. 이것을 위한 세 가지 기본적인 방법이 있었다. 먼저 착색*tinting*으로, 구체적으로는 베이스에 유색 투명질을 바르거나, 필름을 유색 염색 용제에 담그거나, 혹은 미리 색을 입힌 필름을 이용하는 것이었다. 다음은 조색*toning*으로, 젤라틴 층에 영향을 주지 않으면서 유제의 은 성분을 유색 금속염*metallic salt*으로 대체하는 방법이었다. 마지막으로 매염*mordanting*은 조색의 변형으로 사진 유제를 유기 착색제*organic coloring agent*를 정착시킬 수 있는 불용성 은염으로 처리하는 방법이었다. 착색, 조색, 매염 그리고 기계적 채색 등은 서로 결합되어 사용될 수 있으므로 각 기법의 창의적 가능성은 배가되었다. 착색 기법의 환상적인 변형이 핸드시글 과정*Handschiegl Process*(또는 위코프 데밀 과정*Wyckoff-DeMille Process*, 1916~31)에 의해 제시되었는데 석판 인쇄술에서 가져온 정교한 방식이었다.

적색, 녹색, 청색 이미지들을 겹치게 함으로써 컬러 필름을 현실화시키려는 최초의 시도(프레더릭 마셜 리와 에드워드 레이먼드 터너)는 1899년까지 거슬러 올라갈 수 있다. 그러나 조지 앨버트 스미스가 자신의 키네마컬러Kinemacolor를 이용해 상업적으로 실용적인 결과를 얻게 된 것은 1906년에 들어서였다. 스미스는 적색과 녹청색 등 두 부분으로 나눠지는 반투명 원판을 카메라 앞에 배치했다. 그 필름은 초당 32 프레임으로 똑같은 필터들을 통해 영사되었고, 그 결과 2개의 기초적인 색상은 단지 약간의 색채적인 차이가 있었을 뿐 전체적으로 흠잡을 데 없는 효과를 산출하며 하나의 이미지 속에 〈융합〉되었다. 스미스의 발명은 널리 모방되었고, 1913년 고몽 사, 1915년 독일 아그파 사 등에 의해서 3색 체계로 발전했다.

흑백 감응 유제가 아닌 최초의 실질적인 컬러 감응 유제는 1915년경에 이스트먼 코닥 사가 개발하여 곧바로 코다크롬Kodachrome이라는 상표로 시장에 판매했다. 이것은 여전히 2색 체계였으나 이후 일련의 주목할 만한 발전의 첫 단계였다. 같은 시기에 허버트 칼머스, 버튼 웨스트콧, 대니얼 프로스트 콤스톡이 테크니컬러 활동사진 회사Technicolor Motion Picture Corporation를 설립하여 2색 가색 혼합에 기초를 둔 체계를 실험했다. 그래서 얻은 결과에 실망한 세 사람은 1919년에 방식을 바꿔, 1868년 뒤클로 뒤 오롱이 최초로 그 이론을 정리한 감색 혼합 원리의 이용 가능성(여전히 2색 체계를 유지)을 탐구했다. 이것은 각각 특정 색상의 빛이 여과되어 제거된 이미지들을 결합하는 방식이었다. 그 이미지들이 결합되었을 때 색 조화*color balance*가 복원되었다. 감색 원리를 이용하여 테크니컬러 팀은 3년의 준비 끝에 컬러 영화를 내놓았다. 그 결과물인 「바다의 대가The Toll of the Sea」(체스터 프랭클린, 메트로 픽처스, 1922)는 별도의 색들이 맞대어 겹치도록 2개의 네거티브에서 인화한 2종의 포지티브 이미지로 구성되었다.

1910년대 후반과 1920년 초반에 컬러 분야에서 다른 많은 발명이 있었으나 1910년대 말엽에 이미 칼머스와 동료들이 그 분야에서 앞서 나가고 있다는 것이 분명했다. 이들의 시스템은 1930년대와 1940년대 상업 영화 제작에서 주도적인 위치를 차지했다. 다른 한편, 무성 영화 시대의 대다수 필름들은 위에서 언급된 프린트 채색 방법을 이용하여 계속해서 생산되었다. 문자 그대로의 흑백 필름은 소수에 속했는데 주로 작은 회사의 단편 코미디에 이용되었다.

베네치아에 관한 출처 불명의 다큐멘터리에 사용된 분리 화면*split-screen* 기법의 초기 예. 프린트의 제목은 「산타루치아 Santa Lucia」. 1912년경으로 추정.

사 운 드

거의 모든 〈무성〉 영화는 어떤 형태로든 소리가 따랐다. 초창기 영화 상영에는 설명자*lecturer*가 따랐는데 관객에게 영화의 내용과 의미를 설명하며 흘러가는 스크린상의 이미지들에 대한 의견을 덧붙였다. 많은 비서구 국가들에서 이런 관행은 무성 영화 시대를 지나 훨씬 오랫동안 지속되었다. 무성 영화가 1930년대까지 지배적인 형태로 남아 있던 일본에서는 변사의 구술이 발달했는데 변사는 영상에 맞추어 몸짓과 오리지널 대본을 제공했다.

구술 설명과 더불어 초창기 영화 상영에는 음악이 있었다. 처음에는 피아노 즉흥 연주 음악에서 점차 인기 유행곡의 편곡, 특별히 주문 작곡한 음악 등이 등장했다. 규모 있는 영화의 경우 오케스트라, 합창단, 오페라 가수 등이 그 음악을 수행했던 반면, 그다지 화려하지 않은 영화는 작은 밴드나 단 한 명의 피아니스트가 그 음악을 맡았다. 원곡을 연주할 여유가 되지 않았던 상영관의 경우 두 가지 대안이 있었다. 첫 번째는 피아니스트, 오르가니스트, 혹은 작은 밴드를 고용해 일반적으로 저작권이 없어 자유롭게 사용 가능한 대중음악과 클래식 등의 선곡 악보(〈큐 시트*cue sheet*〉)를 구비했다가 영화의 서로 다른 에피소드에 따라 적절한 주제 음악을 제공하는 것이었다. 두 번째 방법은 좀 더 극단적인 것으로 기계적인 연주 장치에 의존하는 것인데 단순한 자동 피아노에서부터 구멍을 뚫은 종이 띠 형태로 〈악보〉가 삽입되면 압축 공기에 의해 작동되는 박람회용 대형 오르간에 이르기까지 다양했다.

음악에는 때때로 효과음이 동반됐다. 효과음은 보통 자연음과 인공음을 만들어 내는 다양한 물건을 구비한 연주자가 수행했다. 그러나 똑같은 소리를 기계를 통해 만들 수도 있었으며, 특히 유명하고 정교했던 기계는 파리의 고몽 이포드롬 Gaumont Hippodrome 극장에서 사용된 것이다.

그러나 영화 개척자들은 처음부터 원대한 야심을 가졌다. 일찍이 1895년 4월 에디슨은 자신의 쌍둥이 발명품인 축음기와 키네토스코프를 동조시키는 시스템을 내놓았다. 파테 영화사 역시 1896년 무렵 필름과 디스크의 동조를 시도했던 것으로 보인다. 그러나 이 모든 방식들은 넓은 극장에 울려 퍼지게 소리를 증폭할 수 없었기 때문에 어려움을 겪었다.

필름과 디스크를 동조시키는 것에 대한 대안적인 방법은 소리를 필름에 직접 인화하는 것이었다. 이런 방향의 첫 번째 실험이 20세기 초에 수행되었으며, 외젠 오귀스트 로스트는 1906년 이미지와 소리를 같은 필름 베이스에 기록할 수 있는 기계에 대한 특허를 획득했다.

사운드 동조 영화에 대한 성취 시도가 결정적인 단계에 들어서는 것은 제1차 세계 대전 이후였다. 포크트, 엥겔, 마솔 등 독일인 팀은 소리를 빛의 형태로 변환시켜 별도의 필름에 소리를 광학적으로 기록하는 방법에 성공하였고, 그들이 개발한 트리 에르곤Tri Ergon 시스템은 1922년 베를린에서 첫선을 보였다. 소련의 카발렌도프와 미국의 리 드 포레스트 또한 비슷한 방향의 작업을 하고 있었다. 드 포레스트의 포노필름Phonofilm(1923)은 이미지가 기록된 같은 필름에 인화된 사운드트랙을 읽을 수 있는 광전소자를 포함하고 있었다. 한편 전자적인 기록과, 무선 전파 기술의 파생물인 열이온관 *thermionic valve* 등의 도입은 극장 전체에 들리도록 소리를 증폭하는 문제를 해결했다.

1926년 할리우드 스튜디오 워너 브러더스Warner Bros. 사는 존 배리모어가 주연한 「돈 주안Don Juan」을 배급했는데 사운드 동조를 위해 바이타폰Vitaphone 시스템을 이용했다. 이것은 사운드 온 디스크 *sound-on-disc* 시스템으로 영사기가 지름 16인치의 커다란 디스크와 연계되어 있었고, 디스크는 분당 33$\frac{1}{3}$회의 속도로 회전하며, 축음기 바늘은 디스크 중심에서 밖으로 움직였다. 바이타폰 시스템은 이듬해에 최초의 〈유성〉 영화인 알 졸슨 주연의 「재즈 싱어The Jazz Singer」에도 사용되었으며, 이후 수년 동안 계속 사용되었다. 한편 경쟁사인 폭스Fox 영화사는 트리 에르곤과 포토폰 Photophone에 대한 특허권을 확보했으며, 이것들을 이용해 기존에 촬영된 필름에 소리를 추가할 수 있었다. 사운드 온 필름*sound-on-film* 방식인 폭스의 무비톤Movietone은 바이타폰보다 훨씬 실용적인 것으로 판명되었으며, 1930년대 초에 동조음의 일반적인 도입에 기초적인 방식이 되었다.

영 상 비

35mm 필름의 프레임의 크기와 형태는 대략, 너비 23mm(1인치 미만), 높이 18mm(0.75인치)로, 무성 영화 시대를 통틀어 사실상 거의 변하지 않았다. 프레임의 영역을 이렇게 정한 것은 필름 1피트에 16개의 프레임이 들어간다는 것을 의미했다. 이것 또한 오늘날까지 변하지 않고 표준으로 이어져 왔다. 영사될 때 스크린상의 영상비*aspect ratio*는 1.31 내지 1.38대 1이었다. 사운드의 도입으로 프레임의 크기는 사운드트랙을 포함하기 위해 약간 변했지만 1950년대에 와이드스크린이 출현하기 전까지 영상비는 대략 4대 3으로 거의 비슷

하게 유지되었다. 무성 영화와 초기 유성 영화 시대에 영사 이미지의 크기와 형태를 바꾸어 보려는 시도가 몇 차례 있었다. 예를 들어 무르나우의 「터부Tabu」(1931)의 경우처럼, 정방형의 영사 이미지를 얻기 위하여 종종 프레임 측면의 일부가 가려졌다. 1927년에 프랑스의 앙리 크레티앵은 이페르고나르Hypergonar라 알려진, 최초의 애너모픽*anamorphic* 시스템을 선보였다. 여기에서 이미지는 프레임 안에 좀 더 넓은 그림을 담아내기 위해서 카메라 렌즈에 의해 〈압축〉되었다가 와이드스크린에 영사되면서 영사기에서 〈팽창〉되었다. 이것은 1950년대에 상업적으로 이용되었던 시네마스코프CinemaScope와 다른 초창기 애너모픽 시스템의 선구자적인 역할을 했다. 또 다른 실험으로 매그너스코프Magnascope(1926)가 있었는데 커다란 스크린을 채우기 위한 광각 영사 렌즈와, 여러 대의 영사기를 연계시킬 수 있는 장치를 사용했다. 1900년에 프랑스의 라울 그리무앵-상송은 관객을 완전히 둘러싸는 360도 파노라마를 산출하기 위해 10개의 70mm 영사기를 교묘하게 배치했다. 더 유명한 것(마찬가지로 일회성으로 끝났지만)은 아벨 강스의 「나폴레옹Napoléon」(1927)의 유명한 〈3폭*triptych*〉 시퀀스에서 사용된 폴리비전Polyvision 시스템이었다. 여기에서는 단일한 이미지를 창출하기 위해 3개의 필름이 서로 연이어 배치되어 동시에 영사되었다.

영사

초창기부터 사용된 보통의 영사 방식은 영사기를 영사 공간의 뒤쪽에 배치하고, 관객의 머리 너머로 원뿔 모양을 형성하는 빛을 통해 이미지를 스크린에 투영하는 것이었다. 때때로 대안적인 공간 배치가 시도되었다. 예를 들어 1909년 게르만 메스터German Messter 사는 거울들을 복합적으로 활용한 시스템을 이용하여 극장 바닥 아래쪽에 설치된 영사실에서 회사에서 개발한 〈알라바스트라Alabastra〉 컬러 필름을 얇은 차단막에 투영했다. 스크린의 뒤쪽에서 투영하는 방식 또한 가능했는데 이런 과정(후면 영사*back-projection*로 알려져 있다)은 상당한 공간이 필요했으며, 대중적인 상영에는 거의 사용되지 않았다. 이것은 유성 영화 시대에 들어서서 특수효과 방식으로 이용되었는데, 배우들이 기존에 촬영된 필름을 후면 영사하여 스크린에 생긴 풍경 앞에서 연기하도록 한 후 그것을 촬영하는 과정에 사용되었다.

무성 영화 시대의 영사기는 손으로 조작되든 전기 동력으로 움직이든 다양한 속도로 작동되었는데, 카메라의 속도에 따라 영사기의 속도를 조정하는 것이 가능했다. 이런 이유에는 촬영 당시 이용할 수 있는 빛의 양, 필름의 감도, 기록되는 연기의 성격 등 수많은 요인에 따라 그 촬영 속도가 달랐기 때문이다. 등장인물의 움직임을 스크린상에서 〈자연스럽게〉 보이게 하기 위해 영사 기사들은 1920년 전까지는 필름을 대개 초당 14프레임과 18프레임 사이에서 다양한 속도로 돌렸다(상대적으로 느린 영사 속도에서 생기는 경향이 있는 깜빡임 현상*flicker effect*은 각 프레임에 대해 세 번 열리고 닫히는 3날 셔터*three-bladed shutter*의 도입으로 세기 초에 제거되었다). 시간이 갈수록 영사의 평균 속도는 빨라져 이 시기의 말엽에는 초당 24프레임에 이르게 되었고, 유성 영화의 표준이 되었다. 이보다 더 빠르거나 느린 영사 속도는 때때로 컬러 영화 실험이나 몇몇 아마추어 장비에서 사용되었다.

영사의 질은 주로 이용되는 광원의 영향을 받았다. 전기 아크등이 일반적으로 사용되기 전 영사기용 광원을 만드는 통상의 방법은 강렬한 백광이 될 때까지 석회나 비슷한 물질을 태우는 방식이었다. 이 방법(라임라이트*limelight*로 알려져 있다)의 효율성은 석회를 태우기 위해 사용되는 연료의 특성과 품질에 달려 있었다. 통상의 연료들은 석탄 가스와 산소, 혹은 에테르와 산소의 혼합물이었다. 아세틸렌 또한 시도되었지만 불빛이 약하고 불쾌한 냄새가 났기 때문에 얼마 안 가 사용되지 않았다.

제작에서 상영까지

무성 영화 시대에 얼마나 많은 양의 영화가 제작되었는지는 정확히 알려지지 않았으나(아마도 알려질 수가 없을 것이다) 대략 그 숫자는 15만 편이며, 이 가운데 2만에서 2만 5,000편이 아직까지 남아 있는 것으로 알려졌다. 영화 산업의 급성장과 함께 필름은 많은 숫자로 복사되었다. 「백인 노예 무역 2 Den Hvide Slavehandel II」(아우구스트 블롬, 1911)의 경우 덴마크 영화사 노르디스크Nordisk는 세계 배급용으로 260벌 정도를 복사했다. 다른 한편으로 배급사들의 카탈로그에 실린 초창기 미국 영화의 다수는 많아야 2벌 이상 팔리지 않은 것으로 보이며, 어떤 경우에는 수요의 부족으로 전혀 복사본 프린트가 만들어지지 않았다.

영화는 그 시작부터 국제적인 산업이었기 때문에 한 국가에서 다른 국가로 종종 서로 다른 버전으로 보내졌다. 두 대의 카메라를 나란히 배치하여 똑같은 장면을 동시에 촬영할 수 있었기 때문에 2개의 다른 네거티브 필름이 생길 수도 있었다. 삽입 자막*intertitle*은 서로 다른 언어로 촬영되어 외국의 영화 배급자에게 필름의 프린트 혹은 듀프 네거티브*duplicate negative*와 함께 보내졌다. 때때로 자막들의 경우, 각각 단 한 프레임만을 제공하기도 했는데, 수입된 국가나 배급 지역에서 필름을 복사하는 과정에서 그 프레임을 온전한 길이만큼 길게 복사하면 되었기 때문이다. 그래서 어떤 영화들은 〈반짝〉 자막이 뜨거나 아예 자막이 없는 상태로 남아 있다. 때때로 각국 국민의 구미에 맞게 영화 엔딩만 별도로 다르게 제작되기도 했다. 예를 들어 동유럽에서는 〈러시아적〉 혹은 비극적 엔딩이 선호되었던 반면, 미국 관객은 해피 엔딩을 기대했다. 화려한 극장의 흥행용으로 컬러 프린트를, 그리고 경제 규모가 열악한 지역용으로 좀 저렴한 흑백 프린트를 만드는 것 또한 일반적 현상이었다. 마지막으로 자국과 외국의 검열 제도 때문에 종종 영화의 일부가 삭제되거나 수정이 가해졌고, 특히 미국의 많은 영화는 주립 혹은 시립 검열 위원회들의 검열 관행에 차이가 많았기 때문에 다양한 형태로 남아 있다.

부 식

영화 초창기에 필름은 본질적으로 1회적인 것으로 여겨졌으며, 일단 상업적인 생명이 끝나면 그것들을 보존하려는 어떤 시도도 없었다. 1898년 후세를 위한 기록으로 기능할 수 있도록 창조된 영화 이미지들을 영구히 보전할 보관소를 세워야 한다는 폴란드 학자 볼레스와프 마투셰프스키의 호소에 아무도 귀 기울이지 않았다. 후세를 위해 남아 있는 영화를 보호하기 위해 많은 국가에서 최초의 영화 보관소를 세운 것은 1930년대에 들어서였다. 그러나 그때는 이미 많은 영화들이 회수할 수 없을 정도로 사라지거나 흩어진 상태였다. 세계의 영화 보관소들이 현재 총 3만 편의 무성 영화 프린트를 수집한 상태이지만, 이것들을 분류할 수 있는 근거 자료가 부족하기 때문에 이들 가운데 어떤 것들이 똑같은 버전의 듀프 프린트*dupe print*이며, 만약 듀프 프린트라면 같은 제목을 가진 다른 버전의 영화들 사이에 어떤 중요한 차이가 있는가의 문제를 포함하여 여러 문제에 봉착해 있다. 수집되는 영화의 수가 계속해서 증가하고는 있지만 남아 있는 영화의 수는 여전히 전체 제작된 영화의 20퍼센트를 넘지 못한다.

한편 재발견되는 영화의 수가 증가하고는 있지만 대다수 무성 영화(그리고 초기 유성 영화)가 인화되었던 질산염 베이스의 부식되는 특성 때문에 또 다른 문제가 생긴다. 질산 셀룰로오스는 가연성이 매우 높은 물질이며 어떤 경우에는 자연 발화하기도 한다는 사실만이 문제가 되는 것이 아니다. 이것은 또한 부식성이 있으며 부식하는 과정에서 이미지를 담고 있는 유제를 파괴시킨다는 문제를 안고 있다. 심지어 최적의 보존 조건(매우 낮은 온도와 적절한 수준의 습기)의 경우에도 질산염 베이스는 그것이 생성된 순간부터 부식을 시작한다. 이런 과정에서 필름은 다양한 기체를 분출하는데, 특히 아질산무수물*nitrous anhydride*의 경우, 공기와 젤라틴의 수분 성분과 결합하면 질산 혹은 아질산을 생성한다. 이러한 산들은 유제의 질산은 성분을 부식시키며 종국에는 전체 필름이 분해될 때까지 이미지를 그 지지 기반과 함께 파괴한다.

복 원

질산염 필름의 분해는 그 속도는 줄일 수 있어도 막을 수는 없다. 이런 이유에서 영화 보관소에서는 이미지가 다른 지지체로 옮겨질 수 있는 그런 시간 이전까지 필름의 생명을 연장시키려는 노력에 몰두하고 있다. 불행하게도 옮겨지고 있는 질산염 셀룰로오스 베이스 자체는 이상적인 대기 조건이 만족되지 않는다면 종국에는 부식하는 경향을 갖는다. 그럼에도 이것은 질산염 셀룰로오스 베이스보다 훨씬 안정적이며, 마그네틱(비디오) 테이프보다는 이상적이다. 마그네틱 테이프는 부식성이 있을 뿐만 아니라 원래의 필름을 재현하는 데 적절하지 않다. 미래에 필름 이미지를 디지털로 보관하는 것이 가능할지라도 그 실제적 가능성은 아직까지 분명하지 않다.

복원의 목적은 원래 상영됐던 그것과 가능한 한 가까운 형태로 동영상을 재현하는 것이다. 그러나 만들어지는 복사본은 불완전할 수밖에 없다. 무엇보다 하나의 베이스에서 다른 베이스로 복제되어야 하는데, 이런 과정에서 본래의 품질이 상실되는 것은 어쩔 수 없는 일이다. 설령 그 필름이 컬러 필름으로 복제가 된다고 하더라도(이것은 비용을 고려할 때 일반적인 관행과는 거리가 멀다) 착색, 조색 등과 같은 채색 기법을 재현하는 것은 극히 어려운 일이다. 본래 채색이 되었던 많은 필름들은 현재는 볼 수 있는 경우라도 흑백으로만 볼 수 있을 뿐이다.

무성 영화를 본래 관객들이 본 형태 그대로 감상하기 위해서 본래의 질산염 프린트를 봐야 하는데 그럴 수 있는 기회는 극히 드물다(현대의 소방 규정 때문에 더욱 어려워진다). 심지어 그런 경우에도 필름의 프린트는 모두 나름의 독특한 역사를 가지고 있고, 모든 상영은 어떤 프린트가 어떤 조건에서 돌아가는가에 따라 차이가 있다는 사실을 인정해야만 한다. 상이한 영사, 상이한 음악, 동시에 진행되었던 라이브 쇼나 조명 효과의 부재 등이 의미하는 것은, 현대에 무성 영화를 상영하는 것이 무성 영화 상영이 당시 관객에게 주었던 바를 대충 비슷하게만 제공할 뿐이라는 사실이다.

참고 문헌

Abramson, Albert(1987), *The History of Television, 1880 to 1941*

Cherchi Usai, Paolo(1994), *Burning Passions: An Introduction to the Study of Silent Cinema*.

Hampton, Benjamin B.(1931), *A History of the Movies*.

Liesegang, Franz Paul(1986), *Moving and Projected Images: A Chronology of Pre-cinema History*.

Magliozzi, Ronald S.(Ed.)(1988), *Treasures from the Film Archives*.

Rathbun, John B.(1914), *Motion Picture Making and Exhibiting*.

초창기 영화

로버타 피어슨

출현 20년 만에 영화는 급속한 발전을 이루었다. 1895년에 단순히 신기한 것에 지나지 않았던 것이 1915년에는 확고한 산업으로 자리를 잡았다. 출현 초기의 영화들은 1분 이내의 길이에 종종 하나의 단일 숏으로 구성된, 움직이는 스냅 사진 이상은 아니었다. 1905년경에 영화는 관례적으로 5분에서 10분 사이의 길이로 늘어났으며, 이야기를 전달하거나 주제를 분명히 하기 위하여 장면*scene*과 카메라 위치의 변화를 이용했다. 1910년대 초, 최초의 〈장편〉 영화의 출현과 함께, 복잡한 서사*narrative*를 다루는 데 필요한 새로운 관습*convention*들이 점차 등장했다. 이 시기에 또한 영화의 제작과 상영은 대규모 산업이 되었다.

영화는 노래, 혹은 서커스 연기에서 환등기 쇼에 이르는 다른 다양한 볼거리 프로그램 중간에 끼워 보여 주는 호기심거리가 더 이상 아니었다. 대신, 영화 상영 전용의 전문적인 장소가 생겨났으며 대도시에 기반을 둔 수많은 대규모 제작사와 배급사가 이런 곳에 영화를 공급했다. 이들 영화사들은 처음에는 해외 도처의 상영업자들에게 필름을 팔았지만 점차 임대하게 되었다. 1910년대를 거치면서 영화 공급의 중심지는 파리, 런던, 혹은 뉴욕에서 로스앤젤레스, 곧 할리우드로 옮겨졌다.

1890년 중반에서 1910년 중반에 이르는 이 시기 영화는 때때로 〈할리우드 이전*pre-Hollywood*〉 영화라 언급되는데, 이는 제1차 세계 대전 이후에 세계적인 주도권을 확고히 한, 캘리포니아에 기반을 둔 미국 영화 산업을 염두에 둔 말이다. 이 시기는 또한 〈전 고전기*pre-Classic*〉라고 기술되어 왔는데, 견고해진 일련의 〈고전적〉 내러티브 관습들이 1920년대 이래로 세계 영화에서 차지하게 되는 역할을 인정하는 것이다. 이러한 용어들은 초창기의 영화들이 단순히 할리우드와 그에 따른 고전적 양식의 전조로서만 존재했다는 것을 암시할 수도 있기 때문에 그 사용에 주의를 요한다. 사실, 영화 초창기에 주도적이었던 영화 제작 양식이 전적으로 나중에 할리우드, 혹은 고전적 양식으로 대체된 것은 아니었으며, 심지어는 미국 내부에서도 그러했다. 많은 영화들은 이후 오랜 세월 동안 할리우드 이전, 혹은 적어도 비할리우드 방식을 계속 유지했다. 그러나 1906년 혹은 1907년 이래로 일어났던 영화 발전의 많은 부분이 영화 형식과 산업적 측면에서 이후의 할리우드 시스템을 위한 기반이 되었다고 보는 것은 틀린 주장이 아니다.

그러므로 이 책의 목적상 이 시기는 두 부분으로 나눠진다. 그 첫 번째 반은 영화의 출현에서 대략 1906년에 이르는 시기로, 이 시기의 영화를 〈초창기 영화〉라 부르겠다. 두 번째 반인 1907년 이후부터 1910년대 중반에 이르는 시기를 〈과도기〉라고 규정할 수 있는데 초창기 영화의 특징적인 양식과 그 후의 양식 사이를 연결하는 다리 역할을 하기 때문이다. 크게 말한다면, 초창기 영화는 매우 직접적인 재현 양식들의 사용으로 구별되며, 사진과 연극 등의 기존 관습에 크게 의존한다. 본질적으로 영화적인 관습이 실제 발전하기 시작하고 영화가 다른 것과 구별되는 형태의 서사적 환영*narrative illusion*을 창조할 수 있는 수단을 확보하게 되는 것은 바로 과도기적 시기에 들어서이다.

산 업

여러 국가들이 영화를 발명했다고 주장하고 있지만 영화는 다른 기술적인 혁신들과 마찬가지로 정확한 기원의 순간을 갖고 있지 않으며, 그 연원을 특정 국가나 사람에게서 찾을 수는 없다. 사실, 영화의 기원을 찾아 시간을 거슬러 올라가면 16세기 이탈리아의 카메라 옵스큐라*camara obscura* 실험, 19세기 초기의 다양한 광학 장난감, 디오라마*diorama*, 혹은 파노라마*panorama* 같은 수많은 시각적 재현물 등을 만난다. 19세기의 마지막 10년 사이 움직이는 이미지를 연속적으로 스크린에 투영하고자 하는 노력은 강화되었으며, 몇몇 국가의 발명가/기업가들은 〈최초의〉 움직이는 그림을 호기심 많은 대중들에게 선보였다. 그 대표적인 사람들로 미국의 에디슨, 프랑스의 뤼미에르 형제, 독일의 막스 스클라다노프스키, 영국의 윌리엄 프리즈-그린 등이 있었다. 그러나 촬영 기술의 향상, 영사기를 통하면서 고리를 형성할 수 있을 정도로 유연하고 내구성 있는 셀룰로이드의 발명, 영사기 설계에 정밀 기계 공학 적용 등 기술적 배경들이 순조롭게 결합되면 특정 시기에 영화적 〈발명〉을 낳을 수 있었기 때문에, 이들 가운데 어느 누가 영화 매체의 1차적인 창안자인지는 말할 수 없다.

영화 양식과 기술의 국제화에도 불구하고 미국과 몇몇 유럽 국가들이 영화 제작, 배급과 상영에 있어 주도권을 확보했다. 본래부터 프랑스 영화 제작사들은 미국, 영국과 경쟁을 벌였던 영역인 양식적 혁신의 측면은 아니라고 할지라도 자국과 국제 시장에 대한 지배라는 측면에서는 확실히 가장 유력한 발전상을 보였다. 뤼미에르 형제에게 그 영예의 자리가 주어져야 하는데, 이들은 비록 불확실한 것으로 추측되지만 유료 관객들에게 최초의 영화들을 상영했다는 공적을 여러 곳에서 반복적으로 인정받았다. 오귀스트 뤼미에르와 루이 뤼미에르는 사진용 부품 공장을 소유했으며 시간이 날 때마다 그들이 시네마토그라프Cinématographe라고 칭했던 카메라의 설계에 매달렸다. 그것은 1895년 3월 22일 프랑스국영산업진흥협회Société d'Encouragement à l'Industrie Nationale의 회의에서 처음 소개되었다. 이러한 권위 있는 데뷔 이후 뤼미에르 형제들은 계속해서 사진 학회나 협회에서 전시하면서 그들의 카메라가 과학적인 장치라고 홍보했다. 그러나 1895년 12월 그들은 가장 유명하고 영향력 있는 공개 선전을 시도했는데, 파리의 그랑 카페Grand Café에서 유료 관객에게 10편의 필름을 상영한 일이었다.

정확하게 최초로 영화가 상영된 시기를 잡는 것은 〈상영〉이 의미하는 바가 개인적인가, 공개적으로 유료 관객을 대상으로 한 것인가, 키네토스코프를 통해 보여지는 것인가, 혹은 스크린에 투영되는 것인가 등에 따라 달라질 수 있다. 이러한 변수들 때문에 사람에 따라 최초의 영화 상영의 시기를 에디슨이 키네토스코프를 처음으로 완성한 1893년에서 뤼미에르 형제가 그랑 카페에서 실연한 1895년에 이르기까지 다양하게 잡을 수 있다.

심지어 유료 관객을 상대로 〈최초로〉 필름을 스크린에 투영한 것은 뤼미에르 형제가 처음이 아닐 수도 있다. 아마 이런 영예는 독일의 막스 스클라다노프스키에게 돌아가야 마땅한데, 그는 시네마토그라프의 그 유명한 공개 상영 두 달 전에 베를린에서 똑같은 일을 벌였다. 그러나 한 경쟁자에게 시기상으로 뒤졌음에도 불구하고 뤼미에르 형제의 상업적 재능과 마케팅 능력 때문에 그들의 명성은 거의 곧바로 유럽 전역과 미국에 알려지게 되었고 영화 역사에 있어서 최초라는 위치를 차지하게 되었다. 시네마토그라프의 기술적 사양은 두 가지 관점에서 유용했는데 본래부터 제작과 상영의 측면에서 경쟁자들을 능가하는 몇 가지 장점을 가져다주었다. 상대적으로 가벼운 무게(수백 파운드의 무게가 나가는 에디슨의 키네토그래프와 비교되는 16파운드), 카메라, 영사기, 필름 현상기 등으로 기능할 수 있는 성능, 낮은 전력 의존도(이것은 손으로 크랭크를 돌려 구동할 수 있었고 석회광*limelight*을 이용했다) 등의 이유 때문에 휴대와 작동이 매우 용이했다. 뤼미에르 회사의 미국 상륙 6개월 만에 21명의 카메라맨/영사 기사들은 미국 전역을 순회했고, 이들은 보드빌 극장에 시네마토그라프를 소개하면서 주요한 미국 경쟁품인 에디슨의 키네토그래프를 몰아냈다.

주로 다큐멘터리적인 내용들을 상영했던 뤼미에르의 시네마토그라프가 프랑스에서 주도권을 확립했으나 영화 초창기에 같은 프랑스 인인 조르주 멜리에스는 픽션 영화의 세계적인 제작자가 되었다. 멜리에스는 파리의 로베르우댕Robert-Houdin 극장에서 공연의 일부로서 환등기를 이용하는 마술사로서 직업적 경력을 시작했다. 뤼미에르의 영화들 몇 편을 보자마자 비록 좀 더 과학적인 경향의 뤼미에르 형제들과는 전혀 다른 방향에서 그것을 이해했지만 멜리에스는 곧장 새로운 매체의 잠재력을 알아차렸다. 멜리에스의 스타Star 영화사는 1896년에 제작을 시작했으며, 이듬해 봄에 파리의 외곽 몽트뢰유에 스튜디오를 마련했다. 멜리에스는 1896년과

뤼미에르 형제의 영화 「물에 젖은 물 뿌리는 사람」(1895)이 소개된 〈시네마토그라프〉의 초기 포스터.

1912년 사이 수백 편의 영화를 제작했으며 1902년까지 런던, 바르셀로나, 베를린에, 그리고 1903년에는 뉴욕에 배급 사무소를 세우면서 뤼미에르 형제를 영화 산업에서 거의 몰아낼 정도로 발전했다. 그러나 그의 인기는 과도기 시기의 영화들이 전혀 다른 종류의 오락을 제공하기 시작하는 1908년부터 기울기 시작했으며, 1911년경이 되었을 때 멜리에스의 영화사에서 배급하는 유일한 영화는 멜리에스의 형제 가스통이 텍사스 스튜디오에서 제작하는 서부극들뿐이었다. 종국에 가서 경쟁사들은 멜리에스의 영화사를 1913년에 파산에 이르게 했다.

경쟁사들 가운데 최고의 영화사는 파테Pathé 사로 뤼미에르 형제와 멜리에스의 영화사보다 오래갔다. 파테 영화사는 초창기 영화사에서 가장 유력한 프랑스 영화사 가운데 하나가 되었으며 프랑스의 초창기 영화 시장 지배에 주요한 역할을 했다. 1896년에 파테 프레르Pathé-Frerès를 설립한 샤를 파테는 일찍이 1902년에 뤼미에르의 특허권을 확보하고 1차 세계 대전 이전에 멜리에스 영화사를 인수하는 등 공격적인 인수와 팽창 정책을 추구했다. 파테는 또한 해외 진출을 확대하여 다른 배급사들이 소홀히 하는 시장들을 개척하였으며 제3세계 국가들에서 회사 이름을 사실상 영화의 동의어로 만들었다. 히스파노 필름Hispano Film(스페인), 파테-뤼스 Pathé-Russe(러시아), 필름 다르테 이탈리아노Film d'Arte Italiano, 파테-브리태니아Pathé-Britannia 등, 그는 많은 유럽 국가들에 영화 제작 지부를 세웠다. 1908년 파테 영화사는 모든 미국 제작사들의 영화를 합친 수의 두 배나 되는 영화를 미국에 배급했다. 그러나 초기의 이런 프랑스의 주도에도 불구하고 에디슨제작사Edison Manufacturing Company, 아메리칸 뮤토스코프-바이오그래프 사American Mutoscope and Biograph Company(1909년 이후 바이오그래프로 변경), 미국 바이타그래프 사Bitagraph Company of America 등 다양한 미국 제작사들이 이미 미래의 미국의 세계 시장 지배를 위한 단단한 기초를 구축했다.

영화의 〈발명〉은 종종 토머스 앨바 에디슨의 이름을 연상시키지만 동시대 산업적 관행에 따라 에디슨의 영화 관련 기계들은 사실상 뉴저지 주 웨스트오렌지에 위치한 그의 연구소에서 영국인 윌리엄 케네디 로리 딕슨의 감독하에 일했던 연구진들이 제작했다. 딕슨과 그의 동료들은 1889년 영화에 대한 연구를 시작하여 1893년경 작동은 가능하지만 턱없이 큰 카메라인 키네토그래프와, 요지경처럼 들여다보는 장치인 키네토스코프를 건조했다. 키네토스코프 내부에서는 40피트에서 50피트에 이르는 띠 모양으로 이어진 필름이 전기 램프와 셔터 사이를 움직였다. 그들은 또한 키네토그래프의 크기, 무게, 상대적인 부동성 등 때문에 필요했던 최초의 영화 스튜디오를 개발하여 건조했다. 이것은 판잣집 형태로 그 모양이 경찰서의 호송차를 닮았기 때문에 대중들은 〈블랙마리아 Black Maria〉라고 별명을 붙였다. 이러한 원시적인 스튜디오에 초기의 미국 영화배우들이 다녀갔는데, 주로 보드빌 공연자들로서 영화 촬영을 위해 뉴욕 시로부터 웨스트오렌지까지 건너왔다. 이들 영화들은 15초에서 1분 미만이었으며, 예를 들어 유명한 배꼽춤 댄서인 〈리틀 이집트Little Egypt〉의 춤, 혹은 〈장사 샌도Sandow the Strongman〉의 동작 등 단순히 다양한 무대 연기자들의 공연을 재연한 것들이었다.

뤼미에르 형제와 마찬가지로 영화 역사에 있어 에디슨이 차지하는 주요한 위치는 기술적인 고안에 있었던 것이 아니라 마케팅 기술에서 비롯되었다. 비록 대중 관객보다는 개별 관람자를 위한 것으로 고안된 것이었지만 상업적인 가능성을 가진 영화 관련 기계를 판매한 것은 그의 회사가 최초였다. 키네토스코프와 키네토그래프에 대한 권리를 통제하면서 에디슨은 즉시 상업적 활용을 위한 계획에 착수하여 미국 전역에 키네토스코프 가게*Kinetoscope parlor*의 설립으로 이어졌던 사업 계약을 맺었다. 최초의 키네토스코프 가게가 1894년 4월 뉴욕 시에서 점두에 있는 가게를 빌어 문을 열었는데 그곳에는 각기 다른 영화를 보여 주는 열 대의 관람 기계가 놓여 있었다. 인기 있는 권투 챔피언 〈신사〉 짐 코벳이 〈블랙 마리아〉에서 피트 코트니를 상대로 6라운드 경기를 가졌을 때, 기술적으로 경이로운 신발명품에 대한 판촉이 활성화되었다. 경기를 담은 영화는 옷을 거의 걸치지 않은 신사 짐을 훔쳐보기 위해 키네토스코프 유흥장에 장사진을 쳤다고 전해지는 여성 관람객의 광적인 열광뿐 아니라 에디슨의 기계를 전국적으로 유명하게 만들었다. 곧 다른 키네토스코프 유흥장들이 문을 열었으며 그 기계들 또한 여름 휴양지의 인기 품목이 되었다.

1896년 봄까지 에디슨 영화사는 키네토스코프 용도의 영화 제작에 몰두했으나 키네토스코프 가게의 신기함은 사그라지고 기계 판매고도 떨어지자 토머스 에디슨은 개인 지향의 상영에 대한 자신의 판단을 재고하기 시작했다. 에디슨은 자신들의 발명품을 상업적으로 활용하기 위한 자본이 부족했던 토머스 아맛과 프랜시스 젠킨스가 그 중심 메커니즘을 설계했던 영사기에 관한 특허를 확보했다. 스크린에 이미지를 투사하는 방식인 바이타스코프Vitascope는 에디슨의 이름 아래 광고되었으며 1896년 4월 뉴욕 시에서 처음 공개되었다. 여기에 에디슨 영화사가 제작한 5편과 영국인 R. W. 폴이 제작한 「도버의 거친 파도Rough Sea at Dover」 등 6편의 영화가 상영되었다. 이들 짧은 영화들은 40피트 길이로 20초 동안 상영되었으며 필름의 양 끝을 이어 붙여 고리를 만들어 각 영화는 6회 반복해서 상영될 수 있었다. 영화의 내용이나 스토리보다는 영화 자체의 신기함이 최초의 영화 관객에게는 매력적이었다. 1년 사이에 수백 개의 바이타스코프가 미국 전역의 다양한 장소들에서 영화를 상영했다.

이러한 초창기에 에디슨에게는 2명의 주요 국내 경쟁자가 있었다. 과거 보드빌에서 활동했던 제임스 스튜어트 블랙튼과 앨버트 스미스는 1898년 본래 그들 자신의 보드빌 공연과 함께 상영하기 위한 영화를 제작하기 위해 미국 바이타그래프 영화사Vitagraph Company of America를 세웠다. 같은 해 미국-스페인 전쟁의 발발은 새로운 영화 매체에 대한 인기를 눈에 띄게 끌어올렸는데, 영화를 통해 신문이나 대중 주간지보다 생생하게 전쟁을 실감할 수 있었기 때문이었다. 블랙튼과 스미스는 즉시 이런 상황을 이용했다. 그들은 뉴욕 시의 옥탑에 세운 스튜디오에서 쿠바에서 일어나는 사건들을 보여 줄 목적으로 영화를 촬영했다. 이러한 시도는 매우 성공적이어서 1900년경 두 사람은 다른 상영업자들에게 판매할 자신들의 영화들이 담긴 최초의 카탈로그를 발표했고, 이로써 바이타그래프 영화사는 미국의 주요 영화 제작자의 하나로 자리매김하게 되었다. 지금은 무엇보다 그리피스를 1908년과 1913년 사이 고용했던 사실로 유명한 아메리칸 뮤토스코프-바이오그래프 영화사는 이 시기에 세 번째로 중요한 영화 제작사였는데 1895년 뮤토스코프 기계를 위한 플립카드*flip-card*를 생산하기 위해 설립되었다. 딕슨이 에디슨을 떠나 바이오그래프에 합류했을 때 영화사는 바이타스코프와 경쟁할 수 있는 영사기의 특허를 얻기 위해 그의 전문 기술을 이용했다. 이 영사기는 다른 어떤 기계보다 빛 깜박임이 적었기 때문에 보다 좋은 영사 품질을 자랑했으며, 빠르게 에디슨의 주요 경쟁사인 뤼미에르의 영사기를 대체해 나갔다. 바이오그래프 또한 1897년 영화를 제작하기 시작했으나 에디슨 영화사는 바이오그래프에 대해 1902년에 가서야 해결이 되는 소송을 제기해서 결국 바이오그래프를 시장에서 실질적으로 제거했다.

세기의 문턱에서 영국은 세 번째로 중요한 영화 제작 국가였다. 1894년 영국에 에디슨의 키네토스코프가 처음 소개되었으나 에디슨이 장치에 대한 해외 특허를 예외적으로 획득하지 못했기 때문에, 영국인 R. W. 폴은 법적으로 보호받지 않는 관람 기계를 정당하게 모방할 수 있었으며 런던 얼스 코트Earl's Court 전시관에 15대의 키네토스코프를 설치했다. 에디슨이 영화 공급을 중단함으로써 뒤늦게 자신의 이익을 보호하고자 했을 때 폴은 자신이 직접 영화 제작에 착수했다. 필요한 기술 관련 전문 지식을 제공해 왔던 버트 에이커스와 연계하여 폴은 1899년 런던 북부에 영국 최초의 스튜디오를 열었다. 초기 영국 영화의 또 다른 주요 영화 제작자인 세실 헵워스는 1900년 런던에 있는 자신의 집 뒤뜰에 스튜디오를 세웠다. 1902년 즈음, 브라이튼은 소위 브라이튼파의 주요 인물 가운데 두 사람으로 각자 스튜디오를 운영하고 있던 조지 앨버트 스미스와 제임스 윌리엄슨 등에 힘입어 영국 영화 제작의 중심지가 되었다.

이 시기의 제작, 배급, 상영 관행은 이후 전환기 시대에 갖추게 되는 영화들과는 상당히 달랐다. 영화 산업은 아직까지 대규모 자본주의 기업들의 특징이 되는 전문화와 분업에 이르지 못했다. 영화 초창기에 제작, 배급, 상영 등 모든 것은 영화 제작사들의 독점적인 영역이었다. 뤼미에르의 순회 카메라맨들은 영화의 촬영, 현상과 영사를 위해 다양한 용도를 지닌 시네마토그라프를 이용했다. 반면에 에디슨과 바이오그래프 영화사와 같은 미국 회사들은 통상적으로 영사기와 필름, 심지어 영사 기사까지 당시 주요 상영 장소가 되었던 보드빌 극장에 공급했다. 더욱이 미국, 영국, 독일에서 빠르게 등장했던 독립적인 순회 흥행사들 때문에 영화 배급이란 존재하지 않았다. 영화 제작사들은 필름을 대여하기보다는 판매했으며, 이것은 영화 역사의 시작 10년이 지날 때까지 상설적인 상영 장소의 발전에 저해 요인이 되었다.

할리우드 스튜디오의 특징이 되는 엄격한 분업과 일관 작업*assembly line* 관행과는 다르게 이 시기의 영화 생산은 생산적 위계질서*hierarchy*가 아니었으며 단순 협업적이었다. 가장 유력한 초기 영화감독 가운데 한 사람인 에드윈 포터는 처음에는 영사 기사로 고용되어 일하다가 나중에 독립 배급업자가 되었다. 포터는 1900년 에디슨 영화사에 들어가 처음에는 기계공, 나중에는 제작의 수장이 되었다. 그는 명목상의 지위에도 불구하고 촬영과 편집의 기술적 측면들만을 통제했던 반면, 연극 경력이 있는 다른 에디슨의 피고용인들은 배우의 연기 연출과 무대 연출*mise-en-scène*을 책임졌다. 미국의 다른 스튜디오들도 유사한 역할 설정을 시행한 것으로 보인다. 바이타그래프 영화사의 경우, 블랙튼과 스미스는 한 영화에서는 한 사람이 연기를 맡고 다른 한 사람은 촬영을 맡았다가 그다음 영화 때에는 역할을 반대로 바꾸는 등 카메라 앞과 뒤의 책무들을 번갈아 가며 맡았다. 유사한 방식으로 브라이튼파에 속한 영화인들은 자신의 영화 제작사를 소유했으며 카메라맨으로서의 역할도 맡았다. 조르주 멜리에스 또한 자신의 회사를 경영하면서 직접 카메라 크랭크를 돌리는 일을 제외하고 실제 대본 쓰기, 세트와 의상 디자인, 트릭 효과 고안, 그리고 이따금씩의 연기 등 모든 작업을 했다. 영화의 실제적 촬영의 모든 측면을 책임지는 현대적인 의미에 따른 최초의 진정한 감독은 1903년 바이타그래프 영화사에서 도입된 것으로 추정된다. 픽션 영화 제작의 증가로 요청되었던 바는, 한 개인이 책임지고 영화의 서사적 발전과 개별 숏들 사이의 연결에 대해 통일된 감각을 유지해야 한다는 점이었다.

양 식

영화감독의 출현으로 분명하게 설명이 되겠지만, 영화 텍스트의 변화는 종종 그에 따른 제작 과정의 변화를 수반한다. 그러나 초창기의 영화는 실제로 어땠을까? 일반적으로 말해 1907년까지 영화 제작자들은 카메라 전면의 사건*pro-filmic event*(그 측면이나 뒤쪽이 아닌 오직 카메라 전면에서 벌어지는 장면)의 공간적 요소들을 그대로 유지하면서, 즉 보전하면서 개별적인 숏에 온통 신경을 썼다. 그들은 영화적인 개입을 이용한 시간적 연관성, 혹은 극적 인과성을 만들어 내지는 않았다. 머리 위의 공간과 발 아래의 공간은 물론, 사람의 신체 전부가 보이도록 사건에서 충분히 멀리 카메라를 설치했다. 카메라는 연기를 따라가기 위해 간혹 화면 크기를 조정했을 뿐 특히 실외 장면인 경우를 포함해 보통은 움직이지 않고 고정시켜 두었으며, 편집이나 조명을 통한 개입은 자주 사용되지 않았다. 이러한 롱 숏 스타일은 종종 타블로 숏*tableau shot*, 프로시니엄 아치 숏*proscenium arch shot*이라 언급되었으며, 후자의 명칭은 극장의 중앙 첫 번째 열에 앉은 관객이 갖는 시점*perspective*과 같게 하려는 의도가 있다는 의미에서 유래된 것이다. 이런 이유에서 1907년 이전의 영화는 비록 타블로 숏이 당시 그림엽서와 입체 그림*stereograph*처럼 다른 매체에서 공통적으로 볼 수 있는 시점을 그대로 따른 것이었지만 영화적이기보다는 연극적이라는 비난을 종종 받았다. 사실 초창기의 영화 제작자들은 연극에서뿐만 아니라 다른 시각적 자료에서 영감을 가져왔다.

개별 숏에 1차적으로 신경 쓰면서 초창기 영화 제작자들은 숏 사이의 연결에 대해서는 분명한 관심을 기울이지 않는 경향이 있었다. 그들은 한 숏을 다음 숏과 연결시키기 위한 관습*convention*과, 연속적인 선형적 내러티브*linear narrative*를 구성하기 위한 관습 등을 정교하게 만들지 않았으며, 관객이 시공간적 맥락을 잃어버리지 않도록 하기 위한 관습들 또한 그러했다. 그러나 비록 1902년까지는 드물었지만 이 기간 중에 제작된 영화 가운데는 복수 숏*multi-shot* 영화들도 있었다. 사실 1907년 이전의 시기는 2개의 하부 시기로 구분할 수 있다. 즉 1894년에서 1902년, 혹은 1903년까지의 대다수 영화들은 하나의 숏으로 구성되었고, 프랑스에서 말해지는 기록 영화*actualité*, 혹은 오늘날 우리가 다큐멘터리라 부르는 것들이었다. 1903년에서 1907년 사이에는 그 숏들이 인과적, 시간적 관계로 구성된 단순한 내러티브를 가진, 복수 숏의 픽션 영화들이 점차 지배적이 되었다.

초창기 영화 제작자들은 내러티브 스타일에 있어 매우 자의식이 강한 경향이 있었기 때문에 1894년과 1907년 사이의 많은 영화들은 현대의 관점에서 보면 낯설어 보인다. 이들은, 그들 이후의 영화 제작자들이 그렇게 하게 되는 것처럼 영화적 관습에 따라 자신의 현존을 없는 것처럼 가장하기보다 관객을 상대로 마치 흥행 장소에서 자신의 물건을 크게 선전하는 사람들인 양 영화를 만들었다. 사실주의 소설과 할리우드 영화가 취하는 전지적 화자의 시점과 달리 초창기의 영화들은 내러티브를 단일 시점으로 제한했다. 이런 이유에서 초창기 영화는 관객과 스크린 사이의 관계가 지금과 달랐다. 관객은 이야기보다 시각적 스펙터클로서의 영화에 흥미를 느꼈다. 스펙터클에 대한 초창기 영화들의 강조가 너무 두드러졌기 때문에 많은 영화학자들은 톰 거닝의 구분을 채택해 왔다. 톰 거닝은 〈볼거리로서의 영화*cinema of attraction*〉였던 초창기 영화와 〈내러티브 통합의 영화*cinema of narrative integration*〉라고 할 수 있는 과도기적 영화를 구별했다(거닝, 1986). 〈볼거리로서의 영화〉에서 관객은 영화적 관습에 따른 해석을 통해서가 아니라, 영화 속에 등장하는 공간적 일관성에 대한 지식, 그것의 시작과 끝이 알려진 사건의 통일성, 대상에 대한 지식 등 카메라 앞에 놓인 사건과 관련된 이미 파악하고 있는 정보를 통해 의미를 창조했다. 반면, 과도기 동안에 영화는 영화적 관습의 지식에 근거를 두고, 스토리를 이어 맞추는 관객을 요구하게 되었다.

1894~1902/3

이 시기 가장 중요한 프랑스 영화 제작자들인 뤼미에르 형제와 멜리에스의 작업은 단일 숏 영화에 관한 모범적인 관습들의 예를 제공한다. 1895년 12월 뤼미에르 형제가 상영한 영화들 가운데 가장 중요한 것은 아마도 약 50초 길이의 「역에 도착하는 기차L'Arrivé d'un train en gare de la Ciotat」일 것이다. 고정된 카메라는 기차가 역에 정차하는 것과 승객이 내리는 것을 보여 주며, 영화는 대부분의 승객이 숏에서 사라질 때까지 지속된다. 출처가 불분명한 소문에 따르면, 앞으로 달려오는 영화 속 기차가 무서워 관객들은 피신하기 위해 의자 밑으로 숨기도 했다. 뤼미에르의 다른 영화인 「공장에서 퇴근하는 근로자들Sortie d'usine」은 관객에게 이보다는 덜 무서운 영화였다. 근로자들의 전체 모습은 물론, 이들이 빠져나오는 격납고같이 생긴 높은 문을 포착하기 위해 피사체로부터 충분히 거리를 둔 눈높이의 카메라는, 문이 열리고 그 안의 사람이 쏟아져 나와 프레임 양쪽으로 흩어지는 것을 관찰한다. 영화는 대략 이 모든 사람이 사라지는 시점에서 끝난다. 당시의 기사들에 따르면, 이상의 영화들을 포함해 뤼미에르 형제의 영화들이 관객을 매혹했던 것은 관심을 끌게 하는 황홀한 사건을 묘사했기 때문이 아니라, 현대의 관객이 보면 거의 주목의 대상이 아닌, 우연적인 작은 부분, 즉 아기가 아침을 먹고 있을 때 그 배경에서 나뭇가지가 가볍게 흔들리는 모습, 배가 항구를 떠날 때 바닷물에 너울거리며 비치는 햇살 등을 통해서였다. 초창기의 영화 관객은 스토리를 요구하지 않았으며, 살아 있는 사물이나 살아 있지 않은 사물의 움직임이 단순히 기록되고 재현된 것에 무한한 매력을 느꼈다.

그러나 뤼미에르 형제는 시네마토그라프의 첫 공개에서 「물에 젖은 물 뿌리는 사람L'Arroseur arrosé」이라는 일종의 스토리 영화를 포함시켰다. 마치 카메라가 없는 경우에도 일어날 수 있을 법한 사건들을 묘사했던 뤼미에르 형제의 다른 작품과는 달리 유명한 이 영화는 카메라를 위한 특별한 장면

에드윈 포터의 「대열차 강도」(1903).

을 연출했다. 정원사가 잔디에 물을 뿌린다. 소년은 물이 나오지 않도록 호스를 밟는다. 정원사는 이상하다는 듯이 호스의 입구를 들여다보고, 소년이 발을 치웠을 때 다시 물이 나와 정원사에게 뿜어진다. 정원사는 소년을 쫓아가 잡아서 때린다. 영화는 당시의 표준이었던 타블로*tableau* 스타일에 정지된 카메라로 촬영되었다. 눈여겨볼 중요한 점은 벌을 피하려는 소년이 프레임 밖으로 나가고 정원사가 쫓아 나가 화면이 2초간 비는 순간이다. 현대의 영화 제작자라면 등장인물들을 따라 팬을 하거나 화면을 바꿔 그 프레임에서 밖에서 벌어지는 행동을 포착했을 것이다. 그러나 뤼미에르 형제는 두 가지 가운데 어느 것도 하지 않았고, 스토리의 인과성과 시간성에 우선하여, 카메라 전면의 사건의 공간을 보존하는 상징적인 사례를 제공한다.

뤼미에르 형제와는 달리 조르주 멜리에스는 카메라를 대상으로 사건을 연출하면서 항상 자신의 스튜디오에서 촬영을 했고, 그의 영화는 〈실제 세계〉에서는 일어날 수 없는 환상적인 사건을 보여 주었다. 비록 그의 모든 영화들이 당시의 표준인 타블로 양식을 따르고 있지만 그것들은 또한 마술적으로 나타나거나 사라지는 것들로 가득 찼다. 이것은 촬영 감독들이 흔히 말하는 〈정지 동작*stop action*〉 촬영을 통해 달성되었는데, 촬영 중이던 카메라를 정지시키고 배우를 새로 숏에 들어오게 하거나 혹은 빠져나가게 한 후 다시 촬영을 하여 등장인물이 갑자기 사라지거나 나타나는 환영을 창조하는 것이다. 멜리에스의 영화들은 영화학자들이 초창기 영화적 양식이 갖고 있다는 연극성에 대해 논쟁을 벌이는 데 커다란 역할을 했다. 이전까지 학자들이 정지 동작 촬영 효과가 편집이 필요 없는 작업이고 그래서 멜리에스의 영화를 단순히 〈촬영된 연극〉이라고 생각했던 반면에, 실제 네거티브 필름의 조사를 통하여 밝혀진 것은 갑자기 다른 장면으로 바뀌는 치환 효과*substitution effect*가 실제로는 촬영이 아닌, 필름을 잘라 이어 붙이기, 즉 편집을 통해 제작되었다는 점이다. 멜리에스는 또한 한 숏 위에 다른 숏을 겹치는 방법을 통해 이미지를 조작했기 때문에 많은 영화들은 연극보다는 19세기에 개발된 사진적인 장치와 연관된 방식으로 공간을 재현했다. 「1인 밴드 L'Homme orchestre」(1900)와 「음악광Le Mélomane」(1903) 같은 영화들은 한 숏에 다른 숏을 쌓아 올림으로써 달성된 단일한 이미지(이러한 경우 멜리에스 자신)의 영화적인 조작을 두드러지게 보여 준다.

이러한 카메라 전면의 사건 공간의 영화적인 조작에도 불구하고 멜리에스의 영화들은 많은 측면에서 과도하게 연극적인 것으로, 스토리를 마치 무대 위에서 공연되는 것인 양 보여 준다. 이것은 1907년 이전 시기에 제작된 많은 픽션 영화들에 공통적으로 나타나는 특징이다. 카메라는 프로시니엄 아치의 시야를 모방했을 뿐만 아니라 영화는 색칠한 플랫*flat*과 〈무대〉 앞 사이의 폭이 좁은 연기 공간에서 장면을 연출했으며 등장인물들은 무대의 양옆 빈 공간이나 뚜껑 문을 통해 등장했다. 멜리에스는 1907년의 어떤 기사에서 자신의 스튜디오의 촬영 공간이 〈극장의 무대와 정확히 같게 건축되고 뚜껑 문, 좁은 통로, 수직 장식물 등이 완비된〉 연극 무대를 본뜬 것이라고 자랑스럽게 말했다.

오랫동안 영화 이론가들은 뤼미에르가 대부분 〈사실적〉 사건을, 멜리에스가 연출된 사건을 촬영했다는 사실을 고려해서 이들의 영화들이 다큐멘터리와 픽션 영화 제작의 차이가 시작되는 시기의 상황을 보여 준다고 지적했다. 그러나 이러한 구분은 그 당시 담론은 아니었다. 1907년 이전 시기의 많은 영화들은 오늘날 〈다큐멘터리적〉 자료라 말할 수 있는 것, 즉 영화 제작자와는 독립적으로 존재하는 사건과 사물과 〈픽션적인〉 자료, 즉 카메라를 위해 특별히 꾸며 낸 사건과 사물을 섞었다. 이 시기에 보기 드문 복수 숏 영화의 하나인 「오번 교도소 전경 속의 촐고슈 처형The Execution of Czolgosz with Panorama of Auburn Prison」(에디슨, 1901)을 예로 들어 보자. 영화는 윌리엄 매킨리 대통령 암살범의 처형을 다룬 4개의 독립적인 개별 숏들의 편집물이다. 처음 2개의 숏은 교도소 외부 전경이고 세 번째는 배우가 교도소 독방의 사형수를 극적으로 표현하는 모습을 보여 주고, 네 번째는 전기 처형의 재연이다. 이런 종류의 영화들을 고려한다면 픽션과 다큐멘터리의 과장된 차이점의 관점보다는 소재의 유사성의 차원에서 초창기 장르들을 검토하는 것이 유용하다.

20세기의 문턱에서 제작된 많은 영화들은 여행과 교통에 대한 당시의 지대한 관심을 반영했다. 뤼미에르에 의해 확립된 기차 영화는 사실상 독립적인 장르를 형성했다. 각 스튜디오는 다양한 기차 영화를 내놓았다. 그들은 때때로 고정시킨 카메라로 움직이는 기차를 촬영하거나 혹은 기차의 내부나 앞쪽에 배치하여 이동 숏*travelling shot*을 얻었는데, 후자의 경우에 공간을 가로지르는 움직임의 환영이 보이기 때문에 초창기의 관객들을 오싹하게 했다. 기차 영화 장르는 여행 영화*travelogue*와 연관되었다. 여행 영화는 이국적이거나 친숙한 풍경을 특징적으로 보여 주었는데, 이 시기에 매우 인기 있었던 그림엽서와 입체화를 동영상의 형식으로 모방한 것이다. 퍼레이드, 만국 박람회, 장례식 등과 같은 공개 행사들도 초창기의 카메라맨들에게 풍부한 소재가 되었다. 여행 영화와 공개 행사 영화들은 모두 자족적인 개별적 숏들로 구성되었지만 제작사들은 판매용으로 이 영화들을 그 상영 순서에 대한 제안과 함께 혼합하여 제공했다. 그래서 예를 들면, 상영업자는 같은 사건에 관한 별도의 몇몇 숏들을 상영하여 관객에게 그 사건에 관한 좀 더 풍부하고 다채로운 이미지들을 보여 줄 수 있었다. 초창기 영화 제작자들은 또한 보드빌 공연이나 권투 시합 등과 같은 대중적 오락물을 본떴는데, 이것들은 카메라 앞에서 상대적으로 쉽게 재연할 수 있는 것들이었다. 1894년 최초의 키네토스코프 영화들은 버팔로 빌의 와일드 웨스트 쇼에서 비롯된 장면들은 물론, 몸을 마음대로 구부리는 곡예사, 묘기를 펼치는 동물과 댄서를 포함한 보드빌 연기자들을 보여 주었다. 숏들은 독립된 단위로 기능했고 그러한 것들로 팔렸지만, 상영업자들은 한밤의 오락거리를 만들기 위해 이들 숏들을 선택적으로 조합할 수 있었다. 1897년이 되면 인기 있는 권투 경기 영화는 1시간까지 길어질 수 있었다. 이와 똑같은 상황이 초창기 장르들 가운데 가장 인기 있던 다른 종류인 예수 수난극*Passion play*에도 적용되었으며 예수의 일생을 다룬 예수 수난극은 종종 연극 극단들의 공연을 영화적으로 기록한 것이었다. 연극 주요 장면들의 편집물 상영 시간은 1시간이 충분히 넘을 수 있었다. 세 번째 분야의 영화들은 대다수가 종종 유머러스한 속성을 가진 단일 숏의 짧은 스토리였다. 그 영화들 중 어떤 것은 뤼미에르의 「물에 젖은 물 뿌리는 사람」을 닮은 개그 영화였는데, 예를 들어 애인과 말을 타고 달아나려는 청년이 그녀의 아버지와 레슬링 시합을 벌이게 되는 「마상 도주Elopement by Horseback」(에디슨, 1891)의 경우처럼 카메라 앞에서 코믹한 행위가 벌어진다. 다른 종류의 영화로는 정지 동작 촬영, 이중 인화, 필름 거꾸로 돌리기 등의 트릭 효과를 통한 유머들에 의존한 영화들이 있다. 가장 유명한 것들은 멜리에스 영화들이지만 이런 형태는 또한 에디슨 영화사의 에드윈 포터나 브라이튼파의 영화 제작자들이 만든 다른 초창기 영화들 가운데서도 찾을 수 있다. 이러한 영화들은 점차 복잡해졌으며 때때로 1개 숏 이상의 장면을 포함하기도 했다. 윌리엄슨의 영화인 「한입에 The Big Swallow」(1901)에서 첫 번째 숏은 행인을 촬영하려는 순간의 사진사를 보여 준다. 두 번째 숏은 카메라 렌즈를 통해 사진사의 시점을 본뜬 것으로 행인이 카메라에 가까이 다가옴에 따라 점점 커지는 행인의 머리를 보여 준다. 그 남자의 입이 벌어진 후 장면은 암흑 속에 빠진 사진사와 카메라의 숏으로 편집된다. 영화는 무엇인가를 만족스럽게 우적우적 먹으면서 멀리 걸어가는 행인의 숏으로 끝난다.

1902/3~1907

이 시기에는 복수 숏의 영화들이 예외라기보다는 정례로서 등장했으며, 영화는 더 이상 개별 숏을 독립적인 의미 단위로 다루지 않고 숏들을 서로 연결했다. 그러나 영화 제작자들은 선형적인 서사적 인과성*linear narrative causality*을 구축하거나 시간과 공간의 맥락을 분명하게 확립하기 위해서라기보다는 사건의 중대한 시점을 포착하고 강조하기 위해 숏들의 연쇄를 이용했을 것이다. 〈볼거리로서의 영화〉에 걸맞게 그 편집 의도는 서사의 발전을 정교하게 하기보다는 시각적인 쾌락을 강화하는 것이었다.

이 시기에 사용된 가장 강력한 편집 장치의 하나는 행동의 중복*overlapping action*이었다. 이는 카메라 앞의 공간을 유지하면서, 동시에 중요한 행동을 궁극적으로 두 번 보여 줌으로써 그 행동을 강조하려는 영화 제작자들의 욕구에서 비롯된 결과였다. 아마도 1902년에 가장 유명한 영화인 조르주 멜리에스의 「달세계 여행」에서 우주선의 달 착륙은 2개의 숏으로 반복된다. 〈우주〉에서 보이는 그 첫 번째 숏에서 우주선은 달에 있는 남자의 눈에 부딪치고 남자의 싱긋 웃는 표정은 찡그림으로 변한다. 〈달의 표면〉에서 보이는 두 번째 숏에서 우주선은 다시 한 번 착륙한다. 똑같은 행동을 두 번 보여 주는 이 두 숏들은 현대 관객을 당황하게 할 수 있다. 편집을 통한 이러한 액션의 반복은 같은 해에 에디슨 영화사의 에드윈 포터가 연출한 미국 영화 「농장에서 그들이 그것을 하는 방법 How They Do Things on the Bowery」에서도 보인다. 성난 웨이터가 돈을 지불할 수 없는 손님을 내쫓는다. 실내 숏에서 웨이터는 남자를 밖으로 밀쳐 버리고 이어서 그의 가방을 던져 버린다. 그다음 실외 숏에서 손님은 레스토랑으로부터 나오는데 곧 가방도 던져진다. 1904년의 바이오그래프 영화 「과부와 유일한 남자The Widow and the Only Man」의 경우에 행동의 중복은 실내와 실외의 사건들을 포착하기 위해서가 아니라 똑같은 사건을 두 번 보여 주기 위해 사용된다. 그러한 첫 번째 숏에서 여자는 구혼자의 꽃다발을 받고 고마워하듯 냄새를 맡는다. 이다음 〈매치 컷*match cut*〉이라기보다는 좀 더 근접한 숏은 여자가 똑같은 행위를 정확하게 반복

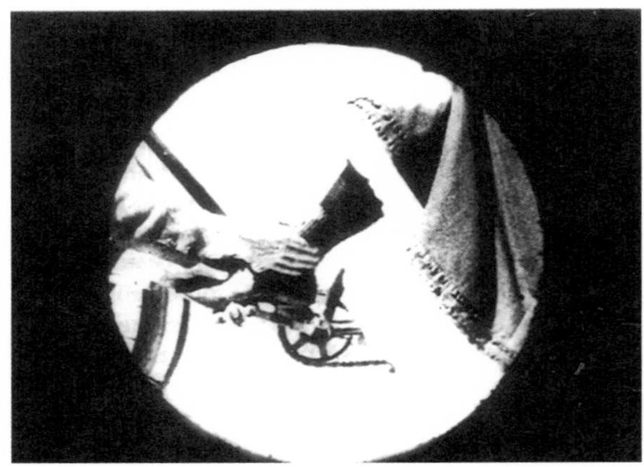

초창기의 편집: G. A. 스미스의 「망원경으로 봤을 때As Seen through a Telescope」(1900)에서 선후 관계의 두 숏. 망원경을 통해 보이는 장면(마스크 처리)은 소녀의 발목이 걸리는 모습을 보여 주면서 그것으로 그전 숏을 〈설명하고 있다〉.

하는 것을 보여 준다.

행동의 중복이 숏들을 연결하는 일반적인 수단이었던 상황에서 이 시기의 영화 제작자들 또한 시간과 공간의 맥락을 설정하는 다른 수단들을 실험했다. 그러한 것의 한 예를 「달세계 여행」에서 찾을 수 있다. 달에 도착한 후 대담무쌍한 프랑스 탐험가들은 비우호적인 외계인들(바로 그 시기에 프랑스인들이 자신들의 식민지들에서 직면하고 있었던 〈호전적인 현지인들〉을 현저하게 닮았다)을 만난다. 탐험가들은 우주선으로 도주하고 지구로의 안전한 귀환을 서두른다. 그들의 귀환은 4개의 숏으로 20초의 상영 시간 동안 진행된다. 그 첫 번째 숏에서 우주선은 화면의 밑 부분에서 퇴장하면서 달을 출발한다. 두 번째 숏에서 우주선은 화면의 위쪽에서 아래쪽으로 움직인다. 세 번째 숏에서 우주선은 화면의 위쪽에서 바다쪽으로 이동하고, 네 번째 숏의 경우 우주선은 수면에서 수중의 바닥으로 움직인다. 이 시퀀스는 오늘날 행해지는 방식과 상당 부분 비슷하게 촬영되었다. 여기에서 우주선의 이동은 방향의 연속성*direction continuity*이란 관습을 따르고 있는데, 이것은 사물이나 인물은 한 숏에서 다른 숏으로 이어질 때 계속해서 똑같은 방향으로 움직이는 것처럼 보여야 한다는 것을 의미한다. 이런 일관성 있는 움직임은 개별 숏들 사이의 시간과 공간적 맥락을 설정하는 데 기여한다. 그러나 현대 영화 제작자들이라면 한 숏에서 다른 숏으로 직접 연결했을 텐데, 멜리에스는 숏들을 오늘날 시간적인 생략을 의미하는 장면 전환 장치인 디졸브*dissolve*로 연결했기 때문에 이 시퀀스는 여전히 현대의 관객에게는 혼란스러울 수 있다.

디졸브를 통한 장면 연결은 사실 이 시기에는 특이한 것이 아니었으며 「이상한 나라의 앨리스Alice in Wonderland」(헵워스, 1903)에서도 그 예를 찾을 수 있다. 그러나 브라이튼파의 다른 영국 영화 제작자인 제임스 윌리엄스는 1901년 숏들 사이의 액션을 직접 연결한 사례가 보이는 「도둑 잡아라Stop Thief!」, 「불이야Fire!」를 제작했다. 「도둑 잡아라!」는 한 무리의 사람들이 정육점 주인에게서 고깃덩어리를 훔친 부랑아를 뒤쫓아 가는 것을 보여 준다. 이러한 상황은 개별 숏들 모두에서 인물이 사선(斜線)으로 움직이는 액션들을 통한 숏 연결에 동기를 부여한다. 도둑에 이어 그 추격자들이 화면의 뒤쪽에서 등장하여 카메라를 지나 화면 밖으로 퇴장한다. 카메라가 마지막 등장인물이 퇴장할 때까지 화면을 그대로 보여 준다는 사실이 그런 편집에 동기를 부여한다. 영화 제작자들이 이런 편집 장치가 매우 효과적이라는 걸 이해했기 때문에 예비 신부가 프랑스 부자를 쫓아가는 「신상Personal」(바이오그래프, 1904)과 같은 추격 영화라는 완전한 장르가 생겼다. 많은 영화들은 또한 그 이야기 속에 추격 장면을 포함시켰다. 예를 들어 유명한 〈최초의〉 서부극 「대열차 강도The Great Train Robbery」(제작사 에디슨, 1903)의 경우, 영화 후반부의 여러 숏들에서 보안대 요원들이 강도들을 추격한다.

「불이야!」에서 윌리엄스는 「도둑 잡아라!」에서 활용된 것과 유사한 편집 전략을 구사하는데, 첫 번째 숏과 두 번째 숏 사이의 경찰관의 움직임과, 두 번째 숏과 세 번째 숏 사이의 소방차의 움직임은 시공간적 맥락을 설정한다. 그러나 윌리엄스는 다른 영화 제작자라면 액션의 중복을 사용할 수도 있었을 영화의 네 번째와 다섯 번째 숏들에서 오늘날 매치 컷*match cut*이라 부를 수 있는 것과 매우 유사한 동작의 연결을 실험했다. 실내 장면인 네 번째 숏에서 소방관은 불타는 집의 창문을 통해 집 안으로 들어와 거주자들을 구출한다. 다섯 번째 숏은 불타는 집의 바깥 장면으로 소방관과 구조된 사람들이 창문을 통해 나오는 것으로 시작된다. 비록 그 연속성이 현대적 관점에서 보면 〈불완전하지만〉 이러한 혁신은 무시할 수 없는 것이다. 「불이야!」의 영향이 확실하게 느껴지는 포터의 1902년 영화 「미국 소방관의 생활The Life of an American Fireman」에서 그는 처음에는 실내에서 그리고 다음에는 실외의 시점에서 전적으로 유사한 구조의 장면을 보여 주면서도 여전히 행동의 중복을 사용하고 있다. 그러나 1년 후 윌리엄슨과 같은 영국인인 스미스는 또 한 번 〈불완전한〉 매치 컷을 창조했다. 그의 「아픈 새끼고양이The Sick Kitten」(1903)에서 새끼고양이에게 약을 먹이는 두 어린이의 원경은 스푼을 핥는 새끼고양이의 근경으로 이어진다.

이 기간 동안 영화 제작자들 또한 1차적으로 서사적인 이해를 위해 필요한 디테일을 강조하기 위해서라기보다는 행위에 대한 좀 더 근접한 숏*closer shot*을 통해 관객의 시각적 쾌락을 강화하기 위해서 카메라 전면의 사건이 차지하는 공간을 영화적으로 파괴하는 실험을 했다. 「대열차 강도」에는 카메라를 향해 총을 발사하는 강도 두목 반스의 미디엄 숏이 포함되어 있는데, 이것은 현대의 영화라면 일반적으로 영화의 결말 부분에 해당할 것이다. 그러나 에디슨의 영화 카탈로그는 상영업자들에게 이 숏을 영화의 처음 부분 혹은 끝 부분 어디에나 배치해도 좋다고 설명하고 있다. 이러한 성격의 서사적으로 비지정적인 숏들은 당시 매우 흔히 있었던 경우에 속한다. 그러한 다른 예를 보여 주는 영국 영화 「사전(私錢)꾼 소굴 습격Raid on a Coiner's Den」(앨프리드 콜린스, 1904)의 첫 장면은 각각 총, 수갑, 주먹을 쥔 3개의 손이 화면의 서로 다른 방향에서 불쑥 들어오는 장면을 보여 주는 미디엄 클로즈업 인서트로 시작한다. 포터가 직접 감독한 단일 숏 영화 「여악당 사진 찍기Photographing a Female Crook」의 경우, 이동하는 카메라는 이동차*dolly*를 통해 경찰이 얼굴 사진을 정확하게 찍지 못하도록 얼굴을 찡그리는 여자에게 점점 다가가면서 좀 더 근접한 숏을 보여 준다.

현재는 사고와 정서의 외면화를 의미한다고 여기지는 영화 속 등장인물의 시점에 가까운 숏의 경우에도 이 시기에는 서사적 정보보다는 시각적 즐거움을 제공하기 위한 목적을 가졌다. 브라이튼파의 혁신적인 영화 제작 사례인 「할머니의 돋보기Grandma's Reading Glasses」(G. A. 스미스, 워릭 무역회사, 1900)에서 그 예를 찾을 수 있다. 영화에서 어린 소년은 할머니의 돋보기를 통해 다양한 사물과 시계, 카나리아, 새끼고양이 등을 바라보며, 이것들은 클로즈업으로 삽입된다. 「음탕한 구둣방 점원The Gay Shoe Clerk」(에디슨/포터, 1903)에서 신발 가게 직원은 여성 고객을 유혹한다. 삽입 숏은 그녀가 치마를 아슬아슬하게 들어 올렸을 때의 발목을 보는 점원의 시점에 가깝다. 이러한 인서트 클로즈업은 〈볼거리로서의 영화〉가 제공하는 시각적 쾌락의 예일 뿐만 아니라 여성의 육체에 대한 초창기 영화의 관음증적인 시선이다. 그 주된 목적이 서사적인 발전에 있는 것이 아니라는 사실에도 불구하고 이러한 숏들은 영화 속 등장인물에서 비롯되고 있기 때문에 「사전꾼 소굴 습격」과 「대열차 강도」에서 보이는 동기 부여가 전혀 없는 근접 숏들과는 차이가 있다.

1907년 이전의 〈볼거리로서의 영화〉가 취하는 편집 전략은 통일성 있는 선형적 서사를 말하기 위한 것이라기보다는 1차적으로 시각적 쾌락을 강화하기 위해서 고안되었다. 그러나 이러한 영화들의 많은 수는 비록 간단하지만 스토리를 말했고 관객은 시각적인 즐거움뿐만 아니라 확실히 서사적인 즐거움까지 누렸다. 시공간적 맥락과 선형적 서사를 구축하기 위한 의도적인 전략의 부재에도 불구하고 초창기의 관객은 비록 현재의 관객이 보기에 전혀 통일성이 없을 것 같은 그런 영화들의 의미를 이해해 낼 수 있었다. 이것은 〈볼거리로서의 영화〉에 속하는 영화들이 해당 영화의 바탕이 되었던, 혹은 간접적으로 연관성이 있었던 다른 텍스트들에 대한 관객의 지식에 크게 의존했기 때문이다. 초창기 영화 제작자들은 사실 새로운 매체 안에서 의미를 창조하는 법을 습득했지만 진공 속에서 작업하지는 않았다. 영화는 그 유아기에 다른 형태의 대중오락물의 서사적 관습과 시각적 관습을 상당히 끌어다 쓰면서 이 시기의 풍부한 대중문화에 그 뿌리를 깊숙이 박고 있었다. 1907년 이전 영화들에 대해 〈비영화적이며〉 과도하게 연극적이라는 비난도 있어 왔으며, 실제 멜리에스와 같은 영화 제작자들은 비드라마적인 연극적 관행에 크게 영향을 받았다. 그러나 전환기를 통해 영화의 길이가 길어지게 되었을 때 그 영감의 중요한 원천이 되기는 했지만 당시 대다수의 길이가 긴 연극 드라마는 1분 미만의 필름으로 시작된 새로운 매체에는 적당한 모델이 아니었다. 최초의 에디슨 키네토스코프가 여실하게 보여 주듯이 보드빌이 초창기 영화의 가장 중요한 원천이 되었다. 당시 보드빌은 서로 연관성이 없는 공연들로 다채롭게 구성되었고 스토리 발전에는 크게 관심을 기울이지 않았다. 최초의 영화 제작자들은 멜로드라마와 (대사보다는 시각적 효과를 강조하는) 팬터마임, 환등기 쇼, 만화, 정치 풍자화, 신문, 이미지가 있는 노래 슬라이드 등과 같은 매체에 의존했다.

환등기, 즉 종종 등불을 조명으로 사용하는 초기 형태의 슬라이드 영사기는 영화에 특별히 중요한 영향을 준 것으로 밝혀졌다. 환등기의 관행은 〈활동사진*motion pictures*〉의 영사를 가능하게 했으며, 이는 시간과 공간의 영화적 재현에 전례를 만들었다. 순회 상영업자들이 활용했던 환등기들은 종종 특별 제작된 슬라이드들 사이에서 움직임을 산출하기 위한 정교한 지레와 도르래 시스템을 갖췄다. 슬라이드 홀더를 통해 느리게 당겨지는 긴 슬라이드는 영화상의 팬*pan*에 상당하는 것을 산출했다. 같은 환등기에 장착된 2개의 슬라이드 홀더는 그 조작자들이 슬라이드들을 빠르게 전환시킴으로써 디졸브를 산출하는 것을 가능하게 했다. 2개의 슬라이드의 이용은 또한 〈편집〉을 가능하게 했는데 조작자들은 롱 숏에서 클로즈업으로, 실외에서 실내로, 인물에서 인물이 보는 사물로 연결할 수 있었다. 「할머니의 돋보기」는 사실 환등기 쇼에서 비롯되었다. 미국인 버튼 홈스와 존 스토다드 등과 같은 순회 상영업자들이 제공했던 환등기를 이용한 강연은 기차 영화와 여행 영화의 전례가 되었다. 환등기 강연의 이미지들은 종종 기차를 보여 주는 실외 장면, 기차 안 여행자를 보여 주는 실내 장면, 풍경을 보여 주는 장면, 그리고 흥미로운 사건을 보여 주는 장면 등을 번갈아 보여 주었다.

다른 매체의 시각적 관습을 모방하는 한편 영화 제작자들은 관객에게 이미 널리 알려진 스토리들로부터 많은 영화를 끌어냈다. 에디슨은 「크리스마스 이브Night before Christmas」(포터, 1905)에 대해, 영화가 〈클레멘트 클라크 무어가 저술한 유서 깊은 크리스마스 전설을 아주 가깝게 따랐다〉고 광고했다. 바이오그래프와 에디슨 영화사 모두 히트곡 「아빠만 빼고 다들 일해요Everybody Works but Father」를 영화화했다. 바이타그래프 영화사는 몇몇 뉴욕 신문들의 일요판 부록에 실리던 인기 있는 만화의 주인공인 부랑자를 소재로 「해피 훌리건Happy Hooligan」 시리즈를 제작했다. 많은 초창기 영화들의 경우, 매우 복잡한 스토리를 대략적으로 요약한 이야기를 전달했는데 그 제작사들은 추측건대 꼭 필요한 서사적인 통일성을 가져오기 위한 영화적 관습들보다는 해당 소재에 대해 관객이 이미 알고 있는 정보에 크게 의존했다. 「나폴레옹 서사시L'Épopée Napoléonienne」(파테, 1903~4)는 잘 알려진 역사적 사건(대관식, 모스크바 전소)과 일화(나

초창기의 순회 상영관: 그린의 시네마토그래프 쇼, 스코틀랜드 글래스고, 1898년.

폴레옹이 잠자는 보초 대신 경계 근무를 선 일)에서 가져온 일련의 인상적인 장면들을 통해 나폴레옹의 삶을 보여 주었으며, 전체 15개 숏들 사이의 인과적인 선형적 연결, 혹은 서사적 발전에 대한 어떤 시도도 하지 않는다. 비슷한 방식으로 「술집에서의 열흘 밤Ten Nights in a Barroom」(바이오그래프, 1903)과 「톰 아저씨의 오두막집Uncle Tom's Cabin」(바이타그래프, 1903) 같은 복수 릴 영화들은 잘 알려지고 자주 공연되는 이들 멜로드라마의 주요 부분만을 전달했다. 여기에서의 숏들의 연결은 편집 전략에서 비롯되었다기보다는 사건들에 개입된 관객의 지식에 의존했다. 그러나 후자의 영화는 삽입 자막이 등장하는 초창기 영화 가운데 하나로 여겨진다. 그다음에 이어지는 숏의 사건을 미리 요약하는 이러한 자막들은 1903년과 1904년경 복수 릴 영화와 같은 시기에 등장했으며, 외부적으로 주어지는 서사적 연속성보다는 내부적으로 주어지는 연속성의 필요성에 대한 영화 제작사들의 인식이 시작되었음을 알려 준다.

상영

영화는 그 출현 시기에는 대중적 오락물로서가 아니라 과학적이고 교육적인 신발명품으로 존재했다. 특정 영화가 아니라 영화적 장치 자체와 움직임을 재현하는 것에 불과한 그 기능이 관객에게 매력의 대상이 되었다. 많은 국가에서 활동사진 기계는 만국 박람회와 과학 전시회에서 처음 소개되었다. 에디슨 사는 비록 시간에 맞춰 기계들을 조립하는 데는 실패했지만 1893년 시카고 만국 박람회에서 키네토스코프를 선보이려고 계획했고, 영화 관련 기계들은 1900년의 파리 만국 박람회의 몇몇 부문에 출품되어 많은 관심을 끌었다.

비록 영화 상영을 위한 전용 장소가 자리 잡은 것은 미국의 경우는 1905년, 그리고 다른 나라들은 그보다 약간 뒤에야 가능했지만 영화의 상영은 매우 빠른 속도로 〈대중문화〉와 〈고급문화〉를 위한 기존 장소들의 프로그램으로 편입되어 갔다. 미국에서 영화는 대중적인 보드빌 극장에서 상영되었고 세기의 문턱에서 오후나 밤의 유흥거리를 위해 25센트를 지불할 수 있는 상당히 부유한 계층을 만족시켰다. 교육적인 주제에 관해 강연을 제공했던 순회 흥행사들은 영사기를 가지고 전국을 돌며 지방 교회나 오페라 하우스에서 영화를 상영했고, 이때 대도시 관객들에게 브로드웨이 연극 입장료와 똑같은 2달러를 받았다. 보다 저렴하고 보다 대중적인 상영 장소에는 박람회와 사육제에 들어서는 천막 쇼와, 유명한 니켈로디언*nickelodeon*의 전례가 되는 일시 임차 거리 점포 등이 있었다. 그렇기 때문에 미국에서 초창기 영화 관객들은 이질적이었고 어느 한 계층이 주도적이지 않았다.

영국에서 초창기의 영화 상영은 대다수 유럽 국가에서 그런 것처럼 미국과 비슷한 유형을 따랐다. 주요 상영 장소는 박람회나 서커스 따위가 열리는 곳이나 뮤직홀, 쓰이지 않는 점포 등이었다. 순회 흥행사들이 영화를 박람회나 서커스 등이 열리는 장소의 주요 볼거리로 선전하면서 새로운 매체의 대중성을 확립하는 데 커다란 역할을 했다. 박람회와 뮤직홀이 주로 노동 계층을 끌어들였다는 것을 고려할 때 영국에서의 초창기 관객들은 유럽 대륙에서와 마찬가지로 미국보다는 좀 더 동질적이었다.

상영되는 장소가 어디든 혹은 그 관객이 어떤 계층이든 이 기간의 상영업자들은 종종 영화 제작자들 스스로가 그러했던 것만큼이나 영화의 내용을 상당히 통제했다. 1903~4년경 복수 릴 영화와 삽입 자막이 등장하기 전까지 영화 제작자들은 영화를 개별 단위로 제공했지만, 상영업자들은 그것들을 짜맞추어 프로그램을 만들었으며 단일 숏의 영화들이었기 때문에 환등기 슬라이드 이미지와 자막 카드와 같은 다른 매체의 포함 여부와 영화들의 상영 순서 등에 대한 선택과 결정이 가능했다. 몇몇 기계 장치들은 상영업자들이 슬라이드와 필름 사이의 매끄러운 전환을 가능하게 하도록 영화 영사와 입체 환등기*stereopticon*, 혹은 환등 슬라이드 영사기를 결합함으로써 이러한 과정을 용이하게 만들었다. 뉴욕 시 이든 박물관Eden Musée은 환등 슬라이드와 서로 다른 영화사에서 제작한 20여 편의 영화를 결합하여 스페인-미국 전쟁에 관한 특별한 프로그램을 만들었다. 주요 상영업자 가운데 한 사람이기도 했던 세실 헵워스는 환등 슬라이드 중간에 영화를 섞어 상영하는 것과 자료들을 함께 묶어 낼 수 있는 해설을 동반하여 〈영화들을 작은 세트, 혹은 에피소드로 엮을 것〉을 제안했다. 영사기의 성능 향상으로 50초 이상 지속되는 영화 상영이 가능하게 되자 상영업자들은 12편, 혹은 그 이상의 필름을 이어 붙여 특별한 주제에 관한 프로그램을 만들기 시작했다. 상영업자들은 프로그램의 시각적 측면들을 조정했을 뿐만 아니라 다양한 종류의 사운드를 추가했다. 사실 일반적인 인식과는 달리 무성 영화는 무성이 전혀 아니었다. 그것이 대규모 오케스트라이든 단순한 피아노 솔로이든 적어도 음악만은 보드빌 극장에 상영되는 모든 영화에 수반되었다. 순회 흥행사들은 필름과 환등 슬라이드를 영사하면서 강의를 제공했는데, 그 구술 설명은 제작자가 본래 의도한 바를 포함하여 다양한 의미들을 이미지들에 부가할 수 있었다. 많은 상영업자들은 심지어 효과음 — 말발굽 소리나 권총 소리 등 — 과 배우들이 스크린 뒤쪽에 서서 말하는 육성 대사까지 추가했다.

그 출현 이래 10년이 지나갈 즈음해 영화는 흥미로운 신발명품으로서, 즉 점차 그 템포가 빨라지는 20세기의 삶의 일부를 차지하는 많은 오락거리 가운데 하나로 자리매김했다. 그럼에도 이제 걸음마를 시작한 매체는 여전히 그 형식적인 관습과 스토리텔링의 장치에 있어 기존의 다른 매체에, 다소 시대에 뒤진 개인들 중심의 제작 방식에, 그리고 보드빌과 박람회와 같은 기존의 상영 장소에 크게 의존했다. 그러나 그다음의 10년 동안 영화는 커다란 진전을 이루어 그 나름의 고유한 형식적 관습, 산업 구조와 상영 장소를 완비한, 20세기의 진정한 대중 매체로 확고하게 자리를 잡게 된다.

참고 문헌

Balio, Tino(ed.)(1985), *The American Film Industry*.

Barnes, John(1975), *The Beginnings of the Cinema in England*.

Bordwell, David, Staiger, Janet, and Thomson, Kristin(1985), *The Classical Hollywood Cinema*.

Chanan, Michael(1980), *The Dream that Kicks*.

Cherchi Usai, Paolo, and Codelli, Lorenzo(eds.)(1990), *Before Caligari*.

Cosandey, Roland, Gaudreault, André, and Gunning, Tom (eds.)(1992), *Une invention du diable?*

Elsaesser, Thomas(ed.)(1990), *Early Cinema: Space, Frame, Narrative*.

Fell, John L.(1983), *Film before Griffith*.

— (1986), *Film and the Narrative Tradition*.

Gunning, Tom(1986), "The Cinema of Attractions".

Holman, Roger(ed.)(1982), *Cinema 1900~1906: An Analytic Study*.

Low, Rachael, and Manvell, Roger(1948), *The History of the British Film, 1896~1906*.

Musser, Charles(1990), *The Emergence of Cinema*.

— (1991), *Before the Nickelodeon*.

과 도 기 영 화

로버타 피어슨

1907년에서 1913년 사이 미국과 유럽의 영화 산업 조직들은 동시대 산업 자본 성격의 기업들에 필적하기 시작했다. 비록, 특히 미국을 포함해, 이들 지역에서 몇몇 제작사들이 산업 전체에 대한 과점적 지배를 확립하고자 하는 시도가 있었으나 제작, 배급, 상영 등이 개별적이고 독자적인 영역이 됨에 따라 산업적 분화는 심화되고 있었다. 신제품의 정기적 공급을 원하는 상영업자의 끊임없는 요구에 맞추어 영화의 길이가 좀 더 길어짐에 따라 영화적 관습의 체계화와 노동의 분화는 물론 제작 방식의 표준화가 요구되었다. 영구적인 상영 장소의 확보는 수익의 최대화는 물론, 배급과 상영 과정의 합리화에 도움이 되었으며, 영화 산업을 보다 안정적인 기반 위에 서게 했다. 대다수 국가에서 초창기 영화들은 매우 적은 관객을 끌어들였으며 수익은 빠른 자본 회전에 의존했기 때문에 짧은 영화와 그 상영물의 잦은 교체가 필수적이었다. 이런 상황에서 제작자들은 끊이지 않는 수요를 만족시키기 위해 길이가 짧은 표준화된 영화를 만들게 되었다. 이런 수요는, 새로이 등장하고 있는 대중 관객의 꾸준한 선호도를 보장할 수 있는, 연극적 모델에 따라 형성된 스타 시스템의 구축으로 강화되었다.

이 시기의 영화는 종종 〈내러티브 통합의 영화〉라 말해지며 더 이상 관람자의 영화 텍스트 외적인 지식에 의존하지 않고 자체적으로 통일성을 갖는 내러티브를 창출하기 위한 영화적 관습을 이용했다. 비록 1시간 이상 상영되는 소위 〈장편 영화〉 또한 이 시기에 첫선을 보였지만 당시 평균적인 영화는 1,000피트의 릴이라는 표준적인 길이를 갖게 되었으며, 약 15분 동안 상영되었다. 일반적으로 〈내러티브 통합의 영화〉는 영화가 점차 문화적 주류가 되며 진정한 첫 번째 대중 매체로서 자리매김하는 시기와 일치했다. 영화사들은 공적 기관과 민간 조직의 압력에 대해 내부 검열 전략과, 영화와 영화 산업이 어느 정도 사회적 존중받도록 할 수 있는 별도의 전략으로 대응했다.

산 업

제1차 세계 대전 이전에는 유럽 영화가 국제 시장을 주도했으며 프랑스, 이탈리아, 덴마크가 주요 수출국이었다. 미국과 유럽 국가들이 수입하는 영화의 60~70퍼센트는 프랑스 영화였다. 프랑스 최고의 영화사 파테는 상대적으로 적은 자국의 수요 때문에 적극적인 해외 팽창을 추구했다. 파테는 세계의 주요 도시에 현지 사무소를 세우고 영화와 장비를 판매하는 순회 판매원을 파견했고, 그 결과 겨우 하나의 자국 영화사가 지탱할 수 있었던 각국의 시장을 지배하게 되었다.

미국 영화사들은 자국 시장 내에서 유럽 영화 상품의 강력한 도전에 직면했는데, 과도기 동안에 상대적으로 성공적인 영화 제작사들이 번성했음에도 불구하고 자국에서 상영되는 영화의 많은 수가 여전히 유럽에서 만들어진 것이기 때문이었다. 파테 사는 1904년 미국에 사무소를 개설했고, 1907년까지 영국과 이탈리아 등 외국 영화사들도 미국 시장에 정상적으로 진입했다. 이들 가운데 많은 영화사들은 클라인 광학 회사Kleine Optical Company를 통해 영화를 배급했다. 이 회사는 그 당시 외국 영화를 미국에 수입했으며, 영화가 장편화되는 데 커다란 역할을 했다. 1907년, 특히 파테 사를 포함한 프랑스 영화사들은 외국 영화사와 함께 미국 영화 시장을 장악했다. 그해 미국에서 상영된 1,200편 가운데 400편만 미국 영화였다. 미국 영화 산업은 이런 결과에 주목했으며, 그해 『영화 세계*Motion Picture World*』와 함께 확립된 영화 업계 전문 잡지들은 종종 수입 영화들의 낮은 품질에 불만을 토로했고, 동시대의 소재를 다루는 외국 영화들에 대해 스토리를 이해하기 어려우며 더욱 나쁜 것은 비미국적인 가치를 다루고 있다는 점이라고 비난했다.

역설적인 것이지만 영화 배급을 합리화하려는 좀 더 이른 시기의 시도가 최대의 수익을 올리는 결과를 낳았기 때문에 미국 영화 제작사들은 우선적으로 자국 시장에 집중했다. 그러나 이들 영화사들은 이 시기가 지난 후 국제적 진출 시도를 시작했고, 유럽 기업이 전쟁의 여파로 움츠러들고 있는 1914년에는 1위의 자리에 올라서게 되었다. 1907년 바이타그래프 사는 미국 주요 회사들 가운데 첫 번째로 해외에 자사 영화 배급사를 설립했고, 다른 미국 제작사들도 1909년에 미국 영화의 유럽 배급의 중심 조직으로 1916년까지 남아 있게 되는 대리 회사들을 런던에 설립했다. 그 결과, 영국 산업은 자국의 주도권을 미국에 양보하면서 제작보다는 배급과 상영에 집중하는 경향을 띠었다. 미국은 영국에서 상영되는 영화들의 최소한 반 이상을 차지했고, 나머지 상당 부분은 이탈리아와 프랑스가 차지했다. 독일 또한 안정된 기반의 자국 산업이 없었으며, 미국 영화가 두 번째로 높은 수익을 올리는 지역이 되었다. 그러나 미국은 전쟁 전까지 프랑스와 이탈리아 내에서는 이들 국가 영화사들과 경쟁할 수 있는 힘이 없었다. 미국 영화들은 유럽 이외의 지역에도 배급되었으나 대부분 미국의 스튜디오들에 큰 이익이 되지는 않았다. 이들 스튜디오는 영국 배급사들에게 영국 본토와 몇몇 유럽 국가들은 물론 영국 식민지 지역에 대한 자국 영화의 배급권을 주었다.

이 기간 동안 미국의 영화들은 주로 미국 동부 해안 지역에서 제작되었고, 시카고에 1~2개의 지부가 있었으며 몇몇 영화사들은 더러 미국 서해안이나 심지어 해외까지 진출했다. 뉴욕 시는 3개의 주요 미국 영화사들의 본사가 있었다. 에디슨은 브롱크스에 스튜디오를 가지고 있었으며, 바이오그래프 사와 바이타그래프 사는 각각 브루클린과, 뉴욕 4번가 맨해튼 연예 산업 지역 중심부에 스튜디오를 두었다. 솔랙스Solax 사와 미국 파테 사 등의 다른 영화사들은 뉴저지 주 포트 리의 허드슨 강 건너편에 스튜디오를 두었고, 이곳은 뉴욕에 기반을 둔 많은 회사들의 주요 촬영지였다. 「대열차 강도」(에디슨, 1903)는 이 주변에서 촬영된 수많은 〈저지Jersey〉 서부극 가운데 하나일 뿐이다. 특정 장소가 지나치게 자주 이용되었기 때문에 당시의 일화 중에는, 2개의 회사가 한번은 같은 정문을 이용하면서 포트 리의 울타리 양쪽에서 촬영했다는 이야기도 있다. 시카고에는 셀리그Selig 스튜디오와 에서네이Essanay 스튜디오, 조지 클라인 배급사 등의 본사가 있었다. 많은 스튜디오들은 겨울에 우수한 촬영지와 촬영 조건을 이용하고자 캘리포니아에 직원들을 파견했으며, 셀리그 스튜디오는 일찍이 1909년에 그곳에 영구적인 스튜디오를 세웠다. 그러나 로스앤젤레스는 1차 대전 전까지는 미국 영화 산업의 중심지는 아니었다.

1903년을 전후한 영화 거래소*film exchange*의 증가는 배급 방식에 커다란 변화를 가져왔으며, 이는 다시 상영 방식의 급격한 변화를 야기했다. 1906년부터 하나씩 등장하기 시작한 니켈로디언과 같은 영구적인 상영 장소의 급증은 영화 산업을 좀 더 수익성이 있는 사업으로 변모시켰으며 다른 사

뱅센에 있던 파테-프레르의 유리 지붕 스튜디오. 1906년.

람들이 에디슨, 바이오그래프, 바이타그래프 등의 제작사에 참여하는 것을 부추겼다. 이때까지만 해도 영화 제작사들은 영화를 배급업자에게 대여하기보다는 직접 판매했다. 이것은 상영 장소마다 관객을 바꾸었던 순회 흥행사들에게 유리했지만 상설 상영 장소의 생성을 저해했다. 같은 지역에서 반복적으로 관객을 계속 끌어들임에 따라 상설 상영 장소는 프로그램의 빈번한 교체를 필요로 했는데, 이를 위해 많은 수의 영화를 직접 구매한다는 것은 엄두가 나지 않을 정도로 돈이 많이 들었다. 영화 거래소가 제작사로부터 영화를 구매한 후 상영업자에게 대여함으로써 이 문제는 해결되었고, 영구적인 상영을 가능케 했으며 영화를 즐기는 계층을 증가시켰다. 또한 영사기의 향상은 상설 상영 장소의 증가를 가져왔는데, 상영업자는 영사기 관련 기술자를 공급하는 영화 제작업자들에게 더 이상 의존할 필요가 없어졌다.

니켈로디언 — 초기에 이런 극장의 입장료가 5센트였기 때문에 붙여진 별명 — 이 거리의 곳곳에 우후죽순처럼 생겨나고, 도시 고객들을 〈5센트의 매력〉으로 사로잡음에 따라 1908년 이 새로운 매체는 전에 없는 성황을 누렸다. 그러나 영화 산업 자체는 혼란스러운 상태에 있었다. 서로 인접해 있는 니켈로디언이 같은 영화를 확보하려고 경쟁하거나, 실제로 같은 영화를 빌려서 같은 관객을 두고 경쟁하는 상황이 생겼고, 부도덕한 영화 거래소들은 너무 오랫동안 대여되어 비 오는 듯한 긁힘으로 이미지가 상처 난 영화들을 아주 쉽게 상영업자들에게 공급할 수 있었다. 영화 거래소와 상영업자들은 이제 영화 제작사에서 산업의 경제적 통제권을 빼앗을 수 있을 정도로 위협적이 되었다. 게다가 새로운 매체의 급속한 성장과 노동자와 이민자들에게 끼치는 그 영향에 놀란 공공기관과 민간 개혁 조직들은 영화에 대한 검열과 니켈로디언에 대한 단속을 요구했다.

1908년 후반 에디슨 사와 바이오그래프 사가 주도하는 제작사들은 영화특허권회사Motion Picture Patent Company (MPPC), 혹은 널리 알려진 대로 트러스트Trust를 조직함으로써 산업을 안정시키고 자신들의 이익을 보호하려고 했다. 트러스트는 주요 미국 영화 제작사와 미국 내 외국 배급사를 포괄하는 것으로 산업에 대한 과점적 통제권을 행사하려는 의도를 가졌다. 에디슨 사와 바이오그래프 사를 위시하여 미국 제작사 가운데 가장 규모가 큰 바이타그래프, 멜리에스, 파테, 클라인, 코네티컷 주에 기반을 둔 칼렘Kalem, 필라델피아 시에 기반을 둔 루빈Lubin 등의 회사들이 트러스트에 참여했다. MPPC는 생필름*film stock*, 카메라, 영사기 등 대다수 에디슨 사와 바이오그래프 사가 소유하고 있는 특허권을 공동 관리함으로써 통제권을 발휘했다. 바이오그래프 사 창설 이래 기나긴 법적 소송을 벌여 왔던 두 회사는, 당시 미국 제작 스튜디오 가운데 가장 수익이 떨어지는 회사들이라는 사실에도 불구하고 이제 그들이 제안한 해결책 때문에 트러스트의 이익 가운데서 가장 큰 몫*lion's share*을 요구할 수 있었다.

MPPC의 회원사들은 자신들의 영화에 대해 피트당 표준 가격을 정하는 데 동의했으며, 각 스튜디오는 미리 작성된 스케줄에 따라 1~3릴의 영화를 출시하기로 하는 등 영화의 출시를 조정했다. MPPC는 배급 시설과 상영 장소에 대한 공공연한 소유를 통해서 통제권을 행사하려 하지 않는 대신, 사용 허가권을 구입해야만 이용 가능한 MPPC의 필름과 장비들에 대한 영화 거래소와 상영업자의 수요를 활용했다. 사용 허가를 받은 영화 거래소들은 일정 시간이 지난 후 반환을 약속하면서 영화를 공공연히 팔기보다는 임대할 수밖에 없었다. MPPC로부터 특정 수준의 안전과 위생 상태 확보 여부를 면밀히 조사받았으며, 매주 특허권이 있는 영사기에 이용 수수료를 지불하기로 되어 있는 허가받은 상영업자들만이 영화 거래소에서 트러스트의 영화들을 임차할 수 있었다. 트러스트의 약정은 시장에 직접적인 영향을 끼쳤고, 외국 영화의 경쟁력을 약화시켜 1909년 말 수입 영화의 비중은 전체 상영 영화의 채 절반도 되지 않았으며 그 수치는 계속해서 떨어졌다. 트러스트의 배타적인 정책의 밑바탕에 깔린 외국 영화에 대한 편견이 유럽 스튜디오들이 미국 시장에 좀 더 먹힐 수 있는 〈고전적인〉 소재, 예를 들면 소설 각색과 역사물 등에 대한 제작 의지를 갖는 데 영향을 끼쳤을 수도 있다. 1908년 당시 영화 거래소에 외국 영화를 공급하는 최고의 영화사라는 지위 때문에 MPPC의 회원사가 되었던 파테 사는 예술 영화*film d'art*의 형태로 유럽 고급문화를 수입하는 방식을 통해 이런 방향의 첫 시도를 했다.

1910년 MPPC는 제너럴 필름 사General Film Company라는 별도의 배급 회사를 조직함으로써 이후 할리우드 스튜디오 관행의 전조가 되는 사업을 시작했다. 제너럴 필름 사는 정기 구매*standing order*(일괄 판매 방식*block booking*의 초기 형태)와, 특정 지역 내에 영화를 상영할 수 있는 상영업자를 미리 정함으로써 불필요한 경쟁을 줄이는 구역 제한을 제도화했다. 새로 출시되는 영화에 대한 높은 대여료와 이미 유통된 영화에 대한 낮은 대여료의 차이는 이후 할리우드 스튜디오 시스템의 특징이 되는 것으로, 개봉관과 오래되고 저렴한 영화를 상영하는 장소를 구별하는 계기가 되었다.

MPPC는 셔먼 반독점법으로 불법이라 선언되는 1915년까지는 합법적인 기구로 남아 있었으나, 법률상으로 쇠퇴하기 수년 전인 1912년부터 트러스트는 사실상 산업에 대한 의미 있는 통제권을 행사하지 못했다. 그 시점에 소속사의 회원들은 사실 미국 영화 산업의 낡은 보호책을 대변하고 있을 뿐이었고, 많은 회사들은 법원의 불리한 판정 이후 곧 사라졌다. 그들의 자리를 차지한 것은 막 성장하던 할리우드의 거물들로 그 많은 수는 과점적 통제를 가하려는 트러스트의 시도에 저항하면서 처음부터 산업 내에서 자신의 입지를 굳혀 왔던 사람들이었다.

제휴 관계에 있지 않은 배급업자와 상영업자를 영화업계에서 몰아내려는 MPPC의 근시안적 계획은 아이러니하게도 그들을 파괴하는 씨앗을 뿌리는 격이 되었는데, 그 정책으로 인해 많은 허가받지 않은 영화 거래소와 니켈로디언에 영화를 공급하는 소위 〈독립〉 제작사들의 강건한 조직이 생겨났다. 배급업자로 업계에 입문한 칼 레믈리는 MPPC로부터 영화를 구입할 수 없었기 때문에 자신의 고객에게 공급할 영화를 제작하기 위해서 1909년 후반 IMP로 알려진 인디펜던트 영화사Independent Motion Picture Company를 세웠다. 그해 말 IMP는 이탈라Itala 사와 암브로시오Ambrosio 사의 이탈리아 영화 2편과 자체적으로 제작한 영화를 주당 2편씩 배급하여 트러스트 계열사 가운데 가장 강력한 회사와 경쟁하게 되었다. 레믈리는 MPPC 반대의 선봉에 섰을 뿐만 아니라 IMP는 세를 확장하여 종국에는 무성 영화 시대 할리우드 메이저 스튜디오의 하나인 유니버설Universal 영화사가 되었다. 이 시기에 다른 독립 영화 제작사들도 업계에 뛰어들었는데, 이들 가운데 중요한 회사에는 센토 영화 제작사Centaur Film Manufacturing Company, 네스터Nestor 사, 토머스 인스를 처음 고용한 뉴욕 영화사New York Motion Picture Company 등이 있었다. 1910년 에드윈 탄하우저는 탄하우저Thanhouser 사를 설립했는데 자기 소유 극장의 전속 극단을 이용하여 소설과 연극 각색물을 전문으로 제작하였다. MPPC가 제너럴 필름 사를 설립한 1910년에 독립 제작사들도 트러스트에 저항하는 자신들의 조합을 결성했다. 그들의 배급망인 영화 배급 판매사Motion Picture Distributing and Sales Company는 트러스트의 관행을 모방한 것으로 출시 일자와 피트당 가격을 정하고, 영화 거래소에서 스튜디오로의, 그리고 영화 상영업자에서 영화 거래소로의 정기 구매를 제도화했다.

이러한 움직임 속에서 독립 제작사들은 이름 외에는 어떤 의미에서건 독립적이지 않았으며, 1911년에 이르러 2개의 과점체*oligopoly*가 미국 영화 산업을 통제했다. 몇몇 역사가들의 주장대로 트러스트가 붕괴된 이유는 보수적인 사업 관행과 장편 영화와 스타 시스템 등과 같은 새로운 아이디어에 대한 거부 때문이라고 가정하는데 이는 잘못된 추측이다. 미국 초기의 복수 릴 영화 가운데 많은 수를 제작했던 회사는

아스타 닐센 (1881~1972)

「쓸쓸한 거리」(1925) 이후 아스타 닐센은 사라 베른하르트 이래 가장 위대한 비극 여배우라 불렸다. 그러나 그녀는 이보다 15년 전에 첫 출연한 영화인 「심연」(1910)으로 이미 명성을 날렸다. 성적인 강박과 정욕에 관한 영화에서 닐센은 본래 정숙했으나 성에 미혹된 여성 역으로 나와 무대에서 채찍으로 정부를 묶어 놓고 그 주위를 돌면서 자극적으로 몸을 뒤틀며 추는 색정적인 〈가우초*gaucho*〉 춤으로 깊은 인상을 남겼다. 「심연」은 폭발적인 성공을 거두었고 닐센은 하루아침에 모스크바에서 리우데자네이루에 이르기까지 세계 곳곳에서 찬사를 받는 최초의 국제적인 영화 스타가 되었다. 그녀의 연기를 보고 그전까지는 영화를 예술 형태로 진지하게 생각하지 않았던 사람들도 영화관을 찾게 되었다. 그녀의 외모는 세계 곳곳 대중들의 가슴을 설레게 했다.

덴마크의 노동자 계급 가정에서 태어난 닐센은 연극 극단에서 연기를 시작했다. 그곳에서 그녀는, 「심연」을 제작하고 연출했으며 나중에 남편이 되는 우르반 가드를 만났다. 부부는 베를린으로 이주했고, 그곳에서 닐센은 독일 영화 최고의 스타가 되었으며, 20년 동안 약 75편의 영화를 만들었다.

1910년과 1915년 사이, 그녀의 첫 번째 연기 시기의 특징적인 스타일을 확립하면서 닐센과 가드는 함께 30편 이상의 영화를 제작했다. 닐센의 감수성은 그녀의 지성, 기지, 남성적인 민첩성과 조화를 이루었다. 호소력 있는 얼굴과 신체는 특별히 초기 영화들에 일반적이었던 과장된 제스처와 비교할 때 직접적이고 현대적이었다. 강인하고 호리호리한 몸매와 크고 검은 눈은, 극적이고 암시적인 의상이 갖춰지는 경우, 사회적 계층이나 심지어 성별의 경계를 뛰어넘어 설득력 있는 연기를 가능케 했다. 그녀는 극 중에서 사교계 여성, 서커스 공연자, 잡역부, 미술 모델, 여성참정권론자, 집시, 신문 기자, 어린이(1914년 작 「작은 천사」), 여산적(1914년 작 「사파타의 갱 조직」), 그리고 햄릿 등이 되었다. 그녀는 계급과 성 역할 속에 인간을 구속하는 보이지 않는 사회적 그물에 걸려 꼼짝 못하게 되거나, 그것들에 대해 저항하는 여성들을 담은 스토리에서 개성적이고 비관습적인 여성을 탁월하게 소화해 냈다. 닐센은 내면 갈등을 특유의 영화적이고 단순한 방식으로 표현함에 있어 타의 추종을 불허했다. 닐센의 탁월한 천연스러움은 주의 깊은 연구의 결과였다. 자서전에서 그녀는 스크린으로 확대되는 그녀 자신에 대한 관찰을 통해서 어떻게 연기를 향상시키는 법을 배웠는가를 기술했다.

닐센은 1차 대전 이후 독일 영화가 그 특징이었던 자연주의로부터 탈피하는 데 중대한 영향을 끼쳤다. 심리적 갈등을 전달하는 그녀의 기법은 밀실 공포와 한계 상황을 강조하는 양식화된 제스처로 바뀌었다. 그녀의 자발적 행동은 느려졌고 전염성이 강한 그녀의 미소는 그녀의 과거를 달콤 씁쓸하게 환기시킬 뿐 거의 눈에 띄지 않았다. 클로즈업은 이제 그녀 얼굴의 가면 같은 특성을 부각시켰다. 천박한 젊은 남자들에 대한 열렬한 집착 때문에 자책하는 불운한 노년의 여성들을 구현하는 닐센의 연기(「쓸쓸한 거리」, 「거리의 비극」)는, 사회적 제약에 저항하는 젊은 여성들을 체현했던 닐센의 과거 모습과 대조가 되는 경우에만 그 적절한 울림을 일으켰다.

재닛 버그스트롬

▪▫ **주요 작품**(별도의 언급이 없는 영화는 우르반 가드가 감독을 맡았다)

「심연 Afgrunden」(1910); 「낯선 새 Der fremde Vogel」(1911); 「가련한 제니Die arme Jenny」(1912); 「모국 없는 소녀Das Mädchen ohne Vaterland」(1912); 「아버지의 죄 Die Sünden der Väter」(1913); 「여성 참정권론자 Die Suffragette」(1913); 「영화의 여주인공 Der Filmprimadonna」(1913); 「작은 천사 Engelein」(1914); 「사파타의 갱 조직 Zapatas Bande」(1914); 「앞 층계와 뒤 층계 Vordertreppe und Hintertreppe」(1915); 「백장미 Weisse Rosen」(1916); 「중독 Rausch」(에른스트 루비치, 1919); 「햄릿 Hamlet」(스벤 가데, 1921); 「바니나 Vanina」(아르투르 폰 게를라흐, 1922); 「땅의 정령Erdgeist」(레오폴트 예스너, 1923); 「쓸쓸한 거리 Die freudlose Gasse」(게오르크 빌헬름 파프스트, 1925); 「거리의 비극 Dirnentragödie」(브루노 란, 1927).

▪▪ **참고 문헌**

Allen, Robert. C.(1973), "The Silent Muse".
Bergstrom, Janet(1990), "Asta Niesen's Early German Films".
Seydel, Renate, and Hagendorff, Allan(eds.)(1981), *Asta Nielsen*.

아스타 닐센.

MPPC의 소속사인 바이오그래프 사였다. 마찬가지로 IMP의 칼 레믈리가 1910년에 플로렌스 로런스를 자신이 직접 홍보하면서 연극의 스타 시스템을 적극 모방해야 한다고 다른 제작사들을 독려했고, MPPC의 소속사들은 이미 그전에 연극 스타의 활용을 홍보해 왔으며 자신들이 발굴한 스타들을 요란하게 선전하는 데 주저함이 없었다.

1908년 이전에 몇 가지 요인들이 영화에서 스타 시스템의 발전에 방해가 되었다. 먼저 대다수 영화배우는 연극 무대에서도 작업을 하면서 일시적으로 출연했으며 스타로서 홍보되기에 충분할 정도로 오랫동안 특정 영화사에 머물지는 않았다. 이런 상황은 1908년 스튜디오들이 레퍼터리 극단*stock company*을 세우면서 변하기 시작했다. 또한 영화 팬의 꾸준한 선호를 이끌어 내기 위해서는 기본적으로 관객이 배우의 얼굴을 알아볼 수 있어야 하는데 1909년경까지 영화 연기는 카메라에서 너무 떨어진 상태에서 연출되었다. 니켈로디언 시기의 초기에 관객의 선호 성향은 배우들보다는 스튜디오의 트레이드 마크에 있었으며, 트러스트와 독립 제작사 등 대다수 회사들은 1910년이 되기까지는 그것이 경제적인 힘의 균형 관계를 변화시킬 것을 우려하면서(어느 정도는 실제로 그러했다) 스타 시스템을 회피했다. 이런 이유로 인지도가 높은 주요 배우들과 계약을 맺었던 바이오그래프 사는 1913년까지는 연기자들의 이름조차 밝히려고 하지 않았다. 그러나 MPPC의 다른 소속사들은 일찍이 1909년 연극 스타들의 활용을 홍보하는 실험을 했다. 에디슨 사는 마크 트웨인의 소설을 각색한 「왕자와 거지」에서 미스 세실 스푸너를 광고했으며, 바이타그래프 사는 「올리버 트위스트」에 미스 엘리타 프록터가 〈낸시 사익스〉 역으로 등장한다는 내용을 자막으로 삽입했다. 이듬해에 칼렘 사가 니켈로디언에 전시할 요량으로 전속 단원의 선전 전단을 만듦에 따라 스타 홍보의 메커니즘이 활용되기 시작했다. 다른 영화사들은 그 전례를 따라 상영업자에게는 물론 일반 팬들에게도 사진들을 보냈으며, 영화의 스타들을 사적인 모습으로 보여 주었다. 이 시기 미국의 주요 스타에는 IMP(이전의 바이오그래프 사)의 플로렌스 로렌스, 바이타그래프 사의 플로렌스 터너와 모리스 코스텔로, 그리고 물론 바이오그래프 사의 메리 픽포드 등이 있었다. 다른 국가들 또한 이 기간에 주요 배우, 좀 더 일반적으로는 여배우를 크게 부각시켰다. 덴마크의 여배우 아스타 닐센은 독일과 덴마크 영화에서 각광을 받았으며 이탈리아에서는 프란체스카 베르티니와 리다 보렐리 같은 여배우가 자신들이 직접 제작하는 영화에 출연했다.

미국의 산업과 마찬가지로 프랑스 산업도 1907년과 1908년 사이에 확실한 궤도에 올랐다. 영화는 더 이상 사진의 배고픈 사촌이 아니라 연극과 같은 전통적인 오락 형태의 인기를 위협하는 주요 오락이 되었다. 점점 커지는 매체의 중요성은 파리의 영화관 수의 눈에 띄는 증가(1906년 10개에서 1908년 말 89개)와, 영화를 전문으로 다루는 첫 번째 일반 신문 기사가 그해에 등장한 사실 등으로 분명하게 나타났다. 파테 사는 가장 중요한 스튜디오로 남았으며, 유일하게 신경 쓰이는 경쟁사는 1895년 레옹 고몽이 설립한 고몽Gaumont 영화사였다. 생산량과 국제적 인지도에 있어 파테 사보다는 뒤졌으나 1905년에서 1915년 사이에 고몽 영화사의 스튜디오는 세계에서 가장 규모가 컸다. 고몽 사는 또한 특이하게도 세계 최초로 여성 감독 알리스 기 블라슈를 고용했으며, 그녀는 나중에 남편인 에르베르 블라슈와 함께 솔랙스Solax 영화사를 설립했다. 고몽 사의 가장 유명한 감독은 루이 푀야드로서 탐정 시리즈물을 전문으로 했으며, 가장 인기가 있었던 작품은 범죄의 대가와 그의 강적인 탐정에 관한 대중 소설을 각색하여 1913~14년에 제작한 「팡토마Fantômas」였다. 푀야드의 시리즈가 흥행에 성공함으로써 고몽 사는 자국 내의 가장 강력한 스튜디오인 파테를 능가할 수 있었으나 이러한 결과는 세계 영화 시장에서 프랑스의 주도권 종말을 야기하게 되는 제1차 세계 대전 전야에 이루어졌다.

이탈리아 영화 산업은 그 초창기에 뤼미에르 영화사에 지배당했으며 상대적으로 늦은 출발을 보였다. 이탈리아 귀족인 마르케세 에르네스토 파첼리와 바로네 알베르토 파시니가 설립한 치네스Cines 영화사는 1905년에 이탈리아 내 최초의 스튜디오를 건설했으며, 무성 영화 시대에 가장 중요한 영화 제작사가 되었다. 치네스 영화사는 유명한 연극배우 카를로 로사스피나가 출연하는, 최초의 이탈리아 사극 영화*costume film*인 「로마의 점령, 1890년 9월 20일La presa di Roma, 20 settembre」(1905)을 제작함으로써 이탈리아 영화 산업의 발전 속도를 전반적으로 향상시켰다. 치네스 영화사는 초창기에는 코미디, 동시대적 멜로드라마, 다큐멘터리에 주력하여 1906년 60편의 픽션 영화와 30편의 다큐멘터리를 제작했다. 1907년 이탈리아 영화 산업은 제작과 상영 모두 봇물을 이루며 급신장을 보였다. 치네스 영화사는 로마에 자회사의 스튜디오를 세웠고, 토리노에서 지휘되는 또 하나의 주요 제작사인 암브로시오Ambrosio 영화사와 다른 영화사들은 밀라노에 스튜디오들을 세웠다. 그해 이탈리아 내에서는 500편의 영화가 총 1800만 리라의 흥행 수입을 올렸다.

1908년에 접어들면서 스펙터클 사극 제작을 통해 그 입지를 굳힌 이탈리아 영화는 세계 시장에서 프랑스와 미국과 경쟁할 수 있었다. 암브로시오 영화사가 처음으로 제작한 「폼페이 최후의 날Gli ultimi giorni di Pompei」은 사극 영화의 광풍을 예고했다. 사극 영화의 많은 수는 「율리우스 카이사르Giulio Cesare」(1907), 「브루토Bruto」(1909), 「피사의 백작 우골리노Il Conte Ugolino」(1908, 단테의 『신곡』 가운데 「지옥 편」 각색) 등 이탈리아 역사를 다루거나 이탈리아 문학의 걸작을 각색한 것이었다. 스펙터클 집약적인 영화에 필요한 거대한 세트 건설과 대단위 엑스트라의 고용 등에 드는 비용이 상대적으로 저렴했기 때문에 이탈리아 영화사들은 다른 외국의 경쟁 영화에 비해 자국 영화를 차별화시키는 데 드는 막대한 비용을 들이지 않고서도 세계 시장에 진입할 수 있었다. 이러한 전략은 매우 성공적이어서 이탈리아의 경쟁사들을 우려했던 파테 사는 그들 나름의 시대극 영화를 제작하기 위해 자회사인 필름 다르테 이탈리아노Film d'Arte Italiano를 설립했다. 파테 사는 1909년 「오셀로Othello」 같은 영화를 제작하면서 찬란한 이탈리아 르네상스 건축물이 제공하는 로케이션의 이점을 이용했다.

영화 제작

모든 주요 영화 제작 국가에서 이 시기에 영화 제작은 전문화와 분업의 증가라는 특징을 보였으며, 이는 영화 산업을 다른 자본주의 기업들과 같은 대열에 서게 했다. 초창기에 영화 제작은 협업적*collaborate*이었으나 감독의 출현과 동시에 그의 감독하에 작업하는 대본 작가, 소품 담당, 의상 담당 부인 등과 같은 전문가들이 등장했다. 얼마 안 있어 규모 있는 미국 스튜디오들은 몇 명의 감독을 고용하여 몇 명의 배우와 일련의 제작 스태프를 갖춰 주어 각 감독이 매주 1릴*reel*짜리 영화를 생산하도록 했다. 이것은 새로운 종류의 직업 창출로 이어졌다. 프로듀서는 개별 작업 단위의 개인들을 조정하면서 전체 과정을 총괄했다. 1906년 미국에서 규모가 가장 큰 영화사인 바이타그래프 영화사에는 창립자들인 제임스 스튜어트 블랙튼, 앨버트 스미스와 다른 피고용인인 제임스 버나드 프렌치 등이 각각 통솔하는 3개의 제작 유닛*production unit*이 있었다. 이들은 카메라를 작동했으며, 무대의 연출을 책임지는 보조자를 두었다. 바이타그래프 영화사는 1907년, 감독이 각 팀을 책임지며 블랙튼이 총괄 프로듀서 역할을 하는 것으로 바꾸는 등 제작 관행을 재정비했다. D. W. 그리피스는 1908년 6월에서 1909년 12월까지 바이오그래프 영화사에서 회사의 유일한 감독으로 일했다. 1913년 가을 그리피스가 바이오그래프 영화사를 떠날 즈음에는 6명의 감독들이 그의 지휘 아래 영화를 촬영하고 있었으며, 그 자신 또한 별도의 제작팀을 운영했다.

새로운 매체에 문화적 위신을 부여하고자 노력했던 특정 영화들을 예외로 하고 이 시기 미국 영화 산업은 속도와 양을 강조했다. 스튜디오 수뇌부들은 대개의 경우 〈예술적인 것〉을 무시했는데 모든 영화는 예술적인 것이든 그렇지 않은 것이든 피트당 똑같은 표준 가격으로 팔렸기 때문이었다. 1908년 평균적으로 영화는 단 하루에, 200달러와 300달러 사이의 비용으로, 평균적으로 1릴 혹은 1,000피트의 길이로 제작되었다. 1903년 수은등*mercury vapor light*의 형태로 인공 조명이 도입되어 실내 촬영이 가능해졌으나 스튜디오는 여전히 될 수 있는 한 야외 촬영을 고집했다. 실내 촬영은 매우 작은 초기의 스튜디오(연극 무대에 단순히 색칠한 배경 막을 둘러서 만들었다) 안에서 시도되었다(바이오그래프 영화사의 스튜디오는 뉴욕 시 부유 계층의 건축물을 단순히 개조한 것이었다).

모든 미국 스튜디오 가운데 그 기록이 가장 잘 남아 있는 바이오그래프 사를 좀 더 상세하게 살펴보는 것은 제작 단계별로 영화 제작 과정을 이해하는 데 도움이 된다. 1908년 바이오그래프 영화사는 배우 가운데 한 사람인 그리피스를 감독으로 채용했으며, 본래 의도는 단순히 그로 하여금 배우들의 연기 예행연습을 지도하게 할 목적이었다. 그러나 그리피스의 카메라맨이던 빌리 비처의 회고록에 따르면 새로운 감독은 곧 더 많은 것을 책임지게 되었다.

> 그(그리피스)가 오기 전까지 카메라맨인 나는 배우의 즉석 고용과 연기 지도를 제외한 나머지 모든 것을 책임졌다. 얼마 안 있어 조명이 너무 밝다든지 혹은 분장이 제대로 됐다든지 등을 그가 언급했다. 카메라맨은 연기의 속도를 지켜보고, 필름이 뒤틀리지 않도록 수동 크랭크에 의해 움직이는 카메라의 속도를 꾸준히 유지시키면 충분했다.

그리피스가 감독으로 들어서기 전까지 바이오그래프 영화사는 뜨내기 배우들에게 의존했으나 새로운 감독은 자기 나름의 전속 단원을 꾸렸으며, 이것은 당시 영화 촬영의 총체적 방식*ensemble style*에 통합되었으며, 우연하게도 배우들을 전속 계약하에 두는 할리우드 스튜디오 관행의 전조가 되었다. 그리피스가 인원 충당과 배우 선정에 1차적인 권한을 가졌던 반면, 그가 스튜디오에서 작업하기 전인 아마도 1902년 이래로 바이오그래프 영화사는 시나리오를 제작하는 스토리 부서를 따로 두었다. 비록 바이오그래프 영화사의 경우 그리피스가 스토리 부서와 밀접하게 작업했던 것으로 보이나, 니켈로디언 시기 즈음에는 회사 소속 작가들이 종종 감독과의 상의 없이 시나리오를 준비하는 것이 표준적인 관행이었다.

바이오그래프 영화사는 또 한 번 그 예외가 되겠지만 대다수 스튜디오들의 경우는 주요 배역의 배우들은 촬영 전에 스스로 예행연습을 하기 위해 대본을 미리 받았으며, 이것은 스토리가 좀 더 복잡해지면서 점차 중요해졌다. 비록 1911년 즈음, 업계 신문의 기자가 평균적으로 각 장면별로 5번 내지 10번 정도 예행연습이 진행된다고 언급한 바 있지만 연기 예행연습은 스튜디오별로 차이가 있었다. 그리피스가 일하게 되었을 때 바이오그래프 영화사 수뇌부들은 영화의 조속한 제작을 강조하면서 예행연습을 길게 하는 것에 부정적이었기 때문에 감독들은 단지 배우들이 카메라의 촬영 범위 내에 들어 있도록 확인하기만 했다. 그러나 1909년 중반 그리피스는 기꺼이 한나절 이상을 예행연습에 투자했으며, 1912년경에는 1릴당 평균 1주일의 예행연습 시간을 가졌다.

바이오그래프 영화사의 경우, 실제 촬영에 들어가면 따로 준비할 것이 남아 있지 않았다. 카메라맨의 조수는 못과 줄을 이용하여 카메라의 프레임에 포함되는 영역을 둘러싼 〈촬영선〉을 그어 놓았고, 이곳에서 촬영 위치를 잡기 위해 잠깐의 최종 예행연습이 이루질 수도 있었다. 카메라가 돌아가기 시작하면 배우들은 사전에 예행연습 시간을 통해 동의했던 것을 연기하기만 하면 되었다. 그러나 그리피스는 배우에게 움직임의 속도를 낮추거나 동작을 좀 더 크게 드러내라는 등, 그 옆에서 연기 지도를 했다. 하루나 사흘 만에 촬영을 마쳐야 하는 빠듯한 스케줄 때문에 똑같은 장면을 두 번 촬영하는 것은 피해야 했으며, 배우와 기술 스태프는 단 한 번에 모든 것을 제대로 해내야 했다. 아직 사운드나 정교한 특수 효과가 사용되기 이전인 이 시기에 후반 제작 과정은 매우 간단했다. 순서가 다른 숏들을 이미 작성된 대본에 따라 연결한 후에 삽입 자막을 추가했다. 그런 다음에 현상실에서 수많은 포지티브 프린트가 쏟아져 나왔고, 그러면 영화는 영화 거래소에 판매할 준비가 된 것이었다.

내러티브의 시작

1907년경 과도기 시기의 영화는 한 차례 〈위기〉를 겪었다. 업계 신문에는 내러티브의 명료성이 부족하다고 질타하는 기사가 실렸으며 상영업자들은 영화가 관객에게 좀 더 쉽게 이해될 수 있도록 별도의 해설자를 두는 경우가 빈번해졌다. 그 당시 영화는 〈볼거리로서의 영화〉, 곧 시각적 즐거움을 강조하는 지점과, 〈내러티브 통합의 영화〉, 곧 스토리텔링의 지점 사이에 놓여 있었으나 아직 내적으로 연결성이 있는 내러티브의 구축에 필요한 관습들은 확립되지 않았다. 1907년, 혹은 1908년에서 1917년에 이르는 과도기적 영화 시기 동안에 조명, 구도, 편집 등 모든 것이 점차 관객이 스토리를 따라가는 데 도움이 되는 방향으로 고려됨에 따라 영화 제작의 모든 형식적 요소들은 내러티브에 종속되었다. 연기 양식, 편집, 삽입 자막의 대사 등을 통해 창조된, 심리적으로 개연성이 있는 인물이 이런 스토리에 통합되었으며, 이들의 동기와 행동은 사실적으로 보이며 영화의 개별 숏이나 장면들을 한데 연결시키는 도움이 되어야 했다. 이렇게 〈풍부하고 깊이 있는〉 개연성 있는 등장인물은 당시 유행하던 사실주의적 소설과 연극의 등장인물을 따른 것으로 멜로드라마와 보드빌 코미디에서 가져왔던, 이전 시기의 일면적이고 전형적인 등장인물과는 대조를 이뤘다.

편집 기법의 발전과, 카메라와 배우 사이의 거리가 줄어드는 것은 과도기 시기의 영화와 그전 시기의 영화를 구별시키는 확실한 차이였다. 배우의 신체 전체는 물론 배우의 머리 위와 발 아래 공간까지 담아내는 타블로, 혹은 프로시니엄 아치 숏은 초창기 영화의 특징이었다. 그러나 과도기 시기의 초기에 이르러 바이타그래프 영화사는 소위 〈9피트 라인〉을 이용하기 시작했는데, 이는 카메라에서 9피트 떨어진 거리에서 장면을 연출하는 것으로 배우를 발목 위에서부터 보여 주었다. 같은 시기에 프랑스에서는 파테 영화사와 그 영향하에 있었던 필름 다르Film d'Art 영화사와 스카글SCAGL 영화사 등의 다른 영화사들도 9피트 라인을 채택했다. 1911년에 이르러 카메라는 피사체에 좀 더 가까이 다가가서 스리쿼터 숏 *three-quarter shot*〔미디엄 롱 숏*medium long shot*이라고도 하며 등장인물을 무릎으로부터 포착하는 것으로, 이 경우 화면 대부분을 인물로 채울 수 있다 — 역주〕을 썼는데, 이것은 과도기 시기와 무성 영화 시기의 주도적인 촬영 거리였다. 카메라가 배우를 향해 가까이 다가선 것에 더하여, 영화 제작자들은 또한 배우들이 카메라를 향해 좀 더 가까이 움직이도

데이비드 워크 그리피스 (1875~1948)

데이비드 그리피스는 1875년 1월 23일 켄터키 주에서 남북 전쟁에 참전했던 장교로 〈포효하는 제이크〉라는 별칭을 가진 제이콥 그리피스의 아들로 태어났다. 그는 20세에 태어난 곳을 떠나, 13년 동안 대부분 이류 레퍼토리 극단에 소속되어 순회공연하면서 그다지 성공적이지 못한 연극 경력을 쌓았다. 1907년 워싱턴 시에서 자신의 연극 「바보와 소녀」의 제작에 실패한 후 그리피스는 에디슨 영화사와 바이오그래프 영화사에서 단편 시나리오 쓰기와 연기를 병행하면서 당시 번성하기 시작한 영화 산업에 뛰어들었다. 1908년 봄, 감독의 부족에 직면한 바이오그래프 영화사 수뇌부는 그리피스에게 감독직을 제의했으며, 그는 33세의 나이에 자신에게 가장 적합했던 직업을 시작하게 했다.

1908년과 1913년 사이 그리피스는 직접 400편 이상의 바이오그래프 영화들을 감독했다. 그 첫 번째 영화는 「무희 돌리의 모험The Adventures of Dollie」(1908)이었으며, 마지막 영화는 4릴짜리 성경 서사극 「베툴리아의 유디트」(1914)였는데 이 영화는 그리피스와 바이오그래프 영화사가 관계를 청산하고 난 뒤 몇 달 후에 개봉했다. 그가 감독한 바이오그래프 영화의 첫 번째와 마지막 영화는 특별히 그리피스가 최고의 관심을 기울여 왔던 영화의 제작 요소인 편집과 영화 연기의 측면에서 비교해 볼 때 매우 놀라운 차이가 있다. 편집의 측면에서 그리피스는 그 유명한 막판 구출 장면들에 적용된 교차 편집*cross-cut*의 정교한 활용을 떠올리게 한다. 그러나 그의 영화들은 심리적 격정 상황에서 배우를 좀 더 근접하여 보여 주는 편집을 포함하여 다른 편집 방식의 양식화에도 지대한 공헌을 했다. 연기의 관점에서 바이오그래프 영화들은 심지어 그 당시에도 새롭고, 좀 더 내면적이고 좀 더 〈영화적인〉 연기 스타일에 가장 근접한 것으로 인정받았다. 제작된 지 수십 년 후에도 바이오그래프 영화들은 계속해서 흡인력을 가졌는데, 이것은 영화 형식 측면에서의 높은 완성도 때문이기도 했지만 성 역할의 변화, 가속되는 도시화, 인종 문제 등 내용의 측면에서 당대의 가장 절박한 사회적 문제들을 탐구했기 때문이었다.

장편 영화 제작 기피를 포함하여 바이타그래프 영화사 수뇌부들의 보수적인 정책하에서 계속해서 안달이 났던 그리피스는 1913년 말 영화사를 떠나 자신의 영화 제작사를 세웠다. 처음으로 몇몇 복수 릴 영화들을 실험한 후 그는 1914년 7월 그것 이외에 더 이상의 영화를 제작하지 않았더라도 여전히 세계 영화사에서 그 위치를 확고하게 만들었을 문제의 영화를 촬영하기 시작했다. 12릴 영화로서 1915년 1월 개봉할 당시 가장 긴 미국 장편 영화였던 「국가의 탄생」은 영화의 엄청난 사회적 파급 효과를 입증했을 뿐만 아니라 미국 영화 산업의 장편 영화로의 전환을 가속화시켰다. 「국가의 탄생」은 또한 감독인 그리피스 자신에게도 심대한 영향을 끼쳤는데 많은 측면에서 그리피스는 이후 나머지 영화 일생을 이 영화의 초월, 변호, 혹은 보충을 위해서 보냈다고 볼 수 있다.

1916년에 개봉한 그다음 장편 「편협」은 「국가의 탄생」의 스펙터클한 차원들을 뛰어넘기 위한 시도였을 뿐만 아니라 그 영화에 대한 비판과 검열에 대한 직접적인 대응이었다. 「편협」은 모두 역사상의 편협을 보여 준다는 취지에 맞는 4개의 서로 다른 이야기를 다소 비효과적으로 결합시키고 있다. 가장 눈에 띄는 2개 부분은 〈어머니와 법〉 편과 〈바빌론의 몰락〉 편이다. 전자는 의도상 현대 도시적 삶의 부침을 다루며 메이 마시가 젊은 여성을 연기했으며, 후자는 기원전 6세기 페르시아의 메소포타미아 침공을 다루고 있으며 막대하고 정교한 세트와 수백 명의 엑스트라가 동원된 전투 장면 등이 특징적이다. 영화의 유명한 엔딩은 편집이 돋보이는데 네 가지 에피소드의 모든 막판 구출 시퀀스들이 함께 짜맞추어진다. 이와 대조적으로 그리피스의 중요한 세 번째 장편 「짓밟힌 꽃」은 상대적으로 작은 규모의 노작(勞作)이다. 영화는 3명의 주인공에 초점을 맞추는데 릴리언 기시가 그녀의 모든 공연들 가운데 가장 인상적인 연기를 보여 준 학대받는 소녀, 냉혹한 계부인 도널드 크리스프, 소녀를 돌봐 주는 동정적인 중국인이 등장한다. 리처드 바셀미스가 연기한 중국인 역은 그리피스가 전혀 인종 차별주의자가 아님을 입증하려는 분명한 의도였다.

「짓밟힌 꽃」의 1919년 개봉 이후 그의 영화 인생은 예술적인 측면과 재정적 측면에서 모두 낮은 궤적을 그리기 시작했으며 그리피스의 노력에도

세트에서 카메라맨 빌리 비처, 도로시 기시와 함께 있는 D.W. 그리피스.

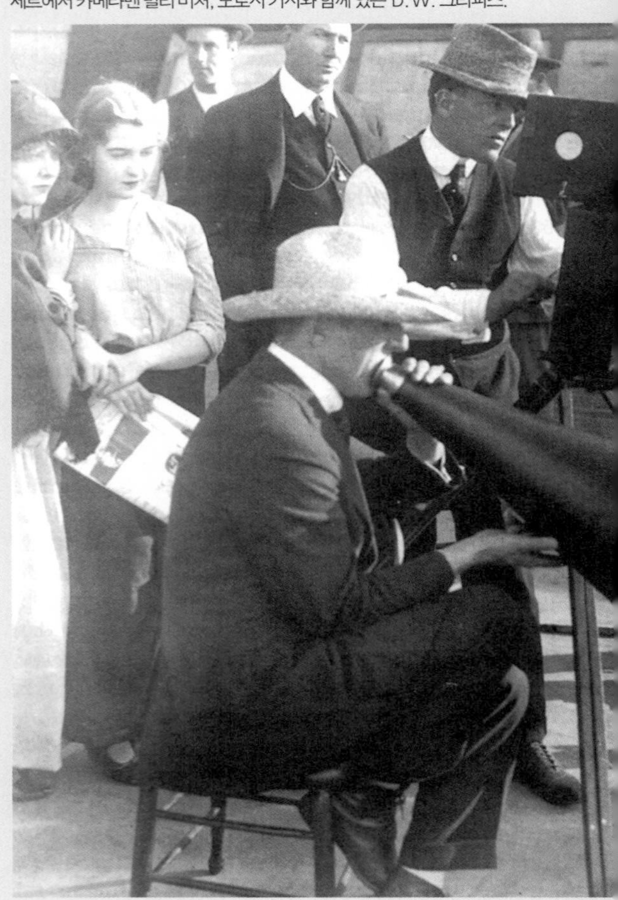

불구하고 그 상황은 역전되지 않았다. 그는 할리우드 외부에서 독립 제작자이자 감독으로서 자신의 입지를 세우려는 성공적이지 못한 시도에 따른 재정적 곤란 때문에 인생의 마지막까지 시달렸지만 아마도 상황이 그렇게 된 보다 중요한 원인으로는 그리피스가 1차 대전 이후 변화한 감수성에 호응하려는 시도를 전혀 하지 않았다는 점이다. 그의 빅토리아풍 감상성은 점차 섬세해진 재즈 시대의 관객과의 호응을 어렵게 했다. 실제로 그리피스가 1920년대에 제작한 가장 중요한 장편 2편인 「동쪽으로 가는 길」(1920)과 「풍운의 고아들」(1921)은 고색창연한 멜로드라마 연극의 영화적 각색이었다. 이들 영화들은 스타 릴리언 기시의 연기를 포함하여 나름대로 최고의 경지를 보여 주지만, 그럼에도 이것들은 20세기의 주요 매체로서의 잠재력을 보여 주기보다는 뚜렷하게 영화가 기원한 19세기를 향하고 있다. 1920년대 나머지 기간 내내 크게 인상적이지 않은 일련의 장편들을 내놓으면서 그리피스는 「에이브러햄 링컨」(1930)과 「투쟁 The Struggle」(1931) 등 2편의 유성 영화를 연출할 수 있을 정도로 오랫동안 영화계에서 버텼다. 비평과 흥행 모두에서 실패였던 「투쟁」으로 그리피스는 한 개인의 마지막 영화가 그 자신의 운명을 결정하는 할리우드의 세계에서 하루살이 인생을 선고받았다. 이후 그는 때때로 시나리오를 검토하거나 고쳐 주는 일을 했지만 결국 더 이상 영화를 연출할 수 없었다. 그는 1948년 사망했다.

로버타 피어슨

▪▫ 주요 작품

단편

「셔츠의 노래The Song of the Shirt」(1908); 「밀 독점A Corner in Wheat」(1909); 「술주정뱅이의 개심A Drunkard's Reformation」(1909); 「외진 빌라The Lonely Villa」(1909); 「옛 켄터키에서In Old Kentucky」(1909); 「론데일 교환원The Lonedale Operator」(1911); 「피그 앨리의 총병들The Musketeers of Pig Alley」(1912); 「작은 멋쟁이The Painted Lady」(1912); 「뉴욕에서 온 모자The New York Hat」(1912); 「부모의 마음The Mothering Heart」(1913); 「엘더부시 걸치의 격전The Battle of Elderbush Gulch」(1914).

장편

「베툴리아의 유디트Judith of Bethulia」(1914); 「국가의 탄생The Birth of Nation」(1915); 「편협Intolerance」(1916); 「짓밟힌 꽃Broken Blossoms」(1919); 「동쪽으로 가는 길Way Down East」(1920); 「풍운의 고아들Orphans of the Storm」(1921); 「에이브러햄 링컨Abraham Lincoln」(1930).

▪▪ 참고 문헌

Gunning, Tom(1991), *D. W. Griffith and the Origins of American Narrative Film*.

Pearson, Robert E.(1992), *Eloquent Gestures: The Transformation of Performance Style in the Griffith Biograph Films*.

Schickel, Richard(1984), *D. W. Griffith: An American Life*.

록 했다. 과거 추격 영화들에서 배우들이 카메라를 향해 가까이 다가온 후에 숏 밖으로 빠져나가는 경우가 더러 있었으나 과도기 영화 시기에 이런 방식은 표준적인 것으로 확립되었다. 이것은 갱이 담을 따라 미디엄 클로즈업의 화면 크기로 보일 때까지 카메라 쪽으로 살금살금 걷는 「피그 앨리의 총병들 The Musketeers of Pig Alley」(그리피스, 1912)의 한 숏에서처럼 극적 효과를 의도적으로 강화하기 위해 활용되었다.

연기자와 카메라 사이의 거리가 줄어든 것은 관객이 배우를 더 잘 볼 수 있으며 스타 시스템의 발전에 도움이 되었지만 또한 등장인물의 개성적인 차별성과 얼굴 표현을 점점 강조하는 데도 기여했다. 편집 또한 심리적으로 격렬한 순간을 강조하고 등장인물의 사고와 감정을 외면화하는, 그런 목적에 맞게 발전했다. 이미 스리쿼터 숏을 통하여 관객이 전에 없이 배우의 얼굴을 분명하게 볼 수 있었으나 영화 제작자들은 종종 절정의 순간을 위해 훨씬 더 근접한 숏을 연결했다. 이것은 초기의 영화인 「대열차 강도」에서처럼 단순히 충격적 효과를 노린 것이 아니라 등장인물의 감정에 대한 관객의 감정 이입을 좀 더 강화하고자 고안되었다. 예를 들어서 「론데일 교환원The Lonedale Operator」(그리피스, 바이오그래프, 1911)에서 강도들은 전신 기사(블란치 스위트)를 위협하며 그녀의 사무실에 침입하려 한다. 그녀가 필사적으로 구조 요청 전신을 보내는 사이, 영화는 스리쿼터 숏에서 미디엄 숏으로 바뀌고 그녀가 공포에 떠는 모습을 좀 더 가깝게 보여 준다.

편집은 또한 등장인물의 주관성*subjectivity*을 좀 더 직접적으로 전달하기 위해서 사용되었다. 과도기 시대 이전부터 영화 제작자들은 등장인물과, 그의 생각을 문자 그대로 외면화하여 구현된 장면을 같은 프레임에서 동시에 보여 주기 위하여 이중 노출*double exposure*을 이용하는, 연극적인 〈환상 장면*vision scene*〉을 활용하였다. 예를 들어 「미국 소방관의 생활」(에디슨, 1902)에서 소방관이 위기에 처한 한 가족에 대해 걱정하는 것을 보여 주기 위해서 이런 기법이 사용되었는데, 소방관의 머리 약간 오른쪽 위로 그 가족들이 풍선 꼴 윤곽 안에 떠오른다. 이러한 관습은 과도기 시기에도 이어졌는데 「나폴레옹 보나파르트와 프랑스 왕후 조세핀의 삶The Life Drama of Napoleon Bonaparte and the Empress Josephine of France」(바이타그래프, 1909)에서 이혼하여 괴로운 왕후는 합성 화면*superimposed vision*을 통해 옛날 남편과 만나게 된다. 그러나 이 영화의 자매편인 「운명의 지배자, 나폴레옹Napoleon, the Man of Destiny」은 할리우드 영화 관습의 플래시백*flashback* 구조에 다가섰다. 여기에서 등장인물의 〈현재〉 숏은 영화가 〈과거〉의 모습을 보여 주는 것을 정당화한다. 엘바 섬으로 유배되기 직전 말메종으로 돌아온 나폴레옹이 자신의 과거를 〈회고하는〉 사이, 영화는 그를 보여 주는 현재 장면에서 전투를 포함한 과거의 사건들로 옮겨진다.

과도기 시기에는 또한 등장인물의 주관을 가장 직접적으로 연상시키는 편집 유형이 등장했는데 그것은 시점 숏*point-of-view shot*으로 영화는 인물에서, 인물이 바라본 내용으로, 다시 인물로 옮겨진다. 이러한 유형이 할리우드 시기 전까지는 확실한 관습으로 정착되지는 않았지만 과도기 시기의 영화 제작자들은 등장인물이 보았던 것을 〈보여 주는〉 다양한 수단들을 실험했다. 초기의 예인 「프란체스카 다 리미니Francesca da Rimini」(바이타그래프, 1907)의 경우, 목걸이 금합(金盒)을 쳐다보는 등장인물의 타블로 숏에서 금합의 클로즈업 인서트 숏으로 이어진다. 「론데일 교환원」, 「이넉 아든Enoch Arden」(1911) 등을 포함한 여러 영화에서 그리피스는 비록 오늘날의 기준으로 볼 때 〈불완전한〉 시선의 일치*eye-line match*로 보이지만 창밖을 쳐다보는 등장인물들에서 그들이 보는 것들로 연결시키고 있다.

이러한 마지막 편집 기법은 물론 등장인물의 사고를 외면화할 뿐만 아니라 시공간적 맥락을 설정하는 데 도움이 되었다. 시공간적 맥락의 설정은 같은 신*scene*(즉, 같은 시간과 장소에 일어나는 사건들) 내에서, 그리고 같은 시간에 서로 다른 장소에 벌어지는 신들 사이에서 서사적 일관성*narrative coherence*을 산출하는 데 중요했다. 초기 영화 시기의 영화 제작자들은 때때로 한 숏의 공간을 분해했는데 「할머니의 돋보기」에서처럼 좀 더 자세히 보여 주기 위해 작은 부분들을 선택했다. 나중에 그렇게 되는 만큼 널리 사용된 것은 아니었지만 과도기 시기의 이런 분석적 편집*analytical editing*은 예전처럼 단순히 시각적 즐거움을 제공하기보다는 서사적으로 중요한 세부를 강조하기 위해 때때로 사용되었다. 예를 들면 「론데일 교환원」에서 강도들이 결국 여성 교환원의 사무실에 난입했을 때 그녀는 그들을 권총으로 보이는 물건으로 꼼짝 못하게 저지했는데 인서트로 보이는 그것은 볼트나 너트 따위를 돌리는 렌치였다. 분석적 편집이 드물게 사용되었던 반면, 관객에게 공간의 맥락을 지시하기 위해서 한 신의 서로 다른 공간들을 함께 연결시키는 것은 관습으로 확립되었다. 사실, 「론데일 교환원」에서 느껴지는 서스펜스는 관객이 영화 속 공간의 전체적 관계를 확실히 알고 있다는 것에서 비롯되었다. 전신 기사가 직장에 오기까지 그녀는 철도역사의 현관에서 자기 사무실의 외실로, 다시 사무실 내실로 걸어 들어왔다. 방향의 연속성*directional continuity*에 따라 여배우는 각 숏에서 오른쪽에서 빠져나갔다가 스크린의 왼쪽으로 들어온다. 강도들이 사무실의 가장 바깥에서 난입해 들어갈 때 관객은 공포에 떠는 여자에게 도달하기 위해서 이들이 얼마나 많은 공간을 지나야 하는지를 정확히 알고 있다. 여기에서 등장인물의 움직임은 숏들을 연결시키고 있으며, 다른 한편 전체적으로 연결된 배경 공간 속에서의 카메라의 상대적 위치와 연관된 많은 그것들을 포함한 다른 관습들은 또한 공간적 관계를 설정하는 데 이용되었다.

「론데일 교환원」은 또한 그 감독인 그리피스의 이름을 1차적으로 연상시키는 편집 양식의 사례를 제공한다. 그는 스릴 넘치는 막판 구출*last-minute rescue*을 연출하기 위해 사용했던 교차 편집*cross editing*, 평행 사건*parallel action*, 혹은 평행 편집*parallel editing* 등으로 유명했다. 그러나 그리피스가 평행 편집을 관습으로 확립시켰을지는 몰라도 그리피스 이전의 몇몇 영화들을 보면 그가 평행 편집을 처음 개발했던 것은 아니라는 사실을 알 수 있다. 1907년에 제작된 바이타그래프 사의 두 영화 「방앗간 소녀The Mill Girl」, 「100대 1의 총격The Hundred-to-One-Shot」은 서로 다른 장소를 교차 편집으로 보여 주는데, 후자의 경우에 심지어 막판 구출 장면이라 볼 수 있는 부분도 있다. 1907년과 1908년 사이에 파테 영화사가 제작한 몇몇 영화들은 또한 매우 짧은 평행 편집 시퀀스를 포함하고 있는데, 그 가운데 하나인 「위기일발A Narrow Escape」(1908)은 플롯과 편집에 있어 그리피스의 「외진 빌라」(1909)를 예고하는 작품이다. 그러나 그리피스는 그의 가장 초기 영화에서부터 쫓기는 자, 쫓는 자, 구원자 등을 서로 교차하는 실험을 했고, 얼마 안 있어 그와 다른 미국 감독들은 프랑스 영화에서 보이는 초보적인 형태를 뛰어넘는 평행 편집을 개발했다. 예를 들어 「론데일 교환원」의 클라이맥스의 경우에 위협받는 여주인공에서 문을 부수며 위협하는 강도들로, 다시 고속 기관차 기관사실의 남주인공으로, 여기에서 다시 돌진하는 기관차의 야외 트래킹 숏으로 이어진다.

그리피스가 1908년 바이오그래프 사에서 처음 영화 연출을 시작했을 때는 그의 영화들은 평균 7개의 숏으로 구성되었는데 점차 숏 수가 증가하여 1913년경의 영화는 처음의 5배인 평균 88개 숏으로 구성되었다. 나중에 만든 그리피스의 바이오그래프 영화들은 같은 시기 바이타그래프 사 등 다른 영화사의 영화들보다 영화 1편당 더 많은 숏을 사용하는 것이 특징이었다. 그럼에도 일반적으로 미국의 영화감독들은 유럽의 감독들보다 편집에 좀 더 심하게 의존하는 경향이 있었으며 유럽 감독들은 미장센과 깊이 있는 공간 연출의 가능성에 관심을 기울였다. 미국 영화들은 배우들이 측면에서 등장했다가 측면으로 나가는 등 평면적으로 장면이 연출되는 경향이 있었다. 특히 과도기 영화 시기에 가까워지면서 미국 영화들은 그 연극성을 숨기려는 시도를 하기보다는 심지어 색칠한 배경막을 사용하기까지 했다. 대조적으로 프랑스 영화와 이탈리아 영화를 포함한 유럽 영화들은 연극에서는 가능하지 않은, 깊이 있는 공간 감각을 창조하기 시작했다. 이전의 눈높이에서 허리 수준으로 카메라의 높이를 낮춘 것은 깊고 넓은 공간 촬영을 가능하게 했다. 배우의 머리 위 빈 공간을 줄이는 것은 등장인물을 더 크고 더 가깝게 볼 수 있게 했을 뿐만 아니라 카메라에 가까이 있는 등장인물과 멀리 떨어져 있는 등장인물의 차이를 훨씬 분명하게 부각시킬 수 있었으며, 이것은 전경, 중경, 후경으로 장면을 연출하는 것을 가능하게 했다. 종종 세트 뒤쪽으로 훨씬 더 먼 공간이 엿보이는 문들이 있는, 실내 장면의 효과적인 3차원적 세트들은 공간적 깊이의 환영을 낳았다. 통로의 사용과 빛과 그늘을 대조시키는 것은 「로미오와 줄리엣Romeo and Juliet」(필름 다르테 이탈리아나, 1909)에서 보이는 것처럼 종종 야외 숏에서 깊은 공간의 느낌을 강화했다. 한 숏에서 베로나로 돌아오는 로미오는 그 뒤로 환한 먼 공간이 이어지는 그늘진 아치 아래를 지나간다. 줄리엣의 장례 행렬인 그다음 숏은 이미지적 유사 연결 *graphic match*로서 수많은 인파가 쏟아져 나오는 거대한 교회의 그늘진 아치형 통로를 보여 준다. 영화는 호화로운 의상을 차려입은 수많은 엑스트라가 카메라를 굽이쳐 지나가도록 그 숏을 충분히 길게 포착하고 그 기나긴 행렬은 교회 정문에 눈을 돌리게 한다.

미장센보다 편집을 강조하는 미국 영화는 개연성 있고 개성화된 등장인물의 창조에 기여한 새로운 〈영화적〉 연기 스타일과 관계가 있다. 영화 연기는 점차적으로 〈사실주의〉 연극의 연기를 모방하면서 멜로드라마를 우선적으로 연상시키는, 오래된 연기 스타일의 성문화된 관습들을 기피하기 시작했다. 초기의, 혹은 〈연극 같은*histrionic*〉 스타일의 연기는 〈사실적인〉 혹은 실제 삶과는 아무런 관계가 없다는 가정에 기초하고 있었다. 배우는 사전에 규정된 사전적(事典的) 목록의 제스처와 동작을 통해 자신을 표현했으며 모든 사람은 사전에 정해진 정서, 혹은 심리 상태에 반응했다. 동작은 크고, 눈에 띄며, 작의적으로 연기되었다. 대조적으로 새로운, 혹은 박진한*verisimilar* 연기 방식은 배우에게 일상의 행동을 흉내 내야 한다는 것을 전제했다. 배우들은 〈연극 같은〉 방식의 표준화되고 관습화된 동작을 버리고 안면 표현과 작고 개성적인 동작, 소도구 이용 등을 통해 등장인물의 생각과 감정을 외면화했다. 제작 연도가 3년 차이가 나는 2편의 그리피스의 바이오그래프 영화인 「술주정뱅이의 개심」(1909), 「무자비Brutality」(1912)는 〈연극 같은〉 연기 방식과 박진한 연기 방식의 차이를 분명하게 보여 준다. 두 영화 모두 술독에 빠진 남편에게 절망하는 아내가 나온다. 먼저 제작된 영화의 경우, 아내(플로렌스 로렌스)는 의자에 털썩 주저앉아 탁자 위로 쭉 뻗은 두 팔에 머리를 떨어뜨린다. 그런 다음 그녀는

펜실베이니아 주 뉴 캐슬의 워너 사 최초의 극장 〈캐스케이드Cascade〉. 1903년.

세실 B. 데밀 (1881~1959)

세실 B. 데밀은 매사추세츠 주 애시필드에서 극작가와 전직 여배우의 아들로 태어났다. 그는 부모의 직업적 전철을 따랐으나 2명의 신참 프로듀서인 제시 래스키와 샘 골드피시(나중의 골드윈)가 영화 연출을 권유하기 전까지는 그다지 성공적인 성과를 내지 못하고 있었다. 그 첫 번째 영화는 「스쿼맨」(1914)으로 미국 최초의 장편 길이의 영화이자 할리우드라는 작은 시골 군구(郡區)에서 제작된 최초의 영화들 가운데 한 편이었다. 이 구식 멜로드라마는 흥행에 크게 성공했다. 1914년 말이 되었을 때 데밀은 추가적으로 5편의 영화를 연출한 상태였으며 젊은 일류 감독으로서 환대받으며 후에 파라마운트 스튜디오가 되는 래스키 촬영소에서 4개의 촬영팀을 관리하게 되었다.

이 시기에 데밀이 가졌던 지칠 줄 모르는 정력에는 혁신에 대한 열정이 있었다. 비록 플롯에 있어서는 벨라스코, 혹은 부스 타킹턴 같은 작가들의 희곡에 크게 의존했지만 그는 서사적인 기법들을 확대하기 위해 조명, 편집, 구도 등과 관련된 여러 실험을 적극적으로 시도했다. 프랑스에서 (마르셀 레르비에와 아벨 강스 등의) 갈채를 받은 「속임수」(1915)는 아마도 최초라고 볼 수 있는 심리적 편집*psychological editing*의 활용으로 유명했다. 이것은 동시에 일어나는 두 사건을 연결한다기보다는 등장인물의 사고의 흐름을 포착하기 위한 장면 연결이었다. 케빈 브라운로의 주장대로 〈데밀의 처리가 매우 미묘했기 때문에 우스꽝스러웠을 멜로드라마가 진지하고 색다르며 마음을 흔드는 우화가 되었다〉.

「악마의 속삭임」(1918)은 훨씬 더 선구적이었다. 영화의 음침하고 강박적인 스토리와 어둑한 조명 등은 필름 누아르의 요소들을 예고했다. 그러나 「악마의 속삭임」은 장대한 역사 스펙터클에 대한 최초의 시도인 잔 다르크 서사극 「성녀 잔 다르크」와 마찬가지로 냉대를 받았다. 흥행에서의 인기를 회복하고자 하는 목적에서 데밀은 자신의 진로를 수정했다. 그것은 몇몇 사람이 지적하는 대로 훨씬 더 부정적인 방향이었다. 케빈 브라운로의 주장대로 〈그가 최소 공분모에 맞춰 시선을 낮춤에 따라 그의 영화의 수준은 수직으로 하강했다〉.

그는 「아내 새로 바꾸기」(1918)를 시작으로 일련의 〈현대적〉 섹스 코미디를 제작했다. 이 영화들은 가능하다면 언제든지 끼워 넣었던 내밀한 욕구를 간질이는 목욕 에피소드를 포함하여 황홀하고 쾌락적인 삶의 유혹적인 장면들을 전반적으로 보여 주다가 끝에 가서 전통적 윤리의 재확인으로 결말을 내려 그 은밀함을 상쇄시키는 방식을 취했다. 흥행 수익은 높이 치솟았으나 데밀에 대한 비평적 평판은 회복되지 않을 정도로 추락했다.

점차 교훈적이 되는 이러한 관점 — 관객에게 악의 사악함에 대해 길고 분명하게 설명해 주는 한편 윤리를 설교하는 — 은 그 논리적 연결선상에서 데밀의 최초의 성경 서사극 「십계」(1923)를 낳았다. 당시 냉정한 인물인 아돌프 주커가 이끌던 파라마운트 스튜디오의 염려와는 달리 영화는 공전의 대성공을 거두었다. 파라마운트를 그만두고 2년 뒤 데밀은 자신의 영화사 미국영화회사Cinema Corporation of America(CCA)를 세워 예수의 야심적인 삶을 다룬 「예수 그리스도」(1927)를 제작했다. 영화는 훨씬 더 성공적이었으나 CCA의 다른 영화들은 실패로 끝났고 영화사는 문을 닫았다. 이후 데밀은 MGM에 잠시 불편하게 머물다가 다시 주커에 대한 반감을 삼키며 이전 봉급이 무색할 정도의 적은 임금을 받는 조건으로 파라마운트에 합류했다.

자신의 입지를 다시 굳게 다지고자 했던 데밀은 「성호The Sign of the Cross」(1932)에서 당시까지 자신이 가장 성공을 거두었던 두 가지 공식인 종교 서사극과 섹스 코미디를 교묘하게 융합했다. 그 작품에서 그는 당시까지 가장 관능적인 장면으로 꼽혔던, 포패어를 연기한 클로데트 콜버트의 목욕 장면을 포함하여 지나칠 정도로 사치스러운 방탕을 보여 주었고,

영화에 대한 만족스러운 결말로서 경건한 메시지를 전달했다. 비평은 냉소적이었으나 대중은 떼를 지어 몰려들었다. 관객이 작은 규모의 현대적 드라마인 그다음 2편의 영화에 대해 소원하자 데밀은 웅대하고 역사적인 것이 잘된다는 교훈을 얻었다. 찰스 하이엄의 견해(1973)에 의하면, 이후로 그는 항상 그를 젊게 충동질해 왔던 〈예술적인 열망을 포기했다. 그는 단순히 출세하여 매우 성공적인 영화인이 되기를 바랐다〉.

「클레오파트라」(1934)에는 종교적인 것이 없는 대신, 수많은 성애적인 장면과 몇몇 능숙하게 연출된 전투 장면으로 그것이 보완되었다. 「평원아(平原兒)」(1937)로 그는 복음 전도적인 메시지에 미국의 영토 확장주의의 주제를 가미하여 미국 개척 시대를 다루기 시작했다. 「유니언 퍼시픽 철도」(1942)와 「정복되지 않은 사람들」(1947)과 같은 영화들에서 보이는 완고한 윤리와 의기양양한 스토리 전개는, 스미코 히가시의 주장에 의하면, 관객에게 미국의 미래, 특히 상업적 강국으로서의 미국의 운명에 대한 믿음을 재확인시키기 위해 계산된 것이었다.

한때 혁신주의자였던 그는 이제 시대에 반하는 구식이 되어 버렸다. 그의 마지막 성경 서사극인 「삼손과 델릴라」(1956)와 「십계」의 리메이크(1956)는, 필요한 경우 감독 자신이 신의 목소리를 제공하는 일련의 성화로서 연출되었다. 데밀은 그때까지 항상 모든 과정에 개입하여 단독적으로 처리하는 감독으로 알려져 왔다. 그의 후기 영화들에서는 계층제의 원리들 *hierarchical principles*이 전체 영화 제작 과정을 지배했으며 관객에게는 추종적인 어린이 역할이 주어졌다. 이 모든 한계에도 불구하고 그는 끝까지 타고난 이야기꾼으로서 관객에 대해 단순하고 강요적인 호소력을 유지했다.

필립 켐프

■□ 주요 작품

「스쿼맨 The Squaw Man」(1914); 「황혼의 결투 The Virginian」(1914); 「속임수 The Cheat」(1915); 「성녀 잔 다르크 Joan the Woman」(1917); 「악마의 속삭임 The Whispering Chorus」(1918); 「아내 새로 바꾸기 Old Wives for New」(1918); 「아나톨의 행각 The Affairs of Anatol」(1921); 「십계 The Ten Commandments」(1923); 「예수 그리스도 The King of Kings」(1927); 「성호 The Sign of the Cross」(1932); 「클레오파트라 Cleopatra」(1934); 「평원아(平原兒) The Plainsman」(1937); 「유니언 퍼시픽 철도 Union Pacific」(1939); 「정복되지 않은 사람들 Unconquered」(1947); 「삼손과 델릴라 Samson and Delilah」(1949); 「지상 최대의 쇼 The Greatest Show on Earth」(1952); 「십계 The Ten Commandments」(1956).

■■ 참고 문헌

Brownlow, Kevin(1968), *The Parade' s Gone By*.

Demille, Ceil B.(1959), *The Biography of Cecil B. Demille*.

Higashi, Sumiko(1985), *Cecil B. Demille: A Guide to References and Resources*.

Higham, Charles(1973), *Cecil B. Demille*.

◀ 촬영장의 세실 B. 데밀. 1928년경.

무릎을 꿇고 두 팔을 45도 위로 뻗고 기도한다. 나중에 나온 영화의 경우에, 아내(메이 마시)는 식탁에 앉아서 머리를 숙이고 지저분한 접시를 모은다. 그런 다음에 고개를 들고 입술을 굳게 다물고, 잠시 쉬었다가 다시 접시를 모은다. 그녀는 다시 멈추었다가 입에 손을 대고, 주변을 살핀 후 의자에서 몸을 약간 움츠린다. 다시 한 차례 몸을 움츠리면서 그녀는 울기 시작한다.

과도기 영화 시기에 삽입 자막 사용의 변화 또한 개연성 있고 개성 있는 인물의 창조와 직접적으로 관련되어 있다. 본래 삽입 자막은 종종 장면의 앞에 위치하여 앞으로 다가올 사건에 대해 매우 길게 설명하는 등 해설적인 용도로 사용되어 왔다. 점차 이런 기나긴 자막들은 장면의 중간 중간에 넣는 훨씬 짧은 해설적 자막들로 대체되었다. 보다 중요한 현상으로 1910년부터 대사 자막이 등장하기 시작했다. 영화 제작자들은 이러한 대사 자막의 위치를 여러 가지로 실험했는데, 처음에는 그 내용이 말해지는 숏 앞에다 대사 자막을 배치했다가 1913년경부터는 등장인물이 말을 하고 난 직후 그 뒤에다 대사 자막을 삽입시켰다. 이것은 대사와 등장인물을 밀접하게 연관시키는 효과를 가져왔으며 등장인물을 좀 더 개성 있게 만드는 데 도움이 되었다.

미국 영화의 형식적 요소들이 이 기간 동안 발전했다면 내용의 소재 역시 같은 기간에 변화를 겪었다. 스튜디오들은 기록 영화, 여행 영화 등 논픽션 영화들을 계속해서 제작했지만 스토리 영화의 인기가 계속 높아져 스튜디오 생산물의 상당 부분을 차지하게 되었다. 1907년 코미디 영화는 픽션 영화의 70퍼센트를 차지했는데, 추측건대 코믹한 추격이 숏들을 서로 연결하는 데 매우 손쉬웠기 때문이다. 그러나 시간과 공간의 연속성을 만들어 내는 여러 수단들의 발전은 다른 장르의 번성을 가능하게 했다.

상영업자는 코미디, 서부극, 멜로드라마, 기록 영화 등 여러 가지 소재를 섞어 프로그램을 만드는 등 폭넓은 관객을 끌고자 의식적인 노력을 했다. 스튜디오들은 다양성을 바라는 이러한 요구를 만족시킬 수 있는 제품들을 기획했다. 예를 들어 1911년 바이타그래프 영화사는 매주 전쟁 영화, 드라마, 서부극, 코미디, 대개 사극 영화인 특작 영화 등을 각 1편씩 출시했다. 유럽 관객이 그러했듯이 니켈로디언 관객의 서부극 선호가 두드러져 영화업계 신문들은 서부극의 병적 과잉을 비난하고 서부극의 임박한 쇠퇴를 예견했다. 특히 전쟁 50주년이 되던 해에 성황을 누린 남북 전쟁 영화 또한 인기를 끌었지만 과도기 영화 시기 동안 그 인기는 떨어졌다. 1911년이 되었을 때 코미디는 더 이상 픽션 영화의 대다수를 차지하는 장르는 아니었으나 여전히 주요한 부문이었다. 〈저속한〉 슬랩스틱을 기피하는 경향에 대해 스튜디오들은 가정을 배경으로 똑같은 인물이 계속해서 등장하는 것이 특징인 최초의 시트콤을 선보이는 것으로 대응했다. 여기에는 바이오그래프 영화사의 「존스 부부Mr. and Mrs. Jones」 시리즈, 바이타그래프 영화사의 「존 버니John Bunny」 시리즈, 파테 영화사의 「막스 랭데르Max Linder」 시리즈 등이 있었다. 1912년 맥 세닛은 자신의 키스톤Keystone 스튜디오를 통해 슬랩스틱 코미디에 전념하면서 이 장르를 되살렸다. 소설 각색물, 성서 서사극, 역사 사극 등 〈고급〉 영화는 수는 많지 않았지만 여전히 중요한 부문이었다. 이에 비해 매우 다양한 인물과 무대 배경이 특징이었던 동시대적인 드라마(와 멜로드라마)는 그 생산량과 앞서 언급된 형식적 영화 요소들의 채용이란 차원에서 스튜디오 생산물의 주요 부분을 차지했다.

이러한 동시대적 드라마는 다른 어떤 장르보다도 내적으로 통일성 있는 내러티브의 구축과, 편집, 연기, 삽입 자막 등을 통한 개연성 있고 개성적인 캐릭터의 구축을 보다 일관성 있게 보여 주었다. 이런 영화들에서 제작사들은 초기에서처럼 보드빌과 환등기 쇼에 의존하기보다는 〈사실주의〉 연극(〈잘 만들어진〉 유명 희곡)과 〈사실주의〉 소설 같은 인정받는 동시대 오락물의 내러티브 형태와 인물을 종종 흉내 냈다. 이러한 모방은 영화 비판자들을 회유하고 그래서 인정받는 대중 매체로서 주류 미국 중산층 문화에 진입하는 한편 좀 더 폭넓은 관객을 끌어들이고자 하는 영화 산업의 필요에서 비롯되었던 측면이 있다. 고급 영화는 이러한 전략에 부합하는 것으로 영구적인 상영 장소의 번성과 〈5센트의 매력〉으로 문화계 지도자들이 새로운 매체의 잠재적 유독성을 우려하는 바로 그 시기에 니켈로디언 관객에게 고급문화를 제공하는 것이었다.

비록 고급 영화 제작의 절정기가 대략 니켈로디언 시기의 첫해(1908~9)와 일치하고는 있지만 영화 제작자들은 이미 「파르지팔Parsifal」(에디슨, 1904), 「나폴레옹 서사시」(파테, 1903~4) 같은 〈고급문화〉적인 소재를 제작해 왔다. 1908년 프랑스의 필름 다르 영화사는 문화적 위신을 획득하고자 하는 과정에서 유럽과 미국 영화 제작사들이 따를 수 있는 모델을 제공했다. 금융 기업 프레르 라피트Frères Lafitte가 세운 소시에테 필름 다르Société Film d'Art는 특별한 설립 목적을 가지고 있었는데, 저명한 작가들(종종 아카데미 프랑세즈의 회원들)이 저술한 원작 시나리오나 희곡의 각색 등을 바탕으로 명성 높은 작품성을 가진 영화를 제작하여 중산 계층을 유인하고자 했다. 필름 다르의 최초이자 가장 중요한 영화인 「기즈 공의 암살L'Assassinat du Duc de Guise」은 아카데미 프랑세즈 회원인 앙리 라브당이 쓴 대본을 바탕으로 제작되었다. 비록 프랑스의 앙리 2세의 통치기에 일어난 역사적 사건을 다루고 있지만 원작 시나리오는 영화 내용 이외의 사전 지식 없이도 이해할 수 있도록 내적으로 통일적인 내러티브를 구축했다. 영화의 파리 첫 상영 직후 「뉴욕 데일리 트리뷴」에 기사화되면서 영화는 미국에 커다란 영향을 끼쳤다. 〈필름 다르〉 운동에 관한 좀 더 심도 있는 기사가 주류 언론에 소개되었던 한편, 한 영화업계 신문은 필름 다르가 미국 제작사들을 새로운 경지에 이르도록 고취시키는 데 기여해야 한다고 역설했다. 필름 다르를 특별하게 다룬 그 기사는 영화 산업이 그 문화적인 선의를 강조해야 할 필요가 시급했던 시점에서 미국 영화 제작사들이 이런 전략을 본받도록 만드는 자극으로 작용했다.

영화특허권회사(MPPC)는 고급 영화의 제작을 장려했으며 회원사인 바이타그래프 영화사는 문학적, 역사적, 성서적 소재들을 다루는 영화 제작에 적극적이었다. 1908년과 1913년 사이에 제작된 바이타그래프 영화 목록에는 다음과 같은 영화가 포함되었다. 「실수 연발A Comedy of Errors」, 「구제: 에이브러햄 링컨의 일화The Reprieve: An Episode in the Life of Abraham Lincoln」(1908), 「솔로몬의 재판Judgement of Solomon」, 「올리버 트위스트Oliver Twist」, 「리슐리외Richelieu」, 「모세의 일생The Life of Moses」(5릴, 1909), 「십이야Twelfth Night」, 「토머스 베켓의 순교The Martyrdom of Thomas à Becket」(1910), 「두 도시 이야기A Tale of Two Cities」(3릴), 「허영의 시장Vanity Fair」(1911), 「울지 추기경Cardinal Wolsey」(1912), 「피크윅 페이퍼스The Pickwick Papers」(1913) 등. 한편 바이오그래프 영화사는 영화 형식의 관습들을 중산층 연극과 소설의 그것들과 일치시키는 데 노력을 집중했고 다른 영화사에 비해 상대적으로 수가 적었던 고급 영화들은 「오랜 세월이 지난 뒤After Many Years」(1908, 테니슨의 「이넉 아든」 각색)와 「말괄량이 길들이기The Taming of the Shrew」(1908) 등 문학 작품의 각색물인 경우가 많았다. 에디슨 영화사는 바이타그래프 영화사만큼 많지 않았지만 「네로 황제와 로마 방화Nero and the Burning of Rome」(1909), 「레 미제라블Les Misérables」(2릴, 1910)

을 포함해 어느 정도의 고급 영화를 내놓았다. 탄하우저는 「제인 에어Jane Eyre」(1910), 「로미오와 줄리엣Romeo and Juliet」(2릴, 1911)과 같은 영화들을 통해 사회적 인정을 달성하려는 독립 제작사들의 시도를 이끌었다.

상영과 관객

영화 제작의 초창기 몇 년 동안 논픽션 영화가 지배적이었고 그것이 주로 〈사회적으로 인정되는〉 장소(보드빌, 오페라하우스, 교회, 강의실)에서 상영되었기 때문에 새로운 매체는 문화적 현상 유지*status quo*에 위협이 되지 않았다. 그러나 스토리 영화의 출현과 이와 관련된 니켈로디언의 급증은 이러한 상황을 변화시켰으며 공공 기관과 민간 사회 정화 조직으로 하여금 영화 산업을 끊임없이 공격하게 만들었다. 영화 산업 비판자들은 어둡고 불결하며 불안전한 니켈로디언이 부적절한 내용을 보여 주고 있고, 대개 도시 하층민의 주택가에 위치하고 있으며, 영화가 야기하는 물리적이고 도덕적인 위험에 무방비 상태이며, 미국 사회의 가장 불안정한 계층이 그 주요 고객이라고 비난했다. 곧 주 당국이 영화를 검열하고 상영 장소를 규제해야 한다는 주장이 대두되었다. 이에 대해 영화 산업은 영화 혹평가들을 회유하기 위한 몇 가지 전략으로 대응했다. 여기에는 사회적으로 인정받고 있는 기존의 문학과 연극에 대한 모방, 문학적이고 역사적이고 성서적인 내용물의 제작, 자기 검열과 안전하고 청결한 상영 장소를 원하는 정부 당국과의 협조 등이 포함되어 있었다.

상설 상영 장소는 일찍이 1905년부터 확립되었으며, 니켈로디언의 숫자는 1907년에는 2,500개에서 3,000개, 1909년에는 8,000개, 1910년에는 10,000개로 추정되고 있다. 1909년 초에 관객의 숫자는 주당 4500만 명으로 추정된다. 뉴욕은 지역 내 니켈로디언의 숫자에서 시카고와 경합했으며 니켈로디언의 숫자는 500개에서 800개 사이로 추정된다. 시카고의 창고 개조 상영장들은 부적절한 좌석 배치, 불충분한 환기 시설, 희미한 조명 시설, 그 표시가 형편없고 종종 길목이 차단된 출구 등으로 이용자들에게 심각한 위험을 초래했으며, 이것은 이 기간 동안의 수많은 경찰 당국과 소방 당국 보고서들에서 확인된다. 화재, 혼란, 발코니 붕괴 등을 다룬 일간지 기사들은 니켈로디언을 의당 죽음의 함정으로 보는 대중들의 인식에 한몫했다. 대참사는 말할 것도 없고 그 물리적 상태는 더 이상 묵과할 수 없을 정도로 공동체를 위협하는 불행한 결과를 초래할 것으로 여겨졌다. 1908년 한 민간 사회 개혁 단체의 보고서는 〈상영장의 위생 상태는 안 좋으며, 불유쾌한 공기, 불결한 바닥, 가래나 침을 뱉도록 마련한 그릇의 미비, 꽉 끼여 앉은 사람들 등은 모두 전염병을 일으키기에 딱 알맞다〉라고 쓰고 있다.

이 시기 관객의 구성에 대한 정확한 정보는 없으나 인상적인 기사들에 따르면, 적어도 도시 지역에서는 그 많은 수가 이민자들인 노동자 계층이었으며 때때로 여성과 아이들이 주요 관객이기도 했다. 영화 산업이 다른 오락물을 찾을 시간과 비용이 없는 사람들에게 저렴한 오락을 제공하고 있다고 주장했던 반면 사회 정화 단체들은 〈비도덕적〉 영화(범죄, 간음, 자살 등을 포함한 용납하기 어려운 주제)가 가장 취약한 계층의 관객에게 끼칠 수 있는 나쁜 영향과, 더욱 문제가 되는 것으로 인종, 민족, 성별, 연령 등에 상관없이 뒤섞이는 관람이 야기할 수 있는 성적인 위법 사태 등을 우려했다.

공공 기관과 민간 사회 정화 단체들은 급성장하는 새로운 매체가 야기하는 사회적 위협을 저지하기 위한 다양한 전략을 고안했다. 영화 내용의 규제는 가장 쉬운 해결책으로 보였으며 많은 지역에서 사회 정화 지도자들은 공적인 검열을 요구했다. 1907년 일찍이 시카고는 관할 지역에서 상영되는 모든 영화를 검열하고 〈사회적으로 저속한〉 내용의 삭제를 요구하는 경찰 검열 위원회를 조직했다. 샌프란시스코의 검열관들은 매우 엄격한 규제 조항을 제정하여 〈한 사람이 다른 사람을 구타하는 모습을 보여 주는 모든 영화〉를 금지했다. 1911년 펜실베이니아를 시작으로 몇몇 주에서는 주 단위의 검열 위원회를 조직했다.

주와 그 이하 지방 자치 기관들은 또한 상영 장소를 규제하는 다양한 방법을 고안했다. 안식일에 특정 행위를 금지하는 법률은 대개 〈임금 생활자〉의 유일한 휴일이 되며 최고의 영화 흥행 요일인 일요일에 니켈로디언의 휴업을 강제했다. 당국은 상영업자들의 주 수입원인 어린이가 보호자를 동반하지 않을 경우 극장 출입을 금지하는 시 이하 단위의 법 조항을 통해 영화의 수익에 타격을 주었다. 지역을 규정하는 법률은 학교와 교회의 인근 지역에 니켈로디언의 개업을 막는 데 이용되었다. 이러한 반대에 직면하여 영화 산업은, 새로운 매체는 영화가 없었더라면 오락과 교육의 혜택을 받지 못했을 사람들에게 정보와 도덕적으로 무해하고 재미있는 오락을 제공하고 있다는 증거(적어도 주장일 뿐이라도)를 제시하면서 영향력 있는 시 당국자, 교육자, 목사 등과 우호적인 관계를 형성하고자 노력했다. MPPC처럼 좀 더 유력한 영화 산업 구성원들은 종종 상영장의 신축과 오래된 상영장의 개축을 강제하는 자치 단체의 조례에 건강과 위생 요건을 포함시키는 것에 적극 협력했다. 좌석 수, 통로 너비, 공기 흐름, 환기 등을 상세하게 규정하는, 1913년의 뉴욕 시 조례는 보다 보건 상태가 양호한, 즉 적법한 연극 극장과 좀 더 유사한 상영 장소를 만들려는 노력의 절정을 보여 주었다. 사실 1913년 이 지역에서 최초의 〈영화 궁전*movie palace*〉이 선보였다. 규모가 크고 시설이 잘되어 있는 이런 상영관은 니켈로디언과 상당한 대조를 이뤘다. 최고 2,000명까지 수용 가능한 실내, 이집트 사원, 혹은 중국 탑을 모방한 건축, 대규모 오케스트라, 유니폼을 착용한 관리자 등을 갖춘 영화관은 스크린에 투영되는 영화 못지않게 환상에 가까운 환경을 제공했다.

이 시기 영화 상영 장소가 비판과 반대에 직면했던 것은 미국뿐만이 아니었다. 독일에서는 미국보다 몇 년 뒤진 1910년에 상설 영화 상영관이 등장했으나 새로운 매체의 급속한 성장과 관객의 급증은 영화가 민감한 관객과 국가의 문화에 끼칠 수 있는 사악한 영향을 우려하던 공공 당국자와 민간 사회 정화 조직의 관심을 끌었다. 베를린 경찰 위원회는 시카고보다 1년 빠른 1906년에 공적 사전 검열제 계획을 입안했다. 미국에서처럼 어린이는 특별히 영화 내용에 무방비 상태이므로 보호가 필요하다고 여겨졌다. 교사와 목회자들은 영화가 어린이에게 유해하다는 것을 입증하는 몇몇 조사 결과를 내놓은 반면, 대중 교육과 평생 교육을 찬성하는 교사 협회와 다른

미국 최초의 「맥베스Macbeth」(존 에머슨, 1916) 영화에서 주연을 맡은 허버트 비어봄-트리 경. 영화는 1910년 영국 영화 「헨리 8세」의 성공 이후 비어봄-트리가 출연했던, 주로 셰익스피어 희곡의 각색물인 일련의 고급 드라마 가운데 한 편이다.

조직들은 영화의 오락적인 목적을 비난하고 교육 목적의 과학 영화의 제작 증대를 촉구했다. 1907년 사회 정의 조직들은 연합하여 영화개혁운동*Kinoreformbewegung*에 참여했으며, 어린이와 성인 교육을 위한 새로운 매체의 잠재력 활용을 촉구했다. 이러한 운동을 공적 검열을 조금이라도 피할 수 있는 상호 협조적인 방법이라 보았던 영화업계 매체의 지지를 받으면서, 영화 개혁자들은 교육 영화, 곧 자연 과학, 지리학, 민속, 농업, 산업, 기술, 의학과 위생, 스포츠, 역사, 종교, 군사 문제 등을 다루는 문화 영화*Kulturfilme*를 제작하도록 영화업계를 설득하는 데 성공했다.

1912년 문학계 지성인들은 당시 지배적이었던 픽션 영화에 관심을 기울이며 스토리 영화가 〈단순한〉 오락물을 넘어 예술로 승화될 수 있는 미학적 기준들을 따라야 한다고 촉구했다. 이에 영화 산업은 프랑스 필름 다르의 독일판인 작가 영화*Autorenfilm*로 대응했다. 최초의 작가 영화인 「또 다른 하나Der Andere」는 이중인격의 문제를 다룬 파울 린두의 희곡을 각색한 것으로 당대 최고의 배우 알베르트 바서만이 출연하였다. 권위 있는 연극 연출가 막스 라인하르트는 인기 있던 2개의 연극을 각색한 「베네치아의 밤Eine Venezianishe Nacht」(1913)과 「축복받은 자들의 섬Insel der Seligen」(1913)을 연출했다.

영국은 대서양 양쪽에서 일어났던 영화의 문화 사회적 지위에 관한 논란과 비슷한 경우가 있었지만 미국의 니켈로디언에 실제로 상응하는 상영 장소는 없었다. 1911년에 이르러 영화 대여와 상설 상영 장소가 표준화되었으며, 그 대부분은 고급 시설을 갖춘 적법한 극장을 모방한 것이었다. 이것 이전에 영화는 소위 〈삼류 극장*penny gaff*〉과 함께 영화 초창기에 1차적인 상영 장소가 되어 왔던 뮤직홀, 박람회장 등 다양한 장소에서 상영되었다. 비록 그 숫자도 적었고 종종 니켈로디언보다 한시적인 장소였지만, 이들 장소들은 불결한 위생과 불안전한 시설이라는 측면에서 미국의 그것들과 비슷했다. 영화 상영만을 전문으로 하는 최초의 극장은 1907년에 세워졌던 것으로 보이며, 그 이듬해부터 1차 대전의 발발 시기에 이르는 동안 영화는 점차 미국의 〈영화 궁전〉에 상응하는 〈활동사진 궁전*picture palace*〉에서 상영되기 시작했다. 이러한 영화관은 유니폼을 착용한 관리자, 붉은 벨벳 좌석 시설을 갖추고 최고 1,000명에서 2,000명의 관객을 수용했다. 반면에 가격은 이전 이용자들이 계속해서 출입할 수 있을 정도로 저렴했다. 이런 사항들과 더불어 쾌적하고 문화적인 설비

최초의 〈장편〉 영화 가운데 한 편인 바이타그래프 영화사의 「모세의 일생」(1909).

들은 뮤직홀 하면 노동 계층을 연상시키는 이전의 선입관을 불식시키며 영화업계 언론들이 강력하게 요청했던 바대로 〈좀 더 고급〉 관객을 끌어들였다.

미국에서와 마찬가지로 영국의 영화 제작자들 또한 적극적인 전략을 통해 사회적 인정을 얻고자 했다. 1910년 프로듀서인 윌 바커는 셰익스피어의 「헨리 8세Henry VIII」를 각색한 영화에 출연하는 조건으로 저명한 연극배우 겸 경영자였던 허버트 비어봄-트리 경에게 1,000파운드를 지불했다. 고가의 제작 비용과 고급문화의 위치를 차지하는 영화는 특별한 대우를 받아야 한다고 주장하면서 바커는 당시의 주된 관행대로 배급업자에게 필름을 판매하기보다는 1명의 배급업자에게 판매가 아니라 배급할 수 있는 독점적인 권리를 주었다. 바커는 영화와 상영에 있어 〈독점적인〉 영화, 〈고급〉 영화라는 수식어를 붙일 수 있는 부문을 확립하면서 계속해서 비슷한 속성을 가진 다른 영화를 제작했다. 헵워스를 포함한 다른 프로듀서들도 당시 고급 극장을 이용하는 고객을 끌 수 있는, 동시대 희곡과 문학 고전을 각색하면서 바커의 선례를 따랐다. 1911년 어번Urban 영화사는 학교에서 이용할 수 있는 일련의 영화들을 출시했다. 같은 해에 업계 잡지인 『바이오스코프*Bioscope*』는 영화 산업이 영화의 교육적 가치를 정부 당국이 인정할 수 있도록 설득해야 하며 심지어 런던 시의회의 의원들을 위한 상영회를 준비할 것을 촉구했다.

프랑스의 필름 다르는 다른 국가의 영화 제작자들이 사회문화적인 인정을 추구하는 과정에서 따라야 할 모델을 제시하였다. 프랑스 영화 제작자들은 또한 『만인을 위한 읽을거리*Lectures pour tous*』와 같은 대중적이고 평이한 가족 잡지에 나오는 소설을 모방하면서 좀 더 인정받고 있던 오락물의 내러티브 전략을 따르고자 했다. 고몽 영화사의 대표적 제작자이자 감독으로 입지를 굳힌 후 루이 푀야드는 새로 제작된 자회사의 연작 영화 「있는 그대로의 인생Scènes de la vie telle qu'elle est」이 사회적으로 인정받는 다른 예술과 제휴함으로써 프랑스 영화의 수준을 고양시킬 것이라고 주장하는 광고 문구를 사용했다. 〈이 영화들은 이미 몇 년 전에 문학, 연극, 미술 등에서 행해진 그것 그대로의 사실주의를 스크린에 투영하는 최초의 시도를 보여 준다.〉

에필로그: 장편 영화로의 이행

1913년에 이르러 사회적 인정을 확보하고자 하는 미국 영화 산업의 전략(인정받는 다른 오락물의 모방, 내부적 검열, 상영 장소의 조건 향상 등)은 효과를 발휘하기 시작했다. 상황

릴리언 기시 (1893~1993)
도로시 기시 (1898~1968)

릴리언 기시와 도로시 기시는 오하이오에서 배우인 어머니와 집에는 거의 들어오지 않고 떠돌아다녔던 아버지 사이에서 태어났다. 연극에서 항상 아역 배우가 필요했기 때문에 두 소녀는 다섯 살도 되기 전에 직업적인 연기 생활을 시작하였다. 이들은 이미 그리피스의 영화에 출연했던 친구 메리 픽포드의 권유로 영화계에 들어섰으며 그의 「보이지 않는 적An Unseen Enemy」(1912)으로 영화계에 데뷔했다.

그 이듬해부터 2년 동안 자매는 함께, 혹은 따로 그리피스의 영화사에서 수많은 역할을 맡았다. 처음에 그리피스는 자매를 구별하는 데 어려움을 겪었으나(그는 그들 머리에 서로 색깔의 리본을 매게 하여 각각 〈레드〉, 〈블루〉라고 불렀다), 곧 두 사람의 매우 서로 다른 성격과 영화적 페르소나가 분명하게 드러났다. 도로시는 활기차고 사교적이었으며 타고난 코미디언이었다. 반면, 릴리언은 진지하고 감정적이었으며, 연약한 외모와는 달리 강인했다. 릴리언은 언젠가 과거를 회고하면서 〈내가 도착하면 파티는 끝났다. 도로시가 도착하면 파티가 시작되었다〉라고 말했다.

그리피스의 기록에 의하면 〈도로시는 릴리언보다 감독의 생각을 파악하는 능력이 뛰어났으며, 보다 빠르게 이해했으며, 그 결과에 좀 더 쉽게 만족했다. 릴리언은 이상적인 것을 곰곰이 생각해 냈고 인내심을 가지고 그것을 실현하고자 노력했다〉. 몰두하는 릴리언의 태도는 그리피스의 일중독적인 기질과 맞았고 그녀에게는 대체로 좀 더 나은 배역이 주어졌으며 영화사에 한 획을 긋는 남북 전쟁 서사극 「국가의 탄생」(1915)에서는 주연을 맡게 되었다. 갈등으로 분열된 가족의 딸인 엘지 스톤먼을 연기했던 그녀는, 절제된 감정 연기를 통해 그 역할이 갖는 연약한 화초 이미지와 위험에 빠진 처녀라는 측면을 초월했다. 그리피스의 인정을 받아 그의 다음 대작 「편협」(1916)에서 네 가지 에피소드를 연결시키는 요람을 흔드는 성모 역에 기용된 사실로 알 수 있듯이 「국가의 탄생」의 성공으로 릴리언은 메이저 스타가 되었다. 자매 사이에는 경쟁심은 없었던 것으로 보인다. 동반 출연한 최초의 주요 영화로서 1차 대전을 다룬 「세계의 심장」(1918)에서 릴리언은 도로시에게 난폭한 프랑스 농장 소녀 역을 제안했고 영화에서 도로시가 너무 돋보여 주인공 몫의 인기를 가로채게 되었을 때에도 그녀는 즐거워했다. 그런 가운데 도로시는 다른 감독들과 작업을 계속했으며 반면에 그리피스는 자신의 영화를 위해 릴리언을 붙잡아 두었다(〈그녀는 내가 아는 한 최고의 여배우이다. 그녀는 머리가 정말 명석하다〉).

그리피스의 영화에서 릴리언이 최고의 연기를 보였던 것은 「짓밟힌 꽃」(1919)에서의 학대당하는 아이 역이었다. 19세기 런던의 라임하우스 Limehouse를 배경으로 그녀는 잔인한 아버지 때문에 무서움에 떨면서 지내다가 젊은 중국인에게서 사랑을 찾는다. 영화는 전형적인 빅토리아 시대의 멜로드라마로 매우 감상적인 작품이었으나 감정을 포장하지 않고 그대로 전달하는 기시의 미묘한 연기와 영향력 — 무엇보다 그녀의 천상의 이미지 — 때문에 그 영화적 효과는 변화되었다. 멜로드라마가 아닌 「동쪽으로 가는 길」(1920)에서 신체적 연약함과 내적인 강인함을 융합하는 그녀의 능력은 다시 한 번 효과적으로 과시되었다.

도로시는 릴리언이 연출한 작품인 「남편 개조」(1920)를 포함하여 코미디 영화에 전문적으로 출연했다. 「남편 개조」의 결과는 괜찮았으나 릴리언은 연출이 〈매우 복잡하다〉는 것을 깨닫고 다시는 시도하지 않았다. 도로시는 자매가 함께 출연한 최고의 영화 「풍운의 고아들」(1921)에서처럼 코미디를 넘어서 연기의 폭을 넓혀 갔다. 두 사람은 프랑스 혁명의 소용돌이 속에 휘말린 자매를 연기했는데, 도로시의 눈 먼 여자 형제 연기는 감동적이면서도 한순간도 감상적이지 않았으며 릴리언의 연기에 빛을 잃지도 않았다.

이 영화는 그들이 그리피스와 함께 작업한 마지막 영화였다. 그는 더 이상 릴리언의 출연료를 지불할 여유가 없었다. 두 사람은 그와 우호적인 관계 속에서 헤어진 후 인스피레이션Inspiration 영화사로 옮겼으며 이곳에서 릴리언이 MGM과 계약을 맺기 전까지 조지 엘리엇의 소설을 각색한 「로몰라」(1924)에 함께 출연했다. 도로시는 런던으로 건너가서 허버트 윌콕스의 영화 4편에 출연했으며, 그 가운데 가장 성공적인 작품은 「넬 귄」(1926)이었다.

릴리언은 이제 할리우드에서 가장 높은 출연료(연간 40만 달러)를 받는 여배우 가운데 한 사람으로서 자신이 선호하는 시나리오와 감독을 고를 수 있었다. 그녀는 두 가지 중요한 배역에서 연기 지도를 해줄 감독으로 빅토르 셰스트룀을 선택했다. 그 두 배역은 호손의 원작을 각색한 「주홍 글씨」(1926)의 정열적이고 제멋대로인 헤스터 프린과, 「바람」에서 자연의 힘에 의해 절망에 빠지게 되는 정숙한 아내였으며 「바람」에서 릴리언은 놀라운 신체 연기를 보여 주었다.

그러나 유행은 바뀌고 있었다. 가르보의 인기는 상승세를 타고 있었던 반면, 릴리언은 순결한 가치와 무성 영화와 너무 쉽게 연상되었다. 어빙 솔버

은 새로운 매체가 문화적 위기의 한복판에 서 있었던 1908년과는 판이했다. 이제 관객 대중은 호화로운 영화관에서 최초의 진정한 대중 매체를 감상하면서 편하게 앉아 있게 되었다. 그리고 그들이 보고 있는 영화들 또한 변하고 있었는데 전혀 다른 형식적 요소들의 채용을 통해 1908년, 심지어는 1912년까지 관례였던 그것보다 좀 더 길이가 길어진 스토리가 제작되었다. 몇 년 후인 1917년경 상황은 다시 한 번 변했다. 유력한 스튜디오들의 대다수는 할리우드에 위치했고 이제 이곳은 단순히 미국 영화 제작의 중심지가 아니라 세계 영화 제작의 중심지가 되었다. 세계 영화 제작의 중심지로서의 위치는 1차 대전이 주로 유럽 영화 산업을 파괴한 데에서 비롯되었다. 할리우드의 제작과 배급 관행은 세계 다른 지역의 표준으로 자리 잡았다. 스튜디오에서 좀 더 긴 내러티브 구축에 대한 요구를 수용하고 과도기 시기에 실험되었던 제작 공식을 표준화하면서 영화 자체는 1릴에서 평균 60분에서 90분 길이로 늘어났다.

그리피스의 「풍운의 고아들」에서의 릴리언과 도로시 기시 자매(1921).

그는 그녀를 위해 스캔들을 조작할 것을 제안했다. 그녀는 냉담하게 거절했고 연극 무대로 되돌아갔다. 도로시도 똑같이 했으며 그녀의 연기 경력은 사실상 끝났다. 그러나 릴리언은 1940년 이후 12편 정도의 영화에 출연했으며, 그중 최고 작품은 로튼의 고딕 우화인 「사냥꾼의 밤」(1955)이었다. 이 작품에서 그녀는 사이먼 칼로(1987)가 언급한 바대로 〈위조할 수 없는 일종의 세속적인 신성으로 사죄와 치료의 정신을〉 형상화했다. 그녀는 영화 만들기를 음미했다. 〈내가 목적과 조화가 효과적으로 스며든 영화 세트를 찾으려면 그리피스까지 거슬러 올라가야 한다.〉 그녀에게서 그보다 큰 찬사는 나올 수 없을 것이다. 릴리언은 동생보다 15년 정도 더 오래 살았다. 그녀는 우아하게 늙어 가며 90세 중반에도 여전히 연기를 했다. 그녀는 죽기 훨씬 전에 무성 영화 최고의 여배우로서 확실하게 복권됐다. 위대한 배우는 아니었다고 해도 뛰어난 배우였던 도로시는 여전히 정당한 재평가를 기다리고 있다.

필립 켐프

주요 작품

릴리언

「국가의 탄생The Birth of Nation」(1915); 「편협Intolerance」(1916); 「짓밟힌 꽃Broken Blossoms」(1919); 「진실된 수지True Heart Susie」(1919); 「동쪽으로 가는 길Way Down East」(1920); 「라 보엠La Bohème」(1926); 「주홍 글씨The Scarlet Letter」(1926); 「바람TheWind」(1928); 「백주의 결투Duel in the Sun」(1946); 「사냥꾼의 밤The Night of the Hunter」(1955); 「거미집The Cobweb」(1955); 「용서하지 못할 자The Unfor-given」(1960); 「결혼A Wedding」(1978); 「팔월의 고래The Whales of August」(1987).

도로시

「남편 개조Remodelling her Husband」(1920); 「넬 권Nell Gwynne」(1926).

릴리언과 도로시

「세계의 심장Hearts of the World」(1918); 「풍운의 고아들Orphans of the Storm」(1921); 「로몰라Romola」(1915).

참고 문헌

Gish, Lillian(1969), *The Movies, Mr. Griffith and Me.*
—(1973), *Dorothy and Lillian Gish.*
Slide, Anthony(1973), *The Griffith Actresses.*

영화 산업에서는 그 프로그램 가운데 최고의 인기물을 가리키는 보드빌의 용어를 채용하여 이러한 좀 더 긴 영화를 〈장편 영화*feature*〉라 불렀다. 장편 영화는 수입 영화뿐만 아니라 과도기 시기에 MPPC의 회원사와 독립 제작사 등이 제작한 복수 릴의 영화에서 비롯되었다. 비록 영화사가들이 MPPC의 활동을 다소 퇴행적이었다고 보고 있지만 미국 최초의 복수 릴 영화 제작의 공은 그 회원사인 바이타그래프 영화사에 돌려야 한다. 바이타그래프 영화사는 1909년과 1910년 사이 성경 블록버스터인 「모세의 일생」을 제작했다. 영화는 5개의 릴로 구성되었으며 파라오의 딸에 의한 입양에서 시나이 산에서의 사망에 이르기까지의 히브리 인들의 지도자의 삶을 다루었다. 바이타그래프 영화사는 계속해서 복수 릴의 영화를 제작했으며 다른 스튜디오들도 그런 정책을 채택했다. 예를 들어 바이오그래프 영화사는 1911년 2릴의 남북 전쟁 영화인 「그의 신뢰His Trust」와 「실현된 그의 신뢰His Trust Fulfilled」를 내놓았다. 이 당시 미국 영화 산업의 구성원들은 1,000피트 혹은 15분이라는 제한에 만족할 수 없었으며, 그러한 한계 속에서 하나의 스토리를 말하는 것이 점점 불가능해질 것임을 깨닫기 시작했다.

그러나 기존의 배급과 상영 관행은 복수 릴 영화로의 전환에 장애가 되었다. 대다수 니켈로디언의 제한된 좌석 수는 관객의 빠른 교체와 수익 확보를 위해 다양한 소재의 짧은 프로그램을 요구했다. 그러므로 스튜디오들은 복수 릴 영화의 각 릴을 개별적으로 다루었고, 합의된 스케줄에 따라, 때때로 몇 주(週)로 나누어서 영화 거래소에 제공했고, 니켈로디언은 특별한 예외가 없다면 다른 모든 영화에 그러했듯이 똑같은 입장료를 받고서 그 프로그램 가운데 오직 하나의 릴만을 상영했다. 이런 상황에서 장편 영화로 전환할 수 있었던 원동력은 수입된 유럽 영화, 특히 이탈리아 영화에서 비롯되었다. 복수 릴의 외국 수입 영화는 트러스트와 독립 제작사의 통제권 외부 지역에 네거티브 비용과 흥행 수익을 함께 고려한 대여료를 받고 공급되었다. 이들 장편 영화들은 니켈로디언에서 상영되기보다는 적법한 극장과 오페라 하우스에서 상영되는 극장용 특작으로서 〈독점 상영〉되었다.

「엘리자베스 여왕Queen Elizabeth」(루이 메르캉통, 1912)같이 다른 국가에서 수입된 외국 영화들이 장편 영화를 표준으로 확립하는 데 중요한 기여를 했으나, 특히 그 수익성과 인기 때문에 미국 산업으로 하여금 좀 더 긴 영화로써 경쟁하도록 부추긴 것은 이탈리아 스펙터클 사극이었다. 5릴의 「지옥 편 — 단테의 신곡L'Inferno」(밀라노 필름, 1909), 2릴의 「트로이의 함락La Caduta di Troia」(조반니 파스트로네, 1910), 4릴의 「해방된 예루살렘La Gerusalemme liberata」(1911) 등 3편의 이탈리아 제작 영화들은 1911년 미국 관객들에게 자국 영화에서는 볼 수 없었던, 심원한 공간의 이용을 통해 더욱 돋보이는 정교한 세트와 수많은 엑스트라 동원 등으로 이루어진 시각적으로 호화스러운 광경을 선사했다. 1913년 봄, 미국에 배급된 9릴의 「쿠오 바디스Quo Vadis?」(엔리코 과초니, 치네스, 1913)는 상영 시간이 2시간이 넘었으며 자격을 갖춘 극장에서만 독점적으로 상영되었다. 영화는 시엔키에비치의 베스트셀러 소설을 각색한 것으로, 탁월한 조명과 교묘한 세트 디자인뿐만 아니라 5,000여 명의 엑스트라, 전차 경주, 살아 있는 사자 등으로 관객의 눈을 사로잡았으며, 스펙터클 장편 영화에 대한 관객의 열광에 불을 댕겼다. 1914년의 「카비리아Cabiria」(조반니 파스트로네, 이탈리아 Italia)는 그런 흐름을 계속 이어 갔다. 제2차 카르타고 전쟁을 다룬 12릴의 영화에는 불타는 로마 함대와 한니발의 알프스 횡단 같은 아찔할 정도로 시각적으로 놀라운 장면들이 포함되었다. 파스트로네는 세트 디자인을 통해서가 아니라 움직임을 통해 깊이 있는 공간을 창출하는, 그 당시로서는 상상조차 할 수 없었던 긴 트래킹 숏을 이용하여 영화의 스펙터클 효과를 강화했다.

「쿠오 바디스」는 수많은 모방자들을 자극했으며, 특히 그리피스는 여전히 1릴짜리 영화만을 고집하던 바이오그래프 영화사 수뇌부의 정책에 반하여 복수 릴의 성경 스펙터클 「베튤리아의 유디트」(1913)를 만들었다. 그러나 그리피스의 대하 역사 대작인 「국가의 탄생」은 그 길이와 스펙터클에서 이전의 모든 장편 영화를 뛰어넘는 것으로 남북 전쟁과 재통합이라는 전적으로 미국적인 소재를 다루었다. 장편 영화를 예외적인 것이 아니라 표준으로 확립하기 시작한 영화가 바로 이 작품이었다. 1915년 1월 개봉에 앞서 그리피스의 홍보팀은 유명 감독의 가장 야심적인 프로젝트에 대한 대중의 기대를 고조시키면서 그 제작비, 대규모 인원 동원, 역사적 정확성을 대대적으로 선전했다. 그리피스는 영화의 상영에도 그만큼의 공을 들였다. 로스앤젤레스와 뉴욕에서 가장 규모가 큰 영화관에서 첫 상영을 가졌던 「국가의 탄생」은 미국 영화 최초로 고유의 영화 음악 악보를 가진 영화로서 40개 악기로 구성된 호화 오케스트라가 연주했다. 브로드웨이 연극의 입장료와 같은 2달러의 입장료는 영화를 좀 더 진지하게 받아들이게 만들었고, 영화계 언론은 물론 일반 신문에도 널리 광고되고 기사화되었다. 이러한 모든 요인들은 영화가 정당한 대중 매체로서 성년의 시기에 이미 도달했음을 보여 주었다. 물론 영화는 다른 이유에서도 주의를 끌었다. 영화 속에 나타난 비난당해 마땅한 인종 차별주의는 아프리카계 미국인들과 그 지지자들의 분노를 샀으며, 새로운 매체가 가질 수 있는 사회적 영향력에 대한 통찰의 필요성을 진작시켰다.

미국과 이탈리아 초기 장편 영화의 내러티브 구조, 인물 구성, 편집 방식 등은 당시의 1릴 영화의 그것들과 상당히 닮은 것이었다. 이 점은 특히 내러티브의 구조에서 더 분명했다. 단일 릴 영화는 릴의 끝 가까이의 클라이맥스를 향해 그 긴장이 강화되는 하나의 교묘한 사건, 혹은 단일한 플롯 장치의 유형을 따라가는 경향이 있었다. 초기에 나온 미국 장편 영화들은 각기 독립적이어야 하는 이유에서 이러한 구조를 채택했다. 그러나 심지어 배급 채널이 확보될 수 있었던 시기 이후에도 계속해서 이런 장편 영화들은 오늘날 우리에게 익숙한, 길이가 길고 내적으로 통합되는 내러티브라기보다는 단일 릴 영화가 여러 개 묶인 것처럼 보였다. 그러나 영화 제작자들은 얼마 안 가서 장편 영화는 단순히 단일 릴 영화의 연장이 아니라 새로운 조직 방법이 요구되는 새로운 내러티브 형태라는 것을 깨달았으며, 장편에 고유한 내러티브, 인물, 편집 유형 등을 구축하는 방법을 배우기 시작했다. 1908년 이런 작업을 수행하면서 영화 제작사들은 단순히 영화적 각색의 차원이 아니라 내러티브 구조의 모방적 이해라는 차원에서 다시 그 영감을 얻기 위해 연극과 소설에 의존했다. 그러므로 장편 영화는 하나의 주요 스토리에 모두 연관되는, 좀 더 많은 등장인물, 사건, 주제 등을 포함하기 시작했다. 하나의 클라이맥스 혹은 일련의 비슷한 강도의 클라이맥스들 대신에 장편 영화는 여러 개의 작은 클라이맥스와, 모든 내러티브 주제들이 해소되는 하나의 대단원을 중심으로 전개되었다. 「국가의 탄생」은 이런 구조의 극단적 예를 (불)명예스러운 막판 구출 장면에서 보여 준다. KKK단이 백인우월주의를 지키기 위해 달려가는 장면에서 위기(〈누이동생〉의 죽음, 포위된 거스 등)를 보여 주는 여러 릴이 연결되며, 모든 주인공들의 운명이 해결된다.

그러나 이전 영화들의 기본적 요소들은 그대로 남아 있었다. 개연성 있고 개성 있는 등장인물은 여전히 이질적인 신과 숏들을 연결시키는 기능을 했으며, 단지 차이점은 영화가 길어지고 주요 등장인물의 수가 증가함에 따라 인물의 동기와 개연성이 훨씬 더 중요하게 되었다는 점이었다. 이제 영화는 등장인물들에게 이야기 속의 사건*narrative action*을 이끌어 나갈 수 있는 개인적 특성을 부여하면서 등장인물들을 구체화할 수 있는 공간을 갖게 되었다. 종종 신 전체는 관객에게 등장인물의 개인적인 성격과 정보를 알려 주기 위한 목적만을 갖기도 했다. 「국가의 탄생」에서 남북 전쟁이 일어나기 전인 영화 시작 15분 정도의 시간은 주인공들의 소개에 전적으로 할애되고 있는데, 남부의 노예 소유 집안인 캐머런 가족에 대한 관객의 동일시를 의도하고 있다. 농장 소유주들의 친절하고 관용적인 성격을 설정하는 장면들에서 우리는 가부장적 가족이 강아지와 새끼고양이들에게 둘러싸여 있고, 아들인 벤이 북쪽의 방문자들에게 춤을 막 선보였던 노예와 악수를 하는 모습을 본다.

장편 영화는 또한 성격의 발전*character development*과 동기 부여를 심화하는 데 형식적 요소들을 이용했다. 대사 삽입 자막은 1911년 처음 등장하지만 그 사용 횟수는 계속 증가하여 1910년 중반에 이르면 대사 자막은, 해설자의 존재를 가정하는 해설 자막의 수를 능가한다. 이는 해설의 책임을 (해설 자막에 의한 해설자보다는) 등장인물에게 더욱더 많이 전가하는 것을 의미한다. 비록 표준적인 카메라 거리가 여전히 과도기 영화 시기에 주도적이었던 스리쿼터 숏이었지만 영화 제작자들은 점차 심리적으로 격렬한 상태의 등장인물에 대해 좀 더 가까이 다가갔다. 「국가의 탄생」에서 공포에 질린 백인 여성들에 대한 근접한 숏들은 추측건대 죽음보다 나쁜 운명의 잠재적인 피해자에 대한 관객의 동일시를 강화한다. 시점 편집*point-of-view editing* 또한 이 시기의 장편 영화에 표준적이었다. 그리피스가 사실 매우 제한적으로 이런 편집 기법을 사용하고는 있지만 「국가의 탄생」의 주요 두 장면에서 우리는 애인인 엘시에 대한 벤의 시점을 본다. 첫 번째는 그가 목걸이 금합 속의 그녀의 사진을 보는 장면이고, 두 번째는 그가 그녀를 직접 보는 장면으로 여기에서 엘시는 첫 번째 장면의 사진 구성을 모방한 아이리스 숏*iris shot*으로 보인다.

장편으로의 이행은 영화 제작자들이 과도기 영화 시기에 실험했던 장치들의 많은 것을 관습화하는 데 기여했다. 이것은 특히 시공간의 통일된 맥락을 창조하려는 시도와 연관되어 있다. 분석적 편집은 영화 제작자들이 스토리상 중요한 세부를 부각시키고자 함에 따라 좀 더 일반적인 것이 되었다. 캐머런 가족의 가장이 강아지와 새끼고양이들과 노는 「국가의 탄생」의 장면에서 그의 발 아래 동물들의 클로즈업 인서트는 이들 귀여운 동물들을 통해 남부 가족 구성원들의 긴밀한 협력 관계를 강조하고 있다. 대다수 장편 영화들은 평행 편집을 포함했다. 그 형태의 전거가 되는 「국가의 탄생」의 경우, 서로 다른 장소들이 교차되며 사건의 최고조를 이루는 최후 순간의 구원 장면에서뿐 아니라 남부와 북부 가족의 교차, 전선 지역과 후방 지역의 교차 등 영화 전체를 통틀어 사용되어 영화의 이데올로기적 메시지를 강화한다. 시선의 일치와 숏/역숏 등과 같은 장치들은 별개의 공간을 연결하는 표준적인 관습이 되었으며, 디졸브*dissolve*, 페이드*fade*, 클로즈업*close-up*과 같은 장치들은 회상이나 꿈 장면과 같이 선형적 시간성에서의 이탈을 지시하는 확실한 표지들이 되었다.

10년 동안의 본질적인 격변을 거쳐 〈과도기〉 시기가 끝나가는 1917년 무렵에, 영화는 20세기의 주도적인 매체로서 새로운 성숙의 단계에 들어섰다. 영화는 다른 매체를 계속 참조하는 과정 속에서 다른 매체에 대한 의존에서 벗어났으며,

이제 영화적인 장치를 통하여 영화적인 스토리를 말할 수 있게 되었으며, 그 장치들은 점차 표준화되고 관습화되었다. 제작 관행의 표준화는 다른 자본주의 기업들의 작동과 조화를 이루며, 소위 〈장편〉 영화라는 믿을 수 있고 친숙한 제품의 계속적인 생산을 보증했다. 좀 더 크고, 좀 더 화려한 영화 궁전의 건립은 매체가 새로 획득한 사회적 정당성을 반영했다. 할리우드와 할리우드 영화의 도래를 위한 모든 준비가 완료되었다.

참고문헌

Abel, Richard(1988), *French Film Theory and Criticism*.

Balio, Tino(ed.)(1985), *The American Film Industry*.

Bitzer, Billy(1973), *Billy Bitzer: His Story*.

Bordwell, David, Staiger, Janet, and Thompson, Kristin (1985), *The Classical Hollywood Cinema*.

Bowser, Eileen(1990), *The Transformation of Cinema, 1907~1915*.

Cosandey, Roland, Gaudreault, André, and Gunning, Tom(eds.) (1992), *Une invention du diable?*

Elsaesser, Thomas(ed.)(1990), *Early Cinema: Space, Frame, Narrative*.

Fell, John L.(1986), *Film and the Narrative Tradition*.

Gunning, Tom(1991), *D. W. Griffith and the Origins of American Narrative Film*.

Jarratt, Vernon(1951), *The Italian Cinema*.

Koszarski, Richard(1990), *An Evening's Entertainment*.

Low, Rachael(1949), *The History of the British Film, 1906~1914*.

Pearson, Roberta E.(1992), *Eloquent Gestures*.

Thompson, Kristin(1985), *Exporting Entertainment*.

Uricchio, William, and Pearson, Roberta E.(1993), *Reframing Culture: The Case of the Vitagraph Quality Films*.

할리우드의 부상

THE RISE OF HOLLYWOOD

할리우드 스튜디오 시스템

더글러스 고머리

1910년경 몇몇 영화사들이 로스앤젤레스 서부의 할리우드라는 작은 교외에서 사업에 뛰어들었다. 10년이 채 못 되어 그들이 창안해 낸 시스템은 미국뿐만 아니라 전 세계의 영화를 지배했다. 거대한 공장 형태의 스튜디오 내에 제작을 집중함으로써, 그리고 제작에서 홍보, 배급, 상영에 이르기까지 사업의 모든 부문을 수직적으로 통합시킴으로써 그들은 경쟁하기 위해 다른 나라들이 모방하지 않으면 안 되었던 모형 체제, 즉 〈스튜디오 시스템〉을 창안했다. 그러나 미국의 체제를 모방하려는 시도는 오로지 부분적으로만 성공했으며, 1925년경 영국에서 벵골, 남아프리카에서 노르웨이와 스웨덴에 이르기까지 시장을 지배한 건 일반적 스튜디오 시스템이 아니라 〈할리우드〉 시스템이었다. 그 무렵 할리우드는 그들의 생산물로 세계 영화 시장의 대부분을 장악했을 뿐 아니라, 찰리 채플린과 메리 픽포드 같은 스타들을 세계에서 가장 유명한 문화적 아이콘으로 만들었다.

그 누구도 막을 수 없었던 융성의 시기에 할리우드는 규모의 경제학에서 수직적 통합에 이르는 현대적 사업 수단들을 고안해 내, 모든 잠재적 경쟁자들에 비해 우위를 점할 수 있었다. 할리우드는 저비용 고효율의 제작 방법을 발전시키고 자신들의 제품 시장을 전 세계에 걸쳐 확장시켰으며, 비단 미국뿐만 아니라 다른 나라에서도 주요 도시의 핵심 극장들을 소유함으로써 제작자로부터 소비자에 이르는 영화의 흐름을 확보했다. 유럽 국가들은 특별세, 관세, 수입 제한, 심지어 보이콧과 같은 각종 보호주의 조치를 동원하면서 할리우드의 지배를 저지하려 애썼으나 아무런 소용이 없었다. 비록 일본 시장은 뚫기 어려웠고 1920년대 중반 소련은 외국의 수입에 대항해 국경을 봉쇄할 수 있었으나, 세계 나머지 나라들에서는 할리우드가 그 나라 영화관의 표준 제품이 되는 건 단지 시간 문제에 지나지 않았다.

이러한 모든 강력한 산업의 중심으로서 할리우드의 출현은 영화특허권회사Motion Picture Patent Company가 영화 사업을 독점하고자 했던 시도가 실패하면서 가능할 수 있었다. MPPC는 미국과 유럽에서 영화를 제작하고 카메라와 영사기를 제조하던 10개의 선도적 회사들의 결합체였는데, 1908년 〈트러스트Trust〉를 결성해 오로지 자신들만이 제조할 수 있었던 장비들의 가격을 인상시키려 했다. 트러스트는 특허권들을 공동 보유했고 수천 편의 단편 영화들을 만들었다. 오로지 트러스트에 의해 허가받은, 협조적 회사들만이 〈합법적인〉 영화와 영화 장비들을 만들 수 있었다. 트러스트는 특허 사용료를 부가함으로써 수익을 올렸다. 합법적으로 영사기를 사용하기 위해 상영업자는 적지 않은 돈을 내야 했으며, 영화를 만들기 위해 제작자들은 그보다 많은 비용을 지불해야 했다.

그러나 트러스트는 지속적으로 시장을 통제하는 것이 어렵다는 걸 알게 되었고, 1909년에서 1914년까지 5년여 사이 칼 레믈리와 윌리엄 폭스 같은 독립 영화인들*independents*이 트러스트에 대항해 나서면서, 오늘날 우리가 알고 있는 할리우드의 씨를 뿌렸다. 아돌프 주커가 파라마운트 사를 결성했으며, 마커스 로는 장차 MGM이 될 회사를 설립했고, 윌리엄 폭스는 그의 영화 제국의 구색을 갖춰 나갔다.

이들 및 다른 독립 영화 상영업자들과 영화 제작자들은 자신들의 제품을 차별화시켰는데, 트러스트가 2릴, 15분짜리 이야기에 집착하는 경향을 보인 데 반해, 그보다 더 길고 복잡한 내러티브를 만들어 낸 것이었다. 독립 영화인들은 플롯을 구하기 위해 통속 잡지와 특허 · 저작권 등의 권리가 소멸된 소설들, 성공한 희곡들을 닥치는 대로 뒤졌다. 서부극은 이 〈새로운〉 영화 장르 중 가장 인기 있는 장르가 되었으며, 〈서부로 나가*out West*〉 하는 로케이션 촬영에 대한 관심을 촉발

루돌프 발렌티노 (1895~1926)

1926년 7월 18일, 「시카고 트리뷴Chicago Tribune」은 시카고 북부의 한 남성 화장실에 놓여 있던 것으로 추정되는 분홍빛 화장분 장비*pink powder machine*를 비방하는, 무기명 사설을 게재했다. 〈이 유약함에로의 타락〉에 대한 비난이 마침 자신의 최근작을 홍보하기 위해 그 도시에 나타난 한 영화 스타, 루돌프 발렌티노의 발등에 떨어졌다. 그 근육질의 스타는 〈분홍빛 분첩*Pink Powder Puff*〉을 공격한 그 익명의 필자에게 권투 경기를 벌이자며 도전장을 날렸다. 하지만 그 논설위원은 결국 나타나지 않았다. 그럼에도 불구하고 그 문제는 그다음 달, 어떤 방식으로든 일단락될 운명이었다. 31세의 스타는 8월 23일, 궤양 수술의 합병증으로 인해 뉴욕 시 종합 병원에서 죽었던 것이다.

발렌티노의 예기치 않은 죽음 직후, 오랫동안 그 스타의 으뜸 팬들로 간주되어 온 여성들이 그 배우를 향한 자신들의 헌신을 공공연히 드러냄에 따라, 발렌티노에 대한 미국 남성들의 신랄한 반응은 일시적으로 잊혔다. 「뉴욕 타임스」는 약 3만 명의 군중이 운집했다고 보도했는데, 〈대체로 여성들과 소녀들〉로 그들은 캠프벨 장례 교회에 성장한 채 누워 있는 그 배우의 시신을 한 번 보기 위해 몇 시간 동안 줄지어 서 있었다. 이 애도자들은 〈뉴욕에서 전례가 없었던…… 폭동〉을 일으켰다고 그 신문은 지적했다. 자살 관련 보도들을 포함해 그 장례식의 히스테리로 인해 바티칸은 〈새로운 절편음란증*fetishism*의 비극적 코미디를 구체화한, 집단 광기〉를 비난하는 성명을 발표하기에 이르렀다.

발렌티노가 여성들에게 어필한 첫 번째 스타는 아니었으나, 그의 죽음 이후 수년간 여성들에 대한 그의 영향은 할리우드의 전설로서 새겨지게 된다. 루돌프 발렌티노란 이름은 여전히 대중의 상상 속에서 울려 퍼지고 있는 할리우드 무성 영화 시기의 몇 안 되는 이름 중 하나이다. 이국적인 성적 모호함의 아우라를 지닌 컬트적 인물로. 발렌티노의 남성성은 유급 댄스 파트너라는 전직, 파격적인 의상, 그리고 늘 구설수에 휘말렸던 댄서이자 프로덕션 디자이너였던 완고한 아내 나타샤 람보바에 대한 명백한 굴복 탓에 1920년대 내내 의심을 받았다. 많은 이들에게 발렌티노는 〈여성에 의해 만들어진〉 남성성의 공포스러운 가능성들을 전형화한 것처럼 보였는데, 그 남성성은 반(反)페미니스트 소논문들과 일반적 관심사를 다룬 잡지들, 그 시대의 대중 소설들에서 적잖이 논의되고 공공연히 비난받았다.

발렌티노는 1913년 10대 소년일 적에 이탈리아에서 미국으로 왔다. 뉴욕 시 카페들에서 프로 댄서가 된 그는, 1917년 용기를 내어 캘리포니아로 향했다. 거기서 그는 단역으로 영화계에 뛰어들었으며, 단역 시대를 마치고는 극악한 외국인 유혹자라는 상투적 배역의 연기로 나아갔다. 일설에 의하면 메트로의 영향력 있는 시나리오 작가 준 매티스가 발렌티노의 영화 「청춘의 눈Eyes of Youth」(1919)을 보고, 렉스 잉그럼 제작사의 「묵시록의 네 기사」(1921)에서의 불운한 플레이보이 주인공 역을 제안했다고 한다. 그 영화는 대히트를 쳤다. 몇몇 보도에 따르면, 그 영화는 1920년대 할리우드의 최대 흥행작이었다.

애들러 로저스 세인트 존스의 말에 의하면, 발렌티노는 후속작들을 통해 〈육체의 유혹*lure of the flesh*〉, 즉 요부의 남성판을 대표하게 되었다. 여성들 사이의 〈발렌티노풍〉이 언론 매체에서 미국 남성들에 대한 직접적 위협으로 논의되었던 것과 마찬가지로, 발렌티노의 이국적 민족성은 할리우드에 의해 논쟁의 원천으로서 고의적으로 적극 이용되었다. 히트작 「호색한」(1921)으로 인해 발렌티노는 톱스타가 되었고 그의 유혹적 이미지가 완성되었으나, 〈호색한*the sheikh*〉을 연기하는 것에 그는 줄곧 불만스러워했으며 다른 역할들을 요구하기 시작하였다. 「피와 모래」(1922)에서의 섬세한 연기와, 「고난을 넘어Beyond the Rocks」(1922)와 「레티 여사의 모란Moran of the Lady Letty」(1922) 같은 또 다른 덜 기억할 만한 영화들에 출연한 이후, 발렌티노는 자신의 작품들에 대한 통제권을 요구하다가 페이머스 플레이어스-래스키 영화사에 의해 출연 정지를 당했다. 영화에 출연하지 않는 사이, 발렌티노는 미네랄라바 안면용 점토 Mineralava facial clay를 위한 댄스 순회공연의 성공으로 영악하게도 자신의 변함없는 인기를 입증했다. 그는 꼼꼼하게 제작된 의상 드라마 「보케르 씨」(1924)로 스크린에 돌아왔는데, 거기서 그는 이발사로 위장한 가짜 공작으로 위장한 공작으로서 훌륭하고 섬세한 연기를 펼친다.

「보케르 씨」와 「독수리」(1925)에서처럼 발렌티노의 최상의 연기들에서는 그의 희극적 재능과 표현력 넘치는 동선 능력이 강조된다. 이 연기들은 발렌티노 작품 중 흔히 보는, 그가 오로지 아름다움과 여성 팬들의 성적 숭배에 의해서만 지탱된 짧은 경력을 지닌 과잉 연기자였다고 암시하는 필름 클립들, 특히 「호색한」의 그것과는 완전한 대조를 보이고 있다. 그러나 「보케르 씨」가 도시 지역을 벗어난 곳에서는 제한된 성공밖에 거두지 못했다는 사실로 인해(적어도 스튜디오의 시각에는) 〈공처가〉 남편에 대한 발렌티노 부인의 통제가 박스오피스 수익에 위험하다는 것이 드러났다. 몇 편의 실망스러운 영화와 아내와의 별거 이후, 발렌티노는 루비치 감독과 종종 작업했던 한스 크렐리가 멋지게 시나리오를 썼으며, 노련하게 디자인되고 연출된 「독수리」로 〈복귀〉했다. 얄궂게도 발렌티노 사후 개봉된 마지막 영화 「호색한의 아들」은 불과 5년 전 〈위대한 연인〉에게 처음 명성을 가져다주었던 바로 그 작품의 경쾌한 패러디였다.

게일린 스터들러

▪▫ 주요 작품

「묵시록의 네 기사The Four Horsemen of the Apocalypse」(1921); 「호색한The Sheik」(1921); 「피와 모래Blood and Sand」(1922); 「보케르 씨Monsieur Beaucaire」(1924); 「독수리The Eagle」(1925); 「호색한의 아들The Son of the Sheik」(1926).

▪▪ 참고 문헌

Hansen, Miriam(1991), *Babel and Babylon*.

Morris, Michael(1991), *Madam Valentino*.

Studlar, Gaylyn(1993), "Valentino, 'Optic Intoxication' and Dance Madness".

Walker, Alexander(1976), *Valentino*.

◀ 렉스 잉그럼의 「묵시록의 네 기사」에서의 탱고 장면.

시키는 데 공헌했다. 독립 영화인들은 제때에 남부 캘리포니아에 자신들의 둥지를 마련한 셈이었다. 그곳은 뉴욕의 트러스트 본부와 2,000마일이나 떨어져 있었으며 온화한 기후, 값싼 땅, 노동조합의 부재로 인해 새로운 저비용의 〈장편-길이〉 영화들을 만들기에 이상적인 장소였다.

1912년이면 독립 영화인들은 극장주들의 손익 계산서를 충족시킬 수 있을 만큼의 충분한 영화들을 만들어 내고 있었다. 각 영화마다 엄청나게 광고되었고, 독특한 제품이 되었다. 1920년이면 2만 개 이상의 영화관들이 영업 중이었는데, 점차 늘어나고 있던 장편 길이의 〈사진극들*photoplays*〉은 쉽게 관객들을 찾았다. 외국 시장으로의 배급은 보너스임이 드러났다. 이 무성 영화 시기에 전문가들은 재빨리 삽입 자막 *intertitle*을 번역했으며 최소한의 추가 경비로 외국어 버전을 만들어 냈다.

독립 영화인들은 아울러 미국에서의 상영을 통제하기 시작했다. 그들은 당시 존재하던 2만 개의 극장을 모두 사들이려 하지 않고, 대신 대도시의 새로운 〈영화 궁전들〉에 집중했다. 1920년이 되면서 이 2,000개의 영화 궁전들은 독점적으로 개봉작들만을 상영하면서, 영화 전체 수입의 3/4 이상을 벌어들였다. 뉴욕과 시카고, 로스앤젤레스에 이르는 이러한 영화 궁전들의 체인으로부터 파라마운트, 폭스, MGM에 의해 주도되던 할리우드 메이저 회사들은 매년 수백만 달러의 수익을 거둬들일 수 있었다.

이 무렵이면 독립 영화인들은 이제 더 이상 독립 영화인이 아니었다. 그들은 시스템이 되어 있었다. 이 과거의 독립 영화인들 중 가장 성공한 이들은 재정 상황이 좋은 트러스트 회원사들이 성취하지 못했던 것, 즉 제작과 배급, 상영을 통제하는 데 성공한 것이다. 이 단단한 토대에서 그들은 세계를 지배하러 나아갔다. 영화 편당 제작비가 10만 달러 이상이 들었고, 프린트를 만들고 그 프린트들을 전 세계에 보내는 데 추가로 몇천 달러가 더 소요되었으나, 추가 비용은 상대적으로 미미한 것임이 드러났다.

이와 같은 세계적 인기는 중단 없는 생산을 요구하는 수요를 창출했다. 이 수요를 충족시키기는 데 로스앤젤레스 분지는 온갖 가능한 조합의 영화 촬영지 말고도 1년 내내 햇빛을 제공하여 야외에서의 작업 일수도 늘어나게 해주었다. 이제 할리우드에 흡수된 주변의 농지는 미국 중서부를 대신했다. 태평양은 카리브 해와 대서양의 대역을 했다. 하루 거리 정도 떨어진 산들과 사막은 서부극에 진짜 서부극다운 느낌을 부여했다.

1920년대 초엽에 할리우드의 매혹적 이미지가 안겨 준 사회적 충격은 엄청난 것이었다. 일찍이 1920년에 이미 할리우드 상공회의소는 영화 출연을 열망하는 남녀 배우들에게 〈제발 영화 속으로 뛰어들지 마세요〉라고 애원하면서, 집에 머물도록 간청하는 광고를 내지 않으면 안 되었다.

제작 시스템

1910년대 말과 1920년대 초 사이, 아돌프 주커의 페이머스 플레이어스-래스키Famous Players-Lasky 사로 대표되는 성공적인 영화사들은 거대 규모로 대중 영화들을 만들어 내는 데 쓰일 시스템을 발전시켰다. 이 시스템은 해외에서 높이 평가받았는데, 세계의 영화 산업들은 할리우드를 연구하고, 가능하면 그대로 베끼기 위해 대표를 파견했다. 프랑스, 독일, 영국에서 온 방문객들과 함께 할리우드는 1930년대 이탈리아 파시스트 영화 산업의 수장인 루이지 프레디와 소련에서 영화 산업을 책임지고 있던 스탈린의 심복 보리스 슈미야츠키도 초청했다.

할리우드 영화사들이 내놓은 주요 작품들은 대개 90분가량의 장편 영화*feature film*였다. 10분짜리 뉴스 영화*newsreel*나 애니메이션들이 보완적으로 제공되기도 했으나, 장사가 된 건 장편 영화였다. 장편 극영화는 범상치 않은 관심을 끌 수 있는 스토리여야 했는데, 대략 10만 달러의 비용으로 제작되었으나 때로는 50만 달러까지 들기도 했다. 얄궂게도 장편 극영화에 대한 영감은 유럽에서 유래한 것이었다. 1910년대를 거치며 외국의 장편 극영화들은 줄곧 상영 시간이 더 긴 영화들이 그에 걸맞은 대규모 관객들을 끌어들일 수 있다는 걸 입증했다. 당시의 독립 영화인들은 트러스트를 통해 예약할 필요가 없었던 유럽의 영화 제작자들로부터 대서사물*epics*들을 수입했다. 「지옥 편 — 단테의 신곡L'Inferno」(1911) 같은 이탈리아의 저명 작품들의 성공은 더 긴 영화들을 위한 시장이 존재한다는 사실을 입증해 주었을 뿐 아니라 영화라는 신흥 매체가 전통적 중산층의 눈에 들기 위해 절실히 필요했던 존경심을 확보하는 데도 도움이 되었다.

1911년 「지옥 편 — 단테의 신곡」은 뉴욕과 보스턴에서 확대 개봉되어 성공을 거뒀다. 보통 트러스트의 2릴 영화가 이틀 동안 상영된 반면, 「지옥 편 — 단테의 신곡」은 2주 동안 연장 상영되었다. 보통 트러스트 영화가 200석 규모의 〈오데온*odeon*〉에서 10센트를 받고 상영된 반면, 「지옥 편 — 단테의 신곡」은 1,000석 규모의 대여된 정통 극장에서 1달러에 상영되었다. 그뿐 아니라, 초기 장편 극영화 중 가장 영향력 있는 작품인 그리피스의 「국가의 탄생」(1915)은 몇 년 뒤 뉴욕시의 유명한 정통 극장에서 개봉되어, 2달러라는 전례 없는 입장료로 1년 동안이나 상영되었다. 20년도 채 못 되어 영화 산업은 새롭고 진기한 그 무엇*novelty*으로서 영화를 파는 데서 전체 시스템과 전국적으로 광고된 그 시스템의 제품들을 판촉하는, 잘 정비된 홍보 기계로 변화했던 것이다.

할리우드는 자신을 판촉하기 위한 노력을 스타 시스템에 집중했다. 홍보 담당자들은 증가하는 중산층 대중의 마음에 뭔가 특별한 것을 만들어 내기 위해 대중 광고와 매스컴의 신기술을 조작하는 법을 획득해야만 했다. 스타들은 각각의 작품을 놓쳐서는 안 될 매혹거리로 만들면서, 장편 영화를 차별화시키는 효과적 수단을 제공했다. 가령 1909년에 칼 레믈리는 바이오그래프 사에서 플로렌스 로렌스를 꼬드겨 데려와서는 〈IMP 걸〉이라 이름 붙였는데, 그것은 자신의 인디펜던트 영화사Independent Motion Picture Company(훗날의 유니버설)의 이니셜을 딴 것이었다. 그러고 나서 레믈리는 그녀를 순회 여행을 보내 신문들에 온갖 이야기들을 싣게 했는데, 그 중에는 그녀의 죽음에 관한 허위 보도까지 포함되어 있었다.

다른 이들은 정통 연극 무대로부터 스타들을 훔쳐 왔다. 아돌프 주커의 첫 번째 회사인 〈페이머스 플레이어스(훗날의 파라마운트)〉는 〈유명 연극의 유명 연기자들〉을 슬로건으로 내세웠는데, 제임스 오닐 주연의 「몽테크리스토 백작The count of Monte Cristo」(1912), 제임스 해킷 주연의 「풍운의 젠다성The prisoner of Zenda」(1913), 사라 베른하르트 주연의 「엘리자베스 여왕Queen Elizabeth」(1912), 미니 매던 피스케 주연의 「테스Tess of the D'Urbervilles」로 초기에 성공을 일궈 냈다.

주커는 곧, 이미 명성이 확고해진 스타들을 사들였을 뿐 아니라 자신만의 스타를 개발할 필요를 느꼈다. 메리 픽포드는 1909년에 주급이 100달러였는데, 주커가 그녀를 당대 최고의 스타로 만들면서 1917년에는 1만 달러로 증가했다. 주커의 라이벌들은 그들만의 〈작은 메리들*little Marys*〉을 발굴해 독점적인 장기 계약서에 서명하게 했다. 당시 할리우드 영화사들은 정교하게 준비한 시나리오를 자신들의 스타를 위한 비장의 무기로 삼았다. 그러나 스타들은 곧, 만약 자기들이

▶ 하늘에서 바라본 윌리엄 캐머런 멘지스의 「바그다드의 도적The Thief of Bagdad」 세트. 1924년.

스튜디오에 그렇게 중요하다면, 그들 자신을 흥정할 수 있는 힘이 자신들에게 있다는 걸 깨달았다. 많은 이들이 착취적인 계약에 얽매인 채로 남아 있었지만, 가장 큰 성공을 거둔 몇몇 스타들은 그 시스템으로부터 벗어났다. 1919년 1월 15일, 주요 명사인 찰리 채플린, 더글러스 페어뱅크스, 메리 픽포드가 D. W. 그리피스 감독과 결합해 유나이티드 아티스츠United Artists를 창설했으며 이전의 스튜디오 사장들로부터의 독립을 천명했다. 유나이티드 아티스츠는 스타가 직접 제작한 극영화들을 배급해, 영화를 만든 이들이 자신들의 스타 파워로 만들어 낸 부를 가져갈 수 있게 하겠다고 선언했다.

유나이티드 아티스츠는 가령 「마스크 오브 조로The Mask of Zorro」(1920, 페어뱅크스), 「로빈 후드Robin Hood」(1922, 페어뱅크스), 「작은 군주 폰틀로이Little Lord Fauntleroy」(1921, 픽포드), 그리고 「황금광 시대The Gold Rush」(1925, 채플린) 등으로 대단한 성공을 거두었다. 하지만 불행하게도 그 스튜디오는 스타가 출연하는 영화들을 정기적으로 충분히 선보이지는 못했다. 극장주들은 채플린과 페어뱅크스, 픽포드 주연의 영화들은 매년 3편씩 요구했지만, 영화사는 2년마다 겨우 1편씩만을 내놓을 수 있을 뿐이었다. 극장주들은 2년마다의 영감을 기다리며 극장 문을 닫고 있을 수는 없는 노릇이었다. 그래서 다시 메이저들에게 의존했다. 때문에 유나이티드 아티스츠는 결국 할리우드 메이저 스튜디오들의 엄격한 제약으로부터 자유로워지고자 하는 독립 제작자들(더러는 괜찮고 더러는 능력 없는)만을 위한 피난처가 되었을 따름이다.

유나이티드 아티스츠는 이례적인 것이었다. 표준적인 할리우드의 장편 극영화 제작 시스템은 매력적인 영화를 1주 단위로 확실히 극장에 보내려 노력했으며, 스튜디오들은 극장을 채울 영화를 제작하기 위한 효과적이고 비용 대비 효율성이 높은 제작 방법들을 발전시켰다. 이 공장*factory* 시스템은 영화를 정기적으로 공급할 수 있는 최상의 방법으로 판명되게 된다.

장편 영화 이전 시기에는 두 가지의 표준적 제작 방법이 있었다. 〈실제의〉 소재를 찍으려면 카메라 기사가 그 소재를 찾아 여행을 떠나 액션을 기록하고 편집하고는 했다. 보드빌 극이나 문학에서 원천을 취한 영화들을 찍으려면 영화사들이 감독과 카메라 기사를 고용해 〈장면들*scenes*〉을 연출하고 그 장면들을 기록하게 했다. 1910년대를 거치며 점차 내러티브 영화에 대한 수요가 늘자 각 분야의 전문가들은 감독이 더 빨리 영화를 만드는 데 도움이 되도록 훈련받았다. 작가들은 스토리 윤곽을 고안해 내고 무대 감독들은 무대 배경을 그려 냈으며 디자이너들은 어울리는 의상을 마련했다.

영화 제작자들은 곧 연극에서 공연되는 것처럼 이야기를 순차적으로 찍는 것보다는 순서를 무시하고 촬영하는 것이 비용이 덜 든다는 것을 알았다. 일단 계획한 장면들을 모두 찍기만 하면, 편집 기사가 각본의 지시에 따라 그것들을 재조립할 수 있었다. 이 모든 것은 사전에, 최소의 비용을 산정해 신중히 고안되고 미리 준비된 계획을 필요로 했다. 그런 계획이 촬영 대본*shoooting script*이라고 불렸다.

할리우드 스튜디오는 촬영 대본을 만들어야만 했는데, 그것이 박스오피스에서의 성공으로 이어졌다. 장편 영화가 더 길어지면서, 점점 더 스토리들도 복잡해져 갔고, 더욱 복잡한 촬영 대본들이 요구되었다. 대본 준비에 더 많은 주의를 기울이는 것은 더 빨리, 더 싸게 장편 영화를 만든다는 걸 의미했다. 누구든 조금만 신경 쓰면 각 장면에 필요한 필수적인 필름 길이를 산정해 낼 수 있었고, 영화 제작자들은 테크닉을 발전시켜 재촬영을 최소화시킬 수 있었다.

전형적인 대본은 즉각 그 장르(예를 들어 코미디 또는 드라마)를 알려 주고 배역들의 명단을 기재했으며 스토리의 개요를 스케치했는데, 그러고 나서야 비로소 장면별 시나리오로 나아갔다. 이 계획에서 영화사 사장은 자신이 영화를 만들고 싶어 하는지 아닌지를 결정할 수 있었다. 일단 스튜디오 사장이 승인하고 나서야, 프로듀서가 실제 제작 순서에 맞도록 촬영 대본을 고칠 수 있었다.

할리우드 제작 시스템은 발명된 것이 아니라, 숱한 절박한 요구들에 부응해 진화된 것이었는데, 그중 가장 중요한 건 규칙적이고 지속적인 이익을 향한 요구였다. 그 선구적인 역할은 1913년 뮤추얼Mutual 사에서 일하고 있었던 프로듀서 토머스 인스의 몫이라고 할 수 있다. 인스가 고안한 표준적 스튜디오 작업 과정은 스튜디오 사장과 영화감독, 연출 촬영 대본*continuity script*을 포함했다. 일단 우두머리 제작자로서 어떤 프로젝트를 승인하고 나면, 인스는 촬영에 사용 가능한 건물들을 배정하고 필요한 대본과 세트, 의상을 창조해 낼 작가와 프로덕션 아티스트들을 배치했다. 군중 출입을 막는 내부 경찰력이나 목재 세트가 불탈 때 동원되는 소방관들 같은 지원 시스템은 1920년대 초 무렵, 수 에이커에 이르는 스튜디오 촬영소들이 로스앤젤레스 도시 근교 내에서 사실상의 위성 도시로서 작용했다는 것을 의미한다.

조지프 M. 셍크 (1877~1961)

「에이브러햄 링컨」(1930)을 만들기 전 그리피스와 함께한 조 셍크(오른쪽).

스튜디오 시기에 할리우드 거물로서 권좌에 올랐던 인물들 중 조지프 셍크와 그의 남동생 니컬러스는 아마도 가장 주목할 만한(비록 부침이 심했을지라도) 이력의 소유자일 것이다. 전성기에 그 두 형제는 각자 메이저 스튜디오를 하나씩 운영했다. 조 셍크가 처음에는 유나이티드 아티스츠의, 나중엔 20세기 폭스의 수장으로서 막후에서 활동한 반면, 닉은 로Loew's 주식회사와 세계적으로 유명한 그 자회사 메트로-골드윈-메이어를 운영했다.

대부분의 영화 거물들과 마찬가지로 셍크 형제도 이민자였는데, 그들의 경우는 러시아 출신이었다. 그들은 1892년 미국에 도착해 뉴욕에서 성장했다. 거기서 그들은 유원지 사업을 성공시켰다. 그들은 번창했고, 적기에 보드빌 공연물 공급자인 로 사와 합병했다.

닉 셍크는 로 사의 회장 자리에 올랐고, 그 자리를 그는 25년 동안이나 차지했다. 반면 조는 더 독립적이어서, 회사를 직접 차렸다. 1920년대 초 조는 할리우드로 다시 돌아와서 로스코 (패티) 아버클과 버스터 키튼, 탈마지 세 자매들의 경력을 관리하고 있었다.

키튼이 내털리 탈마지와 결혼 생활을 하던 중에, 조는 1917년 노마 탈마지와 결혼했다. 그리고 1920년대 내내 셍크-키튼-탈마지 〈확대 가족 *extended family*〉은 명성과 권력의 할리우드 만신전에서 정상의 자리를 차지했다. 1929년 이혼 후 조 셍크는 멀 오버런에서 메릴린 먼로에 이르는 스타들의 교사로 활약하면서, 그리고 그들과 염문을 뿌리면서 할리우드 황금시대의 독신남 역할을 수행했다.

1920년대를 거치며 조 셍크는 유나이티드 아티스츠와 밀접한 제휴를 맺었는데, 그 제휴를 통해 그가 관리했던 많은 스타들의 영화를 배급했다. 그는 1924년 11월 회장으로 그 회사에 합류했다. 그러나 회사 대표일 때조차 그는 자신이 후원해 왔던 예술가들과 계속 작업을 하면서 상당수의 영화들을 제작했다. 그중에는 버스터 키튼의 「장군」(1927)과 「증기선 빌 주니어Steamboat Bill Jr.」(1928)가 포함되어 있다.

1933년 그는 대릴 F. 재넉과 손잡고 로 사의 동생 닉으로부터 재정적 후원을 받으면서, 자신의 제작사 20세기 영화사Twentieth Century Pictures를 설립했다. 2년 뒤 20세기 영화사가 폭스와 합병했을 때, 조는 다시 동생의 재정적 지원 덕분에 통제력을 유지했다. 그 후 재넉이 영화들을 기계적으로 찍어 낼 때, 조 셍크는 세계의 배급을 조율하고 20세기-폭스의 국제적 극장 체인을 운영하면서 배후에서 활동했다.

1930년대 말을 거치며 조 셍크와 동생 닉을 포함한 다른 스튜디오 대표들은 극장 영업을 유지하기 위해 영사 기사 조합의 윌리 비오프를 매수했다. 시간이 지나 정부 조사관들은 이 공갈을 적발해 내 비오프의 유죄를 입증했다. 한 영화 거물이 다른 사람들에게 화근이 미칠 것을 대신해 감옥에 가야만 했다. 위증죄를 선고받고 셍크는 코네티컷 주 덴버리 연방 감옥에서 넉 달 닷새를 보냈다. 하지만 그는 1945년 해리 트루먼 대통령에 의해 사면받고 모든 혐의에서 벗어났다.

셍크 형제들은 1950년대의 가혹한 경제적 위기를 통과하며, 다시 말해 그들이 거의 30년 동안 사용해 왔던 방법들이 낡은 것으로 조롱받던 시기를 통과하며 안간힘을 썼다. 새 관객들과 텔레비전으로부터의 새로운 경쟁이 등장하면서, 셍크 형제들은 볼품없는 모양새로 그들의 막강한 지위를 상실했다. 전형적 거래 중개인인 조 셍크와 오랜 친구 마이크 토드는 1950년대에 토드-에이오Todd-AO라 불린 와이드스크린 공정 계약을 체결해 「오클라호마Oklahoma!」(1955)와 또 다른 많은 최고급 영화들을 제작했다. 그러나 마침내 노화가 셍크를 쇠락하게 했으며, 자신이 창조하는 데 일조했던 산업의 주변부에서 살면서 그는 완고한 노인으로 할리우드에서 죽음을 맞이했다. 뇌물죄 이상으로 그들의 위풍당당한 경력이 이렇듯 비참하게 종말을 고하면서 셍크 형제는 영화 역사에서 그들이 누려야 할 정당한 몫을 빼앗기고 말았다. 두 사람은 1920년대와 1930년대에 할리우드를 세계에서 가장 강력한 영화 비즈니스로 확립시킨 업적으로 칭송받을 자격이 있다.

더글러스 고머리

주요 작품

제작

「살로메Salome」(1918); 「항해자The Navigator」(1924); 「카미유Camille」(1927); 「장군The General」(1927); 「영원한 사랑Eternal Love」(1929); 「에이브러햄 링컨Abraham Lincoln」(1930); 「뒤바리: 열정의 여인DuBarry: Woman of Passion」(1930).

스튜디오 사장들은 사전에 연간 영화 프로그램을 계획했다. 세트들은 효율적으로 반복 사용되었고, 다른 스토리들에 맞게 고쳐졌다. 미술 감독*art director*들은 세트를 고안하고 축조했다. 캐스팅 감독들은 배우를 찾았다. 분장사들은 매혹적인 영화의 외관을 완성시켰다. 그리고 촬영 감독들은 쓰인 촬영 대본을 찍기 위해 뽑혔다.

시간이 무엇보다 중요했으므로, 배우들은 이 영화에서 저 영화로 옮겨 다녔다. 예를 들어 전투 시퀀스에서처럼 가끔은 여러 대의 카메라가 복잡한 숏들을 찍기 위해 사용되었는데, 배우들이 두 번씩 연기하게 하는 걸 피하기 위해서였다. 그리고 항상 연출 담당 직원이 있었는데, 촬영이 완료되었을 때 영화가 쉽게 재조립될 수 있도록 점검하는 역할을 했다.

배급과 시장 통제

인스가 이러한 할리우드 스튜디오의 〈공장제〉 제작 시스템을 개척했다면, 할리우드가 그 시스템을 충실하면서도 적절히 활용할 수 있도록 가르쳐 준 주인공은 아돌프 주커였다. 1921년경이면 주커가 세계에서 가장 큰 영화사인 자신의 페이머스 플레이어스-래스키를 세운 뒤였다. 5년 전 그는 12명의 제작자와 배급사인 파라마운트를 합병해 페이머스 플레이어스-래스키 주식회사를 만들었던 것이다. 1917년경 그의 새 회사는 메리 픽포드, 더글러스 페어뱅크스, 글로리아 스완슨, 폴린 프레더릭, 블란치 스위트와 같은 스타들을 거느리고 있었다. 2년 후, 픽포드와 페어뱅크스가 유나이티드 아티스츠를 만들기 위해 떠났을 때, 미국 내 영화관의 4분의 1이 정기적으로 페이머스 플레이어스의 영화를 상영하고 있었다.

페이머스 플레이어스는 연간 만드는 50에서 100편에 달하는 장편 극영화들을 패키지로 계약하기 시작했는데, 그건 메리 픽포드의 영화를 상영하고 싶은 극장주라면 그보다 덜 유명한 페이머스 플레이어스의 스타들이 주연을 맡은 영화들도 상영하지 않으면 안 된다는 걸 뜻했다. 페이머스 플레이어스는 새로운 스타를 테스트하고 발굴하기 위해, 그리고 새로운 이야기 장르를 시험해 보기 위해 계속해서 이런 보장된 계약들을 활용했다. 메이저 극장주들이 그로 인한 위험 부담 때문에 주저하기 시작하자, 주커는 앞장서서 극장들을 인수했으며, 자기 자신의 극장 체인을 설립했다.

그처럼 큰 부동산 투기는 수중의 현금으로 충당할 수 있는 것보다 더 많은 투자가 필요했다. 주커는 그래서 월 스트리트의 투자 금융 회사인 쿤 레브Kuhn Loeb 사에 요청하여 필요한 1000만 달러를 조달했다. 그 당시 쿤 레브는 월 스트리트의 아웃사이더로서, 앵글로-색슨계 백인 개신교도들(WASP)이 주도하던 기관들의 세계에서 유대 인들이 경영하던 작은 규모의 사업체였다. 하지만 때마침, 부분적으로 페이머스 플레이어스같이 확장일로에 있던 서부 해안의 영화사들과의 거래를 바탕으로, 재정적 거인으로 성장할 참이었다. 할리우드는 뉴욕 시로부터 2,000마일 이상 떨어져 있었으나, 보수적 서부 해안의 은행가들로부터 얻을 수 없었던 결정적 재원을 확보하려면 동부의 자금을 뜯어내야 한다는 걸 주커는 영화 산업 쪽에 보여 준 것이었다.

1920년대를 거치면서 페이머스 플레이어스는 뉴욕 증권 시장의 인기 종목이 되었다. 다른 사람들이 곧 그 뒤를 이었다. 마커스 로는 메트로 골드윈 메이어Metro-Goldwyn-Mayer(MGM)를 설립했다. 윌리엄 폭스는 칼 레믈리가 유니버설 스튜디오로 그랬듯이 영화사를 확장했다. 심지어 용맹한 독립 제작사인 유나이티드 아티스츠도 극장 체인을 만들었다. 그런 식으로 수직적으로 통합된 몇 되지 않는 메이저 회사들이 할리우드를 지배하고 규정하게 되었다.

이 한줌의 회사들은 모든 영화 스타들과 극장들을 통제하는 것만으로는 성이 차지 않았다. 그들은 미국 국경을 넘어 시장을 확장시켜서 전 세계에 걸쳐 배급망을 확립하려 애썼다. 1차 대전이 결정적인 시장 개방을 가져다주었다. 다른 나라의 영화들이 위축된 데 반해, 할리우드의 선두 영화사들은 세계를 자신들의 시장으로 만들어 갔다. 당시 할리우드 장편 극영화를 만드는 평균 비용이 50만 달러를 채 넘지 않았음에도, 전 세계에 걸쳐 배급을 확대시킴으로써 규칙적으로 100만 달러 이상의 수익을 거둬들였다. 아돌프 주커는 늘 공격적이었는데 일련의 큼직한 외국과의 거래들로써 선두를 지켰으며, 사운드 도래 이전의 몇 해 동안 전 세계 시장을 장악할 수 있었다.

해외에서의 이익을 극대화할 수 있는 조건을 유지시키기 위하여 할리우드 메이저 회사들은 미국영화제작배급자협회 Motion Picture Producers and Distributors Association of America(MPPDA)라는 협회를 결성했고, 전직 미 우정장관 윌 헤이스를 고용해 이 국제 시장이 계속 열려 있도록 했다. 하딩과 쿨리지, 후버 행정부 산하 국무부의 적극적인 원조를 받으며, 비공식적 대사로서 헤이스를 앞세우고 MPPDA는 할리우드 기업체들이 외국에서 아무런 제약 없이 사업을 펼칠 수 있게끔 하는 데 힘썼다.

1920년대 중반 무렵, 할리우드는 영국, 캐나다, 오스트레일리아 등 영어권 주요 시장뿐만 아니라 독일과 소련을 제외한 대부분의 유럽 대륙을 지배했으며, 중남미와 카리브 해까지 시장을 확장하는 데 이미 성공해 있었다. 때문에 고립된 지역을 제외하고는, 라이벌 스튜디오 시스템의 발전은 이루어질 수 없었다. 예를 들어 당시 일본은 국제적 통상국이 아니었으며, 폐쇄적인 국가였다. 할리우드 영화들은 비록 일본 관객들에게도 인기 있었지만, 영국이나 프랑스 산업이 결코 할 수 없었던 방식으로 일본의 토착적인 스튜디오 시스템은 성장해 할리우드와 경쟁할 수 있었다. 독일 또한 어느 정도 자율성을 지니고 있었다. 할리우드 영화사들이 독일의 많은 주요 예술가들을 유인해 데려가고 독일의 메이저 영화사인 우파Ufa와 거래를 체결하면서 1920년대 말에 이르면 비록 그 자율성도 잠식당하기 시작하지만 말이다.

할리우드의 침투를 제한하기 위해 수많은 나라들이 자국의 영화 산업 보호를 위한 정부 차원의 조치를 취했다. 독일인들은 〈조건부 체제*contingent system*〉를 도입해 할리우드 영화가 연간 특정 편 수 이상은 수입되지 못하도록 제한을 가했는데, 프랑스가 그 뒤를 이었다. 1927년 제정된 영국의 쿼터 시스템은 자국 시장에서 일정 비율의 상영 시간을 영국 영화를 틀게끔 남겨 두도록 고안된 것이었으나, 할리우드 회사들이 영국에서 제작 시설을 설립하고 〈영국적〉이라고 이름 붙일 수 있을 영화들을 만드는 식으로 작용했다.

실제로, 할리우드의 지속적인 국제적 독점으로 인해 다른 나라 영화 사업가들은 자국의 관객들을 즐겁게 하기 위해, 때로는 할리우드를 〈능가하기〉 위해 노력하지 않으면 안 되었다. 그러나 국제적으로 배급을 통제할 수 있었으므로, 할리우드 기업들은 영화 스타일과 형식, 내용, 수익 창출의 적절한 기준을 규정할 수 있었고 규정하려 했다. 제품이 아무리 경쟁력이 있어도, 모방은 먹혀들지 않았다.

영화 궁전

영화 제작과 배급은 제도적인 할리우드 파워의 핵심적 세 기둥 중 2개만 차지했다. 영화 거물들은 돈이 극장 매표소를 통해서 들어온다는 것을 알고 있었고, 그래서 영화 비즈니스의 세 번째 핵심 분야인 상영을 통제하는 조치들을 찾았다. 애당초 〈할리우드〉가 전 세계 배급을 하기 위한 일군의 캘리포니아 스튜디오들과 사무실들이라면, 그것은 또한 뉴욕에서 로스앤젤레스, 시카고에서 댈러스, 그리고 짧은 시간 안에 런던에서 파리에까지 이르는 중심가의 수많은 영화 궁전들을 포함하게 되었다.

현대의 영화 궁전 시기는 1914년 새뮤얼 〈록시〉 로새펄이 뉴욕에서 3,000석 규모의 극장 스트랜드Strand를 개관하면서 개막되었다. 록시는 라이브 보드빌 쇼와 영화를 결합시켰다. 그의 보드빌 〈공연〉은 약간의 별도 볼거리를 제공했는데, 그건 시내의 더 많은 평범한 영화관들로부터 관객들을 유인해 내었다. 록시 쇼는 50명의 뮤지션들로 이루어진 극장 전속 오케스트라가 미국 국가를 연주하면서 시작했다. 그러고 나서는 뉴스 영화와 기행물, 코믹 단편이 상영되었고, 라이브 무대 쇼가 뒤를 이었다. 그 뒤 비로소 장편 극영화가 상영되었다.

영화 궁전 그 자체는 단순한 극장 이상이었다. 그 웅장한 건축 양식과 도처에 있는 안내자들에 의해 부여되었던 〈우아한 분위기*touch of class*〉는 상류층만이 가는 유원지를 연상시켰다. 아돌프 주커는 곧 록시의 혁신에 사로잡혀 일련의 영화 궁전 극장들을 사들이는 데 혈안이 되었으며, 그렇게 해서 영화의 제작과 배급, 상영에 이르는 완전 통합된 시스템을 통제할 수 있었다.

록시는 자신의 경제 사업체를 유지할 수 없자 결국 매각했다. 시카고의 발라반 앤드 카츠Balaban & Katz사는 그러나 자신들의 영화 궁전 제국으로부터 수백만 달러를 벌어들이는 경제적 시스템을 발전시켰으며, 1차 대전 직후에 선구적 상영업자들은 그 시카고 기업의 비상한 성공으로부터 이익을 극대화시킬 수 있는 단서를 찾았다. 실제로 아돌프 주커는 발라반 앤드 카츠사에 접근했고, 두 기업은 1925년 합병해, 파라마운트 픽처스를 창립했다. 그것이 제작, 배급, 상영 세 파트로 이루어진 지배 전략에서 할리우드 스튜디오 시스템이 진정 확립되었음을 알리는 신호탄이었다.

발라반 앤드 카츠의 성공은 1917년 그들의 센트럴 파크 극장이 개관했을 때 시작되었다. 이 거대한 영화 궁전은 즉각적인 성공을 거두었으며, 샘 카츠는 회사 전략가이자 대표로서 시카고에 기반을 둔 사업들로 폭넓은 성공을 이룬 모든 후원자들의 신디케이트를 결성했다. 시어스-로벅의 최고 경영자인 줄리어스 로젠발트, 추잉껌계의 거물 윌리엄 리글리 2세, 그리고 시카고의 택시 왕이자 훗날의 렌터카 네트워크 혁신자인 존 허츠가 그들이었다. 이와 같은 후원과 함께 발라반 앤드 카츠사는 초기 영화 상영 사업을 주변적 여가 산업에서 엔터테인먼트 경제의 중심 무대로 선도하면서 급격히 팽창해 나갔다.

시드 그로먼 (1877~1961)

1920년대 내내 미국에서 시드 그로먼보다 더 유명한 영화 상영업자는 단 한 명도 없었고, 할리우드 대로에서 그로먼의 〈차이니스Chinese〉보다 더 유명한 극장은 결코 없었다. 시드니 패트릭 그로먼은 영화 궁전의 거물로서 자신의 지위를 만끽했는데, 세계적 명성의 자국들로 가득한 시멘트 안마당에 이르기까지, 모든 면에서 화려하기 그지없었다.

일설에 따르면, 노마 탈마지가 공사가 한창 진행 중일 때 차이니스 극장을 방문해 한 블록의 젖은 시멘트에 발을 내딛었는데, 그렇게 해서 가장 위대한 극장 홍보 수단이 탄생되었다. 때마침 진 오트리가 자신의 챔피언 말을 데려와 알 졸슨의 무릎과 존 배리모어의 옆모습, 톰 믹스의 10갤런 모자, 해럴드 로이드의 안경과 나란히 네 발굽을 찍게 했다.

그로먼은 라이브 쇼, 주제상으로 장편 내러티브에 연결되는 라이브 쇼 이전에 상영되는 무성 영화들로 구성된 혁신적 무대 쇼 프롤로그로도 또한 기억되어야 한다. 1920년대 말 내내 그로먼은 이 프롤로그들로 세계적 명성을 누렸는데, 그것은 정당한 것이었다. 세실 B. 데밀의 「예수 그리스도」(1927) 이전에 그로먼은 100명 이상의 출연진으로 하여금 각기 다른 성서의 다섯 장면들을 연기하게 해 관객들을 황홀케 하고 기쁘게 해주었다.

시드 그로먼은 1898년의 유콘 골드 러시 때 천막 쇼에서 아버지와 함께 일하면서 처음으로 쇼 비즈니스를 경험했다. 한때 부자였던 데이비드 그로먼은 자신의 가족과 샌프란시스코로 이주해서는, 20세기 첫 10년 사이에 태생기의 영화 산업에 입문했다. 아버지와 아들은 한 소박한 샌프란시스코의 점포를 장식적이고 고수익을 올리는 유니크 씨어터Unique theatre로 개조했다. 1906년의 샌프란시스코 지진으로 극장이 파괴되었으나 그 뒤 맨땅에서 다시 시작해 그로먼 집안은 곧 그 지역의 영화 상영 사업에서 실력자가 되었다.

젊은 시드는 혼자 힘으로 출세하기 위해 로스앤젤레스로 이주했다. 그리고 10년 뒤인 1918년 2월 로스앤젤레스 중심가에 장엄한 밀리언 달러 극장Million Dollar Theatre을 개관했다. 밀리언 달러 극장은 시카고 서부에 들어선 최초의 거대한 영화 궁전이었는데, 스페인 식민지풍의 디자인 요소들과 비잔틴 양식의 흔적을 적절히 뒤섞어 미래파의 것에 가까운 디자인 효과를 냈다. 2,400개의 좌석에서 로스앤젤레스 시민들은 근처 할리우드 회사들이 제작하고 있었던 최상의 영화 작품들을 볼 수 있었다. 4년 후에 그로먼은 할리우드 대로에 위치한 이집트 극장Egyption Theatre으로 이 성공을 이어 갔다.

그러나 차이니스 극장이야말로 시드 그로먼에게 영예의 왕관을 씌워 준 개인적 성명이었다. 1927년 5월 19일의 웅장한 개막식에는 D. W. 그리피스와 메리 픽포드가 참석해 그로먼의 업적을 칭송했다. 밖에서 보면 동양의 사원과 흡사한 입구 위로 녹색 청동 탑 지붕이 90피트가량 우뚝 솟아 있었다. 안에서 보면 타오르는 불처럼 붉은색이 감도는 2,000개의 관중석 한가운데 위에 해 모양의 브로치 장식이 달린 샹들리에가 60피트 길이로 매달려 있었으며, 비취와 금, 고대 중국 미술 골동품의 복제품들이 객석을 치장하고 있었다.

그로먼의 무시하지 못할 극장 기술들조차도 할리우드 영화 산업이 영화 사업의 상영 분야에 대한 통제를 장악하게 되자, 부적절한 것으로 드러났다. 대공황 중의 할리우드에는 선구적 기업가가 아니라 중앙 사무실로부터의 명령들을 따를 지배인들이 필요했다. 그리고 사운드가 도래하자 그로먼의 프롤로그들은 철 지난 것이 되고 말았다. 1930년이면, 태평양에 불과 몇 마일 더 가까이 있었던 곳에 위치한 막강한 폭스 스튜디오가 차이니스 극장을 소유하게 되며, 무성 영화 스타들의 친구이자 비상한 흥행사였던 시드 그로먼은 단지 또 하나의 피고용인에 지나지 않았다.

영화관을 찾는 대중들이 보기에 그로먼은 1930년대와 1940년대를 거치며 점점 더 유명해져 갔다. 하지만 그의 전성기는 끝나 있었다. 부유층 주택가의 스타들처럼 그로먼은 계약에 묶여 있었으며, 스튜디오 거물들로부터 명령을 받으면서 최신 스튜디오 프로젝트를 촉진시키는 일을 도왔다. 시드 그로먼의 융성 — 과 쇠퇴 — 은, 누구나 참가할 수 있는 거친 시작에서부터 할리우드 거대 기업들에 의한 표준화된 통제에 이르기까지, 미국의 영화 산업 역사와 흡사해 보인다.

더글러스 고머리

▪▫ **참고 문헌**

Gomery, Douglas(1992), *Shared Pleasures*.

1925년 시드 그로먼의 차이니스 극장에서 열린 레옹스 페레의 「상젠 부인 Madame Sans-Gêne」의 할리우드 시사회 장면.

발라반 앤드 카츠는 극장 위치 선정에 전략적 주의를 집중했다. 그때까지 극장주들은 주도적인 엔터테인먼트 구역에 극장 터를 잡았다. 발라반 앤드 카츠는 그러나 도심으로부터 떨어져 있는, 시카고 주변부의 외진 사업 중심지에 부유한 중산층이 모여들 거라고 기대되는 곳들을 골라, 그들의 처음 세 극장을 세웠다. 그들로서는 아무 데나 그저 영화관을 여는 것만으로는 충분치 않았다. 교통 요지에 쇼를 올려야만 했다. 신속한 대중 수송 수단 덕에 중산층과 부자들은 처음으로 도시 주변부 진짜 교외 지역으로 이동할 수 있었던 것이다. 발라반 앤드 카츠가 개발하기 시작한 건, 고급스러운 쇼를 보기 위해 비싼 입장료를 낼 수 있고 기꺼이 내고자 했던, 바로 이 관객들이었다.

영화 궁전 건축물은 대중을 외부 세계와 격리시켜 엔터테인먼트를 위한 풍요로운 무대를 제공했다. 조지 랩과 C. W. 랩 형제가 운영하던 시카고 건축 사무소는 과거의 거의 모든 시대와 동시대 지역들로부터 끌어낸 디자인 요소들을 혼합, 새로운 스타일의 극장을 도안했는데, 그중에는 프랑스와 스페인의 고전적 디자인과 당대의 아르 데코*art deco*풍도 있었다.

영화 관객들은 곧 개선문 같은 아치들과 웅장한 계단, (베르사유 궁전의 거울의 방에 의해 영감을 얻은) 기둥이 늘어선 거대한 로비들을 기대하게 되었다. 회랑 또한 극적이었다. 근접한 작은 상점 정면 위를 압도하며, 하늘을 향해 치솟은 벽기둥들과 창들, 탑들에 의해 강렬한 수직선이 강조되었다. 실제 극장 건물은 단단한 강철 골조로 만들어졌는데, 그 위에 석고로 빚어진 장식들이 화려한 자주색과 금색, 담청색, 진홍빛을 내며 매달려 있었다. 육중한 강철 다발이 하나 혹은 두 발코니의 수천 인파들을 떠받쳤다.

밖에서는 거대한 전기 간판들을 수 마일 떨어진 곳에서도 볼 수 있었다. 곧추선 간판들은 몇 층 높이로 우뚝 솟아 있었는데, 각양각색의 색채로 자신들의 메시지를 발산하고 있었다. 그 뒤로 스테인드글라스 창들이 천상의 분위기를 풍기며, 그리고 극장을 과거의 전통적이며 존경받는 제도적 건축 양식과 연결시키면서 로비 안으로 빛을 반사시켰다.

일단 안에 들어서기만 하면, 극장 관객들은 강한 인상을 심어 주고 격앙시킬 목적으로 고안된 현관과 휴게실, 로비, 라운지, 산책길, 대기실을 차례대로 누비듯 지나갔다. 로비와 휴게실은 바깥에서 보이는 환상적 건축물보다도 훨씬 더 장관이었다. 화려한 샹들리에, 벽과 입구의 고전적 휘장들, 고급스러운 의자와 분수, 그리고 대기 중인 청중을 위해 피아노나 오르간을 연주할 수 있는 커다란 공간들이 장식에 포함되었다. 그리고 언제나 길게 늘어선 대기 줄이 있었으므로, 새로 도착하는 고객들을 행복하게 해주는 건 이미 앉아 있는 이들을 즐겁게 하는 것과 마찬가지로 중요했다. 객석 안에서는 누구나 다 스크린을 완벽하게 볼 수 있었고, 음향 설계를 고려해 무성 영화의 오케스트라 반주가 발코니 가장 구석진 곳까지도 잘 들릴 수 있게 했다.

어떤 논평자는 이런 발라반 앤드 카츠 계열의 극장들을 차를 마시거나 무도회가 열릴 수 있는 귀족풍 홀 내지 거대한 호텔에 비유했다. 발라반 앤드 카츠는 더 나은 걸 지향하는 관객들이 마치 현대 거물 사업가가 자주 드나드는 곳에 편히 놀러온 것처럼 느낄 수 있도록 애썼다.

발라반 앤드 카츠는 무료로 아이들을 돌보아 주었고 흡연실을 제공했으며 휴게실과 로비에는 그림 전시장들을 마련해 놓았다. 각 영화관의 지하실에는 운동장이 있었는데, 부모들이 위층에서 쇼를 즐길 동안 보모들의 보호하에 남겨진 어린아이들이 놀 수 있도록 슬라이드, 모래 구덩이, 그 밖의 장난감들이 완벽히 갖춰져 있었다.

관객석 내에서는 안내원들이 항상 조용히 질서를 유지시켰다. 그들은 복잡한 홀과 휴게실을 통해 관객들을 안내했고, 연로한 사람이나 아이들을 도와주었으며, 어떤 돌발 상황이건 다 처리했다. 발라반 앤드 카츠는 남자 대학생들 중에서 직원을 모집해 붉은색 유니폼을 입히고 하얀 장갑과 노란 견장을 차게 했으며, 가장 무례한 관객들에게조차 순종하며 공손히 대하도록 시켰다. 요구를 받을 때면 언제나 〈고맙습니다〉로 끝맺음해야만 했고, 어떤 상황에서도 팁은 받아서는 안 되었다.

발라반 앤드 카츠의 무대 쇼는 지방의 탤런트를 메리 픽포드나 찰리 채플린에 견줄 만한 〈스타〉로 키워 냄으로써, 록시조차 능가했다. 그 쇼들은 웅장한 세트와 복잡한 조명 효과를 곁들인 정교한 미니-뮤지컬들이었다. 그것들은 휴일과 당시의 일시적 유행들, 영웅적 모험들, 그리고 찰스턴에서 찰스 린드버그의 위업들, 신흥 매체 라디오에 이르기까지 〈포효하는 1920년대〉의 온갖 하이라이트들을 기렸다. 무성 영화에 음악을 제공했던 오케스트라와 오르간 주자들을 뽑는 데도 발라반 앤드 카츠는 스타 시스템에 의존했다. 제시 크로포드는 1920년대의 그 어떤 시카고 사람 못지않은 유명한 오르간 주자가 되었다. 1923년 그의 동료 오르간 주자 헬렌 앤더슨과의 결혼은 시카고 타블로이드 신문들의 화젯거리였다. 샘 카츠가 그 커플을 뉴욕으로 데려가자, 시카고 신문들은 마치 스포츠 영웅의 죽음을 애도하는 것처럼 그 손실을 안타까워했다.

위에서 묘사된 대부분의 양태는 필요한 투자를 기꺼이 할 극장 체인이라면 그 어디서나 손쉽게 복제할 수 있었다. 그러나 발라반 앤드 카츠 쇼의 한 부분만은 독특했다. 발라반 앤드 카츠는 세계 최초로 냉방 시설을 갖춘 영화관들을 제공했는데, 찌는 듯한 무더위의 미 중서부 주에 사는 그 어떤 중산층 시민들도 오랫동안은 거부할 수 없었던 한여름의 안락함을 안겨 준 것이었다. 1926년 이후 대부분의 주요 영화 궁전들은 에어컨 시설을 갖추거나 그 주변에 새 극장을 짓거나 했다.

공기를 얼음 덩어리들에 불어넣어 통과시키는 것과 같은 조악한 실험들이 있긴 했지만, 발라반 앤드 카츠의 센트럴 파크 극장 이전에는 대부분의 영화관들이 여름내 그저 영업을 하지 않거나 소수의 관객들을 상대로만 영업을 했다. 영화 궁전의 에어컨 시설은 1만 5,000피트 이상의 육중한 파이프와 240마력의 거대한 전기 모터들, 그리고 두 대의 1,000파운드 짜리 플라이휠로 인해 지하실 공간 전체를 차지했다.

곧 여름이 극장에 가는 최고의 시즌이 되었다. 로케이션, 건축물, 서비스, 무대 쇼 그리고 냉방에 이르는 5부 전략으로 발라반 앤드 카츠는 미국에서 극장 가기를 재규정하는 터전을 마련했다. 세계의 나머지 국가들도 상황이 허락하는 대로 새 시스템의 몇몇 특징들을 받아들이거나 바꾸면서 조심스럽게 그 뒤를 따랐다. 영국에서는 적어도 시설 좋고 부유한 수많은 극장들이 주요 도시의 개발 중인 교외 지역에서 문을 열고는 했지만, 대부분의 유럽 도시에서는 영화관이 들어서는 주요 장소는 여전히 전통적인 엔터테인먼트 구역이었다. 좀 더 가난한 나라들과 보다 온화한 풍토를 지닌 나라들에서는 냉방은 고비용의 사치였다. 그래서 다른 곳에서는 한여름에 영화를 보는 것이 북미 지역에서처럼 그렇게 인기를 끌지는 못했다. 할리우드는 이 점을 이용해 주요 영화들의 개봉을 조정했는데, 자국 시장에서는 여름에 풀고 세계 다른 지역에서는 가을에 풀었다.

페이머스 플레이어스와의 합병으로 샘 카츠는 성공적으로 발라반 앤드 카츠 시스템을 파라마운트의 전국 극장 체인으로 이전시켰다. 마커스 로가 MGM과, 워너 브러더스가 그들 체인인 퍼스트 내셔널First National과 합병하자, 다른 회사들도 재빨리 그 뒤를 따랐다. 그러나 그 누구도 아돌프 주커와 파라마운트의 성공에 필적할 수는 없었다. 무성 영화 시기가 막을 내렸을 때, 톱스타들과 가장 광범위한 전 세계에 걸친 배급, 가장 광범위하고 저명한 극장 체인, 바로 그것들을 통해 할리우드의 파워가 확립되는 그 통합된 사업 모델을 지니고 있었던 건 주커와 파라마운트였다.

이러한 할리우드 시스템은 경제 대공황 이전의 격렬한 시기에 최고조를 이루었다. 산업적 제도로서 할리우드는 그전에 그 어떤 제도도 그러지 못했던 방식으로 대중 엔터테인먼트 세계를 지배하게 되었다. 사운드의 도래는 단지 무대와 보드빌의 경쟁을 제거했을 뿐이었다. 그러나 대공황과, 라디오와 텔레비전의 신기술 발전에 의해 변화는 한창 진행되고 있었다. 1920년대 말과 1930년대 내내 할리우드는 감소하는 관객들, 몇몇 해외 시장에서의 손실, 검열의 위협, 반독점 입법에 이르는 일련의 충격에 직면했다. 하지만 할리우드는 선구자들에 의해 다져진 굳건한 기초 덕분에, 적응하고 살아남았다.

참고 문헌

Balio, Tino(ed.)(1985), *The American Film Industry*.

Bordwell, David, Staiger, Janet, and Thompson, Kristin (1985), *The Classical Hollywood Cinema*.

Gomery, Douglas(1986), *The Hollywood Studio System*.

—— (1992), *Shared Pleasures*.

Hampton, Benjamin B.(1931), *A History of the Movies*.

Jobs, Gertrude(1966), *Motion Picture Empire*.

Koszarski, Richard(1990), *An Evening's Entertainment*.

영화의 세계적 확산

루스 베이시

세기가 바뀐 이후 세계 곳곳에서 영화 제작이 이루어졌음에도 불구하고, 영화의 전 세계로의 확산은 할리우드 영화의 배급과 상영에 의해 주도되었다. 최초의 영화 제작 및 영사 수단은 1895년경 프랑스와 독일, 미국에서 사실상 동시에 개발되었고, 최초의 영화들은 대부분 하나의 장면이나 사건을 담은 하나의 숏으로 구성되었다. 이러한 초기 영화들 중 상당수는 〈실제〉의 단편들을 진짜같이 표현해 냄으로써 관객들에게 즐거움을 안겨 줬다. 그리고 프랑스 출신의 혁신자였던 오귀스트와 루이 뤼미에르 형제는 영화라는 새로운 매체의 다큐멘터리 능력에 내재해 있던 상업적 가능성을 포착했다. 그들은 시네마토그라프를 국제적으로 시연하기 위해 카메라맨/영사기사 팀을 훈련시켰는데, 그들은 가는 곳마다 새 필름에 기록을 했다. 1896년 7월 말이면 그들은 그 발명품을 런던과 빈, 마드리드, 베오그라드, 뉴욕, 상트페테르부르크, 부쿠레슈티에까지 가져갔고, 영화가 드러내 보여 주는 이국적이면서도 친숙한 것들에 대한 폭넓은 관심을 유발시켰다. 그해 말까지 그들은 이집트와 인도, 일본, 오스트레일리아 등지에 영화라는 경이를 소개하면서 전 세계를 돌아다녔다. 한편 토머스 에디슨의 영사기인 바이타스코프 역시 미국과 유럽에서 영화라는 매체를 널리 알리고 있었다.

세기의 전환기에 영화 제작은 본질적으로, 약간의 자본과 노하우를 지닌 열정적 기업가라면 누구나 다가갈 수 있었던 영세 산업에 지나지 않았다. 1시간이 넘는 세계 최초의 장편 영화는 프랑스나 미국이 아닌 오스트레일리아에서 만들어졌는데, 그곳에서 1906년 「켈리 갱 이야기The Story of the Kelly Gang」가 제작되었다. 극장업 회사인 J. & N. 테이트가 산업적 하부 구조의 도움은 전혀 받지 않은 채 영화를 만든 것이었다. 오스트레일리아는 1912년까지 30편의 장편을 제작했으며, 장편 길이의 작품들은 오스트리아와 덴마크, 프랑스, 독일, 그리스, 헝가리(1912년에만 14편이 제작되었다), 이탈리아, 일본, 노르웨이, 폴란드, 루마니아, 러시아, 미국, 유고슬라비아에서도 만들어졌다.

이러한 초기의 영화 제작 돌풍으로 대표되는 에너지와 헌신에도 불구하고, 국제적 영화 무역의 형태를 결정짓는 데 제작 영역에서의 탁월한 업적은 사업 조직에서의 혁신성보다는 덜 중요한 것으로 입증되게 된다. 다시금 프랑스는 해외 배급면에서 주도권을 잡은 첫 번째 나라였다. 1908년이면 제작사 파테-프레르는 미국은 물론 서유럽, 동유럽, 러시아, 인도, 싱가포르를 포함하는 지역에, 주로 단편 드라마와 코믹 시나리오 등의 자사 제품을 판촉하는 연락 사무소를 구축해 놓고 있었다. 실제로 1908년에 파테는 유일하게 미국 시장에 영화를 공급하는 최대 규모의 회사였다. 당시 영국, 이탈리아, 덴마크 영화사들은 물론 다른 프랑스 회사에서 만든 영화들도 국제적으로 유통되고 있었다. 반면 미국 제작사들은 해외 사업을 상대적으로 조금밖에 벌이지 않고 있었다. 바이타그래프와 에디슨 같은 미국 회사들이 유럽에 근거지를 마련해 두고는 있었지만, 그들의 에이전트들은 자신들의 제품을 해외에 알리는 일보다는 유럽 영화를 구입해 미국에 유통시키는 일에 더 많은 관심을 갖고 있었다.

할리우드의 지배력 확대

미국이 장차 해외 시장에서 우위를 점하리라는 조짐은 일찍이 거의 없었지만, 미국 영화 산업의 비즈니스 조직은 자국 시장에서 능률화의 길을 걸으며 20세기의 첫 15년간 그 경제적 힘의 초석을 깔고 있었다. 미국 국내의 영화 시장은 단연 전 세계에서 가장 수익성이 높았으며, 지금까지도 그렇다. 1차 대전 이전 여러 해 동안, 미국 제작자들은 그 시장을 자신들의 통제하에 굳건히 하는 데 주력했다. 크리스틴 톰슨이 지적했듯(1985), 미국이 만만치 않은 국제 영화 시장에 비교적 늦게 진입한 건 국내 시장에 손대 주길 기다리던 보다 확실한 수익들이 존재했기 때문이라고 할 수 있다. 반면 프랑스 시장은 상대적으로 작았으므로, 프랑스 제작자들이 자신들의 제품을 사줄 새로운 관객을 찾아 해외로 눈길을 돌리기까지는 시간이 오래 걸리지 않았던 것이다. 미국 상영 분야의 순수한 규모만으로도 생산과 배급에서의 체계적인 효율성의 증대는 물론, 표준화된 비즈니스 관행의 적용이 촉진되었다. 완전히 수직 통합된 산업 조직 시스템은 1920년대가 되어서야 비로소 출현하지만, 이미 1910년대에 다양한 사업 부문들이 결합되는 경향을 보이고 있었다. 경제적 권력의 대부분이 상대적으로 몇 안 되는 소수 업자들의 수중에 집중되어 있었기에, 규모가 비교적 큰 회사들은 국내적으로든 국제적으로든 신생 업자들을 희생시키고 기존 업체들의 이익만을 집단적으로 보호하면서 배타적 독과점을 행할 수 있었다. 그 결과 1908년 이후 외국 회사들이 미국 상영 분야에 진출하는 건 점점 더 어려

에리히 폰 스트로하임 (1885~1957)

친구들에게 〈폰Von〉이라고 알려진 배우 겸 감독 에리히 오스발트 스트로하임은 1885년 9월 22일, 빈의 한 중산층 유대 인 가정에서 태어났다. 그는 1909년 미국으로 이민을 갔으며, 도착 즉시 에리히 오스월드 한스 칼 마리아 스트로하임이란 이름을 사용했다. 1919년 데뷔작 「눈먼 남편들」을 감독할 무렵 그는 이미 가톨릭으로 개종했고 자기 자신에 관한 다양한 전설들을 꾸며 놓았는데, 할리우드 홍보 기관에서는 그 전설들을 열심히 물고 늘어져 가공했다. 이 전설들 속에서 그는 늘 제국 군대 기록이 출중했던 귀족, 그것도 대개는 오스트리아계 귀족이었다. 하지만 그는 자신이 독일인인 것처럼, 또 독일 학생 생활에 대해서는 훤한 것처럼 행세하기도 했다. 실제로 그의 오스트리아에서의 군 경력은 평범했던 것으로 보이며, 독일에서는 고사하고 그가 과연 대학을 다녔는지 여부조차 알려진 바가 없다.

그의 〈독일인〉 버전은, 비록 용감하기는 하지만, 단지 기회주의적 의도를 띤 걸로 보이는데, 반독일 열풍이 불었던 1916년에서 1918년 사이 만들어졌던 영화들에서의 사악한 프로이센 장교로서 배우 경력에 도움이 되었고 〈당신이 증오하고 싶은 남자〉라는 스크린 이미지에 기여했을 것이다. 하지만 오스트리아 인으로서의 정체성은 더 깊이 흐르고 있었다. 그는 자신이 만든 전설 속으로 더욱더 깊숙이 빠져 들었고, 점차로 자신이 유럽에 남겨 두었던 세계, 즉 (그 어휘의 긍정적, 부정적 함의에서) 귀족적인 것과 아울러 데카당스 세계의 가치를 드러냈다.

배우로서 그의 풍채는 대단했다. 그는 키가 약 165센티미터로 작았으나

「눈먼 남편들」에서 에리히 폰 스트로하임(에릭 폰 스퇴벤 역)이 프랜실리어 빌링턴(아내)에게 바람기 가득한 눈길을 던지고 있다(1919).

워졌다. 이 상황이 그 후의 세계 영화 역사에 갖는 함의는 지극히 광범위한 것이었다. 그것은 미국 제작자들이 결국 지속적이고 사실상 배타적으로 자신들의 유난히 풍요로운 시장에 접근했고, 그 덕에 해외 배급에 들어가기도 전에 이미 거액의 제작비 중 대부분을 회수하거나 수익을 낼 수도 있다는 것을 의미했던 것이다. 따라서 미국은 제작 가치와 공급의 신뢰성 모두에서 국제적 라이벌들을 능가하는, 고도로 자본화된 작품들을 제작할 수 있었다. 게다가 국내 시장에서 대개 비용을 충당할 수 있었으므로, 돈을 아무리 많이 들인 미국 작품들이라 할지라도 저렴한 가격으로 외국 상영업자들에게 제공될 수 있었다. 되돌아보면, 미국 제작자들에 의한 국내 시장의 효율적 통제가 많은 국제 영화 무역이 일방적 거래가 되게끔 한 원동력임이었음이 분명하다.

그럼에도 불구하고 1차 대전 발발 이전 수년간, 미국 제작

실제보다 커 보였다. 그의 눈빛은 탐욕스러웠고 움직임은 모나면서 둔탁했는데, 언제라도 섬뜩한 잔혹함으로 분출될 수 있을 것 같은 억압된 에너지가 감돌았다. 그의 매력과 사악함은 둘 다 계산된 느낌을 풍겼는데, 가령 그 두 가지 특성이 실제로 타고난 듯 자연스러운 콘라트 바이트와는 대조적이었다.

감독으로서 그의 이력은 과도함으로 특징지어진다. 거의 모든 영화들이 길이와 예산을 초과해 스튜디오에 의해 구난되지 않으면 안 되었으며, 그 과정에서 가끔은 침몰하기도 했다. 그는 처음에는 유니버설에서, 그다음엔 MGM에서 어빙 솔버그와 격전을 벌였는데, 스튜디오가 편집권을 확보하게 되는 결과를 낳았다. 1923년 한여름, 섭씨 49도가 넘는 죽음의 계곡 Death Valley에서 「탐욕」의 클라이맥스 로케이션 촬영을 하면서, 그는 자신이 원하는 효과를 얻기 위해 스태프들과 배우들에게 악몽을 겪게 했다. 이러한 과도함 중 어떤 건 (그 누구보다 스트로하임 그 자신에 의해) 리얼리즘이란 이름으로 정당화되고는 했으나, 그건 차라리 아주 강력한 비현실적 요소로 두드러지기도 했던 스펙터클을 한층 더 확실하게 보이게 하기 위한 특별한 시도로 보는 게 타당할 것이다. 스트로하임의 스타일은 무엇보다도 효과적이었으나, 그것은 자연스러움과 그로테스크함이 구별되지 않는 허구 세계 속으로 관객을 불가항력적으로 빠져 들게 하는 강력한 판타지 효과였다. 진짜 과도함은 캐릭터들, 즉 신비하고 종종 비극적 운명을 연기하는 과장된 등장인물들의 열정 속에서 드러난다.

한편, 리처드 코샤르스키(1983)가 강조했듯, 스트로하임은 졸라와 그의 동시대인들 및 추종자들의 자연주의에 많은 영향을 받았다. 그러나 이 역시도 묘사 기법보다는 기저에 흐르는 캐릭터와 운명에 대한 감에서 더 잘 표현된다. 졸라와 마찬가지로 스트로하임의 캐릭터들은 유전과 환경을 통해 결정되며, 드라마는 단지 그들의 운명이 필연적으로 귀결되는 바를 극화하는 것일 뿐이다. 스트로하임의 경우, 그런 주장을 믿는다는 건 물론 매우 아이러니컬한 것이다. 왜냐하면 그 자신의 삶 자체는 전혀 그렇지 않았기 때문이다. 자신의 캐릭터들과 달리 그는, 필경 운명이 정해 준 바대로가 아니라 과거의 모습 그대로 살았던 것이다.

더 일찍은 아니더라도 1925년경이면 그는 자신의 상상 속 고향인 세기 전환기의 빈으로부터 영원히 추방된, 불행한 유랑자가 되어 있었다. 유럽과 미국 사이의 대조는 그의 작품 속에서 지속되었던 주제였는데, 대개는 후자에 비우호적이었다. 「탐욕」(1924)과 「브로드웨이를 걸으며」(1933)처럼 미국에서 만들어진 영화들조차 미국식 순수라는 신화를 은근하면서도 적나라하게 공격한 것으로 해석할 수 있다. 그의 영화들 대부분은 유럽에서 만들어졌다(주로 아프리카에서 찍은 기념비적 작품 「여왕 켈리」가 그 예외다). 유럽, 특히 빈은 부패의 온상이었지만 자기 인식의 공간이기도 했다. 스트로하임 영화에서는 선이 좀처럼 승리하는 법이 없으며, 사랑은 극도의 난관을 겪은 뒤에야 가까스로 승리한다. 스트로하임에게 향수는 절대로 달콤하지 않으며, 그는 미국인들에게 그랬던 것처럼 빈 시민들의 순수 신화에 대해서도 가혹했다. 그는 「즐거운 미망인」(1925)을 영화로 각색하면서, 레하르의 오페레타를 데카당스와 잔인함, 어렴풋한 성적 왜곡 그 이상의 것이 환상의 루리타니아Ruritanian 분위기가 짙게 풍기는 스펙터클로 변모시켰다.

「즐거운 미망인」은 상업적으로 성공을 거두었다. 그의 대부분의 영화들은 그렇지 못했다. 스트로하임의 감독 경력은 동시 녹음된 대사 영화가 도래한 이후 끝났고, 변화된 할리우드 풍토 속에서 그는 배우로서 역할을 찾는 데도 점점 더 힘들어졌다. 말년에 그는 일과 가정을 찾기 위해 유럽과 미국 사이를 불안하게 오갔다. 그의 삶의 불행한 마지막 10년에 그는 2개의 위대한 배역을 창조해 냈는데, 장 르누아르의 「위대한 환영La Grande Illusion」(1937)에서 캠프 사령관 루펜슈타인과 빌리 와일더의 「선셋 대로 Sunset Boulevard」(1950)에서 글로리아 스완슨의 집사 역이 그것이었다. 현재 그가 기억되는 것은 그의 연기 때문이다. 그가 감독한 영화들 중 몇몇은 완전히 소실됐고, 다른 것들은 다 잘려 나가 엉망인 버전들로 살아남아 있다. 부분적으로 그 자신이 만든 것이긴 하지만 이러한 비극이 의미하는 바는, 영화감독으로서 그의 위대함은 그의 인생 자체가 그런 것처럼 전설의 대상으로 남아 있다는 사실 그것이다.

제프리 노웰-스미스

■□ 주요 작품

감독

「눈먼 남편들 Blind Husbands」(1919); 「악마의 통행 열쇠 The Devil's Pass Key」(1920); 「어리석은 아낙네들 Foolish Wives」(1922); 「회전목마 Merry-Go-Round」(1923); 「탐욕 Greed」(1924); 「즐거운 미망인 The Merry Widow」(1925); 「결혼 행진 Wedding March」(1928); 「여왕 켈리 Queen Kelly」(1929); 「브로드웨이를 걸으며 Walking down Broadway」(1933).

■■ 참고 문헌

Curtiss, Thomas Quinn(1971), *Von Strobeim*.
Finler, Joel(1968), *Strobeim*.
Koszarski, Richard(1983), *The Man You Loved to Hate: Erich von Strobeim and Hollywood*.

자들에게나 국제 무대에서 상당한 성공을 맛보고 있던 유럽 제작자들에게나 이 결과가 필연적인 건 결코 아니었다. 파테사 소속의 프랑스 인 막스 랭데르는 아마 세계에서 가장 인기 있는 코미디언이었을 텐데, 그때만 해도 아직은 채플린이나 키튼 같은 할리우드 익살꾼들로부터의 경쟁에 직면하지 않았던 것이다. 덴마크 영화사인 노르디스크Nordisk는 1913년까지 매년 370편의 영화를 배급하고 있었으며, 이는 해외 수출에서 파테에 이어 2위의 성적이었다. 노르디스크가 배출한 스타인 아스타 닐센은 세계적으로 폭넓은 성공을 거뒀다. 이탈리아는 「쿠오 바디스」(엔리코 과초니, 1913) 같은 거대 역사 서사극을 만들면서, 세계 무대에서 가장 주목할 만한 대작들을 제작하고 있었다. 전쟁으로 인해 서유럽 전반에 걸쳐 영화 산업이 파열되고 프랑스 작품을 제외하고는 거의 모든 자국 시장이 폐쇄되었을 때조차, 미국은 해외 판매를 확장하는

메리 픽포드 (1893~1979)

1893년, 캐나다 토론토에서 글래디스 루이스 스미스로 태어난 픽포드는 미망인이었던 어머니를 부양하기 위해 어린 나이에 두 여동생과 함께 무대에 진출했다. 글래디스는 1907년, 메리 픽포드라는 이름으로 뉴욕 무대에 데뷔했다. 2년 후, 그녀는 아메리칸 뮤토스코프 & 바이오그래프 사에 고용되어, D. W. 그리피스의 1릴 영화 「그녀의 첫 번째 비스킷Her First Biscuits」(1909)에 단역으로 출연했다. 스크린에서의 존재감과 잘 숙련된 연기 재능 덕에 그녀는 그리피스 사단의 중심에 자리 잡을 수 있게 되었고, 그리피스의 감독하에 1909년과 1910년에 사실상 1주일에 1편꼴로 영화에 출연했다. 바이오그래프 사는 연기자들의 발언권이 너무 강해질까 두려워, 이름을 인물 자막에 올리지 않고 있었다. 픽포드는 그러나 순수하고 매력적인 여주인공, 〈곱슬머리 바이오그래프 걸〉로서 유명해졌다.

1910년 말, 그녀는 보다 많은 자율권과 보다 높은 보수를 찾아 바이오그래프를 떠났다. 여러 회사에서 잠깐씩 머문 뒤, 그녀는 1913년 아돌프 주커의 페이머스 플레이어스에 정착했다. 그녀는 대중에게 〈미국 최고의 여배우〉로 칭송받았다. 1914년에 장편 7편, 1915년엔 8편을 만드는 등, 그녀의 정력적 직업 근성은 전설적이었다. 특히 「스톰 마을의 테스Tess of the Storm Country」(포터, 1914)를 비롯해 그 영화들은 그녀의 스크린 이미지와 그녀를 향한 대중의 애정을 공고히 해주었으며, 그녀를 여성 최초의 슈퍼스타의 위치로 격상시켰다.

그녀의 보티첼리풍 금발의 아름다움에 미국 비평가들은 좀처럼 억누를 수 없는 에로틱한 황홀경에 빠져 들었다. 그럼에도 섬세하고 빅토리아 왕조풍의 우아함이 감도는 그녀의 아우라*aura*는 독립적 무성성(無性性)에 의해 스크린상에서는 복합성을 띠었는데, 그것은 스틸 사진에서도 종종 강조되곤 했다. 그녀는 막 여인이 되기 직전의 사춘기 소녀와 거리의 부랑자처럼 행세하는 선량한 말괄량이, 그리고 소외된 노동자 계층의 딸 등을 연기하는 데 일가견이 있었다. 이러한 배역 연기들의 성공은 일상적 행동의 자연스러운 디테일들을 포착하고 열정적이며 장난스러운 에너지를 투사하는 그녀의 비상한 재능으로 인해 가능했다.

이 〈미국의 연인America's Sweetheart〉은 전시 공채를 팔았고 여성 평등의 미덕들을 부드럽게 설파했으며, 몇 차례의 불륜 사건을 포함해 성인이 되고 난 이후의 결점들을 교묘히 은폐했다. 그녀의 인기를 훼손시킬 수 있는 건 아무것도 없었는데, 심지어 1920년에 배우 더글러스 페어뱅크스와 결혼하기 위해 첫 남편과 이혼한 것조차 예외는 아니었다. 사실 페어뱅크스와 그녀의 결혼은 홍보 담당자의 꿈이 실현된 것이었으며, 그로써 두 스타의 인기는 절정에 달했다. 그 커플은 궁전 같은 호화 맨션 픽페어에서 통치하면서, 할리우드의 왕족이 되었다. 그들의 명성은 미국에만 국한된 게 아니었다. 1926년 두 사람은 모스크바 군중으로부터도 광적인 환영을 받았다. 픽포드는 〈세계의 연인〉이 되어 있었던 것이다.

픽포드의 성공은 자기 자신의 이미지를 신중하게 통제했던 영민한 여성 사업가로서의 그녀의 기술과 밀접한 연관이 있었다. 전성기에 그녀는 직접 제작팀을 구성하고 동료 배우들을 선택했으며 시나리오를 썼다. 때로는, 인물 자막에 올리진 않았지만, 직접 감독하거나 자신이 시킨 대로 할 감독을 고용하기도 했다.

1917년에, 픽포드는 그녀의 제작사 아트크래프트 픽처스Artcraft Pictures의 이름으로 영화를 제작해 파라마운트/페이머스 플레이어스-래스키에 공급하기 시작했다. 그녀는 「불쌍한 꼬마 부자 소녀」(자크 투르뇌르, 1917)와 「서니브룩 농장의 레베카Rebecca of Sunnybrook Farm」(1917) 같은 영화들로 그 스튜디오에 거액의 돈을 벌어다 주었다.

「꼬마 애니 루니」(1925)에서의 메리 픽포드.

전해지는 바에 따르면, 그러다 급기야 자기는 더 이상 〈주당 만 달러로 일할 수는〉 없다고 주커에게 말했다고 한다. 자신의 경력에 대해 행사했던 전례 없던 그녀의 통제력은 1919년 페어뱅크스와 채플린, 그리피스와 함께 유나이티드 아티스츠를 설립하면서 절정에 이르렀다. 그로 인해 그녀는 자신이 출연한 영화들의 제작과 배급을 관장할 수 있게 된 것이었다.

하지만 픽포드가 그녀의 비범한 직업적 자유를 이용해 역할의 다양성을 넓히기에는 때가 이미 너무 늦어 버렸다. 「폴리애나Pollyanna」(1920)와 「소공자」(1921) 같은 유나이티트 아티스츠 영화들은 계속해서 그녀를 달콤한 사춘기 소녀로 그렸다. 이 보수성은 딱 한 번 (그녀로서는) 대범하게 사극 영화 「로지타」(1923)를 에른스트 루비치 감독과 함께 작업함으로써 깨졌다. 그 영화는 비평적으로나 금전적으로나 성공작이었으나 픽포드는 그녀의 고정된 이미지를 깨부수지 못했으며, 이제 서른 살이 넘었는데도 「꼬마 애니 루니」(1925)와 「참새들Sparrows」(1926)에서 감상적 사춘기 소녀 역으로 되돌아갔다. 무성 영화 관객들은 그 이미지에 싫증을 내지 않는 것처럼 보였다.

그러나 토키*talkies*와 문화적 변화의 압력을 받으며 그녀는 자신의 첫 번째 유성 영화 「애굣덩어리」(1929)에서 성인 역할로의 단호한 변신을 감행했다. 그 영화는 그녀에게 수익과 오스카상을 안겨 주었으나, 픽포드의 영화 속 페르소나는 재즈 시대에 의해 널리 보급된 현대적이고 성적인 이상형과는 동떨어진 것처럼 보였다. 앨리스테어 쿠크가 언급했듯, 그녀는 모든 남성이 원하는, 다시 말하면 〈누이〉로 원하는 여성이었던 것이다.

픽포드는 그녀의 네 번째 유성 영화 후 1933년 스크린에서 은퇴했다. 「애굣덩어리」의 성공은 되풀이되지 않았고, 그녀의 연기 경력은 「말괄량이 길들이기The Taming of the Shrew」(1929) 이후 회복되지 않았는데, 그건 그녀가 페어뱅크스와 주연을 맡았는데도 비참하리만치 인기가 없었던 토키 — 두 사람이 처음이자 마지막으로 함께 찍은 영화다 — 였다. 그녀는 전설적인 픽페어Pickfair로 은둔했으며, 의심스러운 술의 위로에 빠져 들었다고 전해진다.

그녀의 영화 속 사춘기 소녀 페르소나를 대중들이 조롱할까 두려워 픽포드는 자신의 무성 영화들 판권을 구입했는데, 죽으면 죄다 없애 버리겠다는 명백한 의도에서였다. 훗날 후회했다고는 하지만 그녀의 영화들은 여전히 보기 힘들며, 이 사실 때문에 그녀의 이미지는 불변의 순수 소녀로서 고정되어 머물러 있다.

게일린 스터들러

▪▫ 주요 작품

「외진 빌라The Lonely Villa」(1909); 「뉴욕 모자The New York Hat」(1913); 「스톰 마을의 테스Tess of the Storm Country」(1914/1922); 「불쌍한 꼬마 부자 소녀The Poor Little Rich Girl」(1917); 「스텔라 마리스Stella Maris」(1918); 「아빠는 키다리Daddy Long Legs」(1919); 「소공자Little Lord Fauntleroy」(1921); 「로지타Rosita」(1923); 「꼬마 애니 루니Little Annie Rooney」(1925); 「마이 베스트 걸My Best Girl」(1927); 「애굣덩어리Coquette」(1929).

▪▪ 참고 문헌

Eyman, Scott(1990), *Mary Pickford: From Here to Hollywood*.
Pickford, Mary(1955), *Sunshine and Shadow*.

데 굼떴다. 그들은 대다수의 해외 업자들과 직접 거래하기보다는, 런던에서 미국 영화를 들여와 세계 각지로 재수출했던 해외 판매 대리인들에게 해외 사업 대부분을 수행하도록 일임했다. 영화 배급의 중심지가 런던에서 뉴욕으로 바뀌게 된 것은, 영국이 외국 영화 거래에 관세를 부과하기 시작한 1916년 이후였다. 그 후 해외 판매 및 대여에 대한 미국의 통제는 증가하였고, 그로 인해 제작자들과 배급업자들은 해외 무역에서 보다 능동적이고 참여적인 자세를 취하도록 독려되었다.

1916~18년 사이 해외에서 미국 산업이 차지하는 비중이 눈에 띄게 증가했다. 어떤 회사들은 해외에서 자신들을 대신해 줄 에이전트를 고용하는 걸 선호했고, 한편 다른 회사들은 해외 배급을 관장할 지사를 만들었다. 전쟁 전 유럽에 배급 기구를 마련했던 유니버설은 극동 지역에 새 지점들을 신설했으며, 폭스는 유럽과 남아메리카, 오스트레일리아에 에이전시와 지점을 결합한 형태를 취했다. 페이머스 플레이어스-래스키와 골드윈은 모두 남아프리카와 남아메리카, 오스트레일리아, 스칸디나비아, 중앙아메리카, 유럽에서 에이전시를 통해 일했다. 이런 형태의 확장이 특히 유럽에서는 어느 정도의 경쟁을 야기하기도 했지만, 그중 이들 네 회사가 지역적 네트워크로 사실상 전 세계를 포괄하게 되었다는 건 주목할 만하다. 1920년에 미국의 수출에 사용된 필름은 1억 7523만 3,000피트에 달했는데, 이는 전쟁 전의 다섯 배에 달하는 수치였다. 그때부터 줄곧 미국의 영화 산업은 적어도 총수익의 35퍼센트는 해외 시장에서 발생하는 걸로 기대할 수 있었다. 그전에 강력한 파워를 자랑했던 프랑스와 이탈리아의 산업이 크게 쇠퇴하면서, 미국 회사들은 아직은 익숙하지 않은 국제적 패권을 장악하게 되었던 것이다.

무성 영화 시기 내내 미국의 영화 산업은 해외 통상에 있어서 국무부와 상무부의 원조를 받았다. 미국 영사관은 관객 성향, 영화 상영에 영향을 미치는 조건들, 경쟁자들의 활동 등 영화 무역에 관련된 풍부한 정보를 모으는 데 협조했다. 1927년 미국영화제작배급자협회(MPPDA) 회장 윌 헤이스는, 영화가 전 세계 관객들에게 미국 상품의 〈조용한 영업 사원〉 역할을 한다는 주장하에, 상무부 내에 영화국*Motion Picture Department*을 개설하기 위한 국회 로비에 성공했다. 무역은 국기를 따른다는 19세기 제국주의 슬로건을 새로 쓰며 헤이스는 선언했다, 이제 〈무역은 영화를 따른다〉고. 실제로, 물질적 풍요에 대한 할리우드의 눈에 띄는 장식은 자국의 관객은 물론 해외 관객들에게도 매력적인 요인이었다.

보호주의

할리우드의 천부적인 비공식적 홍보 능력은 대중 관객과 미국 국회를 그들의 친구로 만드는 데 성공했지만, 외국 정부에서는 미국 상품을 적으로 간주하도록 부추기기도 했다. 1927년 영국 정부는, 영 제국에서 상영되는 영화 중 단 5퍼센트만이 자국산인 반면, 나머지 대부분은 미국의 가치와 미국 상품들을 보여 주는 미국 영화라며 우려를 표했다. 의회의 심리에서, 제국은 자신들의 가치를 반영하고 자국 상품을 보여 주는 영화를 보다 많이 볼 수 있어야 한다고 결론 내렸다. 유럽의 문화 지식인들 사이에서 할리우드 문화의 영향 논쟁은 반미주의로 일관한 담론들 중 일부에 불과했다. 부르주아 문화 민족주의자들은 의상과 행동, 계급과 국적 등을 대표했던 표상들에 미치는, 점점 균일화되고 있는 미국 대중 문화의 영향을 두려워했다. 얄궂게도 할리우드의 침투 자체는 영국 정부가 솔선해서 영화 제작을 지원하도록 한 추동력이 되었고, 이는 여타의 나라들에서도 마찬가지였다. 이념적인 문제와는 상관없이, 박스오피스 수입에는 거대한 이익이 연관되어 있었다. 영국은 1927년에 1억 6500만 달러의 박스오피스 수익을 올리며, 미국을 제외하고는 세계에서 가장 풍부한 시장을 형성하고 있었다. 그해 영국의 순수 영화 제작 편 수는 44편으로, 미국에서 수입한 723편의 영화에 비교하면 4.85퍼센트 대 81퍼센트 정도가 된다. 프랑스의 경우, 자국에서 생산한 영화의 상영 편 수가 이보다는 약간 높은 74편(12.7퍼센트)으로, 미국에서 수입한 영화는 368편(63.3퍼센트) 정도가 된다.

1920년대 후반, 자국 영화 생산량이 수입량을 초과한 유일한 유럽 국가는 독일이었다. 독일에서는 1911년 무렵부터 상업 영화 제작사가 발달하기 시작했으나, 초기의 유럽 제작자들에게 이는 눈에 띄지 않았다. 1차 대전 중 프랑스, 영국, 이탈리아, 그리고 미국의 영화 공급으로부터 고립된 독일은 오히려 자국의 영화 생산량을 늘릴 수 있었다. 영화를 오락과 선전의 수단 모두로 판단한 독일 정부는 지방 산업의 발달을 보증하며 영화 발전을 도모했다. 여러 회사의 합병으로, 미국의 은밀한 지원을 받은 거대 조직 우파Universum-Film Aktiengesellschaft(UFA)가 설립되었다. 이는 스튜디오 시설뿐 아니라(1921년 포츠담 인근 노이바벨스베르크에 설립된 국립 예술 복합관을 포함한), 자신들의 상품을 비롯, 독일의 다른 스튜디오에서 제작된 상품까지 다루는 배급업자의 역할도 수행했다. 1920년대에 우파는 덴마크 영화 제작사인 노르디스크 및 그 해외 영화 체인 인수를 포함한 큰 수확을 거두어 나갔다. 당시 자국의 소비를 위한 생산에만 주로 집중하고 있던 프랑스와는 달리 독일은 해외 시장의 확장에 계속 주력했다. 사실, 그 정도의 생산을 지원하기 위해서는 해외 시장으로부터의 반대급부가 필요했다. 제작된 영화 편 수는 1921년에 646편으로 최고에 달했고(그해 할리우드에서는 854편이 제작되었다), 이후 1년간 약 200편이, 1920년대 후반에는 대략 할리우드 생산량의 3분의 1 정도로 줄어들었다.

독일은 유럽에서 할리우드의 지배에 대항하는 데 앞장섰다. 1925년, 독일 시장에서의 미국 영화 점유율이 높아지자, 독일 정부는 독일 내에서 상영되는 외국 영화의 비율을 한정하도록 한 〈조건부*contingent*〉 계획을 세우며 대항했다. 사실상, 새 조항은 매년 독일 내에서 제작되는 편 수만큼의 영화만을 수입할 수 있음을 표명했다. 1927년, 독일의 스튜디오들은 총 241편의 영화를 제작했는데, 이는 그해 상영된 전체 영화의 46.4퍼센트를 차지했다. 미국 수입분은 36.8퍼센트에 달했고, 나머지는 다양한 다른 나라들로부터의 수입이 차지했다. 〈조건부〉 계획은 영화를 제작하는 유럽의 여타 국가들이 비슷한 보호 법령을 만드는 데 길을 닦아 준 셈이었다. 오스트리아, 헝가리, 프랑스, 영국, 그리고 오스트레일리아 등은 모두 1920년대 후반에 할당 제한 조약 같은 것을 만들었다. 영국 영화 조례British Film Act의 경우, 1928년 7.5퍼센트로부터 시작해, 영국 시장에 배급될 영화 생산 비율을 점차 늘려 갈 것을 구체적으로 명시했다.

독일만큼 영화 제작의 하부 구조가 발달하지 못한 나라에서 이러한 조항들이 잘 진행되는 데는 많은 어려움이 있었다. 적절한 보호 방법을 강구하기 위해 정부는 생산, 분배, 상영, 그리고 소비에 있어서 경제적으로나 문화적으로 어느 한편에 치우치지 않는 섬세한 조치를 취할 지도력이 요구되었다. 아마도 가장 타협하기 어려운 문제는 대부분 국가들의 상영업자들이 미국 영화를 선호한다는 점으로 그 이유는 명백했다. 미국 영화는 규칙적으로 배급되고 분명히 이익을 냈다. (미국도 포함한) 모든 나라에서 상영관에 대한 투자는 제작 과정에서의 모든 투자보다 가치가 컸다. 따라서 문화 보호주의에 기반한 논쟁을 유도한 제작자들은, 제한 없이 미국 상품에 지속적으로 접근하고자 하는 상영업자들의 로비에 의한 강한 저항이라는 문제를 안고 있었다. 또 다른 문제는 쿼터 시스템이 제작 일정에 급급해 수준 이하의(종종 할리우드 스튜디오 내 국가 부설 기관에서 지원되는) 영화들을 양산한 점으로, 이런 영화들은 단순히 최소한의 제한 조항에 맞추기 위해 제작된 것이어서 쿼터가 허용하는 최대한의 미국 영화가 이런 영화들에 수반되어 수입되었다. 영국에서 〈쿼터 퀴키 *Quota quickies*〉라 불린 이런 영화들은 각 나라에서 생산되는 영화의 질적 저하를 가져왔다.

영연방

오스트레일리아, 캐나다, 뉴질랜드의 경우, 영국의 쿼터 규제 덕분에 희망적일 수 있었던 것이, 영화 제작이 이루어지는 영연방 소속 국가들 가운데 〈영화 구매〉 단체가 생겨, 아마도 자국 시장에서 미국이 독점적으로 행사하는 몇 가지 이익들에 대항할 수 있게 됐기 때문이다. 영연방의 영화가 영국에서 일정 시간 이상 상영되기 위한 필요조건은, 첫째로 영국령 영토에서 자신들의 영화를 상영할 수 있고, 둘째로 영연방 국가들 간 상호 배급이 가능해, 영연방의 각 나라들이 수익을 올릴 수 있는 가능성을 높이는 것이었다. 그러나 실제로 이러한 제도는 비교적 고도로 자본화되어 있는 영국 영화에만 유리했을 뿐, 다른 나라의 생산을 증가시키지는 못했다. 영연방 국가들 역시 과도하게 수입 영화들에 의존하게 되었고, 그것은 대부분 미국 영화였다. 1927년 오스트레일리아와 뉴질랜드에서 수입한 영화의 87퍼센트가 할리우드에서 제작된 것이었고, 5퍼센트는 영국, 그리고 8퍼센트가 여타의 국가에서 생산된 것이었다. 캐나다의 경우, 미국 영화의 비율이 훨씬 높아 거의 98퍼센트에 도달했다. 할리우드의 대캐나다 비즈니스는 미국 내 배급망에 통합되었는데, 이는 미국 배급업자들이 캐나다로부터의 수익을 아예 국내 수입으로 분류했기 때문이다. 인도에서는 21개의 스튜디오에서 지역 영화를 만들고 그중 8～9개 정도는 규칙적으로 제작했는데도 1920년대에 상영된 영화들 중 최소 80퍼센트가 미국산이었다(좁은 규모의 배급망이 영화적, 사회적 영향에 한계를 그었는데도, 훗날 인도 영화 제작은 활기를 띠게 되어, 1970년대 이후로는 미국을 포함한 다른 어떤 나라보다도 큰 규모를 이룬다).

오스트레일리아는 1922, 1926, 1927, 1928년에 할리우드 영화를 가장 많이 수입한 주목할 만한 특징을 갖고 있다. 그렇다고 이 기간 동안 오스트레일리아가 미국 산업의 가장 수익성 높은 거래 국가였던 것은 아니다. 할리우드 재원의 주된 수익 발생지로서 시장이 갖는 상대적인 중요성은 여러 요인에 기인하는데, 인구, 인구당 수입, 배급 비용, 환전율 등이 포함된다. 마지막 조사에서, 영국은 언제나 할리우드의 가장 중요한 해외 시장으로, 1920년대 후반 해외 수익의 거의 30퍼센트를 차지했다. 1927년에는 중요도에서 오스트레일리아(15퍼센트), 프랑스(8.5퍼센트), 아르헨티나와 우루과이(7.5퍼센트), 브라질(7퍼센트), 그리고 독일(5퍼센트) 등이 그 뒤를 이었다.

필름 유럽

미국의 해외 시장 지배에 대항하기 위해 국제적으로 협력을 해야 한다는 인식은 1920년대 유럽에서 널리 통용되고 있었다. 〈필름 유럽〉이라 불린 이 운동은 유럽의 여러 패권 국가들로 구성되어 1924년부터 1928년까지, 유럽 전역에서의 공동 제작과 상호 배급을 추구하며 진행되었다. 1920년대에는 유럽 전 지역에서 소규모의 영화 제작이 수행되었다. 예컨대, 1924년 만들어진 장편 영화의 수가 오스트리아는 30편, 벨기에 4편, 덴마크 9편, 핀란드 4편, 그리스 1편, 헝가리 9편, 네덜란드 6편, 노르웨이 1편, 폴란드 8편, 루마니아 1편, 스페인 10편, 스웨덴 16편, 그리고 스위스가 3편이었다. 근본적인 생각은 유럽 영화에 대한 유럽 내의 판매 장벽을 깨고 영화 공동 시장 같은 것을 만들어, 각 국가가 단독으로는 관리하기 어려운 큰 제작 기반을 형성해 보자는 것이었다. 이 같은 움직임은 이상적으로는, 보다 넓은 세계 시장으로의 재진입을 알리는 서곡으로, 유럽 제작자들이 자신들의 고유 지역에서 주도권을 잡도록 할 수도 있었다. 1924년, 우파UFA와 프랑스 기업 에타블리스망 오베르Établissements Aubert 사이의 상호 배급에 대한 합의는 과감한 협력이 새로운 전기를 마련할 수도 있다는 희망을 갖게 하기도 했지만, 세부 사항에 대한 합의가 늦어져 결국 현실화되지 못했다. 1925년에 우파가 미국의 스튜디오들 덕분에 위기를 넘기면서 연대 운동은 흔들리게 되었다. 자금 지원 조건의 일부는 파라마운트와 MGM의 일정 수량의 영화를 독일에서 상영할 것이며 호혜적으로 우파의 영화도 미국에서 배급한다는 것 등이었다. 1920년대 후반의 〈조건부〉 정책과 쿼터 정책의 결과로 할리우드 영화를 대신한 유럽 내에서의 제작과 배급은 분명히 증가했지만, 그 변화는 결코 극적이지 않았다. 톰슨이 밝혔듯이(1985), 프랑스는 거의 아무런 이익을 얻지 못했는데 미국으로부터의 수입량이 줄어든 것을 보충한 것은 주로 독일 영화였고, 약간은 영국 영화였기 때문이었다.

만약 무성 영화가 규범으로써 존속했다면 〈필름 유럽〉도

더글러스 페어뱅크스 (1883~1939)

라울 월시가 연출한 「바그다드의 도적」(1924)에서의 더글러스 페어뱅크스.

1915년 가을, 더글러스 페어뱅크스라는 브로드웨이 배우가 처음으로 스크린에 등장했다. 트라이앵글Triangle 영화사가 그에게 기대한 바는 크지 않았으나, 그의 데뷔작 「양」(1915)은 공전의 히트를 기록했다. 관객들은 물려받은 유산만으로 잘난 척하던 나약한 사내가 그럴듯한 서부 모험을 하면서 그의 타고난 선구자적 기질에 의해 변해 가는 제럴드라는 역할의 그를 사랑했다. 페어뱅크스는 한 달 만에 곧 〈운동 선수 같은 코미디언〉으로 스타의 반열에 올랐다. 이같이 규범적인 캐릭터는 그의 세 번째 영화로 아니타 루스 각본, 존 에머슨 감독의 재치 있는 도시 풍자극 「신문에 난 그의 사진」(1916)에서 만들어졌다. 이 영화는 그에게 〈닥터 스마일〉, 〈두기Douggie〉, 그리고 〈미스터 펩Mr. Pep〉이라는 별명을 가져다 주었다. 그는 할리우드 낙천주의 영화의 주요한 표상이었고, 씩씩하고 원기 왕성한 그의 남성스러움은 세계를 그의 활동 무대로 뛰고 좌충우돌하게 만들었다.

비평가들에게나 관객들에게나 페어뱅크스는 모든 영화에서 똑같은 캐릭터로 다가갔지만, 그에 대한 불만은 거의 없었다. 사실상 경쟁자가 없을 정도로 그는 인기가 많았다. 1910년대 후반 동안, 페어뱅크스는 자신의 프로덕션에 대한 통제권을 점차 확보해 갔다. 그는 트라이앵글에서 파라마운트의 한 부문으로서 철저한 배우 관리로 이름난 아트크래프트로 소속을 옮겼다. 그곳에서 페어뱅크스는 루스와 에머슨과의 협력을 계속하며 미국 현대 사회에 대한 보다 날카로운 풍자극을 만들어 냈다. 돌팔이 심리학자, 별난 음식 좋아하기, 평화 운동, 심지어 루스벨트식 향수 어린 원시주의 등 모든 것이 명랑한 농담의 소재가 되곤 했다. 이 시기 그의 영화 중 가장 성공적이었던 「와일드 앤드 울리」(1917)에서 페어뱅크스는 아버지의 프로젝트를 감독하기 위해 서부로 보내진 철없는 뉴욕 철도 후계자 역을 맡았다. 어린 후계자의 마음을 사로잡아 철도 사업권을 얻기 위해 비터 크릭Bitter Creek 사는 현대적인 마을을 거친 서부의 모습과 〈대초원의 꽃〉 같은 아가씨들을 동원해 1880년대의 신흥 도시로 바꿔 놓는다.

그의 영웅이었던 시어도어 루스벨트처럼, 페어뱅크스는 〈불굴의 삶〉을 산 문화적 표상이 되어, 과잉 문명화, 도시 생활, 그리고 여성적인 영향에 대한 미국 담론의 해독제 역할을 수행했다. 그러나 페어뱅크스는 호전적인 기질의 남성적인 이상형을 점차 없애고 대신 소년스러운 매력을 과시했다. 관객들은 그에게서 빅토리아풍 스타일의 고귀함과 현대적 활력의 완벽한 조화를 발견했다.

1919년, 페어뱅크스는 또 다른 흥행 스타 찰리 채플린, 부인이 될 메리 픽포드, 감독 그리피스 등과 모여 유나이티드 아티스츠를 설립했다. 그곳에서 그는 자신의 영화에 대해 보다 강력한 관리를 했고, 그들은 변하기 시작했다. 당대를 배경으로 한 코미디 연기에서 나약한 스페인 귀족 돈 세사르 베가와 가면 쓴 용감한 영웅 조로를 오가며 남성성의 변신에 대한 페어뱅크스의 기호를 보여 준 서사극 「마크 오브 조로」(1920) 같은 시대극에 출연하기 시작했다. 전해지는 바에 따르면, 페어뱅크스는 젊고 낭만적인 영웅 다르타냥을 주인공으로 한 뒤마의 「삼총사」(1921)처럼, 소년들을 위해 쓰였거나 그들이 좋아할 만한 문학에서 스토리를 차용하곤 했다고 한다. 유나이티드 아티스츠에서 예술가로서 독립적이고자 한 페어뱅크스는 기술적으로나 미학적으로 보다 도전적인 영화 — 「로빈 후드」(1922), 「바그다드의 도적」(1924), 「검은 해적」(1926) 등 코믹 모험 서사극의 축소판 — 를 시도했다. 그러나 무성 시대가 끝나고 페어뱅크스가 40대 후반에 들어설 무렵, 그의 원기왕성함은 쇠잔하기 시작했다. 그는 소년 판타지 「철가면」(1929)을 조촐하게 제작하며 무성 영화의 마지막 연기를 장식하기로 결심했고, 이 영화는 명백히 다르타냥의 죽음으로 끝을 맺는다.

메리 픽포드처럼 페어뱅크스도 무성 영화 전성기의 젊은 이미지로 대중의 상상 속에 남아 있다. 무성 시대의 위대했던 이들 스타 중 어느 누구도 소리의 도입 이후 새로운 경력을 쌓지 못했다. 페어뱅크스는 1939년 요절하기 전까지 많은 토키에 출연했으나 성공을 거두지는 못했다.

주요 작품

「양The Lamb」(1915); 「신문에 난 그의 사진His Picture in the Papers」(1916); 「와일드 앤드 울리Wild and Woolly」(1917); 「무기력한 남자The Mollycoddle」(1920); 「삼총사The Three Musketeers」(1921); 「로빈 후드Robin Hood」(1922); 「바그다드의 도적The Thief of Bagdad」(1924); 「조로의 아들 돈 큐Don Q Son of Zorro」(1925); 「검은 해적The Black Pirate」(1926); 「철가면The Iron Mask」(1929); 「돈 주안의 사생활The Private Life of Don Juan」(1934).

참고 문헌

Cooke, Alistair(1940), *Douglas Fairbanks: The Making of a Screen Character*.

Schickel, Richard, and Fairbanks, Douglas, Jr.(1975), *The Fairbanks Album*.

그 기반을 유지할 수 있었겠지만, 소리의 도입 앞에 무성 영화는 사라질 수밖에 없었다. 유성 영화는 초기 단계였던 이 단체를 그들을 구성하는 언어권별로 분산시켜 버렸다. 미국 기업에 대항하고자 하는 공통의 결의가 제아무리 강한 응집력을 갖고 있다 해도, 결국 자신들의 모국어 악센트를 들을 수 있는 지역 문화의 침투에 해체되고 말았다. 예컨대 이탈리아에서는 자국어로 만들어진 영화가 아닐 경우 상영이 금지되는 법이 1929년 통과되었고, 이와 같은 제한은 포르투갈과 스페인에서도 일시적으로 제정되었다. 절망스럽게도 프랑스와 독일 제작자들은 영국이라는 대단히 풍부한 시장에서 매우 생경한 자신들을 발견했고, 그 거대한 시장을 미국에 내줄 수밖에 없었다. 영국의 제작업자들은 열정적으로 유성 영화 제작 방식을 채택했지만, 여러 문제가 있는 유럽 전역보다는 이미 준비된 영연방의 영어권 시장에 훨씬 관심이 많았다. 그들은 또한 미국 시장의 잠재력을 재빨리 간파해, 영국 해협 건너편보다는 대서양 건너편과 교역하게 되기를 기대하고 있었다. 워너 브러더스, UA, 유니버설, RKO 등을 포함한 여러 할리우드 회사들은 영국 쿼터제를 만족시킬 만한 상품 확보의 필요성을 느껴, 영국의 제작자들과 협력 관계를 조직하거나 직접 영국 제작사에 들어가기도 했다.

소련은 직접적으로 〈필름 유럽〉에 참여하지는 않았으나, 몇몇 소련 영화는 독일의 공산주의자 조직(the Internationale Arbeitershilfe)을 대행으로 유럽 시장에서 자신들의 판로를 찾기도 했다. 할리우드 상품에 대한 소련 영화 산업의 관계는 여타 서유럽의 관계와는 매우 다른 양상을 띤다. 1920년대 초·중반의 수년 동안 미국 영화는 수익성 증가의 잠재력 덕분에 환영받았다. 모든 기업이 국유화되면서, 박스오피스에서 거둬들인 수익은 모두 소련 영화 제작사에 넘어갔다. 1927년 이후 소련 제작 영화가 최초로 수입 영화보다 높은 수익을 거두자 수입량은 극소수로 줄어들기 시작하였고, 1930년에는 완전히 수입이 중지되었다. 그들의 입장에서, 소련 영화는 1920년대와 1930년대 뉴욕에 있는 암키노Amkino 배급사를 통해 아주 제한적으로 미국에 알려졌다.

일본 영화는 거의 나라 밖에서는 공개된 적이 없었다. 그러나 놀랍게도 1922~32년 사이에, 일본은 장편 영화 제작에 있어 세계적으로 앞서가는 나라가 되었다. 영화라는 매체가 소개되고 국내 사업에서 수익을 거두자 일본인들 사이에 영화에 대한 관심이 높아진 것이다. 전해지는 바에 따르면 일본의 스튜디오들은 1924년에 875편의 영화를 제작했고 — 같은 해 미국에서는 300여 편 정도였다 — 국내 시장에서만 독점적으로 판매했다. 5개의 거대 영화사들은 수직 통합을 해 미국 메이저 스튜디오들처럼 그들의 영화 산업을 강력하게 지배했다. 영화관에서는 일본 영화나 외국 영화를 상영했는데, 둘 다 동시에 상영하지는 않았고, 대부분의 극장은 덜 비싼 일본 영화를 조달해 상영했다. 할리우드 기업들이 일본에서 많이 알려지기는 했지만, 1920년대 후반 무렵, 전체 시장에서 미국 영화의 비중은 11퍼센트 정도였고, 유럽 영화는 그보다도 훨씬 작은 비율을 차지하고 있었다.

할리우드와 세계 시장

단일 문화의 관객들이 관심을 가질 법하도록 만들어졌으므로 일본 영화는 수출용 상품으로서의 미래를 기대할 수 없었을 것이다. 반면에, 미국 영화는 보편적으로 잘 받아들일 수 있는 성질의 것처럼 보였다.

윌 헤이스는 미국 영화 인기의 요인을 다민족의 이민을 통해 구성된 거대한 미국 도시들의 역사적 특성에서 설명하고 있다. 그에 따르면, 미국 제작자들은 필연적으로 교양의 여부나 여타의 특정한 문화적 성질에 기반하지 않는 영화 자체의 소통 스타일을 발전시켰다. 아마도 관객 대중들은 빠르게 진행되는 액션과 미국 영화에서 항상 드러나는 낙관주의적, 민주적인 표상들에 끌렸을 것이다. 미국 국내 시장의 구조 자체도 미국 영화가 고도로 자본화되는 데 한몫한 것이, 절제된 배급 정책이 과잉 생산을 막는 대신 개별 프로젝트에 대해 비교적 높은 수준의 투자를 이끌었기 때문이다. 동시에, 해외 수입도 1920년대 할리우드 경제 구조의 주요한 부분이었으므로 스튜디오들은 의식적으로 해외 소비자들의 구미에도 맞는 영화를 제작하게 되었다. 영화의 예산이 클수록, 해외 시장에 대한 보다 포괄적인 고려가 필요했다. 소규모의 영화들은 투자한 만큼 회수하기 위해 모든 곳에 보일 필요가 없었고, 따라서 해외 감각을 위한 여러 가지 참작도 불필요했다. 해외용 〈특별〉 영화 제작에서 가장 명백한 특권은 국제적으로 흡입력을 발휘할 스타 배우들을 선택하고 발굴한다는 점이다. 외국 관객들은 대부분 그들의 동포가 할리우드 산업의 국제적 맥락에서 등장할 때 특히 그들을 친근하게 받아들였다. 할리우드 제작자들이 다른 국가의 기업으로부터 재능 있는 배우를 가로챘다면, 이는 경쟁자들을 약화시킬 뿐만 아니라 외국 관객들에 대한 애정과 충성심을 확보하는 셈이 된다. 할리우드 스튜디오와 계약한 유럽 배우들로는 찰스 로튼, 모리스 슈발리에, 마를레네 디트리히, 샤를 부아예, 로베르 도나, 그레타 가르보 등 많은 이들을 꼽을 수 있다. 가르보는 외국 취향에 영향을 준, 특히 주목할 만한 예로 들 수 있다. 그녀는 1920년대 후반에서 1930년대까지 스크린의 진정한 여신으로 오늘날 기억되지만, 미국에서 폭발적인 인기를 얻은 적은 없었다. 그녀의 명성은 해외 진출에 힘입은 것이고, 그녀가 출연한 영화는 늘 해외 시장에서 이익을 거두었다.

해외에서 선발돼 온 것은 배우뿐만 아니라, 모든 영역에서의 기술자들도 포함되며 특히 감독과 카메라맨이 다수였다. 사업에 있어, 세계에서 가장 훌륭한 스태프들을 모을 능력이 있는 것도 합리적인 사업 강령이다. 여기에는 자본주의자의 우아함이라고 할 만한 전술 요소가 있다. 가장 강력한 국가의 기업만이 기술자들에게 할리우드가 끌릴 만한 훈련과 경험을 제공할 수 있다. 한번 명성을 얻으면, 미국 기업이 지속적으로 강해질 뿐만 아니라, 즉시 그들의 경쟁자들은 비교적 약해질 수밖에 없었다. 이런 정책에 대한 사업적 설명은 제작사들이 국제 소비에 가장 적합한 상품을 만들어 내도록 종용했다. 예컨대, 헤이스는 〈보다 진정으로 보편적이기 위해서 타국의 재능들을 미국 예술 산업으로 끌어들일 것〉에 대해 이야기했고, 이러한 설명은 완전히 공허한 것은 아니었다. 이권을 잡기 위한 할리우드의 왕성한 프로그램들 뒤에 깔린 본래 의도든 아니든, 스튜디오에 많은 (주로 유럽 출신의) 이민자들이 소속되어 있다는 것은 아마도 제작 과정에서 보다 국제적인 감각을 상기하는 데 도움이 되었을 것이다. 이유야 무엇이든 간에, 할리우드의 특별한 업적은 여기저기에서 잘 받아들여지는 상품을 생산한 것이다. 스튜디오 간의 공조를 고려해도, 이 같은 요인이 없이는 미국 영화가 1920년대에 세계에서 가장 강력하고 흡입력 있는 문화적 힘이 될 수 없었을 것이다.

세기 초 30년간의 성격을 규정한 영화 산업의 폭발적 열기 외에, 영화적 상상력이 전 세계에 널리 퍼진 조용한 시기도 참작되어야 한다. 어떤 국가의 영화도 홀로 고립적으로 발달하지는 않았다. 뤼미에르의 제자들이 1년 만에 전 세계로 예술의 기본을 전파한 것처럼, 영화적 표현에 대한 새로운 접근은 그것이 상업적이든 아니든 간에 상관없이 계속해서 그들의 길을 해외에서 찾고 있었다. 독일과 프랑스 기업들은 해외로 진출한 미국 기업의 경쟁 상대가 되지 못했을 수도 있지만, 그럼에도 그들의 생산품은 유럽과 일본, 중국 등 많은 나라의 시장에서 유통되었다. 소련은 메리 픽포드와 더글러스 페어뱅크스를 에이젠슈테인의 「전함 포템킨Bronenosets Potemkin」(1925)에 매혹되게 한 몽타주 이론을 발전시켰지만, 한편으로는 그리피스에 대한 존경을 서슴지 않고 고백했다. 소리가 도래하자, 영화는 이제 전 세계에서 여러 언어로 이야기될 수 있었다.

참고 문헌

Jarvie, Ian(1992), *Hollywood Overseas Campaign*.

Thompson, Kristin(1985), *Exporting Entertainment*.

Vasey, Ruth(1995), *Diplomatic Representations: The World According to Hollywood, 1919~1939*.

1차 대전과 유럽의 위기

윌리암 위리시오

1914년 여름, 파나마 운하가 개통되었고, D. W.그리피스의 「국가의 탄생」 촬영이 시작되었으며, 오스트리아의 페르디난트 황태자가 암살당했다. 이 사건들은 각각 나름의 방식으로 영화 역사의 흐름에 확실한 영향을 끼쳤다. 운하는 미국의 해상 산업 발달을 촉진하며 원활한 해외 배급을 위한 기반 시설을 영화 산업에 제공했다. 그리피스의 영화는 영화 제작 관행과 배급 방식의 변화에 기여하여, 이 모든 것들이 유럽과의 경쟁에서 미국 영화가 승리를 거두게 하는 데 일조했다. 그리고 황태자의 운명은 세계 대전을 촉발시켜 세계의 정치, 경제를 재편성하며, 한때 세계 시장을 장악했던 프랑스, 영국, 이탈리아의 영화 산업을 파멸시키는 데 한몫했다.

전쟁으로부터 비롯된 국제 정치, 경제, 문화적 힘의 윤곽은 근본적으로 변모했다. 전쟁 전에는 상상도 할 수 없을 만큼 엄청난 변화가 독일에서는 공화국이라는 이름으로, 소련에서는 혁명 정부로, 미국과 영국에서는 여성에게 투표권을 부여함으로써 정치 현장에 등장했다. 전쟁 이전, 지역적이고 내향적인 거인으로 세계 무역에 대한 비전과 운송 수단이 부족했던 미국은 분명히 막대한 생산품과 배달 수단으로 무장한 국제적 거물로 성장했다. 국제 정치에서의 역학, 금융, 무역, 재정 등의 조화는 전적으로 미국의 취향에 맞게 변화했다. 전쟁이 유발한 문화적 지각 변동 역시 대단한 것이었다. 간단히 말해서, 전쟁은 유럽을 20세기로 진입하도록 만들었다. 사회적 위상, 인식론적 · 윤리적 제도, 표상적 관습 등 모든 것이 1914년에서 1918년 사이에 급격히 변했다. 아인슈타인과 프로이트의 저작에서 재조명된 바로 그 시간, 공간 그리고 경험과 같은 개념들은 입체파, 다다이즘, 표현주의의 형태에서 주류 사회의 관용 정신과 매우 비슷한 그 무엇을 찾게 되었다. 그러나 마찬가지로 유럽의 낡은 엘리트 문화는 많은 부분에서 미국에 의해 주도된 새로운 대중문화에 밀려나고 말았다.

영화 산업은 전쟁을 거치며 19세기의 유물을 특징지을 문화 · 경제적 재편성의 표상 및 방법으로 재탄생했다.

넓은 의미에서, 1914년 이전에 국제적인 제작과 배급을 주도했던 프랑스, 이탈리아, 영국은 1918년에 이르러 해외 확장에 눈을 돌린 미국 스튜디오와 영화의 색다른 비전으로 인해 뒷전으로 물러날 수밖에 없었다. 전쟁은 유럽의 전통적 강국들에게 결정적으로 중요했던 무역 형태를 뒤바꿔 놓았을 뿐만 아니라 영화 제작에 필수적인 인력과 재료, 지속적인 실험 측면에서도 고비용을 부과했다. 그리고 전쟁은 아주 상이한 방식으로 미국과 독일, 궁극적으로 러시아 산업을 성공적으로 변화시키는 데 일조했다.

전쟁 이전, 자국 제작자들에게는 허가증을 발급하고, 수입은 제한함으로써 미국 내에서의 경쟁을 제한했던 영화특허권회사(MPPC —〈트러스트〉로 잘 알려진)의 최선의 시도에도 불구하고, 국제적 배급을 염두에 두고 있던 유럽의 잘 나가는 제작자들에게 미국 시장은 엄청나게 매력적인 곳임이 분명했다. 예컨대 파테-프레르는 MPPC에 가입하기 훨씬 이전에 미국 시장을 개척했고 1919년에는 직접 미국 제작 스튜디오를 설립해 트러스트 회원들이 수익을 낼 수 있도록 이끌었다. 반면 어번 이클립스Urban Eclipse, 고몽, 훗날의 치네스Cines는 MPPC 회원이었던 조지 클라인 덕분에 미국 영화 시장에 등장할 수 있었다. 그러나 다른 많은 유럽 제작자들은 자신들의 영화가 빨리 독립적으로 움직일 수 있는 방안을 제안했다. 계속되는 소송 사건과 조직 간 동맹 관계의 변화는 덴마크의 노르디스크와 이탈리아의 암브로시오 같은 영화사들이 결국 미국 사무소를 직접 개설하도록 부추겼고, 에클레르Éclair의 경우는 심지어 연구소와 스튜디오까지 직접 설립했다. 전쟁 전, 미국 시장에 대한 저돌적 접근은 이상한 일이 아니었다. 독일, 오스트리아, 헝가리, 러시아, 네덜란드 같은 나라들은 미국의 〈트러스트〉가 이끄는 조직적인 저항 말고도, 자신들이 동일한 국제적 판매를 지향하는 제작사들의 표적이 되어 있음을 알았다. 더 큰 규모의 무역 형태를 보면 프랑스, 이탈리아, 영국 영화는 남아메리카, 중앙아메리카, 아시아, 아프리카, 그리고 오스트레일리아의 영화 수입 시장까지 지배했다.

미국에서는 파테-프레르가 이미 지배권을 갖고 있었고, 프랑스 영화들은 세계적으로 널리 유통되고 있었지만, 상황은 곧 급변했다. 전쟁으로 경기는 불황이었고, 산업 현장에는 많은 변화가 생겼고, 영화 사업에 정부는 직접적으로 개입했으며, 국제 무역마저 간섭당하게 되자, 이 모든 상황은 미국 제작자들에게 시장을 열어 줄 수밖에 없게 만들었다. 그러나 중립을 유지한 덕분에 전쟁의 폐해에서 떨어져 있을 수 있었던 미국 산업은 1917년 4월까지 평화롭기만 했다. 1912년에서 1915년 사이, MPPC는 활동을 중지했고, 많은 회원사들의 입지가 매우 약해졌으며, 주커, 폭스, 레믈리 같은 거대 기업가들이 주도한 과점 정책은 동시에 활발히 진행되었다. 노동과 복잡한 조직 위계를 엄격히 분리해 제작 공정을 표준화하고, 스타 시스템을 체계적으로 이용하는 전략 등을 통해 시장에서의 우위를 획득하고, 극장 간의 직접 경쟁과 일괄 판매 방식 등으로 영화 배급과 상영을 통제함으로써, 독과점 정책은 영화 산업과 상품의 성격을 완전히 변화시켰다.

전쟁은 국내적으로나 국제적으로 외국 기업들 간의 경쟁을 약화시킴으로써 자국 스튜디오를 성장시키는 데 기여해, 전쟁 후 미국의 주도권 장악을 위한 길을 열어 놓았다. 그러나 이미 전쟁 이전에 이런 변화의 조짐은 여러 경우에서 움트고 있었다. 1914년 여름, 유럽의 지도자들은 외교 분쟁에 휩쓸려 있고, 그 국민들은 전시 체제로 들어서고 있을 때, 미국의 MPPC는 오랜 법적 투쟁의 끝에 이르러, 보호 장벽을 파기할 준비를 하고 있었다. 미국 영화 시장은 이때만큼 수입에 개방적이었던 적이 없었고, 한편 이스트먼 코닥Eastman Kodak과 바이타그래프Vitagraph 같은 트러스트 소속 회원들은 이미 역공을 위해 엄청난 양의 수출에 시동을 걸고 있었다. 전쟁 이전 미국 영화 수출을 주도했던 바이타그래프의 경우, 1906년에 파리에 유럽 사무소를 개설했고, 1908년까지는 완벽한

프랭크 보재지 (1894~1962)

프랭크 보재지는 이탈리아 인 석공의 아들로 솔트 레이크 시에서 태어났다. 열네 명의 자식 중 하나였던 그는 열네 살에 집을 떠나 유랑 극단에 들어간 후 곧 길버 브라운의 레퍼토리 극단에 입단, 서부 지역 광산 근처에서 연기를 했다. 1912년 보재지는 로스앤젤레스로 갔고, 그곳에서 제작자이자 감독이었던 토머스 인스에게 엑스트라로 고용되었다가 곧 2~3릴짜리 서부 영화에서 주연을 맡았다. 1916년, 그는 자신이 주연한 영화의 감독을 하기 시작했고, 2년 후에는 감독일을 위해 연기를 포기했다. 연기자/감독으로서 보재지는 초기 영화에서 인물과 고비*situation*를 탐색했는데, 이러한 탐색은 그의 후기작에서 다시 등장한다. 영화 「너겟 짐의 동료Nugget Jim's Partner」(1916)에서 백만장자의 방탕한 아들 할 역에서, 술 취한 그는 아버지와 다툰 후 화물차에 올라타는데 차는 그를 서부의 한 광산으로 데리고 가버린다. 그곳에서 그는 땅딸보 짐을 만나고, 댄스홀 여급으로 따분한 삶을 살고 있던 짐의 딸을 구출해 내, 그들만의 이상적인 삶을 만들어 나간다. 호리호리한 곱슬머리의 보재지는 순수하고 열정 넘치고 낙관주의적인 이미지를 전달했는데, 훗날 「최고의 행복」(1927), 「거리의 천사」(1928), 「행운의 별」(1929), 「강The River」(1929) 등의 영화에서 찰스 패럴이 맡은 이 같은 주인공 역은 그의 트레이드 마크가 되기도 했다.

보재지의 개성은 많은 영화에서 하류 노동 계급의 환경에서 나타난다. 그의 첫 번째 대성공작은 파니 허스트의 「유머레스크」(1920)를 각색한 것으로, 이는 뉴욕 동부의 빈민 지역에 우글거리는 유대 인 게토 출신으로, 부상당한 퇴역 군인이었으나 다시 연주하기 위해 각고의 노력 끝에 명성을 얻게 되는 젊은 바이올리니스트를 그린 작품이었다. 보재지에게 최초로 아카데미 감독상을 안겨 주고 『버라이어티』지가 〈완벽한 영화〉라 평한 러브 스토리 「최고의 행복」은 하수도 수리공이 파리지안 거리의 부랑 소녀를 구해

「최고의 행복」(1927)에서 찰스 패럴(《나는 매우 눈에 띄는 사내야》)과 재닛 게이너가 나오는 한 장면.

영화 공장을 세워 직접 프린트를 만들어 바로 이탈리아, 영국 독일 등의 현지 사무소로 배급할 수 있도록 했다. 전쟁 이전의 국제 시장은 프랑스가 장악하고 있었으나 미국 영화도 1914년 이전, 파리에서 어느 정도 경쟁을 벌이고 있었다. 리처드 에이블(1984)이 지적했듯이, 미국과 이탈리아 제작자들 간의 경쟁이 거세어지면서 법적으로나 재정적으로도 점점 압력이 거세어져, 프랑스가 기존 시장에서 차지하던 입지는 약화될 수밖에 없었다.

전쟁 선포 직전, 프랑스 경제가 잠시나마 팽팽했던 긴장감에 휩싸여 있을 때, 영화 산업은 일시적으로 멈춰 버렸다. 국가 총동원 체제에 들어가자, 스튜디오의 직원들은 징집되었고 빈 공간은 일시적으로 병영 막사로 대체되곤 했다. 그리고 뱅센에 있던 파테의 필름 저장소는 군수품 공장으로 사용되었다. 이처럼 불리한 여건에서도 전쟁 발발 후 몇 달 동안 프

준다는 이야기였다. 또 다른 오스카상을 안겨 준 「나쁜 여자」(1931)는 당대 비평가들이 흔히 비더의 「거리 풍경Street Scene」(1931)과 비교하곤 했던 빈민가 사실주의 계열의 작품으로, 평범한 젊은 커플들의 구애, 결혼, 임신, 출산, 승리의 찬미와 비극 등 실제의 일상을 그린 것이었다.

보재지는 낭만적인 결합을 위협하는 사회 · 경제적 그리고/또는 정치적 요인들 앞에 놓인 커플들의 이야기를 다루는 데 전문가였다. 전쟁과 사회 · 경제적 혼란이라는 순탄치 못한 환경은 그의 연인들의 행복을 방해하기도 하지만, 그럼에도 불구하고 서로에 대한 그들의 사랑을 공고히 지켜 내도록 하는 분명한 조건으로도 작용한다. 그의 많은 영화에서 전쟁이란 젊은 연인들이 그들을 둘러싼 보다 냉소적이고 세속적인 요인들로부터 그들 자신을 지켜 낼 여지를 만들고자 하는 노력을 방해하는 것으로 등장한다.

그의 작품들을 통해 보재지는 전쟁과 폭력을 비난했다. 「릴리옴Liliom」(1930)은 자국의 잘못을 고발하고, 「무기여 잘 있거라」(1934)와 「지극한 영광No Greater Glory」(1934)에는 심오한 평화주의가 깔려 있다. 또한 그는 할리우드의 최초이자 가장 확고한 반파시스트로, 「꼬마, 이제 어떡할 거야」(1934)에서 전후 독일의 전체주의적인 경향의 폐단을 영화화했고, 미국이 2차 대전에 참전하기 전, 「치명적인 폭풍」(1940)에서는 공공연하게 파시즘을 공격했다.

보재지의 비전은 감정을 최우선시하고 확실한 것으로 강조한 바에서 볼 수 있듯이 진정 낭만주의적인 것이었다. 그의 영화에서 연인들은 비인간화되고 염세적인 현대 사회에서 19세기의 유물처럼 나타난다. 보재지의 낭만주의가 가장 자주 채택한 형식은 환속화된 종교적 우화이다. 「최고의 행복」, 「거리의 천사」, 「남자의 성」(1933), 「꼬마, 이제 어떡할 거야?」 등에서 그의 에덴의 연인들은 지구 상에서 그들이 직면한 공간을 진정한 천국으로 바꿔 놓는다. 「최고의 행복」의 주인공 치코는 죽은 후 신비롭게 다시 태어난다. 「거리의 천사」의 여주인공 안젤라는 남자 주인공이 성모 마리아와 비슷하게 그린 그녀의 초상화를 반영한 변형인 듯 천사가 된다. 미국 몇몇 도시의 성당에서 금지했던 영화 「수상한 짐」(1940)은 아마도 가장 명백하게 종교적인 우화를 그려 냈다. 이 영화에서 추방된 죄수들과 다른 부랑자들은 성서 표지 안에 그려진 지도를 따라 열대 정글을 탐험한다. 그들의 탈출은 작은 뗏목을 타고 위험한 항해를 하다가 예수와도 같은 안내자의 도움으로 기적적인 승천을 하면서 막을 내린다. 보재지의 순결한 연인들은 「우리 다시 만날 때까지Till We Meet Again」(1944)에도 등장하는데, 이 영화에서 감독은 적진의 사정거리 바로 뒤에 위치한 미국인 비행사와 그를 안전하게 구출하기 위해 그의 부인 행세를 하는 프랑스 출신의 신참 수녀간의 대화 없이 억제된 낭만적 불륜 얘기를 만들었다.

에르베 뒤몽(1993)에 따르면, 보재지의 낭만적 멜로드라마의 기본적인 이야기 패턴은 모차르트의 「마술 피리」와 같은 것으로, 프리메이슨의 입문식에서 구현되는 예식 과정과 유사한 상징적 투쟁을 담고 있다. 보재지는 1919년에 프리메이슨에 가입했고, 1941년에 결국 서른두 번째 등급(〈*Master of the Royal Secret*〉)으로 승격했다. 모차르트의 사라스트로Sarastro처럼, 보재지는 젊은 연인들이 일련의 도전과 고난을 통해 영혼의 계몽과 변형 단계에 이르는 과정을 지켜본다.

정신과 영혼의 내적 세계를 추구해 당대의 사실주의를 거부한 보재지는 전후 미국 문화의 흐름에 뒤떨어진 것으로 판명되었다. 1945년 이후 그는 겨우 4편의 영화를 만들었고, 「최고의 행복」 같은 위대한 러브 스토리를 새로운 세대의 영화 관객들에게 다시 이야기해 주고자 시도한 「중국 인형」(1958)은 관객을 찾는 데 실패했다. 1970년대에, 영화계에서 그의 막강한 지위를 되찾아 주고자 미국, 영국, 프랑스 등지에서 시도됐던 여러 편의 자신의 영화 리바이벌에도 불구하고, 그의 멜로드라마 작품들은 더 복잡하고 〈현대적인〉 더글러스 서크의 영화와는 달리, 받아 마땅한 비평적 인정을 아직 받지 못하고 있다.

존 벨튼

▪▫ 주요 작품

「유머레스크Humoresque」(1920); 「게으름뱅이들Lazybones」(1925); 「최고의 행복7th Heaven」(1927); 「거리의 천사Street Angel」(1928); 「행운의 별Lucky Star」(1929); 「나쁜 여자Bad Girl」(1931); 「무기여 잘 있거라A Farewell to Arms」(1932); 「남자의 성Man's Castle」(1933); 「꼬마, 이제 어떡할 거야Little Man, What Now?」(1934); 「역사는 밤에 이루어진다History Is Made at Night」(1937); 「세 동지Three Comrades」(1938); 「수상한 짐Strange Cargo」(1940); 「치명적인 폭풍The Mortal Storm」(1940); 「변함 없이 당신을 사랑해I've Always Loved You」(1946); 「월출Moonrise」(1948); 「중국 인형China Doll」(1958); 「커다란 어부The Big Fisherman」(1959).

▪▪ 참고 문헌

Belton, John(1974), *The Hollywood Professionals*.
Dumont, Hervé(1933), *Frank Borzage: Sarasto à Hollywood*.
Lamster, Frederick(1981), *Souls Made Great Through Love and Adversity*.

랑스에서의 제작 활동은 활발히 재개되었다. 물론 전쟁 이전의 수준에는 못 미쳤지만, 파테와(미국에서 촬영) 고몽의 경우, 「뉴욕의 미스터리Les Mystères de New York」(파테, 1915~6)와 푀야드의 「흡혈귀 갱단Les Vampires」(1915~6) 등의 시리즈가 엄청난 성공을 거두었다. 하지만 점점 전쟁의 긴박감은 목전으로 다가왔고, 샤를 파테는 그의 광범위한 제국에 영화를 공급하는 데 열중하면서 독립적으로 제작을 지속하는 한편, 점차 다른 회사들을 대신한 배급 전문 회사로 변모해 갔다. 이런 식으로 조직을 재구성하며 파테는 프랑스 산업을 영국과 마찬가지로 조직화된 제작보다는 배급에 역점을 둔 방향으로 이끌어 갔다.

프랑스에서 미국의 문화적 존재감은 점차 증가해 갔는데, 이는 파테가 미국 스튜디오에서의 영화 제작에 주로 의지한 덕분이기도 하다. 그러나 보다 직접적으로는, 채플린과 로이드의 코미디나 윌리엄 하트의 서부극 같은 미국 영화가 자국에서만 어떤 간극을 채웠던 것이 아니라, 프랑스 관객들 사이에서도 열광적인 반응을 일으켜, 전쟁 이전의 문화 가치 체계 붕괴의 징후가 되기도 했다. 전시 프랑스 연작 영화*serial* 대부분에 등장한 여성 모험-액션 주인공들은 엄청난 인기를 얻었고, 미국의 새로운 문화도 열렬히 환영받아(이탈리아의 고전 스펙터클과 더불어 관객을 열광의 도가니로 몰아넣었다), 이 같은 대중의 취향 변화는 전후 미국이 시장에서 주도권을 강화해 나갈 것임을 확인시켜 주었다.

영국 영화 산업의 경우 프랑스와는 대조적으로 전쟁 이전에 이미 영화 제작이 꾸준히 줄어들고 있었는데, 크리스틴 톰슨이 무역 형태의 분석(1985)에서 지적했듯이, 영국은 강력한 배급권과 재수출 사업에서 이익을 보았다. 자국 내 커다란 상영 시장과, 세계에서 가장 발달된 운송 및 판매망, 식민 체제와 영연방 무역 동맹들, 그리고 1915년까지의 비관세 수입 정책 등으로, 전쟁 이전 영국은 해외 수출의 핵심 역할을 수행했다. 그러나 전쟁 직전, 전통적으로는 영국이 미국의 가장 큰 수출 시장이었지만(독일은 한참 뒤처진 두 번째), 프랑스와 이탈리아의 노련한 제작사들은 사업 지분을 나눠 갖기 위한 경쟁을 성공적으로 벌이고 있었다. 그러나 이 같은 일시적인 일탈 현상은 미국이 유례없는 강력한 공세로 전시의 영국 관객들에게 미국 영화에 집중할 것을 요구하면서 다시 교정되었다.

1914년 여름의 사건들과 미국 스튜디오 시스템의 성장은 영국 산업의 성격을 근본적으로 바꿔 놓았다. 대륙 시장의 붕괴(예를 들어 대독일 무역에서 영국의 손해), 보험 요구 및 전쟁 필수품에 자리를 빼앗긴 화물의 재배치 문제 등에 따른 수송의 어려움, 영화에 부과된 수입 의무 조항 등, 모든 사항들이 배급과 재수출에 기반한 산업에는 치명적인 것으로 나타났다. 필름의 기본 소재인 질산 섬유소는 (전쟁 물자 중심의 수송에 잠재적인 위협이 될 만큼) 가연성이 매우 높을 뿐만 아니라 폭약물 등을 제조하는 데 이용될 수도 있었으므로(게다가 독일은 전적으로 수입 질산에 의존하고 있었으므로 영국의 적국 입장에선 당연히 흥미로울 법한), 필름이란 특히 골치 아픈 물품이었다. 게다가 미국 거대 스튜디오 시스템의 공격적인 기세는 영국의 문제를 한층 더 심각하게 만들었다. 바이타그래프는 예외로 두고, 전쟁 발발 전 미국의 트러스트 회원사들은 영국과의 교역에서 자신들의 물품 대부분을 수출하고 있었고 연이어 유럽 대륙과 전 세계 시장에까지 미국 영화를 재수출할 수 있다는 사실에 만족하고 있었다. 톰슨은 「국가의 탄생」(1915)과 「문명Civilization」(1916)의 국제 마케팅이 보여 준 실례를 신뢰했는데, 두 작품 모두 국가 대 국가 간의 협상자 및 미국 산업 관행의 다양한 변화를 필요로 했다. 1916년까지 폭스, 유니버설, 페이머스 플레이어스-래스키 같은 회사들은 전 세계 지점에 있는 그들의 에이전트를 통해 협상을 하거나 아니면 직접 사무소를 개설했다. 스튜디오 입장에서는 운이 좋게도, 어느 정도 파나마 운하에 의해 촉발된 미국 수송 산업의 붐이(조선소 건설의 증가와 미국 은행의 전 세계 지점 확장 등으로 보건대 명백한) 그들의 팽창 정책을 매우 용이하게 만들었다.

유럽 거대 영화 산업의 또 다른 축이던 이탈리아 역시 프랑스나 영국 동지들과 마찬가지 운명으로 점차 고전을 면치 못하게 되었다. 이탈리아 정부는 주요 교전국들보다 약 9개월 뒤에 전쟁에 참여했고, 처음에는 이웃 국가들이 직면하고 있던 혼란 상태에서 떨어져 있었다. 차츰 전쟁으로 접어드는 기간 동안 이탈리아 산업은 어느 정도 스펙터클 영화 덕분에 성장을 이룰 수 있었다. 수천 명이 넘는 연인원과, 풍부하다 못해 종종 실제이기도 한 세트 등으로 「쿠오 바디스」(1913), 「폼페이 최후의 날」(1913), 「카비리아」(1914) 같은 영화는 때로 미국이라는 경쟁자를 따돌리며 전 세계 관객을 사로잡았다. 그러나 노동 집약적인 생산 중심이었던 경제 여건이 점차 나빠지자, 살아남기 위해서 스튜디오는 수출에 주력해야 했다. 프랑스의 생산 수준이 떨어지고, 영국은 이전에 갖고 있었던 수많은 시장에 대한 관리를 점차 소홀히 하는 상황에서, 이탈리아의 참전 연기는 기존에 우위를 점했던 시장에서의 위치를 자극할 뿐만 아니라 최소 1916년까지는 그토록 필요를 절감하던 수출길을 열게 되었다. 그러나 바로 이 지점에서 이탈리아는 대부분의 호전적인 국가들이 맞게 되는 일련의 방해물을 만나게 되었다. 필름 재료 공급의 부족, 운송에서 군의 우선권, 노동력의 전환, 여기에다 이탈리아의 경우에는 서서히 붕괴 중이었던 경제 상황을 더할 수 있다.

놀라울 것도 없이 전쟁은, 독일이 점령한 벨기에나 호전적인 성향을 가진 오스트리아-헝가리 같은 국가에서 영화 산업의 출현을 어렵게 했다. 이들의 영화에는 군사적 양상과 비슷한 것들이 반영되었고, 결과적으로 배급 형태에 간섭을 받았으며, 독일 영화의 비율만 높이는 결과를 초래했다. 대조적으로, 전쟁과는 거리를 두고자 했던 네덜란드, 덴마크, 스웨덴 같은 나라들은 자신들의 중립성을 전쟁 덕분에 재편성된 배

파테의 벨기에 지사를 위해 알프레드 마신이 1913년에 만들었고 1914년 전쟁이 발발하기 직전에 개봉된 반전 드라마 「염병할 놈의 전쟁Maudite soit la guerre」의 한 장면.

급 구조에서 이익을 얻는 데 이용해, 적어도 1916년에는 제작 수준을 향상시킬 수 있었다. 이들 세 국가는 미미한 성공을 거두기는 했지만 시장 축소, 이용 가능한 물자의 부족, 운송의 어려움과 같은 한계를 느꼈다. 네덜란드에서는 기회주의적인 배급 관행이 영화 산업에 점차 자극을 가해, 홀란디아 필름Hollandia-Film 같은 회사의 제작은 새로운 수준에 이르기도 했다. 스웨덴의 경우, 샤를 망누손이 전쟁 후에도 지속될 만한 제작 인프라를 구축해 빅토르 셰스트룀과 마우리츠 스틸레르 같은 감독의 활동을 장려했다. 자급자족적인 시장을 가진 한편 적극적으로 해외 시장을 개척했던 노르디스크 사의 조국 덴마크는 초기에는 성공을 거뒀으나, 곧 전쟁 직전에 따르는 산업 문제들(예산의 엄청난 증가로부터 방법상의 제한에 이르는)로 타격을 받고 말았다. 그러나 보다 극적인 것은, 1917년 노르디스크의 실질적인 소유권을 독일이 완전히 사들여 노르디스크의 영화들을 유럽 전역에 배급할 수 있는 권리를 가지고, 덴마크를 대외 제작사로 내세워 오히려 덴마크가 효과적으로 중립을 유지할 수 있도록 한 것이었다.

유럽 동맹과 중립국의 영화 산업의 경우와는 첨예하게 대조적으로, 독일 산업의 경우에 국내 시장은 더욱 굳건해졌고, 점유국 및 중립국 모두에 재빨리 영향력을 확장했다. 가스와 잠수함의 전개에서 보여 줬듯이 독일은 현대 전쟁의 잠재력에 대한 기민함과 힘찬 행동 계획이 결합되어, 중앙 집권의 새로운 미래상을 지니고 엄청난 진보의 길을 걷고 있었다. 뛰어난 여러 사업가들과 에리히 루덴도르프 장군의 노력 덕분에 독일은 전쟁 이전 프랑스와 덴마크 그리고 미국 영화의 수입에 주로 의존하던 양상에서 벗어나 전쟁 막바지에는 자국의 영화를 스스로 장악할 수 있게 되었다.

독일 시장에서의 급격한 변화는 다음 두 가지 중요한 요인에서 비롯되었다. 우선, 전쟁 선언 때문에 영국과 프랑스, 결국엔 이탈리아로부터의 수입 흐름이 막혀서, 독일은 점차 중립국인 덴마크나 미국에만 무역을 의지해야 했다. 이 같은 경험은 무역 의존이라는 문제를 예고했다. 둘째로, 1914년이 되자마자, 크루프Krupp의 알프레트 후근베르크 같은 사업가들은 정치적 영향력 면에서 영화의 긍정적인 측면을 깨닫게 됐다. 훗날 우파Ufa를 다스리게 될 후근베르크는 독일사진회사Deutsche Lichtbild Gesellschaft를 설립하여, 전기 산업과 화학 산업 대표 간의 경쟁을 교묘히 선동해 정부와 계약을 맺도록 했다. 루덴도르프 장군에 의해 은밀히 조율되고, 정부에 의해 일부 지원되었던 거대 계획에 따르면, 메스터Messter, 유니온Union, 노르디스크 같은 기존의 회사들은

윌리엄 S. 하트 (1865~1946)

윌리엄 서레이 하트는 뉴욕에서 태어났지만, 당시 여전히 개척지의 분위기가 물씬했던 중서부에서 어린 시절을 보냈다. 1905년 에드윈 밀턴 로일의 인기 연극 「스쿼맨The Squaw Man」에서 카우보이 캐시 호킨스 역을 맡게 될 때까지 무대에서의 경력은 그에게 변변찮은 밥벌이의 수단에 지나지 않았다. 여러 서부극에 출연했고, 그중에서 1907년 오언 윌스터의 「황혼의 결투」의 연극 버전에서는 주인공을 맡기도 했다. 1913년 캘리포니아를 순회하면서 그는 오래된 지인 토머스 인스를 찾아보기로 결심했는데, 그는 곧 인스빌Inceville로 알려질 산타이네즈Santa Ynez의 스튜디오를 분주히 운영 중이었다.

인스는 하트의 잠재력을 파악하고 1주일에 175달러의 일자리를 제안했다. 그다음 2년간 하트는 대본 작가인 설리번과 함께 작업하며 20편의 2릴짜리 서부 영화와 몇몇 장편 영화에 출연했다. 대체로 하트는 「황야의 재앙」에서처럼, 순수한 여인의 사랑 덕에 개과천선하는 〈한때 악인이었던 선인〉 역할을 맡았다. 1915년, 인스와 하트는 트라이앵글 영화사에 들어갔고, 당시 서부극 스타로 엄청나게 성공 가도를 달리던 하트는 마침내 정식 장편 영화계로 진출했다.

트라이앵글 시절의 영화 중 가장 성공한 작품은 1916년 개봉된 「지옥의 문짝귀」였다. 여기서 하트는, 마을을 계몽시키려는 갓 부임한 목사가 자기 일을 망치지 못하도록 유흥업소 사장이 고용한 총잡이 블레이즈 트레이시 역을 맡았다. 그러나 블레이즈는 목사의 누이동생에게 반해 교화되고 만다. 폭도들이 교회에 불을 지르자 블레이즈는 소녀를 구하기 위해 달려가 혼자 힘으로 마을 전체를 상대해 결국 불을 끄고 만다. 하트의 크고 마른 체격과 야위고 우수 어린 얼굴은 그의 이미지를 형성했던 빅토리아 스타일의 도덕적 확신을 투영했다. 악인들과 타민족, 특히 멕시코 인들에게 그는 인정사정없이 적대적이었다. 하지만 여성 앞에서 그는 정중했고, 심지어 수줍어하기도 했다. 하트는 고독한 존재였고, 유일한 친구라곤 그의 말 프리츠뿐이었다.

1917년, 아돌프 주커가 영화 1편당 15만 달러를 제시하자 하트는 페이머스 플레이어스-래스키로 이적했다. 1차 대전 직후 파라마운트의 아트크래프트 사가 배급을 맡은 하트의 영화는 엄청난 성공이 보장되었다. 하트의 모든 영화가 서부극은 아니었지만, 시간이 흐른 후 그가 다시 돌아간 것은 역시 서부 영화였다. 현존하는 하트의 후기 영화 중 최고작으로는 「푸른 불꽃 로덴」(1918), 「정직한 샌더슨」(1919), 그리고 「요금소」(1920) 등을 꼽을 수 있다. 제작비가 증가하면서 시간과 수고도 늘어났다. 하트가 직접 감독하지 않은 영화들은 신뢰할 만한 램버트 힐리어에게 위임되었다.

하지만 1920년대가 지나가면서, 하트의 영화는 시대에 뒤떨어지기 시작했다. 진행 속도가 지루하고 장황해졌다. 한 번도 가벼운 적이 없었던 하트는 보다 자신을 심각하게 만들어 나갔고, 명백히 감상적인 이미지로 자신을 밀고 나갔다. 하트는 자신의 영화가 사실주의적인 서부 영화로 보이길 바랐고, 「총잡이 빌 히콕」(1923)은 역사 재구축에 대한 진지한 시도였다. 하지만 파라마운트는 이를 달가워하지 않았다. 하트는 이제 57세였고, 재즈 시대의 관객들에게 확신을 주는 액션 영웅이 더 이상 아니었던 것이다. 다음 영화 「가수 짐 매키Singer Jim McKee」(1924)가 실패하자 그와의 계약은 끝나고 말았다.

그 자신이 10만 달러를 투자했던 「회전초」(1925)는 하트의 마지막 영화로 유나이티드 아티스츠를 통해 개봉되었다. 영화는 장대한 지상 격돌 장면 등을 포함하고 있었지만 역시 실패로 돌아갔고, 이제 하트는 은퇴할 수밖에 없었다. 「회전초」는 10여 년 후, 하트의 육성 소개말을 입혀서 재상영되었다. 〈친구들이여, 나는 영화 제작이라는 예술을 사랑했소. 그것은 나에게 삶의 숨결 같은 것이었소…….〉 이것은 독특한 경우로, 빅토리아 스타일의 옛 배우에게 섬광을 제시한 점에서 대단히 매력적이요, 다소 우스꽝스러운 미사여구의 띄워 주기였지만, 그가 구현했던 무성 서부 영화 시대를 환기시켜 주는 감동적인 대사라는 것은 의심의 여지가 없다.

에드워드 버스콤브

주요 작품

「세이지 브러시 마을에서In the Sage Brush Country」(1914); 「황야의 재앙The Scourge of the Desert」(1915); 「지옥의 문짝귀Hell's Hinges」(1916); 「드로 이건의 귀환The Return of Draw Egan」(1916); 「희미한 흔적The Narrow Trail」(1917); 「푸른 불꽃 로덴Blue Blazes Rawden」(1918); 「이기적인 예이츠Selfish Yates」(1918); 「정직한 샌더슨Square Deal Sanderson」(1919); 「요금소The Toll Gate」(1920); 「총잡이 빌 히콕Wild Bill Hickok」(1923); 「회전초Tumbleweeds」(1925).

참고 문헌

Koszarski, Diane Kaiser(1980), *The Complete Films of William S. Hart: A Pictorial Record.*

1917년 『픽처 플레이』의 표지에 실린 하트의 얼굴.

톰 믹스 (1880~1940)

「퍼플 세이지의 목동」(1925).

1920년대에 가장 유명했던 서부극의 스타로서, 톰 믹스는 재즈 시대 영화 주인공의 한 정점이라 할 수 있다. 윌리엄 S. 하트의 도덕적 열정 대신에 톰 믹스의 영화는 말 타고 달리는 스펙터클, 주먹 싸움, 코미디, 그리고 추격전 등을 혼합해 쉴 새 없이 재빠르게 전개시키는 오락물이었다. 대개 스턴트 연기도 그 자신이 직접했다. 20대 초반에 그는, 오클라호마에 기반한 와일드 웨스트 쇼인 〈밀러 형제의 101 농장Miller Brothers 101 Ranch〉에서 카우보이 역을 맡았다. 다른 쇼에서도 일했던 1909년에 믹스는 셀리그Selig 사가 기존의 장비들로 「대남서부의 목장 생활」이라는 영화를 만들 때 야생마를 길들이는 카우보이 단역을 맡았다. 이후 7년이 넘는 기간 동안 믹스는, 처음엔 콜로라도에서 나중에는 캘리포니아에서 거의 100편에 달하는 셀리그 사의 1~2릴짜리 서부극에 출연했다.

1917년 폭스 스튜디오는 믹스를 높은 수준의 제작 여건을 갖춘 장편 영화에 출연시켰는데, 대부분의 촬영이 그랜드 캐니언 같은 장대한 서부 지역에서 직접 진행되었다. 믹스의 스타로서의 이미지는 재치 있고 자유로운 영혼으로, 위기에 빠진 처녀들을 구하는 역에 제격이었다. 영화상에서 톰은 청렴하고 술과 담배를 하지 않으며, 진짜 총싸움은 하지 않는 캐릭터였다. 악인들은 총으로 순식간에 당하기보다는 주로 그의 영리한 전략에 의해 붙잡히곤 했다.

믹스는 「딕 터핀Dick Turpin」(1925)처럼 서부 영화 외의 장르에도 종종 출연했지만, 그를 있게 한 것은 서부 영화였고, 역으로 폭스 스튜디오가 당대 최고의 서부 영화 제작사로 자리매김한 것도 믹스 덕분이었다. 그의 60편 전후의 영화 대부분은 현재 남아 있지 않다. 영화 「허드슨 만 북쪽」은 몇 장면만이 남아 있는데, 이는 당시 폭스에서 서부 영화를 주로 만들던 존 포드가 감독한 2편의 믹스 출연작 중 하나이다. 다행히도 그의 작품 중 좋은 작품이 몇 편 남아 있다. 「대열차 강도 케이와 에이」(1926)는 전성기 때 믹스의 전형적인 모습을 보여 준다. 영화는 톰이 케이블을 타고 협곡 아래로 미끄러져 내려가는 스펙터클하고 아슬아슬한 장면으로 시작해, 달리는 기차 위에서의 접전을 거쳐, 10여 명의 악당과 톰이 지하 동굴에서 격투를 벌인 후 끝난다. 그는 악당 모두를 붙잡는다.

폭스 사의 홍보부는 믹스의 영화 속 행동만큼이나 다채로운 그의 자서전을 구성하는 데 여념이 없었다. 그의 어머니가 일부 체로키 혈통이라거나, 스페인-미국 전쟁 당시 그가 쿠바의 군대와 싸웠다거나, 테디 루스벨트의 거친 목동Rough Riders 부대에서 그 유명한 산후안 계곡의 전투에 참가했다거나, 또한 북경의 의화단의 난 때 싸웠다는 등의 다양한 소문이 떠돌았다. 그 이야기들은 모두 거짓이었다. 믹스는 짧은 군 생활 중 미국을 떠난 적이 없고, 그나마 결혼과 함께 불명예스럽게도 탈영했다.

모두들 얘기하는 바에 따르면 믹스는 종종 사실과 허구를 구분하는 데 어려움을 느꼈다고 한다. 그는 버팔로 빌 코디가 최초로 제시한 서부 영웅의 쇼 비즈니스 전통을 따랐다. 스크린 안에서나 밖에서나 그는 점점 커다란 흰 모자, 화려한 서부 의상, 다이아몬드가 박힌 벨트 그리고 수제 부츠 등으로 화려한 모습을 만들어 갔다. 그러나 하트와는 달리 믹스는 실제 카우보이였고, 그의 근본은 와일드 웨스트 쇼와 로데오에 있었으며, 이력을 쌓으면서도 간헐적으로 서커스처럼 돌아다니면서 보여 주는 라이브 쇼 무대에 돌아가 참여했다. 믹스의 경력은 서부 영화에 사운드가 도입되면서 전성기를 지났지만, 1930년대 서부 농장 생활에 대한 목가적인 비전을 갖고 기발한 의상을 입고 노래하던 카우보이들은 바로 그의 직계 후배들이었다. 그의 마지막 영화였던 「신출귀몰한 목동The Miracle Rider」 시리즈는 다소 슬픈 이야기였다. 5년 후, 경제적으로 곤궁해진 그는 컴백을 지원해 달라며 폭스를 설득하려 했다. 그의 오랜 친구 존 포드는 왜 영화계가 그를 외면하는지를 설명해야 했다. 그해 말, 그가 탄 차가 애리조나의 플로렌스 외곽 커브 길에서 전복되어 그는 급사하고 말았다.

에드워드 버스콤브

주요 작품

「대남서부의 목장 생활Ranch Life in the Great Southwest」(1909); 「텍사스 라이언의 마음The Heart of Texas Ryan」(1917); 「황야의 추적The Wilderness Trail」(1919); 「하늘 높이 Sky High」(1922); 「그냥 토니라고 불러Just Tony」(1922); 「아라비아의 톰 믹스Tom Mix in Arabia」(1922); 「세 번 뛰어 앞쪽으로Three Jumps Ahead」(1923); 「론스타 레인저The Lone Star Ranger」(1923); 「허드슨 만 북쪽North of Hudson Bay」(1923); 「퍼플 세이지의 목동들Riders of Purple Sage」(1925); 「대열차 강도 케이와 에이The Great K & A Train Robbery」(1926); 「데스 밸리의 카우보이 Rider of Death Valley」(1932).

참고 문헌

Brownlow, Kevin(1979), *The War, the West and the Wilderness*.
Mix, Paul E.(1972), *The Life and Legend of Tom Mix*.

매각되어 1917년 우파로 흡수, 재조직되었고, 이로써 우파는 하루아침에 독일에서 가장 중요한 영화 제작사이자 배급사, 그리고 상영 회사가 되었다. 정부와 기업의 자본, 영토 침략에 의한 새로운 시장과 노르디스크에 대한 권리, 그리고 영화의 잠재된 선전 능력에 대한 냉철한 인식 등의 모든 요인들은 실질적으로 경쟁이 없는 여건 속에서 전쟁이 끝날 때까지 극장 설립과 영화 제작 편 수의 증가를 주도하게 되었다.

1917년 국가가 붕괴될 때까지 러시아 영화 산업의 양상은 다른 동맹국의 경우보다 독일의 경우에 좀 더 가까웠다. 전쟁 이전에 자그마치 90퍼센트의 영화를 수입에 의존하고 있던 상황, 전쟁에 따른 운송 문제, 프랑스, 영국, 이탈리아 등의 무역 상대국 가운데서 가장 떨어지는 수준의 제작 여건 등으로 인해 러시아 영화 산업은 홀로 고군분투해야 했다. 퇴플리츠(1987)는, 러시아의 경제적인 상황이 나빴음에도 불구하고 1916년까지 러시아의 영화 생산은 500여 편에 이르렀다고 얘기했다. 이런 환경에서, 그 무엇보다도 비극적인 결말과 이야기의 진전보다는 고도의 형식적인 스타일을 선호하는 러시아 영화 시장의 분위기는 독특한 국가 영화(예브게니 바우어와 야코프 프로타자노프의 작품에서 명확히 볼 수 있는)를 발달시키는 데 일조했다. 그러나 1917년 후반 이후 국가의 여러 분야에서 엄청난 궁핍을 가져온 볼셰비키 혁명과 내전이 뒤따라, 영화 산업의 진전은 일시적으로 중지될 수밖에 없었다.

다양한 국가 영화에 끼친 영향력은 둘째치고, 전쟁은 무엇보다도 일련의 공동 개발을 장려했다. 영화는 분명히 전쟁에 대한 대중의 정서를 구체화시켰고, 전쟁의 진행 상황을 대중에게 알려 줬다. 채플린의 「공채The Bond」(1918)나 그리피스의 「세계의 심장」(1918)에서 「유니버설의 생생한 주간 소식The Universal Animated Weekly」 또는 「전투 일지Annales de guerre」에 이르기까지 영화는 국가의 이익을 대변했고, 이런 식으로 그들의 〈바람직한 시민상〉을 제시했다. 시민으로서의 책임감에 대한 이 같은 표명은 전쟁 이전부터 영화 산업의 오래된 적(기존의 문화 가치에 대한 도전으로 영화를 인식한 걱정 많은 성직자, 교육자, 시민들)을 회유하는 데 도움이 되었고, 전도유망한 잠재력을 가진 매체로써 영화에 대해 높은 기대를 갖고 있던 진보적인 개혁자들에게는 보다 큰 확신을 갖도록 했다. 국가 기관과 군 역시 영화 제작과 때로는 통제에 적극적으로 나섰다. 독일의 부파BUFA(Buld-und Film Amt), 미국의 공공정보위원회Committee on Public Information, 영국의 왕실전쟁성Imperial War Office, 그리고 프랑스의 군영화사진국Service Photographique et Cinématographique de l'Armée 등은 다양한 방법으로 전선에 카메라의 접근을 통제했고, 군사용 의학 실습 영화를 제작했으며, 후방의 시민을 위한 프로파간다 영화를 만들도록 일임되기도 했다. 또한 이러한 전략 외에도, 영화가 전선의 병영을 다뤘다는 것과 극장 안이 따듯하다는 이점은 땔감이 부족한 유럽의 도시에서 새로운 영화 관객들을 끌어들일 수 있게 했다. 이런 의미에서, 대략 900편이 넘는 임시변통의 군인 영화를 제작하도록 독일 정부가 부파와 우파에 제공한 유례없이 높은 수준의 조직화와 지원은 전선에 대한 지원과 거의 맞먹는 것이었다.

전시 중 각국에서 잔혹한 전쟁 영화가 급속도로 발달된 것을 보면, 현대 최초의 유럽 최대 전쟁이 영화의 주제에 분명 매력적인 것으로 보였음을 알 수 있다. 채플린의 「어깨 총Shoulder Arms」(1918), 윈저 매케이의 활기에 넘치는 「루시타니아 호의 침몰The Sinking of the Lusitania」(1918), 강스의 「나는 고발한다J'accuse」(1919) 등이 입증하듯, 이런 영화들은 종종 기존에 존재하는 형태와 반대되기도 했다. 그리고 이외에도 비더의 「대행진The Big Parade」(1925), 월시의 「영광의 대가What Price Glory」(1926)에서, 큐브릭의 「돌격Paths of Glory」(1957) 등에 이르기까지, 새로운 전쟁 장르나 호러물과 1차 대전 영웅담에 대한 관심은 폭증했다. 흔히 등장인물에 대한 언급이 거의 없기는 했지만 전쟁은 그 시기 사실주의 영화에 깊숙이 스며들어 있었고 1920~30년대의 경제 위기 동안에 특히 크게 울려 퍼졌고, 전쟁에 대한 재평가의 시도는 평화주의(마일스톤의 1930년 작 「서부 전선 이상 없다All Quiet on the Western Front」, 르누아르의 1937년 작 「위대한 환상La Grande Illusion」)나 또는 군국주의(우치츠키의 1933년 작 「새벽Morgenrot」)의 대의에 봉사하기도 했다.

당시 전쟁은 전쟁 이전 주도권을 잡았던 유럽의 산업을 붕괴시켰을 뿐만 아니라, 모순적이게도 영화의 중요성에 대한 암묵적인 동의를 새로 공고히 하는 계기를 만들기도 했다. 후자의 상황은 영국, 프랑스, 이탈리아 등의 시장에 미국 영화가 침투하는 것을 도왔고, 한편 독일과 러시아 영화의 독특한 국가 정체성을 자극하기도 하는 흥미로운 변화를 겪기도 했다. 유럽 동맹 영화의 특별한 〈국가적〉 성격은 점차 전쟁의 노고를 단죄하며 전쟁 이전의 국가 정체성으로 연결되어, 미국 영화야말로 사기 진작제이자 새로운 국제주의의 선구자로서 점차 두각을 나타내게 되었다. 프랑스 어린이들, 노동자들 그리고 지식인들에게 채플린이 호소력이 있었다는 사실은 전쟁의 종식과 함께 미국 장편 영화가 추구해야 할 윤곽을 그려 주었다. 왜냐하면 미국 영화는 전후 현대 사회의 시대정신을 강하게 표출하면서 동시에 사회적 통합과 유희의 추구라는 문화적 기능을 충실히 수행했기 때문이다.

독일의 경우는 양상이 매우 달랐다. 전쟁을 일부 선동하기도 했고, 정부의 적극적인 우파Ufa 지원 뒤에 잠재되어 있었던 독일의 문화적 특성은 전쟁 이후에도 영화 산업을 지속시켰다. 1916년 후반까지 미국 영화의 독일 시장 진출은 점차 증가했지만, 프랑스와 영국 그리고 이탈리아 인들에게는 수용되었던 미국 상품에 대한 취향이 독일인들의 경우에는 받아들여지지 않았다. 그리고 전후의 출발*aufbruch*, 혹은 과거와의 단절 시도 역시 영화에 표명된 미국 문화의 가치와 공명하기가 어려웠다. 독일과의 교역에서 미국의 뒤늦은 점유는 극심했던 독일의 인플레(1923년, 1달러당 4조 마르크의 환율을 기록했던)와 더불어 영화 시장에서 미국의 수익을 실제적으로 봉쇄했고, 독일의 고립 체제를 연장시켰다. 국가 문화의 필요에 의해 국가 차원의 영화 제작이 제기되었다. 시민전쟁과 경제적 거부 시위가 오래 지속되어 매우 복합적이고 다른 양상이긴 했지만, 러시아의 상황도 자신들 나름의 혁명 영화를 제작하고자 하는 혁명 문화로서 기본적으로 동일한 역동성을 공유하고 있었다.

유럽은 빚(대부분 미국에 졌던)에 시달리고 실질적으로 많은 상처를 입고서야 전쟁에서 벗어날 수 있었다. 프랑스, 이탈리아, 독일은 사회 불안정에 따른 시련, 정치적 혼란, 심각한 인플레이션, 전쟁 당시보다 더 많은 사람들을 죽음으로 몰고 간 유럽 전역의 유행성 전염병 등의 새로운 문제에 직면하게 되었다. 비교적 영화 산업이 안정적이었던 독일은 예외였으나, 전쟁에서 벗어난 유럽의 영화 산업은 거의 쇼크 상태였다. 예를 들면, 프랑스는 가끔 성공적으로 영화를 제작해 내기도 했지만 점차 주된 사업 방향을 배급으로 전환했고, 반면 이탈리아는 그 옛날 영광을 누렸던 스펙터클 영화로 회귀했지만 세계인들의 취향이 엄청나게 달라졌음을 절감하게 되었다. 전쟁 이전 산업의 패권자들은 비교적 침체됐던 수년간의 상황을 일신해 제작과 해외 배급의 세계로 재진입하고자 했으나, 미국의 스튜디오들에 의해 상황이 매우 달라졌다는 사실을 발견했다. 거대 예산 영화, 새로운 스튜디오 기술, 제작 관행, 고액의 스타들, 투자자들을 설득시킬 수 있는 해외 시장의 지속적인 수요 등이 결합한 미국 상품은 황폐한 경제 상황에 여전히 분열되고 피폐한 유럽으로서는 이기기 힘든 상대였다. 반대로 미국은 전쟁에서 벗어나며, 탄탄하고 비교적 건강한 자국 시장과 공격적이고 순조로운 스튜디오 시스템을 갖게 되었다. 해외 시장의 요구에 적당히 민감하고, 운송, 금융, 영화 사무소 등의 국제적 인프라가 탄탄한 미국 산업은 전후 세력 균형의 전환을 만끽할 위치에 있었다. 몇몇 유럽 국가의 약화된 영화 산업 측에서 보호 관세를 적용하고자 했으나, 미국 스튜디오들이 자국의 외교적, 재정적 힘과 입법 봉쇄의 이점을 이용하면 그만이었으므로, 그런 노력은 초기에 전혀 효과적이지 못했다.

전후 미국 영화의 승리는 문화의 위계질서 안에서 영화의 위상 변화, 그리고 또한 전쟁 동안 제기되고 형성되며 변형된 문화의 보다 넓은 기반을 반영하는 것이었다. 때로 난폭하리만큼 삶과 가족, 일 그리고 가치들을 붕괴함으로써 19세기식 감성의 연장을 부서뜨리는 역할을 했다. 세넛과 해럴드 로이드의 코미디 개념에 대한 차이점, 메리 픽포드와 테다 바라의 여성 정체성 구현에 대한 차이, 또는 「국가의 탄생」(1915)과 데밀의 「남성과 여성Male and Female」(1919)에 나타난 가치 체계의 차이점은 미국의 대중들에게 일어난 변화의 다양성을 보여 준다.

과거와의 분명한 단절(종종 비판적이기도 한)과 현대에 대한 자의식적 포용은 전후 정세를 특징지었다. 그러나 〈현대〉 그 자체가 논쟁적인 범주는 아니었다. 전후 유럽은 제도권의 역사가 미술, 음악, 아방가르드 영화 등에 다양한 〈-주의〉를 붙였던 것처럼, 재빨리 현대를 예전의 엘리트주의적이며 고도로 지적인 미학적 감성의 측면에서 규정하려 했다. 하지만 현대는, 미국 대중문화에서 너무나 명백하고, 할리우드 영화에서 그 무엇보다 분명한 것처럼 민주적인 매력, 순간적인 만족 그리고 매끈한 환상을 체화시켰다. 기성 제품 하나가 모든 이에게 맞는 문화의 미래는 미국 영화 산업의 유럽 경제 침투의 길을 닦았고, 고전적인 할리우드 영화라고 이름 붙여지는 것에서 유럽에서 미국 문화의 지배력이 점차 커지고 있음을 명백하게 보여 주었다. 자의식을 강조하는 이미지 및 편집 형태에 근거한 유럽의 모더니즘과는 대조되게 할리우드의 모더니즘은 가능한 한 효율적이고 투명하게 이야기를 진행시키고, 〈눈에 안 띄는 편집*invisible editing*〉 같은 기술을 그 끝에 배치하는 식으로 제품의 산업적 창안에서 비롯되었다. 이처럼 현대에 대한 여러 가지 방식의 인식들은 끝없이 문화적 논쟁을 일으키겠지만, 전후 미국 영화 산업의 지배와 서구 전반을 할리우드와 연관해 표명하는 지속성은 다가올 시대를 규정하게 된다.

참고문헌

Abel, Richard(1984), *French Cinema: The First Wave, 1915~1929.*

Bordwell, David, Staiger, Janet, and Thompson, Kristin (1985), *The Classical Hollywood Cinema.*

Cherchi Usai, Paolo, and Codelli, Lorenzo(1990), *Before Caligari.*

Koszarski, Richard(1990), *An Evening's Entertainment.*

Monaco, Paul(1976), *Cinema and Society.*

Reeves, Nicholas(1986), *Official British Film Propaganda During the First World War.*

Thompson, Kristin(1985), *Exporting Entertainment.*

무성 영화

THE SILENT FILM

속임수 영화와 애니메이션

도널드 크래프턴

대중들이 믿고 있는 바와 달리 애니메이션의 역사는 1928년 월트 디즈니의 유성 영화「증기선 윌리Steamboat Willie」에서 시작되지 않았다. 그전에 소위 1930년대의 고전적 스튜디오 시기보다 앞선 시기에 대중적 전통을 지닌 하나의 영화 산업, 거의 100편에 이르는 디즈니의 영화를 포함하여 수많은 애니메이션들이 있었다.

애니메이션 영화의 일반적 역사는 20세기로의 전환기에 순간적인 속임수 효과*trick effect*의 사용과 함께 시작되었다. 1906년과 1910년 사이 다양한 장르의 영화가 출현하는 똑같은 시기에 애니메이션 기법으로 전부 혹은 대부분이 제작된 영화들도 등장했다. 당시 대다수 영화들이 단일 릴 영화였기 때문에 애니메이션과 다른 장르들 사이에 프로그램의 차이는 별로 없었다. 그러나 1912년경 이후 복수 릴의 영화 제작 경향이 본격화되었지만 애니메이션 영화는 거의 예외 없이 1릴, 혹은 그 이하의 길이를 유지했다. 똑같은 시기에 애니메이션 영화는 제작자와 관객의 일반적인 의식 속에 연재 만화*comic strip*로 각인되기 시작했다. 1차적으로 애니메이션 영화들은 대중 출판 매체 속에 나오는 이미 존재하는 영웅을 각색한 것이었으며, 비록 제작에는 일반적으로 참여하지는 않았지만 만화가의 〈서명〉이 영화 속에 올라갔다. 1차 대전 이전에 애니메이션 영화는 세계 곳곳에서 제작되었지만 1915년 무렵 이후 미국의 영화 제작사가 세계 시장을 지배했다. 비록 유럽 각국에서 자국 애니메이션 영화를 제작하려는 시도가 상당히 있었지만 1920년대에도 역시 머트와 제프Mutt and Jeff, 광대 코코Koko the Clown, 농부 알팔파Farmer Al Falfa, 고양이 펠릭스Felix the Cat 등 미국의 캐릭터 시리즈들이 애니메이션 영화계를 주도했다. 애니메이션 영화 제작과 일반 장편 영화 제작이 서로 겹쳤던 공통점들 가운데 가장 주목할 만한 것은 1920년대 애니메이션의 스타 시스템 흡수였다. 이 기간 동안 애니메이션 영화 스튜디오는 인간 스타에 비유되는, 반복적으로 등장하는 주인공을 창조했다.

정의

애니메이션은 대략적으로 그림이나 사물을 영화 필름으로 연속적으로 촬영하고 영사할 때 통제된 움직임의 환영을 산출하도록 배열하는 방식에 의해 만들어진 영화의 일종이라고 정의할 수 있다. 그러나 실제에 있어 애니메이션 영화를 구성하는 것들에 대한 정의는 다양한 기법, 장르, 주제, 산업적 고려에 따라 달라진다.

기법

움직이는 이미지*animated image*는 1890년대에 영화 촬영 기술이 발명되기 오래전부터 제작되었다. 데이비드 로빈슨(1991)의 글에서 알 수 있듯이 그림을 움직이게 하는 것은 사진을 움직이게 하는 것의 원형이었고, 영화의 역사와는 다른 방향으로 발전한 역사를 가지고 있다. 논의를 극장용 애니메이션 영화로 한정한다면 1898년을 애니메이션의 출발점으로 삼는 것이 가능하다. 비록 그 어느 주장도 입증할 만한 증거는 없지만 애니메이션 기법은 미국의 스튜어트 블랙턴과 영국의 아서 멜번-쿠퍼가 각각 독자적으로 발견했다고 할 수 있다. 두 사람은 자신이 가장 먼저 영화 카메라를 사용하는 전혀 다른 방법을 활용했다고 주장했다. 그것은 일반 영화 촬영에 의해 창조되는 움직임의 환영을 흉내 내기 위하여 사물을 시야 내에서 교묘히 조정한 후 한 번에 오직 1개, 혹은 여러 개의 프레임씩 필름에 노출시키는 방법이었다. 영사에 있어 개별 프레임을 초당 16~24프레임으로 빛에 노출시키든 혹은 정해지지 않은 간격으로 노출시키든 큰 차이는 없었고 움직임의 환영은 똑같았다. 그러므로 프레임별로 구성하고 촬영하는 것이라는 기술에 기초를 둔 전통적인 애니메이션의 정의는 분명 부적절하다. 모든 영화들이 프레임 단위로 구성되고, 노출되고, 영사된다. 그렇지 않다면 이미지는 또렷하지 않을 것이다. 기술적 정의적 요인은 스크린 위에서 산출되는, 의도된 효과에 있는 것으로 보인다.

장르

1906년이 되어서야 애니메이션 영화는 영화 제작의 한 부문으로 인정되었다. 「재미있는 얼굴의 웃기는 변화 단계Humorous Phases of Funny Faces」(블랙턴, 1906)는 화가의 손이 스케치하는 캐리커처의 눈과 입 등이 변화하는 것을 묘사했다. 이것은 2프레임을 촬영한 후 분필 그림을 지우고 약간 조정하여 다시 그린 후 다시 프레임을 촬영하는 방식으로 제작되었다. 그림들이 스스로 움직이는 인상이 창조되었다. 에밀 콜의 「판타스마고리Fantasmagorie」(1908)는 화가의 그림들이 화가로부터 독립하여 스스로 움직이는 것을 묘사했다. 점차적으로 이런 관습들은 이런 종류의 영화 제작을 다른 영화 제작과 구별시키는 특징적인 주제와 이미지 체계로 통합되었다. 1913년 이전까지는 움직이는 품목이 장난감, 인형, 컷아웃*cut-out* 등이었으나 점차 그림의 비율이 증가했다. 그리하여 1915년 이후에는 움직이는 그림*animated cartoon*, 즉 그림(특히 연재 만화)이 장르를 구성하는 것으로 인식되는 데에 이르렀다.

주제와 관습

애니메이션 영화가 그 독특한 주제에 의해 정의될 수 있을까? 관련 연구자들은 〈생동감의 창조*creating the illusion of life*〉를 애니메이션의 본질을 보여 주는 비유라고 여겨 왔다. 다른 반복되는 모티프는 영화 내에 애니메이터의 환상과 감정의 (혹은 그의 상징적 대체물) 재현이라는 문제이다. 영화를 통해 재현된 세계와 애니메이터와 관객의 〈실제〉 세계 사이의 복잡한 문제는 또 다른 반복적인 주제이다.

애니메이션 영화의 선구: 조르주 멜리에스의 〈속임수 영화〉 「고무 머리를 가진 남자L' Homme à tête en caoutchouc」(1902)의 한 장면.

애니메이션 영화는 또한 문화적으로 정의될 수 있다. 종종 애니메이션이 주로 어린이를 대상으로 한 유머러스한 장르라는 인식이 있어 왔으며 사실 어린이는 언제나 만화 영화의 주요 고객이었고 앞으로도 계속 그럴 것이다. 그러나 애니메이션 영화는 단순히 만화 영화만은 아니며 심지어 할리우드 고전적 만화 영화가 아동만을 대상으로 한 것이 아니라 일반 관객을 대상으로 제작되었다는 사실을 기억할 필요가 있다. 그러므로 애니메이션의 문화적 정의에서는 그것이 보여 주는 유머의 성격은 물론 마술과 초자연적인 것과의 연관성(특히 초기 영화), 그리고 환상이나 유아적 퇴행과 같은 심리적 과정의 저장고로서 기능할 수 있는 능력 등이 고려되어야 한다.

산업

전문적인 제작 유닛*unit*(스튜디오 혹은 작가의 작업장)에서 제작되면서 애니메이션 영화는 곧 영화 프로그램의 특별한 분야가 되었다. 만화 영화는 〈현실〉(뉴스 영화나 다큐멘터리)이나 인간 드라마(장편 영화)가 아니라, 그림 혹은 인형을 통해 연출되는 유머, 슬랩스틱 스펙터클과 내러티브, 동물 주인공, 환상적인 사건 등을 전면에 내세우는 주요한 프로그램이 되었다.

선구자들

〈속임수 영화*trick film*〉는 가장 초기의 영화 장르였다. 이 지점에서 처음에 마술사였다가 영화 제작자로 변신한 프랑스의 조르주 멜리에스의 작업이 무엇보다 먼저 떠오르지만, 몇몇 국가에서도 그가 제작한 영화와 같은 많은 작품이 1898년과 1908년 사이에 제작되었다. 영화 촬영 시에 카메라를 정지하고, 변화(예를 들어 해골을 소녀로 대체)를 준 뒤에 촬영이 재개되는 것은 얼마든지 있을 수 있는 일이었다.

멜리에스는 프레임을 조작하는 애니메이션의 기법을 폭넓게 사용하지는 않았다. 그런 이유에서 우리는 제임스 스튜어트 블랙턴에게 주의를 기울여야 한다. 그는 바이타그래프 영화사의 설립자 가운데 한 사람으로 통상적으로 최초의 진정한 만화 영화라고 여겨지는 「재미있는 얼굴의 웃기는 변화 단계」를 제작했다. 1906년부터 1907년 사이 블랙턴은 움직임 효과를 이용한 6편의 영화를 만들었다. 그 가운데 유럽에서 대성공을 거두었던 「유령 호텔The Haunted Hotel」(1907년 2월)은 무엇보다 식탁용 식기류의 클로즈업 애니메이션이었기 때문에 관련 분야에 엄청난 영향을 끼쳤다. 블랙턴의 바이타그래프 영화에 상당한 영향을 받았던 영화 제작자들 가운데는 스페인의 세군도 데 초몬(프랑스에서 작업), 멜번-쿠퍼, 월터 부스(영국), 미국 에디슨 영화사의 에드윈 포터, 바이오그래프 영화사의 빌리 비처 등이 있다.

장인들: 콜과 매케이

에밀 콜은 50세에 영화를 발견하기 전까지는 캐리커처와 연재 만화를 그려 왔다. 1908년과 1910년 사이 그는 고몽 영화사와 최소 75편의 영화를 작업했으며, 그 대부분은 일반 영화 속에 포함되는 애니메이션 부분이었다. 작업에 몰두하는 스타일의 콜은 지금도 기초로 남아 있는, 애니메이션 제작 과정과 관련된 수많은 것들을 개발했다. 거기에는 수직 방향의 전기 구동 카메라가 달린 애니메이션 스탠드, 동작의 지속 시간과 피사계 심도를 계산하는 도표 등이 있었다. 그는 카메라 아래에 그림, 모형, 인형, 오려 낸 사진 조각, 모래, 스탬프, 분류된 물건 등 다양한 매개물을 카메라 앞에 두었다. 콜의 영화들이 전혀 보여 주지 않았던 것은 전통적인 선형적 플롯이었다. 대신에 그림을 다루었던 예술가라는 이전 경력은, 비이성적인 논리와 부조리한 상징 속에서 서로 다른 것으로 변신하는 환상적인 그림들을 통해 변화무쌍한 장면들을 만들어 내는 원천이 되었다. 오늘날 관객의 눈으로 보면 괴상한 작품들이지만 그의 영화들은 당시 선풍적인 인기를 끌었다. 그는 파테 영화사와 에클레르 영화사를 위해 작업했으며 뉴저지 포트리의 에클레르 미국 지사에 파견되기도 했다. 그는 조지 맥매너스의 연재 만화 〈신혼부부와 아기Newlyweds and their Baby〉를 각색하여 만화 영화 시리즈를 만들었다. 이들 14편의 영화가 가져온 놀라운 성공은 다른 신문 연재 만화가들로 하여금 자기 작품을 직접 제작하거나 제작 의뢰를 하도록 고무시켰다.

논란의 여지가 없는 당대 최고의 신문 만화가인 윈저 매케이는 이런 방향에 흥미를 가진 시각 예술가들 가운데 한 명이었다. 1911년 그는 자신의 만화 〈잠의 나라의 리틀 네모Little Nemo in Slumberland〉의 몇몇 등장인물을 활용해 제목 없는 단편 애니메이션을 제작, 상영했다. 사용된 그림들은 카드에 정교하게 다시 그려진 후 바이타그래프 영화사에서 촬영되었고, 매케이 자신이 1프레임씩 색을 입혀 배급용 프린트를 만들었다. 영화의 실사로 된 프롤로그에서 매케이는 수천 장의 그림들과 움직임을 테스트하기 위해 사용되는 그림 넘기는 장치를 자랑스럽게 보여 주었다. 애니메이션 속의 이야기와 연관된 맥락을 소개하는 것 이외에 프롤로그는 만화 영화 제작을 위해 어떻게 그림을 그리고 어떻게 촬영하는가를 지켜보는 모든 사람에게 생생하게 보여 주었고 많은 사람들이 그것을 보았다. 1912년 매케이는 「모기 이야기The Story of a Mosquito」를 만들었고, 각 그림 위에 그려진 움직이지 않는 배경이 이용되었다. 또한 움직이는 시점*moving perspective*이라는 야심적인 실험이 시도되었다. 1914년 첫선을 보이고 단일 릴 특작으로도 배급되었던 「공룡 거티Gertie」는 당시까지 (그리고 이후 오랫동안) 가장 탁월한 애니메이션으로 인정받았다. 영화에서 우리는 매케이가 공룡 거티를 은신처인 동굴에서 불러내어 서커스 같은 묘기를 벌이도록 하는 것을 볼 수 있다. 영화는 대대적으로 걸작이라는 찬사를 받으며 장르에 대한 대중의 흥미를 고조시키는 데에 기여했다. 「루시타니아 호의 침몰: 움직이는 놀라운 펜 그림The Sinking of the Lusitania: An Amazing Moving Pen Picture」은 1918년에 출시되었다. 영화는 〈객관적인〉 그래픽 스타일과 〈만화 같은〉 그래픽 스타일을 혼합하여 전쟁의 비극을 묘사했다. 매케이는 많은 작품을 기획했으며 1934년에 사망하기 전까지 그 가운데 몇 개를 완성시켰다.

산업화: 브레이와 바레

〈신혼부부〉의 인기와, 매케이의 현란한 작품, 신진 애니메이터들의 산발적인 작품 출시 등으로부터 관객이 이 같은 영화들에 즐거워하고 있다는 사실은 분명해졌다. 문제는 제작 방식에 있었다. 고도로 노동 집약적이어서 대여 수수료만으로는 제작 비용을 벌충하기가 어려웠다. 콜을 포함한 다른 애니메이터들이 시간이 걸리는 그림 제작의 일부를 대신하고자 컷아웃을 시도해 보았으나 이것은 영화의 그래픽적인 요소를 저하시켰다.

존 랜돌프 브레이는 예전의 방법이 필요로 했던 다시 그리기*retracing*의 많은 부분을 줄일 수 있는 방법을 발명했다. 만화가이자 신출내기 애니메이터(1913년 1편의 작품을 출시했다)였던 브레이는 필름의 베이스로 사용되는 얇은 셀룰로이드 판을 재료로 하는 투명 피복층*overlay*의 이용을 개발했다. 그는 이미 셀룰로이드 사용에 관한 특허를 가졌던 얼 허드라는 다른 애니메이터와의 만남을 통해 나중에 셀 공정*cel system*이라 부르게 되는 방식을 완성했다. 이 공정은 그림에서 움직이는 부분과 고정적인 부분을 분리하는 것이었다. 배경을 포함해 움직임이 없는 부분은 한 장의 종이에다 그리고 움직이는 형체들은 그 순차적인 모습대로 투명 셀에 그렸다. 이것들은 겹쳐져서, 그 형체가 고정적인 배경 위에서 움직이는 환영이 산출되도록, 한 장씩 촬영되었다. 이러한 과정은 광학 복사기와 컴퓨터의 지원을 받는 디자인이 출현하기 전까지는 애니메이션 산업에서 표준적인 공정으로 지속되었다. 브레이와 허드는 이 공정에 대한 특허권을 악착같이 보호했다. 1915년에서 1930년대 초기에 이르기까지 대부분의 애니메이션 스튜디오는 브레이-허드의 특허권 보유 회사로부터 면허장을 구입하고 로열티를 지불했다.

브레이는 다른 사람이 개발한 기술을 고쳐 쓰는 뛰어난 재능을 가졌다. 이것은 경쟁자였던 라울 바레도 마찬가지였다. 그는 몬트리올 출신의 재능 있는 만화가로 1915년 윌리엄 놀런과 협력하여 에디슨 스튜디오를 위한 만화 영화를 제작하기 시작했다. 바레는 개인이 단독으로 필름을 생산하는 방식을 택하기보다 단계적 작업 구조를 가진 자동차의 일관 작업*assembly line*과도 유사한 분업 체제를 도입했다. 그의 또 다른 중요한 기여는 그림판 위에 쐐기못을 사용한 것으로, 쐐기못은 일정 간격으로 뚫린 그림 용지의 구멍에 정확하게 걸리게 되어 있다(매케이와 브레이는 그림들을 안팎으로 일치시키기 위해 인쇄술에서 사용되는 십자 표시를 이용했다). 바레와 놀런은 (특허권을 신청하지는 않았지만) 셀을 사용하지 않고 애니메이션 제작의 지루한 과정을 간소화할 수 있는 그들 나름의 방법을 개발했다. 현재 슬래시 공정*slash system*이라 불리는 이 과정 역시 그림을 채우는 전체를 움직이는 요소와 고정적 요소로 구분했으나 교묘하게도 배경이 전경 위쪽에 배치되도록 그림을 준비하는 것이었다(셀 공정의 반대). 두 가지 요소는 모두 똑같은 종류의 백지에 그려졌다. 움직이는 전경 형체가 그것을 통해서 보이도록 하는 데 필요한 구멍을 배경 용지에 뚫었다. 촬영하는 동안, 움직이는 형체를 그린 종이가 쐐기못에 먼저 걸리고 〈구멍이 뚫린*slashed*〉 배경이 위쪽에 배치되었다. 그다음 촬영을 위해 배경 종이는 그대로 사용되었고 그다음 차례의 움직이는 형체를 그린 종이를 그 아래 배치했다.

바레의 일관 작업 개념과 구멍-쐐기못의 체계는 브레이 스튜디오에 차용되면서 미국 애니메이션 제작 관행에 통합되었다.

특허는 브레이가 획득했지만 바레가 개척한 또 하나의 수고를 덜어 주는 성과가 〈중간 처리*in-betweening*〉이다. 애니메이터가 동작의 처음 자세와 끝 자세를 스케치하면 그 중간의 자세들을 〈중간 처리자*in-betweener*〉라 불렸던 낮은 임금의 조수들이 그렸다.

애니메이션 스튜디오

에디슨 영화사에서 자신이 설립했던 스튜디오 이외에 바레는 잠시 인터내셔널 필름 서비스International Film Service에서 일했으며, 1916년 〈머트와 제프Mutt and Jeff〉시리즈에도 관여했다. 그는 찰스 보워스와 제휴 관계를 형성했는데, 버드 피셔의 만화를 바탕으로 시리즈를 제작하기로 계약되어 있었다. 보워스와 피셔는 1919년 사업에서 바레를 제외시켰는데 그럼에도 〈머트와 제프〉 시리즈는 스튜디오, 제작진, 배급 등이 바뀌었어도 무성 영화 시기에 계속 제작되었다.

인터내셔널 필름 서비스 스튜디오는 1916년 12월 윌리엄 랜돌프 허스트가 창립했다. 허스트는 자신의 신문사 만화가들에게 계약을 통한 통제권을 행사할 수 있었기 때문에 그들이 창조한 캐릭터들을 영화에 활용하는 것은 자연스러운 사업 방향이었다. 과거 바레 영화사에서 그다지 중요하지 않은 일을 하던 그레고리 라 카바가 작업 진행을 감독하도록 고용되었다. 그가 취했던 초기 조처의 하나는 이전 상관이었던 라울 바레를 작업에 합류시키는 것이었다. 비록 직원들은 자주 바뀌었으나 스튜디오는 번성했다. 1918년 활동이 중지되었는데 그 채산성이 떨어져서가 아니라 모회사인 인터내셔널 뉴스 서비스의 정치적, 재정적 어려움 때문이었다. 애니메이터들은 다른 스튜디오들로 옮겼으며, 그 가운데 브레이 스튜디오는 1919년 8월 허스트의 만화를 애니메이션 영화로 만들 수 있는 권리를 확보했다.

셀 공정과 관련하여 나름의 특허권 소유를 주장했던 전 허스트 회사 소속 만화가 폴 테리는 특허권 사용료를 받아 내려는 브레이의 시도에 저항했다. 수년에 걸친 재판과 타협 후에 1926년 합의가 이루어졌다. 그러는 가운데 테리는 자신의 스튜디오 페이블스 픽처스Fables Pictures에서 주간 만화 영화를 200편 이상 제작했다. 원래 그 영화들은 이솝 우화를 독특하게 각색한 것이었지만 그런 독특함은 얼마 지나지 않아 고갈되었다. 〈농부 알팔파〉나 다른 원작의 캐릭터들이 시리즈에 등장했다. 1928년 테리의 파트너인 애머디 밴 뷰런이 사업의 지배적 이권을 확보하고 회사 이름을 자신의 이름에 따라 바꿨으며, 그의 스튜디오는 1930년대 초반에는 업계 1위로 올라섰다. 테리는 계속해서 테리툰스Terrytoons를 설립하고 1955년까지 회사를 지휘했다.

플라이셔 형제

맥스 플라이셔와 데이브 플라이셔 형제는 데이브의 발명품인 로토스코프Rotoscope를 가지고 영화계에 입문했다. 이것은 영화 필름의 프레임들을 한 번에 1개씩 유리판의 뒷면에 투영시키는 장치였다. 유리판의 뒷면에 맺힌 이미지는 유리판의 앞면에다 종이나 셀을 갖다 대고 따라 그릴 수 있었으며, 통상의 애니메이션 제작 과정을 통해 재촬영되어, 영사되었을 때 〈사실적으로〉 움직이는 그림들을 얻을 수가 있었다. 브레이는 플라이셔 형제에게 교육용 영화 제작을 맡겼다. 그 영화의 많은 부분은 로토스코프를 통한 명료한 이미지를 활용한 것이었다. 1920년 4월 로토스코프를 이용해 만든 광대가 등장하는 〈잉크병 밖으로Out of the Inkwell〉 시리즈가 브레이 영화사 프로그램에 포함되었다. 업계 신문과 심지어 「뉴욕 타임스」의 격찬에 용기를 얻은 형제는 1921년 자신들의 스튜디오를 설립했다. 1923년이 되어서야 광대에게 코코Koko라는 이름이 주어졌다. 〈잉크병 밖으로〉 시리즈 각각의 시작은 맥스가 연기하는 만화가가 코코를 잉크병 밖으로 불러내어 스케치북으로 데려오는 것으로 그 위에서 그 형체는 〈살아 움직이게〉 되었다. 코코는 초창기에 가장 중요한 만화 스타가 되었다.

불행하게도 플라이셔 형제의 사업 수완은 영화 제작만큼 뛰어나지는 않아 1926년 그들의 레드 실Red Seal 스튜디오는 파산했다. 파라마운트 스튜디오에 정착한 이들은 저작권 확보를 위해 코코Ko-Ko라고 캐릭터 이름을 바꾸고 좀 더 많은 〈잉크병 밖으로〉 시리즈를 제작했다. 1930년대 초반에는 광대 코코의 명성도 플라이셔 형제의 베티 붑Betty Boop과 뽀빠이Popeye the Sailor에 의해 가려지게 되었다.

월터 란츠

미래에 딱따구리Woody Woodpecker를 창조하게 되는 월터 란츠는 인터내셔널 필름 서비스 스튜디오에서 재활용을 위해 애니메이션 셀을 세척하는 일로 경력을 시작했지만 나중에 라 카바 스튜디오의 감독이 되었다. 그는 1919년 브레이 스튜디오에 합류하여 처음에는 포스터와 광고를 기획하다가 1921년 맥스 플라이셔가 회사를 떠난 후 스튜디오의 총감독이 되었다. 브레이를 위해 그가 처음 감독한 시리즈는 1924년에 시작되는 〈딩키 두들Dinky Doodles〉로 실사 배경 위에 동화로 된 소년을 화면에 합성한 것이었다. 〈이상한 역사Unnatural Histories〉는 1925년 시작되었고, 〈핫도그Hot Dog〉(강아지 피트Pete the Pup와 함께 나오는)가 1926년에 시작되었다(1927년 스튜디오가 문을 닫을 때까지 지속되었다). 이들 모든 시리즈에서 그는 붙임성 있는 배우로 등장했다. 그는 1928년 유니버설 스튜디오에 들어갔으며 첫 번째 작업들 가운데 하나는 애초에 디즈니가 고안한 캐릭터였던 〈행운의 토끼 오스월드Oswald the Lucky Rabbit〉를 연출하는 것이었다.

월트 디즈니

월트 일라이어스 디즈니는 운이 좋게도 미주리 주 캔자스 시에서 성장했는데, 이곳은 대다수 영화 배급업자가 미국 중서부 지역을 담당하는 영화 거래소들을 두고 있던 지역이었다. 디즈니와 그 파트너 우베(어브Ub라는 별명으로 불린) 이웍스는 한 대형 극장 체인의 소유주와 코믹한 만화와 광고가 조합된 짧은 단편인 〈래프 오 그램스Laugh-O-Grams〉 시리즈 제작 계약을 체결했다. 1923년 시리즈가 경제적 파산으로 판명났을 때 그는 영화 산업에 좀 더 가까이 다가가고자 캘리포니아로 이주했다. 그의 〈앨리스 코미디Alice Comedies〉는 선구적인 여성 애니메이션 사업가인 마거릿 윙클러가 배급했다. 앨리스는 동화의 세계에서 여러 가지 모험을 하는 실사 캐

오토 메스머 연출의 「페디그리디Pedigreedy」(1927)에 나오는 팻 설리번의 고양이 펠릭스. Character ©Felix The Cat Productions, Inc.

릭터였다. 그녀와 동행하는 줄리어스는 펠릭스Felix와 닮은 캐릭터였다. 1923년과 1927년 사이 50편의 「앨리스」 시리즈가 배급되었다. 1927년 디즈니와 이웍스는 〈행운의 토끼 오스월드〉를 창조하여 업계 신문들로부터 대단한 호평을 받았다. 그러나 마거릿 윙클러의 남편으로 당시 영업 관리자였던 찰스 민츠는 남몰래 뉴욕에 자신의 오스월드 스튜디오를 세우고 디즈니의 제작진 일부를 고용하여 영화를 제작했다(란츠가 민츠 대신에 제작을 맡게 되어 시리즈가 할리우드로 되돌아올 때까지 진행되었다).

오스월드에 대한 권리를 잃어버린 디즈니는 또 다른 동물 캐릭터로서 검은 쥐를 가지고 이에 경쟁하려 했다. 이웍스는 이 동물에게 버스터 키튼 같은 개성을 부여했다. 2편의 미키 마우스 만화 영화가 1928년 초에 완성되었으나 미국 내 배급업자 가운데 어느 누구도 관심을 갖지 않았다. 디즈니와 그의 형제인 로이는 유성 만화 영화를 계획했다. 「증기선 윌리」는 파워스 시네폰Powers Cinephone(필름에다 사운드를 입히는 방식으로 법률적인 권리가 모호했다) 방식으로 녹음되었다. 이것은 최초의 유성 만화 영화(플라이셔 형제와 폴 테리는 이러한 이정표적인 단계까지는 디즈니에 앞섰다)는 아니었으나 (꼬리를 잡아당길 때 고양이가 내는 울음소리처럼) 노랫소리, 휘파람 소리, 청각적-시각적인 충격 효과*audio-visual percussive effect*가 있는 최초의 만화였다. 이 영화가 1928년 11월 개봉한 이후 무성 만화 영화 제작은 시대에 뒤떨어진 것이 되었다. 유성 영화 제작이라는 경제적 상황은 산업의 재배열을 초래했으며, 많은 독립 제작사와 하나의 메이저 스튜디오 — 설리번의 스튜디오 — 는 생산 방법의 전환에 성공하지 못했다.

설리번과 메스머

오토 메스머가 1915년 유니버설 뉴스릴Universal Newsreel의 신참 만화가로 일하고 있을 때 연재 만화가이자 애니메이터인 팻 설리번은 한창 자기 만화의 영화 촬영을 준비하고 있었다. 설리번의 개인적인 문제(미성년자 강간 혐의로 투옥)와 메스머의 군 복무 문제로 그들의 작업은 지연되었으나 1919년이 되어서는 『파라마운트 스크린 매거진*Paramount Screen Magazine*』을 위한 만화 영화들을 출시하게 되었다. 그중의 하나인 「고양이 장난Feline Follies」에는 나중에 펠릭스로 알려지는 장난꾸러기 들고양이가 등장했다. 마거릿 윙클러는 이 시리즈를 1921년부터 배급하기 시작하여 1925년까지 계속했다. 설리번과의 계속되는 언쟁과 법적 소송에도 불구하고 윙클러는 그 고양이를 전국적인 스타로 홍보하는 데 성공했다.

스튜디오는 크고 작은 모든 세부적 사항에 책임을 가진 오토 메스머에 의해 운영되었다. 이미 오래전부터 설리번은 주로 여행과 사업 계약 진행에만 집중하면서 펠릭스 제작의 창

라디슬라스 스타레비치 (1882~1965)
(브와디스와프 스타레비치)

브와디스와프 스타레비치는 빌니우스 — 현재 리투아니아 공화국의 수도, 당시에는 폴란드 지역 — 에서 태어났으며, 지역의 민족학 박물관에서 다큐멘터리를 제작하면서 영화 경력을 시작했다. 첫 번째 애니메이션 영화 「사슴벌레들의 전투」(1910)는 사슴벌레들의 야간 짝짓기 의식을 야간에 〈실제 행위〉를 촬영할 수가 없었기 때문에 보존용 표본을 이용하여 재구성한 것이었다.

그는 최초로 만든 오락 영화인 「아름다운 루카니다Prekrasnaya lyukanida」(1910)를 위해 이후 평생 사용하게 될 기본적인 기법을 개발했다. 그는 나무 뼈대로 된 작은 인형을 만들었다. 손 같은 부분은 철사를 이용하여 움직일 수 있게 했고, 변화시킬 필요가 없는 부분은 코르크를 잘라 만들거나 석고로 그 형태를 만들었다. 재봉사 집안의 딸이었던 아내 안나는 솜을 메워 넣고 가죽과 천으로 된 얼굴과 의상을 꿰매어 붙였다. 그는 모든 캐릭터들을 디자인했고 배경을 만들었다.

모스크바로 이주한 스타레비치는 곤충들의 극단적 사실성이 잔인한 메시지를 강화하는, 섬뜩한 「메뚜기와 개미」(1911)에서 매혹적인 「벌레들의 크리스마스」(1912)에 이르기까지 다양한 애니메이션을 제작했다. 가장 놀라운 초기 작품은 「카메라맨의 복수」(1911)다. 영화에서 딱정벌레 부인은 메뚜기 화가와 정사를 갖는다. 딱정벌레 남편은 카바레 무용수 파리와 바람을 피우며, 그녀의 전 애인인 메뚜기 카메라맨은 딱정벌레 남편과 파리가 아무르 호텔에서 정사하는 모습을 촬영하여 영화로 만든다. 카메라맨은 딱정벌레 남편과 부인이 참석한 영화관에서 그 영화들을 상영하고 그 결과로 생긴 싸움은 그 둘을 감옥에 이르게 한다. 인간의 성적인 약점에 대한 이 작품의 외설적인 풍자는 인간이 가장 진지한 (혹은 비극적) 감정이라고 여기는 것을 연기하는 벌레들의 우스꽝스러움에서 그 날카로움이 더해진다. 특히 딱정벌레 부인이 정부에게서 우스꽝스러운 포옹(12개의 다리와 2개의 더듬이가 난잡하게 흐느적거린다)을 기대하면서 소파에 여자 노예처럼 누워 있는 장면은 압권이다. 곤충 관객 앞에서 이전 장면들을 영사할 때 그 극치를 달리는 영화적 장치들에 대한 자기 반영적 재현은 우화에 형이상학적 차원을 부가한다.

러시아 혁명 이후 러시아를 떠난 스타레비치는 1920년 프랑스에 정착했다. 그는 이름을 브와디스와프 스타레비치에서 라디슬라스 스타레비치로 바꾸었다. 이곳에서 그는 재치 있는 정교함과 마술적 천진난만함이 섞인 24편의 영화를 제작했다. 여기에는 화려한 「도시쥐와 시골쥐」(1926) 혹은 유쾌한 「나이팅게일의 목소리」(1923) 같은 윤리적 우화들과, 「마술시계」(1928)와 같은 모험극, 앤더슨의 작품을 비판적으로 각색한 「장난감 병정」(1928) 등이 포함되며, 장편인 「여우 이야기」(1929/30년 촬영, 1937년 배급)는 동물들(정교한 시대 의상 착용)의 동작과 감정에 놀라운 섬세함을 부여하고 있다.

그의 1933년 걸작 「마스코트」는 스타레비치의 딸들인 이렌과 잔(그의 대다수 작품을 도왔고 출연했다)이 등장하는 실사(實寫) 시퀀스로 시작한다. 두 사람은 장난감을 만들어 생계를 꾸리는 어머니와, 오렌지를 갈구하는 아픈 딸로 나온다. 행운의 동물인 박제 개는 소녀를 위해 오렌지를 훔치러 밤에 몰래 빠져나갔다가 악마의 구슬에 갇히게 된다. 이곳에서는 파리 시의 모든 쓰레기들이 살아나 흥청망청 먹고 마시며 놀고 술 취한 유리잔들은 자살하듯 서로 부딪치고, 먹다 버려진 생선 뼈들이 다시 살에 붙고, 병아리들은 춤을 춘다. 개는 오렌지를 가지고 탈출하여 집으로 가는 길에 찢어진 종이, 야채 사람들, 인형과 동물 등의 패거리들에게 추격당한다. 그는 저속 촬영된 거리 통행 실사 장면, 연주 중에 부풀었다 줄었다 하는 풍선 머리를 가진 색소폰 연주자, 점점 긴박해지는 무시무시한 추격 장면 등을 통해 르네 클레르의 전위 영화 「막간극Entr'acte」에 경의를 표한다. 스타레비치는 탁월한 시각적 디테일과 어울리도록 사운드를 재치 있게 사용하는 데 날카로운 악기 소리를 이용하여 개와 악마의 목소리를 내거나 섬뜩한 중얼거림이 되도록 악마의 말을 거꾸로 돌렸다.

윌리엄 모리츠

주요 작품

「사슴벌레들의 전투Valka zukov rogachi」(1910); 「메뚜기와 개미Strekozai i muraviei」(1911); 「카메라맨의 복수Miest kinooperatora」(1911); 「벌레들의 크리스마스Rozhdyestvo obitateli lyesa(1912); 「허수아비L'Épouvantail」(1921); 「개구리 왕국Les grenouilles qui demandent un roi」(1923); 「나이팅게일의 목소리La Voix du Rossignol」(1923); 「도시쥐와 시골쥐Le Rat de ville et le Rat des champs」(1926); 「마술시계L'Horloge magique」(1928); 「장난감 병정La Petite Parade」(1928); 「여우 이야기Le Roman de Renard」(1929/30); 「마스코트Fétiche mascotte」(1933).

참고 문헌

Holman, L. Bruce(1975), *Puppet Animation in the Cinema, History and Technique*.

Martin, Léona, Béatrice and Françoise Martin(1991), *Ladislas Starewitch*.

다른 인형 등장인물들에 둘러싸인 찰리 채플린. 라디슬라스 스타레비치의 「검은 사랑, 하얀 사랑Amour noir, Amour blanc」(1928).

의적인 부분에서는 완전히 손을 뗐다. 알코올 중독은 점차 그의 능력을 손상시켰다.

초창기의 펠릭스는 각진 형태로 그려졌고 채플린의 떠돌이가 움직이는 것처럼 제멋대로 움직였다. 펠릭스의 독특한 개성은 영화들에서 일관성 있게 이어져 관객들은 펠릭스를 쉽게 알아볼 수 있었고 펠릭스의 다음 작품을 다시 보러 오게끔 만들었다. 애니메이터인 빌 놀런은 1922년부터 1924년에 걸쳐 펠릭스의 외모를, 설리번이 마케팅에서 엄청나게 성공을 거둔 펠릭스 인형처럼 좀 더 둥글둥글하고 껴안고 싶은 마음이 들도록 다시 디자인했다.

설리번의 스튜디오는 바레의 스튜디오에 기원을 두고 있었다(설리번은 바레 밑에서 잠깐 일을 했고, 많은 애니메이터들이 바레의 스튜디오에서 왔으며, 바레 자신도 1926년부터 1928년까지 펠릭스의 제작을 위해 일했다). 셀 방식이 사용되긴 했지만 그것들은 배경과 겹쳐져 종이에 그린 움직이는 그림 위에 놓여졌다. 이러한 방식은 셀 그림에 드는 비용과 브레이-허드의 특허권 사용료를 절약할 수 있게 해주었다. 슬래시 공정도 가끔 사용되었다.

펠릭스는 엄청난 대중적 인기는 물론 문화계 지도층의 주목을 받은 최초의 애니메이션 캐릭터였다. 펠릭스는 미국 문화사학자인 길버트 셀더스, 프랑스 학술원 회원인 마르셀 브리옹 등을 포함한 지성인들로부터 찬사를 받았다. 파울 힌데미트는 1928년의 한 시리즈에 사용되는 음악을 작곡했다. 설리번의 공격적인 마케팅 덕택으로 캐릭터는 또한 (미키 마우스가 선두를 차지하기 전까지는) 가장 성공적인 영화 상품이 되었다. 펠릭스의 초상은 온갖 종류의 소비 제품에 라이선스 수수료를 받고 사용되었다.

1925년에 설리번은 교육영화협회Educational Film Corporation와 배급 계약을 형성했다. 전국적인 배급망에 펠릭스 스튜디오의 더욱더 창의적인 스토리와 탁월한 기획력이 결합되어 영화의 품질과 수익에 있어 전성기를 누리게 되었다. 펠릭스 열광은 세계적인 현상이 되었다.

그러나 고양이의 거품은 인기 절정기에 터졌다. 시리즈의 쇠퇴에는 사운드의 도입, 미키 마우스와의 경쟁, 설리번의 회사 자본 유출(반면, 디즈니는 회수된 모든 돈을 쏟아 붓고 있었다) 등의 몇 가지 요인이 작용했다. 「완전히 잠긴 집Sure-Locked Homes」(1928)과 같은 우수한 영화에도 불구하고 교육영화협회와의 계약 갱신은 이루어지지 않았고 시리즈의 운명은 점차 기울어져 갔다.

하먼, 아이징, 그리고 슐레진저

민츠와 윙클러가 1928년 〈토끼 오스월드〉를 양도받았을 때 그 제작을 위해 디즈니 스튜디오 출신의 휴 하먼과 루돌프 아이징을 고용했다. 다시 유니버설이 이 시리즈에 대한 권리를 확보하여 월터 란츠에게 넘겨주었을 때 허먼과 아이징은 합자 관계를 맺고 1929년에 「말하는 잉크 소년 보스코Bosko the Talk-ink Kid」라는 견본 필름*pilot film*을 제작했다. 리온 슐레진저는 이 작품에서 대중음악을 이용할 수 있는 유성 영화로서의 잠재력을 보았고 워너 브러더스로부터 재정 지원을 이끌어 냈다. 워너 브러더스는 노래를 중심으로 하는 애니메이션을 제작하여 거기에다 회사 저작권 소유 음악을 끼워 넣어 선전해 준 대가를 슐레진저에게 지불하려 했다. 1930년 1월 합자회사는 「루니 튠스Looney Tunes」(1931년 당시에는 「즐거운 멜로디Merrie Melodies」)를 제작했으며, 이것은 포키 피그Porky Pig로 시작되는 유명한 스타를 보유한 미래의 워너 브러더스 카툰 스튜디오의 씨앗이 되었다.

다른 국가의 애니메이션

무성 영화 산업이 발전한 모든 국가들 또한 지역 애니메이션 산업이 있었다. 1914년과 1918년 사이의 전쟁으로 얻은 경제적 이점을 통해 국제 영화에 끼친 미국 영화 산업의 재정적인 영향력은 미국 만화 영화의 확산에도 반영되었다. 예를 들어 콜의 〈신혼부부〉 시리즈는 프랑스에도 수입되어 모회사인 에클레르에서 배급했다. 프랑스에서 성공을 거두었던 채플린의 단편 실사 영화에 미국 제작 애니메이션 버전이 뒤따랐다. 바레의 에디슨 영화사 영화들은 고몽 영화사에서 배급했다. 마거릿 윙클러는 파테 영화사와 〈잉크병 밖으로〉와 〈고양이 펠릭스〉 시리즈를 영국에 배급하는 계약을 맺었다.

외국으로부터의 경쟁에도 불구하고 유럽 영화사들이 자신들의 시장으로 확고히 지켰던 2개의 분야가 있었는데 시사 스케치와 광고 분야였다. 만화 스케치 분야에서 영국을 대표하는 해리 퍼니스, 랜슬러 스피드, 더들리 벅스톤, 조지 스터디, 앤슨 다이어 등은 정치 프로파간다 만화로 전시의 관객들을 즐겁게 했다. 다이어는 계속해서 1920년대 초 「빨간 모자Little Red Riding Hood」(1922) 등 성공적인 단편 만화를 제작했으며 1930년대에 중요한 프로듀서가 되었다. 스터디는 1924년 토실토실한 강아지가 나오는 일련의 본조Bonzo 영화를 제작했다. 광고는 영화 프로그램에 흔히 포함되는 부문이었다. 애니메이션 광고를 제작했던 주목할 만한 사람으로는 프랑스의 오갈로프, 로르타크와 독일의 핀셰베르, 피싱어, 제버 등이 있었다. 모스크바 국가영화학교State Film Technicum에서 제작한 영화들은 그 자체로 독립적인 범주에 속한다. (사회적 메시지를 담은) 오락적인 만화 영화의 정기적 시리즈는 1924년과 1927년 사이에 제작되었는데 지가베르토프가 지휘했다. 가장 유명한 애니메이터는 이반 이바노프바노였다.

애니메이션의 다른 전문 분야로 인형극과 그림자극*silhouette film*이 있었다. 라디슬라스 스타레비치는 1910년 러시아에서의 영화 경력을 인형과 애니메이션 곤충이 나오는 대중적인 단일 릴 영화들을 한존코프Khanzhonkov 영화사에서 제작하며 시작했다. 1922년 그는 파리로 이주했으며 그곳에서 평생 인형 애니메이션 영화를 만들었다. 1930년 완성된 「여우 이야기」는 프랑스 최초의 장편 애니메이션이었다.

실루엣 영화의 주요한 개척자는 로테 라이니거였다. 그녀의 장편 「아흐메드 왕자의 모험Die Abenteuer des Prinzen Achmed」은 1926년 베를린에서 첫선을 보였고, 세계적인 호응을 받았다. 정교하게 움직이는 배경, 생생한 그림자 인형 등이 돋보이는 이 아라비안나이트 이야기는 촬영에 3년이 걸렸다.

언급할 가치가 있는 다른 사람으로 키리노 크리스티아니와 빅토르 베리달이 있다. 전자는 아르헨티나에서 일했으며 1917년 정치 풍자극 「사도El apóstol」를 발표했다. 「아흐메드 왕자의 모험」과 비슷한 대략 1시간 길이의 영화로 최초의 장편 만화 영화라 불렸다. 베리달은 1916년과 1922년 사이 캅텐 그로Kapten Grogg가 등장하는 스웨덴 애니메이션 시리즈를 만들었고 그의 영화는 유럽과 미국에 배급되었다.

잔날베르토 벤다치(1994)의 기록대로 애니메이션은 1920년대를 통틀어 아방가르드 예술가에 의해, 혹은 상업적 목적으로 많은 국가에서 제작되었다. 그러나 애니메이션 영화의 대중적인 인기에도 불구하고 1920년대 영화 산업의 경제적 현실과 대중적인 그래픽 유머 전통에 있어서의 상당한 문화적 다양성 등 때문에 다른 국가들이 세계 시장에서 미국 스튜디오의 생산물과 경쟁하는 것은 극히 어려웠다.

참고문헌

Bendazzi, Giannalberto(1994), *Cartoons: One Hundred Years of Cinema Animation.*

Cabarga, Leslie(1988), *The Fleischer Story.*

Canemaker, John(1987), *Winsor McCay: His Life and Art.*

——(1991), *Felix: The Twisted Tale of the World's Most Famous Cat.*

Cholodenko, Alan(ed.)(1991), *The Illusion of Life: Essays on Animation.*

Crafton, Donald(1990), *Émile Cohl, Caricature and Film.*

——(1993), *Before Mickey: The Animated Film, 1898~1928.*

Gifford, Denis(1987), *British Animated Films, 1895~1985: A Filmography.*

——(1990), *American Animated Films: The Silent Era, 1897~1929.*

Maltin, Leonard(1980), *Of Mice and Magic: A History of American Animated Cartoons.*

Merritt, Russell, and Kaufman, J. B.(1994), *Walt in Wonderland: The Silent Films of Walt Disney.*

Robinson, David(1991), "Masterpieces of Animation, 1833~1908".

Solomon, Charles(1987), *Enchanted Drawings: The History of Animation.*

코 미 디

데이비드 로빈슨

무성 영화의 시작으로부터 사반세기도 채 안 되는 동안에 독특하면서 코메디아 델라르테*commedia dell'arte*만큼이나 자급자족적인 코미디 영화의 전통이 세워졌다. 코미디 영화는 비록 정도의 차이는 있다고 하더라도 코메디아 델라르테로부터 등장인물의 상당 부분을 끌어 온 것으로 보였다.

영화가 시작된 19세기 말엽에는 대중적인 코미디가 화려하게 번성했다. 20세기 초 런던과 파리에는 구연 드라마 공연을 특정 극장에서는 금지하는 낡은 극장 규정이 있었다. 이것은 뜻하지 않게 파리 곡예 극단Les Funambules의 바티스트 드뷔로의 탁월한 마임과, 음악, 노래, 마임 등의 특별한 결합인 영국 벌레타*burletta*를 자극하는 계기가 되었다. 얼마 지나지 않아 유럽과 미국의 주요 대도시에 거주하는 프롤레타리아 관객들은 뮤직홀, 버라이어티 쇼 극장, 보드빌 등을 자신의 극장으로 삼게 되었다. 이들 대중적인 관객 때문에 코미디는 꾸준히 필요했다. 삶이 고통스러울 때 웃음은 위안이 되었고 삶이 괜찮을 때도 사람들은 웃음을 즐기길 원했다. 마르티네티스Martinettis, 라벨스Ravels, 한론-리스Hanlon-Lees, 프레드 카노Fred Karno 같은 뮤직홀의 유명한 코미디 마임 극단의 배우들은 단일 릴 슬랩스틱 코미디의 직접적인 선구자들이라고 볼 수 있다. 사실 카노는 2명의 유명한 영화 코미디언인 찰리 채플린과 스탠 로럴을 배출했다.

1차 대전 이전: 유럽 시대

최초의 코미디 영화들(여전히 1분 이하의 길이였다)은 일반적으로 신문 만화, 연재 만화, 코믹 우편엽서, 입체화, 환등 쇼의 슬라이드 등에서 종종 영감을 가져온 짤막한*one-point* 웃음가마리였다. 세계 최초의 코미디 영화인 뤼미에르 형제의 「물에 젖은 물 뿌리는 사람」(1895)은 연재 만화에서 직접적으로 가져온 것이었다. 만화의 내용은 장난스러운 소년이 정원의 호스를 밟았다가 경계심 없는 정원사가 호스 끝을 쳐다볼 때 발을 치우는 장면을 보여 준다.

그러나 20세기로의 전환기에 영화의 길이는 길어지고, 영화 제작자들은 매체의 독특한 측면을 찾기 시작했다. 조르주 멜리에스와 그 모방자들은 코믹 효과를 위해 스톱 액션*stop action*이나 고속 동작*accelerated movement* 등의 영화적 트릭을 이용했다. 1905년과 1907년 사이, 추적 영화*chase film*는 관객들로부터 커다란 인기를 얻게 되었다. 그 전형적인 내용은 계속 그 수가 불어나는 일군의 괴짜들이 도둑 혹은 다른 악당을 점점 긴박감 넘치게 추격하는 것이었다. 프랑스의 앙드레 외즈와 영국의 앨프리드 콜린스 등이 이 장르의 최고 감독들이었다.

1907년에 하나의 혁명이 일어났다. 파테 영화사가 코미디언 앙드레 데(본명 앙드레 샤퓌, 1884년 출생)가 연기하는 캐릭터 부아로가 등장하는 코미디 시리즈를 선보였던 것이다. 데는 영화 최초의 코미디 배우로서 그로테스크하고, 아이 같고, 코믹한 캐릭터로서 국제적인 명성을 획득했다. 추측건대 데는 배우로서 일한 적이 있는 조지 멜리에스로부터, 특히 속임수 효과를 포함하여, 영화 제작에 관한 많은 것을 배웠을 것이다.

1909년 데가 토리노 소재 이탈라Itala 영화사의 구애를 받고 파테를 떠나게 되었을 때(2년 뒤에 그는 다시 프랑스로 돌아왔다), 파테는 그를 대신할 수 있는 훨씬 유명한 코미디 스타를 이미 확보해 두었다. 그 코미디언은 막스 랭데르로서 고갈되지 않는 코믹한 창의력을 소유했고, 절묘한 기량을 지닌 연기자였다. 파테 사에서 일했던 일군의 코미디 스타 가운데 가장 생명력이 길었고 생산적이었던 배우는 샤를 프랭스(샤를 프티-드망주 세네)로 리가댕Rigadin이란 캐릭터로 10년 동안 거의 600편의 영화에 출현했다. 파테 영화사의 다른 코미디언에는 부코(장-루이 부코), 저명한 버라이어티 스타 드라냉, 바빌라, 리틀 모리츠, 뚱뚱한 로잘리(사라 뒤아멜), 카잘리, 코믹한 형사 닉 윈터(레옹 뒤라크) 등이 있었다.

부아로와 막스 시리즈는 타의 추종을 불허할 정도로 상당한 흥행 성적을 올렸고 파테의 경쟁사들은 이를 따라잡으려 노력했다. 고몽 영화사는 파테에서 코미디언 로메오 보세티를 스카우트했으며, 그는 코트 다쥐르에 있는 파테의 새로운 코미디 스튜디오 코미카Comica와 니자Nizza의 감독으로 되돌아가기 전까지 로메오 시리즈와 칼리노 시리즈(클레망 미제 출연)를 감독했다. 고몽의 보세티의 후임자는 장 뒤랑으로 그의 가장 위대한 혁신은 코미디 배우 집단을 창조한 것이었다. 이 집단은 레 푸익Les Pouics이라 불렸고 이들의 슬랩스틱과 파괴적 야단법석은 특별히 초현실주의 예술가들의 칭송을 받았다. 구성원 가운데는 오네짐(에르네스트 부르봉)이 돋보였는데 그는 초현실적 환상으로까지 발전하는 작품들을 포함하여 최소한 80편의 영화에 출현했다. 예를 들어 그는 「오네짐 대 오네짐Onésime contre Onésime」에서 그가 결국에는 그 손발을 자르고 게걸스럽게 먹어 치우는 그 자신의 사악한 다른 자아를 연기한다. 후에 중요한 감독이 되는 레옹스(레옹스 페레)는 좀 더 정교한 방식의 시트콤을 전문으로 했다. 정직하고, 명랑하고, 사교적인 남자로서 그의 코믹한 재난은 일반적으로 슬랩스틱 익살보다는 사교적인 혹은 연애적인 혼전을 야기하는 것이었다.

고몽 영화사에서 많은 작품을 생산한 스타 감독은 루이 푀야드로 직접 상냥하고 똑똑한 소년들, 베베(클레망 마리)와 부-드-장(르네 푸아이앵)이 등장하는 2종의 코미디 시리즈를 연출했다. 에클레르 영화사의 아역 스타인 어른스러운 영국 소년 윌리 손더스는 크게 매력적이지는 않았으나 코미디에 대한 관객의 식욕이 물리지 않을 것처럼 보여서 모든 프랑스 영화사는 일시적이었지만 나름의 코미디 스타를 발굴했던 시기에 잠시 성공을 거두었다.

이탈리아 영화는 프랑스와 비슷하면서도 차이가 있는 영화 코미디 유파를 발전시켰는데 1909년과 1914년 사이의 6년 동안 1,100편의 영화와 40명의 코미디 배우를 배출했다. 이 기간의 초기에 이탈리아 영화는 거대한 산업적 팽창을 겪고 있었다. 정력적으로 이탈라 영화사의 수익을 창출했던 조반니 파스트로네는 이탈리아에 수입되고 있는 프랑스 코미디 영화들이 상업적 성공을 거두는 것을 알아차리고 앙드레 데를 토리노에 있는 자신의 스튜디오로 영입했다. 데의 새로운 이탈리아 캐릭터인 크레티네티Cretinetti는 부아로만큼이나 성공적이었고 이탈라 영화사에서 그가 출연한 100편 이상의 코미디 영화는 이탈라 영화사의 눈부신 성장을 약속했다.

데가 부아로에서 크레티네티로 다시 이름을 바꾼 것은 이 시기의 영화 제작에서 그렇게 이상한 것이 아니었다. 캐릭터의 이름은 영화사의 재산으로 간주되었기 때문에, 코미디 배우가 전속 관계를 바꾸면 새로운 이름을 사용해야 했다. 게다가 영화가 상영되는 지역마다 캐릭터의 이름은 바뀌는 경향이 있었다. 그래서 데의 크레티네티는 영국과 미국에서는 풀스헤드Foolshead로, 독일에서는 뮐러Müller로, 헝가리에서는 레먼Lehman으로, 스페인 어권 국가들에서는 토리비오Toribio로, 러시아에서는 글루피시킨Glupishkin 등으로 바뀌었다. 그리고 프랑스에서는 이전의 부아로가 그리부이유Gribouille가 되었고 1911년 다시 파테로 되돌아갔을 때 비로소 자신의 본래 이름을 되찾을 수 있었으며, 「그리부이유 다시 부아로가 되다Gribouille redevient Boireau」(1912)라는 영화를 통해 공식적으로 그 복권이 인정되었다.

크레티네티 시리즈의 성공은 서커스, 뮤직홀, 적법한 극장 등 그들이 발견될 수 있는 어떤 곳에서든지 코미디 스타들을 확보하려는 영화사들 간의 열띤 경쟁에 불을 댕겼다. 파스트로네는 배우 파치피코 아퀼라노를 기용해 코코Coco 시리즈를 만들었다. 경쟁 관계에 있던 영화사 아르투로 암브로시오Arturo Ambrosio의 토리노 소재 스튜디오는 프리코Frico라는 이름으로 에르네스토 바세르와, 지제타Gigetta라는 이름으로 지제타 모라노, 그리고 로비네트Robinet란 이름으로 스페인 출신의 마르셀 파브레 등을 확보했다. 밀라노에서는 밀라노 영화사Milano Company가 포르투네티Fortunetti란 이름으로 프랑스 코미디언 E. 몽튀를 내세웠으며 그는 곧 코치우텔리Cocciutelli로 이름을 바꿨다. 그러나 로마 소재 치네스Cines 영화사는 이 시기 가장 위대한 자국 코미디언인 페르디난드 귀욤을 발굴했다. 그는 처음에는 톤톨리니Tontolini라는 이름을 썼으며, 토리노 소재 영화사 파스콸리Pasquali로 옮긴 후에는 폴리도르Polidor란 이름으로 계속해서 코미디 배우로서의 정체성을 유지했다. 치네스 영화사는 당대 최고의 코미디언의 한 사람인 크리-크리Kri-Kri를 자랑했다. 그의 본명은 레몽 프랑으로 파브레와 마찬가지로 프랑스의 서커스 무대와 뮤직홀에서 배우로서 훈련받았다. 이탈리아 영화 제작사들은 프랑스의 베베와 부-드-장의 인기에 주목하고 암브로시오 영화사의 피룰리Firuli(마리아 베이), 치네스 영화사의 프루골리노Frugolino(에르만노 로베리) 등 자국의 아역 코미디 스타들을 발굴했다. 치네스 영화사의 가장 매력적이고 오래 활동했던 아역 스타는 페르디난드 귀욤의 조카인 에랄도 준키가 연기한 치네시노Cinessino였다.

영화들과 그 주제들은 종종 반복적이었는데 이것은 1주일에 2편 이상의 속도로 제작되었던 상황을 고려할 때 그리 놀라운 일이 아니었다. 그런 상황에서 특징적이었던 것은 각 영화가 코미디언들에게 특별한 장소, 직업, 문제 등을 부여했다는 점이다. 모든 배우는 권투 선수, 경찰, 도장공, 소방관, 군인, 난봉꾼, 공처가 등을 번갈아 연기했다. 당시의 신기한 것, 유행을 타는 것, 사람들이 좋아하는 모든 것이 소재로 사용되었다. 즉 자동차, 비행기, 축음기, 탱고 열풍, 여성 참정권론자, 금주 운동, 실험, 현대 예술, 영화 자체까지! 그럼에도 최고의 코미디언들은 짧고 단순한 영화 속에 그들 나름의 개성과 특색을 통해 생기를 불어넣었다. 데/부아로/크레티네티는 아이(그는 종종 세일러복 같은 아동용 의상을 착용하기도 했다)와 같은 넘치는 열정으로 열정적인 개성을 보여 주었다. 우스꽝스러운 재난의 연쇄는 그것이 보험 판매원, 신문 배달원, 적십자 자원 봉사자 등 무엇이든지 자신이 선택한 역할을 완수하려는 그의 열정적인 의욕 때문에 일어나게 된다. 이와는 대조적으로 귀욤/톤톨리니/폴리도르는 기묘하고 다감하고 순진한 개성을 보여 주었고, 종종 관객에게 흥분과 기쁨을 가져오면서 스스로를 여성으로 가장하고 살아야겠다고 깨닫는, 코믹한 재난의 수동적 피해자 역을 했다. 크리-크리는 개그적인 발상에 뛰어났다. 잘생긴 로비네트가 겪는 재난은 일반적으로 사이클 타기, 사교댄스 등 새로운 일이라면 무엇이든지 그것에 매달리는 도에 넘치는 열의에서 비롯

버스터 키튼 (1895~1965)

위대한 무성 영화 코미디언들 가운데 버스터 키튼은 사운드의 출현으로 인해 최악의 쇠퇴를 맞이했던 배우였으나 그에 대한 평가는 이제 최상일 정도로 회복되었다. 조지프 프랜시스 키튼은 미국 캔자스 주 피쿠아에서 태어났다. 그곳에서 부모는 의약품 선전 판매 쇼에 출연하고 있었다. 동료 마술사 해리 후디니가 붙여 준 버스터라는 별명으로 그는 아기 시절부터 부모의 공연에 출연했다. 다섯 살이 되었을 때 그는 이미 훌륭한 곡예사였으며 곧 흥행 쇼의 스타로서 소개되었다. 1917년에 가족의 공연은 해체되었다. 버스터는 로스코 아버클과 일하기 위해 아버클의 코미크 Comique 스튜디오가 있는 뉴욕으로 갔다가 다시 아버클과 그의 프로듀서 조 솅크를 따라 그해 말 캘리포니아에 이주했다. 그는 아버클과 2년 동안 일하면서 과거에 무대 기법에 기울였던 것과 같은 노력으로 영화 기법을 익혔으며 1921년 솅크의 도움으로 독립했다. 그로부터 1928년까지 그는 변함없는 조언자이자 프로듀서인 솅크(동서 사이이기도 했는데 둘 다 탈마지 집안의 딸들과 결혼했다)와 함께 일하면서 약 20편의 단편과 12편의 장편 영화에 출연했다. 그 대부분의 영화들은 자신이 직접 연출했기 때문에 전적으로 창의적인 자유를 누릴 수가 있었다. 이 기간에 「항해자」(1924), 「장군」(1926), 「증기선 빌 주니어」(1928) 등의 고전적 작품이 제작되었다. 사운드의 출현은 그의 직업적 경력에 종말을 가져왔으며, 그것은 또한 무성 영화 시대의 다른 많은 예술가보다도 훨씬 갑작스러운 것이었다. 솅크의 후원을 잃은 그는 창의적인 통제력을 전혀 갖지 못하는 임금 계약직 예술가로서 MGM에 들어갔다. 내털리 탈마지와의 결혼 생활도 1932년에 끝이 났다. 개인적 문제들로 고통당했던 마지막 25년간의 삶 동안 그는 자신의 경력을 되살리려고 혼신의 노력을 다했다. 초기 유성 영화 시대부터 1940년대에 이르기까지 그는 수많은 이류 영화에 출현했으나 그 대부분은 무성 영화 시절의 페르소나를 발휘할 여지가 전혀 없는 것들이었다. 채플린의 「라임라이트」(1951)의 탁월한 카메오로서 채플린의 상대역을 연기하도록 권유받기 전까지 그는 대중으로부터 까맣게 잊혔다. 이후 그의 경력은 호전되기 시작했고 재정적, 개인적 문제들 또한 줄어들었다. 그의 마지막 영화 출연작은 1965년에 제작된 리처드 레스터의 「로마에서 생긴 웃기는 사건A Funny Thing Happened on the Way to the Forum」이었다.

키튼은 무엇보다 완벽한 전문가였다. 탁월하고 극단적으로 용감한 곡예사로서 그는 가장 정교한 개그를 계획했고 태연자약하게 연기해 냈다. 그가 트릭이나 특수 효과에 의존하는 일은 극히 드물었고 혹 그런 경우라도 그 효과들은 종종 나름대로의 개그를 구성했고, 그의 연기만큼이나 독창적인 것이었다. 영화에 따라서는 그 특수 효과들이 「셜록 2세」(1924)에서 현실과 환상 사이의 전환의 경우처럼 눈에 보이는 것들이 있는가 하면 「항해자」에서 문의 신비스러운 움직임을 지배하는 메커니즘의 경우처럼 그 속임수 효과가 숨겨진 작품들도 있다. 「우리의 환대」(1923)의 경우, 실제 급류에서 촬영한 숏들과 스튜디오 모형 숏들을 교차 편집하는 주인공의 구원 장면에서, 그 기본적 효과는 여전히 사실적이다. 영화 속 세계가 비록 다루기는 어렵지만 사실적인 사물로 가득 찬 실제 세계라는 느낌은 사물들이 실제 그대로 작동하지 않는, 키튼의 영화들 속의 그러한 상황들(예를 들어 〈가라앉는 구명띠〉라는 널리 모방되는 개그의 상황)에 대한 본질적인 배경이 된다.

타이밍에 대한 키튼의 절묘한 기량(타고난 코미디언의 밑천이다)은 상상을 초월하는 것이었다. 그러나 그는 아주 초창기에서부터 그런 기교를 단순한 연기의 영역을 넘어 더 넓은 미장센의 영역까지 확장시켰다. 그는 뛰면서 하는 개그를 개발했고 광범위한 주변 자원들을 활용하여 몇 분 동안 지속되는 코믹한 신들을 구성했다. 그런 장면들은 종종 기차나 오토바이같이 움직이는 사물들을 중심으로 전개되었다. 이런 신들의 건축적인 측면을 통제하는 것은 그의 연기로 이루어지는 코믹한 몸짓만큼이나 중요했다. 가옥이, 관객이 파괴시키리라 예상했던 기차가 아니라, 다른 방향에서 진입하는 다른 기차에 의해 부서지고, 주인공은 잔해들 사이에서

멍하고 절망적인 상태로 남게 되는 「1주일」(1920)의 장면의 경우 격찬을 해야 할 대상이 연기자 버스터인지 혹은 감독 키튼인지 구분하기는 매우 어려운 일이다. 「앙갚음 결혼」(1929) 이래 그의 후기 영화들에서 가장 유감스럽게 느껴지는 측면은 그의 연기적 재능의 상실이 아니다. 그것은 그가 더 이상 전체 영화를 원하는 발전 방향대로 구축할 수는 없었다는 사실에서 기인했다.

그러나 키튼의 개그는 버스터 자신의 개성이 없었다면 단순하고 화려한 기지에 지나지 않았을 것이다. (시인 카바피에 관한 T. S. 엘리엇의 표현을 빌리자면) 보통은 우주를 향해 약간 삐뚤어진 밀짚모자를 걸친 냉정해 보이는 얼굴에 가냘픈 외모! 그런 버스터는 우스꽝스럽고 믿기 어려운 상황에 빠져 들었다가 완고함과 뜻하지 않았던 수단을 통해 마음의 상처를 입지 않고 다시 나타나는, 영원히 다시 피어나는, 순진한 사람이었다. 채플린이나 로이드와 달리 버스터 페르소나는 관객에게 호소력을 갖지 않는다. 그는 빈 종이다. 그 백지 위에 상황을 실험하고 성욕을 일깨우게 되면서 점점 하나의 성격이 부여된다. 애초부터 버스터 캐릭터는, 현실과 환상, 혹은 그의 욕망을 실현하는 길목에 버티고 있는 방해물 사이의 차이를 깨끗이 잊은 몽상가, 혹은 환상가에 가깝다. 말을 잘 안 듣는 사물이나 적대적인 주변 사람들에 직면하게 되었을 때 그는 불굴의 의지와 갈수록 대담하고 극단적이 되는 임기응변으로 각각의 장애물에 달려든다. (통상적으로) 여자를 쟁취하는 극의 끝에서 그는 세상에 대해 좀 더 똑똑해지지만 그의 순진함은 그대로 남아 있다.

1965년 12월, 나이가 70에 가까운 키튼은 베네치아 국제 영화제에 친히 참석하여 열광적인 환호를 받았다. 몇 달 후 그는 암으로 사망했다.

제프리 노웰-스미스

주요 작품

단편 영화

「고깃간 점원The Butcher Boy」(로스코 아버클과 함께 출연, 1917); 「무대 뒤Back Stage」(로스코 아버클과 함께 출연, 1919); 「1주일One Week」(1920); 「희생양The Goat(1920); 「이웃Neighbors」(1920); 「극장The Playhouse」(1921); 「백인The Paleface」(1921); 「경찰관Cops」(1922); 「극한의 북극Frozen North」(1922).

키튼-솅크 장편 영화

「3대Three Ages」(1921); 「우리의 환대Our Hospitality」(1923); 「셜록 2세Sherlock Jr.」(1924); 「항해자Navigator」(1924); 「일곱 번의 기회Seven Chances」(1925); 「서부로Go West」(1925); 「싸우는 버틀러Battling Butler」(1926); 「장군The General」(1926); 「대학College」(1927); 「증기선 빌 주니어Steamboat Bill, Jr.」(1928).

MGM 제작(무성 영화 시기)

「카메라맨The Cameraman」(1928); 「앙갚음 결혼Spite Marriage」(1929).

참고 문헌

Blesh, Rudi(1967), *Keaton*.
Keaton, Buster(1967), *My Wonderful World of Slapstick*.
Robinson, David(1969), *Buster Keaton*.

◀ 「항해자」(1924)에서의 버스터 키튼.

되었다.

비록 이탈리아의 코미디 유파가 본래 프랑스의 사례와 국경을 넘어온 앙드레 데에게서 영향을 받은 것이 사실이지만 이탈리아 코미디 영화들은 또한 토착적이고 독특한 측면을 가졌다. 거리, 주택과 가정, 즉 우리의 코믹한 영웅들이 그것의 질서 정연한 생존 양식을 매우 조심스럽게 지키려다가 매우 부주의하게 붕괴시켜 버리는 프티 부르주아의 삶과 문화는 1차 대전 이전 이탈리아 도시인들의 세계와 관심사를 보여준다. 비록 단일 릴 코미디의 기본 형태의 어떤 부분은 수입된 것일지라도 이탈리아 코미디 영화들은, 서커스와 보드빌 등 그전의 자극적인 대중적 코미디 전통과, 코메디아 델라르테와 연결 고리를 형성하는 광장 쇼*spettacolo da piazza*의 오랜 전통에 크게 그리고 생산적으로 바탕을 둔 것이었다.

이외의 다른 국가들 또한 유럽 코미디 영화가 번성했던 짧은 시기에 프랑스와 이탈리아보다는 비록 작지만 나름대로의 기여를 했다. 독일의 경우에, 광대 스타에 에른스트 루비치와 아역 스타 쿠르트 보이스가 있었다. 코미디에 물릴 줄 모르는 관객들이 존재했던 러시아에는 사랑에 영원히 번민하는 안토샤Antosha(폴란드 출신의 안토닌 페르트네르), 자코모Giacomo, 레이놀즈Reynolds, 뚱보 자자 푸드Djadja Pud(V. 아브데예프), 순진한 농부 미추하Mitjukha(N. P. 니로프), 긴 원통 실크 모자를 썼던 도시풍의 아카샤Arkasha(아카디 보이틀러) 등의 코미디언들이 있었다. 미국 코미디에 수많은 스타를 공급했던 활발하던 뮤직홀 전통에도 불구하고, 잭 스프랫, 재능이 넘쳤던 핌플Pimple(프레드 에반스) 등의 영국 코미디언들은 프랑스와 이탈리아 코미디언들과 같은 개그의 발명이나 재기를 보여 주지 못했다.

그럼에도 불구하고 이 시기의 유럽 코미디는 영화 스타일에 나름대로 독창적인 기여를 했다. 사회적으로 좀 더 위신 있는 드라마와 사극 영화에 대한 문화적 요구 때문에 그 제작자들이 연극으로부터의 권위는 물론 스타일까지 빌려 온 반면 코미디 제작자들은 그런 야심이나 강박 관념에서 자유로웠다. 그들은 자유롭게 돌아다녔다. 그 시간의 많은 부분을 거리에서 일상의 분위기를 포착하면서 촬영했다. 그와 동시에 카메라 트릭의 모든 기교를 이용하고 탐구했다. 재능 있는 마임 예술가의 리듬이 영화 자체에 부가되었다.

짧았던 유럽 코미디의 황금시대는 1차 대전으로 종말을 고했다. 많은 젊은 예술가들이 전쟁에 나가 돌아오지 못했거나 군 복무와 전쟁으로 인한 상해로 전쟁 전의 영광을 되찾지 못했다. 영화에 대한 취향과 경제적 현실은 바뀌고 있었다. 단시간 내에 이루어진 전전 이탈리아 영화의 급속한 발전은 유럽 영화 시장이 파괴되자 거품처럼 꺼져 버렸다. 또한 유럽의 코미디는 대서양을 건너온 새로운 경쟁자의 광채에 하루아침에 낡아 버린 것처럼 보였다. 이미 자연이 만든 화려한 무대와 광활한 공간이 펼쳐지는 미국 서부로 이주한 미국 영화 산업은 세계 영화 산업을 지배할 채비를 갖추고 있었다.

미국 코미디와 맥 세닛

미국은 단일 릴의 정기적인 영화 시리즈 제작을 가능케 할 수 있는 이름 있는 코미디언을 개발하는 문제에 있어서는 유럽에 처져 있었다. 그런 가능성을 지녔던 미국 최초의 코미디 스타는 존 버니(1863~1915)였다. 뚱뚱하고 다정다감한 느낌을 주는 그는, 영화적인 잠재력을 인정받아 바이타그래프 영화사의 제의를 받기 전까지는 성공적인 연극배우 겸 연출가로서 일했다. 비록 보통 남녀 교제의 혼전과 부부 싸움을 중심 내용으로 했던 그의 영화들이 오늘날의 관객이 보기에는 지독하게 재미없는 것처럼 보이지만 제1차 세계 대전 이전 그의 관객 동원 능력은 놀라운 것이어서 다른 영화사들이 코미디 시리즈를 시도하게끔 고무시켰다. 영화사 에서네이Essanay의 〈스네이크빌 코미디Snakeville Comedies〉 시리즈는 〈알칼리 아이크Alkali Ike〉(오거스터스 카니)와 〈머스탱 피트 Mustang Pete〉(윌리엄 토드)를 미국 코미디에 입문시켰다. 또 다른 에서네이의 시리즈는 미래의 스타를 낳았는데 스위디Sweedie라 불렸던 윌리스 비어리였다.

그러나 미국 코미디 영화가 변화하여 웅비하게 된 시점은 1912년 맥 세닛 통솔하의 키스톤Keystone 코미디 스튜디오의 형성으로 볼 수 있을 것이다. 키스톤 영화사는 뉴욕영화회사New York Motion Picture Company 소속의 코미디 전담 회사였으며, 이때 같은 소속의 다른 회사로는 토머스 인스의 서부극을 제작하는 101바이슨Bison과, 드라마를 전문으로 하는 릴라이언스Reliance가 있었다. 세닛은 아일랜드계 캐나다 인으로 연극배우로서는 크게 빛을 발하지 못하다가 1908년부터 영화로 활동 영역을 제한했다. 그는 운이 좋게도 바이오그래프 영화사에 채용되었으며 천성적으로 호기심이 많았던 그는 이곳에서 바이오그래프의 수석 감독인 그리피스의 발견들을 지켜보고 흡수할 수 있었다. 그리피스의 혁명적인 제작 기법들과 더불어 세닛은 프랑스에서 건너온 코미디 영화들을 연구했으며 1910년이 되었을 때는 바이오그래프의 수석 코미디 감독으로 임명될 정도로 테크닉을 충분하게 체득했다. 그러한 배경은 그가 키스톤 영화사를 운영할 수 있는 배경이 되었다. 그는 프레드 메이스, 포드 스텔링 등 과거 바이오그래프 영화사의 동료 몇몇과 아름답고 재기 넘치는 메이벌 노먼드를 키스톤에 데려왔다.

세닛은 고등 교육을 받지 않은 사람이었지만 이해력이 뛰어났고, 지칠 줄 몰랐으며, 코미디에 대한 본능적인 감각을 가지고 있었다. 그는 쉽게 지루해하는 성격이었기 때문에 관객의 관심을 끌 수 있는 것과 그렇지 않은 것을 구별할 수 있었다. 바이오그래프 영화사에서 영화 기법을 숙달했기 때문에 그는 배워야 할 것은 이미 체득하고 있던 상태였다. 기량이 뛰어난 키스톤의 카메라 기사들은 배우들의 발 빠른 움직임을 능란하게 잡아낼 수 있었다. 키스톤의 빠른 편집은 그리피스의 혁신적인 기법을 채용한 결과였다.

키스톤의 스타와 영화는 보드빌, 서커스, 신문 만화 등에서 비롯되었으며, 동시에 20세기 초 미국의 현실에서 소재를 가져왔다. 키스톤의 영화들은 1층짜리 판잣집, 철물상, 식품점, 치과 병원, 술집 등이 늘어서 있는 회색빛 거리의 세상을 묘사했다. 배우들은 주방과 객실, 초라한 호텔 로비, 철제 침대와 낡아 빠진 세면대의 침실, 중산모와 깎지 않은 수염, 가죽 모자와 하렘 스커트, T형 포드와 마차 등 사람들과 친숙한 세상에 거주했다. 키스톤의 코미디는 일상에서 흔한 기쁨과 공포에 대한 즐거운 풍자였으며, 그 핵심 전략은 관객이 숨을 쉬거나 비판적 사고를 할 여지를 주지 않을 정도로 상황을 끊임없이 몰아치는 것이었다. 세닛은 터무니없이 기괴하고 과감한 배우와 곡예사들로 구성된 전속 극단을 확보했는데, 여기에는 로스코 〈패티〉 아버클(놀라운 코미디 스타일과 재능을 가진 뚱보였다), 모들뜨기 눈의 벤 터핀, 팔자 콧수염의 빌리 베번과 체스터 콘클린, 거인 맥 스웨인, 뚱보 프레드 메이스 등이 속했다. 키스톤에서 발굴한 다른 코미디언에는 미래의 스타 해럴드 로이드와 해리 랭던, 나중에 찰리 패롯이란 이름으로 유명한 감독이 되는 찰리 체이스, 찰스 머리, 슬림 서머빌, 행크 만, 에드거 케네디, 해리 매코이, 레이먼드 그리피스, 루이스 파젠더, 폴리 모런, 민타 더피, 그리고 앨리스 대번포트 등이 있었다. 키스톤의 개그맨이었던 맬컴 세인트 클레어와 프랭크 캐프라뿐만 아니라 〈키스톤 순경Keystone Kops〉 시리즈의 멤버인 에디 서덜랜드와 에드워드 클라인 등을 포함하여 키스톤 출신의 몇 명은 나중에 자력으로 코미디 감독이 되었다.

「부디 제발For Heaven's Sake」(1926)의 해럴드 로이드.

키스톤의 코미디들은 1910년대와 1920년대의 삶과 역사 속의 표층들을 근원적이고 보편적인 코미디로 녹여 낸 20세기 초기 대중 예술의 기념비적 작품들로 기억된다. 키스톤 영화들은 타협을 모를 정도로 무정부주의적이었다. 물질주의가 팽배한 그 시대에 세닛의 영화들은 자동차와 가옥 그리고 도자기 장식품 등 재화와 소유물에 대한 야단법석한 파괴를 찬미했다. 다른 모든 최고의 코미디들에서처럼 권위와 위엄은 전복되고 희화화되었다.

세닛의 최고의 해는 1914년이었다. 그해에 그가 보유했던 가장 유명한 스타 찰리 채플린은 경이적인 발견과 혁신, 그 나름대로의 코미디 창조 이후 불과 수개월 만에 그 자신뿐 아니라 스튜디오까지 전 세계에 알렸다. 키스톤과의 1년 계약이 끝났을 때 자신의 무한한 상업적 가치를 확인한 채플린은 주급 150달러에 대해 대폭적인 임금 인상을 요구했다. 이것은 아마도 세닛의 근시안적인 판단이라고 볼 수 있는데 세닛은 그의 요구를 들어주지 않았다. 이에 채플린은 에서네이 스튜디오로 옮겼다가 다시 그가 열망하던 자유로운 활동을 보다 많이 보장하는 뮤추얼 영화사와 퍼스트 내셔널 영화사와 계약했다. 키스톤 영화사는 그런 손실에도 버텨 낼 수 있었으나 채플린이 있었던 짧은 시기가 영화사로서는 최고의 전성기가 되고 말았다.

키스톤 영화사에서 세닛이 이룬 성공은 비록 단명한 회사들도 있었지만 많은 경쟁 영화사들이 코미디의 제작을 착수하도록 고무시켰다. 세닛의 가장 힘겨운 경쟁자는 할 로치였는데, 그는 동료 엑스트라였던 해럴드 로이드와 함께 팀을 꾸려 채플린의 떠돌이를 약간 모방한 윌리 워크Willie Work로 로이드가 출연하는 코미디 시리즈를 만들었다. 두 사람의 연이은 협업 관계는 더 나은 결과를 낳았고, 로이드의 안경 낀 〈해럴드〉 캐릭터 창조는 대단한 성공을 거두었다. 해럴드와 헤어진 후에 로치는 수년 동안 솔로로 작업해 왔던 2명의 코미디언을 한 팀으로 만드는 작업을 구상했다. 스탠 로럴과 올리버 하디 콤비, 즉 왜소하고 내성적이고 눈물이 헤픈 스탠과 육중하고 거만하고 아무 생각 없이 자신이 넘치는 올리버의 탁월한 조합은 세계적인 신화가 되었다.

로이드, 로렐과 하디, 아역 코미디언 군단 아우어 갱Our Gang, 셀마 토드, 자수 피츠, 찰리 체이스, 윌 로저스, 에드거 케네디, 스너브 폴라드 등 로치의 스타들이 수년 동안 연기한 스타일은 로치와 세닛의 차이를 분명하게 보여 주었다. 세닛의 영화들이 열광적인 동작과 슬랩스틱을 지향하는 경향이 있었다면 로치는 잘 짜인 스토리와 보다 절제되고, 사실적이

찰리 채플린 (1889~1977)

24세의 나이에, 그것도 영화 입문 며칠 만에 단 1편의 영화로 찰리 채플린은 자신에게 세계적인 명성을 가져온 코미디 캐릭터를 창조했다. 그 캐릭터는 심지어 오늘날까지 인류의 허구적 재현 가운데 세계적으로 가장 널리 알려진 것으로, 코미디와 그 영화들 자체의 상징으로 남아 있다.

채플린의 왜소한 떠돌이 캐릭터는 우연적으로 사전 계획 없이 창조되었던 것으로 보인다. 대략 1914년 1월 5일경 채플린은 다음에 출연할 단일 릴 영화를 위해 새로운 코믹한 페르소나가 필요하다고 느끼면서 키스톤 영화사의 낡은 의상 창고에 들어갔다. 그는 오늘날 우리가 여전히 알고 있는 것과 별반 차이가 없는 의상과 분장한 모습으로 나왔다. 채플린은 그전에도 많은 극 중 캐릭터를 고안해 냈고, 그것이 아니라고 하더라도 이후에도 다른 것들을 가지고 영화상으로 실험을 계속하려 했을 것이다. 그러나 그, 혹은 다른 코미디언들이 창조했던 어떤 등장인물도 그 캐릭터만큼 대단한 잠재력을 가지지는 못했을 것이다.

출생 후 10년 동안 채플린은 대다수 인간이 긴 인생에서 경험할 수 있는 것보다도 더 많은 시련을 겪었다. 런던의 뮤직홀에서 가수로서 약간의 성공을 거두었던 그의 아버지는 분명 아내의 부정에 지친 나머지 가정을 버렸고 알코올 중독에 빠졌다가 젊은 나이에 사망했다. 그리 성공적이지 못한 뮤직홀 댄서였던 그의 어머니는 찰스와 그의 이복형제인 시드니를 키우느라고 쉴 새 없이 인생의 고투를 벌여야 했다. 그녀의 건강과 정신이 쇠약해지자 — 결국 그녀는 정신병원에 죽을 때까지 감금되었다 — 아이들은 공공 보호 시설에서 긴 시간을 보내게 되었다. 열 살이 되었을 때 채플린은 빈곤, 배고픔, 광기, 알코올 중독, 가난한 런던 거리의 잔인함, 공공 보호 시설의 비정함 등을 잘 알게 되었다. 그는 자립심을 키워 가며 버텨 냈다.

열 살 때부터 그는 일을 하기 시작해 처음에는 나막신 춤 연기를, 나중에는 코믹한 인물 연기를 맡았다. 1908년 프레드 카르노의 무언 코미디언 극단Speechless Comedians에 합류했을 즈음, 그는 모든 종류의 무대 기술에 정통해 있었다.

카르노는 나름의 코미디 사업을 구축했던 런던의 흥행사였다. 그는 몇 개의 극단을 운영했는데 그 가운데 〈우스개 공장fun factory〉은 풍자적인 촌극을 개발하고 사전 연습을 행하며 공연자들을 훈련시키고 무대 장치와 소도구를 준비했다. 코미디에 남다른 조예가 있던 그는 스탠 로럴과 채플린을 포함하여 몇 세대에 걸쳐 재능 있는 코미디언들을 키워 냈다. 길이, 형식과 법석 떠는 마임 등에 있어 카르노의 촌극은 초기 영화의 고전적인 단일 릴 코미디의 임박한 출현을 예고하는 것이었다.

카르노 촌극 극단의 스타로서 미국을 순회 중이던 채플린은 키스톤 영화사로부터 계약을 제의받았다. 키스톤의 대표였던 맥 세닛은 코미디의 여러 방면에 특별한 재능을 가진 흥행사로서 할리우드의 카르노라고 말할 수 있는 인물이었다. 시험적인 첫 번째 영화 「먹고살기Making a Living」에서 채플린은 결정적인 배역(그 의상은 1914년 「베네치아 유모차 경주 대회」에서 처음 선보였다)을 고안했고, 수개월 내에 그의 이름을 널리 알리게 되는 단일 릴 영화 시리즈에 착수했다. 떠돌이 캐릭터의 잠재력은 그런 캐릭터 창조에 있어 채플린이 생애 첫 10년 동안 흡수했던 인간성에 관한 모든 체험을 이용하여 그것을 그 후 도제 기간 동안 철저하게 익혔던 코미디 기법들을 통해 변형시킬 수 있었다는 점에서 비롯되었다.

그 나름의 좀 더 미묘한 코미디 스타일을 개발할 수 있는 여지를 주지 않는, 키스톤 코미디의 빠른 전개 속도에 만족하지 못했던 채플린은 자신이 직접 연출할 수 있도록 세닛을 설득했고, 1914년 이후에는 항상 자신이 감독이 되었다. 1년 동안의 계약 기간이 만료되자 그는 세닛을 떠나 좀 더 나은 보수는 물론, 그의 관점에서는 더욱 중요한 것이었는데, 좀 더 많은 창의적 자유가 주어지는 기회를 찾아 영화사들을 옮겨 다녔다.

그가 키스톤 영화사(1914, 35편)와 에서네이 영화사(1915, 14편), 그리고 뮤추얼 영화사(1916~17, 12편)의 배급용으로 제작했던 단일 릴과 2릴 종류의 영화들은 연속적인 발전상을 보여 준다. 많은 사람들은 채플린이 다른 작품들에서 「새벽 1시」, 「전당포」, 「이지 스트리트」, 「이민자」 등 뮤

유콘의 혹독한 기후 속에서 금광을 찾아다니는 떠돌이 찰리: 「황금광 시대」(1925).

추얼 영화사가 배급한 최고작들의 수준을 넘어서지는 못했다고 생각한다. 채플린은 코미디 영화에 연기 예술의 새로운 경지를 보여 주었는데, 그의 마임은 연기 기술과 파토스, 그리고 사회적 문제들에 대한 과감한 비평 등에서 최고의 수준이었다.

1918년 그는 자신의 영화사를 세웠고 그곳에서 그 후 33년 동안 어느 누구와 비교할 수 없는 창작의 자유를 누리면서 작업했다. 퍼스트 내셔널 영화사 배급용으로 제작된 탁월한 짧은 장편 시리즈에는 1차 대전을 코믹하게 다룬 「어깨 총」(1918), 종교적 편협을 풍자한 「순례자」(1923), 다른 어떤 작품들보다 빈곤과 자선 속에서 보냈던 자신의 고통스러운 체험이 고스란히 녹아 있는, 독특하고 풍부한 정서가 담긴 코미디인 「키드」(1921) 등이 포함된다.

1919년 채플린은 더글러스 페어뱅크스, 메리 픽포드, 그리피스 등과 함께 유나이티드 아티스츠(UA)를 공동으로 설립했고, 이후 미국에서 제작된 그의 모든 영화들은 이 회사를 통해 배급되었다. 그의 첫 번째 UA 영화인 「파리의 여인」(1923)은 탁월하고 혁신적인 사회 코미디였는데, 일반 대중으로부터는 외면당했다. 그가 영화에 인물 자막에도 없는 단역으로 말고는 등장하지 않았기 때문이었다. 「황금광 시대」(1925)에서 그는 클론다이크 지역 금광 채굴자들의 고난을 소재로 하이 코미디를 만들었다. 그 영감이 전혀 뒤지지 않는 「서커스」(1928)는 그의 두 번째 부인과 이혼 소송 중에 힘들게 만들어진 작품으로 비판적인 뉘앙스를 띠었다.

대사의 도입이 떠돌이 캐릭터의 종말을 가져오리라는 것을 알았던 채플린은 1930년대를 통틀어 단 2편의 무성 영화(유성 시대의 용인으로서 음악과 효과 음향을 가진)만을 만들어 시대 변화의 흐름에 따랐다. 「시티 라이트」(1931)는 그 효과가 제대로 발휘된, 감상적인 코미디이자 멜로드라마였다. 「모던 타임스」(1936)는 떠돌이 캐릭터가 작별을 고했던 작품으로 기계 시대에 대해 코믹하면서도 비판적 시각을 보여 주었으며, 작품의 풍자는 오늘날에도 커다란 시사성을 갖는다.

채플린은 자신의 코미디 재능을 시대에 대한 비판적 발언을 위해 사용해야 한다는 책임감을 좀 더 절감했다. 그는 히틀러와 무솔리니에 대한 풍자인 「위대한 독재자」(1940)를 통해 미국의 고립주의 노선에 중대한 문제가 있음을 비판했다. 그는 더욱더 위험을 무릅썼다. 냉전의 광기 어린 공포가 시작된 지 얼마 안 되는 시기에 채플린은 「베르두 씨」(1947)에서 랑드뤼[1차 세계 대전 중 프랑스에서 여성들을 유혹해 살해한 연쇄 살인범 — 역주] 같은 민간인 대량 살인자의 행위와 전쟁으로 허가받은 대량 무차별 살인을 짓궂게 비교했다.

채플린이 미국에서 처한 상황은 이미 안전하지 못했다. 거리낌없는 진보적인 발언, 좌익 사상가들에 대한 호소력과 미국 국적 취득 거부 등으로 그는 오래전부터 FBI의 골칫거리였다. FBI는 1920년대까지의 그의 행적을 뒷조사하여 조앤 베리라는 정신적으로 불안정한 여자를 부추겨 친부 주장을 포함한 일련의 혐의로 그를 고소하게 만들었다. 나중에 친권 주장은 허위로 판명이 났다. 그러나 상황은 진창에 빠지고 FBI는 계속해서 그에게 공산주의 동조자라는 혐의를 씌우려는 중상 공작을 폈다.

「라임라이트」(1952)는 채플린의 어린 시절 런던의 연극 무대를 배경으로 하여 코미디 만들기의 어려움과 관객의 변덕스러운 반응을 다룬 드라마였다. 작품은 그의 손상된 평판에 대한 자기 고찰과 과거에의 동경을 반영했다.

채플린이 「라임라이트」의 영국 개봉을 위해 유럽으로 떠났을 때 FBI는 법무부 장관을 설득하여 외국인으로서 그가 요청했던 재입국 허가를 취소시켰다. 그는 아카데미 평생 공로상과 할리우드의 속죄라 보였던 아첨이 철철 넘치는 칭송을 받으러 1972년에 잠시 들른 것을 제외하면 나머지 인생을 유럽에서 보냈다. 채플린은 스위스 브베에서 전 부인 우나 오닐과 살았으며 자식들의 숫자는 종국에는 8명이 되었다.

그는 망명 중에도 계속해서 작업을 했다. 평작인 「뉴욕의 왕」은 매카시즘의 광기를 희화화했다. 말런 브랜도와 소피아 로렌이 출연한, 그의 마지막 작품 「백작 부인」(1975)에 대한 언론의 냉담한 반응으로 상처를 입었지만 그는 생의 거의 끝까지 새로운 작품 「중독자The Freak」를 가지고 씨름했다. 게다가 그는 2권의 자서전적인 책을 썼으며 자신의 옛날 무성 영화에 사용할 음악을 작곡했다. 1975년 작위를 받은 찰스 채플린 경은 1977년 크리스마스에 사망했다.

최근 몇 년 사이에 때때로 채플린의 업적은 역사적 맥락을 모르거나 아마도 1940년대의 국가적인 중상모략에 영향을 받은 비평가들에 의해 평가절하되어 왔다. 그의 인기는 1차 대전 동안에 이루어진 할리우드의 번성과 세계적인 부상에 기여했다. 그가 슬랩스틱 코미디에 부여했던 고도로 세련된 지성과 기술은 지식인들로 하여금 진정한 예술은, 영화 제작자들이 사회적 인정을 얻어내고자 자의식적으로 노력했던 〈예술적인〉 제품들에 있었던 것이 아니라, 전적으로 대중적인 오락물에 있었다는 사실을 인정하게 했다. 1910년대와 1920년대에 전혀 굴하지 않는 태도와 용기로써 적대적이고 정당한 대우를 해주지 않는 세상과 싸웠던 떠돌이 채플린! 그는 영화 최초의 관객 대중이었던, 특권과는 거리가 먼 수백만의 사람들에게 불가사의한 힘의 투사를 선사했다.

데이비드 로빈슨

주요 작품

「베네치아 유모차 경주 대회Kid Auto Races at Venice」(1914); 「틸리의 깨진 사랑Tillie's Punctured Romance」(1914); 「챔피언The Champion」(1915); 「여자A Woman」(1915); 「떠돌이The Tramp」(1915); 「어느 날 밤의 쇼A Night at the Show」(1915); 「경찰Police」(1915); 「새벽 1시One A.M.」(1916); 「전당포The Pawnshop」(1916); 「스크린 뒤에서Behind the Screen」(1916); 「이지 스트리트Easy Street」(1917); 「요양The Cure」(1917); 「이민자The Immigrant」(1917); 「개의 삶A Dog's Life」(1918); 「어깨 총Shoulder Arms」(1918); 「키드The Kid」(1921); 「순례자The Pilgrim」(1923) 「파리의 여인A Woman of Paris」(1923); 「황금광 시대The Gold Rush」(1925); 「서커스The Circus」(1928); 「시티 라이트City Lights」(1931); 「모던 타임스Modern Times」(1936)); 「위대한 독재자The Great Dictator」(1940); 「베르두 씨Monsieur Verdoux」(1946); 「라임라이트Limelight」(1952); 「뉴욕의 왕A King in New York」(1957); 「백작 부인A Countess from Hong Kong」(1967).

참고 문헌

Chaplin, Charles(1964), *My Autobiography*.
Huff, Theodore(1951), *Charlie Chaplin*.
Lyons, Timothy J.(1975), *Charles Chaplin, A Guide to References and Resources*.
McCabe, John(1978), *Charlie Chaplin*.
Robinson, David(1985), *Chaplin, His Life and Art*.

며, 궁극적으로 좀 더 정교한 캐릭터 코미디 스타일을 선호했다. 해럴드 로이드와 스탠과 올리버는 동시대 세상이 안고 있는 위험한 불확실성과의 영원한 전쟁 속에 있었던 관객들의 결점, 감정과 불안 등을 공유하는 캐릭터들로 눈에 띄게 인간적인 모습을 보여 주었다.

무성 코미디 영화의 전성기

적어도 1913년까지 영화 1편의 표준 길이는 1릴이었다. 복수 릴 장편 영화는 처음에는 영화계의 많은 주요 회사들에서 거부되었다. 세넷이 1914년 말, 최초의 복수 릴 코미디를 발표하였을 때 그것은 극적인 혁명이었다. 「틸리의 깨진 사랑Tillie's Punctured Romance」(1914)은 유명한 여성 코미디언 마리 드레슬러를 그녀가 연극 무대에서 성공했던 작품의 각색 영화에 출연시키기 위해 기획되었다. 찰리 채플린이 그녀의 상대 남자 배역으로 출연했다. 영화의 성공에도 불구하고 장편 영화 코미디가 정착되기까지는 몇 년이 걸렸다. 채플린은 키스톤에서 그의 최초의 2릴 영화 「빵과 다이너마이트Dough and Dynamite」(1914)를 만들었지만 1918년 「개의 삶Dog's Life」이전까지는 장편 길이의 영화에 착수하지 못했다. 키튼은 1920년에 최초로 장편 영화를 제작했고, 로이드는 1921년에, 해리 랭던은 1925년에 만들었다.

채플린, 키튼, 로이드, 랭던 등 미국 무성 영화 코미디의 4대 거인들은 단일 릴과 2릴 영화 시기에 등장하여 1920년대에 최고의 정점에 올랐다. 영국 뮤직홀에서 훈련받았고 키스톤 영화사에서 캐릭터의 이미지를 조정했던 채플린은 떠돌이 캐릭터를 통해 역사상 가장 전 세계적인 허구적 인간상을 창조했다. 채플린과 마찬가지로 키튼은 어느 누구보다 기량이 뛰어난 배우였으며 백만장자에서 카우보이에 이르기까지 자신이 연기한 모든 캐릭터에 그 고유의 개연성과 생명력을 부여했다. 〈심오한 무표정한 얼굴〉이라는 신화는 그의 놀라울 정도로 표현적인 얼굴과 훨씬 더 웅변적인 신체를 간과하게 할 수도 있다. 코미디를 창조하고 무대 문제를 해결했던 평생의 시간(그는 세 살 때부터 전문 연기자로 활동했다)은 키튼에게 코미디의 구조와 미장센에 대한 완벽한 감각을 가져다주었다. 특기로서 강도가 점증하는 그의 연쇄적인 개그는 키튼을 1920년대 활동했던 다른 감독들과 어깨를 나란히 하게 한다.

해럴드 로이드는 그의 배경과 연기 훈련 장소가 보드빌이 아니었기 때문에 다른 무성 영화 코미디언들과 구별된다. 소년 시절부터 무대 생활을 동경했던 그는 나중에 할 로치를 만나게 되는 유니버설 스튜디오에서 일급 5달러의 엑스트라로 일하기 전까지는 작은 레퍼토리 극단들에서 일했다. 그는 윌리 워크 시리즈 영화의 제작과 로치와의 불화 이후 세닛에 합류했다. 로이드와 로치는 다시 모여 로이드가 촌뜨기 외로운 루크Lonesome Luke로 나오는 새로운 시리즈를 제작했다. 영화는 충분히 성공적이었다. 그러나 1917년 뿔테 안경을 쓰고 「담장을 넘어Over the Fence」(1917)라는 영화에 출연한 로이드는 그에게 영원한 명성을 가져다줄 훨씬 더 적당한 캐릭터를 발견했다. 그 해럴드 캐릭터는 단편 시리즈를 통해 발전했고 그의 최초의 장편 「타고난 뱃놈A Sailor-Made Man」(1921)에서 제대로 확립되었다. 해럴드는 항상 모범적인 미국인, 즉 열정적인 활동가인 영웅 호레이쇼 앨저가 되기를 꿈꾸었다. 로이드 코미디의 플롯에 항상 동인이 되었던, 사회적 지위나 경제적인 향상에 대한 욕구는 윤리에 대한 나름대로의 확고한 믿음을 반영하는 것이라 볼 수 있다. 실제로 로이드 자신이 자수성가 스토리의 모범적 사례였다.

「안전은 뒷전Safety Last」(1923)으로 로이드는 항상 그의 이름을 연상시키는 스릴 코미디라는 특별한 스타일을 도입했다. 플롯은 그의 의사에 상관없이 순진한 해럴드가 인간 파리가 되게끔 몰아간다. 영화의 나머지 1/3은 해럴드가 고층 건물의 측면 길이를 재려는 과정에서 점점 무서운 위험에 맞닥뜨림에 따라 그 강도가 강해지는 개그이다. 「할머니의 귀여운 손자Grandma's Boy」, 「대학 신입생The Freshman」(1925), 그리고 절정에 달했던 「꼬마 동생The Kid Brother」(1927)과 「스피디Speedy」(1928) 등을 포함한 로이드의 11편의 무성 장편 영화들은 1920년대에 최고의 흥행 수익을 올렸으며 그 수익은 심지어 채플린의 영화를 능가했다.

해리 랭던의 성과물은 다른 이들의 그것보다 숫자가 적고 수준이 균일치 않으나 놀라운 3편의 작품 때문에 그는 코미디언 명예의 전당에 한 자리를 차지할 수 있었다. 그 3편은 프랭크 캐프라가 시나리오를 쓴 「터벅, 터벅, 터벅Tramp, Tramp, Tramp」(1926)과 캐프라가 감독한 「장사The Strong Man」(1926), 「긴 바지Long Pants」(1927)이다. 랭던의 영화 캐릭터는 말 없고, 영리하고, 다소 기묘하다. 통통하고 창백한 얼굴, 땅딸막한 체구, 꽉 끼는 의상, 둔하고 약간 느슨한 동작 등은 제임스 에이지의 언급대로 그를 마치 늙은 아이처럼 보이게 한다. 이러한 어린애 같고 악의 없는 품성이 그가 부닥치는 성인 세계의 성욕이나 죄악과 섬뜩한 대조를 가져온다.

이러한 매혹적인 코미디 시대에 활동했던 다른 코미디언들의 명성은 부당하게 잊혀 왔다. 레이먼드 그리피스는 막스 랭데르의 풍자적인 우아함을 본떴으며 여유만만한 재간으로 재난과 위험에 맞섰다. 그의 걸작 「손들어Hands Up!」(1926)에서 그는 남북 전쟁 때의 스파이로 나온다. 매리언 데이비스의 경우, 그녀가 윌리엄 랜돌프 허스트의 연인이었다는 명성이 여성 코미디언으로서 동시대 명사였던 그녀의 모습을 가려 왔다. 특별한 매력을 가진 코미디언으로서 그녀가 관객에게 선사했던 즐거움은 킹 비더가 연출한 「쇼 단원들Show People」(1928)과 「봉The Patsy」(1928) 등의 영화들에서 가장 잘 드러난다. 캐나다 출신의 연예인 비어트리스 릴리는 단 1편의 위대한 무성 영화 「웃으며 떠나라Exit Smiling」(1927)로 코미디 역사에 확실한 족적을 남겼다. 유럽에서 넘어왔던 이탈리아 인 몬티 뱅크스(몬테 비앙키)와 영국인 루피노 레인은 비록 짧았지만 연기로 성공을 거뒀다. 뱅크스는 나중에 감독으로 변신했다. 피에로 루네르처럼 눈에 띄는 하얀 얼굴을 가졌던 래리 시먼은 1920년대에 초기 할리우드 코미디언들 가운데 최고의 몸값을 받으며 영화에 출연했으나 후기의 장편들은 흥행이 부진했고 오늘날에는 거의 기억되지 않는다. W. C. 필즈와 윌 로저스 또한 드문드문 무성 영화에 출연했는데, 그들은 유성 영화 시대가 되어서야 만개하게 되는 주고받는 대사 형식의 코미디를 했다.

할리우드에서 이루어진 무성 영화 코미디의 보기 드문 번성은 그 정도에 있어서 그 밖의 다른 지역에서는 전혀 찾아볼 수 없는 것이었다. 아마도 미국 코미디들이 누리고 있던 국제적인 배급력과 대중성이 엄청났기 때문에 다른 국가의 영화들이 그것들과 경쟁할 수 있는 여지가 거의 없었기 때문일 것이다. 영국의 경우 스큅스Squibs라는 캐릭터로 2편의 장편 영화를 만들었던 베티 밸푸어가 스타 여성 코미디언에 가장 근접했다고 볼 수 있다. 그러나 뮤직홀의 코미디언들을 데려다가 만들었던 코미디 영화들은 그런 시도에 요구되는 기술도 부족했고 성공도 하지 못했다. 독일에서는 1909년의 아역 스타 쿠르트 보이스가 성장하여 여러 편의 영화에 출연하며 스타가 되었고, 그중 최고의 영화는 「파펜하임 출신의 백작The Count from Pappenheims」이었다. 프랑스의 경우, 르네 클레르가 「이탈리아식 밀짚모자Un chapeau de paille d'Italie」(1927)와 「두 명의 겁쟁이Les Deux Timides」(1928)를 통해 프랑스 무대 보드빌의 코미디 스타일을 영화에 옮겼다. 그러나 코미디 영화는 무엇보다 미국적인 예술 형태였다.

비록 무성 영화의 황금시대가 사운드의 도입으로 갑작스레 소멸되었지만 코미디는 남았다. 여기에는 복합적인 요인들이 작용했다. 코미디언에 따라서는 사운드에 아예 적응하지 못하는 경우도 있었다. 레이먼드 그리피스가 그 극단적인 경우인데 그는 발음을 제대로 하는 데 문제가 있는, 심각한 구강 구조의 결함을 가지고 있었다. 새로운 기술(방음용 박스 속에 들어간 카메라와 녹음용 마이크)은 그전과는 달리 영화 제작자들의 자유를 제한했다. 보다 근본적인 이유인데, 치솟는 영화 제작 비용과 수익 때문에 제작 과정에 대한 관리와 감독이 좀 더 강화되었다는 점이었다. 이는 최고의 코미디언들이 제대로 작업하는 데 필수적이었던 자유스러운 행동에 불리하게 작용했다. 채플린이나 로이드처럼 수년 이상 작업의 자유를 누릴 수 있었던 사람들은 극소수에 불과했고, 키튼과 랭던을 포함한 다른 코미디언들은 개인적인 관심사를 전혀 반영할 수 없는, 거대한 영화 공장의 종업원으로 전락했다. 1929년 이후 키튼은 더 이상 자신의 영화를 연출할 수 없었으며, 랭던은 이름 없이 사라졌다. 새로운 예술이 태어났다가 번성한 후 사라지는 데는 겨우 사반세기가 걸렸다.

참고 문헌

Kerr, Walter(1975), *The Silent Clowns.*

Lahue, Kalton C.(1966), *World of Laughter.*

—(1967), *Kops and Custard.*

McCaffrey, Donald W.(1968), *Four Great Comedians.*

Montgomery, John(1954), *Comedy Films: 1894~1954.*

Robinson, David(1969), *The Great Funnies: A History of Film Comedy.*

다큐멘터리

찰스 머서

〈다큐멘터리*documentary*〉라는 용어는 1920년대 말과 1930년대가 되기까지는 대중적으로 사용되지 않았다. 이 말은 원래 1차 대전 후의 고전적 영화 시기에 다양한 종류의 〈창의적인〉 논픽션 영화들을 가리키는 데 사용되었다. 이런 범주의 기원이 되었던 전형적인 영화들에는 로버트 플라어티의 「북극의 나누크Nanook of the North」(1922), 지가 베르토프의 「영화 카메라를 든 사나이Chelovek s kinoapparatom」(1929)와 같은 1920년대의 다양한 소련 영화들, 발터 루트만의 「베를린: 도시의 교향곡Berlin: die Sinfonie der Größstadt」(1927), 존 그리어슨의 「유자망 어선단Drifters」(1929) 등이 포함되었다. 그럼에도 〈다큐멘터리〉 영화들은 그것이 19세기 후반의 반세기에 걸쳐 번성했던 생명력 있고 오랜 기간 동안 확립되었던 형태를 재생산했다는 측면에서 좀 더 멀리 거슬러 올라가는 기원을 가지고 있다. 그 형태는 그림이 있는 강의*illustrated lecture*였다. 초창기의 다큐멘터리 제작자들은 환등기*magic lantern*를 이용하여 음악과 효과음이 때때로 어우러지는 실황 해설과 함께 일련의 영사되는 사진 이미지들을 통해 복합적이고 종종은 정교한 프로그램을 창조했다. 20세기의 문턱에서 필름은 삽입 자막으로 강의의 기능을 대신하면서 점차 슬라이드를 대체해 나갔으며, 이러한 변화는 종국에는 새로운 용어를 낳았다. 다큐멘터리의 전통은 영화보다 앞섰으며, 텔레비전과 비디오의 시대까지 계속 이어졌다. 그러므로 다큐멘터리는 변화하는 사회문화적 동인의 맥락에서는 물론 기술적인 혁신의 관점에서 재정의되어야 한다.

기원들

다큐멘터리적 용도로 스크린에 투영된 이미지를 이용했던 역사는 예수회 수도사 안드레아스 타케가 중국 선교 여행에 그림을 가지고 강연했던 17세기 중반까지 거슬러 올라갈 수 있다. 19세기의 첫 10년 동안 환등기는 과학(특히 천문학), 시사, 여행과 모험 등에 관한 시청각적 프로그램에 이용되었다.

사진 이미지를 유리 위에 옮기고 그것을 환등기를 이용해 영사하는 기술은 다큐멘터리적 관행에 중대한 진보를 가져왔다. 환등기 슬라이드 이미지는 새로운 존재론적 지위를 얻었을 뿐만 아니라 부피가 좀 더 줄어들었고 제작하기도 더욱 용이해졌다. 독일에서 태어나서 필라델피아에 자랐던 프레더릭 랑겐하임과 윌리엄 랑겐하임 형제는 1849년 이런 성과를 얻은 뒤, 1851년 런던 대박람회에서 그들의 작업을 소개했다. 1860년대 중반, 여행 강연회에서 이런 슬라이드를 활용하는 것은 미국의 동부 도시 지역에서 대중화되었고, 그러한 야간 프로그램은 전형적으로 매회 하나의 외국 국가를 중점적으로 다뤘다. 예를 들어 1864년 6월 뉴욕의 관객들은 「포토맥 강변의 군대The Army of the Potomac」를 볼 수 있었는데, 이것은 남북 전쟁에 관한 사진을 곁들인 강의로서 알렉산더 가드너와 매슈 브래디가 촬영한 사진들이 이용되었다. 비록 환등기가 18세기 후반과 19세기 초기에는 주로 관객에게 신화적이거나 혹은 환상적인 것을 부추기는 데 사용되었지만, 1860년대에 이르렀을 때에는 주로 다큐멘터리적 용도로 사용되었고, 그 결과로 새로운 명칭을 얻게 되었는데 미국에서는 〈스테레옵티콘*stereopticon*〉, 영국에서는〈광학 환등기*optical lantern*〉라 불렸다.

이러한 다큐멘터리와 비슷한*documentary-like* 사진을 곁들인 강연은 서유럽과 북아메리카에서 번성했다. 미국에서는 몇 명의 상영업자들이 매년 내용을 바꿔 4~5개 정도의 일련의 프로그램을 가지고 주요 도시들을 순회했다. 19세기의 마지막 30년 동안 모험가, 고고학자, 탐험가들이 수많은 유명한 다큐멘터리와 비슷한 프로그램을 제공했다. 특히 북극에 관한 프로그램은 1865년 이래로 인기가 있었으며, 민족지적*ethnographic* 성격을 띠었다. 에드윈 피어리 중령은 북극에 도달하려는 자신의 시도를 늦추고 1890년대 초중반에 여행영화*travelogue* 스타일의 강의를 진행했다. 1896년 강의에서 피어리는 100장의 환등 슬라이드를 보여 주면서 캐나다 뉴펀들랜드에서 북극 만년설에 이르는 자신의 여행을 영웅적으로 설명했을 뿐만 아니라 이뉴잇*Inuit*, 곧 〈에스키모〉에 대한 민족지적 연구를 시도했다.

이와 비슷한 종류의 강연들이 유럽에서도 전개되었다. 환등기 작업은 식민지의 이해관계가 첨예하던 영국에서 번성했다. 특히 이집트가 인기 있는 주제였는데「이집트와 수단에서의 전쟁War in Egypt and Soudan」(1887)과 같은 그림 있는 강의는 크게 돈벌이가 되는 프로그램이었다. 또한 영국 빅토리아 시대의 관객들은 사진사 조지 워싱턴 윌슨이 제작한 슬라이드 시리즈 「섬으로 가는 길The Road to the Isles」(1885년경)을 포함하여 산업 혁명의 영향을 받지 않은 지방

도시와 시골을 다룬 환등기 프로그램을 즐겨 보았다.

도시 빈민 지역에 관한 환등기 쇼는, 원시적이거나 가난한 오지 지역의 부족에 관한 사진 있는 강의와 쌍벽을 이루는 프로그램이었다. 영국의 경우에, 「대도시 빈민가의 생활Slum Life in our Great Cities」(1890년경)과 같은 프로그램들은 그 원인을 알코올 중독으로 돌리면서 빈곤을 생생하게 묘사했다. 미국에서 사회적 문제를 다룬 다큐멘터리는 제이컵 리스로부터 시작되었는데, 그는 1888년 1월 25일 자신이 최초로 제작한 프로그램인 「다른 계층 사람들의 삶과 죽음How the Other Half Lives and Dies」을 선보였다. 프로그램은 가난하고 전염병이 도는 빈민가에 사는 이탈리아 인과 중국인을 포함하여 당시 급부상한 미국 이민자들을 다루었다.

1890년대 초기에는, 휴대가 매우 간편한 〈탐정용*detective*〉 카메라의 등장으로 아마추어와 전문 사진사들은 촬영되는 사람들이 눈치채지 못하거나 혹은 그들에게 허락을 받지 않은 상태에서 스냅 사진을 찍을 수 있었다. 알렉산더 블랙은 자신이 사는 브루클린 지역에서 촬영한 사진들을 이용하여 「탐정용 카메라로 본 삶Life through a Detective Camera」과 「타인의 눈으로 우리 자신을 보다Ourselves as Others See Us」로 제목을 번갈아 가면서 사진을 이용한 강연을 진행했다.

여행, 민족지, 고고학, 사회 문제, 과학, 전쟁 등을 다루는 다큐멘터리의 기본적 장르들은 그 대다수가 영화의 출현 이전에 등장했다. 많은 것들이 단일 주제를 가지고 저녁을 채우는 시간 길이의 프로그램이었으나, 보드빌의 20분짜리 프로그램으로, 혹은 복수 주제의 잡지 같은 구성 형식의 일부로 제공되는 어떤 것들은 이보다 훨씬 길이가 짧았다. 비록 많은 관심의 대상이 되는 경우는 드물었지만 다큐멘터리 제작자들과 그들의 촬영 대상이 되는 사람들 사이의 관계에 관한 윤리적 문제들이 다루어졌다. 요약한다면, 다큐멘터리적 영사 관행은 19세기 후반기 유럽과 북미에서 중산 계급의 문화적 삶을 구성하는 중요한 부분이 되었다.

슬라이드에서 필름으로

영화 제작이 1894년과 1897년 사이에 유럽과 북미에서 급속도로 퍼졌을 때는 논픽션 소재가 주도적이었다. 이는 논픽션 영화가 세트와 연기자가 필요한 픽션 영화보다 제작하기에 용이하고 일반적으로 비용이 덜 들었기 때문이다. 뤼미에르 영화사는 유럽 국가들과 북미와 중미, 아시아, 아프리카 등지에 알렉상드르 프로미오와 같은 카메라맨들을 파견했다. 이들 지역에서 뤼미에르 영화사는 그전의 여행 강연용 환등기 프로그램의 관점에서 소재의 선택은 물론 심지어는 구성 방식까지 그대로 차용하는 일련의 영화들을 촬영했다. 다른 국가들의 카메라맨들도 뤼미에르 영화사의 전철을 밟았다. 영국에서는 1897년 3월에, 로버트 폴이 카메라맨 H. W. 숏을 이집트에 파견했고(「아랍의 칼 가는 사람An Arab Knife Grinder at Work」을 제작했다), 자기 자신은 직접 그해 9월에 스웨덴에서 12편의 영화(「라플란드 사람의 순록 기르기A Laplander Feeding His Reindeer」)를 제작했다. 에디슨 영화사의 제임스 화이트는 1897년과 1898년 10개월 동안 멕시코(「멕시코의 일요일 아침Sunday Morning in Mexico」), 서부 아메리카, 하와이, 중국, 일본(「일본의 작은 배 삼판 Japanese Sampans」) 등지를 돌면서 영화를 촬영했다.

뉴스 영화도 또한 빈번히 제작되었다. 러시아에서는 뤼미에르 영화사의 「대관식 교회에 들어서는 차르 부처Czar et Czarine entrant dans l'église de l'Assomption」(1896년 3월)를 비롯하여 제정 러시아 황제 차르의 대관식에 관한 7편의 영화가 만들어졌다. 스포츠 경기 또한 인기 있는 주제였는데, 폴은 1895년 「더비 경마장The Derby」을 촬영했다. 작고 개발에 뒤처진 국가들에서는 지역 영화 제작자들이 빠르게 등장하여 이러한 〈실사 영화*actualities*〉를 촬영했다. 이탈리아에서 비토리오 칼리노는 「공원을 거니는 사보이 왕가의 움베르토 왕과 마르게리타Umberto e Margherita di Savoia a passeggio per il parco」(1896)를 촬영했다. 일본의 시바타 쓰네키치는 1897년 동경의 번화가 긴자 지역에 관한 영화를 제작했다. 브라질의 알폰소 세그레투는 1898년에 뉴스 영화와 기록 영화를 촬영하기 시작했다.

「장사 샌도Sandow」(에디슨, 1894), 「날뛰는 브롱코 Bucking Broncho」(에디슨, 1894), 「도버의 거친 파도 Rough Sea at Dover」(폴-에이커스, 1895), 「군대를 사열하는 독일 황제The German Emperor Reviewing His Troops」(에이커스, 1895), 「공장에서 퇴근하는 근로자들 Sortie d'usine」(뤼미에르, 1895) 등 이들 최초의 영화들은 모두 〈다큐멘터리적 내용물〉을 지니고 있었으나 반드시 모든 것이 〈다큐멘터리적 전통〉 내에서 기능하는 것은 아니었다. 영화 상영자들은 종종 이들 논픽션 영화들을 픽션 영화들과 섞어서 상영했다. 통상적으로 보이는 장면들의 장소는 프로그램 속에 혹은 강연자에 의해 그 이름이 부여되는 일은 왕왕 있었

방어 진지의 영국 카메라맨 J. B. 맥다월

지만 내러티브와 특정 주제의 지속적 처리는 기피되었다.

이러한 〈볼거리로서의 영화〉라는 접근 방식은 계속해서 사용되었으나, 연관된 소재들의 영화들을 대개의 경우 포괄적인 스토리를 통해 함께 묶어 차례로 상영하려는 상영업자들의 노력으로 그 반대쪽으로의 균형이 빠르게 이루어졌다. 예를 들어 영국에서 상영업자들은 빅토리아 여왕의 즉위 60년 행사(1897년 6월)를 전체적으로 보여 주기 위한 노력에서 관련된 5편 혹은 6편의 영화들을 묶어서 반복적으로 상영했다. 다큐멘터리 〈필름〉 각각은 단일 숏 길이였고, 많은 경우에 각 영화는 자막 슬라이드를 통해 소개되었으며, 이러한 슬라이드 사용은 계속 증가했다. 그리고 상영에는 종종 강사 혹은 내용 선전자가 있어서 구술적인 설명 또한 동반되었다.

1898년에 이르러 다른 국가의 상영업자들은 슬라이드와 필름을 혼합하여 장편 길이의 다큐멘터리 같은 프로그램을 만들기 시작했다. 1897년 4월 뉴욕 소재 브루클린 예술 과학 협회에서 헨리 에반스 노스럽은 자신의 환등기 쇼「유럽 자전거 여행A Bicycle Trip through Europe」의 중간에 뤼미에르 영화들을 상영했다. 드와이트 엘멘도르프는 인기 있는 사진 강연인「산티아고 출정The Santiago Campaign」(1898)을 진행하면서 자신이 제작한 슬라이드의 내용을 미국과 스페인 전쟁을 담은 에디슨 영화사의 영화들로 보충했다. 스페인-미국 전쟁에 관한 많은 프로그램들은 전쟁 관련 기록 영화 필름과, 오늘날까지 그 총체적인 정확성의 문제가 제기되는 짧은 픽션 장면은 물론, 연출된 혹은 재연된 사건을 혼합했다. 영국에서 앨프리드 존 웨스트는 필름과 슬라이드로 구성된 장편 길이의 프로그램「웨스트의 영국 해군West's Our Navy」(1898)을 제작했는데 그 프로그램은 오랫동안 상영되었으며 영국의 해군력을 선전하는 데 효과적이란 평가를 받았다.

20세기의 문턱에서 제작사들은 단일 주제에 관한 일련의 단편 영화들을 촬영했는데 이것들은 이후 하나의 짧은 특정 소재 프로그램으로 혹은 보다 긴 슬라이드-필름 프로그램의 일부로 상영됐다. 런던의 찰스 무역회사Charles Trading Company는 러일 전쟁에 관한 뉴스 영화를 공급했다. 미국에서 버튼 홈스는 이것들을 확보해 자신의 장편 길이 슬라이드-필름 강연「뤼순: 포위와 굴복Port Arthur: Siege and Surrender」(1905)에 이용했다. 반면에, 라이먼 하우는 똑같은 영화들을 두 시간짜리 잡지 방식 프로그램의 한 부분으로 상영했다. 적어도 미국에서는 직업적인 사진 강연 강사들은 1907년과 1908년경에는 정기적으로 필름과 슬라이드를 혼합한 장편 프로그램을 제작하고 있었다.

1901년과 1905년 사이, 스토리 영화의 부상과 함께 논픽션 영화는 세계 영화관에서 자신의 주도적 위치를 상실했다. 그리고 점차 영화 산업의 주변부로 떠밀려 갔다. 픽션 영화와는 대조적으로 논픽션 영화는 상업적 가치와 상영업자와 배급업자에게 매력적이지 않게 되면서 구식으로 치부되었다. 경천동지의 대사건을 보여 주는 영화만이 팔릴 수 있었다. 이런 문제는 파테-프레르가 주간 뉴스 영화인「파테 주르날Pathé Journal」을 배급하기 시작하면서 해결되었다. 주간 뉴스 영화는 1908년 처음에는 파리에 배급되었다가 이듬해에는 프랑스, 독일, 영국 등으로 확산되었다.「파테 위클리Pathé Weekly」는 1911년 8월 8일에 미국에 선보였으며, 이를 모방한 몇몇 뉴스 영화들이 급속히 등장했다.

다큐멘터리 유형의 영화들은 계속해서 중산층 관객들과 고상한 관객들의 관심을 끌었으며 일정한 범위 내에서 중요한 이데올로기적 기능을 수행했다. 다큐멘터리 영화들은 빈번하게 선진 산업국의 식민지 정책을 위한 선전 용도로 활용되었다. 영국과 트란스발 공화국이 벌인 보어 전쟁은 1899년과 1900년 사이 주로 영국의 관점에서 촬영되고 영화화되었다. 1905년 이후에는 영국, 프랑스, 독일, 벨기에 등의 중앙아프리카 식민지들에서 수많은 영화가 촬영되었다. 여기에 포함되는 작품들에는 「푸른 나일 강의 하마 사냥Chasse à l'hippopotame sur le Nil Bleu」(파테, 1907), 「에티오피아 사람들의 결혼Matrimonio abissino」(로베르토 오멘가, 1908), 「탕카의 삶과 행사Leben und Treiben in Tangka」(도이치-비오스코프, 1909) 등이 있다. 「신문 제작Making of a Newspaper」(우르반, 1904)과 같은 많은 논픽션 영화들은 작업 과정의 묘사를 통해 신문 제작 기술의 놀라움을 찬양했으나, 반면 종사하는 노동자들은 이러한 성과의 주변부적인 존재로서 그렸다. 왕실, 부유한 계층의 활동, 퍼레이드와 작전 중의 군대 등에 관한 수많은 묘사들이 경향적으로 세계적인 관심을 끄는 확고한 이미지들이 되었다. 1차 대전 전야에 제작된 이러한 논픽션 프로그램들에는 비판적 관점이나 짙게 드리운 파국에 대한 인식이 결여되어 있었다.

초기 장편 영화의 많은 수는 필름만을 사용한 장편 길이의 사진 강연이었다. 비록 그 대다수가 여전히 〈여행기〉였으나 여기에는 「조지 5세의 대관식Coronation of King George V」(키네마컬러, 1911)과 같은 것도 포함되어 있었다. 1910년대 말경 대규모 탐험들은 반드시 영화 카메라맨을 동반했다. 이런 과정에서 제작된 영화들에는 F. E. 클라인슈미트가 이끄는 카네기 알래스카-시베리아 탐험대를 촬영한 「극한의 북극에서의 사냥감 포획Roping Big Game in the Frozen North」(1912)과 「스콧 선장의 남극 탐험Captain Scott's South Pole Expedition」(고몽, 1912) 등이 있었다. 또한 수중 촬영이 특징인 조지 윌리엄스와 어니스트 윌리엄스의 「심해 30리그Thirty Leagues under the Sea」(1915), 아프리카를 재탐험한 제임스 반스의 「중앙아프리카 횡단Through Central Africa」(1915), 극지를 재탐사한 「더글러스 모슨 경의 놀라운 남극 관찰Sir Douglas Mawson's MarvelousViews of the Frozen South」(1915) 등이 있었다. 이러한 프로그램들의 경우, 강연자들이 스크린 옆에 서서 설명을 덧붙였다. 그들은 일반적으로 행사와 탐험에 실제 참여했거나 적어도 실제 관찰자이거나 혹은 정평이 나 있는 전문가들이었고, 그런 이유로 이들은 개인적인 이해나 견해를 관객과 나눌 수 있었다. 종종 같은 제목을 가진 몇 개의 다른 프린트가 동시에 유통되기도 했는데, 이 경우 프린트에 따라 각 강연자가 직접 행하는 해설 내용이 천차만별이었다. 초기에는 대표 영화 제작자나 심지어 탐험대 대표가 프로그램을 상영하는 경우가 빈번했으나 점차 이들보다 덜 중요한 인물이 이러한 작업을 맡게 되었다. 이러한 프로그램들은 종종 이국적인 장소에서 촬영된 것이었기 때문에 항상 유럽 인 혹은 유럽계 미국인의 모험이 되는 경향이 있었다. 다큐멘터리에도 똑같이 적용될 수 있는 대중 소설에 대한 언급에서 스튜어트 홀(1981)은 다음과 같이 쓰고 있다.

〈이 시기에 모험이라고 하는 말은 바로 피식민지 주민들에 대한 식민지 통치국 주민들의 윤리적, 사회적, 신체적 우월함과 동의어가 되었다.〉

비록 정부와 군 수뇌부에서 처음에는 카메라맨이 전장에 접근하는 것을 금하긴 했으나 논픽션 영화들은 1차 대전 기간 동안 프로파간다의 도구로서 중요한 역할을 했다. 그리 늦지 않게 정부 당국자들은 다큐멘터리적 자료들이 자국 국민들을 고무시키거나 안심시킬 수 있을 뿐만 아니라 중립을 지키고 있는 국가들에게 상영되어 이들 국가의 여론에 영향을 끼칠 수 있다는 사실을 깨닫게 되었다. 미국에서 전쟁을 묘사한 픽션 영화들은 그것들이 중립을 지키려는 자국의 정책에 반할 수 있기 때문에 금지되었던 반면, 다큐멘터리들은 정보를 제공하는 것으로 여겨졌고 상영이 허락되었다. 교전 중인 국가들에서 제작되어 미국에서 상영된 영화들에는 「준비된 영국Britain Prepared」(찰스 어번, 1915), 「프랑스 어딘가에Somewhere in France」(프랑스 정부, 1915), 「독일 저항 전쟁 영화Deutschwehr War Films」(독일, 1915) 등이 있었다. 이러한 〈공인된 전쟁 영화〉는 「미국의 대답America's Answer」(1918), 「퍼싱 십자군Pershing Crusaders」(1918) 등과 같은 다큐멘터리의 선례가 되었다. 두 영화는 1917년 4월 미국이 결국 전쟁에 참전하게 되었을 때 조지 크릴이 이끄는, 미국 행정부의 공공정보위원회Committee on Public Information에서 제작했다. 이들 장편 길이의 영화들은 매우 다양한 상황에서 상영되었기 때문에 비록 통상적으로 영화 공급 기관과 연관이 있는 사람이 각 상영 때마다 영화 내용을 소개는 했지만 일반적으로 강연자보다는 삽입 자막에 의존했다. 이런 종류의 다큐멘터리는 전쟁 기간 동안 그리고 그 후에도 계속되었다. 이런 경향을 보여 주는 영화로는 알렉상드르 드바렌의 「전쟁 중의 프랑스 여성La Femme française pendant la guerre」(1918), 퍼시 내시의 「승리한 여성들Women Who Win」(영국, 1919)과 브루스 울프의 「유틀란트 전투The Battle of Jutland」(영국, 1920) 등이 있다.

〈사진 강연〉에서 〈다큐멘터리〉로

전쟁 후 사진 강연은 계속해서 확산되었으나 그 많은 수가 결국에는 강연자를 대신하는 삽입 자막을 가진 순수한 다큐멘터리로 변했다. 전임 미국 대통령이었던 시어도어 루스벨트는 1914년 후반 「장강 탐험The Exploration of a Great River」이란 슬라이드-필름 강연을 진행했는데, 여기서 사용된 자료는 1918년 「시어도어 루스벨트 대령의 미개지 탐험Colonel Theodore Roosevelt's Expedition into Wilds」이란 제목으로 좀 더 광범위하게 배급되었다. 사진 강연으로 업계에 뛰어들었던 마틴 존슨은 다큐멘터리 「남태평양 식인 풍습의 섬들에서Among the Cannibal Isles of the South Pacific」(1918)를 선보였고 S. F. 로새펄의 티볼리Tivoli 극장에서 상영되었다. 로버트 플라어티는 1914년과 1916년 사이에 캐나다 북부의 이뉴잇을 촬영하여 그 자료를 사진 강연 「에스키모The Eskimo」(1916)에 이용했다. 그 네거티브 필름이 불에 타버려 자막 있는 다큐멘터리로 변환시킬 수 있는 기회를 잃어버린 플라어티는 프랑스의 모피상 레베용 프레르의 지원으로 다시 북부 캐나다로 돌아가 「북극의 나누크」(1922)를 촬영했다.

로버트 플라어티의 「북극의 나누크」(1922).

〈사진 강연〉이란 용어는 분명 실황 해설이 아닌 삽입 자막을 가진 상태로 배급 상영되고 있던 많은 논픽션 영화들을 지칭하기에는 부적절한 명칭이 되었다. 그러나 비평가와 영화 제작자들은 본래 〈다큐멘터리〉란 용어를 제작과 배급 관행에 있어 문화적 변화를 단순히 담고 있는 프로그램 모두에 적용하기보다는 눈에 띄게 분명한 문화적 변동을 보여 주는 프로그램에 부여했다. 사진 강연은 전형적으로 서구의 탐험가 혹은 모험가(이들은 또한 스크린 옆에 서 있는 발표자이기도 했다)를 프로그램의 주인공으로 다루고 있었다. 반면 「북극의 나누크」는 관심의 중심을 영화 제작자에게 두지 않고 나누크와 그의 가족에게 두는 변화를 보여 주었다. 확실히 플라어티에게는 낭만화와 구제 인류학*salvage anthropology*이라는 잘못이 있다(에스키모들이 그 당시 더 이상 입지 않았던 전통 의상을 입게 함으로써 서구의 영향을 받은 흔적을 없앴다). 플라어티가 순박한 원시인으로 묘사했고, 단순한 기록 장치에 의해 신비화된 에스키모 사람들이 실제로는 그의 카메라를 고정시켰고, 필름을 현상했으며, 영화 제작 과정에 적극적으로 참여했다.

「북극의 나누크」는 매우 모순적인 영화이다. 영화는 오늘날의 혁신적이고 진보적인 영화인들에게 극찬을 받아 온, 촬영의 대상이 되는 사람이 영화 제작에 참가하는, 참여적 영화 제작*participatory film-making*의 장점들을 보여 준다. 많은 측면에서 영화는 서로 다른 문화 사이의 협력이었지만 그것은 여성들의 일상적 삶에는 부차적인 관심을 기울이는 두 남자 사이의 협력이었다. 식량을 찾기 위한 필사의 노력은 영화 전체를 엮어 내는, 매우 인상적인 장면들을 연출했다. 영화 제작자의 목소리를 삽입 자막으로만 제한하고 그 자신은 카메라 뒤에 숨는 방식은 비록 제작자가 실제 내용물의 구성에 있어 보다 독단적이 될 수 있는 가능성도 있었지만 영화 자체를 이전의 다큐멘터리 관행보다도 〈객관적인 것으로〉 보이게 했다.

많은 관점에서 「북극의 나누크」는 픽션과 다큐멘터리의 경계선상에서 할리우드 픽션 영화의 기법들을 활용했고, 이를 통해 민족지적 관찰상들은 이야기가 있는 로맨스로 변형되었다. 플라어티는 이상적인 에스키모 가족을 영화상으로 구축했고, 1명의 스타(알라카리알라크는 나누크를 〈연기했고〉, 〈나누크 자신〉이었다. 그의 매력적인 개성은 더글러스 페어뱅크스의 그것과 맞먹었다)와 1편의 드라마(인간과 자연의 대조)를 우리에게 제공했다. 그러나 이러한 분명한 허구화에도 불구하고 롱테이크 스타일은 나중에 플라어티가 자신의 피사체와 현상학적인 사실에 보여 준 존중 때문에 앙드레 바쟁의 칭송을 받았다.

모험-여행 영화의 변형은 메리언 쿠퍼와 어니스트 쇠드색이 제작한 「목초지Grass」(1925)에 나타난다. 다큐멘터리는 영화 제작자들을 부각시키면서 시작하지만 곧 영화의 관심은 바흐티아리Bakhtiari 부족으로 옮겨지고 부족이 연중 행사로 목초지를 찾아 페르시아(이란) 남서부의 험난한 산맥과 카룬 강을 힘겹게 가로질러 가는 과정을 포착한다. 「북극의 나누크」와 「목초지」가 보여 주었던 변화에도 불구하고 백인이 주인공으로 나오는, 관습적인 여행 영화들은 1920년대 전반에 걸쳐 계속 제작되었다.

두 번째 장편 길이 다큐멘터리인 「모아나Moana」(1926, 사모아의 사우스 시 섬에서 촬영)에서 로버트 플라어티는 그의 작은 미국인 스태프를 카메라 뒤에 숨겼다. 생존 방식이 손쉬운 이 섬에서 필요한 드라마를 창출하기 위해 플라어티는 지역 거주자들을 설득하여 문신 새기기 의례(남성 성년식)를 재연시켰다. 「북극의 나누크」와 비교해 덜 참여적이고 보다 기회주의적인 「모아나」는 영화 흥행 면에서도 전자에 필적할 만한 성과를 올리지 못했다.

쿠퍼와 쇠드색은 「목초지」에 이어 「창: 황야의 드라마Chang: A Drama of the Wilderness」(1927)를 제작했다. 영화는 샴(태국)에 있는 한 정글의 극단적인 상황 속에서 살아남으려는 농부와 그 가족의 투쟁을 다루었다. 영화에서는 다큐멘터리적 추진력은 물러서고 할리우드적 스토리텔링이 부각되는데, 이것은 이후에 이들 영화 제작자들의 성공작 「킹콩King Kong」(1933)을 예고했다.

도시 교향곡 영화

다큐멘터리와 연관된 문화적 관점의 변동은 또한 대도시의 삶에 대한 모더니즘적인 관점을 보여 주는 도시 교향곡*city symphony* 영화의 유통에서도 분명했다. 도시 교향곡 영화의 효시가 되었던 찰스 실러와 폴 스트랜드의 「맨해타Manhatta」(1921)는 그전의 도시 묘사에 있어 주도적이었던 여행 영화적 관점은 물론 사회 개혁의 도구로서의 사진과 영화라는 가정을 거부했다. 영화는 그랜트 묘지와 자유의 여신상 같은 도시의 기념비적 상징물을 제쳐 두고 맨해튼 남단의 상업 지역에 초점을 맞춘다. 지역의 고층 건물에서 내려다본 사람들은 난쟁이처럼 작아 보이고, 많은 장면들은 현대 건축

발터 루트만의 「베를린: 도시 교향곡」(1927)에서 건위제(健胃劑) 이동 광고가 나오는 장면.

지가 베르토프 (1896~1954)

나중에 지가 베르토프란 이름으로 유명해지는 데니스 아르카디예비치(다비드 아브라모비치) 카우프만은 지금의 폴란드 지역인 비알리스토크에서 태어났다. 아버지는 이 지역의 도서관 사서였다. 그의 동생들은 둘 다 카메라맨이 되었다. 미하일(1897년 출생)은 베르토프와 1929년까지 함께 일했고 막냇동생인 보리스(1906년 출생)는 프랑스로 이주하여 장 비고의 영화를 촬영했으며 후에 미국으로 건너가 활동하다가 「워터프론트On the Waterfront」로 아카데미상을 수상했다.

관습적인 뉴스 영화 「주간 영화Kino-Nedelia」(1918~1919)로 영화 경력을 시작한 베르토프는 알렉산드르 로드첸코, 블라드미르 타틀린, 바르바라 스테파노바 등 좌파적 구성주의*constructivism* 예술가들과, 알렉산드르 보그다노프, 알렉세이 간 등의 무산계급문화Proletkult 이론가들이 공유했던 사고를 빠르게 흡수했다. 그의 영화의 다큐멘터리적, 비(非) 혹은 반(反)픽션적인 특성은 미래 무산계급문화의 예술의 금욕*mortification of art*이라는 맥락에서 개념화되었다. 카우프만, 베르토프, 그의 두 번째 아내 엘리자베타 스빌로바 등이 소속된 키노-키(Kino-ki, 영화-눈) 조직은 스스로를 유통되는 뉴스 영화의 필름을 계속적으로 공급하는 지역 비전문 영화인들의 전국 조직망의 모스크바 본부(실현되지는 않았다)라 여겼다. 그들은 나중에 이 전국 조직망이 〈라디오-귀〉 조직으로 보완되며 이것들이 합쳐져서 종국에는 〈라디오-눈〉, 곧 픽션 스토리가 들어설 여지가 없는 미래의 사회주의 세계의 전 세계적 텔레비전 방송이 탄생될 것이라고 예견했다. 픽션 영화에 반대하는 베르토프의 성전(聖戰)은 1922년 레닌의 신경제 정책으로 픽션 영화 수입이 증가된 후에 더욱 강화되었다. 그러나 그는 쿨레쇼프와 에이젠슈테인의 새로운 소비에트 영화에 대해서도 붉은색을 물들인 똑같은 쓰레기라고 비난하며 마찬가지로 냉혹하게 평가했다.

베르토프 이론의 양대 교리는 〈불시에 포착된 삶〉과 〈현실의 공산주의적 독해〉였다. 〈키노-키〉 조직은 동시에 2개의 뉴스 영화 시리즈를 진행했다. 「키노-프라우다」는 정치적 관점에서 사실들을 정리했던 반면, 좀 더 일상적인 「연방 영화 달력」은 가벼운 홈 무비의 방식으로 사실들을 배열했다. 그러다가 점차 베르토프 내부의 연설가가 우세해졌다. 1924년과 1929년 사이, 그의 장편 스타일은 일기 형식에서 〈파토스*pathos*〉를 향해 흘러갔다. 반면 「키노-글라스」(1924)은 단일한 사건과 개인을 부각시켰다. 당시 기념물적인 것을 만드는 시류에 조응하여 「진군, 소비에트!」(1926)가 〈노동의 교향곡〉으로서 착상되었고, 포스터 스타일의 「열한 번째 해」(1928)가 혁명 10주년을 기념하는 〈찬가〉로서 고안되었다.

선언들 속에 포함된, 자기를 내세우지 않는 〈우리〉라는 단어에도 불구하고 〈키노-키〉의 제작 관행은 음악, 시, 과학에 대한 베르토프 자신의 매우 개인적인 흥미의 교착(交錯)에 크게 영향을 받았다. 4년 동안의 음악 교습에 이어 1916년 페테르부르크의 신경 심리학 기관에서 1년 동안 연구 시간을 가졌던 경험은 그가 나중에 〈듣기 실험실*laboratory of hearing*〉이라고 부르는 것을 창조하는 데 영향을 주었다. 이탈리아 미래주의 선언서들(1914년 러시아에 출판됨)과 러시아와 이탈리아 시인들이 시도했던 초의미 시학(*zaum*)에 영감을 받은 베르토프의 음향적 실험은, 속기술의 속도로 말해지는 말의 파편들과 축음기 녹음 소리를 혼합하는 것에부터 목공소의 소리와 같은 환경적인 소음의 육성 발성에 이르기까지 다양했다. 1917년 이후 소음에 대한 미래주의적인 숭배는 노동자 문화 운동 조직 무산계급문화에 의해 〈생산의 예술〉의 일부로서 혁명적인 색채를 갖게 되었고, 도시의 불협화음은 1920년대 내내 베르토프에게 의미 있는 것으로 남았다. 그는 1922년 아제르바이잔의 수도 바쿠에서 연출된, 도시 전체에 걸친 〈공장 소음의 교향곡〉(기관총, 함포, 수상 비행기의 음향 효과를 추가적으로 포함되었다)에 참여했다. 그는 첫 번째 유성 영화 「열광-돈바사의 교향곡」(1930)에서 유사한 소음 교향곡을 사운드트랙에 이용했다.

시에 대한 그의 억눌린 충동 또한 마찬가지로 중요했다. 일생 동안 베르토프는 월트 휘트먼과 블라디미르 마야코프스키의 문체로 시를 썼다(출판된 적은 없다). 1926년과 1928년 사이에 제작된 영화들의 경우, 수많은 자막 사용을 통해 시인 베르토프가 등장한다. 특히 휘트먼의 문체 같은 삽입 자막들에 따라 편집되는 「세상의 6분의 1」(1926)의 자막은 매우 복잡하다. 예를 들어 〈순록의 살을 먹는 사람은 〔이미지〕 따뜻한 피에 그것을 담그고 〔이미지〕 어머니의 젖을 빠는 〔이미지〕 당신은 기운찬 100살의 남자다〉라는 식으로 계속된다. 몇몇 비평가들은 이러한 편집이 〈시적 영화〉라는 새로운 장르를 선보였다고 긍정적인 반응을 보였다. 그 가운데 빅토르 슈클로프스키와 같은 사람은 영화에서 트리올렛*triolet*의 전통적인 형태를 찾을 수 있다고까지 주장했다. 반면 다른 비평가들은 키노키가 공식적으로 따르고 있던 〈사실의 영화〉라는 좌파 전선(LEF)의 교리에 합치되지 않는다고 보았다.

이러한 비평들에 반응하여 베르토프는 영화적 선언인 역작 「영화 카메라를 든 사나이」(1929)에서는 모든 삽입 자막의 사용을 배제했다. 그 결

과 영화는 오로지 이미지만을 허용하는, 무성 영화 시대의 가장 이론적인 영화처럼 보였다. 질료에 있어서 다큐멘터리이지만 본질에 있어서 유토피아적인 것(그 세팅은 모스크바, 키예프, 오데사 그리고 우크라이나 탄광 지역 등의 장면을 섞어 만든 장소, 곧 어디에도 없는 도시였다)으로 「영화 카메라를 든 사나이」는 키노-키 운동이 추구하는 주제적인 세계를 요약한다. 즉 기계처럼 완벽한 노동자의 이미지, 공장 노동자처럼 사회적으로 유용한 영화 제작자의 이미지, 이것들과 함께 영화가 그들의 관심사에 던지는 아무리 복잡한 메시지라도 그것에 반응하는 고감각의 관객의 이미지 등. 그러나 1929년 이러한 모든 돈키호테식의 이미지들은 절망적으로 케케묵은 것이 되고 만다. 영화의 핵심 이미지, 즉 개인의 삶과 공동체의 삶이 조화를 이루고, 영화 카메라의 결코 잘못이 없는 시선에 의해 통제되는 이상적인 도시의 이미지를 포함한 모든 것들이 시대에 맞지 않는 것이 되고 말았다.

이후에 제작된 베르토프의 〈키노-키〉 유성 영화들은 형식에 있어서 더욱 개인적이지만 이미지에 있어서는 덜 창의적이었다. 이들 유성 영화들은 노래, 음악, 여성의 이미지, 숭배하는 인물, 과거와 현재 등을 중심으로 전개되었다. 「자장가」(1937)에서는 그전의 「레닌에 대한 세 노래」(1934)에서 보인 태도만큼 여성들로 하여금 스탈린을 마음껏 찬송하게 한다. 「세 여장부」(1938)에서는 기술자, 비행기 조종사, 장교 등 〈남성적인〉 직업을 훈련받는 여성들을 보여 준다. 이들 세 영화들은 훨씬 이전인 1933년의 한 프로젝트에서 유래했다. 〈그녀〉라는 포괄적 제목을 가진 프로젝트는 본래 실제 인물이 아닌 허구적인 작곡가가 역사상의 여성(여기에서 그 제목을 가져왔다)에 관한 교향곡을 쓰면서 겪는 그 자신의 뇌의 작용을 추적하는 것으로 기획되었다.

스탈린 치하에서 베르토프의 장편 다큐멘터리들은 대부분 상영 금지 처분을 받았다. 비록 투옥되지는 않았지만 그는 1949년의 반유대 인 캠페인 기간 동안 블랙리스트에 올랐다. 그는 1954년 2월 14일 암으로 사망했다.

유리 치비안

주요 작품

「주간 영화Kinonedelia」(1918~19); 「차리친 전투Boi pod Tsaritsynym」(1920); 「시민 전쟁의 역사Istoriya grazdanskoi voiny」(1921); 「키노-프라우다Kino-Pravda(1922~25); 「연방 영화 달력Goskino-kalendar」(1923~25); 「키노-글라스Kino-glaz」(1924); 「진군, 소비에트Shagai, Soviet!」(1926); 「세상의 6분의 1Shestaya chast sveta」(1926); 「열한 번째 해Odinnadtsatyi」(1928)「영화 카메라를 든 사나이Chelovek s Kinoapparatom」(1929); 「열광-돈바사의 교향곡Entuziazm-simfoniya Donbassa」(1930); 「레닌에 대한 세 노래Tri pesni o Lenine」(1934); 「자장가Kolybelnaya」(1937)); 「세르게이 오르조니키제에 대한 추억Sergo Ordzonikidze」(1937); 「세 여장부Tri geroini」(1938); 「당신에게, 전선에서Tebe, front」(1941); 「오늘의 뉴스Novosti dnia」(1944~54, 개별 배급).

참고 문헌

Feldman, Seth(1979), *Dziga Vertov: A Guide to References and Resources.*
Petric, Vlada(1987), *Constructivism in Film.*
Vertov, Dziga(1984), *Kino-eye.*

◀ 「영화 카메라를 든 사나이」(1929)의 오리지널 포스터.

물이 창출하는 추상적 도형의 느낌을 부각시키면서 고층 건물 꼭대기에서 촬영되었다. 「맨해타」는 거주자들이 경험하는 도시의 거대함과 몰개성을 전달한다. 영화는 단 하루의 일상(스테이튼 아일랜드 페리에서 내리는 출근 직장인들의 모습에서 시작해 일몰로 끝난다)을 시간 순서대로 느슨하게 보여 준다. 영화의 이런 구조적 형태는 도시 영화의 특징이 되었다. 영화는 미국에서는 크게 주목받지 못했으나 유럽에서는 보다 많은 지역에서 상영되었고, 그런 과정에서 알베르토 카발칸티가 「유일한 시간들Rien que les heures」(1926)을 제작하고 발터 루트만이 「베를린: 도시 교향곡」(1927)을 착수하는 데 영향을 주었을 것으로 보인다.

「유일한 시간들」은 대도시 파리에 초점을 맞추며, 논픽션 시퀀스와 연출된, 혹은 픽션 단편을 섞어 가면서 종종 부유층 거주 지역과 빈곤층 지역을 대조시킨다. 카를 프로인트가 촬영한 「베를린: 도시 교향곡」은 베를린의 유명 사회학자 게오르크 지멜이 「대도시와 정신적 삶Metropolis and Mental Life」(1902)과 같은 글에서 언급했던 판단과 일치하는, 도시의 심오한 양면성을 표현한다. 기차가 조용한 시골 지역을 지나 대도시로 달리는 영화의 오프닝 시퀀스에서부터 도시의 삶은 신경에 거슬리는 긴장을 고조시킨다. 영화는 자살을 묘사한다. 한 여성(그녀의 절망은 영화의 유일한 클로즈업으로 표현된다)이 어쩔 줄 몰라 하다가 다리 밑 강으로 몸을 던진다. 그럼에도 그것을 우연히 목격했던 수많은 사람 가운데 어느 누구도 그녀를 구하려 하지 않는다. 도시적 삶은 엄격함과 세심한 정확함을 필요로 하는 것으로 그려진다. 이것은 작업이 정오에 갑작스레 중지되는 모습을 포함하여 특정 상품의 제작 과정의 묘사에서 분명히 드러난다. 클로즈업의 부재가 분명하게 드러내는 것처럼 이 모든 것들은 하나로 합쳐져 〈고도로 몰개성화된 구조〉를 형성한다.

「베를린: 도시 교향곡」은 도시에 인간성을 부여하거나 그 지리학적 완전함에 주의를 기울이는 것을 거부한다. 그럼에도 루트만이 숏들과 추상적 이미지들을 조직한 방식은 또한 도시 문화로 인해서 가능한, 강화된 주관성을 강하게 반영한다. 이러한 긴장은 영화의 영어 제목에서 분명하게 드러난다. 〈베를린〉은 구체적이고 몰개성적인 목적지이며 〈도시 교향곡〉은 관객에게 영화를 추상적이고 은유적으로 볼 것을 요구한다. 지멜의 언급과 함께 루트만의 변증법은 도시 삶의 모순들을 강력하게 드러낸다. 도시는 전례 없는 자유를 허락하고 그런 자유는 〈모든 사람들에게 공통적인 고귀한 본질이 부상되는 것을 허락한다. 그러나 도시는 또한 전문화를 요구하고 이것은 각 개인의 개성의 죽음을 의미한다〉. 다른 한편으로는 대중이 존재한다. 이것은 발 숏들과, 군인들과 가축들의 간격 편집*intercut*으로 암시된다. 한편으로는 타인과는 다른 의상을 착용함으로써 자신의 개별성을 강조하려는 사람들도 있다. 영화가 도시적 활동들을 거의 가차없이 분류하는 것으로 시사하듯이 각 개인의 개성은 도시적 삶의 공격 아래에서 손쉽게 유지될 수 있는 것이 아니다. 도시는 돈이 지배하는 장소이고 돈은 〈얼마나 많이?〉라는 관점에서 양적인 차이를 표현하는, 땅을 고르는 기계와 같다. 그러므로 영화는 계급적 차별성을 강조하지 않는다. 영화에서 그런 차별성이 때때로 분명하게 드러난다면 그것은 먹고 마시기(가장 오래되고 지적으로 가장 게으른 활동)가 이질적인 사람들 사이에 유대 관계를 형성하는 모습을 암시하는 부분뿐이다.

많은 단편 도시 교향곡 영화들이 1920년대 후반과 1930년대 초반에 제작되었다. 요리스 이벤스는 1928년 선박들이 마스Maas 강을 통과할 수 있도록 열렸다 닫히는 로테르담 철교에 대한 세심한 묘사인「다리De brug」를 만들었다. 기계 미학에 영향을 받은 이벤스는 자신의 피사체를 〈운동, 농담(濃淡), 형태, 대조, 리듬 그리고 이 모든 것들 사이의 관계 등을 위한 실험실〉이라 생각했다. 이벤스의 다른 영화「비Regen」(1929)는 암스테르담에서 소나기의 시작에서 진행, 그리고 그침까지 시간순으로 보여 주는 영화 시(詩)다. 앙리 스토르크의「오스탕드의 이미지Images d'Ostende」(1930), 라슬로 모호이너지의「베를린 정물화Berliner Stillleben」(1929), 장 비고의「니스에 관하여À propos de Nice」(1930), 어빙 브라우닝의「대조의 도시City of Contrasts」(1931), 제이 레이다의「브롱크스의 아침A Bronx Morning」(1931) 등도 도시 교향곡 영화에 속한다.「베를린: 도시 교향곡」과는 대조적으로 레이다의 영화는 중앙역을 출발하여 뉴욕 외곽의 다른 자치구로 향하는 지하철 전동차로 시작한다. 일단 브롱크스에 와서 레이다는 일상적으로 흔한 행위들(아이들의 거리 놀이, 야채상, 유모차를 끄는 아기 엄마 등)을 포착하는데, 이것은 도시에 대해 루트만이 보여 주는 것과는 반대된다. 미하일 카우프만은 소련에서「모스크바Moskva」(1927)라는 도시 교향곡 영화를 제작했다. 그러나 보다 중요하고 국제적으로 인정받은 작품은 지가 베르토프라고 알려진 그의 형 데니스 카우프만이 제작한 영화였다. 베르토프의「영화 카메라를 든 사나이」(1929)는 미래파*futurism* 미학에 마르크스주의를 융합한 도시 교향곡 영화이다. 카메라맨과 촬영팀 동료들은 새로운 소비에트 세계상의 창조를 돕는다. 서로 다른 지역에서 촬영된 장면과 배경들의 병치를 통하여 상상 속의 인공적인 도시를 구축함으로써 새로운 소비에트 세계는 문제 그대로 스크린에 구현된다. 알코올 중독, 자본주의(신경제정책New Economic Policy에 따른)를 포함한 혁명 이전의 문제들이 보다 긍정적인 경제 발전 속에 여전히 지속되고 있다는 것이 묘사된다. 영화의 역할은 이러한 사실들을 신생 소비에트 국민들에게 알려 주고 그에 따른 이해와 조치를 촉구하는 것이었다.「영화 카메라를 든 사나이」는 계속해서 촬영, 편집, 상영과 관람 등 영화의 제작 과정에 주의를 환기시킨다. 이런 관점에서 베르토프의 영화는 다큐멘터리 영화에 대한 옹호이자 그가 다양한 경로로 맹공격했던 장편 픽션 영화에 대한 비난이었다.

소련 다큐멘터리

비록 베르토프를 포함한 사람들이 종종 소련에서 논픽션 영화들이 부당하게 부차적인 것으로 간주되고 있다고 생각했으나 수천 명에 이르는 노동자 영화 서클은 다큐멘터리에 있어 독특하고 다른 무엇에도 뒤지지 않는 결과물을 낳았다. 더 나아가 소련 영화 산업은 수많은 산업 홍보 영화와 그런 용도의 단편 다큐멘터리를 제작했다. 여기에는 철도 노동조합의 활동을 다룬「강철 도로Steel Path」와 공장 건설을 다룬「철과 피로써With Iron and Blood」 등이 포함된다. 소련 다큐멘터리는 또한 전체적으로 이전 논픽션 영화 관행으로부터 가장 급진적이고 체계적인 전환점을 제공했다.

베르토프의 경우,「영화 카메라를 든 사나이」는 10년 동안의 논픽션 영화 제작의 결정판이었다. 그는 〈키노크스Kinoks〉라 불리는, 훈련된 영화 제작자들의 조직을 세우고자 노력했다. 그들의 영화들은 전동화, 산업화, 그리고 힘든 노동을 통해 노동자들이 이룬 성과 등을 찬양했다. 뉴스 영화인「키노-프라우다(영화-진실)」(1922~5)의 경우 초기부터 그 주제 선택과 표현 방법에서 모더니즘 미학을 보여 주고 있다. 베르토프의 영화들은 10년 동안 시간이 갈수록 더 과감하고 논쟁적이 되었다.「진군, 소비에트!」(1926)에서 공장의 생산 과정은 역순으로 제시되며, 그래서 부르주아 소비자가 소유하는 빵과 다른 제품들이 그들에게서 벗어나 다시 그 생산자의 소유가 되는 것을 보여 준다.

급진적으로 새로운 민족지적 충동이 이 시기의 특정 소비에트 다큐멘터리에서 찾아질 수 있다. 「투르키스탄-시베리아 철도Turksib」(빅토르 튜린, 1929)는 소련의 투르키스탄과 시베리아를 연결하는 철도의 필요성을 설명하는 방식으로 두 지역에 거주하는 사람들의 서로 다르고 잠정적으로 상보적인 삶의 양식들을 보여 준다. 그다음 영화는 그 철도 건설을 좀 더 조속하게 끝내기를 최종적으로 촉구하는 것으로 철도의 계획과 건설을 보여 준다.

똑같은 내러티브가 「스바네티 사람을 위한 소금Sol Svanetii」(1930)에도 분명하게 나타난다. 세르게이 트레차코프의 줄거리에 기초를 두고 미하일 칼라토조프가 카프카스 지방에서 촬영한 영화는 일종의 구제 인류학의 양상을 띠지만 플라어티의 경우처럼 낭만화의 목적은 없다. 영화상으로 종교, 풍습, 전통적인 권력 관계가 사람들의 삶에 간단한 개선조차 허용치 않을 정도로 억압적이라는 것을 보여 준다. 많은 문제들 가운데서도 스바네티 사람과 동물은 소금 부족에 시달린다. 그 문제를 묘사한 후 영화는 해결책을 제시하는데 그 해결책은 도로 건설이다. 영화의 주장은 주의력이 부족한 관객이라도 쉽게 파악할 수 있는 것이지만 가중되는 스탈린주의의 압력은 영화상으로 보이는 사람들의 병적인 열의와 그것을 감소시키기 위한 해결책 속에 분명히 감지될 수 있다. 중요한 것은 스바네티 사람들이 혁명 의식의 각성을 경험하지 않는다는 점이다. 즉 문제를 인정하고 해결책을 결정하는 것은 공화국 정부이다.

소련이 중요한 기여를 했던 다른 장르는 역사 다큐멘터리로 기존에 촬영된 필름들의 편집*compilation*에 크게 의존했다. 이러한 편집 다큐멘터리에서 위대한 결과를 달성했던 영화인은 픽션 영화 편집의 경력이 있던 에스피르 슈브였다. 러시아 역사에 대한 그녀의 인상적인 조망은 3편의 장편 영화에서 찾을 수 있다. 「로마노프 왕가의 몰락Padeniye dinasti Romanovikh」(1927)은 1912년에서 1917년 사이의 역사를 다루고, 「대로Veliky put」(1928)는 러시아 혁명 10년 동안(1917~1927)의 발자취를 그 내용으로 하며, 「니콜라이 2세와 톨스토이의 러시아Rossiya Nikolaya II i Lev Tolstoy」(1928)는 톨스토이 탄생 100주년을 기념하기 위한 것으로 1897년과 1912년 사이에 촬영된 필름으로 제작했다. 「로마노프 왕조의 몰락」은 1차 대전 시기에 절정에 다다른 사회 경제적 조건과 차르 체제의 전복을 마르크스주의적 관점에서 분석한다. 이미지들의 효과적인 병치를 이용하여 영화는 먼저 계급 관계(지주 계급과 소작농, 자본가와 노동자)의 검토를 통해 기본적으로 보수적인 사회의 기능을 해석하고, 그다음 러시아 정부(니콜라이 황제를 정점으로 하여 주지사와 행정 관료로 임명된, 제정 러시아 의회의 군사력을 가진 권력 추종적 정치인들)의 역할, 러시아 정교회가 어떻게 권력자를 신비화하는가를 설명한다. 시장 확보를 위한 국제적인 경쟁은 군사적 통제를 시도하게 만들었고 이것은 광포한 학살과, 종국에는 알렉산드르 케렌스키가 권력을 차지하는 1917년 2월 혁명을 낳는다. 이미지들은 종종 그 구성, 혹은 내용에 있어 인상적이지만 무엇보다 슈브의 편집 방식은 심지어 행진하는 군대와 같은 가장 진부한 장면에조차 그 의미를 부여한다.

서구의 정치적 다큐멘터리

정치적 입장을 분명히 표명하는 논픽션 영화 제작 또한 1차 대전 후 미국과 유럽에서 계속되었다. 파업과 관련 행위에 관한 단편 뉴스와 정보 제공 영화가 많은 국가에서 노동조합과 좌파 정당에 의해 제작되었다. 미국에서 공산주의 운동가 앨프리드 와겐크네흐트는 다큐멘터리와 스튜디오 연출 장면을 결합한 짧은 장편 「파사익 직물 공장 파업The Passaic Textile Strike」(1926)을 제작했으며 미국노동자연맹American Federation of Labor은 「노동의 대가Labor's Reward」를 제작했다. 독일에서 빌리 뮌첸베르크가 조직한 프로메테우스Prometheus는 중국의 1927년 3월 혁명 봉기를 다룬 「상하이의 기록Das Dokument von Shanghai」(1928)과 같은 다큐멘터리를 제작했다. 독일 공산당은 연이어 슬라탄 두도프의 「우리 시대의 문제: 노동자의 생존법Zeitproblem: wie der Arbeiter wohnt」(1930)과 같은 수많은 단편 다큐멘터리를 제작했다. 대기업, 우익 정치 조직과 정부 또한 정치 선전을 위해 논픽션 영화를 이용했다.

1차 대전 이전의 논픽션 영화 관행에 대한 이러한 단절들과는 대조적인 것으로 새로운 다큐멘터리가 영국에서 어업 과정을 다룬 존 그리어슨의 58분짜리 무성 다큐멘터리 「유자망 어선단」과 같은 수수한 형태로 뒤늦게 등장했다. 영화는 청어를 잡기 위해 흘림걸그물을 이용하는 어선과 그물에서 물고기를 떼어 내서 판매용 상자에 담는 사람들에게 초점을 맞춘다. 「유자망 어선단」은 인간 대 자연이라는 플라어티 방식의 플롯과, 세르게이 에이젠슈테인의 「전함 포템킨」(1925)에 관한 세심한 연구에서 가져온, 전체의 일부만을 잘라 보여 주는 클로즈업과 리듬감 있는 편집 방식 등을 혼합한다. 이언 에이트킨이 지적했듯이 그리어슨은 착취와 경제적 곤란이라는 구체적 사안을 넘어서는 실제를 표현하고자 노력했다. 그럼에도 불구하고 마치 조업 과정을 묘사하는 일반적인 내러티브를 변증법적인 모더니즘 미학으로 통합하기라도 하는 것처럼 그리어슨은 실제 작업을 행하는 사람들을 영화상에서 부차적인 위치로 내려 묘사했다. 영화는 놀라운 비평적 성공을 거두었고, 이는 1차 대전 이래로 수년 동안 상실됐던 영국 다큐멘터리의 질적 수준과, 1930년대와 그 후에 거듭나는 영화적 가능성을 시사했다.

1920년대에 다큐멘터리 영화 제작자들은 상업 영화의 변방에서, 혹은 그것의 외부 영역에서 몸부림쳐 왔다. 상대적으로 저렴한 제작 비용이 드는 속성에도 불구하고 심지어 가장 성공적인 다큐멘터리일지라도 그 제작 비용 이상으로 회수한 영화는 드물었다. 일반적으로 영리 목적을 가지고 있지 않다는 것은 다큐멘터리 제작자들이 전혀 다른 영화 제작의 목적을 가지거나 플라어티가 「북극의 나누크」에서 그런 것처럼 종종 외부의 후원 자금이나 스스로 비용을 충당해야 한다는 것을 의미했다. 관습적인 여행 영화들이 그나마 틈새시장을 가졌던 반면, 좀 더 혁신적인 영화 제작의 경우에 소련 말고는 이를 지원할 어떠한 정규적인 조직이나 제도적인 체제도 마련되어 있지 않았다.

이러한 저수익성에도 불구하고 많은 선진 산업 국가들에서 논픽션 프로그램은 매우 다양한 장소에서 상영되었다. 미국에서 「북극의 나누크」, 「베를린: 도시 교향곡」, 「영화 카메라를 든 사나이」와 같은 영화들은 몇몇 대도시들의 일반 영화관에서 정기적으로 상영되었으며 그 비평의 날카로움은 천차만별이었지만(「베를린: 도시 교향곡」의 경우 뉴욕의 비평가들은 실망스러운 여행 영화라고 여겼다) 언론의 주목을 받았다. 「맨해타」와 같은 영화들은 때때로 주류 영화관에서 그 프로그램의 균형을 맞출 수 있는 범위 내에서 상영되었고 아방가르드 다큐멘터리는 종종 미술관에서 상영되었다. 유럽에서 영화 동호회의 연계 조직은 예술적으로, 혹은 정치적으로 급진적인 많은 다큐멘터리를 위한 출구를 제공했다. 갖가지 유형의 문화적 기구와 정치 조직들 역시 다큐멘터리를 상영했으며 때때로 후원하기도 했다. 심지어 소련에서도 유명한 다큐멘터리들인 경우, 노동자 서클들을 위한 연장 상영을 위해 도심의 영화관에서 급하게 상영을 마치는 경우도 있었다. 대다수 논픽션 영화들은 일반적으로 교육적, 혹은 지식 전달의 가치를 지녔기 때문에 모든 종류의 사회 조직에 파고 들어갔고 교회, 조합 사무실, 학교, 혹은 자연사 박물관(뉴욕)과 같은 문화 시설에서 상영되었다. 1920년대 말에 이르렀을 때 다큐멘터리는 재정적으로 불안정하지만 널리 확산되었으며, 제작과 상영 환경의 다양성이라는 특징을 가지게 되었다.

참고문헌

Aitken, Ian(1990), *Film and Reform: John Grierson and the Documentary Film Movement*.

Barnouw, Erik(1974), *Documentary*.

Brownlow, Kevin(1979), *The War, the West and the Wilderness*.

Calder-Marshall, Authur(1963), *The Innocent Eye: The Life of Robert J. Flaherty*.

Cooper, Merian C.(1925), *Grass*.

Flaherty, Robert J.(1924), *My Eskimo Friends*.

Hall, Stuart(1981), *The Whites of Their Eyes*.

Holm, Bill, and Quimby, George Irving(1980), *Edward S. Curtis in the Land of the War Canoes*.

Jacobs, Lewis(ed.)(1979), *The Documentary Tradition*.

Musser, Charles, With Nelson, Carol(1991), *High-Class Moving Pictures: Lyman H. Howe and the Forgotten Era of Traveling Exhibition, 1880~1920*.

Vertov, Dziga(1984), *Kino-Eye: The Writings of Dziga Vertov*.

영화와 아방가르드

A. L. 리스

현대 예술과 무성 영화는 동시에 탄생했다. 1895년 폴 세잔의 회화 작품들이 20년 만에 처음으로 대중에게 공개되었다. 세잔의 작품들은 커다란 냉소를 받았지만 또한 예술가들을 자극하여 1907년과 1912년 사이에 일어난 다양한 예술적 혁명을 이끌었고 그 시기는 또한 대중 영화가 새로운 발전 단계에 돌입했던 시기였다. 예술과 대중 취향 사이의 높은 경계선을 오가던 화가와 다른 모더니스트들은 미국 모험 영화, 채플린, 만화 영화에 대한 최초의 열광자들 사이에 끼어, 그들 사이에 현대 도시의 삶과 경이, 변화에 대한 공통된 취향이 있음을 발견했다. 영향력 있는 철학자 앙리 베르그송이 영화가 시간의 경과를 허위적으로 생략한다고 비평했을 때 그의 생생한 비유는 널리 반향을 일으켰으며 시각적 이미지에 대한 모더니즘적 태도를 정의했다. 〈형태는 단지 변이(變移)의 스냅 사진적인 시점일 뿐이다.〉

영화의 대중적 인기와 더불어 예술에 있어서의 시간과 지각에 대한 새로운 이론에 영향을 받은 예술가들은 필름 매체를 통해 〈움직이는 그림〉을 시도하게 되었다. 1차 대전 전야에 평론집 『입체파 화가*Les Peintres Cubistes*』(1913)의 저자 기욤 아폴리네르는 그의 잡지 『파리의 야회*Les Soirées de Paris*』에서 애니메이션의 제작 과정을 설명했으며, 화가 레오폴드 쉬르바주가 기획한 추상 영화 「색채 리듬Le Rythme coloré」(1912~14)을 〈불꽃놀이, 샘, 그리고 전기적 기호〉라고 열정적으로 비유했다. 1918년 젊은 루이 아라공은 루이 델뤼크의 『영화*Le Film*』에 영화는 〈아방가르드의 우선 고려 사항에 포함되어야 한다. 이를 고려해야 할 사람들에는 디자이너, 화가, 조각가 등이 포함된다. 움직임과 빛의 예술에 순수성이 부여되기를 바란다면 그런 사람들이 관심을 가져야 한다〉고 주장했다.

순수성에 대한 요구 — 삽화와 스토리텔링으로부터 자유로운 자치권을 가진 예술 — 는 1907년 최초의 전시회 이래 입체주의의 모토였으나 〈순수한〉 혹은 〈절대적인〉 영화에 대한 추구는 그 영화 매체의 잡종적인 속성 때문에 문제의 소지가 많았다. 이러한 매체의 혼성적인 특성은 같은 해 멜리에스가 거의 모든 종류의 예술이 활용되기 때문에 모든 예술 가운데 가장 매혹적인 것이라 칭송했던 영화의 속성이었다. 그러나 모더니즘의 입장에서는 영화의 극적 리얼리즘, 멜로드라마, 시대극적인 판타지 등으로의 전환이, 레싱의 고전적 미학을 환기시킨다는 관점에서, 문학적 가치와 회화적 가치의 혼합은 아닌가 의문시되었다. 상업 영화가 소리와 색채(착색과 채색 기법)의 지원으로 공감각*synaesthesia*의 상태에 도달하여 바그너주의와 아르 누보*art nouveau*가 말하는 〈총체적 예술 작품〉의 경향을 반영하기 시작하자, 모더니즘은 영화 형식에 있어 비서사적 방향을 주목했다.

예술 영화와 초기 아방가르드

초기 아방가르드는 두 가지 기본적인 노선을 따랐다. 한 가지는 회화는 다른 모든 것에 앞서 색채로 덮인 평평한 표면이라는 신인상주의의 주장을 따르는 것이다. 아방가르드가 암시하는 것은 단순하게 말한다면 영화는 영사기를 통과하는 일련의 투명한 재료라는 것이다. 이 문제는 1912년경 입체주의자들 사이에서 논의되었고 추상화의 새로운 길을 열었다. 자신의 추상 영화를 위한 레오폴드 쉬르바주의 고안보다 미래주의적이었던 지나와 코라 형제의 실험들이 선행하는데, 그들은 이미 1910년에 생필름에 손으로 직접 이미지를 그려 넣었다(핸드페인트 기법은 1930년대에 렌 라이와 노먼 매클라렌에 의해 재발견되었다). 추상 애니메이션은 또한 1919년과 1925년 사이 독일 아방가르드에서 지배적인 것이었고, 이들은 이미지를 벗겨 내어 순수한 그래픽 형태를 생산했다. 그러나 이것은 스크린에서 분명 인간 행위로 보이는 것을 제거하는 한편, 음악이 주요 요소로서 내러티브를 대신하는, 기본적인 상징들(사각형, 원, 삼각형 등)의 리듬감 있는 상호 작용을 발전시켜 얄궂게도 종합 미학의 모더니즘적인 변체를 풍부하게 하는 결과를 낳았다. 〈움직이는 플라스틱 예술*Plastic Art in Motion*〉에 대한 초기 통찰력은 니체, 하이 드라마*high drama*, 미래파적인 기계적 역동성 등의 경박하기보다는 영감적인 혼합인 「제6예술의 탄생The Birth of a Sixth Art」이라는 리초토 카누도의 1911년 논문에서 발견된다.

예술가들이 따른 두 번째 노선은 벌레스크*burlesque* 혹은 패러디 영화로 (많은 모더니스트들이 믿었던 대로) 그것이 리얼리즘에 훼손되기 이전의 원초적인 내러티브 흐름에 의존한다. 동시에 이들 영화들은 그것들을 낳았던 예술 운동들의 기록이다. 그 예술 운동들에 중요한 역할을 했던 사람들에는 만 레이, 마르셀 뒤샹, 에리크 사티, 프랑시스 피카비아[「막간극Entr'Acte」(1924)], 에이젠슈테인, 렌 라이, 한스 리히터

〔「매일Everyday」(1929)〕 등이 있다. 모더니즘의 아이러니한 유머가 표현된 영화들에는 다음과 같은 작품들이 있으며 현존하지 않는 영화들도 있다. 「미래파의 삶Vita Futurista」(1916), 그것의 러시아판 격인 「미래파 카바레 극Drama of the Futurist Cabaret」(1913), 두 작품의 계보를 잇는 「글루모프의 일기Glumov's Diary」(에이젠슈테인, 1923), 마야코프스키의 코믹한 기뇰*Guignol* 영화들, 그리고 그 후 정교하게 만들어진, 클레르의 고전 「막간극」(1924), 한스 리히터의 블랙 코미디 「오전의 유령들Ghosts Before Noon」(1928) 등과 같은 문화적 슬랩스틱 영화들. 이러한 장르는 몽상적, 초감각적 비이성성을 필름 몽타주와 카메라 이미지의 주요 수사학이라 높이 평가했던 다다이즘과 초현실주의 전통에서 주로 탐구되었다.

하나의 예술 형태로서의 영화(그 구체적 의미는 모든 영화가 예술이라는 일반적인 의미와는 구별된다)에 대한 대안적 노선은 1912년부터 1930년 사이 예술가들의 아방가르드와 나란히 진행되었으며 때때로 그것과 겹쳤다. 예술 영화, 혹은 서사적인 아방가르드 진영에는 독일 표현주의, 소비에트 몽타주 이론, 프랑스 〈인상주의자〉 장 엡스탱과 제르멘 뒬라크 등의 운동과 아벨 강스, F. W. 무르나우, 카를 테오도어 드레이어 등과 같은 독립 영화감독 등이 포함되었다. 예술가-영화 제작자들과 마찬가지로 그들은 진지함과 깊이에 있어 다른 예술들과 어깨를 나란히 하는 문화적 영화들을 옹호하면서 상업 영화를 거부했다. 무성 영화 시대에 언어적 장벽 없이 매우 시각적인 이들 영화들은 그들이 반대하는 할리우드 주도의 주류 영화들만큼이나 국제적인 관객들을 가지고 있었다. 파리에서 런던과 베를린에 이르는 영화 동호회들은, 급진적인 예술 잡지(『*G*』, 『데 스테일*De Stijl*』)와 영화 전문 잡지(『클로즈업*Close-Up*』, 『영화 예술*Film Art*』, 『실험 영화*Experimental Film*』)를 통해 홍보되는 영화들을 위한 비영리적 순회 상영망을 형성했다. 또한 때때로 회의와 축제용 상영(1929년 슈투트가르트에서 개최된 〈필름과 사진Film und Foto〉처럼 전람회나 무역 전시회를 통해 개척된)을 위해 새로운 실험 영화 제작이 의뢰되었다. 여기에 속하는 사례는 〈빛-유희*light-play*〉적 크로노포토그래피*chronophotography*나, 베테랑 카메라맨 기도 제버가 촬영한 「키포Kipho」(1925년, 〈키노-포토〉 박람회를 홍보하기 위한 것이었다)의 프리츠 랑의 클립 등이 속했다. 독일 바이마르의 11월 그룹November Group과 같은 예술가들의 정치 조직 또한 새로운 영화를 지원했으며, 프랑스 영화 동호회들은 상영과 대여를 통해 독립 제작 자금을 모집하려고 시도했다.

처음 10년 동안, 영화 동호회, 언론, 토론 모임, 축제용 상영 등의 형태로 존재했던 〈예술적 영화〉 팬들 사이에는 분명한 구분은 있지 않았다. 이들은 마찬가지로 상업 픽션 영화에 대한 대안이라 여겨졌던 과학 영화나 만화 영화 등의 비주류 영화들은 물론 모든 종류의 영화적 실험들을 공평하게 지지했다. 많은 주요 인물들은 서사적 아방가르드와 시적 아방가르드 사이의 경계를 넘나들었다. 여기에는 장 비고, 루이스 부뉴엘, 지가 베르토프, 제르멘 뒬라크, 케네스 맥퍼슨 등이 포함되며, 특히 시인 힐다 둘리틀과 소설가 브라이어와 폴 로브슨이 출연한 케네스 맥퍼슨의 영화 「국경선Borderline」(1939)은 시사적이다.

유럽과 미국에서 아방가르드, 혹은 〈예술 영화〉에 대한 개념은 대중 영화에 반대하는 수많은 분파들을 연계시켰다. 동시에 성숙한 예술 영화에서 서사적, 심리적 리얼리즘의 부상은 비서사적 아방가르드 예술가들과의 분열을 점차 가져왔다. 비서사적 아방가르드 예술가의 〈영화-시*cine-poem*〉는 급진적 연극의 전통보다는 회화와 조각에 가까웠다.

스위스에서 스위스 인 다다이스트 예술가인 비킹 에겔링이 1916년과 1917년 사이에 제작한 중국 스타일의 소용돌이 문양 시리즈보다 더 극적인 경우는 없었다. 이러한 연속적인 실험들은 음악적 하모니와 회화적 하모니 사이의 연결 고리를 찾는 탐구로부터 시작되었다. 이러한 조화들의 연결은 에겔링이 1918년 이후 동료 다다이스트 한스 리히터와의 협업을 통해 추구했던 작업의 비유적 표현으로, 이것은 1920년경 독일에서 이들 최초의 작품을 촬영하는 것으로 이어졌다. 에겔링은 1925년 「대각선 교향곡Diagonal Symphony」을 완성한 직후에 사망했다. 작품은, 미묘하고 거의 아르 데코적인 색조와 선, 입체주의 예술, 지속에 관한 베르그송의 철학, 칸딘스키의 공감각의 이론 등에 의해 형성된 직관적 이성주의에 대한 독특한 음미였다. 작품은 11월 그룹이 개최한 유명한 전시회(베를린, 1925)에서 발표되었다. 이 발표회는 입체주의, 다다이스트, 바우하우스Bauhouse 예술가들이 제작한 추상 영화를 소개하기 위한 것으로 한스 리히터, 발터 루트만, 페르낭 레제, 르네 클레르, 그리고 (〈빛-유희〉 영사 작품을 가지고) 허슈펠트-맥 등이 참여했다.

서사적 아방가르드와 시적 아방가르드 사이의 구분은 부뉴엘, 비고〔느린 시간의 흐름과 수중 숏이 있는 「수영 선수 장 타마르셀 뒤샹의 「빈혈의 영화」의 한 장면.

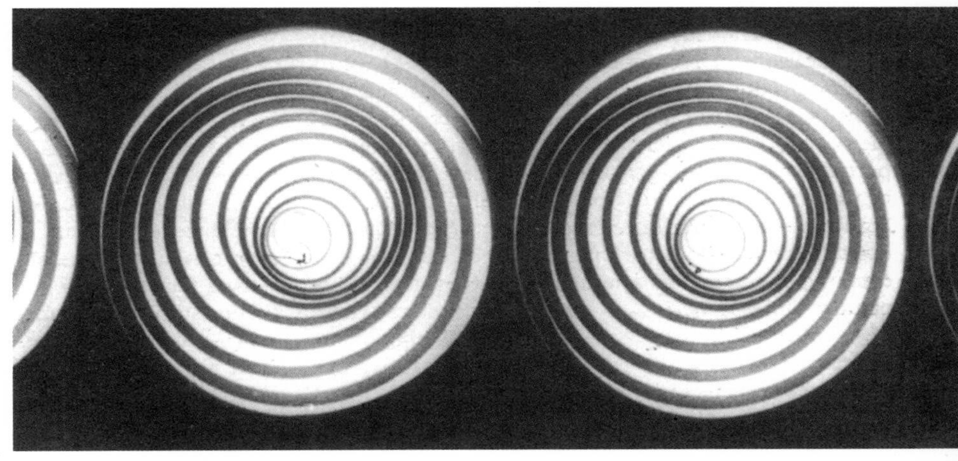

리Taris, champion de natation」(1931), 카니발적이고 정치적인 「니스에 관하여」(1930) 등 비고가 제작한 2편의 실험적 다큐멘터리들은 특히 시사적이다], 심지어는 베르토프 등의 작업 경력들에서 알 수 있듯이 절대적이지 않았다. 또한 베르토프의 「열정」(1930)은 〈소음-음악*noise-music*〉에 관한 미래주의의 개념을 재환기시키는 작품으로, 비록 그 의도가 소비에트 5개년 계획을 축하하는 것임에도 불구하고 어떠한 설명적 문구도 없으며, 주위의 시선을 전혀 의식하지 않았다고 볼 수 있을 정도로 비자연주의적이다.

예술 영화는 1909년부터 1920년 중반 사이 미래주의, 구성주의, 다다이즘 그룹의 번성에 계속적인 힘을 얻었다. 에즈라 파운드의 용어를 빌리자면 활동의 이런 〈소용돌이〉는 바우하우스에서의 〈빛-유희〉, 로베르와 소냐 델로네의 오르피즘적 입체주의*orphic cubism*, 러시아 광선주의*Rayonnisme*와 세베리니와 쿠프카의 입체적미래주의, 그것의 러시아적 변형인 〈예술 좌익 전선Lef〉 그룹 등을 포함한다. 다른 한편, 이 모든 실험들은 적어도 그 일부분은 1907년부터 1912년 사이 브라크와 피카소가 개척한 입체주의적 혁명에 뿌리를 두었다. 입체주의는 파편화의 예술이었다. 즉 일련의 움직이는 시점에서 사물을 묘사하거나 종이, 프린트, 페인트와 그 밖의 다른 재료들의 콜라주를 통해 이미지를 조합했다. 이것은 곧 이 시기의 상징으로 이해되었으며(아폴리네르는 1912년 새로운 회화와 새로운 물리학의 공통점을 환기시킨 최초의 인물일 것이다), 또한 다른 예술 형태 특히 디자인과 건축에 있어 혁신을 위한 촉매로서 기능했다. 그 시각적 파편화의 언어는 야수파 화가 드랭이 1905년 〈의도적 부조화〉의 예술이라 불렀고 문학(조이스, 스타인)과 음악(스트라빈스키, 쇤베르크)에서 그 사용이 증가되었던 불협화음*dissonance*과 일맥상통했다.

입 체 주 의

입체주의*cubism*가 새로 발견된, 불안정한 상태의 시각 매체를 위해 그 회화적인 상응물을 추구했다면 영화는 정반대 방향으로 빠르게 나아갔다. 영화는 서사를 버리기보다는 흡수하여 고쳐 사용했다. 1895년과 1905년 사이에 제작된 영화의 〈원시적인〉 스케치는 스크린 속 공간과 연기가 좀 더 대담하게 사실적인 새로운 영화들로 대체되었다. 소재의 폭은 늘어났으며, 플롯과 동기 부여는 각 개인의 운명을 통해 명료해졌다. 보다 중요한 것이자 입체주의의 전시(展示) 관행과 대조적인 것으로 새로운 서사 영화는 연속적이고 가상적인 흐름을 창조하기 위해 〈보이지 않는 편집*invisible edit*〉의 삭제 효과를 통해 숏, 카메라 앵글과 액션 등의 변경 흔적을 약화시켰다.

그럼에도 불구하고 입체주의와 영화는 많은 부분에서 같은 시기의 산물이며 짧은 기간 동안 상호 영향을 주고받았다. 에이젠슈테인은 그리피스와 포터의 영화에서뿐만 아니라 입체주의의 콜라주에서도 자신의 몽타주 개념의 많은 부분을 가져왔다. 동시에 양자는 반대 방향을 향했다. 현대 미술은, 영화가 (부분적으로는 사회적 인정 획득을 강화하고 부분적으로는 그 자체의 언어를 확충하고자 하는 이유에서) 편입하고 활용하고자 열망했던, 문학적이고 시각적인 가치들을 말살하려고 노력했다.

이런 가치들은 회화에 있어 강단 사실주의의 기초였으며, 예를 들어 초기 모더니스트들은 통합된 시야, 인간 중심의 주제, 정서적 동일시 혹은 감정 이입, 환상적 은폐*illusionist surface* 등을 거부해 왔다.

입체주의는 기술과 대중 시대를 환영하는 폭넓은 모더니즘을 알렸으며, 그것의 공공연하게 폐쇄적인 측면들은 회화적 순수주의와, 거리의 일상생활에서 가져온 주제, 미술가들이 사용하는 재료 등을 결합시킴으로써 유연해졌다. 동시에 입체주의는 시대적으로 선호되는 이미지들로 구성된 새로운 매체, 곧 당시 할리우드가 지배하는 영화 속에 구체화된 많은 문화적 가치들에 대한 거부라는 측면에서 이후의 유럽 모더니즘과 많은 부분들을 공유했다. 화가나 디자이너들이 당시 미국의 직접적인 영향력으로부터 독립되어 있는 상태여서 미국적인 것들을 활용하는 것을 꺼리지 않았던 반면, 후기 입체주의 아방가르드의 영화들은 형태, 스타일, 제작에 있어 반할리우드적이었다.

그러므로 입체주의에 영향을 받은 아방가르드 영화들은 미국의 영화 시장 지배에 저항하는 지점에서 유럽의 예술 영화와 사회 다큐멘터리와 합류했다. 그 과정에서 각자는 오락의 범주와 픽션의 규약 밖에서 나름의 영화 문화의 본보기를 확립하고자 했다. 초현실주의자들은 (〈향상된〉 영화로서 환상주의의 증가하는 힘을 안타까워하며) 의도적으로 미국 영화의 광란적인 관객이 되었는데, 미국 영화에 대한 잦은 칭송에도 불구하고 현재 살아남은 아방가르드 영화들 가운데 그러한 아이콘들을 닮은 영화들은 거의 없다. 「막간극」(1924)의 경우처럼 슬랩스틱만은 미국의 사례를 직접적으로 모방했던 것으로 볼 수 있지만 이것 또한 멜리에스와 연관된 뿌리를 가졌다.

추 상

리히터, 루트만, 피싱어 등의 추상 영화들은 움직이는 회화라는 기본 개념에 기초를 두었으나 이들은 또한 리히터의 「리듬 Rhythmus」 시리즈(1921~4)와 루트만의 「작품 1~4번 Opus I–IV」(1921~5)과 같은 작품 제목에서 암시되듯이 시각적 음악성을 추구했다. 아방가르드의 이쪽 진영은 매우 이상주의적이었고, 순수한 형태의 보편적 언어라는 유토피아적인 목표를 영화에서 찾았으며 그러한 시도는 예술과 감각 사이의 조응을 추구했던, 칸딘스키의 「예술에서의 정신적인 것 On the Spiritual in Art」에 표현된 공감각적인 개념에 부합되었다. 그 그룹에서 가장 널리 알려지고 영향력 있던 피싱어는 「원들Circles」(1932), 「모션 페인팅Motion Painting」(1947)과 같은 주요 작품에서 색의 리듬과 바그너와 바흐의 음악을 설득력 있게 일치시켰다.

유독 피싱어만이 종국에는 미국에 거주하게 되는 인생의 여정 내내 추상 애니메이션을 추구했다. 다른 독일 영화 제작자들은 부분적으로는 경제적 압력(비영리적 추상 영화에 대한 미미한 산업적 지원) 때문에 1920년 중반 이 장르에서 벗어났다. 리히터는 영화 속 공간을 표류하는 관객에 대한 은유로서 떠돌아다니는 안구를 합성 화면으로 보여 주는 추상적이고 상징적인 숏들을 섞은 「영화 연구Filmstudie」(1926)와 같은 서정적 콜라주들을 제작했다. 그의 후기작들은 초현실주의적 사이코드라마를 개척한 영화들이다. 루트만은 「베를린: 도시 교향곡」을 만드는 등 다큐멘터리 제작자가 되었으며, 이후에 레니 리펜슈탈의 「올림피아Olympia」(1938)를 포함하여 국가 지원의 장편과 다큐멘터리 작업을 했다.

초 현 실 주 의

프랑스에서 앙리 쇼메트(르네 클레르의 형이자 짧은 〈순수 영화*cinéma pur*〉들의 작가), 루이 델뤼크, 특히 제르멘 뒬라크 등과 같은 몇몇 제작자들은 몽타주 편집의 시각적 구조에 있어 조화, 대위법, 부조화를 추구하는 〈모든 감각의 연합〉의 이론에 기초를 두었다. 그러나 초현실주의자들은 모순과 불연속을 환기하는 것이 효과적이라고 여기는 경우에는 이런 식으로 질서를 〈강제〉하는 시도들을 거부했다.

초현실주의자들의 주요 영화들은, 프랑스 인상주의, 빠른 편집 실험의 아벨 강스와 마르셀 레르비에, 독일 아방가르드 등에 의해 다양하게 탐구된, 움직이는 형태에 대한 시각적인 관점에서 벗어나 좀 더 광학적인 영화로 향했다. 이제 관점은 복합적이며, 이미지들 사이의 연결은 모호하며, 의미나 주제는 의심의 대상이 되었다. 만 레이가 1923에 발표한 기념비적인 다다 영화 ― 「이성으로의 귀환Le Retour à la raison」이라는 영화의 제목은 카바레 볼테르Cabaret Voltaire라는 이름에 묻혀 있는 계몽사상에 대한 패러디를 환기시킨다 ― 는 영화 필름에 인화된 소금, 후추, 압정, 톱날 등의 포토그램 *photogram*으로 시작한다. 2중 인화된 박람회, 그늘, 미술가의 스튜디오, 모빌 조각 등은 시각적 공간을 환기시킨다. 영화는 시작 3분 후 〈빛을 등지고〉 네거티브와 포지티브로 촬영된 모델의 〈회화적〉 숏으로 끝난다. 색인적인 포토그램, 아이

르네 클레르의 「막간극」(1924)의 한 장면에서 체스를 두고 있는 마르셀 뒤샹과 만 레이.

콘적인 이미지, 상징적인 회화적 코드 등으로 영화를 탐구하면서 영화의 다다적인 징표는 단조로운 어둠으로 시작하여 〈네거티브〉 공간에 들어서는 인물의 순수하게 영화적인 이미지로 끝나는 형태로 나타난다.

만 레이의 「불가사리Étoile de mer」(1928)는 시인 로베르 데스노스의 시나리오를 참조했다. 영화는 〈눈에 보이는 것〉의 권능을 거부하는데, 특히 점묘적인 눈알 수정체들이, 약간 익살적인 삽입 자막과 숏들(가위로 공격당하는 불가사리, 감옥, 실패한 성적인 접촉)을 통해 가볍게 묘사된 불운한 사랑을 넌지시 다룬 스토리에 모호함을 더할 때 그러하다. 영화의 편집은 그 연속성보다는 숏들 사이의 괴리를 강조하는 것으로 만 레이가 다른 영화에서도 추구했던 기법이다. 이 기법은 「에마크 바키아Emak Bakia」(1927)에서의 똑같은 시간 길이로 무작위적으로 섞인 것 같은 시퀀스들, 혹은 「데 성의 비밀Les Mystères du Château de Dés」(1928)에서의 반복되는 빈방들에서 〈거부의 영화*cinema of refusal*〉를 암시한다. 초현실주의 영화들이 종종 과도하고 사변적인 이미지(초현실주의 이론에 바탕을 둔 꿈 시퀀스에서처럼)를 추구하는 것으로 이해되었던 반면, 이 그룹은 사실 평범함 속의 놀라움을 찾아내는 데 이끌렸고, 그렇기 때문에 물론 할리우드에 대한 모방을 거부했을 뿐만 아니라 다른 한편으로 할리우드에 깊이 매료되었다.

마르셀 뒤샹은 비꼬는 제목의 영화 「빈혈의 영화Anémic Cinéma」(1926)에서 추상적 이미지를 지적인 방식으로 불러내고 파괴했다. 영화는 반망막적*anti-retina* 영화로, 성적인 주제를 암시하는 소용돌이 선(線)의 느린 반복과, 이러한 〈순수한〉 이미지들과 외설적이고 거의 해독할 수 없는 익살의 간격 편집*intercut*이 특징인데, 이러한 익살은 조이스의 『피니건의 경야*Finnegans Wake*』에 나오는 현재적이면서 순환적인 〈진보하는 노동*Work in Progress*〉을 연상시킨다. 뒤샹의 작품보다 덜 미니멀 아트적인 만 레이의 영화들은 〈시각적 즐거움〉과 관객의 참여를 거부한다. 몽타주는 행동이나 사물(소용돌이 선, 경구, 회전문과 마차 바퀴, 손, 제스처, 절편 *fetish*, 광선 패턴 등)을 느리게 보여 주거나 반복해서 보여 주며 이것은 서사*narrative*의 형성을 좌절시키고 영화가 불러일으키는 환상에 대한 관객의 전체적 파악을 어렵게 한다. 엄격하고 유쾌한 이러한 전략은 픽션 영화에서의 눈, 곧 시각의 지배와, 그것이 성취하고자 하는 영화적 풍부함을 문제 삼기 위한 목적을 갖는다.

「막간극」에서 「시인의 피」까지

클레르의 「막간극」(1924), 레제의 「기계적 발레Ballet mécanique」(1924), 그리고 부뉴엘의 「안달루시아의 개Un chien andalou」(1928) 등 이 시기 주요한 3편의 영화는 몽타주 편집을 찬양하고 다른 한편으로는 전지적 시점을 위한 매끄러운 수단으로서의 편집의 사용을 경멸한다. 「막간극」에서 도주하는 영구차의 추적, 현기증 나는 롤러코스터 타기, 발레리나가 발레용 짧은 스커트를 착용한 턱수염의 남성으로 변형되는 것 등은 서사적인 인과성에 구애받지 않는 시각적 충격과 수수께끼를 창조한다. 「기계적 발레」는 가파른 돌계단을 기어오르는, 이를 악문 세탁부의 시퀀스를 반복적으로 이어 붙임으로써 선형적인 시간의 흐름과 그 매끄러운 전개감 등을 거부하면서 뒤샹의 우아한 사진-영화적인 회화인 「계단을 내려오는 나체Nude Descending a Staircase」(1912)에 대한 오노레 도미에풍의 대조*contrast*라고 할 수 있다. 한편 기계의 추상적 형태는 몽타주를 통해 일상의 실제 모습보다 빠르거나 느리게 작동했다. 레제는 필름 매체를 그것이 갖는 〈다큐멘터리적 사실〉이라는 새로운 시선 때문에 선호했다. 이미지를 객관적 기호로 보는 그의 후기 입체주의적인 개념은 영화의 채플린적인 자막과 순환적 프레이밍 기법으로 강조되었다. 순환적 프레이밍 기법을 보여 주는 것으로 영화는 로맨스 픽션물에 대한 패러디(레제 부인이 슬로 모션으로 장미의 냄새를 맡는다)로 시작하여 마지막에는 다시 첫 장면으로 돌아와 끝이 난다. 정지 화면의 두 순간 사이에 걸쳐 있는 대상물로 영화를 구획하는 것은 나중에 장 콕토의 「시인의 피Le Sang d'un poète」(1932)에서 무너지는 굴뚝 숏들에 사용되었다. 「간막극」의 익살, 「기계적 발레」의 찰리 채플린, 「시인의 피」에서의 원초적인 〈속임수 영화〉 등 이들 영화들의 비약적인 스타일은 이전의 좀 더 〈순수한〉 영화를 환기시킨다.

이들 영화를 포함한 아방가르드 영화들은 대부분 현대 작곡가(사티, 오리크, 호네거, 앤타일 등)가 창작한 음악을 동반했다. 그 유일한 예외인 「안달루시아의 개」는 축음기로 녹음된 바그너와 탱고 음악을 이용했다. 작가인 에겔링이 사운드 사용을 피했던 「대각선 교향곡」을 제외하고 소리 없는 상태로 상영되었던 아방가르드 영화는 거의 없다. 영화들은 리히터의 예를 따라 재즈 음악에 맞춰 상영되기도 했다. 다다이즘의 즉흥성과 반자연주의적 경향이 뚜렷한 미국 영화의 장면들에 대한 숭상에 초기 영화의 영향이 추가되었다. 이후의 수준 높은 모더니즘적 미학에 기여하게 되는 작가들 — 피카소나 브라크 등 — 은 당시에는 그들이 기여한 바에 대해 알 수 없었지만, 이들 아방가르드 영화들은 형태의 순수성에 대한 추구보다는 형태 그 자체의 개념이 갖는 한계를 극복하려는 (혹은 재구축하려는) 욕망을 전달했다. 이런 욕망은 동시대에 바타유가 산문적 서사와 이상주의적 추상에 관한 이중적 비평에서 이론화했다. 영화 제목들은 영화 매체를 넘어 그 이상의 것을 암시한다. 「막간극」은 극장(실제 사티의 발레극 〈막들 사이에*between the acts*〉에서 최초로 상영되었다)을, 「기계 발레」는 춤을, 「시인의 피」는 문학을 암시한다. 오로지 「안달루시아의 개」만이 신비한 예외로 남는다.

〈안달루시아의 개〉라는 모호한 제목은 그 독립성과 비타협성을 강조한다. 해당 장르의 영화 가운데 가장 큰 영향을 끼쳤던 주요 영화로서 초현실주의의 이 길 잃은 개는 사실 젊은 스페인 감독이 공식적인 문화 운동에 참여하기 이전에 제작했다. 면도날로 눈을 도려내는 장면은 규범적인 시선과 관객의 안녕에 대한 공격의 상징으로 기능한다. 관객을 대신하는 영화 눈*screen-eye*은 여기에서 공격당한다. 회화적 추상은 고정된 눈높이 카메라의 객관적 사실주의에 침식당하는 반면, 시적인 서정적 영화는 뒤죽박죽의 어울리지 않는 숏 연결을 통해 조롱당한다. 시간과 공간을 파편화하는 그러한 숏 연결은 보는 행위의 확실성을 의심하는 후기 입체주의 몽타주 양식이다. 영화는 의도적으로 무의미한 삽입 자막들로 끊기는데, 이는 비합리성에로의 환원을 통해 주류 영화든 아방가르드 영화든 〈무성〉 영화에 대한 보다 심도 있는 자극을 기도한 것이다.

의도적이라고 보기에는 매우 널리 알려진, 영화의 신비스러운 상징에는 주인공의 줄무늬 애착물, 주인공이 끄는 성직자들이 매달린 멍에, 당나귀, 그랜드 피아노, 가슴으로 변하는 여성의 둔부, 해골 머리 나방과 피를 먹는 개미 등이 있다. 이런 상징이 오랫동안 영화에 대한 비평과 토론에서 지배적인 주제였으나 최근의 관심사는 이러한 이미지들을 달성한 편집의 구조로 옮겨졌다. 영화는 시간적 순서를 왜곡하면서 방, 계단, 거리 등으로 비이성적 공간을 구축한다. 한편 영화 속 2명의 남자 주인공은 구별할 수 없을 정도로 닮아서 그들 각각의 정체성은 흐려진다.

그 장르의 대부분 기간 동안에 아방가르드는 여기에서 논의되는 두 종류의 영화, 즉 만 레이의 전통에 속하는 짧고 비딱한 영화와 추상적 독일 영화들을 만들었다. 이들 영화들은 내러티브적인 드라마의 측면에서 보자면 전혀 이질적인 공간을 다양하게 구축했으며, 그 공간에서는 안정적인 지각이 방해받으며 주제와 이미지에 대한 비동일시가 목표로 추구된다. 「안달루시아의 개」는 또 다른 모델을 구축한다. 이 모델에서 서사와 연기의 요소들이 관객의 플롯과 장면에 대한 심리적 참여를 자극하지만 동시에 관객들에게 감정 이입, 의미, 해결 등은 허락하지 않음으로써 관객을 영화로부터 떼어 놓는다. 이는 자연주의에 대한 비평에서 초현실주의가 칭송했던 〈이중적 의식*double consciousness*〉, 혹은 분리된 지각을 의미한다.

「황금시대L'Age d'or」(1930)와 「시인의 피」(1932) 등 2편의 프랑스 영화는 유성 영화 시대의 도래 및 히틀러의 부상 이전 아방가르드 영화 제작의 첫 단계가 끝나 가는 무렵에 이런 전략을 확장했다. 장편 길이에 가까운 이들 영화(예술 후원자 노아유 자작이 아내의 생일을 기념하기 위해 개인적으로 연이어 지원했다)는 콕토의 투철한 고전주의와 초현실주의의 기괴한 신화 시대를 연결시킨다. 두 영화 모두 보이스오버*voice-over*, 혹은 삽입 자막을 통해 시각적 의미를 아이러니컬하게 만든다(유성 시대의 첨단에 제작된 영화들은 두 가지 텍스트, 즉 구두와 문자를 함께 사용했다). 콕토의 목소리(〈인물 조각상을 박살 낸 사람은 자신이 그 같은 대상이 될 수 있음을 경계해야 한다〉)는 그 자신이 시인으로서 갖고 있는 명예와 죽음에 대한 강박 관념을 초조하게 풍자한다. 이런 강박 관념은 「황금시대」의 오프닝에 나오는 내용, 혹은 전갈과 고대와 현대 로마에 대한 공격에 관한 〈강연〉 같은 삽입 자막에 병행된다. 부뉴엘은 고전 시대의 몰락과 자신의 주요 비평 목표인 기독교 신앙을 연계시킨다. 이것은 예수와 그 제자들이 사드적인 방탕 이후 성을 떠나는 것에서 엿보인다. 영화 자체는 〈열정적 사랑*mad love*〉을 찬양한다. 초현실주의자들이 작성하고 아라공, 브르통, 달리, 엘뤼아르, 페레, 차라 등을 포함한 사람들이 서명한 문서가 최초의 상영 때 발표되었다. 「황금시대」는 〈개연성에 의해 부패하지 않았으며, 자본주의의 문제들과 연관된, 우리 감정의 파산〉을 드러낸다. 선언서는 또한 「안달루시아의 개」가 〈사회적 의식〉의 영화로서 〈잔혹의 시학〉을 보여 준다는 비고의 선언(마찬가지로 1930년)을 연상시킨다. 비고는 썼다. 〈안달루시아의 개는 누가 죽었는가 물으며 멀리서 짖는다.〉

부뉴엘의 영화와는 달리 콕토의 영화는 공개적으로 신의

제르멘 뒬라크의 「뵈데 부인의 웃음」(1923)에서 따분해하는 아내 역의 제르멘 데르모즈.

카를 테오도어 드레이어 (1889~1968)

스웨덴에서 하녀와 지주의 사생아로 태어난 드레이어는 코펜하겐에서 성장했다. 입양된 가정에서 그는 비참하고 사랑 없는 어린 시절을 보냈다. 가능하면 빨리 생계를 꾸리고자 했던 그는 연극 비평을 쓰면서 덴마크 신문의 특파원으로 일했다. 그는 또한 영화 대본을 쓰기도 했는데 그 가운데 첫 번째 대본이 1912년에 영화화되었다. 이듬해에 그는 노르디스크 영화사에서 수습사원으로 일하기 시작했다. 그곳에서 그는 영화와 관련된 다양한 분야를 체험했으며 약 12편의 시나리오를 썼다. 1919년 그는 첫 번째 영화 「재판장」(1919)을 감독했다. 영화는 그리피스적인 서사 구조를 약간 응축시킨 멜로드라마임에도 불구하고 놀라운 시각적 감각을 보여 줬다. 이어서 연출한 인상적인 작품인 「악마의 명부」는 부분적으로 「편협」을 참조한 에피소드로 1919년에 촬영되었지만 1921년이 되어서야 배급되었다.

청년 드레이어는 미장센의 문제와 배우의 선택과 연기 지도에 있어 대단한 완벽주의자로 알려졌다. 이런 것이 문제가 되어 노르디스크 영화사와의 관계가 깨지고 드레이어는 독립적인 영화 제작에 착수하여 이후 5개국에서 그의 다른 무성 영화들을 만들었다. 그 가운데 「목사의 미망인」(1920)은 노르웨이의 스벤스크 영화사Svensk Filmindustri에서 촬영되었다. 스타일의 측면에서 셰스트룀과 스틸레르에 빚을 지고 있는 반면, 영화는 서사적 구조의 발전을 희생하면서까지 철저하게 인물 분석을 시도하는 성과를 보여 준다. 이러한 경향은 1924년 독일에서 제작한 「미카엘」에도 확고하게 드러난다. 영화는 화가, 그의 남성 모델, 러시아 귀부인의 정서적 삼각관계를 다룬 스토리로 귀부인은 선생에게서 떨어지도록 청년을 유혹하며 그의 영감을 고갈시킨다. 비록 상징적인 의미심장함(그 대부분은 헤르만 방의 원작 소설에서 그대로 가져왔다)으로 가득 차 있지만 「미카엘」은 주변 환경과의 관계 속에서 인물의 내면적 삶을 분석하고자 하는, 드레이어의 실질적인 첫 번째 시도였다.

드레이어는 「미카엘」의 프로듀서인 에리히 포머와 관계가 틀어지자 덴마크로 돌아와 이곳에서 이기적이고 권위적인 행위로 아내와 자식을 공포에 떨게 하는 가장에 관한 드라마인 「집안의 주인」(1925)을 감독했다. 이 영화에서는 얼굴에 대한 클로즈업이 중요한 역할을 한다. 드레이어는 〈인간의 얼굴은 아무리 탐험해도 물리지 않는 대륙이다. 영감의 신비스러운 기운 아래에서 감수성이 강한 얼굴의 표정을 지켜보는 것보다 스튜디오에서 찾을 수 있는 놀라운 경험은 없다〉고 썼다. 이런 개념이 「잔 다르크의 수난」(1928)의 핵심이다. 이 작품에서 클로즈업은, 위협적인 건축적 환경을 후경으로 오랫동안 지속되는 잔 다르크의 심문 시퀀스에서, 신성의 경지에 다다른다(그 후경은 공간적 맥락을 정확히 알 수 없음에도 더욱 숨이 막힐 듯한 압박감을 준다).

드레이어의 마지막 무성 영화 「잔 다르크의 수난」은 프랑스에서 막대한 기술적, 재정적 자원을 들여 최대의 창조적 자유를 누릴 수 있는 조건하에서 촬영되었다. 작품은 곧바로 비평가들에게 걸작이란 찬사를 받았다. 그러나 흥행에서는 엄청난 재난이었으며 이후 40년 동안 드레이어는 추가로 5편의 장편 영화를 간신히 만들 수 있었다. 「흡혈귀」(1932)는 더 안 좋은 흥행 결과를 낳았다. 이 영화는 현재까지 제작된 공포 영화 가운데 가장 불온한 작품의 하나로, 환각적이고 꿈같은 몽환적 분위기는 사물이 또렷하지 않고 정확히 파악하기 어려운 촬영 스타일에 의해 더욱 강화된다. 그러나 반응은 냉담했고, 드레이어는 진행한 프로젝트가 모두 실패한 지루한 완전주의자 폭군이라는 평판을 얻게 되었다.

드레이어는 그 후 10년 이상 프랑스, 영국, 소말리아에서 프로젝트를 계속 시도했지만 실패로 끝났으며, 다시 덴마크로 돌아가 언론계로 복귀했다. 1943년 그는 마침내 신앙과 미신, 종교적 편협에 관한 주제를 다룬 「분노의 날」을 감독할 수 있게 되었다. 「분노의 날」은 꾸밈이 없고 표현이 절제되어 있으며, 추상에 가까운 스타일은 경조*high contrast* 촬영에 의

해 강화된다. 영화에서 나치의 유대 인 박해에 대한 비판을 읽어 낸 덴마크 비평가들의 설득으로 감독은 스웨덴으로 빠져나갔다. 전쟁이 끝나고 다시 코펜하겐으로 돌아간 드레이어는 영화관을 운영하면서 「말」(1955)의 제작에 필요한 자금을 모았다. 영화는 서로 다른 종교적 분파에 속한 두 집안 사이의 불화를 다룬 이야기로, 여기에 이들이 서로 반대하는 집안 출신의 구성원들 사이의 러브 스토리가 가미된다.

「말」은 단순하고 꾸밈없는 무대 장치와 미장센을 좀 더 강도 높게 추구하며, 이것은 길고 느린 촬영의 활용으로 강화된다. 좀 더 극단적인 작품은 「게르트루드」(1964)로, 남편이나 혹은 2명의 정부들과는 함께 찾을 수 없는 이상적인 개념의 사랑을 열망하게 되면서 금욕과 독신을 선택하며 육체적인 사랑을 거부하는 여성의 초상이다. 「말」의 절제된 고전주의가 1955년 베네치아 영화제에서 황금사자상을 수상했던 반면, 카메라와 배우 모두 오랫동안 전혀 움직이지 않는 것처럼 보이는, 고정적 촬영 *static take*이 이용된 「게르트루드」의 비타협은 대다수 비평가들에게 과도하다는 느낌을 주었다. 드레이어의 예술적인 신앙, 곧 절제된 엄숙한 관조의 작품이라 여겨져야 할 것들에 대한 비난이 쏟아졌다. 드레이어는 계속해서 비록 표면적인 상이함에도 불구하고 기본적이고 내적인 일관성과 통일성을 가진 것으로 인정되는, 그의 시각적 스타일로 칭송받았다. 그러나 억압과 사회적 편견에 저항하는 여성과 순진한 사람들의 힘든 투쟁, 운명과 죽음의 불가피성, 세속적 삶 속의 사악함의 힘 등의 문제를 바탕으로 전개되는 그의 작품의 주제적 일관성은 이보다는 덜 평가받았다. 그의 마지막 프로젝트는 예수의 삶에 관한 것으로, 그는 여기에서 모든 양식적, 주제적 관심사들의 종합을 달성하기를 바랐다. 그는 덴마크 정부와 이탈리아 공영 방송으로부터 자신이 20년 동안 공들여 왔던 프로젝트에 대한 제작 지원을 이끌어 내는 데 성공한 직후 사망했다.

파올로 케르키 우사이

▪▫ 주요 작품

「재판장Præsidenten」(1919); 「목사의 미망인Prästänkan」(1920); 「악마의 명부Blade af Satans bog」(1921); 「서로 사랑하라Die Gezeichneten(1922); 「옛날 옛적에Der var engang」(1922); 「미카엘 Mikael」(1924); 「집안의 주인Du skal ære din hustru」(1925); 「글롬달의 신부Glomdalsbruden」(1926); 「잔 다르크의 수난La Passion de Jeanne d'Arc」(1928); 「흡혈귀Vampyr der Traum des Allan Gray」(1932); 「분노의 날Vredens dag」(1943); 「두 사람Två människor」(1945); 「말Ordet」(1955); 「게르트루드Gertrude」(1964).

▪▪ 참고 문헌

Bordwell, David(1981), *The Films of Carl Theodor Dreyer*.
Drouzy, Maurice(1982), *Carl Th. Dreyer né Nilsson*.
Monty, Ib(1965), *Portrait of Carl Theodor Dreyer*.
Sarris, Andrew(ed.)(1967), *Interviews with Film Directors*.
Schrader, Paul(1972), *Transcendental Style in Film*.

◀ 「말」(1955).

권위에 도전적이지는 않지만 그렇다고 하더라도 그의 시인-영웅은 냉담한 무대 관객 앞에서 카드놀이를 하는 도중 죽기 전에 마술적이든 의례적이든 고풍의 예술, 중국, 아편, 복장 도착을 경험한다. 콕토의 영화는 결론적으로 고전적 전통의 회복을 강조한다. 그러나 개인적 정체성의 붕괴는 안정과 반복에 대한 서구의 집착에 장애가 되며, 현대의 고전주의라면 어떤 것이든 절대적으로 〈새로워야*neo*〉 함을 내비친다.

1930년대

이들 영화들에 의해 시도된 실험적인 사운드트랙과 최소한의 동조된*synchronized* 대사는, 에이젠슈테인과 푸도프킨의 1928년 선언에 발표되고 베르토프의 「열정」(1930)에서 탐구된 비자연주의적 유성 영화에 대한 요구를 강화했다. 이러한 방향은 곧 상업 유성 영화의 대중화와 사실주의로 인해 방해를 받는다. 영화 제작 비용의 증가와 아방가르드 영화 유통의 한계 등은 이들 영화가 쇠퇴하는 계기가 되었다. 아방가르드 영화의 다양한 좌파적 정치성(초현실주의자들과 추상적 구성주의자들은 모두 공산주의와 사회주의 정치 조직과 복합적인 관계를 맺고 있었다)은 점차적으로 1930년대를 지배했던 2개의 상반되는 정책 아래에서 긴장되어 갔다. 그 정책들은 1933년 이후 히틀러하의 독일 민족주의 부상과, 몇 년 후에 일어난 소련 주도의 반파시즘 인민 전선이었다. 대중적인 〈사실주의〉에 대한 선호와 〈과도한*excessive*〉 예술과 아방가르드에 대한 공격은, 얼마 안 지나 피스카토르의 형식적, 실험적 몽타주 영화 「어부들의 반란Revolt of the Fishermen」(1935), 혹은 리히터의 최초의 장편 영화 「금속Metall」(나치의 집권 후 1933년 제작이 포기되었다) 등과 같은 독일과 소련의 공동 제작을 가능하게 했던 국제적 협력을 중지시켰다. 해외의 〈사해동포주의적〉 연대 조직들은 물론, 급진적인 소련 예술가들은 좀 더 규범적인 방향으로 나아갈 수밖에 없었다.

보다 정치적이었던 영화 제작자들은 1930년 벨기에에서 열린 2차 국제 아방가르드 회의에서 스스로 이런 사실을 인정했다. 보다 유명한 1차 회의는 1929년 스위스의 라 사라즈에서 개최되었으며, 에이젠슈테인, 벌라주, 무시나크, 몬터규, 카발칸티, 리히터, 루트만 등이 참석했다. 1차 회의는 리히터의 낙관적인 1929년 저서에서 긍정되었던 것처럼 〈현재의 영화의 적들〉을 〈미래의 영화의 친구들〉로 바꾸기 위해 여전히 계속되는 운동의 일부로서 미학적, 형식적 실험의 필요성을 확인했다. 1년 후 그 강조점은 정치적 활동, 곧 리히터의 사회적 강령에 주어졌다. 그는 〈시대는 사실의 기록을 원한다〉고 주장했다.

이런 결정의 첫 번째 결과는 아방가르드 활동을 다큐멘터리에 보다 가깝도록 전환시켰다. 정치적, 사회적 가치와 연관되는 다큐멘터리는 여전히 실험을 자극했으며, 새로운 의미를 구축하는 사운드와 이미지의 몽타주의 발전을 위한 비옥한 토양이었다. 추가적으로 다큐멘터리에는 배우가 사용되지 않았다. 이것은 아방가르드 영화와 주류 영화, 혹은 예술 극장 영화 사이의 마지막 장벽이었다.

통상적으로 사회적 병리를 들추어 내고 치료책을 제안하는 데 활용된 다큐멘터리는 정부나 관련 공공 협회의 제작 지원을 받았다. 이런 다큐멘터리는 리히터, 이벤스, 앙리 스토르크 등을 포함한 많은 유럽 실험적 영화 제작자들을 매료시켰다. 미국에서는 문학, 회화, 사진 등 다른 분야에서의 현대적 발전과 더불어 새로운 영화를 위한 활동가들의 작지만 활동이 활발한 단체가 있었으며 급진적인 아방가르드의 명분은 『실험 영화』와 같은 잡지들이 채웠고, 페어 로렌츠와 폴 스트랜드(『카메라워크*Camerawork*』와 뉴욕 다다 시대 이후의 모더니스트 사진작가)가 제작한 뉴딜New Deal 영화들에 서서히 확산되었다.

유럽에서는 존 그리어슨, 앙리 스토르크, 요리스 이벤스 등의 노력으로 실험 영화와 사실 영화의 새로운 융합이 시도되었다. 기관의 후원과 창의적인 제작을 동일시하는 그리어슨의 시도는 그를 영국 우정총국(GPO)에 들어가게 했다. 그곳은 「야간 우편Night Mail」(1936)의 오든-브리튼Auden-Britten 몽타주 부분에서 현대 사회 통신 문화의 상징으로 칭송된 기관이었다. 영화는 글래스고를 향해 야간 찬가를 읊조리는 그리어슨의 목소리로 끝난다. 〈그들에게 꿈을 꾸게 하라…….〉

알베르토 카발칸티와 렌 라이는 영국 우정총국에 고용되어 일하면서 다큐멘터리를 위한 새로운 사고와 기법을 개척했다. 거의 언제나 정부와 후원 기업의 의뢰를 받아 일해 왔던 라이의 영화 제작자로서의 꾸준한 경력은, 공황기에 미국과 유럽에서 예술을 위한 후원금을 바탕으로 영화 제작을 지속한 하나의 사례를 보여 준다. 이 시기에 그가 저렴한 비용으로 흔쾌히 손수 제작한 컬러 실험 영화들은 나름대로 분명한 소재들을 가벼운 터치로 다루었다. 전체적으로 추상 영화인 「색깔 있는 우편함A Colour Box」(1935)에서는 소포 배달을, 「산업의 나팔Trade Tattoo」(1937)에서는 빠른 우편을 그 소재들로 삼고 있다. 영화들은 순수한 색과 율동적인 사운드-그림 몽타주의 즐거움을 마음껏 발산한다. 1940년대 이후 그리어슨과 라이를 북미에 잃은 것은 이 시기에 이루어졌던 민간과 공공 기관의 협력의 시대가 끝났음을 알리는 징후였다.

조화와 분열

「조개와 목사La Coquille et le clergyman」(1927)의 제작을 두고 일어났던 감독 제르멘 뒬라크와 시인이자 그 시나리오 작가인 앙토냉 아르토 사이의 갈등은 이제는 전설이 되었지만 아방가르드 영화의 문제들에 있어 시사적이다. 뒬라크는 「당초무늬에 대한 영화적 연구Étude cinégraphique sur une arabesque」(1923)와 같은 추상 영화는 물론 독특한 스타일의 서사적 영화들을 제작했는데, 그 가운데 가장 널리 알려진 영화는 페미니즘 영화를 개척한 「뵈데 부인의 웃음La Souriante Madame Beudet」(1923)이었다. 그녀 작업의 이러한 측면들은 음악적 형태에 관한 이론과 연관되어 있었다. 즉 〈리듬과 암시적인 하모니를 통해 감정을 표현하라〉. 그러나 아르토는 자체적인 재현을 내세우며 이것을 격렬하게 반대했다. 「잔혹극Theatre of Cruelty」이라는 글에서 아르토는 대중과 관객, 행위와 감정, 배우와 가면 등 각자 사이의 경계들이 무너질 것을 예상했다. 1927년의 영화에 관한 글에서 그는 자신이 그 의미가 언어적인 연상 없이도 〈이미지들 사이의 충돌로부터〉 출현할 수 있는 〈순수한 이미지〉를 원했다고 썼다. 그 충돌은 강력해야 한다. 〈눈을 겨냥한 충격, 다시 말해 응시의 대상에서 바로 발견되는 충격〉이어야 한다. 뒬라크에게도 영화는 역시 〈충돌〉이다. 그러나 그 효과는 전형적으로 〈일시적이고…… 음악적인 하모니가 야기하는 그것과 닮았다〉. 융통성 있는 뒬라크는 영화를 꿈의 상태(「조개와 목사」의 디졸브되는 합성 화면 장면에서 표현된)로서 탐구했으며 사이코드라마적인 영화를 예상했다. 그러나 아르토는 영화가 꿈 상태의 가장 강력하고 파괴적인 특성(시선의 몽환적 상태를 깨는)만을 가지기 원했다.

이때에 아방가르드는 관객의 역할에 무게를 두었다. 추상 영화에서는 극적 형태의 영화에 대적하기 위해서 비서사적 예술과의 유사점들이 추구되었으며, 여기에서 〈시각적 음악〉 혹은 〈움직이는 그림〉 등의 방향이 생겼다. 장 쿠달은 1925년 초현실주의와 관련된 설명에서, 영화 보기를 〈의식적 환각〉에 가깝다고 보고 있다. 이런 상태에서 육체(〈일시적인 비개인화〉를 겪고 있는)는 〈자기 존재의 감각〉을 빼앗긴다. 〈우리는 10미터의 흰 스크린에 고정된 두 눈 이상이 아니다.〉 이러한 비평은 달리의 「영화 비평사 요약Abstract of a Critical History of the Cinema」(1932)에서 더 깊이 있게 다루어진다. 율동적 인상 속의 영화의 감각적 바탕은 그것을 조화의 혐오 대상*bête noire*으로 이끈다. 세련된 추상 작품, 혹은 이상화로 정의되는 필름 이미지의 빠르고 계속적인 연속에 뿌리를 둔, 그것의 함축된 새 어의(語義)는 구체적으로 일반화된 시각적 문화에 정비례한다. 이런 것에 반대하며 달리는 〈구체적 비합리성으로 향하는 심적 외상과 극심한 불균형〉에서 영화의 시학을 구한다.

급진적인 불연속성의 목적은 광학적이고 환영적으로(부뉴엘), 혹은 망막적이고 미망적(迷妄的)으로(뒤샹) 보이는, 시각적 이미지에만 국한되지 않았다. 또한 영화의 언어적인 코드(문어적 혹은 구어적)들은 만 레이, 부뉴엘, 뒤샹의 영화들에서처럼 세탁되었다. 그러한 작품들에서는 언어, 기호, 대상 사이의 간극을 넓히기 위한 용도로 삽입 자막이 사용되었다. 자연주의에 대한 공격은 유성 영화 시대에도 계속되어서 스페인의 빈민에 관한 부뉴엘의 다큐멘터리 「빵 없는 대지Las Hurdes」(1932)에도 분명하게 나타났다. 여기에서 초현실주의자 피에르 위니크의 해설(기록 영화의 전통에 속하는, 권위적으로 들리는 보이스오버)은, 논리적으로 관계없는 이야기를 연이어 늘어놓거나 혹은 제작진들이 촬영하기를 실패하거나, 소홀히 하거나, 혹은 거부한 장면들에 대한 암시를 통해 소재에 대한 묘사(혹은 시청)에 의문을 제기하며 이미지들의 사실주의를 천천히 허문다. 누락되거나 생략된 공백이 마치 「안달루시아의 개」에서 갑작스레 눈이 도려졌던 것처럼 해설하는 목소리, 이미지, 사실 등의 사이를 벌린다.

역설적으로 눈(혹은 시각적 질서)에 대한 공격은, 세잔이 모더니즘의 여명기에 화가들에게 권유했던 〈광학 이론〉에까지 거슬러 올라간다. 이것은 발터 벤야민이 1936년에 대량 복제와 영화와 예술을 연관시켜 정리한 작업에서 특징적으로 잘 드러난다. 〈정신 분석학이 우리에게 무의식적 충동을 처음으로 경험시키듯이 카메라는 그것의 변형시키는 기능을 통해 우리에게 무의식적 광학을 처음으로 경험시킨다.〉

불연속성의 원리는 아방가르드의 주요 수사적 형태인 병렬 몽타주*paratactic montage*를 강조하는데, 이는 서사적 편집의 경향과는 다르게 숏들과 신*scene*들 사이의 흐름, 곧 〈연속성〉을 깨는 것이다. 〈그것이 삽입되는 맥락의 방해〉라고 리히터가 정의하는 이런 형태의 몽타주는 주류 영화가 그 서사적 코드들을 완성시켜 가고 있었을 때 가장 처음 아방가르드 영화에 나타났다. 이것의 목적은 반서사*counter-narrative*이다. 즉 영화 사건을 현상적이고 직접적인 것으로 부각시키기 위해서 기억과 지각의 습관을 방해하는, 부조화의 이미지들을 연결시킨다. 병렬의 한 극단의 예로서 빠른 편집*rapid cutting* — 단일 프레임의 단계까지 내려갈 수 있다 — 은 「기계적 발레」에 나오는 추상적 형체들의 〈춤〉처럼 직선적 시간의 진전을 방해한다. 병렬의 다른 극단에서 영화는 만 레이의 포토그램이나 렌 라이의 직접 색칠에 의한 것들처럼 프레임의 구분도 없고 시간의 구분도 없는 생필름 띠로 여겨진다. 어떠한 선택이라도 그것은 모더니즘 시각 예술의 만화경에서 생기는 수많은 변형의 하나일 뿐이다.

이러한 다양성(이것은 역시 후원과 자조 및 상호 부조를 통한 비상업적 제작 비용을 구하는 과정에도 반영되어 있다)은 아방가르드 영화 제작 관행에 그 단일한 모델이 존재하지 않는다는 것을 의미한다. 그러한 관행은 시가 산문에, 음악이 연극에, 혹은 회화가 문학에 연관되는 것처럼 주류 영화와 다양하게 연관되어 왔다. 이러한 다양한 연관성을 보여 주는 비유들 가운데 어느 하나가 전적으로 지배적인 것이 아니다. 이는 한편으로는 영화는 복합적인 것일 수는 있어도 구체적인 매체여야 한다는 아방가르드 나름의 주장에서 비롯된 것으로 그것이 본질적으로 〈포토제닉*photogenic*〉이든(엡스탱을 포함한 사람들이 믿었던 것처럼) 혹은 지속성이든(1919년 루트만이 행한, 시간을 바탕으로 한 최초의 정의처럼) 상관없다. 예술은 하나의 언어라는 모더니즘의 신조는 초기 아방가르드를 쿨레쇼프(〈기호로서의 쇼트〉)에, 에이젠슈테인의 몽타주에, 그리고 베르토프의 〈간극 이론*theory of interval*〉에 가깝게 했다. 후자의 이론에 따르면 숏들 사이의 간극은 후기 12음 기법 음악*post-serial music*에서의 무음(無音)처럼 가치에 있어 숏들 자체만큼이나 중요하다.

추정상 구성주의 운동(그것 자체는 이성주의적인 특성과 정신주의적인 특성으로 구성되었다)으로 묶을 수 있는 것들에는 〈시네마톨로지*cinematology*〉(말레비치), 스테판 테메르손과 프란치슈카 테메르손(1937년 폴란드에서 제작된 그들의 「착한 시민의 모험Adventures of a Good Citizen」은 로만 폴란스키의 1957년 초현실적 단편 코미디 「두 남자와 옷장Two Men and a Wardrobe」에 영감을 주었다)의 다다 취향의 영화, 라슬로 모호이너지의 추상 영화 「흑-회-백 Black-Grey-White」(1930)과 그의 이후의 단편 다큐멘터리(루베트킨의 런던 동물원 묘사와 유사한, 영국에서 제작된 몇 편), 그리고 폴란드의 젊은 예술가이자 정치 활동가인 미예치스와프 슈추카의 기호학적 영화 프로젝트, 바우하우스의 빛-유희 실험 영화 등이 있다.

유럽에서 미국으로

리히터가 나치에 점령된 유럽에서 1940년 미국으로 망명한 것은 아방가르드의 역사에 있어 양 대전 사이의 기간이 끝났음을 상징적으로 보여 준다. 바로 그 직전에 그는 저서 『영화를 위한 투쟁*The Struggle for the Film*』을 완성했다. 여기에서 그는 원초적 형태의 영화는 물론 고전적 아방가르드를 칭송했으며 대중 영화의 대항자로서, 그리고 또한 새로운 시각적 아이디어로 가득 차 있다면 장르에 관계없이 관객을 교묘히 움직일 수 있다고 보고 다큐멘터리 영화를 높이 평가했다. 미국에서 리히터는 자신의 초기 작품과 에겔링의 작품들을 소개하면서 (대개의 경우 재편집하여) 자신이 중요한 기여를 했던 실험 영화 영역을 위한 활동가이자 역사가로서 일했다. 유명한 1946년의 샌프란시스코 상영회, 곧 〈영화 속의 예술Art in Cinema〉전은 그가 공동으로 준비한 것으로 아방가르드의 고전적 작품들은 물론 마야 데런, 시드니 피터슨, 커티스 해링턴, 케네스 앵거 등이 제작한 새로운 작품을 선보였다. 이것은 그 운동이 거의 소멸했다고 여겨졌던 시기에 다시 일어났던 아방가르드 르네상스였다.

새로운 흐름에 대한 리히터의 영향은 제한적이었지만 실질적이었다. 「돈으로 살 수 있는 꿈Dreams that Money can Buy」(1944~7)과 같은 그의 나중 작품들은 (만 레이, 뒤샹, 레제, 막스 에른스트 등 다른 망명 작가들이 연출한 에피소드들과 함께) 오랫동안 1920년대 추상 영화의 〈순수성〉(이후 세대의 경우 더 높은 〈물질성〉)과 비교하여 기이한 예술적 탐닉이라고 평가 절하되었다. 당시 〈낡은〉 것이라는 평가를 받았던 「돈으로 살 수 있는 꿈」은 현재 현대의 포스트모더니즘적 감수성을 예견한 놀라운 작품으로 여겨진다. 데이비드 린치는 1986년 BBC의 〈아레나Arena〉라는 영화 관련 설문 조사 프로그램에서 베르토프와 콕토의 영화들과 함께 리히터의 이 작품의 일부를 선택했다. 「돈으로 살 수 있는 꿈」에 포함된 스타일이 돋보이는 주요 에피소드에는 뒤샹이 입체주의와 크로노포토그라피에서 비롯된, 자신의 소용돌이 영화들과 초기 회화들, 그리고 존 케이지의 음악 등을 바탕으로 재작업한 작품이 포함되어 있다. 만 레이는 보는 행위에 관한 짧은 희극을 리히터의 영화에 제공하고 있는데, 여기에서는 반최면 상태의 관객이 자신이 관람하고 있다고 추측되는 영화가 내리는 명령에 점차 복종하게 된다. 에른스트가 연출한 에피소드는 극단적인 클로즈업과 풍부한 색채를 이용하여 얼굴과 신체를 에로틱하게 묘사하는데, 오늘날의 실험 영화 가운데 〈육체의 영화*cinema of body*〉를 예견하는 작품이다. 리히터가 친히 진행하는 영화 제작 강의를 수강한 사람들 가운데 나중에 이민 왔던 요나스 메카스는 후에 〈뉴 아메리칸 시네마〉의 정력적인 전파자가 되었다.

1940년대 이전 20년 동안 아방가르드는 입체주의와 다다이즘을 영화 역사 속으로 옮겨 왔다(두 운동 모두 예술가들이 직접 자신의 영화를 제작할 수 있게 되었을 때 본질적으로 끝났다). 1940년대가 되었을 때 새로운 아방가르드는 국제주의와 실험성의 가치를 재확인하면서 초기 모더니즘이 리히터 세대들에게 그러했던 것과 마찬가지로 당시 미국 예술에 필수적인 것으로 복합적인 연결 고리의 역할을 수행했다. 아마도 중요한 차이는 애덤스 시트니의 주장대로 초기의 아방가르드가 예술가의 수단으로서 잠정적이고 전통적인 매체에 영화를 새로이 추가시킨 것이라고 한다면, 새로운 미국 (그리고 곧 유럽) 영화 제작자들은 2차 대전 이후 영화 제작을 그것 자체로 존재 이유를 가진 예술 형태로서 보다 전문적으로 여기기 시작하여 예술가-영화 제작자는 오로지 그런 매체만으로도 그것 안에서 작품들을 생산할 수 있었다는 점이다. 이 세대는 또한 얄궂게도 10년 전에 〈시적 영화〉를 추구하던 아방가르드의 선조들을 일부분 불운하게 만들었던 자연주의적 사운드의 부상에 도전하면서 무성 영화를 재발명했다.

참고문헌

Curtis, David(1971), *Experimental Cinema.*

Drummond, Phillip, Dusinberre, Deke, and Rees, A.L.(eds.)(1979), *Film as Film.*

Hammond, Paul(1991), *The Shadow and its Shadow.*

Kuenzli, Rudolf E.(ed.)(1987), *Dada and Surrealist Film.*

Lawdor, Standish(1975), *The Cubist Cinema.*

Richter, Hans(1986), *The Struggle for the Film.*

Sitney, P. Adams(1974), *Visionary Film.*

연작 영화

벤 싱어

나는 연작 영화*serial*다. 영화계의 검은 양이자 비평가들의 밥이다. 나는 윤리도, 개성도, 숭고한 정신도 없는, 영혼 없는 존재다. 나는 부끄럽다……. 아, 내가 존경을 받을 수만 있다면. 내가 유명 비평가들을 지나칠 때마다 그들의 머리칼이 서지 않는다면 얼마나 좋을까! 그리고 그들이 〈부끄러운 줄 알아! 상업주의의 산물! 예술의 사생아!〉라고 소리치지 않는다면.
(「연작 영화가 말하다」, 『뉴욕 드라마 미러*New York Dramatic Mirror*』, 1916년 8월 19일)

1910년대 홍보성 기사는 아무리 간략하더라도 영화 산업이 끝없이 외는 주문(呪文)을 건너뛰는 법은 거의 없었다. 즉 〈우리는 상류 계층의 관심을 끌고 있습니다〉, 혹은 〈우리는 영화의 수준을 향상시키고 있습니다〉, 〈우리는 높은 수준의 윤리적 예술적 기준을 따르고 있습니다〉 등등. 이러한 확언들은 예상할 수 없는 적대감과 온정적 간섭주의로 무장한 채 영화를 바라보는 문화적 제도권을 안심시키기 위한 형식적이고, 그 진지함이 의심스러운 말들로서, 아마도 곧이곧대로 그러한 말을 받아들이는 관객은 거의 없었을 것이다. 그럼에도 어떤 스튜디오의 수뇌부(예를 들어 파테 영화사의 연작 영화 황제인 조지 사이츠)가 자부심의 〈고양〉을 아주 포기해도 좋다고 생각했을 수도 있다는 것은 이상하지 않으며 있을 수 있는 일이다. 확실히 연작 영화가 영화의 위신 회복이라고 추정되는 것에 어떤 기여를 했다고 가정하는 것조차 불가능하다. 그것의 사회적 맥락과 배경 때문에 연작 영화는 악평을 받을 수밖에 없는 운명이었다. 태생적으로 19세기 후반 노동 계층의 오락물(값싼 무대 멜로드라마, 10센트의 싸구려 소설, 신문 문예란 소설, 값싼 선정적인 잡지 등)에서 비롯된 것이기 때문에 연작 영화는 교양이 낮은 계층을 주 대상으로 하여 제작되었다.

「폴린의 모험The Perils of Pauline」, 「일레인의 위업The Exploits of Elaine」, 「증오의 가정The House of Hate」, 「숨겨진 위험The Lurking Peril」, 「비명을 지르는 그림자The Screaming Shadow」 등과 같은 초기의 영화 제목들에서 분명하게 드러났듯, 연작 영화는 포장된 선정주의*Sensationalism* 그 자체였다. 그 기본적인 내용물은 예상할 수 있는 것이었다. 1910년대 펜실베이니아의 성미가 까다로운 수석 영화 검열관인 엘리스 오버홀처가 이 장르에 대해 작성한 기사에 의하면 〈이것은 범죄, 충돌, 유혈과 폭력 사태다. 항상 도드라지게 눈에 띄는 성에 관한 소재에 관해서는 정말 탁월하다〉. 모든 형태의 신체적 위험과 〈스릴〉을 교묘하게 처리하면서 연작 영화는 폭발, 충돌, 고문 장치, 구체적인 싸움, 추적, 최후의 구원과 탈출 등의 형태로 선정적인 스펙터클을 약속했다. 그 스토리들은 획일적으로 암흑가 갱들과 신비에 싸인 악당들의 음모(「공포의 두건The Hooded Terror」, 「땀을 쥔 주먹The Clutching Hand」 등)에 초점을 맞춘다. 그 음모라는 것은 대부분 젊고 아름다운 여주인공과 그녀의 남자 친구 혹은 남자 주인공을 암살하거나 그들의 재산을 강탈하려는 것을 말한다. 이야기들의 배경은 은신처, 아편굴, 제재소, 다이아몬드 광산, 버려진 창고 등으로 대담한 여자 주인공이 위험을 무릅쓰고 들어서게 되는, 가족적인 온정이 없는 호전적인 〈남성의〉 세계이다.

연작 영화는 니켈로디언의 여파로 생겼다. 영화 산업이 그 당시 짓고 있던 거대한 극장들의 이질적인 관객에게 적합한 무해하고 이해하기 매우 쉬운 영화를 제작함으로써 영화 시장을 확장하고자 노력하던 그런 시기에 연작 영화는 약간 〈수치스러운 것〉으로 여겨졌다. 연작 영화는 〈대중*the mass*〉 — 부상하는 할리우드 체제가 선호하는 동질적이고 〈계급 구별이 없는〉 관객 — 의 기호를 따랐다기보다, 군중*the masses* — 엄청난 〈니켈로디언 붐〉을 이끌었던, 교양이 낮은, 노동자 혹은 중하층과 이민자 계층이 대부분인 관객 — 을 위해 제작되었다. 이에 오버홀처는 다시 신랄한 평가를 내리고 있다.

범죄 연작 영화는 인구 가운데 가장 저급한 취향을 가진 가장 무지한 사람들을 목표로 한 것이며, 원리적으로 대도시의 공장 지역, 조밀한 공동 임대 주택과 가난한 외국어 사용 동네의 영화관들에서 번성한다. 나는 영화 제작자가 아니다. 그러나 내가 보기에 그런 생산물에 수치감을 느끼는 제작자는 아무도 없다. 그럼에도 1~2개 규모 있는 제작사를 제외하고는 매년 회계 결산 때에 수익을 높이기 위한, 그런 유혹을 뿌리칠 수 있는 용기를 가진 영화사는 거의 없다.

연작 영화는 영국(그리고 그 밖의 모든 지역)에서 무산 계급을 위한 생산물이었다. 『뉴 스테이츠맨*New Statesman*』에서 1918년 한 작가는 영국의 영화 관객이 미국의 관객보다 더 많은 영화 입장료를 낸다고 주장했다. 그러나 그는 이런 법칙의 예외에 주목한다.

가장 가난한 지역의 쓰러질 듯한 이런 〈뮤직홀〉에서 소란스러운 아이들이 오랫동안 고대했던 〈미국 연작 영화〉의 다음 에피소드를 기다린다. 이런 곳에서만은 2페니 좌석과 4페니 좌석의 무산 계급용 입장표가 목격된다.

규모 있는 개봉관에서는 거의 상영되는 경우가 없었기 때문에, 연작 영화는 작고 싸구려인 동네 극장들(모든 취지와 목적을 고려할 때 이러한 극장들은 니켈로디언이 1910년대까지 살아남은 형태일 뿐이었다)의 주요 소비품이었다. 비록 개봉관이 큰돈이 되었으나 작은 극장들은 총액의 차원에서 여전히 커다란 부분을 차지했으며, 스튜디오들은 이러한 하급 시장을 쉽게 포기할 수 없었다.

왜 연작 영화인가

영화 산업은 선정적인 이야기들에 대한 수요가 이미 확고한 대중 시장에 진입하기 쉽다는 점 이외에 수많은 이유에서 연작 영화에 손을 댔다. 영화 산업은 이미 대중 잡지와 신문의 버팀줄이 되고 있던 연재*serialization* 관행에 활용되는 상업적 논리를 파악했다. 모든 에피소드를 손에 땀을 쥐게 하는 마지막 장면으로 끝냄으로써 연작 영화는 꾸준한 규모의 반복적인 고객이 그 전편에서 해결되지 않은 스토리의 종결에 대해 감질나게 하거나 흥미를 가질 수 있도록 부추길 수 있었다. 관객의 욕망은 일시적이고 간헐적인 충족으로 강화되었다. 그러한 욕망을 의도적으로 연장시키는 이러한 방식에서 연작 영화는 현대 자본주의의 새로운 소비 조장 심리학의 날카로운 면모를 보여 주었다.

적어도 그 초기의 몇 년 동안 연작 영화는 5 혹은 6릴 장편 영화로 전환할 능력이나 의지가 없는 영화 제작사들에게 매력적인 대안물의 역할을 했기 때문에 그것은 또한 스튜디오의 관점에서도 나름의 존재 이유를 가졌다. 전체 12회 정도의 분량에 대해 매회 1~2릴이 배급되었기 때문에 연작 영화는 스튜디오의 상대적으로 여전히 취약한 제작 여건과 정착된 단일 릴 배급 시스템에 지나친 영향을 주지 않으면서도 〈대대적인〉 제목으로 선전할 수 있었다. 수년 동안 연작 영화는 사실상 〈특선작*feature*〉으로 통했고 단편 릴 〈버라이어티〉 프로그램 가운데 최고 인기 항목이었다. 나중에 진짜 장편 영화*feature film*가 주요 인기 프로그램이 되었을 때도 연작 영화의 각 연재분은 단편 코미디와 뉴스 영화와 더불어 전체 프로그램의 일부로 이용되었다.

연작 영화는 영화 홍보의 제도적인 역사에 있어서 중요한 계기가 되는 순간에 등장했다. 제작사들은 예를 들어 〈판촉*exploitation*(즉, 광고)〉의 중요성을 깨달았으나 판촉에 드는 비용이 상대적으로 비효율적일 수밖에 없는 짧은 상영 시간 때문에 여전히 어찌할 바를 모르고 있었다. 1919년까지도 100개 가운데 1개 영화관만이 한 영화를 1주일 내내 상영했으며, 8개 가운데 1개 영화관은 1주일의 반 동안에만 상영했고, 5개 가운데 4개 이상의 영화관은 매일 영화를 교체했다. 이런 상황에서 연작 영화는 대규모 홍보를 할 수 있는 이상적인 품목이었다. 연작 영화는 영화 산업으로 하여금 판촉의 위력을 활용할 수 있게 했는데, 각 연작 영화는 한 영화관에서 3~4개월 동안 머물렀기 때문이다. 연작 영화 제작사들은 거액의 금품이 걸린 이벤트뿐만 아니라 신문, 잡지, 업계 전문지, 광고 게시판, 전차 광고 등에 엄청난 투자를 했다. 연작 영화는 스튜디오가 영화 자체의 제작 비용보다는 그 광고에 더 많은 돈을 집행하는 〈할리우드〉 홍보 시스템의 확립에 도움이 되었다.

연작 영화의 부상은 특히 홍보의 특정 방식과 연관되었다. 1917년경까지 사실상 모든 연작 영화는 신문과 전국 잡지에 동시에 실리는 그것의 산문판*prose version*과의 공조하에 배급되었다. 영화와 관련한 단편 소설은 각각이 개별 품목이 아니라, 보다 크고 다매체적 품목이라 기술할 수 있는 전체 단위의 두 가지 구성물이었다. 소비자를 〈아침에 이것을 읽고 오늘 밤에 영화관에서 보라!〉라는 식으로 유인하는, 이러한 소설 끼워 팔기*tie-in*는 이후 유례를 찾아볼 수 없을 정도로 연예 시장에 파다하게 퍼졌다. 모든 대도시의 주요 일간지와 수백 개(스튜디오는 수천 개를 주장했다)의 지방 신문이 활용되면서 연작 영화의 홍보는 신문 구독 인구를 수천만으로 증가시키는 데 기여했다. 이러한 관행은 영화 홍보의 범위를 폭발적으로 확장시켰으며, 영화가 진정한 대중 매체로 발전하는 길을 열었다.

작품들과 공식들, 1912~1920

비록 연작 영화들(계속되는 등장인물과 배경을 제외하면 서사적으로 완벽한)은 1908년 같은 이른 시기에, 혹은 코미디 시리즈를 포함할 경우에 이보다 이른 시기에 등장했지만, 첫 번째 순수한 연작 영화(몇 회분의 별도 스토리를 연결하는 전체 줄거리를 가진)는 에디슨의 「메리에게 무슨 일이 생겼나 What Happened to Mary」일 것이다. 영화는 1912년 7월을 시작으로 월 단위로 12개 〈장〉이 배급되었다. 영화는 시골 소녀(그리고 말할 필요도 없이 유산을 받게 된 것을 모르는 상속녀)의 모험 이야기로, 그녀가 사악한 삼촌과 잡다한 악당들을 피해 나가면서 대도시 삶의 즐거움과 위험을 발견해 나가는 이야기는 (영화 속 수많은 스틸 사진과 함께) 유력 월간 여성 잡지 『여성의 세계*Ladies' World*』에 영화 배급과 동시에 출판되었다. 비록 비평가들이 〈단순한 액션 멜로드라마〉, 혹은 〈끔찍하고 과장된 스릴러〉라고 비웃었지만, 연작 영화는 흥행에서는 대중적인 성공을 거뒀고 메리 데인저필드를 연기한 여배우 메리 풀러는 (비록 단명했지만) 영화사 최초의 대스타의 한 사람이 되었다. 「메리에게 무슨 일이 생겼나」의 상업적 성공은 셀리그 폴리스코프Selig Polyscope 영화사와 「시카고 트리뷴」이 한 팀으로 연합하여 「캐슬린의 모험The Adventures of Kathlyn」의 제작과 홍보를 전개하도록 자극했다. 「캐슬린의 모험」의 경우, 1914년 상반기 내내 격주로 상영과 출판이 진행되었다. 초창기 스타 시스템이라 말할 수 있는 그것의 원조가 되는 다른 주인공들과 대등하게 캐슬린 윌리엄스는 캐슬린 헤어를 연기했다. 여기에서 캐슬린 헤어는 납치된 아버지를 구하기 위해 마지못해 인도의 공국 알라하Allahah의 여왕이 되는 매혹적인 미국 여성이다.

「캐슬린의 모험」이 공전의 대성공을 거둘 것이 확실시되자 그 당시 거의 모든 주요한 스튜디오(바이오그래프 영화사는 그 유명한 예외였다)는 대부분 너도나도 소설의 신문 끼워 팔기와 연관된 액션 연작 영화와 12장 혹은 14장짜리 연작 영화에 착수했다. 칼렘Kalem은 「여탐정The Girl Detective」 시리즈(1915), 「마거릿의 모험The Ventures of Marguerite」(1915)을 포함한 수많은 〈대담한 여성 영웅〉 시리즈뿐 아니

자신의 마지막 출연작인, 파테 미국 지사의 연작 영화 「약탈 Plunder」(1923)에서 대담한 연기를 펼치는 펄 화이트.

루이 푀야드 (1873~1925)

프랑스의 랑그도크에서 독실한 가톨릭, 반공화주의 집안의 막내아들로 태어난 루이 푀야드는 1898년 아내와 함께 파리에 도착했다. 그는 우익계였던 『세계 평론*Revue mondiale*』의 편집보가 되기 전 기자로 활동했다. 1905년 시나리오 작가이자 알리스 기의 수석 조수로 고몽 영화사에 채용된 푀야드는 1907년 영화 제작의 책임자로 승진했으며 속임수 영화 「자석 인간L'Homme aimanté」(1907)에서 가족 멜로드라마 「아이의 소유La Possession de l'enfant」(1909)에 이르기까지 고몽 영화사에서 제작하는 모든 영화 장르의 시나리오와 연출에 적극적으로 참여했다.

연작 영화의 대중성이 프랑스에선 에클레르의 〈닉 윈터Nick Winter〉 범죄 시리즈를 통해 확립되었다. 1910년 푀야드는 르네 다리가 출연한 「베베」 코미디 시리즈를 선보였는데, 이 시리즈는 2년에 걸쳐 70편이 제작되었다. 1911년 그는 성공적이었던 「있는 그대로의 인생」 시리즈의 첫 번째 영화인 「독설가들Les Vipères」의 시나리오를 쓰고 연출했다. 이 시리즈는 대중적인 전통의 멜로드라마와 사실주의가 녹아 있었다. 르네 푸아예가 출연한 「부-드-장」 시리즈가 1912년 「베베」 시리즈를 대체했으며 1차 대전까지 총 40편이 제작되었다. 이러한 6년의 시기 동안 푀야드의 영화들은 사실적이고 절제된 연기, 단단한 서사 구조, 매끄러운 편집 양식, 그리고 구도와 조명에 있어 정교한 장면을 창조했던 알베르트 소르지우스의 촬영 등으로 정평이 났다. 「있는 그대로의 인생」 시리즈의 많은 영화들은, 더 이상 적절하지 않은 사회적 성 규범들을 따라야 하는 비극적인, 혹은 적어도 애처로운 결말을 보여 주었다.

1913년, 푀야드를 오래 기억하게 만든 「팡토마」가 제작되었다. 작품은 피에르 수베스트르와 마르셀 알랭의 범죄 소설을 각색한 시리즈 영화로 놀라운 힘과 임기응변의 수완을 발휘하며 요리조리 잘 빠지는 주인공으로 나바르가 출연했다. 최초의 장편 극영화 5편을 통해 「팡토마」 시리즈는 푀야드와 새로운 촬영 감독 게랭이 1차 대전으로 방해받기 이전까지 시리즈의 특색으로 불어넣었던 〈환상적 사실주의〉를 확립했다. 범죄의 대가는 파리 안팎을 포함하여 실제의 다양한 지리적 배경과 사회적 배경을 종횡무진 휘저으며 돌아다녔고 그의 믿을 수 없는, 때때로 피에 물든 행적은 일상의 확고한 세속적인 겉모습에 교묘하게 은폐된다.

1915년 고몽 영화사가 제작을 재개했을 때 푀야드는 「흡혈귀 갱단」으로 범죄 시리즈로 돌아갔다. 시리즈는 10편의 장편 길이 에피소드로 1916년 7월까지 매달 출시되었다. 시리즈에는 요부*femme fatale* 이르마 베프 역에 무지도라가 출연했다. 그녀는 영화 역사상 가장 강인하고 끝없이 정체를 숨기는 인물로 신문 기자인 남자 주인공(에두아르 마테)이 흑막에 싸인 그녀의 범죄 집단을 추적하는 데 몰두하게 만들고 납치당한 아내에 대한 복수 계획을 빗나가게 한다. 부분적으로는 「흡혈귀 갱단」의 지역적인 상영 금지에 대한 반응으로 푀야드는 대중 소설가 아르튀르 베르네드(와 새로운 촬영 감독 클라우스)를 영입하여 다른 2종의 연작 영화를 위한 좀 더 관습적인 모험 이야기를 창조했다. 여기서 비롯된 것이 대단한 성공을 거두었던 「쥐덱스」(1917)와 그 속편인 「쥐덱스의 새로운 임무」(1918)이다. 검은 망토를 둘러쓰고 단짝(마르셀 레베스크)과 함께 다

니는 형사 쥐덱스는 중세 기사도의 현대적 화신으로 아버지에 대한 복수와 그의 명예 회복을 위해 약자를 보호하고 악을 바로잡았다.

전쟁 후 고몽 영화사의 제작이 위축되기 시작되자 푀야드는 더 적은 수의 영화를 만들게 되지만 영화들은 보다 다양해졌다. 연작 영화는 계속해서 그의 트레이드 마크가 되었으나 몇 가지 변화를 겪었다. 「티민」(1919)에서 그는 매장된 보물과 인도-중국계 공주의 사랑을 추구하는 프랑스 탐험가(크레스테)와 대립하는, 추방당한 〈식민지의〉 적대자들로서 흡혈귀 갱단을 되살렸다. 「바라바」(1920)에서 그는 교활한 범죄 집단이 국제 은행의 겉모습 이면에서 활약하도록 풀어놓았다. 그러나 「두 말괄량이」(1921), 「고아」(1921), 「삿갓풀」(1922)에서 푀야드는 매우 다른 도식의 가족 멜로드라마로 선회했다. 이들 연작 영화는 오랜 고통을 겪고 〈감상적인 남자 주인공〉(한 연작 영화의 경우 르네 클레르)과 결혼하게 되는, 고아가 된 천진난만한 여주인공(상드라 밀로바노프)에 초점을 맞추었다. 푀야드가 제작한 마지막 연작 영화들은 다시 역사 모험극(곧 장 사펜의 시네로망Cinéroman의 트레이드 마크가 되었다)으로 선회했는데, 이 점은 스펙터클 액션 시리즈 「사기꾼의 아들」(1922)에 가장 분명하게 나타난다. 이 시기를 전후로 푀야드의 몇몇 영화들은 전쟁 이전 그가 몸담았던 〈사실주의적 전통〉으로 회귀했다. 전쟁으로 인한 피난자들 사이의 독일 스파이라는 시사적인 스토리를 바탕으로 그의 마지막 촬영 감독 모리스 샹프뢰와 함께 제작한 「포도월」(1919)은 론 강의 해상 교통과 포도월의 바-랑그도크 지역 농촌을 사실적으로 그렸다. 이와는 대조적으로 「파리의 장난꾸러기」(1923)는 〈자연주의적〉 연기(밀로바노프와 푸아이앵의), 파리의 벨빌 지역 현지 촬영, 정교하고 숙련된 실내 조명과 무대 장치(로베르 쥘-가르니에에 의한), 미국 방식의 연속 편집 *continuity editing* 등을 통해 특이한 매력과 절절함을 성취했다.

1925년 2월 또 다른 역사 연작 영화 「상처 자국Le Stigmate」(모리스 샹프뢰가 그의 유작을 완성했다)의 촬영을 앞두고 푀야드는 급성 복막염으로 사망했다.

리샤르 아벨

■□ 주요 작품

「베베Bébé」(1910); 「있는 그대로의 인생Scènes la vie telle qu'elle est」(1911); 「부-드-장Bout-de-Zan」(1912); 「팡토마Fantômas」(1913); 「흡혈귀 갱단Les Vampires」(1915); 「쥐덱스Judex」(1917); 「쥐덱스의 새로운 임무La Nouvelle Mission de Judex」(1918); 「티민Tih-Minh」(1919); 「포도월Vendémiaire」(1919); 「바라바Barrabas」(1920); 「두 말괄량이Les Deux Garmines」(1921); 「고아L'Orpheline」(1921); 「삿갓풀Parisette」(1922); 「사기꾼의 아들Le Fils du flibustier」(1922); 「파리의 장난꾸러기Le Gamin de Paris」(1923).

■■ 참고 문헌

Abel, Richard(1993), *The Ciné Goes to Town: French Cinema, 1896~1914.*
Lacassin, Francis(1964), *Louis Feuillade.*
Roud, Richard(ed.)(1980), *Cinema: A Critical Dictionary.*

◀ 「쥐덱스」(1917).

라 1914년과 1917년 사이에 주간으로 113회가 상영된 기차 모험 연작 영화 「헬렌의 모험Hazard of Helen」을 제작했다. 탄하우저는 비록 그 후속작인 「주도라Zudora(〈2000만 달러의 미스터리〉)」로는 실패했지만 무성 영화 시대에 최고의 흥행 성공을 거두었던 연작 영화인 「100만 달러의 미스터리The Million Dollar Mystery」(1914)를 제작했다. 1910년대 최대의 연작 영화 제작사는 파테(미국 지사), 유니버설, 뮤추얼, 바이타그래프 등이었다. 파테 사는 주로 펄 화이트가 출연한 영화의 성공에 크게 의존했다. 펄 화이트가 출연한 파테 연작 영화에는 「폴린의 모험」(1914), 「일레인의 위업」(1915년 — 그리고 2편의 후속극까지), 「갈고리 손The Iron Claw」(1916), 「육군의 진주Pearl of the Army」(1916), 「치명적인 반지The Fatal Ring」(1917), 「증오의 가정」(1918)(에이젠슈테인이 영향을 받은 작품으로 인용된다), 「어두운 비밀The Black Secret」(1919), 「전격 기습The Lightning Raider」(1919) 등이 있었다. 파테는 그 외에 루스 롤런드와 이들보다는 덜 유명했던 다양한 〈연작 영화 여왕들〉이 출연한 수많은 연작 영화를 제작했다. 파테 영화사와 마찬가지로 유니버설은 1910년대 내내 항상 최소 두 종류의 연작 영화를 공급했다. 그 가운데 몇 편은 프랜시스 포드(존 포드의 형)가 연출했고 그레이스와 큐나드 듀오가 출연했다. 그러한 연작 영화에는 「루실 러브, 비밀의 소녀Lucille Love, Girl of Mystery」(1914)(루이스 부뉴엘이 기억하는 최초로 본 영화), 「부러진 동전The Broken Coin」(1915), 「페그 오 반지의 모험The Adventures of Peg O'the Ring」(1916), 「자주색 가면The Purple Mask」(1916) 등이 있다. 뮤추얼 영화사는 「헬렌의 모험」으로 유명한 헬렌 홈스를 채용하여 「소녀와 사냥감The Girl and the Game」(1916), 「벌목지의 소녀Lass of the Lumberlands」(1916~17), 「로스트 익스프레스The Lost Express」(1917) 등을 포함한 연작 영화를 통해 기차 스턴트 스릴러의 흐름을 이어 갔다. 바이타그래프 영화사는 처음에 〈고급 관객〉을 위한 〈수준 높은〉 연작 영화를 제공하겠다고 장담했으나 실제 제작된 결과는 다른 경쟁사들의 선정적인 멜로드라마와 크게 다르지 않았다.

1910년대는 연작 영화 여왕의 시대였다. 위험이 가득 찬 모험 스토리에 여탐정, 여자 스파이, 여기자 등으로 등장한 연작 영화 여자 주인공들은 강인함, 용기, 순발력, 지성 등을 보여 주었으며 그 참신함과 여권주의적인 뉘앙스 때문에 관객을 사로잡았다. 연작 영화 여왕들은 여성적인 소극성과 가정 이데올로기에 도전하면서 그것을 대신해 전통적으로 〈남성적인〉 것에 속하는 특성, 경쟁, 관심사를 드러냈다. 그들은 대도시적인 현대성의 부상과 빅토리아조 세계관의 해체의 시기에 (비록 실생활에서 전적으로 채택되지는 않았지만) 대중 매체를 통해 널리 퍼진, 새로 고안된 여성상, 곧 〈신여성〉에 대한 문화적 열광과 맞닿아 있었다. 여전히 여성의 위험이라는 고전적 멜로드라마 관습을 따르고 있지만 1910년대의 연작 영화 주인공들은 남자 주인공에게 구원받는 단순한 존재가 아니었다. 그들은 여전히 어느 정도의 구원을 필요로 했지만 또한 자신들의 용기와 지혜를 통해 위험에서 벗어나기도 했다. 그리고 다양한 형태의 용감한 행위를 보여 주는 연작 영화 체계상 여주인공이 철로에 묶인 남자 주인공을 구하는 것을 그 반대의 경우만큼이나 많이 볼 수 있었다.

모든 연작 영화에서 악당과 주인공/여주인공 사이의 갈등은, 여주인공(악당이 끊임없이 납치하거나 살해하려는 대상)과 가치 있는 물건 ― 펄 화이트가 〈위니*weenie*〉라고 말하는 ― 의 확보, 혹은 소유 등 양자를 두고 엎치락뒤치락 경쟁하는 상황으로 나타난다. 가치가 높은 물건은 다양하다. 신형 어뢰의 설계도, 고가의 매장물을 찾을 수 있는 열쇠가 되는 신상(神像), 파나마 운하 방어 대책에 관한 비밀 문서, 인간을 붕괴시키는 기계 작동을 위한 특수 연료, 흙가루를 다이아몬드로 만드는 비밀 공식 등. 이것의 확보와 탈환은 일련의 긴장을 자아낼 수 있는 기본적인 구조를 제공했다.

연작 영화 스토리의 다른 불변적 요소는, 어머니에 해당하는 인물(그리고 그런 점에서 대다수 다른 여성 인물 역시)의 전적인 부재와 함께, 여주인공의 아버지가 차지하는 중요한 위치와 관계된다. 여주인공은 첫 번째 에피소드에서 악당에게 살해당하거나 혹은 (이보다 드문 경우로) 납치를 당해 협박당하게 되는 유력한 남자(부유한 기업가, 육군 장성, 소방서장, 탐험가, 발명가, 혹은 신문사 사주)의 딸(종종 입양된 딸)이다. 연작 영화는 악당과 그 다양한 개성의 똘마니들이 그녀를 살해하고 상속 재산을 빼앗으려고 시도하는 상황에서 상속 재산을 지키려는 딸의 투쟁을 중심으로 전개된다. 이런 설정에 대한 대안으로 딸이 악당의 수중에서 아버지를 구해내거나 아버지의 실추된 명예를 회복하거나 혹은 단순히 아버지가 그, 혹은 국가의 적들을 몰아내는 것을 (그의 지시에 관계없이) 돕는 방식이 있다.

비록 흥행에 성공하면 공전의 대성공을 거두었지만 미국 연작 영화의 역사는 상업적으로 불규칙적이었다. 흥행 수입에 관한 정보를 입수할 수는 없으나 영화 거래소(영화 대여업소)들에 대한 업계 신문의 설문 조사 자료를 통해 연작 영화의 관객 인기도를 대략 가늠할 수 있다. 1914년에서 1917년 사이 『영화 뉴스*Motion Picture News*』는 영화 거래소 종사자를 대상으로 수많은 심층 설문 조사를 행했다. 1914년 10월 〈연작 영화가 계속해서 인기가 있을 것인가〉라는 질문에 대해 60퍼센트가 긍정적인 대답을 했으나 약 20퍼센트는 부정적인 대답을 했다(나머지는 그저 그럴 것이라는 대답을 했다). 그러나 1년 후 부정적인 대답은 70퍼센트로 증가했다. 다시 1년 후에, 즉 1916년 말 연작 영화의 인기는 다시 올라가 긍정적인 대답과 부정적인 대답의 비율이 65대 35였다. 1917년 여름, 그 반응은 비슷해져 정확하게 50대 50이 되었다. 배급업자와 (잠정적으로) 상영업자와 관객들이 보여 준 연작 영화에 대한 이러한 들쭉날쭉한 인기도는 여러 가지 요인들로 설명될 수 있다. 단기 상영업자와 하층 관객을 대상으로 하는, 사라지지 않고 남아 있던 니켈로디언 영화관과 대세가 되어 가는 대중오락의 할리우드 모델 사이의 격차가 벌어지고, 있었던 것도 그 한 가지 요인이 될 것이다. 또한 많은 관객들이 연작 영화의 매우 도식적인 스토리, 별로 오싹하지 않은 스릴, 그리고 낮은 수준의 완성도에 단순히 진저리가 났다고 할 수도 있을 것이다.

세계의 시리즈와 연작 영화

비록 시리즈와 연작 영화에 관한 세계 역사가 아직 쓰이지 않았으나 다른 지역의 상황은 미국과는 전혀 달랐다. 시리즈와 연작 영화에 대한 프랑스의 상당한 투자에 대해서는 리처드 에이블이 저술한 프랑스 무성 영화사에 잘 다루어져 있다. 에클레르 영화사는 모두 빅토랭 자세가 연출했던 「탐정계의 제왕 닉 카터Nick Carter, le Roi des détective」(1908), 「지고마르Zigomar」(1911)와 다양한 속편*sequel* 등 매우 인기 있는 시리즈를 통해 연작 영화 장르를 개척했다. 루이 푀야드는 고몽 영화사의 수많은 유명한 암흑가 범죄 연작 영화, 「팡토마」, 「흡혈귀 갱단」(1915~16), 「쥐덱스」(1917), 「쥐덱스의 새로운 임무」(1918) 등을 연출했다.

이것들을 포함하여 자국에서 제작된 연작 영화들이 상당한 인기를 누렸다면, 프랑스 관객 사이에서 굉장한 센세이션을 일으켰던 영화들은 파테 영화사의 미국 지사에서 제작된 연작 영화였다. 미국에서처럼 대규모 신문 끼워 팔기와 연계하여 배급된 「뉴욕의 미스터리」(「일레인의 위업」의 에피소드

22편과 속편 2편을 재조합한 작품, 1916)는 공전의 성공을 거두었고, 영화-소설*ciné-roman*의 유행을 일으켰다.

영국에서는 다른 것들 가운데 특히 「로즈 중위의 모험The Adventures of Lieutenant Rose」(1909), 「대링 중위의 모험The Adventures of Lieutenant Daring」(1911), 「세 손가락 케이트의 위업The Exploits of Three-Fingered Kate」(1912) 등이 주요 연작 영화였다. 독일 영화사 필름스 로이즈Films Lloyds는 형사 베브Detective Webb 시리즈(1914)를 제작했다. 이 시리즈는 루이 푀야드의 「팡토마」처럼 매회 장편 길이의 연속물로 구성되었다. 러시아에서는 미국과 프랑스 수입 연작 영화의 흥행 성공으로 이를 따라 한 여러 편의 연작 영화가 제작되었다. 제이 레이다는 이들 가운데 드란코프의 「손카, 황금 손Sonka, the Golden Hand」, 바우어의 「이리나 키르사노바Irina Kirsanova」, 가르딘과 프로타자노프의 「페테르부르크 빈민가Petersburg Slums」 등을 인용한다. 이탈리아에는 「티그리스Tigris」, 「차 라 모르트Za la Mort」 등이 있었다. 독일에서는 「호문쿨루스Homunculus」(초능력 인조인간 이야기에 대한 독일 무성 영화의 열광을 보여 주는 초기 예)가 유명했으며, 오스트리아의 경우 「보이지 않는 존재들The Invisible Ones」이 있었다.

비록 관련 주제에 관해 알려진 바가 거의 없으나 제3세계에서도 연작 영화가 제작되었다. 웨일스-그리스계 오스트레일리아 여배우인 〈용감한 나디아Fearless Nadia〉가 출연한 일련의 북인도 연작 영화는 장르의 여왕 공식을 성공적으로 적용하는 성과를 보여 주었다. 수입된 미국 연작 영화에 자극을 받은 감독 호미 와디스는 또한 용감한 나디아와 함께 장편 「채찍을 든 숙녀Hunterwali」를 제작했다. 뭄바이의 코히누르Kohinoor 스튜디오는 다른 인도 스튜디오들처럼 수많은 속편 연작 영화를 제작했다. 그 가운데 「다이아몬드 여왕The Diamond Queen」(1940)은 인도 배급사를 통해 현재도 접할 수 있다.

1920년대와 그 후

미국에서 연작 영화는 1920년대에도 지속되었으며, 제한된 배급망을 갖고 천방지축으로 뛰어다니는 아이들*hyperactive children*을 주요 고객으로 하는 저예산 〈B급〉 영화로서 텔레비전의 부상 시기까지 살아남았다. 이러한 경향은 장르의 초창기부터 어느 정도 엿보였지만 1910년대 이후에는 좀 더 분명하게 연작 영화는 〈토요일 오후를 근사한 곳에서〉 보내기 위한 시시껄렁한 청소년 영화가 되었다. 1910년대 후반부터 소설판 끼워 팔기의 관행이 단계적으로 폐지됨에 따라 연작 영화는 광범위한 홍보와 배급이라는 유리한 상황을 다시 누리지 못했다. 더 나아가 고전적인 유혈과 폭력 소재의 무대 멜로드라마가 사라지고, 성인 관객이 과장되고 선정적인 멜로드라마를 유쾌한 것이 아니라 우스꽝스럽고 구시대적인 것으로 여기게 된 세대 변화 등으로 연작 영화는 더욱더 만화적인 어린이 장르로 굳어지게 되었다. 연작 영화의 본질적인 공식(남자 주인공과 여주인공이 위니*weenie*의 획득을 위해 악당과 싸운다)은 기간 내내 그대로 유지되었으나 몇 가지 주요 변형을 겪게 되었다. 〈연작 영화-여왕〉 도식은 1910년대 후반과 1920년 초반에 전통적인 건장한 남자 주인공의 모험을 강조하면서 퇴색했다. 그런 남자 주인공에는 「천하장사 엘모Elmo, the Mighty」(1919)와 「대담무쌍한 엘모Elmo, the Fearless」(1920) 그리고 「타잔의 모험The Adventures of Tarzan」(1921)의 엘모 링컨, 「서커스의 왕King of the Circus」(1920)과 「죽기 아니면 하기Do Or Die」(1921)의 에디 폴로, 「허리케인 허치Hurricane Hutch」(1921)와 「허치야, 가서 해치워라Go Get 'Em Hutch」(1922)의 찰스 허친슨 등이 있었다. 확실히 대담한 신여성의 진기함은 식상해졌으며, 연작 영화의 여주인공은 다시 곤란한 처지에 빠진 여성의 역으로 복귀하게 되었다.

연작 영화의 상호 맥락 또한 변화했다. 연작 영화는 곧바로 일요판 신문 연재 만화, 만화책, 라디오, 통속 잡지에 등장하는 기존의 등장인물을 연상하게 했다. 1936년 유니버설은 킹 피처스 신디케이트King Features Syndicate 소유의 많은 연재 만화의 판권을 구매했으며, 다른 스튜디오들 역시 유사한 거래를 했다. 연작 영화는 이제 플래시 고든, 슈퍼맨, 마벨 선장, 딕 트레이시, 배트맨, 벅 로저스, 팬텀, 캡틴 아메리카, 데드우드 딕, 론 레인저 등을 주인공으로 삼았다. 연작 영화 제작사들이 미국 어린이의 5센트와 10센트를 노렸다는 것은 논란의 여지가 없었다.

1918년 뮤추얼 영화사의 해체와 1925년 워너 브러더스의 이미 운이 다한 바이타그래프 사 매입 등으로, 파테 영화사와 유니버설 스튜디오만이 1920년대의 주요 연작 영화 제작사로 남았다. 파테 영화사는 조지프 케네디가 등장하여 회사를 재조직한 1928년 연작 영화 제작에서 손을 뗐다. 후발 제작사인 마스코트Mascot 영화사는 파테 사가 이탈하여 생긴 공백을 메웠으며, 1935년 몇 개의 다른 회사와 합병하여 리퍼블릭

Republic 영화사를 만들었다. 본질적으로 저예산 영화 스튜디오인 리퍼블릭 영화사는 그럼에도 대다수 연작 영화 수집광과 향수를 가진 팬들의 요구에 부응하여 최상의 연작 영화를 제작했다. 제작 편 수의 측면에서 유니버설, 리퍼블릭, 컬럼비아 픽처스는 유성 영화 시대에 연작 영화를 제작한 〈주요 3사〉였으며 각 스튜디오는 매년 서너 종류의 연작 영화를 제작했다. 12주에서 15주 동안 매주 상영되었기 때문에 연작 영화는 1편이 바로 그다음 편을 이끄는 방식으로 하나의 상영 시즌을 형성했다. 1930년대에는 다양한 중소 독립 제작사들이 한두 종류의 연작 영화를 제작했으나 이후에는 어느 영화사도 연작 영화를 만들려는 시도를 하지 않았다. 그 사회적 평판과 상업적 중요성이 낮아지면서 유니버설은 1946년 영원히 연작 영화 제작을 중단했던 반면, 리퍼블릭과 컬럼비아는 텔레비전이 주말 모험 시리즈를 위한 선택된 매체로서 등장하는 1955년까지 꾸준하게 연작 영화를 제작했다.

전체 제작 수량에 있어 마스코트와 리퍼블릭은 1929년과 1955년 사이에 90종의 연작 영화를 제작했다. 컬럼비아가 1937년과 1956년 사이에 57종의 연작 영화를 제작했으며, 유니버설은 1929년과 1946년 사이에 69종의 연작 영화를 제작했다. 독립 제작사들은 1930년과 1937년 사이에 15종의 연작 영화를 제작했다. 이러한 231종의 유성 연작 영화 이외에 무성 영화 시대에는 300종에 조금 모자라는 연작 영화가 제작되었다. 개별 편 수를 합쳐 본다면 전체 수량은 7,200편에 육박한다. 연작 영화는 예술로서의 영화 역사에서 언급할 만한 가치는 적지만 사회적, 제도적 상품으로서의 영화 역사에서는 중요한 현상으로 인정되어야 할 필요가 있다.

참고문헌

Barbour, Alan G.(1977), *Cliffhanger: A Pictorial History of the Motion Picture Serial*.

Kinnard, Roy(1983), *Fifty Years of Serial Thrills*.

Lahue, Kalton C.(1964), *Continued Next Week: A History of the Moving Picture Serial*.

Oberholtzer, Ellis, P.(1922), *The Morals of the Movies*.

Singer, Ben(1993), "Fictional Tie-ins and Narrative Intelligibility, 1911~18".

Stedman, Raymond William(1977), *The Serials: Suspense and Drama by Instalment*.

각국의 영화

NATIONAL CINEMAS

프랑스 무성 영화

리처드 에이블

1907년에 들어 프랑스 언론은 영화관이 카페-콩세르*café-concert*, 뮤직홀 같은 연예 오락 공간은 물론 극장의 자리마저도 빠르게 대체해 나가는 상황에 대해 연일 놀라움을 표시했다. 당시 인기를 끌었던 풍자 희극「당신은 멋있어Tu l'as l'allure」에 나오는 노래가 당시의 분위기를 전해 준다.

영화관이 쓰러져 죽을 때는 언제가 될지?
누구라서 알까.
카페-콩세르가 다시 살아날 때는 언제가 될지?
누구라서 알까.

들뜬 기분에서든 당혹스러운 체념에서든 한 작가가 〈새로운 인류의 새벽〉이라고 열광했듯이 프랑스에서 1907년은 〈영화의 해〉였다. 영화의 미래는 한계가 없어 보였고, 그로 인해 기업적 활동이 촉발되었다.

파테-프레르에 의한 영화의 산업화

영화 산업의 핵심에 있었던 파테-프레르 사는 이 새로운 산업의 모든 부문을 구조적으로 산업화시켰다. 2년 전부터 페르디낭 제카의 지휘하에 대량 생산 체계를 개척해 왔던 파테는 최소한 주당 5～6편의 영화, 다시 말해 매일 4만 미터의 프린트 필름을 판매하는 회사로 곧바로 성장했다. 그 밖에도 매월 250대의 카메라와 영사기, 기타 장비들을 판매했다. 1909년까지 이 지표들은 모두 2배로 증가했고, 파테 스튜디오의 카메라와 영사기는 표준 모델이 되었다. 이러한 제작 능력은 파테가 파리를 비롯한 다른 도시에서 차례로 상영관을 건설해 나갈 수 있는 토대가 되었다. 1906년에서 1907년 사이에는 박람회 같은 가설 공간에서 이루어지던 영화 상영이 도시의 쇼핑 오락 지구에 있는 상설 부지로 옮겨 가기 시작했다. 1909년이 되자 파테는 프랑스와 벨기에 전역에서 약 200개에 이르는 상영관 체인을 가지게 되었다. 소속 상영관에 자체 제작 영화를 보다 정기적으로 배급하기 위하여, 1907년부터 1908년까지는 6개의 권역별 대행사를 통해 판매보다는 주별 프로그램으로 대여하는 배급망을 구축했다. 이 네트워크는 곧 10여 개로 증가했다. 일찍이 1904년부터 세계 시장으로 눈을 돌렸던 파테는 단시일 내에 영화의 판매 및 대여 시장에서 세계적인 지배력을 가지게 되었다. 1907년, 미국 영화관에서 상영된 프로그램의 3분의 1에서 2분의 1이 파테가 제작한 것이었다. 게다가 영화 1편당 보통 200벌 정도가 미국에 수출되었다. 최초의 국제적인 영화 〈제국〉으로서 파테가 안정 단계로 접어들고(MPPC의 규제 때문에 미국 내 배급에 관한 계약이 체결되었다), 영화의 배급과 흥행이 그들의 가장 안정적인 수입원이 되어 감에 따라 점차로 영화의 제작을 여러 준독립 지부로 이관시켰다. 1913에서 1914년 사이에 파테-프레르는 프랑스(SCAGL, 발레타Valetta, 코미카Comica)를 비롯해 러시아, 이탈리아, 네덜란드, 미국에 설립한 제작 지부들의 주인으로서 일종의 모회사가 되었다(이런 상황은 샤를 파테에게서 출판업자의 이미지를 떠오르게 했다).

다른 영화사들은 파테를 따르거나, 영화 산업의 한두 부문에 남아 있던 틈새시장을 찾아 확장을 계속했다. 레옹 고몽의 영화사는 장비 생산에서 영화의 제작, 배급, 상영까지의 모든 부문을 수직적으로 통합한 회사로서 파테의 강력한 경쟁자였다. 1911년에 새로 단장해 문을 연 3,400석 규모의 고몽-팔라스 극장은 자사의 상영관 체인에서 중심 역할을 했을 뿐만 아니라 파리를 비롯한 다른 지역에 〈팔라스〉 극장의 건설을 촉진시키는 계기가 되었다. 그러나 파테와 달리 고몽은 제작에 대한 직접 투자를 점진적으로 늘려 갔고, 결국에는 최소한 주당 5～6편의 영화를 개봉할 수 있게 되었다. 샤를 주르종과 마르셀 방달이 경영하던 에클레르는 약간 한정된 범위 내에서 운영되었다. 그들은 결코 자체 제작 영화를 개봉하기 위해 상영관 체인을 구축하지 않았다. 대신, 1910년과 1913년에 걸쳐, 공격적으로 사세를 확장해 영화의 제작과 배급은 물론 다양한 종류의 장비 생산에도 집중했고, 파테와 함께, 미국에 제작 스튜디오의 문을 열 정도의 자본과 기획력을 갖춘 유일한 회사가 되었다. 대부분의 군소 영화사들은 영화 제작에만 전념하거나(필름 다르Film d'Art, 에클립스Eclipse, 뤽스Lux), 아니면 배급에만 집중했다(AGC). 가장 중요한 독립 배급업자였던 루이 오베르는 조금 늦게 출발한 미국의 유니버설, 폭스, 파라마운트처럼 다소 다른 궤도에서 투자했다. 오베르의 영화사는 프랑스의 이탈리아계와 덴마크계 제작자들과의 독점적인 계약을 통해 성공했는데 「쿠오 바디스」가 좋은 예다. 1913년에 오베르는 파리 소재의 〈영화 궁전〉 체인은 물론, 영화의 자체 제작을 위한 새로운 스튜디오의 건설에 지속적으로 투자했다.

이 당시에는 어떤 종류의 영화들이 프랑스 영화관의 프로그램을 지배했고, 어떤 영화들이 특별히 선택되었을까? 초기에 영화관을 매력적인 공간으로 만들었던 영화들, 즉 실사 영화*actualité*, 속임수 영화, 요정 영화*féerie*들은 1907년에 이르면 보다 서사적인 영화들에 자리를 내주었다. 특히 파테의 표준화된 과정을 통하여 제작된 추적 코미디 영화들과 알베르 카펠라니가 연출했던 〈극적이고 사실적인〉 영화들이 주류를 이루었다. 이 범주의 영화에는 가족의 해체와 결합을 다룬 「용서의 법칙La Loi du pardon」(1906) 같은 가정 멜로드라마, 또는 결말을 불편하게 맺는 「목걸이를 위하여Pour un collier!」(1907) 같은 그랑 기뇰*Grand Guignol*식의 변주가 주류를 이루었다. 재현과 서사가 하나의 체계로서 결합된 이 영화들에서는 (파테의 트레이드마크인 허리 높이에서 찍은) 롱테이크 장면, 굵은 적색 자막, 글자의 삽입, 음향 효과 등은 물론 카메라의 이동에 따른 다양한 구도, 클로즈 숏의 삽입, 시점 숏, 리버스 앵글 편집, 반복과 대체를 이용한 편집 형식 등의 기법이 사용되었다. 이런 영화적 체계는 다음과 같이 다양한 멜로드라마에서 괄목할 만한 성과를 낳았다. 「해적 떼The Pirates」(1907), 「위기일발」(1908)(1909년에 그리피스가 「외진 빌라」로 리메이크), 「하얀 장갑을 낀 남자L'Homme aux gants blancs」(1908), 「남편의 계략Ruse de mari」(1907), 「폭주마Le Cheval emballé」(1908) 등. 말하자면 파테의 영화들은 대부분의 구성 요소들을 서사적인 연속성 체계에 기초해서 발전시켰는데, 그러한 체계에 대해 영화사가들은 여전히 파테보다 조금 뒤에 출현한 바이타그래프 또는 바이오그래프 사에 그 공로를 돌리고 있다.

프랑스 영화에서 표준화가 발달했던 또 다른 예로는 시리즈물이 있다. 이것은 주인공을 맡은 배우를 중심으로 짜인 구조를 가지고, 연속적으로 영화를 제작하는 마케팅 전략이었다. 일찍이 1907년부터 파테는 앙드레 데가 연기한 부아로Boireau라는 인물을 제목으로 하는 코믹 시리즈를 배급하기 시작했다. 부아로 시리즈의 성공은 곧바로 다른 코믹 시리즈들의 제작을 자극했는데, 특히 데가 크레티네티Cretinetti라는 인물을 맡아 이탈리아로 떠난 이후에 더욱 활발해졌다. 1909년에 고몽은 클레망 미제가 실수투성이 공무원으로 출연하는 칼리노Calino 시리즈를 내놓았다. 다음해에는 르네 다리의 베베 시리즈, 2년 후에는 에르네스트 부르봉이 엄청나게 괴팍한 인물로 나오는 오네짐Onésime 시리즈, 르네 푸아이앵이 상상을 초월할 정도로 위험한 아이로 나오는 부-드-장 시리즈 등을 차례로 선보였다. 파테의 경우는 정기적으로 배급하는 5~6편의 코믹 시리즈 중에 2편 정도만 두드러진 성과를 낳았다. 하나는 샤를 프랭스가 화이트칼라 돈 주앙으로 출연한 리가댕 시리즈로서, 「리가댕의 코Le Nez de Rigadin」(1911)에서는 코미디언의 재산 중 하나인 크고 높은 코를 잔인할 정도로 조롱한다. 또 하나는 막스 랭데르가 젊고 멋진 부르주아로 출연한 작품으로 그를 단시간에 〈영화계의 왕〉으로 만들어 주었다. 「작고 늙은 말La Petite Rosse」(1909)부터 「키니네의 희생자Victime du quinquina」(1911), 「발 치료사 막스Max pédicure」(1914)에 이르는 막스의 작품들에는 정교하게 구성된 개그들이 탁월하게 표현되었다. 에클레르, 에클립스, 뤽스에서 정기적인 주말 프로그램으로 제작한 코미디 시리즈들도 대단한 인기를 누렸다. 이 기획물을 처음으로 변형시킨 작품이 에클레르에서 나왔다. 1908~10년에 걸쳐 나온 빅토랭 자세의 닉 카터Nick Carter 시리즈는 미국의 탐정 소설에서 그 형식을 빌려 와 프랑스에 맞게 번안한 것이다. 이 시리즈의 성공에 자신을 얻은 에클레르는 또 다른 번안 작품들을 내놓았고, 남성 모험 시리즈들을 만들어 자사의 트레이드마크로 만들었다.

표준화된 제작 과정의 구축과 함께, 영화를 존경받는 문화 형식의 대열에 올려놓기 위한 시도들이 집중적으로 이루어졌다. 이 점에서는 영화 전문지들이 상당한 역할을 하였다. 특히 파테의 동료이면서 변호사인 에드몽 베누아-레비가 편집을 맡고 있던 『포노-시네-가제트*Phono-Ciné-Gazette*』(1905~9)와 조르주 뒤로가 편집하던 『시네-주르날*Ciné-Journal*』(1908~14)이 활발하게 활동했다. 이런 노력의 결과는 필름 다르와 SCAGL 사, 그리고 파리의 명문 극단과 밀접한 관계가 있던 신생 영화사들이 주도했던 문학 작품의 각색과 예술 영화*films d'art* 운동을 통해서 가시화되었다. 그중 처음으로 널리 알려진 작품은 필름 다르 사의 「기즈 공의 암살」(1908)로 (《정품》 무대 장식을 포함한) 깊이감 있는 미장센과 실제적인 연기 양식(특히, 샤를 르 바르지의 연기)과 간결한 편집 등의 기법은 적어도 프랑스 내에서는 커다란 영향을 미쳤다. 일찍이 파테에서 발전시킨 서사적인 연속성 체계에 비견할 만한 이 기법들의 영향은 주로 19세기 연극과 오페라에 기초한 연속 사극에서 잘 나타난다. SCAGL의 「뒤크 당갱의 죽음La Mort du Duc d'Enghien」(1909)과 고몽의 「위그노Le Huguenot」(1909)처럼 프랑스 역사를 다룬 작품에서 그 영향이 분명하게 보이지만, 필름 다르 사의 「토스카La Tosca」(1909)와 「베르테르Werther」(1910)처럼 전혀 다른 영화들에서도 나타난다. 일반적으로 이러한 양식에 반대되는 작품으로는 파테의 「클레오파트라Cléopâtre」(1910)와 「세미라미스Sémiramis」(1910) 같은 동방풍의 영화들이 있다. 여기에서는 파테의 트레이드마크인 스텐실 컬러로 강조한 스펙터클한 장면들과 프랑스 제국의 식민 통치에 봉사하는 〈이국적인〉 등장인물들이 강조된다.

1911년까지 거의 모든 프랑스 영화들은 길이가 규격화된 단일 릴의 형태로 상영되었다. 200~300미터(10~15분)짜리 릴이 표준 영화, 특히 〈진지한〉 장르의 표준 포맷이 되었다. 한편 100~150미터(5~7분)짜리 반쪽 릴은 코믹 시리즈의 표준이 되었다. 이러한 규칙은 향후 몇 년 동안 대부분의 영화에서 지켜졌으며, 루이 푀야드의 「독사들」(1911), 고몽의 「있는 그대로의 인생Scènes de la vie telle qu'elle est」 시리즈 중 제1편으로 레옹스 페레가 연출한 역 구내를 배경으로 한 슬픈 멜로드라마 「철로 위Sur les rails」(1912), 파테에서 르네 르프랭스가 연출한 복잡한 안무가 있는 부르주아 멜로드라마 「유죄La Coupable」(1912) 등의 작품에서처럼 때로는 집약된 스토리텔링을 위한 효과적인 수단이 되기도 했다. 그리고 파테와 고몽이 각각 제작했던 조르주 몽카의 「테러L'Épouvante」(1911)와 앙리 페스쿠르의 「아이들의 놀이Jeux d'enfants」(1913)는 D. W. 그리피스의 작품과 견줄 만한 교차 편집 기법을 광범하게 사용했다. 결국 코믹 시리즈도 점차 길어져, L. 페레의 레옹스 시리즈(1912~14)처럼 단일 릴이 적당한 길이로 정착되었다. 「핀Les Épingles」(1913), 「시골에 간 레옹스Léonce à la campagne」(1913), 「촬영기사 레옹스Léonce cinématographiste」(1913) 같은 작품들은 페레 자신이 처한 사회적 조건을 재빠르게 개발한 결과이다. 그는 확신에 찬 부르주아 타입으로 아내(대체로 수잔 그랑데)와 국내 시장의 지배를 둘러싼 전투에서 속고 속이는 전투를 끊임없이 벌이는 상황에 있었다.

1911년에는 3개 이상의 릴로 이루어진 장편 영화가 프로그램에 등장했다. 파테가 그해 봄에 처음 선보인 영화는 A. 카펠라니의 사극 멜로드라마 「리옹의 밀사Le Courrier de Lyon」와 제라르 부르주아의 〈사회성 드라마〉 「알코올의 희생자Victimes d'alcool」였다. 그러나 가을이 될 때까지도 그렇게 긴 영화가 수용되고 수익성이 있는지 분명한 판단을 내릴 수 없었다. 모든 메이저 제작사들은 가능성 있는 장르 범위 내에서 이 새로운 포맷에 투자했다. 파테와 필름 다르는 익숙한 문학 작품의 각색을 통해 문화의 중심부로 향했다. 파테는 앙리 크라우스와 스타치아 나피에르코프스카가 출연한 「노트르 담의 꼽추Notre Dame de Paris」를, 그리고 필름 다르는 20년 전에 빅토리앵 사르두의 희곡을 레잔이 공연하여 성공한 「상젠 부인Madame Sans-Gêne」을 각각 제작했다. 고몽은 L. 푀야드의 「있는 그대로의 인생」 시리즈 중에서 르네 카를 주연의 「오점La Tare」을 제작해 고몽-팔라스 극장의 개막 프로그램으로 올렸다. 과거의 성공을 기초로 에클레르는 레옹 사지의 인기 범죄 소설 시리즈인 「지고마르」를 V. 자세가 각색한 작품에 투자했는데, 여기서 아르키예르는 무자비한 자본가이자 전문 범죄자인 이중적 성격의 역할을 연기했다.

이후 몇 년 동안 장편 길이의 영화는 정규 주간 프로그램으로 정착되었다. 필름 다르는 「춘희La Dame aux camélias」(1912)로 유명한 사라 베른하르트에게 그 역할을 반복하여 맡겼다. 루이 메르캉통의 독립 제작사에서 만들고 그녀가 주연을 맡았던 「엘리자베스 여왕Queen Elizabeth」(1912)은 미국 순회 상영에서 엄청난 성공을 거두기도 했다. 이 두 영화를 연출한 A. 카펠라니는 복고적인 표현 양식에 기초하면서도, 광범위한 표현 전략들을 정교하게 통합시켰다. 당시 최고의 흥행작은 SCAGL이 앙리 크라우스를 기용해 제작한 12릴짜리 사극 「레 미제라블Les Misérables」(1912)이다. 그러나 이미 대부분의 장편 영화들은 현대적인 주제를 다루고 있었다. 희곡 작가이자 연극 연출가인 카미유 드 모를롱은 자기 소유의 발레타Valetta 사에서 제작한 「마음의 상처La Broyeuse des cœurs」(1913)를 통해 전쟁 전의 대중 멜로드라마를 모방하는 데 선수임을 증명했다. 반면에 에클레르는 V. 자세의 「지고마르 대 닉 카터Zigomar contre Nick Carter」(1912)와 「뱀장어 껍질 지고마르Zigomar, peau d'anguille」(1913) 같은 범죄 시리즈의 제작을 계속했다. 고몽은 루이 푀야드와 함께 르네 나바르 주연의 「팡토마」 시리즈를 1913년에서 1914년에 걸쳐 5편을 찍으면서 이 장르에 대한 장악력을 유지했다. 고몽에서 2편의 대작을 연출한 L. 페레는 「파리의 아이L'Enfant de Paris」(1913)와 「해군 사관생도의 이야기Roman d'un mousse」(1914)에서 길 잃은 위험한 아이들의 이야기를 다룬 가정 멜로드라마를 범죄 시리즈의 특징과 깔끔하게 결합했다. 「파리의 아이」는 파리 전역의 영화관 프로그램을 장악한 최초의 프랑스 영화가 되었다.

제1차 세계 대전: 붕괴와 회생

총동원령이 내려졌던 1914년 8월초, 프랑스 영화 산업은 모든 활동을 멈췄다. 최근까지도 프랑스 영화 산업의 쇠퇴를 설명할 때, 미국의 경우와 비교하면서 전쟁을 거론하는 것이 습관처럼 되어 있다. 그런 주장에도 일부 진실은 있지만, 프랑스의 경우는 전쟁 발발 전에 이미 약세를 보이고 있었다. 예컨대 1911년에는 MPPC의 규제와 〈독립 제작사들〉의 팽창으로 인해 파테의 미국 내 영화 시장 점유율이 10퍼센트 이하로 떨어지고 있었다. 1913년 말에는 배급 편 수와 판매량 두 부문에서, 자국 시장에서도 미국 업자들에게 자리를 내주고 있었다. 전쟁은 단지 이미 시작된 과정을 가속시켰을 뿐이다. 그리고 산업이 완전히 초토화된 것은 제작이 중단되어서가 아니라 프랑스 영화의 배급에서 상당 부분을 차지하고 있던 수출 시장이 심각하게 제한되었기 때문이다.

파테, 고몽, 에클레르, 필름 다르는 1915년 초에 제작을 재개했지만 전시의 자본 및 물자에 대한 통제 때문에 그 규모는 아주 작았고, 전쟁 전에 인기 있던 영화들을 재개봉하는 수준에 머물렀다. 더욱이 빠르게 프랑스 극장을 채워 나가는 미국 및 이탈리아 영화의 〈침공〉에 직면해야 했다. 겨우 명맥만 유지하던 연예 오락 공간 중의 하나가 재단장을 해서 정기적인 운영을 시작하기도 했다. 그리고 대부분의 수입 영화들은 미국의 후원을 받는 신생 배급사에 의해서 배급되었다. 가장 먼저 키스톤 영화사의 코미디들이 들이닥쳤는데, 그 대부분은 전쟁 발발 직전에 유력한 외화 배급사로 성장했던 웨스턴 임포츠Western Imports/자크 하이크Jacques Haik 사가 배급했다. 여름과 가을 시즌에는 웨스턴 임포츠와 아담Adam 사를 통해 배급된 찰리 채플린(샤를로트Charlot란 예명이 붙음)의 영화들이 선풍을 일으켰다. 그다음에는 파테 미국 지사가 제작하고 파테가 배급한 펄 화이트의 「뉴욕의 미스터리」 시리즈 첫 2편의 편집본이 들어와 인기를 끌었는데 대중성 면에서 이 영화와 경쟁한 유일한 영화는 이탈리아의 스펙터클 영화 「카비리아」(1914)였다. 1916년에는 샤를 마리 앤드 모나-필름Charles Mary and Monat-Film 사를 통해 트라이앵글Triangle 사의 영화들이 들어왔다. 특히 윌리엄 하트(리오 짐Rio Jim이라고 불림)가 연출한 서부 영화와 세실 데밀의 「속임수」(1915) 같은 유명 연극의 각색 영화들이 인기를 끌었다. 데밀의 영화는 파리의 셀렉트Select 극장에서 6개월간 상영되기도 했다.

미국 영화의 맹폭격과 함께 A. 카펠라니와 막스 랭데르 같은 인물을 잃었음에도 불구하고, 파테는 프랑스 영화의 메이저 배급사로 남아 있었다. SCAGL(르프랭스, 몽카)과 발레타(몰롱)가 제작하는 장편 영화를 지원했을 뿐만 아니라 유명한 연극 연출가였던 앙드레 앙투안 같은 새로운 영화감독들을 발굴하기도 했다. 또한 파테는 필름 다르의 재정을 후원하여, 앙리 푹탈을 젊은 아벨 강스와 결합하도록 했다. 반면에 고몽은 영화의 제작 일정을 단축시켜야 했는데, 특히 L. 페레가 미국에서 작업하기 위해 떠난 뒤에는 더욱 절실해졌다. 그러나 롱런하고 있던 푀야드의 인기 시리즈와 2위를 유지하고 있는 상영관 체인 덕택에 여전히 업계에서 강력한 존재로 남아 있을 수 있었다. 에클레르는 영화 제작을 계속하고는 있었지만 전쟁의 타격과 함께 1914년 4월에 일어난 미국 지사(스튜디오와 현상소)의 화재 사태를 완전히 극복하지 못하고 있었다. 결국 에클레르는 회사를 재편해, 가장 중요한 부문이었던 필름 현상과 카메라 장비의 생산에만 주력하게 되었다. 에클레르의 카메라는 드브리Debrie의 〈파르보Parvo〉와 벨 앤드 하우웰Bell & Houwell 사의 카메라 장비와 함께 세계 시장을 놓고 경쟁하고 있었다. 에클립스는 L. 메르캉통과 르네 에르빌 등 새로운 제작팀의 강세에 힘입어 생존할 수 있었다. 어려움에도 불구하고 독립 제작사들은 수적으로도 증가했고, 앙드레 위공, 자크 드 바론첼리, 제르멘 뒬라크 등 일부는 상당한 성공을 거두기까지 했다. 그들의 성공은 상영관 체인을 계속 확장하고 있던 AGC나, 특히 프랑스 전역으로 배급을 늘려 가던 오베르 사를 통해 그들 영화를 배급할 수 있었기 때문

〈회화〉: 루이 메르캉통의 「엘리자베스 여왕(1921)」에서의 사라 베른하르트.

이라고 할 수 있다.

1915년과 1918년 사이에 관객을 동원했던 프랑스 영화는 이전과 다소 다르다. 프랑스 인들에게 적어도 이전에는 익숙했던 스스로에 대한 조롱이 이제는 힘들어졌기 때문에 대량 생산되던 코믹 시리즈들이 거의 자취를 감추었다. 파테는 리가댕 시리즈의 제작을 계속하긴 했지만 불과 몇 편에 머물렀다. 고몽은 「부-드-장」 시리즈를 만들면서, 마르셀 레베크와 다른 시리즈를 구상하고 있었다. 대규모 사극의 제작은, 필름 다르에서 앙리 푹탈이 연출하고 레옹 마토가 주연한 「몽테크리스토 백작Le Comte de Monte-Cristo」(1917~18)의 경우처럼, 연작 영화의 형식으로 기획된 것이 아니라면 제작될 수가 없었다. 제작 예산의 제한과 펄 화이트의 성공으로 연작 영화는 영화 제작의 기본이 되었다. 특히 고몽의 경우에는 L. 푀야드가 1년 동안 에피소드 12개짜리 영화 1편을 제작하고, 「흡혈귀 갱단」(1915~16)으로 범죄 연작 영화로 돌아왔다. 그다음에는 르네 크레스테가 주인공 형사로 출연하는 「쥐덱스」(1917)와 「쥐덱스의 새로운 임무」(1918)를 제작했다. 그렇지 않았다면 적어도 개전 후 2년 동안은 애국적인 멜로드라마를 피할 수 없었을 것이다. 아마도 이때 가장 인기 있던 작품은 H. 푹탈 연출, 레잔 주연의 「알사스Alsace」(1915)와 L. 메르캉통과 R. 에르빌의 「프랑스 어머니들Mères françaises」(1916)일 것이다. 여기서 베른하르트는 파괴된 랭스Rheims 성당 앞에 있는 잔 다르크 상 앞에서 포즈를 취한다. 그러나 곧 이어 관습적인 멜로드라마와 각색물들에 길을 내주었다. 각색물들은 전쟁 전의 바타유, 베른스텐, 키스테메케르의 대중 연극에서 가져온 것이었다. 대부분의 영화들은 여자들의 이야기에 집중되었고, 객석을 메운 여성 관객들에 대한 감사 인사와 전시의 〈후방〉의 중요성에 대한 설명도 들어 있었다. 더욱이 여성 스타들을 전면에 내세웠다. 예를 들면 A. 위공의 「파리의 꽃Fleur de Paris」(1916)에서의 미스탱게트, L. 메르캉통과 R. 에르벨의 수잔Suzanne 시리즈에서의 그랑데, C. 드 모를롱의 「마리즈Marise」(1917)에서의 마리즈 도브레 등이 있다. 1916~18년 사이에 가장 두드러진 배우로는 SCAGL에서 G. 몽카와 R. 르프랭스가 연출한 10여 편 이상의 영화에 출연한 연극배우 출신의 가브리엘 로빈이다.

프랑스에서 재현과 서사의 통합 구조라는 전략을 가장 발전시킨 장르가 바로 멜로드라마이다. 특히 A. 강스가 〈심리학적 영화〉라는 논쟁적인 명칭을 붙인 작품들에서 두드러진다. 고몽에서 1릴짜리 영화 「여성의 머리, 현명한 여성Têtes de femme, femmes de tête」(1916)을 연출한 자크 페데르는 거의 의식하지 못할 정도로 지나가는 독특한 클로즈 숏을 사용했다. 그러나 「르 탕Le Temps」지의 에밀 뷔에르모와 신생 영화 주간지인 『르 필름*Le Film*』의 콜레트와 루이 델뤼크가 찬사를 보낸 것은 다른 작품이었다. 그들이 가장 중요하게 다룬 영화는 강스의 「인생의 권리Le Droit à la vie」(1916), 「마테르 돌로로사Mater Dolorosa」(1917)였다. 에미 린이 출연한 두 작품 모두 세실 데밀의 「속임수」에서 많은 영향을 받았다. 「마테르 돌로로사」의 독특한 조명과 화면 구성과 편집이 가정 멜로드라마의 양식적 관습들을 혁명적으로 바꾸어 놓은 것 같다. 하얀 커튼과 검정 베일과 같은 일상적 도구들이 특이한 화면 구성과 연결 편집을 통해서 중요성을 획득하는 방법은 가장 주목할 만한 것이다. 사실적 멜로드라마 그룹에 의해 공유되고 있던 이러한 기법들에 대해 루이 델뤼크는 트라이앵글 사의 영화에서 영향을 받았다고 생각했지만, 또한 그것들은 프랑스 고유의 전통에서 기인한 것이기도 하다. 그리고 A. 앙투안의 「범인Le Coupable」(1917)과 「바다의 노동자들Les Travailleurs de la mer」(1918)에서는, 특히 로케이션 촬영(파리의 외곽과 브르타뉴 해안)이 본보기가 될 만하다. 델뤼크는 또한 J. 바롱셀리의 「들판에 돌아와서Le Retour aux champs」(1918)에서의 농촌 풍경, 그리고 앙리 루셀의 「청동의 정신L'Âme du bronze」(1918) — 에클레르의 마지막 작품 — 에서의 공장 장면이 표현하는 촬영 효과 *photogénie*에 주목했다. 이와 같은 두 종류의 멜로드라마는 전후에 나오게 될 프랑스 최고의 영화들의 기반이 되었다.

〈열광의 해〉: 프랑스 영화의 재생

전쟁이 끝나자 프랑스 영화 산업은 위기에 직면했다. 이 상황은 미국의 셀리그, 골드윈, 퍼스트내셔널 사의 영화를 배급하던 뮌뒤스-필름Mundus-Film의 홍보 포스터에 적절히 요약되어 있다. 미국 보병들이 조종하는 대포에서 프랑스를 목표로 영화 제목들이 발사되는 장면이 그려진 포스터였다. 유력 영화 잡지였던 『라 시네마토그라피 프랑세즈*La Cinématogaphie française*』에 따르면, 국내에서 개봉되는 프랑스 영화는 주당 5,000미터인 데 비해 대부분 미국 영화였던 수입 영화는 2만 5,000미터나 됐다. 때로는 파리의 영화관에서 상영되는 프랑스 영화의 비중이 전체의 10퍼센트도 못 미치는 경우도 있었다. 『르 필름』의 발행인인 앙리 디아망-베르제가 퉁명스럽게 표현했듯이, 프랑스는 미국의 〈영화 식민지〉가 될 위험에 처해 있었다. 프랑스 영화는 어떻게 생존할 것인가? 그리고 루이 델뤼크의 질문처럼, 생존한다면 어떻게 프랑스적인 것을 담아낼 수 있는가?

이 위기에 대한 영화계의 반응은 향후 10년이 넘도록 혼란스러웠다. 제작 부문은 어지럽게 변화하는 상황에 직면했다. 예컨대 기존 영화사들은 피난처를 선택하거나 강제로 퇴출되었다. 1918년 파테-프레르는 파테-시네마로 구조를 재편했다. 곧 SCAGL을 합병한 후, 미국 지사를 포함한 외국 부문을 팔아 버렸다. 2년 후에 다시 구조 조정을 단행해, 파테-시네마는 제작, 마케팅, 필름 부문을 맡고, 새로 설립한 파테-콩소르시옴(샤를 파테는 지배력을 상실했다)은 거대 예산이 투입되는 〈대작 영화〉에 대한 투자를 시작했다. 결국 이 때문에 엄청난 손실을 입고 말았다. 한편 고몽은 〈팍스Pax 시리즈〉의 제작을 승인한 직후, 단계적으로 제작에서 철수했고 1925년에 L. 푀야드가 죽자 더욱 발걸음을 재촉했다. 또한 필름 다르는 주요 프로듀서와 감독들이 자기 회사를 차리기 위해 떠나자, 제작 편 수를 축소했다. 다만 1920년대 초에 수공업적인 군소 영화사들이 출현하여 이 흐름에 역행했다. 이들은 이미 준독립 영화사들을 소유하고 있던 영화감독, 예를 들어 페레(미국에서 귀환), 디아망베르제, 강스, 페데르, 델뤼크, 레옹 푸아르, 쥘리앵 뒤비비에, 르네 클레르, 장 르누아르 등과 협력 관계를 맺고 있었다. 또한 필름 다르를 떠나 니스 근처의 빅토랭 지방에 스튜디오를 설립한 루이 날파, 여러 독립 제작자들과 함께 대안적인 작업 공간을 목표로 하여 시네그라픽Cinégraphic을 설립한 마르셀 레르비에르, 그리고 파테의 몽트뢰유 스튜디오를 인수해 처음엔 필름 에르몰리에프Films Ermolieff로 다음에는 알바트로스Albatros 영화사로 개편한 망명 러시아 영화인 그룹 등이 좀 더 큰 규모의 영화사들을 설립했다. 또 다른 2명의 중요한 제작자로는 영화계의 베테랑인 L. 오베르와 신참인 장 사펜이 있다. 오베르는 1923년에서 1924년 사이에 필름 다르와의 협력 관계를 토대로 하여 준독립 영화감독 5~6명과 함께 컨소시엄을 구성하였다. 「르 마탱Le Matin」지의 홍보 담당 편집자였던 J. 사펜은 시네로망Cinéromans이라는 작은 회사를 인수한 뒤에 기획 프로듀서로 루이 날파를 고용하여 적정 편 수의 사극 시리즈를 제작해 파테-콩소르시옴에서 배급했다. 그렇게 제작한 시리즈물이 성공을 거두자 사펜은 시네로망을 기반으로 파테-콩소르시옴에 대한 지배력을 강화하는 동시에 활력을 제공했다.

1922년에 프랑스 영화의 제작은 130편으로 증가했지만, 미국과 독일 영화에는 훨씬 못 미쳤다. 프랑스 영화는 여전히 상영에서도 열세였다. 이러한 상황을 개선하기 위해서 영화업계는 합작 영화 전략, 특히 독일과의 합작에 투자했다. 이것은 일찍이 미국 영화와의 동맹 관계를 발전시키고, 또한 하야카와 세스에나 파니 와드 같은 미국 배우와의 협력 관계를

막스 랭데르 (1882~1925)

막스 랭데르는 공연 예술 역사상 가장 천부적인 코미디언 중의 한 명이었다. 1920년대 초에 찰리 채플린은 그에게 사진을 헌정하면서 〈나에게 모든 것을 가르쳐 준 교수님께〉라고 서명했다. 분명히 랭데르의 스타일과 테크닉은 채플린에게 커다란 영향을 미쳤다. 채플린뿐만 아니라 다른 모든 코미디언들이 의식했든 안 했든 그의 뒤를 따랐다.

보르도 부근의 농촌 가정에서 태어난 가브리엘 레비유, 즉 랭데르는 어린 시절부터 배우를 꿈꾸었다. 그는 보르도 예술 학교를 졸업하고 지방에서 연기 생활을 하다가, 나중에 파리의 앙비귀Ambigu 극단에 들어갔다. 1905년에는 파테 스튜디오에서 일당으로 일하며 경력을 쌓기 시작했다. 이때 영화계에서 일한다는 부끄러움을 감추기 위해 지은 예명이 막스 랭데르이다. 그는 2년 동안의 과정을 거치면서 가벼운 코미디로 자신을 알려 나갔다. 그즈음에 파테 최초의 코미디 스타인 앙드레 데가 이탈리아 토리노에 있는 이탈라 스튜디오로 이적하자, 드디어 자신의 이름을 내건 시리즈에서 주연을 맡게 되었다. 시리즈의 첫 번째 영화는 그다지 신통치 않았지만 1910년을 지나면서 결국 막스의 캐릭터는 빠르게 발전되어 나갔다.

그 당시 다른 코미디 스타들은 일반적으로 병적으로 조급하거나 그로테스크한 성격을 표현했지만 랭데르는 윤기가 흐르는 머리에 잘 다듬은 콧수염을 기르고, 한바탕 소동이 벌어지고 난 다음에도 멀쩡한 실크해트를 쓴 젊고 미끈하게 잘생긴 한량의 캐릭터를 차용했다. 그는 비상한 재치의 소유자였는데, 대개 자신이 찾아낸 이런저런 재료들 속에서 독창적인 것들을 발견해 냈다. 그것들은 보통 그의 고질적인 연애 관계에서 연유했다. 그는 코미디를 막스의 정중하고 우아한 성격과 그를 우스꽝스럽게 망가뜨리는 사건들이 대비되는 관계로 이해했다.

랭데르는 연극 무대를 통해 연기 훈련을 했음에도 불구하고, 미묘한 표현을 가능하게 해주는 영화의 본질에 대해 정확하게 인식하고 있었다. 천부적인 재능을 가지고 있었던 그의 모든 연기는 본질적으로 삶 자체이다. 관객은 그가 느끼는 정서를 바로 알 수 있기 때문에 그가 곤경에 처한 것을 보고 웃게 된다.

그는 기본적인 주제만을 갖고서 창조적인 변형을 끊임없이 생각해 내는 재능을 가지고 있었다. 「막스, 목욕하다」(1910)라는 탁월한 작품에서는 단순하기 짝이 없는 목욕하는 과정에서 문젯거리들을 발생시킨다. 욕조 안에 있는 막스가 장엄한 경찰 행렬의 어깨에 얹혀 거리를 지나고, 아는 여자 2명이 지나가자 태연자약한 표정을 지으며 욕조에 기대어 손을 내민다.

1차 대전이 시작되기 전 몇 년간은 막스의 인기가 절정에 이른 기간이었다. 개인 홍보를 위해 세계 여행을 할 때조차 어디서나 귀빈의 행차를 연상케 했다. 그는 전쟁 기간 중에 전선에서 심각한 부상을 입었는데, 그 때문에 항상 건강이 좋지 못했다. 채플린을 대신할 배우를 찾던 에서네이 영화사와 계약하고 그는 미국으로 건너갔다. 그리고 미국에서 찍은 영화들이 실패하자, 그는 커다란 정신적인 충격을 입었다. 그렇게 된 가장 큰 책임은 개인적으로도 절친했던 채플린을 깎아내릴 목적에 랭데르를 이용하려 했던 에서네이의 추한 공작 탓이었다.

1921년, 채플린의 격려에 힘입어, 다시 미국에 오게 된 랭데르는 그의 대표작으로 남을 3편의 장편, 「7년간의 불운」(1921)과 「내 아내가 되어 줘」(1921), 그리고 더글러스 페어뱅크스의 「삼총사」를 점잖게 패러디한 「세 명은 반드시 거기에 가야 한다」(1922)를 찍는다. 이 영화들 역시 냉담한 반응을 얻자, 막스는 그의 명성이 남아 있는 프랑스로 돌아왔다. 그러나 프랑스에서도 이미 그의 이름은 채플린에 의해 가려져 있었다. 실망한 그는 코미디언의 전통이랄 수 있는 우울증의 희생자가 되었다.

그럼에도 불구하고 그는 작업을 계속했다. 아벨 강스와 함께 공포 코미디물 「구조대원」(1923)을 찍고, 「서커스의 왕Le Roi du cirque」(1924)의 촬영을 위해 그는 빈으로 갔다. 그의 코미디 재능은 사라지지 않았지만, 인생은 빠르게 비극으로 향하고 있었다.

1922년에 그는 열일곱 살의 니네트 페테르와 사랑에 빠져 결혼까지 했다. 요양소에서 보낸 기간 동안에도 심각한 불안 증세를 앓던 막스는 병적인 질투심에 사로잡혔고, 결국 그 둘은 1925년 11월 1일 아침 호텔의 방에서 시체로 발견되었다. 그의 딸 모드 랭데르에 의하면, 막스는 니네트에게 수면제를 먹인 후, 그녀와 그의 정맥을 차례로 끊었다고 한다.

데이비드 로빈슨

▪▫ 주요 작품

「풋내기의 첫 번째 외출La Première Sortie d'un collégien」(1905); 「화가의 데뷔Les Débuts d'un patineur」(1907); 「막스, 목욕하다Max prend un bain」(1910); 「막스의 영화 데뷔Les Débuts du Max au cinéma(1910); 「키니네가 든 포도주의 희생자, 막스Max victime de quinquina」(1911); 「연극을 만들려는 막스Max veut faire du théâtre」(1911); 「탱고 선생 막스Max professeur de tango」(1912); 「투우사 막스Max toréador」(1912); 「발 치료사 막스Max pédicure」(1914); 「작은 카페Le Petit Café」(1919); 「구조대원Au secours!」(1923).

미국 시절 작품

「택시 안의 막스Max in a Taxi」(1917); 「내 아내가 되어 줘Be my Wife」(1921); 「7년간의 불운Seven Years Bad Luck」(1921); 「세 명은 반드시 거기에 가야 한다The Three Must-Get-Theres」(1922).

▪▪ 참고 문헌

Linder, Maud(1992), *Les Dieux du cinéma muet: Max Linder*.
Mitry, Jean(1966), *Max Linder*.
Robinson, David(1969), *The Great Funnies: A History of Film Comedy*.

만들려는 노력이 잇달아 실패한 이후에 나온 전략이었다. 파라마운트의 대담한 프랑스 현지 제작 계획과 L. 페레 연출, 글로리아 스완슨 주연의 「상젠 부인」(1925)의 흥행 성공에 힘입어 이러한 전략은 강력히 추진되었다. 파테는 독일인 후고 스티네스와 망명 러시아 인 블라디미르 벤게로프가 결성한 새로운 컨소시엄과 연합했다. 그리고 A. 강스가 처음 제안한 6부작 「나폴레옹Napoléon」의 제작을 후원했고, 노엘 블로흐가 경영하는 시네프랑스Ciné-France를 통해 H. 페스쿠르의 4부작 각색물 「레 미제라블」(1925)과 빅토르 투르얀스키의 「대제(大帝)의 밀사Michel Strogoff」(1926)에 대한 투자를 결정했다. 그러나 이 컨소시엄은 H. 스티네스의 갑작스러운 죽음과 함께 발생한 엄청난 규모의 빚 때문에 파산하고 말았다. 더욱이 프랑스-독일 합작은 미국의 도스 플랜Dawes Plan을 통한 독일 영화 산업에 대한 대규모 투자로 인해 규모가 크게 줄어들고 말았다. 합작 전략의 결과는 만족스럽지 못했다. 일반적으로는 그 영화들이 수익성이 있을지라도 프랑스의 높은 인플레이션을 감안할 때 거대 예산을 필요로 했다. 결과적으로 1925년의 프랑스 영화 제작은 정확히 55편으로 감소했다. 또한 소규모 영화 제작사를 위한 자금은 말라 버리고, 대부분의 독립 영화감독들은 주류 영화 제작자들과의 계약에 열을 올렸다.

1920년대 후반기 동안 프랑스의 모든 메이저 제작사들은 경영 방식과 회사 체질을 바꿔 나갔다. 망명 러시아 인들과 결별한 알바트로스는 가장 프랑스적인 영화들(특히 코미디)을 연출한 J. 페데르와 R. 클레르에 대한 지원을 약속했다. 오베르 자신은 활동 반경이 줄어들기 시작했지만 회사의 제작 규모는 여전히 엄청났다. 특히 필름 다르 사, J. 뒤비비에, 그리고 새로운 제작팀이었던 장 베누아-레비, 마리 엡스탱 등과의 계약을 통해 제작 능력을 유지했다. 시네로망은 시리즈물을 보완하기 위해 L. 될라크와 피에르 콜롱비에가 참여하는 〈프랑스의 영화Films de France〉라는 장편 시리즈를 시작했다. 그러나 J. 사펜이 L. 날파가 하던 현장 감독의 지위를 인수한 시점부터, 회사의 매출이 손실로 돌아서기 시작했다. 이 회사들을 비롯해 다른 4개의 영화사들이 결합할 수 있었던 것은 망명 러시아 인들의 자본 지원을 받았거나 파라마운트와의 연관 때문이었다. 1923년에 자크 그리니예프는 프랑스 역사 전체를 시각적으로 재현하려는 거대한 계획을 세우고 있던 영화역사협회Société des Films Historiques에 엄청난 규모의 자본을 제공했다. 그 첫 번째 결과인 레이몽 베르나르의 「늑대의 기적Le Miracle des loups」의 시사회를 파리 오페라 극장에서 가졌다. 이 영화는 1924년 최고의 흥행을 기록했다. 1926~7년에는 필름 현상소의 책임자이자 파라마운트 계열 홍보사를 갖고 있던 베르나르 나탕이 에피네에 있는 에클레르 스튜디오를 매입하고 몽마르트에 또 다른 스튜디오를 건설했다. 이곳에서 L. 페레, P. 콜롱베, 마르코 드 가스틴 등과 영화 제작을 계획했다. 또한 파라마운트의 프랑스 현지 제작자인 로베르 위렐은 프랑코-필름Franco-Film을 설립했다. 그는 「벌거벗은 여인La Femme nue」(1926) 이후에 B. 나탕과 결별한 L. 페레를 설득해서, 프랑스 영화의 새로운 왕녀라 불리던 루이즈 라그랑주를 주연으로 하는 일련의 히트작을 만들려는 계획을 세우고 있었다. 마침내 시네-프랑스의 잿더미에서 전영화협회Société Générale des Films가 출현했다. 여기에서 J. 그리네프의 거대한 자산을 기반으로 A. 강스의 「나폴레옹」(1927)을 완성했고, 알렉상드르 볼코프의 「카사노바Casanova」(1927)와 카를 드레이어의 「잔 다르크의 수난」(1928)에 예산을 지원했다. 이런 협력 제작의 조류와는 별도로 고집스럽게 변두리에서 독립성을 유지하면서 외롭게 작업하고 있던 사람들 중에는 장 엡스탱과 파라마운트의 홍보 감독이던 피에르 브롱베르제가 있다. 이들의 네오필름Néo-Film 사는 젊은 영화감독들에게 일종의 〈실험실〉을 제공했다.

1920년대에는 영화 산업의 배급 부문이 가혹한 도전에 직면했다. 미국의 메이저 배급사들이 차례로 파리에 사무실을 열었다. 또한 프랑스 배급사들과의 동맹 관계를 더욱 강화했다. 1920년에 파라마운트와 폭스-필름이 문을 열었고, 1921년에는 유나이티드 아티스츠와 퍼스트 내셔널이 뒤를 이었다. 1922년에는 유니버설, 메트로, 그리고 골드윈이 그 뒤를 따랐다. 메트로와 골드윈은 각각 오베르 및 고몽과 독점 배급 계약을 체결했다. 이 모든 것이 이렇듯 쉽게 이루어진 까닭은 미국의 경제력뿐만 아니라 프랑스 정부의 무능도 한몫했다. 프랑스 정부는 미국 영화에 대해 강력한 수입 관세를 부과하거나, 미국 영화의 편 수를 자국 영화와 연계하여 제한할 수 있는 쿼터제를 도입했어야 했다. 미국 영화의 성공은 전쟁 전의 수출 시장을 회복하려는 프랑스 영화의 시도가 실패로 돌아간 것과 뚜렷이 대비되었다. 예컨대 미국에서 1920년과 1925년 사이에 프랑스 영화의 개봉 편 수는 연간 10여 편이 채 못 되었고, 그마저 뉴욕 외곽의 몇몇 극장에서만 상영되었으며 1920년대 말이 되어서야 그 수가 약간 증가했을 뿐이다.

독일의 상황은 달랐다. 1923년과 1926년 사이에 독일 시장에서 프랑스 영화의 점유율은 호조를 보인 반면, 독일 영화는 단 몇 편만이 프랑스에 수입되었다. 그러나 이 역시 ACE가 파리에서 프랑스 회사를 전혀 거치지 않고 독일 영화를 배급하기 시작하면서 변화했다. 1927년에는 프랑스에서 개봉된 독일 영화의 편 수가 프랑스가 제작한 영화 전체를 상회했다.

프랑스의 배급 시장이 미국과 독일에 완전히 항복하지 않을 수 있었던 것은 거의 파테-콩소르시옴 덕택이었다. 내부적인 문제가 무엇이든, 그리고 제작상의 변화가 어떤 것이든 간에 파테는 전쟁 전에 했던 것만큼 전쟁 기간 중에도 자체 제작 영화뿐 아니라 군소 제작사와 독립 제작사의 주요한 배급 창구 역할을 해왔다. 시네로망의 연작 영화가 그 당시 결정적인 역할을 했다. 1922년부터 1923년까지는, 아직 독일 영화사들이 개입하기 직전에 영국의 영화 시장을 정복함으로써 신선한 충격을 주었다. 미국 영화사들은 프랑스 지역의 배급 체계를 일괄 판매제로 이행할 준비를 했다. H. 페스쿠르에 따르면, 최소한 9개월 정도는 연작 영화가 일괄 판매제의 대안으로 기능했다고 한다. 긴 시리즈물이 상영되는 기간에는 그 영화를 찾아오는 충실한 관객에게서 막대한 이윤이 보장되기 때문이었다. 1924년에서 1925년 동안 오베르는 AGC와의 계약 내용을 인수하고, 필름 다르를 비롯해 J. 페데르와 J. 바롱셀리 같은 독립 제작자들과의 협상을 통해, 프랑스 제2위의 배급사로서의 역할을 하며 파테와 보조를 맞추고 있었다. 그러나 알바트로스의 영화를 배급하는 아르모르Armor를 비롯한 배급사들이 계속 출범했음에도 불구하고, 독립 배급사가 충분하다거나 엄청난 양의 독립 영화들을 배급할 수 있는 컨소시엄이나 네트워크가 구성되어 있었던 것도 아니었다. 1920년대가 저물어 가면서 외국 자본의 지배에 대한 프랑스의 저항은 약화되고 있었다. 고몽은 MGM의 지배하에 들어갔고, 오베르와 아모르는 ACE의 궤도 속으로 점차 빨려 들어갔다. 파테와 오베르 등이 성공을 거두고 있는 중에도, 미국과 독일의 영화 산업은 사운드 영화가 시작되는 결정적인 시점에 프랑스 내에 기반을 확보했다.

영화 산업의 여타 부문에 비하여 상영 부문은 1920년대에 비교적 안정적으로 유지되었다. 상영관의 수가 전쟁 직후의 1,444개에서 2년 후에는 정확히 2,400개가 되었고, 1929년에는 거의 2배인 4,200개가 되었다. 동시에 입장 수입은 기하급수적으로 증가했다. 단기간의 높은 인플레이션을 감안하더라도 1923년의 8500만 프랑에서 1929년의 2억 3000만 프랑으로의 성장은 놀라운 것이다. 대부분의 상영관들이 독립적으로 운영되었고, 심지어 80퍼센트 이상이 개인 소유에다가 750석이 넘는 상영관은 거의 없었으며, 연중 상시 상영관이 절반도 못 되는 상황임에도 불구하고 이러한 결과를 낳았다. 이렇게 상영 부문이 호조였던 것은 부분적으로는 더글러스 페어뱅크스의 「로빈 후드」에서 「벤허」에 이르는 미국 영화의 엄청난 인기에 힘입은 바가 크다. 물론 연작 영화를 비롯한 프랑스 영화들 또한 커다란 기여를 했다. 예컨대 J. 페데르의 고예산 영화 「라틀랑티드L'Atlantide」(1921)은 유명한 마들렌Madeleine 극장에서 1년 내내 상영되었다. 여기서 중요한 것은 호화 시설을 갖춘 상영관 대부분이 오베르, 고몽, 파테에 의해 체인망의 거점 극장으로 건축되거나 단장되었고, 엄청난 수익을 제공해 주었다는 점이다. 파리의 티볼리Tivoli에 있는 2,000석 규모의 상영관을 비롯하여 대부분의 주요 도시에는 오베르-팔라스가 있었다. 배급과 상영으로 관심을 옮긴 고몽은 마들렌 극장의 운영권을 손에 넣어, 고몽-팔라스와 함께 파리 지역 체인망의 거점으로 삼았다. 파테는 파테-팔라스를 카메오Caméo로 단장하고, 앙피르Empire 극장과 앵페리알Impérial 극장을 신축하고, 뤼테티아-푸르니에Lutetia-Pournier라는 파리의 신규 체인망과 동맹 관계를 구축했다. 파리에서는 이제 E. 베누아-레비가 1919년에 건축한 마리보Marivaux 극장과 시네 막스-랭데르Ciné Max-Linder 등 몇몇 상영관만이 독립적인 형태로 남아 있게 되었다. 그러나 상영 부문마저도 미국의 시장 개입으로부터 안전하지는 못했다. 1925년 파라마운트는 대여섯 개의 주요 도시에 호화 시설을 갖춘 상영관들을 매입하거나 신축해 나갔다. 이 사업은 1927년 크리스마스 시즌에 파리에 개관한 2,000석 규모의 파라마운트-팔라스Paramount-Palace에서 그 정점을 이루었다. 그 당시 프랑스의 주요 상영관들은 시리즈 순서를 따라 독점 상영하는 1편의 영화와 뉴스 영화 또는 단편 다큐멘터리 1편으로 구성된 프로그램을 상영했다. 파라마운트-팔라스에서는 복수 프로그램의 개념을 도입했다. 더욱이 막대한 홍보비를 쏟아 부은 탓에 1년도 채 되지 않아 파리 전체 영화관 수입의 10퍼센트를 벌어들였다.

L. 델뤼크가 끔찍하게 싫어했던 연작 영화는 1920년대 말까지 대중적인 인기를 누리며 프랑스 영화의 독특한 요소로 자리 잡았다. 초기 작품은 전쟁 기간 중에 L. 푀야드가 구축한 형식을 따라 한 것들이었다. 푀야드 자신은 오히려 「티민」(1919)과 「바라바」(1920)에서 프랑시스 라카생이 〈이방인

마르셀 레르비에르의 「돈」(1929)에서의 사카르(알코베르)와 산도르프(브리지트 헬름).

아벨 강스의 「바퀴」(1921)에서의 세브랭-마르.

의 악몽〉이라고 묘사한 세계에서 초자연적인 힘을 이용하는 범죄 조직들을 다루었다. A. 볼코프가 각색한 쥘 마리의 「신비의 집La Maison du mystère」(1922)은 누명을 쓰고 수감된 채 무죄를 주장하는 한 섬유 사업가(이반 모주킨)가 흉악한 상대역과 목숨을 걸고 싸우는 내용의 영화이다. 또한 H. 디아망-베르제르의 「삼총사Les Trois Mousquetaires」(1921)와 H. 페스쿠르의 「마티아스 상도르프Mathias Sandorf」(1921) 같은 영화에서 다른 형식, 즉 J. 사펜과 L. 날파가 시네로망 시리즈의 기본으로 파악한 화려한 의상의 모험 사극 형식이 개발되기 시작했다. 특히 프랑스 대혁명 전후를 배경으로 한, 전쟁 영웅과 모험가와 약탈자의 이야기가 인기를 끌었다. 이를테면 H. 페스쿠르의 「물림쇠Mandrin」(1924)는 도피네 지방의 지주와 징세원에 대항하는 로빈 후드의 모험을 그렸다. 한편 R. 르프랭스의 「밤의 기사도Fanfan la Tulipe」(1925)는 고아 주인공에게 차례로 다가오는 위험 속에서도, 마침내 자신이 신성한 피를 이어받았다는 사실을 알게 되는 이야기이다. 귀족 사회를 부활시키고 상대의 용맹을 칭찬할 줄 아는 주인공들은 모두 영광스러운 과거에 머물며 부르주아 시대의 전환을 바라는 인물로 그려진다. 시네로망 시리즈는 전쟁 이후에 프랑스의 재건과 재정립을 위한 집단 이데올로기의 필요성에 대해 역설하는 중요한 역할을 담당했다.

이데올로기적인 프로젝트들이 역사 영화에 대한 대규모 투자 결정을 이끈 측면도 있다. 프랑스 역사에서 영광과 비극의 순간을 부활시켜 향수를 자극하는 영화들은 국가 재건의 과정에도 기여했다. 예컨대 「늑대의 기적」은 최초의 국가 통합이 진행되던 15세기 후반으로 거슬러 올라갔다. 영화에서는 루이 6세와 형제간의 비참한 갈등이, 전설에서처럼 잔 하셰트의 극단적인 인내와 희생으로 중재되고 해결된다. 비슷한 코드가 H. 루셀의 「제국의 제비꽃Violettes impériales」(1924)에서 가수 라켈 멜레로 변형되어 나타난다. 일개 꽃장수에서 파리의 오페라계의 스타가 되어 외제니 왕비의 신임까지 얻게 되는 인물을 그리면서, 제2제정기의 사치스러운 풍요로움을 전편에 깔았다.

이후의 영화들은 프랑스 역사의 두 시대 중 하나 또는 제정 러시아와 관련된 주제에 초점을 맞추었다. 일부 영화들은 「레 미제라블」 또는 H. 페스쿠르가 리메이크한 「몽테크리스토 백작」(1929)처럼 시네로망 시리즈가 특히 선호하는 시대를 다루고 있다. 또 다른 영화들은 M. 드 가스틴 연출, 시몬 제네부아 주연의 「잔 다르크의 놀라운 인생La Merveilleuse Vie de Jeanne d'Arc」(1928), 또는 장 르누아르의 「승부Le Tournoi」(1928)처럼 「늑대의 기적」의 예를 따르고 있다. 프랑스적 주제를 다룬 것 중 가장 인상적인 것은 「나폴레옹」과 「잔 다르크의 수난」이다. A. 강스는 「나폴레옹」에서 알베르 디외돈이 연기한 젊은 보나파르트를 혁명의 전설적인 완성, 일종의 이상화된 낭만주의 예술가로 표현했다. 물론 레옹 무시나크처럼 파시스트의 원형으로 읽는 사람도 있었다. 그러나 모든 이들이 동의하듯이 카메라 이동의 실험, 3면화 *triptych*를 이용한 피날레에서의 멀티스크린 포맷의 사용 등 그의 기술 혁신에 대한 대담성은 잘 알려져 있다. 반면에 「잔 다르크의 수난」에서는 장르의 관습에서 급격하게 벗어난다. 카를 드레이어는 「잔 다르크의 놀라운 인생」에서처럼 중세풍의 구경거리나 잔 다르크의 군사적인 공적, 어느 것에도 초점을 두지 않고 그녀가 생애 마지막에 겪는 정신적이고 정치적인 갈등에 주목했다. 드레이어의 영화는 루앵 재판의 기록에 기초해서, 팔코네티가 연기한 잔 다르크의 시련을 동시적으로 기록하고, 얼굴 클로즈업의 상징적인 전개를 통해, 비일상적으로 분열된 시공간의 연속체를 전편에 걸쳐 창조해 냈다.

사극 영화의 가장 성공적인 예로는 망명 러시아 인들이 그들의 조국을 찬양하고 때로는 비판한 영화들이다. 앵페리알 극장의 개관 기념작인 「대제(大帝)의 밀사」는 쥘 베른의 모험 소설을 각색한 영화로서 차르의 밀사가 시베리아에서 위험한 임무를 성공적으로 수행한다는 내용이다. 반면에 살 마리보Salle Marivaux 극장에서 흥행 신기록을 세운, R. 베르나르의 「체스 선수Le Joueur d'échecs」(1926)에서는 프랑스 혁명 직전에 러시아의 지배에서 독립한 폴란드의 승리를 재현했다. 다른 어떤 것보다 스타일 면에서 환상적인 영화는 모험 시리즈의 하나인 「카사노바」이다. 이 영화에서 카사노바는 예카테리나 대제를 만나 친구가 된다. 이 시리즈는 3편 모두 거대한 세트 장식과 의상, 그리고 라트비아, 폴란드, 베네치아에서의 놀라운 로케이션 촬영을 자랑한다. 세트는 이반 로차코프와 보리스 빌린스키, 의상은 로베르 말레-스티븐스와 장 페리에가 담당했고, L.-H. 뷔렐과 J.-P. 뮝드빌레가 촬영을 했다.

통속*boulevard* 멜로드라마는 전쟁 이후 몇 년 동안 영화 산업의 중요한 자산이 되어 왔다. 예컨대 트리스탕 베르나르의 희곡들은 그의 아들 레몽이 영화 연출을 시작할 때 좋은 평판을 얻는 데 도움을 주었다. 또한 더욱 〈예술적으로〉 경도된 감독들은 전쟁 기간 중에 확대 발전된 가정 멜로드라마에서 부르주아의 생활 환경을 계속하여 다루었다. 때로 창작 시나리오로 제작된 이 영화들을 가리켜, G. 뒬라크는 처음으로 〈인상주의 영화〉라고 불렀다. 「나는 고발한다J'accuse」(1919)와 「바퀴La Roue」(1921)에서 A. 강스는 생략적인 시점 숏으로 이루어진 시퀀스를 실험하였다. 이것은 빠른 몽타주를 포함한 리듬의 몽타주 형식과도 다르고, 연결 편집을 통한 수사적 표현의 형식과도 다르다. G. 뒬라크 역시 여성에게 주로 초점을 맞춘 일련의 영화들, 즉 「담배La Cigarette」(1919), 「태양의 종말La Mort du soleil」(1922), 특히 주인공이 지방 부르주아와의 억지 결혼에 빠져 드는 내용의 「뵈데 부인의 웃음」(1923)에 이르는 시기의 영화에서 비슷한 실험을 했다. 아마도 이러한 실험이 정점에 이른 것은 M. 레르비에르의 이국적인 영화 「엘도라도El Dorado」(1921)에서일 것이다. 화면 구성과 (특별히 작곡된 음악에 따른) 편집 기법에서 탁월한 발전을 보여 준 이 영화에서, 특히 스페인 카바레의 무용수 — 에브 프랑시스가 연기한 시비야 — 의 주관적 삶을 환기시키는 장면과 무대 뒤편에서 추는 충격적인 〈죽음의 춤〉 장면에서 최고를 이룬다.

1920년대 중반에 이르면, 멜로드라마의 원작이 연극에서 소설로 바뀌고, 그 경향은 여러 장르로 확대된다. 일부는 피에르 베누아의 인기 소설을 토대로 한 「라틀랑티드」의 행보를 따라, 아라비안 나이트류의 이국적인 이야기나 프랑스 식민지, 특히 북아프리카에서의 모험을 그린 로맨스와 모험 시리즈들을 각색해 영화로 만들었다. 특히 가스틴의 「레바논의 여자 성주La Châtelaine du Liban」(1926)와 장 르누아르의 「버려진 땅Le Bled」(1929) 등 서로 다른 성격의 모험 영화들이 인기를 끌었다. 한편으로는 프랑스 인 취향의 판타지 영화들이 개발되었다. 특히 L. 푸아르의 「사색가La Penseur」(1920) 같은 팍스 시리즈Séries Pax가 성공을 거둔 후에 확대되었다. I. 모주킨의 풍자 우화 「불타는 화로Le Brasier ardent」(1923)와 M. 레르비에르의 모던 판타지 「고 마티아스 파스칼Feu Mathias Pascal」(1923) 같은 영화에서 R. 클레르의 새로운 동화 「물랭 루즈의 유령Le Fantôme du Moulin Rouge」(1925)과 엡스탱의 공포물 「어셔가의 몰락La Chute de la maison Usher」(1928)에 이르기까지 그 영역을 확대했다.

멜로드라마 장르에서 가장 주목할 만한 발전은 현대적 스튜디오 영화이다. 이 영화들은 당시 유럽의 많은 도시에서 출현한 벼락부자의 특징인 문화 국제주의의 산물이며, 국제적 합작 영화가 프랑스에 투자하는 새로운 목표가 되었다. 제라르 탈롱에 따르면, 이 영화들은 신세대의 〈멋진 삶〉을 표현하고 있으며, 현대적인 것, 또는 패션, 스포츠, 댄스, 매너의 〈유행〉을 만들어 내는 데 일조했다. 소비 자본주의와 완전히 결합된 〈멋진 삶〉은 프랑스적 특성을 제거하려는 분위기에서 작동되었다. 현대적 스튜디오 영화의 특징은 L. 페레의 「쾨니스마르크Koenigsmark」(1923)에서 쉽게 관찰할 수 있는데, 정확히 1926년에 나온 M. 레르비에르의 「현기증Le Vertige」과 L. 페레의 「벌거벗은 여인」에서 보이는 최신 리조트와 세련된 파리 레스토랑 장면에서 더욱 잘 나타난다. 그 이후에 현대적 스튜디오 영화는 프랑스 영화의 지배적인 장르가 되었다. 그러나 여전히 일부의 영화들은 그런 〈한 줌의 즐거움〉을 거부했다. M. 레르비에르가 심혈을 기울인 아방가르드적 코믹 오페라 「인정 없는 인간L'Inhumaine」(1924)과 에밀 졸라의 원작을 새롭게 각색한 「돈L'Argent」(1928)이 그 예로, 여기에서는 대단히 독창적인 카메라 이동 기법과 부유한 캐릭터와 환경에 대해 비판적 관점을 갖게 해 주는 편집 기법이 돋보인다. 그런 비판적인 표현 기법은 J. 엡스탱의 「6$\frac{1}{2}$ × 11」(1927)에서, 특히 저예산 영화 「거울에 비친 세 얼굴La Glace à trois faces」(1927)에서 잘 드러난다. 「거울에 비친 세 얼굴」은 단 3릴 분량에 4개의 서로 연관된 이야기를 복잡하게 섞어 놓았다.

반면에 사실주의 멜로드라마는 1920년대 내내 발전을 계속하고 있었고, 결정적으로 프랑스적인 것을 담고 있었다. 특히, 이 영화들에서는 두 가지 사실이 두드러진다. 첫째는, 특정한 풍경이나 분위기를 세상에 알려 주었다. 그 장면들은 인물의 〈내적 삶〉의 묘사가 공간과 조화를 이루도록 표현하면서, 동시에 관광 가이드의 역할도 했다. 둘째로, 그러한 풍경이나 분위기가 파리와 지방을 구분해 주고, 타 지방과 구별되는 풍경과 문화를 통해 향수를 불러일으키는 역할을 했다. 브르타뉴 해안은 M. 레르비에르의 「대양의 남자L'Homme du large」(1920), J. 바롱셀리의 「아이슬란드의 어부Pêcheur d'Islande」(1924), J. 엡스탱의 아름다운 다큐멘터리 「지구의 끝Finis terrae」(1924), 장 그레미용의 대단히 슬픈 영화 「등대지기Gardiens de phare」(1929) 등의 영화에 소재를 제공했다. 알프스 산맥은 J. 페데르의 「아이들의 얼굴Visages d'enfants」(1924) 전체를 지배했고, 반면에 모르방 산맥은

J. 뒤비비에의 「홍당무Poil de carotte」(1926)에서 배경만을 제공했다. 프랑스의 운하와 강을 따라 떠도는 선상 생활은 J. 엡스탱의 「아름다운 니베르네즈La Belle Nivernaise」(1924)와 르누아르의 「물의 소녀La Fille de l'eau」(1925), 그레미용의 「말돈Maldone」(1928) 등에서 충실하게 묘사되었다. 프랑스 서부, 중부, 남부 지방의 농촌 지역은 푀야드의 「포도월」(1919), 앙투안의 「땅La Terre」(1920), 로베르 부드리오즈의 「난로L'Âtre」(1922), 델뤼크의 「홍수L'Inondation」(1924), L. 푸아리에의 「브리에르La Brière」(1924)의 배경이 되었다.

또 다른 종류의 사실주의 영화는 파리, 마르세유 등 대도시의 현대적인 삶에서 밀려난 사회 경제적인 주변부 인생들에게 초점을 맞추고 있다. 영화관을 빈둥대는 사람들에게 친숙한, H. 푹탈의 「노동Travail」(1919)에서의 제철소와 빈민가, L. 델뤼크의 「열정Fièvre」(1921)에서 폐쇄 공포증에 걸린 선원이 출입하는 술집, J. 페데르의 「크랭크비유Crainquebille」(1922)에서의 시장 골목, J. 엡스탱의 「진솔한 마음Cœur fidèle」(1923)에서의 비좁은 바와 싸구려 오락장 등이 배경으로 나온다. 비록 1920년대 후반 들어 숫자가 줄어들긴 했지만 놀랄 만한 진실성을 보여 주는 작품들이 있었다. 그중 브뤼셀에서 촬영한 J. 뒤비비에의 「뵐망 양의 결혼Le Mariage de Mlle Beulemans」(1927), E. 베누아-레비와 J. 엡스탱 프로덕션의 「복숭아 껍질Peau de pêche」(1928)이 주목할 만하다. 「복숭아 껍질」에서는 축축하고 더러운 몽마르트 거리와 샤르몽-쉬르-바르뷔즈 농장의 산뜻한 공기를 병치시킨다. 아마도 이런 종류의 영화에서 가장 아방가르드적이라고 할 수 있는 작품은 드미트리 키르사노프가 나디아 시비르스카야와 찍은 격렬한 영상시 「메닐몽탕Ménilmontant」(1925), 그리고 알베르토 카발칸티의 환멸과 절망에 관한 다큐멘터리풍의 이야기 「유일한 시간들」(1926)과 「정박 중En rade」(1927) 등이다.

마지막으로, 코미디는 프랑스 사회에 견고하게 뿌리박고 있는 장르이다. 1920년대 초의 프랑스 코미디 영화는 전쟁 기간 못지않게 불길해 보였다. T. 베르나르의 인기 코미디를 아들 레몽이 각색 및 연출하고, 막스 랭데르가 미국에서 돌아와 주연을 맡은 「작은 카페Le Petit Café」(1919)는 커다란 성공을 거두었지만, 더 이상의 작품은 나오지 않았다. 물론 로베르 세드로의 보드빌 코미디 시리즈와 L. 푀야드가 깔끔하게 각색한 「파리의 장난꾸러기Le Gamin de Paris」(1923)가 있긴 했다. 그러나 1924년까지 프랑스 코미디 영화의 의미 있는 부흥이 진행되고 있던 곳은 역설적이게도 망명 러시아 인들이 세운 알바트로스 영화사였다. 코미디 영화를 구축하기 위한 최초의 모델은 A. 볼코프의 「지나가는 그늘Les Ombres qui Passent」(1924)에서처럼 복잡한 파리에 도착한 순진한 지방 사람의 이야기를 현재 분위기에 맞춘 것이다. 또 다른 예로는 니콜라스 림스키가 주연을 맡은 알바트로스의 시리즈물과 콜로베르가 연출하고 알베르 프레장이 주연한 시네로망의 「사랑과 카뷰레터Amour et carburateur」(1926)처럼 미국식의 개그와 인물들을 프랑스식의 흥겨운 분위기로 살짝 바꾸어 놓은 것들이 있다. 그러나 이 분야의 최고 작품은 외젠 라비슈의 작품을 R. 클레르가 각색하여 연출하고, A. 프레장, 피에르 바체프, 짐 제럴드가 출연하여 앙상블을 맞춘 「이탈리아 밀짚모자」(1927)와 「두 명의 겁쟁이」(1928)이다. 원작의 코미디 상황을 강조하면서, R. 클레르는 결혼한 커플과 부정한 커플을 완전히 뒤섞어 놓았다. 또한 날카로운 관찰과 유쾌한 형식을 통하여 행복한 시절을 보내는 부르주아에게 가차없는 공격을 가하고 있다. J. 페데르의 「새로운 신사들Les Nouveaux Messieurs」(1928)도 성공한 작품이었다. 이 영화는 정작 노조 간부(A. 프레장)에 대한 풍자 때문이 아니라 국회에 대한 불경한 묘사 때문에 프랑스 정부를 분노하게 만들었다. 마지막으로 장 르누아르가 각색 및 연출하고, 브롱베르제가 투자한 「빈둥거리는Tire au flanc」(1928)은 병영 생활을 그린 보드빌 코미디를 풍부한 사회 풍자로 변형시킨 작품이다. 여기에서는 자신감은 있지만 무능한 부르주아와 인정은 많으나 바보스러운 하인을 유쾌하게 맞붙여 놓았다. 이 작품에 하인 역의 미셸 시몽은 기괴하고 뻔뻔스러운 연기를 펼쳤다.

1920년대가 끝날 무렵, 프랑스 영화 산업은 L. 델뤼크가 특별히 〈프랑스 영화〉라고 불렀던 영화를 생산하는 데 별 관심이 없음이 분명해졌다. 사극 영화들은 과거의 어떤 시대와 장소를 재건하고 있었고, 현대적 스튜디오 영화들은 벼락부자들의 과시적 소비를 위한 국제적 인간의 피안의 땅을 건설했다. 사실주의 영화와 코미디 영화들만이 스스로 원하지는 않았지만, 다소나마 프랑스적인 것들을 표현했다. 전자는 변두리 사람들에게 초점을 맞춤으로써, 후자는 조롱으로써 그것을 표현했다. 유성 영화의 발전에 따라 두 장르는 프랑스 영화에 〈프랑스적인 것〉을 복구하는 데 더욱더 기여할 수 있게 되었다. 그러나 〈프랑스적인 것〉이 모리스 슈발리에가 미국에서 인기를 얻은 것처럼 기호, 행위, 노래의 매력적 레퍼토리에는 미치지 못하고 겨우 향수를 불러일으키는 정도가 아니었을까?

참고문헌

Abel, Richard(1984), *French Cinema: The First Wave, 1915~1929.*

—— (1988), *French Film Theory and Criticism: A History/Anthology, 1907~1929.*

—— (1993), *The Ciné Goes to Town: French Cinema, 1896~1914.*

Bordwell, David(1980), *French Impressionist Cinema: Film Culture, Film Theory and Film Style.*

Chirat, Raymond, and Icart, Roger(eds.)(1984), *Catalogue des films français de long métrage: films de fiction, 1919~1929.*

—— and Le Roy, Eric(eds.)(1994), *Le Cinéma français, 1911~1920.*

Clair, René(1972), *Cinema Yesterday and Today.*

Delluc, Louis(1919), *Cinéma et cie.*

Epstein, Jean(1921), *Bonjour cinéma.*

Guibbert, Pierre(ed.)(1985), *Les Premiers Ans du cinéma francçais.*

Hugues, Philippe d', and Martin, Michel(1986), *Le cinéma français: le muet.*

Mitry, Jean(1967), *Histoire du cinéma,* i: *1895~1914.*

—— (1969), *Histoire du cinéma,* ii: *1915~1923.*

—— (1973), *Histoire du cinéma,* iii: *1923~1930.*

Moussinac, Léon(1929), *Panoramique du cinéma.*

Sadoul, Georges(1951), *Histoire générale du cinéma,* iii: *Le cinéma devient un art, 1909~1920(l'avant-guerre).*

—— (1974), *Histoire générale du cinéma,* iv: *Le cinéma devient un art, 1909~1920(La Première Guerre Mondiale).*

—— (1975a), *Histoire générale du cinéma,* v: *L'Art muet (1919~1929).*

—— (1975b), *Histoire générale du cinéma,* vi: *L'Art muet (1919~1929).*

이탈리아: 스펙터클과 멜로드라마

파올로 케르키 우사이

이탈리아의 영화 제작은 다른 유럽 국가들에 비해 상대적으로 늦게 시작되었다. 첫 번째 극영화는 1905년에 나온 필로테오 알페리니의 「로마의 점령, 1870년 9월 20일」이었다. 이때는 프랑스, 독일, 영국, 덴마크 등에서는 영화 제작의 인프라가 이미 구축되어 있던 시기였다. 그러나 1905년 이후 이탈리아의 영화 제작은 기록적으로 증가한다. 1차 대전 발발 4년 전부터 이탈리아는 세계 영화의 중심국으로 성장했다. 1905년부터 1931년까지 거의 1만 편의 영화(그중 대략 1,500편의 영화만 남아 있다)가 500개 이상의 영화사에 의해 배급되었다. 대다수의 영화사는 수명이 아주 짧았고, 거의 모든 산업적 역량이 10여 개의 회사에 집중된 것도 사실이었지만, 이러한 지표들은 인구 밀도는 높지만(1901년에 약 3300만 명), 다른 유럽 국가들에 비해 경제 발전이 뒤져 있던 나라 이탈리아에서 영화 산업이 얼마만큼 붐을 이루었는지를 알려 주기에 충분하다.

초창기 이탈리아 영화 제작의 역사는 두 시기로 나눌 수 있다. 먼저, 10년간의 확장기(1905~14)로서 무성 영화 전체의 3분의 2가 제작된 시기이다. 그 후 15년은 전 유럽의 동반 붕괴를 가져온 전쟁 발발 이후 점차적으로 쇠퇴해 가는 시기이다. 1912년에는 하루 평균 3편의 영화가 개봉되었으나(대부분 단편이긴 했지만, 연간 총 1,127편이었다), 1931년에는 1년 동안 단 2편의 극영화만이 개봉되었다.

초창기

이탈리아에서, 시각적 스펙터클은 뿌리 깊은 전통을 가지고 있다. 영화가 출현하기 이전의 역사에서 특히 중요한 것으로는 18세기 후반의 〈몬도 니오보Mondo Niovo〉에서 19세기의 〈메갈레토스코피오Megaletoscopio〉에 이르는 유랑 극단의 연희 양식과, A. 리코가 1876년에 연구 발표한 「크로모스트로보스코픽 실험Esperienze cromostroboscopiche」 같은 과학적 탐구가 있다. 이런 배경 위에, 1896년 3월 13일 로마의 사진 스튜디오, 레 리에우레Le Lieure에서 있었던 〈시네마토그라프 뤼미에르〉의 최초 공개는 열광적인 반응을 불러왔다. 이 새로운 프랑스제 발명품은 나폴리와 토리노를 비롯한 여러 도시로 점차 확산되었다. 그 뒤에 소개된 〈크로노포토그라프 드므니Chronophotographe Demenÿ〉, 로버트 폴의 〈테아트로그래프Theatograph〉, 그리고 에디슨의 장비들은 그만큼 성공적이지 못했다.

비토리오 칼리노, 프란체스코 펠리체티, 주세페 필리피, 알베르트 프로미오 등 4명의 카메라맨이 설립한 〈소시에테 뤼미에르Société Lumière〉는 지방 배급권을 확대함으로써 그들의 영향력을 확고하게 만들었다. 또한 이탈로 파키오니는 실생활 장면의 촬영뿐만 아니라 간단한 내러티브 영화를 제작했다. 그는 1896년에 그의 형 엔리코와 함께 자신의 카메라를 만들었다. 다재다능했던 레오폴도 프레골리는 자신이 〈프레골리그라프Fregoligraph〉라고 명명한 시네마토그라프를 이용해서 빠르게 전환하는 이미지들을 재생해 내어, 유럽 전역에 명성을 떨쳤다. 그러나 이러한 개별적 성과들을 통해, 상업적인 프로젝트를 안정적으로 생산해 낼 수 있는 기반을 만들기에는 역부족이었다. 이후 10년 동안 이탈리아에서 영화의 확산은 유랑 극단, 사진사 출신의 아마추어 흥행사들, 쇼 클럽 또는 카페 콩세르의 주인들에 의해 산발적으로 이루어졌다.

1896년 이후 거의 10년이 지나서, 흩어져 있던 역량들을 결집해 몇몇 영화 제작사가 설립되자 견고한 기반을 구축할 수 있게 되었다. 이들 중의 일부는 이 분야의 개척자 역할을 빠르게 수행해 나갔다. 로마에는 1905년 설립된 알베리니 & 산토니Alberini & Santoni 스튜디오(1906년 4월, 치네스Cines로 개명)가 있었고, 밀라노에는 아돌포 크로체와 루카 코메리오가 설립한 회사(1908년에는 사피-코메리오SAFFI-Comerio로, 1909년에는 밀라노 필름으로 이름 변경)가 있었다. 그 당시, 이탈리아 영화의 사실상의 수도였던 토리노에는 암브로시오Ambrosio(1905), 카밀로 오톨렌지가 설립한 아퀼라 필름Aquila Film(1907), 파스콸리 앤드 템포Pasquali and Tempo(1909), 1908년 5월 조반니 파스트로네와 카를로 시아멘고의 명령으로 이탈라Itala 필름으로 개명한, 1907년에 생긴 카를로 로시 & 콤파니Carlo Rossi & Co. 등이 있었다.

논픽션, 코미디, 고대 로마

이탈리아 영화 시장에 대한 프랑스의 지배는 이미 1907년부터 발생 단계에 있던 국내 산업에 심각한 위기를 가져왔다. 신생 영화사들은 자사 작품을 위한 적절한 배급망을 찾기 위해 경쟁하면서, 사극, 다큐멘터리, 코미디 등 세 가지 장르를 통해 대중성을 개발하려는 전략을 세우고 있었다. 특히 극장주들의 코미디 영화에 대한 수요의 증가는 주목할 만했다. 코메리오, 암브로시오, 이탈라, 치네스 등은 모두 다큐멘터리와 실생활 영화에 대해 공격적인 정책을 추진했다. 그 내용은 전문화된 감독들을 파테, 에클레르, 고몽 등 프랑스 영화사들이 아직 확보하지 않은 지역은 물론, 1909년 지진이 발생한 칼라브리아와 시칠리아 지방과 같이 자연 재해를 당한 지역으로 파견하는 것이었다. 특히 조반니 비트로티가 암브로시오에서 국내외에 걸쳐 작업한 경우와, 로베르토 오멘가가 밀라노 필름에서 시작해 이후 수십 년 동안 과학 다큐멘터리를 제작한 것은 주목할 만한 일이다. 그리고 논픽션 영화에서는 기술적 혁신이 종종 발견된다. 「로디의 섬Tra le pinete di Rodi」(사보이아Savoia, 1912)에서, 대포가 나오는 마지막 장면에서 갑자기 이탈리아 국기를 상징하는 적, 백, 녹색이 화면에 흐르는 순간에, 여행 영화가 식민주의의 선전 도구로 변형된다. 1912년경 암브로시오에서 제작한 것으로 추정되는 「산타루치아Santa Lucia」라는 영화에서는, 여러 부분으로 스크린이 분리되는 장면들이 있다.

프랑스의 압도적인 영향하에 있던 이탈리아 코미디 영화의 반격은 조반니 파스트로네에 의해 시작되었다. 그는 유명 배우를 토리노로 데려오기 위해서 1908년에 파리를 여행했다. 염두에 두었던 배우 2명 모두 파테 소속이었다. 막스 랭데르는 아직 스타덤에 오르지는 않았지만 이미 상승 가도를 타고 있었고, 앙드레 데(앙드레 샤퓌의 예명)는 조르주 멜리에스 밑에서 짧은 도제 수업을 받고 파테로 옮긴 뒤에 부아로 역할을 맡아 엄청난 성공을 거두었다. 파스트로네는 데를 선택하고 그의 예명을 크레티네티로 바꾸었고(영국과 미국에서는 풀스헤드Foolshead였다), 1909년 1월부터 시작하여(1912~15년은 프랑스에서 활동) 1921년 작품인 「기계 인간L'uomo meccanico」(밀라노 필름)에 이르기까지 약 100여 편의 단편 코미디 시리즈를 제작했다.

1909부터 1911년까지 앙드레 데가 누렸던 전 세계적인 성공의 주된 요인은 초현실적인 시각적 트릭의 사용과 추적 코미디의 광적인 리듬의 증폭 때문이다. 앙드레 데의 작품은 무

모하고 거의 히스테리에 가까운 걸음걸이, 주변 사물의 체계적인 파괴, 그리고 상승 논리를 가지고 있다. 그의 작품은 일상적인 도시 코미디를 허무적 정서로 변형시켜 무정부주의적 전형을 만들어 냈다. 당시 모든 영화사가 그를 따라, 다양한 재능과 특성을 가진 약 40여 개의 캐릭터를 만들어 냈다. 그 중 가장 재미있는 개성을 지닌 인물로는 서커스 연기자 페르디난드 귀욤(1910~12년, 치네스에서 톤톨리니Tontolini 역, 1912~18년, 파스콸리에서 폴리도르Polidor 역)을 비롯하여, 마르첼 파브르(1910~15년, 암브로시오에서 로비네트Robinet 역), 레몽 프랑(1912~16년, 치네스에서 크리-크리Kri-Kri 역) 등이 있다. 그들은 코미디 영화를 제작하면서 광대의 레퍼토리에 크게 의존했다. 크리-크리처럼 일부는 보다 복잡한 미장센 형식으로 발전하기도 했다.

당시 이탈리아 영화 제작의 세 번째 경향은 역사적 세트와 인물의 재건에 기반한 것이다. 고대 그리스, 로마에서 중세, 르네상스, 그리고 가까이는 18세기와 나폴레옹 시대에 이르는 역사를 배경으로 한 이런 종류의 영화는 부분적으로 프랑스에서 유래했다(파테는 1909년에 필름 다르 이탈리아나를 설립). 이 영화들은 즉시로 이탈리아 관객을 모아들였으며, 외국에서도 호의적 반응을 일으켰다. 새로운 장르의 성공은 조반니 파스트로네/로마노 보르네토의 「트로이의 함락La caduta di Troia」(이탈라 필름, 1911)이 개봉되면서 하나의 중요한 문화적 현상이 되었다. 국내 비평가들의 혹평에도 불구하고, 이 영화는 유럽과 미국에서 유례가 없는 대중적 찬사를 받았다. 그것은 고전 건축의 기념비적 재건, 2차원 배경을 넘어선 초점 심도의 사용, 장엄미에 대한 열정에서 기인한 것이다.

권력과 영광

예술의 반열에 오르려는 열망으로 인해, 1911년에서 1914년 동안 이탈리아의 무성 영화는 역사상 가장 성공적인 시대의 기반을 형성할 수 있었고, 비교적 소규모 자원을 이용하면서도 세계 영화의 열강의 위치를 차지할 수 있었다. 이런 흐름은 귀족 또는 대자본에 기반을 둔 신세대 기업가들의 적극적 지원을 받아 더욱 가속될 수 있었다. 그들은 몇 년 안에 안정된 제작 시스템의 기반을 건설하는 개척자의 역할을 수행했다.

특권 계급의 일원이었던 그들은 영화 제작이라는 고급스러운 취미 생활을 위해서 거대한 자원을 동원할 수 있었다. 사실상 그들의 기여는 경제적인 것에 그치지 않았다. 후원과 자선을 당연한 것으로 인식하고 있는 그들은, 여전히 문맹률이 높은 국민을 도덕적, 문화적으로 교육시킬 수 있는 도구로서 영상의 잠재력을 주장했다. 좋든 싫든 그들은 이탈리아 영화 산업에서 크게 결여되어 있던 기업적 배경을 제공했으며, 초보자들의 임의적이고 아마추어적인 접근 방식에서도 벗어날 수 있게 했다.

장편 극영화들이 다른 나라들에서보다도 먼저 이탈리아에서 나온 것은 후원자들의 계몽 열기에 의해 촉진되었기 때문이다. 엔리코 과초니가 연출한 1,000미터 길이의 「십자군La Gerusalemme liberata」(치네스, 1911)과 프란체스코 베르톨리니/아돌포 파도반이 연출한 「지옥 편 — 단테의 신곡L'Inferno」(밀라노 필름, 1911)이 나왔다. 「지옥 편 — 단테의 신곡」은 주세페 데 리구오로가 합작하고, 제작 기간 2년이 걸린 1,300미터 분량의 영화로 알려져 있다.

얼마 지나지 않아, 대형 스펙터클 영화의 제작 경향은 고대 로마를 배경으로 한, 2편의 고예산 영화의 제작으로 이어졌다. 이 영화들은 영화 제작의 발전 과정에 미친 거대한 영향을 암시하고 있었다. 하나는 「폼페이 최후의 날」(암브로시오, 1911)로, 엘레우테리오 로돌피가 연출하고, 수백 명의 배우가 출연한 1,958미터 길이의 영화이다. 다른 하나는 「쿠오 바디스」(치네스, 1913)로 엔리코 과초니가 연출한 2,250미터 분량의 영화이다. 이보다 긴 영화는 아우구스트 블롬이 연출한 덴마크 영화 「아틀란티스Atlantis」(노르디스크, 1913)로 자막을 포함해 2,280미터였다. 「폼페이 최후의 날」은 계속해서 상영되었을 뿐 아니라, 미국에서 「트로이의 함락」이 거둔 선풍적인 인기를 훨씬 능가했다. 미국의 배급업자, 조지 클라인은 토리노 부근의 그룰리아스코에 대형 스튜디오와 함께 제작사 — 포토드라마Photodrama의 이탈리아 지사 — 의 설립에 착수했다. 이 용감한 모험은 전쟁 발발과 동시에 실패로 돌아갔다. 그러나 그 사실만으로도 1914년까지 몇 년 동안 이탈리아 영화가 국외에서 발휘했던 매력을 웅변해 준다.

사극 장르의 이상은 「카비리아」(이탈라 필름, 1914)에서 실현되었다. 조반니 파스트로네가 제작한 이 영화는 이탈리아 무성 영화의 절정을 상징한다. 장엄한 드라마가 이탈리아와 카르타고의 포에니 전쟁을 배경으로 펼쳐지며, 당시 제작할 수 있는 가장 화려한 영화의 극치를 보여 준다. 천부적 재능과 함께 은둔자적 성격을 가지고 있던 파스트로네는 영화 제작에는 견실한 경영자적 태도가 필요하다는 사실을 인식한

◀ 고대 로마의 웅장한 스펙터클: 엔리코 과초니의 「쿠오 바디스」.

최초의 제작자이다. 당시 다른 제작자들과 달리 그의 경력은 평범하다. 경리 사원으로 시작한 그는 사무적 방식을 타고난 예술적 비전과 결합시키게 된다. 새로운 기술적 가능성을 시험하면서 35mm 필름을 네 부분으로 나누어 별도로 촬영하는 아마추어용 카메라를 만들고, 「카비리아」에서는 비록 성공하지 못했지만 〈스테레오스코픽〉 촬영과 자연색 재현을 시도했다. 그는 또한 회사 내에 기술 개발을 위한 기금을 만들고, 파테의 특수 효과 담당이었던 세군도 드 쇼몽을 기용했다. 1910년에는 회사 구조를 재편하면서, 엄격하고 효율적인 내부 규정을 채택하여, 세부적인 부분까지 모든 직원에게 배포했다. 결국에는 앙드레 데의 코미디와 「티그리스Tigris」를 비롯해 선풍적인 인기를 모았던 여러 편의 영화들을 통해 자산 구조를 건실하게 할 수 있었다. 「티그리스」는 1913년에 빈센초 데니초트가 연출한 영화로서, 프랑스의 루이 푀야드의 「팡토마」 시리즈의 성공에서 영향을 받았다. 이 모든 것들은 파스트로네가 영화의 형식과 표현을 위한 연구를 개발하고 확대하는 기회를 제공한 덕택이다.

이러한 야망의 첫 번째 결과가 「아버지Padre」(지노 차카리아 그리고, 혹은 단테 테스타, 1912)로, 유명한 연극배우인 에르메테 차코니가 출연한 첫 영화이기도 하다. 「카비리아」의 웅대한 목표는 당시 가장 저명한 지식인이었던 가브리엘레 단눈치오의 참여와 지원에서도 알 수 있다. 단눈치오는 영화의 자막을 쓰기로 합의하고, 작가로서 인물 자막에 올려진다. 그러나 「카비리아」는 그의 문학적 취향과 웅장한 건축적 장치를 넘어서, 양식과 기법을 통해 선구적이고 전위적인 작품이 되었다. 무엇보다도 장면 전체에 걸쳐 길게 움직이는 트래킹 숏을 반복적으로 사용한 것이 주목할 만하다. 비록 이 기법이 초창기 영화에서 이미 사용되었던 것이지만, 「카비리아」에서는 중요한 서사적, 설명적 기능을 담당했고, 정교한 트랙 시스템을 통해 상당히 복잡한 카메라 이동을 실현했다. 트래킹 촬영이 사용된 초창기 영화에는 「당황한 소매치기Le Pickpocket mystifié」(파테, 1911), 예브게니 바우어의 「한 여인의 영혼의 여명Sumerki zenskoi dushi」〔스타(한촌코프/파테), 1913〕, 줄리오 안타모로의 「윤회Metempsicosi」(치네스, 1913) 등이 있다.

장편 극영화의 출현으로 이탈리아 영화 산업은 커다란 변화를 겪었다. 적은 편 수의 영화로 수익을 올리기 위해서, 극장업자들은 객석을 확장하고, 입장료를 인상했다. 대다수 노동자 관객을 모으기 위해 제작되던 스펙터클 영화는 중산층을 위한 오락으로 변화되었다. 새로운 상황이 전개되면서, 1915년 이후에 수적으로 증가하던 제작사들 간의 경쟁이 강화되었다. 또한 영화 제작의 중심이 북부의 토리노와 밀라노에서 로마와 나폴리로 이동했다. 그 결과, 1910년 이후 구축되었던 〈스튜디오 시스템〉의 싹은 영화 산업이 지방 분권화되면서 사라졌다.

새로운 상황의 첫 번째 결과는 다른 주요 영화 제작국에서처럼 다큐멘터리와 코믹 단편 영화가 쇠퇴한 것이었다. 이때부터 이 장르들은 상영 프로그램을 채우는 역할로 축소되었다. 그 반면에 국가 정신과 종교적 가치의 고취와 같이 최고의 이상을 담기 위해서 개발된 대규모 영화의 제작은 빠르게 증가했다. 「쿠오 바디스」의 성공에 고무되어 있던 이 시기에, 엔리코 과초니는 고대 로마를 배경으로 한 기념비적 드라마들을 통해서 역사 재건의 전문가로 통하게 되었다. 그가 제작한 영화로는 고대 로마를 배경으로 한 「안토니우스와 클레오파트라 Marcantonio e Cleopatra」(치네스, 1913), 「율리우스 카이사르Cajus Julius Caesar」(치네스, 1914), 「파비올라Fabiola」(팔라티노 필름, 1918), 중세를 배경으로 한 「십자군」(과초니 필름, 1918), 나폴레옹 시대를 배경으로 한 「영웅은 어떻게 만들어졌는가Scuola d'eroi」(치네스, 1914) 등이 있다. 그의 뒤를 루이지 마지, 마리오 카세리니, 우고 팔레나〔「변절자 줄리아노Giuliano l'apostata」(베르니니 필름, 1919)〕, 니노 옥실리아 등이 따랐다. 이러한 경향의 영화에서 가장 탁월하게 가톨릭 교의를 표현한 영화로는, 줄리오 안타모로의 「그리스도Christus」(치네스, 1916), 우고 팔레나의 「태양 형제Frate Sole」(테스피Tespi 필름, 1918), 카르미네 갈로네의 「구원Redenzione」(메두사 필름, 1919) 등이 있다.

사실주의: 제1의 물결

지식인 관객을 대상으로 한 영화의 유행과 함께, 애초의 영화의 기원이었던 보다 대중적인 형식의 영화 또한 번창했다. 이 분야에서 이탈리아는 외국의 유행과 발전 과정에 의존했다. 「티그리스」에서 시작된 선정적인 범죄 드라마는 괴벽스러운 성격과 사생활에서 가십을 만들어 낼 수 있는 최고의 전형을 찾아냈다. 에밀리오 기오네는 「창녀 넬리Nelly la gigolette」(카에사르 필름, 1914)에서 프랑스 인을 닮은 악당, 차 라 모르트Za la Mort라는 캐릭터를 만들어 냈다. 그는 「수많은 갱들La banda delle cifre」(티베르Tiber 필름, 1915), 「노란 삼각형Il triangolo giallo」(티베르 필름, 1917), 「회색 쥐I topi grigi」(티베르 필름, 1917) 등의 작품에 출연했다. 특히 「회색 쥐」에서는, 빈틈없고 신경증적인 이야기를 전개하면서 로마 외곽의 풍경을 시각적 재료로 사용하는 방법으로 저예산의 한계를 극복했다.

「회색 쥐」에서 분명하게 확인할 수 있는 사실주의의 흔적들은 1910년대의 이탈리아 영화가 보여 주는 사실주의 경향을 제한적으로나마 보여 준다. 이 경향에 가장 적합한 예는 니노 마르토글리오/로베르토 다네시가 연출한 「어둠 속의 실종Sperduti nel buio」(모르가나Morgana 필름, 1914)으로, 실종을 둘러싼 신비스러운 주변 환경 묘사를 통해 전설 속 같은 분위기를 만들어 냈다. 1912년부터 1916년까지 제작된 많은 영화들은 일상생활을 관찰하는 취향을 가진 목격자를 등장시키면서, 때로는 멜로드라마를 또는 가벼운 코미디를 뒤섞어 놓는다. 멜로드라마의 경우 「망명자L'emigrante」(이탈라 필름, 1915)는 페보 마리가 연출하고, 에르메테 차코니가 두 번째로 출연한 영화이다. 코미디의 경우 「젊은이들이여 안녕히Addio giovinezza!」(이탈라 필름, 1913)는 니노 옥실리아가 연출했다(아우구스토 제니나가 1917년과 1928년에 두 번에 걸쳐 리메이크했다). 직접적으로 자연주의의 경향을 보이는 영화들도 있다. 예컨대 살바토레 디 자코모의 원작 희곡을 구스타보 세레나와 프란체스카 베르티니가 연출한 「성스러운 고통Assunta Spina」(카이사르 필름, 1915), 사르디니아 출신의 소설가 가라치아 델라다의 원작을 페보 마리와 아르투로 암브로시오 주니어가 연출한 「재Cenere」(암브로시오, 1916)가 있다. 「재」는 위대한 연극배우인 엘레오노라 두세의 유일한 영화 작품이다.

퇴 폐 주 의 에 서 퇴 폐 까 지

1차 대전이 발발하고 유럽 시장에서 미국 영화의 지배력이 증대하면서, 이탈리아 영화 산업의 확대라는 꿈은 갑작스럽게 종말을 맞았다. 전쟁 수행이라는 중대한 임무 때문에 국가의 분산된 경제력을 다른 부문으로 이동시켜야 할 필요가 발생했다. 자원의 고갈은 1917년 카포레토에서 오스트리아에 비참하게 패배한 이후 더욱 심각해졌다. 영화 산업의 상당 부문이 전쟁에 할애되었고, 그 결과로 다큐멘터리 장르가 잠시 부활했다. 선전 선동이 코미디까지 확대되어, 앙드레 데의 「적기의 공포La paura degli aeromobili nemici」(이탈라 필름, 1915)와 세군도 쇼몽의 아동용 애니메이션 「전쟁과 엄마의 꿈La guerra e il sogno di Momi」(이탈라 필름, 1917)에서처럼 명시적으로 표현되기도 했다. 그러나 프랑스와 달리 이탈리아 영화는 새롭게 전개된 상황의 요구에 전적으로 준비되어 있지 못했다. 영화 제작의 중심이 지리적, 자본적으로 분산되어 있었고, 통합된 배급망이 부족하고, 지역으로 나뉘어 혼재된 제작 시스템 때문에 이탈리아 영화는 어려움이 다가오자 굴복할 수밖에 없었다.

1919년 전쟁이 끝나자, 일군의 은행가와 제작자들에 의한 최후의 구조 노력이 있었다. 두 부문의 강력한 재정 지원으로 이탈리아영화연합Unione Cinematografica Italiana(UCI)이라는 트러스트가 결성되어, 하부에 전국의 11개 대형 제작사들이 참여했다. 그러나 이러한 지배 구조는 오히려 치명적 결과를 가져왔다. 독점 기업을 통해 시장을 지배하려는 즉흥적인 시도로 인해 모든 형태의 경쟁이 사라져 버렸다. 연간 영화 제작 편 수는 1919년 280편에서, 1921년 400편 이상으로 처음에는 증가했다. 그러나 전체적으로 영화들은 평범했고, 진부한 아이디어를 끊임없이 반복하여 서로가 거의 비슷했다. 무엇보다도 미국 영화의 맹공격에 대항하기에는 너무나도 부적절했다. 1921년 12월에 컨소시엄을 구성하고 있던 은행 중의 하나인 방카 이탈리아나 디 스콘토Banca Italiana di Sconto가 파산하자 컨소시엄은 중대한 타격을 입었다. 1923년부터 산하의 회사들이 차례로 치명적인 위기에 빠져 들었다. 그때부터 이탈리아 영화는 제작 편 수가 급격하게 감소하기 시작하여, 무성 영화 시대가 끝날 때까지 수렁에서 헤어나지 못했다.

이러한 쇠퇴에 부분적인 책임이 있어 보이는 장르 중의 하나가 전쟁 전에 이미 탄생했다. 이 장르의 주인공들은 디바를 연상시키는 개성과 연기를 갖춘 특정 배우들이 맡았다. 유성같이 짧은 삶을 살다 간 테다 바라의 경우처럼 디바의 이미지는 모든 사회 계급에 스며들어 있었고, 당시의 유럽 전역과 미국에 걸쳐 퍼져 있었다. 마리오 카세리니 연출의 「하지만 내 사랑은 죽지 않았네Ma l'amor mio non muore!」(필름 아티스티카 〈글로리아〉, 1913)는 이 장르의 신호탄으로서 상징주의와 퇴폐주의*decadentism*를 단순화시키고 과장했다. 이후 10여 년 동안 이탈리아 사회는 그 영향 아래 있었다. 전형적 디바였던 리다 보렐리는 영화 제작을 기술적, 미학적 특성보다는 여배우의 카리스마적인 표현에 더 의존하는 스타일의 표준을 세웠다. 그녀의 영화에서는 신체의 표현에 따라 역할이 결정되었다. 보렐리를 비롯한 여러 디바들이 연기하는 캐릭터는 관능적이고 고뇌하는 인물로, 우수와 욕망 사이에 사로잡혀 있으며, 항상 예의 바른 자세를 보여 준다. 보렐리 외에도 마리아 카르미, 리나 데 리구오로, 마리아 자코비니, 소아바 갈로네, 헬레나 마코브스카, 헤스페리아, 이탈리아 알미란테 만치니 등의 디바들이 있었다. 그들이 사는 공간은 사치스럽고 동시에 답답할 정도의 풍요로움이 넘쳤으며, 그곳에서는 흥분된 눈길과 우아한 동작들이 과장된 의상과 배경 속에 비춰진다.

때때로 디바의 괴팍한 악마적 본성이 각본에서 강조되기도 한다. 이때 각본은 배우 각각에게 맞추어 쓰이며, 감독의 힘과 중요성은 사라진다. 1917년 치네스에서 제작한 니노 옥실리아의 「사탄의 광시곡Rapsodía satanica」과 피에트로 마스카니의 「말롬브라Malombra」는 〈보렐리스모*borellismo*〉 미학, 즉 신고전주의와 라파엘 전파에 대한 이탈리아적 취향을 영화적으로 반영한 가장 적절한 예이다. 그러나 일부 배우들은 독특한 스타일을 만들어 내기도 했다. 프란체스카 베르티니는 니노 옥실리아가 연출한 「파란 피Sangue blu」(셀리오 필름, 1914)에서 더욱 진지하고, 동시에 자연주의적인 연기 양식을 선보였다. 그리고 피나 메니첼리는 2편의 조반니 파스트로네의 영화, 「불꽃Il fuoco」(이탈라 필름, 1915)과 「멋진 호랑이Tigre reale」(이탈라 필름, 조반니 베르가의 소설 원작, 1916)에서 단눈치오식의 음울한 극적 집중력을 보여 주었다. .

상층 부르주아와 귀족 계급의 사랑과 호기심을 압축시켜서 디바 주위에 쌓아 놓을 때 서사적 세계가 구축된다. 엄격한 사회 관습과 억제할 수 없는 열정이 공존하는 그 세계는 성과 죽음이 지배하는 폐쇄적이고 현실에서 유리된 세계이다. 이러한 규칙에서 벗어나 주목할 만한 예외가 루치오 담브라(1879~1939)의 작품에서 보인다. 「유명 여배우 치칼라 포르미카L'illustre attrice cicala formica」(1920)와 「카드 세 장의 비극La tragedia su tre carte」(1922)에서 그녀는 괴팍

이탈리아의 디바, 피나 메니첼리의 스튜디오 사진.

하지만 부유하고 세련된 인물을 묘사했다. 불행하게도 그녀 영화의 대부분은 분실된 것으로 보인다.

몇몇 예외를 제쳐 놓으면, 1920년대에는 이런 종류의 멜로드라마가 이탈리아 영화의 기본 요소가 되었다. 질과 양 모든 측면에서 변화가 이루어지는 가운데, 영화 산업은 파괴된 과거의 영광과 새로운 가능성 사이에서 혼란을 느끼며 움츠러들고 있었다. 예술적 위업을 향한 열정의 마지막 흔적은 가브리엘레 단눈치오/게오르크 야코비의 또 한 편의 「쿠오 바디스」(UCI, 1924), 암레토 파를레미/카르미네 갈로네의 또 한 편의 「폼페이 최후의 날」(소시에타 아노니마 그란디필름, 1926), 가브리엘레 단눈치오/마리오 론코로니의 「배La nave」(암브로시오/차노타Zanotta, 1921) 등 여전히 계속되었던 사극 장르에서 명맥을 유지했다. 전위적인 미래주의 운동이 영화에서 실험되었지만 그 영향은 미미했다. 그들의 참여가 그나마 가장 눈에 띄게 남아 있는 작품으로는 안톤 줄리오 그라갈리아/리카르도 카사노가 연출한 「무희 타이스Thaïs」(노비시마Novissima 필름/엔리코 데 메디오, 1917)로서, 미래주의 이론가들의 공격적인 선언이 희미하게 드리워져 있다.

여명: 강한 남성과 나폴리 영화

물론 사극 영화의 잔해로서 일부는 상업적으로 주목할 만한 성공을 거두었다. 「카비리아」에 대한 이례적인 수요 때문에 1914년 이후에도 여러 번의 재개봉이 있었다. 파스트로네조차도 1931년에 똑같은 작품을 제작했다. 1931년 작 「카비리아」는 1995년에 최초 원작이 발굴되어 공개되기까지 일반 관객에게 가장 잘 알려진 작품이었다. 「카비리아」가 성공한 데는 바르톨로메오 파가노가 연기한 노예 마치스테 캐릭터의 역할이 컸다. 그의 강인한 체력은 관객의 찬사를 받았으며, 그의 이름을 내건 시리즈물의 모태가 되었다. 빈센초 데니초트/로마노 보르네토의 「마치스테」(이탈라 필름, 1915)에서 시작하여 루이지 마지/로마노 보르네토의 프로파간다 영화 「알프스 부대의 마치스테Maciste alpino」(이탈라 필름, 1916), 키치의 극치를 보여 준 구이도 브리뇨네의 「마치스테 지옥에 가다Maciste all'inferno」(페르트-피탈루가, 1926)에 이르기까지 다양하다. 이 영화들에서 시작된 〈강한 남성〉 영화의 전통은 모험 영화에서 다양하게 변형되어 나타난다. 모험 영화의 주인공들은 비상한 체력과 단순 명료한 정서를 지니고 있다. 파가노를 필두로 1920년대 전반에 활약했던 모험 영화의 주인공들은 체력과 묘기를 겸비한 배우들로서 루치아노 알베르티니의 산소네Sansone, 도메니코 감비노의 사에타Saetta, 도미니코 보콜리니의 갈라오르Galaor, 그레코로망 레슬링 챔피언이었던 조반니 라이체비치 등이 있다.

어떤 측면에서 보면, 전국적 규모의 영화 자본의 쇠락이 비주류 부문, 특히 나폴리 지방의 멜로드라마가 자생적으로 부활하는 데 도움을 주었다. 이런 특이한 현상을 주도한 회사들은 가족 중심으로 구성된 경우가 많았다. 이 영화들은 주로 남부 이탈리아 지방과 북부 대도시를 중심으로 배급되었고, 경우에 따라서는 이민을 떠난 해외 교포 사회로 수출되기도 했다. 1910년에 설립된 엘비라와 니콜라 노타리 소유의 도라Dora 영화사는 전국 대상의 상업 영화가 보여 주는 순화된 〈근대성〉과 달리, 단순하고 고유한 특성을 지닌 영화들을 제작하여 성공을 거두었다. 엘비라 노타리가 연출한 「성스러운 밤'A santanotte」과 「작은 소녀E'piccerella」(1922)는 이 장르에서 가장 중요한 영화들로서 나폴리 대중 연극에서 형식을 빌려 왔다. 세네자타*sceneggiata*라 불리는 이 형식은 대중가요가 군데군데 삽입되는 단순하고 힘이 넘치는 드라마로, 연출자와 연기자는 아무런 예술적, 기술적 훈련을 거치지 않은 비전문가들이지만, 관객의 심금을 울릴 수 있었다.

1918년에 구스타보 롬바르도는 UCI의 붕괴에 영향을 받지 않고 나폴리에 자신의 영화사를 설립했다. 감독, 배우, 기술자들이 프랑스와 독일로 대거 이동했던 1920년대 후반에도 롬바르도 영화사는 비교적 양질의 영화들을 안정되게 제작할 수 있었다. 롬바르도의 여러 영화에서 여배우 레다 기스는 프란체스카 베르티니와 함께 훌륭한 연기를 보여 주었다. 베르티니는 발다사레 네그로니 연출의 팬터마임 「피에로의 이야기Histoire d'un pierrot」(이탈리카 아르스/셀리오 필름, 1914)에 출연했던 배우이다. 기스가 주연을 맡은 우발도 마리아 델 콜레의 「그 누구의 자식도 아닌I figli di nessuno」(롬바르도, 1921) 3부작은 인기 드라마에 논쟁적인 사회 비판을 상당한 정도까지 결합시킨 작품이다. 롬바르도 영화사는 티타누스Titanus로 사명을 바꾸고 나서, 몇 년 뒤에 제노바 출신 제작자 스테파노 피탈루가와 새로운 형태의 조직을 건설하기 위해 로마로 이동했다. 그것은 이탈리아 전역을 대상으로 하는 배급 조직으로 혁신적인 변화를 꾀하기 위한 것이었다.

이탈리아 영화 산업이 삭막한 풍경으로 변한 1920년대 말에, 일부에서 재생의 신호들이 나타났다. 파시스트 체제의 영향력이 아직 제한적이었던 1924년에는 전국영화교육연맹 Istituto Nazionale LUCE(L'Unione Cinematografica Educativa)이 프로파간다와 교육 목적의 영화를 개발하기 위해 설립되었다. 그러나 업계의 사정으로 직접적인 개입은 제한되었다. 알도 데 베네데티는 「영광La grazia」(아토리 에 디레토리 이탈리아니 아소시아티Attori e Direttori Italiani Associati, 1929)에서 전통적인 이야기 구조가 어떻게 독창적 영화 양식으로 발전될 수 있는가를 보여 주었다.

최초의 이탈리아 유성 영화는 제나로 리겔리 연출의 감상적 코미디 「사랑의 노래La canzone dell'amore」(치네스, 1930)로서 프랑스 어판과 독일어판도 나왔다. 직전에 나왔던 알레산드로 블라세티 연출의 「태양Sole」(소시에타 아노니마 아우구스투스Società Anonima Augustus, 1929)은 폰티네 늪 지대의 갈수 현상에 관한 영화로, 독일과 소비에트 영화의 영향을 보여 주고 있다. 마리오 카메리니 같은 젊은 감독은 일찍이 모험 영화와 부르주아 코미디 영화에 보다 부드럽고 기술적으로 복잡한 스타일을 가미함으로써 낡은 형식에 새로운 에너지를 주입할 수 있는 능력을 보여 주었다. 그의 영화로는 「남편을 배반하고 싶다Voglio tradire mio marito!」(페르트 필름, 1925), 「키프 테비Kif tebby」(아토리 에 디레토리 이탈리아니 아소시아티, 1928) 등이 있다. 이제 한 걸음 더 나아가 「철도Rotaie」(SACIA, 1929)는 무성 영화로 촬영이 되었으나 2년 후에 유성 영화로 개봉했다. 「태양」과 「철도」는 분명히 다른 관점에서 주목을 받은 작품들이지만, 두 영화 모두 이탈리아의 사실주의에 대한 열정을 양식화할 수 있는 새로운 형식을 실험했다.

참고 문헌

Bernardini, Aldo(1980~82), *Cinema muto italiano, 1896~1914.*

—— (ed.)(1991), *Archivo del cinema italiano,* Vol.i: *Il cinema muto, 1905~1931.*

—— and Gili, Jean A.(eds.)(1986), *Le Cinéma italien.*

—— and Martinelli, Vittorio(1979), *Il cinema italiano degli anni Venti.*

Brunetta, Gian Piero(1980), *Storia del cinema italiano,* Vol. i: *1905~1945.*

Dell'Asta, Monica(1992), *Un Cinéma musclé: le surhomme dans le cinéma muet italien(1913~1926).*

Leprohon, Pierre(1972), *The Italian Cinema.*

Martinelli, Vittorio(1980~91), "Il cinema muto italiano, 1915~1931".

Masi, Stefano, and Franco, Mario(1988), *Il mare, la luna, i coltelli: per una storia del cinema muto napoletano.*

Redi, Riccardo(1986), *Ti parlerò…… d'amor: cinema italiano fra muto e sonoro.*

헵워스에서 히치콕까지의 영국 영화

존 호크리지

영화 역사가들 사이에서는 영국 영화가 영향력과 혁신이 넘치던 초창기, 이른바 개척기를 지난 후에 곧바로 정체와 쇠퇴에 빠졌다고 표현하는 경향이 있다. 이런 관점에서 보면, 조르주 사둘의 표현대로 「로버의 구출Rescued by Rover」(세실 헵워스 제작, 1905)이 영국 영화의 최고 정점이다. 그 후, 특히 단일 릴짜리 극영화가 지배적이었던 시기(1908~13)에 제작된 영화들은 무시되어 왔다. 초창기 영화부터 주의 깊게 분석해 왔던 배리 솔트(1992) 같은 작가조차 코미디 영화와 다양한 형식의 사실 영화들을 간과하고 극영화에 과도하게 집중해 왔다.

사료 선택에서부터 편견이 개입된 결과로 개척기 이후의 영국 영화는 부당한 대접을 받아 왔다. 혁신이 있었지만 간과되었고, 주류 할리우드 양식의 일부분으로 편입된 1913년 이후의 발전에만 집중적인 해석이 이루어졌다. 사실상 당시의 영국 영화는 코미디와 사실 영화 분야에서 더욱 세련된 수준을 보여 주었다. 서사적 편집은 혁신적이었으나, 불행하게도 그 혁신이 주류의 방법과는 다른 방향으로 이루어졌다.

초창기 형식의 발전

1907~8년 이전에 제작되던 영국 영화의 주류는 (넓은 의미

에서의) 사실 영화와 코믹 영화였다. 지리적으로 넓게 분포되어 있던 제작자들이 1906년 이후 런던을 중심으로 집결해 수천 편의 영화를 제작했다. 1902년 이전에는 하나의 숏으로 구성된 것이 대부분이었지만, 1905년부터는 보다 길어진 영화들이 다소 복잡한 편집 기법의 발전을 보여 주었다. 예컨대 교차하는 시점 숏*point-of-view shot*은 영국 영화에서 상대적으로 일찌감치 사용되었다. 이러한 서사적 기법은 고몽 영국 지사가 제작한 「대장장이의 딸The Blacksmith's Daughter」(1904)에서 사용되었다. 여기에서 주인공의 딸과 연인이 정원을 막 들어서려는 순간, 한 노인이 담 밖을 보려는 어린이를 들어 올리면서 두 번째 시점 숏이 시작된다. 이 숏은 시야의 범위를 보여 준다. 즉, 관찰자의 숏에서는 잘 보이지 않지만, 이전 숏에서 남자와 어린이가 차지하고 있던 공간에서 시선을 가져온 것이다. 이것을 시점 숏이라고 말할 수 있는 것은 울타리를 지나는 장면을 촬영하기 위하여, 레일을 이용해 카메라 위치를 설정한 사실이 두 번째 숏에서 명확히 보이기 때문이다.

「대장장이의 딸」만이 초창기 영국 영화의 창의적인 촬영과 편집 기법을 보여 주는 유일한 예는 아니다. 1906년의 사실 영화 「피크 프린 사의 비스킷 공장 방문A Visit to Peek Frean and Co.'s Biscuit Works」(크릭스 앤드 샤프Cricks and Sharp, 1906)에서 주목할 만한 것은 대부분의 극영화가 500피트 이하였던 시절에 길이가 2000피트를 넘었다는 사실과 함께 부감, 팬, 틸트 등의 촬영 기법과 장면의 분절을 통해 공장의 전 공정을 완전하게 보여 준다는 것이다.

영화 역사가들이 초창기 편집 기법의 발달 과정에 관심을 기울여 오긴 했지만 코미디, 사실 영화, 극영화에 적합한 한 가지 특별한 기술을 간과해 왔다. 그것은 화면의 일관성을 유지하는 맥락에서 비약 전환*jump cut*을 사용하는 것이다. 예컨대 「실종된 전설The Missing Legacy」, 또는 「갈색 모자 이야기The Story of a Brown Hat」(고몽, 1906)에서, 주인공이 세 사람을 상대로 싸움을 벌이는 장면에서 주인공이 바닥에 내팽개쳐지는 순간에 비약되는 지점이 있다. 이것은 필름을 잃어버려서가 아니라, 컷으로 잘려 나간 시간 동안 찢어진 의상을 보완하기 위해 사용된 비약 전환이다. 영화감독은 의상의 일관성이 떨어질 때, 화면 내에서 연기 동작을 크게 시키거나, 상대역이 주인공을 부분적으로 가리는 방식으로 눈속임을 한다. 동시에 비약 전환은 당시의 사실 영화에서 서사 구조를 구축하는 데 중요했다. 「영국 철도의 건설 — 기관차 만들기Building a British Railway — Constructing the Locomotive」(어번Urban, 1905)에서 건설 과정 전부를 여러 단계에 걸쳐 보여 주기 위해서는 일시적인 생략이 필요했고, 그 결과 비약 전환이 사용되었다.

당시의 영화 연출자들은 실제적으로 편집과 촬영 기법을 발전시키는 데 탁월한 독창성을 보여 주었다. 그들은 코미디와 사실 영화와 극영화를 막론하고 원하는 효과를 얻기 위하여 애썼다. 예컨대 〈정교한 속임수〉 장치(솔트, 1992)는 배우의 움직임을 카메라의 움직임에 동조시키기 위하여 사용하는 기법을 말하는 것으로서, 「숙녀들의 치맛자락이 울타리의 못에 걸리다Ladies Skirts Nailed to a Fence」(뱀포스 Bamforth, 1900)에서 주목을 받았다. 이 기법은 코믹한 장면에 그치지 않고, 서사적 극영화에서 확실한 기능을 했다.

세실 헵워스의 「로버의 구출」은 상업적으로 대성공을 거두었고, 수요에 대응할 충분한 프린트를 확보하기 위해 새로운 판본의 필름을 2벌 더 제작했다. 이야기 구조에서 보면 3벌의 필름이 똑같지만, 영화 형식의 측면에서는 작지만 아주 중요한 차이들이 있다. 최초 판본에는 양심의 가책을 느낀 유모가 방으로 달려가 아이를 잃어버렸다고 고백하는 장면이 있다. 이 장면을 추가 판본에서는 다르게 다루고 있다. 최초 판본에는 이 장면을 2개의 숏으로 나누어, 두 번째 숏을 연기와 밀착된 위치에서 약간 다른 앵글로 촬영했다. 그러나 추가 판본에서는 두 번째 숏만을 사용했다. 그래서 이 장면을 보면 최초 판본에는 장면이 나뉘어 있으나, 추가 판본에서는 그렇지 않다. 우리가 장면의 분절을 영화 형식의 발달로 본다면, 여기서는 표면적으로는 퇴보했다. 그러나 영화 연출자들은 최초 판본에서 드러나는 장면의 무대화 과정의 실수에서 다른 것을 배웠다. 즉, 이 장면의 두 숏은, 배우가 실제로 이동할 때 카메라 위치를 변화하면 관객은 그것을 인식하지 못한다는 것을 보여 주었다. 1905년에 헵워스는 카메라를 연기 공간에 되도록 밀착시키기 위해 가능한 한 배우를 앞으로 이동시키는 방법을 고안해 냈다. 그해에 제작한 「잘못된 누명Falsely Accused」의 한 장면에서 유사한 문제에 직면했을 때, 그는 연기 공간이 배우의 움직임을 제약하지 않는 정도까지 카메라를 앞으로 이동시켰다.

주요 영화 장르

영국 영화가 1906~7년까지는 국내외적으로 성공적이었고 영향력을 갖고 있었다는 사실은 기록으로 잘 남아 있다. 현대의 비평 문헌에서도 미국 영화에 비해 우수성을 보였다고 인정하고 있다. 『프로젝션 랜턴 앤드 시네마토그래프*Projection Lantern and Cinematograph*』는 1906년 7월 호 기사에서 〈시네마토그래프 거래가 국가적 붐을 이루고 있는 것으로 보인다. 영화에 대한 수요가 이상할 정도로 강렬해서, 지극히 내적인 소재를 다룬 작품들도 대부분이 영화관의 수용 한계를 넘어설 정도〉라고 보도하고 있다. 영국 영화의 성공은 혁신적인 영화의 제작(「불이야Fire!」, 「대담한 낮 도둑Daring Daylight Burglary」, 「필사의 사냥Desperate Poaching Affray」)과 국제 시장이 개방되어 있다는 사실 때문이었다. 그러나 1912년에 이르러 상황은 역전되었다. 『무빙 픽처 월드*Moving Picture World*』지의 1912년 1월 20일자 기사는 〈미국 시장에서 영국 영화의 약효가 떨어졌다. 캐나다에서도 전혀 호소력이 없다〉고 전하고 있다. 추락의 원인은 무엇이었을까? 헵워스는 자서전에서 〈영화 산업에서 일어나고 있던 많은 변화에 대해 민감하지 못했기 때문〉이라고 말했다. 「어리숙한 총명함Dumb Sagacity」(1907), 「개가 유괴범을 이기다The Dog Outwits the Kidnappers」(1908) 같은 헵워스의 영화들은 초기의 「로버의 구출」과 이야기와 형식에 있어서 상당한 유사성을 보여 준다. 영국 영화의 수준이 떨어진 이유로는 1908년 미국영화특허권회사(MPPC)가 형성되면서 영국 제작자의 미국 시장에 대한 접근이 실질적으로 봉쇄된 것과도 무관하지 않다.

이 당시 연작 영화가 처음으로 영국의 영화관에 나타났다. 브리티시 앤드 콜로니얼 키네마토그래프 컴퍼니British and Colonial Kinematograph Company(이하 B. & C.)는 일찌감치 연작 영화 제작에 진출했다. 첫 번째 시리즈인 「세 손가락 케이트의 위업」이 『바이오스코프*Bioscope*』지 1909년 10월 호에 비평이 실린 이후부터 1차 대전이 발발하기 전까지 수많은 시리즈물들이 뒤를 이었다. 흥행의 관점에서 볼 때, 1911년 처음 발표된 〈대링 중위〉 시리즈만큼 중요한 영화도 없다. 『바이오스코프』지 1912년 3월 28일자에는 대링 중위의 인터뷰가 사진과 함께 실려 있다. 그러나 인터뷰는 실제 연기자인 페리 모란이 아니라 극중 인물인 대링의 이름으로 시종일관 진행되었다. 물론 배우 개인보다는 영화 속 인물로 언급하는 것이 더 정확할 수도 있을 것이다. 영화 형식의 관점에서 보면 B. & C. 사의 연작 영화들이 영화의 말미(간혹 서두)에 주인공의 상징화된 숏을 사용하는 것이 흥미롭다. 이러한 삽입 숏이 일반적인 코드로 보일 수도 있지만, 다른 장르에서는 거의 보이지 않는다. 오직 코믹 영화에서만 상징적 숏들을 영화의 서두 또는 말미에서 찾아볼 수 있다.

B. & C. 사의 입장에서 대링 중위 시리즈의 중요성은 1913년 서인도 제도에서의 현지 촬영에 들어가면서, 페리 모란이 참여해서 시리즈 1편, 즉 「대링 중위와 춤추는 소녀Lt. Daring and the Dancing Girl」 전부를 자메이카에서 촬영한 사실을 통해 가늠해 볼 수 있다(당시 영국에서 배우가 촬영을 위해 그렇게 멀리 간 것은 거의 처음이었다). 서인도 제도가 아주 멀리 떨어진 이국적인 촬영 장소였음에도 불구하고, 로케이션 촬영 장소로 종종 이용되었다. 또한 그 사실이 영화의 인기를 상승하게 만들었다. 예컨대 1912년 돈 큐Don Q 시리즈의 첫 편은 더비셔의 그림 같은 바위 언덕에서 촬영했다는 점을 광고로 내세웠다. 이렇게 아름답게 펼쳐진 풍경을 내세우는 전략은 「산악인의 사랑The Mountaineer's Romance」(1912)에서는 영화 자체가 되어 버린다. 이 영화는 〈이 사진극*Photo-Play*은 아름다운 고산 지대 더비셔에서 펼쳐진다〉라는 자막으로 시작된다.

영국에서는 패러디 영화가 비교적 일찍 출현했다. 찰스 어번이 「보이지 않는 세계Unseen World」라는 시리즈를 제작하자 헵워스 사는 그 영화의 패러디 영화를 만들었다. 어번이 제작한 시리즈는 자연 세계를 확대 관찰하기 위해 현미경과 영화 카메라의 기술을 결합한 포맷을 사용했다. 헵워스 사의 「분명치 않은 세계The Unclean World」(1903)에는 음식 한 조각을 현미경 아래에 놓고 먹는 남자가 나온다. 화면이 원형 마스크 숏으로 바뀌면 두 마리의 딱정벌레가 나타나고, 남자의 두 손이 화면 안으로 들어와 딱정벌레를 뒤집으면 시계 장치가 드러나며, 이때 웃음이 터진다.

연작 영화와 함께, 패러디 영화는 그 자체가 하나의 장르로 발전했다. B. & C. 사가 제작한 「세 손가락 케이트의 위업」 시리즈는 케이트가 불운한 형사 시어럭의 손길에서 교묘하게 빠져나가는 내용으로서, 에클레르 영화사의 「닉 카터」를 직접적으로 패러디한 것이다. 최근 사건, 특히 최근에 개봉한 영화를 조롱하는 것은 프레드 에반스의 단골 메뉴였다. 그는 1913년에서 1914년 사이에 영국에서 가장 성공한 코미디 영화인 「핌플 중위와 도난당한 발명품Lieutenant Pimple and the Stolen Invention」을 비롯한 핌플 중위 시리즈 등 수많은 패러디 영화를 제작했다. 또한 헵워스는 B. & C. 와 클라렌던Clarendon 사의 해군 영웅 시리즈를 패러디했다. 이렇게 저렴하게 제작된 패러디 영화의 유행은 그 당시 영국 영화계의 코미디 스타의 부족과 장인 정신의 부족을 나타내는 징표

성공을 거둔 영국식 멜로드라마 「여자 대 여자」에서의 클라이브 브룩과 베티 콤슨. 앨프리드 히치콕 각본, 그레이엄 커츠 연출.

이다. 또한 예산의 부족도 수많은 값싼 패러디 오락물을 양산한 원인이었다. 이때 필요한 것은 관객이 패러디를 연상할 수 있는 원전뿐이며, 대부분의 경우에 영화 제목 자체에서 분명하게 표시해 주고 있다.

국내 시장을 겨냥해 값싸게 제작한 인기 연작물과 패러디 영화는 결국 영화사들이 고유한 문화적 유산의 개발을 주저하게 하는 요인이 되었다. 이와 달리 바이타그래프 같은 미국의 경쟁사들은 디킨스 탄생 100주년을 기념해 「두 도시 이야기A Tale of Two Cities」(1911)를 제작하기도 했다. 이미 극적 내러티브가 영화 산업의 주류가 된 시기에, 영국의 제작사들은 코미디 제작에 집중하고 있었다. 예를 들면 1910년 1월 영국에서 개봉된 영화들 중에, 그나마 몇 편의 극영화를 개봉했던 영화사는 헵워스뿐이었다(영화의 길이도 보통 1,000피트가량이었던 유럽과 미국의 영화와 비교하면 훨씬 짧아, 헵워스 사가 그달에 개봉한 4편의 극영화 중 3편은 500피트 이하였다).

그런데도 1912년까지 영국의 영화 전문 잡지에는 얼마간의 낙관주의가 흐르고 있었다. 세실 헵워스(1951)와 조지 피어슨(1951)의 표현처럼 1911년에서 1912년에 영국의 제작사들은 잃어버린 시장을 거의 만회했다. 이것은 헵워스와 B. & C.의 경우에는 부분적으로 사실이다. 그들은 아주 매력적인 영화, 예컨대 풍광 좋은 로케이션 촬영을 드라마에 적용한다든가, 더욱 엄격하고 자연주의적인 연기 양식을 사용한 영화를 제작하기 시작했다. 그중에 「어느 어부의 사랑 이야기 A Fisherman's Love Story」(헵워스, 1912)와 「산악인의 사랑」(B. & C., 1912)은 주목할 만하다. 이런 유의 영화 중에는 상당히 정교한 영화 형식을 보여 주는 것도 있었다. 예컨대, 「대링 중위와 마인필드 계획Lt. Daring and the Plans for the Minefields」(B. & C., 1912)에서 대링이 비행기 조종을 준비하는 장면은 4개의 연속된 숏으로 분절되는데, 거기에는 축을 이용한 입사 전환*cut-in*과 역사*reverse-angle shot*가 포함되어 있다.

미국과의 경쟁

1911~12년에 영국의 영화 제작자들이 실제로 시장을 만회했다면, 직후에 전개된 복수 릴 장편 영화의 성장과 미국 영화사의 배급 방식이 시장을 지배하는 상황으로 인해 영국이 다시 퇴보하는 일은 없었을 것이다. 영국 영화계는 많은 미국 회사들과 영국의 극장주들이 결합하는 상황에 직면했다. 예컨대 1913년 8월 28일자 『고몽 위클리』는 〈많은 극장들이 미국 제작사들과 체결한 독점 계약으로 헐값에 극장을 제공하게 되었다〉고 비판하고 있다. 산업의 중심이 복수 릴 장편 영화로 이동함과 동시에 미국에서는 스타 시스템이 출현했다. 이런 흐름은 영국과는 관계가 없었다. 영국에서는 1920년에 이르러서도 스타라고 불릴 만한 배우가 크리시 화이트와 앨마 테일러(주로 헵워스의 작품)와 베티 밸푸어 정도밖에 없었다. 일반적 의미의 스타, 특히 남성 영화의 스타가 심각하게 부족했던 이 당시에는 스타도 미국 영화에 집중되어서 그 지배력이 커지던 시기였다. 나중에 조지프 셍크는 1925년 1월 8일자 『바이오스코프』지에서 영국의 영화 제작자들에게 〈당신들은 스크린에서 보여 줄 만한 인물이 없다. 연극배우는 스크린에 안 어울린다. 당신들의 노력은 헛수고다. 당신들은 돈을 너무 쓰지 않는다〉라고 혹독하게 충고하고 있다. 영국 영화계에 남성 스타가 부족했던 현상은 1910~20년대에 수많은 남성 스타를 배출했던 미국의 서부 영화와 코미디 영화에 대응할 만한 장르가 부족했다는 사실에서도 연관성을 찾을 수 있다.

대부분의 영국 영화가, 특히 국제 시장에서 저평가되었는데도 전쟁 직후의 영화 전문지에는 낙관주의가 여전히 우세했다. 물론 수입 쿼터를 부과하는 무역 장벽 정책으로 시장 회복의 조짐이 보이기 시작하기는 했다. 런던London 영화사는 일찍이 1913년 초부터 다른 제작사와의 차별화 수단으로 미국의 제작자와 배우를 직접 고용하는 전략을 택해 전쟁이 끝날 때까지 지속시켰다. 전후에는 B. & C. 사도 국제 시장, 특히 미국 시장에 진입할 목적으로 유사한 전략을 채택했다. 그러나 초기의 몇몇 성공에도 불구하고, 다른 영화사의 경우와 마찬가지로 미국 시장은 여전히 손에 들어오지 않았으며, 그 결과 1920년대 중반에 회사는 문을 닫았다. 제작과 상영의 관점에서 1926년은 영국 영화사상, 최악의 해로 볼 수 있다. 모인Moyne 보고서에 의하면 그해에 개봉된 영화 중에서 영국에서 제작된 영화는 5퍼센트도 되지 않았다.

영국 영화의 성장 가능성을 가로막은 것은 미국의 배급 방식과 투자와 스타 시스템의 부재 탓만이 아니다. 그 당시 미국 영화는 연속 편집과 함께 역동적인 특징들을 보여 주기 시작했는 데 비해, 영국 영화는 서사적으로 불확실하고, 통일된 시공간의 서사 법칙(고전 할리우드 양식의 품질 보증 표시)을 구성할 능력이 없었다는 점을 지적할 수 있다. 예컨대 페이드*fade*와 컷*cut*의 숏 연결의 차이는, 미국에서는 1910년대에 이미 확고히 정립되었는데, 영국에서는 그렇지 못했다. 「남자들의 열정The Passions of Men」(클라렌던, 1914)에서는 숏 연결을 컷보다 페이드로 하거나, 또는 반대로 하는 지점에서 이야기의 시간적 구성이 혼란스러워진다. 영국 내에서 특이한 존재였던 헵워스마저도 1920년대까지 일반적인 숏 연결 방식으로 페이드를 사용했다. 헵워스가 페이드 연결 방식을 사용한 것은 시간적인 생략의 의미가 아니라 단순히 숏을 연결하려는 의도에서 나온 것으로 서사적으로 많은 문제점을 낳았다. 분명히 할리우드 영화의 매끄러운 연속 편집과 비교하여 느리고 무겁게 보인다. 더욱이 페이드 연결을 지속적으로 사용함으로써 서사적 공간에 불연속성을 강조해 주기만 했다. 아름다운 화면에도 불구하고 영화는 〈볼거리*views*〉 정도가 되어 버렸다. 헵워스 자신이 꼽는 대표작인 「호밀 밭으로 오세요Comin' thro' the Rye」(1916)는 미국에서 배급사를 찾지 못했다. 그는 자서전에서 미국의 배급사를 수소문하는 과정을 언급하면서 〈약간만 활기차게 만들었다면 그렇게 나쁘지는 않았을 거라는 말을 들었다. 나는 집으로 돌아왔다〉라고 다소 씁쓸하게 표현했다.

1910~20년대에 헵워스의 영화가 특이하게 인정되었듯이, 당시의 영국 영화는 정도 차이는 있지만 서사적 불확실성을 보이고 있다. 베이커의 멜로드라마 「파멸의 길The Road to Ruin」(1913)에는 상당히 긴 꿈 시퀀스가 하나 있다. 관객이 이야기의 서사 법칙을 따라올 수 있을지 확신하지 못한 채, 꿈에서 펼쳐지는 사건을 두 번이나 환기시킨다. 한 번은 주인공의 꿈 숏으로 되돌아와서이고, 또 한 번은 〈그리고 꿈은 계속된다……〉라는 자막이 삽입될 때이다. 비슷한 예로, 교차되는 시

점 숏의 사용이 1910년대 영화에서는 점점 일상화되고 있었지만, 일부 영화에서는 때때로 모호하게 사용되곤 했다. 1910년대 초 대부분의 영화에서는 실제 광학 시점을 사용하지 않고, 인물이 스크린 밖을 보는 180도 카메라 축을 사용했다. 그럼으로써 두 번째 숏이 시선의 대상뿐 아니라 시선의 당사자를 드러내 준다. 「반지와 라자The Ring and the Rajah」(런던 필름, 1914)에서 가장 중요한 점은 시점 숏이 사용되었다는 것이다. 이 숏들에서 라자가 약간 열린 프랑스식 창문을 통해 의도적으로 스크린 밖을 바라보는 장면이 있다. 이것은 라자의 연적을 찍은 숏 다음에 오는 숏으로, 라자의 시점에 근접한 카메라 위치에서 촬영한 것이다. 이 숏들의 관계가 분명히 설명적이라고 할 수는 없지만, 곧이어 〈라자가 본 것은……〉이라는 자막이 소개된다. 다음 숏에는 시선의 당사자(라자의 하인)와 시선의 대상이 모두 보이고, 다음에 〈하인이 본 것은……〉이라는 자막이 삽입된다. 이러한 사실은 시점 숏이 미국과 영국 영화에서 거의 10년 동안 사용되었다는 사실에도 불구하고, 관객이 시점의 표현을 인식할지에 대한 확신이 분명히 부족했다는 것을 의미한다.

그러므로 투자의 부진이나 스타 시스템의 부재뿐만 아니라, 영화 형식의 측면에서도 영국 영화는 미국에 비해 경쟁력이 너무 떨어졌다고 할 수 있다. 미국의 영화 전문 잡지들이 영국 영화를 〈수면제〉라고 표현한 것은 대부분이 영화 형식, 즉 장면의 분절이 부족하고 불확실한 서사 구조에서 발생하는 문제와 관련되어 있다. 사실 모리스 엘비가 인터내셔널 익스클루시브International Eexclusives 사에서 제작한 「넬슨Nelson」(1918) 같은 영화는 값싼 디자인의 배경, 뻣뻣한 연기, 연속 편집을 거의 사용하지 않은 서사 구조 양식 등으로 인해 조악하다고 할 수밖에 없다. 이전 10년간 제작된 영화와 다른 점이 있다면 영화의 길이(7릴)가 전부이다.

1920년대: 새로운 세대

1920년대 중반에 이르자, 세실 헵워스 같은 〈개척자들〉을 포

그레이엄 커츠 연출, 마이클 발콘 제작의 파리의 보석 도둑 이야기 「쥐 The Rat」(1925)에서의 아이버 노벨로와 메이 마시.

함해 전쟁 전에 설립된 영화 제작사들 중 대부분이 문을 닫았다. 이때 새로운 세대의 제작자, 또는 제작자 겸 감독이 영화계에 진출했다. 마이클 발콘(제작자)과 허버트 윌콕스(제작자 겸 감독)는 토착 산업을 발전시키기 위해서 서로 유사한 전략을 채택했다. 그 전략 중의 하나는 할리우드 스타의 수입이었다. 이 방법은 전적으로 새로운 것도 아니었고, 과거에 극히 제한적으로 성공을 거둔 적도 있었다. 그러나 윌콕스는 도로시 기시의 재능을 성공적으로 이용했고, 또한 그 과정에서 파라마운트와의 거래를 성사시켰다. 더욱 중요한 점은 발콘과 윌콕스를 비롯한 여러 제작자들이 합작 계약을 성공시킨 것이다. 네덜란드를 비롯한 나라들, 특히 독일과의 합작은 1920년대 중후반의 영국 영화 산업의 발전에 중요한 요소가 되었다. 게인즈버러Gainsborough 사에서 일하고 있던 젊은 앨프리드 히치콕을 노이바벨스베르크에 있는 우파Ufa 스튜디오에 보내 독일의 제작 방식을 경험하도록 한 것은 이런 정책의 결과이다.

허버트 윌콕스에게는 우파와 체결한 협약이 시장에 진입하는 방법으로서뿐만 아니라 훌륭한 시설을 갖춘 독일 스튜디오에 참여할 수 있게 되었다는 점에서도 중요했다. 그가 제작한 「데카메론 나이츠Decameron Nights」(1924)는 우파와 그레이엄-윌콕스가 공동으로 투자하고, 영국, 미국, 독일 배우를 고용하여 독일에서 촬영했다. 넓고, 훌륭한 디자인과 시설을 갖춘 세트에서 촬영한 「데카메론 나이츠」는 성적 호기심에 관한 이야기로서, 영국과 미국에서 상업적 성공을 거두었다. 그러나 이 성공은 적절한 예산에 따른 스펙터클과 이야기 자체의 성적 에너지에 기인했다. 히치콕을 비롯한 젊은 감독들과 달리 윌콕스는 독일 영화와의 만남에서, 그리고 영화 형식의 측면에서 거의 배운 것이 없는 듯하다. 「데카메론 나이츠」는 여전히 숏 대부분이 비교적 먼 거리에서 촬영되었고 장면의 분절이 대체로 부족한 영화이다.

마이클 발콘은 여러 가지 이유로 영국 영화 산업에서 중요한 인물이었다. 그는 1920년대에 「쥐The Rat」(게인즈버러, 1925)를 포함해 비교적 적은 제작 편 수에도 불구하고 대부분의 영화를 상업적으로 크게 성공시켰다. 더욱이 발콘은 영국 영화 산업에 뒤늦게 도입된 노동의 분할, 즉 제작과 연출 부문의 분리를 주도한 선구자였다. 발콘은 제작자 겸 감독이라기보다는 제작자였고, 그런 역할의 분리만이 각 부분에 특화된 기술의 발전을 이룰 수 있다고 생각했다.

영국 문화의 맥락에서 영화는 일반적으로 낮은 평가를 받아 왔음에도 불구하고, 수많은 대학 졸업생들이 영화계로 진출했다. 그중에는 자유당 소속 총리의 아들인 앤서니 애스퀴스도 포함되어 있었다. 애스퀴스는 대학 시절에 유럽 영화에 대해 상당한 지식을 축적했을 뿐만 아니라, 미국 방문 시에는 그의 특권적 배경을 이용해 많은 할리우드 스타들과 감독들을 만날 수 있었다. 이런 배경들이 그가 영화 작업을 시작했을 때, 중요성을 발휘하기 시작했다. 「유성Shooting Stars」(브리티시 인스트럭셔널 필름스, 1928)에서 애스퀴스는 각본을 쓰고 조감독을 했다. 「유성」은 영화 산업, 영화 제작, 스타들에 관한 영화로서 자기 반영적인 영화라고 할 수 있는데, 브라이언 어헌이 서부극의 영웅으로 출연했고, 영국적인 맥락보다는 할리우드적인 맥락의 이야기가 펼쳐졌다. 카를 피셔의 조명, 다양한 카메라 앵글의 사용, 독일 표현주의를 연상시키는 빠른 편집 등이 주목할 만하다. 이러한 것들은, 이 영화의 각본이 1920년대의 많은 다른 영국 영화와 달리, 런던의 웨스트엔드 지역의 극장에서 개발된 것이 아니고 순수하게 영화용으로 쓰인 사실과 관련이 있다.

1920년대 말에 이르면서 영국의 영화 산업 구조가 변화했다. 수직 통합의 흐름은 강한 산업적 기반을 건설했고, 1927년에 발효된 보호 법령은 부정적인 측면에도 불구하고 영화 산업이 확장되는 계기가 되었다. 1920년대 중반에 영화계에 진출했던 새로운 세대는 더 많은 지식을 쌓았고, 유럽과 할리우드 영화의 발전에 대해 정확하게 이해하고 있었다. 이들은 영국 영화의 변화 국면에서 나름대로의 역할을 수행했고, 곧 다가올 사운드의 시대에 대비해서 더욱 철저한 준비를 하고 있었다.

참고문헌

Hepworth, Cecil(1951), *Came the Dawn: Memories of a Film Pioneer.*

Low, Rachael(1949), *The History of the British Film,* ii: *1906~1914.*

——(1950), *The History of the British Film,* iii: *1914~18.*

——(1971), *The History of the British Film,* iv: *1918~29.*

—— and Manvell, Roger(1948), *The History of the British Film,* i: *1896~1906.*

Pearson, George(1957), *Flashback: The Autobiography of a British Filmmaker.*

Sadoul, Georges(1951), *Histoire générale du cinéma,* vol. iii.

Salt, Barry(1992), *Film Style and Technology.*

독일 영화: 바이마르 시대

토마스 엘제서

〈독일 영화〉는 항상 1920년대, 표현주의, 바이마르 문화, 베를린이 유럽 문화의 중심이었던 시절을 떠올리게 한다. 영화사가들은 이 시대를 D. W. 그리피스, R. 인스, 세실 B. 데밀, 모리스 투르뇌르 등이 이끌었던 1910년대의 미국 영화 개척기와 S. 에이젠슈테인, D. 베르토프, V. 푸도프킨 등이 주도한 1920년대의 소비에트 몽타주 시대의 가운데에 끼워 넣는다. 에른스트 루비치, 로베르트 비네, 파울 레니, 프리츠 랑, 프리드리히 빌헬름 무르나우, 게오르크 빌헬름 파프스트의 이름은 이 지점에 위치하며, 그들은 세계 영화의 황금시대 중의 하나인 1918년과 1928년 사이에 영화를 예술적이고 아방가르드적인 매체로 만들었다.

영화사의 관점에서 보자면, 이 당시 만들어진「칼리가리 박사의 밀실Das Cabinet des Dr. Caligari」(비네, 1919),「골렘Der Golem, wie er in die Welt kam」(파울 베게너, 1920),「운명Der müde Tod」(프리츠 랑, 1921),「노스페라투Nosferatu」(F. W. 무르나우, 1921),「도박사 마부제 박사 Dr. Mabuse」(프리츠 랑, 1922),「밀랍 인형 진열장Das Wachsfigurenkabinett」(P. 레니, 1924),「마지막 웃음Der letzte Mann」(F. W. 무르나우, 1924),「메트로폴리스 Metropolis」(프리츠 랑, 1925),「판도라의 상자Die Büchse der Pandora」(G. W. 파프스트, 1928) 등 수많은 독일 영화들이 당당하게 세계 영화사의 한 부분을 차지한다는 데에는 더 이상 논쟁의 여지가 없다. 더욱 놀라운 것은 이 영화들이 대중문화의 신화가 되어, 지금도 패러디와 혼성 모방과 재생의 형식으로 통속 영화에서 포스트모던 비디오에 이르는 다양한 작품 속에서 여전히 살아 있다는 것이다. 당시 이들의 영화는 독일 표현주의와 관련되어, 주로 세트와 연기와 조명을 의식적으로 양식화했다. 다른 영화들도 양식화와 판타지와 공포 표현에서 탁월성을 보여 주었는데, 그것은 인간의 내적 고통과 도덕적 딜레마를 시각화하려는 목적의식을 드러내 준다. 모호한 이중성은 여기에 국한되지 않는다. 즉, 영화가 바이마르 공화국의 정치적 혼란을 반영했을까, 아니면 폭군, 광인, 몽유병, 미친 과학자, 실험용 인체들이 줄줄이 나오는 것이 1933년에서 1945년의 공포를 예상했을까? 그러나 왜 이 영화들이 낭만주의와 신고전주의를 되돌아보며 조롱하고 있다는 가정은 당시에도 하지 못했을까? 이러한 주제를 다룬 권위 있는 저작으로는 로테 아이스너의『유령이 출몰하는 스크린*The Haunted Screen*』(1969)과 지크프리트 크라카워의『칼리가리에서 히틀러까지*From Caligari to Hitler*』(1947)가 있다. 이들도 위에서 언급한 마지막 가능성에 대해서는 고려조차 하지 않고, 다만 다소 으스스한 영화 제목들에서 이상 정신의 징후를 보았을 따름이었다.

아이스너와 크라카워의 강력한 영향력은 초창기 독일 영화의 연구에 커다란 그림자를 드리워 놓았다. 어떤 점에서 보면, 그들이 집중했던 1920년대 초중반의 독일은 이미 편견과 물리적 파괴 속으로 빠져 들고 있었으며, 출범한 지 20여 년 된 독일 영화는 이미 그 방향으로 질주하고 있었다. 초창기를 재평가하자면, 필름, 광학, 사진 장비 분야에서 그리고 발명가와 개척자들에 대한 대우에서 독일이 앞서 있었다는 점을 우선적으로 고려해야 할 것이다. 시몬 슈탐퍼, 오토마르 안쉬츠, 스클라다노프스키 형제, 오스카 메스카르, 기도 제버, 스톨베르크와 아그파 등의 〈선구자〉들은 국제적인 수준의 기술자들로 인정받고 있었고, 또한 생산과 기술의 기초가 견고하게 구축되어 있었다. 빌헬름 시대의 독일은 주요 영화 생산국에 들지 못하고 있었다. 경제적 보수주의만큼이나 견고한 문화적 경직성 때문에 영화 제작이 1912~13년에 이르기까지도 산업화 이전 단계에 머물러 있었다. 1895년 11월 베를린의 빈터가르텐에서 스클라다노프스키 형제는 비오스코프 Bioskop 영사기의 공개 발표회를 가졌다. 이것은 뤼미에르 형제의 시네마토그라프 공개 발표보다 약간 앞서는 것이었지만 전시회가 제작으로 이어지지는 못했다.

빌헬름 시대

베를린, 함부르크, 뮌헨에 주로 설립된 영화사들 중에서 메스터Messter, 그린바움Greenbaum, 두스케스Duskes, 콘티넨탈-쿤스트필름Continental-Kunstfilm, 도이치 뮤토스코프 운트 비오그라프Deutsche Mutoskop und Biograph 등이 두드러졌다. 이 영화사들은 주로 가족 기업 형태의 광학, 사진 장비 생산 회사로, 카메라와 영사기의 판촉 활동의 하나로 영화 제작에 뛰어들었다. O. 메스터는 영화의 연예 오락적 가능성뿐만 아니라 과학적, 군사적 이용에 대한 관심을 표현했다. 반면, 1910년대의 또 다른 주요 제작자였던 파울 다피트존의 전략은 전적으로 연예 오락 지향이었다. 본래 프랑크푸르트의 패션업계에서 성공한 다피트존은 영화를 비롯해 부

파울 레니의 〈표현주의 작〉「밀랍 인형 진열장」(1924)의 한 장면.

지와 설비까지 일체를 제공하면서 알게마이네 키네마토그라펜 게젤샤프트 유니온 테아트르(나중의 PAGU)를 건설했다. 그는 1909년 베를린의 알렉산더 광장에 1,200석 규모의 극장을 개관했다. 영화 제작에도 착수하여, 모자라는 부분은 파리의 파테와 코펜하겐의 노르디스크에서 수입한 영화로 보충했다. 메스터가 여전히 〈톤빌더*Tonbilder*〉—「살로메」, 「지크프리트」, 「탄호이저」의 아리아를 스튜디오에서 촬영하고, 사운드 실린더와 동조시켜*synchronized* 영사한다—를 제작하고 있던 1911년에 다피트존은 노르디스크 소속의 아스타 닐센과 그녀의 남편이자 감독인 우르반 가드와 계약을 체결했다.

전쟁이 발발할 무렵, 독일 영화는 영화관에 걸린 전체 영화의 14퍼센트를 넘지 못했다. 1913년까지 살아 남은 영화들은 이 결과를 아주 정확하게 반영한다. 초기 10여 년간의 영화들은 베를린 거리, 군대의 행진, 함선의 진수식, 카이저의 군대 사열 등을 보여 주는 실제 사건을 담은 영화들, 캥거루의 권투, 텀블링 묘기, 자전거 타기 등을 보여 주는 보드빌과 공중그네 서커스, 패션쇼, 에로틱한 목욕 장면 등으로 구성되어 있었다. 그 밖에도 파테를 모방한 코믹물, 환등기나 조이트로프*zoetrope*를 이용한 슬라이드 쇼, 속임수 영화, 장모를 소재로 한 익살극 등이 있었다.

1907년부터는 어떤 특징이 드러나기 시작했다. 어린이와 애완동물을 다룬 드라마〔「그녀의 개가 찾은 것Detected by her Dog」(1910), 「카를헨과 카를로Carlchen und Carlo」(1912)〕, 하녀, 여성 가정교사, 여점원 등을 다룬 사회 드라마〔「귀향Heimgefunden」(1912), 「마델라이네Madeleine」(1912)〕, 산악 영화〔「밀렵꾼의 복수Wildschützenrache」(1909), 「알프스의 사냥꾼Der Alpenjäger」(1910)〕, 선상의 삼각관계를 다룬 영화〔「바다의 그림자Der Schatten des Meeres」(1912)〕, 전쟁을 배경으로 한 부부 관계 드라마〔「두 명의 구혼자The Two Suitors」(1910), 「두 개의 삶Zweimal gelebt」(1911)〕 등이다. 전반적으로 제목에서부터 보수적 이데올로기와 관습적 도덕, 속물 취향, 그리고 무엇보다 가족 중심의 가치를 드러내고 있다. 이 영화들은 주제 자체는 무겁고 진부한 것들이었지만 시각적인 미장센에 많은 공을 들였다.

「실직한 사진사Der stellungslose Photograph」(1912), 「영화의 여주인공Die Filmprimadonna」(아스타 닐센 주연, 1913), 「사파타의 갱 조직」(A. 닐센 주연, 1913) 등 많은 영화들이 제목만으로 극장을 잡을 수 있었다. 이 영화들은 전쟁 전의 독일 영화 역시, 일종의 근대성과 어리석은 열정과 저속한 방랑자 기질을 통해서 대중을 매혹시키고, 당시의 전형적인 프랑스, 미국, 덴마크 영화와 소통할 수 있는 거의 유일한 단서라 할 수 있다.

독일 영화의 스타라면 단연 카이저 빌헬름 2세가 첫 번째일 것이다. 그는 항상 장군들과 함께 점잖게 걷는 모습으로 등장했다. 아스타 닐센은 곧바로 등장한 헤니 포르텐과 전쟁 전 독일 최고의 여배우 자리를 놓고 경쟁하게 되었다. 메스터가 발굴한 포르텐은 국제적으로는 그리 알려지지 않은 배우였다. 1909년부터 길이가 긴 영화의 제작을 시작했던 메스터는 연극 무대에서 발굴한 배우들을 영화에 데뷔시켜 스타로 키우는 전문가로 이름을 날렸다. 그중에는 에밀 야닝스, 릴 다고버, 콘라트 바이트 등이 있다.

1913년은 다른 나라들과 마찬가지로 독일 영화의 전환점이었다. 그때는 3~5릴짜리 극영화들의 경우에 상영 조건이 점차 안정되어 가고 있었고, 호화 상영관에서 시사회를 갖고는 했다. 독일 영화의 제작은 점점 증가했고, 많은 장르가 개발되어 전형화 과정을 밟았다. 이때의 작품들 중에서 서스펜스 드라마와 형사 영화가 눈에 띄었다. 「국도Die Landstrasse」, 「정의의 손길Hands of Justice」, 「지하실의 남자Der Mann im Keller」는 영화적 복잡성에서 의미 있는 발전을 보여 주었는데, 실외 로케이션과 시대적인 실내 장면을 탁월하게 사용했다. 조명, 카메라의 움직임, 편집은 양식적 체계의 일부로 배치되기 시작하여, 점차 미국, 프랑스 영화의 공간과 이야기 전개 방식과 견줄 수 있게 되었다.

덴마크와 프랑스의 연작 영화를 개작한 범죄 영화들에서는 스타 배우가 스튜어트 웹스, 조 딥스, 해리 힉스 같은 영국식 이름의 형사로 나오곤 한다. 시립 탐정과 범죄의 베테랑은 서로 앞서거니 뒤서거니 차를 몰면서 기찻길을 달리고 전화도 걸면서 새로운 매체의 속도와 힘을 전달해 준다. 영화는 현대 기술과 도시 속에서 벌어지는 범죄와 수사의 메커니즘에 매혹의 시선을 던진다. 동시에 주인공은 위장과 변장을 즐기면서, 특히 상습적인 추적 장면에서 화려한 묘기를 선보인다.

프란츠 호퍼와 요제프 델몬트의 영화에서는 독특한 활기와 위트가 분출된다. 호퍼는 「검은 공Die schwarze Kugel」을 연출했고, 델몬트는 「존재의 권리Das Recht auf Dasein」에서 대도시 장면이 주는 흥분을 느끼면서 주택 건설 붐에 휩싸인 베를린을 묘사하고 있다. 모험과 추적을 다룬 영화를 전문으로 했던 최초의 미남 슈퍼스타 하리 필의 대중적 인기는 H. 포르텐과 A. 닐센조차 상대가 되지 않았다. 독일에는 웃기는 영화가 없다는 말에 하나의 예외가 있다면 프란츠 호퍼의 코미디 영화였다. 그의 영화 「만세! 숙영지다Hurrah! Einquartierung」와 「장밋빛 슬리퍼Das rosa Pantöffelchen」는 고집 센 말괄량이 여주인공을 등장시킨다는 점에서 1910년대 중반에 에른스트 루비치가 만든 익살극들의 원조로 평가될 만하다.

이때 가장 인기 있던 장르와 스타들은 시대의 경향 때문에 종종 무시되곤 한다. 이른바 〈작가 영화*Autorenfilme*〉가 대두했던 1913년에는 비평적 측면이 강조되었기 때문이었다. 프랑스의 필름 다르 사의 영향으로 시작된 이러한 경향은 출판이나 공연계의 작가들이 누리고 있던 평판을 이용하려는 목적과 함께, 영화에 문화적 특권을 부여하기 위해 베를린 연극계의 명사들을 설득하려는 목적을 가지고 있었다. 파울 린다우와 하인리히 라우텐사크 같은 지금은 잊힌 작가들뿐만 아니라 게르하르트 하우프트만, 후고 폰 호프만스탈, 아르투르 슈니츨러도 여기에 동참했다. 1911년의 격렬한 조합 논쟁 때문에 연극배우들은 계약상 영화 출연이 금지되어 있었다. 그러나 1913년에 알베르트 바서만이 린다우의 희곡을 막스 마크가 각색한 「또 다른 하나Der Andere」(1913)에 출연하기로 합의하자, 다른 이들의 청원이 잇따랐다. 파울 다피트존은 최고의 스타 제조기로 이름을 날리던 막스 라인하르트와 2편의 연출을 계약했다. 라인하르트가 연출한 「베네치아의 밤Eine venezianische Nacht」(1913)과 「축복받은 자들의 섬」(1913)은 셰익스피어의 희극에서 독일의 〈세기말적〉 희곡까지 넘나들며 빌려 온 신화적이고 동화적인 모티프들이 가득하다.

작가의 영화를 가장 열렬히 옹호했던 사람은 극장주이자 소설가인 한스 하인츠 에버스로, 그가 파울 베게너, 스텔란 라이와 함께 만든 「프라하의 학생Der Student von Prag」(1913)은 이중적 모티프 때문에 「또 다른 하나」와 비교되기도 한다. 덴마크 영화의 영향은 우연적인 것이 아니라, 노르디스크 영화사가 〈작가 영화〉의 첫째가는 후원자 중의 하나이기 때문이다. 노르디스크가 이 장르에서 예산상의 위험을 무릅쓰고 투자한 2편의 영화는 「아틀란티스Atlantis」(G. 하우프트만의 소설이 원작, 1913)와 「낯선 소녀Das fremde Mädchen」(G. 하우프트만의 환상 희곡)였다. 문학 작품의 각색을 전문으로 하는 또 다른 회사는 하인리히 볼텐-베커스Heinrich Bolten-Baeckers가 파테와 합작해 설립한 베베-리테라리아BB-Literaria로 파테의 독일 내 문학 저작권의 개발이 주목적이었다. 1913년의 이러한 움직임이 독일 영화에 국제적인 성격을 강화해 주었다. 비고 라르센, 발데마르 프실

콘라트 바이트 (1893~1943)

마이클 파월의 「검은 옷의 스파이」(1939)에서 독일 중위 하르트를 연기하는 콘라트 바이트.

콘라트 바이트는 1913년 막스 라인하르트의 연기 학교에서 연기 생활을 시작했다. 1차 대전 기간 동안 종군 극단에서 짧은 단원 생활을 마친 뒤, 베를린 극단Deutsches Theater Berlin으로 돌아왔다. 1916년부터 영화 활동을 시작한 그는 1919년 「남들과 다른」에서 동성애자 역할을 맡았다. 무엇보다도 「칼리가리 박사의 밀실」에서의 몽유병 환자 역할은 그가 창조한 표현주의 연기 양식으로 인해 국제적인 스타로 발돋움할 수 있게 해주었다. 1920년대를 R. 오스발트와 함께 성의 개화를 주제로 한 여러 편의 풍속 영화*Sittenfilme*에서 시작한 그는 곧이어 당대 최고의 감독들과 함께 작업을 했다. 1920년대 후반에 미국으로 건너갔지만, 우파가 제작한 유성 영화의 영어판 작업을 위해 독일로 돌아왔다. 1932년에는 영국에서 활동을 시작해 유대 인에게 호의적인 해석을 보인 「유대 인 쥐스」(1934)와 더욱더 다의적인 「방황하는 유대 인Wandering Jew」(1933)을 촬영한 이후에, 그는 나치 독일의 기피 인물이 되었다. 유대 인 부인 릴리 프레거와 함께 런던에 머물던 그는 1939년 영국 시민권을 취득했다. 빅터 사빌과 마이클 파월의 작품에서 주로 프로이센 관리 역할을 정확하게 표현했다. 1940년에 할리우드로 무대를 옮기고 나서는 주로 나치 당원으로 출연했다. 그중에서 가장 유명한 역할은 「카사블랑카」(1942)의 스트라세 소령이다.

체사레에서 스트라세 소령까지 바이트는 전형적인 악당의 이미지를 넘어서는 어두운 인물을 묘사해 냈다. 그가 창조한 인물들은 자신의 운명을 예견하며, 극단적으로 내성적이고 금욕적인 성격을 가지고, 결코 살기 위해 타협하지 않고 종말을 받아들인다. 그 인물들은 항상 자신의 임무에 충실하며, 의무감에 사로잡혀 한곳만을 바라보는 광신도와도 비슷하다. 그러나 바이트의 인물들은 우수에 싸여 있고, 훌륭한 예절과 품위를 갖추고 있다.

바이트의 표정에는 여러 캐릭터의 내면 세계가 드러난다. 팽팽한 피부로 드러나는 근육의 움직임, 꽉 다문 입술, 정맥이 튀어나온 관자놀이, 집중과 절제를 보여 주는 단단한 코. 이러한 신체적 측면들이 독일 무성 영화에서는 예술가, 권력자, 외국인 등을, 영국과 할리우드 시절에는 프로이센 장교를 만들어 냈다.

바이트의 얼굴 표정은 명확한 발음 및 음색과 조화를 이루어 강력한 이미지를 갖게 되었다. 그가 말할 때 보이는 혀와 약간 불규칙한 치아는 그의 넓은 입에서 흘러나오는 섬세한 대사에 특유의 맛을 더해 준다. 이것은 1940년대 2편의 미국 영화에서 공연했던 험프리 보가트의 속어투의 중얼거림과 좋은 대비를 이루었다. 바이트는 독일식 악센트의 약점을, 대사의 자연스러운 흐름을 구성하는 수단이 되는 힘으로 극복했다. 달콤한 속삭임에서 호령하는 목소리까지 어떠한 뉘앙스라도 줄 수 있는 음색으로 그는 급작스럽게 톤을 변경시켜 관객들을 놀라게 했다. 한번 들으면 무성 영화의 인물들의 목소리를 상상하기 십상이었다. 바이트가 말년에 한 역할은 초기 무성 영화의 인물을 반영하여, 사운드트랙을 통하여 그들을 회상할 수 있게 해주었다.

다니엘라 잔발트

주요 작품(괄호 안은 감독)

「죽음의 길Der Weg des Todes」(로베르트 라이너트, 1916~17); 「남들과 다른Anders als die Andern」(리하르트 오스발트, 1918~19); 「칼리가리 박사의 밀실Das Cabinet des Dr. Caligari」(로베르트 비네, 1919~20); 「인도의 무덤Das indische Grabmal(조 마이, 1921); 「셸렌베르크의 형제Die Brüder Schellenberg」(카를 그루네, 1925); 「프라하의 학생Der Student von Prag」(헨리크 갈린, 1926); 「웃는 남자The Man who Laughs」(미국, 폴 레니, 1927); 「최후의 중대Die letzte Kompagnie」(쿠르트 베른하르트, 1929); 「의회가 춤춘다Der Kongress tanzt」(에리크 하렐, 1931); 「유대 인 쥐스Jew Süß」(로타르 멘데스, 1934); 「검은 옷의 스파이The Spy in Black」(마이클 파월, 1939); 「카사블랑카Casablanca」(마이클 커티스, 1942); 「의심의 여지 없이Above Suspicion」(리처드 소프, 1943).

참고 문헌

Allen, Jerry C.(1987), *From Caligari to Casablanca.*

Jacobsen, Wolfgang(ed.)(1993), *Conrad Veidt: Lebensbilder.*

Sannwald, Daniela(1993), "Continental Stranger: Conrad Veidt und seine britischen Filme".

란더를 비롯한 덴마크 출신 배우와 감독들은 국내 제작 판도에 강력한 영향을 행사한 것이 분명하며, 한편 영화관에서 상영되는 외국 영화의 대부분은 프랑스, 영국, 미국의 영화가 차지했다.

독일 영화와 1차 대전

독일 영화는 이미 순조롭게 상승과 강화의 과정을 진행하고 있었다. 그리고 전쟁이 발발하자 영화 산업에 취해진 적대적 조치들은 즉각적으로 상반된 결과를 가져다주었다. 강제적인 수입 금지 조치는 PAGU를 비롯한 몇몇 영화사들이 새로운 영화 공급원을 마련하기도 전에 상당한 손실을 입혔다. 그러나 독일 내 외국 기업에 대한 자산 몰수 조치와 영화 수요의 폭등으로 이익을 본 사람들도 있었다. 이것은 특이한 기회였다. 새로운 세대의 제작자 및 감독들은 정부가 초유의 영화 관람 금지령을 내리자 그들만의 돌파구를 마련했다. 고몽과 에클레르의 영업 담당이었던 에리히 포머는 이 기회를 살려 데클라Decla(Deutsche Éclair)를 설립함으로써, 전후에 독일 영화계의 핵심 제작자가 될 수 있었다. 신생 영화사 중에는 제작자 겸 감독인 조 마이의 회사가 가장 번창했다. 이 회사는 얼마 지나지 않아 형사 시리즈물에서 시장을 주도했고, 부인을 출연시킨 멜로드라마 〈미아 마이 영화Mia May films〉로 크게 성공했다. 그 역시, 전후에 서사극과 스펙터클 영화의 최고 제작자로 명성을 얻을 수 있었던 기반은 전쟁 기간에 쌓은 것이었다. 마찬가지로 1910년대에 가장 유능한 영화 연출자 중의 한 명이었던 감독 겸 제작자 리하르트 오스발트도 훗날 〈전쟁 수혜자〉로 지목되었다. 그는 1918년에 검열이 철폐되자 〈계몽 영화〉(도덕적 섹스 멜로드라마)로 크게 성공을 거둘 수 있는 거점을 마련했다. 규모 면에서 보자면, 독일 영화 산업은 전시 동안 크게 팽창했다. 1914년에는 25개의 독일 영화사가 47개의 외국 영화사와 경쟁했는데, 1918년에는 그 숫자가 130대 10으로 바뀌었다.

전시 독일 영화의 특징을 공정하게 평가한 경우는 거의 없었다. 전쟁을 그린 일부 영화들과 간혹 애국적인 프로파간다 영화, 또는 저속한 야전풍이라고 폐기된 것 중에는 수작으로 평가될 만한 것도 있었다. F. 호퍼의 「크리스마스 벨Weihnachtsglocken」(1914)은 양식적으로 복잡하면서도, 애국주의에서 벗어나 독특한 독일의 느낌을 투영하고자 했다. 이 영화는 계급 간의 평화와 자기희생을 기원한다. 「국가들이 싸울 때Wenn Völker streiten」(1914)와 「임관되지 못한 장교Ihr Unteroffizier」(알프레트 할름, 1915)를 비롯해 전쟁을 소재로 한 여러 영화에서 멜로드라마와 서정시의 독특한 혼합을 발견할 수 있다. 멜로드라마 중에서 가장 두드러진 작품은 「하트 박사의 일기Das Tagebuch des Dr. Hart」(1916)로 파울 레니가 연출하고 정부의 영화 선전 부서인 BUFA가 투자했다. 정치적 충성심은 다르지만 엇갈린 사랑을 나누는 두 가족의 이야기, 「하트 박사의 일기」는 겉보기에 폴란드 민족주의를 옹호하는 반차르 프로파간다 영화이다. 그러나 사실적 전투 장면, 야전 병원의 부상자 묘사, 황폐한 시골 이미지 등을 통해 강력한 평화주의적 주장을 담고 있다.

그러나 전쟁 소재의 영화들은 예외적이었다. 남성 스타가 출연하는 연작 영화들은 일괄적으로 제작되고 있었기 때문에, 당시 이 장르의 유명 배우였던 에른스트 라이서, 알빈 노이스, 하리 람베르트-파울젠 등은 시리즈물을 독자적으로 담당하면서 각 소속사의 수익을 만들어 내고 있었다. 페른 안드라와 하니 바이세 같은 여배우들 또한 연달아 작품을 찍었다. 조 마이, 리하르트 오스발트, 막스 마크, 오토 리페르트 등의 감독들의 경우에는 대중 영화(센세이션 영화)와 예술 영화(작가 영화) 사이를 오가며 손쉽게 연평균 6~8편의 영화를 만들었다. 덴마크 출신 배우 올라프 폰스가 출연한 리페르트의 6부작 시리즈 「호문쿨루스」는 1916년에 공전의 히트를 기록했다. 오스발트의 「호프만 이야기Hoffmanns Erzählungen」는 E. T. A. 호프만의 이야기를 각색한 것으로, 실외 로케이션 촬영이 가장 인상적으로 사용되었다. 두 영화 모두 전형적인 예술 영화 장르, 즉 판타지 또는 〈표현주의〉 영화의 선구로 알려졌다. 그러나 보다 정확한 것은 이탈리아의 영향을 받았던 조 마이의 「진실이 이긴다Veritas vincit」(1916)와 그다지 다르지 않게 표현된 여러 에피소드를 묶은 대중 영화였다는 점이다. 나중에 「진실이 이긴다」를 패러디했던 에른스트 루비치는 1919년에 「뒤바리 부인Madame Dubarry」이 국제적인 성공을 거두기까지 20여 편의 코미디를 직접 출연도 하며 연출했다.

판타지 영화의 기원을 찾으려면 〈작가 영화〉로 되돌아가야 한다. 작가 영화의 대표자는 한스 하인츠 에버스도, 스텔란 라이도 아닌 파울 베게너였다. 영화에 입문하기 전부터 유명 배우였던 막스 라인하르트는 1913년부터 1918년 사이에 베게너가 창조한 고딕-낭만풍의 동화 영화 장르에서 두각을 나타냈다. 그는 「프라하의 학생」에 출연한 이후로 1920년에는 베게너와 「골렘」(1920)을 공동으로 연출하기도 했다. 유대 인 전설에 기반을 두고 있는 이 영화는 괴물/프랑켄슈타인/실험용 인체를 소재로 한 영화의 원형이 되었다. 뒤이어 「페터 슐레밀 Peter Schlemihl」, 「뤼베잘의 결혼Rübezahl's Wedding」, 「하멜른의 피리 부는 사나이The Pied Piper of Hamlin」 등을 비롯한 여러 영화에서 독일 낭만주의 분위기의 전설과 동화를 개발했다.

1910년대의 베게너 작품은 두 가지 이유에서 중요하다. 판타지에 매료되었던 그는 프랑스의 지고마르 형사 시리즈에서 나온 트릭 촬영, 합성 화면, 특수 효과 같은 영화 기법을 개발했다. 다만 그러한 기법들을 코믹 효과보다도 불길함을 자극하는 동기로 사용했다. 이를 위해서 그는 초창기 독일 영화계에서 가장 독창적인 카메라맨 중의 한 명이었던 기도 제버와 긴밀하게 작업했다. 또한 스스로를 부족한 개척자로 불렀던 그가 출판한 촬영, 특수 효과, 조명에 관한 많은 저작들은 1920년대의 독일 영화를 이해하는 데 실질적인 자료가 된다. 베게너의 동화 영화는 작가 영화를 통해 교육받은 중산층의 영화에 대한 깊은 적대감을 해소하고, 영화관에 독특함을 부여해 대중성을 개발하기 위하여 교묘하게 절충한 결과이다.

독일 영화의 판타지 유행에 대해서는, 영화 제목으로 독일 정신의 본질을 설명한 L. 아이스너와 S. 크라카워보다도 훨씬 단순한 설명이 가능할 수도 있을 것이다. 고딕적 소재와 낭만주의적이고 문화적인 옛이야기*Kunstmärchen*를 재생시키면서, 판타지 영화는 2개의 목적을 달성했다. 먼저, 영화가 미학적으로 인정받도록 하기 위해 빌헬름 시대의 교양 있는 문화를 빌려 왔다. 뿐만 아니라 독일 영화의 정체성을 요구하면서 초창기의 국제적 경향에 제동을 걸었다. 작가 영화가 나오기 전까지는 영화의 소재와 장르 면에서 거의 보편적이며 국제적이었다. 전국적으로 거의 차이가 없었던 이유는 대부분의 영화 연출자들이 다른 연예 오락 매체에서 자극을 받거나 국내외의 다른 경쟁자들이 성공한 소재를 모방했기 때문이다. 작가 영화에서 민족 영화의 개념은 민족 문학과 유사하게 해석되었다. 또한 대중성에 대한 확실한 정의를 내려야 했으며, 지방의 민속과 독일 낭만주의가 중요한 역할을 했다.

베게너의 전통은 1920년대를 통해 반복되면서, 보수적이고, 향수 지향적이며, 민족적 주제를 다루는 하나의 패턴으로 형성되었다. 이것은 실험적이며 아방가르드적인 표현을 통해 매체의 기술적 가능성을 발전시키려는 경향과 맹백히 대립하는 것이었다. 민족 문학의 고급문화 개념과 대중적 민속 문화

G. W. 파프스트의 영화 「길 잃은 소녀의 일기Das Tagebuch einer Verlorenen」(1929)에서 루이즈 브룩스와 쿠르트 게론.

의 혼합을 통해 민족 영화를 정의함으로써 베게너의 전통은 위험한 시도를 계속했다. 그것은 판타지 영화를 적어도 10년간(1913~23) 독일 영화의 기둥으로 만들려는 목적을 드러낸 것이며, 표현주의 영화의 등장이 새로운 출발이라기보다는 상류 문화와 하류 매체 사이에 멈추어진 하나의 극단일 수도 있다는 의미이기도 하다. 물론「칼리가리 박사의 밀실」이 유행에 새로운 활기를 불어넣을 수 있었던 것은 주로 프랑스와 미국에서 환대를 받았기 때문이다. 뒤이어 제작자와 감독들은 세계 시장에서 독일적이라고 인정받을 수 있는 소재를 자의식적으로 표현하는 영화들을 만들었다.

수요 폭등과 전시 경제가 결합된 상황은 감당할 수 없을 정도로 많은 소자본 영화사들이 난립하도록 만들었다. 그중 일부는 합병 또는 인수를 통해 이익을 보기도 했다. 소규모 제작사들의 연합체로 도이치 리히트빌트Deutsche Lichtbild A. G.(Deulig) 사가 1916년에 처음으로 결성되었다. 이를 후원한 사람들은 알프레트 후근베르크가 대표로 있는 루르 지방의 중공업자들이었다. 그는 나중에 크루프Krupp의 지배인이자, 신문, 잡지 제국의 소유주가 되었다. 그의 참모였던 루트비히 클리츠는 수익성 높은 매체로 사업을 다각화하는 것이 이익이 되리라 전망했다. 그는 또한 극장을 로비 정책과 상업 모두에서 유용한 도구로 활용할 수 있으리라는 실질적 목표를 가지고 있었다. 클리츠는 2개의 전국 조직 중 하나인 독일식민지연맹German Colonial League에서 주도권을 차지했다. 또 다른 조직인 독일해군연맹German Navy League은 대략 1907년부터 촬영에 주로 의존하는 정책을 썼다. 해군연맹은 지방 신문에 무료 광고를 싣고, 학교 관리나 지역 군 책임자들을 관객으로 끌어들이는 등의 불공정 경쟁을 일삼았기 때문에 영화 상영업자들의 분노를 불러일으켰다.

우파, 데클라, 바이마르 시대의 영화

도일리그Deulig의 주도권은 도이체 방크를 필두로 한 전기, 화학 기업들의 컨소시엄의 반격을 받았다. 이들은 정부 소유의 영화 선전 부서인 BUFA를 통해 군사 집단을 설득할 수 있었고, 대대적인 합병 조치를 취할 수도 있었다. 이들은 철저한 비밀 작업을 통해, 1917년 12월에 메스터Messter GmbH, PAGU, 노르디스크를 비롯한 군소 영화사들을 규합해서 우파Universum-Film Aktiengesellschaft(Ufa)를 설립했다. 라이히는 일부 소유주들에게 판매 대금을 지불했고, 다른 이들에게는 새로운 회사의 주식을 제공했다. 파울 다피트존이 새 회사의 초대 제작 책임자로 임명되었다. 수직, 수평적으로 통합된 대규모 회사의 설립은 도일리그를 위축시켰을 뿐 아니라, 중간 규모의 회사들이 점차 우파에 국내 시장의 흥행과 세계 배급을 의존하게 만들었다.

합병 전략과, 영화 선전 기구를 설립하려는 특수 이익 집단의 활용은 우파 후원자들이 창안한 것은 아니었다. 두 가지 모두 상업적 논리에 따른 것이었고, 빌헬름 시대의 정치 문화의 산물이다. 따라서 우파는 전쟁에 대해서보다는 오히려 공적 의견과 매체에 관한 새로운 사고방식을 표현할 수 있었다. 그러나 우파가 활동을 시작할 즈음에, 독일은 패배했고, 이 새로운 기업 집단의 목표는 국내는 물론 유럽 영화 시장을 지배하는 것으로 변화했다. 우파의 주요 자산은 부동산(광범한 스튜디오 부지, 전국의 고급 상영관, 현상소, 베를린의 본사)이었지만, 메스터 소유 부분은 영화 장비, 현상, 기타 영화 관련 산업으로 수평적인 사업 다각화를 꾀했다. 그리고 노르디스크 부분은 이미 PAGU에서 넘겨받은 상영 기반을 확장했고, 세계 배급망을 우파에게 넘겨주었다.

처음에는 영화를 제작하면서 합병 전 회사의 상표명, 즉, PAGU, 조 마이 필름, 글로리아, BB-필름 등을 계속 사용했다. 일부만이 이용하던 바벨스베르크의 신설 스튜디오는 곧 우파와 독일 영화 산업의 핵심이 되었다. 다피트존과 루비치가 이끌던 PAGU 팀은 역사물과「뒤바리 부인」처럼 오페레타에 기초한 전통 드라마로 국제적인 명성을 얻었다.「인도의 무덤Das indische Grabmal」(1920)과 같은 이국적인 대작 영화로 전문화한 J. 마이는 그의 복합 에피소드 연작 영화「세계의 여인Die Herrin der Welt」으로 전쟁에 지친 독일 관객들에게 특히 인기를 얻었다. 중국에서 아프리카로, 인도에서 미국으로 여행하는 여주인공을 다루면서, 각 에피소드마다 각기 다른 대륙이 펼쳐진다.

처음부터 우파에 통합되지 않은 회사 중에서 에리히 포머가 이끄는 데클라Decla가 가장 중요했다. 전후에 데클라가 제작한 주요 영화들로는 프리츠 랑이 각본, 연출한 이국적인 형사 시리즈물「거미들Die Spinnen」(1919)과 F. 랑 각본, 리페르트 연출의 역사 모험극「피렌체의 페스트Die Pest in Florenz」(1919)가 있다. 이 영화들은 R. 비네가 연출하고, 카를 마이어와 한스 야노비츠가 각본을 쓴「칼리가리 박사의 밀실」과 더불어 1920년대 초의 독일 영화가 이룬 성과를 정의할 수 있는 영화들이다. 이국적 로케이션과 비현실적 모험과 역사적 장면이 특징인 인기 시리즈, 그리고 양식화된 (또는 표현주의) 영화는 작품의 차별성을 가르는 중심이 되었고, 프리츠 랑, 로베르트 비네, 루트비히 베르거, F. W. 무르나우, 카를 마이어, 카를 프뢸리히, 아르투르 폰 게를라흐 등의 감독들이 주로 연출했다.

독일 영화의 정형화에 결정적 역할을 한「칼리가리 박사의 밀실」이 바이마르 공화국 기간에 만들어진 영화들을 대표할 수 없다는 논의는 주목할 만하다. 명백히 표현주의적인 세트 *décor*는 거의 독자적이다. 그리고 이 영화의 전 세계적인 상업적 성공도 몇몇 서로 다른 영화 즉,「마담 뒤바리」,「바리에테 Variete」(1925),「마지막 웃음」,「메트로폴리스Metropolis」 등에서나 되풀이되었을 뿐이다. 그러나「칼리가리 박사의 밀실」이 한 가지 측면에서는 당시의 일반적 패턴을 예증해 주고 있다. 하나의 요소만 꼽자면, 포머와 데클라-비오스코프 상표가 정체성을 독점할 수는 없을지라도, 〈예술 영화〉로 정의될 수는 있다. 이 영화들은 이야기 구조에서 너무나도 흡사했다. 서사학적 관점에서 보자면, 모든 이야기에는 〈결핍〉이 있다. 바이마르 시대의 영화에는 이 결핍이 거의 변함없이 중심 주제를 이룬다. 즉, 불완전한 가정, 질투심, 권위적인 아버지상, 어머니의 부재, 또는 욕망의 달성으로 치유될 수 없는 것들. 10여 편 정도의 영화를 여전히 기억하고 있다면, 그중 하나는 분명히 오이디푸스적 시나리오이거나, 부자간의 대결을 불러일으키거나, 친구, 형제, 동료들 간의 질투심을 다룬 내용일 것이다. 크라카워가 지적했듯이 아버지의 법에 대한 복종은 반항으로 이어진다. 그러나 반항은 그 자신의 그림자, 이중성, 유령에 의해 괴롭힘을 받는다. 이러한 모티프들은 프리츠 랑의「운명」과「메트로폴리스」, 아르투르 로비존의「그림자Schatten」(1923)와「마농 레스코Manon Lescaut」(1926), E. A. 듀퐁의「오래된 법Das alte Gesetz」(1923)과「바리에테」, 파울 레니의「밀랍 인형 진열장」과「뒤쪽 계단 Hintertreppe」(1921), 루푸 피크의「파편Scherben」(1921)과「실베스터Sylvester」(1923), F. W. 무르나우의「마지막 웃음」과「유령Phantom」, 카를 그루네의「길Die Strasse」(1923), 로베르트 비네의「오를라크의 손Orlacs Hände」(1825) 등의 영화들에서 발견할 수 있다.

「칼리가리 박사」,「운명」,「바리에테」,「노스페라투」,「그리슈스의 연대기Zur Chronik von Grieshuus」(1925),「유령」 등에서 보이는 것처럼 이렇게 다소 모호한 상징적 갈등은 플래시백, 화면 구성, 중층적 이야기 등을 통한 간접적인 내레이션 형식에 적합했다. 이것은 때때로 영화의 시간적 구성을 어렵게 만들고, 바로 이 때문에 관객이 이해하고 있는 인물과 동기를 재구성하고 변화시키기도 했다. 동시에 편집은 숏 사이의 일관성과 연속성을 표현하기보다는 모호하게 만들기도 했다. 그 때문에 내면적이고 기괴하며 신비한 인상을 주었고, 주인공의 동기와 연기는 깊이 생각하고 추정해 보아야 했다.

바이마르 시대의 영화들은 대부분의 이야기가 다른 매체를 원전으로 삼아 텍스트 전환을 한 것들이다. 앞에서 이미 베게너와 관련지어 언급한 민담과 전설에는 프리츠 랑의「운명」과「니벨룽겐The Nibelungen」(1923), 루트비히 베르거의「잃어버린 신발Der verlorene schuh」(1923), 레니 리펜슈탈의「파란 빛Das blaue Licht」(1932) 등이 추가되어야 할 것이다. 민담과 전설은 예외로 하더라도 다양한 원전, 즉「도박사 마부제 박사」,「포겔뢰트 성Schloß Vogelöd」,「유령」처럼 신문 연재 소설,「한밤의 산책Der Gang in die Nacht」,「바리에테」처럼 대중 교양 문학, 괴테, G. 하우프트만, T. 슈토름 등 독일 민족 문학을 성립시킨 작가들의 작품을 각색했다. 이러한 매체 간의 전환은 당시에 이미 형성된 영화 제작과 출판 산업의 수직적 관계를 알려 주는 지표가 된다. 또한 작품의 선택이 경제적 요인과 작품의 인기도에 따라 결정됐다는 것을 의미한다. 그리고 문학과 문화 일반에서 자원을 빌려 와서 민족 영화의 기준을 제시하고 교양층의 여론을 조성하는 노력을 계속했다.

특별히 주목할 만한 것은 당시 영화 중에서 독일의 내면적 상태에 대한 징후로 거론되는 작품 중 상당수가 2명의 작가, 카를 마이어와 테아 폰 하르부에 의해 쓰였다는 점이다. 장르와 이야기 측면에서 보자면, 이들의 영화는 바이마르 시대, 특히 1925년까지 시기의 영화의 정체성을 거의 완전하게 정의해 준다. 마이어는「순수Genuine」,「뒤쪽 계단」,「파편」,「실베스터」,「마지막 웃음」,「타르튀프Tartüff」,「바니나Vanina」 등의 실내극 영화*Kammerspielfilm*에서, T. 폰 하르부는 프리츠 랑의 전 작품과 무르나우의 세 작품을 비롯한 10편의 다른 작품에서 고전과 베스트셀러와 민족 서사시를 발랄하게 각색한 작품에서 이러한 특징을 잘 보여 주고 있다.

이렇듯 몇몇 개인이 과도한 세력을 가지고 있었다는 것, 그리고 동일한 이름들이 감독, 무대 감독, 제작자, 카메라맨, 작가 사이에서 계속적으로 나타나는 것은, 밀접하게 결합된 창작 공동체의 존재를 암시해 준다. 겨우 20여 명의 사람들이 1920년대 초의 독일 영화를 건설하는 데 핵심을 이루고 있는

에리히 포머 (1889~1966)

에리히 포머는 1920~30년대의 독일 및 유럽 영화 산업에서 가장 중요한 인물이었다. 그는 베를린, 할리우드, 파리, 런던 등에서 활동하면서, 배우를 발굴하고 기술 및 예술 인력을 구성하여 바이마르 시대 최고의 영화들을 만들었다. 또한 할리우드 제작 시스템을 유럽 영화 산업에 도입했으며, 2차 대전 후에 서독 영화를 재건하는 책임을 맡기도 했다.

포머는 1907년에 영화계에 입문했다. 1913년에는 프랑스 에클레르 사의 중부 유럽 총책임자가 되었다. 전쟁이 발발하자 에클레르는 독일 정부의 통제하에 들어갔다. 회사의 이익을 지키기 위해 그는 베를린에 데클라 사를 설립했다. 포머가 프로이센 군대에 복무할 때, 아내 게르투르트와 형제 알베르트가 경영하고 있던 그의 회사는 코미디와 멜로드라마를 제작해 독일 영화의 인기를 주도했다.

포머가 돌아오자 데클라의 영화들은 예술적으로 더욱 대담해졌다. 1919년 말에는 합리적 경영, 예술적 과단성, 세트의 단순화, 현명한 광고 전략 등을 통해 「칼리가리 박사의 밀실」이라는 신화적 영화를 탄생시켰다.

1920년 3월에 데클라는 도이치-비오스코프와 합병했다. 포머는 경제 위기와 고(高)인플레이션 시기에 영화 산업에서 가장 중요한 부문인 수출에 집중했다. 1년 후에 회사는 우파에 인수되었지만, 데클라-비오스코프라는 이름으로 계속하여 제작했다. 1923년에 그는 노이바벨스베르크에 있는 우파 스튜디오 산하의 3개 제작사의 총책임자가 되었다. 거기에서 종합적 예술 형식을 만들기 위해 창조적 영화 제작, 예술과 경영의 결합이라는 그의 철학을 실현하려 애썼다. 총괄 제작자로서 활동하며 국제 시장을 목표로 고급 대작 영화를 기획했다. F. W. 무르나우, 프리츠 랑, 루트비히 베르거, 아르투르 로비존, E. A. 듀퐁 등의 감독과 카를 마이어, 테아 폰 하르부, 로베르트 리브만 등의 작가와 카를 프로인트, 카를 호프만, 프리츠 아르노 바그너, 귄터 리타우 등의 촬영 감독과 로베르트 헤를트, 발터 뢰리히, 오토 훈테, 에리히 케투르트 등의 미술 감독들이 포머를 중심으로 인재의 호수를 이루었다. 영원한 예술가 집단으로서 그들은 「운명」(1921), 「도박사 마부제 박사」(1922), 「유령」(1922), 「니벨룽겐」(1924), 「대공의 재력Die Finanzen des Großherzogs」(1923), 「마지막 웃음」(1924), 「타르튀프」(1925), 「바리에테」(1925), 「메트로폴리스」(1925), 「마농 레스코」(1926) 같은 영화의 고전을 만들어 냈다.

포머는 카를 드레이어, 로베르트 디네센, 벤자민 크리스텐센, 홀거 매드센 등의 덴마크 출신과 허버트 윌콕스, 앨프리드 히치콕, 그레이엄 커츠 등의 영국 출신 감독을 고용해서 그가 제창한 〈필름 유럽〉— 세계 영화 시장에 대한 미국의 지배력에 대항하는 유럽의 제작 능력 강화 — 을 위해 국제적인 협력 관계를 강화하고자 했다.

제작자들에게 최대한 창작의 자유를 주어 예술적 혹은 기술적 실험을 하게 하는 포머의 방식은 과도한 예산 지출을 가져왔고, 우파의 재정 위기를 가속시켰다. 1926년 1월 포머가 우파를 떠났을 때는 「메트로폴리스」의 제작이 6개월째 진행 중이었고, 결국 이듬해에나 개봉이 가능한 시점이었다. 할리우드로 간 포머는 파라마운트에서 우파의 스타 폴라 네그리와 함께 2편의 영화를 제작했다. 그러나 할리우드 시스템에 적응하는 데 문제가 있어 영화사 사장과 다투곤 했다.

1928년 우파 스튜디오의 신임 책임자였던 루트비히 클리치의 설득으로 바벨스베르크로 되돌아온 그는 제작 그룹을 구성해 유성 영화를 최우선적으로 제작했다. 유럽과 미국에서의 경험을 결합시켜, 세계 시장을 겨냥한 국제적 영화의 제작을 위해 할리우드 감독 조지프 폰 스턴버그를 고용해 에밀 야닝스와 함께 「푸른 천사Der blaue Engel」를 연출하도록 했다. 그리고 자신의 동생 로베르트와 쿠르트 지오트마크와 빌리 와일더 등의 새로운 재능의 신인들을 고용했다. 그는 또한 에리크 카렐의 「의회가 춤춘다Der Kongress tanzt」(1931) 같은 오페레타 영화 장르를 개척하기도 했다.

1933년 나치가 권력을 잡자, 우파는 유대 인 고용자 대부분을 축출했다. 이때 파리로 이주한 포머는 폭스의 유럽 제작 본부를 세우고, 2편의 영화 — 막스 오퓔스의 「모든 걸 빼앗긴 남자On a volé un homme」(1933)와 프리츠 랑의 「릴리옴Liliom」(1934) — 를 제작했다. 할리우드에서의 짧은 시간을 보내고 난 뒤, 그는 코르더와 일하기 위해 런던으로 거처를 옮긴다. 1937년에 배우 찰스 로튼과 메이플라워Mayflower 픽처스를 설립하고, 함께 「분노의 배Vessel of Wrath」(1938)를 만들었다. 히치콕의 「암굴의 야수Jamaica Inn」(1939)는 2차 대전이 발발하기 전에 만든 마지막 영화가 되었다. 세 번째로 할리우드로 간 포머는 RKO에서 도로시 아즈너의 「댄스, 걸, 댄스Dance, Girl, Dance」를 제작했으나, 이후 계약이 파기되어 마음의 상처를 입었다.

1944년 미국 시민이 된 포머는 1946년에 독일 영화 제작 조정관 자격으로 되돌아온다. 그의 임무는 독일 영화 산업의 부흥을 기획하고, 파괴된 스튜디오의 재건과 영화인들의 탈나치 작업을 감독하는 것이었다. 그러나 그는 미국 영화 산업의 이익과 독립된 독일 영화의 재건이라는 소망 사이에 끼인 그의 자리에 문제가 있다는 사실을 깨달았다. 1949년 그는 연합국을 대표하던 임무를 그만두고 뮌헨에 머물면서, 우파 시절의 동료였던 한스 알버스와 힐데카르트 크네프 같은 신인들과 활동했다. 몇 편의 작품을 제작하다, 결국 반전 영화 「아이들, 어머니 그리고 장군Kinder, Mütter und ein General」(1955)의 실패와 함께 그가 대륙 간-필름 Intercontinental-Film이라고 불렀던 영화적 시도는 몰락했다. 건강이 쇠약해진 포머는 1956년 캘리포니아로 건너가, 그곳에서 1966년 죽었다.

한스-미하엘 보크

참고 문헌

Bock, Hans-Michael, and Töteberg, Michael(eds.)(1992), *Das Ufa-Buch*.

Hardt, Ursula(1993), *Erich Pommer: Film Producer for Germany*.

Jacobsen, Wolfgang(1989), *Erich Pommer: Ein Produzent macht Filmgeschichte*.

프리드리히 빌헬름 무르나우

(1888~1931)

무성 영화 역사에서 가장 천부적인 시각 예술가 중의 하나인 F. W. 무르나우는 1919년부터 1931년까지 21편의 영화를 만들었다. 베를린에서 시작해서 할리우드를 거쳐 마지막엔 남태평양에 이르는 그의 영화 역정은 마흔두 살의 나이에 캘리포니아에서의 자동차 사고로 일찌감치 끝나고 말았다. 프리드리히 빌헬름 플룸페라는 이름으로 빌레펠트에서 태어난 무르나우는 문화적인 환경에서 성장했다. 어린 시절 그는 고전 문학에 몰두했고, 동생들과 연극을 만들어 무대에 올리기도 했다. 하이델베르크 대학에서 예술사와 문학을 공부하고 있을 때, 학생 연극을 보러 온 막스 라인하르트에게 지목되어 베를린에 있는 그의 연극 학교 입학을 제안받았다. 1914년 1차 대전이 시작되자 동부 전선의 보병 부대에 배속되어 전투를 치렀다. 1916년에 공군으로 전출되어 베르덩 근처에 주둔하던 그는 그곳에서 생존해 돌아온 몇 안 되는 대원이었다.

1921년 「노스페라투」에서 무르나우는 독일 표현주의 영화의 생생한 이미지를 창조해 냈다. 기다리던 여인을 향해 계단에 드리워진 노스페라투의 그림자는 영화 역사와 장르를 일깨우는 계기가 되었다. 브람 스토커의 『드라큘라』가 원작인 「노스페라투」는 일상 세계에 침투하는 초자연적 힘을 상징하는 장면에서, 즉 화물칸에 쌓인 관, 쥐 떼, 선원들의 시체, 전염병으로 가득 찬 노스페라투의 배가 항구로 미끄러져 들어올 때 〈공포의 교향곡〉 자체가 된다. 무르나우만큼 효과적으로 로케이션 촬영을 활용한 사람은 당시 독일 영화에서는 거의 볼 수 없다. 로테 아이스너(1969)에 따르면, 스튜디오 밖에서도 공포를 일으킬 수 있는 무르나우는 가장 위대한 표현주의 영화감독이었다. 「노스페라투」에서는 특수 효과가 많이 사용되었다. 그러나 어떤 효과도 반복되지 않았기 때문에 각 순간마다 독특한 분위기의 공포가 찾아온다. 조나탄을 태운 마차가 노스페라투의 성으로 난 다리를 건너자 네거티브로 화면이 바뀌는 장면은, 후에 장 콕토의 「오르페Orphée」와 장-뤼크 고다르의 「알파빌Alphaville」에서도 인용된다. 막스 슈레크가 연기한 노스페라투는 음산한 포식자로서 표현주의 영화의 아이콘 자체이다.

에밀 야닝스가 주연한 「마지막 웃음」(1924)은 일류 호텔의 도어맨 일을 잃게 된 한 노인의 이야기이다. 천직으로 밀려난 노인은, 훔친 유니폼을 입고, 가족과 이웃이 보는 앞에서 평상시처럼 행동한다. 그의 도둑질이 탄로 나면서 이야기는 비극으로 끝나는 것처럼 보인다. 그러나 에필로그에서 노인은, 마치 꿈처럼, 곁에 있던 모르는 사람이 유산을 남기고 죽었다는 소식을 듣고 깨어난다. 영화사에서 요구한 대로 해피 엔딩임에도 불구하고, 내던져진 인간의 자화상에 대해 탐구하는 이 영화는 1920년대 중반의 살인적 인플레이션을 겪던 독일 중산층의 이야기이기도 하다. 세계의 비평가들은 자유로이 움직이며 주관적 시점을 표현한 카메라의 움직임에 놀라워했다. 무르나우는 단 한 줄의 자막을 사용할 정도로 보편적인 시각 언어에 대한 열망을 표현했다.

에리크 로메르에 따르면, 「파우스트」(1926)는 무르나우의 최고의 예술적 성과이다. 왜냐하면 이 영화에서는 모든 요소들이 미장센을 중심으로 배열되어 있기 때문이다. 「마지막 웃음」과 「타르튀프」에서는 건축적 형식(장면 디자인)이 우선적이었지만, 「파우스트」에서는 형식(건축)이 조명(영화의 본질)에 종속되어 있기 때문이다. 빛과 어둠의 싸움이 바로 영화의 주제이며, 〈천상의 프롤로그〉가 눈앞에 펼쳐진다. 〈형태를 만들고 조각하는 것이 빛이다. 영화 연출자는 우리에게 회화에서처럼 진실되고 아름답게 세상의 탄생을 보여 주고, 예술은 실제 세계의 진실과 아름다움을 한 시대에 걸쳐 우리에게 드러내 준다〉(로메르, 1977). 공개적으로 알려져 있지 않은 무르나우의 동성애는 젊은 파우스트의 몸을 미학적으로 에로틱하게 만들어 주는 역할을 했을 것이다.

「마지막 웃음」의 놀라운 성공으로 무르나우는 윌리엄 폭스의 초청을 받아 할리우드로 간다. 거기서 그는 「일출: 두 사람의 노래」(1927)에 대한 절대적 권한을 넘겨받아 그의 기술진들과 함께 정교한 세트, 복잡한 로케이션 촬영, 시각 효과의 실험 등 자신의 방식대로 촬영했다. 「일출」은 원죄와 구원에 대한 이야기이다. 「파우스트」의 메피스토처럼 검은 새틴 옷을 입은 도시의 요부 *femme fatale*가 시골로 온다. 거기에서 그녀는 남자를 유혹해서 아내를 물에 빠뜨려 죽게 하지만, 정신이 든 남자는 그들 부부가 잃어버린 행복의 순수함과 믿음을 되찾으려 노력한다. 「일출」은

완벽한 미와 시적 영상으로 비평가들을 압도했다. 그러나 제작 비용은 수입을 훨씬 초과했고, 결국 그가 실질적으로 통제할 수 있는 제작 시스템으로 작업한 마지막 영화가 되었다. 폭스에서의 다음 작품은 「악마 넷」과 「도시 여성」으로 영화사로부터 철저하게 감시를 받았다. 무르나우의 결정은 무시되기 일쑤였고, 그가 볼 때 두 영화는 심각하게 손상되었다. 그럼에도 불구하고 「도시 여성」은 자신의 말처럼 밀밭 풍경에서 펼쳐지는 도덕적 우화로 이해되어야 한다. 여기에서는 전원의 아름다운 풍경이 「노스페라투」, 「파우스트」, 「터부」에서처럼 어두운 공포로 변한다.

1929년 무르나우는 로버트 플라어티와 함께 남태평양으로 항해를 떠나, 서양 무역상들이 순수한 섬 공동체를 파괴하는 이야기를 영화로 만들고자 했다. 플라어티보다는 더욱 드라마 구조를 강화시키고 싶었던 무르나우는 1931년 「터부」를 혼자서 만든다. 이 영화는 〈낙원〉에서 시작한다. 거기에는 젊은 남녀가 푸른 열대 연못에서 물놀이를 하고 있다. 레리와 마타히는 사랑하고 있는 사이이며, 자연과 그들의 공동체는 잘 어울려 살고 있다. 곧이어 레리는 신에게 바쳐지고 터부가 선언된다. 그녀를 욕망의 눈길로 보는 자는 누구든지 반드시 죽음을 당한다. 마타히는 그녀와 함께 탈출한다. 〈실낙원〉은 그들을 사냥하는 엘더와 마타히를 함정에 빠뜨린 백인 무역상들이 상징하는 파멸의 운명을 예고한다. 마타히는 섬을 탈출하기 위해, 상어가 지키고 있는 검은 진주를 얻으려고 두 번째 금기를 어기게 된다. 마지막에 마타히는 상어를 이기지만, 레리를 실은 배에는 다다르지 못한다. 노스페라투의 배처럼 물을 가르며 떠나가는 배는 상어의 지느러미와 닮았다. 무르나우는 「터부」의 시사회 직전에 죽음을 맞았다.

재닛 버그스트롬

▪▫ 주요 작품

* 표시가 붙은 작품은 현존하지 않는 작품들임.

*「푸른 소년Der Knabe in Blau」(1919); *「사타나스Satanas」(1919); *「갈망Sehnsucht」(1920); *「버클리지와 텐체린Der Bucklige und die Tänzerin」(1920); *「야누슈코프Der Januskopf」(1920); *「저녁-밤-아침Abend-Nacht-Morgen」(1920); 「한밤의 산책Der Gang in die Nacht」(1920); *「밀수꾼 마돈나라 불린 마리차Marizza, genannt die Schmugglermadonna」(1921); 「포겔뢰트 성Schloß Vogelöd」(1921) 「노스페라투: 공포의 교향곡Nosferatu: Eine Symphonie des Grauens」(1921); 「들불Der brennende Acker」(1922); 「유령Phantom」(1922); *「추방Die Austreibung」(1923); 「대공의 재력Die Finanzen des Großherzogs」(1923); 「마지막 웃음Der letzte Mann」(1924); 「타르튀프Tartüff」(1925); 「파우스트Faust」(1926); 「일출: 두 사람의 노래Sunrise: A Song of Two Humans」(1927); *「네 악마Four Devils」(1928); 「도시 여성City Girl」(1930); 「터부Tabu」(1931).

▪▪ 참고 문헌

Eisner, Lotte(1969), *The Haunted Screen*.

— (1973), *Murnau*.

Göttler, Fritz, *et al.*(1990), *Friedrich Wilhelm Murnau*.

Rohmer, Eric(1977), *L'Organisation de l'espace dans le 'Faust' de Murnau*.

◀ 「파우스트」(1926).

것처럼 보인다. 이것은 우파를 비롯한 몇 개의 베를린 소재 영화사 주위에 광범하게 형성된 집단, 다시 말해 J. 마이, R. 오스발트, F. 랑, F. W. 무르나우, PAGU-다피트존 그룹 등의 제작자 겸 감독들이 집단을 형성해 활동했다는 점을 말해 준다.

우파에 조금 더 초점을 맞추어 보면, 제작 책임자 자리를 그만둔 이후에 에리히 포머는 당시 할리우드에서 시행하고 있던 총괄 제작자 시스템의 도입을 내켜 하지 않았다. 포머의 제작 개념은 두 가지 특징을 가지고 있었다. 배급(고몽과 에클레르)과 수출(데클라)을 기반으로 했던 그는 다피트존처럼 상영과 수출에 의해 추진되는 영화 제작을 생각했다. 그는 수출은 국내 시장을 위해서 중요하다는 점을 인식해서, 1920년 5월에 설립된 독일영화산업수출공사Exportverband der deutschen Filmindustrie의 대리 책임자로서 열성적으로 활동했다. 그는 〈필요하다면 독일 영화 산업에 대해 책임을 느껴야 할 사람들을 제치고 시장의 내부 조직에서 압박을 가했다〉(야콥센, 1989).

독일 영화에 대한 봉쇄 조치를 깨고 미국과 유럽에서 각각 「뒤바리 부인」과 「칼리가리」가 국제적인 성공을 거두었다. 그것을 기반으로 포머는 제작의 차별성이라는 개념을 개발하고, 2개의 시장에 대한 서비스를 강화했다. 즉, 할리우드의 수중에 있는 국제적 규모의 관객을 향한 시장과 독일이 우위를 가지고 있는 〈양식화된 영화〉를 통한 국제적 예술 영화의 판매 시장을 공략했다. 그러나 초기의 성공적인 수출은 초고속 인플레이션에 의해 크게 위축되었다. 따라서 자산 가치의 하락은 자동적으로 제작 예산의 축소로 나타났다. 예를 들어, 1921년에는 스위스 시장에 장편 영화 1편을 판매하면서 새 작품의 예산 전액을 조달할 정도의 수익을 올렸으나, 1923년에는 마르크화(貨)의 고정 환율로 인해 무역 이익을 통한 영화 제작은 사라졌다. 그리고 포머의 쌍둥이 정책은 점차 불확실해졌다.

포머는 독일과 우파Ufa가 주도하는 유럽 공동의 영화 시장을 건설하려고 노력했다. 그는 〈영화 유럽Film Europe〉의 기치 아래 수많은 배급 및 합작 계약을 체결했으며, 그 규모와 집중도에도 불구하고 우파 자체만으로는 할리우드에 맞서고 미국 시장으로의 침투를 말할 수 있는 입장이 아니었다는 사실을 잘 알고 있었다. 완벽하게 실패했는데도 영화 유럽의 제안은 1920년대 말에 이루어진 광범위한 접촉에 기반을 제공했다. 그리고 1940년대에는 독일, 프랑스, 영국 사이에 3국 영화 제작 공동체로 이어졌다.

1926년 미국으로 떠날 때까지 포머는 우파의 독창적 제작 시스템인 감독 책임제*director-unit system*를 유지했다. 그것은 대부분 데클라-비오스코프에서 시작된 것으로 인력을 제공하고 창작의 자유를 보장하는 체계이다. 이 체계의 장점은 잘 알려진 바와 같이 이른바 우파 스타일이라고 불릴 만큼의 웅장미를 만들어 냈고, 매 프로젝트마다 기술적, 양식적 측면에서의 실험을 가능케 했다. 이것은 전적으로 스튜디오 작업을 필요로 했으며, 우파의 지지자들은 다른 이들이 단지 〈폐쇄 공포〉라고 부르는 〈분위기〉를 항상 고려했다.

결점도 있었다. 때때로 모든 부문에 스며든 완벽주의와 장인 정신으로 인해 시간과 돈은 고려 대상이 되지 않았다. 더욱이 할리우드에서는 표준화되어 있는 영화 제작 과정을 분류하고 조정하는 기능을 거부함으로써 제작 부문과 상영 일정이 충돌을 일으키기도 했다. 독일 영화 산업의 시간 초과 제작 관행은 우파의 몇몇 고예산 영화에서 전적으로 개발되었을지도 모른다. 포머의 제작 방침으로는 손실이 발생할 수밖에 없었고, 미국 메이저 영화사와 체결한 대부 및 배급 계약(파루파멧 협정Parufamet Agreement)으로 인해 현실이 되었다. 제조 기업으로서 우파는 상업적 요구에 따라 생산 라인을 작동시키면서 치명적인 자산상의 손실을 보았다. 한편 포머의 방침에 따른 미학적, 양식적인 영향, 즉 혁명적인 특수 효과 기술(「운명」, 「파우스트」, 「메트로폴리스」), 새로운 조명 양식(「유령」, 실내극 영화들), 카메라의 움직임과 앵글(「바리에테」, 「마지막 웃음」), 스타일과 주제에 완벽하게 일치된 세트 디자인(「니벨룽겐」) 등은 오랫동안 지속되었다. 우파 영화의 이러한 성과를 통해 영화 기술자와 감독들은 전문가로서 높은 명성을 얻을 수 있었고, 역설적이게도 1920년대 독일 영화는 재정적 재앙과 영화 연출자들의 메카를 동시에 만들어 냈다. 히치콕이 무르나우에게, 부뉴엘이 랑에게 보낸 찬사는 물론이고, 조지프 폰 스턴버그, 루벤 마물리안, 오선 웰스, 그리고 1940년대의 할리우드 필름 누아르에 끼친 영향은 말할 것도 없다.

그러나 1920년대의 독일 영화는 미국 영화에 대항해 전투를 벌여야 했고, 상영 부문을 지배하고 있던 우파도 국내 제작의 18퍼센트를 넘어서지 못했다. 에멜카Emelka, 도일리그Deulig, 쥐트필름Südfilm, 테라Terra, 네로Nero 등 우파를 거치지 않고 배급하던 군소 회사들은 미국 및 영국 기업과 계약을 맺어 자사의 배급망을 유지하려고 애썼다. 이 때문에 독일 시장은 더욱 분할되었고, 할리우드의 엄청난 수익원이 되었다.

자본주의적 기업 결합체인 우파는 좌익 비평가들의 표적이 되었다. 그중에는 자유주의와 사회 민주주의 언론에서 최고의 명성을 날리던 이들도 있었다. 보수주의 비평가 못지않게 문화로서의 영화에 불신을 가진 그들에게 우파는 우익 민족주의의 도구에 불과했다. 또한 신문 비평가들은 대중에 대해 다소 모순적인 태도를 보여 주었다. 그들은 〈예술적〉 영화를 〈저속품*Kitsch*〉이라고 비난하면서, 대중 영화와 장르 영화를 〈허섭스레기*Schund*〉라고 경멸했다. 그 결과 그들의 구미에 맞는 영화, 즉 1920년대 중반에는 채플린, 후반에는 소비에트 영화에 대해서만 영화 예술의 개념을 사용했다.

민족적 예술 영화와 상업 영화에 대한 인텔리겐치아의 비평 태도는 또 다른 역설을 낳았다. 영화 예술, 영화의 문화적 기능, 예술 형식으로서의 미학적 특성 등에 대한 논쟁은 고도의 지성적, 철학적 교양을 통해 진행되었고, 벨러 벌라주, 루돌프 아른하임, 지크프리트 크라카워 등의 탁월한 이론가와 비평가들이 참여했다. 일간지에서도 빌리 하스, 한스 짐센, 헤르베르트 예링, 쿠르트 투홀스키, 한스 펠트 등이 훌륭한 에세이를 남겼다.

교육자, 법률가, 의사, 신교 및 구교의 성직자 등은 영화의 이데올로기에 관심을 갖고 있었다. 일찍이 1907년에 그들은 영화가 청소년, 노동 규율, 도덕, 공공 질서에 유해하다며 이른바 〈오물 반대 캠페인〉을 벌였다. 그들의 목적은 영화를 금지하는 것이 아니라 〈문화적〉 영화, 즉 허구적 극영화가 아닌 교육 영화, 다큐멘터리를 옹호하는 것이었다.

전후의 혼란

전쟁이 끝나고 빌헬름 시대의 엄격한 검열은 철폐되었지만, 혁명의 혼란과 성적 방종의 분위기가 찾아왔다. 영화 산업은 곧 다시 한 번 번영의 기회를 스스로 발견했다. 1920년 5월 국회가 부분적인 검열 제도를 도입하려 하자 영화 연출자들은 표현의 자유를 수호하기 위해 동지들을 규합했다. 베르톨트 브레히트조차도 〈자본주의 쓰레기 상인〉들에게 교훈을 주어야 한다고 생각했다. 영화에 대해 지방세를 부과하여 그들의 경제적 생존을 위협하자 영화 산업이 내부에서부터 심각하게 분열했다. 동시에 국내 제작자들을 할리우드로부터 보호하기 위해 채택한 법령마저도 교묘해서 결국 쓸모가 없었다. 수입 제한과 쿼터제(소위 〈조건부 체제*Kontingentsystem*〉)는 〈쿼터-특수〉를 만들어 냈다. 또한 미국 영화 배급업자들에게 타격을 주었고, 일반적으로 영화의 공급 과잉 상태를 더욱 악화시켰다. 다른 측면에서 보자면, 정치가들은 실효성 없는 정책만을 쏟아 내었고, 정부는 공공 질서를 위협하는 영화의 상영을 수시로 금지시켰다[「전함 포템킨」(1925)과 「서부 전선 이상 없다」(1930)의 경우, 베를린에서 상영 금지 조처가 취해졌다]. 이로 인해 번영되고 통일된 독일의 영화 산업은 거의 육성되지 못했다. 수입 제한과 연예 오락세 정책은 영화 산업의 일부분(제작사)을 다른 부분(상영업자)에 대립시키는 결과를 초래했다.

바이마르 시대의 지적 유산은 영화에 적대적이었는데도 불구하고 개방적, 분별적, 정치적 영화 문화를 육성하기 위해 지원했던 〈바이마르 영화〉의 개념에 함축되어 있다. 영화 산업이 이데올로기적, 경제적으로 치열하게 대치했는데도 불구하고, 정부의 지원을 얻고자 하는 노력과 지적 자유주의와 반민주적 세력 모두가 영화를 심각하게 압박했기 때문에 정치적 사건이 되었다.

10여 년에 걸쳐 급진적 좌익 조직은 일관되게 영화에 적대적이었는데, 카를 부제의 「무용수 바르베리나Die Tänzerin Barberina」(1921)와 아르첸 폰 체레피의 「프레데리쿠스 렉스Fredericus Rex」(1922)에서 보이는 프로이센 시대의 영광에 대한 반동적인 찬양이 대중의 정신을 해롭게 한다며 우파Ufa를 격렬히 비난했고, 또한 그러한 영화보다 파티와 거리 시위를 선호하는 대중 역시 비난했다. 1925년에 이른바 〈러시아 영화*Russenfilme*〉를 성공적으로 상영한 이후에, 좌익 진영의 천부적인 선동주의자인 빌리 뮌첸베르크는 영화는 〈정치적 선동의 가장 효율적인 수단 중의 하나로서 정적의 손에 맡겨 놓지 말아야 한다〉고 주장한 팜플렛의 제목인 〈영화를 정복하라〉는 슬로건에 대한 지지를 얻을 수 있었다. 뮌첸베르크의 국제노동자지원회International Worker's Aid에서는 프로메테우스Prometheus라는 배급사를 설립하여, 러시아 영화를 수입하고 자체 제작 영화의 재원을 지원했다. 프로메테우스는 다큐멘터리 외에도 소련 출신 알렉산드르 라줌니의 코미디 영화 「잉여 인간Überflüssige Menschen」(1926)과 필 유치의 프롤레타리아 멜로드라마 「크라우제 수녀의 자선 여행Mutter Krauses Fahrt ins Glück」(1929) 등의 극영화를 제작했다. 또한 공산주의자가 되지 않은 사회 민주주의자들도 극영화의 제작 재원을 조성했다. 그중에는 베르너 호흐바움의 「형제Brüder」(1929)와 함께 주택 문제, 반낙태법, 도시 범죄를 다룬 여러 편의 다큐멘터리가 있었다. 일찍이 노동조합은 마르틴 베르거의 「대장간Die Schmiede」(1924)을 지원했고, 이후에 베르거는 「자유인Freies Volk」(1925)과 「여성 십자군Kreuzzug des Weibes」(1926)을 만들었다. 그러나 프로메테우스의 가장 유명한 작품은 브레히트의 대본을 슬라탄 두도프가 연출한 「쿨레 밤페Kuhle Wampe」(1932)였다. 이 영화는 실직 청년의 자살로 시작해, 한 쌍의 젊은 노동자가 가정을 꾸리려고 일자리와 집을 얻기 위해 노력하는 행로를 그리다가, 마지막에 그들은 동료 노동자와 함께 행진할 때만이 세상이 바뀌고 자신의 운명도 변화시킬 수 있다는 사실을 깨닫는다는 이야기이다.

참여 정치적 영화들이 좀처럼 없었던 상황에서, 비평가들이 놓쳤던 〈리얼리즘〉과 일상적 소재들을 다룬 영화들을 거의 모든 우파 영화에서 제공하기에 이르렀다. 여전히 문화적 자연주의의 영향 아래 있던 유력 비평가들을 포용할 필요가 있었지만, 그것이 포머가 추진하던 수출 목표와 항상 일치하지는 않았다. 대외적으로 여전히 세계 대전과 관련되어 있던 독일의 현실로 인해, 현대적 배경의 주제로 국제 관객에게 호소할 수밖에 없었다. 1918년 이전까지만 해도 독일 영화는 로케이션과 사실적 세트와 현대적 주제를 폭넓게 이용했지만, 전후에는 주로 국내 시장을 겨냥하여 (코미디, 사회성 드라마, 하리 필의 모험 영화 등을) 사실주의적 세트에 의지해서 제작했다. 대부분의 고급 영화들은 뒤에 〈신즉물주의 *Neue Sachlichkeit*〉라고 알려진 사실주의와 관련을 맺게 되었다. 「활기 없는 거리Die freudlose Gasse」(1925), 「잔 네의 사랑Die Liebe der Jeanne Ney」(1927), 「판도라의 상자 Pandora's Box」 등을 연출한 G. W. 파프스트와 함께 (「아스팔트Asphalt」를 연출한) J. 마이는 사운드가 도래할 때까지 우파 스튜디오에 남아 시대 변화에 상관없이 열성적으로 활동했다.

바이마르 영화의 종말

미국의 입장에서, 독일 영화는 강한 플롯과 분명한 갈등이 없다는 점, 그리고 무엇보다도 스타가 없다는 것이 불만이었다. 스타 시스템은 국제적 영화 제작에서 거의 기본에 속하는 것이다. 왜냐하면 스타는 세트나 주제가 할 수 없는 방법으로 국경을 넘어선다는 특징과 의미를 갖는다. 이런 점에서 우파가 직면한 문제 중의 하나는 스타를 개발하자마자 할리우드의 유혹에 넘어간다는 것이다. 대표적인 예로 루비치가 발굴한 최초의 국제적인 스타였던 폴라 네그리가 있다. 1920년대 독

로베르트 헤를트 (1893~1962)

로베르트 헤를트는 양조업자의 아들로 태어나, 1차 대전 전까지 베를린에서 회화를 공부했다. 1914년 육군에 징집된 그는 화가이자 세트 디자이너인 헤르만 바름을 만나 그의 도움으로, 전쟁 막바지 2년간을 빌뉴스에서, 그리고 전선에서 떨어진 육군 극단에서 지낼 수 있었다.

전쟁이 끝나자 바름은 에리히 포머의 데클라-비오스코프에서 미술 부문 책임자가 된다. 1920년에 그는 헤를트를 그의 팀에 합류하도록 초대한다. 발터 라이만과 발터 뢰리히와 함께 바름은 「칼리가리 박사의 밀실」의 표현주의 세트의 제작을 막 끝낸 상태였다. 무르나우의 「포겔뢰트 성」(1921)과, F. 랑의 「운명」(1921)의 중국 에피소드 작업이 진행되고 있을 때, 헤를트는 뢰리히에게 소개됐다. 그 후로 두 사람은 팀을 이루어 거의 15년간 함께했다. 그들이 주로 활동하던 데클라-비오스코프는 우파에 의해 유럽에서 가장 중요한 제작 중심지로 확대되었다.

이 당시는 에리히 포머의 지도 아래 세트 디자이너와 촬영 감독이 팀을 이루어 바이마르 영화의 영광을 이룰 토대를 쌓고 있던 시절이었다.

파프스트의 「보물」(1922~3)에서 음침하고 어두운 중세풍의 실내 장식은 헤를트와 뢰리히의 첫 번째 합작품이었다. 그들은 이후 1920년대 독일 영화의 정상이라 할 수 있는 3편, 무르나우의 「마지막 웃음」(1924), 「타르튀프」(1925), 「파우스트」(1926)의 영화 디자인을 맡았다. 그들은 무르나우, 작가 카를 마이어, 촬영 감독 카를 프로인트와 함께 작품의 초기 기획 단계부터 제작에 참여했다. 그들이 만들어 낸 〈자유로운 카메라 *entfesselte Kamera*〉와 배우, 조명, 세트의 영화적 결합이라는 개념은 이들 영화의 전형이 되었다. 레옹 바르사크는 그의 글에서(1976) 〈세트는 필수적인 부분으로, 때로 천장과 거울 범위로 축소되었다. 무르나우의 영향으로 헤를트는 초기 스케치 단계부터, 특정 장면에 위치한 인물들의 밑그림을 그리고 나서 세트의 규모를 결정했다. 따라서 실내 장식은 더욱 더 단순해지고 깔끔해졌다. 단순화에도 불구하고 세트 디자인과 카메라 운용에서 할 수 있는 모든 기교가 가능했다. 때로는 「마지막 웃음」에서처럼 새롭게 창조되기도 했다. 실제 건물의 꼭대기에 설치한 축소 모델은 그랜드 호텔 정문을 아찔한 높이로 보이도록 만들어 주었다〉라고 적고 있다.

무성 영화 시대가 끝나 갈 즈음, 헤를트와 뢰리히는 우파 사상 최고 영화 중의 하나인 J. 마이의 「아스팔트」(1928)에 역량을 쏟았다. 그들은 스타켄에 있는 격납고를 개조한 옛 체펠린Zeppelin 스튜디오를 이용해서, 정류장, 자동차, 버스들로 붐비는 베를린 거리를 만들어 냈다. 사운드가 도입되자 그들은 포머의 팀과 함께 우파에 머물면서, 로베르트 지오트마크와 아나톨 리트바크 같은 젊은 인재들과 작업을 계속했다. 또한 에리크 카렐의 「의회가 춤춘다」(1931)와 루트비히 베르거의 「발처크리크 Walzerkrieg」(1933) 같은 국제적 오페레타에서 풍요로운 시대의 세트를 만들기도 했다.

1929년에 그들은 구스타프 우치츠키 감독과의 협력 작업을 통해 나치 시대의 우파로 자연스럽게 전환하고자 했다. 촉망받는 촬영 감독과 기술자 출신인 우치츠키는 국가주의적 느낌이 있는 오락물에 전문성을 발휘했고, 헤를트와 뢰리히는 대중오락 영화에 참여함으로써 선전 영화의 제작을 피할 수 있었다. 1935년 라인홀트 쉰첼의 풍자 코미디 「암피트리온」(1935)에서 그리스 신전을 디자인하면서, 알베르트 슈페어의 나치 건물 같은 고전풍 건축을 모방했다. 미하엘 에서는 〈세트 디자인은 실제 건물을 복사해서 만들어지지 않는다. 그것은 새로운 맥락으로 세부들을 보게 한다. 실제 건물과 세트의 관계에는 거리가 있고 심지어 모순되기까지 도 한다〉(1935)고 했다.

1935년 헤를트와 뢰리히는 「운 좋은 한스」라는 동화를 각본, 디자인, 연출했다. 그 후 얼마 안되어 그들의 협력 관계는 끝났다.

레니 리펜슈탈의 「올림피아」(1938)에서 기교적인 건물들을 선보였던 헤를트(그의 아내는 유대 인이었다)는 토비스Tobis에서, 다음엔 테라Terra에서 주로 오락 영화의 디자인을 맡아서 했다. 그의 첫 색채 작업은 1944~5년 겨울에 촬영해서, 전후에 개봉했던 볼바리의 오페레타 「박쥐」였다.

전쟁이 끝나자 헤를트는 처음에는 베를린에 있는 극장의 무대 디자이너로 활동했다. 1947년에는 하랄드 브라운의 「어제와 내일 사이Zwischen gestern und morgen」(1947)에서 파괴된 그랜드 호텔을 디자인했다. 그는 1950년대를 통해 주로 롤프 한센, 쿠르트 호프만 같은 당대의 일급 감독들이 만드는 오락 영화에 다시 참여했다. 그의 마지막 대작 영화로 토마스 만의 작품을 각색한 알프레트 바이덴만의 2부작 「부덴브로크가의 사람들」(1959)에서는 동생 쿠르트 헤를트와 아르노 리히터와 함께 작업했다. 헤를트는 이 작품으로 독일 영화상Deutscher Filmpreis을 수상했다.

한스-미하엘 보크

▪▫ 주요 작품

「보물Der Schatz」(1923); 「마지막 웃음Der letzte Mann」(1924); 「타르튀프Tartüff」(1926); 「파우스트Faust」(1926); 「아스팔트Asphalt」(1931); 「의회가 춤춘다Der Kongress tanzt」(1931); 「암피트리온Amphitryon」(1935); 「운 좋은 한스Hans im glück」(1936); 「올림피아Olympia」(1938); 「옷이 날개Kleider machen Leute」(1940); 「박쥐Die Fledermaus」(1945); 「부덴브로크가의 사람들Die Buddenbrooks」(1959).

▪▪ 참고 문헌

Barsacq, Léon(1976), *Caligari's Cabinet and Other Grand Illusions*.

Herlth, Robert(1979), "Dreharben mit Murnau".

Langsfeld, Wolfgang(ed.)(1965), *Filmarchitektur Robert Herlth*.

◀ 로베르트 헤를트가 세트 디자인을 한 우파 제작, 라인홀트 쉰첼 연출의 「암피트리온」.

일에서 활동했던 진정한 국제 스타였던 에밀 야닝스의 경우, 「뒤바리 부인」, 「바리에테」, 「마지막 웃음」, 「파란 천사」 등 많은 독일 영화로 미국 시장에서 성공했는데도, 정작 할리우드에 가서는 그에 걸맞지 않은 출연 기회만을 얻었을 뿐이었다. 1920년대 후반에 미국 여배우를 수입해 국제적인 스타로 띄우려는 시도들은 몇몇 경우에만 성공했다. 루이스 브룩스는 1920년대에는 인기를 얻을 수 없었고, 아나 메이 웡(E. A. 듀퐁, 리하르트 아이히베르크 연출작에 출연)은 미국 관객에게서와 같은 관심을 끄는 데 실패했고, 또한 포머가 미국에서 「아스팔트」의 캐스팅을 하던 중 발굴한 베티 아만도 그녀의 스타적 잠재력을 발전시키지 못했다. 무르나우의 「파프스트」는 에밀 야닝스, 이베트 길베르, 괴스타 에크만 등을 출연시켜 국제 시장을 겨냥해서 만들어진 작품이었다. 그러나 그레첸 역으로 원래 미국의 릴리언 기시〔그리피스의 「동쪽으로 가는 길」(1920), 「짓밟힌 꽃」(1919)의 성공으로 최고 인기를 구가하고 있었다〕를 출연시키려다 실패한 뒤 카밀라 호른에게 맡김으로써 대서양을 넘어서려는 국제적 야망의 실현은 좌절되었다. 프리츠 랑의 작품에 출연한 주연 중에서 (브리기트 헬름을 포함해) 아무도 국제적 스타가 되지 못했다는 것은 상당히 놀라운 일이다. 포머와 함께 할리우드를 방문했을 때, 랑은 더글러스 패어뱅크스로부터 미국의 영화 제작에서 문제가 되는 것은 세트나, 주제의 독창성이 아니라 연기자라는 주장을 듣고 적잖이 당혹스러웠다. 조지프 폰 스턴버그 같은 미국 감독을 수입하고 사운드의 시대가 오자, 우파는 성공적으로 스타를 개발할 수 있게 되었다. 마를레네 디트리히, 한스 알버스, 릴리언 하비, 빌리 프리치, 마리카 뢰크 등 이들 모두는 1930년대 초에 미국 영화 스타의 모범이 되었다.

민족 영화와 세계 영화로서의 독일 영화의 자산은 우파의 운명과 더욱 밀착되어 있었다. 1926년과 1927년에 입었던 심각한 손실로 인해, 주 채권 기관으로서 도이체 방크는 우파가 새로운 외부 자본을 조달하지 못하면 자산 관리에 들어갈 준비를 하고 있었다. 알프레트 후근베르크는 1917년 우파가 설립되면서 그의 야망을 접어야 했으나, 드디어 기회를 잡아 대주주가 되었다. 그는 새로운 경영자로 루트비히 클리치를 영입해 회사를 재조직하는 임무를 맡겼다. 클리치는 할리우드 스튜디오 시스템을 따라 미국식 경영 기법을 도입하면서, 회계 부서와 제작 부서를 분리하고, 배급 부문은 구조 조정하고, 자회사 중 일부는 분리했다. 또한 그는 우파에 총괄 제작자 시스템을 도입해, 에른스트 후고 코렐이 총책임을 맡고 하부에 귄터 슈타펜호르스트와 브루노 두다이와 에리히 포머 등 여러 명의 제작 책임자를 두는 제작 시스템을 구축했다. 그 결과, 중앙 통제도 강화하고 노동의 분업화 또한 강화할 수 있었다. 비평가들이 이야기하는 것처럼 후근베르크의 인수는 이데올로기적 측면에서 우파의 운명을 봉인해 버렸다. 그러나 경영적 측면에서 보자면 초기의 우파가 엄격한 상업적 경로를 걸을 수 있었던 것은 클리치의 공로이다.

클리치 체제는 우파가 사운드의 도입과 같은 국제적 발전 대열을 놀라운 속도로 따라잡을 수 있게 해주었다. 이전의 경영 체계가 아주 천천히 움직였던 것과는 크게 비교되었다. 우파는 1년도 안 되는 짧은 시간에 유성 영화 제작 체계로 전환했다. 또한 국내 시장의 경쟁자였던 토비스 클랑필름Tobis Klangfilm과 중복 투자를 피하는 협약을 체결했다. 1930년에서 1931년 사이, 우파는 다시 적잖은 수익을 내기 시작했고, 성공적인 수출업자로 도약하기 위해 프랑스 어와 영어판을 만들어 외국 시장을 공략했으며, 축음기와 음악 저작권을 개발하기도 했다. 1920년대에 우파에서 활동하던 스타급 감독 없이도 우파는 재정적으로 회복했다. 무르나우는 1927년 초에 할리우드로 떠났고, 랑과 파프스트는 세이모 네벤잘의 네로 필름에서 활동하고 있었다. 한편 듀퐁은 영국에서, 카를 마이어는 1931년까지 런던에 머물다 무르나우를 따라 할리우드로 갔다. 카를 하르틀, 구스타프 우치츠키, 한스 슈바르츠 같은 능력 있는 장르 감독들은 우파로 되돌아가 활동했다. 특히 슈바르츠는 6편의 영화를 연출했는데, 그중에는 「몬테카를로의 폭탄Bomben auf Monte Carlo」(1931), 「강도Einbrecher」(1930), 「헝가리 광시곡Ungarische Rhapsodie」(1928), 「니나 페트로브나의 놀라운 거짓말Die wunderbare Lüge der Nina Petrowna」(1929) 등 엄청난 흥행 수익을 올린 영화들이 많았다.

뮤지컬과 코미디가 이제는 독일 영화를 국제적으로 알리는 주요 장르가 되었다. 「의회가 춤춘다」(1931) 같은 대작 영화, 「순찰 초소의 세 사람Die Drei von der Tankstelle」(1930)처럼 스타를 내세운 영화, 「빅토르와 빅토리아Viktor und Viktoria」(1933) 같은 스크루볼 코미디, 「출발Abschied」 같은 가족 멜로드라마 등은 독일 영화를 1920년대와는 아주 다른 이미지로 전환시켜 주었다. 1933년에 나치가 정권을 잡기 이전부터 독일 영화 산업은 〈예술 영화〉와 고급 영화에서 주류 오락 영화로 순조롭게 전환하고 있었다. 그것은 정치적 개입보다는 경제적 필요성과 기술적 변화의 결과였다. 또한 1921년 에른스트 루비치가 시작하고 무르나우, 듀퐁, 레니 등이 그 뒤를 따른 할리우드로의 이주는 1927~8년까지 가속적으로 진행되었다. 적어도 1933년까지는 정치적 이유만큼이나 개인적이고 직업적인 이유가 주요 동기로 작용했다.

히틀러가 권력을 잡기 전에 독일 영화는 한 가지 역설에 직면했다. 바이마르 시대의 창조적 혼란 속에서 재능을 펼치는 데 기여했던 서사적 극영화가 국가주의자와 우익 파시스트들의 공격으로 공화국이 붕괴되면서, 필연적으로 쇠퇴의 길에 들어섰다는 것이다. 그러나 이것은 분명치 않다. 만약 쇠퇴가 있었다면 아마도 할리우드의 비옥한 땅에 재능을 쏟아 버린 데 책임이 더 클 것이다. 다른 한편, 성공의 지표로 경제적 활동을 꼽는다면, 공화국 말기의 정치적 격변에 이미 독일 영화 산업은 마침내 재정적 자생 능력을 갖추었다. 유럽의 다른 나라에서도 영화 예술의 혁신기는 아주 제한적이다. 독일 영화가 상업 기업의 심장부에서 이런 혁신기를 그렇게 오랫동안 지속시킬 수 있었던 것은 놀라운 일이다. 상업의 본질상 결코 호의적일 수 없는데도 말이다.

참고문헌

Bock, Hans-Michael, and Töteberg, Michael(eds.)(1992), *Das Ufa Buch*.

Cherchi Usai, Paolo, and Codelli, Lorenzo(eds.)(1990), *Before Caligari*.

Eisner, Lotte(1969), *The Haunted Screen*.

Jacobsen, Wolfgang(1989), *Erich Pommer*.

—, Kaes, Anton, and Prinzler, Hans Helmut(eds.)(1993), *Geschichte des deutschen Films*.

Kracauer, Siegfried(1947), *From Caligari to Hitler*.

Keimeier, Klaus(1992), *Die Ufa-Story*.

Lamprecht, Gerhard(1976~80), *Deutsche Stummfilme, 1903~1931*.

Murray, Bruce(1990), *Film and the German Left*.

Petley, Julian(1979), *Capital and Culture*.

Petro, Patrice(1989), *Joyless Streets*.

Plummer, T., *et al.*(1982), *Film and Politics in the Weimar Republic*.

Rentschler, Eric(ed.)(1986), *German Film and Literature*.

스칸디나비아 스타일

파올로 케르키 우사이

1910년 이후 짧은 기간 동안에 스칸디나비아 국가들은 적은 인구[덴마크는 250만 명(1901), 스웨덴은 500만 명(1900) 정도였다]와 서구 경제권의 변경이라는 위치에도 불구하고, 예술과 산업 측면에서 초창기 영화의 발전에 주요한 역할을 수행했다. 이 국가들의 영향력은 2단계에 걸쳐 집중되었다. 먼저 1910~13년, 4년 동안 덴마크는 노르디스크 영화사를 중심으로 국제적인 성공을 거두었다. 두 번째 단계는 1917년부터 1923년에 이르는 기간으로 스웨덴에서 전개되었다. 지역 문화가 고립적으로 발전하지 않았던 스칸디나비아의 무성영화는 광범위한 유럽 문화에 폭넓게 통합되어 있었다. 덴마크와 스웨덴 영화의 미학적 정체성은 독일과 러시아 영화와 최소한 10년 이상의 밀착된 관계를 형성하고 있었다. 두 나라는 각각 보완적 배급 전략과 감독 및 기술진의 교류를 통해 다른 나라와의 공존 관계를 발전시키고 있었다. 이러한 협력 관계 속에서도 북유럽의 다른 나라들은 주변적 역할에 머물렀다. 핀란드는 언어적으로 독립된 영화를 가지고 있었으면서도, 1917년까지 제정 러시아에 거의 부속된 상태였다. 1918년까지 덴마크령이었던 아이슬란드는 나중에 감독이 된 알프레드 린드가 1906년에 처음으로 영화관을 열었다. 노르웨이는 최초의 영화 「어업의 위험: 바다의 드라마Fiskerlivets farer: et drama på havet」(1908)부터 1918년까지 단 17편의 영화를 제작했다.

기원

스칸디나비아 최초의 영화 상영은 1896년 4월 6일, 노르웨이 오슬로의 바리에테Variété 클럽(또는 그 당시 통용되던 명칭 크리스티아니아Christiania)에서 독일 영화의 개척자 막스와 에밀 스클라다노프스키 형제의 기획으로 이루어졌다. 비오스코프 영사기를 이용한 이 행사는 5월 5일까지 계속될 정도로 성공적이었다. 기록상 덴마크 최초의 영화 상영은 1896년 6월 7일 코펜하겐의 라두스플라센에서 화가 빌헬름 파흐트가 목조 천막을 치고 뤼미에르 시네마토그라프를 설치하여 상영한 것이다. 해고된 전기 기사의 방화로 영사 장비와 천막 극장은 전소했으나, 6월 30일에 팡파레를 울리며 행사가 다시 시작되었다. 영화 상영이 진행되던 6월 11일에는 파흐트의 천막 극장 키놉티콘Kinopticon에 왕족 일가가 방문하기도 했다.

핀란드에 영화가 도착한 것은 상트페테르부르크에서 1896년 5월 16일의 최초 상영이 있은 지 몇 주 뒤였다. 헬싱키 시민 회관에 뤼미에르 시네마토그라프를 설치해서 이루어진 영화 상영 행사가 6월 28일부터 단 8일 만에 끝난 것은 비싼 입장료와 비교적 작은 도시 규모 때문이었다. 그러나 여기에서 영감을 얻은 사진 기사 카를 에밀 스톨베리는 곧 행동에 들어갔다. 그는 1897년 1월부터 뤼미에르 영화를 배급하기 시작했고, 헬싱키 교외에서 움직이는 사진을 만들어 오스카 알로넨 소유의 극장을 통해 개봉했다. 1904년에는 헬싱키에 핀란드 최초의 상설 영화관, 〈마일만 임파리Maailman Ympäri〉(전 세계라는 의미)를 설립했다. 그해에 그는 최초로 실생활 장면을 촬영한 영화를 제작했다. 그러나 실제로 그가 제작한 영화였는지는 분명하지 않다.

1896년 6월 28일, 스웨덴 말뫼의 여름 궁전에서 열린 산업 박람회에서 스웨덴 최초의 영화 상영이 있었다. 뤼미에르 장비를 이용한 이 행사는 덴마크의 연예 사업가 하랄드 럼킬데가 기획했다. 그 후 몇 주 만에 시네마토그라프는 북부 지방으로 확산되었다. 파리의 일간지 「르 수아르Le Soir」의 기자 샤를 마르셀이 스톡홀름 유르가르텐의 글라스Glace 궁전에 있는 빅토리아 극장에서 7월 21일에 에디슨의 키네토스코프로 영화를 상영했다. 그러나 이 행사는 그다지 성공을 거두지 못했고, 에디슨의 영화들은 곧 스클라다노프스키 형제가 유르가르텐에서 찍은 몇 개의 장면으로 이루어진 영화들로 대체되었다. 이것이 스웨덴에서 찍은 최초의 영화이다.

핀란드

핀란드 최초의 영화사 포욜라Pohjola는 1899년에 서커스 흥행주 J. A. W. 그뢴로스의 감독하에 영화를 배급하기 시작했다. 공식적으로 영화 상영을 위해 설계된 최초의 장소는 키네마토그라프 인터내셔널Kinematograf International로 1901년 말에 문을 열었다. 그러나 그 직후에 문을 연 2개의 극장까지 포함해 전부가 단 몇 주밖에 유지하지 못했다. 1904년에 스톨베리의 주도로 영화관이 설립되어서야, 상설적으로 영화를 상영하는 공간이 만들어졌다. 1911년에 헬싱키에 17개, 그 밖의 지역에는 81개의 영화관이 있었다. 1921년까지 그 숫자는 각각 20개, 118개로 증가했다.

핀란드 최초의 극영화는 1907년에 제작된 「주류 밀매인

덴마크 출신 감독 벤자민 크리스텐센의 1921년 작 「고대로부터의 마법 Häxan」의 한 장면.

Salaviinanpolttajat」으로, 스웨덴 출신 루이스 스파레가 연출하고, 국립 극장 배우인 테우보 푸로가 출연하고, 아틀리에 아폴로Atelier Apollo사가 제작하고, 스톨베리가 배급한 영화이다. 이후 10년 동안 핀란드는 27편의 극영화와 312편의 단편 다큐멘터리와 2편의 홍보 영화를 제작했다. 1906년과 1913년 사이에 제작된 영화 중에 거의 절반에 이르는 110편의 단편을 배급했던 스톨베리의 독점 체제는 오래가지 못했다. 1907년에는 스웨덴 출신 다비드 페르난데르와 노르웨이 출신 라스무스 할세트가 포요스마이덴Pohjoismaiden 영화사를 설립해 10년 조금 넘는 기간에 47편의 단편을 제작했다. 「주류 밀매인」에 참여했던 스웨덴 출신 카메라맨 프란스 엥스트룀은 스톨베리와 결별하고 테우보 푸로와 테포 라이카스 등의 주연급 배우들과 함께 영화 제작사를 설립했지만 그다지 성공적이지 못했다. 푸로가 연출한 「실비Sylvi」(1913)는 현존하는 가장 오래된 핀란드 극영화로 인정되고 있다. 에리크 에스틀란데르는 핀란디아Finlandia 영화사를 설립해 1912년과 1916년 사이에 49편을 제작하여 큰 성공을 거두었다. 그가 제작한 영화에는 핀란드 최북단에서 촬영한 작품도 몇 편이 포함되어 있다. 당시에 가장 중요한 인물은 얄마르 포얀헤이모였는데, 1910년부터 4~5개의 영화관을 인수하기 시작해, 나중에는 제작으로 전환했다. 그는 뤼라Lyyra 영화사의 후원 아래, 다큐멘터리(1911년부터), 뉴스 영화(1914년부터), 코믹 영화, 극영화 등 다양한 장르의 영화를 배급했고, 아돌프, 힐라리우스, 아세르, 베리여 등 네 아들과 연극 연출가 카를레 할메가 그와 작업을 같이했다.

1차 대전은 러시아 당국의 개입을 불러왔고, 1916년에는 모든 영화 활동이 금지되었다. 이 금지령은 1917년 2월 혁명 이후에 효력이 중지되었다가, 핀란드가 독립을 선언한 12월에는 완전히 폐지되었다. 전후의 영화 산업은 테우보 푸로와 배우 에르키 카루가 설립한 영화사 수오미Suomi에 의해 주도되었다. 그들이 제작한 첫 번째 장편 극영화는 「아나-리사 Anna-Liisa」(1922)이다. 푸로와 유시 스넬만이 연출한 이 영화는 미나 칸트의 작품을 인용하고, 톨스토이의 1886년 작 「어둠의 힘」의 영향을 받은 것으로, 한 젊은 여성이 자신의 아이를 죽이고 양심의 가책에 괴로워하다 죄를 자백하는 이야기이다. 전쟁 전부터 핀란드에서 활동하고 있었던 배우 콘라드 탈로트는 「인생의 비극Eräs elämän murhenäytelmä」의 상영이 금지되자 스웨덴으로 이주했다. 그는 1922년에 수오미 사의 「사랑은 모든 것을 정복한다Rakkauden kaikkivalta — Amor Omnia」에서 주연을 맡으면서, 핀란드 영화를 서유럽과 미국의 주류 장편 영화에 적응시키기 위해 끊이지 않고 독립적으로 노력했다. 이후 몇 년간의 영화 제작은 제한된 양이었지만, 당시 스웨덴 영화의 이야기 구조 및 양식과 닮은 일상생활의 전통적인 주제로 회귀하는 경향을 보였다. 그때 쓰인 기사에 의하면 에르키 카루와 에로 레벨루오마가 연출하고, 수오미 사가 제작한 다큐멘터리 「핀란디아Finlandia」(1922)는 국외에서도 성공을 거두었다. 1931년까지 대략 80여 편의 무성 영화가 핀란드에서 제작되었다. 단편을 포함한 약 40여 편의 극영화가 헬싱키에 있는 수오멘 엘로쿠바-아키스토 Suomen Elokuva-Arkisto에 보존되어 있다.

노르웨이

노르웨이 최초의 주요 영화사는 크리스티아니Christiania 영화사 Film Co. A/S로 1916년에 설립되었다. 이전에 있었던 노르스크 키네마토그라프Norsk Kinematograf A/S, 인터나셔날트 필름 콤파니Internationalt Film Kompagni A/S, 노라 필름Nora Film Co. A/S, 글라트베 필름Gladtvet Film 등의 제작사는 맹아적 수준의 것들이었다. 1908년부터 1913년까지 10편의 극영화가 제작되었으나, 이후 2년 동안은 제작에 대한 기록이 없다.

무성 영화 시대의 노르웨이에는 내세울 만한 스튜디오가 없었다. 그 때문에 긍정적 측면에서 노르웨이적 양식이란 대부분 북유럽의 풍경을 이용한 것이 전부이다. 영화 제작의 아마추어적 단계가 끝났음을 알리는 첫 번째 신호는 1920년에 나온 2편의 영화에서이다. 첫째는 G. A. 올센이 연출한 「외베를란의 허풍쟁이들Kåksen pa Øverland」이고, 둘째는 아스타 닐센이 출연하고 라스무스 브레이슈타인이 연출한 「부정한 여인Fante-Anne」이다. 그 이후 크누트 함순의 작품을 처음으로 각색해 군나르 소메르펠트가 연출한 영화 「흙의 성장Markens grøde」(1921)은 덴마크 출신 감독이 연출하고 핀란드 출신이 촬영한 것으로 주목할 만한 작품이었다. 촬영을 맡았던 에오르주 슈네보이트는 당시에 덴마크에 거주하면서, 카를 드레이어의 「목사의 미망인」(1920)을 촬영했으며, 노르웨이에 와서 스벤스카 비오그라프테아테르Svenstka Biografteater 사의 작품을 촬영했다. 함순의 원작을 각색한 또 다른 영화는 하랄 쉔젠 연출의 「판Pan」(1922)으로, 신생 영화사인 코뮤네르네 필름-센트랄Kommunernes Films-Central 사에서 제작했다.

1년 뒤에, 당시로는 외국에 내놓아도 손색이 없다고 평가된 첫 번째 영화가 나타났다. 언론인 하뤼 이바르손의 첫 연출작인 「산속에서Till Sæters」(1924)란 작품이다. 레이프 신딩이 연출하고 신생 스발레필름Svalefilm이 제작한 「새로운 공산당원Den nye lensmanden」(1926) 역시 같은 평가를 받았다. 노르웨이 무성 영화의 짧은 전성기는 「마술적 도약 Troll-elgen」(1927)에서 정점을 맞았다. 발터 푸르스트가 연출한, 웅장한 프레스코화를 보는 듯한 이 작품은 스웨덴 출신 라그나르 베스트펠트의 촬영이 빛을 발한다. 주목할 만한 다른 작품은 「라일라Laila」(1929)로서, 북부 지방의 라플란드인에게 바치는 영화이다. 여기에서도 핀란드계 덴마크 인 감독 슈네보이트에서부터 스웨덴 출신 배우 모나 마르텐손과 덴마크 출신 배우 페테르 말베리에 이르기까지 많은 외국인이 투입되었는데도 불구하고 이질적인 요소는 없었다.

현재 오슬로에 있는 노르스크 필름 연구소에서 노르웨이의 무성 영화 30여 편 정도가 제한된 범위에서나마 공개되고 있다.

덴마크

1904년 9월 17일에 콘스탄틴 필립센이 코펜하겐에서 최초의 상설 영화 상영관을 열었다. 덴마크의 극영화 제작은 이미 1년 전에 왕실의 사진사이던 페테르 엘펠트가 만든 「집행 Henrettelsen」에서 시작되었다(이 영화는 현재까지 보존되고 있다). 1906년, 극장주 올레 올센이 설립한 노르디스크 영화사는 덴마크의 무성 영화 시대와 1910년대의 세계 영화에서 중요한 역할을 수행했다. 1910년부터 노르디스크는 파테에 이어 세계 2위의 영화 제작사로 인정되었다. 1906년에 설립된 스튜디오는 현존하는 세계에서 가장 오래된 영화 스튜디오이다. 초창기 극영화의 대부분은 비고 라르센이 연출하고, 악셀 쇠렌센(1911년 악셀 그라체르로 개명)이 촬영한 것이다. 1903년에서 1910년 사이에 제작된 248편의 극영화 중에서 242편이 노르디스크 사에서 만든 것이다. 1909년는 이후부터는 다른 영화사들이 덴마크 영화의 지평을 넓혀 갔다. 1909년에 코펜하겐의 비오라마Biorama 사와 아루스에 자리를 잡은 포토라마Fotorama 사, 그리고 1910년에는 키노그라펜Kinografen 사가 설립되었다.

1910년, 포토라마 사가 제작한 「백인 노예 무역Den hvide slavehandel」은 스칸디나비아뿐만 아니라 전 세계의 극영화 발달에 전환점을 제공했다. 이전까지 알려지지 않았던 개념인 미신을 주제로 다룬 이 영화는 새로운 장르, 즉 범죄와 악의 세계, 또는 서커스에 기초한 선정적인 영화를 출발시켰다. 에클레르 사가 제작하고 빅토랭 자세가 연출한 「탐정계의 제왕 닉 카터」(1908)의 성공을 기초로 삼아서, 노르디스크 사는 1910년에 지능적인 범인인 가르 엘 하마 박사Dr. Gar el Hama를 주인공으로 하는 시리즈의 제작을 시작했다. 이때 에두아르드 슈네들러 쇠렌센은 「죽음의 비행Dødsflugten」(1911)과 「가르 엘 하마 박사 2: 죽은 자의 아이Dr. Gar el Hama II」(1921)를 연출했다. 이 영화들은 프랑스의 V. 자세[「지고마르」(1911)]와 L. 푀야드[「팡토마」(1913)]가 만든 유명 범죄 영화들에게 어느 정도까지는 영감을 주었다.

〈선정적〉 영화의 제작이 계속되면서 나타난 중요한 결과 중의 하나는 조명과 카메라 위치와 세트 디자인 분야에서 새로운 기술이 발전한 것이다. 우르반 가드가 연출한 「검은 꿈Den sorte drøm」(포토라마, 1911)의 경우는 이런 측면에서 특히 주목할 만하다. 고도로 긴장된 장면에서 불안감을 극대화시키기 위해 반사판을 보통 높이의 스탠드에서 내려 바닥에 설치했다. 그 결과 배우의 그림자가 길고 어둡게 벽에 드리워졌다. 주인공이 손전등을 손에 들고 어둠 속으로 나아가려 애쓰는 장면은 1914년 이후의 영화에서 탁월한 효과로 발전되었다. 특히, 로베르트 디네센의 「가르 엘 하마 3: 유괴Dr. Gar el Hama III: Slangøn」(1914)와 아우구스트 블롬의 「불타는 검Verdens undergang」(1916)에서 두드러졌다. 이 효과를 변형시켜서, 어두운 방으로 들어선 인물이 불을 켜는 데 사용하기도 했다. 촬영을 일시 중지하고, 숏 내의 램프가 막 켜질 때 배우가 연기 동작을 한다. 그다음 장면에서는 마치 의문의 램프처럼 조명이 켜지고 촬영이 재개된다. 때때로 숏의 두 부분을 다른 색깔로 칠하기도 한다. 보통 어두운 곳은 청색으로, 밝은 곳은 황토색으로 칠한다. 또 다른 강력한 효과는 1911년 이전에 덴마크 밖에서는 거의 볼 수 없었던 것으로, 실내에 있는 카메라 렌즈가 열린 문이나 창을 향해 촬영할 때 생기는 실루엣 선이다. 노르디스크 사에서 아우구스트 블롬이 연출한 두 영화, 「젊은이의 권리Ungdommens ret」(1911)와 「장년기에Expeditricen」(1911)에서 특징적으로 드러난 이 효과들이 「봉인된 명령Det hemmelighedsfulde X」(1913)에서는 극단적으로 표현되었다. 이 영화는 덴마크의 무성 영화 시대에서 카를 테오도어 드레이어를 제외하고는 가장 위대한 감독인 벤야민 크리스텐센(1879~1959)의 첫 번째 영화이다. 크리스텐센은 이미 프랑스 감독 레옹스 페레가 이미 「파리의 아이」와 「해군 사관생도의 이야기」(고몽, 1913)에서 사용한 기술과 표현 기법을 발전시켰다. 그리고 실루엣과 부분 조명을 사용해 놀라운 성과에 도달했다. 그의 공격적인 실험주의는 스릴러 영화 「눈감은 정의Hævnens nat」(1915)에서 최고조에 이르렀다.

자주 사용되는 트릭 중 카메라의 시야 안에서 거울을 이용해 인물을 보여 주는 것이 있다. 실례로 아우구스트 블롬이 연출하고 당시 최고의 남자 배우 발데마르 프실란더가 출연한 「대도시의 유혹Ved fængslets port」(1911)과 「데스데모나For åbent Tæppe」(1911)에서 사용되었다. 모든 가능성을 고려해 볼 때, 거울 장면은 한 장면을 여러 숏으로 편집하지 않기 위한 방편으로 사용되었다. 그럼에도 불구하고 거울의 암시적이고 상징적인 효과는 영화의 섹슈얼리티를 풍부하게 해주었다. 우르반 가드가 연출한 솔직하고 개방적인 영화 「심연」(코스모라마, 1910)이 좋은 예이다. 이 영화는 덴마크 무성 영화 시대의 가장 위대한 여배우인 아스타 닐센이 데뷔한 작품이었다.

초창기 영화 연출자들은 덴마크 영화의 극적 역동성에 상대적으로 주의를 덜 기울였다. 1914년 이전에는 트래킹 숏과 플래시백과 클로즈업이 거의 사용되지 않았다. 따라서 당대의 전형적인 미국 영화의 유동성과 자연주의의 영향력에는 미치지 못했다. 그러나 덴마크의 영화는 국제적인 범위에서 심오하고 지속적인 영향을 주었다. 일반적 수준에서 가장 중요한 기여는 짧은 극영화를 3~4릴 이상의 영화로 발전시킨 것이다. 아우구스트 블롬이 연출한 고예산 영화 「아틀란티스」(노르디스크, 1913)의 길이는 자막을 제외하고 2,280미터에 이르렀다. 그리고 고전 연극에서 인정받은 배우들의 출현을 촉진시킴으로써 영화를 문화의 대열에 오르도록 했다.

덴마크 영화는 인접 국가에 특히 커다란 영향을 미쳤다. 마우리츠 스틸레르와 빅토르 셰스트룀 같은 스웨덴 영화감독들의 첫 작품을 비롯해, 1916년 이전의 거의 모든 스웨덴 영화에서 덴마크 영화의 기술적인 흔적을 발견할 수 있다. 스웨덴에서 자기 정체성이 생성되기 시작한 것은 그로부터 2년이 지나서이다. 또한 덴마크 영화는 혁명 전 러시아 전역에 배급되었다. 일부 영화사들은 비극적 결말을 좋아하는 러시아 인의 취향을 만족시키기 위해 특별히 고안된 엔딩으로 영화를 만들었다. 1910년대 초에 러시아에서 촬영한 영화들, 특히 1913년 예브게니 바우어가 처음 연출한 극영화에 보이는, 역광과 복수 조명을 비롯한 조명 기술과 실내에서 방문이나 창문을 촬영하는 화면 구성 기법은 분명히 덴마크 영화에서 유래한 것들이다.

노르디스크의 가장 수익성 높은 국외 시장은 독일이었다. 적어도 독일 정부가 국내 영화 시장을 통제하기 시작한 1917년까지는 수익성이 아주 높았기 때문에 영화사들은 대규모 극장 체인에 앞다투어 투자하고 있었다. 1910~20년대의 덴마크와 독일 영화의 밀접한 관계는 1914년 이전의 덴마크 극영화에서 보여 준 선정적 주제(범죄 영화, 백인 노예 무역, 극단적 열애)와 표현주의적 카메라 기법(사선 숏, 부분 조명)을 J. 마이, O. 리페르트, 초기의 F. 랑 같은 독일 감독들의 작품과 비교해 볼 때 분명하게 드러난다. 오늘날까지 거의 연구되지 않고 남아 있는 빌헬름 글룩스타트가 연출한 탁월한 3편의 작품들에서는 표현주의 미학과의 깊은 유사성이 드러난다. 「은인Den fremmede」(1914), 「누구라도Det gamle spil om enhver」(1915)에서는 복잡한 플래시백과 교차되는 이야기 구조와 강력한 은유적 이미지가 사용되었고, 인상주의적인 작품 「소맥 투기업자Kornspekulanten」(1916)에서는 확실하지는 않지만 카를 드레이어의 「흡혈귀」(1932)를 예견할 수 있다.

카를 드레이어는 덴마크 영화의 신전에 우뚝 솟은 인물이다. 그의 작품은 표현주의적 경향과 정교한 회화적 표현의 완전한 종합을 보여 준다. 심리학, 그리고 무의식과 이성의 갈

마우리츠 스틸레르 감독의 탁월한 코미디 영화 「사랑과 언론Kärlek och journalistik」(1916)에서 기자로 나온 카린 몰란데르.

빅토르 셰스트룀 (1879~1960)

목재상인 아버지와 배우 출신의 어머니 사이에서 태어난 빅토르 셰스트룀은, 1880년 생후 7개월째에 부모의 품에 안겨 미국으로 이주했다. 그러나 어머니가 죽자마자 달갑지 않은 계모와 권위적인 아버지를 떠나 스웨덴으로 되돌아왔다. 그 후로는 스톡홀름에 있는 왕립 극단의 배우였던 삼촌의 손에서 자랐다. 무대를 향한 열정을 불태우던 젊은 빅토르는 결국 배우가 되어, 스무 살에 이미 섬세한 연기와 강한 표현력으로 유명해졌다.

1911년에 샤를 망누손은 스벤스카Svenska 비오그라프테아테른의 제작 책임자로 부임하면서 영화사를 재편했다. 그는 영화의 문화적 지위를 향상시키기 위해 스웨덴 최고 극단의 기술 및 예술 분야의 지도급 인물들을 데려왔다. 그때 채용된 카메라맨 율리우스 옌존은 나중에 셰스트룀의 가장 유명한 영화의 대부분을 촬영하면서 독특한 화면을 만들어 냈다. 1912년에는 마우리츠 스틸레르와 빅토르 셰스트룀을 차례로 고용했다. 그 당시 말뫼에서 극단을 운영하고 있던 셰스트룀은 망누손의 요청을 흔쾌히 받아들여, 자신의 표현대로 〈새로운 매체에 대해 잘 알지는 못했지만 모험심과 호기심으로 젊은 야망이 솟아올랐다〉.

스틸레르가 연출한 2편의 영화에 출연한 이후에 셰스트룀은 연출로 방향을 바꾸었다. 논쟁적인 사회 드라마 「잉게보리 홀름」(1913)에 적용한 활기찬 사실주의를 출발점으로 삼았다. 그의 창조성이 만개한 것은 1917년 작 「테레 비겐」에서이다. 이 영화는 그의 뿌리라 할 수 있는 스웨덴의 자연 풍경에 심오한 느낌을 부여했으며, 자연적 사건들과 내외적 갈등을 겪는 인물 사이에 은밀한 조화를 이루게 했다. 이러한 내면과 외면의 공존은 「무법자와 그의 아내」(1918)에서 더욱 두드러졌다. 이 영화는 불공평하고 억압적인 사회에서 탈출하려는 헛된 시도 끝에, 피난지를 찾다가 산속에서 죽은 채 발견된 부부에 관한 비극적인 이야기이다. 셰스트룀은 〈인간의 사랑에 대한 유일한 해답은 잔혹한 자연의 얼굴로 뛰어드는 것이다〉라고 말했다.

소설가 셀마 라게를뢰프는 셰스트룀의 영화에 대해 찬사를 보내면서, 스벤스카 비오 사에 그녀 작품의 영화 판권을 모두 양도했다. 셰스트룀은 라게를뢰프의 작품에서, 선과 악 사이에서 찢긴 운명 속에서 본능적으로 움직이는 살아 있는 인물을 이상적으로 표현하는 길을 발견했다. 셰스트룀은 그녀의 작품을 각색한 「잉마르의 아들들」(1919)에서 장대한 규모의 가족사를 다루면서 이러한 이상을 표현했다. 그러나 가장 집약적으로 표현된 것은 「유령 마차」(1921)이다. 이 영화는 신년 전야에 양심의 가책에 사로잡혀 필사적으로 구원을 구하는 사람들의, 초자연적 드라마로서 플래시백이 교차되는 복잡한 구조를 가지고 있다.

1차 대전 동안 중립을 지켰던 스웨덴의 영화 산업은 수익성을 유지하면서, 유럽 영화 시장에 영향을 주고 미국 영화의 지위에 도전할 수 있었다. 그러나 전쟁이 끝나자 외부적 요인에 의한 특권적 지위는 사라졌다. 영화 산업은 위기에 빠졌고, 스틸레르와 셰스트룀은 할리우드의 초청을 받아들였다. 1923년에 할리우드에 도착한 셰스트룀은 골드윈 사와 계약을 맺고, 시스트롬Seastrom으로 이름을 고쳤다. 정착하는 데 따른 약간의 어려움이 있었지만 「얻어맞은 남자」(1924)로 성공을 거두었다. 이 영화에서 셰스트룀은 위선적인 친구가 아내와 함께 중요한 연구 성과를 가지고 도망친 이후 광대가 되었던 과학자, 론 체이니가 보여 주는 멜로드라마

속의 마조히즘에 자신의 냉혹한 인물 분석을 적용했다.

할리우드에서 승리한 셰스트룀은 「신성한 여인」(1928)에서 그보다 훨씬 유명한 스웨덴 인, 그레타 가르보와 함께 작업을 했다. 그보다 더욱 중요하고 특별한 영화는 릴리안 기시와 작업한 「주홍 글씨」(1927)와 「바람」(1928)이었다. 「주홍 글씨」는 호손의 소설을 자유롭게 각색한 영화로서 「무법자와 그의 아내」에서 개발한 사회적 고립과 불관용이라는 주제를 발전시킨 것이었다. 그리고 「바람」에서는 바람 부는 사막 한가운데에 고립된 오두막에서 벌어지는 환경의 폭력과 인간의 열정이 비극적으로 결합된 극단을 보여 주었다.

무성 영화의 미학에서 정점을 보여 주었던 「바람」은 동시 녹음 판으로 배급되었는데, 엔딩이 바뀌었다는 소문이 있다. 이 영화의 개봉 직후에 셰스트룀은 스웨덴으로 돌아갔다. 나중에 릴리안 기시에게 보낸 편지에서 미국에서 보낸 시간을 〈인생에서 가장 행복했던 날들〉이라고 표현했지만, 사운드 시대가 도래한 이후의 할리우드에서 자신의 미래가 걱정이 되었기 때문으로 볼 수도 있다. 그는 스웨덴에서 두 작품, 영국에서 한 작품을 더 제작한 뒤, 그의 전직인 배우 생활로 돌아갔다. 1940년대에는 스벤스크 필름 연구소에서 예술 고문 역할을 했다. 그는 구스타프 몰란데르, 아르네 마트손, 잉마르 베리만 등의 영화 19편에서 연기를 했다. 그의 마지막 출연 작품은 영화사의 부하 직원이었던 베리만의 「산딸기」(1957)이다. 이 영화에서 그는 인류의 꿈과 실패에 대한 자신의 생각을 자전적으로 반영하는 인물로 나와, 인간의 감정을 형상화하는 자연에 대해 얼굴 가득 경이로운 표정을 짓는다.

파올로 케르키 우사이

주요 작품

「정원사Trädgårdsmästeren」(1912); 「잉게보리 홀름Ingeborg Holm」(1913); 「유다의 돈Judaspengar」(1915); 「테레 비겐Terje Vigen」(1917); 「폭풍이 부는 소작지에서 온 소녀Tösen från Stormyrtorpet」(1917); 「무법자와 그의 아내Berg-Ejvind och hans hustru」(1918); 「잉마르의 아들들Ingmarssönerna I, II」(1919); 「센도미르의 수도원Klostret i Sendomir」(1920); 「사무엘 선생Mästerman」(1920); 「유령 마차Körkarlen」(1921); 「남자의 이름을 대Name the Man」(1924); 「얻어맞은 남자He Who Gets Slapped」(1924); 「주홍 글씨The Scarlet Letter」(1927); 「신성한 여인The Divine Woman」(1928); 「바람The Wind」(1928); 「여인과 사랑Die Sehnsucht jeder Frau」(1930); 「와드쾨핑의 마르쿠렐Markurells i Wadköping」(1931); 「붉은 성의 아래Under the Red Robe」(1937).

참고 문헌

Forslund, Bengt(1980), *Voctor Sjostrom: His Life and Work*.
Jean, René and Ford, Charles(1963), *Victor Sjöström*.
Roud, Richard(ed.)(1980), *Cinema: A Critical Dictionary*.
Pense, Hans(1969), *Seastrom and Stiller in Hollywood*.

◀ 「폭풍이 부는 소작지에서 온 소녀」(1917)에서.

등에 대한 그의 관심은 이미 첫 영화 「재판장」(1919)과 에피소드 영화 「악마의 명부」(1921)에서 분명히 드러난다. 그리고 1925년 노르디스크 사의 새로운 강력한 경쟁자인 팔라디움Palladium 사에서 제작하고 라우 라우리첸이 배급한 「집안의 주인Du skal ære din hustru」에서는 새로운 차원에 도달했다. 덴마크 영화는 1차 대전 이후 점점 쇠퇴했지만, 드레이어는 고독한 천재로서 모국에 남아 있었다. 그는 노르웨이, 스웨덴, 독일, 프랑스 등에서 작업을 계속했다. 덴마크 영화는 스스로 무력해지면서 처참할 정도로 영향력을 상실해 갔다. 1920년대 초에 추락을 막기 위해 사력을 다해 노력을 기울이던 노르디스크 사는 수많은 디킨스의 소설을 영화화하기 위해 안데르스 빌헬름 감독에게 막대한 자본을 제공했다. 그러나 덴마크에서 거둔 진정한 성공이 국외로 연결되는 건 만만치 않았다. 덴마크 최초의 애니메이션 영화로, 로베르트 스토름-페테르센과 카를 비오르스트가 연출한 「세 명의 작은 사람De tre smaa mænd」(1920)도, 그리고 1922년 이후 악셀 페테르센과 아널드 풀센이 진행하던 유성 영화 실험도 비슷한 운명이 기다리고 있었다. 예외가 있다면 1921년부터 1927년까지 카를 센스트룀과 하랄 매슨이 제작한 「키다리와 장다리Fyrtaanet og Bivognen」 시리즈이다. 안데르스 빌헬름 산드베리가 연출한 「광대들Klovnen」(1926)은 노르디스크에서 제작해 미국에 배급한 마지막 극영화였다. 그러나 이 영화의 성공도 거대한 영화 제작국들의 싸움터에서 덴마크 영화의 실제적이고 총체적인 몰락을 막기에는 역부족이었다.

1896년부터 1930년까지 대략 2,700여 편의 극영화와 논픽션 영화들이 덴마크에서 제작되었다. 400여 편의 극영화를 포함해 현존하는 영화의 대부분이 코펜하겐의 데트 단스케 영화 박물관Det Danske Filmmuseum에 보관되어 있다.

스웨덴

스웨덴 최초의 전업적인 영화업자는 누마 페테르손으로서 뤼미에르 영화의 상영으로 활동을 시작한 사진작가이다. 1897년 뤼미에르 사의 대리인이었던 에오르에스 프로미오는 페테르손의 직원이던 에르네스트 플로르만에게 실제 사건을 필름에 담는 방법과 코믹한 단편 에피소드를 무대화시키는 방법들을 가르쳤다. 그러나 1908년까지 스웨덴 시장을 지배한 힘은 외국 회사들의 몫이었다. 아마추어 사진작가이기도 했던 회계사 샤를 망누손이 스벤스카 비오그라프테아테른Svenska Biografteatern과 결합해 1907년 2월에 크리스탄스타트에서 회사를 설립했다. 그는 축음기 녹음으로 동조시킨 시리즈 영화로 약간의 성공을 거두었다. 그리고 스웨덴 연극의 주제와 인물을 반영한 영화의 제작에 전력을 다했다. 그는 사극 「레기나 폰 에메리츠와 국왕 구스타프 2세 아돌프Regina von Emmeritz and King Gustaf II Adolf」(1910)의 야심 찬 대중판의 작자인 구스타프 〈뭉크〉 린덴과 스칸디나비아 최초의 여성 감독인 아나 호프만-우드그렌의 도움을 받았다. 호프만우드그렌은 아우구스트 스트린드베리에게서 「영양(令孃) 율리Miss Julie」와 「아버지The Father」의 판권을 넘겨받아 각색을 했다. 두 작품 모두 1912년에 모습을 드러냈다. 이 영화들이 일정한 성공을 거두고 덴마크의 경쟁자들이 성장하자, 영화 제작자들은 거점을 스톡홀름으로 옮겨, 대형 스튜디오를 건설하고 전국적인 상영관 체인의 구축에서 상호 협조하는 것이 좋다고 생각했다.

망누손은 목표로 했던 영화계로의 진출을 넘어서 절대적 통제권을 획득했다. 그는 쿼르크비켄 근처의 리딩고에 스튜디오의 신설을 계획했고, 스웨덴 무성 영화의 전망을 밝혀 줄 일단의 예술가와 기술자들의 지원을 얻었다. 그중 율리우스 옌존은 리딩괴Lidingö 스튜디오의 수석 촬영 기사 겸 감독으로, 예오리 아프 클레르케르는 제작 책임자 겸 감독으로 임명했다. 그 외에 『세니스크 콘스트*Senisk Konst*』지가 1912년 4월 6~7일자 기사에서 〈이 시대 최고의 감독〉이라고 불렀던 빅토르 셰스트룀과 러시아-유대 인 극장의 배우 겸 연출자로서 스웨덴과 핀란드를 오가며 다년간 활동하고 있었던 마우리츠 스틸레르가 있었다. 망누손 자신은 1909년과 1912년 사이에는 많은 영화를 연출했으나, 곧 소속 감독들이 제시한 위험도 높은 아이디어를 지원하는 일에 그의 무서운 직관과 에너지가 필요했으므로 스스로 제작자 역할에만 전념했다. 뿐만 아니라 셀마 라게를뢰프 같은 재능 있는 지식인들과의 협력 관계를 지속했다. 라게를뢰프의 소설은 스틸레르와 셰스트룀이 영화화했다. 1919년에는 젊고 새로운 재력가, 이반 크뤼게르가 출현하여 망누손의 회사와 경쟁사인 필름 스칸디아Film Scandia A/S 사의 합병을 단행해, 새롭게 스벤스카 필름인두스트리Svenska Filmindustri 사를 출범시켰다. 새로운 스튜디오를 건설했고, 영화관들은 신설과 보수를 통해 재정비했다. 1920년에 스벤스카 필름인두스트리는 전 세계에 지사를 거느린 세계적 회사로 성장했다. 1916년부터 1921년까지 펼쳐진 스웨덴 영화의 황금시대는 부분적으로는 1차 대전에서 스웨덴이 중립을 유지했기 때문이었다. 당시 덴마크를 포함한 유럽의 거대 영화 산업이 통상 금지와 함께 심각한 재정난을 겪고 있었다. 스웨덴은 장해를 겪지 않고 수출을 계속할 수 있었고, 같은 얘기지만 수입은 철저하게 감소한 까닭에 완벽한 흑자를 누렸다. 그러나 이렇게 우호적인 조건들이 특출한 재능을 가진 수많은 감독들의 창조적 작업에 그다지 효과가 있었던 것은 아니다.

연대순으로 보자면, 스틸레르와 셰스트룀이 스벤스카 비오그라프테테른에 합류하기 전이었으므로, 예오리 아프 클레르케르가 가장 먼저이다. 그의 영화의 특징으로는 묘사의 정확성과 연기에 대한 세심한 주의, 그리고 부르주아 드라마와 사회적 사실주의 장르의 관습들에 대한 엄격하고 정교한 재해석을 들 수 있다. 덴마크의 로베르트 디네센과 알프레드 린드가 「악마 넷De fire djævle」(키노그라펜, 1911)으로 시작한 서커스 장르는 감상적인 플롯, 현란한 충돌, 그리고 기수와 곡예사의 싸움 등을 특징으로 꼽을 수 있다. 최초로 국제적인 성공을 거둔 「곡마장의 위험한 말타기Dödsritten under cirkuskupolen」(1912) 이후, 클레르케르는 잠시 덴마크로 이주했다. 괴테보리에 설립된 신생 영화사 F. V. 하셀블라드 포토그라피스카F. V. Hasselblad Fotografiska AB의 초청으로 스웨덴에 돌아온 그는 1915년에서 1917년 사이에 28편의 영화를 연출했다. 그중 최고 작품으로 꼽히는 「도시 교외의 목사Förstadtprästen」(1917)는 사회에서 내몰린 사람들을 돕는 목사의 이야기로, 괴테보리의 빈민 지구에서 로케이션 촬영을 한 작품이었다.

마우리츠 스틸레르(1883~1928)는 정확히 조절된 페이스와 익살극*burlesque*에 가까운 사회 풍자가 있는 코미디를 전문으로 했다. 그의 코미디는 심리학적 분석과 설명보다도 사건을 구성하고 명확하게 표현하는 데 우선을 두었다. 「현대의 여성 참정권론Den moderna suffragetten」(1913)과 「사랑과 언론Kärlek och journalistik」(1916)은 그의 전형적인 스타일을 잘 보여 준다. 그는 〈도덕 이야기〉 시리즈의 제작에 착수해, 「여배우 구함Thomas Graals bästa film」(1917)과 「최신식 결혼Thomas Graals bästa barn」(1918)을 만들었다. 이 영화들에서 그는 불확실한 남녀 관계와 변덕스러운 열정에 대한 냉철한 시각을 보여 주고 있다. 스틸레르 작품의 이러한 경향은 「에로티콘Erotikon」(1920)에서 냉소와 무례의 정점에 다다랐다. 그러나 야망과 범죄 같은 주제에 대한 관심이 커짐에 따라 지난 10년을 접고 새롭게 출발했다. 셀마 라게를뢰프의 소설을 각색한 「아르네스 경의 보물Herr Arnes pengar」(1919)과 「예스타 베를링의 전설Gösta Berlings saga」(1923)에서는 유럽의 어느 감독도 이루지 못한 강렬한 비유와 서사시적 에너지를 가지고 주제를 다루었다. 또한 「예스타 베를링의 전설」에서는 젊고 재능 있는 여배우 그레타 가르보를 데뷔시켜, 그때부터 그녀와는 떨어질 수 없는 친구이자 스승이 되었다. 루이스 메이어가 그를 할리우드로 초청했을 때도 그는 가르보와 함께 가야 한다고 주장했다. 그러나 스웨덴을 떠나는 그들의 행로는, 가르보에게는 순식간에 스타덤에 오르는 첫걸음이 되었고, 동시에 스틸레르에게는 다시 회복하지 못할 창작의 위기가 시작되는 순간이었다.

셰스트룀(1923), 스틸레르와 가르보(1925), 배우 라르스 한손, 다큐멘터리와 드라마가 혼재된 「고대로부터의 마법Häxan」(1921)을 야심 차게 제작했던 덴마크 출신 감독 벤야민 크리스텐센 등이 스웨덴을 떠나자, 스웨덴 영화는 급격한 쇠퇴의 단계로 들어섰다. 구스타프 몰란데르, 욘 브루니우스, 구스타프 에드그렌처럼 무시할 수 없는 재능을 가진 감독들이 지난날의 영광을 가져다주었던 주제와 양식을 재생시키기보다는, 할리우드의 장르와 이야기 형식에 스웨덴 영화의 특성을 적용하려고 헛수고하는 사이에 스스로 관습적이 되어 갔다. 1931년 튀르 달린은 『영화 예술*L'art cinématographique*』의 〈이제는 말할 수 있다〉라는 글에서 〈스웨덴의 위대한 무성 영화 시대는 죽었다. 죽었고 그리고 묻혔다……. 현재의 진부한 상황에서 부활하기 위해서는 천재가 필요한 것 같다〉라고 쓰고 있다.

무성 영화 시대에 만들어진 스웨덴의 극영화는 약 500여 편으로(축음기 녹음과 동조시킨 단편 포함) 파악된다. 현재 200여 편의 영화가 스톡홀름에 있는 스벤스카 필름 연구소 Svenska Filminstitutet에 보존되어 있다.

참고문헌

Engberg, Marguerite(1977), *Dansk stumfilm*.

Film in Norway(1979).

Forslund, Bengt(1988), *Victor Sjöström: His Life and his Work*.

Schiave bianche allo specchio: le orgini del cinema in Scandinavia(1896~1918), (1986).

Uusitalo, Kari(1975), "Finnish Film Production(1904~1918)".

Werner, Gösta(1970), *Den svenska filmens historia*.

혁명 전 러시아 영화

유리 치비안

양식과 주제의 측면에서 독창적인 것처럼 보이는 러시아의 영화 산업은 국제 무역의 파생 산업으로 시작했다. 1910년까지 러시아는 카메라와 필름을 생산하지 못했기 때문에 영화 제작사들은 서구의 주류 영화 제작사들과는 아주 다른 방향으로 발전했다. 러시아의 영화 제작은 일반적인 경우처럼, 장비 산업 분야가 아닌 수입업자와 배급업자, 간혹 극장주에 의해 시작되었다.

사진가 출신의 알렉산드르 드란코프라는 예외가 있기는 하지만, 수입업자는 초창기의 제작사 설립에서 중심적 역할을 했다. 수입업자는 외국 영화 제작자와 국내 상영업자들을 연결하는 중간자였다. 그러므로 그들이 거래하는 제작사가 많을수록 자신의 영화를 확보할 수 있는 기회가 늘어났다. 알렉산드르 한촌코프의 제작사는 테오필 파테Théophile Pathé, 우르반, 헵워스, 비오스코프, 이탈라 필름 등에서 생산한 영화와 영사 장비를 판매하는 소규모 중개업자로 시작했다. 고몽, 워릭, 암브로시오, 노르디스크, 바이타스코프 등의 회사를 대리하던 파벨 티만은 혁명 전 영화 산업의 또 다른 중요 인물이 되었다. 러시아와 수출국들 사이의 왕래가 빈번했기 때문에 러시아 시장에서 미국 영화의 지분은 비교적 적은 편이었다. 오히려 파테-페레 사가 장비 판매(1904년부터)와 현상 서비스와 제작(1908~13)을 담당할 대표들을 파견했다. 고몽이 파테의 뒤를 이었지만 보다 좁은 범위에서 이루어졌다.

1906~7년경, 모스크바와 상트페테르부르크의 영화 상영관들은 사용한 프린트를 다른 지방에 대여하기 시작했다. 제작사에게 필름을 구매한 수입업자가 상영업자들에게 재판매하는 시스템이 정착되기 시작된 것이다. 모스크바의 전문 배

예브게니 바우어 (1867~1917)

1910년대의 러시아에서 가장 중요한 영화 연출자로 알려져 있으면서도, 소비에트의 공식 역사가들에게 〈퇴폐적〉이라고 비난받았던, 예브게니 프란체비치 바우어는 1989년에 재발굴되어 국제적으로 중요한 감독이 되었다. 그의 작품의 미학은 아르 누보로 알려져 있고, 러시아 문화의 융성 시대의 상징주의적 감성을 특징으로 하고 있다.

1867년 1월 20일에 오스트리아의 유명한 치터 연주자와 러시아 인 부인 사이에서 태어난 바우어는 오스트리아 시민권을 가지고 있었지만 동방 정교에서 세례를 받았다.

모스크바 미술 대학을 중퇴한 예브게니 바우어는 샤를 오몽의 겨울 공원, 모스크바 수족관, 미하일 렌토프스키의 보드빌 극장, 헤르미타지Hermitage, 미니어처 극장Theatre of Miniatures, 존Zon 등의 공연에서 오페레타와 소극의 세트 디자이너로 알려지기 시작했다. 이 기간 동안에 그는 가끔씩 아마추어 배우로 연기를 하기도 했다. 1912년에는 파테-페레의 모스크바 지사와 세트 디자이너로 계약을 했다. 당시 그의 조수는 장래 소비에트 최고의 세트 디자이너가 될 알렉세이 우트킨이었다. 1913년에 드란코프/탈디킨Drankov and Taldykin 사의 대작 영화 「로마노프가 삼백 년의 지배The Tercentenary of the Rule of the House of Romanov」의 세트를 디자인했다. 그해 말에는 파테 사와 드란코프/탈디킨 사에서 연출을 시작했다.

바우어의 독특한 연출 방법은 1913년에 이미 나타나고 있었고, 〈영화에서 거의 찾아보기 힘든 그의 예술적 취향과 직관에 대해 칭송을 받고〉 있었다. 바우어와 한존코프 사가 1914년 1월 재결합했을 때, 한존코프가 운영하는 잡지에서는 그의 이름을 대서특필하기도 했다. 그러나 현대 연극의 위대한 이름들 가운데 바우어의 이름을 올려놓으려는 시도에도 불구하고, 그의 이름은 영화 팬과 영화 연출자들의 세계 밖에서는 그다지 잘 알려지지 않은 채로 남아 있다.

바우어의 영화로 확실하게 공인된 82편 중에서, 남아 있는 26편은 세트 디자인, 조명, 편집, 카메라 운용의 측면에서 그의 독창적인 양식을 평가하기에 충분하다. 바우어 영화의 비일상적인 실내 공간을 보면, 페도르 셰흐텔을 통해 러시아에 알려진 아르 누보 실내 건축 양식과의 유사성을 지금도 찾을 수 있다. 세트 디자이너로서 바우어의 천재성은 1916년의 야심 찬 고예산 영화 「인생을 위한 인생」에서 때로 인물의 2배 높이에서 롱테이크 숏으로 촬영한 사치스러운 실내 장면에서 최고 정점에 도달했다. 이 세트에 관한 비평에 따르면 〈바우어 학파는 스크린의 사실주의를 인정하지 않는다. 그러나 아무도 살지 않는 그런 공간일지라도 여전히 어떤 효과와 감정을 만들어 낸다. 그것은 감독이 되려는 사람들의 어떤 노력보다도 훨씬 훌륭하다〉.

1916년 러시아 영화가 클로즈업에 대해 열광하고 있을 때, 많은 감독

들은 배우의 얼굴이 배경을 가리고, 따라서 세트의 미적 효과를 감소시킨다는 근거로 클로즈업에 반대했다. 바우어는 클로즈업이 제공하는 서사적 가능성에 흥미를 가졌음에도 불구하고, 비일상적 세트 디자인으로 얻어진 감독의 평판을 변화시키고 싶어하지 않았다.

그러나 세트 디자이너로서의 명성에도 불구하고, 감독으로서 바우어의 성과는 한 분야에 제한되지 않았다. 1913년 초에 이미, 거대한 세트 장식을 단순히 강조하기보다는 트래킹 숏을 통해 인물의 내적 삶에 대한 공감을 표현하는 기법을 보여 주었다. 1914년 파스트로네의 「카비리아」에서 볼 수 있는 이탈리아 양식과 달리, 바우어의 카메라는 한 장면의 공간을 훑으면서 옆으로 들어가는 것이 아니라 관찰자와 배우 사이를 중개하며 나아가고 빠진다.

바우어의 조명 효과에 대한 관심은 1914년에 덴마크와 미국 영화의 유사한 실험을 보고 더욱더 고무되었다. 이 실험에 대해서 이란 페레스티아니라는 배우가 바우어 작품의 조명을 기억하면서 다음과 같이 묘사했다. 〈그가 만든 장면은 살아 있었고, 기념비적인 것과 친밀한 것이 혼합되어 있다. 크고 육중한 기둥 옆에 투명한 명주 망사가 있었으며, 낮은 주택의 어두운 아치 아래로 무늬가 새겨진 침대보 위에, 또는 꽃과 모피와 수정 위에 조명을 비추었다. 그의 손에서 광선은 예술가의 붓이 되었다.〉

바우어는 1917년 6월 9일 크리미아의 한 병원에서 만성 폐렴으로 숨졌다. 그가 1920년대까지 살아 있었더라면 이루었을 것에 대해 말하는 것은 부질없다. 그와 연관된 많은 것들이 소비에트 영화의 인상적인 업적들을 만들어 냈다. 그의 영원한 촬영 기사 보리스 자벨레프는 알렉산드르 도브젠코의 「즈베니고라Zvenigora」(1927)를 촬영했고, 바실리 라할은 세르게이 에이젠슈테인과 아브람 룸의 세트를 디자인했다. 그리고 가장 어린 조수였던 레프 쿨레쇼프는 몽타주 학파의 창시자로 불린다.

유리 치비안

주요 작품

「어느 여성의 정신의 여명The Twilight of a Woman's Soul」(1913); 「대도시의 아이Child of the Big City」(1914); 「말없는 목격자들Silent Witnesses」(1914); 「백일몽Daydreams」(1915); 「사후After Death」(1915); 「천두 번째 책략One Thousand and Second Ruse」(1915); 「인생을 위한 인생A Life for a Life」(1916); 「죽어 가는 백조Dying Swan」(1916); 「넬리 라인체바Nelly Raintseva」(1916);「행복 다음After Happiness」(1917); 「파리의 왕The King of Paris」(1917); 「혁명가The Revolutionary」(1917).

참고 문헌

Robinson, David(1990), "Evgenii Bauer and the Cinema of Nikolai II", *Sight and Sound,* Winter 1990.
Tsivian, Yuri(1989), "Evegenii Frentsevich Bauer".

◀ 「그을린 날개Singed Wings」(1915).

급업자들은 시내 극장과 지방 업자들에게 프린트를 공급했다. 지방 업자란 〈배급 권역*prokatnyl rayon*〉으로 알려진 여러 지방에 대한 통제권을 갖고 지방 상영관들에게 프린트를 대여하는 사업을 하는 업체들이다.

우연이든 아니든, 이러한 배급 시스템이 러시아 영화 시장에 완전하게 정착하는 시점에서 최초의 국내 제작 영화가 출현했다. 이렇게 제작과 배급이 결합하는 방식은 1910년대 러시아의 영화 제작사에게는 성공할 수 있는 유일한 희망이었다. 러시아의 스튜디오는 수직적으로 통합된 이 시스템을 통해서, 외국 영화를 배급해서 번 돈을 국내 영화의 제작에 투자했다. 1920년대 중반에 소브키노Sovkino라는 지주 회사는 이 시스템을 이용해 일정한 성공을 거두기도 했다.

전 략

러시아 시장을 놓고 경쟁하던 스튜디오들은 파괴적이고 경쟁적인 두 가지 방식의 전략을 구사했다. 〈혼란*syrv*〉 전략은 경쟁사들의 영화가 개봉되기 직전이나 동시에 똑같은 주제(이야기, 제목)의 값싸고 너절한 영화를 배급해 타격을 입히는 악명 높은 수법이었다. 혼란 전략은 경쟁사 영화의 창조적 가치를 훔치는 방법을 쓰곤 했던 극장업자 F. 코르슈에게서 유래한 것으로, 드란코프나 페르스키Perski처럼 재정적으로 취약한 영화사들이 한존코프나 파테의 인기 작품을 대신할 값싼 영화로 지방 업자들을 유혹하기 위해 조직적으로 사용했다. 이 정책은 과열된 제작 경쟁과 은밀한 편집증을 널리 퍼뜨린 것 말고는 별로 이룬 것이 없었다. 혼란 전략과는 달리 경쟁 전략은 초기 한존코프, 파테-페레, 티만Thiemann, 라인하르트Reinhardt, 후기의 예르몰리예프Yermoliev와 하리토노프Kharitonov 등 안정적인 재정 상태에 있던 영화 스튜디오에 의해 발전된 것으로, 〈양질의 영화〉라는 개념을 추구하고 공인된 스튜디오 방식을 상품성 있는 가치로 전환시키기 위해 노력했다.

스 타 일

스타일의 관점에서 보면, 혁명 전 러시아의 영화 제작은 1913년 이전과 이후의 두 시기로 나눌 수 있다. 최초의 국내 영화(드란코프가 제작한 「스텐카 라진Stenka Razin」)가 제작된 1908년부터 1913년까지는, 양대 영화사였던 한존코프와 파테-페레가 경쟁하고 있었다. 그러나 1913년에 들어서는 모든 외국 제작사들이 규모를 감축하고 있었고, 파테는 성장 중인 티만/라인하르트 사와 예르몰리예프 사를 지원하고 있었다. 한존코프를 열심히 뒤쫓던 영화사들은 이른바 〈러시아 스타일〉이라 불리는 양식으로 영화를 제작하고 판매하면서 과거의 표준들을 수정하기 시작했다.

바로 그 시점부터 러시아의 초창기 영화 제작은 영화 외적인 문화에서 독립할 수 있었다. 이것은 부분적으로는 러시아 영화 제작이 뒤늦게 시작되었기 때문이라고 설명할 수 있다. 최초의 러시아 영화인 「스텐카 라진」은 「기즈 공의 암살」과 같은 해에 제작되었다. 러시아 영화는 트릭의 시대를 뛰어넘어, 모든 주요 국가의 영화들이 형성한 기초를 따라잡았고, 필름 다르 영화의 성공과 겨룰 정도가 되었다.

1908~10년 당시의 유럽 영화에서 보편적으로 받아들여졌던 선정주의적 그랑 기뇰*Grand Guignol* 양식에 물들지 않았던, 필름 다르 양식이 초기 단계의 러시아 영화에 전적으로 영향을 미쳤다. 이러한 경향은 파테-페레의 대외 정책과 일치했고, 그들을 통해 유지될 수 있었다. 리처드 에이블이 지적한 대로, 파테는 문화적으로 독특한 예술 영화(주로 역사 드라마)와 농촌 생활에 기반한 민족지적인 영화를 제작했다. 파테의 모스크바 제작 지부는 국제 시장에 우선적인 관심을 두었기 때문에, 영화의 문화적 특징이 지방색을 강조하는 방향으로 모아졌다. 기록에 따르면 파테의 카이 한센이 영화를 연출하면서 당시의 규칙, 즉 16세기 배경의 영화에서도 반드시 러시아식 찻주전자를 집어넣는다든가, 현대 드라마에서 모자를 기울여 인사하지 않고 허리를 굽히는 귀족식 인사법을 사용하는 등, 관습에서 벗어났지만 아무도 이의를 달지 않았다. 한편 한존코프는 국내 시장을 목표로 하면서 러시아 고전 문학을 영화화(주로, 표트르 차르디닌 수석 감독의 연출 작품)하는 과정에서 문화적, 민족적인 고유성을 부각시켰다. 한존코프의 문학 취향은 파테와의 게임에서 이기기 위한 카드였다. 나중에는 유명한 러시아 회화를 배경으로 한 활인화*live tableaux*로 대응했다.

1911년부터 러시아 영화에서 필름 다르 양식의 영향력은 줄어들기 시작했다. 파테와 고몽 사의 영화가 러시아 무대에서 사라져 가면서, 러시아 영화는 덴마크와 이탈리아의 살롱 멜로드라마의 영향 아래에 놓이게 되었다. 또한 연기 공간이 과거에서 현재로, 시골에서 도시로 이동했다. 그리고 진지한 전통 드라마는 퇴폐적인 분위기의 복잡한 멜로드라마에 길을 내주게 되었다. 이러한 주제의 이동은 블라디미르 가르딘의 영화와 야코프 프로타자노프의 영화에서 전형화되었다. 프로타자노프의 「행복의 열쇠The Keys to Happiness」(1913)는 5,000미터(약 3시간)짜리 영화로서, 지금까지 한존코프와 파테-페레의 그늘에 가려 있던 티만/라인하르트 스튜디오를 부각시켜 주었다. 그리고 멈춤-멈춤-멈춤*pause-pause-pause*이라는 독특한 연기 방식을 소개했다. 이 방식은 처음에는 〈브레이킹 학파*braking school*〉라고 불리다 나중에는 단순히 러시아 스타일로 알려졌는데, 이것은 원래 연극 무대에서 사용되던 스타니슬라프스키의 연기법*Stanislavsky's method*을 영화 연기에 응용한 것이다. 이 연기 기법은 곧 우수적 분위기를 띠게 되었는데, 한존코프 사에서 예브게니 바우어가 연출한 영화에 잘 스며들어 있었다.

1차 대전으로 영화 수입이 봉쇄되면서 러시아 영화 산업의 황금시대가 찾아왔다. 그 이전과 이후를 막론하고 러시아 영화가 러시아 영화 시장을 지배했던 적은 없었다. 1914~16년 동안에 내면적이고 느린 연출 방식이 러시아 감독들에 의해 의식적으로 계발되었고, 이것을 영화 전문지에서 국가의 미학적 기준으로 형식화했다. 이 양식은 예르몰리예프의 스튜디오에서 전형화된 인물(즉, 팜 파탈, 희생적인 여인, 신경증적인 남자)과 전형적인 미장센(즉, 인물을 사색에 빠지게 하는 정적인 회화)을 발전시키면서 구체화되었고, 이 회화 이미지를 플롯의 개발보다 더욱 중요시하게 되었다.

심리적 동작과 느린 연기가 진부해지면서 1917년 이후에 러시아 영화 양식은 급격한 변화를 겪게 되었다. 소비에트 문화를 지향하는 과정에 맞추어, 잘 구성된 플롯*syuzhet*의 개념과 빠른 이야기 구조가 문학과 영화에서 더욱 중요하게 되었다. 가속된 편집과 집중된 연기를 통한 레프 쿨레쇼프의 시대는 「기사 프라이트의 계획Engineer Prait's Project」(1918)에서 예고되었다. 이 영화는 러시아 사회의 수많은 변화는 물론, 지난 10여 년간의 영화에 대한 감독의 생각을 반영하는 영화이다.

개 인

러시아에서 사기업의 영화 제작이 최고조를 이루던 시기(1914~19)의 특징은 영화 팬의 역할이 증가한 것에서 알 수 있다. 처음에는 외국 스타들(〈우리의 프실란더〉 블라디미르 막시모프, 또는 〈북방의 베르티니〉 베라 홀로드나야)의 대용으로 선전되었던 국내 배우들이 얼마 지나지 않아 러시아 이름으로 대중들에게 알려지게 되었다. 이것은 영화사 간의 경쟁에서 새로운 전략을 불러왔다. 하리토노프Kharitonov 같은 신생 영화사들은 명성 있는 배우들을 부추겨서 설립되었다. 영화 전문지와 함께 팬 잡지들이 출현하기 시작했다. 한존코프가 재정을 지원하고, 두꺼운 문학지처럼 보이게 만든 『페가스*Pegas*』라는 잡지는 예술로서의 영화에 대한 미학적 논쟁과 영화 연출가의 기고문들을 정기적으로 실었다. 그 결과 개인적인 경력을 갖는 〈영화감독〉이라는 개념이 형성되었다. 〈배우의 감독〉이라는 평판을 얻었던, 표트르 차르디닌이 1916년 한존코프를 떠나 주요 배우들과 함께 하리토노프 사로 옮긴 뒤에 연출한 「나의 소중한 사랑 이야기The Tale of my Dearest Love」(1918)는 크게 히트했다. 이 영화는 그가 소비에트 시대 동안에 제작한 수많은 작품의 성공을 예견하게 해준다. 야코프 프로타자노프는 「스페이드의 여왕The Queen of Spades」(1916)으로 큰 인기를 얻었는데, 이 작품의 정교한 의상과 세트 디자인은 알렉산드르 베누아의 스케치를 모방한 것이었다. 그는 〈고급 예술 감독〉이라는 평가를 「세르기우스 신부Father Sergius」(1918)의 성공으로 확인시켜 주었다. 일반 대중들에게 그다지 알려지지 않았던, 살아 있는 곤충의 〈마법사〉 브와디스와프 스타레비치는 스튜디오에서 가장 필요로 하는 영화 연출자였다. 그러나 그는 러시아의 감독들 사이에서 부분적으로나마 독립성을 유지하고 있는 유일한 감독으로 알려져 있었다. 그는 소규모의 스튜디오를 소유하고 있었고, 영화의 주제를 자유롭게 선택할 수 있었다. 소비에트의 후계자들의 입장에서 보면, 감독들에 대한 혁명 전의 호평은 감독이 〈부르주아적 전문가들*spetsy*〉일 뿐임을 의미했다. 여러 방면에서 활약하였던 프로타자노프를 제외하고는 아무도 새로운 러시아에서 이전 같은 작품을 만들지 못했다.

참고문헌

Ginzgburg, Semion(1963), *Kinematografiya dorevolyutsionnoy Rossii.*

Hansen, Miriam(1992), "Deadly Scenarios: Narrative Perspective and Sexual Politics in Pre-revolutionary russian Film".

Leyda, Jay(1960), *Kino: A History of Russian and Soviet Film.*

Likhachev, Boris(1926), *Kino v Rossii.*

Cherchi Usai, Paolo, Codelli, Lorenzo, Montanaro, Carlo, and Robinson, David(eds.)(1989), *Silent Witnesses: Russian Films, 1908~1919.*

Tsivian, Yuri(1989), "Some Preparatory Remarks on Russian Cinema".

소비에트 연방과 망명 러시아 인들의 영화

나탈리아 누시노바

영화와 혁명

소비에트 영화는 공식적으로 1919년 8월 27일에 탄생했다. 이 시점은 사유 영화사와 사진업체를 국유화시키는 〈사진 산업과 무역의 인민교육위원회Narkompros로의 이행에 대하여〉라는 러시아 소비에트 사회주의 공화국 연방(RSFSR) 인민 위원회의 포고령에 레닌이 서명한 시점이었다. 그러나 영화계의 권력 투쟁은 1917년에 이미 시작되었다. 그 당시 영화 인력은 3개의 직업 조직으로 분류되었다. 즉, OKO(배급업자, 상영업자, 제작자 연맹), 영화촬영예술노동자연맹(창조적 노동자 ― 〈영화 귀족〉), 영화관노동자동맹(풀뿌리 또는 프롤레타리아, 주로 영사 기사). 영화관과 영화 기업가에 대한 노동자의 통제를 주장하던 영화관노동자동맹은, 이미 1918년에 설립되어 영화 산업의 국유화를 시작했던 모스크바와 페트로그라드의 영화 위원회의 경로를 따르기로 결정했다. 1918년 말까지 페트로그라드 위원회는 기능이 사라진 영화관 64개와 소유주가 포기한 2개의 스튜디오를 국유화했다. 반면에 대부분의 기업들이 집중되어 있었던 모스크바에서의 국유화 과정은 1918년 11월부터 1920년 1월 사이에 진행되었다.

국유화의 초기 단계에서는 대형 영화사만을 대상으로 했다. 가장 큰 스튜디오인 한존코프 스튜디오의 직원이 100명을 넘지 않았으므로 소비에트 영화의 초창기에는 개인 영화사와 국가 소유의 영화사가 공존했다. 혁명 전에 활동하던 일부 영화사들(드란코프, 페르스키, 벤게로프Vengerov, 키메라Khimera)은 국유화 이전에 이미 사업을 정리했다. 따라서

엑스테르가 제작한 구성주의적 세트를 배경으로 망명에서 돌아온 야코프 프로타자노프가 연출한 과학 판타지 영화 「아엘리타 Aelita」(1924)의 한 장면.

소비에트의 영화 제작은 5~6개의 영화사를 근간으로 인민 교육위원회의 사진 영화 분과가 통제하는 체계였다. 영화사들은 고스키노Goskino(전신이 한존코프), 스코볼레프 Skobolev 위원회, 예르몰리예프, 루스Rus, 탈디킨의 〈에라 Era〉, 하리토노프Kharitonov 사의 순서로 서열화되어 있었다. 또한 신생 스튜디오가 건설되기 시작했는데, 첫째로 페트로그라드(후에 레닌그라드)에 세브자프키노Sevzapkino 사가 설립되었다.

재건 과정이 1920년대 내내 계속되었다. 전 한존코프와 예르몰리예프 영화사의 스튜디오는 1924년에 합병되어, 1927년에 모스크바 외곽의 포틸리카 마을에 새로운 부지를 확보해 스튜디오 건설을 시작했다. 이 계획은 전국에서 가장 큰 규모로 진행되어, 1930년대 초까지 공사가 계속되었다. 결국 1935년에 이 통합 스튜디오는 모스필름Mosfilm이 되었다.

동시에 개인 영화사도 생존하고 있었다. 신속하게 활력을 회복한 사주들은 개인 스튜디오를 대형 영화사에 합병시키고, 때로는 소비에트에 소유권을 양도하고 재정적 자율권만을 갖는 방식으로, 때로는 새로운 형식으로 그것을 획득하는 병행 정책을 구사했다. 일례로 1915년 설립 이후부터 루스 영화사의 소유주였던 모이세이 알레이니코프는 1923년 국영 영화 기구인 메즈라브폼Mezhrabpom과 합병하여 메즈라폼-루스로 알려진 영화사를 설립했고, 이 영화사는 1926년에 합자 회사로 재편되고, 2년 후에 주주 구성이 바뀌어 메즈라폼-필름으로 재조정되었다. 이후 독일 배급 기관인 프로메테우스의 소속이 되어 인민 위원회로부터 영화의 수출과 수입권을 획득했다. 이러한 변화 속에서 메즈라폼은 소비에트 영화를 서방에 배포하는 중심 역할을 수행했다.

또한 영화 노동자들로부터의 압력은 새로운 상황을 형성하는 데 지속적으로 작용했다. 1924년 세르게이 에이젠슈테인과 레프 쿨레쇼프가 이끄는 일군의 영화 연출자들이 모스크바에 모여 혁명영화협회Association of Revolutionary Cinematography(ARC)를 조직했다. 프세볼로드 푸도프킨, 지가 베르토프, 그리고리 코진체프, 레오니드 트라우-베르크, 바실리예프 형제, 세르게이 유케비치, 프리드리히 에르믈러, 에스피르 슈브 등의 많은 지도적 영화 연출자들이 회원으로 참여한 ARC의 목표는 창작 과정에서 이데올로기적인 통제를 강화하기 위한 것이었다. 운영 중인 모든 스튜디오에 지부를 구성했고, 출판부를 통하여 주간 신문 『키노*Kino*』를 포함해 (나중에) 『소비에츠키 에크란*Sovietsky ekran*』과 『키노 이 쿨투라*Kino i kultura*』지를 차례로 발간했다. 1929년에 ARC는 혁명영화노동자협회Association of Workers of Revolutionary Cinematography(ARRC)로 이름을 바꾸었고, 곧 전국프롤레타리아작가협회All-Russian Association of Proletarian Writer(RAPP)의 강력한 영향력 아래 놓이게 되었다. 그 결과, 예술 전반에 부과된 문화 혁명의 일부분으로서 〈100퍼센트 프롤레타리아적인 영화〉라는 목표가 채택되었다.

1920년대의 지방 스튜디오는 신생 소비에트 사회주의 연방에 속한 공화국, 즉 우크라이나, 아르메니아, 그루지야, 아제르바이잔, 우즈베키스탄 등의 공화국에 배속되었다. 이들 스튜디오의 목표가 각 지방의 특성을 살리는 영화를 제작하는 것이었기 때문에 일정 정도의 자율성을 누릴 수 있었다.

얼마 지나지 않아 일국적 영화 산업의 건설을 위해 영화를 사회적, 국가적 통제 아래 둘 수 있는 중앙 집권화된 영화 제작이 목표가 된다. 이 목표의 첫 단계로 1922년 12월 독점적 영화 배급권이 부여된 고스키노Goskino 영화사가 설립됐다. 이런 형태의 고스키노는 관료주의로 기울었고, 12차 공산당 대회에서 기능을 축소당한다. 위원회는 연방 단위로 통합된 영화 산업을 구상하고, 각 공화국의 모든 국립 영화사를 단일 합자 회사로 통합하는 방안을 제안했다. 1924년 5월의 13차 당 대회는 이 안을 승인하면서, 추가로 영화의 이데올로기적 감시를 강화하고 영화계의 주요 직책에 검증된 공산주의자를 임명하는 결정을 내렸다. 1924년 12월부터 러시아 연방에서는 소브키노Sovkino가 이 역할을 담당했고, 동시에 각 공화국에도 다음과 같은 유사한 조직들이 설립되었다. 우크라이나의 VUFKU, 아제르바이잔의 AFKU, 중앙아시아의 부흐키노Bukhkino, 그루지야의 고스킨프롬Goskinprom. 소브키노를 비롯한 이들 기관들은 영화의 배급 및 수입, 수출에 대한 완벽한 독점권을 가지고 있었는데, 점차 제작 기능마저도 인수했다. 초기 몇 년간은 커다란 재정적 손실을 입기도 했지만, 소브키노 체계는 큰 변화 없이 1920년대 말까지 지속되었고, 후기 무성 영화 시대에 위대한 소비에트 영화의 제작 기반을 제공했다.

망명 러시아 인들

혁명으로 러시아 영화는 두 진영으로 분리되었다. 한 진영은 소비에트 연방에 남아서, 혁명 전의 경험을 파괴하고 지난 시대의 유산을 청산하여 새로운 시대의 예술을 창출하려는 열정으로 가득했다. 또 한 진영은 망명을 택하여, 혁명 전부터 내려오던 영화의 전통을 외국에서 보존하려고 노력했다.

망명은 1918년 여름 로케이션 촬영을 위해 크리미아로 내려갔던 영화 연출자 집단에서부터 시작되었다. 거기서 혁명을 끝까지 지켜본다는 것이 불가능하다고 확신한 이들은 서쪽을 향한 불확실한 여행길에 올랐다. 그들 대부분은 파리로 행선지를 잡았으나, 일부는 이탈리아로 갔고, 그 외에는 독일, 체코슬로바키아에 망명하여 영화 활동을 했다. 1920년대 후반에는 할리우드로 활동 중심을 옮기기도 했다.

1920년 2월 이오시프 예르몰리예프는 회사와 함께 파리로 이주했다. 그곳에서 그는 에르몰리예프Ermolieff로 이름의 철자를 바꾼 뒤, 에르몰리예프 필름이라는 스튜디오를 설립했다. 이 영화사는 1922년에 제작자 알렉산드르 카멘카와 노에 블로흐에게 양도되어, 알바트로스Albatros라고 이름을 바꾸었다. 여기서 활동하던 예술가 중에는 야코프 프로타자노프(뒤에 소련으로 돌아갔다), 알렉상드르 볼코프, 블라디미르 스트리체프스키, 뱌체슬라프 투르잔스키(서방에서는 빅토르 투르얀스키Victor Tourjansky라고 알려졌다) 등의 감독과 이반 모주킨, 나탈리아 리센코 등의 배우가 있었다. 또한 프랑스에는 러시아계 폴란드 인 애니메이터 브와디스와프 스타레비치(프랑스 이름은 라디슬라스 스타레비치)가 폰트네-수-부아에 자신의 스튜디오를 가지고 있었고, 프로듀서 파벨 티만은 주앵빌에 정착했다.

예르몰리예프는 베를린으로 이주해, 상당한 규모의 망명자 공동체를 발전시켰다. 그는 스트리제프스키와 프로타자노프를 데려오고, 이미 정착하고 있던 게오르기 아자가로프를

이반 모주킨 (1889~1939)

1889년 9월 26일 펜자에서 태어나 성장한 이반 일리치 모주킨은 모스크바 소재의 법률 학교에 들어가 2년을 다녔다. 그는 학업을 포기하고 키예프로 떠나 연극배우의 길을 모색했다. 2년 동안 여러 지방을 돌아다니다 모스크바로 되돌아와서, 모스크바 극장을 비롯한 여러 극장에서 활동했다. 그는 1911년에 표트르 샤르디닌이 연출한 「크로이처 소나타」로 영화에 입문했다. 이 영화를 시작으로 막강한 한존코프 사의 여러 작품에 출연했다. 「형제들The Brothers」(1913)에서의 코믹한 인물, 「무자비한 운명의 손아귀에서In the Hands of Merciless Fate」(1913)에서의 비극적 주인공. 1914년에 예브게니 바우어가 연출한 「파멸적 인생Life in Death」에서 그의 예술적 등록 상표가 된 인물을 발전시켰다. 침착하고, 솔직하며, 슬프게 응시하는 그의 눈길은 영화 관객들을 사로잡았다. 여기서 신비한 힘을 가진 모주킨의 눈길이라는 신화가 탄생했다. 드라마와 멜로드라마의 주연으로서 그는 샤르디닌의 「국화Chysanthemums」(1914)와 바우어의 「우상들Idols」(1915)에서 확고하게 입지를 굳혔다.

1915년에 그는 한존코프를 떠나 예르몰리예프 스튜디오로 옮겼다. 여기에서 야코프 프로타자노프의 지도로 「스페이드의 여왕」(1915)과 「세르기우스 신부」(1917)에서처럼 자기 이미지의 신비한 요소를 강화하는 한편 악마적인 요소를 도입해 그의 캐릭터를 풍부하게 했다.

자신이 연출한 영화 「불타는 화로」(1923)에서의 이반 모주킨.

대본 작가 A. 보즈네센스키의 영화적 이상은 모주킨의 눈길과 제스처, 생각에 잠긴 정적, 상대역을 최면에 빠뜨리는 능력 등을 영화에서 보여주려는 구상이 실현되는 데 도움을 주었다. 그에게 있어 발성은 가능한 한 배제되었고, 설명과 자막이 전혀 없는 영화가 이상적인 영화였다.

1919년, 예르몰리예프와 스튜디오 소속 영화인들은 러시아를 떠나 파리에 정착했다. 그들과 함께한 모주킨은 이름의 철자를 Mosjoukine으로 바꾸었다. 이 이름은 유럽 전역에서 유명해졌다. 연기에 대한 그의 생각은 당시 프랑스에서 유행하던 영화 이론, 특히 포토제니 *photognie*의 개념을 통해 강화되었다.

러시아에서의 마지막 시절에 그는 새롭고 중요한 주제, 즉 이중 또는 분열된 인격을 자신의 작품에서 드러냈다. 즉, 사빈스키가 연출한 2부작 서사시 「승리한 사탄」(1917)에서 그는 다중 인격을 연기했고, 이것을 나중에 자신이 연출한 「불타는 화로」(1923)에서 반복했다. 이중 인격과 생령 *dopplegangér*은 그의 프랑스 영화에서 여러 번 나타났다. 가장 눈부시게 표현된 것은 마르셀 레르비에가 피란델로의 이야기를 각색한 「고 마티아스 파스칼」(1925)에서였다. 이 영화는 죽음이 새로운 삶을 가져다줄 것이라고 믿는 한 남자에 관한 이야기이다.

모주킨은 또한 시인이었다. 시에서 그는 배우로서, 망명자로서 여기저기 가담하면서 휴식할 수 없는 자신의 처지를 늑대 인간으로 비유한다. 여기에서 「카사노바」(1927)의 영원한 방랑자, 「대제(大帝)의 밀사」(1926)의 차르의 간신 같은 그의 영화 속 인물들이 나온 것이다. 그러나 프랑스 시절에 그가 가장 몰두했던 것은 영화배우의 신비한 이미지를 벗으려는 끊임없는 욕망이었다. 그는 주인공의 역할을 유치하게 만들어 희화화하거나, 코미디로 돌아가거나, 한 영화에서 반대의 인물형을 도입하는 등 다양한 방식으로 그 욕망을 표출했다. 이렇게 진지한 절충주의는 프랑스 아방가르드와 미국 영화, 주로 그리피스와 채플린과 페어뱅크스에 대한 탐구로 강화될 수 있었다. 미국에 대한 그의 관심은 1927년에 그를 미국으로 이끌어 에드워드 슬로먼의 「항복」에 출연하게 했다. 단 1편의 영화를 끝으로, 그해 말 유럽으로 돌아온 그는 독일에 있는 그의 동료 망명객들과 재결합했다. 중요한 두 영화, 「하얀 악마」(1929)와 「X 상사」(1931)에서 러시아 망명객 역할을 했다. 그러나 그는 항상 두려움에 싸인 채 살았으며, 영화에서의 발성이 문제가 되었고, 외국어는 더욱더 문제가 되었다. 그의 말년의 역할은 미미했고 그다지 많지도 않았다. 1939년 1월 17일, 그는 빈민 구호 병원에서 급성 폐결핵으로 사망했다.

나탈리아 누시노바

주요 작품

「크로이처 소나타The Kreutzer Sonata」(1911); 「크리스마스 이브Christmas Eve」(1912); 「무시무시한 복수A Terrible Vengeance」(1913); 「사라의 슬픔The Sorrows of Sarah」(1913); 「승리한 사탄Satan Triumphant」(1917); 「작은 엘리Little Ellie」(1917); 「신부 세르기우스Fathe Sergius」(1917); 「불타는 화로Le Brasier ardent」(연출도 겸)(1923); 「고 마티아스 파스칼Feu Mathias Pascal」(1925); 「대제(大帝)의 밀사Michel Strogoff」(1926); 「카사노바Casanova」(1927); 「항복Surrender」(1927); 「하얀 악마Der weisse Teufel」(1929); 「X 상사Sergeant X」(1931); 「니체보Nitchevo」(1936).

끌어들여 함께 활동했다. 또한 러시아 출신 제작자인 드미트리 하리토노프가 이주했다. 1923년에는 블라디미르 벤게로프와 후고 스티네스가 규모 있는 영화사를 설립하여 독일에 정착한 많은 러시아 인들을 데려왔다. 1920년대 독일에서 활동하던 러시아 출신 영화배우로는 블라디미르 가이다로프와 올가 그소프스카야와 올가 체호바 — 후에 제작자 겸 감독이 된다 — 등이 있다. 많은 영화인들이 이 두 메이저 영화사를 중심으로 활동했으며, 그중에는 투르얀스키, 볼코프, 모주킨 등도 포함된다.

이탈리아에 정착한 영화 공동체의 중심에는 감독 알렉산드르 우랄스키, 배우 타티아나와 바바라 야노바 자매, 오시프 루니치, 미하일 바비치 등이 있었다. 1920년대 초에 체코슬로바키아의 러시아 이주민들을 대표하는 인물로는 베라 오를로바, 블라디미르 마살리티노프를 비롯하여 여럿이 있었으며, 10년 후쯤에는 소련의 유명 여배우 베라 바라노프스카야도 합류한다. 그녀는 프라하로 이주해 새로운 명성을 쌓았다.

1920년대 후반에 오면 할리우드는 망명 러시아 영화인들의 중심지가 된다. 투르얀스키와 모주킨(그는 오래 머물지는 않았다) 외에도 미국에서 터전을 마련하려고 애썼던 러시아 출신 배우로는 안나 스텐, 마리아 우스펜스카야, 블라디미르 소콜로프, 희곡 작가 체호프의 조카인 미하일(마이클) 체호프, 그리고 감독으로는 리샤르트 볼레스와프스키(리처드 볼레슬로스키), 표도르 오트세프, 드미트리 부호베츠키 등이 있었다. 미국 영화는 강력한 러시아 신화를 창조해 냈다. 동시에, 언제나 그랬듯이 망명자들을 흡수해 동화시킬 힘이 있었다. 망명 러시아 인들의 가장 중요한 목적은 러시아 문화를 외국에서나마 고스란히 간직한 상태에서 볼셰비키 정권이 무너지면 러시아로 돌아가는 것이었다. 그러나 이것은 미국에서 실행되기 어려운 일이었다. 할리우드는 그들의 기준을 가혹하게 강요했다. 오히려 가장 러시아적인 영화들은 프랑스의 망명자 그룹에서 나왔으며, 그 중심에는 가장 강력한 러시아계 스튜디오인 에르몰리예프-필름(알바트로스)이 있었다.

프랑스에서 러시아 인들이 제작한 영화의 양식은 혁명 전 러시아의 전통을 고수하려는 경향 때문에 〈보수적〉이라고 정의할 수 있다. 그러나 점차 서구적 맥락을 수용했다. 수많은 영화들이 혁명 전 영화의 리메이크였다. 프로타자노프는 자신의 1915년 작 「검사The Prosecutor」를 1921년에 〈정의가 우선Justice d'abord〉이라는 제목으로 리메이크했다. 또한 투르얀스키는 예브게니 바우어의 「승리한 사랑의 노래Song of Triumphant Love」를 1923년에 동일한 제목으로 리메이크했다. 그러나 주제만 동일하거나, 이전 영화의 구조를 이용하는 간접적인 방식으로 리메이크한 작품들도 있었다. 예를 들면 투르얀스키의 「쇼팽의 전주곡 15번Le XVme Prélude de Chopin」(1922)은 그의 1918년 작 「상류 사회의 무도회The Gentry's Ball」에서 모티프를 가져온 것이다. 프랑스에서 제작한 투르얀스키의 두 작품은 모두 바우어의 화면 구성과 카메라로부터 여러 겹의 공간으로 나누어 연기하는 분절적 공간 이용 방식을 이용했다. 현실과 비현실 사이에 놓인 인물들을 드러내는 시각적 주제와 혁명 전 영화에서 광범하게 사용되었던 1900년대 초의 러시아 지식인들의 신비적 의식을 표현하는 주제들은 망명자 영화에서 주제의 비현실성으로 변형되어 나타났다. 이것은 투르얀스키의 「승리한 사랑의 노래」에서는 환각의 형태로, 「대제(大帝)의 밀사」(1926)에서는 정신 착란의 형태로 나타났다. 그러나 대부분의 경우에는 「불안한 모험Angoissante Aventure」(1920)과 모주킨의 「불타는 화로」(1923)에서처럼 꿈으로 재현된다. 그리고 그것은 혁명 후에 그들의 존재가 일시적일 뿐이라는 은유로 지속적으로 사용되며, 오직 잠에서 깰 때만이 행복하게 끝날 수 있게 된다. 결국 혁명 전 영화의 규범 중의 하나, 즉 필연적인 비극적 결말, 혹은 〈러시안 엔딩〉이 깨졌다. 서구 관객들에게 그러한 엔딩은 볼코프의 「킨, 혹은 무질서와 천재Kean, ou désordre et génie」(1923) 같은 고전 멜로드라마의 경우에만 받아들여졌다. 망명 영화 연출자들은 비록 나라마다 정도는 달랐지만 점차로 그들의 입장을 포기하도록 강요받았다. 할리우드는 범주로 분류하자면 해피 엔딩을 주문했다. 예를 들면, 드미트리 부호베츠키가 1925년에 「안나 카레니나Anna Karenina」를 영화화할 때, 각본을 쓰면서 안나가 기차에 뛰어드는 장면을 꿈으로 처리하고 실제로는 브론스키와 결혼하는 내용으로 바꾸라는 압력을 받았다. 프랑스에서는 긴 싸움 끝에 영화 제작자들이 결국 그들의 입장을 포기했다. 망명 영화인들에게 러시아 고전의 훼손은 신성 모독으로 보였다. 1930년대에 제작자들이 유일하게 양보를 얻어냈던 경우는 투르얀스키가 1937년에 푸슈킨의 「철도역장」을 〈향수Nostalgie〉라는 제목으로 각색했을 때였다. 더 많은 경우에는 타협이 이루어졌다. 예를 들면 「승리한 사랑의 노래」의 경우, 투르게네프의 원작에서는 불완전한 결말로 끝나지만, 서방 영화 관객들의 해피 엔딩 선호를 고려해 행복한 내용으로 끝나게 된다. 그러나 러시아 인들은 원작의 신비하고 비극적

세르게이 에이젠슈테인 (1898~1948)

25세 때, 에이젠슈테인은 소비에트 연극의 무서운 아이 *enfant terrible*였다. 혁명 전 연극에서 최고의 실험작으로 인정받은 오스트로프스키의 고전 「어떤 현자도 실수는 있다」를 그는 불경스럽게도 서커스 양식으로 바꾸었다. 두 작품을 더 연출한 후에 프롤레트쿨트Proletkult에서 영화 제작을 위해 에이젠슈테인을 초청했다. 그때 만든 게 「파업」이었고, 이 영화는 메이예르홀트의 학생이던 그를 가장 유명한 소비에트 영화 연출자로 만들어 주었다. 몇 년 후에 그는 〈마차는 산산조각이 났고, 마부는 영화로 굴러 들어왔다〉라고 썼다.

에이젠슈테인은 모든 작품에서 그의 연극 경험을 살렸다. 소비에트적 전형에 대한 그의 해석은 그가 코메디아 델라르테에서 발견한 탈심리학적인 인격화에 의한 것이었다. 그는 이후의 영화에서 양식화된 조명, 의상, 세트 등 모든 자원을 대담하게 활용했다. 무엇보다도 표현주의 운동에 대한 에이젠슈테인의 구상은 리얼리즘의 개념들을 초월하여, 관객의 직접적 흥미를 목표로 삼아 반복해서 표현되었다. 「파업」에서는 노동자와 지도자의 대립을 증기 뿜는 소리를 통해 체조 동작처럼 나타냈다. 「낡은 것과 새것」(1929)에서는 한 여인이 쟁기를 내리치는 절망적인 행동을 도전의 격렬한

에이젠슈테인이 그린 「폭군 이반」(1944)의 스케치.

몸짓으로 변화시켰다. 「폭군 이반」 2부작에서는 배우의 동작을 순간순간 변화시키면서 웅장한 리듬을 만들었다.

에이젠슈테인이 생각하기에 영화는 연극 발전의 다음 단계일 뿐만 아니라 모든 예술의 종합이었다. 그는 시에서의 이미지 병치, 조이스의 『율리시스』에서의 내적 독백, 디킨스와 톨스토이의 작품에서의 동작과 대사의 풍부한 〈간격 편집*intercut*〉 등에서 영화의 몽타주 기법과의 유사성을 발견했다. 「전함 포템킨」(1925)에서, 성난 수병이 설거지하던 접시를 내려치는 장면에서는 동작을 분절시켜 수병과 미론의 〈원반 던지는 사람〉과 교차시킨다. 에이젠슈테인은 영화에 시각적 모티프를 혼합시키는 〈대위법적인 *polyphonic*〉 몽타주 개념을 세웠다. 그리고 사운드 기술이 도래하자, 이미지와 사운드가 바그너의 오페라처럼 내적 통일을 이루는 〈수직의*vertical*〉 몽타주 개념을 세운다.

표현주의 운동과 몽타주는 에이젠슈테인 미학의 초석으로서, 어떤 예술도 아닌 영화에서 완성을 이룬다. 「알렉산드르 네프스키」(1938)에서는 수직의 몽타주를 통해 이미지와 음악에 잠재된 정서적 역동성을 이끌어 낸다. 예컨대 알렉산드르의 군대가 튜턴 족 기사들의 공격을 기다리고 있는 장면에서는 군대의 예기되는 긴장감을 강렬하게 만들어 준다. 에이젠슈테인은 「어떤 현자도 실수는 있다Mudrets」 때부터 〈인력*attraction*의 몽타주〉를 제안했으며, 지각적 〈자극〉과 몽타주의 결합은 관객의 정서를 자극하고, 결국에는 성찰을 불러일으킨다고 주장했다. 「10월」(1928)을 제작하면서, 그는 일본의 하이쿠(俳句)와 조이스의 의식의 흐름처럼 숏의 병치가 순전히 개념적인 결합이 될 것을 예상했다. 「10월」에서 〈지적 몽타주〉로서 가장 유명한 부분은 신과 국가에 대한 소논문이라고 할 수 있는 장면으로, 종교와 애국심을 둘러싼 신비화를 나타내는 이미지와 자막이 사용된다. 에이젠슈테인에게 있어 몽타주는 마르크스의 『자본론』을 영화화할 수 있다는 믿음의 근거였다.

무성 영화 시대에 걸쳐 에이젠슈테인은 그의 미학적 실험이 국가의 프로파간다와 조화될 수 있다고 확신했다. 그의 영화들은 레닌의 묘비명으로 시작한다. 각각의 영화는 승승장구하는 볼셰비키 신화의 결정적 순간을 묘사한다. 혁명 전의 투쟁(「파업」), 1905년 혁명(「전함 포템킨」), 볼셰비키 혁명(「10월」), 현대적 농업 정책(「낡은 것과 새것」). 「전함 포템킨」의 세계적 성공은 체제에 대한 동화와 경외를 불러일으켰다. 오데사 계단에서 차르 군대가 무고한 사람들을 학살하는 충격적인 묘사를 보고 동요되지 않을 사람이 있겠는가? 1930년에 할리우드에서 잠시 머물렀고 멕시코에서(1930~2) 독립 영화의 제작을 시도한 뒤 소련으로 돌아온 에이젠슈테인은 스탈린이 권력을 잡은 소련으로 돌아온다. 영화 산업은 무성 영화 시대의 몽타주 실험을 비난하는 중이었고 뒤이어 사회주의 리얼리즘이 공식 정책이 되었다. 국립 영화 아카데미에서 가르치고 있던 에이젠슈테인에게는 그의 관심과 새로운 표준을 조화시키는 방법을 탐구하도록 허용되었다. 그러나 실제 작품을 통해 개념을 세우려는 그의 노력으로 시작된 「베진 초원」(1935~7)은 그 반대로 진행되었고, 영화는 중단되었다.

그는 「알렉산드르 네프스키」로 더 큰 성공을 거두었다. 이 영화는 스탈린의 러시아 중심주의와 일치하고, 시의 적절하게도 독일 침공에 대항하는 프로파간다로 인식되었다. 에이젠슈테인은 레닌 훈장을 받았다. 「폭군 이

반」 1부에서 에이젠슈테인은 주인공을 러시아의 통합을 위해 애쓰는 과감한 지배자로 묘사했는데, 스탈린이 어느 차르에 대한 〈진보적〉 해석이라고 격려함으로써 그의 위상은 한층 강화되었다.

그러나 「이반」 3부작 중 2부에서는 정책 결정자들과 충돌했다. 적들을 죽이는 데 주저하는 이반이 너무 햄릿 같다고 판단한 중앙 위원회에 의해 영화 상영은 금지되었다. 이러한 결정은 전쟁 기간 동안에 상당한 관용을 누려 왔던 예술에 대해 당의 통제를 강화하는 과정의 일부분이었다. 「이반」 2부에 대한 공격은 에이젠슈테인의 건강을 악화시켰고, 그를 고립시켰다. 1948년, 10여 년 동안 멈추지 않았던 비판의 그늘 아래에서 그는 죽었다. 역설적으로 그의 영화와 저작들은 소련보다도 서방에서 쉽게 볼 수 있었다. 비록 그의 명성이 일시적인 재평가를 겪기도 했지만, 그는 소비에트 영화 문화를 대표하는 가장 추앙받고 영향력 있는 인물로 남아 있다.

데이비드 보드웰

주요 작품

「파업Stachka」(1925); 「전함 포템킨Bronenosets 'Potemkin'」(1925); 「10월Oktyabr」(1928); 「낡은 것과 새것Staroe i novoe」(1929); 「전선Generalnaya Liniya」(1929); 「베진 초원Bezhin lug」(1935~7); 「알렉산드르 네프스키Alexander Nevsky」(1938); 「폭군 이반 1부Ivan Grozny Part I」(1944); 「폭군 이반 2부Ivan Grozny Part II」(1946).

참고 문헌

Bordwell, David(1993), *The Cinema of Eisenstein*.
Eisenstein, Sergei(1949), *Film Form: Essays in Film Theory*.
— (1992), *Towards a Theory of Montage*.
— (1988), *Writings, 1922~34*.
Leyda, Jay, and Voynow, Zina(eds.)(1982), *Eisenstein at Work*.
Nizhny, Vldimir(1962), *Lessons with Eisenstein*.
Seton, Marie(1952), *Sergei M. Eisenstein: A Biography*.

「베진 초원」(1935~7)의 한 장면. 영화는 분실되었고, 남아 있는 것은 각 숏의 몇몇 프레임뿐이다.

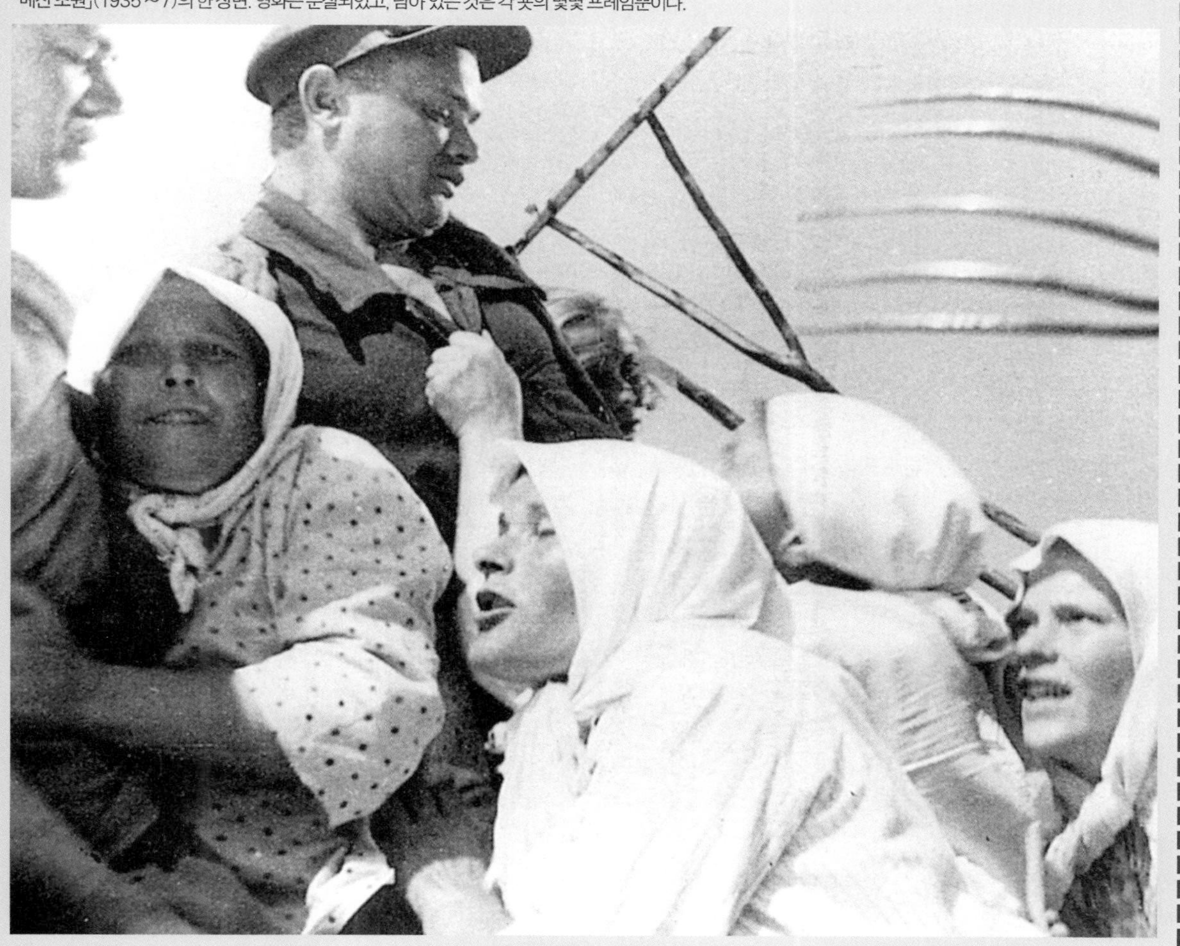

인 결말 그대로 연출했다. 대안적인 방법으로는 해피 엔딩을 〈러시아적 결말〉에 덧붙이는 이중적인 결말로 구성되기도 한다. 그 결과 「불안한 모험」에서는 주인공이 악몽에서 깨는 결말로 끝나고, 「쇼팽의 전주곡 15번」에서는 여주인공의 자살이 우연히 앞서 나온다.

망명자들은 보수적 가치관에 사로잡혀, 연기의 리듬과 페이스가 천천히 진행되는 혁명 전 영화의 전통을 고수하려 했기 때문에, 1920년대 서구 영화, 특히 프랑스 영화를 상징하는 아방가르드적 실험을 자발적으로 받아들이려 하지 않았다. 유일한 예외가 모주킨의 「불타는 열정」인데, 이 영화는 그들의 다른 영화들과는 본질적인 차이가 있었다. 전통적 접근 방식, 몽타주 실험에 대한 관심의 부족, 배우의 중시 등 망명자들의 영화가 가진 모든 양식적 특징은 1920년대 소비에트 영화와는 완전히 구별되는 것이었다. 당시의 기록에 따르면, 「불타는 열정」은 소비에트 영화의 젊은 감독들에게 일정한 영향을 준 유일한 망명자 영화라는 점에서 중요성을 지닌다.

소비에트 양식

망명자들과는 대조적으로 젊은 소비에트 감독들은 혁명 전 유산과의 관계를 완전하게 단절하려고 노력했다. 새로운 영화를 창조하려는 그들의 열망은 오랜 세월 러시아 전역을 포괄하던 구세계와의 단절이라는 목적을 반영한다.

영화의 사실성, 특히 급변하는 혁명의 사실성을 추구하기 위해서 몽타주를 통해 영화적 표현을 변형시키려 했다. 부분적으로 이것은 경제적 필요성으로 인해 발생된 것이고, 과거에 대한 무의식적 적대감과 연관된 것이기도 하다. 부족한 필름 공급 상태에서 영화가 발전하는 한 가지 방법은 옛날 영화, 경우에 따라서는 네거티브 상태의 영화를 재편집하는 것이다. 이런 관점에서, 모스크바 영화 위원회의 제작 부서에는 특별히 〈재편집부〉가 신설되었다. 영화 역사가 벤야민 비슈네프스키에 따르면 블라디미르 가르딘이 최초의 소비에트 몽타주 이론가였다고 한다. 1919년 2월 10일 가르딘은 재편집부에서 영화 예술의 기본 중의 하나로서 몽타주를 강의했다. 이 강의는 그의 동료들, 특히 레프 쿨레쇼프에게 강한 영향을 주었다. 쿨레쇼프는 유명한 실험들을 통해, 소비에트 몽타주 개념을 창시한 것으로 일반적으로 알려져 있다. 그러나 비슈네프스키에 의하면, 그것은 가르딘이 제시한 생각들을 발전시킨 것들이다.

이 실험들 중에서 가장 잘 알려진 〈쿨레쇼프 효과〉는 배우 이반 모주킨의 얼굴 클로즈업과 3개의 다른 화면, 즉 수프 접시, 관에 누운 여자의 시신, 놀이하는 어린이의 사진을 병치시켜 놓는 실험이다. 병치의 결과로 관객들은 배우의 얼굴 표정이 변화하는 인상을 받는다. 반면에 (혁명 전 영화에서 발췌한) 배경에는 변화가 없다. 이 실험으로 쿨레쇼프는 그가 발견한 여러 몽타주 법칙 중 한 가지를 확인했다. 즉, 영화에서 몽타주 시퀀스의 의미는 몽타주 요소들의 내용에 의해서가 아니라 병치 관계에 의해서 결정된다는 것이다. 1929년 런던에서 프세볼로드 푸도프킨이 〈배우 대신 모델〉이란 강의를 하면서 서구에 알려진 이 실험은(이러한 이유로 때로 푸도프킨 효과라고 잘못 거론되기도 했다) 신시대의 전위적 사고를 선언한 것이 아니라 소비에트 혁명의 과거 문화에 대한 파괴 행위로 비치기도 했다. 그래서 루스 필름 스튜디오(후에 메즈라폼-필름)의 책임자였던 모이세이 알레이니코프는 자신의 기억을 더듬으며, 쿨레쇼프의 〈몽타주 사람들〉을 가죽 자켓을 걸치고 권총을 찬 채 스튜디오의 옛날 네거티브 필름을 〈압수〉해서 〈부르주아들이 제작한 쓰레기〉를 재편집해 새로운 혁명 영화를 만들려는 사람들로 묘사하고 있다. 그들은 생필름*raw stock*이 없는 나라에서 새로운 영화를 만들어야 하는 상황이었다.

맹아 단계의 소비에트 영화는 처음부터 파괴를 통한 창조라는 원칙에 크게 경도되어 있었다. 기존 장르 영화의 상업적 구조에 대한 공격이 즉각적으로 시작되었다. 1919년에는 프로파간다 영화의 물결이 시작되었다. 그 영화들은 「대담한 악마Daredevil」, 「그들이 눈을 떴다Their Eyes were Opened」, 「우리는 복수를 초월한다We Are above Vengeance」, 창설 1주년을 맞이한 혁명군에게 헌정된 「붉은 깃발을 위해For the Red Banner」 등이었다. 이러한 선전물*agitki*들은 초창기 소비에트 영화관의 정규 상영작이 되었으며, 특별 장치를 갖춘 이동 상영관과 유명한 〈선동 열차*Agit-train*〉의 지원을 받아 전국적으로 공개되었다. 선동 열차는 1919년 4월에 처음으로 M. I. 칼리닌의 지도 아래 시골 지역을 대상으로 실시되었다.

1920년 11월 7일, 차르의 겨울 궁전에서 대규모 액션 장면의 촬영이 시작되었다. 이때 액션의 개념은 연극적 영화와 (영화적 연대기에서 근본적이라고 할 수 있는) 비연극적 영화의 규칙들을 혼합한 것이었다. 여기에서는 집단 창작의 개념(니콜라이 예브레이노프가 지휘하는 13명의 감독이 공동 연출)이 소개되고, 배우의 비개인화(1만 명이 참여), 관객 개념의 확장(10만 명 앞에서 상연), 연극과 영화의 경계를 모호하게 만드는 시도들이 이루어졌다(연기가 이루어지는 광장이 곧 극장이었지만, 그 전체가 영화로 촬영되고 있었다).

무대-스크린의 혼합은 1920년대 초 소비에트 영화의 일반적 유형이었다. 그리고리 코진체프와 레오니드 트라우베르크의 연극 작품 「결혼Zhenit'ba」에서는 스크린에 영사된 영상을 공연에 활용했다. 그 밖에 에이젠슈테인이 「글루모프의 일기Glumov's Diary」라는 영화를 막간극 형식으로 삽입한 「어떤 현자도 실수는 있다Mudrets」와 가르딘의 「철 굽Zheleznaya pyata」 등의 작품이 있다. 이러한 기법은 혁명 전 연극에서 이미 실험한 것들이었지만 소비에트 감독들은 이것을 알지 못했고, 이러한 성과의 파괴자의 역할을 여기서도 맡았다.

1920년대에는 집단 창작이 중요한 개념의 하나였다. 첫 번째 그룹은 쿨레쇼프의 지도로 1919년에 결성되었다. 여기에는 푸도프킨과 보리스 바르네트와 V. P. 포겔 외에 여러 명이 참여했다. 그들은 혁명 전 〈심리 드라마〉를 근본적으로 거부하면서, 연기에 대한 새로운 구상을 소개했다. 즉, 반사 신경에 대한 연구와 자동화된 연기를 통해 (1918년에 투르킨이 제안한 바 있는) 〈모델〉의 개념이 캐릭터의 심리적 구체화라는 개념을 대체했다.

쿨레쇼프의 뒤를 이어 지가 베르토프(본명은 데니스 아르크데비치 카우프만)가 이끄는 그룹이 나타났다. 그 구성원으로는 베르토프의 부인 엘리사베타 스빌로바와 동생 미하일 카우프만과 A. M. 로드첸코를 비롯한 여럿이 포함되어 있다. 『키노포트*Kinofot*』지와 『레프*LEF*』지에 발표된 선언문에서 나타나듯이, 그들은 배우(〈위험〉, 〈오류〉)의 개념과 이야기가 있는 연극적 영화의 개념을 완전하게 거부했다. 그들 키노-아이Kino-Eye 그룹의 목표는 〈알지 못하는 사이에 포착된 일상〉, 〈영화-진실*kino-pravda*〉, 〈혁명 수단으로서의 뉴스 영화〉 등이었다. 이것은 〈사실*fact*의 문학〉을 추구한 레프의

잭 런던의 소설을 슈클로프스키가 각색하고 레프 쿨레쇼프가 연출한 「법으로」(1926)의 한 장면.

구상에 기반을 둔 것으로, 이들은 〈예술 자체〉를 제거하려는 구성주의자들의 요구에 대한 응답이었다. 그러나 스크린으로 옮겨질 때는 영화 언어를 이용한 사실성의 변형이 허용되었으며, 키노-아이는 시간과 공간을 기술적으로 다루는 데에 매진했다.

에이젠슈테인의 영화 집단인 〈철의 5인The Iron Five〉은 G. V. 알렉산드로프, M. M. 슈트라우흐, A. I. 레프신, M. I. 고모로프, A. A. 안토노프 등이 참여하여 1923년에 결성했다. 에이젠슈테인은 첫 번째 이론적 저작에서 영화의 플롯을 인력의 몽타주로 대체할 것을 제안했다. 첫 장편 영화 「파업」(1925)에서는 혁명 전 러시아 영화와 서방 영화의 스타 시스템에 대한 대안으로, 주인공으로서의 군중을 제시했다. 에이젠슈테인에게 프레임은 개별적으로 중요한 몽타주 단위이다. 〈인력〉, 즉 관객의 지각에 대한 충격, 나아가 〈인력의 몽타주〉는 관객에게 미치는 일련의 충격이며, 말하자면 관객이 감독과 영화 텍스트의 공동 창작자로 참여하는 창조적 제작 방식에 대한 반응을 불러일으키는 충격의 단위이다. 여기에서 에이젠슈테인과 쿨레쇼프의 몽타주에 대한 구상이 가장 분명하게 구별된다. 쿨레쇼프의 체계에서는 관객이 수동적 역할에 머물러, 단지 준비된 정보의 수신자로 한정된다. 그의 이론에서 보면, 몽타주 시퀀스에 포함된 프레임의 역할은 단어를 구성하는 문자의 역할과 동일하며, 중요한 것은 각 프레임의 내용이 아니라 병치 관계이다.

프레임이 몽타주의 단위라는 구상 자체는 에이젠슈테인이 쿨레쇼프에게 빌려 온 것이다. 증언에 의하면, 에이젠슈테인은 쿨레쇼프의 「살인 광선Luch smerti」(1925)에서 군중 장면의 구성을 배웠다고 한다. 또한 그는 재편집, 주로 소비에트에 배급된 외국 영화의 재편집 과정을 통해 커다란 도움을 받았다고 인정했다. 거기에서 그는 에스피르 슈브의 작업에 참여했다. 그리고리 코진체프와 레오니드 트라우베르크에 따르면, 인력의 개념은 그들의 작품 「결혼」에서 인력이 작용하는 한 시퀀스를 보고 에이젠슈테인이 암시받았을 것으로 추정된다. 그러나 에이젠슈테인은 1923년의 연극 「어떤 현자도 실수는 있다」에서 처음으로 인력을 하나의 몽타주 시리즈로 결합시켰다.

그리고리 코진체프와 레오니드 트라우베르크의 지휘 아래 레닌그라드에서 결성된 별난 배우들의 작업소The Factory of the Eccentric Actor(FEX)는 1921년에 연극 워크숍으로 모였으나, 1924년에는 영화 집단이 되었다. FEX가 표방한 〈별남*eccentrism*〉의 강조는 한편으로는 그들이 하위 장르(서커스, 보드빌, 버라이어티 쇼)를 지향하고 살롱 중심의 진지한 예술의 전통을 거부하는 증거이다. 다른 한편으로는 모스크바로 수도를 이전한 이후, 지방이 된 레닌그라드의 예술가 집단의 자기 인식을 코드화한 것이다. 그들은 〈별남주의〉 선언(코진체프, 크리지츠키, 트라우베르크, 유트케비치가 1922년에 쓴 글들)의 겉면에 선언이 발표된 곳, 즉 레닌그라드를 〈별난 수도Ex-centropolis〉라고 명명했다. 이제 더 이상 중심도 아니고, 문자 그대로 〈별난〉 곳이 되었다. 시간이 지나면서 FEX 단원의 구성이 변하고, 그룹의 방향도 변하다가, 1926년부터는 명목만 유지했다.

레닌그라드에 기반을 둔 경쟁 그룹으로는 프리드리히 에르믈러, 에드바르트 요한손, 세르게이 바실리예프 등이 이끄는 실험 영화 워크숍Experimental Cinema Workshop(KEM)이 있었다. FEX와 달리 KEM은 순수한 영화 집단이었다. 이들은 스타니슬라프스키 시스템을 거부하면서, 프세볼로드 메이예르홀트의 개념을 모범으로 삼았다. 메이예르홀트는 배우의 기교를 영감보다 우선시하는 프로페셔널리즘을 강조했다. 1927년 몽타주 시대가 정점에 이르렀을 때 에르믈러는 〈영화를 만드는 것은 배우이지 프레임이 아니다〉라고 선언했다. 이런 자극적인 주장은 정교한 형식을 사용한, 자신의 작품 「제국의 파편Oblomok imperii」(1929)에서 전혀 다르게 나타났다.

서커스와 보드빌에 기반을 둔 〈별난〉 기법은 에르믈러의 「주홍빛 열기Skarlatina」(1924), 푸도프킨과 슈피코프스키의 「체스 열풍Shakhmatnaya goryachka」(1925), 유트케비치의 「라디오 탐정Radiodetektiv」(1926) 등 단편 영화에서 특히 두드러진다. 그러나 새로운 장르의 전형은 코진체프와 트라우베르크의 「옥챠브리나의 모험Pokhozdeniya Oktyabriny」(1924)이다. 여기에서는 소비에트의 풍자 언론에서 나온 정치적 표현, 미국 코미디의 트릭, 프랑스 아방가르드를 능가할 만한 급속한 몽타주 리듬 등을 선전물과 결합시켰다.

모든 경향들에서 공통적인 것이 찰리 채플린에 대한 다양한 우상화이다. 알렉세이 간과 지가 베르토프 같은 구성주의자들은 채플린을 혁명 전 전통과 균형을 맞추어 줄 모델로 보았다. FEX 그룹의 입장에서 보면 그는 세계에 대한 〈별난〉 시점의 화신이었다. 에이젠슈테인은 〈채플린 동작의 기교는 인력의 특성〉이라는 글을 썼다. FEX 단원들은 물론 쿨레쇼프의 입장에서도 그는 미국의 화신이었다.

소비에트 아방가르드가 찬양하던 미국은 20세기 기계 시대의 리듬이 들리는 실제 장소라기보다는 상징이 되었다. 쿨레쇼프에게는 이 미국이 일종의 개념적 몽타주의 공간으로서 기능한다. 그는 초기 실험작 〈창조적 지리학〉 중 「창조된 지구 표면Tvorimaya zemnaya poverkhnost」(1920)에서 호클로바와 오볼렌스키는 모스크바의 고골리 거리에서 〈나타나〉 워싱턴의 국회의사당 계단 위로 발을 옮긴다. 그 당시 만든 다른 실험작 「창조된 사람Tvorimiy chelovek」에서는 인간의 몸에 추상적 개념을 적용해서, 〈한 여인의 등〉과 〈다른 이의 눈〉과 〈또 다른 이의 다리〉를 결합시킨다. 여기서 조물주로서의 영화 작가라는 개념은 다른 영화 연출가들에게 공유되었다. 1923년의 선언문에서 지가 베르토프는 〈아담보다도 더 완벽한〉 인간을 몽타주로 결합할 수 있는 키노-아이의 능력에 대해 발언했다. 한편 코진체프와 트라우베르크는 영화화되지 못한 시나리오 「에디슨의 여인Zhenshchina Edisona」(1923)에서 새로운 이브, 에디슨의 딸, 신세계 시조의 창조를 구상했다.

아방가르드 경향과 병행하여 학구적이고 전통적인 영화들도 소련에서 살아 남았다. 이 영화들은 혁명 전부터 활동하던 A. 이바노프스키, C. 사빈스키, P. 샤르디닌 등의 감독들에 의해 폭넓게 제작되고 있었다. 말할 필요도 없이, 이 영화들이 전부 보수적인 것은 아니다. 오히려 전통적 기법과 인위적으로 부과된 혁명적 주제를 혼합시키려고 했다. 흥미로운 실례로는, 가르딘의 「하나의 유령이 유럽에 출몰하고 있다Prizrak brodit po Yevropie」(1923)가 있다. 에드거 앨런 포의 「붉은 죽음의 가면The Masque of Red Death」에서 영감을 얻은 이 영화는 세심하게 계획된 몽타주와 전통적 서사가 동시에 있다. 그리고 이중 노출에 의한 악몽 장면에서는 혁명으로 일어선 군중과, 양치기 소녀와 사랑에 빠진 황제를 대비시킨다. 군중은 승리하고, 황제와 양치기 소녀는 불에 던져진다. 그러나 이 결말은 받아들이기가 쉽지 않다. 영화가 멜로드라마 장르로 만들어질 때부터 관객을 동화하게 만드는 것은 주인공과 여주인공이지 탈인격화된 군중이 아니다. 야코프 프로타자노프가 소련으로 돌아와 제작한 「아엘리타」(1924)가 보다 분명한 예가 될 것이다. 이 영화는 알렉세이 톨스토이의 혁명적인 과학 소설을 원작으로 한 것으로, 망명자 영화의 모든 시적 관습과 주요 요소들을 통합시켰다.

새로운 장르의 건설이 1920년대 소비에트의 영화 연출자들에게는 절박한 문제였다. 아드리안 표트로프스키(1969)에 의하면, 1920년대 초에는 플롯(재난-추적-구조)과 표현 기법(세밀한 몽타주, 정서적 인력*attraction*의 개발, 상징적 소재) 모두에서 그리피스의 멜로드라마가 절대적인 모델이었다. 초기 소비에트 영화 플롯의 특징은 「볼셰비키 땅에서 겪은 웨스트 씨의 이상한 모험Neobychainiye priklucheniya mistera Vesta v stranie bolshevikov」(1924)에서처럼 신생 소비에트 형사의 역할을 만들어 내기도 했다. 한편 미시적 단계에서는 〈인력의 몽타주〉(에이젠슈테인)와 〈리듬에 맞춘 몽타주〉(키노-아이 그룹)처럼 기술적인 발전을 이루었다.

연극적 영화와 비연극적 영화의 논쟁을 어느 정도 초월한 새로운 기법들의 혼합이 나타난 것은 1920년대 중반의 〈혁명적 역사 서사시〉가 발전하면서부터이다. 이 범주의 영화들은 비전통적인 플롯 구성과 이야기, 강렬한 몽타주, 풍부한 은유와 영화 언어 사용 등의 특징을 보이는 한편 혁명적 주제들을 다루어 사회적, 이데올로기적 요구를 완수하기 위한 목표가 뚜렷했다. 에이젠슈테인의 「파업」과 「전함 포템킨」(1925), 푸도프킨의 「어머니Mat」(1926)와 「상트페테르부르크의 종말Koniets Sankt-Peterburga」(1927)과 「징기즈 칸의 후계자Potomok Chingis-Khana」(1928), 알렉산드르 도브젠코의 「즈베니고라Zvenigora」(1927)와 「탄약고Arsenal」(1929) 등과 같은 고전 영화들이 여기에 포함된다.

표트로프스키에 따르면, 영화 장르의 표준화는 1925년 이후에 서사시적 작품을 보다 규범적인 양식으로 제작하면서 이루어졌다. 예를 들면, 이바노프스키의 「데카브리스트Dekabritsky」(1927)와 모스크바 극장의 영향하에 제작된 유리 타리치의 「농노의 날개Krylya kholopa」(1926) 등이 해당된다. 전통주의자와 혁신주의자들 간에 계속된 싸움은 코진체프와 트라우베르크의 FEX 그룹이 동시대적 주제를 위해 그들의 강령을 포기하면서 촉발되었다. 1927년에는 데카브리스트 운동에 관한 영화 「큰일 클럽Soyuz velikova dela」을 만들었다.

「큰일 클럽」에는 형식주의 이론가 유리 티냐노프와 율리 옥스만이 대본 작가로 참여했다. 1926년부터 소비에트 무성 영화는 에이젠슈테인이 말한 대로 〈제2의 문학 시대〉에 들어섰다. 시나리오의 역할에 대한 격렬한 논쟁이 일어났다. 한쪽 극단에는 연극적 영화의 개념을 완전히 거부하는 베르토프와 촬영이 끝난 뒤 영화의 시나리오를 집필하자고 제안했던 작가 오시프 브리크가 있었다. 다른 한편에는 이폴리트 소콜로프와 〈강철 시나리오〉의 지지자들이 모든 숏은 숫자로 표시하고 사전에 충분히 계획되어야 한다고 주장했다. 에이젠슈테인은 강철 시나리오에 대항해 〈정서적〉 시나리오, 〈충동의 속기록*Stenographic record of the impulse*〉 개념을 제안했다. 그것은 감독의 발상을 시각적으로 구체화시키는 데 도움을 줄 수 있는 시나리오를 의미한다.

전체적으로 형식주의 작가와 비평가들의 개입은 적어도 소비에트 영화에 문학적 가치들을 일정하게 통합시킬 수 있도록 이끌었다. 이것은 티냐노프의 각본 「외투Shiniel」(1926)와 빅토르 슈클로프스키의 「법으로Po zakonu」(1926)에서 분명하게 드러난다. 「외투」는 고골리의 작품을 각색한 것으로 코진체프와 트라우베르크가 연출했으며, 「법으로」는 잭 런던의 단편 「불청객The Unexpected」을 각색한 것으로 쿨레쇼프가 연출했다. 슈클로프스키는 베르토프가 허구 영화에 대항하여 제창한 〈사실 영화〉의 영화적이고 반문학적인 가치를 시나리오에서 구현하려고 노력했다. 아브람 룸이 연출한 「침대와 소파Tretya Meshchanskaya」(1927)는 그 산물이며, 영화는 일상생활의 세밀한 부분들에 대한 관심을 보여준다.

주변 현실에 대한 세밀한 관심을 표현하는 〈일상 장르〉는 점차 소비에트 영화에서 지배적인 위치를 차지하기 시작했다. 여기에는 페트로프-바이토프의 「소용돌이Vodororot」, 에르믈러의 「눈 더미 속의 집Dom v sugrobakh」(1928), 에이젠슈테인의 「전선」(1929) 등의 영화들이 있다. 또한 보리스 바르네트의 코미디 영화, 「모자 상자를 든 소녀Devushka s korobkoi」(1927)와 「트루브나야 광장의 집Dom na Trubnoi」(1928)에서도 일상적 삶이 중심 주제이다. 특히 「트루브나야 광장의 집」에서는 소비에트 영화의 중요한 경향 중의 하나인 도시주의 영화가 결합된다. 이 영화의 주제는 도시와 지방의 균형인데, 에르믈러의 「카티야의 사과Katka bumazhny ranet」, 룸의 「대도시에서V bolshom gorodie」, Y. 젤리야부즈스키의 「도시 입장 금지V gorod vkhodit nelzya」, 푸도프킨의 「상트페테르부르그의 종말」 등의 영화에서처럼 지방에서 도착한 사람의 눈에 비친 열린 신세계로서의 도시이다.

1920년대 말에 이르자, 소비에트 영화에는 모순적인 상황이 발생했다. 몽타주 영화는 최고점, 정확하게 말하면 여러 개의 최고점에 도달했다. 그러므로 그 내부에는 다양한 경향들이 있었다. 한편에는 지적 영화의 이론이 있었다. 에이젠슈테인은 「10월」(1927)을 제작하면서 이 이론을 발전시키기 시작해서, 1929년 「영화의 4차원」이라는 글에서 최종적으로 정리해, 아방가르드 영화에 중요한 영향력을 행사했다. 다른 한편에서는 이른바 〈서정적〉 또는 〈정서적〉 영화가 있었다. 이것은 상징 이미지를 통해 작동하며, 다음과 같은 영화, 도브젠코의 「즈베니고라」와 「탄약고」, 니콜라이 셴겔라이의 「엘리소Elisso」(1928)」, 예브게니 체르비아코프의 「내 아들Moi syn」(1928)과 「황금 부리Zolotoi klyuv」 등에서 전형화되었다. 트라우베르크의 회상에 따르면, 에이젠슈테인의 4차원 이론의 영향하에서, 그와 코진체프는 「신바빌론Novy Vavilon」(1929)을 제작하면서 몽타주 원칙을 완전히 바꾸었다. 이 영화에서는 에이젠슈테인이 〈지적 체계에서 결합된 의미들의 충돌〉이라고 불렀던 것에 따라, 플롯 전개에서 〈연기 동작의 연결〉을 포기했다. 그들은 그 직후에 개봉한 푸도프킨의 「상트페테르부르크의 종말」에서 지성과 정서의 양극단 사이에 위치한 중간 지점을 보았다. 그것에 감명을 받아 영화 전체를 거의 다시 만들었다.

지적 몽타주와 서정적-상징적 몽타주 영화, 그리고 암시적인 플롯의 영화가 최고조로 발전한 이 시기에 상업적 장르 영화에서도 병치 체계를 만들어 냈다. 주목할 만한 영화로는 가르딘의 「시인과 차르The Poet and the Tsar」, 샤르디닌의 「수도원 벽 뒤에서Behind the Monastery Wall」, 콘스탄틴 에게르트의 「곰의 결혼식Medviezhya svadba」(1926) 등이 있다. 그러나 1920년대 말에 이르러 혁신주의자(좌파)와 전통주의자(우파) 모두를 비난하는 글들이 문학 비평에서 보이기 시작했다. 1928년 봄, 전국 당 대회가 소집되어 〈수백만이 이해할 수 있는 형식〉에 대한 요구가 영화를 평가하는 주요한 미학적 기준으로 제시되었다. 그러나 상업 영화에 대한 거부는, 거의 구파 영화 연출자들에 의해 제작되었기 때문에, 형식적인 질문 이상을 하는 것은 위험하다는 사실을 말해 주었다. 영화계에서 숙청이 시작되었다. 백군, 쿨락*kulak*, 첩자, 소비에트 러시아로 은밀히 침투하려는 반동 망명자 등이 더욱 빈번하게 영화에 나타나기 시작했다. 프로타자노프의 「그의 호출Yego prizyv」(1925), 젤랴부즈스키의 「도시 입장 금지」, 요한손의 「바닷가 저편Na dalyokom beregu」(1927)」, G. 스타보바의 「숲지기Lesnoi cheloviek」(1928)

▶ 그리고리 코진체프와 레오니드 트라우베르크가 연출한 파리 코뮌에 대한 서사시 「신바빌론」(1929)의 한 장면.

등과 같은 영화들은 이런 새로운 유행을 보여 주는 불편한 증인이 되었다. 문학에서 RAPP의 역할이 점차 강해지면서 이데올로기적인 압력이 조성되기 시작했고 영화 역시 그 목표가 되었다.

정치적 분위기의 변화와 상관없이 소리의 도래는 소비에트 영화의 새로운 시대를 여는 데 중요한 역할을 했다. 이 새로운 발명품이 소비에트 영화에 소개되기 이전, 1928~9년에 이미 소비에트의 영화 연출자들은 그 의미와 가능성에 대해 이야기하기 시작했다. 1928년에 에이젠슈테인과 푸도프킨과 알렉산드로프는 〈유성 영화의 미래〉라는 선언에서 시청각적 균형이라는 개념을 제시했다. 레닌그라드의 쇼린Shorin과 모스크바의 타게르Tager에서 활동하고 있던 기술자들은 그 당시에 소비에트 영화 스튜디오에서 사용할 녹음 시스템을 개발했다. 영화에 사운드를 적용하는 것이 시급한 국가 정책이 되었다. 푸도프킨의 「인생은 멋진 거야Ochen' khorosh zhivyotsya」로도 알려진 「단순한 경우Prostoi sluchai」(1932)와 코진체프와 트라우베르크의 「혼자서Odna」(1931)는 무성으로 계획된 영화들인데 〈유성 영화로 전환〉하라는 명령으로 각각 1년과 2년 뒤에 개봉되었다. 아마도 담당자는 말하는 영화를 28년 당 대회에서 언급된, 대중에게 영화를 쉽게 보여 주기 위한 하나의 방법으로 보았을 것이다. 그리고 몇 년 뒤까지도 시골 지역에서는 유성 영사기가 없었기 때문에 토키와 별도로 무성 영화가 계속적으로 제작되었다. 그 중에 미하일 롬의 「비곗덩어리Boule de suif」(1934)와 알렉산드르 메드베드킨의 「행복Shchastie」(1934) 등이 주목할 만하다. 일반적으로 예술 형식으로서의 무성 영화는 1929년, 소비에트 영화에서 절정에 도달했다고 말한다. 이때부터 소비에트 영화는 발전을 멈추고 후계자에게 자리를 내줄 준비를 하고 있었다.

참고문헌

Christie, Ian, and Taylor, Richard(eds.)(1988), *The Film Factory*.

Leyda, Jay(1960), *Kino: A History of Russian and Soviet Film*.

Piotrovsky, Adrian(1969), *Teatr, Kino, Zhizn*.

Istoriya sovietskogo kino v chetyryokh tomakh, Vol. i: *1917~1931*.

Lebedev, Nikolai(1965), *Ocherk istorii kino SSSR. Nemoe kino(1918~1934)*.

Margolit, Yevgeny(1988), *Sovietskoie kinoiskusstvo*. Moscow, *1988*.

유럽의 이디시 영화

마레크 · 마우고르자타 헨드리코프스키

초창기 유럽 영화를 조망하면서, 동부와 중부 유럽에서 1930년대까지 번창했던 전통적인 이디시*Yiddish* 영화의 독특한 현상을 빼놓고는 완전하다고 할 수는 없다. 이디시 영화는 이디시 언어에 기초한 유럽의 유대 인 문화와 문학이 독자적으로 구축한 전통에서 뿌리를 찾을 수 있다. 이디시 어는 예외적인 표현이 풍부하고, 관용구가 대단히 발달했으며, 어휘가 풍부한 언어로, 세기 초까지 대부분 유럽 중부와 동부에 살았던 1000만 명 이상의 유대 인과 미국, 멕시코, 아르헨티나 등지로 이주한 일부 유대 인들의 모국어였다.

이디시 문화의 전통

동부와 중부 유럽에 걸쳐 있는 이디시 문화는 유럽의 다른 지역과 비교해도 전혀 뒤지지 않는 문학을 발전시켰다. 정식 문학의 반열에 오른 고급 작품들과 함께 많은 대중 산문들이 값싼 팜플렛 형태의 연재물로 인쇄되었다. 세기 초에 이디시 문학을 대표하던 작가들은 다음과 같다. 유대 연극의 아버지 아브롬 골드파든을 비롯해 얀케프 고르딘, 안스키(숄리메 자인빌 라포포르트), 이츠호크 라이브 페레츠, 숄렘 아시, 요이제프 오파토슈(요이제프 마이어 오파토프스키), 숄렘 알레이헴(숄렘 라비노비츠) 등. 이 작가들의 작품이 1910년대와 1920년대에 걸쳐 영화화되면서, 초창기 이디시 영화가 형성되기 시작했다.

이디시 영화는 19세기 말에서 20세기 초에 이르는 시기의 유대 인 드라마와 연극에 그 뿌리를 두고 있으며, 푸림제

Purim-Shpil〔하만 왕으로부터의 유대 인 학살을 모면한 사실을 기념하는 축제 — 역주〕의 전통에서 유래하고, 〈슌트-로망*shund-roman*〉이라 불리는 대중 소설의 요소들이 결합한 것이다. 1892년에 에스터 로흘 카민스카라는 여배우가 바르샤바의 엘도라도Eldorado 극장에 처음으로 모습을 드러냈다. 1911년까지 카민스키의 문예단이 디나시Dynasy, 엘리제움Elizeum, 오리온Orion 등 세 곳에서 유대 인 극장을 개장했다. 1916년에는 유명한 빌너Vilner 문예단이 빌나(현재의 빌뉴스)에서 모르드헤 마조에 의해 시작되었다. 1918년 대서양 건너 뉴욕에서는, 얀케프(야코브) 벤-아미가 모리스 슈바르츠와 함께 이디시 예술 극장Yiddiss Arts Theatre을 설립했다.

이디시 극단의 레퍼토리는 성서 이야기, 동유럽의 전설, 유대 인의 민속 전통들로 구성되었다. 종교적 분위기를 자아내는 장면들이 춤과 노래와 섞이기도 했다. 이렇게 장면 분위기가 변화하면서, 계속된 공포감이 뒤집히고, 슬픈 멜로드라마가 있는 비극과 연쇄적인 웃음을 불러일으키는 통렬한 위트가 결합됐다. 또한 하시디즘*Hasidism*에서 빌려온 독특한 인물과 풍부한 표현들을 공연에서 이용했다. 이디시의 연극과 영화에서 동유럽의 하시디즘을 빼놓고서는 온전히 이해했다고 볼 수 없다. 하시디즘은 자신들만의 독특한 신비주의와 철학을 가지고, 개인의 낭만적 반항과 전통과 변화 사이의 갈등 같은 주제에 지속적인 관심을 보였다.

무성 영화

이디시 영화는 초창기부터 유대 인 관객뿐만 아니라 이국 취향의 다른 민족들 사이에서도 상당한 인기를 끌었다. 이디시 영화는 폴란드, 러시아, 오스트리아, 독일, 체코슬로바키아, 루마니아 등지에서 광범위하게 제작되고 있었다. 러시아에서는 라트비아의 리가에 있는 S. 민투스Mintus 사를 비롯해 오데사의 미즈라흐Mizrakh와 미로그라프Mirograf 사, 모스크바의 카리토노, 한존코프, 파테 지사 등에서 제작이 이루어졌다. 그러나 주류는 폴란드의 유대 인들이 제작한 영화들이다. 이들은 자신들의 민족적 동일성에 대한 강한 자각을 특성화했다. 20세기 초, 폴란드의 유대 인은 전체 인구의 약 10퍼센트에 이르렀으며, 바르샤바에 거주하던 40만 이상의 유대 인 중 80퍼센트 이상이 이디시 어를 사용했다.

폴란드에서 이디시 영화 제작의 중심은 역시 바르샤바였다. 그곳에 최초의 영화 제작사인 시와Siła 사가 모르드헤(모르드카) 토빈에 의해 설립되었다. 1차 대전이 발발하기 전, 실라가 제작한 영화 중에는 저명한 얀케프 고딘의 이디시 희곡을 각색한 4편의 영화가 있다. 1911년 초, 「잔인한 아버지Der vilder Foter」에서는 헤르만 지라키와 지나 골드슈테인이 아버지와 딸로 출연했다. 실라는 또한 카민스키 극단을 지원했다. 아브롬 이츠호크 카민스키는 「극빈자의 살인Destitute Murder」(1911)과 미스터리 드라마 「신, 인간, 그리고 악마God, Man and Devil」(1912)를 연출했으며, 안제이 마레크(마레크 아른슈타인 혹은 오렌슈타인)가 연출한 「미렐레 에프로스Mirele Efros」(1912)에서는 에스터 로흘 카민스카와 이다 카민스카가 주연을 맡았다. 여기서 이다는 소년 슐로이멜레 역으로 데뷔했다.

1913년, 코스모필름Kosmofilm이라는 새롭고 역동적인 이디시 영화사가 슈무엘 긴즈베르크와 헨리크 핀켈슈타인에 의해 바르샤바에 설립되었다. 1913~14년에 코스모필름은 고르딘의 희곡, 즉 「사랑과 죽음Der Umbakanter」, 「신의 형벌Gots Shtrof」, 「성가대원의 딸Dem Khangzns Tokhter」, 「슈하이트Di Shkhite」, 2년 전 실라에서 영화화했던 「계모Di Shtifmuter」의 신판 등 몇 작품의 영화화를 추진했다. 1915년 8월 5일 독일의 바르샤바 침공 전에, 이디시 어 자막을 넣어 코스모필름에서 제작한 마지막 영화는 아브롬 골드파든의 희곡을 각색하고 에스터 카민스카가 참여한 「의절한 딸Di farshtoysene Tokhter」이다.

유대적인 주제들은 1차 대전 이전과 전쟁 중에도 독일 영화 감독들의 주목을 끌었다. 「샤일로크 폰 크라카우Shylock von Krakau」(1913)는 펠릭스 잘텐의 중편 소설을 원작으로, 카를 빌헬름이 연출하고, 헤르만 바름이 미술을, 루돌프 실트크라우트가 주연을 맡은 작품이다. 「노란색 티켓Der gelbe Schein」(1918)은 바르샤바의 우파 스튜디오에서 빅토르 얀손이 폴란드 여배우 폴라 네그리를 주연으로 내세워 제작한 영화이다.

토착적인 영화 제작은 전쟁이 끝나자 다시 시작되었다. 1920년대에 폴란드에서 제작된 이디시 영화 중 눈에 띄는 작품은, 지그문트 투르코브의 「서약Tkies Kaf」(1924), 헨리크 샤로의 「서른여섯 중의 하나Der Lamedvovnik」(1925), 요이제프 오파토슈의 동명의 베스트셀러 소설을 각색한 작품으로, 폴란드 인과 유대 인 배우들이 함께 연기를 한 요나스 투르코브의 「폴란드 숲에서In Poylishe Velder」(1929) 3편이 있다. 「서약」처럼 「폴란드 숲에서」는 19세기

요제프 그린이 제작과 연출을 하고 몰리 피콘이 주연을 맡은 이디시 영화의 고전 「바이올린을 든 유대 인」(1936)의 한 장면.

폴란드 사회에 동화되어 가는 유대 인의 문제와 러시아에 대항해 일어난 1863년 1월의 봉기에 유대 인이 참여한 것에 대해 근본적인 의문들을 제기하고 있다. 이디시 영화들은 소련에서도 계속적으로 제작되었다. 알렉산드르 그라노프스키가 연출한 「유대 인의 행운Yidishe Glikn」(1925)은 숄렘 알레이헴의 유명한 연작 「메나헴-멘들Menakhem-Mendl」을 원작으로 하여, 하비마Habima 극단과 유대계 유명 배우였던 숄로이메 미호엘스가 참여했다. 그리고리 그리헤르 헤리코베르가 연출한 「방황하는 별들Blondzhende Shtern」(1927)은 집에서 도망친 유대계 소년이 나중에 유명한 바이올린 연주자가 된다는 내용의 이야기이다. 이 역시 알레이헴의 원작을 이사크 바벨이 각색한 것이다. 바벨은 알레이헴의 원작이 이념적으로 받아들여질 수 있도록 상당 부분을 수정했다. 세르게이 에이젠슈테인의 절친한 친구이기도 했던 이 위대한 작가는 몇 년이 지나지 않아 숙청되어 죽었다. 또한 그리헤르 헤리코베르는 많은 이디시 영화를 제작했다. 그중에 「스크보즈 슬레지Skvoz Slezy」(1928)는 미국에서 〈눈물 속의 웃음Laughter through Tears〉이라는 제목으로 소개되어 국제적인 명성을 얻었다.

유성 영화

사운드가 도입되고, 1930년대가 시작되자 일시적인 틈이 생겼다. 그러나 30년대 중반을 넘어서면서, 동시 녹음된 대사에 풍부한 언어를 담을 수 있게 되자, 이디시 영화의 황금시대가 시작되었다. 특히 폴란드에서는 요제프 그린의 그린-필름Green-Film과 샤울과 이츠호크 고스킨드의 키노르Kinor 영화사가 이디시 영화를 제작했다. 알렉산데르 포르드는 「사브라 할루침Sabra Halutzim」(1934)과 「우리 길을 간다Mir kumen on」(1935)의 제작에 유대 인 극단을 참여시켰다. A. 포르드는 얀 노비나-프지빌스키와 제작자 겸 감독 요제프 그린과 함께 「바이올린을 든 유대 인Yidl mitn Fidl」(1936)을 제작했다. 이 영화에서 아브라함 엘스타인은 음악을, 몰리 피콘은 주연을 맡았다. 또한 미리암 크레신과 히미에 야콥손과 함께 「퓨림제Der Purim-spiler」(1937)를 제작했다. 그런 후에 A. 포르드는 콘라드 톰과 몰리 피콘을 참여시켜 「나이 어린 엄마Mamele」(1938)를 연출했다. 또한 레온 트리스탄과 협력하여 루시와 미샤 게르만 주연의 「어머니에게 보내는 편지A Brivele der Mamen」(1938)를 제작했다. 재능 있는 감독 헨리크 샤로는 「서약」(1937)에서 주목할 만한 사운드를 들려 주었다. 이 영화에는 지그문트 투르코브가 예언자 엘리야로 나오며, 바르샤바 유대 교회의 합창단이 참여했다. 1937년에 레온 예아노트는 「유쾌한 거지Di Freylekhe Kabtsonim」를 연출하며 2명의 유대계 유명 배우인 시멘(시몬) 지간과 이스로엘 슈마허를 출연시켰다. 그러나 이디시 영화사상 가장 중요한 사건은 「악령Der Dibek」(1937)일 것이다. 이 영화는 안스키의 민족지적 연구 자료에 기초한 희곡을 원작으로 미하우 바신스키(미시 바흐스만)가 연출했다. 이 이야기는 한 가난한 탈무드 학자의 부잣집 딸 레아를 향한 불행한 사랑을 그린 오래된 전설을 기반으로 하고 있다. 2차 대전이 발발하기 전, 폴란드에서 제작된 마지막 이디시 영화는 「집도 없이On a Heym」(1939)로 알렉산데르 마르텐 — 그는 우치에서 태어나 히틀러 치하에서 망명한 마레크 테넨바움이다 — 이 연출했다. 이 영화는 얀케프 고르딘의 희곡이 원작이고, 시멘 지간, 이스로엘 슈마허, 아담 돔브, 이다 카민스카 등이 출연했다.

유럽에서 유대 인들의 생명이 점점 위태로워지면서 이디시 영화의 중심은 미국으로 이동하게 된다. 그곳에서 오스트리아 출신의 망명자 에드가르 울머와 얀케프 벤아미가 공동 연출한 영화, 「푸른 초원Grine Felder」은 대중적 성공을 거두었다. 울머의 다양하고 풍부한 경험은 여러 지역으로 이디시 영화들을 분산시키는 결과를 가져왔다. 그는 F. W. 무르나우 감독의 조감독을 지낸 뒤, 수많은 할리우드 B급 영화들을 만들고 있었다. 「노래하는 대장장이Yankl der Shmid」(1938), 「미국인 중매쟁이Amerikaner Shadkhn」(1940) 등이 다른 많은 이디시 영화들과 함께 배급되었다. Y. 고르딘의 「미렐레 에프로스」는 1939년에 요세프 베르네에 의해 리메이크되었고, 이디시 예술 극장의 모리스 슈바르츠는 「우유 장수 테비에Tebye der Milkhiker」(1939)에서 연출과 연기를 동시에 하며 영화 제작 전반에 관여했다.

홀로코스트는 이디시 영화감독들에게도 잔인한 희생을 요구했다. 감독 헨리크 샤로, 마레크 아른슈타인, 배우 클라라 세갈로비츠, 이츠호크 삼베르크, 도라 파켈, 아브람 쿠르츠 외에 많은 사람이 바르샤바의 게토에서 죽었다. 이디시 영화들은 전후에도 계속 제작되기는 했지만, 결국 이디시 영화의 영광스러운 과거는, 다시는 찾을 수 없는 가치의 특별한 중요성을 상기시켜 줄 뿐이다.

참고문헌

Goldberg, Judith N.(1983), *Laughter through Tears: The Yiddish Cinema.*

Goldman, Eric A.(1988), *Visions, Images and Dreams: Yiddish Film Past and Present.*

Hoberman, Jim(1991), *Bridge of Light: Yiddish Film between Two Worlds.*

Shmeruk, Chone(1992), *Historia literatury jidisz.*

일본 영화: 관동 대지진 이전

고마쓰 히로시

1896년 하반기에 들어서, 에디슨의 키네토스코프, 뤼미에르의 시네마토그라프, 에디슨의 바이타스코프, 루빈의 모방작인 바이타스코프 등의 동영상 장비들이 일본에 처음으로 소개되었다. 1897년 가을에 고니시(小西) 사진 상사는 영국산 영화 카메라, 백스터Baxter와 레이 시네마토그래프Wray Cinematograph를 수입했다. 수입 카메라를 사용해, 최초의 카메라맨들—아사노 시로, 시바타 쓰네키치, 시라이 간조—은 거리 풍경이나 게이샤들의 춤을 촬영했다. 1898~9년에는 「유령 지조(化けじぞ)」(1898)와 「시체의 부활(死人の蘇生)」(1898)과 같은 촌극 영화를 제작하면서 속임수 효과들이 개발되었다. 20세기에 들어서 일본에서는 프랑스, 미국, 영국 영화가 시장을 지배하고 있었지만, 정작 일본 영화 산업은 성립조차 되지 않았다.

마술 조명 쇼인 우츠시에(與し繪)의 전통에 따라 초창기 영화들은 상설 또는 임시 공연장에서 다른 공연들과 함께 상영되었다. 당시 대부분의 일본 영화들은 가부키의 장면들을 촬영한 것들이다. 1899년, 시바타 쓰네키치가 촬영한 「단풍 구경(紅葉狩)」과 「도조사의 두 사람(二人のドゾ寺)」, 그리고 쓰치야 쓰네지의 「농병아리의 둥지(鳰のうきす)」가 있다. 전설적인 배우 제9대 이치카와 단주로와 제5대 오노에 기쿠고로가 연기하는 가부키 극을 담은 영화 「단풍 구경」은 3개의 숏으로 구성되어 있고, 원시적인 내러티브 형식이 보인다. 「도조사의 두 사람」은 일본에서 만들어진 최초의 색조*tinted* 영화이다. 이 영화의 색채 작업을 했던 요시자와 쇼텐(吉澤商店)은 마술등 장비 제조업체로, 후에 일본 최초의 영화 제작사 중의 하나가 된다. 1900년 8월 가부키 극장에서 「도조사의 두 사람」이 상영되었을 때, 극장주는 스크린 앞에 계곡 모형을 만들고, 연못의 바위들 틈에 물고기를 채운 뒤, 관객석 위에서 전기 선풍기를 돌려 시원한 바람이 불게 했다. 그러한 영화 외적인 장치들은 초창기 일본 영화의 중요한 특성이 되었다.

20세기 들어 고니시 사진 상사 이외에도 아사누마 상사, 쓰루부치 사진 상사 등이 영화 제작에 시험 삼아 뛰어들었으나, 곧 독점적인 필름과 장비 판매 회사로 되돌아갔다. 일본 관객들은 일본적인 주제를 갈망했으나 1904년이 지나도록 그들의 요구를 채워 줄 수 있는 영화 제작사는 나타나지 않았다. 1903년에 설립된 고마쓰(小松)는 몇 가지 소재의 영화를 가지고 지방을 순회 상영했다. 가장 활동적인 요시자와조차도 뉴스, 풍경, 게이샤의 춤 등 몇 가지의 소재와 프랑스 영화로 시장을 지배했다.

국내 시장이 활발해진 것은 1904년 러일 전쟁이 발발하고 나서부터이다. 수많은 기자와 카메라맨들이 전쟁 보도를 위해 아시아 전역으로 파견되었다. 그들 가운데 영화 카메라맨 출신의 시바타 쓰네기치와 후지와라 고자부로가 촬영한 전쟁 영화는 영국 카메라맨들의 작품과 함께 커다란 인기를 모았다. 전쟁 영화의 인기는 일본식 모조 다큐멘터리의 양산을 가져왔다. 프랑스에서도 1905~6년에 수많은 〈재생 전쟁 영화〉가 개봉되는 비슷한 현상이 일어났다. 러일 전쟁기의 모조 다큐멘터리들은 이전의 일본 영화에서는 볼 수 없었던 픽션과 논픽션 영화의 차이에 대한 관객의 관심을 불러일으켰다.

1908년까지는 일본에 영화 스튜디오가 없었기 때문에 모든 영화는 야외에서 촬영되었다. 그림 배경에서 촬영된 가부키 영화도 마찬가지였다. 그러나 가와우라 겐이치가 미국의 에디슨 스튜디오를 방문한 이후에 설립한 요시자와 영화사는 1908년에 도쿄의 메구로에 유리 스튜디오를 건설했다. 곧이어 파테 영화사(프랑스의 파테와 관계없이 일본인 우메야가 운영한 회사)는 도쿄의 오쿠보에, 요코타 상회(横田商會)는 교토에 영화 스튜디오를 건설했다. 1년 뒤에는 후쿠호도(福寶堂) 영화사가 도쿄에 건설한 하나미데라 스튜디오에서 영화 제작을 시작했다. 1909년부터는 체계적인 극영화 제작을 시작했고, 이들 4개 회사가 초창기 영화 제작에서 주류로 자리 잡았다.

1903년 10월, 일본의 첫 번째 영화관인 덴키칸(電氣館)이 아사쿠사에 설립되었다. 이때부터 영화관의 수가 늘어나기 시작하여 점차 대중 연극 극장을 대체해 나갔다. 일본의 영화는 독특한 방식으로 발전했다. 무성 영화 시대가 끝날 때까지, 전통 연극인 가부키와 노(能)에서 형식을 빌려 왔을 뿐만 아니라, 관객들에게 영화 장면을 설명해 주는 변사(弁士)가 있었다. 초창기에 변사는 관객에게 영화를 소개하고, 줄거리를 설명해 주는 역할을 했다. 그러나 영화가 길어지고 점차 복잡해지면서 장면을 설명하고, 소리 없는 화면을 보며 음악에 맞추어 대사를 읽어 주게 되었다. 화면 밖에서 한 명, 때론 여러 명의 변사가 이야기를 이어가는 이 방식으로 인해 일본 영화는 서양 영화의 제작 방식을 완전하게 흡수하지 못했다. 자막과 숏의 이야기 전달 기능은 최대한 단순화시켰다. 영화의 이야기 전개, 장면과 공간의 의미, 인물의 정서 의미를 설명하는 변사의 역할을 가능한 한 강조해야 했기 때문이다. 1910년대 말에 이르러서도 자막을 사용하는 일본 영화는 거의 없었다. 대부분의 경우에는 단지 이야기가 전환될 때 삽입되는 캡션으로만 사용했다. 변사의 목소리를 중시했기 때문에 짧은 숏과 빠른 액션은 어쩔 수 없이 배제되었다. 1910년대에는 변사의 인기가 너무 강해서 영화의 최종 개봉에 영화 제작사 못지않은 힘을 발휘했다.

그러나 이것은 일본 영화가 서구의 영향을 수용하지 못했다는 의미는 아니다. 1912년경 국내 시장에 쏟아져 들어온 프랑스 영화의 자극을 받은 요시자와 영화사는 신파(新派)로 알려진 현대적 소재를 다루는 극영화를 비롯해, 코미디물, 속임수 영화, 풍경물, 기행물 등을 전통적인 가부키와 함께 제작했다. 그러나 표면적으로만 서구 영화와 유사했을 뿐이었다. 1910년대를 통해 일본 영화는 독특한 취향을 유지하고 있었다. 영화 밖의 해설자로서 변사의 존재는 일본 영화의 미장센의 1차적 목적이 이야기의 전개에 따른 환영을 구축하기보다는 인물들 간의 연기와 각 장면의 정서와 분위기의 변화를 재현하는 데 있다는 사실을 의미한다. 그러나 초창기 일본 영화에서 서구의 영화 형식을 흡수하려는 시도가 일부에서 있었다. 「새로운 뻐꾸기(新ほとうときす)」(파테, 1909)를 연출하면서 이와후지 시세쓰는 플래시백을 사용했으며, 「소나무의 푸름(松のみどり)」(요시자와, 1911)에서는 이야기의 절정에서 〈영화 속 영화〉 기법을 사용했다. 그러나 이들 작품에서는 전통적인 연극 관습에 따라 여성의 역할을 여자 역을 연기하는 남자 배우인 오야마(女形)에게 맡겼다. 1920년대 초까지도 일본 영화계에는 여배우가 거의 없었는데, 여성의 역할을 실제 여자가 아닌 오야마에게 맡기는 것이 더욱 효과적이라고 생각했기 때문이다.

1912년에 시장을 독점할 목적으로 요시자와, 요코타, 파테, 후쿠호도 영화사 등이 통합하여 일본활동사진주식회사〔닛카쓰(日活)〕라는 트러스트를 결성했다. 이 회사는 도쿄에 무코지마(向島) 스튜디오를 설립해 주로 신파 영화들을 제작했다. 이들 영화들은 주로 신문 연재물이나 외국 소설을 각색한 현대적 소재들을 멜로드라마 형식으로 다루었다. 요코타 소유였던 교토의 스튜디오에서는 역사를 배경으로 한 사무라이 영화인 규하(舊派) 영화들을 제작했다. 닛카쓰가 설립되자 여러 영화사들은 반(反)트러스트를 결성했다. 그중 1914년 3월에 설립한 덴카쓰(天活)는 이후 닛카쓰의 최대 경쟁사가 되었다. 닛카쓰에 흡수되기 전 후쿠호도는 찰스 어번으로부터 키네마컬러의 영화를 배급하고 그들의 공정에 따라 영화를 제작할 목적으로 사업권을 사들였다. 덴카쓰는 이 사업권을 넘겨받아 키네마컬러 방식의 영화를 제작해 닛카쓰 영화와 경쟁했다. 그들은 신파와 규하 영화를 모두 제작하던 닛카쓰를 따르면서, 또한 무대에서 실제 연기하기 어려운 장면을 찍은 필름을 사용하여 영화와 무대 연극을 혼합한 렌사게키(連續劇)를 제작했다. 렌사게키 양식에서는 실제 연기와 영화 이미지를 교대로 보여 줬다. 무대에서 배우가 한 장면의 연기를 끝내면 스크린이 내려와 몇 분 동안 다음 장면이 영사된다. 그러고 나서 무대 위에서는 배우가 다시 연기를 시작한다. 덴카쓰는 이미 1914년부터 여기에 여배우를 기용하기도 했다.

신파 영화와 규하 영화의 차이점은 주로 메이지 시대의 무대 연극에서 형성된 장르 개념에 따라 나누어진다. 뒤에 지다이게키(時代劇)라 불리게 되는 규하는 대부분 메이지 유신 이전 시대를 배경으로 전통 의상을 입은 배우들이 출연하는 검술 영화들이다. 반면 신파는 뒤에 겐다이게키(現代劇)라고 불리게 되는데, 현대를 배경으로 하는 영화들이다. 규하 영화는 항상 슈퍼스타를 기본으로 한다. 오노에 마쓰노스케는 닛카쓰의 최고 유명 배우이고, 사와무라 시로고로는 덴카쓰에서 가장 인기 있는 배우였다. 그래서 일본의 지다이게키에서 스타들의 영화는 가장 우선시되었다. 여기에서는 정형화된 이야기들이 같은 배우들에 의해 끊임없이 반복되었다. 이러한 반복의 전통은 일본 영화 역사에서 가장 독특한 특징의 하나가 되었다. 『주신구라(忠臣藏)』는 오늘날까지도 계속해서 영화화되고 있다.

1914년 당시 일본에는 9개의 영화 제작사가 있었다. 가장 규모가 컸던 닛카쓰는 2개의 스튜디오에서 매월 14편의 영화를 제작해서 개봉했다. 도쿄와 오사카에 스튜디오를 가지고 있던 덴카쓰는 매월 15편의 영화를 제작했다. 1903년에 설립되어 가장 오래된 영화사였던 고마쓰는 일시적으로 영화 제작을 중단하고 있다가, 1913년에 다시 도쿄 스튜디오에서 영화 제작을 재개하여, 이듬해에는 매월 6편의 영화를 제작했다. 반짝했던 닛폰 키네토폰은 이해에 몇 편의 견실한 영화를 만들었다. 도쿄 시네마와 쓰루부시 영화사는 뉴스 영화를 제작하고 있었다. 오사카에는 시키시마, 스지모토, 야마토 오네이 등의 소규모 영화사들이 있었다. 1915년에 파테를 인수한 M. 가시이 영화사는 반트러스트에 가담하여, 시장을 독점하려는 닛카쓰의 야망에 도전했다.

이노우에 마사오가 연출한 「대위의 딸(大尉の娘)」(1917)은 신생 영화사인 고바야시(小林)에서 만든 작품인데, 서구적 기법을 사용하는 데 있어 전통적 신파 영화와 상당히 다른 방식을 보여 주었다. 독일 영화 「뫼비우스 경감Gendarm Möbius」(스텔란 라이 연출, 1913)을 각색한 「대위의 딸」은 정적인 연출 방식에 영향을 받았으며, 나아가 독일 영화에는 없는 플래시백을 사용했다. 또한 당시 일본 영화에서는 볼 수 없었던 클로즈업을 사용했다. 영화의 이미지가 상당 부분 변사의 목소리를 위한 일종의 삽화적 성격을 띠었던 시대에 이노우에는 영상 자체로 언어적인 감각을 보여 주었다. 결혼식장에 가져가는 신부의 혼수가 강물 위로 비칠 때, 카메라는 사람의 얼굴을 잡기 위해 천천히 수평 이동*pan*한다. 이렇게 서구화된 연출 기법은 1917년 당시의 일본 영화에서는 찾아보기 힘들다. 그는 다음 영화 「독초(毒草)」(1917)에서 다시 클로즈업을 사용한다. 그러나 당시 대부분의 일본 영화에서는 여성의 역할을 오야마가 맡았기 때문에 클로즈업된 〈여성〉의 얼굴은 그다지 효과적일 수 없었다.

1910년 이전에도 부분적이고 일시적으로나마 서구화된 일본 영화가 있었다. 예컨대 프랑스 영화의 영향을 강하게 받았던 요시자와 영화사의 코미디에는 막스 랭데르를 모방한 주인공이 출연한다. 1910년 말에는 몇몇 영화사들이 원시적인 일본 영화 체계를 사실적인 세트 건축, 빠른 숏 전개, 상투적 소재로부터의 탈피 등 서구화된 리얼리티의 구성 요소들

다나카 에이조의 「옷깃 가게, 교야」(1922)의 한 장면. 오야마가 출연한 마지막 영화 중 하나.

이토 다이스케 (1898~1981)

오늘날 거의 잊힌 이토 다이스케는 1920년대 말과 30년대 초의 관객과 비평가들로부터 일본 최고의 감독으로 주목을 받았다. 그 당시 그가 만든 대부분의 영화들은 불행하게도 거의 유실되었다. 다만 몇 개의 편린과 「의적 지로키치」(1931)가 기적적으로 남아 있다. 그의 무성 영화들은 전후에 소문으로만 알려진 것들이다. 그러나 1991년 12월 그의 가장 유명한 무성 영화 1편이 발굴되었다. 「주지의 여행기(忠次旅日記)」(1927) 3부작 중에서 2부 일부분과 3부 대부분이 오늘날의 관객과 만날 수 있게 되었다.

이토는 1924년 첫 영화를 시작한 이후에 1970년까지 꾸준히 활동해 왔다. 그러나 그를 재평가하게 만든 것은 그가 연출한 무성 영화 때문이다. 「장기왕」(1948) 같은 한두 작품을 제외하고, 그의 유성 영화는, 특히 전후의 영화는 수준 이하이다. 그에 대한 재평가가 이루어지는 가장 큰 이유는 비평가들이 그의 무성 영화에서 보이는 혁신적인 스타일을 잊히기 전에 정리해 두려고 했기 때문이다. 1920년대 말 그의 영화에서 보이는 역동적인 스타일은 세계적으로도 독특하다. 카메라는 이리저리 방황하며, 사무라이는 스크린을 향해 돌진한다. 불빛의 행렬이 어두운 밤 속으로 소용돌이친다. 영화의 리듬은 가속되는 몽타주를 통해 현기증 나는 속도에 이른다. 대사를 강조하는 자막은 영상과 동조되어 있고, 대사의 리듬은 일본 시에서 영감을 얻은 것으로, 스토리텔링의 다른 형식을 보여 준다.

무엇보다도 낭만주의, 감상주의, 허무주의, 권력에 대한 절망적 저항의 정신이 이 당시 이토의 영화에 스며들어 있다. 그는 지다이게키를 아방가르드 수준의 영화로 격상시켰으며, 이른바 경향 영화(프롤레타리아 이데올로기의 표현)에 비견되기도 했다. 그의 지다이게키 중 일부는 독일과 프랑스의 소설에서 빌려 온 것이다. 다른 한편, 그는 끊임없이 지다이게키의 정형화된 형식을 깨뜨리려 노력했다. 「악한 영혼」(1927)에서는 쇼팽의 음악에서 감응을 받아 이미지들을 불러일으키려는 시도를 했다. 1930년대 초에는 앨프리드 히치콕처럼 사운드를 실험하기도 했다. 최초의 유성 영화인 「단게사젠」(1933)에서는 의도적으로 대사와 사운드를 억제하기도 했고, 지다이게키 「주신구라」(1934)에서는 슈베르트의 미완성 교향곡을 사용했다.

이토는 항상 스스로를 예술가로 여겼지만, 유성 시대의 그의 작품 목록에는 프로듀서의 명령으로 만들어진 평범한 오락 영화가 상당한 부분을 차지했다. 전쟁 기간 중에 만든 「구라마텐구(鞍馬天狗)」(1944) 또는 「국제 밀수단」(1944) 같은 영화들은 전쟁의 현실과 전쟁 선전 영화에서 탈출 기회를 제공했다.

1948년에 일본 영화의 전면으로 돌아온 그는 「장기왕」으로 크게 갈채를 받는다. 그러나 「반역자」(1961) 같은 몇 편을 제외하고는 전후의 작품들은 크게 인정받지 못했다. 알려지지 않은 영화들 중에 「꽃을 단 모자, 산 너머 날리고」(1949)는 현대적 관점에서 보아도 걸작임이 틀림없다. 또한 「머나먼 조국」(1950)에서는 영상과 사운드의 대위법적인 편집과 은유적 편집이 사용되었다.

1950년대와 1960년대에 걸쳐 이토는 많은 지다이게키를 만들었기 때문에 장르 영화감독으로 여겨졌다. 무성 영화 시대의 최고의 감독으로서 그는 잊혀 갔으며, 영화 자체도 그렇게 되었다. 그러나 오늘날 그는 걸작 무성 영화들과 유성 영화에서 보여 준 탁월한 미장센으로 인해 발굴되고 재평가되기 시작했다.

고마쓰 히로시

주요 작품

「조가시마(城ヶ島)」(1924); 「악한 영혼(生靈)」(1927); 「의적 지로키치(御誂次郎吉格子)」(1931); 「단게사젠(丹下左膳)」(1933); 「주신구라(忠臣藏)」(1934); 「국제 밀수단(國際密輸團)」(1944); 「장기왕(王將)」(1948); 「꽃을 단 모자, 산 너머 날리고(山を飛ぶ花笠)」(1949); 「머나먼 조국(遙かなり母の國)」(1950);「반역자(反逆兒)」(1961).

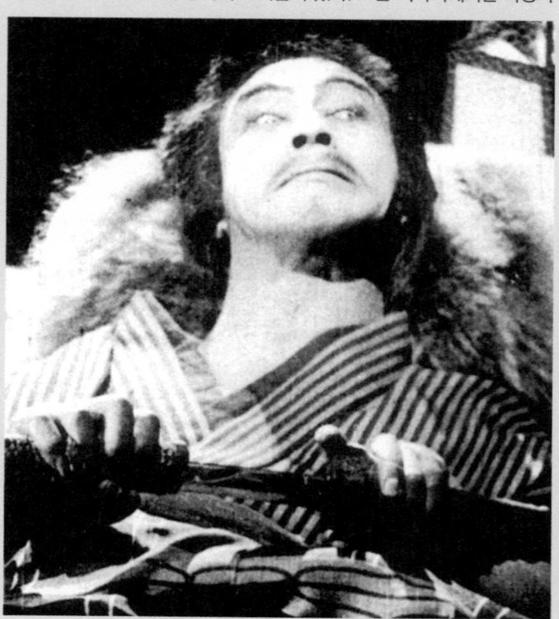

최근에 발굴된 이토 다이스케의 걸작 영화 「주지의 여행기」(1927)의 한 장면.

을 갖춘 규격화된 조직으로 변화시키려고 시도했다. 또한 이 시기에는 감독의 역할이 새로운 중요성을 갖게 되었다. 1918년에는 다나카 에이조와 오구치 다다시 같은 감독들이 닛카쓰 신파 영화의 주류 형식에 변화를 주었다.

겐다이게키에서 상투성이 완전히 사라지지는 않았지만, 신파의 영화들은 예술적인 야망을 더욱더 드러내게 되었다. 특히 1910년대 말 닛카쓰의 무코지마 스튜디오에서 제작된 영화들에서 두드러졌다. 메이지 시대 이후의 일본 예술계에는 서구적 개념의 예술로 변화하려는 야망이 폭넓게 표출되고 있었기 때문에, 일본 예술의 가치 기준을 서구 예술의 규범들에 맞춤으로써 수준 높은 교양을 만들어 낼 수 있으리라 생각했다. 양식의 서구화는 지다이게키보다 겐다이게키에서 더욱 쉽게 이루어졌고, 구체적인 발전이 이루어진 곳도 겐다이게키였다.

일본 영화의 서구화 과정은 오야마가 퇴조하고 여배우를 선호하게 되는 현상을 포함하여, 신진 비평가이자 영화 연출가였던 가에리야마 노리마사의 구상을 선봉으로 1910년대 말부터 본격적으로 시작되었다. 그는 현재의 일본 영화가 변사의 목소리 흉내에 대한 삽화에 불과하기 때문에, 서양 주류 영화의 형식에서 보이는 것처럼 내러티브가 영상에 의해서 자동적으로 형성되는 방식을 발견해야 한다고 주장했다. 1918년에 닛카쓰는 다나카 에이조와 오구치 다다시의 서구화된 영화의 제작 구상에 동의했다. 또한 덴카쓰는 가에리야마의 〈순수 극영화〉 개념을 수용해 그에게 2편의 영화를 제작할 수 있는 기회를 제공했다. 그해에 만들어진 「인생의 불꽃(生の輝き)」과 「산중의 소녀(深山の乙女)」는 서구화된 배경의 세트에서, 전통적 일본 영화의 규격화된 배우의 행동을 배제하고, 일반적인 일본 방식과 반대인 자연주의 개념을 적용해 제작했다. 이 영화들은 서구의 예술 개념이 소박하게나마 적용된 최초의 작품들이다.

이런 경향은 다른 영화사들에게도 천천히 채택되기 시작해서, 1920년대 초에 이르면 전통 형식의 일본 영화는 완전히 낡은 것이 되었다. 1920년부터 1923년 전반기(관동대지진)까지의 시기에는 일본 영화에서 형식의 변화가 두드러졌다. 신파는 겐다이게키로, 규하는 지다이게키로 정립되었다. 전통 연극 형식에서 스튜디오 시스템으로의 전환이 있었고, 제작 과정은 물론 영화 형식도 서구적 모델을 추구하기 시작했다. 일본 영화 초창기의 형식은 이미지의 빠른 전환을 피하고, 자막의 사용은 이야기 막간의 장면 제목에 국한하고, 연속극에서처럼 촬영된 영상을 무대 연기가 전환되는 중간 중간에 삽입하는 정도였다. 그러나 이제는 닛카쓰와 같은 보수적 영화사조차 변화를 수용하지 않을 수 없었다. 닛카쓰는 오랫동안 서구 형식의 도입을 거부하고 전통을 고수해 왔다. 결국 관객 요구의 변화가 회사의 방침을 변화시킨 것이다.

이 당시 반짝했던 두 영화사에서 흥미로운 작품 몇 편을 제작했다. 1920년 덴카쓰에 흡수된 고카쓰(小活) 영화사는 가에리야마 노리마사에게 영화 제작의 기회를 주고, 요시노 지로에게 지다이게키 연출을 맡겼을 뿐만 아니라, 오야마의 역할을 맡길 여배우들을 활발하게 고용하기도 했다. 이 회사는 몇몇 감독들에게 사실적 영화, 「겨울 동백꽃(寒つばき)」(료하 하타나카, 1921)과 부분적으로 표현주의적인 세트를 사용한 「신비한 빛에서(靈光のわかれ)」(기요마쓰 호소야마, 1922) 등을 만들 수 있는 경험을 제공했다.

다이카쓰(大活) 영화사가 지적 영화의 제작을 목표로 설립되었다. 닛카쓰나 고카쓰와 달리 이 회사는 인기 스타가 나오는 규하 검객 영화를 만들거나, 이미 규격화된 신파 영화에 관심을 갖지 않았다. 다이카쓰의 관심은 유럽과 미국 영화로부터 직접적인 모방이 아니라 영감을 얻는 방식으로 일본 영화를 만드는 것이었다. 이를 위해 다니자키 준이치로를 고문으로 영입했다. 첫 번째 작품인 「아마추어 클럽(アマチュア俱樂部)」(기사부로 구리하라, 1920)은 목욕하는 여인, 추적 장면, 슬랩스틱 등 미국 영화적인 요소들을 일본적 상황에 맞게 적용하여, 당시의 일본 영화에는 없는 시각적 역동성을 보여 주고 있다. 이것은 일본에서 제작된 미국식 영화 중의 하나였다. 이 영화를 연출한 구리하라는 다이카쓰에서 「가쓰시카 스나코(葛飾沙子)」(1921), 「인형 축제의 밤(ひな祭りの夜)」(1921), 「음탕한 악인(じゃせいの人)」(1921) 등을 지속적으로 만들면서 그의 미학을 확장시켜 나갔다.

1920년대 초에 설립된 쇼치쿠(松竹) 키네마는 전통적 영화 제작 방식을 포기하고 미국식 영화 연출 방식을 도입했다. 쇼치쿠는 미국 영화에서 보았던 표정 연기를 하는 여배우를 채용해 복잡한 심리의 표현과 일상 세계의 자연스러운 행동을 보여 주었다. 쇼치쿠는 도쿄의 가마타에 스튜디오를 세우고 나서, 곧바로 할리우드에서 온 조지 채프먼과 헨리 코타니의 지도 아래 미국식 영화를 제작하기 시작했다. 가에리야마의 작품에서 보듯이 있는 그대로의 세계를 표현하려는 경향과 전통적 일본 영화에 대한 노골적인 거부는 쇼치쿠 영화의 등록 상표가 되었다. 쇼치쿠의 미국주의는 처음에는 비평가들의 비난을 받았지만, 1920년대 중반에 이르자 비난은 그쳤다. 당시는 일본 영화계 전체가 미국식 모델을 따른 스튜디오 시스템을 받아들인 상황이었다.

1920년에 미국 방식으로 제작된 일본 영화는 관객에겐 여전히 낯선 것이었다. 그러나 상황은 급격하게 바뀌어 1년 안에 모든 시스템이 실질적으로 변화했다. 쇼치쿠의 오사나이 가오루는 연극계의 혁신가로서 영화 제작에 뛰어든 뒤에, 혁명적인 영화 「길 위의 영혼(路歩の靈魂)」(무라타 미노루, 1921)의 제작을 지휘하여 새로운 일본 미학을 만들려는 스튜디오의 열망을 정확하게 이상화시켰다. 이 영화는 복수의 이야기가 병치되어 전개된다. 이것은 그리피스의 「편협」(1916)에서 영감을 얻어 실행에 옮긴 것이다. 이 당시는 가장 전통적인 영화를 제작하던 닛카쓰조차 흐름에 저항할 수 없었던 시기이다. 1921년 1월 닛카쓰는 〈지적 영화〉를 제작하는 특별 부서를 만들어 다나카 에이조 감독에게 책임을 맡겼다. 그는 이해에 3편의 영화, 「아침 해가 뜨기 전(朝日さす前)」, 「백합의 향기(白百合の香り)」, 「냇가의 여인(流れゆく女)」을 만들었다. 이 영화들은 닛카쓰로서는 혁신적인 시도였다. 또한 교양층 관객을 위해 외국 영화 전용관에서 상영했다. 자막은 일본어와 영어를 동시에 썼다. 신파 영화에서는 여러 명의 변사를 썼으며, 자막은 본래 영상의 흐름을 방해한다고 생각했다. 그러나 외국 영화들은 1명의 변사가 이야기를 이끌어 가고 있었고, 그래서 닛카쓰는 전통 영화 관객들의 저항을 피하기 위해서 지적인 영화의 자막에는 2개의 언어를 사용했고, 외국 영화와 유사한 제목을 붙였다.

그럼에도 불구하고 이 영화들의 연기 양식은 전통을 유지했기 때문에, 혁신을 위한 시도, 특히 쇼치쿠 소속 배우들의 얼굴에 비해서 그다지 성공적이지는 못했다. 다나카의 영화에 보이는 여배우들은 주로 닛카쓰 소속의 영화배우들이었지만, 닛카쓰가 오야마를 완전히 포기한 것은 1923년에 이르러서이다.

서구화된 영상 스타일로의 대대적인 변화가 있었는데도, 전통적인 일본 형식이 완전히 제거되는 않았다. 실제적으로 1922년에 다나카 에이조는 오야마를 기용해 걸작 영화 「옷깃 가게, 교야(京屋エリ店)」를 만들었다. 쇼치쿠의 동시대 감독들과 달리 그는 미국식 영상 스타일을 그대로 따라 하지는 않았다. 이 영화는 교야라는 오래된 옷깃 가게를 무대로 한 가족의 몰락(암시적으로는 구일본의 몰락)에 대한 이야기가 사계절에 걸쳐 진행된다. 영화 속에서 계절의 변화는 일본의 전통적 시 형식인 하이쿠의 구절과 일치되어 나타난다. 거기에 도쿄 번화가의 시적 배경과 분위기가 더해진다. 이것은 일본의 전통 예술 형식이 영화를 통해 현대성을 얻을 수 있음을 보여 준다. 닛카쓰에서 오야마를 기용한 마지막 영화 중의 하나인 「옷깃 가게, 교야」는 일본 영화의 낡은 형식을 제거하는 마지막 작품이었다. 보수적 영화 개념을 파괴하지 않고도, 닛카쓰는 이 걸작에서 보이는 순수한 일본의 조형미를 보존할 수 있었다. 다나카는 무코지마 스튜디오에 교야 상점 전체를 건축했다. 칸막이 벽은 카메라의 이동에 따라 제거될 수 있었고, 배우가 자연스럽게 이 방에서 저 방으로, 베란다에서 정원으로 이동할 수 있도록 했다.

닛카쓰는 이때부터 관동 대지진이 발생한 1923년 9월까지 여러 편의 고품질 영화를 제작했다. 다나카는 「해골의 춤(とくろの舞)」(1923)에서 연극배우협회에 소속된 남녀 배우를 기용했다. 이 영화는 불교 승려의 금욕주의에 대한 묘사로서, 11릴짜리 야심작이었다. 비평가들은 외국의 고전, 특히 스트로하임의 「어리석은 아낙네들」(1922)과 비교했다. 마침내 일본 영화가 외국 영화, 특히 미국 영화와 같은 수준에서 평가받게 된 것이다.

다나카와 함께 스즈키 겐사쿠는 일본 영화 역사상 최초의 작가*auteur*였다. 이 당시에는 이들 외에도 와카야마 오사무와 미조구치 겐지 같은 젊은 감독들이 출현했다. 「옷깃 가게, 교야」에서 다나카의 조수였던 미조구치 겐지는 당시 최연소 감독이었다. 일본 영화에서 가장 중요한 성과 중의 일부는 스즈키의 작품에서 볼 수 있다. 활동 기간이 짧았음에도 불구하고, 그는 유럽의 아방가르드와 유사한 영화 형식을 보여 주었다. 또한 대지진 이후에 갑자기 출현했던 완전히 새로운 영화 제작 경향을 예고해 주었다. 극단적인 염세주의 스타일과 내용은 젊은 관객들에게 열렬한 찬사를 받았다. 「떠돌이 여광대(旅の女藝人)」(1923)에서는 절망한 두 영혼의 이중적 삶을 묘사하고 있다. 남자와 여자가 마지막 장면에서 우연히 만나지만 다시 각자의 쓸쓸한 길을 떠난다. 스트로하임풍의 영화 「욕망의 폭발(愛欲のなやみ)」(1923)에서는 한 노인이 젊은 여인에게 빠져 들어가는 비극적인 이야기이다. 어두운 사실주의가 엿보이는 「인간의 고뇌(人間苦)」(1923)에서 스즈키는 관습적인 내러티브를 거부하고, 새로운 형식의 염세주의를 자신의 이데올로기라고 선포한다. 전체 4개의 릴 중에서 첫 번째 릴에서는 굶주린 노인과 한 집단의 포주, 불량소년, 창녀 등 하류 인생으로 분류된 다양한 삶들을 분절적으로 보

여 준다. 가난하고 불행한 사람들의 삶이 귀족적 무도회의 번쩍거리는 이미지들과 병치되며, 뒤이어 한 가난뱅이가 부잣집에 숨어들다가 파산한 집주인이 아내를 죽이고 자살하려는 장면을 목격한다. 영화는 오후 열시경부터 오전 두시까지의 사건을 다룬다. 그러므로 모든 장면은 밤에 촬영되었으며, 비에 젖은 거리, 가스등, 흙탕물, 무너질 듯한 건물들 같은 불길한 미장센들로 가득 차 있다. 극단적 사실주의를 주장하는 스즈키는 〈유령 같은 노인〉을 연기할 배우를 3일 동안 굶게 했다. 또 다른 혁신으로는 잦은 클로즈업, 대사 자막, 빠른 편집 등이 있는데, 특히 빠른 편집은 1920년대 말까지도 일본에서는 개념조차 없었다.

1923년경 일본 영화는 오랫동안 지켜 온 전통 형식을 실질적으로 파괴했다. 한편으로는 미국 영화에 대한 동화를 통해, 다른 한편에서는 독일 표현주의와 프랑스 인상주의의 아방가르드적인 영화 형식에서 영감을 받았다. 그런데도 일본 영화가 단지 동화와 모방만을 한 것은 아니었다. 예를 들어, 시점 숏은 1920년대 중반의 일본 영화에서는 아주 희귀한 것이었다. 이것은 일본 영화가 변사의 목소리에 의해 이야기를 환영적으로 구성한다는 사실과, 피사체와 카메라 렌즈가 거리를 유지하는 오래된 전통에서 유래하는 것이다. 일본 예술과 문화의 전통 형식은 일본 영화의 초창기뿐 아니라 이 당시까지 영향을 미치고 있었다.

참고문헌

Anderson, Joseph L., and Richie, Donald(1982), *The Japanese Film: Art and Industry.*

Burch, Noël(1979), *To the Distant Observer.*

Nolletti, Arther, Jr., and Desser, David(eds.)(1992), *Reframing Japanese Cinema: Authorship, Genre and History.*

Sato, Tadao, *et al.*(eds.)(1986), *Kaza Nihon Eiga*, i and ii.

Tanaka, Junichiro(1975), *Nihon Eiga Hattatsu Shi*, i and ii.

무성 영화 체험

THE SILENT CINEMA EXPERIENCE

음악과 무성 영화

마틴 마크스

무성 영화는 미학적 선택이 아니라 기술적인 결과였다. 만약 에디슨과 다른 개척자들에게 그럴 만한 수단이 있었다면, 음악은 처음부터 영화 제작 과정의 일부가 되었을 것이다. 하지만 그럴 수단이 없었기 때문에 새로운 연극적 형식의 음악이 급속하게 발전했다. 1985년에서 1920년대 후반까지, 미국과 유럽에 퍼져 있던 영화가 그 상영 조건이 매우 다양했던 것처럼 음악 연주와 제재의 범위도 넓었다. 동시음*synchronized sound*의 도래와 함께 이러한 다양성은 없어졌고 과거의 경험 전체도 사라졌다. 하지만 1980년대 이후로 무성 상연*silent performance* 복원에 대한 관심이 새롭게 되살아나면서, 영화 음악가들과 역사가들은 그 영역을 재발견하고 있을 뿐만 아니라, 새로운 형식의 무성 영화 반주들까지 찾아내기 시작했다.

연주

영화 이론가들은 오랫동안 무성 영화 음악에 관심을 기울여 왔다. 출발부터 음악이 영화에 불가결한 요소로 등장했던 것을 설명하기 위해 숱한 설명이 존재했다. 그러한 설명들은 주로 음악이 지니는 청각 기능*psycho-acoustic*에 집중되었다. (1987년 고브먼이 잘 요약한 대로) 최근에 와서야 역사가들은 영화가 상영되던 연극적 조건, 특히 오랜 전통을 지닌 연극 음악에 영화 음악이 어떻게 빚지고 있는가, 새로운 매체에 맞도록 어떻게 변형되었는가에 대해 좀 더 깊은 관심을 기울이기 시작했다.

예컨대 19세기를 거쳐 무대 연극을 〈받쳐 주는〉 반주가 얼마나 다양했던가를 생각해 보라(좀 더 과거로 들어가면 이러한 다양함은 훨씬 더 풍부하게 나타난다). 베토벤, 멘델스존, 비제, 그리고 그리그의 반주곡들은 비전형적이긴 하지만 영화 반주에 대단히 유효한 것으로 밝혀졌고 — 혹은 그렇게 추측할 수 있는 것은, 이 곡들에서 발췌된 일부는 영화 음악 앤솔로지에 반복적으로 포함되었고, 편곡들*compiled scores*로 삽입되었다(때로는 원래의 맥락과 아주 다르게 사용되었다). 하지만 대부분의 연극 음악은 이류들의 작품이었다. 그들은 초창기 영화 음악가들이 그랬던 것처럼 끊임없이 작곡하고, 편곡하고, 지휘하고 혹은 특정 목적 — 〈멜로드라마〉, 〈서둘러〉, 〈동요시켜〉 등등 — 에 맞는 일회적인 음악을 위해서 갑작스럽게 즉흥 연주를 해야 했다.

이런 음악들은 오늘날 거의 알려져 있지 않다. 하지만 (메이어와 스콧이 출간한 빅토리아 시대의 사례들처럼) 그것들은 후에 출간된 영화 음악 앤솔로지에 수록된 〈새로운〉 음악과 매우 깊은 관련을 지니는 것으로 드러났다. 그러므로 직업 반주자들도, 발레와 판토마임 장르를 전문으로 하는 음악가들처럼, 3중의 전통 — 경험적인 레퍼토리, 형식상의 전형, 그리고 연주 방식들 — 을 적용해야만 했다. 대사가 없고 연속적인 음악이 필요하다는 이유 때문에, 또 무대 행동의 미세한 디테일을 드러낼 목적으로 음악의 일부는 정형화된 안무에 적합한 폐쇄적 형식으로 이루어져 있고, 또 일부는 결말이 열려 있고 파편적이라는 이유 때문에, 이런 장르들(발레와 판토마임)은 무성 영화를 위한 특별한 곡들이 필요함을 예언하는 듯했다.

역설적으로, 영화 음악에 강한 영향을 끼쳤다고 보이는 장르는 연극과 가장 친연성이 먼 오페라였다. 1910년대와 20년대의 영화 음악 〈큐 시트*cue sheet*〉는 수많은 대중적 작품들(이탈리아 어, 프랑스 어, 독일어, 영어로 된)을 기악곡으로 편곡한 음악을 필요로 했다. 게다가, 그때까지는 (오케스트라가 연속적인 주석을 제공하는) 심포니식 접근에 바그너식 전개 — 상징적 주제의 사용, 광범한 주제의 변주, 풍부한 음색, 그리고 낭만적인 하모니로 요약되는 — 가 높이 평가받았기 때문에 영화 음악의 선도적 작곡가들은(다음에 논의될 조지프 칼 브라일, 고트프리트 후페르츠, 그리고 모티머 윌슨을 포함해서) 대놓고 그의 영향을 인정하거나, 혹은 비록 바그너의 수준에 이르진 못했지만 그의 스타일을 은연중에 모방했다.

영화 음악의 선례들이 그러했던 것처럼, 무성 영화 반주의 형태는 다양했다. 피아노 독주자가 스크린에 나타나는 화면에 맞춰 즉흥으로 연주하는(심하게는 음률이 맞지 않게) 이미지가 대중에게 친숙하지만, 이는 (영화 음악이 제공하는) 훨씬 더 넓고 빛나는 전경 중 가장 작고 가장 어두운 일부일 뿐이다. 협주는 시대와 무대 조건에 따라 모두 4개의 카테고리로 나누어진다.

1. 영화가 버라이어티 쇼의 일부로 상영되던 초기(1890년대에서 1900년대 초까지)에는 보드빌이나 뮤직홀 오케스트라가 영화를 반주했다. 그리고 영화가 상영되는 동안 연주된 음악은 쇼의 다른 부분들처럼 면밀하게 준비됐다고 추정할 만한 상당한 증거가 있다.

2. 영화 전문 극장이 등장했을 때(1905년에 형성되기 시작한 니켈로디언 등), 주로 피아노와 기계적 악기로 연주된 음악이 출현했다. 이는 영화 음악이 전문 영역으로 분화되기 시작했음을 알리는 것이지만, 한동안 극장주들은 극장 운영에서 음악적 측면을 소홀히 했다. 어떤 피아노들은 음률이 맞지 않았고, 어떤 연주자들은 너무 미숙했다. 그런데도 업계지들은 비난보다 칭찬하려는 뜻에서 음악에 두각을 나타내는 극장들을 정규적으로 다루었다. 그리고 이 점잖은 곳*modest arenas*에서조차 〈설명 형식의 노래*illustrated songs*〉로 프로그램의 질을 높이려는 관행은 (삼류 보드빌 극장에서 그런 것처럼) 음악의 중요성을 여실히 보여 줬다.

3. 1910년경부터 극장들은 더 크게 지어졌으며 보다 인상적인 시설들을 갖추었다. 그리고 음악을 위한 예산도 증가했다. (멜로디 악기, 피아노, 드럼으로 이루어진) 3명에서 15명의 연주자로 구성된 체임버 앙상블이 일반화됐다. 이러한 발전은 개별 영화의 길이와 성격만이 아니라, 영화 생산과 배급에서 일어난 급격한 변화와도 일치한다. 그리고 그 결과로 영화 상영에 적합한 편곡을 위한 시장도 성장했다. 따라서 1910년부터 영화 음악 출판도 크게 번창했으며, 이는 이 시기가 끝날 때까지 계속됐다.

4. 마지막 시기는 거대한 영화 〈궁전〉들이 지어지던 1910년대 말과 1920년대다. 스펙터클한 극장 오르간(초기 모델은 1912년경으로 거슬러 올라가지만, 보다 강한 인상을 준 것은 10년 후이다)은 대규모의 오케스트라, 호화로운 지휘자들과 스포트라이트를 나눠 받았으며, 일부 지휘자들(윌리엄 액스트, 주세페 베체, 칼리 엘리너, 루이 레비, 한스 마이, 에르노 라페, 후고 리젠필드, 마르크 롤란트 등)은 영화 음악 작곡가들만큼 유명해졌다. 웬만한 크기의 도시마다 이러한 궁전이 하나씩은 있었고, 뉴욕, 런던, 베를린 같은 메트로폴리탄의 중심에는 몇 개나 있었다. 쇼는 점점 풍부해졌으며, 서곡, 보드빌 스타, 고전적인 연기자들과 소극*skit*이 섞인 공연이 상영될 영화의 프롤로그로 제공되었다. 만화와 여행 영화에서 주 프로인 영화까지 쇼는 풍부했다.

물론, 음악가들만큼 반주도 다양했다. 대부분은 즉흥 연주와 완전한 창작곡을 양 끝으로 한 스펙트럼의 중간쯤에 있었다. 건반 악기 독주자들은 즉흥 연주를 할 수도 있고 협연이라면 불가능할 리듬의 섬세함을 표현할 수도 있다. 하지만 즉흥 연주의 질은 떨어지기 쉽고, 날마다 새 영화에 반주를 하느라 독주자들의 아이디어는 메말라 버렸다(더구나 목격자들이 증언하는 대로, 영화에서 다음에 뭐가 나올지 모르는 상황에서 즉흥 연주는 위험할 수도 있다). 반면 완전 창작곡은 비실용적이거나 부적합했다. 아주 초기부터 예외적인 경우가 있었지만 대부분의 영화는 상영 시간이 아주 짧고 배급 체계가 너무 광범하고, 협연하는 연주자들이 너무 다양하고 연주 실력이 불균등했기 때문에 의뢰받은 곡을 제대로 소화해 낼 여력이 없었다.

대부분의 독주자들과 모든 협주단은 뭔가를 보고서 연주를 해야 했는데, 그 해결책은 이미 연주되었거나 연주자들에게 익숙한 편집/창작 음악을 섞어 쓰는 것이었다. 따라서 장편 영화에 편곡들을 사용하는 것은 영화 음악에서 중요한 전통이 되었다. 특히 브라일이 1915년 「국가의 탄생」을 위해 획기적인 작품을 선보인 후에 그러했다. 처음에는 영화를 따라 순회공연하는 오케스트라가 브라일의 음악을 연주했지만, 나중에 인쇄된 복사본이 극장에 배포되었다. 다음과 같은 미국 영화의 주요작들도 영화 배급과 함께 음악이 〈배포〉되었다. 「평화를 위한 함성The Battle Cry of Peace」(스튜어트 블랙턴, 1915; 이반 루디실, S. M. 버그, S. L. 로새펄 공동작업), 「성녀 잔 다르크」(세실 B. 데밀, 1916; 윌리엄 퍼스트), 「문명Civilization」(토머스 인스, 1917; 빅터 셰르진저), 「길이 끝나는 곳Where Pavemant Ends」(렉스 잉그

에른스트 루비치 (1892~1947)

유대 인 재봉사의 아들인 루비치는 1911년 조연으로 막스 라인하르트의 도이치Deutsch 극단에 합류했고 영화 소극 「사고뭉치 점원Die Firma Heiratet」(1914)에서 영화로는 첫 주연을 맡았다. 골 빈 사고뭉치에 성적 관심이 지나친 옷가게 보조 역할로 그는 유대계 코미디언 캐릭터의 이미지를 굳혔다. 1914년과 1918년 사이에 그는 약 20편 넘게 그런 영화들에 출연했는데, 그 대부분은 그가 직접 연출했다(지금까지 남아 있는 작품 가운데는 「구두 궁전 핀커스」(1916), 「블루젠쾨니히Der Blusenkö nig」(1917), 「가을 장미 화분Der Fall Rosentopf」(1918)이 있다).

루비치는 제1차 세계 대전 중에 독일 영화에 나타난 가장 중요한 재능이었다. 그는 전쟁 전 파테의 영화와 비슷하지만 정확히 이국적인 환경을 배경으로 시각적이고 신체적인 코미디를 창조했고, 대부분의 초기 독일 영화의 안정된 주제였던 〈사회적 출세〉를 다루었다. 1918년 이후 루비치는 인기 있는 오페레타(「굴 공주」(1919)), 호프만식 환상 주제(「인형Die Puppe」(1919)), 셰익스피어(「쇼에 나온 로미오와 줄리엣Romeo und Julia im Shnee」, 「콜히셀의 딸들Kohlhiesels Töchter」, 둘 다 1920)의 익살스러운 속임수에 정통했다. 오인된 정체성(「넷이 똑같이 한다면Wenn vier dasselbe tun」(1917)), 쌍둥이(「인형」, 「콜히셀의 딸」), 여장 남자(「나는 남자가 되고 싶지 않아」(1918))에 초점을 둔 그의 코미디는 멋 부리는 남자와 고집 센 여자를 그렸는데, 오시 오스발타(「오시의 일기Ossi Tagebuch」(1917)), 폴라 네그리(「뒤바리 부인」(1919))가 그런 여자 상대 역으로 출연했다.

거의 프로젝션스-AG 유니언을 위해서만 배타적으로 일했던 루비치는 제작자 파울 다피트존이 총애하는 감독이 되었다. 다피트존은 1918년 이후 일련의 이국적인 사극 영화(「카르멘Carmen」(1918), 「파라오의 사랑Das Weib des Pharao」(1922)), 영화화된 연극(「정부(情婦)Die Flamme」(1923)), 그리고 제작자와 감독으로 전 세계적인 성공을 거둔 역사 스펙터클(「애나 벌린」(1920))을 제작했다. 〈루비치 터치〉는 역사적 구경거리(「마담 뒤바리」의 프랑스 혁명)를 배경으로 한 에로틱 코미디, 군중의 미장센(「애나 볼린」의 헨리 8세의 법정), 그리고 기념비적 건축의 극적인 사용(그가 만든 이집트 영화와 오리엔탈 영화에서처럼)을 결합하는

럼, 1922: 러즈), 「대행진Big Parade」(킹 비더, 1925: 악스트와 데이비드 멘도사), 「보제스트Beau Geste」(허버트 브레논, 1926: 리젠펠트), 「날개Wings」(윌리엄 웰먼, 1927; J. S. 자메크닉), 그리고 D. W. 그리피스의 영화 4편, 곧 「세계의 심장」(1917, 엘리너), 「가장 위대한 질문The Greatest Question」(1919, 페세), 「짓밟힌 꽃」(1919, 루이스 고트쇼크), 「동쪽으로 가는 길」(1920, 루이스 실버와 윌리엄 피터스). 사실 그리피스는 「국가의 탄생」 이후 (재정이 허락하는 한) 대부분의 무성 영화를 위해 음악을 주문했다. 하지만 그처럼 음악에 관심을 갖는 할리우드의 감독들이나 제작자들은 거의 없었다. 대부분의 장편 영화는 악보의 배포 없이 배급되었다. 대신, 연주자들 자신이 큐 시트, 엔솔로지, 카탈로그를 참조해 반주를 만들어 내야 했다.

음악적 소재

연주자들에게 최초로 그리고 가장 손쉽게 도움이 된 것은 소

방법에 있었다. 하지만 루비치는 또한 성공적으로 여장 차림을 한 재수 없는 유대 인 슐레밀schlemihl로 변신했고, 막스 라인하르트의 커다란 무대 세트를 마음대로 휘젓고 다녔다.

루비치 스타일의 트레이드마크는 시각적 표현 형식과 관객들이 캐릭터보다 먼저 상황을 알도록 함으로써 관객들을 우쭐하게 만드는 것이다. 상황을 점점 고조시켜 논리적 부조리*ad absurdum*를 낳는 슬랩스틱 전통 위에서 영화를 만든 초기작들에서조차, 그는 추측과 추론으로 관객들을 매혹시켰다. 이러한 논리를 단순히 형식적 원리로 사용하지 않고 루비치는 「굴 공주」(1919)나 「들고양이」(1921) 같은 코미디에서 철저하게 총체적인 경험 위에 세웠다. 이국적 장소, 에로틱한 세련됨, 화려한 낭비를 즐기고 싶어 하는 패전국 국민에게 그가 보여 준 것은 1차 대전 직후의 고조되는 초인플레이션, 미국식 생활양식에 대한 궁핍한 환상이었다. 견고한 세계를 예시하려는 듯 스튜디오 세트를 과장되게 꾸미는 이국적 도피주의 취향의 감독들과는 정반대로, 전형적인 루비치의 주제는 우아한 자기 소멸의 미장센이었다. 철두철미하게 베를린 사람인 루비치는 또한 독일 최초의, 그리고 누군가 말한 대로 유일한 〈미국인〉 감독이었다. 놀랍게도 점점 더 그의 영화와 닮아 가고 있던 할리우드 이미지로 그의 영화들을 리메이크하기 위해 그는 1921년 미국으로 떠났다.

그의 할리우드 첫 영화는 팜 파탈이 되려는 메리 픽포드의 야심을 위해 만들어져 과소 평가된 「로지타」(1923)였지만, 루비치는 오인된 정체성이라는 슬랩스틱의 테마를 변형했다기보다는 이상화한 코미디로 시장을 독점했다. 「결혼 서클」(1923), 「금단의 낙원Forbidden Pasadise」(1924), 「윈더미어 부인의 부채」(1925), 「그래 여기가 파리다」(1926)는 욕망과 위트, 악의의 손길을 감수하면서 사랑을 찾아 나선 귀족 계급의 커플들과 퇴락하는 사회적 명사들을 한통속으로 만드는 간통, 속임수, 그리고 자기 기만을 우아하면서도 감상적으로 성찰한다. 센티멘털리티에서 몇몇 게르만족다운 몸 풀기[「황태자의 첫사랑The Student Prince」(1927), 「애국자 The Patriot」(1928)]를 한 후, 유성 영화 시대의 도래로 루비치는 그의 코미디 스타일을 재창조할 새로운 기회를 얻었다. 파라마운트에서 제작자-감독의 지위를 통해 유명해지고, 뛰어난 시나리오 작가 어네스트 바이다와 샘슨 라펠슨의 도움을 받은 덕에 루비치는 최초의 착상으로 돌아갔다. 곧 오페레타 플롯과 거리 연극의 구성이 그것으로, 그것으로부터 1930년대 할리우드의 전형적인 〈이민자*émigré*〉 장르, 러시아와 리비에라의 뮤지컬 코미디를 만들었다. 이 영화들에는 주로 저넷 맥도널드 혹은 클로데트 콜버트[「사랑의 행진」(1929), 「미소짓는 중위The Smiling Lieutenant」(1931), 「즐거운 과부」(1934)]와 모리스 슈발리에가 주연으로 캐스팅됐다. 노래들이 능란하게 플롯 라인으로 이어지고 성적 풍자로 가득 찬 이 영화들은 몽타주 영화의 장관이었다. 하지만 루비치의 명성은 경박해 보이지만 보다 날카롭게 균형 잡힌 코미디 「천국의 문제」(1932), 「삶을 위한 설계」(1933), 「천사」(1937), 「니노치카」(1939)에서 나왔다. 변함없는 연애 삼각관계, 응접실과 여성의 내실에서 벌어지는 하찮은 일을 그린 이 드라마는 멜빈 더글러스와 허버트 마셜 옆에 스크린의 여신인 마를레네 디트리히와 그레타 가르보를 주연으로 캐스팅했는데, 루비치는 이 여배우들의 에로틱한 매력을 강조하면서 동시에 이들의 인간적이고 상처받기 쉬운 성격을 보여 주었다. 1940년대에 루비치는 「길모퉁이 가게」(1940)와 「죽느냐 사느냐」(1942) 같은 영화에서 코믹한 시비조로 중부 유럽 인다운 염세주의를 가렸다. 「죽느냐 사느냐」는 특히 나치 통치뿐만 아니라 실존하는 모든 독재 권력의 철면피함을 사보타주하려는 대담한 시도였다. 그가 언제나 해온 대로, 겉치레*makebelieve*의 장점과 생존 기술을 축하함으로써 말이다.

토마스 앨새세르

◂ 에른스트 루비치의 「결혼 모임」(1923)에서의 마리 프레보스트와 몬테 블루.

▪▫ 주요 작품

「구두 궁전 핀커스Schuhpalast Pinkus」(1916); 「나는 남자가 되고 싶지 않아Ich Möchte Kein Mann sein」(1918); 「굴 공주Die Austernprinzessin」(1919); 「뒤바리 부인Madame DuBarry」(1919); 「애나 벌린Anna Boleyn」(1920); 「들고양이Die Bergkatze」(1921); 「파라오의 사랑Das Weib des Pharao」(1922); 「결혼 서클The Marriage Circle」(1924); 「윈더미어 부인의 부채Lady Windermere's Fan」(1925); 「그래 여기가 파리다So This Is Paris」(1926); 「사랑의 행진The Love Parade」(1929); 「천국의 문제Trouble in Paradise」(1932); 「삶을 위한 설계Design for Living」(1933); 「즐거운 미망인The Merry Widow」(1934); 「천사Angel」(1937); 「니노치카Ninotchka」(1939); 「길모퉁이 가게The Shop Around the Corner」(1940); 「죽느냐 사느냐To Be or Not to Be」(1942).

▪▪ 참고 문헌

Carringer, Robert, and Sabath, Barry(1978), *Ernst Lubitsch: A Guide to References and Resources.*

Prinzler, Hans Helmut, and Patalas, Enno(eds.)(1984), *Lubitsch.*

Weinberg, Herman G.(1977), *The Lubitsch Touch: A Critical Study.*

위 큐 시트라는 것이었다. 이것은 단서들과 추가 지시 사항과 곁들여, 특별한 곡 그리고/혹은 특정한 영화 반주에 맞는 음악의 유형을 간단하게 정리한 리스트이다. 처음에 그 리스트는 비교적 조잡하고 믿을 만하지도 않았지만, 무성 영화 후기에 나타난 영화의 변화를 반영하면서, 다른 보조물처럼 점점 더 알맞고 복잡하고 상업적인 가치를 갖게 되었다. 에디슨 회사의 1릴짜리 「프랑켄슈타인Frankenstein」(1910)을 위한 이름 없는 큐 시트와 파울 레니의 인기 장편 「고양이와 카나리아The Cat and the Canary」(1927)를 위해 제임스 C. 브래드퍼드가 마련한 〈주제 음악 큐 시트Thematic Music Cue Sheet〉를 비교하면 흥미롭다. 전자는 1909년에서 1912년까지 발행된 『에디슨 키네토그램*Edison Kinetogram*』 미국판에 수록된 선구적인 시리즈의 전형적인 사례이다. 그것은 반주의 가장 대략적인 윤곽만을 제시하며 다음과 같이 시작하는 14개의 큐로 구성되어 있다.

오프닝: 안단테 — 〈그러고 나서 당신은 날 기억할 거야〉

프랑켄슈타인의 실험실까지: 모데라토 — 〈F장조의 멜로디〉

괴물의 형성까지: 점점 격하게

괴물이 침대 위로 나타날 때까지: 〈데 프레쉬츠Der Freishütz〉 중 극적인 음악

아버지와 딸이 방 안에 앉기까지: 모데라토

프랑켄슈타인이 집으로 돌아갈 때까지: 〈애니 로리Annie Laurie〉

〔등등〕

극히 대조적으로 「고양이와 카나리아」의 큐 시트는 컬러 표지(예외로 보이는 포맷) 안에 8페이지에 걸쳐 풍부한 팸플릿이 수록되어 있으며, 20명이 넘는 작곡가들이 만든 30편의 작품을 이용해 66개의 상세한 큐를 자세하게 설명하고 있다. 그것은 또한 앞뒤 표지에, 큐별로 유용한 〈연주를 위한 제안〉과 함께 반복되는 작품의 주제를 자세하게 설명하고 있다.

이러한 차이는 중요하다. 하지만 키포인트는 꼭 닮았다. 두 리스트 모두 중요한 장면에 기념비적인 19세기 레퍼토리를 사용하는 것이다. 「프랑켄슈타인」에서 베버의 〈데 프레쉬츠〉 중 〈극적인 음악〉은 다섯 번 사용되었고(사실 이 모호한 큐는 서곡이나 〈늑대의 계곡 장면〉을 즉흥적으로 연주하라는 지시 같다), 그때마다 괴물이 등장한다. 「고양이와 카나리아」에서는 슈베르트의 〈미완성 교향곡〉 도입부가 네 번 반복되는데, 이는 〈엄마의 테마〉와 일치한다(브래드퍼드에 따르면, 이 음악은 불신받는 여성의 불확실하고 의심스러운 지위를 나타낸다). 또한 두 영화 음악 모두 고전의 일부와 그보다 더 가볍고 다양한 스타일의 음악들을 혼합한다. 「프랑켄슈타인」은 감상적인 살롱 음악*salon piece*과 구닥다리의 실내악*parlour song*(루빈스타인의 〈F 장조의 멜로디〉, 〈애니 로리〉)을 포함한다. 반면에, 「고양이와 카나리아」는 영화의 풍자조에 걸맞게 다수의 코믹한 신비로운 곡*misterioso*들과 최신의 대중음악을 함께 사용한다. 그러한 뒤범벅은 (비록 브래드퍼드가 자신이 제시한 음악은 〈선곡들을 완벽하게 조율한 결과〉를 제공한다고 주장했는데도 불구하고) 규범*norm*이었다. 왜냐하면 그것이 영화를 따라가는 가장 적절한 방법처럼 보였기 때문이다. 그리고 그 시기의 엔솔로지와 카탈로그에서, 보기에는 이상하지만 기능상으로는 효율적인 그런 뒤섞임이 발견된다.

1920년대까지, 엔솔로지와 카탈로그의 소재는 처음엔 그저 그랬지만 큐 시트만큼 정교해졌다(브래드퍼드가 예시한 대로 여기에서 광범하게 큐 시트의 레퍼토리가 나왔다). 재머크닉의 모음집 『샘 폭스 영화 음악Sam Fox Moving Picture Music』(1913~14년에 걸쳐 3권에 창작곡 70곡이 실림, 넷째 권은 1923년 출판)과 『위트마크 영화 음악 앨범Witmark Moving Picture Album』(1913년에 출판된 101곡을 수록한 사내 편집본)에서 보는 대로, 초기의 앤솔로지는 보통 한 페이지를 넘지 않는 분량에 그리 어렵지 않은 피아노곡들로 채워졌다. 〈국가적 장면*national scene*〉과 소수 민족을 위한 음악(특히 애국적인 노래와 〈인도〉나 〈동양〉 음악 같은 이국적인 곡들), 그리고 행동 유형(장례식, 서두름, 소동, 결혼식 등)을 되풀이해서 강조하기는 하지만 카테고리의 범위는 되는 대로였다. 앤솔로지는 나중에 한층 포괄적이고 체계적이 되었다. 예컨대 『호크스 포토-플레이 시리즈*Hawkes PhotoPlay Series*』(1922~27) 14권 중 2권에는 서로 다른 영국인 작곡가가 만든 6개의 광대한 곡들이 수록되어 있다. 그리고 전형적으로, 각 권에는 피아노 앨범과 규모가 작거나 큰 오케스트라를 위한 편곡이 포함되어 있다.

하지만, 가장 인상적인 피아노 음악 단행본은 에르노 라페의 『모션 픽쳐 무드*Motion Picture Moods*』(1924)로, 53개 항목 아래 370곡이 색인되어 있으며 아주 어려운 곡도 많다. 포맷이 매우 독특했는데, 급하게 참고할 수 있도록 모든 페이지의 가장자리에 이 항목들이 알파벳순으로 정리되어 있다. 하지만 피아니스트가 제대로 활용하기엔 책에 실린 색인이 너무 방대하다. 〈국가적인〉 곡에 해당하는 것만도 150페이지가 넘어, 미국에서 시작해 알파벳순으로 아르헨티나에서 웨일스에 이르기까지 음악들이 축가, 춤곡, 민요 같은 대항목 아래 분류되어 있다(미국의 항목이 가장 긴데, 여기에는 애국적 찬송가, 대학의 교가, 크리스마스 캐럴 등이 포함되어 있다). 그다음 해 라페는 협연단 지휘자들을 겨냥해 『영화 음악 백과사전*Encyclopedia of Music for Pictures*』을 출판했다. 그 책에는 500개 항목 아래 이미 출간된 5,000개가 넘는 편곡된 곡의 제목이 수록됐고, 그 목록에 더해 상당수의 곡이 추가되었다. 또한 이 책은 각 극장들이 (이 책에 기초해) 각자에 맞는 음악 라이브러리를 만들 수 있게 허가하고 있다(최근 몇 년간 이러한 라이브러리의 일부 — 예컨대 시카고에 있는 발라반앤 카츠 컬렉션과 오클랜드에 있는 파라마운트 라이브러리 — 는 거의 원래대로 남아 있는 것이 밝혀졌다. 각각의

라이브러리는 다른 방식으로 조직됐지만, 대체로 라페의 라이브러리와 유사한 시스템을 따르고 있다). 레퍼토리에 관한 개론으로 『영화 음악 백과사전』을 뛰어넘은 것은 한스 에어트만과 주세페 베체의 2권짜리 책 『알게마이네 영화 음악 핸드북*Allgemeines Handbuch der Film Music*』(1927)에 실린 주제별 인덱스가 유일했다. 이 책은 이 시기 최후에 나온 가장 가치 있는 자료에 속한다.

1920년대 중반까지 영화 음악 관련 출판물의 스펙트럼은 수만 곡을 포함하고 있었다. 그중 일부는 전부터 있었던 소재를 편곡한 것이고 일부는 새롭게 작곡된 것이며, 또 일부는 명목상으로는 새롭지만 사실은 예전부터 있던 주제에 기초한 것이었다. 낡았든 새롭든 당시에 음악은 반주 목적에 따라 색인화되었다. 어떻게 분류되든 간에 거의 모든 곡이 하나 이상의 맥락*context*에 적용되었으며, 그렇게 되도록 연주 스타일을 바꿀 수도 있었다. 라페의 선집에는, 슈베르트의 〈마왕〉을 모델로 해서 도입부의 선율을 만든 것이 분명한 오토 란지의 〈아지타토 No. 3〉이 실려 있다. 이 곡은 〈무시무시하거나 지옥 같은 장면, 마녀들이 나오는 장면 등에 적합한〉 것으로 묘사되었다. 하지만 라페는 이 곡을 〈전쟁〉 색인에 분류했다. 더욱 혼란스러운 것은 엔솔로지의 다른 곳에는 슈베르트의 〈마왕〉 실제 시작 부분이 (템포가 〈빠르게*presto*〉로 표기됐는데도) 〈신비롭게*misterioso*〉로 분류되어 있다는 점이다. 따라서 레퍼토리가 풍부해질수록, 기능적인 요구의 지시는 기본적으로 동일하게 남아 있던 것 같다. 대부분의 곡들은 몇 마디 안에 기본적인 메시지를 전달해야 했으며, 다음 큐 사인 때문에 중단되곤 했다(브래드퍼드의 목록에서 가장 짧은 곡의 연주 시간이 30초, 가장 긴 곡은 3분이다). 그러한 상황에서 스타일의 지나친 다양성은 의심쩍었던 반면, 클리셰*cliché*는 그렇지 않았다(그리고 클리셰는 연주를 더 쉽게 만들었다). 나아가 친숙한 음악은 (때로는 그것과 함께 가는 텍스트처럼) 심지어 레퍼런스가 부정확할 때에도, 그 암시적인 힘 때문에 높이 평가되었다.

편집 음악 평가에도 유사한 고찰이 적용된다. 큐 시트만큼 레퍼토리가 뒤섞인 채로, 진부한 곡들이 많았고, 우연히 들어간 것처럼 보이기도 했으며, 모든 곡들은 연주 때마다 크게 바뀌었다. 하지만 주의 깊게 선곡과 동조화*synchronization*를 계획해서 표준보다 나은 결과를 낳는 경우도 있었다. 영화 유형과 제작/배급의 환경에 따라 결정된 세 가지 사례는 그러한 가능성의 범위를 보여 준다.

1. 칼렘 영화사의 1912년 「연합 철갑 함대Confederate Ironclad」를 위한 월터 C. 사이먼의 음악: 사이먼이 1912~13년 칼렘을 위해 창작한 인상적인 연속물에서 기인한 이 간결한 피아노곡은 당시로는 선진적인 사례였던 영화 내러티브를 위해 사용됐다. 그 곡은 영화에 썩 잘 맞았다. 그리고 많은 부분이 〈독창적〉이기는 했지만, 기존의 멜로디를 그대로 사용한 문서화된 큐 시트 수록곡과 많이 닮았다.

2. 「국가의 탄생」을 위한 브라일의 오케스트라곡은 사이먼의 음악을 확대한 것으로 볼 수도 있는데, 브라일의 곡은 추가로 10개 이상의 키 라이트모티프*key leitmotif*와 관현악적 색채를 덧붙여 원곡을 확장하고 있다. 또한 이때까지는 레퍼토리가 열려 있어 상당수의 19세기 교향곡과 오페라 작품이 포함됐는데, 이 곡들은 피아노 연주보다는 오케스트라에 더 적합했으며 그러한 영화 서사시에 필수적이었다. 분명, 그리피스는 음악이 영화적 경험의 일부가 되기를 원했을 것이다. 그리고 그가 얼마나 개입했는지 정확히 알 수 없지만 브라일이 야심을 갖고 노력할 수 있도록 격려했을 것이다.

3. 킹 비더의 「대행진」을 위한 액스트-멘도사의 곡은 브라일의 모델을 따르며, 그리피스의 곡에 새겨진 개인적 인장이나, 같은 분량의 창작곡이 없기는 하지만 그 못지않게 영화의 중요한 부분이었다. 사실 「대행진」의 서사시가 그리피스의 서사시보다 더 부드러운 스타일을 보여 준다면, 음악은 1920년대 중반까지 영화 음악이 어떻게 품위 있는 〈스튜디오〉의 생산물이 되었는가를 보여 준다. 이 경우에 스튜디오는 뉴욕의 극장 안에 있었다. 여기에서 리젠펠트는 곡을 썼고 첫선을 보였다. 영화 제작자, 극장, 악보 출판업자를 묶어 준 동업자 정신 덕분에 베를린처럼 뉴욕은 음악을 대량 생산하는 중심지가 되었다.

1920년대에는 편곡과 더불어 창작곡도 크게 늘어났으며, 눈에 띄는 성과를 낳기도 했다. 미국에서 중요한 사례는 라울 월시의 1924년 작 「바그다드의 도적」을 위한 모티머 윌슨의 창작곡이다. 주제적 구조나 관현악 편곡이 풍요로웠기 때문에 그 구성은 그렇게 화려한 영화에 딱 맞았다. 이는 에리히 콘골드의 성취와 사운드 시대 위대한 영화 음악 작곡가들을 예고하는 것이었다. 하지만 가장 인상적인 창작곡의 중심지는 뉴욕이나 할리우드가 아니라 프랑스, 독일, 러시아였다. 그곳에서는 새로운 매체에 매혹된 예술가와 지식인들이 합작해서 독특한 협력물을 얻었다.

SCOM

1908년 필름 다르의 영화「기즈 공의 암살」을 위한 카미유 생상스의 음악은 아주 초기에 중요한 선례를 확립했다. 기대대로 이 작곡가의 다년간의 경험과 뛰어난 솜씨 덕에 이 음악은 인상적인 주제적 통일성과 조화된 창조성을 보여 주었다. 그리고 그가 발레와 판토마임, 그리고 교향시를 위해 만든 음악만큼이나 이 영화 음악도 세련됐다. 하지만 영화에 너무 잘 맞아떨어졌기 때문에 음악은 우연적인 요소로 간과되었다. 곧 있었던 여론 조사에서 언급은 되었으나 연구는 거의 되지 않았고, 그럴싸한 예술 작품이라기보다는 매혹적인 전통적 노력의 결과로 여겨졌다.

1920년대 영화에 끌린 작곡가들이 만든 수많은 혁신적인 음악 가운데, 특별히 세 작품이 언급할 만하다. 이 작품들은 상이한 목표를 성취하는 데 성공했다.

1.「막간극」(1924)을 위한 에리크 사티의 음악은 안티내러티브로서, 미니멀적으로 섬세하게 가공한 보석처럼 빛났다. 클레르의 영화처럼 이 음악은 매체의 관습적인 산물을 패러디하거나 제멋대로인 듯한 표면 아래 놓인 섬세한 형식적 논리를 따름으로써, 관객을 현혹시키고 어리둥절하게 만들도록 고안되었다.

2. 후페르츠가「메트로폴리스」(1927)의 베를린 시사회를 위해 주문받아 만든 음악은 가장 특별한 방법으로 정교한 심포니적 틀 안에 바그너식 라이트모티프 시스템을 따르는 음악이 잔존함을 알려 준다. 랑이 그 영화를 3부로 구성한 대로 후페르츠는 음악을 3개의 〈악장〉, 곧 통상 〈여리게*Auftakt*〉, 〈막간*Zwischenspiel*〉, 〈거칠게*Furioso*〉라 불리는 3개의 독립 악장으로 나누었다. 영화처럼 음악은 19세기 멜로드라마와 20세기 모더니즘의 요소들을 뒤섞었는데, 그 부분이 매혹의 본질이다. 이 음악은 랑의 메시지를 강화하려고 했다. 그리고 앞서 논의된 미국의 편집물과 유사한 면도 있지만, 훨씬 더 복잡하고 다양한 음악 사전을 이용한다.

3. 코진초프와 트라우베르크의「새로운 바빌론」(1929)을 위한 드미트리 쇼스타코비치의 음악은 모든 세대를 통틀어 뛰어난 아방가르드 작곡가들이 만든 영화 음악 가운데 가장 위대한 예에 속한다. 영화처럼, 그리고「막간극」을 위한 사티의 음악처럼, 이 음악은 대부분 풍자적이다. 그리고 프랑스식 스타일로 잘못 해석된 하모니와 끊임없는 자동차 리듬을 이용할 뿐만 아니라 잘 알려진 노래들, 특히 〈마르세예즈〉를 왜곡해서 효과를 얻는다. 모든 것은 영화의 강력한 몽타주에 대조와 연속성을 제공하도록 고안되었다. 하지만 음악(지금은 베를린 라디오 심포니의 완벽한 레코딩으로 들을 수 있는)은 또한 이데올로기를 강조하면서 비극의 위업을 획득한다. 절망, 필사적인 저항, 그리고 코뮌 대원들의 대량 학살을 표현하는 장면을 위해 4부의 끝에 나오는 음악은 대단하다. 늙은 혁명가들이 멈춰 서서 바리케이드에 버려진 피아노를 연주하는 동안, 그리고 그의 동료들이 몹시 감동하여 연주를 듣는 동안, 오케스트라가 멈추고 화면 위의 피아니스트가 연주하는 사무치는 음악(차이스코프키의 〈샹송 트리스트〉)이 울려 퍼진다. 이 음악은 잦아든다. 그리고 최후의 전투가 시작될 때, 오케스트라는 유예되었던 선동곡*agitate*을 연주하고, 이 곡은 마침내 아주 진부한 왈츠로 바뀐다. 이로써 쇼스타코비치는 이 학살의 장면을 주재라도 하는 듯이 베르사유 궁에서 박수를 치고 있는 프랑스 부르주아지의 잔인함을 강조한다. 이와는 정반대의 방향을 겨냥하고 있기는 하지만, 영화의 끝 부분의 음악도 중요하다. 여기에서 쇼스타코비치는 거칠고 부조화스러운 대위법으로 고상한 호른의 테마와 인터내셔널가(歌)의 멜로디를 합성한다. 영웅들의 순교를 추앙하고, 나아가 진부한 감상 없이 희망을 전달하기 위해서이다. 최후의 상징적인 제스처에서 그는 각각 〈*Vive* | *la* | *Commune*(코뮌 만세)〉, 이 세 단어가 쓰인 3개의 장면으로 끝나는 영화의 열린 결말에 맞도록 사실상 악절의 중간에서 음악을 끝내는데, 휘갈겨 쓴 이 단어들은 들쭉날쭉한 낙서처럼 화면의 가장자리를 힘차게 지나간다.

이 세 가지 음악은 각각 특별한 영화들이 야기한 작곡의 문제점을 푸는 데 독특한 해결책을 제시한다. 또한 이 음악들은 무성 영화 〈황금기〉의 대미를 장식하며, 영화라는 매체가 최고 수준에 이른 음악적 표현의 잠재성을 최고로 높은 수준까지 끌어올리는 길을 찾았음을 보여 준다.

무성 영화와 오늘의 음악

쇼스타코비치가 그의 음악을 완성했을 때만 해도 무성 영화는 급속하게 시대에 뒤처지고 있었다. 오래지 않아 그 시대의 관습과 재료들은 잊히거나 사라졌다. 하지만 무성 영화를 되살리려는 노력은 내내 있었다. 무성 영화를 계속 상영했던 시네마테크 등지에서는 피아노 반주를 제공해 왔다. 하지만 이 음악들은 음악적으로 영감을 주지도, 역사적으로 정확하지도

◀ 분위기 음악: 워너 브러더스의 「순수의 시대The Age of Innocence」(1924) 촬영장에서 오케스트라가 장면에 적당한 음악을 연주하고 있다

그레타 가르보 (1905~1990)

스톡홀름의 환경 미화원의 딸, 그레타 구스타프손으로 태어난 가르보는 불행하고 가난한 어린 시절을 보냈다. 그녀는 광고를 거쳐 영화에 입문했고, 단편 영화를 만든 후에 마우리츠 스틸레르 감독에게 발탁됐다. 스틸레르는 그녀에게 새로운 이름을 지어 주고 「예스타 베를링의 전설」(1924)에 캐스팅했다. 그는 또한 그녀를 개조했다. 광고 영화에서 그녀는 통통하고 쾌활한 10대의 이미지를 보여 주었다. 하지만 스틸레르는 그녀에게 냉정하고 만사에 초연한 듯한 이미지를 끌어냈다. 파프스트의 「기쁨 없는 거리」에서 매춘부로 전락한 측은하고 상처받기 쉬운 중산층의 딸로 출연한 후에 가르보는 할리우드로 떠났다. 루이스 B. 메이어는 「예스타 베를링의 전설」을 보고 스틸레르를 원했다. 달갑지 않았지만 메이어는 감독의 젊은 피보호자 *protégée*와도 계약을 맺었다.

가르보를 어떻게 해야 할지 당황한 MGM은 그녀에게 〈스웨덴의 노마 시어러〉라는 별명을 붙였다. 그리고 시어러가 거절한 시시한 멜로드라마 「급류The Torrent」(1926)에 그녀를 출연시켰다. 첫 러시 상영 때 그들은 자신들이 본 것이 단순히 한 여배우가 아니라 스크린을 매혹적으로 만드는 존재였다는 것을 깨달았다. 딱딱하고, 여위고, 일상생활에 서툴렀던 가르보는 스크린에서 우아한 에로티시즘의 이미지로 변신했다. 스틸레르는 재앙이었던 할리우드의 경력을 끝내고 스웨덴으로 돌아가 일찍 죽었지만, 가르보는 정신적 스승의 상실이 가져온 실망을 딛고 스타덤에 올랐다.

클래런스 브라운이 감독하고 존 길버트가 함께 출연한 「육체와 악마」(1926)에서 가르보는 그녀의 독특한 특징을 굳혔다. 미국 영화가 일찍이 보여 준 적 없는 절망, 탐욕, 성숙한 섹슈얼리티의 경계에서 그녀와 (스크

않았다. 하지만 1939년과 1967년 사이 뉴욕 현대미술관에서는 아서 클라이너가 원래의 반주를 사용하는 전통을 지켰다. 그는 박물관이 드물게 수집한 곡들을 이용했다. 곡들이 부족하자 그와 동료들은 스스로 음악을 창조했다. 이는 대량 복사되어 영화와 함께 대여됐다.

최근 몇 년간 학문적 연구(특히 미국과 독일에서)로 무성 영화 음악에 대한 지식은 크게 증가했다. 필름 보관소와 영화제들(그중에서도 이탈리아의 포르데논과 프랑스의 아비뇽)은 음악에 대한 관심과 함께 무성 영화 상영을 위한 새로운 장소들을 제공했다. 그리고 질리언 앤더슨과 칼 데이비스 같은 지휘자들은 주요한 무성 영화 고전을 위해 오케스트라곡을 창조하거나 재창조했다. 이렇게 해서 처음으로 전문가들의 행동이 상업적 영역으로 흘러 넘어왔다. 1980년대 초기 아벨 강스의 「나폴레옹」을 복원한 두 가지 버전이 많은 주요 도시에서 대중의 관심을 끌기 위해 경쟁했다. 하나는 케빈 브라운과 데이비드 질이 복원한 필름에 기초해 칼 데이비스가 작곡

린 밖에서도 깊은 사이였던) 길버트의 절박한 러브신은 관객에게 절망감을 전해 줬다. 폴라 네그리의 요부 연기나 클라라 보의 수줍은 희롱에 익숙해 있던 관객에게 이는 뜻밖이었다. 가르보의 거의 모든 할리우드 영화를 촬영한 브라운의 촬영 기사 윌리엄 대니얼스는 그녀를 위해 섬세하고 낭만적인 조명을 고안했다. 대니얼스는 표현력이 풍부한 간색*half tones*을 사용해 그녀의 이미지를 상당히 드높였다.

성적 욕구와 숭고한 체념의 결합으로 가르보는 사이렌과 간부의 노릇을 하도록 운명지어진, 전형적인 〈다른 차원의 여성*Other Woman*〉으로 정의되었다. 그녀는 두 번이나 안나 카레니나를 그려냈다. 첫 번째는 길버트가 브론스키로 출연한 「사랑」(1927)이었다. 가장 비천한 물질계를 초월하는 그녀의 능력을 이미 증명했을지라도, 그녀의 나머지 무성 영화는 그녀에게 걸맞지 않았다. 더그나트와 코벌은 저서 『그레타 가르보』(1965)에서 〈초기작들에서 가르보가 불가능한 역할에 생명을 불어넣는 것을 보는 것은 마치 백조가 감상주의*schmaltz* 연못의 표면을 스쳐 가는 것을 보는 것과 같다〉라고 말했다.

사운드가 네그리처럼 유럽 악센트를 쓰는 배우들을 파멸시키는 것을 보아 온 MGM은 강박적으로 가르보의 첫 유성 영화 출연을 연기시켰다. 오닐 희곡의 산문 버전인 「애나 크리스티」(1930)는 그들이 걱정할 이유가 없다는 것을 보여 주었다. 그녀의 목소리는 깊고 떨리고 우수에 젖어 있었으며, 이국적이고 음악적이었다. 메트로 최고의 여성 스타라는 확고한 지위와 함께 금욕주의, 수줍음, 은둔 같은 전설이 자라기 시작했다. 「그랜드 호텔」(1932)에서 그녀가 맡았던 발레리나의 대사 한 줄, 〈혼자 있고 싶어요*I vahnt to be alone*〉는 유행어가 됐다. 이 모든 것은 스튜디오의 홍보팀이 개발한 것이었지만, 완전한 창작만은 아니었다. 이미지와 그녀를 구별하기는 어려웠고 이것이 그녀를 더욱 매혹적으로 만들었다.

1930년대에 가르보는 사극 영화에서 두각을 나타냈는데, 그 영화들이 언제나 훌륭했던 것은 아니었다. 그레이엄 그린은 「정복」(1937)의 리뷰에서 〈위대한 여배우〉, 〈그러나 그들이 그녀를 위해 만든 너무 우둔하고 젠체하는 영화〉라고 썼다. 그녀의 연기가 갖는 엄격함이 시대극의 야단스럽고 과장된 대화 속에 가려지는 경우처럼 여기에서도, 연출은 브라운(그는 또한 리메이크 판 「안나 카레니나」(1935)를 다루었다) 같은 사운드의 장인에게 맡겨졌다. 불행한 화려함 속에서 가슴앓이하는 가르보가 나오는 쿠커의 「카미유」(1936)는 진일보한 작품이었지만, 마물리안의 「크리스티나 여왕」(1936)에서 가르보는 열정적이고 성적으로 모호한 그녀의 내력을 연기하면서 마지막 장면에서는 숨겨 놓은 단검처럼 비애를 품에 안은 모습을 보여 주었다.

가르보의 미스터리, 잊히지 않는 냉정함과 내적 고통의 감각은 그녀를 컬트적 숭배의 대상으로 만들었다(그리고 여전히 그렇다). 마치 이러한 수수께끼를 어떻게 해야 할지 당황스럽다는 듯 MGM은 그녀를 우습게 만들기로 결심했다. MGM은 「니노치카」(1939)를 홍보하면서 〈가르보가 웃는다!〉라고 선언했으며, 이 영화가 그녀의 웃음을 사라지게 할 줄은 몰랐다. 지금 보면 이 영화는 작위적이며 루비치는 어깨에 힘이 들어가 있다. 스크루볼 코미디를 시도한 「두 얼굴의 여인」(1941)은 재앙이었다.

가르보는 영화에서 잠정적으로 은퇴한다고 선언했고, 그 선언은 영구적인 것이 되었다. 오퓔스의 「랑게 공작 부인La Duchesse de Langeais」이나 심지어는 1980년대 후반에도 앨버트 르윈의 「도리언 그레이Dorian Gray」 등의 영화가 그녀를 스크린에 컴백시키려 했지만, 어느 것도 실현되지 않았다. 전설적인 은둔자로서 그녀는 가장 도달하기 어렵기 때문에 가장 위대했던 영화 스타의 지위를 유지한 채 불가침의 사생활 세계로 물러났다. 그녀와 신화는 분리될 수 없는 하나가 되었다.

필립 켐프

▪▫ 주요 작품

「예스타 베를링의 전설Gösta Berlings saga」(1924); 「기쁨 없는 거리Die Freudlose Gasse」(1925); 「육체와 악마Flesh and the Devil」(1926); 「사랑Love」(1927); 「정사의 여인A Woman of Affairs」(1928); 「키스The Kiss」(1929); 「애나 크리스티Anna Christie」(1930); 「수전 레녹스: 그녀의 몰락과 부활Susan Lenox: Her Fall and Rise」(1931); 「마타 하리Mata Hari」(1931); 「그랜드 호텔Grand Hotel」(1932); 「당신이 나를 원하는 대로As You Desire Me」(1932); 「크리스티나 여왕Queen Christina」(1933);「채색된 베일The Painted Veil」(1934); 「안나 카레니나Anna Karenina」(1935); 「카미유Camille」(1936); 「정복Marie Walewska」(1937); 「니노치카Ninotchka」(1939); 「두 얼굴의 여인Two-Faced Woman」(1941).

▪▪ 참고 문헌

Durgnat, Raymond, and Kobal, John(1965), *Greta Garbo.*
Greene, Graham(1972), *The Pleasure-Dome.*
Haining, Peter(1990), *The Legend Garbo.*
Walker, Alexander(1980), *Greta Garbo: A Portrait.*

◀ 빅토르 셰스트룀의 「신성한 여인」(1928)에서의 그레타 가르보와 라스 핸슨.

하고 지휘한 곡을 지닌 버전이고, 다른 하나는 카마인 코폴라가 편곡하고 지휘한 음악이 들어 있는 버전이다. 무성 영화 음악에 대한 관심은 키스톤 경찰Keystone Cops에서 「메트로폴리스」에 이르기까지 음악 반주가 있는 비디오테이프와 레이저 디스크가 등장하면서 더욱더 확산되었다.

하지만 이러한 진전 때문에 혹은, 이러한 진전에도 불구하고 무성 영화 음악의 현 상황은 정리되지 않고 있으며, 어떤 음악이 맞고 어떻게 연주해야 하는가를 둘러싸고 합의점을 찾지 못하고 있다(무성 영화 기간에도 합의는 부족했다. 하지만 그 스펙트럼은 오늘날처럼 넓지 않았다). 필름을 무성으로 상영하는 경우를 논외로 하면, 현재 접근법은 원래 고안된 대로 상영되는 극히 일부의 영화를 제외하고 점점 더 바람직하지 않게 되어 가고 있다. 현재 사용되는 재현 방식은 크게 세 가지로 나눠진다. 1) 생음악 반주와 함께 강당에서 상영되는 필름, 2) 동조음과 함께 극장에서 상영되는 필름, 비디오, 혹은 레이저 디스크, 3) 집에서 텔레비전으로 상영되는 비디오나 레이저 디스크 버전. 두 번째와 세 번째의 방식이 첫 번째보다 더 널리 퍼져 있고 편리한 건 분명하지만, 이는 그 시대의 관습에서 멀리 떨어져 있다. 동조화된 음악이 사운드트랙에 있는 무성 영화 필름이나 비디오 복사본을 상영하는 것은 기본적으로 극장 경험의 본질을 바꾸는 것이다. 실제로 일단 녹음되면 그 음악은 〈무대적으로〉 보이기 어렵다. 집에서 볼 때의 장점이 무엇이든 간에, 무대성*theariticality*이 무시되기 때문에 모든 형태의 일련의 음악, 특히 쾅쾅 울리는 오케스트라와 오르간은 관객을 무겁게 짓누른다.

음악 또한 세 가지 기본 형태로 나뉠 수 있다. 1) 편집곡이건 창작곡이건, 무성 영화 시대에서 연원하는 음악(앤더슨은 이런 형태의 곡을 전문으로 만들었다), 2) 새롭게 창조된 (그리고/혹은 즉흥적으로 연주된), 하지만 〈옛날〉 음악처럼 들리도록 의도된 음악 — 통상 클라이너가 시도했고, 오르간 연주자 게일로드 카터, 그리고 최근에는 칼 데이비스가 시도한 접근법, 3) 모로더가 1983년 「메트로폴리스」를 위해 작곡한 음악들, 그리고 1968년에 뒤아멜과 잰센이 「편협」을 위해 창작한 곡들처럼 스타일에 있어 의도적으로 시대착오를 시도한 신곡. 그러므로 음악과 무성 영화(세 가지 재현 방식, 세 가지 음악 양식)를 조합하는 데는 아홉 가지 방식이 가능하고, 모든 경우 미묘하면서 튀는, 만족스러우면서도 동시에 불쾌한 결과를 낳았다.

특히 같은 영화를 위해 서로 다른 버전이 마련되는 경우에 이런 측면은 흥미롭다. 예를 들어 「편협」의 경우, 서로 다른 4개의 해석이 존재한다. 브라일의 음악에 기초한 앤더슨의 해석은 1916년 뉴욕 시사회 때 선보인 음악과 최대한 유사하게 만든 판으로, (뉴욕 현대미술관과 국회도서관이 만든) 필름 복원판과 함께 연주되었다. 데이비스의 곡과 함께 브라운로-질의 복원판은 라이브와 텔레비전으로 상영되었다. 그리고 〈모더니스트〉인 뒤아멜과 잰센의 해석이 있다. 카터가 녹음한 오르간곡과 함께 복원된 레이저 디스크 버전도 존재한다. 「메트로폴리스」의 경우에는, 디스코 스타일과 다양한 팝 아티스트들이 연주한 새 노래들을 종합한 모로더의 해석이 대중의 관심을 끌었다. 하지만 「메트로폴리스」는 몇 차례 베른트 헬러가 편곡 지휘한 후페르트의 원곡 버전으로, 그리고 아방가르드 앙상블들이 반즉흥적으로 실황 연주한 버전으로 상영되었다. 이런 경우에 상이한 접근법들 사이에서 하나를 선택하기란 불가능하다. 앤더슨은 「편협」 같은 영화는 원래 영화 음악이 연주되는 특유의 관람 조건에서 상영돼야 한다고 강력하게 주장했다. 하지만 그녀조차 복원에 너무 신중할 경우, 미학적 중요성보다 역사적 중요성을 갖게 된다는 것을 인정했다. 반면, 〈시대착오적인〉 음악을 생생하게 사용하는 것이 더 알맞을 때도 있는데, 특히 비관습적인 영화에서 그러하다. 비록 「메트로폴리스」의 경우는 최신 유행의 대중음악 사용으로 영화 자체가 그 음악이 시작된 시기로까지 거슬러 올라가는 듯이 보이게 할 수 있고, 급진적인 재즈 스타일과 미니멀리즘이 영화에 더욱 효과적인 대위법을 제공할 수 있다는 것을 보여 주고는 있지만.

너무 혼란스럽기는 하지만 그렇게 많은 가능성을 마주한다는 것은 좋은 일이다. 살아 있기 때문에 무성 영화 음악은 계속 변해 왔으며, 진정으로 〈정통적*authentic*〉이기 위해 계속 변해야 한다. 나아가 쓸데없이 무성 영화의 음악적 전통이 언젠가는 완전히 복원될 거라고 기대해서는 안 된다. 먼저, 우리는 선조들과 똑같은 방식으로 그 (무성) 영화를 볼 수 없다. 우리는 이미 수십 년간 유성 영화를 경험했고 그 많던 오리지널 레퍼토리들은 잊혔거나 신선함을 잃어버렸기 때문이다. 아마도 최고의 희망은 낡았든 새롭든, 영화에 맞춰 섬세하게 연주되는 실황 반주를 들으러 이따금 극장에 가는 것일 것이다. 그렇게 된다면 우리는, 보다 쉽게 무성 영화의 지나간 영광을 상상하고 그때부터 100년이 지난 지금에도 여전히 그것을 살아 있는 예술로 경험할 수 있을 것이다.

참고문헌

Anderson, Gillian(1990), “No Music until Cue”.

Erdmann, Hans, and Becce, Giuseppe(1927), *Allegemeines Handbuch der Film-Musik*.

Gorbman, Claudia(1987), *Unheard Melodies*

Marks, Martin(1995), *Music and the Silent Film*

Rapée, Erno(1924), *Motion Picture Moods*.

—(1925), *Encyclopedia of Music for Pictures*.

무성 영화의 전성기

제프리 노웰-스미스

1920년대 중반, 영화는 빛나는 절정에 도달했다. 어떤 면에서 영화는 다시 그때를 넘어설 수 없을 것이다. 사실 그때에는 순수 실험 무대를 제외하면 동조음도, 테크니컬러도 없었다. 동조음은 1920년대 말에 소개됐고, 테크니컬러는 1930년대 중반을 넘어서 사용되기 시작했다. 또 아벨 강스의 「나폴레옹」(1927) 같은 예외적인 경우들을 제외하면, 1950년대 이후 관객들에게 익숙한 와이드스크린에 근접하는 영화도 없었다. 세계 곳곳, 특히 시골 지방의 관람 조건은 임시방편적이고 원시적이었다.

하지만 그 같은 조건을 보충하는 많은 것들이 있었다. 발전된 나라의 도시 관객들은 그때로부터 20년 전만 해도 상상도 못했던 스펙터클을 즐길 수 있었다. 화면 내 사운드*on screen sound*가 없는 대신, 오케스트라와 효과음이 있었다. 질산 처리된 팬크로매틱 감광 유제를 사용한 생필름은 아주 선명하고 섬세한 이미지를 생산했고, 이는 착색*tinting*과 조색*toning*으로 더욱 향상되었다. 깜박거림*flicker effect*은 사라졌다. 그리고 24×18피트 사이즈에 이르는 스크린은 이미지를 선명하게 보여 줬고, 왜곡 없이 큰 스케일의 액션을 재현할 수 있을 정도로 충분히 컸다.

이러한 특징의 상당수는 사운드의 도래와 함께 사라져야 했다. 소수의 강당을 빼고는 모든 곳에서 생음악 반주가 사라졌다. 착색과 조색의 효과는 포기되었다. 왜냐하면 필름 위의 컬러는 사운드트랙을 읽는 센서를 방해하기 때문이다. 투자의 초점은 시각 효과에서 사운드 레코딩의 문제로, 상영의 측면에서는 재생 장치의 설치 문제로 옮겨 갔다. 또한 대화를 찍을 수 있는 장면들을 강조하게 되면서, 사운드는 스케일의 상실을 부추겼다. 뮤지컬이라는 중요하고 유일한 예외가 있긴 했지만, 새로운 대화 영화*dialogue pictures*가 뒤를 잇게 됨에 따라 많은 무성 영화들의 특징이었던 스펙터클한 성격은 축소되었다.

넓은 공간에 투사된 액션의 스케일은 아마도 전성기에 이른 무성 영화의 가장 충격적인 모습일 것이다. 풍경, 전투, 축제를 담는 파노라마식의 롱 숏과 사물이나 얼굴의 일부를 확대하는 클로즈업에는 장대함과 삶을 넘어서는 위대함이 있었다. 서부의 정복이든 집단 농장의 삶이든, 영화는 이러한 대상을 확대할 기회를 놓치지 않았다. 부자들의 집은 대저택으로 나타나는 경향이 있는가 하면, 가난한 이들의 집은 북적거리는 공동주택이었다. 영웅들은 아름다웠고 악당들은 추했다. 극적인 가치들은 연기자의 육체에 투사되었으며, 숏의 스케일과 카메라 앵글의 효과는 이를 더욱 고조시켰다.

이러한 연쇄적인 효과를 성취하기 위해서 많은 기술들이 발전해야 했고 상호 조화를 이뤄야 했다. 영화 제작자들은 참고할 만한 선례나 이론도 거의 없이 무작정 앞으로 나아갔다. 정확히 어떤 효과를 원하는지 그들은 정확히 알지 못했고, 그들이 아는 범위 안에서 그들 전부가 똑같은 효과를 원하지도 않았다. 그 결과로 많은 실험이 시도되었고 — 테크닉, 극작술*dramaturgy*, 내러티브, 세트 디자인에 있어서 — 아무런 결과 없이 끝나기도 했다. 할리우드만이 아니라 독일, 프랑스, 소련, 인도, 일본 등도 수많은 개성 있는 스타일을 발전시켰다. 전 세계적인 영화 제작에 부분적으로나마 모델 노릇을 한 것은 미국-할리우드 스타일이었지만, 독일식 모델 또한 심지어 미국에서조차 영향력을 행사했다. 반면, 소련의 〈몽타주〉 스타일은 모방되기보다는 찬양되었다.

1912년 이후, 미국에서 발전되고 무성 영화 시기를 거치면서 공고화된 스타일을 〈고전적〉이라 부르기 시작 했다. 그전의 〈원시적인〉 스타일과 구분하기 위해서, 또 다른 곳에서 나타났으나 그만한 역사적 성공을 거두지는 못한, 덜 공고화된 스타일과 구별하기 위해서 그렇게 부른 것이다. 그 특징들을 폭넓게 고려해야 하겠지만, 이를 간단하게 열거할 수도 있다. 무엇보다도 그것은 관객들 앞에 이야기가 전개되도록 고안된 내러티브 스타일이다. 그리고 그것은 다른 효과들이 내러티브 오락에 기여하도록 조직한다. 그렇지만 이러한 스타일의 근저에는, 보다 일반화된 〈사실주의적 마술사*realisticillusionist*〉의 미학을 포함해 무성 영화 시대의 영화 제작과 상영 관행을 결정했던 산업적 맥락에서 발전된 심층적 특징들이 놓여 있다.

산업

무성 영화의 장대한 발전의 (그리고 1920년대 말에 소리로의 급속한 이행의) 열쇠는 산업 조직에 있었다. 작가나 영화 제작자, 그리고 짐짓 영화는 산업 위에 있다고 묘사한, 프랑스 문화부 장관을 (두 번이나) 지낸 앙드레 말로 등이 주장하는 것처럼 이 전제는 부수적인 게 아니다. 산업적 발전의 잠재성은 처음부터 영화에 내재해 있었다. 영화는 본질적으로 기술에 의존하며(카메라, 생필름, 영사기), 문자 그대로 〈쇼 비즈니스〉로 등장했던 것이다. 초기 영화는 산업이란 이름으로 불려서는 안 된다. 그것은 금방이라도 넘어질 듯한*ramshackle* 사업으로, 장인의 작업장에 모인 장비와 기술(생필름 자체는 제외하고)을 사용해 작은 규모로 운영되었다. 하지만 영화가 점점 정교해짐에 따라, 그리고 영화를 만들고 배급을 보증하는 데 필요한 자본이 증가함에 따라, 영화는 운영의 규모, 조직의 형태, 그리고 자본에 대한 의존도에 있어서 진정으로 산업적 특성을 띠었다.

1920년대 말에 사운드가 도래하면서 영화는 분명하게 산업화되었다. 사운드의 도래로 영화는 투자 자본의 영역으로 통합되었고, (전자 회사를 통해) 음악 녹음, 라디오와 결합되었다. 하지만 이미 1차 대전 후 몇 년 안에 영화는 나중에 문화 산업이라고 불리게 될 원형적인 특징을 획득한다. 라디오와 음악 녹음처럼 영화는 분명 기술적이지만, 기존에 있던 콘텐츠를 전달하는 데 이용되는 기술만은 아니라는 점에서 이것들과 달랐다. 콘텐츠 자체가 기술에 의해 창조되었던 것이다. 영화는 기술적으로 창조되고 난 다음, 이를 상영할 수 있는 관련 기술을 갖춘 곳으로 배급되어야 했다. 투자의 양, 시간 규모, 그리고 수요와 공급을 조절할 필요 때문에 영화는 생산 단계에서 산업적 조직이 되었을 뿐만 아니라 모든 단계에서 비즈니스 관행과 관련되었다. 영화는 시장을 위해 생산되었고, 시장의 수요를 조정하기 위한 운영은 영화 제작에 큰 영향을 미쳤다. 이것은 영화라는 매체의 전 측면에 유례없는 결과를 가져왔다.

스튜디오

영화는 스튜디오에서 만들어졌다. 미국의 영화사들이 1910년대 말 캘리포니아 남부로 이주한 것은 풍부한 햇빛과 다양한 로케이션 장소를 찾기 위해서였지만, 1920년대에 이르러 대부분의 장면은 전자 조명이 비치는 실내든, 야외에 지어진 세트든 인공적인 배경에서 촬영되었다. 영화 제작자들은 스튜디오에서는 촬영할 수 없는 단 몇 장면(혹은 한 장면)을 위해 현지 촬영을 나갔다. 스튜디오 촬영으로 제작 여건을 통제하기가 더 쉬워졌다. 뿐만 아니라 스튜디오 촬영이 더 경제적이었다. 경제성과 통제에 대한 필요 때문에 세트를 짓는 방법이 단순화됐고 한두 종류의 특수 효과를 이용해 숏과 신*scene* 들을 합성할 수 있는 훨씬 복잡한 방법들이 모색됐다.

통상, 특수 효과*special effect*란 단어는 환상적인 사건들을 모사하는 기술로 인식되지만, 실제로는 사실적인 장면을 묘사하는 데 사용되는 경우가 더 많다. 진짜 세트에서 장면을 재현하는 것보다 더 쉽고 더 싸게 찍을 수 있는 이점이 있기 때문이다. 그리피스의 「편협」(1916)에서 바빌론 시퀀스를 찍을 때, 실물 크기의 세트를 지어 촬영하려면 엄청난 비용이 들어가기 때문에 제작사는 실제 3차원적 공간에서 사건이 벌어지는 것처럼 보이게 할 수 있는 보다 간단한 방법을 찾았다. 한 장면 안에서 스튜디오 숏(예컨대 클로즈업)이 로케이션 숏과 배합됐다. 반면에, 이질적인 요소들로 구성된 숏이 마치 하나의 리얼리티를 재현하는 것처럼 보이도록 할 수도 있었다. 유리판 한쪽에 장면의 일부를 칠하고, 유리의 투명 부분에서는 행동을 촬영하는 단순한 방법도 고안됐다. 하지만 1920년대 중반 독일의 촬영 감독인 오이겐 쉬프탄이 개발해 프리츠 랑의 「메트로폴리스」(1927) 등에 사용한 것처럼 더 복잡한 기술도 있었다. 우선 행동을 촬영하는 쪽에 미니어처 세트를 짓는다. 그러고는 일부가 벗겨진 거울을 45도 각도로 카메라 앞에 놓는다. 거울의 벗겨진 부분으로 행동을 촬영하는 동안, 거울의 벗겨지지 않은 부분은 미니어처 세트를 반사한다. 이에 대한 대안으로 장면의 일부를 매트*matte*로 가리고 작업실에서 촬영한 장면을 나중에 합성하는 수도 있다. 혹은 등장인물들이 스크린 앞에서 연기하는 동안, (제2유닛*second film unit*이 로케이션 촬영한) 배경을 스튜디오 뒤쪽에서 스크린에 영사할 수도 있다. 이 방법은 스튜디오 안에서만 대화를 녹음할 수 있었던 초기 사운드 시대 이전에는 광범위하게 사용되지 않았다.

이러한 스튜디오 제작 기술의 발전으로 환영적이고(예컨대 조르주 멜리에스의 영화들처럼) 연극적인 것과, 의심의 여지 없는 실제 사이의 경계가 모호해짐에 따라 후기 무성 영화는 점점 더 사실주의적 환상을 추구하게 됐다. 극영화는 사실적인 사건을 다루든 환상적이고 있을 법하지 않은 사건을 다루든 상관없이 사실적인 효과를 모색했다. 그 한계에서만 효과 자체를 위한 (혹은 관객들이 궁금해하는) 효과를 보여 주는 영화, 혹은 실제 사건을 묘사하는 데 있어 매개 없는 진정성에 의존하는 영화들이 만들어졌다. 코미디에서는 이 양 극단이 만나기도 했다. 관객들은 일어나고 있는(혹은 일어나는 것처럼 보이는) 환상적인 일들, 그리고 실제 시간과 실제 장소에서 일어나고 있는 물리적인 개그, 둘 다에 놀란다. 하지만 그보다 더 자주, 스튜디오들은 총체적인 그럴듯함을 성취하는 데 가능한 모든 수단을 사용했다. 행동은 충분한 〈진실

1928년의 MGM 의상부.

반지*ring of truth*〉를 가지고 있어서 연기의 방법은 거의 눈에 띄지 않았다.

자족적인 영화적 사실성을 창조하기 위해 영화가 많은 수단을 이용할 수 있다는 생각은 천천히 나타났다. 이는 일종의 역설로 여겨졌다. 소련의 영화 제작자이자 이론가인 레프 쿨레쇼프는 이러한 역설을 제대로 파악한 첫 번째 사람일 것이다. 1920년대 초에 그는 그 유명한 〈실험〉을 통해 어떻게 한 숏의 내러티브 요소가, 그 숏에 내재된 〈실제적 삶〉의 특성보다 숏들의 병치*juxtaposition*에 의해 결정되는지를 보여 주려고 했다. 하지만 쿨레쇼프의 실험은 숏 자체를 만드는 수단의 잠재력보다 거의 전적으로 몽타주에 포커스를 맞추었다. 사실주의적인 환영이 실제로 무성 영화의 지배적인 미학으로 발전한 것은 스튜디오 프로덕션 기술이 고도로 발전했던 독일과 미국에서였다(할리우드의 경우 더 사실적이었고, 독일은 더 환영적이었다).

멜로드라마, 코미디, 모더니즘

스튜디오 시대 영화를 특징짓게 될 대부분의 장르들 — 범죄 영화, 웨스턴, 판타지 등등 — 이 무성 영화 시기에 등장했다. 비록 많은 영화들에 비동조화된*non-synchronized* 반주가 있긴 했지만, 분명한 이유 때문에 고전적인 장르 중에 뮤지컬만은 나타나지 않았다. 마케팅을 목적으로 영화들을 그룹 짓는 장르적 범주들이 많았지만, 무성 영화 시대 (그리고 그 후 상당 기간 동안) 영화들은 2개의 주요 양식, 곧 코미디와 멜로드라마로 범주화되었다.

영화학자들은 특별히 두 가지 타입의 영화를 지칭하기 위해 멜로드라마란 단어를 사용했다. (특히 아주 초기에) 분명히 19세기 멜로드라마에 기원을 둔 영화들, 그리고 1930년대와 40년대, 50년대 할리우드에서 막강한 영향력을 발휘했던 사랑과 가족의 삶(때로는 소위 〈여성 영화〉와 겹쳐지는)에 대한 이야기가 바로 그 두 가지다. 엄격하게 말하면, 이 둘에 같

프리츠 랑 (1890~1976)

빈에서 도시 건축가의 아들로 태어난 프리츠 랑은 건축을 공부했고 1911년, 2년간 전 세계를 여행한 후 파리에 도착해 그림엽서와 그림을 팔아 생계를 유지하며 회화를 배웠다. 전쟁이 발발했을 때 오스트리아 군에 징집되어 전선에서 복무했고, 몇 번 부상을 당했다. 1918년 시나리오를 쓰기 위해 베를린으로 이사했고 1919년에 감독이 되었다. 1920년에 유명한 시나리오 작가이자 소설가인 테아 폰 하르부와 결혼했다. 이후 랑이 만든 모든 독일 영화는 그녀와의 합작품이다.

무르나우, 루비치와 함께 랑은 독일 무성 영화의 거인들 중 한 사람이다. 그의 영화 덕분에 독일 영화는 전 세계적으로 많은 관객을 얻었다. 그리고 그의 영화들은 할리우드에 대한 진지한 대안을 제공함으로써 미학적 차별성을 유지했다. 그는 범죄 심리와 보통의 심리적 전개 사이의 유사성에 매혹됐는데, 이는 사악한 천재가 사회에 대한 통제력을 획득하려고 시도하는 「도박사 마부제 박사」(1922)에서 이미 분명해졌다. 마부제는 최면술과 유혹적인 여성들, 그리고 그의 부유한 희생자들을 자기 파괴로 몰아넣는 심리적 테러를 이용해, 사적인 포커 게임처럼 쉽게 증권 시장을 조작한다. 그리고 그는 다름 아닌 여성 때문에 어쩔 수 없는 광기에 빠져 든다. 그가 희생자들이 죽음에서 부활해 자신을 고발하는 환상을 보는 것처럼, 심각한 광기 때문에 마부제 박사는 한때는 전능했던 시력으로부터 배신당한다.

「니벨룽겐」(1924)과 「메트로폴리스」(1926)에서 그는 외국의 관객까지 겨냥해 호화찬란한 초대작을 만들었다. 이 영화들은 인공적이고 기념비적인 세계와 장대하고 그림 같은 아름다움으로 관객을 빨아들이는데, 건축의 규모와 그래픽 구성은 극적인 대조를 이루며 주요 주제를 전달한다. 「니벨룽겐」 1부인 「지크프리트」는 2부 「크림힐트의 복수」를 지배하는 비대칭적 혼돈과 대조되는, 강한 기하학적 패턴으로 특징지어진다. 시각적 구성의 불균형은 크림힐트의 비인간적 잔인함과 잘 맞아떨어지는데, 지크프리트를 살해한 데 대해 크림힐트는 그녀의 가족에게 복수하고, 이는 결국 두 문명의 파괴로 이어진다. 「메트로폴리스」의 도입부에서 노동자들의 율동적이면서도 강요된 행진은 후에 집으로 넘쳐 들어오는 홍수를 피하려고 하는 그들의 카오스적 시도와 대조를 이룬다. 「니벨룽겐」에서처럼, 여성은 전체 사회를 파괴하는 도구가 된다. 노동자들에게 파괴를 선동하도록 창조된 섹시하고 최면을 거는 〈나쁜〉 마리아는, 구원자라는 맹신을 통해 노동자들을 단결시키는 〈좋은〉 마리아의 복제판이다. 독재자의 아들은 순결한 마리아와 사랑에 빠지지만 노동자들처럼 결국 그녀의 기만적이고 사악한 쌍둥이에게 속게 된다. 결말에서 형제적인 사랑으로 독재자와 노동자들은 단결하고, 그래서 납득할 수 없지만 모두가 승리한 듯이 보인다.

랑의 최초의 유성 영화인 「M」(1931)에서 피터 로리는 도시 전체를 공포로 몰아가는 어린이 연쇄 살인범을 그려 냈다. 정교한 교차 편집은 경찰과 지하 세계라는 두 조직의 조직과 동기 사이에 존재하는 유사성을 강조하는데, 이 두 세력은 각자의 사업 영역을 붕괴시키려고 하는 범인을 잡기 위해 경쟁한다. 지하 세계가 경찰의 어두운 거울이라면, 범죄를 반복하는

살인자의 무의식적 충동은 그의 이성적인 자아의 어두운 면이다. 그는 그것을 통제할 수가 없다.

랑의 다음 영화인 「마부제 박사의 유언」(1932)은 나치 검열관들에게 걸려 개봉이 좌초됐다. 랑에 따르면, 그때 그는 괴벨스와의 만남에 불려 갔는데, 이 자리에서 괴벨스는 영화에 대해 토론하기보다 히틀러가 랑이 나치 영화 산업을 이끌어 주길 원한다고 통고했다고 한다. 하지만 랑은 즉시 독일을 떠나 파리로 갔고 이때 새 체제에 동조적이었던 아내 폰 하르부와의 결혼 생활을 끝냈다. 1934년 랑은 MGM과 1년 계약을 맺고 할리우드로 갔다. 1936년부터 1956년 사이에 랑은 계속 스튜디오를 바꿔 가면서 22편의 미국 영화를 만들었다.

MGM의 지시를 기다리는 동안 랑은 새로운 관객을 이해하기 위해 미국 대중문화에 능통해지려고 애썼다. 무엇보다 그는 미국 관객들은 등장인물들이 평범한 사람이길 기대한다는 얘기를 들었다. 이러한 가르침을 염두에 두고, 랑은 스튜디오를 설득해 「분노」(1936)를 만들었다. 이 영화에서 평범한 남자 주인공은 오해로 인해 어린이 유괴 살해 혐의로 체포되고, 결국 그의 가족과 애인을 희생시키면서 그를 고소한 사람들에게 복수하는 데 성공한다. 랑의 가장 힘이 넘치는 영화 중 하나인 「분노」는 미디어에 선동돼 폭도가 되어 가는 소도시 주민들을 보여 준다. 하지만 이 영화는 또한 (「크림힐트의 복수」에서 「격노」(1953)까지 다른 랑의 영화들처럼) 복수가 어떻게 인간을 비인간적으로 만드는가를 — 군중만이 아니라 영웅도 — 보여 준다.

랑의 독일 영화에서 관객은 등장인물들이 아는 것보다 더 유리한 위치에 있다. 우연한 증거가 큰 역할을 하고 외적 상황이 등장인물만큼이나 관객들을 속이는 미국 영화에서 이러한 전능함은 훼손된다. 「암흑가의 탄흔」(1936)에서 관객은 우연한 증거와 랑의 프레이밍, 조명, 그리고 시점 편집 때문에 전과자의 약혼녀가 그의 결백을 믿는데도 불구하고 또 다른 강도짓을 저질렀다고 믿게 된다. 「분노」처럼 이 영화는 낭만적인 사랑은 전적으로 믿을 수 있고 사회적 변화는 여전히 가능하다고 결말을 짓는다. 하지만 랑이 20년 후에 만든 영화들은 이와 다르다.

이례적으로 몇 편의 서부 영화와 서스펜스로 가득 찬 반나치 영화(브레히트와 함께 시나리오를 쓴 「사형 집행인도 죽는다」(1942)를 포함해)를 만든 후 랑은 조앤 베넷을 주연으로 3편의 영화를 만들었다. 몽환적인 서스펜스 드라마 「창가의 여인」(1944)의 성공으로 랑은 베넷의 남편인 프로듀서 월터 와그너와 협력 관계를 맺었는데, 이어진 2편의 영화는 분명 심리분석적 견지에서 필름 누아르의 운명적인 꿈같은 풍경을 묘사한다. 르누아르의 「암캐La Chienne」(1931)의 리메이크인 「진홍의 거리」(1945)와 「문 저쪽의 비밀」(1947)이 그렇다.

1950년대 랑의 영화들, 특히 「도시가 잠든 동안」(1955)과 「그럴 법한 의심을 넘어」(1956)는 미국의 미디어에 대해 매우 비판적이었다. 그는 점점 더 거리를 두고 등장인물들을 제시해 관객이 일상적인 감각으로는 동일시하는 것을 막는 대신에 구조와 반복, 편집, 그리고 미장센의 효과로 의사소통을 시도했다. 이 시기에 가장 성공한 영화는 「빅 히트」로, 글로리아 그레이엄과 리 마빈의 비범한 연기로 몰개성화를 피할 수 있었다.

경력의 끝에 랑은 잠깐 독일로 돌아가 1920년대에 시작된 그의 모험담 시나리오에 토대해 2편의 영화를 찍었다. 2부로 된 「벵갈의 호랑이/인도의 무덤」(1959)과 감시 카메라 시대를 배경으로 한 마부제 박사 제3편, 「닥터 마부제의 천 개의 눈」(1960). 극단적인 스타일을 보여 주는 이 영화들에서 랑의 관심사는 정점에 도달했다. 그리고 이 영화들은 전체적으로 그의 초기작들을 환기시키고 있다.

일부 평론가의 눈에는 2명의 프리츠 랑이 있다. 독일 시대의 뛰어난 천재와 할리우드 영화 산업의 톱니바퀴가 되어 예술을 통제할 수 없었던 망명자. 1950년대 프랑스 잡지 『카이에 뒤 시네마』는 이 같은 일반적인 견해를 바꾸어 놓았다. 랑의 미국 영화들은 개인적인 비전을 실현했다고 보이는데, 그는 사회 안에 놓인 개인의 위치에 대해 극히 도덕적인 관점을 견지하고 있었다. 그는 활동 시기 내내 1인 2역과 반전의 구조, 심리적 조작 과정, 그리고 이성과 사회 제도의 한계에 대해 골몰했던 것처럼, 염세주의와 통제할 수 없는 일련의 사건에 우연히 휘말려 든 개인에 대해 지속적인 관심을 보였다. 1963년 랑은 고다르의 「경멸Le Mépris」에서 자기 자신으로 나와, 국제적 합작이라는 탈개인화된 조건에도 불구하고 진지하고 위엄 있게 자신의 비전을 영화에 통합시키려고 했던 감독의 역으로 나왔다.

재닛 버그스트롬

주요 작품

「거미들 1부Die Spinnen, Part1: Der Goldene See」(1919); 「거미 2부Die Spinnen, Part2: Das Brillantenschiff」(1920); 「운명Der Müde Tod」(1921); 「도박사 마부제 박사Dr. Mabuse, Der Spieler」(1922); 「니벨룽겐 1부: 지크프리트Nibelungen: Die Siegfried」(1924); 「니벨룽겐 2부: 크림힐트의 복수Nibelungen: Die Kriemhilds Rache」(1924); 「메트로폴리스Metropolis」(1926); 「스파이Spione」(1927); 「M」(1931); 「마부제 박사의 유언Das Testament Des Dr. Mabuse」(1932); 「분노Fury」(1936); 「암흑가의 탄흔You Only Live Once」(1936); 「당신과 나You and Me」(1938); 「프랭크 제임스의 귀환The Return of Frank James」(1940); 「웨스턴 유니언Western Union」(1941); 「인간 사냥꾼Man Hunt」(1941); 「사형 집행인도 죽는다Hangmen Also Die!」(1943) 「죽음의 목사Ministry of Fear」(1944); 「창가의 여인The Woman in the Window」(1945); 「진홍의 거리Scarlet Street」(1945); 「문 저쪽의 비밀Secret Beyond the Door」(1948); 「푸른 치자나무The Blue Gardenia」(1953); 「빅 히트The Big Heat」(1953); 「인간의 욕망Human Desire」(1954); 「문플리트Moonfleet」(1955); 「도시가 잠든 동안While the City Sleeps」(1956); 「그럴 법한 의심을 넘어서Beyond a Reasonable Doubt」(1956); 「벵골의 호랑이Der Tiger von Eschnapur(Part1)」; 「인도의 무덤Das indische Grabmal」(1959); 「마부제 박사의 천 개의 눈Die Tausend Augen des Dr. Mabuse」(1960).

참고 문헌

Bogdanovich, Peter(1969), *Fritz Lang in America*.
Eisner, Lotte(1976), *Fritz Lang*.
Grafe, Frieda, Patalas, Enno, Prinzler, Hans Helmut, and Syr, Peter (1976), *Fritz Lang*.
Jenkins, Stephen(ed.)(1980), *Fritz Lang*.

◀ 프리츠 랑의 첫 번째 「니벨룽겐」 작품 「지크프리트」(1923)의 한 장면

론 체이니 (1883~1930)

론 체이니에겐 영화배우로서 숭배받을 만한 관습적인 조건들이 없었다. 하지만 그는 화려함에 열광하던 1920년대에 메트로-골드윈-메이어의 주요 스타가 되었다. 할리우드에서 자기를 지우는 연기로 성공한다는 것이 불가능하지는 않았다고 해도, 그의 스타덤은 아주 특별해 보인다. 어렸을 때 청각 장애자인 부모와 의사소통하려고 애쓰면서 체이니는 마임 기술을 익혔다. 하지만 1920년대에는 체이니식 연극적 스타일의 연기가 스크린에서 급속하게 사라지던 시대였다. 〈천의 얼굴을 가진 사나이〉가 재능을 보여 줄 수 있는 역할은 그리 많지 않았다. 하지만 그로테스크한 스펙터클이라는 한정된 영역에서 그의 얼굴과 육체의 활용도는 놀라울 정도였다.

지방 극단에서 연기를 시작한 후 체이니는 1912년 유니버설의 단역 배우로 할리우드 인생을 시작했다. 5년 동안 75편이 넘는 영화에서 그는 점차 분장을 하고 신체를 뒤틀어 외모를 변화시키는 능력을 증명했다. 체이니에게 결정적인 기회를 준 영화는 「기적의 사나이」(지금은 일부만 남아 있다)로, 이 영화는 1919년에 비평과 흥행 모두에서 크게 성공했다. 이 영화에서 체이니는 마비로 사지가 뒤틀린 척하는 폐병쟁이 예술가 〈프로그The Frog〉로 분했다. 해적과 시각 장애자, 일인이역을 맡은 파라마운트의 「보물섬Treasure Island」(1920) 또한 성공을 거두었다. 그해 말 그는 골드윈의 영화 「죗값」에서 머리의 상처를 치료한다며 실수로 그의 다리를 잘라 버린 의사에게 복수하려고 덤비는, 피아노를 연주하는 범죄자 〈블리자드Blizzard〉로 출연했다. 번스 맨틀은 『포토플레이』에 이 영화에 대해 〈교수형만큼이나 유쾌한 영화〉라고 선언했지만 흥행에 성공했다. 이 영화는 지금 봐도 무서운데, 특히 다리를 뒤로 묶은 채 무릎에 붙인 나무 말뚝으로 걸어가는 체이니의 모습은 정말 끔찍하다.

2편의 서사극, 「노트르 담의 꼽추」(유니버설, 1923)와 「오페라의 유령」(유니버설, 1925)에서 그가 맡았던 역 때문에 〈사악한 스타*Star Sinister*〉로 그는 기억되지만, 그의 대부분의 영화는 선정*exploitation* 영화의 성격과 가족 복수극의 성격을 지닌 수수한 멜로드라마였다. 체이니는 불운한 출생이나 환경으로 외모가 손상되고 불구가 된, 혹은 그런 척하는 캐릭터에 장기를 보였다. 「뉴욕 타임스」는 「검은 새The Black Bird」(1926)에 대한 리뷰에서 체이니가 계속해서 뒤틀리고 불구인 인물로 나오는 것은 스튜디오의 요구 때문이라기보다 배우 자신이 그런 기괴함을 원한 탓이라고 말했다.

그러한 경향은 토드 브라우닝 감독과의 합작에서 보다 잘 드러났다. 노부인인 척하는 서커스의 복화술사로 나왔던 1925년 작 「불경스러운 3인조」(1925)뿐만 아니라, 「검은 새」, 「자정 이후의 런던London After Midnight」(1927), 「무명인」(1927), 「대도시The Big City」(1928), 「잔지바르의 서쪽」(1928)이 그들이 함께 만든 영화다. 두 사람이 함께 만든 다른 영화들 또한 서커스의 세팅이나 호기심을 불러일으키는 플롯을 이용하고 있다. 「무명인」에서 체이니는, 자신에게 팔이 없다고 믿는 여자 친구(조앤 크로포드)를 기쁘게 하기 위해 스스로 팔을 자르는 서커스 칼잡이 알론조로 나온다. 평론가들은 이런 영화에 비판적이었고, 등이 굽고 다리가 없고 뒤틀린 체이니의 외모가 나오는 영화에 더욱 비판적이 되어 갔다. 그럼에도 체이니는 남성이 주를 이루었던 고정 관객을 겨냥해 출연작마다 점점 더 그로테스크해져 갔다.

체이니는 남성 팬들과 『영화 나라의 유명 괴물들*Famous Monsters of Film Land*』 같은 잡지를 통해 수십 년간 숭배됐다. 체이니의 매력은 낭만적인 고통을 포착하는 능력에 있으며, 이는 변형된 남성 육체와도 관련된다. 그의 개인적 삶이 지녔던 멜로드라마적 아이러니도 그에 대한 숭배를 부추겼다. 소문에 따르면 그의 두 번째 아내는 다리 없는 담배 판매원과 결혼했는데, 스튜디오 홍보부에서는 다양한 영화적 가면을 쓰고 겪었던 체이니의 고통을 강조했다. 마지막 아이러니는 리메이크 작인 「불경스러운 3인조」(1930)로 오랫동안 미뤄 두었던 유성 영화 데뷔를 하자마자 후두암에 걸렸다는 사실이었다. 죽기 전 몇 시간 동안 그는 마치 어렸을 때 부모에게 그래야 했던 것처럼, 마임으로 그의 유언을 해야만 했다.

게일린 스터들러

▪▫ 주요 작품

「기적의 사나이The Miracle Man」(1919); 「죗값The Penalty」(1920); 「노트르 담의 꼽추The Hunchback of Notre Dame」(1923); 「얻어맞은 남자He Who Gets Slapped」(1924); 「오페라의 유령Phantom of the Opera」(1925); 「무명인The Unknown」(1927); 「잔지바르의 서쪽 West of Zanzibar」(1928); 「불경스러운 3인조The Unholy Three」(1925/1930).

▪▪ 참고 문헌

Black, Michael F.(1993), *Lon Chaney: The Man Behind the Thousand Faces.*

◀ 「죗값」(1920) 촬영을 위해 분장을 하고 있는 론 체이니.

은 용어를 사용할 수 없다. 왜냐하면 이 두 가지 영화 형식은 특별한 공통점이 없기 때문이다. 초기 멜로드라마 영화는 매우 동작 위주였고 등장인물의 행동 동기 — 형용할 수 없이 비열한 악당의 행동에 자극받은 영웅이 최후의 순간에 순진한 여주인공을 구하고, 기계에 의한 신*deux ex machina*〔극작술에서 다급할 때의 인위적이고 부자연스러운 해결책 — 역주〕으로 끝을 맺는다 등 — 와 더불어 도덕적이고 극적인 가치의 강조가 수반되었다. 이러한 특징들은 후기의 멜로드라마에서 다소 약해진다. 대신에 1930년대에 늘어났던 심리적 드라마에서보다 (서부 영화 같은) 액션 영화에서 더 쉽게 찾아볼 수 있다. 그리피스의 영화는 이 둘을 결합시켰다. 그는 영화적 내러티브의 흐름에 멜로드라마적 가치를 삽입하는 수단을 형식화했다. 그리고 (내러티브와 감정적인 장치, 둘 다를 위해서 클로즈업을 사용함으로써) 관습적인 멜로드라마에 상당한 심리적 깊이를 불어넣었다. 그리고 「유머레스크」(1920), 「최고의 행복」(1937)을 만든 프랭크 보재지의 영화에서는 멜로드라마의 큰 줄기를 초자연적인 내면의 힘에 의해 움직이는 등장인물들에게 의지한다. 보다 일반적으로 1920년대의 미국 영화는 연극적 멜로드라마의 내러티브 도식과 그리피스적 전통으로부터 벗어나는 데 큰 어려움을 겪었다. 1913년 이후, 영화의 길이가 3~4릴에서 6릴 혹은 제1차 세계 대전 후에는 그 이상으로 점점 길어지면서 영화 제작자들은 더 광범하고 더 복잡한 이야기를 찾았고 때로는 소설을 영화화했다. 하지만, 내러티브 테크닉이 세련화됨에도 불구하고, 이를 기회로 사실적이고 미묘한*nuanced* 캐릭터가 발전되는 경우는 드물었다. 차라리 (그리고 이는 미국만큼 대부분의 유럽 영화에 대해서도 마찬가지인데) 내러티브는 사건들과 밀착했던 반면에 그 사건을 일으키는 캐릭터는 도식적인 수준으로 떨어졌다. 예컨대, 렉스 잉그럼의 성공작 「묵시록의 네 기사」(1921)에서는 주요 배역과 그들이 전달하는 가치는 영화 초반에 나오는 삽입 자막에서 설명되고 그들의 외모와 행동을 통하여 전형화되는데, 그러한 방식은 수십 년 동안 답습되었다. 그리피스의 멜로드라마가 지닌 도덕적 가치, 그리고 그것이 구체화된 험악한 악당들, 운 없는 영웅들, 그리고 끊임없이 협박받는 여주인공은 더 이상 재즈 시대의 변화하는 분위기에 맞지 않았다. 내러티브와 심리적 도식*schema*은 대체로 전후 세계의 분위기를 따랐다. 에리히 폰 스트로하임이 미국과 독일에서 만든 영화들과 G. W. 파프스트, 카를 테오도어 드레이어, 그리고 빅토르 셰스트룀의 영화

제임스 웡 하우 (1899~1976)

하우는 중국 광둥 지방에서 태어났으며, 웡 퉁 짐이 그의 본명이다. 그는 다섯살 때 미국으로 건너가 워싱턴의 파스코에서 자랐다. 작지만 단단한 체구를 지닌 그는 복서가 되기 위해 훈련받았고 10대에는 프로 복서로 링에 서기도 했다. 하지만 그는 촬영에 매혹되었다. 그는 래스키 스튜디오에서 데밀이 이끄는 제작팀에서 일을 맡으면서 할리우드에 입문했고, 이어 카메라 보조로 일하기 시작했다.

그는 행운을 통해 돌파구를 맞는다. 스타인 마리 마일스 민터의 스틸 사진을 찍게 됐을 때, 그는 그녀의 눈을 어둡게 보이게 함으로써 그녀를 기쁘게 했다(당시 전정색정 *orthochromatic* 필름은 파란 눈을 색이 바래 보이게 했다). 그는 등 뒤에 드리운 검은 벨벳으로 그러한 효과를 낼 수 있다는 것을 깨달았다. 민터는 하우가 자신의 모든 영화를 찍어야 한다고 우겼다. 그리고 그녀가 자신만의 중국인 카메라맨을 영입했으며, 그는 검은 벨벳 뒤에 숨어 마술을 부린다는 소문이 떠돌았다.

다행히도 이 마술가는 소맷부리를 가지고 속이는 것 이상의 능력을 보여줬다. 상상력이 풍부하고 실험적인 하우는 기존의 기술에 결코 만족하지 않았다. 그는 〈좋은 카메라맨은 기꺼이 도박을 감수해야 한다. 표준적인 것은 사실 재미없다. 평범하지 않고 때로는 심지어 우연적인 것이야말로 흥미롭다〉라고 믿었다. 경력이 끝날 때까지 그는 실험을 계속했다.

감독들이 선호했던 평범하고 그림자 없는 촬영에 대한 반작용으로 하우는 카메라를 통해 분위기를 조성하려고 했다. 「피터 팬Peter Pan」(1924)의 판타지 세계를 제시하기 위해 그는 로-키*low-key* 조명을 사용했다(이 독특한 기술 덕에 그는 〈로-키의 하우〉란 별명을 얻었다). 그는 카메라의 이동성을 증가시킬 수 있는 장치들에 열렬히 매달렸다. 「요부」(1926)는 그가 돌리 숏*dolly shot*을 광범위하게 사용한 첫 번째 영화 중 하나다.

사운드가 할리우드를 강타했을 때 하우는 중국에서 감독 데뷔를 준비했다. 그 프로젝트가 불발된 후 미국으로 돌아왔을 때 그는 자신이 〈무성 시대〉의 인물로 취급되고 있다는 사실을 깨달았다. 하워드 호크스가 「범죄 규약」(1930)의 촬영을 그에게 맡기기 전까지는 기회가 없었다. 이 영화로 그는 폭스와 2년 계약을 맺었다. 폭스에서 그는 거물의 일대기를 유사 뉴스 영화처럼 찍은 「권력과 영광The Power and the Glory」(1933)을 찍었다. 이 영화는 후에 웰스의 「시민 케인Citizen Kane」에 영향을 미쳤다. 다음에는 MGM과 계약을 맺고, 「맨해튼 멜로드라마」(1934)와 「그림자 사나이」(1934)에 어둡고 풍요로운 내면을 창조했다. 하지만 스튜디오 디자인팀 수장인 세드릭 기번스는 그에게 조명을 더 밝게 하라고 끊임없이 압력을 가해 왔다. MGM을 떠나 그는 영국으로 갔다. 그리고 그곳에서 2편의 사극 영화 「무적함대에 발사」(1936)와 「붉은 드레스 밑Under the Red Robe」(1937)을 따뜻하고 낭만적인 분위기로 찍어 좋은 평가를 받았다.

할리우드로 돌아와서 그는 한동안 프리랜서로 활동했다. 「풍운의 젠다성」(1937)과 「알제의 사랑」(1938)의 분위기는 1930년대 그의 흑백 필름 작업의 최고점이었다. 「톰 소여의 모험Tha Adventure of Tom Sawyer」(1938)은 그의 첫 번째 컬러 영화였다. 테크니컬러의 사랑받는 브러시 톤을 거부하고 하우는 가난한 시골 배경에 어울리는 잔잔하고 소박한 컬러를

사용했는데, 이는 테크니컬러 사의 카메라맨 윌프레드 클라인을 분노하게 했다. 하지만 하우는 간단하게 클라인을 무시했다. 그 결과로 이후 12년간 테크니컬러 영화를 찍을 수 없었다.

1938년 하우는 워너와 계약을 맺는다. 거칠고 우울한 워너의 스타일은 리얼리즘을 선호하는 그의 스타일과 맞을 법했지만 워너 또한 강압적이긴 MGM이나 마찬가지였다. 완벽주의자인 하우는 싸고 빠르게 찍는 제작 방식에 질렸다. 그는 고심해서 준비하고, 시간을 들여 일이 제대로 되게 했다. 그는 강한 대조와 억압적인 그림자 같은 표현주의적 방법을 구사해 좋은 영화를 찍었다. 거의 다큐멘터리처럼 보이는 「공군Air Force」(1943)과 「목표물 버마」(1945)뿐만 아니라 「킹스 로」(1943)와 「마르세유로 가는 길Passage to Marseille」(1944) 같은 멜로드라마에도 그런 촬영이 잘 맞았다. 워너와의 계약이 끝난 후 이 전직 복서는 「육체와 영혼」(1947)을 촬영할 때 롤러 스케이트를 타고 링을 돌아다니며 땀에 젖은 생생한 격투 장면을 찍어 냈다.

이후 그는 프리랜서로 활동하였다. 「사랑의 묘약Bell, Book and Candle」(1958) 같은 그림책 판타지에서부터 「몰리 매과이어스」(1969)의 부드러운 지중해의 그림자까지, 그의 컬러 영화 대부분은 이때 만들어졌다. 하우의 화면은 하나가 아니다. 그는 〈스타일은 이야기를 따라야 한다〉라고 주장했다. 하지만 그가 흑백을 좋아한 것은 사실이다. 그리고 그의 후기 걸작들은 모두 단색조였다. 「허드」(1962)에는 평평하고 하얀 텍사스의 하늘이 있고, 「분신들」(1966)에는 고통스러운 왜곡이, 「성공의 달콤한 향기」(1957)에는 번드르르하고 화려한 밤의 세계가 있다.

하우는 결코 함께 일하기 쉬운 사람이 아니었다. 지칠 줄 모르고 헌신적인 그는 스태프들에게도 똑같은 헌신을 요구했다. 그리고 아마 그가 평생 겪었던 인종적 모욕에 대한 반작용으로, 동료들을 소외시키는 위험을 무릅쓰고 독재적으로 일을 지휘했다. 경험 없는 감독과 함께 일할 때는 배우를 지도할 만큼 앞으로 나섰다. 심지어 강한 감독들도 그를 방해하려 들지 않았다. 하지만 분명한 사실은 자신이 아니라 이야기를 위해서 그렇게 행동했다는 것이다. 알렉산더 매켄드릭이 지적한 것처럼 〈간단히 말해, 최고를 위해서〉였던 것이다.

필립 켐프

▪▫ 주요 작품

「요부Mantrap」(1926); 「범죄 규약The Criminal Code」(1930); 「맨해튼 멜로드라마Manhatten Melodrama」(1934); 「그림자 사나이The Thin Man」(1934); 「무적함대에 발사Fire over England」(1936); 「풍운의 젠다 성The Prisoner of Zenda」(1937); 「알제의 사랑Algiers」(1938); 「불그스름한 금발Strawberry Blonde」(1941); 「킹스 로Kings Row」(1943); 「목표물 버마Objective Burma」(1945); 「육체와 영혼Body and Soul」(1947); 「성공의 달콤한 향기Sweet Smell of Success」(1957); 「허드Hud」(1962); 「분신들Seconds」(1966); 「몰리 매과이어스The Molly Maguires」(1969).

▪▪ 참고 문헌

Eyman, Scott(1987), *Five American Cinematographers*.
Higham, Charles(1970), *Hollywood Cameramen:Sources of Light*.
Rainberger, Todd(1981), *James Wong Howe, Cinematographer*.

◀ 제임스 웡 하우가 즉석에서 만든 돌리로 「육체와 영혼」(1947)을 찍고 있다.

는 19세기 후반의 문학적, 연극적 리얼리즘을 보여 주었다. 하지만 액션 영화에서든 혹은 보다 심리적인 영화에서든 전체적으로 대서양 양안에는 캐릭터와 플롯에 대한 멜로드라마적 접근이 널리 퍼졌다.

무성 영화 시대에 코미디는 멜로드라마적 양식으로부터 벗어나 있었다. 이 코미디는 두 부류였다. 우선 보통 무성 영화 코미디로 인식되는 것이 있다. 독특하게 재기발랄했던 이 장르는 코믹 연기(종종 법석 떠는 배우 타입의)에 중점을 두었고 찰리 채플린, 버스터 키튼, 해럴드 로이드 그리고 스탠 로럴과 올리버 하디라는 이름으로 유형화되었다. 이 코미디는 무성 영화에 잠재된 모방과 액션의 가능성을 충분히 발휘했고 토키*talkie*의 도래로 사라져 갔지만 여전히 평가받고 향유되고 있다. 하지만 무성 영화 시대에 다른 유형의 코미디도 있었는데, 그 운명은 정반대였다. 이 장르는, 주로 대사의 위트와 재치 있는 주고받음에 토대를 둔 무대 연극에 기초한 코미디를 무성 매체로 실현하려는 시도였다. 발성 대화가 없다는 것이 심각한 장애물이었던 이 장르는 토키의 도래와 함께 재인식되었다. 이 장르의 무성 영화는 점차 잊혀 왔다. 하지만 이 장르는 사실 매우 인기 있었고, 마우리츠 스틸레르, 에른스트 루비치, 그리고 심지어 채플린처럼 그 시대 가장 위대한 예술가들의 재능을 끌어들였다. 아돌프 멘주는 찰리 채플린의 「파리의 여인」(1923)에서 전형적인 속물*suave*과 쾌활한 영웅으로 나오기 시작한 이래, 그해 말에 루비치의 「결혼 서클」로 시작된 상당수의 사회성 코미디에서 비슷한 인물로 나왔다. 반면 루비치 자신은 1925년에, 표정과 행동의 미묘한 터치로 모든 심술맞은 뉘앙스를 전달하는 오스카 와일드의 「윈더미어 부인의 부채」를 재치 있게 각색함으로써, 무성 영화의 한계라고 여겨지던 선을 뛰어넘었다.

사회성 코미디가 지닌 대중적 호소력은 대부분 게으른 부자들의 삶을 즐길 기회와 이를 비꼴 기회를 동시에 준 데 있었다. 나아가 이런 영화는 멜로드라마의 가치들을 풍자할 기회를 준다. 사회성 코미디의 (그리고 사실 다른 유형의 코미디도 마찬가지로) 상황과 장치들은 멜로드라마의 그것과 일치한다. 곧 정체성의 혼돈, 원하지 않는 결혼에 떠밀린 등장인물, 그리고 엇나간 편지가 그것이다. 이것들이 다뤄지는 방법과 관객에게 불러일으키는 감정적 반응은 정반대이다.

코미디는, 일반적으로 멜로드라마에 결핍된 모더니티의 요소를 영화로 불러들였다. 이는 근대적 삶의 딜레마를 풍자적인 시선으로 바라보는 풍속 희극에서나, 자동차, 기계, 그리고 유사한 모더니티의 상징들을 전면에 배치한 방랑자 코미디에 모두 부합된다. 또한 코미디를 통해, 아방가르드의 자의식적 노력(르네 클레르의 「막간극」과 에이젠슈테인의 「글루모프의 일기」에서처럼)이나, 그보다는 덜 분명한 방법으로 예술적 모더니즘이 무성 영화에 들어왔다. 비록 안톤 줄리오 브라갈리아의 「무희 타이스Thaïs」(1917)에서 마르셀 레르비에의 「인정 없는 인간」(1924)까지, 모더니즘적 맥락에 멜로드라마를 접목하려는 시도가 있었지만, 그러한 시도는 곧 쓸모없는 장식이 되거나 더 관습적인 접근에 녹아 버리고 말았다.

영화를 예술적 모더니즘으로 발전시키려는 가장 체계적인 시도는 소련에서 일어났다. 혁명 초기에 예술가들은 상업적(그리고 심지어 정치적) 제한으로부터 상대적인 자유를 누릴 수 있었고, 새로운 개념의 시각(베르토프의 〈카메라-눈 *Kino-eye*〉)과 인간 신체의 기계화를 포함해 영화를 하나의 기계 예술*art of the machine*로서 실험할 수 있었다. 편집(유명한 〈소비에트 몽타주〉), 연기(별난 배우들의 작업소 Factory of Eccentric Actor), 그리고 (개인 영웅에 반대해 대중에게 중심을 둔) 내러티브는 다른 곳과는 비교할 수 없을 정도로 협력적인 실험의 대상이 되었다.

소비에트 초기에 국가가 즉각적이고 대중적인 성공이 보장되지 않는 실험에 중요한 자원을 지원하는 모험을 감수할 준비가 (언제나 열렬했던 것은 아니지만) 되어 있었기 때문에 소련의 모더니즘은 더욱 쉬웠다. 반대로 나머지 유럽과 일본에서는 (그리고 미국에서는 더욱 심하게) 상업적인 고려 때문에 장편 영화 제작에 비대중적인 모더니즘의 요소를 도입하는 것을 자제했다. 특히 프랑스에서는 아방가르드 서클들이 활발하게 급진적 모더니즘을 시도했지만, 이는 영화 제작의 주류가 아니라 외곽에서 이루어진 일이다. 독일에서 표현주의는 회화와 연극을 거쳐 영화계의 일부로 들어왔고 이는 또한 일본에도 영향을 미쳤다. 하지만 표현주의의 보수적인 측면들 — 이들 대부분은 쉽게 낭만주의적 전통에 흡수되었다 — 은 독일의 스튜디오에서 안식처를 발견했다. 바이마르 문화의 보다 급진적인 측면은 미학적으로만큼이나 정치적으로도 위험했다. 그리고 그것은 주류에 거의 영향을 끼치지 않았다. 하지만 독일에서는 예술을 의사 초월적인*quasi-transcendent* 가치로 숭배하는 전통이 매우 강했다. 이러한 경향으로 영화는 예술적 특질의 표상을 부여받았다. 하지만 무르나우의 「마지막 웃음」(1924)이 단적으로 보여 주듯, 순전히 이미지의 표현성에 기초해 예술적 영화 언어를 창조하려는 시도도 있었다.

내러티브

무성 영화 시대에 드라마투르기*dramaturgy*와 플롯의 요구에 따라 영화 내러티브는 다양하게 갈라졌으나, 대체로 조악한 편이었다. 반면, 장면 구성의 디테일은 특히 미국 영화에서 빠르게 발전했다. 세기의 전환기에는 편집으로 장면의 변화를 신호하고 장면 사이에 내러티브의 연속성을 창조하기 위해 영화적인 특별한 수단이 나타났다. 1910년대 중반에 나타나 후반에 공식화되고 1920년대에 세련화된 이 기술들은 〈비가시적*invisible*〉, 〈연속*continuity*〉, 〈분석적*analytic*〉 편집이라는 다양한 이름으로 알려지게 된 시스템을 창조했다. 이 시스템은 별다른 수정 없이 최근까지 존속해 왔다. 보드웰과 톰슨, 스타이거의 기념비적 저서가 나온(1985) 이래, 〈할리우드 고전 스타일〉이라고 할 때 그 근거가 된 것이 바로 이러한 편집과 장면 구성의 기술이었다.

비가시적 편집 그리고 연속 편집이란 용어는 한 신*scene*에서 일어나는 행동이 연속적으로 보이고 숏 사이의 이음새가 보이지 않음을 의미한다. 하지만 사실 신 안의 편집이 완벽하게 비가시적일 수는 없다. 그리고 관객에게 내러티브 장치로 제시되는 가시적이고 두드러진 컷이 극적 효과를 창출할 수도 있다. 예컨대 등장인물이 아직 나타나지 않은 누군가에 의해 관찰되고 있다는 것, 그리고 눈으로 볼 수 있는 것 이상이 존재한다는 것을 보여 주기 위해서 말이다. 또한 삽입 자막에 의지하지 않고 관객에게 장면 변화가 갖는 의미를 일러 주기 위해서는 연속성과 불연속성의 교대가 중요하다.

가시성과 연속성의 문제보다 더욱 중요한 것은 분석적인 측면이다. 장면들이 기능하기 위해서는, 어떤 행동이 일어나고 또 그것이 어떻게 제시돼야 하는가를 이해한 후에 장면들을 미리 계획된 구성 요소들로 쪼개야 한다. 그림 같은 효과도 고려해야겠지만, 가장 중요한 것은 행동이 통합되는 방법, 그리고 가장 효과적이고 경제적으로 행동에 대한 아이디어를 구체화하는 방법을 찾는 것이다. 따라서 무대화나 미장센은 그 자체에 내재된 가치로 기능하기보다 내러티브의 아이디어에 살을 붙이는 역할을 한다.

분석적 편집 덕에 장면은 평면성을 벗어나 제시될 수 있었다. 장면은 더 이상 카메라 앞에서 만들어지지 않으며, 연극처럼 무대화될 필요도 없다. 대신에, 카메라가 장면 안으로 들어가 마치 움직이는 내레이터가 관객을 이쪽저쪽으로 안내하는 듯이 행동한다. 관객들이 카메라 앵글 시퀀스가 한계 짓는 공간 안에 동요 없이 적응하도록 하기 위해서 할리우드 영화는 〈180도 규칙〉을 사용한다. 이 상상적인 선은 장면의 공간*scenic space*을 가로질러 행위 앞에 그어지며, 카메라가 이 선을 넘지 않기만 하면 그 앞에서 어떤 위치를 취하더라도 등장인물들은 같은 공간에 있는 것으로 인식되며 장면은 여전히 이해 가능하다(카메라가 물리적으로 그 선을 넘는다고 하더라도 — 예컨대 앞으로 트래킹하거나 클로즈업을 위해 움직이느라 — 시점의 각도는 여전히 선 앞에 있어야 한다). 그 결과, 카메라가 객관적인 시점과 유사 주관적인 시점을 오갈 수 있는, 인공적이지만 사실적인 장면 공간이 만들어진다.

1913년 이후 시선 맞추기*eyeline match*와 역 숏*reverse shot*의 사용이 점차 일반화되었다. 이 경우, 등장인물의 시선 다음에 등장인물의 시선이 보던 다른 각도에서 촬영된 숏이 따라온다. 이 방법과 그것과 관련된 기술들을 체계적으로 사용함으로써 관객들은 스크린에서 일어나는 행동에 대해 거리감을 못 느낀 채 등장인물의 생각과 감정을 추측할 수 있다. 또한 관객과 스펙터클 사이의 거리를 메워 둘 사이에 상상적인 통일을 창조할 수 있다.

유럽에서는 편집을 통한 내러티브의 발달 과정이 미국과 달랐다. 1920년대 대부분의 유럽 영화는, 모르긴 몰라도 독자적으로 개발됐다기보다 미국의 사례를 차용했다고 여겨지는 분석적 편집을 사용했다. 하지만 유럽의 영화 제작자들은 더 오랫동안 평면성을, 그리고 그와 함께 깊이감 있는 롱 숏을 고수했다. 반면, 완전히 다른 편집 개념 또한 발전했는데, 이는 액션의 구성 성분의 결합보다는 이미지의 병치에 기초하고 있다.

물론 유럽에 연속 편집이 있었던 것과 마찬가지로, 미국 영화에 이미지의 병치 — 혹은 〈몽타주〉 — 가 전혀 없던 것은 아니었지만(1910년대에는 그리피스가 이를 눈부시게 사용했다), 할리우드에서 몽타주의 사용은 대부분 연속성의 요구에 종속되었다. 몽타주 효과가 내러티브 기능을 넘어서거나, 내러티브를 다르게 재구성하기에 사용된 것은 (일본에서도 그랬지만) 주로 유럽에서였다.

연속성에 종속되지 않는 몽타주의 사례는, 독일 표현주의의 무수한 극적 장치들에서, 아벨 강스의 「바퀴」(1921)에서 숏들의 빠른 시퀀스 전개, 히치콕의 「협박Blackmail」(1929)에서 위협적인 이미지들의 삽입까지 1920년대 유럽 영화 전반에서 찾아볼 수 있다. 하지만 그 같은 몽타주가 영화의 구성적인 원칙이 된 것은 소련에서, 특히 쿨레쇼프와 에이젠슈테인의 작품에서다.

에이젠슈테인의 몽타주 이론들은 복잡하기로 악명 높다. 그리고 그가 이론을 확장해 이미지와 사운드의 대위법을 구사했던 1930년대에는 더욱 심해졌다. 또한 에이젠슈테인, 쿨레쇼프, 푸도프킨, 그리고 베르토프처럼 몽타주 영화의 실천가와 이론가들 사이에는 중요한 차이들이 존재한다. 하지만 공통적인 접근법은 몽타주는 선형 전개가 아니라는 점이다. 그것은 내러티브를 통합하는 방법일 뿐만 아니라 의미론적 요소들의 병치와 극적인 충돌을 통해 스스로의 가치를 창조한다.

1950년대에 프랑스 비평가 앙드레 바쟁은 영화사를 되돌아보면서 주요한 두 갈래 전통을 구분했다. 하나는 에이젠슈테인으로 전형화된 몽타주 학파로, 이 학파는 미리 결정된 의미를 창조하기 위해 요소들을 결합하는 것을 중시한다. 또 하나는 무르나우와 스트로하임을 포함하는 보다 느슨한 경향으로, 이 경우에 각 숏마다 일관되지 않은 리얼리티가 스스로 말하게 했다. 바쟁은 영화 미학의 기본적 문제 중 하나 — 영화와 눈에 보이는 리얼리티와의 관계 — 를 꿰뚫어 보았다. 하지만 그가 문제를 제기한 방식은 틀렸다. 왜냐하면 소비에트 몽타주만이 아니라 라이벌인 할리우드의 연속 편집 체계도 사전에 의미를 결정하고, 리얼리티를 표현하는 이미지의 힘을 제한했기 때문이다. 각 시스템은 기본적으로 인위적이었고, 그 기술을 이용해 관객이 미리 조절된 선을 따라오도록 했다.

연기와 스타 시스템

무성 영화의 액션은 언제나 어느 정도는 과장되었다. 왜냐하면 주로 액션과 제스처를 통해 의미가 전달되기 때문이다. 분석적 편집이 발전하고 미디엄과 클로즈 숏의 사용이 증가함에 따라 미국 영화의 연기는 대체로 초기보다 훨씬 자연스러워졌다. 이는 다른 곳에서도 마찬가지다. 이탈리아에서는 아주 과장된 스타일이 1910년대까지 남아 있었고 리다 보렐리 같은 〈디바〉와 (그보다는 덜 하지만) 상대역을 맡은 남성들의 연기는 부자연스러움의 극치를 보여 주었다. 과장된 연기는 독일 표현주의의 주 요소였는데, 표현주의에서는 극적인 제스처를 통해 내적 상태가 〈표현되고〉 형태를 얻는다. 하지만 더욱 중요한 것은 역할의 내면화에 기초한 기법들과, 배우의 편에서 정신성을 드러낼 필요가 없는 스크린에 등장한 다양한 형태의 기법들 간의 분기(分岐)에 있다.

역할을 즉석 내면화하는 데서 배우의 연기가 나온다는 개념은 일반적으로 1910년대와 1920년대 콘스탄틴 스타니슬라프스키의 모스크바 예술 극장Moscows Arts Theatre의 작품에서 시작되었다. 스타니슬라프스키의 개념은 초기 러시아 영화에 지대한 영향을 미쳤고 러시아 이민자들에 의해 미국으로 수출됐다. 미국에서 이것은 1940년대 엘리아 카잔이 세우고 리 스트라스버그가 지도한 그 유명한 액터스 스튜디오Actors' Studio를 통해 영화로 유입됐다. 하지만 그 사이에 이를 둘러싼 개념들은 혼란스러워졌고, 결정적으로 1920년대에 많은 혁명적인 소비에트 영화 제작자들에 의해 거부되었다.

연극에서 〈스타니슬라프스키 시스템〉은 소비에트 연방에서 FEX 같은 영화 집단과 연극 집단으로부터만이 아니라 독일의 브레히트와 피스카토르로부터도 도전받았다. 브레히트나 피스카토르도 무성 영화에서 그들의 생각을 실현할 수는 없었다. 그리고 (고립된 별개의 경험으로서) 특별히 브레히트적인 영향은 영화에서 1960년대와 1970년대 고다르, 스트로브, 파스빈더, 그리고 벤더스의 작품 이후에 나타났다. 하지만 소련에서는 스타니슬라프스키 방법론에 내재된 내면성에 반대하여 몽타주 영화가 요구됐고, 받아들여졌다.

영화 연기에 대한 소비에트의 대안적 개념은 고도의 프로페셔널리즘(하지만 심리보다는 기계적인 움직임과 판에 박힌 서커스 연기에 토대한)에 대한 요구와 프로페셔널한 연기의 거부 사이에서 다양하게 존재했다. 푸도프킨의 〈전형화〉는 캐릭터가 나타내는 의미를 육체적으로 표현할 수 있는 배우들을 뽑도록 했다. 따라서 스크린 연기는 이러한 외모가 이용되는 방법에 따라 결정됐다. 배우들은 신들을 준비하지 않는다. 다만 감독이 매 숏을 준비할 뿐이다.

미국 영화 또한 성격과 체격에 따른 배역*type-cast*을 하지만 그 방법은 다르다. 멜로드라마와 코미디에는 부분적으로 외모에 기초한 타입들이 필요하다. 이런 조건에서 배우가 특별한 역할의 상징이 될 수 있는 능력은 역할을 창조하는 능력만큼 가치 있다(그렇다고 배우가 역할과 심지어 타입을 창조하지 않는 것은 아니다. 위대한 코미디언들과 몇몇 멜로드라마적인 배우들의 개성은 의식적인 창조의 결과였다). 총체적인 인식 또한 매우 중요했다. 그리고 영화들은 플롯의 유형만이 아니라 플롯이 내포한 캐릭터들, 그리고 플롯을 형성하는 캐릭터들에 따라서도 홍보되었다. 특정 영화나 특정 부류의 영화에서는 배우가 역할을 〈맡는〉 것으로 충분하지 않다. 배우는 점점 그들이 연기하는 역할을 넘어서는 지위를 점하게 되었다. 영화가 스타들을 전달하는 수단이 된 것이다. 그리고 스타들의 스크린 이미지와 스크린 밖의 삶에 대해 알게 된 것은 영화 관람의 유인책이 됐을 뿐만 아니라 스타들이 그려 내는 것을 즐기고 이해하는 데도 영향을 끼쳤다.

1920년대 할리우드에서 전개된 〈스타 시스템〉은 정교한 메커니즘이었다. 창조되고 유지된 이미지를 토대로, 스튜디오들은 그들과 계약한 남녀 배우들의 신체적 특징을 이용하고 그들의 연기와 실제 삶을 구성할 수 있었다. 이처럼 그것은 다른 연기 예술이나 덜 산업화된 영화에서 사용되던 관습과 전혀 달랐다. 스타덤은 새로운 현상이 아니었다. 카루소나 사라 베른하르트는 스타로 여겨질 수 있다. 아스타 닐센은 최초의 국제적인 영화 스타로 불렸다. 하지만 배후에 산업적 논리가 숨어 있어야 시스템이라고 말할 수 있다.

스타와 스튜디오의 계약은 표면적으로는 배우들이 돈과 명성을 대가로 오직 구매자에게만 서비스를 제공하기로 약속한 순수한 기록이다. 이 계약은 기본적으로 다른 산업 분야에 널리 퍼진 계약과 다를 것이 없었기 때문에 법적으로 도전하기가 어려웠다. 배우들은 그만한 대가를 치르고 나서야 이를 알게 되었다. 하지만 배우들이 제공하는 것은 단순한 서비스가 아니다(그렇다고 노동도 아니고 공산품도 아니다). 남녀 배우들은 자신들의 물리적 육체, 아름다움, 재능을 이용해 스스로 대중 소비 상품으로 제공된다. 배우의 경력이 순조로운 한, 이는 억압적인 경험이 아니다. 하지만 배우들이 잘못 캐스팅되고 혹은 캐스팅이 전혀 안 되고 혹은 (다른 스튜디오에) 대여될 때, 그들의 운명을 묘사하는 데 노예제와 매춘의 은유가 동원된다. 이 가운데 매춘의 은유는 더 적절하다. 왜냐하면 스타들은 그들의 성적 매력 때문에 선택되고 (그리고 팔려지고) 그리고 성적으로 욕망되는 이미지들로 변신하기 위해 스튜디오에 그들의 육체를 빌려 주곤 하기 때문이다.

소비에트 영화의 모더니티와 산업주의가 배우의 육체를 기계화했다면, 할리우드는 배우의 육체를 상품화했다. 스타 시스템은 마르크스가 『자본론』에서 분석한 물신 숭배와 상품화의 극치이다. 하지만 관객은 그들이 스크린에서 본 2차원의 이미지 이상을 요구했다. 그들은 스크린에서 키스하는 연인들이 누구인지, 그리고 그들이 실생활에서는 누구와 키스하는지 알고 싶어 했다. 스타들의 스크린 밖 생활과 사랑에 대해 (상당히 많이 조작된) 수많은 정보가 쏟아지면서 이러한 관객들의 욕구는 충족됐지만, 동시에 관객들은 이에 분노했다.

출판계와 가십 칼럼니스트들은 이미지 뒤의 진실을 전달하지 않고, 배우들을 상품화하고 나아가 그들의 사생활을 영화에 버금가는 흥미로운 스펙터클로 조작했기 때문이다.

관 객

전성기의 무성 영화에 매우 흥분했던 관객들을 둘러싸고 많은 논쟁들이 있었다. 한 가지 분명한 사실은 전 세계적으로 그들은 기본적으로 도시인이었다는 점이다. 인구의 집중, 이동의 용이함, 그리고 주요 간선 전기의 공급은 영화가 대중오락으로 성장하는 데 필요한 기본 조건이었다. 하지만 관객의 계급과 성별 구성에 관한 흔적은 파편적이고 모순적으로 남아 있다. 영화 산업이 체계적으로 도시에 거주하는 부유한 백인들을 타겟으로 삼았기 때문에 1920년대 북아메리카의 관객들은 증가하는 중산층이었던 것처럼 보인다. 하지만 할리우드의 전략이 그랬다 할지라도 실제로 관객 구성은 매우 다양했다. 미국에는 흑인과 다른 이민족 관객들이 있었다. 반면, 영국의 관객은 거의 언제나 보통의 노동 계급으로 묘사되었다. 틀림없이 국가 간의 문화적, 인구학적 차이가 관객의 구성을 결정하는 데 영향을 미쳤다. 하지만 인식의 차이는 그들이 어떻게 묘사되는지에 영향을 미쳤다. 원래 누구를 겨냥했는가와 무관하게 할리우드 영화는 분명히 산업 세계를 거쳐 대다수의 도시 인구에게, 나아가 지방과 저개발 지역에까지 뻗어 나가 모두에게 공유된 모험과 낭만의 신화를 제공했다.

여성은 중요한 영화 관객층이었다. 제1차 세계 대전은 여성을 노동 시장으로 밀어 넣었다. 그리고 참호에서 전 세대에 걸친 남성들이 사망하는 바람에 전후에는 혼자된 여성들 스스로 독립적인 삶을 꾸려 가야 했다. 전쟁의 살육을 경험하지 않은 나라에서조차 여성의 해방과 새로운 고용의 가능성은 여성들의 사회적 지위를 변화시켰다. 전후 여성 세대는 가장 큰 영화 관객층이었을 뿐만 아니라 영화와 배우들을 다루는 잡지들의 주요 독자층이었다. 권력과 사회적 영향력을 가진 여성들이 거의 없어 산업과 문화의 맥락에서 거의 인정받지 못했지만 전성기 무성 영화의 사회적 상상력을 형성하고, 이에 의해 형성됐던 것은 바로 이들의 욕망이었다.

참고문헌

Bazin, Andre(1967), "Montage interdit".

Bordwell, David, *et al.*(1985), *The Classical Hollywood Cinema*.

Eisenstein, Sergei(1991), *Toward a Theory of Montage*.

Koszarski, Richard(1990), *An Evening's Entertainment*.

Morin, Edgar(1960), *The Stars*.

2

SOUND CINEMA
1930~1960

유성 영화

Cinema

서론

제프리 노웰-스미스

1920년대 말, 영화 산업은 혁명을 겪게 된다. 동조화된 대사의 도입이 이 혁명을 주도했으며, 영화 산업의 거의 모든 분야에 막대한 영향력을 발휘했다. 이 혁명은 미국에서 시작되었고 곧바로 다른 나라들로 거침없이 퍼져 나갔다. 물론 유럽에서는 나름대로의 변형이 이루어지기도 했고, 변방에 있는 나라들에는 일정 기간이 지나서야 도입되기도 했다.

다행히도 혁명이 개시된 날짜는 확실하게 알 수 있다. 최초의 유성 영화인 워너 브러더스의 「재즈 싱어The Jazz Singer」 시사회가 뉴욕에서 1927년 10월 6일에 열렸기 때문이다. 이 영화에서 알 졸슨은 〈여러분들은 지금까지는 아무것도 들을 수 없었습니다〉라는 그 유명한 불멸의 대사를 거의 완벽하게 화면의 입과 디스크에 녹음된 소리를 맞춰서 들려주었다. 하지만 이것은 시작에 불과했다. 1930년대에 이르러 웨스턴 일렉트릭Western Electric이 개발한 디스크 녹음 방식은 경쟁사 제너럴 일렉트릭에서 개발한 보다 간편하고 신뢰도가 높은 필름 녹음 방식으로 대체되었다. 독일의 기업인 지멘스Siemens와 아에게AEG가 이끄는 유럽 컨소시엄 역시 곧 개발 경쟁에 뛰어들었고, 성장 일로에 있던 발성 장비 시장의 일정 부분을 장악하는 데 성공했다. 몇 년이 지나지 않아 유럽과 미국 대륙의 수천 개 극장들은 막강한 기술 특허 보유 회사들로부터 유성 영화 장비들을 구입했다. 오직 소련과 일본에서만 유성 영화 장비 도입이 느리게 진행되었다.

소리의 도입은 영화의 형식뿐만 아니라 산업의 구조에도 영향을 미쳤다. 구시대의 무성 코미디 영화들이 메이 웨스트와 막스 형제들의 만담 코미디로 대체되었다. 각본 작가와 시나리오 작가들의 주가가 높아졌다. 전혀 새로운 장르인 뮤지컬 영화가 탄생했다. 음악이 사운드트랙에 통합됨에 따라 극장 연주자들이 대량 해고되기에 이르렀지만, 이로 인해서 어느 극장에서나 똑같은 소리와 그림을 가진 영화가 상영되게 되어 영화 상영 조건의 표준화가 이루어졌다. 시각적인 스타일은 막강한 신기술에 의해서 제약을 받기 시작했다. 할리우드는 해외 시장에서 일시적인 좌절을 겪어야 했다. 관객들이 자신들의 언어로 대사를 듣고 싶어 했기 때문이었다. 소리의 도입 초기에는 모든 대사들이 현장에서 녹음되어야 했고, 따라서 업계에서는 다른 나라 배우들을 써서 여러 나라 말로 된 영화들을 동시에 만들었다. 이러한 관행은 더빙 기술이 도입되는 1930년대 중반까지 계속되었다.

◀ 데이비드 셀즈닉의 서사극 「바람과 함께 사라지다Gone with the Wind」(1939)에서의 렛 버틀러(클라크 게이블)와 스칼릿 오하라(비비언 리).

소리의 도입으로 인한 가장 큰 변화는 스튜디오 시스템이 더욱더 견고해졌다는 점이었다. 이러한 변화는 비단 제작 부문에서만이 아니었다. 업계의 구조 전체가 변화했다. 영화는 점차적으로 산업 생산품이 되어 갔다. 게다가 영화 사업의 영역은 이제 막 피어나기 시작하는 음반업계까지도 넘보기 시작했다.

소리의 도입이 영화와 음반업계 내부의 현상이기는 했지만, 우연하게도 외부 세계의 중요한 사건들과 동시에 발생했다. 소비에트의 몽타주 영화는 스탈린주의자들의 형식주의에 대한 비난과 기술적 발전의 희생양이 되고 말았다. 유럽에서 파시즘의 대두는 파시즘 국가들뿐만 아니라 동유럽의 저항적 정치 문화에도 영향을 미쳤다. 실험 영화 작가들은 점차 다큐멘터리로 그들의 작업 방향을 돌렸고, 사회적이고 국제적인 투쟁을 주제로 한 영화에 몰두했다. 1930년대 말, 일본의 중국 침략에 이어 독일이 체코슬로바키아, 폴란드, 베네룩스와 프랑스를 점령했고, 1941년 말에 전 세계는 제2차 세계 대전에 휘말려 들었다.

1945년의 종전은 영화의 새로운 시작을 의미했다. 동중부 유럽과 중국의 영화는 전쟁의 참상을 딛고 일어서서 급속히 발전했지만, 또 한편으로는 새로이 자리를 잡은 공산주의 체제의 통제를 받아들여야 했다. 독일, 이탈리아, 일본에서는 파시즘과의 공모라는 불명예스러운 유산에서 벗어나 새로운 영화를 창조하는 일이 가장 큰 문제였다. 새로 독립한 인도는 연이어 식민 지배에서 벗어난 아프리카와 아시아 신생 국가들에 앞장서서 국가적인 자아 확립을 위한 투쟁에 나섰다.

전쟁이 끝나자 할리우드는 잃었던 해외 시장을 다시 장악하기 위해서 재빠르게 움직였다. 하지만 곧 그들의 시장 지배력은 두 가지 위협에 직면하게 된다. 예술적인 면에서는 파시즘의 폐허에서 일어난 이탈리아의 네오리얼리즘 운동이 좀 더 자유롭고, 스튜디오의 지배력에서도 벗어난 영화의 가능성을 보여 주었다. 그러나 더 심각한 위협은 산업적인 측면에서 왔는데, 전쟁이 끝난 후, 영국과 미국에서 시작되어 곧바로 다른 산업 국가들로 퍼져 나간 관객의 감소가 그것이었다. 엎친 데 덮친 격으로 미국에서는 독점 금지법이 제정됐고, 이로 인해서 메이저 스튜디오들은 소유하고 있던 극장 체인을

뉴욕 시 워너 극장에서 상영 중인 「재즈 싱어」.

내놓을 수밖에 없었다. 따라서 메이저 스튜디오들이 공급하는 영화들에 거의 노예처럼 묶여 있던 관객들을 풀어놓을 수밖에 없었다. 전쟁이 끝난 1945년은 스튜디오 시스템의 종말을 예고한 해이기도 하다. 이때부터 할리우드는 자국 시장과 해외 시장 지배를 유지하기 위한 양동 작전에 돌입했고, 다른 나라의 영화들이 경쟁력을 가지고 부상하기 시작했다.

따라서 1930년대부터 1960년대까지는 대체로 두 부분으로 나눌 수 있다. 제2차 세계 대전까지의 전반부는 스튜디오 시스템의 위력이 미국 내에서는 물론 다른 나라에서도 절정에 이르던 시기였다. 전쟁 이후에도 스튜디오 시스템은 살아남았으나 약화된 상태였고, 주변 환경은 끊임없이 시스템의 안정성을 위협했다.

이 부분에서는 변화뿐만 아니라 강화의 요인으로도 작용했던 소리의 도입이 전 세계적으로 얼마나 지대한 영향을 미쳤는가를 살펴보려고 한다. 또한 전 세계 곳곳에서 일어났던 미학적, 산업적, 정치적 발전과 다른 일시적인 요인들이 어떻게 복잡하게 얽혀 들어갔는지를 살펴보고자 한다.

소리의 도입과 그로 인해 일어난 일들을 살펴본 후에는 스튜디오란 어떤 곳인가, 즉 스튜디오 체제가 — 특히 할리우드에서 — 어떻게 작동이 되었는가, 그리고 스튜디오 체제가 지배하던 기간 동안에 얼마나 많은 문제들이 서로 엉켜 들었는지에 우선적으로 초점을 맞춘다. 〈스튜디오 시대〉 부분에서는 전성기에 이른 할리우드 스튜디오들의 산업적 조직들을 다루고, 어떤 종류의 영화들이 제작되었는가, 그리고 시장의 영향력은 그들에게 어떤 작용을 했는가를 다룬다. 하지만 스튜디오들은 시장에서 팔리는 영화들만 마음껏 만들어 낼 수는 없었다. 스튜디오 체제 역시 정치적, 사회적, 도덕적 관심사들을 어느 수준까지 반영해야 할지 조절해야 하는 문제에 봉착했다. 다른 나라들에서는 정도의 차이는 있기는 하지만 정치적인 검열을 피할 수는 없었으나 할리우드 영화는 중앙 정부의 간섭은 거의 받지 않았다. 대신, 지방검열위원회의 간섭과 조직화된 도덕적 정화 운동의 요구에 신중하게 대처해야 했다. 여기에는 상당한 경제적 이해관계가 얽혀 있었기 때문에 업계는 엄격한 자체 검열 기준의 제정에 착수했고, 그 결과로 1934년에 영화제작규약위원회Production Code Administration가 설립되었다.

소리의 도입으로 대사뿐만 아니라 음악도 화면 안으로 들어왔다. 그럼으로써 영화는 기술적으로는 물론, 음악과 드라마에서도 대단히 복잡 미묘한 예술로 급속히 발전되었다. 작곡, 연주 그리고 녹음은 모두 스튜디오의 통제 안으로 들어갔다. 그리고 고음질의 음악 트랙 제작 능력은 스튜디오 체제가 이루어 낸 대단히 뛰어난 성과 중의 하나로 인정을 받았다. 할리우드 외부 영화들의 음질은 훨씬 덜 세련되기는 했지만, 할리우드 외부의 감독들은 작곡가들을 마음대로 선택할 수 있는 자유를 훨씬 더 많이 누렸다. 에이젠슈테인 감독이 작곡가 세르게이 프로코피예프와 작업한 「알렉산드르 네프스키」(1938)를, 비슷한 시기에 만들어진 워너 브러더스의 고전 영화 2편, 에리히 콘골드의 「로빈 후드의 모험」(1938)과 맥스 스타이너의 「카사블랑카」(1943)와 비교해 보면 재미있는 대조를 이룬다.

기술적인 면에서 스튜디오 시대의 중심이 된 기술 혁신은 컬러(1930년대에 시작)와 새로운 와이드스크린(1950년대 초)의 도입이었다. 스튜디오 외부에서 개발되기는 했지만, 테크니컬러Technicolor는 돈도 들고 잔손도 많이 가는 대단히 스튜디오다운 사치스러운 기술이었다. 전쟁이 끝나고 나서야 편리한 컬러 시스템(아그파 컬러, 이스트만 컬러)이 시장에 도입됐고, 그 결과 저예산 영화는 물론 다큐멘터리에도 컬러를 쓸 수 있게 됐다. 컬러의 도입도 그렇지만 와이드스크린의 출현 역시 스튜디오가 새로운 구경거리를 제공함으로써 텔레비전으로 떠나가 버린 관객들을 다시 불러들이려는 몸부림이라는 맥락으로 보아야 할 필요가 있다. 그러나 또 다른 기술 혁신인 자기*magnetic* 사운드의 도입은 와이드스크린 영화에 스테레오 사운드트랙 장착을 가능케 했는데, 훨씬 더 많은 분야에 적용이 가능하다는 것이 입증되었고, 1950년대 말에는 다큐멘터리 영화 제작에 혁명을 일으켰다.

영화 제작 분야 중에서 테크니컬러를 가장 많이 사용한 분야는 월트 디즈니라는 이름으로 대변되는 애니메이션이었다. 디즈니는 가내 수공업 상태였던 애니메이션을 실사 영화 이상으로 전문화된 스튜디오 제작품의 한 주류로 올려놓은 인물이기도 하다. 1930년대 말과 1940년대에 단편 만화 영화를 위주로 한 워너 브러더스와 MGM, 그리고 단편과 장편 만화 영화를 병행한 디즈니라는 양대 산맥이 지배한 애니메이션은 대규모의 부수를 발행하는 잡지와 거의 같은 의미로 쓰였다. 독립 애니메이션들은 스튜디오 시대에는 별로 인정을 받지 못했지만, 그럼에도 불구하고 살아남았고, 전쟁이 끝나고 난 후 변화된 환경 아래에서 다시 본래의 특성을 발휘했다.

다음 부분인 〈장르 영화〉에서는 영화 제작과 수용에 있어서의 장르 구분의 역할에 대해 자세히 살펴보고, 스튜디오 시대에 번성했던 몇몇 주요 장르들에 대해서 살펴본다. 대부분의 영화들이 어떤 식으로든 장르로 분류될 수 있고, 영화들을 장르에 따라 구분하는 일은 영화 자체의 역사만큼이나 오래된 것이기는 하지만(초기의 영화들은 다른 예술들로부터 형태를 물려받았기 때문에 어쩌면 더 오래된 것일 수도 있다), 단어 그 자체로서만 본다면 장르 영화란 제작이나 마케팅 측면 모두에서 대단히 산업적인 현상이다. 장르 영화는 1950년대 말부터 1960년대까지의 영국의 〈해머 공포 영화*Hammer horror*〉나 1970년대 이탈리아의 〈스파게티 웨스턴*spaghetti Western*〉처럼 업계의 변두리에서 특별한 장르를 만드는 경우도 있으나 업계의 중심으로 자리 잡아 번창을 누리는 경우도 있었다. 스튜디오 시대의 할리우드에서 장르 영화는 업계의 중심으로 자리를 잡았다. 여기서 고려의 대상으로 삼고자 하는 장르들 중에서는 1930년대에서 1960년대까지의 뮤지컬의 특이함이 두드러진다. 서부 영화의 기원은 거의 영화의 탄생기까지 거슬러 올라간다. 하지만, 뮤지컬처럼 서부 영화도 1960년대 이래 끝이 보이지 않는 몰락을 겪었다. 서부 영화에 관한 장에서는 1903년의 「대열차 강도」부터 1992년의 「용서받지 못한 자Unforgiven」까지 서부 영화 장르의 전체 역사를 다룬다. 거기에는 독일과 이탈리아의 서부 영화도 포함된다. 한편, 범죄 영화의 경우, 한계를 분명히 할 필요가 있어 그 대상을 할리우드의 범죄 영화만으로 한정했고, 1930년대의 갱 영화와 1940년대의 필름 누아르에만 집중했다. 또한 〈판타지〉라는 제목으로 3개의 인기 있는 장르들, 즉 호러 영화, SF 영화, 판타지 모험극을 묶어서 다루었다. 이 장르들은 통상적으로는 별도의 고려 대상이 되지만, 관객들에 대한 호소력의 근본이 정상적이고 있을 법한 세계의 한계를 뛰어넘는다는 점이라는 공통점이 있다.

다큐멘터리 영화는 1930년대에 만개했으며 아방가르드 영화로부터 많은 힘을 얻었다. 〈현실 참여〉 부분에서 우리는 초기 유성 영화 시대, 다큐멘터리 영화의 인상적인 발전 뒤에 있었던, 주로 정치적이었던 자극들에 대해 주목한다. 이 시기가 지나면 다큐멘터리 영화들에 가해진 자극들은 러시아 혁명을 시작으로 파시즘과 반파시즘 시대를 지나 냉전의 시작으로 이어졌던 제 1, 2차 세계 대전 사이의 시기에서 2차 대전, 그리고 전후에 이르기까지의 정치적 사건들에 의한 훨씬 광범위한 문제들로 확대되게 된다. 이 기간 동안에 정치는 영화의 발전을 위한 배경 이상의 것을 제공했다. 물론 전체주의적 통치하에 있던 국가들에서 가장 강력한 효과를 발휘했지만, 다른 나라들, 심지어는 할리우드까지도 정치적인 부침의 영향에서 벗어날 수는 없었다.

〈각국의 영화〉 부분은 1부보다는 훨씬 넓어졌다. 앞에서와 마찬가지로 프랑스, 이탈리아, 영국, 독일, 소련 그리고 일본에 관한 장이 마련되어 있지만, 스칸디나비아는 제외했다. 덴마크와 스웨덴은 이전에 누렸던 영광을 재현하는 데 실패했기 때문이다. 동중부 유럽(주로 폴란드, 헝가리, 체코슬로바키아), 인도, 중국, 오스트레일리아, 라틴 아메리카 등에도 장을 할애했다. 이 나라들에 대해서는 무성 영화 시절에 관해서도 언급했다. 대부분의 장은 1960년 이전에 끝난다. 동중부 유럽에 관한 장은 1945년까지이며, 중국은 공산당이 승리한 1949년까지, 그리고 소련은 스탈린이 사망한 1953년까지이다. 독일에 관한 장은 나치 시대와 전후의 연방 공화국 시대에 관해 다루었다. 하지만, 동독은 제외했다. 동독의 전후 역사는(다른 동유럽 진영의 나라들과 함께) 3부에서 다루었다.

각각의 나라마다 각기 다른 기간을 선택할 수밖에 없었다는 사실은 영화 영역에서뿐만 아니라 일반적인 분야에서 더욱 그러하듯이 역사의 흐름이 나라마다 얼마나 다른가를 깨닫게 한다. 예를 들어 프랑스에서는 영화가 순식간에 대중문화와 고급문화에 접목되어 두 문화 모두의 표현 수단으로 자리 잡았다는 사실은 주목할 만하다. 그와 반대로 20세기 초에는 진정한 대중문화라는 것이 존재하지 않았던 이탈리아에서는 영화가 대중문화를 만들어 냈는데, 이는 할리우드에 필적할 만한 대중오락을 찾고 있었던 파시스트 지배의 아이러니한 부산물이었다. 독일과 이탈리아 사이에는 놀랄 만큼 현저한 차이가 있었다. 1930년대에는 두 나라 모두 해롭지 않은 오락거리의 생산 수단으로 영화를 이용했다. 하지만, 나치 독일만이 오락을 국가적인 선전 활동의 가장 불건전한 형태와 연결시킴으로써 영화가 현실적인 국가 통제 프로그램의 한 부분으로 작용하게 만들었다. 이탈리아에서는 무솔리니가 조장한 온갖 허장성세에도 불구하고, 영화는 그런 기대를 충족시켜 주지 못했고, 스탈린 치하의 소련에서도 마찬가지였다.

1920년대와 1930년대 세계 영화 문화는 (오늘날에도 마찬가지이지만) 할리우드가 주도했으나, 그 후 2차 대전 중에는 독일과 일본이 점령한 나라들에 대한 미국 영화 배급의 중단으로, 그리고 전후에는 날로 확장된 공산권에 대한 미국 영화 배급의 중단으로 이어져 할리우드는 힘을 잃었다. 할리우드 영화는 1946년 유럽 대륙으로 돌아왔고 새로운 문화적 투쟁이 전개되었다. 할리우드 영화는 각 국가의 영화와 싸워야 했을 뿐 아니라, 세계 각국에서 발전하고 있는 예술 영화들과도 싸워야 했다. 그러는 사이에 할리우드 자신도 변화하기 시작했다. 획일적이기만 하던 시스템 자체도 느슨해졌고, 독립 제작자들이 더욱 큰 역할을 하게 되었다. 할리우드에 대한 유럽의 태도에도 변화가 왔다. 할리우드의 권력에 대항하는 목소리가 점차 커지고 있기는 했지만, 미국의 영화는 점차 진가를 인정받고 있었다. 흥행 영화로서의 진가만을 인정받는 것이 아니었다. 전반적인 예술적 성취도에 있어 인정받기 시작했다. 의미심장하게도, 할리우드가 길고 지루한 위기에 접어들었을 때 이런 일이 일어났고 좋은 평가를 받은 대부분의 미국 영화들은 시스템의 주류에서 벗어난 일파들에 의해 만들어졌으며, 이런 영화들은 전성기의 할리우드 시스템에서는 금기시했던 내용을 드러내 보여 주었다. 마지막 장인 〈2차 대전 이후의 세계〉에서는 우선 전쟁 직후에 전쟁이 영화에 미친 영향을 들여다보고 나서 1940년대 후반과 1950년대 작품들의 경향을 알아보고자 한다. 이런 경향은 점차 힘을 모으게 되어 1960년대를 특징짓는 급진적인 발전으로 이어지게 된다.

소 리

S O U N D

소리의 도입

카렐 디베츠

무성 영화에서 유성 영화로의 전이가 이루어졌던 과도기는 영화의 역사에 있어서 대단한 창의력의 시기이면서 동시에 심각하게 불안정했던 시기이기도 했다. 신기술은 공포와 혼동을 야기하기도 했지만, 동시에 새로운 시도와 기대를 불러 일으켰다. 새로운 기술의 도입은 몇 년 동안 세계 시장에서 할리우드의 지위를 손상시킨 반면, 할리우드 이외의 지역에서는 자국 영화의 부흥을 주도했다. 이 시기는 그 이전 시기와는 물론 그 이후 시기와도 전혀 다른 특징들을 보여 주었다. 이 장에서는 이러한 특징들에 초점을 맞출 예정이며, 중요한 연속성의 흐름도 놓치지 않으려 한다. 유성 영화로의 전이는 모든 지역에서 동일한 경로를 밟지는 않았다. 각각의 나라 나름대로의 역사가 있지만 여기서는 발전 단계의 큰 맥락을 따라가고자 한다.

유성 영화의 영향력을 이해하기 위해서는 무성 영화라고 하더라도 전혀 소리가 없었던 것은 아니라는 사실을 잊지 말아야 한다. 무성 영화는 모든 종류의 소리들과 다양한 관계를 맺고 있었다. 무성 영화는 고의적으로 관객들을 청취자의 위치로 유도했다. 게다가 이 영화들은 피아니스트나 오케스트라가 현장에서 연주하는 극장 안에서 상영되었고, 연주자들이 스크린 위의 동작에 맞춰 음향 효과를 만들어 내는 경우도 종종 있었다. 일본 영화에는 변사(弁士)들의 목소리가 화면에 덧붙여졌다. 실제로 변사들은 자신들의 감정에 따라 영화 상영 분위기를 좌지우지했다.

확산에 따른 문제점들

대사가 있는 영화가 도입되기 훨씬 전부터 대서양 양안의 발명가들은 소리와 움직이는 영상을 동조화할 수 있는 일련의 기술적 발명품들을 개발해 왔다. 가장 오래된 방법은 축음기를 영사기와 연결하는 방법이었다. 에디슨도 디스크 음향 기록 장치의 표준을 일찍이 만들어 냈다. 이 표준은 1920년대까지 유용한 방식이었다. 그 당시의 전기 공학 기술의 발전에 힘입은 또 다른 방법은 디스크 없이 필름에 직접 소리를 기록하는 방식이었다. 이 필름 녹음 방식은 널리 보급되기 시작해서 1930년대에 이르러서는 전 세계적인 영화계 표준으로 자리를 잡았다.

유성 영화로의 전환은 순전히 과학 기술 발전에만 의지하지는 않았으며 마찬가지로 그 영향력 역시 기술적인 부분에만 한정되지 않았다. 유럽은 물론 미국에서도 하드웨어가 아니라 소프트웨어가 혁신의 결정적인 변수가 되었다. 물론 이러한 사실은 당장 드러나지는 않았다. 할리우드는 1926~7년 시즌에 워너와 폭스가 자신들의 극장에 유성 장치를 도입함으로써 그 첫발을 내디뎠다. 이 두 스튜디오들은 모두 부수이익을 올리기 위해서 새로운 기술에 투자를 했지만, 그들의 접근법은 서로 달랐다.

워너는 1926년 8월에 첫 작품을 내놓으면서 바이타폰Vitaphone이라는 이름의 디스크 기록 방식을 선보였다. 워너의 주목표는 극장 소유주들에게 영화 상영 시에 벌어지던 생음악 연주, 즉 극장 오케스트라와 무대 공연의 대체물을 제공하는 데 있었다. 그렇기 때문에 워너의 첫 유성 영화인 「돈 주안」(1926)은 대사가 전혀 없는 영화였다. 이 영화에는 무성의 영상에 디스크에 녹음된 음악이 입혀졌을 뿐이었다. 워너는 대중적인 보드빌과 오페라 가수들의 연기와 노래, 대사가 동기화된 바이타폰의 단편들에 더 관심이 많았다. 보드빌과 오페라들을 작은 극장에서도 보여 줄 수 있게 되었기 때문이었다. 폭스 역시 대사가 발성되는 극영화의 가치를 인정하지 않았다. 그 대신에 폭스는 1927년 여름, 필름 기록 방식의 발성 뉴스 영화를 내놓았다. 폭스 무비톤 뉴스Fox Movietone News라고 불린 이 뉴스 영화는 즉각적으로 폭발적인 인기를

얻었다. 그러나 이러한 혁신적인 기술의 인기는 계속 이어지지 못했다. 새로운 것에 대한 호기심이 곧 수그러들었기 때문이었다.

진정한 획기적인 발전은 1927～8년 시즌에 워너가 두 번째 극영화를 발표함으로써 이루어졌다. 이번에는 배우의 입에 맞춘 노래뿐만 아니라 몇 마디 대사도 소리로 곁들여졌다. 앨런 크로슬랜드가 감독하고 보드빌의 인기 배우였던 알 졸슨이 출연한 「재즈 싱어」는 실제로는 소리가 나오는 장면이 일부 삽입된 무성 영화였다. 이러한 2개의 기술적인 시대가 동시에 존재하는 잡종 형태는 이 영화의 멜로드라마적인 주제와 아주 잘 어울린다. 서로 배타적일 것 같지 않은 2개의 음악적 전통, 즉 경건한 음악과 세속적인 재즈의 충돌에는 세대 간의 대립이 잘 나타나 있다. 이렇게 해서 이 영화는 새로운 영화 장르인 뮤지컬을 탄생시켰다.

「재즈 싱어」의 성공으로 인해서 영화 전편을 유성으로만 채워서 만들더라도 성공할 수 있다는 사실이 입증되었다. 이러한 사실을 확인하자마자 할리우드의 다른 스튜디오들도 유성 영화로의 전환 대열에 달려들었다. 이러한 현상은 어찌 보면 당연한 결과였다. 새로운 기술은 그들이 가진 주요 극장들에서 생음악 연주에 들어가는 경비를 절감시켜 줄 수 있었기 때문이었다. 그리고 그 절감되는 경비는 유성 영화 전환에 따른 비용을 감당하고도 남았다(물론 작은 극장들에는 해당되지 않았다). 극장 연주자들은 해고되었고, 하드웨어가 그 자리를 대신 차지했다. 1930년까지 미국 극장들의 유성 영화 설비가 완료됐고, 할리우드는 무성 영화 제작을 중단했다. 그러나 이러한 현상은 변화 과정의 일부에 불과했다.

다양한 음향 기술들을 꼼꼼히 검토한 끝에 1928년 5월, 거의 모든 스튜디오들은 웨스턴 일렉트릭의 사운드 필름 기록 장치를 채택하기로 결정했다. 이로 인해서 디스크에 음향을 기록하는 장치인 워너의 바이타폰은 종말을 맞았다. 이 결정으로 인해서 새로운 메이저 스튜디오인 라디오-키스-오르피엄Radio-Keith-Orpheum, 즉 RKO가 탄생했다. 이 회사는 미국 최대의 라디오 회사인 RCA에 의해서 설립되었다. 이 회사는 경쟁자였던 웨스턴 일렉트릭에 의해서 영화계가 좌지우지되는 것을 그냥 보고 있을 수만은 없다고 생각했다. 스튜디오들이 유성 영화로의 전환을 결정하고 나자 기술 혁신 과

다국어로 제작된 E. A. 뒤퐁의 「대서양Atlantic」(1929)은 영국, 프랑스, 독일에서 동시에 촬영됐다. 위의 장면은 존 스튜어트와 매들린 캐럴이 나온 영어판이고, 아래의 같은 장면은 프란시스 레더러와 루시 만하임이 나오는 독일어판이다.

정은 새로운 국면으로 접어들었다. 할리우드와 웨스턴 일렉트릭, RCA가 수출을 준비하기 시작하면서 다른 나라들 역시 그 중요성을 깨닫기 시작했다. 1928~9년 시즌에는 유성 영화가 전 세계적으로 퍼져 나갔다.

1920년대 미국 밖에서의 유성 영화에 관한 흥미로운 발명은 라디오와 축음기 업계의 기술자들에 의해서 이루어졌다. 스웨덴의 베릴룬드, 독일 트리에르곤TriErgon의 3인조, 덴마크의 페테르센과 풀센 등의 유럽 발명가들은 필름 기록 방식 기술에 대해서 여러 해 동안 실험을 해오고 있었다. 그들은 1920년대 초부터 그들의 발명품들을 선보여 왔다, 그러나 유럽의 영화업계는 그들의 작업에 대해서는 별 관심을 보이지 않았다. 유럽, 일본 그리고 라틴 아메리카에서의 전이 과정이 실제로 시작된 것은 1928~9년 시즌에 미국의 유성 영화가 개봉되면서부터였다

미국의 유성 영화가 소개되자 유럽의 전기 회사들은 곧바로 반응을 보였다. 그들은 즉시 대항 체제를 갖추었다. 발명 특허는 이제 수억 달러의 가치를 가지는 유럽의 극장 흥행 수익을 좌지우지하는 중요한 요소로 인식됐다. 엄청난 돈벌이가 될 것 같다는 전망은 재계와 영화계 사업가들의 상상력을 자극했고, 그 결과 1928년 2개의 막강한 회사가 발 빠르게 설립되었다. 대단한 가치를 가지는 트리에르곤 특허를 주된 자산으로 하는 톤빌트 신디카트Ton-Bild Syndikat AG, 즉 토비스Tobis 사가 첫 번째로 설립됐다. 이 회사는 네덜란드와 스위스의 벤처 캐피털에 의해 설립되었으며, 독일이 소수 지분으로 참여했다. 다른 회사는 클랑필름Klangfilm GmbH으로 독일의 메이저 전기 회사인 AEG와 지멘스가 투자했다. 1929년 3월, 토비스와 클랑필름은 미국에 대항하여 유럽의 영화업계를 자신들의 통제하에 두기 위한 카르텔을 만들기로 합의했다. 그들은 경쟁자의 진입 속도를 늦추기 위해 특허 소송을 제기했고, 한편으로는 언어 장벽과 수입 제한 조처를 최대한 이용했다. 특허 전쟁이 뒤이었고, 이 전쟁은 1930년 7월까지 계속되었다.

업계 지배력 확보를 위한 투쟁 자체만으로도 전 세계 영화업계를 뒤흔들어 놓기에 충분했지만, 거기에 언어 장벽까지 가세해서 이러한 불안정한 상태는 더욱 심해졌다. 무성 영화는 세계 어느 나라에서나 상영이 가능했다. 그러나 유성 영화는 만들어진 나라의 언어가 해외 상영의 발목을 잡았다. 번역 기술은 아직 존재하지 않았고 더빙 기술이 개발되어 통용되기까지는 몇 년의 시간이 더 필요했다. 게다가 대부분의 영화

조지프 맥스필드

조지프 P. 맥스필드는 새로운 음향 기술의 발전과 그 기술이 할리우드에서 응용되는 과정을 지켜볼 수 있었던 몇 안 되는 다재다능한 사람들 중의 하나였다 1920년대 초, 웨스턴 일렉트릭에서 최신 확성 장치 설계로 첫발을 디딘 맥스필드에게 AT&T가 새로 설립한 연구 기관인 벨 연구소에서 새로운 축음기를 개발하라는 임무가 주어졌다. 그 임무에 따라 1925년에 완성된 발명품이 전기 녹음과 동일화된 임피던스 *impedance* 기술의 가능성을 개척한 첫 번째 축음기였으며, 이 기술은 빅터(오소포닉 빅트롤라Orthophonic Victrola라는 상표)와 브룬스윅-벌크-콜렌더(파나트로프Panatrope라는 상표)에 판매권이 넘어갔고, 그 후 디스크식 음향 기록 장치인 바이타폰의 모체가 되었다.

웨스턴 일렉트릭이 새로운 영화 음향 시스템을 개발하기 위해서 세운 자회사인 일렉트릭 리서치 프로덕트 사(ERPI)의 책임자로 임명된 맥스필드는 새로운 영화 음향 기술에 알맞은 녹음 기술에 관한 광범위한 연구 결과를 책으로 펴냈다. 반향 통제의 미학적 중요성을 처음으로 인식한 사람들 중의 하나인 그는 녹음 공간과 재연 공간, 즉 극장의 음질을 동일하게 하는 조작에 관한 실용적인 방법을 고안해 내는 데 큰 기여를 했다. 초기의 단일 마이크 사용, 음향 척도와 영상 척도의 조화에 관한 일인자였던 맥스필드는 할리우드가 신기술에 적응하는 데 직접적이면서 중요한 영향을 끼쳤다.

필라델피아 오케스트라의 음악 감독이었던 레오폴드 스토코프스키와의 오랜 공동 작업을 통해서 맥스필드는 또한 음악 녹음 분야에 있어서도 지대한 공헌을 했다. 맥스필드는 1930년대 내내 스토코프스키의 도움을 받아 협력하면서 할리우드(뿐만 아니라 다른 녹음업계)로 하여금 소리 크기의 압축과 반향의 통제를 가능하게 하고, 서로 극단적으로 다른 두 가지 소리(〈죽은〉 소리와 〈산〉 소리)의 녹음과 믹싱을 통한 미학적 강조를 이루게 하는 등의 큰 공을 세웠다. 1930년대 말에 그는 고품질의 음향 원근법뿐만 아니라 최대 볼륨과 주파수 대역을 확보하기 위한 방법으로 복수 트랙과 스테레오 기술을 적극 지지했다.

할리우드의 음향 공학과 기술에 중요한 공헌을 한 사람들이 자신들의 활동 영역을 연구나 개발 분야(벨 연구소의 A. C. 웬테와 하비 플레처, RCA의 해리 올슨), 또는 할리우드 스튜디오 현장(RKO의 칼 드레어와 제임스 G. 스튜어트, MGM의 더글러스 시어러)으로 스스로 한정시킨 데 반해서, 맥스필드는 자신의 영역을 기술 개발은 물론 미학적 적용까지로 최대한으로 확장했다. 벨 연구소에서의 경험을 토대로 그는 공학적 공식들을 기술에 적용하는 법을 배웠으며, 극장업자들이나 업계 사람들을 정기적으로 만나면서 실용적인 해결 방법의 중요성을 배웠다. 우리는 그의 덕분으로 유성 영화를 가능케 한 기술을 얻었을 뿐만 아니라 할리우드 스튜디오 시대에 만들어진 영화들이 특유의 소리를 가지게 해준 기술과 기법들을 얻었다.

릭 올트먼

는 영어로 되어 있었고, 이로 인해서 영어를 쓰지 않는 나라들의 자존심이 건드려지면서 민족 감정을 불러일으켰다. 이탈리아는 이탈리아 어 이외의 언어로 된 영화들의 상영을 금지시켰고 스페인, 프랑스, 독일, 체코슬로바키아와 헝가리 역시 비슷한 제한 조처를 시행했다.

그 결과, 10년 넘게 할리우드의 지배하에 있던 세계 영화 시장은 급격히 분열되기 시작했다. 영화 시장은 언어의 숫자와 같은 숫자로 나누어졌다. 초기 단계에서는 노래가 이러한 언어 장벽을 극복하게 해주는 것처럼 보였다. 뮤지컬 영화는 대사에 의지하지 않았고 번역 없이도 모든 나라 사람들이 즐길 수 있었다. 뮤지컬 영화는 새로운 장르이고 인기가 아주 높았기 때문에, 할리우드는 전 세계 관객들을 겨냥하여 엄청난 양의 뮤지컬을 만들어 낼 수 있어 행복해했다. 하지만 대사가 많은 유성 영화는 많은 문제점을 가지고 있었다. 대사는 할리우드가 전 세계 영화업계의 중심지라는 개념을 위태롭게 만들었다. 한동안은 미국 영화 제작의 분산화가 언어 장벽을 넘을 수 있는 유일한 대안으로 여겨졌고, 1930년대에 몇몇 할리우드 스튜디오들은 유럽 영화업계에 집중적인 투자를 시작했다. 파라마운트는 다국적 언어로 영화를 제작하기 위해서 프랑스의 주앵빌에 거대한 스튜디오를 건설했다. 같은 세트와 의상을 써서 1편의 영화를 여러 나라의 언어로 동시에 제작하기 위해서였다. 워너는 독일에서 「서푼짜리 오페라Die 3-Groschenoper」(G. W. 파프스트, 1930)를 다국 언어로 제작한 후, 기대를 한 몸에 모으고 있던 유성 영화 제작사 토비스에 막대한 지분을 투자했다. MGM은 정반대의 전략으로 접근했다. MGM은 외국 배우들을 할리우드의 스튜디오로 불러 다국적 영화 제작에 참여시켰다. MGM은 자신들이 보유하고 있던 스타들을 이 기획에 출연시키기도 했다. 스웨덴 출신의 그레타 가르보는 「애나 크리스티」(1930)에 출연해서 외국인 억양의 영어와 독일어를 동시에 구사하는 이민자 역할을 맡았다. 이러한 다국적 언어 영화 제작 방식은 영국에서 최초로 시도되었다. 1929년에 뒤퐁은 「대서양Atlantic」을 영어판, 독일어판, 프랑스 어판으로 감독했다. 하지만 이러한 방식은 대단히 비용이 많이 들어가는 해결책이었다.

1929년부터 1932년까지 미국 스튜디오들의 미래는 비관적으로 보였다. 그 시기에 터진 대공황 탓만은 아니었다. 음향의 도입은 할리우드가 가지고 있던 지배력의 근간을 흔들었다. 영화 수출은 침체 일로를 걸었다. 그 이유는 언어 장벽과 특허권 분쟁뿐 아니라 웨스턴 일렉트릭의 정책이 할리우드와 맞지 않은 것도 중요한 이유였다.

한편 유럽의 경쟁자들의 미래는 할리우드에 비해 낙관적이었다. 그들은 할리우드의 붕괴로 인해서 자신들의 입지가 점차 올라가리라고 기대했다. 특히 위에 언급한 토비스-클랑필름 카르텔은 웨스턴 일렉트릭에 대해 지배력의 배분을 요구했다. 영화 제작자들은 새로운 자국 영화의 활성화를 꿈꾸었고, 언어 장벽으로 보호를 받았으며, 실제로 프랑스, 헝가리, 네덜란드에서는 영화 제작이 활기를 띠기 시작했다. 로마 가톨릭 교회조차도 성직자가 획득한 특허를 바탕으로 가톨릭 영화 제작사인 국제 에이도폰 회사International Eidophon Company를 만들 계획을 세우기도 했다. 1931년 가톨릭 신문에는 〈이것은 좋은 기회이다, 거대한 세계 영화계에 끼어들 수 있는 하느님이 주신 기회이다, 지금이 아니면 영원히 불가능할 것이다〉라는 기사가 실리기도 했다. 유럽은 환상으로 가득 차 있었다.

토비스-클랑필름의 도전은 1930년 파리에서 성공을 거두었다. 대서양 양안의 전기 회사들이 파리에 모여서 회담을 한 결과 새로운 카르텔의 형성이 합의됐다. 이 합의에 따라 유럽 본토는 토비스-클랑필름의 독점적인 관할 구역이 되었다. 토비스-클랑필름은 이제 유럽에서의 발성 장비와 영화에 대한 특허권 사용료를 지급받게 되었다(덴마크는 페테르센과 풀센이 자신들의 특허권을 내세워서 저항을 한 탓에 예외 지역으로 인정받았다). 유럽을 제외한 전 세계 나머지 지역은 미국의 관할 구역 또는 양측 모두에게 열린 구역으로 정해졌다. 웨스턴 일렉트릭과 RCA 역시 이 주고받기 거래에 동의했다. 그들은 유럽의 기자재를 통한 할리우드 영화의 상영과 그 반대의 경우를 승인했다. 토비스와 클랑필름은 승전고를 울리며 파리를 떠났다.

1932년 언어 장벽을 해결할 수 있는 획기적인 돌파구가 마련되었다. 많은 인구가 사용하는 언어들을 위해서는 더빙이, 그리고 군소 언어들을 위해서는 자막이 그 해결책으로 등장했다. 더빙 기술을 개발하는 데는 4년이 걸렸다. 1933년 이후 할리우드는 그동안의 일시적인 좌절을 만회할 수 있게 되었다. 수입 쿼터와 대공황으로 인해 제약을 받기는 했지만, 그 순간부터 유럽의 영화 제작자들은 환상을 버렸고, 꿈에서 깨어났다. 할리우드는 다시 자신들의 본거지에서 영화를 만들 수 있게 되었고, 파라마운트가 세운 주앵빌 스튜디오는 거대한 더빙 센터로 전환되었다. 이 더빙 센터는 세계에서 가장 큰 복화술사였다.

영화관의 혁명

음향의 도입은 통상 영화 제작에 관해서만 그 중요성을 평가받아 왔다. 하지만 영화 상영과 수용의 측면 또한 그 못지않게 큰 변화가 있었다. 음향은 영화를 변화시켰을 뿐만 아니라 영화의 상영 및 관객과의 관계 역시 변화시켰다. 사실 발성 영화의 발흥은 무성 영화 문화의 근간을 뒤엎었다. 제일 먼저 극장 무대 앞에 자리 잡은 오케스트라가 사운드트랙으로 바뀜으로써 극장은 생음악 연주가 곁들인 멀티미디어 쇼를 보러 가는 공간에서 단순한 이벤트를 위한 공간으로 바뀌었다. 지역 오케스트라의 음악 반주는 이제 불필요한 군더더기였고 극장업자들은 생음악 쇼를 위한 프로그램을 준비할 필요가 없게 되었다. 두 번째로, 영화는 이제 반가공품으로서가 아니라 완제품으로 극장에 배달되었다. 새로운 기술의 발전으로 인해 지역적으로 이루어졌던 다양한 변화는 이제 불가능하게 되었다. 유성 영화는 지역 연주자들의 도움이 필요 없는, 그 자체로 완벽한 쇼였고, 이 쇼는 전 세계 어느 극장에서나 똑같은 내용이었다. 세 번째로, 이전에는 관람 환경의 현장 요소였던 음악과 음향이 미리 녹음되어 영화 내부 텍스트의 한 구성 요소로 통합됨에 따라 영화의 개념이 근본적으로 바뀌었다. 이렇게 구성 요소 전반을 텍스트화한 결과, 독자적이고 독립적인 인공물로서의 영화 텍스트가 존재하게 되었다. 이로 인해서 특히 영화 이론과 비평에서 새로운 개념이 도입되게 된다. 마지막으로, 유성 영화로의 전환은 주변 상황만을 변화시킨 것이 아니고 영화 관람의 규칙까지도 변화시켰다. 관객들은 이제는 스크린의 이편에서 벌어지는 멀티미디어 쇼를 보는 것이 아니었다. 이제 관객들은 극장 안으로 들어가서 스크린 위에서, 또는 달리 말하자면 스크린 저편에서 벌어지는 것들을 그냥 보기만 하면 되었다. 생음악을 연주하는 오케스트라의 중재가 없어져 버림으로써 영화 보기의 짜릿함은 4개의 벽 안에서 이루어지는 상호 공동체적인 사건에서 영화(제작자)와 개인적인 구경꾼 사이의 독점적인 관계로 변해 버렸다. 극장업자나 관객들이 커뮤니케이션 과정에서 관여할 수 있는 폭은 최소한으로 줄어들어 버렸다.

네덜란드의 영화법은 이러한 변화를 보여 주는 좋은 예다. 이 영화법은 무성 영화 시대에 입안되었고, 무성 영화 자체와 그 상영 행위를 별개로 다루었다. 영화의 영상은 중앙 정부의 관리하에 있었지만, 대사나 음악 공연은 지방 관청의 통제에 따라야 했다. 그러나 새로운 기술의 등장으로 소리의 제작 주체가 극장에서 스튜디오로 넘어감에 따라 소리에 대한 감독 권한이 지방 관청에서 중앙 정부로 넘어가게 되었고, 이제 중앙 정부는 상영의 모든 요소들을 감독해야 했다. 그러나 지방 관청에서는 영화법에 명시된 권리를 주장하며 감독권 이양을 거부했다. 이러한 중요한 권력의 이양을 놓고 1930년 네덜란드 정부와 의회는 첨예하게 대립했다.

사운드의 도래에 관한 회고적인 시각: 「사랑은 비를 타고」(1952)에서 진 켈리(돈 록우드 역)와 진 하겐(리나 라몬트 역)이 마이크 앞에서 리허설을 하는 장면.

조지프 폰 스턴버그 (1894~1969)

1925년 「구원의 사냥꾼」을 본 찰리 채플린은 이 영화를 만든 새내기 감독 조지프 폰 스턴버그는 천재라고 선언했다. 파라마운트 영화사는 1932년 「금발의 비너스」를 광고하면서 역시 그에게 천재라는 찬사를 붙여 주었다. 프랑스의 비평가들은 그의 무성 영화 「지하 세계」와 「뉴욕의 조선소」가 왜 파리 사람들에게서 숭배에 가까운 찬탄을 그렇게 쉽게 받아 냈는가를 설명하기 위해서 이 단어를 썼다. 1930년대, 그가 발굴해 내고 아꼈던 마를레네 디트리히는 다시 한 번 그의 천재성을 요란스럽게 만천하에 알리면서 자발적으로 그에게 복종했다. 하지만 천재들은 항상 환대를 받지 못하는 법이고 특히 할리우드에서는 더욱 그렇다. 1939년에 이르러 스턴버그에게는 〈업계의 골칫덩어리〉라는 낙인이 찍혔다.

그의 자서전에서 스턴버그는 할리우드에서의 경험을 이렇게 적었다. 〈나는 이단아로 낙인찍혔고, 계속 그렇게 남아 있었다.〉 언론은 그의 성격에 대한 소문을 기사화해서 업계의 거부 반응을 정당화시켰다. 그는 화를 잘 내고 오만하며 감독이라는 지위를 감안한다 하더라도 터무니없이 독재적이라고 묘사되었다. 그가 붐 마이크 위에 올라앉아 그에게 아부하는 배우들에게 은화를 던져 주었다는 전설 같은 이야기도 있었지만, 디트리히의 딸은 그를 슬픈 눈을 가진 부끄럼 많이 타는, 그리고 적당히 절제력 있고 민감한 성격을 가진 키 작은 남자로 묘사하고 있다.

빈에서 태어난 스턴버그는 20세기 초에 가족과 함께 미국으로 이민을 왔다. 그는 여성용 모자를 파는 가게에서 수습사원으로 일했지만 곧 가출했다. 뉴욕 시에서 그는 영화 필름 수선공으로 새 일터를 찾았고, 남는 시간에는 뉴저지의 포트 리에 있는 스튜디오에서 영화 제작 과정을 지켜보았다. 제1차 세계 대전에 비전투 요원으로 참전한 후 그는 할리우드로 흘러 들어가서 조감독이 되었다. 1924년, 5천 달러의 제작비로 「구원의 사냥꾼」을 만들었고, 이 작품을 본 채플린이 스턴버그의 두 번째 작품 「바다의 여인 A Woman of the Sea」(1926)을 제작하겠다고 제의해 왔다. 하지만 이 영

극장 오케스트라의 소멸은 무엇보다도 사회적 비극이었다. 1920년대, 극장은 전 세계 최대의 음악가 고용업체였다. 수천 명의 연주자들이 해고당했으며 수많은 보드빌 연기자들 역시 설 자리를 잃게 되었다. 규모가 크고 화려한 몇몇 극장만이 규모를 줄인 오케스트라를 운영해서 생음악 반주가 곁들여진 막간극을 공연했다. 몇몇 극장은 이러한 전통을 1960년대까지 유지하기도 했다. 재능이 뛰어난 연주자들은 라디오 방송국에서 일자리를 얻을 수 있었지만, 대부분은 대안이 없었다. 이러한 대량 해고는 때마침 몰아닥친 경기 침체에 따른 감원 사태와 맞물려 최악의 사태를 낳았다.

화는 단 한 번의 상영을 끝으로 폐기 처분되었다. 스턴버그는 잠시 MGM에 고용되어 일했지만 첫 번째로 맡은 영화 「섬세한 죄인The Exquisite Sinner」(1926)을 찍다가 교체되었고 조감독으로 강등되었다. 자신이 생각하는 영화적인 완벽함을 이루고자 했던 그의 시도는 터무니없어 보였고, 칼럼니스트 월터 윈첼은 그가 〈고장난〉 사람이며 따라서 그는 〈진짜〉 천재라고 공개적으로 조롱했다.

그러나 파라마운트-페이머스 플레이어스 래스키는 1927년 스턴버그에게 소규모 갱스터 영화 「지하 세계」의 감독을 맡겼는데, 큰 기대를 걸지 않았던 이 영화가 엄청난 성공을 거두었다. 이 영화는 배우들(조지 밴크로프트, 클라이브 브룩, 이블린 브렌트)의 연기가 잊을 수 없도록 놀라웠고, 사랑의 삼각관계를 이루는 등장인물들의 심리 상태가 매혹적으로 묘사되어 있으며 호화롭고 화려한 갱단들의 무도회 같은, 탄성을 자아내는 영상들로 가득 차 있었다. 계속해서 그는 1928년 2편의 영화 「뉴욕의 조선소」(빅터 매클라글렌 주연)와 「최후의 사투」(에밀 야닝스 주연)를 연속해서 성공시켰다. 1930년 그는 독일로 가서 우파와 파라마운트가 공동으로 독일어판과 영어판을 동시에 제작한 영화를 감독했다. 이 영화 「푸른 천사」는 원래 야닝스를 주연으로 기획된 영화였지만 스턴버그는 요부 역할인 롤라 롤라 역에 마를레네 디트리히를 출연시켰고, 그녀의 출연은 센세이션을 몰고 왔다. 이 두 사람은 이 영화로부터 7편의 영화에서 같이 작업을 하게 되고, 이로 인해서 감독은 〈스벤갈리 조Svengali Joe〉라는 별명을 얻게 된다.

스턴버그는 디트리히와 함께 할리우드로 돌아왔다. 그 후 5년 동안 파라마운트에서 그들이 함께한 영화들인 「모로코」(1930), 「불명예」(1931), 「금발의 비너스」(1932), 「상하이 특급」(1932), 「진홍의 여제」(1934), 「스페인 광상곡」(1935) 등은 마조히즘적인 남성의 성적 수치심이라는 주제의 변주곡들로 기록되게 된다. 비평가들과 관객들은 처음에는 이 영화들의 화려한 스타일, 교묘한 변태 성욕에 대한 암시, 멜로드라마적인 이국 정서 등에 열광적인 찬사로 답했다. 하지만 「상하이 특급」 이후 흥행 성적은 떨어졌고 비평가들 역시 대부분 등을 돌렸다. 디트리히라는 별은 떠오르고 있었지만 스턴버그라는 별은 지고 있었다. 그는 〈색색의 태피스트리처럼 세부 묘사에만 치중한 평면적인 구성〉만을 만들어 내며, 그토록 〈아름다운 피조물〉인 마를레네 디트리히를 그저 단순한 〈빨래걸이〉로 만들어 버렸다고 비난받았다. 하지만 스턴버그가 비범하고 풍부한 회화적인 표현에 의한 시각적 시정(詩情)을 창조할 수 있었던 것은 전적으로 디테일에 대한 집착과 그가 〈죽은 공간〉이라고 불렀던 부분을 채우려 했던 강박 관념 때문이었다. 단지 소프트 포커스를 사용했다거나 인위적인 화면 효과들을 공들여 만들어 냈다거나 해서 그가 천재라고 불린 것은 아니었다. 그의 영화들은 독특한 시각적 스타일을 통해서 비범한 구조적 통일성과 주제의 복합화를 달성해 내고 있다.

◀ 조지프 폰 스턴버그의 「뉴욕의 조선소」(1928)에서의 조지 밴크로프트와 베티 콤프턴.

「스페인 광상곡」 배급 이후, 파라마운트는 스턴버그가 더 이상 필요 없다고 판단했다. 대단히 퇴폐적인 영화 「상하이 제스처」(1942)를 제외한다면 할리우드에서 스턴버그가 만든 나머지 영화들은 그의 재능에 어울리지 않는 작업들이었거나(「왕 퇴위하다」, 「매든 상사」), 아니면 「죄와 벌」(1935, 피터 로리 주연)처럼 발작적인 연출의 기미가 보이는 그런 작품들이었다. 그가 알렉산더 코르더를 위해서 영국에서 만들려고 시도했던 영화 「나, 클로디어스」는 출연하기로 약속했던 스타 중 하나(멀 오버런)의 출연이 불가능하게 되어 좌절되었다. 스턴버그의 마지막 영화는 일본에서 제작된 「아나타한의 전설The saga of Anatahan」(1953)이었다. 스턴버그 자신은 이 영화에 실망을 했지만, 이 영화는 그의 첫 작품 이후 계속 나타나는 장점을 다시 한 번 과시한 작품이었다. 그의 영화들은 대사에 대해서, 심지어는 — 그가 한때 역설했듯이 — 내러티브에 대해서조차 신경 쓸 필요가 없는 시각적 경험 그 자체였다.

스턴버그는 자신이 〈너무 재주가 많은 사람은 그 대가를 치르기 마련〉이라는 경고를 많이 들었다고 밝히기도 했지만, 그의 재능은 결국에는 인정을 받았다. 1969년 그가 사망하기 직전, 할리우드가 초창기의 그에게 내려 주었다가 다시 빼앗아 간 천재라는 칭호를 새로운 세대의 비평가들이 다시 찾아 주었고, 스턴버그는 그 보상에 만족해했다.

게일린 스터들러

주요 작품

「구원의 사냥꾼The Salvation Hunters」(1925); 「지하 세계Underworld」(1927); 「뉴욕의 조선소The Docks of New York」(1928), 「최후의 사투The Last Command」(1928); 「푸른 천사Der blaue Engel」(1930); 「모로코Morocco」(1930); 「미국적인 비극An American Tragedy」(1931); 「불명예Dishonored」(1931); 「금발의 비너스Blonde Venus」(1932); 「상하이 특급Shanghai Express」(1932); 「진홍의 여제The Scarlet Empress」(1934); 「스페인 광상곡The Devil Is a Woman」(1935); 「죄와 벌Crime and Punishment」(1936); 「나, 클로디어스I, Claudius」(1937 — 미완성); 「상하이 제스처The Shanghai Gesture」(1941); 「마카오Macao」(1952); 「아나타한의 전설The Saga of Anatahan」(1953).

참고 문헌

Baxter, Peter(1993), *Just Watch! Sternberg, Paramount and America*.
Sternberg, Josef von(1965), *Fun in a Chinese Laundry*.
Studlar, Gaylyn(1988), *Von sternberg, Dietrich and the Masochistic Aesthetic*.

극장의 유성 영화 장비 설치는 영화 상영관 간의 경쟁 구도에도 영향을 미쳤다. 호사스럽게 치장을 한 극장들은 기술 혁신으로 이득을 얻었다. 유성 영화 설비로의 전환으로 엄청난 경비가 절감되었기 때문이었다. 하지만 동시에 대형 극장들은 이로 인해서 소형 극장들과 차별화로 인한 집객 효과의 이득은 포기해야 했다. 유성 영화의 도입으로 인하여 지구상의 모든 영화관들은 동일한 볼거리를 제공하게 되었다. 이러한 평준화로 인해서 구시대의 극장 간의 등급 구분은 사라졌고 극장업계의 경쟁이 치열해졌다.

전 세계 모든 나라의 영화 비평가들, 특히 예술 영화 옹호자들은 신기술의 등장으로 인해 곤경에 빠졌고, 그들의 미학적 관점을 어떻게 적용시켜야 할지 난감해했다. 이러한 반응은 역설적이기는 하지만 이해 할 수는 있다. 음향은 영화 상영에 있어서의 지역적 영향을 원천 봉쇄함으로써 영화의 자율성을 증가시켰고, 따라서 1920년대 영화 비평의 핵심 쟁점이었던 독립적인 예술로서의 영화라는 이상을 실현하는 데 공헌했다. 그러나 예술로서의 영화를 주장하던 투사들은 유성 영화를 배척했다. 그들에게 있어서 무성 영화의 종말은 제7의 예술의 죽음을 뜻했기 때문이었다. 그들이 새로운 환경에 자신들의 미학적 관점을 적응시키기까지는 시간이 필요했다. 그러나 독일의 루돌프 아른하임 같은 영화 이론가들은 끝까지 유성 영화를 거부했다.

영화 상영관에서 일어난 혁명은 또한 관객들에게 외국 영화의 새로운 경험을 안겨 주었다. 확실히 짚고 넘어가야 할 점은 외국 영화에 대한 저항은 미국 영화에 대해서만이 아니었다는 사실이다. 예를 들어 체코의 관객들은 1930년 독일 영화의 범람에 대해서 대단한 거부 반응을 보였다. 구스타프 우치츠키 감독의 「불멸의 부랑자Der unsterbliche Lump」가 개봉되자 반독일 시위가 일어났고, 그 규모에 놀란 체코 정부는 독일 영화 수입을 잠정적으로 금지하는 조치를 취했다(미국의 영화사들이 독일 영화의 경쟁력을 약화시키기 위해서 저항 운동을 부추겼다는 소문이 있었다). 보복 조치는 불가피했다. 독일 극장들은 체코 극작가들의 작품을 거부했고, 8개의 오페라 극장들은 작곡가 레오시 야나체크 작품들의 공연을 취소했으며, 독일 라디오 방송은 체코 음악의 방송을 거부했다. 전 세계가 번역 기술을 목마르게 기다렸지만, 자막과 더빙 기술이 그 해결책으로 제시되어 널리 퍼지기까지는 몇 해를 더 기다려야 했다.

스튜디오의 적응

소리가 도입되자 모더니스트들뿐만 아니라 전통적인 영화 제작에서까지 예술적인 실험들이 뒤를 이었다. 형식에 관한 실험은 유럽에서 주로 이루어졌고, 특히 아방가르드가 주도를 했지만 그 결과는 미미했다. 주목할 만한 작품들은 발터 루터만의 「세계의 멜로디Melodie der Welt」(독일, 1929), 지가 베르토프의 「열광」(소련, 1930), 요리스 이벤스의 「필립스 라디오Philips Radio」(네덜란드, 1931) 등이었다. 이 영화들은 몇 가지 공통적인 특징들을 가지고 있다. 아방가르드는 소리를 영상처럼 편집해서 영상의 세계와 나란히 가는 소리의 세계를 창조했다. 이들의 영화들에서 특별히 두드러지는 점은 모든 음향들이 완전히 독립적인 가치를 가지고 있었다는 점이다. 음악과 음성, 소음 그리고 휴지 부분들 간에는 아무런 계층적 연관성이 없었다. 내러티브를 앞세운 유성 영화들은 음향들 간에 계층적 연관성을 가지기 마련이다(사운드트랙을 이렇게 다루는 방식은 야수파 또는 이탈리아의 미래주의자 루이지 루솔로가 주창한 〈소음의 예술〉과의 연관성을 드러낸다). 그들은 대사의 사용을 피했고 영화 예술의 정수는 말없음이라는 원칙을 고수했다.

그러나 아방가르드 영화는 그 수명이 그리 길지 않을 것이라는 판정을 받았고, 소리가 도입되면서 사양길을 걷게 되었다. 그렇게 된 것은 그 당시의 비평가들이 시사했듯이 새로운 기술의 도입 때문만은 아니었다. 그전부터 예술적인 퇴락의 조짐을 보이기 시작했으며, 그런 분위기는 영화에 국한되지는 않았다. 다만 소리가 그 종언을 앞당겼을 뿐이고, 그런 조류를 되돌릴 수 없음을 확실하게 보여 주었을 뿐이었다.

이 기간 동안에 전통적인 영화 제작자들 역시 예술적인 성과를 높이기 위해서 대단히 노력했다. 할리우드와 베를린의 대형 스튜디오들은 전통적인 이야기 구조 안으로 소리를 끌어들이기 위한 모색을 거듭했다. 이러한 모색의 일환으로 그들은 기술적인 기반을 재구성했다. 예를 들어서, 건물을 지을 때는 방음 장치를 만들어야 했고, 아크 조명기의 쉭쉭거리는 소리나 카메라의 윙윙거리는 소리를 없애야 했다. 녹음 과정을 통제하기 위해서 새로운 분야의 기술자(특히 전기 기술자들)를 고용해야 했다. 편집을 위한 기자재들도 새롭게 설계해야 했다.

이런저런 기술 투자는 광범위한 예술적 실험들과 병행해서 이루어졌다. 그러나 이러한 실험들은 아방가르드가 그랬던 것과는 달리 새로운 스타일을 개발하기 위한 것은 아니었다. 그와는 반대로 모든 창의적인 노력들은 소리를 기존의 전통적인 스토리텔링에 기여하게 만들기 위한 작업에 집중되었다. 그런 노력의 일환으로 마이크의 표현의 질을 카메라의 수준까지 끌어올리기 위한 실험이 거듭되었다. 카메라가 미지의 관객들의 눈이라면 마이크는 귀였다. 시각적인 시점은 청각적인 시점에 맞추어졌고 소리의 거리는 카메라의 거리와, 그리고 시각적인 심도는 청각적인 원근법에 맞추어졌다. 제작과 비평의 언어들은 이러한 소리와 영상의 유사성에 기초한 일련의 개념을 바탕으로 확장되었다.

프랑스의 영화 비평가 앙드레 바쟁은 잘 알려진 1958년의 평론에서 형식의 연속성*continuity*을 강조하면서 이런 질문을 던졌다. 〈1928년부터 1930년까지의 기간 동안에 실제로 새로운 영화가 탄생했는가〉(바쟁, 1967). 그 질문에 답을 하기 위해서 바쟁은 무성 영화 시대로 되돌아간다. 그의 이론에 의하면 무성 영화 시대에는 두 가지 스타일이 공존했다. 하나는 편집을 우선으로 하는 스타일이며, 또 하나는 연출 또는 미장센을 우선으로 하는 스타일이었다. 전자가 무성 영화를 지배했다면 후자는 소리의 도입 이후에 더욱 각광을 받게 될 것이었다. 후일의 연구들은 무성 영화에서 유성 영화로의 전이에 있어서 이러한 연속성에 대한 강조가 적절한 지적이었음을 확인해 주었다. 소리는 스타일의 혁신을 촉발시켰지만 그 혁신은 좁은 범위에 그쳤다. 예를 들어서 유성 영화는 대체로 긴 숏들로 이루어지는 경향이 있다. 그리고 (초기의 역사가들이 하던 말과는 반대로) 무성 영화 시절보다 카메라의 움직임이 더 많았다. 대사들로 인해서 템포가 느슨해지는 것을 보상하기 위해서 숏의 재구성, 수평 이동 화면, 궤도 화면, 그리고 신과 신 사이의 빠른 편집 등이 사용되었다. 이러한 현상들은 미국 영화에서 볼 수 있지만, 1930년대 독일과 프랑스의 영화들에도 보인다. 그러나 전체적으로 보면 스타일의 변화도 무성 영화 시절에 태어난 사실주의 스토리텔링의 기본 규칙을 변화시키지는 못했다.

무성 영화 시대에 거의 완성된 음악적 삽화*illustration*의 관습은 많든 적든 간에 유성 영화 시대까지 넘어왔다. 물론 확실히 다른 점도 있었는데, 이제 음악은 예를 들어, 영화에서 오케스트라나 가수를 보여 주는 장면 같은 허구 세계의 일부분이 되었다. 게다가 유성 영화는 영상뿐만 아니라 대사까지도 음악의 상위 개념으로 놓음으로 해서 음악을 순수한 배경으로 만들어 버렸다. 또한 미국 재즈를 흉내 내어 서구 세계의 많은 호화 극장들에서 인기를 누렸던 금관 악기와 타악기가 포함된 빅 밴드는 19세기 이후 유럽에서 만들어진 심포니 오케스트라로 대체되었다. 스튜디오는 이제 현악기와 목관 악기를 더 선호했고 할리우드는 에리히 콘골드와 맥스 스타이너처럼 전통 유럽 음악을 공부한 작곡가들과 계약을 맺었다. 빅 밴드가 다시 영화 음악을 연주하기까지는 그 후 오랜 시간을 기다려야 했다. 그러는 동안에 영화 오케스트라라는 말은 그저 무성 영화 시대의 슬랩스틱 코미디 영화의 전형적인 홍키통크풍 피아노 반주 음악을 뜻하는 말로 그 의미가 축소되고 말았다.

대사를 쓰는 기술 역시 영화에 있어서는 새로운 것이었기 때문에 연극에서 빌려 와야 했다. 재능 있는 극작가들이 예전보다 더 많이 영화계로 들어왔다. 구어는 시나리오에서의 대사에 의한 의미 전달만을 늘려 놓는 데 그치지 않았다. 배우들 역시 자신들의 캐릭터를 결정하는 목소리를 되돌려 받았다. 1930년대 초, 스타들은 얼굴뿐만 아니라 목소리에도 신경을 써야 했다. 할리우드는 제임스 캐그니처럼 거친 말투를 쓰는 갱단 두목이라든가, 메이 웨스트의 비꼬는 말투, 그루초 막스의 터무니없는 익살 등의 다양한 대화 기법을 개발했다. 이러한 뛰어난 목소리들은 외국 언어로 더빙이 되면 그 매력을 잃어버렸다. 더빙은 스타 시스템을 손상시켰다. 대사는 또한 더빙으로서는 감출 수 없는 영화의 문화적 특이성을 높여 주는 효과를 가지고 있었다. 이러한 예는 미국 영화에서 확실하게 볼 수 있다. 할리우드의 무성 영화들에는 유럽적인 성향이 강했지만, 발성된 대사는 할리우드 영화로 하여금 훨씬 현실적인 미국 사회의 특성을 더욱 두드러지게 만들었다. 대사로 인해서 등장인물들과 장면, 사건들은 철저하게 미국적으로 되어 버렸다.

결 론

전환기가 끝난 시점은 나라마다 달랐다. 거의 모든 미국의 극장들이 1930년대 초기에 장비를 갖춘 반면, 나머지 나라들은 최소한 3년 정도의 기간이 지난 후에야 따라왔다. 영국, 독일, 덴마크, 네덜란드 등의 북유럽 국가들은 전환 과정을 1933년까지는 끝냈다. 프랑스와 이탈리아가 2~3년 늦게 따라왔고 동유럽 국가들은 좀 더 많은 시간이 걸렸다. 일본에서의 신기술 도입은 더 오래 걸렸다. 변사들의 저항이 성공을 거두었기 때문이었다. 이렇게 점진적인 보급이 이루어지는 동안에는 유성 영화와 무성 영화가 나란히 극장에 공존했다.

소리의 도입은 초기부터 영화계를 특징지었던 국제화의 진전을 저지하기는 했지만, 그 흐름을 중단시키지는 못했다. 할리우드 제국은 흔들리기는 했지만 전환기를 버텨 냈다. 미국 영화계는 1928년에 이루어 냈던 세계 지배를 1933년에 다시 이루었다. 단, 미국 영화에 대해 엄격한 수입 규제 정책을 편 독일, 이탈리아, 소련 등 몇몇 예외가 있었다. 사실 소리는 궁극적으로 국제화를 촉진시켰다. 왜냐하면 독립적이고 완결된 영화들이 더 많이 만들어질수록 완제품 상태로 전 세계에 배급하는 것이 더 용이해지기 때문이었다. 소리는 상영 부문에서의 지역적 차별성을 완전히 없애 버렸고 전 세계에서 균일한 상영을 보장했다. 또한 각 나라에서의 스타일의 차이점을 줄여 버렸고, 영화들을 비슷하게 보이도록 만들었다. 간단히 말해서 소리는 장기간에 걸친 통합 과정에 새로운 국면을 제공했다.

몇 가지 특이한 단절 역시 지적하고 넘어가야 한다. 1932년 이후부터 세계는 더빙을 선호하는 나라와 더빙을 싫어하고 자막을 더 좋아하는 나라들로 나누어졌다. 이러한 선호도의 차이는 그 나라의 관극 습관에 깊이 뿌리를 두고 있었다. 그리고 이러한 선호도는 텔레비전에까지 그대로 이어졌다. 그러나 그 당시에 어떤 이유로 그러한 선택이 이루어졌는지는 명확히 알 수 없다. 더빙은 훨씬 비용이 많이 들기 때문에 사용 인구가 많은 언어의 경우에 효율적이기는 하지만, 경제적 변수가 항상 중요한 결정 요인이 되었던 것은 아니었다. 일본은 인구 밀도가 높은 나라였기 때문에 경제적으로는 더빙이 훨씬 편리했지만, 자막을 선택했다. 한편으로 국가주의적인 고려에 의해서 더빙을 선호하는 나라들도 많았다. 하지만, 영화에서 듣는 외국어가 자국어와 자국 문화에 해가 될지도 모른다는 우려는 지금 되돌아보면 근거 없는 기우였던 것으로 보인다. 그 반대의 경우로 영화와 텔레비전에서 나오는 외국어들이 문화적 정체성에 대한 자각을 더욱 강하게 한다는 주장도 있었다. 자막은 관객들에게 그 영화를 만든 나라와 보고 있는 곳 사이에 간격이 있다는 신호를 끊임없이 보내 준다. 더빙에는 이러한 신호가 없다. 더빙은 영화들이 국제적으로 전파되는 데 발맞춰서 문화 변용 과정을 촉진시킨다. 문화는 언어뿐만 아니라 영상을 통해서도 전파되기 때문이다. 그렇기 때문에 단지 스크린에서 외국어를 배제시키는 것만으로 문화적 정체성을 지켜 나갈 수 있다는 논리는 설득력이 약할 수밖에 없다. 그런 목적이라면 모국어로 된 영화와 텔레비전 프로그램의 제작이 훨씬 좋은 수단이다.

새로운 기술의 도입에 따른 중요한 효과 중의 하나는 자국어로 된 유성 영화의 수요 증가였고 이에 따라 많은 나라들에서 영화 제작이 부활기를 맞았다는 점이다. 프랑스에서는 1929년에 29편으로 최저치를 기록했던 제작 편 수가 1932년 157편에 달해 최고치에 도달했다. 하지만 더빙의 도입으로 그 숫자는 다시 낮아지기 시작했다. 헝가리나 네덜란드, 노르웨이 같은 작은 나라들은 이전에는 모두 수입 영화에 의존하던 나라들이었지만, 예상치 못했던 자국 영화 제작의 부흥기를 맞이했다. 그러나 가장 인상적인 경우는 체코 영화의 회복이었다. 언어에 대한 제한과 수입 규제에 힘입어 체코슬로바키아에서는 영화 제작 편 수와 극장 관객 수, 신축 극장 숫자가 동시에 폭발적으로 늘어났다. 체코의 유성 영화들은 자국 시장에서 열광적인 호응을 얻었고 이러한 호응은 마르틴 프리츠, 오타카르 바브라 같은 뛰어난 인재들의 등장으로 이어졌다. 체코슬로바키아 이상의 성공을 거둔 나라는 인도뿐이었다. 인도 영화계는 유성 영화로의 전이로 엄청난 이익을 얻을 수 있었다. 인도의 유성 영화들은 액션 장면에 노래들을 통합시켰고 오랜 전통을 가진 대중문화와 영화 사이의 조화를 이루었다. 소리가 없었다면 인도는 세계 최대 영화 제작 국가가 될 수 없었을 것이다.

소리의 도입이 영화의 파국을 야기할지도 모른다는 초기의 우려는 영화 역사가 필요하다는 여론을 불러일으켰다. 무성 영화는 멸종 위기에 빠질지도 모르는, 따라서 미래 세대를 위해서 보존해야 할 가치가 있는 예술로 인식되었다. 사료의 확보와 미학적인 필요성을 충족시켜 줄 필름 보관소의 중요성이 대두되었다. 무성 영화 시절에 대한 향수도 생겨났다. 과거의 걸작 영화들을 볼 수 있는 특수 영화관들도 문을 열었고, 어떤 영화들을 고전적인 유산으로 남길 것인가에 대한 준거를 정하기 위한 초기의 시도로 예술로서의 영화에 대한 역사도 처음으로 쓰였다. 또한, 사람들이 보거나 듣고 싶지 않은 것들은 잊어버리고 싶어 하는 경향에 따르는, 모든 역사의 흐름에서 전형적으로 나타나는 선택 과정이 시작된 것도 이때였다. 예를 들어, 원래 상영되었던 형태대로, 즉 오케스트라의 생음악 반주로 무성 영화를 보게 되기까지는 50년의 세월이 더 필요했다.

참고 문헌

Altman, Rick(ed.)(1992), *Sound Theory, Sound Practice.*

Arnheim, Rudolf(1983), *Film as Art.*

Bazin, André(1967), "The Evolution of the Language of Cinema".

Geduld, Harry M.(1975), *The Birth of the Talkies*

Neale, Stephen(1985), *Cinema and Technology: Image, Sound, Colour.*

Salt, Barry(1992), *Film Style and Technology: History and Analysis.*

Walker, Alexander(1987), *The shattered Silents: How the Talkies Came to Stay.*

Weis, Elisabeth, and Belton, John(eds.)(1985), *Film Sound: Theory and Practice.*

스튜디오 시대

THE STUDIO YEARS

할리우드: 스튜디오 체제의 대승리

토머스 샤츠

1930년대의 미국 영화 산업

1920년대는 미국 영화계가 제작, 배급, 상영 등 모든 분야에서 폭발적인 성장과 번영을 구가한 10년이었다. 〈영화 구경〉은 전국적인 — 사실상 전 세계적인 — 오락 수단이었다. 1927~8년 유성 영화로의 전환이 완성되자, 이른바 〈토키 붐〉이 이 평화로운 시대를 뒤덮었고, 1920년대 말에 시장은 새로운 수요를 창출하며 요동쳤으며 할리우드 메이저 스튜디오의 지배력은 더욱더 강화되었다. 사실 토키 붐은 매우 막강해서 1929년 10월 월 스트리트가 붕괴했는데도 할리우드는 자신들은 〈공황과는 전혀 무관〉하다고 이야기할 정도였다. 그리고 미국 영화계는 1930년에 극장 입장객 수, 총매출 그리고 스튜디오의 수익률에서 최고치를 기록하는 최고의 해를 만끽하고 있었다.

그러나 1931년, 공황은 영화계를 덮쳤다. 그리고 뒤늦게 온 그 충격은 통렬했다. 주당 9000만 명에 이르던 극장 입장객 수는 1930년에서 1933년 사이에 주당 6000만 명으로 떨어졌고, 업계 총매출은 7억 3000만 달러에서 4억 8000만 달러로, 5200만 달러의 순수익은 5500만 달러의 손실로 전환됐다. 2만 3,000개에 달하던 전국의 극장 중에서 수천 개의 극장이 1930년대 초에 문을 닫아서 1935년에는 1만 5,300개의 극장만이 영업하고 있었다. 할리우드에서 특히 공황으로 결정적인 타격을 입은 곳은 수직 계열화를 이룬 5개의 대형 메이저 스튜디오들이었다. 극장 체인 건설로 인한 막대한 할부 상환 금액 부담 때문이었다. 그중에서 파라마운트, 폭스, RKO는 1930년대 초 심각한 재정적 붕괴 상태에 빠졌고, 워너만이 자산 중의 약 4분의 1을 매각하고 나서 살아남았다. 하지만 MGM은 생존했을 뿐만 아니라 공황기에 오히려 더 성장했다. 그들은 다른 메이저들에 비해서 상대적으로 적은 수의 대도시 일급 극장 체인을 소유하고 있었고, 모회사인 로Loew 사의 재력이 막강한 데다가 컬버의 MGM 스튜디오에서 만들어 낸 영화들이 우수했기 때문이었다.

할리우드의 〈작은 메이저〉들인 컬럼비아, 유니버설 그리고 유나이티드 아티스츠(UA)는 1930년대 초 훨씬 형편이 괜찮았다. 이 회사들은 최고의 영화들을 제작해 왔고 5대 메이저들과 마찬가지로 국내외에 걸쳐 자체적인 배급망을 보유하고 있었지만, 자신들의 극장 체인은 소유하고 있지 않았다. 이것은 1920년대에는 엄청나게 불리한 조건이었지만, 대공황기에는 신의 축복이었음이 드러났다. 부채에 따른 금융 비용이 없었기 때문이었다. 작은 메이저들은 또한 5대 메이저들과는 달리 제작과 마케팅 전략을 효과적으로 조절할 수 있었다. UA는 아직도 활동 중인 설립자(찰리 채플린, 메리 픽포드, 더글러스 페어뱅크스)들과 샘 골드윈, 조 셍크 같은 주요 독립 제작자들이 제작한 A급 영화들을 배급하는 회사였지만, 연간 약 12편 정도로 배급 편 수를 제한했다. 컬럼비아와 유니버설은 전혀 다른 방향으로 전략을 수정했다. 그들은 저예산으로 위험 부담이 적은 영화들, 즉 1930년대 들어 새롭게 등장했으면서도 중요한 역할을 한 영화인 〈B급 영화〉를 제작하는 쪽으로 방향을 선회했다.

B급 영화와 동시 상영의 급부상은 대공황의 직접적인 결과였다. 경제적으로 어려운 시기에 관객들을 끌어들이기 위해서 대부분의 극장들은 1회에 2편의 영화를 동시에 보여 주기 시작했고, 1주일에 두세 번 상영 프로그램을 바꾸었다. 그 결과 더 많은 영화들이 필요했고, 이러한 수요가 공식에 따라 빠르고 싸게 만들 수 있는, 주로 서부 영화나 액션 영화들이었던 B급 영화를 탄생시켰다. 이 영화들은 대개 상영 시간이 60분 내외였고, 대도시 외곽 재개봉관에서의 연속 상영에 맞도록 기획되었다. 당연히, 이 시기에 B급 영화 전문 영화사들이 우후죽순처럼 생겨났다. 〈독립 제작사*independent*〉라고 불린

베티 데이비스 (1908~1989)

브로드웨이 무대에서 명성을 쌓아 가던 베티 데이비스는 1930년, 〈토키〉 시대에 맞을 만한 새로운 배우를 찾고 있던 할리우드에 의해서 발탁되었다. 데이비스는 유니버설과 계약을 맺었지만, 별 볼일 없는 배역을 맡으며 1년을 허비한 후 워너 브러더스로 옮겨 가 거의 20년 동안 워너에 소속되어 있으면서 스튜디오의 여왕이 되었으며 할리우드에서 가장 존경받는 여배우가 되었다.

그녀는 천천히 그리고 힘겹게 스타덤에 올랐다. 그녀는 매력도 없었고, 스튜디오가 애당초 그녀를 뽑았던 이유인 핀업 걸의 이미지에도 맞지 않았다. 그리고 초창기의 영화에서 〈지루해 보이는 금발 머리에 멍청하고 천진한 소녀〉로 자신의 성격을 잡아 나갔다. 하지만 그녀는 영화에서의 연기력을 개발하기 위한 훈련을 받게 되었고, 그녀의 강렬한 연기는 곧 비평가들과 관객의 주목을 받기 시작했다.

그녀는 1934년 「인간의 굴레」로 획기적인 성공을 거두게 된다. 모진 성격의 요부형 웨이트리스 역인 밀드레드로 출연한 데이비스는 이 역할 안에서 자신의 능력과 스타일에 맞는 부분을 발견했고, 절묘한 연기를 보여 줌으로써 그녀가 왜 주연 배우감인가 하는 것을 보여 주었다. 「인간의 굴레」로 데이비스는 공격적이고 독립심이 강한 그리고 도전적인 여성으로서 자신의 이미지를 구축했다. 데이비스는 이러한 역할도 전통적으로 할리우드의 여성 이야기의 중심에 있어 왔던 성적 매력을 가진 정부 또는 감상적인 연인들과 마찬가지로 영화를 지배할 수 있음을 증명해 보였다. 「국경 도시 Bordertown」(1935)와 「위험한 사람」(1935)에서의 그녀의 연기는 이러한 그녀의 이미지와 대중적 인기를 더욱 강화시켜 주었다. 그러나 워너는 그녀의 성공을 활용할 의지도 능력도 없는 듯이 보였고, 1936년 2월 데이비스는 더 중요한 역할과 새로운 계약을 요구하며 워너를 떠났다.

당시에는 모든 스튜디오들이 독점적인 7년 계약으로 배우들을 묶어 놓고 있었다. 워너는 특히 낮은 보수, 저예산의 졸속 영화 제작 등으로 유명했다. 1930년대와 1940년대에 그들은 캐그니와 보가트 등의 많은 최정상급 배우들과의 소송에 휘말렸다. 보수도 못 받으며 대기 상태에 있던 데이비스가 영국에서의 영화 작업 제의를 받아들이자 워너는 그녀의 영국행을 막기 위해서 소송을 제기했다. 배우들과 스튜디오 모두 숨을 죽이고 지켜본 이 싸움의 결과, 법정은 데이비스는 워너의 영화에만 독점적으로 출연해야 한다는 판결을 내렸다. 그녀는 워너로 돌아갔지만, 더 중요한 역할을 달라는 요구를 누그러뜨리지 않았다. 그녀는 그 후로 계속 워너에 남아 있는 동안에도, 결과적으로 성공적이지는 못했지만, 계약의 부당성에 대해 싸웠다.

법정 싸움은 데이비스와 워너, 할리우드에 중요한 의미를 가지고 있었다. 몇 년 전에 있었던 캐그니의 소송에 이어서 벌어진 데이비스의 소송은 1943년에 스튜디오들이 배우들을 대기 상태로 놔두는 관행은 불법이라는 판례를 남겼다. 그리고 이로 인해서 할리우드에서는 서서히 배우들의 힘이 커지기 시작했다. 법정 싸움으로 인해서 데이비스는 대중의 주목을 받게

윌리엄 와일러의 「제저블」(1938)에서 변덕스러운 줄리 마스덴 역으로 오스카상을 안은 베티 데이비스.

이 영화사들은 배급 조직을 갖추지 않은 제작 전문 회사들이었다. 그들은 각 지역별로 있는 소규모의 독립 배급사에게 영화를 위탁 배급하는 권역별 판권 판매 방식을 이용해서 자신들의 영화를 배급했다. 이러한 B급 영화 제작사들 중에서 모노그램Monogram이나 리퍼블릭Republic 등의 일부 독립 제작사들은 대공황기에 살아남았고 1930년대 말에는 비교적 중요한 제작사로 성장했다.

B급 영화 제작은 겨우 제작비를 뽑을 정도의 매출을 올릴 뿐이었다. 하지만 전체적으로 보면 스튜디오 체제 안에서도 사실상 중요한 요소가 되었다. 모든 대형 메이저들도 1930년대에 B급 영화를 제작했다. 워너, RKO, 폭스에서는 전체 제작 작품 수의 반 이상이 B급 영화였으며 이런 추세는 1930년대가 끝날 때까지 지속되었다. 메이저 스튜디오의 매출 중 대부분은 A급 영화들에서 발생했지만, 메이저들은 B급 영화 제

되었으며 강한 여성이라는 그녀의 스크린에서의 이미지는 더욱 강해졌다. 워너는 1년이 넘게 중요한 주연 여배우 한 명이 없는 상태에서 버텼고, 소송에서 지기는 했지만 데이비스는 자신의 입지가 더욱 강화되었음을 알게 되었다. 워너는 「제저블」의 영화화 판권을 사들였다. 데이비스가 오랫동안 요청했던 영화였다. 이 영화는 관객들과 비평가들 모두에게서 좋은 평가를 받음으로 해서 데이비스의 스타로서의 명성과 스튜디오 내에서의 입지를 굳혀 주었다. 이 영화는 또한 워너의 제작 정책의 변화를 알리는 신호탄이었다. 워너는 할리우드가 만들어 낼 수 있는 최상급의 영화들(이 경우에는 「바람과 함께 사라지다」)과 겨룰 수 있는 고품격 영화 제작으로 방향을 선회했다. 데이비스는 이러한 정책의 중심에 있었다. 그리고 이후 10년 이상 동안 가장 성공적이고 뛰어난 할리우드 시대극과 멜로드라마에 출연해서 워너가 정상의 스튜디오로 입지를 굳히는 데 기여했다.

「제저블」(1938)은 여주인공으로서의 데이비스의 원숙한 연기력의 원형을 보여 주었다. 줄리 마스덴은 무도회에서 의도적으로 미혼 여성임을 알리는 표식인 흰 드레스 대신 빨간 드레스를 입음으로써 자진해서 이단아가 된다. 영화의 끝에 그녀를 구원받게 만드는 그녀의 희생 역시 그녀의 변덕과 용기를 잘 드러내 주었다. 데이비스가 워너에서 광범위하고 다양한 역들을 맡기는 했지만, 그 역들은 두 가지 유형으로 나눠 볼 수 있다. 하나는 「작은 여우들」(1941), 「편지」(1940), 「인간의 굴레」에서 보여 주는 강하고 모진, 거의 사악한 여인에 가까운 역이며, 다른 하나는 「어두운 승리」(1939), 「여행자」(1942), 「노처녀The Old Maid」(1939) 등에서 보여 준 여성 영화의 주요소인 비극적인 여주인공 역이다. 본질적으로 서로 다른 이 두 가지 역할들을 결합시켜 주는 것은 강력한 데이비스의 페르소나였다. 데이비스의 페르소나는 〈사악한 인물〉의 견고해 보이는 외면 밑을 흐르고 있는 고통, 그리고 낭만적인 인물이 내면에 가지고 있는 고통의 근원이 되는 힘을 드러나게 해주었다.

1930년대와 1940년대, 데이비스는 여성 관객들에게 엄청난 대중적 인기를 얻었으며, 이러한 인기는 여성의 역할에 있어서 외면적으로는 모순되어 보이는 모습을 아름답게 그려 내는 그녀의 능력에서 오는 것이었다. 그녀는 스타로서의 황홀한 매력과 남성들이 지배하는 이 세상에서 살아남기 위해서 홀로 맞서는 평범한 여성상을 동시에 표현해 냈다. 그녀의 희생과 실망도 결코 그녀의 자의식이나 일련의 자기중심적인 행위를 무효화시키지 못했다.

그녀에게는 놀라울 정도로 절제된 연기를 할 수 있는 능력이 있었다. 과장된 연기를 할때마저도 그러했다. 「편지」에서 그녀는 사람들로부터 존경을 받는 싱가포르 농장주의 아내지만 그녀의 연인을 향해 탄창을 다 비울 정도로 총알 세례를 퍼붓고 나서 자신의 범죄를 은폐하기 위해 끊임없이 거짓말하는 역할을 맡아 억눌린 열정을 훌륭하게 해석해 냈다. 「이브의 모든 것」(1950)에서 그녀가 그려 낸 늙어 가는 여배우 마고 채닝의 초상은 직업적인 면에서나 성적 매력에서 모두 젊은 여배우들에게 도전을 받고 있으면서도 거기에서 오는 상처를 감추려고 애쓰는 암컷 *bitchness* 그 자체였다.

그녀는 「이브의 모든 것」에서 마지막으로 탁월한 연기를 보여 주었다. 데이비스는 1950년대와 1960년대에도 계속 연기를 했지만, 주로 텔레비전용 영화나 저예산 영화에 출연했다. 훌륭한 역할을 맡지 못했기 때문에 이런 영화들에서는 그녀의 연기력과 페르소나를 볼 수 없었다. 그녀는 「베이비 제인에게 무슨 일이 생겼나?」(1962)에서 공격적이고 이기적인 여자를 괴기스럽고 미친 듯한 성격으로 그려 내서 베티 데이비스 자신을 희화화했다. 데이비스는 자신은 결코 은퇴하지 않으며 죽는 그 순간까지 연기를 하겠다고 맹세했다.

레믈리는 그녀가 유니버설에 있을 때 출연한 「못된 언니Bad Sister」(1931)를 보고 나서 자신의 스튜디오가 계약한 배우에게 전율을 느꼈다고 한다. 〈당신은 1편의 영화 안에서 불쌍한 남자가 곤욕을 치르고 난 뒤 마침내 페이드아웃 직전에 그녀와 함께하게 되는 걸 상상할 수 있겠는가……〉 데이비스는 곤욕을 치렀다. 그리고 다른 사람들을 곤경에 빠뜨리는 경우도 자주 있었다. 하지만 그녀는 남자들이 그녀의 투쟁을 인정해 줄 때까지, 페이드아웃이 될 때까지 초조하게 기다리고 있지만은 않았기 때문에 불후의 명성을 얻을 수 있었다.

케이트 비섬

▪▫ 주요 작품

「인간의 굴레Of Human Bondage」(1934); 「위험한 사람Dangerous」(1935); 「제저블Jezebel」(1938); 「어두운 승리Dark Victory」(1939); 「엘리자베스와 에식스 공의 사생활The Private lives of Elizabeth and Essex」(1939); 「편지Letter」(1940); 「작은 여우들The little Foxes」(1941); 「여행자Now, Voyager」(1942); 「스커핑턴 씨Mr. Skeffington」(1944); 「이브의 모든 것All about Eve」(1950); 「베이비 제인에게 무슨 일이 생겼나Whatever happened to Baby Jane?」(1962).

▪▪ 참고 문헌

Davis, Bette(1962), *The Lonely Life: An Autobiography.*
Higham, Charles(1981), *Bette.*
Leaming, Barbara(1992), *Bette Davis: A Biography.*

작을 통해서 스튜디오를 원활히 운영되게 하고 계약 관계에 있는 배우나 스태프들에게 정기적으로 일거리를 제공했으며 새로운 인재들을 발굴하고 새로운 장르에 대한 실험을 하는 한편, 시장에 일정한 물량 공급을 보장할 수 있었다.

스튜디오와 극장업자들이 대공황기의 역경을 헤쳐 나가는 데에는 B급 영화와 동시 상영이 큰 힘이 되었지만, 할리우드가 생존할 수 있게 해준 — 그리고, 1930년대 말 엄청난 성공을 거두게 해준 — 결정적인 요소는 월 스트리트와 워싱턴의 개입이었다. 실제로, 월 스트리트의 재정적인 지원과 정부의 경제 회복 프로그램이 없었다면 할리우드의 전성기는 불가능했을 것이라고 주장할 수도 있다. 뉴욕의 자본가들과 금융 회사들은 1920년대 초기부터 영화업계의 성장, 특히 스튜디오들의 극장 체인 확장과 유성 영화 설비에 관여해 왔다. 월 스트리트의 개입은 1930년대 초에 급격히 증가했고 여러 회사

들이 침몰해 가는 스튜디오의 재건을 감독하고 투자했고 스튜디오의 경영과 관리에 좀 더 직접적으로 개입했다.

그러는 동안에 연방 정부는 대공황기에 경제 회복 프로그램을 개시했으며, 이로 인해서 할리우드의 메이저들은 업계에 대한 자신들의 지배력을 더욱 강화할 수 있었다. 여기에 1932년 말, 루스벨트 대통령의 당선과 1933년 6월 발효된 루스벨트 대통령의 국가 경제 회복 법안National Industrial Recovery Act이 결정적인 요인으로 작용했다. 국가 경제 회복 법안의 기본 취지는 영화업계를 포함해 미국의 주요 기업들에 대해 일정한 정도의 독점 관행을 용납함으로써 경제 회복을 촉진시킨다는 데 있었다. 이제 스튜디오들은 티노 발리오(1985)가 말한 대로 〈(메이저 스튜디오들은) 10년의 세월을 쏟아 가며 비공식적인 결탁을 통해서 이룩하려고 했던 사업 관행에 대해 정부의 재가를 받게 되었다〉. 할리우드의 업계 단체인 미국영화제작배급자협회(MPPDA)는 국가 경제 회복 법안이 요구한 공정 경쟁 규약을 제정했다. 이 규약에는 끼워 팔기, 입도선매, 흥행 구역 승인 제도 등의 업계 관행을 명문화했다. 이러한 관행들은 스튜디오의 재정적 위험을 최소화하고 그들의 주요 영화들에 대한 이익을 극대화하기 위한 것들이었다.

국가 경제 회복 법안은 영화계, 특히 제작 부문에 또 하나 중요한 작용을 했다. 즉, 노동의 조직화였다. 회복 프로그램에 내재되어 있는 노동자들에 대한 불법 고용과 혹사의 가능성을 줄이기 위해서 법안은 노동조합 조직과 단체 교섭권을 인가했다. 이것은 1935년의 와그너 법안Wagner Act을 통한 의회와 국가노동관계위원회의 개입으로 이루어졌다. 이렇게 해서 할리우드의 노동자 단체는 1930년대의 〈오픈 숍〉에서 정부에게서 권한 이양을 받고 여러 가지 노동조합과 동업 조합에 의해서 공인된 영화 제작 노동자들의 특화된 노동조합, 〈유니언 타운〉으로 바뀌었다.

1930년대에는 정부의 명령에 의한 업계 규제 외에도, 영화제작배급자협회 자체의 영화 내용에 대한 규제가 점차 엄격해졌다. 1930년 영화제작배급자협회장인 윌 헤이스는 윤리적 지침인 영화 제작 규약Production Code의 제정을 허가했는데, 규약의 전문에 의하면 이는 〈영화의 포괄적인 도덕적 책임〉을 완수하기 위한 것이었다. 초기에는 규약의 적용이 느슨했고 일관성이 없었지만, 1933년에 이르러 새로 결성된 가톨릭품위연맹Catholic Legion of Decency의 주도하에 영화 안에서의 섹스와 폭력에 대한 비판적 여론이 확산되자 헤이스와 영화제작배급자협회는 공식적인 자체 검열 방안을 마련할 수밖에 없었다. 그 결과 영화제작배급자협회 산하 단체로 조지프 브린을 책임자로 하여 제작규약위원회Production Code Administration(PCA)가 생겨나서 여기서 영화 내용을 규제했다. 1934년부터 모든 영화는 제작하기 전에 시나리오를 제작규약위원회에 보내서 허가를 받아야 했으며 완성 후에도 필름을 제작규약위원회에 보내 검열을 받은 후 개봉해야 했다.

◀ 워너 브러더스 스튜디오의 촬영장에서 전시 뮤지컬 「이것이 군대다This is the Army」(1943)를 촬영하는 모습.

1930년대에 영화업계에 대한 광범위한 법규 제정은 경제 회복을 촉진시켰고 영화 제작 과정을 안정시켰으며 메이저 스튜디오들이 업계의 거의 모든 분야에서 통제력을 강화하는 데 기여했다. 1930년대 말에 이르자 8개의 메이저 스튜디오들은 미국 내에서 개봉되는 영화의 75퍼센트를 제작했고, 극장 매표 수입의 90퍼센트가 메이저들의 영화에서 나왔다. 배급업자로서 메이저들은 흥행 수입의 95퍼센트를 가져갔다. 할리우드의 영화들은 전 세계 개봉 영화의 약 65퍼센트 정도를 책임지고 있었으며, 1930년대 내내 스튜디오 매출의 약 3분의 1이 외국 시장에서 나왔다. 특히 영국 시장에서는 할리우드가 해외에서 거둔 수입의 반이나 발생했다.

이러는 동안, 5개 대형 메이저들은 냉혹한 개봉관 시장의 논리를 등에 업고 지배적인 지위를 더욱 강화했다. 1933년에는 5개 대형 메이저 전체가 소유하거나 계약 관계에 있는 극장 수는 2,600개에 달했다. 숫자로는 전국 극장 수의 15퍼센트밖에 되지 않았지만, 대도시 개봉관 기준으로만 본다면 80퍼센트를 넘는 숫자였다. 즉, 이 극장들은 대도시 중심가의 수천 개 좌석을 가진 호화로운 극장들로 최고의 영화들만을 밤낮으로 상영하는 노른자위 극장들이었다. 대공황기에는 이러한 극장 체인을 가지고 있다는 것이 재정적인 부담으로 작용했지만, 1930년대 말에 이르러서는 5개 대형 메이저들이 영화 시장에서 다시 절대적인 지배력을 행사하기 위한 핵심 요소였다. 메이 휴티그는 1930년대 말의 산업 경제에 관한 연구(1944)에서 이렇게 언급했다. 〈통제 장치라는 측면에서 본다면 업계의 쇼윈도 기능을 하는 개봉관 극장을 확보하는 전략은 대단히 효과적임이 입증되었다. 수적으로는 상대적으로 적은 수의 극장들이었지만, 그들이 소유하고 있는 극장들을 통해서 (수직 계열화된 메이저 스튜디오들은) 시장 진입에 대한 통제권을 가질 수 있었다.〉

1930년대의 스튜디오 경영

1930년대를 거치면서 스튜디오들이 겪은 경제적 상황의 변화는 업계의 거래 방식뿐만 아니라 영화 제작사 자체의 의사 결정, 로스앤젤레스의 공장형 스튜디오 운영, 실제 영화 제작의 관리 감독 등의 경영 전반에 걸쳐서 중대한 변화를 가져왔다. 대공황기에 있었던 8대 메이저들의 몰락으로 인해서 몇몇 월 스트리트의 금융 기관들이 기회를 잡았다. 그들은 자신들이 구제한 회사들을 파산 관리 기구 또는 이사회들을 통해서 직접 통제했으며, 효율성과 투명 경영이라는 월스트리트의 경영 개념을 강제로 적용해 나갔다. 그러나 이러한 방식은 스튜디오의 소유와 경영이라는 측면에서 보면 도움이 됐지만 실제적으로는 별 효과가 없었다. 영화 역사학자인 로버트 스클라는 1930년대 스튜디오의 통제에 대한 그의 분석에서 이렇게 지적했다.

> 궁극적인 문제점은 누가 영화사를 소유하는가가 아니라 누가 운영하는가이다. 대공황기 초기에 몇몇 스튜디오들이 몰락했을 때, 그들을 장악한 외부 세력들은 자신들이 직접 경영에 관여하기로 결정했다. 그들은 실리적인 사업 운영과 원가 의식이 돈을 벌게 해준다는 사실을 영화인들에게 과시하고 싶어 했다. 하지만 1930년대 말에 이르자 모든 스튜디오의 경영은 소유와 분리되었고 경영진들은 연예업계의 경험을 가진 사람들로 교체되었다(스클라, 1976).

위 지적의 마지막 부분은 중요한 의미를 지닌다. 신고전주의 경제 이론의 교조를 따르는 영화사가의 언급이기 때문이다. 예를 들어, 발리오는 1930년대에 이르러 스튜디오의 소유와 경영이 분리되었다는 것은 스튜디오들이 현대적인 기업들로 발전했음을 보여 준다고 주장한다. 발리오는 스튜디오들은 〈규모가 커짐에 따라 관리 가능한 체제로 들어갔다. 즉 말하자면, 스튜디오들은 전문적인 경영자들이 이끄는 독립적인 부서들로 나뉘어서 조직화되고 재편되었다〉라고 쓰고 있다. 스튜디오의 창립자들은 — 콘 일가(컬럼비아), 또는 워너의 워너 형제들처럼 — 직접 경영 일선에 나서기도 했지만, 대부분은 경영권을 전문 경영인들에게 넘겨주고 뒤로 물러앉았다. 그리고 발리오의 지적처럼 1930년대에 임명되어 성공적으로 스튜디오를 경영한 전문 경영인들은 대부분 배급이나 극장업계 출신들이었다. 실제 영화 제작 분야의 경영은 직접 제작 분야의 경력을 가진 전문 경영인들에게만 맡겨졌다.

1930년대 영화사의 최고 경영진 구성이 치밀한 계산에 의해서 이루어졌듯이 제작, 관리, 감독 분야도 마찬가지였다. 초기 스튜디오 시대에 메이저 영화사들의 경영은 전통적인 〈상의하달〉 방식에 의해 조정되었으며, 이러한 방식은 수직 계열화된 기업의 절대적인 영리 추구라는 목표를 잘 보여 주고 있었다. 뉴욕 본부는 절대적인 권력과 권위를 가진 곳이었다. 그곳에서는 최고 경영자가 자본 운용과 마케팅, 영업, 그리고 5대 메이저의 경우는 극장 운영까지 관리했다. 뉴욕 사무실에서는 또한 연간 예산을 책정하고 스튜디오-공장의 전반적인 제작 방향을 결정했다. 한편 할리우드의 공장은 그날그날의 스튜디오 운영과 전반적인 영화 공급을 책임지는 1~2명의 부사장에 의해서 경영되었다.

일반적으로 서해안의 스튜디오는 〈스튜디오 총수〉의 역할과 〈제작 총책〉의 역할을 맡은 두 사람이 한 팀이 되어 운영했다. MGM은 루이스 B. 메이어와 어빙 솔버그, 워너는 잭 워너와 대릴 재넉, 파라마운트는 제시 래스키와 B. P. 슐버그가 각각 팀을 이루었다. 어떠한 경우에도 명령은 뉴욕 사무실에서 스튜디오 본부를 거쳐서 제작 현장으로 하달되었다. 통상 최고 경영진을 대리하여 제작 과정을 감독하는 관리인들이 명령의 하달, 집행을 담당했다.

초기 스튜디오 시스템의 핵심은 1~2명의 스튜디오 간부가 제작 전반을 관리 감독하는 〈책임 프로듀서〉 시스템으로, 대량 생산 위주였고 공장 지향적인 운영 방식이었다. 이러한 접근 방식은 1930년대에 이르러 점차적으로 좀 더 융통성이 있는 〈유닛*unit*〉 방식으로 대체되기 시작했다. 재닛 스타이거가 언급한 바와 같이 〈1931년에 영화업계는 책임 프로듀서 관리 방식에서 몇몇 인력이 연간 6편에서 8편의 영화를 통제하는 복수 관리 체제로 이동하기 시작했다. 복수 관리 체제에서는 각각의 프로듀서가 특정한 영화 1편에만 집중했다〉. 이러한 〈유닛 프로듀서 방식〉으로의 전환은 1930년대 내내 점진적으로 이루어졌으며, 1930년대 말이 되어서는 업계 전체로 확산되었다. 1930년대 말에 이르면 공장 위주의 조립 생산 방식은 B급 영화 제작 분야에만 유일하게 남아 있게 되었다. B급 영화 제작 분야에서는 그때까지도 MGM의 J. J. 콘, 워너의 브라이언 포이, 폭스의 솔 워첼, 파라마운트의 해럴드 헐리, 그리고 RKO의 리 마커스 등의 공장장들이 전체 제작을 관리했다.

유닛 제작 방식으로의 전환이 UA의 방식을 모방하여 이루어지고 있던 반면, UA 자체는 1930년대에서 1940년대 초에 이르러 점차 심각한 경영상의 문제에 봉착하고 있었다. 문제점들의 주된 원인은 이 기간 동안에 차례로 UA의 제작과 배급을 맡아 왔던 독립 제작자들인 조 솅크와 샘 골드윈, 데이비드 셀즈닉 등의 최고 경영자들과 UA 이사회 사이의 갈등이었다. 이 세 사람은 모두 UA의 영화 공급과 전반적인 경영에 큰 공헌을 했고, 그들 모두 그때까지 활발한 활동을 하고 있던 UA의 창업자들인 채플린과 픽포드와의 갈등으로 UA를 떠났다. 그런 까닭에 UA의 영화 제작자들은 다른 메이저 스튜디오들에서 유닛 제작을 맡고 있던 그들의 경쟁 제작자들에 비해서 훨씬 많은 재량권을 가지고 있었지만, 회사 자체는 경영 차원에서의 어려움에서 벗어난 적이 거의 없었다. 특히 1940년과 1941년 골드윈과 채플린, 픽포드 사이의 치열한 (그리고 온 세상을 떠들썩하게 했던) 싸움이 있었고, 이로 인해서 골드윈은 RKO로 방출되었다.

1930년대에 유닛 제작 체제로의 전환에서 주목할 만한 예외가 20세기 폭스의 경우였다. 1933년 독립 제작자인 조 솅크는 워너의 제작 책임자 대릴 재넉을 설득시켜서 워너를 그만두게 하고 20세기 영화사Twentieth Century Pictures 설립에 동참시켰다. 1934년과 1935년, 20세기 영화사는 제작한 영화의 거의 절반을 UA를 통해서 배급했다. 1935년 솅크와 재넉은 UA에게 자신들 영화의 전체를 맡아 달라고 제의했으나 채플린과 픽포드가 이를 거절하자 UA와 결별하고 (이미 파산한) 폭스 영화사Fox Film Corporation와 합병했다. 그리고 솅크와 재넉은 2인 경영 체제를 세워서 스튜디오를 경영했고, 재넉은 예전에 그가 워너에서 했던 중심적인 제작자의 자리를 다시 차지했다.

사실 워너의 시나리오 작가라는 자리에서 성장해 온 재넉은 1930년대 말에는 유일한 〈창작 분야 출신〉 스튜디오 경영자였고, 제작 현장에서 실질적인 기여를 할 수 있는 유일한 최고 경영자로서 1950년대까지 그런 역할을 했다. 재넉은 엄청난 수익을 안겨 준 흥행작들인 티론 파워 주연의 액션 로맨스에서부터 폭스 소속의 헨리 폰다 주연으로 격찬을 받은 〈존 포드 영화〉들인 「모호크 족의 북소리Drums along the Mohawk」(1938), 「젊은 날의 링컨Young Mr. Lincoln」(1939), 「분노의 포도The Grapes of Wrath」(1940)에 이르기까지 폭스의 모든 A급 영화들의 제작을 직접 관리했다. 그런 반면, 워너에서는 재넉을 대신해 들어온 할 월리스가 1930년대 후반에 잭 워너와 함께 유닛 제작 방식으로 점진적인 전환을 꾀하고 있었지만, 워너에서 제작의 주체를 이룬 것은 프로듀서들이 아니라 마이클 커티스와 윌리엄 디털러 (그리고 후에는 존 휴스턴과 하워드 호크스) 같은 감독들이었다.

1930년대의 스튜디오 경영이라는 관점에서 보면, 소유와 경영의 문제라는 차이는 있지만 컬럼비아 역시 주목할 만한 예외였다. 1930년대 초까지 컬럼비아의 소유와 경영 체계는 워너와 거의 흡사했다. 이 회사는 (공동 설립자인 조 브란트와 함께) 형제인 잭과 해리 콘에 의해서 소유, 경영되었으며, 형제간의 역할 분담은 업계의 권력 구조를 그대로 반영했다. 워너 일가와 마찬가지로 형인 잭 콘이 상급 경영인으로 조 브랜트와 함께 뉴욕 본부를 운영했고, 동생인 해리 콘은 부사장으로 스튜디오를 운영했다. 하지만 1931년 브랜트가 은퇴하자 권력 투쟁이 이어졌고, 그 결과 뱅크 오브 아메리카의 A. H. 잔니니의 전폭적인 지원을 등에 업은 해리가 승리했다. 이렇게 해서 해리 콘이 사장으로, 그리고 뉴욕에서 쫓겨난 잭 콘이 부사장으로서 마케팅과 영업을 총괄한 컬럼비아는 스튜디오의 총수가 회사의 책임 경영자 역할을 겸임한 유일한 메이저 제작 배급 회사가 되었다.

1930년대 스튜디오의 영화 제작

1930년대 스튜디오의 영화 제작에 있어서의 〈창작 통제〉와 관리 권한이 꾸준히 제작자들에게로 이양되기는 했지만, 업계는 여전히 전과 다름없이 시장 위주의 사업적인 동기에 따라 움직였다. 사실, 끼워 팔기, 입도선매, 그리고 흥행 구역 승인 제도 등 잘 조절된 시장 규칙이 지배하고 있던 이 시대에, 각각의 스튜디오의 영화 제작 체제는 철저하게 시장 상황과 업계의 수직 통합 구조에 맞춰져 있었다. 시장 전략, 경영 구조, 제작 여건들이 서로 잘 맞물려 돌아가게 만들어 주는 시스템이 할리우드 스튜디오 시스템에서의 가장 큰 장점이었다. 이러한 시스템은 토니 발리오가 1930년대 할리우드의 〈통합화〉라고 불렀던, 그리고 앙드레 바쟁이 적절히 지적했듯이 고전적인 할리우드 영화 제작 시스템의 진수라고 이름 지은 할리우드의 토대였다.

스튜디오의 주요 생산품은 물론 극영화였다. 1939년에 할리우드에 투자된 1억 5000만 달러의 90퍼센트 이상이 극영화 제작비로 쓰였다. 8개 메이저 스튜디오들은 A급 영화와 B급 영화를 동시에 제작했다. 그 비율은 각 영화사의 가용 자원, 극장 체인 보유 여부와 전반적인 시장 전략에 따라 각각 달랐다. 메이저들은 또한 〈특상품*prestige picture*〉 영화들도 제작했다. 이 영화들은 통상 최고급의 개봉관에서 지정된 좌석으로 비싼 요금을 받고 독점적으로 개봉되었다. 1930년대

주디 갈런드 (1922~1969)

MGM의 프리드가 이끈 뮤지컬팀의 가장 중요한 흥행 요소였던 주디 갈런드는 할리우드 스튜디오 체제가 만들어 낸 최고 성공작의 상징이면서 동시에 희생양의 상징이었다. 겨우 10대의 나이에 L. B. 메이어와 계약한 그녀는 MGM과의 계약에 묶여 있던 15년 동안 거의 30편에 가까운 영화에 출연했다. 그녀의 나이 겨우 28세밖에 안 되었던 해에 〈하늘의 별들보다 더 많은 별들을 가지고 있던〉 스튜디오는 그녀와의 계약 갱신을 거부했고, 그때부터 갈런드는 약물 중독, 우울증 그리고 알코올 중독으로 몰락해 갔다. 그 후 그녀는 콘서트, 그리고 파란만장한 그녀의 일생과 영화 출연작에 바탕을 둔 일련의 〈복귀 작품들〉에 몰두함으로써 그녀의 스타로서의 이미지와 인기를 그 누구도 따라오지 못하는 수준까지 끌어올렸다.

그녀는 세 살 때 무대에 데뷔했고, 다섯 살 때에는 그녀의 언니들과 〈베이비〉 검Gumm이라는 프로그램을 만들어서 순회공연을 했다. 얼마 후 그녀의 가족은 로스앤젤레스에 정착했고, 욕심 많은 그녀의 어머니는 거기서 그 당시 셜리 템플이나 재키 쿠건 같은 아역 스타들이 상업적인 인기를 누리는 것을 보고 주디를 영화에 데뷔시키기로 작정했다. 갈런드의 조숙한 목소리는 작사가 아서 프리드의 마음을 움직였고, 프리드는 메이어를 설득시켜 그녀를 잡았다.

갈런드의 외모와 재능은 쉽게 일치되지 않았다. 순진하고 〈평범해 보이는〉 외모와 노래할 때의 성숙하면서도 애잔한 목소리를 결합시켜 갈런드의 이미지를 만들어 내기가 쉽지 않아서 스튜디오는 애를 먹었다. 미키 루니와 짝을 이룬 그녀는 노래를 통해서 영화를 이끌어 가기도 했지만, 그녀에게는 사랑하고 싶다는 감정보다는 건강한 〈이웃집 소녀〉의 역할이 더 어울렸다. MGM의 〈특수 임무*Special Services*〉 부서가 그녀의 살을 빼기 위해서 다이어트와 덱스트린을 통해서 지속적이고 반강제적인 노력을 기울였음에도 라나 터너, 헤디 라마르와 항상 비교되었고, 그로 인해서 고통을 겪어야 했다.

결국 그녀가 가진 매력적이고 조증(燥症)에 가까운 순수함과 정서적으로 설득력 있는 가창력을 본 프리드는 그녀가 영화를 이끌어 갈 만한 매력과 약점을 동시에 가지고 있다는 점을 인정할 수밖에 없었다. 그렇기는 했지만, 그녀에게 전환점이 된 「오즈의 마법사」(1939)에서 그녀는 다시 한 번 아직 사춘기를 겪지 않은 시골 소녀로 자신을 꾸며야 했고, 열일곱 살의 몸매를 평범한 깅엄 드레스와 졸라맨 허리로 감추는 재주를 부려야 했다.

그러나 그 후, 갈런드는 낭만적인 주역을 맡음으로써 그 보상을 받았다. 여기에는 프리드의 영향력이 결정적이었다. 그는 그때 프로듀서로서의 경력을 막 시작했고, 갈런드의 매력이 그가 그리고 있는 계획에 큰 도움이 되리라고 생각하고 있었다. MGM에서 프리드 유닛에 대한 글은 많지만, 프리드가 자신의 실험적인 모험에 대한 메이어의 지지를 얻을 수 있었던 이유가 갈런드의 잠재력을 잘 파악하고 있었기 때문이라는 사실을 알려 주는 자료는 별로 없다. 재능 있는 시나리오 작가, 작곡가, 디자이너, 안무가 등을 규합하여 팀을 만든 그의 야망과 선견지명 뒤에는 주디 갈런드의 다재다능함에 걸맞은 팀을 구성하려 한 프리드의 실제적인 야망이 자리 잡고 있었다.

이러한 야망은 마침내 빈센트 미넬리 감독이 참여함으로써 완성되었고, 미넬리는 후에 갈런드와 결혼했다. 「세인트루이스에서 만나요」(1944), 「시계」(1945), 그리고 「춤추는 해적」(1948) 등의 다양한 영화들에서 프리드, 미넬리, 갈런드 팀은 이제까지의 할리우드 뮤지컬에서는 볼 수 없었던 무절제한 판타지와 히스테리 그리고 노이로제에 가까운 장면들을 보여 주었고, 한편 미넬리의 혁신적인 연출력과 갈런드의 페르소나를 놀라운 방법으로 결합해 냈다. 「세인트루이스에서 만나요」에서 그녀가 〈즐겁고 깜찍한 크리스마스를 즐기세요Have Yourself a Merry Little Christmas〉를 부르는 장면이나 「시계」의 결혼식 피로연 장면에서, 갈런드는 「오즈」에서 도로시의 모습을 통하여 처음으로 표출해 냈던 어둡고 견디기 힘든 연민의 정을 드러낸다. 한편 다른 감독들의 작품〔프레드 아스테어와 피터 로포드가 공연했던 찰스 월터스의 「부활절 행진」(1948) 같은 작품들〕에서는 애초에 스튜디오가 그녀를 선택한 이유였던 천진난만한 소녀의 순박한 매력을 영사막에 비출 능력 역시 아직 가지고 있음을 보여 주었다.

극심한 억압으로 인해서 흥분제에 의존했던 갈런드는 그 대가를 치렀다. 그녀는 어렵게 명성을 얻었는데, 신체적으로 영화 작업에 몰두하기 어려운 경우도 종종 있었다. MGM이 갈런드와의 관계를 청산한 직후, 미넬리와의 결혼은 파경을 맞았다(그녀의 다섯 번 결혼 경력의 두 번째인 이 결혼에서 그녀는 딸을 하나 얻었고, 그 딸이 후에 스타가 된 라이자 미넬리이다. 시드 러프트와의 세 번째 결혼에서는 두 딸을 낳았는데, 그중의 하나인 로나 러프트는 후일 가수가 되었다). 그 후 20년 동안 그녀는 5편 이하의 영화에 출연했지만, 레코드 취입, 콘서트 공연과 텔레비전 등에 꾸준히 출연했다. 자살 기도 실패, 그리고 약물 중독에서 벗어나기 위한 몸부림 등은 그녀의 새로운 이미지를 만들어 주었는데, 연약한 생존자라는 이미지가 바로 그것이었다.

가장 기억할 만한 갈런드의 영화 연기는 모든 사람들에게 알려진, 그녀가 삶과 스튜디오에서 겪었던 곤경에 힘입은 바가 큰 듯하다. 그녀의 첫 번째 재기 영화인 조지 쿠커 감독의 「스타 탄생」(1954)에서 〈트렁크에서의 탄생〉 장면은 성숙한 갈런드가 그녀의 스타덤 신화 안에서 고통과 인내를 어떻게 겪어 냈는지를 완벽하게 그려 내고 있다. 그녀의 연기와 목소리가 나빠지면 나빠질수록 그녀에 대한 극적인 연민은 더욱 커졌다. 영국과 미국에서 그녀는 동성애 하부 문화의 강력한 우상이 되었다. 그들에게는 그녀가 가진 자웅양성적인 카리스마가 소외와 수용에 대한 환상을 동시에 충족시켜 주는 것으로 여겨졌다. 비극적이고 희생양 같고, 거기에 더하여 소중히 간직하고 싶은 엔터테이너라는 그녀의 입지는 갈런드라는 스타덤의 맥락을 이해하는 데 중요한 부분이었다. 47세라는 나이에 약물 과용에 의한 사망이 그녀의 전설에 더해졌고, 그녀의 죽음은 그 후 한 달도 못 되어 동성애자 인권 운동의 시작을 알린 스톤월 폭동의 기폭제 역할을 한 것으로 보인다.

데이비드 가드너

▪▫ 주요 작품

「1938년의 브로드웨이 멜로디Broadway Melody of 1938」(1937); 「앤디 하디 사랑을 찾다Love Finds Andy Hardy」(1938); 「풋내기들Babes in Arms」(1939); 「오즈의 마법사The Wizard of Oz」(1939); 「연주 시작Strike up the Band」(1940); 「지그펠드 무희Ziegfeld Girl」(1941); 「아가씨하고 나하고For Me and My Gal」(1942); 「세인트루이스에서 만나요Meet Me in St. Louis」(1944); 「시계The Clock」(1945); 「하비 식당의 아가씨들The Harvey Girls」(1946); 「부활절 행진Easter Parade」(1948); 「춤추는 해적The Pirate」(1948); 「휴양지 공연Summer Stock」(1950); 「스타 탄생A Star is Born」(1954); 「뉘른베르크 전범 재판Judgement at Nuremberg」(1961); 「기다리는 아이A Child is Waiting」(1963).

▪▪ 참고 문헌

DiOrio, Al, Jr.(1973), *Little Girl Lost*.
Dyer, Richard(1986), *Heavenly Bodies: Film Stars and Society*.
Frank, Gerold(1975), *Judy*.
Minnelli, Vincente, with Acre, Hector(1975), *I Remember It Well*.

◀ 빈센트 미넬리가 연출한 MGM 뮤지컬 「세인트루이스에서 만나요」(1944)에서 이웃집의 소년에게 노래를 부르는 에스더 역의 주디 갈런드.

말에 경제가 회복되고 시장 상황이 개선됨에 따라 이러한 특상품 영화들 제작이 증가했다. 그 좋은 예가 디즈니의 「백설공주Snow White and Seven Dwarfs」(1938), 셀즈닉의 「바람과 함께 사라지다」(1939) 등의 독립 제작 영화들, 그리고 스튜디오들의 야심 찬 기획들인 MGM의 「오즈의 마법사」(1939), 세실 데밀이 감독한 파라마운트의 「유니언 퍼시픽 철도」(1939), 「북서 기마 경찰대North West Mounted Police」(1940) 같은 서사 영화들이었다.

실제로, 비싼 제작비를 들인 흥행 실패 위험이 큰 대작 영화들은 근본적으로는 스튜디오 시대의 시장 구조와 업계 관행에 어긋나는 영화들이었다. 전통적으로 할리우드에서의 가장 중요한 상품들은 두말할 것 없이 A급 영화들, 특히 인기 배우들에 의존하는 전형적인 할리우드 영화들이었다. 각각의 스튜디오들에게 있어서 가장 눈에 띄고 가치가 높은 자산들은 그들이 거느리고 있는 스타 군단들이었으며, 이들은 스튜디오 전체의 운영을 이끌고 가는 장르 변주곡의 자산 목록이었다. 실제로 스튜디오의 자산과 그 이득, 즉 계약에 의해 보유하고 있던 스타 군단과 스타에 의존하는 장르 공식에 따라 스타에 의존하여 만드는 영화 편 수 사이에는 직접적인 상관관계가 있었다. 〈하늘의 모든 별들〉을 거느리고 있다고 자랑하던 MGM이 있었는가 하면, 1～2명의 스타를 계약으로 묶어 두고 있던 RKO, 컬럼비아, 유니버설 같은 영화사들은 1년에 5～6편의 A급 영화를 제작했다. 각각의 영화사들은 스타 위주로 이미 만들어진 공식에 따라 전체적인 제작과 마케팅 전략을 수립했으며, 공식에 따라 만들어진 이러한 영화들이 개봉관 시장을 지배했고, 스튜디오 수입의 대부분을 벌어들였다. 톱스타에 의존하는 영화들은 또한 관객들에게뿐만 아니라 스튜디오의 끼워 팔기를 감수할 수밖에 없었던 극장들에도 확실한 보험과 같은 것이었다. 이러한 끼워 팔기를 통해서 몇 편의 특급 영화들이 앞장서서 1년 동안 나올 모든 영화들을 〈이끌고〉 나갔다.

초창기에 각각의 스튜디오들은 자신들만의 독특한 〈개성〉 또는 〈전문 분야〉를 가지고 있었다. 예를 들어 1930년대의 워너는 계속해서 제임스 캐그니와 에드워드 로빈슨 주연의 범죄 영화, 갱스터 영화, 폴 무니 주연의 전기 영화, 딕 파월과 루비 킬러가 주연한 연예인들의 사생활을 다룬 뮤지컬, 에롤 플린과 올리비아 드해빌런드 주연의 과장이 심한 서사극, 그리고 남성 위주의 풍조와 기묘한 대조를 이루었던 베티 데이비스 주연의 〈여성 영화들〉을 계속해서 만들어 냈다. 이 영화들은 워너의 개성을 드러내는 전형적인 영화들이었고, 뉴욕의 본부에서 스튜디오 공장으로 전달되는 전반적인 작전 명령의 지침에 충실한 영화들이었다. 이러한 개성들은 연간 50편 정도의 제작에 효율성과 경제성을 가져다주고 전체적인 워너의 모든 영화들을 경쟁자들의 영화와 구별시켜 주는 안정적인 마케팅과 영업의 도구들이었다.

이러한 공식들을 유지하기 위해 필요한 자원들을 묶어 두기 위한 계약은 배우들에게만 적용된 것은 아니었다. 실제로, 1930년대의 유닛 단위 제작 경향의 발전과 함께, 스튜디오들은 이러한 스타에 맞추어진 장르 공식에 공동 제작의 〈유닛들〉을 구성하는 방향으로 기울었다. 그리고 스튜디오에 속한 스타들은 스튜디오들이 각자의 스타일을 가지는 데 대해 비판적이기는 했지만, 이러한 스타일의 설계자는 제작 담당 중역들이거나 수석 제작자들이었다. 리오 로스턴이 1941년의 주목할 만한 연구에서 지적한 대로이다.

> 각각의 스튜디오들은 개성을 가지고 있었다. 각 스튜디오의 제작물들은 나름대로 특별히 중점을 두는 부분과 가치 기준을 보여주고 있었다. 각각의 스튜디오들은 나름대로의 특성을 가지고 있어서 그 스튜디오들에서 제작되는 영화들 역시 나름대로의 가치관이나 주장을 드러내고 있다. 그리고 스튜디오의 전체적인 개성, 즉 선택과 취향의 전체적인 방식은 결국 제작자들에 따라 정해졌다. 취사선택, 편견, 조직의 경향, 그리고 그에 따라 만들어지는 영화의 최종적인 모습을 만들어 내는 사람은 제작자이기 때문이었다.

어떤 경우에는 제작 단위는 비공식적이고 유동적이며 하나의 스타 장르 공식에서 다른 공식으로 약간씩 변해 가기도 했고, 또 한편으로 제작 단위는 대단히 견고하게 유지되기도 했다. 특히 감독, 작가, 촬영 감독, 작곡가 등의 창작 분야에 관해서는 더욱 그러했다. 스튜디오의 제작 단위(그리고 그들이 만든 영화)는 저예산 영화 분야에서, 특히 1930년대와 1940년대에 할리우드에서 만들어진 영화의 약 10퍼센트 정도를 차지했던 시리즈 영화들의 경우에 가장 견고하게 유지되었다는 사실은 그리 놀랄 일이 아니다. 이러한 영화들은 항상 특정 제작자의 관리하에 한 치의 오차도 없이 공장에서 찍어 내듯 제작되었다.

1930년대의 몇몇 A급 스타 장르 공식에 따른 영화들, 예를 들면 조지프 폰 스턴버그가 주도한 파라마운트의 마를레네 디트리히의 영화들, 또는 조 패스터낙에 의한 디애나 더블린의 뮤지컬 등은 상대적으로 강력했던 제작 유닛들에 의해서 만들어졌고 시리즈 또는 유사 시리즈까지 만들어졌다. 그러나 유닛 제작으로 인해서 스튜디오가 만든 특급 영화들마저도 경제적이고 효율적으로 제작될 수 있기는 했지만, 작품의 차별화 요구를 고려한다면 A급 영화에 있어서는, 유닛 제작이 꼭 필요하거나 기계적으로 그렇게 해야 하는 방식, 즉 필수 요건은 아니었다. 실제로, 적절한 상황과 주어진 자원을 고려하여 유닛 제작은 상당히 유연하게 적용되었고, 관객 취향이나 스튜디오의 인적 구성의 변화에 민감하게 반응했다.

스튜디오에서 만든 유닛 제작과 스타 장르 공식을 잘 보여주는 예로, 1930년대 후반 MGM에서의 소위 〈프리드 유닛〉 그리고 2명의 떠오르는 새로운 스타 미키 루니와 주디 갈런드가 주연한 새로운 뮤지컬 영화들을 생각해 볼 수 있다. 루니는 그 당시 유닛 제작 방식으로 만들어진 스타 장르 공식 영화인 하디 가족Hardy Family 영화로 인해서 이미 빠른 속도로 떠오르고 있는 스타였다. 1937년 루니는 점잖은 코미디 영화인 「가족의 일A Family Affair」에 중산층 미국 가족의 중년 부부(라이오널 배리모어와 스프링 빙턴)의 아들로 출연했다. 관객들의 호응은 좋았고, 극장업자들은 더 많이 만들어 달라고 성화를 했다. 그래서 메이어는 배리모어와 비잉턴 부부를 조금 덜 유명한 루이스 스톤과 페이 홀던으로 교체하고 J. J. 콘을 책임자로 하는 저예산 제작 유닛을 만들어서 이 시리즈를 끌고 가도록 했다. 콘은 보조 제작자 루 오스트로를 중심으로 감독 조지 사이츠, 작가 케이 밴 라이퍼, 촬영 레스터 화이트 등을 전담팀으로 규합하여 1938년부터 1941년까지 몇 달 간격으로 새로운 하디 가족 시리즈를 만들어 냈다. 하디 가족 영화는 제작비, 상영 시간, 그리고 배급 시기 등으로 본다면 A급 영화들이었고, MGM이 배급한 영화들 중에서는 단연코 가장 이익을 많이 낸 영화들이었다.

하디 시리즈의 편 수가 늘어날수록 루니의 캐릭터는 점점 더 중요한 비중을 차지하게 되었다. 1939년에 이르러서는 모든 에피소드의 자막에는 〈앤디 하디〉라는 이름이 빠지지 않았고, 루니는 전국적인 톱스타가 되었다. 이 시리즈는 루니에게 의존하고 있기는 했지만, 또한 새로운 배우들의 등용문 역할을 하기도 했다. 특히, 앤디의 친구나 〈사랑의 대상〉이 되는 〈천진난만한 소녀〉 역할의 여배우들이 많이 등장했다. 1938년에 고정 출연자가 된 앤 러더포드 외에도 이 시리즈에 라나 터너, 루스 허시, 도나 리드, 캐스린 그레이슨 등 이제 막 떠오르기 시작하는 일련의 여배우들을 특별 출연시켜 재미를 보왔다. 그중에서도 가장 돋보였던, 그리고 가장 자주 출연했던 배우가 주디 갈런드였다. 이런 천진난만한 소녀들은 앤디의 청춘기 통과 의례 상대라는 의미에서 분명히 극적인 가치를 지닌 상대들이었다는 의미 외에도 갈런드는 이 시리즈에 뮤지컬 버전을 가능케 만들어 주었고, 루니의 역할과 재능이 새로운 국면에 접어드는 데 중요한 역할을 했다.

실질적인 첫 번째 하디 뮤지컬은 1938년에 만들어진 「앤디 하디, 사랑을 찾다Love Finds Andy Hardy」였다. 이 작품이 하디 영화 중에서도 대단히 뛰어난 흥행 성적을 거두게 되자 MGM은 자신들의 제작팀 목록에 새로운 뮤지컬팀을 추가했다. 갈런드가 하디 뮤지컬에 출연해서 성공을 거두자 메이어는 그녀에게 「오즈의 마법사」 주연을 맡기기로 결정했다(MGM은 애당초 폭스의 계약 배우인 셜리 템플을 임대해서 이 역할을 맡기려고 계획하고 있었다). 「오즈의 마법사」는 MGM 최대의 모험이었으며 1930년대에 최고의 제작비가 들어간 작품이었다. 이 작품 제작에만 277만 달러가 들어갔으며 5개의 촬영 스튜디오를 독점해서 사용했고 22주 동안의 촬영에 수백 명이 동원됐다. 하지만 영화에 이어서 나온 텔레비전 시리즈의 엄청난 성공을 생각한다면 놀랍게도 이 영화는 상업적으로는 대단한 성공을 거두지 못했다. 이 영화는 300만 달러의 수입을 올렸지만, 제작비와 마케팅 비용에 많은 돈을 들였기 때문에 전체적으로는 100만 달러의 손해를 보았다.

「오즈」의 실망스러운 흥행 결과는 이 영화의 작품성이 가져다준 명성, 그리고 주디 갈런드가 진정한 스타로 급부상하고 아서 프리드가 MGM 내부의 제작자로 승진함으로써 어느 정도 보상을 받았다. 프리드는 「오즈」에서 제작자 머빈 르로이의 조수로 일을 했고, 그의 이름은 자막에도 오르지 못했지만, 그는 「오즈」가 끝나면 자신이 직접 뮤지컬을 제작할 수 있다는 확신을 가지고 있었다. 프리드는 메이어를 설득해서 1937년 흥행에 성공한 로저스와 하트의 브로드웨이 뮤지컬 「풋내기들Babes in Arms」의 판권을 사들이고 워너 소속이던 버스비 버클리를 데려다가 감독과 안무를 맡게 했다. 그는 또한 루니와 갈런드를 주연으로 쓸 수 있도록 메이어를 다시 설득했다. 프리드는 하디 시리즈의 열기와 매력을 연예인들의 사생활을 다루는 뮤지컬로 묶어 내려고 했다. 버클리는 워너에서 이미 「42번가42nd Street」, 「1933년의 금 캐는 사람들Gold Diggers of 1933」 등의 그런 작품들을 훌륭하게 만든 바 있었다. 로저스와 하트의 뮤지컬은 〈이봐, 친구들, 한바탕 쇼를 해보자고!〉라는 투였고, 프리드와 버클리는 이 뮤지컬들을 루니와 갈런드를 위한 특별 공연 형식으로 다듬어 냈다. 케이 밴 라이퍼가 하디 시리즈 취향을 덧씌워서 대본을 다시 썼고, 뮤지컬 감독 로저 이든스가 노래와 춤곡들을 개작했다.

촬영에 10주밖에 걸리지 않았고 주력 뮤지컬 영화로는 드물게 75만 달러의 제작비를 들인 「풋내기들」은 300만 달러가 넘는 수입을 올렸다. 1939년의 MGM 최대 흥행작 중 하나였고, 「오즈의 마법사」의 흥행 기록은 물론 스타들을 기용한 다른 흥행 대작들을 능가한 기록이었다. 사실 메이어는 MGM이 그레타 가르보 주연의 「니노치카」, 「서커스의 막스 형제The Marx Brothers at the Circus」, 윌리엄 파월과 머너 로이 주연의 「제2의 그림자 사나이Another Thin Man」, 조앤 크로포드, 노마 시어러, 로절린드 러셀의 「여자들The Women」, 스펜서 트레이시의 「북서 항로Northwest Passage」, 그리고 3편의 하디 가족 시리즈 같은 흥행 성공이 확실한 영화들을 배급하리라는 것을 알면서도 「오즈」나 「풋내기들」 같은 영화로 도박을 걸었을 수도 있다.

「오즈」나 다른 특급 영화들처럼 평론의 격찬을 받지는 못했지만, 「풋내기들」은 스튜디오 시스템이 전력투구하여 얻고자 하는 것이 무엇인가를 잘 보여 주었다. 이 영화는 경제적이고 효율적인 방식으로 제작된 스타를 내세운 영화였으며, 관객들을 만족시키고 돈이 벌리는 개봉관 시장에서의 성공을 보장할 정도만큼의 신선함과 공식의 새로운 조합에 대한 시험 무대의 혼합물이었다. 「풋내기들」을 끝내자마자 프리드, 버클리, 로저 이든스 등은 일련의 루니-갈런드 뮤지컬들의 제작에 착수해서 「연주 시작」(1940), 「브로드웨이의 풋내기들Babes on Broadway」(1942), 「영계 밝힘증Girl Crazy」(1943) 등을 만들어 냄으로써 MGM 내 프리드 사단의 탄생을 알렸고, 이들은 1940년대와 1950년대에 할리우드의 뛰어난 뮤지컬 영화들을 제작해 냈다.

1940년대로: 임박한 전쟁

많은 평론가들과 영화사가들이 1939년을 할리우드 최고의 해로 꼽는 데는 그해에 제작된 MGM 작품들이 큰 기여를 했다. 이러한 사실은 1939년의 아카데미 최우수 작품상 후보작들인 「스미스 씨 워싱턴에 가다Mr. Smith Goes to Washington」, 「오즈의 마법사」, 「역마차Stagecoach」, 「어두운 승리Dark Victory」, 「러브 어페어Love Affair」, 「굿바이 미스터 칩스Goodbye, Mr. Chips」, 「생쥐와 인간Of Mice and Men」,

잉그리드 버그먼 (1925~1982)

잉그리드 버그먼은 가르보와 디트리히의 뒤를 잇는 해외 출신의 할리우드 스타로서 놀라운 성공과 인기를 누렸다. 1940년대의 절정기에 출연한 영화들이 거둔 흥행 성과와 성가(聲價)로 인해서 버그먼은 조앤 크로포드, 베티 데이비스, 캐서린 헵번 같은 여배우들과 같은 반열에 올랐다. 그녀가 영화에서 맡은 역할들은 그녀의 아름다움에서 기인한 것으로 보이는 세속적인 것과 신비스러운 순수함이 결합된 보기 드문 역할들이었다. 버그먼이 스크린에서 보여 준 복합적인 페르소나는 그녀의 사생활에도 그대로 이어졌다. 그녀는 이탈리아의 네오리얼리즘 감독 로베르토 로셀리니와 열렬한 사랑에 빠져 들어 할리우드와 가족을 등짐으로써 일반 대중의 동정심의 한계를 시험했다. 그녀는 40년의 연기 경력 동안에 3개의 아카데미상을 수상했고, 4개 국어를 쓰면서 6개 나라에서 열정적으로 활동했다.

제작자 데이비드 셀즈닉이 버그먼을 〈발견〉했을 때 이미 그녀는 고국인 스웨덴에서는 전도유망한 여배우의 위치를 확보하고 있었다. 그녀의 작품들은 미국 평론계의 찬사를 얻었고, 비평가들은 버그먼이 곧 할리우드를 사로잡을 것이라고 예언했다. 「간주곡」(1936) 같은 영화에서처럼 그녀는 불운의 삼각관계에 빠져 있을 때조차 빛나는 감수성을 펼쳐 보였다. 서글프면서도 도덕적으로 모호한 역할을 인간의 인내력에 대한 통렬한, 거의 영웅적인 탐구로 만들어 버리는 능력은 그녀의 매력에서 결정적인 요소였다. 평범한 눈물 짜는 연기조차 그녀가 연기해 내면 관객들과 평론가들에게는 깊은 의미를 지닌 듯이 보였다.

분명히 그녀의 야망은 캘리포니아를 향하고 있었지만, 그녀는 국제적인 인기를 얻기 위해서 계속해서 노력했고, 결국은 잉마르 베리만과 장 르누

「니노치카」, 「폭풍의 언덕Wuthering Heights」, 「바람과 함께 사라지다」를 보면 잘 드러난다. 1939년을 할리우드 최고의 해로 꼽는 데는 또 다른 확실한 근거가 있다. 즉, 1940년대에 할리우드가 겪은 급격한 변화와 몰락이 그것인데, 이는 대공황과 미국의 제2차 세계 대전 참전 사이의 기묘하고 격렬했던 10년이라는 기간 동안에 이루어졌다.

연이은 주변 여건들과 사건들이 이 과정에 개입되어 있지만, 1940~1년의 두 가지 사건이 중요한 첫 번째 요인들이 된다. 미국 정부의 스튜디오들에 대한 반독점 조사와 해외에서의 전쟁 발발이다. 반독점 조사는 사실상 여러 해 동안 분위기가 무르익은 상태였다. 1938년 7월, 미 법무부는 전국의 독립 극장주들을 대신하여 8대 메이저들을 상대로 영화업계의 독점 행위에 대한 소송을 제기했다. 소위 파라마운트(피고 명단의 제일 위에 이름이 올라 있었다) 소송 사건이라고 불린 이

아르 감독의 영화에도 출연했다. 제2차 세계 대전이 발발하기 전에 그녀는 독일에서 우파Ufa가 제작한 영화 한 편에 출연했지만, 그녀는 전쟁이 끝나고 나면 계속 독일 영화에 출연할 수 있으리라는 희망을 가지고 있었다. 그녀의 남편 페테르 린드스트룀을 포함한 몇몇 사람들은 1938년에 나치 체제하의 독일 영화에 출연하기로 한 결정을 비판했지만, 그녀는 그 당시의 정치적 상황을 능숙하게 비켜 가지 못했다. 그녀는 미국에서 성공을 거둔 자신의 첫 번째 영화인 「카사블랑카」(1942)에서 반독일 정서에 대한 우려를 표명했는데, 이는 아마도 독일에 있는 친척들을 걱정했던 때문으로 보이기도 하지만(그녀의 어머니는 함부르크 출신이었다) 그보다는 우파와의 관계가 문제가 되지 않을까 하는 염려가 더 컸기 때문인 것으로 보인다.

그녀는 셀즈닉과 7년 계약에 합의했다. 셀즈닉은 앨프리드 히치콕, 조지프 코튼, 그리고 「바람과 함께 사라지다」 등과 같이 자랑스럽게 내세울 수 있는 자신만의 자그마한 자산을 가지고 있었다. 그의 매우 신중한 관리와 꼼꼼한 메모 등은 거의 전설에 가까운 것이었지만, 셀즈닉이 독립 제작한 작품들은 메이저 스튜디오의 작품들과는 비교조차 되지 않았다. 히치콕처럼 버그먼은 셀즈닉이 자신에게 맞는 〈완벽한〉 작품을 찾아낼 때까지 참고 기다리기가 점차 힘들어졌고, 그 기간 동안에 셀즈닉이 자신을 다른 스튜디오에 임대해서 막대한 수입을 올리고 있다는 사실에 대해서 분개했다. 그녀는 셀즈닉의 작품에는 단 2편에만 출연했으나, 임대돼서 출연한 작품은 9편이나 되었다.

술집 여자 역할이든 수녀 역할이든 간에 확실하게 소화해 내는 그녀는 한 인물 안에서 수수께끼 같은 무관심함과 고통스러운 동정심을 동시에 표현할 수 있었다. 그녀의 냉정한 침착함과 불가사의한 갈망에 매혹된 히치콕은 자신의 영화 3편에 그녀를 기용했다.

그녀가 할리우드에서 보여 준 기억할 만한 연기였던 「카사블랑카」에서의 일자 역할 역시 이러한 상반된 감정이 최대한 발휘된 경우였다. 「카사블랑카」에서 릭(험프리 보가트)에게 깊은 상처를 입히는 베일에 싸인 여인 일자를 표현한 버그먼의 연기는 논란의 대상이 되기도 했지만, 버그먼의 놀라운 아름다움과 타고난 기품은 일련의 클로즈 숏들에서 분명하게 드러났다. 그녀의 얼굴은 이야기로 설명할 수 없는 것들, 즉 릭의 그녀에 대한 판단은 성급한 것이었고, 그녀는 사실은 고결한 여성이라는 점들을 드러내 주었다. 그녀의 도덕적 우유부단은 절제된 힘, 수동적인 우아함이라는 인상을 주고 그로 인해서 릭은 명예롭게 행동하게 된다.

◀ 로베르토 로셀리니 감독과 만든 5편의 영화 중에서 첫 번째 작품인 「스트롬볼리」(1949)에서의 잉그리드 버그먼.

셀즈닉과의 계약이 만료되자 버그먼은 다시 한 번 다른 나라들로 활동 무대를 옮기고 싶어 했다. 이미 할리우드에서의 경험에 대해서 숨 막히는 듯한 느낌을 받고 있던 터에, 그녀는 사랑에 빠졌다. 그녀가 로셀리니의 작품에 출연한 일은 미국 관객들과 언론에게는 커다란 스캔들이었다. 그리고 그 영화는 처음에는 그리 인기를 얻지 못했다. 되돌아보면 미국 관객들은 할리우드의 스타가 전혀 낯선 배경에 가 있다는 것에 대해 어이없어했던 듯하다. 「스트롬볼리」(1949)와 「이탈리아 여행」(1954) 같은 영화들이 여배우로서의 버그먼의 용기와 능력을 보여 주기는 하지만, 과거에 항상 그녀가 감추고 있던 불안을 드러냈다. 로셀리니는 이 영화들에서 낯선 환경에 순응하려는 그녀의 투쟁, 그녀가 가족과 주 활동 무대를 버리고 도피하려 하는 양면성, 그리고 그 두 사람 사이의 어려운 관계의 복합성 등을 재현했다. 결국에 가서 로셀리니는 그녀의 개인적인 야망과 비정치적인 이익 추구를 할리우드에서의 페르소나와 일치시키도록 억지로 그녀를 밀어붙였다. 로셀리니와 함께 다듬어 낸 작품들이 할리우드에서 그녀가 거둔 승리에 비하면 훨씬 덜 그녀를 만족시켜 주었지만, 시각적이고 심리적인 시(詩)들을 만들어 낸 불멸의 작품들이었음을 그녀는 알았다.

결국 그녀는 1956년 할리우드로 돌아왔고 「추상(追想)」에 출연했다. 그녀는 이 영화로 두 번째 오스카상을 수상했고, 그것은 그녀가 용서받았다는 의미였다.

데이비드 가드너

주요 작품

「간주곡Intermezzo」(1936); 「간주곡」(1939, 미국, 리메이크); 「카사블랑카Casablanca」(1942); 「누구를 위하여 종은 울리나For whom the Bell Tolls」(1943); 「가스등Gaslight」(1944); 「세인트 메리의 종The Bells of St. Mary's」(1945); 「망각의 여로Spellbound」(1945); 「오명Notorious」(1946); 「잔 다르크Joan of Arc」(1948); 「염소자리Under Capricorn」(1949); 「스트롬볼리Stromboli」(1949); 「이탈리아 여행Viaggio in Italia」(1954); 「엘레나와 남자들Elena et les hommes」(1956); 「추상Anastasia」(1956), 「무분별Indiscreet」(1958); 「가을 소나타Autumn Sonata」(1978).

참고 문헌

Bergman, Ingrid(1980), *My Story*.
Leamer, Lawrence(1986), *As Time Goes By*.
Quirk, Lawrence J.(1970), *The Films of Ingrid Bergman*.
Steele, Joseph H.(1959), *Ingrid Bergman: An Intimate Portrait*.

사건에서 정부의 목표는 영화업계의 광범위한 개편이었고 수직 계열화된 메이저들의 극장 체인 분리였다. 스튜디오들은 1940년 초까지는 검사들의 공격을 가까스로 막아 내고 있었으나 결국 이 소송은 재판에 회부됐다. 이 시점에서 5대 대형 메이저들(MGM, 워너, 파라마운트, 폭스, RKO)은 동의 명령서에 서명했다. 이것은 근본적으로 소송 없이 정부와 타협하기 위한 구실이었다. 스튜디오들은 끼워 팔기에서 5편 이상을 한 번에 묶지 않을 것과 모든 영화들에 대해서 업계 대상 시사를 가짐으로써 더 이상 입도선매를 하지 않을 것, 그리고 흥행 구역 승인제 관행을 완화 조절할 것에 대해 동의했다. 1940년의 동의 명령서는 독립 상영업자들과 법무부 양측을 거의 만족시키지 못했다. 독립 상영업자들과 법무부는 상고를 통해서 파라마운트 소송을 계속 이어 나가고 반독점 캠페인을 계속하겠다고 천명했다.

윌리엄 캐머런 멘지스 (1896~1957)

윌리엄 캐머런 멘지스는 미국 영화 역사상 가장 과소평가된 영화인 중 한 명이다. 그는 할리우드 초창기부터 경력을 쌓기 시작했고, 스튜디오 제작 체제 내에서 미술 감독*art director*(후에는 〈제작 설계자*production designer*〉로 불림)의 역할과 위상을 확립했다. 멘지스는 미술 감독으로서의 성공에 힘입어 감독과 제작자로 일하기도 했지만, 그의 주된 분야는 영화의 시각적 디자인이었다.

1896년 코네티컷 주 뉴헤이븐에서 태어난 멘지스는 1910년대에 뉴저지 주 포트 리에 있는 파테 스튜디오에서 기술을 배웠다. 초창기에 결정적인 영향을 준 사람은 안톤 그롯으로, 그는 멘지스를 조수로 데리고 있으면서 세트 설계는 물론 스토리보드 작성 기술까지 가르쳤다. 파테에서 일하다가 1920년대에 할리우드로 옮겨 간 그롯과 멘지스는 꾸준하게 제작 전 단계에서 촬영에 필요한 세트 설계도뿐만 아니라 실질적인 카메라 배치까지 목탄화로 그려 내도록 제작진들을 설득시켰다. 이러한 사전 작업으로 인해서 대단히 효율적인 촬영이 가능했다. 실제로 필요한 부분만 세트를 지으면 되었기 때문이었다. 게다가 카메라 앵글, 렌즈, 조명, 그리고 편집 콘티까지 실제 촬영에 앞서 계획을 세울 수 있었다.

1920년대에 이르러 멘지스는 단기간에 할리우드에서 입지를 확보했다. 그는 10년 동안 21편의 영화에서 미술 감독을 맡았고, 에른스트 루비치, 그리피스, 루이스 마일스톤, 라울 월쉬 등의 최상급 감독들과 작업했다. 「바그다드의 도적」(1924)으로 그의 명성은 확고해졌다. 이 작품에서는 그롯이 그의 조수로 참여했고, 1928년에는 「폭풍우」(1927)와 「비둘기」(1928) 두 작품으로 최초의 아카데미 〈실내 장식〉상을 받았다. 업계 외부에서는 그의 공헌을 거의 알지 못했지만, 멘지스는 할리우드에서는 특히 호화롭고 상상력이 풍부한 바로크풍의 세트 제작에 통달한 혁신적인 스타일리스트로 인정받고 있었다.

1930년에 이르러 할리우드에는 미술 감독이라는 직책이 자리를 잡았고, 메이저 스튜디오들은 미술 감독을 중심으로 미술 부서를 설립했다. 미술 감독들은 각각의 스튜디오들이 〈고유의 스타일〉을 가지도록 하는 데, 그리고 자신들만의 독특한 〈분위기〉를 풍기게 하는 데 크게 기여했다. 예를 들어, 워너의 미술 감독이었던 안톤 그롯은 마이클 커티스 감독의 영화 16편,

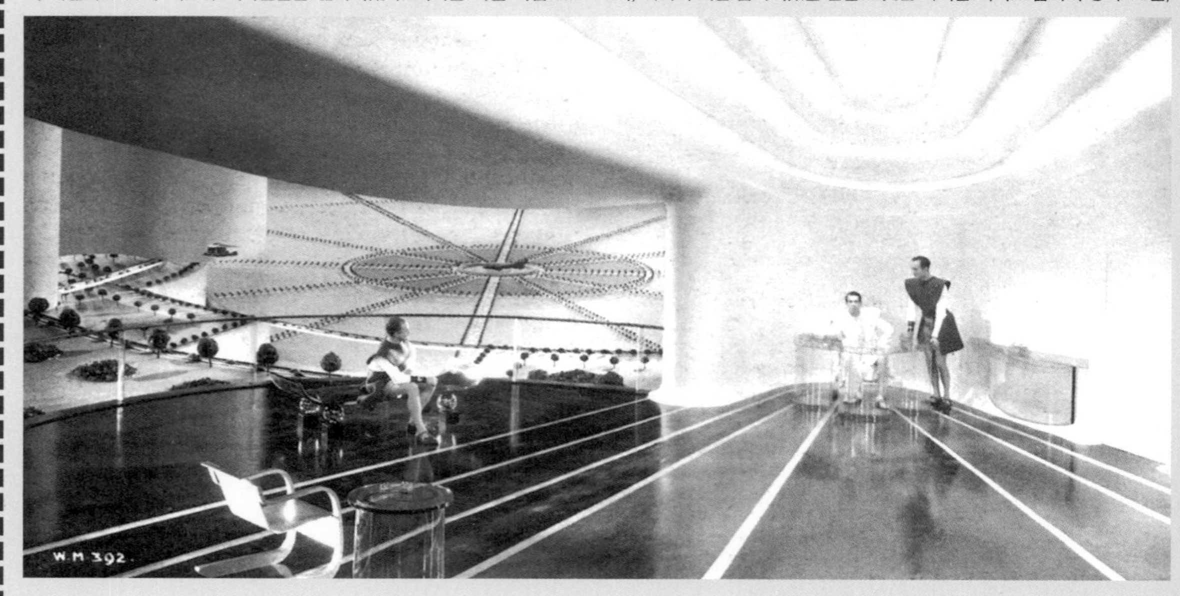

한편, 해외에서의 전쟁의 발발과 확전은 할리우드에 꼭 필요한 해외 교역을 위협하고 있었다. 1937~8년, 독일과 이탈리아, 일본이 주를 이룬 추축국에 대한 스튜디오들의 수출은 거의 제로에 가까웠다. 하지만 할리우드는 아직도 대략 전체 매출의 3분의 1을 해외 시장에서 거둬들이고 있었다. 가장 중요한 해외 시장은 유럽이었다. 1939년 유럽은 스튜디오 해외 수입의 75퍼센트 정도를 맡고 있었고, 특히 영국이 45퍼센트를 차지했다. 1939년, 전쟁의 발발과 더불어 이 중요한 시장은 심각한 타격을 입었고 유럽 대륙에서의 전쟁이 격화됨에 따라 이 시장에서의 매출은 급전직하했다. 1940년의 유럽 전역에 걸친 나치의 전격전은 해외의 중요 시장을 하나 둘씩 없앴고, 6월 프랑스의 함락은 그 절정이었다. 1940년 말에는 서방 국가 중에서 오로지 영국만이 독일에 저항하고 있었고, 따라서 유일하게 남아 있는 할리우드의 해외 시장이었다.

유럽의 전쟁으로 인해서 미국 정부도 대규모의 방위 체제 구축을 위한 군사력 증강에 나서지 않을 수 없었다. 따라서

윌리엄 디털러 감독의 영화 10편을 디자인하면서 1930년대를 풍미했던 〈워너 스타일〉의 확립에 결정적인 기여를 했다.

한편, 멘지스는 어느 한 스튜디오에 묶이지 않은 상태에서 독자적으로 작업을 했고, 영화의 다른 분야에까지 자신의 영역을 넓혀 나갔다. 1931년을 시작으로 그는 감독과 미술 감독을 겸했다. 1931년부터 1937년까지 그는 7편의 영화를 감독하고 디자인했다. 그중에서도 특히 영국에서 알렉산더 코르더가 제작한 「닥쳐올 세계」(1936)는 초현대적인 볼거리들과 환상으로 가득 찬 배경 등으로 멘지스의 다양한 재능을 잘 보여 주는 기념비적인 작품으로 남아 있다.

1937년 데이비드 셀즈닉의 간절한 부탁을 받은 멘지스는 할리우드로 돌아왔다. 그 당시 셀즈닉은 야심 찬 대작을 준비하고 있었는데, 그 영화가 바로 「바람과 함께 사라지다」(1939)였다. 제작 준비 단계에서의 셀즈닉의 목표는 사전 편집된 영화를 만들어 내는 것이었다. 그는 〈우리가 카메라를 돌리기 전에 종이 위에 80퍼센트〉 이상을 그려 내기를 원했다. 멘지스는 테크니컬러로 찍은 서사시의 시각화에 거의 2년 가까이 헌신했고, 이로 인해 영화의 자막에는 선례가 없었던 〈미술 감독 윌리엄 캐머런 멘지스〉라는 문구가 삽입되었다. 영화 아카데미 역시 「바람과 함께 사라지다」에 대한 멘지스의 엄청난 공헌을 인정했다. 멘지스는 〈영화 제작에서의 극적인 분위기를 증진시키기 위한 컬러의 사용에 있어서의 뛰어난 업적〉을 기리는 아카데미 특별상을 수상했다.

1940년대 들어 멘지스는 영화 미술 분야에만 집중해서 특히 샘 우드 감독과 같이 작업한 영화들인 「우리 읍내Our Town」(1940), 「악마와 존스 양」(1941), 「킹스 로King's Row」(1942), 「누구를 위하여 종은 울리나」(1943) 등에서 그의 최고의 작품들을 만들어 냈다. 이 작품들은 작품성과 흥행성에서 모두 성공을 거두었고, 거기에는 멘지스의 공헌이 컸다. 멘지스는 그 당시에 이미 그가 참여하는 영화마다 1,000쇼트가 넘는 스토리 보드를 반드시 만들었다. 「킹스 로」의 촬영 감독이었던 제임스 웡 하우는 『아메리칸 시네마토그라피』지에 멘지스는 세트 설계뿐만 아니라 스토리 보드에 매 숏 촬영을 위한 카메라 위치, 적절한 렌즈, 조명 계획 등을 명시했다고 진술했다. 〈멘지스는 영화의 총체적인 외형을 창조했다〉라고 하우는 말했다. 〈나는 단순히 그의 지시에 따랐을 뿐이었다. 샘 우드워드는 배우들의 연기를 지도했다. 우드워드는 시각적인 분야에 대해서는 전혀 아는 바가 없었다.〉

◀ H. G. 웰스의 『닥쳐올 세계』를 각색하여 알렉산더 코르더가 제작하고 윌리엄 캐머런 멘지스가 디자인과 연출을 맡은 미래 세계를 배경으로 한 판타지 「닥쳐올 세계」의 한 장면.

멘지스는 1944년 감독의 자리로 되돌아와서 「수취인 불명」을 감독했고, 또한 셀즈닉의 작품 2편에 참여해서, 「망각의 여로」(1945)에서는 달리의 그림에서 영감을 얻은 꿈 장면의 연출과 미술 감독을 맡았고, 「백주의 결투 Duel in the Sun」(1947)에서는 몇몇 부분을 연출했다(자막에는 오르지 않았다). 종전 이후에는 그는 그리 많은 작품을 하지 않았다. 이 당시의 그가 보여 준 뛰어난 성과는 「개선문」(1948)의 미술 작업이었다. 1953년에는 2편의 3-D 공상 과학 영화 「화성으로부터의 침략자들」과 「미로The Maze」를 감독하고 미술을 맡았다. 1956년 그는 「80일간의 세계 일주 Around the World in Eighty Days」에서 공동 제작을 맡았고, 이듬해에 사망했다.

멘지스가 사망한 1957년에는 이미 할리우드에서 미술 감독은 일반적인 명칭이 되었다. 여기에는 멘지스의 노력과 재능이 크게 작용했다. 멘지스의 경력을 보면 제작에 있어서 촬영 대본을 보충해 주는 시각적 〈청사진〉의 준비라는 미술 감독의 결정적인 역할을 잘 알 수 있으며 영화의 개성과 스타일을 밝히는 일의 어려움이 확실히 드러난다.

토머스 샤츠

▪▫ 주요 작품

미술 감독

「로지타Rosita」(1923); 「바그다드의 도적The Thief of Bagdad」(1924); 「템페스트Tempest」(1927); 「비둘기The Dove」(1928); 「에이브러햄 링컨Abraham Lincoln」(1930); 「바람과 함께 사라지다Gone with the Wind」(1939); 「외국 특파원Foreign Correspondent」(1940); 「악마와 존스 양The Devil and Miss jones」(1941); 「누구를 위하여 종은 울리나For Whom the Bell Tolls」(1943); 「망각의 여로Spellbound」(1945); 「개선문Arch of Triumph」(1948).

감독

「닥쳐올 세계Things to Come」(1936); 「수취인 불명Address Unknown」(1944); 「화성으로부터의 침략자들Invaders from Mars」(1953).

▪▪ 참고 문헌

Balio, Tino(1993), *Grand Design: Hollywood as a Modern Business Enterprise, 1930～1939.*

Barsacq, Leon(1976), *Caligari's Cabinet and Other Grand Illusions.*

Hambley, John, and Downing, Patrick(1978), *The Art of Hollywood: Fifty years of Art Direction.*

Higham, Charles(1970), *Hollywood Cameramen: Sources of Light.*

영화업계도 심각한 타격을 입었다. 군사력 증강이 궁극적으로는 할리우드의 국내 시장 부양을 보장하는 것이기는 했지만, 초기의 단기적인 효과는 부정적이었다. 정부는 1차적으로 세금 인상을 통해서 방위 체제 구축을 위한 자금 조달에 나섰고, 이로 인해 업계는 직격탄을 맞았다. 또한 백악관은 할리우드에 대해 방위 체제 구축에 동참하라는 압력을 가했고 할리우드는 정치적으로 난처한 입장에 처하게 되었다. 미국이 공식적으로는 중립을 지키고 있었고 미국 내의 여론 역시 고립주의와 참전주의로 양분되어 있었는데도 루스벨트 대통령은 영화계에 정부의 입장을 지지하라고 압력을 가했다. 당연히, 할리우드는 위험을 무릅쓰지 않았다. 1940년에 할리우드는 몇 편의 전쟁과 관련된 영화를 제작했지만, 전쟁에 대한 영화는 뉴스 영화와 단편 다큐멘터리들로 국한시켰다.

1941년, 할리우드와 미국은 양쪽 모두 좀 더 확실한 〈전쟁〉 준비 단계에 돌입했다. 추축국들의 침공에 대해 미국은 영국에 대한 지원을 강화했고, 독일과 일본에 대한 간섭을 피할 수 없는 상황이 되었다. 미국 국내의 방위 체제 증강이 급물살을 타게 되었고, 이는 대공황의 종식, 그리고 미국 영화업계에는 5년 동안의 전쟁 특수가 개시되었음을 알리는 신호탄이었다. 1941년, 할리우드는 전쟁 관련 영화 제작에 박차를 가하면서 확실한 참전 의지와 전시 대비 체제 구축을 옹호하는 영화들을 제작했다. 관객들은 확실한 호응을 보였다. 1941년 흥행 기록 상위 10위권 내의 영화들 중 5편이 전쟁 관련 영화들이었고, 최고의 흥행작은 「요크 상사Sergeant York」(워너, 1941)와 1940년 말에 UA가 배급한 찰리 채플린의 「위대한 독재자」였다. 할리우드가 전쟁과 관련된 움직임을 보이자 미국 내에서 고립주의자들의 입지가 줄어들기 시작했다. 그중에는 영화계의 참전과 반독일 분위기에 대한 조사를 요구했던 상원 의원들도 포함되어 있었다. 1941년 9월에 있었던 상원의 〈선동 청문회〉는 전국적인 관심사로 떠올랐으며 일반 국민들과 언론은 영화계에 전폭적인 지지를 보였다.

외부에서는 독점 금지 분위기와 전쟁이 업계의 목을 조르고 있는 한편, 할리우드는 1940년과 1941년에 걸쳐 심각한 내부의 위기에 직면하고 있었다. 그 원인은 (5편 이하의 끼워 팔기와 사전 시사를 규정한) 1940년의 동의 명령서와 (개봉관 시장을 들끓게 한) 방위 체제 증강 정책으로 인한 전례 없는 최상급 영화에 대한 수요 증가 때문이었다.

최상급 영화에 대한 수요를 맞추기 위해서 스튜디오들은 1940년대 초에 급부상하기 시작한 독립 제작자들에게 눈을 돌리거나 계약으로 묶어 두고 있었던 제작팀들에게 더 많은 재량권을 부여했다. 이로 인해서 이미 진행 중에 있던 유닛 단위 제작 추세는 급진전되었을 뿐만 아니라 독자적인 추진력을 가지고 나아가게 되었다. 실제로 1940년과 1941년에는 주요 독립 제작자들의 영화를 배급하고 있던 UA의 전략을 나머지 RKO, 워너, 유니버설, 컬럼비아 등의 4개 메이저들도 그대로 따라갔다.

메이저들은 각각 제작 설비와 자금력 그리고 배급력이 충분한가 아닌가에 따라 UA의 전략을 나름대로 조정해서 현장에 적용했다. 또한 〈외부〉 제작 편 수는 상당히 차이가 많이 났다. 예를 들어 워너는 이러한 외주 제작 방식을 받아들이기를 매우 망설였고, 그 결과 1940년에는 프랭크 캐프라의 「군중Meet John Doe」과 제시 래스키의 「요크 상사」(프리랜서였던 하워드 호크스 감독) 2편만이 그런 방식으로 제작되었다. 외부 제작 방식을 가장 선호한 메이저는 RKO였다. RKO는 1940년에 12편이 넘는 영화를 독립 제작 방식으로 제작했고, 실제로 자신들이 제작한 A급 영화들 모두를 외부 제작으로 충당했다.

그러는 동안에 스튜디오들은 1940년에서 1941년 사이에 〈두 가지 종류 이상의 일을 하는 사람*hyphenate*〉과의 계약이 눈에 띄게 늘어났음을 알게 되었다. 특히 감독과 작가들이 제작자의 반열로 승진하는 경우가 많았다. 파라마운트가 이러한 추세에 가장 열심이었다. 파라마운트는 미첼 리슨 감독을 제작-감독으로, 작가 프레스톤 스터지스를 작가-감독으로, 그리고 작가였던 빌리 와일더와 찰스 브래킷 팀을 작가-제작자(브래킷)와 작가-감독(와일더) 팀으로 격상시켰다. 이러한 추세에서 가장 중요한, 그리고 가장 전향적인 변화는 파라마운트가 세실 B. 데밀을 〈내부 독립〉 제작자로 인정했을 뿐만 아니라 그가 만든 영화에 대한 수익까지 배분해 주게 된 일이었다.

1940년대 초반, 독립 제작자들과 계약 제작자들의 권한이 커지게 된 데는 영화배우조합Screen Actor Guild(1938년 이미 스튜디오들의 승인을 받았다), 영화감독조합Screen Director Guild(1939년 승인), 영화작가조합Screen Writer Guild(1941년 승인) 등 동시 다발적으로 생겨난 노조의 역할이 크게 작용했다. 주요 조합들은 스튜디오의 권위에 대한 또 다른 심각한 도전이었다. 이들은 특히 작품에 대한 제작진들의 자율적인 통제권을 크게 강화시켜 주었다. 게다가, 1940~1년에 이르러 A급 영화에 대한 수요가 증가하고 독립 제작으로의 전이 추세에 따라, 많은 계약에 묶여 있던 제작진들 중에서 예상외로 많은 사람들이 프리랜서로 전향했다. 여기에는 독립 제작사를 차리는 것이 고정적인 임금을 받는 것보다 세금 혜택을 더 받을 수 있다는 요인도 크게 작용했다. 이러한 경향은 오랫동안 지속되어 오면서 스튜디오의 지배력을 강화시켜 주고 스튜디오 내부 제작의 효율성을 보장해 주었던 계약 체제의 근간을 흔들었다.

1941년 말, 할리우드는 지각 변동 직전 상태에 있었다. 제작과 상영 분야에 대한 스튜디오의 지배력은 심각한 도전을 맞이했다. 사회학자 리오 로스튼은 1941년 11월에 출간된 심도 깊은 분석인 『할리우드: 영화의 식민지*Hollywood: The Movie Colony*』에서 당시의 위기의식을 잘 드러내 보여 주었다. 그는 자신이 이름 붙인 할리우드의 흥청망청했던 호시절의 종말을 애도하면서 그 시기에 스튜디오가 직면한 문제점과 위기의 범위를 개관했다.

다른 사업들은 이미 수익과 사업 주도권을 상실했다. 하지만 할리우드에는 이제 막 시작이었다. 노조의 등장, 단체 교섭, (법무부의 소송을 한시적인 휴전 상태로 막아 낸) 동의 명령서, 독립 극장주들의 반란, 지속적으로 올라가는 세금, 해외 시장의 몰락, 그리고 스크린의 거점들에 대한 일련의 정면 공격 등의 도전에 직면한 영화계의 주도 세력들은 결코 미래를 낙관할 수 없었다.

전쟁 특수

로스튼의 평가는 중요한 두 가지 측면에서 주목할 만하다. 첫 번째로 1940년과 1941년에 깊어지고 있던 업계의 위기에 대한 원인을 정확하게 짚어 냈다는 점이고, 두 번째로 그 책이 출간된 지 몇 주 지나지 않아 미국이 제2차 세계 대전에 참전함에 따라 이런 위기 상황이 완전히 바뀌어 버렸다는 점이다. 미국이 급작스럽게 세계 대전에 참전함에 따라 할리우드의 사회적, 경제적, 산업적 운명은 하룻밤 사이에 바뀌어 버렸다. 이 시기에 있었던 가슴 아픈 아이러니 중의 하나는 할리우드와 정부가 느닷없이 의기투합했다는 점이다. 정부는 〈국민 영화〉가 국민과 군인 모두에게 기분 전환을 시켜 주고 정보를 전달하고 선동할 수 있는 이상적인 수단임을 인식했다. 미국이 참전한 후 몇 달 동안, 할리우드의 영화 제작 전략은 스튜디오-공장 체제에서부터 통속적인 장르와 영화 형식에 이르기까지 전시 제작 체제로 재정비되었다. 진주만 공격 후 1년이 되지 않아서 할리우드가 제작한 영화의 3분의 1이 전쟁에 관련된 영화들이었고 뉴스 영화와 다큐멘터리가 그중의 대다수를 차지했다.

이렇듯 전쟁은 영화계, 특히 할리우드의 스튜디오들에는 대단한 역설의 시대였다. 법무부가 〈전쟁 기간 동안〉 그럭저럭 유예해 준 데 힘입어서 스튜디오들은 영화 시장에서 자신들의 통제력을 다시 장악했으며, 미국의 전쟁 분위기 확보에 중요한 역할을 수행하면서 기록적인 수입 증가를 만끽했다. 국가의 총력적인 전시 체제로의 전환을 등에 업고 할리우드는 5년 동안 〈전쟁 특수〉를 누렸다. 방위 산업 공장에서 일하게 된 수백만 명의 노동자들은 주요 도심의 상업 지구로 몰려들어 입장객 수를 대공황 이전의 수준으로 회복시켜 주었다. 할리우드의 해외 교역은 영국과 라틴 아메리카로 한정되어 있었지만, 영국 역시 전시 체제하에서의 산업과 영화 관람 붐이 일어나고 영국 자체 내의 영화 제작이 심각한 퇴보를 보이고 있어서 할리우드에의 의존도가 높아짐에 따라 할리우드의 해외 수입 역시 기록적인 수준에 도달했다. 사실, 제2차 세계 대전 당시에 이루어진 미국과 영국의 영화 시장과 영화 제작에 있어서의 통합 체제는 그 정도에 있어서 전례가 없던 것일 뿐만 아니라 영화 역사상 그 유례를 찾아보기 힘든 것이었으며, 미국과 영국이 전쟁을 치러 내는 데 있어 매우 중요한 역할을 했다.

유닛 단위 제작 경향은 계속되고 있었고 과열된 개봉관 시장의 수요에 맞추기 위해서 A급 영화 제작 편 수는 증가했지만, 전쟁 기간 동안 할리우드의 스튜디오 제작 체제에는 약간의 변형이 있었다. 대형 5대 메이저들은 전체 제작 편 수를 과감하게 줄이고(각 스튜디오들의 연간 제작 편 수가 50편에서 30편 정도로 줄었다), 그 대신 훨씬 〈규모가 큰〉 영화들을 제작해서 장기 상영으로 수입을 꾸준히 늘려 갔다. 스튜디오들은 정부가 지정한 두 가지 장르인 전투 영화와 후방의 멜로드라마를 기획해 내고 보브 호프, 베티 그레이블, 그리어 가슨, 애보트와 코스텔로, 험프리 보가트 등의 새로운 전시 스타 군단을 발굴해 내면서 사회 여건의 변화에 즉각 순응해 갔다. 전통적인 장르들(특히 뮤지컬)은 전시 체제에 걸맞게 변형되었고, 할리우드의 〈러브 스토리〉에 대한 다년간의 편향은 사랑하는 연인들이 영화의 끝 부분에서 각자의 애국적인 의무를 수행하기 위해 헤어진다는 식으로 변형되었다. 전시 체제하에서 영화의 형식에도 역시 중요한 변화가 있었다. 할리우드의 전쟁 관련 영화들, 특히 전투 영화들은 유사 다큐멘터리 기법을 도입했다. 이것은 미국 영화에 있어서는 전혀 새로운 것이었다. 할리우드는 또한 도시 배경의 범죄 영화와 〈고딕풍의 여성*female Gothic*〉 멜로드라마를 만듦으로써 전쟁 영화의 사실주의와 강요에 의한 낙관주의에 반대되는 주제와 형식을 가진 좀 더 어둡고 〈반사회적인〉 시각을 보여 주기도 했다. 이러한 영화들은 전후의 평론가들에 의해서 필름 누아르*film noir*라고 명명되었다.

전쟁 특수는 1945년까지 지속되었고, 1946년에 이르러서는 군인들의 귀향, 전시 규제 조치의 해제, 할리우드의 영화를 목마르게 기다리던 해외 시장의 개방 등에 힘입어 할리우드는 더욱 힘을 받았다. 그러나 1946년 스튜디오의 수입과 이익이 경이적인 수준까지 이름에 따라 1941년 로스튼이 지적했던 〈반할리우드 추세〉가 다시 극심해졌다. 실제로, 1946년에 할리우드에는 점차 격렬해진 노동 쟁의, 새롭게 시작된 반독점 조사, 그리고 주요 해외 시장에서의 〈보호주의〉 정책의 위협 등으로 인해서 지극히 비관적인 분위기가 감돌았다. 게다가 스튜디오들은 시외로의 이주 현상과 텔레비전 상업 방송의 성장 등으로부터 냉전과 공산주의 숙청 운동에 이르기까지의 전후에 나타난 수많은 악재에 직면했다. 전후 시대를 거치면서 할리우드는 그들이 안주해 왔던 스튜디오 제체와 전통적인 영화들의 종말이 급속히 다가오고 있음을 분명히 깨닫게 되었다.

참고문헌

Balio, Tino(1976), *United Artists*.
—(ed.)(1985), *The American Film Industry*.
—(1993), *Grand Design: Hollywood as a Modern Business Enterprise, 1930~1939*.
Bordwell, David, Staiger, Janet, and Thompson, Kristin(1985), *The Classical Hollywood Cinema*.
Finler, Joel(1988), *The Hollywood Story*.
Gomery, Douglas(1986), *The Hollywood Studio System*.
Huettig, Mae D.(1944), *Economic Control of the Motion Picture Industry*.
Jacobs, Lea(1991), *The Wages of Sin*.
Jowett, Garth(1976), *Film: The Democratic Art*.
Kindem, Gorham(ed.)(1982), *The American Movie Industry*.
Rosten, Le(1941), *Hollywood: The Movie Colony*.
Schartz, Thomas(1988), *The Genius of the System*.
Sklar, Robert(1976), *Movie-Made America*.
Staiger, Janet(1983), "Individualism versus Collectivism".

검열과 자율 규제

리처드 몰트비

〈검열〉이라는 용어를 영화에 적용해 보면, 영화에서의 정치적 이념 표현에 대한 통제를 목적으로 하는 정부의 관리 체계와, 영화의 내용이 자국의 도덕적, 사회적, 이념적 관습에 적합하다는 것을 보장하기 위해서 오락 영화 산업에 의해서 관리되는 자율 규제 체계라는 각각 다른 두 관습이 한 단어에 묶여 있음을 알게 된다. 전시와 같은 비상 시국을 제외한다면, 정부의 독점적인 권력을 통해 시행되는 검열의 권위주의적 형식은 20세기 자유민주주의의 특징이 아니었으며, 영화 내용에 대해 행해지는 정부 기관의 명백하고 판에 박힌 감시 — 공식적 비평 형식의 검열 — 는 대부분 전체주의적 통치 방식의 영역이었다. 다른 한편으로 자율 규제는 시장 검열의 한 형태로 이해될 수 있다. 여기에서는 제작 과정을 통제하는 권력이 제작될 수 있는 것과 없는 것을 결정한다. 가장 효율적인 형식의 시장 검열은 제작 이후에 상영을 금지하는 것이 아니라 만들어지는 것을 금지한다. 그러나 어떠한 구실이든 간에 검열은 권력의 행사이며, 특정한 문화 안에서 소통되는 사상과 표현과 진술에 대한 감시이다. 영화는 거의 탄생 단계에서부터 국제적인 산업이었기 때문에 두 가지 형태의 검열은 항상 서로를 강화시키면서 교류해 왔다. 그러나 할리우드가 세계를 지배해 왔으므로 할리우드의 자율 규제 형식은 영화 역사상 가장 중요한 검열 관행이 되어 왔다.

영화 검열의 기원

영화가 언제나 다른 커뮤니케이션 형태보다 훨씬 더 엄밀한 규제를 받아 오기는 했지만, 영화 검열은 정기 간행물이나 다른 출판물의 검열과 같다고 생각할 수 없다. 영화는 탄생 이후부터 담화처럼 법적으로 보호받아야 하는 대상이라는 지위를 얻지 못했기 때문이다. 미국에서의 영화의 법적 지위를 확립한 1915년의 판결에서 미국 연방 대법원은 영화의 상영은 〈이익을 얻기 위해 만들어지고 관리되는 단순한 사업〉이며 〈국가의 언론 또는 여론 기관으로〉 간주되지 않는다고 선언했다. 따라서 영화는 수정 헌법 제1조의 언론 자유 보장 조항에 의해서 보호받지 못했다. 하지만 정부와 자치 단체의 사전 검열을 받을 의무는 있었다. 영화가 정치나 예술과는 관계없는 분야라는 이러한 법적 정의는 그 자체가 검열의 암묵적인 형태였다. 그 결과, 영화 규제에 관한 논쟁은 근본적으로 영화가 제공하는 오락이 관객 각 개인들에게 해로운 영향을 미치느냐 아니냐와 관계가 있었다. 실제로 영화 검열의 대다수는, 최소한 영어를 쓰는 지역 내에서만큼은, 영화의 내용 특히 사상이나 정치적인 의견보다는 섹스와 폭력과 더욱 관계가 깊었다.

영화 검열의 정당성에 대한 근거와 검열이 실행되는 구조는 두 가지 모두 연방 대법원의 판결이 나던 시기에 이미 잘 확립되어 있었다. 검열 절차의 세부 사항은 나라에 따라 다양했지만, 유럽과 아메리카 그리고 오스트레일리아와 아시아의 나라들에서는 그 구조적 발전에 확실한 공통점이 있다. 19세기에 이런 나라들의 대부분은 일반 대중 상대의 연예 공연을 규제를 위한 목적에서 두 부류로 분류했다. 〈합법적인 극장〉이라고 불린 것들은 프랑스에서 호기심거리*spectacles de curiosité*라고 알려진 것들과는 달리 분류되었다. 호기심거리란 인형극, 카페 콩세르, 마술 공연, 회전 그림*panorama*, 동물 전시, 그리고 확실한 공연 장소 또는 구체적인 구조를 가지지 않은 모든 이동 공연을 포함하는 상업적인 오락물을 말했다. 예를 들어, 프랑스에서는 극장 검열이 1906년에 중지되었지만, 영화는 볼거리로 분류되었기 때문에 영화 상영은 그 이후에도 지방 정부의 통제 대상이었다.

1906년에 이르러 영화 상영이 그 자체만을 위하여 지어진 건물로 자리를 옮기자 자치 정부는 공공의 안전 확보라는 명목으로 〈니켈로디언*nickelodeons*〉 또는 〈삼류 극장*penny gaffs*〉에 대한 허가가 필요하다고 결정했다. 이 건물들이 화재와 위생에 취약한 듯 보였기 때문이었다. 내용에 대한 규제는 이러한 환경에 대한 문제들의 결과물로 불거졌다. 니켈로디언이 덥고 어두운 장소라는 사실이 주된 불안을 만들어 냈다. 그곳은 특히 아이들이 〈이러한 구경거리를 둘러싼 상황에 의해서 사악함에 물들 수도 있는 장소였다〉.

영화 상영에 대한 지방 정부의 통제가 확산되자 미국, 영국 그리고 다른 유럽 국가들에서는 업계의 자율 규제를 위한 전국적인 기관들이 설립되기 시작했다. 1908년에 이르러서는, 자치 단체의 공중 안전 규정은 지방 정부의 영화 검열을 위한 구실로 광범위하게 사용되었으나 이제 막 자리 잡기 시작한 전국적인 배급업계의 강력한 반대에 부딪혔다. 그런 규제는 그들의 제작품의 유통에 방해되었기 때문이었다. 영화 내용에 대한 규제와 업계의 독점적 구조 발전과의 상징적인 관계는 1909년의 미국검열위원회American National Board of Censorship(NBC) 창설이 잘 표현해 주고 있다.

1908년 크리스마스 직전, 뉴욕 시장 조지 매클레런은 화재의 위험이 있다는 주장을 하며 뉴욕의 영화관을 폐쇄했다. 그에 대한 대응으로 뉴욕의 극장주들은 극장 폐쇄 조치와 영화특허권회사Motion Picture Patents Company(MPPC) 모두로부터 자신들을 보호하기 위한 협회를 결성했다. MPPC는 매클레런의 조치가 있기 겨우 며칠 전에 설립이 발표되었다. 반독점 개혁주의자들과 연대하여 (그리고 개혁 운동의 〈영화 문제〉에 대한 관심을 극장 그 자체로부터 관객들이 보는 영화로 옮길 수 있다는 희망을 가지고) 그들은 〈부적절한 영화들을 자신들에게 떠맡기는 영화 제조업자들로부터 자신들을 보호하기 위해서〉 검열을 요구했고, 검열 위원회를 설립해 줄 것을 요구했다. MPPC는 그러나, 검열 위원회를 이용해서 MPPC가 통제할 수 있는 표준을 부과해 전국에서 상영되는 제품에서 돈을 거둬들일 수 있는 길을 발견했다. 그리고 업계의 정기 간행물들과 개혁주의 언론들도 힘을 합쳐 지역적인 검열의 문제를 해결하기 위해서는 위원회가 전국적인 기관이 되어야 한다고 주장했다.

검열 위원회의 기관으로서의 기능은 수용할 만한 내용의 표준 형식의 개발이었다. 이는 단순히 특정 사건의 표현을 금지하는 것은 물론, 더 나아가서 법규화된 일련의 관례들에 의한 서사 구조의 확립을 권장하고자 하는 목적을 가지고 있었다. 예를 들어, 죄에 대해서 규정한 위원회의 표준은 이런 것이었다.

> 범죄의 결과는 길게 보면 결국 범죄자들에게는 재난이어야 한다. 그래서 범죄에 대한 인식은 범죄는 조만간에 필연적으로 드러날 수밖에 없고, 범죄로 인해서 얻은 잠깐의 이득은 덧없이 사라져 버리고 재난을 불러온다는 느낌을 가지게 해주어야 한다. 범죄는 그러한 결과를 처음부터 잉태하고 있다는 점을 논리적이고 설득력 있게 알려야 하며 영화에는 그러한 결말을 알릴 수 있는 적정한 부분이 포함되어야 한다.

이러한 내러티브 전략은 영화의 사회적 의무가 지배적인 이데올로기를 설명하고 주입시키는 수단임을 드러냈다. 그리고 사회적 미덕의 승리를 강요하는 명백한 정치적인 검열이 존재했다. 『활동사진 세계*Moving Picture World*』는 1912년에 상영된 한 영화의 마지막 장면이 〈회개하지 않는, 그리고 죗값을 치르지 않은 악한과 불쌍한 자들이 똑같이 슬픈 상황에 있다〉며 이의를 제기했는데, 〈이러한 인물의 목적은 아주 신중하게 처리하지 않는다면 계급적 편견을 조장하려는 계산을 깔고 있으며 선이란 사람들 간의 사회적 차이점들을 극대화시킴으로써 얻어지는 것인가라는 의문을 가지게 하기 쉽다〉라는 이유에서였다.

「국가의 탄생」과 관련된 극심한 항의가 있은 후 검열 위원회의 권위가 실추되기는 했지만, 업계는 외부 검열을 피하기 위해서 위원회의 핵심 전략을 발전시켰다. 이전에 있었던 어떤 법적 검열보다도 더 강제적이고 범위가 넓은 내부 규제에 의한 감시가 가능한 봉쇄 방식이었다.

미국의 방식은 다른 곳에서도 되풀이되었다. 영국에서는 1909년에 영화 상영법Cinematograph Act이 지방 정부가 안전 관리를 위한 규격을 갖춘 극장들에 대해서 허가증을 발부하도록 규정하고 있지만, 이러한 규정은 곧바로 지방 정부의 검열을 위한 수단으로 쓰였다. 1912년에 업계의 대표들은 정부에 대하여 영국영화검열위원회British Board of Film Censors(BBFC) 설치를 승인해 달라고 요청했다. 이 위원회는 미국검열위원회와 마찬가지로 강제적인 법적 권한은 없었다. 이러한 업계 단체들은 지방 정부의 검열을 대체하지는 않았지만, 그들의 목적은 검열 규정 과정에 참여하여 검열을 불필요하도록 만드는 데에 있었고, 대체적으로 소기의 성과를 달성했다. 프랑스에서는 다른 방식이 고안되었다. 1916년 프랑스 내무부는 프랑스 전국에서 상영되는 영화를 조사하고 규제하는 위원회를 설립해서 영화들이 승인받았다는 사증을 받도록 했다. 그러나 프랑스 헌법은 이 사증이 지방 정부의 추가 검열 행위를 면제받을 수 있음을 의미하지는 않는다는 판결을 내렸다.

유럽과 남미, 그리고 프랑스 제국과 대영 제국의 대부분의 나라들은 1911년에서 1920년 사이에 검열에 관한 법률을 제정하고 실행에 들어갔고, 1차 대전 동안에는 국가 보안이라는 명목으로 정부의 통제가 강화되었다. 소련은 1917년 영화 검열을 폐지시켰다가 1922년 다시 시행했다. 해외에서 수입되는 영화들에 대한 사상적 통제를 시행하기 위해서였다. 독일은 제국 정부에 의해서 국가 차원의 검열이 이루어졌으나, 1918년 11월 제국 정부의 붕괴 이후 1920년 바이마르 정부에 의해서 베를린과 뮌헨에 2개의 검열 위원회가 생김으로써 부활했다.

검열에 대한 정당화는 항상 온정주의적이다. 영화는 관객들에게 그중에서도 특히 아이들, 노동자들 그리고 식민지 시대의 표현인 〈피지배 민족들〉(미국의 경우는 이민자들)에게 막강한 영향력을 행사한다고 믿고 있었다. 관련법들은 대부분 아이들의 입장을 통제했다. 하지만 벨기에에서는 유일하게 검열관들은 어떤 영화들이 〈아이들의 상상력을 어지럽히거나 마음의 평정 상태와 도덕적 안녕을 흐트러뜨릴 소지가 있는가〉만을 판정하도록 규정했다. 영국의 검열 제도는 제정 당시부터 영화를 구분해서 승인하도록 규정했다. 초기에는 〈U〉등급(전체 관객에게 가능), 또는 〈A〉등급(성인 관객에게만 가능)으로 구분했다. BBFC의 분류는 단지 권장 사항에 지나지 않았지만 1921년 이후부터 대부분의 지방 정부는 런던 시의회의 규정을 그대로 받아들여서 〈A〉등급 영화는 아이들이 성인 동반자가 없으면 관람할 수 없도록 했다. 1932년 BBFC는 〈H〉등급(공포 영화)을 추가하고, 이 등급의 영화는 아이들이 전혀 관람할 수 없도록 했다. 정부 주도의 강제적인 규제 방안도 거의 비슷했는데 특정한 영화들에는 아이들의 입장을 금지했다. 그러나 극장주들은 그러한 제도에 대해서 반발했다. 그들이 반발한 원인 중의 일부는 통상 그들 자신이 이러한 규제 조처에 대한 단속을 벌여야 했고, 또한 위반에 대한 책임도 그들에게 있었기 때문이기도 했다. 게다가 그들은 관객의 감소에 대해서 그리고 상영되는 영화의 등급에 따라 영화가 상영되는 공간을 수시로 가족적인 분위기의 공간에서 성인 전용 공간으로 바꾸어야 하는 점에 대해서도 불만을 표시했다. 미국에서는 이러한 주장이 개혁론자들의 요구, 또는 등급 제도가 자신들이 만드는 영화의 질과 세련도를 향상시켜 준다는 제작자들의 주장보다 우세했다. 미국 업계의 자율 규제 관련 단체들은 등급제 도입에 대해서 1968년까지 저항했다.

초기 검열관들의 관심사는 다양했다. 독일과 스칸디나비아의 위원회는 성적인 문제보다는 폭력에 더 관심을 두었고, 오스트레일리아와 남아프리카의 검열관들은 영국의 위원회보다 훨씬 두드러지게 청교도적이었다. 문화적, 정치적, 민족주의적인 주제들은 어느 정도까지는 드러내 놓고 영향력을 행사했다. 1928년 프랑스는 위원회에 대해서 〈국가적인 관심사들, 특히 국가적인 관습과 전통을 지킬 수 있을 뿐만 아니라 (외국 영화의 경우) 외국 영화가 만들어진 나라에서 프랑스 영화에 대하여 주어지는 편의에 대해서도〉 고려해 달라고 요청했다.

튼튼한 자국 영화 제작 산업을 가지고 있는 나라에서는 검열 관련 법령이 보호주의의 형태로 작용하는 경우가 빈번했으며, 특히 미국 영화들이 전 세계 시장의 주도권을 잡은 이후에는 더욱 그러했다. 일반적으로 검열관들의 결정은 대외 정책에 관한 문제 — 예를 들어 다른 나라들을 자극시키지 않으려 하는 등의 문제 — 에는 국내 문제에 관한 것보다 더욱 민감한 반응을 보였다. 1928년 프랑스가 모든 소련 영화의 수입을 금지시키자 바이마르 정부는 독일과 소련 간의 관계를 증진시키기 위한 목적으로 소련 영화의 상영을 적극적으로 장려했다.

할리우드와 자율 규제

대부분의 나라에서 정부가 지정한 기관이 검열의 기능을 책임졌지만, 그 과정에서는 항상 업계가 많은 부문에 참여했다. 검열의 목적은 상영의 금지보다는 감시였고, 배급업자들과 극장주들 모두는 이미 확립된 검열의 시행에 협조해야 그들에게 경제적인 이익이 된다는 점을 인식하고 있었다. 그런 까닭에 자율 규제는 자발적인 협력의 표시로서뿐만 아니라 영화 산업에 대한 정부의 보다 폭넓은 규제 요구를 피해 갈 수 있는 수단으로 정당화되었다.

1911년에서 1916년 사이에 펜실베이니아, 캔자스, 오하이오, 그리고 메릴랜드 주가 검열위원회를 설립했고, 1920년대 초에는 거의 모든 주의회가 검열 관련 법안 상정을 고려하고 있었다. 검열에 찬성하는 분위기가 점차 세력을 얻어 갔지만 이러한 분위기는 세실 B. 데밀 감독의 「아내를 바꾼 이유는 Why Change your Wife?」(1920) 같은 작품에서처럼 영화에서 점차 노골적이 되어 가는 성적 묘사에 대해서보다는 노동 계급의 붕괴를 가져올지도 모른다는 중산층의 불안을 증폭시키는 금주법 제정, 전후의 불황 등 보다 광범위한 사회적인 요인들에 대해서 더 힘을 발휘했다.

1921년 전국영화산업협회National Association of the Motion Picture Industry(NAMPI)는 뉴욕 주의 검열 법안 통과를 저지하려 했으나 실패했다. NAMPI를 메이저 스튜디오들의 상호 이익에 기여할 수 있는 좀 더 힘이 있는 단체로 교체하자는 논의가 시작됐다. 당시 메이저들은 반독점주의 개혁론자들의 공격을 받고 있었다. 1921년 8월 연방교역위원회는 페이머스 플레이어스-래스키Famous Players-Lasky를 개봉관 시장에서의 독점 행위 혐의로 고발했고, 영화업계의 정치 활동을 조사하기 위한 상원 법사 위원회의 청문회가 열렸다. 이러한 일련의 사건의 결과, 1922년 3월 영화제작배급자협회Motion Picture Producers and Distributors of America, Inc.(MPPDA)가 설립됐고, 전 우정 장관인 윌 헤이스가 회장으로 취임했다.

전국적인 검열의 확산과 영화 내용 규제에 대한 저항은 업계의 문제들을 재조정하기 위해 업계 내부에 관련한 MPPDA

영화 제작 규약이 만들어지기 직전인 1927년에 페이머스 플레이어스-래스키(파라마운트)가 배급하고 프랭크 로이드가 감독과 제작을 맡은 영화 「이혼 부부의 아이들Children of Divorce」에서 클라라 보(〈그것*It*〉 소녀)와 젊은 게리 쿠퍼의 모습.

윌 헤이스 (1879~1954)

윌 헤이스의 이름은 영화 제작 규약의 대중적인 이름인 헤이스 규약Hays Code으로 영화사에 길이 남아 있다. 하지만 검열은 헤이스의 역할 중에서 겉으로 드러난 부분일 뿐이었다. 업계의 가장 뛰어난 대중 홍보 담당자로서 그는 할리우드의 체제와 생산품에 대해서 결정적인 영향력을 행사했다.

헤이스는 공화당 전국위원회 의장으로 1920년 하딩의 대통령 선거 유세를 지휘한 후 우정 장관이 되었다. 그 무렵 할리우드가 새로 만든 업계 단체인 미국영화제작배급자협회(MPPDA)의 장(長)을 맡아 줄 유명 인사를 찾고 있던 영화계 지도층이 그에게 접근해 왔다. 금융 스캔들로 인해서 하딩 정부의 권위가 실추됨에 따라 헤이스는 고위 선출직 공무원이 될 기회를 잃어버리기는 했지만, 그래도 그는 1920년대와 1930년대에 공화당 정부에 영향력을 행사할 수 있는 위치에 있었다.

헤이스가 할리우드 지도층이 구할 수 있는 가장 존경받는 신교도 정치인이라는 이유도 있기는 했지만, 또한 그의 정치적 영향력과 조직 구성 능력을 인정받아 헤이스는 할리우드에 영입되었다. 『버라이어티』지는 헤이스에게 〈모든 러시*rush*의 차르〉라는 과장된 별명을 붙여 주었지만, 헤이스는 영화계를 사회적인 책임을 가진 업계로 성숙시키고 업계의 거래 관행 기준을 확립하고 영화교역위원회Film Board of Trade, 중재 그리고 표준 상영 계약Standard Exhibition Contract 등을 통해 배급업계와 극장업계 등과의 관계 정립 등을 책임짐으로써 미국 MPPDA를 기업 개발의 최첨단에 선 혁신적인 업계 단체로 자리매김했다. 〈가능한 최고 수준의 영화 제작의 도덕적 예술적 기준〉 확립이라는 미국 MPPDA의 공인된 목표는 단순히 생각하면 이러한 관행의 연장이었지만, 그러나 이 목표는 〈순수한〉 오락 — 소비자에게 전혀 해가 없는 즐거움 — 은 식품의약품국(FDA)에 의해 공인된 순수한 육류와 비견될 만한 상품이라는 것을 암암리에 받아들여지게 하는 것이었다.

MPPDA는 입법 또는 소송이 영화계에 반독점법의 엄격한 적용을 강요하여 수직 통합된 메이저 회사들의 제작, 배급, 상영 부문이 강제로 분리될 수도 있다는 사실을 가장 우려했다. 1920년대와 1930년대에 걸쳐 영화업계는 과장된 할리우드의 부를 지방세원의 보고로 판단한 정치인들에 의해 제기된 지방 자치 단체와 주 정부의 끊임없는 입법 공세에 시달렸다. 미국 MPPDA는 그러한 법안의 통과를 저지하기 위해서 지방 정치인들과의 광범위한 연대를 유지해 왔을 뿐만 아니라 연방 정부와 영화업계의 관계와 연방 정부가 다른 나라들과 영화에 관한 조약을 맺을 때나 수입 쿼터 협상에 관한 외교 정책 수립을 주도했다.

헤이스의 정치적 영향력은 1920년대에 영화 사업의 순조로운 팽창을 가능케 한 쿨리지 행정부의 우호적인 정책에 의해 확고한 것이 되었다. MPPDA는, MPPDA의 여론 조작을 1920년대의 〈상업 문명〉의 범죄의 징후로 파악한, 개신교 종교 집단의 공격을 받기는 했지만 헤이스의 타고난 친화력과 능숙한 정치적 조직력을 이용하여 대공황 초기 입법부의 어수선함을 뚫고 업계를 이끌어 나갔다. 헤이스는 1934년 품위유지연맹Legion of Decency에 의해 야기된 것과 같은 위기를 탁월한 배후 조정 능력을 통해서 헤쳐 나감으로써 대단한 정치적 수완을 과시했다.

MPPDA는 법무부가 제기한 1938년의 반독점법 위반 소송의 초반에 말려들었고, 그 소송으로 결국 영화업계의 수직 통합 구조가 해체되기는 했지만, 헤이스는 소송의 판결을 1948년으로 미루는 합의를 이끌어 내는 데에 큰 역할을 했다. 그는 또한 제2차 세계 대전 기간 동안 연방 정부로 하여금 할리우드를 〈필수 산업〉으로 인식하도록 만들었다. 그는 전쟁이 끝난 지 2주 만에 은퇴했다. 에릭 존스턴이 그 뒤를 이었고 그는 MPPDA의 이름을 미국영화협회Motion Picture Association of America로 바꾸었다.

윌 헤이스는 관습을 존중하는 사람이었다. 커다란 귀에 작은 체구였으며, 담배도 피우지 않고 술도 마시지 않는 장로교의 장로였고, 많은 사람들이 그를 〈찰리 채플린 급료〉에 나오는 바빌론의 배빗처럼 생겼다고 말한, 희화화하기 쉬운 외모였다. 하지만 그는 타고난 타협 능력이 있었고, 중재의 중요성을 믿었으며 열정적으로 대화를 좋아했다. 그는 한때 미국에서 전화 요금을 가장 많이 내는 사람이라는 소문이 돌기도 했다. 그는 자신의 〈가장 깊은 개인적인 신념〉은 〈하느님과 가족과 국가와 공화당에 대한 믿음〉이라고 단언했다. 하지만 헤이스는 할리우드의 독과점 체제를 유지하는 데 다른 어떤 사람보다도 큰 역할을 해냈다. 그가 제작 규약의 제정에서 자신의 역할에 대해서 한 말은 그가 평생에 걸쳐서 이루어 낸 미국 영화 산업 현상 유지라는 업적을 잘 요약해 보여 주는 듯하다. 〈나는 하느님께 영광을 돌린다, 하지만 그 처리는 내가 했다.〉

리처드 몰트비

참고 문헌

H. Hays, Will H.(1955), *The Memoirs of Will H. Hays*.

Gomery, Douglas(ed.)(1986), *The Will Hays Papers*.

탈마지Talmadge 스튜디오를 방문한 윌 헤이스(왼쪽).

금지 사항과 주의 사항

할리우드 최초의 자율 규제 규약, 1927

다음의 목록에 포함된 사항들은 어떠한 방식으로도 영화에 등장해서는 절대 안 된다.

1. 명백한 신성 모독 — 여기에는 하느님*God*, 주님*Lord*, 예수 그리스도*Jesus Christ*(적절한 종교 의식에 관련하여 경건하게 쓰이지 않았을 경우), 개자식*S. O. B.*, 고드*Gawd* 등, 불경스럽고 상스러운 모든 표현들이 포함된다.
2. 음탕하거나 외설적인 나체 — 실제 또는 그림자 표현, 그리고 영화 안의 다른 등장인물에 의한 호색적이고 음탕한 소개.
3. 마약 밀매
4. 변태 성욕에 대한 암시.
5. 강요에 의한 백인 매춘.
6. 백인과 흑인의 성관계.
7. 성 위생학과 성병.
8. 분만 장면 — 실제 또는 그림자 표현.
9. 아동의 성기.
10. 성직의 희화화.
11. 국가, 인종, 종교적 신념에 대한 고의적인 모욕

또한 다음의 주제들을 다룰 때에는 반드시 특별한 주의를 기울여야 한다. 그 이유는 비속함과 외설적인 부분은 없애고 선한 취향을 강조하기 위해서이다.

1. 국기의 사용.
2. 국제 관계(다른 나라의 종교, 역사, 제도, 저명 인사, 일반 시민 등을 바람직하지 못한 관점에서 그릴 우려가 있기 때문이다).
3. 종교와 종교 의식.
4. 방화.
5. 무기의 사용.
6. 절도, 강도, 금고 파괴, 열차, 광산, 빌딩 등등의 폭파(이러한 행위들에 대한 지나치게 자세한 묘사는 지능이 낮은 사람들에게 영향을 미칠 수 있음을 염두에 두어야 한다).
7. 잔인하고 소름 끼칠 수도 있는 행위.
8. 모든 살인 기술.
9. 밀수 방법.
10. 고문 방법.
11. 범죄에 대한 법적 처벌로서의 실제적인 교수형이나 전기 사형.
12. 범죄자에 대한 동정.
13. 공인과 공공 기관에 대한 의견 개진.
14. 선동.
15. 아동 또는 동물에 대한 명백한 학대.
16. 사람 또는 동물에 낙인 찍기.
17. 여성 매매 또는 정조를 파는 여성.
18. 강간 또는 강간 미수.
19. 첫날밤.
20. 침대에 같이 누워 있는 남자와 여자.
21. 여성들의 노골적인 유혹.
22. 결혼 제도.
23. 외과 수술.
24. 약물의 사용.
25. 법 집행 또는 법을 집행하는 공무원들에 관한 자막이나 장면.
26. 과도한 또는 호색적인 키스, 특히 둘 중 1명이 〈악역〉일 경우.

의 전반적인 활동의 단 한 부분일 뿐이었다. 수직 통합 과정에서 생긴 배급업자와 극장업자들 간의 싸움은 개혁 그룹에게 빌미를 제공했고 월 스트리트에서는 그 싸움을 보면서 영화계 경영진들의 자질에 대한 신뢰감에 의심을 품었다. 1920년과 1921년에 터진 할리우드에서의 추문으로 인해서 영화계는 경제적으로뿐만 아니라 도덕적으로도 방종을 일삼는 듯이 보였다. 헤이스는 영화계에 대한 일반인들의 인식을 바꿀 수 있는 좀 더 효율적인 여론 관리를 할 필요가 있다고 업계 지도층을 설득했고 MPPDA를 할리우드의 방종을 효율적으로 제어할 수 있는 기구로 만들어 나갔다.

헤이스는 그의 고용주들이 〈기사를 쓰고 의견을 개진하고 법을 제정하는 계층을 무시〉해서는 안 된다고 설득하기 위해 노력했다. 그들의 영화는 다양한 계층의 관객들에게 단순히 만족스러운 수준의 오락을 제공하는 데 그쳐서는 안 되며, 최대한 국가의 문화적, 입법적 지도층의 심기를 거스르지 않도록 해야 했다. 그는 MPPDA에 대한 여론 환기를 위해서 협회로 하여금 전국적인 조직망을 가진 시민 단체, 종교 단체, 여성 동호회 그리고 사친회 등과 제휴 관계를 맺도록 전략을 세웠다. 이러한 단체들이 정치적 압력을 가하여 입법 운동을 펼치는 것을 미연에 방지하기 위해서였다. 자율 규제를 업계의 자발적인 결정에 의하도록 하기 위해서 업계는 헤이스가 표현한 바와 같이 〈우리의 영화는 분별 있는 사람이 검열에 대한 필요성을 느끼지 못할 정도로 뛰어난 영화다〉라고 과시해야 했다. 그는 부분적으로는 그 목적을 달성했다. 오락거리를 규제할 필요가 있는가, 또는 규제를 한다면 그 기준은 무엇이어야 하는가 하는 데 대한 논란에 대해서는 양보를 했다. 다만

마를레네 디트리히 (1901~1992)

마를레네 디트리히의 스타로서의 페르소나는 성적인 매혹의 아우라에 둘러싸여 있다. 그녀의 스승이었던 조지프 폰 스턴버그가 감독한 영화들에서 도약해 나와 유명해진 이래 반세기가 넘도록 그녀의 이미지는 동성애자들과 일반 영화광 모두의 영화적인 숭배 대상으로 계속해서 퍼져 나가고 있다. 그리고 그녀의 스타 페르소나를 특징짓는 남녀 양성적인 매력과 성적인 모호함은 과거의 그 어느 때보다 점점 더 현대적인 것이 되어 가고 있다. 그녀는 1920년대 독일의 무대에서 드라마와 뮤지컬 소극에서의 단역으로 연기를 시작했다. 그녀는 전후의 혼란스러웠던 베를린의 카바레 무대에서 순식간에 숭배의 대상으로 떠올랐다. 그 고립된 지역 안에서 그녀는 특유의 남성용 야회복 차림과 남녀 상관없이 각양각색의 연인들을 매혹하는 힘으로 유명했다. 디트리히는 다양한 경력을 쌓으며 영화, 음반, 공연 분야의 유망한 연예인이 되었지만 스턴버그가 그녀를 우파/파라마운트 합작인 「푸른 천사」(1930)에 롤라 롤라 역으로 출연시키기 전까지는 특별한 스크린 이미지를 가지고 있지 않았다. 이 영화에서 〈스턴버그 터치 *Sternberg Touch*〉와 남성의 성적 타락에 무례할 정도로 무관심한 요부 역할로 그녀는 곧바로 국제적인 명성을 얻었고, 디트리히 신화는 시작됐다.

파라마운트와 두 작품에 출연하기로 계약한 디트리히는 스턴버그의 보호하에 1930년 할리우드로 갔다. 파라마운트의 홍보팀은 그녀를 MGM

표현 장치를 단속할 권한을 어떤 기관에서 가지느냐에 대한 논란만이 남았다.

지방 검열 기관에 더하여 48개 주 중에서 7개 주에서 이미 주 검열 위원회가 가동 중이었고, MPPDA의 추정으로는 국내 상영의 60퍼센트 이상이, 그리고 해외 시장의 거의 전체가 그 영향을 받고 있었다. 이것은 협회의 자율 규제는 검열의 대체가 아니라 또 하나의 추가적인 검열이라는 뜻이었다.

1924년에 헤이스는 영화의 원작을 심의할 수 있는 규정을 제정했다. 〈포뮬러the Formula〉라고 알려진 이 규정의 목적은 〈제대로 된 책이나 희곡만이 영화로 옮겨질 수 있도록 하기 위해서 가능한 모든 노력을 다하기 위한 것〉이었다. 1927년에 협회는 영화 제작을 제어할 수 있는 규약을 발간했다. 이 규약은 할리우드의 스튜디오협력위원회Studio Relations Committee(SRC)에서 관리했다. 통상 〈금지 사항과 주의 사항〉이라고 불린 이 규정은 어빙 솔버그가 주재하는 SRC에서 작성했고 정부와 외국 검열관들이 적용하는 제한 사항과 삭의 그레타 가르보의 매혹적인 유럽 라이벌로 광고했다. 게리 쿠퍼, 아돌프 멘주와 공연한 「모로코」(1930)는 「푸른 천사」가 미국에 개봉되기 전에 이미 큰 성공을 거두었다. 디트리히는 그 후 5년 동안 「불명예」(1931), 「상하이 특급」(1932), 「금발의 비너스」(1932), 「진홍의 여제」(1934) 그리고 「스페인 광상곡」(1935) 등 단 1편을 제외하고는 스턴버그 감독의 영화에만 출연했다. 디트리히에게서 발산되는 빛나는 고혹적인 에로티시즘으로 유명한 스턴버그-디트리히 영화는 되풀이해서 그녀에게 그녀의 치명적이고 도발적인 매력에 묶인 남성들의 마조히즘적 행동을 불러일으키는 수수께끼 같고 관능적인 여인의 역할을 맡겼다.

디트리히는 할리우드에서 즉각적인 성공을 거두었다. 그녀는 「모로코」에서의 에이미 졸리 연기로 아카데미상 후보에 올랐다. 「상하이 특급」은 격찬을 받았다. 하지만 스턴버그-디트리히 영화가 욕망이 모든 것이자 아무것도 아닌 환상 세계의 묘사에서 점차 편협함을 보임에 따라 이 영화들은 점점 더 흥행 성적이 불확실해져 갔고, 비평가들은 제멋대로 만든 영화라거나 기묘한 영화라고 평을 해댔다. 실패의 원인은 스턴버그의 탓으로 돌려졌고, 그는 스튜디오에서 축출당했다.

스턴버그 감독은 독일식 중절모를 쓴 완고하고 제멋대로인 사람으로 알려져 있었지만, 디트리히는 꼼꼼히 따져 보고 자신만의 이미지를 어느 정도 통제할 능력을 가지고 있었다. 그녀는 자신의 영화의 조명과 의상에 대해 영향을 미칠 정도는 되었다. 그녀가 트래비스 밴튼과 〈공동 작업〉을 한 의상은 할리우드 패션의 최첨단 모델이 되었다. 이렇게 해서 디트리히는 그녀의 매혹적인 스크린상의 이미지를 유지할 수 있었다. 하지만 스턴버그가 떠난 후의 파라마운트 영화들은 스턴버그의 영화들에서 독특하고 신비롭게 디트리히다움을 펼쳐 보였던 오만함, 세련됨 그리고 성적인 모호함을 언제나 보여 주지는 못했다. 프랭크 보재지의 낙천적인 사랑 이야기 「욕망 Desire」(1936)에 보석 도둑으로 출연하기도 했지만 1930년대 말에 들어 그녀의 경력은 꺾이고 말았다.

디트리히는 조지 마셜 감독의 코미디 서부 영화 「사진(砂塵)」(1939)에서 그녀와는 어울리지 않는 〈프렌치〉 역으로 복귀했다. 「푸른 천사」의 작곡가 프레더릭 홀랜더가 그녀를 위해 쓴 노래로 기운을 차린 그녀는 심술궂은 댄스홀 가수 역할로 기억할 만한 연기를 해냈다. 이어서 몇 편 안 되는 성공작들이 이어졌다(주로 유니버설 제작). 이 영화들에서 디트리히는 테이 가넷의 매혹적인 영화 「일곱 죄인들」(1940)에서처럼 주로 건방지지만 따듯한 마음을 가진 카바레 가수로 출연했다. 1942년에 「피츠버그 Pittsburgh」가 개봉된 이후로 그녀가 출연한 영화는 흥행에 실패한다는 낙인이 찍혔다. 막 귀화한 미국 시민으로서 그녀는 전쟁 채권을 팔았고, 1944년과 1945년에는 미군위문협회(USO) 순회공연에 합류했다. 디트리히는 유럽 전선을 순회하며 그녀의 매력적인 다리 사이에 연주용 톱을 끼우고 연주하며 노래를 불러서 미군들을 즐겁게 해주었다.

전쟁이 끝난 뒤 디트리히는 재능 있는 감독들(와일더, 히치콕, 랑, 리슨)과 같이 일을 했지만 결과는 들쭉날쭉이었다. 그녀는 스턴버그가 강렬하게 그려 냈듯이 속세에 초연한 듯하고 감정이 없는 것 같은 성격을 가진 역할로 출연할 때 가장 인상적이었다. 빌리 와일더의 「외교 문제」(1948)에서 나치에 동조하는 유행 가수 역할이 그러했고, 오선 웰스의 「악의 손길」(1958)에서 카메오로 출연한 염세적인 창녀 역할 등이 그러했다. 그녀는 1960년대와 1970년대에 종종 카메오로 영화에 출연하기도 하면서 〈세계에서 가장 매력적인 할머니〉로서 1인 무대 순회공연에 헌신했고, 마침내 약물과 알코올 그리고 나이로 인한 신체적인 한계가 오자 파리의 한 아파트로 은퇴했다. 그곳에서 그녀는 사진 찍는 것조차 거부하며 은둔자로 말년의 10년을 지냈다.

게일린 스터들러

▪▫ **주요 작품**

「푸른 천사Der blaue Engel/The Blue Angel」(1930); 「모로코 Morocco」(1930); 「불명예Dishonored」(1931); 「상하이 특급Shanghai Express」(1932); 「금발의 비너스Blonde Venus」(1932); 「진홍의 여제 The Scarlet Empress」(1934); 「스페인 광상곡The Devil is a Woman」(1933); 「알라 신의 정원The Garden of Allah」(1936); 「사진 Destry Rides Again」(1939); 「일곱 죄인들Seven Sinners」(1940); 「운명Kismet」(1944); 「외교 문제A Foreign Affair」(1948); 「무대 공포증 Stage Fright」(1950); 「소문난 목장Rancho Notorious」(1952); 「검찰 측 증인Witness for the Prosecution」(1958); 「악의 손길Touch of Evil」(1958); 「뉘른베르크 전범 재판Judgement at Nuremberg」(1961).

▪▪ **참고 문헌**

Riva, Maria(1993), *Marlene Dietrich by her Daughter.*
Spoto, Donald(1992), *Blue Angel: The Life of Marlene Dietrich.*
Sternberg, Josef von(1965), *Fun in a Chinese Laundry.*

◀ 조지프 폰 스턴버그의 「상하이 특급」(1932)에서 클라이브 브룩과 함께 공연하는 마를레네 디트리히.

제 사항들을 종합한 것이었다. 제작이 끝난 영화들은 개봉 전에 시민들이나 종교계 또는 산업계의 이해관계에 맞도록 수정되었다. 하지만 1930년까지는 SRC의 기능은 다만 권고 정도에 지나지 않았다.

유성 영화는 제작의 기술적 복잡성으로 인해서 수정하기가 훨씬 복잡했다. 무성 영화와는 달리 토키는 지역의 검열관들이나 독립 극장주들이 마음대로 재단을 할 경우 소리와 화면의 일치가 깨졌다. 제작자들은 SRC가 권고에 그치지 말고 좀 더 강력한 뭔가를 해야 한다고 요구하기 시작했다. 하지만 그들은 동시에 좀 더 관대한 규약을 제정해 주기를 바랬다. 그러나 〈브로드웨이를 메인 스트리트Main Street〔이상향적인 가공의 시골 도시 — 역주〕에 옮겨다 놓겠다〉는 그들의 바람은 점차 위기감을 느끼던 시골 지역 프로테스탄트 중산층의 저항에 부딪혔다. 이미 유대 인들의 독점 체제에 대한 반감을 감추지 않고 있는 터였던 시골 지역 신교도들은 지역 공동체가 외래 문화의 영향에 통제를 가할 수 있는 힘을 영화가 위협하고 있다고 보았다.

1929년 가을, 전국영화산업협회는 강력한 비판에 직면했다. 이번의 비판은 영화의 내용과는 전혀 상관이 없는 것이었다. 메이저 영화사들 간의 합병과 극장 매매의 물결이 일자 협회와 연방 정부의 관계는 틀어지기 시작했다. 동시에 가톨릭과의 관계처럼 좋은 관계를 맺으려고 추진했던 개신교 교회와의 관계 개선에 실패함으로 인해서 헤이스가 설립한 홍보 관련 부서는 와해됐다. 월 스트리트 붕괴의 여파로 영화업계는 1920년대의 기업 문화에 대한 비판의 가장 두드러진 표적이 되었고, 개신교의 운동에 힘을 입은 독립 극장주들은 도덕적인 비난을 퍼부으며 메이저들의 거래 관행을 공격했다. 그들이 상영한 영화들의 도덕적 기준에 대한 비난에 직면한 소형 극장주들은 메이저들이 끼워 팔기 거래를 강요했고, 그럼으로 인해서 자신들이나 지역 사회의 취향과는 무관한 〈음란물〉을 상영할 수밖에 없었다고 주장하면서 스스로를 방어했다. 그들은 연방 정부의 광범위한 규제만이 시내 한복판에서 품위를 유지할 수 있는 유일한 방법이라고 단언했다.

사방팔방의 공격에 직면한 헤이스는 협회가 자신들의 유용성을 협회 회원사들과 대중들 모두에게 알릴 수 있는 좋은 기회라고 생각하고 영화 내용의 규제에 매달렸다. 1929년 가을, 그는 1927년 규약의 개정에 착수했고 제작자들로 구성된 위원회는 11월에 개정 규약의 초안을 제출했다. 시카고의 저명한 가톨릭 신자로 협회의 일에 관여해 왔던 마틴 퀴글리는 영화 오락의 기초가 되는 도덕적 원칙들을 공표한 좀 더 상세한 규약을 만들 것을 제안했다. 그는 그 초안을 만들 사람으로 예수회 신부인 대니얼 로드를 추천했다.

스튜디오협력위원회의 책임자 제이슨 조이는 1930년 1월 한 달 내내 이 두 가지 초안과 그 초안들의 근저를 이루는 원칙들을 결합하기 위해 애를 썼다. 수없이 많은 토론을 거친 끝에 제작자들로 구성된 위원회는 요약본을 작성했고, 로드 신부와 헤이스는 로드 신부의 초안을 〈규약의 근본이 되는 논거들〉이라는 별도 보고서로 다시 썼다. 규약 제정에, 그리고 완성된 영화에 대한 변경을 해당 영화사가 책임지도록 규정한 동일 해석 결의안Resolution for Uniform Interpretation 작성에 가톨릭이 개입했다는 사실은 양측의 합의에 따라 비밀에 붙여졌다. 이 규약에는 해당 영화가 〈규약의 정신과 문구에 따랐는지〉를 결정하는 최종 중재자 역할을 할 〈심사 위원회〉를 회원사의 제작 책임자들로 구성하도록 규정했다. 규약의 시행을 협회가 맡겠다는 의지를 공개적으로 공표하는데 보였던 이러한 조심스러운 태도는 규약의 적용에 따르는 실제적인 문제들을 잘 알고 있었고 또한 제작자들의 규약 준수 의지에 대한 기본적인 불신 때문이기도 했다.

로드 신부의 원안은 도덕적인 요지 위주였지만, 규약의 본문은 일련의 금지 사항들로 구성되어 있었다. 규약의 〈세부 적용 항목〉은 〈금지 사항과 주의 사항〉을 상세하게 규정했고, 술, 간통, 상스러움, 외설에 대한 조항들을 추가했다. 〈세부 적용 항목〉 앞에 붙어 있는 세 항목의 〈일반적인 원칙들〉을 보면 로드 신부의 역할을 잘 알 수 있다.

1. 영화를 보는 사람들의 도덕적 기준을 저하시킬 수 있는 영화들은 제작되어서는 안 된다. 그러므로 관객들로 하여금 범죄, 비행, 해악, 과실 등에 대해 동정하도록 해서는 안 된다.

2. 오로지 드라마와 오락거리를 위한, 올바른 삶의 기준이 제시되어야 한다.

3. 자연법이든 인간의 법이든 법을 조롱해서는 안 되며, 법의 위반에 대한 동정심을 불러일으켜서는 안 된다.

영화의 도덕적 해악을 비난하는 목소리가 일제히 높아져 갔지만, 1930년에서 1934년 사이에 영화가 점점 더 음란하고 사악해져 갔다고 결론 내리는 것은 잘못이다. 몇몇 예외는 있었지만, 실제는 오히려 그 반대였다. 1930년대 초는 미국 문화에서뿐만 아니라 다른 분야에서도 도덕적 보수주의의 시대였다. 그리고 스튜디오협력위원회와 정부의 검열은 더욱더 엄격하게 적용되었다. 업계의 가장 목청이 큰 평론가들은 영화를 영화 광고를 보고 판단하는 경향이 있었다. 영화 광고는 영화를 실제 내용보다는 좀 더 과장하는 경향이 있었고, 조그마한 시각적 위반 사례만으로도 평론가들이 가진 정의감에 불길을 댕기기에 충분했다.

조이는 내용의 개선에 대해서는 점진적인 방식으로 접근했다. 그는 검열 위원회가 〈사소하고, 좁고, 아무런 의미 없는 결점을 찾아내는 행위〉는 제작자들로 하여금 〈건전하고 청결하며 법률을 준수하는 행위로부터 얻어지는 행복과 이득을 확실하게 대비시켜 보여 주기 위하여 삶의 비인습적이고 불법적이며 비도덕적인 부분을 그려 낼 수 있도록〉 허용하는 표현 전략을 교섭하려고 하는 그의 시도를 방해한다고 생각했다. 그는 규약을 계속 유효하게 만들려면 스튜디오로 하여금 〈지성이 있는 사람들은 뭔가 결론을 얻을 수 있지만, 그렇지 못한 사람들이나 경험이 없는 사람들에게는 아무런 의미가 없는〉 표현 규칙에 관한 시스템을 개발하도록 허용해야 한다는 것을 깨달았다. 특히 제작 규약의 적용 초기에 규약은 이러한 관습의 시스템을 만들어 내고 유지하는 데에 영향력을 미쳤다. 할리우드의 다른 관습들과 마찬가지로 규약 역시 정밀한 관객 대상 조사의 대체물들 중의 하나였다. 자신들의 작품이 등급 심의를 거치면서 달라지지 않게 하기 위해서 업계의 제작 당사자들은 관객들의 수용 한계를 넘어서지 않는 한도 내에서 같은 작품으로 〈순수하면서〉 동시에 〈세련된〉 감수성에 호소할 수 있는 방법을 찾아야 했다. 그러기 위해서는 〈순진한 사람들〉은 겉으로 드러나는 부분만 받아들이지만 〈세련된〉 관객들은 그들이 찾고 싶어 하는 의미를 영화 안에서 〈읽어 낼〉 수 있는 표현 방식과 기호들을 고안할 필요가 있었다. 단, 여기에는 제작자들이 자신들의 영화 안에 그러한 표현 방식과 기호들을 넣었다는 사실을 부정하기 위해서 제작 규약을 이용할 수 있다는 전제가 필요했다. 리 제이콥스(1991)가 주장한 대로, 규약이 있었기 때문에 〈저속한 내용들은 모호하게 보일지도 모른다는 대가를 치르고서 살아남을 수 있었다. 영화가 얼마나 노골적이 될 수 있는가, 그리고 저속한 내용들은 어떤 방법(영상, 음향, 언어를 통해서)으로 표현될 수 있는가에 대해서는 끊임없는 절충이 이루어져 왔다〉.

그러나 검열관들은 영화의 내용에 있어서의 불온한 발전을 계속 밝혀 내고 있었다. 범죄 영화는 1907년에 이미 지방 자치 단체의 검열 대상이 되었고 공공의 질서를 가장 크게 위협하는 장르로 간주되었다. 1930년대 말을 시작으로 알 카포네에 관한 신문 기사의 영향을 받아 갱스터 영화가 짧은 기간 유행하자 영화가 젊은 관객들로 하여금 갱들을 〈영웅적인 악한〉으로 여기도록 부추기고 있다는 비난이 다시 일었고, 협회는 또다시 여론의 화살을 맞는 비운에 처하게 됐다. 1931년 9월, 규약의 적용이 상당히 엄격해졌고 시나리오 제출이 의무 조항으로 바뀌었으며 더 이상의 갱 영화 제작은 금지되었다. 그러나 협회가 한 가지 불만에 대한 답을 내놓으면 곧바로 다른 불만이 또 이어졌다. 조이가 영화 내러티브의 전반적인 도덕성을 보장할 방법을 찾아내자마자, 개혁론자들은 할리우드 영화가 만들어 내는 이야기가 문제의 1차적 근원이 아니라고 주장했다. 영화가 가지는 퇴폐적인 힘은 이제 구경거리가 주는 유혹적인 즐거움에서 나오는 듯이 보였다. 진 할로, 메이 웨스트 그리고 로드 신부가 〈입에 담기조차 무서운 콘스탄스 베넷〉라고 불렀던 여배우 등이 출연한 영화가 그 좋은 예로 제시되었다.

1932년 1월, 조지프 브린이 협회의 홍보 책임자로 할리우드에 부임했다. 그는 업무에 있어서 다른 사람들의 신경을 건드리는 성격이었고, 그로 인해서 조이와의 마찰이 계속되었다. 그해 9월에 조이는 그 자리를 떠나 폭스의 제작자로 되돌아갔고, 그의 후임으로 제임스 윙게이트가 부임했으나 그는 스튜디오 총수들과의 관계를 원활히 끌고 갈 능력이 부족했고, 큰 주제를 가진 좀 더 폭넓은 관심사보다는 사소한 문제들에 너무 많은 주의를 기울였다. 조이의 사임은 페인 기금 연구Payne Fund Studies의 일차 요약본 출판과 시기가 맞아 떨어졌다. 이 연구는 아동들의 영화 관람 횟수와 영화에 대한 정서적 반응에 대한 연구로 영화조사위원회Motion Picture Research Council(MPRC)에 의해서 이루어졌는데, 영화의 문화적 영향력에 관한 기독교적이고 교육적인 관심이 초점이 되었다. 광범위하게 배부되어 커다란 반향을 불러일으킨 헨리 제임스 포먼의 『영화가 아이들을 이렇게 만들었다*Our Movie Made Children*』는 MPRC로 하여금 연방 정부 차원의 규제를 요청하게 만들었고, 이는 업계의 심각한 위협 요소가 되었다. 1932년 말이 되자 40개에 가까운 종교, 교육 단체들이 영화업계에 대한 연방 정부의 규제를 요구하는 결의안을 통과시켰다.

1933년 초, 이제 영화업계는 운이 다한 듯이 보였다. 많은 스튜디오들이 파산의 위협에 직면했고 헤이스는 이 위기를 극복하기 위해서는 경제적인 행동 이상이 필요하다고 주장했다. 그는 주장하기를, 규약의 좀 더 엄격한 집행만이 대중들의 동정심을 붙잡아 둘 수 있으며 연방 정부의 개입 압력을 분쇄할 수 있다고 했다. 그는 이사회에서 〈붕괴하고 있는 세력들〉이 〈영화 제작의 표준, 품질의 표준, 영업 관행의 표준들〉에 위협을 가하고 있으며, 이사회로 하여금 〈더 높은 수준의 사업 표준들〉을 유지하도록 서약을 강요하고 있다는 점을 인정하는 목표의 재확인 선언에 서명하도록 설득했다. 헤이스는 재확인 선언을 이용하여 스튜디오협력위원회를 재편하기 시작했다. 스튜디오협력위원회 대외 문서의 기조가 바뀌었다. 스튜디오의 간부들 중의 하나가 제작자에게 설명했듯이 〈지금까지는《이렇게 하도록 권장한다》라고 했지만 이제부터는《그렇게 하면 안 된다》라고 단언하거나 그 비슷한 단정적인 것들이었다〉. 브린은 자신의 모든 시간을 자율 규제에만 집중하기 위해서 다른 일들에서 손을 떼었고, 윙게이트가 할 수 없는 일, 즉 규약을 적용하는 데 있어서 스튜디오의 문제에 대한 실질적인 해결책을 제공하여 그들의 투자 대상을 보호

헤디 키슬러(훗날 헤디 라마르로 알려진)가 구스타프 마하티의 「황홀경Extase」(1933)에서 누드로 수영하는 장면. 영화가 완성된 직후에 그녀는 오스트리아의 백만장자 프리츠 만들과 결혼했는데, 만들은 — 실패로 끝났지만 — 이 영화의 상영을 막기 위해 모든 필름의 프린트를 사들이려 했다.

하는 일을 함으로써 자신의 유용성을 회원사들에게 보여 주고 입지를 굳혔다. 1933년 8월부터는 실제적으로 그 자신이 SRC를 운영했다.

브린은 또한 교회 조직을 이용하여 가톨릭 문화의 강인함을 과시하기 위해서 퀴글리와 다른 저명한 가톨릭 인사들과 거의 끊이지 않고 공모의 연락을 주고받았다. 1933년 11월이 되자 그들은 가톨릭 주교들을 설득해서 주교단영화위원회 Episcopal Committee on Motion Pictures를 설립했고, 1934년 4월 이 위원회는 품위유지연맹 신규 회원들을 모집한다고 발표했다. 품위유지연맹 신규 회원들은 〈품위와 기독교적 도덕성을 손상하지 않는 영화들을 제외한 모든 영화에서 멀리 있겠다〉는 서약서에 서명해야 했다. 연맹은 공공의 정서를 표현하는 자발적인 조직이 아니었다. 그 운동은 기존의 체제를 이용해서 제작 규약을 효과적으로 강화하겠다고 하는 정확한 목표를 달성하기 위해서 정교하게 조직되었다. 그들의 주 무기는 영화나 극장을 보이콧한다는 경제적인 제재 같지만 그들의 진짜 힘은 선동력에 있었다. 그 운동은 경영상의 손해를 끼치기 위한 것이 아니고 제작자들에게 겁을 주기 위해서 만들어졌다. 이 운동이 성공하기 위해서는 규약 적용의 강화 문제를 끼워 팔기 같은 업계 영업 관행과 분리하는 것이 필수적이었다. 연맹을 영화조사위원회와 분명히 구분시켜 주고 가톨릭 주교들은 〈영화업계의 경영 방식에 대해서는 아무런 언급도 할 필요가 없고 그럴 의사도 없다〉는 점을 분명히 밝히기 위해서였다. 그것은 완전한 성공이었다. 6월에 MPPDA 이사회는 동일 해석 결의안을 개정했다. 스튜디오협력위원회는 제작규약위원회Production Code Administration(PCA)로 이름을 바꾸고 브린을 책임자로 하여 직원들을 보강했다. 제작자들로 구성된 심사 위원단은 밀려나듯 해체되면서 MPPDA 이사회가 브린의 판정에 이의를 제기할 수 있는 유일한 기관이라는 역할을 맡아 달라고 요청했다. PCA의 심의를 통과한 모든 영화는 매 프린트에 붙일 수 있는 봉인을 발급받았다. 모든 회원사는 이러한 인증서가 없는 영화는 배급하거나 개봉하지 않겠노라고 동의했다. 이러한 새 결의를 어길 경우에는 2만 5,000달러의 벌금을 물어야 했다.

이 운동에 쏠린 국민들의 관심을 잘 알고 있던 업계로서는 속죄의 몸짓을 보여 주는 일에 최대한 노력을 기울였다. 영화업계는 대외 홍보를 통하여 1934년 위기의 규모를 강조함으로써 〈이전〉, 즉 스튜디오협력위원회가 영화 제작을 통제할 수 없었던 때와 〈이후〉, 즉 제작규약위원회의 자율 규제가 현실적으로 효과를 발휘하는 때를 분명하게 구분되도록 만들었다. 이러한 대외적인 회개의 몸짓이 필요했기 때문에 제작 규약을 점진적으로 적용하고자 했던 스튜디오협력위원회의 역사는 좀 더 종말론적인 계산 뒤로 숨어 버렸다. 이러한 과장 뒤에 숨어 있던 직접적인 목적은 가톨릭에 아부하기 위한 것이라고 하기보다는(품위유지연맹은 아직도 제작규약위원회에 막강한 영향력을 끼치고 있었다) 아직 수그러들지 않고 있는 연방 정부 차원의 규제 요구에 대해 허를 찌르려는 의도가 더 컸다. 하지만 실제로 브린은 3월, 내부 전쟁에서 커다란 승리를 거두었다. 대부분의 스튜디오들이 〈자발적으로 올바른 일을 하겠다는 확실한 의사 표시〉를 했다. 다만, 규약과 MPPDA에 관해서 가장 까다로운 태도를 보이고 있는 워너 브러더스를 끌어들이는 일이 남아 있었다. 7월 중순의 합의 시행을 앞두고 여건은 더욱더 엄격해졌다. 1933년 3월에는 많은 영화들의 개봉이 보류되었고, 과감한 개조 작업이 시행되었다. 메이 웨스트가 주연한 「그건 죄가 아니야It Ain't no Sin」의 제목이 「90년대의 미녀Belle of the Nineties」(1934)로 바뀐 것이 가장 두드러진 예였다. 이미 개봉되고 있던 수많은 영화들이 상영 예정 기간을 채우지 못하고 종영했다. 영화사들은 이후 몇 년 동안 그 영화들을 다시 개봉하려고 했지만, 인증서 발급을 거부당했다. 1934년 초, 또 다른 중요한 이유에서 제작 정책은 극적인 변화를 맞이했다. 할리우드가 제작비가 많이 드는 고전 문학 작품과 역사적 전기물의 각색에 뛰어든 이유는 업계의 대외 홍보 정책의 직접적인 결과였다.

제작규약위원회가 설립되기는 했지만, 그것만으로는 영화의 소재로 무엇이 만족할 만한 것인가 하는 논쟁을 끝낼 수는 없었다. 작가들과 제작자들은 제작규약위원회에 보내는 시나리오에 삭제당할 만한 내용들을 일부 남겨 놓았으며 완성본에서 제작규약위원회가 최우선적으로 삭제할 만한 장면들이나 시퀀스를 일부러 찍어 넣었다. 그들이 원하는 다른 어떤 내용들을 살리는 데 이용하기 위해서였다. 1935년 몇몇 스튜디오들이 FBI 수사관 시리즈류의 영화를 만들어서 갱 영화에 대한 금지 조처를 우회하려는 시도를 함에 따라 범죄의 표현에 대한 논쟁이 다시 일어났고 결국 영국 검열관들은 그런 영화들을 거부했다. 그러나, 전반적으로 본다면 규약의 시행에 따른 이런 질문들은 상대적으로 사소한 것들이었다. 스튜디오들은 제작규약위원회의 조처에 마지못해 따라갔고 가끔 저항의 표시를 하기는 했지만 제작규약위원회의 결정에 따랐다. 더욱 중요한 결과는 도덕적인 공황 상태까지 갔던 여론이 원상태로 복구했고 1934년 나락에 빠졌던 업계를 구하기 위한 협회와 연맹의 활동을 받아들였다는 점이었다.

제작규약위원회를 〈제작자, 감독 그리고 다른 제작진들로 하여금 제작 과정의 협력자로서 받아들이도록 해야 한다〉는 브린의 주장은 정곡을 꿰뚫은 것이었다. 제작규약위원회가 제작에 있어서의 방해자가 아니라 조력자라는 가정을 공유하게 된 이면에는 그 운영 과정을 지배하는 두 가지 근원적인 고려가 숨어 있었다. 브린이 이해하고 있는 〈도덕적 가치의 보상〉은 〈그 영화를 보는 사람들의 도덕적 기준을 저하시키는 영화는 절대 제작되어서는 안 된다〉라는 사실뿐만 아니라 인과응보의 상관관계는 범죄자들을 응징하도록 배치되어야 함을 확실히 보장하고 있었다. 줄거리는 그 전개 과정이나 대사, 결론 등에서 도덕적으로 모호하지 않아야 했고, 따라서 표현상의 모호함이 일어나는 곳은 내러티브에서 삽화적 표현으로 바뀌었다. 특히 성적인 표현은 그 부분을 이해하기 위해서는 기존의 지식을 알고 있어야 했다. 시나리오 작가인 엘리엇 폴이 함축성 있게 진술한 바와 같이 〈한 장면은 관객들의 결점을 최대한 이용해야 했고 그러고 나서도 기술적인 구실을 지니고 있어야 했다〉. 1930년대 말에 제작규약위원회가 직면한 영화 내용에 관한 문제점들은 주로 제작규약위원회의 성공 때문이었다. 1934년 이후 스튜디오와의 관계에서 점차 과단성을 띠게 된 브린의 대응은 제작 규약이나 정부나 외국 검열 기관의 예상되는 반응에 관련된 권고에 입각한 의사 결정과, 압력 단체나 외국 정부 그리고 기업의 이해관계에 대응하는 〈업계의 정책〉 시행 사이에서 거의 차이가 없었다. 업계의 정책은 자율 규제와 마찬가지로 영화들이 논쟁의 대상이 되거나 이해관계가 있는 권력 기관을 자극하지 않도록 미연에 방지하는 데 있었다. 하지만 1936년 MGM이 싱클레어 루이스의 「여기서는 안 돼It Can't Happen Here」의 영화 제작을 포기하기로 결정한 사건이나 스페인 내란을 배경으로 한 영화 「봉쇄Blockade」(1938)에 대한 가톨릭의 항의 사건 등은 업계 내외의 진보주의자들로부터 〈자율 규제는…… 정치적 검열로 퇴보해 버렸다〉는 비난을 불러일으켰다. 그러나 1930년대 말, 제작규약위원회와 관련해 가장 큰 대중의 관심을 모은 사건은 가장 많은 주목을 받았던 도덕적 검열의 한 예로, 「바람과 함께 사라지다」(1939)에서 클라크 게이블의 마

모리스 슈발리에 (1888~1972)

모리스 슈발리에는 1930년대 초에 그가 출연한 할리우드 영화로 인해서 오랫동안 〈프랑스 사람〉의 전형이었다. 가수와 뮤직홀 공연자로 그는 20세기 전반 50년 동안 프랑스 연예계를 주름잡았다.

슈발리에는 파리의 서민 주거지역인 메닐몽탕에서 태어났다. 가난한 유년기를 보낸 후 젊은 모리스(〈모모〉)는 동네의 싸구려 카페 콩세르에서 공연을 시작했다. 1907년경에 그는 자신의 동네를 떠나 폴리 베르제르 Folies Bergère 같은 호화 뮤직홀로 진출했다. 그곳에서 미스탱게트가 그의 무대 위아래에서 파트너가 되었다. 특별히 훌륭한 목소리를 타고나지 못한 슈발리에는 수다와 파리지앵 악센트, 그리고 으쓱거리는 어깨, 주머니에 넣은 손, 그리고 비죽이 내민 유명한 아랫입술 등 일련의 동작들을 최대한 이용해서 건방진 파리의 부랑아 페르소나를 만들어 냈다. 그는 여기에서부터 시작해 점진적으로 야회복을 입고 나비넥타이를 매고 밀짚모자를 쓴 길거리의 멋쟁이로 발전해 나갔다. 그의 인기는 눈부시게 높아 갔다. 제1차 세계 대전이 끝난 후부터 1928년까지 그는 파리의 명물이 되었고, 수많은 개그 무대에 올랐고, 〈인생에 걱정은 필요 없어Dans la vie faut pas s'en faire〉(1921)와 〈발랑틴Valentine〉(1924) 같은 노래들을 만들었다. 당연히 그는 할리우드의 주목을 받았고, 1928년 파라마운트와 계약했다.

이미 몇 편의 프랑스 단편 영화에 출연한 바 있던 슈발리에는 1928년에서 1935년 사이에 16편의 미국 영화에 출연했는데, 대부분이 극영화였으며 그중 많은 영화가 여러 나라 언어로 제작되었다. 「파리의 바보들」(1929)은 그의 첫 흥행 성공작이었다. 이 영화는 미국과 프랑스에서 모두 성공했고, 다른 성공작들이 이어졌다. 에른스트 루비치가 감독(「사랑의 행진」(1929), 「미소 짓는 중위」(1931), 「당신과의 한 시간」(1932), 「즐거운 미망인」(1934))하고 저넷 맥도널드와 함께 공연한 작품들이 최고의 성공작들이었다(클로데트 콜버트, 미리엄 홉킨스와 공연한 「미소 짓는 중위」를 제외하고). 이 영화들은 환상 속의 파리나 〈실바니아Sylvania〉 같은 나라를 배경으로 하는 유쾌하고 세련된 코미디들이었다. 이러한 가공의 세계에서 슈발리에는 과장된 행동과 유성 영화 시대의 새로운 구경거리였던 익살스러운 말투로 포장하여 경솔하고 매력적인 파리 남자를 코믹하게 집약해서 그려냈다(할리우드에 있는 동안 영어 교습을 받지 못하도록 막았다고 하는 소문이 있었다). 캐릭터와 배경은 진부한 것이었지만 슈발리에는 숙달된 배우로서의 능력을 발휘했다. 특히 뮤지컬 영화 안의 노래들은 루비치 감독의 심술궂은 유머와 짝을 이뤄 대단한 성공을 거두었다.

1935년 유럽으로 돌아온 슈발리에는 할리우드에서의 성공과 계속된 무대에서의 명성을 등에 업고 몇 편의 영화를 만들었지만 놀라울 정도로 냉담한 반응을 얻었다. 1938년 르네 클레르가 감독하고 잭 뷰캐넌과 공연하여 영국에서 만든 「긴급 뉴스」는 프랑스판 오리지널 영화(「도망치는 사신(死神)Le Mort en fuite」보다 훨씬 재미가 없었다. 프랑스에서 슈발리에는 민중 영화 「오늘의 남자」(쥘리앵 뒤비비에, 1936), 모리스 투르뇌르의 연예인의 사생활에 관한 냉소적인 코미디 「미소와 함께Avec le sourire」(1936), 로베르트 지오트마크의 마지막 프랑스 영화인 스릴러 「덫」(1939) 등에 출연했다. 이 영화들의 재미는, 그리고 아마도 그 영화들이 거의 실패한 이유는 매혹적인 국제적 스타라는 슈발리에의 이미지를 당시 프랑스 영화계의 경향인 현실적인 대중 영화의 환경과 조화시키려는 쉽지 않은 시도를 한 데 있었다.

다른 많은 프랑스 배우들과 마찬가지로 슈발리에는 전쟁 중에도 계속 일을 했다. 하지만 그가 점령군에게 협조하고 비시 정부의 이데올로기를 선전한 경력은 해방과 더불어 문제를 야기했다(엄밀히 말하면 그는 부역자가 아니었고, 자신의 관계를 이용해서 그의 연인이었던 니타 라야의 가족을 포함한 많은 유대 인들을 돕기도 했다). 그럼에도 그는 노래를 계속 불렀고 프랑스와 할리우드의 영화에 출연했다. 그중 뛰어난 2편의 영화가 르네 클레르의 「침묵은 금이다」(1947)와 빈센트 미넬리의 「지지」(1958)였다. 2편 모두 과거의 동경에 대한 영화였다. 클레르의 영화는 무성 영화에 바치는 애정에 넘치는 찬사였고, 미넬리의 영화는 세기의 전환기의 파리에서 젊은 여인(레슬리 캐런)을 교육시키는 이야기인 콜레트의 소설을 화려한 뮤지컬로 바꾼 영화였다. 이 작품들에서 슈발리에는 원숙한 미남으로 출연한다. 이전에 그가 활동하던 시절을 연상케 하는 그의 역할은 영원히 사라지기 직전의 대중오락의 시대를 잘 요약해서 보여 준다.

지넷 빈센도

주요 작품

「파리의 바보들Innocents of Paris」(1929); 「사랑의 행진The Love Parade」(1929); 「미소 짓는 중위The Smiling Lieutenant」(1931); 「당신과의 한 시간One Hour with You」(1932); 「즐거운 미망인The Merry Widow」(1934); 「긴급 뉴스Break the News」(1938); 「오늘의 남자L'Homme du jour」(1936); 「덫Pièges」(1939); 「침묵은 금이다Le Silence est d'or」(1947); 「지지Gigi」(1958).

참고 문헌

Ringgold, Gene, and Bodeen, De Witt (1973), *Chevalier*.

에른스트 루비치의 「즐거운 미망인」(1934)에서의 모리스 슈발리에.

지막 대사 〈*damn*〔솔직히 말해 내 알 바 아니오*Frankly my dear, I don't give a damn* — 역주〕〉처럼 통상 금지된 단어의 사용이라는 사소한 사건이었다.

참전과 전후

유럽과 전 세계에서 점증하고 있는 정치적 긴장에 의해 야기된 문제점들은 분명 사소한 것이 아니었다. 미국 내에서도 정치적 검열은 정부나 지방 정부 검열 기관에 의한 소련 영화의 금지 정도로 제한되어 있었다. 뉴스 영화들은 통상 정부의 검열이 면제되어 있었지만, 논란의 여지가 있는 정치적 사건뿐만 아니라 범죄에 대한 보도조차도 엄격한 자율 규제에 맞추어 제작되었다. 나치 독일과 파시스트 이탈리아가 엄격한 검열을 실시해 자국 제작 영화의 (주로 도피주의에 관한) 내용 규제뿐만 아니라 미국과 다른 나라들에서 수입하는 영화들 역시 통제하는 동안에, 일본과 소련은 국내 검열은 물론, 시장 폐쇄 조치까지 취했다. 1930년대 내내 파시즘의 대두에 대한 할리우드의 반응은 경제적인 동기에 의한 유화 정책이었다. 외국 검열관들의 주목을 끌어서 시장의 폐쇄로 이어지는 상황을 막기 위해서였다. 예를 들어 1936년 MGM은 로버트 셔우드의 희곡 「바보의 기쁨Idiot's Delight」의 영화 판권을 사들였는데, 이탈리아가 프랑스를 침공함으로써 유럽에서 벌어지는 새로운 전쟁을 배경으로 한 이야기였다. 이런 영화들이 유럽에 배급되었을 때 생길 수 있는 위험을 인식한 MGM과 제작규약위원회는 주미 이탈리아 외교관들과의 협상에 착수했다. 오래 걸린 이 협상은 이탈리아 정부를 자극할 만한 내용이 전혀 없는 줄거리를 고안해 내기 위한 것이었다. 이 영화는 일반적인 반전 주제의 영화가 되었고 파시즘의 침략에 대한 고발이라는 부분은 사라졌다. 그리고 제작자 헌트 스트롬버그가 〈정체불명〉의 유럽 국가라고 부른 영화의 배경이 된 나라의 국민은 이탈리아 어가 아닌 에스페란토 어를 사용했다. 제작은 지연되었고 — 협상에 시간이 걸린 탓도 있었지만 — 「바보의 기쁨」은 1939년 초까지 개봉되지 못했다.

그러나 그즈음에는 이미 시장은 폐쇄되고 있었고, 그 결과 수입은 감소하고 있었기 때문에 업계가 나치나 파시즘 정권에 대해 보이던 유화적인 태도는 논리적인 근거를 잃어버릴 수밖에 없었다. 그중에서도 특히 데이비드 셀즈닉은 업계는 〈비상식적이고 무의미하고 시대에 뒤떨어진〉 제작 규약을 포기해야 한다고 주장했지만 1938년 7월 법무부가 메이저 영화사들에 대해 제기한 반독점 소송의 결과, 제작규약위원회의 영화 검열은 정치적인 문제가 되었다. 제작규약위원회가 메이저들의 구속적인 관행에 관련되어 있음을 지적한 원고 측은 메이저들이 업계 전체에 대한 실제적인 검열을 위해 제작 규약을 사용하여 영화 제작에 있어서 논란의 여지가 있는 소재를 다루는 것을 제한하고 있으며, 메이저들의 독점 행위에 도전하기 위해 극적 요소나 내러티브에 혁신적인 방식을 도입한 영화 제작을 방해하고 있다고 주장했다. 1939년, 제작규약위원회의 권한에 제한이 가해졌고, 그 결과 제작규약위원회는 규약의 적용과 기타 자문 행위를 분명히 구분해 시행해야 했다. 이에 따른 결과로, 제작규약위원회는 〈스크린상의 자유〉를 방해할 수 없음을 보여 주는 방법의 하나로 정치적으로 논란의 여지가 있는 내용을 다루는 것을 받아들일 수밖에 없었다. 제작규약위원회의 직원들은 「나치 스파이의 고백Confessions of a Nazi Spy」(1939) 같은 영화들에서처럼 그런 주제들이 과연 영화상의 재미를 위해서 사용되었는가 하는 데 대해서 계속 우려의 목소리를 내기는 했지만, 그들의 의견을 개진하는 데 좀 더 신중을 기하게 되었다.

영국에서도 역시 1930년대 후반에 영국영화검열위원회는 진보적인 비판을 내놓았는데, 이는 정치적으로 민감한 소재에 대한 그 이전의 엄격함을 누그러뜨린 결과였다. 전쟁 중에는 영국과 미국의 정부 기관들이 업계의 자율 규제 기관들을 대체한 기관으로서가 아니라 병립된 기관으로서의 역할을 했다. 영국은 정보부 안에 검열 부문을 가지고 있었지만, 극영화와 뉴스 영화에 대한 〈안보〉 검열 기능을, 보강된 영국영화

영국의 영화 관객들에게 오랫동안 익숙한 광경: 1945년에 제작되어 영국에서는 1951년에 상영된 장 드레빌의 「사형수의 농장La Ferme du pendu」. 상영 전에 이 영화가 X등급을 받았다는 표시가 나오고 있다.

검열위원회에 위임했고, 영국영화검열위원회는 〈도덕적인〉 검열에 대한 책임도 졌다. 정보부는 영화의 상영 금지 권한도 가지고 있기는 했지만, 그 권한이 사용된 적은 결코 없었다. 미국에서는 전시 정보국이 영화부를 설립했고, 이 부서는 할리우드에 대한 검열 권한은 가지고 있지 않았지만, 전쟁 분위기 조성을 위한 내용을 시나리오에 반영하기 위해서 제작규약위원회와 마찬가지로 시나리오 감시에 대한 권한을 가지려고 시도했다. 조지프 브린의 주도하에 제작규약위원회는 도덕적으로뿐만 아니라 정치적으로도 보수적인 태도를 계속 유지했지만 「모스크바 특명Mission to Moscow」의 친소련 주장에 대해 브린이 보여 준 혐오감은 진보적인 전시 정보국에 의해서 무시당했다. 스튜디오들은 그들의 이익이 보장되는 한도 내에서 선전 프로그램에 협조했다. 그러나 그들은 할리우드가 쓸데없는 일들과 〈미국인들 생활의 천박한 부분〉을 지나치게 보여 준다는 전시 정보국의 불만에 대해서는 동조하지 않았다. 정부의 감독관들은 프레스턴 스터지스의 코미디 「팜 비치 스토리Palm Beach Story」(1942)에 대해서 〈전시 미국에 대한 모욕〉이라며 갱 두목이 입대하는 내용의 영화들에 대해서 했던 만큼이나 강력하게 불만을 토로했다. 전시 정보국은 1943년 이후 전쟁에서의 승리로 인해서 해외 시장이 다시 열리게 되자 가장 강력한 영향력을 가지게 되었고 스튜디오들은 자신들의 영화를 수출하기 위해서는 별도의 정부 기관인 검열국의 허가를 받아야 했다. 전시하의 다른 산업에서처럼, 정부와 업계는 애국심과 이익을 결합시킬 수 있는 상호 유익한 방법을 찾아냈다. 스튜디오와 전시 정보국 간의 관계에서는 제작 규약의 역사가 되풀이되어야 했다. 초창기에 거래의 기초를 이루기 위한 작은 충돌들이 이어진 후에 전시 정보국은 검열이 〈괜찮은 흥행 수단〉임을 입증하는 방법을 찾아냈다. 역사학자 클레이튼 코퍼스와 그레고리 블랙(1987)에 의하면, 할리우드에 대한 전시 정보국의 개입은 〈미국 역사상 매스 미디어의 내용을 바꾸고자 한 정부의 시도 중에서 가장 포괄적이고 지속적인 것〉이었다. 정부는 업계에 대해 어떤 요소들은 삭제되어야 한다고 말했을 뿐만 아니라 어떤 부분을 반드시 포함해야 한다고 말했기 때문이다.

전시하에서의 성과 폭력에 대한 엄격한 검열 기준은 다른 시급한 문제들에 밀려서 누그러질 수밖에 없었다. 영국영화검열위원회는 영국과 미국 영화, 심지어는 소련의 선전 영화까지도 거의 검열을 하지 않았다. 1939년 이전에 적용되었던 기준을 넘어서는 경우에조차도 그러했다. 제작규약위원회는 「이중 배상Double Indemnity」(1944), 「백주의 결투」(1946), 「포스트맨은 벨을 두 번 울린다The Postman Always Rings Twice」(1946)처럼 할리우드가 전시에 제작한 몇몇 영화들에 대해서 단순히 세부적인 묘사에서뿐만 아니라 주제의 편견에 대해서조차 전쟁 전에 적용했던 기준에서 현저히 후퇴한 기준을 적용했다. 그러나 다른 면에서 본다면 전시라고 해도 바뀐 것은 거의 없었다. 전시 정보국은 할리우드가 사회적인 문제를 다루면서 그에 대한 해결책을 제시하지 않으면 달갑게 여기지 않았고 이는 제작규약위원회의 기준 그리고 스튜디오의 책략과도 일치했다. 예를 들어 스튜디오는 흑인 뮤지컬 배우들의 연기를 남부의 주 정부 검열 기관의 검열에 의해 삭제되더라도 영화의 흐름에 전혀 문제가 없는 부분에 배치했다.

그러나 전쟁이 끝나자 급격한 변화가 왔다. 독일과 일본은 점령국의 군사 정부 검열에 따라야 했고, 이탈리아와 마찬가지로 엄청난 미국 영화들의 유입을 받아들여야 했다. 할리우드가 그들의 애국심을 이득으로 보상받으려 했기 때문이었다. 폭스의 한 중역은 〈영화는 전 세계의 영원한 평화, 번영, 진보 그리고 안전의 발전에 중요한 기여를 하기 위해서 전후 세계에 있어서도 명확한 영향력을 유지하여야 한다〉라는 의견을 피력하여 폭넓은 지지를 받았다. 더욱이 제작자들은 주제를 제한하는 제작 규약에 대한 불만을 토로했다. 1946년 제작규약위원회가 「무법자The Outlaw」에 대한 검인의 발급을 거부하자 하워드 휴스는 제작규약위원회에 법적인 도전을 제기했고 이로 인해서 할리우드의 검열로부터의 해방이 지연되기는 했지만, 초기 냉전 시대의 반동적인 정치적 분위기에서도 전쟁 중에 이루어진 진보는 포기될 수 없음이 분명해졌다. 성적인 그리고 심리적인 표현과 필름 누아르에서 정신병적인 폭력의 표현 수위가 더욱더 노골적이 된 것은 물론, 인종적인 편견을 다룬 영화들 역시 남부 주 정부들의 검열에 대한 적법성에 도전했다. 「핑키Pinky」(1949)와 「잃어버린 경계Lost Boundaries」(1949)에 대한 지방 정부의 상영 금지 조치가 연방 대법원에 의해 뒤집혔으며, 연방 대법원은 1948년의 파라마운트 반독점 소송의 판결문에서 이제 영화를 〈수정 헌법 제1조에 의해 그 자유가 보장된 언론에 포함되는 것으로〉 간주한다고 선언했다. 그러나 영화의 헌법상의 지위에 대한 1915년의 판결문은 로셀리니의 「기적Il Miracolo」(1948)이 〈신성 모독〉이라는 이유로 뉴욕 검열위원회에서 상영 금지 조치를 받은 것에 관련된 소송의 판결문이 나온 1952년에 가서야 파기되었다. 그 후 3년에 걸쳐 연방 대법원은 〈음란〉에 대한 검열 이외의 주 정부와 지방 자치 정부의 검열은 위헌이라고 판결했다.

영국에서의 영화에 대한 태도의 변화는 1952년의 영화 법령에 반영되었다. 이 법령은 아동과 관련된 규제에 중점을 두었으며, 이에 맞추어 〈H〉인증을 대신하는 〈X〉등급이 도입되었다. 〈X〉등급은 성적인 주제를 과감하게 다룬 영화들에 부여되었는데, 대부분이 유럽에서 제작된 영화들이었다. 유럽 대륙의 대부분 국가에서 정부 검열은 성보다는 폭력에 대한 규제에 더욱 중점을 두었고, 1950년 이후 이러한 차이는 더욱 현저해졌다. 영국과 미국에서 〈예술 영화 전용관〉 체인의 성장은 성인 대상의 검열의 타당성에 도전하는 영화들을 위한 배급망을 제공했다. 1950년대 검열 기준의 개방화는 관객 수의 급격한 감소와 밀접한 관계가 있었다. 영화가 획일적인 관객들을 위해 대중오락을 제공하는 하나의 표현 형식 이상으로 중요한 것으로 여겨지게 됨에 따라 영화 검열의 기본적인 정당성이 설득력을 잃게 되었다.

미국에서는 「기적」 관련 소송에 대한 연방 대법원의 판결이 제작 규약의 권위를 실추시켰고, 1953년 메릴랜드 주 법원이 〈제작 규약이 법이라고 가정한다면 그것은 명백한 위헌이다〉 라는 소견을 밝히기는 했지만, 제작 규약을 소멸시키지는 못했다. 제작규약위원회는 〈정치적 검열〉의 구속력에 의존해 왔지만, 미국과 유럽의 기준 자유화는 이러한 구속력을 약화시켰다. 그러나 파라마운트 소송에 대한 법원의 판결은 실제적으로 훨씬 더 중요한 결과를 초래했다. 제작규약위원회의 결정은 검인이 없는 영화는 절대로 개봉하지 않겠다는 메이저들의 합의에 의해 효력이 발생됐다. 따라서 제작규약위원회의 허가는 미국 국내 시장에서 한 영화의 수익성에 결정적인 영향을 미쳤다. 파라마운트 소송 판정에 따른 상영 부문의 제작, 배급 부문과의 분리는 이제 더 이상 제작규약위원회가 배타적인 힘을 발휘할 수 없다는 뜻이었다. 1950년 독립 배급업자 조지프 버스틴은 「자전거 도둑Ladri di biciclette」(1948)에서 사소한 두 부분을 삭제하라는 제작규약위원회의 요구를 거부했고, 그해에 아카데미 최우수 외국어 영화상을 받은 이 영화는 검인 없이 개봉관에서 상영되었다. 3년 후, UA는 오토 프레민저의 코미디 「달은 푸르다The Moon Is Blue」(1953)에 대한 브린의 수정 요구를 거부했다. 이 영화는 검인 없이 개봉한 최초의 메이저 영화가 되었고, 1953년 영화 흥행 순위 15위에 올랐다.

제작규약위원회의 권위는 수직 통합과 메이저의 독과점에 의존해 왔다. 구조적인 강제력이 없이는 브린이 조직해 냈던 강력한 시장 검열은 불가능했다. 1950년대 들어 영화 관객이 감소함에 따라 제작과 배급 전략이 바뀌었고, 그에 따라 불특정 다수의 관객을 겨냥한 영화는 거의 사라졌다. 새로 생겨난 〈성인〉 영화라는 장르는 베스트셀러를 각색하거나 텔레비전에서는 다룰 수 없는 심각한 사회적 주제들을 미끼로 해서 관객들을 유인했다. 「황금의 팔The Man with the Golden Arm」(1955)이나 「베이비 돌Baby Doll」(1956) 같은 영화로 인해서 1954년과 1956년에 제작 규약의 개정이 이루어졌다. 그 이후 매춘, 약물 중독 그리고 흑백 인종 간의 결혼 같은 〈성숙된〉 주제를 〈품위를 유지하는 한도 내에서〉 다룬 영화들의 상영이 가능해졌다. 그러나 품행에 미치는 영화의 영향력에 대한 우려는 여전히 남아 있었다. 그러한 불안감의 근원 중의 하나가 「난폭자The Wild One」(1953)나 「폭력 교실Blackboard Jungle」(1955) 같은 청소년 비행을 다룬 영화들이었다.

1954년, 조 브린은 제작규약위원회 책임자 자리에서 물러났다. 오랫동안 브린의 부관으로 있었던 제프리 셜록이 그의 뒤를 이었다. 그는 제작 규약이 집행과 실행 과정에서 점차 관대해지는 것을 지켜보게 되었다. 브린의 지휘하에서 제작규약위원회는 20년이 넘는 기간 동안 할리우드 제작에 있어 가장 막강한 영향력을 행사했고, 제작규약위원회의 기준에 대한 브린의 개인적인 통제가 도를 넘기도 했지만, 스튜디오 시스템하에서의 고전적인 할리우드 영화들은 제작규약위원회가 행사한 강제적인 시장 검열이 없었더라면 전혀 다른 모습이었을 것이다.

참고문헌

Hunnings, Neville March(1967), *Film Censors and the Law*.

Jacobs, Lea(1991), *The Wages of Sin*.

Koppes, Clayton R., and Black, Gregory D.(1987), *Hollywood Goes to War*.

Leff, Leonard J., and Simmons, Jerold L.(1990), *The Dame in the Kimono*.

Maltby, Richard(1993), "The Production Code and the Hays Office".

Moley, Raymond(1945), *The Hays Office*.

사운드 오브 뮤직

마틴 마크스

유성 영화에서 음악의 역사는 두 시기로 뚜렷이 나눠진다. 첫 번째는 1925년부터 1960년까지이고, 두 번째는 1960년부터 현재까지이다. 그 두 시기는 인물들, 미학적 지향점, 경제적 상황, 그리고 제작 기법 등의 변화로 인하여 형식에 있어서 커다란 차이가 있다. 이러한 구분이 다소 자의적이기는 하지만, 1930년대부터 1950년대까지는 영화 음악에 대한 특정한 접근 방식이 그대로 이어졌고, 1960년대부터 1980년대까지는 이러한 방식들이 좀 더 〈현대적인〉 기법들에 의해 도전받고 대체되었다. 또한 초기 단계는 일련의 세 단계라 할 수 있는 1920년대 말과 1930년대 초에 있었던 광범위한 실험, 1930년대 중반부터 1940년대 중반까지의 양식과 표현 기법의 표준화, 그리고 그 이후의 약 15년 동안 이어졌던 영화 음악의 기능과 표현 가능성에 대한 꾸준한 확장 등으로 나누어 볼 수 있다.

1926~1935년의 다양한 신기술

시작은 말이 아니라 음악이었다. 그리고 초기에는 유성 영화도 무성 영화와 크게 다를 바 없는 것처럼 보였다, 다만 음악 반주가 미리 작곡이 되고 동조*synchronized*되어 있다는 것을 제외한다면. 최초의 예인 워너 브러더스의 「돈 주안」(1926)은 뉴욕의 캐피탈 극장의 두 전문가 윌리엄 액스트와 데이비드 멘도사가 만든 오케스트라 악보가 딸려 나왔고, 그들이 이전에 만든 음악들과 마찬가지로 이 영화의 음악도 몇몇 창작곡이 섞인 편곡 악보였다. 다른 점이라면, 이 음악은 (헨리 해들리가 지휘한 뉴욕 필하모닉의 연주로) 미리 녹음이 되어 있었고, 〈바이타폰〉 방식으로 영사기에 달려 있는 디스크에 의해서 재생되었다는 점이었다. 게다가 중요한 영화들의 상영에 앞서 있었던 통상의 생음악 연주 대신에 이 시사회에서는 1시간 분량의 바이타폰에 관한 단편 영화 상영이 있었고, 거기에 더하여 〈음악과 영화에 있어서의 새로운 시대〉를 약속하는 짤막한 연설이 상영되었다. 이 약속은 곧이어 나온 그 유명하고 놀라운 바이타폰 영화 「재즈 싱어」(1927)에 의해서 거의 지켜졌다. 이 영화도 앞서의 영화들과 비슷한 반주 형태였지만(그리피스 영화들의 작곡을 맡았던 루이스 실버스에 의해 편곡되었다), 관객들을 가장 놀라게 한 것은 졸슨이 부른 노래들이었으며, 졸슨의 대화체 애드립(이제는 불멸의 대사가 된 〈여러분은 지금까지는 아무것도 들을 수 없었습니다〉라는 말)은 영화에 생기를 불어넣었다.

「재즈 싱어」의 성공은 향후 몇 년 동안 할리우드에서 동시에 이루어진 무성 영화의 종언, 새로운 장르(뮤지컬)의 출현, 그리고 자신들만의 녹음 방식을 개발하기 위한 다른 스튜디오들의 돌진(그중의 일부는 필름에 직접 소리를 녹음하는 방식을 도입했고, 이 방식이 결국에는 표준이 된다) 등의 세 가지 발전을 향한 길을 열었다. 그렇기는 하더라도 할리우드 외부에서 본다면 영화 음악이 가는 — 혹은 가야 할 — 방향은 결코 분명하지 않았다. 미국 대륙에서와 마찬가지로 유럽에서는 새로운 기술의 장단점에 대한 엄청난 흥분과 논란이 몇 년 동안 이어졌고, 모든 사람들이 전반적인 동조화된 음향, 특히 〈통조림 포장된*canned*〉 음악에 대해서 환영한 것은 아니었다. 한참 뒤인 1932년에 이르러서도 버질 톰슨은 특유의 간결하고 통찰력 있으며 비꼬는 논평에서, 생음악으로 연주되는 〈교향곡의 잘 알려진 악장들〉을 듣던 시절에 대한 애정 어린 기억을 가지고 〈지금까지 만들어진 영화와 음악의 최선의 결합〉은 에리크 사티가 작곡한 르네 클레르의 단편 영화 「막간극」(1924)뿐이라고 주장하며 유성 영화를 위하여 특별히 작곡된 음악을 평가절하했다. 톰슨의 견해는 특이한 것이었다(그리고 그의 프랑스 현대 음악에 대한 관심을 반영하는 것이었다). 하지만 그는 실험주의자들과 주류 영화 제작자들이 동시에 내놓을 필요가 있는 질문을 제기했다. 한때는 순수하게 시각적이었지만 이제는 시각적이면서 청각적이 된 매체에 가장 잘 맞는 음악의 형식과 역할은 무엇인가?

실험적 사운드트랙

톰슨의 단언에도 불구하고, 유럽에서 아방가르드 감독과 작곡가들의 실험적인 협동 작업은 「막간극」이나 소리의 도래로 끝나지 않았다. 그뿐만 아니라 파리는 그들 작업의 중심지 역할을 계속해 나갔다. 예를 들어 파리는 3편의 즐겁고 독창적인 〈뮤지컬〉 코미디〔「파리의 지붕 밑Sous les toits de Paris」(1930), 「백만 프랑Le Million」(1931), 「우리에게 자유를À nous la liberté」(1931)〕의 발상지였다. 「우리에게 자유를」은 1930년에 콕토의 초현실주의 습작 「시인의 피」(이 영화는 톰슨이 〈좋은 음악〉이 제법 있다고 인정한 유일한 유성 영화이다)에서 생소한 음악을 작곡했던 조르주 오리크의 매력적인 작곡으로 아름답게 꾸며졌다. 오리크 이후, 파리에 나타난 가장 독창적인 영화 음악가는 모리스 조베르였다. 그는 일찍부터 팽르베, 스토르크, 클레르, 카발칸티의 영화들, 그리고 — 가장 유명한 — 비고의 「품행 제로Zéro de conduite」(1933)와 「라틀랑트L'Atlante」(1934)를 위해서 뛰어난 음악을 작곡했다.

영국과 독일에서의 가장 인상적인 협동 작업은 배절 라이트와 월터 리의 「실론의 노래Song of Ceylon」(1934) 같은 다큐멘터리 장르에서 나왔다. 이 영화는 사회 분석과 선전 선동의 목적으로 만들어졌다. 그리고 리는 (비용이 적게 드는) 실내악을 사용했고 극동의 방식을 모방한 반낭만주의적 구성과 선율을 사용했다(게다가 톰슨과 조베르, 그리고 독일의 아이슬러와 마찬가지로 리는 다양한 글을 통해서 자신의 접근 방식을 설명해 영화 음악의 모더니즘 이론의 대변인이 되었다). 「실론의 노래」는 또한 사운드트랙의 복잡성으로 유명하다. 이 사운드트랙은 〈음향 편집〉이라고 불리게 되는 방식의 좋은 예가 된다. 즉, 음악은 다른 청각 파편들(1680년의 여행담에 대한 내레이션, 대화하는 목소리, 기계 소음 등)과 겹쳐진다. 리의 의도는 명백히 새로운 기술적 성과의 지시에 근거한 음악적인 스타일을 창조하는 것이었다. 그는 〈영화에서의 모든 소리는 의미가 있는 것이 되어야 한다〉라고 썼고 영화 음악의 〈통조림 포장된〉 음질에 대해 〈가장 중요한 특성이며 가장 뛰어난 미덕〉이라고 찬사를 보냈다. 들리는 것과 눈에 보이는 것과의 간접적인 조응만이 있을 뿐인 장면에서 사운드트랙의 〈대위법적인〉 효과는 소리 이상으로 중요하다. 초기 유성 영화 시대 내내 아방가르드 영화 제작의 중요 목표 중의 하나는 신기술의 귀찮은 특성에 의해 방해받고, 사운드트랙이 단순한 문자의 전달에 그치고 마는 대중 영화의 영향력에 의해 위협받는 무성 영화의 고도로 발달된 편집 기법을 어떻게 해서든지 보존하는 것이었다.

〈토키〉

창의적인 영화 제작자들이 가장 우려한 것은 〈토키〉의 우세였다. 토키는 대사, 자연적인 음향 효과, 그리고 음악의 디에게시스적인*diegetic* 사용을 결합한 초기 유성 영화에 적절한 이름이었다. 처음에는 이러한 사운드트랙들은 현장에서 녹음되었고, 기술적인 제약으로 인해서 많은 초기 작품들은 질이 좋지 않았다[예를 들면, 워너가 최초로 〈100퍼센트 유성으로 만든〉 「뉴욕의 불빛The Lights of New York」(1928) 같은 작품들]. 그렇지만, 몇 년 후에 카메라 기술과 후시 녹음*post-synchronization* 기법의 발달로 인해 영상과 음향 모두를 훨씬 매끄럽게 만들 수 있게 되었다. 그럼에도 현실감을 좀 더 확보하기 위해 이런 영화들의 대부분은 전통을 파괴했고, 계속되는 반주를 사용하지 않게 되었으나 그 때문에 오히려 중요한 역설이 더욱 강조되었다. 유성 영화의 도래로 인해서 오히려 침묵의 순간 자체가 내러티브의 한 부분이 될 수 있다는 주장이 가능해진 것이다. 이렇게 새로운 영화적 세계가 펼쳐짐에 따라서 영화 제작자들은 전통적인 무성 영화의 악보를 버렸고 작은 단위의 음악들을 만드는 방법에 의존하게 되었다. 유명한 예가 프리츠 랑의 「M」이다. 이 영화에서는 디에게시스적인 음악이 내러티브를 구축하고 있다. 그중에서도 특히 그리그의 〈산중왕의 궁에서In the Hall of the Mountain King〉가 좋은 예인데, 살인범은 이 노래를 거의 강박 관념처럼 휘파람으로 불어 댄다. 이 작품은 오래전부터 무성 영화 음악으로 쓰여 왔다(예를 들어 그리피스의 「국가의 탄생」에서 애틀랜타의 화재를 보여 주는 부분에서 반주로 사용되었다). 하지만 여기서 이 음악은 영광스러운 격렬함*agitato* 이상의 커다란 기능을 하고 있다. (화면 밖에 있는) 살인범의 등장을 알리는 것은 물론, 이 음악은 끈질기게 반복됨으로써 무자비한 협박을 느끼게 해서 그 살인범이 강박감에 사로잡혀 있으며 그러면서도 어린아이 같다는 섬뜩한 증거로서의 역할을 하고 있다. 또한 운명의 상징처럼 이 음악은 살인범이 결국은 밝혀지고 체포되고 죽을 것임을 미리 알려 주고 있다. 게다가 랑의 영화들은 상승하는 시각적 요소들로 차 있는데, 그 요소들은 이 음악이 지니는 형태와 그대로 들어맞는다. 이런 이유들로 해서 이 영화를 위해 특별히 작곡한 음악은 아닌데도 불구하고, 이 음악보다 더 이 영화에 맞는 음악은 상상하기 어려웠다.

만화 영화와 뮤지컬 영화

영화 음악 작곡가와 많은 양의 음악의 기여가 필요했던 두 가지 할리우드 장르는 뮤지컬과 디즈니의 만화 영화였다. 그리고 이 두 장르로 인해 녹음과 (후반) 동조 기술이 획기적으로 발전했다. 만화 영화에는 평평한 그림들에 생명력을 불어넣어 주기 위해서 사실상 끊임없는 음악이 필요했고, 또한 그러한 환상을 계속 유지시켜 주기 위해서는 시작부터 끝까지 정교한 동조 작업을 필요로 했다. 극영화 뮤지컬도 마찬가지였고, 1930년대 중반까지는 음악을 먼저 녹음하고 그 녹음된 음악에 맞춰 촬영을 하는 〈플레이백*playback*〉 방식이 일반적인 절차였다. 이 방식을 사용하면 배우들이 입만 벙긋거리면서 촬영장 안에서 자유롭게 움직일 수 있었고 춤을 출 수 있었다(추가적인 정교한 작업은 후반 작업에서의 〈더빙〉으로 처리했다). 이렇게 선구자들은 두 장르에서 기술적인 문제들을 해결했고, 상당한 예술성을 보여 준 많은 영화들을 창작했다.

「해골 춤Skeleton Dance」(1928)과 「아기 돼지 세 마리Three Little Pigs」(1933) 같은 걸작 소품 영화들을 만든 공적의 일부는 디즈니에 돌려져야 하지만, 최소한 그와 똑같은 만큼의 찬사를 이 영화들의 음악을 작곡한 두 사람, 칼 스톨링과 프랭크 처칠에게도 각각 바쳐야 할 것이다. 이 두 작품은 모두 만화 영화 음악의 모범으로 볼 수 있다. 전자는 무성 영화 음악의 형식에 대한 패러디이며, 춤추기에 적절한 대칭 형식을 갖춘 별개의 다섯 부분을 빈틈없이 조직된 전체로 묶어내고 있다. 후자는 영화의 이야기 구조 탓으로 느슨한 구조를 가지고 있지만 일종의 자유로운 론도*rondo* 구조를 가진 단순한 주제곡의 운율과 합창의 곡조에 주력하고 있다. 더 광범위한 음악을 얻기 위해 패러디의 대상은 19세기 멜로드라마에서 오페라나 피아노 협주곡으로 넓혀졌다. 그리고 행복하게도 그런 〈우스꽝스러운 교향곡들*silly symphonies*〉은 만화 영화 음악의 또 다른 오랜 전통으로 자리를 잡았다. 스톨링은 〈우스꽝스러운 교향곡〉을 장기 삼아 1928년부터 1930년까지 디즈니의 주력 작곡가로 있었다. 그는 그 후 워너로 옮겨서 자신의 창의력과 재기를 훨씬 더 빛냈고, 1936년부터 1958년까지 워너의 만화 영화 음악 감독으로 일했다.

할리우드의 뮤지컬이 만개한 시기는 1929년부터였다. 음악적 표현 방식에 있어서는 만화 영화(때로는 축소판 뮤지컬처럼 보이기도 한다)처럼 혼합되어 있기는 했지만, 음악적 본질은 브로드웨이에서 빌려 왔다. 브로드웨이는 할리우드에 쉬지 않고 연주자, 작곡가, 편곡자, 그리고 지휘자를 공급했다. 게다가 브로드웨이 쇼에서와 마찬가지로 대부분의 뮤지컬 영화에 나오는 노래들은 두 가지 기본적인 형식을 따랐다. 하나의 도입절과 A A′ 또는 A A B A′ 둘 중의 한 형식을 따른 32마디의 합창곡으로 구성되어 있었다. 하지만 대부분의 영화에는 브로드웨이 쇼보다 훨씬 적은 수의 노래가 포함되었다. 영화에서의 음악은 영화의 사촌 격인 무대에서보다 훨씬 중요한 역할을 했고, 노래들이 균일한 대우를 받는 예는 훨씬 적었다. 예를 들어 「브로드웨이 멜로디Broadway Melody」(1929)에는 중요한 노래가 단 두 곡밖에 없고(나시오 허브 브라운과 아서 프리드의 〈브로드웨이 멜로디〉와 〈당신은 나의 것You Were Meant for Me〉), 각각의 노래는 이야기 전개의 중요한 주제를 표현하고 있다. 첫 번째 곡은 세 번 불리며 두 번째 곡은 한 번 불린다(그러나 두 곡 모두 다른 장면에서 배경 음악으로 깔린다). 뮤지컬 영화가 사촌 격인 무대 뮤지컬과 더욱 구분되는 점은 모든 노래가 카메라의 움직임과 편집에 맞추어진다는 점이다. 그럼으로써 관찰자의 시점은 버스비 버클리의 환상적인 안무에 따라 먼 거리의 전경에서부터 자세히 보여 주는 클로즈업, 부감 숏 또는 다리 밑에서 잡는 숏 등으로 자유롭게 이동할 수 있었다. 버클리는 프레드 아스테어, 어빙 벌린과 더불어 이 장르를 확립한 세 사람 중의 하나이다. 그들의 노래는 서정과 뮤지컬적인 표현의 완벽한 조화를 이루었다.

벌린의 최초이자 가장 뛰어난 오리지널 영화 음악은 「실크 해트Top Hat」(1935)의 음악이었다. 이 영화에서 그는 아스테어와 맺어졌고, 이 작품은 뮤지컬 장르의 가장 대표적인 작품 중 하나이다. 이야기의 쾌활한 분위기는 영화의 상류 사회의 대화, 관습 그리고 의상에 대한 점잖은 풍자와 잘 어울렸고, 솜씨 있게 만들어진 다섯 곡의 노래들(〈현악은 빼고No Strings〉, 〈사랑스러운 날 아닌가요Isn't this a Lovely Day〉, 〈실크 해트Top Hat〉, 〈뺨을 맞대고Cheek to Cheek〉, 〈피콜리노The Piccolino〉)을 위한 완벽한 배경 역할을 했다. 그중에서 이중주 댄스곡인 두 번째와 네 번째 곡들은 이 영화에서 가장 감동적이었다(특히 벌린의 노래치고는 특이하고 정열에 넘치는 곡으로 아주 멋진 안무가 곁들여진 네 번째 곡). 보통과는 달리 노래들은 영화 전체에 걸쳐 고르게 배치되어 있고(매 10분에서 15분에 한 곡씩), 최소한 처음의 네 곡은 인물들의 성격을 구체화하고 이야기를 전개시키는 데에 훌륭한 기능을 한다. 이 영화 음악들을 더욱 중요하게 만들어 주는 것은 이것이 벌린, 아스테어 그리고 음악 감독 맥스 스타이너의 합작의 결과라는 것이다. 「실크 해트」는 이 세 사람이 자신들 고유 영역을 잘 지키고 서로의 개성을 완벽하게 조화시켜 나갔기 때문에 성공을 거뒀다. 벌린은 재즈와 클래식풍의 멜로디와 화음을 연결했고, 아스테어(허미스 팬과 공동 안무)는 보드빌 탭 댄스와 발레를 넘나들었고, 스타이너는 극장 밴드에서 교향악단 사이를 쉽게 오고갔다. 게다가 스타이너는 동조 기술과 소위 배경 음악의 선구자였다. 그가 이 영화 이전에 작곡한 RKO의 기념비적인 영화 「킹콩King Kong」(1933)과 「실종된 수색대The Lost Patrol」(1934) 등의 영화를 포함한 이전의 영화에서도 그의 진가는 잘 발휘되었다.

런던 심포니의 연주로 마이클 파월과 에머릭 프레스버거의 「흑수선Black Narcissus」(1947) 사운드트랙을 녹음하고 있는 작곡가 브라이언 이스데일.

스타이너, 콘골드, 그 외의 인물들

1930년대 중반까지 할리우드의 극영화 음악의 위치는 (뮤지컬에서처럼) 영화 내부의 소리로 화면에 배치되거나 아니면 (다른 모든 장르에서처럼) 영화 외부의 소리로 배경 음악이 되거나 하는 서로 상반되는 둘 중의 하나였다. 전자에서는 음악이 가장 먼저 제작되었고, 후자에서는 스튜디오 〈조립 라인〉의 마지막 부분에서 만들어졌다.

이러한 체계 안에서 작곡가들은 스튜디오의 음악 부서에 계약으로 묶인 직원으로 일했고, 심각한 구속을 받았다. 우선 극영화*feature* 1편은 통상 1시간 분량 이상의 음악을 필요로 했지만 메이저 스튜디오들이 1년에 30편에서 50편 정도의 영화를 만들었기 때문에 영화 음악 작업 시간은 항상 촉박해 3주도 안 되는 경우도 종종 있었다. 또 하나, 음악은 정밀한 큐 시트*cue sheet*에 따라 작은 단위(악절)들로 나뉘어 작곡이 되는데, 이러한 과정이 통상 작곡가가 아닌 다른 사람에 의해서 결정되고 준비되었다. 게다가 작곡가들은 스튜디오의 음악 감독에 의해서 영화들에 배정되었고, 음악 감독은 한 영화에 두 사람 이상의 작곡가를 배당하는 경우도 있었다(동시에 작업을 시키기도 했고, 연이어서 작업을 하게 하기도 했다). 어떤 부분을 시키느냐는 작곡가들의 전문 분야에 따라 달랐다(시간을 절약하기 위해서 어떤 악절들은, 마치 무성 영화의 반주 악보와 마찬가지로, 이 영화에도 쓰이고 저 영화에도 쓰였다). 마지막으로 녹음 기사(또는 음악 편집자)가 최종 음향 합성을 관장했다. 이 과정에서 악절들은 소리의 크기가 달라지고, 대체되고 줄여지거나 늘어나곤 했다.

이러한 쾌적하지 않은 작업 환경의 대가로 작곡가들은 경제적인 안정을 포함해서 고도의 재능을 가진 음악가들 세계에서 어떤 지위가 보장된다는 점, 그리고 수백만 명의 사람들이 자신의 음악을 듣는다는 데서 오는 만족감 등을 얻을 수 있었다. 몇몇 개인들은 이러한 체제에 잘 적응했다. 이러한 체제들에서는 개인들이 엄청나게 많은 경험을 쌓으면서 자신들의 기량을 닦을 기회가 주어졌기 때문이었다. 그러한 예가 맥

막스 오퓔스 (1902~1957)

독일 서부 자르브뤼켄의 유복한 유대 인 집안에서 태어난 막스 오펜하이머는 1919년 극장에서 일을 하게 되면서 막스 오퓔스Max Ophüls라는 무대 이름을 가지게 되었다. 그가 만든 할리우드 영화에는 그의 이름이 오펄스Opuls(또는 오팔스Opals)라고 표기되었다. 그가 만든 프랑스 영화에는 오퓔스Ophuls(우믈라우트 없이)라는 이름이 사용됐는데, 그는 이 이름을 마음에 들어 했고, 프랑스의 다큐멘터리 감독이었던 그의 아들 마르셀 오퓔스도 이 이름을 사용했다.

독일 여러 곳에서 다소 혁신적인 극장 감독으로 10년 동안 일한 후, 오퓔스는 유성 영화가 도입되던 1930년 베를린으로 와서 영화감독으로서 그의 제2의 인생을 시작했다. 베를린에서 그는 「팔려 간 신부」(1932년, 원작은 스메타나의 오페라이고 카를 발렌틴 주연)와 「리벨라이」(역시 1932년, 원작은 아르투르 슈니츨러의 희곡) 등을 포함하여 5편의 영화를 만들었다. 하지만 그는 1933년 그의 가족과 함께 독일에서 탈출했고, 1954년에 가서야 되돌아오게 된다. 1930년대에 그는 주로 프랑스에서 영화를 만들었지만 네덜란드와 이탈리아(「만인의 여인」(1934))에서도 활동했다. 1940년 그는 다시 쫓기다시피 도망쳐서 이번에는 할리우드로 갔다. 거기서 그는 1947년까지 일자리를 얻지 못해 고생하다가 배우 더글러스 페어뱅크스 2세와 떠들썩한 모험극 「추방」을 만들기 위한 계약을 맺었다. 존 하우스먼은 그를 슈테판 츠바이크의 소설을 각색한 「백장미의 수기」(1948)를 만들게 했다. 할리우드에서 「포획된 자」(1948)와 「무모한 순간」(1949), 2편의 영화를 더 만든 뒤 그는 유럽으로 돌아왔다. 그는 프랑스에서 3편의 영화 「원무」(1950, 또 다른 슈니츨러의 작품을 각색), 「쾌락」

스 스타이너(1936년부터 1965년까지 워너의 직원으로 일하면서 185편의 영화 음악을 작곡했다), 앨프리드 뉴먼(영화 음악 전편을 작곡한 것은 20편밖에 안 되지만 폭스의 지휘자와 음악 감독으로 매우 많은 경력을 쌓았다), 프란츠 왁스먼(60여 편 작곡, 처음에는 유니버설, 나중에는 주로 파라마운트에서 일했다), 그리고 에리히 콘골드(워너에서 특별 대우를 받았다) 등이다. 이들은 모두 낭만주의적인 표현 방식들을 영화 음악에 맞게 표현할 수 있는 상상력이 풍부한 방식을 찾아냈다. 이는 일부는 그들이 받은 훈련과 음악적인 성향의 탓이기도 하지만 일부는 스튜디오 경영진들과 관객들의 요구에

(1951, 모파상의 소설 3편을 각색), 「아무개 부인」(1953)을 만들었다. 1954년 독일로 간 그는 거기서 그의 마지막 작품인 호화로운 영화 「롤라 몬테스」(1953)를 만들었다. 이 영화는 개봉 직전에 제작자들에 의해 가위질을 당했고, 영국에서는 배급업자들에 의해 더 많이 삭제당한 후 〈롤라 몬테스의 몰락〉이라는 제목으로 상영되었다.

오퓔스의 영화는 거의 모두가 사랑 이야기이고, 거의 모든 영화에서 사랑은 좌절되거나 또는 일시적이거나 또는 연인들 중의 한 사람 또는 모두에게 재난을 안겨 준다. 행복한 결말로 끝나는 경우가 거의 없기는 하지만 그의 영화들은 결코 우울하지 않다. 그 이유는 첫째로 연출의 덕으로 돌려져야 한다. 카메라는 화려한 배경들 사이로 부드럽게 미끄러져 들어가며 쾌락과 탈선의 분위기를 자아낸다. 이러한 분위기는 엄청나게 유혹적이다. 등장인물들은 회전목마로 빨려 들어가고 대부분 그곳에서 떨어져 버린다(오퓔스가 가장 관심을 가지는 것은 인물들의 성격이다). 차고 넘치거나 아니면 부족하거나 또는 그 둘 다이거나 간에 인물들은 실수를 저지르고 때로는 파멸을 가져온다. 하지만, 그들의 결함이 어떤 것이건 간에 유혹한 사람과 유혹당한 사람 모두 도덕적으로는 비난을 받지 않는다. 철저한 악한도 없고 철저한 주인공도 없다. 거의 모든 관심은 여주인공에게 집중된다. 오퓔스는 파멸적인 정사에 사로잡힌 여인의 심리 상태 묘사에 즐겨 몰두했고, 그로 인해 폭넓은 찬사를 받았다(또한 그로 인해 비난을 받기도 했지만). 그가 남성의 심리 상태를 그려 내는 데 있어서도 정확했다는 사실은 거의 주목을 받지 못했다. 다른 사람들에게 파멸을 가져다주는 인물은 거의가 남자였고, 모두가 철저하게 나르시시즘에 빠진 인물들이었다. 자기 파멸의 위험을 무릅쓰는 인물들 — 대부분 여자 — 은 그들이 열정을 품은 대상이 사랑에 대해 이기적이고 무감각한 사람들이기 때문에 그렇게 된다. 하지만 사랑의 추구는 항상 그럴 만한 가치가 있다. 오퓔스의 영화에 도덕적인 판단을 내린다면, 그것은 모험은 무릅써 볼 만한 가치가 있다는 것이다. 왜냐하면 성취의 가능성이 조금이라도 있는 것은 바로 모험이기 때문이다. 대체로 더 큰 모험을 저지르는 것은 여자들이다. 그들의 사회적 지위가 불안정하기 때문이다. 하지만 오퓔스는 등장인물의 성격을 성별에 고정시키지는 않는다. 그래서 이기심으로 인해서 또는 다른 사람들의 관심을 끌려고 하다가 결과적으로 파멸을 가져오는 것은 (「백장미의 수기」에서처럼) 남자이기도 하고 (「만인의 여인」 또는 「롤라 몬테스」에서처럼) 여자이기도 하다.

오퓔스 영화에서 되풀이되는 특징 중의 하나는 극의 구성에 관한 장치들을 빈번히 사용한다는 점이다. 줄거리가 플래시백으로 펼쳐지거나(「만인의 여인」), 화면 안팎의 내레이터에 의해 이야기되거나(「원무」, 「쾌락」), 아니면 두 가지를 다 사용했다. 「백장미의 수기」에서는 리자 자신의 내레이션이 이야기를 끌고 간다. 「롤라 몬테스」에서는 롤라의 이야기가 현재의 그녀가 연기하는 서커스 단장이 소개하는 일련의 플래시백으로 펼쳐진다. 따라서 주인공들의 운명은 항상 관객들에게 미리 알려진다. 주인공은 자신을 파멸로 이끄는 치명적인 실수를 이미 저질렀거나, 아니면 그 실수를 피할 수 있는 순간을 지나쳐 버렸다. 이러한 장치들로 인해서 영화를 보면 애잔한 느낌이 들게 되고, 돌이킬 수 없는 일들, 즉 결코 맛볼 수 없게 된 기쁨에 대한 상실감과 미련을 느끼게 된다.

오퓔스는 숙련된 스타일리스트였다. 유려한 카메라의 움직임, 화려한 외관들, 잘 조절된 분위기 전환, 지나치게 세세한 부분까지 계산된 인물들의 성격 구축 등에 대해서 많은 사람들이 (마지못해 그런 사람들도 있기는 했지만) 감탄해 마지않았다. 사회주의적 경향을 가진 평론가들 중에는 피상적인 부분만을 본 나머지 오퓔스의 작품들을 언급할 가치가 없다거나 중요하지 않은 작품들로 격하하는 경우가 종종 있었다. 하지만 오퓔스의 영화들은 보기에 아름다울 뿐만 아니라 미와 즐거움과 자기만족이 부와 권력이라는 대조적인 가치관에 엄격히 의존하고 있는 사회의 핵심을 공격하고 있다.

제프리 노웰-스미스

주요 작품

「팔려 간 신부Die verkaufte Braut」(1932); 「리벨라이Liebelei」(1932); 「타고난 웃음Lachende Erben」(1933); 「모든 걸 빼앗긴 남자On a volé un homme」(1933); 「만인의 여인La signora di tutti」(1934); 「돈 문제Komedie om geld」(1936); 「부드러운 적La Tendre Ennemi」(1936); 「요시와라Yoshiwara」(1937); 「덧없는Sans lendemain」(1939); 「메이얼링에서 사라예보까지De Mayerling à Sarajevo」(1940); 「추방The Exile」(1947); 「백장미의 수기Letter from an Unknown Woman」(1948); 「포획된 자Caught」(1948); 「무모한 순간The Reckless Moment」(1949); 「원무La Ronde」(1950); 「쾌락Le Plaisir」(1951); 「아무개 부인Madame de……」(1953); 「롤라 몬테스Lola Montès」(1955).

참고 문헌

Beylie, Claude(1984), *Max Ophuls.*

Willemen, Paul(ed.)(1978), *Ophuls.*

Williams, Alan(1980), *Max Ophuls and the Cinema of Desire.*

◀ 「롤라 몬테스」(1955) 촬영장에서의 막스 오퓔스와 마르틴 카롤.

대한 응답이기도 했다. 가장 중요한 것은 그들의 방식이 많은 좋은 영화들과 잘 어울렸다는 점이었다.

그중에서도 특히 콘골드가 작곡한 「로빈 후드의 모험」(1938), 뉴먼의 「폭풍의 언덕」(1939), 왁스먼의 「레베카Rebecca」(1940), 그리고 스타이너의 「카사블랑카」(1943) 등이 그러한 경우들이다. 스타이너와 콘골드의 음악은 가장 뛰어난 두 가지 예이며, 비교해 보면 도움이 될 부분이 아주 많다. 사실상 그 시대의 다른 낭만주의적 영화 음악처럼 이 두 음악도 화려한 관현악 편성(당시 워너 최고의 편곡자였던 휴고 프리드호퍼가 양쪽 모두의 편곡 작업을 맡았다), 대조를 이루는 주악상*leitmotif*, 그리고 복합적인 화음 진행과 전조(轉調) 등의 기본적인 형식 요소들을 공통으로 가지고 있다. 그들은 또한 기능적인 진행에서도 공통적인 요소를 가지고 있다. 예를 들어 다음의 도표에서 볼 수 있듯이 각 영화 시작 부분(〈메인 타이틀〉)의 음악은 배경과 이야기에 관해 무엇인가를 암시할 수 있는 일련의 특별한 부분으로 시작 자막을 보강해 주고 있다. 그리고 각각의 〈서곡〉이 영화에 맞춰 진행되면서 관객들을 영화의 세계로 완전히 몰입시킨다.

카사블랑카

워너 로고	메인 타이틀 (자막)	스타이너의 음악	내레이션+ 몽타주	액션
워너 팡파르→	격렬한 이국풍의 춤→	〈라 마르세예즈〉 (악절)→	감동적인 만가→	〈나치 독일 국가〉 (악절)

로빈 후드

워너 로고	메인 타이틀 (자막)	콘골드의 음악	줄거리 타이틀	첫 번째 숏
2 마디 인트로	제1주제 (〈즐거운 남자들〉)→	제2주제 (〈위험〉)→	제3주제 (〈충성〉)→	팡파르 = 종지부

분명히 유사한 점이 있기는 하지만, 이 두 영화의 메인 타이틀은 음악적인 제재라는 점에서 보면 대단히 다르다. 「카사블랑카」에 쓰인 스타이너의 도입 주제는 둘 다 근본적인 단순함을 가지고 있다. 즉, 둘 다 익숙한 국가(프랑스 국가 〈라 마르세예즈La Marseillaise〉와 독일 국가 〈모든 것에 우선하는 독일Deutschland über Alles〉)에서 빌려 온 주제들이다. 이것은 나치와 그에 대항하는 영웅들을 상징한다. 나머지 음악은 각각의 임무를 완수하고 나면 사라지지만, 이 곡들은 전편에 걸쳐서 주악상으로 되풀이해서 나타난다. 남아 있는 주악상들은 모두 네 곡인데, 이들은 대단히 단순하다. 두 곡은 잘 알려진 다른 노래들을 차용했다. 두 번째 독일 곡조인 〈라인 강 파수Watch on the Rhine〉는 단조로 편곡돼서 사용되어 나치의 위협을 상징하고 있고, 〈세월이 가면As Time Goes by〉의 도입부는 릭과 일자의 사랑의 회상 주제로 사용된다. 다른 두 곡은 스타이너가 작곡한 곡들이다. 따듯한 찬송가 같은 멜로디는 빅터 라슬로와 맺어지고, 천천히 하강하는 반음계의 단편은 운명의 예감으로 연인들을 위협한다. 간단히 말해서 여섯 곡의 테마 모두가 쉽게 알아들을 수 있고 조작하기에 이상적인 간결한 선율적 요소들을 사용한다. 그와는 대조적으로 콘골드가 작곡한 「로빈 후드」의 음악에는 최소한 11개의 기본적인 테마들이 있고 모두 새로 작곡한 곡들이며 스타이너의 음악들보다 더욱 정교하다. 메인 타이틀에 사용되는 세 곡 중에서 첫 곡은 아주 자유로운 화음과 이너 보이스*inner-voice* 대위법에 의해 활기가 살아나는 16마디로 된 의기양양한 행진곡이다. 두 번째 곡은 말러의 교향곡들에서 들어 볼 수 있는 민속 음악 곡조처럼 들린다. 그리고 세 번째는 거의 두 옥타브를 오르내리는 긴 호흡의 낭만주의적인 멜로디이다. 게다가 이 테마의 중간에는 솟구치는 사랑의 테마를 기대하게 만드는 구절이 들리지만, 실제로 사랑의 테마는 이 영화의 훨씬 뒷부분에 나타난다. 이러한 주제 간의 상호 관계 설정과 광범위한 변형은 콘골드가 즐겨 쓰던 수법이었고, 복합적 음악 구조를 성취하는 것이 그의 관심사였다. 메인 타이틀의 형식을 보면 그러한 관심사가 명백히 드러난다. 스타이너와 마찬가지로, 그 역시 이미 작곡된 노래들을 이용하고, 새로운 요소로 끝을 맺는다. 하지만 스타이너의 도입곡은 사운드트랙의 다른 요소들 속으로 차츰 빠져 들어가고 악절 중간에 불안하게 멈추는 반면, 콘골드의 음악은 영화의 내용에 초 단위까지 정확하게 맞춰서 선동적인 분위기를 내면서 끝난다. 그는 영화의 시작 장면(고수들이 포고를 알리는 북을 친다)에서 화면상으로 연주되는 음악을 교묘하게 이용해서 자신의 음악을 끝내면서 동시에 관객들을 이야기 안으로 끌어들이는 뛰어난 종지부를 보여 준다.

스타이너는 음악이 순간에서 순간으로 직선적으로 나아가게 하는 천부적인 재능을 가지고 있었다. 예를 들어, 메인 타이틀에서 춤곡인 〈라 마르세예즈〉와 이어 나오는 비가 사이의 연결은 부드러운 연결의 좋은 본보기이다. 그리고 훨씬 더 효과적인 예는 파리를 회상하는 장면에서 보인다. 현재에서 과거로의 연결 — 어두워진 카페에서 샘이 (다시) 〈연주하는〉 곡을 듣고 있는 릭의 클로즈업은 파리의 개선문으로 디졸브된 다음, 릭과 일자가 프랑스의 전원에서 함께 말을 타는 장면으로 바뀌는 — 시퀀스는 일련의 매끄러운 〈세월이 가면〉의 변주가 깔리면서 그 중간에 개선문이 보이는 장면에서는 〈라 마르세예즈〉가 한 소절 강조하듯이 삽입된다. 지금 보면 상당히 투박해 보이는 스크린 프로세스 처리를 한 이 시퀀스에 음악이 없었다면, 꽤 부자연스럽게 보였을 것이다. 그렇기 때문에 할리우드의 작곡가들은 플래시백 장면이나 내레이션이 깔리는 장면이나 신문 삽입 장면 등의 특수 효과로 처리한 장면들에서는 필수적으로 음악을 채워 넣을 수밖에 없게 되었다. 여기서 중요한 점은 스타이너가 자신이 작곡한 테마가 아닌, 그리고 자신의 마음에 들지 않는다고 공표한 그런 곡을 가지고 이러한 (그리고 다른 몇몇 곳에서도) 음악의 흐름을 훌륭하게 구축했다는 점이다. 〈세월이 가면〉은 브로드웨이의 이류 작곡가 허먼 허펠드가 1931년 작곡한 발라드였고, 스타이너는 사랑의 테마를 자신이 작곡해서 넣고 싶다고 요청했지만 거절당했다. 허펠드의 노래가 시나리오에 지정되어 있다는 이유 때문이었다.

스타이너는 이 노래를 아껴 두었다가 일자가 카페로 들어와 샘에게 〈옛 추억을 위하여〉 불러 달라고 청할 때 처음 써먹는다. 하지만 이 노래가 소개되자마자 스타이너는 다른 곡들과는 뚜렷하게 차이가 느껴질 만큼 다양한 변주로 빈번하게 쓰기 시작하고, 연인들이 작별 인사를 나누는 장면(〈파리의 기억은 잊히지 않을 거야*We'll always have Paris*〉……〈여기서 당신의 행운을 빌어 줄게*Here's looking at you, kid*〉)에서 비극적인 선율로 연주되는 열정적인 왈츠로 절정에 이른다. 그러고 나서도 이 선율은 거기서 멈추지 않고 다음에 오는 음악, 즉 잘 알려진 또 다른 테마 〈라 마르세예즈〉가 만들어 내는 절정의 순간 속으로 녹아든다. 릭과 르노가 안개 속으로 함께 걸으며 사라질 때 꿈결 같고 의기양양한 분위기로 변주된 이 음악은 영화에 만족할 만한 결론을 제공한다. 그리고 마찬가지로 세세한 줄거리들이나 받아들이기 어려운 신속한 해결에 대해서 잊어버리게 만든다(이 음악은 메인 타이틀 곡이 우리를 영화 안으로 이끌어 들이는 만큼 효과적으로 영화의 세계로 우리를 되돌려 놓는다). 이런 식으로 시작부터 끝까지 스타이너의 방식은 자신의 음악을 내러티브의 중심 요소로 사용하는 방식이었으며, 이를 위해서 그는 영화적인 세부 사항들을 최대한 파악했고 통일된 형식을 희생하는 경우도 종종 있었다. 실제로 그의 음악은 경멸적인 표현인 〈미키마우스 기법*Mickey-Mousing*〉이라고 불릴 정도로 충실하게 (만화 영화 음악과 같은 방식으로) 영화의 줄거리를 따라간다. 그럼에도 불구하고 스타이너의 영화 음악은 자주 우리를 깊이 감동시킨다. 「카사블랑카」의 시나리오 작가가 관객들이 어떤 과거의 음악을 들을 때 (그 음악이 실제로 좋은지 아닌지를 떠나서) 노스탤지어에 압도당하리라는 사실을 파악하고 있었던 것처럼, 스타이너 역시 솜씨 좋게 변형되어 연결되고 반복되는 아주 단순한 주제의 음악은 지적으로 그리고 잠재의식적으로 관객들에게 먹혀들고 멜로드라마적인 설득력을 가지게 된다는 것을 알고 있었다.

스타이너와 마찬가지로 콘골드는 음악적인 세부 사항과 영화적인 세부 사항을 병치시키기 위해서 최선을 다했지만, 그러면서도 그는 또한 본질에 있어서는 교향곡이나 오페라처럼 풍요로운 음악을 창작하려고 노력했다. 게다가 그는 워너 브러더스에서 특별한 존재였기 때문에 — 그는 유럽의 거장으로 대접을 받았으며, 그의 존재는 워너의 위신을 높여 주었다 — 1년에 2편 이내의 영화 음악을 만들기만 하면 되었다. 그는 매 편마다 몇 달에 걸쳐서 작업을 했다. 그는 피아노 앞에 앉아서 영화를 몇 번이고 보고 또 보면서 각 부분마다 되풀이해서 연주를 해보고는 했다. 그리고 그 결과로 「로빈 후드」의 활쏘기 대회 장면이나 대관식 장면에서처럼 화성의 풍부함과 대위법적인 탁월함으로 빛나는 음악들이 탄생했다. 이 음악들은 하나하나가 대단히 뛰어난 곡들이다(노팅엄 성에서의 연회 장면 음악처럼 옛 영국 음악 형식을 빌린 춤곡과 함께 이 곡들은 아마도 가장 훌륭한 음악일 것이다). 이것들보다 뛰어난 곡이 있다면, 그것은 마지막 곡이다. 이 곡은 주인공 로빈 후드의 주제(세 번째로 나오는, 가장 우아한 변주이다)에 대한 일련의 화려한 전조와 변주이다. 「로빈 후드」는 할리우드가 어떻게 만들면 되는지를 잘 알고 있는 유쾌한 판타지이다. 그리고 이 영화가 주는 즐거움을 더욱 크게 해주는 데는 음악이 결정적인 역할을 해냈다. 〈고전적인〉 할리우드 — 「로빈 후드」가 가장 좋은 예가 되는 스튜디오 전성기의 — 영화 음악은 〈낭만적인〉 시대의 음악 예술의 찬란하게 빛나는 후예로 대우받아야 한다.

1960년대로 향하는 새로운 경향

그러나, 1940년대 초에 이미 몇몇 작곡가들은 할리우드 영화 음악의 기존 형식을 서서히 깨고 있었다. 1941년에 출간된 명석한 소론에서 에런 코플런드는 영화 음악 작곡가들이 꼭 19세기의 교향곡 형식에만 매달려야 할 필요가 있는가 하는 의문을 제기하였다. 호의적인 아웃사이더였던 코플런드는 간간이 할리우드로 와서 4편의 메이저 독립 영화 「생쥐와 인간」(1939), 「우리 읍내」(1940), 「붉은 망아지The Red Pony」(1948), 「사랑아 나는 통곡한다The Heiress」(1949)에서 중요한 영화 음악들을 작곡했다. 이 작품들 모두에서 그는 주악상을 쓰지 않고 자신의 독특한 현대적 작풍으로 곡을 썼다. 그럼에도 그가 할리우드의 안팎에 끼친 영향력은 매우 컸다. 그는 1949년에 「붉은 망아지」 모음곡으로 퓰리처상을 받았고, 「사랑아 나는 통곡한다」의 영화 음악으로 아카데미상을 받았다.

코플런드의 경우는 같은 시기에 활동했던 버질 톰슨(명료한 영화 음악론을 쓴 이론가이기도 하다), 세르게이 프로코피예프, 윌리엄 월턴 등 다른 세 사람의 작곡가들과 거의 비슷하다. 코플런드와 마찬가지로 이 세 사람은 모두 엄격한 고전 음악 훈련 과정을 거친 후 콘서트 작곡가가 되었고 각자는 자신들만의 특유한 작풍을 발전시켰다. 그들의 작풍은 조성(調性)과 (신)고전주의 형식의 사용에 있어서는 보수적이었고, 조국의 멜로디를 사용하는 데 있어서는 민족주의적이었고, 화성, 관현악 편성, 감정적 음조에 있어서는 현대적이었다. 영화 음악 작업에서 본다면 이들은 모두 특정의 감독들과 밀접한 관계를 가지고 소수의 작품들을 남긴 것으로 유명하다(코플런드는 마일스톤, 프로코피예프는 에이젠슈테인, 톰슨은 로렌츠와 플라어티, 월턴은 올리비에). 그리고 마지막으로 가장 중요한 공통점은 그들은 각자 자신들의 음악을 연주용 작품으로 다시 손보았고, 그 곡들은 현대에 와서 단골로 연주되는 명곡 리스트에 올랐다는 점이다. 그 첫 번째가 톰슨이었다. 그는 「평원을 간 쟁기The Plow that Broke the Plains」와 「강The River」(1936년과 1937년에 개봉된 다큐멘터리), 이 두 작품의 곡들로 모음곡을 만들었다. 그리고 그 역시 코플런드에 1년 앞서 「루이지애나 이야기Lousiana Story」의 관현악 조곡으로 퓰리처상을 받았다. 명곡 리스트들 중에서 가장 널리 공연되는 곡은 아마도 프로코피예프가 「알렉산드르 네프스키」(1938)를 위해서 작곡한 칸타타일 것이다. 실제로 최근의 몇몇 경우에 원곡은 무성 영화 음악처럼 영화 상영에

「로빈 후드의 모험」(1938): 에리히 콘골드의 음악이 클라이맥스인 로빈(에롤 플린)과 사악한 악당 기스번(배절 래스본)의 칼 싸움 장면에 극적 분위기를 더해 주고 있다.

생음악으로 반주되는 경우도 있었다(그 이유는 당시 소련의 녹음 기술이 열등해서 사운드트랙을 만드는 데 어려움을 겪었기 때문이다. 한편 대부분의 에이젠슈테인의 대작 영화들은 음악을 제외한다면 대사나 음향 효과가 거의 없었다). 월턴이 올리비에 감독의 셰익스피어 3부작「헨리 5세Henry V」(1944),「햄릿Hamlet」(1948),「리처드 3세Richard III」(1955)를 위해 작곡한 영화 음악 모음곡들은 무수히 많은 음반으로 만들어졌고, 이러한 음반들은 작품이 가지고 있는 다양한 영역과 생명력을 반영하는 여러 해석에 의해 연주된 곡들로 이루어져 있다.「네프스키」와「헨리 5세」의 영화 음악은 최고의 유성 영화 음악의 반열에 올랐고 할리우드 밖에서 활동한 중요한 감독의 영화 음악에 주어진 특별한 지위의 상징이다. 에이젠슈테인은 프로코피예프와 작업하는 과정에서의 상호 작용에 관한 글을 여러 번에 걸쳐 썼는데, 그 글에서 그는 촬영한 필름들을 음악에 맞추기 위해서 시퀀스를 다시 편집한 경우에 대하여 이야기했다. 가장 유명한 예는「네프스키」의〈빙원에서의 전투〉일 것이다. 그리고 그 영향력을 보여 주는 한 예로, 올리비에와 월턴은「헨리 5세」의 아쟁쿠르 전투 장면에서 이 장면을 거의 비슷하게 모방했다. 에이젠슈테인이 이 장면의 도입부에 관해서만 쓴 분석적인 글에서 프로코피예프에게 경의를 표하는 방식 역시 중요하다. 문제의 소지가 있기는 하지만, 이 글은 우리에게 음악과 촬영된 영상의 관계에 대한 정교하고 면밀한 고찰을 처음으로 보여 준다.「헨리 5세」 역시 시작부터 이러한 관계를 보여 준다. 팔랑거리는 연극 포스터가 보이는 첫 장면에 플루트 독주가 깔리고, 카메라가 런던 시가의 미니어처 위로 팬*pan*하면서 글로브 극장 위까지 훑어 가면 장엄한 합창곡이 들린 다음, 극장 소속의 음악가들이 연주하는 서곡으로 엘리자베스 1세 시절 분위기의 행진곡을 연주한다. 전체적으로 대단한 독창성을 보여 준다. 전통 영국 음악의 분위기를 가득 담고 있지만, 음악은 대단히 현대적이며 셰익스피어에 대한 혁신적인 해석에 잘 어울린다. 영화의 마지막 부분을 보면 올리비에가 작곡가에게 얼마나 감사해 하고 있는지가 잘 드러난다. 아쟁쿠르 찬가가 올-스톱스-아웃*all-stops-out*으로 연주되면서 크레디트 타이틀이 올라가고,〈음악 | 작곡 | 윌리엄 | 월턴 | 지휘 | 무이르 마티슨 | 연주 | 런던 심포니〉라는 자막에서 음악은 절정에 이른다. 전시의 애국적인 수고를 마다하지 않고 프로코피예프에게서 단서를 얻어 이 작품을 (화면 밖의 연주자들에 의해 연주된 성악곡이 자주 사용된) 영화적 오페라로 만든 작곡가는 이런 식으로 소중히 모셔졌다. 민족주의적이고 서사적인 품격으로 인해 이 영화들은 다소 시대에 뒤떨어진 듯 느껴질 수도 있다. 그러나 그 작품들의 혁신적인 음악 사용은 신선하게 남아 있다.

할리우드 내외의 혁신

1940년대와 1950년대에 많은 할리우드 외부의 영향력 있는 감독들 역시〈영화 음악〉의 진부함에서 벗어날 수 있는 길을 다양한 방법으로 모색하고 있었다. 아마도 가장 급진적인 방식은 가능한 한 음악을 쓰지 않는 것이었다. 예를 들어, 부뉴엘과 베리만의 몇몇 영화에는 음악이 없고 따라서 전반적으로 쓸쓸한 분위기를 자아낸다. 또 다른 방식은 아주 간단한 독주 음악을 쓰는 것이다. 이 방법은 비용 절감에 효과적이면서 또한 특정한 장면을 암시하거나 강렬한 분위기를 만드는 데도 모두 효과적이었다. 이러한 접근 방식을 취한 2편의 유명한 예가 안톤 카라스의 치터 솔로 음악만을 쓴「제3의 사나이The Third Man」(1949)와 나르시소 예페스의 잊을 수 없는 기타 선율을 사용한「금지된 장난Jeux interdits」(1952)이다. 몇몇 감독은 고전 음악곡들 중의 한 작품을 그대로 가져다 씀으로써(프리츠 랑이「M」에서 썼던 방식이다) 같은 방향으로 가는 다른 길을 택했다. 이런 방식은 1960년대에 이르러 그전의 시기에 비해 훨씬 일반적인 것이 되기는 했지만, 매 10년마다 중요한 예를 발견할 수 있다. 라흐마니노프의 피아노 협주곡 2번을 쓴「밀회Brief Encounter」(1945)와 모차르트의 미사곡 C단조를 쓴「사형수 탈옥하다Un condamné à mort s'est échappé」(1956)가 그러한 예에 속한다. 그렇지만 대부분의 감독들은 살아 있는 작곡가들에게 계속 많은 음악을 의뢰했다. 이러한 영화 음악들이 형식 또는 기능에 있어서 할리우드의 규범과 다른 이유는 영화 작가들이 자신들의 작품에 대해 직접적인 통제권과 (대개는 오랜 공동 작업을 통해 지속되는) 작곡가들에 대한 믿음을 가지고 있었고 새로운 음악 형식의 진가를 인정하고 있었기 때문이었다. 그 예는 파월과 프레스버거, 매켄드릭 (그리고 일링Ealing 코미디의 다른 감독들), 오퓔스, 펠리니, 바이다, 그리고 미조구치의 영화에서 많이 볼 수 있다. 이 모든 감독들은 그 10년 동안에 위대한 영화들을 만들었고, 그들이 보여 준 혁신적인 영화의 핵심 요소로서의 음악의 힘에 대한 감수성으로 인하여 충분한 주목을 받았다.

웰스, 프레민저, 와일더, 히치콕, 와일러 그리고 스터지스

메릴린 먼로 (1926~1962)

노마 진 모르텐슨이라는 이름으로 1926년 6월 1일 로스앤젤레스에서 태어난 메릴린 먼로는 어린 시절을 양부모의 집과 고아원을 전전하며 보냈다. 그녀는 아버지가 누구인지 전혀 알지 못했고, 어머니는 그녀가 다섯 살 때 정신병자 시설에 맡겨졌다. 16세에 그녀는 학교를 중퇴하고 결혼했다. 1944년 방위 산업체의 공장에서 일하던 그녀는 종군 사진가의 눈에 띄어 모델로 데뷔, 핀업 걸이 되었다. 2년 후, 그녀는 20세기 폭스와 영화 출연 계약을 체결함으로써 어릴 적부터 가지고 있던 꿈을 실현시켰다. 그녀는 머리를 노랗게 물들이고 이름을 메릴린 먼로로 바꿨다.

영화의 하찮은 단역조차 치열한 경쟁을 거쳐야 하는 상황이었지만, 성공에 대단한 집념을 보였던 먼로는 촬영이 없는 날에도 스튜디오에 나타났고, 연기 수업을 받기 위해 돈을 썼다. 이후 4년 동안 그녀는 그저 〈금발의 소녀〉라는 이름의 대사 없는 단역을 여러 번 맡다가, 「아스팔트 정글」(1950)에 출연함으로써 마침내 모델에서 배우로 한 걸음 더 나아갔다. 그녀는 이 영화에서 부정직한 변호사의 정부 역할을 맡았고, 몇 분 정도밖에 안 되는 출연 시간 동안 천진난만하지만 곤궁에 빠진 여인의 처지를 세부적으로 잘 묘사해 냈다.

1953년 개봉된 3편의 영화는 먼로를 스타덤에 올려놓았다. 그녀의 출연작들 중에서 가장 유명한 이 영화들은 「나이아가라」, 「신사는 금발을 좋아해」, 「백만장자와 결혼하는 법」이었다. 그녀는 뒤의 2편에서 코믹 연기에 재능을 보여 주었고, 그녀의 에로틱한 이미지가 복합적임을 잘 보여 주기는 했지만, 그녀의 몸매와 춤, 그리고 숨 막힐 정도로 육감적인 목소리는 그녀를 할리우드 최고의 금발 섹스 심벌의 자리에 올려놓았다. 먼로가 표현해 내고 찬양한 여성적 매력은 진부한 표현의 수준까지 올라갔으며, 조롱의 대상이 되었다. 그러나 먼로가 자신의 몸을 드러내기를 좋아하고 그 반응을 즐긴 것 자체는 순진무구한 행위이고, 따라서 그녀의 과장된 성적 매력도 타고난 듯이 받아들여졌다. 그녀가 남자들에게 어떤 느낌을 던져 주었다는 사실, 그리고 정작 그녀는 그 느낌이 무엇인지 알지 못했다는 바로 그 차이점으로 인해 조롱의 대상이 되었다. 이후 그녀의 많은 후계자들과는 달리 그녀는 총체적인 성적 매력을 풍기는 방법을 알고 있었고, 동시에 천진난만했다. 먼로의 매력은 이러한 모순들을 하나로 만드는 능력, 그리고 기존의 환상을 깨고 그 환상으로 오염된 여성적 매력을 순화시켜 있는 그대로 보게 만드는 능력에 있었고, 그 결과 그녀는 리 스트라스버그가 그녀의 장례식에서 이야기한 것처럼 〈전 세계 사람들에게…… 영원한 여성의 상징〉이 되었다.

역시 마찬가지였다. 1940년대 할리우드의 위대한 감독들이었던 이들은 위험을 감수하며 기존의 형식에 도전하는 음악을 만드는 작곡가들을 선호했다. 예를 들어, 웰스가 버나드 허먼을 뉴욕에서 RKO로 불러 「시민 케인」(1941)의 작곡을 맡긴 것도 그런 이유에서였다. 그리고 그의 영화 음악은 영화와 마찬가지로 빛나는 아이디어들로 가득 차 있었다. 특히 처음으로 영화 음악을 작곡한 사람에게서 나온 감동적인 작품들이었다. 프레민저가 그때까지 폭스 소속의 편곡자로 일했던 데이비드 라스킨에게 「로라Laura」(1944)의 영화 음악을 작곡할 기회를 줌으로써 또 한 명의 놀라운 신참이 등장했다. 제작자 셀즈닉과 같이 활동했던 와일더와 히치콕은 「이중 배상」(1944)과 「망각의 여로」(1945)의 음악을 미클로슈 로서에게 맡겼고, 그 결과 그는 현대 심리 드라마와 누아르 영화의 대가라는 칭호를 얻게 되었다. 와일러는 그 당시까지 주로 관

「신사는 금발을 좋아해」(하워드 호크스)는 그녀가 출연한 영화와 스튜디오가 광고를 통해서 만들어 낸 먼로의 두드러진 이미지와 모순되는 작품이다. 로렐라이 리로 출연한 그녀는 자신의 성적 매력을 통제해서 자신이 원하는 것, 즉 백만장자 신랑감을 얻어 내는 데 사용한다. 이것은 그녀에게 힘을 부여하고 따라서 위협적이다. 이러한 공격적인 성적 매력과 영화의 중심을 이루는 여성 간의 우정의 힘은 나중에 먼로가 맡았던 역할들과 대조를 이룬다. 나중의 역할들에서 보이는 순진하고 수동적인 여자다움은 필연적으로 연약함, 희생과 연결된다.

1953년 11월에 있었던 「백만장자와 결혼하기」의 시사회에서 평론가들과 관객들은 같이 출연했던 로렌 바콜과 베티 그레이블을 제쳐 두고 먼로에게 시선을 집중시켰다. 그녀는 폭스 최고의 스타였고, 계속해서 섹스 코미디에서 배역을 맡았다. 그녀가 가진 재능에 걸맞은 작품들은 아니었지만, 가르보와 마찬가지로 그녀는 그저 봐줄 만하지만 어설픈 영화에도 출연했다. 하지만 먼로는 그녀에게 주어진 시나리오들이 점차 마음에 들지 않았고, 좀 더 도전해 볼 만한 다양한 역할들을 하고 싶어 했다. 1954년 그녀는 리 스트라스버그의 액터스 스튜디오에서 공부하기 위해 뉴욕으로 물러났다. 평론가들은 이번에는 그녀가 〈허세〉를 부린다며 조롱했다. 그녀의 재치 있는 말들을 자신도 모르는 채 어쩌다가 하는 말로 무시해 버렸던 바로 그 해설자들은 그녀의 연기에서 어떠한 재능의 증거도 보기를 거부했다. 그녀가 배우로서의 자질을 가지고 있는가 없는가는 오늘날에도 논쟁의 대상이 되고 있다. 그녀의 재능이 인정받지 못하는 이유는 바로 그녀가 계속해서 관객들을 매료시킨 바로 그 이유, 즉 그녀가 스크린에서 완전히 타고난 듯 연기를 펼칠 수 있는 능력을 가졌다는 사실이다. 매칸이 이야기한 대로(1988), 〈그녀는 개성의 맨 위에 있는 껍질을 벗어 던지는 데 성공했고, 우리가 사랑 또는 외로움, 즐거움 또는 고통의 본질을 꿰뚫어 보고 있다고 믿게 만듦으로써 우리의 용기를 북돋우는 데 성공했다〉. 먼로가 자신이 맡은 역할에 생명을 불어넣으면 스크린은 우리에게 먼로한테 개인적으로 접근하는 느낌을 갖게 만든다. 이러한 능력이 배워서 가능한 것인가는 논쟁의 여지가 있다. 먼로 자신의 경험, 특히 어린 시절의 경험을 이용하는 스트라스버그식의 혹독한 연기 훈련이 아마도 그녀가 출연한 말년의 영화들에서 볼 수 있는 정서의 표현 방식에 영향을 미쳤을 것이다.

할리우드로 돌아와 처음으로 출연한 영화 「버스 정류장」(1956)으로 그녀는 그녀의 연기력을 의심하던 수많은 평론가들을 침묵시켰다. 가난한 나이트클럽 가수 체리로 출연한 그녀는 성적 매력, 코미디, 그리고 페이소스가 결합된 미묘한 연기를 보여 주었다. 이로 인해서 감독이었던 조슈아 로건은 〈내가 알고 있는 어떤 배우보다도 천재에 가깝다〉고 극찬했다.

◂ 1954년 주한 미군 위문 공연을 하는 메릴린 먼로. 그녀는 훗날 이 공연을 그녀의 인생에서 가장 의미 있는 일이었다고 말했다.

그러나 이 시점에서부터 믿을 수 없는 사람이라는 소문, 병, 그리고 쏟아지는 언론의 주목으로 인한 개인적인 문제 등으로 인해서 먼로의 경력이 꼬이기 시작한다. 그녀는 「뜨거운 것이 좋아」의 촬영 기간 내내 악전고투했고, 그럼에도 놀라운 코믹 연기를 보여 주었다. 여성 쇼단의 가수인 슈거로 출연한 그녀는 무일푼이면서도 백만장자인 척하는 토니 커티스와 사랑에 빠진다. 로렐라이 리와는 정반대로 슈거는 정에 약한 여성이다. 부자 남편을 찾으려는 그녀의 노력은 눈물겹지만 실패한다. 그리고 그녀는 음모와 속임수에 희생된다.

「뭔가를 줘야 해Something's Got to Give」의 촬영장에서 해고된 지 몇 주 후인 1962년 8월 약물 과용으로 사망함으로써 먼로는 스크린의 전설로 굳어졌다. 그녀는 영원히 젊고 아름다운 모습으로 남게 되었고, 스타라는 자리를 감당해 내지 못한 비극적 희생양으로 못 박혔다. 죽은 지 수십 년이 지난 후에도 메릴린 먼로의 모습은 어디에나 있으며, 그녀의 전설은 여전히 막강한 힘을 발휘하고 있다. 다른 스타들에 대한 것 이상으로 〈진짜 메릴린〉을 이해하고 소유하고 싶은 강박 관념이 대중들에게는 있다. 그러나 그녀의 생애에 대한 진실이나 그녀의 죽음에 대한 새로운 사실이 밝혀진다고 하더라도 그것들은 그녀의 신화에 새로운 신비를 더하는 것에 불과하다. 스크린 최고의 여신이자 할리우드 스타덤의 극치였던 메릴린 먼로와 스튜디오 시스템이 함께 사라진 것은 어쩌면 당연한 것인지도 모른다.

케이트 비섬

▪▫ 주요 작품

「아스팔트 정글The Asphalt Jungle」(1950); 「이브의 모든 것All about Eve」(1950); 「나이아가라Niagara」(1953); 「신사는 금발을 좋아해 Gentlemen Prefer Blondes」(1953); 「백만장자와 결혼하는 법How to Marry a Millionaire」(1953); 「돌아오지 않는 강River of no Return」(1954); 「쇼 비즈니스만 한 사업은 없다There's no Business like Show Business」(1954); 「7년 만의 외출The Seven Year Itch」(1955); 「버스 정류장Bus Stop」(1956); 「왕자와 무희The Prince and the Showgirl」(1957); 「뜨거운 것이 좋아Some Like it Hot」(1959); 「사랑합시다Let's Make Love」(1960); 「야생마와 여인The Misfits」(1961).

▪▪ 참고 문헌

McCann, Graham(1988), *Marilyn Monroe.*
Spoto, Donald(1993), *Marilyn Monroe: The Biography.*

현악 편곡자로 일했던 프리드호퍼에게 기회를 주었고, 그 결과로 「우리 생애 최고의 해The Best Years of our Lives」(1946)의 영화 음악은 코플런드의 작풍과 아주 많이 비슷한, 할리우드 사상 가장 완벽한 영화 음악의 하나로 인정받게 되었다. 마지막으로 스터지스는 ― 이 경우에는 뉴먼 자신이 작곡가이자 지휘자였다 ― 훌륭하게 만들어 낸 「당신의 바람둥이Unfaithfully Yours」 안에서 로시니, 바그너 그리고 차이코프스키를 대단히 재치 있게 패러디했다. 게다가 이 영화는 놀랍도록 자기반성적이며, 〈영화 음악〉의 목적이 무엇인지를 미묘하게 증명해 보인다. 디에게시스와 외부의 차이를 흐리게 하여 이 영화는 음악에 의해 〈지휘되는〉 꿈을 표현함으로써 음악이 우리의 상상력을 통제하는 힘과 가장 특이한 환상을 현실처럼 보이게 만드는 힘을 갖고 있다는 것을 보여 준다.

환상의 힘과 자기반성적인 태도는 또한 와일더의 「선셋 대로」(1950)의 본질과 형식에 기여했다. 이 영화는 점차 커지고 있던 1950년대의 모더니즘 유행의 시작을 알렸고, 음악에 지대한 영향력을 끼쳤다. 왁스먼이 작곡한 「선셋 대로」 음악의 대부분은 놀라울 정도로 섬세하다. 영화 끝 부분에서 조 질리스가 노마 데스먼드의 집을 나가려고 시도하다가 살해당하는 장면에 깔리는 음악은 특히 인상적이다. 왁스먼은 D단조의 〈운명의 주제Fate Theme〉(작곡가 자신이 붙인 이름이다)로 시작되는 메인 타이틀 음악을 반복해서 사용했다. 하지만 귀에 거슬리는 원곡과는 달리 여기서는 음악이 거의 들리지 않으며 시종일관 〈느린 동작〉으로 진행됨으로써 뭔가 불안하고 조가 의식하지 못한 상태에서 꿈속으로 말려들고 있음을 암시하는 듯한 효과를 낳는다. 영화의 클라이맥스 — 특히 노마가 광기에 빠져 드는 장면 — 에서 왁스먼은 과장된 위력을 과시하며 의도적으로 밀고 들어오는 듯한 음악으로 옮겨 가서 처음에는 스트라우스의 〈살로메〉를 의도적으로 패러디한 음악으로 시작해서 마지막에는 충격적인 장조 종지음으로 급작스럽게 끝난다. 이것은 1940년대의 필름 누아르 음악에 근거를 두고 있으며, 그 후 수많은 미국의 〈문제 영화〉들에서 꽃을 피웠던 표현주의 형식의 음악이다.

1950년이 되면 할리우드에서조차 전통적인 낭만주의적 스타일이 중심의 자리에서 밀려나게 된다. 스튜디오가 소유하고 있던 극장 체인의 와해, 독립 제작 영화의 꾸준한 성장, 와이드스크린의 도입, 스테레오 사운드와 자기 트랙의 채용 등과 같은 새로운 국면이 전개됨에 따라 다양한 형식들에 대한 수용 범위는 점차 넓어져 갔다. (MGM이 제작한) 새로운 일련의 화려한 뮤지컬, 무조(無調) 음악, 재즈풍, 성서 소재의 서사 영화에 쓰인 〈정격〉 선법(旋法), 서부 영화에 쓰인 포크 계열의 발라드 등의 새로운 형식들이 들어와서 움직이기 시작했고 나란히 시도되고 검증되었다. 그렇기는 하지만 어떠한 표현 양식이건 간에 1950년대는 할리우드의 심포니적인 작품들의 〈황금시대〉임은 분명했다. 스타이너, 뉴먼, 왁스먼 등과 다른 기존의 노장들은 앙드레 프레빈, 알렉스 노스, 레너드 로젠먼, 엘머 번스타인, 헨리 맨시니 등, 이 시기에 활동을 시작한 젊은 동업자들과 어깨를 나란히 하며 작곡을 계속해 나갔다.

이러한 이름들에 덧붙여, 여기에서 앨프리드 히치콕과 버너드 허먼의 공동 작업을 기억해 보는 것은 연대기적으로도 적절하고 미학적으로도 중요한 일이다. 이 두 사람의 공동 작업은 1955년 「나는 비밀을 안다The Man who Knew Too Much」부터 시작해서 11년 후 「찢긴 커튼Torn Curtain」의 음악이 거부당하면서 파멸에 이르기까지 계속됐다. 그 사이인 1958년부터 1960년까지 「환상(幻想)Vertigo」, 「북북서로 진로를 돌려라North by Northwest」, 「사이코Psycho」 등으로 이 두 사람의 감독과 작곡가로서의 업적은 절정에 이른다. 이 3편의 영화 음악이 허먼의 작품임은 분명하지만 형식에서 보면 각기 전혀 다르다. 이들은 바그너의 「트리스탄」을 연상시키는 열정적인 낭만주의적 비극, 환상적이고 충동적인 리듬을 가진 원기왕성한 코믹 댄스 음악, 현악 합주만으로 연주되는 어지럽고 복잡하며 현대적인 작품들을 연속적으로 내놓았다. 이 3편의 작품은 모두 매력적이다. 이 작품들이 솔 바스의 자막에 맞춘 눈부신 〈서곡〉들로 시작하기 때문이고, 음악이 영화 전편에 걸쳐 매혹적인 구조를 가지고 지속적으로 전개되기 때문이며, 음악이 히치콕이 가진 관음주의적 냉담함에 대해 균형을 잡아 줌으로써 심리적인 깊이와 열정으로 작용하기 때문이다. 이러한 균형 감각은 실제로 영화 음악 역사에서 찾아보기 힘든 미묘한 것이며, 우리는 여기에서 좋은 영화 음악은 〈음악이 영화를 진전시키는지 아니면 영화가 음악을 나아가게 만드는지 구분할 수 없게 만든다〉는 허먼의 언급(그는 콕토의 말이라고 추정한다)을 떠올리지 않을 수 없다. 이 경구는 우리가 영화 음악의 미래를 향해 나아갈 때 우리에게 좋은 지표가 될 수 있을 것이다.

참고 문헌

Copland, Aaron(1941), *Our New Music*.

Eisenstein, Sergrei(1992), *Towards a Theory of Montage*.

Gorbman, Claudia(1987), *Unheard Melody*.

Kalinak, Kathryn(1992), *Settling the Score: Music and the Classical Hollywood Film*.

Karlin, Fred(1994), *Listening to Movies: The Film Lover's Guide to Film Music*.

Palmer, Christopher(1990), *The Composer in Hollywood*.

Prendergast, Roy M.(1992), *Film Music, a Neglected Art: A Critical Study of Music in Films*.

Thomas, Tony(1991), *Film Score: The Art and Craft of Movie Music*.

Thomson, Virgil(1932), "A Little about Movie Music".

테크놀로지와 혁신

존 벨튼

1920년대 말에 있었던 유성 영화로의 전환은 음향의 도입 그 자체를 넘어서서 영화 기술의 근본적인 변화를 주도했다. 음향 혁명은 영화 표현 영역에서 일련의 다른 실험들을 촉발시켰다. 이러한 실험들은 결국 1950년대의 두 번째 기술 혁명으로 이어져서 와이드스크린 영화, 컬러, 스테레오 녹음, 자기 녹음 등이 도입되었다. 물론 컬러는 1930년대와 1940년대 내내 영화에 화려한 구경거리를 만들어 넣기 위해서 조금씩 이나마 계속 쓰여 왔다. 그러나 이 기간 동안에 만들어진 컬러 영화의 숫자는 극히 일부분이었고, 컬러가 전체 영화계에 광범위하게 확산된 것은 1950년대에 들어서였다.

사실, 이 〈두 번째〉 기술 혁명이 일어나기까지 얼마나 오랜 시간이 걸렸는가 하는 점은 아직도 관심을 끈다. 1920년대 후반에 그 기원을 두었는데도 전면적인 현실화는 왜 1950년대에 가서야 이루어졌는가? 유성 영화로의 전환은 4년도 안 돼서 이루어졌다. 하지만 와이드스크린과 컬러가 제작과 상영의 표준으로 자리 잡기까지는 20년이 넘게 걸렸다. 이 세 가지 발명들은 모두 1930년대 중반에 이르러 영화업계에 채택되기에 충분할 만큼 기술적인 발전을 이루었다. 하지만 첫 번째 와이드스크린 혁명은 1930년대 말에 이미 실패로 끝났고, 매년 소수의 영화에만 사용되었던 컬러 영화 제작은 1930년대와 1940년대 동안에는 주류를 이루었던 흑백 영화의 보조 수단에서 조금씩 세력을 확장해 갔다.

1930년대에서 1960년대에 이르는 기간에는 또한 줌 렌즈의 출현과 입체 영화 같은 몇몇 부수적인 발전뿐만 아니라 전심 초점 촬영, 질산염 기저 필름에서 아세테이트 기저 필름으로의 전환 등 또 다른 몇몇 주요한 기술 발전들이 이루어졌다. 역설적이게도 이 모든 기법과 기술들 역시 1920년대와 1930년대 초에 그 기원을 두고 있으며, 줌 렌즈와 입체 영화만이 음향과 컬러, 와이드스크린의 발전을 촉진시켰던 것과 같은 예전 기술의 새로움과 유사하다고 할 수 있다.

과도기

1890년대의 탄생 시절부터 영화는 대개 무대에서 벌어지는 쇼 같은 다른 구경거리를 위주로 한 여흥 프로그램의 한 부분이었다. 1910년대 말과 1920년대 호화 영화관들에서는 서곡 연주, 코미디 극, 춤, 노래 등이 동시에 공연되었다. 영화에는 오케스트라나 오르간 반주가 곁들여졌고, 오케스트라나 오르간의 연주 자체가 별도의 〈콘서트〉로도 편성되었다. 초기 유성 영화들, 그중에서도 인기 있었던 보드빌을 담은 워너 브러더스의 〈바이타폰〉 단편 영화들과 화제가 되었던 사건이나 유명 인사들을 주로 다루었던 폭스의 〈무비톤〉 뉴스 영화들은 보드빌 극장이나 호화 영화관들에서 상영되던 다양한 볼거리들을 보통의 동네 극장으로 가져와 재생하기 위한 역할을 했다.

최초의 장편 유성 영화들마저도 무성 영화라면 내러티브를 써야 할 부분에 유성 장면을 넣거나 움직임이 많은 장면을 삽입함으로써 이러한 상영 방식을 그대로 가져왔다. 예를 들어, 「재즈 싱어」(1927)에는 대사와 노래가 들어간 짧은 시퀀스들이, 대사는 없고 음악 반주로만 이루어진 긴 액션 장면들 사이사이에 박혀 있다. 이러한 초기 영화들에서 대부분의 짜릿함은 무성에서 유성으로의 갑작스럽고 극적인 전환에서 왔다. 오늘날에조차 이러한 음향의 전환은 음향이라는 매체를 전면으로 내세우는 일종의 극적인 장치의 역할을 하고, 무성으로의 복귀는 극적인 효과를 늦추는 일종의 가로막음으로 작용한다.

음향 이외의 새로운 기술들을 가지고 행해졌던 실험들의 특징은 상영에 있어서의 스펙터클이라는 개념으로 모아진다. 와이드스크린과 대형 화면 상영은 이 시기에 주기적으로 되풀이되면서 변형된 영상의 크기로 사람들을 놀라게 만들었다. 예를 들어, 일부분을 폴리비전Polyvision으로 촬영한 아벨 강스의 「나폴레옹」(1927)에서는 이야기가 절정에 이르는 순간에 단일 화면 영사에서 삼중 화면 영사로 확장된다. 영사되는 영상의 넓이가 세 배로 늘어나는 것이다. 강스는 몇몇 장면을 서로 연동시킨 세 대의 35mm 카메라로 촬영했다. 이 카메라들은 나란히 장착되어 전경을 세 벌의 각각의 필름에 기록했다. 다른 장면들에서는 3개의 스크린 표면에 독립된 화면들의 모자이크식 영상을 만들어 내서 중심 이미지를 다른 인접 이미지들과 병치시켰다.

거의 같은 시기에 파라마운트는 매그너스코프Magna-scope라는 이름의 새로운 영사 기법을 실험했다. 매그너스코프에는 특수 제작된 광각 영사 렌즈가 사용되었다. 이 렌즈를 통해 영사하면 영상은 당시의 표준이던 15×20피트 크기에서 30×40피트 크기로 확대돼 관객들을 압도했다. 1926년 12월, 리볼리Rivoli 극장은 해양 서사극 「낡은 철갑선Old

Ironsides」의 두 시퀀스를 매그너스코프 렌즈로 영사했다. 폴리비전과 마찬가지로 영사된 이미지의 갑작스럽고 충격적인 확대로 볼 만한 구경거리를 제공하기 위한 시도였다.

컬러

마찬가지로, 컬러 촬영에 대한 초기 실험들의 결과로 컬러 시퀀스를 포함한 흑백 영화와 컬러 단편 영화들이 제작되었고 이로 인해 새로운 기술은 진기한 것이라는 개념이 더욱 강해졌다. 1926년에서 1932년 사이에 제작된 영화 중에서 30편 이상의 영화에 하나 이상의 컬러 시퀀스가 삽입되었다. 이러한 컬러 시퀀스의 대부분은 「브로드웨이 멜로디」(1929), 「사막의 노래」(1929), 「재즈의 왕King of Jazz」(1930) 등에서처럼 뮤지컬 장면이거나 「아이린Irene」(1926)에서의 패션쇼 장면, 「결혼 행진곡The Wedding March」(1928)에서의 군대 행진 장면 같은 의식 행사, 「지옥의 천사들Hell's Angels」(1930)에서의 공중전 장면 같은 전투 장면 등이었다.

월트 디즈니는 1932년부터 1935년까지 테크니컬러Technicolor를 사용해서 애니메이션 영화를 만드는 독점권을 행사하면서 「꽃과 나무Flowers and Trees」(1932), 「아기 돼지 세 마리」(1933) 같은 아카데미상을 받은 단편 영화들을 제작했다. 테크니컬러에 지분을 소유하고 있던 파이오니어Pioneer 프러덕션은 1933년 아카데미 최우수 코미디 단편상을 수상한 3색 실사 영화 「라 쿠카라차La Cucaracha」를 시작으로 컬러 영화를 제작하기 시작했다.

촬영은 렌즈 뒤에 빛을 분산시키는 프리즘을 장착한 특수 카메라에 의해서 완성되었다. 분광기는 렌즈를 통해서 들어오는 빛의 일부분을 왼쪽으로 돌려서 2개의 통에 감광층이 맞닿도록 묶인 두 줄의 필름 위에 있는 조리개를 통과하게 했다. 위에 놓인 필름은 청색 정보를 기록했고, 뒷부분의 필름은 적색 정보를 기록했다. 빛의 나머지 부분은 카메라 뒤에 장착된 녹색 감도가 높은 네거티브 필름을 향해 렌즈를 곧바로 통과했다. 이러한 방식으로 각각의 네거티브 필름은 각기 다른 색깔의 흑백 정보를 기록했고, 다른 두 네거티브 필름과 결합하여 촬영된 장면의 원래 색깔을 재구축할 수 있었다.

1930년대 중반에 이르러 컬러는 더 이상 신기한 구경거리가 되지 못했다. 「오즈의 마법사」에서처럼 특별한 목적을 위하여 의도적으로 컬러로 전환시켜 특별한 구경거리와 환상을 만들어 낸 경우를 제외하고, 흑백 영화에 컬러 시퀀스가 삽입되는 경우는 더 이상 없었다. 실제로 컬러 영화의 대다수는 만화 영화[「백설 공주」(1938)], 뮤지컬[「골드윈의 미친 짓The Goldwyn Follies」(1938)], 서부 영화[「라모나Ramona」(1936), 「외로운 소나무의 시련Trail of the Lonesome Pine」(1936)], 그리고 시대극 또는 서사극들[「베키 샤프Becky Sharp」(1935), 「로빈 후드의 모험」(1938), 「바람과 함께 사라지다」(1939)]이었다.

1929년 와이드스크린의 표준을 정하기 위한 시도가 있었고, 그 결과 그랑되르Grandeur, 리얼라이프Realife, 바이타스코프Vitascope, 매그너필름Magnafilm, 내츄럴 비전Natural Vision 등 다양한 형태의 와이드 필름 처리 방법이 소개되었다. 매그너스코프는 표준이었던 35mm 필름을 확대해서 영상 입자 구조를 크게 보이게 하는 단순한 방식이었다. 그러나 다른 와이드스크린 방식은 56mm(매그너 필름)부터 65mm(그랑되르)에 이르는 실제 와이드 필름을 사용한 방식이었다. 이러한 방식들은 극장에서 대형 스크린에 영사되었을 때 훨씬 선명한 이미지를 보여 주었다. 그러나 컬러와는 달리 와이드스크린은 급속히 사라져 버렸다. 극장업자들 입장에서는 새 영사기와 스크린을 설치하기 위해서 엄청난 비용을 들여야 했기 때문이었다. 게다가 도심에 있는 몇몇 대형 호화 극장을 제외한다면 와이드스크린 방식을 도입하기 위해서는 전면적인 극장 개조가 필요했기 때문에 작은 극장들은 이러한 방식을 외면했다. 극장업자들은 이미 여유 자금을 새로운 음향 장비 도입을 위해 다 써버린 터였기 때문에 와이드스크린 기술에 추가로 비용을 지불할 능력이 있는 극장은 거의 없었다.

유성 영화로의 전이 기간 동안에 이루어진 컬러와 와이드스크린의 등장에는 참신한 상영 방식에 대한 시대적인 요구뿐만 아니라 기술적인 이유도 중요한 역할을 했다. 소리의 도입에 앞서 필름에 착색을 하거나 조색을 하는 방식으로 스크린에 컬러 효과를 내는 방식이 빈번히 시도되었다. 착색하기는 필름의 전체 또는 일부분을 염색용 용액에 담가서 한 가지 색깔을 내는 방식이었다. 밤 장면은 통상 푸른색을 착색했고, 낮 장면은 노란색, 석양은 주황색 등이었다. 조색을 하면 착색에 덧붙여 이차 색을 낼 수 있었다. 이 작업은 영상 자체가 가지고 있는 은 입자에 상호 작용을 일으키는 화학 반응을 이용하여 색을 변화시키는 작업이었다. 그러나 이 두 가지 방식은 모두 흑백으로 된 사운드트랙에 문제를 일으켜서 영상의 옆에 나란히 기록되어 있는 광학 음성 정보의 전달을 방해했다. 착색과 조색은 흑백의 농도에 따라 미묘한 변화를 일으키

초창기 사운드 기술: 방음 상자, 또는 〈블림프*blimp*〉 안에 카메라가 있는 것이 보이는 바이타폰 사운드 스튜디오의 모습.

는 사운드트랙에 문제를 일으켰다.

테크니컬러의 2색, 3색 처리 방식은 흑백으로 기록되는 원래의 사운드트랙 정보를 그대로 보전할 수 있는 프린트 방식을 채택해서 이러한 문제를 해결했다. 테크니컬러는 각각의 색깔마다 하나씩 독립된 흑백 네거티브 필름을 사용해서 철판면(凸板面) 또는 고무도장과 유사한 양각 이미지, 즉 주형들을 만들어 냈다. 각각의 주형들은 서로 다른 색깔의 염료에 적셔진 다음에 흑백의 사운드트랙이 기록된 빈 필름으로 옮겨졌다. 이러한 공정은 빈 필름 재료들이 염료를 빨아들였기 때문에 〈염료 흡수*imbibition*〉 프린팅이라고 알려졌으며 때로는 〈염료 전이*due transfer*〉 공법으로 불리기도 한다.

이미지 필름의 옆줄에 광학 사운드트랙이 첨가됨으로써 와이드 필름에 대한 실험이 유발되기도 했다. 사운드트랙이 덧붙여짐에 따라 필름에 영상 정보를 기록할 공간이 줄어들었다. 이렇게 줄어든 영상 영역이 표준 설비를 갖춘 극장의 스크린에 확대 상영되었을 때, 영사된 영상의 질은 확대된 입자 때문에 손실을 입게 되었고, 특히 매그너스코프 방식에서는 더욱 그러했다. 이 문제에 대한 한 가지 해결 방법이 와이드 필름이었다. 와이드 필름에서는 영상 정보를 기록할 공간이 획기적으로 확대되었고, 따라서 영사된 영상의 선명도와 해상도가 증가되었다.

〈총체적인 매력〉으로서의 영화 보기 경험이라는 새로운 개념은 1920년대와 1930년대에 있었던 입체 영화와 관련된 실험의 원인을 설명하여 준다. 플래스티그램Plastigram(1921)과 플래스티콘Plasticon(1922), MGM의 오디오스코픽스Audioscopiks(1938)는 모두 입체 사진(3-D) 기술에 의존하고 있다. 입체 사진 기술은 오른쪽 눈과 왼쪽 눈의 시각을 별도로 잡은 2개의 영상을 사용했다. 이 2개의 영상은 서로 다

그레그 톨런드 (1904~1948)

할리우드의 고전 영화 시대에 가장 중요한 촬영 감독이라고 할 수 있는 그레그 톨런드는 가장 영향력이 컸고 가장 혁신적이었다. 그는 독특한 자신만의 촬영 〈스타일〉을 가지고 작업한 유일한 할리우드 촬영 감독이었고, 그의 혁신적인 촬영 기법은 2차 대전 직전의 할리우드 전성기가 절정에 이르렀을 때 생겨난 고도로 양식화된 리얼리즘의 발전에 있어서 (아마도) 결정적인 요인으로 작용했다.

그레그 톨런드는 〈신동〉이었다. 1904년 5월 24일 일리노이 주 찰스턴에서 태어난 톨런드는 15세의 나이에 사환으로 영화계에 뛰어들었고, 1년도 안 돼서 카메라맨 조수로 일하게 되었다. 22세 때 촬영 기사 조지 반스의 조수가 되어 몇 년 동안 그를 스승으로 모시다가 27세에 할리우드의 최연소 〈제1촬영 기사〉가 되었다. 30세였던 1934년에, 미국촬영감독협회 American Society of Cinematographers(ASC)에 입회를 허락받았고, 그때부터 실제적인 면이나 기술적인 면, 그리고 예술적인 도전 모두에 정통한 최상의 기교파로서 할리우드에서 가장 영향력 있고 혁신적인 촬영 기사 중의 한 명으로 널리 인정을 받았다.

톨런드의 경력에서 중심 인물은 독립 제작자였던 샘 골드윈이었다. 1930년대와 1940년대에 톨런드는 그와 함께 37편의 영화를 촬영했고 이 영화들의 대부분은 최상급 제작진들이 참여한 〈일급 *prestige*〉 영화들이었다. 이 기간 동안에 골드윈은 톨런드를 계약으로 묶어 놓고 있었고, 톨런드가 다양한 조명, 렌즈, 렌즈 코팅 등등의 실험과 연구에 투자할 수 있도록 상당한 창작의 자유를 주었다. 그는 또한 톨런드가 촬영 조수들과 장비를 포함한 자신만의 〈촬영팀〉을 유지하도록 해주었다.

톨런드와 골드윈의 관계에서 아마도 가장 중요한 점은 윌리엄 와일러와 정기적으로 같이 일을 했다는 점이다. 톨런드는 「이 세 사람」(1936), 「와서 가져가」(1936), 「막다른 골목」(1937), 「폭풍의 언덕」(1939, 오스카 촬영상 수상), 「위대한 서부인」(1940), 「작은 여우들」(1941), 「우리 생애 최고의 해」(1946)에서 와일러와 같이 작업했다. 톨런드가 의도적으로 심도 깊은 구도, 연기의 복합적인 평면, 천장이 있는 세트(천장이 보이게 만들어진 실내), 명암 대조 조명 등에 중점을 두면서 자신만의 스타일을 발전시키기 시작한 것은 1930년대 말 와일러와 같이 일하면서부터였다. 그러기 위해서는 〈고감도〉 필름, 혁신적인 조명 기법, 매우 넓은 초점 범위를 가진 카메라 렌즈 등, 다방면에 걸친 실험이 필요했다.

톨런드는 존 포드 감독의 2편의 영화 「분노의 포도」(1940)와 「귀향」(1940)에서 자신만의 촬영 스타일을 더욱 다듬었다. 하지만 톨런드의 스타일이 가장 두드러지고 가장 체계적이고 효과적으로 사용되었으며 가장 널리 인정을 받게 만든 영화는 「시민 케인」(1941)이었다. 그의 기법을 가다듬은 것은 와일러와 포드의 영화였지만, 톨런드는 자신의 기술적이고 기법적인 관심사를 1편의 영화 안에서 마음껏 시도해 보고자 했다. 그는 「시민 케인」을 이런 실험을 대규모로 해볼 수 있는 기회로 보았다. 『포퓰러 포토그래피』 1941년 6월 호의 〈나는 「시민 케인」에서 어떻게 규칙을 깨뜨렸는가〉라는 제목의 기사에서 톨런드는 〈어떻게 촬영할 것인가 하는 점에 대해 첫 촬영이 시작되기 한참 전에 이미 계획을 세우고 심사숙고했다〉라고 말했다. 이러한 일은 그 자체가 〈할리우드에서는 대단히 이례적인 일이었다〉. 그 당시에는 일반적으로 촬영 감독들에게 촬영 준비를 위해서 겨우 며칠밖에 주어지지 않았기 때문이었다. 로버트 L. 캐린저는 제작에 관한 심도 깊은 연구에서 웰스와 톨런드는 〈두 사람 모두 혁명적인 열정의 정신을 가지고 이 영화에 임했으며, 웰스는 톨런드가 실험하도록 용기를 북돋워 주었을 뿐만 아니라 적극적으로 조장했다〉고 썼다.

톨런드는 웰스가 추구하던 특정한 효과들을 성취해 내기 위해서 혁신적인 시도를 계속해 나갔다. 그는 명암 대조 효과를 내기 위해서 백열 조명을 피하고 아크 조명을 사용했고, 어려운 조명 조건에서의 번쩍거림을 피하기 위해서 코팅 렌즈를 사용했다. 「시민 케인」의 외적인 표현과 이야기 구조

에 대한 자신들의 발상이 얼마나 인습에서 벗어난 것인가를 알기 위해서 웰스와 톨런드는 실제로 촬영 첫날을 촬영을 위한 시험을 하기 위해 허비했다.

톨런드가 「시민 케인」으로 아카데미상 수상 후보로 지명되었을 때, 그가 오선 웰스와 긴밀한 관계인 점, 그리고 그가 찍는 영상들이 정통적이지 않은 스타일을 가진 점 등을 들어 그의 작품들이 너무 유별난 것이 아닌가 하는 논의가 있었다. 다시 말하면, 톨런드가 웰스와 마찬가지로 상업 영화에서 지켜져야 하는 균형 감각, 즉 개인적인 작품 성취도와 자기를 내세우지 말아야 하는 전문가로서의 자세 사이에서 유지해야 하는 미묘한 균형을 깨뜨리고 있다는 말들이었다. 이어서 와일러와 작업한 「작은 여우들」(1941)에서는 그가 유연함을 가지고 있으면서도 자신의 스타일을 확실하게 보여 주는 바로 그 균형 감각을 가지고 있음을 더 확실하게 보여 주었다(영화가 대단원에 이르렀을 때, 허버트 마셜이 맡은 인물이 심장 마비로 사망한다. 이때 이 인물은 화면의 후경에 있고 베티 데이비스가 맡은 인물은 화면의 전경에 있으면서 뒤에서 무슨 일이 벌어졌는지를 모른다. 두 사람의 합성 장면은 마셜이 맡은 인물에 대한 초점이 약간 흐려지는 *out of focus* 〈톨랜드 숏〉에 의해 정점에 이른다).

제2차 세계 대전이 발발하자 톨런드는 남태평양으로 가서 존 포드와 함께 해군의 전시 촬영 부대에서 일했다. 그는 존 포드 감독과 함께 「12월 7일December 7th」을 포함한 무수히 많은 전쟁 다큐멘터리를 촬영했고, 이 기록 영화로 1943년 아카데미 최우수 다큐멘터리상을 받았다. 전쟁이 끝나자 톨런드는 다시 골드윈과 함께 일했는데, 그 시기에 만든 가장 뛰어난 작품이 와일러 감독과 만든 「우리 생애 최고의 해」(1946)이다. 와일러 역시 전쟁 중에 많은 다큐멘터리를 만들었다. 그리고 전쟁이 끝난 직후에 톨런드와 작업했다는 사실은 그가 좀 더 다큐멘터리적인 사실주의로 옮겨가고 있다는 징후를 보여 준 것이다. 그러나 톨런드는 전쟁이 끝난 할리우드에서 자신의 촬영 스타일을 더욱 세련되게 다듬을 시간을 그리 많이 갖지 못했다. 그는 1948년 9월, 44세의 나이에 심장 마비로 사망했다.

토머스 샤츠

주요 작품

「이 세 사람These Three」(1936); 「와서 가져가Come and Get it」(1936); 「막다른 골목Dead End」(1937); 「폭풍의 언덕Wuthering Heights」(1939, 오스카 촬영상 수상); 「간주곡Intermezzo」(1939); 「위대한 서부인The Westerner」(1940); 「분노의 포도The Grape of Wrath」(1940); 「귀향The Long Voyage Home」(1940); 「작은 여우들The Little Foxes」(1941); 「시민 케인The Citizen Kane」(1941); 「우리 생애 최고의 해The Best Years of Our Lives」(1946).

참고 문헌

Berg, Scott A.(1989), *Goldwyn*.
Carringer, Robert L.(1985), *The Making of Citizen Kane*
Higham, Charles(1970), *Hollywood Cameramen: Sources of Light*.
Toland, Gregg(1941), "Realism for 'Citizen Kane'".
Turner, George(1991), "Xanadu in Review: 'Citizen Kane' Turns 50".

◀ 전심 초점과 심도의 합성에서 그레그 톨런드의 장인적 솜씨를 보여 주는 「시민 케인」의 한 장면.

른 색깔의 필터를 통해서 촬영되었고, 극장에서 상영될 때에는 동일한 필터를 통해서 영사되었다. 필터들이 2개의 다른 시야를 펼쳐 보여 주면 관객들은 같은 필터가 달려서 그 2개의 다른 시야를 결합시켜 주고 오른쪽 눈과 왼쪽 눈의 시야를 원래의 영상으로 결합시켜 주는 안경을 쓰고 보았다.

줌 렌즈

최초의 줌 렌즈 사용 역시 선정주의적인 의도에서 이루어졌다. 줌 렌즈는 유성 영화로의 전이가 이루어졌던 시기의 영화들인 「그것It」(1927)과 「네 개의 깃털The Four Feathers」(1929)에 사용되었다. 줌 렌즈 또는 다초점 렌즈는 광각에서부터 망원까지 다양한 초점 거리를 오갈 수 있다. 이 순수한 광학적인 움직임은 카메라 자체가 움직이지 않고서도 카메라가 앞이나 뒤로 움직이는 물리적인 움직임으로 얻을 수 있는 것과 똑같은 영상의 확대나 축소를 가능하게 한다. 영국의 광학 회사인 테일러 앤드 호브슨Taylor & Hobson이 1932년에 만든 쿠크 바로Cooke Varo 렌즈 등으로 촬영한 초기의 줌 숏들은 이러한 기술적인 특징을 과시하는 경향이 있었고, 따라서 급속한 줌 인이나 줌 아웃을 사용하여 프레임 안에서의 피사체 크기를 급격하게 변화시킴으로써 주목을 끌려고 했다. 따라서 「미국의 광기American Madness」(1932)에서처럼 카메라가 총알에 맞는 시계를 향해서 급격히 줌 인해서 들어가기도 했고, 「선더 빌로Thunder Below」(1932)에서는 벼랑에서 암초로 떨어지는 여인의 시점으로 (매우 빠른 속도로 떨어지듯이) 줌이 움직이기도 했다.

현대적 의미의 줌 렌즈는 전후에 도입되었다. 초기의 줌 렌즈에서는 다양한 광학적 요소들이 크랭크에 의해서 작동되는 일련의 캠*cam*들에 의해 서로 기계적으로 맞물려 움직였다. 1946년에 프랑크 백 박사는 16mm 카메라를 위한 주마르Zoomar 렌즈를 시장에 내놓았다. 초기 줌 렌즈와 달리, 주마르 렌즈는 캠이나 크랭크가 없었고 전체적으로 광학적인 구조로 되어 있었다. 그리고 초기의 렌즈들은 초점 거리를 바꿀 때마다 렌즈의 구경을 바꿔야 했지만, 주마르 렌즈의 구경은 렌즈에서 움직이는 부분의 맨 뒤에 붙어 있었기 때문에 바꿀 필요가 없었고, 따라서 렌즈의 작동이 아주 쉬웠다. 방송계는 주마르 렌즈가 나오자마자 즉시 채택해 쓰기 시작했고, 스포츠 경기 중계의 용이함으로 인해서 보도 부분에서도 주마르 렌즈는 호평을 얻었다. 영화업계에서 주마르 렌즈가 광범위하게 쓰인 것은 1960년대에 들어서서였다. 1950년대 말에 프랑스의 렌즈 제조 회사인 SOM-Berthiot/Pan-Cinor와 앙제니외Angénieux 두 회사에서 줌 렌즈를 만들어 내기 시작하면서 널리 쓰이게 되었다.

유성 영화로의 전이가 이루어졌던 시기에 도입되었던 새로운 기술들은 컬러를 제외하고는 모두 1930년대에 사라져 버렸다. 주된 이유는 관객들이 원해서 도입된 기술들이 아니었기 때문이다. 관객들은 신기하고 화려한 볼거리보다는 영화의 내용에 더 큰 관심을 보였다. 형식이 주는 매력보다는 내용, 즉 영화 그 자체에 대한 호기심이 더 컸다. 달리 말하면, 영화 구경은 어느 정도 습관적인 행사가 되어 갔다. 관객들은 자신들이 좋아하는 배우들이 새로운 줄거리에 나오는 모습을 보기 위해 주기적으로 극장에 갔다. 이제는 관객들을 극장 안으로 끌어들이기 위해서 더 이상 새로운 형식의 영화를 상영할 필요가 없었다.

전심 초점

1930년대에 이루어진 뛰어난 기술 혁신은 전심 초점*deep focus*의 발전이었다. 전심 초점은 피사계 심도의 확장을 가져왔고, 그 결과 가장 앞에 있는 피사체부터 멀리 떨어진 배경에 있는 피사체까지 선명하게 초점이 맞는 영상을 얻을 수 있게 되었다. 전심 초점은 광각 렌즈의 조리개를 극단적으로 다 조여 촬영함으로써 얻어졌다. 이러한 종류의 촬영 기법은 영화 기술에 관련된 다양한 분야에서 이루어진 발전의 결과로 가능하게 되었다.

테크니컬러 촬영은 기존의 흑백 촬영보다 더 많은 조명이 필요했고, 그 결과 좀 더 강력한 새로운 카본 아크 조명 램프가 발명되었는데, 이 조명 램프는 흑백 촬영에도 계속해서 쓰였다. 이 새로운 조명으로 인해서 촬영 기사들은 기존의 광각 렌즈의 조리개를 더 조일 수 있게 되었고, 그 결과 선명하고 초점 심도가 깊은 영상을 얻을 수 있게 되었다.

같은 시기에 이루어진 흑백 필름 감도의 향상으로 인해 작은 구경의 렌즈로도 충분한 노출이 가능하게 되었다. 아그파-안스코Agfa-Ansco 같은 독일의 제조업자들과 경쟁 관계에 있던 이스트먼 코닥은 1928년 표준 미립자 팬크로매틱 네

와이드스크린의 도래: 20세기 폭스에서 처음으로 시네마스코프로 찍은 영화 「성의The Robe」(1953)의 홍보 포스터.

거티브에서 ASA 20(DIN 14)이었던 감도를 1935년 슈퍼 엑스 네거티브에서는 ASA 40(DIN 17)으로 올렸고, 1938년에 플러스 엑스와 슈퍼 더블 엑스를 내놓으면서는 각각 ASA 80(DIN 20)과 ASA 160(DIN 23)까지 올렸다. 슈퍼 더블 엑스의 경우는 슈퍼 엑스와 같은 미립자를 가졌으면서도 감도는 네 배나 높았다.

1939년 렌즈 코팅 기법이 도입되면서 카메라 안의 필름에 닿는 빛의 양이 75퍼센트 증가했고, 그 결과 촬영 기사들은 렌즈 조리개를 더 조일 수 있게 되어 더 선명한 영상을 잡아낼 수 있게 됐다. 미첼 비엔시Mitchell BNC 카메라의 출현 또한 중요한 변화를 가져왔다. 이 카메라는 1934년에 개발되었으나 본격적으로 생산된 것은 1939년부터였다. 이 카메라는 내부 방음 체제를 채택해 외부 방음 커버의 성가심에서 벗어나게 해 주었다. 외부 방음 커버의 유리창이 없어지면서 빛의 통과량이 10퍼센트 이상 늘어났다. 이러한 발전의 결과물들이 그레그 톨런드가 윌리엄 와일러〔「막다른 골목Dead End」(1937), 「폭풍의 언덕」(1939), 「우리 생애 최고의 해」(1946)〕, 존 포드〔「분노의 포도」(1940), 「귀향」(1940)〕, 그리고 오선 웰스〔「시민 케인」(1941)〕 등과 같이 작업한 작품들이다.

다른 기술들과 마찬가지로 전심 초점의 기원은 훨씬 이전으로 거슬러 올라간다. 뤼미에르의 기록 영화들은 대단히 깊은 피사계 심도를 가지고 있었다. 야외에서 촬영된 이 영화와 다른 영화들이 〈깊은〉 영상을 만들어 낼 수 있었던 이유는 상대적으로 짧은 초점 길이와 풍부한 태양광 때문이었다. 장-루이 코몰리(1980)는 이러한 초기의 심도 촬영이 소멸된 원인을 1925년에 도입된 팬크로매틱 필름과 연관지었다. 이 필름은 사진 리얼리즘에 새로운 규약을 가져왔다. 이 새로운 규약에 따르면, 모든 색깔에 대한 감광도가 크다는 것은 더욱더 사실적으로 찍을 수 있다는 뜻이며, (이전의 오소크로매틱 필름에 비해서) 상대적으로 얕은 초점 심도와 부드러운 이미지를 가지는 것은 현대 사진의 예술성에 주도적인 규약을 두 배로 늘려 주었다. 더욱 중요한 점은, 이 필름으로 찍은 영상에 윤곽의 선명함이 부족했다는 점이 아마도 1930년대 후반에 전심 초점을 추구하게 만든 것으로 보인다는 것이다. 코몰리의 논리를 인정한다면 전심 초점 역시 유성 영화로의 전이 시기에 이루어진 기술적인 변화가 낳은 간접적인 부산물이다.

1950년대: 와이드스크린과 스테레오

1930년대에 습관적인 영화 감상 인구가 생성되면서 기술적인 실험은 사실상 종료되었다. 관객들의 입장에서는 기술 혁신을 요구할 이유가 전혀 없거나 거의 없었고, 비용에 민감한 극장주들 역시 입체 영화나 와이드스크린 등의 새로운 상영 기술 장비에 투자할 이유가 없었다. 그러나 전후에 습관적인 영화 인구가 감소하자 새로운 형태의 관객 유인 장치들이 필요하게 되었고, 초기에 있었던 기술들이 다시 도입되기에 이르렀다.

1948년 미국 내 평균 영화 관객 수는 1주일에 9000만 명으로 사상 최고치에 도달했다. 1952년, 이 수치는 5100만 명으로 떨어졌다. 이러한 변화는 인구 이동에 따른 결과였다. 많은 수의 미국인들이 이 시기에 주요 극장들이 자리 잡고 있던 대도시에서 교외 지역으로 이동했다. 동시에 주당 40시간 노동제로의 복귀, 1~2주 유급 휴가제법, 제정 그리고 개인의 가처분 수입 증가로 인해서 여가 시간의 오락에 새로운 경향이 나타났다. 소비자들은 영화 관람 같은 수동적인 오락을 외면하고 능동적인 참여가 가능한 정원 가꾸기, 사냥, 낚시, 보트 타기, 골프, 여행 같은 여가 활동을 선호했다. 이러한 활동들은 전후 관객들의 여가 시간의 큰 부분을 점점 더 빼앗아 갔고, 텔레비전은 짧은 시간에 가능한 수동적인 오락거리를 제공했다.

미국 영화업계는 이러한 경향에 대응하기 위해 능동적인 형태의 오락거리를 공급하려고 노력했다. 이러한 노력은 대체로 전통적인 극장들이 추구했던 개념을 본뜬 것이었다. 새로운 영화 기술들은 관람객들이 영화 안에서 벌어지는 액션에 참여하고 있다는 환상을 더욱 극대화시키려고 했다. 1952년 9월에 선보인 시네라마Cinerama는 관객들에게 〈당신들은 스크린에 비치는 영화를 보는 것이 아니라 풍경과 소리에 둘러싸인 채 그림 안으로 휩쓸려 들어간 당신들을 보게 될 것이다〉라고 광고했다.

입체 방식으로 촬영된 「악마 나으리Bwana Devil」(1952)의 광고 역시 비슷한 방식으로 관객들에게 접근했다. 이 광고는 〈사자가 당신의 무릎 위로 뛰어오르고〉, 〈연인이 당신의 품에 안길 것〉이라고 약속함으로써 관객들을 긴장시켰다. 1953년 9월, 「성의The Robe」의 시사회 때 선보인 시네마스코프의 광고는 〈당신을 그림 안으로 들어오게 만들 것〉이라고 말했다. 「오클라호마Oklahoma!」(1955)가 채택한 토드에이오Todd-AO에 대한 광고는 〈당신은 토드에이오와 함께 쇼에 참여하게 될 것〉이라고 선언했다. 그들은 새로운 와이드필름 방식이 창조해 낸 현장감을 찬양했다. 〈당신은 순식간에 빠져 든다……. 장대한 대지에, 달리는 마차에, 광활한 초원에! 당신은 그것을 실감하게 되고, 그것의 일부가 된다……. 당신은 오클라호마에 가 있을 것이다!〉

영화업계 종사자가 아닌 롱아일랜드의 프레드 월러가 개발한 시네라마는 좌우 146도, 상하 55도의 시각을 구현하여 관객들의 주변 시야 전체를 채워 줌으로써 획기적인 현장감을 만들어 내는 데 성공했다. 이 방식은 세 대의 35mm 카메라를 연동시켜 촬영하는 방식이었는데, 27mm 광각 렌즈를 장착한 카메라들을 48도 각도로 나란히 놓고 촬영했다. 시네라마 카메라는 화상의 흔들림을 방지하기 위해 초당 26프레임을 촬영했고, 4개의 천공을 가진 표준 필름과는 달리 6개의 천공이 뚫린 35mm 네거티브 필름을 사용했다. 극장에서는 별도의 영사실에 장착된 세 대의 연동된 영사기에서 세 줄의 필름들이 엄청나게 크고 깊게 휘어진 하나의 스크린에 영사되었다.

스테레오 음향은 5~6개의 마이크로 자기 방식으로 녹음되어 극장 내에서는 음향 제어 장치를 통해 7개 스피커에서 재생되었다. 스크린 뒤에 5개의 스피커가 놓여졌고 나머지 2개는 서라운드 음향을 재생했다. 자기 녹음 방식은 2차 대전 중에 획득한 독일의 장비가 약간 개조되어 영화업계에 소개되었다. 1935년 독일인들은 마그네토폰Magnetophon이라는 자기 녹음 방식을 개발했다. 이 방식은 자기 분말이 입혀진 플라스틱 테이프를 사용했다. 이 장비들은 1946년 미국에 도입되었다. 1949년 파라마운트는 마그네토폰의 원리를 이용하여 녹음과 편집에 사용할 수 있도록 음향을 자기 녹음 방식으로 변환할 수 있는 장비를 개발했다. 하지만, 다른 스튜디오들과 마찬가지로 파라마운트도 광학 녹음 방식을 사용한 영화를 계속 배급했다. 극장들이 새로운 음향 장비를 구입하는 데 회의적이었기 때문이었다.

최초의 시네라마 영화인 「이것이 시네라마다This Is Cinerama」(1952)는 3200만 달러의 흥행 수입을 올렸다. 하지만, 이 영화는 일부의 극장에서만 상영되었을 뿐이었다. 상영하기 위해서 복잡한 장비가 필요했고 극장에 별도의 음향 기사가 있어야 했기 때문이었다. 최초의 5편의 시네라마 영화는 모두 관광 영화였고, 「서부 개척사How the West Was Won」 같은 줄거리를 가진 시네라마 영화들은 1962년에 이르러서야 상영되었다. 세 줄의 필름을 상영하는 시네라마는 1963년까지 존속되다가 울트라 파나비전Ultra Panavision으로 대체되었다. 이 방식은 시네라마의 광각을 화상 압축 방식을 사용하여 70mm 필름 한 줄에 담는 방식이었다. 따라서 시네라마가 사용했던 2.77대 1의 화면 비율*aspect ratio*을 그대로 사용했다(〈화면 비율〉이란 영사되는 영상의 넓이와 높이의 비율을 말한다).

입체 영화가 성공을 누린 기간은 시네라마보다도 더 짧아서, 1952년 말부터 1954년 봄까지 겨우 18개월 정도를 버텼을 뿐이었다. 1950년대 입체 영화는 입체 사진*anaglyphic* 방식이 아니라 편광 필터*polaroid filter* 방식에 의존했다. 제작자나 극장주 입장에서 보면 비용이 많이 들지 않는 방식이었기 때문에, 호러〔「납 인형의 비밀House of Wax」(1953), 「검은 산호초에서 온 괴물Creature from the Black Lagoon」(1954)〕나 SF〔「위성 내습It Came from Outer Space」(1953)〕, 서부 영화〔「혼도Hondo」(1953)〕 등의 흥행용 장르 영화들에서 많이 쓰였다.

20세기 폭스에 의해서 도입된 시네마스코프CinemaScope는 시네라마와 같은 효과를 내면서도 효율적인 방식을 사용했기 때문에 업계 전체가 사용하기 시작했다. 시네마스코프의 토대는 애너모픽 렌즈였다. 이 렌즈는 이미 오래전인 1927년 프랑스의 과학자 앙리 크레티앵에 의해 개발되었다. 이 렌즈는 광각으로 잡은 시야를 35mm 필름에 압축해 냈다. 그리고 극장에서는 같은 애너모픽 렌즈를 단 영사기에 의해 압축이 풀린 파노라마식 영상이 약간 곡선으로 되어 있으면서 반사율이 아주 높은 스크린에 영사되었다. 이때의 화면 비율은 2.55대 1이었다(그 후, 1954년 광학 사운드트랙이 첨부되면서 비율이 약간 줄어들어 현재의 2.35대 1로 되었다). 스테레오 자기 음향 트랙을 기록하기 위한 별도의 필름이 필요했던 시네라마와 달리 시네마스코프는 영상을 기록하는 필름 자체에 4개의 트랙을 기록할 수 있는 자기 산화물의 띠를 입히는 방식을 썼기 때문에 극장에 별도의 음향 기사를 둘 필요가 없었다.

폭스의 기술자들은 필름의 프레임 영역을 조정하고 필름의 양쪽에 나 있는 천공의 크기를 줄임으로써 이 모든 정보를 35mm 필름 한 줄에 다 집어넣었다. 이 과정에서 1949년부터 가연성이 높았던 질산염 필름을 대신하여 사용되었던 안정성과 내구성이 뛰어난 아세테이트 필름이 큰 역할을 했다. 질산염 필름은 처리 과정에서 자주 오그라들었다.

시네마스코프는 또한 1950년에 도입된 이스트먼 컬러 필름을 널리 퍼뜨렸다. 과거의 테크니컬러 필름을 사용하는 카메라에는 시네마스코프 렌즈를 장착할 수 없었다. 따라서 폭스는 어느 35mm 카메라에나 쓸 수 있는 이스트먼 컬러 네거티브 필름으로 바꾸었다. 이스트먼 컬러의 출현으로 컬러 영화 제작을 지배하던 테크니컬러의 독점이 깨졌고, 이로 인해 컬러로 제작되는 영화의 수가 획기적으로 증가했다. 1945년에는 할리우드 영화의 8퍼센트만이 컬러로 촬영되었으나 1955년에는 그 비율이 30퍼센트를 넘어섰다.

시네마스코프는 단시간 내에 업계의 표준이 되었다. 1954년 말, 비스타비전VistaVision이라는 자신들만의 와이드스크린 방식을 개발해 놓고 있던 파라마운트를 제외한 모든 스튜디오들은 시네마스코프 방식을 채택했다. 그리고 1957년에는 미국과 캐나다 극장의 85퍼센트가 시네마스코프 영화 상영 장비를 갖추었다. 유럽과 소련 그리고 일본에서는 디알리스코프Dyaliscope, 프랑스코프Franscope(프랑스), 소브스코프Sovscope(소련), 도호스코프Tohoscope(일본) 등의 시네마스코프 복제품들이 생겨났다. 1958년 파나비전은 고품질의 애너모픽 렌즈를 개발해서 업계에 판매하기 시작했다. 그리고 1967년 폭스는 시네마스코프를 퇴역시키고, 대신에 35mm 필름 영화는 파나비전을 그리고 와이드스크린 영화는 토드에이오를 채택했다.

그러나 모든 감독들이 새로운 와이드스크린 방식을 선호했던 것은 아니다. 시드니 루멧은 〈드라마를 다루는 작품에 있어 가장 중요한 요소는 인간이다. 그리고 할리우드가 사람이 만들어진 방식대로가 아니라 그 반대로 촬영하는 법을 찾는다는 건 대단히 상징적인 일이다. 시네마스코프는 사람들이 키가 크는 게 아니라 옆으로 퍼져 뚱뚱해지는 시대에나 어울리는 방식이다〉라고 말했다. 프리츠 랑은 시네마스코프는 인간이 아니라 뱀이나 장례식을 찍기에 이상적인 방식이라고 비웃었다〔그는 이 말을 후에 장-뤼크 고다르가 프랑스코프로 제작한 영화 「경멸」(1963)에 나와 다시 써먹었다〕. 하지만 1950년대 말, 와이드스크린은 업계의 새로운 표준이 되었다. 그리고 니컬러스 레이나 오토 프레민저 같은 감독과 조지프 라셸과 샘 리비트 같은 촬영 감독 등의 새로운 예술가 세대들에게 표현법을 제공했다.

토드에이오 역시 극단적인 광각 렌즈, 65/70mm 필름, 초당 30프레임의 촬영 속도, 깊게 휜 스크린, 그리고 6트랙의 자기 사운드 도입 등으로 시네라마로 맛보았던 경험을 재현할 방법을 모색했다. 토드에이오는 대규모의 호화 극장에서 최고의 입장료를 받고 상영되는 고예산의 블록버스터를 위한 고급 방식으로 급부상했다. 그러자 토드에이오의 뒤를 이어 MGM의 카메라 65〔「벤허Ben-Hur」(1959)〕, 울트라 파나비전 70〔「바운티호의 반란Mutiny on the Bounty」(1962)〕, 슈퍼 테크니라마 70〔「스파르타쿠스Spartacus」(1960)〕등 65/70mm 필름 방식들이 등장했다.

와이드스크린이 새로운 표준으로 자리 잡은 것과는 달리 스테레오 자기 음향은 급속히 사라졌다. 영화 관객들을 유인할 수 있는 새로운 수단이기는 했지만, 독립 극장주들은 자신들의 극장에 스테레오 설비를 갖추기 위해서 추가로 비용을 지출하려고 하지 않았다. 그런 데다가 극장의 중앙 스피커에서 나오는 대사에 익숙해 있던 관객들은 스피커와 스피커를 옮겨 다니며 들려오는 대사에 거부감을 드러냈다. 넓은 필름을 사용하는 방식에 쓰였던 5~6트랙 음향 방식은 대사를 훨씬 매끄럽게 전달했고, 구경거리를 바라는 관객들의 욕구를 계속해서 충족시켜 주었지만, 3~4트랙 음향은 그렇지 못했다.

1950년대에 소개되었던 다양한 제작, 상영 기술들은 영화 관람 경험의 본질에 각각 혁명이라고 할 만한 변혁을 가져왔다. 처음에 관객들은 다중 트랙의 스테레오 자기 음향을 곁들여 커다랗고 휜 스크린에 상영되는 컬러 와이드스크린 영상에 압도당했다. 영화가 키네토스코프 요지경이라는, 그리고 다수의 관객들을 위해 커다란 극장 스크린에 상영되는 움직이는 영상이라는 신기한 구경거리로 시작되었다고 말할 수 있다면, 1950년대 새로운 기술들의 폭발적인 도입은 거의 영화의 재발명이나 다름이 없다. 유성으로의 전이 이후 최초로 영화는 관객들을 움직일 수 있는 힘을 과시하여 관객들을 감격시킴으로써 움직이는 영상이라는 매체를 화려한 구경거리로 만들었다. 1950년대에 일어난 혁명은 영화가 상영 방식의 신기함을 통해서 관객들을 흥분시킨다는 매체로서의 원래 능력을 탈환하기 위한 시도의 끝을 잘 보여 주고 있는지도 모른다.

참고문헌

Belton, John(1992), *Widescreen Cinema*.

Comolli, Jean-Louis(1980), "Machines of the Visible".

Ogle, Patrick L.(1972), "Technological and Aesthetic Influences upon the Development of Deep Focus Cinematography in the United States".

Salt, Barry(1992), *Film Style and Technology: History and Analysis*.

애니메이션

월리엄 모리츠

미국 만화의 〈황금기〉

미키 마우스에 대한 국제적인 열광(오토 메스머의 고양이 펠릭스에 대한 팻 설리번의 광고를 모방한 치열한 판촉 광고의 영향이기는 하지만)에 호응하기 위해 디즈니 스튜디오는 1928년부터 1937년까지 10년 동안 미키 마우스를 주인공으로 하는 만화를 100편이나 만들어 냈다. 이 과정에서 디즈니는 어브 이웍스의 원작「미치광이 비행기Plane Crazy」와「증기선 윌리Steamboat Willie」의 주인공으로, 팔다리는 철사 같고 고양이와 여성들을 괴롭힐 만큼 심술궂었던 원래의 미키의 캐릭터를 순화시켰다. 그럼으로써 미키는 둥글둥글해졌고 캐릭터는 부드러워졌으나, 미키의 발전 가능성은 소멸되었다. 다행히도 미키 만화는 보조 캐릭터들인 플루토, 구피, 도널드 덕을 만들어 냈다. 1950년대 중반에는 이들 자신이 주인공인 만화도 만들어졌다. 사실 나중에 나온 미키 마우스 만화 중에서 최고작인 1935년의「밴드 공연Band Concert」과 1937년의「시계 청소부들Clock Cleaners」등은 미키보다는 도널드나 구피의 힘이 더 크게 작용한 작품들이다. 또 하나 다행스럽게도, 어브 이웍스는 1928년「해골 춤」으로 두 번째 유성 만화 영화 시리즈인〈우스꽝스러운 교향곡Silly Symphonies〉을 시작했다. 우스꽝스러운 교향곡 시리즈는 민속이나 자연에서 서정적이면서 별난 주제를 개발해 냈다. 통상적인 만화의 개그 형식에서 탈피한 우스꽝스러운 교향곡을 통해 디즈니의 제작진들은 자신들의 애니메이션 기술을 실험하고 확장할 수 있는 기회를 얻었고 정기적으로 아카데미상을 수상했다. 동물 주인공들의 다양한 캐릭터를 실험한 전편 컬러 애니메이션「꽃과 나무」(1932),「아기 돼지 세 마리」(1933), 배경의 다층적 심도 효과를 실험한「거북이와 토끼The Tortoise and the Hare」(1935),「시골 사촌Country Cousin」(1936),「낡은 풍차The Old Mill」(1937), 그리고「황소 페르디난드Ferdinand the Bull」(1938)와「미운 오리 새끼The Ugly Duckling」(1939) 등이 그런 작품들이다.

우스꽝스러운 교향곡 시리즈가 만들어 낸 기술적인 진보는 플라이셔 형제와의 경쟁의 덕이기도 하다. 플라이셔 스튜디오는 유성 영화 시대에 살아남았던 다른 모든 애니메이션 스튜디오 중에서 유일하게 1930년대 초반에 뛰어난 만화 영화를 꾸준히 제작했다. 점점 더〈환상적인 생동감*illusion of life*〉으로 실제 행동의 모방에 몰두하는 디즈니의 작품과 달리 플라이셔의 만화는 양식화, 풍자, 비현실적인 변형, 정교한 반복적 순환, 관객에 대한 직접적인 접근, 그리고 애니메이션 고유의 특성이자 잠재력인 비논리적인 전개에 빠져 흥청거렸다. 플라이셔의 코코Koko에 비하면 디즈니의 앨리스는 세속적이고 단조로워 보인다. 코코의 기상천외하고 엉뚱한 모험은「모형 제작Modelling」(1921)의 창작 과정에도 들어가게 되었고,「죄수 코코Koko the Convict」(1926)에도 삽입되었다. 데이브 플라이셔는 로토스코프*rotoscope* 처리 과정을 발명했다. 그는 이 장치를 이용해서 만화의 등장인물들이 인간의 동작을 흉내 내게 하되 초현실적인 동작을 하도록 만든 반면, 디즈니는 로토스코프를 살아 있는 듯한 인간 형태들을 만들어 내는 데 사용했다. 1934년 플라이셔 형제가 셀에 그려진 등장인물들의 뒤에 입체 모형들을 배치하여 깊이 있는 현실감을 느끼게 해주는 스테레옵티컬*stereoptical* 처리 과정을 도입하자 디즈니는 여러 층의 움직이는 셀을 통합 조정하여 비슷한 현실감을 나타내 주는 다중 평면 카메라(로테 라이니거와 베르톨드 바르토슈 등의 독립 애니메이터들은 1920년대 초반에 이미 이러한 기법을 사용했다)를 개발하여 반격했다.

플라이셔의 천재성은 기술 개발에만 있는 것이 아니었다. 그는 놀라운 상상력을 마치 고전 우화에서 볼 수 있듯이 인생의 숨겨진 진실을 밝히는 의미심장한 은유와 결합하는 데 뛰어난 능력을 보여 주었다. 디즈니의「꽃과 나무들」은 더러운 노인과 (결국은 승리하여 결혼에 이르는) 연인들의 대립이라는 진부한 멜로드라마를 아무런 연관성도 없는 식물들의 형상에 겹쳐 놓았지만, 셰이머스 컬헤인은 1931년 플라이셔 제작의「암소의 남편Cow's Husband」에서 용감한 투우의 신화를 폭로하기 위하여 결정적인 순간에는 황소로 하여금 우아한 발레를 추게 하는 등 인간과 동물의 행동의 유사성을 적절하게 이용한다.

「신비스러운 모스Mysterious Mose」(1930)에서 윌러드 보스키와 테드 시어스는 새로운 인기 스타 베티 붑을 만들어 냈다. 섹시한 베티 붑은 겉으로 보기에는 매력적인 빔보와 사랑에 빠진다. 캐브 캘러웨이의 음악에 맞춰 춤을 추는 빔보는 그러나 사실은 그저 춤만 잘 추는 멍청이일 뿐이다. 빔보의 신비스러운 매력의 일부는 그가 끊임없이 변화한다는 데서 나온다. 이러한 변화는 줄거리에 맞춰 이루어지고 그의 거짓 심장은 베티의 마음을 훔칠 때만 튀어나온다. 보스키는 이어서 랠프 서머빌과 팀을 이루어 속편인 「부랑자 미니Minnie the Moocher」(1932)를 만들어 낸다. 이 작품은 위대한 애니메이션 영화 중의 하나로 꼽힌다. 이 작품에서 권위적인 부모 때문에 가출한 베티는 숨으러 간 동굴에서 〈유령〉을 만난다. 이 유령은 그 도시의 사악함과 아이들의 은혜를 모르는 행동을 보여 주는 이미지와 함께 주제가를 직접 부른다. 새끼 고양이들이 어미의 마른 젖을 빨자 그녀는 새끼 고양이들에게 병을 준다. 그러자 그들은 병을 수연통(水煙筒)으로 바꾸고, 유령 같은 범죄자들은 감옥의 창살을 따라 걷고, 전기 처형 의자를 갖고 놀고, 우스꽝스러운 짓을 되풀이해서 경찰들을 비웃는 등의 일련의 범죄들을 재현한다. 유령들은 이 영화의 처음에 나오는 캐브 캘러웨이의 실사에 맞춰 로토스코프로 만들어졌다. 이러한 방식은 동굴 벽에서 나온 해골의 손들이 초현실적인 수채화 그림의 배경에 약간 묻히게 되면서 유령 그림을 강조한다.

「부랑자 미니」가 눈부신 성공을 거두게 되자 속편이 만들어졌다. 이 속편은 수수께끼 재담을 그대로 옮긴 대중가요를 그림으로 옮겨 내는 따라 부르기 만화에 특기를 가진 롤런드 〈닥〉 크랜돌에게 맡겨졌다. 크랜들이 만든 「백설 공주Snow White」(1933)는 동화는 아니지만 끊임없이 이어지는 시각적 개그로 보는 사람들을 오싹하게 만든다. 여기에서는 아무런 논리적인 근거도 없이 일곱 난쟁이, 코코, 빔보, 베티 붑, 그리고 여왕 마녀가 동굴로 모여든다. 캐브 캘러웨이의 음악에 맞춰 춤을 추다가 〈세인트 제임스 병원 블루스〉의 가사에 맞춰 변신하는 코코의 춤은 매우 유쾌하다. 미니의 동굴보다는 좀 거칠지만 동굴의 벽은 도박사의 테이블, 또는 약과 술을 가진 해골의 그림 등 각 악절에 맞는 그림을 보여 준다. 그해의 후반에 버니 울프와 톰 존슨은 또 다른 캐브 캘러웨이 영화인 「산속의 노인Old Man of the Mountain」을 만들었는데, 이 작품은 플라이셔의 작품 중에서 최악이었다. 초기의 해골들을 조악하고 무감각하게 모방한 그림들이 동굴의 벽을 장식하고 있고, 베티 붑이 도시를 위협하는 섹시하지만 사악한 남자를 방문한다는 줄거리는 아무런 재미도 없고 얄팍한 것이었다.

이러한 약점은 무리한 제작 일정 탓이기도 했지만 또한 한층 더 엄격해진 제작 규약 적용 탓도 컸다. 제작 규약으로 인해서 베티 붑의 인기는 시들어 버렸다. 제작 규약은 그녀의 성적 매력을 빼앗아 버렸고, 그 결과 그녀는 개와 할아버지를 데리고 다니는 맥 빠진 여자로 변해 버렸다. 플라이셔 형제는 다른 쪽으로 눈을 돌렸다. 뽀빠이Popeye가 그것으로(제작 규약은 잔인한 폭력에 대해서는 규제를 하지 않았다), 100편이 넘는 뽀빠이 시리즈는 만화 영화에 있어서 무차별 폭력이라는 새로운 장르를 낳았고, MGM의 「톰과 제리Tom and Jerry」(빌 해나/조 바버라, 1940～67), 워너의 트위티와 실베스터 Tweetie/Sylvester(밥 클램펫/프리즈 프렐렁, 1944～64), 로드러너와 코요테Roadrunner/Coyote(척 존스, 1949, 1952～66) 시리즈 등이 그 뒤를 이었다.

플라이셔 프로덕션이 쇠퇴의 기미를 보일 무렵, 워너의 만화 영화 부문이 활기를 띠기 시작했다. 최초의 2편〔디즈니 출신의 대가인 휴 하먼과 루디 아이징이 만든 보스코Bosko(1930～3)와 프리즈 프렐렁의 버디Buddy(1933～5). 두 캐릭터 모두 플라이셔 스튜디오의 빔보와 비슷했다〕은 평범했지만, 1936년에 워너에 합류한 텍스 애버리와 프랭크 태슐린은 포키 피그Porky Pig라는 새로운 주인공을 도입하여 인간의 행동을 풍자한 빠른 템포의 익살극을 만들어 냄으로써 워너의 만화에 눈부신 독창성을 가져다주었다. 1937년에 밥 클램펫이, 그리고 1938년에 척 존스가 가세하면서 1960년대까지 그 인기가 지속된 유명한 주인공들, 대피 덕Daffy Duck, 엘머 퍼드Elmer Fudd, 벅스 버니Bugs Bunny가 탄생했다. 플라이셔 스튜디오 작품들의 특징들이었던, 안정된 줄거리를 바탕으로 한 어릿광대 개그, 유명 인사들에 대한 풍자, 그리고 관객들에 대한 직접적인 대사 처리 등은 워너에서 계승, 발전되었고, 여기에 참여한 다양한 인재들의 재능이 큰 역할을 해냈다. 애버리가 1938년에 만든 「할리우드의 대피 덕Daffy Duck in Hollywood」에서 흥분한 대피는 극영화 촬영을 방해하고, 1940년 프렐렁이 만든 「당신은 영화에 출연해야 해 You Ought to Be in Pictures」에서 대피는 포키를 설득해서 워너를 떠나게 만든다. 하지만 실사 영화 프로듀서인 레온 슐레진저는 다른 영화사의 스튜디오에 가서 난장판을 벌인 포키를 다시 데려와서 영화에 출연시킨다. 1941년 제작된 포키의 예고편에서 애버리는 아이들이 그린 봉선화*stick figure* 같은 포키만의 애니메이션을 만들었다.

이 시기를 애니메이션의 〈황금기〉로 동경하는 분위기가 지배적이지만 — 실제로 매주 새로운 애니메이션을 상영하고 싶어 하는 전국 수천 개의 극장들이 10개의 애니메이션 스튜디오를 먹여 살렸다 — 숫자상으로 보면 대부분의 만화들은 평범한 작품들이었다. 테리툰스Terrytoons는 1968년까지 수백 편의 평범한 만화들을 제작함으로써 무성 영화 시절의 명성을 이어 갔다. 이들에게는 아마도 「마이티 마우스Mighty Mouse」와 「헤클과 제클Heckle and Jeckle」을 만들어 낸 1940년대와 1950년대가 절정기였을 것이다. 월터 란츠는 무성 영화 시대의 디즈니 작품인 「토끼 오스왈드Oswald the Rabbit」를 1938년까지 계속 만들어 냈다. 그는 1940년에 겁쟁이 앤디 판다Andy Panda와 성가신 딱따구리 우디Woody Woodpecker(어릿광대 대피 덕을 모방했다)를 만들어 냈고, 1950년대에는 칠리 윌리Chilly Willy를 만들어 냈다. 란츠가 1972년까지 만화를 계속 제작했지만, 그의 작품들은 착상이나 유머, 구성 등에 있어서 디즈니나 플라이셔, 워너의 작품들에 한참 못 미치는 것들이었다. 반 보이렌 역시 무성 영화 시절의 이솝 우화를 1930년대 중반까지 억지로 끌고 나갔고, 컬럼비아는 빛바랜 크레이지 캣Krazy Kat을 1939년까지 계속 만들었다.

디즈니와 장편 애니메이션

월트 디즈니는 미키 마우스와 우스꽝스러운 교향곡이 최고의 성공을 거두고 있던 와중인 1934년에 「백설 공주」의 장편 극영화 애니메이션 작업에 착수했다. 이 장편 작업이 끝나기 직전인 1937년 12월(로스앤젤레스의 크리스마스 시사회에 간신히 댈 수 있었다), 디즈니에는 300명 이상의 캐릭터 애니메이터, 디자이너, 배경 작업, 특수 효과 애니메이터들이 고용되어 있었다. 여기에는 선발되어서 교육을 받은 인력들뿐만 아니라 다른 스튜디오에서 빼내 온 고급 인력들도 포함되어 있었다. 그 예로, 플라이셔 스튜디오에서 셰이머스 컬헤인, 앨 오이그스터, 테드 시어스, 그리고 (베티 붑을 디자인한) 그림 내트윅 등이 디즈니로 옮겨 왔다. 유럽 출신 장인들인 구스타프 텡그렌과 앨버트 허터의 영감이 가득한 스케치들은 독자적으로 작업하던 아트 배빗, 존 허블리, 빌리 타이틀라(이들 모두는 1941년 파업 때 디즈니를 떠났다) 등을 만나 협동 작업을 거친 끝에 풍성하고 매력적이며 때로는 놀랍기까지 한 영화들로 다시 태어났다. 이러한 작업들을 이어받은 이들이 짐 알거, 켄 앤더슨, 레스 클라크, 클로드 코츠, 빌 코트렐, 조 그랜트, 윌프레드 잭슨, 올리 존스턴, 밀트 칼, 워드 킴볼, 에릭 라슨, 햄 러스크, 프레드 무어, 울리 라이더먼, 프랭크 토머스 등이다.

비록 최초의 장편 애니메이션 영화는 아니었지만〔에데라는 그전에 라이니거의 「아흐메드 왕자의 모험」(1926), 스타레비치의 「여우 이야기」(1930), 알렉산드르 프투슈코의 「신 걸리버 여행기The New Gulliver」(1935) 등을 포함 8편이 있었다고 주장한다〕, 「백설 공주」는 경이적인 성공을 거두었고(아카데미 특별상까지 수상했다) 애니메이션업계 전반에 지대한 영향을 미쳤다. 재주꾼들은 도처에서 장편 애니메이션 제작에 몰려들었다. 파라마운트는 플라이셔 스튜디오로 하여금 그에 버금가는 장편을 만들라고 윽박질렀고, 뉴욕을 떠나 물가가 싼 마이애미로 옮기게 했다. 그들은 마이애미에서 2편의 장편 「걸리버 여행기Gulliver's Travels」(1939)와 「버그 씨 도시에 가다Mr. Bug Goes to Town」(1941)를 만들었다. 「백설 공주」를 모방했음이 분명한 「걸리버」는 「백설 공주」에 비하면 한참 떨어지는 작품이었는데도 흥행에 성공했지만, 「버그 씨 도시에 가다」는 예술성이 훨씬 뛰어났는데도 1941년 12월(미국이 막 2차 대전에 참전했던 시기였다)에 개봉하여 흥행에서 대실패를 맛보았다. 플라이셔 스튜디오는 계속해서 몇 편의 단편을 만들었다. 그중에는 12편의 석기 시대를 배경으로 한 만화들이 있었지만(1960년대 「플린트스톤Flintstones」보다 앞선 작품들이었다), 성공을 거둔 것은 1941년에 시작해서 스튜디오가 문을 닫은 1944년까지 계속된 19편의 「슈퍼맨Superman」뿐이었다.

디즈니는 제작 편 수가 줄어드는 1950년대까지도 평균 1년에 1편꼴로 장편 애니메이션을 꾸준히 제작했다. 이것은 2~3편이 동시에 제작되고 있다는 것을 의미했다. 1937년에 디즈니는 「밤비Bambi」, 「피노키오Pinocchio」, 「판타지아Fantasia」 3편의 준비 작업을 시작했다. 피노키오는 1940년 2월 개봉되었고, 판타지아는 1940년 12월에, 그리고 밤비는 (전쟁, 파업, 그리고 1941년 10월 시작된 「덤보Dumbo」에 밀려서) 1942년 8월에야 개봉되었다. 디즈니의 사치스러운 애니메이션 제작은 미리 스토리북을 만들어 제작한 피노키오, 그리고 흥청망청 돈을 쏟아 부어 클래식 음악들을 그려 낸 판타지아에서 절정에 달했다. 전쟁으로 인한 자금 사정의 변화, 그리고 1941년의 파업으로 인해 애니메이션 제작비는 축소될 수밖에 없었다. 「판타지아」 속편을 만들려던 계획은 대중음악을 바탕으로 하기 때문에 비교적 그래픽 작업이 손쉬운 작품들인 「내 음악을 들려줘요Make Mine Music」(1946)와 「멜로디 타임Melody Time」(1948)으로 변경되었다. 이 2편은 대담한 형태의 디자인을 즐기는 메리 블레어의 영감 가득한 스케치, 특히 1943년 작품인 「어서 오게 친구Saludos amigos」에 뿌리를 둔 작품들이었다. 「세 명의 기사들The

벅스 버니 (1940년경~)

스타로서 인기를 누렸던 모든 애니메이션 캐릭터들 — 고양이 펠릭스, 미키 마우스, 베티 붑, 도널드 덕, 포키 피그 — 중에서 벅스 버니는 수많은 사람들에게서 가장 사랑받는 캐릭터로 남아 있다. 그는 중세 일본의 조주기가, 유럽의 틸 율렌슈피겔, 북미 원주민의 코요테 전설, 아프리카의 조모Zomo와 조모의 미국 후예인 브레어br'er 토끼 설화 등에 나타나는 신화적 원형인 악한 설화의 사기꾼-생존자가 구체화된 캐릭터이다. 〈천의 얼굴을 가진 영웅〉인 그는 카르멘 미란다이든 늙어 빠진 노인이든 간에 어떤 모양으로든 순간적으로 변신할 수 있다. 벅스는 즉각적으로 재치 있는 대답을 하기 위해 항상 생각하고 있다. 그는 어떠한 상황에 부딪혀도 잘 극복해 나가고, 권투든 야구든 아니면 투우든 간에 어떤 경기에도 숙달되어 있다. 그는 필요한 때 홍당무를 깨물어 먹기 위해서 채플린처럼 창의력 풍부한 허세를 부릴 줄 알며, 클라크 게이블처럼 냉정한 임기응변에 능하다. 벅스는 우리 모두가 되고 싶어 하는 그런 유쾌하고 능력 있는 친구다.

벅스 버니는 워너 브러더스의 애니메이션 부서가 위치해 있던 터마이트 테라스 건물에서 태어났다. 그 바로 앞에 태어났던 산토끼 맥스Max Hare는 1935년 아카데미상을 수상한 디즈니의 「거북이와 토끼」에서 처음 선보였는데, 이 작품은 캐나다 출신의 애니메이터 찰리 소슨이 만들어 냈다. 소슨은 후에 워너로 옮겨 간다. 워너의 작품에 영리한 토끼가 등장한 것은 1937년 프랭크 태슐린의 「포키의 빌딩Porky's Building」에서의 단역이 처음이었다. 벤 〈벅스〉 하더웨이가 만든 1938년 작품 「포키의 토끼 사냥Porky's Hare Hunt」에 나온 토끼는 열정적이고 미친 듯한 성격을 가진 대피 덕과 별로 다를 바가 없었다. 토슨은 이 토끼 캐릭터를 좀 더 귀엽게 다시 다듬어서 1939년 만들어진 하더웨이의 「헤어럼 스캐어럼Hare-um scare-um」에 출연시켰다. 여기에 나오는 토끼도 사냥에 관련된 캐릭터였지만, 이번에는 그 영리함에 있어서 벅스와 많이 비슷했다. 그리고 1940년 3월에 척 존스가 만든 「엘머의 몰래 카메라Elmer's Candid Camera」에서는 매끄러운 우아함까지 닮게 되었다.

더 성숙한 벅스 버니가 처음으로 등장한 것은 1940년 7월 텍스 에이버리의 「산토끼A Wild Hare」에서였다. 실제로 맨 처음 등장한 것은 홍당무를 찾기 위해서 그의 굴 밖으로 뻗은 유연한 팔과 손, 야채와 사냥꾼의 총을 영리하게 구별해 내는 네 손가락이었다(홍당무를 우적우적 씹으면서) 총을 든 사냥꾼에게 던지는 벅스의 첫 대사 〈무슨 일이쇼, 선생?〉은 그의 〈멋진〉 자신감을 드러내는 근원적인 상징이며 영어에서 비꼬는 말의 상징이 되었다. 사냥꾼을 부끄럽게 만들기 위한 과장된 죽음 장면은 나긋나긋한 발레 동작으로 되어 있으며, 베른하르트와 가르보의 카미유 역할을 부드럽게 비꼰다. 여기서 벅스는 엘머 퍼드와 세 번 키스한다. 이 키스는 그를 혼란스럽게 만들기 위한 것이기도 하지만 그가 사냥꾼에게는 아무 적의도 가지고 있지 않다는 것을 확인시켜 주기 위한 것이기도 하다. 벅스는 마침내 부상당한 미국 독립 전쟁 당시의 고적대처럼 사라져 간다.

능력이 뛰어나고 재치 있는 승리자인 벅스의 등장은 2차 대전의 개전과 시기가 비슷했기 때문에, 그는 대중들의 영웅 대접을 받게 되었다. 그는 여러 사람의 손을 거쳐 개발되며 말끔해졌고, 그가 주연한 160편 이상의 영화들은 프리즈 프렐링, 밥 클램펫, 밥 매킴슨, 그리고 척 존스 등이 번갈아 가며 감독했다. 누구도 흉내 낼 수 없는 그 목소리는 멜 블랑이 맡았으며, 음악은 칼 스톨링, 스토리와 개그 작가는 마이클 몰티스, 테드 피어스였다. 재주 있는 애니메이터였던 버질 로스와 보비 캐넌이 벅스의 움직임을 맡았다.

벅스를 놀라운 캐릭터의 기적으로 만든 것은 한 사람의 작가가 아니었다. 「판타지아」를 세련되게 풍자한 1943년의 작품 「촌스러운 콘체르토A Corny Concerto」에서 밥 클램펫과 프랭크 태슐린은 벅스를 발레리나로 만들었다. 그리고 척 존스는 1957년에 만들어진 놀라운 작품 「오페라가 뭐야, 선생What's Opera, Doc?」에서 벅스를 전혀 새롭게도 오페라의 디바로 만들어 냈다. 이 작품은 현대적인 컬러와 디자인 그리고 대단히 영화적인 시공간 구성력을 보여 주었다. 벅스의 출생 배경이 하도 다양하다 보니 사람들로 하여금 우리의 사랑스러운 토끼가 과연 수컷이냐 암컷이냐 하는 의문도 들게 했다. 벅스는 남성적인 표현과 여성적인 표현 사이를 손쉽게 오락가락했기 때문이었다. 1949년 척 존스의 작품인 「긴 머리의 토끼Long-Haired Hare」에서 벅스는 한 번은 경솔한 10대 소녀로 나왔다가 다음 순간에는 레오폴드 스토코프스키를 풍자했다.

벅스는 1958년에 가서야 겨우 「기사도가 넘치는 기사 벅스Knighty Knight Bugs」로 아카데미상을 탔다(프리즈 프렐링과 요세미티 샘 공동 수상). 1964년에 만들어진 마지막 극장용 만화 영화 이후에도 벅스는 텔레비전 특별 프로그램에 계속 출연했고 1988년 디즈니가 만든 「누가 로저 래빗을 모함했나Who Framed Roger Rabbit」에 우정 출연하기도 했다. 벅스의 영화는 아직도 텔레비전과 비디오로 끊임없이 재방송되고 있다. 벅스는 1985년 할리우드 대로에 자신의 별을 새겼다.

윌리엄 모리츠

참고 문헌

Adamson, Joe(1990), *Bugs Bunny: Fifty Years and Only One Grey Hare.*

Jones, Chuck(1989), *Chuck Amuck.*

Schneider, Steve(1988), *That's All Folks.*

척 존스의 1944년 단편 「뭘 요리하고 계쇼, 선생What's Cookin' Doc?」에서의 벅스.

Three Caballeros」(1945)과 「펀 앤드 팬시 프리Fun and Fancy Free」(1947)에서와 같이 디즈니의 장편 애니메이션들에 실사 부분이 점차 더 많아지기 시작했고, 「남부의 노래Song of the South」(1946)와 「나에겐 너무 소중한So Dear to my Heart」(1949)에서는 실사 부분이 더 큰 비중을 차지하다가 급기야 「보물섬Treasure Island」(1950)을 시작으로 디즈니는 본격적으로 실사 영화를 제작하기 시작했다. 하지만 디즈니는 예전처럼 자주는 아니었지만 계속해서 「이커보드와 토드 씨Ichabod and Mr. Toad」(1949), 「신데렐라Cinderella」(1950), 「이상한 나라의 앨리스Alice in Wonderland」(1951), 「피터 팬Peter Pan」(1953), 「레이디와 트램프The Lady and the Tramp」(1955), 「잠자는 숲 속의 공주Sleeping Beauty」(1959) 같은 장편 애니메이션 영화들을 제작했다.

1930년대 말, 과도한 근무 시간, 낮은 임금, 열악한 노동 환경, 그리고 복지 혜택 부족 등에 저항하는 노동조합의 결성과 파업이 애니메이션업계를 강타했다. 업계의 〈황금기〉는 대부분 애니메이션 예술가들과 기능인들에 대한 착취 위에 세워졌다. 1937년에 일어난 플라이셔 스튜디오의 파업은 6개월 동안 지속되었고, 자신을 괜찮은 고용주라고 여기면서 플라이셔 스튜디오가 가족 같은 분위기의 행복한 일터라고 생각하고 있던 맥스 플라이셔를 압박했다. 가족 같은 분위기는 사라졌고, 스튜디오는 6개월 후 문을 닫았다. 월트 디즈니 역시 1941년 같은 압박을 받았다. 그는 애니메이션에 대한 흥미를 어느 정도 잃어버렸고, 그 결과 다큐멘터리와 디즈니랜드에 대한 구상으로 관심을 돌렸다. 1941년 일어난 테리툰스의 파업은 9개월을 끌었다. 제2차 세계 대전과 파업으로 인해 많은 인재들이 만화 영화계를 떠났고, 제작 경기는 가라앉았으며, (소재의 반복, 동작의 간소화, 디자인의 단순화 등의) 편법이 권장을 받으면서 대부분의 스튜디오들이 만든 작품들의 질이 점차 떨어지기 시작했다.

UPA

파업 이후 디즈니를 떠난 인재들의 일부가 모여 UPA(United Productions of America)를 세웠다. 조합의 형태로 설립된 UPA는 시나리오, 음악, 그래픽 디자인, 그리고 선화와 동화 같은 실제적인 작업을 포함한 영화 제작의 전 과정에 똑같은 무게를 두었다. 1948년의 「깡패 로빈Robin Hoodlum」부터 1956년의 「무단 횡단자Jaywalker」(2편 모두 아카데미상 후보에 올랐다)까지 이러한 평등주의적 방식은 현대적인 미술 양식, 비폭력적인 이야기 구조를 가진 시나리오, 그리고 현대 음악 작곡가들이 작곡한 음악을 갖춘 일련의 놀라운 만화 영화들의 창작이라는 결과를 낳았다. 특히 보비 캐넌은 모든 움직임을 사실적으로 묘사하는 것이 아니라 캐릭터나 아이디어를 표현할 수 있는 특별한 움직임을 고안해 냄으로써 중요한 기여를 했다. 캐넌은 UPA의 첫 번째 아카데미 수상작인 「제럴드 맥보잉 보잉Gerald McBoing Boing」(1950)을 감독했다. 이 작품은 의사 쇠스Dr. Seuss의 이야기로 허츠와 엥겔의 색채와 디자인, 빌 멜렌데스와 캐넌의 애니메이션, 그리고 게일 큐빅의 음악으로 만들어졌다. 1952년 「매들린Madeline」, 그리고 옛날부터 전해 오는 노래인 〈프랭키와 조니〉 이야기를 통해 미국의 사법 제도를 풍자한 「루티 툿 툿Rooty Toot Toot」 2편의 UPA 영화가 다시 아카데미에 도전했지만 실패했다. UPA는 1953년에 또 다른 승리를 거둔다. 제임스 서버의 원작을 각색한 허츠의 「정원의 일각수Unicorn in the Garden」, 그리고 에드거 앨런 포의 원작을 각색한 테드 파멜레-폴 줄리언의 「숨길 수 없는 마음The Tell-Tale Heart」은 고전적인 공포 이야기를 초현실적인 그림으로 만들어 냄으로써 극장용 만화 영화에 진지한 주제를 도입한 첫 사례로 꼽힌다.

UPA는 이러한 예술 영화들을 제작하면서 동시에 신선한 개념의 광고 영화들을 만들었고, 1952년에 만들어진 스탠리 크레이머의 「사주식 침대The Fourposter」의 타이틀을 시작으로 극영화 타이틀의 애니메이션 제작이라는 새로운 분야를 개척해 냈다. 이러한 모험적인 사업은 대성공을 거두었고, UPA는 뉴욕과 런던(조지 더닝이 양쪽을 책임졌다)에 타이틀과 광고 제작을 위한 스튜디오를 개설했다. UPA는 또한 미스터 마구Mr. Magoo를 1949년 허블리의 작품 「래그타임 베어Ragtime Bear」에 데뷔시킨 이후 그를 주인공으로 한 만화를 50편 이상 제작했다. 미스터 마구는 UPA보다도 더 오래 살아남았다. 컬럼비아는 미스터 마구가 UPA를 떠난 이후에도 그의 만화를 1959년까지 제작했다.

몇 년 안 있어, UPA는 상업 애니메이션을 획기적으로 변화시켰다. 다른 스튜디오들은 그들의 스타일을 모방하려고 애썼다. 텍스 에이버리는 1952년 「마법의 거장The Magical Maestro」을 만들면서 UPA의 1949년 작 「매직 플루크The Magic Fluke」를 공개적으로 표절했다(그는 또한 폭력과 인종주의적인 진부한 표현을 곁들였다). 노먼 매클러렌을 위한

텍스 에이버리의 성적으로 도발적인 만화 「귀여운 빨간 모자Little Rural Riding Hood」(워너 브러더스).

추모 시사회에서 그랜트 먼로와 이블린 램바트는 캐나다 국립영화위원회의 애니메이션 부서 전체가 영감을 얻을 목적으로 오타와 엘진 시네마에서 UPA의 최신 만화 영화를 보기 위해서 눈 속에서 줄을 서 있던 광경을 회고했다. 유고슬라비아와 다른 동유럽 국가들에서의 영화 시사회에서 UPA 만화 영화를 본 그곳의 애니메이터들은 디즈니를 흉내 내려는 시도를 포기하고 그보다는 현대적이고 민속적인 양식을 받아들이기로 했다. 한편, 디즈니 역시 UPA와의 경쟁을 통해서 현대화하려는 노력을 기울였으며, 디즈니는 1953년 워드 킴볼의 「뛰뛰, 휫휫, 퉁, 쿵Toot, Whistle, Plunk and Boom」으로 10년 만에 처음으로 아카데미상을 수상했다.

텔레비전 역시 극장용 만화 영화의 몰락을 재촉했다. 극장 관객의 감소로 인해서 극장용 만화 영화에 더 이상 사치를 부릴 수도 없게 되었고, 애니메이션의 재주꾼들은 돈을 더 많이 주는 텔레비전으로 자리를 옮겨 갔다. UPA는 「제럴드 맥보잉 보잉 쇼」라는 자체 텔레비전 프로그램을 가지고 있었으며, 이 프로그램을 통해서 1956년 12월부터 1958년 10월까지 UPA의 고전 만화 영화와 신작 만화 영화들을 방영했다. 이들 중에는 18세기 일본의 미술가인 샤라쿠(「여우의 시대The Day of the Fox」, 시드니 피터슨과 앨런 자슬러브)부터 현대의 추상파 표현주의(「공연하는 화가The Performing Painter」, 존 위트니, 어니 핀토프, 프레드 크리펜)까지 다룬 미술에 대한 인상적인 프로그램도 있었다. UPA 소속이었던 빌 허츠, 피트 버니스, 테드 파멜레 그리고 루 켈러는 제이 워드Jay Ward 프러덕션으로 옮겨 가서 텔레비전 시리즈 「로키와 불윙클Rocky and Bullwinkle」을 만들었다. 빌 해나와 조 바버라는 MGM을 떠나 자신들의 회사를 만들어서 「요기 베어Yogi Bear」, 「플린트스톤」, 「젯슨 가족The Jetsons」 등의 인기 텔레비전 만화 시리즈를 만들었다. 이 프로그램들은 극단적인 〈리미티드 애니메이션*limited animation*〉 기법을 사용했을 뿐만 아니라 실사 프로그램의 시트컴에서와 같은 대사 위주의 대본에 의존하는 프로그램들이었다. 1960년에 이르러 스튜디오에서는 극장용 만화 영화를 제작하는 부서가 사라졌다.

유럽의 애니메이션

「판타지아」가 눈부신 광채를 발휘하고 벅스의 우스꽝스러운 짓거리가 사랑을 받기는 했지만, 이 시대의 진정으로 위대한 애니메이션이 만들어진 곳은 미국의 스튜디오가 아니라 — 과거의 스튜디오 제품들에 대한 엄청난 광고 공세가 지속되고 있고, 텔레비전에서는 향수 어린 작품들을 계속해서 다시 방영을 하고 있기는 했지만 — 독립 예술가들이 일하던 작은 스튜디오나 그들의 집이었다. 이 독립 애니메이터들에게는 소리는 아무런 문제가 되지 않았다. 그들의 작품은 실사 영화와 다를 바 없는 말로만 웃기는 작품이 아니라 움직이는 그림의 마술적인 힘, 그리고 애니메이션의 심장이라 할 수 있는 변형의 힘을 믿는 작품들이었기 때문이다. 이러한 애니메이터들 중의 많은 이들은 무성 영화 시대에 쓰인 뛰어난 반주곡들을 가지고 있었고, 유성 영화 시대에도 그런 작업을 계속했다. 완전한 추상 영화인 발터 루트만의 「희유곡, 작품 1Lichtspiel, Opus 1」은 유리 위에 그린 후에 필름에 손으로 색채를 입힌 작품으로 1921년 4월 프랑크푸르트 극장에서의 시사회 때에는 맥스 버팅이 이 작품을 위해 특별히 작곡한 현악 오중주가 연주되었다(루터만 자신이 오중주에서 첼로를 맡아 연주했다). 이러한 추상 작품을 3편 더 만든 뒤 루터만은 1927년 시적인 다큐멘터리 「베를린: 도시의 교향곡」(에드문트 마이즐이 음악을 작곡)으로 대단한 성공을 거두었고, 그 후 실사 영화로 전환했다. 하지만, 그의 친구로서 1920년대 초부터 추상 애니메이션을 시작한 오스카 피싱어는 〈색채 음악〉 영화들을 1950년대까지 계속해서 만들었다. 피싱어의 초기 〈무성〉 영화들은 생음악 연주를 사용했다. 화려한 다중 영사 추상 작품인 「R-1, 형식 놀이R-1, ein Formspiel」(1927)는 원래 알렉산더 라슬로의 피아노 음악이 반주되었지만, 나중에는 타악 합주가 공연되었다. 피싱어는 추상 영화를 만들면서 한편으로는 자신의 작품을 만들 돈을 마련하기 위해서 구상 만화 영화도 만들었고, 실험주의 애니메이션의 놀라운 걸작인 「정신적 건축Seelische Konstruktionen」(1927)을 창작했다. 이 작품은 술집에서 싸우다가 비틀거리며 집으로 가는 두 취객의 환각 상태를 흐르는 듯한 실루엣으로 변형시켜 보여 준다. 1929년 유성 영화의 유행이 독일을 휩쓸자 피싱어는 엘렉트롤라Electrola 레코드 회사를 설득시켜서 영화의 엔딩 타이틀에 그 음반의 제목과 번호를 광고해 주는 조건으로 그 회

오스카 피싱어의 실험적 애니메이션 「조금 빠르게」(1936).

사의 음반들을 자신의 작품에 사운드트랙으로 썼다. 피싱어가 이렇게 만든 「습작들Studies」은 MTV 비디오 클립의 선조였던 셈이다. 「습작」 시리즈는 전 세계적으로 엄청난 인기를 얻었고, 영화제에서 많은 상을 받았다. 피싱어는 1933년 나치가 정권을 잡을 때까지 14편을 완성했으나 그 후 작품들은 미완성으로 남았다. 〈타락한〉 추상 영화들은 검열을 통과할 수 없었기 때문이었다. 그는 자신의 첫 번째 컬러 영화인 「고리Kreise」(1933)를 톨리라흐Tolirag 광고 회사의 홍보 영화로 팔아서 제작 허가를 얻었다. 이 회사는 이 영화의 끝에 〈톨리라흐는 사회의 모든 고리*all circles*에 가 닿습니다〉라는 문구를 집어넣었다. 피싱어는 또한 경기장으로 행진해 들어온 담배들이 아이스 스케이팅 같은 경기를 펼치게 하여 그 당시 올림픽 열기를 이용한 「무라티, 행동에 옮기다Muratti greift ein」(1934)라는 광고 영화로 엄청난 성공을 거두기도 했다. 이런 광고 영화로 벌어들인 돈을 가지고 그는 비밀리에 또 다른 컬러 추상 영화 「우울한 악곡Komposition in Blau」(1935)을 만들었는데, 밝게 채색된 정육면체와 원기둥들이 거울에 비친 공간을 활주하는 내용이었다. 그는 이 작품을 적절한 허가를 받지 않은 채 시사를 했고 격찬을 받았지만, 나치 정부를 화나게 했다. 다행히도 파라마운트가 그를 할리우드로 빼갔고, 그는 거기에서 「1937년의 인기 프로그램The Big Broadcast of 1937」의 한 에피소드를 맡아 작업을 시작했다. 피싱어가 만든 단편 「조금 빠르게Allegretto」(1936)는 그가 자신의 작품은 컬러로 만들어야 한다고 고집했기 때문에 흑백으로는 만들어지지 않았다. 그가 구겐하임 박물관의 보조금으로 「조금 빠르게」를 파라마운트에서 다시 사들여 단편으로 다시 배급했을 때, 복합적인 셀 애니메이션에 대해서, 그리고 랠프 레인저가 작곡한 교향 재즈곡과 놀랍도록 확실하게 조화를 이루면서 미묘하게 배열된 컬러와 층층이 쌓인 형상들을 가진 시각적인 음악 작품이라는 갈채를 받았다. MGM은 피싱어의 1937년 작품 「광학 시An Optical Poem」를 단편으로 극장에 배급했다. 그는 1년 동안 디즈니의 「판타지아」의 애니메이션 작업에 참여했다가 자리를 박차고 나왔는데, 그의 모든 디자인을 바꾸어 버렸기 때문이었다. 그의 마지막 걸작들인 「라디오 다이나믹스Radio Dynamics」(1941~3, 오선 웰스에게 고용된 후 「모두 사실이다It's All True」의 작업에 참여할 때 촬영했다)와 「모션 페인팅Motion Painting No.1」(1947)은 2편 모두 회화의 영화적 가능성을 입증한 작품들이었다. 「라디오 다이나믹스」는 아무 소리 없이 급진적인 편집을 통하여 채색된 이미지들을 보여 주지만, 10분짜리 「모션 페인팅」은 붓이 한 번 지나갈 때마다 한 프레임씩 찍어서 어떤 그림이 완성되는 과정을 보여 준다. 「모션 페인팅」은 1949년 브뤼셀 실험 영화제에서 대상을 받았다.

로테 라이니거는 그녀의 첫 번째 장편 애니메이션인 「아흐메드 왕자의 모험Die Abenteuer des Prinzen Achmed」(1926)에 발터 루터만과 베르톨트 바르토슈를 애니메이터로 고용했고, 그들은 3년 동안 같이 작업하면서 정교한 다층 애니메이션 기술을 다듬었다. 「아흐메드 왕자의 모험」의 음악은 볼프강 첼러가 작곡했고 라이니거의 두 번째 장편 「닥터 둘리틀과 동물들Doktor Dolittle und seine Tiere」(1928)은 파울 데사우, 쿠르트 바일, 파울 힌데미트가 작곡했다. 라이니거의 유성 단편들에서도 역시 음악은 실루엣에 대한 대위법으로 사용되었다. 마찬가지로 1933년 작 「카르멘」에서 비제의 음악은 오페라를 여성 운동의 시각에서 풍자적으로 다시 해석한 이야기를 보강해 주고 있다. 이 작품에서 군인이나 투우사보다 더 영리한 집시 여인은 마지막 장면에서 고대 크레타 섬의 여사제처럼 황소의 뿔 위에서 춤을 춘다. 라이니거는 35편의 유성 영화를 완성했다. 그 영화들의 대부분은 동화나 오페라를 각색한 작품들이거나 실사 영화 또는 광고 영화를 위한 특수 효과에 쓰인 작품들이었다.

베르톨트 바르토슈는 로테 라이니거의 장편 애니메이션 작업에 참여하기 이전에 몇 편의 정치 애니메이션 영화를 만들었다. 그는 (파리로 이주한 후) 자신의 작업으로 돌아가 프란스 마저렐의 목판화에서 가져온 모티프를 감동적인 30분짜리 영화 「이상L'Idée」(1932)으로 만들어 냈다. 이 영화는 〈이상〉(자유, 평등, 박애 — 벌거벗은 여인으로 표현된다. 추상적인 개념은 유럽 언어로 여성형이기 때문이다)의 벌거벗은 진실을 탄생부터 개인적인 순교, 집단적인 사회 투쟁, 전쟁, 그리고 추상적인 신격화에 따른 최종 숭배까지 따라간다. 바르토슈는 마저렐의 목판화가 보여 주는 울퉁불퉁한 모서리의 느낌을 배경에서 조명한 여러 층의 유리 위에 비누로 그린 섬세한 그림의 부드럽고 밝은 외관과 조화를 이루게 만들었고, 자신이 그리고 있던 (대부분 촬영 중에 떠오른) 영상들을 에이젠슈테인풍으로 편집해 냈다. 아르튀르 오네게르는 「이상」의 마술적인 출연 장면에 쓰인 새로 발명된 전자 건반악기의 기괴한 음색의 반주 음악을 작곡했다. 이 음악은 네온이 명멸하는 거리의 생생한 영상과 딱 맞아떨어지는 것이었으며 노동자들과 군인들 사이의 최후의 전투에서 고조되는 감정을 반영했다. 바르토슈는 3년이 넘는 기간 동안 이 영화의 5만 프레임을 파리 극장 위에 있는 그가 살고 있던 작은 다락방에서 자기 혼자서 다 그려 냈다. 영국의 영화 제작자 소럴드 디킨슨의 재정적 도움으로 바르토슈는 두 번째 평화주의 컬러 영화「성 프란체스코, 악몽과 꿈François, ou cauchemars et rêves」(1939)과 반히틀러 풍자 영화 1편을 완성했지만, 나치가 파리를 점령했을 때 나치는「이상」의 원판 네거티브와 다른 2편의 영화 프린트 전부를 파기했다.「성 프란체스코, 악몽과 꿈」에 쏟은 시간들을 잃어버린 데 낙담하기는 했지만 바르토슈는 또 다른 영화를 만들기 시작했다. 빛과 우주에 관한 영화였으나 그는 이 영화를 미완성으로 남겨 놓은 채 1968년 사망했다. 영국과 프랑스에서 발견된 프린트들로 다시 살아난「이상」은 그 표현, 내용이 가진 사회성의 위대함, 감동적인 인간애 등으로 인해 애니메이션 최고의 성취 중 하나로 남아 있다.

도서 삽화가인 알렉산드르 알렉세예프와 클레어 파커(파리에서 일하던 러시아 인과 미국인)는 피싱어의 흑백「습작Study」, 페르낭 레제르의「기계적 발레Ballet mécanique」, 그리고 바르토슈의「이상」을 보고 난 후 석판 인쇄의 섬세함과 음악의 유동성을 가질 수 있는〈시각적 음악〉을 그려 낼 수 있다는 생각에 푹 빠져 버렸다. 그들은〈핀 스크린〉을 발명했다.〈핀 스크린〉은 50만 개의 핀이 꽂힌 흰 판으로, 핀을 판에 누르면 흰색이 나타나고 판의 뒤에서 앞쪽으로 누르면 회색에서 검은색으로 농담이 바뀌었다. 그들이 1933년 만든「민둥산에서의 하룻밤Une nuit sur le mont chauve」은 무소르그스키의 음악을 섬뜩한 영상을 통해 재기 넘치는 그림으로 옮겨 냈다. 아름다운 소녀와 추악한 노파 사이의 싸움 같은 경우, 그들의 싸움이 진행되는 동안 소녀는 늙어지면서 점차 추악해지는 반면, 노파는 생명력과 아름다움을 되찾는다. 자연의 순환에 대한 은유인 것이다. 파커와 알렉세예프는 또한 수많은 애니메이션 광고를 만들었다(그중 일부는 바르토슈에게 넘겨주었다). 그들은 전쟁 중에 미국으로 날아갔고 100만 개의 핀을 가진 더 복잡해진 핀 스크린을 만들었다. 이 핀 스크린으로 이들은 캐나다 국립영화위원회를 위해서 프랑스-캐나다 민요를 사랑스러운 그림으로 영상화한「지나가며En passant」(1943)를 만들었다. 전쟁이 끝나고 파리로 돌아온 그들은 오선 웰스가 1962년에 만든 영화「심판The Trial」의 일부를 애니메이션으로 만들었고 고골리의 단편「코The Nose」(1963)를 대사 없는 애니메이션으로, 그리고 무소르그스키의 음악 2편「전람회의 그림Tableaux d'une exposition」(1972)과「세 개의 주제Trois thèmes」(1980)를 애니메이션으로 만들었다.

파리에 사는 영국의 화가 앤서니 그로스 역시 회화에서 애니메이션 영화로 전향했다. 그는 우아한 양식을 상상력이 풍부한 도회풍의 삽화로 옮겨 놓음으로써 마치 문학 단편을 보는 듯한 느낌을 주는 애니메이션을 만들었다. 그가 처음 만든 두 작품은 분실되었지만 세 번째 작품인「삶의 환희Joie de vivre」(1934)는 양 대전 사이의 시기에 유행했던 아르 데코의 정수를 잘 포착한 빛나는 걸작이다. 발전소에 무단 침입한 두 소녀가 경비원에게 쫓기지만, 사실 경비는 잃어버린 신발을 찾으러 가고 있다는 단순한 플롯은 풍성한 상상력을 펼치기 위한 의도적인 장치이다. 두 소녀는 팽팽한 철망 위로 재주를 넘고, 추적자들을 피하기 위해서 꽃으로 변하고, 현대적으로 양식화된 물에서 수영을 하고, 철로를 휘저어 놓아서 특급 열차들이 서로 위아래로 피해 가게 만들고, 그들의 새로운 친구인 경비원과 함께 자전거를 타고 하늘로 날아오른다. 개구리의 시야로 보이는 잠자는 경비원, 떨어진 꽃을 위한 장례 행렬, 숲 속의 사티로스 동상 등의 정교한 그래픽과 안무의 완벽함이 이 영화의 매력이다. 그로스는 이 영화를 혼자서 기획하고 동화를 만들어 냈고, 1만 7,000장의 셀은 부유한 미국의 화가 헥터 호핀, 그리고 두 사람의 아내들과 같이 그렸다. 티보르 하르사니는 이 작품의 우아한 이미지와 위트에 잘 어울리는 음악을 작곡했다. 뉴욕 현대미술관이 1935년「삶의 환희」를 구입함으로써 이 영화는 미국에서 널리 알려졌고, 후일 미국 만화 작품들의 양식에 영향을 미쳤다.

「삶의 환희」로 성공을 거둔 후 그로스는 런던으로 돌아와 알렉산더 코르더의 만화 영화「여우 사냥The Fox Hunt」(1936)을 만들었다. 이 작품의 뛰어난 컬러 사용은 눈 가리고 아웅 하는 짓거리인 상류 사회의 스포츠에 대한 풍자에서 한 발 더 나아가 오스카 와일드의 신랄한 명언인〈먹을 수 없는 것을 쫓는 말도 안 되는 짓거리〉의 불합리성을 잘 드러내 주고 있다. 그로스는 장편인 쥘 베른 원작의「80일간의 세계 일주Around the World in Eighty Days」제작에도 참여했으나 제2차 세계 대전의 발발로 미완성으로 끝났고, 그중의 일부는 1955년〈인도 환상곡An Indian Fantasy〉이라는 제목의 단편으로 공개되었다. 미완성으로 끝난 다른 3개의 기획은 물론 베른의 작품을 위해 만들어진 스케치들을 보면 그로스가 자신의 영화 제작에 재정적인 지원을 얻지 못한 점이 아쉬움으로 남는다.

나치의 지배는 역설적이게도 3편의 놀라운 영화를 탄생시키는 배경이 되었다. 괴벨스는 디즈니 영화들을 더 이상 독일에 수입할 수 없게 되자, 애니메이션을 제작할 능력이 있는 모든 스튜디오에 독일과 나치 점령하에 있던 나라들의 극장에 공급할 애니메이션을 제작하라고 명령했다. 한스 피셔쾨젠은 1921년부터 애니메이션 광고 영화를 만들기 시작해서 이 분야에만 몰두해 왔고, 2차 대전이 일어날 때까지 1,000편 이상을 만들어 냈다. 괴벨스의 명령이 떨어지자 그는 몇 명 안 되는 직원들과 함께 3편의 만화 영화 「비바람에 시달린 멜로디 Verwitterte Melodie」(1942), 「눈사람Der Schneemann」(1943), 그리고 「멍청한 거위Das dumme Gänslein」(1944)를 만들었다. 반나치 평화주의자였던 피셔쾨젠은 3편 모두에 파괴적인 메시지를 가까스로 담아내기는 했지만, 영화가 기술적으로 뛰어났던 탓에 어렵게 검열을 통과했다. 독일에서는 재즈가 타락한 아프리카-유대계 예술 형식이라는 이유로 공식적으로는 금지되어 있었다. 하지만 「비바람에 시달린 멜로디」에는 풀밭에 버려진 축음기를 발견한 꿀벌이 자신의 침으로 레코드의 재즈 음악을 재생해서 숲의 동물들을 즐겁게 하고, 동물들은 다른 종족과 어울려 춤을 추는 장면이 나온다. 「눈사람」은 냉혹한 겨울 세계에서 너무나 도망치고 싶은 나머지 여름이 올 때까지 냉장고에 숨는다. 차라리 녹아내릴지언정 그게 더 좋기 때문이다. 「멍청한 거위」는 사회적 규범을 따르지 않는다. 그는 줄지어 행진하거나 다른 형제 거위들처럼 운동하는 것을 거부한다. 그리고 처음에는 교활한 늑대에게 반해 버리지만, 늑대가 동물들을 감금하고 고문한다는 사실을 알게 되자 다른 동물들을 도와 그를 쫓아 버리고 다른 동물들을 구한다. 전쟁이 끝난 후 피셔쾨젠은 광고 영화로 복귀했고, 재치 있는 광고 영화로 많은 상을 받았다.

이 시기에 수많은 다른 예술가들이 뛰어난 애니메이션을 만들어 냈다. 빙산의 일각이기는 하지만, 그중의 3명을 더 언급해야 할 것이다. 헝가리 인 조지 팔은 나치 시대 이전에 독일에서 작업하다가 네덜란드로 도피한 후 거기서 인형 애니메이션으로 필립스의 광고 영화를 만들었다. 1940년 그가 미국으로 건너간 후 네덜란드에서 함께 일했던 그의 직원들은 피셔쾨젠의 회사에 합류했다. 1940년에서 1949년 사이에 팔은 파라마운트에서 흑인 소년 가수 재스퍼가 나오는 시리즈, 그리고 비폭력적이고 건설적인 이야기에 현대 음악이 결합된 UPA풍의 고전적인 「투비 더 튜바Tubby the Tuba」(1947) 같은 인형화*puppetoon*를 제작했다. 1950년 이후, 팔은 자신의 애니메이션 기법을 판타지와 공상 과학 영화의 특수 효과에 접합시켰다.

그리모는 1936년부터 영화를 만들기 시작했다. 그의 1943년 작품인 「허수아비L'Épouvantail」는 저항적인 우화라는 점에서는 피셔쾨젠과 같은 맥락이지만 독일풍의 매력과 교묘함은 없다. 그러나 한스 크리스티안 안데르센의 원작을 자크 프레베르가 각색한 「꼬마 병정Le Petit Soldat」은 아이들은 물론 어른들도 공감하는 섬세한 애니메이션의 고전이다. 역시 안데르센 원작, 프레베르 각색인 그의 장편 「양치기 소녀와 굴뚝 청소부La Bergère et le ramoneur」는 1950년대 초 완성이 안 된 채로 1시간 정도의 분량이 공개되어 상당한 찬사를 받았다. 그는 이 작품을 1979년에 이르러서야 완성할 수 있었고, 〈왕과 새Le Roi et l'oiseau〉라는 제목으로 공개되었다.

일본에서는 오후지 노부로(1900～61)가 일본의 전통적인 한지를 사용하여 무성 실루엣 애니메이션을 만들어서 1924년 작품 「벚꽃 그늘 아래서(はなめざき)」처럼 섬세한 효과를 나타내 보이기도 했고, 1927년 작품 「고래(鯨)」(1953년 컬러로 다시 만들어졌다)에서처럼 역동적인 액션을 보여 주기도 했다. 1955년 작품인 「유령선(幽霊船)」은 베네치아 영화제에서 수상했다. 그의 마지막 작품은 장편 「부처의 생애(釋迦の生涯)」(1961)였다.

참고문헌

Beck, Jerry, and Friedwald, Will(1989), *Looney Tunes and Merrie Melodies.*

Bendazzi, Giannalberto(1994), *Cartoons: One Hundred Years of Cinema Animation.*

Canemaker, John(ed.)(1988), *Storytelling in Animation.*

Culhane, Shamus(1986), *Talking Animals and Other People.*

Edera, Bruno(1977), *Full Length Animated Feature Films.*

Thomas, Frank, and Johnston, Ollie(1981), *Disney Animation: The Illusion of Life.*

Vrielynck, Roger(1981), *Le cinéma d'animation avant et après Walt Disney.*

장 르 영 화

GENRE CINEMA

영화와 장르

릭 올트먼

영화 이전의 장르

장르*genre*는 〈종류〉나 〈유형〉을 의미하는 프랑스 어로, 라틴 어 *genus*에서 유래되었다. 16~17세기에 이탈리아와 프랑스에서 아리스토텔레스 학파가 부활하면서 장르는 문학의 분류와 평가에 중요한 역할을 하게 되었다. 문학 연구에서 〈장르〉는 서로 다른 텍스트를 분류하는 데 쓰이는 다양한 범주를 가리킨다. 장르에 의한 분류는 표현 방법(서사/서정/극), 현실과의 연관성(픽션/논픽션), 양식의 깊이(서사/소설), 플롯(희극/비극), 내용의 성격(감상 소설/역사 소설/모험 소설) 등등에 기초한다.

혼란스러운 상황을 정리하고자 19세기 실증주의는 우선 린네의 이명법*binominal*(모든 동식물의 이름을 라틴 어의 두 단어로 된 속명과 종명으로 부른다)에 근거한 문학 장르 연구를 시도했다. 그리고 그 뒤를 이어 속과 종의 진화라는 다윈주의적인 개념에 기초한 장르 역사 연구가 이루어졌다. 통칭적 지시어들이 여전히 수많은 텍스트들의 구분과 분류를 위한 폭넓은 범주로 쓰이고는 있었지만, 세기의 전환점에 이르러 영화가 단순히 진기한 발명품을 넘어서서 돈벌이가 되는 세계적인 산업으로 변모하면서 과학적 모델은 더 이상 〈장르〉라는 개념을 정교하게 설명하지 못했다.

초기의 영화 장르

영화 제작의 초창기에 영화는 길이나 주제로 구분되었을 뿐, 장르 용어는 그저 막연하게만 쓰였다(1890년대 후반의 〈전투 영화〉나 1904년 이후의 〈줄거리 영화*Story Film*〉). 1910년 즈음해서 영화 제작이 수요를 초월하면서 장르 용어는 영화들을 정의하고 구분하는 데에 점점 더 많이 쓰이게 되었다. 문학 장르가 이론적인 문제나 실제적인 대규모 분류의 필요(도서관 같은 곳)에 대한 해결책이라면, 초기의 영화 장르 용어는 영화 배급업자와 상영업자가 쉽게 의사소통하는 수단이었다.

초기의 영화 장르 용어는 주로 기존의 문학이나 연극 언어(〈코미디〉, 〈로맨스〉)에서 빌려 오거나 단순히 테마를 기술하는(〈전쟁 영화〉) 데에 그쳤다. 그 후의 영화 장르 용어는 영화 제작 관례에 기초해서 만들어졌다(〈속임수 영화*trick film*〉, 〈만화 영화〉, 〈추적 영화*chase film*〉, 〈뉴스 영화*newsreel*〉, 〈필름 다르*film d'art*〉). 하지만 제1차 세계 대전 동안과 그 후에 영화 제작이 표준화되면서 장르 용어는 점점 더 전문화되었다. 문학적, 연극적 전통의 폭넓은 장르가 아니라 영화의 주요 장르인 멜로드라마와 코미디의 여러 하위 장르들을 가리키게 된 것이다. 1910년 이전의 미국의 배급업자와 상영업자들은 구체적인 형용사와 포괄적인 명사를 써서 장르를 설명했다. 예를 들자면, 〈액션 코미디〉, 〈서부 멜로드라마〉, 이런 식이었다. 무성 영화 시대의 후반에는 명사는 빠지고 형용사가 실제적인 역할을 하는 경우가 많아졌다. 그래서 슬랩스틱*slapstick*, 파스*farce*, 벌레스크*burlesque*는 코미디의 유형들이라기보다는 그 자체로 독자적인 장르가 되었다. 미국 영화에 큰 공헌을 한 멜로드라마는 서부극, 서스펜스, 공포 영화, 연속극, 모험 영화*swashbuckler*, 독일의 실내극*Kammerspiel*, 프랑스의 불바르*Boulevard* 영화, 일본의 〈지다이게키(時代劇)〉, 〈겐다이게키(現代劇)〉 같은 장르 용어들 속에 파묻혀 버렸다.

스튜디오 시대의 장르 영화

장르라는 개념은 영화 제작 과정의 참여자들 각각에게 서로 다른 기능을 한다. 그중 다음의 세 가지 역할이 가장 중요하다.

1. 제작: 장르라는 개념은 제작에 따르는 여러 결정 사항들

에 대한 기준이 된다. 암묵적인 이해로서 제작팀원들이 그들만의 방식으로 의사소통할 수 있게 해준다.

2. 배급: 장르라는 개념은 작품 구분의 근본적인 방법을 제공하여, 제작자와 배급업자, 혹은 배급업자와 상영업자를 손쉽게 연결시켜 준다.

3. 소비: 장르라는 개념은 관객의 표준적인 경향을 설명해준다. 그 자체가 상영업자와 관객 간, 혹은 관객들 간의 커뮤니케이션을 활성화시킨다.

분명 모든 영화는 어떤 장르(들)에 속한다. 적어도 배급이라는 범주 안에서는 그렇다. 하지만 어떤 영화들은 특정한 장르적 모델에 따라 제작되고 소비된다. 장르라는 개념이 기술적인 용도로만, 그러니까 분류나 구분의 목적으로만 쓰이면, 우리는 〈영화 장르〉에 대해 얘기하게 된다. 하지만 장르의 개념이 제작과 소비 과정에서 좀 더 적극적인 역할을 하게 되면, 〈장르 영화〉를 얘기하게 된다. 그래서 장르적 동일시가 영화 관람의 구성 요소가 되는 정도를 인식하게 되는 것이다.

초기 발전 단계의 영화 산업은 영화 장르들이 빈약하기 마련이다. 하지만 장르 영화들은 성숙한 영화 산업에 의해 제작된다. 이를테면, 양차 대전 사이에 미국, 프랑스, 독일, 일본에서 발전된 형태의 영화 산업이나 주로 국가나 지역 관객들을 목표로 영화들이 만들어지는 오늘날의 중국과 인도에 존재하는 대규모 산업 안에서 장르 영화는 활발하게 제작된다. 장르는 모든 국가의 영화 산업을 이해하는 데 있어서 중요하지만, 할리우드 스튜디오 시스템은 1930년대부터 장르 영화 제작에 관한 한 세계적인 주도권을 행사해 왔다. 미국 영화 산업이 반세기 이상 전 세계의 관객들에게 일련의 강력한 장르들을 소개했지만, 다른 국가의 영화 산업들로 대변되는 장르의 영화들은 그리 많이 제작되지 않았고, 덜 조직화되었으며, 제작이 간헐적으로만 이루어지거나 B급 영화에만 제한되어 있었고, 미국 장르 영화들의 영향에서 벗어나지 못했다.

장르 영화 제작이 성장하면 할수록 내용에 기반한 장르의 개념은 반복적인 플롯 모티프, 순환적인 이미지 패턴, 표준화된 내러티브 구성, 뻔한 비평 관습들에 기초한 장르 정의들로 변화한다. 지금은 우리가 〈서부 영화〉로 여기는 최초의 영화들이 미국에 처음 소개되었을 때 사실 동시대의 관객들은 그 영화들을 그리 잘 이해하지 못했다. 예를 들어, 「대열차 강도」는 초기 영화 제작자들이 각색한 많은 무대용 멜로드라마들과 같은 것으로 취급되었다. 장래의 서부 영화들의 모델로 여기기보다, 사람들은 그 영화를 후에 홍수처럼 쏟아져 나온 범죄 영화들의 선구작으로 보았다. 그러나 1900년대가 끝나기 전에 〈서부 추적 영화〉, 〈서부 멜로드라마〉, 〈서부 로맨스〉, 〈서부 서사극〉 등은 〈서부 영화〉라는 한 장르로 뭉쳐졌다. 그 많은 형용사들의 결합이 암시해 주듯이, 서부 영화는 초기에 수많은 플롯, 인물, 분위기 중 어느 것이라도 취할 수 있었다. 하지만 1910년대와 1920년대 동안에 서부 도상학(圖像學)의 성장과 문학의 영향으로 단순한 지리적 지시어가 함축하고 있는 가능성들이 탐구되고 걸러지고 조직화되었다. 여러 유형의 영화들이 많이 촬영되는 지역을 의미하는 지리적 형용사 〈서부*western*〉는 금세 서구의 공공 관심을 이용하는 배급 본위의 영화 장르를 막연하게나마 지칭하게 되었다. 이후에 그러한 장르적 개념은 강화되고 관습화되어 관객들이 〈서부 영화〉의 특징적인 기준에 따라 해석하는 장르 영화들이 반복적으로 제작되게 된다.

이와 비슷한 방식으로, 뮤지컬은 사운드의 도래와 함께 할리우드에 갑작스레 나타났다. 사실, 연예인들과 그들의 음악을 중심으로 해서 만들어진 최초의 영화들은 〈뮤지컬〉로 불리지 않았다. 음악이라는 존재는 그저 장르적 특징을 가진 내러티브 재료를 표현하는 한 방식에 불과했다. 그래서 할리우드의 유성 영화 시대 초기에 〈뮤지컬〉이라는 말은 항상 코미디, 로맨스, 멜로드라마, 엔터테인먼트, 매력, 대화, 레뷔 같은 다양한 명사들을 수식하는 형용사로 쓰였다. 초기 뮤지컬의 고전으로 인정되는 영화들조차 처음 나왔을 때에는 뮤지컬이라는 이름을 달고 있지 않았다. 1929년 MGM은 「브로드웨이 멜로디The Broadway Melody」를 〈100퍼센트 말하고 노래하고 춤추는 극적 센세이션〉으로 광고했다. 워너 브러더스사는 「사막의 노래The Desert Song」를 〈100퍼센트 말하고 노래하는 오페레타〉로 선전했다. 라디오픽처스의 「리오 리타Rio Rita」가 〈스크린 뮤지컬〉로 설명된 그해 말에 이르러서야 〈뮤지컬〉이라는 말은 실재적인 자리매김을 하게 되었다.

얄궂게도 뮤지컬에 대한 대중의 관심이 급강한 1930년에서 1931년 사이에 〈뮤지컬〉은 마침내 특정한 장르를 가리키는 독자적인 용어로 인정받았다. 지나간 몇 년 동안의 영화 생산 전반을 뒤돌아봄으로써만, 그런 다른 종류의 특성을 지닌 영화들에 대한 원칙 있는 분류가 가능한 것으로 보인다. 우리가 영화 장르라고 부르는 범주 내에 있으면서도 이 초기 시대에 뮤지컬 영화들은 아직 그 자체로 장르 영화가 되지 못했다. 장르 영화의 제작과 소비에 특징적인 관습들이 아직 성립

하워드 호크스 (1896~1977)

부유한 제지 공장 소유주의 아들로 태어난 호크스는 열 살 때 가족과 함께 미국 중서부에서 캘리포니아로 이사했다. 그는 코넬 대학에서 기계 공학 공부를 마치고 로스앤젤레스로 건너가 페이머스 플레이어스-래스키 스튜디오의 소도구부에서 일했다. 제1차 세계 대전 때에는 텍사스에서 미군의 비행 편대 교관으로 복무했으며 제대한 후에는 카레이서를 하고 비행기를 만들고 조종했다. 1922년에 그는 파라마운트 사의 스토리 부서에 들어갔다. 1925년에는 폭스 사로 옮겼고 그곳에서 처음에는 시나리오 작가로 일하다가 기회가 생겨 연출까지 맡게 되었다〔「영광의 길The Road to Glory」(1926)〕. 그는 전후에 자신이 공동 소유자로 있던 일련의 독립 제작사들을 통해 자신만의 작품 세계를 구축해 나가면서 일을 그만둘 때까지 단기 계약으로 여러 스튜디오에서 일했다.

그는 1930년대에 평범한 직업이나 활동에 종사하는 사람들〔「새벽 순찰대」(1930), 「최고 한도 제로Ceiling Zero」(1936), 「천사들만이 날개가 있다」(1939)의 파일럿들, 「범죄 규약The Criminal Code」(1931), 「스카페이스」(1932)의 갱단들, 「우리가 사는 오늘Today We Live」(1933)과 「영광의 길」(1936)의 군인들, 「군중의 노호The Crowd Roars」(1932)의 카레이서들, 「타이거 샤크Tiger Shark」(1932)의 어부들〕 사이의 상호 작용을 탐구하면서 자신만의 사회적 시각을 정립해 가기 시작했다. 그의 액션 영화들은 행동을 통한 개인 간 긴장의 카타르시스적인 해방, 남성의 상호 의존성, 집단적인 행동을 미화시킨다. 그의 영화들은 행동의 윤리성, 전문성, 남성다운 냉철함을 찬미하면서도 행위와 개인적 욕망과 감정의 억압적인 강령들을 폭로하기도 한다. 호크스는 이러한 갈등을 한 영혼(남성) 안에서 남성적이고 여성적인 요소들이 일으키는 갈등의 관점에서 보려 했다. 따라서 호크스식 남자 주인공〔예를 들어, 「천사들만이 날개가 있다」의 캐리 그랜트나 「광야 천 리」(1948)의 존 웨인〕이 상징하는 남성적인 냉철함은 과장되게 표현된다. 이런 인물들은 여성들의 영향을 받거나 자신의 허약함과 타인에 대한 욕구를 인식함으로써 일종의 여성화가 되는 과정을 통해 인간다워진다.

호크스의 액션 영화에 등장하는 남성 인물들은 변화를 거부하고, 그의 코미디에 등장하는 남성들은 변화에 적응하는 법을 배운다. 그의 코미디들에서는 여성 인물들이 남자들의 〈여성화〉를 가만히 지켜보고 있어 비슷비슷한 성적 갈등이 일어난다. 「아기 양육」과 「나는 남자 신부였다I Was a Male War Bride」에서 캐리 그랜트가 여성 복장을 입어야만 될 때 이런 남성의 여성화가 가장 여실하게 표현된다. 하지만 코미디에서 호크스는 단일 영혼 안에서의 혹은 남녀 간의 성적 불균형을 해결하는 것보다는 성적 역할의 유동성과 성적 억압으로부터의 해방에 더 초점을 맞춘다. 그래서 드라마가 성적 조화, 균형, 질서를 복구한다면, 코미디는 성적 적대감을 끝없는 하나의 과정으로 극화함으로써 영속화시킨다.

1930년대에서 1940년대 동안 호크스의 영상 스타일은 점진적으로 그의 사회적 시각을 반영했다. 그의 카메라는 언제나 눈높이에 머물면서 인물들을 그 자리에 둔다. 하지만 그들이 상호 작용하는 공간은 1930년대의 비교적 얕은 초점 심도에서 1940년대의 전심 초점*deep focus*으로 점차 확장되었다. 그레그 톨런드〔「영광으로 가는 길」(1936), 「와서 가져가」(1936), 「교수와 미녀」(1942), 「노래 탄생A Song is Born」(1948)〕, 제임스 웡 하우〔「공군」(1934)〕, 러셀 할런〔「광야 천 리」, 「빅 스카이The Big Sky」(1952), 「리오 브라보」(1959), 「하타리Hatari!」(1962), 「남자가 좋아하는 놀이」(1964)〕과 같이 작업한 영화들에서 특히 전심 초점의 효과가 잘 드러난다. 이 영화들에서 호크스의 인물들은 조명이 잘된 중경(中景)에서 서로 대화와 몸짓을 주고받으며 평등주의적인 교환의 과정을 갖는다. 호크스 영화의 인물들은 민주적으로 조직된 공동 공간으로의 편입을 통해 공간적 관점에서 더 큰 집단과 관계를 맺는다.

그의 영화 테마에 대한 시각은 1930년대에 형성되었지만, 호크스는 여전히 할리우드 영화 제작자들 중에 가장 〈현대적인〉 사람이다. 버스터 키튼처럼 호크스도 기계 시대의 예술가이다. 그의 영화에 등장하는 비행사들과 경주용 자동차 운전사들은 기계들과의 연관성에도 불구하고 자신들의 정체성을 부분적으로나마 인식하고 있다. 그의 영화들이 가끔 과거를 배경으로 하고는 있지만 그의 인물들은 항상 실존적인 현실 속에 살아 있다. 사실, 과거에 대한 강박 관념은 비현실적인 것으로 보인다. 정신의 건강은 새로운 정보에 따라 이전의 판단들을 끊임없이 수정하고 직관적으로 순간적인 결정들을 내릴 줄 아는 능력으로 나타난다. 호크스의 〈현대성〉은 또한 그의 영화에서 엄청난 독립성과 자율성, 권력을 누리는 여성들에서 두드러진다. 그의 여성들은 후기 빅토리아적이다. 그들은 처녀도 창녀도 아니며,

〈신여성〉이라는 전후(제1차 세계 대전 후) 현상에 속해 있다. 신여성들은 대중 문화(와 수정 헌법의 제19조)에 의해 〈해방〉되었다. 그들은 공적인 영역으로 들어가서, 투표하고, 일하고, 담배를 피우고, 이전에는 남성의 전유물이던 여러 활동에 참여했다. 로렌 바콜로 상징되는 전형적인 호크스식 여성은 〈남성적인〉 특징들을 가지고 있다. 쉰 목소리를 내고, 세속적이고, 거칠고, 오만하고, 냉소적이고, 성적으로 공격적이다. 그녀는 남성의 세계에 살면서 어느 정도 대등한 입장에서 남성들과 뒤섞인다. 하지만 그러면서도 본질적인 순수함이나 여성으로서의 정체성은 잃지 않는다. 이상화된 여성적 타아(他我)를 찾으려는 자기 도취적인 남성적 욕망이 만들어 낸 공상적인 인물에 불과하다 하더라도 호크스의 여성은 미국 영화들이 거의 다루지 않는 여성의 욕망과 개방적이고 솔직한 행위를 강조한다.

호크스는 일반적으로 앨프리드 히치콕, 존 포드와 함께 미국을 대표하는 3대 감독으로 일컬어진다. 1962년에 영국 잡지 『무비*Movie*』는 하워드 호크스를 〈위대한〉 감독으로 선정했다. 그와 함께 선정된 사람은 또 다른 미국 감독 앨프리드 히치콕뿐이다(오선 웰스는 〈뛰어난〉 감독에, 존 포드는 겨우 〈유능한〉 감독에 선정되었을 뿐이다). 호크스는 1977년에 죽기 이전부터 수많은 논문들의 주제가 되었지만 1982년 이후에는 그에 대한 글은 거의 나오지 않았다. 그는 더 이상 모습을 드러내지 않았다. 앤드루 새리스는 1968년에 이렇게 썼다. 〈가장 덜 알려지고, 가장 제대로 평가받지 못한 재능 있는 할리우드 감독.〉 문제는 호크스의 분명한 투명성, 꼭꼭 감추어져 있고, 주제넘게 나서지 않고, 모습을 잘 드러내지 않고, 극도로 분석하기 어려운 형식상의 면모에 있다. 형식의 미묘함은 그의 작품의 가장 중요한 특징인 동시에 영화 장인으로서의 그의 재능을 인식하는 데는 가장 큰 걸림돌이 된다.

존 벨튼

주요 작품

「새벽 순찰대The Dawn Patrol」(1930); 「스카페이스Scarface」(1932); 「20세기Twentieth Century」(1934); 「아기 양육Bringing up Baby」(1938); 「천사들만이 날개가 있다Only Angels Have Wings」(1939); 「연인 프라이데이His Girl Friday」(1940); 「요크 상사Sergeant York」(1941); 「교수와 미녀Ball of Fire」(1942); 「공군Air Force」(1943); 「가진 자와 못 가진 자To Have and Have Not」(1944); 「빅 슬립The Big Sleep」(1946); 「광야 천 리Red River」(1948); 「신사는 금발을 좋아한다Gentlemen Prefer Blondes」(1953); 「리오 브라보Rio Bravo」(1959); 「남자가 좋아하는 놀이Man's Favorite Sport?」(1964); 「엘도라도El Dorado」(1967).

참고 문헌

McBride, Joseph(ed.)(1972), *Focus on Howard Hawks.*
—(1982), *Hawks on Hawks.*
Mast, Gerald(1982), *Howard Hawks, Storyteller.*
Poague, Leland(1982), *Howard Hawks.*
Wood, Robin(1981), *Howard Hawks.*

◀ 「가진 자와 못 가진 자」에서 하워드 호크스 특유의 분위기를 내는 장면을 연기하는 험프리 보가트와 로렌 바콜.

되지 않았기 때문이다. 1933년에 이르러서야 음악 제작과 로맨틱 코미디가 확실하게 합쳐지면서 〈뮤지컬〉이라는 말은 그 수식적이고 기술적인 기능을 떨쳐 버리고 독자적인 명사가 되었다. 워너 브러더스의 「42번가42nd Street」가 〈완전한 뮤지컬〉로 칭해진 것이다.

장르는 통일성을 획득하고 관객들을 끌어들이면서 영화계에 점점 더 영향력을 행사하게 된다. 제작팀에게 장르적 규범은 관객을 만족시킬 만한 작품들의 신속한 출하를 도와주는 고마운 기준이 된다. 시나리오 작가들은 특정 장르들과 연관된 플롯과 인물 유형을 착상한다. 섭외 에이전시들은 영화 산업이 요구하는 외모와 연기 기술을 쉽게 예상한다. 예술부 제작진(감독, 촬영 감독, 음향 기술자, 작곡가, 미술 감독)은 앞선 장르 영화들이 이미 써먹었던 방식들을 재활용함으로써 시간을 절약한다. 그 외의 직원들(무대 장치가, 의상 책임자, 분장사, 장소 섭외자, 음악가, 편집가, 음량 조정 기술자)은 예전의 장르적 요소들(서부 세트, 시대 의상, 기성 화면*stock footage*, 라이브러리 사운드 이펙트*library sound effects* 등등)을 재조합함으로써 낭비를 막는다. 그러니 장르 영화는 일관 작업 제작에서 비롯되는 상당한 비용 절감의 이익을 얻는 셈이다.

배급과 상영 역시 장르적 규범에 큰 영향을 받는다. 상영업자들은 관객을 각각의 개인으로 생각하기보다는 특정 장르에 대한 확실한 충실성을 근거로 몇몇 무리들로 묶어서 개념화한다. 장르적 동일시 장치들 — 장르 이름, 이미지, 음향 조각들, 플롯의 모티프 — 은 중요한 광고 기능을 한다. 말하자면 열성적인 장르 관객을 끌어들이는 미끼인 셈이다. 각각의 장르들은 관객의 지지와 특수성을 얻고 나면 점점 더 신문 칼럼, 팬 클럽, 상업 제품, 만화와 단편 영화들, 심지어는 예술 작품, 잡지, 서적 같은 전문화된 지원 체계를 활성화시킨다.

장르적 규범들은 관객들이 쉽게 결정을 내릴 수 있도록 도와준다. 장르적 약속 덕분에 관객들은 장르 영화에 특정한 기대를 갖게 된다. 장르적 관객들이 친숙한 것만 계속 찾는 약간은 단순한 사람들로 치부되는 것도 사실이지만, 다양한 관람 경향은 장르적 기대감이 무너지거나 그 기대감이 한 수준 높아질 때에만 가능하다. 그래서 많은 영화 운동들이 암묵적인 장르적 규범에 기초해서 영화를 만드는 것이다(프랑스의 〈누벨바그*Nouvelle Vague*〉, 미국의 〈뉴 아메리칸 시네마*New American Cinema*〉와 정치적으로 급진적인 라틴 아메리카 영화까지도).

장르적 관객

문학 장르 이론가들은 독자들이 작품을 읽을 때 머릿속에 어떤 장르적인 개념을 항상 가지고 있다고 주장한다. 분명 장르는 영화에 대한 이해뿐만 아니라 모든 유형의 이해에 꼭 필요한 개념이다. 그렇다고 해서 모든 영화가 관객의 장르적 이해를 같은 방식과 같은 정도로 요구하는 것은 아니다. 어떤 영화는 그저 기존 장르들의 장치들을 빌려 오고, 어떤 영화는 장르적 특성들을 앞세워 장르 개념 자체가 영화에서 주요한 역할을 하게 만든다. 이는 이미 익숙해진 장르들을 패러디하는 수많은 최근 영화들에서 분명하게 드러난다. 하지만 고전적인 장르 영화들도 마찬가지이다. 장르 영화에 기초한 영화 산업은 표준화된 영화들의 관례적인 제작과 표준화된 배급 · 상영 시스템의 유지, 장르에 길들여진 안정적인 관객층의 유지에 성패가 달려 있기 때문이다. 장르적 관객은 장르적 암시들을 눈치 챌 정도로 장르 시스템을 잘 알고 있고, 앞으로의 줄거리를 예상할 만큼 장르 플롯에 익숙하며, 〈현실의 삶〉에서는 눈뜨고 볼 수 없는 변덕스럽고 폭력적이고 음탕한 행위를 장르 영화 속에서 인내하고 즐기기까지 할 만큼 장르적 가치들을 존중한다. RKO 소속인 아스테어-로저스 커플의 1935년 작 「실크 해트」는 장르적 관객성*spectatorship*에서 비롯된 긴장들을 확연하게 보여 준다. 그 영화는 댄스 음악, 춤추는 발들의 이미지, 그리고 프레드 아스테어와 진저 로저스라는 장르적으로 코드화된 친숙한 스타들을 한꺼번에 내세우면서 이렇게 말한다. 〈이 작품은 뮤지컬이다. 뮤지컬을 좋아하지 않는다면 보지 마시길. 하지만 뮤지컬을 좋아한다면 음악적인 즐거움을 분명 느낄 것이다.〉 장르 비평가들이 항상 말하듯이, 뮤지컬에는 세 가지 요소가 꼭 들어간다. 〈소년이 소녀를 만난다. 소년은 소녀와 춤을 춘다. 소년이 소녀를 갖는다.〉 하지만 「실크 해트」에서는 시작부터 이 진행 과정이 그리 녹록치 않다. 아스테어가 한밤중에 탭 댄스로 로저스를 깨우자, 로저스는 1930년대의 호화 호텔에 묵고 있는 품위 있는 숙녀답게 행동한다. 그녀는 시끄럽게 춤을 추고 있는 그에게 직접 따지지 않고 호텔 지배인에게 불만을 토로한다. 이 시나리오에 따르면, 그 지배인이 아스테어를 조용히 시키고 로저스에게 알리고 나면 그 소동은 끝난다. 그렇다면 뮤지컬이 아니다(〈소년이 소녀를 만나는〉 일이 없으니까 말이다). 영화의 이 시작점부터 이미 관객은 충성심을 시험받고 있는 것이다. 로저스는 정숙함을 지켜야 하는가? 아니면 사회적 정의를 버리고 뮤지컬에 맞는 행동을 해야 하는가? 관객은 한치도 주저하지 않는다. 언제나 장르적 즐거움이 사회적 정당함에 앞서는 법이다.

「실크 해트」의 전반에 걸쳐 이 전략이 되풀이된다. 장르적 즐거움은 사회적 관행으로부터 점점 멀어지다가 결국에는 그와 정반대의 것이 되어 버린다. 아스테어가 로저스에게 춤을 추자고 제안할 때 그녀는 그를 자신의 가장 친한 친구의 남편으로 알고 있다(관객들은 진실을 알고 있다). 로저스는 처음에는 프레드와 춤을 출까 말까 망설인다. 그래서 우리의 장르적 즐거움은 다시 한 번 위태로워진다(〈소년이 소녀를 만난다〉). 로저스의 친구가 그녀에게 아스테어와 춤을 추라고, 그것도 더 가까이 붙어서 추라고 부추기는 장면에서 관객은 즐거워한다. 하면 안 될 일을 하고 있다는 로저스의 인식은 영화를 보는 즐거움을 높여 주기만 할 뿐이다. 이제까지 관객들은 금지된 욕망들을 로저스에게 투영함으로써 그 욕망들을 잘 억눌러 온 것이다. 로저스는 〈옳은 일을 할〉 것이다. 그녀는 아스테어와 어울리고 싶은 유혹을 뿌리치기 위해 자신의 고용주와 결혼한다. 그래서 우리의 장르적 즐거움은 또 한 번 위협을 받는다(〈소년이 소녀를 갖는다〉). 그래서 아스테어와 이제는 유부녀가 된 로저스가 함께 배를 타러 나갈 때 우리는 기쁨을 느낀다. 장르적 즐거움을 계속 느끼려면 이번에는 불륜의 밀애를 선택할 수밖에 없는 것이다.

이전에 우리는 금지된 것을 소망하지 않았다. 그저 로저스가 금지된 것을 소망하기를 바랐을 뿐이다. 그러던 우리가 이제는 불륜의 감동적인 사랑에 뻔뻔스럽게 박수를 보내고 있는 것이다. 세상에 있을 때 우리는 세상의 법칙을 따른다. 장르 영화 속의 세계에서 우리의 마음은 자발적으로 수정되어 다른 종류의 만족감을 추구한다. 서부 영화와 갱스터 영화 속에서 우리는 사회적으로 비난받는 폭력이 난무하는 광경을 기대한다. 공포 영화에서는 안전을 위협하는 위험을 확실히 보여 주는 플롯을 기대한다. 이렇게 보면 장르 관객은 언제나 대항 문화적인 행동에 참여하고 있는 셈이다.

그래서 장르적 관객성의 작용에는 다음의 요소들이 포함된다.

1. 장르적 관객: 철저하게 장르에 따라 영화를 고를 만큼 장르에 익숙해져 있다.

2. 장르적 규칙과 관습들: 장르적 규범에 따라 영화를 구성하고 해석하는 방법들.

3. 장르적 계약: 장르 영화 제작자들(장르적 즐거움을 제공

독자적 장르? 막스 형제들(「카사블랑카에서의 하룻밤A Night in Casablanca」의 한 장면)의 독특한 유머는 1930~1940년대 코미디의 한 부류로 인기를 누렸다.

한다)과 장르 영화 소비자들(특정한 장르적 사건들과 즐거움을 기대한다) 간의 암묵적인 합의.

4. 장르적 긴장: 장르적 규범의 실행과 사회적인 규범들을 지키기 위한 장르적 규범들의 불이행 사이에 감도는 장르 영화의 만성적인 긴장.

5. 장르적 욕구 불만: 장르적 규범의 불이행에 따른 감정.

여느 의미 체계처럼 장르 영화와 장르적 관객의 규약화된 만남도 역사에 따라 변한다. 스튜디오 시대의 장르적 좌절감이 최근의 장르 패러디 시대에는 메타 장르적인 즐거움이 된다.

장르의 역사

유성 시대로의 이행과 함께 할리우드의 규모와 세계적인 영향력이 점점 커지면서 장르적인 범주와 장르적인 조직화가 새로운 중요성을 띠게 되었다. 1920년대 동안에는 루비치, 무르나우, 스트로하임 같은 유럽 감독들의 개인적인 특이성, 채플린, 키튼, 랭던, 로이드, 노먼드 같은 코미디언들, 자신만의 성향을 지킨 그리피스와 데밀 같은 스타 감독들 때문에 장르적 규범은 잘 지켜지지 않았다. 그러나 유성 시대로의 전환에 따른 파장이 웬만큼 가라앉고 났을 때 특이성은 발붙일 틈이 거의 없어졌다. 예외 없이 거의 모든 스튜디오들은 자금 조달을 위해 규칙적이고 뻔한 제작 방식으로 규격화된 작품들을 찍어 내야 했다. 스튜디오 시대 동안의 장르는 그저 편리한

조지 쿠커 (1899~1983)

뉴욕 시의 유대계 헝가리 가정에 태어난 조지 쿠커는 1920년대 초의 브로드웨이와 하기 휴양지 연극 무대 연출과 감독 일로 연극계에 입문했다. 사운드의 도래를 계기로 쿠커는 할리우드로 옮겨 가 1929년에 파라마운트 사에서 대사 코치로 일하다가 곧 공동 감독으로, 그다음에는 감독으로 올라갔다. 그의 연극계 경험은 「할리우드가 무슨 소용이야?」(1932)와 「스타 탄생」(1954) 같은 영화들의 예리한 연극적 세팅이나 「여덟시의 저녁 식사」(1933), 「여자들」(1939), 「필라델피아 스토리」(1940) 같은 희곡들의 영화화에서 잘 드러난다. 「카미유」(1936)와 함께 이 영화들은 여전히 가장 사랑받는 할리우드 영화들이다.

쿠커의 재능은 특히 공동 작업에서 잘 발휘되었고 동료들은 그의 영화에 큰 영향을 미쳤다. 그는 특히 최종 각본 수정에서 자주 짝을 이루었던 아니타 루스, 도널드 오그던, 조에 애킨스 같은 친구 작가들의 작품을 존중했다. 1947년부터 1954년까지 쿠커는 부부 작가인 가슨 카닌과 루스 고든과 함께 「이중생활A Double Life」(1947)」, 「애덤 부부의 대결」(1949), 「결혼한 부류The Marrying Kind」(1952), 「팻과 마이크Pat and Mike」(1952), 「당신에게 일어날 수 있는 일It Should Happen to You」(1953) 등의 많은 성공작들을 만들었다. 1953년에 쿠커는 자신의 친구이자 사진작가인 조지 호이닝겐-휸과 워너 브러더스의 스케치 아티스트인 진 앨런과 팀을 이루어 「스타 탄생」과 「매혹의 파리」(1957)를 만들었다. 이 팀의 작업은 쿠커의 스크린 스타일에 테크니컬러의 시각적인 강렬함을 더해 주어, 그가 그저 무대 연극의 사진작가가 아니라 연극과 영화에 관한 예리한 직감을 지녔음을 증명해 주었다.

쿠커의 가장 훌륭한 협력자들은 물론 그의 스타들이었다. 이미 여배우들과의 뛰어난 작업으로 브로드웨이에서 정평이 나 있던 쿠커는 그레타 가르보, 조앤 크로포드, 캐서린 헵번 같은 배우들과 계속해서 작업을 해 나갔다. 쿠커의 피그말리온류의 작품들을 생각하면, 그의 영화들에 남자에 의해 변화하는 여자의 이야기가 흔히 등장하는 것은 당연하다. 조지 버나드 쇼의 「피그말리온」을 뮤지컬로 각색한 「마이 페어 레이디」(1964)를 그가 감독한 것도 그리 놀라운 일은 아니다.

여러 가지 면에서, 공동 작업에 빼어났던 쿠커는 스튜디오 시스템에서 완벽한 모범 사원이었다. 그는 그리 신속하게 일을 해치우지는 못했지만, 스크린 테스트를 나서서 하고 부재중인 감독들을 대리하면서 스튜디오 간부들과 잘 지냈다. 그는 순종적으로 일했지만 상사들과 큰 불화를 일으키기도 했다. 그는 에른스트 루비치가 총괄 관리했던 「당신과 함께한 한 시간」(1932)에 대한 스크린 크레디트에 대해 그의 첫 고용주인 파라마운트 사를 고소했다. 이에 스튜디오는 쿠커를 계약에서 풀어 주었고 쿠커는 RKO로 옮겨 데이비드 셀즈닉 밑에서 일하게 되었다. 그리고 1933년에는 셀즈닉과 함께 MGM으로 옮겼다. 셀즈닉이 자신의 독립 영화사를 1936년에 열었을 때 쿠커는 MGM과 셀즈닉 둘 모두와 계약 관계에 있었고 그는 그 시대의 가장 비싼 감독 중 한 명이 되었다.

쿠커와 스튜디오 간의 가장 악명 높은 충돌은 제작에 들어간 지 열흘밖에 되지 않은 「바람과 함께 사라지다」(1939)의 세트에서 셀즈닉이 그를 해고했을 때 일어났다. 그의 비싼 봉급, 복잡한 이중 계약, 각본에 대한 의견의 불일치 등을 이유로 그는 해고당했지만 클라크 게이블이 쿠커의 동성애를 싫어한 것도 한몫을 했다. 이 사건은 할리우드에서 동성애 남자들이 직면한 어려움들을 잘 보여 준다. 많은 사람들은 〈여자들의 영화〉의 대명사인 조지 쿠커를 생각하면 그의 공공연한 동성애를 떠올렸다. 조지프 L. 맨키비츠는 쿠커를 〈할리우드의 위대한 여성 감독〉으로 칭했다. 쿠커의 능력이 그의 〈동성애적인 감수성〉에서 비롯되었다는 현재의 평가는 그의 심리적, 극적, 시각적 재능을 너무 간과한 것이다.

스튜디오 시스템의 붕괴는 쿠커에게 시련으로 다가왔다. 그는 스튜디오 조직 없이 자신만의 프로젝트를 진행시키지 못했고, 그가 미술 감독인 진 앨런과 함께 1963년에 만든 제작사는 작품을 하나도 만들어 내지 못했다. 그의 후기 영화들은 비평가들에게나 대중에게나 외면받았다. 할리우드에 더없이 잘 어울렸던 예술가 쿠커의 영화 인생은 그것이 성장한 시스템과 함께 서서히 끝나 갔다.

에드워드 오닐

주요 작품

「할리우드가 무슨 소용이야What Price Hollywood?」(1932); 「여덟시의 저녁 식사Dinner at Eight」(1933); 「실비아 스칼렛Sylvia Scarlett」(1935); 「카미유Camille」(1936); 「휴일Holiday」(1938); 「여인들The Women」(1939); 「필라델피아 스토리The Philadelphia Story」(1940); 「가스등Gaslight」(1944); 「애덤 부부의 대결Adam's Rib」(1949); 「스타 탄생A Star is Born」(1954); 「환승역 보와니Bhowani Junction」(1956); 「매혹의 파리Les Girls」(1957); 「마이 페어 레이디My Fair Lady」(1964); 「이모와 함께 여행을Travels with my Aunt」(1972).

참고 문헌

Bernardoni, James(1985), *George Cukor: A Critical Study and Filmography*.

Carey, Gary(1971), *Cukor & Co.: The Films of George Cukor and his Collaborators*.

Clarens, Carlos(1976), *George Cukor*.

Lambert, Gavin(1972), *On Cukor*.

McGilligan, Patrick(1991), *George Cukor: A Double Life*.

조지 쿠커의 걸작 코미디 「필라델피아 스토리」(1940)에서의 케리 그랜트와 캐서린 헵번. 1956년에 프랭크 시나트라, 그레이스 켈리, 빙 크로스비 주연의 뮤지컬로 리메이크됐다.

도구 이상이었다. 실제적인 면에서 장르는 하나의 상업적 필수품이었다.

모든 스튜디오의 경영진은 성공적인 영화란 천재 개인의 작품이 아니라 일반적인 형식을 따르되 혁신적으로 충실함으로써 얻어지는 결과물이라는 데 의견을 같이했다. 모든 성공작들은 따라서 새로운 장르적 모델을 잠재적으로 발생시키고 있는 것이다. 워너 브러더스는 1929년 야심작으로 「디즈레일리Disraeli」를 제작하면서 성공이 예정된 각본(여전히 인기 있던 루이스 나폴레온 파커의 1911년 희곡 작품)과 뻔한 주연(그 희곡의 무대 공연과 무성 영화판에서 주연을 맡았던 조지 알리스)을 썼다. 모든 스튜디오가 유성 영화에 걸맞은 극본들을 긁어모으고 있던 참이었다. 〈부자 단골손님*carriage trade*〉들이 들 것이라 기대되던 「디즈레일리」는 예상을 깨고 대중적인 인기를 누렸다. 뉴욕에서 6개월간 상영되었고, 전 세계적으로 2만 9,000개 극장에서 1,697일간 연속 상영되었으며, 24개 언어권의 1억 7000만 명 이상의 관객들이 이 영화를 보았다.

영화를 과학적으로 시험해 보려는 듯이 워너는 1930년대 초에 수많은 영화들을 제작하면서 「디즈레일리」의 성공 공식을 찾아내려 애썼다. 연극 무대를 찍은 영화, 시대극, 부유한 정치가들이나 외국 자본가들에 대한 영화들, 그리고 조지 알리스 주연, 앨프리드 그린 감독의 영화들이 무더기로 쏟아져 나왔다. 마침내 외국 정치가의 전기 영화인 「볼테르Voltaire」(1933)가 「디즈레일리」에 버금가는 대중적인 성공을 거두었다. 그 결과, 대릴 재넉은 워너를 그만두고 20세기 프로덕션을 만들면서 조지 알리스를 데리고 나갔다. 할리우드에서 판단력이 최고인 재넉이 황금알을 놓칠 리가 만무했다. 새 스튜디오에서 그는 「볼테르」의 성공으로 확증된 〈유명 외국인의 전기〉 공식을 활용하여 알리스 주연으로 일련의 영화들을 만들었다.

알리스를 잃은 워너 브러더스는 그에 맞서지 못했다. 그러다가 폴 뮤니가 외국인 전기 영화의 일인자로 등장하면서 워너는 알리스를 데리고 했던 실험의 결실을 거둘 수 있게 되었다. 저예산으로 제작된 뮤니의 첫 전기 영화 「루이 파스퇴르의 일생The Story of Louis Pasteur」(1936)이 의외로 많은 관객들을 동원하면서 새로운 평가들이 줄을 이었다. 관객들이 간호사 여주인공(「백의의 천사The White Angel」의 플로렌스 나이팅게일)에게 냉담한 반응을 보이자 워너는 뮤니 주연의 「에밀 졸라의 일생The Life of Émile Zola」(1937)을 만들었다. 2년 후의 「후아레스Juarez」 때에는 실수 없이 똑같은 제작팀을 투입시켰다. 이 영화는 유명 외국인에 대한 뮤니의 세 번째 전기 영화였다. 감독 윌리엄 디털러에게는 네 번째 작품(총 여섯 작품 중)이었고, 헨리 블랑케에게는 자신의 세 번째 워너 브러더스 전기 영화, 토니 고디오에게는 자신의 네 번째 외국인 전기를 위한 촬영이었다. 시리즈의 마지막 2편에는 뮤니 대신 에드워드 로빈슨을 출연시켰다. 워너의 스토리 편집자인 핀레이 맥더미드는 1941년 10월에 이렇게 말했다. 〈그런 전기 영화 40편 정도가⋯⋯ 판권 취득이나 부분적인 조사 단계까지 계획됐었다.〉

전기 영화의 예에서 우리는 장르의 성격을 엿볼 수 있다. 첫째, 장르는 문학이나 연극으로부터 완전한 형태로 차용되기도 하지만 사실상 그 재료를 가리지 않는다. 둘째, 특정한 영화 장르로 규정되지 않은 어떤 영화가 성공을 하면 스튜디오는 그 특별한 성공 원인을 알아내기 위해 여러 가지 가정들을 시험해 보면서 장르 구성을 시도한다. 셋째, 성공적인 공식을 찾아내고 모방하기 위해 스튜디오의 경영진, 미술부, 기술진은 반영구적인 소단위를 구성한다. 넷째, 성공의 공식이 하나 발견되면 다른 스튜디오들도 절대 그것을 놓치지 않고, 그래서 명실상부하게 전 영화계의 장르로 발전된다. 다섯째, 장르는 그것이 의존하는 공식들과 함께 〈떠돌아다닌다〉. 워너에서 만든 전기 영화의 한 주인공이 정치가에서 의사로 변했듯이, MGM과 폭스도 유럽 정치가들에서 극단의 지휘자, 작곡가 같은 음악 스타들로 눈길을 돌렸다. 그러나 기본적인 구조는 그대로 유지되었다.

영화 제작자들만이 장르 구성이라는 게임을 하는 사람들이 아니라는 사실을 염두에 두어야 한다. 어떤 영화 장르들은 문학적, 혹은 연극적 요소들로부터 재활용되기도 하고 대부분의 장르들은 주로 영화 산업 내에서 발생하지만, 비평가들이나 관객들에 의해 사후에 구성되는 장르들도 있다. 예를 들어, 우리가 오늘날 〈필름 누아르〉라고 부르는 장르는 전후 프랑스 비평가들이 이름 붙이고 정의한 것이다. 필름 누아르의 개념은 할리우드가 〈갱스터〉, 〈범죄〉, 〈탐정〉, 〈하드보일드〉, 〈심리 스릴러〉 같은 다양한 이름으로 구분했던 장르들을 아우르면서 전시와 전쟁 직후의 많은 영화들이 공통적으로 가지고 있는 다른 특성들을 강조했다. 비슷한 플롯보다는 인물 유형, 대화 스타일, 조명 선택에서 비롯되는 공통적인 분위기에 주목한 것이다.

장르의 경계선을 변형하는 이러한 능력은 영화 산업이 장

바버라 스탠윅 (1907~1990)

「이중 배상」(빌리 와일더, 1944).

바버라 스탠윅은 40년이 넘는 세월 동안 로맨틱 코미디에서부터 멜로드라마, 서부 영화, 필름 누아르까지 온갖 장르의 영화 80편 이상에 출연했다. 1940년대 후반에 이르러서 스탠윅의 말수 적고 강인한 이미지는 확고해졌기 때문에 스튜디오 시스템의 쇠퇴와 텔레비전의 상승 속에서도 그녀는 계속 활동할 수 있었고 죽을 때까지 그 인기를 유지했다.

1907년에 루비 스티븐스란 이름으로 태어난 스탠윅은 어려서 고아가 되어 어린 시절을 여러 양가(養家)에서 보냈다. 1920년대에 나이트클럽과 브로드웨이에서 코러스 걸로 배우 인생을 시작한 스탠윅은 지금은 잊힌 1925년 작 「올가미The Noose」에서 코러스 걸로 작은 역할을 맡으면서 일개 코러스 걸에서 중요한 흥행 여배우로 거듭났다. 그 작은 역할은 시외 시연(試演)에서 그 비중이 더욱 커졌고, 스탠윅은 아주 빨리 연기를 익히면서 브로드웨이의 아주 잘 나가는 배우가 되었다.

1928년에 스탠윅은 할리우드로 활동 무대를 옮겼고, 시작은 다소 불안했지만 프랭크 캐프라의 「유한마담들」로 첫 성공을 거두었다. 무명일 때에 스탠윅은 2개의 비독점 계약을 (콜럼비아, 워너 브러더스와) 맺었고, 그 때문에 그녀는 영화를 자유롭게 선택할 수 있었다. 그리고 그 덕에 하워드 호크스, 프레스턴 스터지스, 빌리 와일더, 킹 비더, 존 포드, 프랭크 캐프라(스탠윅은 캐프라와 「군중」(1941)을 포함해 4편의 영화를 함께 찍었다) 같은 당대의 유명한 할리우드 감독들과 작업할 수 있었다. 영화 속에서의 대담하고 솔직한 스탠윅의 페르소나는 세트에서의 그녀의 프로 근성과 일치했고, 그녀는 관객뿐만 아니라 동료 배우들에게도 존경받았다.

스탠윅은 호크스의 「교수와 미녀」(1941)와 스터지스의 「레이디 이브」처럼 귀가 따갑게 계속 떠들어대는 코미디에서도 뛰어난 연기를 보여 주었고, 킹 비더의 「스텔라 댈러스」(1937)나 미첼 라이스의 「그 밤을 기억해요」(1939, 프레스턴 스터지스의 대본에 기초한) 같은 멜로드라마에도 강했다. 조앤 크로포드, 베티 데이비스와 더불어 스탠윅은 1930년대 후반과 1940년대 초반 동안 할리우드의 간판 스타로 입지를 굳혔고, 1944년에 인터널 레버뉴 서비스Internal Revenue Service는 그녀가 미국에서 가장 많은 봉급을 받는 여자라고 선언했다. 크로포드처럼 스탠윅은 생존뿐만 아니라 사회 진보에도 열성적인 강인한 여성 노동자의 배역을 많이 맡았다. 1930년대의 영화에서 이러한 사회적 상승은 보통 성공이라는 결말로 끝났다. 하지만 1940년대의 누아르 영화에서 스탠윅이 맡은 인물들은 보통 불행한 결혼에 고통받고 거기에서 탈출하려고 시도하다가 범죄를 저지르게 되고 — 「이중 배상」(1944)으로 가장 유명한 — 대개는 불행한 결말을 맞는다. 말투가 거칠고 냉소적이지만 마음씨는 고운 여자인 초기 배역에서의 스탠윅의 정서적 힘과 솔직함은 제2차 세계 대전 이후에 냉담함, 심지어는 탐욕으로 바뀐다.

1950년대에 그녀의 강인한 이미지는 서부 영화에서 발휘되었다. 그녀는 힘 있고 때로는 교활한 여가장(샘 풀러의 「40정의 총Forty Guns」(1957)에서 가장 잘 표현됐다)의 역할을 맡았고 그 10년 동안 스무 편 이상의 영화를 만들었다. 그러는 동안 텔레비전은 오래된 영화 세트들에서 제작된 신작 영화뿐만 아니라 오래된 영화들, 값싼 시리즈를 방영하면서 서부 장르를 흡수하기 시작했다. 스탠윅은 자신의 입지를 지키기 위해 새로운 매체로 넘어가 1965년부터 1969년까지 「빅 밸리The Big Valley」에서 여가장 역할을 연기했다. 그리고 1980년대에 텔레비전으로 다시 돌아와 미니시리즈 「가시나무새The Thorn Birds」(1983)와 ABC의 「콜비 가족The Colbys」(1985~6)에서 비슷한 역할을 연기했다.

그녀는 텔레비전 활동으로 에미상을 세 번 받았다. 오스카상 후보에는 네 번이나 올랐지만 1982년에 공로상을 받은 것이 전부이다. 그녀가 1990년에 82세의 나이로 죽었을 때, 그 오랜 세월이 흘렀고, 그 이미지를 창출했던 스튜디오 시스템이 몰락했는데도, 불굴의 스타로서의 그녀의 이미지는 전혀 손색이 없었다.

에드워드 오닐

주요 작품

「유한마담들Ladies of Leisure」(1930); 「옌 장군의 쓴 차The Bitter Tea of General Yen」(1932); 「스텔라 댈러스Stella Dallas」(1937); 「그 밤을 기억해요Remember the Night」(1939); 「레이디 이브The Lady Eve」(1941); 「교수와 미녀Ball of Fire」(1941); 「군중Meet John Doe」(1941); 「이중 배상Double Indemnity」(1944); 「마사 이버스의 이상한 사랑The Strange Love of Martha Ivers」(1946); 「두 명의 캐럴 부인The Two Mrs. Carrolls」(1947); 「잘못 걸었습니다Sorry, Wrong Number」(1948); 「셀머 조던 파일The File on Thelma Jordan」(1950); 「복수의 여신The Furies」(1950); 「거친 사내들The Violent Men」(1955); 「40정의 총Forty Guns」.

참고 문헌

DiOrio, Al(1983), *Barbara Stanwyck.*

Smith, Ella(1985), *Starring Miss Barbara Stanwyck.*

르 규범들을 정착시키고 영속시키기 위해 전통적으로 이용했던 스튜디오의 명성이나 언론의 비평에 버금가는 강력한 후원 장치에 의존한다. 필름 누아르라는 개념이 보편적인 승인을 얻었다면, 그것은 학문적이고 문화적인 산업으로서 영화 연구가 성장한 덕이 크다.

오늘날, 특정한 관객들을 대상으로 영화를 제작하게 되고 미디어와 관객들 사이에 분열이 생기면서 현대 관객들은 오래된 장르들을 새로운 방식으로 이용하며 새로운 장르적 변형을 시도할 수 있게 되었다. 소비자들은 화려한 의상, 최첨단 장비, 번지르르한 자동차들로 영화들(과 텔레비전 프로그램들)을 재규정하지만, 대항 문화 집단들은 페미니스트적이고 인종 지향적이고 동성애적인 관점으로 대안적인 장르적 잣대를 세운다. 1930년대부터 1950년대까지 제작에 기초한 장르 영화의 전성기 동안에는 국가적 공공 영역의 중요성, 제작과 분배의 중앙 집권적인 통제, 일반적인 이데올로기적 동질성, 대안적인 커뮤니케이션 시스템의 부재 등등의 수많은 요인들 탓에 관객을 기반으로 한 장르들은 발전하지 못했다. 위성 전송, 전자 우편, 팩시밀리, 휴대 전화의 발전으로 이제 장르의 미래는 관객의 경향에 좌지우지될 듯하다.

복잡한 장르 역사를 이해하기 위해서는 장르가 서로 연관되기는 하지만 전혀 다른 두 가지 측면에 의존한다는 점을 알아야 한다. 한 특정한 장르에 포함되는 모든 영화는 우리가 〈의미론적*semantic*〉 구성 요소라고 부를 수 있는 어떤 특정한 요소들을 공유한다. 예를 들어, 말, 무법자, 불법적인 행동, 덜 개척된 황야, 자연적인 대지의 색채, 트래킹 숏*tracking shot*, 미국 서부의 실제 역사(서부 영화를 특징 짓는 수많은 의미론적 요소들 중 몇 가지만 들자면), 이런 것들이 뒤섞여 있으면 우리는 그 영화를 서부 영화로 인식한다.

장르들은 처음의 형용사적인 종속성에서 좀 더 중심적이고 명사 지향적인 정의로 발전하면서 다양한 의미론적 구성 요소들 — 플롯 패턴, 주요한 은유들, 미학적인 위계질서 등등 — 을 비슷한 방법으로 결합시킴으로써 어떤 〈구문론적*syntactic*〉 일관성을 형성한다. 미국 서부를 배경으로 한 모든 영화를 서부 영화로 불러도 무방하겠지만, 그저 서부 노래에 끼워 맞추기 위해 서부 타악기들을 등장시키고 너털웃음을 유발시키고 인디언 관습들이나 보여 주는 영화들과, 미개척지로의 문명 전파를 조리 있게 비판하고 공동체를 지지하는 법률들과 대립적인 양측 인물들을 분열시키는 개인주의를 구체화하고, 양측 모두의 특성들을 지니는 복합적인 주인공을 통해 그러한 대립들을 내재화하는 영화들은 서로 엄연히 다르다.

영화 장르들은 의미론적 특징들을 공유한다. 장르 영화는 공통적인 의미론적 특징들을 가지고 하나의 공통적인 구문을 만든다. 의미론적 요소들이 전달하는 의미는 보통 현존하는 사회 규범으로부터 비롯된 것이다. 반면에 구문론적인 특징들은 특정한 한 장르에 특유한 의미를 좀 더 완벽하게 표현한다. 장르가 사회 내의 일정한 기능을 수행한다고 하면, 비평가들이 언급하는 것은 거의 틀림없이 구문론이다. 장르를 서로 다른 속도로, 다른 시대에, 하지만 항상 유사한 대등 관계로, 규격화된 패턴에 따라 발전하고 사라져 버리는, 의미론적이고 구문론적인 두 가지 유형의 통일성으로 이해하고 나면 개개의 영화 장르들의 역사를 쓰고 장르들 간의 관계를 기술하는 일은 한결 수월해진다.

프랑스의 인류학자 클로드 레비스트로스에 따르면, 장르는 사회적 모순이 제기하는 문제들에 대해 반복적인 가상의 해결책을 제시하면서 의례적인 목적을 수행한다. 이런 식으로 보면 서부 영화는 개인의 자유와 집단 행동, 환경에 대한 존중과 산업 성장의 필요성, 과거에 대한 경의와 새로운 미래에의 욕망 같은 서로 상반되는 미국적 가치들을 조율하는 것처럼 보인다. 이렇게 이해한다면, 장르 영화는 영화를 문화적 〈사고〉의 방식으로 이용하는 특정 관객의 명령으로만 제작되는 셈이다.

어떤 비평가들은 장르 영화를 이데올로기의 아주 경제적인 형태로 보았다. 관객들은 영화를 보면서 자신이 원하는 것을 얻고 있다고 믿고 있지만, 사실은 어떤 산업, 이해 단체, 또는 정부의 의사를 받아들이도록 유혹당하고 있는 것이다. 이런 관점에서 보면, 서부 영화는 안전한 정착, 교통, 커뮤니케이션에 기초한 서부의 안정된 통치, 인디언 땅의 강탈, 이전의 갈등 해결 체계를 대신하는 법률을 정당화하고 있는 것이다. 다시 말해서, 서부 영화는 〈필연적 숙명*Manifest Destiny*〉이라는 신조에 대한 해명이자 서부의 땅과 자원의 상업적 착취에 대한 변명인 것이다.

성공적인 스튜디오 영화 제작은 두 기능 모두에 어느 정도 의존한다고 보는 것이 가장 무난하다. 장르 영화의 특수한 복잡성과 힘은 두 기능을 동시에 수행하는 능력에서 비롯되지만, 영화 장르의 수명은 이 두 목표 중 하나를 지속적으로 성취하는 능력에 따라 늘어날 수 있다. 따라서 안정적인 장르적 구문론을 구축하는 과정에는 관객의 의식적인 가치와 산업의 이데올로기적 방침 간에 공통적인 입장을 찾는 것도 포함된다. 일정한 의미론적 문맥 내에서의 특정한 구문론의 생성은 따라서 이중적인 기능을 수행한다. 즉, 관객들의 욕망을 스튜디오의 관심사에 순응시키는 동시에 요소와 요소를 논리적인 질서로 묶어 준다. 성공적인 장르는 관객들의 이상을 반영하거나 할리우드 사업에 대해 해명해 줄 뿐만 아니라 두 기능을 동시에 수행하는 능력이 있다. 성공적인 장르 영화 제작의 가장 큰 특징은 이 교묘한 술책, 이 전략적인 중층 결정이다.

장르는 완전한 형태를 갖추고 나타나지 않듯이, 역사적 패턴에 따라 사라질 때도 그렇게 사라져 간다. 전형적으로 장르는 의미론적 원형들을 그대로 두면서도 결국 구문론적 유대를 와해시키는 질문 과정에 대해 구문론적 해결책을 제시한다. 따라서 델머 데이브의 「피 묻은 화살Broken Arrow」(1950)로 시작되는 특정한 전후 서부 영화들은 법 집행자들의 동기, 기병대를 통한 문명화, 인디언들의 호전적인 천성 같은 서부적 구문론을 구성하는 수많은 관습들과 서부 영화의 역사적 사실에 대한 집착에 의문을 던지기 시작했다. 존 포드의 후기 서부 영화들, 특히 「샤이엔 족의 최후Cheyenne Autumn」(1964)는 포드 자신의 전작들을 포함한 고전 서부 영화들에 특징적인 지나친 단순화와 부정을 시정하고자 한다. 하지만 이탈리아의 세르조 레오네이든 미국의 샘 페킨파이든 1960년대에 등장한 제작자들은 그 장르에 대한 관객의 충성심을 고의적으로 타파한다. 또한 전후 시대의 〈자기 반영적인〉 뮤지컬들은 음악과 행복의 연계성, 음악 제작과 안정적인 이성애적 연인의 관계, 음악을 사랑하는 연인은 항상 결혼 후에 행복하게 산다는 가정들에 의문을 제기했다. 「오클라호마Oklahoma!」(1955), 「웨스트 사이드 스토리West Side Story」(1961), 「너의 마차를 칠해라Paint your Wagon」(1969)는 장르의 구문론에서 전통적으로 배제되어 온 불쾌한 요소들을 끌어들인 영화(원래는 무대용) 뮤지컬들이다. 기존의 구문론적 유대를 깨뜨리려는 이런 시도들은 즉각적으로 성공하지는 못하지만 결국에는 영화 산업을 새로운 유형의 탈장르적인 제작으로 이끈다. 그런 제작 체계에서 구문론적 장르 영화들은 장르 패러디, 혼합 장르 영화, 혹은 친숙한 의미론적 재료에서 새로운 구문론을 만들어 내는 시도들에 밀리게 된다.

문학적이거나 연극적인 의미론을 빌려 올 때 영화는 흔히 완전히 새로운 구문론을 형성한다. 공포 소설은 전형적으로 19세기의 과학의 남용으로 그 공포의 효과를 정당화하는 반면, 공포 영화는 인물의 과도한 성욕을 중심으로 구문론을 구축한다. 장르 시스템은 균일한 관객의 지속적인 관람에 의존하기 때문에 두 나라가 같은 의미론적 장르에 대해 서로 다른 구문론을 전개시킬 수도 있고(할리우드 서부 영화와 〈스파게티〉, 즉 이탈리안 웨스턴), 단일 산업이 단일의 의미론적 장르에 대해 다양한 유형의 구문론을 잇따라, 심지어는 한꺼번에 보여 줄 수도 있으며(할리우드 뮤지컬에 대한 동화적, 연극적, 서민적 접근), 한 국가의 영화 산업이 거의 버리다시피 한 장르(할리우드 뮤지컬)를 다른 나라들이 취해 그 장르의 이형(인도 뮤지컬과 이집트 뮤지컬의 폭발적인 성행)을 계속 이용할 수도 있다.

참고문헌

Altman, Rick(1987), *The American Film Musical*.
Cawelti, John(1970), *The Six-Gun Mystique*.
Grant, Barry Keith(1986), *Film Genre Reader*.
Neale, Stephen(1980), *Genre*.
Schatz, Thomas(1981), *Hollywood Genres: Formulas, Filmmaking and the Studio System*.

서부 영화

에드워드 버스콤브

1910년부터 1960년까지 서부 영화는 세계를 지배한 국가 영화였다. 그 인기는 할리우드가 세계 영화 시장을 제패하는 데 한몫을 단단히 했다. 하지만 서부극은 독자적인 관습과 원형으로 대중문화 내에서 하나의 독특한 공식으로 발전하면서 영화보다 25년 정도 앞서 등장한다. 북미 대륙에서의 백인의 세력 확장 역사에서 두 사건이 결정적인 영향을 미쳤다. 남북 전쟁 이후에 텍사스 평원의 소 목장주들은 가축을 팔 시장을 찾느라 혈안이 되어 있었다. 캔자스에서 캘리포니아까지 철

서부의 풍경: 제임스 크루즈의 「포장마차The Covered Wagon」(1923).

로가 깔리면서 가축들은 1,000마일이나 되는 길을 줄에 매달려 선로를 따라 애빌린과 다지 시티까지 실려 갔다. 복장과 생활양식을 주로 라틴 아메리카에서 빌려 온 카우보이는 자신의 남성다운 힘에만 의존하는 자유로운 영혼, 신화적인 존재로 금세 이름을 알리게 되었다. 또한 인디언들과의 그칠 줄 모르는 갈등은 마침내 대참사를 불러일으켜 평원에서는 인디언 전쟁이 계속해서 일어났고, 결국에는 1876년의 커스터 장군의 장엄하고 뼈아픈 패배로 끝났다. 카우보이와 마찬가지로, 고상한 북아메리카 원주민의 모습을 하고 있든 야단스러운 야만인의 모습을 하고 있든 인디언은 소설, 연극, 회화를 포함해 허구적이고 준다큐멘터리적인 담화와 다른 형태의 시각적이고 서술적인 표현의 영역 속에 등장하게 되었다.

카우보이와 인디언이 여전히 그 중심에 있었지만, 온갖 무법자 패거리들, 산 사람들, 군인들, 보안관들 또한 급속하게 발전하는 커뮤니케이션과 엔터테인먼트 산업 속에서 서부극의 주인공들로 부상했다. 1880년대의 값싸고 저속한 대중 소설들은 제시 제임스Jesse James, 빌리 더 키드Billy the Kid, 와일드 빌 히콕Wild Bill Hicock 같은 실존 인물들뿐만 아니라 데드우드 딕Deadwood Dick 같은 허구적인 인물들도 다루었다. 이들 중 많은 사람들이 연극용 멜로드라마의 주인공이기도 했다. 좀 더 예술적인 형태의 소설들 역시 서부의 주제들을 끌어들이기 시작했다. 세기가 막 바뀐 1902년에 오언 위스터의 「황혼의 결투The Virginian」는 꾸밈없는 신사와 의지가 단호한 활동가의 모습을 모두 가지고 있는 카우보이 주인공을 분명하게 묘사했다. 『하퍼스*Harper's*』 같은 대형 잡지들도 프레더릭 레밍턴 같은 예술가들을 끌어들여 평원에서 일어나고 있는 일들을 생생하게 그리고 윤색했다. 그러나 뭐니 뭐니 해도 1883년에 버팔로 빌 코디가 시작한 서커스 형식의 와일드 웨스트 쇼가 가장 큰 센세이션을 불러일으켰다. 여기에는 코디가 인디언들에게 납치된 백인 여자를 구하러 말을 타고 갔다는 서밋 스프링스 전투 같은 신비적인 내러티브들도 포함되었다. 버팔로 빌이 미국에서뿐만 아니라 유럽에서도 엄청난 인기를 끌면서 서부가 상업주의적 엔터테인먼트의 이상적인 원천이 될 수 있음이 증명되었다. 1900년에 이르러서 서부는 미국만의 국가적 신화가 아닌 가치 있는 상품이 되었다.

서부 영화 하면 으레 따라오는 아주 다양한 상황들, 장소들, 인물 유형들은 불안정하고 절충적이고 중심이 없어 보이기도 하는 하나의 형식을 초래했다. 하지만 서부 영화 같은 장르적인 범주는 내재적으로 통일된 텍스트의 총체라기보다는

존 포드 (1894~1973)

존 포드의 고전적 서부극 「황야의 결투」(1946)에서 와이엇 어프 역을 맡은 헨리 폰다.

영화감독 조합 모임에서 포드가 자신을 소개한 유명한 말(《내 이름은 존 포드다. 나는 서부 영화감독이다》)은 그의 경력을 지나치게 단순화한 것이었고, 자신도 그것을 알고 있었다. 길고 성공적인 그의 감독 경력은 수많은 단계를 거쳤다. 메인에서 프리니라는 아일랜드 이주 가족의 열세 번째 아이로 태어난 그는 스무 살에 형인 프랜시스를 따라 캘리포니아로 갔다. 프랜시스는 이미 배우와 감독으로서 화려한 경력을 가지고 있었다. 포드의 감독 데뷔작인 「토네이도」(1917)는 바이슨Bison이 제작한 서부극으로 유니버설 사가 배급했고 그가 주연도 맡았다. 그다음 4년 동안 포드는 연기 활동은 접고, 〈샤이엔 해리〉를 연기한 서부극 간판 스타 해리 캐리와 함께 24편의 영화를 만들었다.

1921년에 포드는 폭스 스튜디오로 옮겨서 자신의 영역을 넓혀 나갔다. 훗 깁슨, 벅 존스, 톰 믹스 등이 출연하는 서부 영화들이 여전히 주를 이루었지만 뉴욕 슬럼가에 대한 이야기, 시골풍의 멜로드라마, 바다 이야기도 있었다. 1924년에 대륙 횡단 철도 건설에 대한 서사적 서부극인 「철마」를 만들었다. 그 영화는 흥행에 크게 성공했지만, 그의 다음 서부극인 「세 악당」(1926)이 실패하자 그는 13년 동안 서부 영화를 만들지 않았다. 그가 1920년대 후반과 1930년대 초에 폭스에서 만든 영화들은 「경찰 라일리 Riley the Cop」(1928) 같은 아일랜드풍 코미디들, 「블랙 와치The Black Watch」(1929)와 「항공 우편Airmail」(1932) 같은 액션 영화들, 「애로스미스Arrowsmith」(1931) 같은 멜로드라마들이었다.

1935년에 변화가 일어났다. 포드는 아일랜드 공화군(IRA)에 대한 리엄 오플라어티의 무거운 소설 『사나이의 적The Informer』을 더들리 니콜스의 각색으로 찍었다. 그는 이 작품으로 비평가상을 받고 문학 작품에 걸맞은 뛰어난 감독이라는 명성을 얻었다. 1936년에는 맥스웰 앤더슨의 「스코틀랜드의 메리」와 숀 오케이시의 「쟁기와 별The Plough and the Stars」을 영화화했다.

1939년에 포드는 「역마차」를 가지고 서부 영화로 화려하게 복귀했다. 이 작품의 성공으로 존 웨인은 침체기에서 벗어났고 쇠퇴했던 서부 장르에 활기를 불어넣었다. 포드는 무성 영화 시기에 자신이 만든 서부 시리즈보다 훨씬 뛰어난 〈고전적인〉 서부 영화로 「역마차」를 설명했다. 지금까지도 그는 할리우드에서 가장 존경받는 감독들 중의 한 명이다. 그는 영화 제작비를 위해 스튜디오 시스템에 의존하면서도 자신의 프로젝트에 대한 어느 정도의 선택권은 잃지 않았다. 존 스타인벡의 유명한 소설을 영화화한 「분노의 포도」(1940)는 가족과 집이라는 핵심적인 포드식 주제들을 세계 대공황의 사회적 궁핍에 대한 냉혹한 시각과 잘 결합시켰다.

포드의 할리우드 경력은 전쟁 복무로 일시 중단되었다. 평생 군에 대한 환상을 가지고 있던 그는 해군 소령의 임무를 맡았고, 뛰어난 전쟁 다큐멘터리인 「미드웨이 해전」(1942)을 비롯해 짧은 전쟁 영화들을 계속 만들었다.

전쟁이 끝나고 포드는 4년이라는 기간 동안 와이엇 어프 이야기인 「황야의 결투」(1946), 기병대 3부작(「아파치 요새」(1948), 「황색 리본」(1949), 「리오그란데」(1950)), 그리고 그가 가장 아끼는 작품으로 꼽은 「포장마차Wagon Master」(1950) 같은 뛰어난 서부 영화들을 만들었다.

1950년대 포드의 영화들은 대개 아주 개인적이었다. 「아일랜드의 연풍」(1952)에서 존 웨인은 아일랜드에서 자신의 뿌리를 찾는 미국인을 연기했다. 「월출The Rising of the Moon」(1957) 역시 아일랜드가 배경이었다. 그 안의 독립적인 세 이야기 중 하나는 아일랜드 공화군에 대한 내용이다. 「태양이 밝게 빛난다」(1953)는 포드가 1934년에 윌 로저스 주연으로 찍은 바 있는 어빈 S. 콥의 치안 판사 프리스트 이야기에 기초한 영화이다.

6년 동안 서부 영화를 찍지 않다가 포드는 많은 이들이 그의 최고작으로 인정하는 「수색자」(1956)와 함께 서부 영화로 돌아왔다. 존 웨인은 코만치 족에게 납치된 조카딸을 찾아 7년 동안 서부를 헤매며 심적 번뇌를 느끼는 퇴역 남부군 이선 에드워드 역을 호연했다. 이 영화에서 포드는 정확하고 대담한 촬영 방식, 모뉴먼트 계곡의 뛰어난 경관을 이용한 풍경을 다루는 솜씨, 서사극을 정감 있게 만드는 기술을 완벽하게 선보였다.

1960년대에는 많은 나이와 할리우드 프로덕션의 질질 끄는 스케줄 탓에 포드는 그리 많은 작품을 만들지 못했지만 서부 영화 3편을 제작했다. 그가 그리 마음에 들어 하지 않은 「마상(馬上)의 2인」(1961)은 인간의 관용에 대한 음울한 시각을 담은 납치 이야기로, 제임스 스튜어트가 냉소적이고 타락한 보안관을 연기했다. 포드의 마지막 흑백 영화인 「리버티 밸런스를 쏜 사나이」(1962)는 서부의 사실과 신화의 긴밀한 혼합을 생략적인 방식으로 이야기하는 영화로, 포드는 이 영화를 의도적으로 고풍스럽게 찍었다. 「샤이엔 족의 최후」(1964)는 인디언들을 존중하지 않은 서부 영화들에 대해 속죄하려는 훌륭하고 다소 경건한 시도이다.

포드가 죽을 때쯤 그의 명성은 호크스나 히치콕 등 같은 세대의 다른 감독들에 비해 많이 떨어져 있었다. 『카이에 뒤 시네마』와 『무비』의 젊은 비평가들은 그가 평민적이고 감상적이라고 생각했다. 그 후 그러한 평가는 피상적인 것으로 여겨졌다. 사회적 약자에 대한 포드의 연민은 과격한 스타일을 뛰어넘었고, 카메라를 어디에 위치시키고 그 앞에는 무엇을 두어야 할지에 대해 누구도 따라잡을 수 없는 본능으로 그는 어느 영화하고도 견줄 수 없이 영상이 아름답고 정신이 고결한 영화들을 만들 수 있었다.

에드워드 버스콤브

주요 작품

「토네이도The Tornado」(1917); 「철마The Iron Horse」(1924); 「세 악당Three Bad Men」(1926); 「애로스미스Arrowsmith」(1931); 「실종된 수색대The Lost Patrol」(1934); 「사나이의 적The Informer」(1935); 「샤크 섬의 죄수The Prisoner of Shark Island」(1936); 「스코틀랜드의 메리Mary of Scotland」(1936); 「허리케인The Hurricane」(1938); 「역마차Stagecoach」(1939); 「젊은 링컨Young Mr. Lincoln」(1939); 「모호크 족의 북소리Drums along the Mohawk」(1939); 「분노의 포도The Grapes of Wrath」(1940); 「나의 계곡은 얼마나 푸르렀나How Green was My Valley」(1941); 「미드웨이 해전The Battle of Midway」(1942); 「황야의 결투My Darling Clementine」(1946); 「도망자The Fugitive」(1947); 「아파치 요새Fort Apache」(1948); 「황색 리본She Wore a Yellow Ribbon」(1949); 「리오그란데Rio Grande」(1950); 「아일랜드의 연풍The Quiet Man」(1952); 「태양이 밝게 빛난다The Sun Shines Bright」(1953); 「수색자The Searchers」(1956); 「마상의 2인Two Rode Together」(1961); 「리버티 밸런스를 쏜 사나이The Man who Shot Liberty Valance」(1962); 「서부 개척사How the West was Won」(1962); 「샤이엔 족의 최후Cheyenne Autumn」(1964).

참고 문헌

Anderson, Lindsay(1981), *About John Ford*.
Bogdanovich, Peter(1978), *John Ford*.
Ford, Dan(1979), *Pappy: The Life of John Ford*.
Gallagher, Tag(1986), *John Ford: The Man and his Films*.
McBride, Joseph, and Wilmington, Michael(1975), *John Ford*.
Sarris, Andrew(1976), *The John Ford Movie Mystery*.
Sinclair, Andrew(1979), *John Ford: A Biography*.

영화 산업이 그 제작물을 규정하고 차별화하기 위해 쓰는 하나의 상표로 이해된다. 따라서 영화 산업이 역시 무법적인 행위들이 난무하는 다른 영화들과 서부 영화를 구분하기 전까지는, 그리고 영화 산업이 서부 영화라는 말을 영화의 새로운 유형을 가리키는 단어로 유통시키기 전까지는 서부 영화가 존재했다고 말할 수 없다. 하지만 그 과정은 놀라울 정도로 빨랐다. 관객들이 이미 극장과 값싼 소설로 서부 모험 이야기를 접했다는 이점을 십분 발휘해 금세 이 신흥 영화들은 그 특징들을 독특하게 결합해 특유의 내러티브를 발전시켰다.

서부 영화들의 특징들은 이렇다. 첫째, 백인 문명과 그 반대인 〈야만성〉을 구분 짓는 경계선인 국경이 그 배경이다. 한쪽에는 법과 질서, 공동체, 안정된 사회의 가치들이, 다른 한쪽에는 무법적이고 야만적인 인디언들이 있다. 프레더릭 잭슨 터너가 1893년에 발표한 에세이에 따르면, 미국 역사가들은 1890년이 그 국경이 마침내 사라지고 대륙에 평화가 찾아온 해라고 입을 모아 말했다. 그해는 또한 인디언들의 조직적인 저항을 종식시켜 버린 운디드 니Wounded Knee 전투가 있었던 해이기도 하다. 대부분의 서부 영화들은 굳이 정확한 역사적 배경이 없더라도 1865년에서 1890년의 이야기를 다루었지만, 국경의 상황이 그대로 존재한다고 보면 이 범위는 앞뒤로 더 늘어날 수 있다. 이와 비슷하게 그 지리적 장소는 보통 미시시피 강 서쪽, 리오그란데 강 북쪽이었지만, 영화의 배경이 더 이른 시기라면 그 장소는 좀 더 동쪽이 될 것이고, 멕시코의 지역들도 〈국경〉이 될 것이다. 기본적인 갈등은 문명과 야만성 간의 투쟁에서 발생하고, 내러티브는 국경 지대 때문에 백인의 문명 밖에 존재하는 사람들의 무법적인 행위들을 이야기한다. 이러한 행위들에는 질서를 부여하기 전에 강제적인 처벌이 필요하다. 이러한 세부 사항들 때문에 발생되고 그 시간과 장소의 성격상 강제적으로만 바로잡아지는 특정한 시간과 장소, 그리고 범법적인 행위의 결합이 서부 장르를 규정한다고 할 수 있다. 이 요소들 중 하나만 빠져도 영화계나 관객이나 그 영화를 서부 영화로 생각하지 않는다.

무성 영화 시대의 서부 영화

관객을 끄는 매력이 증명된 새로운 기성 내러티브 자료들에 굶주려 있던 햇병아리 영화 산업은 국경이라는 개념이 만들어내는 화려한 장관과 서스펜스를 아예 무시할 수는 없었다. 관습적인 영화 역사는 「대열차 강도」(1903)를 최초의 액션 영화로 규정했다. 그 영화는 오늘날 우리가 서부 장르와 연관시

존 웨인 (1907~1979)

전성기 때는 전세계적으로 가장 유명한 배우였던 존 웨인은 성공하기까지 파란만장한 삶을 살았다. 본명은 매리언 마이클 모리슨으로 아이오와 주에서 태어나 캘리포니아에서 자랐다. 남캘리포니아 대학의 축구 장학생으로 재학하던 중에 그는 폭스 스튜디오의 소품실에서 일했다. 그러다가 존 포드의 작품들에 단역으로 출연했고, 마침내는 라울 월시의 서부 서사극 「빅 트레일」(1930)에서 주연을 맡았다(이때 처음으로 〈존 웨인〉이라는 이름을 썼다). 이 영화가 흥행에 실패하자 웨인은 〈소규모〉 스튜디오들의 싸구려 서부 영화나 모노그램과 리퍼블릭 사의 액션 영화들에 출연했다.

포드가 그를 「역마차」(1939)의 링고 키드로 캐스팅하면서 그는 두 번째 큰 전환기를 맞게 된다. 그는 이번에는 멈칫하지 않았다. 이 영화 이후에 그는 일련의 서부 영화들과 「건설 부대의 전투」(1944), 「바탄 탈환 작전」(1945), 「코레기도르 전기(戰記)」(1945) 같은 전쟁 영화들에 계속 출연했다. 웨인은 자녀가 넷이나 있어 군복무를 면제받았지만, 그 후 10년 동안 미국 전사의 전형이 되었다. 190센티미터가 넘는 큰 키에 살이 붙자 그의 스크린에서의 존재감은 더욱 거대해졌다. 하워드 호크스의 「광야 천리」(1947)에서 그는 가부장적인 농장주인 톰 던슨을 아주 깊이 있게 연기했다. 존 포드의 기병대 3부작 중 두 번째 영화인 「황색 리본」(1949)에서 퇴역할 나이가 다 된 장교 역에서 그의 연기 실력은 한층 더 향상되었다.

존 포드는 웨인의 연기 생활에 지속적인 영향을 미쳤다. 「아일랜드의 연풍」(1952)이라는 코미디에서 그의 재능을 뽑아 내고, 「수색자」(1956)에서는 기념비적인 이선 에드워즈의 연기를 이끌어 냈다. 마지막 쇼트에서 웨인은 왼팔을 몸에 둘러 팔꿈치를 쥐고 카메라에서 눈을 돌린다. 이 동작은 존 포드의 초기 무성 영화의 배우인 해리 캐리를 환기시키기 위한 고의적인 장치였다. 그것으로 웨인은 위대한 전통의 합법적인 계승자가 된 셈이었다. 미국의 이상을 보존하기 위한 반공산주의 영화 연합의 회장으로서 웨인은 자신의 친구 워드 본드와 함께 1940년대에 매카시 위원회가 할리우드를 조사하는 것에 적극적인 지지 의사를 표명했다. 1960년대에 웨인은 자신의 단호한 우익적 관점을 더 열성적으로 드러냈다. 베트남 전쟁이 터지자 그는 공공연한 선전 활동에 들어갔다. 그는 「특공 그린 베레The Green Berets」(1968)를 감독하고 주연까지 맡았다. 그 영화는 웨인의 배우적 명성에도, 미국 정치에도 별로 이바지하지 못했다.

그의 영웅적인 잠재력을 가장 잘 이끌어 내준 것은 서부극이었다. 호크스의 「리오 브라보」(1959)와 포드의 「리버티 밸런스를 쏜 사나이」(1962)에서 웨인은 자유주의적 비평가들마저 녹여 버린 편안하고 자신만만한 도덕적 권위를 체현했다. 하지만 1960년대 후반에 그는 점점 더 억지로 연기하는 듯한 인상을 풍겼다. 「매클린톡!」(1963), 「엘더의 4형제The Sons of Katie Elder」(1965), 「무장 마차The War Wagon」(1967) 같은 인기 있는 서부 영화들도 있었지만 수많은 진부한 서부 영화들에서 그의 연기는 특징적인 질질 끄는 발걸음, 새쭉하면서도 선한 기질, 짧게 내뱉는 유행어 등 상투적인 것들의 조합으로 전락했다. 이를 의식하기라도 한 것처럼 「진정한 용기」(1969)에서 웨인의 사악한 애꾸눈 루스터 코그번 연기는 유쾌한 모방이었고, 그는 이 작품으로 처음이자 마지막으로 오스카상을 탔다.

1964년에 웨인은 암세포가 퍼진 폐를 제거했다. 죽을 때까지 그는 암에 용감하게 맞섰다. 그는 마지막 영화인 「최후의 총잡이」(1976)에서 나이 든 총잡이 역할을 호연했다. 그 총잡이는 내장암에 걸려서 자신이 아는 유일한 방법, 즉 최후의 결투로 자신의 삶을 품위 있게 마감하기로 결심한다.

에드워드 버스콤브

주요 작품

「빅 트레일The Big Trail」(1930); 「역마차Stagecoach」(1939); 「불길한 명령The Dark Command」(1940); 「건설 부대의 전투The Fighting Seabees」(1944); 「바탄 탈환 작전Back to Bataan」(1945); 「코레기도르 전기(戰記)They Were Expendable」(1945); 「광야 천리Red River」(1947); 「아파치 요새Fort Apache」(1948); 「3인의 대부Three Godfathers」(1949); 「황색 리본She Wore a Yellow Riblon」(1949); 「리오그란데Rio Grande」(1950); 「아일랜드의 연풍The Quiet Man」(1952); 「수색자The Searchers」(1962); 「도노반의 모래톱Donovan's Reef」(1963); 「매클린톡McLintock!」(1963); 「진정한 용기True Grit」(1969); 「최후의 총잡이The Shootist」(1976).

참고 문헌

Eyles, Allen(1979), *John Wayne.*

Levy, Emanuel(1988), *John Wayne: Popbet of the American Way of Life.*

Shepherd, Donald, and Slatzer, Robert(1985), *Duke: The Life and Times of John Wayne.*

Zmijewsky, Steve, Zmijewsky, Boris, and Ricci, Mark(1983), *The Complete Films of John Wayne.*

존 포드의 「황색 리본」(1949)에서 네이선 브리틀즈 대위 역을 맡은 존 웨인.

키는 여러 요소들을 분명 지니고 있다. 총잡이들이 열차를 상대로 강도짓을 하고, 평원에서 사건이 펼쳐지고, 말을 타고 추격을 하고, 결정적인 총격전이 벌어진다. 하지만 과연 동시대의 관객들이 그 영화를 서부 영화로 보았는지는 의심스럽다.

「대열차 강도」는 진짜 국경 지대가 아닌 뉴저지에서 촬영되었다. 서부 지역에서 촬영된 첫 작품들은 1907년에 셀리그-폴리스코프Selig-Polyscope 사가 제작한 영화들이다. 〈몬태나에서 온 소녀The Girl from Monatana〉 같은 제목을 단 영화들이 영화 잡지에 〈가장 야생적이고 가장 아름다운 풍경의 서부〉에서 촬영된 작품으로 광고되었다. 그 영화들이 성공하자 다른 영화사들도 촬영지를 서쪽으로 서쪽으로 옮기기 시작했다. 1909년에 서부극 전담 영화사인 그 이름도 적절한 바이슨Bison 사는 캘리포니아로 옮겨 갔다. 캘리포니아에도 최초의 서부 영화 스타가 부상했다. 길버트 앤더슨은 조지 스푸어와 함께 에서네이Essanay라는 영화사를 만들었고, 1920년에는 「브롱코 빌리의 부활Broncho Billy's Redemption」이라는 영화에 출연했다. 이 영화는 대단한 성공을 거두었고 앤더슨은 거의 300편이 넘는 영화에 가끔은 무법자가 되기도 하지만 아이들에게 친절하고 곤경에 처한 처녀들을 구하는 일에 언제나 발 벗고 나서는 마음씨 좋은 카우보이 브롱코 빌리 역으로 출연했다.

브롱코 빌리의 복장, 챙이 넓은 보자, 목도리, 가죽 장갑, 가죽 권총집에 든 권총, 가죽(가끔은 양가죽) 바지 등은 원래는 멕시코 목축업자들에게서 유래된 것으로, 텍사스 카우보이들이 그것을 자기들에게 맞게 고친 것을 와일드 웨스트 쇼의 벅 테일러와 다른 카우보이 공연자들이 세련되게 다듬은 것이다. 카우보이들이 초기 서부 영화에서 지배적인 인물이었지만 인디언들 역시 중요한 역할을 했다. 1911년에 바이슨 사는 밀러 브러더스 101 랜치 와일드 웨스트 쇼Miller Brothers 101 Ranch Wild West Show와 합병했고, 그래서 진짜 인디언 무리와 함께 그들의 원뿔형 천막과 다른 소품들을 획득할 수 있었다. 바이슨 101로 이름을 바꾼 회사는 새로운 감독 토머스 인스를 영입했다. 그는 사람들에게 인스빌Inceville로 알려진 산타이네즈 촬영지에서 서부극들을 아주 재빠르게 만들어 내고 있었다. 그 영화들은 보통 인디언 전쟁에 관한 이야기였고, 그 영화에 출연한 인디언들은 인스빌 수 족으로 불렸다. 그 무렵 그리피스 역시 바이오그래프 스튜디오에서 인디언 이야기들을 만들고 있었다. 「북미 인디언 여인의 사랑The Squaw's Love」 같은 일단의 영화들은 백인 인물 없이 인디언들의 삶을 연민적인 시선으로 그렸지만, 그 역할들을 인디언 배우가 맡는 경우는 드물었다. 2릴짜리 야심작 「엘더부시 걸치의 전투The Battle at Elderbush Gulch」(1913) 같은 영화들은 인디언들을 백인의 피에 목말라 있는 악마들로 그렸다.

인스가 쓴 연기자들 중에는 노장 연극배우 윌리엄 하트가 있었다. 그는 자신이 연기를 연마했던 빅토리아 조 멜로드라마의 모든 도덕적 열정을 신흥 장르로 옮겨서 천성이 선한 악당이라는 페르소나를 발전시켰다. 선한 악당은 상류 사회의 주변에서 맴돌다가 한 순수한 여자의 사랑으로 구제받고 그녀를 악의 무리로부터 구해 낸다. 1915년부터 하트는 아직 인스와 손을 잡고 있던 트라이앵글 사에서 장편 영화들을 만들었다. 그 영화들은 플롯이나 인물들의 성격 묘사에서 하트가 연극배우 출신임을 드러낸다. 그는 오언 위스터의 「황혼의 결투」와 「북미 인디언The Squaw Man」의 연극판과 1913년에 세실 B. 데밀이 영화화한 한 연극, 그리고 최초의 장편 서부 영화에 출연했다. 하지만 동시에 하트의 영화들은 서부의 풍경을 멋있게 이용했으며, 그 무대 장치들은 서부에 드문드문 퍼져 있던 지저분하고 다소 초라한 마을들의 느낌을 현실적으로 살렸다.

하트는 자기 자신과 서부 모두를 아주 진지하게 생각했다. 대중이 생각한 그의 계보를 잇는 카우보이 스타 톰 믹스는 아주 다른 타입이었다. 하트의 말 타는 솜씨는 그저 부족하지 않은 정도였지만, 믹스는 펜실베이니아 출신이면서도 마치 말과 함께 생활해 온 사람처럼 보였다. 그는 바이슨 사와 합병한 바로 그 101 목장에서 일했었고, 평생 와일드 웨스트 쇼와 서커스에 출연했다. 하트의 영화들과는 달리 톰 믹스의 영화들은 역사적 진실성을 가장하지 않고 오로지 오락적인 요소에만 충실했다. 극적인 가치가 아예 없는 것은 아니었지만 그 영화들의 매력은 빠르게 이어지는 승마 묘기, 코미디, 추격, 싸움들에 있었다.

1920년경 할리우드에는 두 가지 종류의 서부 영화가 있었다. 한편에는 대개 같은 세트와 촬영지를 쓰고 앞선 작품들의 필름을 재활용하는 값싼 영화들이 있었다. 유니버설, 폭스, 파라마운트 같은 대형 영화사 내의 전문가팀들이나 좀 더 작은 독립 영화사들이 만든 그 영화들은 보통 시리즈로 기획되었고, 같은 배우가 한 번에 예닐곱 편의 영화와 계약했다. 이런 유형의 영화들 내에서도 그 예산과 질은 천차만별이었다. 1920년대 서부 시리즈물의 간판급 스타들이라 하면 훗 깁슨,

벅 존스, 프레드 톰슨, 팀 매코이가 있었다. 하지만 지금은 잊힌 밥 커스터, 버디 루스벨트, 잭 페린 같은 그리 각광을 받지 못한 수많은 배우들이 있었다. 그들의 영화는 관객들의 믿음을 지켜 주기 위한 최소한의 요소도 갖추지 못했다.

전형적으로 이 영화들은 지방, 특히 남부와 서부의 젊은 관객들에게 인기가 있었다. 반면에 시리즈가 아닌 단편으로 기획되고 전문 서부극 배우가 아닌 대형 스튜디오의 일류 스타들을 캐스팅해서, 영화 잡지들이 〈서부 영화〉가 아닌 멜로드라마나 로맨스로 일컬었던 영화들이 있었다. 1923년에 파라마운트 사는 「포장마차The Covered Wagon」로 큰 성공을 거두었는데, 이 영화는 1840년대의 서부 이주에 대한 이야기로 서사 드라마임을 자처했다. 이와 대조적으로 서부 영화 시리즈들은 시기가 불분명하고 역사적 인용도 부정확했다. 예를 들어, 톰 믹스의 몇몇 영화들은 사건이 영화 제작과 동시대에 일어난다.

이듬해에 폭스 스튜디오는 또 다른 서부 서사극을 제작해 그에 맞섰다. 「철마」라는 그 영화는 1869년의 대륙 횡단 철로 건설에 대한 이야기를 다루었다. 해리 캐리의 서부극 시리즈를 감독하면서 감독일을 시작한 존 포드는 서부 영화 시리즈에서 장편 대작으로 옮겨 간 몇 안 되는 감독들 중 한 명이다. 그러나 「세 악한*Three Bad Men*」(1926) 이후로는 1939년까지 서부 영화를 더 이상 만들지 않았다.

고전 서부 영화

1930년대에 사운드가 도래하자 서부극은 처음에는 야외 촬영에 문제를 겪었지만 곧 적응하면서 성행하게 되었다. 30년대 중반, 세계 대공황으로 인한 관객 수의 감소를 만회하고자 영화 상영업자들은 한 프로그램마다 두 영화를 상영하는 동시 상영을 시작했다. 프로그램을 채우려면 값싼 B급 영화들을 언제든 구할 수 있어야 했고, 그래서 모노그램 같은 〈가난한*poverty row*〉 스튜디오들이 그런 영화들을 앞다투어 만들기 시작했다. 괜찮은 영화들은 아주 띄엄띄엄 제작되다 1930년대가 끝날 즈음해서 꽤 나오기 시작했다. 존 포드가 「역마차」(1939)를 가지고 다시 돌아온 것이다. 포드가 데이비드 셀즈닉을 끌어들이는 데 실패하자 유나이티드 아티스츠의 월터 웨인저가 그 영화를 제작했다. 라울 월시의 서사극 「빅 트레일」(1930)의 참패로 인기가 시들어 가고 있던 존 웨인은 그 작품으로 다시 일어섰다. 「역마차」는 대단한 성공을 거두었지만, 같은 해에 대형 스튜디오들이 내놓은 서부 영화 3편보다는 못했다. 파라마운트 사에서 세실 데밀 감독이 만든 「유니언 퍼시픽 철도」는 유니언 퍼시픽 철로 건설에 대한 실제 이야기가 약간 섞인 화려한 모험담이었다. 에롤 플린이 주연을 맡은 워너 사의 「다지 시티Dodge City」는 와이엇 어프의 이야기를 약간 각색한 것이었고, 폭스의 「지옥의 길Jesse James」에서 티론 파워는 악명 높은 무법자를 연기했다.

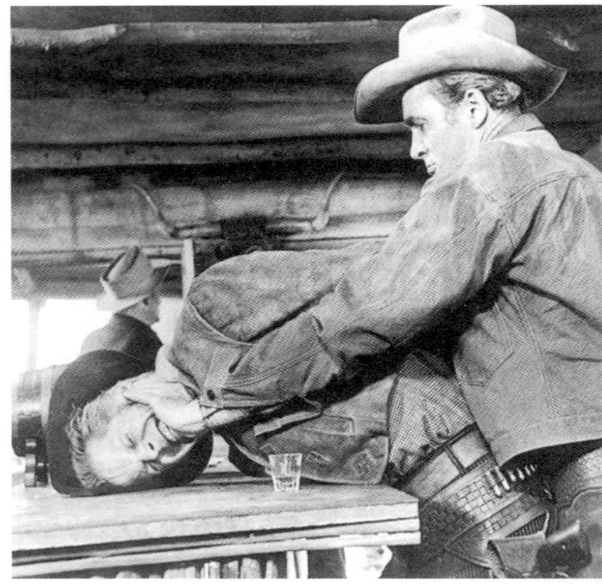

앤서니 만의 「윈체스터 총 73」(1950)에서 댄 듀어레이에게 복수하고 있는 제임스 스튜어트.

비록 허구적인 각색이지만 역사적 주제로의 이행은 할리우드가 서부 영화를 좀 더 진지하게 생각하고 있었음을 보여 준다. 1940년대에 스튜디오들은 서부극이 도덕적 문제를 탐구하는 수단이 될 수 있다고 생각했다. 「옥스보 사건The Ox-Bow Incident」(1942)은 폭력적인 소재를 다루면서 상류 사회의 위선을 폭로했다. 1940년에 하워드 휴스가 제인 러셀 주연의 「무법자The Outlaw」를 제작하기 시작하면서 서부 영화에도 섹스가 등장하기 시작했다. 휴스는 러셀의 성적 매력을 극단적으로 이용하기로 마음먹었고(영화 포스터는 그녀가 가슴을 앞으로 쭉 들이밀면서 대중에게 〈제인 러셀이 스타덤에 오른 두 가지 이유는 무엇일까?〉라고 묻는다), 그 결과 검열 문제에 걸려 개봉을 연기할 수밖에 없었다. 하지만 결코 지난 시절의 순수함으로 돌아가는 일은 없었다. 「백주의 결투 Duel in the Sun」(1946)(개봉 당시에는 〈먼지 속의 욕망 Lust in the Dust〉으로 알려졌다)는 관능적이고 과장된 멜로드라마였다. 그 영화에서 제니퍼 존스는 인디언과 백인 사이의 혼혈아로 그녀의 노골적인 성적 매력이 그녀를 둘러싼 남자들 사이에 소동을 불러일으킨다.

1950년대는 서부 영화에 있어 최고의 시기였다. 영화 제작자들은 서부 영화를 사회적이고 도덕적인 갈등의 탐구에 이용했다. 「피 묻은 화살」(1950)은 백인과 인디언의 관계를 백인 정찰병과 아파치 족 여인의 결혼이라는 이야기를 통해 능숙하게 다루었다. 「지옥문을 열어라Devil's Doorway」(1950), 「미주리 횡단Across the Wide Missouri」(1950), 「빅 스카이The Big Sky」(1952), 「최후의 총격The Last Hunt」(1956), 「화살의 질주Run of the Arrow」(1957) 같은 친인디언적인 서부 영화들이 곧 줄을 이었다. 또 다른 이정표적인 작품으로는 헨리 킹의 「권총왕The Gunfighter」(1950)이 있는데, 이 영화에서 그레고리 펙은 폭력으로 얼룩진 인생을 바로잡으려 하지만 과거의 명성 때문에 한 젊은 킬러의 표적이 되고 마는 나이 든 총잡이를 연기했다. 「하이 눈High Noon」(1952)은 총으로 먹고사는 화려한 삶의 이면을 들여다본 영화이다. 감독인 프레드 지니먼은 그 영화가 정치적 우화임을 극구 부인했지만, 주위에는 온통 겁쟁이들뿐인지라 악한들에게 홀로 대항해야 하는 한 보안관의 이야기는 할리우드를 무참하게 짓밟고 있던 매카시 선풍에 대한 비판으로 해석되었다.

1939년 「역마차」와 함께 화려하게 서부 영화로 복귀한 존 포드는 전쟁 이후에 일련의 걸작들을 제작했다. 존 포드식 와이엇 어프 이야기인 「황야의 결투」(1946)와 기병대 3부작으로 일컬어지는 「아파치 요새」(1949), 「황색 리본」(1949), 「리오그란데」(1950) 등이 거기에 포함된다. 포드는 소규모의 아주 개인적인 영화인 「포장마차」(1950)를 빼면 1950년대에 서부 영화를 겨우 2편 더 만들었다. 한 작품은 남북 전쟁을 다룬 「기병대The Horse Soldiers」(1959)였다. 다른 한 작품은 그 당시에는 그리 주목받지 못했지만 오늘날에는 포드의 대표작이자 서부 영화의 최고 걸작으로 손꼽히는 영화이다. 「수색자」(1956)는 18세기 서부극 내러티브부터 시작되는 서부 신화의 중추적 인물인 〈인디언 전사〉의 정신 병리학을 심도 있게 고찰하고 있다. 또한 이 영화가 보여 주는 서부극의 빠질 수 없는 매력, 그 화려한 서부 풍경은 타의 추종을 불허한다.

1950년대에는 서부극의 주제가 진지해졌을 뿐만 아니라 그 어느 때보다 열정적으로 미학적 가능성들이 실현되기도 했다. 앙드레 바쟁은 조지 스티븐스의 「셰인Shane」(1952)을 〈초서부 영화〉로 칭하며 다른 영화들과 구분했다. 즉 〈스스로를 부끄럽게 여겨 그 존재를 정당화할 수 있는 또 다른 관심사 — 미학적이고, 사회학적이고, 도덕적이고, 심리학적이고, 정치적이고, 에로틱한 관심사, 다시 말해 그 장르에 본질적이며 그 장르를 보강해 줄 관심사 — 를 찾는다〉는 것이다. 물론 새로운 변형을 더해서 끊임없이 변화하려는 것이 장르의 성격이다. 그렇지만 스티븐스가 정성스럽게 찍은 그랜드 테턴의 숏들에서 영상 중심주의 경향이 분명하게 엿보이고, 소년이 영웅으로 여기는 셰인이라는 인물 자체도 의도적으로 신화화된다.

1950년대 영화계는 서부 영화의 성행뿐만 아니라 절정의 할리우드로도 대변된다. 앤서니 만 감독, 제임스 스튜어트 주연의 「윈체스터 총 73Winchester '73」(1950)은 그리 자주 언급되는 영화는 아니지만 형제끼리의 증오와 복수를 힘 있는 전개로 보여 주고 있다. 만과 스튜어트는 「분노의 강Bend of the River」(1951), 「콜로라도의 욕정The Naked Spur」(1952), 「먼 나라The Far Country」(1954), 「래러미에서 온 사나이The Man from Laramie」(1955)에서도 함께 작업했다. 만의 자유롭고 대담한 카메라 기술은 제임스 스튜어트가 연기하는 고통받는 인물의 강렬하고 폭력적인 감정들에 초점이 맞추어진 내러티브를 강화시킨다.

「가슴에 빛나는 별The Tin Star」(1957)을 제외하고 만의 마지막 8편의 서부 영화들은 모두 컬러였고, 그중 4편은 시네마스코프로 찍은 것이었다. 앞선 기술로 텔레비전과 경쟁하고자 하는 할리우드의 결심으로 서부 영화가 덕을 본 셈이다. 1950년대 말쯤에는 이미 일반적인 것이 되어 버린 컬러와 와이드스크린은 역시 배우와 감독 간의 친밀한 관계에 기초하는 또 다른 유형의 영화들에 많이 쓰였다. 이 덕분에 노장 서부극 스타인 랜돌프 스콧은 연기 생활을 다시 시작했고, 버드 보에티처는 서부극 최고의 스타일리스트로 자리매김됐다. 그들이 함께 만든 첫 영화 「세븐 멘 프롬 나우Seven Men from Now」(1956)는 과묵한 겉모습 속에 냉철함과 무자비함을 감추고 있으면서 자신이 당한 부당 행위에 보복하려고 하는 인물 유형을 확립시켰다. 시나리오 작가인 버트 케네디와 함께 한 이 공동 작업은 「큰 T The Tall T」(1956), 「일몰의 결단Decision at Sundown」(1957), 「뷰캐넌 홀로 말을 타다Buchanan Rides Alone」(1957), 「서부행Westbound」(1958), 「홀로 달리다Ride Lonesome」와 「코만치 요새Comanche

Station」(2편 모두 1959)를 통해 계속되었다.

랜돌프 스콧은 「대평원Ride the High Country」(1962)에서 또 다른 고참 서부극 배우인 조엘 매크리와 공동 주연을 맡았다. 이 작품은 「라이플맨The Rifleman」 같은 텔레비전 서부극 시리즈로 유명해진 신인 감독 샘 페킨파가 연출했다. 페킨파가 1960년대에 만든 영화들 중에는 존 포드의 영향이 두드러진 기병대 서부극 「던디 소령Major Dundee」(1965)과 슬로 모션으로 찍은 폭력 장면들 때문에 가차없는 비난을 받은, 비극이 가미된 혹독하고 야만적인 작품 「와일드 번치The Wild Bunch」(1969)가 있다.

만, 보에티처, 페킨파의 영화들은 1969년에 출판된 짐 킷세스의 저서 『서부의 지평선*Horizons West*』의 주제가 되었다. 앙드레 바쟁의 암시적인 에세이 2편을 제외하고는 그전에는 서부 장르를 논하는 글이 거의 없었다. 킷세스는 이들을 포드 전통의 후계자이자 개발자라고 규정하면서 레비스트로스의 신화의 구조주의적 분석을 빌려 와서 서부 영화를 정의했다. 모든 갈등이 비롯되는, 미개지와 문명 간의 대립에 대한 킷세스의 설명은 설득력이 있었고, 윌 라이트는 좀 더 전통적인 구조주의적 경향을 띤 『6연발 권총과 사회*Sixguns and Society*』(1975)라는 책에서 그 이론을 더욱 발전시켰다. 그 후로 감독, 연기자, 영화를 개별적으로 다룬 괜찮은 책들이 나왔지만, 그 장르 자체에 대한 책은 거의 없다. 서부 영화를 미국 정치 이데올로기에 대한 비평으로 진지하게 해석한 리처드 슬롯킨의 『총잡이 나라*Gunfighter Nation*』(1992) 정도가 있을 뿐이다.

장르의 변형

페킨파의 영화들은 어떤 의미에서는 서부 영화 자체에 대한 반성이라 할 수 있다. 「대평원」과 「와일드 번치」는 말 타는 사람이 현대 기술의 힘에 의해 밀려나는 시대를 배경으로 하고 있다. 시대의 흐름에 대한 이런 자의식은 서부극 장르에 일어나고 있던 중요한 변화를 보여 준다. 1950년에 할리우드는 130편의 서부 영화를 제작했다. 1960년에는 그것이 28편으로 줄어들었다. 하지만 할리우드 스타들(특히 클린트 이스트우드)이 로마로 이주하면서 이탈리아, 즉 〈스파게티〉 웨스턴이 급부상했다. 이스트우드의 「황야의 무법자A Fistful of Dollars」는 치네치타 스튜디오가 제작한 할리우드 성경 서사극들의 조감독으로 경험을 쌓은 세르조 레오네가 감독했다. 1960년대 말까지 300편이 넘는 이탈리아 서부극이 제작되었다. 그중 겨우 20퍼센트만이 전 세계에 배급되었지만 이스트우드가 출연한 「석양의 건맨For a Few Dollars More」(1965)과 「석양의 무법자The Good, The Bad and the Ugly」(1966) 같은 레오네의 후기 작품들과 그의 걸작 「웨스턴C'era una volta il west」(1968)은 그 후의 미국 서부 영화에 지대한 영향을 미쳤다. 특히 전체적으로 폭력의 수위가 올라가고 세부 묘사에 강박적으로 집착하게 되었다.

문명, 진보, 공동체, 가족, 법 같은 전통적인 가치에 대한 이탈리아 서부극의 냉소주의는 분명 이탈리아의 지식층 영화 제작자들의 마르크스주의에서 비롯된 것이다. 하지만 이는 할리우드에 역반응을 일으켜 충성심을 〈겉으로 드러내는〉 경향을 가속화시켰다. 1970년대에는 「닥Doc」(1971)의 와이어트 어프, 「작은 거인Little Big Man」(1970)의 커스터 장군, 「비열한 꼬마 빌리Dirty Little Billy」(1972)의 빌리 더 키드, 「버팔로 빌과 인디언들Buffalo Bill and the Indians」(1976)의 버팔로 빌 등 결코 비판할 수 없던 사람들을 비난하는 것이 거의 의무처럼 되어 버렸다. 사실주의적인 방식으로 찍은 제시 제임스 이야기 「노스필드 미네소타 대습격The Great Northfield Minnesota Raid」(1971)은 서부의 〈진짜〉 모습을 보여 주어 관객들이 혐오감을 느끼게 했다.

서부 영화가 열성적으로 옹호하는 것처럼 보였던 보수적인 확실성들은 엄중한 재검토를 받게 되었다. 그전에는 확고부동했던 백인 남자 주인공들의 자리가 이제는 위태로워졌다. 비남성적인 영화 「작은 거인」의 잭 크랩(더스틴 호프먼)도 반영웅*anti-hero* 대열에 끼였다. 「해니 콜더Hannie Caulder」(1971)의 라켈 웰치는 강간당하고 나서 남성 전체에 치를 떨며 복수심에 불타는 여성을 연기했다. 「솔저 블루Soldier Blue」(1970)는 친인디언적이면서 친페미니스트적이었다. 페킨파마저도 「케이블 호그의 발라드The Ballad of Cable Hogue」(1970)에서 이전 주인공들의 거칠고 단순한 남성다움을 극복했다. 1970년대에는 히피 서부극〔「빌리 잭Billy Jack」(1971)〕, 흑인 서부극〔시드니 포이티어의 「검둥이와 목사Buck and the Preacher」(1971)〕, 자연으로의 복귀를 이야기하는 생태학적인 서부극〔「제러미아 존슨Jeremiah Johnson」(1974)〕, 그리고 무정부적인 풍자극 「불타는 안장Blazing Saddles」(1974) — 이 영화는 기관총 하나로 서부극 전체를 장악하려 했다 — 같은 영화들이 나왔다.

포드의 만가 「리버티 밸런스를 쏜 사나이」(1962)에 출연한 뒤 존 웨인은, 하워드 호크스의 「엘도라도」(1966)에 한 번 모습을 드러내기는 했지만 아무 일도 없었다는 듯 다시 상투적인 시리즈물들에 계속 나왔다. 그가「진정한 용기」(1969)로 오스카상을 탄 것은 일종의 자기 패러디였다. 말하자면 자신의 굳어진 이미지를 인정하는 듯했다. 하지만 그의 최후는 멋있었다.「최후의 총잡이」(1976)에서 그는 암으로 죽어 가는 나이 든 총잡이를 연기했고, 그것은 바로 자기 자신의 모습이었다.

1970년대에는 또한 클린트 이스트우드가 돈 시겔 감독의 남북 전쟁 드라마「사기당한 사람들The Beguiled」(1970), 그리고 자신이 감독한「평원의 무법자High Plains Drifter」(1972)와「무법자 조시 웨일스The Outlaw Josey Wales」(1976)로 한창 바쁘게 활동했다. 하지만 1970년대 말에 이르러서 서부 영화는 그 힘을 다한 것처럼 보였다. 이스트우드가 와일드 웨스트 쇼의 불행한 소유주를 연기한「브롱코 빌리Bronco Billy」(1980)는 스타의 작별 인사가 되는 듯했다.

쇠퇴와 부활

서부 영화가 왜 쇠퇴했는가에 대한 이론은 많다. 관객들이 성장하고 있었고, 도시 사회는 더 이상 토착적인 장르에 어울리지 않았다. 어쩌면 서부 영화는 그저 한때의 유행이었을지도 모른다. 하지만 관객들의 연령층 변화도 영향을 미쳤을 것이다. 젊은 관객들은 좀 더 감각적인 스릴을 만끽할 수 있는 공포 영화나 SF 영화를 선호했는데, 이와 대조적으로 서부 영화 속의 젊은이들은 손윗사람들에게 끊임없이 가르침을 받았다. 결정적인 사건은 엄청난 대작인「천국의 문Heaven's Gate」(1980)이 제작비도 만회하지 못하면서 할리우드의 경영진이 서부 영화에 선불리 투자할 수가 없게 되었다는 것이다. 1980년대는 서부 영화에 있어서 최악의 10년이었고 제작 편 수는 급격하게 줄었다. 1980년부터 1992년까지 마지막 희망인 클린트 이스트우드마저「페일 라이더Pale Rider」(1985)에서 단 한 번 말 위에 올랐다.

하지만 서부 영화는 쉽게 물러나지 않았다. 1990년대 초에 서부 영화는 다시 조용히 꿈틀대기 시작했다. 10대 관객의 취향에 잘 맞추어 만든「영 건Young Guns」(1988)은「영 건2Young Guns II」(1990)로 이어졌다. 같은 해에 케빈 코스트너는「늑대와 춤을Dances with Wolves」로 성공을 거두었다. 이 영화는 인디언 문제를 정면으로 다루려 시도했고, 1930년의「시마론Cimarron」이후 처음으로 아카데미 작품상을 받은 서부 영화가 되었다. 1992년의 두 영화는 서부 장르가 결코 끝나지 않았음을 다른 방식으로 보여 주었다.「라스트 모히칸The Last of the Mohicans」은 서부 소설의 선구자인 제임스 페니모어 쿠퍼의 신화적인 소설을 현대 관객들의 구미에 맞게 개작한 것이었다. 그리고「용서받지 못한 자Unforgiven」에서 클린트 이스트우드는 전통적인 요소(악한들은 꼭 패배한다)와 그 당시 유행하던 폭력의 도덕성에 대한 불안을 결합시켰다.

아무도 서부 영화가 예전의 화려한 시절을 되찾으리라고는 생각하지 않는다. 하지만 서부 영화가 이용할 수 있는 역사적이고 허구적인 자료는 절대 바닥나지 않는다. 다만 관객의 무관심과 스튜디오 경영자들의 소심함이 서부 영화를 스크린 밖으로 내몰고 있는 것이다.

참고문헌

Bazin, André(1971), "The Western, or the American Film *par excellence*" and "The Evolution of the Western".

Buscombe, Edward(ed.)(1993), *The BFI Companion to the Western*.

Cawelti, John(1971), *The Six-Gun Mystique*.

Frayling, Christopher(1981), *Spaghetti Westerns*.

Kitses, Jim(1969), *Horizons West*.

Slotkin, Richard(1992), *Gunfighter Nation: The Myth of the Frontier in Twentieth Century America*.

Turner, Frederick Jackson(1962), *The Frontier in American History*.

Tuska, John(1976), *The Filming of the West*.

Wright, Will(1975), *Sixguns and Society*.

뮤지컬

리 알트먼

〈뮤지컬*musical*〉이라는 단어는 여러 가지 의미로 쓰인다. 그 중에서 가장 열등한 의미의 〈뮤지컬〉은 그저 디에게시스적인 *diegetic* 음악(영화에 출연하는 인물들이 만든 음악)이 많이 나오는 영화이다. 이런 의미의 뮤지컬은 1920년대 이후의 모든 대륙에서 그 예를 찾을 수 있는, 극도로 다양한 국제적인 장르가 된다.

1930년대의 유럽 〈뮤지컬들〉은 공통점이 거의 없다. 영국의 뮤지컬은 거트루드 로런스, 이블린 레이, 제시 매슈스 같은 뮤직홀 스타들이 출연했다. 독일의 뮤지컬은 음악과 플롯을 오페레타 전통에서 빌려 왔다. 「서푼짜리 오페라Die 3-Groschenoper」(1931)의 경우에도 베르톨트 브레히트의 희곡에서 비롯되었다. 프랑스에서는 르네 클레르의 뮤지컬들이 아방가르드적인 모티프와 기법을 선보였다. 1940년대부터 1960년대까지 자기만의 색깔이 강한 감독들이 〈뮤지컬〉로 언급되는 영화들을 만들었다. 하지만 공통점이라고는 디에게시스적인 음악을 사용한다는 것뿐이었다. 영국에서는 마이클 파웰과 에머릭 프레스버거의 발레 지향적인 영화들, 리처드 레스터의 사이키델릭한 비틀스 영화들이나 「해프 어 식스펜스Half a Sixpence」(1967), 「올리버Oliver!」(1968), 그리고 좀 더 최근의 「철부지들의 꿈Absolute Beginners」(1986) 같은 할리우드 모방작들이 제작되었다. 프랑스에서는 자크 드미의 가극풍 작품들, 장-뤼크 고다르의 패러디 작, 조니 알리데 주연의 일련의 영화들이 나왔고, 스웨덴에서는 「아바Abba the Movie」(1977)가 나왔다. 유럽 밖에서 자메이카는 「어려우면 어려울수록The Harder They Come」과 레게 영화들을 만들었고, 이집트는 완전한 자국 뮤지컬 장르를 개척했다. 사실, 최근에 뮤지컬 영화의 최대 제작지는 인도였다. 인도에서 〈뮤지컬〉은 가장 인도적인 장르로 오랫동안 자리매김해 왔다.

〈뮤지컬〉이라는 단어를 열등한 의미로 쓰면, 이 모든 영화들은 〈뮤지컬〉로 칭해질 수 있다. 즉, 주요 인물들이 만든 음악을 비롯해 디에게시스적인 음악이 많이 나온다. 그런 영화들은 여기서 〈뮤지컬 영화〉로 언급될 것이다. 〈뮤지컬〉이라는 단독적인 단어는 음악이 등장할 뿐만 아니라, 공통적인 플롯 형식, 인물 유형, 음악과 연관된 사회 구조를 지니고 있는 영화들에 적용되어야 한다. 이런 좀 더 엄격한 의미의 뮤지컬은 국제적인 장르가 아니라 할리우드 영화 산업의 가장 특징적인 창작물이다. 따라서 뮤지컬을 연구한다 함은 할리우드의 1,500편쯤 되는 뮤지컬 영화들을 분석하는 일이다.

뮤지컬 영화의 초기 단계

대중적인 멜로드라마, 보드빌, 노래 슬라이드의 전성기에 탄생한 영화는 처음부터 다양한 유형의 음악을 사용했다. 무성 시대에도 음악은 반주의 역할을 했다. 미국에서는 1907년 「즐거운 미망인」이 영화화될 때부터 오페레타에 기초한 영화들을 상영할 때에 스크린 속의 연기에 맞추어서 음악가들의 연주를 실연으로 들려주었다. 1911년에는 인기 있는 오페라(파테의 「일 트로바토레Il trovatore」와 「파우스트Faust」, 에디슨의 「아이다Aïda」)의 영화판들이 특별 편곡된 음악과 함께 배급되었다. 유럽에서는 요한 길더메이예르의 「글로리아 트란시타Gloria transita」(1917)와 「글로리아 파탈리스 Gloria fatalis」(1922)가 그와 비슷한 시스템을 도입해서 영화 속의 인물들이 입으로 우물거리는 가극 아리아들을 음악가들이 관객들 바로 앞에서 불렀다. 무성 시대 내내 영화 제작자들은 그들의 이야기에 가시적인 음악적 요소들을 가미해서, 〈큐*cue*〉 음악(나팔 소리, 배럴 오르간 연주자들, 국가 같은 특정한 화면들에 맞추어 연주되는 라이브 음악)을 공개적으로 사용했다.

1920년대 후반부터 전 세계의 영화들은 풍부한 디에게시스 음악을 바탕으로 시나리오를 작성함으로써 새로운 사운드 기술을 이용했다. 미국의 제작자들은 오페라, 오페레타, 클래식, 행진곡, 빈의 왈츠, 포크송, 복음 성가, 유대교 찬송가, 가요*Tin Pan Alley Tunes*, 나이트클럽 음악, 보드빌 프로그램, 재즈 리프*riff*, 심지어는 벌레스크의 인기곡에 이르기까지 가능한 모든 음악적 재료를 그러모았다. 그 후로 뮤지컬 장르는 스윙부터 록, 비밥부터 헤비메탈까지 모든 새로운 음악 스타일을 흡수하는 특성을 지니게 되었다.

1920년대 후반과 1930년대 초반에는 다양한 음악에 맞추어 내러티브 전통들이 폭넓게 되살아났다. 파라마운트의 유럽 감독들인 에른스트 루비치와 루벤 마물리안은 오페레타 전통에서 직접 빌려 온 루리타니아풍 플롯[「사랑의 행진」(1929), 「몬테 카를로Monte Carlo」(1930), 「오늘 밤 내게 사랑을Love Me Tonight」(1932)]에 잭 뷰캐넌과 모리스 슈발리에 같은 유럽의 뮤직홀 스타들을 영입해서 미국 오페라 가

〈잊힌 그 사람을 잊지 말라Remember my forgotten man〉 — 버스비 버클리가 안무를 맡은 머빈 르로이 감독의 「1933년의 일확천금주의자들」.

수인 저넷 맥도널드와 짝 지었다. 같은 시기에 워너 브러더스와 퍼스트 내셔널은 정기적으로 브로드웨이의 히트작〔「브로드웨이의 일확천금주의자들Gold Diggers of Broadway」(1929), 「사막의 노래」(1929), 「샐리Sally」(1930)〕들을 영화화했다. 대부분의 스튜디오들은 레뷔*revue* 형식을 시도했다. 미리 만들어진 뮤지컬 연기를 쉽게 끼워 넣을 수 있기 때문이다(MGM의 「할리우드 레뷔 1929Hollywood Revue of 1929」, 워너의 「지상 최대의 쇼Show of Shows」, 「파라마운트 온 퍼레이드Paramount on Parade」, 유니버설의 「재즈의 왕King of Jazz」). 1928년에서 1932년에는 영화에 음악을 결합시킬 수 있는 모든 방법이 동원되었다. 뮤지컬 영화들은 라디오 쇼와 플로렌츠 지크펠트의 작품 같은 무대용 광상곡 *extravaganza*, 공상 과학 플롯〔「상상해 보라Just Imagine」(1930)〕 등에 기초했다. 아일랜드의 테너 존 매코맥〔「내 마음의 노래Song o' my Heart」(1930)〕, 오페라 가수들(로런스 티벳과 그레이스 무어는 1930년 「초승달New Moon」에서 호흡을 맞춤), 대중 가수들〔「방랑자 애인The Vagabond Lover」(1929)의 루디 발레〕, 카바레 가수들(패니 브라이스, 소피 터커, 헬렌 모건), 아니면 익살스러운 희극 배우들〔「코코넛Cocoanuts」(1929)과 「동물 모양의 크래커Animal Cracker」(1930)의 막스 형제, 「와아Whoopee!」(1930)와 「전성 시대Palmy Days」(1931)의 에디 캔터, 「스스럼없이Free and Easy」(1930)의 버스터 키튼〕까지도 뮤지컬 영화에서 자기 역량을 마음껏 과시했다. 유성 시대 초기의 뮤지컬 영

프레드 아스테어 (1899~1987)

RKO 스튜디오에서 안무가 허미스 팬과 함께한 프레드 아스테어.

본명이 프레드릭 오스털리츠인 프레드 아스테어는 네브래스카 주의 오마하에서 태어났고, 그와 그의 여동생 아델은 전후 가장 유명한 무대 댄서였다(「레이디, 비 굿Lady, be Good!」, 「퍼니 페이스Funny Face」, 「밴드 왜건The Band Wagon」 같은 쇼들을 통해). 아델이 찰스 캐번디시 경과 결혼하면서 무대에서 은퇴하자, 프레드는 「유쾌한 이혼녀」의 성공을 계기로 할리우드까지 진출하게 되었다. 전해지는 이야기에 따르면, 그는 RKO 스크린 테스트에서 그리 좋은 점수를 얻지는 못했다. 〈연기를 못 한다. 노래를 못 부른다. 머리가 벗겨졌다. 춤은 꽤 춘다.〉 MGM의 「춤추는 숙녀」(1933)에서 조연급으로 출연하고 나서 아스테어는 새로운 파트너 진저 로저스와 함께 RKO의 「리오로의 비행」(1933)으로 관심을 끌기 시작했다. 주연급으로 올라간 그 커플은 영화계에서 아무도 필적하지 못할 성공을 계속 이어 나갔다. 아스테어-진저스의 다음 다섯 작품〔「유쾌한 이혼녀」(1934), 「로버타」(1935)와 「상류 사회」(1935), 「함대를 따르라Follw the Fleet」(1936)와 「스윙 타임」(1936)〕은 모두 그해의 총수익 10위권 내에 들었고, 다섯 곡이 인기 순위에서 1위를 차지했고, 2위나 3위를 차지한 곡도 다섯 곡이 더 있었다. 이 성공을 발판으로 삼아, 아스테어는 1935년에서 1936년과 1936년에서 1937년 시즌 동안 라디오 쇼들의 진행을 맡았다.

아스테어-진저스 영화의 매력은 유럽적인 온화함과 우아함(무대 활동 때부터 고집해 온 실크 해트, 흰 넥타이, 연미복으로 상징된다), 그리고 미국적인 자유로움과 여유〔「춤추실까요」(1937)에서 사실은 미국인인 피트 피터스가 러시아의 위대한 댄서 페트로프의 발레 신발을 신고 탭 댄스를 추는 장면에서 표현된다〕를 동시에 체현하는 능력이 큰 몫을 차지한다. 그래서 1930년대의 전형적인 아스테어 영화는 로저스와 함께 추는 왈츠나 폭스 트롯의 우아함과 낭만적인 분위기에 솔로 탭 댄스의 힘과 풍부함이 더해진다. 여동생 아델에게 써먹었던 재치 있는 아이러니(그는 그녀와 순수하게 낭만적인 역할을 연기해 본 적이 없었다)를 확장해서 아스테어는 진저스와 명백한 영화상의 경쟁 관계를 조장하였다. 동시대의 스크루볼 코미디 관습의 영향을 받아, 이 접근법은 아스테어-로저스식 〈댄스 대결 *challenge dances*〉을 낳았다. 성격 충돌이 경쟁적인 춤으로 표현되고(〈비를 만난 오늘 멋지지 않은가요?Isn't this a Lovely Day to be Caught in the Rain?〉, 〈그냥 떠나가세요Let Yourself Go〉, 〈혼자 가세요Pick Yourself Up〉, 〈그들 모두 웃었다They All Laughed〉, 〈모두 그만둡시다Let's Call the Whole Thing Off〉), 대립하던 그들은 결국 자신들의 사랑을 깨닫게 되고, 이는 좀 더 전통적인 낭만적 춤으로(〈뺨을 맞대고Cheek to Cheek〉, 〈음악에 맞춰 춤을 춥시다Let's Face the Music and Dance〉, 〈스윙 타임의 왈츠Waltz in Swing Time〉, 〈파트너 바꾸기 Change Partners〉) 표현된다. 춤으로 낭만적 열정을 불러일으키기 위해 아스테어와 로저스는 춤을 통해 플롯을 전개시켜 나갔다.

유럽적인 상체의 우아함과 미국 보드빌과 탭 댄스 전통의 하체의 힘을 결합시킨, 절충주의적 춤꾼 아스테어는 온몸으로 연기했다. 그래서 그는 항상 자신의 춤을 비율의 변화 없이 고정된 카메라로, 장면 변환도 거의 없이, 받아치는 장면도 없이, 풀 숏으로 찍도록 고집을 부렸다. 그렇게 해야만 댄서가 춤의 통일성을 제어할 수 있기 때문이다. 연기 활동을 하는 내내 아스테어는 그의 파트너에게 스텝을 가르쳐 주던 허미스 팬의 도움을 종종 받으면서 자신이 안무를 직접 짰다. 기술적으로 힘들고 고된 작업이었지만(자신의 탭 댄스를 더빙하기까지 했다), 아스테어는 댄서들의 고역을 떠벌리려 하지 않았다. 대중음악*Tin Pan Alley* 최고의 음악(콜 포터, 제롬 컨, 어빙 벌린, 조지 거슈윈, 해리 워런, 해럴드 알렌이 특별히 그를 위해 만든 곡)들을 선사받은 아스테어는 새로운 표현 방식을 유행시켰다. 스타일과 템포의 끊임없는 변형(종종 같은 노래에 다른 박자를 써서), 겉으로 보기에는 그리 힘들어 보이지 않는 노래, 그의 절충주의는 다른 댄서들뿐만 아니라 게오르게 발란친과 제롬 로빈스 같은 당대의 발레 안무가들에게도 영향을 미쳤다.

1940년대 아스테어의 파트너들은 항상 그보다 어렸다. 그래서 늙은 프로 댄서가 젊은 여자에게 삶과 사랑과 춤으로 활기를 불어넣는 피그말리온 류의 플롯들이 생겨났다. 1946년의 첫 은퇴부터 1957년의 마지막 낭만적인 역할까지(로저스와 다시 짝을 이룬 1949년 작 「브로드웨이의 바클리 부부」를 제외하고) 아스테어의 파트너들은 평균적으로 그보다 스물다섯 살이나 더 어렸고, 그래서 그의 후기 작품들에서는 근친상간적인 암시가 은근하게 풍겼다. 그는 1930년대 순수한 춤의 테크닉에 이제는 드럼 세트〔「부활절 행진」(1948)〕, 비행 신발〔「브로드웨이의 바클리 부부」(1949)〕,

기둥꼴 옷걸이[「왕족의 결혼」(1951)], 구두닦기 판[「밴드 왜건」(1953)] 등을 덧붙여서 특수 연출을 시도했다. 「왕족의 결혼」에서는 천장에서 춤을 추기까지 한다.

「자유는 애정과 더불어」(1957)를 끝으로 더 이상 낭만적인 댄서의 역을 맡지 않은 아스테어는 텔레비전으로 돌아가 1958년부터 1963년까지 에미상을 받은 수많은 특별 프로그램들과 시리즈들을 제작하고 직접 주연까지 맡았다. 음악이 없는 밋밋한 연기들과 실패한 마지막 뮤지컬도 세계에서 가장 사랑받았던 댄서의 경력에 흠이 되지는 못했다. 말년에는 카메라 앞에서 춤추기를 거부하고 대신 노래 만드는 일에 전념했다. 하지만 그의 팬들은 계속 아스테어의 춤을 이야기했다. 그는 영화 역사상 그리고 어쩌면 세계 역사상 가장 다양한 춤들을 선보였다고 말이다.

릭 올트먼

주요 작품

뮤지컬(주연 여배우)

「춤추는 숙녀Dancing Lady」(1933, 조앤 크로포드); 「리오로의 비행Flying down to Rio」(1933, 진저 로저스); 「유쾌한 이혼녀The Gay Divorcee」(1934, 로저스); 「로버타Roberta」(1935, 로저스); 「실크 해트Top Hat」(1935, 로저스); 「함대를 따르라Follow the Fleet」(1936, 로저스); 「스윙 타임Swing Time」(1936, 로저스); 「춤추실까요Shall We Dance」(1937, 로저스); 「고뇌에 잠긴 숙녀A Damsel in Distress」(1937, 조앤 폰테인); 「무사태평Carefree」(1938, 로저스); 「버논과 아이린 캐슬 이야기The Story of Vernon and Irene Castle」(1939, 로저스); 「1940년의 브로드웨이 멜로디Broadway Melody of 1940」(1940, 엘리너 파월); 「두 번째 코러스Second Chorus」(1941, 폴렛 고더드); 「부자가 되긴 어려울걸You'll Never Get Rich」(1941, 리타 헤이워스), 「홀리데이 인Holiday Inn」(1942, 마조리 레이놀즈); 「그 어느 때보다도 사랑스러운 그대You Were Never Lovelier」(1942, 리타 헤이워스); 「하늘에도 끝은 있다The Sky's the Limit」(1943, 조앤 레슬리); 「욜란다와 도둑Yolanda and the Thief」(1945, 루실 브레머); 「지그펠드 폴리스Ziegfeld Follies」(1946, 루실 브레머); 「파란 스키들Blue Skies」(1946, 조앤 콜필드); 「부활절 행진Easter Parade」(1948, 주디 갈런드); 「브로드웨이의 바클리 부부The Barkleys of Broadway」(1949, 진저 로저스); 「세 마디의 말Three Little Words」(1950, 베라-엘렌); 「함께 춤을 춥시다Let's Dance」(1950, 베티 허튼); 「왕족의 결혼Royal Wedding」(1951, 제인 파월); 「뉴욕의 미녀The Belle of New York」(1952, 베라-엘렌); 「밴드 왜건The Band Wagon」(1953, 시드 채리스); 「키다리 아저씨Daddy Long Legs」(1955, 레즐리 카롱); 「퍼니 페이스Funny Face」(1957, 오드리 헵번); 「자유는 애정과 더불어Silk Stockings」(1957, 시드 채리스); 「피니언의 무지개Finian's Rainbow」(1968, 페튤라 클락); 「타워링The Towering Inferno」(1974, 연기만 하는 역).

참고 문헌

Altman, Rick(1987), *The American Film Musical.*

Astaire, Fred(1959), *Steps in Time.*

Croce, Arlene(1972), *The Fred Astaire and Ginger Rogers Book.*

Green, Stanley, and Goldblatt, Burt(1973), *Starring Fred Astaire.*

Mueller, John(1985), *Astaire Dancing: The Musical Films.*

화들은 점점 더 정교화되는 녹음 기술, 다양한 컬러 처리법(보통은 음악적 장편에 국한되었다), 여러 와이드스크린 기술[「행복한 시절Happy Days」(1930), 「열정의 노래Song of the Flame」(1930)]을 선보이는 수단이었다.

사운드가 도입된 초기 몇 년 동안, 제작자들과 관객들은 음악이 자신만의 장르적인 구조를 구축하기보다는 영화에 그 기능을 맞추기 때문에 어떤 유형의 영화에라도 덧붙여질 수 있는 독립적인 작품이라 생각했다. 따라서 〈뮤지컬〉이라는 단어는 총칭적 지시어라기보다 기술적(記述的)인 형용사로 기능했다. 1편의 흥행 영화에서 비롯된 일단의 초기 뮤지컬 영화들은 모두 그 플롯과 주제를 이미 존재하는 장르들에서 빌려온다. RKO의 1929년 작 「리오 리타Rio Rita」는 서부극에 음악을 도입했는가 하면, 킹 비더의 「할렐루야Hallelujah!」(MGM, 1929)는 친숙한 남부 멜로드라마에 음악을 삽입했다. 거의 모든 스튜디오가 주로 축구라는 부차적인 줄거리가 가미되는 대학 코미디(예를 들어, MGM의 「굿 뉴스Good News」, 파라마운트의 「스위티Sweetie」, 퍼스트 내셔널의 「전진Forward Pass」)에 음악을 집어넣었다.

이 시기에 가장 큰 영향을 끼친 작품은 알 졸슨의 최루성 영화 「노래하는 바보The Singing Fool」(워너스, 1928)와 무대 뒤의 삼각관계 이야기인 「브로드웨이 멜로디」(MGM, 1929)였다. 금세 모든 할리우드 스튜디오들이 이를 모방하여 사랑에 실패한 연예인, 부정한 배우자, 이기적인 자매, 갱스터 서브플롯, 내리막길에 접어든 가수, 죽어 가는 아이에 대한 뮤지컬 멜로드라마를 계속해서 제작했다. 제목에서 할리우드와의 연관성을 공언하기도 하는(「브로드웨이 멜로디」, 「브로드웨이Broadway」, 「브로드웨이의 일확천금주의자들」) 이 백스테이지*backstage* 뮤지컬들은 유독 무대 공연을 강조하지만 나이트클럽 가수들, 순회 극단 공연들, 보드빌 연기자들, 상투적인 소극, 심지어는 서커스, 복화술, 쇼보트, 혹은 할리우드 스튜디오 자체에도 초점을 맞추었다.

성공에 편승하고자 인기 있는 영화 1편이 널리 모방되는 경우가 허다했기 때문에 이 초기 뮤지컬 영화들은 표면적으로 공통적인 특징들을 지니고 있었다. 이를 테면, 디에게시스적인 음악, 주요 인물로 등장하는 무대 공연자들, 공연이 중심이 되는 플롯, 불행한 연애, 노골적인 최신 테크놀로지의 사용, 이런 것들이다. 실연한 이들의 애처로운 마음을 표현하는 수단으로서 음악을 낭만적으로 다루는 이 영화들로도 충분히 하나의 안정된 장르가 형성될 수 있었을 텐데, 할리우드의 광고를 그대로 따른 당대의 언론은 뮤지컬 영화를 하나의 독립적인 장르로 성립시키는 데 실패했다. 대중이 웬만큼 뮤지컬 영화에 싫증이 난 1930년에서 1931년에야(뮤지컬 영화는 1929년에 55편, 1930년에 77편, 1931년에는 11편, 1932년에는 10편이 제작되었다 — 1960년대까지 봤을 때 가장 저조한 수치) 비로소 비평가들은 〈뮤지컬〉이라는 단어를 단독적인 실명사로 쓰기 시작했는데, 주로 규격화되고 편협한 이전의 작품들을 깎아내리는 데 썼다. 이렇듯 장르적 통일성이 새롭게 인지되면서 멜로드라마적인 뮤지컬들이 장르 영화로 제작되었지만, 뮤지컬 영화들의 흥행 실패로 그 제작은 사실상 일시 정지되었고, 그래서 초기 뮤지컬 영화들의 약간은 침울한 분위기와 1933년 이후의 경쾌함 사이에는 큰 차이가 있다.

고전적인 할리우드 뮤지컬

1933년은 할리우드가 음악과 내러티브를 실용적으로 결합해 경제적인 제작을 시도한 새로운 시작의 해이다. 1933년까지는 오페레타와 다른 뮤지컬 영화들은 엄연히 구분되어 있었다. 플롯, 인물, 음악을 서로 다른 전통에서 빌려 오고, 따라서 캐스팅, 세트, 음악가, 예산 등이 현저하게 다를 수밖에 없었기 때문에 이 두 계통은 하나의 장르가 될 수 없었다. 「사랑의 행진」이나 「초승달」 같은 초기 오페레타들은 가벼운 분위기를 유지하고 거의 항상 행복한 결말로 끝난 반면, 뮤지컬 영화들은 보통 대중적인 멜로드라마의 눈물을 뽑아내는 기술에 의존했다.

조지 스티븐스가 연출한 「스윙 타임Swing Time」(RKO, 1936)에서의 진저 로저스와 프레드 아스테어.

1933년 워너 브러더스는 새로운 유형의 뮤지컬들을 제작하기 시작했다. 이전의 뮤지컬 영화들은 대개 친숙한 스토리에 음악만 붙여서 만들었지만, 「42번가」, 「풋라이트 퍼레이드Footlight Parade」, 「1933년의 일확천금주의자들」과 「귀부인들Dames」(1934)은 성공적인 무대 공연을 성공적인 연애와 똑같은 비중으로 다룬다. 이 영화들의 화려한 노래와 춤(모두 버스비 버클리가 안무를 담당했다)은 루비 킬러와 딕 파월 같은 젊은 스타들의 로맨스를 마음껏 찬미한다. 그 스타들의 춤, 노래 솜씨나 감정 없이는 쇼가 계속될 수 없다. 이런 새로운 뮤지컬 세계에서 죽어 가는 아이들, 이기적인 자매들, 고집불통의 적들은 발 디딜 곳이 없었다. 대신, 플롯들은 젊은 연인의 사랑을 활기찬 노래와 춤으로 찬미하면서 그들의 로맨스를 진행시켰다.

워너의 백스테이지 영화들에서 처음 선보인 이 새로운 뮤지컬 구조가 선풍적인 인기를 끌면서 뮤지컬이라는 장르는 어느 종류의 플롯에나 적용되기에 이르렀다. 더 이상 멜로드라마적인 레퍼토리에 의존하지 않고 로맨틱 코미디와 짝을 이루면서 뮤지컬은 전기 영화[「위대한 지그펠드The Great Ziegfeld」(1936), 「졸슨 이야기The Jolson Story」(1946), 「밤과 낮Night and Day」(1953), 「글렌 밀러 스토리The Glenn Miller Story」(1953)], 군 위문 쇼[「아가씨하고 나하고For Me and my Gal」(1942)], 패션쇼[「표지 모델Cover Girl」(1944)], 부활시킨 오페레타[특히 MGM 최고의 짝인 저넷 맥도널드와 넬슨 에디가 호흡을 맞춘 「못된 마리에타Naughty Marietta」(1935), 「로즈마리Rose-Marie」(1936)와 후속작들] 같은 영역 속으로 파고들었다.

프레드 아스테어와 진저 로저스가 처음으로 대중을 사로잡은 것도 1933년이었다. 아스테어는 여동생 아델과 함께 이미 무대에서 이름을 날리고 있었고(1933년 바로 그해에 MGM의 버스비 버클리식 작품인 「춤추는 숙녀Dancing Lady」로 영화 데뷔를 했다) 로저스는 코러스 걸 역할을 하고 있었지만(「42번가」, 「1933년의 일확천금주의자들」), 그들은 「리오로의 비행Flying down to Rio」에서 처음으로 짝을 이루었고, 그 후로 RKO도 워너의 백스테이지 뮤지컬처럼 주인공 연인의 로맨스를 찬미하는 노래와 춤을 끊임없이 보여 주는 일련의 뛰어난 작품들을 제작하기 시작했다. 더군다나 1930년대 최고의 송 라이터들[「유쾌한 이혼녀」(1934)의 콜 포터, 「로버타 Roberta」(1934)와 「스윙 타임Swing Time」(1936)의 제롬 컨, 「실크 해트」(1935), 「함대를 따르라Follow the Fleet」(1936), 「무사 태평」(1938)의 어빙 벌린, 「춤추실까요Shall We Dance」(1937)의 조지 거슈윈]이 아스테어와 로저스를 위해 만든 노래들은 한 곡 한 곡이 연인 만들기에 중요한 역할을 한다. 아스테어-로저스 영화들은 뮤지컬 장르를 정착시키는 역할을 했다. 오페레타의 화려한 의상, 멀게만 느껴지는 상류층 스타일의 무대 장치와 현실적인 플롯, 쉽게 따라 부를 수 있는 가요, 보드빌, 민요 같은 음악을 그들이 이어 주었기 때문이다. 1930년에는 통일성 있는 하나의 뮤지컬 장르는 없었지만, 1930년대 중반쯤에 나온 「1935년의 일확천금주의자들」, 「못된 마리에타」, 「미시시피Mississippi」(1935), 「1936년의 브로드웨이 멜로디Broadway Melody of 1936」, 「동료 선원이여, 영원하라Shipmates Forever」(1935), 「실크 해트」와 「오페라의 밤A Night at the Opera」(1935) 같은 다양한 영화들이 단일한 장르적 용어, 〈뮤지컬〉로 지칭될 만했다.

1930년대 중반 동안 뮤지컬 장르는 영속성 있는 패턴을 보여 주었다. 이는 의미론적이고 구문론적인 특징을 나타내는 용어들로 쉽게 규정할 수 있을 것이다.

1. 형식: 내러티브. 모든 음악과 춤은 플롯을 통해 연결된다.

2. 인물: 집단 내의 로맨틱한 연인. 셜리 템플의 영화나 애니메이션 뮤지컬에서도 구애하는 연인과 그들을 둘러싼 공동체는 뮤지컬의 로맨틱 코미디적 접근에 필수적이다.

3. 연기: 율동적인 동작과 사실주의의 조화. 양극단 — 노골적인 사실주의와 순수한 리듬 — 은 뮤지컬의 특징인 그 둘의 결합을 위해 꼭 필요하다.

4. 사운드: 디에게시스적인 음악과 대화의 혼합. 디에게시스적인 음악이나 춤이 없으면 뮤지컬은 없다. 역으로 자크 드미의 「셰르부르의 우산Les Parapluies de Cherbourg」(1964)처럼 노래뿐인 영화들은 (브레히트의 경구처럼) 있는 그대로의 말의 세계에서 로맨틱한 음악적 영역으로 옮겨 가는 뮤지컬의 구성적 효과를 달성할 수 없다.

많은 뮤지컬 영화들이 이러한 의미론적 결정 요소들을 지니고 있다. 하지만 중심적인 뮤지컬들에서만 볼 수 있는 구문론적 관계도 있다.

1. 내러티브 전술: 이중 포커스. 영화는 남성·여성 파트너들 (혹은 집단들) 사이를 오가면서 그 둘을 비교하고 각각을 특정한 문화적 가치와 동일시하다가 결국에는 그들의 대항과 화합을 부추긴다.

2. 연인/플롯: 연인 형성과 플롯 해결 사이의 유사점(과/이나 뜻밖의 연결). 따라서 구애는 영화의 주제가 되는 소재의 어떤 다른 측면과 항상 밀접하게 연관되어 있다.

3. 음악/플롯: 개인적이고 공동적인 기쁨의 표현으로서의 음악과 춤. 모든 한계에 대한 로맨틱한 승리의 기표로서 음악과 춤은 축하의 기능을 한다.

4. 내러티브/노래: 사실주의와 리듬, 대화와 디에게시스적인 음악 사이의 연속성. 뮤지컬 속에서의 대립은 항상 해결된다. 결혼을 연인의 신비적인 결합으로 보는 미국의 신화학을 따른 것이다.

5. 이미지/사운드: 절정의 순간에 뒤집히는 고전적인 내러티브 위계질서(이미지가 사운드 위에 있다). 〈오디오 디졸브 *audio dissolve*〉(사실주의적인 사운드가 점차적으로 사라지고 리듬과 운의 영역이 자리를 차지한다)의 과정을 통해 우리는 행위가 사운드를 만들어 내는 친숙한 상황보다는 행위가 음악에 장단을 맞추는 세계로 들어가게 된다.

모든 고전적 할리우드 뮤지컬들이 이런 특징을 전부 지니고 있는 것은 아니지만(예를 들어, 어린이 대상의 뮤지컬 영화들에는 로맨틱한 주인공 연인이 없다), 1930년대 중반 — 뮤지컬의 첫 장르 영화 시대 — 에 만들어진 대다수의 할리우드 뮤지컬은 이 정의에 일치한다.

할리우드의 뮤지컬 장르에 대한 자의식은 자기 반영적인 뮤지컬을 만들려는 전후의 많은 시도에서 분명하게 드러난다. 그런 영화들은 뮤지컬에 대한 진지한 비판이 될 수도 있었겠지만, 대신에 뮤지컬에 함축된 가치들을 재확인하는 의미를 지녔다. 처음에는 친숙한 모티프들의 역(逆)이나 전경(前景)을 통해 [「지그펠드 걸」(1941)에 나오는 무대 뒤 상투적인 행동들의 흉내처럼] 그냥 지나가는 식으로 표현되던 〈반영적인〉 혹은 〈자기 반영적인〉 뮤지컬은 「브로드웨이의 바클리 부부The Barkleys of Broadway」(1948), 「춤추는 대뉴욕On the Town」(1949), 「사랑은 비를 타고」(1951), 「밴드 왜건」(1953), 혹은 「항상 맑음It's Always Fair Weather」(1955) 같은 베티 컴덴과 아돌프 그린 각본의 MGM 영화들에서 완전한 형태를 갖추게 된다. 알코올 중독, 갱스터의 공격이나 어린아이의 죽음을 다루는 많은 뮤지컬들 — 「스타 탄생」(1954), 「오클라호마」(1955), 「포기와 베스Porgy and Bess」(1959), 「웨스트 사이드 스토리」(1961) — 의 경우에 솜씨 있는 대본이 사랑스러운 연인을 중심으로 새로운 사회(필요하다면 내세에라도)를 끊임없이 만들어 내고, 그들의 결합을 축하하는 음악과 춤이 활기를 더해 준다.

다소 상상력이 결여된 브로드웨이 개작[「마이 페어 레이디My Fair Lady」(1964), 「사운드 오브 뮤직The Sound of Music」(1965)], 리메이크[「스타 탄생」(1976)], 발췌 영화[「이것이 엔터테인먼트다That's Entertainment」(1974)], 어린이들을 위한 뮤지컬 영화들[「메리 포핀스Mary Poppins」(1964)]이 만들어지던 시기가 지나고 1970년대 후반에 뮤지컬은 돌풍을 일으키며 부활해 뮤지컬 팬들마저도 놀라게 했다. 이 영화들 중의 몇 편은 연예업의 관습을 비꼬았고(로버트 올트먼의 1976년 작 「내슈빌Nashville」과 밥 포스의 1980년 작 「올 댓 재즈All That Jazz」), 어떤 영화들은 과거의 플롯들을 가볍게 다루었다(마틴 스코시스의 1977년 작 「뉴욕, 뉴욕New York, New York」, 스탠리 도넌의 1978년 작 「영화, 영화Movie Movie」). 하지만 많은 작품들 — 「토요일 밤의 열기Saturday Night Fever」(1978), 「헤어Hair」(1979, 밀로스 포먼), 「더티 댄싱Dirty Dancing」(1987) 등을 비롯한 — 은 예전처럼 동시대의 음악과 도덕관을 뮤지컬 장르의 전통적인 구조에 융합시켰다.

뮤지컬의 범주

뮤지컬 비평가들은 오랫동안 뮤지컬을 플롯, 공연 전통, 제작 방식에 따라 분류했다. 뮤지컬의 하위 장르들로의 분화는 다음과 같은 기준(그리고 열거된 문제들로 이끄는)에 따른 것이었다.

스튜디오

일단의 영화들의 성공에 근거한 〈독자적 스타일*house style*〉을 공략하면서 스튜디오들은 특정한 스타들과 제작진을 고집한다. 파라마운트 사는 에른스트 루비치나 루벤 마물리안 감독의 정교한 유럽 오페레타들에 출연한 모리스 슈발리에와 저넷 맥도널드의 공연으로 유명하다. 워너는 직업 댄서인 루비 킬러와 코러스 걸이 버스비 버클리의 안무를 연기하고 인기 가수인 딕 파월이 알 더빈과 해리 워런의 노래를 부르는, 사실적인 도시 속에서의 백스테이지 플롯들로 정평이 나 있다. RKO의 스크루볼 코미디는 밴 네스트 폴글라세의 세련된 아르 데코 세트에 프레드 아스테어와 진저 로저스 같은 우아한 댄서들을 에드워드 에브렛 호튼과 에릭 블로어 같은 엉뚱한 코미디언들과 함께 출연시켰다. 폭스 사는 앨리스 페이, 베티 그레이블, 메릴린 먼로, 셜리 템플 같은 금발의 스타들을 주연으로 내세운 평민적이고 지역적인 작품들을 발표했다. MGM은 시나리오가 좋은 스펙터클 대작 영화들에 출연한 MGM 스타들(전쟁 전의 저넷 맥도널드와 넬슨 에디, 1940년대와 1950년대의 시드 채리스, 주디 갈런드, 진 켈리, 프랭크 시나트라, 에스더 윌리엄스, 이제는 중견 배우가 된 프레드 아스테어)이 유명하다. 걸출한 제작진(편집의 대가 슬라브코 보르카피치, 시나리오 작가 베티 컴덴과 아돌프 그린, 제작자 아서 프리드와 조 패스터낙)과 춤에 대한 감각이 뛰어난 감독들(버스비 버클리, 스탠리 도넌, 빈센트 미넬리, 조지 시드니, 찰스 월터스)이 높은 제작 가치*production values*와 절묘한 안무를 보장했다. 이 접근법은 시험 분류에는 유용하지만 스튜디오들 사이의 유사점이나 영향력 등을 간과하면서 각 스튜디오가 제작한 작품들의 단일한 측면만 지나치게 강조하는 경향이 있다.

감독

작가주의 비평가들은 그 장르의 가장 혁신적인 감독들(루비치, 마물리안, 미넬리, 도넌, 포스)의 작품들에 집중했다. 하지만 뮤지컬에 대한 작가주의 비평은 감독 개인 이외의 제작진과 연출 이외의 다른 역할들을 간과하기 쉽다. 뮤지컬의 혁신과 일관성의 다른 원천에, 그중에서도 특히 안무와 연기에 좀 더 관심을 집중할 필요가 있다. 버클리와 월터스는 모두 안무가로 출발했다. 주로 공연자로서 영화에 중심적인 역할을 했지만 프레드 아스테어와 진 켈리는 안무를 직접 짜기도 했다(켈리 역시 자신이 주연으로 출연한 많은 영화들을 감독하거나 공동 감독했다). 가수들 — 슈발리에, 맥도널드, 크로스비, 갈런드 — 역시 영화에 독특한 색깔을 더했다. 그리고 MGM의 아서 프리드와 1930년대에 유니버설 사에서 디애나 더빈 주연의 뮤지컬들을 만든 조 패스터낙 같은 제작자의 역할 없이는 할리우드 뮤지컬의 역사는 불가능했다.

음악을 삽입하는 방법

무대 관습들이 백스테이지 뮤지컬들을 발생시키고 오페레타 전통이 뮤지컬의 폭발적 증대(와 즉각적인 영향)에 심리학적인 동기를 부여했지만, 소위 〈통합된〉 뮤지컬은 정교하게 고안된 상황들, 세트, 혹은 인물의 경향(가까운 곳에 둔 피아노, 텅 빈 무대, 공공 무도장, 가족의 노래 모임, 〈노래(혹은 춤)를 멈추지 못하는〉 인물들)을 통해 그 노래와 춤의 인위성을 상쇄시킨다. 어떻게 뮤지컬이 인위성을 버리고 통합을 추구함으로써 〈개선되는가〉 하는 역사적 논쟁의 한 부분을 구성하는 이 접근법은 자의식적으로 인위성을 추구하거나 (「밴드 왜건」처럼) 고의적으로 그 두 가지 요소를 뒤섞는 뮤지컬들을 무시한다. 하지만 내러티브와 스펙터클 간의 연결에 초점을 맞추는 데는 유용한 방법이다.

원천

브로드웨이 무대극의 개작과 할리우드 창작 뮤지컬의 차이점에 대한 연구는 많이 이루어졌다. 일반적으로 브로드웨이-할리우드 간의 대립은 창조적인 에너지가 항상 뉴욕에서 캘리포니아로 흐른다는 가정에 기초한다. 하지만 할리우드가 브로드웨이에서 차용한 유명한 몇몇 작품들은 영화적 개발에 직접적으로 영감을 받은 연극들이었다. 예를 들어, 「오클라호마」의 브로드웨이판(1943) — 보통 그 작곡가와 작사가인 리처드 로저스와 오스카 해머스타인의 이름으로 소개된다 — 이 보여 주는 혁신적인 장치들 대부분은 사실 그 연극의 연출가인 루벤 마물리안이 자신의 영화 「하이, 와이드 앤드 핸섬High, Wide and Handsome」(1937)에서 처음으로 도입한 것들이었다.

관객

1930년대에는 명백하게 동질적이던 관객들이 전후에, 그리고 포스트모던 시대에 분열을 일으키면서 할리우드는 관객들을 분리하여 겨냥하기 시작했다. 인물의 나이, 음악 스타일, 로맨스의 역할 같은 기준에 따르면 뮤지컬들은 암묵적인 관객들 — 어린이, 청소년, 성인 — 에 따라 구분될 수 있다. 이런 구분은 기술적(記述的)인 목적에는 유용할지 모르지만 뮤지컬의 역사와 구조의 중요한 측면들은 간과하게 만든다. 뮤지컬을 그 대상 관객으로 분류하면, 뮤지컬이 은밀하게 관객들로 하여금 성인과 어린이 모두를 만족시킬 만한 작품(성적 성숙과 순수한 낙관주의)을 요구하게 만든다는 사실을 은폐하게 된다. 또한 〈모든 이를 위한 무언가〉(셜리 템플이 큐피드를 연기하고 디즈니의 만화 캐릭터들이 성인의 로맨스를 연기하거나 「브로드웨이의 바클리 부부」와 「더티 댄싱」이 각기 다른 세대들이 좋아하는 음악과 춤 스타일을 섞은 것처럼)를 제공하는 영화들과 관객을 이어 주려는 할리우드의 체계적인 시도도 인식하지 못하게 된다.

의미론과 구문론

뮤지컬의 기본적인 재료들(음악적 전통, 춤 형식, 연기 방식, 의상 스타일, 정선된 장소와 세트, 플롯 모티프, 주제적 관심사)을 면밀해 점검해 보면, 뮤지컬에 대한 대안적인 접근법을 찾을 수 있고 구문론적인 관심사(특히 뮤지컬의 근본적인 줄거리인 연인 만들기와 관련된 일련의 활동들)의 분석을 통해 세 가지의 하위 장르들을 발견할 수 있다.

동화 뮤지컬 아주 동떨어진 귀족적 장소(궁전, 유흥지, 고급 호텔, 원양 여객선)를 배경으로 해서 여행담 형식으로 펼쳐지는 동화 뮤지컬은 가상의 왕국에서 질서가 회복되는 과정과 로맨틱한 연인 만들기 과정을 나란히 보여 준다(그 둘이 서로 연관되기도 한다).

쇼 뮤지컬 맨해튼을 중심으로 한 극장과 출판업의 중산층 세계를 배경으로 쇼 뮤지컬은 연인의 형성을 1편의 쇼(통속적인 보드빌, 브로드웨이 연극, 할리우드 영화, 패션 잡지, 콘서트)의 창작과 연관시킨다. 지배적인 메타포는 〈결혼은 창조〉이다.

대중 뮤지컬 작은 마을부터 국경에 이르기까지 최근의 미국을 배경으로 하는 민속 뮤지컬에서 두 개인이 한 연인으로 결합하는 것은 집단 전체가 서로 간에 그리고 그들을 떠받치고 있는 땅과 화합함을 의미한다. 지배적인 메타포는 〈결혼은 화합〉이다.

이 하위 장르들 각각은 그 전체적인 장르의 특정한 가치 하나만을 강조한다. 동화 뮤지컬(대개 〈왕자〉와 그 연인의 로맨스에 따라 한 왕국의 미래가 결정되기 때문에 그렇게 이름 붙여졌다)에서 가상의 왕국은 현실의 초월이라는 뮤지컬의 경향을 강조한다. 쇼 뮤지컬(사랑의 완성과 나란히 쇼가 완성되기 때문에 붙여진 이름이다)은 음악과 춤을 통해 기쁨의 표현을 최대화한다. 대중 뮤지컬(인물, 음악, 전반적인 분위기에 따라 이렇게 이름 붙여졌다)은 뮤지컬의 합창적인 경향 특유의 공동체주의를 강조한다.

빈센트 미넬리 (1903~1986)

30년 넘게 MGM에서 수많은 영화를 만든 감독 빈센트 미넬리는 역사상 가장 유명한 몇몇 오락물에 기여했다. 1940년대의 미국 평론가들은 그의 정교함과 서정적 휴머니즘에 찬사를 보냈고, 1950년대와 1960년대의 프랑스와 미국의 작가주의자들은 그를 부르주아적 가치를 은밀하게 꼬집은 풍자가로 보았다. 그는 오스카상을 한 번 받았으며(「지지」(1958)로), 그의 작품은 장-뤼크 고다르와 마틴 스코시스 같은 이후의 감독들에게 큰 영향을 미쳤다.

미넬리의 원래 꿈은 그림을 그리는 것이었지만, 그는 1920년대 내내 마셜 필드 백화점의 창문 장식가, 인물 사진사, 발라반 앤드 카츠 계열 영화사 건물의 무대 설치 디자이너 등 여러 가지 일을 하면서 시카고에서 막 일어나고 있던 소비 경제 속에서 많은 연출 기법을 배웠다. 그러다가 뉴욕으로 건너가 라디오 시티 뮤직홀에서 세트와 의상을 담당했고, 브로드웨이 레뷔의 무대 감독으로 유명해졌다. 1930년대 후반에 파라마운트에 잠깐 적을 두었다가 아서 프리드 덕분에 할리우드에 완전히 자리를 잡았다. 프리드는 MGM에 브로드웨이와 가요계의 예술가들을 모아 놓고 있었다. 미넬리는 1960년대까지 그 스튜디오에서 일하면서 뮤지컬, 가족 코미디, 멜로드라마를 주로 만들었다. 일할 때에 가장 행복해 보이는 유미주의자로서, 그는 MGM의 모토 — 예술을 위한 예술*Ars Gratia Artis* — 를 가장 잘 실천했다. 동시에 그는 자신의 상업적 태생을 절대 잊지 않았다. 그가 「아름다운 질투Designing Woman」(1957)라는 영화를 찍은 것은 우연이 아니며, 정신 병원의 공동 방에 새 커튼이 걸렸을 때 일어나는 소동을 다룬 멜로드라마 「거미줄」(1957)도 그런 맥락에서 이해할 수 있다.

미넬리의 작품 거의 대부분은 고전적인 할리우드 뮤지컬 — 로맨틱한 상상의 상업화된 수단이라 할 수 있는 — 에서 비롯되었다. 예술, 연예업, 온갖 종류의 몽상은 그가 좋아하던 주제였다. 그의 여성 인물들은 보바리 부인을 연상시켰고, 남성 인물들은 예술가, 멋쟁이, 아니면 감수성이 뛰어난 청년이었다. 그의 이야기들 대부분은 이국적이거나 스튜디오가 꾸며 낸 세계에서 일어난다. 그곳에서는 환상과 일상생활의 경계가 쉽게 무너진다. 미국의 시골이 배경이라 하더라도 「세인트루이스에서 만나요」(1944)의 오싹한 할로윈 장면, 「신부의 아버지」(1950)의 악몽, 「달려오는 사람들」(1958)의 광포한 축제, 「육체의 유산」(1969)의 신화적인 보아뱀 사냥 같은 몽상적인 사건들이 벌어진다.

미넬리는 파리 인들의 세 가지 예술적 형식, 즉 1880년대의 아르 누보, 인상주의 화가들의 초기 모더니즘, 초현실주의자들의 환상적 비전에 큰 영향을 받았다. 제작 규약Production Code에 위반되지 않을 심리 분석류에 열중했지만 그는 가장 남성답지 않은 할리우드 감독들 중 한 명이었다. 그는 대중의 취향을 앞서는 수많은 영화들을 만들면서 뮤지컬 곡들에 순화된 동성애적 감각을 불어넣었다. 그의 영화들은 급강하하는 크레인 숏, 구성법과 색채의 육감적인 움직임, 솜씨 있게 조직화된 상세한 배경으로 가득 차 있었다. 하지만 결국 그의 뮤지컬들은 엔터테인먼트에 대한 찬가였고 그는 매력과 스타일에 대한 MGM의 사치스러운 기준을 절대 문제 삼지 않았다.

미넬리 유미주의의 역설과 모순은 그가 제작자 존 하우스먼과 함께 만든 4편의 멜로드라마, 「악당과 미녀」(1952), 「거미줄」(1955), 「열정의 랩소디」(1956), 「다른 도시에서의 두 주일」(1962)에서 특히 잘 드러난다. 이 작품들은 모두 신경증과 예술적 상상력의 관계를 다루고 있다. 각 작품에서 예술가 주인공은 외로운 인물로, 숨이 막힐 듯한 가부장적이고 자본주의적인 사회에서 살고 있어서, 욕망을 예술로 승화시키지 못한다. 뮤지컬과 달리 예술 멜로드라마에서는 일상생활과 창조적인 에너지가 이상적으로 결합하지 못한다. 그 결과 그 작품들은 유별나게 음울한 어조를 띠고 있으며 스타일적인 〈과도함〉이나 광희(狂喜)가 인상적이다. 예술*Kunst*과 저속함*kitsch*을 매혹적으로 잘 혼합시킨 미넬리의 영화들은 상업과 예술적 정통성 간의 전통적인 구분에 반기를 든다.

제임스 네어모어

▪▫ 주요 작품

「하늘의 오두막Cabin in the Sky」(1943); 「세인트루이스에서 만나요 Meet Me in St. Louis」(1944); 「욜란다와 도둑Yolanda and the Thief」(1945); 「춤추는 해적The Pirate」(1948); 「보바리 부인 Madame Bovary」(1949); 「신부의 아버지Father of the Bride」(1950); 「파리의 아메리카 인An American in Paris」(1951); 「악당과 미녀The Bad and the Beautiful」(1952); 「밴드 왜건The Band Wagon」(1953); 「브리가둔Brigadoon」(1954); 「거미줄The Cobweb」(1955); 「열정의 랩소디Lust for Life」(1956); 「차와 동정 Tea and Sympathy」(1956); 「지지Gigi」(1958); 「달려오는 사람들 Some Came Running」(1958); 「육체의 유산Home from the Hill」(1960); 「다른 도시에서의 두 주일Two Weeks in Another Town」(1962); 「맑은 날 당신은 영원을 볼 수 있어요On a Clear Day You Can See Forever」(1970).

▪▪ 참고 문헌

Elsaesser, Thomas(1981), "Vincente Minnelli".
Harvey, Stephen(1989), *Directed by Vincente Minnelli*.
Naremore, James(1993), *The Films of Vincente Minnelli*.

◀ 빈센트 미넬리의 프로이트적인 멜로드라마 「거미줄」(1955)에서의 리처드 위드마크와 글로리아 그레이엄.

하위 장르들은 따로따로 발전하지만, 재미있는 방식으로 결합되기도 한다. 「로즈마리」는 동화 뮤지컬의 전형적인 오페레타 장치들을 대중 뮤지컬에 더 어울릴 만한 장소에 옮겨 놓는다. 한편 「브리가둔Brigadoon」(1954)은 동화적 구문론에 민중적 의미론을 결합시킨다. 이와 비슷하게 프레드 아스테어는 「부활절 행진」(1948), 「브로드웨이의 바클리 부부」나 「밴드 왜건」 같은 쇼 뮤지컬에서 연기할 때도 동화적 전통의 귀족적 가정을 버리지 않으며, 진 켈리와 주디 갈런드는 「춤추는 해적The Pirate」(1948) 같은 동화 뮤지컬에서도 서민적 분위기를 풍긴다.

뮤지컬의 문화적 효용

반세기 동안 뮤지컬 영화는 미국 사회를 안정시키고 미국을 세계에 알리는 데 중요한 역할을 했다. 가장 비싼 할리우드 상품으로서, 그리고 다른 문화적 관례와 가장 완전하게 이어져 있는 장르로서 뮤지컬은 경제적, 예술적, 사회적 목적들에 이바지했다.

흔히 유성 영화 기술의 발전과 연관하여 언급되는 뮤지컬의 역사는 사실 미국 음악 배급 시스템과 할리우드의 변화된 관계를 통해 더 잘 이해할 수 있다. 1929년에 워너 브러더스는 유성 영화에 쓸 음악의 비용을 절감하고자 음반 회사를 손에 넣기 시작했다. 다른 스튜디오들도 곧 그 뒤를 따라 음악 판권을 획득하기 위해 브로드웨이 뮤지컬 연극까지 뒤졌다. 시들지 않고 계속되던 이 관례는 컬럼비아가 「마이 페어 레이디」를 제작한 1950년대에 절정에 달했다. 얽히고 설킨 자회사들과 라이센스 계약들을 통해 사실상 모든 스튜디오는 하나나 그 이상의 음악 출판업자들과(이나) 음반 회사들과 이익을 나누었다.

유성 영화의 초기에 노래의 공연(실연, 녹음, 혹은 방송)은 그 노래가 나오는 영화를 선전하는 효과가 있었다. 할리우드의 전성기 동안 뮤지컬은 스튜디오가 이미 판권을 취득해 놓은 음악을 제공함으로써 계속해서 다른 장르들을 도왔다. 워너는 〈루니 튠스Looney Tunes〉와 〈즐거운 멜로디스Merrie Melodies〉 만화 시리즈에 자사 뮤지컬의 음악을 사용했다. 1940년대에 파라마운트는 1930년대 초반의 뮤지컬들에 쓰인 사랑 노래들을 여성 영화, 멜로드라마, 필름 누아르에 썼다. 1950년대 초반에 MGM은 특정한 송 라이터들의 노래들을 혁신적인 뮤지컬들에 사용했고(「파리의 아메리카 인An American in Paris」에는 조지와 아이라 거슈윈의 노래를,

「사랑은 비를 타고」에는 아서 프리드와 나시오 허브 브라운의 노래를, 「밴드 왜건」에는 해럴드 디에츠와 아서 슈워츠의 노래를 썼다), 다른 스튜디오들은 수없이 많은 뮤지컬 전기 영화에 그 노래들을 마구 삽입했다.

45r.p.m. 음반의 출현, 인기 40곡Top Forty lists, LP 레코드의 등장과 함께 상황은 역전되었다. 1930년대와 1940년대에 할리우드 뮤지컬은 음악 작품(라이브 공연, 시트 뮤직, 음반)을 만들어 내고 그 작품들의 유명세로 이익을 얻으면서 미국 뮤지컬 시스템에 원동력 노릇을 해주었다. 하지만 1950년대부터 뮤지컬은 한때는 할리우드 자회사였던 고수익 음반 회사들의 선전 수단으로 전락했다.

그럼에도 불구하고, 30년 동안 할리우드 뮤지컬은 음악을 사랑하는 사람들의 일상생활에 깊이 파고들었다. 극장 로비나 백화점에서 쉽게 구할 수 있는 악보를 가지고 가족들은 피아노 주위에 모여서 할리우드의 최신 히트곡을 불렀다. 연인들은 영화 음악의 음반을 틀어 놓고 서로 애무하면서 자신들이 좋아하는 할리우드 장면들을 재현했다. 새로운 뮤지컬 스타일이 나오기만 하면 프레드 아스테어나 아서 머리 댄스 스튜디오들에서는 댄스 열풍이 일었고 전국의 댄스홀에서 연주되었다. 어디에나 울려 퍼지는 뮤지컬 음악은 뮤지컬의 상징으로서 그 장르의 잠재적인 사회적 효용을 강화시켰다.

특히 뮤지컬은 그 오랜 역사 동안 미국의 구애 신화를 끊임없이 재현했다. 보수적인 사회 관습(성별 고정관념, 인종 차별, 성적 정숙함, 동성애 공포증에 가까운 이성애)을 강력하게 지지하면서 뮤지컬은 모든 문제에 단 하나의 해결책을 제시했다. 그것은 바로 구애와 공동체였다. 뮤지컬은 대항 문화적인 단결(일반적으로 나이, 종교, 민족이나 인종의 차이의 무시나 간통을 포함한다)에 대한 사회 위반적인 욕망을 발산할 기회를 제공하면서도 실제로는 관객의 관심을 근원적인 문화 문제에서 주인공 커플의 시시한 문제들로 유도한다. 대중적인 음악을 매개물로 해서 뮤지컬은 현실 세계의 문제에 대한 이런 낙관적 해결법을 서구 세계의 거의 모든 가정에 전파했다. 유토피아적인 환상과 (리처드 다이어의 표현대로) 〈유토피아의 느낌〉을 본보기로 제시하면서 뮤지컬은 이 유별나게 미국적인 신화학을 삶의 모든 측면에 불어넣었고, 미국적 가치를 해외에 알리고 다른 영화 장르들과 전 세계의 매스미디어, 음악 스타일, 패션에 영향을 미쳤다.

할리우드의 전성기에 뮤지컬은 미국의 공공 영역에서 중요한 역할을 했다. 그 일관성, 동질성, 편재성은 해석과 의미의 연속성을 보장했다. 뮤지컬은 뮤지컬 영화에 밀려나면서 자신도 어찌할 수 없는 운명을 맞았다. 이제는 뮤지컬 영화로 자기 표현을 하는 특별한 이해 집단들과 음악 산업, 매스미디어가 뮤지컬의 문화적 이용을 통제한다.

1960년대 후반과 1970년대에 미국 개신교회들은 뮤지컬 영화들에서 모티프를 빌려 와서 예배, 음악 프로그램, 심지어는 설교까지 구성했다. 고등학교 졸업식의 송가나 교회 성가로 꼭 불리는 〈당신은 혼자가 아니다You'll Never Walk Alone〉[「회전목마Carousel」(1956) 중에서]나 〈모든 산에 올라라Climb Every Mountain〉[「사운드 오브 뮤직」(1965) 중에서] 같은 영감으로 가득 찬 노래들로 분위기를 띄우는 성격 덕분에 뮤지컬은 또 다른 연합을 맺게 되었다. 성서에 근거한 일련의 뮤지컬들이 이 동향에 맞추어 제작되었고, 1973년의 「지저스 크라이스트 슈퍼스타Jesus Christ Superstar」와 「가스펠Godspell」로 최절정을 이루었다.

같은 시기에 뮤지컬 영화는 젊은 관객에 의해 전혀 다른 길을 가고 있었다. 엘비스 프레슬리, 프랭키 애벌론, 비틀스의 영화들을 전초전으로 해서, 반베트남전 세대에게 대항 문화적 피난처가 되어 준 록 콘서트 영화들 — 「몬터레이 팝Monterey Pop」(1968), 「우드스톡Woodstock」(1970), 「마지막 왈츠The Last Waltz」(1987) — 이 봇물처럼 쏟아져 나왔다. 어떠한 형태로든 모습을 바꿀 줄 아는 능력 덕분에 뮤지컬은 컬트와 동성애의 영역에까지 진출하였는데, 전형적인 심야 영화인 「로키 호러 픽처 쇼The Rocky Horror Picture Show」(1975)의 영향이 컸다.

뮤지컬은 과거사가 되었을지 몰라도, 뮤지컬 영화는 새로운 방법으로 계속 발전하고 있고 음악과 영화를 결합하는 새로운 방법들이 발견되는 한 계속 그럴 것이다. 1980년대의 비디오 혁명은 뮤직 비디오라는 전혀 새로운 형식을 발생시키고, 오페라나 다른 음악 쇼의 오래된 녹화 테이프에 새 생명을 불어넣었다. 앞으로 또 어떤 일이 벌어질지는 알 수 없다.

참고 문헌

Altman, Rick(ed.)(1982), *Genre: The Musical.*

— (1987), *The American Film Musical.*

Feuer, Jane(1982), *The Hollywood Musical.*

Hirschhorn, Clive(1981), *The Hollywood Musical.*

Russell Taylor, John, and Jackson, Arthur(1971), *The Hollywood Musical.*

범죄 영화

필 하디

〈뉴욕의 이면: 가난〉, 이 어구는 D. W. 그리피스의 「피그 앨리의 총병들」(1912)에서 맨해튼의 게토인 이스트사이드 빈민가를 비추는 화면 위에 뜨는 삽입 자막이다. 마지막 삽입 자막도 이와 비슷하게 폭로적이다. 반쯤 열린 문으로 어떤 손이 경찰에게 지폐 몇 장을 넘겨주는 화면 후에 〈결탁의 고리 Links in the Chain〉라는 타이틀이 뜬다.

「피그 앨리의 총병들」은 미국 범죄 영화의 초기작으로, 이후의 범죄 영화들에 범죄를 다루는 방식을 제시해 주었다. 영화를 여는 화면과 타이틀은 우리가 아는 세계와 공존하는 하층 사회를 암시하고, 마지막 화면과 타이틀은 그 두 세계가 어떻게 연결되는지를 보여 준다. 그 사이사이에 그리피스는 순결한 아내 릴리언 기시에게 반한 스내퍼 키드Snapper Kid를 통해 구원받는 가난하고 순수한 부부의 사소한 이야기를 들려준다.

그리피스가 가난을 묘사함에 있어서 찰스 디킨스를 차용한 것은 이미 잘 알려져 있지만, 「총잡이들」의 내러티브는 좀 더 단순한 빅토리아풍의 멜로드라마들과 싸구려 소설들의 영향을 보여 준다. 이 이면에 있는 기본 개념은 지하 세계와 우리가 아는 세상의 분리이고, 어떤 순수한 사람이 유혹을 당할 때 두 세계는 충돌한다. 고전 문학 중에는 외젠 쉬의 『파리의 비밀*Les Mystères de Paris*』(1842～3)과 1840년대에 미국에서 경찰서 출입 기자 출신의 조지 리파드가 쓴 싸구려 소설들이 그런 내용을 담고 있다.

범죄 소설과 범죄 영화에 이러한 구조가 중요한 이유는 그것이 사회적 관계의 메타포로서 유용성과 융통성이 있기 때문이다. 마르셀 알랭과 피에르 수베스트르(와 푀야드)의 『팡토마』를 한번 보자. 『팡토마』의 플롯은 사실 『파리의 비밀』과 똑같다. 다른 점이 있다면 악한이 주인공이며, 사악한 부르주아 계급의 골칫거리인 팡토마는 타락하지 않은 반면, 그에게 벨탕 부인을 빼앗긴 귀족들은 타락해 있다는 것이다. 말하자면 쉬의 소설의 시적(詩的) 전도(轉倒)인 셈이다. 쉬의 소설에서는 한 왕자가 도적들과 함께 살면서 부정을 폭로하고 그것을 바로잡으려 애쓴다. 역시 쉬의 영향이 두드러진 리파드의 소설들은 좀 더 세련되고 단순하다. 지상 3층, 지하 3층의 6층 건물로 수많은 수상한 방들, 뚜껑 문들, 비밀 통로가 있는 멍크 홀Monk Hall은 필라델피아를 상징한다. 중심 플롯은 지상 세계의 상류층 사람인 듯하지만 지하 세계에서 부를 축적하는 어떤 사람이 순수한 젊은이를 타락시키려 한다는 이야기이다. 이 단순한 인물 배치는 악한들이 싸구려 소설들에 나오는 빅토리아풍 창 장식만큼이나 복잡하게 얽힌 음모를 꾸미는 1930년대의 미국 연작 영화에서 가장 잘 드러난다.

프리츠 랑의 마부제 박사 영화들〔「도박사 마부제 박사」(1922), 「스파이들」(1928), 「마부제 박사의 유언」(1933), 「마부제 박사의 천 개의 눈」(1960)〕 역시 지하 세계와 지상 세계 간의 대조와 두 세계를 지배하는 규칙들을 중심 개념으로 잡고 있다. 이 영화들은 빅토리아풍 음모의 개념을 도입하지만, 「지하 세계」(조지프 폰 스턴버그, 1927), 「미국의 지하 세계Underworld U.S.A.」(새뮤얼 풀러, 1961) 같은 영화의 제목은 그 개념의 핵심이 영속적임을 확인시켜 준다. 이 대립이 얼마나 완강한 것인지는 다른 영화들에서도 나타난다. 랑의 「M」(1931)에서 그 두 세계는 문명 사회의 규칙에 어긋나는 범죄를 저지르고 다니는 한 킬러를 잡기 위해 임시적으로 힘을 합친다. 배절 디어든의 「푸른 등불The Blue Lamp」(1950)에서 범죄 조직은 더크 보가드와 패트릭 두넌이 연기하는 젊은 불량배들을 받아 주지 않는다. 그 젊은이들은 규제의 필요성을 이해하지 못하기 때문이다. 새뮤얼 풀러의 「남쪽 도로의 트럭Pickup on South Street」(1953)에서는 한 전문 정보원이 목숨의 위협 앞에서도 나라의 적에게 정보를 팔지 않는다.

이러한 관점에서 보면 「피그 앨리의 총병들」은 단순한 이야기일 수도 있지만, 지상 세계/지하 세계 간의 대조라는 구조 속에서 유혹/강간이라는 내러티브 장치는 빅토리아풍이라기보다는 현대적이다. 승리보다는 두 갈등 세력의 휴전 상태만을 보여 주는 그 영화의 결말이 특히 인상적이다. 스내퍼 키드가 주인공이자 악한의 원형이라는 사실 또한 주목할 만하다. 빅토리아풍의 멜로드라마와 싸구려 소설에서 유혹/강간이라는 주제와 지하 세계/지상 세계 간의 대립은 단단하고 직접적으로 결합된다. 범죄 영화(와 20세기 범죄 소설들)에서 그 두 가지 요소는 여전히 밀접하게 연결되어 있지만 여러 가지 방법으로 변형된다. 이언 캐머런(1975)의 설득력 있는 지적대로, 영화 장르들 중에서 〈범죄 영화만큼 시종일관 영화 외적인 요소들에 의해 형성되는 장르는 없다〉. 따라서 범죄 영화의 발전을 설명하려면 범죄 영화가 계속 반복하는

윌리엄 웰먼 연출작으로 갱스터 영화에서 하나의 경향을 확립한 워너 브러더스의 영화 「공공의 적」(1931)에서의 제임스 캐그니.

내러티브 전술의 변화 뒤에 있는 사회적 원인들을 탐구해야 한다.

갱스터 영화

1920년대 후반과 1930년대 초반의 미국 갱스터 영화의 발단에서 캐머런의 요점은 가장 분명해진다. 갱스터 영화는 사실 금주법의 영향에 대한 신문 제1면 기사들(과 전직 기자들이 쓴 시나리오)로 시작되었다. 하지만 그 장르가 처음부터 완전한 형태로 자리 잡은 것은 아니다. 전직 기자인 벤 헥트가 시나리오를 쓴 선구적인 작품들 「지하 세계」와 「스카페이스」(하워드 호크스, 1932)는 이 점에서 특히 흥미롭다. 헥트는 그 장르가 아직 그 자체로 존재하지 않았을 때에 「지하 세계」를 썼고, 「스카페이스」는 그 장르의 기본 원칙이 성립된 후에 썼다. 2편 모두 지하 세계/지상 세계 내러티브와 상승-몰락 시나리오를 전면에 내세우고, 이후의 많은 영화들처럼 분명히 현실에 기초한다(성 발렌타인 데이 대학살 같은 특정한 사건들을 재현하고 실존 갱스터들에 기초한 인물들을 등장시켰다). 그리고 두 작품 모두 이후의 영화들에 특징적으로 나타날 도상학적 요소들 — 갱단, 갱의 정부(情婦), 신문 기자, 악덕 변호사, 나이트클럽 등등 — 을 많이 지니고 있다. 하지만 「범죄왕 리코Little Caesar」(머빈 르로이, 1930)나 「공공의 적Public Enemy」(윌리엄 웰먼, 1931)과 비교하면, 그 두 작품은 순수한 장르 영화라고는 할 수 없다(이 점이 그들의 강점이기도 하다).

「지하 세계」 — 사랑에 빠져 암흑 세계에서 나가고 싶어 하는 자신의 정부 이블린 브렌트와 자신의 가장 친한 친구 클라이브 브룩이 함께 탈출할 수 있도록 조지 밴크로프트가 홀로 남아서 경찰들의 일제 사격 속에 죽어 가는 것이 그 결말이다 — 는 분명 빅토리아풍의 멜로드라마적 요소를 띠고 있다. 하지만 많은 면에서 「스카페이스」보다는 좀 더 현대적이다. 「지하 세계」는 브렌트와 브룩이라는 인물들을 통해 기본적인 내러티브의 유혹/강간 시나리오에 대해 갱스터 영화의 사실주의가 제기하는 문제를 해결한다. 두 인물은 밴크로프트가 잔인한 힘을 가지고 있으면서도(그는 은화를 구부리기까지 한다) 흉내만 낼 뿐 절대 달성하지 못하는 사회적 열망을 체현한다. 반면에 브룩은 영화의 시작 부분에서는 불행하지만 어엿한 사회적 자산가이다. 그래서 그는 나약하고 예의 바르고, 심지어는 롤스 로이스로 불린다. 브렌트가 연기한 페더스 역시 상반된 감정에 사로잡혀 갈등하는 수많은 갱스터 정부들의 효시이다. 「지하 세계」는 따라서 지하 세계/지상 세계 간의 대조에, 갱스터계의 악덕 자본가라는 요소를 부각시키고 이후의 영화들이 계속해서 답습할 사회적 측면을 더한다.

「스카페이스」는 훨씬 더 복잡한 영화이다. 기본적으로 가족 드라마 — 호크스 감독은 헥트에게 시카고의 보르자 가문 이야기 같은 것을 써달라고 말했다 — 인 이 영화는 그 핵심에 세스카(앤 드보르작)에 대한 토니 카몬테(폴 뮤니)의 억제된 근친상간적인 욕망이 있으며, 겉만 번지르르한 부유함에 대해 거의 유아적인 찬미로 이야기를 이끌어 나간다. 이 영화는 너무 대담해서 남들이 감히 따라 하지 못하는 카몬테의 분명한 행위를 움직이는 원동력을 대략적으로 보여 준다. 브라이언 드 팔마의 1983년 판도 호크스 영화의 맹렬한 공격성을 그저 약간만 흉내를 내고 있을 뿐이다. 그 영화의 관심사는 1940년대 후반에 이르러서야 필름 누아르에 의해 다시 채택된다. 다시 말해, 「스카페이스」는 갱스터 영화인 동시에 하워드 호크스의 영화인 것이다.

금주법과 시카고의 사건들이 갱스터 영화에 사실적인 근거를 제공해 주었다면, 그 인기는 세계 대공황 탓에 미국 전반에 만연해 있던 복잡한 감정들의 그물들을 그 영화들이 잘 이어 주었기 때문이다. 로버트 워쇼가 자신의 독창적인 에세이인 「비극 영웅으로서의 갱스터The Gangster as Tragic Hero」(1948)에서 쓰고 있듯이, 〈갱스터는 우리의 공적인 문화 전체에 박혀 있는 위대한 미국적 《긍정*yes*》에 대한 《부인*no*》이다〉. 워쇼의 에세이(일반화가 지나친 경향이 있기는 하지만)는 1930년대 갱스터 영화들과 그것의 대중적 수용에서 볼 수 있는 하나의 진실을 강조한다. 기존의 공식적 사회에 얽매인 관객들은 세계 대공황 동안 갱스터들(영화상의 주인공들뿐만 아니라 현실에서의 서민의 영웅들)에게 갈채를 보내면서, 비록 정신적으로나마 이브닝드레스를 입고 이브닝드레스가 생득권인 사람들과 섞이는 기쁨을 대리 체험했다. 이런 점에서 갱스터 영화는 뮤지컬, 특히 〈쇼 뮤지컬〉과 비슷한 매력을 지니고 있다. 쇼 뮤지컬에서는 적은 사람들이 쇼를 공연하고, 심한 대립을 겪고 나서 결국에는 윗사람들에게 인정받고, 뿐만 아니라 조역만 하던 단원이 스타가 된다. 초기 뮤지컬들과 갱스터 영화는 비슷한 점이 더 많다. 탭 댄스를 추는 현란한 발놀림이든 불을 내뿜는 기관총이든, 아니면 자동차 추격 신이든, 두 장르 모두 활동력이 중심적인 역할을 한다(아주 역동적인 제임스 캐그니가 두 장르 모두에서 성공한 것은 결코 우연이 아니다). 초기 갱스터가 낙관적이면서도 비극적이고 불운한 인물(그의 힘은 항상 역부족이기 때문에)인 것은 이 활동적인 힘과 사회적 상승(두 장르 모두 왜곡된 성욕을 다루고 있다) 때문이다.

이 조병적인*manic* 힘은 사실상 모든 초기 갱스터 영화에서 볼 수 있다. 「범죄왕 리코」와 「공공의 적」(2편 모두 1931년 작)을 보자. 상승-몰락 시나리오 내에서 두 작품은 성공을 향한 맹렬한 돌진의 각각 다른 측면들을 강조한다. 「범죄왕 리코」에서 에드워드 로빈슨은 리코를 통해 동물적인 신체와 사회적 존경에 대한 정신병에 가까운 욕망을 구현한다. 「공공의 적」에서 캐그니의 갱스터리즘에 대한 충동은 가족 관계에서 대충 설명되지만(그의 아버지는 경찰이다), 그 중심에는 빨리 질주하는 차들과 총싸움을 좋아하는 천진스러움이 있다. 이 영화들은 1930년대 동안 그 장르의 모델이 되었다. 그러다가 1934년에 FBI 요원인 멜빈 퍼비스가 딜린저를 총으로 쓰러뜨리고 나서 인기를 얻게 되자 법무관들이 갱스터들과 함께 출연하는 변화가 생겼다〔예를 들어, 「FBI 수사관들G Men」(1935)〕. 그리고 그 장르가 자리를 잡게 되면서 같은 이야기에 변화를 주기 위해 비틀기가 시도되고, 그 결과 청소년 갱스터 영화들(「궁지에 몰린 아이들Dead End Kids」), 황야의 갱스터들이 단골로 등장하는 1930년대 서부극 시리즈들, 익살스러운 갱스터 영화들(예를 들어, 존 포드 감독, 에드워드 로빈슨 주연의 1935년 작 「마을의 화제The Whole Town's Talking」)이 나오게 되었다.

갱스터에서 필름 누아르까지

1940년대 초반에 이르러 갱스터는 힘을 거의 잃었고, 더 이상 시대의 거울 역할도 하지 못했다. 자몽으로 메이 마시의 얼굴을 찔러 대는 캐그니(「공공의 적」에서)의 강한 여성 혐오증은 더 이상 설득력이 없었다. 이와 비슷한 이미지들이 후에도 반복되지만(프리츠 랑의 1953년 작 「격노」에서 리 마빈은 글로리아 그레이엄의 얼굴에 뜨거운 커피를 쏟아 버린다), 1942년에 전쟁에 참전하면서 여성들의 위치가 크게 변했고, 단순한 여자 친구로서의 초상은 더 이상 먹혀들지 않았다. 생물학적 성*sex*/사회적 성*gender*의 관계를 표현하는 전통적인 모델들은 여성들이 남성들의 직업을 가지고(남편들이 전쟁에 나가 있는 동안 살림을 꾸려 나가고) 있던 현실과 점점 더 충

장 가뱅 (1904~1976)

기장 위대한 프랑스 영화 스타라 해도 손색이 없을 장 가뱅은 1930년대 프랑스의 고전적인 영화들에서 전형적인 무산자 주인공으로 자리매김됐다. 물론 긴 세월 동안 수많은 작품에서(거의 100편의 영화에서 주연을 맡았다) 훨씬 더 넓은 영역의 이미지를 선보이면서 기쁨을 주었지만 말이다.

본명은 장 알렉시스 몽코르제로, 연기자 집안에서 태어난 가뱅은 파리의 뮤직홀 무대에서 희극 가수로 데뷔했고, 그의 첫 영화 「모두 승리한다」(1930)는 이런 연극적 배경의 영향이 엿보인다. 그 후로는 특히 모리스 투르뇌르의 「즐거운 부대Les Gaietés de l'escadron」(1932) 같은 코미디들을 많이 찍었지만 동시에 아나톨 리트바크의 「백합의 마음Cœur de Lilas」(1931) 같은 영화에서 노동 계급의 범죄자로 멜로드라마적인 모습을 보여 주었다. 그는 프랑스 외인 부대원을 연기한 쥘리앵 뒤비비에의 「땅 끝까지 가다La Bandera」(1935)를 통해 스타로 급부상했고, 평범한 프랑스 노동 계급의 남성성과 비극적 영웅의 불길한 운명을 결합시킨 그의 〈신화〉는 이때부터 고정되기 시작했다. 앙드레 바쟁(1983)은 이를 〈헝겊 모자[프랑스 노동 계급의 상징]를 쓴 오이디푸스〉라는 말로 멋지게 표현했다. 그러고 나서 가뱅은 뒤비비에의 「뛰어난 패거리」와 「망향」(2편 모두 1936), 르누아르의 「밑바닥 인생」(1936), 「위대한 환상」(1937), 「야수 인간」(1938), 그레미용의 「레이디 킬러」(1937)와 「밧줄들」(1940), 그리고 카르네의 「안개 낀 부두」(1938)와 「새벽」(1939) 등 프랑스 최고 감독들의 영화들에 출연하면서 첫 전성기를 맞는다. 가뱅의 거친 용모와 파리식 억양, 절제 있는 연기가 그의 캐릭터에 진실성을 더해 주었다면, 퀴르 쿠랑과 쥘 크뤼게 같은 촬영 기사들이 멋지게 강조해 준 꿈꾸는 듯한 그의 두 눈은 그를 낭만적인 인물로 만들었다. 그는 인민전선Popular Front의 희망과 전운의 불길함 모두를 체현하면서 시적 사실주의의 이상적인 스타가 되었다.

가뱅은 점거된 프랑스에서 탈출하여 할리우드로 가서 「문타이드Moontide」(1942)와 「협잡꾼The Imposter」(1943) 2편을 찍었고, 그리고 자유 프랑스군에 입대했으며 후에 훈장을 받았다.

전쟁이 끝나고 눈에 띄게 늙은 모습으로 돌아온 가뱅은 연기 실력이 떨어진 것처럼 보였다. 「마르탱 루마냑」(1945, 마를레네 디트리히와 함께 찍었으며, 이 영화를 찍은 후 둘은 연인이 되었다)과 「창살의 저승」(1948, 이사 미란다와 공연)은 1930년대의 영화만큼 성공하지 못했다. 하지만 그는 1953년에 자크 베케르의 선구적인 스릴러 「현금에 손대지 마라」(1953)라는 작품으로 전쟁 전의 인기를 극적으로 회복했다. 그 영화의 주인공인 막스로 그는 새로운 페르소나를 발전시켰는데 염세적이고 여전히 매력적이지만 나이가 든 갱스터로 폭력단끼리의 싸움보다는 (남자) 친구들과 함께 저녁 식사하는 것을 더 좋아한다. 그는 그 이듬해에 세기 전환기의 파리 뮤직홀을 뛰어나게 재창조한 르누아르의 「프렌치 캉캉」으로 다시 한 번 성공하고 나서 프랑스 주류 영화의 대들보로 완전히 자리 잡았다. 그는 〈작가주의〉 영화와 누벨 바그는 피하고 클로드 오탕-라라의 정교한 영화들, 「파리 횡단」(1956)과 「불행한 일이 일어나면En cas de malheur」(1958, 브리지트 바르도와 함께), 「레 미제라블Les Misérables」(1957) 같은 시대극, 「마약 강탈Razzia sur la chnouf」(1954), 「매그레 서장 덫을 놓다Maigret tend un piège」(1957), 「지하실의 멜로디Mélodie en sous-sol」(1963) 같은 코미디와 스릴러에서 좋은 연기를 보여 주었다.

가뱅이 점점 더 대자본가와 정치가를 연기하자 많은 사람들은 그가 이전의 프롤레타리아적인 이미지를 저버리고 있다고 비난했다. 하지만 1960년대와 1970년대에도 관객들은 여전히 가뱅을 찾았다. 관객들은 그가 연기하는 인물들의 사회적 상승과 그가 계속 지니고 있는 노동 계급의 정체성(체격과 억양을 통해 알 수 있다)에 일치감을 느꼈다. 기나긴 연기 인생에서 그는 변해 갔지만 시종일관 프랑스 남성성의 이상들을 구체화했으며, 그만큼 프랑스에 반향을 일으킨 배우는 거의 없었다. 상징적이게도, 그는 「대통령Le Président」(1961)에서 믿음직한 국가 원수를 연기했고, 그의 죽음은 드골 장군의 죽음에 비겨졌다.

지넷 빈센도

주요 작품

「모두 승리한다Chacun sa chance」(1930); 「뛰어난 패거리La Belle Équipe」(1936); 「망향Pépé le Moko」(1936); 「밑바닥 인생Les Bas-fonds」(1936); 「위대한 환상La Grande Illusion」(1937); 「야수 인간La Bête humaine」(1938); 「레이디 킬러Gueule d'amour」(1937); 「밧줄들Remorques」(1940); 「안개 낀 부두Le Quai des brumes」(1938); 「새벽Le Jour se lève」(1939); 「마르탱 루마냑Martin Roumagnac」(1945); 「창살의 저승Au-delà des grilles」(1948); 「현금에 손대지 마라Touchez pas au grisbi」(1953); 「프렌치 캉캉French Cancan」(1954); 「파리의 황혼L'Air de Paris」(1954); 「파리 횡단La Traversée de Paris」(1956); 「고양이Le Chat」(1971).

참고 문헌

Bazin, André(1938), "The Destiny of Jean Gabin".
Gauteur, Claude, and Vincendeau, Ginette(1993), *Anatomie d'un mythe: Jean Gabin*.

마르셀 카르네와 자크 프레베르의 「새벽」(1939)에서 불운한 살인자를 연기한 장 가뱅.

돌하게 되었다. 노동의 성적 구분이 변했다고 해서 범죄 영화 같은 장르들의 내용이 즉각적으로 영향을 받은 것은 아니다. 사회학자들인 에돌과 해리스와 영이 시사한 바대로(데닝의 1987년 글에서 인용), 점점 커져 가고 있던 생물학적 성/사회적 성의 체계와 노동의 성적 구분 사이의 갈등은 〈투쟁, 문제 제기, 성적 증오와 적대감의 가능성을 마련했다〉라는 말이 더 합당하다. 간접적으로 이 모순은 범죄 영화 장르의 은유적인 구조 속으로 들어가게 된다.

이러한 변화에 대한 (일반 영화는 물론) 범죄 영화의 문화적 대응을 〈미리 읽어 낼〉 수는 없지만, 그 변화된 상황을 알아차리기만 하면 1940년대의 범죄 영화들이 1930년대의 영화들과 얼마나 다른지 쉽게 알 수 있다. 이런 변화에 따라 유혹하는 남자와 유혹당하는 여자의 역할이 단순하게 반전된다〔「포스트맨은 벨을 두 번 울린다」(테이 가넷, 1946)〕. 1940년대 범죄 영화의 또 다른 특징이라 하면 여성들이 남성들을 곤란한 상황으로 몰고 가서 혼돈에 빠지게 하는 요부*femme fatale*의 역할뿐만 아니라 자신의 파트너의 오명을 씻어 주려 애쓰는 적극적인 역할까지 한다는 것이다〔「환상의 여인 Phantom Lady」(로베르트 지오트마크, 1944)〕. 남성적인 힘이 필름 누아르의 공통적인 특징이 아니라는 점 또한 주목할 만하다.

필름 누아르는 누가 뭐래도 가장 분위기가 음울한 하위 장르이다. 필름 누아르에서 한 남자(여자)가 담배를 무는 방식은 남자(여자)가 총을 쥐는 방식만큼이나 중요하다. 이와 비슷하게 활동력이 필수적인 요소가 되는 플롯인 상승-몰락 시나리오는 필름 누아르에서 찾기 힘들다〔그리고 그런 시나리오라 해도 「밀드레드 피어스Mildred Pierce」(마이클 커티스, 1946)에서처럼 아이러니컬하게 플래시백으로 그려진다〕. 상승-몰락 구조는 수사의 구조로 바뀐다. 길게 늘어져 영화의 러닝 타임을 가득 채우는 현재에 수사는 벌어지고, 중심 인물은 시간이 계속 가고 있는 끊임없는 현재 속에 갇혀 있다〔「커다란 시계The Big Clock」(존 패로, 1948)〕.

필름 누아르: 기억을 불러일으키는 제목을 붙인 자크 투르뇌르의 「과거로부터」(1947)에서의 로버트 미첨과 버지니아 휴스턴.

앨프리드 히치콕 (1899~1980)

히치콕의 「사이코」(1960)에서 마리온 크레인을 연기한 재닛 리가 교통 경찰의 의심스러운 눈초리로부터 훔친 돈을 숨기고 있다.

앨프리드 히치콕은 그 이미지 — 특히 옆모습*profile*으로 — 가 널리 알려지고 그 이름으로 〈히치콕적인*Hitchcockian*〉이라는 전문 용어를 만들어 낸 몇 안 되는 감독들 중의 한 명이다. 논쟁의 여지 없이 세계 영화사상 가장 위대한 감독 중 한 명인 그의 영화들은 그것이 구현하기도 하고 은폐하기도 하는 긴장과 교차로 유명하다. 그는 50년 이상 동안 무성 영화와 유성 영화를 세 국가의 수많은 스튜디오들에서 그것도 독립적으로 만들었는데, 그럼에도 불구하고 그의 영화들은 대단한 통일성을 지닌다. 그 통일성은 가장 대립된 미적 경향들을 포함하고 있으며, 그 덕분에 그의 영화들은 아주 다양한 해석의 기준이 된다.

1899년 런던의 이스트엔드에서 태어난 히치콕은 1920년에 영국의 스튜디오들에서 무대 디자이너로 일하기 시작했다. 그러다가 작가, 조감독을 거쳐 결국에는 감독이 되었다. 이런 환경을 생각하면 다른 나라의 영화들이 히치콕의 작품 세계에 영향을 미친 것이 의아스럽기는 하다. 그는 미국에 발을 들여놓기도 전에 파라마운트 영화사의 영국 지사에서 첫 작품을 만들 때부터 이미 미국 스튜디오들의 방식을 고집했다. 그는 또한 런던에서 본 독일 표현주의 영화에 영향을 받았고, 초기작들 중 몇 편을 독일에서 무르나우와 랑과 함께 작업하면서 소비에트 영화의 몽타주에도 깊은 인상을 받았다.

히치콕의 이름은 금세 스릴과 전문적인 세련됨의 대명사로 알려졌다. 「하숙인」(1926) 같은 초기작들에서 이미 히치콕은 〈히치콕적인〉 영화를 구성하는 다양한 특징들 — 독일 무성 영화를 연상시키는 조명과 그림자의 회화적 배치와 복잡한 카메라 움직임, 소비에트 몽타주의 은유적인 편집, 미국 영화에서 발전된 강렬한 교차 편집*cross-cutting* — 을 결합시켰다. 이에 더해서 히치콕은 특이한 플롯들을 발전시켰다. 예를 들면, 부당하게 죄를 뒤집어쓴 한 남자가 누명을 벗으려고 애쓰는 〈누명 쓴 사나이*wrong man*〉 이야기 같은 독특한 플롯들을 발전시키고, 제한된 정보와 시점 편집*point of view editing*을 통해 관객 동일시*audience identification*를 통제했다. 사운드가 도입되자 히치콕은 역시 무성 영화를 통해 했던 것처럼 사운드와 음악의 혁신적인 사용을 실험했다. 사운드가 도입되었을 때 제작 중에 있던 「협박」(1929)에서 그가 사운드를 영화에 삽입하며 단행한 변화들은 그가 다른 감독들과는 달리 그 새로운 기술의 연극적 잠재력을 이해하고 있었음을 증명해 준다. 「39계단」(1935), 「사라진 여인」(1938), 「나는 비밀을 알고 있다」(1934) 같은 그의 가장 유명한 영어권 영화들은 복잡하고 인상적인 스파이 스릴러들이지만, 대중적인 멜로드라마나 로맨틱하고 희극적이고 역사적인 영화들도 찍었다.

데이비드 셀즈닉이 제작하는 「레베카」(1940)를 찍기 위해 1939년 할리우드로 온 히치콕은 셀즈닉 영화뿐만 아니라 월터 웨인저, RKO, 유니버설, 20세기 폭스 사의 영화도 찍으면서 스튜디오 시스템과 얽히기 시작했다. 히치콕은 스튜디오의 고도의 조직성에 의존했지만, 제작자들의 간섭에는 반발했다. 가장 심하게 간섭한 제작자는 셀즈닉으로, 그는 자신의 작품들에 개인적인 책임감을 느끼는 사람이었다. 그렇게 생긴 갈등은 그들의 영화들에 도움이 되기도 하고 방해되기도 했다. 이미 히치콕은 꼭 필요한 숏만 찍어 자신이 기획한 대로만 편집하는 〈편집 촬영*cutting in the camera*〉으로 스튜디오 내에서의 작업에 적응했다.

그럼에도 불구하고, 히치콕은 그저 스튜디오 시스템에 순응하지 않고 스튜디오로부터의 독립을 추구했다. 셀즈닉 제작의 일련의 영화들을 만든 후에 히치콕은 독립적인 모험을 감행했다. 그런 영화들 중 첫 작품인 「밧줄」(1948)은 정교한 10분짜리 롱테이크들로 이루어진 영화로, 상업적으로는 모험이었지만 심미적으로나 기술적으로는 야심작이었다. 결국 이 영화는 흥행에 그리 성공하지 못했다. 「의혹의 전망차」(1951)를 비롯해 워너 브러더스의 영화 4편을 찍고 나서 히치콕은 파라마운트의 영화를 5편 찍었다. 이들 중에 흥행에 성공한 작품은 「나는 결백하다To Catch a Thief」(1954)와 1934년에 영국에서 만들었던 「나는 비밀을 안다」의 리메이크(1955), 그리고 히치콕의 세계를 그대로 요약해 보여 주는 「이창」(1954)과 「환상(幻想)」(1958)이었다. 히치콕은 현명하게도 이 영화들에 대한 판권을 내놓지 않았다.

히치콕은 자신의 영화들에 카메오로 출연하면서 사람들에게 얼굴을 알리고 인기를 얻으면서 텔레비전과 출판계로의 뜻밖의 외도도 할 수 있었다. 1955년과 1965년 사이에 히치콕은 「히치콕 주간Alfred Hitchcock Presents」의 첫 편과 「히치콕 시간The Alfred Hitchcock Hour」을 간접 지휘하면서 10여 편이 넘는 에피소드들을 감독했다. 그는 또한 공포 영화와 미스터리를 다루는 잡지들에 자신의 이름을 빌려 주기도 했다. 이 모험들로 그의 수입과 신화적인 위치는 상승했다. 그의 프로필만큼이나 알아보기 쉬운 그의 서명은 하나의 상표 같은 구실을 했다.

MGM의 대작 「북북서로 진로를 돌려라」(1959)가 크게 성공한 후 히치콕은 전혀 예상 밖의 길을 선택했다. 텔레비전으로부터 촬영 일정표와 흑백 사진술을, 싸구려 공포 영화들로부터 음산한 내용을 빌려온 「사이코」(1960)는 영화계에서 인정받지 못하고 있던 영역이 점점 더 영향력을 키워 가고 있음을 증명해 주었다. 하지만 관객 동일시의 극적인 변화와 함께 화려한 몽타주와 이동 카메라의 롱 숏들을 혼합시킨 「사이코」에는 히치콕이 오랫동안 개발해 온 기술의 흔적이 남아 있었다. 파라마운트 사는 이제 히치콕에게 영화 전체 수익의 일부를 제공하는 계약을 맺었고, 이 계약으로 히치콕은 「사이코」 1편으로만 2000만 달러를 받은 것으로 알려졌다.

「사이코」와 함께 히치콕의 영화들은 점점 더 불안정하고 기이한 것이 되어 갔다. 「북북서로 진로를 돌려라」의 결말에서 로저 손힐 부부를 태운 기차가 터널 속으로 사라질 때, 그 결혼은 시각적 익살로 완성된다. 하지만 그것은 히치콕 영화에 등장하는 마지막 행복한 결혼이다. 「사이코」는 점심시간 호텔 방에서의 불륜의 정사로 시작하고, 초기 히치콕의 로맨틱한 모험들이라는 내러티브 움직임은 성적이거나 로맨틱한 행복의 불가능성으로 바뀐다. 그의 후기 작품들에서는 여성들에 대한 폭력이 점점 늘어나고, 히치콕의 내러티브와 카메라는 여성 인물들을 통제하고 조사하고 고정시킨다. 관객들은 「새」(1963)와 「마니」(1964)를 쉽게 받아들이지 못했다. 그 후의 영화들은 더 심했고, 관객들은 더 이상 히치콕을 찾지 않았다.

히치콕의 작품은 1930년대 초 사운드의 창조적인 사용부터 시작해서, 새로운 영화 이론들의 발생에 항상 발판이 되었다. 그는 〈영화 작가〉로 인정받으면서 한 감독의 작품들의 주제적·영상적·구조적인 통일성을 논하는 『카이에 뒤 시네마』의 프랑스 평론가들에게 중요한 인물이 되었다. 클로드 샤브롤과 에리크 로메르의 저서는 히치콕의 가톨릭주의의 적당성과 〈누명 쓴 사나이〉 주제의 유죄와 결백의 근접함을 강조했다. 프랑수아 트뤼포의 히치콕과의 기나긴 인터뷰는 히치콕의 자신의 작품에 대한 해석을 신성시했고, 피터 보그다노비치와 로빈 우드 같은 영어권 작가주의자들은 그 관점을 영국과 미국에 소개하는 데 일조했다.

그 후의 비평적인 분석들은 히치콕 영화들을 구조주의적이고 정신 분석학적이고, 좀 더 최근에는 페미니즘적인 이론들을 위한 논쟁의 장으로 여겼다. 레몽 벨루르가 「새」의 한 시퀀스를 연구한 논문이 1969년에 발표되면서 히치콕의 영화들은 정밀하게 분석되었고, 그의 작품은 모든 가능한 방법론의 실험장이 되었다. 이와 반대로, 히치콕의 자기 선전 활동과 셀즈닉과의 상호 작용에 대한 최근의 역사적 연구는 히치콕을 역사적 문맥에 두고, 그의 영화들에 대한 히치콕 자신의 논평과 영화들에 이미 잘 드러나 있는 추상적인 사상이나 시스템을 구현하는 것으로 그의 영화들을 분석하는 이론가들에 반대한다.

사실, 그렇게 많은 해석들이 나온 원인인, 히치콕의 작품 세계의 과도한 명쾌함은 착상의 거의 완벽한 순수성에 있는 것이 아닌가 싶다. 그 착상 안에서 기법, 내러티브, 구조가 결합하고, 인물에 대한 복잡한 고찰과 관객의 이해에 의해 이 셋은 각각 다른 두 요소와 뒤섞인다. 히치콕의 영화들에서 범죄 행위와 결백함은 끊임없이 충돌하지만, 히치콕 자신은 그 범행들, 즉 그의 영화들의 창조자가 누구인지 분명하게 밝힌다. 이 영화들은 완전 범죄로 남는다. 그 범죄의 주인이 숨어 있기 때문이 아니라, 크게 금이 갔지만 동시에 정말 완벽한 명성 속에 너무 선명하게 노출되어 있기 때문이다.

에드워드 오닐

주요 작품

「하숙인The Lodger」(1926); 「협박Blackmail」(1929); 「살인Murder」(1930); 「나는 비밀을 안다The Man who Knew Too Much」(1934); 「39계단The 39 Steps」(1935); 「사라진 여인The Lady Vanishes」(1938); 「레베카Rebecca」(1940); 「의혹의 그림자Shadow of a Doubt」(1943); 「오명Notorious」(1946); 「밧줄Rope」(1948); 「의혹의 전망차Strangers on a Train」(1951); 「이창Rear Window」(1954); 「나는 비밀을 안다The Man who Knew Too Much」(1955); 「환상Vertigo」(1958); 「북북서로 진로를 돌려라North by Northwest」(1959); 「사이코Psycho」(1960); 「새The Birds」(1963); 「마니Marnie」(1964); 「프렌지Frenzy」(1972).

참고 문헌

Bellour, Raymond(1979), *L'Analyse du film.*

Bogdanovich, Peter(1963), *The Cinema of Alfred Hitchcock.*

Modleski, Tania(1989), *The Women who Knew Too Much: Hitchcock and Feminist Theory.*

Rohmer, Eric, and Chabrol, Claude(1979), *Hitchcock: The First Forty-four Films.*

Spoto, Donald(1983), *The Dark Side of Genius: The Life of Alfred Hitchcock.*

Truffaur, Francois, with Scott, Helen G.(1984), *Hitchcock.*

Wood, Robi(1989), *Hitchcock's Films Revisited.*

Žižek, Slavoj(ed.)(1992), *Everything You Always Wanted to Know about Lacan(but Were Afraid to Ask Hitchcock).*

「프렌지」(1972)의 세트에서 포즈를 취하고 있는 앨프리드 히치콕.

1940년대에 범죄 영화의 풍경이 얼마나 바뀌었는지는 변화된 지상 세계/지하 세계 간의 대립에서 알 수 있다. 사설탐정 영화들과 1940년대의 수많은 필름 누아르에서처럼, 그 대립의 단순한 변형 안에서는 타락이 널리 행해지고, 그 두 세계는 각 세계의 대변자들 — 다른 세계에서도 역할을 가지고 있는 — 과 (종종 너무 쉽게) 결탁한다. 따라서 대개 경찰은 부정을 저지르고 나이트클럽 소유주는 범죄자이다〔「빅 슬립The Big Sleep」(하워드 호크스, 1946), 「머더 마이 스위트Murder my Sweet」(에드워드 드미트릭, 1944)〕. 하지만 점점 더 중심이 되고 고찰의 대상이 된 것은 집단과 사회가 아니라 분리된 자아와 개인이었다. 전쟁이 미국의 문화적 경향을 급격하게 바꾸어 놓았듯이, 유럽 이민자들이 들어오면서 미국의 지식층에 지그문트 프로이트의 사상들이 퍼지기 시작했다. 1940년대 후반에 심리학과 정신 분석학이 할리우드에도 스며들면서 작가들과 감독들은 한 개인이 지니고 있는 지상 세계와 지하 세계의 이미지(의식과 무의식)를 생각하게 되었다. 파커 타일러의 독창적인 영화 이론서 『영화의 매력과 신화*Magic and Myth of the Movies*』(1947)의 첫 두 장 — 〈프로이트주의의 포토제닉 찾기Finding Freudianism Photogenic〉, 〈유행성 정신 분열증Schizophrenia à la Mode〉 — 은 프로이트의 사상이 할리우드에 미친 영향을 재치 있게 요약한다. 하지만 이중성과 정체성 분열의 개념들은 낭만주의 전통에 깊이 빠진 예술가들이나 1920년대에 독일 표현주의 영화를 만들었던 예술가들을 통해서도 들어왔다. 그 영향은 1930년대의 공포 영화에서 처음으로, 그리고 1940년대의 필름 누아르에서 표면으로 드러나게 된다.

데실 해밋 소설의 개작이자 초기 필름 누아르 작품인 존 휴스턴의 「몰타의 매The Maltese Falcon」(1941)는 범죄 영화의 내러티브 전술 변화와 1940년대에 일어난 누아르의 지배적인 장르 형태로의 부상을 검토할 수 있는 편리한 시작점이 된다. 중심 플롯 — 눈에 보이지 않는 소중한 것의 발견 — 은 빅토리아 시대와 그전의 플롯들을 상기시킨다(윌키 콜린스 원작의 「월장석The Moonstone」이 그 분명한 예로, 시드니 그린스트릿이 연기한 그로테스크한 거트먼은 역시 콜린스의 소설에 등장하는 포스코 백작과 아주 비슷한 성격을 지니고 있다). 그 영화의 주인공인 샘 스페이드(험프리 보가트)는 성인도 죄인도 아닌 우유부단하고 정에 약한 남자이다. 그는 매혹적인 악녀 메리 애스터를 거부함으로써 사설탐정의 일그러진 낭만적 영웅주의를 그대로 보여 준다. 〈당신은 이해 못할 테지만 내 말을 한번 들어 봐요……. 누구든 파트너를 잃으면 가만히 있지 못하는 법이오. 그를 어떻게 생각하든 상관없이, 무엇이든 해볼 거요.〉 이 말은 1930년대 캐그니 캐릭터의 날카로운 열광주의가 1940년대에는 보가트 캐릭터의 뒤틀린 염세적 매력으로 바뀌었음을 분명하게 보여 준다. 그리고 거기에는 애스터가 있다. 연약한 척하면서 사람들을 잘 조종하는 강인한 그녀는 번쩍이는 클로즈업과, 그녀의 감옥행을 예고하는 그늘의 혼합 속에서 등장한다. 이 빼어난 혼합의 중심에는 애스터와 그린스트릿이 대변하고 보가트가 경계하는 방탕함과, 인물들이 서로서로의 대인(代人)*alternative*이 되는 이중성의 개념이 있다.

영화에서 빠진 것이 하나 있다면 플래시백이다. 필름 누아르의 주요한 목적 중의 하나가 진보의 결과를 거부하는 것이었던 만큼 플래시백의 사용은 중요한 항목이었다. 따라서 상승-몰락 시나리오도 쇠퇴했다. 제목 자체가 비범한 자크 투르뇌르의 「과거로부터Out of the Past」(1947)처럼, 뒤돌아보는 것이 지배적인 경험임을 암시함으로써, 미래에 대한 희망은 계속 퇴색된다. 일렁이는 빛이 사물을 비추는 만큼이나 가리기도 하는 그런 세계에서는 대립이 기관총을 부르는 갱스터 영화의 구조를 떠받쳐 주는 단순한 연출법은 살아남을 수가 없었다.

필름 누아르의 도래가 얼마나 큰 혁신이었는지는 로베르트 지오트마크의 「환상의 여인」(1944) 같은 이류 영화만 봐도 분명히 알 수 있다. 그 영화의 플롯은 단순 그 자체이다. 아내를 살해한 죄로 유죄 판결을 받고 18일 후에 사형당할 예정인 한 남자가 있다. 그의 비서는 그가 결백하다고 믿고 그의 결백을 증명하기 위해 그의 알리바이를 증명해 줄 행방불명의 여인을 찾아 나선다. 그녀의 계획은 결국 성공하고, 그녀는 그의 사랑을 얻는다. 시작점에서 주목할 만한 것은 앨런 커티스가 유죄라는 정황적인 증거에는, 그가 그녀를 죽이고 싶어 했고 그녀는 죽어도 싼 여자였으며(그녀는 불륜을 저지르고 있었다) 그녀를 죽인 살인범(그녀의 〈친구〉 프랜초트 톤, 그는 정신 분열적인 예술가로 묘사된다)은 커티스의 억눌린 욕망을 대신 해소해 주는 그의 분신이라는(이는 히치콕의 1951년작 「의혹의 전망차Strangers on a Train」의 주제가 된다) 강한 인식이 포함된다. 살인이나 폭력적인 행동에 대한 잠재력은 필름 누아르의 공통적인 특징이다〔예를 들어, 니컬러스 레이의 「고독한 영혼In a Lonely Place」(1950)〕. 「환상의 여인」에서 커티스는 거의 언제나 자신의 세계로부터 유리되어 있고, 이와 마찬가지로 엘라 레인스도 영화가 진행되는 내내 다른 세계를 찾고 있다. 특히 두 시퀀스가 눈에 띈다. 첫 번째 시퀀스에서 그녀는 자신의 세계에서 나와 암흑가보다는 그리스를 연상시키는 음침하고 좁은 길을 따라 증인일지도 모르는 어떤 사람을 따라간다. 두 번째 시퀀스는 훨씬 더 극단적이다. 레인스는 창녀로 위장해 심야 재즈 파티에 간다. 난잡하게 울리는 드럼 솔로로 파티는 절정에 달하고, 표현주의적인 조명과 극적인 카메라 앵글이 그 분위기를 한껏 살린다. 이 장면은 섹스의 힘을 시각적으로 보여 준다(그리고 톤이 왜 커티스의 아내를 죽였는지 설명해 준다).

노장 감독 라울 월시의 두 영화 ―「내가 사랑하는 남자The Man I Love」(1946)와「마미 스토버의 저항The Revolt of Mamie Stover」(1956) ― 는 필름 누아르가 제2차 세계대전이 미국에 초래한 삶의 변화에 기초하고 있음을 증명해 준다. 첫 번째 영화에서 아이다 루피노는 독립적인 여성(나이트클럽 가수)으로, 노이로제로 퇴역 군인 병원에 입원해 있는 남편 때문에 골치를 앓고 있는 자기 여동생의 문제들을 해결해 준다. 이 영화는 범죄 영화의 장르적 요소들을 많이 지니고 있지만, 그 중심적인 초점은 성적 약탈자(로버트 앨다)를 사이에 둔 강한 여성(루피노)과 연약한 남자(브루스 베넷)의 대립에 있다. 월시가 거의 루피노에게만 초점을 맞추기 때문에 이 영화는 낙관적인 필름 누아르이며, 동시에 강한 여성 대 약한 남자라는 플롯 때문에 기계적인 필름 누아르이기도 하다.

「마미 스토버의 저항」(시네마스코프로 찍은 컬러 영화)은 엄밀히 말해서 필름 누아르라 할 수 없다. 갱스터 필름과 필름 누아르의 패러디에 가깝다고 할 수 있다. 제인 러셀은 댄스홀에서 일하는 아가씨(즉 매춘부)로, 1941년에 샌프란시스코에서 호놀룰루로 추방당해 와서 미군을 주 고객으로 부동산 매매를 하면서 재산을 모은다(매춘굴과 나이트클럽에서 번 돈으로 자금을 충당한다). 그녀는 부유하지만 우유부단한 소설가인 리처드 이건에게 사랑을 느끼고 그가 그녀를 용서해 주기를 기다린다. 하지만 그가 끝내 그녀를 용서하지 않자, 그녀는 미시시피에 있는 집으로 떠나 버린다. 상승-몰락 플롯, 대조적인 세계들, 러셀의 험악할 정도로 강인한 여성상과 전형적인 장르 로케이션들(방갈로 나이트클럽)이 두드러진「마미 스토버의 저항」은 그 오래된 영광에도 불구하고 그리 유쾌한 영화는 아니다. 이 영화는 작품이 만들어진 시대의 사회적 관행 때문에 많은 부분들이 삭제, 정정되었으며, 비장르적인 관점으로, 즉 감독 라울 월시의 작품으로 이해해야 하는, 정말 박자와 장단이 맞지 않는 영화이다.

1950년대와 그 후

「내가 사랑하는 남자」와「마미 스토버의 저항」사이에 미국 사회는 변화를 겪었고, 그와 함께 범죄 영화의 내러티브 전술도 변했다. 군수품 폭리 행위에 범죄 조직이 끼어들면서 갱스터 하위 장르는 다시 한 번 범죄 영화를 지배하게 되었다. 하지만 이 새로운 갱스터 영화는 1930년대와는 주제와 모티프들이 달랐다. 1930년대의 주된 관심사는 시카고 이스트사이드로부터의 주류 공급이었다. 1950년대에 미국은 밖으로는 러시아로부터, 안으로는 마피아로부터 위협당하고 있었는데 영화에 나오는 마피아 이야기는 전국의 신문 1면이 아니라 키포버 범죄 대책 위원회로부터 얻었다.

그러는 동안, 미국 영화계에서는 전반적으로 사회 지향적인 영화들이 점점 더 연애, 결혼, 가족, 가정 문제 같은 내부적인 문제로 눈길을 돌렸다. 성적 요소 또한 은밀하면서도 노골적인 다양한 방식으로 관객들을 끌어 들였고 도리스 데이, 엘리자베스 테일러, 말런 브랜도, 록 허드슨 등은 모든 영화 장르 제작자들의 관심의 대상이 되었다. 이렇듯 관심사가 변함에 따라 1930년대 갱스터 영화와 1940년대 필름 누아르의 고전적인 내러티브 전략은 더 이상 먹혀들지 않았다. 대신 가정 문제로 눈을 돌리면서 10대와 젊은 범죄자들, 그리고 그들이 권위와 가족과 맺는 관계를 다룬 영화들이 영원한 관심사인 죄와 범죄성에 새로운 관점을 부여했다. 지하 세계는 이미 미국의 가정 속에도 있었던 것이다.

참고문헌

Cameron, Ian(1975), *A Pictorial History of Crime Films.*

Cook, Pam, and Johnston, Claire(1974), "The Place of Women in the Films of Raoul Walsh".

Denning, Michael(1987), *Mechanic Accents.*

Tyler, Parker(1947), *Magic and Myth of the Movies.*

Warshaw, Robert(1948), "The Ganster as Tragic Hero".

판 타 지

비비언 소브책

판타지의 정의

프랑스 감독 프랑수아 트뤼포에 따르면, 영화의 역사는 두 경향을 따라 진행된다. 하나는 뤼미에르로부터 비롯된 것으로 기본적으로 사실주의적이고, 다른 하나는 조르주 멜리에스로부터 비롯된 것으로 판타지를 창조시켰다. 이러한 구분은 역사적으로 미심쩍기는 하지만, 현실적으로 있을 법한 이야기 — 당연한 가능성에 따라 일어나는 사건들 — 의 범위 안에서 움직이는 영화(영화 장르)와, 자연의 경계 밖에서 벌어지는 사건들을 묘사함으로써 현실성을 무시하거나 확장시키는 영화들은 분명 뚜렷하게 구분된다.

현대 관객들이 선뜻 두 번째 범주의 영화로 인정할 유형의 영화들에는 크게 세 가지가 있다. 호러*horror* 영화, 공상 과학(SF) 영화, 그리고 판타지 모험극이다. 이들은 상상력을 발휘해 대안적인 —〈환상적인〉— 세계를 건설하고 이성적인 논리와 경험주의적인 원칙을 무시하는 불가능한 체험을 이야기한다는 점을 공통으로 가지고 있는 별개의 장르들로 인식된다. 이에 더하여, 내러티브의 환상적인 요소들을 이용하고 〈특수 효과〉라는 영화적 영역을 활용하고 부각시킴으로써 이 세 장르는 그 비현실적인 세계들과 경험들을 실재하고 가시적인 것으로 만든다. 문자 그대로, 이 세 장르는 상상을 〈실현시킨다〉. 톰 허친슨(1974)이 썼듯이, 〈호러 영화는 순간순간 번뜩 떠오르는 섬뜩한 생각이다. SF 영화는 테크놀로지의 시대 안에서만 가능할 불가능한 이야기이다〉. 그리고 판타지 모험극과 로맨스는 매력적이고 불가능한 개인적 소망의 구체적이고 객관적인 실현이다.

하지만 전부는 아니더라도 대부분의 영화들이 사진술과 몽타주 효과 등을 이용해서 원래의 친영화적인 사건들을 조작해 환상을 만들어 내기 때문에 어떤 의미에서는 판타지라고 주장하는 사람들도 있다. 그래서 판타지 장르는 영화 전반의 일반적인 특징에 대한 특별한 예라 할 수 있다. 확실히 초기의 많은 영화들은 관객들이 매여 있는 시공간과 인과 관계의 물리적 법칙들을 〈공상적인〉 방법으로 파괴하는 일에 몰두했다. 영화적인 마법의 플롯 없는 전개에서, 그리고 대안적인 시공간적 틀과 〈불가능한〉 체험을 실현시키는 영화의 능력을 부각시키는 내러티브에서 영화라는 매체의 본래적인 환상성과 〈속일 수 있음*trickality*〉을 깨닫게 된 것이다. 조르주 멜리에스의 「달세계 여행Le Voyage dans la lune」(1902) 같은 영화는 특수 효과로 만들어진 비현실적인 세계로서의 영화가 특별한 속성의 비현실적인 세계들을 다루는 영화로 변화했음을 선언했다. 영화의 존재론적인 속임수가 환상적인 내러티브 속으로 들어가고 판타지라는 이름이 붙은 장르들에 상업적으로 이용된 것은 좀 더 후의 일이다. 한편 판타지에 대한 대응으로 똑같은 인위적 스튜디오 기법들을 쓴 좀 더 평범한 영화들의 흐름 속에서 트릭의 요소들은 억눌리고 인위성은 현실로 은폐된다.

그렇다면 비자연주의적인 요소들이 현저하게 나타나는 유형의 영화들 — 아방가르드 영화, 애니메이션, 뮤지컬, 성서 서사극 — 이 왜 판타지라는 장르적 범주로 묶이지 않는가 하는 의문이 생길 것이다. 이는 관객의 기대를 결정하는 장르 개념의 역할과 영화가 작용하는 방식 때문이다.

아방가르드 영화와 실험 영화의 경우에 한 가지 이유는 제도적인 것이다. 개인이 독립적으로 만든 영화들은 상업적인 스튜디오 제작의 세계에 끼어들지 못하고, 그래서 제작자들과 소비자들이 공유하는 장르 관습의 약정을 발전시키지 못한다. 또한 그런 독립 영화들은 대중문화보다는 〈고급〉 문화로 여겨지는 경향이 있으며, 그 영화들을 이해하기 위한 평가 기준은 다른 영화 장르들보다는 표현주의나 초현실주의 같은 예술 운동이다. 그래서 프랑스 시인이자 예술가인 장 콕토의 영화들이 창조하는 환상적인 세계와 사건들은 「미녀와 야수La Belle et la Bête」(1946)처럼 동화 같은 비영화적인 장르와 연결되는 부가적인 단서들이 있을 때만 판타지 장르로 인정된다. 그러나 중요한 점은, 초기 영화들 대부분이 그랬듯이 아방가르드 영화들은 영화 속에서 판타지 세계와 사건들을 창조하기보다는 모든 요소를 망라한 판타지인 영화로 관객들을 끌어들이는 일에 집중한다는 것이다.

애니메이션 또한 판타지를 구성하는 장르들에서 빠져 있다. 「걸리버 여행기」(1939)처럼 그 장르들과 이전에 연관되어 있던 재료를 끌어들이는 경우는 이야기가 달라진다. 「킹콩」(1933)과 「신바드의 항해The seventh Voyage of Sinbad」(1958) 같은 판타지 모험극과 「해저의 다이노서The Beast from 20,000 Fathoms」(1953) 같은 SF 영화들은 모델 애니메이션의 특수 효과를 선보이지만, 현실 세계와 충분히 비슷하거나 적어도 선사 시대적인 야수나 해골 군대를 만드는 마법을 지배하는 규칙들이 충분하게 일관성이 있어서

인물들이나 관객들이 그것들을 〈비현실적인 것〉, 〈특별한〉 것으로 인식할 수 있는 3차원 세계라는 배경 안에서 움직인다. 애니메이션에서는 어떠한 경험적인 규범이라도 무시할 수 있는 반면에, 순수 판타지 영화는 사실주의로 시작해서, 괴물이 나타나거나 죽은 자가 살아나거나 시공간 여행자가 다른 세상에 들어가면 그 사실주의는 깨지고 만다. 그러한 사실주의적인 토대가 없으면 창조된 세계의 〈환상적인〉 측면들과 그것을 가시적으로 만드는 〈특수〉 효과는 그 환상적인 특징들과 특수함이 타당성을 얻을 수 있는 규범적인 근거를 잃게 된다.

「오즈의 마법사」(1939)나 「메리 포핀스」(1964)처럼 아주 큰 성공을 거둔 판타지 뮤지컬도 있었지만, 일반적으로 뮤지컬은 판타지가 아니다. 물론 현실 세계에서는 갑자기 음악과 춤이 튀어나오지도 않고 눈에 보이지 않는 오케스트라의 반주가 흐르지도 않는다. 이런 점에서 뮤지컬의 세계는 비현실적이지만, 여기서 말하는 의미의 환상적인 세계는 아니다. 뮤지컬의 화려한 효과는 여전히 물리적 법칙에 근거하며, 인물들의 감정은 아무리 풍부하게 표현된다 해도 여전히 정상적인 상황들을 벗어나지 않는다. 뮤지컬은 흔한 인간적 경험의 경계를 뛰어넘는 환상적 사건들이나 아주 두드러진 영화적 〈효과〉보다는 관습적인 인간 감정과 놀라운 물질 세계의 성취를 중요시한다.

성서 서사극 또한 초인간적인 자질을 가진 비현실적인 인물들을 부각시키고 〈기적적인〉 사건을 표현하기 위해 〈특수 효과〉를 사용하기 때문에 판타지로 언급될 만하다. 「삼손과 델릴라Samson and Delilah」(1949)에서 삼손의 초인간적인 힘은 신전을 무너뜨리고, 「십계」(1956)에서 모세는 홍해를 가른다. 이러한 특별한 사건들은 경험적으로 그럴듯한 (역사적으로 항상 정확한 것은 아니지만) 세계의 문맥 안에서 구체화되고 이해된다. 그래도 이런 유의 영화들 역시 판타지가 아니다. 호러 영화들은 종교적이고 영적인 담론을 공공연히 차용하고, 판타지 영화들은 (아무리 세속적이라 해도) 악마나 천사를 자주 등장시킨다. 그러나 서구 문화의 지배적인 전통은 〈환상적인 것〉과 〈기적적인 것〉을 구별한다. 성서의 내러티브는 겸손하게도 기적을 노골적이지 않게 그리는 경향이 있고, 특별한 사건들과 특수 효과는 그리 확실하게 인식되지 않는다. 역사적 사실과 순수한 알레고리로 표현되지만 성서 서사극은 본질적으로 비현실적인 판타지는 분명 아니다.

호러 영화, SF 영화, 판타지 모험극

미국과 영국에서 판타지 영화들로 정의되고, 제작되고, 선전되고, 대중적으로 소비되는 장르들은 몇 안 된다. 호러 영화, SF 영화, 판타지 모험극(판타지 로맨스도 여기에 포함된다)이 전부다. 그들 사이의 경계선은 아주 모호하고, 그래서 자주 그 영화들은 잡종적인 형태로 나타난다(「프랑켄슈타인 Frankenstein」을 호러 영화라고 해야 할까, SF 영화라고 해야 할까? 「해저 2만 리20,000 Leagues under the Sea」는 SF일까, 판타지 모험극일까). 하지만 이 세 장르는 각각 다른 두 장르에 대해 상대적인 자신만의 〈핵심〉 정체성이 있으며, 그 정체성은 비록 환원적이고 예외가 있을 수도 있지만 그들 간의 차별성을 지적하는 데는 유용하다.

주제 면에서 이 세 장르는 모두 경험적 사실의 한계와 사실의 경계를 뛰어넘는 지식 획득의 가능성에 관심을 가지고 있지만, 스튜디오 시대의 호러 영화는 일반적으로 〈알고 있는〉 세계를 초월하려는 이러한 욕망을 위법적이고 응징받아야 할 것으로 그렸다. 〈몰라도 되는 것들이 있다〉라는 미심쩍은 관념이 장르 전체를 지배하고, 그것을 어기는 것이 그 내러티브를 움직이는 원동력이다. 하지만 SF 영화는 그 내러티브가 외계의 침입이나 괴물 같은 것들을 경계할 때에도 동시대의 경험적인 인식을 좀 더 노골적으로 뛰어넘는다. 〈미지의〉 세계로의 돌진은 대담한 인식론적 호기심과 그 제한된 만족감이 특징적이고, 최후의 만족감이 〈무한하고 점진적으로〉 연기되면서 그런 돌진은 더욱 활발해진다. 따라서 텔레비전 시리즈 「스타 트렉Star Trek」의 〈누구도 가보지 못한 곳을 가다〉라는 선전 문구는 궁극적으로 그 밑에 깔려 있는 공포를 뒤엎어 버리는 경험적이고 기술적인 낙관주의와 솔직함을 띠고 있다. 판타지 모험극은 또 다른 대안적인 방법으로 경험적 인식의 한계를 초월한다. 그 장르는 (호러 영화처럼) 인간의 경험적인 지식으로 규정된 자연적, 도덕적 경계를 넘어서거나 (SF 영화처럼) 그 경계를 무시하고 확장하기보다는 그 경계를 아예 없애 버린다. 판타지 내러티브는 소원을 비는 행위에 따라 움직인다. 마법과 마법적인 사건이 그 연료이고 잠정적인 문제와 그 행복한 해결책의 달성을 기원한다.

인식론적인 관심사와의 주제적 연관성과 내러티브 충동으로 장르를 구분한다면, 호러 영화는 〈자연〉 법칙과 경쟁하고 그것을 보완하고, SF 영화는 그것을 확장시키며, 판타지 영화는 그것을 일시 정지시킨다고 할 수 있을 것이다. 우리의 분신으로 등장하는 괴물들을 해방시키고 억압하면서 호러 영화는

카를 프로인트 (1890~1969)

카를 프로인트는 보헤미아의 쾨니긴호프에서 태어나 베를린에서 자랐다. 열다섯 살에 고무 도장 제조업자 밑에서 잠시 견습공 생활을 했지만, 천성적으로 기계를 좋아해 영화사에 들어가 영사 기사로 일했다. 2년이 채 지나기 전에 그는 단편 영화의 촬영 기사가 되었고, 그 후에는 파테의 뉴스 영화 카메라맨으로 일했다. 천재적이고 영민한 그는 동시 사운드의 초창기 실험에 참여했고, 벨그라드의 한 영화사를 위해 실험실을 디자인해 주었으며, 1911년에는 우파Ufa의 전신인 유니온 템펠호프Union Tempelhof 스튜디오의 촬영 기사장으로 뽑혔다.

전쟁이 끝나 갈 때쯤 프로인트는 독일의 일류 촬영 기사가 되어 있었다. 독일 영화의 전후 부흥은 그와 함께 일했던 감독들만큼이나 그의 공도 컸다. 카메라의 표현 영역을 확장하는 방법을 끊임없이 연구하면서, 그는 새로운 유형의 렌즈와 생필름을 만들어 냈고, 많은 조명 기술을 선구적으로 개척했다. 그의 영역은 그 시대에 일반적이던 어둡고, 위협적이고, 스튜디오적인 스타일보다 훨씬 더 폭이 넓었다. 거의 로케이션으로 찍은 무르나우의 「대공의 재력」(1923)의 또렷하고 밝은 야외 장면들은 그의 카메라 안에서 조화롭게 펼쳐졌다.

프로인트는 베게너의 「골렘」(1920), 드레이어의 「미카엘」(1924), 뒤퐁의 「변종」(1925) 등 독일 황금기의 수많은 걸작들을 찍었고, 「메트로폴리스」(1927)에서는 랑의 높이 솟은 미래 도시 풍경을 창조하기 위해 많은 특수 효과(특히 오이겐 쉬프탄이 막 고안해 낸 거울 기법)를 동원했다. 하지만 그는 무르나우와의 공동 작업을 가장 오래 지속했으며, 그와 8편의 영화를 찍었다. 그들이 이루어 낸 최대 성공작은 「마지막 웃음」(1924)이었다. 그 영화에서 프로인트는 전례가 없는 새로운 카메라 이동을 실험하기 위해 무르나우와 각본가인 카를 마이어와 면밀하게 작업했다. 그의 〈묶이지 않은 *entfesselte*〉 카메라는 술 취한 인물과 함께 빙빙 돌고 비틀거렸으며, 엘리베이터를 따라 내려가서 로비를 통해 나가고(프로인트는 가슴에 카메라를 묶고 자전거를 탔다), 땅 높이에서 높은 창까지 솟아올랐다(카메라를 와이어에 달아 쭉 내린 다음, 숏을 거꾸로 돌렸다).

「마지막 웃음」에서 보여 준 저력 덕분에 프로인트는 폭스 유로파Fox Europa의 제작부장으로 임명되었다. 그는 또한 발터 루트만의 실험적인 영화 「베를린: 도시의 교향곡」(1927)의 제작자와 공동 작가로서 아방가르드로의 외도도 했다. 그는 주위의 빛으로 촬영하기 위해 과도하게 감광된 필름을 고안해 냈다. 결국에는 성공하지 못한 새로운 컬러 필름 기법을 개발하고자 하는 시도로 그는 런던, 뉴욕, 마침내는 할리우드까지 가서 유니버설 사에 들어갔다.

프로인트는 독일에서 자신이 발전시켰던 불길한 분위기의 명암법으로 토드 브라우닝의 「드라큘라」(1931, 유니버설은 이 영화를 시작으로 고전적인 호러 영화 시대를 열었다)와 로버트 플로리의 「모르그 가의 살인」(1932)에 큰 도움을 주었다. 같은 해에 그는, 보리스 칼로프가 그의 영화 인생에서 최고의 연기를 보여 주었던, 또 다른 호러 영화 걸작인 「미라」로 감독 데뷔를 했다. 다음 20년 동안 프로인트는 오로지 감독일에만 매달려 7편의 영화를 더 만들었다. 그중 6편은 그저 그런 영화들이지만, 마지막 작품인 「맹렬한 사랑」(1935)은 피터 로리가 가장 타락한 모습으로 등장하는 억제된 히스테리에 대한 섬뜩한 연구로, 브라우닝이나 제임스 훼일의 최고작에도 뒤지지 않는다. 단지 이 두 영화로 존 백스터(1968)는 프로인트를 〈1930년대의 가장 뛰어난 판타지 영화감독 중 한 명〉, 〈가장 아름답고 진기한 판타지들〉의 창조자로 평가했다.

하지만 프로인트는 다시 촬영으로 돌아갔고 다시는 영화를 감독하지 않았다. MGM으로 옮긴 그는 가르보의 가장 화려한 시대극 2편〔「카미유」(1936)와 「정복」(1937)〕을 촬영했고, 「대지」(1937)에서의 촬영 기교와

복잡한 특수 효과로 오스카상을 받았다. 그의 명성을 경외하기라도 하는 것처럼 MGM은 최고의 작품들에만 그를 쓰려 했고, 결과적으로 그의 작품은 이전의 현란한 예리함을 꽤 상실했지만 그 질이나 섬세함은 여전했다.

누아르 형식의 발생에 중심적인 역할을 했는데도 불구하고 프로인트는 1940년대의 누아르 시대에 거의 참여하지 않고, 존 올턴이나 자신의 전 조수인 니컬러스 무수라카 같은 젊은이들에게 자리를 넘겨주었다. 반나치 드라마인 「일곱 번째 십자가」(1944)나 휴스턴의 밀실 공포증적인 갱스터 영화 「키 라르고」(1948)에서처럼 그의 작품은 가끔씩 누아르 색채를 은근히 드러내기도 했다. 그는 자신의 포토 리서치Photo Research 사를 위한 노출계와 다른 기술 장치들을 개발하는 일에 관심을 쏟으면서 1940년대 후반에는 영화 작업을 거의 하지 않았다.

프로인트는 자신의 창조적인 천재성을 마지막으로 텔레비전에서 발휘했다. 1951년부터 데실루Desilu 스튜디오에서 촬영 감독으로 일하면서 그는 「내 사랑 루시I Love Lucy」의 400편이 넘는 에피소드를 지휘했으며, TV 조명과 촬영 기법들에 대변혁을 일으키고, 그때까지 영상 매체 중에 하위에 속해 있던 TV에 영화적인 제작 가치를 부여했다. 「메트로폴리스」와 「마지막 웃음」의 촬영 기사가 텔레비전의 시트콤에 그렇게 관심을 쏟았다는 사실이 의외일 수도 있다. 하지만 원숙한 전문인으로서 프로인트는 재료가 진지한 것이든 하찮은 것이든 차별하지 않고 최고의 기준을 적용했다.

필립 켐프

▪▫ 주요 작품

촬영 감독

「골렘Der Golem, wie er in die Welt kam」(1920); 「마지막 웃음Der letzte Mann」(1924); 「미카엘Mikael」(1924); 「변종Variete」(1925); 「타르튀프Tartüff」(1926); 「메트로폴리스Metropolis」(1927); 「드라큘라Dracula」(1931); 「모르그 가의 살인Murders in the Rue Morgue」(1932); 「카미유Camille」(1936); 「대지The Good Earth」(1937); 「정복Marie Walewska」(1937); 「골든 보이Golden Boy」(1939); 「오만과 편견Pride and Prejudice」(1940); 「일곱 번째 십자가The Seventh Cross」(1944); 「키 라르고Key Largo」(1948).

감독

「미라The Mummy」(1932); 「맹렬한 사랑Mad Love」(1935).

제작/각본

「베를린: 도시의 교향곡Berlin: die Symphonie der Großstadt」(1927).

▪▪ 참고 문헌

Baxter, John(1968), *Hollywood in the Thirties.*
Eisner, Lotte(1973), *Murnau.*
Maltin, Leonard(1978), *The Art of the Cinematographer.*
Prédal, René(1985), *La Photo de cinéma.*

◀ 「맹렬한 사랑」(1935)에서의 피터 로리. 카를 프로인트가 감독한 이 작품은 체스터 라이언스와 그레그 톨런드가 촬영했으며, 1930년대와 1940년대에 독일의 촬영과 조명 기술이 할리우드에 전해졌음을 보여 주는 한 예이다.

우리의 경험적 지식과 개인적 욕망의 합치는 불가능하며 항상 하나가 다른 하나에 휘둘리기 마련이라고 말하고 있는 셈이다. 반대로, 판타지 영화는 경험적 지식과 개인적 욕망이 조화될 수 있음을 확언할 뿐만 아니라 그것을 실현시킨다. 〈자연〉 법칙으로 움직이는 사회적 세계가 마법과 소원의 세계와 양립할 수 없는 것은 아니다. 세 장르 가운데 가장 현실적이고 경험 기초적인 SF 영화는 경험적 지식과 개인적 욕망의 조화를 가능한 것으로 생각하지만, 그것은 항상 부분적으로 달성되며 개인적 욕망의 합리성과 진보적인 기술 발전이 관건이라고 말한다.

호러 영화는 세 장르 중에 가장 조직적인 것처럼 보인다. 호러 영화는 부조리함을 야만스러움과 소멸, 죽음, 인간의 육체적 기형과 같은 것으로 보는 경향이 있다(하지만 스튜디오 시대의 후반기부터 호러 영화는 육체적 변화는 삼가고 심리학적 변화를 좀 더 조명했다). 「지킬 박사와 하이드 씨Dr. Jekyll and Mr. Hyde」나 「늑대 인간The Wolf Man」(1941) 같은 고전적인 내러티브에서 주인공은 둘로 분리되고, 호러 영화는 인간 속의 야수, 야수 속의 인간에 몰두했다. 육체와 정신의 분리에 초점을 맞추면서 호러 영화는 세상과 정체성의 파괴를 이야기한다. SF 영화는 셋 중에 가장 기술 지향적이며, 기계 속의 영혼과 영혼 속의 기계에 몰두한다. 「금단의 행성Forbidden Planet」(1956)의 로봇 로비나 「우주수폭전This Island Earth」(1954)의 머리가 벗겨진 메탈루나 인들은 매력적이면서도 무정한 합리성의 희망과 위협으로 스튜디오 시대를 빛낸 테크놀로지의 육체들이다. 그 장르에서 유기적이고 원시적인 피조물들의 부활과 변화는 테크놀로지와 연관되며 테크놀로지를 통해 해결된다. 새로운 세상의 건설과 새로운 테크놀로지의 구축을 강조하면서 SF 영화는 세상 만들기를 한다. 마지막으로, 판타지 영화는 의지의 본성과 본성의 의지에 가장 몰두한다. 이러한 전도가 가능하기 때문에 물리적 세계와 개인적 세계는 가시적인 조화를 이루게 되고, 고전적이고 이상화된 인간의 육체가 창조된다〔그럼에도 불구하고 「바그다드의 도적」(1924)의 마법 카펫이나 「오즈의 마법사」의 토네이도, 「제니의 초상Portrait of Jennie」(1948)이나 「판도라와 하늘을 나는 네덜란드 인Pandora and the Flying Dutchman」(1951)의 사랑의 진정한 힘을 통해서 인간의 육체는 자신의 의지에 따라 모습을 변형시키거나 이동할 수 있다〕. 영화적 마법으로 인간을 쉽게 이동시키고 변형시키면서 판타지 영화는 인물 창조에 힘쓴다. 사실 판타지는 성장 소설

Bildungsroman 그 자체이고 육체적, 정신적 경험을 넘나드는 행동과 인물의 시련을 중심으로 전개된다.

장르는 관객을 끌어들이는 방식도 서로 다르다. 각각은 서로 다른 부류의 관객들 혹은 각 관객들의 서로 다른 측면들에 다가간다. 호러 영화는 주로 감정적이고 본능적으로 우리를 자극한다. 호러 영화의 목적은 우리를 겁주거나 질리게 하고, 머리카락을 쭈뼛하게 하거나 눈을 가리게 하는 것이다. 판타지 영화들은 인식 면에서 그리고 동적인 면에서 우리를 끌어들이는 경향이 있는데, 즉 우리가 인간의 노력과 행동을 인식하고, 성취감과 움직임의 유동성을 느끼게 해준다. 그리고 SF 영화는 정신을 자극하고 시각적으로 우리를 유혹한다. 생각에 잠기게 하고 호기심을 불러일으킨다. 하지만 그들의 차이점이 무엇이든 간에 세 판타지 장르는 모두 할리우드 스튜디오 시대 동안 굳어졌고, 오늘날까지 지속되고 있는 공통된 한 가지 목표를 가지고 있다. 이 계획은 시적이고 문화적이고 (혹은 이데올로기적이고) 산업적(혹은 상업적)이다.

호러, SF, 판타지의 시적*poetic* 목표는 우리의 경험적 지식과 이성적인 사고의 경계를 뛰어넘지만 우리의 가장 두려운 악몽, 몽상적인 꿈들, 변덕스러운 소원 속에 존재하는 세상과 존재들을 내러티브와 어떤 규범적인 사실주의의 문맥 안에서 창조해 내고 그것을 우리에게 보여 주는 것이다. 호러, SF, 판타지 영화들은 모두 지식의 한계와, 세계와 인간 정체성의 상상적인 형성과 파괴, 개조에 대해 이야기한다. 따라서 일상적인 생활과 역사적, 문화적 지식의 관점에서 보면 구체적이지도 보이지도 않지만 어딘가에 존재할 거라고 우리가 느끼는 것에 대해 이야기하고 그것에 구체적이고 가시적인 형태를 부여한다. 스튜디오 시대의 호러 영화는 영혼이나 정신적인 사악함 같은 형이상학적인 관념에 물리적인 형태를 부여해서 실재적인 것으로 만든다. 「프랑켄슈타인」에서 창조된 괴물은 불완전하고 분열된 주관성을 대변하는데, 이는 마구 꿰매어진 그의 몸을 통해 시각적으로 표현된다. SF 영화는 과거와 미래의 보이지 않는 공간과 시간을 구체화한다. 이를테면, 공룡들이 등장하는 모델 애니메이션인 「잃어버린 세계The Lost World」(1925)가 창조해서 생생하게 보여 주는 선사 시대, 「월세계 정복Destination Moon」(1950)의 가시적인 우주와 금이 가 있는 달 표면이 보여 주는 미지의 미래 같은 것들이다. 그리고 판타지 모험극은 무형의 욕망과 변신을 가시화시켜서 인물들이 그것을 경험하게 해준다. 「불꽃의 여인 She」(1935)에서는 영원한 삶, 사랑, 권력에 대한 욕망이 문학적으로 표현되고, 「기적을 만드는 사나이The Man who Could Work Miracles」(1937)에서는 소원과 의지가 정말로 실현되고, 「도리언 그레이의 초상The Picture of Dorian Gray」(1945)에서는 실제 인간과 그의 초상화가 어떤 실제적인 관계를 맺는다.

호러, SF, 판타지 영화들은 개인적이고 사회적이고 제도적인 지식, 통제, 가시성을 뛰어넘는 어떤 것을 상상하고 실제로 〈그려 내고〉, 눈에 보이지 않는 것을 눈에 보이게 함으로써 그것을 명명하고 내포하고 통제하려 한다. 이러한 포괄은 그들의 공통적인 문화적 목표로, 한편으로는 현존의 경계 밖에 있는 잠재적으로 무한하고 가변적인 무언가에 대한 인식과 욕망을, 다른 한편으로는 무한하고 가변적인 것에 대항한 사회적 통제, 개인적 한계, 제도적 보호의 필요성을 긍정한다. 따라서 호러 영화, SF 영화, 판타지 모험극 장르들은 모두 경험적 지식을 근간으로 한 법률과 관습에 대한 우리의 만족감과 현실감을 거부하는 한편, 어느 정도의 사회적 안전, 확실성, 안정성을 보장해 주는 이러한 법률과 관습들을 보수적으로 지지하고 장려한다. 게다가 역설적이게도 거의 모든 판타지 영화들은 (그것들을 거부하는 영화들까지도) 계몽주의 사상과 그 가치 체계에서 비롯된 실증주의적이고 경험적인 과학의 존속과 유지를 조장한다. 즉, 판타지의 목표는 영화에서 무형적이고 주관적인 현상과 성질들을 객관적으로 구체적이고 가시적인 물질로 변형시키고, 그래서 그것을 〈현실화하는〉 것이다. 객관성, 물리적인 구체성, 시각에 대한 이러한 문화적 특권은 영화 산업의 기술적인 본질과 상업적 목적에 부합한다.

스튜디오 시대 동안 (그리고 그 후에도) 모든 판타지 영화가 공유하는 산업적인 목표는 물론 돈벌이가 되는 작품을 만드는 것이었다. 릭 올트먼은 어떤 장르적 형태(혹은 구문론)가 성공적이고 상대적으로 확립되려면 〈관객의 관습적인 가치들과 영화 산업의 이데올로기적인 의무 사이에서 공통적인 근거를 발견하고 관객의 욕망을 스튜디오 사업에 순응시켜야 한다〉고 주장한다. 확고하게 자리를 잡은 이 세 판타지 장르들의 경우에 관객의 욕망(보이지 않는 것을 보고 싶은)이 스튜디오의 관심사(영화를 파는 것)와 이어지는 것은 그 영화들이 주로 특수 효과에 의존하기 때문이다. 최신 기법들(이를테면, 분장법)과 최신 기술들(이를테면, 컴퓨터 영상)을 이용해 〈특별한〉 영화가 되는 호러, SF, 판타지 장르들은 눈에 보이지 않는 것을 보고 싶어 하는 관객들의 욕망을 성취시켜 주고 그와 동시에 관객들의 영화 자체에 대한 욕망을 유지시키는 산업의 이데올로기적 의무를 이행할 수 있게 된다. 판타지 장르들에서 상상력이란, 사실에 충실하고 구체적이고 가시적인 위조물*fabrication*인 것이다.

기원과 영향

대부분의 다른 장르들처럼 판타지 영화들도 장대한 역사의 한 부분을 이루며, 영화 이전의 민간 설화, 동화, 신화, 전설, 기사 모험담, 고딕풍의 작품, 낭만주의 문학, 유토피아적인 문학 작품뿐만 아니라 회화와 극장에까지 뻗어 있다. 그리고 판타지 장르들 — 그 문화적 용도와 더불어 — 은 역사적인 특이성과 국가적인 한정성을 지니고 있다.

스튜디오 시대의 호러 영화는 뱀파이어와 늑대 인간에 대한 유럽의 민간 설화와 좀비에 대한 카리브 해의 설화, 괴테의 『파우스트』, 앤 래드클리프의 『우돌포의 수수께끼』, 메리 셸리의 『프랑켄슈타인』, 브람 스토커의 『드라큘라』, 로버트 루이스 스티븐슨의 『지킬 박사와 하이드 씨』 같은 문학 작품들, 그리고 1920년대부터 할리우드로 넘어오기 시작한 독일 영화감독들이 미국 영화에 전파한 독일 표현주의 회화와 무대 미술 등의 아주 다양한 영향들의 결정체였다.

이러한 영향들은 허락하는 경제적 요건에 따라 아주 다양한 방법으로 흡수되고 발전되었다. 1930년대와 1940년대에 할리우드 메이저들 — 파라마운트, MGM, 20세기 폭스, 워너 브러더스 — 은 호러 영화 장르를 기피하면서 다른 경쟁사들이 그 특정 시장을 개발하도록 내버려 두었다. 토드 브라우닝 감독, 벨라 루고시 주연의 「드라큘라」(1931)와 제임스 훼일 감독, 보리스 칼로프 주연(괴물 역)의 「프랑켄슈타인의 저주」(1931) 같은 작품으로 1930년대에 호러 영화를 저예산 스튜디오 장르로 개척한 것은 유니버설 사였다. 훼일은 「어둡고 낡은 집The Old Dark House」과 「프랑켄슈타인의 신부 Bride of Frankenstein」(1935)도 만들었다. 그러고 나서 1940년대에 RKO의 발 루튼 사단이 자크 투르뇌르 감독의 「캣 피플Cat People」(1942)과 「나는 좀비와 함께 걸었다 I Waked with a Zombie」(1943)와 마크 로브슨 감독의 「죽은 자들의 섬」 등을 제작해 호러 영화를 한 단계 발전시켰다. 영국의 해머 영화사는 1950년대 말과 1960년대 초에 「프랑켄슈타인The Curse of Frankenstein」(1957), 「드라큘라의 공포Horror of Dracula」(1958), 「미라The Mummy」(1958),

1930년대에 유니버설이 제작한 첫 호러 영화인 토드 브라우닝의 「드라큘라」(1931)에서 드라큘라 역을 맡은 벨라 루고시.

발 루튼 (1904~1951)

발 루튼은 1904년 러시아의 얄타에서 태어났으며, 본명은 블라디미르 이반 레벤톤이다. 열 살쯤에 미국으로 이민을 가서 무대와 은막의 스타인 누나 알라 나지모바와 어머니 밑에서 자랐다. 루튼은 컬럼비아 대학에 입학해서 일찌감치 작가로 성공하여 MGM의 홍보부에 들어갔다. 그러다가 1933년에 절호의 기회가 왔다. 데이비드 셀즈닉이 그를 유닛 프로듀서 *unit producer*로 고용해서 자신의 스토리 편집자로 삼은 것이다. 루튼은 셀즈닉 밑에서 영화 제작 요령을 금세 익혔고, 셀즈닉이 1935년에 MGM을 그만두고 셀즈닉 인터내셔널 픽처스(SIP)를 만들자 그를 따라 나갔다. 루튼은 1942년까지 SIP 서부 지사의 스토리 편집자로 일하면서 「바람과 함께 사라지다」(1939)와 「레베카」(1940)를 찍었고, 그 후에 RKO에 제작자로 들어갔다.

루튼은 RKO에서 아주 자율적으로 일하면서 저예산 기획에 집중하는 프로덕션 유닛을 발전시켰다. 핵심 인물은 감독 자크 투르뇌르, 촬영 기사 니컬러스 무수라카, 미술 감독 알베르토 다고스티노, 무대 감독 대럴 실베라, 음악 담당 로이 웨브 등이 있었고, 루튼 자신은 제작자로, 그리고 〈카를로스 키스〉라는 필명으로 공동 각본도 자주 맡았다. 이 〈작은 호러 사단〉(루튼이 이렇게 명명했다)은 군수 경기의 과열된 흥행 추세에 편승하기 위해 B급 영화의 질을 높이려는 RKO의 시도에 중심적인 역할을 했다.

루튼은 데뷔작인 「캣 피플」(1942)로 합격 점수를 받았고 그의 제작진은 전문성을 확립했다. 그 영화는 뉴욕에 온 지 얼마 안 되는 아름다운 세르비아 여자(사이먼 시모너)에 대한 이야기로, 그녀는 성적으로 흥분하면 흑표범으로 변한다. 평론적으로나 상업적으로 성공한 「캣 피플」은 여러 가지 점에서 의미 있는 작품이었다. 이 영화는 성-정신적인 측면을 도입하고 뉴욕이라는 〈좀 더 가까운〉 곳을 배경으로 잡음으로써 쇠퇴하고 있던 공포 영화를 되살렸다. 이 영화는 그림자와 밤 장면을 많이 사용해서 강한 영상 스타일을 확립했고, 싸구려 세트와 한정된 자원을 숨겨 주는 실제적인 역할까지 했다. 「캣 피플」은 괴물을 관객에게 보여 주지 않는 최초의 〈괴물 영화〉였다. 이는 경제적이기도 하고 극적인 효과도 큰 내러티브 장치였다.

「캣 피플」 후에 루튼은 「나는 좀비와 함께 걸었다」(1943)라는 작품으로 호러 영화의 〈여성 고딕〉 변형을 만들었는데, 『제인 에어』를 신비스럽게 각색한(「레베카」가 그랬듯이) 이 영화를 많은 사람들이 루튼의 가장 인상 깊은 영화로 꼽는다. 그러고 나서 제작진은 「표범 인간」, 「일곱 번째 희생자」, 「유령선」(모두 1943), 「캣 피플의 저주」(1944)를 신속하게 연속적으로 만들었다. 모두 60~75분짜리 저예산 흑백 영화들로, 「캣 피플」 같은 주제 의식과 스타일의 특징을 분명히 지니고 있었으며, B급 영화인데도 비평가와 관객들에게 좋은 반응을 얻었다. 1944년에 제임스 에이지는 『타임 *Time*』지에 이렇게 썼다. 〈할리우드의 위대한 영화들에 대한 희망은 이제 발 루튼과 프레스턴에게 걸려 있는데, 루튼 쪽이 좀 더 우세한 듯하다……. 그의 영화에 대한 감각은 스터지스만큼이나 심원하고 자연스러우며, 인간과 인간을 소생시키는 방법에 대한 그의 감각은 더 심원하다.〉

RKO의 발 루튼이 제작하고 자크 투르뇌르가 감독한 「나는 좀비와 함께 걸었다」(1943)의 포스터.

1944년에 좀 더 관습적인 작품들인 「마드무아젤 피피」와 「청춘은 자유롭다」를 만든 후에 루튼은 보리스 칼로프를 주연으로 한 3편의 공포 영화, 「신체 강탈자」, 「죽은 자들의 섬」(2편 모두 1945), 「정신 병원」(1946)을 연속적으로 만들었다. 이 3편은 모두 외국을 배경으로 한 역사물이었고, B급의 예산으로 A급 영화를 만들어 내는 그의 능력을 다시 한 번 확인시켜 주었다(평균적인 제작비가 66만 5,000달러였고, 대부분의 A급 영화들에 100만 달러가 넘는 제작비를 쏟아 붓던 시절에 「정신 병원」은 겨우 26만 5,000달러가 들었다). 하지만 구세계를 배경으로 한 칼로프 주연 영화들은 또한 고전적인 호러 영화로의 후퇴였고 루튼의 이전 영화들과는 많이 달랐다. 무엇보다도 그 영화들은 원자력 시대와 냉전 시대에 대한 공포를 담고 있지 않았다. 「정신 병원」이 제작비를 만회하지 못하자 RKO는 루튼의 계약 옵션을 연장하는 것을 정중히 거절했다(그때 RKO는 루튼에게 겨우 주당 750달러를 주고 있었다). 프리랜서로 일하면서 루튼은 3편의 통속적인 영화들을 더 만든 후에 1951년 47세의 나이에 심장 마비로 죽었다.

되돌아보면, 루튼의 호러 영화들은 호러 영화 장르의 발전 선상에서 기묘하고 모순된 지위를 차지하고 있다. 그의 영화들은 1950년대의 공상 과학/호러 경향에 역행했지만, 로빈 우드가 지적하듯이, 〈적어도 20년은 앞서서 현대 호러 영화들의 특징을 가지고 있었다〉. 우드는 초기의 RKO 영화들에서 루튼이 〈가족의 중심에 분명하게 공포를 심어 놓고〉 그것을 직접적으로 성적 억압에 연결시키는 것에 주목했다. 게다가, 〈괴물의 개념이 영화들 전반에 널리 퍼져 있어〉 어떤 괴기스러운 인물보다도 〈분위기〉 자체가 더 공포스러운 경지에까지 이른다. 루튼의 영화들은 언제나 뚜렷한 대립 — 밝음과 어둠, 미국과 유럽, 기독교와 비술, 인간과 비인간 — 을 설정한다. 이러한 대립은 이야기의 흐름 속에서 고의적으로 흐려져 더 이상 선과 악, 정상과 공포를 구분할 수 없게 되어 버린다. 따라서 발 루튼은 새로운 할리우드의 저예산 흥행 영화 제작자들과 1960년대와 그 후의 현대 호러 영화의 선구자로서 과도기적인 인물이었다.

토머스 샤츠

주요 작품

제작자

「캣 피플Cat People」(1942); 「나는 좀비와 함께 걸었다I Walked with a Zombie」(1943); 「표범 인간The Leopard Man」(1943); 「일곱 번째 희생자The Seventh Victim」(1943); 「유령선The Ghost Ship」(1943); 「마드무아젤 피피Mademoiselle Fifi」(1944); 「캣 피플의 저주The Curse of the Cat People」(1944); 「청춘은 자유롭다Youth Runs Wild」(1944); 「신체 강탈자The Body Snatcher」(1945); 「죽은 자들의 섬Isle of the Dead」(1945); 「정신 병원Bedlam」(1946).

참고 문헌

Siegel, Joel E.(1973), *Val Lewton: The Reality of Terror*.
Tudor, Andrew(1989), *Monsters and Mad Scientists*.
Wood, Robin(1985), "An Introduction to the American Horror Film".

「늑대 인간의 저주Curse of the Werewolf」(1961)를 만든 테런스 피셔의 재주를 빌려 역시 호러 영화를 발전시켰다.

판타지 모험극은 원정, 변신, 마법 주문으로 가득한 동화와 민간 설화, 그리스와 북유럽의 신화, 요정, 유령, 인어에 대한 전설, 『오디세이아*Odyssey*』와 『베어울프*Beowulf*』 같은 서사시, 기사 모험담, 라이더 해거드의 「그녀」 같은 잃어버린 세계에 대한 판타지 모험극, 디킨스의 『크리스마스 캐럴』, 캐럴의 『이상한 나라의 앨리스』, 프랭크 바움의 『오즈의 마법사』 같은 사랑받는 고전 문학, 카워드의 「유령은 즐거워Blithe Spirit」 같은 희극 등 광범위한 요소들을 이용한다. 내러티브 상상력이 공룡, 용, 거대한 원숭이, 메두사, 해골 군대 등을 창조해 내는 장르에서는 윌리스 오브라이언[「잃어버린 세계」(1925), 「킹콩」(1933)]과 그의 문하생인 레이 해리하우젠[「아르고 원정대Jason and the Argonauts」(1963)] 같은 유명한 모델 애니메이터들의 재주가 가장 중요한 요소였다.

마지막으로, 인류와 테크놀로지의 관계에 가장 주목하며 가장 최근에 자리를 잡은 장르인 SF 영화는 고딕풍이나 낭만주의 문학과 더불어 공상적인 문학의 전통, 쥘 베른과 H. G. 웰스의 환상적인 소설들, 기업가 정신과 발명에 대한 문학(〈실존 인물〉인 토머스 에디슨과 허구적 인물인 톰 스위프트의 서민적인 상상에서 가장 잘 드러나며, 1930년대의 과학 기술에 대한 대중 잡지와 공상 과학 소설 월간지들에 표현된)에 의지했다. 호러 영화와 마찬가지로 SF 영화는 특정한 스튜디오들의 전유물이 되었다. 스튜디오들 사이에도 어떤 등급 같은 것이 있었다. 스튜디오가 만들고 싶거나 〈만들 수밖에〉 없는 영화의 종류와 스튜디오가 동원할 수 있는 특별한 인재들을 그 등급이 어느 정도 결정지었다. 일류 작품이 없는 이류 유니버설 영화사는 장르 영화들을 전문으로 찍었는데, 1930년대에는 호러를, 1950년대에는 SF를 많이 만들었다. 이러한 상황에서 SF 감독인 잭 아널드가 일류 전문가로 떠올랐다. 그는 지금은 고전으로 인정을 받는 「위성 내습It Came from Outer Space」(1953)과 「줄어드는 사나이The Incredible Shrinking Man」(1957) 같은 흑백 영화들을 저예산으로 찍었다. 하지만 스튜디오의 명망 때문에 SF가 그리 대접받지 못한 파라마운트에서는 제작자인 조지 팔이 그 장르에 관심을 보이며 「지구 최후의 날When Worlds Collide」(1951)과 「우주 전쟁War of the Worlds」(1953) 같은 테크니컬러 SF 대작들을 만들었다.

국제적인 변형

민족적 정체성과 역사 또한 판타지 장르들의 경계선과 인기에 스튜디오 환경 안팎으로 영향을 미쳤다. 영화 이론가인 지크프리트 크라카워(1947)는 1920년대에 만들어진 많은 독일 판타지와 호러 영화들을 정치적, 경제적 혼란에 대한 국가의 공포와 그에 따른 바이마르 시대의 파시즘 경향에 대한 징후적인 표현으로 보았다. 아주 많은 판타지 로맨스들이 제2차 세계 대전을 바로 전후로 하여 미국과 영국 모두에서 만들어진 것은 결코 우연이 아니다. 그중 많은 작품들은 「천국의 사도 조던Here Come Mr. Jordan」(1941), 「조라는 이름의 사내A Guy Named Joe」(1943), 「죽느냐 사느냐A Matter of Life and Death」(1946)처럼 죽은 사람이 또 한 번의 〈환상적인〉 기회를 얻어서 이승에 남기고 온 도덕적이고 감정적인 딜레마를 해결하는 내용을 담고 있다. 또한 원자력에 대한 대중적인 관심과 공포, 미국의 컴퓨터 테크놀로지의 발전, 그리고 1950년대의 SF 장르의 등장 간에는 뚜렷한 역사적 연관이 있다. 외계 침략에 대한 시나리오와 냉전 이데올로기 간에도 그렇다.

이와 마찬가지로, 2차 대전이 끝나고 10년 후에 일본에서 등장한 「괴수왕 고지라(怪獸王ゴジラ)」(1956)라는 SF 영화는 도쿄의 모습을 보여 주면서 히로시마와 나가사키의 공포, 미국과 일본 간의 정상화된 관계와 증가된 무역을 표현하고자 했다. 괴수 고지라가 파충류보다는 테디 베어처럼 생긴 좀 더 친근한(그리고 〈더 귀여운〉) 피조물로 바뀐 것은 미국-일본의 정상화된 관계와 일본이 하이 테크놀로지의 희생자에서 하이테크 초강대국으로 탈바꿈했음을 반영한다.

장 콕토의 「미녀와 야수」(1946)에서 야수 역의 장 마레와 미녀 역의 조제트 데.

영국에서 「프랑켄슈타인의 저주」(1957)를 필두로 해머 영화사의 영화들이 속속 나오고, 그래서 1950년대 중반에 영국 고딕 전통이 되살아난 것은 대중이 이미 익숙해서 〈흥행이 보장되는〉 이야기와 인물들을 이용하고자 했던 영화계의 결심 덕분이었다. 하지만 해머가 만든 프랑켄슈타인, 드라큘라, 늑대 인간의 인기 부활은 그 시대의 검열 제도와 깊은 관계가 있었다. 문학 전통, 장르적 관습, 시대 의상을 방패로 삼아 해머의 고딕풍 공포 영화들은 현실주의적인 장르는 소화하기 힘든 에로티시즘과 사디즘을 접합시킬 수 있었다.

판타지는 많은 국가 영화들의 한 측면이었지만 항상 하나의 뚜렷한 장르는 아니었고, 만약 그럴 경우에는 문화적이고 경제적인 요소들 때문이었다. 1950년대와 1960년대의 일본 〈괴수〉 영화들은 한편으로는 히로시마의 상처와 국가 경제의 재건설에 대한 특유의 대응이자, 다른 한편으로는 미국 영화들의 모방작이었고, 일본 시장과 미국 시장을 동시에 겨냥한 공동 제작품들이 많았다. 그동안 일본 제작자들은 미조구치 겐지의 「우게쓰 이야기(雨月物語)」(1953)나 고바야시 마사키의 「괴담(怪談)」(1964) 같은 개별적이고 토착적인 귀신 이야기를 조금씩 다루었다. 프랑스도 무성 영화 시대에 환상적 요소를 지닌 영화들을 많이 제작했다. 그러나 강스의 「튀브 박사의 광기La Folie du Dr. Tube」(1926), 클레르의 「파리는 잠들어Paris qui dort」(1923), 르누아르의 「성냥팔이 소녀La Petite Marchande d'allumettes」(1927) 같은 영화들은 판타지 장르라기보다 초현실주의와 다른 아방가르드 예술 운동에 속했다. 1960년대에 뉴 웨이브의 개성이 강한 영화인들이 수많은 〈SF〉 영화를 만들었지만, 그 영화들이 할리우드 스튜디오 시스템이 만든 장르 영화들에 아무리 충실했다 하더라도 전반적으로는 그 전통 밖에 있거나 오히려 그에 반하는 작품들이었다. 크리스 마르케의 「방파제La Jetée」(1961), 장-뤼크 고다르의 「알파빌Alphaville」(1965), 프랑수아 트뤼포의 「화씨 451도Fahrenheit 451」(1966), 로제 바딤의 「바르바렐라Barbarella」(1967), 알랭 레네의 「사랑해, 사랑해Je t'aime, je t'aime」(1968)는 모두 하나의 상업적 성좌나 장르로 뭉쳐지지 못한 개별적 작품들이었다.

최근에야 〈마술적 사실주의*magical realism*〉(동시대 스페인 어 문학과의 연관성, 현실주의적인 문맥 내에서의 판타지의 표준화, 철학적이고 정치적인 하위 텍스트들이 그 특징이다)로 구체화된 전통에 입각한 라틴 아메리카와 멕시코 영화들에도 판타지 요소들이 나타났다. 현대 멕시코 영화에서 볼 수 있는 예로 알론소 아라우 감독의 「달콤쌉싸름한 초콜릿Como agua para chocolate」(1991)이 있지만, 죽음과 협상을 벌이는 한 가난한 나무꾼에 대한 이야기인 로베르토 가발돈의 「마카리오Macario」(1959)와 가난과 탐욕에 대한 비판인 「황금 닭El gallo de oro」(1964) 같은 보다 이전의 마술적 사실주의 작품들도 있었다. 하지만 할리우드의 스튜디오 시스템이 몰락하는 동안, 멕시코(스페인과 이탈리아와 더불어)는 미국 시장을 겨냥한 공포 영화들의 공동 제작에 값싼 노동력을 주로 제공했다.

소련 역시, 스탈린주의와 그 여파가 만연해 환상적인 내러티브의 〈현실 도피주의〉와 전복성에 잘 들어맞지 않는 소비에트 〈사회주의적 사실주의〉가 미학적인 특징을 이루고 있던 1930년대와 1970년대 사이의 긴 시간 동안, 판타지 영화의 역사를 가지고 있다는 사실을 간과해서는 안 된다. 그럼에도 불구하고 1930년대와 1970년대 사이에 만들어진 판타지들은 소련이 SF 영화로 새로운 기술적, 사회적 관계를 표현하고, 다른 한편으로는 시적 효과뿐만 아니라 정치적 비평을 위해 현실주의적 내러티브 안에서 환상적인 요소들을 선택적으로 사용하는 것에 관심이 있었음을 보여 준다. 타르코프스키의 「솔라리스Solaris」(1972)는 「아엘리타」(프로타자노프, 1924)와 「살인 광선」(쿨레쇼프, 1924) 같은 SF 내러티브들을 이어받았고, 아불라제의 「참회Repentance」(1984)는 판타지 요소를 신화적이고 정치적인 목적을 위해 사용한 도브젠코의 「즈베니고라」(1928)와 「탄약고」(1929)의 뒤를 이어 판타지 요소를 통해 정치적 비판을 달성했다.

판타지 영화를 하나의 포괄적인 범주로 생각하면 판타지 영화는 세대와 문화를 가로지르는 영화들을 포함한다. 하지만 판타지 장르들을 생각하면 우리가 흔히 호러 영화, SF 영화, 판타지 모험극으로 설명하는 장르적 구조들을 구성하고 확립하는, 제작, 상영, 수용의 정규적인 스튜디오 시스템으로 되돌아가게 된다. 이 장르들 모두가 자신들이 처음 자리 잡았던 스튜디오 시스템보다 오래 살아남았다는 사실은 이 장르들이 강력한 힘을 지니고 있으며 철학적이고 도덕적인 큰 쟁점들을 반영하는 영상적 시정(詩情)으로 관객들을 끌어들이는 매력이 있음을 증명해 준다.

참고문헌

Brosnan, John(1978), *Future Tense: The Cinema of Science Fiction*.

Coyle, William(ed.)(1981), *Aspects of Fantasy*.

Hutchinson, Tom(1974), *Horror and Fantasy in the Movies*.

Kracauer, Siegfried(1947), *From Caligari to Hitler*.

Pirie, David(1973), *A Heritage of Horror: The English Gothic Cinema, 1946~1972*.

Slusser, George, and Rabkin, Eric S.(eds.)(1985), *Shadows of the Magic Lamp: Fantasy and Science Fiction in Film*.

Sobchack, Vivian(1987), *Screening Space: The American Science Fiction Film*.

Tudor, Andrew(1989), *Monsters and Mad Scientists: A Cultural History of the Horror Movie*.

현실 참여

ENGAGING WITH REALITY

다큐멘터리

찰스 머서

세계 대공황과 동시음*synchronized sound*의 출현은 다큐멘터리 영화에 큰 영향을 미쳤다. 1920년대 다큐멘터리 걸작들의 현대주의적 미학은 사회적, 경제적, 정치적 관심사에 대한 새로운 강조에 밀리게 되었다. 이러한 변화는 요리스 이벤스의 경력으로 상징된다. 그는 1920년대에 미학적으로 혁신적인 단편 다큐멘터리들을 만들다가, 1932년 소련을 방문한 뒤, 벨기에 광부들의 압박적인 삶을 다룬 「채탄Borinage」(1933) 같은 정치적 작품들로 눈을 돌렸다. 1930년대의 다큐멘터리가 정부의 정책과 행정에 이의를 제기했다면, 서구와 일본의 많은 영화 제작자들은 그 10년 동안 정부와 새로운 관계를 맺고 진보적인 목표들을 옹호하는 영화들을 만들었다. 이러한 관계는 제2차 세계 대전 동안 한층 더 강해졌고 다큐멘터리는 대립하는 양 진영 모두에게 중요한 선전 수단이 되었다. 1930년대와 1940년대 동안에 다큐멘터리는 오락이나 예술을 넘어선 또 다른 목적을 가지고 대중에게 다가갔고 영향을 미쳤다.

라이브 오디오에서 녹음 사운드로의 변화는 극영화보다 다큐멘터리에 늦게 찾아왔다. 하지만 좀 더 일찍 그러한 변화를 겪은 예외적인 작품이 몇 편 있다. 워너 브러더스는 1926년에 보드빌을 영화로 찍으면서 바이타폰을 썼다. 이런 작품들은 다큐멘터리적 성격을 가진 단편이었지만, 곧 더 큰 극적 구성에 삽입되었다〔예를 들어, 「재즈 싱어」(1927)〕. 폭스 무비톤 뉴스Fox Movietone News는 1927년에 등장했는데, 동조음을 써서 찰스 린드버그의 비행 같은 뉴스들을 찍었다. 이제 주류 산업이 주로 동조음을 쓰게 되면서 무성 카메라들은 아주 싼 가격에 넘쳐 났고, 포부 있는 다큐멘터리 영화 제작자들의 손에 들어가기도 했다. 소리를 녹음할 수 있게 됨으로써 다큐멘터리 제작자들은 영상 강의의 기본적인 형식과 기법을 재변용시켰다. 즉, 무성 카메라로 찍은 영상 위에 내레이션, 음악, 음향 효과를 입혔던 것이다. 녹음 사운드 때문에 영상과 소리를 연결시키는 일이 훨씬 더 표준화되고 정확해지고 정교해졌다. 알베르토 카발칸티 같은 혁신적인 영화 제작자들은 이러한 가능성을 가지고 실험적인 시도를 감행했다. 그리고 1930년대에는 처음으로 라이브 내레이션이나 음악과 함께 상영된 꽤 많은 영화 프로그램들에 동조된 사운드트랙이 첨가되었다. 예를 들면, 루이스 부뉴엘의 「빵 없는 대지」(1932)가 그랬다.

식민주의 모험가와 여행가

탐험-모험-여행담 장르는 1930년대 내내 인기가 많았다. 그 중 대부분이 저개발 지역이나 오지에 서구의 테크놀로지를 대담하고 성공적으로 전파하는 것을 소재로 삼았다. 「남극에서 버드와 함께With Byrd at the South Pole」(1930)는 버드의 남극 횡단 여행을 추적했고, 공군 준장인 펠로스의 영상 강의인 「에베레스트 산 비행Mount Everest Flight」(1933)은 〈누구도 탐험하지 않은 곳을 비행기로 정복한 사나이의 공식 기록〉을 보여 주었다. 오사 존슨과 마틴 존슨은 「콩고릴라Congorilla」(1932)를 개봉했는데, 이 작품에는 동조음으로 벨기에령 콩고(자이레) 피그미 족을 찍은 장면들이 몇 개 들어 있었다. 서구의 오만, 미국적 인종 편견, 존슨의 무뚝뚝한 기질이 한 시퀀스에서 특히 잘 드러난다. 마틴이 한 경솔한 피그미에게 시가를 하나 주자, 그 피그미는 아플 때까지 계속 시가를 피운다. 작은 몸집의 매력적인 오사는 전통적으로 위험하고 원시적으로 여겨지는 아프리카 모험으로 사파리 영화에 뜻밖의 비틀기를 시도했다. 남성적 모험이라는 동질 사회적인 세계에 관광 여행의 이질 사회적인 영역이 덧붙여져 활기를 더한다. 〈검은 대륙〉이 식민화되고 억압받고 있는 시점에도 오사는 오지 여행의 위험이라는 필수적인 요소를 집어넣었다.

영국의 빈민가 철거 문제를 다룬 에드거 앤스티와 아서 엘튼의 「주택 문제 Housing Problems」(1935).

「중국 횡단 여행La Croisière jaune」(1934)은 말하자면 존슨 부부 작품의 프랑스판이었다. 레옹 푸아리에(촬영용 대본과 몽타주)와 앙드레 소바주(탐험대의 영화부 감독)는 시트로엥 사의 자동차 제작 기술에 관한 홍보 영화를 만들고 있었다. 탐험대는 베이루트에서 출발했고, 베이징까지 갔다가 돌아올 계획이었다. 차를 타고 가는 것은 별 어려움이 없었지만, 히말라야 산맥을 넘는 것이 문제였다. 차를 해체시켜서 셰르파들에게 옮기도록 하는 수밖에 없었다. 서구의 테크놀로지가 내러티브의 원동력이 되었다면, 토착민들은 이국적인 풍경과 노동력을 제공해 주었다. 탐험대의 대장인 조르주-마리 하르트는 귀환 여행에서 죽었다. 그 모험이 얼마나 호되고 자기희생을 요구하는 것이었는지 알 수 있다.

루이스 부뉴엘은 「빵 없는 대지」를 통해 모험-여행 장르를 통렬하게 비판했다. 그는 〈원시적인〉 우르다노스Hurdanos 족에 대한 다큐멘터리에서 자신의 문화적 우월성을 과시하고 싶어 하는, 겉으로 보기에는 고도로 세련된 해설자의 역할을 한다. 그의 여행단은 그 사람들의 불행에 아무런 책임감도 느끼지 않으며 오히려 그것을 자랑스럽게 여기고 가끔씩은 그 불행을 가중시키기도 한다. 그 영화의 관객은 그 영화를 분석하고 주어진 영상과 사실을 해석하는 적극적인 역할을 하게 되고, 그 과정에서 부뉴엘은 은연중에 관객들이 같은 장르의 다른 다큐멘터리들(「중국 횡단 여행」 같은)을 볼 때 좀 더 비판적인 태도를 취하도록 유도한다.

어떤 다큐멘터리들은 영상 강의의 영역에서 벗어나서 동조음을 사용한 극영화로 옮겨 가면서 민족학적인 충동을 표현했다. 인류학자인 크누드 라스무센과 프리드리히 달스하임이 만든 「팔로의 결혼Palos bruderfærd」(1934)은 동부 그린란드의 해안가를 따라 찍으면서 이뉴잇의 대화를 담았다. 내용은 팔로가 나바라나에게 구혼을 해서 마침내는 경쟁자인 사모와 그녀의 재주를 아까워하는 가족들로부터 그녀를 얻어 낸다는 것이다. 로버트 플라어티의 「애런의 사나이Man of Aran」(1934)는 아일랜드의 앞바다에 사는 애런 섬사람들을 아주 낭만적인 시각에서 바라보고 있다. 그 가족은 실제 가족이 아니라 플라어티가 그 지방 사람들을 섭외해서 조직한 것이었다. 구식 인류학 방식을 써서 플라어티는 섬사람들에게 햇빛을 쬐고 있는 상어들을 작살로 잡도록 시켰는데, 이는 이미 몇 대 전에 끊긴 일이었다. 섬사람들은 수영을 못했기 때문에 작은 배 안에서 죽음을 무릅써야 했다. 특히 점점 거세어지는 폭풍우 속에서 약하디약한 배들을 땅에 대야 하는 한 시퀀스에서 그랬다.

플라어티의 낭만주의는 애런 제도의 착취적인 사회 관계를 놓치고 말았다. 부재 지주들은 켈프*kelp*와 땅을 농지로 바꾸어서 많은 애런 사람들에게 변경의 땅을 소작하도록 강요했다. 라스무센과 달스하임도 이렇듯 서구 문화가 이뉴잇 족 사람들의 삶을 바꾸고 있는 현실을 전혀 고려하지 않았다. 제작진은 프레임 밖에 있기 때문에 그 존재가 전통적인 여행담 영화에서보다는 덜 분명하게 드러나지만 그들은 더 근본적이고 불온한 방법으로 연출하고 있다.

그리어슨, 로렌츠, 그리고 사회적 다큐멘터리

1930년대에 영미의 다큐멘터리는 산업 국가로서 직면하고 있던 경기 불황과 정치적 격변 등 점점 더 사회적 쟁점을 다루기 시작했다. 사회 다큐멘터리를 처음으로 만든 사람은 영국과 세계 곳곳에 다큐멘터리를 활성화시킨 존 그리어슨이었다. 그리어슨은 미국에서 영화 평론가로 잠깐 일하면서 모든 할리우드 작품들을 신랄하게 비난했다. 대안을 찾던 그는 로버트 플라어티의 작품에서 그것을 찾았다. 그는 플라어티 작품의 〈다큐멘터리적〉 특성에 박수를 보냈고, 이렇게 해서 신조어가 만들어졌다(혹은 간헐적으로 별 의미 없이 사용되던 그 용어가 대중화되었다). 그리어슨은 1927년 1월에 영국으로 돌아와서 준정부 사무국인 제국 통상국의 영화부 차장직을 맡았다. 그 자리에 있는 동안 그는 미국과 소련 영화에 대한 지식을 이용해 낚시하는 모습을 담은 58분짜리 무성 다큐멘터리 「유자망 어선단」을 만들었다.

데뷔작인 「유자망 어선단」으로 그는 깊은 인상을 남겼다. 이 영화를 계기로 그리어슨은 제국 통상국 영화 부서를 설립하고 배절 라이트, 존 테일러, 아서 엘튼, 에드거 앤스티, 폴 로사, 해리 와트 같은 젊고 야심 찬 감독들을 영입했다. 그는 「산업 영국Industrial Britain」(1931)의 제작에 플라어티를 끌어들였지만, 그 영화는 제작비를 다 바닥낸 후에 겨우 완성되었다. 1930년대 중반의 다른 그리어슨풍 다큐멘터리들이 으레 그랬듯이, 그 영화는 빈번한 로 앵글 클로즈업의 사용으로 노동자들과 그들의 인내심과 노고를 과장되게 표현했다. 유리를 불어 만드는 직공, 기계공 같은 장인들은, 내레이션이 시사하듯이, 영국 산업의 힘의 근원으로 영제국을 떠받치고 있다. 그리어슨은 저술을 통해 1930년대의 영국 다큐멘터리들이 〈영국의 민주주의적 이상을 끊임없이 설명하고 그 이상 안에서 움직인다〉며 비난을 퍼부었다. 하지만 영국 보수당은 이러한 영화들을 후원했고, 결과적으로 그 영화들은 광부들이나 노동자들이 자신들의 상황을 개선시키기 위해 연합 행동이나 정치적 행동을 하는 것을 용납하지 않았다. 「채탄장 Coal Face」(카발칸티, 1935)의 광부들과 「야간 우편Night Mail」(와트, 1936)의 우체부들은 영웅적으로 표현되면서도, 영국이 자랑하는 효율적 대량 생산 시스템 속의 일개 톱니바퀴처럼 보인다. 이렇듯 고도로 세련되고 미학적인 영화들은 결국 영국의 국가적 이상에 대한 찬가가 되어 버렸다.

무엇보다도 1930년대 영국의 다큐멘터리 걸작들은 기록

페어 로렌츠의 〈뉴딜〉 다큐멘터리 「평원을 간 쟁기The Plow that Broke the Plains」(1936).

영화도 예술적으로 혁신적일 수 있다는 것을 보여 주었다. 환경 관리국을 통해 실론 차청(茶廳)의 후원을 받아 만든 「실론의 노래Song of Ceylon」(라이트, 1933~4)는 멀리 떨어진 이국적인 땅의 분위기를 잘 살려 주는 암시적인 방식으로 영국 식민지(지금의 스리랑카)를 바라보았다. 1933년 9월에 제국 통상국은 폐쇄되었고 영화부는 런던 중앙 우체국으로 이전되었다. 그곳에서 노장 감독인 알베르토 카발칸티가 그룹에 가세해 아방가르드적인 자극이 되었다. 작곡가 벤저민 프리튼과 시인 W. H. 오든은 한 팀이 되어 「채석장」과 「야간 우편」의 혁신적이고 현대주의적인 사운드트랙 — 영상 강의식의 전통적인 해설 내레이션에서 벗어난 역사적인 시작점이었다 — 을 만들었다.

그리어슨 밑에 있던 많은 직원들은 런던 중앙 우체국에서의 미래가 불투명하고 정부 기관의 후원으로 다큐멘터리를 만드는 것이 힘들다는 것을 깨닫고는 셸Shell 석유 회사 같은 상업적 후원자들을 찾아 나서거나 1935년 이후에 스트랜드 앤드 리얼리스트 유닛Strand and Realist Unit 같은 독립 프로덕션을 만들었다. 이들 모두는 사실주의영화감독연합Associated Realist Film Producers과 필름 센터Film Center 같은 그리어슨 지휘의 상부 단체들을 통해 느슨하게 연결돼 있었다. 아서 엘튼과 에드거 앤스티가 만든 「주택 문제Housing Problems」(1935)는 일상생활을 사실적으로 기록하기 위해 영상에 크게 의지하고 현대주의적인 미학은 사용하지 않는다. 영국상업가스협회의 후원으로 만들어진 이 다큐멘터리는 동시음 인터뷰를 통해 노동자들이 자신들의 입장을 직접 밝히게 하고 그들이 사는 다 쓰러져 가는 열악한 주택을 자세히 보여 준다. 영화는 〈빈민가 철거 정책〉과 정부 보조의 새로운 주택 정책을 해결책으로 제시한다. 정부의 전문가들은 유능하고 자비로운 정부가 꾸준히 상황을 개선시키고 있다는 해설 내레이션으로 관객을 안심시킨다. 「야간 우편」처럼 「주택 문제」는 전체의 행복을 위해 옳은 결정을 내리고 국가를 이끌어 나가고 사회를 관리할 고도로 훈련된 엘리트 관료의 중요성을 주장한다.

다른 수많은 단편 영화들이 1930년대에 영국의 다큐멘터리 영화 운동에 의해 만들어졌다. 험프리 제닝스의 이름을 알린 첫 작품인 「여가Spare Time」(1939)는 노동 계급의 여가 활동을 동정적이면서도 사실적으로 그리고 있다. 그리고 별로 연관되지 않은 사운드와 영상을 나란히 병치시키는 그의 스타일은 이후 그의 작품들의 특징이 된다.

미국에도 그리어슨 같은 인물이 있었다. 바로 페어 로렌츠라는 사람으로, 뉴욕의 신문, 잡지에서 평론가로 일하면서 영화일에 관계하기 시작했다. 로렌츠는 영화를 〈사산 예술*the still-born art*〉로 지칭하고 검열 제도를 통렬하게 비난하면서 할리우드 주류 영화 제작의 대안을 모색했다. 프랭클린 루스벨트 대통령의 뉴딜 정책의 옹호자를 자처하던 그는 1935년 6월, 그즈음에 막 생긴 재정주국(再定住局)의 렉스포드 터그웰에게 고용되어 「평원을 간 쟁기」(1936)와 「강」(1937)을 만들었다. 미국 정부는 제1차 세계 대전 때부터 말썽의 소지 없는 조심스러운 다큐멘터리를 수없이 만들어 오고 있었지만, 로렌츠의 작품들은 달랐다. 「평원을 간 쟁기」는 대초원(로키 산맥 동부와 캐나다와 미국에 걸친 건조 지대)의 경작 역사를 추적하면서 환경의 남용을 지적한다. 오클라호마와 그 주변 지역을 휘몰아치는 먼지 폭풍을 강렬한 영상으로 보여 주며 이 영화는 절정에 달한다. 「평원을 간 쟁기」는 국가적인 문제를 조명한 것으로 큰 찬사를 받았지만 그해는 선거가 있었기 때문에 그 촬영 대상 지역의 정치가들과 유력 시민들은 그 다큐멘터리를 황폐함을 과장한 뉴딜 정책의 선전으로 보았다. 정부가 어떻게 변경 땅의 농부들의 문제를 해결하고 있는가를 보여 주는 종결부는 결국 삭제되었고, 그래서 그 영화는 해결책 없는 재난만을 보여 주게 되었다. 「강」은 「평원을 간 쟁기」와 거의 비슷한 내용을 다루었다. 미국인들은 산림 남벌과 형편없는 경작으로 땅을 혹사시켜 번영했지만, 지금은 미시시피 강 유역의 자손이 〈못 입고, 못 먹고, 못사는〉 대가를 치르고 있다는 것을 보여 주었다. 카메라맨인 윌러드 밴 다이크와 플로이드 크로스비와 함께 로렌츠는 1937년의 파괴적인 홍수를 찍으면서 박력 있는 스릴 만점의 영상을 담았다. 하지만 정부는 TVA(Tennessee Valley Authority)의 댐 건설 같은 프로젝트를 통해 강 유역을 복구하고 있었다. 두 영화 모두 동시음 없이 버질 톰슨의 음악이 붙여지고 로렌츠가 쓴 화려한 수사에 운율적인 내레이션이 흘러나왔다. 「평원을 간 쟁기」는 독립 극장들에서 상영되었지만, 할리우드는 그 영화를 불쾌한 정부의 경쟁으로 보고 비난했다. 하지만 그 영화가 성공을 거두자 이러한 반대는 수그러들었고, 파라마운트는 「강」을 배급하면서 「백설 공주」(1938)와 자주 짝을 지었다.

「강」이 성공하고 나서 1938년 후반에 루스벨트는 미국필름서비스US Film Service를 설립하고, 로렌츠를 제일 윗자리에 앉히고는 미국 정부의 여러 기관들을 위한 영화를 만들게 했다. 로렌츠는 실업 문제를 다룬 영화인 「이 사람을 보라 Ecce Homo」(미완성)를 첫 작품으로 시작했다가 가난한 도시 외곽의 비위생적인 상황에서 비롯된 유아 사망, 출산 위험에 대한 「삶의 투쟁The Fight for Life」에 힘을 쏟았다. 이 영화는 대부분 야외 촬영되었지만 전문 배우들에게 여러 중요한 역할을 맡겼다. 로렌츠가 「삶의 투쟁」을 찍고 있을 때 필름서비스는 요리스 이벤스를 영입하여 「권력과 토지The Power and the Land」를 맡겼다. 전력을 얻기 위해서 사영 전기 회사보다는 정부에 의존해야 하는 농부들에게 전기가 끼치는 영향에 대한 내용이었다. 또한 로버트 플라어티에게는 「대지 The Land」(1941)를 만들도록 했다. 인간에게 혹사당하는 땅과 가난을 줄이기 위한 농업국의 자원 관리 노력에 대한 논쟁적인 영화였다. 미국필름서비스는 1940년에 관허를 잃었고 로렌츠는 사퇴했다.

그리어슨 그룹과 로렌츠 그룹은 유사점이 많지만 몇 가지 점에서 분명히 달랐다. 제2차 세계 대전은 미국필름서비스를 죽였지만 영국의 GPO 필름 유닛(크라운 필름 유닛으로 개명)은 살렸다. 그리어슨의 조직은 영화를 더 많이 만들었고, 그들 대부분은 로렌츠의 작품보다 덜 거창했다. 그리어슨이 영국 다큐멘터리의 한 세대를 훈련시켰다면, 로렌츠는 이미 기법이나 성취에서 웬만큼 성장해 있는 노련한 감독들(스트랜드, 이벤스, 플라어티)을 끊임없이 영입했다. 1938년 후에도 로렌츠는 공무원이라기보다는 여전히 제작자-감독-작가로 활동했지만, 그의 영화들은 솔직하고 명백하게 〈뉴딜적인〉 태도로 사회적이고 경제적인 문제들을 다루었다. 1930년대에 영국은 종종 연립 정부가 들어섰기 때문에 제국 통상국과 GPO는 노골적으로 논쟁적인 다큐멘터리는 만들지 않았다. 그 작품들은 공적인 주장이라기보다는 그저 공무와 같은 것이었다. 하지만 분명 그리어슨이 더 오랫동안 더 큰 영향을 미쳤다. 로렌츠는 1940년 후에는 미국 다큐멘터리 영화사에서 모습을 감추어 버린 반면에, 그리어슨은 1939년에 캐나다로 가서 캐나다국립영화위원회National Film Board of Canada를 설립했고 영미 영화계의 전설적인 인물이 되었다.

영국과 미국 모두 좌익의 관점에서 경제적, 사회적 문제를 다룬 다큐멘터리 작품들이 아주 많이 나왔다. 두 나라 모두에서 활발하게 활동하고 있던 노동자영화사진연맹Workers' Film and Photo League은 미국에서 「실업 특집Unemployment Special」(1931)과 「전국의 기아 행진National Hunger March」(1931) 같은 저예산 무성 뉴스 영화들과 「선창에서On the Waterfront」(리오 셀처와 레오 허위츠, 1934) 같은 정치 다큐멘터리도 만들었다. 이 단체는 영국의 제국 통상국이나 GPO와 비슷하게 미국 감독들의 훈련의 장이 되었다. 그 회원들은 1930년대 중반에 조합을 나가서 독립적인 조직들(니키노Nykino, 컨템퍼러리 필름스, 프론티어 필름스)을 만들었다. 폴 스트랜드는 프레드 지니먼 감독, 헨워 로다키위츠 각본의 「파도Redes」(1935)를 제작했다. 멕시코에서 만들어진 이 영화는 경제 상황을 개선시키려고 부단히 애쓰는 가난한 어부들에 관한 이야기이다. 플라어티의 「애런의 사나이」와 달리 「파도」는 생존의 문제를 자연과 인간의 대립으로 제시하지 않고, 조직적인 단결을 통해 지방 유지들에게 대항하고자 하는 가난한 노동자들의 노력을 추적한다.

뉴욕 만국 박람회를 위한 단체, 미국박람회준비위원회가 자금을 대준 「도시The City」(1939)는 페어 로렌츠가 대충 윤곽을 잡은 내용을 랠프 스타이너와 윌러드 밴 다이크가 감독한 작품으로 도시 계획자인 루이스 멈포드가 쓴 해설이 곁들여졌다. 「강」이나 「주택 문제」와 구조적으로 이데올로기적으로 유사한 이 작품은 「강」보다는 해학적이고, 「주택 문제」보다는 서정적이다. 세 작품 모두 한 문제를 묘사하고, 그 문제가 어떻게 발생했는지 설명하고, 개혁주의 성향의 엘리트 전문가들이 말하는 해결책을 제시한다. 「도시」는 산업 도시인 피츠버그와 〈현대적인 도시〉 뉴욕에서의 냉혹한 대도시 생활을 그리면서 그린벨트 마을들의 개발을 지지한다. 산업화 이전의 작은 뉴잉글랜드 마을들은 인간과 자연, 노동과 놀이를 새로운 균형 상태로 재통합시켜 주는 고속도로들로 연결되어 있었다. 하지만 그 마을들은 2차 대전 후에 진행된 교외화의 전조에 불과했다. 성별 역할이 구분되어 있는 균질한 백인 중산층의 세계를 꿈꾼 그 영화는 그것이 묘사하고 있는 상황을 초래한 경제와 사회적 관계를 분석하지 않았다. 언론의 찬사를 받으면서 이 다큐멘터리는 도시 계획과 도시 〈재개발〉에 관한 설득력 있는 권유가 되었다.

세계 대전 임박기의 선전 영화

레니 리펜슈탈의 등장과 지가 베르토프의 활동 중단은 1930년대 유럽 대륙의 다큐멘터리 제작 상황을 단적으로 설명해준다. 소련은 1930년에야 처음으로 동시-음 다큐멘터리를 제작했다. 일리야 코팔린은 「다수 중 하나One of Many」에서 모스크바 근처 집단 농장의 일상생활을 현장음으로 보여주었고, 베르토프는 「열광: 돈바사의 교향곡」에서 혁신적인 사운드-영상 기법들을 과도하다고 할 정도로 선보였다. 베르토프의 작품은 산업화에 대한 현대주의적인 송시(訟詩)로, 도시 교향곡 장르를 벗어나지 않았다. 국영 여행사를 위한 영화를 만들면서 베르토프가 마지막으로 완성한 작품인 「레닌에 대한 세 노래」(1934)는 레닌이 어떻게 기억되고 있는지를 좀 더 절제된 감정으로 보여 주고 있다. 하지만 베르토프는 점점 더 영화계에서 배척당했고, 소비에트 다큐멘터리는 시간이 갈수록 점점 더 소심해졌다.

독일 감독들은 1930년대에 노골적인 나치 선전을 피한 수백 편의 다큐멘터리를 만들었지만 1933년 2월에 히틀러가 권력을 잡게 되면서 좌익 영화의 제작은 불가능해졌다. 이 시대 최고의 독일 감독은 레니 리펜슈탈이었다. 그녀는 배우이자 극영화감독으로 히틀러에게 1933년 뉘른베르크 나치 전당대회(「신념의 승리Sieg des Glaubens」)를 찍어 달라는 부탁을 받은 것을 계기로 다큐멘터리 제작으로 돌아섰다. 1년 뒤에 그녀는 또 한 번 뉘른베르크로 가서 1934년의 전당 대회를 찍었는데, 「의지의 승리Triumph des Willens」라는 이 영화는 전편과 비슷하지만 더 거창한 작품으로, 그 당시의 영미 다큐멘터리들과 공통적인 기법과 관심사를 지니고 있었다. 리펜슈탈은 나치당 지도자들의 연설을 통해 아우토반의 건설과 사람들에게 일터를 되찾아 주려는 국가의 노력을 전한다. 계급과 지역의 차이는, 히틀러의 주장에 따르면, 사라지고 있었다. 이 시기의 다른 영미 다큐멘터리처럼 「의지의 승리」는 국가가 정치를 뛰어넘는 강력한 전문성 — 국민은 이를 꼭 인정해야 한다 — 을 지니고 있음을 강조한다.

「의지의 승리」가 영미 다큐멘터리들과 비슷하다지만 이 영화는 결국 다른 체제에 대한 정치적 선전으로, 선택이 아닌 복종을, 잡다한 인종의 (명백히 도태적인) 균질화가 아닌 극단적인 인종 청소를 요구했다. 과거와 과거의 문제들은 전당 대회에서 만세*sieg-heil*를 외치고 있는 수많은 익명의 독일인들이 있는 현재에 대한 대위적 요소에 불과하다. 발터 벤야민의 경구에 따르면, 리펜슈탈의 다큐멘터리는 예술의 정치화가 아니라 정치의 미학화이다. 이전의 다큐멘터리에서는 잘 쓰지 않던 숏/역 숏 같은 편집 기술과 구조를 의도적으로 사용하면서 그녀는 히틀러를 중심으로 한 개인 숭배를 구축한다. 편집 스타일은 총통을 열망의 대상으로, 그를 둘러싼 대중들에게 추앙받는 사람으로 만들면서, 〈히틀러는 독일이고, 당은 히틀러이다. 따라서 독일은 히틀러이고 당은 독일이다〉라고 선언하는 나치 당 간부들의 연설을 보충하고 실현시킨다. 시선과 경례의 교환은 서로 다른 위치에 있는 사람들을 묶어 주고, 그런 연대 속에서 자아의 정체성은 국가와 당과의 동일시를 통해서만 가능하다. 그 과정에서, 히틀러와 다양한 군대들은 리펜슈탈의 사랑스러운 카메라 시선으로 에로틱해진다. 히틀러가 비행기에서 내려 뉘른베르크 거리를 지나가는 내내 카메라는 그를 따라가면서 나치 당이 실현한 재남성화된 독일을 히틀러가 이끌어 가고 있음을 보여 준다.

히틀러는 리펜슈탈에게 1936년 하계 올림픽을 찍도록 했고, 그리하여 나온 것이 2부작 다큐멘터리 「올림피아Olympia」(1938)다. 요제프 괴벨스가 장관으로 있는 선전부의 자금으로 만들어진 이 기념비적인 역작은 독일 제국의 당면한 목적에 부합했다. 그 당시 나치는 독일이 국제 평화 정착에 관심을 갖고 있으며 평화, 질서, 국가적 목표에 따라 독일이 통치되고 있음을 세계에 알리고자 했다.

프랑스의 정치 다큐멘터리는 아주 다른 형식을 띠고 있었다. 그 시작은 미비했지만 「인생은 우리 것이다La Vie est à nous」로 획기적인 진전을 맞았다. 이 영화는 1936년 초에 프랑스 공산당을 위해 제작된 선거 운동 영화였다. 장 르누아르를 필두로 해서 장 폴 르샤누아, 피에르 위니크, 자크 베케르 등을 비롯한 제작자 집단이 각본을 쓰고 감독한 이 영화는 각본대로 연출된 시퀀스들에 기성 화면과 다른 논픽션 자료들을 결합시킨 것이었다. 이런 혼합주의적인 형식이 이 시대의 다큐멘터리 장르 안에 조금씩 도입되기 시작했다. 「인생은 우리 것이다」의 제작 과정에서 시네-리베르테Ciné-Liberté가 형성되었다. 이는 그해 4월에 프랑스 선거에서 승리한 인민 전선과 손을 잡은 독립적인 제작 회사였다. 그 회사의 초창기 영화들 중에는 인민 전선 정부의 첫 달 동안 일어났던 노동 쟁의의 성공을 추적한 「점거 농성Grèves d'occupation」(1936)이라는 작품이 있다.

스페인에서 내란이 터지자 대부분의 스페인 감독들이 기록 영화 제작에 들어갔다. 많은 영화들이 공화파의 입장에서 만들어졌다. 루이스 부뉴엘과 피에르 위니크가 「에스파냐 1936España 1936」을 제작했다(스페인 어와 프랑스 어판 모두 1937년에 개봉되었다). 파리의 시네-리베르테를 통해 만들어진 그 영화는 부뉴엘의 초현실주의적인 감각으로 구성되었으며, 전쟁의 잔인하고 진부한 영상들은 안이한 슬로건화나 낙관주의적인 미사여구를 피한 해설로 서로 연결된다. 그러는 동안에, 헬렌 반 동겐은 뉴욕에서 요리스 이벤스와 함께 내란 촬영 필름을 편집하여 발췌 영화 — 「화염 속의

험프리 제닝스 (1907~1950)

험프리 제닝스는 1907년 8월 19일, 미술 공예 운동*Arts and Crafts Movement*과 관련된 집안에서 태어났다. 존 그리어슨의 GPO 필름 유닛과 관계를 맺기 전에 그는 시를 발표하기도 하고 그림과 무대 미술에도 잠깐 손을 댔고, 많은 동료들은 그를 중산 계층 딜레탕트의 전형으로 여겼다. 하지만 이러한 배경 덕분에 그는 다큐멘터리 운동에 독특한 관점을 부여할 수 있었다.

제닝스는 1936년에 열린 국제 초현실주의전의 조직 위원들 중 한 명이었고, 그의 영화 제작 방식의 주요한 특성 중의 하나는 초현실주의에 대한 그만의 독특한 해석이다. 제닝스는 무의식적인 과정에서 발생되는 영상에 의지하는 초현실주의는 너무 개인적이고 특이하다 해서 거부했다. 대신에 그의 작품은 병치라는 방식을 통해 영국의 일상생활 속에서의 별스러움을 탐구하면서, 대중들이 갖고 있는 공통의 이미지에 초점을 맞추었다. 전전 시대의 또 다른 여파로 대중 관찰단Mass Observation이라는 것이 만들어졌는데, 제닝스는 〈영국 사람들의 기질, 습관과 영국 사회 자체의 과학적인 연구〉를 위해 이 단체의 설립을 도왔다.

이 두 경향은 그의 감독 데뷔작 「여가 시간」(1939)에서 훌륭하게 결합한다. 제목 자체가 노동할 때의 노동자에만 관심을 보이는 그리어슨식 다큐멘터리의 지배적인 원리에 대한 도전장처럼 보인다. 제닝스의 영화는 영국 사회가 강철, 면, 석탄 산업으로 차례로 넘어갈 때마다 그 중간중간의 빈 시간에 노동 계급이 문화 생산자로서 하는 역할을 이야기한다. 드문드문 나오는 해설은 지금이 〈우리가 가장 우리다울 수 있는〉 때임을 시사한다. 제닝스는 사소한 이미지들 — 파이를 먹고, 윈도쇼핑을 하고, 아마추어 연극을 연습하는 — 을 택한다. 이 이미지들은 그것들의 병치와 브라스 밴드 합주, 남성 합창단, 참여자들의 커주피리*kazoo* 재즈 밴드들로 만들어진 사운드트랙에 의해 큰 반향을 일으킨다.

하지만 제닝스가 자신의 방식에 맞는 제작 기반을 마련한 것은 전쟁 덕분이었다. 제닝스는 정보부를 위한 영화를 만드는 크라운 필름 유닛Crown Film Unit에 참여해서 영국의 삶의 모든 측면에서 공동의 적에 대항해야 한다는 전시 선전에 맞추어, 대개 스튜어트 매칼리스터와의 공동 작업으로, 몽타주 영화에 대한 탐구를 계속했다. 제닝스의 형식이 그에 어울리는 내용물을 찾은 것이다.

이 시대의 가장 유명한 영화는 「영국의 말을 경청하라」(1942)였다. 이 영화는 단 20분 동안 전쟁 중인 국가의 하루를, 공습당하고 있는 영국의 모습과 음향을 통해 보여 준다. 영화 전반에 걸쳐 공장 노동의 이미지들이 댄스홀에서의 여유와 병치되고, 전쟁터에서 싸우고 있는 남자들은 기계 공장에서 일하는 여성들과 병치되고, 인기 가수인 플래내건과 앨런은 모차르트의 협주곡을 연주하는 미라 헤스와 병치된다. 대공습은 초현실적인 몽타주의 이미지들을 스스로 만들어 낸다. 회사원이 강철 헬멧을 쓰고 깨진 벽돌 조각들 사이를 걸어간다. 올드 베일리는 구급차 정류장이 되어 버렸다. 엽서에 나오는 영국의 한 도시에서는 탱크들이 굉음을 내며 목조 다방을 밟고 지나간다.

제닝스에게 첫 극영화들을 만들 기회를 준 것도 전쟁이었다. 「불은 시작되었다」(1943)는 공습이 한창인 때의 보조 소방대 이스트엔드 소방대에 대한 영화로, 진짜 소방관들을 출연시켰다. 제닝스는 인상적인 창고 화재

로 절정에 달하는 이 영화에서 대본 없이 즉석에서 대사를 만들어 냈다. 이 영화와 사우스웨일스의 한 광산촌에서 리디체Lidice 학살 사건을 재현한 「고요한 마을」(1944)을 작업하면서 제닝스는 노동자들과 훨씬 더 인간적인 관계를 맺게 되었다. 사실 전쟁은 위계질서에 기초한 계급적 문화 구분이 잠깐 동안이나마 느슨해지는 시간이었다. 현재의 폐허는 전후 세계의 새롭고 좀 더 공정하며 민주적인 사회의 가능성을 시사한다. 이러한 비전은 「티모시를 위한 일기」의 핵심 주제가 된다. 이 영화에서 내레이터는 농부, 전투기 조종사, 광부의 다양한 경험들을 휴전에 임박하여 태어난 한 아기에게 들려준다. E. M. 포스터가 쓴 부드러운 해설은 미래에 대한 문제들을 제기하고, 국가의 열망을 표현한다.

안타깝게도 이러한 소망들은 제닝스도 국가도 이루지 못했다. 그는 이 시대의 모습을 『판데모니엄*Pandaemonium*』이라는 책에 담았다. 이 책은 기계 시대의 도래를 상세히 기록한 글들을 모아 놓은 것으로, 과학과 문학의 몽타주였다. 1950년 9월 24일 그리스 섬들로의 답사 여행 중에 절벽으로 떨어지면서 그의 삶은 비극적인 종말을 맞았다. 그의 영화 작품을 전부 다 합쳐도 다섯 시간밖에 안 되지만 그의 깊이 있는 진지함과 기술의 우수성을 1954년 린지 앤더슨은 이렇게 평가했다. 제닝스는 〈영국 영화가 배출한 유일한 진짜 시인이다〉.

마이클 이튼

주요 작품

「포스트 헤이스트Post Haste」(1934); 「바퀴 이야기The Story of the Wheel」(1934); 「봄을 위한 밑그림Design for Spring」(1938); 「여가 시간Spare Time」(1939); 「첫날들The First Days」(1939)(해리 와트, 팻 잭슨과 함께); 「이오니언S. S. Ionian」(1939); 「참을 수 없는 봄Spring Offensive」(1940); 「노동자들의 복지Welfare of the Workers」(1940); 「런던은 견딜 수 있다London can Take it」(1940); 「영국의 심장Heart of Britain」(1941); 「전쟁 연설Words for Battle」(1941); 「영국의 말을 경청하라Listen to Britain」(1942)(스튜어트 매칼리스터와 함께); 「불은 시작되었다Fires Were Started」(1943); 「고요한 마을The Silent Village」(1944); 「릴리 말린에 관한 진실The True Story of Lili Marlene」(1944); 「V1 로켓V1」(1944); 「티모시를 위한 일기A Diary for Timothy」(1945); 「패배한 사람들A Defeated People」(1945); 「컴벌랜드 이야기The Cumberland Story」(1947); 「어렴풋한 작은 섬Dim Little Island」(1949); 「가족 초상화Family Portrait」(1950).

참고 문헌

Hodgkinson, Anthony W., and Sheratsky, Rodney E.(1982), *Humphrey Jennings: More than a Maker of Films.*

Jackson, Kevin(ed.)(1933), *The Humphrey Jennings Film Reader.*

Jennings, Humphrey(1985), *Pandaemonium.*

Jennings, Mary-Lou(ed.)(1982), *Humphrey Jennings: Film-Maker, Painter, Poet.*

◀ 「불은 시작되었다」(1943).

스페인Spain in Flames」(1937) — 를 만들어 달라는 부탁을 받았다. 왕당파의 입장에서 찍은 필름이 상대적으로 부족하자 이벤스는 재정 지원을 받아 스페인으로 가서 존 페르노와 어니스트 헤밍웨이의 도움으로 「스페인의 대지Spanish Earth」를 만들었다. 이 영화는 마드리드의 방어와 포위, 그리고 관개 계획 덕분에 땅이 비옥해진 한 마을을 묘사한다. 「스페인의 심장Heart of Spain」(1937) 역시 헝가리 사진작가인 게자 카르파티와 미국 저널리스트인 허버트 클라인이 스페인에서 촬영한 것을, 뉴욕에서 클라인, 폴 스트랜드, 레오 허위츠가 편집하여 만든 영화였다. 구급약 구입비를 모금하기 위해 그 영화는 마드리드가 폭격당한 모습을 보여 주면서 독일과 이탈리아의 간섭이 일으킨 참변을 강조했다. 그리고 전투원과 민간인 희생자들의 생명을 구한 병원과 헌혈의 역할에 초점을 맞춘다. 「스페인 입문Spanish ABC」과 「스페인 전선 뒤에서Behind the Spanish Line」는 공산당 영향력하에 있는 진보영화위원회Progressive Film Institute가 영국에서 제작한 작품들이다. 소련에서는 에스피르 슈브가 프세볼로드 비슈네프스키와 공동 작업으로 로만 카르멘이 찍은 기성 뉴스 장면을 장편 영화 「스페인Ispaniya」(1939)으로 편집했다. 이 영화는 내란이 끝난 뒤에 완성되었다.

일본의 만주 침략 역시 여러 나라 감독들의 관심을 끌었다. 「중국의 역습China Strikes back」(프론티어 필름스, 1937)은 대장정 후 옌안에 있던 마오쩌둥을 보여 주었고, 존 페르노와 요리스 이벤스의 「4억의 국민Four Hundred Million」(1939)은 섬뜩한 일본의 만행을 화면으로 제공했다. 스페인 내란을 찍은 후에 로만 카르멘 역시 중국으로 가서 마오쩌둥에 대해 찍었고, 그래서 나온 작품들이 「전쟁 중인 중국China in Battle」(1938~9)이라는 단편 영화 시리즈와 「중국에서In China」(1941)라는 장편 다큐멘터리이다. 마오쩌둥이 있는 옌안의 중국 감독들은 1939년부터 1945년 사이에 21편의 단편 기록 영화들을 만들었는데, 그중에서도 위안무즈 감독의 「옌안과 팔로군(延安旅八路軍)」(1939)이 유명하다. 일본 감독들 역시 전쟁 다큐멘터리를 만들었다. 가메이 후미오의 「상하이(上海)」(1937)는 도호(東寶) 사의 장편 영화로, 일본의 승리를 이야기하는 일본 장교들의 모습을 일본인들의 묘지로 가득한 참담한 장면과 대조시킨다. 히라노 교코에 따르면, 군인들의 용감한 전투보다는 육체적 피로에 초점을 맞춘 가메이의 다음 작품, 「싸우는 군인들(戰う兵隊)」은 「지친 군인들(疲れた兵隊)」이라는 별명이 붙었다. 그 영화는 상영 금지되었고, 가메이는 투옥당했다.

제2차 세계 대전

제2차 세계 대전이 일어나자 다큐멘터리는 중요한 선전 역할을 떠맡았다. 국내 관객들에게 참아 내고 이기고자 하는 의지를 고취시키고 동맹국이나 중립국뿐만 아니라 국내의 여론을 형성하는 역할이었다. 대부분의 전시 다큐멘터리들은 정부의 직접적인 통제 아래 만들어졌지만, 덴마크나 프랑스 같은 점령당한 국가의 감독들은 강력한 저항의 의미로 은밀하게 영화를 찍고 기록물들을 상영했다. 독일의 뉴스 영화들은 전선에서 끌어 모은 필름들로 채워졌고, 이에 더해서 제국 선전부는 많은 전시 다큐멘터리들을 제작했다. 예를 들어, 프리츠 히플러의 첫 주요 작품인 「폴란드 진군Feldzug in Polen」(1940)은 폴란드의 독일 소수민 학대를 강조하고, 압도적인 독일의 힘 앞에서는 아무 소용 없는 폴란드의 저항을 묘사한다. 지크프리트 크라카워는 이런 캠페인 영화들은 〈국민을 훈시하기보다는 인식을 심어 주기 위한 의도로 만들어졌다〉고 말한다. 그 영화들은 많은 사람들의 강인한 진취적인 정신이 얼마나 어마어마한 힘을 가지는가를 강조했다. 히플러는 「폴란드 진군」에 이어 「서유럽에서의 승리Sieg im Westen」(1941)를 만들었고, 그 사이에 반유대주의 사상을 담은 졸작 「방황하는 유대 인Der ewige Jude」(1940)을 틈틈이 제작했다.

여러 면에서 영국의 다큐멘터리 운동은 그리어슨 이래 전쟁의 발발로 영웅적인 시기로 들어갔다. 전시의 영국에 관한 일련의 훌륭한 다큐멘터리들에서 험프리 제닝스는 독일 대공습에 대한 런던의 단호한 저항을 통해 평범하지만 본질적인 영국의 모습을 보여 줬다. 제닝스의 영화들이 보여 주는 영국의 취약성과 과묵한 결단은 나치 선전 영화에 대한 완벽한 방어 수단이었다.

그럼에도 불구하고, 제닝스의 동료들은 그의 영화들이 낙관적이기만 하고 공격적이지 않다고 비판했다. 영국 공군 비행 중대의 독일 보급소 폭격을 자세히 묘사하는 「오늘 밤의 목표Targer for Tonight」(1941)는 그들의 입맛에 좀 더 맞았다. 이 영화는 영국이 공격하는 모습을 깔끔하게 재현한 최초의 영화였고, 대단한 성공을 거두었다. 또 다른 전쟁 영화인 로이 불팅의 「사막의 승리Desert Victory」는 1943년 최우수 장편 다큐멘터리 부문에서 오스카상을 받았다. 브리티시 아미 필름과 포토그래픽 유닛의 회원 62명이 찍은 필름과 포획한 독일 영화의 필름을 편집한 그 영화는 북아프리카에서 연합군이 로멜 부대를 상대로 거둔 승리를 극적으로 설명해 준다. 「전장의 카메라맨들Cameramen at War」은 그러한 다큐멘터리들의 일등 공신인 종군 카메라맨들에게 찬사를 보낸다. 몇 분 동안 이 익명의 카메라맨들이 렌즈 앞에 나타나고 우리는 그들이 얼마나 위험을 감수하고 있는지, 그들이 어떻게 전쟁의 생생한 영상을 잡아내는지 생각에 잠기게 된다.

400여 명의 카메라맨들이 전선에서 필름을 보내 준 소련은 로만 그레고리예프의 지휘 아래 수많은 전쟁 뉴스 영화들을 제작했다. 스페인 내전과 중국의 대일본 저항에 대한 필름들과 마찬가지로 이 자료의 대부분은 좀 더 긴 다큐멘터리, 즉 저항과 최후의 승리에 대한 서사극의 토대가 되었다. 일리야 코팔린은 전쟁의 결정적인 전환점을 자세하게 묘사한 「스탈린그라드Stalingrad」(1943)를 감독했고, 세르게이 유트케비치와 알렉산드르 도브젠코 같은 유명한 극영화감독들도 다큐멘터리를 만들었다.

일본의 진주만 공격(1941년 12월 7일) 후에 미국 정부는 재빨리 전시 체제를 갖추었고, 미 육군 통신 부대와 전시 정보국(OWI)을 비롯한 여러 기관이 수많은 다큐멘터리들을 제작하기 시작했다. 하지만 군부는 1930년대 동안 기량이 많이 발전된 좌익 경향의 다큐멘터리 작가들보다는 징집되어 군에 입대해 있던 할리우드 감독들을 영입했다. 인민주의적 코미디인 「스미스 씨 워싱턴에 가다Mr. Smith Goes to Washington」(1939)의 감독인 프랭크 캐프라는, 적군의 선전 영화들을 가지고 히틀러, 무솔리니, 히로히토 천황의 끔찍한 2차원 캐리커처를 만들어 보여 주고, 추한 면을 완전히 걸러 내고 미국의 역사와 가치를 찬미한 설교 영화 「전쟁의 서곡Prelude to War」(1942)을 만들고 육군 소령에서 중령이 되었다. 캐프라는 〈우리는 왜 싸우는가Why We Fight〉 시리즈로 6편의 영화를 더 제작했는데, 「나치 공습The Nazi Strike」(1943)과 「러시아 전투The Battle of Russia」(1944)를 비롯한 선전 영화의 대부분은 아나톨 리트바크가 연출을 하거나 공동 연출을 했다.

할리우드에서 「유리 열쇠The Glass Key」(1942) 등을 감독한 스튜어트 하이슬러는 「흑인 병사The Negro Soldier」(1944)를 만들었는데, 이 영화는 군대 내의 미국 흑인의 존재를 인식하면서도 군대가 여전히 인종 차별 단체임을 인정하지 않는다. 존 포드는 30분짜리 군인 성병 교육 영화[「성 위생학Sex Hygiene」(1941)]를 만들기도 했지만, 전시 다큐멘터리 2편으로 오스카상까지 탔다. 그중의 하나는 18분짜리 영화「미드웨이 해전The Battle of Midway」으로, 일본 전투기에 의하여 공격당하고 있는 발전소의 꼭대기에 포드가 직접 올라가 16mm짜리 컬러 필름으로 찍은 작품이다. 윌리엄 와일러는 독일에 대한 폭격을 다룬「멤피스 벨Memphis Belle」(1944)을 만들었고, 존 휴스턴은 전쟁 3부작,「알류샨 열도로부터의 보고Report from the Aleutians」(1943),「산 피에트로 전쟁The Battle of San Pietro」(1945),「빛이 있으라Let There Be Light」(1946)를 만들었다. 마지막 영화는 전상(戰傷) 정신 장애로 고통받고 있는 군인들에게 초점을 맞추면서, 정신병 치료가 그들의 사회 재적응에 놀라운 효과를 가져오는 것을 보여 준다. 이러한 낙관적인 결론에도 불구하고, 이 영화는 35년 동안 상영 금지당했는데, 아마도 무조건적인 미국의 승리와 영웅적인 전투에 대한 신화를 깨뜨렸기 때문일 것이다.

전쟁이 끝난 뒤 미 육군은 나치 수용소를 다룬「시체 공장Death Mills」(1946)과 뉘른베르크 전범 재판에 대한「뉘른베르크Nuremberg」(1948) — 페어 로렌츠와 스튜어트 슐버그 편집 — 같은 전쟁 관련 다큐멘터리들을 제작했다. 미 육군은 또한 독일 전쟁 포로 수용소에서 고국으로 돌아오는 프랑스 군사들을 동행하면서 찍은 앙리 카르티에-브레송의「귀환Le Retour」(1946)도 지원해 주었다.

전후의 다큐멘터리

막상 전쟁이 끝나고 나자 다큐멘터리는 위기를 맞았고, 이 침체 상태는 거의 15년이나 갔다. 지역과 정치를 막론하고 다큐멘터리는 쇠퇴하기 시작했는데, 각 나라 영화 산업의 특정적인 정황들 때문에 그 쇠퇴는 더 가속화되었다. 다큐멘터리는 선전이라는 전시의 역할에 너무 밀접하게 연관되어 버렸다. 사람들은 이제 그 논쟁적인 태도에 질색을 했다. 게다가 다큐멘터리는 전통적으로 하나의 대안적인 역할을 했다. 전후에는 텔레비전이 장편 영화 산업에서 일할 생각이 없거나 일할 수 없는 사람들에게 일자리를 제공했다(미국에는 에드워드 머로의「지금 보라See It Now」나 로버트 소덱의「옴니버스Omnibus」같은 초기 논픽션 텔레비전 시리즈들이 나왔다). 1930년대의 다큐멘터리 작가들이 여전히 다큐멘터리 영화계를 지배하고는 있었지만, 개인적이고 제도적인 여러 여건들 때문에 전쟁 전만큼의 수작은 내놓지 못했다.

내란과 한국 전쟁 때문에 전쟁은 여전히 중국 다큐멘터리들의 소재가 되었다. 혁명 후에 영화감독들은 해방 전의 베이징 매춘부들이 겪은 억압적인 상황을 자세히 보여 준「자매들이여 일어서라(姐姐妹妹站起來)」(스후이, 1950) 같은 작품들을 언제든 만들 수 있었다. 소련의 감독들 역시「해방된 중국Liberated China」(세르게이 게라시모프, 1950)과「중국인들의 승리Victory of the Chinese People」(레오니드 바를라모프, 1950) 같은 다큐멘터리들을 중국 쪽 감독들과 공동으로 제작했다. 한국 전쟁에 발맞추어 후샤오핑은 12명의 카메라맨이 전선에서 직접 찍은「항미원조(抗美援朝)」(1952)라는 작품을 제작했다. 하지만 다큐멘터리는 점점 더 정권의 요구에 부응하고 있었다. 1959년에 제이 레이다는 이렇게 결론지었다.〈실제 이야기인 척하는 영화들이 허구임을 자처하는 영화들보다 더 진부하다.〉미국에 점령당한 일본에서는 논쟁적인 다큐멘터리들이 검열 문제에 부딪혔다. 히로시마 원폭 투하에 대한「원자 폭탄의 영향The Effect of the Atomic Bomb」(1946)과 히로히토와 천황제를 비판한 가메이 후미오의「일본의 비극(日本の悲劇)」(1946), 이렇게 두 영화가 금지당했다. 1950년대에 미국에서는 좌익 감독들(예를 들면, 제이 레이다)의 블랙리스트 탓에 많은 다큐멘터리 감독들이 활발한 활동을 하지 못했다. 촬영 현장에서 동시음 장비를 쓰는 것이 점점 더 일반화되고 있었지만 장비가 비쌌고, 그 부피 때문에 즉흥적인 촬영에 방해가 되기도 했다. 상업적인 영화관들은 뉴스 영화를 제외하고는 단편 기록 영화들을 거의 상영하지 않았기 때문에 대부분의 다큐멘터리들은 산업계, 주 정부나 연방 정부의 후원을 받았다. 이러한 한계를 뛰어넘고자 하던 감독들은 저예산 무성 영화나 후시 녹음(일반적으로 단순한 음악 트랙을 써서) 작품으로 고개를 돌렸다. 그런 경우에는 다큐멘터리와 전위적인 충동이 결합된 작품들이 많았다. 헬렌 레빗, 재니스 레브, 제임스 에이지는 18분짜리 작품인「거리에서In the Streets」(1952)를 촬영할 때 회전 카메라로 들고 찍기를 했다. 이 영화는 뉴욕 인근의 거리 생활을 분명한 사회적 논평 없이 보여 준다. 스탠 브레이키즈의「마법의 반지The Wonder Ring」(1956), 셜리 클라크의「다리 순례Bridges Go Round」(1958)와 페너베이커의「새벽 특급Daybreak Express」(1958)은 도시의 잠재력을 좀 더 찬양하면서 논쟁은 역시 회피한다. 많은 면에서 이 영화들은 영화적 형식으로 도시 생활의 활력을 윤색하는 도시 영화의 주제들을 다루고 있었다.

영국의 다큐멘터리는 전쟁이 끝나자마자 위기를 맞았다.

요리스 이벤스 (1898~1989)

〈날아다니는 네덜란드 인〉이라는 별명을 가진 요리스 이벤스는 여러 대륙에서 여러 시대에 걸쳐 영화 인생을 살았다. 주로 유럽과 아시아에서 활동한 그는 아프리카(「낭길라에서의 내일Demain à Nanguilla」(1960)), 북아메리카(「권력과 토지」(1940)), 남아메리카(「발파라이소에서」(1962)), 오스트레일리아(「인도네시아의 외침」(1946)) 등지에서도 영화를 찍었다.

그의 초기 영화들은 인간과 기계(「다리」(1928)), 자연과 도시(「비 Rain」(1929)) 간의 상호 작용에서 발생하는 움직임을 연구했다. 땅의 간척이라는 전형적인 네덜란드적 주제를 다루고 있는 「조이데르 해」(1933)는 그의 실험주의의 절정이었다. 이벤스는 제방을 찍은 마지막 장면에서 주역들 — 바다, 육지, 크레인 속의 남자 — 각각에 카메라를 하나씩 설치해서 몽타주 효과를 강화했다.

공산당이 이끄는 국가들과 운동의 지원을 평생 받은 그는 정치적 논란에 휘말렸다. 제2차 세계 대전 후에 그는 인도네시아의 자치를 지지했다는 이유로 네덜란드 여권을 박탈당해 10년간 동부 유럽에 머물렀다. 소련으로부터 영화(「콤소몰Komsomol」(1931)) 제작 의뢰를 받은 최초의 외국인인 그는 인민 전선의 정략을 담은 강력한 영화들을 계속 만들었다. 어니스트 헤밍웨이가 각본을 쓰고 내레이션을 한 「스페인의 대지」(1937)는 프랑코 군대에 대항한 공화파의 마드리드 방어에 초점을 맞추었다. 1년 뒤의 「4억의 사람들」은 세계 언론에 일본의 중국 침략에 대한 경각심을 불러일으켰다. 이들 중 어떤 영화도 유통되지 못했고 국제 외교에도 별다른 영향을 끼치지 못했다. 이러한 한계에도 불구하고 이벤스는 항상 정치 다큐멘터리의 역할을 옹호했다. 〈모든 국민에게는 자유로 이르는 길이 있고, 다큐멘터리 영화는 그 행보를 기록하고 도와야 한다.〉

그는 여권을 다시 찾아서 프랑스에 정착했고, 「북서풍Le Mistral」(1965)이라는 〈시적인〉 작품과 다른 영화 에세이들을 만들었다. 그 주제가 무엇이건 간에 인간과 자연 세계 간의 상호 연결이 중심이 되었다. 대지든 공기든 물이든 불이든 자연은 자원이자 효과적인 상징적 요소였다.

「스페인의 대지」부터 「17도선」(1967)에 이르기까지 그의 전쟁 영화의 주인공은 자신의 땅을 지키고, 쌀이나 밀을 심고, 폭탄 구멍을 양어지로 바꾸고, 평화로운 일상을 시체들 때문에 망쳐 버린 농부들이었다. 전쟁의 한 요소인 포화는 그리 멋지게 조명되지 않는다. 「콤소몰」의 폭발하는 용광로들, 「국민과 그들의 총Le Peuple et ses fusils」(1969)의 무장 전투에서처럼 포화가 웅장하게 등장하면 영화는 불쾌한 교훈적인 분위기를 띨 수도 있다.

「국민과 그들의 총」에서 이벤스와 함께 작업한 젊은 감독들은 그의 〈감응 효과*fascination effect*〉를 비판했다. 말하자면, 그 영화를 보는 관객들로 하여금 베트남 사람들이 정치적으로 얼마나 기민한가보다는 그 사람들이 얼마나 뛰어난가를 느끼게 한다는 것이었다. 하지만 그의 영화들은 대의가 아닌 어떤 정치 노선을 위해 만들어질 때에는 더 질이 떨어진다. 그의 작품에서 가장 크게 논의되는 측면은 정치적 시나리오의 〈내적인 진실〉 탐구를 위한 재현 기법의 사용이었다.

결국 이벤스는 보통 사람들에 대한 확고한 믿음과 자신과 환경을 변형시키는 그들의 능력에 의지했다. 그의 대작 「우공(寓公)은 어떻게 산을 옮겼는가」(1976)는 중국 인민의 일상적 삶 속의 투쟁에 초점을 맞추었다. 「바람 이야기」(1988)에는 그가 평생 추구해 온 주제들이 잘 요약되어 있다. 바람을 찍으려는 그의 열정은 극적인 천식 발병을 통한 죽음의 암시와 편협한 중국의 관료 제도에 대한 논의와 함께 표현된다. 장난기 많은 손오공이 등장하는데 그는 30년 전에 이벤스가 프랑스의 북풍에 대해 한 묘사에 딱 들어맞는다. 〈마음대로 와서 불고, 너무 세게 불어닥치거나 아니면 아예 잠잠하고, 한번 불고는 그냥 가버리는 변덕스러운 성격……〉

1928년부터 1988년까지의 그토록 긴 영화 인생은 다른 이들과 함께 일하고 필요한 자금을 조달할 줄 아는 능력과 엄청난 정열을 증명해 준다. 암스테르담에 있는 그의 가족이 만든 사진 회사인 CAPI(Cornelis Adrianus Peter Ivens)는 그의 많은 작품들을 공동 제작했다. 그는 헬렌 반 동겐과 마르셀린 로리당 같은 음향 기술자들과 장기간 함께 일했고, 특정한 프로젝트들에는 앙리 스토르크, 크리스 마르케, 타비아니 형제와 함께 작업했다. 영화사에서 그는 전형적으로 〈사회의식이 뚜렷한〉 영화인이었다.

로절린드 델마

주요 작품

「다리De brug」(1928); 「비참한 탄광 생활Misère au Borinage」(1933, 앙리 스토르크와 공동 연출); 「조이데르 해Zuiderzee」(1933); 「스페인의 대지The Spanish Earth」(1937); 「4억의 사람들The 400 Millions」(1938); 「인도네시아의 외침Indonesia Calling」(1946); 「발파라이소À Valparaiso」(1962); 「17도선Le Dix-septième Parallèle」(1967); 「우공은 어떻게 산을 옮겼는가Comment Yukong déplaça les Montagnes」(1967); 「바람 이야기Histoire de vent」(1988).

참고 문헌

Delmar, Rosalind(1979), *Joris Ivens*.
Ivens, Joris(1969), *The Camera and I*.

물과 땅의 경계에서: 「조이데르 해」(1933).

1945년에 선출된 노동당은 많은 이들이 보기에 1930년대에 그들이 싸워 지키려 했던 것을 실현시킨 것처럼 보였고, 그래서 그들의 영화에는 논쟁적인 날카로움이 사라졌다. 제닝스의 「가족 초상화」(1951)는 영국의 동시대 보통 시민들의 다면적인 가치들을 찬양하면서도 국가의 위인들을 환기시킴으로써 영국적 정체성과 대의를 지지한다. 하지만 「가족 초상화」는 그 당시의 영화들이 으레 그랬듯이〔예를 들어, 뮈어 마티슨의 「오케스트라 악기Instruments of the Orchestra」(1947)와 음악에 대한 영화인 벤저민 브리튼의 「발레 스텝Steps of the Ballet」(1948)〕 영상 강의 접근법을 썼다. 「웨이벌리 계단Waverley Steps」(1948)은 도시를 주제로 한 영화 심포니라는 익숙한 장르로 만들어졌다. 하지만 절제되고 세련된 촬영 기법과 주의 깊게 배치되고 연기된 짤막한 장면들로 그 영화는 다큐멘터리적 충동을 거부한다. 이러한 영화들은 초기 다큐멘터리들에 분명하게 나타나는 주제들과 방식을 순화하면서 점점 그 종점을 향해 치닫고 있었다.

다른 곳과 마찬가지로 영국에서도 다큐멘터리 제작은 외곽에서 활발하게 일어나고 있었다. 다큐멘터리의 부활은 〈프리시네마*Free Cinema*〉에 의해 이루어졌다. 이 용어를 만든 젊은 영화감독이자 평론가인 린지 앤더슨은 영국과 해외에서 만들어진 혁신적인 다큐멘터리들을 지칭하는 데 그 단어를 사용했다. 영국 작품에는 재즈 클럽에서 찍은 카렐 라이스와 토니 리처드슨의 「엄마가 허락하지 않아요Momma Don't Allow」와 단 하루 동안 코벤트 가든의 시장에 사는 사람들을 찍은 앤더슨의 「크리스마스를 제외한 모든 날Every day except Christmas」(1957)이 있었다. 프리 시네마는 극영화의 제작 방식을 피하고(완전히 배제하지는 않지만) 일상적이고 평범한 것들을 보여 준다. 이 다큐멘터리들은 추상을 거부하고 좀 더 관찰자적인 관점을 유지하면서, 개인(촬영 대상과 제작자 자신)의 인격과 심리에 초점을 맞춘다.

앤더슨이 칭찬한 작품들 중에는 파리의 한 도살장을 태연한 시선으로 바라보는 조르주 프랑쥐의 「야수의 피Le Sang des bêtes」(1949)와 전쟁 유물들과 부상자들로 가득한 프랑스군 박물관 겸 퇴역 군인들의 요양원에 대한 「앵발리드Hôtel des Invalides」(1951)가 있다. 에릭 바노(1956)가 말했듯이, 이런 영화들은 〈다름 아닌 악몽의 아름다움을 지니고 있는 듯하다〉. 라이오널 로고신의 「바워리 가(街)에서On the Bowery」(1956)는 뉴욕 시의 우범 지대에 사는 알코올 중독자들에게 초점을 맞춘다. 몰래 카메라로 그들을 찍은 장면들도 있다. 이 영화는 그들의 일상적인 생활을 감정이나 도덕적 고찰 없이 조용한 감정 이입으로 보여 준다. 그리고 그들이 사회의 구성원이자 산물임을 인정하면서도 이러한 절망적인 사람들을 만들어 낸 사회적 환경들을 설명하지도 비난하지도 않는다.

전후 시대에 프랑스 정부는 국가 영화를 살리는 한 방법으로 단편 영화, 특히 다큐멘터리를 장려했다. 그 일환으로 동시 상영을 금지하는 법을 제정해 다큐멘터리들의 극장 개봉을 도왔다. 야심 찬 감독들의 훈련의 장이 된 그 작품들은 그 자체로 의미가 컸다. 알랭 레네는 모더니스트 회화에 대한 35mm짜리 단편 영화 3편 — 오스카상을 받은 「반 고흐Van Gogh」(1948), 「고갱Gauguin」(1950), 「게르니카Guernica」(1948) — 으로 데뷔했다. 「밤과 안개Nuit et brouillard」(1955)는 나치 수용소에 대한 역사적 자료와 현대적인 컬러 필름을 번갈아 가며 길고 차분한 트래킹 숏으로 보여 준다. 레네는 선명하게 기억하기 어려울 만큼 공포가 무뎌졌고 해결까지 되었음을 암시한다. 하지만 피티비에 집단 수용소의 관제탑에 있는 한 헌병을 찍은 흑백 숏이 홀로코스트에 프랑스가 협력했다는 증거가 된다는 이유로 정부에 의해 삭제되었고, 그 영화는 칸 영화제에 초청됐다가 취소되었다. 실제로 수용소에 수감된 경험이 있는 장 케롤이 쓴 내레이션은 그 공포가 다 끝난 것이 아니라 다른 모습으로 다른 곳에 옮겨 간 것뿐이라고 말한다. 그 영화가 암묵적으로 언급하고 있는 것은 프랑스군이 알제리에서 벌인 잔인한 혁명 진압 활동이었다.

장-뤼크 고다르는 스위스 그랑 디장스 댐 건설 현장의 노동자들의 이야기인 「콘크리트 작전Operation Béton」(1954~8)으로 데뷔했다. 아녜스 바르다는 1950년대부터 극영화와 다큐멘터리를 번갈아 만들었다. 「오페라 무페 거리L'Opéra-Mouffe」(1958)와 「리비에라에서Du côté de la côte」(1959) 같은 영화들이 그 예이다. 크리스 마르케는 알랭 레네와 공동 작업으로 프랑스 문화 식민주의의 아프리카 예술 파괴를 고찰한 「입상도 죽는다Les Statues meurent aussi」(1953)를 만들었다.

대학 교육을 받은 인류학자들이 영화 제작에 뛰어들면서 전후에 민족지적 영화 제작의 새로운 시대가 열렸다. 프랑스 인류학자인 장 루슈는 1940년대 후반에 서아프리카에서 민족지적 영화들을 만들기 시작했고 곧 일류 다큐멘터리 감독으로 부상했다. 마거릿 미드와 그레고리 베이트슨도 주목할 만한데, 그들은 1930년대에 찍은 필름들을 활용해서 교육 영화들을 만들었다. 「발리와 뉴기니에서의 어린 시절 경쟁Childhood Rivalry in Bali and New Guinea」(1952)에서 그들은 남태평양에 있는 두 문화의 양육 방법을 비교한다. 하버드의 피바디 박물관과 인류학 대학원생인 로버트 가드너의 도움을 받아 존 마셜이 만든 「사냥꾼들The Hunters」(1956)은 남아프리카 칼라하리 사막에 사는 부시 족의 기린 사냥에 대한 이야기로, 2년 동안 찍은 필름을 편집해서 완성한 것이었다. 그 후로 몇십 년 동안 마셜과 다른 감독들은 이 필름을 손질해서 영화들에 활용했다. 로버트 가드너 역시 민족학적 감독으로 계속 경력을 쌓아 나갔다[「죽은 새들Dead Birds」(1963)].

캐나다는 급속하게 확대되고 있던 다큐멘터리 운동을 정부가 후원해 주었다. 1939년 존 그리어슨의 지휘 아래 설립된 캐나다국립영화위원회(NFBC)는 제2차 세계 대전이 끝날 무렵 800명의 직원이 있었지만 경비 삭감, 예산 감축, 정치적 비판에 부딪혔다. 캐나다를 여행하는 엘리자베스 공주와 필립 왕자를 찍은 다큐멘터리인 「왕족의 여행Royal Journey」(1951)으로 영화 제작소는 기사회생했다. 「캐나다는 멈추지 않는다Canada Carries on」와 「캐나다의 얼굴들Faces of Canada」 같은 시리즈들 덕분에 「폴 톰코위츠: 시내 전차 경비원Paul Tomkowicz: Street-Railway Switchman」(로먼 크로이터, 1953)과 「가축 우리Corral」(콜린 로 & 울프 쾨니그, 1953) 같은 고전적인 다큐멘터리 단편들이 제작되었다. 동시음 없이 35mm로 찍은 「가축 우리」는 카우보이 한 명이 말을 타고 캐나다 로키 산맥을 질주하는 모습으로 가상의 서부를 보여 준다. 국립영화위원회의 유닛 B 소속 감독들 — 크로이터, 쾨니그, 테런스 매카트니-필게이트 — 은 좀 더 솔직한 영화, 덜 과장되고 좀 더 현실적인 영화를 추구했다. 그들은 반 시간짜리 단편들로 구성된 텔레비전 시리즈 「캔디드 아이 The Candid Eye」(1958)와 「크리스마스 전의 나날The Days before Christmas」(1958), 「응급 병동Emergency Ward」(윌리엄 그리브스, 1958), 담배 밭에서 일하는 이주 노동자에 대한 「노고의 이파리The Backbreaking Leaf」(1959)를 제작했다. 프랑스 어권 감독들인 미셸 브로와 질 그루는 퀘벡의 일상생활과 일상 언어를 다룬 「설피(雪被) 축제 Les Raquetteurs」(1958)를 공동 제작했다. 카메라로 움직임을 자유롭게 포착할 수 있게 되면서 뜻하지 않게 미래의 가벼운 동시음 장비 세대가 선보일 그런 종류의 다큐멘터리가 나오기도 했다.

참고문헌

Aitken, Ian(1990), *Film and Reform: John Grierson and the Documentary Film Movement.*

Barnouw, Eric(1974), *Documentary.*

Barsam, Richard(1992), *Non-Fiction Film.*

Alexander, William(1981), *Film on the Left: American Documentary Film from 1931 to 1942.*

Buchsbaum, Jonathan(1988), *Cinema Engage: Film in the Popular Front.*

Graham, Cooper C.(1986), *Leni Riefenstahl and Olympia.*

Grierson, John(1966), *Grierson on Documentary.*

Jacobs, Lewis(ed.)(1979), *The People's Films: A Political History of U.S. Government Motion Pictures.*

Sklar, Robert and Musser, Charles(eds.)(1990), *Resisting Images: Essays on Cinema and History.*

Snyder, Robert L.(1986), *Pare Lorentz and the Documentary Film.*

Sussex, Elizabeth(1975), *The Rise and Fall of British Documentary.*

사회주의, 파시즘, 그리고 민주주의

제프리 노웰-스미스

영화는 자본주의 산업으로 시작되었고, 시대나 나라를 막론하고 그 명맥을 계속 유지해 왔다. 하지만 자본주의 산업으로서 이윤을 목표로 하기 때문에 영화는 정부와 일반 사회의 입장에서는 도덕적이고 정치적이고 경제적인 관심 대상이었다. 영화는 정부 기관과 유사 정부 기관들에게 검열당하고(도덕적 공황의 시대에), 통제받고(전시에), 원조를 받았다(위기의 시대에). 그리고 대부분의 나라에서, 심지어는 미합중국이라는 사기업의 패러다임 안에서도, 영화는 이윤을 추구하는 자본가가 아니라 예술가와 활동가에 의해 움직이거나 예술을 위해서건 그 내용의 통제를 위해서건 정부가 후원하거나 관리하는 큰 영역들을 포함했다. 일반적으로 연예 오락 영역이 가장 자본주의적이었다. 〈예술〉 영화는 국가적 차원에서 장려되었고, 다큐멘터리와 교육 영화들은 정부 간섭을 좀 더 많이 받았다. 소련과 다른 사회주의 국가들은 다큐멘터리와 소수 장르들뿐만 아니라 전체적인 영화 산업에 대해 국유화와 국가적 통제를 적용했다.

관습적인 서구적 관점에서 봤을 때, 자본주의적인 산업 활동에 대한 이러한 온갖 간섭들과 그러한 활동으로부터의 이탈은 가정된 규범의 위반으로 보일 수도 있다. 그러한 시각은 상대적으로 정상적인 시대의 다원주의적이고 자본주의적인 국가의 영화에는 잘 들어맞는다. 하지만 서구의 자본주의적 규범이 제자리를 차지하지 못하는 세계나 비정상적인 시대 — 전쟁 중인 국가들, 혁명이 한창인 사회들 — 에는 그리 타당성을 갖지 않는다. 특히 정치 세계의 주변을 맴돌면서 정부의 간섭을 받을 수밖에 없는 자족적이고 자기 조절적인 산업의 경우에는 그 사상이 논의되어야 할 필요가 있는 것이다. 많은 경우에 정치가 부수적인 것이 아니라 중심이 되는 관점을 채택해야 하고, 사회적 체계와 정치 체계, 문화와 세계관 사이의 긴장은 영화가 취하는 형태의 주요한 결정 요소가 된다.

초창기에 — 제1차 세계 대전의 종식 때까지 — 영화는 대개 〈표준적인〉 관점에 부합했다. 1898년의 스페인-미국 전쟁 때 영화는 르포르타주의 성격을 띠었고, 조지 론 터커의 「영혼의 거래Traffic in Souls」(1913) 같은 영화들로 도덕적 우려를 표명했다. 영화의 독점적 관례는 20세기의 첫 10년 동안 벌어진 토머스 에디슨과 경쟁자들 간의 법정 공방으로 시험대에 오르기 시작했다. 그리고 제1차 세계 대전 동안 정부는 전선으로부터 날아오는 뉴스를 통제하고 애국 영화의 제작을 장려하는 등 간섭을 시작했다. 1918년의 휴전 협정은 이례적인 상황의 종식과 이전의 정상 상태로의 복귀를 성취하지 못하고, 사실상 위기를 초래했고, 그러한 상황은 그 후로도 영화계에 쭉 영향을 끼쳤다. 그 영향이 언제나 모든 곳에서 분명하게 드러난 것은 아니지만, 위기와 갈등이 규범이 되고 말았다.

혁명

1919년 4월 헝가리에서 평의회가 공화국(〈벨러 쿤 소비에트〉라고도 알려진) 수립을 선언하면서 상황은 변했다. 이 공화국의 한 법령은 영화 산업을 국유화했다. 이 국유화의 실행을 떠맡은 영화감독 위원회, 혹은 〈소비에트〉에는 샨도르 코르더(후의 알렉산더 경Sir Alexander)나 벨라 블라스코(후의 벨라 루고시) 같은 뜻밖의 사람들도 포함되어 있었다〔전해 오는 얘기에 따르면, 후에 「카사블랑카Casablanca」를 감독한 미하이 케르테스(마이클 커티스)가 오스트리아에서 영화 작업을 하고 있다가 돌아와 그 운동에 참여했다고는 하지만 확실한 증거는 없다〕. 벨러 쿤 소비에트는 겨우 4개월 동안 지속되었다. 정권은 1919년 8월에 무너졌고, 그 지도부와 지지자들 — 쿤 자신을 비롯해, 철학자인 죄르지 루카치, 코르더, 루고시 — 은 망명길을 떠났다. 하지만 영화 산업 일꾼들의 해외 망명과 장비의 유실을 염려한 러시아의 혁명 정부는 같은 해에 영화 스튜디오들을 국유화하고 영화 제작을 혁명 정부의 통제 아래에 두기로 결의했다. 이런 결정은 1990년 이후까지도 영향을 끼쳤다.

러시아에 취해진(그리고 곧 새로운 소련 전체에 적용된) 이러한 조치는 그 의도나 예상보다 훨씬 더 큰 파장을 일으켰다. 국유화의 주된 목적은 영화 산업을 사회주의 경제로 통합시키고 그 물질적 측면을 통제하려는 것이었다. 그와 동시에 예술가들에게도 혁명에 도움이 되는 활동을 강요하는 것이었다. 레닌과 루나차르스키(볼셰비키 당의 교육인민 위원)의 초기 관심사들은 무엇보다도 교육적인 것이었다. 자주 인용되는 〈우리에게는 영화가 모든 예술 중에 가장 중요하다〉라는 레닌의 말은 문화로서의 영화보다는 소련의 많은 문맹자들에게 지식과 사회주의 사상을 보급할 수 있는 영화의 잠재력을 이야기한 것이었다.

소련의 새로운 영화 문화는 초반에는 눈에 띄게 국제주의적이었다. 미국 영화를 비롯한 많은 해외 영화들이 계속 수입되었다. 더글러스 페어뱅크스와 메리 픽포드가 1926년에 모스크바를 방문해서 큰 환호를 받았다. 소련 영화는 외국의 스타일을 모방하기 시작했다. 그러다가 1920년대 중반부터 구도와 몽타주에 기초한 〈러시아 특유의〉 스타일이 발전했다. 그런 스타일은 자국의 관객들에게는 그리 인기가 없었지만 외국에는 아주 큰 영향을 미쳤다. 1920년대 말에 스탈린 정권이 강화되고 거의 같은 시기에 대사 영화가 나오면서 몽타주 영화는 버림받았고, 1930년대 초에 사회주의 사실주의라는 새로운 모델이 그 자리를 메웠다. 외국 영화들의 수입은 줄어들었다. 하지만 그동안에 서구에는 공산주의 정당들과 그에 동조하는 지식인들이 지원하는 연계망이 형성되었다. 그들은 원래의 아방가르드적인 소비에트 모델을 장려하고, 소비에트 모델은 그 연계망으로부터 다큐멘터리와 (다큐멘터리보다는 정도가 덜했지만) 장편 영화로 발을 넓혀 나갔다. 소련이 서구로부터 공격당하고 배척당하면서 자국민을 점점 더 억압하자 서구의 좌익 지식인들은 소비에트의 경험과 성취에 대한 이상화된 관념으로부터 미학적이고 정치적인 영감을 구하는 영화 문화의 개념을 장려했다.

공산당과 국가(이 둘은 거의 구분이 되지 않았다)의 영화 단속은 1920년대와 1930년대 동안 꾸준히 그 범위가 확대되었다. 초기에 당국은 혁명적 이상과 부합하는 영화들을 제작하는 감독들의 정치적인 신념과 열정에 크게 의지했다. 문학에서처럼 서로 다른 사상들이 경쟁하고 서로 다른 결과를 초래했다. 그러나 1920년대 말에 스탈린의 권력이 강화되면서 상황은 변했다. 영화 산업은 더욱 일사불란하게 조직되었고, 일탈적인 생각들은 억압받기 시작했다.

소련에서 일어나고 있는 상황에 대해 서구는 불안감을 느꼈다. 미국 산업은 미국 영화들이 유리한 시장을 잃을까 봐 걱정이었고, 정부는 공산주의 사상이 퍼질 것을 염려해 여러 검열 규정을 동원해서 러시아 영화들의 공개적인 상영을 제한했다. 예상대로 이러한 제약은 부분적으로만 효과가 있었고 가끔씩은 역효과를 초래하기도 했다. 1929년에 자발적 단체인 필름 소사이어티Film Society가 에이젠슈테인의 「전함 포템킨」을 런던에서 상영했을 때 열렬한 반응을 불러일으켰다. 그해에 에이젠슈테인과 푸도프킨이 런던을 방문했고, 에이젠슈테인은 스위스의 라 사라에서 열린 아방가르드 감독들의 회의에도 참석했으며, 〈공인된〉 소비에트 예술가들과 서구의 동조자들 간의 밀접한 관계는 그렇게 1920년대와 1930년대 내내 유지되었다.

파시즘

모든 정부들이 소비에트 방식을 반대한 것은 아니다. 1922년에 파시스트 당이 이탈리아에서 권력을 잡자마자 무솔리니는 〈영화는 가장 강력한 무기다〉라는 선언으로 레닌의 말을 되풀이했다. 1926년에 이탈리아 정부는 뉴스 영화와 다큐멘터리의 제작을 국유화해서 선전 목적을 위한 국가의 도구로 만들었다. 열성적인 파시스트 당원이었던 이탈리아 감독들은 러시아 영화를 찬미했다. 예를 들어, 알레산드로 블라세티의 「태양Sole」(1929)은 푸도프킨과 다른 러시아의 무성 영화 거장들의 영향을 받았다. 에이젠슈테인과 푸도프킨의 사상들은 루이지 키아리니와 움베트로 바르바로 같은 지식인들에 의해 채택되었고, 우회적인 경로로 전후 네오리얼리즘 세대의 감독들에게 영향을 미쳤다. 하지만 〈전체주의〉 국가 설립을 주창하면서도 파시스트 당은 오락 영화에 거의 간섭하지 않았다. 그것이 문화적으로나 정치적으로나 그리 중요하지 않다는 (잘못된) 생각에서였다. 정부의 간섭은 문화적인 측면보다는 경제적인 측면에서 먼저 이루어졌다. 무너져 가는 산업을 일으켜 세우는 것이 최우선 목표였기 때문에 정부는 할리우드와 대적할 만한 영화들을 만들 것을 장려했다. 파시스트 당의 간섭은 문화 전반에 주로 부정적인 영향을 미쳤고, 검열이라는 형태로 반국가적인 사상들을 억제했다. 영화 산업이 전시 체제로 돌아가고 있던 2차 대전 중에도 노골적으로 파시스트적인(국수주의와는 구별되는) 영화는 거의 없었다.

프랑코 치하의 스페인의 문화 정책은 훨씬 더 부정적이었다. 이탈리아 정부가 영화 산업을 장려하고 정권에 대해 노골적으로 비판적이지 않은 이상 최대한의 자유를 허락한 반면, 스페인에서는 프랑코 정부와 가톨릭 교회가 손을 잡고 영화를 반대했다. 1939년 공화파가 패배하고 나서 스페인 영화의 급진적인 목소리는 잠잠해졌다. 공화파를 위해 영화를 만들었던 루이스 부뉴엘은 다른 많은 예술가들과 함께 외국으로 망명했다. 정치적이기보다는 도덕적이고 종교적인 측면에 대한 혹독한 검열 제도가 생겼고, 1930년대 초에 라틴 아메리카와의 수출 무역으로 번성하고 있던 스페인 영화는 긴 동면기에 들어가 1950년대 중반까지 그러한 상태가 계속되었다.

독일에서는 훨씬 더 극적인 사건들이 있었다. 1930년대에 독일은 유럽 영화계를 지배하고 있었고, 또한 좌익 문화가 활발해서 주류에서 벗어난 독일 특유의 영화가 제작되고 있었다. 사회 민주당원들, 그리고 그들과 경쟁 관계에 있던 공산당원들은 바이마르 공화국 시기 동안 자신들만의 문학, 극장, 여가 활동이나 스포츠 등으로 대안 문화 연대를 세우려고 애썼다. 이러한 배경에서 알프레트 되블린의 유명한 소설을 각색한 피엘 유치의 「베를린 알렉산더 광장」(1931)과 슬라탄 두도프와 베르톨트 브레히트의 「쿨레 밤페」(1932)가 나왔다. 그러나 1933년 나치가 권력을 장악하면서 이러한 문화 활동은 끝나고 말았다. 나치는 자신들만의 영화 기관을 설립해서 러시아 모델들을 이용한 조악한 영화들을 만들었다. 그동안 좌익 감독들과 유대 인 감독들은 프랑스로, 덴마크로, 영국으로, 혹은 스위스로 망명했다. 그중 많은 이들이 할리우드로 진출해서 초기 망명자들의 물결에 가담했다. 독일에 남은 많은 영화인들은 집단 수용소에서 죽었다. 모든 유대 인이 위험했지만, 다른 반나치 예술가들과 기술자들이 많이 살아남아 오락 영화 분야에서 상대적으로 자유롭게 활동했다.

나치즘과 파시즘은 독일과 다른 파시스트 국가들의 영화보다는 1933년과 1940년의 망명 물결에 가장 큰 영향을 미쳤다. 무성 영화는 이미 국제적인 것이 되었지만, 초기 유성 영화 시절에 영화는 국가와 언어의 경계 안에 갇혀 있었다. 그렇게 많은 예술인들을 망명길로 내몰면서 독일은 자국과 점령국들의 영화를 해쳤지만, 그 망명자들을 맞아들인 나라들의 영화계는 발전의 기회를 맞았다.

망명자들 중에는 막스 오퓔스, 프리츠 랑, 더글러스 서크, 아나톨 리트바크 같은 감독들과 피터 로리, 콘라트 바이트 같은 배우들, 제작자 에리히 포머, 촬영 기사 오이겐 쉬프탄 등의 유명한 인물들이 포함되어 있었다. 독일의 에른스트 루비치, F. W. 무르나우, 빌리 와일더, 알프레트 융어와 헝가리의 마이클 커티스와 알렉산더 코르더는 직업적인 이유나 박해의 두려움 때문에 일찌감치 망명을 떠났다. 다른 유럽 국가들에서도 루이스 부뉴엘, 에머릭 프레스버거, 요리스 이벤스 등이 파시즘의 위협 때문에 일시, 혹은 영구 망명을 떠났고, 전쟁 중에는 장 르누아르와 르네 클레르가 고국을 떠났다. 여러 가지 방법으로 이 예술가들은 새롭게 발붙인 나라들의 영화들을 발전시켰다. 미국이 가장 이득을 보았지만, 코르더 가족, 프레스버거, 융어, 그리고 수많은 무명 영화인들을 얻은 영국 역시 많은 득을 보았다. 특히 영국 영화의 걸림돌이 되고 있던 다소 진부한 사실주의에 대해 망명 예술가들이 강력한 대책 수단을 마련해 준 디자인 분야에서 그랬다.

부활한 민족주의와 인민 전선

파시즘의 등장과 1930년대의 지나친 민족주의 또한 영화에 경제적인 영향을 미쳤다. 1920년대에 많은 유럽 국가들은 거세게 밀고 들어오는 할리우드 영화들을 막아 보고자 늦은 감이 있긴 하지만 보호 무역적인 법률을 만들었다. 그리고 자기네들끼리 경제적인 연합을 맺기 시작했고, 그래서 초기 유성 영화 시대에는 같은 시나리오를 같은 세트에서, 똑같은 감독으로, 하지만 다른 언어를 쓰는 다른 배우들로 찍은 다국어 작품들이 나왔다. 다국어 작품들은 유럽 전역에서 만들어졌는데, 손을 잡은 유럽 영화사들뿐만 아니라 할리우드와 유럽에 있는 미국인들에 의해서도 제작되었다. 더빙이 도입되면서 그런 작품들이 만들어질 이유는 없어졌다. 배우들은 더 이상 자신의 목소리로 말할 필요가 없었다. 다국어 제작이 점차 사라지면서 국가 산업은 다시 자국의 경계 내로 움츠러들었다. 하지만 독일과 영국·프랑스 간의 협력이 점점 줄어든 것은 정치적 불신 때문이었다. 그동안 미국 영화에 대항한 방어가 점점 더 심해졌고, 할리우드는 유럽 시장을 천천히 침식해 나갈 수밖에 없었다. 1920년대에 수입을 제한하는 〈조건부〉 시스템을 선도해 온 독일은 1930년대 말에 미국과의 무역을 아예 중단했다. 1938년 이탈리아도 우물쭈물 독일을 따랐다. 영화 수입을 책임지는 배급사들을 국유화한다는 법안 때문에 할리우드 메이저 영화사들은 이탈리아 시장에서 물러날 수밖에 없었고, 전쟁의 발발로 이탈리아는 미국 영화의 수입을 완전 중지했다. 1936년의 상업법으로 얼마간은 자율적인 수입 제한을 실행하고 있던 프랑스에서는 1940년의 독일 점령으로 미국과의 모든 무역이 중단되었으며 많은 예술인들이 프랑스를 떠났다.

리온 포이히트방거의 소설 『유대 인 쥐스』를 영화화한 1940년도의 동명 영화에서 쥐스 역을 맡은 페르디난트 마리안이 나온 『일루스트리에르테 필름-쿠리어 *Illustrierte Film-Kurier*』의 표지.

알렉산더 코르더 (1893~1956)

알렉산더 코르더는 헝가리 푸스타투르-파스토의 샨도르 켈네르에서 태어났다. 그의 아버지는 그곳 지방 영주의 영지 관리인이었다. 부다페스트에서 수학하면서 코르더라는 필명으로 신문 잡지에 기고하다가 영화 배급사에 서기로 들어갔다. 그는 1941년에 첫 영화를 감독하고 20여 편의 영화를 더 만들면서 명실 공히 헝가리의 일류 감독 대열에 들어섰지만 벨러 쿤의 공산 정권이 빨리 몰락해 버리자 망명길을 떠나야 했다.

그 후로 11년 동안 코르더와 그의 아내인 여배우 마리아 코르더Maria Corda(그녀는 K보다는 C를 선호했다)는 어느 곳에도 정착하지 못했다. 그는 빈에서 4편의 영화를 감독했고 — 그리피스 작품의 아류작인 「삼손과 델릴라(1922)를 만들면서 코르더 영화사를 설립했지만, 그 영화는 흥행에 크게 실패했다 — 베를린에서 6편을 만들었다. 이들 중 마지막 작품인 「현대의 뒤바리」(1926)로 그는 퍼스트 내셔널 사와 계약을 맺었다. 코르더는 할리우드를 몹시 싫어했고 — 〈그곳은 시베리아 같다〉 — 그가 할리우드에서 만든 10편 중 단 한 작품이 그런대로 훌륭했다. 마리아 코르더가 주연을 맡은 「헬레네의 사생활」(1927)은 성적 풍자가 곁들여진 냉소적인 역사극으로, 코르더의 첫 히트작의 모델이 되었다.

퍼스트 내셔널 사와의 말다툼 끝에 블랙리스트에 오른 코르더는 파리로 가서 마르셀 파뇰의 마르세유 3부작 중 첫 번째(이자 최고의) 에피소드인 「마리우스」(1931)를 감독했다. 이 작품이 흥행에 성공하자 파라마운트 사는 그에게 영국 지사의 지휘를 맡겼지만, 혹평을 받은 한 작품 후에 그 계약은 파기되었다. 대담한 모험으로(이것이 마지막이 아니었다) 코르더는 수많은 헝가리 동료들 — 그의 형제들인 졸탄과 빈센트, 부다페스트 시절의 친구인 시나리오 작가 러요슈 비로 등 — 을 공동 경영자로 끌어들여 런던 필름을 설립했다.

그 모험은 「헨리 8세의 사생활」(1933)로 성공했다. 이 영화는 「헬레네의 사생활」의 공식을 빈틈없이 영국풍으로 개작한 작품으로 세계적인 성공을 거두었다. 이를 발판으로 코르더는 화려한 대작의 제작자-감독답게 데넘에 영국 최대의 영화 스튜디오를 세우기 위한 자금을 모았다. 그때부터 그 자신은 6편의 영화만 더 감독했다. 그중 가장 훌륭한 작품은 찰스 로튼이 최고의 감성 연기를 보여 준 부드럽고 통쾌한 영화 「렘브란트」(1936)이다.

세계주의적인 스타일, 장엄한 비전, 불가항력적인 헝가리 특유의 매력으로 코르더는 영국의 영화계를 단번에 사로잡았다. 제작비를 아끼지 않고 투자도 많이 받아 그는 역사적인 대작들을 만들겠다고 선언하고, 그 야망을 실현시키기 위해 몸값이 비싼 외국 인재들(르네 클레르, 자크 페데르, 조르주 페리날)을 영입했다. 그는 H. G. 웰스와 윈스턴 처칠 같은 명사들에게서도 시나리오를 받았고, 로튼, 올리비에, 도냇, 레슬리 하워드, 비비언 리, 멀 오버런(코르더의 두 번째 아내가 된다) 같은 영국 간판 배우들의 경력을 키워 주었다.

웰스풍의 미래주의적 우화인 「닥쳐올 세계」(1935), 〈제국 3부작〉인 「강의 샌더스」(1935), 「드럼」(1938), 「네 개의 깃털」(1939), 모험과 스릴이 가득한 「무적함대에 발사」(1940), 원대한 판타지 「바그다드의 도적」(1940)에서처럼 코르더의 걸작들은 서툰 시나리오로 김이 빠지기도 하지만 활기차고 기발한 아이디어가 넘쳐흘렀다. 그러한 혼합이 제대로 먹혀들지 않으면 알맹이 없이 겉만 번지르르하고 지루한 영화가 나왔다. 페데르의 〈볼셰비키 당원들 사이의 디트리히〉 이야기인 「갑옷 없는 기사Knight without Armour」(1937)처럼 말이다.

지나치게 확장만 하고 투자는 제대로 받지 못한 코르더의 제국은 그의 후원자인 프루덴셜 보험사가 데넘을 점거한 1938년에 무너지고 말았다. 낙담한 그는 「사자는 날개가 있다」(1939)라는 무모하고 도전적인 영화로

전쟁 지원에 나섰다. 그리고 할리우드로 옮겨 가 시대 의상이 너무나 부실한 반나치 선전 영화 「해밀턴 부인」(1941)을 만들었다(이 영화, 혹은 영국 정부를 위한 내밀한 작업으로 그는 기사 작위를 받았다). 1943년에 영국으로 돌아온 그는 MGM과 잠깐 손을 잡았고(MGM에는 비경제적인 일이었다), 런던 필름London Films을 재건했다.

전후에 코르더는 그 명성이 위축되었지만 여전히 무시할 수 없는 인물이었다. 화려한 의상으로 가득한 영화는 이제 유행에 뒤떨어졌지만 — 「안나 카레니나Anna Karenina」(1947)와 「잘생긴 찰리 왕자Bonnie Prince Charlie」(1948) 2편 모두 크게 실패했다 — 「제3의 사나이」(1949)의 어둡고 비관적인 낭만주의로 코르더는 「헨리 8세의 사생활」 이후 최대의 성공을 거두었다. 1954년의 최악의 재정 위기에도 그의 야망은 꺾이지 않았다. 또 다른 투자자를 찾아 그는 와이드스크린에 테크니컬러 영화인 올리비에의 「리처드 3세」와 「네 개의 깃털」의 리메이크작인 「나일 강의 풍운Storm over the Nile」(2편 모두 1955)에 엄청난 제작비를 퍼부었다. 그는 죽을 때까지도 신작들을 계획하고 있었다.

대작 영화의 거장인 알렉산더 코르더는 그가 감독이나 제작자로서 만든 작품들보다는, 그를 상징하는 화려하고 현란하고 무절제한 제작 스타일로 더 각광을 받았다. 이는 영국의 영화 산업이 도저히 따라갈 수 없는 행동이었다. 하지만 그의 비전의 대담함과 열정, 활발한 그의 성격은 그와 관계를 맺은 모든 이들의 삶을 풍요롭게 해주었다. 이것 하나만으로도 그는 위대한 영화 제작자의 자격이 충분하다.

필립 켐프

주요 작품

감독

「현대의 뒤바리Eine Dubarry von heute」(1926); 「헬레네의 사생활The Private Life of Helen of Troy」(1927); 「마리우스Marius」(1931).

제작-감독

「헨리 8세의 사생활The Private Life of Henry Ⅷ」(1933); 「렘브란트Rembrandt」(1936); 「해밀턴 부인That Hamilton Woman」(1941).

제작

「강의 샌더스Sanders of the River」(1935); 「닥쳐올 세계Things to Come」(1935); 「무적함대에 발사Fire over England」(1936); 「드럼The Drum」(1938); 「남행 드라이브South Riding」(1938); 「네 개의 깃털The Four Feathers」(1939); 「사자는 날개가 있다The Lion Has Wings」(1939); 「바그다드의 도적The Thief of Bagdad」(1940); 「퇴물The Fallen Idol」(1948); 「제3의 사나이The Third Man」(1949); 「호프만 이야기The Tales of Hoffmann」(1951); 「리처드 3세Richard Ⅲ」(1955).

참고 문헌

Korda, Michael(1980), *Charmed Lives*.

Kulik, Karol(1975), *Alexander Korda: The Man who Could Work Miracles*.

Tabori, Paul(1959), *Alexander Korda*.

◀ 알렉산더 코르더가 제작과 감독을 맡고, 빈센트 코르더가 무대 감독을 맡은 「렘브란트」(1936).

그러는 동안 유럽에서는 큰 이데올로기적 변화가 일어나 정치와 문화, 그리고 그 둘의 관계에 영향을 미치고 있었다. 1920년대의 재즈 시대는 낙관주의와 정치적 무관심이 특징이었지만, 정치적으로나 예술적으로나 다양한 종류의 극단주의가 활개를 치던 시대이기도 했다. 모더니즘적 실험이 활발히 이루어졌고, 사실주의는 한물간 사조가 되어 버렸다. 수많은 아방가르드 예술가들이 극좌나 극우 정치 운동에 참여했다. 이탈리아 미래주의자들은 파시즘에, 러시아의 미래주의자들과 구성주의자들은 혁명에, 다다이즘과 초현실주의는 공산주의와 트로츠키주의에 전념했다. 하지만 아방가르드의 이데올로기적인 영향은 정치 운동과의 연계가 아니라, 예술은 어떠해야 하는가에 대한 신성한 신념에 현대 예술이 던져 준 충격파를 통해 전해졌다. 새로운 대중적 형태(예를 들어, 좀 더 은밀하게 현대적인 영화)보다는 전통적인 〈고급 예술〉에 그 충격파는 더 강하게 전해졌다.

1930년대에는 여러 전선에 극적인 변화가 일어났다. 직접적인 원인은 1929년 뉴욕 주식 시장의 붕괴로 예고된 세계 대공황으로, 그 10년간 경제 불황이 계속되고 실업률이 상승하는 등 사태는 점점 더 심각해져만 갔다. 하지만 대공황이 미친 가장 큰 영향은 파시즘에 대항하던 좌익의 재정비와 그에 따른 인민 전선의 형성이었다. 1920년대 후반, 소비에트의 지휘 아래 있던 국제적인 공산주의 운동은 나머지 좌파에 대해 적대적이었지만 1934년 무렵에는 뒤늦게나마 그 벌어진 간격을 회복하려고 애썼다. 공산당은 사회주의자들과 다른 좌익 정당들과의 동맹을 결심했고, 공산주의 예술가들과 지식인들은 그들의 〈부르주아〉 상대들에게 좀 더 회유적인 태도를 취하기로 했다. 잔인무도하게 소련의 영화와 예술을 해쳤던 사회주의 사실주의의 신조는 좀 더 희석된 형태로 서구에 소개되어, 상대적으로 관습적인 미학과 표현주의적 방식을 사용하여 사회적인 책임을 강조하는 예술의 기치 아래 좌파 예술가들을 한데 뭉치게 했다.

아방가르드가 위기에 처하고 (실험적인 감독들을 포함한) 많은 예술가들이 이전의 급진적인 위치에서 서둘러 한발 물러설 때 〈전선주의*Frontism*〉가 등장해 정치 참여와 사실주의적인 미학을 형식적으로 연결시켰다. 동시 사운드 영화로 무성 미학의 전제 조건들이 무너져 가고 있던 영화계에 전선주의는 또 다른 호소력을 지녔다.

모든 좌파 예술가들이 정치적으로나 미학적으로 전선주의의 매혹적인 외침에 유혹당한 것은 아니다. 많은 자유주의자

장 르누아르 (1894~1979)

장 르누아르는 그의 아버지인 오귀스트 르누아르가 인상주의 그림들로 너무나 생생하게 묘사한 〈벨 에포크*belle poque*〉에 태어났다. 르누아르는 제1차 세계 대전 중 다리에 상처를 입어 평생 발을 절었다. 도자기 예술가로 일하던 그는 1924년부터 영화를 만들기 시작했다. 그의 영화 경력은 세 시기로 구분된다. 1924년부터 1939년까지의 프랑스 영화들, 1941년부터 1950년까지의 미국 영화들, 1952년부터 1969년까지의 유럽 영화계로의 복귀.

모두 그의 아내 카트린 에슬링이 주연을 맡은 「물의 소녀」(1924), 「나나」(1926), 「성냥팔이 소녀」(1928)는 프랑스와 독일의 아방가르드 영화로부터 영향을 받은 작품들이다. 파리와 베를린에서 촬영한 스튜디오 야심작인 「나나」에서는 스트로하임과 독일 표현주의의 영향을 받아 르누아르의 영화적 리얼리즘에 대한 관점이 바뀌면서 에슬링은 익숙한 자신의 스타일과는 정반대되는 양식화된 반민족주의적 연기를 해야 했다. 나나의 힘은 자신의 교활함을 계획적으로 이용하는 데 있으며, 이는 페티시즘과 사도-마조히즘을 강조한다. 앙드레 비쟁(1974)은 에슬링이 〈무감정과 생명력, 환상과 관능을 아주 당혹스러운 방식으로 결합시켜 여성성을 기이하고 인상적으로 표현하고 있다〉고 평했다.

「암캐」(1931)부터 「게임의 법칙」(1939)까지 1930년대의 작품들로 르누아르는 〈시적 리얼리즘〉의 대가이자 당대 최고의 프랑스 감독이라는 명성을 얻었다. 그 영화들은 그 혼돈의 시기에 프랑스 사회의 영화적인 지표가 되었고, 많은 영화들이 지금은 고전으로 인정받고 있지만 개봉 당시에는 대중으로부터 이해받지 못했다. 그 작품들은 프랑스 계급 구조의 불평등에 대한 사회적이고 정치적인 감성과 노동 계급에 대한 연민을 보여 주면서 계급적인 대칭 구조를 자연스럽게 상쇄시키려는 르누아르의 노력이 엿보인다. 이러한 목적으로, 그는 배우들의 연기를 자연스럽게 표현하고자 애썼다.

「암캐」(1931)의 음울한 비관주의, 기묘하게 최면적인 「교차로의 밤」(1932, 르누아르의 형 피에르가 주연을 맡았다), 「익사에서 구조된 부뒤」(1932)에 나타난 부르주아 관습으로부터의 무정부주의적인 이탈은 1930년대 초의 경제적, 사회적 불안을 반영하는 것이기도 했다. 「암캐」에서 주요 인물들은 모두 자신의 이득을 위해 누군가를 속이고, 하위 계급의 사람은 비난받고 살인자는 자유롭게 거리를 활보하고 다닌다. 이 음울한 영화는 르누아르가 그 대가가 되는 〈시적〉 사실주의 고유의 불명확성에 대한 정확한 이해를 보여 준다. 마르셀 파뇰의 후원으로 마르세유 근처에서 촬영한 「토니」(1934)는 이탈리아 이주 노동자들의 가난과 절망에서 비롯된 비극으로, 이탈리아 네오리얼리즘의 선구적인 작품이다.

카우보이 애리조나 짐에 대한 그림책을 출간하는 출판사를 배경으로 한 「랑주 씨의 범죄」(1935)는 르누아르가 자크 프레베르와 〈10월 그룹 Groupe Octobre〉과 함께 작업한 작품으로 인민 전선의 이상주의적인 낙관주의를 표명한 그의 첫 영화이다. 같은 목적으로 르누아르는 공산당의 선거 운동을 위한 영화 「인생은 우리 것이다」(1936)와 「심연」(1936)을 감독했다. 통합이라는 주제가 르누아르의 인민 전선 영화들에는 스며들어 있다 — 계급적 유대는 민족주의를 초월하고, 프랑스의 통합은 노동 계급의 통합에 의해 이루어져야 한다.

이는 반전 사상을 담고 있는 제1차 세계 대전 영화인 「위대한 환상」(1937)에 그리 낙관적이지만은 않게 표현되어 있다. 이 영화에서 두 죄수(장 가뱅과 달리오)의 성공적인 탈출은 그 영화가 기리는 전쟁 사상자들과 비교 고찰되어야 한다. 이 영화로 르누아르는 국제적인 명성을 얻었다.

「야수 인간」(1938)은 카르네와 뒤비비에의 걸작들과 함께 그 무자비한 비관주의로 희망과 화해 분위기의 종식과 프랑스에 팽배한 패배감을 예고한다. 르누아르의 역작인 「게임의 법칙」(1939)은 프랑스와 독일의 휴전 협정에 임박해서 개봉되었고, 1930년대의 여타 영화들과는 달리 프랑스 사회를 계급에 얽매인 경박하고 정적인 것으로 그렸다. 프랑스 사회의 이러한 이미지는 그 영화의 정교한 구조와 불쌍한 인물과 매정한 인물의 부재와 함께 평론가들을 혼란에 빠뜨렸고, 대중에게는 적대감을 불러일으켰다. 르누아르 자신이 직접 비중 있는 인물을 연기하는 등 혼신의 힘을 쏟은 그 작품에 대한 대중들의 적대적인 반응은 그에게 지워지지 않을 상처가 되었다.

1940년, 이탈리아에서의 작업(「토스카La Tosca」)을 그만두고 프랑스로 돌아간 르누아르는 출국 비자를 획득해 할리우드로 가서 영화를 만들었다. 미국에서 영화 활동을 한 1940년대에 르누아르는 겨우 5편의 영화와 전쟁 정보부를 위한 영화 1편(「안녕 프랑스Salute to France」는 그가 용납할 수 없는 방법으로 편집되었다)을 만드는 데 그쳤다. 「늪지」(1941)는 그런대로 이익을 남겼지만 르누아르는 그의 제작자인 대릴 재넉에게 결정권을 빼앗겼다. 할리우드에서 르누아르는 더 이상 자신이 이해하고 효과적

「게임의 법칙」(1939)의 노라 그레고르와 장 르누아르. 이 영화는 1939년 개봉 당시에 흥행에 성공하지 못했지만, 지금은 가장 위대한 영화 중 1편으로 꼽힌다.

으로 움직일 수 있는 시스템 안에서 각본가-감독으로 일할 수 없게 되었다. 그가 미국에서 만든 작품들은 구상 면에서나 기법 면에서나 1930년대의 작품들만 못했다. 그가 얼마나 배우들과의 공동 작업에 의존하고 오랜 시간을 들여 자신이 원하는 효과를 성취했는지 감안하면 그리 놀라운 일이 아니다. 「남부의 사나이」(1945)는 르누아르의 목표에 그나마 가장 근접한 작품이지만, 그의 미국 영화들은 대중적인 음악과 표현을 통한 보통 사람들에 대한 확고한 이해를 보여 주지 못하고, 세부적으로 예민한 관찰을 통해 차별화되는 관점을 전하지도 못한다. 그 결과, 전후 유럽 영화들을 포함한 1940년 이후의 르누아르 영화들은 다소 희미하고 추상적으로 보인다. 앙드레 바쟁과 『카이에 뒤 시네마』의 젊은 편집자들이 그를 호평한 것은 바로 이러한 특성이었다.

「강」(1950)을 찍으면서 인도를 접하게 된 르누아르는 자연을 새롭게 이해하게 되었고 다시 유럽으로 돌아갔다. 그 후로 그는 이탈리아에서 안나 마냐니 주연의 「황금 마차」를 감독했다. 그 영화는 연극과 인생 간의 변증법에 대한 굉장한 찬사였다. 그는 「프렌치 캉캉」(1954)을 찍기 위해 파리로 돌아갔지만 여전히 캘리포니아에 거주하고 있었다. 물랭 루즈와 인생보다 우선되는 예술에 대한 이야기인 「프렌치 캉캉」은 컬러의 사용으로 각광을 받았다. 그 뒤에 나온 영화들은 텔레비전과 미래를 상대로 실험하면서도 예전의 회화나 영화를 뻔뻔스럽게 인용한다. 르누아르는 자신의 회고록과 소설, 단편, 희곡 작품들과 그의 아버지에 관한 중요한 전기를 출간했다.

재닛 버그스트롬

▪▫ 주요 작품

「물의 소녀La Fille de l'eau」(1924); 「나나Nana」(1926); 「성냥팔이 소녀La Petite marchande d'allumettes」(1928); 「꾀병Tire au flanc」(1928); 「암캐La Chienne」(1931); 「교차로의 밤La Nuit du carrefour」(1932); 「익사에서 구조된 부뒤Boudu sauvé des eaux」(1932); 「보바리 부인Madame Bovary」(1933); 「토니Toni」(1934); 「랑주 씨의 범죄Le Crime de M. Lange」(1935); 「인생은 우리 것이다La Vie est à nous」(1936); 「전원으로의 소풍Une partie de campagne」(1936); 「심연Les Bas-Fonds」(1936); 「위대한 환상La Grande Illusion」(1937); 「라 마르세예즈La Marseillaise」(1938); 「야수 인간La Bête humaine」(1938); 「게임의 규칙La Règle du jeu」(1939); 「늪지Swamp Water」(1941); 「이 땅은 나의 것This Land is Mine」(1943); 「남부의 사나이The Southerner」(1945); 「하녀의 일기The Diary of a Chambermaid」(1946); 「강The River」(1950); 「황금 마차Le carrozza d'oro」(1952); 「프렌치 캉캉French Cancan」(1954); 「엘레나와 남자들Éléna et les hommes」(1956); 「풀밭 위의 식사Le Déjeuner sur l'herbe」(1959); 「사라진 상병Le Caporal épinglé」(1962).

▪▪ 참고 문헌

Bazin, André(1973), *Jean Renoir.*

Bertin, Celia(1991), *Jean Renoir: A Life in Pictures.*

Durgnat, Raymond(1974), *Jean Renoir.*

Renoir, Jean(1962), *Renoir, my Father.*

——(1974), *My Life and my Films.*

Sesonske, Alexander(1980), *Jean Renoir: The French Films, 1924~1939.*

들은 공산주의자들과 운명을 같이하는 것을 꺼려 했고, 좌익에서는 앙드레 브르통이 이끄는 초현실주의 집단이 그들의 혁명적인 비타협성을 유지하고 트로츠키와 연합했다. 하지만 초현실주의자들은 소수였던 반면에(그리고 그중 극소수만이 영화계에서 일했다), 좀 더 일반적인 사회주의와 좌익의 신념을 가진 예술가들은 아주 많아서, 장편 영화뿐만 아니라 특히 다큐멘터리 감독들이 많았다.

밀려드는 프랑코 장군의 세력에 대항하여 공화파를 지키고자 좌파가 필사적으로 노력하던 스페인에서는 인민 전선의 이데올로기와 실제가 혹독한 시험을 치르고 있었다. 많은 예술가들이 공화주의의 대의로 뭉쳤고 국제 여단International Brigade에 참여했다. 영화 기술진들이 소련에서 파견됐고, 촬영 기사인 로만 카르멘이 모스크바로 보낸 필름을 에스피르 슈브가 편집해 「스페인」(1939)이라는 다큐멘터리를 만들었다. 네덜란드의 다큐멘터리 감독인 요리스 이벤스는 어니스트 헤밍웨이에게 「스페인의 대지」(1937)의 대본을 쓰고 내레이션을 맡아 달라고 부탁했다(프랑스 어 해설은 장 르누아르가 맡았다). 프랑스 감독인 장 그레미용은 프랑스와 해외의 여론에 경각심을 불러일으키기 위한 다큐멘터리들을 부뉴엘과 함께 제작했다. 프랑스에서는 앙드레 말로가 자신의 전쟁 체험 소설인 『희망*L'Espoir*』을 각색해 영화로 만들어서 1939년에 개봉했다. 이러한 노력들이 프랑코의 승리를 제지하지는 못했지만 2차 대전이 일어나기 수년 전에 반파시스트적인 의식을 보급시키는 데 한몫했다.

새로운 전선주의 동맹이 정치적으로나 문화적으로 가장 큰 효력을 거둔 곳은 프랑스였다. 인민 전선 정부가 사회주의자인 레옹 블룸의 지휘 아래 1936년에 형성되었다(1936년에 블룸은 대표단을 이끌고 워싱턴으로 가서 여러 가지 조약을 맺는데, 거기에는 프랑스 영화 산업의 보호를 위한 것도 포함되어 있었다). 이미 존재하고 있었지만 1940년의 독일 점령으로 더욱 깊어진 분열을 이용하여 인민 전선은 프랑스 사회를 양극화시켰다. 1920년대에는 프랑스 영화의 정치적 특성이 많이 약해지고 감독들을 좌파, 우파로 나누는 것도 별 의미가 없어졌지만, 1930년대 중반부터 감독들은 둘 중의 한 길을 택해야만 했다. 아방가르드의 노장들인 마르셀 레르비에와 아벨 강스 같은 사람들은 우파를 택한 반면, 많은 이들이 좌파를 택해서 인민 전선을 지지하던 폴 니장 같은 정치의식이 뚜렷한 지식인들과 합류했다. 니장은 앙드레 비뇨의 다큐멘터리인 「프랑스의 얼굴들Visages de la France」(1937)의 대본을 썼다. 반부르주아적인 「익사에서 구조된 부뒤」(1932)에서 반자본주의적인 「랑주 씨의 범죄」(1935)와 호전적인 「인생은 우리 것이다」(1936)로 태도를 바꾼 장 르누아르의 작품들이 분명한 예가 된다. 하지만 르누아르 혼자만이 아니었다. 자크 프레베르, 마르셀 카르네, 장 그레미용은 모두 인민 전선 활동에 적극적이었고, 쥘리앵 뒤비비에와 마르크 알레그레는 적극적이지는 않았지만 열정적인 비평으로 좌파를 지지했다.

인민 전선은 영화 산업의 구조를 바꾸지 않았고, 급진적인 영화들은 주류 바깥에서 만들어진 작품들이었다. 하지만 전선주의는 대중오락에 깊이 관여하기 시작했다. 주류 영화 산업이 사회 문제에 거의 무관심하고 진지한 사회 다큐멘터리보다는 코르더의 역사 초대작들에 미학적 혁신이 일어나고 있던 영국은 대중오락을 그리 단속하지 않았다. 존 그리어슨이 선도한 개혁적 성격의 다큐멘터리와 좀 더 급진적이고 공산주의를 지지하는 노동자들의 영화 운동이 사회적 문제를 제기하고 영화에 〈현실성〉을 부여했다. 하지만 다큐멘터리 운동에서 나온 영화들은 전쟁 전에는 그리 널리 보급되지 못했다. 정치 단체와 자원 봉사 단체에게만 상영되었고, 상업적인 영화관들에는 거의 개봉되지 않았다. 다큐멘터리가 명실공히 교육과 선전의 매체가 된 것은 전쟁이 일어나고 나서였다. 그리고 그렇게 되었을 때 그 원래의 목표는 전쟁에 파묻히고 말았다.

제2차 세계 대전

1939년 9월 유럽에서 제2차 세계 대전이 시작되었다. 영화적 측면에서 그것이 영국에 곧바로 미친 영향은 정부가 잠깐 동안 모든 극장을 폐쇄시키고 마지못해 다시 연 것이다. 그러다가 독일군의 공격이 진행되면서 할리우드는 돈벌이가 되던 유럽이라는 시장을 잃고 말았다. 국가 영화들은 잘 굴러갔지만, 점령당한 국가들에서는 독일의 무자비한 검열과 통제를 당해야 했다. 한 프랑스 역사가가 비꼬았듯이, 비시 시대는 프랑스 영화에 참 좋은 시절이었다. 프랑스 영화나 독일 영화 중 하나를 선택할 수밖에 없었던 대중이 항상 프랑스 영화를 택했으니 말이다.

교전 중인 국가들의 상황은 달랐다. 독일과 영국 모두 자국의 영화 산업을 재빨리 전시 체제로 돌렸고 1941년에는 소련(모스크바와 레닌그라드 스튜디오들을 철수시켜서 중앙아시아로 옮겨야 했다)이, 그리고 정도는 좀 덜하지만 미국(존 포드를 비롯한 많은 감독들이 군 복무를 했다)이 그 뒤를 따랐다. 다큐멘터리와 뉴스 영화는 그 중요성이 새롭게 부각되었고 인기를 얻기도 얻었다. 영국 정보부가 의무적으로 내놓은 단편 영화들은 그리 환영받지 못했지만 험프리 제닝스와 스튜어트 매칼리스터의 「영국의 말을 경청하라」(1942)는 열광적인 갈채를 받았고, 이듬해에 나온 로이 불팅의 장편 영화 「사막의 승리」는 흥행에도 성공했다.

가장 흥미로운 것은 전쟁이 장편 영화에 미친 영향이다. 제1차 세계 대전 때와는 달리, 전쟁에 휘말린 대부분의 국가들은 적에 대한 증오를 부추기기보다는 외부적인 위협에 대항해 국가적 단합과 결속을 위해 애썼다. 소련에서는 사회주의를 건설하고 사회주의의 진짜, 혹은 가정의 적을 편집증적으로 찾는 일보다는, 하나가 되어 조국을 지키는 과업을 강조했다. 영국의 전쟁에 참가한 사람들에 대한 영화들은 지위와 계급적 차이의 극복으로 어렵게 얻어지는 결속력을 강조했고, 좀 더 여성적인 경향의 전선 후방 영화들은 비슷한 가치들을 좀 더 국내적인 성격으로 표현했다. 미국은 전선에서 훨씬 더 떨어져 있었기 때문에 국내 전선이라는 개념이 그리 와 닿지 않았고, 대부분의 장편 영화는 전시의 가치에 거의 영향을 받지 않았다(윌리엄 와일러가 1942년 영국에 대한 찬사로 만든 「미니버 부인Mrs. Miniver」은 예외이다). 하지만 진주만 공격 이후 여러 편의 전쟁 영화가 만들어졌고, 대부분은 미국 태평양 연안에서의 전쟁 이야기로 예전의 할리우드 장르 영화의 원형들을 개작했다. 그중 가장 흥미로운 작품은, 출신과 인종이 서로 다른 폭격기 조종사들이 한 부대에 편성되어 전투를 벌이는, 하워드 호크스의 「공군」(1943)이다. 라울 월시의 「목표물 버마Objective Burma!」와 포드의 「코레기도르 전기(戰記)They Were Expendable」(2편 모두 1945) 같은 좋은 영화들이 이 새로운 임시 장르로 만들어졌지만, 뭐니 뭐니 해도 미국 최고의 전쟁 영화는 윌리엄 웰먼의 「G. I. 조The Story of G. I. Joe」(1945)일 것이다. 이 작품은 엘리트주의나 극화된 영웅주의를 거부하고 군인 생활을 현실적이고 서민적으로 그려냈다.

에필로그

1945년 전쟁의 종식은, 물론 세계적으로 반가운 일이었지만, 냉전이라는 씁쓸한 결과를 남겼다. 소련과 그 새로운 위성국들에서는 소위 사회주의 사실주의의 독재적 형태가 극단적으로 자리 잡게, 혹은 다시 자리 잡게 되었다. 전쟁 기간 동안 이

폴 로브슨 (1898~1977)

배우, 가수, 연설가이자 민권, 노동 운동가인 폴 로브슨은 지적으로, 미학적으로 재능을 타고났고, 사람들을 감동시키는 연설가이자 매력적인 배우였다. 대중 예술, 고급 예술, 정치 분야에서 활동한 그는 매우 특이한 존재였다. 그가 배우로서 어려움을 겪은 것은 정치 활동이 대중 예술에 방해가 되었기 때문이다.

뉴저지의 프린스턴에서 노예 출신 성직자의 아들로 태어난 로브슨은 러트거스 대학에서 학업으로나 운동으로나 명성이 자자했고, 컬럼비아 대학 법과를 졸업했다. 그는 법학 학위를 받았지만 법조계로 진출하지 않고 대담하고 정치적인 예술 인생을 시작했다. 로브슨의 연극 활동은 진지한 현대극과 고전극부터 뮤지컬 코미디에 이르기까지 다양했고, 무슨 역할을 연기하든 그는 깊은 인상을 남겼다. 그는 「모든 신의 아이들은 날개가 있다All God's Chillun Got Wings」의 무대 공연에 여러 번 출연하면서 그의 친구인 유진 오닐의 희곡과 함께 이름이 거론되었다. 그는 또한 1930년 런던에서 처음으로 공연한 「오셀로」의 주연으로 주목을 받았다(데스데모나 역은 페기 애슈크로프트가 맡았다). 그러고 나서 1942년과 1944년 사이에는 유타 헤이건, 호세 페러와 함께 순회공연을 했고, 제롬 컨의 뮤지컬 「쇼 보트」의 미국과 런던 공연으로 인기를 굳혔다.

이와 대조적으로 로브슨의 영화 제작은 간헐적으로 이루어졌고 결과도 실망스러웠다. 그는 영국과 미국 양국의 영화에 모두 출연했지만 어떤 스튜디오와도 장기간 계약을 맺지 않았다. 오스카 미쇼의 「육체와 영혼」(1924)과 케네스 맥퍼슨의 실험적인 영화 「국경선」(1930)(시인 H. D.〔힐다 둘리틀〕도 출연했다)에서 좋은 연기를 보여 주었는데도 로브슨은 자신이 출연하는 영화에 마음껏 참여하지 못하는 것에서 좌절감을 느꼈다. 또한 졸탄 코르더의 「강의 샌더스」(1935)의 최종 편집판이 마음에 들지 않아 배급을 막기 위해서 판권과 모든 인쇄물을 사들이려 했지만 실패하고 말았다. 그는 그의 마지막 영화가 되고 만 「맨해튼 이야기」(1942)에서 흑인들이 묘사되는 방식에 불만을 느꼈다.

아프리카의 문화와 정치에 대한 로브슨의 관심이 커진 것은 1930년대에 런던에서 아프리카 어를 공부하고 연기하고 노래하면서였고, 공산주의와 사회주의에 대한 관심도 그와 함께 커져 갔다. 1934년에 그는 세르게이 에이젠슈테인의 부탁으로 소비에트 연방으로 첫 여행을 떠났다. 그 뒤로 여러 번 방문했지만 로브슨 주연의 영화를 만들려는 에이젠슈테인의 계획은 실현되지 않았다. 그 후 로브슨의 콘서트는 그의 정치론을 펼치는 자리가 되어 버렸다. 그는 웅변적이고 솔직한 연설 스타일로 자신이 옹호하는 대의들을 공연에서 표현했다.

제2차 세계 대전 후에 미국의 인종적, 계급적 억압에 대한 강도 높은 비판으로 그는 그 시대의 반공의 광기와 마찰을 빚게 되었다. 이 마찰은 AP 통신사가 로브슨을 반미적이고 친소적인 사람으로 몰아붙이기 위해 1949년 파리 평화 회의에서 로브슨이 한 연설을 고의적으로 잘못 인용하면서 극에 달했다. 많은 미국 흑인들은 정치 대변인으로서의 그에게 점점 더 환멸을 느꼈고 그와의 관계를 끊어 버렸다. 뉴욕 픽스킬에서 열린 콘서트가 반공산주의자와 인종주의자들의 폭동으로 중단되었는데, 공산주의 선동자들이 그 죄를 뒤집어썼고 로브슨은 비난받았다.

픽스킬 폭동이 일어나고 바로 뒤, 로브슨과 그의 아내는 국무부에 여권을 빼앗겼다. FBI에 좌파 〈요주의 인물〉로 낙인찍힌 로브슨 부부는 거의 12년 동안 감시 속에서 살았다. 로브슨은 결국 1958년에 여권을 되찾아 다시 여행할 수 있었지만 1960년대와 1970년대 내내 건강 악화와 우울증에 시달렸다. 그는 1977년에 죽을 때까지 은둔 생활을 했다.

로브슨의 영화들은 그의 멋들어진 베이스 목소리와, 자신의 음악적이고 연극적인 경력을 키워 나갈 수 있었던 현자 같은 인간적 매력의 기록이며, 그로 인해 인권과 좌파의 대변인으로서의 위치를 확고히 할 수 있었다. 그가 정치적 신념을 전파할 수 있었던 것은 그의 예술적 경력 덕분이었다. 또한 그러한 정치적 신념이 그의 예술 인생을 빨리 끝내 버린 것은 미국 문화 산업의 정치적 압박을 증명해 준다.

에드워드 오닐

주요 작품

「육체와 영혼Body and Soul」(1924); 「국경선Borderline」(1930); 「황제 존스Emperor Jones」(1933); 「강의 샌더스Sanders of the River」(1935); 「쇼 보트Show Boat」(1936); 「자유의 노래Song of Freedom」(1936); 「킹 솔로몬King Solomon's Mines」(1937); 「여리고/어두운 사막Jerico/Dark Sands」(1937); 「덩치 큰 동료Big Fella」(1937); 「프라우드 계곡The Proud Valley」(1939); 「맨해튼 이야기 Tales of Manhattan」(1942).

참고 문헌

Duberman, Martin(1989), *Paul Robeson: A Biography*.
Foner, Philip S.(ed.)(1978), *Paul Robeson Speaks*.

제롬 컨/오스카 해머스타인 2세의 뮤지컬 「쇼 보트」(1936)를 영화화한 동명 영화에 출연한 폴 로브슨. 유니버설 사의 칼 래믈리 2세가 제작하고 제임스 훼일이 감독했다. 로브슨은 뮤지컬이나 영화나 그가 맡은 이 역할이 흑인을 비하하는 것이라 여겨 콘서트에서는 〈올드 맨 리버Ole' man river〉를 좀 더 공격적인 가사로 바꾸어서 불렀다.

데올로기적 긴장이 많이 누그러졌었던 미국의 영화계는 히스테리적인 반공산주의의 물결에 휩쓸려 버렸다.

1930년대 동안 할리우드에는 급진적인 목소리가 높아졌고, 이는 유럽에서 몰려온 망명자들 때문에 더 강해졌다. 이러한 목소리를 표현한 장편 영화는 거의 만들어지지 않았다. 그런 영화를 만드는 것이 불가능한 것은 아니었지만, 견고하게 통합된 스튜디오 시스템은 부분적인 관객들만 들어올 영화들의 개봉에 영향을 미쳤다. 1930년대 할리우드 영화의 사회적 비판은 일반적으로 인민주의적 형태를 띠거나〔프랭크 캐프라의 「디즈 씨 도시에 가다Mr. Deeds Goes to Town」(1936)와 「스미스 씨 워싱턴에 가다」(1939)에서처럼〕, 갱스터 영화나 서부극 같은 장르 영화들에서 은유적으로 표현되었다. 하지만 할리우드 자체 내에서는 1920년대에 발전되어 그 지배에 대한 도전을 완강하게 막아 온 스튜디오 시스템이 작가들과 노동 조합들을 상대로 맹렬한 사회 투쟁을 벌이고 있었다.

사업적 문제와 정치적 문제가 겹쳐졌다. 영화사들이 남부 캘리포니아에 자리를 잡은 이유 중의 하나는 로스앤젤레스(샌프란시스코와는 달리)는 노동조합을 인정하지 않았기 때문이었고, 오랫동안 스튜디오들은 노동조합의 형성을 방해하면서 영화예능협회Academy of Motion Picture Arts and Sciences를 기술과 전문적인 문제들에 대한 대안적인 포럼으로 제안했다. 하지만 그 스튜디오에 소속되어 일하던 영화인들은 그들의 노동 환경을 마음대로 결정하는 스튜디오의 권력에 점점 더 큰 분노를 느끼게 되었다. 배우들은 계약에 이의를 제기하고 스튜디오의 변덕에 따라 자신의 이미지를 바꾸는 것을 거부했다. 문학 작가들은 자신들이 쓴 작품에 대한 작가의 권리를 주장하고 작업의 기계화에 반대했다(스콧 피츠제럴드의 미완성 걸작 『최후의 거물*The Last Tycoon*』과 팻 하비Pat Hobby를 소재로 한 단편들은 할리우드에서의 작가의 역할을 계몽적인 시각으로 보여 준다). 디즈니 스튜디오의 애니메이터들조차 길드를 만들어서 1941년 그들의 창조적인 작업에 한치의 자율성도 보장해 주지 않는 가부장적인 경영에 반기를 들었다. 영화계 투쟁은 전쟁 내내 끊일 줄 몰랐고, 1945년에는 워너 브러더스 사에서 파업 사태까지 일어났다.

이러한 투쟁에서 (가장 중요한 것은 아니었지만) 가장 두드러진 역할은 작가들이 했다. 그들은 작가협회Writers Guild를 조직했고, 1935년 시나리오 작가인 더들리 니콜스가 존 포드의 「사나이의 적」으로 받게 된 오스카상을 거부하는 상징적인 사건이 일어났다. 특히 작가들이 정치적으로 점점 더 급진적인 성향을 띠게 되었고, 많은 이들이 공산당과 관계를 맺었다(당원이나 행동원으로보다는 동조자로서). 미국, 영국, 소련의 전시 동맹으로 이 결합은 잠깐이나마 아무 이상 없이 지속되었지만, 1945년 이후에 할리우드(와 국가 전반)는 전쟁 전의 태도로 되돌아갔다. 숨어 있던 반공주의는 조 매카시 의원과 이전에는 그 존재가 무의미했던 하원 반미활동조사위원회(HUAC)의 기괴한 짓거리 때문에 뜨겁게 폭발하고 말았다.

1947년, 하원 의장 J. 파넬 토머스가 지휘한 HUAC는 할리우드로 눈길을 돌렸고 그 예비 조사에서 영화계에 아주 깊은 골이 패어 있음을 알게 되었다. 작가(이자 망명 러시아 인)인 에인 랜드, 감독 샘 우드와 리오 매캐리, 배우 아돌프 만주, 로버트 테일러, 게리 쿠퍼, 로널드 레이건을 비롯한 많은 예술가들은 공산주의에 대항하는 그 위원회를 돕겠다고 나섰다(그렇다고 공산주의자들을 매도한 것은 아니다). 스튜디오 사장들인 잭 워너와 루이스 메이어는 완고한 반공주의를 선언함으로써 은근슬쩍 넘어갔지만 〈블랙리스트〉 작성에는 찬성하지 않았다. 사적인 여담을 근거로 위원회는 19명의 〈적대적인 증인들〉 — 거의 작가들이었다 — 을 신문하기로 결정했다. 증인대에 선 증인들은 〈당신은 공산당원이었거나 지금 공산당원입니까?〉라는 뻔뻔스러운 질문뿐만 아니라 (작가인 경우에는) 작가협회의 회원인지 묻는 질문을 받았다. 소환된 첫 10명의 증인들은 이 질문들에 단정적으로 대답하기를 거부하고 수정 헌법 제1조가 보장한 언론의 자유를 주장하면서 그들 나름대로의 대답을 고집했다. 열한 번째 증인이었던 독일 극작가 베르톨트 브레히트는 외국인으로서 그 질문에 대답해도 별 상관 없다고 생각하고 자신은 한 번도 공산당원인 적이 없다고 말했다. 조사 뒤 곧 그는 유럽으로 돌아갔다.

10명의 증인들, 즉 〈할리우드 10인〉 — 존 하워드 로슨, 돌턴 트럼보, 앨버트 몰츠, 알바 베시, 새뮤얼 오니츠, 허버트 비버먼, 에이드리언 스콧, 에드워드 드미트릭, 링 라드너 주니어, 레스터 콜 — 은 국회를 모욕한 죄로 소환되어 1년 동안 투옥되었다(드미트릭은 후에 자신의 신념을 포기하겠다고 선언하고 석방되었다). 트럼보, 드미트릭, 스콧(드미트릭의 「십자 포화Crossfire」의 제작자)과 콜은 스튜디오에서 해고당했다. 10명 모두 블랙리스트에 올랐고, 그 뒤에 〈공개 블랙리스트〉가 만들어졌다. 윌리엄 와일러, 존 휴스턴, 알렉산더 녹스, 험프리 보가트, 로렌 바콜, 진 켈리, 대니 케이 같은 유명인들의 위원회에 대한 대항은 실패로 끝나고 말았다. 스튜디오들은 순하게 위원회의 노리개가 되어 주었다. 그렇게 할리우드는 1930년대의 말썽쟁이들에게 복수를 한 셈이었다.

이야기는 거기서 끝나지 않았다. 그 10년 동안 블랙리스트는 계속 만들어졌고, 1951년에는 더 많은 예술가들이 이전의 친구나 후원자들에게 고발당하면서 또다시 거센 폭풍이 할리우드를 휩쓸었다. 여러 해 동안 그들은 미국 밖에서 익명으로 일할 수밖에 없었다. 그 일은 영원한 상처를 남긴 추잡한 사건이었다. 안전한 민주주의 국가라는 곳에서 일어난 그 사건은 냉전 가치들의 기괴한 이미지를 드러내고, 철의 장막 뒤에서 벌어지고 있는 일을 왜곡시켜 반영한 것이었다.

참고 문헌

Fitzgerald, F. Scott(1986), *The Collected Short Stories.*

Fofi, Goffredo(1972), “The Cinema of the Popular Front in France”.

Forgacs, David(ed.)(1987), *Rethinking Italian Fascism.*

Leyda, Jay(1960), *Kino.*

각국의 영화

NATIONAL CINEMAS

대중 예술로서의 프랑스 영화

지넷 빈센도

할리우드와 마찬가지로 프랑스 역시 1930년에서 1960년까지의 기간은, 확고한 장르별 구분과 기업 구조를 이룬, 그리고 대중오락의 주요 형태로 자리매김한, 프랑스 영화의 고전기로 일컬어진다. 이 기간은 「백만 프랑」(1931), 「위대한 환상」(1937), 「인생 유전Les Enfants du paradis」(1943~5), 「황금 투구Casque d'or」(1951), 「나의 삼촌Mon oncle」(1958)과 같은 위대한 프랑스 고전 영화들이 만들어진 시기이기도 하지만, 영화계 위기의 재현과, 정정의 불안, 그리고 세계 대전이 일어난 시기이기도 하다. 고전기의 출발이, 소리 혁명, 새로운 영화 언어의 대두, 영화 인기의 상승이라는 확실성으로 시작되었다면, 그것의 마지막은 1950년대 말에 일어난 누벨 바그의 급작스러운 폭발과 관객 감소라는 두 현상을 동시에 겪으며, 좀 더 모호한 형태로 끝났다.

유성 영화의 도래와 인민 전선

소리의 출현은 프랑스 영화계를 경악시켰다. 자국 영화의 예술성이 제아무리 뛰어났다고 해도 1920년대의 프랑스 영화계는 할리우드 영화가 지배했고, 그런 상태에서 1926년도 프랑스 영화의 제작 편 수는 55편으로까지 뚝 떨어졌다. 소리 장비만 해도 1900년에 이미 발명해 놓고도 특허를 받아 놓은 사람이 없어 독일과 미국 기계를 수입해 쓰는 형편이었다. 프랑스 최초의 유성 영화라는 「나일의 물L'Eau du Nil」과 「여왕의 목걸이Le Collier de la Reine」(두 작품 다 1929)는, 말이 좋아 유성 영화지 알고 보면 소리 대사만 약간 가미된 무성 영화나 마찬가지였다. 그런 의미에서 프랑스 최초의 진정한 유성 영화는, 독일 영화사 토비스Tobis의 작품을 르네 클레르 감독이 에피네Épinay 스튜디오에서 만든 「파리의 지붕 밑」(1930)이었다. 한 길거리 가수(알베르 프레장)에 대한 인민주의적 이야기인 이 작품은 프랑스에서는 실패했으나, 전세계적으로는 대단한 성공을 거두었고, 소리와 음악의 상상력 넘치는 사용 외에도, 파리의 옛 모습과 그곳 〈소시민들〉에 대한 정감 어린 표현으로 대중들의 크나큰 인기를 누리며, 향후 그것을 프랑스 영화의 한 특징으로 만들었다.

프랑스 영화인들은 토키*talkie*에 재빨리 적응했다. 1930년대 초부터 급속한 증가세를 보이며 1931년 한 해에만 무려 157편을 제작한 프랑스 영화는, 이후 130여 편 정도의 제작을 꾸준히 유지하면서, 1940년대를 제외하고는, 현재까지도 그 상태를 계속 유지해 오고 있다. 영화 제작은, 두 회사 공히 1920년대 말에 설립되었으며 사실상의 통합 기업이라 할 수 있는 고몽-프랑코-필름-오베르Gaumont-Franco-film-Aubert(GFFA) 사와 파테-나탕Pathé-Natan 사를 제외하고는, 재정이 부실한 수많은 개인 제작자들 손에 놓여 있었다. 하지만 프랑스의 전반적 사회 분위기를 반영이라도 하듯, 경기 후퇴로 인한 스캔들과 파산 상태가 줄줄이 이어지면서, 1934년에는 GFFA와 파테-나탕까지도 붕괴하는 지경에 이르렀다. 업계의 지속적인 요구에도 불구하고, 영화계를 정상 궤도에 올려놓으려는 프랑스 정부의 시도는 거의 무위로 끝나 버렸고, 정부는 할리우드와의 경쟁에도 신경을 써야 했다(1930년대 프랑스 개봉 영화의 3분의 2가 미국 영화였고, 배급권도 거의 대부분 미국인들이 쥐고 있었다. 하지만 그런 상황에서도, 몇 편의 예외를 제외하고는, 1930년대 최대의 흥행작은 모두 프랑스 영화에서 나왔다.

파리(에피네, 불로뉴-빌랑크루, 주앵빌)와 남프랑스(마르세이유, 니스)의 스튜디오들도 애초의 부진함을 털고 일어나, 장비와 인력의 재정비에 들어갔다. 영화의 붐은 이제 전 세계적인 현상이 되었다. 좌우 정파 간의 날카로운 정치적 대립과 반유대주의의 태동으로 우파의 외국인 혐오증이 가끔씩 표출되기도 했다. 그런 가운데서도 프랑스는 다른 방식으로 환영의 손길을 보내, 1920년대에 형성된 강력한 러시아 인 이민자 사회는 독일과 중부 유럽 이주자들로 그 층이 한층 두터워졌다. 1929년에서 1932년 사이에 많은 사람들이 프랑스로 건너와, 더빙과 설명 자막이 도입되기 이전, 특히 〈센 강의 바벨〉이라 불린 주앵빌의 파라마운트 스튜디오에서 즐겨 쓰던 다중 언어 방식으로 영화를 만들었다. 무대 감독*set designer*의 대표 격인 라자르 메르송(러시아)과 알렉상드르 트로네르(헝가리) 같은 외국인 이주자들도, 르네 클레르, 마르셀 카르네를 비롯한 여러 감독들 영화에 그 유명한 페르시아풍 장식을 도입하여, 프랑스 영화에 지대한 공헌을 했다. 쥘 크뤼거라든가 클로드 르누아르와 같은 프랑스의 스타 촬영 감독들은, 우파Ufa에서 공부한 퀴르 쿠랑과 오이겐 쉬프탄으로부터 다양한 기술을 배워, 그들과 함께 시적 사실주의라 부르는 영상을 만들어 냈다. 빌리 와일더, 프리츠 랑, 아나톨 리트바크, 막스 오퓔스, 로베르트 지오트마크 같은 감독들 역시 할리우드로 진출하기 전에 모두 파리에서 영화를 만든 경력이 있었다. 그중 오퓔스, 지오트마크, 쿠르트 베른하르트 같은 감독들은 2차 대전 때까지 상당수의 프랑스 영화를 만들었고, 오퓔스는 프랑스 국적까지 취득하여 1950년대에 파리로 되돌아왔다.

소리의 출현은 아방가르드에 치명타를 입혔다. 하지만 클레르, 르누아르, 자크 페데르, 마리 엡스탱, 장-베누아-레비, 쥘리앵 뒤비비에 같은 무성 영화감독들은 유성 영화로의 변화를 무리 없이 받아들이면서 1930년대와 그 후까지도 여전히 탁월한 감독으로 남아 있었다. 「품행 제로」, 「라탈랑트」(1934)와 같은 뛰어난 작품을 남기고 1934년 비극적으로 생을 마친 장 비고(스페인에서 망명했다)와 카르네(페데르의 조수) 두 사람은 유성 영화의 도래와 더불어 등장한 신예 감독이었다. 하지만 유성 영화가 초래한 가장 뚜렷한 변화는 뭐니 뭐니 해도, 레뮈, 하리 보르, 장 가뱅, 아를레티, 페르낭델, 쥘 베리, 루이 주베, 미셸 시몽, 프랑수아 로제와 같은 연극과 음악계의 새로이 떠오른 별들의 등장이었고, 이들이 빛을 발하는 데는 카레트, 사튀르냉 파브르, 폴린 카르통, 로베르 르비강과 같은 성격파 배우들의 도움이 컸다. 이들의 친숙한 용모와 독특한 연기는 대형 스타들 못지않게 대중의 인기를 끌어 모으며, 프랑스 고전 영화의 가장 지속적인 즐거움의 하나로 자리 잡았다.

소리의 발명은 또, 뮤지컬과 영화화된 연극이라는 1930년대 초의 가장 인기 있는 두 가지 장르를 파생시켰다. 장르의 법칙을 자신의 작가성에 맞춘 클레르의 「백만 프랑」, 「우리에게 자유를À nous la liberté」(1932), 「7월 14일Quatorze juillet」(1932)과는 달리, 뮤지컬은 그저 〈순수하게〉 영화화된 오페레타일 뿐이었다. 「낙원으로 가는 길Le Chemin du paradis」(1930)과 같은 지극히 사치스러운 몇몇 작품은, 앙리 가라, 릴리언 하비와 같은 스타들을 출연시켜서 독일에서 2개 국어로 찍은, 순수한 독일 영화였다. 아나벨라는 「백만 프랑」 과 「7월 14일」 덕으로, 프랑스의 톱스타가 되었다. 이 외에도, 특히 조르주 밀통, 〈바흐〉, 페르낭델과 같은 뮤직홀 코믹 가수들을 염두에 두고 단순하고 저속하게 만든, 그보다는 명성이 좀 떨어지는 또 다른 종류의 뮤지컬이 프랑스 영화계를 강타했고, 이 장르의 아주 색다른 부분을 이루었던 군대 희극*comique troupier*은 평단으로부터는 비웃음을 샀으나, 관객들로부터는 엄청난 호응을 얻었다. 페르낭델은 그중에서도 최고 히트작이었던 「이냐스Ignace」(1937)에 출연했다. 그 밖에 조세핀 베이커, 모리스 슈발리에, 미스탱게트 같은 뮤직홀 배우들도, 1930년대 후반에 가수와 뮤지션으로서의 새로운 세대를 연 티노 로시, 샤를 트레네, 레이 벤투라 밴드 등의 활발한 활동에는 미치지 못했으나, 간간이 모습을 드러냈다. 이런 뮤지컬은, 싸구려 지방 영화관이나 파리의 고몽 팰리스 혹은 렉스Rex와 같은 대도시 극장의 고정 관객들을 위한, 〈토요일 밤 영화〉의 대표적 프로였다. 그 같은 대중 관객들은, 이 역시 비평가들의 눈살은 찌푸리게 했으나, 〈영화화된 연극〉(희곡을 그대로 각색한 작품)도 무척 좋아했다. 여하튼 풍자적 길거리 코미디에 바탕을 둔(직접적이든 간접적이든) 영화화된 연극은 이제 그 시대를 대표하는 매혹적인 증언이 되었고, 쥘 베리, 레뮈와 같은 위대한 배우들에게는 자신들의 화려한 스타일을 새롭게 선보이고, 시나리오 작가들에겐 기존의 익살을 좀 더 날카롭게 다듬을 수 있는 기회를 제공해 주었다. 프랑스 어 입담으로 관객의 마음을 한껏 사로잡은 그들의 재기 발랄함은, 할리우드의 〈위협〉에 직면해 있던 프랑스 영화에 특히 많은 기여를 했다. 또한 이를 계기로 시나리오 작가는 프랑스 영화에서 독특한 위치를 점하게 되어, 마르셀 아샤르와 같은 극작가, 자크 프레베르 같은 시인들이 시나리오 집필에 몰두하는가 하면, 앙리 장송, 샤를 스파크 같은 신세대 시나리오 작가들의 등장도 새롭게 예고했다. 이브 미랑드, 루이 베르뇌이와 같은 감독들의 활약 또한 두드러졌는데, 하지만 누가 뭐라 해도 이 분야의 최고 스타는, 처음에는 기술적인 도움을 받으며 자신들의 희곡을 직접 영화화한

알렉상드르 트로네르 (1906~1993)

부다페스트의 미술 학교에서 그림 공부를 마친 트로네르는 1929년 파리에 도착하여, 센 강변의 에피네 스튜디오에서 일하고 있던 디자이너 라자르 메르송의 조수가 되었다. 이때 시작된 그들의 협력 관계는, 「우리에게 자유를」(르네 클레르, 1931), 「플랑드르의 축제La Kermesse héroïque」(자크 페데르 감독, 1935)를 비롯한 14편 이상의 영화에서 함께 미술을 담당하며, 1936년까지 계속됐다.

스스로를 〈장인〉이라 부른 트로네르는, 1930년대 프랑스 스튜디오 시스템하에서 번영을 이룬 기존의 디자인 전통 속에 성장하여, 1937년에 수석 디자이너의 자리에 오른 인물이다. 수석 디자이너가 된 뒤에도 그는, 르네 클레망 감독의 「금지된 장난Jeux interdits」(1952)과 「목로주점Gervaise」(1956)의 미술을 담당하면서, 폴 베르트랑을 조수로 기용하는 등, 옛 도제 전통을 그대로 이어 갔다. 트로네르의 명성은, 〈시적 사실주의〉라는 말과 동의어가 된 일련의 1930년대 영화들의 디자인을 맡음으로써 더욱 확고해졌고, 그런 의미에서 그를, 「안개 낀 부두」(1938), 「새벽」(1939), 「인생 유전」(1945)의 감독 마르셀 카르네, 시나리오 작가 자크 프레베르와 함께, 이들 영화의 공동 작가로 인식한다 해도 무리는 없을 것이다.

트로네르는 무대 감독의 기능을, 〈관객으로 하여금 인물의 심리 상태를 즉각적으로 파악할 수 있도록 영화의 미장센을 도와주는 존재〉로 묘사했는데, 그 점은 카르네, 프레베르와 1937년부터 1950년까지 협력 관계를 유지하면서 8편 이상의 영화를 함께 만들었다는 사실로도 잘 알 수 있다. 교외의 자기 아파트 맨 꼭대기 층에 유폐된 「새벽」의 프랑수아(장 가뱅)로부터, 사람들로 북적거리는 「인생 유전」의 메닐몽탕 거리에 이르기까지, 트로네르의 디자인은 한결같이 영화 속 인물들을 주위 환경에 복속시키고 있다. 바쟁도 언급했듯이 「새벽」의 장면들은, 사회적 다큐멘터리의 분위기를 띠면서도, 〈화가가 캔버스를 다루는 듯한〉 극도의 섬세함을 보여 주고 있다. 자연주의적 기조를 바탕으로 한 그러한 스타일은, 독일 표현주의 영화가 그러한 것처럼, 이들 영화에서 드라마틱한 역할을 수행하고 있다.

유대 인이었던 관계로 그도 예외 없이 2차 대전과 독일 점령기에는 숨어서 지내야 했지만, 그런 조건에서도 그는 자신의 가장 훌륭한 작품 몇 편을 만들어 냈다. 「인생 유전」은, 독일이나 비시 정부보다는 가혹함의 정도가 훨씬 덜했던 이탈리아 점령하의 니스 스튜디오에서 촬영되었는데, 친구의 보호를 받으며 그 근방에서 숨어 지내던 트로네르는, 시나리오 전개 과정부터 범죄의 거리Boulevard du Crime의 스펙터클한 장면의 디자인에 이르기까지 그 영화에 적지 않은 기여를 했다.

종전 후, 세트 디자인에 대한 예산이 줄어들고 프랑스 내 스튜디오들의 수도 급격히 감소함에 따라, 트로네르도 자연히 미국인 감독들과 일하는 횟수가 늘어나게 되었고, 그중에서도 빌리 와일더와는 1958년부터 1978년까지 여덟 작품을 함께 만들었다. 그리하여 「아파트 열쇠를 빌려 드립니다」(1960)의 사무실 장면에서 보여 준, 시각을 헷갈리게 하는 탁월한 기술로 마침내 그는 오스카상을 수상했다.

1980년대에 들어 스튜디오 촬영이 프랑스 영화의 새로운 특징으로 부각되면서, 트로네르의 디자인도 본국에서 다시 각광을 받기 시작하여, 「서브웨이」(뤽 베송, 1985)의 현란한 스타일로부터 「대청소Coup de torchon」(1981), 「라운드 미드나잇」 (베르트랑 타베르니에, 1986)의 시네마 드 칼리테*cinéma de qualité* 고전주의에 이르기까지, 그의 다양한 스타일은 본국 프랑스에서 다시 한 번 빛을 발했다.

크리스 다케

주요 작품

「희한한 드라마Drôle de drame」(1937); 「안개 낀 부두Quai des brumes」(1938); 「예술가들의 입장Entrée des artistes」(1938); 「새벽 Le Jour se lève」(1939); 「밧줄들Remorques」(1941); 「인생 유전Les Enfants du paradis」(1945); 「밤의 문Les Portes de la nuit」(1946); 「오셀로Othello」(1952, 오선 웰스와 작업); 「아파트 열쇠를 빌려 드립니다The Apartment」(1960); 「서브웨이Subway」(1985); 「라운드 미드나잇Autour de minuit」(1986).

참고 문헌

Barsacq, Léon(1976), *Caligari's Cabinet and Other Grand Illusions.*

알렉상드르 트로네르의 〈시적 사실주의〉가 돋보이는 카르네와 프레베르의 「새벽」(1939).

아를레티 (1891~1992)

마르셀 카르네와 자크 프레베르의 전쟁 시기 동안 탄생한 고전 「인생 유전」(1945)의 낭만적 여주인공 가랑스 역으로 세계적 명성을 얻기 전부터 아를레티는 이미 프랑스 공연계의 최고 인기 스타의 한 사람으로 입지를 굳힌 상태였다.

아를레티는, 레오니 바티아라는 본명으로 파리 교외 쿠르브부아의 한 소박한 가정에서 태어났다. 한동안 공장 생활을 한 뒤 그녀는 모델이 되었고 1919년부터는 코믹/에로틱 레뷔와 연극에 출연하기 시작했다(이때부터 그녀는 자신이 진정으로 사랑하는 것은 무대임을 늘 주장해 왔다). 이후 그녀의 아름다움은 반 동겐 같은 화가들의 그림 소재가 될 정도로 1920년대 파리 명사들의 동경의 대상으로 떠올랐다. 그녀는 섹스 어필과 거만한 유머를 적절히 결합시키는 탁월한 능력으로 곧 영화인들의 관심을 끌어 모았고, 1929년부터는 수많은 코미디에 단역으로 출연하면서, 자크 페데르의 「미모사 펜션」(1934)이라든가, 장 드 리뮈르의 「왈가닥」(1935, 빅토르 마르게리트의 그 〈말 많은〉 소설에 기초한 영화)과 같은 일급 영화에도 얼굴을 내밀기 시작했다. 대화할 때나 노래할 때나, 고음의 긁는 듯한 음성에 파리 노동자 계층의 악센트를 결합시키는 독특한 목소리로 사람들을 늘 포복절도하게 했던 그녀가 진정한 프랑스 여배우로서의 발을 내딛은 것은 카르네의 「북호텔」(1938)에서였다. 영화에서 그녀와 루이 주베가 호흡을 맞춘 코믹 커플은, 아나벨라와 장-피에르 오몽이 맡은 영화의 주인공들을 완전히 압도했다(그것은 또, 시나리오 작가 앙리 장송이 그들에게 최고의 대사를 주었기 때문이기도 하다). 〈분위기! 분위기! 어때요, 나 분위기 있어 보여요?〉라고 부르짖는 그녀의 필사적인 절규는, 영화의 개봉과 함께 유행어가 되어 하나의 어휘로 영원히 남게 되었다. 이전 작품들보다는 좀 더 극적인 역할을 맡은 카르네와 프레베르의 「새벽」(1939)에서도 그녀의 카리스마는 장 가뱅의 상대역으로 나온 당시의 톱스타 자클린 로랑의 밋밋함을 여지없이 무너뜨렸다. 다양한 무대 경력과 화려한 생활 습관에도 불구하고 아를레티의 특징은, 1939년에 출연한 훌륭한 두 코미디, 「가택 침입」(미셸 시몽, 페르낭델과 공연)과 「정상 참작」(역시 시몽과 공연)에서와 같이, 여성의 역할을(장 가뱅과 같은 남자 배우들과는 달리) 코미디에 국한시키는 특성을 지닌 진정한 프롤레타리아적인 역에서 빛을 발했다.

아를레티에게는 2차 대전이, 「밤의 방문객」(1941)과 특히 「인생 유전」으로 세계적인 명성을 얻기도 했지만, 개인적인 불행도 함께 겪은 혼란의 시기였다. 중세의 이야기를 다룬 작품으로 아를레티에게 악마의 시종장 역을 맡긴 「밤의 방문객」 이후 카르네와 프레베르는 1840년대의 파리 연극계를 휩쓸다시피 한 「인생 유전」을 영화로 리메이크했다. 장-루이 바로, 피에르 브라쇠르, 마르셀 에랑이 맡은 남성 캐릭터들은 모두 실존했던 역사적 인물이었던 데 반해, 이 세 남자들을 동시에 매혹시키는 여인 가랑스는, 아를레티의 매력과 유머, 고상함과 민중성이 교묘히 결합된, 순전히 허구적인 인물이었다. 이 영화는 커다란 성공을 거두었으나, 영화가 개봉되었을 때는 이미 아를레티가 독일군 장교와의 밀통으로 체포되어 구금된 상태였다(그런 상황에서도 그녀는 위트를 잃지 않고 자신을 이렇게 변호했다고 한다. 〈내 마음은 프랑스적이지만, 몸은 국제적이다〉). 이후 3년간의 활동 금지 기간을 거친 뒤 그녀는 다시 영화에 컴백하여 예전의 인기를 되찾았지만, 그럼에도 불구하고 그녀의 전후 활동은 이전 영광의 그림자에 불과했다. 그녀는 자클린 오드리의 「출구 없는 방」(1954, 사르트르의 희곡에 기초한 작품)과 카르네의 「파리의 황혼」(1954)에서는 장 가뱅과 다시 공연했고, 무대 활동도 1960년 시력 상실로 연기를 완전히 그만둘 때까지 계속했다. 그녀는 죽을 때까지 파리에서만 살았다.

아를레티의 카리스마적인 연기, 재담, 불굴의 의지는 그녀를 위대한 프랑스 민중 여배우의 하나로 만들었다. 다시 말해, 우스꽝스럽고, 건방지고, 반항적인, 그러면서도 철저하게 냉담한, 여자 〈가브로슈*gavroche*〉〔빅토르 위고의 「레 미제라블」에 나오는 건방지고 용감하며 의협심 강한 파리의 부랑아 — 역주〕를 구현해 낸 것이다. 그녀의 업적을 기려 1984년 퐁피두 센터는 살 가랑스Salle Garance라는 극장을 개설했다. 그리고 마지막 공적 활동으로 그녀가 시작한 자선용 향수 사업의 브랜드는 당연히 〈분위기Atmosphère〉.

지넷 빈센도

주요 작품

「미모사 펜션Pension Mimosas」(1934); 「왈가닥La Garçonne」(1935); 「북호텔Hôtel du Nord」(1938); 「새벽Le Jour se lève」(1939); 「가택 침입Fric-Frac」(1939); 「정상 참작Circonstances atténuantes」(1939); 「밤의 방문객Les Visiteurs du soir」(1941); 「인생 유전Les Enfants du paradis」(1945); 「출구 없는 방Huis-clos」(1954); 「파리의 황혼L'Air de Paris」(1954).

참고 문헌

Ariotti, Philippe, and de Comes, Philippe(1978), *Arletty*.
Arletty(1971), *La Défense*.

마르셀 카르네와 자크 프레베르의 「인생 유전」(1945)에서의 아를레티.

마르셀 파뇰과 사샤 기트리, 두 사람이었다. 파뇰은, 오란 드마지, 피에르 프레네와 함께 레뮈에게 필생의 역을 선사한, 「마리우스Marius」(1931), 「파니Fanny」(1932), 「세자르César」(1936) 3부작, 「빵집 마누라La femme du boulanger」(1938)에서 남부 문화를 찬양했고, 배우로도 활발한 활동을 벌인 기트리는, 「꿈을 꿉시다Faisons un rêve」(1936), 「어느 사기꾼의 소설Le Roman d'un tricheur」(1936)과 같은 보석 같은 작품들에서, 도시적이고 입심 좋은 파리지앵들의 모습을 그대로 재현해 보였다.

하지만 그런 가벼운 코믹물이 흥행을 주도해 가고 있는 한편, 좀 더 어둡고 사실주의적인 멜로드라마가 프랑스 영화의 또 다른 장르로 굳건히 자리하고 있었다. 그런 영화로는, 레몽 베르나르의 「레 미제라블Les Misérables」(1933), 모리스 투르뇌르의 「두 명의 고아 소녀Les Deux Orphelines」(1932)와 같은 19세기 멜로드라마의 리메이크 작도 있긴 했지만, 「마지노선의 이중 범죄Double Crime sur la ligne Maginot」(1937), 「커다란 문La Porte du large」(1936)과 같은 육해군을 소재로 한 멜로드라마, 마르셀 레르비에의 「행복Le Bonheur」(1935), 아벨 강스의 「잃어버린 낙원Paradis perdu」(1939)과 같은 상류 사회 드라마, 매혹적인 동유럽을 배경으로 한 정교한 사극 영화(「메예를링Mayerling」(1936), 「카티아Katia」(1938))이면서 또한 러시아 인 망명객들의 영향도 많이 느껴지는 〈슬라브〉적 멜로드라마처럼, 전혀 새로운 장르도 많이 선을 보였다. 이러한 작품에 출연한 낭만적 스타들로는, 다니엘 다리외, 샤를 부아예, 피에르 리샤르윌름, 피에르 프레네, 그리고 피에르 블랑샤르 등이 있었다. 하지만 국제적인 면으로 보면 1930년대는, 사실주의 문학이나 창작 시나리오에 바탕을 두고 대개는 노동자 계급을 다루게 마련인 견실한 시적 사실주의와 특히 관계가 깊었고 이러한 시적 사실주의 영화는, 비관적 내용과 밤 장면, 그리고 앞으로 도래할 미국의 필름 누아르를 연상시키는 어둡고 대조적인 시각 스타일을 특징으로 하고 있다. 피에르 슈날(「이름 없는 거리La Rue sans nom」(1933), 「마지막 전환Le Dernier Tournant」(1939)), 쥘리앵 뒤비비에(「땅 끝까지 가다」(1935), 「망향」(1936)), 장 그레미용(「사랑의 얼굴Gueule d'amour」(1937), 「밧줄들Remorques」(1939~40)), 장 르누아르(「야수 인간」(1938)), 알베르 발랑탱(「술집 여자L'Entraîneuse」(1938))과 같은 당시의 기라성 같은 작가 감독들 모두가 이 장르를 선택하고 있다. 하지만 그중에서도 1936년 「제니Jenny」를 시작으로, 「안개 낀 부두Le Quai des brumes」(1938)와 「새벽」(1939)을 만든 카르네와 프레베르는 명실 공히 이 장르의 대표작들을 만들었다. 그 외에도 시적 사실주의는, 「안개 낀 부두」, 「술집 여자」에서의 미셸 모르강과 같은 신비스러운 여성상을 만들어 냄과 동시에 장 가뱅으로 대변되는 남성적 영웅상을 함께 부각시켰다.

자크 베케르 감독의 1953년 스릴러 「현금에 손대지 마라」(1953)의 리노 벤투라.

시적 사실주의의 비관적 세계는, 곧 들이닥치게 될 세계 대전의 음울한 분위기를 반영하고 있다는 것이 당시의 지배적인 생각이었다. 그러한 생각은, 인민 전선, 즉 지식인과 예술인들의 놀라운 결집력을 과시하며 1936년부터 1938년까지 득세하고 있던 좌파 동맹의 보다 희망적인 이데올로기에 그 시대의 많은 정치적인 의식을 지닌 감독들처럼 카르네도 일찍이 지지를 표명하긴 했지만, 어느 정도 사실이었다. 당시의 좌파 영화인들 중에 최고의 예술성을 보여 준 감독은 장 르누아르였다. 르누아르는 민중적 코미디인 「랑주 씨의 범죄」(1935)를 비롯하여, 최고의 감독적 역량을 보여 준 「인생은 우리 것이다」(1936), 「라 마르세예즈」(1937)와 같은 작품들을 통해 그 짧은 기간의 특징이랄 수 있는 희망과 계급의 결속을 특히 부각시켰다. 뿐만 아니라 그는 「암캐」(1931), 부친인 화가 오귀스트 르누아르에게 바친 「전원으로의 소풍」(1936), 「위대한 환상」, 혹은 「야수 인간」에서와 같이, 인기 스타와 주제들을 이용하고, 그 시대의 전반적인 관행(깊이 있는 촬영과 롱테이크의 사용)을 재빨리 간파하여 그것을 뛰어넘는 놀라운 기술을 보여 주기도 했다. 1930년대에 나온 그의 마지막 영화 「게임의 규칙」(1939, 부패한 귀족 사회의 붕괴를 다루고 있는 이 영화는 이 시대 최고 영화의 하나로 평가받고 있다)은 당시에는 실패작이었으나 돌이켜보면 시대를 앞서간, 진정 위대한 예술성을 지닌 대중 영화로, 1930년대의 대미를 장식한 작품이었다. 영화 문화도 계속 발전했다. 1936년에는 앙리 랑글루아, 조르주 프랑쥐, 장 미트리에 의해 시네마테크 프랑세즈가 설립되었고, 『푸르 부*Pour vous*』, 『시네몽드*Cinémonde*』 같은 영화 잡지들은 매주 수백만의 독자를 거느리게 되었으며, 좌파(조르주 사둘)와 우파(모리스 바르데슈와 로베르 브라질라크)의 박식한 영화사가들도 집필을 개시했다. 그 외에도 인민 전선 기간에는, 영화계의 전면적인 재정비와 칸 국제 영화제 신설과 같은 역동적인 계획들이 줄줄이 이어졌으나, 2차 대전의 발발과 함께 이 계획들은 모두 수포로 돌아가고 말았다.

점령과 해방

페탱 장군의 항복, 독일의 프랑스 점령, 〈자유〉 지역(남부)과 점령 지역으로의 국토의 분할, 이 모든 것들이 프랑스 영화에 엄청난 영향을 미쳤다. 르누아르, 뒤비비에, 가뱅, 모르강처럼 미국으로 망명한 영화인들이 있는가 하면, 알렉상드르 트로네르, 작곡가 조제프 코스마 같은 사람은 반유대 인 법을 피해 숨어 지내지 않으면 안 되었다(1943년 게슈타포에 체포되어 고문을 당한 하리 보르처럼 더 극심한 피해를 당한 사람도 있었다). 하지만 그런 가운데서도 대부분의 영화인들은 프랑스에 그대로 남아 새로운 정부 밑에서 비교적 순탄하게 작품 활동을 했다. 페탱의 비시 정부는, 영화산업조직위원회(COIC)라는 기구를 파리에 설립하여, 어떻게든 영화에 대한 독일의 통제를 제한하려 했고, 그렇게 만들어진 새로운 규정들 — 보다 건전한 영화 재정의 정비, 흥행 통제, 단편 영화 제작의 후원, 새로운 영화 학교(IDHEC)의 설립 — 은 지금까지도 프랑스 영화에 막대한 파급 효과를 미치고 있다. 전시의 프랑스 영화는 「영겁 회귀L'Éternel Retour」(1943), 「여름날의 빛Lumière d'été」(1943), 「밤의 방문객」(1943)과 같이 자유 지역에서 만들어진 고전 작품들도 몇 편 있긴 하지만, 재원 부족으로 영화 제작이 점차 줄어듦에 따라, 대부분의 영화는 파리에서 만들어졌다. 독일은, 자본금은 독일이 대고 운영은 프랑스 인들이 하는 독일 소유의 영화사, 콩티낭탈 필름Continental Films을 설립하여, 2차 대전 중에 만들어진 총 220편의 프랑스 영화 중 30편을 자신들이 제작했다. 물질적인 어려움 속에서도 프랑스 영화는 번창했다. 영화는 만들어질 때마다 독일과 비시 정부의 검열을 받아야 했기 때문에, 감독들은 동시대적인 문제나 〈어려운〉 주제는 가급적 회피하려 했는데도 불구하고, 소위 선전 영화라 불릴 만한 것은 극소수밖에 만들어지지 않았다. 게다가 영국이나 미국 영화의 수입까지 전면 금지됐기 때문에, 소수의 이탈리아와 독일 영화만을 제외하고는 극장은 모두 프랑스 영화의 차지가 되었다. 극장은 훈훈하고 비교적 안전한 장소였으며, 영화는 최상의 오락물이었기 때문에, 프랑스 영화의 관객 점유율은 전례를 찾아볼 수 없을 정도로 치솟았다.

이런 묘한 시기에 만들어진 영화는 주로, 「고귀한 카트린L'Honorable Catherine」(1943) 같은 미국 스타일의 코미디, 스릴러[「최후의 카드Dernier atout」(1942)], 「암살자는 21번지에 산다L'Assassin habite…… au 21」(1942), 티노 로시, 샤를 트레네, 에디트 피아프 등이 출연한 뮤지컬, 그리고 「퐁카랄 대령Pontcarral colonel d'Empire」(1942), 「랑제의 공작 부인La Duchesse de Langeais」(1941), 「인생 유전」(1943~5)과 같은 〈현실 도피적〉 사극 영화*costume drama*였다. 2차 대전 중에는 전체의 3분의 1이 문학 작품을 각색한 영화였기 때문에, 「환상적인 밤La Nuit fantastique」(1941)이라든가, 「영겁 회귀」(장 콕토가 시나리오를 쓴), 또는 「밤의 방문객」 등에서 볼 수 있는 프랑스 영화의 〈환상적인〉 경향이 이 기간에는 거의 나타나지 않았다. 「퐁카랄 대

크리스티앙 자크 감독의 「밤의 기사도」(1951)에서의 제라르 필리프(오른쪽).

령」처럼 독일과 페탱 정부를 에둘러 비판한 작품이 몇몇 있긴 했지만, 전체적으로 이들 영화는 1930년대의 그것과 다를 바 없이 오락 영화로 만들어졌고, 또 그렇게 받아들여졌다는 것이 일반적인 중론이다. 앙리 조르주 클루조가 독일 영화사 콩티낭탈을 위해 만든 「까마귀Le Corbeau」(1943, 프레네와 지네트 르클레르크 출연)는 지방의 부르주아지를 어둡게 풍자한 내용으로, 해방 후에는 친나치, 반프랑스적이라 하여 자국인들의 비판을 받았고, 당시의 독일인들도 이 영화를 별로 달갑지 않게 생각하여 자국 내 배급을 거부했던 점으로 미루어, 대다수의 〈비시 영화〉를 특징짓는 요소가 바로 그 같은 모호함이 아니었을까 생각된다. 파뇰의 「우물 파는 인부의 딸La Fille du puisatier」(1940)은 〈일, 가정, 조국〉에 대한 페탱 정부의 이데올로기를 지지하는 것 같으면서도, 버려진 미혼모 이야기를 들고 나옴으로써 이전의 파뇰 경향을 그대로 답습한 작품이었다. 이 시기의 재미있는 현상으로는 또, 아벨 강스의 「눈먼 비너스La Vénus aveugle」(1940), 파뇰의 「우물 파는 인부의 딸」, 장 스텔리의 「푸른 장막Le Voile bleu」(1942), 장 그레미용의 「천국은 당신의 것Le Ciel est à vous」(1943)과 같은 〈여성 영화〉의 등장을 들 수 있다. 이들 영화 역시 비시 정부의 이데올로기를 옹호하는 듯하면서도(희생적인 어머니상과 애국심을 고양하는 부분에서), 강인한 여성상을 그려 보임으로써 전쟁 전에는 볼 수 없던 새로운 면을 부각시키고 있다. 비비안 로망스, 가비 모를레, 마들렌 르노 등의 스타들에게도 전보다는 좀 더 실속 있는 역이 주어졌다. 「고귀한 카트린」(에드비주 푀예르 출연), 알베르 발랑탱의 눈부신 멜로드라마 「마리-마르틴Marie-Martine」(1943, 르네 생시르 출연), 클로드 오탕-라라의 「애인Douce」(1943) 역시, 여주인공들이 맡은 대사 중심의 역으로 특히 돋보였던 작품들이다. 하지만 이런 현상도 단명에 그쳐, 전후에는 여주인공들이 다시 전통적인 역할로 되돌아갔다.

해방을 맞은 프랑스 영화의 입장은 확고했다. 프랑스영화해방위원회Committee for the Liberation of French Cinema가 구성되는가 하면, 간행물로 『레크랑 프랑세 *L'Écran français*』가 창간되었다. 배우 로베르 르 비강(비난을 피해 프랑스를 떠났다)이나 1945년에 사살된 작가 로베르 브라질라크 외에 노골적으로 파시스트에 동조한 사람은 없었지만, 기트리, 아를레티, 슈발리에 같은 영화인들은 전반적인 정화 차원에서 독일에 대한 이적 행위로 규제를 받았고(클루조는 「까마귀」로 인하여 2년간 활동이 금지되었다), 유대계 영화인들은 프랑스로 다시 복귀했다. 카르네-프레베르 콤비의 시적 사실주의의 극치를 보여 준 「인생 유전」도 1945년 3월 9일 일반에 공개되어, 주인공 밥티스트(장-루이 바로)와 가랑스(아를레티)를 일약 꺾이지 않는 〈프랑스 정신〉의 두 화신으로 만들며, 비평과 흥행 양면에서 엄청난 성공을 거두었다.

해방 이후 프랑스 영화가 처음으로 맞닥뜨린 문제는 전쟁의 상처였다. 베르코르 항독 지하 단체에 대한 장-폴 르샤누아의 영화처럼, 이 기간에는 주로 레지스탕스의 영광을 다룬 다큐멘터리와 픽션 영화들이 만들어졌다. 르네 클레망의 1946년도 작 「철로 쟁탈전La Bataille du rail」(레지스탕스에서 싸운 철도 노동자들을 주인공으로 한 세미다큐멘터리)과 「조용한 아버지Père tranquille」(1946, 노엘-노엘 주연)가 그런 유의 영화로는 가장 유명한 작품들이라면, 크리스티앙-자크의 「비곗덩어리Boule de suif」(1945), 오탕-라라의 「육체의 악마Le Diable au corps」(1946), 클레망의 「금지된 장난」(1951)은 전쟁이라는 주제를 좀 더 어둡게 바라본 작품들이었다. 하지만 이 주제는 그 후 30년간 단골 메뉴로 자리를 굳힌 코미디물과는 달리 열기가 곧 사그라져, 드골 시대 후기까지는〔알랭 레네의 「밤과 안개」(1956), 「히로시마 내 사랑Hiroshima mon amour」(1959)은 제외하고〕 영화에 별로 등장하지 않았다.

제 4 공 화 국

제4공화국의 등장과 함께 프랑스 영화에도 일련의 변화가 찾아왔다. 우선 COIC의 기능을 확대한 국립 영화 센터Centre National de la Cinématographie(CNC)가 1946년에 설립되어, 정부 통제의 정도와, 흥행세 과세, 결과적으로 생명줄이었음이 입증된 〈비상업 영화〉에 대한 후원을 비롯한, 영화계 제반 원칙의 초석이 다져졌다. 그와 더불어 프랑스 영화의 재건과 현대화를 위한 실질적인 노력도 함께 병행되었다. 영화 문화면에서도, 프랑스 최고의 영향력을 행사하고 있던 비평가 앙드레 바쟁의 선도 아래 해방 이후 시네 클럽 운동이 일어나면서, 현대 영화의 씨앗이 뿌려졌다. 가톨릭 신자인 바쟁은, IDHEC에서는 강의를, 공산주의자의 노동과 문화Communist Travail et Culture라는 단체에서는 노동자들에게 영화 교육을, 『레크랑 프랑세』와 『에스프리*Esprit*』를 비롯한 잡지들에는 날카로운 비평을 기고하면서, 영화 문화 전반에 걸쳐 다양한 활동을

자크 타티 (1908~1982)

뻣뻣한 두 다리에, 등은 한껏 곧추세우고, 허공을 향해 파이프를 문 타티가, 「윌로 씨의 휴가」(1953)와 함께 으스대며 영화 속으로 걸어 들어왔다. 해변가 휴양지에서 마음껏 즐겨 보기로 작정을 한 그는 테니스, 승마, 캠핑, 시골길 드라이브를 지치지도 않고 계속한다. 그는 다른 휴양객들에게는 깍듯이 예의를 지키면서도, 평온한 자신의 일상은 본인 스스로가 깨뜨리고 있다는 사실은 망각하고 있다. 윌로 씨 역을 맡은 타티는, 채플린과 키튼의 그것에 필적하는 특성을 유성 영화에 부여하면서, 판토마임적 코미디를 단숨에 부활시키는 듯했다.

운동 선수로 단련이 된 타티는 자신의 장기인 스포츠 판토마임을 무기 삼아 뮤직홀 스타로 출발했다. 「실비와 유령Sylvie et le fantôme」(클로드 오탕-라라, 1945)에서는 또 전혀 뜻밖으로, 기세 등등한 유령 역을 맡기도 했다. 그가 만든 첫 단편 영화 「우체부 학교」(1947)는 첫 장편 영화 「축제의 날」(1949)로 이어졌고, 그것은 다시 이후 여러 작품들의 전조가 되었다. 「우체부 학교」에서 타티는, 미국식 우편배달 방법에 대한 뉴스 영화를 보고 자신의 방식도 현대화하기로 결심을 하는, 시골 마을의 우편배달부 프랑수아로 나오는데(〈빨리, 빨리!〉), 프랑수아의 그 새로운 배달 방식은 동네 가정들에 일대 파란을 일으키는 익살의 한마당으로 발전한다. 이 영화에는 또, 타티가 연기한 우편집배원이 취해서 비틀거리면서도 밤에 자전거를 타고 집에 돌아가다가, 정신없이 페달을 밟는 바람에 울타리에 처박히고 마는, 실험적 장면도 등장한다. 하지만 그런 코미디언적 자질을 뛰어넘어 타티는 차츰, 주변 세계를 무한한 희극적 가능성으로 가득 채울 수 있는 영화를 생각하기 시작했고, 채플린과는 달리 그는 단역들에게도 중요한 대사를 주는 관대함을 보여 주었다.

「축제의 날」에서 「윌로 씨의 휴가」와 윌로 씨 역으로의 진행은 금방 이루어졌다. 이 영화의 초점은 코미디언에 맞추어져 있다. 하지만 여기서 타티의 개그는, 십수 명의 상인과 휴양객들에게까지 널리 미치는 보다 〈민주적인〉 모습을 보이고 있는데, 그는 이 틀 속에서 계속 개그를 늘려 가기 때문에, 전면에 있는 사람이나 저 멀리 떨어진 곳에 있는 사람이나, 결국 마찬가지의 결과를 얻게 된다. 그는 또, 알 수 없는 표정으로 정지와 틈의 유머를 만들어 내어, 침묵과 중단이라는 아주 대담한 코미디를 도입해 보기도 했지만, 타티의 강점은, 음향 효과를 이용한 새로운 희극적 가능성을 열어 보인 점에 있다. 말채찍 소리, 탁구공 날아가는 소리, 회전문 소리, 만년필이 수족관에 떨어질 때 나는 소리 등은 그에게 새로운 명성을 안겨 주었다.

「나의 삼촌」(1958)은 「윌로 씨의 휴가」보다 상업적으로 더 큰 성공을 거두었고, 칸 심사 위원 특별상과 아카데미상까지 수상했다. 여기서 윌로 씨는 파리의 쾌적하게 낙후된 구역에 살고 있는 반면, 누이 가족은 끔찍하게 현대적인 곳에 살고 있다. 전자식 차고, 눈알 모양의 창문, 몸서리가 쳐질 정도로 차가운 가구들은 모두 타티의 풍자 대상들이다. 타티는 이제, 건축이 익살의 틀을 짜고, 관객 스스로 연기를 찾아내도록 하면서, 전 장면들을 롱 숏으로 연출하기 시작한다.

자신의 인기에 확신을 얻은 타티는, 그의 가장 대담한 실험작 「플레이 타임」(1967)에서, 모든 것을 거는 도박을 감행했다. 그리고 그것을 위해 파리 외곽의 공터에 작은 미니 도시를 하나 건립했다. 영화에는, 파리를 찾은 일단의 미국인 관광객들을 빼고는 이렇다 할 줄거리라는 것이 없다. 윌로 씨도 여기서는 중심 인물이 아니다. 타티는 관객들에게, 강철과 유리로 이루어진 회색 풍경 속을 표류해 다니는 이방인들을 바라보도록 권유하는데, 익살이 주춤하면서 그들은 관객의 시선을 끌기 위해 서로 경쟁을 벌이기 시작한다. 그중엔 이상야릇하기만 할 뿐 도저히 익살이라고 보아 줄 수 없는 것들도 있다. 급속히 와해되어 가는 로열 가든 식당에서의 마지막 장면 — 약 45분간 계속되는 희극의 아수라장 — 은, 중심이 있는 명백한 익살로부터 중심에서 저만치 떨어진, 혹은 구석으로 처박힌 가벼운 말장난에 이르기까지, 희극의 모든 것을 보여 주고 있다. 타티는, 컬러에 70mm, 그리고 매 장면마다 관객의 주의를 요구하는 〈플레이 타임〉, 즉 현란한 옥외 유머의 효과를 창출해 내기 위해 입체 음향을 사용하는 등 이 영화에 아낌없는 돈을 쏟아 부었다.

하지만 이 모든 노력에도 불구하고 관객들의 반응은 시원치 않았다. 「플레이 타임」은 결국 실패작이 되어, 그로 인한 재정 파탄에서 그는 결코 회복하지 못했다. 타티는 서둘러, 자동차 문화를 다룬 풍자극으로 윌로 씨 역이 돋보이는 「트라픽」(1971), 스웨덴 텔레비전용의 서커스에 대한 준다큐멘터리 「행진」(1973)을 내놓았다. 전보다 더욱 의욕을 보인 이 작품들에서 타티는, 대중적인 슬랩스틱 코미디에, 안토니오니나 레네에 버금가는 모더니즘적 실험을 결합한 새로운 코미디를 만들어 냈다.

데이비드 보드웰

「윌로 씨의 휴가」(1953)에서 지칠 줄 모르는 윌로 씨를 연기한 자크 타티.

▪ 주요 작품

「우체부 학교L'École des facteurs」(1947); 「축제의 날Jour de fête」(1949); 「윌로 씨의 휴가Les Vacances de M. Hulot」(1953); 「나의 삼촌Mon Oncle」(1958); 「플레이 타임Play Time」(1967); 「트라픽Trafic」(1971); 「행진Parade」(1973).

▪▪ 참고 문헌

Agel, Geneviève(1955), *Hulot parmi nous*.

Chion, Michel(1987), *Jacque Tati*.

Fischer, Lucy(1983), *Jacques Tati: A Guide to References and Resources*.

Harding, James(1984), *Jacque Tati: Frame by Frame*.

Kermabon, Jacques(1988), *Les Vacances de M. Hulot*.

벌였다. 1951년에는 『카이에 뒤 시네마*Cahiers du cinéma*』의 공동 창간인이 되었는데, 이 잡지는 나오기가 무섭게 프랑수아 트뤼포, 자크 리베트, 에리크 로메르, 장-뤼크 고다르(이들의 견해에 바쟁이 늘 동조한 것은 아니었지만) 등 미래의 누벨 바그 감독들의 열띤 토론장이 되었다. 하지만 이 같은 새 출발에도 불구하고 그에 못지않게 강력한 세력으로 남아 있던 구체제로 인해 프랑스 영화계는 곧, 특히 자국 시장 내의 미국 영화 재등장과 같은, 여러 난제에 직면하게 되었다. 게다가, 미국에 대한 프랑스 전채(戰債)의 일부로, 프랑스산 사치품을 미국이 수입해 주는 대가로 미국 영화에 수입 쿼터를 관대히 보장해 주는, 블룸-번스 무역 협정(1946)이 체결되었다. 하지만 그런 상황에서도 프랑스 영화 대 미국 영화의 비율은 결과적으로 전쟁 전의 수준과 크게 다를 바 없이, 자국의 제작 능력에 그럭저럭 맞추어 갈 정도는 되었다.

1950년대 초에 이르러 프랑스 영화의 제작은, 특히 이탈리아와의 합작에 힘입어, 연간 100편에서 120편 정도는 너끈히 유지할 정도가 되었고, 1940년대 후반에서 1950년대 후반까지가 프랑스 영화계로는 가장 안정적이고 높은 인기를 누린 최고의 전성기가 되었다. 관객 수도, 전쟁이 끝나자마자 감소세를 나타낸 다른 나라들과 달리, 성장세가 이어져 1957년에는 무려 4억 명까지 치솟았다(텔레비전도 1960년대 전까지는 그리 심각한 적수가 되지 못했다). 업계의 상황도 전보다 훨씬 정비된 모습을 보였고, 제작 장비도 훌륭하게 구비되어 있었으며, 1920년대와 1930년대부터 잔뼈가 굵은 우수한 인재들도 늘 대기 상태에 있었다. 알렉상드르 트로네르, 장 도본, 레옹 바르사크, 막스 두이, 조르주 바케비치는, 막스 오퓔스의 「원무」(1950)와 같은 작품들에서는, 멋진 세트와 웅대한 바로크 건축물을, 클레르의 「위대한 전략Les Grandes Manœuvres」(1955) 같은 작품들에선 스타일 넘치는 디자인을 선보였다. 앙리 알레캉, 아르망 티라르, 크리스티앙 마트라스 같은 촬영 감독들도, 자신들의 솜씨를 장차 (때로는 경멸적으로) 〈품격의 전통〉으로까지 불리게 할 정도로 세련된 촬영술을 보이면서, 밀려드는 수요에 행복한 비명을 질렀다. 시나리오 작가들은, 전전 취향 그대로 톡톡 튀는 말재간을 최대의 무기로 삼았다. 프레베르도 몇 편의 작품을 쓰긴 했지만, 전후에는, 앙리 장송, 장 오랑슈, 피에르 보스트, 미셸 오디아르의 시대가 되었고, 문학 작품의 각색을 전문으로 하고 있던 오랑슈와 보스트는 품격의 전통과 특히 잘 부합되었다. 감독의 경우는 전시에 명성을 날린 자크 베케르(「마지막 카드」(1942), 「구피 멩루주Goupi Mainsrouges」(1943), 「걸치레Falbalas」(1945)), 오탕 라라, 크리스티앙-자크, 클루조, 르네 클레망 등과 더불어, 클레르, 뒤비비에, 르누아르, 카르네, 오퓔스 같은 전전 감독들도 활동을 재개했다. 젊은 혈기의 프랑수아 트뤼포가 1954년의 『카이에 뒤 시네마』에 실린 「프랑스 영화의 어떤 경향」(트뤼포, 1976)이라는 글에서 격렬한 비난을 퍼부은 것이 바로, 이들 영화의 문학적 원천과 기교, 그리고 얄팍함이었다. 이 악명 높은 기사는, 여전히 진행 중이던 당시의 영화사에 항구적인 영향을 끼치긴 했지만, 그럼에도 불구하고 그것이 초래한 결과에 대해서는 한번 재음미해 볼 필요가 있다. 다시 말하면, 프랑스 영화가 안정과 완성도 면에서 정점을 이루었다는 사실(트뤼포가 찬미한 할리우드에서와 같이), 요컨대 프랑스 영화의 고전주의는, 무시해 버릴 게 아니라 찬양되고 연구되어야 마땅한 것이다.

이외에도 트뤼포는, 이들 대다수 영화가 지닌 침울한 도덕적 분위기도 못마땅하게 생각했다. 사실 시적 사실주의 자체는 퇴조를 보인 반면, 프랑스 누아르의 전통은 1940년대와 1950년대 영화에 가장 뚜렷이 나타나 있다. 시적 사실주의 최후의 성공작이 「인생 유전」이었다면, 그것의 종결작은 「밤의 문Les portes de la nuit」(1946)이었다. 카르네와 프레베르의 재창조, 즉 독일 점령의 유산이 〈운명〉과 서로 뒤얽힌 파리 민간인 지역의 재창조는 실패했다. 그러나 다른 작품들, 특히 이브 알레그레(「데데 당베르Dédée d'Anvers」(1948), 「아름답고 작은 해변Une si jolie petite plage」(1949), 「회전목마Manèges」(1950)), 앙리-조르주 클루조(「오르페브르 부두Quai des Orfèvres」(1947), 「공포의 보수Le Salaire de la peur」(1953), 「악마와 같은 여자Les Diaboliques」(1955), 「진실La Vérité」(1960)), 그리고 역시 카르네의 「테레즈 라캥Thérése Raquin」(시몬 시뇨레 주연, 1960)처럼 아주 어두운 영화들에서는, 애초부터 그렇게 운명 지어졌을 뿐 아니라 비참하고 또 종종 사악한 삶을 살아가기도 하는 인물들을 등장시킴으로써, 시적 사실주의의 요소를 취하여 그것을 더욱 확장시켜 갔다. 그 외의 다른 작품들, 가령 「대가족Les Grandes Familles」(1958)이라든가, 조르주 심농의 두 소설을 각색한 「베베 동주에 관한 진실La Vérité sur Bébé Donge」(1951), 「사랑스러운 악마En cas de malheur」(1958) 등의 작품들은, 프랑스 인들의 〈관습*mœurs*〉(도덕과 계급적 관습)에 좀 더 초점을 맞추었다. 이 전통은 또, 프랑스 스릴러(혹은 폴리시에*policier*, 즉 형사물)의 새로운 등장을 불러왔는데, 스릴러 장르의 이 같은 부활에는, 그 유명한 마르셀 뒤아멜의 〈세리 누아르Série Noire〔1945년부터 갈리마르 출판사에서 연속물로 발간한 미스터리 — 역주〕〉물과, 「야성녀 아이비La Môme Vert-de-gris」(1953)와 같은 에디 콩스탕틴의 사이비 스릴러로 새롭게 힘을 얻은, 범죄 문학의 폭발적인 성공도 단단히 한몫을 했다. 르누아르의 「교차로의 밤」(1932), 쥬날의 「마지막 전환점」, 클루조의 「암살자는 21번지에 산다」나 「오르페브르 부두」와 같은 1930년대의 몇몇 작품들은, 말하자면 이 장르의 전조 격인 영화들이었다. 하지만 스릴러 장르의 〈시조〉는 누가 뭐라 해도, 〈세리 누아르〉 작가인 알베르 시모냉의 작품에 느슨한 토대를 두고 만든 자크 베케르의 「현금에 손대지 마라」(1953)와 장-피에르 멜빌의 1955년도 작 「야바위꾼 보브Bob le flambeur」라 해야 마땅할 것이다. 이 두 작품은, 노회한 갱스터와 그들의 〈패밀리〉가, 몽마르트 카바레의 〈여자들〉을 쫓아다니며, 자갈 포장된 파리 거리를 번쩍이는 검은 시트로앵을 타고 누비는, 이 장르만의 어떤 정형화된 틀을 만들어 냈다.

하지만 1930년대와 마찬가지로, 누아르 전통과 스릴러가 해외에 널리 소개된 프랑스 영화의 어떤 측면이라면, 사극 영화와 코미디는 국내 영화 시장을 떠받쳐 준 버팀목이었다. 주로 고전 문학에 토대를 두게 마련인 화려한 시대 재현(종종 컬러로 신선함을 주기도 하면서)은, 스튜디오 작업과, 세심한 기획, 그리고 빅 스타들을 필요로 했고(이 장르의 주연은 주로, 제라르 필리프, 마르틴 카롤, 미셸 모르강, 미셸린 프레슬이 맡았고, 스릴러의 단골 주역은 장 가뱅, 리노 벤튜라였다), 사극 영화는, 주류뿐 아니라 작가 감독까지 가세할 정도로 수요가 넘쳐 났다〔르누아르는 「프렌치 캉캉」(1954), 클레르는 「위대한 전략」, 오퓔스는 「원무」와 「쾌락」(1951)을 만들었다〕. 일반 장르도, 레즈비언의 관계를 고찰한 자클린 오드리의 「올리비아Olivia」(1950, 에드비주 푀예르 주연)에서처럼, 작가 개인의 주제든 영화의 스타일이든 자기가 원하는 것을 추구할 수 있을 정도로, 충분히 유연해졌다. 19세기 말 포주와 매춘부의 세계를 그린 자크 베케르의 「황금 투구」는, 아마도 너무 절제된 스타일 때문이었겠지만 여하튼 흥행에서는 실패했고, 이후 시몬 시뇨레의 탁월한 연기와 애끓는 낭만적 대사로 영화의 고전이 되었다. 1950년대에 히트를 친 그 외의 사극 영화로는, 「밤의 기사도Fanfan la Tulipe」(1951), 「밤의 여왕들Les Belles de nuit」(1952), 「적과 흑Le Rouge et le noir」(1954), 「가정 요리Potbouille」(1957)(네 작품 모두, 훌륭한 의상과 섬세한 용모로 작품을 한층 빛나게 한 제라르 필리프가 주연을 맡고 있다), 「목로 주점」(1955), 「레 미제라블」(1957), 「여우(女優) 나나Nana」(1954) 등이 있다. 특히 「나나」의 주연 배우로 스타 중의 스타였던 마르틴 카롤은 「내 사랑 카롤린Caroline chérie」(1950)과 같은 〈음탕한〉 시대극이나, 경박한 파리 인들의 세계와 유행을 다룬 「사랑스러운 피조물Adorables créatures」(1952), 「나탈리Nathalie」(1957)와 같은 가벼운 코미디물에서는, 진한 섹슈얼리티를 선보이기도 했다. 카롤의 이러한 성적 매력은, 1950년대 중반, 장난기 어린 섹스 어필과 당돌함으로 영화 문화 전반에 그보다 훨씬 광범위한 영향을 끼치며 등장한 브리지트 바르도에 의해 대체되었다. 〈BB〉를 스타덤에 올려놓은 것은 물론 로제 바딤의 「그리고 신은 여자를 창조했다Et Dieu créa la femme」(1956)였지만 그 외에도 이 젊은 여배우는 「데이지 파괴하기En effeuillant la marquerite」(1956), 「파리지엔Une Parisienne」(1957) 등의 코미디물에도 출연했다. 하지만 코미디 장르에선, 영화의 주도권을 남성들이 잡고 있다는 점에서, 바르도와 카롤은 예외적인 존재였다. 당시의 희극 스타들로는, 노엘-노엘, 대리 콜, 프랑시스 블랑슈 등을 들 수 있다. 1950년대에는 또, 「파리 횡단La Traversée de Paris」(1956), 「푸른 말La Jument verte」(1959) 등의 영화들에서 〈시골 촌뜨기〉 역으로 강한 인상을 심어 준 프랑스 희극계의 빅 스타 부르빌이 등장했고, 페르낭델도 배우로서의 정점을 이 시기에 맞이했다. 프랑스 대부분의 코미디물에서 볼 수 있는 바와 같이 페르낭델의 유머는, 프랑스 사회 구조와 언어에 너무 치우친 나머지 해외에서는 별다른 반응을 얻지 못했다. 하지만 국내에서는, 독일군에 붙잡혀 암소와 함께 헛되이 탈출을 시도하는 프랑스 인 전쟁 포로를 다룬 앙리 베르뇌이의 코미디 「암소와 죄수La Vache et le prisonnier」(1959)와 신과 대화를 나누며 공산주의자 시장과 싸우는 이탈리아의 한 작은 마을 신부 역을 맡고 있는 프랑스-이탈리아 합작 영화 돈 카밀로 시리즈(쥘리앵 뒤비비에의 연출로 1951년부터 5편이 만들어졌다)로 흥행을 완전히 석권하다시피 했다.

페르낭델과 달리 자크 타티는, 막스 랭데르, 찰리 채플린 같은 초기 무성 영화 스타들의 모방으로, 배우-작가로서의 기량을 과시하면서 활발한 해외 활동을 펼쳤다. 타티는 「축제의 날」(1949), 「윌로 씨의 휴가」(1951), 「나의 삼촌」(1958)에서처럼, 어색한 몸짓으로 유쾌한 효과를 만들어 낸다든지, 투덜거림과 횡설수설로 대사를 일관하는 등의 방법을 써서,

슬랩스틱에 가까운 유머를 구사했다. 그 외에도 타티의 독창성은, 당시의 관행이던 소수의 팀으로 일을 하기보다는, 개인적인 노선에 따라 현장 촬영을 중시하며 업계 주변에서 활동을 벌였다는 점에서도 두드러졌다. 그 밖에 전후에 등장한 영화감독들로는, 아네스 바르다(「라 푸앵트 쿠르트로의 여행La Pointe courte」(1954)), 알랭 레네(「히로시마 내 사랑」), 로베르 브레송〔전쟁 중 그는 「타락한 천사들Les Anges du péché」(1943)과 「불로뉴 숲의 여인들Les Dames du Bois de Boulogne」(1945)을 만들었고 1951년에는 「시골 사제의 일기Le Journal d'un curé de campagne」를 만들었다〕, 장-피에르 멜빌(「야바위꾼 보브」), 루이 말〔「사형대의 엘리베이터Ascenseur pour l'échafaud」(1957), 「연인들Les Amants」(1958)〕 등이 있다. 이들 감독은 미학적, 이데올로기적인 면으로는 전혀 공통점이 없었으나, 주류 영화계와의 차별성을 드러내며 그것에 반대적 입장을 취했다는 점에서 서로 연관되어 있었다. 그들의 독립성, 개인적 시각에 대한 강조, 영화를 만드는 과정에서의 상대적인 엄격함은 진정한 〈작가 감독*auteurs*〉(트뤼포의 용어)으로서, 영화감독을 열망하고 있던 『카이에 뒤 시네마』의 젊은 비평가들에게 일종의 대항적 모델이 되어 주었고, 그러한 의미에서 그들 모두는 누벨 바그의 선봉(바르다, 레네, 말), 혹은 전형(브레송, 멜빌)으로 일컬어질 만하다.

1950년대 말에는, 퇴보를 거듭하던 제4공화국이 종말을 고하고 진정한 의미에서의 현대 프랑스가 시작된 드골 장군의 제5공화국이 출범했다. 누벨 바그는 정치 경제적인 이러한 급격한 변화와 더불어 폭발했다. 누벨 바그 감독들의 논쟁적 스타일은, 과장되고 판에 박힌 지난 20년간의 스타일과, 장 르누아르와 같은 한두 명의 감독을 제외하고는 할리우드에 모두 뒤져 있던, 프랑스 영화의 백지 상태*tabula rasa*를 요구했다. 그러한 거부감은 그러나 〈아버지의 영화*cinéma de papa*〉를 대체하려는 이들 의욕적인 젊은 감독들의 입장에서는 충분히 납득이 가는 일이었으나, 전체 영화사적인 면으로 보면 그렇지 못했다. 그것은, 1930년부터 1960년까지 만들어진 3,000여 편의 프랑스 영화 중에는 위대한 작가 감독의 작품만이 아니라 대중적 장르도 함께 섞여 있다는 사실, 그리고 그 시대의 가장 중요한 특징의 하나로, 위대한 작가 감독들도 주류 관객을 위해 영화를 만들었다는 사실로도 잘 알 수 있다. 누벨 바그와 함께 신선한 바람이 불어오고, 영원히 잊지 못할 혁신적인 작품들이 만들어졌다는 건 분명한 사실이고, 관객 감소에 직면하여, 〈작가 감독〉 영화의 중요성이 보다 많이 부각된 것 또한 사실이다. 하지만 그들의 업적은 어느 정도, 누벨 바그 감독들이 적대시한 바로 그 영화계의 힘과 문화에서 나왔다는 사실도 알아야 한다. 대중적이고 고전적인 프랑스 영화의 시대는 갔다. 하지만 그것의 뼈대와, 예술가, 배우들은 지금도 여전히 살아 있다.

참고문헌

Armes, Roy(1985), *French Cinema*.

Bandy, Mary Lea(ed.)(1983), *Rediscovering French Film*.

Hayward, Susan(1993), *French National Cinema*.

—— and Vincendeau, Ginette(eds.)(1990), *French Film, Texts and Contexts*.

Truffaut, Francois(1954), "A Certain tendency of French cinema".

Williams, Alan(1992), *Republic of Images: A History of French Filmmaking*.

이탈리아: 파시즘에서 네오리얼리즘까지

모란도 모란디니

파시즘하의 이탈리아 영화

이탈리아 최초의 유성 영화는 참으로 얄궂게도, 「말없이In silenzio」라는 루이지 피란델로의 단편 소설을 기초로 한, 젠나로 리겔리의 「사랑의 노래La canzone dell'amore」(1930)였다. 1930년대, 이탈리아 영화는 지극히 위태로운 상황에 처해 있었다. 1919년에서 1930년까지 만들어진 1,750편의 영화 중 국제적으로 최소한의 명성이라도 얻은 작품을, 단 1편이라도 찾아내기란 여간 어려운 일이 아니다. 그래도 하나 골라 보라고 하면 영화사가들은 대개 1929년에 만들어진 2편의 무성 영화, 즉 이후 20여 년에 걸쳐 가장 중요한 감독으로 활동하게 될 두 인물, 알레산드로 블라세티의 첫 작품「태양Sole」과 1931년에 유성 영화로 재개봉된 마리오 카메리니의「철로Rotaie」를 꼽는다.

무솔리니의 파시스트 운동은 1922년 10월에 권력을 완전 장악하고, 1925년에는 전체주의 정부를 수립했다. 1926년에는 영화계에 대한 최초의 간섭으로 1924년에 설립된 루체 국립 위원회Instituto Nazionale LUCE ― 영화교육연합회 L'Unione Cinematografica Educativa ― 를 접수했다. 그렇게 함으로써 파시스트 정부는 영화 내용에 대한 독점권까지 확보하게 되었다(루체는 다큐멘터리와 뉴스 영화를 만들었고, 뉴스 영화 제작은 특히 강제적이었다).

이탈리아 최초의 유성 영화는, 1926년 스테파노 피탈루가가 토리노 소재 페르트Fert의 인수에 이어 구입한 로마의 이탈라Itala와 치네스Cines 스튜디오에서 처음 만들어졌다. 1930년대에 만들어진 8편의 영화는 모두 치네스-피탈루가 작품이었다. 피탈루가는, 때로는 성급하고 무능력하고 어설픈 행동을 보이기도 하는 동료들에 둘러싸인, 총명하고 활력에 넘친 기업가였다. 그런 그는 제작사, 연기 스튜디오, 기술 실험실, 배급 조직, 이탈리아 전역에 산재한 거대한 유통망 등의 그 막강한 이권을 남기고, 1931년 봄 마흔네 살의 나이로 홀연 세상을 떠나 버렸다.

그의 제국은 영화의 배급과 상영 ― 국가 소유로 넘어가 ENIC의 기초가 되었다 ― 과, 제작과 스튜디오 운영 ― 은행가 루도비코 퇴플리츠의 손에 넘어갔는데, 1932년 그는 작가 겸 수필가 에밀리오 체키를 제작 총수로 임명했다 ― 의 두 부분으로 쪼개졌다. 1935년에는 로마의 비아 베조에 위치한 치네스 스튜디오가 화재로 전소되는 일이 벌어졌다. 1942년과 1949년에 다시 지어지기는 했지만 치네스 스튜디오가 무너진 것은 그때가 벌써 두 번째였다. 1923년에 법으로 제정된 뒤 1929년까지 수정에 수정을 거듭하며 갈고〈다듬은〉공식 검열 제도의 인가는 예외로 치고, LUCE와 몇 건의 보호주의 정책, 그리고 영화에 대한 파시스트 정부의 실제적인 영향은, 로마의 구심력을 이용할 것을 업계에 간접적으로 독려했다고는 해도, 여하튼 더디게 찾아왔다. 무성 영화 시기의 첫 20년간 이탈리아 영화계, 아니 영화업자들은 토리노, 밀라노, 로마, 그리고 나폴리에 산재해 있었다. 미국 초기 영화의 특징을 뉴욕에서 로스앤젤레스, 즉 동에서 서로의 이동이라고 본다면, 이탈리아 영화는 정치 관료적 힘의 중심 쪽으로 끌려가는 양상을 보였다.

영화계를 위한 최초의 입법적 지원은 흥행 수입의 10퍼센트를〈업계의 모든 분야를 지원하고, 특히 대중의 입맛에 맞는 영화를 만들 수 있는 능력 있는 영화인들을 위한 보상〉으로 할당해 놓은, 법률 제918호와 함께 시작되었다. 다른 분야에서도 마찬가지였지만, 파시스트 정부와 영화계의 관계는 특히 수익 부문에서 완전한 일심동체를 이루었다.

좀 더 문화적인 맥락으로는, 공식적으로〈제1회 국제 영화 예술 전시회First International Exhibition of cinematic Art〉로 명명된 세계 최초의 영화제가 1932년 8월 6일 베네치아에서 막을 연 제18회 조형 미술 비엔날레에 포함된 것을 들 수 있다. 그 아이디어가 맨 처음 싹튼 곳은 베네치아였으나, 1934년에는 그 조직이 이미 로마 당국의 수중에 들어가 있었다.

1933년에는 외화 3편당 국내 영화 1편 상영을 의무화하는 법률이 만들어졌고, 1934년에는, 루이지 프레디를 책임자로, 제작 행위에 대한 감시와 조정의 임무를 맡게 될 영화사무총국Direzione Generale per la Cinematografia이 설립되었다. 1935년에는 대중문화 장관 아래, 루이지 키아리니를 책임자로 하는 영화 학교, 즉 영화실험센터Centro Sperimentale di Cinematografia가 세워져, 1940년 1월에는 자체 건물까지 마련했다. 1937년 4월에는, 1935년 치네스 스튜디오 화재 때 구해 놓은 기자재를 밑천 삼아 치네치타Cinecitta 스튜디오를 설립했다.

레닌의 말을 슬쩍 비튼 무솔리니의 슬로건 ―〈우리에게, 영화는 가장 강력한 무기이다〉― 에도 불구하고, 당시에 정말 궁금했던 것은, 이런 간섭적 입법에 도달하기까지 도대체 왜 그리 오랜 시간이 소요되었는가 하는 것이었다. 그에 대해서는 서로 상보적인 두 가지 답변을 생각해 볼 수 있다. 우선, 히틀러와 그의 선전상 괴벨스가 단숨에 영화를 통제한 나치 독일의 예를 따라 적극적인 간섭을 고려해 볼 수 있었을 것이고, 그와 더불어 파시스트의 영화 정책으로는, 정부 이데올로기의 비일관성과, 성급한 타협, 그리고 어떤 상황에도 적용 가능한 카멜레온과도 같은 실용주의밖에 보여 줄 것이 없었던 까닭도 있었을 것이다. 다른 문화생활에서도 마찬가지였지만, 파시스트의 영향은 기본적으로 부정적이고, 예방적이고, 억압적이었다. 파시스트 정부는 예술가와 지식인들에게 주어진 정치 상황을 있는 그대로 받아들이도록 강요하는 대신, 정치인들의 독점 영역인 현실 세계로부터 그들(예술가와 지식인들)의 관심을 유리시키는 일에만 열중했다. 그 결과

무솔리니 이탈리아의 선조 고대 로마: 카르미네 갈로네의 「스키피오 아프리카누스Scipione l'Africano」(1937).

1930년대 이후에 만들어진 〈파시스트 혁명〉 영화(파시스트 〈군대〉의 기원과 실제로는 산책에 불과했던 1922년 10월의 로마 진군)는, 조아키노 포르차노의 「검은 셔츠Camicia nera」(1933), 조르조 C. 시모넬리의 「바다의 새벽Aurora sul mare」(1935), 알레산드로 블라세티의 「늙은 초병Vecchia guardia」(1935), 그리고 소위 〈크레모나의 피라미 권력자*ras di Cremona*〉로 불리며, 〈극단적인〉 파시스트이자 무솔리니의 측근이기도 했던 로베르토 파리나치의 희곡을 각색한 마르첼로 알바니의 「구원Redenzione」(1942), 이렇게 4편밖에 없었다.

4편 중 관심을 끌 만한 작품은, 파시스트 이데올로기에 대한 블라세티의 관대하면서도 솔직한 표현이 돋보인, 「늙은 초병」 1편밖에 없다. 그 같은 선량한 믿음은 그의 다른 작품들, 즉 「태양」(1929)과 「어머니 대지Terra madre」(1930)(두 작품 다, 사회적이고 농촌적인 배경을 사실적으로 깔고 있다는 점에서 그 시대 영화의 드문 예라 할 수 있다), 그리고 군국주의적 내용이 담긴 「알데바란Aldebaran」(1936), 민족주의적이고 프랑스 혐오의 냄새가 짙게 풍기는 「에토레 피에라모스카Ettore Fieramosca」(1938)에도 잘 나타나 있다.

그 밖에 1930년에서 1943년까지 만들어진 총 722편의 영화 중 파시스트를 선전하는 내용은 약 30편 정도에서 발견되고 있고, 그것들은 다시 아래와 같은 4개의 범주로 나누어 볼 수 있다

1. 애국적 그리고/혹은 군사적 영화: 1차 대전의 짧은 다큐멘터리에서 「양지 가의 신발Scarpe al sole」(1935)까지, 「카발레리아Cavalleria」(1936)에서 고프레도 안레산드리니의 「조종사 루치아노 세라Luciano Serra pilota」(1938)까지, 공군 관련 영화에서, 2편의 전쟁 영화 즉, 사령관 프란체스코 데 로베르티스의 세미 다큐멘터리 「대해의 남자들Uomini sul fondo」(1941)과 로베르토 로셀리니의 「하얀 배La nave bianca」(1941)를 비롯한 해군 영화까지.

2. 이탈리아의 〈아프리카 사명〉에 관한 영화: 로베르토 산마르차노의 에티오피아에 관한 다큐멘터리 「A. O. 달 주바 알로 시오아A. O. dal Giuba allo Scioa」에서부터 에티오피아 점령에 이은 일련의 작품들, 즉 아우구스토 제니나의 「백의 군단Squadrone bianco」(1936), 카메리니의 「위대한 호소Il grande appello」(1935), 로몰로 마르첼리니의 「청동의 초병들Sentinelle di bronzo」(1937), 알레산드리니의 「아부나 메시아스Abuna Messias」(1939)까지.

3. 사극 영화: 〈당수Duce〉의 전조들을 나타내는 일종의 과시적 역사물. 카르미네 갈로네의 「스키피오 아프리카누스 Scipione l'Africano」(1937), 오스트리아 국경 근처 출신으로 독일에서 영화배우로 활약한 전력이 있는 루이스 트렝커의 「용병 대장Condottieri」— 두 작품 다 같은 해에 ENIC의 후원과 총 2000만 리라의 예산으로 만들어진 진정한 서사적 작품들이다.

4. 반볼셰비키, 반소비에트 선전 영화들: 여기에는 스페인 내전을 다룬 2편의 영화, 즉 강렬한 합창적 요소로 이루어진 아우구스토 제니나의 「알카자르의 공격L'assedio dell'Alcazar」(1939)과, 그보다는 좀 덜 세련된 에드가르 네빌레의 「카르멘과 적군Carmen tra i rossi」(1939) [뒤이어 「산타마리아 Sancta Maria」(1941)를 만들었다]이 포함된다. 이 범주의 다른 작품들로는, 로셀리니의 「십자가의 사나이L'uomo della croce」(1943), 갈로네의 「화염에 싸인 오데사Odessa in flamme」(1942), 리겔리의 「피의 오디세우스Odissea di sangue」(1942)를 들 수 있다. 에인 랜드의 소설 2편을 각색한, 알레산드리니의 「살아 있는 자들, 우리Noi vivi」와, 「안녕, 키라Addio, Kira」(두 작품 다 1942)는 공산주의 자체가 아니라 스탈린주의를 공격하고 있다는 점에서, 좀 특별한 경우로 분류될 수 있다.

20년에 걸친 파시스트 통치 기간 중의 이탈리아 〈공식〉 영화는 남성적, 영웅적, 혁명적, 찬양적일 것이 요구되었으나, 그것을 실제로 대변해 준 것은 전체 영화의 5퍼센트에 불과했다. 그것도 토대가 아닌 상층부에. 그것의 토대는, 부르주아나 프티 부르주아, 그리고 야누스적인 두 얼굴을 한 가족과 제국, 감상주의와 호언장담, 〈도폴라보로dopolavoro〉(파시스트 정부에 의해 설립된 〈퇴근 후〉 직장 클럽)와 군대가 차지하고 있었고, 이 야누스적 얼굴은 1930년대를 대표하는 두 감독, 마리오 카메리니와 알레산드로 블라세티에 의해 가장 효과적으로 반영되었다.

카메리니의 영화는 수수하고 부드러운 색조를 띤 가운데, 세부 묘사와, 우아한 느낌의 아이러니, 그리고 유럽식의 숙련된 표현 기법에 기울인 세심한 주의를 특징으로 하고 있다. 그의 작품들은 주로, 시나리오 작가 체사레 차바티니의 협력이 없었다면 데 시카의 전후 작품도 카메리니의 초라한 모방작에 불과했을 것이라고 누군가도 언급했듯, 그 시대의 관습과 태도를 대표하는 중하류층에 대한 날카로운 관찰로 이루어져 있다.

그중에서도 코미디 영화 2편 —「악당들Gli uomini, che mascalzoni······」(1932)과 「시뇨르 막스Il signor Max」(1937)(두 작품 모두 데 시카를 주연으로) — 은, 마누엘 푸이그도 최근에 주장했듯이, 르누아르의 「게임의 규칙」(1939)에 버금갈 만큼 훌륭한 작품들이었다. 다른 장르의 영화들도, 최소한 2편 — 체사레 차바티니가 시나리오를 쓴 「백만 리라를 주겠다Darò un milione」(1935)와 「낭만적 모험Una romantica avventura」(1940) — 은 세계적인 작품의 범주에 들어갈 수 있다. 「악당들」에서는 특히 카메리니가 스튜디오를 뛰쳐나가, 상점과 사람들이 운집한 밀라노 시장에 카메라를 들이댐으로써, 전후 네오리얼리즘의 도래를 예고했다. 거리 생활에 대한 현장감은 또, 1970년대 말 젊은 비평가들에 의해 재발견된 것 외에는 거의 알려진 것이 없는, 라파엘로 마타라초의 첫 작품 「민중의 기차Treno popolare」(1933)의 특징이기도 했다.

블라세티의 이력은, 카메리니에 비해서는 그리 순탄치 않았고, 보다 절충적이었다. 그의 대표작으로는, 가리발디의 초기 〈천인대(千人隊)〉를 역동적이며 미사여구를 동원하지 않고 감동적으로 재구성한 「1860」(1934)과 17세기의 시인 겸 화가에 대한 기지에 차고 통찰력 있는 묘사가 돋보인 「살바토르 로사의 모험Un'avventura di Salvator Rosa」(1940)이 있다. 그 외에도 그는 「철로 된 왕관La corona di ferro」(1941)과, 전후에는 「파비올라Fabiola」(1949)로 대표되는 호쾌한 영웅 영화들을 만들었고, 「빈자의 식탁La tavola dei poveri」(1932)에서는 감정이 배제된 사실적인 묘사를 새로이 선보였다. 특히 차바티니가 시나리오를 쓴 「구름 위의 산책Quattro passi tra le nuvole」(1942)은 사실주의가 극명하게 드러난 탁월한 작품이었다.

블라세티, 카메리니와 같은 인재들의 존재에도 불구하고, 이탈리아 영화의 추진력은, 현실 도피 영화, 혹은 1943년 루

토토 (1898~1967)

스테노와 모니첼리의 「감시인과 도둑」(1951)에서의 토토.

안토니오 데 쿠르티스 갈리아르디 그리포 포카스 콤네노 디 비산치오, 일명 토토Totò는 고향 나폴리의 무대를 시작으로, 1920년대에 때 이른 성공을 거두고, 1933년에는 일단의 비평가들이 가장 관심을 기울이는 인물이 되었다. 그의 영화 연기의 많은 부분은 또, 연극배우 시절에 하던 방식을 그대로 갖고 온 것이었다. 1937년에서 1967년 사이 그는, 텔레비전용의 미완성 작품들로 그의 사후에 방영된 8편을 제하고도 97편의 영화를 만들었다. 그 많은 영화들 중에서 그의 대표작을 꼽기란 쉬운 일이 아니다. 비평가 고프레도 포티(1977)는, 최고의 줄거리와 배경으로 이루어진 그 모든 작품들 속에서, 그의 모습이 제대로 드러난 것은 명화집*anthology* 1편밖에 없다라고 했다. 진정으로 「색깔 토토Totò a colori」(1958)는 1편의 명화집이었다.

이탈리아와 같은 변화무쌍한 영화계에서 토토는 좀 특이한 현상이었다. 작가 겸 비평가 엔니오 플라이아노에 따르면, 그는 테크닉과 익살의 귀재이기는 했지만, 정말 실제로 존재하는 인물도, 그렇다고 〈코메디아 델라르테*commedia dell'arte*〉에 나오는 인물이나 타입도 아니었다는 것이다. 그는 늘 하던 대로, 자기 자신을 연기하고 표현한 것뿐이었다. 현대와 고대의 모든 인물을 넘나드는 천재 익살꾼, 때로는 음탕하고, 때로는 잔인하고, 때로는 더할 수 없이 인간적인 꼭두각시, 괴짜 마네킹, 희극적 카멜레온, 타의 추종을 불허하는 광대, 이러한 토토가 벌이는 희극의 한마당은, 플라이아노에 따르면, 가히 형이상학적이라 할 만했다. 그는 인물을 연기하는 것이 아니라, 도저히 일어날 것 같지 않은 일들로부터 그로테스크한 것들에 이르기까지, 측정 불가능한 어떤 것을 표현해 냈다.

하지만 그를 대표하는 특징은 뭐니 뭐니 해도, 풀치넬라Pulcinella 전통으로부터 그의 위대한 전임자 스카르페타까지 이어진 나폴리적인 요소였다. 시간이 가면서 그는 데 시카와 차바티니의 「나폴리의 황금L' oro di Napoli」(1954), 에두아르도 드 필리포의 「나폴리 백만장자Napoli milionaria」(1950), 스테노와 모니첼리의 「토토의 집 구하기Totò cerca casa」(1949)와 「감시인과 도둑Guardie e lardri」(1951) 등의 네오리얼리즘 영화에도 자주 출연했다. 1953년에 제작된 「토토와 카롤리나Totò e Carolina」는 검열에 걸려 개봉을 못하고 있다가 1955년에 문제 부분을 삭제한 뒤에야 공개가 됐다. 그는 로셀리니와는 「자유는 어디에 Dovè la libertà」(1952)에서 함께 일했고, 죽기 바로 직전엔 파솔리니의 단편 영화 2편과 「매와 참새Uccellacci e uccellini」(1966)에 캐스팅되기도 했다. 토토는 수준 높은 문학이나 연극의 캐릭터(피란델로, 캄파닐레, 모라비아, 마르토길로, 마로타, 에두아르도 데 필리포, 그리고 마키아벨리까지도)를 비롯한 광범위한 배역을 모두 소화해 냈지만, 그럼에도 불구하고 그의 단골 메뉴인, 상상의 세계 속에 부조리한 존재로 출몰하는, 자신의 본래적 모습을 늘 지켜 나갔다. 신세대들의 그에 대한 재발견과 재평가를 목적으로 1970년에 개최된 한 세미나에서 영화감독 마리오 모니첼리는 토토의 인간적 측면을 지나치게 부각시켜 그의 창조적 발상을 제쳐 놓은 것은 실수였음을 고백했다. 토토 코미디의 진정한 힘과 특징은 어둡고 비인간적인 면에 있었다.

토토 코미디의 해외 진출은 그리 순탄치 못했다. 스페인과 라틴 아메리카에서만 영화 몇 편이 더빙되어(그 결과 언어적 유희의 많은 것을 잃었다) 공개되었을 뿐 그 밖의 영어권 나라에서는 〈예술〉 영화들에 섞여 가끔 양념으로 내비칠 때와 모니첼리의 「똑같은 바보들I soliti ignoti」을 제외하고는 거의 알려진 것이 없었다. 배우 활동의 막바지에 이르러 토토는 시력을 잃기 시작했으나, 그런 상태에서도 무대에 서기만 하면, 한 치의 착오도 없는 동작과, 전혀 예측이 안 될 정도로 배역 하나하나에 묘한 열정을 쏟아 붓는 말쑥하고 침울한 인물로서 확실한 프로 정신을 보여 주었다.

모란도 모란디니

참고 문헌

Fofi, Goffredo(1977), *Totò: l'uomo e la maschera.*

키노 비스콘티가 소위 〈송장 영화*cinema of corpses*〉라 칭한 부류에서 얻고 있었다. 그런 유의 스타일은, 장르 구분이 뚜렷했고, 스타에 대한 의존이 컸으며, 감독을 전문가와 작가의 양면적 이미지로 계발하려 했으나 별 성공을 거두지 못했다는 점에서, 흔히 알려진 것보다는 같은 시기의 할리우드 영화와 유사한 점이 많았다. 이 분야에서 단연 두각을 나타낸 회사는, 할리우드식 체제를 갖춘 유일한 제작사이자, 혁신적 실험과 사업적 필요, 개인적 창의성과 대량 제작의 절충을 시도한 것으로 유명한, 에밀리오 체키의 치네스Cines 사였고, 주요 장르로는 코미디, 멜로드라마, 화려한 의상이 나오는 시대물을 들 수 있다. 코미디는 감상적인 것이 주종을 이루다가, 1937년부터는 말도 안 되는 사치를 부리며 반짝이는 〈백색 전화기〉(이 장르의 대명사가 되었다)로 대화를 주고받는 빈혈증 걸린 방탕한 인물들의 현실 거부에 초점을 맞춘, 경박하고 멍청한 영화 쪽으로 자꾸만 흘러갔다. 이들 작품에서 감독의 역할은 늘 세트나 가구, 혹은 진열장의 위치에도 미치지 못하는 최소한의 부차적인 것에 머물렀다.

〈백색 전화 영화〉 시대는 영화 제작의 지속적인 증가와 일치하면서도 또 그것의 직접적인 결과이기도 했다. 1937년에는 무솔리니의 〈1년에 100편〉 목표 달성 지시에도 불구하고, 제작 편 수(장편)가 고작 32편밖에 되지 않았지만, 이듬해 빅 4 — MGM, 워너, 폭스, 파라마운트 — 의 철수를 몰고 온 미국 영화 수입 제한 법률을 정부가 통과시키자, 제작 편 수는 단번에 60편으로 뛰어올랐고, 1940년에는 87편, 1942년에는 다시 120편으로 급상승했다.

영화 제작의 이러한 증가는, 스타 배우들에게 더욱 힘을 실어 주어 비토리오 데 시카, 아시아 노리스, 엘사 메를리니, 마리아 데니스, 이사 미란다와 같은 기존 스타들 외에도, 아메데오 나차리, 알리다 발리, 오스발도 발렌티, 루이사 페리다, 포스코 자케티, 클라라 칼라마이, 도리스 두란티와 같은 신성들이 새로이 등장했다.

1940년을 전후하여 이탈리아 영화계에는 두 가지 경향이 새롭게 나타났다. 마리오 솔다티, 알베르토 라투아다, 레나토 카스텔라니, 루이지 키아리니 등의 영화인들이 19세기 문학이나 동시대 작가의 〈예술 산문〉으로 돌아간 것이 그 하나이고, 두 번째 경향은 데 로베르티스의 「대해의 남자들」에서와 같이, 다큐멘터리 형식과 소련 영화, 혹은 잔니 프란촐리니의 「죄인La peccatrice」(1940)과 「안개 속의 불빛Fari nella nebbia」(1942)에서처럼 프랑스 유파에 눈길을 돌리며, 영화와 현실 간의 깊숙한 연계를 만들어 내려 한 것이었다.

최근의 비평가들이 중요성 면에서, 카메리니나 블라세티에 뒤지지 않는 감독으로 평가를 하고 있는 페르디난도 마리아 포졸리는 첫 번째 경향에 속하면서 두 번째 특징도 많이 지니고 있는 감독으로 손꼽히고 있다. 그는 라투아다나 솔다티에 비해서는 세련미가, 카스텔라니보다는 섬세함이 많이 떨어지지만, 강력한 줄거리 구성 면에서는 그 누구에게도 뒤지지 않았다. 「질투Gelosia」(1942), 「마테라시 자매La sorelle Materassi」(1943), 「사제의 모자Il cappello del prete」(1943) 등은 모두 문학 작품을 각색한 그의 영화들이다. 「예, 부인Sissignora」(1941)도 2급 영화에 불과하지만, 감상적인 줄거리에 사실주의와 형식주의적 요소를 결합한 상당히 독특한 작품이다.

전쟁 기간에는 사실성이 좀 더 크게 부각되었고, 작가, 감독, 기술자, 그리고 1945년 이후 네오리얼리즘 영화의 주인공으로 활동하게 될 배우들이 이미 영화계에서 활동을 시작하고 있었다. 전쟁 중에 만들어진 블라세티의 「구름 위의 산책」(1942), 데 시카의 「아이들이 우리를 보고 있다I bambini ci guardano」(1942), 비스콘티의 「강박 관념Ossessione」(1943)은, 깊은 수렁 속에 빠진 이탈리아의 이면을 보여 준 작품들이다.

해방과 네오리얼리즘

1944년과 1945년 사이의 이탈리아가 처한 경제적이고 실질적인 그 모든 악조건 속에서 만들어진 로셀리니의 「무방비 도시Roma città aperta」(1945)와 더불어, 이탈리아는 다시 세계 영화의 전면에 등장했다. 그러자 곧, 다양한 쓰임새의 용어 〈네오리얼리즘〉이 영화계를 휩쓸었다. 그러나 〈네오리얼리즘〉이라는 용어는 문학과 조형 예술 분야에서 1930년대부터 이미 쓰이고 있던 말이었고, 루키노 비스콘티에 따르면, 그 말을 최초로 영화에 적용한 사람은, 자신의 1943년 작품 「강박 관념」을 그 용어로 지칭한 편집인 마리오 세란드레이였다고 한다. 네오리얼리즘은 하나의 유파 — 프랑스 인들은 그것을 〈자유 이탈리아 유파*l'école italienne de la Liberation*〉로 명명했다 — 혹은 예술적 흐름이라기보다는 오히려 전쟁의 고통에 신음하는 이탈리아와 레지스탕스의 사실성을 새롭게 바라보고 조명하려고 한, 말하자면 그 당시 영화에 밀어닥친 사실주의 쪽으로의 총체적 변화의 일부였다. 네오리얼리즘의 특징은, 그 시기가 안고 있던 공통의 문제들에 정면 대결을 하는 것으로 끝나는 것이 아니라, 그에 대한 확실한 해답을 제시하고, 개인과 사회의 목적을 〈사람들이 원하는 식으로〉 이끌어 가려는 추진력에서 찾아볼 수 있다.

네오리얼리즘 이데올로기의 중심에는, 개인과 사회를 일신시키고자 하는, 좀 포괄적이긴 하지만 적극적이고 고결한 욕구가 자리하고 있다. 그런 의미에서 어떤 사람들은, 그것의 근본적 가치는 인본주의에 있기 때문에 마르크스주의나 혁명적 이념이 그들 영화의 골자라고 말하는 것은 적절치 못하다는 의견을 제시하기도 한다. 요컨대 개인과 물질의 일신은 사회주의적 변화와는 거리가 멀고, 동포애도 계급의 결속으로는 볼 수 없다는 것이다. 알도 베르가노의 「태양은 아직도 떠오른다Il sole sorge ancora」와 비스콘티의 「흔들리는 대지 La terra trema」와 같이 몇몇 영화에서 드러나고 있는 마르크스주의적 사실주의라는 것도 알고 보면 아주 미미하기 그지없다. 그중, 이탈리아 빨치산 협회National Association of Italian Partisans(ANPI)가 제작한 「태양은 아직도 떠오른다」는 독일 점령 하의 이탈리아 계급 구조(롬바르디아 마을로 대표되는)를 설명하기 위해 프로파간다와 멜로드라마를 이용한 작품이고, 「흔들리는 대지」는 가난과 착취에서 벗어나려고 발버둥치는 시칠리아의 한 어부 가족을 그린 조반니 베르가의 유명 소설 『말라볼리아가(家)의 사람들*I Malavoglia*』(1881)을 비스콘티가 자유롭게 각색한 작품이다.

네오리얼리즘 영화에 관계한 감독, 작가, 기술자들은 대부분 그전에 이미 영화계에서 다년간의 경력을 쌓은 사람들이다. 데 시카가 카메리니의 덕을 톡톡히 보았다는 것은 이미 주지의 사실이고, 로셀리니 역시 데 로베르티스의 기술적 전문성에 영향을 받았다. 그 외의 주요 영향으로는, 움베르토 바르바로와 루이지 키아리니가 주도하던 로마의 영화실험센터 centro sperimentale나 『백과 흑*Bianco e nero*』(1937년에 창간)과 『치네마*Cinema*』(1936년 창간) 같은 잡지들에 의해 확장된 문화적 시야를 들 수 있는데, 이 두 잡지의 기고자 중에는 카를로 리차니, 주세페 데 산티스, 잔니 푸치니, 안토니오 피에트란젤리와 같은 미래의 작가 및 감독들도 포함되어 있었다. 알베르토 라투아다, 루이지 코멘치니, 디노 리시가 속한 또 하나의 그룹은, 밀라노의 들뜬 문화 분위기에 젖어들었다. 프랑스 사실주의(특히 장 르누아르), 소련 영화, 미국적 내러티브(1941년에 나온 엘리오 비토리니의 명문집 『아메리카나*Americana*』는 파시즘 말기의 비공식적 문화를 풍미한 〈미국의 신화〉 형성에 많은 기여를 했다)가 미친 외래적 영향도 결코 무시할 수 없다.

네오리얼리즘 운동의 가장 중요하고 독창적인 인물은 2편의 위대한 작품 「전화의 저편Paisà」(1946)과 「독일 영년 Germania anno zero」(1947)을 만든 로베르토 로셀리니였다. 그는 또한 좀 더 개인적이고 심리적인, 따라서 사회보다는 윤리에 더욱 집착하며 네오리얼리즘과는 거리를 둔 최초의 감독이기도 하다. 로셀리니의 〈전쟁3부작〉 외에도 네오리얼리즘의 주요작 목록에는, 데 시카의 작품 3편, 「구두닦이 Sciuscià」(1946), 「자전거 도둑Ladri di biciclette」(1948), 「움베르토 D Umberto D」(1952)와 비스콘티의 작품 2편 「흔들리는 대지」, 「벨리시마Bellissima」(1951)는 반드시 들어간다. 그런가 하면 사회 멜로드라마적인 분위기로 사회적 논쟁을 불러일으킨 주세페 데 산티스의 「애정(哀情)의 쌀 Riso amaro」(1949), 루이지 참파의 도덕적 논쟁극 「평화로운 삶Vivere in pace」(1946), 레나토 카스텔라니의 희극적 프롤레타리아 소품 「로마의 태양 아래Sotto il sole di Roma」(1948)와 「두 푼짜리 희망Due soldi di speranza」(1951), 피에트로 제르미의 「법의 이름으로In nome della legge」(1949)와 「희망의 길Il cammino della speranza」(1950), 데 시카와 차바티니의 민중적 우화 「밀라노의 기적Miracolo a Milano」(1950), 알베르토 라투아다의 문학적 절충주의라 할 수 있는 「산적Il bandito」(1946)과 「무자비Senza pietà」(1948)처럼, 가치의 계통을 세우기보다는 오히려 다양한 형식적 실험으로 네오리얼리즘을 실행한 영화들도 있다.

네오리얼리즘 영화 발전에서 그 종지부를 어느 때로 보느냐 하는 것은, 그 용어 자체의 사용만큼이나 중요한 사안이 되었다. 작가 겸 비평가 프랑코 포르티니는 그러나, 1953년에 발표한 한 기고문에서 네오리얼리즘이라는 용어 자체가 이미 잘못된 것이라고 지적하면서, 네오리얼리즘은 〈《민중적인》 것에 최우선을 두고 지방주의와 방언과 기독교적인 것과 혁명적인 사회주의, 자연주의, 실증적 사실주의와 인본주의를 결합시킨 것에 의거해 현실의 환상〉을 표현하는 것이기 때문에, 네오리얼리즘이라는 용어도 당연히 〈네오포퓰리즘〉으로 바꾸어야 한다고 주장했다.

네오리얼리즘의 포물선은, 1945년의 「무방비 도시」로 시작되어 1952년의 「움베르토 D」로 끝이 났다. 그러고 나서, 내외적인 여러 원인 때문에, 걷잡을 수 없는 위기 상태로 빠져들었다. 내적인 원인 중 가장 심각했던 것은 후진적 문화 환경이었다. 전후 이탈리아 지식인들을 세뇌시킨 4개의 주된 사상적 흐름은, 마르크스주의, 실존주의, 사회학, 그리고 정신분석이었는데, 그중 네오리얼리즘 영화에 모습을 드러낸 것은 마르크스주의밖에 없고 나머지 세 사상은 거의 흔적조차 찾아볼 수 없는 실정이다. 가장 독창적인 이론가라는 체사레 차바티니조차, 캐릭터와 환상을 거부하고 일상에 함몰된 〈참된 인물〉을 표현해 줄 것과, 역사는 그만 잊고, 현실적인 여러 요소들 간의 변증법적 관계를 영화에 포착하려는 일 따위도 그만 하라고 감독들에게 주문할 정도였다. 그 결과 일상의 묘사라는 영화의 목적은 소품성에 대한 구실이 되어 사실을 회화로 변질시켰고, 생생한 현장성은 지역적인 색채(대개는 로마나 남부 이탈리아)로 슬그머니 대체됐으며, 사회적 책임은 민간 전승과 강력하긴 해도 빈약하기 그지없는 이탈리아 방언극 전통에 가려 버렸다. 최고작이라는 작품들에서조차, 완전한 형태를 갖춘 1편의 장편 소설적인 분위기보다는 단편 소설이나 미완성적인 분위기가 더 짙게 느껴졌다. 1953년 차바티니의 아이디어로 만들어진 2편의 네오리얼리즘 영화 「우리 여자들Siamo donne」과 「거리의 사랑Amore in città」은 에피소드적인 작품이었고, 데 시카와 차바티니의 「지붕Il tetto」(1955)은 네오리얼리즘 운동의 이상향이었다.

한편, 「프란체스코, 신의 어릿광대Francesco giullare di Dio」(1950)와 「유로파 '51Europa '51」(1951)로 대장정을 시작한 로셀리니는 마침내 「이탈리아 여행Viaggio in Italia」(1954)에 도달했으며, 비스콘티는 「센소Senso」(1954)로 자신의 본업인 멜로드라마 전통을 계속 이어 나갔다. 돌이켜 보면, 로셀리니, 비스콘티, 데 시카와 같은 다양한 인물들을 하나의 유파로 묶는다는 사실 자체가 이미 어불성설인 것처럼 보이지만, 흥미롭게도 네오리얼리즘 이후 한동안 그들을 묶어 놓은 유대감, 즉 강렬한 어떤 공통의 목적이 있었음을 시사해 주는 요소가 바로 그 다양성이었다. 끝으로 그들의 단결은 전쟁의 정치적, 시민적, 그리고 실존적인 산물이면서 또한, 독재 정권으로부터 민주주의로의 이행, 그것의 희망과 계획, 그리고 변화에 대한 환상의 산물이었다.

외적인 요인도 네오리얼리즘의 실패에 한몫을 했다. 1948년 기독교 민주당의 선거 승리는 네오리얼리즘의 이데올로기적 근간을 이루던 반파시스트 전선의 최종적 붕괴를 초래했고, 적대적인 양 진영으로의 극단적 분열은 이제 막 싹트기 시작한 두 강대국의 냉전 상태로 더욱 악화되었다. 1950년대 들어 이탈리아는 농업국에서 산업국으로 변모해 갔지만, 그것은 또 남북 간의 경제 사회적 불균형을 가속화시킨 원인이기도 했다.

기독교 민주당이 취한 중도 노선은 민주적인 적법성을 공민적 책임감에 대한 자극보다는 일종의 알리바이로 이용했다. 문화적인 면에서 1950년대는, 극단적 보수주의, 성직권주의*clericalism*, 그리고 양 진영의 분열적 충돌로 특징지을 수 있는데, 그 결과 네오리얼리즘 영화는 예전의 사실주의를 뛰어넘을 정도의 예술과 저항 문화로 인식되어 지배층의 표적으로 떠올랐다. 네오리얼리즘에 대한 찬반 격론이 문화적이고 예술적 차원이 아니라 정치적이고 이데올로기적인 색채를 띰에 따라 그와 관련된 감독들은, 로셀리니의 후기 스타일에 동조하기를 꺼려 한 좌파의 태도라든가, 소수의 〈진보적〉 감독들에 대한 그들(좌파)의 왜곡된 과대평가로도 잘 알 수 있듯이 영화 구성상의 수정이나 발전을 도모하기가 더욱 힘들어졌다.

태평기

여러 면에서, 1950년대는 이탈리아 영화의 〈태평기*Gli anni facili*〉 — 재미있게도 잠파의 1953년도 작품 제목 — 였다. 이탈리아에 텔레비전이 처음 도입된 1955년에 극장 관객 수는 8억 1900만 명이라는 전무후무한 기록을 세웠다. 1945년에 25편이던 연간 제작 편 수도 1946년에는 62편, 1950년에는 104편, 1954년에는 기록적으로 201편, 1955년에는 좀 저조하여 133편, 1959년에는 다시 167편까지 증가했다. 때로는 4~5년 묵은 것까지 물 밀듯 쏟아져 들어오는 미국 영화에 밀려 전쟁 말기 이탈리아 영화의 관객 점유율은 극히 저조했으나, 그럼에도 불구하고 전쟁이 끝난 직후 수년간의 점유율 13퍼센트에서, 1940년대 말에는 34퍼센트, 1954년에는 36퍼센트, 1950년대 말에는 50퍼센트까지 상승했다.

바야흐로, 지나 롤로브리지다, 실바나 망가노, 소피아 로렌, 실바나 팜파니니로 대표되는, 소위 〈섹시〉 스타 시대의 막이 오른 것이다. 대중 멜로드라마 장르 또한, 그 장르의 대표격인 라파엘로 마타라초 감독 — 「카테네Catene」(1949), 「고뇌Tormento」(1951), 「버려진 아이들I figli di nessuno」(1951), 「주세페 베르디Giuseppe Verdi」(1953) — 과 역시 그 장르의 보배 스타인 아메데오 나차리, 이본네 산손 부부의 작품들을 통해 눈부신 성공을 거두었다. 코미디 부문에서는, 20세기 후반 최고의 익살꾼 토토의 신드롬이 일었는데, 그의 1955년 작 「색깔 토토」는 페라니아컬러Ferraniacolor로 찍은 이탈리아 최초의 영화였고 알베르토 소르디는 현대 이탈리아 인들의 악덕의 전형으로 떠올랐다. 서사적 사극 영화, 혹은 〈초대형 영화*supercolossus*〉 장르에서는, 커크 더글러스가 주연한 카메리니의 「율리시스Ulysses」(1954), 킹 비더의 「전쟁과 평화War and Peace」(1956), 라투아다의 「템페스트La tempesta」(1958), 헨리 코스터의 「나체의 마야La Maja desnuda」(1958) 등의 작품들이 할리우드에 도전장을 던졌다. 이들 영화는 또, 피에트로 프란치시의 「헤라클레스의 노역Le fatiche di Ercole」(1958)으로 시작된, 역사-신화적 영화의 새로운 장르도 개척했다. 그런가 하면 소위 〈장밋빛 네오리얼리즘*neo-realismo rosa*〉도 루이지 코멘치니의 「빵과 사랑과 꿈과Pane, amore e fantasia」(1953), 디노 리시의 「가난하지만 아름다운Poveri ma belli」(1956) 같은 작품으로 지속적인 성공을 거두었다.

1950년대에 치네치타는, 〈티베르 강의 할리우드〉로도 알려져 있었으나, 그 도취감은 곧 허약하고 일시적인 것임이 드러났다. 영화계는 우후죽순으로 난립한 제작사들과 경박하고 문란한 행정 관리들로 인해 대가를 치러야만 했다. 제작사, 배급사들의 연쇄 도산은 그로부터 파생된 문제의 극히 일부분에 불과했다.

〈고품격〉 예술 영화 부문에서는, 비스콘티-펠리니-안토니오니 트리오가 1940년대의 로셀리니-데 시카-비스콘티 트리오를 대체했다. 다수의 비평가들에 의해 네오리얼리즘의 이상보다는 매혹적인 마르크스주의 미스터리 극의 요소가 더 많이 들어 있다는 지적을 받은 「흔들리는 대지」 이후, 비스콘티는 비속한 낭만주의와 붕괴에 대한 자신의 취향을 그대로 드러낸 「센소」(1954)를 만들었다. 「표범Il gattopardo」(1962), 「루트비히 2세Ludwig」(1972)와 더불어 「센소」는 문화적 타락에 대한 그의 생각과 세속적이고 진보적인 인본주의에 소설적 경계와 멜로드라마에 대한 일종의 소명감을 조화시키려 애쓰며, 화려한 미장센 대가로서의 자질을 그 어느 때보다 유감없이 발휘해 보인 작품이었다. 한편 「로코와 그의 형제들Rocco e I suoi fratelli」(1960)은, 남부 깊숙한

루키노 비스콘티의 「벨리시마」(1951)에서의 안나 마냐니와 아역 배우 티나 아피첼라.

비토리오 데 시카 (1901~1974)

해외에서는 「자전거 도둑」(1948)으로 가장 많이 알려진 이탈리아 영화감독 비토리오 데 시카는 길고도 다양한 경력의 소유자이다. 1940년부터 1974년 숨을 거둘 때까지 30여 편의 영화를 감독한 것 외에도 그는 1910년 초에 아역 배우로 시작해 1975년에 공개된 에토레 스콜라 감독의 「우리는 너무 사랑했다」에 이르기까지, 적어도 150여 편의 영화에 출연한 경력을 가지고 있다. 그를 이해하는 열쇠는 바로 직업 배우로서의 이 같은 기나긴 경력과 그가 항상 보여 온 온후함과 자기애에 있다. 1930년대에 카메리니의 「악당들」(1932)에 출연하여 배우로 성공을 거둔 이후, 그는 배우와 가수로서 〈매혹적인 인물 *charmeur*〉, 즉 이탈리아 센티멘털 코미디의 대표적 스타가 되었다. 그는 인정 넘치는 매력을 바탕으로 한 배우로서 이미지뿐만 아니라, 프랑코 페코리(1980)도 그의 영화를 보고 〈나르시시즘의 언어가 전면에 나서서 스스로의 이야기를 하고 있다〉라고 할 만큼, 감독으로의 이미지도 확고히 굳힌 사람이다.

감독으로서의 그의 이력은 크게 네 시기로 나누어 볼 수 있다. 첫째, 네오리얼리즘 영화의 전조이면서 작가 체사레 차바티니와의 공동 작업의 출발점이기도 한 「아이들이 우리를 보고 있다」(1943)를 비롯하여 여섯 작품을 만든 준비기(1940~4). 둘째, 「구두닦이」(1946), 「자전거 도둑」, 「밀라노의 기적」(1950), 「움베르토 D」(1952)의 주요 네 작품을 만든 창조기(1946~52). 이 시기의 성공 요인은, 감독으로서의 데 시카의 신중함과 비직업 배우들의 기용, 그리고 일상생활과 평범한 인물에 대한 시상이 뛰어났던 차바티니의 연극적 표현으로 압축될 수 있다. 셋째, 11편의 작품을 만들었고, 특히 「나폴리의 황금」(1954)과 「두 여인」(1960 — 이 영화로 소피아 로렌은 오스카상을 수상했다)으로 평단의 극찬을 받은 타협기(1953~65). 넷째, 10편의 작품을 만든 쇠퇴기(1966~74). 이 시기의 작품 중 기억에 남을 만한 것은, 그 애잔한 아름다움으로 오스카 최우수 외국어 영화상을 수상한 「핀치 콘티니가의 정원」(1971)밖에 없다.

데 시카와 차바티니의 협력 관계는 31편의 영화를 만들며 23년간이나 지속되었으나, 그 과정에서 누가 지적으로 월등했고, 공동 작업에서 주도권을 잡은 사람이 누구였는지는 확실하지 않다. 데 시카에 대한 평가는, 배우와 감독으로서의 그의 흠잡을 데 없는 능력으로 평가되지 않으면 안 된다. 재능은 별도로 치더라도, 그는 자신의 작품들에서 때로는 끓어오르는 연기 본능까지도 억제시켜 가면서, 자연스럽고 부르주아적인 우아함을 끝까지 잃지 않았다. 또한, 자신을 인문 과학의 알려지지 않은 예언자로 보이게 할 만큼 예리한 감수성을 과시해 보였는가 하면, 후반기에는 우울증과 고독에 대한 거의 두려움이라고 할 정도의 민감성을 드러내기도 했다.

모란도 모란디니

▪▫ 주요 작품

배우

「클레망소의 거래L'affare Clemenceau」(1918); 「악당들Gli uomini, che mascalzoni……」(1932); 「나는 백만 달러를 줄 것이다Darò un milione」(1935); 「막스 씨Il signor Max」(1937); 「아무개 부인Madame de……」(1953); 「빵과 사랑과 꿈과Pane, amore e fantasia」(1953); 「로베레의 장군Il generale Della Rovere」(1959); 「우리는 너무 사랑했다C'eravamo tanto amati」(1975).

감독

「테레사 베네르디Teresa Venerdí」(1941); 「아이들이 우리를 보고 있다I bambani ci guardano」(1943); 「구두닦이Sciuciă」(1946); 「자전거 도둑Ladri di biciclette」(1948); 「밀라노의 기적Miracolo a Milano」(1950); 「움베르토 DUmberto D」(1952); 「종착역Stazione Termini」(1953); 「나폴리의 황금L'oro di Napoli」(1954); 「지붕Il tetto」(1955); 「두 여인La ciociara」(1960); 「보카치오 70Boccaccio '70」(1961); 「사랑의 변주곡Ieri, oggi, domani」(1963); 「핀치 콘티니가의 정원Il giardino dei Finzi-Contini」(1971).

▪▪ 참고 문헌

Pecori, Franco(1980), *De sica*.

「자전거 도둑」을 연출 중인 비토리아 데 시카 감독.

곳에서 호시절을 구가하던 가족이 밀라노로 이주해 오면서 겪는 운명을 다룬 작품으로, 네오리얼리즘으로의 복귀와 「흔들리는 대지」의 이상적인 속편과 같은 분위기를 연출하고 있다. 안토니오 그람시의 표현을 빌리면, 이 영화는 비스콘티가 영화를 처음 시작할 때부터 목표로 삼은 〈국민적-민중적 *national-popular*〉인 작품이었다.

1950년대에 등장한 대표적 작가 감독은 안토니오니와 펠리니이다. 미켈란젤로 안토니오니는 자신의 첫 작품 「어느 사랑의 연대기Cronaca di un amore」(1950)에서부터 이미 부르주아지의 심리에 대한 명쾌하고 응축된 분석을 통해 네오리얼리즘과는 일찌감치 담을 쌓고 있었다. 그때부터 그는, 때로는 거의 단조로움에 가까운 완고함으로 연인 관계, 정서적 위기, 고독, 의사소통의 어려움, 실존적 소외와 같은, 신자본주의 사회의 주제와 문제들, 아니 신경증들을 파헤쳐 가기 시작했다. 즉, 그의 작품들은 그것들 안에서 얇은 베일을 쓴 자전적 이야기가 당시의 기록 역할을 하면서, 부르주아지의 위기를 노래한 〈블루스〉였다. 그에게 있어 전통적 이야기 구조에 대한 거부, 〈죽은 시간〉이나 정지에 대한 고집, 극적 행위에 대한 거부는 모두 사건과 현상들에 있어서의 인과 관계의 중요성을 온전히 회복시키기 위한 장치들이었다. 당시에 만들어진 그의 작품들로는 「외침Il grido」(1957)과 「정사L'avventura」(1960), 「밤La notte」(1961), 「일식L'eclisse」(1962)으로 이루어진 3부작이 있다.

영감과 기질 면에서 유럽적이었던 안토니오니와 달리, 페데리코 펠리니는 로마와 그의 고향 로마냐 사이만을 오간 지극히 지방적인 사람이었다. 「백인 추장Lo sceicco bianco」(1952)과 그로테스크하고 때로는 지독히 풍자적인 아이러니(작가 엔니오 플라이아노에 힘 입어)의 뿌리를 아직은 정확한 사회적 정황 속에 두고 있던 「청춘 군상I vitelloni」(1953) 이후 펠리니는 「길La strada」(1954)과 더불어 내적이고 공상적인 꿈의 세계 — 1인칭 영화 — 로 자리를 옮겼다. 「길」의 그 애잔한 광경에서부터 그것은 이미 이탈리아 영화사의 분기점적인 작품 「달콤한 인생La dolce vita」(1960)으로 시작되는 자기-현시로의 작은 발걸음이었다.

참고문헌

Aprà, Adriano, and Pistagnesi, Patrizia(eds.)(1979), *The Fabulous Thirties.*

Bondanella, Peter(1990), *Italian Cinema: from neorealism to the present.*

Brunetta, Gian Piero, *Cent'anni di cinema italiano.*

—, *Storia del cinema italiano,* Vol I: *1905~1945.*

—, *Storia del cinema italiano,* Vol II: *Dal 1945 agli anni ottanta.*

Faldini, Franca, and Fofi, Goffredo(1979), *L'avventurosa storia del cinema italiano raccontato dai suoi protagonisti, 1935~1959.*

Leprohon, Pierre(1972), *The Italian Cinema.*

Marcus, Millicent(1986), *Italian Film in the Light of Neorealism.*

대영 제국 말기의 영국

안토니아 랜트

영국의 동시 발성 유성 영화의 상업적 개발은 대부분 미국 기술로 이루어졌다. 1930년대 영국 영화에 대사와 음악을 제공해 준 것은, 미미한 경쟁 상대였던 독일 토비스 사를 제외하고는 모두 워너 브러더스의 바이타폰 왁스 디스크*wax discs* 아니면 폭스 사의 무비톤 사운드 온 필름 시스템이었다. 1920년대까지 영국 영화계를 주름잡고 있던 미국은 복합적인 이득의 결과로, 이제 또 하나의 주도권을 잡게 되었다. 미국은 세계 최대의 영화 관객을 보유하고 있었기 때문에, 제작사들은 국내 흥행만으로 제작비를 충당해 가면서, 해외 판매분은 고스란히 이윤화할 수 있었고, 배급업자들도 가격에 융통성을 보이며 해외 업자들과 경쟁을 벌일 수 있었다. 가장 강력하다는 비미국계 극장들조차 가격 후려치기, 끼워 팔기, 사전 구매를 하며 덤벼드는 미국식 사업 관행을 이겨 내지는 못했다. 그것은 1927년 영국에서 개봉된 영화의 80~90퍼센트가 미국 영화였다는 사실로도 잘 알 수 있다.

미국 영화의 인기는 영국 극장주들로 하여금 국내 영화 상

(위) 초기 컬러 처리: 퍼시 스미스의 실험작 「나비의 로맨스 Romance of a Butterfly」(영국, 1912)의 스틸 사진.

(위 왼쪽) 손으로 직접 칠한 컬러: 프레임을 확대한 파테 사의 1910년 작품 「예수의 생애Life of Christ」. 일단의 여성들이 장면 하나하나를 직접 색칠했다.

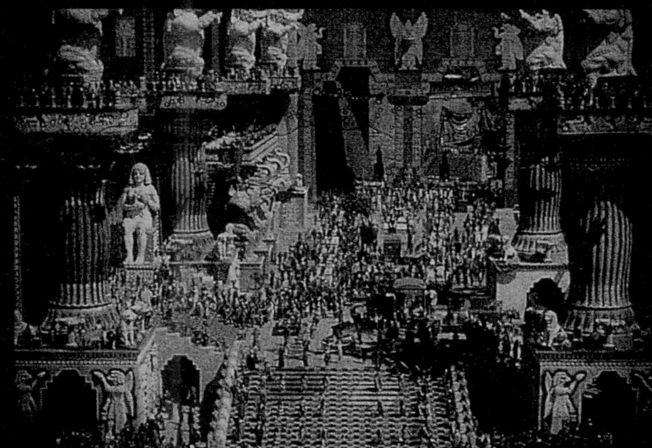

(왼쪽) 그리피스 작품 「편협」(1916)의 두 장면. 아래 장면 꼭대기와 밑 부분은 와이드 스크린 효과를 내기 위해 검게 처리됐다. 장면의 색칠 처리는 무성 영화 시절의 일반적 관행이었다.

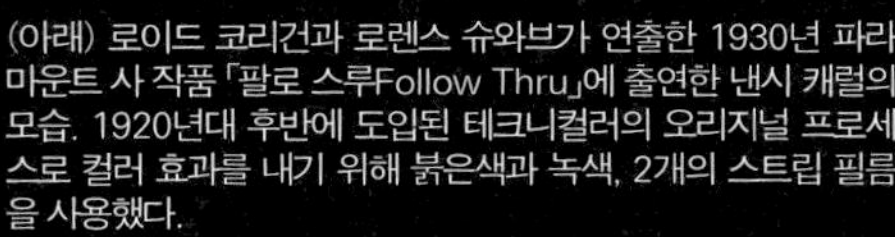

(아래) 로이드 코리건과 로렌스 슈와브가 연출한 1930년 파라마운트 사 작품 「팔로 스루Follow Thru」에 출연한 낸시 캐럴의 모습. 1920년대 후반에 도입된 테크니컬러의 오리지널 프로세스로 컬러 효과를 내기 위해 붉은색과 녹색, 2개의 스트립 필름을 사용했다.

3스트립*three-strip* 테크니컬러의 개가: 노란색 벽돌 길 위의 도로시(주디 갈런드)와 허수아비(레이 볼거). 「오즈의 마법사」(빅터 플레밍, 1939)에서는 캔자스의 〈사실적〉 흑백 모습에 대비되는 환상의 세계를 강조하기 위해 컬러가 사용됐다.

월트 디즈니의 테크니컬러 스펙터클 「판타지아Fantasia」(1940) 중 〈마법사의 제자〉.

MGM 사의 테크니컬러 고전 뮤지컬 「사랑은 비를 타고」(스탠리 도넌, 1951)에서 시드 채리스와 진 켈리의 〈브로드웨이 멜로디〉 댄스 시퀀스.

「황색 리본」(존 포드, 1949)에서 네이선 브리틀스 역의 존 웨인. 이 사진은 UCLA 영화 텔레비전 필름 보관소에서 최근에 복구한 필름 인화본을 확대한 것이다.

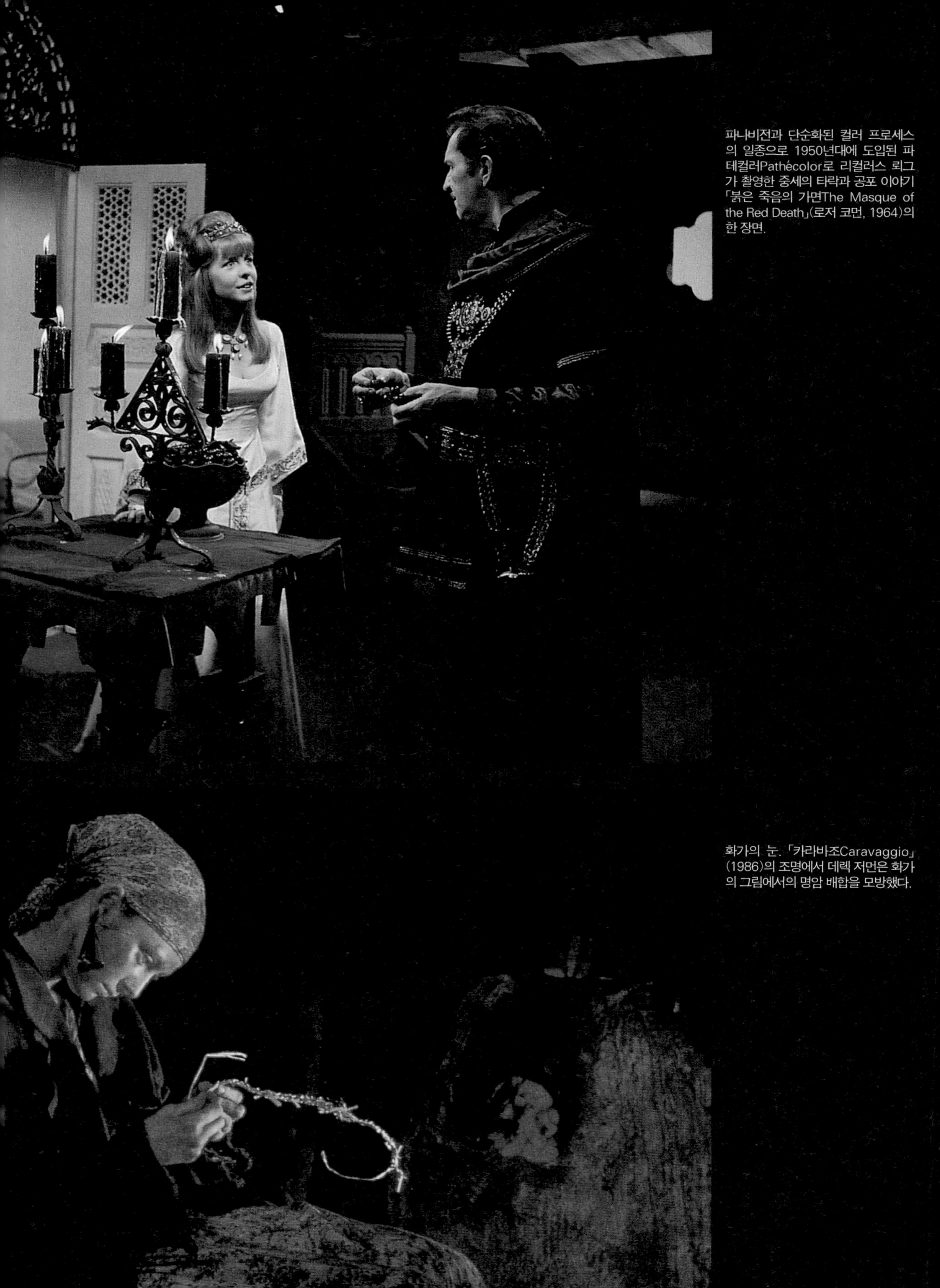

파나비전과 단순화된 컬러 프로세스의 일종으로 1950년대에 도입된 파테컬러Pathécolor로 리컬러스 뢰그가 촬영한 중세의 타락과 공포 이야기 「붉은 죽음의 가면The Masque of the Red Death」(로저 코먼, 1964)의 한 장면.

화가의 눈. 「카라바조Caravaggio」(1986)의 조명에서 데렉 저먼은 화가의 그림에서의 명암 배합을 모방했다.

잉마르 베리만의 가족 드라마 「파니와 알렉산더Fanny och Alexander」(1982)에서 알렉산더 역의 베르틸 구베. 섬세하고 민감한 조명과 이스트먼 컬러로 만들어 낸 이 장면은 촬영 감독 스벤 닉비스트와 베리만의 오랜 공동 작업의 결정체이다.

「한여름 밤의 섹스 코미디A Midsummer Night's Sex Comedy」(1982). 잉마르 베리만의 1955년 작품 「여름밤의 미소」를 우디 앨런이 리메이크한 이 작품은 고든 윌리스의 탁월한 촬영술이 특히 돋보인다.

구로사와 아키라의 16세기 사무라이 서사극 「가게무샤(影無者)」(1980)의 한 장면.

슈퍼 35로 촬영된 리들리 스콧의 「블랙 레인Black Rain」(1989). 인상적인 세트와 조명으로 스콧은 비인간적이고 험악한 도시 풍경을 연출해 냈다.

「주말Weekend」(1967). 대담하고 원색적인 컬러를 애용하는 고다르의 특징이 잘 드러난 작품으로, 라울 쿠타르의 카메라에 의해 포착되었다.

팀 버튼의 「베트맨Batman」(1989)에 출연한 마이클 키튼. 대조적인 포화 컬러와 검은색의 풍부한 사용은 만화적인 세계로의 진입을 더욱 용이하게 해준다.

스틸 촬영 G. F. 렐리, 미술 마리오 가르불리아, 의상 피에로 토시가 만들어 낸 예술적 명장면.
「순수한 사람L'innocente」(루키노 비스콘티, 1976).
(C) G. F. Lelli

영의 예약을 꺼리게 만들었고, 그것은 다시 영국 영화계의 무력화로 이어졌다. 상황은 소위 〈검은 11월Black November〉이라 불리는 1924년 11월에 영화 생산이 완전히 정지될 정도로 긴박했다. 사태가 그 지경에 이르자 보수당 정부는 끼워 팔기와 사전 구매를 못하도록 하는 보호 무역 법령, 즉 1927년의 영화법Cinematographic Films Act(혹은 〈쿼터법Quota Act〉)을 제정했다. 미국의 제작사들은 이제 쿼터제에 따라 영국 영화를 제작하고 그것의 일부를 미국에 되가져 가는 즉, 그 동안 영국 영화계를 좌지우지한 것에 대한 대가를 치를 것으로 보였다. 하지만 결론적으로, 쿼터제를 진지하게 받아들여 영국에 제작사를 설립한 메이저는 워너 브러더스와 파라마운트밖에 없었다. 나머지 영화사들은 극장 공개 따위는 염두에도 안 두고 제작비도 때로는 필름 길이 단위로 지불하면서, 쿼터법 조항에 위배되지 않을 정도로만 영화를 찍는, 이른바 〈쿼터 졸속품*Quota quickies*〉만을 양산해 냈다. 그리고 그러한 졸속 제작은 마이클 파월과 같은 미래의 감독들에게 유용한 훈련 기회를 제공해 주기도 했지만, 결과적으로 영국 영화의 이름만 더 먹칠한 꼴이 되고 말았다.

1927년의 쿼터법은 또한 영국 영화계에 미국과 똑같은 독점적 제작, 배급, 공개 체제를 유지할 수 있게 해줌으로써, 미국의 수평적 통합 방식과 경쟁할 수 있는 토대를 마련해 주었다. 그리하여 1929년 말에 이르러서는, 이지도어 오스트레어와 그의 형제 마크와 모리스가 회사들을 합병하여 만든 고몽-브리티시 사가 300여 개의 영화관을 소유하기에 이르렀고, 마이클 발콘이 설립, 관리하고 있던 게인즈버러Gainsborough 사도 그 산하에 들어왔다. 1928년 초에는 존 맥스웰이, 1929년까지 88개의 영화관을 소유하게 될 ABC 체인과, 허버트 윌콕스 아래에 있던 엘스트리Elstree 스튜디오(브리티시 인터내셔널 픽처스라고 불린), 그리고 퍼스트 내셔널First National과 파테에서 파생해 나온 배급사 하나를 연결하여 또 하나의 회사를 설립했다. 이들 두 회사는 1930년대 내내, 제대로 된 공개를 하려면 이들 회사 중의 어느 하나와 계약을 맺지 않으면 안 될 정도로, 영국의 영화 배급 시장을 완전히 장악하다시피 했다.

〈쿼터법〉이 발효된 직후 몇 년간 영국 영화계는 유성 영화로의 급작스러운 전환이라는, 이 법령이 전혀 예상치 못한 어수선한 혼란을 경험했다. 개중에는 영화를 찍는 도중 유성으로 전환하는 사태도 발생하여, 앨프리드 히치콕의 「협박」(1929)과 같은 작품은 동조음 합성을 위해 재촬영까지 감행해야 했다. 영화 홍보물은 〈보고 들으세요. 자연 그대로의 우리 모국어를!〉이라고 역설했고, 다중 언어 영화들이 봇물을 이루었다. 〈타이타닉〉의 침몰을 다룬 뒤퐁의 「대서양」(1929)은 엘스트리 스튜디오에서 독일, 프랑스, 영국의 3개국 공개를 염두에 두고, 3개국 배우를 캐스팅하여 3개 국어로 만들어졌다. 이와 비슷한 경우로 마이클 발콘은 독일 우파Ufa의 에리히 포머와 영독 합작 영화를 기획했다. 제작자 빅터 사빌, 허버트 윌콕스, 그리고 젊은 배절 딘은 할리우드에 가서 새로운 발전상들을 익혀 왔다. 마이클 발콘과 알렉산더 코르더도 그에 뒤질세라, 카메라 블림프*blimp*와 마이크로폰의 발전된 기술을 이용하기 위해 영미 합작 영화라는 아이디어를 고안해 냈다.

1930년대의 영화와 영화 관객

토키*talkies*의 출현은 영화 관람 문화에 급격한 변화를 초래했다. 유성으로의 전환은 수많은 개별 영화관들의 파산을 불러왔으나, 한편으로는 ABC 체인과 고몽-브리티시의 등장, 그리고 관람료는 낮고 인기는 높았던 것에 힘입어 극장 신축의 유행을 몰고 왔다. 1928년 말부터는, 시드니 번스타인이 투팅과 울위치에 지은 그라나다Granada 극장들과 스트릿햄, 브릭스톤, 핀즈버리 공원의 아스토리아Astoria 극장들로 대변되는 소위 〈분위기 좋은 극장들*atmosphorics*〉이 생겨나기 시작했다. 미국식 모델을 본뜬 이들 극장들은, 관객들에게 그들이 원하는 환상의 세계를 제공해 주기 위해 때로는 무어식, 동양식, 고딕 성당식의 건물을 지어 놓고, 크고 웅장한 내부 시설까지 완비해 놓았다. 그러나 1930년대 중반에 세워진 오스카 도이치의 영화관들은 〈분위기 좋은 극장들〉과 달리 거대한 외벽, 유선형의 붉은 글씨, 그리고 근처에 새로 들어선 런던 지하철역의 디자인을 연상시키는 야간 투광 조명과 더불어, 강렬한 크림색 타일로 지어진 매끈하고 균일한 스타일을 자랑했다.

1930년대는 영화 제작은 활발하지 않았지만, 생활수준은 전반적으로 향상된 시기였다. 실업도, 그로 인해 가장 심한 타격을 받은 사람들에게조차, 영화 관람에는 별 영향을 미치지 못하는 듯했다. 관객은 주로 도시 젊은이와 (특히 오후에 많이 찾는) 여성들을 비롯한 노동자 계층, 즉 평균 이하의 빈곤층으로 이루어졌기 때문에, 극장주들은 수익의 척도로 이들 여성 관객들의 동향을 유심히 관찰했다. 당시에 조사된 바에 따르면 영화관은 도피처, 구애 장소, 이런저런 대화를 나눌 수 있는 유행의 한 형태로, 사람들에게 인기를 끈 것으로 되어 있다. 그런 관객들을 위한 주요 오락물로는, 그레이시 필즈, 조지 폼비, 윌 헤이, 프랭크 랜들, 시드 필드, 토미 트린더, 크레이지 갱과 같은 1930년대의 몇몇 인기 스타들이 처음 이름을 날렸던 곳이기도 한 버라이어티 쇼가 있었다. 영화와 버라이어티 쇼와의 관계는 아주 밀접하여, 극장들 중에는 버라이어티 쇼를 여는 별도의 홀을 소유한 곳이 있었는가 하면, 그 둘을 혼합한 〈시네-버라이어티〉를 보여 주는 곳도 있었다.

1930년대가 지나면서 영화 관람은 극장 수의 증가와 더불어 교외의 중산층으로까지 범위가 확대되었다. 〈초대형〉 영화관들이 웨스트엔드와 런던 교외에 세워지기 시작했으며, 다른 도시들에서는 극장 부대 시설로 종종 카페나 댄스홀, 혹은 팜 코트*Palm Court* 오케스트라까지 만들어, 영화 관람을 더욱 다채롭게 해주었다. 그런가 하면 조명 장치와 음향 효과를 곁들인 마이티 월리처 오르간이라든가, 오락과 홍보를 겸한 혼합 쇼를 로비에서 선보일 때도 있었다. 또한 이 시기에 영화 편 수가 전체적으로 증가했다는 것은 곧 사람들이 많이 모이는 동네 술집이라든가 교회와 같은 근처 이웃에도 영화 상영관이 있었을 가능성을 말해 주는 것이다. 관람 형태는 계층에 따라 달라 1936년의 한 관찰자에 따르면,

> 소도시의 중산층과 노동자 계층은 영화관을 찾는 방식이 서로 다르다. 영화 자체를 최우선으로 꼽는 중산층에 비해 노동자 계층은, 늘 그러듯이 영화관을 일종의 동네 술집으로 여기는 경향이 짙다. 영화에 대한 취향도 달라, 노동자 계층은 영화배우 중에서 코미디언을 가장 좋아하고, 거의 전적으로 호러 영화만을 본다(1984년 리처즈의 글에서 인용).

노동자 관객은 일반적으로, 대화가 허식적이고 전개가 느리다고 본 영국 영화보다는 미국 영화를 선호했다.

하지만 동조음 기술이 제공해 준 가능성과 관련하여, 1930년대 영국 영화에도 나름대로 광범위한 호소력을 지닌 장르들이 생겨났다. 미국에서는 음향 기술이 주로 뮤지컬이라든가, 갱스터 영화, 얼빠진 코미디 등 옛 장르의 부활이나 새로운 장르의 개발에 사용되었으나, 영국에서는 앨프리드 히치콕의 서스펜스 드라마와 제시 매슈스, 그레이시 필즈, 윌 헤이, 조지 폼비 영화들이 주종을 이룬 뮤지컬 코미디, 그리고 알렉산더 코르더의 런던 필름스가 거의 도맡다시피 한 대영제국의 서사극이나 역사극의 세 분야로 장르의 형태가 변모해 갔다.

앨프리드 히치콕은, 그가 만든 53편의 영화 중에서 22편을 고몽-브리티시/게인즈버러 사나 브리티시 인터내셔널 사를 위해 만들었을 정도로, 1925년부터 1939년까지 그야말로 맹렬한 활동을 펼쳤다. 히치콕은 1930년대의 영국에서 최고의 개런티를 받는 감독이었다. 그의 작품들은 나오는 족족 흥행에서 성공을 거두었기 때문에, 보통은 제작자가 휘두르게 마련인 예술적인 통제권까지도 그는 확보하고 있었다.

히치콕의 영국 스릴러물에는, 의미심장한 것들(칼, 팔찌, 어릿광대의 그림)에 대한 으스스한 도해(圖解), 부당하게 고발당한 남자와 복잡하게 얽혀 드는 젊은 매력녀라는 두 캐릭터의 반복 등장, 등장인물보다 더 많은 것을 알게 하여 관객으로 하여금 훔쳐 보기를 즐길 수 있도록 고안된 서스펜스적 내러티브, 다큐멘터리 형식의 장면이 급작스럽고 예기치 못한 주관적 장면과 충돌을 일으키도록 처리된 시각과 음향 편집 기술의 탁월한 이용 등, 그의 미국 영화들에서 보이는 여러 특징들이 나타나고 있다. 애니 온드라가, 장차 죽음을 목격하게 되는 고통받는 일련의 여인들 중의 첫 번째 역을 맡은 히치콕의 「협박」(1929)은 다큐멘터리적 추적 장면으로 시작하여 대영 박물관이라는 낯익은 장소에서의 속임수 효과를 이용한 초현실적인 추격 장면으로 끝을 맺고 있다. 극단적 사건들이 잠복해 있는 일상적 배경은 「나는 비밀을 안다」(1934), 「39계단」(1935), 「사보타주」(1936), 「사라진 여인」(1938) 등에서 재현되었는데, 이런 작품들에는 파시즘, 첩보, 합병과 같은 골치 아픈 유럽적 정치 상황에 젊고 순진한 부부가 휘말려 든다는, 요컨대 개인적 내러티브를 즐기는 히치콕의 특성이 잘 드러나 있다.

소리의 도래가 야기한 영화 제작상의 또 다른 특징으로, 제국 영화*Empire film*의 등장을 들 수 있다. 지나간 역사나 현대의 식민 시대에 배경을 둔 이와 같은 영화는 애국심을 고취하는 음악의 도움을 받은 확실한 내러티브를 통하여 가족, 결혼, 민족의 자긍심, 중앙 정부, 군주, 귀족과 같은 보수적 가치와 제도를 찬양하는 특징을 지니고 있다. 이러한 〈일치감*consensus*〉 영화는 1930년대 내내 거국 내각이 가져다준 놀라운 정치적 안정을 반영한 것으로 볼 수 있다. 1931년에 정권을 잡은 보수당 주도의 연립 내각은 1935년 재선에서 다시 승리한 뒤 1930년대 내내 정권을 유지했는데, 이 정권은 평화를 지키고 현 상태를 유지하는 정책을 고수함으로써, 1930년

대 말 히틀러와 나치 독일에 유화 정책을 쓸 수밖에 없는 결과를 초래했다.

1930년대에 허버트 윌콕스는 빅토리아 여왕의 생애를 다룬 2편의 성인 전기 영화, 「빅토리아 여왕Victoria the Great」(1938)과 「영광의 60년Sixty Glorious Years」(1939)을 만들었고, 마이클 발콘은 고몽-브리티시를 위해 「아프리카의 로즈Rhodes of Africa」(1936), 「거대한 장벽The Great Barrier」(1936), 「킹 솔로몬King Solomon's Mines」(1937)과 같은 열렬한 제국 영화들을 제작했다. 하지만 대영 제국 영광의 신화를 누구보다 널리 전파한 사람은 런던 필름스의 알렉산더 코르더였다. 코르더는 조국 헝가리 영화계에서 다년간의 경력을 쌓은 다음, 1931년에 런던 필름스를 설립했다. 1933년, 그는 자신이 직접 메가폰을 잡고 찰스 로튼과 젊디젊은 멀 오버런, 그리고 1930년대 연애 영화의 우상으로 부상하게 될 로버트 도냇을 캐스팅하여 악명 높은 군주 헨리 8세를 다룬 역사 전기 영화 「헨리 8세의 사생활」(1933)을 미국 시장을 염두에 두고 만들어 대히트를 기록했다.

「헨리 8세의 사생활」에 품은 그의 야망의 중대한 이정표가 된 것은 세계 최대의 극장인 뉴욕의 라디오 시티 뮤직홀에서 가진 그 영화의 특별 시사회였고, 그것은 다시 〈런던 필름 프레스티지 프로덕션London Film Prestige Production〉의 이름으로 런던에서 개최된 오프닝 쇼에서 대대적인 성공을 거두는 계기가 되었다. 「헨리 8세의 사생활」의 성공으로 코르더는 UA의 후원, 미국에서의 확실한 배급, 새로 신축된 데넘 스튜디오의 재정 후원사인 영국 푸르덴셜 보험사의 금융 지원을 보장받는 일급 제작자로 부상했다. 1936년에는 오데온 극장 체인의 지분까지 절반을 획득함으로써, 영국에서의 배급도 보장받게 됐다. 로튼 주연의 이 영화는 영국인들의 일상에서 가급적 멀리 떨어진 분위기 속에서 특수 효과와 컬러를 강조하여 세계 시장을 목표로 만드는 코르더 표 스펙터클 영화의 연속물을 여는 계기가 되었다.

코르더는 1930년대 후반에 4편의 제국 영화, 「강의 샌더스」(1935), 「코끼리 소년Elephant Boy」(1937), 「드럼」(1938), 「네 개의 깃털」(1939)을 더 만들었는데, 이들 모두 정부의 승인과 협조까지 얻어 냄으로써, 제국을 바라보는 이들 영화의 시각에 정부가 만족감을 표했다는 것을 은연중에 드러내 보였다. 영국영화검열위원회British Board of Film Censors(BBFC) 역시 이들 영화의 친제국적 입장에 공감을 표했다. BBFC는 정부 기구는 아니었으나 정치와 밀접한 관련을 갖고 〈제국의 법령에 역행하는〉 시나리오는 무조건 퇴짜를 놓았다. 전쟁과 독립 운동이 제국에 미친 영향과 제국이 초래한 궁극적 결과인 계층, 인종, 성 간의 갈등과 긴장에 대한 언급은 영화에서 제외됐고, 따라서 영화 속의 제국은 늘 변화에도 끄떡없이 존재하는 요지부동의 세계로 표현되었다. 제프리 리처즈(1984)의 말을 빌리면, 〈이들 영화는 제국의 존재에 대해 구체적인 정치적, 경제적, 혹은 입헌적 정당성을 전혀 제공해 주지 못하고 있다. 대영 제국은 신사도와 공평한 법률 체계 유지의 지지로 표명된, 표면적인 도덕적 우월감으로만 정당화되고 있을 뿐이다〉. 이들 영화 속의 영국 남자들은 소요를 진압하여 제국에 새로운 안정을 가져다주는, 즉 자신들이 해야 할 역할을 분명히 알고 있다.

선명한 색채 영화 「네 개의 깃털」(알렉산더 코르더의 동생인 졸탄 코르더가 연출)에서 해리 파버샴은 조상 대대로 제국을 위해 싸운 집안에 태어났지만, 그러한 요구에 반감을 느끼고 수단 재정복을 위해 규합한 이집트군에 들어가기를 거부한다. 그러자 그의 아내 에트네는 자신들은 복종하지 않으면 안 되는 〈관례 속에〉 태어났음을 상기시키며 그를 거부한다. 영화가 계속해서 에트네의 가치 체계를 옹호하는 가운데, 해리는 이전 군대 동기들이 비겁의 상징으로 보내온 흰색 깃털의 도전을 받고 사막으로의 여행을 감행하여, 탁발승 군대에 침투해 들어가 동료들의 목숨을 구한 뒤 칼리프의 패배에 일조를 하고, 마침내 대영 제국 법률에 대한 복종의 중요성을 인정하면서 승리자가 되어 귀환한다.

제국 옹호적인 이들 영화의 내러티브에 결점이 있다면 그것은, 대영 제국 건설에 대한 대가는 영국 신사의 이미지로서 보상받아야 한다는 점을 노골적으로 드러낸, 자국의 가치에 대한 이들 영화의 지나친 집착일 것이다. 「강의 샌더스」(이번에도 졸탄 코르더 연출)에서 식민지 판무관 샌더스는, 나이지리아 만에서 일어난 지역 반란을, 폴 로브슨(여기서 그는 자신의 멋진 노래를 반제국적 감정에 대한 진정제로 이용한다)이 분한 족장 보삼보와의 동맹을 통해 제지한다. 하지만 샌더스가 1년간의 결혼 휴가로 자리를 비우자 보삼보 통제하에 들어온 그곳 사람들(특히 그의 아내 릴롱고)은, 그들과 적대적인 모팔라바 왕과 백인 용병들의 부정에 힘없이 노출되면서 파멸의 위협을 맞게 된다. 대영 제국의 자손을 번식시키기 위해 샌더스가 요구한 결혼은 결국 그의 필생의 과업까지 위태롭게 하면서 제국을 구하기 위해, 아마도 이번이 처음이 아닌 신혼여행을 또다시 연기하지 않을 수 없게 만든다. 영화는 샌

더스가 강으로 다시 돌아와 모팔라바 왕과 용병들을 죽이고 릴롱고를 구조한 다음, 보삼보를 그 강의 왕으로 추대한 뒤 다시 휴가를 떠나는 것으로 끝을 맺는다.

동시 가창에 대한 새로운 가능성으로 이제 뮤지컬 버라이어티 전통은 영화와 때로는 「강의 샌더스」를 패러디한 윌 헤이의 「강의 늙은이Old Bones of the River」(1938)에서와 같이 자기반성적 형식과 결합하기도 하는 좀 더 복잡한 형태를 띠게 되었다. 이 장르의 대표작들은 주로 그 당시 인기 절정을 달리고 있던 그레이시 필즈를 주연으로 하여 만들어졌는데, 그녀의 영화들은 노동자 계층에 뿌리를 두고 있다는 점과 계층 간의 구분을 비교적 복잡하게 그리고 있다는 점에서, 코르더의 제국 영화 장르와 강한 대조를 이루고 있다. 「우리 골목의 샐리Sally in our Alley」는 영화 자막 뒤로, 손풍금 소리에 맞춰 연립 주택 골목길에서 놀고 있는 아이들 모습이 비치는 다큐멘터리 장면으로 시작된다. 영화 속의 사건들은 대부분 그 골목길에서 벌어지고 가난, 주택 부족, 비행, 어린이 학대, 남성의 부재와 같은 문제점들도 함께 보여 준다. 영화의 한 부분에 길게 나타나는 군대 기동 연습과 가시 철조망 장면은 그 속에서 샐리의 약혼자가 부상을 당하는, 불길하고 두려운 느낌으로 가득 차 있다. 필즈의 고향 랭커셔에 배경을 두고 있는 그녀의 첫 작품 「우리가 말하는 대로 노래하라Sing as We Go」(1934)는 영화의 첫 번째 사건, 즉 사장과 종업원 모두의 생계를 위협하는 공장 폐쇄 선언과 더불어 공장의 다큐멘터리적 이미지로, 영화의 줄거리가 노동자들의 삶 속에 있음을 보여 주고 있다. 그레이시는 근로자들에게 〈우리가 말하는 대로 노래할〉 것을 독려하고, 영화의 말미에 새로운 인조견 직물기가 도착하자 영국 국기를 온몸에 휘감고 보무도 당당하게 근로자들을 다시 공장 정문으로 인솔해 간다. 그 두 사건의 중간에 그레이시는 긴 로케이션 장면을 제공하는 의미로 자전거를 타고 블랙풀을 돌아다니며 일자리를 찾아다니는데, 그것은 그레이시의 육체 코미디에 대한 배경 역할도 하면서, 관객들에게는 그들 자신의 삶에 대한 상징성을 부여하고, 노동자 해변 휴양지의 메카(블랙풀)를 찬양하는 역할도 한다. 하지만 1930년대 말이 되면서 그레이시 필즈는 좀 더 공적인 인물이 되어, 좁은 공장 마을에서 벗어나는 일이 점점 많아졌다. 「조선소의 샐리Shipyard Sally」(1939)에 이르러서는 재무장*rearmament*이 그녀의 호전적인 행동과 혼합되

빅터 사빌 감독의 「처음엔 여자First a Girl」(1935)에서의 제시 매슈스와 서니 헤일.

고 클라이드의 실업 문제를 해결하는 동안, 그레이시는 사람들에게 일자리를 구해 주기 위하여 큰 소리로 노래를 부르며 돌아다니는데, 그녀가 맡은 인물들과 그들의 세계는 이제 전보다 훨씬 더 유순하고 조화로우며 일치된 견해를 보여 주고 있다.

계층 관계에 대한 영화의 사회적 영향과 역할의 문제는 대량 실업자들의 목소리가 점점 높아지고 말의 억양에 따라 계층이 코드화되는 정도를 고려하여 유성 영화가 그 문제를 본격적으로 다루기 시작한 1930년대에 좀 더 열기를 띠게 되었다. 그러자 최근의 소비에트 영화를 보고 강도 높은 토론을 이끌어 가는 영화 협회와 잡지의 네트워크가 생겨나는가 하면, 다큐멘터리 제작과 소비에트 영화 배급을 맡아 보는 독립 영화와 노동자 클럽들이 중심이 된, 사회주의 영화 운동도 일어났다. 1933년에는 영국영화협회British Film Institute가 이번에도 역시 다큐멘터리 보급이라는 특별한 교육적 임무를 띠고 새로이 설립됐다. 뿐만 아니라 대영제국마케팅위원회 Empire Marketing Board로부터 가스 공급 회사에 이르기까지 각종 기관에서 조성해 준 기금과, 특히 존 그리어슨의 GPO 영화제작부(General Post Office Film Unit)에 고무되어, 다큐멘터리의 제작 붐까지 일어났다. 이 모든 활동들은 앞으로 장편 영화 제작에까지 확대되고 1927년의 쿼터법 종료에 대한 철저한 조사와 전시의 이데올로기적 압박으로 더욱 가속화될 것이 분명한 하나의 중요성, 즉 사회적 힘으로서의 영화의 진지함을 일깨우는 일에 일조하게 된다.

영화의 질을 높이기 위하여 1938년에 새로 제정된 영화법 Cinematographic Films Act으로 인해 7,500파운드 이하의 인건비가 소요된 영화는 더 이상 쿼터제의 보호를 받을 수 없게 되었다. 영화의 종류에 관계없이 급여의 75퍼센트는 영국인들에게 돌아가야 한다고 못 박은 옛 법령은 폐지되었고, 시나리오도 반드시 영국인만이 써야 한다는 조항도 삭제되었다. 이 두 가지 변화로 미국 배우와 기술자들을 이용하는 경우가 부쩍 늘어나면서 미국 메이저 사들의 투자가 촉진된 결과, 코르더의 MGM-런던 필름스 합작사가 설립되어 합작사의 첫 작품으로 「결혼 휴가Perfect Strangers」(1945)가 만들어졌다. 미국의 증대된 영화 제작 참여는 사회의식 영화에 대한 욕구의 배출구로 미국에서는 이미 하나의 장르로 굳혀진 내러티브 영화, 즉 사회 문제를 다룬 영화의 유통을 높이는 결과를 가져왔다. 이런 변화를 가져온 새로운 법령에 따라 MGM이 영국에서 최초로 만든 영화는, 웨일스의 한 광산촌에서 행해지고 있는 사설 의료 행위를 비난하는 내용의 A. J. 크로닌의 소설을, 킹 비더가 영화로 각색한 「히포크라테스의 선서 The Citadel」(1938)였다. 계속해서 광산촌을 다룬 2편의 영화 — 이번에도 역시 크로닌의 소설을 캐럴 리드가 감독한 「별은 내려다본다The Stars Look Down」(1939)와 마이클 발콘 제작, 펜 테니슨 감독, 폴 로브슨 주연의 일링을 배경으로 한 「프라우드 계곡The Proud Valley」(1939) — 가 재빨리 이어졌다. 같은 시기에 빅터 사빌은 새로운 주택 공급 계획과 노동자들의 학교 시설을 위태롭게 하는 구위원회의 부패를 다룬 위니프레드 홀트비의 「남행 드라이브South Riding」(1938)를 새롭게 만들어 대성공을 거두었다.

제2차 세계 대전

전쟁의 발발과 함께 영화의 사회적 역할에 대한 심사도 더욱 강화되었다. 영화 관람으로 인한 심리적 여파와 여론에 미치게 될 심각한 영향을 고려하여 영국 의회는 내용의 권장 사항과 금지 사항을 담은 공식 지침을 제작사들에게 하달했다. 권장 사항에는 〈영국이 싸우는 이유〉, 〈싸우는 방법〉, 혹은 〈전쟁에 이기기 위해서라면 희생도 불사할 필요성〉 같은 것들이 포함되었다. 완성된 작품은 정보부 영화과의 안보 검열부에 제출되었고, 이적성의 소지가 있는 영화를 공개할 경우에 기소당할 수도 있다는 경고를 받았다. 영화 제작상에 미친 정부의 힘은 창고용, 공장용, 공식 영화 제작용으로 스튜디오 공간을 강제 징발하는가 하면, 징집자들의 일부는 물론 자체 영화 제작을 위해서였다고는 하지만 영화 기술자들의 3분의 2까지 징집하는 보다 구체적인 형태를 띠었다. 그런 상태에서 끝까지 살아남은 스튜디오는 9개에 불과했고, 영화 제작도 1940년에 108편이던 것이 1942년에는 46편으로 뚝 떨어졌고, 전쟁이 끝날 때까지도 연평균 60편을 넘지 못했다.

하지만 영국인들의 영화 관람열은 전시에 사상 최고를 기록하여, 상영 도중에 울려 퍼지는 공습경보 사이렌과 대피 소동에도 아랑곳없이 PX, 육해군 막사의 영화 클럽, 공장 사무실, 자동차, 극장 등 장소를 불문하고 너도나도 영화 관람에 열을 올렸다. 영국에서 영화가 2차 대전 말과 같은, 이런 인기를 누려 본 적은 일찍이 없었다. 관객들은 시각의 향연과 바깥의 등화관제 상황과는 너무도 대조적인 스크린의 명멸하는 모습에 하염없이 빠져 드는 듯했다.

J. 아서 랭크는 1943년까지는 이미 미국 메이저 사들에 버금가는 자산을 축적했을 정도로, 이 시기 전쟁 영화 산업의 득

그레이시 필즈 (1898~1979)

〈우리의 그레이시〉는 1930년대 영국 뮤지컬 코미디계를 휩쓸었는가 하면, 무대에서 노래도 불렀고, 녹음도 했으며, 라디오 프로도 진행했고, 1979년에 영국 왕실로부터 데임*Dame*의 작위를 받기 전에는 결국 텔레비전을 위한 연기도 했다. 이토록 다양한 경력을 거쳐 오면서 그녀는 오페레타에서 블루스, 소곡*ditty*, 촌스러운 유행가에 이르기까지 자신의 가창력을 놀랄 만큼 폭넓게 발전시켰다. 그녀의 첫 영화 「우리 골목의 샐리」(1931)만 해도, 고향인 로치데일과 웨스트엔드의 뮤직홀에서 10여 년의 경력을 쌓은 뒤에 만든 작품이었다. 그레이시는 1936년과 1937년에는 국내 흥행 랭킹 1위를 기록하며 영국 최고의 개런티를 받는 은막의 스타로서, 1930년대에만 무려 11편의 영화를 만들었다.

자신의 전 이력을 통해 그녀는 단 한 번도 그 특유의 랭커셔 억양을 버린 적이 없고, 도시 빈민이라는 출신 성분도 숨겨 본 적이 없다. 그레이스 스탠스필드라는 본명을 지닌 그녀는 열두 살에 학교를 그만두고 그 지역 공장의 직공이 되었다. 그녀는 초기 작품들에서는 그러한 고향에 배경을 둔 노동자 역을 주로 맡았고, 후기 작품들에서는 다양한 가수 역이나 「상심의 여왕」(1936)에서와 같이 장차 가수가 되는 노동자 계층의 인물을 주로 맡았다. 「은혜의 한 주」(1933)의 그레이스 밀로이, 「우리가 말하는 대로 노래하라!」(1934)의 그레이스 플라트, 「고개 들고 웃어 봐요」(1935)의 그레이스 피어슨, 「상심의 여왕」의 그레이스 퍼킨스, 「계속 웃어요」(1938)의 그레이시 그레이에서 볼 수 있는 바와 같이 몇몇 작품들에서는, 현실적 삶과 영화적 삶의 연속성을 확인이라도 시켜 주듯, 극중 이름과 실제 이름이 거의 엇비슷하게 설정되었다. 스크린에 나타나는 그녀의 인상은 늘 나이가 약간 들어 보이는(영화를 시작할 당시의 나이가 33세였다) 튼튼한 체구에, 날염된 무명옷과 앞치마를 두르고 사투리가 섞인 신경질적인 목소리로 손님과 애인에게 닥달을 해대는 더할 나위 없이 현실적인 모습이었다. 그리고 대개는 술집과 카페 손님들의 청에 못 이겨 노래를 불렀다. 영화 속에서 흔히 〈우리의 샐〉 아니면 〈우리의 그레이시〉로 불리는 그녀는, 이웃들에게 가창력과 단호함, 그리고 삶에 대한 열정으로 상징화된 존재, 다시 말해 그 지역 주민이라면 모르는 사람이 없을 정도로 유명한 그런 인물을 연기했다.

계층의 선을 넘나드는 그녀의 그 강렬한 호소력은 스크린에 나타나는 그녀 특유의 계급적이고 지역적인 정체성에 개인적인 성공담이 어우러진 데서 비롯된 것이었다. 즉, 이 말은 그녀의 이력과 영화 속 연기가 계급의 서로 다른 특징들을 서로 얼버무려 주었다는 말이다. 하지만 이 둘의 결합에는 영화 팬의 관람료에 관한 수많은 조크와, 할리우드 문화(1938년 20세기 폭스와 4편의 영화를 20만 파운드에 계약했는데도)에 대한 멸시와 그것의 우스꽝스러운 모방에서도 알 수 있듯이, 어떤 긴장감이 녹아 있었다. 하지만 이 긴장감은 1930년대가 지나가면서 서서히 완화되기 시작하여, 그녀가 맡은 인물들은 이제 뿌리는 노동자 계급에 두되 계급 구조를 인정하면서 신경질도 덜 부리는 유순한 인물로 바뀌어 갔다.

제프리 리처즈(1984)도 언급했듯, 영국 산업 사회의 대변인이었던 그레이시 필즈는 1930년대를 거치며, 잠재적으로 분란의 여지를 안고 있던 「우리 골목의 샐리」에서의 노동자 계급 주인공에서 〈국민 단결의 상징〉으로 변모해 갔다. 1931년에는 계급의 장벽이 답답할 정도로 견고했다. 「우리 골목의 샐리」에서 노래를 부르기 위해 주인에게서 빌려 입은, 가죽끈 달린 검은색 야회복 차림의 샐리는 너무도 어색했다. 푼돈벌이를 위해 눈물을 삼키고 나간 그 속물적 파티에서 그녀는 모욕과 멸시를 당했다. 그리고 8년 뒤 「조선소의 샐리」(1939)에서 필즈의 인물은 이제 야회복 차림이 더 이상 어색하지 않은 우아한 모습으로 랜달 경의 사교장에도 드나들고, 영화의 마지

막에는 《그녀》가 사랑했던 단 하나의 남자〉, 즉 자신의 상관을 그의 복지부 사무실에서 함께 일한다는 조건으로, 그와 똑같은 계층의 그녀보다 아름다운 여인에게 빼앗기는 것에도 별 불만을 느끼지 않게 된다. 「우리 골목의 샐리」의 샐리가 상류 계급에게 무시당하고 이용당하는 것에 분노를 느꼈다면, 「조선소의 샐리」의 샐리는 자기 남자를 소유하지 못하는 현실을 있는 그대로 받아들이면서(곧 들이닥칠 그 숱한 전시 영화들의 강력한 메시지이다) 소유하고자 하는 마음을 자제할 것을 권유한다.

합창 스타일에서 뿜어져 나오는 강력한 호소력과 결합된 그레이시 필즈의 그 씩 웃으며 참아 내는 결연한 쾌활함은 2차 대전의 발발과 함께 생겨난 장병 위문 공연에는 그야말로 제격이었다. 그녀는 캐나다, 미국, 북아프리카, 태평양 전역, 프랑스(이곳의 한 여행에서 그녀는 〈프랑스〉의 대표자로 나온 모리스 슈발리에 옆에서 〈브리타니아〉를 대표했다)에서의 자선 공연을 성공적으로 끝마쳤다. 그러나 대중과의 이 같은 공감대는 그녀가 이탈리아 출신 남편과 함께 전쟁을 피해 미국으로 떠남으로써 서서히 식어 갔다. 그러자 이번에는 법적 한도를 훨씬 초과하는 거액을 그녀가 소지하고 떠날 수 있도록 허가해 준 것에 대한 의문이 의회에서 제기되었다. 하지만 이런저런 문제들에도 불구하고 그녀가 1943년도에 내놓은 〈작별의 손을 흔들 때는 행운을 빌어 줘요Wish Me Luck as You Wave Me Goodbye〉는 1930년대의 실업 주제가 〈우리가 말하는 대로 노래하라〉만큼이나 위기에 처한 영국에 활력을 불어넣어 주었다.

전쟁이 끝난 후 그녀는 카프리로 거처를 옮겨 생활하다가, 그곳에서 1979년 숨을 거두었다.

안토니아 랜트

주요 작품

「우리 골목의 샐리Sally in our Alley」(1931); 「긍정적으로 봅시다Looking on the Bright Side」(1932); 「은혜의 한 주This Week of Grace」(1933); 「사랑, 인생 그리고 웃음Love, Life and Laughter」(1933); 「우리가 말하는 대로 노래하라Sing as We Go!」(1934); 「고개 들고 웃어 봐요Look up and Laugh」(1935); 「상심의 여왕Queen of Heart」(1936); 「쇼는 계속된다The Show Goes on」(1937); 「우리는 부자가 될 거예요We're Going to be Rich」(1938); 「계속 웃어요Keep Smiling」(1938); 「조선소의 샐리Shipyard Sally」(1939); 「무대 접견실Stage Door Canteen(카메오 역)」(1943); 「몰리와 나Molly and Me」(1945); 「파리의 지하 세계Paris Under-ground」(1945).

참고 문헌

Burgess, Muriel, and Keen, Tommy(1980), *Gracie Fields*.
Fields, Gracie(1960), *Sing as We Go*.
Pollitt, Elizabeth(1978), *Our Gracie*.
Richards, Jeffrey(1979), "Gracie Fields: The Lancashire Britannia".
Richards, Jeffrey(1984), *The Age of Dream Palace*.

◀ 배절 딘의 「우리가 말하는 대로 노래하라!」(1934)에서 특유의 포즈를 취하고 있는 그레이시 필즈.

을 톡톡히 본 사람이다. 그는 1937년에 고몽-브리티시/게인즈버러의 배급권을 사들인 뒤, 1938년에는 코르더의 데넘 스튜디오를, 1939년에는 엘스트리-병합 스튜디오를 인수했고, 1941년에는 전쟁이 영화에 미칠 영향 때문에 가격이 하락한 틈을 타서 오데온 극장 체인과 고몽-브리티시까지 사들였다. 이제 영국 스튜디오 공간의 56퍼센트는 랭크의 수중에 들어왔고, 영국에서 영화를 성공적으로 홍보하려면, 랭크 소유의 고몽/오데온이나 ABC와 같은 영향력 있는 상영관의 하나를 예약하는 것이 제작자들로서는 필수 요건이 되었다. 랭크는 수입의 일부를 쪼개어 그룹 산하의 독립제작사Independent Producers Ltd.를 통해 그의 조직과 관련을 맺고 있는 독립 영화인들을 후원했다. 그의 도움을 받은 주요 감독/제작자 그룹으로는 아처스Archers(마이클 파월과 에머릭 프레스버거), 인디비주얼 영화사Individual Pictures(프랭크 론더와 시드니 질리어트), 시네길드Cineguild(데이비드 린, 앤서니 하블록-앨런 로널드 님), 웨섹스Wessex(이언 댈림플) 등이 있다. 랭크는 파월과 프레스버거의 「직업 군인 캔디 씨 이야기The Life and Death of Colonel Blimp」(1943), 「죽느냐 사느냐A Matter of Life and Death」(1946), 데이비드 린과 노웰 카워드의 「짧은 만남Brief Encounter」(1945), 론더와 질리엇의 「어두운 이방인I See a Dark Stranger」(1946)의 제작과 배급을 책임지는 이 같은 방법으로 전시와 전후 영화 제작의 다양성에 많은 기여를 했다.

전쟁의 위기로 득을 본 또 다른 그룹으로, 교육과 홍보용 영화 제작의 필요성에 의해 생겨난 뉴스 영화와 다큐멘터리팀을 들 수 있다. 이들은 전쟁이 시작된 지 2년 뒤에는 자동차, 군대 막사, 공공 도서관, 극장 등 그야말로 상영 요청을 받지 않는 곳이 없을 정도로 눈코 뜰 새 없이 바빠졌다. 전쟁은 다큐멘터리와 극영화의 구분도 모호하게 만들었고, 전반적인 인력 부족 현상과 교전 중인 영국의 현실을 생생하게 보여 주어야 한다는 영화에 부과된 새로운 요구 때문에, 두 장르 간의 인력 교환도 보다 원활히 이루어졌다. 극영화는 줄거리에서 연극적인 배경과 부자연스러움은 다 걷어 버리고, 그 빈자리에 함대, 전시 비행, 열병, 폭격과 같은 다큐멘터리 필름을 집어넣었다.

전쟁은 국가의 궁극적 본질, 특성, 그리고 무엇보다 단결을 위한 토대로서 지역, 계층, 성, 연령 간의 차이를 응집력 있게 표현해야 할 필요성을 제기했고, 그에 대한 해답으로 픽션의 뿌리는 당장의 국가적 위기에 두되 다양한 지역적, 계층적 배

마이클 파월과 에머릭 프레스버거
(1905~1990)(1902~1988)

마이클 파월과 에머릭 프레스버거의 공조는 영화사상 가장 놀라운 현상의 하나로 남아 있다. 두 사람이 알게 된 것은 1930년대 말 코르더의 런던 필름스에서였다. 그곳에서 저예산 〈쿼터 졸속작〉을 만들고 있던 파월은 「세상의 끝」(1938)에서 보여 준 솜씨로 코르더의 관심을 끌게 되었다. 헝가리에서 이주해 온 프레스버거는 독일의 우파Ufa와 오스트리아에서 시나리오 작가로 일한 전력이 있었다. 이러한 배경을 지닌 두 사람이 런던 필름스에서 만든 첫 작품이 「스파이 인 블랙」(1939)이었다.

1942년 그들은 자신들의 제작사 아처스Archers를 설립했다. 아처스란 이름으로 만든 그들의 첫 작품 「직업 군인 캔디 씨 이야기」(1943)를 시작으로 그들은 자신들이 만드는 모든 영화에 〈제작, 시나리오, 감독, 마이클 파월과 에머릭 프레스버거〉라는 공동 크레디트를 사용했다.

크레디트는 작업 관계에서 두 사람에게 단순한 공조 이상의 것을 부여했다. 즉, 그 같은 독특함으로 두 사람은 일률적인 스튜디오 방식과는 다른 이단적 위치를 갖게 되었을 뿐 아니라, 대형 스튜디오들이 장편 영화 제작의 필수 요건이라 여긴 작업상의 세밀한 구분도 모호하게 만드는 결과를 가져왔다. 메이저 영화사들의 재능과 기술을 모두 이용하고 때로는 유명 연극배우나 영화배우까지 캐스팅하면서도 아처스는 좀 산만하긴 했지만, 독립적인 형태로 운영해 갔다. 그들이 만드는 영화들 역시 내용과 형식 면에서 사실주의가 지배하고 있던 당시의 영국 영화와는 대조적인 방향으로 나아갔다. 요컨대 평범한 장르를 거부하고, 복잡하면서도 형식미가 있는 다양한 형식과 전통을 추구한 것이다.

파월-프레스버거 영화는 사실주의와 기교와의 관계, 영화와 연극, 회화, 음악과의 관계, 지극히 현대적이고 기술적인 예술 형식과 줄거리 위주의 가장 고루한 형식과의 차이, 이 같은 문제들을 표현함에 있어 예술가 개개인이 맡아야 할 역할, 대중과 엘리트 관객을 동시에 만족시킬 수 있는 작품의 창조는 과연 가능한가와 같은 영화 자체의 본질을 묻는 문제를 집요하게 물고 늘어졌다.

형식과 시각적인 복잡함에도 불구하고 파월-프레스버거 작품들은 직·간접적으로 신화, 우화, 동화 등을 그들 내러티브의 원천으로 삼고 있음을 알 수 있다. 이런 작품들이 그런 이야기들을 듣고 자라난 관객들(특히 영국 관객)에게 즉각적으로 접근 가능한 세계를 창조해 낼 수 있다는 것은 너무도 당연한 일이다〔초서의 「캔터베리 이야기」(1944), 안데르센의 「분홍신」(1948), E. T. A. 호프만의 「호프만 이야기」(1952)가 그 좋은 예이다〕. 그런가 하면 두 사람은 또, 영국이 지닌 신화적이고 초자연적인 과거와의 연관성을 은폐하거나 부정하는, 극도로 산업화된 전후 영국 문화에 대한 우려를 기록하는 데도 관심을 보였다. 그들의 그런 관심은, 여주인공 존 웹스터(웬디 힐러)가 물질적 욕망과 그 욕망의 상징인 부유한 중년 남성과의 결혼을 포기하고, 케케묵은 전설, 저주, 신화의 지배를 받고 있는 토킬 맥닐(로저 리브시)과 그가 속한 세계를 선택하게 되는 「내가 가는 곳은 어디인가」(1945)의 현대적인 배경 속에서 잘 표현되었다.

파월과 프레스버거의 신화와 환상에 대한 매혹은 내러티브나 사회적인 수준에서 끝나지 않았다. 그들의 작품은 신화적이고 〈자연적인〉 세계를 좋아하면서도 그에 대한 예의와 〈고상한 취향〉은 결여된, 다시 말해 충동적인 면이 강한 지극히 낭만적인 작품이라 할 수 있다. 그들의 작품 속에는, 현대 영국 문화의 측면을 기록하려는 욕망과, 그것으로부터 완전히 벗어나 내적 체험의 세계와 예술을 위한 예술을 하려는 욕망 간의 긴장감이 많이 내포돼 있다. 〈예술에 목마른〉 그러한 의식은, 그들의 가장 유명하고 또 흥행에서도 성공한 「분홍신」과 감정의 과다, 양식화되고 히스테리컬한 행동, 그리고 극도로 육감적인 마조히즘이 넘쳐흐르는 「호프만 이야기」에 그대로 녹아들어 있다. 내러티브 공간은 종종 고전적 의미에 있어서의 그 어떤 균형이나 질서, 혹은 동질성도 무시한 채 분절되고 공상적이 되는가 하면, 극단적으로 양식화된 가운데 때로는 만화 영화 같은 상황을 열망하기도 한다(파월은 월트 디즈니의 열렬한 찬미자이다). 이들 영화에서 신화와 전설은 영화를 마법적이고 초월적인 특질에 서서히 물들게 하고 이미지와 음악과의 관계를 더욱 밀접하게 해주는 매개물이 된다. 그리고 그것의 결과로 나타난 것이 편집, 대화, 카메라 움직임에서부터 배우의 동작에 이르기까지 모든 영화적 움직임이 미리 예정된 리듬과 안무의 차원을 띠고 있다는 점에서 파월이 소위 〈작곡된 영화〉라 부른, 오페라와 오페레타〔「오…… 로잘린다!!」(1955), 「호프만 이야기」〕 작품이었다. 「죽느냐 사느냐」는 아마도 지극히 양식화된 판타지이면서, 전후 영국 문화에 대한 분석, 그런가 하면 또 영화적 이미지의 의미와 구성에 대한 묵상이기도 한, 파월-프레스버거 영화의 특징이 가장 잘 드러난 작품일 것이다.

영화에 대한 파월의 이 같은 묵상은 프레스버거 없이 만든 그의 대표작으로, 갖은 험담을 다 들어야 했던 「변태 성욕자」(1960)에서 더욱 심화된 양상을 보였다. 이 영화는 파월-프레스버거 공동 작품만큼이나 완성된 이래 꾸준히 명성이 올라갔다. 당시 주류 비평가들로부터 빈번한 혹평을 받기도 했고, 해외 배급판에서는 심하게 잘려 나가거나 내용이 수정되기도 했으며, 일반 관객으로부터도 늘 호응받은 건 아니었지만, 그럼에도 파월-프레스버거 작품들은 프랜시스 포드 코폴라, 존 부어먼, 마틴 스코시스(미국에서 파월의 명성을 되찾기 위해 많은 일을 했다), 데렉 저먼, 샐리 포터, 아키 카우리스마키 등의 차세대 감독들에게 지대한 영향을 끼치며, 응당 받아야 할 영화사의 독특한 위치를 차지했다.

조 매틀라니

주요 작품

파월(프레스버거 없이)

「세상의 끝The Edge of the world」(1938); 「바그다드의 도적The Thief of Bagdad」(1940); 「변태 성욕자Peeping Tom」(1960); 「승낙의 시대Age of Consent」(1969).

프레스버거(파월 없이)

「예전에 두 번인가는Twice upon a Time」(1952).

파월과 프레스버거

「스파이 인 블랙The Spy in Black」(1939); 「밀수품Contraband」(1940); 「49도49th Parallel」(1941); 「직업 군인 캔디 씨 이야기The Life and Death of Colonel Blimp」(1943); 「캔터베리 이야기A Canterbury Tale」(1944); 「내가 가는 곳은 어디인가I know where I'm Going!」(1945); 「죽느냐 사느냐A Matter of Life and Death」(1946); 「흑수선Black Narcissus」(1947); 「분홍신The Red Shoes」(1948); 「땅으로 가다Gone to Earth」(1950); 「잡기 힘든 핌퍼넬The Elusive Pimpernel」(1950); 「호프만 이야기The Tales of Hoffmann」(1952); 「오…… 로잘린다Oh…… Rosalinda!!」(1955); 「리버 플레이트 전투The Battle of River Plate」(1956); 「악당 달빛 아래 서다Ill Met by Moonlight」(1956).

참고 문헌

Christie, Ian(1994), *Arrows of Desire.*
Macdonald, Kevin(1994), *Emeric Pressburger.*
Powell, Michael(1986), *A Life in Movies.*
Powell, Michael(1992), *Million Dollar Movie.*

◀ 마이클 파월과 에메릭 프레스버거의 「죽느냐 사느냐」에 나오는 〈천국으로 향하는 계단〉.

경을 지닌 일군의 사람들이 공통의 선을 위하여 단결하는 내용의 다큐멘터리적 영화를 만들자는 안이 제시되었다. 이러한 다큐멘터리 기법(과 기존의 다큐멘터리 필름)은 예비 의용 부대에서 훈련받고 싸우는 7명의 여성을 소재로 한 레슬리 하워드의 「부드러운 성The Gentle Sex」(1943), 영국 잠수함에 의한 적군 선박의 추적과 침몰을 다룬 앤서니 애스퀴스의 「우리는 새벽에 잠항한다We dive at Dawn」, 대서양을 건너서 클라이드 만까지 기름을 운송하는 한 유조선을 둘러싸고 벌어진 실제 사건을 토대로 한 「산데메트리오, 런던 San Demetrio, London」을 비롯한 그 당시 영화들이 채택해 썼다.

이들 영화는 모두 군과 정부의 협력을 필요로 했고, 이야기의 비중도 낭만적 영웅이라든가 남녀 커플 등 어느 한곳에 집중시키지 않고, 동일한 비중을 지닌 복수의 줄거리를 함께 쫓도록 균등하게 배분하는 방식을 이용했다. 영화의 줄거리도 전시의 의무와 위기에 대한 내용을 말하다가, 평범한 시민이 별안간 애국심에 불타는 불굴의 전사로 바뀌는 등 다소 우발적인 형태로 나타났다. 이들 영화에는 따라서 이성 간의 변화무쌍한 사랑보다는 군 부대의 조직성이라든가, 배의 승무원, 그리고 사랑보다는 좀 더 넓은 범위의 전시 긴박감에서 나오는 고도의 질서 의식이 존재했다.

일링, 게인즈버러, 그리고 해머

영국에서 사실주의 영화의 새 유파를 가장 소란스럽고 강력하게 요구한 사람은 마이클 발콘이었다. 1938년 배절 딘으로부터 소규모의 일링Ealing 스튜디오의 책임을 떠맡게 된 그는 대중적인 뮤지컬 코미디를 계속 만들면서도 내심으로는 형태와 내용 면에서 동시대 영국인들의 삶의 문제를 좀 더 깊숙이 다룰 수 있는 영화를 만들고 싶어 했다. 그것을 위해 그는 다큐멘터리계의 대표적인 두 인물, 즉 크라운 필름 유닛Crown Film Unit을 위해 「오늘 밤의 표적」(1941)을 쓰고 감독한 해리 와트와 1920년대 파리 아방가르드의 일원이었고, GPO의 존 그리어슨 초청으로 1934년 영국으로 건너온 브라질 태생의 알베르토 카발칸티를 영입했다.

그 외에도 발콘은 찰스 프렌드, 찰스 크라이튼, 로버트 해머를 새로 영입했고, 이들 세 사람은 와트, 배절 디어든과 더불어 일링 스튜디오 작품의 대부분을 만들며 1950년대까지 계속 그곳에 머물렀다. 일링 스튜디오 시나리오부(특히 클라크와 앵거스 맥페일)와 미술부(마이클 렐프가 1942년부터 스튜디오의 미술부장을 맡아보았는데, 이후 그는 디어든의 프로듀서가 되었고 가끔씩 영화감독을 하기도 했다)의 연속성, 그리고 조금 낮기는 했지만 고정 급여의 혜택을 받은 스튜디오 직원들의 연속성은, 발콘의 말을 빌리면, 〈걸치레〉 위에 〈사실주의〉를 강조한 일링 특유의 스타일을 개발할 수 있는 기반이 되어 주었다.

2차 대전 후 일링은 단 1편의 호러 영화였음에도 대단한 성공을 거둔 「밤의 악몽Dead of Night」(1945)으로부터 빅토리아 시대의 런던에 배경을 둔 희곡 멜로드라마 「분홍색 줄과 봉랍Pink String and Sealing Wax」(1945)에 이르기까지 다양한 장르를 시도했으나, 곧 스튜디오의 주력 상품인 코미디로 다시 돌아왔다. 전시에는 윌 헤이와 조지 폼비의 영화들이 인기를 끌었기 때문에, 코미디는 1947년 찰스 크라이튼 감독의 「대소동Hue and Cry」이 나올 때까지는 상대적으로 처져 있었다. 「대소동」은 사실주의적이고 다큐멘터리적인 카메라워크를 이용하여 전후 런던의 낯익은 풍경을 창조해 낸 뒤에, 그곳에 환상적이고 대조적인 내용을 전개시켜 유머를 이끌어 낸 작품이다. 이 작품은 이어 「핌리코행 패스포트Passport to Pimlico」(1949), 「위스키 천국Whisky Galore!」(1949), 「흰색 정장을 입은 사나이The Man in the White Suit」(1951), 「라벤더 언덕의 갱The Lavender Hill Mob」(1951), 「상냥한 마음과 코로넷Kind Hearts and Coronets」(1949), 「레이디 킬러The Ladykillers」(1955)(이 중 마지막 네 작품의 주연은 가히 타의 추종을 불허하고 있던 알렉 기네스가 맡았다)와 같은 유명 코미디 영화의 모델이 되었다. 「핌리코행 패스포트」에서 폭발되지 않은 포탄 구멍 속에서 발견된 보물은 핌리코가 영국이 아닌 프랑스 부르고뉴 지방의 일부임을 가리키는 것으로, 이것은 즉 전쟁이 일어나기 수년 전만 해도 별 재미가 없었을 하나의 조크로, 그 지역 주민들이 분리를 생각하고 있다는 것을 간접적으로 드러낸 것이었다.

발콘은 1943년 영국 정부가 영화계 독점권 조사를 위해 가동한 파테 위원회의 일원으로서, 2차 대전 중 독립 영화 제작자들을 위해 열렬한 대변자 역할을 했다. 그런데 전쟁이 끝나자 그는 일링이 제작하는 모든 작품에 50퍼센트의 자금을 제공하겠다는 조건(세계 시장의 압박에서 벗어날 수 있는 좋은 조건)의 아주 매력적인 계약을 랭크Rank 사와 체결했다. 하지만 이 계약은 결국 단명으로 끝나 버렸고, 프렌드의 전쟁 영화 「잔인한 바다The Cruel Sea」(1953)와 같은 전후 일링 코미디도 미국에서는 선풍적인 인기를 끌었으나, 그것만으로는 스튜디오를 지탱하기에 역부족이었다. 그런 상태에서 1950년대 초에 새로이 발족한 국립영화금융공사National Film Finance Corporation의 대부금까지 받았는데도 불구하고 1955년 일링 스튜디오는 끝내 문을 닫고 말았다.

1940년대 말 영국 영화계는, 대형 스튜디오들에까지 영향을 미쳐 그 대부분을 회생 불능으로까지 몰고 간 중대한 위기를 맞이했다. 1947년 6월 노동당 정부는 병든 국내 경제를 회복시키기 위한 시책으로 영국에서 외국 영화로 벌어들이는 모든 수입에 대해 75퍼센트의 〈달튼세〉(재무 장관의 이름을 딴 명칭)를 부과한다는 결정을 내렸다. 그러자 할리우드는 영국 시장을 6개월간 보이코트하는 맞대응으로 밀고 나왔다. 영국에 남아 있는 재고만으로도 6개월은 충분히 견딜 만했고, 달튼세의 적용에서 면제되는 옛날 영화를 상영할 수도 있었기 때문이다. 하지만 미국 영화 봉쇄라는 틈을 이용하여 영국 제작자들은 랭크 사와 같이 제작의 틈새를 파고드는 방법으로 할리우드 영화를 꺾어 보고 싶은 충동을 느꼈다. 하지만 1948년 3월 할리우드는 미국의 이익을 우선하는 내용의 4년 계약을 갱신한 뒤 그 봉쇄를 해제하고 75퍼센트의 세금도 철회시켰다. 그러자 시장은 다시 영화로 봇물을 이루게 되었고, 특히 시간에 쫓겨 졸속으로 만들어진 것이 대부분이었기 때문에 영국 영화들은 모두 엄청난 손실을 떠안게 되었다. 1948년 중반에 이르러서는, 코르더의 새 회사인 브리티시 라이언이 거의 파산 직전에까지 내몰렸고, 랭크의 계열사들도 심각한 타격을 입었다. 그러자 영국 정부는 같은 해 7월 영화 제작자들의 대출 기관으로 국립영화금융공사의 설립을 승인했고, 덕택에 코르더도 기사회생하여 캐럴 리드의 「제3의 사나이」(1949) 등의 작품을 만들었으나, 그럼에도 불구하고 1949년에 이르러서는 26개에 달하던 영국의 스튜디오 중 계속 돌아가고 있던 곳은 7개에 불과했고, 제작 중인 영화도 단 7편에 불과했다.

관객들의 변화된 사회 · 경제적 상황, 텔레비전의 출현, 새로운 교외 생활 패턴으로 인해 영화 관람객도 대폭 줄어들었다. 그에 대한 방책으로 정부는 일정량의 흥행 수입을 제작자들에게 돌아가게 하려는 취지로, 관람료에 부과되는 오락세율의 조정을 내용으로 하는 〈이디 안Eady Plan〉을 내놓았다. 세제와 대여금을 통한 정부의 영구 보조금 제도로 쓰러져 가던 영국 영화계는 이제 1950년대를 새롭게 바라볼 수 있게 되었다.

2차 대전 중 게인즈버러 스튜디오는 「우리는 새벽에 잠항

알렉산더 매켄드릭 (1912~1993)

보스턴의 스코틀랜드 인 부모 밑에서 태어나 영국의 글래스고에서 자란 알렉산더 매켄드릭은 글래스고 예술학교를 나와 10년간 광고계에서 일했다. 2차 대전 중에는, 별난 영국계 미국인들로 구성된 심리전 부대에 배속되어 주로 이탈리아에서 다큐멘터리를 만들었다. 전쟁이 끝난 뒤 1946년에는, 배우와 스태프들을 위해 프리 프로덕션 배경을 그려 주는 〈스케치 아티스트〉 및 시나리오 작가로 일링 스튜디오에 취직했는데, 거기서 그가 맡은 첫 일은 공교롭게도 일링의 가장 값비싼 실패작이 된 정교한 사극 「죽은 연인들을 위한 사라방드Saraband for Dead Lovers」(1948)였다.

「위스키 천국!」(1949)으로 매켄드릭은 연출 기회를 갖게 되었다. 아우터 헤브리디스 제도에 배경을 두고 촬영도 대부분 그곳에서 이루어진 이 코미디 영화는 세관원들의 횡포와 포악한 영국인 지주들에 대항하여 섬 주민들이 들고일어나 난파한 위스키 화물선을 마구 약탈하는 내용이다. 이 영화는 한편으로는 작은 것이 아름답다는 일링 코미디 패턴을 그대로 따르면서도 다른 한편으로는 무자비할 정도로 날카로운 극적 예지력으로 그 안락함의 위험성에 반기를 든 작품이기도 하다.

일링 코미디 방식을 뒤엎는 매켄드릭의 재능은 불멸의 옷감을 발명한 한 남자를 지독히 우스꽝스럽게 풍자한 「흰색 정장을 입은 사나이」(1951)에서 더욱 돋보였는데, 찰스 바(1977)는 〈부뉴엘이나 고다르에 못지않게 극단적으로 자본주의 논리에 대한 하나의 영상〉을 제시했다며 이 영화에 격찬을 아끼지 않았다. 영국의 편협한 계급 사회를 그에 못지않게 신랄하게 풍자한 「맨디」(1952)는 한 귀머거리 아이에 대한 감동적인 이야기이자 매켄드릭이 일링에서 만든 유일한 비코미디 영화이기도 하다.

스코틀랜드를 소재로 한 두 번째 코미디 「매기」(1954)에서 논지의 불확실함을 보이며 고배를 마신 매켄드릭은 일링에서 만든 그의 마지막 작품 「레이디킬러」(1955)에서 다시 한 번 정상의 기량을 보여 주었다. (「매기」 때와 같이) 미국인 이주자 윌리엄 로즈가 각본을 쓴 이 무시무시한 고딕 판타지는 나오기가 무섭게 나이와 전통에 대한 스튜디오(와 영국)의 고착성을 조롱하는 하나의 숭배와 패러디 현상까지 일으키며 위대한 일링 코미디를 장식한 최후의 작품이 되었다. 금방이라도 폭삭 주저앉을 것만 같은 빅토리아풍의 집에서 꼴사나운 사기꾼 일당을 일망타진하는 미치광이 노파와 더불어 이 영화의 수선스러움은 특히 매켄드릭의 블랙 유머와 순진함 대 노련함이라는 그의 반복되는 주제에 더할 나위 없는 활기를 불어넣었다.

협박, 부패, 뒤틀린 성생활로 얼룩진 맨해튼 연예 저널리즘계의 편집증적인 밤의 역겨움을 번득이는 기지로 보여 준, 미국에서의 그의 첫 작품 「성공의 달콤한 향기」(1957)에서는 그러나, 동일한 주제가 전혀 다르게 다루어지고 있다. 특히 이 영화에서 토니 커티스는, 악질적인 컬럼니스트 역으로 그에 못지않게 열연한 버트 랭커스터와 함께, 눈앞의 이익에만 급급한 알팍한 홍보 대리인 역으로 필생의 명연기를 보여 주었다. 제임스 웡 하우의 빛나는 촬영, 클리포드 오데츠의 저급한 바로크식 대사, 그리고 엘머 번스타인의 끈적거리는 재즈에 힘입어 매켄드릭은 그의 신랄함 중에서도 가장 어두운, 후기 누아르의 걸작을 탄생시켰다.

그의 활동에 제동이 걸린 것도 또한 그 시점이었다. 버나드 쇼의 작품을 각색한 「악마의 제자The Devil's disciple」(1959)와 칼 포먼의 야심작 「나바론The Guns of Navarone」(1961)에서 잇달아 해고당한 뒤 그는 이렇다 할 작품을 맡지 못하고 실직 상태에 빠져 있다가 1963년에야 겨우 영국으로 돌아와 아프리카 대륙을 종주하는 한 어린 소년의 모험담 「남쪽으로 가는 새미」(1963)를 만들었다.

1965년 매켄드릭은 리처드 휴스 소설의 영화화라는 그토록 오랫동안 염원해 온 꿈을 드디어 실현할 수 있게 되었다. 자신들이 붙잡은 어린이들의 무분별한 행동으로 파멸되고 마는 순진한 해적들의 이야기인 「자메이카의 거센 바람」은 말 그대로 그를 위한 영화라고 해도 과언이 아니었다. 스튜디오에 의해 물론 절단이 났는데도 불구하고 매켄드릭은 원작이 지닌 환각적인 힘을 최대한 살려 그것을 순수함이 지닌 치명적 성격을 자신의 가장 복잡하고 신랄한 표현으로 바꾸어 놓는 데 성공했다.

매켄드릭은 「풍파는 이제 그만」(1967)의 실패와 오랫동안 소망해 온 두 작품(「코뿔소Rhinoceros」와 「스코틀랜드의 메리 여왕Mary Queen of Scots」)의 좌절에 환멸을 느낀 나머지 감독 생활을 청산하고 신설된 캘리포니아 예술대학의 교수로 새로운 인생을 시작했다. 그리하여 선생으로서도 대단한 명성을 누렸으나, 그토록 섬세하고 위트에 넘쳤던 감독의 상실을 안타까워하는 관객이나 동료 영화인들에게는 그것이 그저 작은 위로밖에 되지 못했다.

필립 켐프

▪▫ 주요 작품

「위스키 천국Whisky Galore!」(1949); 「흰색 정장을 입은 사나이The Man in the White Suit」(1951); 「맨디Mandy」(1952); 「매기The Maggie」(1954); 「레이디킬러The Ladykillers」(1955); 「성공의 달콤한 향기Sweet Smell of Success」(1957); 「남쪽으로 가는 새미Sammy Going South」(1963); 「자메이카의 거센 바람A High Wind in Jamaica」(1965); 「풍파는 이제 그만Don't Make Waves」(1967).

▪▪ 참고 문헌

Armes, Roy(1978), *A Critical History of British Cinema.*

Barr, Charles(1977), *Ealing Studios.*

Kemp, Phillip(1991), *Lethal Innocence; The Cinema of Alexander Mackendrick.*

Perry, George(1981), *Forever Ealing.*

알렉산더 매켄드릭 감독, 알렉 기네스 주연의 일링 스튜디오 작품 「흰색 정장을 입은 사나이」 포스터.

한다」(1943)와 같은 전쟁 영화에서부터 「사랑 이야기Love Story」(1944)와 같은 여성 영화에 이르기까지 다양한 장르의 영화를 만들었다. 전후에는 장르의 폭을 좀 더 넓혀 임신, 중혼, 암흑 세계, 누아르적 스릴러와 같은 문제 영화들에도 손을 댔는데도 불구하고 게인즈버러에 부와 오명을 동시에 안겨 준 장르는 사극 멜로드라마*costume melodrama*였다. 이 장르는 제임스 메이슨과 마거릿 록우드를 주연으로 한 「회색 옷의 사나이The Man in Grey」(1943)로 시작되었는데, 완벽한 호흡을 자랑한 이 두 배우의 공연은 계속해서 1946년도의 최대 성공작 「두 얼굴의 귀부인Wicked Lady」으로까지 이어졌다.

1924년 마이클 발콘에 의해 설립된 게인즈버러는 런던, 즉 처음에는 이즐링튼, 나중엔 셰퍼즈 부시에 스튜디오를 가지고 있었는데, 1936년부터는 테드 블랙이 운영을 맡아보면서, 1937년 캐럴 리드의 「은행 휴일Bank Holiday」, 히치콕의 「제3의 도망자Young and Innocent」, 윌 헤이의 「오 포터씨Oh Mr. Porter!」를 시작으로 전성기를 구가했다. 1941년에는 아서 랭크가 고몽-브리티시와 게인즈버러를 함께 인수했는데, 이것은 대형 배급망이 확보되는 대단히 값진 연합이었다. 회사 수뇌부의 변동에도 불구하고 게인즈버러 스튜디오는 평단의 평가보다는 흥행 수입을 우선시하고, 그 목적을 위해 마거릿 록우드, 스튜어트 그레인저, 제임스 메이슨, 퍼트리샤 록, 필리스 칼버트와 같은 강력한 스타 군단을 개발하여 일정 수의 작품을 지속적으로 내놓는 일관된 정책을 펴나갔다.

게인즈버러의 사극 멜로드라마는 전쟁 영화로 완성된 영국 영화의 사실주의적 기반과 너무 동떨어졌다는 이유로 평단에서는 인정을 받지 못했다. 「두 얼굴의 귀부인」의 과도한 의상, 배경, 감정들은 대부분의 사람들이 배급으로 살던 시절에는 특히 경박스럽고 몰취미한 것으로 인식되었다. 하지만, 바버라 스캘튼 부인(마거릿 록우드)이 낮에는 우아한 여성으로 행동하면서 밤만 되면 가면과 무장을 하고 재미로 사람을 죽이는 살인자로 돌변하는 내용의 이 영화가 대중들에게 인기를 얻은 것은, 아마도 성적 매력이 넘치는 살인녀라는 인물이 경제 긴축과 여성을 징집은 하면서도 총은 못 쏘게 하는 경직된 사회에서 가뜩이나 위축된 상상력에 어떤 형태를 부여해 준 것 때문이 아닌가 싶다.

틀에 박힌 게인즈버러의 사극 영화 형식은 1940년대 말까지 계속되었고, 그것은 빅토리아 시대를 배경으로, 한 서자 상속자(스튜어트 그레인저)의 복수를 또 다른 서자, 즉 그의 자식을 낳은 여인의 눈을 통해 들여다본, 앤서니 하블록-앨런 제작의 시네길드 작품 「블랜치 퓨리Blanche Fury」에서도 일부 모방되었다. 이 영화는 그 어머니의 주관적 관점으로부터 서서히 멀어지는 것으로 끝을 맺는데, 관객들이 죽은 여인과 일체감까지 느낄 정도로 내용이 번지르르한 그야말로 사극 멜로드라마의 전형이라 할 만한 작품이었다.

게인즈버러는 1940년대 말 영화계에 불어닥친 변화에서 살아남지 못하고 끝내 제작을 중단했으나, 그들이 만든 영화만은 당시에 만연한 리얼리즘 사조와는 사뭇 다른 활기차고 낙관적이고 생동감 있는 작품들로 기억되고 있다.

해머 영화사Hammer Films는 처음부터 해외 시장을 중점 공략함으로써 1940년대 말의 불안정한 시기를 잘 극복하여 이겨 낸 유일한 제작사였다. 이 회사는 원래 엔리케 카레라스와 윌 해머라는 예명의 윌 하인즈가 1935년 익스클루시브 필름즈Exclusive Films라는 배급사로 시작했는데, 1947년 카레라스의 아들 제임스를 전무로 하여 제작사로 재정비하면서 명칭도 해머 영화사로 바꾸었다. 카레라스는 국립영화금융공사(NFFC)의 대부금도 제때 상환하고, 제작비 관리도 엄격하게 하는 등 빈틈없는 재정 관리를 해나갔다. 영화 1편 찍을 때마다 스튜디오를 대여하고, 장비, 세트, 인원도 매번 수송해야 하는 번거로움을 지양하고, 한 장소에서 모든 영화를 찍도록 한 것이 그 좋은 예였다. 해머는 사옥 없이 두세 곳을 전전하다가 브레이의 다운 플레이스를 브레이 스튜디오로 개조하여 1966년까지 그곳에 정착했다.

안정적인 작업 기반은, 값싸 보이지 않으면서도 저렴한 비용으로 영화를 만들 줄 아는 탁월한 기술력을 지닌 스태프와 세트 디자이너들의 꾸준한 근무를 용이하게 했다. 해머는 매달 1편씩 찍어 내는 촬영 스케줄로 그 대부분을 1년 안에 완성시키며, 연간 약 6편의 영화를 만들었다. 단번에 영화 1편을 완성함으로써 집중도와 스태프의 일체감을 높이려는 의도였다. 제작비도, 대본과 심지어는 포스터 도안, 그 밖의 홍보물에 이르기까지 광범위한 사전 계획을 세워 철저히 관리했다. 시나리오는 주로 딕 바튼(라디오 프로그램에서 따온 이름)이라든가, 로빈 후드, 드라큘라, 프랑켄슈타인, 「쿼터매스 실험

▶ (위) 레슬리 알리스가 감독한 게인즈버러의 멜로드라마 「두 얼굴의 귀부인」(1945)에서의 마거릿 록우드. 미국 배급을 위해 드레스의 목선이 너무 깊이 파인 몇 장면을 재촬영했다.
(아래) 테렌스 피셔 감독, 크리스토퍼 리 주연의 해머 영화사 작품 「어둠의 제왕 드라큘라」.

Quatermass Experiment」(텔레비전 프로그램에서 발전시킨 호러 영화)과 같은 익숙한 소재를 이용했다. 관객은 내용을 앞질러 알 수 있었고, 스튜디오는 그것을 토대로 인기도를 예측하여 재정적 위험을 최소화할 수 있었다.

「쿼터매스 실험」(1955)의 성공에 고무된 카레라스는 테렌스 피셔(게인즈버러에서 출발하여 「두 얼굴의 귀부인」을 편집했다)를 감독으로 영입하여 또 다른 호러 영화 「프랑켄슈타인의 저주」(1957)를 만들었다. 이 영화는 대서양 양쪽에서 모두 큰 성공을 거두며 유니버설 사와의 계약으로까지 이어져 「드라큘라Dracula」(1958)를 만들었고, 컬럼비아, 유나이티드 아티스츠를 비롯한 다른 영화사들과는 카레라스가 그리도 탐내던 미국에서의 프리-프로덕션 제작비와 마케팅까지 지원받는 계약을 체결할 수 있었다. 해머 영화사는 SF 라든가 사이코 스릴러 등의 다른 장르로도 폭을 넓혀 갔지만, 그럼에도 불구하고 해머 사의 주요 상품은 여전히 호러 영화였다. 게인즈버러의 영화와 마찬가지로 해머 영화도 평단에서는 배척당하고 대중으로부터는 사랑받았다. 그들은 미라, 늑대가 된 인간, 뱀파이어, 괴물 등 그때까지의 영화사에서 최고의 사랑을 받은 호러 영화의 전 영역을 섭렵했다. 피셔의 「프랑켄슈타인의 저주」 뒤에는 「괴인 프랑켄슈타인The Revenge of Frankenstein」(1958), 「프랑켄슈타인의 악마The evil of Frankenstein」(1963)이 이어졌고, 「드라큘라」 이후엔 「드라큘라의 신부들The Brides of Dracula」(1960)이 이어졌다. 이런 환상적인 작품들은 대개 마차의 무서운 질주와 함께 모습을 드러내는 습기차고 으스스한 너도밤나무 숲, 하얗게 질려 기절하는 하녀들의 모습과 대비되는 화려하고 지루한 테크니컬러 속의 벨벳 의자와 커튼, 거대한 성, 벽난로의 미장센을 이용한, 빅토리아 시대의 영국을 배경으로 하고 있다. 이야기의 구성은 빅토리아 시대의 억압적 성적 규범에 따라, 남성 약탈자들과 그들의 성적 매력이 넘쳐흐르는 젊은 여성 피해자들의 솟구치는 성욕의 구도와 늘 긴장 상태를 유발하도록 짜여 있다.

이처럼 화려한 바로크적 미장센과 먼 옛날의 역사적 순간, 혹은 문화로의 이동은 맹렬한 성욕과 신체적 폭력의 감정적인 표현에 대한 일종의 출구가 되어 주었다. 한편, 1950년대의 그보다 훨씬 사실주의적인 작품 속에서도, 전시 사회에 대한 애국적 비난의 형태(개인적 욕망과 두려움은 유보된 채)로 그와 비슷한 현상이 나타났는데, 그러한 특질은 도망 중인 조무래기 살인자 역으로 위험과 섹스에 대한 충동적인 욕망을 강렬하게 표현해 준 더크 보가드의 「푸른 등불The Blue Lamp」(1949)에서부터, 영화를 찍는 도중 칼날이 장착되어 있는 삼발이에 붙은 거울을 통해 본인들이 죽는 모습을 바라보도록 강요하는 가운데 여자들을 살해하고, 자신의 컴컴한 밀실에서 그 영화를 보며 성욕을 충족시키는 신경과 의사 아들의 고통스러운 모습을 오싹하게 그려 낸, 칼 보엠이 주연을 맡고 마이클 파웰이 감독한 「변태 성욕자」(1960)에 이르기까지 광범위하게 표현되었다. 이 두 영화에서 폭력과 욕망의 강렬한 충동은 방치된 피폭지, 지루한 런던 거리, 꽉 막힌 아파트들의 메마른 풍경과 강한 대조를 이루고 있다.

영화는 이제 전쟁과 약간 거리를 둔 역사성으로 애국심이 요구한 남성다움의 관습과 전통적 성 역할에 대한 의문을 제기할 수 있게 되었다. 찰스 프렌드의 「잔인한 바다」에서는 그것이, 〈전쟁, 그 피비린내 나는 모든 전쟁〉에서 자행되는 살인에 대해 느끼는 선장의 절망, 그의 눈물과 음주에 대한 공감 그리고 영화 속에서 암시된 바로는 군인으로서의 의무로부터 선정적인 사랑에 이르기까지의 모든 것을 포괄하는 그 자신(잭 호킨스)과 상관인 중위(도널드 진덴)와의 관계에 대한 논의들을 통하여 표현되고 있다. 테렌스 래티건의 희곡을 각색한 앤서니 애스퀴스의 「사랑의 교정Browning Version」(1951)은 금욕주의, 침묵, 감정의 억제에 가치를 둔 남성성의 모든 것을 고발한 영화이다. 이 영화에서 한 고전 선생(마이클 레드그레이브)은 아내의 부정을 수년간이나 묵묵히 견뎌 내며, 아내에게나 학생들에게 자신의 그런 감정을 드러내지 못하다가 결국은 쭈글쭈글하게 되고 마는 비참한 모습을 보여 준다. 「희생자Victim」(1961)에서 더크 보가드는 그렇게 되면 결국 자신의 인생과 결혼이 끝장난다는 걸 알면서도 애인이 자살하자 동성애자로서의 자신의 정체성을 공개적으로 변호하고 공갈단을 폭로할 수밖에 없는 변호사 역을 맡고 있다.

남성다움에 대한 전통적 가치는 전쟁으로 혼란스러워졌고, 이 불확실성은 BBFC의 지배 완화와 결합되어 새로운 남성상을 그려 보이려는 사실주의 영화의 등장을 가능케 함으로써, 영국 〈뉴 웨이브〉와 소위 성난 젊은이*Angry Young Men* 영화의 토대를 마련했다. 이 현상은 여러 가지 면에서 영국 영화에 새 생명을 불어넣었지만 모든 부문에 다 해당되지는 않았다. 성난 여성*angry women* 영화의 원류를 찾기 위해서는 그레이시 필즈의 초기 영화나 1940년대의 게인즈버러 사극 영화, 그리고 몇 편의 후방*home-front* 영화들로 돌아가거나 1970년대나 그 후의 페미니스트 영화들을 앞질러 가야 하듯이 말이다.

참고문헌

Armes, Roy(1978), *A Critical History of British Cinema.*

Atwell, David(1980), *Cathedrals of the Movies.*

Barr, Charles(1977), *Ealing Studios(repr. 1993).*

Curran, James, and Porter, Vincent(eds.)(1983), *British Cinema History.*

Dickenson, Margaret, and Street Sarah(1985), *Cinema and State.*

Lant, Antonia(1991), *Blackout: Reinventing Women for Wartime British Cinema.*

Perry, George(1985), *The Great British Picture Show.*

Richards, Jeffrey(1984), *The Age of Dream Palace: Cinema and Society in Britain, 1930~1939.*

Ryall, tom(1986), *Film and the Working Class: The feature Film in British and American Society.*

Taylor, Philip M.(ed.)(1988), *Britain and the Cinema in the second World War.*

독일: 나치즘과 그 후

에릭 렌츨러

나치 통치기

시청각 기기는 국가 사회당의 급진적인 시도, 즉 인간의 행위를 감시하고 물리적 세계를 지배하기 위한 삶의 설계에서 없어서는 안 될 중요한 역할을 했다. 아돌프 히틀러와 그의 선전상 요제프 괴벨스는 감정을 움직이고 마음을 고정시켜 주며 강력한 환상과 넋 빠진 관객을 만들어 낼 수 있는 영화의 위력을 일찌감치 간파하고 있었다. 그들은 스스로 빈틈없는 〈감독 *metteurs-en-scène*〉이 되어 대형 쇼, 넘쳐 나는 축제들, 가벼운 쇼, 기기묘묘한 대중오락을 모두 충족시킬 수 있는 최신식 기술을 도입했다. 히틀러 정권은 후일 한스 위르겐 지버베르크가 〈독일에서 온 영화〉로 지칭하게 될, 영화적 이벤트에 지속적으로 관계했다. 나치가 영화광이었다면, 제3제국은 꿈의 기계와 죽음의 공장 역할을 동시에 수행한 환상적 구조, 즉 영화 그 자체였다.

제3제국의 독일 영화는 히틀러가 사망한 지 반세기가 지난 지금까지도 극단적인 태도와 과장된 조직화밖에 연상되는 것이 없다. 국가 사회주의의 만행과 나치의 후원으로 만들어진 영화, 뉴스 영화, 다큐멘터리들은 많은 논평가들에 의해 영화사에서 가장 어두운 시기로 표현된다. 1933년에서 1945년 사이에 만들어진 총 1,100편의 내러티브 장편 영화는, 빌헬름 로트도 언젠가 지적했듯, 끔찍한 프로파간다, 형식적 과장, 참을 수 없는 저속함 사이를 누군가의 고통이 오락가락하는 지옥적 장면을 연출하고 있다. 오늘날까지도 나치 영화는 많은 사람들의 가슴속에, 「마부제 박사의 천 개의 눈」이나 조지 오웰의 『1984』에 나오는 국가 감시 기구로 남아 있다.

국가 사회당은 정권을 잡기가 무섭게, 한때 세계적으로 인정받았던 선도적 예술 산업과 그곳에 종사하고 있던 상당수의 전문 인력에 대한 숙청을 단행했다. 1,500명 이상의 영화인들 — 그 대부분이 유대 인과, 진보주의자, 그리고 독립 영화인들이었다 — 이 독일을 탈출했고, 그 자리엔 비굴한 아첨꾼이나 이류 기회주의자들이 대신 들어섰다. 그런 상황에 대한 가장 지독한 비평가들에게 나치 영화는 바이마르 시대에 경배되었던 〈사로잡힌 스크린*haunted screen*〉(로테 아이스너)과는 정반대적인 그 무엇을 의미했다. 나치 영화가 이루어 낸 가장 기억할 만한 업적은 대중 조작, 국가 테러, 전 세계적인 파괴의 이름으로 자행된 영화의 구성적 힘에 대한 조직적 악용이었다.

괴벨스는 〈독일 영화를 철저히 개혁하는 작업〉에 착수했다. 새로운 영화는 바이마르 시대의 〈의회 제도〉, 그것의 소위 예술을 위한 예술이라는 유희, 지적 자유주의, 그리고 상업주의와의 저속한 영합의 죄악들을 비난해야만 했다. 독일 영화는 정치적 삶에서 뿜어져 나오는, 저 깊숙이 박혀 있는 독일 정신을 끌어내야만 했다. 새로운 프로그램에 대한 자신의 초기 선언에서 그는 자연적이고 군사적인 은유를 사용하여 하나의 신체, 그리고 영역적 외관으로서의 영화를 말하면서, 고통받는 유기체로부터 유해한 이질적 요소를 몰아내는 외과의

로 자신을 선언했다. 그는 또 〈생명에, 새로운 세계의 가장 깊숙한 목적과 가장 깊숙한 성질을 부여하는 데는 상상력이 필요하다〉고도 선언했다. 그러면서 영화가 인식 가능한 영향력 *Wirkung*을 어떻게 행사하고, 마음과 정신에 어떻게 작용해야 하는지를 지속적으로 역설했다. 그것의 소명은 국가의 목적과 개인의 욕구를 동시에 충족시킬 수 있는 예술, 즉 대중예술*Volkskunst*의 그것이어야 했다. 정치적 이념은 미적인 힘과 감정적인 힘 모두를 장악해야 하는데, 그것은 단순히 당력(黨力)의 과시라든가, 나치 돌격대원들의 기록, 혹은 국기와 상징에 대한 맹목적 우상화만을 의미하는 것이 아니었다. 진짜 영화 예술은 일상의 초월, 즉 〈삶을 강화〉하는 것이어야만 했다.

1933년에 정권을 장악한 국가 사회당(NSDAP)의 가장 중요한 임무는 그것의 신조에 맞도록 대중의 상상력을 재구성하는, 즉 호소력이 있으면서도 강력한 세계관*Weltanschauung*을 제시하는 것이었다. 하지만 그것은 국가 사회당이 체계적인 계획이나 일관된 세계관을 가지고 행한 것이 아니라, 떠들썩한 구경거리와 지속적인 시위로 빚어낸 겉치레의 기능이었다. 영화는 제3제국에게 그것의 이미지를 창조해 낼 수 있는 특수 효과를 제공해 주었다. 1934년의 뉘른베르크 전당 대회를 기록한 레니 리펜슈탈의 유사 다큐멘터리 「의지의 승리 Triumph des Willen」(1935)는 새로운 질서, 성인의 기념비적 행위, 카메라 군단 앞에서 조작된 현대의 미디어 이벤트에 관한 일종의 영웅 서사극이었다. 이 영화에서 제국의 수상은 장식물처럼 충성을 맹세하며 기세등등하게 모여 있는 추종자들에게 생명을 불어넣기 위해 구름 속에서 내려온 신화 속의 구세주였다. 1936년의 베를린 올림픽을 기록한 「올림피아」(1938)에서는 총통이 그야말로 고전적인 신이고 전능한 존재였다. 영화의 프롤로그는 제우스 신전이 있는 그리스로 시작되어 히틀러의 옆모습이 담긴 베를린으로 끝이 나는데, 여기서 지도자는 국가와 민족을 만들어 낸 지고의 존재, 즉 비할 바 없는 의식의 주관자로 서 있다. 그 결정적 방식들에서 쇼 비즈니스와 국가 사회당은 동질적이었고, 거침없는 이미지들과 당의 활기찬 모습은 끝없는 흥분과 변화무쌍한 관점들을 만들어 냈다. 허구적 세계의 창조라는 이름으로 차용한 안무와 극적 표현들 역시 여기서는 현실이 되었다.

나치 영화는 감정의 통제와 새로운 인간의 창조, 그리고 새로운 질서와 새로운 인류에 대한 봉사를 위한 여자의 재창조를 위한 수단으로서 예술과 테크놀로지 변형의 장의 형태를 띠었다. 국가 사회당의 실질적인 지원으로 만들어진 우파Ufa의 첫 작품, 즉 한스 슈타인호프의 「히틀러 유겐트 크벡스 Hitlerjunge Quex」(1933)는 어린 소년이 주체성을 잃고 노예와 정치적 수단으로 변모되어 가는 모습을 그린 작품이다. 공산주의 선동가들에 의해 살해된 하이니 뵐커의 몸은 흔들리는 국기로 용해되어 화면 밖 미래로 행진해 가는 병사들의 숙영지가 된다. 계속해서 에밀 야닝스, 베르너 크라우스, 하인리히 게오르게가 주로 연기한 위대한 정치가〔「프리데리쿠스 Fridericus」(1937), 「비스마르크Bismarack」(1940), 「카를 페터스Carl Peters」(1941)〕, 예술가〔「프리드리히 실러 Friedrich Schiller」(1940), 「안드레아스 슐뤼터Andreas Schlüter」(1942)〕, 과학자〔「로베르트 코흐Robert Koch」(1939), 「디젤Diesel」(1942), 「파라켈수스Paracelsus」(1943)〕 등의 초상처럼, 살아 있는 영웅들보다 위대한 게르만 족 순교자들의 장대한 행렬이 이어졌다. 방해물, 혹은 도전적인 역할을 빼면 영화에서 여성이 적극적인 역을 맡은 예는 거의 찾아볼 수 없었고(나치 영화에는, 바가지 긁는 여자 길들이기와 고집 센 여자 재교육에 초점을 맞춘 하위 장르가 실제로 존재했다), 여성의 존재는 그저 이해심이 철철 넘치는 동반자이거나 유순한 동료 역으로 대폭 축소되었다. 전시의 블록버스터였던 에두아르트 폰 보르조디의 「신청곡 연주회 Wunschkonzert」(1940)와 롤프 한센의 「위대한 사랑Die große Liebe」(1942)은 모두 사랑하는 이들이 위대한 독일의 대의를 위해 봉사하고 있는 동안 참을성 있게 기다리는 법을 배우는 여성들을 다룬 작품들이다.

나치의 공상적 작품들은 가변성을 아예 뿌리 뽑아 버리려는 의도로 물리적, 정신적 영역의 전면 통제를 기대하면서 독립적으로 활동할 여지를 거의 남겨 두지 않았다. 정력적인 오스트리아의 토종 배우 루이스 트렝커(감독도 겸했다)가 주연을 맡은 「방탕한 아들Der verlorene Sohn」(1934)에서 티롤 지방의 주인공은 지도에서만 본 이국적인 곳을 돌아다니며 여러 구경거리들을 보고 싶어 하다가 뉴욕으로 여행을 가서 집 없는 떠돌이가 된다. 결과적으로 그 주인공은 뉴욕을 저주하게 되지만 그보다도 이 영화는 자신의 고향 마을을 벗어난 삶에 대한 모든 환상을 비난하는 것에 더 초점을 맞추고 있다. 「방탕한 아들」에서 소망은, 환상에의 탐닉이 초래하는 파멸을 그린 「사랑, 죽음, 그리고 악마Liebe, Tod und Teufel」

▶ 인체의 아름다움: 레니 리펜슈탈의 「올림피아」(1938).

(1934)와 「섬뜩한 소망Die unheimlichen Wünsche」(1939)에서처럼 갈망하는 마음을 극복하기 위한 방편으로 제공되고 있다. 부정적인 빈둥거림*flânerie*의 실천으로 트렝커 영화는 산 마을의 소년을 삭막한 현대성이 빚어낸 악몽과도 같은 실패, 외국의 지형에 고통스러운 굴욕감을 느끼게 되는 나쁜 여행으로 인도를 한다. 「프리더만 바흐Friedemann Bach」(1940)의 순회 연주자처럼 후미진 산골로 들어선 사람들이나 「극단원들Komödianten」(1942)의 방랑하는 극단 여성이나 결과가 나쁘기는 마찬가지이다. 나치 영화에서 해외 거주는, 가령 「독일 여인Germanin」(1943)에서의 아프리카는 질병과 죽음으로, 「하바네라La Habanera」(1937)의 푸에르토리코는 열병의 발생지로 묘사되듯이, 조국과 그것이 제공해 주는 안정과 행복의 모든 근원에서 멀어지는 외래적인 것에 대한 잠재적인 이끌림을 의미한다.

같은 의미에서 나치 영화 속의 여행자들은 독일 제국의 영토 확장을 위해 나가 있는 탐험가들이나 식민주의자들을 제외하고는, 모두가 골치 아픈 문제아들뿐이다. 1930년대 영화에 등장하는 망명자들은 거의 대부분 뮌헨에서 자동차 공장을 운영하기 위해 미국 중서부를 떠나는 꿋꿋한 독일 이민자의 모습을 그린 요하네스 마이어의 「시카고로부터의 도망자Der Flüchtling aus Chikago」(1934)에서와 같이, 제3제국에서 도망치려는 정치적 도망자가 아니라 조국으로 다시 돌아가는 독일인의 모습으로 그려지고 있다. 한때는 경제적 불확실성과, 대량 실업, 그리고 무능한 지도력을 보여 준 바이마르 공화국의 침체된 상황에 직면하기도 하지만, 그 재이민자는 모든 난관을 극복하고 마침내 사업을 본 궤도에 올려놓고 노동자들도 자기편으로 만드는 데 성공한다. 파울 베게너의 「남자라면 독일에 가야 한다Ein Mann will nach Deutschland」(1934)는, 대서양 건너 남아메리카에서 1차 대전 발발 소식을 듣고 자신의 의무를 다하기 위해 독일인 동지 한 명과 함께 유럽으로 떠나는 독일인 엔지니어를 다룬 작품이다. 그런데 본국으로의 그의 여정은 오스카르 칼부스의 표현대로 〈어서 돌아가 위험에 처한 조국을 구해야만 한다는 그 하나의 일념밖에 없는〉 애국자에게 몰아닥친 온갖 장애 — 육체적 고난, 위험한 지형, 사나운 바다 — 를 수반한 것이었다.

독일 정신에 대한 신성시는 또한 독일 땅을 그것의 적과 공격자로부터 지키는 것을 의미했다. 나치 영화에 등장하는 적의 종류도 「도망자Flüchtlinge」(1933), 「프리슬란트의 공포Friesennot」(1935), 「귀향Heimkehr」(1937)에서와 같이 해외의 독일 거주자들을 억압하는 사악한 공산주의자들로부터, 「늙은 왕과 젊은 왕Der alte und der junge König」에서 겉멋 들고, 게으르고, 방종한 인간의 전형으로 나오는 프랑스 인들, 「옴 크뤼거Ohm Krüger」(1941)에서 돈만 아는 전쟁 광으로 묘사된 영국 제국주의자들, 「반역자Verräter」(1936)와 「조심해! 적이 듣고 있어Achtung! Feind hört mit」(1940)에서 독일 제국을 내부로부터 위협하는 외국의 스파이와 파괴자들에 이르기까지 무척 다양했다. 하지만 제3제국 시기에 만들어진 가장 악독한 증오 영화는 뭐니 뭐니 해도, 반유대 감정을 증폭시켜 국가 지원의 홀로코스트를 정당화하려는 궁극적 해결*Final Solution*에 대한 영화적 리허설로서, 두 작품 다 1940년에 공개된, 파이트 하를란의 「유대인 쥐스」와 프리츠 히플러의 다큐멘터리 「방황하는 유대 인」이었다. 1년 뒤에 나온 볼프강 리베나이너의 안락사에 관한 멜로드라마적 변명작 「나는 고발한다Ich klage an!」는 〈열등한 인간 물질〉의 무자비한 절멸에 지지를 보내며 고통받는 자신의 배우자를 자비롭게 죽여 주는 행위를 숭고하게 생각하는 한 남편의 모습을 그린 작품이다. 손상된 독일 정신을 다시 일깨우려는 시도로 만들어진 하를란의 11시간짜리 작품 「콜베르크Kolberg」(1945)에서는 외국의 침입자들에 맞서 배수진까지 치고 필사적으로 싸우는 애국 시민들 속에 병사들을 몰아넣고 있다. 제3제국이 붕괴되는 것을 보면서 괴벨스는 무려 800만 마르크 이상의 돈을 쏟아 부으며 〈그 화려하다는 미국의 대작까지도 압도할 수 있는 거대한 서사극〉, 즉 이 시대의 가장 위대한 영화가 될 것이라고 생각한 작품을 만들었다. 하지만 이 모든 노력에도 불구하고 「히틀러 유겐트 크벡스」로부터 「콜베르크」까지의 나치 영화가 보여 준 것은 정교한 죽음의 무도, 폭력과 파괴의 기나긴 수행일 뿐이었다.

나치 영화는 단순히 공포부*Ministry of Fear*가 만들어 낸 산물만은 아니었다. 그것은, 환호와 감정부*Ministry of Cheer and Emotion*가 만들어 낸 산물이기도 했다. 습관적으로 보여 준 그 끔찍하고도 기괴한 비유들은, 만(卍)자 십자장*swastika*이나 〈만세*Sieg Heil!*〉라고 외치는 말은 보지도 듣지도 못한 사람들이 사는 도회적 분위기와 안락한 환경에 배경을 둔 가볍고 공허한, 그 시기 영화 대부분을 차지하는 작품들의 특징을 정확히 묘사한 것이라고는 볼 수 없다. 「어느 날 밤에 생긴 일It Happened One Night」을 릴리언 하비와 빌리 프리치 주연으로 우파Ufa가 리메이크한 파울 마르틴의

「행운아들Glückskinder」(1936)만 해도, 폭력에 대한 리펜슈탈의 시위와 자기희생에 대한 슈타인호프의 찬가에 대해서는 아무것도 아는 것이 없는 곳에서 이야기가 전개되고 있다. 그곳에는 강인한 신체나 강철 같은 의지, 인종적 비방이나 당의 상징, 그 어느 것도 존재하지 않는다. 마르틴의 인물들은 그저 흥청망청 퍼마시며 의무감 없는 즐거운 생을 노래하고 열정적으로 춤만 추어 댈 뿐이다.

괴벨스 밑에서 만들어진 엄청난 수의 작품들은, 현재의 수정주의 역사관에 따르면, 확고한 이데올로기나 공적인 간섭적 요소를 거의 지니고 있지 않았다. 「히틀러 유겐트 크벡스」, 「유대 인 쥐스」, 「비스마르크」, 「옴 크뤼거」, 「콜베르크」를 비롯한 국가 지원 작품들이 나치 선전 영화인 것은 분명한 사실이다. 하지만 그런 〈국가 영화들〉은 그 시대 전체 영화에서, 규정이 아닌 예외로서 극히 미미한 부분만을 차지했을 뿐이다. 압도적인 다수를 차지한 것은 이른바 〈비정치적〉 작품들이었다. 봇물을 이룬 멜로드라마나, 범죄물, 전기 영화 외에도, 그 시대 영화의 거의 50퍼센트를 한스 알버스, 빌리 비르겔, 마리카 뢰크, 차라 레안더와 같은 명망 있는 배우들과 하인츠 뤼만, 파울 켐프, 피타 벤코프, 테오 링겐, 그레테 바이저, 파울 회르비거, 한스 모저와 같은 성격파 배우들이 팀을 이뤄, E. W. 에모, 카를 부제, 게오르크 야코비, 한스 체를레트, 카를 라마크 등 늘 힘이 넘치는 영화계 프로들이 감독한 코미디와 뮤지컬, 그리고 가벼운 영화들이 차지했다. 이들 영화의 대부분은 흠잡을 데 없는 독일 영화의 고전으로, 경우에 따라선 엄청난 에너지의 보고로 칭해지면서 주목할 만한 업적을 남긴 것으로 인정받았다. 그런 작품들은 마치 정부 기관의 입김이 덜 미치는 공적 영역이나 악의적인 면이 훨씬 덜한 일상생활을 묘사함으로써, 나치 정부도 순수한 오락물에 대해서는 표현의 여지를 남겨 두었다는 것을 보여 주려 한 것 같았다.

어찌 되었든, 한 가지 분명한 사실은, 국가 사회당이 외적인 강압보다는 가상에의 호소로 지배하려 했다는 것이다. 히틀러의 국가는 희생이나 헌신을 요구하면서 또 한편으로는 소비재나 각종 안락함의 형태로 즐거움도 함께 선사했다. 제3제국 영화들은 올더스 헉슬리의 『멋진 신세계*Brave New World*』에 나오는 무해하고 유쾌한 〈감각적 오락물*feelies*〉을 떠올리게 한다. 괴벨스가 노린 것은, 민중을 마비시키기 위해 정치를 심미화하는, 요컨대 제식적(祭式的) 가치를 지닌 대중문화의 고취였던 것이다. 그는 모든 영화, 특히 그렇지 않다고 주장하는 영화일수록 정치적이라고 즐겨 말하곤 했다. 그의 일기를 보면 그는 지성주의, 정치적 고압성, 예술적·기술적으로 무능함이 드러나지 않는 대중 영화를 신봉했던 것 같다. 알프레트 로젠베르크와 같은 〈순수 민족주의*volkisch*〉 패거리들과 달리, 괴벨스는 특히 대중을 흥분시킬 수 있는 영화의 위력을 감안하여 독일 영화도 그들의 이데올로기적인 적으로부터 뭔가 취할 게 있을 것으로 믿어 의심치 않았다. 할리우드의 강점은 무엇보다도 그것의 직감적인 호소력, 사람을 매혹시키는 힘, 다른 누군가가 만든 구경거리에 관객을 동일시하게 만드는 능력에 있다고 할 수 있는데, 바꿔 말하면 그것은 편안하고 자유로운 느낌을 주면서도 관객의 마음을 계속 붙잡아 둘 정도로 흥미를 지니고 있다는 말이기도 하다. 미국 영화는 실제의 삶보다 거대한 환상과 세상을 보여 줌으로써 일상으로부터의 탈출을 도와주는 매체이다.

1926년에 발표한 그의 에세이 「오락의 예찬Cult of Distraction」에서 지크프리트 크라카워는, 일상에서 맛볼 수 없는 자극과 흥분을 컴컴한 극장 안에서 찾으려는, 경험에 굶주린 새로운 도시 대중에 대해 기술한 바 있다. 괴벨스는 대중을 길들임에 있어, 마법에 걸려들게 하는 것이 시청각 테러에 의한 장광설보다 더욱 효과적이라는 것을 이미 간파하고 있었다. 물론 그도 정치 성향이 노골적으로 드러난 국가 영화를 많이 만들었고, 뉴스 영화가 그런 엄청난 효과를 거둔 것도 다 그의 그런 노력 덕분이었다. 하지만 그는 속이 훤히 들여다보이는 방식보다는, 알 듯 모를 듯한 좀 더 미묘한 방식을 선호했고, 바로 그러한 이유 때문에 때로는 라인홀트 쉰첼, 헬무트 코이트너, 볼프강 슈타우테와 같은 다소 의심스러운 비순응주의자들에게까지 관용을 보이며, 트렝커나 리펜슈탈의 이미지즘적 힘과 시각적 유혹, 빌리 포르스트, 데틀레프 지어크(오래지 않아 독일을 떠나 더글러스 서크로 이름을 바꾼다), 빅토르 투르얀스키와 같은 세련된 스타일리스트들을 찬양했던 것이다. 독일 영화는 정신적 공간을 점유하는 도구로서, 그리고 감정을 통제하는 원격 제어 장치의 매개물로서, 내부로부터 국민을 지배하는 주요 수단이 되어야 했다. 그런 영향력 있는 영화의 창조를 위해 괴벨스와 그의 심복들은 주요 부분에서 할리우드 영화를 그들의 표본으로 삼았던 것이다.

미국 영화를 논할 때마다 제3제국 비평가들은 독일 대중 영화를 선전상(괴벨스)의 꿈의 관점으로 바라보곤 했다. 할리우드의 성공작 중에선 월트 디즈니의 영화들을 단연 으뜸으로 꼽았다. 〈나는 지난 4년간 만들어진 걸작 중의 걸작 30편과 18편의 미키마우스 영화를 총통께 크리스마스 선물로 드렸다.〉 괴벨스의 1937년 12월 20일자 일기에 적힌 내용이다. 〈총통은 매우 기뻐했다.〉 디즈니 만화 영화는 순수한 내재성과 예술적 환상을 초월적인 경지로까지 끌어올렸다. 1934년 말에 독일 영화가 처한 위기를 진단하는 자리에서 한 비평가는 〈미키 마우스 영화〉를 〈정치적 내용이 전혀 없이 「전함 포템킨」과 견주어도 손색이 없을 정도의 숭고한 영화적 구현을 이루어 낸 작품〉으로 평가했다. 관찰자들은 제3제국 영화들이 그런 우호적인 평을 이끌어 내지 못함을 개탄하면서 할리우드의 매혹적인 요소를 곰곰이 짚어 보았다. 가벼운 영화와 뮤지컬은 1937년까지의 연간 제작 편 수에서 거의 절반, 혹은 그 이상을 차지했는데도 불구하고, 진정으로 기억에 남을 만한 것은 「행운아들」, 지어크의 「4월, 4월April, April!」, 라인홀트 쉰첼의 「암피트리온Amphitryon」, 빌리 포르스트의 「난동Allotria」, 카를 프뢸리히의 「우리가 모두 천사라면Wenn wir alle Engel wären」, 볼프강 리베나이너의 「이상적인 남편Der Mustergatte」밖에 없다. 1937년 괴벨스는 확신에 찬 낙관적인 모습을 보이려 하면서도, 〈예술은 간단한 문제가 아니다. 그것은 무척이나 까다롭고 혹독하기조차 하다〉는 점을 스스로 인정했다. 오락의 예술성은 간단한 것도 솔직한 것도 아니었다. 그것은 오히려 진지한 정치적 문제였다.

국가 사회당은 기관과 조직들을 〈재정비〉했다. 선전상은 시나리오를 감시했고, 제작을 감시했으며, 언론의 반응을 진두지휘했다. 하지만 이 모든 조치들에도 불구하고, 독일 관객들에게 독일 영화를 좋아하라는 명령만은 간단히 내릴 수 있는 게 아니었다. 할리우드 기술을 연마한다는 것은 무엇보다도 오락을 좀 더 효과적으로 훈련하는 수단, 즉 상징과 묘사로 권력이 작동되는 힘, 권력의 궁극적 적용이 가능한 독일 대중영화를 만들 수 있는 힘을 의미했다. 「행운아들」은 자기 나라 꿈의 공장에 그것을 결합시키려는 시도로 미국 영화를 모방했다. 마르틴의 영화는 스튜디오에서 창조되어 영화로 만들어진 무책임과 환상과 쾌락의 장소인 꿈의 나라를 선전했고, 그 나라는 타협과 위무의 역할을 동시에 수행했다. 사람들은 영화가 제공해 주는 집단적인 동질성뿐만 아니라 사생활에 대한 환상 때문에 국가 사회주의를 더욱 기꺼이 받아들이려 했다. 표면적으로는 정치성이 없는 듯한 대중오락을 약속하며 미국의 고전 영화 기술을 모방한 독일 영화들은 갈수록 심해지는 강요된 근면, 지속적인 희생, 위협적 분위기로부터 독일 국민이 잠깐이나마 벗어날 수 있는 휴식처를 제공해 주었다. 영화는 당의 신화를 지지하기보다는 오히려 거대한 환상의 장소가 되어야만 했다. 그리고 국가 통제의 수위가 점차 높아 가는 가운데 독일의 스튜디오에서 창조된 그 거대한 환상은, 말하자면 이 국가 내에는 통제를 넘어서는 어떤 공간들,

에리크 하렐 감독의 「의회가 춤춘다」(1955)에서의 릴리언 하비.

특히 영화와 공상의 공간들이 존재하고 있다는 바로 그 환상이었다.

독일의 스튜디오들은 외관상으로는 일상적 현실을 거의 드러내지 않는 환상의 영역을 창조해 냈다. 야외 촬영 없이 거의 대부분을 음향 무대 스튜디오에서 제작한 이들 영화들은 대체적으로 영원한 현재, 혹은 양식화된 시대적 배경을 선호했다. 바이마르 시대를 풍미한 환상과 현실의 활기찬 혼합은 시간보다는 공간을, 편집보다는 구성을, 움직임보다는 디자인을, 인간의 모습보다는 세트를 우선시하는 영화들 속에서 대부분 사라져 갔다. 그럼에도 불구하고, 「프라하의 학생 Der Student von Prag」(1935), 「포겔뢰트 성」(1936), 「인도의 무덤」(1938)의 리메이크, 랑의 「니벨룽겐」과 팡크/파프스트의 「피츠 팔뤼의 하얀 지옥Die weisse Hölle vom Piz Palü」의 재개봉, 프로이센 영화, 산을 다룬 서사극, 거창한 시대극, 빌리 프리치와 릴리언 하비의 뮤지컬, 하리 필의 마구잡이식 모험극, 전 세계를 누비고 다니며 자연의 비밀이란 비밀은 죄다 파헤치고 다닌 우파의 문화 영화들에서도 볼 수 있듯이, 바이마르 영화와 나치 영화와의 연속성은 분명히 존재했다. 나치 시대에 나타난 중요한 변화는 무엇보다도 공적 영역의 구조와 국가 기관이 방화와 외화에 관여를 한 그 방식에 있었다.

나치의 공적 영역은 괴벨스가 소위 〈오케스트라의 원리〉라 부른 노선에 따라 움직였다. 콘서트에 가보면 모든 악기는 제각기 다른 소리를 내지만, 결국은 하나의 심포니만 들린다는 것이다. 나치 문화는 획일적이고 단조롭지 않으면서 또한 가벼운 것과 무거운 것 간의 구분을 활성화했다. 영화는 대체 경험이나 독립된 생각을 하지 못하도록 작업 시간과 여가 시간을 짜 맞추기 위해, 라디오 프로그램, 대중 집회, 관광 명소 등의 다른 오락물들과의 상호 연계하에 움직였다. 국가 영화와 현실 도피 영화도, 가령 〈극단적 획일성에 대한 극단적 관점〉은 당의 기록 영화 「의지의 승리」에서든, 1939년에 나온 토비스 영화사의 뮤지컬 「우리는 전 세계를 돌며 춤을 춘다Wir tanzen um die Welt」에서든, 그 어느 작품에서도 찾아볼 수 있을 정도로 긴밀한 협력 관계를 유지했다. 일상적 쾌락과 이념적 교화가 하나로 뭉친 것이다. 나치의 도피 영화는 나치의 현상 유지*Nazi status quo* 상태로부터의 도피를 결코 허용하지 않았다.

2차 대전의 발발과 함께 나치 영화도 본 궤도에 들어서기 시작했다. 나치 영화는 엄청난 돈을 벌어들이며 전 세계의 영화 시장을 석권했다. 1940년에 미국의 경쟁을 모두 따돌리고 유럽의 거의 대부분 지역을 석권하고 난 괴벨스는 애타게 기다리고 있는 본국의 관객들에게 다시 돌아왔다. 1943년 3월 5일 국가 지원 스튜디오의 25주년 기념일에 시사회를 가진 요제프 폰 바키의 화려한 우파Ufa 컬러 영화 「뮌히하우젠 Münchhausen」은 전시의 현실과 영화적 환상, 그리고 그들 합류점 간의 그로테스크한 간격을 그 즉시 노출시켰다. 스탈린그라드에서의 상황은 재난적 국면으로 접어들었고, 그 몇 주 전에는 선전상이 이미 〈총력전〉을 요구한 상태였다. 「뮌히하우젠」은 애니메이션으로 특수 효과를 낸 오프닝 장면에서, 이야기를 꾸며 내는 주인공과 환상을 공급하는 매개물 간의 관계를 성립시키며 살짝 윙크를 보내는 유명한 좌담가를 참여시킨 에피소드로 관객을 즐겁게 했다. 나치 독일이 영화 기술의 매혹적 가능성을 의식하고 있다는 사실을 그토록 적나라하게 드러내 보인 적은 일찍이 없었다. 한스 알버스가 하늘을 나는 포탄 위에 앉아 있는 그 유명한 장면은 인간의 상상력을 압도하는 영화의 위력과 침략에 사용되는 무기와의 관계를 필요 불가결한 것으로 만들며 이 영화의 궁극적 아이콘이 되었다.

국가 사회주의는 전쟁을 물질적 영역과 지각적(비물질적) 영역 모두를 포괄하는 것으로 인식했고, 영화는 결국 지속적인 자극의 공세로 정신에 혼란을 주고 감정도 포기하게 만드는 기습과 효과의 폭발성 병기고, 즉 하나의 무기였다(파울 비릴리오가 컬러 영화의 확산이 2차 대전 중에 이루어졌고, 독일 최고의 전쟁 영화 「뮌히하우젠」과 「콜베르크」가 아그파 컬러로 찍혔다고 지적한 것 역시 결코 우연은 아니다). 「뮌히하우젠」에 있어 무엇보다 흥미로운 점은(나치 영화 전반에 해당되는 말이기도 하다), 냉소적 지력이 혼란된 주관성과 명백한 자기-무지에 굴복하는, 자기 인식의 한계를 드러냈다는 점이다. 「뮌히하우젠」은 방황하는 한 병사의 통제에 대한 환상과 함께, 그러한 환상을 바라고 필요로 하고 만들어 내는 무서운 심리 상태도 함께 보여 준다. 말하자면 그는 공적인 찬양을 위해 만들어진 나치의 영웅이면서, 또한 그 영웅과 그 같은 상태의 원인이 된 병리적 현상의 한 단면이기도 한 것이다. 영화가 강력한 무기가 된 것은 사실이지만, 「콜베르크」가 독일의 운명을 바꿔 줄 마지막 촉매제가 되어 줄지도 모른다는 괴벨스의 한 가닥 희망에도 불구하고, 영화적 환상만으로 전쟁을 이길 수는 없었다.

괴벨스는 그 덧없는 한 순간을 위해서 그토록 갈망해 온 자

알프레트 융게 (1886~1964)

프로이센의 마을 괴를리츠에서 태어난 융게는 1920년대에 그 당시 세계 최고의 필름 스튜디오로 알려져 있던 우파의 미술 감독으로 영화계에 입문하여, 그곳에서 뒤퐁, 레니, 홀거-매슨 등과 함께 활동했다. 이후 뒤퐁은 브리티시 인터내셔널 픽처스의 초청을 받게 되는데 그때 융게를 런던으로 함께 데려가, 2편의 고급 영화 「물랭 루즈」(1928)와 「피카딜리」(1928)(두 작품 다 내용보다는 디자인으로 깊은 인상을 남겼다)의 디자인을 담당했다. 레이철 로(1971)는 「물랭 루즈」를 줄거리는 〈말도 안 되는 엉터리〉라고 깔아뭉개면서도 〈디자인만은…… 영국 최초의, 아마도 최고라도 해도 좋을〉 작품으로 평가했다.

독일로 돌아온 융게는 뒤퐁과 함께 몇 편의 영화를 더 만든 뒤 프랑스로 건너가, 파뇰의 마르세유 3부작 중의 제1부 「마리우스」(1931)의 디자인을 맡았다. 이 영화에서 그는 이따금씩 하는 야외 촬영까지 무색하게 만들고 실제보다 더 실제 같은 솜씨를 과시하면서 비외 항구의 선창가 장면을 눈부시게 재현해 냈다. 「마리우스」는 알렉산더 코르더의 작품이었기 때문에, 이 영화가 끝난 뒤 융게는 코르더를 따라 다시 런던으로 가서 코르더 최초의 영국 영화 「숙녀를 위한 봉사Service for Ladies」(1932)의 디자인을 맡게 되었다. 그러던 중, 독일 출신의 인재를 찾아 헤매던 마이클 발콘의 눈에 띄어 고몽/브리티시 영화사의 미술부장으로 발탁되었다.

융게는 고몽에서 창조적 기술에 못지않게 탁월한 관리 능력도 보여 주었다. 그는 엄격하고도 능란하게 수완을 발휘하여 디자이너와 화가로 구성된 스튜디오의 전 직원을 조화롭게 이끌어 갔고, 그것은 당시에 만들어진 고몽 작품들 — 그에게 크레디트가 돌아가고 안 돌아가고에 상관없이 — 모두가 그의 영향력 아래 만들어졌다는 사실로도 잘 알 수 있다. 그의 영향력의 정도는, 각각의 장면을 목탄으로만 대강 스케치해 놓은 초벌 그림일 뿐 완성된 것이 아닌데도 그것만으로 조명과 카메라 앵글의 구도를 맞출 수 있을 정도로 촬영에까지 영향을 미치는 그런 것이었다. 마이클 랠프, 피터 프라우드와 같은 영국의 차세대 미술 감독들은 모두 그의 지도 아래 성장한 사람들이다.

「물랭 루즈」에서 이미 선보인 바 있는 그의 연극적 재능은, 제시 매슈스의 두 뮤지컬 「에버그린」(1934)과 「러브 어게인It' s Love Again」(1936)에서 새롭게 꽃피었다. 뿐만 아니라 그는 히치콕의 스릴러[「나는 비밀을 안다」(1934)], 「유대 인 쥐스」(1934)와 같은 사극 영화, 「솔로몬 왕의 보물」(1937)과 같은 액션 어드벤처, 올드위치Aldwych의 소극(笑劇)과 잭 헐버트의 코미디, 조지 알리스의 작품들에도 손댔고, 이 모든 작품에서 그는 사실주의적인 것에서부터 철저히 스타일만을 강조한 것에 이르기까지 각각의 분위기에 맞는 적절한 배경을 만들어 냈다.

고몽이 제작 규모를 줄임에 따라 융게는 MGM으로 자리를 옮겨 「히포크라테스의 선서」(1938)에서 라자르 메르송을 대신했고, 「브룩필드의 종」(1939)에서는 향수가 흠뻑 느껴지는 학교 분위기를 연출해 냈다. 전쟁이 일어나자 그는 잠시 억류된 뒤 곧바로 풀려나, 파월-프레스버거팀과 6편을 함께 만들며, 영화 활동의 전성기로 접어들었다. 아처스의 가족적인 분위기 속에서(거기서 그는 〈앨프리드 삼촌〉으로 통했다), 그리고 특히 테크니컬러로 찍은 3편의 작품 「직업 군인 캔디 씨 이야기」(1942), 「죽느냐 사느냐」(1946), 「흑수선」(1947)으로 마침내 융게는 예술성의 정점에 도달

했다. 그는 개념의 웅대함에 디테일의 정확성을 일치시킴으로써, 아처스의 거대한 판타지 작품들에 신빙성을 부여해 주었다. 스타일에 있어서의 융게의 주도면밀함은 「직업 군인 캔디 씨 이야기」에서는 1차 대전 참호의 표현주의적 배경으로, 「죽느냐 사느냐」에서는 위로 치솟아 오르는 듯한 모습의 천국으로 향하는 계단 장면으로, 「흑수선」에서는 스튜디오에 지은 매음굴 장면으로 재차 확인되었다. 파월은 자신의 자서전(1986)에서 다음과 같이 열렬한 찬사를 융게에게 바쳤다. 〈그는 아마추어들 속에 섞인 프로였다……. 프로이센 인인 그는 마치 전쟁을 치르는 듯이 자신의 작품들과 싸워 나갔다……. 아마도 그는 영화사상 가장 위대한 미술 감독이었다 해도 과언은 아니리라.〉

필립 켐프

▪▫ 주요 작품

「밀랍 인형 진열장Das Wachsfigurenkabinett」(1925); 「물랭 루즈Moulin Rouge」(1928); 「피카딜리Picadilly」(1928); 「마리우스Marius」(1931); 「전직 스파이의 고백I Was a Spy」(1933); 「에버그린Evergreen」(1934); 「유대 인 쥐스Jud Süß」(1934); 「나는 비밀을 안다The Man who Knew Too Much」(1934); 「제3의 도망자Young and Innocent」(1937); 「히포크라테스의 선서The Citadel」(1938); 「브룩필드의 종Goodbye, Mr. Chips」(1939); 「직업 군인 캔디 씨 이야기The Life and Death of Colonel Blimp」(1942); 「캔터베리 이야기A Canterbury Tale」(1944); 「내가 가는 곳은 어디인가I Know Where I'm Going!」(1945); 「죽느냐 사느냐A Matter of Life and Death」(1946); 「흑수선Black Narcissus」(1947); 「아이반호Ivanhoe」(1952); 「초대받은 무도회Invitation to the Dance」(1954); 「무기여 잘 있거라A Farewell to Arms」(1957).

▪▪ 참고 문헌

Carrickk, Edward(1948), *Art and Design in the British Film.*

Low, Rachel(1971), *The History of the British Film iv, 1918~1929.*

Powell, Michael(1986), *A Life in Movies.*

Surowiec, Catherine A.(1992), *Accent on Design; Four European Art Directors.*

◀ 빅터 사빌 감독, 알프레트 융게 미술, 제시 매슈스 · 서니 헤일 주연의 「에버그린」.
▼ 왼쪽 장면에 대한 알프레트 융게의 오리지널 스케치.

신의 영화 제국에 바짝 다가서려 했던 것으로 보인다. 1942년 5월 19일 일기에 그는 이렇게 쓰고 있다.

> 영화 정책을 시행함에 있어 우리는 미국인들이 북미나 남미 대륙에서 행한 것과 같은 과정을 밟지 않으면 안 된다. 우리는 유럽에서 주도적인 영화 강국으로 부상해야만 한다. 다른 나라 영화들은 지역적이고 제한된 특성만을 갖도록 해야 할 것이다.

전후 시기

1945년 5월 나치의 항복과 함께 외국군이 초토화된 제3제국을 점령하자, 미국 영화도 재빨리 유럽 시장의 주도권 쟁탈전에 다시 뛰어들었다. 전후 독일 영화의 그 한심한 상황과 의심할 바 없이 〈지역적이고 한정된 특성〉에는 괴벨스의 영화 정책만큼이나 동맹국들의 간섭으로 인한 영향이 컸다.

전후 독일 영화인들은 서로 관련 없는 세 번의 기회를 통해 새로운 독일 영화 창조의 의지를 천명했다. 1946년 한스 아비히와 롤프 틸레는 〈새로운 독일 영화에 관한 비망록〉을 발표하고, 영국군 점령지에 괴팅겐영화스튜디오Film-aufbau Göttingen를 설립했다. 그리고 그들은 〈국가 사회주의 영화와 반대되는 영화〉와 반(反)우파Ufa 영화를 만들겠다는 적극적인 의지를 표명했다. 하지만 그들의 첫 작품은 우파의 전 총수 볼프강 리베나이너에게 감독직을 거의 떠맡기다시피 하여 만든 「사랑 47 Liebe 47」(1949)이었다. 이른바 아데나워 시대(1949~62)로 불리는 기간에는 볼프강 슈타우테의 「살인자는 우리들 중에 있다Die Mörder sind unter uns」(1946)처럼 장래가 촉망되는 신사실주의적이고 비판적인 몇 편의 〈잡탕 영화들〉을 제외하고는 이렇다 할 신선하고 결정적인 작품들이 나오지 않았다. 독일 영화 경제를 쥐고 흔든 미국의 헤게모니와 집권당인 기독교민주사회당의 근시안적인 미디어 정책으로 인해, 이 시기의 독일 영화는 아주 초라한 몰골을 띠게 되었다.

결과적으로 독일 영화 산업은 전체 영화의 5분의 1이 「녹색의 황야Grün ist die Heide」(1951), 「질베르발트의 수렵구 관리인Der Förster vom Silberwald」(1954) 등의 감상적인 〈고향 영화〉나 파괴의 손이 미치지 않은 들녘, 숲, 마을의 보상적 이미지들로 가득 찬, 그야말로 시골 초가집 수준으로 전락하고 말았다. 그런 한편에서는 「마지막 웃음」(1955), 「의회가 춤춘다」(1955), 「제복의 처녀Mädchen in Uniform」(1958) 같은 바이마르 고전 영화의 리메이크 작이나, 「벨 아미Bel Ami」(1954), 「키티와 큰 세상Kitty und die große Welt」(1956) 같은 전형적인 나치 영화, 리터의 「가석방Urlaub auf Ehrenwort」, 코이트너의 「안녕, 프란치스카Auf Wiedersehen, Franziska」(1957)를 리베나이너가 개작한 작품들도 쏟아져 나왔다. 문학 작품의 형편없는 각색물과, 턱도 없는 수준으로 할리우드 블록버스터를 흉내 내려는 억지 시도도 이어졌다. 간단히 말하면, 이 시기는 1957년 서독 영화의 70퍼센트가 괴벨스 밑에서 활동하던 감독이나 작가들에 의해 만들어졌을 만큼, 기념비적인 작품도 새로운 발견이나 극적인 돌파구도 찾아볼 수 없는 늘 식상한 얼굴로 식상한 이야기를 만들던 그런 때였다.

서독 영화의 두 번째 전기는 1950년대 말 세계 무대와의 간격을 좁히려는 취지로, 다큐멘터리 영화인, 촬영 감독, 작곡가, 평론가 에노 파탈라스가 주축이 되어 구성한 DOC 59 그룹과 함께 찾아왔다. 그들은 다큐멘터리와 픽션의 결합, 실제와 시나리오의 혼합을 원했다. 하지만 DOC 59는 독일 영화의 절망적인 문제점들을 훤히 꿰뚫고 있었는데도 불구하고 케케묵은 장르, 멍청한 도피 영화, 숫자에만 얽매이는 제작 시스템, 세계 무대의 진출이나 뚜렷한 양식, 대체 전략, 유망한 인재 하나 없는 국수주의 영화, 이 모든 것들이 지배하고 있던 삭막하고 편협한 독일 영화를 소생시키는 데는 실패했다. 프리츠 랑, 로베르트 지오트마크와 같은 돌아온 망명자들도 차가운 냉대 속에 제한적인 성공만을 거두었을 뿐이다. 1950년대 서독 영화들에는 제3제국을 비판하려는 의지도 그것과 맞닥뜨려 이해하려는 욕구도 결여되어 있었다. 요청은 종종 받았으나 성사는 어렵게 된 〈과거의 극복*Vergangenheitsbewältigung*〉 프로젝트라든가, 과거와의 타협을 다룬 극히 예외적인 작품들로는 헬무트 코이트너의 「악마의 장군Des Teufels General」(1954), 쿠르트 호프만의 「우리 훌륭하지 않은가요Wir Wunderkinder?」(1958), 베른하르트 비키의 「다리Die Brücke」(1959)를 들 수 있다. 이들 영화는 가혹한 질문을 제기하기보다는, 희생자들의 상황(유쾌한 〈독일 공군*Lufwaffe*〉의 장군, 선의의 정치적 지식인, 전쟁 말기에 군에 징집된 일단의 소년들)과, 미리 알지도 통제하지도 못한 상황 속에 그대로 갇혀 버린 무고한 피해자들에게 초점을 맞추며 이들을 위무하는, 즉 휴머니즘적인 방향으로 설정되어 있다. 국가 사회주의는 독일의 보통 사람들에게는 특히 끊임없는 공포와 불행의 상징이었다. 하지만 1950년대의 서독 영화는 최고작이라고 해봐야 과거와의 엇갈린 대화를 나누는 게 고작이었고, 그 외에는 모두 역사로부터 저 멀리 도망쳐 가는 것이 대부분이었다.

거의 보편적으로 인식된 이러한 끔찍한 상황은 1961년도에 정부에서 포상하는 최우수 영화 수상작이 없었고, 우파가 재정 파탄을 겪는 것으로 최악의 상태에 빠져 들었다. 같은 해에 평론가 조 헴부스는 유명한 자신의 논쟁적 기사 〈독일 영화는 결코 발전할 수 없다〉에서 재난에 빠진 영화계 상황을 이렇게 분석했다. 〈《독일 영화.》 독일 연방 공화국의 신문 독자라면 누구나 습관적으로 위의 어구를 《편협하고, 시시하고, 재미없는》 등의 부정적 관념들과 연관시킬 것이다. 이러한 배경하에, 하나의 예술, 하나의 산업으로서 독일 영화의 파산 상태를 개탄하면서 《새로운 독일 영화를 창조하겠다》는 집단적 욕망을 거칠고 오만하게 분출시키며, 독일 영화를 새롭게 하려는 세 번째 시도가 1962년 2월 오버하우젠 선언Oberhausen Manifesto으로 나타났다.〉

아데나워 시대의 영화는 해외에서는 말할 것도 없고 오늘날의 독일에서도 고작 연방 공화국 초기의 기이한 작품들로만 기억될 정도로 생명이 짧았다. 지속적이고 역동적인 생명감을 지녔다는 면에서는 오히려 나치 영화가 우수했다. 제3제국 영화들은 낮 시간의 노인들을 위해, 그리고 회고작으로 독일 텔레비전(흔히 옛 프로나 재방송의 이름으로)에 정기적으로 방영되었다. 몇 명 안 남은 우파Ufa 스타들도 토크 쇼에 고정 출연하여 〈독일 영화의 황금기〉를 회상했다. 현재 시장에는 200편이 넘는 그 시대 영화들이 비디오로 출시돼 있다. 변종이나 실수로 치부되어 역사의 쓰레기통으로 내던져지기는커녕, 국가 사회주의의 잔재들은 동시대 대중문화의 주도적인 역할을 담당하고 있는 것이다. 친위대 제복과 당 기장은 패션의 인기 품목이 되었고, 나치 환영들은 텔레비전 시리즈와 주말 영화로 다시 부활했다. 가죽옷 차림의 십장과 무기력한 희생자로 대변되는 의례적 장면은 루키노 비스콘티의 「망령들La caduta degli dei」이나 릴리아나 카바니의 「빈 호텔의 야간 배달부Il portiere di notte」처럼 제3제국을 다룬 예술 영화들에서 독특한 사도-마조히즘적 모습으로 표현되었다. 조지 루카스는 「의지의 승리」의 마지막 장면을 자신의 블록버스터 작품 「스타워즈Star Wars」의 결말로 재사용했다. 나치 공포는 혐오스럽지만, 파시즘은 매혹적이다. 히틀러는 〈어젯밤에도 나왔다〉라고 돈 덜릴로의 소설 『백색 잡음*White Noise*』의 한 등장인물은 말하고 있다. 〈그는 늘 존재한다. 그가 없는 텔레비전은 생각할 수도 없다.〉

참고문헌

Berger, Jürgen, *et al.*(eds.)(1989), *Zwischen gestern und morgen: Westdeutscher Nachkriegsfilm, 1946~1962.*

Bessen, Ursula(ed.)(1989), *Trümmer und Träume.*

Bock, Hans-Michael, and Töteberg, Michael(eds.)(1992), *Das Ufa-Buch.*

Courtade, Francis, and Cadars, Pierre(1972), *Le Cinéma nazi.*

Friedländer, Saul(1989), *Reflections of Nazism.*

Hembus, Joe(1961), *Der deutsche Film kann gar nicht besser sein.*

Jacobsen, Wolfgang, Kaes, Anton, and Prinzler, Hans Helmut (eds.)(1933), *Geschichte des deutschen Films.*

Kreimer, Klaus(1992), *Die Ufa-Story: Geschichte eines Filmkonzerns.*

Petley, Julian(1979), *Capital and Culture: German Cinema 1933~1945.*

Virilo, Paul(1984), *Guerre et Cinéma*, i: *Logistique de la perception.*

2차 대전 이전의 동중부 유럽

마우고르자타 헨드리코프스카

초기

동중부 유럽 국가들의 초기 영화와 그에 뒤이은 영화 발전에는 몇 가지 공통점이 있다. 1896년 당시의 체코 공화국, 슬로바키아, 헝가리, 세르비아, 크로아티아, 그리고 폴란드(당시엔 오스트리아, 프로이센, 러시아에 의해 찢겨 있었다)에서 최초로 선보인 뤼미에르 영화는 토머스 에디슨의 기기로 무장한 기업가들과의 치열한 경쟁 속에 이루어졌다. 〈에디슨 사람들〉은 뤼미에르 형제의 대표격인 외젠 뒤퐁보다 닷새 일찍 프라하에 도착했다. 뤼미에르 영사기는 1896년 베오그라드에서 첫 전시회를 가졌고, 그해 11월에는 에디슨의 바이타스코프 덕분에 활동사진의 개념이 이미 익숙해진 폴란드의 포즈난, 바르샤바, 르보프와 같은 오스트리아 관할 구역 도시에서도 전시회를 가졌다.

중부 유럽의 활동사진 분야에는 체코의 얀 크리제네츠키, 폴란드의 얀 레비진스키, 카지미에시 프로신스키, 그리고 얀 슈체파니크와 같은 여러 명의 선구자가 있었다. 영화 발전 초기에는 파리에 살고 있던 폴란드 출신의 사진가이자 영화 활동도 벌인 볼레스와프 마투셰프스키가, 〈역사의 신기원(역사적인 영화 기술 보관소의 탄생)〉과 〈활동사진 그것은 무엇이고, 무엇이어야 하는가〉를 1898년 3월과 8월에 각각 발표하면서 자신의 영화 이론을 최초로 정립시켰다. 영화 사진술, 그것의 역사적 가치와 거대한 인식의 잠재력을 강조한 마투셰프스키는 영화 기록의 모든 종류를 포괄하는 광범위한 필름 보관소 창설의 필요성을 제기한 최초의 인물이었다.

중부 유럽의 1세대 영화 종사자들은 주로 무대 배우, 연극 연출가, 저널리스트, 직업 사진가, 대중 문학 작가들로 이루어졌다. 헝가리 영화 제작의 선구자들 역시 국립 극장 배우인 미하이 케르테스와 저널리스트인 샨도르 코르더였다. 그들은 헝가리에서 15년 동안 영화 작업을 한 뒤(1912년부터 1919년까지 각각 39편과 24편을 만들었다), 해외 영화계로 진출하여 그곳에서도 발군의 기량을 과시했다. 케르테스는 미국에서 마이클 커티스라는 예명으로, 코르더는 영국에서 알렉산더 코르더라는 예명으로 각각 활동했다.

중부 유럽 최초의 장편 영화는 이탈리아, 프랑스와 마찬가지로 1910년 이후에 등장했다. 1911년 안토니 베드나르치크는 스스로도 배우와 감독으로 활동한 바 있는 바르샤바 버라이어티 시어터(당시엔 소련 구역이었다)의 단원들과 함께, 탈도 많고 인기도 많았던 슈테판 제롬스키의 소설에 기초한 폴란드 최초의 장편 영화 「죄의 역사The History of Sin」를 만들었다. 그해에 폴란드에서는, 이디시 어 영화 3편을 비롯한 10편의 장편 영화가 더 만들어졌다. 그리하여 1차 대전 발발 전까지 폴란드의 분할된 세 구역에서는, 장편 영화 50편과 단편 영화 350편(픽션, 뉴스 영화, 다큐멘터리)이 만들어졌다.

헝가리 최초의 〈예술적인 영화 드라마〉는 1912년 이반 시클로시와 임레 로보즈의 시나리오를 미하이 케르테스가 감독한 「오늘과 내일Ma es holnap」이었다. 주연은 국립 극장 출신의 두 배우 아르투르 숌라이와 일로너 어첼, 그리고 미하이 케르테스(헝가리 극장 출신)가 맡았다. 일반적으로 이 영화의 시사회가 열린 1912년 10월 14일이 헝가리에서는 헝가리 영화의 탄생일로 인식되고 있다. 체코에서는 스메타나의 동명의 오페라를 영화화한 올드리치 크미나크의 「팔려 간 신부 Die Verkaufte Braut」(1913)가 체코 영화 최대의 성공작이 되었다. 베오그라드에서는 1910년에 다수의 배우들이 출연하고 촬영은 파테 출신의 프랑스 인 쥘 베리가, 감독은 세르비아 인 스토야디노비치가 맡은 가운데, 세르비아 최초의 영화 「카라조르제Karadjordje」가 만들어졌다.

1차 세계 대전 발발 이전에는 또한 안토닌 페추의 키노파 Kinofa(1907~12)와 막스 우르반의 포토키네마(후일의 ASUM)(이상 프라하), 알렉산데르 헤르츠의 스핑크스 Sfinks(바르샤바)와 같은 최초의 토착 영화사들이 설립되었다. 특히 대도시에는 영화가 가장 대중적이고 접근이 쉬운 오락 형태였을 정도로 영화망도 잘 구축되어 있었다. 1914년 이전 폴란드에서는 300개 이상의 극장이 성황을 이루고 있었고, 부다페스트에서는 1913년 한 해에만 114개의 극장이 문을 열었다. 『키네마토그라프*Kinematograf*』(1907), 『영화 소식*Mozgofenykep hirado*』(1908)과 같은 영화 잡지도 등장하기 시작했고, 뒤이어 헝가리에서는 코르더가 『페스트 영화*Pesti mozi*』(1912), 『영화*Mozi*』(1913), 『영화 주간 *Mozihet*』(1915~19)과 같은 정기 간행물을 발행했으며, 폴란드에서는 『영화-연극, 그리고 스포츠*Kino-teatr i sport*』(1914), 『무대와 스크린*Scena i ekran*』(1913)이 발행되었다. 그 당시 영화와 마찬가지로 이들 잡지에도 역시 엘리트와 대중문화적 요소가 골고루 섞여 있었다.

제1차 세계 대전

1차 대전의 발발은 이들 국가 영화 발전에 매우 불안정한 요소로 작용했다. 당시 오스트리아-헝가리 제국의 일부였던 세르비아와 크로아티아는 군사 작전물이나, 단편 영화, 혹은 중간 길이의 선전 영화만을 주로 만들었다. 헝가리에서는 1915년에서 1918년 사이에 총 100편의 영화가 만들어졌다. 체코와 슬로바키아에서도 전쟁은 자급자족적 영화 산업 발전의 기폭제가 되어 주었다. 영화사가들은 흔히 이 시기를 〈소박한 사실주의 영화〉라고 알려진 경향의 출발점으로 보고 있는데, 안토닌 프렌첼의 「금으로 된 작은 하트Zlate srdecko」(1916)는 그런 경향의 선구작으로 꼽힌다.

동부 전선 대부분의 전투가 폴란드 영토 내에서 벌어짐에 따라, 폴란드의 신생 영화 산업은 다른 나라에 비해 훨씬 불리한 상황에 빠지게 되었다. 오스트리아 구역의 영화 산업은 최초의 전시 동원으로 몽땅 파괴되었고, 러시아군은 바르샤바를 소개(疏開)하는 과정에서, 당시 활동 중이던 영화배우들의 대부분을 국외로 추방해 버렸다. 엄밀한 의미에서, 폴란드 영토 내에서 전시에 활동한 영화사는 폴라 네그리의 데뷔작 「그녀의 관능의 노예Niewolnica zmysłow」(1914)를 만든 알렉산데르 헤르츠의 스핑크스밖에 없었다. 그 외에도 폴라 네그리는 1915년에서 1917년 사이에 스핑크스 사 작품 7편에 더 출연했고, 스핑크스는 전시라는 적지 않은 어려움 속에서도 24편의 장편 영화를 만들어 내는 기염을 토했다.

1차 대전 중 폴란드의 배우, 제작자, 기술자들 중에는 본국의 전선을 떠나 다른 나라에서 데뷔를 한 사람이 많았는데, 성패는 반반이었다. 소아바 갈로네(본명 스타니스와바 비나베루브나)와 헬레나 마코프스카는 이탈리아에서 대단한 인기를 얻었다. 1917년에는 폴라 네그리(본명 아폴로니아 하우피에츠)와 헬라 모야(헬레나 모에제프스카), 그리고 미아 마라(마리아 구도비츠, 나중엔 리아 마라로 알려진)도 베를린으로 떠났다. 1910년 폴란드의 리투아니아에서 자신의 첫 애니메이션을 만든 바 있는 브와디스와프 스타레비치(후일의 라디슬라스 스타레비치)는 모스크바에서 제작자로서의 위치를 확고히 구축했다. 리샤르트 볼레스와프스키 역시 러시아에서 배우로 데뷔 한 뒤 폴란드로 잠깐 돌아왔다가, 다시 서유럽으로, 그다음에는 미국으로 이민을 갔다. 하지만 러시아 땅을 밟은 폴란드 배우 전체를 통틀어 최고의 인기를 누린 사람은 누가 뭐라 해도 안토니 페르트네르였다.

전후 시절

1차 대전의 종결과 다민족 제국의 붕괴로 동중부 유럽에는 독립과 함께 폴란드, 헝가리, 체코슬로바키아, 유고슬라비아 같은 신생 국가들이 탄생했고, 이러한 상황은 지역 영화 발전뿐만 아니라 영화 자체의 창조성에도 많은 영향을 끼쳤다. 그런 영향 때문이었는지 당시 이들 나라 영화의 가장 지배적인 경향은 자국의 고전 문학이나 인기 베스트셀러를 영화화하는 것이었다.

유고슬라비아

세르비아, 크로아티아, 슬로베니아 왕국(유고슬라비아)의 전후 영화 제작 활동은 상대적으로 다른 신생 국가들에 비해 크게 저조했다. 1918년 이후 영화 제작은 크로아티아의 자그레브와 세르비아의 베오그라드, 두 곳에만 집중되었다. 1920년대 초에는 유고슬라비아 필름이라는 제작사가 자그레브에 세워져 몇 편의 장편 영화와 다큐멘터리, 그리고 뉴스 영화를 만들었으나, 몇 년 뒤에는 그것마저 파산하고 말았다. 이탈리아의 감독 겸 배우인 티토 스트로치도 스트로치 필름Strozzi Film이라는 영화사를 차려 놓고, 유고슬라비아 최고의 무성 영화의 하나로 평가받고 있는 장편 영화 「폐허가 된 왕궁Deserted Palaces」(1925)을 만들었다. 그 외에도 1920년대 베오그라드에서는 그로테스크풍의 영화 「찰스턴의 왕King of Charleston」(노바코비치, 1926)과 애국적인 영화 「신에 대한 믿음으로With Faith in God」(포포비치, 1932)를 비롯하여, 몇 편의 무성 영화가 더 만들어졌다. 슬로베니아에서는 몇 편의 영화가 관광 산업의 홍보용으로 만들어졌다. 유성 영화의 도입과 함께 유고의 국내 영화 제작은 사실상 중단 상태에 빠져 들었고, 「사랑과 열정Love and Passion」(1932), 「두르미토르 산의 뱀파이어The Vampire from the Mountain of Durmitor」(1932)와 같은 유고 최초의 유성 영화도, 미국과 독일 영화사들에 의해 만들어졌다. 1933년 이후에는 영화 제작이 주로 다큐멘터리와 르포르타주에 한정되었다.

체코슬로바키아

체코 영화는 처음부터 자국 문학이나 연극으로부터 영감을 얻었다. 독립 국가 체코슬로바키아에서는 1921년, 아-베A-B 사(社)가 비노흐라디에 최신 기자재를 갖춘 스튜디오를 가동시켰다. 또한 그해에는 카렐 차페크의 원작 시나리오에 기초한 동화 영화 「황금 열쇠Zlaty klicek」(1921)와 보제나 넴초바의 인기 소설을 프란티셰크 차프가 제작한 「할머니Babicka」(1921)가 공개되기도 했다. 1925년에는, 알로이스 이라셰크의 희곡 「가로등Lucerna」(1925)의 영화화와 더불어, 야로슬라브 하셰크의 소설 「착한 병사 슈베이크Dobry vojak Švejk」의 영화화가 최초로 시도되기도 했다. 무성 영화 시대에는 하셰크의 책에서 3편의 에피소드가, 「러시아의 포로가 된 슈베이크Švejk v ruském zajétí」(스바토플룩 인네만, 1926), 「전선의 슈베이크Švejk na fronte」(카렐 라마츠, 1926), 「사복을 입은 슈베이크Švejk v civilu」(구스타프 마하티, 1927)로 각각 만들어졌다.

1925년 이후 체코에서는 구스타프 마하티의 역할이 두드러졌는데, 특히 그의 「에로티콘Erotikon」(1929)은 에로틱 영화의 선구적 작품으로 널리 평가받고 있다. 4년 뒤 그는 「에로티콘」의 시적 개념으로 다시 돌아와 이번에도 외국 배우들을 출연시켜 「황홀경」(1933)을 만들었다. 연못에서 발가벗고 수영하는 충격적인 여성 역은, 빈 출신의 헤디 키슬러(나중의 헤디 라마르)가 맡았다. 그녀는 남편 역을 맡은 유고슬라비아 배우 즈보니미르 로고즈 외에도, 독일에서는 아리베르트 모크, 프랑스 어판에서는 피에르 네와도 각각 공연했다. 음향 효과도 아주 탁월했던 「황홀경」은 윤리적 검열 문제와 가톨릭 교회의 불승인까지 야기시키며 전 세계적으로 센세이션을 불러일으켰으나 자주적인 사고력을 가진 관객들로부터는 열렬한 환영을 받았고, 특히 미국 작가 헨리 밀러는 그에 대한 장문의 영화평을 쓰기도 했다.

무성 영화 절정기에 체코에서는, 연간 약 30편에서 35편 정도의 영화가 만들어졌다. 유성 영화는 1930년 2월에 첫선을 보인 이래 꾸준한 증가세를 보였다. 여느 곳에서와 다를 바 없이 체코 관객들도 모국어로 된 유성 영화를 간절히 원했고, 유고슬라비아와는 달리 체코에서는 그것이 가능했다.

헝가리

전쟁이 끝나기 무섭게 몇 년간 불어닥친 극적인 정치적 사건들로 인해 헝가리 영화는 동유럽의 다른 국가들과는 전혀 다른 행보를 걷게 되었다. 헝가리공화국평의회가 지배하던 짧은 기간(1919년 4~9월) 동안 취해진 헝가리 영화 산업의 국유화는 그와 똑같은 조치가 취해진 소련보다도 몇 달 앞선, 당시로서는 세계 어느 곳에서도 유례를 찾아보기 힘든 최초의 사건이었다. 국가 영화 발전을 위한 장기 계획도 수립되었으나 공화국이 붕괴되는 바람에 그 계획은 실행도 되지 못한 단계에서 불발로 끝나 버렸다. 1919년 이후엔 영화 제작의 억제로 제작 편 수도 뚝 떨어졌다. 호르티 제독이 정권을 잡고 있을 때는 미하이 케르테스, 퍼울 페요스, 샨도르 코르더와 같은 감독들, 페테르 로레, 머르터 에게르트, 퍼울 루커슈, 벨러 루고시, 미샤 어우에르와 같은 유럽에까지 명성을 떨치고 있던 배우들, 영화 이론가 벌라주 같은 다수의 영화계 인사들이 외국으로 떠났다. 하지만 제작의 감소는 헝가리 유파가 발전시킨 영화 이론으로 어느 정도 보상이 되었다. 이주를 강요당한 벌라주는 초기 영화사에서 가장 독창적인 이론의 하나로 꼽히고 있는 『현세의 인간*Der sichtbare mensch*』을 1924년 독일에서 발표했고, 그 이듬해에는 비록 헝가리 이외의 지

마르틴 프리츠의 「야노시크」(1936).

역에서는 거의 소개되지 않았으나, 이번 헤베쉬가 〈극영화의 미학과 구조A filmjatek osztetikaja es dramturgaja〉라는 논문을 부다페스트에서 발표했다. 헝가리 영화는, 유성 영화의 전 세계적인 확산이 이루어진 몇 년 뒤에야 비로소 본 궤도에 오를 수 있었다.

폴란드

영화 산업과 시장을 일궈 내기 위해 폴란드는 많은 장애물을 극복해야 했다. 신생 독립국으로서 중앙 정부가 당연히 수립되기는 했지만, 이전의 러시아, 프로이센, 오스트리아 지역 간에는 행정, 법률, 경제, 사회 분야에서 여전히 엄청난 차이가 존재했다. 그런 상황에서 정부가 전국 규모의 영화 산업 발전에 흥미를 느끼리라 기대하는 것은 힘든 일이었다. 당연히 전쟁이 끝난 직후 1922년까지의 몇 년간은 수입 외화가 주종을 이루었고, 국내 영화 점유율은 1922년 한 해 제작 편 수가 고작 22편에 머물 정도로 아주 미미했다. 이 기간에 극장은 700개에서 750개를 헤아렸지만, 그중 1주일 동안 쉬지 않고 영화를 상영한 곳은 400여 개에 불과했다. 또한 숱하게 생긴 영화사들도 다 사라지고 끝까지 살아남은 것은 스핑크스(우파Ufa와 공동으로) 하나밖에 없다. 양차 대전 사이에 최고의 배우로 이름을 날린 야드비가 스모사르스카가 1920년도에 영화 데뷔를 한 곳도 이 영화사였다. 1923년에서 1925년 사이 폴란드 영화계는 연간 4편을 만든 1925년에 최하의 제작 편 수를 기록하며 위기에 빠져 들었는데, 그 원인은 75퍼센트의 소득세 부과를 비롯하여 영화사와 극장주들에게 가한 정부의 전례 없이 가혹한 재정 압박 때문이었다.

이러한 암울한 상황에도 불구하고 서유럽과 미국의 일급 영화들이 계속 들어옴에 따라, 폴란드의 예술가와 지식인들은 대중문화로서만이 아니라 예술 표현의 한 형식으로서의 영화에 대해 좀 더 진지하고 체계적인 관심을 갖기 시작했다. 1920년대의 대표적인 영화 비평가와 작가들 중에는, 시인 겸 컬럼니스트 안토니 수오님스키, 레온 트리스탄, 예술사가 스테파냐 자호르스카 등이 포함돼 있다. 문학 비평가 겸 소설가 카롤 이지코프스키는 선구적인데도 불구하고 유럽에서는 아직 제대로 알려지지 않은 영화 이론「뮤즈의 열 번째 여신: 영화의 미학적 문제들The tenth Muse: Aesthetic Problems of the Cinema」(1924)을 발표했다.

이 기간에 폴란드에서 활동을 벌인 감독은 10여 명에 이르렀으나, 그중 진정한 예술적 업적을 이룬 사람은 프란치셰크 진드람무하, 빅토르 비간스키, 헨리크 샤로, 3명 정도에 불과하다. 1926년 5월 쿠데타 직후에는, 문학 대작을 영화화하는 것이 일종의 유행으로 자리 잡았다. 그중 대표작들을 꼽아보면, 아담 미츠키예비치의 서사시를 리샤르트 오르딘스키 감독이 영화화한「타데우슈 장군Pan Tadeusz」, 브와디스와프 레이몬트의 소설을 크라비츠와 갈레프스키가 공동으로 감독한「약속의 땅Ziemia obiecana」, 스테판 제롬스키의 소설을 헨리크 샤로가 영화화한「이른 봄Przedwiośnie」이 있다. 1920년대 후반에는, 레오나르트 부츠코프스키, 알렉산데르 포르트, 유제프 레이테스, 미하우 바신스키 같은 차세대 유망주들이 감독으로 데뷔했다.

유성 영화와 국내 영화 제작

헝가리

헝가리에서 최초로 상영된 유성 영화는 1929년 9월 부다페스트에서 첫선을 보인 알 졸슨 주연의 워너 브러더스 영화「노래하는 바보」였다. 순수한 헝가리 유성 영화는 1930년대부터 만들어졌다. 1934년부터 1944년까지는, 2주 만에 졸속으로 만들어진 평범한 코미디, 예술적으로나 기술적으로나 조잡하기 그지없는 멜로드라마들이 주종을 이루었는데, 그중 푸스티 호르토버지 주민들의 삶을 극영화적인 다큐멘터리로 만든 죄르지 횔레링의「호르토버지Hortobagy」(1935)와 이슈트반 쇠츠의 극영화「산 사람들Emberek a havason」(1942)의 두 작품만은 예외적으로 헝가리 영화사에 길이 남을 명작으로 꼽히고 있다. 트란실바니아 벌목꾼들의 삶을 다룬 작품으로, 사실주의적 방법과 다수의 유명 배우들이 출연한 가운데 자연 그대로의 상태에서 촬영된「산 사람들」은 1942년 베네치아 비엔날레에서 본상을 수상하는 영예를 안았다.

제2차 세계 대전은 헝가리 영화 산업에, 처음에는 긍정적으로 나중에는 부정적으로, 막대한 영향을 끼쳤다. 전쟁의 발발과 함께 서유럽 영화와 미국 영화 유입이 멈칫하면서 새로운 국면을 맞게 된 헝가리 영화계는 연간 50여 편의 영화를 만들어 내며 호황을 누렸다(1942년에는 45편, 1943년에는 53편). 하지만 (질이 아닌 양적인 면에서) 이런 풍요는 동부 전선의 독일군이 붉은 군대의 맹공격에 맥없이 무너지면서 곧 재난으로 이어졌다. 헝가리 영화의 기술적 기반은 완전히 파괴되었다. 독일군은 퇴각하면서 제작 장비의 대부분을 몰수해 갔고, 스튜디오들은 군사 작전 중에 완전히 파괴되었으며 운영 중인 극장도 전국을 통틀어 280개밖에 남지 않았다.

체코슬로바키아

체코 최초의 유성 영화는 에르빈 에곤 키스흐의 중편 소설을 카렐 안톤이 유고 배우 이타 리나를 출연시켜 만든「돌아올 수 없는 곳Tonka Šibenice」(1929)과 프리데릭 페헤르의「그녀의 아이Když struny Lkají」(1930)였다. 탁월한 희극배우 블라스타 부리안이 나온 카렐 라마츠의「가짜 장군C. a K. polni marsalek」(1930)은 대성공을 거두었다. 문학 작품의 각색물들도 곧이어 등장하기 시작해, 마르틴 프리츠는 하셰크의 소설「착한 병사 슈베이크」(1931)와 니콜라이 고골리의「검찰관」을 영화로 만들었다.

1930년대에 체코 영화는 스튜디오와 실험실을 새로이 갖추면서 상당한 발전을 이룩했다. 1933년에는 바란도프에 현대식 영화 제작사가 들어섰고, 강한 상업주의적 풍조에도 불구하고, 요제프 로벤스키, 구스타프 마하티, 마르틴 프리츠, 그리고 나중의 오타카르 바브라와 후고 하스 등의 감독들은 체코 영화를 동중부 유럽 최고 수준으로 올려놓을 정도로, 독창적이고 혁신적인 예술 작품을 만들었다. 두 10대들의 비극적인 사랑을 섬세하게 그린 요제프 로벤스키의「강Reka」(1933), 슬로바키아의 농촌 지역을 다큐멘터리로 찍은 카렐 플리츠키의「대지의 노래Zem spieva」(1933), 마하티의「황홀경」과 토마스 트른카의 단편「타트라스의 폭풍Boure nad Tatrami」(1932) 등은 이미 1934년 베네치아 영화제에서 세계적인 갈채를 받을 정도로 국제적인 인정을 받는 데 오랜 시일이 걸리지 않았다. 이들 영화는 감독의 기량과 영화의 고유한 특성을 표현함에 있어 특히 높은 예술성을 보여 준 영화들에 집단으로 주어지는 최고의 상인 베네치아 시(市) 컵을 수

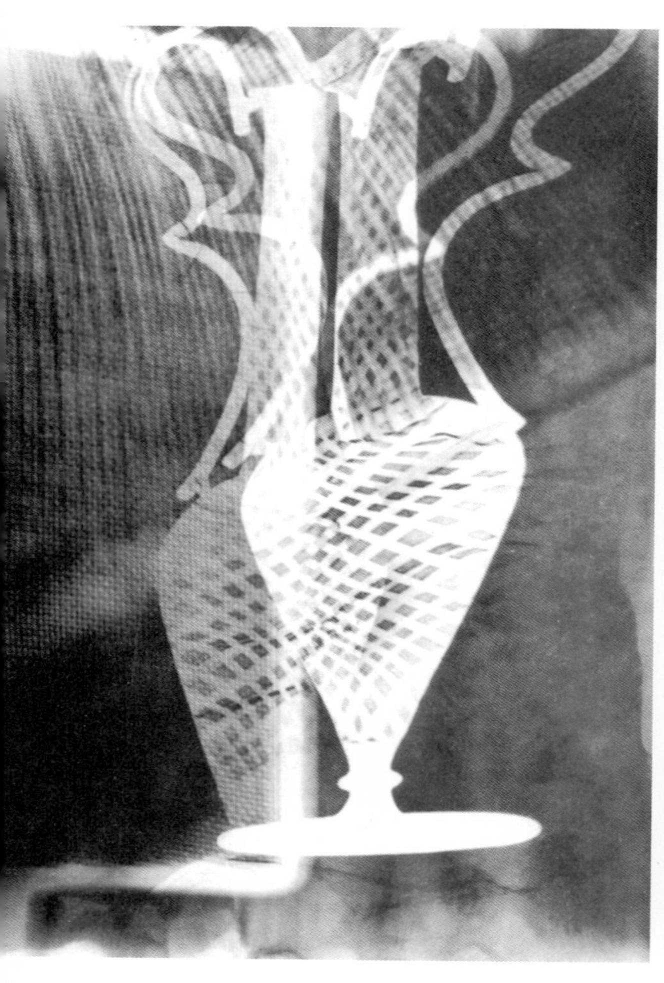

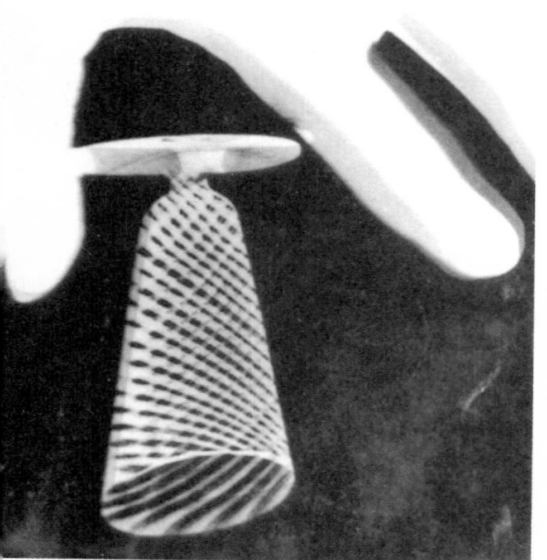

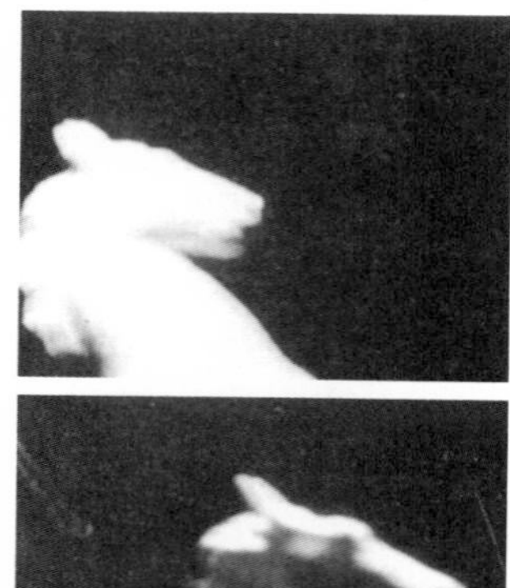

상했다. 1936년 로벤스키는 알로이스와 빌렘 므르스티크 형제의 희곡에 바탕을 둔 남부 모라비아의 민속극「마리사Marysa」(1935)로 다시 한 번 베네치아에서 영광을 차지했다. 마르틴 프리츠의 민요 작품「야노시크Janošik」(1936)도 같은 영화제에서 수상을 했고, 2년 뒤에는 오타카르 바브라의「쿠트나 호라의 여성 조합Cech panien kutnohorskich」(1938)도 베네치아 영화제에서 역시 수상의 영예를 안았다.

1930년대 중반부터는 제작 편 수도 증가하여, 1934년도에 34편, 1936년도에 49편, 1938년도에 41편을 만들었고, 1938년도까지 체코에서 만든 영화 편 수는 전부 합해 1,824편, 관람석 수는 60만에 이르렀다. 뮌헨 조약이 체결된 이후에는, 보스코베츠, 하스를 비롯한 다수의 영화인들이 해외로 망명했다. 하지만 전시에도 체코 영화는 헝가리와 마찬가지로 전혀 위축됨이 없이 기술적으로 상당한 발전을 이룩했고 영화인들과 보조 인력의 활동도 여전했다. 폴란드나 러시아에서와 달리 독일 점령군 정부는 체코에 그리 가혹하게 굴지 않았고, 그것이 영화 산업의 보호에 많은 보탬이 되었다. 100여 편이 넘는 영화가, 독일인들이 프라하의 바란도프에 세운 현대식 영화 제작사와 더불어 이 시기의 체코 스튜디오들에서 만들어졌는데, 그 결과 1945년 전쟁이 끝나자마자 체코 영화는 아무런 지체 없이 계속 영화를 제작할 수 있었다.

폴란드

폴란드에서 최초로 선을 보인 유성 영화는 부다페스트와 마찬가지로 1929년 9월 바르샤바에서 상영된 워너브러더스의「노래하는 바보」였다. 가브리엘라 자폴스카의 유명한 희곡을 영화화한 폴란드 최초의 유성 영화「둘스키에 부인의 도덕성Moralność Pani Dulskiej」은 그보다 6개월이 늦은 1930년 3월에 등장했다. 당시 바르샤바에는 시레나 레코드Syrena Record가 축음기 음반을 이용하여 사운드트랙을 만들어 내는 일을 하고 있었는데, 초창기 폴란드의 유성 영화는 카바레 형식의 노래, 촌극, 잘 알려진 유머 등을 끌어다 썼으며, 그것이 가능했던 것은 전전의 폴란드 카바레가 서유럽 최고의 레뷔와 맞먹는 수준이었기 때문이다. 1930년대 폴란드 영화의 수준을 높인 데는 연극과 카바레 배우들의 공이 컸다. 영화인들 중에서는 1929년에서 1939년 사이에 무려 41편을 제작하

◀ 프란치슈카와 스테판 테메르손의「음악적 순간들Drobiazg melodyjny」에 나오는 이미지들. 1934년 폴란드에서 만들어진 이 작품의 원본은 현재 사라지고 없고, 그중 남아 있는 것들을 스테판 테메르손이 1940년대에 런던에서 콜라주한 것이다.

며(공동 작가이기도 하다) 유례없는 활력을 보여 주었던 미하우 바신스키가 가장 활발한 활동을 벌였다. 매우 독창적인 예술인이라 할 수 있는 율리우슈 가르단, 리샤르트 오르딘스키, 유제프 레이테스도 영화에 대한 의욕과 헌신을 보여 준 인재들로 명성을 누렸고, 레이테스의 작품은 특히 1, 2차 대전 사이에 만들어진 것 중 가장 예술성이 뛰어난 작품으로 평가받고 있다.

1930년대 전반기의 폴란드 영화는 대부분 진부한 소극 수준을 넘지 못하는 코미디가 주종을 이루었다. 하지만 평생 인기를 누린 안토니 페르트네르와 같은 일급 코미디 배우라든가, 청춘 영화 주역들, 혹은 평범한 영화조차 일급 영화로 탈바꿈시켜 놓을 정도로 훌륭한 연기를 보여 준 연극배우 등, 배우들은 전혀 부족한 적이 없었다.

1935년 이후에는 코미디가 한물가고 사회성이 짙거나 메시지를 담은 소설의 영화화가 붐을 이루었다. 1937년 유제프 레이티스는 폴라 고야비친스카의 소설을 각색한「노볼리펙 거리의 소녀들Dziewczęta z Nowolipek」을 만들었고, 뒤이어 1938년에는 조피아 나우코프스카의 소설을 각색한「개척자Granica」를 내놓았다. 1938년에는 또 에우게니우슈 체칼스키와 카롤 쇼워프스키가 마리아 우크니예프스카의 소설에 기초한「유령들Strachy」을 공동으로 만들었다. 이 세 작품 모두 탄탄한 기술에 동시대 관습과 도덕의 논쟁적 측면을 깊숙이 결합시킨 수작들이다. 소설의 각색 외에 이 시기에 등장한 또 다른 장르로 역사물이 있다. 이번에도 역시 레이티스가 2편의 역사극「바르바라 라지빌로브나Barbara Radziwillowna」(1936)와「라클라비츠 전투의 코시치우슈코Kosciuszko pod Raclawicami」(1938)를 만들었다. 대중 소설의 각색물로는 가르단의「문둥이 여자Tredowata」(1936), 헬레나 무니셰크의 소설을 샤로가 감독한「미호로프스키 백작Ordynat Michorowski」(1937), 타데우슈 돌레가-모스토비치의 소설들에 기초한 미하우 바신스키 감독의 세 작품,「마법사Znachor」(1937),「빌추르 교수Profesor Wilczur」(1938),「세 개의 심장Trzy serca」(1939)이 있다. 그리고 이들 대부분의 영화를 가장 특별하게 한 요소는 무엇보다도, 헨리크 바르스, 예지 페테르부르스키, 브와디스와프 슈필만, 얀 마클라키예비치, 로만 팔레스테르 등의 작곡가들이 만들어 준 음악들에 있었다.

1930년대 폴란드 영화는 수출은 많이 하지 못했지만 레이티스를 비롯한 여러 감독들이 베네치아 영화제에서 수상하는 등 국제적으로 상당한 명성을 얻었다. 제작 편 수도 완만한 상

승세를 보여서 1932년에서 1934년 사이에는 연간 14편을, 1936년에서 1938년 사이에는 23편에서 26편을 매년 만들었다. 예술적 수준도 높아졌으나, 단 그에 걸맞은 기술적 토대가 부족하고 제작자들이 극장주들에 의존하고 있던 관계로 위험 부담을 꺼렸기 때문에 제작에는 많은 제한이 뒤따랐다. 하지만 상업 분야 이외에서는 영화 문화가 번창했다. 조피아 리사는 영화 음악에 대한 중요한 글을 발표했고, 볼레스와프 레비츠키는 젊은이들에게 미치는 영화의 영향력, 레오폴트 블라우스테인은 영화 관객들의 심리에 관한 글을 각각 발표했다. 여러 종류의 영화를 보고 그에 대한 토론을 벌이는 영화 클럽 문화도 생겨났는데, 바르샤바의 START와 르보프의 아방가르다Awangarda는 그중 가장 활발한 활동을 벌인 클럽에 속한다. 「약국Apteka」(1930), 「유로파Europa」(1932), 「어느 선량한 시민의 모험Przygoda czlowieka poczciwego」(1937)과 같은 유럽 아방가르드 영화 전통을 본받아 실험 영화 활동을 벌인 프란치슈카와 스테판 테메르손에 대한 언급 또한 빼놓을 수 없다.

그렇지만 이 시기의 그러한 예술적 열기와 모순적인 발전도 1939년 9월, 제2차 세계 대전이 발발하면서 완전히 끝나고 말았다. 그 후로 6년에 걸쳐 수많은 배우, 감독, 작가, 작곡가들이 나치 침략자들에 의해 목숨을 잃었고 유제프 레이티스, 미하우 바신스키, 헨리크 바르스, 프란치슈카와 스테판 테메르손, 리샤르트 오르딘스키, 스타니스와프 시엘라인스키 등의 영화인들은 해외로 망명하여, 망명지에서 활동을 계속했다. 1945년 종전이 된 뒤에도 전쟁으로 황폐화되고 공산당 지배 체제에 놓인 조국으로 다시 돌아온 영화인은 극소수에 불과했다.

참고문헌

Balázs, Béla(1952), *Theory of the Film.*

Bartošek, Luboš(1986), *Naš film: kapitoly z dějin, 1896~1945.*

Hendrykowska, Małgorzata(1993a), *Śladami tamtych cieni: film w kulturze polskiej przelomu stułci, 1895~1914.*

—— (1993b), *Sladami tamtych cieni: film w Kulturze polskiej pr prezełomu stuleci, 1895~1914.*

Kosanović, Dejan(1986), *Poceci kinematografila na tlu Jugoslawije, 1896~1918.*

Ozimek, Stanisław(1974), *Film polski w wojennj potrzebie.*

Rittaud-Hutiner, Jacques(1985), *Le Cinéma des origines: les frères Lumière et leurs opérateurs.*

Toeplitz, Jerzy(1970), *Historia sztuki filmowej,* vol. v.

스탈린 치하의 소비에트 영화

피터 케네즈

1930년대와 사회주의적 사실주의

1920년대 말까지도 세계적인 명성을 누리던 소비에트 영화는 불과 수년 만에 그 위대한 감독들의 명성과 영향력을 모두 잃고 말았다. 황금기는 짧았고 명성의 실추는 급작스럽고 영원했다. 유성 영화의 출현은 저 유명한 〈러시아 몽타주〉를 구식으로 만들었고 그것은 그대로 러시아 영화 쇠락의 한 요인이 되었다. 하지만 소비에트 영화를 그토록 추락시킨 보다 근본적인 원인은 1930년대 초에 일어난 정치적 변화에 있었다.

1928년에서 1932년 사이 소비에트 연방에는 삶의 모든 측면과 관련된 거대한 변화가 일어났다. 문화적 측면에 일어난 변화는 농촌의 집단화와 부농*kulak*의 일소, 그리고 최단 시간 내에 산업 국가를 이루려 한 보다 커다란 변화들에 비하면 극히 사소한 것에 불과했다. 1920년대의 특징이었던 온건한 다원주의의 파괴는 스탈린주의자들에 의해 〈문화 혁명〉으로 불리게 되었다. 예술가들은 회유와 협박 속에 새로운 질서에 부합되는 원리와 방법을 따르도록 강요받았다. 개중엔 소극적 피해자가 되는 사람도 있긴 했으나 대부분은 그에 협력했다. 소비에트 영화가 설령 그것의 황금기에 이름을 떨쳤다고 해도 스탈린 체제의 지도부는 그에 만족하지 않았다. 볼셰비키파는 영화를 인민들에게 그들의 메시지를 전달할 수 있는 최상의 도구로 생각했고, 〈새로운 사회주의〉 창조를 위해 영화를 최대한으로 이용할 만반의 준비가 되어 있었다. 이러한 과도한 기대는 실망으로 귀결되었다. 공산주의 정신으로 만들어진 예술성 짙은 영화들은 기대만큼의 충분한 관객을 끌지 못했다. 정부는 예술성도 있고, 흥행성도 있고, 정치성도 선명한 그런 영화를 원했다. 하지만 그런 요구는 제각각으로 흩어지게 마련이어서 어느 감독도 그 모든 것을 충족시킬 수는 없었다.

볼셰비키 지도층의 시각으로 볼 때 문화 혁명의 목적은 그릇된 것을 바로잡는 데 있었고, 그 말은 곧 예술성과 실험성이 높은 작품일수록 단순한 사람들의 접근이 힘들기 때문에, 노동자와 농민에게 영향을 주기 위해서는 관객의 관심을 끌 수 있는 영화를 만들어야 한다는 말이었다. 볼셰비키의 그런 정책은 어느 정도 실효를 거둬 1930년대로 접어들면서 영화 관람은 이제 소련 역사상 최초로 보통 사람들의 삶의 일부가 되기에 이르렀다. 1920년대에는 주거가 거의 촌락이었던 반면, 영화 관람은 기본적으로 도시의 오락이었다. 그런데 촌락을 집단 농장화하려다 보니, 농장 지도부는 영사기를 살 수밖에 없었고, 결과적으로 1928년에서 1940년 사이 소비에트의 영사기 수는 네 배, 관람객 수는 세 배로 증가했다.

소비에트 산업은 마침내 그들만의 생생한 영화, 영사기, 그 밖의 다른 기자재를 생산해 내는 데 성공한 것이다. 기술적인 면은 물론 서구 영화에 비해 많이 뒤떨어졌지만 여하튼 그것은 대단한 성과가 아닐 수 없었다. 단순한 생각은 이미지보다는 소리에 의한 전달이 훨씬 효과적으로 생각되었기 때문에 유성 영화의 출현은 선동가들에게 매우 매력적인 것으로 비쳤으나 업계를 재정비해야 하는 기술적 부담이 만만치 않았다. 소련은 유성 영화 영사 시설의 부족으로 2차 대전 때까지도 거의 무성 영화만을 만들고 있었다.

그러한 상황은 관객의 선택 폭을 크게 감소시켰다. 이전에 높은 인기를 누리던 외화도 수입이 거의 중단되다시피 했으며, 국내 영화 제작 편 수도 크게 떨어졌다. 1920년대에 120편에서 140편까지 올라갔던 연간 제작 편 수가 1933년도에 와선 35편으로 뚝 떨어졌고, 그 상태가 1930년대 내내 지속되었다.

영화 제작에 당 지도부가 관여를 하다 보니 숫자의 감소는 그대로 형식의 위축으로 이어졌다. 관여의 정도는 1920년대 말부터 시작되어 해가 갈수록 점차 강화되었다. 사회주의적 사실주의가 소련의 공식 예술 이념으로 선포된 것은 1934년의 일이었지만, 그것의 뿌리는 1928년에서 1932년 사이의 문화 혁명에 있었다. 전투적 문화 기관들, 특히 러시아프롤레타리아작가협회(RAPP)는 비공산주의자, 혹은 비프롤레타리아 예술가들의 작품에 대한 전면적인 억압을 요구하고 나섰다. 이 요구는 문화 혁명 기간 중에는 그런대로 당의 지지를 받는 듯했으나, 1932년 공산당 중앙위원회는 문학에 관련된 모든 기관을 하나로 통합하여, RAPP와 같은 전투적 기관을 효과적으로 억압하면서, 대중들에게 쉽게 다가가면서 소련의 발전도 기약할 수 있는 장기적인 예술 정책으로 눈을 돌렸다. 그리고 그것을 위해, 모방적 작법에도 일치하고 소비에트 체제의 버팀목이 되는 선명한 사회주의 메시지도 함께 제시하고 있는 일정 작품들을 홍보하기 시작했다.

사회주의적 사실주의는 19세기 사실주의에 다소 그 토대를 두고 있었기 때문에, 그것의 〈투명한〉 형식은, 사회주의 및 소비에트 발전과 관련된 주제에는 그야말로 안성맞춤인 것으로 생각되었다. 그것의 교의는 이른바 예술가들은 당의 지도력을 사회적 상황 내에서 매 순간 확인하지 않으면 안 된다는 소위 〈당성*partiinost*〉과 같은 명백한 이데올로기적 정신을 작품 속에 불어넣어야 한다는 것이었다.

사회주의적 사실주의는 1934년에 열린 제1차 연방 작가회의First All-Union Writers' Conference에서 공식 이념으로 채택되기 이전에 이미 예술의 전 분야에서 실행되고 있었고 그것을 영화에 적용시킨 것은 1차 5개년 계획 중에 영화도 다른 산업과 똑같이 중앙 부서에 소속되는 과정에서 일어났다. 소련의 스튜디오들이 이제 하나의 관료 조직(1920년대의 반시장 경제 체제와는 달리)에 통합됨으로써 창조적 작업에 대한 통제 수위는 한층 높아지게 되었다.

사회주의적 사실주의 소설과 영화는 본질적으로 공산주의 계급 의식으로 무장된 당 간부, 즉 확실한 인물의 지도를 받고 있는 영웅이 장애를 극복하고 건전한 사회주의 사회를 부당하게 증오하는 악인의 정체를 폭로하는 과정에서 우월한 의식을 습득하게 되면서 보다 훌륭한 인간으로 거듭난다는 내용을 기본 패턴으로 하고 있다.

사회주의적 사실주의가 문학적, 예술적 사실주의에 호소하고, 사회주의 현실에 맞는 소비에트의 삶을 표현하는 것에 의미를 두었다고는 해도 그 형식은 매우 의심스러운 것이었고, 그런 의미에서 그것은 또 그것이 행한 것뿐만 아니라 그렇지 않은 것 때문에도 부정적으로 비칠 소지가 있었다. 요컨대 사실주의의 본질을 사실주의의 외관으로 대체함으로써 인간 조건에 대한 깊은 성찰과 사회 문제에 대한 연구를 하지 못하도록 막은 것이다. 그것은 예정된 각본에 따라 묘사된 사람들이라든가 사회주의로 순조로운 이행을 하고 있는 것으로 묘사된 소련 사회만 보아도 잘 알 수 있다. 이런 극도의 단순화된 관점을 실현시키기 위해 사회주의적 사실주의 예술은, 그것만이 세상을 사실 그대로 묘사할 수 있다는 점을 관객에게 확신시켜야 할 필요성 때문에도 완전한 독점권을 행사해야만 했고 강제적 실행이 가능한 정치력은 그래서 필요했다. 사회주의적 사실주의 작품은 아이러니와, 모호함, 실험이 배제된 중간 수준의 규격화된 예술이라 할 수 있는데, 그런 특질들은 어정쩡한 교양을 지닌 사람들로서는 즉각적인 이해가 불가능하고, 따라서 작품의 교훈적 가치도 그만큼 경감될 수밖에 없었다.

1933년에서 1940년 사이에 소련에서는 380편의 영화가 제작되었는데, 그중 54편이 마르크 돈스코이의 고리키 3부작과 같은 그 시대 대표작들을 포함한 어린이 영화로 채워졌다. 이들 어린이 영화는 가령 자본주의 사회 어린이들의 힘든 생활과 그들의 영웅적 투쟁, 그리고 가장 중요한 요소로 집단의 중요성을 부각시킨다든지 하여 아이들을 공산주의 정신으로 무장시키는 것에 목적을 둔 교훈적 작품들이었다.

1930년대 후반에는 케케묵은 방식으로 국가의 영광을 찬양하여 애국심을 고취시키는 것에 정부의 관심이 점점 집중됨에 따라 대형 역사물이 많이 등장했다. 알렉산드르 네프스키, 표트르 대제, 혹은 수포로프 장군 등 영웅들을 소재로 한 이들 영화는 2명의 카자크 반군들인 푸가체프와 스텐카 라진이 마르크스주의 용어로 계급 관계를 분석한다든지, 처형 전에 위대한 혁명의 도래를 예견하면서 자신의 추종자들을 위로하는 장면 등과 같이 낯 뜨거울 정도의 시대착오적인 장면들이 많이 들어 있다.

380편 중 61편은 혁명과 내전에 관한 영화들인데, 그중에는 가장 유명하고 또 1930년대의 대표작이라 해도 좋을 세르게이와 게오르기 바실리예프 감독의 「차파예프Chapayev」(1934), 코진체프와 트라우베르크의 막심 3부작(1938~40), 알렉산드르 자르키와 이오시프 헤이피츠의 「발트 해의 대의원Deputat Baltiki」(1936)과 같은 유명 작품들도 들어 있다. 스튜디오를 소유한 연방 내 공화국들도 소비에트 권력 밑에서 최소한 1편씩은 만들었다.

나머지 작품들은 모두 동시대를 배경으로 하고 있다. 이 중 공장을 소재로 한 작품이 12편밖에 되지 않는다는 사실은 소비에트의 우선 순위에서 차지하는 경제적 선전의 중요성을 감안할 때 매우 놀라운 일이 아닐 수 없다. 아마도 이것은 영화감독들이 노동자를 소재로 해서는 흥미로운 영화를 만들 수 없다는 판단하에 이 소재를 기피한 것 때문이 아닌가 싶다. 하지만 그와는 달리 집단 농장을 배경으로 한 영화는 17편이나 되는데, 그것들은 대부분 농촌 생활을 춤과 노래가 끊이지 않는 환상적인 곳으로 묘사한 뮤지컬 코미디들로 되어 있다. 그건 관객도 마찬가지였겠지만, 감독들은 특히 이국적인 배경을 좋아하여 탐험가, 지질학자, 비행사들의 위업을 다룬 영화를 많이 만들었다(1938년에서 1940년 사이에만 8편의 비행사 영화를 만들 정도였다).

동시대의 삶을 다룬 영화에서는 파괴자 및 배신자들과 싸우는 투쟁 이야기가 반복되는 주제로 사용되었다. 바야흐로 때는 고발, 거짓 재판, 날조된 음모의 폭로 시대였던 것이다. 거짓 재판에서의 자백과 마찬가지로 영화에서도 적은 사회주의에 대한 부당한 증오에서 비롯된 가장 파렴치한 행위를 저지르는 자로 묘사되었다. 동시대의 삶을 다룬 영화의 반 이상(85편 중 52편)이 숨어 있는 범죄자, 즉 적을 찾아내는 영웅을 소재로 하고 있는데, 그 적은 가장 절친한 친구일 수도, 아내일 수도, 아버지일 수도 있었다.

1940년에는 소비에트 영화에 기묘한 현상이 하나 벌어졌다. 그해에 나온 30편의 영화 중 변절자를 다룬 작품이 하나도 없었던 것이다. 내부의 적은 사라지고 그 자리엔 대신 외국인이나 그들의 스파이가 들어섰다. 소련은 이제 외국인 적을 상대할 채비를 하고 있었다. 내부의 적을 색출하기보다는 소련을 일궈 낸 공화국들이 공동의 선을 위해 어떻게 단결해야 하는지를 보여 주어야 하는 것이다.

1930년대 내내 소련 영화들은 외부 세계를 하나같이 획일적이고, 불안정하고, 비참한 곳으로 묘사했다. 그곳 사람들의 삶은 굶어 죽기 일보 직전이고, 공산당 운동은 경찰에 의해 무자비하게 진압되며, 노동자들의 궁극적 목적은 그들의 모국인 소련의 방어에 있었다. 소련에 온 외국인들이 그곳 사람들의 풍요롭고 행복한 모습을 발견하는 것이 영화의 반복된 주제였으며 당시에 만들어진 영화 중 20편이 소련 외교 정책의 변화와 새로운 노선을 양념으로 친 외부 세계를 배경으로 한 것이었다. 1935년 이전의 소련 영화에서 외국은 주로 이반 피리예프의 「죽음의 컨베이어Konveyor smerti」에서와 같이, 영어, 프랑스 어, 독일어 간판이 함께 등장하는 이른바 불특정 서양 일반으로 묘사되었다. 그러나 푸도프킨의 「도망자Dezertir」(1933)에서는 독일이라는 나라를 특별히 지목하여 파시즘에 대해서는 입 다물고 (그 당시 코민테른이 택한 노선에 따라) 사회 민주주의자들만을 공산주의 노동자들의 주적으로 매도했다. 코민테른 노선에 변화가 생긴 1935년과 1939년 사이에는 6편의 반나치 영화가 만들어졌는데, 「마믈로크 교수Professor Mamlok」와 「오펜하임 가족Semia Oppenheim」은 특히 그런 영화의 대표작이라 할 만하다. 그런가 하면 1939년에는, 우크라이나와 벨로루시 인들을 폴란드의 압제하에 있었던 것으로 가정하여 그들을 지금 막 해방시켜 준 것으로 묘사한, 소위 붉은 군대의 활약상을 그린 영화들도 등장했다.

소련 영화의 제작과 공개 편 수의 전반적인 감소는 주로 검열에 원인이 있었다. 당국은 (영화를 만드는 도중 당 노선이 바뀌기라도 하면 특히) 엄중한 요구를 해왔기 때문에 영화를 만든다는 것 자체가 이미 엄청나게 성가시고 시간 소모적인 작업일 수밖에 없었다. 소련에서의 영화 작업은 서구나 1920년대의 소비에트 시절에 비해 훨씬 오랜 기간이 소요되었다.

검열은 소비에트 영화의 초기 단계부터 하나의 고질병으로 자리 잡은 시나리오 기근 현상을 더욱 심화시켰다. 당의 공식 이론에 따르면, 영화의 중심 인물로 작품의 최종적인 책임을 져야 할 사람은 감독이 아닌 시나리오 작가였다. 스탈린은 감독을 대본에 나와 있는 대로 카메라 위치만 조정시키면 되는 단순 기능인 이상으로는 보지 않았다. 홍보 책임자들은 연출의 자유를 형식주의의 잔재로 치부하면서, 감독의 독립성을 엄격히 제한하는 〈철의 시나리오*iron scenario*〉를 주장했다. 여러 번의 까다로운 검열을 거친 시나리오를 감독의 입맛에 맞게 다시 고친다는 것 자체가 어불성설이었고, 그 결과로 공포의 숙청 기간에도 감독들은 거의 목숨을 부지한 반면 시나리오 작가들은 대부분 목숨을 잃어야 했다.

스탈린은 1930년대 말부터 1953년 그가 사망할 때까지, 영화 한 편 한 편을 일일이 자기 눈으로 보고 공개 여부를 결

그리고리 알렉산드로프의 「볼가-볼가」(1937). 집단 농장에서의 흥겨운 한 마당.

세르게이와 그리고리 바실리예프 감독의 「차파예프」(1934). 대중적이고 모방적 요소가 많은 이 내전 영화에서 적군 장교 역은 보리스 바보치킨이 맡았다.

정한, 검열의 최고 수장이었다. 나치 독일의 괴벨스처럼 그도 영화 제목에 대한 제안에서부터, 편애하는 감독과 배우들에 대한 지원, 그리고 시나리오 검토에 이르기까지 각 단계를 자신이 직접 관리했다. 프리드리히 에르믈러의 「위대한 시민 Veliky grazhadanin」(1939)과 같이 정치적으로 민감한 영화에서는 거의 공동작이라 해도 좋을 만큼 스탈린의 의견이 많이 반영되었다. 그런가 하면 언젠가는 검열을 철회하고 알렉산드로프의 코미디 영화 공개를 허락하더니, 손수 제목에 대한 아이디어까지 짜내어(12개씩이나) 영화 제목을 〈신데렐라〉에서 〈빛나는 길〉로 바꾸는 해프닝을 벌이기도 했다.

완전 까막눈이라도 이해할 수 있는 영화를 만들어야 한다는 그의 방침은 예술적 실험의 저해 요소로 작용했고, 조금이라도 독창적 스타일이 엿보이기만 하면 〈형식주의〉로 낙인찍었으며, 그런 식으로 스탈린은 위대한 예술가들의 재능을 파괴해 그 피해를 가장 많이 본 부류는 역시 극단적인 〈혁명주의자〉 아니면 〈좌익〉 예술가들이었다. 베르토프, 도브젠코, 푸도프킨의 현란한 독창성은 모두 숨이 멎어 버렸고, 그리고리 코진체프와 레오니드 트라우베르크의 혁신적 팀웍도 점점 보수적으로 변질되어 갔다. 쿨레쇼프는 영화 활동을 아예 포기해 버렸다. 난공불락의 독창성을 보여 준 에이젠슈테인조차 자신의 〈형식주의적〉 경향은 어느 정도 억제하지 않을 수 없어 1938년 마침내 완성된 「알렉산드르 네프스키」는 번뜩이는 개성은 여전했지만 스타일은 예전과 전혀 다른 모습을 보여 주었다.

영화 제작자들은 탄핵을 정당화함으로써 그러한 분위기 조성에 일조했다. 그래서인지 명망 있는 감독들 중에, 1933년부터 영화 만들기를 포기한 쿨레쇼프를 제외하고는, 이렇다 할 성과를 이뤄 낸 사람이 없었다. 파벨 모로조프의 소설에 기초한 에이젠슈테인의 「베진 초원」(1935~7)은 아버지에 대한 아들의 배신을 정당화한 작품이고, 도브젠코의 「아에로그라드Aerograd」 역시 배신자로 판명된 친구를 한 남자가 살해하는 내용을 담고 있다. 1930년대 최악의 영화라고 해도 좋을 피리예프의 「당원증Partiinyi bilet」은 남편인 숨은 적을 아내가 권총으로 살해하는 내용의 작품이다. 에르믈러의 「대안Vstrechny」(세르게이 유트케비치와 공동 연출, 1932)에서는 파괴자들에 대한 대항의 필요성을 역설하고 있고, 「위대한 시민」에서는 키로프의 살해에 대한 스탈린식 해석과 대숙청을 정당화하고 있다(「위대한 시민」을 만들 때는 그와 관련된 인물 4명이 체포되기도 했다). 공포와 혼란의 시기에는 이런 영화를 만드는 일에서 손을 뗀다는 것은 생각할 수도 없는 일이었다. 그것에 순응하지 않는 사람은 누구나 협박의 대상이 되었고, 대부분의 경우 자신이 하는 일에 대해 최소한 어느 정도는 유죄를 인정해야만 했다.

위대한 애국 전쟁

전시의 소련 영화는 어딘가 좀 얄궂은 구석이 있었다. 전쟁이 터지면 모든 나라들은 영화에 대한 국가의 통제를 강화하고 프로파간다의 색채가 짙은 영화를 제작한다. 영화를 전쟁의 목적에 이용하고 프로파간다 영화들을 만들었다는 점에서는 소련 역시 예외가 아니었다. 하지만 소련 영화의 바로 직전 분위기와 미래를 생각해 볼 때, 전시 상황은 소련 영화인들에게 그야말로 자유의 별천지가 아닐 수 없었다. 소련 정부는 예술적 실험을 어느 정도 용인해 주었고, 덕분에 감독들도 평소에 다뤄 보고 싶었던 문제에 자신들의 깊은 감정을 솔직히 담아 낼 수 있었다.

1941년 소련을 침공한 히틀러의 독일군은 빠른 기세로 모스크바로 진격해 왔다. 그 같은 급박한 상황에서 소련의 영화인들은 있는 힘을 다해 재빨리 업계를 가동시켰다. 빈약한 재원이나마 있는 대로 끌어 모아 다큐멘터리를 만들었고, 유능한 감독들을 설득하여 뉴스 영화 편집을 맡겼다. 스튜디오들은 제작 중인 영화의 시나리오에 전쟁 내용을 추가시켰다. 독일 침공 전에 거의 완성 단계에 있었던 율리 라이즈만의 「마셴카Mashenka」도 그런 식으로 다시 만들어졌다. 원래 그 영화는 가벼운 코미디로 소련 젊은이들의 행복한 삶을 그리려고 한 것이었는데, 1942년에 공개되었을 때는 영웅심에 불탄 주인공이 전선에 자원함으로써 여자 친구의 마음을 사로잡는 것으로 내용이 완전히 뒤바뀌어 있었다. 막 만들어진 반영국 혹은 반폴란드를 소재로 한 것도 보류되었는데, 폴란드 통치 계급의 잔인함을 그린 미하일 롬의 「꿈Mechta」도 2년간 공개가 보류되었다. 오락이 필요한 대중들에게는 「표트르 대제Piotr pervy」(1937)라든가 도브젠코의 「슈호르스Shchors」(1939)를 재상영했다. 하지만 그 당시의 가장 중요한 작품은 역시 극단적인 반독일적 내용으로 인해 몰로토프-리벤트로프 조약의 유효 기간에는 상영을 금지시켜야 했던 에이젠슈테인의 「알렉산드르 네프스키」였다.

필요는 발명의 어머니가 되었다. 강렬한 프로파간다가 담긴 장편 하나를 재빨리 만들어 낸다는 것은 사실상 불가능했기 때문에 스튜디오들은 단편이나 단편의 컬렉션 쪽으로 방향을 선회했다. 그리하여 즉시 반나치 단편 영화 제작에 착수한 결과, 1941년 8월 2일에는 단편 영화 컬렉션이 최초로 선을 보였고, 그달 말에는 2편의 컬렉션이 추가로 완성되었다. 각각의 컬렉션은 많게는 6편, 적게는 2편의 단편으로 구성되어 있었다. 1편에서 5편으로 이루어진 컬렉션은 〈승리는 우리의 것Victory Will be ours〉이라는 제목의 시리즈로 만들어졌는데, 이러한 컬렉션은 1941년에 7편, 1942년에 5편이 등장했고, 1942년 8월에는 업계의 재정비로 장편 영화 제작이 가능해짐에 따라 마지막으로 1편이 더 만들어졌다. 〈영화 모음집*kinosborniki*〉으로 알려진 이들 컬렉션의 내용은 다분히 이질적이어서 영국 해군과 런던을 강타한 공중전에 관한 연합군의 다큐멘터리가 포함되었는가 하면, 류보프 오를로바의 「볼가-볼가Volga-Volga」(1937)에서 노래하는 우편집배원처럼 이전에 성공적이었던 작품의 발췌분도 포함되었다.

대중들은 영화를 갈망했다. 그들은 일상의 비참함에서 벗어날 수 있기를 원했고, 최후의 승리에 대한 믿음이 이루어지기를 소망했다. 영화 관람은 그때까지 남아 있던 몇 안 되는 오락 중의 하나였지만, 전시의 조건에서 영화를 만들거나 공개한다는 것은 상상을 초월할 정도로 힘든 작업이었다. 극장들은 파괴되었고, 이용 가능한 영사기도 반으로 줄어들었다. 머나먼 중앙아시아에서 작업한다는 것도 여간 힘든 일이 아니었다. 동절기의 우크라이나를 배경으로 하고 있으며 그 당시의 가장 성공적인 작품의 하나로 꼽히고 있는 마르크 돈스코이의 「무지개Raduga」(1984)만 해도 1943년 여름의 아시하바드에서 섭씨 40도가 넘는 폭염 속에서 촬영된 작품이었다. 〈눈〉은 솜이나 소금, 나프탈렌 알약으로 대체되었고, 배우들은 찌는 듯한 더위로 쓰러질 때를 대비하여 의사까지 대동하고서 두꺼운 오버코트 차림으로 연기해야 했다.

1942년에서 1945년 사이 소련에서 만들어진 영화는 70편(아동 영화와 영화화된 콘서트는 제외하고)이었고, 그중 21편이 역사극이었다. 놀랍게도 전선의 병사들을 주제로 한 영화는 거의 찾아볼 수 없었고, 설사 있었다고 해도 게오르기 바실리예프의 「전선Front」(1943)을 제외하고는 대부분 범작에 머물렀다. 전투가 계속되는 한 그것을 낭만화할 여지는 없는 듯했다. 영화인들은 전쟁을 영웅적인 업적으로 그리기보다는 독일의 야만적 행위와 특별한 상황에 처한 보통 사람들의 평범한 영웅심과 충성심의 묘사에 더 큰 관심을 보였다. 따라서, 이 시기의 가장 기억할 만한 작품은 후방이나 독일 점령 지역 내에서의 빨치산 활동을 다룬 것들이 거의 대부분을 차지하고 있다.

특별하게 기억에 남을 만한 빨치산 영화 3편을 꼽아 보면,

알렉산드르 도브젠코 (1894~1956)

알렉산드르 도브젠코는 우크라이나 인들의 삶을 기록한 영화인으로 가장 많이 알려져 있다. 그의 30년 영화 인생은 모두 고향 우크라이나의 정치 경제적 발전과 소련의 현대화 정책에 적응해 가는 그곳의 모습을 그리는 데 바쳐졌다.

우크라이나 북동부의 한 농촌 가정에서 태어난 도브젠코는 우크라이나 토착 문화에 대한 차르의 폭압하에 성장했고 그것은 그에게 군주의 통치에 대한 씻을 수 없는 분노를 심어 주었다. 그는 1917년 혁명의 와중에 성년에 이르자, 당시 우크라이나에서 급속히 번지고 있던 과격한 정치 운동에 가담하여, 현대적 사회주의 체제 수립을 위한 러시아 볼셰비키와의 동맹에는 지지를 보내고 식민 정책에는 적대적 태도를 보이던, 우크라이나 볼셰비키 당에 입당했다. 짧았던 화가와 시사 만화가 시절에는 소비에트 체제하에서의 사회주의 발달과 토착 문화 보존과 관련된 우크라이나 지식인 서클의 중심이었던 프롤레타리아자유문학협회VAPLITE에도 가담했다.

도브젠코는 커다란 야망을 품고 1926년 키예프의 한 메이저 영화사에 입사했다. 수습사원 시절에는 시나리오 습작을 하며, 슬랩스틱 코미디 단편물인 「개혁가 바시아Vasia-reformator」(1926)의 대본을 썼고, 이때 맺어진 코미디와의 인연은 그의 감독 데뷔작 「사랑의 열매」(1926)로까지 이어졌다. 그의 첫 장편 영화 「외교 행낭」(1928)은 소련의 한 밀사가 반볼셰비키 첩자에게 살해당한 실화에 기초하여 만들어진 정치 스릴러였는데, 그는 이것을 영국 비밀경찰 살해에 연루시키고 소련으로 가는 소련의 외교 문서를 영국 노동자들이 전달하게 하는 국제적 음모와 노동자 계급의 단결 이야기로 변모시켰다.

도브젠코는 후일 이 같은 자신의 초기작들을 초보자의 실책으로 치부해 버렸는데, 과연 이들 작품의 어디에서도 우크라이나에 대한 문제는 찾아볼 수 없었다. 그는 우크라이나 고대 민간 전승에 소비에트 체제하의 현대화 이데올로기를 다채롭게 결합하여 우크라이나의 역사적 발전을 세련된 우화로 승화시킨 「즈베니고라」(1927)를 자신의 진정한 첫 작품으로 꼽았다. 이 작품에서 보여 준 도브젠코의 극단적인 생략 편집은 소련의 몽타주 형식에 결정적인 기여를 했다.

도브젠코의 이 같은 특질은 계속해서 그의 다음 작품 「탄약고」(1929)로 이어졌다. 이 역사극은, 우크라이나의 볼셰비키가 키예프의 군수 공장에서 바리케이드를 치고 반볼셰비키 민족주의군과 전투를 벌인, 소련의 내전을 재현한 작품이다. 하지만 여기서도 도브젠코는 우크라이나의 역사를 넌지시 내비침으로써 영화의 이데올로기를 더욱 풍요롭게 만들고 있다. 볼셰비키 영웅이 총탄을 막아 내는 마지막 장면은 18세기 민간 전승에서 따온 것이다.

그의 다음 작품 「대지」(1930)에서는 소비에트 체제하의 우크라이나 현대화에 대한 문제가 좀 더 심도 있게 다루어졌다. 이 영화에서 도브젠코는 우크라이나 농장의 집단화라는 첨예한 문제를 소련 농업 정책의 일환으로 다루면서, 가족의 불화, 즉 고루한 구세대와 정치 변화에 목 말라 있는 젊은 세대와의 균열의 문제로 그것을 통합시키고 있다. 영화 속의 젊은 주인공이 집단화를 방해하려는 부농들에게 살해되자, 그토록 완강하던 그의 부친도 마침내 집단화를 찬양하며 마을의 공산주의청년동맹Komsomol에 가입한다.

도브젠코의 첫 유성 영화 「이반」(1932)은, 우크라이나 중부의 거대한 드네프로스트로이 수력 발전소 건축 현장을 배경으로, 5개년 계획하의 산업화에 관한 작품이다. 이 작품에서 도브젠코는 소련 산업화 운동의 전시용 프로젝트인 드네프로스트로이를 이용하여 새로운 산업 체제에서의 개인의 위치를 규명하고 있다. 영화의 제목이기도 한 주인공 이반은 건축 현장에 새로 고용된 우크라이나 농민으로, 건설 노동에 제대로 적응하지 못하는 모습을 보여 줌으로써 변화에 대한 그의 세대의 반응을 적절히 대변해 주고 있다.

도브젠코 자신은 당시에 불어닥친 정치적 변화의 결과를 비켜 가지 못했다. 예술 행위에 대한 당의 통제력은 비러시아 예술인들에 의한 〈민족주의적 이탈〉 징후가 털끝만큼이라도 보이면 그것을 포착하려는 특별 감시로 더욱 강화되었다. 「대지」와 「이반」은 모두 당의 비평가들로부터 〈형식주의〉와 〈민족주의〉적 성격이 농후한 작품으로 맹비난을 받았다. 그 결과, 도브젠코도 러시아의 극동에 배경을 둔 「아에로그라드」(1935)를 시작으로

우크라이나 문제에서는 손을 떼게 되었다. 이 모험극은 시베리아 국경 지역에서 진행되고 있던 소련 개발 계획에 대한 사보타주를 다룬 작품인데, 스탈린 치하에서 만연했던 반국가 행위에 대한 두려움의 흔적들을 보여 준다.

스탈린 본인의 제안에 따라서 도브젠코는 역사 전기 영화「슈호르스」(1939)를 들고 다시 우크라이나 문제로 돌아왔다. 우크라이나 적군 장교 니콜라이 슈호르스의 내전 당시 공훈을 다룬 이 작품은, 사회주의적 사실주의 체제에서 공식적으로 인가되고 스탈린 〈개인 숭배〉에 기여한 전기 영화들 — 대표적인 작품이 「차파예프」(1934)이다 — 의 연장선상에서 만들어졌다.

소련 영화인이라면 누구나 겪었듯이, 나날이 심해만 가는 영화계의 관료화와 혹독한 당의 검열로 도브젠코의 창작열도 많이 식어 버렸다. 2차 대전 중에는 선전 다큐멘터리의 책임자로 일했고, 전후에도 〈재료 과학〉의 창시자로 인정받고 있는 러시아 과학자 이반 미추린의 일대기를 그린 「미추린」(1948), 단 1편만을 만들었을 뿐이다.

도브젠코는 「바다의 시Poema o more」(1956)로 우크라이나 발전에 대한 그의 변함없는 관심을 다시 한 번 입증해 보이려 했으나, 영화를 찍는 도중 그만 사망하고 말았다. 이 작품은 아내 겸 오랜 예술적 동지였던 율리아 솔른체바(1901~89)가 1958년에 완성했고, 그 외에도 그녀는 생전에 영화화되지 못한 도브젠코의 시나리오와 이야기들을 모아, 「열정의 시대를 담은 일지Povest plamennykh let」(1961)와 「매혹의 데스나Zacharobannaia Desna」(1965)를 만들었다. 우크라이나 현대화를 지속적으로 기록하려던 도브젠코의 계획은 그녀에 의해 계속 이어졌다.

밴스 케플리

주요 작품

「사랑의 열매Yagodka liubvi」(1926); 「외교 행낭Sumka dipkurera」(1928); 「즈베니고라Zvenigora」(1927); 「탄약고Arsenal」(1929); 「대지Zemlya」(1930); 「이반Ivan」(1932); 「아에로그라드Aerograd」(1935); 「슈호르스Shchors」(1939); 「자유Osvobozhdenie」(1940)(다큐멘터리); 「소비에트 우크라이나를 위한 전투Bitva za nashu Sovetskuiu Ukrainu」(1943)(다큐멘터리); 「우크라이나 동안에서의 승리Pobeda na Pravoberezhnoi Ukrainu」(1945)(다큐멘터리); 「미추린Michurin」(1948).

참고 문헌

Dovzhenko, Alexander(1973), *Alexander Dovzhenko: the Poet as Filmmaker*.

Kepley, Vance(1986), *In the Service of the State: The Cinema of Alexander Dovzhenko*.

Oms, Marcel(1968), *Alexandre Dovjenko*.

Schnitzer, Luda, and Schnitzer, Jean(1966), *Alexander Dovjenko*.

◀ 「즈베니고라」(1927).

1943년 5월에 공개된 에르믈러의 「그녀는 조국을 수호한다 Ona zashchishchaet rodinu」는 주인공에게 몇 가지 개인적 특성을 부여하여 그것으로 지극히 단순한 정치 메시지만을 전달했을 뿐인, 예술적으로 극히 원시적인 작품이었다. 1944년 1월에 나온 「무지개」는 그보다는 좀 더 복잡한 작품으로, 아이를 낳기 위해 고향 마을로 돌아온 여자 빨치산(올레나)이 생포되어 모진 고문을 받으면서도 동지를 배반하지 않는다는 내용으로 되어 있다. 끝으로 1944년 9월에야 극장에 올려진 레프 아른슈탐의 「조야Zoya」는 열여덟 살짜리 빨치산 조야 코스모데미안스카야의 순교적 죽음에 기초하여 만들어진 영화인데, 「무지개」의 올레나처럼 그녀도 배신보다는 차라리 고문에 의한 죽음을 선택한다. 여성을 모두 주인공으로 내세우고 있는 이들 세 영화는 여성의 용기와 고통을 통해 잔인한 적에 대한 증오심을 일깨우면서, 남성도 여성 못지않게 제 몫을 해야 한다는 생각을 주입시키려 하고 있다.

이들 영화의 전개 과정을 보면, 「그녀는 조국을 수호한다」에서는 빨치산들이 마을을 해방시키고 처형 직전의 여주인공을 구해 내는 것으로 영화가 끝나는 반면, 「무지개」에서는 주인공이 죽기는 하되 그 죽음은 빨치산들에 의한 마을의 해방으로 보상이 되고, 「조야」에서는 순교적 죽음으로 모든 것이 마무리되는 매우 흥미로운 비교를 발견할 수 있다. 하지만 그 이유는 아주 간단하다. 즉, 「그녀는 조국을 수호한다」의 시나리오가 쓰인 1942년만 해도 사람들은 처형 장면만 보고도 낙담을 느낄 만큼 전황이 불안정했지만, 1944년 여름에 이르러서는 상상적 구원이라는 위안이 더 이상 필요치 않을 정도로 승리를 확신하고 있었기 때문이다.

여자를 주인공으로 내세우고 충성, 인내, 자기희생과 같은 덕목을 찬양한 점에서는 후방을 다룬 영화들도 역시 다를 것이 없었다. 세르게이 그라시모프의 「대지(大地)Bolshaya zemlya」는 남편을 전선으로 내보낸 뒤 텅 빈 공장의 훌륭한 일꾼으로 승리에 일조하는 아내의 모습이 담긴, 그러한 덕목을 다룬 영화로는 대표적인 작품이었다.

다른 교전국들과 마찬가지로 소비에트 영화의 또 다른 주요 테마는 경계였다. 사람들은 스파이 영화에 완전히 매료되었다. 초기 전쟁 영화는 남녀노소 할 것 없이 누구나 다 스파이의 정체를 가려내도록 만들어졌다. 1941년 11월에 나온 단편 영화 「초소에서V storozhevoi budke」는 러시아 어를 유창하게 구사하고 소련 군복까지 차려입은 독일 스파이가 벽에 걸린 아기 스탈린 사진을 알아보지 못하는 바람에 적군(赤軍)

에게 들통나고 마는 내용을 다루고 있는데, 이 영화는 현실적인 전제를 바탕에 깔고 있다. 즉 1930년대의 소련에서 그 정도의 시험에 걸려들 사람이 없다는 것은 너무도 당연한 사실이지만 이 영화에서 말하려고 하는 것은 그 뒤에 숨은 의미, 스탈린은 벽 위의 초상 형태로도 국민을 보호한다는 그것이었다.

초기 작품들에서는 특히 나치가 흉포한 정도를 넘어 어리석고 비겁하기까지 한 존재로 묘사되었다. 독일인을 온순하게 표현하는 것은 금지되었다. 1942년 푸도프킨은 히틀러 통치하의 독일인 피해자와 일반인들 사이에 퍼져 있는 공포의 모습을 조명한 브레히트의 작품에 기초하여 「거리로 나선 살인자들Ubiytsy vykhodiat na dorugu」을 만들었으나 공개되지 못했다.

독일과의 전쟁은 소련에서 〈위대한 애국 전쟁〉으로 묘사되었고, 적군 병사들은 〈모국과, 명예와, 자유와, 스탈린〉을 위해 전쟁터로 나갔다. 하지만 다국적 제국(소비에트 연방)에서의 애국에 무슨 커다란 의미가 있을 것인가. 이질적인 민족으로 구성된 소련 연방 내의 잠재적 적대감은, 특히 전쟁이 종반에 들어서면서 나치 선동가들에게 이용될 소지를 충분히 안고 있었다. 그에 대한 해결책으로 영화 제작자들은, 가령 그루지야와 러시아 병사를 1명씩 설정해 놓고 그들의 협력 여부에 따라 성패가 판가름나는 위험한 임무를 맡긴 다음, 영화의 끝 부분에 러시아 병사가 그루지야 병사를 구해 주는(혹은 그 반대) 식으로 〈민족 간의 우애〉를 다룬 영화들을 만들었다.

마르크스 국제주의에서 옛 애국심으로의 복귀는 1930년대 말에 쏟아져 나온 국민적 영웅 영화와 더불어 전쟁이 발발하기 전부터 이미 시작되고 있었다. 하지만 적대감의 와중에서 그 변화는 더욱 가속화되어, 이제 영화는 한 사람의 위대한 개인(스탈린)이 역사를 어떻게 변화시킬 수 있는가에 대한 내용을 주기적으로 다루게 되었다. 1세기 전의 나폴레옹 침략에서 러시아를 구한 쿠투조프 장군을 소재로 한 블라디미르 페트로프의 「쿠투조프Kutuzov」(1944)는 그런 영화의 대표적인 예라 할 수 있다. 이 영화에서 쿠투조프는, 자신의 군대로 하여금 그를 이끌게 함으로써 전쟁을 승리로 이끈 톨스토이의 「전쟁과 평화」에 나오는 쿠투조프와는 대조적으로, 뛰어난 전략가로 묘사되고 있다. 에이젠슈테인의 「이반 대제」(1944)는 그와는 차원을 좀 달리하여, 위대한 국민의 영웅이면서도 혼란스럽고 복잡한 성격을 지닌 이반의 양면성을 성공적으로 묘사해 보인 작품이다.

특히 어려웠던 것이 소수 민족주의로, 이 경우엔 민족의 영웅에 대한 대서사시로 각각의 민족성을 표현하도록 고무되었고, 그 결과 우크라이나에서는 「보그단 흐멜니츠키Bogdan Khmelnitsky」, 그루지야에서는 「게오르기 사카제Georgii Saakadze」, 아르메니아에서는 「데이비드 벡David Bek」, 아제르바이잔에서는 「알신-말-알란Alshin-Mal-Alan」이 각각 만들어졌다. 이들 영웅들은 러시아 압제자들에게는 감히 대항할 엄두를 못 내고, 〈민족 간의 돈독한 우애〉만을 열심히 보여 주어야 했다.

한편 과도한 민족주의는 러시아의 〈지도적 역할〉을 기본으로 하고 있는 체제에 위협적 요소로 작용될 소지가 있었다. 소련 체제에 반기를 들라는 독일의 집요한 부추김을 받고 있던 우크라이나의 경우는 특히 문제가 심각했다. 도브젠코의 시나리오를 민족주의적 요소가 너무 강하다 하여 스탈린이 직접 금지시킨 것도 우크라이나 민족주의에 제동을 걸려는 그 같은 의도가 바탕에 깔린 것으로, 그 결과 우크라이나의 이 위대한 감독은 전시에 단 1편의 장편 영화도 만들지 못했다.

언제 어느 곳에서 만들어졌든 역사 영화들은 거의 대부분 현대의 문제로 현대의 관객에게 호소하려는 목적이 강했다. 비참한 전쟁의 와중에 있는 소련에서 지난 과거를 냉정하게 묘사한 작품을 기대한다는 것은 너무도 순진한 생각이었다. 설령 있다고 쳐도, 과거를 지독하게 왜곡한 것들뿐이었다. 거의 모든 작품이 1918년에 일어난 소련의 우크라이나 침공을 다루고 있는데, 이들 영화에서 독일은 늘 사악한 존재로, 적군은 그들을 격퇴하는 존재로, 스탈린은 늘 영민한 지도자로 묘사되고 있다. 사실 그때 적군(赤軍)은 격퇴는 말할 것도 없고, 사소한 충돌 외에는 독일군과 교전조차 치른 적이 없다. 스탈린도 물론 지도자가 아니었다. 하지만 영화감독들에게 사실은 아무런 의미도 없었다. 레오니드 루코프의 「알렉산드르 파르호멘코Alexander Parkhomenko」(1942)와 바실리예프 형제의 「차리치나의 수비대Oberona Tsaritsyna」(1942) 역시 한 번도 일어난 적이 없는 전투를 그린 작품들이다. 일어났다 해도 적군(赤軍)의 격퇴로 끝났을 게 분명하지만.

스탈린 말기

전쟁의 종결이 영화인들에게 곧장 자유로 이어지지는 않았다. 자유는커녕 1946년 가을 스탈린은 전시에 느슨해진 이데올로기에 대해 더욱 강력한 통제를 실시했다. 당국의 변덕스러운 요구와 시도 때도 없이 끼어드는 간섭 때문에 영화 제작은 거의 중단 상태에 빠져 들었다. 영화에 굶주렸던 시간으로 흔히 표현되곤 하는 그 최악의 기간에 만들어진 영화래야 연간 10편을 넘지 못했고, 만들어졌다 해도 에이젠슈테인의「이반 대제 속편」(1946)처럼, 스탈린의 사망 전까지는 공개가 되지 못한 작품이 여러 편에 이르렀다. 스튜디오들은 그대로 방치되어 있었고, 젊은 감독들도 재능을 펼칠 기회를 얻지 못했다. 극장들은 울며 겨자 먹기로 전전이나 전시 영화들을 상영할 수밖에 없었다. 그중에는 소련 영화뿐만 아니라, 독일군에게서 빼앗은 소위 〈전리품 영화〉라 불린 것들도 있었다. 이들 영화는 1947년에서 1949년 사이에 약 50여 편이 유통되었다. 얄궂게도, 엄격한 정치적 요구 때문에 소련 영화는 설 자리를 잃은 반면, 나치와 미국 영화들은 재편집하여 제목만 바꾼 상태로 버젓이 유통되고 있었다. 비평가들의 언급이 전혀 없었는데도 이들 영화는 폭발적인 인기를 끌었다.

1946년에서 1953년 사이 소련에서는 124편의 영화가 만들어졌다. 하지만 몇 편의 아동 영화를 제외하고는 오늘날까지 남아 있는 영화는 거의 없다. 이들은 〈예술적 다큐멘터리〉, 선전 영화, 전기 영화의 세 장르로 나누어진다.

장르의 대표적 작품으로는, 스탈린 숭배의 정점을 대표하는 미하일 치아우렐리의「베를린 함락Padeniye Berlina」(1949~50)이 있다. 이 작품에서 소련 지도자는, 단순한 인간들의 마음을 꿰뚫어볼 수 있고, 그가 모습을 나타날 때는 천사들의 노래 소리가 울려 퍼지는 초자연적인 존재로 묘사되어 있다. 또한 그는 한 손만으로도 히틀러를 막아내는가 하면, 나치와 은밀히 손을 잡고 그들을 도와주는 미국까지도 쳐부수는 군사적 천재이기도 하다. 한편 선전 영화는 소련 국내, 혹은 외교 정책의 어떤 당면한 목적을 지지하려는 의도로 만들어졌다. 아브람 룸의「명예로운 법정Court of Honour」(1948)은 〈뿌리 없는 세계주의자들〉에 대한 투쟁의 필요성을 역설한 작품으로 중대한 발견을 목전에 둔 2명의 소련 과학자들이 〈과학의 국제성이라는 거짓 개념〉과 명예의 유혹을 받고 미국의 학술지에 자신들의 논문 발표를 결심하게 되는 내용을 담고 있다. 미국 과학자들은(나중에 스파이로 밝혀진다) 소련의 실험실을 둘러보고 그 완벽한 시설에 놀라움을 금치 못한다. 2명의 소련 과학자들은 결국 처벌을 받게 되는데, 자신의 실수를 인정한 한 사람은 사면을 받고 끝까지 거부한 다른 사람은 소비에트 법정으로 넘겨진다.

유명 감독과 시나리오 작가 여러 명도 반세계주의 운동의 희생양이 되었다. 레오니드 트라우베르크, 지가 베르토프, 세르게이 유트케비치 — 모두가 유대 인인 이들 영화인은 혹독한 비판과 더불어, 스탈린이 생존해 있는 동안은 영화 활동을 금지당했다. 한편 전기 영화 부문에서는 글린카, 무소르그스키, 림스키코르사코프와 같은 민간인 영웅이나 군사적 영웅에 기초한 영화들이 별다른 제재 없이 17편이나 만들어졌다. 이들 영화는 모양새가 어쩌면 그리도 비슷했던지, 한 작품에서 대화를 발췌해 다른 작품에 끼워 넣어도 아무도 눈치 채지 못할 것이라고 그 시대의 잡지들은 지적했다.

이 암울했던 시기에 소련 영화가 당한 가장 심각한 고통은 무엇보다도 관료들의 간섭, 1차원적인 정치 메시지, 개개인의 독창성에 가한 억압, 영상에 대한 언어의 우위(〈철의 시나리오〉), 즉 언어 제일주의였다. 하지만 스탈린의 사망이 경각에 달했을 즈음에는 당 간부들도 소련 문화의 황폐함을 어느 정도 깨닫기 시작하여 소설, 희곡, 영화가 이젠 더 이상 당의 선동적 목적에 이용될 수 없다는 것을 간파하고, 잠정적으로 공산주의 교리에서 몇 발짝 물러나는 태도를 취했다. 1952년 10월에 열린 제19차 소련 공산당 전당 대회에서 말렌코프는 연설의 몇 대목을 소련 문화의 문제점에 할애하면서 더 많은 영화를 만들 것을 주문하고 〈걸작〉만을 강요한 이전 당 지도부의 입장과는 결별할 것임을 분명히 선언했다. 미하일 롬이 말했듯, 〈소수의 작품을 만드는 것이 여러 편을 만드는 것보다 결코 쉽지 않음을 알게 되었다. 소수의 몇 작품(그렇게 하면 우수작만을 만들 수 있을 것이라 생각하여)에만 전력을 다하라는 말은 한마디로 유토피아적인 발상에 불과하다〉.

보다 많은 영화를 만들어야 한다는 결정은 생각보다 엄청난 결과를 초래했다. 즉, 그 말은 그동안 방치되어 있던 각 공화국의 스튜디오들이 재가동에 들어가고, 젊은 인재들에게도 앞길이 열리고, 스튜디오들은 대작에만 매달려야 했던 그동안의 관행에서 벗어나 더 많은 영화를 만들 수 있게 되고, 사라져 버린 장르들도 부활시킬 수 있게 됨을 의미했다. 말렌코프는 소비에트의 코미디 부족 현상에 특히 우려를 표명하면서, 〈우리에게는 번뜩이는 풍자로, 부정적이고 불쾌하고 죽어버린 모든 것, 진보적 운동에 역행하는 모든 것을 불식시킬 수 있는, 소비에트식의 고골리와 시체드린이 필요하다〉라고 역설했다. 틀에 박히고, 도식적이고, 지루한 것으로 여겨졌던 갈등의 요소도 다시 영화의 일부로 인정받게 되었지만, 단 그것은 올바른 결론(새로움의 승리)으로 이끌어 가는 〈제대로 된〉 종류의 갈등(가령 옛 잔재와 새것의 갈등과 같은)이어야 했다. 비평가들이 감히 말할 엄두를 내지 못한 것은, 영화인들이 폭정 밑에서 신음하는 한 보다 용기 있는 영화는 결코 만들지 못하리라는 것이었다.

1952년에서 1953년 사이에 일어난 변화는 영화 제작상에 당장 영향을 미치지 못했다. 소련에서는 영화 1편을 만들 때, 착상에서 개봉에 이르는 기간이 무척 길었기 때문에 1953년에 나온 영화들도 따분하기는 예전 것이나 마찬가지였다. 변화를 위한 또 하나의 필수 요건이 스탈린 본인의 죽음이었다. 1953년 3월의 스탈린 사망에 뒤이어 소련의 정치권에는 큰 변화가 일어났다. 해빙의 영향이 소련 문화 전반에 미치기 시작하면서 영화의 부활도 재빨리 이루어졌다. 1950년대 중반에는 옛 제재들이 거의 해제되었고, 제작 편 수도 급속하게 증가했다. 그 옛날에 활동하던 노장 감독들도 새로운 기회를 맞아 영화계로 복귀했고, 재능 있는 신예 감독들도 많이 등장했다. 예술가들은 진정한 문제로 눈을 돌려 열정적으로 자신들을 표현했다. 영화는 이질적이 되었다. 삶의 모든 측면을 정치화한 체제 내에서, 세상을 조금이라도 사실적으로 묘사하려면 문제들을 지적하지 않을 수 없었고, 그러한 영화들은 당연히 파괴력을 지니게 마련이었다. 비록 1920년대 말에 누린 명성을 되찾지는 못했다 할지도 소련 영화는 다시 한 번 문화생활에 긍정적인 기여를 하는 볼 만한 가치가 있는 영화로 변모했다.

참고문헌

Kenez, Peter(1992), *Cinema and Soviet Society, 1917~1953.*
Leyda, Jay(1960), *Kino: A History of Russian and Soviet Film.*
Stites, Richard(1992), *Soviet Popular Culture: Entertainment and Society in Russia since 1900.*

인도 영화: 독립의 기원

아시시 라자댝샤

인도는 세계에서 가장 크고 문화적으로도 가장 복합적인 나라들 중의 하나에 속한다. 인구는 중국 다음으로 세계 2위이고, 영화 산업의 중요성과 규모 면에서도 미국 다음으로 비중이 크다. 인도 영화는 인도 국내는 물론이고, 아시아와 아프리카의 여러 지역, 그 밖의 인도인 거주 지역이 있는 나라는 어느 곳에서든 인기가 높다. 인도 영화의 우수성은 기나긴 역사와 다양한 문화 전통 둘 다에 그 뿌리를 두고 있다. 예전에도 그랬고 현재도 인도 영화 제작의 본거지가 뭄바이지만, 영화 산업 자체는 20세기 초에 서구와 토착 모델을 결합한 연극적이고 예술적인 토대에 활동 기반을 두고, 콜카타, 마드라스, 라호르, 그 밖의 주요 도시를 포함하는 인도의 전 대륙에서 고르게 성장했다. 이러한 다양성 속에서 인도 특유의 신화적 장르(힌두 신화와 전설에 기초한)를 비롯한 여러 장르가 생겨났다.

연극에서 영화로: 식민지 사업

뭄바이와 파르시 연극

역사가 코삼비도 즐겨 지적했듯, 인도의 역사는 흔히 지리적으로 표현되곤 한다. 오늘날까지도 뭄바이의 시 중심부는, 파렐과 랄보그의 섬유 공장으로부터, 리 로드 부근의 그 유명한 조선소, 거대한 식품 시장인 초르 바자, 포클랜드 로드의 홍등가, 그리고 로하르 차울과 크로포드 마켓의 산업 용품 도매 시장 쪽으로까지 올라가는 커다란 원으로 그려볼 수 있다. 16제곱 킬로미터도 채 안 되는 이 지역에서 인도 최초의 (그다음엔 가장 부유한) 산업 노동자 계급이 생겨났는가 하면, 이곳은 또 서해안 식민 경제의 본거지이기도 했다. 그런가 하면 뭄바이는 또 영화 산업의 탄생지이기도 해서, 인도의 3대 스튜디오인 다다르의 코히누르Kohinoor 영화사, 파렐의 란지트 무비톤Ranjit Movietone, 현재의 나나 초크 근방에 있는 제국 영화사Imperial Film Company가 몇 마일을 사이에 두고 지척에서 경쟁을 벌이며 1920년대 말까지 번영을 누렸다.

연극과 영화의 초기 오락 산업에 차례로 투자한 사람을 일컫는 인도의 이른바 상인-자본가들은 서부와 중동부, 그리고 중국과의 연안 무역을 통해 강력한 경제 계급으로 부상했다. 수라트와 뭄바이에 생겨난 최초의 조선소들은 후일 전국적인 명성을 얻은 파르시 연극 장르의 창시자들인 파르시[8세기경 회교도들의 박해를 받아 인도로 건너온 조로아스터교의 자손들 — 역주] 인들에 의해 대부분 세워졌다.

노래-무용-연기로 이루어진 전형적인 힌디 영화의 원조로 여겨지고 있는 파르시 연극은, 1835년 잠세지 지지보이 경이 뭄바이 극장을 인수할 때부터 하나의 산업으로 자리매김했다. 지지보이는 중국과 유럽에 비단, 실, 목화, 수공예품 등을 수출하여 성공을 거둔 인도 굴지의 상인-자본가 중의 한 사람이었는데, 이후에는 영향력 있는 예술 학교 J. J. 학교(1857)의 창립자가 되었고, 런던 두루리 레인Drury Lane 극장을 그대로 본떠 지은 곳으로 1776년부터 공연을 시작했으며, 그때까지는 주로 셰리단의 「불명예 학교School for Scandal」 같은 연극 상연과 영국인 고객들이 드나드는 곳으로 유명했던 뭄바이 극장의 소유주이기도 했다. 그 같은 결합은 하나의 장르이면서 또한 하나의 산업이기도 했다. 뭄바이 극장 다음에는, 그보다 더 유명한 곳으로 인도 이야기를 엘리자베스 시대 연극풍으로 공연한 그랜트 로드Grant Road 극장(1846)이 들어섰다. 이곳에서는 〈신화적〉, 〈역사적〉 연애담, 피르다우시의 10세기 전설 「나마 왕Shah Nama」과 같은 인도의 유명 전설을 토대로 한 모험담들이 구자라티 어와 우르두 어로 개작된 최초의 셰익스피어 대작들과 함께 공연되었다. 음악은 오페라를 인도 북부의 〈가벼운 고전 음악〉 뮤지컬로 변형시킨 것을 사용했는데, 후일 그것은 초기 힌디 영화 음악의 원류가 되었다.

브랜드화된 이들 연극은 뭄바이, 콜카타, 마드라스, 라호르뿐만 아니라 다른 도시들에서도, 보통 도시의 〈본거지〉를 빙 둘러싸고 있던 일련의 극장들에서, 부유한 고객들을 상대로 그들에게는 늘 문을 열어 놓는 척하면서 한편으로는 거리를 두는 방식으로 상연을 했다. 지금까지 남아 있는 극장으로 가장 역사가 긴 뭄바이의 에드워드Edward 극장은 1860년에 지어졌고 엠파이어Empire, 게이어티Gaiety(현재의 캐피톨Capitol), 왕립 오페라 하우스Royal Opera House가 그 뒤를 이었다.

영화 상영

인도에서 영화 상영은 처음엔 에디슨, 1907년 이후엔 파테 영사 방식을 이용한 순회 천막 극장에서만 이루어졌다. 그러나 1910년부터는 대도시의 유명 극장들이 너도나도 〈바이오스

인도 최초의 장편 영화로 일컬어지는 D. G. 팔케의 「하리시찬드라 왕」(1913).

코프〉 영사관으로 개조를 하는 동안, 최초의 영화관들이 지어지기 시작했다. 〈금세기의 경이, 세계의 기적〉으로 불린 뤼미에르 단편 영화들이 1896년 7월 7일 최초로 선을 보인 곳은 뭄바이의 왓슨 호텔이었다. 하지만 영화 상영은 곧 〈뭄바이의 토착 극장〉인 노벨티Novelty 극장과, 파르시 레퍼토리 극단으로는 가장 유명한 빅토리아Victoria 극단의 이전 건물로 자리를 옮겨 갔다. 노벨티는 그때부터 이미 앞좌석(1.50루피)과 뒷좌석(4안나)은 〈하층 계급〉에 배당하는 이중 관람료 제도를 실시했다고 한다.

1899년 스티븐슨 교수는 스타Star 극장에서 콜카타의 인기 연극 「페르시아의 꽃」과 함께 「인도적 풍경과 행렬의 파노라마A Panorama of Indian Scenes and Procession」를 나란히 상영했는데, 그 방식은 향후 10년간 콜카타의 지배적 상영 방식이 될 정도로 커다란 유행을 불러왔다. 인도 최초의 영화감독 히랄랄 센(1866~1917)은 로열 바이오스코프Royal Bioscope 사를 차려 놓고, 콜카타 최초의 상업 극단들인 스타 극단과 클래식Classic 극단의 연극 7편을 영화로 만들었다. 1903년에는 클래식 극단의 간판 배우 쿠숨 쿠마리를 주연으로 한 「알리바바와 40인의 도적Alibaba and the Forty Thieves」을 만들었는데, 쿠숨 쿠마리는 이 영화로 인도 최초의 영화배우가 되었다. 쿠마리 영화는 대부분 동명의 연극이 상연된 뒤에 저녁 여흥의 일부로 상영되었다.

마하라슈트라에서는 콜하푸르의 샤후 마하라자가 연극에도 이미 상당한 이권을 지니고 있는 상태에서 그 지역 최초의 제작사인 마하라슈트라Maharashtra 영화사(1917~32)에 또 투자를 했다. 카스트 서열이 낮은 무대 장치 화가 바부라오 페인터(1890~1954)가 출범시킨 이 영화사는 마라티 무대 음악 〈나티야상기트*Natyasangeet*〉의 부활에도 일조를 했다. 페인터의 후원 아래 고빈드라오 템베, 마스터 크리슈나라오 같은 그 장르의 주요 작곡가들은 차츰 영화로 자리를 옮겼고, 연극배우들도 사정은 대개 비슷했다.

이러한 현상이 지역마다 반복되었다. 안드라 프라데시에서는 수라비 극단원들이 텔루구 최초의 대형 영화에 출연했고 마드라스에서는 영화의 주연 역할이, 타밀의 〈훌륭한〉 영화 전통을 수립했고 극단 TKS 브러더스로도 (그리고 나중엔 타밀 유성 영화의 제작자로) 많은 기여를 한, 극작가 파말 삼반담 무달리아르에게 주로 돌아갔다. 카르나타카에서는 구비 비라나Gubbi Veeranna 극단을 비롯한 여러 극단이 우데야르 왕령지인 미소레 부근에서 활발한 활동을 벌이다, 나중에는 칸나다Kannada 영화까지 관장하게 되었고 그런 상태는 1960년대까지 계속되었다. 이들 극단은 시마, 판툴루, 이예르 등의 일급 감독, 라즈쿠마르, 릴라바티와 같은 스타들의 배출 외에도 이예르가 쓴 구비 극단 연극을 신화적 모험 영화로 각색하여 칸나다 영화 최초의 성공작으로 만든 「베다라 칸나파Bedara Kannappa」(1953)와 같은, 초기의 흥행 성공작들도 많이 내놓았다. 그 후 한참 뒤, 이제는 〈예술 영화〉 감독이 된 이예르는, 전통 영화 유산 — 단순한 도시 통속극이 아닌 — 의 한 본보기로 「백조의 노래Hamsa Geethe」(1975)를 들고 다시 한 번 그 장르로 돌아왔다.

펀자브

1901년, 펀자브(현재는 파키스탄에 속해 있음)의 경제 문화적 중심지 라호르에서는 인도 오락 산업에 변화를 초래한 두 가지 중요한 발전이 이루어졌다. 먼저 간다르바 마하비디얄라야*Gandharva Mahavidyalaya*, 즉 음악 학교의 설립은 그때까지는 각종 〈파벌*gharanas*〉의 시기 어린 경계로 좌절되었던 음악 교재의 발간으로 대혁명을 촉발시키며, 구루*Guru*와 그 문하생*Shishya*으로 이루어진 봉건 제도의 외곽에서, 최초의 고전 음악 교육을 가능케 했다는 데 그 의의가 있었다. 이것은 다시 음악 교육 제도의 확산으로 이어져, 무대 음악가들은 물론, 프라바트 스튜디오의 샨타 아프테를 비롯한 여러 가수들, 그보다 훨씬 영향력 있는 라피크 가즈나비, 마스터 크리슈나라오와 같은 주요 작곡가들 모두가 이들 학교를 통해 배출되었다. 한편 그해에 제정된 토지법은 도시인들의 농촌 투자를 어렵게 만들어 오락 산업으로의 대규모 투자를 촉진시켰고 그 투자는 처음에는 연극, 다음에는 영화용 극장의 신축 형태로 나타났다. 무성 영화 시절에는 영화 제작업이 상업 다큐멘터리나 정부 기관, 특히 철도청을 위한 〈교육〉 영화에만 한정되었다. 유성 영화의 출현과 함께 알시에이 포토폰RCA-Photophone 설비권도 제공받기로 한 레와샹카르 판촐리의 엠파이어 영화 배급소와 RKO 영화사와의 계약 체결은 미국 수입 영화에만 거의 한정되다시피 한 것이긴 했지만, 여하튼 훌륭한 배급 하부 구조를 갖출 수 있게 했다. B. R. 오베라이의 파이오니아 사, 혹은 카르다르의 플레이아트 포토폰Playart Phototone 사가 만든 펀자브 최초의 장편 영화는 「신비한 독수리Husn Ka Daku」(1929), 「용맹스러운 사람들Sarfarosh」(1930)과 같이 아라비안 나이트에 RKO 드라마를 결합한 졸속 모험극이었다. 처음에는 루디

아나와 암리차르와 같은 농촌 출신의 도시 산업 노동자들을 대상으로 생겨난 이와 같은 대중오락 장르는, 2차 대전 후 힌디 영화가 채택하게 될 장르의 어떤 원형적 토대가 되어 주었다. 요즈음 말로 힌디의 〈마살라*masala*〉 영화는 그 기원을 판촐리의 뮤지컬 「카잔치Khazanchi」(1941)와 「자민다르Zamindar」(1942)에 두고 있고 이것은 다시 카다르의 힌디 영화들, 그리고 1960년대와 1970년대 사이에 최대 제작자 중의 한 사람이었던 초프라로 이어졌다.

마단의 극단들

19세기 인도 상인 엘리트들의 문화적 변천은 잠세지 프람지 마단(1856~1923)이 세운 콜카타의 그 말 많은 마단Madan 극장이 걸어온 변화무쌍한 과정에서 가장 잘 느껴 볼 수 있다. 뭄바이 파르시 극장의 배우 경력을 지닌 마단은 뭄바이 유수의 두 극단 카타우-앨프리드Khatau-Alfred와 엘핀스톤Elphinstone을 그에 부속된 극장, 제작과 관련된 모든 권리, 소속 배우와 작가들을 포함해 통째로 인수함으로써 재계에 일대 파란을 일으켰다. 1902년에 마단 사 설립과 함께 콜카타로 사업 기반을 옮긴 그는 처음에는 엘핀스톤 극단과 자신의 코린티안Corinthian 본점만을 경영했는데, 그 당시 그의 극단 사업은 봉건적 혈연 관계라든가, 명예, 희생, 운명을 건 전투처럼 셰익스피어를 오리엔탈적으로 토착화시킨 것으로 가장 유명한 사내 극작가의 간판 격인 아가 하시르 카시미리(1879~1935)로 가장 잘 대변된다. 인도 연극과 영화에 미친 카시미리의 영향력은 소라브 모디[「교도관Jailor」(1938)], 메부브 칸[「후마윤Humayun」(1945)] 같은 감독들의 작품에서도 간간이 모습을 드러내며 1940년대까지 계속되었다.

기업가로서의 엄청난 재능을 고려하면 연극과 영화의 〈융합*crossover*〉 가능성에 대한 마단의 발견은 좀 늦은 감이 있었다. 그는 일단 파테의 대행권을 사들여 영화계에 뛰어든 뒤, 자기 소유의 극장을 모두 영사관으로 개조하고 극장들을 계속 사들여 전성기 때는 인도 전역의 172개 극장에서 전국 흥행 수입의 절반을 싹쓸이 할 정도로 명실 공히 마단 배급 제국을 일구어 냈다. 외화 수입은, 1차 대전 전에는 주로 런던 영화사와 같은 영국 회사들을 이용했으나 1920년대에는 메트로 영화사와 유나이티드 아티스츠 사와도 거래를 했다. 마단은 치밀한 마케팅 전략으로 몇 년간은 영국화된 도시 엘리트들에게 인도 영화를 거의 배급하지 않았다.

그러한 마케팅 전략에는 표면적으로는 드러나지 않았지만 과거의 문화를 떠올리게 하는 몇 가지 점들이 내포돼 있었다. 전쟁 기간 동안 마단은 전시 보조금을 받아 그 돈으로 영국군을 위한 극장을 건립했다. 그보다 앞서, 빅토리아적 웅대함의 파르시판(版)을 연상시키는, 소위 자존적인 토착적 자본주의 문화를 선도해 가겠다는 파르시 극장의 이상은 인도의 〈서구화된〉 관객을 겨냥한 스틸 사진술과 회화를 포함하여, 이른바 시장 예술 산업이라는 것을 개척한 바 있다. 회화의 유명한 〈회사파*Company school*〉는 식민지 건축, 초상, 거리 풍경 등의 그림으로, 특히 영국과 인도인 식민 관료들의 마음을 사로잡은 영향력 있고 때로는 고도로 혁신적인 시장 예술 형식이었다. 인도 귀족의 후원 아래 궁정의 화려함을 화폭에 담아 온 유화 화가들은 점차 시간이 흐르면서 스틸 사진가와 그래픽 아티스트, 그다음엔 뭄바이의 클리프턴 사, 콜카타의 본 앤드 셰퍼드 사 등의 사진 회사 직원들로 대체되어 총독의 접견 장면, 왕족들의 방문, 축제와 다과회, 국가 행사 등을 사진에 담았다. 인도에서 만들어진 최초의 영화는 대부분 피트 당 2달러짜리 뉴스 푸티지*footage*나 타나왈라의 「뭄바이의 새로운 경관 Splendid New Views of Bombay」(1900)과 같은 〈리뷰〉 영화를 피트당 10센트에서 1달러를 주고 구입한 파테 익스체인지Pathé Exchange나 국제 뉴스 영화사Internationall newsreel company, 혹은 폭스 영화사의 주문을 받은, 〈회사파〉의 미학에서 나온 것들이다.

마단 극단이 영화 제작으로 방향을 돌린 1917년경에는 이미 파르시 극장의 고전적 열망을 현대화하려는 이 단체의 개념이 10~20년 전 그룹이 전성기를 누리던 때와는 정치적으로 판이한 의미를 지니게 되었다. 초창기 마단의 표준적인 오리엔탈리즘은 주로 그를 두고 남자들이 주도권 싸움을 벌일 정도로 정절의 표본으로 여겨지던 나르기스의 초기 모습을 열연한 여배우 페이션스 쿠퍼와 더불어 마단의 간판 작가 아가 하시르 카시미리에 의해 결정되었다. 1923년 마단 영화사는 로마의 치네스 사와 더불어 성적 느낌이 농후한 영화 「사비트리Savitri」를 공동으로 제작했다. 마하바라타 전설을, 조르조 만니니 감독이 이탈리아 배우 안젤로 페라리와 리나 데 리구오로를 캐스팅하여 만든 이 영화는 〈세계적인 로마의 티볼리 폭포 한가운데서 촬영된…… 매력적인 힌두 이야기〉로 광고되었다. 마딘 사는 이어, 고전에 뿌리를 둔 오페라풍의 파르시 연극과 그것의 영화적 변용을 선전하는 한 방법으로 이탈리아와의 연계를 강조하며 리나와 그녀의 남편 주세페, 그리고 이탈리아 인 카메라맨(나중엔 감독) 마르코니까지 고

니루파 로이 감독의 힌디 신화극 「라브 쿠시」(1951).

용했다. 그러고 나서 1932년에는 69곡의 노래가 포함된, 지금까지도 인도 최대의 유성 영화 중 하나로 꼽히고 있는 「인디라 사바Indira Sabha」를 만들었다. 이 작품은 원래 1852년에 와지드 알리 왕의 아바드 궁정에서 쓰인 희곡이었으나 브로드웨이와 할리우드 뮤지컬식으로 각색되었다.

정치적 반향

1920년대에 이르러, 서구와 〈똑같은〉 토착 대중문화를 만들어 낸다는 개념 — 데완 바하두르 란가차리아르를 총수로 한 1927년에서 1928년 인도영화협회의 주요 방침이 될 — 은 〈스와데시〉라는 새로운 정치 이념으로 발전해 갔다. 1918년에 전후 경제 부흥을 외치며 제한적이나마 최초로 인도인의 정치 참여를 허용한 몬터규-첼름스퍼드 개혁안이 제출되어 인도 영화에도 사상 처음으로 법령이 제정됐다. 1918년의 영화법으로 영화에는 검열이 도입되고 영화 전용관에 대한 사전 허가제가 실시되었으며, 1920년에는 영화는 반드시 건물 내에서만 상영할 것과 배급업자들에 대해 좀 더 막중한 재정 책임의 필요성을 역설하는 지방 자치법이 시행되었다.

1926년에는, 〈제국Empire〉 내에서 만들어진 영화에 대한 의무적 상영 시간 배정으로 영국 영화 산업의 부흥을 꾀한 소위 엠파이어 영화사Empire Films Company 설립안이 제기되었는데, 이 안을 두고 인도 영화 제작자들 사이에서는 대영제국 내에서 막강한 영화 산업을 이끌고 있는 인도 영화도 당연히 의무적 상영 시간을 요구하여 제국 내 다른 나라들에 영화를 수출할 수 있어야 한다고 주장하는 파가 있는가 하면, 다른 한편에선 과거 다른 업계에서도 비슷한 안을 내놓았으나 제대로 운용돼 본 적이 한 번도 없다고 반박하는 등 의견이 분분했다. 하지만 이 모든 것들은 영화와 영화계에서 마침내 주도권을 잡게 된 민족주의적 헤게모니가 가장 영향력 있는 대중 예술로 인정받기까지 한바탕 바람을 일으킨 소란과 분쟁에 불과했다.

벵골의 영향력 있는 감독 디렌 간굴리(1893~1978)는 엠파이어 영화사의 대표적 지지자였다. 식민지 미술 학도였고 초상화가 겸 사진가 출신이기도 한 간굴리의 사진과 같은 자화상들과 그의 최초의 대작 「돌아온 영국Bilet Pherat」(1921)은 그의 두 제작사 브리티시 도미니언British Dominion과 인도-브리티시Indo-British 영화사와 더불어, 그 도시의 바드랄로크*bhadralok*(관료적인 도시의 중상류 계층)의 눈을 통해 식민지적 세계관을 반영한 풍자 문학, 연극, 대중 회화의 짜임새 있는 특징을 영화 속에 그대로 옮겨 놓았다. 인도 중산층의 전형들을 자기반성과 외부인의 시각을 동시에 이용하여 바라보는 능력, 그리고 입지가 확고히 다져진 벵골의 회화와 연극 제작 부문을 영화에 옮겨 놓는 탁월한 능력으로, 간굴리의 작품은 문화적 타당성과 경제적 성공 둘 다를 영화 산업에 접목시키며 일찍이 찾아볼 수 없던 인도 영화의 귀중한 특질을 발굴해 냈다.

간굴리의 후계자는 인도 독립 이전의 대표적 감독의 한 사람이었던 바루아(1903~51)였다. 바루아는 간굴리의 브리티시 도미니언에 주주로 참여한 것이 계기가 되어 영화계에 입문 한 뒤 간굴리와 함께 1930년대 인도 최대의 스튜디오인 뉴시어터New Theatres에 들어갔다. 허무적 귀족 사회를 배경으로 하고 있으며 봉건적 낭만 소설을 연상케 하는 바루아의 애수에 찬 사랑 이야기는 극도로 복잡한 표정을 잡아내는 당시 인도 영화의 주관적 카메라와는 완전히 대조적인 정적이고 가면과 같은 표정을 이용하는 것이 특징이었다. 바루아의 가장 유명한 2편의 멜로드라마 「데브다스Devdas」와 「영혼의 해탈Mukti」(1937)에 나타난 그것의 효과는 가히 압도적이었다. 사랑에 미친 나머지 그 슬픔을 술로 잊으려다 끝내는 사랑하는 사람의 집 문간에서 죽고 마는 사랑 이야기(「데브다스」)와 숲 속의 야생 코끼리와 지내기 위해 아내를 떠나는 천진난만한 예술가 이야기(「영혼의 해탈」)는 당시 인도 영화의 최대 히트작이었을 뿐 아니라, 공산당 산하 인도민중연극협회(IPTA)의 사실주의를 주류로 동화시키는 방법을 가장 성공적으로 제시한 작품이 되었다.

바루아의 두 작품에서 촬영을 맡은 카메라맨 비말 로이는 후일 IPTA의 배우 발라즈 사니, 작곡가 살릴 초두리와 함께, 「2에이커의 땅Do Bigha Zameen」(1953)이라는 획기적인 작품을 감독하기도 했다. 빚 청산과 조상으로부터 물려받은 2에이커의 땅을 되찾기 위해 도시로 이주할 수밖에 없는 한 농부의 이야기를 그린 이 작품은 뮤지컬 멜로드라마로, 1951년 인도 최초의 국제 영화제에 출품된 비토리오 데 시카의 「자전거 도둑」에서 받은 새로운 서구적 영향을 최초로 응축시켜 보여 준 작품이었다. 사티야지트 레이, 므리날 센, 리트윅 가탁과 같이 독립 후에 나타난 인도의 위대한 작가 감독들을 위한 전반적 토대를 쌓은 사람들 중에는 바루아의 동료 니틴 보세와 제자 흐리시케시 무헤르지도 들어 있다.

스와데시에서 멜로드라마로: 개혁 영화

인도의 기나긴 사회 개혁 운동은 1895년에 부과한 영국 정부의 차별적 면직물 관세에 저항하여 일어난 스와데시 운동과 함께 새로운 국면으로 접어들었다. 문자 그대로 우리나라를 뜻하는 〈*Swa-deshi*(*own-country*)〉는 1905년 모든 외래품의 불매 운동을 벌이자는 민족주의자들의 요청으로 초기 인도 국민회의의 주요 강령으로 채택되었는데, 그것은 인도에는 이미 나름대로의 토착 산업이 존재한다는 분명한 주장이면서 토착 전통 및, 집단적 기억의 통합이라는 관점에서 언어적 문화적 정당성을 주장하는 것이기도 했다. 그 두 관점이 물론 늘 일치하는 것은 아니었고, 애초부터 상인과 투자가들의 자본가적 야망은 스와데시 산업을 식민지 산업과는 전혀 별개로 보아 농촌 발달 같은 것에 그 운동을 집중시켜야 한다고 본 간디의 관점과는 정면으로 배치되었다. 스와데시 운동의 중심을 이루고 있는 이러한 갈등은 인도 토착 영화 발전에 강력한 요소로 작용했다.

〈내 영화가 스와데시적이라는 것은 자본, 소유, 피고용자, 줄거리가 스와데시적이라는 의미이다〉라고 둔디라즈 고빈드(다다사헵) 팔케(1870~1944)는 쓰고 있다. 팔케의 첫 작품 「하리시찬드라 왕Raja Harishchandra」(1913)은 인도 최초의 장편 영화라는 것 외에도 〈인도〉 영화 산업에 변화의 개념을 부여한 것 때문에도, 모든 공식 역사서에 인도 영화 산업의 시원(나중에는 팔케 자신도 그렇게 주장했다)으로 언급되고 있다. 디렌 간굴리와 마찬가지로 팔케도 식민지 미술 학교, 즉 잠세지 지지보이의 J. J. 학교 출신으로, 직업 스틸 사진가, 무대 감독, 출판업자 등을 전전하다가 1910년 느닷없이 〈「예수의 생애Life of Christ」라는 영화가 눈앞에 빠르게 전개되는 동안 내 마음속에는 시리 크리슈나, 시리 람찬드라 등의 신들, 그리고 그들의 성소였던 고쿨, 아요디야의 모습이 선명하게 떠올랐다……. 그런데 인도의 후손인 우리가, 인도의 이미지를 영화에 담지 못할 이유가 어디 있단 말인가〉라는 많이 인용되는 깨달음을 얻게 되었다. 그리하여 급한 김에 자기 집 부엌을 개조하여 팔케Phalke 영화사를 차린 그는, 후일 마야샨카르 바트가 투자한 힌두스탄 시네마Hindustan Cinema의 공동 경영자가 되기에 이르렀다. 그럼에도 불구하고 그는 코히누르나 임페리얼Imperial 스튜디오가 받은 소위 주류 측의 재정 지원은 한 번도 받지 못한 채, 뭄바이 영화계의 주변적 존재에 머물러 있었다. 하지만 그의 작품은, 바부라오 페인터의 영화와 콜하푸르의 마하라슈트라/프라바트 스튜디오의 작품들과 더불어 스와데시의 이상과 이후에 제기된 그 모든 문화 경제적인 진정성 주장의 시비를 가리는 일종의 척도로서 중요한 문화적 기준이 되었다.

1920년대에 세워진 뭄바이의 대형 스튜디오는 모두 그 영향을 받았다. 코히누르, 임페리얼, 란지트 무비스톤, 그보다 조금 후에 세워진 사가르Sagar 영화사 모두 상영관 확장을 통해 시작된 영화사들로, 사내 스타 시스템과 제작 라인을 갖춘 할리우드 스튜디오 방식에 따라 설립되었으며, 네 영화사 공히 처음에는 회사파 회화 및 파르시 극장의 정형화된 식민주의/오리엔탈리즘의 영향을 강하게 받았다.

임페리얼 영화사

임페리얼 영화사는 1926년에 극장 주인이었던 아르데시르 이라니가 설립했다. 인도 최초의 유성 장편 영화 「세상의 아름다움Alam Ara」(1931)의 제작으로 유명해진 이 영화사는, 무성 영화 시절에 그 시대의 대표적 배우 술로차나를 비롯하여, 여러 명의 사내 스타를 길러냈다. 술로차나는 「뭄바이의 들고양이Wildcat of Bombay」(1927), 「아나르칼리Anarkali」(1928)와 같은 시대극에서 테다 바라 스타일의 요부 역할 외에도, 「전화 교환원The Telephone Girl」(1926), 「타이피스트Typist Girl」(1926) 등의 사실주의 영화, 은퇴한 법관, 술고래 소송인, 자유분방한 〈서구적〉 여인이 등장하는 현대적 멜로드라마 「인디라 B. A. Indira B. A.」(1929)와 같은 영화들에도 출연했다. 마닐랄 조시의 「쾌락의 노예들 Mojili Mumbai」(1925)에서 뭄바이 상인 자본가 계급의 〈불같은 폭로〉로 더욱 확장된 이 사실주의는 식민주의 대 민족주의의 갈등 자체가 유사 시대 환상극이 될 수 있을 정도로, 사실주의의 오리엔탈적인 기원을 새로운 종류의 원시적 영역으로 바꿔 놓았고, 그 점이 가장 극명하게 드러난 건 오스트레일리아 출신 여배우 피얼리스 나디아(메이 에반스 나디아)를 간판 스타로 내세운 와디아 무비스톤Wadia Moviestone(임페리얼의 계열사로 1933년에 설립)의 작품들에서였다. 피얼리스 나디아는 페어뱅크스/니블로의 「조로」 유형 시리즈〔「헌터왈리Hunterwali」(1935), 「프론티어 메일 양Miss Frontier Mail」(1936)〕 외에도, 셰익스피어 극 전문 배우 잘 함바타와 함께 힌두 신화극과 멜로드라마〔이를테면 「리어왕」에서 영감을 받아 만들어졌다고 알려진 「야만의 루비Lal-e-Yaman」(1933)〕에도 두루 출연했다.

따지고 보면, 팔케를 통해 사실주의의 가장 강력한 몇몇 기준점들이 제시된 것도 그 당시였다. 스와데시 논쟁을 둘러싼 문화 투쟁의 과정에서 토착주의의 방향이 굴절된 상태에서도, 사실주의의 확장된 두 분파는 여전히 신화적 작품과 오리엔탈적인 드라마(카슈미르 타입의 시대, 역사극도 여기에 포함된다) 속에 1940년대까지 그대로 남아 있었다. 그것은 제작자 두아르카다스 삼파트가 배우로도 출연한 코히누르 사의 첫 작품 「박타 비두르Bhakta Vidur」(1921)가, 겉으로 보면 그냥 마하브하라타 전설을 토대로 한 신화극인 것 같은데, 등장인물 비두르 역이 〈간디를 빗대어〉 묘사했다는 이유로 검열의 허가를 받지 못함으로써 주요 쟁점이 된 사실로도 잘 알 수 있다.

바부라오 페인터도 신화극을 만들었다. 그가 소설가 아프테로 하여금 본인의 소설을 직접 각색케 하여, 그것을 개혁 영화 「사브카리 파시Savkari Pash」(1925, 1936년에 리메이크)로 만들었을 때는 이미 그만의 독특한 스와데시 전통주의에 정치, 과학, 문화적 기준을 광범위하게 수립해 놓은 뒤였다. 무대 배경막 화가 출신인 페인터는 뭄바이의 벼룩시장에서 구입한 윌리엄슨과 벨 & 하우얼 카메라 부품으로 무비 카메라를 직접 조립까지 함으로써 팔케를 훨씬 앞질러 나간 인물이다. 마하라슈트라 영화사를 위해서 만든 그의 초기작은 신화적 장르에 속했고, 「시타의 결혼Seeta Swayamvar」(1918)과 「수레카 하란Surekha Haran」(1921)은 특히 민족주의 지도자인 틸락의 사랑을 받아, 그로부터 〈영화의 왕 *Cinema Kesari*〉이라는 칭호까지 들을 정도였다고 한다. 하지만 그는 거기서 멈추지 않고 신화극의 장르를 처음에는 마라타 왕족의 전설을 이용한 역사극〔「시나가드Sinhagad」(1923), 「바지 프라브 데슈판데Baji Prabhu Deshpande」(1929)〕으로, 다음엔 내러티브 전통 속에서 〈인식 가능한 것들〉과, 특히 〈인도적〉인 것을 지칭하는 포괄적 내용을 동일시하는 과정을 통해 인도 영화사상 최초로 고정된 문학적 틀에 변화의 가능성을 제시한 개혁 소설의 장르로까지 확대해 갔다. 페인터가 원한 개혁의 모든 자격을 구비한 소설가가 각본을 쓴 최초의 본격 〈사회극〉「사브카리 파시」(1936)는 돈밖에 모르는 지주의 강요로 어쩔 수 없이 전 재산을 포기하고 도시로 이주하여 공장 노동자가 된 어느 농부의 이야기를 다룬 작품이다.

사회 개혁 소설

1920년대 말이 되면서, 사회 개혁 소설은 새로운 진정성의 모습을 띠고, 틀에 박힌 회사파 장르를 대체했다. 개혁 소설은 19세기 말 내내, 인도의 몇 개 지역 특히 벵골, 마라티, 텔루구, 말라바, 칸나다, 우르두, 구자라티 지역에서 최초의 모더니즘 운동을 일으키면서 일련의 변화된 〈전통〉을 중산층의 신전통주의에 대한 개혁가들의 논의로 풀어 나가며, 벵골 어, 마라티 어, 텔루구 어, 말라야람 어, 칸나다 어, 우르두 어, 구자라티 어 등 그 지역의 언어로 이미 토대를 쌓아 놓고 있었다. 그리하여 1920년대에 이르러서는 문학 잡지, 단편 소설, 연재 소설의 등장으로 하나의 문학적 틀을 이루며 주류 대중 문학에까지 입지를 구축하여, 연극과 영화 언어로의 변화를 사실상 기다리고 있는 입장이었다.

벵골 출신의 사라트찬드라 차테르지는 사회 개혁 소설의 대표 주자로 1917년에 나온 그의 소설 『데브다스*Devdas*』는 1935년에 제작된 바루아의 그것을 포함하여 여러 영화의 소재로 이용되었다. 사라트찬드라는 자기 작품의 절반 이상을 과부 문제에 할애하고 있는데, 이것은 과부 재가를 요구하는 개혁 프로그램과 여성들 문제를 다루는 그 밖의 몇몇 다른 프로그램과도 맥을 같이하는 것이었다. 뿐만 아니라 그것은 이후 수년간 인도 멜로드라마의 전형이 될 어머니의 상징 및 형수 시숙 간의 관계 등을 복잡하게 엮어 만든 복수극과 가족극을 생성시키며, 신전통주의의 강렬한 상징을 만들어 내게 된다. 신전통주의의 주류 인도 영화에서는 과부들의 재가가 절대 허용되지 않았고, 초대형 히트작 「정열의 태양Sholay」(1975)의 마지막 장면에서 아미타브 바츠찬이 죽음을 당하는 것도 이 무언의 법률 때문이었다. 어떤 의미에서 산업화된 대중 문화 언어로서의 전체적인 영화 장르 체계는 봉건주의, 혈족 관계, 가족, 가부장 제도에 대한 신전통주의적 표현을 국가주의, 민주주의, 법률에 대한 현대적 담론으로 전치시키려는 노력에 있다 해도 과히 틀린 말은 아닐 것이다.

란지트와 사가르 사

개혁 문학에서 멜로드라마 장르로의 변신에 가장 큰 성공을 거둔 회사가 바로 란지트 무비스톤과 사가르 영화사였다. 코히누르의 계열사로 1929년에 설립된 란지트는 잠나가르 왕족과 모터 & 제너럴 금융사의 후원 아래, 란지트의 저 유명한 간판 스타 〈찬란한〉 고하르를 위하여 시나리오를 써줄 신세대 작가 여러 명을 고용했는데, 그중에는 전전 인도의 대표적인 극작가 판디트 나라얀 프라사드 베타브도 들어 있었다. 그가 란지트에서 고하르를 위해서 쓴 「데비 데바야니Devi Devayani」(1931) 같은 힌두 신화극들은 인도 여성의 덕목을 지닌 전형적인 여성상으로 그녀의 이미지를 부각시키며, 고집불통의 남편과 대가족을 위해서라면 언제라도 희생할 각오가 되어 있는 「군순다리Gunsundari」(1934)에서의 고통스럽지만 착실한 주부 역처럼 앞으로 그녀의 전매특허가 될 역할의 토대를 마련해 주었다.

임페리얼 스튜디오의 자회사로 1930년에 문을 연 사가르 영화사도 역시 사회 개혁 드라마로 출발하여 정치가, 극작가이자, 소설가인 문시를 사르보탐 바다미 영화의 시나리오 작가로 고용했다. 그렇게 해서 나온 바다미의 「복수는 나의 것 Vengeance Is Mine」(1935)은 사비타 데비가, 처음에는 남성을 증오하는 페미니스트로, 나중에는 전통적 가치를 받아들이는 여성 역을 맡은 「의사 마두리카Dr. Madhurika」(1935)와 같은 또 다른 멜로드라마의 등장을 불러왔다.

그러나 사가르 사의 진정한 명성은 작가 지아 사라디, 감독 람찬드라 다쿠르, 그리고 그들의 유명한 동료 메부브 칸의 3인조 팀을 영화에 불러들인 점에 있었다. IPTA의 마르크스주의 동조자들인 이들 트리오의 경력은 1940년대 중반에 사가르의 간판 스타 샨타람과 함께 프라바트 영화사와 압바스, 기얀 무케르지와 같은 신세대 작가, 감독들과 변화를 추진 중이었던 뭄바이 토키Bombay Talkies, 두 영화사로 이들을 이끌었고 이 복잡다단한 변화는 급진적 저널리스트의 이야기를 다룬 아차리아의 뭄바이 토키 사 영화 「나야 산사르Naya Sansar」(1941), 봉건적 압제에 맞서 싸우는 훌륭한 어머니의 이야기를 그린 메부브 칸의 「아우라트Aurat」(1940)〔칸의 고전 「어머니 인도Mother India」(1957)의 오리지널판〕, 샨타람의 「코트니스 박사의 불멸의 이야기Dr. Kotnis Ki Amar Kahani」(1946)들로 뭉뚱그려 표현되었다. 이들 영화는 앞서 언급한 바루아 및 비말 로이 영화들과 더불어 전후 그리고 독립 기간 중에 이루어질 스타 시스템의 재정립과 파틸영화조사위

나르기스 (1929~1981)

나르기스는 힌디 영화의 대표적 스타로 라즈 카푸르와 함께 1950년대의 인도 영화를 대표하는 잊을 수 없는 몇 편의 멜로드라마에 출연했다. 파티마 라시드라는 이름으로 알라하바드에서 태어난 그녀는 배우 겸 가수, 그리고 인도 최초의 여성 영화 제작자인 자단바이의 딸이며, 다섯 살 때부터 이미 꼬마 라니Baby Rani라는 예명으로 어머니가 만드는 영화에 모습을 드러내기 시작했다.

성인이 되어서는 1940년대에 인도 사극 영화 제작의 선두주자였던 메부브 칸의 영화에 출연한 것을 계기로 이후 그의 가벼운 코미디 「운명」(1943)에서 무희 역을 맡기도 했으나 그녀가 본격적으로 이름을 날리게 된 것은 칸의 다음 작품이며 역사극인 「후마윤」(1945)에서 무굴 황제 후마윤(아쇼크 쿠마르)과 사랑에 빠지는 평민 여성 하미다 바로 역을 맡으면서부터였다. 이 영화에서 그녀는 자신의 미모가 종국에는 파괴와 갈등의 씨앗이 될 수밖에 없는 비운의 여주인공, 즉 이슬람 문학과 음악의 고전적 원형으로 향후 그녀의 스크린상의 이미지가 될 역할을 최초로 맡게 되었다. 1947년 그녀는, 우르두의 극작가 아가 하슈르 카슈미리가 인도의 오리엔탈화에 대한 투쟁에 〈요부〉의 원형을 이용하여 집필한 「로미오와 줄리엣」을 직접 제작하고 출연까지 하여 아라비안 나이트풍의 판타지에 일말의 사실성을 부여함으로써 당시 인도 영화로서는 아주 파격적인 면을 보여 주었다.

인도 독립에 관한 또 하나의 중요한 멜로드라마 「안다즈」(1949)에서도 그녀는 봉건적 가부장 제도의 상징들을 자본주의의 그것과 결합시키려는 메부브의 시도에 없어서는 안 될 중추적인 역할을 맡았다. 그녀는 여기서 어느 기업가의 서구화된 딸 니타 역을 맡아, 유아적 플레이보이(라즈 카푸르)를 사랑하면서, 부친 회사의 직원으로 사실상 그녀의 고용인이기도 한 젊은 청년(딜립 쿠마리)과도 친밀한 관계를 유지하는데, 그녀를 사랑하는 청년이 자신의 그런 감정에 그녀가 응답해 줄 것이라 믿지만 그것이 빗나가면서 끝내는 니타가 그 청년을 총으로 쏘아 죽이고 재판정에 선 그녀의 부친이 현대성의 사악함을 고발하는 중대 국면으로까지 이어지게 된다.

나르기스는 라즈 카푸르와의 두 번째 공연작이자 서사극인 「방랑자」(1951)로 명실 공히 슈퍼스타의 자리에 올랐다. 메부브가 만든 그녀의 스크린 이미지가 〈전통〉의 진정성과 자본주의적 현대성과의 교차점에 놓인 것이었다면, 카푸르의 이미지는 전 범위에 걸치는 모든 관련성을 자신의 오이디푸스적 멜로드라마 속으로 밀어 넣는 것이었다. 「방랑자」에서 나르기스는 의붓아버지를 죽인 죄로 법정에 선 자신의 어린 시절 애인의 변호사 역을 맡고 있는데, 여기서 멜로드라마의 강렬함은 주인공 커플이 부르는 황홀하면서도 부드러운 이중창 속에 일종의 환각적 회화성으로 묘사되고 있다. 「방랑자」는 나르기스가 카푸르 감독 밑에서 출연한 첫 작품 「바르사트」(1949)의 성공을 토대로 만들어진 작품이었고, 이 작품에 이어 「미스터 420」(1955)과 같은 두 사람의 엄청난 히트작들이 계속 터져 나왔다. 한편 카푸르의 이런 환상적 작품들에서 사랑 이야기는 〈소속〉, 사회적 정당성, 수용과 거부의 쌍둥이적 양면성이라는 사회적 문제 전반에 대한 중요한 극적 요소가 되어, 독립 인도의 계급적 구분으로 발전돼 나갔다. 이들 작품은 인도뿐만 아니라 소련과 아랍권 국가들에서도 대성공을 거두었다.

나르기스의 1950년대 멜로드라마들은 S. U. 수니의 「바불」(1950), 키다르 샤르마의 「조간Jogan」(1950)처럼 거의 대부분이 비극이었다. 그 중에서도 특히 나르기스가 계급 차이로 헤어져야만 했던 주인공의 어린 시절 애인 역을 맡은 니틴 보세의 「디다르」(1951)는 장님이 된 주인공(딜립 쿠마리)이 순회 가수가 되어 거리를 떠돌다 인정 많은 안과 의사를 만나 시력을 되찾지만, 그 의사가 자신의 옛 애인과 결혼한 것을 알고는 다시 장님이 되어 버린다는 비극 중의 비극이었다.

나르기스 최후의 대표작이자 배우로서의 최고봉이라 할 작품은, 전후 〈전 인도 영화〉의 지배적 도해를 응축하여 정신 분석학적, 역사적, 과학적 상징들의 결합물로 만든 메부브 칸의 대서사시 「어머니 인도」(1957)였다. 「어머니 인도」가 나오고 난 지 얼마 되지 않아 그녀는 힌디 스타 수닐 두트와 결혼하여, 공식 활동은 계속했지만 배우로서는 은퇴를 했다. 이후 그녀는 국회의원이 되어, 인도의 빈곤을 세계 만방에 팔아먹었다며, 사티아지트 레이를 맹렬히 비난했다.

아시시 라자댜샤

▪▫ 주요 작품

「파르다나신Pardanasheen」(1942); 「운명Taqdeer」(1943); 「후마윤Humayun」(1945); 「나르기스Nargis」(1946); 「로미오와 줄리엣Romeo and Juliet」(1947); 「안다즈Andaz」(1949); 「바르사트Barsaat」(1949); 「바불Babul」(1950); 「방랑자Awara」(1951); 「디다르Deedar」(1951); 「호박(琥珀)Amber」(1952); 「미스터 420Shri 420」(1955); 「어머니 인도Mother India」(1957).

▪▪ 참고 문헌

Abbas, Khwaja Ahmed(1977), *I Am not an Island.*

Vasudev, Aruna, and Lenglet, Phillipe(ed.)(1983), *Indian Cinema Superbazaar.*

Willemen, Paul(1993), "Andaz".

사랑과 정체성을 다룬 라즈 카푸르 감독의 「비」(1949)에서의 나르기스.

원회(1951)가 〈때로는 대중의 희생으로 기업을 번창시키기 위해 커다란 도박을 걸 준비가 되어 있는…… 기업가들〉로 표현한 지속적인 스튜디오 하부 구조의 정비를 통해 인도 영화 산업이 신경제로 발전하는 데 영향을 끼치게 된다. 독립 후 네루의 국민회의파가 주권과 산업 국가의 비전을 발견한 곳은 영화, 특히 압바스가 라즈 카푸르를 위해 시나리오를 쓴 이런 유파의 영화들에서였다.

샨타람과 프라바트

바부라오 페인터의 수제자로서, 그리고 그의 「사브카리 파시」의 주역으로 영화계에 입문한 샨타람은 1929년 페인터의 측근인 음향 기술자 담레와 세트 디자이너 파텔랄 등 몇 명의 동료들과 함께 페인터를 떠나 프라바트Prabhat 영화사를 설립했다. 타니바이 카갈카르 같은 귀족이나 영향력 있는 후원자를 갖지 못한 이 영화사는 스튜디오 건물을 푸나로 옮긴 1933년 이후에는 특히 그것의 전신인 마하라슈트라 영화사에 비해 규모가 상당히 떨어지는 중간 정도의 수준에 머물렀다. 1931년 샨타람은 불가촉 천민의 문제를 다룬 마하바라타 우화, 즉 지금은 화장터의 인부가 된 예전의 왕이 자기 아내를 처형하라는 명령을 받고 그녀를 대면하는 장면에서 놀랍도록 사실주의적인 면을 보여 준 「아요디에차 왕Ayodhyecha Raja」을 만들었다. 산트 에크나트에 관한 그의 〈성자(聖者) 영화〉(「다르마트마Dharmatma」(1935)) 역시 카스트 제도에 대한 간디의 입장을 옹호하는 민족주의적 우화였다.

테크니컬러로 촬영된 인도 최초의 영화인 S. M. 모디 감독의 「잔시의 왕비 Jhansi-ki-rani」에서 영웅적인 왕비 역을 맡은 인도의 스타 메타브.

1933년 프라바트가 봉건적 재원과의 마지막 유대를 끊으며 콜라푸르로 자리를 옮김에 따라 샨타람의 모더니즘적인 열망도 더불어 전면에 부상했다. 그해에 마라티 극장은 케샤브라오 볼레의 오리지널 음악에 영국 연극의 자연주의 방식으로 연기를 변화시킨 케샤브라오 데이트 주연의 자연주의 연극 「안달리얀치의 집Andhalyanchi Shala」을 최초의 아방가르드 실험작으로 무대에 올렸다. 연기 면에서 입센이나 스타니슬라브스키보다는 오히려 버나드 쇼의 영향을 강하게 받은 이 연극을 샨타람은 애초부터 영화로 만들 생각이었으나 그 계획은 빗나가고 대신 볼레와 데이트의 영입에만 성공하여 그들과 함께 바로크풍의 「암리트만탄Amritmanthan」(1934)과 그보다 한층 화려한 「뜻밖의 사람들Kunku」(1937)을 만들었다. 이 두 작품은 모두 독일 표현주의 영화의 영향을 강하게 받고 있는데, 「뜻밖의 사람들」은 특히 〈실내극*Kammerspiel*〉 기법을 늙은 남자(케샤브라오 데이트)와의 결혼을 강요당하는 젊은 여성(노래하는 스타 샨타 아프테)의 반항 이야기에 적용시켜 인도 영화사상 유례를 찾아보기 힘든 성공적인 멜로드라마로 바꿔 놓았다.

영화를 만듦에 있어 당시 샨타람이 조명과 연기에서 행한 과감한 실험은 영화와 더불어 문학, 연극, 회화에서도 번영을 구가 중이던 민족주의적이고 대중적이며 산업적으로도 확고히 자리 잡은 문화적 신전통주의에 대한 아주 강렬하고 포괄적인 역류로 이해되지 않으면 안 된다. 그것을 증명이라도 하듯 「뜻밖의 사람들」을 만들기 바로 직전 프라바트 영화사는 기적으로 점철된 대책 없는 성인 전기 영화 「산트 투카람Sant

M. G. 라마찬드란 (1917~1987)

대중들에게는 엠지아르MGR로 더 많이 알려진 마라두르 고팔라메논 라마찬드란은 인도 초대형 스타의 한 사람이었고 사후에는 그의 고향 마드라스의 최소한 하나의 사원에서 신격화되었을 정도로 비중 있는 정치인이었다. 그는 원래 스리랑카의 칸디에서 태어났으나 가족과 함께 마드라스로 이주하여 부친이 사망한 뒤에는 빈곤하게 살았던 것으로 전해지고 있다. 그는 여섯 살이 되자 아역 배우만을 전문으로 쓰는 유명한 타밀 어 시대극 극단, 마두라이 오리지널 보이스에 입단했다.

1936년 타밀 신화극 「사티 릴라비티」(1936)로 스크린 데뷔를 한 뒤에도 그는 사미의 「라자쿠마리」(1947)에서 주역을 맡기까지 근 10여 년을 기다려야 했다. 초라한 시골 청년이 공주와 결혼한다는 다분히 아라비안 나이트적인 분위기를 지닌 이 모험극에서 라마찬드란은 자신을 그토록 사로잡은 더글러스 페어뱅크스의 묘기를 유감없이 발휘해 보였다. 이 영화의 성공은 또 1949년 반북부, 반브라만, 무신론을 정강으로 내세우며, 극작가 겸 시나리오 작가 안나두라이가 드라비다 인들(남인도에 사는 토착민들)을 대표하는 이른바 드라비다 무네트라 카즈하감(DMK) 당을 창당하여 그것의 정치 선전을 일련의 상업 영화 히트작들에 집중시키는, 장차 그의 이력에 커다란 영향을 미치게 될 몇몇 주요 사건들과 우연히 겹쳐서 일어났다.

「라자쿠마리」에서 드라비다 카즈하감의 제복인 검은 셔츠 차림의 스턴트 장면으로 이미 이름을 날린 바 있는 라마찬드란은 DMK의 대표작 「만티리 쿠마리」(1950)로 일약 타밀 영화의 스타로 떠올랐다. 8세기의 타밀 이야기에 기초하여 미래의 주(州) 장관 카루나니디가 각본을 쓴 이 작품은 선한 왕자가 부패한 사제의 사악한 아들을 처부순다는 내용의 모험극이었는데, 이 영화가 성공하자 「알리바바와 40인의 도적」(1956)과 같은 일련의 모험극들이 줄을 이었고, 그의 다음 두 작품 「마두라이 비란」(1956)과 「나도디 만난」(1958)으로, 라마찬드란은 명실 공히 DMK의 우상이자 최고의 인기 배우로 부상했다. 이 두 작품 모두 〈고대〉를 그린 준역사극이었다. 마두라이 비란이란, 수많은 민요와 연극의 주제로 쓰일 만큼 유명한 타밀나두 마을의 신을 말하는데, 이 영화는 16세기를 배경으로 어느 숲 속에 버려진 갓난아기 왕자 비란이 코끼리, 뱀의 보호를 받으며 코브라에 의해 길러진 뒤 왕(그의 친부이다)의 정부인 한 공주와 사랑에 빠지게 되고, 그로 인해 사형을 당하자마자 그가 자신의 친자식이었음을 왕이 깨닫게 되고, 그리하여 비란과 그의 아내, 그리고 정부 세 사람이 하늘로 올라감으로써, 그 별은 비극적인 연인, 왕자, 신의 모든 것을 한꺼번에 이루게 된다는 내용이다.

「만티리 쿠마리」와 「마두라이 비란」은 타밀 역사에 대한 DMK식의 수정주의적 역사 다시 쓰기와, 하층 농민 계급의 우상들에 대한 정치적 도용을 계속했으나, 라마찬드란의 감독 데뷔작 「나도디 만난」은 완전히 허구적인 과거만을 다룬 직접적 정치 모험극이라는 점에서 이들과는 패턴을 달리하

고 있다. 이 영화에서 그는 이후 여러 번 맡게 될 일인이역, 즉 부패한 고위 사제의 농간으로 생김새가 같은 평민에게 보위를 내주는 선한 왕을 연기하는데, 여기서 사제는 집권당인 국민회의파를 가리키는 것이고, 그렇지 않았으면 흑백이었을 컬러 장면은 DMK의 상징인 떠오르는 태양과 함께 빨강과 검정으로 이루어진 DMK 깃발의 게양 모습을 선명하게 보여 주기 위함이었다. 영화 상영 100일째 되는 날은 DMK의 거대한 정치 집회가 열려 이 행사에서 라마찬드란은 말 네 필이 끄는 전차를 타고 행진하기까지 했다.

1960년대 들어 라마찬드란은 개인적 카리스마는 그대로 유지하되 자신의 정치 문화적 위치와 영화와의 관계는 좀 더 사실주의적으로 변모시켜 갔다. 그리하여 몇몇 작품들, 특히 「토질힐랄리」(1964)에서는 독학으로 공부한 끝에 전제적 고용주에 맞서는 봉기의 주동자가 되어 마침내 그를 개심시키는 육체 노동자 역을 맡았는가 하면, 그 외에도 농부, 뱃사공, 채석공, 구두닦이 등 안 해본 역이 없고, 닐라칸탄의 「마투카라 벨란」(1969)에서는 변호사도 어쩌지 못한 살인 사건을 해결하는 목동 역을, 「인력거꾼」(1971)에서는 그보다 한술 더 떠 아예 인력거꾼 역을 직접 맡는 등, 가난한 사람들의 대변자로 자처하고 나섰다.

라마찬드란은 DMK가 타밀나두에서 정권을 잡은 1967년에는 잠시 국회의원을 지내기도 했다. 그리고 같은 해, 동료 배우 라다가 쏜 총에 부상을 입고 언어 장애를 일으키자 신들을 위무하여 하루빨리 그를 회복시켜야 한다며 자신들을 제물로 바치는 극성 팬들로 인해 그는 거의 반신반인의 위치에까지 올라섰다. 그로부터 3년 뒤에는 당 지도부와 불화를 일으키고 DMK 영화 형식을 당 자체를 비판하는 것에 사용하여 의사, 건축업자, 상인과 같은 사회의 진짜 악당들의 고백을 필름에 담기 위해 밀수업자로 가장하는 민족주의 영웅을 그린 거대한 판타지 「남 나두」(1969)를 만들었다. 그러고 나서는 DMK의 반대당인 안나-디엠케이Anna-DMK를 창당하여 1977년에는 마침내 타밀나두에서 정권을 잡기에까지 이르렀다. 그는 전제적이고 전체주의적이고 지극히 인민주의적인 통치를 했는데도 불구하고, 세 차례나 연속으로 당선되며 죽을 때까지 타밀나두의 주 장관직을 유지했다. 그의 권력 기반은 다름 아닌, 인도 전역에 1만 개의 지부를 두고 있는 전 세계의 엠지아르MGR 팬 클럽이었다.

아시시 라자댜샤

▪▫ 주요 작품

「사티 릴라바티Sati Leelavati」(1936); 「라자쿠마리Rajakumari」(1947); 「벨라이카리Velaikkari」(1949); 「날라탐비Nallathambi」(1949); 「만티리 쿠마리Manthiri Kumari」(1950); 「알리바바와 40인의 도적Alibaba and the Forty Thieves」(1956); 「마두라이 비란Madurai Veeran」(1956); 「나도디 만난Nadodi Mannan」(1958); 「토질랄리Thozhilali」(1964); 「마투카라 벨란Mattukkara Velan」(1969); 「남 나두Nam Naadu」(1969); 「인력거꾼Rickshawkaran」(1971).

▪▪ 참고 문헌

Pandian, M. S. S.(1992), *The Image Trap: M. G. Ramachandran in Film and Politics*.

◀ 「엔가 비투 필라이Enga Veetu Pillai」(1965).

Tukaram」(1936)을 인도 최고의 고전 영화의 하나로 만들어 놓은 바 있다. 비슈누판트 파그니스가 연기한 프롤레타리아적 성인의 시와 무용이 만들어 내는 그 매혹적인 힘을 사회적 착취에 대한 뚜렷한 사실주의적 내러티브로 통합시킨 이 영화는 비평가 겸 영화감독인 쿠마르 샤하니가, 신념이 곧장 행동으로 표현된, 요컨대 영화적 현상의 가장 드문 예라고 말한 어떤 것을 이루어 냈다(샤하니는 이 작품을 채플린이나 로셀리니의 초기작들과 같은 반열에 올려놓고 있다).

타밀과 텔루구 영화

도처에 만연한 신전통주의적 대중 예술과, 정치 그리고 문화적 근원의 교차점이 특히 극명하게 드러난 곳이 바로 인도에서 세 번째로(뭄바이, 콜카타 다음으로) 큰 영화 제작지 마드라스였다. 사실 영화는 시바탐비가 현대 타밀 역사상 최초로 인도의 전통적인 계층/카스트적 경향을 무시하고 관객의 자리를 평등하게 마련했다는 점에서 영화의 놀라운 기능을 열어 보였다고 설파한 6편의 신화극을 1916년에서 1923년 사이에 만든 나타르타자 무달리아르와 더불어 이곳에서 시작되었다. 인도 국민회의에 의해 영화에까지 침투한 타밀의 전통 엘리트주의가 강력한 반발에 부딪힌 곳은 감독 겸 제작자 수브라마냠(1904~71)의 작품들에서였다. 마드라스 최초의 지역 제작 기반 시설과 남인도영화상공회의소와 같은 국가 기관 창설의 공을 세운 수브라마냠은 종래 신화극에서 한발 벗어나 정치적 논쟁을 담은 그의 대표작 「티아가의 땅Thyagabhoomi」(1939)을 만들었다. 자유를 위한 투쟁에 가담하는 사제와 같은 목적을 위해 불행한 결혼 생활과 부를 포기하는 그의 딸에 관한 이야기를 다룬 이 작품은 타밀 영화에 심대한 문화적 영향을 끼치며 한편에선 S. S. 바산이 수브라마냠의 스튜디오를 인수하여 설립한 제미니Gemini 영화사에서 스스로 〈우리 농민을 위한 구경거리〉라 말한 대중오락의 새로운 미학, 즉 「찬드랄레카Chandralekha」(1948)를 만드는가 하면, 또 한편에선 영화를 주요 선전 도구로 이용하여 국가 권력까지 쟁취한 분리주의 정당 DMK가 멜로드라마 형식의 여러 효과적인 방법을 수브라마냠의 영화로까지 추적해 들어가는 이른바 2개의 결정적이고도 대립적인 운동이 일어나게 하는 원인을 제공했다. 안나두라이와 카루나니디 같은 DMK 운동가들, 라마찬드란, 시바지 가네산 등의 스타들, 크리슈난-판주, 닐라칸탄, 사미 같은 감독들은 모두 마드라스, 살렘, 코임바토르의 스튜디오들과 힘을 합쳐 DMK의 반북부, 반브라만, 반

종교적 원리를 홍보하기 위한 비탄과 금욕의 서사적 우화들을 만들었다. 초기 작품 중에서 가장 널리 알려진 「파라삭티 Parasakthi」(1952)에는 정숙한 여인이 사원 안에서 악랄한 사제에게 괴로움을 당하는 모습을 보고 분을 참지 못한 주인공이 신 앞에서 그 사제를 살해하고는 법정에서 그(와 그의 당)의 이상을 밝히는 커다란 물의를 일으킬 만한 장면들이 포함돼 있다. 그 후에도 많은 작품들이, 특히 타밀에서 그와 같은 패턴으로 만들어졌다.

DMK가 비록 가족 영화 장르에서는 민족적인 요소보다 범위가 좁은 준민족적인, 타밀적 알레고리를 이용했다고는 해도 독립 후 인도 영화의 특징이 가장 잘 드러난 장르, 즉 서사적 멜로드라마에서는 정치적 각성의 요소가 강도 높게 포함되었다. 마찬가지로 그와 이웃한 안드라 프라데시에서는, 「수만갈리 Sumangali」(1940), 「데바타Devatha」(1941), 「스와르가시마Swargaseema」(1945) 등의 작품들로 텔루구 영화를 개척한 B. N. 레디의 바우히니Vauhini 영화사 작품들에서도 볼 수 있는 바와 같이 멜로드라마를 보다 폭넓게 이용했다.

이들 영화들에서 여성은 전통(그리고 국가)의 〈수호자〉로서 폭행과 유린을 당하면서도 끝까지 살아남아 자신들이 지닌 정숙함과 도리로 세상을 바꿔 놓고 있다. 그런가 하면 타밀과 텔루구의 몇몇 멜로드라마들은 개혁 소설뿐만 아니라 신화극의 요소도 직접 빌려 와, 시대 모험극이라는 또 하나의 장르를 만들어 냈다. 반신화적 액션 모험극과 관련된 두 지역의 대표적 스타 라마찬드란과 라마 라오는 신화적인 초특급 영웅이 되어 나중에는 정치인으로서 그 지역에 메시아적인 위력까지 발휘했다.

뭄바이 토키 사와 서사적 멜로드라마

1930년대 중반에는, 특히 「찬드랄레카」로 시작된 〈전 인도 *all India*〉 영화 미학을 미리 예측한 일련의 경제적인 변화로 인도 전역에는 이미 거대한 시장 통합의 필수 조건이 형성되어 있었다. 수입 영화의 숫자는 답보 상태를 면하지 못하고(1933~4년의 440편에서 1937~8년의 395편으로) 오히려 떨어지는 양상을 보였다. 전시의 자생 산업 붐과 발맞추어, 〈경영 에이전시〉 체제를 대표하는 금융가들도 영화에 점점 더 많은 돈을 쏟아 붓기 시작했다. 란지트와 뉴 시어터를 비롯한 몇몇 극장들이 고리 금융이라는 이 새로운 영역의 혜택(피해와 함께)을 입었다. 1934년에 설립된 뭄바이 토키 사는 무성 영화 시기에 세워진 오리엔탈리스트들의 국제 합작 영화사에 그 기원을 두고 있는데, 「아시아의 빛Prem Sanyas」(1926), 「시라즈Shiraz」(1929), 「주사위 던지기Prapancha Pash」(1929)는 모두 후일 뭄바이 토키 사를 위해 데비카 라니의 대형 영화들을 만든 독일 감독 프란츠 오스텐이 유럽 자본으로 히만수 라이를 위해 만든 작품들이었다. 라이는 오스텐을 그의 독일 및 영국 스태프들과 함께 불러들여 그들과 〈은행, 보험, 상사, 투자 신탁 회사 등을 통해 뭄바이 재계를 좌지우지하던 십수 명의 거물들〉(아쇼카 메타, 1948년 데사이의 글에서 인용) 중 3명을 이사로 참여시킨 제작사를 설립했다. 뭄바이 토키 사는 주로 방갈로레에서 섬유 산업으로 부를 일으킨 카티아와르 일가, 즉 카푸르찬즈의 자본으로 설립되었고, 설립 3년 뒤부터는 주주들에게 정기적으로 배당금을 지급했다. 이 영화사가 만든 1930년대의 농촌 멜로드라마들은, 파르시 극장도 처음에는 그들의 후원자인 상인 자본가들의 열망을 대변했듯, 자신들의 기업 행위와는 달리 인공적인 농촌의 유토피아를 꿈꾼 이 회사 자본가들의 비전을 그대로 반영했다.

그러나 1942년에는 이 회사에서 떨어져 나간 일단의 무리들이 필르미스탄Filmistan 스튜디오를 차려 엄청난 성공을 거둠에 따라 힌디 영화 대형 스타들의 도움이 뚝 끊어지면서 뭄바이 토키 사의 사세도 기울기 시작했다. 하지만 1947년에는 뭄바이 토키와 그 후임자들의 남다른 기업 감각으로 멜로드라마 영화들은 다시 한 번 산업화된 현대 국가를 대표하는 특권적 형태로서의 지위와 〈민족〉 문화에 대한 전후 그리고 포스트-스와데시적 표현 수단을 획득했다. 전쟁이 끝나면서 바로 스튜디오 시스템을 대체한 투자가들, 즉 의기양양한 상인 계급 역시, 라즈 카푸르라든가 구루 두트 같은 감독들 눈에는 특히 자신들의 이상향을 도외시한 국가적 상황을 상징하는 것으로 비쳤다. 업계 자체의 조건은 무책임한 한탕주의의 문화 모험주의로 쪼그라든 나라 형편과 딱 맞아떨어졌다. 하지만 서사적 멜로드라마로 하여금 문화의 선봉장 역할을 하게 하여 인도 영화사상 최초로 국가 의식을 심어 준 것 또한 이러한 조건 때문이었다.

참고문헌

Choudhury, Ashim(1975), *Private Economic Power in India*.
Desai, A. R.(1948), *Social Background of Indian Nationalism*.
Report of the Indian Cinematograph Committee, 1927~8 (1928).

Rajadhyaksha, Ashish, and Willemen, Paul(eds.)(1994), *The Encyclopedia of Indian Cinema.*

Sivathamby, K.(1981), *The Tamil as a Medium of Political Communication.*

1949년 이전의 중국

크리스 베리

1949년 인민 공화국 설립 이전의 중국 영화는 혁명적이기 이전에 후기 식민지적이었다. 공산당에 의해서, 아니면 국민당의 정통파적 민족주의의 규제하에 쓰인 1차 사료와 이 자료에 기반한 이후의 역사 기록들은 혁명 이전이라는 점을 강조하는 데 치우쳐 후기 식민지적이었다는 점을 간과했다. 하지만 1930년대와 1940년대 〈황금기〉의 유명한 걸작 저항 영화들의 제작을 활성화한 힘은 바로 이러한 역설에서 나왔다. 이 시기의 영화들에 대해서는 중국 본토의 정부뿐만 아니라 대만 정부도 자신들의 문화적 유산이라고 주장하고 있다.

이 시기 중국 영화의 수도는 상하이였다. 중국 최초의 영화 상영은 1896년 8월 11일 상하이에서 버라이어티 쇼 공연 프로그램 중 하나로 선보였다. 양쯔 강 하구에 자리한 거대한 국제적 상업 도시인 상하이의 성장과 발전은 전적으로 중국이 그다지 내키지 않아 했던 서구, 그리고 〈근대〉와의 만남의 산물이었다. 상하이는 곧 동양과 서양의 접경지가 되었으며 동서 교류의 중심지가 되었다. 상하이는 동양인과 서양인들이 만나고, 충돌하고, 서로 섞이면서 혼합 문화를 낳고, 무엇보다도 무역을 행한 곳이었다.

상하이에서 외국의 카메라맨 겸 영사 기사는 무역이 행해지는 지역을 따라 퍼져 나가 다른 주요 연안 도시와 수도인 베이징에도 1902년 영화를 가져왔다. 1949년 직전까지 영화는 외국의 침투가 가장 완전하게 이루어진 지역에서 번성했으며, 외국 작품들과 외국의 배급망, 상영 네트워크가 영화 산업을 지배했다. 초기에는 일본(만주 지역에서)과 독일이 내륙을 침투하는 데 가장 탁월한 솜씨를 보였지만 1930년대에 이르러 상영된 영화의 90퍼센트는 외국 작품이고 그중의 90퍼센트가 미국 영화였다.

이토록 완벽한 외국의 지배는 영화를 이국적이며 꽤 비싼 오락으로 만들었다. 영화 상영의 위계질서를 보면 외국인들과 국제화된 중국인들이 최신 외국 영화를 보기 위해 가장 많은 입장료를 냈으며, 보통의 중국인들은 적은 돈을 내고 묵은 영화를 관람했다. 중국의 자국 영화는 1910년대와 1920년대에 이 하층을 파고들어 이윤의 일부를 차지하면서 나중에 발전될 놀라운 잡종 장르들의 씨앗을 뿌렸다.

베이징의 허름한 펑타이 사진관(豊泰照相館)은 1905년 주인들이 경극(京劇)을 필름으로 기록하기 시작함에 따라 중국 최초의 영화가 탄생한 곳이 되었다. 그러나 그들은 곧 상하이에 더 큰 기회가 있음을 깨닫고 1909년 그곳으로 자리를 옮겼다. 상하이의 초기 제작사들은 대부분 외국과의 합작 기업이었고 순수한 중국 제작사가 생긴 것은 휘시 영화사(幻仙電影公社)가 설립된 1916년에 이르러서이다.

휘시 영화사의 첫 작품인 「아편굴의 원혼(黑籍寃魂)」은 지금 남아 있지 않지만 제작된 지 7년이 지나도록 계속 상영될 정도로 성공을 거두었다. 이 작품의 플롯과 현존하는 가장 오래된 작품인 「과일 행상의 사랑(擲果緣)」(1922)을 살펴보면, 영화와 이 당시 도시에서 붐을 일으켰던 〈원앙새와 나비*mandarin duck and butterfly*〉 유의 토속 문학과의 유사함을 볼 수 있다. 멜로드라마적이고 감상적인 이 이야기들은 근대화되고 서구화된 도시의 삶이 지닌 파편성과 모순들을 드라마화했다. 비극인 경우에는 가혹한 몰락과 불운의 이야기였지만, 코미디인 경우에는 우연이라는 기적 같은 일들이 개입됐다. 부유한 유교 명문가의 자제가 가난한 방앗간 집 딸과 사랑에 빠져 부모의 노여움을 사지만 방앗간 집 딸이 오래전에 연락이 끊겼던 친척으로부터 유산을 대거 물려받게 된다는 식이다.

「아편굴의 원혼」의 경우, 중국에서 서구 제국주의의 정수를 상징하는 아편에 의해 망하게 되는 가족의 이야기를 그린다. 「과일 행상의 사랑」은 좀 더 관대한 코미디로 사기꾼과 도박 소굴이 넘쳐 나는 거친 거리 풍경의 도시에서 의사의 딸에게 구혼하기 위해 애쓰는 청과물상의 이야기다. 영화는 카메라를 위한 과장된 연기라든가 슬랩스틱 연기 등 할리우드 무성 코미디 영화를 모방하긴 했지만 바로 그 모방 자체가 매개

야마구치 요시코 [셜리] (1920~2014)

야마구치는 1920년 만주의 후순에서 귀화한 일본인 부모에게서 태어났다. 그녀는 다문화적인 그곳에서 자라 중국어, 일본어, 러시아 어를 능통하게 구사했다. 그녀는 성악을 전공했으며 청년 시절부터 성악 리사이틀 무대를 가지기 시작했다. 나중에 그녀는 중국 여학생들을 위한 베이징의 기독교 계통의 학교를 다녔으며 이곳에서 영어를 배웠지만 이 시기를 제외하면 완전히 중국적인 환경에서 성장했다.

만주 지역 중국인들의 〈교화와 오락〉을 위해 라디오 프로그램을 송신하기 시작한 일본은 그녀를 가수로 기용했다. 여전히 학생이었지만 그녀는 중국 가명으로 중국 노래를 불렀다. 1938년 일본이 운영하는 만주 지역 영화사인 만에이(滿映)가 설립되었을 때 일본 군부는 다시 그녀에게 접근해 그들의 첫 뮤지컬에 출연해 줄 것을 요청했다. 그녀는 자신의 대부이자 아버지의 가까운 친구로 친일파인 리 장군의 이름을 땄다. 그녀는 만주와 중국에서는 리샹란(李香蘭)으로, 일본에서는 리코란(중국 가명의 일본 발음)으로 알려졌는데 대중 앞에서는 늘 중국 드레스를 입어 매력적인 중국 여가수의 이미지를 유지했다.

그녀는 일본 미남 배우 *matinée idol*들과 쌍을 이뤄 이국적인 장소에서 진행되는 〈인종 간〉 로맨스 시리즈에 출연하여 일본인 장교, 혹은 엔지니어의 중국인 연인 역할을 했다. 도호(東寶) 영화사와 만에이의 이런 합작 영화들은 전시 일본에서 빅 히트를 기록했으며 그녀의 일본 방문 콘서트와 레코드도 마찬가지였다. 바쁜 일정 가운데서도 그녀는 전선의 군대를 위한 위문 공연도 해냈다.

일본에서 그녀의 가장 큰 성공작은 「중국의 밤」(도호, 1940)이었다. 여기에서 그녀는 먼지투성이에 반항적인 중국 전쟁 고아로 상하이 거리에서 일본 해군 장교(하세가와 가즈오)의 눈에 띄어 깨끗이 씻기고 얌전하게 교육받은 후 그의 애정의 노예가 되는 역으로 나온다. 일본 관객들은 이 영화의 할리우드적 로맨스의 과잉을 환영했다. 전시의 억압적인 금욕주의적 이데올로기에 대한 일시적인 해방과 중국에 대한 일본의 침략을 러브 스토리로 변형시킨 판타지를 반겼던 것이다.

일본의 점령 지역에서 중국의 관객들은 일본 영화들의 온정주의적 정치 선전에 저항하며 일본의 검열이라는 제약 속에서 제작된 중국 영화들을 선호했다. 3명의 중국인 여주인공이 중국을 아편 중독자들의 나라로 만들려는 서구 제국주의의 음모에 맞서는 내용을 그린 「불후의 명성」(1942~3)은 1차 아편 전쟁을 기념해 만들어졌다. 그 여주인공의 한 사람으로서 리샹란은 바의 후원자들에게 아편의 해악에 대한 세레나데를 부르며, 아편 중독자인 연인으로 하여금 중독증과 싸우도록 한다. 서구의 악당들은 가짜 코와 노란 가발을 쓴 중국인 배우들이 연기했는데 모두들 중국말을 엉망으로 했다. 그녀는 또한 (미개봉된) 만에이 영화사의 뮤지컬에도 주연을 맡았는데 일본의 베테랑 감독 시마즈 야스지로가 연출하고 하얼빈에서 러시아 어 대사로 촬영됐다. 영화 제목은 「나의 나이팅게일」 혹은 「하얼빈의 노래하는 소녀」로 알려졌는데 그녀는 백인 러시아 가족에 입양된 딸로 출연했다.

전쟁이 끝난 후 그녀는 출생 증명서 덕에 일본에 협력했던 많은 매국노들에게 가해진 숙청을 면할 수 있었다. 그리고 〈고향〉인 일본으로 보내졌다. 그녀는 도호 영화사에서 여배우 일을 다시 시작했는데 이번에는 일본 이름인 야마구치 요시코를 사용했지만 전쟁 기간 중의 인기를 다시는 회복하지 못했다. 1950년 미국으로 건너가 킹 비더의 「일본인 전쟁 신부」에서 주연을 맡고 브로드웨이 뮤지컬 「샹그리라Shangri-la」에 출연하기도 했다. 한때 일본계 미국인 조각가 이사무 노구치와 결혼하기도 했지만 곧 일본으로 돌아왔다. 1955년, 또 다른 할리우드 영화인 샘 풀러의 「대나무집」에서 로맨틱한 역을 맡았는데, 이번에는 일본인 장교를 위한 중국인 소녀가 아니라 미군 병사를 위한 〈기모노 걸〉이었다.

그녀는 1958년 일본인 외교관 히로시 오타카와 결혼하면서 영화계에서 은퇴했다. 그러나 그 후에도 처음에는 TV 사회자이자 저널리스트로, 그리고 1974년 이후에는 일본 자민당의 참의원으로서 계속 성공의 길을 걸었다.

프레다 프리버그

주요 작품

「하얀 난초의 노래(白蘭の歌)」(1939); 「중국의 밤(支那の夜)」(1940); 「사막에서의 맹세(熱砂の誓ひ)」(1941); 「사욘의 종(サヨンの鐘)」(1943); 「불후의 명성Wanshi Liufang」(1942~3); 「인생 최고의 날(わが生涯の輝ける日)」(1948); 「새벽의 탈주(曉の脫走)」(1950); 「추문(醜聞)」(1950); 「일본인 전쟁 신부Japanese War Bride」(1952); 「대나무집House of Bamboo」(1955); 「바이 부인의 매혹적인 사랑(白夫人の妖戀)」(1956).

참고 문헌

Anderson, Joseph, and Richie, Donald(1982), *The Japanese Film: Art and Industry*.

Frieberg, Freda(1992), "Genre and Gender in the Wartime Japanese Cinema".

Yamaguchi, Yoshiko, and Fujiwara, Sakuya(1987), *Ri Ko Ran: Watashi no Hansei*.

셜리 야마구치와 로버트 스택 주연의 도쿄를 무대로 한 샘 풀러 감독의 「대나무 집」.

가 되어 관객들이 중국임을 알아볼 수 있는 풍경과 사건들을 재현했다.

「과일 행상의 사랑」은 밍싱 영화사(明星影片公司)가 제작한 작품인데, 이 영화사는 이후 상하이의 메이저 영화사가 된다. 그러나 훠시 영화사는 초기 중국 영화감독들이 감내해야 했던 혼란스럽고 힘든 경제적 상황의 전형적인 운명을 맞았다. 첫 작품이 만들어진 지 7년 뒤에도 여전히 상영되었지만 영화사 자체는 오래전에 없어진 것이다. 다른 많은 영화사들이 촬영을 시작하기도 전에 망했던 것에 비해 훠시 영화사는 파산하기 전에 만든 1편의 영화로 명성을 얻었다는 점에서 돋보인다. 1921년 설립된 120개 영화사 중에서 1년 후에도 계속 운영된 곳은 12개 영화사뿐이었다.

1920년대 영화들의 놀라운 플롯과 감상주의는 이후 역사학자들에 의해 민족주의나 혁명을 장려하지도 않고, 관객 취향의 수준을 높이는 데 별로 도움이 되지 않은 저속한 도락으로 취급되었다. 1919년 민족주의적인 5·4운동의 발발은 새롭게 각광받는 문학의 대두를 가져왔고, 이런 관점에서 볼 때 영화는 시대에 뒤진 것으로 보였다. 1930년대 이전 영화에 대한 이러한 무시는 교육 수단으로서의 예술을 숭상하고 국민당의 민족주의자들과 공산주의자들의 〈근대적〉인 프로젝트들과 잘 맞아떨어지는 대중문화를 경시하는 유교적인 전통을 보여 주는 것이다. 국민당 민족주의자들과 공산주의자들은 1930년대에 등장하기 시작한 〈진보적〉 혹은 〈좌익〉 영화들을 선호했다.

그러나 좌익 영화 작품들을 초기 영화와 반대편에 놓는 것은 둘 사이에 잘못된 벽을 쌓는 행위이다. 비록 초기 영화들이 정치적 행동을 직접적으로 장려하지는 않았지만 중국 감독들에게 기회를 주었고 중국 관객들에게 익숙한 동시대 상황들을 재현해 낸 것은 사실이다. 오락 영화들이 시대를 돌아보는 내용을 다루었기 때문에 좌익 영화들이 대중오락을 대치하지 않고 보완했다는 사실은 자주 잊혀 왔다. 결국 좌익 영화들은 알려진 것보다 훨씬 더 순수 오락 영화들과 공통점을 지니고 있었으며 선동과 대중문화가 하나이며 같을 수 있음을 보여 주었다.

좌익 영화 제작의 자극이 된 것은 일본의 중국 침략이었다. 1931년 만주를 점령한 것을 시작으로 일본은 1년 안에 상하이를 폭격해 거의 점령하다시피 했다. 이러한 사건들은 관객과 영화감독들 사이에 민족주의를 고양시켰다. 공산당의 선두 조직인 좌익작가연맹은 1932년 영화 그룹을 만들었고, 이 조직이 그 당시 가장 큰 영화사인 밍싱 영화사와 리안화 영화사(聯華影業公司)에 침투했다. 국민당 정부의 유화 정책이 직접적인 반일 감정의 표현을 제한했지만 좌익 영화감독들은 최소한 진보적인 정치 성향을 띤 일부 스튜디오 소유주들의 지원을 받았다. 양측은 당시의 시대 분위기가 이러한 작품들의 장사를 가능하게 해준다는 점을 깨닫고 있었다.

좌익의 영화 산업 침투가 가장 먼저 가져온 결과 중 하나는 밍싱 영화사가 마오둔의 단편 소설 「봄누에(春蠶)」를 각색해 1933년 개봉한 것이다. 영화의 플롯은 국제 시장 가격의 변동과 기계화에 대한 무방비로 인해 가혹하게 파멸해 가는 뽕나무 농장 가족의 몰락을 보여 준다. 비단 제작에 수반되는 등골 빠지는 힘든 노동의 다큐멘터리적인 묘사는 마지막의 비극을 더욱 가슴 아프게 만든다.

1935년 초에 나온 쑨위의 「대로(大路)」는 한 영화에 혁명 이전적인 요소와 후기 식민주의적인 요소가 잘 통합된 뛰어난 사례이다. 플롯은 군대를 위한 전술 도로를 만드는 공사장의 인부가 되기로 작정한 6명의 실업자에 대한 이야기이다. 검열 때문에 영화 속 전쟁의 적이 일본이라는 사실을 직접적으로 언급할 수는 없었지만 당시의 관객들은 누구나 적이 누구인지를 짐작할 수 있었다. 영화는 일본에 땅을 파는 사악한 지주를 등장시킴으로써 애국주의적 내용에 계급 정치를 보탠다. 그러나 이 영화를 효과적으로 만든 것은 나중에 비평가들이 너무나도 싫어한 바로 그 저속한 오락 영화적 요소들을 적절하게 도입해 사용했다는 점이다. 6명 중 2명의 노동자는 로럴과 하디와 중국 버라이어티 쇼의 스탠드업 코미디팀을 모델로 한 코믹 2인조로 나온다. 영화에는 효과음과 음악은 있지만 대사는 없다. 그 2인조가 슬랩스틱을 하는 장면들에선 타악기 연주가 이들의 연기를 북돋우며 지주의 부동산 중개업자가 한 인부의 어깨 위에서 팽이돌리기를 당하는 장면에서는 비행기와 어지러움을 나타내는 별들의 애니메이션이 그의 머리 주위를 돈다. 인부들은 또한 2명의 여자를 만나는데 그중 1명은 하루 일을 끝낸 인부들이 모이는 길가의 작은 식당에서 노래를 부른다. 식탁에 걸터앉은 그녀는 당시 매혹적인 스타들에게 자주 사용됐던 소프트포커스*Soft-focus*로 포착돼 남자들의 시선을 끌지만 그녀가 부르는 노래는 홍수, 기아, 전쟁에 의해 황폐화된 중국에 대한 비탄의 노래이다. 그녀에게 꽂힌 남자들의 욕망에 가득 찬 시선에 답하는 것은 그녀를 잡은 숏들이 아니라 탱크와 폭발, 그리고 피난민들을 잡은 다큐멘터리 필름이다.

일본 점령하에서 한 가족이 당한 고통을 다룬 정쥔리, 차이추성 감독의 통속적 멜로드라마 「봄날의 강물은 동쪽으로 흐른다」(1947).

이 당시 다른 좌익 영화들 또한 비슷한 목적을 위해 코미디와 노래, 대중오락의 요소들을 적절하게 사용했다. 주목할 만한 작품들로는 「신녀(神女)」, 「복숭아와 살구 약탈Taoli jie」, 「교차로(十字街頭)」, 「거리의 천사(馬路天使)」, 「작은 장난감들(小玩意兒)」, 「여성을 위한 성서A Bible for Women」, 「청년들의 행진(青年進行曲)」, 「리안화 심포니(聯華交響曲)」, 「어부의 노래(漁光曲)」 등을 들 수 있다. 이와 같이 활발한 영화 제작이 일본과의 전면전 발발로 중단되기 직전인 1937년에 제작된 「거리의 천사」가 지닌 후기 식민주의적 혼성 모방 *pastiche*은 에이젠슈테인에 대한 참조까지도 엿볼 수 있다.

외국인 거류지를 제외한 상하이 전체가 일본에게 접수됨에 따라 중국 영화 산업과 인력들은 뿔뿔이 흩어지게 되었다. 일부는 외국인 거류지들의 〈고아 섬〉에 머물렀지만 이들도 1941년에 일본에 넘어갔다. 다른 일부 사람들은 홍콩으로 떠나 그곳에 이미 확립되어 있던 광둥 어 영화 산업에 북경어 영화 제작을 추가했지만 1941년 말 일본의 점령으로 홍콩에서도 1941년 영화 제작이 중단되었다. 그러나 여전히 일부 사람들은 국민당과 함께 내륙으로 도피했는데 처음에는 운난으로 갔다가 좀 더 내륙인 충칭으로 갔다. 전쟁 중 필름의 부족은 영화인들로 하여금 다른 일을 할 수밖에 없도록 만들어 전쟁 기간 동안 순회 연극단에 합류하기도 했다.

좀 더 좌익 성향이 강한 예술가들은 전쟁 기간 동안 샨시 성의 옌안에 임시로 자리 잡은 공산당에 가입했다. 이들 중에는 스타 출신인 란핑, 곧 마오쩌뚱의 세 번째 아내가 될 장칭이 포함되었다. 또한 감독인 위안무즈와 그의 아내인 여배우 천보얼이 있었는데, 이들은 1949년 각각 중국의 초대 영화 국장과 문화부 장관이 되었다. 옌안에서의 영화 제작은 요리스 이벤스가 카메라를 선물로 가져온 1939년에야 시작됐지만 그때도 필름의 부족으로 제작은 소수의 다큐멘터리 제작에 그쳤다.

전쟁 기간에 자유로운 중국 영화 제작이 중단된 반면, 일본의 지배하에서도 지역 산업의 융성은 계속되었다. 무슨 이유에서인지 몰라도 일본은 만주 침략 이후 지역의 영화 제작을 장려했으며 1937년 이후 상하이의 영화 산업을 그들의 선전 도구에 추가했다. 중국 역사학자들은 당연히 이 시기에 대한 관심을 덮어 두려고 하지만 최근의 연구는 일본의 상하이 영화 산업 지배 방식이 다른 지역에서보다 덜 가혹했으며, 애국적인 복선을 지닌 1939년 작 「황뮬란 입대하다Xiang xia po cong jun」 같은 영화들도 일본의 검열을 통과할 수 있었음을 보여 준다.

밍싱 영화사는 일본의 점령과 함께 몰락했지만 리안화 영화사는 전쟁이 끝나 가는 시점에 상하이에서 재설립되어 다시 한 번 좌익과 진보적 성향을 지닌 영화인들의 활동 무대가 되었다. 이 시기의 영화들은 곧이어 발발한 국공 내전 시기를 특징짓는 부패와 인플레이션의 소용돌이를 기록해 보여 준다. 1949년 인민 공화국의 설립과 함께 영화계를 지배하게 된 사회주의적 사실주의에 맞서 〈사회적 사실주의〉임을 공포한 이 같은 영화 제작은 비록 3년이라는 짧은 기간에 그쳤지만 중국 영화 제작의 〈제2의 황금기〉로 꼽힌다.

제1황금기 영화들이 매우 선언적이며 오락과 교육적 목적을 혼합했던 반면, 1940년대 후반의 영화들은 유연한 플롯과 일정한 톤의 순한 멜로드라마들이었다. 아마도 가장 잘 알려진 사례는 리안화 영화사가 쿤룬 스튜디오(昆崙影業公社)와 합작으로 만들어 1947년과 1948년에 개봉한 2부작 서사 영화 「봄날의 강물은 동쪽으로 흐른다(一江春水向東流)」일 것이다. 중국의 「바람과 함께 사라지다」로 알려진 이 작품은 지금 상영돼도 여전히 나이 든 관객들의 눈물샘을 자극할 수 있다. 영화는 아들을 하나 둔 이상적인 부부의 이야기로 시작한다. 그러나 그들은 전쟁 때문에 남편이 국민당과 함께 내륙으로 후퇴하면서 헤어지게 된다. 그곳에서 그는 점점 타락해 부유한 사교계 여성의 정부가 된다. 그의 충실한 아내는 상하이에서 남편을 기다리며 전쟁에 시달리게 되지만 그는 국민당 뜨내기 후보자가 되어 돌아온다. 영화는 아내가 남편이 자신이 하녀로 일하고 있는 여자의 남편이 되었음을 알게 되면서 클라이맥스에 이르고, 남편에게 버림받은 아내는 양쯔 강에 투신자살한다.

국민당과 그 추종자들에 대한 환멸은 전후의 상황을 담은 영화들에서 더욱더 선명하게 드러난다. 「끝없는 빛(光芒萬丈)」, 「까마귀와 참새(烏鴉與麻雀)」, 「산 마오San Mao」(고아가 주인공인 인기 신문 만화를 각색) 같은 영화들은 재미있고 유머러스했지만 그 어느 작품도 이 시기의 사회적인 모순과 상하이에서 고생한 사람들이 전쟁에서 돈을 번 사람들에 대해 가지는 반감을 애써 숨기려 하지 않았다. 형식에서 이 영화들은 연극 무대에서 오랫동안 훈련된 배우들의 섬세한 앙상블 연기를 채용했다. 비록 1930년대 영화들보다는 훨씬 혼성 모방이 덜했지만 이 영화들 또한 혁명 이전의 목적들에 대한 후기 식민지적인 활용을 보여 준다. 그러나 이번에는 대중문화보다는 서구의 발성 무대 드라마와 유성 영화에 더 관심을 두었다.

제2의 〈황금기〉는 1949년 이전의 중국 영화사를 최고조의 상태로 끝맺음했다. 1930년대의 5년간(1932~7)의 영화 제작과 1940년대의 3년간(1946~9)의 영화 제작이 총 40년(1909~49)에 걸친 영화 제작 역사에서 그토록 강력하게 부각된다는 사실은 매우 놀라운 일이다. 그러나 이 2개의 〈황금기〉가 느닷없이 등장했다고 생각하는 것은 오산이다. 오히려 이 두 시기는 오랫동안 성장해 온 재능들이 드러날 수 있는 기회를 제공해 준 것이라고 할 수 있다. 일부 사람들은 이러한 기회가 이후 45년간 다시 나타나지 않았다고 주장할 것이다. 「하나와 여덟(一個和八個)」과 「황토지(黃土地)」(두 작품 모두 1984년에 제작)가 중국 영화의 또 다른 황금기의 시작을 알리기 전까지 말이다.

참고문헌

Bergeron, Régis(1977), *Le Cinéma chinois, i : 1905~1949.*

Berry, Chris(ed.)(1991), *Perspectives on Chinese Cinema.*

Cheng, Jihua *et al.*(1963), *Zhongguo dianying fazhanshi.*

Clark, Paul(1987), *Chinese Cinema: Culture and Politics since 1949.*

Du Yunzhi(1972), *Zhongguo Dianyingshi.*

Leyda, Jay(1972), *Dianying: Electric shadows.*

Quiquemelle, Marie-Claire, and Passek, Jean-Loup(eds.)(1985), *Le Cinéma chinois.*

Toroptsev, Sergei(1979), *Ocherk istorii kitaiskogo kino 1896~1966.*

일본의 고전기 영화

고마쓰 히로시

1932년 9월 1일의 관동 대지진은 도쿄와 도쿄가 형성한 문화를 완전히 파괴시켰다. 일본인들은 도쿄를 이전과 똑같이 재건하기보다는 옛것들을 버리고 새로운 외관을 갖추기로 결정했다. 지진에 의한 파괴는 새로운 유형의 일본 영화의 발전에도 결정적인 자극으로 작용했다. 1924년부터 1930년대 초까지 여러 편의 일본 고전 영화들이 닛카쓰(日活), 쇼치쿠(松竹), 테이키네, 마키노와 일부 작은 독립 영화 스튜디오들에 의해 만들어졌다. 낡은 형태들이 버려지고 영화감독들이 새로운 유럽의 예술 영화들을 받아들이면서 영화의 제작과 새로운 형식의 창출이 촉진되었다.

지진에 의한 파괴가 이러한 변화를 가져온 결정적인 촉매제이긴 했지만 변화는 이미 몇 년 전부터 이루어지고 있었다. 이미 1922년에 「신비한 빛에서(靈光のわかれ)」(고카쓰/호소야마 기요마쓰)와 「여자 마법사의 춤(妖女の舞)」(쇼치쿠/이케다 요시노부)이 신파*New School*의 장르로 등장했다. 이 영화들은 독일 표현주의의 영향을 받아서 「칼리가리 박사의 밀실」(1919)과 「새벽부터 자정까지Von Morgens bis Mitternacht」(1920)의 일그러진 무대 세팅을 부분적으로 도입했다. 일본 영화에서는 처음부터 스토리보다는 형식이 더 중요한 요소였으며, 따라서 독일의 표현주의적인 스타일이 매우 빨리 흡수될 수 있었다. 영화감독들은 독일의 수입 영화들을 〈영화 예술〉의 모델로 받아들여 재생산해야 할 새로운 공식으로 생각했다. 미조구치 겐지는 「피와 영혼(血と靈)」(닛카쓰, 1923)에서 그러한 형식을 모방했는데, 지진이 나기 바로 직전에 완성된 이 영화는 닛카쓰 영화사의 유명한 무코지마(向島) 스튜디오에서 만들어진 마지막 작품이었다.

지진이 무코지마 스튜디오를 파괴하지는 않았지만 도쿄에서의 영화 제작을 매우 힘들게 만들기는 했다. 닛카쓰는 이 스튜디오의 문을 닫고 제작 부서를 몽땅 교토로 옮겨 10년간 머물렀다. 고대의 수도였던 교토는 전통적으로 지다이게키(時代劇) 제작의 중심지였고, 옛 건축물과 거리로 둘러싸인 풍경은 이러한 형식의 영화를 만드는 데 완벽한 배경을 제공해 주었다. 겐다이게키(現代劇)는 항상 도쿄를 무대로 해왔지만 이제 닛카쓰는 겐다이게키도 도쿄를 그대로 재현해 낸 교토 스튜디오의 세트에서 촬영해야 했다. 교토에서의 제작은 인공적인 스타일의 발전을 가능하게 만들었다. 특히 닛카쓰의 겐다이게키 세트장은 표현주의를 가능하게 했다. 또 다른 메이저 영화사인 쇼치쿠 또한 지진의 여파로 도쿄 스튜디오를 교토로 옮겼지만 그곳에서 겐다이게키를 제작할 환경을 조성하는 데 어려움을 느껴 두 달 후 도쿄로 돌아왔다.

교토의 스튜디오에서 찍은 닛카쓰의 겐다이게키 영화들은 쇼치쿠와 다른 영화사들이 도쿄에서 찍은 작품들과 확연히 구분됐다. 도쿄의 영화들은 보통 사람들의 일상생활을 그림으로써 현대 사회에서의 인간관계에 초점을 맞춘 반면, 닛카쓰는 일상생활에서 떨어져 확연히 허구의 세계를 담은 영화들을 교토 스튜디오에서 제작했다. 이는 문학이나 연극, 혹은 외국 영화들이 담아내는 허구의 세계와 비슷했다.

닛카쓰 겐다이게키의 특징들을 확립하는 데 결정적인 역할을 한 두 감독은 무라타 미노루와 아베 유타카이다. 하지만 두 사람의 경향과 스타일은 서로 매우 달랐다. 무라타는 메이지 시대 이후 일본에서 느껴지기 시작한 유럽의 문화적 영향력에서 영감을 얻었다. 그의 영화 「노상의 영혼(路上の靈魂)」(쇼치쿠, 1921)은 가상의 세계를 그려 내 전형적인 일본의 사실주의는 결여하고 있었다. 독일 영화와 연극을 공부한 그가 닛카쓰에서 만든 영화 「운전사 에이키치(運轉手えいきち)」(1924)에서 부분적으로 채택한 표현주의적인 세팅들은 그가 독일 표현주의의 영향을 받았음을 보여 준다. 드라마의 주제에 꽤 인위적으로 가하는 명암 배분을 활용하는 것에 의해 무라타는 미래의 일본 영화들, 특히 기누가사 데이노스케의 작품들의 등장을 예고했다. 「세이사쿠의 아내(せいさくの妻)」(닛카쓰, 1924)에서 우라베 구메코가 연기한 여주인공이 족쇄를 찬 절망적인 모습으로 거리에 서 있는 장면은 기누가사의 「십자로(十字路)」(1928)의 마지막 장면과 비슷하다. 그러나 사실 이 장면은 독일 표현주의 영화 「새벽부터 자정까지」의 눈 오는 밤 장면에서 그대로 빌려 온 것이다. 무라타가 프랑스와 독일에 가져가 상영한 「오스미와 어머니(おすみと母)」(1924)와 특히 「도시의 마법사(町の手品師)」(1925)는 유럽 예술 영화에 대한 그의 강한 기호를 보여 준다.

닛카쓰 겐다이게키의 또 한 명의 주요 감독인 아베 유타카는 로스앤젤레스에서 배우로 일한 경력이 있어 일본 영화에 할리우드 스타일의 모더니즘을 가져왔다. 아베는 특히 루비치의 세련된 코미디를 좋아했으며 루비치의 영향을 받아 자신의 작품에 에로틱한 요소들을 집어넣기도 했다. 그의 영화들은 신파의 멜로드라마에 대한 반작용으로 볼 수 있다. 아베

의 「다리를 만진 여자(足に觸った女)」(1926), 「대지의 인어(陸の人魚)」(1926)와 「그를 둘러싼 다섯 명의 여자(彼を回る五人の女)」(1927)는 관객들에게 환영받았으며, 이 영화들의 인기는 겐다이게키의 형식에 근본적인 변화를 가져왔다.

모더니즘의 추구는 쇼치쿠가 제작한 영화들에서도 볼 수 있다. 쇼치쿠는 초창기부터 미국 영화의 방식들을 모방해 왔다. 쇼치쿠의 제작자였던 기도 시로는 당시 영화 관객의 다수를 차지한 중산층의 삶을 다룬 영화들을 만들도록 감독들을 격려했다. 전통적으로 일본 영화는 이미 확립된 플롯의 공식에 기반을 두어 스크린 속의 세상은 관객들의 현실적인 삶과 거리가 있었다. 그러나 중산층의 일상생활에 초점을 맞춤으로써 이 시기의 쇼치쿠 영화들은 지나친 정치적인 암시를 피하면서 계급의식을 명시해 냈다. 그렇다고 전통적인 영화 공식과 주제로부터의 이러한 이탈이 전적으로 혁명적인 것은 아니었다. 보통 사람들의 일상생활 묘사는 에도 시대의 일본 문학에도 존재하고 있었다. 미국 영화들, 특히 블루버드 Bluebird 영화사의 영화들은 1910년대에 일본에서 인기가 높아 이미 관객들은 보통 사람들의 일상생활이 재미있고 매력적인 영화적 스펙터클이 될 수 있다는 점을 알고 있었다. 쇼치쿠의 중산층 영화들은 중산층 관객들을 사로잡는 일상생활의 장면들, 예를 들어 화이트칼라 노동자들의 문제 같은 주제를 통해 계급의식의 메시지를 전달했다는 점이 특징이었다.

지진 이후에 근본적으로 바뀌게 된 것은 겐다이게키의 형식만이 아니었다. 심지어 가장 전통적인 시대극인 규하(舊派) 장르조차 이 시기에 변화를 겪었다. 매우 전통적인 영화들이 지속적으로 만들어지는 동안 그 뿌리로부터 시대 드라마, 혹은 지다이게키라고 알려지게 된 새로운 형식이 발전해 나왔다. 이 장르 역시 친숙하고 전통적인 스토리들에 기반한 공식들을 반복하는 일로부터 탈피했다. 지다이게키라는 좀 더 모던한 형식은 1923년에서 1924년 사이에 확립되었으며, 1926년 규하적 스타일을 상징하던 슈퍼스타 오노에 마쓰노스케가 사망하자 새로운 형식은 전통적인 지다이게키풍으로부터 완전히 떨어져 나갔다.

마키노 쇼조는 요코타(橫田) 영화사에서 감독 데뷔한 1909년 이후 규하 전문 감독으로서 오노에 마쓰노스케가 나오는 영화를 많이 만들었다. 그러나 1921년에 그는 자신의 독

독일 표현주의의 영향이 강하게 느껴지는 무라타 미노루 감독의 「오스미와 어머니」(1924).

고쇼 헤이노스케 감독의 코미디 「이웃집 여자와 아내」(1931). 일본 최초로 동시음을 사용한 작품 중 하나이다.

립 영화사 마키노를 설립하여 형식과 스타일에서 오노에 마쓰노스케 영화들의 공식과 다른 지다이게키들을 만들기 시작했다. 그는 연출뿐만 아니라 프로듀서로서로도 재능 있는 감독, 시나리오 작가와 배우들을 발굴하고 길러 냈다. 감독들 중에서 누마타 고로쿠, 가나모리 반쇼와 후타가와 분타로는 마키노(牧野) 영화사를 위해 지다이게키를 만들었다. 시나리오 작가 스스키타 로쿠헤이는 허무주의적이고 때로는 무정부주의적인 내용의 시나리오를 써서 지다이게키에 좌익 이데올로기의 물결을 주입하기도 했다.

대표적인 스타인 오노에 마쓰노스케의 죽음에도 불구하고 닛카쓰 스튜디오는 계속해서 정통파 지다이게키를 만들었다. 닛카쓰 지다이게키의 대표적인 감독 이케다 도미야스는 잘 알려진 전통적인 역사 이야기들로부터 주제를 빌려 왔기 때문에 그의 영화들은 마키노의 지다이게키 영화들이 지니고 있는 대담함을 결여하고 있다. 마키노의 영화들에서는 주인공들이 늘 파멸을 향해 달려간다. 이케다는 「존황양이(尊皇攘夷)」(닛카쓰, 1927)와 「지라이카파(地雷火組)」(닛카쓰, 1927~8) 같은 대규모의 정적인 지다이게키를 연출했고, 1920년 말에서 1930년대 초에 걸쳐 가장 전통적인 지다이게키 영화의 거장이 되었다. 하지만 닛카쓰의 모든 지다이게키 감독들이 정통적인 지다이게키를 만드는 데 만족했던 것은 아니다. 예를 들어, 쓰지 기치로는 형식 면에서 독특한 실험을 감행했다. 그의 작품 「지옥에 떨어진 미쓰히데(地獄に落ちた光秀)」(닛카쓰, 1926)는 지다이게키, 코미디, 레뷔(소희극), 표현주의와 겐다이게키가 혼합된 것이었다. 그는 영화 예술의 영향에 민감했으며 그런 영향들을 자신의 작품 속에 도입했다. 1920년대 말에 그는 심지어 프롤레타리아 영화에도 접근해 걸작 「우산 검술(傘はり劍法)」(닛카쓰, 1929)을 만들었다. 그러나 정부와 경찰에 의해 일본의 사회주의 운동이 억압됨에 따라 다시 정통파 지다이게키로 돌아서 과거의 느낌이 강하게 배어 있는 세계를 구축했다.

그러나 1920년대 말의 지다이게키를 아방가르드의 수준으로 끌어올린 것은 이토 다이스케였다. 「주지의 여행기(忠次旅日記)」(닛카쓰, 1927) 3부작 같은 그의 영화들은 극단적으로 비관적인 주제들을 다루고 있지만 기술적으로는 앞서 움직이는 카메라, 빠른 편집과 세련되고 조형적인 아름다움으로 비평적인 찬사를 얻었다.

「뒤바뀐 페이지(狂つたいページ)」(1926) 같은 아방가르드

영화로 유명하긴 하지만 기누가사 데이노스케도 효과적인 연출로 지다이게키의 새로운 지평을 열었다. 그는 원래 닛카쓰의 무코지마 스튜디오에서 만들어진 신파의 영화들에서 오야마(여자의 역할을 하는 남자 배우)로 연기 생활을 하다 감독으로 마키노 영화사에 합류했다. 그는 당대의 젊은 소설가들과 가깝게 지내면서 그들과 함께 일본의 신화를 다룬 영화 「태양(日輪)」(1925)을 만들었다. 「뒤바뀐 페이지」와 「십자로」(1928) 등 그의 영화들에서는 유럽 예술 영화의 영향력이 보인다. 이 영화들은 도쿄에서 외국 영화를 주로 상영하는 극장에서 상영되어 평상시의 일본 영화 관객들과 다른 관객들을 끌어 모았다.

따라서 지다이게키 양식은 1920년대 말에, 다양한 제작사에 소속된 수많은 감독들의 개혁에 의해 지속적으로 세련되어져 갔다. 영화의 내용은 전통적인 검술뿐만 아니라 새로운 이데올로기들에서 영감을 얻은 아이디어들로 구성되었다. 이 시기에 이토 다이스케의 지다이게키는 도시민과 농민들의 억압을 묘사하였으며, 지배 계급에 대항하는 소요는 일부 지다이게키에서 중요한 주제가 되었다. 인민에 의한 저항은 영화에서 직접적으로 다루기에는 너무나 논쟁적인 소재였지만, 100여 년 전의 과거를 무대로 한 지다이게키에서는 약간의 이데올로기적인 내용도 용납되었다. 이렇게 해서 전통적인 지다이게키에서 새로운 형태의 좌익 영화, 경향파 영화가 발전해 나왔다.

1929년에 닛카쓰의 교토 스튜디오는 우치다 토무의 「살아있는 인형(行ける人形)」을 개봉했다. 이 겐다이게키는 자본주의 사회의 악과 모순들을 주제로 다루었고 최초의 진정한 경향파 영화 중 1편이었다. 이 모델을 따라 닛카쓰는 소련과 독일 영화의 영향을 받아 사실주의 형식을 채용한 「도시 교향악(都會交響樂)」(미조구치 겐지, 1929)과 「이 엄마를 보라(この母を見よう)」(다사카 도모타케, 1930)를 만들었다. 닛카쓰의 경향파 영화들의 성공은 모방의 물결을 일으켰다. 심지어 오락 영화를 전문으로 하는 데이키네 영화사마저 가난에 찌든 여자 방화범의 삶을 그린 「무엇이 그녀로 하여금 그런 일을 저지르게 했나(何が彼女をそうさせたか)?」(스즈키 시게요시, 1930)를 제작함으로써 이 대열에 합류했다. 이 영화는 특히 흥행에서 큰 성공을 거두었는데 이는 관객들을 즐겁게 하기 위한 저속한 요소들로 영화가 지니고 있는 사회적 비판을 가볍게 만들었기 때문이다.

검열은 모든 경향파 영화들에 대해 간섭했다. 특히 사회 질서를 파괴하는 행위를 묘사하는 부분들은 삭제했다. 영화에서 혁명을 숭상하거나 공산당의 합법성을 제시하는 것은 불가능했으며 심지어 하층민의 현실을 그대로 드러내는 것도 금지되었다. 이는 일본의 경향파 영화들이 지니고 있는 사실주의의 수위가 소련이나 독일의 사실주의보다 약하다는 것을 의미했다. 더구나 관객들을 끌어들이기 위해서 경향파 영화들은 선정적인 주제에 의존해야 했기 때문에 영화의 이데올로기적인 진전의 가능성이 제한됐다. 그러나 이 영화들은 일본 영화감독들과 관객들이 사회 현실을 바라보는 눈을 뜨게 만드는 동시에 유럽 사실주의 영화의 방식들을 도입함으로써 영화 산업의 발전에 영향을 끼쳤다.

경향파 영화의 제작은 일본의 두 주요 영화사의 차이와 특징들을 드러내 주었다. 닛카쓰는 교토 스튜디오에서 과감하게 이러한 유의 영화를 만들어 내는 자유주의적인 영화사였지만, 미국 영화의 순응파적인 이데올로기 위에 설립된 쇼치쿠는 경향파 영화의 〈위험한〉 이데올로기에 대하여 신중한 자세를 유지했다. 그러나 「무엇이 그녀로 하여금 그 일을 하게 했나」의 엄청난 성공 이후 심지어 쇼치쿠조차 새로운 형식을 승인해야 했다. 시마즈 야스지로는 쇼치쿠에서 노동자들의 파업 장면이 담긴 「생명줄 ABC(生活線 ABC)」(1931)를 만들었다. 경향파 영화는 계속해서 엄청난 인기를 유지했지만 1931년 검열의 간섭이 유례없이 강화됨에 따라 개봉은 이제 불가능해졌다.

경향파 영화가 사라지면서 다른 유의 정치 선전 영화가 자리를 잡게 되었다. 1932년 쇼치쿠와 일부 작은 영화사들이 전쟁과 민족주의적 이데올로기를 미화하는 영화를 만들기 시작했으며 이 영화들은 특히 일본의 만주 정책을 지지했다.

사운드로의 이행

일본에서는 무성 영화가 1938년까지 만들어져 유성 영화와 무성 영화가 오랫동안 공존했다. 여기에는 몇 가지 이유가 있는데 경제적인 이유와 문화적인 이유가 있다. 첫째, 1930년대 초의 일본 영화사들은 유성 영화를 제작하는 데 필요한 기자재를 들여올 수 있는 경제적인 여유가 없었다. 기자재를 갖추었다고 해도 필요한 유성 영화 영사기와 스피커들을 모든 극장에 설치하기까지는 돈과 시간이 많이 들었다. 일부 극장이 무성 영화밖에 보여 줄 수 없는 한 유성 영화와 함께 무성 영화도 계속 제작될 수밖에 없었다. 유성 영화로 이행하는 데 늦어진 두 번째 이유는 소리에 대한 변사(弁士, 관객들에게

미조구치 겐지 (1898~1956)

미조구치는 말년에 이르러서야 국제적인 명성을 얻었다. 일본 바깥에서의 그의 명성은 여전히 그의 1950년대 작품들, 「우게쓰 이야기」(1953), 「산쇼 다이유」(1954) 혹은 「신헤이케 이야기」(1955) 등 주로 중세를 배경으로 한 서정적인 드라마들에 전적으로 의존하고 있었지만, 동시에 (미약하긴 하지만) 그의 마지막 작품인 「치욕의 거리」(1956)와 같은 센세이셔널한 현대 드라마의 감독으로도 알려졌다. 그러나 그의 연출 인생은 1920년까지 거슬러 올라간다. 그는 이때 닛카쓰 무코지마 스튜디오에 다나카 에이조 등 신파 감독들의 조감독으로 입사했다. 따라서 그의 예술을 이해하기 위해서는 그의 뿌리가 1920년대 신파에 있음을 염두에 두어야 한다.

신파 영화들은 서구의 감각으로 이야기하자면 멜로드라마들이었다. 메이지 시대(특히 1890년대)에 등장한 도시 드라마에서 파생한 신파 영화들은 여성 역할에 남자 배우를 썼으며, 가족을 위해 자신을 희생하는 여성 이야기에 초점을 맞추었다. 미조구치는 1923년 무코지마에서 오야마(女形)를 기용하여 자신의 신파 드라마들을 연출하기 시작했다. 그리고 이 장르의 중심을 이루는 공식이 평생 동안 그의 예술의 근간을 이루게 되었다.

초기에 미조구치는 다양한 장르와 스타일들을 섭렵했다. 신파 멜로드라마 외에 그는 탐정 영화, 표현주의 영화, 전쟁 영화, 코미디, 귀신 이야기와 프롤레타리아 영화들을 만들었다. 이 시기에 그는 미국과 유럽 예술 영화의 표현주의적인 레퍼터리들을 과감히 차용했다. 예를 들어 「니혼바시」(1929)의 시나리오에서 그는 어떤 장면의 연출을 지시할 때 구체적으로 무르나우의 「일출」의 장면처럼 하라고 요구했다. 그는 신파의 공식을 기반으로 삼으면서 다양한 표현주의적인 테크닉들을 사용했고, 그는 새 영화를 만들 때마다 새롭게 발견한 테크닉에 대한 열정을 보여 주었다. 초기 작품들의 다양한 면모 때문에 그는 서구의 작가*auteur* 개념으로는 쉽게 파악되지 않는 감독이었다. 그가 처음으로 자기의 독창적인 일본적 스타일을 보여 준 것은 다나카 에이조의 시나리오로 만든 「종이 인형의 봄 속삭임」(1926)이었다. 그는 다나카의 걸작 「옷깃 가게, 교야」(1922)의 분위기를 계승하면서 처음으로 자신의 일본적 스타일이 확립되었음을 보여 주었다. 그러나 그는 또한 그 당시와 후에 여러 편의 평범한 영화들도 만들었는데 심지어 전후의 시기에는 자신이 좋아하는 양식이 아닌 영화[미국 영화의 영향을 받은 「나의 사랑은 불타고 있다(我が戀は燃えぬ)」(1949)처럼]의 제작을 계속했지만 결과는 들쭉날쭉했다.

다양한 영화를 제작했는데도 불구하고 신파의 전통에 내재한 박해받는 여성들에 대한 관심은 끝까지 일관되게 유지된다. 이는 이즈미 교카의 소설들을 각색한 3부작 영화 「니혼바시」, 「폭포의 흰 줄기」(1933)와 「오센의 몰락」(1935)에서 특히 명백하게 드러난다. 그러나 신파 도식의 영향은 「도시 교향악」(1929), 혹은 「그래도 그들은 간다(しかも彼らはゆく)」(1931) 같은 그의 〈경향파〉 영화들(사실주의적, 정치적 드라마들)에서도 볼 수 있다. 경향파 영화의 제작은 여성들에 대한 미조구치의 태도의 변화를 가져온 것 같다. 신파 영화들의 결말에서 여성들은 남성 사회에 의해 삶

이 파괴된 희생자로 그려진다. 그러나 「나니와 엘레지」(1936)에서 볼 수 있듯이 1930년대 이후 미조구치의 작품들에선 여성 인물들이 자신의 생존을 위해 사회 제도에 대항해 싸울 정도로 활력이 있다. 그의 후기 영화들은 자주 쾌활하며 심지어 더 나아가 매우 힘이 센 여성들을 중심에 두고 있다.

초창기의 미조구치는 표현주의적인 「몸과 영혼(血と靈)」(1923)을 시작으로 스타일 면에서 외국 영화들로부터 많은 영향을 받았다. 1920년대 말에 그는 장면의 빠른 전환, 잦은 디졸브, 그리고 (이즈미 각색 3부작에서) 플래시백의 독특한 사용 등 과감한 수단들을 실험했다. 이러한 스타일은 이후 그의 성숙기에 자리 잡게 될 스타일, 즉 「마지막 국화 이야기」(1939)와 「겐로쿠 주신구라」(1941)에서 나타나듯이 롱테이크와 움직임의 절제를 특징으로 하는 스타일과는 정반대였다.

만약 신파 영화의 형식이 미조구치 작품의 중심에 놓여 있음을 알게 되면 그의 가장 유명한 전후 영화들은 좀 더 풍부하게 해석될 수 있다. 「우게쓰 이야기」와 「산쇼 다이유」의 고통받는 여성들, 그리고 「오하루의 일생」(1953)과 「기온의 노래」(1953)의 생명력 넘치는 여성들은 겉으로는 달라 보이지만 같은 뿌리를 공유한다. 그의 전후 작품들에 나타나는 정적이지만 서정적인 이미지들은 외국의 아방가르드와 무코지마 스튜디오의 신파 영화들의 다양한 영화 형태를 섭렵하면서 만들어지게 된 것이다.

히로시 고마쓰

▪▫ 주요 작품

「종이 인형의 봄 속삭임(紙人形の春の囁き)」(1926); 「도시 교향악(都會交響樂)」(1929), 「니혼바시(日本橋)」(1929); 「폭포의 흰 줄기(瀧の白絲)」(1933); 「오센의 몰락(折り鶴お千)」(1935); 「나니와 엘레지(浪華悲歌)」(1936); 「마지막 국화 이야기(殘菊物語)」(1939); 「겐로쿠 주신구라(元綠忠臣藏)」(1941); 「오하루의 일생(西鶴一代女)」(1952); 「기온의 노래(祇園囃子)」(1953); 「우게쓰 이야기(雨月物語)」(1953); 「산쇼 다이유(山椒大夫)」(1954); 「신헤이케 이야기(新平家物語)」(1955); 「치욕의 거리(赤線地帶)」(1956).

▪▪ 참고 문헌

Frieberg, Freda(1981), *Women in Misoguchi Films.*
Kirihara, Donald(1992), *Patterns of Time: Mizoguchi and the 1930s.*
McDonald, Keiko(1984), *Mizoguchi.*

◀ 「마지막 국화 이야기」(1939).

영화를 설명하는 사람)들의 저항이었다. 그들은 자신들의 일자리와 지위를 보호하기 위해 유성 영화 제작으로의 이행에 반대해 투쟁했다. 실제로 일본에서는 일부 관객의 경우, 변사들의 솜씨를 듣는 재미로 극장을 찾는 사람들도 있었다. 일본 관객들은 영화의 초창기부터 음성으로 영화에 코멘트를 하는 변사의 역할에 익숙해져 있었기 때문에 유성 영화가 유럽이나 미국에서처럼 그렇게 혁명적인 것으로 받아들여지지는 않았다.

이러한 장애에도 불구하고 유성 영화는 비교적 이른 시기부터 일본에서 제작되기 시작했다. 1925년에 미노가와 요시조는 리 디 포레스트의 포노필름Phonofilm에 대한 권리를 얻은 뒤 그것에 미나 토키란 이름을 새로 붙였다. 그래서 미조구치의 첫 유성 장편 영화 「고향(ふるさと)」(닛카쓰, 1930)을 비롯해 1927년부터 1930년 사이에 여러 편의 유성 영화가 이 시스템에 의해 만들어졌다. 1928년 도조 마사오는 바이타폰과 유사한 방식으로 디스크에 사운드를 재생해 내는 이스트폰Eastphone 시스템을 발명했다. 이 시스템을 사용해 닛카쓰와 데이키네 스튜디오에서 유성 영화가 만들어지기 시작했다. 이 두 가지 유성 영화 제작 방식은 더 나은 시스템들이 발명되면서 버려졌다. 그중의 하나로 쓰치하시 다케오가 개발한 쓰치하시 사운드 시스템이 널리 사용되게 되었고, 특히 일본 최초의 완전한 유성 영화인 고쇼 헤이노스케의 「이웃집 여자와 아내(マダムと女房)」(쇼치쿠, 1931)가 이 시스템을 사용했다. 그러나 유성 영화의 제작은 제도적으로 이루어지지 않았으며 쇼치쿠에서조차 「이웃집 여자와 아내」의 뒤를 잇는 두 번째 영화, 고쇼의 「젊은 시절의 뜨거운 감정(若きひの感激)」(쇼치쿠, 1931)를 만드는 데 넉 달이 걸렸다.

쇼치쿠와 신코 키네마는 쓰치하시 시스템을 채택했다. 그러나 원시적인 미나 토키 시스템을 버릴 수밖에 없어 유성 영화 제작에서 라이벌들에 뒤처져 있던 닛카쓰는 웨스턴 일렉트릭 시스템을 채용했다. 그러나 이토 다이스케의 「단게사젠」이 만들어진 1933년 이전에는 1편의 유성 영화도 만들지 않았다. PCL(Photo Chemical Laboratory)은 닛카쓰의 뉴스 영화와 장편 극영화 제작을 위한 시스템을 개발했고 사운드를 녹음했다. 이 시스템은 성공적이라고 판명되어 닛카쓰는 자체의 유성 영화 제작부서를 1933년에 발족시켰다. 1930년대 중반에는 이중의 시스템이 존재하게 되었는데 작은 영화사들이 계속해서 무성 영화를 만든 반면 PCL이 만든 모든 영화와 쇼치쿠, 닛카쓰 등 큰 스튜디오의 제작물은 대부분 대

오즈 야스지로 (1903~1963)

촬영 조감독으로 출발한 오즈 야스지로는 일본에서 가장 큰 스튜디오의 하나인 쇼치쿠 영화사에서 1927년 감독으로 데뷔했다. 1963년 60세로 작고할 때까지 그는 53편의 영화를 만들었고, 거의 모든 작품을 쇼치쿠에서 만들었다. 그는 일본의 가장 위대한 감독으로 공인받고 있다.

1920년대 말에 일본 영화는 〈근대화〉의 과정에 놓여 있었다. 스튜디오의 대표들은 미국의 시스템과 여러 모로 비슷한 수직 통합적 독과점을 형성했다. 감독들은 일본 관객들을 끄는 매끈하고 기분 좋은 영화들과 경쟁하기 위한 노력의 일환으로 할리우드 영화의 형식과 내러티브적 관습들을 도입했다.

젊은 오즈는 이런 환경에서 자신의 세계를 꽃피웠다. 대부분의 일본 영화를 보며 지루했다고 고백한 그는 채플린과 로이드와 루비치로부터 받은 교훈을 작품 속에 흡수해 몸으로 유발하는 유머와 사회적 관찰을 통합시킨 코미디를 만들었다(「태어나긴 했지만」(1932)). 그는 대학 생활, 거리의 범죄자(「수배 소녀」(1933))와 가족 내의 긴장(「도쿄 여자」(1933))에 대한 영화를 만들었다. 이 모든 영화에서 그는 자신이 클로즈업과 편집과 숏 디자인의 거장임을 보여 주었다. 그의 독특한 스타일은 카메라를 낮은 위치에 설정하고 사물과 표정의 반응을 섬세하게 간격 편집*intercut*시키는 데서 나왔다. 오즈는 또한 벙어리장갑의 유포(「청춘의 나날(若き日)」(1929)), 혹은 빈 동전 지갑(「유행(出来ごころ)」(1933))을 둘러싼 난센스적인 개그를 만들어 내는 기발한 유머 감각을 보여 주었다. 그는 또한 현대의 도쿄를 신비로움이 가득 찬 풍경으로 바꾸어 낼 수도 있었다. 숏이 사무실 빌딩에서 떨어지는 한 장의 종이 위, 창가에 놓인 비서의 분첩, 텅 빈 골목길 등에 머무르기도 했다. 이 모든 경향들은 그의 첫 유성 영화 「외동아들」(1936)에서 확실해졌다. 영화는 도쿄로 아들을 찾아온 시골 여인이 아들이 출세에 실패했음을 알게 되는 이야기이다. 이때 이미 오즈는 일본 최고 감독 중 한 명으로 여겨졌다.

전쟁 시기에는 군에 복무하느라 작품 편 수가 줄어들었지만 「도다가의 형제자매들」(1941)과 「아버지가 계셨네」(1942) 등 〈후방〉 영화들을 만들기는 했다. 전후 그의 첫 작품은 1930년대의 작품을 떠올리게 하는 〈이웃 사람들〉 영화 「셋방 신사의 일기」(1947)였다. 그러나 그의 가장 유명한 영화들은, 말 없는 위기를 거치면서 세대 간의 갈등을 드러내는 대가족에 대한 지속적인 탐구라고 할 수 있는 〈형제자매들〉 영화이다.

대가족 영화 중 가장 유명한 작품은 「도쿄 이야기」(1953)이다. 「외동아들」의 어머니처럼 늙은 부부가 도쿄로 상경한다. 자녀들은 회사 일과 집안 일 때문에 바빠 부모를 냉대한다. 전쟁 중 사망한 아들의 미망인인 며느리 노리코만이 그들에게 따스한 애정을 보인다. 돌아오는 길에 노모는 병이 들어 고향 집에서 사망한다. 할아버지는 노리코에게 아내의 시계를 주고 혼자 살기로 한다. 이러한 간략한 일화가 오즈의 손에서 사람들이 사랑과

오즈 야스지로.

헌신, 그리고 책임감을 표현하는 다양한 방식들에 대한 타의 추종을 불허하는 묘사로 변한다.

아이가 자라서 가족을 떠난다; 친구들은 헤어져야만 한다; 아들 혹은 딸은 결혼해야 하고; 과부 혹은 홀아비는 혼자 남겨지며; 늙은 부모는 죽는다. 하나하나의 작품마다 오즈와 그의 시나리오 작가 노다 고고는 이러한 기본적인 모티프들을 다양하게 변주해 냈다. 그러나 각각의 영화는 신선한 방식으로 그런 소재를 새롭게 조명한다. 「만춘」(1949)은 아버지와 딸이 헤어져야만 하는 이치에 대한 차분한 연구이고 오즈의 마지막 작품인 「꽁치의 맛」(1962)은 이 같은 주제를 소비주의에 대한 풍자와 전쟁 이전 시대의 가치관에 대한 향수와 섞어 낸다. 「초여름」(1951) 또한 결혼하는 딸의 이야기에 초점을 맞추지만 여기에서는 가정 내의 코미디적 상황들과 도시 근교의 삶이 지니는 서정적인 측면들이 풍성하게 짜였다. 「안녕하세요」(1959)는 아이들이 주인공인 코미디 「태어나긴 했지만」의 리메이크로 볼 수 있는데, 가정 내의 갈등을 좀 더 저속한 수준으로 다루어 오즈와 노다는 소년들의 방귀 뀌기 컨테스트를 어른들의 하염없는 수다와 비교한다.

이러한 작품을 통해서도 오즈의 스타일은 신선하고 정밀하며 강약의 자유로운 조절을 유지하고 있다. 대부분 정면에서 잡은 그의 정적인 숏/역숏들은 컷을 통해 프레임 내에 놓인 등장인물들과 일치한다. 따라서 스크린은 섬세하게 변화하는 물질과 선의 공간이 된다. 1930년대 작품들에서 거장의 솜씨를 보여 주는 그의 카메라 움직임은 컬러 영화에서는 완전히 사라졌다. 이는 세트 속에 조심스럽게 계산되어 놓인 작은 도구들의 활기 넘치는 색조들을 더욱 눈에 띄게 한다. 무엇보다도 그의 유명한 낮은 각도의 카메라는 고집스럽게 한곳에 머무른다. 이는 마치 그가 하나의 단순한 스타일의 선택이 무한한 구성과 깊이의 정도들을 다 표현해 낼 수 있음을 40년에 걸쳐 보여 주고자 하는 것 같다. 단순하게 보이는 테크닉 속에서 오즈가 발견한 섬세함들은 드라마의 풍부한 감정과 짝을 이룬다. 그리고 그의 드라마들은 지금까지의 어떤 영화보다도 일상생활에 근접한 것이다.

데이비드 보드웰

▪▫ 주요 작품

「도쿄 합창(東京の合唱)」(1931); 「태어나긴 했지만(生まれてはみたけれど)」(1932); 「도쿄 여자(東京の女)」(1933), 「수배 소녀(非常線の女)」(1933); 「유행(出來ごころ)」(1933); 「외동아들(一人息子)」(1936), 「도다가의 형제자매들(戶田家の兄妹)」(1941); 「아버지가 계셨네(父ありき)」(1942); 「셋방 신사의 일기(長屋紳士錄)」(1947); 「만춘(晩春)」(1949); 「초여름(麥秋)」(1951); 「도쿄 이야기(東京物語)」(1953); 「춘분 꽃(彼岸花)」(1958); 「안녕하세요(お早よう)(1959); 「꽁치의 맛(秋刀魚の味)」(1962).

▪▪ 참고 문헌

Bordwell, David(1988), *Ozu and the Poetics of Cinema.*

Burch, Noël(1979), *To the Distant Observer: Forms and Meanings in the Japanese Cinema.*

Hasumi, Shiguehiko(1983), *Kantoku Ozu Yasujiro*

Richie, Donald(1974), *Ozu.*

사를 포함시켰다. 1937년에 이르러 PCL은 도호(東寶) 영화사로 재조직되었으며 도쿄에서 최고의 사운드 시스템을 갖춘 스튜디오가 되었다.

일본의 주요 감독들 중 대다수는 1930년대에 들어서기까지 유성 영화를 만들지 않았다. 오즈 야스지로의 「다시 만날 때까지(またお日まで)」(쇼치쿠, 1932)는 음악과 음향 효과는 있었지만 여전히 삽입 자막을 갖춘 무성 영화의 구조를 지니고 있었다. 1930년대에 그의 영화들은 일종의 어두운 사회의식적 색채를 띠게 되었고, 이러한 경향이 마침내 그의 첫 유성 영화 「외동아들(一人息子)」(쇼치쿠, 1936)로 이어졌다. 그러나 1920년대의 경향파 영화들과 달리 오즈는 이 암울함을 사회 구조의 결과로서가 아니라 인간 근본의 고독에서 오는 것으로 묘사했다. 오즈 영화의 특징을 이루는 이러한 관점은 쇼치쿠의 가마타 스튜디오와 노골적인 정치 이데올로기를 결여한 이 스튜디오의 프티부르주아적 영화의 전통에서 나왔다. 그러나 오즈의 영화들은 스튜디오의 표준작을 넘어서는 수준에 도달했고 인간의 깊은 고독에 대한 독특한 관점을 지니기에 이르렀다.

쇼치쿠의 가마타 스튜디오에는 유성 영화라는 매체를 통해 새롭고 독창적인 표현 수단을 찾은 또 다른 감독이 있었다. 1924년부터 감독으로 일한 시미즈 히로시는 당대 일본 영화계에서 가장 독창적인 스타일리스트의 한 사람으로 위치를 확고히 했다. 그의 유명한 무성 영화 「다이아몬드(不壞の白玉)」(쇼치쿠, 1929)는 급속하게 바뀌는 예측 불허의 카메라 앵글과 꿈같은 세팅의 사용 등 아방가르드적인 테크닉을 보여 주었다. 그의 유성 영화들 중 가장 뛰어난 작품은 「아리가토 상(ありがとうさん)」(쇼치쿠, 1936)과 「스타 운동선수(花形選手)」(쇼치쿠, 1937) 같은 〈로드 무비〉 시리즈였다. 여기에서 카메라는 등장인물의 눈이 되어 주관적인 숏들을 통해 지나가는 풍경을 보여 준다. 시미즈는 이러한 테크닉을 일종의 추상으로까지 발전시켰다.

나루세 미키오는 쇼치쿠에서 5년 동안 무성 영화를 연출해 왔다. 그의 영화들은 독특한 프레임 구성과 인물의 움직임이 특징적이었는데, 이는 그의 상대적으로 정적인 연출과 더불어 깊은 공간의 환상과 뛰어난 회화적 아름다움을 창조해 냈다. 쇼치쿠는 감독으로서의 나루세의 출발점이었고, 그가 1935년 도호로 옮겨 간 이후에 만든 영화들에도 여전히 쇼치쿠 스타일이 반영되었다.

이들 감독들은 서구의 영화로부터 현대 모더니즘을 흡수했으며 그것을 적용하는 과정에서 일본 문화와 영화에 내재해 있던 모더니스트적 충동들을 끄집어냈다.

많은 영화감독들이 새로운 형식의 영화로 전환해 가는 추세에도 불구하고 쇼치쿠에는 정통적인 감독들이 더 많이 일하고 있었다. 특히 시마즈 야스지로와 고쇼 헤이노스케가 눈에 띄었다. 시마즈는 동시대의 몇몇 감독들처럼 개인적인 스타일을 발전시키지는 않았지만 쇼치쿠 스튜디오 체제 안에서 스타를 기용한 대규모 영화들을 많이 만들었다. 그의 연출 스타일은 보수적이었지만 「옆집의 야에짱(隣のやえちゃん)」(1934) 같은 섬세한 영화들을 만듦으로써 쇼치쿠에서 가장 신뢰하는 감독의 하나로 떠올랐다. 고쇼 헤이노스케는 쇼치쿠에서 좀 더 정통파에 속하는 또 다른 감독이었는데 회사는 그에게 첫 유성 영화와 두 번째 유성 영화의 제작을 맡겼다. 그의 개인적인 영화 스타일은 전쟁 이후에 발전되었는데 문학적 이상주의의 경향을 보이기 시작했다. 반면 그의 동료인 나루세의 전후 영화들은 여전히 쇼치쿠 스튜디오 스타일에 머물러 있었다.

1920년대 중반부터 지다이게키의 감독들은 일본 영화의 개혁적인 형식들을 발전시키는 선구자들이었다. 1930년대에 특히 2명의 감독이 지다이게키의 새로운 시대를 연 것으로 각광받았다. 이타미 만사쿠가 「국토무쌍(國士無双)」(1932)과 「비겁한 살인자의 삶(闇討とせい)」(1932) 같은 허무주의적 지다이게키를 연출했고 야마나카 사다오는 지다이게키에 겐다이게키의 요소들을 도입했다. 이 두 감독 외에 닛카쓰의 감독인 우치다 도무는 검술 영화 「복수의 챔피언(仇討選手)」(닛카쓰, 1931)에 자신의 이전 작품에서 보여 주었던 현대적인 요소들을 끌어들였다. 1930년대 초반의 수준 높은 지다이게키에는 현대 유럽 영화의 아이러니한 내용과 스타일을 융합시켰다. 예를 들어 야마나카 사다오의 지다이게키 「백만 냥짜리 항아리(百萬兩の壺)」(닛카쓰, 1935)는 르네 클레르의 「백만 프랑」에서 직접적인 영감을 얻은 작품이다.

미조구치 겐지는 평생에 걸쳐 여러 가지 다른 주제들을 발전시켰는데 메이지 시대를 무대로 한 일련의 영화들을 통해 그가 미장센의 거장임을 보여 주었다. 1930년대 중반에 그가 「나니와 엘레지(浪華悲歌)」(다이이치, 1936), 「기온의 자매(祇園の姉妹)」(다이이치, 1936)와 「애증의 골짜기(愛怨峽)」(신코 키네마, 1937)를 제작한 방식은 리얼리스트 겐다이게키 감독으로서 그의 명성을 확고히 해주었다. 이러한 사실주의는 「마지막 국화 이야기((殘菊物語)」(쇼치쿠, 1939)에서 형식미 넘치는 아름다움의 최고의 경지에 도달했다. 민족주의와 전쟁이라는 불안한 분위기 속에서 미조구치는 전통적인 일본의 아름다움의 세계로 도피했으며 이후 전 생애 동안 성공적으로 그러한 방향을 추구했다.

전쟁과 그 후

전쟁은 일본 영화 산업 전체에 어두운 그림자를 드리웠다. 1939년에는 거의 모든 일본 영화를 정부의 통제하에 놓는 법률이 통과되었다. 따라서 전쟁을 찬양하지 않거나 적극적으로 파시즘의 이데올로기를 선전하지 않는 영화들은 제작이 힘들게 되었다. 오즈 야스지로는 「아버지가 계셨네(父ありき)」(쇼치쿠, 1942)를 만듦으로써 현대 정치와 상관없는 세계 속에 머물렀으며, 미조구치의 「겐로쿠 주신구라(元綠忠臣藏)」(쇼치쿠, 1941) 또한 전쟁으로부터의 피난 작품이었다. 그러나 많은 감독들은 국가적인 정책을 지지하는 영화의 제작을 피할 수 없었다. 전쟁 기간의 일본 영화는 이외 다른 문제들로부터도 고통받았다. 즉 필름의 부족으로 제작 편 수가 급속히 줄어들었고, 1945년 8월까지 일본 내 영화의 45퍼센트가 폭격에 의해 파괴되었다.

전쟁 후에도 문제는 계속됐다. 일본이 항복한 지 4개월 뒤인 1945년 12월에 1939년도의 영화법이 폐지되었고, 1946년 점령군의 요구로 영화계의 전범들이 추방되었다. 점령군은 또한 민족주의적인 영화들의 제작을 금지했으며 전쟁 이전 시기의 영화 225편을 불태울 것을 명령했다. 이러한 상황에서는 지다이게키의 제작이 힘들어졌다. 전통적인 일본의 형식에 기반을 두고 과거를 무대로 삼았으며 봉건 제도에 대한 충성을 장려하는 듯한 내용이 들어 있기 때문이었다. 이렇게 하여 스튜디오들은 민주적인 교육을 위한 영화, 민족주의적인 경향의 과거를 공격하는 영화들을 제작했다. 영화의 내용에 대한 외부의 강요에도 불구하고 영화 산업은 전쟁 기간에는 불가능했던 자유를 누렸다.

전쟁 직후의 기간에는 이전에는 한 번도 허용되지 않았던 쾌락주의적인 작품들이 제작되었다. 미조구치는 이 관능의 표현을 가능케 한 새로운 자유를 제대로 활용한 감독 중의 한 사람이었다. 쇼치쿠의 베테랑 감독들은 이러한 변화들을 각자의 방식으로 작품 속에 반영했다. 오즈의 영화들은 일상의 세계를 주제로 삼으면서 정적인 형식주의의 방향으로 발전해 갔고, 시미즈는 아이들의 삶을 묘사하는 데 관심을 가졌으며, 1935년 이후 도호에서 일해 온 나루세는 여전히 사실주의적인 관점에서 멜로드라마들을 만들었다. 고쇼 헤이노스케는 실존주의 등 최신의 이데올로기를 도식적이고 예측 가능한 방식으로 도입한 작품들을 만들었다.

전후 시기에 새롭게 등장한 감독 중 가장 중요한 사람은 구로사와 아키라이다. 그의 영화들은 인간성이라는 주제를 드라마틱하게 들여다보기 위해 서부극 스타일의 구조를 채택했다. 그의 미장센은 외국 관객들에게도 친숙하게 받아들여져 일본 영화에 세계의 이목을 집중시켰다.

이마이 다다시의 영화들은 비록 가끔 순진하고 단순한 방식이기는 했지만 주로 일본의 사회 문제들에 관심을 보였다. 민주주의와 계몽의 전후 시기로부터 그의 영화들은 노동 운동과 좌익의 이데올로기를 채택하기 시작했다. 기노시타 게이스케는 계속해서 쇼치쿠 스타일의 전통적인 멜로드라마들을 만들었지만 1950년대에 관객들이 새로운 예술 영화 형식의 가능성에 대해 눈을 뜨도록 해주었다. 그는 또한 일본의 첫 컬러 영화 「카르멘 고향에 돌아가다(カルメン故郷に帰る)」(쇼치쿠, 1951)를 만들기도 했다. 신도 가네토는 독립 제작사를 차려 자신의 작품을 연출하는 동시에 메이저 스튜디오들을 위해 많은 시나리오를 썼다. 대표작 「벌거벗은 섬(裸の島)」(1960)을 개봉한 후 그는 자신의 작품 속에 실험적인 요소들을 도입하려고 노력했지만 그다지 성공적이지는 못했다.

일본에서 텔레비전 방송은 1953년에 시작되었고, 이 새로운 경쟁에 맞서 일본 영화사들은 컬러와 와이드스크린 포맷을 채택하기 시작했다. 닛카쓰는 1955년 첫 컬러 영화를 만들었고 도에이는 1957년 첫 와이드스크린 영화를 만들었다. 1950년대 말에는 컬러와 와이드스크린이 영화의 상업적인 성공의 필수 조건이 되었다.

1930년대 일본 영화에 있어서 유성 영화와 무성 영화의 공존은 자본의 부족과 문화적 특수성으로 인해 오래 지속되었다. 1940년대의 영화는 완전히 상반되는 두 시기로 양분된다. 전쟁 시기의 파시즘 이데올로기 영화들과 1940년대 후반부터 제작되기 시작한 민주주의 영화들이다. 점령에 따른 이데올로기의 변화는 일본 영화의 형식에 어떤 근본적인 새로움을 가져오지는 않았다. 왜냐하면 이미 1930년대에 미국 영화 스타일과의 동화가 이루어졌기 때문이다. 전후 일본 영화 예술의 대다수는 구로사와처럼 서구적인 시각을 지닌 감독들에 의해 만들어졌다. 그러나 동시에, 매우 다르기는 하지만, 중요한 2명의 감독인 미조구치와 오즈는 전후에 그들의 일본적인 미학을 계속 발전시킬 수 있었다. 전쟁과 해방은 일본 영화에 서구적인 감성과 일본적인 감성을 동시에 꽃피울 수 있는 기회를 가져다주었다.

참고문헌

Anderson, Joseph L., and Richie, Donald(1982), *The Japanese Film: Art and Industry*.

Hirano Kyoko(1992), *Mr. Smith Goes to Tokyo*.

Nolletti, Arthurm Jr., and Desser, David(eds.)(1992), *Reframing Japanese Cinema: Authorship, Genre and History*.

Sato, Tadao, *et al.*(eds.)(1986), *Koza Nihon Eiga*, vols. iii-v.

Tanaka, Junichiro(1976), *Nihon Eiga Hattatsu Shi*, vol. iii.

오스트레일리아 영화의 등장

빌 루트

개척자들과 초기 영화

오스트레일리아 최초의 상업 영화는 1896년 8월 22일 미국인 마술사 칼 허츠가 R. W. 폴의 애니마토그래프 웍스Animatograph Works 사로부터 장비를 빌려 상영한 영국 영화였다. 이것을 만일 오스트레일리아 영화의 〈탄생〉으로 본다면 이러한 혈통은 명백하면서도 또한 의미심장한 것이 아닐 수 없다. 여느 어버이와 다를 바 없이 미국과 영국도 자신들이 키워 준 영화계로부터 사랑과 미움을 동시에 받았고, 후원과 착취의 모델 노릇을 했으며, 모방과 극복의 대상이 되었다.

오스트레일리아의 영화는 먼저 극장 사업으로부터 시작되었다. 웨스트, 커즌스 스펜서, J. D. 윌리엄스(이들 모두 어떤 식으로든 제작 분야로 진출했다)와 같은 오스트레일리아 극장의 〈개척자들〉은 거의 모두가 영국인 아니면 미국인이었다. 하지만 최초의 13년 동안 가장 성공을 거둔 극장주 겸 제작자는 기구 내의 라임라이트 디비전Limelight Division을 통하여, 논픽션과 픽션, 슬라이드, 강연, 생음악 등의 프로그램을 만들어 전국 순회공연을 다닌 구세군Salvation Army 이었다. 버밍엄 태생의 조지프 페리는 이들 활기찬 밤의 오락을 착상, 제작, 기획하는 과정에서 자연스럽게, 완전한 최초는 아니었지만 여하튼 오스트레일리아 최초의 영화인이 되었다.

페리의 밤의 오락 프로그램에는 1시간 이상이 소요되는 논픽션 영화(오늘날의 장편 다큐멘터리)가 가끔 포함되었고 1904년에는 페리 자신이 오스트레일리아 산적에 관한 단편 영화, 즉 이주, 지형, 신화적 요소를 미국의 서부극과 비슷하게 결합한 오스트레일리아 최초의 훌륭한 영화라 해도 전혀 손색이 없을 작품을 직접 만들었다. 그 후 2년도 채 못 되어 윌리엄 깁슨과, 밀라드 존슨, 그리고 존 테이트와 네빈 테이트는 페리의 복수 릴*multi-reel* 다큐멘터리와 산적 전설을 결합하고 해설, 음악, 음향 효과까지 곁들여 산적을 찬양하는 내용의 4릴 필름 타블로*tableau*, 「캘리 갱 이야기The Story of the Kelly Gang」를 만들었다.

구세군과 「켈리 갱 이야기」가 거둔 비평적 성공과 상업적 성공은 그만한 길이의 영화가 전 세계 대부분 지역에서 일반화되기 전까지의 6년 동안 이곳 복수 릴 영화 제작에 기폭제 역할을 하며 그것이 끼치게 될 유해한 정치 사회적 영향을 고려하여 1912년 뉴사우스웨일스 주 정부가 금지시킬 때까지 승승장구로 발전을 계속한, 오스트레일리아 고유의 산적 영화*bushranging films* 장르의 원형이 되었다. 때로는 은밀하게, 이러한 산적 영화는 오늘날까지도 산발적으로 만들어지고 있다.

산적 영화의 유행은 단명했던 초기 오스트레일리아의 영화 붐에도 상당히 기여했던 것 같다. 존 가빈의 산적 멜로드라마 「선더볼트Thunderbolt」가 나온 1910년 11월과 1912년 7월 사이 오스트레일리아에서는 79편의 영화가 만들어졌고, 그중 최소한 19편이 4릴이거나 혹은 그 이상이었고 12편이 산적에 관한 영화였다. 붐 — 혹은 거품 — 의 원인이 정확히 무엇이었는지는 확실치 않으나 1912년 중반 들어 돌연 팽창이 멈춰진 것은 아마도 협소한 국내 시장만으로는 그만한 제작 수준을 감당하기가 어려웠기 때문이었을 것이다. 1913년에 이르러 주요 상영/배급/제작사들은 경쟁자들과 적들에게는 소위 〈기업 합동〉으로 알려진 합병을 통해 오스트랄라시안 필름스Australasian Films를 설립했다. 합병의 결정에는 아마도 배급상의 이익이 중요한 역할을 했던 것 같다. 어찌 됐든 오스트랄라시안 필름스는 복수 릴 영화의 제작 중단을 요청하면서 대부분의 국내산 영화는 오스트레일리아 내에서 한정된 배급과 공개를 할 수밖에 없을 것이라는 점을 분명히 하면서 수년간 은밀하고 힘 있게 대처해 나가는 듯했다.

1차 대전과 그 후

세계의 다른 지역과 마찬가지로 1차 대전은 오스트레일리아 영화계에도 중대한 위기를 초래했다. 전쟁 그 자체는 영화 제작을 촉진했으나(오스트랄라시안 필름스는 자체 규정을 무시하고 1914년에서 1915년 사이에 3편의 극영화를 만들었다), 그 후엔 제작 기반뿐만 아니라 합병사의 배급과 공개에까지 타격을 주게 되어 한때는 (프랑스의) 세계 시장임을 자랑하던 그곳을 할리우드의 영화 시장으로 탈바꿈시켜 놓았다. 그러나 문화적인 면에서는 이런 낯익은 상황이 영국에 대한 오스트레일리아의 태도로 다소 복잡해졌다. 오스트레일리아는 1901년까지는 독립을 이루었는데도 여전히 대영 제국의 일부로 영국 편에 서서 전쟁을 했고 그에 뒤따른 대학살과 영광은 할리우드의 투박함과 상업성이 야기시킨 것에 못지않은 모순과 갈등의 요소로 모국 영국에 대한 영화적 대응의 토대로 작용했다.

반세기 동안 오스트레일리아 영화는 집요했다고는 할 수 없지만 민중주의적인 상태에 머물러 있었다. 이 시기에는 〈예술 영화〉라는 것이 아예 존재하지 않았고 동시대의 사회 문제를 다룬 영화도 2차 대전이 끝날 때까지는 나타나지 않았다. 마찬가지로 구제 불능의 할리우드 상업주의와 반체제 예술의 〈자유〉를 악용한 영화들, 다시 말해 섹스와 폭력이 난무한 영화도 자취를 감추었다. 그 대신 오스트레일리아 영화는 천진하리만큼 유보적인 태도로, 전복까지는 아니더라도 전통적 계급 구조에 이의를 제기할 수 있는 아직은 거칠고 순수한 사회, 그리고 때로는 선한 사람도 적대적 자연의 가혹함에서 살아남을 수 있는 곳으로 자국을 묘사했다.

이 한 쌍의 주제는 또 다른 토착 장르, 즉 오지 목장 희극*backblocks farce*의 엄청난 흥행 성공으로 그 결과가 나타났다. 산적 멜로드라마와 마찬가지로, 소위 〈성공한〉 목장 가족을 다룬 이들 천박한 코미디들은 보몬트 스미스(「우리의 친구 헤이시드 씨 부부Our Friends, Hayseeds」(1917))가 최초로 영화화하기 전부터 이미 연극으로 상당한 인기를 누리고 있었다. 〈장사에는 보That'll Do Beau〉라는 별명까지 붙은 스미스는 이후 목장 희극의 전문가 비슷하게 되었고, 그의 싸구려 졸속 영화들이 이 장르의 천박한 명성에 한몫했다. 이러한 목장 희극의 인기도 1920년대 중반에 이르러서는 시들해졌으나, 유성 영화가 출현하면서 이 장르의 꺼졌던 불씨는 다시 한 번 힘을 얻었다.

레이먼드 롱포드의 「감상적인 녀석The Sentimental Bloke」(1919)은 무려 반세기 이상이나 오스트레일리아 영화의 최고봉 자리를 차지했고 1920년 이전에 만들어진 영화 중 가장 뛰어난 작품으로 손꼽히고 있다. 인기 연작시를 각색하여 영화의 룸펜 주인공 아서 토셔트의 탁월한 연기에 초점을 맞춘 이 작품(오늘날까지도 거의 완전한 상태로 남아 있다)은 그것의 시어화(詩語化)된 도시 방언만을 삽입 자막으로 사용하고 있다. 그것만으로도 이미 대단한 성과인데, 이 작품은 한 걸음 더 나아가 1인칭 내레이션 기법을 사용함으로써 유일하지는 않더라도 여하튼 무성 영화 시기의 1인칭 내레이션 작품으로는 가장 성공적인 예가 되었다.

1925년에 자신의 파트너였던 로테 라이얼이 죽기까지 그녀와 긴밀한 협력하에 영화를 만든 롱포드는 「감상적인 녀석」의 속편 3편을 만든 것 외에도 목장 희극 장르의 원전으로 생각되는 스틸 러드의 소설에 기초한 2편의 영화를 더 만들어 목장 희극의 발전에도 기여를 했다. 생전의 롱포드는 다른 동시대인들보다는 좀 더 진지하고 〈사실주의적〉인 영화를 만드는 게 자신의 목표라고 공언했으나, 족히 21편은 되는 그의 작품들 중에서 지금까지 온전한 상태로 남아 있는 것은 4편에 불과하기 때문에 그 목표가 「감상적인 녀석」의 수준을 말한 것이었는지 그 이상이었는지는 확실치 않다.

대부분의 롱포드 작품과 오지 목장 희극같이 1910년에서 1920년대의 오스트레일리아 영화는 내국인들에게 익숙한 지형, 인물, 문학, 연극으로 그곳의 관객을 끌기 위해, 오스트레일리아적인 것에만 주로 초점을 맞추었다. 하지만 일부에서는 남태평양의 이국적 분위기라든가, 서양의 상류층 멜로드라마 같은 것으로 자신들의 지역성을 경시하는 태도를 보이는 경우도 있었다. 그런 영화들은 특히 영국 영화의 역사에서 자신들의 길을 찾았다.

스노이 베이커, 루이스 러블리 등의 스타들, 찰스 쇼벨, 폴렛 맥도너와 같은 감독 등 일부 영화인들은 페어뱅크스 영화, 여성 영화, 서부극, 상류 사회 멜로드라마 등의 성공적인 할리우드 영화 형식을 오스트레일리아적인 배경에 짜맞추려 했다. 하지만 미국인들 스스로는 오스트레일리아를 할리우드를 위한 일종의 시험대, 혹은 그것으로부터의 탈출구로 이용했고, 그것의 가장 악명 높은 예가 1927년 오스트랄라시안 필름스로부터 적지 않은 돈을 뜯어내어 당시 기준으로도 완전히 시대착오적인 오스트레일리아 최초의 〈초대형 영화〉 「그의 일생에 관하여For the Term of his Natural Life」를 만든, 다시 찍기*retake*와 유리 화면*glass shot*의 명수, 노먼 돈이었다. 돈과 오스트랄라시안 필름스와의 관계는 이 모험작의 대실패를 뛰어넘어 1920년에는 그가 유니버설 사에서 만든 남태평양 영화의 리메이크(혹은 재상영)까지 하더니 1930년에서 1931년에는 오스트랄라시안 사 최초의 유성 영화를 만든답시고 어설프게 낡은 디스크 장비를 이용하여 도저히 말로 표현할 수도 없는 끔찍한 뮤지컬을 만드는 것으로 장렬한 최후를 장식했다.

1919년에서 1928년까지 오스트레일리아는 연평균 9편의 영화를 만들었다. 엉터리가 아닌 진짜 할리우드 영화의 자국 시장 점유율이 사상 최고를 기록하고 있는데도, 유일한 수직 통합사인 오스트랄라시안 필름스는 1925년부터 계속 범작만을 만들고 있었다. 1927년 오스트레일리아 정부는 영국 내의 그와 유사한 상황을 개선하기 위해 법제화를 추진 중이던 영국 정부와 발맞추어 자국 영화 상황을 조사하기 위한 왕립 위원회를 소집했다. 그렇게 하여 통과된 영국 법률에 따라 오스트레일리아가 〈영국〉의 범주에 포함됨에 따라 오스트레일리아 영화도 이젠 영국 쿼터제의 보호를 받게 되었다. 표면적으로 이것은 50여 개 추천 사항의 대부분을 법제화로 연결시키지 못한 오스트레일리아 위원회를 대신하여, 안정적 영화 제작을 위해서는 필요 불가결한, 좀 더 광범위한 시장을 제공해 주는 듯이 보였다. 1929년 오스트레일리아는 단 1편의 영화도 만들어 내지 못했다. 하지만 절박한 경제 상황과 급격한 기술 변화에도 불구하고, 일부 제작자들은 〈대영 제국 쿼터*Empire quota*〉만을 믿고 호시절은 곧 도래할 것이라는 희망을 잃지 않았다.

유성 영화의 도래

1928년 12월 29일 「재즈 싱어」가 시드니에서 초연되었다. 1936년까지 〈유성 영화 시설*wired for sound*〉이 완비된 나라는 미국, 영국, 뉴질랜드, 오스트레일리아의 네 나라밖에 없었다. 몇 년 전과 마찬가지로 이번에도 오스트레일리아는 유성 영화에 대한 상업, 대중적 압력의 가장 강력한 동인이 할리우드였다면 그것의 또 다른 동인은 영국이었기 때문에, 할리우드와 영국의 동향에 가장 민감한 반응을 보였다. 1927년에 제정된 영국영화법British Cinematographic Films Act

의 쿼터 규정과 더불어 같은 언어 형식으로 제작된 유성 영화는 대영 제국 전체에 시장을 형성할 수 있을 것처럼 보였다. 〈영국 영화 전용〉 유성 영화 극장이 1930년대 초 시드니와 멜버른에서 문을 열었다. 오스트랄라시안 필름스는 조직을 재정비하여 자사의 배급 부서를 〈대영 제국 영화부〉로 바꿈으로써, 장차 자사의 그레이터 유니언 시어터Greater Union Theatres에 공급하게 될 영화와 시네사운드Cinesound에서 제작한 영화의 해외 판로가 어디가 될 것인지를 분명히 했다.

오스트랄라시안 필름스 산하 시네사운드의 제작 기반은 국내산 음향 기술을 이용하는 자사의 뉴스 영화부에 있었다. 시네사운드와 그것의 가장 강력한 뉴스 영화 경쟁자인 폭스 무비톤(1929년 오스트레일리아 최초의 유성 뉴스 영화를 선보인 바 있다)은 1950년대에 자신들의 시장을 텔레비전에 죄다 뺏길 때까지 오스트레일리아 뉴스를 계속 만들었다. 그 외에도 시네사운드는 1932년부터 2차 대전이 발발할 때까지 1년에 최소한 2편의 극영화를 만들었는데, 그중의 하나는 보통 시네사운드 영화를 통솔하고 있던 켄 홀의 작품이었다.

시네사운드의 영화는 20세기 초 이래 만들어진 대부분의 다른 오스트레일리아 영화와 마찬가지로 오스트레일리아와 영국의 보통 사람을 위해 경제적으로 만들어진 대중적이고 민중적인 오락물의 형태를 띠었다. 이 회사는, 영화 속의 인물 대드 러드Dad Rudd와 거의 동의어가 되다시피 한 버트 베일리가 저급한 희극과 멜로드라마용으로 직접 각본을 쓰고 연기까지 한 인기 연극 「우리의 선택에 관하여On our Selection」를 최초로 영화화하면서 10여 년 전에 대성공을 거둔 바 있는 〈오지 목장극〉 장르의 부활을 선언했다. 베일리는 1940년까지 시네사운드에서 목장 영화의 대드 및 데이브Dave 시리즈 집필을 하면서 대드 역도 계속 맡았다. 세실 켈러웨이도 그와 비슷한 연기로 오스트레일리아에서 세계적인 연기자로서의 경력을 시작했다.

런던 토박이 말투로 쓰인 시집을 기초로 해서 만들어진 레이먼드 롱포드 감독, 아서 토셔트 주연의 「감상적인 녀석」(1919).

대드와 데이브 영화는 영국에서는 그렇고 그런 성공을 거두었다. 그런 현상은 오스트레일리아적인 인물, 배경에, 때로는 영국과 미국의 이류 배우를 출연시켜 만든 멜로드라마와 코미디의 경우도 거의 마찬가지였다. 1934년까지 시네사운드의 가장 강력한 국내 라이벌은 창업자 프랭크 스링의 이니셜을 따 회사 이름을 지은 에프티Efftee 사였다. 스링은 RCA 음향 기기를 수입하고 오스트레일리아 연극과 뮤직홀 재원을 이용하여 만든 〈우수〉 영화들(장편과 보조 단편)로 본격 저녁 프로그램을 시작하려는 목적을 갖고 있었다. 그도 말하자면 시네사운드처럼 할리우드의 천박성이라 생각되는 것과 미국 초기 유성 영화의 저질성을 이용한 통속 작품에 대한 일종의 대안을 자사의 간판으로 삼으려 한 것이다. 그런데 재미있게도 에프티가 보인 가장 발빠른 움직임은 자사의 세 작품에 출연할 배우로 〈천박한〉 뮤직홀 코미디언 조지 월리스를 캐스팅한 것이었다. 에프티가 망한 뒤 월리스는 담백하면서도 때로는 발레를 흉내 낸 코미디와 단순 쾌활한 인물 묘사로 가장 지속적인 결과를 얻어 낸 「조지에게 맡겨라Let George Do it」(1938)를 비롯한 두 작품을 더 만들며 시네사운드에서 활동을 계속했다.

에프티는 사우스웨일스 주의 주도하에 〈외국〉 영화(영국도 포함하여)에 대한 쿼터제를 시행하려던 것이 다른 주에서도 실패로 돌아가자 끝내 문을 닫고 말았다. 유성 영화의 도입과 시장 확대는 오스트레일리아 영화의 안정을 약속했으나 이 희망은 연평균 5편 제작의 상태가 10년간 계속된 뒤 경제 불황과 극장 신축 및 배선 교체 경비 부담의 악재가 한꺼번에 겹치면서 완전히 날아가 버리고 말았다. 1938년에는 영국의 〈제국 쿼터〉제까지 취소되어 오스트레일리아 영화계의 앞날은 다시금 먹구름이 짙게 드리워지는 듯했다.

1940년 이후

제2차 세계 대전은, 25년 전의 그때와 똑같이 상황을 변화시켰다. 1926년부터 독자적으로 영화를 만들어 온 찰스 쇼벨은 자신의 대표작 「4만 명의 기수Forty Thousand Horsemen」를 1940년에 내놓았다. 1차 대전 때 활약한 오스트레일리아 경기병들의 공훈을 기초로 만든 이 낙천적 모험극은 오스트레일리아 전역의 귀환병 및 현역병 연맹 회관들에서 아직까지도 상영될 정도로 높은 인기를 누린 작품이다. 늘 강한 민족주의와 순진한 척하면서도 꾀바른 면을 함께 보여 온 쇼벨의 작품은 2차 대전으로 새로운 자신감을 얻는 듯했다. 1945년 이전까지 쇼벨은 인물 자막 명단에는 잘 오르지 않는 시나리오 작가로 자신을 돕는 아내 엘사와 함께, 4편의 단편 선전 영화와 어딘지 모르게 황량한 전쟁 영화 1편을 만들었다. 이후 쇼벨 부부는 오스트레일리아 최고의 전후 영화의 하나로 평가받고 있는 「매슈의 아들들The Sons of Matthew」(1949)과 열정적이고 과도한 인종적 멜로드라마이자 오스트레일리아 최초의 컬러 영화 「제다Jedda」(1956), 그리고 BBC 방송용으로 오스트레일리아 북부를 다룬 독특한 여행 시리즈 「오스트레일리아 도보 여행Australian Walkabout」(1957)을 만들었다.

2차 대전과 더불어 뉴스 영화는 또 한 번 각광받는 분야가 되었다. 시네사운드는 1940년 이후 자사의 영화 부서를 폐쇄했기 때문에 전시에 만들어진 영화는 고작 5편에 불과했다. 하지만 뛰어난 카메라맨 다미앤 패러와 더불어 오스트레일리아의 전시 영화 제작 편 수는 전혀 예상치 못한 신화적인 기록을 세우게 되었다. 패러의 뉴스 필름은 흥미진진하고 때로는 잔인하기까지 했다. 1942년에 만든 그의 「코코다 전선Kokoda Front Line」은 존 포드의 「미드웨이 해전」, 캐프라의 「전쟁의 서곡」, 레오니드 바르말로프와 일리야 코팔린의 「모스크바의 반격Moscow Strikes back」과 더불어 아카데미 최초의 다큐멘터리상을 받으며 오스트레일리아 영화사상 최초로 아카데미상 수상의 영예를 안았다. 패러는 1944년 파라마운트 뉴스를 찍던 도중 전선에서 사망하여 그 후 오랫동안 오스트레일리아 사실주의 영화의 영웅적인 존재로 남았다.

2차 대전은 또 1930년대에 시네사운드가 일으켜 세운 오스트레일리아 영화 제작의 제도적 안정을 완전히 부숴 놓았다. 2차 대전 이후 시네사운드는 모회사인 오스트랄라시안 필름스가 영국 일링 스튜디오의 오스트레일리아 지사(제작 부문) 설립을 추진하기 전까지 단 1편의 영화만을 만들었을 뿐이다. 일링은 오스트레일리아에서 〈오스트레일리아적〉이라고 할 수 있는 일련의 영화를 만들었는데, 그중 가장 유명한 것이 스튜디오의 첫 작품 「육지인들The Overlanders」(1946)이었다. 하지만 일링이 오스트레일리아 영화의 장래에 끼친 가장 중요한 영향은 아마도 오스트레일리아 일링 사에서 만든 영화들과 이 스튜디오의 몇몇 영국인 직원들, 특히 감독 해리 와트의 명확한 사회적 태도가 아니었을까 한다. 오스트레일리아 극영화는 일링 지사가 들어서기 전까지만 해도 사회 정의의 문제를 거의 다루지 않았기 때문에 시드니 해변 노동조합의 협조로 1946년에 논쟁적 다큐멘터리 「인도네시아의 외침」을 만든 요리스 이벤스와 일링의 감독들이 보여준 예는 「마이크와 스테파니Mike and Stefani」(1952), 「한 번에 셋Three in One」(1957), 「세상의 끝The Back of Beyond」(1954), 그리고 앞서 언급한 「제다」와 같이 전후의 가장 흥미로운 작품들을 만들어 내는 데 적지 않은 기여를 했을 게 틀림없다.

1946년에서 1969년까지 오스트레일리아의 연평균 영화 제작 편 수는 2편을 겨우 상회할 정도였고 1948년과 1963년에는 그나마 1편도 안 만들어졌다. 그중 3분의 1 이상이 〈외국〉인들에 의해 만들어졌다. 〈오스트레일리아 영화〉는 이제 점점 영국(특히 랭크와 코르더), 할리우드(「그날이 오면On the Beach」과 「개척자The Sundowners」를 포함하여), 프랑스, 그리고 심지어는 (잠시 동안이긴 했지만) 일본인들이 만드는 오스트레일리아 영화를 뜻하는 말이 되었다.

리 로빈슨은 초기 오스트레일리아 영화의 마지막 인물 같은 존재이다. 1953년에서 1969년 사이에 그가 감독한 6편의 영화는 모두 야외 촬영과, 1958년까지는 특히 그의 파트너 칩스 래퍼티가 연기한, 누구에게나 친숙한 민중적 〈오스트레일리아〉 인들을 등장인물로 내세워 신속하고 경제적으로 만든 오락 모험극에 집중되었다. 1950년대 중반에는 프랑스와의 합작에도 관여하기는 했지만, 로빈슨-래퍼티의 작품들은 늘 어느 나라든 영화의 등뼈를 이루게 마련인 〈토요일 밤〉의 관객을 겨냥한 것이었다.

1965년, 전후 이탈리아에서 이주한 조르조 만지아멜레라는 인물이 〈오스트레일리아〉 영화로 간주되는 것이 마땅한 장편 길이의 최초의 〈예술 영화〉 「클레이Clay」를 완성했다. 하지만 「클레이」는 그해 칸 영화제에 출품되었는데도 불구하고 오스트레일리아 비평가들에게는 아무런 감동도 주지 못했고 작품의 영화사적 중요성에 대해서도 이렇다 할 반응을 얻

응갈라 쿠누트가 백인 가정에 입양된 원주민 여성 역을 맡은 찰스 쇼벨의 인종적 멜로드라마 「제다」(1955).

지 못했다. 같은 해에 영국인 감독 마이클 파월도 우연히, 새로운 나라(이탈리아)에 정착한 이주자들의 삶에 초점을 맞춘 오스트레일리아 최초의 영화이자 대부분의 이전 영화와는 주제만 다를 뿐인 민중적 코미디 「그들은 이상한 패거리They're a Weird Mob」를 만들었다.

그후 마이클 파월은 또 한 편의 코미디 「승낙 연령Age of Consent」(1969)을 만들었으나, 만지아멜레는 오스트레일리아에서 더 이상의 기회를 갖지 못했다. 그가 시작해 놓은 일은 이후 다른 사람이 계속 이어 갔다. 「푸딩 도둑들The Pudding Thieves」(1967), 「여름의 시간Time in Summer」(1968), 그리고 특히 「2천 주Two Thousand Weeks」(1969)는 「클레이」처럼 유럽 예술 영화를 모델로 삼고 있으며, 따라서 영국도 아니고 미국도 아닌 오스트레일리아 고유의 영화에 대한 새로운 이해를 불러일으키며, 장차 만들어지게 될 영화들의 발판 역할을 했다.

참고문헌

Bertrand, Ina(ed.)(1989), *Cinema in Australia: A Documentary History*.

Cunningham, Stuart(1991), *Featuring Australia: The Cinema of Charles Chauvel*.

Long, Chris(1994), *Australia's First Films*.

Pike, Andrew, and Cooper, Ross(1980), *Australian Film, 1900~1977: A Guide to Feature Film Production*.

Shirly, Graham, and Adams, Brian(1989), *Australian Cinema: The First Eighty Years*.

Tulloch, John(1981), *Legends on the Screen: The Narrative Film on Australia 1919~1929*.

라틴 아메리카 영화

마이클 채넌

식민지 초기

영화가 처음으로 라틴 아메리카에 소개된 것은 뤼미에르 형제가 자신들의 새로운 발명품이 만들어 낸 매력을 선전하기 위해 미리 짜놓은 여행 일정에 따라 전 세계에 파견한 대표들에 의해서였다. 라틴 아메리카에는 리우데자네이루와 몬테비데오에 한 팀, 멕시코와 아바나에 한 팀, 그렇게 두 팀이 파견되었다. 뤼미에르 영사기는 영사기와 카메라의 두 가지 기능을 동시에 지니고 있었기 때문에 1896년 중반에 멕시코, 그 이듬해 1월에 쿠바를 방문한 가브리엘 베이레 같은 사람들은 영화 상영 외에 방문한 나라들의 모습도 함께 카메라에 담아 오라는 주문을 받았다. 계속해서 뉴욕에서 온 바이오그래프 직원들, 미국과 유럽의 모험가들이 그 뒤를 따랐다. 북아메리카 인들은 유럽 인들이 기세를 올리고 있던 남아메리카의 저 남단까지는 뚫고 들어가지 않으려 했고 아르헨티나와 브라질에서는 프랑스와 벨기에, 오스트리아와 이탈리아 인들이 이미 활발한 활동을 벌이고 있었다. 따라서 라틴 아메리카 초창기 움직이는 영상들의 대부분은 영화업에 필요한 최소한의 전문적 지식과 구세계(유럽)의 시장 확보에 필요한 연줄을 가지고 있던 유럽 이주민들이나 주민들에 의해 만들어졌다. 멕시코 1896년, 쿠바, 아르헨티나, 베네수엘라 1897년, 브라질, 우루과이 1898년, 칠레 1902년, 콜롬비아 1905년, 볼리비아 1906년, 페루 1911년 — 최초의 영화가 나온 시기가 나라마다 이처럼 다르다는 것은, 처음 소개되기가 무섭게 다른 나라로 전파되는 것이 상례인 점을 고려할 때, 라틴 아메리카의 영화는 대륙 전체에 걸쳐 점진적으로 침투되었다는 것을 간접적으로 보여 주는 증거이다.

영화에 담긴 모습은 대통령과 공식 행사, 그 일가와 측근, 군대 열병과 해군 기동 연습, 전통 축제, 도시 건축과 아름다운 경치, 콜럼버스 이전의 폐허지가 포함된 관광지 풍경 등 대동소이했다. 브라질 영화사가인 사예스 고메스(1980)는 라틴 아메리카 〈영화 제작자*cineastas*〉들이 만든 최초의 작품들을 〈자연의 눈부신 발상지〉와 〈권력의 의식적(儀式的) 행사〉의 두 종류로 크게 양분하여 분석했다. 그중 많은 부분이 19세기 사진가들의 시선을 사로잡은 소위 이국적인 장면들로 채워졌다. 수전 손태그의 말을 빌리면, 〈이국적인 포획물로서의 사실적인 풍경이…… 카메라를 든 부지런한 탐구자에 의해 추적, 포착되었다〉. 타민족의 현실을 호기심과, 초연함, 그리고 직업 정신으로 바라보는 외부인의 관점에서 그 사진가들은 마치 그 포착된 광경들이 계급의 이해를 초월하기라도 한 것처럼, 〈마치 그것이 보편적이기라도 한 것처럼〉 행동했다(수전 손태그, 1977). 라틴 아메리카와 같은 저개발 대륙의 특징인 의존적 상황에서 그것은 아부하는 이미지들로 관객(처음에는 중상류 계층이었다)의 기분도 맞추고 그에 따르는 홍보 유발 효과로 경제력도 확보하는 일석이조의 결과를 가져왔다. 그리고 멕시코 신문사들이 광고가 들어간 컬러 슬라이드를 포함시켜 마련한 재원으로 무료 영화 상영을 후원하자 1906년 아바나의 한 놀이 공원은 쿠바의 영화 선구자 엔리케 디아스 케사다에게 미국에서의 광고를 위한 자사 홍보 영화 제작을 의뢰했다. 내러티브 영화들도 초기에는 아르헨티나 영화 「도르레고의 저격El fusilamiento de Dorrego」(1908)에서처럼 안전한 애국적 주제를 취함으로써 이데올로기적인 틀에 맞추려는 경향이 강했다.

하지만 초기의 이런 상황과 그 후의 발전 사이에 반드시 어떤 연관이 있다고는 말할 수 없다. 쿠바, 베네수엘라, 우루과이, 칠레, 콜롬비아, 볼리비아에서는 산발적으로 나온 몇 작품을 제외하고는 수십 년 동안 영화가 거의 만들어지지 않았으며, 우루과이, 파라과이, 에콰도르, 중앙 아메리카의 작은 나라들에선 다큐멘터리와 비디오 작품을 제외하고는 오늘날까지도 장편 영화 제작이 거의 이루어지지 않고 있다. 꾸준한 작품 활동으로 초기 역사를 계속 이어 온 나라는 멕시코, 아르헨티나, 브라질 같은 큰 나라들밖에 없다. 이들 나라만이 국내 흥행만으로도 수지를 맞출 수 있을 만큼 제작비가 낮을 경우, 그 제작비를 건질 수 있을 정도의 자국 시장을 보유하고 있었다. 하지만 최저 제작비가 라틴 아메리카 영화계가 처한 불변적 요소였다 해도 그것은 유성 영화가 출현하기 전까지는 그리 불리한 상황이 아니었고, 실제로 몇 나라에서는 적절한 수준에서 제작 활동이 계속되고 있었다.

초기 영화 관객은 기본적으로 철도망이 갖추어진 도시의 시민들로만 이루어져 있었다. 〈유랑 극단 배우*cómicos de la legua*〉로 알려진 순회 흥행사들에 의해 농촌 지역으로 영화가 급속히 확산된 멕시코에서조차 철도망을 크게 벗어나지는 못했다. 이렇게 되면 영화를 다시 경제 식민주의와 연결 짓지 않을 수 없다. 가브리엘 가르시아 마르케스의 소설 『백 년 동안의 고독』에서도 영화는 유나이티드 프룻 컴퍼니가 들어온 열차에 함께 실려 마콘도 마을에 도착한다.

하지만 각 지역의 상황과 각국의 역사는 그들이 맞은 결과만큼이나 다양했다. 1898년 미국의 스페인에 대한 개입으로 독립 전쟁의 마지막 국면을 맞고 있던 쿠바의 경우, 군대에 묻어 들어온 북미의 카메라맨들(이들은 이듬해에 남아프리카 공화국에서 일어난 제2차 보어 전쟁 때도 같은 짓을 한다)은, 어느 카메라맨이 자서전에서 밝힌 대로, 실전 장면을 찍는 데 실패하자 뻔뻔스럽게도 자신들이 찍은 것의 조악한 결과를 감추기 위해 초기 필름과 렌즈의 불완전함을 이용하여 가짜 전쟁 장면을 만들었다. 앨버트 스미스는 후일 『두 개의 릴과 하나의 크랭크*Two Reels and a Crank*』(1952)에서 그 작품을 〈현대 영화 작법의 세련된 《특수 효과》 기술을 보여 준 선구적 작품〉이라고 주장했다.

그와 똑같은 일이 멕시코 혁명 중에도 일어났는데, 이 역시 유럽의 1차 대전에 필적하는 영화 작법의 한 유파로 대접받을 만큼 속임수가 능란했다. 그 같은 사실은 멕시코의 영화사가 아우렐리오 데 로스 레예스(1983)가 1910년에서 1913년경 멕시코 영화인들의 기술은 다큐멘터리 내용 구성에서 북미인들의 그것보다 훨씬 앞서 있었다고 주장한 것으로도 잘 알 수 있다. 국경 이북 지역의 영화들은 주로 멕시코에서 일어난 사건들을 다루었는데, 그 내용은 무기 밀매[「멕시코의 약탈자들Mexican Filibusters」(1911)처럼]라든가, 산적이든 혁명가든 모사꾼이든 대개는 폭력적이고 무책임하고 속임수 잘 쓰는 라틴 아메리카 인들 사이에 끼인 백인 영웅들의 우월감을 찬양한 단순한 줄거리들로[「아스텍의 보물The Aztec Treasure」(1914)처럼] 이루어졌다. 줄거리의 그러한 전개는 애국적 민중주의, 아메리칸드림에의 예속과 남쪽의 라틴 아메리카를 왜곡되게 바라볼 수밖에 없게 만든 이데올로기적 굴종, 요컨대 북미 영화는 처음부터 그런 식으로 이해된 〈명백한 운명〉이라는 북미 영화의 독트린을 무심코 드러낸 것이었다. 프란시스코 이그나시오 마데로 암살과 미국의 개입 위협은 멕시코 인들만으로는 평화, 질서, 정의, 진보를 그들 나라에 정착시킬 수 없다는 핑계로 북미의 몇몇 영화인들로 하여금 미국의 행동을 정당화시키는 영화를 만들도록 부추겼을 뿐 아니라 보다 많은 북미의 촬영 기사들을 리오그란데 강 너머로 끌어당기는 결과를 초래했다. 판초 비야는 뮤추얼 영화사와 독점 계약을 맺음으로써 일약 영화 스타로 떠올랐다. 단돈 2만 5,000달러에 그는 자신의 전투 장면에 다른 영화사들의 접근을 금지하고 가능하면 밝은 대낮에 전투하며 만족할 만한 장면을 얻지 못할 경우에는 동일한 전투 장면을 재현한다는 조건에 동의했다. 라울 월시가 값진 경험을 쌓을 수 있었던 뮤추얼 사의 「비야 장군의 생애The Life of General Villa」

(1914)에서 새벽의 처형 장면은 실제였던 반면, 최고의 전투 장면은 스튜디오에서 재구성한 것이었다. 장차 100여 편 이상의 영화를 감독하게 될 미래의 할리우드 감독 월시는 비야에게 직접(자기 입으로 한 말이다) 관습적으로 새벽 네시에 행하는 것이 보통이던 즉결 재판을 촬영에 필요한 빛을 얻을 수 있을 때까지 연기해 달라고 요청했다고 한다.

그렇게 본다면 할리우드의 사실 왜곡에 최초로 항의한 사람들이 멕시코 인들이었다는 사실도 결코 우연은 아닌 것 같다. 1917년의 신문들에 발표된 한 선언문에서 2명의 영화인들은 〈그릇된 작품들에서 우리를 묘사하는 것에 이용된 그 야만성과 그 후진성〉을 비난했다. 그로부터 5년 뒤, 남편이 멕시코 석유업자와 사업에 열중해 있는 동안 불량배들에게 거의 강간당할 뻔한 역을 글로리아 스완슨이 연기한 「그녀 남편의 특성Her Husband's Trademark」으로 마침내 분노가 절정에 이른 멕시코 정부는 페이머스 플레이어스-래스키 사(파라마운트)의 모든 작품들에 대해 (잠정적인) 봉쇄를 명령했다. 하지만 문제는 그치지 않았다. 쿠바에서 칠레까지 이어진 라틴 아메리카의 혁명적 민족주의를 진정시키려는 의도에서 제작사들에게도 목소리를 좀 낮출 것을 권고하며 워싱턴 행정부가 펼친 1930년대의 〈선린 정책〉에도 불구하고, 할리우드는 라틴 아메리카 인들의 감정을 건드리지 않고는 도저히 직성이 풀리지 않는 듯했다. 1940년대에 쿠바 최초로 대학에서 영화 교육을 실시한 로드리게스 발데스는 당시의 영화 「텍사스의 달빛 아래Under the Texas Moon」를 〈멕시코 여성들에 대한 공개적인 모욕, 뉴욕 라틴 지구의 한 극장에서 이 영화가 상영되는 것에〉 격분한 일부 멕시코와 쿠바 인 학생들이 일으킨 〈끔찍한 폭동으로 1명이 사망에까지 이른 작품〉으로 묘사했다.

각 나라의 토착 영화

10여 년 전에 도입되고도 영화가 브라질에 제대로 뿌리를 내리지 못한 이유를 사예스 고메스(1980)는 〈우리나라 전기 산업의 낙후성 때문이었다. 리우데자네이루에 전기가 도입되자마자 상영관들은 우후죽순으로 생겨나기 시작했고〉 오래지 않아 연간 제작 편 수도 100편에 이르게 되었다. 앞으로 맞게 될 상황의 첫 예감은 1910년에 카니발에 대한 브라질 인들의 열정을 그린 최초의 영화라고 해도 좋을 풍자적 뮤지컬 레뷔 「평화와 사랑Paz de amor」(알베르투 보텔로)의 성공과 함께 찾아왔다. 하지만 이 같은 작품은 음악 반주 시절이 갖추어진 극장들에서만 상영되었고 따라서 부유층 관객 외에는 볼 수가 없었다. 영화가 대중에게까지 뿌리내렸을 때는 이미 브라질 영화 시장은 북미 배급업자들에 의해 할리우드의 열대 지역 지사로 변해 있었다. 아닌 게 아니라 1차 대전으로 인한 유럽 영화의 쇠퇴와 미국 무역의 전반적인 변화에 따라 1915년 말부터 미국 영화사들은 (라틴 아메리카뿐만이 아니라) 유럽 이외의 여러 지역에서 자회사를 통해 직접 거래하는 새로운 전략을 펴기 시작했다. 그리하여 1919년에는 폭스, 파라마운트, 새뮤얼 골드윈, 그리고 페이머스 플레이어스-래스키의 배급 부서가 라틴 아메리카 거의 전 지역에서 그곳 제작사와 배급사들을 누르고 자기들끼리 경쟁을 벌이기에 이르렀다. 1920년대에는 아르헨티나와 브라질이 영국과 오스트레일리아 다음으로 할리우드 수출 시장의 3, 4위를 차지하게 되었다. 브라질 영화의 자국 시장 점유율이 4퍼센트를 맴돌고 있는 동안, 할리우드 영화의 브라질 시장 점유율은 80퍼센트를 웃돌았다.

시장의 무한한 성장 가능성에도 불구하고 영화 제작은 여전히 값싼 수공업 단계에 머물러 있던 브라질의 특수성은 바로, 전국적인 배급망을 조직하기는 어려웠던 반면 영화 제작은 주별로 활성화가 가능했던, 그 국토의 방대함에 있었다. 약 6개 주의 주도에는 이른바 〈주 제작사〉라는 것이 있었고 그중 가장 이름을 떨친 레시페Recife의 경우에 30여 명의 영화 기술자들이 8년간 13편의 영화를 만들었다. 그중 탄크레두 세아브라의 「엄마 없는 아들Filho sem mãe」(1925) 같은 작품은 특히 영화에서 지형이 차지하는 비중이 크고, 주인공들이 농촌 사람 아니면 〈세르탕*sertão*(브라질 동북부 지역의 불모지)〉의 〈산적들〉, 즉 〈캉가세이루스*cangaçeiros*〉로 이루어진 라틴 아메리카 최초의 토착 영화의 하나로 떠올랐다.

〈산적〉 영화는 「고결한 가우초Nobleza gaucha」와 더불어 1915년경에 처음 등장한 아르헨티나 가우초 영화의 사촌격이다. 겁탈을 당한 뒤 지주 부인에 의해 강제로 부에노스아이레스로 쫓겨난 한 농촌 처녀를 역시 주인으로부터 소도둑 누명을 쓰고 목장에서 뛰쳐나온 어느 가우초가 구해 낸다는 내용의 호세 에르난데스의 19세기 대중 소설 『마르틴 피에로』의 한 에피소드를 기초로 한 이 영화를 아르헨티나 영화사가 마예우(1966)는 단순하고 소박한 면은 있지만 효과적인 영화 리듬과 더불어 거의 봉건적 착취라 해도 좋을 장면들로 인해 아르헨티나 통치 계급의 억압을 그린 최초의 영화가 되

가브리엘 피게로아 (1907~1997)

영화 경력 55년의 막바지에도 몇 편의 컬러 영화를 또 찍은 가브리엘 피게로아는 흑백 영화 촬영의 세계적인 대가로 영원히 기억되어야 할 인물이다. 언젠가 그는 이렇게 말한 적이 있다. 〈흑백 영화는 일종의 조각과 같다. 예술적 수단으로서 그것의 힘은 영화 혹은 그 어떤 예술적 매체에서도 컬러를 압도한다……. 컬러 영화에서는 흑백 영화의 고유한 특성인 다이내믹한 힘을 여간해서는 포착해 내기 힘들다.〉

멕시코 시티에서 태어난 그는 어린 나이에 고아가 되어 처음엔 산카를로스의 음악 미술 학교에 입학했으나 경제적 사정 때문에 곧 스틸 사진으로 방향을 돌렸다. 1932년에는 스틸맨으로 취직을 했다가, 이후 영화 카메라맨 알렉스 필립스의 조수가 되었다. 1935년에는 장학금을 받고 할리우드에서 공부할 기회도 갖게 되었는데, 그때 그에게 호의를 보인 선생이 운 좋게도 촬영의 대가 그레그 톨런드였다. 1936년 그는, 이제 막 출범한 멕시코 영화계의 초석이자 멕시코 최초의 국제적 히트작이기도 한, 페르난도 데 푸엔테스의 「란초 그란데 저 너머」에서 처음으로 촬영을 맡았다.

그리고 1943년 피게로아와 감독 에밀리오 페르난데스는 20여 년에 걸친 할리우드 생활을 청산하고 멕시코로 돌아온 여배우 돌로레스 델 리오를 환영하는 기념작이기도 했던 「야생화Flor Silvestre」를 함께 만들며 마침내 세계 영화사상 유례를 찾아보기 힘든 전설적인 동반자적 관계를 시작했다. 이어 피게로아는 1943년에서 1953년 사이 「마리아 칸델라리아」(1943, 1946년 칸 영화제 수상작), 「진주」(1945), 「상사병」(1946), 「리오 에스콘디도」(1947), 「마클로비아Maclovia」(1948), 「푸에블레리나 Pueblerina」(1949), 「살롱 멕시코Salón México」(1949)를 비롯하여 한 작품을 제외한 페르난데스의 전 작품에서 촬영을 담당했고, 그런 식으로 두 사람은 멕시코 영화를 새로운 차원으로 끌어올렸다. 페르난데스는 피게로아에게 조명, 구도, 카메라 위치에 대한 거의 전권을 부여하고 자신은 오직 연기와 줄거리에만 신경을 썼다.

수년에 걸쳐 피게로아는 현재 우리가 멕시코와 멕시코 인들이라고 알고 있는 수많은 아름다운 영상들을 창조해 냈다. 멕시코 혁명에 관해 글을 쓴 저명한 에세이 작가 마르가리타 데 오렐라나는 그 영상들을 이렇게 표현했다. 〈이들 이미지들은 멕시코 인들의 영화 감상법, 아니 어쩌면 자신들의 삶을 바라보는 방식까지도 바꾸어 놓았을지 모른다.〉

1946년 새뮤얼 골드윈은 그레이엄 그린의 소설 『권력과 영광』을 각색한 존 포드의 「도망자」의 촬영 감독으로 톨런드를 내주기를 거부했다. 그러자 톨런드는 피게로아를 추천했고 촬영장에서 그의 일하는 모습을 며칠 지켜본 포드 감독은 페르난데스와 거의 비슷한 수준으로 영상에 관한 거의 전권을 피게로아에게 부여했다. 「도망자」가 성공하자 골드윈은 피게로아에게 아주 유리한 조건으로 계약을 제의했으나 그는 심사숙고한 끝에 가족과 친구들이 있는 멕시코에 그냥 남기로 결정했다.

피게로아의 다재다능함은 페르난데스 영화의 화려한 배경, 회화적 하늘, 극적인 앵글; 「버려진 아이들」(1950), 「그 사람」(1952), 「나사린」(1958), 「멸종된 천사El angel exterminador」(1962), 「사막의 시몬Simon del desierto」(1965)과 같은 작품들에 나타난 루이스 부뉴엘의 메마르고 원시적이기까지 한 무정형의 스타일; 「이구아나의 밤」(1964), 「활화산 Under the Volcano」(1984)에서 배우 위주의 개인적 영화가 되기를 소망한 존 휴스턴; 브라이언 허튼의 「전략 대작전」(1970)에서 엄청나게 힘들었던 야간 전투 장면 등 각양각색의 스타일을 지닌 감독들과 무리 없이 조화를 이룰 수 있는 힘이 되어 주었다.

카메라 렌즈, 필터, 실험적 혁신, 구도의 형식을 다룸에 있어 그는 종종 회화와 고전적인 미학 원칙에 의존했다. 「란초 그란데」를 찍을 때도 그는 러시를 보고 만족스럽지 않자 카메라와 배경 사이에 생기는 것으로 믿고

있던 공기층을 제거하기 위해 레오나르도 다빈치의 회화론에 기술된 공기 색조 부분에 따라 흑백 필터로 촬영을 했다. 그때부터 〈피게로아의 하늘〉은 여러 차례의 수상과 세계적인 인정을 받으며 그의 작품의 가장 큰 특징으로 평가받았다.

그는 동시대의 위대한 멕시코 화가들과도 두터운 친분을 쌓았다. 색조와 구도에 많은 영향을 끼친 디에고 리베라와는 스페인 문화 이전의 남미 조각상들에 대한 열정을 공유했고, 호세 클레멘테 오로스코와 레오폴도 멘데스와는 흑백의 힘에 대한 생각, 그리고 조각과 사진에 나타난 흑백의 힘과 대중 예술과의 관계에 대한 서로의 생각을 교환했으며, 아틀 박사와는 곡선적 공간에 대한 개념을 함께 공유했다. 하지만 그에게 가장 중요했던 사람은 〈에스코르소 *escorzo*〉 혹은 원근법적 축소 이론으로 깊이의 독특한 효과를 터득시켜 준 다비드 알파로 시케이로스였다.

피게로아의 작품은 빛과 그림자의 강렬한 대조, 풍부한 질감, 그리고 어두운 전경과 밝은 배경의 빈번한 사용이 특징이다. 횃불, 촛불, 불꽃, 불꽃놀이 등은 그의 작품에서 흔히 볼 수 있는 장면이고 카메라의 예리한 앵글은 대상물들을 흑백의 강렬함이나, 혹은 밝은 색조와 대비시켜 멕시코의 화려한 풍광과 민속 장면을 만들어 낸다. 또 그의 전심 초점 *deep focus*은 화면을 가득 메우는 전경에도 불구하고 한 번의 촬영으로 광범위한 움직임을 포착해 낸다.

피게로아는 촬영 감독으로서의 기나긴 생애 거의 대부분을 자신의 조국인 멕시코에서 활동했다. 민족주의자이면서 또한 국제주의자이기도 한 그는 프랑코의 스페인에 반기를 들었고 매카시의 마녀 사냥을 피해 할리우드에서 도망쳐 나온 블랙리스트에 오른 사람들에게 자신의 멕시코 시티에 있는 집을 제공해 주었으며, 멕시코 영화인들의 공정한 노동조합 결성을 위한 투쟁도 했다.

촬영 감독의 역할을 묻는 질문에 피게로아는 해당 장면과 전체적인 카메라 위치를 감독이 설명해 주면 그대로 가서 찍으면 되는 것이라고 대답했다. 〈조명은 앞으로의 줄거리 전개에 필요한 분위기를 만들어 줍니다……. 조명은 촬영 감독의 특권이지요. 그는 빛의 주인입니다.〉

마이클 도널리

▪▫ 주요 작품

「란초 그란데 저 너머Allá en el Rancho Grande」(1936); 「마리아 칸델라리아María Candelaria」(1943); 「진주La perla」(1945); 「상사병enamorada」(1946); 「도망자The Fugitive」(1947); 「리오 에스콘디도Rio Escondido」(1947); 「버려진 아이들Los olvidados」(1950); 「그 사람Él」(1952); 「나사린Nazarín」(1958); 「이구아나의 밤Night of the Iguana」(1964); 「세라 수녀의 두 노새Two Mules for Sister Sara」(1969); 「전략 대작전Kelly's Heroes」(1970).

▪▪ 참고 문헌

Paranaguá, P. A.(1995), *Mexican Cinema*.

Ramírez Berg, Charles(1994), "The Cinematic Invention of Mexico".

◀ 「푸에블레리나」의 한 장면. 피게로아와 감독 에밀리오 페르난데스가 콤비를 이룬 가장 유명한 작품 중 하나.

었다고 말했다. 새로운 유럽 영화가 거의 전무하고 북미 영화들이 아직은 시장을 장악하지 못한 바로 그 시점에 이 영화는 20여 개 극장에서의 동시 상영으로 제작비 2만 페소의 30배가 넘는 60만 페소 이상을 벌어들이는 엄청난 히트를 기록하게 되었다. 그와 같은 흥행만큼이나 놀라운 결과는 라틴 아메리카가 자신들의 이야기를 할 수 있게 되었을 뿐 아니라, 상업적이고 국가적인 이익 때문에 불온한 내용으로 몰려 삭제된 부분을 잘못된 것으로 비난할 수 있게 되기를 사람들이 기대할 수 있게 되었다는 사실이었다. 1년 뒤에는 알시데스 그레카라는 인류학자가 산타페에서 찍은 「최후의 인디오 폭동El último malón」이라는 영화까지 등장했는데, 마예우에 따르면, 이것은 20세기 초에 일어난 사건을 인디오들을 직접 출연시켜 실제의 장소에서 재현한 일종의 다큐멘터리였다고 한다.

제작 조건은 기초적인 상태를 벗어나지 못했다 해도 가장 독창적인 작품들은 늘 상업 영화의 일반성을 이단적 요소로 공략할 수 있는 가장 주변적인 상황에서 만들어진다는 하나의 패턴으로 굳어진 듯하다. 그것을 증명이라도 하듯 멕시코에서는 미국 내 멕시코 노동자들을 주제로 한 미겔 콘트레라스 토레스의 「나라 없는 남자El hombre sin patria」(1922)가 만들어졌고, 볼리비아에서도 검열에 걸리기는 했지만 토착 문제를 다룬 2편의 영화 「아이마라 족의 용기Corazón aymara」와 「호수의 예언La profecía del lago」이 각각 만들어졌다. 1929년에 나온 마리오 페이소토의 「경계Limite」는 멀티내레이션의 실험작으로 1932년 런던에서 이 영화를 본 에이젠슈테인까지 〈천재성〉을 언급할 정도로 획기적인 아방가르드 작품이었다.

하지만 이들 영화는 고립된 예인 것만큼이나 미지의 역사에 속해 있다. 다시 말해, 이것은 베네수엘라 감독 알프레도 안솔라가 지금까지 알려지지 않은 1920년대와 1930년대 베네수엘라의 진기한 모습을 담은 자신의 장편 다큐멘터리 「주홍빛 눈동자의 비밀El misterio de los ojos escarlata」(1993)에서 최근에 제기한 역사인 것이다. 이 다큐멘터리는 1920년대에 지금은 소멸되고 없는 다큐멘터리들과 무성 영화 2편을 만든 뒤 16mm 카메라를 구입하여 1930년대와 1940년대 내내 거의 다큐멘터리만을 만든 그의 부친 에드가르 안솔라의 이야기를 그린 작품이다. 1920년대의 에드가르 안솔라의 노력은 그러나 영화계 활동으로 이어지지 않았고, 16mm 카메라로 찍은 그의 작품들도 일반 공개용이 아닌, 한

루이스 부뉴엘 (1900~1983)

뒤늦게 꽃핀 부뉴엘의 이력 중에서 가장 기이한 것 중의 하나는 하마터면 그런 일이 일어나지 않았을지도 모른다는 것이다. 흔히 스페인 최고의 감독으로 일컬어지는 루이스 부뉴엘은 생애 거의 대부분의 시간을 망명으로 보냈고 작품들도 거의 멕시코나 프랑스에서만 만들었다. 내전 중인 스페인에서 탈출하지 못했더라면, 그는 필경 「안달루시아의 개」와 「황금 시대」, 「빵 없는 땅Las Hurdes」을 만든 사람으로 자신의 진정한 시대를 맞기도 전에 스페인 군부의 총탄에 스러져 간, 전도양양했던 〈스페인의 어떤 감독〉으로서만 기억되었을 것이라고 말했다.

1928년 살바도르 달리와 함께 프랑스에서 만든 「안달루시아의 개」로 부뉴엘은 초현실주의의 대열에 합류했다. 「황금 시대」는 그의 독창성에 대한 확인과 함께 영화를 상영 중인 극장을 극우파가 공격하자 당국이 상영 금지 조치를 내리는 등 가장 시끄러운 초현실주의 스캔들의 하나를 유발시켰다. 이 두 영화는 꿈꾸는 듯한 일련의 강렬한 이미지와 상상력과 섹슈얼리티를 동시에 억압하는 전제적 사회 제도에 대한 신랄한 공격으로 초현실주의의 신조를 영화에 도입했다. 「안달루시아의 개」를 본 장 비고는 〈안달루시아의 개를 조심하라. 그 개는 문다〉라고 말했다.

1932년 부뉴엘은 스페인으로 돌아와 다큐멘터리 「빵 없는 땅」을 만들었으나 이 작품 또한 스페인 당국에 의해 곧 금지당했다(1961년, 부뉴엘이 거의 30년 만에 처음으로 스페인에서 찍은 「비리디아나」도 비슷한 운명을 맞았다).

1930년대 중반 부뉴엘은 스페인 대중 영화 제작 책임자의 신분으로 파리와 마드리드에서 파라마운트와 워너 브러더스의 더빙 감독으로 활동했다. 내전이 발발한 1936년에는 러시아 카메라맨 로만 카르멘과 그 외의 여러 사람들이 찍은 뉴스 영화를 이용하여 내전 관련 다큐멘터리를 만들라는 주문과 함께 파리로 파견됐다. 그는 내전 관련 영화들의 공식 고문 자격으로 할리우드를 방문했으나 미국 정부는 그의 작품에 금수 조치를 내렸고 엎친 데 덮친 격으로 스페인 공화파까지 프랑코군에 굴복하는 바람에 부뉴엘은 미국에서 오도 가도 못하는 처지가 되고 말았다. 그는 뉴욕 현대미술관에서 라틴 아메리카 배급용으로 선전 영화를 만드는 일자리를 하나 얻었다. 하지만 「황금 시대」를 찍기 바로 직전 그와 사이가 틀어진 변덕이 죽 끓듯 하는 살바도르 달리가 그를 무신론자에 공산주의자라고 고발하는 바람에 그것마저 사직하지 않을 수 없었다. 별의별 잡일을 다 하며 보낸 뉴욕에서의 4년 뒤, 마침내 그에게 영화를 만들어 달라는 요청과 함께 기회가 찾아왔다. 그때 멕시코로 날아간 그는 1983년 타계할 때까지 줄곧 멕시코에서만 살았다.

루이스 부뉴엘의 「비리디아나」에서의 실비아 피날.

부뉴엘의 세 번째 멕시코 영화 「버려진 아이들」(1950)은 세심하게 연구된 사실주의에다 등장인물들의 묘사에 깊이를 더해 준 강렬한 꿈 장면을 결합시켜, 판자촌 아이들 간에 벌어지는 비행을 통렬하게 묘사한 작품이었다. 수많은 멕시코 인들로부터 멕시코의 이름을 더럽혔다는 비난을 받긴 했지만, 이 작품의 세계적인 성공으로 부뉴엘은 다시 예전의 명성을 되찾았다. 이후 수년간은 부뉴엘에게 가장 분주한 시기였다. 아내를 파멸로 이끌 정도의 편집적인 질투로 끝내 망가져 가는 명망 있는 한 남자의 모습을 혼란스럽게 그린 「그 사람」(1952), 영어로 촬영된 멕시코-미국 합작 영화 「로빈슨 크루소의 모험」(1952), 잔인한 현실을 돈키호테식 광기로 뒤틀어 묘사한 작품이면서, 부뉴엘이 소년 시절에 알았던 스페인 작가 베니토 페로스 갈도스의 소설을 각색한 2편의 영화 중 첫 번째 작품이기도 한 「나사린」(1958)을 비롯하여 10년 동안 모두 16편의 영화를 만들었다.

부뉴엘의 멕시코 시절은 종종, 이후 유럽으로 돌아와 「비리디아나」를 만드는 것으로 이어진 때늦은 성숙의 전조, 즉 일종의 중기로 간주되어 왔으나, 그 두 기간 사이엔 분명 강한 연속성이 존재하고, 그것은 부뉴엘의 전 작품 속에는 그의 가장 중요한 두 문제, 즉 예수회 교육과 초현실주의(이 두 가지가 자신의 일생을 좌우했다고 본인도 실토한 바 있다)가 늘 관통하고 있다는 사실로도 잘 알 수 있다. 「나사린」의 성직을 빼앗긴 그 성자와도 같은 신부가, 헨델의 〈할렐루야 합창〉에 최후의 만찬 장면을 결합시킨 희화(戱畵), 즉 유명한 거지들의 잔치와 부뉴엘의 가장 신랄한 종교 패러디 중의 하나로도 유명한 그것의 자매편 「비리디아나」에서는 수녀로 바뀌는 것도 바로 그 같은 맥락으로 이해할 수 있다. 한편 「사막의 시몬」(1965)과 「은하수La Voie lactée」(1968)를 비롯한 종교적 신념의 불합리성을 강조한 작품들은 억압된 섹슈얼리티의 결과를 다룬 작품들과 짝 지을 수 있고, 「그 사람」은 「세브린」(1967), 「욕망의 모호한 대상」(1977)과 더불어 갈도스 소설의 두 번째 각색물인 「트리스타나」(1970)와 짝 지을 수 있다. 이 중 그 어느 작품에서도 부뉴엘은 남성과 여성 간의 단순한 마니교적 대립에서 떨어져 본 적이 없고, 남자의 성욕은 오히려 남성다움의 자부심을 조롱하는 형태로 여성의 의지 앞에서 당혹해하는 모습으로 그려졌다.

부뉴엘은 마지막 2편의 멕시코 영화 「멸종된 천사」(1962)와 「사막의 시몬」으로 다시 활짝 핀 초현실주의로 돌아왔다. 첫 작품에 나타난 고도의 희극적 불합리성과 나중 작품에 나타난 멕시코 통치 계급의 자만에 대한 통렬한 비판과 환각성, 그리고 종교적 신념의 환상에 대한 풍자로, 부뉴엘은 사실주의와 모든 내러티브 영화의 기반인 이성적 착각을 완전히 절단 내는 과정을 밟아 가기 시작한다.

부뉴엘이 이용하는 초현실주의 방법의 기반은 무의식에 이르는 길, 즉 꿈이었다. 꿈의 이미지들은 「안달루시아의 개」의 원천이었고 부뉴엘 자신은 꿈, 환상, 착란의 차이를 일일이 구분하고 있지만, 꿈 장면들은 「버려진 아이들」로부터 시작되는 부뉴엘의 여러 작품에 빈번히 등장하고 있다. 「황금 시대」의 내러티브 형식 역시 그것의 불합리한 전치, 혹은 부뉴엘 자신의 말을 빌리면 〈불연속적인 연속〉과 더불어 꿈의 언어에서 빌려 온 것이었고, 「부르주아의 은밀한 매력」(1972)이라든가, 「자유의 환상」(1974)으로 대표되는 마지막 작품들에서 그가 최대한으로 이용한 방법도 바로 이 형식이었다. 부뉴엘 예술의 정점을 보여 주는 이들 두 작품에서 구성은 완전히 무의미하고 논리적으로도 앞뒤가 맞지 않는 내러티브의 시늉만 낸 것에 불과하지만 그러한 상징과 메타포에 대한 설명을 시도한다는 것 자체가 불합리하다고 하여 이들 영화를 의미 없는 것이라고는 말할 수 없다. 내러티브 방식의 교묘한 해체는 오히려 부뉴엘 자신은 초현실주의의 혁명적 신념에 더없이 충실한 가운데 사회적이고 이데올로기적인 허식을 넌지시 드러냄으로써 그 의미를 더욱 분명히 해주었다고 말할 수 있다.

마이클 채넌

▪▫ 주요 작품

「안달루시아의 개Un Chien andalou」(1928); 「황금 시대L'Age d'or」(1930); 「버려진 아이들Los olvidados」(1950); 「그 사람Él」(1952); 「로빈슨 크루소의 모험Las aventuras de Robinson Crusoe」(1952); 「범죄 실험Ensayo de un crimen」(1955); 「나사린Nazarín」(1958); 「젊은이La joven」(1960); 「비리디아나Viridiana」(1961); 「멸종된 천사El ángel exterminador」(1962); 「사막의 시몬Simon del desierto」(1965); 「세브린Belle de jour」(1967); 「트리스타나Tristana」(1970); 「부르주아의 은밀한 매력Le Charme discret de la bourgeoisie」(1972); 「자유의 환상Le Fantôme de la liberté」(1974); 「욕망의 모호한 대상Cet obscur objet du désir」(1977).

▪▪ 참고 문헌

Bunuel, Luis(1983), *My Last Sigh*.

Perez Turrent, Tomás, and de la Colina, José(1992), *Objects of Desire*.

이름 없는 〈아마추어*aficionado*〉 작가의 작품에 불과했다. 안솔라는 1930년대에 베네수엘라 최초의 라디오 방송국, 라디오 카라카스를 개국하여 자신을 감독으로 앉힌 어느 북미 기업가의 측근으로 생계를 해결했다(아버지 안솔라가 그때 쓰고 제작한 라디오 연속물 하나가 그에 관한 아들 영화의 제목이 되었다). 거의 무명이나 다름없는 초창기 라틴 아메리카 영화인 중에 이와 비슷한 이력을 가진 사람은 대체 얼마나 되고 발견도 안 된 채 문서국에서 그대로 썩고 있는 사람은 또 얼마나 되는 걸까? 이들 〈아마추어들〉 중 후세에 이름조차 남기지 못하고 죽은 사람은 대체 얼마나 되는 걸까? 그리고 또 하나, 아들에 의해 묘사된 아버지 안솔라는 지식인은 분명 아니었으나 라디오 프로듀서로서 사건이 일어난 현장에는 어디든 카메라를 들이대곤 했던 열정적인 영화인이었다. 관점은 그저 비판 의식 없이 자신이 속한 사회적 계급의 시각을 반영했을 뿐이지만, 수십 년 뒤 그와 같은 부류에 속하는 〈아마추어들〉은 1950년대 말 라틴 아메리카에서 일어난 새 영화 운동의 기폭제가 되는 중요한 역할을 했다.

유성 영화 시대

1920년대 말에 등장한 토키는 라틴 아메리카 영화계에 혜택이자 또한 재난이었다. 소리는 대중 가수와 코미디언의 출연 및, 아르헨티나의 〈탕게라*tanguera*〉, 브라질의 〈창차다*chanchada*〉, 멕시코의 〈랑체라*ranchera*〉와 같은 대중 뮤지컬의 각색과 혼합을 가능케 함으로써 영화의 성공 가능성을 열어 주었으나 그만큼 또 배급의 의존이 커지고 제작비 부담이 늘어남으로써 영화 제작은 이제 까딱하면 망하기 십상인 위험천만한 사업이 되어 버렸다.

문맹자가 대부분인 관객에게는 있어 봐야 어차피 별 의미도 없었겠지만 여하튼 더빙이나 자막 기술의 어느 것도 제대로 완비되지 않은 상태의 라틴 아메리카 영화를 유성 영화로 전환시키기 위해 할리우드는 리오그란데 남부 출신의 풋내기 감독들이 일찍이 장사를 배운 바 있는 캘리포니아산 영화들의 스페인 어판을 마구 찍어 내기 시작했다. 한편, 파라마운트가 외국어 영화와 싸구려 영화를 만들기 위해 파리 교외의 주앵빌에 세운 영화 제작 단지에서는 아르헨티나의 유명 탱고 가수 카를로스 가르델이 아르헨티나의 또 다른 순회공연단과 함께 1931년에서 1932년 사이에 여러 편의 영화를 만들었다. 라틴 아메리카 전역에서 대성공을 거둔 가르델은 이후 파라마운트를 위해 뉴욕에서 4편의 영화를 더 만들었으나

1935년 콜롬비아에서 일어난 비행기 추락 사고로 그만 목숨을 잃고 말았다. 그는 라틴 아메리카 최초의 국제적인 뮤지컬 스타였으며 그의 세련된 남성적 이미지는 아르헨티나를 비롯한 여러 지역에서 엄청난 영향력을 발휘했다.

브라질의 〈창차다〉는 북미 뮤지컬을 일부 모델로 하여 만들어지긴 했으나 그 뿌리는 엄연히 브라질의 코믹 연극과 카니발에 두고 있었고, 그 같은 현상을 사에스 고메스는 냉담하고 추상적인 세계를 만들어 낸 북미 영화들에 비해 이들 영화에 담긴 브라질의 조소적 특징들은 최소한 관객과 더불어 살아 숨쉬는 어떤 세계를 보여 주었다고 설명했다. 이 말은 곧 할리우드 영화가 점유 문화의 행동과 유행으로 피상적 동일시를 이끌어 냈다면, 〈창차다〉는 악당, 불량배, 건달들을 등장시켜 대중들을 열광케 함으로써 점유자들에 대한 피점유자들의 반항을 암묵적으로 표현했다는 말이기도 하다.

이 시기의 대표적 영화감독은, 후일 글라우베르 로샤로부터 시네마 노보*Cinema Novo*의 선구자로 칭송된 움베르투 마우루였다. 마우루의 독창성은 사에스 고메스가 소위 〈모방에 대한 브라질 인들의 창조적 무능력〉이라 말한 바로 그것에 있었다. 리우데자네이루로 이주해 오기 전, 브라질 지역 영화 운동의 일환으로, 미나스 게라이스에서 만든 그의 초기작들은 토머스 인스의 서부극으로부터 발터 루트만의 「베를린: 도시의 교향곡」에 이르는 모델들을 〈창조적으로 모방〉한 것들이었다. 「잔혹한 갱Ganga bruta」(1933)으로 가장 많이 알려진 그는 이후 브라질의 카메라맨 에드가르 브라질과 팀을 이루었는데, 프랑스의 영화사가 사둘(1972)은 〈이미지와 배경에 대한 그의 놀라운 느낌, 영화적 공간에 대한 지극히 독창적인 개념, 그리고 자국민과 지형에 대한 그의 열렬한 감정들〉에 대해 극찬을 아끼지 않았다.

멕시코에서는 멕시코 문화를 다룬 에이젠슈테인의 「비바 멕시코Que viva Mexico!」(1931)가 실패로 돌아간 뒤, 그의 예술적 선례는 1935년 뉴욕의 사진가 폴 스트랜드, 오스트리아의 젊은 감독 프레드 지니먼, 그들을 도운 멕시코 인 에밀리오 고메스 무리엘, 훌륭한 관현악 음악을 만들어 준 멕시코 최고의 작곡가 실베스트레 레부엘타스로 구성된 일단의 그룹이 급진적 멕시코 정부 관리들의 요청을 받고 만든 「파도Redes」로 계승되었다. 멕시코 인들의 삶을 그린 미완의 시리즈 영화의 제1탄인 「파도」는 베라 크루스 어부들의 착취에 대항한 투쟁과 함께 후일(1960년대) 라틴 아메리카 곳곳에서 일어나게 될 정치성 짙은 초기 영화의 드문 예를 보여 주면서 집단화를 부르짖고 있다. 그 외에도 이 작품은 북부와 남부의 협력을 동등한 것들 간의 협력으로 본 또 하나의 드문 예로, 사둘이 지적한 바와 같이 1930년대의 뉴욕 유파가 만든 첫 번째 성공작 중의 하나가 되었다.

하지만 멕시코 영화는 거의 대부분 수많은 〈랑체라〉와 비극적이고 감상적이고 시대적인 각종 멜로드라마들로 채워졌다. 멕시코 영화의 멜로드라마 역사는 대도시에서의 매춘을 강요받은 한 순진한 시골 처녀가 죽음으로써만 오직 구원받게 된다는 내용의 창녀를 낭만화시키는 멕시코 영화의 기나긴 노정의 시발점이 된 1919년의 「산타Santa」(루이스 페레도)로부터 시작되어, 〈카바레*cabaretera*〉 영화, 혹은 1950년대의 매춘 영화로까지 이어졌다. 「피의 명령La sangre manda」(호세 보르, 1933)은 감상적인 중산층 멜로드라마 유행의 시발점이 된 작품으로, 후일 이것은 혁명 이전의 세계를 노스탤지어적이고 반동적으로 회상한 「돈 포르피리오의 시대En tiempos de Don Porfirio」(1939)와 같은 사극 멜로드라마로 돌연변이를 일으켰다. 진 오트리와 로이 로저스 공식에 목가적 판타지를 결합한 일종의 코미디로 페르난도 데 푸엔테스가 감독한 노래하는 카우보이 영화 「란초 그란데 저 너머」와 더불어 1936년에 탄생한 〈랑체라〉는, 멕시코 문화 비평가 카를로스 몬시바이스에 따르면, 멕시코 영화의 방향을 바꿀 정도로 라틴 아메리카 전역에서 엄청난 성공을 거두었다고 한다. 이 목가적인 작품은 토지 개혁 시절의 현실과는 아주 동떨어진, 기본적으로 현실 도피적인 영화였다.

멕시코 영화는 좌파 대통령 라사로 카르데나스가 새로운 제작사들에 자금을 지원한 1930년대 중반부터 발전하기 시작했다. 하지만 그것이 라틴 아메리카 최초의 영화에 대한 정부 개입은 아니었고, 그 공은 오히려 1932년 브라질 영화에 최소한의 상영 쿼터를 보장해 주며, 나름대로 공정한 법률을 마련해 주려 애썼던 브라질 대통령 제툴리아 바르가스에게로 돌아가야 마땅하다. 멕시코 영화계는 그러나 브라질보다는 기반이 튼튼해서 1934년에는 라틴 아메리카 최초의 영화 조합이 만들어졌고 1937년에는 내전으로 인해 스페인 영화 유입이 줄어든 틈을 타 38편의 영화를 내놓으며 아르헨티나의 제작 편 수를 앞지르기도 했다. 이러한 전성기는, 2차 대전 시에 보여 준 아르헨티나의 중립적 태도와 파시즘과의 의심스러운 연계에 분노한 미국이 아르헨티나에 대한 생필름*raw stock* 공급의 중단과 더불어, 멕시코에 일련의 유리한 조치를 취한 1943년에 또 한 번 찾아왔다. 뿐만 아니라 할리우드는

레오폴도 토레 닐손의 아르헨티나 고전 영화 「천사의 집La Casa del angel」(1957).

대부분의 전시 작품들을 선전 영화에 집중함으로써 멕시코의 신세대 감독들로 하여금 기존 장르의 틀을 벗어난 신선한 작품들을 만들어 라틴 아메리카에 생긴 할리우드 영화의 공백을 메울 수 있는 여지를 남겨 놓았다. 멕시코 영화의 〈황금기〉는 바로, 배우에서 감독으로 변신하여 한때는 멕시코의 존 포드로 불리기도 한 에밀리오 (〈엘 인디오〉) 페르난데스, 카메라맨 가브리엘 피게로아, 마리아 펠릭스, 돌로레스 델 리오 등의 스타들, 코미디언 칸틴플라스 등 영화인들의 시대이기도 했다. 타락한 여자 이야기를 인디오적 요소로 처리한 페르난데스와 피게로아의 「마리아 칸델라리아Maria Candelaria」(1943)에서도 볼 수 있듯이, 이들이 만든 어떤 영화들은 톡톡 튀는 유쾌한 느낌을 주기도 한다. 하지만 그러한 사실에도 불구하고 부뉴엘의 그것들(범작과 함께 몇 편의 뛰어난 작품들을 포함해)을 제외하고는 1950년대까지의 멕시코 영화에서 영속성을 지닌 작품은 그 어디에서도 찾아볼 수 없었다. 2차 대전 이후에 시작된 아르헨티나 영화의 점진적인 회복은, 우연히도 1946년 대통령이 되기 이전과 이후 모두, 쿼터제라든가 관람료에 부과한 세금 및 외국 배급업자들의 수익금 본국 송금을 제한하는 방법에 의해 조성된 자금으로 국영 은행이 실시한 제작비 대부금 제도와 같은, 영화 지원 관련의 각종 정책을 펼친 후안 페론의 등장과 같은 시기에 이루어졌다. 한편 카를로스 가르델 영화의 세련된 스타적 외관을 스스로 체득한 페론과 그의 이류 배우 출신 아내 에비타 두 사람은 영상의 강력한 힘을 의식하고 있었고 직속 비서실로 하여금 영화의 내용과 그로 인해 초래될 결과를 면밀히 감시하도록 했다. 정부의 지원이라는 것도, 그것이 워싱턴의 협박 때문이든 비효율적인 정책 때문이든, 여하튼 경제적으로는 큰 도움이 되지 못했다. 그러한 상황들로 인해 이 시기 영화의 방향이 안락한 도시 부르주아지의 감성 쪽으로 흘러갔다면, 이 시기는 또 철저한 반페론주의자이자 국내외에서 〈작가〉 영화에 대한 아르헨티나적 해석으로 인정받았고, 아르헨티나 통치 계급에 대한 사회적 심리를 세련되게 분석한 레오폴도 토레 닐손의 영화들에서 하나의 뚜렷한 흐름이 나타난 시기이기도 했다(「덫에 걸린 손La mano en la trampa」으로 그는 1961년도 칸 영화제의 국제 언론인상을 수상했다).

브라질은 그보다 몇 년 전에 이미 칸 영화제 수상자를 배출한 바 있다. 서부극의 외양으로 〈세르탕〉이라는 낡은 주제를 부활시킨(하지만 영화는 실제 모습과는 거의 동떨어진 상파울루에서 촬영됐다) 리마 바레투의 「야성의 순정O Cangaçeiro」(1953)은 굳이 기원을 따지자면 브라질 영화라고는 할 수 없지만 여하튼 20여 개국에 수출되어 전 세계적인 성공을 거두었다. 이 영화의 제작사는 1949년 상파울루의 산업 부르주아지의 후원으로 설립되어 1954년에 도산한 베라 크루스Vera Cruz 영화사였다. 사에스 고메스에 의하면, 상파울루는 예술적으로나 산업적으로나 야심 찬 작품을 만들려고 했기 때문에 〈상파울루 시민들*paulistas*〉의 영화는 자연히 〈리우데자네이루 시민들*carioca*〉 영화(리우의 그것)의 대중적 덕목을 무시하고 대개는 유럽적인 미장센을 이용하여 구세계 영화들의 모습을 보여 주려 했다. 뒤늦게 그들이 〈산적〉 장르를 재발견했거나 혹은 방향을 돌려 라디오 코미디에서 영감을 구하려 했을 때는 이미 때가 늦었다. 그렇게 하여 거창한 작품을 만들려는 계획은 문화적으로나 경제적으로나 모두 재난으로 끝나 버렸는데, 그렇게 엄청난 제작비를 투자하면서도 배급 문제를 간과한 것이 결국은 패인이었다. 결과적으로 세계 시장에 진출해 보겠다고 「야성의 순정」의 배급권을 컬럼비아 영화사에 넘겨주는 바람에, 브라질 영화사상 최초로 세계적인 성공을 거두며 벌어들인 수백만 달러는 모두 할리우드의 금고만 가득 채워 준 꼴이 되고 말았다. 라틴 아메리카 영화인들이 새로운 사명감을 깨닫기 전 저개발 지역의 영화가 당한 상황을 이보다 더 적나라하게 보여 준 예는 일찍이 없었다.

참고 문헌

Chanan, Michael(1985), *The Cuban Image.*

De los Reyes, Aurelio(1983), *Cine y sociedad en México, 1896~1930.*

Johnson, Randal, and Stam, Robert(eds.)(1982), *Brazilian Cinema.*

King, John(1990), *Magical Reels: A History of Cinema in Latin America.*

Mahieu, José Augustín(1966), *Breve historia del cine argentino.*

Sadoul, Georges(1992a), *Dictionary of Filmmakers.*

—— (1992b), *Dictionary of Films.*

Salles, Gomes, Paulo Emilio(1980), *Cinema: trajetória no subdesenvolvimento.*

Schumann, Peter B.(1987), *Historia del cine latinoamericano.*

Smith, Albert E.(1952), *Two Reels and a Crank.*

Sontag, Susan(1977), *On Photography.*

Thompson, Kristin(1985), *Exporting Entertainment.*

2차 대전 이후의 세계

THE POST-WAR WORLD

2차 대전 이후

제프리 노웰-스미스

1944년 6월 연합군은 노르망디에 상륙했다. 미국 심리전 부대(PWB)의 준군대 요원들도 극영화가 일부 포함된 다큐멘터리 영화들을 들고 그들을 따라왔다. 스페인이나 그 밖의 중립국들에서 몰래 들여온 몇 편의 영화를 제외하면 그것들은 그 당시 점령지 유럽에서 4년 만에 최초로 소개되는 최신 미국 영화들이었다. 이들 영화를 따라 군 고위 장교 몇 명을 대동한 협상자들과 할리우드 중역들이 미국과 유럽의, 아니 미국에서 유럽으로의 영화 교역 재개를 위해 그곳에 도착했다. 정치적, 경제적 목적은 이렇게 서로 뒤엉켜 있었다. 독일, 이탈리아, 일본으로 구성된 이전 추축국들과의 거래에서 서방 연합국들은, 그들 문화에서 파시즘의 흔적을 지우고, 그들 나라의 어느 영화사들도 세계를 파멸로 이끌어 갈 소지가 있는 이데올로기는 표현하지 못하도록 하는 데 역점을 두었다. 하지만 할리우드 침투에 보호주의로 맞섰던 1930년대의 상황을 기억하는 미국인들은 교역이 일단 재개되면 그러한 상황의 재발 없이 자유 시장 원리 안에서 교역이 이루어지기를 희망했다.

패전국들의 파괴된 영화 산업을 복구하는 임무는, 군민이 공동으로 참여한 특별위원회에 위임되었다. 독일에서는 에리히 포머가 중추적인 역할을 담당했고, 이탈리아에서는 당시 PWB에서 활동 중이던 알렉산더 매켄드릭과 알렉산더 코르더의 동료인 스티븐 팔로스가 위원회에 가담했다. 하지만 복구가 의제의 전부는 아니었다. 1944년 로마 회의에서 연합국 영화위원회 의장인 미국 제독 스톤은 이탈리아는 농촌적이고 이전에 파시스트 국가였기 때문에 영화 산업이 필요치 않고 따라서 허용되어서는 안 된다는 뜻을 밝혔다. 그의 의견에 다른 동료 미국인들은 찬성을 표했다. 하지만 영국 대표는 민주주의로의 복귀보다는 할리우드 헤게모니로의 복귀를 의미하는 것으로 판단하여 그것에 반대했다. 그것은 또 「바람과 함께 사라지다」와 「시민 케인」을 비롯하여, 5년간 비축해 온 영화들을 유럽 시장에 내다 팔 날만 고대하고 있던 미국인들의 마음이기도 했다.

할리우드 영화의 극장 복귀를 원한 것은 비단 미국 영화사들만이 아니었다. 유럽 관객들도 마찬가지였다. 오래지 않아 유럽 여러 나라들에서는 관객의 요구에 민감한 극장주들 간에, 그리고 파시즘의 몰락과 전쟁 뒤의 문화 복구 분위기 속에서 하루라도 빨리 영화를 만들고 싶어 하는 감독과 제작자들 간에 갈등이 생기기 시작했다. 각국 정부는 수입을 제한하여 국제 수지를 맞추느라 안간힘을 썼다. 하지만 미국의 입장은 단호했고 영화수출협회Motion Picture Export Association는 미국 정부의 지원을 받고 있었다. 그들의 입장에서는 가능하면 영화도 다른 상품들과 마찬가지로 자유 무역 상품이 되기를 원했고 그 내용이 그대로 관세 및 무역에 관한 일반 협정(GATT)과 마셜 플랜에 명기되었다. 수입 제한에서 얻어지는 무역 수지의 빈약한 개선보다는 미국의 원조가 더욱 절실했던 유럽 나라들은 자국 산업 보호를 위한 약간의 양보를 얻어 내는 데 만족하고 그것을 받아들일 수밖에 없었다. 길고 긴 투쟁이 뒤따를 상황이 마련되었다.

상황은 동구에서도 마찬가지였다. 냉전의 시작과 함께 소련은 1944년에서 1945년 사이에 소련이 해방시켜 준 국가들에 대한 통제권 확보에 나섰다. 엘베 강 동쪽 〈인민 민주주의 국가들〉의 영화 산업은 국유화되었고, 소련 지배하에 놓인 정권들에는 1934년부터 소련에서 강제 시행되어 온 소련의 사회주의적 사실주의 미학이 영화의 모델로 강요되었다. 동중부 유럽의 영화는 서방 국가들과는 전혀 다른 성장 국면 속으로 빠져 들었다. 서방과의 문화 교류가 제한되는 가운데서도 동구권 영화인들은 서유럽에서 나온 새로운 영화를 어느 정도 접해 볼 수 있었고, 그 결과 동중부 유럽은 소비에트 모델과 이탈리아 네오리얼리즘을 함께 이용하여 〈영화 재건〉을 이룰 수 있었다.

서유럽은 전후의 변화된 상황에 동유럽과는 상당히 다르게 반응했다. 영국의 경우, 일링 스튜디오의 마이클 발콘은 일링 전시(戰時) 애국주의의 연장으로 볼 수 있는〈영국과 영국적 특성이 드러나는〉영화 제작을 회사 정책으로 추진해 갔다. 가치 면에서는 여전히 전통을 고수했지만 1940년대와 1950년대의 일링 영화들, 특히 코미디들은 1945년에 노동당 정부를 출범시키고 그러면서도 또 아무런 갈등 없이 긴축 경제에 대한 폭동을 일으켜 1951년에 처칠을 다시 정권에 복귀시킨 영국의 사회 분위기를 그대로 반영했다. 전반적인 영화계 상황은 그러나 예전과 다름없이 전전의 모호한 확실성으로 다시 돌아왔다. 인도에 배경을 두고 인도 독립 전야에 만들어진 마이클 파월과 에머릭 프레스버거의 수작「흑수선」(1947)이라든가, 심지어는 아프리카를 배경으로 한 해리 와트의「독수리가 날지 않는 곳Where no Vultures Fly」(1951)에서조차 대영 제국을 해체시키는 이변은 일어나지 않았다.

이탈리아에서는 그러나 좀 더 독창적인 영화가 네오리얼리즘의 형태로 나타났다. 피난민 막사로 잠시 이용 중이던 치네치타의 주 스튜디오와 거리에서 영화인들은 전후 상황과 해방으로 야기된 변화에의 의지를 반영하는 영화를 만들었다. 네오리얼리즘 영화는 1946년부터 쏟아져 들어오기 시작한 미국 영화와 관객들 취향에 더욱 맞아떨어지는 다른 이탈리아 영화들(특히 코미디와 감상적 멜로드라마)과 시장에서 경쟁을 벌여야 했다. 흥행 결과는 들쭉날쭉했고 좌파 경향의 영화(와 그것을 만든 사람으로 공표된 자)는 특히 1948년부터 정권을 잡기 시작한 우파 중심의 정부로부터 전혀 혜택을 입지 못했다. 하지만 네오리얼리즘까지 휘청거리기 시작하자, 그것의 개념은 이제 유럽을 넘어서서 다른 나라, 특히 표현의 직접성과 수단의 단순성이 있다는 이점 때문에 이탈리아 본토보다는 좀 더 적용이 간편한 라틴 아메리카와 인도 등에서 이용되기 시작했다.

애초에 네오리얼리즘은 지극히 민족주의적인 — 혹은 민족적-민중적인 — 틀 안에서 착상되었으나, 유럽의 정치 경제적인 현실은 그보다 훨씬 폭넓은 접근을 요구했다. 그것으로 향하는 첫 단계로는 우선 1952년부터 발효되기 시작한 프랑스와 이탈리아의 영화 합작 협정이 체결되었다. 전 유럽의 합작으로 가는 시장 개방과 그 외의 다른 쌍무 협정은 그 후 1950년대 말에 실행되었다. 처음 체결될 때만 해도 이들 협정은, 가령 초기 유성 영화 시대의 다중 언어 작품들에 비해 내용 면에서 국제성이 많이 떨어지는 영화들에 해외 시장으로의 접근을 좀 더 용이하게 해주는 방편 정도로만 생각되었다. 하지만 시간이 가면서, 특히 프랑스와 이탈리아의 의욕적인 제작자들은 거대 예산이 투여된 작품도 해외에서 충분히 시장성이 있다는 사실을 깨달았다. 또한 이들 영화는 거의 실현은 되지 않았지만, 내정을 중시하는 미국과 영국 시장도 뚫어 보겠다는 희망으로, 가끔은 촬영도 영어로 하면서 영어로 더빙을 하는가 하면, 흥행 효과를 높이기 위해 미국 배우들을 출연시키기도 했다. 대서양 건너의 시장과 투자자에게 눈독을 들인 사람들은 특히 이탈리아 제작자들이었다. 한편 배급으로 얻어지는 수입을 본국으로 송금하는 데 애먹고 있던 미국 영화사들은 유럽의 저렴한 인건비와 넘쳐 나는 인재들을 보고 그곳 영화에 투자를 하기 시작했다.

신국제주의의 선구적 역할을 한 영화인은 로베르토 로셀리니였다. 1947년 첫 계약서에 서명하기 전 그는 전쟁으로 황폐화된 베를린을 배경으로 한 영화이지만 촬영은 주로 이탈리아에서 이루어진「독일 영년Germania anno zero」을 이탈리아-프랑스-독일 합작으로 만들었다. 그리고 1949년에는 RKO 사에 투자를 하도록 설득하여, 영화 제목과 이름이 같고 시칠리아 해안 옆에 있는 한 화산섬을 배경으로 한「스트롬볼리Stromboli」를 만들었다.「스트롬볼리」는 당시 최고의 주가를 올리고 있던 잉그리드 버그먼을 출연시킨 가운데 (대부분의 섬 주민들은 미국으로 잠깐 이주해 본 경험이 있기 때문에 영어를 할 수 있다는 약간 수상쩍은 방법을 이용하여) 영어로 촬영되었으나 그럼에도 불구하고 성공을 거두지는 못했다. 버그먼의 영화 속 역할 역시 남편을 떠나는 역이라는 사실, 그리고 영화를 만드는 도중에 일어난 버그먼과 로셀리니의 스크린 밖 스캔들은 미국의 도덕주의 및 제작법과 정면충돌을 일으켰고, 스튜디오는 이 영화를 무참하게 잘라 선전 없이 공개했다. 로셀리니는 이후, 이제는 아내가 된 버그먼과 북부와 남부 유럽의 문화적 차이를 다룬 4편의 영화를 더 만들었다. 이들 영화, 특히「이탈리아 여행Viaggio in Italia」(1954)은 그 자연스러움과 자유로운 표현으로 1960년대 프랑스의 누벨 바그에 지대한 영향을 끼쳤으나 흥행에서는 참패를 면치 못하여 결과적으로 로셀리니의 때 이른 영어권 시장 공략은 실패로 돌아갔음이 판명되었다.

다른 합작 영화들은 그보다는 좀 나은 편이었다. 루키노 비스콘티는「센소」(1954)를 만들어 뚜렷한 민족적 내용이 담긴 영화도 국제 시장에 얼마든지 명함을 내밀 수 있다는 것을 보

로베르토 로셀리니 (1906~1977)

1944년 로마가 해방되자 로베르토 로셀리니는 시나리오 작가 세르조 아미데이, 페데리코 펠리니라 불리는 젊은 저널리스트가 포함된 일단의 동료들을 규합하여 독일 점령하의 절망적인 도시 분위기를 그리게 될 영화 1편을 만들기 시작했다. 즉흥적인 상황에서 촬영된 이 영화는 1945년에 완성되어 「무방비 도시」라는 이름으로 공개되었고, 이따금씩 (그리고 부득이) 튀어나오는 멜로드라마적 요소에도 불구하고, 색다른 즉흥성과 생생한 사실주의로 나오기가 무섭게 이탈리아를 넘어서(1945~6년까지 흥행 1위를 기록했다) 전 유럽과 미국에서 즉각적인 성공을 거두었다.

이 전례 없는 성공에 고무된 로셀리니는 계속해서, 1943년에서 1945년 사이 이탈리아 반도를 오르내리며 전투를 벌이는 과정에서 연합군이 맞닥뜨리는 본토인들과의 만남을 5개의 에피소드로 엮은 「전화의 저편」(1946)과 베를린에 배경을 둔 「독일 영년」(1947)을 만들었다. 이 두 작품의 황량함(특히 「전화의 저편」의 마지막 에피소드에서)은 그러나, 이탈리아와 해외 양쪽 모두를 염두에 두고 만들어서인지 승리자와 패배자 간의 넘쳐 나는 이해심, 다시 말해 어설픈 희망으로 칼날이 좀 무디어진 감이 있었다.

민족적-민중적 열망에 사로잡힌 나머지 자신들의 지평을 여는 데 제한을 받고 있던 대부분의 다른 네오리얼리스트 동료들과 달리 로셀리니는 자신의 국제성을 계속 추구해 나갔다. 기독교 민주당에도 연결돼 있었고 가톨릭 신자이기도 했던 로셀리니는 정치적으로는 범대서양주의적 입장을 취했다. 「전화의 저편」을 시작으로 그의 작품들은 하나의 반복되는 주제(아니면 그것의 결핍일지도)로 북부와 남부, 앵글로색슨과 라틴 문화 간의 교통을 강조했다. 「스트롬볼리」(1949), 「유로파 '51」(1952), 「이탈리아 여행」(1954)에서의 〈북부적〉 특성은 당시의 그의 아내 잉그리드 버그먼이 맡은 인물을 통해 구현되었다. 그런가 하면, 이들 영화의 어떤 인물은 또한 하느님이 주신 인간애의 공유에 순간적으로 감동하면서 은총의 순간에 몰입하는 모습을 보여 주기도 했다.

로셀리니는 자신이 지닌 정신적, 정치적 태도로 인해 거의가 좌파 문화 일색인 전후 이탈리아에서 외톨이가 되었고 잉그리드 버그먼과의 사랑을 위해 「무방비 도시」의 스타이자 이탈리아의 인기 배우이기도 했던 안나 마냐니를 공개적으로 버림으로써, 가톨릭계의 지지도 상실했다. 마냐니에 대한 배신 외에도 그는 네오리얼리즘의 배신자로도 낙인찍혔다. 그러한 그가 자신의 지지 기반을 새롭게 발견한 곳이 프랑스, 특히 『카이에 뒤 시네마』의 비평가들이었다. 앙드레 바쟁은 「이탈리아 여행」에서 보여 준 주의 깊고 관찰적인 스타일이야말로 진정한 네오리얼리즘이라고 극찬하고 자신의 유명한 은유적 표현에서, 벽돌로 쌓은 인공적인 다리가 아닌 자연이 만들어 준 징검다리로 강을 건넌 어떤 사람으로 그를 묘사했다.

1960년대에 로셀리니는 카메라의 시각 영역에 지속적인 변화를 줄 수 있는 판치노르Pancinor 줌 렌즈의 창조적 이용으로 자신의 관찰적 스타일을 더욱 세련되게 발전시켰다. 이 새로운 기법은 특히 텔레비전에 적합한 것으로 판명되어 1960년대 이후 그의 작품은 거의 모두가 텔레비전용으로만 만들어졌다. 1966년 프랑스 텔레비전 사를 위해 만든 「루이 16세의 등극」 이후 그는 선사 시대로부터 현재에 이르기까지 세계 문명의 발전 도상에서 일어난 주요 사건들을 다루게 될 일련의 독립적인 작품의 착수에 들어갔다. 그는 기독교 민주당 지도자 알치데 드 가스페리에 관한 영화 「서기 1년」(1974)으로 영화와 전후 이탈리아 문제들로 다시 복귀했으나 그의 후기를 대표하는 작품들은 TV 영화 「블레즈 파스칼」(1971)이나 「데카르트」(1974)일 것이다.

전체적으로 로셀리니의 작품은 관찰과 교훈주의의 혼합, 그리고 단순성과 이따금씩의 웅장함이 특징이다. 그는 보통 보여 주는 것으로만 만족하려 하지만, 때로는 (특히 TV 영화에서) 표명하기를 고집한다. 그의 비전은 놀라울 정도로 순진한가 하면, 또 가식적일 때도 있다. 그런데도 전성기 때의 그는 어느 누구도 흉내 내지 못할 통렬한 진실을 포착해 냈다. 언젠가 그는, 때로는 그도 조작하여 고르지 못한 결과를 얻었으면서도, 자신의 신조를, 〈사실이 거기 있는데 왜 그것을 조작하는가〉라고 말한 적이 있다. 지성적이라기보다는 오히려 직관적이던 그는 여행 중에도 사실을 포착해 내는 뛰어난 능력의 소유자였다. 최근의 비평가들은 이 재능을 경시하려는 태도를 보여 왔지만 펠리니로부터 고다르, 스코시스에 이르는 그의 동료 영화인들은 그 점을 제대로 인정하고 높이 평가해 왔다.

제프리 노웰-스미스

▪◦ **주요 작품**

「십자가에서 내려온 사나이L'uomo dalla croce」(1942); 「욕망Desiderio」(1943~4); 「무방비 도시Roma città aperta」(1945); 「전화의 저편Paisà」(1946); 「독일 영년Germania anno zero」(1947); 「스트롬볼리Stromboli, terra di Dio」(1949); 「프란체스코, 신의 어릿광대Francesco giullare di Dio」(1950); 「유로파 '51 Europa '51」(1952); 「이탈리아 여행Viaggio in Italia」(1954); 「불안La paura」(1954); 「인디아India」(1960); 「루이 16세의 등극La Prise de pouvoir par Louis XIV」(1966); 「사도들의 행적Atti degli apostoli」(1969); 「소크라테스Socrate」(1970); 「블레즈 파스칼Blaise Pascal」(1971); 「데카르트Cartesio」(1974); 「서기 1년Anno uno」(1974); 「메시아Il Messia」(1975).

▪▪ **참고 문헌**

Brunette, Peter(1987), *Roberto Rossellini.*

Guarner, José Luis(1970), *Rossellini.*

「전화의 저편」(1946). 한 흑인 병사가 전후 이탈리아의 끔찍한 상황을 목도하고 있다.

여 주었다. 「센소」는 겉으로는 화려한 멜로드라마처럼 보이지만 정치적으로 급진적이고 이탈리아 거국 일치라는 신화의 저변에 깔린 기회주의와 타협에 비난을 퍼붓는, 요컨대 마르크스주의적 용어로 말하면, 사실주의적인 영화이다. 프랑스에서는 장 르누아르가 「황금 마차」(1953), 「프렌치 캉캉」(1955), 「엘레나와 남자들」(1956)과 같은 1950년대의 그의 화려한 작품들을 합작을 통해 만듦으로써 이탈리아-프랑스 공동 제작의 혜택을 톡톡히 보았다. 막스 오퓔스도 「아무개 부인」(1953)을 프랑스-이탈리아 합작으로 프랑스에서 만든 뒤 뮌헨으로 날아가 독일-프랑스 합작으로 국제적 배우들을 캐스팅하여 컬러와 시네마스코프로 찍은 대작 「롤라 몬테스」(1955)를 만들었다.

합작 영화라는 새로운 패턴은 이탈리아, 프랑스, 서독, 그리고 (1950년대 후반부터는) 스페인에서만 주로 일어난 현상이었다. 소비에트 블록 이외의 나라들은 미국 영화와의 경쟁이라는 문제점을 공유하면서도 대부분은 그것을 자국 시장의 개별적인 상황으로만 느끼고 있었다. 프랑스와 이탈리아는 가장 성공적인 영화 수출국이었다. 이탈리아는 동부 지중해 지역과 활발한 거래를 하고 있었고 극동에서는 홍콩이 이산(離散) 중국인들의 영화 중심지로 점차 부상하기 시작했다. 영국과 스칸디나비아는 유럽의 성장으로부터 고립돼 있었다. 덴마크나 스웨덴 두 나라 모두 무성 영화기에 누렸던 자신들의 국제적인 위상을 되찾지 못했다. 하지만 정부의 강력한 지원을 받고 있던 스웨덴의 경우 구스타브 몰란더, 알프 셰베리 감독 등과 튼튼한 제작 인프라를 계속 구축하면서 국내 흥행용의 지극히 스웨덴적인 영화를 주로 만들었다. 스칸디나비아에서 해외 수출의 포문은 1950년대에 잉마르 베리만 감독에 의해 열렸다. 이후 1960년대부터는 〈성적으로 해방된〉 스웨덴, 덴마크 영화들이, 때로는 빌고트 셰만 감독의 「나는 궁금하다, 노란색이I Am Curious, Yellow」(1967)와 같은 흥미로운 작품도 더러 있긴 했지만, 시간이 갈수록 좀 덜 노골적인 선정 영화 쪽으로 수출의 방향을 잡기 시작했다.

미국과의 〈각별한 관계〉와 공통 언어로 혼란에 빠진 영국은 1급 영화로 전전의 주요 배급 시장을 석권한 알렉산더 코르더의 영광을 되찾겠다는 희망으로 (결국은 다 수포로 돌아갔지만) 미국 시장 개척에 주력했다. 이 시도의 주동자는 아서 랭크였다. 코르더 역시 1949년 「제3의 사나이」를 만들어 독자적인 성공을 거두었다. 영국 영화는 세련된 분위기로 미국에서 호평을 받았는데도(「위대한 유산Great Expectations」, 「흑수선」, 「제3의 사나이」 모두 오스카 촬영상을 수상했다) 시장을 집중 공략하기에는 제작 수준이 너무 열악하여 일급 영화 몇 편만 겨우 시장을 점거하는 데 그치고 말았다. 재정적인 면에서 랭크의 시도는 실패로 돌아갔다. 1960년대 후반 영국 영화가 미국 시장에서 뒤늦게 성공을 하게 된 것도 영국 제작자들의 기업가적 노력이라기보다는 미국 제작자들의 투자의 결과였다.

영화 문화

대체적으로 1950년대는 유럽 영화의 호시절이었다. 텔레비전의 영향과 변화하는 레저 문화는 그리 빠르게 감지되지 않았다. 대부분의 국가에서 영화 관객은 1946년에 최고를 기록한 영국만을 제외하고는 1950년대 중반까지 꾸준히 늘어났으며, 1940년대에 할리우드에 빼앗겼던 자국 영화 시장 점유율도 대부분은 다시 만회했다. 이 시기는 또 대중 영화 잡지의 시기(영국의 『포토플레이*Photoplay*』가 좋은 예이다)였는가 하면 전문 영화 잡지의 시기이기도 했다. 이탈리아에서는 『치네마*Cinema*』와 『비안코 에 네로*Bianco e nero*』(둘 다 2차 대전 전에 창간되었다)가 네오리얼리즘 발전에 중요한 역할을 했고, 프랑스에서는 『카이에 뒤 시네마*Cahiers du cinéma*』(1951년 앙드레 바쟁, 로 뒤카, 자크 도니올-발크로즈가 창간했다)가 누벨 바그의 초석을 까는 데 그에 못지않은 역할을 했으며, 영국에서는 『시퀀스*Sequence*』(1947년 린지 앤더슨과 피터 에릭슨이 창간했다)가 단명에 그친 영국의 영화 운동에서 그와 비슷한 역할을 했다.

『카이에 뒤 시네마』와 『시퀀스』는 특히 이 잡지의 작가들이 (『카이에 뒤 시네마』에서는 프랑수아 트뤼포, 장-뤼크 고다르, 자크 리베트 등이, 『시퀀스』에서는 린지 앤더슨, 카럴 라이스, 토니 리처드슨이) 영화감독이 되고자 하는 야망을 공공연히 드러낸, 투쟁적인 잡지였다. 그들은 다른 잡지들(프랑스의 『포지티프*Positif*』, 독일의 『영화 비평*Filmkritik*』)과 더불어 자국의 진부한 상업 영화에는 적대감을 드러내면서도 할리우드에는 그다지 적대감을 보이지 않았다. 그 점은 『카이에 뒤 시네마』가 히치콕과 호크스를 필두로 오선 웰스, 오토 프레민저, 앤서니 만, 니컬러스 레이, 샘 풀러, 그리고 지식인들에게나 대중에게나 별반 높은 평가를 받지 못한 그 외의 여러 감독에게까지 이어지는 할리우드 〈작가 감독들*auteurs*〉의 판테온으로 가장 유명하다는 사실로도 잘 알 수 있다. 『카이에 뒤 시네마』의 비평가들이 높이 산 부분은 무엇보다 개성이

해외의 순결한 사람들: 전후 빈을 무대로 한 캐럴 리드 감독의 분위기 있는 스릴러 「제3의 사나이」(1949)에서의 알리다 발리와 조지프 코튼.

었는데, 그것을 그들은 장르 영화, 웰스와 포드 같은 예술성 높은 감독들의 작품, 그리고 심지어는 B급 영화들에서까지 찾으려고 했다. 로셀리니, 베리만, 미조구치 겐지, 프랑스 감독 중에선 자크 베케르, 르누아르, 오퓔스도 그들의 찬미 대상이었다.

『카이에 뒤 시네마』의 비평가 중에서 가장 독창적인 인물은 두말할 필요도 없이 앙드레 바쟁이었다. 좌파 가톨릭으로 현상학의 영향을 받은 바쟁은 문화의 다른 방면에 광범위하게 퍼져 있던 마르크스주의적 관념과는 정면으로 배치되는 영화 사실주의 이론을 폈다. 그는 카메라 앞에 복합적 움직임이 일어나게 할 수 있는 롱테이크와 시역((視域)의 깊이를 이용함으로써 몽타주나 다른 일그러뜨림의 기법을 사용하지 않고도 사실감을 표현할 수 있다는 것을 알아냈다. 그는 존 포드와 윌리엄 와일러 같은 감독들의 냉정한 고전주의 외에도, 특히 미장센의 존재가 거의 느껴지지 않고 사건 자체가 관객에게 직접 말을 건네게 하는 수준으로까지 영화의 기법을 단순화시킨 이탈리아 네오리얼리스트들(특히 로셀리니와 비토리오 데 시카)의 시도에도 찬사를 보냈다.

1958년 40세의 나이로 타계하기도 전에 바쟁은 이미 『카이에 뒤 시네마』에 대한 자신의 영향력을 상실하고 있었다. 1950년대 말 이래 그 잡지의 주도적 경향은 프랑수아 트뤼포라는 이름과 동의어가 되다시피 한 〈작가주의*politique des auteurs*〉였다. 1960년대 초 영국 잡지 『무비』와 미국 비평가 앤드루 새리스가 수용하여 프랑스 이외의 영화 비평계에도 영향을 미치게 될 이론이 바로 이 〈작가주의(거칠게 말하자면 오직 훌륭한 감독만이 좋은 작품을 만들 수 있고 훌륭한 감독은 오직 좋은 작품만 만들 수밖에 없다는)〉 개념이었다.

시네마테크, 영화제, 영화 연구회

1950년대의 전반적 영화 분위기가 1945년 이후의 미국 영화

루키노 비스콘티 (1906~1976)

귀족적 혈통(아버지 측)과 엄청난 부(어머니 측)를 동시에 소유한 밀라노의 한 가정에서 태어난 루키노 비스콘티는 1935년 패션 디자이너 코코 샤넬에게서 장 르누아르를 소개받고부터 영화와 좌파 정치에 관심을 갖기 시작했다. 프랑스 인민 전선에서 르누아르와 함께 잠시 일을 한 뒤 그는 파시스트가 지배하던 이탈리아로 돌아와 당시의 공식 문화에 대한 정면 도전작이자 전후에 공개되자마자 네오리얼리즘의 선구작으로 열렬히 환영받은 자신의 첫 작품 「강박 관념」(1942)을 만들었다. 1948년에는 조반니 베르가의 고전 소설 『말라볼리아 가문 *I Malavoglia*』에서 받은 어렴풋한 영감으로 시칠리아의 한 어부 가족에 대한 서사극 「흔들리는 대지」를 만들었다.

「강박 관념」이 네오리얼리즘의 때 이른 선구작이었다면 「흔들리는 대지」 역시 그에 못지않게 전작을 앞질러 간 작품이었다. 남들은 이해하기 힘든 자신들만의 방언으로 말하는 비전문 배우들을 고용하여 야외에서 촬영된 이 작품은, 역설적이게도, 원래의 의도였던 사실주의적인 다큐멘터리라기보다는 스타일 면에서 오히려 대형 오페라에 더 가까웠다. 테크니컬러로 만든 그의 첫 작품 「센소」(1954)와 더불어 비스콘티는 〈스펙터클하면서도 고도의 예술적 가치를 지닌〉 작품을 만드는 취미에 빠져 들었다. 이탈리아 통일 운동Risorgimento에 배경을 둔 「센소」는 개인적 문제와 정치적 문제가 밀접하면서도 모호하게 뒤얽힌, 배신과 역배신의 복잡한 줄거리로 이루어진 작품이다.

「센소」에 나오는 역사적 과정은 수동적 혁명과 편의와 타협으로 이루어진 맥 빠진 변화의 하나였고, 그와 똑같은 과정이 주세페 토마시 디 람페두사의 소설을 각색한 「표범」(1962)에서도 재현되었다. 이탈리아 통일 운동기를 배경으로 한 이들 두 작품은 역사적 변화 속에서 계급과 일족의 생존, 혹은 그 반대의 경우를 주제로 깔고 있으면서 구성의 메커니즘은 성적인 것이 됐든 정치적인 것이 됐든 배신을 통해 이루어지도록 짜여 있다. 〈경제 기적〉기에 밀라노로 이주한 한 남부 가족의 일대기를 그린 「로코와 그의 형제들」(1960)에서는 그와 똑같은 메커니즘이 현대적인 배경에서 재현되고 있다. 이 영화에서 농부 가족은 도시 생활의 압박감을 이기지 못해 해체되지만, 영화는 그것을 비극이긴 해도 살아남기 위해서는 어쩔 수 없이 치러야 할 대가로 묘사하고 있다. 「오르사의 아름다운 별」(1964) 역시 한 가족의 붕괴를 다룬, 그러나 그 붕괴의 원인을 좀 더 깊숙한 곳에서 찾은 작품이다. 이 작품은 어머니와 양부의 손에 죽은 아버지의 원수를 갚는 일에 온몸을 바치는 일렉트라의 이야기인 「오레스테이아Oresteia」 이야기이다. 영화에서 딸 산드라는 유대 인 과학자 아버지를 나치에 팔아넘겨 아우슈비츠에서 죽게 만든 사람으로 어머니를 의심하고 있다. 그 산드라가 이번에는 남동생을 자신과의 근친상간에 끌어들이고 배신함으로써 그를 자살로 이끈다. 하지만 산드라는 끝까지 살아남고 그녀만이 아닌 다른 생존자들에게도 미래는 똑같이 존재해 있다는 식으로 영화는 끝이 난다. 가정의 파괴에도 불구하고, 아니 어쩌면 그것 때문에 역사는 계속되는 것이다.

그러나 인생의 후반기에 접어들면서 비스콘티는 역사의 진보성에 대해

루키노 비스콘티의 「센소」(1954)에서 팔리 그랜저와 알리다 발리.

점점 회의적인 모습을 보이기 시작했다. 나치에 의해 파멸당하는 어느 독일인 자본가 가족의 이야기를 다룬 「망령들」(1969)에서는 생존자가 단 한 사람도 없고, 미쳐 버린 왕이 아무것도 남기지 못한 채 그의 대신들에게 유폐당하는 내용의 「루트비히 2세」(1972)에서도 그건 마찬가지였다. 이 두 작품 모두 대격변으로 발전이 저해당하는, 인식 가능한 역사를 배경으로 하고 있다. 한편 「베네치아에서의 죽음」(1971)과 「순수한 사람」(1976)에서는 우리에겐 과거이지만 그들에게는 현재인 배경을 설정함으로써 역사 자체가 아예 존재하지 않는다. 그들에게는 그들만의 미래도, 발전과의 어떤 연관도, 심지어는 우리가 살고 있는 이 현재와도 아무런 관련이 없다. 현재로부터의 과거의 이 같은 단절은 비정상적인 섹슈얼리티에 대한 관심의 증폭과 더불어 진행된다. 이들 후기작의 주인공들은 그들이 자신들 혈통의 마지막 존재가 되리라는 것을 고통스럽게 인지하고 있는데, 그것을 반영이라도 하듯 그들이 낳은 몇 명의 아이들은 하나도 살아남지 못한다. 그것은 가족의 와해에도 불구하고 아이들만은 자유롭게 자라나는 「로코와 그의 형제들」이나 「흔들리는 대지」의 세계와는 너무도 대조적인 광경이었다. 라우렌스 스키파노(1990)의 표현대로 비스콘티의 이 같은 혼란은 자신의 동성애 성향에 대한 상극적인 감정과 점점 가까워 오는 죽음에 대한 두려움(「루트비히 2세」를 만들던 중 심한 뇌졸중을 일으킨 그는 이후 완전히 회복되지 못했다)과 관련이 있었다. 비스콘티는 1976년에 타계했다. 갈수록 심해지는 염세주의와 퇴폐성에의 매료에도 불구하고 그는 젊은 시절에 품었던 마르크스주의적 확신을 단 한 번도 포기한 적이 없었다.

비스콘티는 유럽 문화의 모든 측면에 깊이 빠져 들었고 능숙한 음악인이었으며, 저명한 무대 감독이기도 했다. 그는 밀라노의 라 스칼라 극장과 이탈리아의 다른 오페라 극장을 비롯해 파리와 런던의 오페라도 감독했고, 런던의 코벤트 가든 무대에 올려진 베르디의 「라 트라비아타」와 「돈 카를로」는 특히 세련된 오페라였던 것으로 유명하다. 연극 쪽에서는 셰익스피어, 골도니, 보마르셰, 체호프 같은 고전극들과 동시대 현대극들을 골고루 연출했다. 그는 무대 배경에 대한 뛰어난 감각의 소유자였을 뿐 아니라 영화와 연극배우들에게도 최고의 감독이었다.

제프리 노웰-스미스

주요 작품

「강박 관념Ossessione」(1942); 「흔들리는 대지La terra trema」(1948); 「벨리시마Bellissima」(1951); 「센소Senso」(1954); 「백야Le notti bianche」(1957); 「로코와 그의 형제들Rocco e i suoi fratelli」(1960); 「표범Il gattopardo」(1962); 「오르사의 아름다운 별Vaghe stelle dell'Orsa」(1964); 「이방인Lo straniero」(1967); 「망령들La Caduta degli Dei」(1969); 「베네치아에서 죽다Morte a Venezia」(1971); 「루트비히 2세Ludwig」(1972); 「대화의 단편Gruppo di famiglia in un interno」(1974); 「순수한 사람L'innocente」(1976).

참고 문헌

Nowell-Smith, Geoffrey(1973), *Visconti*.
Schifano, Laurence(1990), *Luchino Visconti: The Flames of Passion*.

유입과 동시대의 이탈리아 네오리얼리즘으로 형성되었다면, 보다 전문화된 관객들을 위해선 영화제와 시네마테크들에 의한 좀 더 다양한 영화 체험의 기회가 제공되었다. 1936년 수집가 앙리 랑글루아에 의해 시작된 프랑스의 시네마테크 프랑세즈Cinémathèque Française는 특히 그것에 중요한 역할을 했다. 시네마테크는 물론 세계 최초의 영화 보관소는 아니었다(그 영예는 아마도 1935년에 설립된 영국의 국립영화보관국으로 돌아가야 할 것이다). 하지만 1939년부터 정기적인 영화 상영 프로그램을 실시해 온 뉴욕 현대미술관과 더불어 그것은 영화광들에게 모든 종류의 영화를 볼 수 있는 기회를 제공한 최초의 과감한 시책이었다. 뉴욕 현대미술관과 시네마테크 프랑세즈에 뒤이어, 2차 대전 이후엔 영국 영화제Festival of Britain가 열린 1951년에 문을 연 런던 텔레키네마(나중엔 국립영화극장National Film Theatre이 된다)와 과거의 영화사로부터 현재의 세계적 동향으로까지 프로그램의 내용을 확대한 벨기에와 독일, 그리고 다른 유럽 국가들의 시네마테크들이 이어졌다.

전후의 세계 영화 문화 형성에 기여한 것으로 또 빠질 수 없는 것이 영화제였다. 1946년에는 칸 영화제가 시작되었으나 이것은 프랑스 영화의 전시장이나 마찬가지였기 때문에 한동안은 베네치아 영화제가 국제적으로는 더 인정을 받았다. 1930년대 초에 시작된 베네치아 영화제는 1930년대 말 이탈리아-독일 추축*axis*과의 관련으로 잠시 명예가 흔들린 적도 있으나 전쟁이 끝나고 다시 부활한 뒤에는 이탈리아 영화(비스콘티의 「흔들리는 대지」도 1948년 그 영화제에서 격찬을 받았다)뿐만 아니라, 구로사와(1951년도 〈황금사자상〉 수상작 「라쇼몽(羅生門)」)와 미조구치(1953년에 공개된 「우게쓰 이야기」) 같은 일본 감독의 영화들까지 최초로 유럽에 선을 보인 영화제가 되었다. 사티야지트 레이의 「길의 노래Pather Panchali」는 아카데미 최우수 외국어 영화상을 수상한 뒤이기는 했지만 1951년 칸 영화제에서 유럽 최초의 시사회를 가졌다. 역으로 1951년 콜카타에서 열린 인도 영화제에서는 「자전거 도둑」을 비롯한 네오리얼리즘 영화와 「라쇼몽」이 인도 최초로 공개되었다.

영화제 출품작들은 종종 〈예술 실험 영화*art et essai*〉(주로 35mm 영화) 극장이나 영화 연구회(주로 16mm 영화), 배급을 전문으로 하는 소규모 배급업자들에게 팔려 나가기도 했다. 상황은 나라마다 달랐으나 이들 외국 영화는 배급업자의 재정적 이유와 더불어 관객 중에도 더빙을 좋아하지 않는 사람이 있었기 때문에 대개는 자막을 곁들여 상영했다. 큰 나라들은 1930년대 초에 했던 것처럼 주류 미국 영화들을 거의 더빙으로 상영해서 더빙 전문가들은 제임스 스튜어트, 험프리 보가트, 베티 데이비스 같은 배우들의 독특한 음색을 흉내 내느라 눈코 뜰 새 없이 바빴다. 하지만 유럽의 작은 나라들은 (일본도) 주류 영화까지도 자막 처리를 했다. 그 밖의 다른 유럽 국가들의 경우 일반 공개용으로 더빙한 유럽 영화 수는 그리 많지 않았으나, 단 1950년대 초부터 등장한 새로운 형태의 합작 영화에 자극받은 프랑스와 이탈리아 영화는 종종 상대국 언어로 더빙을 했다. 파리에서는 (다른 지역은 빼고 이곳에서만) 주요 영화들을 더빙과 자막의 두 종류로 상영했다.

이러한 갖가지 형태의 상영 방식은 결과적으로 수평 수직의 양면 모두에서 영화 문화의 차이를 가져왔다. 그래서 때로는 자국 영화 점유율이 15퍼센트나 20퍼센트밖에 안 되는 나라들이 그 나머지를 다른 유럽 영화나 미국 영화들로 채워, 다양한 문화 체험을 하는 일이 생겨나고는 했다. 또 다른 극단적인 경우로 영국 같은 나라에서는 극소수의 유럽 영화만을 제외하고는(그것도 아주 제한적으로) 거의 모든 극장들이 미국과 영국 영화만을 상영했기 때문에 다양한 문화 체험 기회는 소수의 자발적인 관객으로 제한될 수밖에 없었다(미국의 경우 상황은 더 극단적이었으나 다행히 인종별 시장이 형성돼 있었던 덕분에 유럽이나 극동 영화를 수입할 여지가 남아 있었다). 이들 양극단의 중간에는 주류 관객을 두고 할리우드와 쟁탈전을 벌일 정도로 강력한 영화 산업을 갖고 있으면서 또 다른 나라의 영화도 수입하는 프랑스 같은 나라가 있었다.

경제적 보호와 문화의 정체성

2차 대전이 끝나기 무섭게 바로 불붙기 시작한 영화의 자유무역 논쟁은 일종의 고립 상태를 초래했다. 유럽 국가들은 모두 이런저런 형태의 보호주의 정책을 실시했고, 그중의 일부는 경쟁자들을 자극하는 행위 이상의 조치를 취했다. 보호주의의 주된 동기는 경제적인 것이었고, 그로부터 보호받는 것은 산업, 수익과 고용의 기회, 그리고 물론 (재정 위기를 맞았던 1940년대 말에는 특히) 국제 수지였다. 하지만 경제적 동기 뒤에는 문화라는 또 다른 동기가 숨어 있었다. 부정적인 면에서 이것은, (호의적인) 점령국의 모습으로 유럽에 남아 있던 미국의 존재로 더욱 심화된, 속이 훤히 들여다보이는 반미국주의적인 형태를 띠었다. 할리우드 영화는 문화를 미국화시키는 선봉장(빔 벤더스의 말을 빌리면, 〈우리의 잠재의식을 식민지화하는〉)으로 인식되었다. 하지만 좀 더 긍정적인 면에서는 영화가 국가의, 그리고 다른 형태의 정체성에 대한 중요한 표현으로도 받아들여졌다. 한 국가의 영화는 그 나라의 전통을 구현하고 나라의 문제를 대변하는 역할을 하며, 그런 의미에서 다시 소생한 국가 영화도 할리우드나 유럽의 다른 주류 영화에서 제대로 표현하지 못한 사회 단체와 관심을 대변할 수도 있는 것이다.

단도직입적으로 말해, 경제적인 것, 민족-문화적인 것, 변화에 대한 보다 절실한 요구가 국가라는 미사여구에 가려져 버린 〈새로운 영화〉에 대한 논쟁, 이 세 가지 주장은 결국 할리우드의 지배에 대항하여 자국의 영화를 보호하려는 방어 전략을 위해 이용되었다. 관세와 쿼터제에 의한 무차별적인 보호가 미국의 보복뿐만 아니라 자국 영화의 저질화까지 부추기는 위험을 초래했다는 것은 이미 잘 알려진 사실이긴 하지만, 경제적인 문제는 가장 설득력이 있었다. 한편 문화적인 주장은 〈예술〉과 〈품질〉에 대한 지원을 좀 더 제한적으로 할 경우 부정적인 경제 효과를 초래하지 않고도 문화적 여망을 충족시킬 수 있다는 것을 깨달은 1950년대 말에야 빛을 보기 시작했다. 1958년 드골이 다시 권좌에 복귀하자 문화부 장관 앙드레 말로와 더불어 프랑스 정부는 합리적인 수준에서 최소한의 흥행은 보장되는 우수한 영화 제작을 고무하기 위해 새로운 영화 지원 제도를 마련했다. 설령 주류 영화의 작품성 향상과 영화 속에서 프랑스의 국가적 위치를 재확인하는 것이 본래의 의도였다고는 해도 그 새로운 제도는 당시에 막 태동하고 있던 누벨 바그의 젊고 참신한 감독들을 지원하려고 한 제작자들에게 특히 유용한 것으로 판명되었다.

정부의 선택적인 지원 방식 또한 이탈리아와 독일(그리고 물론 영화를 국가 문화의 한 자산으로 여기고 있던 다른 모든 나라들도)의 새로운 영화 발전에 한몫했다. 주요 영화 제작국들 중에선 영국만이 유일하게 전 극장 수입의 일정 부분을 흥행 성과만을 기준으로 〈영국의〉 모든 제작자들에게 차별 없이 재분배하는 완전히 비선택적인 지원 방식을 고수했다. 1940년대 말 〈이디세(稅)〉라 불리는 것이 처음 도입되었을 때만 해도 그것은 당시 존재하고 있던 영국 영화를 지원해 주는 상당히 독창적이고도 손쉬운 방식으로 여겨졌다. 그런데 그렇게 지원 받은 영화들이 1950년대 말이 되면서 붕괴되고 말았다. 진취적 모험심을 드높여 줄 선택적 지원의 문화적 요청을 거부하고 이디세만을 고집함으로써 영국 정부는 새로운 영화 발전의 앞길을 가로막으며 자국 시장을 할리우드 영화의 할인 특매점으로 바꿔 놓았다.

참고문헌

Hillier, Jim(ed.)(1985), *Cahiers du cinéma: The 1950s.*
Jarvie, Ian(1992), *Hollywood's overseas Campaign.*
Jeancolas, Jean-Pierre(1988), *D'un cinéma à l'autre.*
Quaglietti, Lorenzo(1980), *Storia economico-politica del cinema italiano, 1945~1980.*

할리우드 시스템의 변화

더글러스 고머리

2차 대전 이후 할리우드 영화계에는 중대한 변화가 일어났다. 갈수록 심해지는 외국 영화와의 경쟁, 관객 감소, 스튜디오 시스템에 대한 정부 기관의 압박으로 영화계는 수입에 막대한 타격을 입게 되어 신속하고도 중대한 조치를 취하지 않으면 안 될 처지에 빠져 들었다. 중요한 변화는 이미 관객 수가 떨어지기 시작한 1940년대 말부터 시작되었다. 그러던 것이 1960년대 초가 되면서 관객 수는 한창 때의 반으로 줄어들었고, 한때 잘 나가던 극장 수천 개가 완전히 문을 닫는 지경에까지 이르렀다.

이러한 쇠퇴는 텔레비전이 영화에 대한 대안으로 떠오르기도 전인 5년 전부터 이미 시작된 현상이기 때문에, 간단히 텔레비전 탓으로만 돌릴 수도 없는 상황이었다. 2차 대전 이후 미국의 도시에서는 미국인들의 여가 생활의 형태를 확 바꾸어 놓을 정도로 심각한 인구와 문화 변동이 일어났다. 사람들은 전시에 묵혀 두었던 저금을 찾아 세기 초부터 시작된 유행에 더욱 열성적으로 동참하여 너도나도 교외에 집을 짓기 시작했고, 이것이 결국은 영화 관객을 빼앗아 간 주범이 되었다. 교외 이주 현상은 영화를 보러 나가는 비용에도 영향을 미쳤다. 영화 1편을 보러 시내 중심가로 나가기에는 교통도 불편하고 비용도 너무 많이 들었다.

할리우드 영화사들이 이런 현상에 둔감할 리 없었다. 그들은 교외에 극장을 지어야 할 필요성을 느꼈고 건축 자재가 마련되자마자 바로 미국 전역에 4,000개의 드라이브인*drive-in* 극장을 짓기 시작했다. 드라이브인 극장은, 주차된 차 안에서 대형 화면으로 동시 상영을 즐길 수 있는 쾌적하고 시원한 공간을 제공해 주었다. 교외 이주와 베이비 붐이 최고조를 이룬 1956년 6월에는 드디어 드라이브인 극장 관객 수가 미국 영화사상 최초로 옥내 극장 관객 수를 초과했다.

관객 문제는 쇼핑 센터 극장이 들어서면서 보다 확실히 해결되었다. 1960년대에 기록적으로 많은 쇼핑몰들이 생겨나면서 영화 관람 형태는 이제 영원히 그 모습이 바뀌었다. 드넓은 무료 주차장에 더할 나위 없이 편리한 진입로를 갖춘 쇼핑몰들은 보통 5개 이상의 복합 상영관을 갖추고 있었다.

하지만 시내 중심가에서 교외로 극장을 옮겼다고 하여 그 즉시 관객 감소 현상이 사라진 것은 아니었다. 할리우드 스튜디오들은 스튜디오대로 이동으로 인한 또 하나의 문제를 안게 되었다. 고급 영화를 보여 주는 시내 중심지의 〈개봉*first-run*〉관과 지방 영화관의 구분이 없어짐으로써 영화 수요에 대한 패턴이 바뀌게 되어 제작상의 중대 변화가 시급해진 것이다.

설상가상으로 그보다 더 심각한 타격이 정부로부터 날아들었다. 전쟁이 끝난 바로 직후 몇 년간은 그야말로 1930년대에 시작되었다가 전쟁으로 잠시 중단된 할리우드 시스템에 대한 연방 정부의 반독점 소송이 봇물을 이룬 시기였다. 스튜디오들도 대법원에까지 상고를 하는 등 제작, 배급, 상영의 수직적 통합 체제를 와해시키려는 그 같은 기도에 맞서 기를 쓰고 싸웠다. 하지만 1948년에는 상황이 막바지로 치닫고 있었고, 이후 〈파라마운트 판결〉로 알려지게 된 판결문에서 법원은 제작과 상영의 분리 및 부정확한 회계 관행의 근절을 명령했다. 할리우드의 〈황금기〉 동안 메이저 영화사들은 가장 알짜배기 극장들을 소유함으로써 자신들의 운명을 스스로 결정할 수 있었다. 그런데 이제 그것들을 모두 팔아 치우고 제작과 배급 부서 그리고 변화와 쇠퇴기를 맞아 살아남으려고 안간힘을 쓰는 극장 사업 부분으로, 회사가 두 동강이 날 지경에 빠진 것이다. 〈황금기〉는 지나가고 새로운 시대가 불안하게 시작되고 있었다.

그런 상태에서도 할리우드 스튜디오들은 세계 배급 시장에서는 여전히 상당한 정도의 직접 통제권을 보유하고 있었

말런 브랜도 (1924~2004)

「욕망이라는 이름의 전차」(1951)의 남자 주인공 스탠리 코왈스키: 브랜도를 유명하게 만든 역.

말런 브랜도는 네브래스카 주 오마하에서 부유한 농기구 판매상의 아들로 태어났다. 오마하 지역 극단의 유력 인사였던 어머니는 그에게 연기를 할 것을 종용했으나 아버지는 연극배우가 된다는 생각 자체를 혐오하여 그를 사관학교에 입학시켰다. 하지만 브랜도는 사관학교에서 퇴학을 당하자마자 곧장 뉴욕의 액터스 스튜디오Actors' Studio에 들어가, 그곳에서 스텔라 애들러, 에르빈 피스카토르와 함께 연기를 공부했다. 1947년에는 브로드웨이에 진출하여 엘리아 카잔 감독이 연출한 「욕망이라는 이름의 전차」의 스탠리 코왈스키 역으로, 찐득찐득하면서도 광포한 야수 같은 모습으로 폭발적인 연기력을 과시하며, 굉장한 재능을 지닌 무대 배우로 극찬을 받았다. 그는 영화 연기에 대한 경멸을 공언했는데도 불구하고 연극에는 영원히 작별을 고하고 바로 영화계로 진출했다.

스타니슬라프스키적 메소드 연기의 대표적인 전수자 브랜도는 프레드 지니먼의 「사나이들The Men」에 첫 출연을 하기 전, 이 작품에 필요한 훈련을 쌓기 위해 부상당한 퇴역병들과 휠체어를 타고 여러 주를 함께 보냈고, 그런 경험은 표면적인 잔인함 뒤에 감추어진 고통스러운 감수성의 연기 결과로 나타났다. 그다음에는 카잔 감독의 역작 「욕망이라는 이름의 전차」에 다시 출연하여 코왈스키 역을 영원히 그의 것으로 못 박아 놓았다. 역시 카잔 작품인 「혁명아 사파타」(1952)에서는 스타인벡이 쓴 시나리오의 진부함을 강렬한 혁명 지도자의 모습으로 보완해 주었다. 이후 브랜도는 자신이 지닌 연기의 폭을 입증해 보이고 〈잡탕과 웅얼거림파*scratch-and-mumble school*〉라는 야유를 불식시키기 위해 셰익스피어 극으로 다시 돌아와 맨키위츠 연출의 「줄리어스 시저」(1953)에 마르쿠스 안토니우스 역으로 출연하여, 존 길거드의 열렬한 찬사를 받아 냈다.

「난폭자」(1954)는 오토바이 족들을 다룬 저예산 선정 영화*exploiter*였는데도 불구하고 브랜도는 가죽 점퍼 차림의 고뇌에 싸인 오토바이 족의 모습(〈도대체 무엇에 반항하는 거냐, 조니? 그래서 얻은 게 뭐야?〉)으로 한 세대를 대표하는 우상의 자리를 차지하며 작품에 품격을 더해 주었다. 카잔 영화로는 세 번째이자 마지막 작품이었던 「워터프론트」(1954)는 〈한 판 붙어 볼 수도 있었을 상황에서〉 착취자의 세력을 못 본 체하고 비틀거리며 묵묵히 일터로 돌아가는 깨지고 피투성이가 된 부두 노동자의 모습으로 위대한 브랜도의 자학적 연기가 돋보이게 될 이후 작품들의 첫 신호탄이 되었다.

하나같이 주도면밀하게 선택된 6편의 영화 중 4편이 오스카상 후보에 올랐고, 그중 「워터프론트」로 브랜도는 마침내 아카데미상을 수상했다. 이제 그는 티셔츠와 진 차림으로 느물거리며 컬럼니스트를 모욕하고 스튜디오의 홍보 체계에 조소를 보내는 치밀하게 연구된 삐딱한 태도에도 불구하고, 아니 어쩌면 바로 그 점 때문에 할리우드의 가장 값비싼 배우가 되었다. 놀랍도록 핸섬하고(그의 부러진 코뼈는 예쁘장하게 보이는 것을 막아 주었다) 매력적인가 하면 또 위험하고 위트가 넘쳐흐르기도 하는 이 배우는 배우가 되려는 야심을 지닌 사람이라면 누구나 한 번쯤 자신의 척도로 삼을 만큼 전후 최고의 배우로 칭송받았다. 로버트 라이언은 브랜도를 〈모든 세대의 배우들을 몽땅 망쳐 놓은 배우〉로 평가했다. 아닌 게 아니라 이후 수년간 제임스 딘, 폴 뉴먼, 알 파치노, 로버트 드니로 같은 차세대 배우들은 그의 그늘에서 벗어나기 위해 치열한 몸부림을 쳐야만 했다.

폭스 사의 강요로 마지못해 나폴레옹 역을 맡은 공허한 시대극 「데지레Désirée」(1954)와 더불어 빛나는 그의 연기 인생에도 최초로 흠집이 생기기 시작했다. 그리고 계속해서 부드럽게 넘어가는 시나트라와는 애초부터 적수가 안 되는데도 노래와 춤으로 대결을 벌인 「아가씨와 건달들」(1955)이라든가, 영화가 필요로 한 코믹 터치를 얻는 데 실패한 「8·15의 찻집Teahouse of the August Moon」(1956)과 같은 몇 편의 기묘한 작품들이 이어졌다. 그러나 「젊은 사자들」(1958)은 브랜도가 자신이 맡은 금발의 〈초인*Übermensch*〉을 덕망 있는 반(反)나치로 바꿀 것을 고집 부린 점은 있지만 그런대로 괜찮은 작품이었다. 그는 「퓨지티브 카인드」(1960)에서는 안나 마냐니와 싸움을 벌였고, 그가 출연한 첫 번째 서부극 「애꾸눈 잭」(1961)에서는 2명의 감독(큐브릭과 페킨파)을 갈아 치운 끝에 본인이 직접 메가폰을 잡았으나 결과는 기대 이상으로 훌륭했다.

「바운티호의 반란」(1962)에서도 똑같은 현상이 벌어졌다. 캐럴 리드는 물러나고 후임으로 들어선 루이스 마일스톤 역시 자막에는 감독으로 이름이 올랐으나 모든 것을 브랜도 마음대로 하도록 내버려 둔 결과, 희미한 영국식 영어를 하는 맥 빠진 플레처 크리스천을 창조해 냄으로써, 이번에도 역시 대성공을 거두었다. 1960년대 남은 기간의 그의 대표작으로는 봐주기가 힘들 정도로 억제된 감정 처리와 너무 깔끔히 정리된 나머지 폭발의 가능성까지 보여 준 존 휴스턴의 멜로드라마 「황금빛 눈동자에 비친 그림자」(1967)가 있다.

브랜도는 누구도 감히 거절하지 못할 제의를 쉰 목소리로 나직이 속삭이는 인물을 만들어 내며 「대부」(1972)와 더불어 다시 영화에 컴백했다. 약간의 허세가 없진 않았으나 여하튼 굉장한 연기를 보여 준 이 영화로 그는 두 번째 오스카 남우주연상을 받았으나 정치적인 이유로 수상을 거부했다. 황량한 셋집에서 마리아 슈나이더와 사랑 없는 섹스를 나누는 「파리에서의 마지막 탱고」(1973)는 난폭하고 속수무책인가 하면 애처로울 정도로 연약한 면도 보여 준 의도적으로 모험을 건 영화였고 그 의도는 멋들어지게 맞아떨어졌다. 아서 펜 감독의 색다른 서부극 「미주리에서의 휴식」(1976)에서도 사디스트적인 〈단속자 *regulator*〉로 엉뚱한 기행을 보여 주긴 했으나 영화 분위기에는 그럭저럭 맞아떨어졌다. 한편 「지옥의 묵시록」(1979)에서 보여준 커츠 대령으로의 화려한 변신은 코폴라 감독의 강력한 서사극의 균형을 무너뜨릴 정도로 대단히 위협적이었다.

브랜도는 〈재미없고, 지겹고, 어린애 같은 짓거리〉라는 영화에 대한 자신의 생각을 한 번도 숨긴 적이 없고 걸핏하면 은퇴를 선언했으나, 그럼에도 불구하고 대부분은 까맣게 잊히게 마련인 카메오로 여전히 영화에 얼굴을 내밀고 있다. 하지만 누구도 범접할 수 없는 힘과 에너지와 완전한 존재감을 폭발시키며 압도적인 연기를 펼쳐 보인 초창기의 그 강렬함으로 아직도 그는 영화사에서 가장 위대한 연기자의 한 사람으로 평가받고 있다.

필립 켐프

주요 작품

「욕망이라는 이름의 전차A Streetcar Named Desire」(1951); 「혁명아 사파타Viva Zapata!」(1952); 「줄리어스 시저Julius Caesar」(1953); 「난폭자The Wild One」(1954); 「워터프론트On the Waterfront」(1954); 「아가씨와 건달들Guys and Dolls」(1955); 「젊은 사자들The Young Lions」(1958); 「퓨지티브 카인드The Fugitive Kind」(1960); 「애꾸눈 잭One-Eyed Jacks」(1961, 자신이 연출); 「바운티호의 반란Mutiny on the Bounty」(1962); 「추악한 미국인The Ugly American」(1963); 「황금빛 눈동자에 비친 그림자Reflections in a Golden Eye」(1967); 「불태워라Queimada!」(1970); 「대부The Godfather」(1972); 「파리에서의 마지막 탱고L'ultimo tango a Parigi」(1973); 「미주리 브레이크The Missouri Breaks」(1976); 「슈퍼맨Superman」(1978); 「지옥의 묵시록Apocalypse Now」(1979).

참고 문헌

Brando, Marlon(1994), *Songs My Mother Taught Me*.
Higham, Charles(1987), *Brando: The Unauthorized Biography*.
McCann, Graham(1991), *Rebel Males: Clift, Brando: A Portrait*.
Schickel, Richard(1991), *Brando: A Life in our Times*.

다. 〈파라마운트 판결〉은 할리우드에 상처는 주었을지언정 무너뜨리지는 못했다. 극장들을 소유하고 있었더라면 물론 새로운 상황에 대처하기가 훨씬 수월했겠지만 극장이 원하는 영화를 만들어 내는 한 지배권은 여전히 메이저 영화사들 손에 있었다.

제작상의 변화

할리우드는 관객을 다시 극장으로 끌어들일 수 있는 혁신과 신기술 쪽으로 눈을 돌렸다. 영화는 이제 가정에서 보는 흑백의 영상과는 상대가 안 될 정도의 웅장한 스케일로 만들어졌다. 신기술의 첫 주자인 컬러는 이미 오래전부터 이용되고 있었다. 1939년에는 테크니컬러가 「바람과 함께 사라지다」로 스크린을 환히 밝혀 주었으나 초기에는 주로 역사 서사극이나 화려한 뮤지컬과 같은 소수의 선택된 영화들에만 사용되었다. 그러던 것이 1950년 반독점법으로 인해 테크니컬러가 시장 독점권을 빼앗기자 거대 기업 이스트먼 코닥이 나타나 3개의 분리된 원판이 아닌 하나의 원판만으로도 가능한 이스트만 컬러를 앞세워 시장을 휩쓸어 버렸다. 스튜디오들은 이스트먼 컬러 작품을 내놓으면서 각양각색의 다양한 이름을 사용했고, 1960년대에 이르러서는 사실상 모든 할리우드 영화들이 컬러로 만들어졌다.

1952년 스튜디오들은 한 걸음 더 나아가 초대형 작품들을 만들기 시작했다. 시네라마Cinerama는 세 대의 싱크로 영사기가 뿜어내는 혼합된 이미지를 휘어진 대형 화면에 쏟아 냄으로써 웅장한 와이드스크린 효과를 제공했다. 압도적인 사실감 외에도 거기에는 다중 스테레오 사운드까지 포함되었다. 하지만 신기술 영화와 계약을 맺은 극장들은 3명의 전일제 영사 기사 고용 외에도 수천 달러의 시설 투자가 요구되었고 그러한 재정 지출은 대부분의 극장들에는 아직 무리였다.

3차원 영화(3-D) 효과의 창출 방법은 이미 1920년대부터 고안되어 왔다. 1952년에는 밀턴 건즈버그와 아치 오볼러가 로버트 스택을 출연시켜 생경한 아프리카 모험담 「악마 나으리Bwana Devil」를 만들었는데, 이 작품은 줄거리와 배우가 평이했는데도 불구하고 〈무릎 위에 놓인 사자〉로 광고된 3-D 효과만은 엄청난 반응을 불러일으켰다. 1953년에서 1954년에 3-D 효과는 할리우드 영화의 구세주로 열렬한 환영을 받았고 스튜디오들은 타사에 뒤지지 않으려고 너도나도 앞다투어 자기들만의 3-D 영화를 내놓기 시작했다. 그 결과 3-D 작품으로는 가장 성공적인 작품으로 남게 될 워너 브러더스의

「납 인형의 비밀House of Wax」(1953)을 필두로 MGM의 「키스 미 케이트Kiss me Kate」(1953), 컬럼비아의 범죄 영화 「어둠 속의 남자Man in the Dark」(1953), 유니버설의 공상 과학 영화 「검은 산호초에서 온 괴물The Creature from the Black Lagoon」(1954)을 비롯한 일련의 고전 작품들이 줄줄이 쏟아져 나왔다. 하지만 특수 3-D 장치를 영사기에 부착하고 관객들에게 일일이 안경을 지급해야 하는 번거로움은 곧 제작사들에게 흥행 수입 증가로도 도저히 감당이 안 될 정도의 과도한 출혈을 의미하게 되었다.

할리우드 스튜디오들이 필요로 했던 것은 3-D와 같은 복잡한 절차나 시네라마의 과중한 투자가 요구되지 않는 와이드스크린 기법이었고, 그 문제는 애너모픽 렌즈를 이용하여 상(像)의 크기를 확대하는 폭스의 시네마스코프CinemaScope로 해결이 되는 듯했다. 리처드 버튼과 진 시먼스를 캐스팅하여 성서 이야기를 한껏 부풀려 만든 최초의 시네마스코프 영화 「성의The Robe」(1953)는 그런 식으로 관객을 매료시키며 장밋빛 미래를 곧 열어 줄 듯했다.

1953년 말에 이르러서는 시네마스코프의 경쟁품으로 비스타비전VistaVision을 사용 중이던 파라마운트를 제외하곤 거의 모든 제작사들이 시네마스코프 대열에 합류했다. 그로부터 1년이 채 못 되어 미국 내 극장의 절반이 시네마스코프 영화를 상영했다. 하지만 이번에도 역시 예상보다 비싼 설치비 때문에 이윤을 내기는 힘들었다.

「오클라호마」와 「80일간의 세계 일주」(1956)에 쓰인 토드-에이오Todd-AO와 같이 그 외 다른 방법들도 시도되었다가 곧 사라져 버렸다. 이런 시행착오 끝에 와이드스크린 영상에 대한 장기 해법을 내놓은 곳은 결국 파나비전Panavision사였다. 로버트 고트쇼크가 만든, 촬영에도 융통성을 부여하고 극장주들에게도 추가 비용을 거의 부담시키지 않는, 애너모픽*anamorphic* 영사 기기로 이제 사람들은 간단히 스위치 한번 돌리는 것으로 다양한 애너모픽 상을 만들어 낼 수 있게 되었고, 1960년대 말이 되면서 파나비전은 업계의 표준으로 완전히 자리를 굳혔다.

텔레비전과의 화해

이러한 내부 진통을 겪는 내내 할리우드의 메이저 영화사들은 소형 화면에 극영화를 팔거나 대여해 주기를 거부하며 방송사들에 계속 완강한 태도를 보였다. 하지만 늘 손쉬운 돈벌이 기회만을 엿보는 소형 영화사들은 작품을 팔겠다고 나섰다. 1951년 스크린 젬스Screen Gems라는 자회사를 설립하여 TV에 영화 판매를 시작한 컬럼비아 영화사가 그 좋은 예이다. 그보다 규모가 작은 영화사들은 자사의 촬영장을 TV 연출가들에게 빌려 주었고 영화배우와 기술자들도 실직 중일 때는 TV에서 일거리를 얻었다.

미국 TV에 방영된 최초의 극영화는 해외, 그중에서도 대부분은 일링, 랭크, 코르더와 같이 살아남으려고 안간힘을 쓰고 있던 영국 영화사들의 작품이었다. 미국 극장으로의 직접 침투는 불가능했고 그렇다고 자국에서의 TV 방영도 원치 않았던 이들 영국인들은 영화화된 오락물이기만 하면 무조건 받아들이는 미국 TV를 이용하기 시작했다.

1954년 RKO의 영화 도서관을 방송사에 매각함으로써 영화와 TV 간의 벽을 최초로 허문 사람은 RKO의 소유주인 괴짜 억만장자 하워드 휴스였다. 거래 규모가 수백만 달러에 이르자 최고의 고집불통이라는 영화계 거물도 마음이 동하지 않을 수 없었던 것이다. 그 후 2년간에 걸쳐 할리우드의 모든 메이저 영화사들은 1948년 이전에 만든 자사 작품들을 모두 TV에 방출했다(이 작품들은 배우나 기술인 조합에 재방영에 따른 별도의 수수료를 지불할 필요가 없었다). 미국 영화사상 최초로 이제 전 국민은 할리우드 토키의 최상과 최악을 한꺼번에, 그것도 느긋하게 감상할 기회를 갖게 되었다.

그때를 시작으로 흑백 영화는 수많은 〈초저녁 쇼〉, 〈심야 쇼〉, 〈더블 심야 쇼〉의 단골 메뉴가 되었고 그로부터 10년 뒤에는 뉴욕의 TV 방송국들에서만 매주 100편 이상의 영화가 방영되기에 이르렀다.

1955년에는 메이저 영화사들이 TV용 특별 영화 제작에까지 직접 뛰어들었다. 워너 브러더스는 「샤이엔Cheyenne」, 「77 선셋 스트립 77 Sunset Strip」, 「매버릭Maverick」과 같이 모두 자사 소유의 대본과 영화에 기초한 시리즈물을 만들어 TV 영화의 길을 최초로 선도했다. 거의 하룻밤 사이에 뉴욕은 TV 영화 제작의 중심지로 떠올랐고, 1960년대 들어와서는 TV 시리즈물에서 극영화에 이르기까지 주중 황금 시간대에 방영되는 거의 모든 작품을 영화사들이 공급하기에 이르렀다.

생존을 위한 투쟁

TV용 영화의 제작만으로 1950년대의 새로운 경제 상황을 간단히 이겨 낼 수는 없었다. 그것은 스튜디오 구조의 변화 없이는 불가능했다.

스튜디오들은 일부 직원을 솎아 내는 등 자체 제작진들에 대해서도 구조 조정을 실시했다. 고전 영화 시기 내내 급여가 지급되고 있던 인재들은 당시 기준으로 볼 때 너무 인건비가 비싸다고 판단되었기 때문에 스튜디오들은 독립 제작자들과 별도의 계약을 맺고 영화를 만들었다. 국내 시장의 위축으로 해외 시장에 대한 중요성 또한 날로 증대되었기 때문에 제작사들은 세계 시장으로의 배급에도 좀 더 심혈을 기울이기 시작했다. 이러한 구조 조정의 결과 할리우드 메이저 영화사들은 RKO 사를 제외하곤 거의가 살아남는 데 성공했다. 하지만 이러한 흥망성쇠는 할리우드 스튜디오들의 서열을 뒤바꿔 놓아, MGM 같은 거대 영화사들이 이제는 컬럼비아나 유니버설과 같이 예전엔 극장 하나 거느리지 못하던 소형 영화사들과 똑같은 조건으로 경쟁을 벌이게 되었다.

그중에서도 가장 심하게 타격을 입은 회사는 MGM이었다. 오랫동안 회사를 이끌어 온 니컬러스 셍크는 다른 영화사들은 이미 다 팔아 치운 그 〈자사〉 극장들에 회사의 목을 매고 있다가 1959년에야 비로소 제작 부문의 MGM과 배급 부문의 로Loew로 체제를 양분했다. 이 시기에는 루이스 메이어, 도러 셰리, 아서 로와 같은, 대부분의 〈황금기〉 사장들이 회사와 작별을 고했고, 1950년대 말 내내 계속된 영화사들 간의 세력

니컬러스 레이가 RKO에서 만든 첫 작품 「그들은 밤에만 산다」(1948)에서 도주 중인 두 사람, 팔리 그랜저와 캐시 오도넬.

존 휴스턴 (1906~1987)

존 휴스턴은 미주리 주 네바다에서 배우 월터 휴스턴과 저널리스트 레아 고어의 아들로 태어났다. 부모가 이혼하자 어린 시절에는 그들 사이를 오락가락하며 방황하는 나날을 보냈고 나이가 좀 들어서는 복싱과, 언론계 생활, 그리고 멕시코 기병대 생활도 하는 등 피카레스크적인 청년 시절을 보냈다. 그런 불안정한 시기를 보낸 뒤 1937년 마침내 워너 브러더스에서 시나리오 작가로 자리를 잡고 「제저블」(1937), 「요크 상사」(1941), 「하이 시에라High Sierra」(1941)와 같은 유명한 히트작들을 집필했다. 하지만 그가 원한 것은 연출이었고, 영화사도 그의 작품에 흡족해 하고 있던 터라 우선 그에게 〈소품〉을 맡겨 보기로 했다.

데실 해밋의 스릴러에 완벽한 캐스팅과 깔끔하고 정제된 스타일을 가미한 「몰타의 매」(1941)는 해밋에 충실하면서도 긴장 상태의 인물에 매료된 휴스턴의 느낌을 잘 드러낸 수작으로, 나오자마자 영화의 고전으로 열렬한 찬사를 받았다(이 영화는 또 「하이 시에라」와 더불어 보가트의 영화 속 이미지를 굳히는 데도 한몫을 했다). 1942년 휴스턴은 시그널Signal 사에 들어가 애국심을 과장해 들먹거리지 않고 있는 그대로의 모습을 사실적으로 그린 3편의 다큐멘터리 「알류산 열도에서 온 소식」(1943), 「산피에트로 전투」(1944), 「빛이 있으라」(1945) — 심리적 전상(戰傷)으로 불구가 된 병사들의 모습을 그린 이 작품에 경악한 전쟁국(局)은 35년간이나 이 작품의 공개를 금지했다 — 를 만들었다.

전후에 나온 휴스턴의 첫 작품 「시에라 마드레의 황금」(1948)은 그가 가장 즐겨하는 테마, 즉 파멸적 종말을 향한 강박적인 추구를 다룬 작품이다. 휴스턴을 가장 지속적으로 옹호한 평론가 제임스 에이지는 이 작품을 〈지금까지 본 것 중 가장 생생하고 아름다운 작품이다. 장면 하나하나에 신선한 공기와 빛, 힘과 자유의 도도한 흐름이 느껴진다〉라고 평했다. 「키 라르고」(1948)는 그와 달리, 폐쇄적이고 짙은 안개에 싸인 작품이다. 긴장 상태에 놓인 관계에 대한 또 하나의 연구라 할 수 있는 이 작품은 보가트, 바콜, 에드워드 로빈슨의 뛰어난 연기로 영화가 살아나긴 했으나 원작인 연극의 벽을 뛰어넘을 정도는 되지 못했다.

「아스팔트 정글」(1950)은 휴스턴이 〈인간 노력의 한 서투른 형태〉로 범죄 역시 하나의 직업이라는 것을 보여 주면서 불운한 조무래기 깡패들을 냉정한 시선으로 바라본, 미래의 범죄 영화에 하나의 원형이 된 작품이다. 한편 「아프리카의 여왕」(1951)에서 휴스턴은 필요 이상으로 앞서 나간 인물들이 딱 한 번 자신들이 갈구하던 것을 얻는 데 성공하는 모습을 보여 줌으로써 그 자신의 습관적 염세주의를 온화한 국면으로 바꿔 놓았다. 휴스턴은 「아스팔트 정글」에서 단 한 명의 스타도 없이 사기꾼 역에 개성파 연기자들만 캐스팅해 영화를 이끌어 나갔고, 「아프리카 여왕」에서는 캐서린 헵번과 험프리 보가트를 짝 지어 영감에 찬 연기 대결을 벌이게 함으로써 캐스팅에 대한 뛰어난 안목을 보여 주었다.

이들 작품 이후 휴스턴은 지독한 침체기에 빠져 들었다. 그는 「악마의 심장 소리Beat the Devil」(1953)라든가 「에이드리언 사자(使者)의 명단 The List of Adrian Messenger」(1963)과 같은 냉소적인 사적 조크들은 말할 것도 없고, 책임 있는 작품들까지 일회용 과제물을 처리하듯 해버리는 일관성이 결여된 감독이었다. 하지만 이 시기의 과장된 진지함은 영화화하기 힘든 요소를 의욕 하나만으로 덤벼들어 「백경」(1956), 「프로이트」(1962)처럼 자신의 가장 절실했던 주제를 다룬 작품들을 황폐화시키기도 했다. 휴스턴은 시각 예술에 남다른 애정을 가지고 있었다. 그리하여 「물랭 루즈Moulin rouge」(1952)의 툴루즈 로트렉의 그림들이라든가 「흑선(黑船)The Barbarian and the Geisha」(1958)에 나오는 일본 그림들처럼 자기 작품들의 외관에 미적 상관성을 추구하려 했으나, 그런 기대에도 아랑곳없이 그것들은 그저 대본의 단점을 보완하는 정도에 그쳤을 뿐이다.

1960년대에 들어서면서 상황은 조금 나아졌다. 그의 첫 서부극 「용서받지 못할 자」(1960)와 현대의 카우보이들이 개 먹이용으로 야생 머스탱을 사냥하는 내용의 최신판 서부극 「야생마와 여인」(1961)은 알레고리의 사용을 너무 의식한 점은 있으나 공간의 역동성에 대한 휴스턴의 뒤틀린 관용과 본능으로 그 점은 어느 정도 상쇄되었다. 멜로드라마적으로 흐를 가능성이 있는 요소를 제거해 내는 그의 솜씨는 테네시 윌리엄스의 「이구아나의 밤Night of the Iguana」(1964)에서 잘 드러났고 매음굴을 다룬 카슨 매컬러스의 남부 고딕 소설을 능숙하게 영화화한 「황금빛 눈동자에 비친 그림자」(1967)에서 그 점은 더욱 두드러졌다.

에이지의 평 이후, 휴스턴에 대한 평단의 평가는 완전히 추락했다. 앤드루 새리스(1968)는, 〈중간 정도의 진부함〉과 〈애매한 기법〉, 〈자신의 개성은 드러내지 않고 제재만을 보여 주는〉 감독으로, 그를 맹렬히 비난했다.

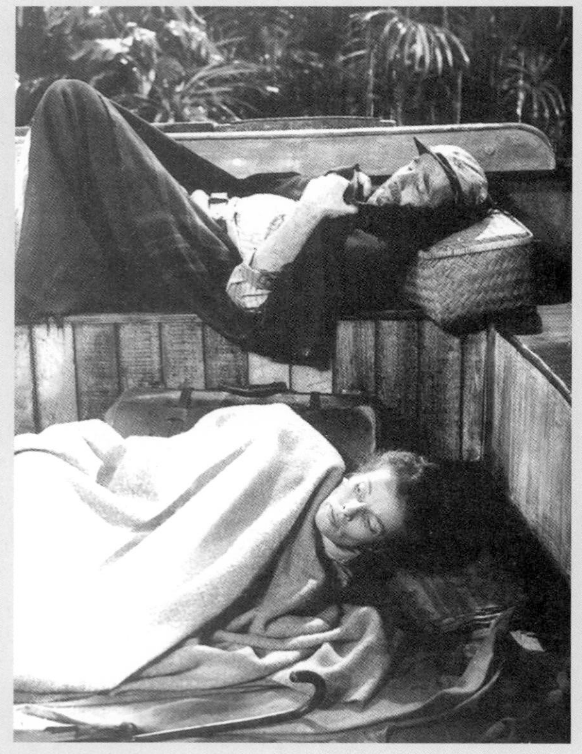

그렇게 거꾸로만 가던 진자(振子)는 막다른 길에 다다른 삼류 권투 선수들을 다룬 작품으로, 절제된 동정심과 전혀 힘들이지 않고 찍은 듯한 모습의 「팻 시티」(1972)로 다시 돌아오기 시작했다.

휴스턴의 확신에 찬 후기 걸작들의 흐름은 모험과 제국에 대한 키플링의 환멸적 우화를 완벽하게 재현해 낸 「왕이 되려 한 사나이」(1975)와 함께 계속됐다. 자기 환멸은 등장인물들의 부조리함을 강조하기 위해 아이러니적인 색채를 가미한 성서 지대Bible Belt 조지아에 배경을 둔 죄와 구원을 다룬 블랙 코미디식 우화 「현자의 피」(1979)로 더욱 불타올랐다. 그때에야 새리스(1980, 스터들러와 데서의 앤솔로지로부터)도 〈무의미함과 실패에 대한 보편적 체험을 그토록 깊숙이 느낄 줄 아는 그의 능력을 지금까지 나는 과소평가해 왔다〉라고 하면서 예전의 발언을 수정했다. 하지만 「현자의 피」 뒤에 이어진 쓰레기 같은 두 작품 「포비아Phobia」(1981)와 「승리의 탈출Escape to Victory」(1981)로 극명하게 드러난 바와 같이, 될 대로 돼라식의 영화에 대한 휴스턴의 도박꾼 같은 옛 버릇만은 여전했다.

그러나 그는 그의 마지막 두 작품에서는 최상의 기량을 보여 주었다. 「프리치스 오너Prizzi's Honor」(1985)의 가차없는 희극성은 마피아 영화들의 위상을 한껏 드높였고(자신의 딸 안젤리카 휴스턴도 스타덤에 올려놓았고) 그의 수많은 문학 각색물의 마지막이자 가장 완벽한 작품이라 해도 좋을 「죽음」(1987)은 제임스 조이스의 단편을 사랑과 기쁨, 그리고 조용한 후회로 보듬은, 생의 아름다움과 무상함이 이글거리며 타오르는, 아리도록 신랄한 고별사였다.

필립 켐프

주요 작품

「몰타의 매The Maltese Falcon」(1941); 「산피에트로 전투The Battle of San Pietro」(1944); 「시에라 마드레의 황금The Treasure of the Sierra Madre」(1948); 「키 라르고Key Largo」(1948); 「아스팔트 정글The Asphalt Jungle」(1950); 「아프리카 여왕The African Queen」(1951); 「백경Moby Dick」(1956); 「용서받지 못할 자The Unforgiven」(1960); 「야생마와 여인Misfits」(1961); 「프로이트Freud」(1962); 「황금빛 눈동자에 비친 그림자Reflections in a Golden Eye」(1967); 「팻 시티Fat City」(1972); 「왕이 되려 한 사나이The Man who Would Be King」(1975); 「현자의 피Wise Blood」(1979); 「죽음The Dead」(1987).

참고 문헌

Agee, james(1963), *Agee on Film*.
Grobel, Lawrence(1989), *The Houstons*.
Sarris, Andrew(1968), *The American Cinema: Directors and Directions, 1929~1968*.
Studlar, Gaylyn, and Desser, David(eds.)(1993), *Reflections in a Male Eye: John Huston and the American Experience*.

◀ 존 휴스턴의 「아프리카 여왕」(1951)에서의 험프리 보가트와 캐서린 헵번.

다툼으로 스튜디오들은 황폐해질 대로 황폐해져 있었다.

1965년에 이르러 MGM은 마침내 알맹이는 다 빠져나가고 껍데기만 남은 빈 강정이 되었다. 그렇게 다 망한 회사에서 1969년에 투자가 커크 커코리언은 MGM의 상징인 〈사자 레오〉 만을 구입하여 자신의 새로운 라스베이거스 호텔 사업에 이용했다. 한편 CBS의 중역이었던 제임스 오브리 2세는 제작하려던 영화를 모두 취소하고 촬영장도 다 팔아 치운 뒤에 저예산 영화를 마구 찍어 내기 시작했다. 그렇게 만든 영화들은 흑인 선정 영화*black exploitation film* 「샤프트Shaft」(1971)와 같이 돈을 좀 번 것도 있긴 했으나 대부분의 경우에는 실패로 끝났다. 1973년 10월 사직하기 바로 직전에 오브리는 배급사로서의 MGM의 역할을 포기함으로써 한때 그리도 위풍당당하던 사자 레오는 마침내 영화계에서 은퇴했고 그 상태는 거의 10년이나 계속되었다.

할리우드의 거대 스튜디오 중 MGM만이 1950년대에 그런 위기를 맞은 것은 아니었다. 살아남기 위해 투쟁을 벌여야 했던 것은 워너 브러더스도 마찬가지였다. 1956년 7월 창업자인 세 형제 중 해리와 에이브 워너가 자기 소유의 주식을 모두 매각한 상태에서 새로운 소유주를 돕기 위해 혼자 남아 있던 잭 워너는 TV 제작 쪽으로 재빨리 방향을 선회하여 선구적 시리즈 「77 선셋 스트립」과 「매버릭」을 만들었고, 그 결과 침체돼 있던 워너 촬영장에는 다시 한 번 활기가 돌기 시작했다. 하지만 영화사로서의 워너는 독립 제작자들로부터 좀처럼 히트작을 얻어 낼 수가 없었다. 「캐멀롯Camelot」(1967)이라든가 「위대한 경주The Great Race」(1965)와 같은 성공작을 얻어 내기 위해선 수십 편의 실패작을 만들어야 했다. 이런 식으로 워너 사의 손익 계산서에는 빨간 숫자가 계속 늘어갔고, 그러다가 결국은 캐나다의 세븐 아츠 프로덕션Seven Arts Production에 넘어가고 말았다.

1969년 7월, 주차장과 장례업을 하는 뉴욕의 한 복합 기업 키니 내셔널 서비스Kinney National Service가 워너 브러더스를 구입했다. 새로 취득한 회사에 대한 맹렬한 의욕을 불태우며 스티븐 로스는 워너를 미디어 기업의 궁극적 형태인 워너 커뮤니케이션Warner Communication으로 개조했다. 그 결과, 워너 브러더스도 이제는 워너 커뮤니케이션이라는 거대 기업의 일개 부서로 내려앉아 존 웨인의 독립 제작사인 바트작Batjac이나 「서바이벌 게임Deliverance」(1972), 「잘 지내시나요 선생님What's up Doc?」(1972), 「엑소시스트The Exorcist」(1973)와 같은 일련의 성공작들을 만든 다른 제작자들로부터 일정 수입이나 거둬들이는 시기로 접어들었다.

파라마운트는 한때 영화 역사상 최대의 배급망과 할리우드 최고의 수익성을 자랑하던 스튜디오였다. 하지만 그것도, 오랜 소유주였던 바니 발라반이 대법원 판결에 승복하고 자신의 제국을 두 동강 낸 1949년에 끝이 났다. 그렇게 쪼개져 나온 파라마운트 사는 제작과 배급 부문만을 가지고 1950년대 내내 보수적인 경영 방침을 고수하다가 20세기 폭스 사가 시네마스코프를 개발하자 그보다 가격도 저렴하고 기존의 영사기와도 함께 사용할 수 있기 때문에 극장주들의 부담도 덜어 줄 수 있는 비스타비전을 들고 나왔다.

하지만 히트작은 계속 나와 주지 않았고, 1963년에 파라마운트도 사상 처음으로 적자를 내게 되었다. 1년 뒤 발라반은 은퇴를 하고 파라마운트 인수 작업도 본격화되었다. 1966년 가을, 거대 복합 기업인 찰스 블루던의 걸프+웨스턴 사 Gulf+Western Industries가 마침내 파라마운트를 인수했다. 블루던은 직접 사장 자리에 앉아, 홍보 담당이던 마틴 S. 데이비스를 뉴욕 지사장으로 앉히고 전직 배우 로버트 에반스에게는 스튜디오의 책임을 맡겼다. 그 결과 1972년 프랜시스 포드 코폴라의 「대부」와 더불어 새로운 파라마운트는 다시 한 번 전성기를 맞이했으나 예전과는 달리 그 수입은 모두 모회사인 걸프+웨스턴으로 돌아갔다.

20세기 폭스 사 역시, 1950년대 메릴린 먼로 영화의 특수 효과에 주로 이용된 혁신적인 시네마스코프의 개발에도 불구하고, 재정적인 어려움에 직면했다. 이 회사는 오랫동안 사장을 맡아 온 대릴 재넉이 폭스를 떠나 독립한 1956년도만 해도 막강한 상태였다. 하지만 「클레오파트라Cleopatra」의 흥행 참패로 재정 위기를 맞자 폭스는 재넉을 다시 불러들여 회사를 회생시켜 보려 했다. 하지만 1930년대와 1940년대에 그토록 성공적이던 재넉의 경영 기법이 1960년대에는 더 이상 먹혀들지 않았다. 그리하여 「사운드 오브 뮤직Sound of Music」(1965)의 성공도 잠시, 「닥터 둘리틀Doctor Dolittle」(1967), 「스타Star!」(1968), 「헬로, 돌리Hello, Dolly!」(1969), 「도라! 도라! 도라!Tora! Tora! Tora!」(1970) 같은 수백만 달러짜리 실패작들은 이 시기 영화사들의 참상을 가장 특징적으로 보여 준 실례가 되었다. 1970년에 20세기 폭스는 7700만 달러라는 경이적인 적자를 기록했고, 재넉은 해고되었다. 그리고 1970년대 초, 데니스 스탠필이 이끄는 새로운 MBA 경영팀에 의해 폭스는 마침내 「프렌치 커넥션The French Connection」(1971), 「포세이돈 어드벤처The Poseidon Adventure」(1972), 「타워링The Towering Inferno」(1974) 등, 스타가 포함된 강렬한 액션 블록버스터 작품 위주로 흑자를 내면서 할리우드에서 차지하던 예전의 명성도 되찾았다.

컬럼비아도 유니버설이나 유나이티드 아티스츠처럼 극장 체인을 갖고 있지 않았기 때문에, 1950년대의 변화에 그리 심각한 영향을 받지는 않았다. 규모가 작은 것이 도리어 이점으로 작용하여 독립 제작 시스템으로의 전환도 상대적으로 수월했다. 프레드 지니먼, 엘리아 카잔, 오토 프레민저, 샘 스피겔, 데이비드 린 등의 독립 영화인들과 손잡고 컬럼비아 영화사는 「지상에서 영원으로From Here to Eternity」(1953), 「워터프론트」(1954), 「케인호의 반란」(1954), 「콰이 강의 다리The Bridge on the River Kwai」(1957)와 같은 히트작들을 연이어 내놓았다. 1960년대에 들어서도, 해리와 잭 콘을 계승한 에이브 슈나이더와 리오 자페가 「아라비아의 로런스 Lawrence of Arabia」(1962), 「사계절의 사나이A Man for All Seasons」(1966), 「초대받지 않은 손님Guess who's Coming to Dinner」(1967), 「언제나 마음은 태양To Sir, with Love」(1967), 「냉혹In cold Blood」(1967), 「올리버 Oliver!」(1968), 「퍼니 걸Funny Girl」(1968) 같은 성공작들을 계속 만들었다. 이 같은 기존 영화인들 외에 컬럼비아 사는 1969년 50만 달러도 채 안 되는 제작비로 「이지 라이더Easy Rider」를 만들어 잭 니컬슨, 데니스 호퍼, 피터 폰다를 일약 스타덤에 올려놓는 등, 전혀 예상치 못한 곳에서 히트작을 만들어 냈다. 거창하고 경직된 수직적 스튜디오 시스템의 미비가 1930년대의 컬럼비아 사에게는 적지 않은 불이익이었으나, 이제 그것은 새로운 할리우드 시스템 속에서 수백만 달러를 벌어들이는 척도로 탈바꿈했다.

그것은 1930년대와 1940년대의 황금기에도 고작 푼돈벌이밖에 하지 못한 유니버설 사에 의해 또 한 번 입증되었다. 1952년 데카Decca 레코드에 매각될 당시 유니버설의 에드워드 멀은 컬럼비아 작품들과 대적할 수 있는 독립 영화인들을 찾기 시작했고, 그 결과 제임스 스튜어트, 앤서니 만과는 「윈체스터 총 73」(1950), 「분노의 강Bend of the River」(1951)을 함께 만들었고, 티론 파워, 그레고리 펙, 앨런 래드와도 별도의 계약을 체결했다. 유니버설이 의외로 좋은 결과를 내자, 당시 MCA 영화 에이전시를 운영하고 있던 최고의 에이전트 루 와서먼이 유니버설을 인수하여 텔레비전 영화의 할리우드 메카로 만들어 놓았다. 와서먼은 앨프리드 히치콕, 클린트 이스트우드, 로버트 와이스, 스티븐 스필버그 등의 끼가 넘쳐흐르는 영화인들과도 거래를 시작하여, 스필버그의 그 유명한 블록버스터 「조스Jaws」가 나온 1975년에는 마침내 유니버설을 할리우드 메이저 영화사들의 정상에 올려놓았다.

여느 영화사와 다를 바 없이 UA도 1950년대를 최악의 상태로 맞이했다. 창업자인 찰리 채플린과 메리 픽포드는 적자에 허덕이던 UA를, 뉴욕의 두 연예계 변호사 아서 크림과 로버트 벤저민의 관리하에 있던 한 신디케이트 조직에 매각했다. 스탠리 크레이머, 존 휴스턴, 버트 랭커스터, 빌리 와일더, 존 스터지스, 오토 프레민저와 같은 독립 영화인들에게 추파를 던지고 있던 이들 뉴욕의 신동들에게 타이밍은 더할 나위 없이 완벽했다. 벤저민과 크림은, 창의력과 관련된 전권을 이들에게 모두 부여하고, 자신들은 재무, 배급, 홍보에만 전념했다. 그리고 1960년대에 복합 기업 경영 방식이 붐을 이루자, 자신들은 그대로 남아 UA 부문의 경영을 계속 맡아보면서, UA를 트랜스아메리카Transamerica 사에 넘겨 그 과정에서 엄청난 이득을 챙겼다.

월트 디즈니는 이 시기에 새로운 메이저 사로 부상한 유일한 영화사였다. 디즈니는 원래 1920년대부터 애니메이션 전문 영화사로 할리우드 주변에 머물러 있다가, 1953년에 부에나 비스타Buena Vista라는 이름의 배급사 설립과 함께 할리우드의 전면에 부상했다. 이 새로운 배급사의 수요를 충당하기 위해서 디즈니는 「백설 공주」(1938), 「피노키오」(1940) 같은 고전물의 고정적 공급(과 재공급) 외에도, 「해저 2만 리 20,000 Leagues under the Sea」(1954)라든가 「메리 포핀스」(1964) 등의 가족 영화들에도 손대기 시작했다.

작 품

이 시기의 관객은 주로, 젊은이들과 베이비 붐 세대가 주축을 이루었고, 그러다 보니 이들의 기대치와 욕구가 영화의 주요 변수로 작용했다. 할리우드는 관객의 저변을 넓히기 위해, 검열 기준을 대폭 완화하여 재정비했다. 그 결과 미국은 1968년 11월 〈G〉, 〈PG〉, 〈R〉, 〈X〉로 나이에 따라 영화 등급을 체계화시킨 최후의 서방 국가가 되었다.

할리우드에 새로운 경제 질서가 형성되었다고 하여 그것이 반드시 고전적인 내러티브 형식의 폐기를 의미한 것은 아니었다. 장르가 바뀌고 새로운 영화인들이 시스템에 속속 영입되는 가운데 할리우드 체제도 스튜디오에서 독립 제작 쪽으로 기울어지긴 했으나, 내러티브 위주의 영화 형태는 근본적으로 변한 것이 없었다. 변하기는커녕 전보다 한층 대담한 주제를 취하여 그것을 고전적인 형태로 더욱 정교하게 갈고 다듬었다. 감독은 이제 창조적 과정의 중심, 즉 한 사람의 예술가로서 숭배의 대상이 되었고, 영화에 대한 감독과 스타들의 전반적인 통제권도 전에 비해 훨씬 강화되었다. 하지만 할리우드의 경제적 기반은 여전히, 세계 시장에서의 대량 판매가 가장 손쉬운, 장르 영화의 정기적 제작에 놓여 있었다.

TV는 미적인 면과 제도적인 면 모두에서 할리우드의 제작 형태를 바꿔 놓았다. 1960년대에 들어 TV가 영화의 주요 시장으로 떠오를 것이 분명해지자, 할리우드도 어쩔 수 없이 시각적으로 좀 더 단순화된 영화를 만들지 않을 수 없었다. 와이드스크린과 표준 영상의 핵심이던 프레임이 텔레비전 재방영 앞에서는 가장 중요성이 떨어지는 내러티브 행위로 전락했다. 아무런 방해 없이 연속적으로 줄거리를 전개시키도록 만들어진 할리우드 영화는 일상적인 TV 시청자들과 광고 시간에 적응하는 법을 새로이 배워야만 했다.

감독들은 대부분 자신들의 영화사를 차려 놓고, 거기서 만든 작품을 메이저 영화사들을 통해 배급했다. 유럽의 새로운 영화들 또한 주변부에 머물긴 했지만 할리우드 영화 형식에 색다른 차원을 제공해 주었다. 그런 식으로 할리우드는 유럽의 예술 영화를 배우고, 흡수하고, 채택하며, 미국 내러티브 영화의 외관을 바꿔 놓았다. 사건의 연결은 완전한 종결이 불필요한 정도로 느슨하고 빈약하게 짜였으며, 줄거리는 실제적인 배경 속에 이질적인 인물과 혼란되고 모순된 (그런가 하면 때로는 심리적인) 동시대 문제들로 채워졌다. 할리우드 고전 영화의 주인공들은 하나같이 선명한 동기와 특징을 지닌 균형 잡힌 인물이어야 했지만, 유럽식 영화에서는 뚜렷한 목적 없이 모순적인 인물이 되는 것도 얼마든지 가능했다. 마찬가지로 편집의 연속성에 대한 규율도 많이 느슨해졌고 비약 전환*jump cut*은 코미디와 폭력 장면에 새로운 모습을 부여해 주었다.

그렇다고는 해도 할리우드의 제도적 틀 속에 있는 한, 감독들은 할리우드 고전 영화의 원칙을 완전히 무시할 수는 없었다. 시공의 연속성은, 특히 코미디의 그것처럼 제아무리 과격한 이탈이라 해도 장르의 법칙 내에서 이루어진 것이기만 하면 허용되듯이, 여전히 유효했다. 유럽 영화는 하나의 대안으로 할리우드에 새 모습을 부여해 주었는지는 모르나, 고전적인 할리우드 영화의 기반을 뿌리째 뒤흔들지는 못했다.

TV 시대는 결국 일종의 과도기임이 입증되었다. 옛 스튜디오 시스템은 독립 제작이라는 좀 더 유연한 체제로 보완되었고 유성 영화기의 마지막 베테랑들도 모두 교체되었다. 수십 년에 걸쳐 할리우드의 거대 영화사들을 이끌어 온 옛 스튜디오 거물들도 새로운 시대의 요청에는 전혀 부응하지 못하는 인물들로 판명되었다. 하지만 업계에서 다년간 경험을 쌓은 여러 인재들은 전환기에도 끄떡없이 할리우드를 이끌어 갔고, 그것을 증명이라도 하듯 존 포드, 하워드 호크스, 앨프리드 히치콕 같은 감독들은 자신들의 몇몇 대표작들을 초기 텔레비전 시대까지 만들기도 했다.

참고문헌

Bordwell, David, Staiger, Janet, and Thompson, Kristin (1985), *The Classical Hollywood Cinema*.

Gomery, Douglas(1986), *The Hollywood Studio System*.

—— (1992), Shared Plesaures.

Schary, Dore(1979), *Heyday*.

Schatz, Thomas(1988), *The Genius of the System*.

독립 영화인과 이단자들

제프리 노웰-스미스

전성기 때 할리우드의 스튜디오 시스템은 작품의 질과 효율성, 또 수요와 공급에 적절히 대응하는 능력으로, 해외 영화계의 열렬한 동경의 대상이 되었다. 해외 영화계는 할리우드의 물샐틈없는 조직과 시장 통제 능력을 통해 경쟁력과 힘을 길러 볼 수 있을까 하여 너도나도 모방하기에 여념이 없었다. 하지만 1920년대와 1930년대에 만들어진 그런 복잡한 구조는 1940년대 후반이 되면서 붕괴되기 시작했다. 원인은 제각각이었지만 그것은 전 세계적인 현상이었다. 독일과 이탈리아의 경우는 파시스트 통치기의 국가 통제 구조가 와해되면서 생겨난 현상이었고, 인도에서는 독립과 새로 부상한 산업가 계층이 파생시킨 여러 결과의 하나로 그러한 현상이 일어났다. 미국의 경우는 상황이 좀 더 복잡했다. 우선 시스템의 한 주축으로 수요와 공급을 하나로 묶어 주고 있던 제작, 배급, 공개의 수직적 통합 체계가 1948년의 파라마운트 사건으로 확인된 반독점법에 의해 와해되었다. 수요 면에서도 관객은 줄어든 반면, 공급 면에서는 스튜디오 기계의 톱니바퀴 노릇을 하는 것에 전 계층의 예술가들이 반기를 들고일어나면서, 관객 위주로 창의력을 이끌어 가던 평온한 메커니즘에 심각한 긴장의 징후가 나타나기 시작했다.

원인은 달랐지만 결과는 모두 똑같았다. 제작 패턴의 변화와 그들을 키워 주고 구속했던 시스템 내에서, 혹은 시스템 자체로부터 독립한 영화인들이 더욱 많아졌다. 그러한 현상은 네오리얼리즘과 그것의 분파가 급속히 확산되고 있던 이탈리아와 같이 자주 언급된 나라만이 아니라 영화 제작을 독립 부서로 과감히 이양시킨 아서 랭크의 영국과 할리우드도 마찬가지였다.

경쟁과 수다한 조롱의 대상이 되긴 했어도 인력이 세분화된 1930년대 할리우드의 고전적 제작 시스템은 창조적인 면과 기업적인 면 모두에서 괄목할 만한 성과를 거두었다. 때로는 개인의 창의력이 억압되는 측면도 없잖아 있었으나, 거기에는 위대한 여러 예술가들의 그간의 경력으로도 알 수 있듯이, 촉진될 여지도 많이 있었다. 스튜디오 체제하에서 특히 번성했던 것은 코미디였고 그것은 다른 나라에서도 마찬가지였다.

스튜디오들은 코미디가 지시에 의해 만들어질 수 없다는 것을 일찌감치 간파하고 있었고 그와 동시에 공식을 바탕으로 성장한다는 것도 잘 알고 있었기 때문에 성공적인 공식을 찾아내고 유지하는 것에 누구보다 뛰어났다. 유성 영화 초기에 특히 파라마운트 사는 막스 형제, 메이 웨스트, W. C. 필즈를 비롯한 극장과 보드빌 출신 코미디 스타들을 대량으로 확보해 놓고 그들 하나하나의 재능을 공들여 가꾸고 꾸준히 개발시켰다. 막스 형제가 「오리 수프Duck Soup」(리오 매캐리, 1933)로 절정에 이른 그들의 최고작들이자 또한 가장 혼란스러운 작품들이라고 모두가 입을 모은 영화들을 만든 곳도 바로 이 파라마운트였다. 이후 그들은 어빙 솔버그의 유혹을 받고 MGM으로 자리를 옮겨 「오페라의 밤A Night at the Opera」(샘 우드, 1935)을 만들어 빅히트를 기록했으나 그 뒤로는 점점 맥 빠진 모습을 보여 주었다. 그로부터 10년 뒤, 극작가 겸 시나리오 작가 프레스턴 스터지스가 자신의 시나리오를 바탕으로 「위대한 맥긴티The Great McGinty」(1940)를 만들고 이후 계속해서 「레이디 이브」(1941), 「팜 비치

아서 펜이 감독하고 데데 앨런이 편집한 「나이트 무브Night Moves」(1975)의 한 장면.

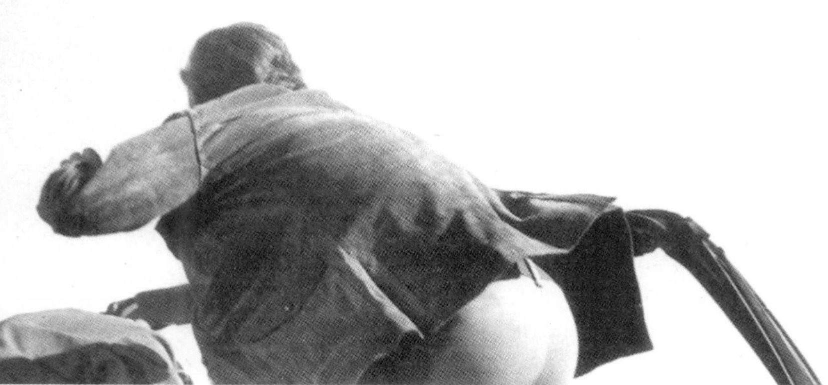

스토리」(1942), 「정복자에게 환영을Hail the Conquering Hero」(1944) 같은 일련의 색다른 작품을 만들어 감독으로 변신할 수 있었던 곳 역시 파라마운트였다. 얄궂게도 스터지스는 비행기업계의 억만장자 하워드 휴스의 후원으로 독립 제작자가 되려고 파라마운트를 떠난 직후부터 쇠퇴기로 접어들기 시작했다.

코미디 외에도 스튜디오 시스템은 서부극이나 호러 영화와 같이 공식에 의존하는 다른 장르의 영화 성장에도 유리한 환경을 제공해 주었다. 하지만 공식을 벗어나려 한 작품은 그 즉시 의심받아 시장의 위험 요소로 간주되었고 작가든 감독이든 (이유야 어떻든 간에) 전문성의 영역을 거스르면서까지 고도의 창조적 권리를 요구하는 영화들에 대해서는 스튜디오 인력 체제에 의해 강력한 제재가 주어졌다. 영향력이 있는 작가와 감독들은 스스로 제작자가 된다든지 하여 그러한 제한을 극복할 수 있었다. 가령 하워드 호크스 같은 감독은 새뮤얼 골드윈이나 데이비드 셀즈닉 등의 독립 제작자들을 위해 몇 편의 영화를 감독하긴 했지만, 「타이거 샤크」(1932)부터는 대부분의 작품을 자신이 직접 제작했고 그 결과 계약직 감독들은 누릴 수 없는 창조적 권리를 마음껏 행사할 수 있었다.

스튜디오 구속의 완화

1940년대에 들어서서는 그동안 시스템을 묶어 놓고 있던 구속의 끈들이 많이 느슨해졌다. 제작자, 감독, 작가, 배우들은 스튜디오 시스템 내에서 움직이는 것을 차츰 지루해하기 시작했다. 스튜디오의 관리층은 관리층대로, 전성기 때의 특징이던 일사불란한 관리 체계를 유지하기가 더욱 힘들어졌다. 시스템의 틈새는 날이 갈수록 넓어지기만 했다. 해가 갈수록 줄어드는 관객을 잡아 놓기 위해 스튜디오들이 새로운 공식을 찾느라 혈안이 되어 있는 동안, 미국 영화계에는 눈에 띄지 않을 만큼 조금씩 변화가 일어났다. 수적으로는 여전히 압도적 우위를 점하고 있지만 잘 숙련되고 틀에 박힌 영화들은 보다 생생하고 개성적인 스타일로 무장된 새로운 감독들 앞에서 점점 힘을 잃어 가는 듯했다.

1950년대는 흔히 〈작가 감독〉 영화의 위대한 10년으로 분류되곤 한다. 프랑스 비평가들은 특히, 이 시기에 등장했거나 재등장한 오선 웰스라든가 오토 프레민저, 니컬러스 레이, 샘 풀러, 더글러스 서크 같은 감독들의 작품에서 이전 세대에는 극히 소수의 감독들에서밖에 찾아볼 수 없던 작가적 존재의 특질을 발견했다. 여러 가지 점에서 그것은 자신들이 감독한 영화의 작가들이었음이 분명한 존 포드나 하워드 호크스에만 해당되는 문제가 아니라 할리우드 스케일에는 좀 뒤처졌던 터라 예전엔 자기 표현의 기회를 제대로 갖지 못했을 다른 감독들에게도 해당되는 문제였다. 사실 새로운 감독들은 생각보다는 그리 엄청난 자유를 누리지 못했고 자신들에게 허락

버트 랭커스터 (1913~1994)

존 프랑켄하이머의 정치 스릴러 「5월의 한 주」(1964)에서의 버트 랭커스터와 그 뒤쪽에 있는 커크 더글러스.

이스트할렘의 당시 아일랜드 인 구역에서 태어난 버트 랭커스터는 스포츠와 운동 경기에서 일찌감치 두각을 나타냈다. 그는 뉴욕 대학에 진학했으나 중도에 그만두고 닉 크라밧이라는 친구와 함께 〈랭과 크라바트〉라는 이름의 2인조 서커스단을 결성했다. 두 사람은 랭커스터가 부상으로 중도에 그만둘 때까지 수차례의 순회 서커스 공연을 가졌다. 2차 대전 중에 군의 위문 부대에서 복무한 그는 제대와 함께 배우가 되기로 결심했다. 그렇게 하여 브로드웨이 연극에서 첫 배역으로 맡은 소년 주인공 역은 그대로, 할리우드로부터의 수많은 제의(할 윌리스와 계약했다)와 에이전트 해럴드 헥트와의 계약으로 이어졌다.

초기작들에서 보여 준 그의 경험 부족과 협소한 연기의 폭은 지오트마크의 「살인자」(1946)에서 맡은 얼간이 역과 번민에 시달리는 전과자 역을 맡은 줄스 다신의 교도소 영화 「폭력」(1947)에서 스크린에 뿜어져 나오는 그의 강렬한 존재감으로 충분히 상쇄되었다. 「잘못 걸었습니다Sorry, Wrong Number」(1948)에서 스탠윅의 교활한 남편 역처럼, 나약한 인물로 설정된 역에서조차 억압되지 않은 폭력성으로 나타나는 그 시무룩한 모습의 야성적인 힘. 그것은 랭커스터 스스로도 〈나는 더 억세고 덜 세련되고 더 꺼칠꺼칠한, 새로 등장한 가구의 일부이다〉라고 인정했듯이, 할리우드 주연 배우들에게서는 찾아볼 수 없던 낯선 자질이었다.

그의 이러한 위태로운 격렬성은 당시의 누아르 영화에는 아주 제격이었다. 몸에서 확 풍겨 나오는 자조적 분위기로 표현된 그것(위태로운 격렬성)은 바로, 그를 가장 쾌활한 액션 영웅의 하나로 만들어 준 무모한 열정이었다. 「쾌걸 달트」(1950), 「진홍의 도적」(1952)에서 랭커스터는 그의 옛 서커스 동료였던 닉 크라밧와 다시 한 번 팀을 이뤄 그 완전한 육체성 속에 구현된 발레적 우아함과 빛나는 환희로 매달리고, 솟구치고, 공중제비를 돌았다. 그와 비교하면 에롤 플린과 페어뱅크스 같은 배우도 아주 하찮아 보일 정도였다.

완벽한 체격과 이를 드러내며 씩 미소 짓는 것 이상의 것은 보지 못하는 일부 비평가들은, 모든 역에 투여하는 그 날카로운 지성은 간과한 채, 남성적 육체미의 전형이라며 그를 비웃었다. 자신의 한계를 분명히 인식하고 있던 랭커스터는, 아내 역을 맡은 셜리 부스의 탁월한 연기에 치밀하게 계산된 소극적 연기로 대응하며 알코올 중독의 병력을 지닌 소심한 의사 역을 훌륭하게 해낸 「사랑하는 시바여 돌아오라Come Back, Little Sheba」에서처럼 그러한 한계를 극복하고 근육질 아래 숨겨진 연약함을 드러내기 위해 부단히 노력했다.

랭커스터는 전전 스타들 대부분의 발목을 잡고 있던, 계약이라는 노예제에 자신을 팔 정도로 우둔한 사람이 아니었다. 헥트의 예리한 재정 감각과 어우러진 그의 흥행 잠재력은 장차 할리우드 스튜디오들의 힘을 분쇄시키게 될 배우-에이전트 공조의 첫 사례를 만들어 냈다. 나중에 합류한 시나리오 작가 제임스 힐과 더불어 헥트-힐-랭커스터는 언제든 위험이 큰 작품을 만들 각오가 되어 있는 1950년대의 가장 성공적인 독립 제작사로 성장했다. 랭커스터의 진보적 정치관에 호소한 친인디언적 서부극 「아파치」(1954)를 비롯해 위험 부담이 컸던 몇몇 작품들은 성공을 거두기도 했다. 하지만 매켄드릭의 후기 누아르 걸작 「성공의 달콤한 향기」(1957)는 약탈적인 밤의 제왕, 악마적 쇼 비즈니스 칼럼니스트 역을 맡은 랭커스터의 오싹하도록 훌륭한 연기에도 불구하고 흥행에서는 실패했다.

서부극은 그의 널따란 체격과 느긋한 활동성에 잘 부합되었다. 그는 「베라 크루즈」(1954)에서 자신의 그 씩 웃는 웃음을 게리 쿠퍼의 원칙적인 고독자에 대립되는 훌륭한 악한의 모습으로 바꿔 놓더니, 「OK 목장의 결투」(1957)에서는 커크 더글러스의 이단적인 닥 할리데이에 맞서는 성실하고 절제된 와이엇 어프 역으로 다시 돌아왔다. 그 그르렁거리는 저음의 매력 밑에 깔린 냉혹한 눈길의 처절한 전과자 역을 그보다 더 잘해 낼 배우는 아마 찾기 힘들 것이다. 「비를 오게 하는 사나이The Rainmaker」(1956)에서의 연기도 훌륭했지만 청산유수로 쏟아 내는 자신의 말에 도취될 정도였던 「엘머 갠트리」(1960)에서는 정말 신들린 연기를 보여 주었다.

1960년경 헥트-힐-랭커스터 사가 해체된 후 랭커스터는 내재된 위협적 분위기는 여전했지만, 보다 조용하고 사색적인 역으로 연기의 방향을 바꾸었다. 「알카트라즈의 조인(鳥人)」(1962)에서 사형수는 끝없는 친절함으로 작고 여린 동물들을 보살펴 주며, 「5월의 한 주」(1964)에 나오는 과대망상적 장군은 흐리멍덩한 평온함 때문에 오히려 더 겁에 질린 모습이 되었다. 하지만 「표범」(1963)에서 시칠리아 귀족으로 분한 그의 모습은 사뭇 계시적이었다. 이 작품에서 그는 누구도 (처음에는 비스콘티조차) 예상하지 못한 훌륭한 연기로 절제된 귀족의 우울함을 표현해 아무도 모르던 그의 내면의 깊이를 드러냈다. 비스콘티는 그를 〈지금까지 만나 본 배우 중 가장 완벽하게 신비한 인간〉이라고 추켜세웠다. 그의 이러한 신비성은 책으로 뒤덮인 그의 아파트 옆으로 이사 온 어느 타락한 〈가족〉의 꼬임에 빠져 드는 고독한 교수 역을 맡은 비스콘티의 「대화의 단편」(1974)에서 다시 이용되었다.

그의 후기작들은 좀 들쭉날쭉한 편이었는데도, 연륜에서 오는 여유 때문인지는 몰라도 몇 편의 정말 멋진 작품을 만들어 냈다. 「얼자나 습격」(1972)에서는 타인들의 아둔함을 대신하여 냉정하게 죽어 가는 반백의 숙명적인 남자 역으로 천부적인 능력을 마음껏 발산해 보였으며, 빌 포사이스의 재치 있는 코미디 「시골 영웅」(1983)에서는 자신의 역동적 이미지를 아주 그럴싸한 웃음거리로 만들었고, 「꿈의 구장」(1989)에서는 생각에 잠긴 감동적인 카메오로 나오기도 했다. 하지만 그가 연기의 압권을 이룬 곳은 역시, 부조리한 망상적 삶을 살아갈 기회를 다시 부여받은 늙어 가는 삼류 건달 역으로 비애감과 허세를 절묘하게 결합시킨 루이 말 감독의 「애틀랜틱 시티」(1980)였다. 〈나는 존경받는 역은 몰라도, 사랑스러운 역은 결코 해보지 못할 것 같아〉라고 언젠가 그는 말한 적이 있지만, 시간이 가면서 그의 말은 틀렸음이 판명되었다. 나이와 함께 그의 연기 폭은 넓고 깊어졌으며, 자신을 비롯해 모든 이들의 예상과는 달리 사랑스러워지기까지 했으니 말이다.

필립 켐프

▪▫ 주요 작품

「살인자The Killers」(1946); 「폭력Brute Force」(1947); 「쾌걸 달트The Flame and the Arrow」(1950); 「지상에서 영원으로From Here to Eternity」(1953); 「아파치Apache」(1954); 「진홍의 도적The Crimson Pirate」(1952); 「베라 크루즈Vera Cruz」(1954); 「OK 목장의 결투Gunfight at the OK Corral」(1957); 「성공의 달콤한 향기Sweet Smell of Success」(1957); 「엘머 갠트리Elmer Gantry」(1960); 「알카트라즈의 조인(鳥人)Birdman of Alcatraz」(1962); 「표범Il Gattopardo」(1963); 「5월의 한 주Seven Days in May」(1964); 「열차The Train」(1964); 「얼자나 습격Ulzana's Raid」(1972); 「대화의 단편Gruppo di famiglia in un interno」(1974); 「1900 Novocento」(1976); 「애틀랜틱 시티Atlantic City USA」(1980); 「시골 영웅Local Hero」(1983); 「꿈의 구장Field of Dreams」(1989).

▪▪ 참고 문헌

Clinch, Minty(1984), *Burt Lancaster.*
Crowther, Bruce(1991), *Burt Lancaster: A Life in Films.*
Parish, James Robert(1976), *The Tough Guys.*
Windeler, Robert(1984), *Burt Lancaster.*

된 것 이상의 자유를 시험해 보려고 막상 덤벼들었을 때는 스튜디오 시스템과 자주 충돌을 일으키곤 했다. 하지만 결과야 어찌 됐든 이 같은 위험에 부딪쳐 볼 수 있다는 것 자체가 이미 시대의 변화를 예고하는 징조였다.

과거 시스템에 관련되었던 정도로 모든 감독들이 다 〈작가 감독〉으로 환영을 받은 건 아니었다. 가령 오선 웰스와 같은 몇몇 감독들은 완전 통제 불능이어서 시스템과 몇 차례 옥신각신한 끝에, 그들과는 완전히 결별하고 독자적으로 활동을 시작했다. 반면 프레민저 같은 감독은 제작자-감독의 길을 뚫어 가는 옛 방식을 그대로 답습했다. 후일 극작가 해럴드 핀터와 맺은 협력 관계로 지금은 가장 많이 알려져 있는 조지프 로지는 할리우드 초기 작품의 대부분을 초라한 계약 감독의 위치에서 만들었다(그와 스튜디오의 잦은 충돌은 예술성보다는 그의 정치성에 있었다). 샘 풀러는 스튜디오 자금의 과다 지출에 책임지지 않아도 되는 자유를 이용하여 시나리오, 감독, 제작을 직접 도맡아 하는 저예산 액션 영화감독으로 성가를 올렸다.

갈수록 다양해진 제작 시스템은 창조적 예술가에게 상당한 수준의 재량권을 부여해 준 독립 영화사들의 등장으로 그 첫 조짐이 나타났다. 1940년대 중반에는 이미 몇몇 영화사들이 그런 방식으로 생겨났고, 불리한 세법으로 1947년에 잠깐 주춤하긴 했지만 도도한 그 흐름을 막을 수는 없었다. 1930년대와 1940년대의 거대 독립 제작자였던 새뮤얼 골드윈과 데이비드 셀즈닉은 1950년대가 되면서 그들보다 규모가 작은 회사들에 무릎을 꿇고 말았다. 스튜디오 자체 내에서도, 이전 계약 아래 누리던 것 이상의 자유로 제작자들이 스스로를 〈사내 독립 제작자들〉로 자처하고 나섬에 따라 변화가 일어났다.

감독과 더불어 주연급 배우들도 스튜디오 밖에서 활동 중인 경험 많은 제작자들과 연계하여 자체 제작사를 설립했다. 이러한 연계는 주로 스튜디오와의 협상에서 유리한 고지를 차지하기 위한 전략이긴 했지만, 그럼에도 불구하고 이들 배우-제작자들은 기존과 신예를 막론하고 작가와 감독 모두에게 커다란 도움이 되었다. 배우-제작자 회사 중에서 가장 유명한 것은 버트 랭커스터와 제작자 해럴드 헥트(나중엔 제임스 힐도 이에 합류했다)가 설립한 영화사였다. 설립의 목적이 어느 정도는 랭커스터 자신의 영화 배역 창출에 있었다고는 해도, 헥트-힐-랭커스터 사는 연극과 텔레비전 출신 신예 감독들의 영화계 진출에 많은 도움을 주었다.

1950년대 독립 영화 제작 분야의 가장 독보적인 존재는 누

오선 웰스 (1915~1985)

오선 웰스는 위스콘신 주 케노사에서 태어났다. 피아니스트였던 그의 모친은 1923년에, 부친은 그 후 4년 뒤에 각각 타계했다. 어린 오선은 일리노이 주 토드 스쿨Todd School에서 연극 상연과 연기, 특히 셰익스피어 극에서 일찌감치 두각을 나타냈다. 흔히 자신의 힘으로 만들어진 천재로 알려진 웰스의 품성은 처음에는 그의 가정환경, 나중에는 미국과 유럽에서 그가 활발히 상호 교류를 펼친 다양한 문화 단체들에 의해 형성되었다. 그는 16세에 학교를 떠나 더블린의 게이트Gate 극단의 배우가 되었고 미국으로 돌아와서는 문학, 연극의 양면에서 대중들(특히 라디오를 통해)에게 접근 가능한 실험작들을 만들어 지적 문화를 형성해 가고 있던 뉴욕의 급진적 연극 운동에 가담했는데, 그것이 그의 조숙한 성장에 결정적인 역할을 했다.

뉴욕에서는 존 하우스먼 팀에 합류하여 처음에는 금세 문을 닫은 뉴욕 페더럴 극단에서, 나중에는 그와 하우스먼이 공동으로 세운 머큐리Mercury 극단에서 여러 편의 작품을 만들었다. 또한 매주 방송되는 디킨스나 셰익스피어류의 고전 문학 각색물에서 연출과 연기를 하기도 했는데, 이들 방송에는 보이스오버 내레이션에의 의존이라든지, 깊숙이 파묻혀 있는 줄거리를 포함한 지극히 복잡한 내러티브 구조 등, 장차 웰스 영화에서 보게 될 몇몇 특징들이 나타나기도 했다. 하지만 그의 가장 유명한 방송은 H. G. 웰스의 『우주 전쟁 *The War of the Worlds*』을 각색하여 저녁 정규 방송을 중단하고 내보내는 긴급 뉴스를 모방하여 1938년의 할로윈 데이에 내보낸 것이었다. 그런데 완전한 픽션이라고 공언을 했는데도, 그 방송은 수천에 이르는 동부 연안 청취자들을 공포로 몰아넣었다. 그때는 이미 웰스의 부드러운 바리톤을 알 만한 사람은 다 아는 상태였기 때문에 공포가 한바탕 휩쓸고 지나간 뒤 그는 〈세상에 내 목소리도 분간 못한다는 말인가〉라며 혀를 찼다고 한다.

그 모든 바로크적 스타일, 전심 초점, 가짜 역사 필름으로 가득 찬 모조 뉴스 영화, 다중 내레이터들, 그리고 복잡한 내러티브 구조와 같은 수단들의 이용에도 불구하고 웰스의 첫 영화 「시민 케인」(1941)은 「우주 전쟁」 방송 때에 일어났던 것과 똑같은 실제적 상황을 유발시켰다. 신문 재벌 윌리엄 랜돌프 허스트는 이 영화의 찰스 포스터가 자신의 과대망상적 성향을 의도적으로 형상화한 인물이라고 보았다. 그는 이 영화에 법적 조치를 가하겠노라고 으름장을 놓으며, 자기 소유의 신문들에 광고하는 것을 막아 영화의 공개 지연과 평단의 우레와도 같은 격찬의 영향을 잠재우는 데 성공했다.

「시민 케인」은 50년간이나 계속 논쟁에 휘말려 왔다. 이탈리아 네오리얼리즘과 같은 시기인 1946년에 이 영화를 본 앙드레 바쟁은 영화에 사용된 광범위한 전심 초점이 이 영화의 현상적 세계의 현실감을 증대시켰다고 주장한 반면, 이후의 비평가들은 그보다도 한술 더 떠 이 영화에는 고도로 자의식적이고, 인공적이고, 바로크적인 면까지 있다고 덧붙였다. 하지만 「시민 케인」의 촬영 감독 그레그 톨런드는 다른 작품들에서도 이미 그것을 써 보았기 때문에 전심 초점의 사용 자체가 그다지 새로울 것은 없었다. 영화 〈작가〉로서의 웰스의 역할 또한, 특히 대본은 전적으로 허먼 맨키위츠의 작품이라고 신빙성이 약간 결여된 주장을 펼친 폴린 카엘(1974)에 의해 뜨거운 논쟁거리로 부상했다. 「시민 케인」의 구성과 기법이 전혀 새로울 것이 없다고 해도, 이들 기법이 영화의 복잡한 조직 내에 완전히 녹아들어 있다는 것만은 부인할 수 없다. 웰스는 RKO에 처음 발을 들여놓을 때부터 세계라는 배경 속에 놓인 가장 커다란 장난감 기차에 그 스튜디오를 비유했고, 따라서 라디오에서 했던 것처럼 스튜디오의 기술을 조작하는 것에 그가 흥미를 느꼈으리라는 것은 의심의 여지가 없는 사실이다.

웰스의 첫 스튜디오 작품 「시민 케인」은 또한 스튜디오 시스템과 그와의 마찰의 발단이 된 작품으로, 그러한 마찰은 결국 시스템 내에서 만들어진 그의 후속작들에 나쁜 영향을 끼쳐, 그로 하여금 할리우드를 떠나 유럽의 독립 제작 쪽으로 옮겨 가게 한 원인이 되기도 했다. 웰스는 다음 작품으로, 촬영 감독 스탠리 코르테스와 함께, 전심 초점 외에도 복잡한 카메라 움직임과 롱테이크의 사용을 더욱 극대화시킨 「위대한 앰버슨가」(1943)를 만들었다. 그런데 웰스가 1942년 초 불발로 끝난 「모두가 진실 All True」을 찍기 위해 브라질로 떠나자, 스튜디오는 「위대한 앰버슨가」를 동시 상영에 맞도록 무지막지하게 편집해 버렸다. 웰스도 그에 질세라 3편의 저예산 영화를 제시간에 완성하여, 시스템 내에서 일할 수 있는 자신의 능력을 입증해 보이려고 했다. 하지만 웰스와 당시 그의 아내 리타 헤이워스가 주연한 「상하이에서 온 여인」(1948)은 컬럼비아 사 사장 해리 콘의 분노와 몰이해를 불러일으켰고, 편집자가 미리 짜준 촬영 스케줄에 따라 만들어진 「이방인」(1946)과 저예산 스튜디오 리퍼블릭Republic을 위해 만든 「맥베스」(1948) 역시 흥행에서 실패하고 말았다.

웰스는 (1943년 「제인 에어」에서 로체스터 역으로 화려한 연기를 보여 준 것을 비롯하여) 1940년대 내내 영화배우로 활동하다가 1947년 영화 제작에 필요한 돈을 벌 수 있으리라는 희망을 갖고 유럽으로 활동 무대를 옮겼다. 그리고 나머지 기간의 대부분(1958년 「악의 손길」을 만들기 위해

할리우드로 잠깐 돌아온 것 외에는)을, 빌려 온 의상이나 혹은 그것도 없이 돈이 떨어질 때마다 자금 마련을 위해 촬영을 중단하고, 영화 1편을 만드는 데 몇 년씩을 소요하면서 후시 녹음에 의한 야외 촬영으로 영화를 만들었다. 「오셀로」(1952), 「아카딘 씨」(1955), 「심판」(1962), 「한밤의 차임벨」(1966), 이 모든 작품들이 그런 악조건 속에서 만들어졌으며, 특히 중간에 재원이 끊긴 「심판」 같은 경우는 당시엔 버려진 기차역이었던 오르세 역에서 대부분의 장면을 촬영했다. 웰스의 할리우드 작품에서 드러난 기술적 빼어남이 주로 스튜디오 전문가들에 의존한 것이었다면, 그의 유럽 영화들은 시공적으로 전혀 공통점이 없는 필름들을 서로 조합시키는 그만의 독특한 재능으로 만들어진 것이었다. 그리고 이 기간에도 소재는 역시 문학에서 많이 빌려 왔으나 스타일은 점점 단순화되는 경향을 보여 주었다. 「헨리 4세Henry IV」와 「윈저의 즐거운 아낙네들The Merry Wives of Windsor」의 폴스타프Falstaff 출연 장면들에 바탕을 둔 「한밤의 차임벨」은 흔히 웰스의 셰익스피어 작품 중 최고작으로 평가되곤 한다.

그는 시나리오에서부터 편집을 하다 만 필름에 이르기까지 수많은 미완의 작품들을 남겨 놓고 타계했다. 그가 끝내지 못한 「돈 키호테Don Quixote」 역시 다른 사람들이 최근에 완성했다. 그의 작품들은 주로 한 사람의 세력가와 또 한 사람의 국외자를 중심으로, 잃어버린 과거를 찾는 전자의 여정에 후자가 끼어드는, 다시 말해 사실과 픽션의 중간적인 내러티브 형태를 취하고 있다. 그는 허풍선이나 거짓말쟁이, 혹은 미스터리와 음모의 올가미에 싸여 끝까지 이야기의 전말을 드러내지 않는 인물들을 창조하여, 그것들을 가지고 놀기를 좋아했다. 1985년 70세의 나이로 타계하기까지 근 40년간을 그는 세력가인가 하면 국외자로, 책략가인가 하면 유랑하는 방랑자로 인생을 살았다. 타계 후 2년 뒤 그의 유해는 스페인에 안장되었는데, 무덤에는 이름조차 쓰여 있지 않다.

에드워드 오닐

▪▫ 주요 작품

「시민 케인Citizen Kane」(1941); 「위대한 앰버슨가The Magnificent Ambersons」(1943); 「공포로의 여행Journey into Fear」(자막에는 누락, 1943); 「이방인The Stranger」(1946); 「상하이에서 온 여인The Lady from Shanghai」(1948); 「맥베스Macbeth」(1948); 「오셀로Othello」(1952); 「아카딘 씨Mr. Arkadin」(1955); 「악의 손길Touch of Evil」(1958); 「심판The Trial」(1962); 「한밤의 차임벨Chimes at Midnight」(1966); 「불멸의 이야기The Immortal Story」(1968); 「속임수를 위한 에프F for Fake」(1973).

▪▪ 참고 문헌

Bazin, André(1978), *Orson Welles: A Critical View*.
Carringer, Robert(1985), *The Making of Citizen Kane*.
France, Richard(1977), *The Theatre of Orson Welles*.
Kael, Pauline(1974), *The Citizen Kane Book*.
Leaming, Barbara(1985), *Orson Welles: A Biography*.
Welles, Orson with Bogdanovich, Peter(1992), *This is Orson Welles*.

◀ 후기의 걸작 「한밤의 차임벨」(1966)에서 폴스타프로 분한 오선 웰스.

가 뭐라 해도 존 하우스먼이었을 것이다. 웰스와 함께 머큐리 극단을 창단한 그는 「시민 케인」의 제작에 중요한 역할을 담당했다. 그는 전시 복무를 마치고 할리우드로 복귀하여 막스 오퓔스(「백장미의 수기」(1948)), 니컬러스 레이(「그들은 밤에만 산다」(1948)), 「끝없는 추적On Dangerous Ground」(1952)), 프리츠 랑(「문플리트」(1955)), 존 프랑켄하이머(「추락All Fall down」(1962))의 영화를 제작했다. 1950년대에 MGM 직원으로 잠시 몸담고 있을 때는, 뮤지컬 전문 감독으로 알려져 있던 빈센트 미넬리의 감독 이력까지 바꿔 놓은 적이 있다. 미넬리는 1950년대 초반 MGM의 아서 프리드 유닛에서 뮤지컬을 만들며 하우스먼의 후원으로 영화계를 회상한 2편의 작품 「악당과 미녀」(1952), 「낯선 마을에서의 두 주」(1962), 세련된 프로이트적 작품 「거미줄」(1955), 그리고 반 고흐에 대한 뛰어난 전기 영화 「열정의 랩소디」(1956)로 영화의 신천지를 개척했다.

3인의 작가 감독

「그들은 밤에만 산다」가 만들어진 내력은 전후에 시작된 시스템의 형성 과정에 대한 하나의 흥미로운 본보기를 제공하고 있다. 이 영화의 감독 니컬러스 레이는 웰스 및 로지와 마찬가지로 뉴욕의 급진적 극단에서 활동한 배경과 전전과 전시에는 하우스먼과 함께 연극과 라디오에서 일한 경력이 있었다. 「그들은 밤에만 산다」 역시 1948년에 하우스먼이 RKO에서 제작한 작품이었다. 하지만 이 작품은, 작품에 대한 스튜디오의 신뢰감 때문이라기보다는 대서양 양쪽에 끼친 비평적인 관심 때문에, 1년이 넘도록 제대로 공개되지 못했다. 1950년대에 들어서도 레이는 시각적 유동성뿐만 아니라, 극단에 가까운 강렬한 인물 묘사와 사회 전반에 만연한 순응주의적 풍조에 대한 등장인물의 거부를 특징으로 하는, 이단적이고 색다른 장르 영화(주로 범죄 영화지만 서부극도 간간이 섞인)를 계속 만들었다. 그는 「이유 없는 반항Rebel without a Cause」(1955)에서 번민하는 10대 역으로 제임스 딘을 캐스팅하여 성공(혹은 악명)의 정점에 도달했으나, 남성성의 딜레마와 미국 사회 전반에 퍼진 폭력을 좀 더 냉혹하게 파고들어갔다는 점에서, 그보다는 오히려 그것의 이면이라 할 수 있는 두 작품 「고원의 결투Johnny Guitar」(1954)와 가족 멜로드라마 「삶보다 큰Bigger than Life」(1956)이 여러 면에서 좀 더 그다운 작품이었다. 레이는 특히 가족 드라마뿐만 아니라 대형 영화에도 그것을 자유자재로 구사하며 와이드스크린의 대가임을 보여 주었다. 그렇지만 미장센에 강한 그의 특기를 인정받아 감독을 맡게 된 성서 서사 드라마 「왕 중 왕King of Kings」(1961)과 역사 대작 「북경의 55일55Days at Peking」(1962)에서 보인 그의 재능은 어딘가 모르게 — 아마도 어쩔 수 없이 — 맥 빠진 느낌이 들었다. 영국 잡지 『무비』의 기고자들처럼, 그의 열렬한 찬미자들은 여전히 그의 작품 속에서 독창성의 징후를 찾아냈지만, 레이 자신은 자신감을 깊이 상실한 상태에서 영화 만들기는 완전히 포기하고 빔 벤더스의 「미국인 친구Der Amerikanische Freund」(1976)에서 배우로 다시 새출발했다.

시스템 내에서 만들어졌든 혹은 그것의 주변에서 만들어졌든, 레이 영화의 가장 뚜렷한 특징은 미국인들의 삶에 가한 비판의 강도였고, 그것은 특히 선전적인 〈메시지〉로 표현되지 않았다는 점에서 더욱 중요했다. 미국 사회의 비판적 측면을 다룬 영화들은 1930년대에 만들어진 것이었는데도 불구하고 장기적으로는 모두 낙관적인 시각과 잘못된 점들도 충분히 개선될 수 있다는 의식을 보여 주었다. 급진적인 대본들은 쉽사리 조정되었고 프리츠 랑이나 에리히 폰 스트로하임 같은 사람들을 제외하고는, 사회 전반적인 풍조와 심각한 마찰을 일으킬 정도의 총체적인 비전을 과감하게 제시할 수 있는 감독은 거의 찾아볼 수 없었다.

더글러스 서크 역시 미국 사회를 아주 비관적으로 바라보았다. 데틀레프 지어크라는 본명을 가진 그는 1937년 미국으로 이주하기 전 독일의 연극, 영화계에서 이미 성공적인 경력을 쌓은 인물이다. 그는 처음에는, 할리우드에서 자신의 정치적 급진성이나 세련된 스타일을 펼쳐 보일 수 있는 가능성을 거의 찾지 못했다. 그러던 중 유니버설 사의 각종 저예산 영화에서 자신의 적소를 발견했고, 1950년대에는 감상적인 멜로드라마 제작의 귀재 로스 헌터 밑에서 일했다. 그는 이러한 불리한 조건 속에서도, 기본적으로 그 장르가 받아들이기 힘든 점을 아이러니로 역이용하는 법을 배워서, 여러 가지 상충하는 영화 해석의 길을 열어 놓았다. 하지만 「사랑의 성좌The Tarnished Angels」(1958)나 「바람과 함께 지다Written on the Wind」(1959)와 같은 당시의 대표작들은 굳이 아이러니를 써서 그 장르의 경건성을 경감시킬 필요조차 없는 작품들이었다. 그리고 의미심장한 것은 이들 두 영화 모두 로스 헌터의 제작이 아니라 1950년대 오선 웰스의 유일한 스튜디오 작품인 「악의 손길」을 제작한 앨버트 저그스미스의 작품이었다는 것이다.

언뜻 보면 버드 보에티처의 서부극들은 모두 고독과 복수라는 닳고 닳은 주제를 재활용하여 값싸게 만든 공식 영화, 즉 스튜디오 시대의 가장 진부한 영화인 것처럼 보인다. 하지만 이들 서부극에 나타난 일관성은 기계적이거나 판에 박힌 것과는 거리가 먼, 좀 더 넓은 의미에서 그것들을 만든 감독의 상상력과 그가 일할 수 있었던 협력적 상황에서 나온 것이었다. 보에티처가 랜돌프 스콧을 주연으로 캐스팅하여 1950년대에 만든 서부극 연작의 제1탄 「세븐 맨 프롬 나우Seven Men from Now」(1956)는 존 웨인의 영화사 바트작이 워너브러더스를 위해 만든 작품이었다. 하지만 이후의 작품들은 스콧과 제작자 해리 조 브라운이 세운 회사로 처음에는 스콧-브라운 프로덕션, 나중엔 라논Ranown으로 불린 회사가 컬럼비아 사를 위해 만들었다. 이러한 조직적 기반 아래, 그리고 버트 케네디나 찰스 랭이 꾸준히 제공해 준 시나리오를 바탕으로, 보에티처는 우락부락한 스콧의 외모를 서부극 장르에 맞는 연기 스타일로 다듬어, 오로지 영화를 만드는 일에만 전념했다. 우아한 미장센을 자랑하는 보에티처의 〈라논 사이클〉 영화들은, 존 포드의 작품들과 더불어, 서부극과 신화적 〈미국의 서부〉의 가치를 보여 준 가장 심오한 기록이기도 했다.

영화의 성격 자체는 다르지만, 그 시대의 다른 작가 감독들의 작품들과 더불어 레이, 서크, 보에티처의 작품들에는 한 가지 공통점이 있다. 요컨대 시간이 갈수록 세력이 약해지고 유연해지고 공식에 대한 의존도가 떨어진 제작 시스템의 변화에 나름대로 모두 반응을 보였다는 것이다. 또한 그들은, 감독의 몫이기도 하면서, 제작 시스템이 기회를 제공해 주지 않았더라면 결코 꽃피우지 못했을 독창성을 보여 주었다는 점에서도 특별했다.

1960년대로

1960년 이후로(이 책의 3부에 보다 상세히 기술되어 있다) 제작 시스템의 개방은 더욱더 확대되었고, 이 시기에 입문한 영화감독들 역시 계약 감독이었을 때보다 직업적인 안정성은 떨어졌지만 전 시대에 비해 훨씬 광범위한 자유를 만끽했다. 낡은 공식에 바탕을 둔 영화가 다른 오락거리보다는 그나마 나아서 오는 것일 뿐인 더욱 축소되고 한정된 관객밖에 부르

▶ 로스 헌터 제작, 더글러스 서크 감독의 1950년대 멜로드라마 연작물 중의 하나 「순정에 맺은 사랑All That Heaven Allows」(1955)에서 정원사와 사랑에 빠지는 외로운 과부 역을 맡은 제인 와이먼.

스탠리 큐브릭 (1928~1999)

뉴욕 시 브롱크스에서 의사의 아들로 태어난 스탠리 큐브릭은 체스, 사진, 영화에 미쳐 일찌감치 학교를 그만두었다. 잡지 『룩 *Look*』에서 사진 기자 겸 보도 기자로 일하며 남는 시간에는 줄곧 현대미술관에서 영화만 보고 지낸 4년 뒤에 그는 〈필름 누아르〉적 조명, 소외, 집착, 폭력과 같은 그의 후기작들의 전조를 이미 드러내 보이며, 한 복서에 관한 짧은 다큐멘터리 「결전의 날」(1951)을 만들었다. 「결전의 날」은 RKO/파테에 팔렸고, 이 영화사의 의뢰로 그는 「하늘을 나는 신부」(1951)라는 또 하나의 단편 영화를 만들었다. 컬러로 찍은 세 번째 단편 영화 「뱃사람들」(1953) 이후에는, 친지에게서 빌린 얼마 안 되는 자금으로 촬영과 편집까지 자신이 직접 도맡아 한 그의 첫 장편 영화 「공포와 욕망」이 이어졌다. 「공포와 욕망」은 그에게 실망을 안겨 주었지만 그에 굴하지 않고 그는 복싱의 세계를 다룬 탁월한 필름 누아르 「살인자의 키스」를 1955년에 다시 만들었다.

「살인자의 키스」의 배급을 계기로 유나이티드 아티스츠는 그의 다음 두 작품 배급도 함께 담당했다. 「살인」(1956)이 하나의 줄거리를 각기 다른 시각과 복잡한 시간 구조로 이야기하면서 누아르적 방법을 극단까지 밀어붙인 작품이라면, 커크 더글러스가 주연한 「돌격」(1957)은 카메라의 정확한 기하학적 움직임과 미장센이 두드러진 반전 영화였다. 커크 더글러스는 「스파르타쿠스」(1960) 감독으로 내정된 앤서니 만을 큐브릭으로 대체한 배우이기도 하다. 「애꾸눈 잭」의 감독을 말런 브랜도에게 양보한 큐브릭은 그렇게 해서, 그때까지 미국에서 만들어진 가장 값비싼 영화이면서, 그로서는 유일하게 창작 자유권을 100퍼센트 보장받지 못한 작품의 책임을 떠맡게 되었다. 창작의 자유를 완전히 누리지는 못했지만, 그런 가운데서도 그는 「돌격」에서 보여 준 주제와 형식적 요소를 이 영화에서 더욱 발전시켰는데, 그러한 사실보다는 대작 영화의 테크닉을 마스터하여 자신의 지적 야망을 기업의 요구에 맞추는 능력을 입증해 보였다는 것이 그로서는 무엇보다 중요했다.

큐브릭의 다음 작품은 어린 소녀에게 성적으로 사로잡혀 가는 중년 교수의 이야기를 다룬 블라디미르 나보코프의 소설을 각색한 「롤리타」였다. 하지만 검열 문제 때문에 큐브릭은 이 영화를 본국에서 찍지 못하고 잉글랜드의 보어햄우드Borehamwood 스튜디오로 옮겨야 했고, 이후에도 그곳은 계속 그의 본거지가 되었다. 하지만 이렇게 만들어진 「롤리타」는 나보코프의 소설을 왜곡했다 하여 평단의 거센 반발에 부딪쳤다(롤리타를 원작 그대로 〈성적 매력을 담뿍 지닌〉 사춘기 소녀가 아니라, 감독의 필요에 의해 자랄 대로 다 자란 10대 소녀로 그렸다는 이유에서). 하지만 그것은 「닥터 스트레인지러브, 혹은 나는 어찌하여 폭탄에 대한 걱정을 그만두고 그것을 사랑하게 되었는가」(1963)와 같은 그의 후속작들과 더불어 드라마와 그로테스크, 그리고 성적 좌절의 병리에 대한 날카로운 풍자를 혼합하는 그의 괴력을 보여 준 작품이었다.

날이 갈수록 향후의 작품에 대한 비밀 유지와 은둔자적인 기질이 점점 심해진 큐브릭은 과학 기술의 위대한 업적에 대한 SF 영화이자 영화 역사상 유례를 찾기 힘들 정도로 환상적인 화면을 보여 준 「2001: 스페이스 오디세이」를 무려 4년이란 기간에 걸쳐 완성했다. 공간, 시간, 앞으로 일어날지도 모를 가상 세계들, 그리고 인공 지능의 악몽에 대한 반성과 거대한 스펙터클을 혼합시킨 이 작품은 컬트의 고전이 되었다. 또한 이 작품에는, 마치 체스 게임에서와 같이 통제, 전략, 계획을 통해 드러내는 정보의 정확한 전달, 즉 장차 큐브릭 영화의 상표가 될 특성들도 전면에 부상하고 있다. 이 방법은 사회적 긴장과 갈등이 합리적으로 통제되는 곳을 염원하는 유토피아적 믿음에 대해 깊은 염세주의를 나타내는 그로테스크한 가면으로 폭력의 안무가 이용되고 있는 「시계태엽장치 오렌지」(1971)에서 더욱 복잡하게 이용되었다.

「배리 린든」(1975)에서 큐브릭은 윌리엄 새커리의 소설을 문명에의 환멸과 인간 조건의 존재론적 한계에 대한 섬뜩한 명제로 바꿈으로써 염세주의를 한 단계 더 발전시켰다. 겉으로 보면 호러 영화 같지만 자세히 뜯어보면 장르의 일반 규칙을 넘어서고 있는 「샤이닝」(1980)은 자기 소외의 굴레에 스스로 갇히고, 이 영화의 형이상학적 관점으로 볼 때, 「2001」의 SF적 줄거리를 연상시키는 어지러울 정도로 복잡한 내적 오디세이를 창조해 내

야 한다는 강박 관념 때문에 자신의 전생(前生), 혹은 그와 비슷한 존재의 환각에 사로잡혀 있는 어느 작가의 이야기를 다룬 작품이다. 하지만 이성의 패배 쪽으로 주제를 전개시켜 나간 점으로 보아 이 영화는 작가의 사고 체계를 보여 주는 중요한 표현의 하나로 「배리 린든」과 맥을 같이하고 있다고 볼 수 있다.

「풀 메탈 자켓」(1987)과 더불어 큐브릭은 전쟁 영화 장르로 다시 복귀했다. 이 영화는 명목상의 배경은 베트남에 두고 있지만 인간사의 무감각함에 직면하여 감독 자신은 더할 수 없는 고뇌를 보이고 있는 반면, 등장인물들은 시간과 역사를 초월한 힘의 지배를 받고 있는 듯한 인상을 주고 있다. 예술, 과학 지식, 정치 사회적 관심, 도덕적, 형이상학적 문제를 한데 어우르는 큐브릭의 거대함(형식주의자임을 자처하는 것으로 일각에서는 회의적으로 보는 시각도 있지만)은 지난 세기에 괴테가 열망했던 그것과 비교될 수 있다. 그러한 점에서 큐브릭은 육체적 존재라는 잔인한 난센스에 대한 유일한 해답으로 사건의 과정을 통제 결정하려는 의지의 오만함과 지력의 불멸성과 같은 어떤 것을 얻을 수 있으리라는 어마어마한 환상이 수반된, 이성과 열정의 양립 불가능한 갈등의 표상이면서 또한 포괄적 지식에 대한 야망의 상징이기도 한, 20세기 예술을 대표하는 전형적인 인물이라 할 수 있다.

파올로 케르키 우사이

▪▫ 주요 작품

「결전의 날Day of the Fight」(1951); 「하늘을 나는 신부Flying Padre」(1951); 「뱃사람들The Seafarers」(1953); 「공포와 욕망Fear and Desire」(1953); 「살인자의 키스Killer's Kiss」(1955); 「살인The Killing」(1956); 「돌격Paths of Glory」(1957); 「스파르타쿠스Spartacus」(1960); 「롤리타Lolita」(1961); 「닥터 스트레인지러브, 혹은 나는 어찌하여 폭탄에 대한 걱정을 그만두고 그것을 사랑하게 되었는가Dr. Strangelove, or How I Learned to Stop Worrying and Love the Bomb」(1963); 「2001: 스페이스 오디세이2001: A Space Odyssey」(1968); 「시계태엽장치 오렌지A Clockwork Orange」(1971); 「배리 린든Barry Lyndon」(1975); 「샤이닝The Shining」(1980); 「풀 메탈 자켓Full Metal Jacket」(1987).

▪▪ 참고 문헌

Ciment, Michel(1980), *Kubrick*.

Coyle, Wallace(1980), *Stanley Kubrick: A Guide to References and Resources*.

Kagan, Norman(1972), *The Cinema of Stanley Kubrick*.

Nelson, Thomas Allen(1982), *Kubrick: Inside a Film Artist's Maze*.

◀ 블라디미르 나보코프의 동명 소설을 영화화한 스탠리 큐브릭 감독의 「롤리타」(1961)에서 제임스 메이슨과 다소 나이 든 〈성적 매력이 있는 소녀〉 역의 쉬 라이언.

지 못한다는 인식을 갖게 된 제작자와 스튜디오들은 부득불 실험 영화 쪽으로 문호를 개방하지 않을 수 없었다.

1960년대는 장르 영화 구분의 완화, 자기반성적 경향, 그리고 장르 법칙의 자유로운 활용이 그 특징이었다. 1950년대의 전형적인 서부극을 보에티처나 앤서니 만〔「분노의 강」(1951), 「래러미에서 온 사나이」(1955)〕의 작품들에서 찾아볼 수 있다면, 1960년대는 샘 페킨파〔「데들리 컴패니언The Deadly Companions」(1961)〕와 세르조 레오네의 〈스파게티〉 웨스턴〔「황야의 무법자」(1964)〕이 첫선을 보인 시기였다. 페킨파와 레오네 두 사람은 모두 형식을 매우 중시한 감독이기 때문에, 그들 영화의 힘은 내용에 못지않게 장르 법칙을 재구성하는 그들의 방식으로부터도 나오고 있다. 옛 거장들도 새로운 경향을 무시하지는 못해, 존 포드의 「리버티 밸런스를 쏜 사나이」(1962)만 보더라도 옛 서부극과 서부극 자체에 대한 애잔한 회고작임을 잘 알 수 있다.

장르 법칙을 자신만의 색다른 방법에 이용하는 탁월한 능력을 보여 준 또 다른 감독은, 1950년대와 1960년대 레오네 영화의 고독한 총잡이로부터 「더티 해리Dirty Harry」(1971)의 고약한 형사로 클린트 이스트우드의 이미지를 바꾸어 준 일련의 시리즈 영화로 승기를 잡기 전까지만 해도 별다른 주목을 받지 못하고 이 장르 저 장르에 마구잡이로 손을 대고 있던 돈 시겔이었다.

하지만 1960년대의 대표적인 감독은 누가 뭐라 해도 아서 펜이었다. 그 세대 영화인들 대부분이 그렇듯이, 그도 연극에서 먼저 훈련을 쌓고 TV에서 기량을 닦은 뒤에, 1957년 「왼손잡이 권총The Left Handed Gun」이라는 보기 드문 서부극으로 처음 이름을 날렸다. 본국인 미국보다는 오히려 유럽(특히 프랑스)에서 더 환호를 받은 그는 「우리에게 내일은 없다Bonnie and Clyde」(1967)가 나오기 전까지만 해도, 할리우드에서 입지를 굳히지 못해 아주 애를 먹고 있었다. 느슨한가 하면 때로는 에피소드적이고, 극작법으로 대변되는 전통 할리우드 규칙에 순응하기보다는, 자신이 아끼는 편집자 데데 앨런의 영웅적 노력으로 형태를 이루어 가는 아서 펜의 영화들은 형식에 가하는 내용의 압박에서 늘 일관된 중요성을 이끌어 내며, 장르 법칙의 활용에는 그다지 큰 흥미를 보이지 않았다.

그러나 다른 면으로 보면 1960년대의 미국 영화는 〈고전〉 할리우드 시대와 1972년 프랜시스 포드 코폴라 감독의 「대부」의 성공과 더불어 시작된 새로운 세계의 중간에 놓인 전환기였고, 그 두 세계 간의 거리는 1950년대의 프랭크 태슐린과 제리 루이스의 코미디와 1970년대와 1980년대의 우디 앨런의 코미디들과의 차이로 측정될 수 있다. 애니메이터의 전력을 지닌 태슐린은 1950년대와 1960년대 초에, 공개는 파라마운트나 20세기 폭스가 했지만 제작은 보통 루이스가 직접 맡은 일련의 뻔뻔스러울 정도의 유쾌한 영화들에서 루이스(딘 마틴과 제인 맨스필드를 비롯한 다른 유명 연예인들도)를 감독했고(1960년부터는 루이스 스스로 감독이 되었다), 그의 스타일은 모방적 제스처를 즐기는 애니메이터의 경향이 두드러진 천박한 대중 코미디의 그것이었다. (역시 최고의 할리우드 애니메이션처럼) 고도로 세련되기는 했지만 그것은 경박한 세련미였다. 태슐린의 영화는 아마도 할리우드 전성기에 형성된 대중문화의 마지막 불꽃이라고 보면 정확할 것이다.

참고문헌

Eisenschitz, Bernard(1993), *Nicholas Ray: An American Journey*.

Garcia, Roger(ed.)(1994), *Frank Tashlin*.

Halliday, Jon(1971), *Sirk on Sirk*.

Houseman, John(1979), *Front and Center*.

Kitses, Jim (1969), *Horizons West*.

3

THE MODERN CINEMA 1960~1995

현대 영화

Cinema

서론

제프리 노웰-스미스

1945년 이래 세계 영화에 일어난 변화는 대부분 점진적인 것이었다. 1930년경에 세상을 떠들썩하게 한 유성 영화로의 급격한 변화에 견줄 만한 사건은 단 하나도 일어나지 않았다. 그럼에도 불구하고 1960년대를 전후한 몇 년간은 전 세계적으로 현대 영화를 이전 시기와 뚜렷이 구분 지을 수 있을 정도의 발전을 이룩한 하나의 분기점으로 볼 수 있다.

그중 가장 중요한 변화는 — 이 역시 점진적이었다 — 할리우드 스튜디오 시스템의 붕괴와 그 외 여타 지역의 할리우드 경쟁자와 모방자들의 붕괴로 생겨난 변화였다. 할리우드 시스템은 1960년대 초에 이르러 극심한 혼란에 빠져 들었다. 관객의 감소와 막대한 제작비가 투여된 일련의 실패작들로 인해 메이저 영화사들은 파산하거나 불리한 조건으로 회사를 강매당해야 했다. 스튜디오들이 휘청거리고 있는 한편, 아메리칸 인터내셔널 픽처스American International Pictures와 같은 새로운 영화사들이 들어서면서 젊은 신세대나 드라이브인 극장 관객을 겨냥한 저예산 영화들이 만들어졌다. 이 영화들은 틀에 박힌 공식에 의해 만들어진 것이 대부분이었다. 하지만 그 공식에는 융통성이 있었고 새로운 장르와 하위 장르가 그로부터 속속 파생되어 나왔다. 일례로 이때 생겨난 로드 무비는 이후 미국 주류 영화뿐만 아니라 전 세계적으로도 대단한 영향력을 발휘한 것으로 드러났다. 주류 영화는 이제 가격 인하 경쟁과 유럽에서 일어난 뉴 시네마 운동 모두를 염두에 두고 혁신을 이루어야 했다.

스튜디오들이 직면한 위기가 곧 그들의 힘의 종말을 의미하지는 않았던 것이 이들에게는 새롭게 변모할 능력과 전 세계의 배급망을 통제할 여력이 충분히 남아 있었기 때문이다. 하지만 1960년대가 되면서 아이디어에서 제작, 배급, 개봉에 이르기까지, 영화의 전 과정을 한 회사가 도맡아 처리하는 전통적 통합 시스템은 완전히 시대착오적인 것이 되어 버렸다. 이것은 미국만의 문제가 아니었다. 미국의 예를 따랐다가, 관객 감소와 시장 불안정이라는 동일한 문제를 떠안게 된 다른 나라들도 사정은 마찬가지였다.

유럽에서 일어난 가장 중요한 사건은 프랑스 누벨 바그*Nouvelle Vague*의 갑작스러운 폭발이었다. 클로드 샤브롤, 프랑수아 트뤼포, 장-뤼크 고다르, 알랭 레네의 영화로 촉발된 이 운동은 1958년과 1959년을 거치며 서로 앞서거니 뒤서거니 하며 이어졌다. 이보다 조금 먼저 영국에서는 〈프리 시네마*Free Cinema*〉 운동이, 뒤이어 서독에서는 1962년에 오버하우젠 선언Oberhausen Manifesto이, 그 후반기에는 침체된 서독 영화의 혁신으로까지 이어진 〈영 저먼 시네마*Young German Cinema*〉 운동이 일어났다. 이탈리아의 그것은 프랑스처럼 갑작스럽지는 않았지만 1960년도에 네오리얼리즘의 종말과 새 예술 영화의 도래를 예고한 페데리코 펠리니의 「달콤한 인생La Dolce vita」과 미켈란젤로 안토니오니의 「정사」가 만들어졌다는 점에서 중요성은 결코 떨어지지 않았다.

1960년대에는 동유럽 국가들도 영화의 르네상스를 맞이했다. 그런 현상은 1953년의 스탈린 죽음과 함께 〈해빙〉의 물결이 전 공산국들로 확산되면서 서서히 시작되었다. 하지만 늘 그렇듯 이 역시 학생들의 반항의 물결이 서구, 특히 프랑스와 독일에서 잠시 영화의 정치화를 몰고 왔던 1968년 그해에 일어난 소련의 체코 침공으로 단명하고 말았다.

1960년대의 변화는 유럽에만 국한된 것이 아니었다. 1959년의 쿠바 혁명은 라틴 아메리카 전역, 특히 브라질 뉴 시네마 운동의 촉진제로 작용했다. 미조구치 겐지와 오즈 야스지로 같은 거장들을 키워 낸 일본의 스튜디오 시스템 역시 위기에 빠져 들었지만 환경을 변화시킴으로써 오시마 나기사 같은 감독들을 세계 무대에 진출시킬 수 있었다. 오시마는 영화에도 출연했다는 점에서 프랑스의 장-뤼크 고다르와 비슷했다.

뉴 시네마는 영화 예술의 경계를 현저히 넓혀 놓았다. 영화의 문화적 중요성을 새롭게 인식한 전혀 새로운 관객층을 극장으로 끌어들였다. 1960년대와 1970년대를 통해 영화가 이들 젊은 관객에게 다가선 방법은 기존의 어느 예술 장르보다 직접적인 것이었다. 하지만 뉴 시네마는 이탈리아와 프랑스를 제외한 다른 곳에서는 그다지 인기를 끌지 못했고, 이 같은 관객층의 제한으로 저예산이나 국가 보조금(가끔은 둘 다)에 의존하여 간신히 명맥을 이어 나갔다. 1970년대 말이 되면서 뉴 시네마의 거품은 갑자기 꺼져 들기 시작하여 부차적인 것으로 전락하거나 주류에 흡수되어 버렸다. 하지만 그 과정에서 주류는 혁신을 이루었고 그 혁신은 유럽뿐만 아니라, 실전 경험은 싸구려 선정 영화 〈작업실〉에서 쌓았지만 텔레비전에서 본 미국 고전물과 예술 영화 전용관에서 본 유럽 영화들로

◀ 베라 히틸로바 감독의 체코의 뉴 웨이브 코미디 「데이지 꽃Sedmikrásky」(1966)에서 가치 전복적인 마리아 1과 마리아 2를 연기하고 있는 이트카 체르호바와 이바나 카르바노바.

지식을 갖춘 새로운 세대의 〈영화에 해박한*ciné-literate*〉 감독들이 등장한 미국에서 똑같이 일어났다. 코폴라에서 스필버그, 스코시스, 우디 앨런, 퀜틴 타란티노에 이르기까지 1970년대 이래 부상한 이들 대부분의 미국 감독들은 유럽 영화의 지대한 영향을 받으며 성장했다.

그런데 그 유럽 영화가 이번에는 위기를 맞고 있었다. 한편 1960년대에 한 번 휘청거렸던 미국의 스튜디오들은 다시 그 위력을 발휘하기 시작했다. 미국 내 독립 제작자와 배급업자들의 도전을 막아 냈을 뿐 아니라 1930년과 1970년 사이에 일어난 복잡한 요인들의 방해가 있기 전, 즉 1920년대의 막강한 세계적 지배력을 획득하거나 재획득하는 수준에까지 이르렀다. 공산주의가 붕괴되면서 생겨난 〈새로운 세계 질서〉라는 용어를 영화적으로 해석하면, 그건 단순히 동구에 대한 서구의 승리라든가 빈곤한 나라에 대한 부강한 나라의 승리가 아니었다. 그것은 모든 경쟁국에 대한 미국의 승리였다.

유래를 따지자면 복잡하지만 1960년대 이래 부쩍 그 중요성이 높아진 또 다른 현상은 경쟁 관계의 매스 미디어, 특히 텔레비전의 발전이었다. 현대 영화는 무성 영화나 초기 유성 영화 시절과 전혀 다른 환경에 놓여 있고, 그것의 현재적 형태와 미래의 발전 가능성 모두 지금까지 변화된 환경과 앞으로 변화할 환경에 의해 좌우될 것이 분명하다. (부수적으로 따라오게 될 〈크로스오버〉와 함께) 영화 독점에 대한 도전은 먼저 라디오로 시작됐다. 라디오보다 강력한 텔레비전이 뒤를 이었고 그 뒤를 따라 비디오가 이어졌다. 그런 맥락에서 세계 영화도 〈텔레비전 시대의 영화〉로 시작하려 한다. 현대의 영화적 환경을 만들어 낸 라이벌 미디어의 꾸준한 성장(처음엔 눈에도 안 띄던 것이 곧이어 적대적이 되고, 지금은 불안한 동맹 관계를 맺고 있는)을 먼저 살펴보려는 것이다. 텔레비전과 그것과 관련된 미디어의 영향이 최초로 느껴진 곳은 미국이었고, 그에 대한 대응 전략을 고안해 낸 곳도 미국이었다. 텔레비전과 전통적 의미에서 그것이 영화에 던진 도전은 1960년대와 1970년대의 영화계, 특히 할리우드의 재편에 중요한 요인으로 작용했다. 한편으로는 다큐멘터리와 실험 영화용의 가벼운 기자재를 빌려 쓰고, 다른 한편으로는 시네마스코프와 입체 음향 같은 기술적 발전을 이루어, 텔레비전의 소형 화면과 뚜렷한 차별을 두는 결과도 가져왔다.

한편 할리우드 구체제의 약화는 많은 긍정적인 결과를 초래했고, 그중 빡빡한 규정과 검열의 붕괴(그 유명한 영화 제작 규약Production Code)는 특히 주목할 만하다. 할리우드는 또 텔레비전의 건전한 가족 프로와도 한층 차별을 두기 위해(검열이 심하지 않은 유럽 및 타 지역 영화와도 경쟁하기 위해), 검열 등급을 개정하고 제약도 완화했다. 영화는 이제, 연령과 취향에 따른 관객 확보의 필요성으로 섹스와 폭력의 표현 정도에 따라 분류되면서 시장 지향성으로 바뀐 새로운 규정과 함께 새로운 표현의 자유를 획득했다.

검열의 완화는 또 1960년대의 서구 사회를 휩쓴 좀 더 광범위한 사회 변화 과정의 일부로도 볼 수 있다. 그 과정에서 단일한 사건으로 미국에서 일어난 가장 중요한 일은 1960년대의 민권 운동에서 비롯된 주류 문화와 비주류 문화 간의 균형의 변화였다. 따라서 이 책의 〈미국 영화〉 부분도 미국 영화에 흑인의 출연과 백인들이 처음으로 「춤추는 흑인 아이The Pickaninnies Doing a Dance」와 그와 비슷한 제목의 영화를 보려고 활동사진 영사기를 들여다보던 때로부터 일어난 변화를 살피는 것으로 시작하고 있다. 하지만 흑인의 영화 출연 증가(다른 소수 민족도 마찬가지)는 중산층 위주의 할리우드 주류 영화를 심각하게 도전할 정도까지는 되지 못했다. 꼭대기에서 밑바닥에 이르기까지, 수백만 달러가 투자된 블록버스터에서 삼류 극장용 졸속 제작 영화에 이르기까지, 할리우드 영화에는 늘 사회적 갈등을 함께 보듬어 대다수 관객을 만족시켜 주는 하나의 장치가 마련되어 있다. 인종적, 성적, 세대적 갈등은 그 안에선 오직 온건한 이탈만이 가능한 비현실적이고 이상화된 방식으로 해결되도록 되어 있다. 즉, 이 말은 애초부터 일치된 견해의 넓은 테두리 밖에서만 관객의 의견이 갈라지도록 (주로 게이나 흑인, 혹은 젊은 층에 설교하는 방식으로) 만들어진다는 말이다. 이 부분의 강조점은 그러므로 1970년대부터 일신된 할리우드가 한편으로는 비주류 영화로부터의 압력, 또 한편으로는 점점 분열되는 사회로부터의 압력을 흡수하고 중화시켜 간 방식에 두고 있다.

예술적으로나 정치적으로나 1960년대 이래 세계 영화의 가장 흥미로운 발전들은 모두 주류 외곽에서 일어났다. 1960년대의 미심쩍은 정치 분위기는 경량의 새로운 기기 도입과 결합하여 〈시네마 베리테*cinéma-vérité*〉로 상징되는 다큐멘터리 혁명을 몰고 왔다. 1930년대 이래 침묵하고 있던 아방가르드 영화도 〈언더그라운드〉로 상징되는 이 같은 분위기 속에서 다시 부활했다. 주류 쪽에서 거의 밀려나 있던 애니메이션은 독립 만화 영화 제작자들의 남다른 활력으로 보충되었다. 하지만 안타깝게도 TV용으로 제작된 것을 제외하고는 그들의 작품은 거의 알려진 것이 없다. 한편 주류 쪽에서는 사운드트랙, 특히 영화 음악 부문에서 혁신이 일어났다. 일련의 미니멀리즘으로부터 로큰롤에 이르기까지 현대 음악의 다양한 장르는 1960년대 이후의 영화 음악에서 모두 만나 볼 수 있다. 그런 의미에서 할리우드 영화도 보다 모더니즘적인 〈예술 영화〉로 자처하는 일본과 유럽 영화에 예술적인 도전장을 감히 던져 볼 수 있었다. 〈경계를 넓혀〉 부분에서는 이 모든 분야를 먼저 훑어보고, 주류 대중 영화에 대한 라이벌적인 시각으로 예술 영화(주로 유럽 영화)의 성쇠를 고찰하고자 한다.

하지만 1960년대 이래로 무엇보다 중요했던 것은 세계 영화 문화의 복잡성을 확인한 것이었다. 뉴질랜드에서 세네갈, 대만에서 퀘벡에 이르는 국가적, 지역적 영화들에는 흥행성만으로 측정될 수 없는 중요성이 종종 내포되어 있다. 사하라 사막 이남의 아프리카 같은 지역에서는 토착 영화 제작이 극히 최근의 현상인 반면, 인도 대륙 같은 곳의 역사는 길고도 뚜렷한 특색을 지니고 있다. 하지만 전 세계를 통해, 그리고 비슷한 이유들 때문에 — 특히 1945년 이후 유럽 제국주의의 몰락으로 — 영화는 국가적, 지역적 자기 확인의 중요한 요소가 되어 왔고, 지금은 미국의 신제국주의와 할리우드 헤게모니의 틈바구니 속에서 그 역할을 찾고 있다. 보수와 급진, 전통적인 것과 현대적인 것에 관계없이 전 세계의 지역 영화들은 대도시 및 정치 문화 권력의 핵심과 반대되는 것으로 자신들을 규정한다. 때로는 뻔한 상황을 가지고도 자신들의 차별성을 주장하려 들 때가 있다 — 체코는 소련의 위성국이 아닌 체코라는 주장, 퀘벡 인은 캐나다나 미국인이 아닌 퀘벡 인이라는 주장, 자신들의 본래적 문화를 서구화에 반영된 모습에서 찾으려 하는 아프리카 인들.

이 〈세계의 영화〉에는 홍콩과 같이 주로 상업 영화만을 만드는 나라들, 소련 위성국들처럼 영화가 국가에 종속되어 있거나 통제하에 있는 (아니면 극히 최근까지 그러했던) 나라들, 라틴 아메리카처럼 영화에서 자주 정치적 대립을 표방하는 나라들도 포함되어 있다. 또한 토착 영화로 국내 관객도 확보하고 수출도 많이 하는 인도 같은 나라와 국내에서조차 극히 제한된 관객만을 확보하는 나라들(너무 많아서 거론할 수조차 없다)도 있다. 그런가 하면 〈대중 영화〉와 〈예술 영화〉가 공존은 하되 거리를 유지하는 독일이나, 둘 사이의 경계가 비교적 유동적인 이탈리아와 같이, 서로 다른 경향이 혼재하고 있는 나라도 있다. 국가적, 지역적 영화의 다양성은 너무도 광범위하여 단일하게 하나의 항목으로 묶는 것이 사실상 불가능한 실정이라서 이 책도 문제의 지역이나 나라만을 집중적으로 다루는 좀 특별한 방식을 취하려고 한다.

이 책은 2개의 서로 다른 에세이로 끝을 맺고 있다. 첫 번째는 지난 30년간 떠오른 영화의 새로운 개념이 영화를 생각하고 토론하는 방식, 그리고 주류 · 비주류에 상관없이 만들어진 영화에 미친 영향(비중은 떨어지지만 역시 중요한)을 다루고 있다. 물론 이 책도 그러한 첫 번째 영향에서 탄생한 것인데, 그 까닭은 영화사를 집필하는 것이야말로 1960년대 중반부터 일어난 기나긴 영화 혁명의 가장 큰 수혜라고 할 수 있기 때문이다.

결론이 될 두 번째 에세이에서는 현재의 영화계 현실과 할리우드와 다른 나라들, 그리고 영화와 다른 시청각 매체들과의 균형 문제를 살펴보려고 한다. 이제는 내리막길이라는 항간의 의견과 달리 영화는 만들어지고 있는 영화의 형태로도 그렇고, 텔레비전과 비디오 덕으로 세계 어디서나 볼 수 있는 영화 역사의 형태로 여전히 건재하고 있다.

텔레비전 시대의 영화

CINEMA IN THE AGE OF TELEVISION

텔레비전과 영화 산업

미셸 힐메스

영화와 텔레비전은 업계나 일반인 모두에게 서로 별개의 것으로 인식되고 있다. 그런데 알고 보면 산업적 규모로 텔레비전이 영화의 적수가 될 가능성으로 떠오른 이래 이 둘 사이의 관계는 상당히 밀접하게 연결되어 왔다. 이 현상은 특히 1920년대에 라디오와 영화의 이해관계가 맞물리기 시작하면서 1939년의 상업 방송 실시와 함께 텔레비전까지 그것이 확대된 미국에서 두드러졌다. 국영 방송 체제를 유지하고 있던 유럽에서는 분리 현상이 좀 더 오래 지속되었다. 하지만 그곳도 1950년대에 들어서는 모든 면에 집중 현상이 나타나기 시작했다. 1980년대 들어서는 대형 TV 화면과 홈 비디오의 등장으로 두 매체 간의 구분은 완전히 허물어졌다. 영화 상영에 전자 매체의 사용이 늘기 시작했고, 한 회사가 TV물과 영화를 동시에 제작했으며 극장용으로 제작된 영화가 극장보다는 TV(방송으로든 비디오로든)로 여러 번 방영되는 경우가 다반사였다.

텔레비전 이전

미국의 방송사는 2개의 커다란 네트워크가 결속된 상태에서 연방 정부의 엉성한 규제만을 받는 사적인 상업 방송 체제로 발전해 왔다. 처음에 할리우드 스튜디오들은 영화 흥행의 이윤으로 방송을 지원하는 새로운 프로그램 방식을 제안했다. 파라마운트 사와 MGM 사는 1920년대 말, 오락과 영화 홍보를 함께 제공한다는 계약하에 영화계의 인재를 쓰고 영화가 기본이 된 라디오 방송을 시작하려고 했다. 하지만 극장주들의 반대와 AT&T로부터 필요한 지상 통신선 확보에 실패함으로써 이 노력은 수포로 돌아갔다. 그것이 실패하자 스튜디오들의 관심은 이제 방송국의 직접 소유와 1930년대와 1940년대의 라디오 프로그램을 거의 독점하다시피 해온 광고주와 광고 대행사들에 대한 인재 공급 쪽으로 쏠렸다. 할리우드가 소유한 스타와 자산은 라디오 황금 시대에 크게 부각됐다. 1928년 파라마운트 사는 CBS의 주식을 사들였고 CBS는 재정 압박으로 1932년 경영권을 포기해야 했다. 1920년대와 1930년대에는 파라마운트, MGM, 워너 브러더스를 비롯한 모든 영화사들이 라디오 방송국을 운영했다. 같은 이유로 1929년에는 NBC 네트워크를 운영하던 미국라디오주식회사가 RKO라는 자체 영화사를 설립하여 자신들의 사운드 온 필름 방식도 선전하고 라디오 프로그램의 재료로도 이용했다.

따라서 미국에서 방송과 영화의 이해관계는 서로 다른 제작물을 내놓기는 했지만, 텔레비전이 등장하기 수년 전부터 이미 상당히 통합된 형태를 보이고 있었다는 걸 알 수 있다. 한편 고도로 상품화된 경쟁적 환경에 놓인 미국의 매스 미디어는 방송과 영화에 맞는 작품과 관객을 놓고 논쟁의 열기에 빠져 있었다. 방송사들은 상업 광고의 필요성 때문에 시트콤, 일일 연속극, 퀴즈 프로그램과 같이 단편적이고 산만한 내용의 프로그램을 개발하기는 했지만 그런 가운데서도 〈럭스 라디오 극장Lux Radio Theatre〉과 같은 영화 각색물, 1시간 길이의 드라마, 뮤지컬 버라이어티 쇼 같은 프로그램들에서 할리우드의 영향력은 두드러졌다.

같은 맥락으로, 라디오 각색물과 스타들도 1930년대와 1940년대의 할리우드 영화 제작에 중요한 부분을 차지했다. 아모스와 앤디(프리먼 고스든과 찰스 코렐), 루디 발레, 빙 크로스비, 그리고 이들보다 인지도가 좀 떨어지는 많은 스타들이 자신들의 라디오 캐릭터를 배경으로 영화를 만들었다. 1936년 연방 정부의 지시로 AT&T 지상 통신선 비율이 다시 정해짐에 따라 라디오 제작진들도 메이저 방송사들이 자체 스튜디오를 보유하고 있는 서부로 옮겨 갔다. 영화사보다는 늘 대형 라디오 사에 유리하도록 만들어진 연방법에도 불구하고(영화사들은 그 자체만으로도 너무 비대해졌다고 여겨져 툭하면 독점 금지 고소를 당하는 형편이었다), 할리우드는 방송 사업에서 짭짤한 수익을 올리며 상당한 경제적 이익을 보고 있었고, 다가오는 텔레비전 방송에서도 한몫 챙길 각오를 단단히 하고 있었다.

반면에, 방송 시설과 프로그램을 국가가 소유, 혹은 통제한 상태에서 공공 기업의 예를 철저히 따르고 있던 유럽의 방송계에서는 영화사의 경제적 이익이 배제되었고 개념상으로도 그 둘은 확실히 구분되었다. 일례로, 영국의 영화 산업도 1920년 이래 보호 무역 제도의 특혜를 받고 있긴 했지만, 기본적으로 그것은 문화적 의무와 충성에 대해 상반된 견해를 지닌, 공공 기업 영역 밖의 상업적 기업 활동이었다. 애초부터 BBC는 영화와의 우호적 관계 수립을 어렵게 보았고, 영화사 대표들도 영화 흥행에서 번 돈을 정부 지원 경쟁사들에게 뺏긴다고 생각했다.

광고 의존도가 높은 상업 방송사와는 달리 청취율 확보에 대한 경쟁적 요구가 없는 공영 방송사는 프로그램 자체에만 심혈을 기울일 수 있는 이점이 있다. 초기의 BBC는 〈진지한〉 음악과 드라마, 〈대담〉과 토론, 교육 방송, 어린이 프로그램에만 전념하다가 시간이 가면서 차츰 대중적인 버라이어티 형식으로 범위를 넓혀 갔다. 시트콤이나 연속극 형태는 1930년대에 라디오 룩셈부르크를 통해 청취한 미국 방송의 고무를 받고서야 비로소 등장했다. 이러한 상황에서 영화와 방송이 상부상조할 가능성은 극히 희박했다. 존 리스 체제하의 BBC가 문화 함양과 교육 프로그램의 개발에 박차를 가하자, 영화는 영화대로 방송에서 기피하는 상업적 이득의 방식으로 여흥을 제공하며 저속한 대중적 취향과의 영합을 계속해 갔다. 이것이 유럽 전역과 일본에서 방송과 영화의 관계를 지배한 모습이었다. 영화사들은 국가가 독점한 방송사와의 관계에서 소유권 통제나 스폰서를 맡는 방식만으로는 적극적 이익을 기대하기 힘들었다. 그런 상황에서 양자의 관계는 소원할 수밖에 없었고 심지어는 적대적이기까지 했다. 양자가 힘을 합친 경우는 라디오 룩셈부르크와 다른 비슷한 채널을 통해 미국 라디오가 침입하고 유럽 극장으로 쏟아져 들어오는 할리우드 메이저 사들의 영화에 대한 우려를 공유하고 있을 때뿐이다.

텔레비전: 미국적 모델

텔레비전의 출현이 임박했음을 알리는 징조는 미국, 영국, 프랑스, 독일, 러시아 같은 나라들에서 1930년대 중반에 이미 나타났다. 전쟁으로 인해 국내 텔레비전 방송의 제작과 계획에 일시적으로 차질이 오긴 했지만 미국의 네트워크와 스튜디오들은 전시 규제가 풀리기만 하면 공략할 만반의 태세를 갖추고 있었다. 하지만 아직 계류 중인 반독점법 수사로 인해 텔레비전 방송의 소유권 이해관계가 나쁘게 받아들여질 수도 있다는 연방방송위원회(FCC)의 경고에 따라, 할리우드 스튜디오들은 그 차선책으로 영화가 중심이 된 텔레비전 서비스로 이익을 볼 수 있는 새로운 계획으로 눈을 돌렸다. 극장식 텔레비전과 스포츠, 연극, 영화로 보는 오페라 같은 스페셜 이벤트들, 케이블 영화의 초기 형태인 가정 유료 방송이 그것들이었다. 비록 FCC의 호의적이지 못한 재심 판결로 이들 경쟁력 있는 제작물의 텔레비전 진출은 제약을 받았지만 할리우드도 그에 질세라 제작물 판로를 다른 곳으로 옮기면서 라디오와의 연계를 계속해 갔다.

1950년대 중반이 되면서 파라마운트 반독점 판결로 미국의 스튜디오들은 자사 소유의 극장 부문을 모두 팔아 치워야 했고, 그로써 텔레비전을 둘러싼 집요하고 시끄러운 반대도 효과적으로 마무리됐다. 중요한 방계 극장의 하나였던 유나이티드 파라마운트 시어터가 방송사(ABC)와 합병하는 동안, 대부분의 활동은 스튜디오 쪽에서 일어났고 새로운 매체를 위한 제작도 본격적으로 이루어졌다. 1965년에 이르러서는 황금 시간대 프로그램의 70퍼센트 정도가 일류나 이류 스튜디오의 새롭게 변모한 텔레비전 시설물 속에서 만들어졌다. 기업 분할안 또한 전통적 할리우드 통합 스튜디오의 와해를 가속화했고, 2~3개의 주요 방송이나 영화 소유권을 가진 독립 제작자들이 제작사를 설립함에 따라, 이전의 메이저 사들은 배급사로 방향을 전환했다. 제작에 직접적으로 사용되지 않는 빈 스튜디오들은 프레더릭 지브, 〈데실루(데시 아나즈와 루실 볼)〉, 제리 페어뱅크스, 할 로치와 같은 소규모 〈독립 제작자들*indie prods*〉에게 대여되었다. 1960년대부터는 방송사들이 극장 영화의 정기 방영 스케줄까지 잡기에 이르렀는데, 그것이 가능했던 것은 음악인과 배우 조합과의 잔여 출연료 문제가 해결됐고 영화 구입 비용을 훨씬 상회할 정도로 방송사의 광고 수입이 치솟았기 때문이다. 이런 〈패키지〉 프로그램이 성공하자 방송사는 〈TV용〉 영화의 자체 제작이라는 지금까지 볼 수 없던 새로운 방식을 창안해 냈다.

할리우드는 프로그램 배급 사업에도 활발하게 뛰어들어 전국 방송국들에 프로그램을 직접 파는 방식으로 네트워크 프로그램 편성에 선택권을 부여했다. 1971년에는 소위 〈핀신

「아이 러브 루시I Love Lucy」의 한 에피소드에서 과장된 연기를 보여 주고 있는 루실 볼과 데시 아나즈.

fin/syn법〉(재정적 이권*financial interest*/프로그램 배급 *syndication*)에 의해 텔레비전 방송사들은 어쩔 수 없이 제작권을 축소해야만 했다. 이를 기회로 할리우드 스튜디오들은 이미 강력한 위치를 점하고 있던 텔레비전 네트워크 제작과 신디케이트 조직을 더욱 견고히 다져 놓았다. 미국의 텔레비전은 이제 합법적이지는 않더라도 사실상 방송 권력과 할리우드 이미지 공장과의 합작품이 되었다. 같은 맥락에서 할리우드도 영화 제작을 주된 이미지로 유지하긴 하되 1970년대에 이르러서는 스튜디오 음향 시설과 빈 공간이 주로 텔레비전 제작 센터로 이용되었다.

한편 스튜디오들은 B급 영화의 제작을 현격히 줄였는데, 이것은 변화된 개봉 환경과 더불어 저예산 영화 부문이 텔레비전으로 이동했음을 의미하는 것이었다. 뉴스와 다큐멘터리 부문이 텔레비전으로 넘어가고 뉴스 영화 극장이 문을 닫음에 따라 1940년대 영화의 주요 부분을 차지했던 뉴스 영화의 제작과 상영도 갑작스레 중단됐다. 할리우드 〈여성 영화〉, 즉 여성 관객에게 어필했던 저예산 멜로드라마 역시 일일 연속극이나 텔레비전의 황금 시간대 프로그램에 자리를 빼앗겼다. 할리우드의 수직적 시스템의 와해에 그 뿌리를 두고 있는 〈블록버스터〉 현상은 〈크게 만들어, 크게 보여 주고, 크게 팔아라〉라는 전환기 할리우드의 철학을 반영한 것이었다. 대스타와 상품적 가치의 확보를 위한 경쟁으로 제작 비용이 과다하게 드는 현상도 발생했다. 어찌 됐든, 호화 개봉관과 동네 재개봉관 대신 쇼핑 몰 멀티플렉스와 드라이브인 극장이 들어선 교외 지역으로 극장의 중심 무대가 옮겨 감에 따라 〈대형〉 극장들은 급속히 관객들에게서 멀어져 갔다.

유럽과 일본

미국과는 대조적으로 유럽의 영화와 방송의 통합은 중대한 장벽에 부딪혔고 설상가상으로 미국 방송의 수출과 투자로 인해 문제는 더욱 어렵게 됐다. 영국의 경우, 영화와 텔레비전의 공조는 유럽에 공통적이었던 여러 가지 요인에 의해 방해받았다. 1949년에 작성된 통상위원회 보고서는 전후 영국의 영화 산업을 〈국가 소유와 경영에 가장 부적합한 사업〉의 하나로 묘사했고, 이로써 영화와 새롭게 태어나고 있던 BBC 방송국과의 연계는 다시 한 번 어렵게 됐다. 세 가지 요소가 이들 두 기업의 소원함에 영향을 주었던 듯싶다. 첫째는, 영화계와 입김 센 상영관들과의 이해관계의 동일시인데, 이 상영관들은 영화와 텔레비전이 좀 더 긴밀해질 만하면 꼭 형세를 불리하게 만들었다. 둘째는, 극장식 텔레비전과 한창 쟁점 중에 있던 민간 TV 방송국 창설 제의를 통한 영국 영화사들〔특히 랭크 사와 영국영화협회(ABPC)〕과 텔레비전 간의 상용화 제휴였다. 셋째는, 미국 영화사들의 영국 영화에 대한 과도한 개입이었는데, 이것은 두 업계의 공조를 위한 토론에 내키지 않는 〈외국적〉 요소를 보태게 만들었다.

두 측이 격론을 벌이는 동안 BBC는 사내 실험실과 제작실을 갖추어 놓고, 과거 라디오에서 했던 것처럼 공영 방송 프로그램 지침을 마련해 놓으려 했다. 1952년과 1964년에 각각 창설된 ITV와 BBC 2로도 영화 문제는 전혀 해결될 기미를 보이지 않은 채 오히려 경쟁만 심화되어 영화 제작에 대한 수요만 늘려 놓았다. 극장주들은 극장주들대로 1958년 영화산업보호기구Film Industry Defence Organization(FIDO)라는 조직체까지 만들어 그들 나름의 저항 강도를 높여 갔다. 그들은 영화 관람료에 기금을 부과하는 방식으로 영화 구입 자금을 마련하여 어떻게든 영국 영화를 텔레비전에서 〈구하고〉 텔레비전 판매와 편성표에 제약을 가하려 안간힘을 썼다. 하지만 1950년에 부과된 〈이디세(稅)〉와 1956년에 추가된 오락세로 이미 경영에 심한 타격을 받고 있던 영국의 극장들은 경영주들의 필사적인 노력에도 불구하고 놀랄 정도로 많은 숫자가 문을 닫았다. 극장주협회Cinema Exhibitors Association(CEA)의 전 회장 데니스 웰스는 1953년 『키네 위클리*Kine Weekly*』에서 이렇게 선언했다. 〈우리는 대중들에게 공짜로 오락을 제공하는 데 참여할 수는 없다. 그것은 부당하다.〉

얄궂게도, 영화계를 구하려던 극장주들(과 정부)의 노력은 인구 구성과 전후 대중의 여가 성향의 변화로 더욱 확실한 영화 기금 재원이 될 수 있었던, 영화 제작자들의 TV 진출에 의한 다변화 기회까지 막음으로써, 그러잖아도 하향 곡선을 긋고 있던 영화계의 이윤과 제작의 저하를 더욱 부채질하는 결과를 초래했다. 영화 제작자들의 영화 판매와 텔레비전에 대한 노골적인 협력 거부 또한, BBC로 하여금 뉴스 영화 같은 제작 분야로 사업을 확장하게 함으로써, 외부 제작이 가능했다면 충분히 피할 수 있었을 상황을 초래한 꼴이 되고 말았다. 고통당하는 것은, 영화 관람료에 붙은 세금 때문에, 전국적으로 증가 추세에 있던 교외와 〈신도시〉에 극장을 세울 수 없었던 상영관도 마찬가지였다. 영화가 〈잃어버린 관객들〉은 점차 텔레비전으로 눈길을 돌렸다.

극장주와 제작자의 상황을 더 복잡하게 만든 미국 영화들은 새로 생겨나는 상업 방송의 구매 요청에 언제든 응할 수 있을 정도로 넘쳐 났고, 영화제작자협회(MPPA)의 수출 부서인 MPEA에 의한 마케팅도 유럽 전역에서 활발하게 이루어졌다. 1964년에는 MCA, UA, MGM, 셀즈닉 사가 영국 텔레비전에 영화 패키지를 판매할 정도에까지 이르렀다(극장주들의 둑은 무너져 버렸다). 그해에 편성된 영국 방송사 프로그램의 13퍼센트를 국내외 영화들이 차지했다. 한편 BBC는 프로그램의 80퍼센트를 여전히 자체 제작물로 메워 나갔다. 하지만 영국의 주요 영화사들은 미국처럼 텔레비전으로의 다변화 방법을 모색해 나가기 시작했다. 랭크 사는 연합신문그룹Associated Newspapers Group과 D. C. 톰슨과의 제휴로, ITV 사의 한 자회사인 서던 텔레비전Southern Television의 주식을 사들였고, 루 그레이드의 영국영화협회(ABPC)는 미들랜드의 지역 통합사인 ATV가 되었으며, 시드니 번스타인의 그라나다Granada는 잉글랜드 북부의 첫 프랜차이즈 수혜자가 되었다.

더디기는 해도 프랑스, 독일, 이탈리아와 같은 유럽의 주요 영화 제작국들에서도 비슷한 현상이 일어났다. 전후 유럽의 방송 산업은 국가 문화나 공공 기업의 도구로 간주되어 상황에 따라 정도만 조금 다를 뿐 정부의 직접 소유나 통제하에 놓였다. 반면, 영화 산업은 정부의 보조금과 쿼터제로 어느 정도 보호를 받기는 했지만 기본적으로 민간 기업의 형태를 유지하고 있었다. 텔레비전의 발달이 미국보다 늦었기 때문에 유럽의 영화 관객은 1950년대 내내 증가세를 보여 주었다. 특히 이탈리아는 전후 수년간 영화 제작, 극장 수, 매표 면에서 전무후무한 기록을 세우며 영화의 르네상스를 구가했다. 그러나 프랑스에서는 텔레비전 보급률이 높아지기 전부터 이미 영화 관객이 줄어들기 시작했는데, 그 같은 현상으로 보아, 영화 관객의 전 세계적인 감소는 아무래도 텔레비전의 영향보다는 전후 인구 변동과 소비자 취향의 변화가 더 큰 요인이었을 것이다.

큰 성공을 거둔 BBC의 텔레비전 시리즈를 영화화한 「쿼터매스 실험」(1955)에서 열연하고 있는 토크 타운리와 리처드 워즈워스.

로버트 올트먼 (1925~2006)

1925년 미주리 주 캔자스 시티에서 출생한 로버트 올트먼은 가톨릭 신자로 자라나 예수회 학교에서 교육받았다. 군대에서는 폭격기 조종사로 복무했고 이후 수학과 공학을 공부했으나 중도에 그만두고 할리우드로 건너가 시나리오 작업을 했다. 할리우드에서 이렇다 할 성공을 거두지 못하자 그는 다시 캔자스 시티로 돌아와 그곳에서 6년을 머물며 산업용 영화와 지역 자본으로 저예산 영화 「범법자들The Delinquents」(1957)을 만들었다. 유나이티드 아티스츠가 불량 청소년을 다룬 사회 문제성 멜로드라마인 이 영화의 판권을 사면서, 그 성공에 힘입어 올트먼도 다시 할리우드로 돌아와 다큐멘터리 영화 「제임스 딘 이야기The James Dean Story」(1957)를 만들었고, 이어 텔레비전에까지 진출하여, 「앨프리드 히치콕의 추리극장 Alfred Hitchcock Presents」, 「보난자Bonanza」, 「버스 정류장Bus Stop」, 「크라프트 미스터리 극장Kraft Mystery Theater」, 「크라프트 서스펜스 극장Kraft Suspense Theater」 등의 작품을 연이어 만들었다.

1963년 그는 라이언스 게이트Lion's Gate 영화사를 차려 작품 개발을 시작했으나, 스튜디오들은 좀체 올트먼에게 연출을 맡기려 하지 않았다. 1966년에는 워너 브러더스를 설득해 「카운트다운Countdown」의 감독을 맡았으나, 워너는 중복되는 대화가 이해하기 어렵다며 필름을 재편집했다. 그렇게 별 인정을 받지 못하던 그는 「매시」(1979)로 일약 급부상했고, 이 영화는 명성과 더불어 원하는 영화를 만들 수 있는 자유를 그에게 부여해 주었다. 1970년대 초 그의 롱런 영화들에 쏟아진 평단의 갈채는 미국 남부 음악 도시에서 벌어지는 며칠간의 삶을 그만의 특기인 다중적 성격과 다층적 이야기 구조로 만든 「내슈빌」(1975)에서 그 정점에 달했다.

그의 후속작들은 그리 성공적이지 못했고, 특히 1980년에 만든 「뽀빠이」는 스튜디오의 블록버스터 기대에 부응하지 못한 실패작이 되고 말았다. 이후 라이언스 게이트 매각과 함께 올트먼의 할리우드 경력도 침체의 늪에 빠져 들었다. 이 시기의 올트먼은 할리우드를 종종 떠나 소자본으로 활동했다. 성공적인 연극에 기초한 일련의 영화를 연출했고, TV용 영화를 만들었으며, 오페라를 연출하기도 했다. 이들 작품 중 1988년에 HBO 시리즈물로 만든 「태너 '88」(1988)은 지역과 인물을 세미다큐멘터리 방식으로 혼합하는 올트먼 특유의 성향이 잘 살아난 특히 주목할 만한 작품이다. 빈센트 반 고흐와 그의 동생의 일생을 다룬 「빈센트와 테오」(1990)로 올트먼은 다시 한 번 평단의 주목을 받았다. 그것이 계기가 되어 할리우드를 신랄하게 풍자한 마이클 톨킨의 동명 소설 「플레이어」(1992)의 감독으로 발탁되었다. 「플레이어」는 흥행과 비평에서 대단한 성공을 거두었고, 내용이나 형식 모두 할리우드를 비판한 작품이었는데도 불구하고, 올트먼은 20년 전처럼 다시 할리우드의 총아로 떠올랐다.

「플레이어」의 성공으로 올트먼은 마침내 고대하던 「숏 컷」(1993)을 감독할 수 있게 되었다. 레이먼드 카버의 단편 모음과 시를 기초로 한 이 작품은 할리우드식 이야기 구조를 뜯어고치려는 그의 지속적인 열망과 더불어 그의 또 다른 특징인 다층적 이야기 구조로 이루어진 상영 시간 세 시간짜리 영화였다. 그가 할리우드에 끼친 영향은 앨런 루돌프, 마이클 리치와 같은 친구 및 조수들 작품에 나타나는 특징으로도 알 수 있다.

올트먼 영화는 구조와 함께 기술 혁신을 이룬 것으로 유명하다. 초창기에 그는 배우의 음성을 각각의 트랙에 생(生)으로 녹음하는 기술을 개발했는데, 그 결과 청각적 영역의 확대와 사운드의 복잡성은 물론 배우들의 무의식적인 연기 리듬까지도 포착할 수 있게 되었다. 「매케이브와 밀러 부인」(1971)의 레너드 코언, 「내슈빌」의 음악, 「숏 컷」의 애니 로스 노래와 같이 디에게시스적 *diegetic*이든, 외재 디에게시스적 *extra-diegetic*이든

음악과 보이스오버는 올트먼의 영화에서 종종, 전혀 공통점이 없어 보이는 이야기와 이미지를 서로 묶어 주는 역할을 했다.

올트먼 영화에서 기술 못지않게 혁신적인 것이 그의 영상이다. 그는 망원 렌즈를 사용하여 영화의 시각적 공간을 평평하게 함으로써, 점묘법과 같은 회화적 효과를 이미지에 부여하고 있다. 카메라가 자유롭게 떠다니는 가운데 촬영 감독은 배우의 연기에 맞춰 즉흥적으로 영상을 만들어 내고, 그 결과 항시 바뀌는 앵글과 떠다니는 움직임으로 영화는 가끔 콜라주 같은 작품이 되기도 한다.

올트먼은 또한, 「매케이브와 밀러 부인」, 「버팔로 빌과 인디언들 Buffalo Bill and the Indians」(1976) 같은 서부극, 「우리 같은 도둑」(1974), 「롱 굿바이The Long Goodbye」(1973), 「플레이어」 같은 범죄극에서처럼, 할리우드의 전통적 장르 형식에도 도전했다. 하지만 「매케이브와 밀러 부인」의 주인공은 총잡이도 보안관도 아닌 포주와 사업가로, 「플레이어」의 범인은 끝내 잡히지 않고 등장인물들이 이야기하던 할리우드식의 해피 엔딩으로 끝난다는 점에서 장르의 법칙은 전복된다.

올트먼은 개인주의적 사회를 프리즘을 통해 보는 것처럼 묘사하면서 전혀 다른 개인들의 비교 불가능하고 화해할 수 없는 삶을 통해 우리가 속한 사회를 지속적으로 파헤쳐 가는 감독이다. 그는 영웅을 만들어 내기를 거부하며 그런 영웅은 정치나 언론 혹은 영화의 조작품이라고 몰아붙인다. 특정 지역에 대한 올트먼의 묘사는 따라서 늘 다시 원점으로 돌아와 문화 산업에 대한 자화상이 되거나 그에 대한 픽션으로서의 다큐멘터리 영화가 되곤 한다. 올트먼의 전복된 할리우드 영화 형식은 할리우드가 그를 싸안을 때조차 거리를 두는 바로 그 방식에 있는 듯하다.

에드워드 오닐

▪▫ **주요 작품**

「추운 공원에서의 어느 날That Cold Day in the Park」(1969); 「야전병원 매시MASH」(1970); 「매케이브와 밀러 부인McCabe & Mrs. Miller」(1971); 「기나긴 이별The Long Goodbye」(1973); 「우리 같은 도둑Thieves Like Us」(1974); 「내슈빌Nashville」(1975); 「세 여인 3 Women」(1977); 「뽀빠이Popeye」(1980); 「컴 백 제임스 딘Come back to the 5 and Dime, Jimmy Dean, Jimmy Dean」(1982); 「은밀한 영광Secret Honor」(1984); 「사랑의 열정Fool for Love」(1986); 「태너 '88Tanner '88」(1988, TV용); 「빈센트와 테오Vincent and Theo」(1990); 「플레이어The Player」(1992); 「숏 컷Short Cuts」(1993); 「패션쇼Pret-a-Porter」(1994).

▪▪ **참고 문헌**

Bourget, Jean-Loup(1980), *Robert Altman.*

Kagan, Norman(1982), *American Skeptic: Robert Altman's Genre Commentary Films.*

Keyssar, Helene(1991), *Robert Altman's America.*

McGilligan, Patrick(1989), *Robert Altman: Jumping off the Cliff.*

Wexman, Virginia Wright, and Bisplinghoff, Gretchen(1984), *Robert Altman: A Guide to References and Resources.*

◀ 로버트 올트먼의 「세 여자」(1977)에서의 시시 스파섹과 셸리 듀발.

하지만 1960년대에 이르자, 극장 수입의 감소와 관객 유치를 둘러싼 미국 영화와의 경쟁으로, 유럽 영화계에도 비슷한 현상이 일어났다. 정부 소유의 방송사들이 광고 수입으로 일부나마 자금 충당을 하고 있던 이탈리아나 캐나다 같은 나라들에서는 텔레비전 편성 시간을 놓고 미국 프로그램과 자국 프로그램 사이에 경쟁이 벌어졌다. 대부분의 다른 나라들은 월간 영화 방영 비율과 텔레비전 방영 시간에 따른 쿼터제를 만들어 놓고 미국 영화와 텔레비전 제작물의 수입을 규제했는데, 그 결과 미국-유럽 합작 영화사 설립의 증가와 유럽 국가들 간의 합작사 설립이라는 현상이 초래됐다. 영화 산업에 대한 정부의 각종 보조금 제도 또한 영화의 질이나 호소력과 그 보조금과의 상관 관계로 볼 때, 장기적 이익과는 가끔 배치되기도 했지만, 미국 TV의 시트콤과 비슷한 〈패키지〉(혹은 시리즈) 물에 경멸을 보내며, 저예산 영화 제작을 장려하기 위해 관람료 수입에 따른 보조금 제도를 도입하여 영화 제작의 새로운 전성기를 맞이했던 1950년대의 독일처럼, 국가 문화에 영화가 한몫하게 하는 데는 도움을 주었다. 그럼에도 불구하고 영화계와 방송사는 1970년대까지도 서로의 입장만을 내세우며 진정한 협력과 상호 투자를 이루어 내지 못했다.

한편 독점권의 박탈과 함께 세법 개정도 이루어져 미국 스튜디오들의 국내 소재 제한이 풀어짐에 따라, 많은 미국의 영화 제작사들이 해외로 진출했고, 그 결과 대부분의 유럽 국가에서 실시 중이던 엄격한 수입 쿼터제를 회피하려는 노력과 더불어 유럽 영화에 대한 미국의 자본 투자와 합작 영화 제작은 계속 늘어만 갔다. 반면, 유럽의 자국 영화 산업은 과거 그 어느 때보다 홀로 서기가 힘들어졌다. TV의 영화계 갉아먹기도 계속되어 1973년 영국의 다큐멘터리 작가 존 그리어슨은 〈1930년대에 내가 벌였던 다큐멘터리 영화 운동을 지금은 영국의 BBC가 대신하고 있다〉라고 쓰기에 이르렀다. 하지만 TV의 성장은 주로 강요된 합병의 이해관계에서 비롯된, 즉 광고 시간의 제한을 받는 까다로운 규정하의 비영리 조직이거나 민영 방송사인 경우가 대부분이었기 때문에 영화 제작자들에게 극장 수입의 손실을 메워 줄 만큼의 대금을 지급할 능력도 없었고, 설사 있었다 해도 하지 않았을 것이다.

일본의 상황도 유럽과 별다를 게 없었지만 단, 변화의 양상이 재미있다. 전후 미국의 직접적 통제를 받고 있던 일본 방송은 1950년대 말이 되어서야 텔레비전으로의 확장이 허용되었고, 그때는 이미 미국 영화가 방송의 상당 부분을 점유한 상태였다. 하지만 일본은 공/사의 혼합된 기업 형식을 취하여,

클린트 이스트우드 (1930~)

샌프란시스코에서 태어난 캘리포니아 토박이이면서도 이스트우드의 초기 인생에서 할리우드를 준비한 흔적은 그 어디에도 없었다. 그런데 일련의 밑바닥 직업을 전전한 뒤 주유소 직원으로 일하던 그에게 어느 날 스크린 테스트 응모권이 주어졌다. 이후 호러 영화 「피조물의 복수Revenge of the Creature」(1955)를 시작으로 그는 일련의 단역을 맡게 됐다. 이스트우드의 경력은 텔레비전 서부극 「로하이드」의 로디 예이츠 역을 맡을 때부터 이미 미천한 역으로 운명 지어졌던 것 같다. 그 시리즈는 1958년부터 1965년까지 무려 217회를 넘는 롱런을 기록하며 엄청난 성공을 거두었다.

어느 날 자신의 서부극에 출연할 값싼 미국 배우를 찾던 이탈리아 감독 세르조 레오네가 우연히 그 시리즈를 보게 되었다. 그리고 「황야의 무법자」(1964)의 냉혹하고 무뚝뚝한 이름 없는 사나이 역에 그를 캐스팅했다. 구로사와의 사무라이 영화 「요짐보」에 느슨한 토대를 두고 있는 이 영화는 대성공을 거두었고, 이후 이스트우드는 이어지는 2편의 〈달러〉 영화, 「석양의 무법자」와 「속 석양의 무법자」에 연속으로 출연했다.

공동체와 의무의 경건함에 대한 레오네의 이탈리아적 냉소주의와 이스트우드의 차가운 연기 스타일의 결합은 죽어 가던 서부극 장르에 새 생명을 불어넣었다. 이후 5년간을 이스트우드는 처음에는 그의 스승 돈 시겔의 지도를 받다가, 나중에는 홀로 서부극과 범죄 영화와의 경계를 유유히 넘나들었다. 「석양의 맨해튼」(1968)은 시겔과 함께 만든 이스트우드의 첫 영화이다. 탈옥수를 찾아 뉴욕으로 오는 애리조나 보안관의 이야기를 다룬 이 영화는 두 장르를 혼합한 작품이었다. 시겔과 이스트우드는 계속해서 또 다른 서부극 「세라 수녀의 두 노새」(1969), 괴상한 남북 전쟁 멜로드라마 「사기당한 사람들」(1970), 그리고 가장 기억에 남을 영화 「더티 해리」(1971)에서 함께 호흡을 맞추었다. 「더티 해리」는 이스트우드가 치솟는 거리 범죄와 벌이는 개인 전쟁과 엉터리 자유주의자 역할에 사로잡힌 이단아 경관 해리 캘러헌을 맡은 첫 작품이었다. 이후 7년에 걸쳐 4편이 더 만들어진 더티 해리 시리즈는 1988년의 「추적자The Dead Pool」로 마침내 그 대단원의 막을 내렸다.

1971년에 이르자 이스트우드는 이제 스스로 감독을 해도 될 만큼 충분히 배웠다는 느낌이 들었다. 「어둠 속에 벨이 울릴 때」는 정신이 이상한 여성의 협박에 시달리는 디스크자키에 관한 영화로 상당히 세련된 스릴러였다. 후일 이 역은 하나의 패턴이 되어 겉으로만 남자다운 이스트우드적 인물이 예상치 못한 강력한 여성의 압박을 받게 된다는 식으로 좀 더 본격적인 캐릭터로 발전하게 된다. 그는 자기 비하적인 위트를 사용하여 페미니즘의 인정사정없는 공격을 받고 지칠 대로 지친 백인 남성의 심리를 자기 안에 구현시키는 데 성공했고, 그 모든 것을 거의 혼자 이루어 냈다. 「원 웨이 티켓」(1971)에서는 단순한 호적수 이상인 손드라 로크(그의 오랜 반려)를 찾아냈고, 창녀 연쇄 살인범을 수사하는 거친 경찰관 역을 맡은 「연쇄 살인/로프를 찾아라」(1984)에서는 주느비에브 뷔졸드가 일으켜 놓은 내면의 어두운 충동과 어쩔 수 없이 맞닥뜨려야 했다.

이탈리아로의 외유 이후 이스트우드가 미국에서 만든 첫 작품 「9인의 무뢰한」에는 그의 영화사 맬파소Malpaso가 부분적으로 제작에 참여했다. 흥행 성공에 힘입어 영화계에서의 입지가 점점 확고해짐에 따라 이스트우드는 제작에 좀 더 본격적으로 뛰어들기 시작했다. 그의 후기작들은 모두 창의적인 면과 제작진에 대한 통제권을 맬파소에게 준다는 조건으로 워너 브러더스를 위해 만들어졌다. 아무리 점수를 좋게 주려 해도, 클린트 이스트우드 영화의 배경은 본인의 용모만큼이나 빈약하고 인색하다고 말할 수밖에 없다. 그는 짧은 촬영 스케줄을 좋아하고, 수년간 함께 일하며 자신들의 가치를 입증한 전문가하고만 일을 한다.

이스트우드는 자신의 연기 인생 후반을 더티 해리 속편이라든가 오랑우탄과 공연한 2편의 상업 코미디(「질 수밖에 없는 방식」(1978), 「이길 수밖에 없는 방식Any Which Way You Can」(1980)), 그리고 그보다는

좀 더 개인적인 작품들 사이를 교묘하게 오락가락하며 보냈다. 「홍키통크 맨Honkytonk Man」(1982)에서는 그랜드 올 오프리Grand Ole Opry를 만들다 폐병으로 쓰러지는 병든 컨트리 가수 역을 맡고 있다. 「버드Bird」(1988)가 위대한 재즈 가수 찰리 파커의 생애를 이스트우드식으로 해석한 영화라면, 「추악한 사냥꾼」(1990)은 아프리카에서 「아프리카의 여왕」을 준비 중이던 존 휴스턴 이야기를 살짝 변조한 작품이라 할 수 있다. 이 중 어느 것도 흥행에 성공한 것은 없지만 이스트우드가 이 작품들에 긍지를 지니고 있다는 것만큼은 의심의 여지가 없는 사실이다.

이스트우드가 지난 20년간에 걸쳐 가장 확고한 입지를 굳힌 분야는 뭐니 뭐니 해도 서부극이었다. 다른 감독들이 사실상 손을 털어 버린 그 장르에서 이스트우드만은 유독 서부에 나가는 족족 승승장구를 올렸다. 「고원의 방랑자」(1972)는 묵시록적인 복수를 다룬 이야기로 이 영화에서 이스트우드는 과거에 죽도록 얻어맞은 도시로 돌아와 그곳을 깡그리 불태워 버리는 역을 맡고 있다. 그런 초자연적 특질은 「셰인」의 리메이크라 할 수 있는 「페일 라이더」(1985)에서 다시 한 번 표면화되고 있는데, 이스트우드는 이 영화에서 석탄 가루를 뒤집어쓴 모습으로 가난한 광부들의 투사가 되어 거대 기업에 맞서 싸우는 역을 맡고 있다. 가족을 북부 게릴라들에게 살해당한 어떤 남부 연방파가 아웃사이더가 되어 서부에서 잡다한 인종을 끌어 모아 대리 가족을 만든다는 내용의 「무법자 조시 웨일스」(1976)에서도 이스트우드는 주연을 맡고 있다. 하지만 지금까지 출연한 그의 서부극 중 최고의 금자탑은 뭐니 뭐니 해도, 자신의 늙어 가는 용모를 십분 활용하여, 가난하고 압제받은 자들을 위해 다시 총을 빼든 은퇴한 총잡이 역을 멋지게 해낸 「용서받지 못한 자」(1992)」였다.

에드워드 버스콤브

▪▫ 주요 작품

「로하이드Rawhide」(TV)(1958~65); 「황야의 무법자A Fistful of Dollars」(1964); 「석양의 무법자For a Few Dollars More」(1965); 「속 석양의 무법자The Good, the Bad and the Ugly」(1966); 「9인의 무뢰한Hang'em High」(1967); 「석양의 맨해튼Coogan's Bluff」(1968); 「세라 수녀의 두 노새Two Mules for Sister Sara」(1969); 「사기당한 사람들The Beguiled」(1970); *「어둠 속에 벨이 울릴 때 Play Misty for Me」(1971); 「더티 해리Dirty Harry」(1971); *「고원의 방랑자High Plains Drifter」(1972); 「매그넘 포스Magnum Force」(1973); *「무법자 조시 웨일스The Ourlaw Josey Wales」(1976); 「원웨이 티켓The Gauntlet」(1977); 「질 수밖에 없는 방식Every which Way but Loose」(1978); 「알카트라즈 탈출Escape from Alcatraz」(1979); *「브롱코 빌리Bronco Billy」(1980); 「연쇄 살인/로프를 찾아라Tightrope」(1984); *「페일 라이더Pale Rider」(1985); *「추악한 사냥꾼White Hunter, Black Heart」(1990); *「용서받지 못한 자 Unforgiven」(1992); *「매디슨 카운티의 다리The Bridges of Madison County」(1995).

*연출도 겸함

▪▪ 참고 문헌

Frayling, Christopher(1992), *Clint Eastwood*.
Smith, Paul(1993), *Clint Eastwood: A Cultural Production*.

◀ 자신의 스타 이미지를 창조해 낸 세르조 레오네 감독의 「황야의 무법자」(1964)에서 결투 직전의 클린트 이스트우드.

민영 방송사들에게는 상업 방송을 허용해 주고, 공기업인 NHK가 2개의 네트워크를 경영하도록 했다. 이 시스템은 영화와 방송 모두에 이로운 것이어서 텔레비전 제작도 독려하고 영화계와의 관계도 긴밀히 하는 결과를 가져왔다. 미국 영화의 독점을 막기 위해 유럽에서 시행된 쿼터제가 일본에서는 한 번도 뿌리를 내려 보지 못했다. 1969년에는 일본 영화 7편과 외국 영화 20편을 합친 것보다도 많은 30편 이상의 미국 영화가 NHK를 통해 방영되었고, 「도리스 데이 쇼The Doris Day Show」, 「그린 에이커Green Acres」, 「아프리카의 카우보이Cowboy in Africa」 같은 미국 연속극도 주말 NHK 정기 프로그램에 포함되었다. 또한 일본은 어느 역사가가 〈이 외국인들은 일본어를 너무 잘한다〉라고 보통 일본 사람들이 느낄 정도로 정교한 더빙 기술을 자랑했다.

유럽에서는 텔레비전과 영화계의 협력이 1970년대에 와서야 비로소 광범위하게 이루어졌다. 갈수록 상업화되는 방송과 배급 기술의 발달이 주요인이었다. 1974년 이탈리아는 사설 방송과 케이블 방송의 상업화를 허용했다. 그 결과 처음에는 미국 영화와 TV 프로그램의 급증 사태가 일어났으나, 차츰 경쟁력 있는 작품이 요구되면서 이탈리아 영화계도 득을 보기 시작했다. 정부 소유의 대형 방송사인 RAI와 실비오 베를루스코니의 피닌베스트Fininvest 방송사도 영화 제작에 막대한 돈을 쏟아 붓기 시작했다.

독일의 경우, 지역 통합 방송사인 렌더Länder 시스템의 분산화로 TV와 영화는 서로 간에 좀 더 유연성을 갖게 됐다. 1974년에 이르러서는 〈영화/텔레비전 협정〉이 승인됨에 따라, 영화/TV의 공동 제작이 이루어졌고, 방송권과 교환한 제작 보조금 할당제가 생겼으며, 독립 제작자를 위한 정부 보조금 기구도 창설됐다. 쾰른의 WDR가 개발하여 갈채를 받은 1970년대의 〈노동자영화*Arbeiterfilm*〉는 라이너 베르너 파스빈더 같은 영화감독들이 사실적이고 정치적 지식이 풍부한 독일 노동자 계층의 삶을 텔레비전 가족 드라마의 구조를 이용하여 묘사했다는 점에서 그 협정의 성공적인 케이스라 할 수 있다. 1970년대에 이루어진 〈뉴 저먼 시네마〉 성공의 많은 부분은 텔레비전이 기초가 된 그런 재정적 지원에 힘입은 바 컸고, 1980년대 후반에는 방송사들이 독일 양대 영화사의 지분을 최소한 약간이라도 소유하기에 이르렀다. 업계 내의 협력이 영화 산업 발전에 한몫한 것은 프랑스도 마찬가지였는데, 이 경우엔 특히 국가 문화의 주요 표현 수단이라는 프랑스 영화의 전통적 위치에 의해 좀 더 원만히 진행되었다.

한편 영국의 경우, 여전히 갈등 속에 있던 영화와 방송 간의 진정한 협력은 오랫동안 고대해 온 채널 4Channel 4의 도래와 함께 이루어졌다. 1981년에 개국한 채널 4는 자체 프로그램을 제작하는 대신, 상업성이 덜하고 참신한 성격의 독립 제작사에 제작을 의뢰했다. 이 새로운 네트워크의 출현은 직접 위성 방송(DBS: Direct Broadcast Satellite)이나 케이블을 통한 위성 배급 서비스의 등장, 가정용 비디오의 도입과 급속한 확산, 유럽 텔레비전 사의 전면적인 규제 철폐와 같이 1980년까지 이루어진 몇 가지 발전으로 영화의 전 세계적 시장망 확충이 가능한 시점에 탄생했다는 점에서 특히 중요했다.

오락의 새로운 단계

미국 3대 텔레비전 네트워크의 첫 붕괴 조짐은 1970년대에 찾아왔다. 위성 방송의 가능성과 영화 방영을 비롯한 전 유선 방송에 대한 연방방송위원회의 느슨한 법규에 자극받아 유선 방송의 전국적 확산이 급속도로 이루어졌기 때문이다. 1972년에서 1982년까지 유선 방송 가입자 수는 650만에서 2900만 명으로 껑충 뛰어올랐다. 유료 방송사로 영화를 송출하는 위성 방송사〔특히 타임 사의 홈 박스오피스Home Box Office(HBO)와 그 경쟁사인 비아컴Viacom의 쇼타임Showtime〕의 성공이 할리우드로서는 새로운 위협이 될 수도 있었고 기회가 될 수도 있었다. 한편 주요 케이블 TV의 다중 채널 운영자들〔*multiple systems operators*(MSO)〕 사이에서는 영화 제작에 돈을 투자하여, 독점 유료 방송권을 획득하고 자사 소유의 케이블 TV를 통해 영화를 방영하는 형식(타임 사와 비아콤 사가 대표적)의 수직 통합 바람이 불기 시작했다. 이 양대 사의 케이블 독점을 막기 위해 컬럼비아, 파라마운트, 20세기폭스, 유니버설의 네 영화사는 프리미어Premiere라는 이름의 독자적 합작 유료 방송사를 설립하려 했다. 하지만 이번에도 법무부 고시의 반독점법 때문에 이들은 시장에 발을 들여놓기도 전에 방송 금지를 당했고 영화사들도 어쩔 수 없이 1980년대 말에는 유료 방송사들과 화해하고 독점 계약을 맺을 수밖에 없었다. 하지만 머지않아 영화사들은 케이블 TV와 방송국에 대한 직접 투자, 비디오카세트 시장의 등장, 네트워크와 신디케이트용 영화 제작 등 1980년대의 배급 폭발에서 이익을 볼 수 있는 새로운 기회를 찾아냈다. 그중 선두는 단연 비디오카세트 시장으로 1980년대 말 중반까지는 여기서 나오는 수입이 극장 흥행 수입을 초과할 정도에까지 이르렀다. 이런 배급상의 혁명은 영화 개봉 형태도 크게 변모시켜 극장 개봉 후 1년 안에는 비디오와 유료 방송, 케이블 TV, 네트워크, 신디케이트 순서로 모든 공개가 다 이루어졌다. 영국인 영화 제작자 데이비드 퍼트냄(후일 컬럼비아 영화사 사장을 잠시 맡기도 했다)도 1982년에 이미 예견했듯, 극장 개봉의 주 기능은 이제, 대성공을 거두면 물론 수익성이 있지만, 그 뒤에 이어지는 배급을 위한 광고 수단이 되어 버렸다.

비디오 유통업계도 이런 현상의 수혜자였다. 1993년 3월, 미국 최대 비디오 소매 체인점인 블록버스터 비디오Blockbuster Video는 미국 유수의 독립 텔레비전, 영화 제작사인 스펠링 엔터테인먼트Spelling Entertainment의 지배권을 장악했고 1994년 봄에는 파라마운트 사 인수 과정에까지 참여할 정도로 강력한 힘을 갖게 됐다. 광고, 홍보, 비평이 어우러진 성공적 극장 개봉은 국내외 영화 시장에서의 시장성에 가장 중요한 영향을 미치는 요소라 할 수 있다. 비록 첫선을 보인 비디오 디스크가 유통 면에서 실망스러운 결과를 나타내긴 했지만 컴퓨터와 레이저 녹화를 결합한 신기술은 1990년대에 새로운 가능성을 열게 된다.

이들 변화하는 기술과 유통 조건들은 영화와 텔레비전의 통합에서 비롯된 것이기도 하지만, 한편으로 그것들은 또 통합을 강화시키는 역할도 했다. 할리우드 스튜디오들은 이제 영화, 텔레비전, 비디오(가끔은 음악과 출판도)의 제작과 배급망을 동시에 갖춘 거대 미디어 집단의 일부가 되었다.

상황은 오히려 유럽 시장이 더 불안했다. 전 유럽 위성 방송의 등장과 공영 방송의 규제 철폐로, 영화 제작 산업이 달아올랐기 때문이다. 프랑스는 1984년 영화 위주의 유료 방송 카날 플뤼Canal+ 방송사를 설립했다. 1985년에는 2개의 민영 방송사를 추가했고, 1987년에는 이전엔 공영이었던 2개 채널 중의 하나까지 민영화시켰다. 카날 플뤼는 이제 직접 투자 액수로 보나 방송권의 판매 규모로 보나 명실 공히 프랑스 영화계의 최대 투자자로 부상했다. 하지만 카날 플뤼의 〈시네마테크〉적인 기능에도 불구하고 과열 경쟁에 따른 영화계의 우려를 진정시켜 주기 위한 방안으로 금요일 밤에는 영화 방영을 하지 않는다는 협정이 체결됐다. 독일은 1984년에 새로운 민영 채널 4개를 신설했다. 이탈리아의 경우는 지방 방송의 민영화 외에도, 미디어 거물 실비오 베를루스코니가 1980년대에 국영 네트워크 3개를 인수하고 새로운 영화 제작소를 세워 자신의 투자 재원까지 마련했다(베를루스코니의 1994년 수상 등극은 새로운 미디어 재벌의 궁극적 힘을 과시한 것이었다). 영국에서는 채널 4의 영화 사업이 성공함에 따라 다른 ITV 사들도 〈영화부〉를 신설하여 텔레비전 영화의 직접 투자를 다양화시키는 쪽으로 나아갔다. 1988년에 BBC는 독립 드라마 프로덕션 신임 편집국장의 감독하에, 영화계와 제휴하여 1년에 최소한 6편의 영화를 만든다는 계획을 발표했다.

직접 위성 방송(DBS)의 급작스러운 폭발에는 국가적 차원의 서비스 외에도 유럽 경제 통합의 힘이 크게 작용했다. 영국위성방송British Satellite Broadcasting(BSB)과 지금은 BSkyB로 〈합병〉되어 룩셈부르크를 기지로 전 유럽에 송출하고 있는 루퍼트 머독의 스카이 채널Sky Channel을 비롯한 5개 채널이 이 폭발에 포함되었다. 이들 채널도 처음에는 엄격한 쿼터제를 실시하여 미국 영화와 텔레비전 프로그램에 규제를 가하려 했다. 하지만 채널 급증으로 인한 수요는 수입 물량으로밖에 채울 수 없다는 사실이 곧 드러났다. 위성 방송이 국가의 제한 없는 방송 시스템으로 〈국경 없는 텔레비전〉을 창조하고 있듯, 영화와 텔레비전 제작도 다중적 문화 시장에 적응해야만 했다. 이런 현상은 고몽 텔레비전의 세계적 시리즈 「하이랜더The Highlander」와 더불어 1992년부터 본격적으로 시작되었다. 라이셔 엔터테인먼트Rysher Entertainment(미국), TF1(프랑스), RTL 플러스(독일), 레테이탈리아Reteitalia (이탈리아), 어뮤즈 비디오Amuse Video(일본)가 공동으로 투자한 이 장편 액션 모험 시리즈는 공영 방송사들의 신디케이트용으로 제작되어 전 세계로 팔려 나갔다. 프랑스 최고의 역사를 자랑하는 영화 스튜디오 고몽 SA의 자회사인 고몽 텔레비전은 판권을 보유하고 있으면서, 다른 나라 파트너들의 창의력도 촉진시키고 승인도 얻어 내는 제작 과정의 코디네이터 역할을 수행했다. 그러한 국제적 합작의 또 다른 예로, 역시 같은 고몽 사의 워너 브러더스 텔레비전과의 계약이 있다. 워너 브러더스는 고몽의 영화 「니키타Nikita」(1990)를 기초로 한 시리즈물 합작 외에도 그것의 판권까지 사들여 「니나Point of no Return」(1993)로 제목을 바꾸어 극장용 영화로 리메이크했다. 상호 특허 사용 허가와 공동 제작에 대한 이 같은 협정은 영화와 텔레비전의 구별과 국가 간 구별 모두를 사라지게 했다. 자국 문화와 미디어 산업에 대한 우려의 목소리와, 수입 쿼터와 내부 규정에 대한 새로운 요구에도 불구하고, 이런 현상은 앞으로도 계속될 전망이다.

확 산

흔히 할리우드는 뚜렷한 국가적 성격도 없이 거대한 국내 시장의 힘만으로 전 세계인들의 재능을 착취하여 영화를 만들어 내는 미학적인 면이 결여된 곳으로 그려진다. 수많은 나라의 재능 있는 감독들은 성공할 기미가 보이기만 하면 그 재능을 할리우드에 팔아먹는 똑같은 패턴이 되풀이되고 있다. 리들리 스콧, 에이드리언 라인, 앨런 파커 같은 영국 감독들은 거의 미국에서만 활동하고 있고, 제라르 드파르디외도 프랑스에서 활동한 것 못지않게 한동안 미국에서 활동하게 될 것 같다. 하지만 유럽 영화들은 새로운 방법으로 미국 시장을 개척할 방법을 찾고 있다. 미국의 케이블 채널도 신상품으로 다각화할 방도를 모색하고 있으며 비디오는 전례가 없을 정도로 영화의 장기 배급을 가능하게 하고 있다. 할리우드와 타국 영화계와의 힘의 균형은 쉽게 깨지지 않을지 몰라도 유통 단계의 느슨함과 변화하는 개봉 환경으로 최소한 가능성만은 과거 그 어느 때보다 크다고 할 수 있다.

1950년대와 1960년대의 아주 특별한 조건에서 형성된 텔레비전과 영화 간의 경계는 이제, 초기 그 당시의 상황이 우리에게 물려준 담론보다, 더 독단적이고 거의 무의미한 것이 되어 버렸다. 1920년대와 같이 오래전에 만들어진 정의는 둘 사이의 구별을 강요했고 옛것의 새것으로의 적응을 막는 장벽을 쌓았으며, 관객의 다양성과 발전하는 미디어의 이용을 억제시켰다. 지금은 투명해져 거의 쓸모없어진 이러한 구별을 마침내 허물어뜨린 것이 신기술이었다. 하지만 신기술이라 해도 단독으로는 발전할 수 없는 것이고, 단지 강제적으로 확립된 제도 속에서 서로의 이익을 위해 싸울 수 있도록 길을 열어 놓은 것뿐이다. 기술이 변화의 기회를 제공한다 해도, 그것과 정치 경제적 관계는 늘 변하기 마련이다. 그 변화에 따라 기술적 성장도 촉진되거나 둔화되고, 기술이 사용될 방향도 결정된다.

같은 맥락에서 텔레비전도, 우리의 통념처럼, 관객을 빼앗아 영화를 정복하려는 새롭고 힘센 침입자로 개발된 것이 아니다. 서로 간의 경쟁과 변화하는 환경 속에서 이미 예정되어 있던 복잡다단한 이해관계의 조정자로 개발된 것이다. 이런 관계 속에서는 방송사, 영화 제작자, 배급사, 극장주, 국가 기관 어느 하나 중요하지 않은 것이 없다. 1950년대와 1960년대에 정립된 〈영화〉와 〈텔레비전〉에 대한 기본 개념이 1980년대와 1990년대의 새로운 배급 기술로 뒤바뀌고 있는 상황도 이 두 세력의 힘의 균형 속에서 찾아볼 수 있다.

참고문헌

Balio, Tino(ed.)(1990), *Hollywood in the Age of Television*.

Briggs, Asa(1979), *The History of Broadcasting in the United Kingdom*, vol. iv: *Sound and Vision*.

Caughie, John(1986), "Broadcasting and Cinema 1: Converging Histories".

Dickinson, Margaret, and Street, Sarah(1985), *Cinema and State*.

Emery, Walter B.(1969), *National and International Systems of Broadcasting*.

Gorham, Maurice(1949), *Television: Medium of the Future*.

Hilmes, Michèle(1990), *Hollywood and Broadcasting: From Radio to Cable*.

Nippon Hoso Kyokai(1967), *The History of Brodacasting in Japan*.

Noam, Eli(1991), *Television in Europe*.

Nowell-Smith, Geoffrey(1989), *The European Experience*.

Sandford, John(1980), *The New German Cinema*.

Scannell, Paddy, and Cardiff, David(1991), *A Social History of British Broadcasting*.

Sorlin, Pierre(1991), *European Cinemas, European Societies, 1939~1990*.

새로운 할리우드

더글러스 고머리

1975년 6월 공개된 스티븐 스필버그의 「조스」를 계기로 할리우드 영화 산업은 새로운 시대를 맞게 되었다. 2년 뒤 조지 루카스의 「스타워즈Star Wars」는 영화 1편으로 수억 달러의 수익을 올리는가 하면, 한 해의 적자까지 대번에 만회할 수 있다는 놀라운 사실을 확인시켰다. 할리우드 제작 시스템 내에서 영화의 위치는 변했다. 이제 영화는 높은 제작비에 고도의 수익이 보장되는 〈특별히 볼 만한 영화*Special attraction*〉 쪽으로 제작의 초점이 맞춰졌고, 스튜디오 거물들은 비슷한 유의 텔레비전 시리즈 제작과 1980년대부터는 비디오카세트 판매를 통한 〈부수적〉 시장에서 현금의 정기적 유통을 기대할 수 있게 됐다.

가정과 멀티플렉스

할리우드의 제작 분야에 일어난 변화보다도 이 시기에 일어난 정작 중요한 변화는 영화를 감상하는 장소의 문제였다. TV용 영화의 제작 증가와 특히 홈 비디오 혁명은 1970년대와 1980년대의 영화 관람 형태를 완전히 일변시켰다.

그 변화는 평단의 갈채와 더불어 수백만 미국인들의 사랑을 받은 「전쟁과 추억War and Remembrance」이라든가 「외로운 비둘기Lonesome Dove」와 같이, TV 영화가 미니시리즈로 범위를 확대해 간 1970년대부터 시작되었다. 하지만 TV 영화의 평균 수준은 과거 할리우드 영화의 B급 수준에 머물러, 영화사들은 「할리우드의 부인들Hollywood wives」이라든가 「가시나무새The Thorn Birds」 정도 수준의 작품을 정기적으로 만들어 높은 시청률을 기록했다. TV 제작물은 또 제작에서 상영까지의 기간이 극히 짧은 관계로 시사 문제를 다루는 것이 가능했기 때문에, 1983년에는 「그다음 날The Day After」 같은 작품을 만들어 핵 재난의 가능성에 대한 전 국민적 논쟁을 불러일으키기도 했다.

거의 같은 시기에 등장한 타임 사의 HBO는 미국의 케이블 TV업계를 일변시켰다. 매월 10달러 정도의 요금만으로 케이블 TV 가입자들은 중간 광고도 없고 네트워크 방송사와 같은 생색내기용 삭제도 없는 무삭제의 최신 할리우드 영화를 언제든 마음대로 볼 수 있었다. 영화사상 처음으로 할리우드는 시청자들이 집에서 보는 영화에 대해 비용을 지불하게 할 방법을 찾은 것이다. HBO는 극장에 가지 않고 집에서 편안히 보기를 원하는 나이 든 영화 팬들의 인기를 끌었다.

케이블 영화의 시장성이 명백해지면서 HBO의 경쟁사들이 나타나기 시작했다. 1986년에 테드 터너는 쓰러져 가는 MGM을 인수했다. 제작적인 측면이 아니라 영화 도서관 이용과 지배권을 보고 판단한 결정이었다. 터너의 슈퍼스테이션SuperStation과 TNT는 (AMC, 브라보Bravo와 함께) 케이블 TV의 하루를 할리우드 고전 영화의 최상과 최악으로 채워 놓았고, 영화팬들은 집에 앉아서 그 온갖 레퍼토리를 다 향유했다.

영화 감상에서 일어난 이 같은 혁명은 홈 비디오로 그 절정에 이르렀다. 소니는 반 인치짜리 베타맥스Betamax VCR를 1975년 시장에 내놓았다. 처음엔 1,500달러까지 육박하던 베타맥스 VCR와 그것의 경쟁 상품 VHS는 1980년대에 이르러 300달러까지 가격이 뚝 떨어졌다. (다른 나라 사람들도 마찬가지지만) 미국인들은 별의별 기기를 다 갖춰 놓기를 좋아하여 1989년까지는 일반 가정의 3분의 2가 방송을 꺼놓은 상태에서 녹화하거나 ,녹화된 것을 볼 수 있는 장비를 갖추고 있었다. 이 새로운 요구에 부응하여, 신구 비디오 영화도 수백만 종이 쏟아져 나왔다. 일간 신문들은 새 비디오 출시에 맞춰 비평을 실어 주었고 방송사나 케이블 TV와 동등하게 다루어 주었다.

재미있는 것이 할리우드 거물들은 처음에 이 비디오 기계를 싫어했다는 것이다. 미국영화협회 회장 잭 발렌티는 VCR를 할리우드의 몫을 훔쳐 가는 기생충 같은 기계에 불과하다고 단언했다. 발렌티의 제작사 회원들은 집에서 보고 싶어 하는 대중들의 요구를 과소평가했다. 변화는 영화계 밖의 사업가들이 영화 테이프를 다량 구입하여 일반에게 대여해 주는 사업을 시작하면서부터 일어났다. 곧이어 비디오 대여점은 우후죽순으로 생겨나기 시작했고, 이 사업의 거대한 수익성을 목격한 할리우드 메이저들도 이 끝도 없어 보이는 수요에 투자하기 시작했다. 1986년에는 드디어 〈부수적〉 비디오 판매가 극장 매출액을 초과했다. 1990년에는 미국에서만 비디오 대여와 매출로 100억 달러 이상의 시장을 일구어 냈다. 할리우드 스튜디오들은 자신들이 만들어 내는 영화의 새로운 시장을 발견했다. 블록버스터들은 비디오 배급으로 제2의 전성기를 누렸고, 브라이언 드 팔마의 「스카페이스Scarface」처럼 극장 흥행에서는 별 재미를 보지 못했던 영화들이 비디오 대여점에서는 관객 확보에 성공하는 사례가 생겨났다. 전례

흥행과 비평 양면에서 영화 역사상 가장 성공적인 속편으로 평가받는 프랜시스 포드 코폴라 감독의 「대부 2」(1974)의 재판 장면에서 마피아 대부 마이클 콜레오네(알 파치노)가 자신의 고문 변호사로부터 조언을 듣고 있다.

없이 많은 사람들이 전례 없이 많은 할리우드 영화를 가정에서 보고 있었다.

비디오 혁명으로 시작된 갑작스러운 변화와 제작사 사장들의 우려에도 불구하고, 극장의 관객 수는 줄어들지 않았다. 줄어들기는커녕 1990년대 초반까지는 약 2000만의 영화팬들이 매주 영화관을 찾았다. 1990년도에는 1920년대 이래 가장 많은 극장이 미 전역에 산재해 있었다.

여름, 크리스마스, 부활절 휴가와 같은 흥행 시즌만 되면 할리우드는 블록버스터의 가능성이 있는 작품을 보다 많은 지역에서 동시 개봉하기 위해 멀티플렉스 극장 지원에 나섰고, 「배트맨Batman」(1989)이나 「배트맨 2 Batman Returns」(1992) 같은 영화들은 미 전역의 3,000여 개 극장에서 동시 개봉됐다. 이 말을 거꾸로 하면, 봄가을 같은 〈비수기〉에는 소규모 관객을 겨냥한 저예산 영화의 개봉이 가능하다는 말이었다. 흑인 감독 스파이크 리의 「그녀는 그것을 가져야 해 She's Gotta Have It」(1989), 「똑바로 살아라Do the Right Thing」(1989) 같은 작품들도 그 같은 경우를 이용하여 수천 개 극장에서 동시 개봉이 가능했고, 데이비드 린치의 폭력 컬트 영화 「블루 벨벳Blue Velvet」(1986)도 가을에 개봉됐으며, 베트남전을 진지하게 바라본 「플래툰Platoon」(1986)은 도리어 비수기에 히트를 치는 이변을 낳았다. 워너 브러더스는 「블레이드 러너Blade Runner」(1982)의 〈감독 편집판 *director's cut*〉을 1991년 9월에 2주간 개봉한 뒤 1993년에 본격적으로 확대 개봉에 들어갔다.

회의실에서

할리우드의 메이저들은 가정과 멀티플렉스라는 새로운 시장을 충분히 이용할 방법을 찾았다. 영화 관람에 일어난 그 많은 변화로 영화사가 잃은 것은 아무것도 없었다. 영화사들은 새로운 환경에서 살아남았을 뿐 아니라 번영까지 이루었다. 반세기도 전에 세워진 소수의 영화사들이 영화 제작과 전 세계에 걸친 배급 독점권을 여전히 쥐고 있었다. 1980년대에는 이들 회사의 수익성을 보고 찾아든 해외 구매자들 때문에 회사 주인이 많이 바뀌긴 했지만, 그럼에도 약화될 기미는 전혀 보이지 않았다. 약화되기는커녕 닥치는 대로 경쟁자를 물리치며 나날이 강해지기만 했다.

1989년에 이루어진 타임 사와 워너 사의 200억 달러짜리 합병은 할리우드 스튜디오의 힘과 수익의 응축 면에서 새로운 관심을 불러일으켰다. 1년 뒤에 이어진 마쓰시타(松下)의 MCA(유니버설 스튜디오도 함께) 인수는 외국의 돈 많은 기업이 할리우드에 진출하기 위해서라면 기꺼이 비싼 값을 치를 의사가 있다는 것을 보여 주었다. 대부분의 영화팬들은 1930년대와 1940년대를 영화의 〈황금기〉로 알고 있겠지만, 알고 보면 진짜 황금기는 할리우드가 국제적인 영향력을 획득하고 대중오락 시장의 우위를 점하고 역사상 유례없는 수익을 올린 1990년대였다.

스파이크 리의 40에이커스와 뮬40Acres and a Mule 사, 레이 스타크의 래스타Raster 사와 같이 많은 독립 영화감독들이 자신들의 영화를 만들기 위한 법적 수단으로 자체 제작사를 설립했다. 하지만 배급은 여전히 수직 통합된 메이저들 — 1990년대에는 파라마운트, 워너 브러더스, 마쓰시타의 유니버설 픽처스, 20세기 폭스, 디즈니, 소니의 컬럼비아 영화사 — 의 배급 부서에 전적으로 의존하고 있다. 독립 배급업자들의 시장 점유율은 아직 미미한 상태에 머물러 있다. 미라맥스를 통해 미국에 배급된 「크라잉 게임Crying Game」(1992)의 성공은 할리우드의 지배력만 더 강조해 주었을 뿐이다. 할리우드에 있다고 하여 모든 회사들이 다 메이저 사인 것은 아니고, 같은 맥락에서 모든 회사들이 이 시기에 다 성공을 거둔 것도 아니다. 「로보캅RoboCop」(1987)과 「늑대와 함께 춤을Dances with Wolves」(1990)로 수백만 불을 벌어들이고 우디 앨런 영화를 계속 내보내고 있었음에도, 한 세대 전에 유나이티드 아티스츠를 살려 냈던 아서 크림의 오라이언 픽처스Orion Pictures는 끝내 파산하고 말았다.

파라마운트는 1980년대 초에 새로운 국면을 맞이했다. 사장 찰스 블루던이 죽고 그의 오랜 보좌관이었던 마틴 데이비스가 사장이 되어 비연예 사업 부문을 모두 매각했기 때문이다. 파라마운트 커뮤니케이션스로 이름이 바뀐 상태에서 1989년까지 관할하고 있던 사업 내용은 미국 케이블 방송망 주식을 포함한 텔레비전과 영화 자산, 텔레비전 제작 부문, 홈 비디오 부문, 그리고 사이먼 & 슈스터 출판사였다. (할리우드에 남은 사실상의 마지막 스튜디오인) 멜로즈 가의 영화 스튜디오도 그대로 보유하고서 그곳에서 「스타 트렉Star Trek」(1979~1994) 시리즈, 「붉은 10월The Hunt for Red October」(1990) 같은 영화들을 정기적으로 만들어 냈다.

1970년대 초에 설립된 워너 커뮤니케이션은 핵심 사업인 영화 제작과 배급 외에도 대중음악, 출판, 케이블 텔레비전 부문까지 진출했다. 1989년의 워너 사와 타임 사의 합병으로 태어난 타임워너Time Warner는 세계 최대의 전형적인 미디어 제국이었다. 케이블 방송, 잡지, 텔레비전물 제작은 계속적인 이윤을 불러왔고, 워너의 DC 만화부에서 처음 개발된 「배트맨」과 「배트맨 2」를 비롯하여 1990년대 초의 최고 흥행작 몇 편도 워너브러더스 스튜디오에서 만들어졌다.

MCA/유니버설은 특히 영화 제작사인 유니버설 스튜디오를 통해 파라마운트와 워너의 오랜 강적으로 남아 있었다. 연예인 에이전시 MCA가 유니버설 스튜디오를 매입한 것은 1959년이었다. 연예인 고용과 에이전시 사업을 병행했던 관계로 정부로부터 소송에 직면한 MCA는 에이전시 사업을 포기하고, 대신에 개발과 인수 사업을 시작하여 테마 파크, 선물 용품점 체인, 서적 출판, 대중음악을 망라한 미디어 집단으로 발전해 갔다. MCA의 다각적인 성공은 일본 재벌 마쓰시타의 관심을 끌어 1990년 12월 마침내 MCA는 약 70억 달러의 가격으로 마쓰시타에 매각되었다.

1985년에는 오스트레일리아의 미디어 거물(지금은 미국인이 되었다) 루퍼트 머독이 20세기 폭스를 매입했다. 자신이 소유한 세계적인 미디어 기업, 뉴스 인코퍼레이티드News Incorporated를 기반으로 머독은 쓰러져 가는 폭스 사를 영화와 TV 망을 동시에 갖춘 천하무적의 미디어 제국으로 변모시켰다. 네트워크와 케이블 방송을 동시에 운영하는 폭스 텔레비전 부문은 미국의 대표적인 방송국의 하나로 급부상했다. 「LA 로LA Law」 같은 텔레비전 드라마와 「나 홀로 집에Home Alone」(1990) 같은 영화도 제작하여 거기서 번 엄청난 달러를 뉴스 인코퍼레이티드 사 금고 안에 쏟아 부었다.

1953년에 배급사인 부에나 비스타의 설립과 함께 메이저의 위치를 확보한 디즈니 또한 1980년대에 혁신적인 발전을 이룩했다. 마이클 아이스너와 제프리 카첸버그(두 사람 다 파라마운트 출신이다)가 이끄는 새로운 경영팀은 디즈니에 새로운 활력을 불어넣었다. 디즈니는 과감한 조치를 단행하여 자회사인 터치스톤Touchstone과 할리우드 픽처스Hollywood Pictures를 통해 〈R〉 등급의 성인 영화를 만들었고, 프랑스와 일본에서는 테마 파크도 개장했다. 디즈니 케이블 채널도 청소년과 부모를 대상으로 한 프로그램 제작으로 계속 돈을 벌어들였다(「골든 걸스Golden Girls」는 NBC-TV에, 「시스켈과 에버트Siskel & Ebert」는 미국 전역의 텔레비전 방송국에 공급됐다). 1980년대 말에 이르러 디즈니는 색다른 연예인과의 독점 계약과 「세 남자와 아기Three Men and a Baby」(1987), 「죽은 시인의 사회Dead Poet's Society」를 제작함으로써 명실 공히 할리우드 최고 스튜디오임을 당당히 과시했다.

1980년대 내내 컬럼비아 영화사는 운이 없었다. 사주인 그 막강한 코카콜라가 영화 경영에 도입한 연구 지향의 마케팅 철학도 별 효과가 없었다. 상호 판촉 광고라는 기막힌 작전에도 불구하고(이를테면 다이어트 콜라와 1987년 영화 「록산Roxanne」의 합작 광고 같은 것), 코카콜라는 블록버스터의 계속 공급에 실패하여 1989년 10월 30억 달러의 가격으로 끝내 소니 사에 넘어가고 말았다. 거대한 다국적 기업의 실험이 시작될 찰나에 있었다. 소니는 과연 컬럼비아를 이용하여 자사의 8mm VCR를 판매할 수 있을 것인가?

관람 문화의 변화와 소유권 문제는 일단 접어 둔 채, 메이저들은 그들만의 특별한 힘을 이용하여 배급 시장을 계속 확대해 갔다. 막대한 비용도 불사하면서 전 세계 100여 개 도시에 지점을 설치해 놓고 지점 대표로 하여금 주요 극장주들과 항시 연락을 취하고 있도록 했다. 흥행에 늘 일정 수준의 〈히트 퍼레이드〉를 제공해 주는 곳은 할리우드밖에 없었다. 다른 나라 제작자들은 연전연승을 거두는 할리우드 블록버스터와 늘 악전고투를 벌여야 했다. 다른 나라들이 병들어 가는 영화 산업을 포기하고 텔레비전 제작으로 눈을 돌린 1990년대 초에 들어 할리우드 우세는 더욱 두드러졌다.

스크린에서

할리우드가 헤게모니를 쥐고 있는 상황에서 할리우드 영화는 점점 더 예술 영화로 간주되는 아이러니가 생겨났다. 막강한 영향력을 가진 「뉴욕 타임스」는 과거 무용과 연극에만 할애했던 진지함으로 영화를 비평했고 전문 잡지들은 미국 영화의 새로운 시대를 예고했다.

〈새로운〉 할리우드는 젊고 참신한 할리우드 감독들의 입성을 예고한 스티븐 스필버그의 1975년 작 「조스」의 개봉으로 시작되었다. 1940년대에 태어난 이 감독들은 영화와 함께 성장했고, 할리우드 고전 영화에 대한 열정을 지녔으며, 외국의 대가들을 연구했고, 그들의 영향을 받았다. 그들의 대표 격인 스필버그와 루카스가 터트린 블록버스터 작품들(「조스」와 「스타워즈」)의 외관과 속도감은 모두 구로사와의 고전 「7인의 사무라이」를 의식적으로 본떠 만든 것이었다. 할리우드의 옛 장르 리메이크도 예술적 영감만 있으면 얼마든지 수백만 달러를 벌어들일 수 있다는 것을 입증한 사람은 「대부The Godfather」(1972)를 만든 프랜시스 포드 코폴라였다. 조지 루카스와 스티븐 스필버그는 블록버스터를 만들어 선두 코폴

조디 포스터 (1962~)

조디 포스터는 세 살 때부터 TV 상업 광고에 출연하기 시작하여, 7년 뒤 「나폴레옹과 사만다Napoleon and Samantha」(1972)로 영화 데뷔를 했을 때는 이미 숙련된 텔레비전 연기자가 되어 있었다. 1976년에 출연한 2편의 영화로 그녀는 할리우드가 배출해 낸 최고의 다재다능한 아역 스타임이 확인되었다. 마틴 스코시스의 「택시 드라이버」(1976)에서는 무척이나 조숙한 어린 창녀 역을 맡아 어른의 성을 흉내 내려는 가식 속에 담긴 어린아이다움과 연약함을 절묘하게 연기해 냈다. 아역 스타들만 출연한 「벅시 말론」(1976)에서는 갱스터 정부로서의 힘과 성숙함을 보여 준 연기로 단연 두각을 나타냈다. 그녀는 전통적인 〈귀여운 소녀〉 역은 거의 맡아 본 적이 없다. 「골목길에 살았던 꼬마 소녀」(1976)에서는 살인자 역을 맡았고, 디즈니의 어린이 영화 「괴상한 금요일」(1976)에서는 엄마와 몸을 바꾸는 딸 역을 맡았다. 그녀는 자신이 지닌 연기의 힘과 그것과 조화를 이루며 종종 (혼란스럽게) 나타나는 어른스러운 성적 분위기로 보다 수월하게 성인 역으로 이동할 수 있었다. 하지만 1970년대 말이 되면서 그녀의 경력은 쇠퇴하기 시작했고, 아역 스타들의 운명이 늘 그렇듯, 성인기의 무명은 그녀의 숙명인 것처럼 보였다.

포스터는 대단한 학력의 소유자이다. 로스앤젤레스의 2개 국어 병용 학교인 리세 프랑세즈를 다녔고(나중에는 클로드 샤브롤의 「타인의 피Le Sang des autres」를 비롯한 몇 편의 프랑스 영화에 출연했다), 영화 활동이 뜸한 틈을 타서 예일 대학을 마쳤다. 예일 대학에 재학 중일 때 일어난 레이건 대통령 저격 사건의 범인 존 힝클리 2세는 그 사건의 책임을 「택시 드라이버」에서의 그녀의 연기와 그녀에 대한 망상 탓으로 돌렸다. 언론의 집중적인 스포트라이트에 나타난 그녀의 이미지는 영화 스타로서의 힘과 극중에서 맡았던 피해자의 야릇한 굴절의 이미지가 혼합된 것이었다.

힝클리 사건은 포스터의 연기 경력에 그림자를 드리워 1980년대 초에 출연한 일련의 영화에서 연기에는 호평을 받았으나 흥행에서는 참패를 면치 못했는데, 근친상간과 파멸에 빠진 젊은 팜 파탈 역을 맡은 「호텔 뉴햄프셔」(1984)가 특히 그러했다. 전환기는 「피고인」(1988)과 더불어 찾아왔다. 이 작품은 그녀가 최초로 진정한 성인 역을 맡은 작품이고, 그 역을 기꺼이 받아들여 맞서 싸움으로써 성적인 희생자로서의 이미지도 불식시킬 수 있었다는 점에서 중요했다. 술집에서 깡패들에게 강간당한 세라 토비아스는 깡패들을 법정에 세우고 스스로 증인대에서 증인의 신분으로 자신의 이야기를 말할 수 있는 기회를 요구한다. 그 영화는 대단한 인기를 끌면서 즉각적인 논란을 불러일으켰고, 포스터는 아카데미 여우주연상 수상과 함께 할리우드의 일급 여배우로서의 입지를 굳히고 주류 쪽에도 확고한 발판을 마련했다.

「피고인」의 성공에도 불구하고, 그녀에게 두 번째 오스카상을 안겨 주게 될 「양들의 침묵 」(1991)의 클라렌스 스털링 역을 맡기 위해, 포스터는 또다시 고투를 벌여야만 했다(원래 그 역은 미셸 파이퍼로 내정되어 있었다). 어찌 보면, 토비아스 캐릭터의 발전된 역이라고도 볼 수 있는 스털링은 살인자를 쫓고 그의 마지막 희생자를 구하기 위해 자신의 목숨까지도 위험에 빠뜨려야 하는 FBI의 신참 요원으로 노동자 계층의 용기 있는 젊은 여성이라 할 수 있다. 통상적인 할리우드 패턴과 달리, 이 역의 위험성은 또 다른 살인자를 잡기 위해 연쇄 살인범과 감정적 교류에 빠져 든다는 점

에서, 성적인 것이 아닌 물리적이고 심리적인 위험과 관련이 있다. 「양들의 침묵」도 성도착자인 살인자의 묘사 문제로 게이 그룹의 비난을 받으며 논쟁에 휘말려 들었다. 그녀가 맡은 역은 성적 매력이 배제된 것이었는데도 이상하게 비난은 포스터 개인에게 집중되었다. 맹렬한 〈따돌림〉 캠페인의 중심이 되면서 그녀의 강렬한 연기에도 먹구름이 드리워졌다.

「양들의 침묵」이 개봉된 그해에 포스터는 「천재 소년 테이트」(1991)로 감독 데뷔를 했다. 주연과 감독을 함께 맡은 이 영화에서 그녀는 꼬마 신동의 어머니로서 아이의 재능을 개발시키기 위해 특수 학교에 보내지만 그곳에선 오직 아이들의 재능이 이기적으로 이용될 뿐이라는 것을 알고 여교장과의 갈등에 휩싸이는 역을 맡고 있다. 지적이고 개인적이기도 한 영화 「천재 소년 테이트」는 영화가 완성되기도 전에 후원사인 오라이언이 쓰러짐으로써 하마터면 그냥 무산될 뻔했다. 포스터는 제작자의 의무를 어느 정도 짊어지고 영화의 개봉과 성공의 가능성을 확신시키기 위해 열심히 캠페인을 벌였다. 영화의 이런 기업적인 면에 대한 관심이 계기가 되어 그녀도 1991년에는 제작사를 하나 설립했다. 에그 픽처스 Egg Pictures는 폴리그램과 1억 달러 제작 계약을 맺고 포스터에게 연기와 감독, 그리고 원하면 자신의 작품까지도 만들 수 있는 완전한 창작적 자유를 부여했는데, 이것은 할리우드 여성 스타로서는 파격적인 대우였다. 한편 그녀는 로맨틱한 의상이 돋보인 「서머스비」(1993)와 그보다 더 의외로 남부 여인 역을 맡아 멜 깁슨과 공연한 코미디 서부극 「매버릭」(1994)과 같은 전통 영화의 여주인공 역으로 할리우드 주연급 배우로서의 능력을 다시 한 번 입증해 보였다.

포스터는 틀에 박힌 할리우드 미인이 아니다. 루비 리치(1991)도 말했듯 〈용모에 결단력이 배어 있는〉 미인이다. 1990년대에 들어 그녀는 강인함과 연약함 간의 균형을 모색하는 듯했고, 특히 성적인 것만으로 정의되는 것을 회피하려는 경향을 보여 왔다. 여걸의 조작이 비일비재한 시대에 조디 포스터는 최소한 일부만이라도, 자신의 운명을 스스로 개척한 할리우드에 몇 안 되는 보기 드문 여성이다.

케이트 비섬

▪▫ 주요 작품

「앨리스는 더 이상 여기에 살지 않는다Alice Doesn't Live Here Anymore」(1974); 「택시 드라이버Taxi Driver」(1976); 「벅시 말론 Bugsy Malone」(1976); 「괴상한 금요일Freaky Friday」(1976); 「골목길에 살았던 꼬마 소녀The Little Girl who Lived Down The Lane」(1976); 「양초신발Candleshoe」(1977); 「순회 서커스Carny」(1980); 「호텔 뉴햄프셔The Hotel New Hampshire」(1984); 「다섯 개의 비밀 장소Five Corners」(1987); 「스틸링 홈Stealing Home」(1988); 「피고인The Accused」(1988); 「양들의 침묵The Silence of the Lamb」(1991); 「천재 소년 테이트Little Man Tate」(연출도 겸함, 1991); 「서머스비Sommersby」(1993); 「매버릭Maverick」(1994); 「휴가로부터의 귀가Home from the Holidays」(연출, 1995).

▪▪ 참고 문헌

Rich, B. Ruby(1991), "Nobody's Handmaid".

◀ 감독 데뷔작인 「천재 소년 테이트」(1991) 촬영장에서 카메라 뒤의 조디 포스터.

라를 따라잡았고, 그 과정에서 할리우드를 사실상 제패했다. 「조스」와 「스타워즈」는 고전 작품 원칙으로의 회귀를 예고하며 〈새로운〉 할리우드 성공의 열쇠는 일괄 거래도 용이하고 전 세계 시장에 대량 판매도 할 수 있는 장르 영화의 정례적 제작에 있음을 확인했다.

영화 제작자들은 할리우드의 장르 영화로의 복귀를 예산 증대와 블록버스터 제작과 관련된 각종 위험성에 대한 반응의 일부로 파악했다. 그러한 환경 속에서는 당연히 시장에서 이미 검증을 받았거나, 그것을 토대로 마케팅이 이루어지는 영화적 요소들이 결정적 요인이 될 수밖에 없고(엄청난 개런티를 요구하는 스타들에 대한 설명이 될 수도 있다), 그 경향을 가장 잘 대변해 준 것이 속편 제작이었다. 1990년까지 만들어진 속편 수는 「로키Rocky」가 5편, 「슈퍼맨Superman」이 4편, 「할로윈Halloween」이 5편, 그리고 「13일의 금요일 Friday the 13th」이 8편이었다. 「슈퍼맨」은 애초부터 원작(1978)에 속편(1980)이라는 2개의 영화로 기획된 작품이었다. 한편 성공한 작품들은 전체 장르의 순환 현상을 불러왔다. 「대부」를 시작으로 한 갱스터 영화와 1973년의 「엑소시스트」를 시작으로 한 호러 영화는 수많은 부산물을 파생시켰고 1970년대 말에는 조 단테의 「늑대 여인의 음모Howling」(1980), 존 랜디스의 「런던의 늑대 인간An American Werewolf in London」(1981), 존 배덤의 「드라큘라Dracula」(1979), 토니 스콧의 「악마의 키스The Hunger」(1983), 조지 로메로의 「이블 헌터Dawn of the Dead」(1979), 존 카펜터의 「안개The Fog」(1979)와 같은 몬스터 영화가 시장을 장악했다. 할리우드가 원한 것은 원작의 흥행에 뒤지지 않는 후속작이었다.

흥행 수입의 비중이 점점 높아지고 있던 10대 관객층을 겨냥해서는 〈성인에 이르는〉 우화 같은 영화가 만들어졌다. 할리우드 영화는 자신들을 진지하게 생각해 주도록 어른들을 확신시키려 애쓰는 10대의 모습을 줄기차게 그려 냈다. 이 새로운 영화 유형은 대학 입학 전의 젊은이의 낮과 밤을 그린 조지 루카스의 「아메리칸 그래피티American Graffiti」(1973)로 시작되었다. 만화책과 청년 시절에 본 할리우드 시리즈물을 기초로 재구성한 루카스의 이 작품은 엄청난 흥행 성공을 거두었다. 코폴라가 제작하고 10년 전의 로큰롤로 사운드트랙을 만들었다는 것 외에 이 영화는 해리슨 포드, 론 하워드, 리처드 드라이푸스의 주가도 함께 올려놓았다. 이 작품으로 유니버설은 막대한 수입을 올렸고 루카스는 동시대 할리우드의 막강한 인물로 떠올랐다.

신화는 먼 과거에서도 찾아왔다. 1980년대의 중반에는 존 부어맨의 「엑스칼리버Excalibur」(1981), 존 밀리어스의 「코난Conan the Barbarian」(1981), 「코난 2Conan the Destroyer」(1982)와 같은 검과 마법의 블록버스터가 매해 여름을 장식했다. 과거의 악마와 싸우는 20세기 고고학자의 신화적 모험담을 다룬 조지 루카스와 스티븐 스필버그의 공동 작품 「레이더스Raiders of the Lost Ark」 시리즈도 엄청난 흥행 성공을 거두었다.

코미디 형태도 새롭게 변모하여 가끔은 〈성인에 이르는〉 이야기와 결합하면서 10대 관객을 위해 재구성됐다. 존 휴스의 「분홍빛 미인Pretty in Pink」(1986)이나 폴 브릭먼의 「청춘 사업Risky Business」(1983) 같은 작품 외에도 최고의 유머 감각으로 만들어진 「로큰롤 고등학교Rock'n'Roll High School」(1979), 「리지몬트 고등학교의 서머타임Fast Times at Ridgemont High」(1982), 「브렉퍼스트 클럽Breakfast Club」(1985) 등 로맨틱 코미디는 부지기수였다. NBC-TV의 「토요일 밤의 생방송Saturday Night Live」의 〈골든 타임 연기자는 아직 안 돼Not Ready for Prime Time Players〉(존 벨루시, 댄 에이크로이드, 빌 머리 등의 출연자와 함께)의 익살만 잘 활용해도 〈새로운 코미디〉 소재는 무궁무진했다. 이 장르의 부활을 가져온 존 랜디스의 「애니멀 하우스National Lampoon's Animal House」(1978)는 블루토(존 벨루시)와 그의 대학 친구들이 마지막으로 딱 한 번 〈정말 한심하고 바보 같은 짓〉을 해서 귀향 퍼레이드에 훼방을 놓으려 작정한다는 대학 생활의 반지성적 모습을 그린 작품인데, 등장인물의 근황이 소개된 마지막 장면에서 관객은 상원 의원이 되어 있는 블루토의 모습을 보게 된다. 할리우드의 새로운 코미디가 지향하는, 즉 공식 성인 세계에 대한 예리하고 냉소적인 태도를 한마디로 요약하고 있는 것이 바로 그런 장면이다.

익살스러운 유머를 담고 있는 이런 영화들은 위에서 언급한 공상 과학 및 어드벤처 영화와 몇 가지 특징을 함께 공유하고 있다. 즉 〈실재적〉 세계에 대한 우리의 믿음을 중지할 것을 요구하며 육체적으로나 사회적으로나 못할 행동은 없으며 과거나 지금이나 세상은 그저 놀이터에 불과하다는 것. 가끔은 이것이 초현실적인 영역으로까지 치달아, 「치크와 총의 다음 영화Cheech & Chong's Next Movie」(1980), 「블루스 브러더스The Blues Brothers」(1980), 「엑셀런트 어드벤처Bill and Ted's Excellent Adventure」(1989), 「웨인스 월드Wayne's World」(1992) 같은 작품들이 만들어지기도 했다.

미국의 작가 감독

조지 루카스와 스티븐 스필버그가 (어느 정도는) 감독보다 이제 성공한 제작자로 더 많이 알려져 있다고 한다면, 그들과 동시대인이면서도 오직 감독의 길만을 고수해 온 영화인들도 많이 있다. 그중 최소한 일반 대중에게만이라도 1980년대의 가장 독창적인 감독은 우디 앨런일 것이다. 앨런은 처음에는 배우로 나중에는 감독으로 명성을 얻었다. 관객들은 「사랑과 죽음Love and Death」(1975), 오스카상 수상작 「애니 홀Annie Hall」(1977), 흑백 영화 「맨해튼Mahattan」(1979), 그리고 「젤리그Zelig」(1983)의 〈인간 카멜레온〉 같은 그의 신경증적인 유머를 사랑했다. 그런가 하면, 그는 또 잉마르 베리만의 「외침과 속삭임」(1972), 페데리코 펠리니의 「8과 $\frac{1}{2}$」(1963)에 느슨한 기초를 둔 「인테리어Interiors」(1978)와 「스타더스트 메모리즈Stardust Memories」(1980) 같은 좀 더 자의식적이고 진지한 작품들도 만들었다.

비평가들은 「스타워즈」와 같은 해에 개봉된 「애니 홀」을 작가로서의 우디 앨런이 만든 첫 주요 작품으로 꼽았다. 시나리오 작가 마셜 브릭먼, 촬영 감독 고든 윌리스와 함께 만든 이 작품에서 앨런은 메타-내러티브의 영화적 구조를 통해 이전의 희화적 요소와는 동떨어진 자전적인 작품을 창조해 냈다. 실제의 상황은 영화의 설명 자막에 나타나고,이중 인화된 애니는 그녀와 앨비(우디 앨런)가 사랑을 나누는 장면을 바라보고, 분할 스크린(2개 이상의 화상을 동시에 나열함)으로 기독교인(유대 인과의 상대적 의미에서)과 유대 인의 가족 식사 장면을 보여 준다. 그때부터 우디와 그의 협력자들은 여러 방법을 통해 대중들에게 지적인 관심사를 표현하려고 했다. 앨런이 배우로 출연하지 않은 「인테리어」는 인간 심리, 가정생활, 어머니의 영향, 그리고 현실 세계에 대처해 나가려는 노력을 진지하게 파고든 작품이고 「맨해튼」은 앨런과 가장 관계가 깊은 뉴욕의 유대 인 사회로 그가 복귀한 작품이다. 그리고 「브로드웨이를 쏴라Bullets over Broadway」(1994)에서 입증된 바와 같이 그의 영화를 찾는 전 세계의 관객들은 1990년대에도 계속 줄을 이었다.

뉴욕 대학 영화과 출신인 마틴 스코시스는 뉴욕 인들의 삶을 바라보되 노스탤지어적인 우디 앨런과 달리 그것의 이면을 보여 준 감독이다. 스코시스는 그의 자전적 작품 「비열한

「맨해튼」(1979)에서의 다이앤 키튼과 우디 앨런.

거리Mean Streets」(1973)로 평단의 주목을 받았다. 이 영화는 4명의 이탈리아계 미국인들이 미국의 현대 도시에서 어른으로 성장해 가며 전통적인 가치 및 현대 경제와 싸워 나가는 과정을 그린 작품이다. 계속해서 그는 「택시 드라이버Taxi Driver」(1976), 「성난 황소Raging Bull」(1980), 「코미디의 왕King of Comedy」(1982)을 만들어, 흥행 성공으로까지는 이어지지 않았지만 평단의 열렬한 환호를 받았다.

할리우드 메이저 스튜디오(처음에는 유나이티드 아티스츠, 다음에는 오라이언)로부터 완전한 창작의 자유를 보장받고 처음부터 특별한 관계를 유지해 온 앨런과는 달리 스코시스는 매우 평탄치 못한 (그리고 좀 더 전형적이랄 수 있는) 과정을 거쳐 왔다. 흥행 참패의 고배를 몇 번이나 마셔야 했고 〔야심작이었던 뮤지컬 「뉴욕, 뉴욕New York, New York」(1977)에서 특히〕, 평단의 인정에도 불구하고 제작비 문제로 늘 고단한 싸움을 해야 했다. 재능 있는 감독도 과거의 영예에만 안주할 수 없는 것이 현 할리우드 시스템의 현실이다. 「스타워즈」는 늘 새로운 기억으로 남아 있고, 「하워드 덕Howard the Duck」(1986) 같은 실패작들은 조지 루카스 같은 감독도 값비싼 실패를 할 수 있다는 사실을 할리우드 두목들에게 일깨워 준 바 있다. 「쥐라기 공원」과 「신들러 리스트」처럼 1993년에 나온 스필버그의 놀라운 성공작들은 그에게 무류(無謬)의 왕관을 씌워 주었지만 그런 그에게도 실패작은 있었다. 「1941」(1979)로 유니버설은 재정적 참패를 면치 못했고 텔레비전 시리즈 「어메이징 스토리Amazing Stories」도 완전 실패작이었다.

어떤 감독이나 어떤 스타도 영화의 성공을 보장할 수 없다는 현실 속에서 할리우드는 보수적인 자세를 계속 견지하고 있다. 옛 할리우드 영화〔「영혼은 그대 곁에Always」(1989)〕나 프랑스 주류 영화〔「세 남자와 아기 바구니Three Men and a Baby」(1987)〕, 혹은 인기 텔레비전 시리즈〔「도망자Fugitive」(1992), 「아담스 패밀리Addam's Family」(1991), 「플린트스톤The Flintstones」(1994)〕와 같이 속편이 됐든, 계속 증가 추세에 있는 리메이크의 형태가 됐든, 스튜디오들은 미래를 위한 분명한 형식을 찾고 있다.

해외의 할리우드

세계 시장은 〈새로운〉 할리우드 스튜디오들의 수익의 중심이다. 「위험한 정사Fatal Attraction」(1987), 「레인 맨Rain Man」(1988), 「칵테일Cocktail」(1988) 같은 블록버스터 작품들은 미국보다는 해외에서 더 많은 수익을 올렸고, 아널드 슈워제네거, 실베스터 스탤론, 에디 머피 같은 배우들도 높아진 국제적 지명도를 이유로 수백만 달러의 출연료를 요구하고 있다. 할리우드 거물들은 세계 영화 시장의 가변성에 늘 촉각을 곤두세우고 있고, 최근에는 할리우드와 외국 회사들과의 합작으로까지 이어져 영국, 프랑스, 오스트레일리아, 독일, 스페인, 심지어 구소련 도시들에까지 극장이 지어졌다. 영국만 해도 과거 그 어느 때보다 많은 극장이 할리우드 영화사들(MCA의 시네플렉스 오데온 주도로)의 지원으로 지어졌다. 완전한 수직적 통합을 향한 이러한 과거로의 회귀 움직임을 스튜디오들은 해외에서 자신들의 이익을 보호하고 이윤을 극대화할 수 있는 이상적 방법으로 생각했다.

몇몇 나라들은 그들 고유의 문화적 정체성을 지닌 장르 영화로 할리우드의 영화 유입에 대처해 갔다. 인도에서는 250개에 달하는 엄청난 수의 영화사들이 60개가 넘는 스튜디오를 이용하여 1980년대 내내 매년 700여 편의 영화를 만들어 냈다. 인도 정부는 모든 극장으로 하여금 최소한 매년 1편의 인도 영화를 상영하게 하는 방법으로 자국 영화를 보호했다. 장려금, 대출, 〈최고의〉 영화에 주는 상금 제도도 시행했다. 1930년대와 1940년대의 할리우드와 흡사한 스타 시스템도 여전히 막강한 존재로 남아 있었다. 따라서 인도의 스타들은 몇 편의 겹치기 영화 출연으로 엄청난 부자가 될 수도 있었다.

아시아의 또 다른 영화 강국으로 홍콩이 있다. 인구 500만의 홍콩은 할리우드보다도 많은 영화를 만들어 낸다. 1990년대에 홍콩 시민들은 할리우드와 자국 영화를 거의 같은 비율로 감상했다. 1980년대에는 수많은 홍콩 무술 영화가 전 세계로 팔려 나갔다(극장 개봉을 거치지 않고 비디오로 직접 나갈 때도 있었다).

케이블과 위성 방송의 증가를 고려한다면 이런 시장으로까지 침투해 들어가는 할리우드의 상황은 불가피한 것이고 그것의 미래 또한 무궁무진하다. 스티븐 스필버그와 아널드 슈워제네거 같은 할리우드 감독과 스타들은 거의 전 세계적인 문화 우상이 되었다. 할리우드 영화사들의 경제적 목조르기와 제작과 장르에서 고전주의로 회귀하고 있는 현재의 〈새〉 모습은 할리우드의 〈옛〉 모습과 놀랍도록 유사해 보인다.

참고 문헌

Bart, Peter(1990), *Fade Out.*
Gomery, Douglas(1992), *Shared Pleasures.*
Lees, David, and Myles, Lynda(1979), *The Movie Brats.*
Squire, Jason E.(ed.)(1992), *The Movie Business Book.*

사랑스러운 외계인이라는 단순한 줄거리를 다룬 스티븐 스필버그 감독의 「E.T.」에서 E.T.가 외계로 돌아갈 준비를 하고 있다. 10년 뒤에 「쥐라기 공원」에 기록을 넘겨주기 전까지는 영화사상 최고의 흥행을 기록한 작품이다.

새로운 기술

존 벨튼

영화와 텔레비전

〈영화 기술의 이론과 실제에서의 진보〉를 취지로 1916년 설립된 영화기술자협회Society of Motion Picture Engineers (SMPE)는 1950년 1월 영화텔레비전기술자협회Society of Motion Picture and Television Engineers (SMPTE)로 그 명칭을 바꾸었고, 그것은 전후 연예 산업에 일어난 기술적 변화를 인정하고 예측한 결과였다.

텔레비전이 앞으로도 여가 활동에서 강자가 될 것은 확실하다. 1950년대 초에 들어 텔레비전 수상기 보유 대 수가 급속도로 치솟으면서(미국에서만 1950년에 400만 대이던 것이 1954년에는 3200만 대로 늘어났다), 극장에 가지 않고 집에서 영화를 보는 사람 수도 점점 늘어났다. 하지만 〈텔레비전〉에는 전파 송신을 수상기를 통해 본다는 단순한 의미 이상의 녹화, 전송, 재생과 같은 넓은 범위의 다른 전자적 기술도 포함된다. 포괄적으로 말하면 텔레비전에는 전자적 신호의 기호화와 연관된 모든 기술이 다 포함되어 있다. 명칭만 다를 뿐 SMPE는 이들 기술자들이 라디오, 전기식 녹음, 신호 증폭, 그 외의 전자적 기술로 관심의 영역을 넓혀 가며 유성 영화로의 이행을 도왔던 1920년대 중반부터 이미 SMPTE였다고 말할 수 있다.

어떤 의미에서 보면, 그 안에서 전자적 신호가 자기 테이프에 녹음된다는 점에서 스테레오 자기식 음향은 텔레비전 기술이라고 말할 수 있다. 보다 정확히 말하면, 텔레비전은 라디오, 전자식 송신, 그 밖의 소리와 관련된 기술로부터 발전해 나간 일종의 〈소리〉 기술이다. 두 기술은 이처럼 긴밀히 연관되어 있다. 캠브리지 대학의 미국인 물리학도로 1965년 런던에 돌비Dolby 실험실을 세운 영화 음향 전문가 레이 돌비가 그전에 스탠퍼드의 학부생일 때 암팩스Ampex VTR(1956)를 개발한 핵심 인물이었다는 사실도 결코 우연은 아니다. 그는 런던의 돌비 실험실에서 소리 녹음에 있어 결정적인 잡음 감소 장치를 개발했다. 후일 샌프란시스코의 돌비 실험실에서는 4-트랙 광학 스테레오 사운드 온 필름 시스템(돌비 SVA, 1975)을 도입했고, 그다음에는 6-트랙, 70mm 자기(磁氣) 형식과 스펙트럼 녹음 시스템(돌비 SR, 1986), 그리고 1991년의 디지털 사운드 기술로 이어졌다.

간단히 말해 영화 기술은 텔레비전 기술과 불가분의 관계에 놓여 있다고 할 수 있다. 1950년대의 와이드스크린 혁명 이후에 일어난 가장 중요한 기술적 변화는 1970년대 중반 돌비가 소개한 소위 음향의 〈두 번째 도래〉와 영화 제작에 미친 비디오의 영향(HDTV, 비디오에 맞는 편집), 배급(케이블, 비디오테이프, 디스크), 그리고 공개 형태(홈 비디오)였다.

사운드

1950년대에 스테레오 자기식 음향을 받아들여 보급시키려던 20세기 폭스의 시도가 실패로 돌아간 이유는 주로 소규모 자영 극장들이 그에 필요한 장비 설치를 거부한 때문이었다. 하지만 대도시의 극장들은 토드-AO로 만들어진 70mm 영화, 슈퍼 파나비전 70, 울트라 파나비전 70, 그 외에 6-트랙 자기식 음향을 특징으로 하는 광폭 필름 형식과 함께 4-트랙 자기 스테레오의 시네마스코프 영화를 계속 상영했다. 1960년대에는 「벤허」(MGM 카메라 65, 1959), 「스파르타쿠스」(슈퍼 테크니라마 70, 1960), 「웨스트사이드 스토리」(슈퍼 파나비전 70, 1961), 「아라비아의 로런스」(슈퍼 파나비전 70, 1962), 「클레오파트라」(토드-AO, 1963), 「사운드 오브 뮤직」(토드-AO, 1965), 「2001 : 스페이스 오디세이」(슈퍼 파나비전 70/슈퍼 시네라마, 1968) 같은 70mm 블록버스터들이 영화 시장을 장악했다.

70mm 다중-트랙 스테레오 사운드 전문 상영관은 보통 영화관과는 비교할 수 없을 정도로 훌륭했고 가정에서 듣는 FM 라디오나 대개는 모노 음인 전축보다도 훨씬 우수했다. 하지만 홈 사운드 시스템에도 곧 변화가 찾아왔다. 1948년부터 컬럼비아 레코드는 분당 33$\frac{1}{3}$ 회전을 하는 하이파이 LP 레코드를 내놓기 시작했다. 1950년대 중반에는 오디오 애호가들 중에 최첨단의 오픈 릴*reel-to-reel* 스테레오 테이프 플레이어를 소유한 사람까지 생겨났다.

하지만 홈 스테레오가 시장에서 발판을 굳혀 가기 시작한 것은 미국의 레코드업계가 (2-트랙의) 스테레오 레코드를 내놓기 시작한 1957년도부터였다. 그 몇 년 뒤에는 미국과 유럽의 청취자들을 위한 스테레오 레코드(주로 고전 음악)가 만들어졌다. 1961년부터는 미국의 몇몇 FM 방송국들이 스테레오로 라디오 방송을 진행하기 시작했다. 방송사들을 위한 FM 대역폭(帶域幅)의 할당은 미연방통신위원회가 1964년이 되어서야 FM 스펙트럼을 열었기 때문에 처음에는 제한되어 있었다. 열었다고는 해도 FM과 FM 스테레오는 1970년대까지는 여전히 제한된 현상으로 남아 있었다. 1969년도까지는 고전 음악과 대중음악이 모두 모노에서 스테레오로 바뀌었다. 홈 스테레오 시스템도 일부 애호가에서 일반 소비자로 보급이 확대됐다. 스티브 핸조(1985)는 그 현상을 〈1970년대 초에 이르면, 미국 일반 가정의 10대들이 소유한 사운드 시스템이 동네 극장의 그것보다 훨씬 우수했다〉고 표현했다.

동네 극장 재정 규모로도 구입 가능한 하이파이, 4-트랙 스테레오 사운드의 도입과 함께 돌비 제품에 대한 일반 관객의 인식도 급속히 확산됐다. 돌비의 영화와의 관련은 테이프 잡음을 줄이기 위해 고안된 돌비의 잡음 감소 장치가 1971년 스탠리 큐브릭의 「시계태엽장치 오렌지」의 녹음 및 재녹음 과정에 사용되면서 시작되었다. 돌비의 4-트랙 광학 스테레오 시스템이 소개된 1975년과 1988년 사이에 전 세계적으로 돌비 스테레오를 설치한 극장은 무려 1만 1,000개에 이르렀다.

1975년 돌비의 스테레오 광학 시스템이 「토미Tommy」의 개봉과 함께 소개됐다. 시네마스코프 이래로 최초로 4-트랙 스테레오는 35mm 영화와 짝을 이루었다. 하지만 시네마스코프와는 달리 35mm에는 필름이 인화됨과 동시에 돌비의 스테레오 트랙도 광학 인화가 가능했기 때문에, 자기 음대 *magnetic stripe*를 넣고 소리를 각종 자기 트랙으로 옮기는 값비싼 작업 과정을 피할 수 있게 되었다. 돌비의 광학 스테레오는 인화된 것을 모노로 재생하는 비스테레오 영사기와도 호환이 가능했다.

하지만 돌비가 우리에게 친근한 이름으로 와 닿게 된 것은 정교하고 웅장한 음향 설계가 두드러졌던 1977년 「스타워즈」의 성공 때문이었다. 돌비 SVA(Stereo Variable Area) 사운드는 낮은 상영관의 수준은 끌어올리고 첨단 상영관에서는 6-트랙 70mm 시스템을 확장된 베이스*bass* 응답과 결합시킴으로써 70mm의 「스타워즈」를 다중-감각의 이벤트로 바꿔 놓았다.

「스타워즈」는 35mm 파나비전으로 찍어 70mm로 확대 개봉됐다. 35mm에서 70mm로의 확대는 오토 프레민저의 「추기경The Cardinal」 공개와 함께 1963년부터 시작되어, 그동안의 값비싼 65mm 포맷 사용에 사실상 종지부를 찍었다. 65/70mm 촬영은 슈퍼 파나비전 70을 사용한 「라이언의 처녀Ryan's Daughter」와 함께 1970년에 사실상 끝났다. 하지만 소련의 영화감독들은 계속 70mm(Sovscope 70)를 사용했고 아이맥스Imax와 옴니맥스Omnimax용 영화들도 70mm로 만들어졌다. 65mm로 만들어진 영화에는 「트론Tron」(1982)과 「브레인스톰Brainstorm」(1983) 외에도 「파앤드 어웨이Far and Away」(1992)가 있다. 확대*blow-up*는 제작자들로 하여금 가격이 좀 더 저렴한 35mm로 일단 찍은 다음 개봉 때에 확대를 할 것인지 말 것인지에 대해 제작 후 과정에서 결정할 수 있는 여지를 남겨 주었다. 하지만 안타깝게도 70mm로의 확대는 애너모픽 렌즈에 의한 화면 비율 *aspect ratio* 2.35대 1을 2.21대 1로 줄여 측면이 잘려 나가게 함으로써 35mm 원판 비율 그대로 재생하는 데는 실패했다.

돌비 스테레오를 사용한 「스타워즈」의 성공으로, 수백 개의 영화관이 돌비 시스템 시설을 갖춰 놓았다. 1977년에 100개에 불과하던 돌비 시스템 영화관이 1년 후에는 450개로 늘어났고 1989년까지는 2,000개, 1990년까지는 전 세계적으로 무려 1만 6,000개(그중 1만 개가 북미에 있었다)에 이르렀다. 디지털을 이용한 컴팩트 디스크가 1980년대 중반에 자기테이프에 도전해 오자 돌비는 신호의 순도는 높이고 잡음과 소리의 일그러짐은 감소시키는 방법으로 자기식 녹음 기술에 사용된 회로 기능을 극적으로 개량했다. 돌비는 원음 스펙트럼 녹음Dolby SR를 더빙하여 그것을 1986년 성공적으로 영화 산업에 도입함으로써 필연적인 것 같았던 디지털 사운드로의 이동을 몇 년 뒤로 늦춰 놓았다. 1990년까지는 전 세계 4만 3,000개의 녹음 스튜디오와 방송 시설이 돌비 SR 시스템 설비를 갖추었다.

영화의 디지털 사운드는 아직 실험적 단계에 머물러 있었다. 1980년대 후반, 이스트먼 코닥은 옵티컬 레디에이션 Optical Radiation 사와 함께 시네마 디지털 사운드라 불린 광학 디지털 사운드 시스템(금방 사라졌다)을 영화 「에드워드 가위손Edward Scissorhands」(1990)과 「딕 트레이시 Dick Tracy」(1990)를 통해 선보였다. 디지털 기술은 기술자들이 6개의 분리된 사운드 채널을 35mm 필름 위에 입힐 수 있게 함으로써, 70mm 설비가 되어 있지 않은 상영관들도 70mm 상영관의 그것과 비교될 수 있는 6-트랙 스테레오 사운드를 제공할 수 있게 했다. 하지만 유감스럽게도 시네마 디지털 사운드는 아날로그 광학용과 디지털용, 2개의 값비싼 인화 기기의 설비를 필요로 했다. 또한 디지털 설비에 고장이라도 날 경우, 영화를 돌릴 수 없다는 단점이 있었다.

1991년에 돌비는 아날로그 광학 트랙을 디지털 사운드트랙과 결합한 돌비 SR*D, 즉 광학 디지털 사운드 시스템을 도입함으로써 이러한 문제를 해결하였다. 보다 최근에 유니버설은 영화 「쥐라기 공원」(1993)을 35mm 아날로그 (광학)

돌비 실험실에서 「지옥의 묵시록」(1979) 스테레오 사운드 믹싱 작업에 한창인 기술자들.

돌비 스테레오와 스튜디오에서 자체 개발한 DTS(Digital Theatre Sound) 디지털 스테레오 둘 다를 사용하여 개봉했다. 모든 필름은 광학 스테레오 사운드트랙과 광학 타임 코드를 함께 기억하고 있어서 컴팩트 디스크(디지털 스테레오 사운드트랙이 담겨 있는)가 장착된 별도의 CD 플레이어에 동조시키는 것이 가능했다. 만일 어떤 이유로 별도의 6-트랙 디지털 사운드트랙에 고장이 나더라도 시스템은 필름 위에 기억된 아날로그 4-트랙 돌비 스테레오 사운드트랙으로 즉시 교체된다.

일렉트로닉스와 특수 효과

「스타워즈」(1977), 「클로스 엔카운터Close Encounters of the Third Kind」(1977), 「스타 트렉: 영화Star Trek: The Motion Picture」(1979)를 비롯한 첨단 공상 과학 영화들에 뒤이어, 특수 효과 기술이 잇따라 우주 시대에 합류했다. 특수 효과 작업은 일반적으로 정확히 일치하는 2개, 혹은 그 이상의 분리된 필름 스트립*strip*을 필요로 한다. 1950년대와 1960년대에는 이것이 정밀한 매트*matte* 작업으로 이루어졌다. 매트 작업은 한 이미지의 일부를 없애고 그 위에 다른 일부를 대체하는 마스킹〔프레임의 일부를 가리고 다시 찍은 다음, 다시 나머지 부분을 가리고 촬영하여 후에 한 화면으로 합성시키는 방법 — 역주〕의 일종으로, 2개 혹은 그 이상의 이미지를 성공적으로 결합시켜 주었다. 하지만, 복잡한 필름 스트립 상의 여러 인물과 물체의 움직임을 일치시키는 것은 엄청난 노동과 시간을 필요로 하고, 매트 작업이 성공적으로 끝났을 때조차 종종 매트 선*matte line*들이 나타나는 바람에 빛을 비추기가 힘들어져, 결국은 가짜같이 보이는 일이 허다하게 벌어지곤 했다.

컴퓨터 기술은 영화 특수 효과의 사실감을 놀라울 정도로 발전시켰다. 컴퓨터로 작동되는 영화 카메라를 이용하여 이제 감독들은 두 번의 〈상황〉, 즉 두 번의 촬영으로 특수 효과 필름을 확보할 수 있게 됐다. 첫 촬영에서는 배우나 연기를 담고, 두 번째 촬영에서는 프레임과 카메라 움직임은 처음과 동일하게 하되 배우나 연기 부분은 제외시키는 것이다. 컴퓨터는 카메라의 프레임과 움직임을 기록하여 이어지는 촬영에서 그것을 정확히 재생해 낸다.

좀 더 최근에는 그래픽을 생성해 내거나 매트 선이나 모조 흔적이 없는 매트 숏*matte shot* 효과를 내는 일에도 컴퓨터가 이용되었다. 디지털 기술의 사용은 특수 효과 전문가들로 하여금 35mm의 이미지를 화소들로 변형시켜, 그중의 어떤 화소들을 또 다른 이미지의 그것과 교체하여 그 이미지를 개조하는 것을 가능하게 했다. 이 기술은 「터미네이터 2: 심판의 날Terminator 2: Judgment Day」(1991)의 액체 금속 인간(로버트 패트릭) T-1000의 변형체를 살아 움직이게 하는 데 광범위하게 사용됐다.

1983년에는 제작 후 과정을 위한 전자식 기기가 소개되었다. 편집용의 35mm 필름은 이제 SMPTE 타임 코드로 인화되어 비디오테이프로 전사되었다. 컴퓨터로 작동되는 에디트드로이드Editdroid(또는 다른 상표의 전자식 편집 기계)를 이용하여 이제 편집자는 필름을 고르고, 자르고, 잇는 모든 과정을 재빠르게 처리할 수 있게 되었다. 편집 결과도 즉시 시영(始映)해 볼 수 있고 각종 편집 과정들도 계속될 재검과 선택에 대비하여 원래의 타임 코드 정보와 함께 저장하는 것이 가능했다. 35mm 필름 원판에 사용될 정확한 타임 코드 정보가 중앙 컴퓨터에 저장되어 있기 때문에 편집자들은 SMPTE 타임 코드로 필름과 비디오테이프상의 정확한 프레임을 찾을 수 있게 됐다. 오늘날 영화로 찍힌 텔레비전 프로그램의 거의 대부분은 전자식으로 편집되고 있다. 극장용 영화도 이 기술에 의존하는 비율이 점점 높아지고 있다. 현재 사용되고 있는 최첨단 35mm 영화 카메라에는 촬영 중에 광학 타임 코드가 원판 위에 수록되는 SMPTE 타임 코드 음향 발생기가 장착되어 있다.

고화질 TV(HDTV)의 개발은 몇몇 감독들로 하여금 영화 촬영과 제작 후 과정에 그 포맷을 이용하고, 다시 그것을 극장용 35mm 필름에 이동시켜 보는 좀 더 적극적인 실험을 할 수 있게 했다. HDTV는 특히 그 분야의 감독들에게 부여되는 보다 많은 창작상의 취사선택권으로 영화 촬영과 특수 효과 분야에 더욱 보편적으로 사용되고 있다. 세계적 명성을 얻은 바 있는 애니메이션 감독 즈비그네프 리브친스키가 「카프카Kafka」(1992)를 HDTV에 의존하여 촬영한 것도 복잡한 영상과 무제한적인 카메라 이동을 원했기 때문이다. 하지만 대다수의 촬영 감독들은 그것으로는 35mm 영화 필름의 〈참모습〉을 보여 주기 힘들다는 이유로 HDTV 포맷을 사용하려 하지 않는다.

포 맷

위성 방송, 케이블, 비디오의 보급으로 가정에서 영화 감상을 하는 사람들이 늘어나면서 배급과 영화 상영의 형태도 크게 변모했다. 1975년 HBO는 수십 년간 계속되어 온 기존의 〈기본〉 케이블 방송(수신 상태가 불량한 지역의 시청자들을 위한 네트워크와 지방 방송의 재방영으로 이루어졌다)을 강화한 〈프리미엄〉 서비스를 도입하여 최근 영화와 오락 프로그램을 위성 통신으로 내보내기 시작했다.

1977년, 테드 터너는 〈슈퍼 스테이션〉, TBS를 창설하여 고전 영화와 스포츠 경기를 비롯한 각종 프로그램을 방영하기 시작했다. 그 뒤 얼마 안 가, 쇼타임Showtime(1978)과 무비채널Movie Channel(1979)이 가정 영화 채널 시장에 뛰어들면서 1983년에 힘을 합쳤다. 이와 비슷한 현상이 1980년대 말의 영국과 유럽에서도 일어났다. 루퍼트 머독의 BSkyB와 몇 개의 경쟁사들이 위성 방송 채널을 만들어 영화, 뮤직비디오, 스포츠와 같은 오락 프로그램을 내보내기 시작한 것이다.

케이블과 같은 유료 방송과 더불어 비디오테이프와 디스크에 의한 영화 배급으로 관람 형태에 변화가 오면서, 사람들은 이제 집에서 편안히 영화를 보게 되었다. 홈 비디오 기술 도입으로 재개봉관, 레퍼토리 극장, 포르노 상영관들도 거의 자취를 감추었다. 어떤 영화 시장, 이를테면 영국 같은 곳에서는 이 홈 비디오로 인해 개봉관들이 타격받아 (나중에 어느 정도 회복되기는 했지만) 1974년에 1억 4300만이던 관객 수가 1984년에는 5300만으로 뚝 떨어졌다. 또한 와이드스크린 영화가 텔레비전 화면에 들어가면 잘리거나, 팬 앤드 스캔*pan and scan*〔대형화면이나 애너모픽 렌즈를 사용한 필름을 TV로 상영하기 위해 TV 표준 화면 비율인 1대 1.33에 맞도록 프레임의 크기를 조절하는 방식 — 역주〕되는 것이 보통이었기 때문에, 와이드스크린용 영화 제작에도 영향을 미쳤다. 1961년 이래 영화감독들은 텔레비전 화면의 팬 앤드 스캔 과정에서 영화가 손상되지 않게 하는 법을 익혀 왔다. 요컨대 영상 전체를 촬영 감독들이 보통 〈안전 작동〉 영역이라 부르는, 즉 텔레비전 화면에 꼭 들어맞도록 만든 것이다. 하지만 (대중의 제한적 호평과 더불어) 1980년대 후반과 1990년대에 화면의 위아래를 마스킹으로 가려 원래의 와이드스크린 비율을 보유할 수 있는 레터박스*letterbox* 형태가 출현하자, 영화감독들은 다시 와이드스크린 영화는 역시 와이드스크린 포맷을 이용해야 한다는 생각으로 돌아갔다.

대형 포맷 영화의 제작은 3스트립 시네라마(1963), 1스트립 슈퍼 시네라마(1970), 65mm/70mm 제작(1970) 형태가 사라진 뒤에도 쇼스캔Showscan, 아이맥스Imax, 옴니맥스Omnimax, 70mm 상영관과 같은 특별 상영 포맷으로 계속

라울 쿠타르 (1924~2016)

〈사탕발림은 안 돼. 우리는 진짜 빛으로 촬영할 거야.〉 장-뤼크 고다르가 그의 데뷔작 「네 멋대로 해라」(1959)를 찍으며 촬영 감독 라울 쿠타르에게 내린 지시는 프랑스 영화의 전통적 미학, 즉 시네마 드 칼리테*cinéma de qualité*에 의식적으로 반기를 든 시네마 베리테 스타일로, 누벨 바그의 신호탄이 되었다.

쿠타르와 고다르는 조르주 드 보레가르의 소개로 서로 알게 되었는데, 보레가르는 쿠타르를 촬영 감독으로 하여 3편의 피에르 쇤되르페 다큐멘터리를 만들었고, 나중에는 고다르의 많은 영화를 제작했다. 고다르의 보물 기사*opérateur fétiche*로서 쿠타르는 1967년도까지 13편의 영화를 고다르와 함께 만들며 그들만의 독특한 심미적 스타일을 추구해 갔다.

쿠타르는 본래 1945년과 1950년 사이에 『파리 마치』와 『라이프』의 인도차이나 특파원으로 활약한 바 있는 보도 사진 기자였다. 그 밖에 영화와 관련된 경력으로는 촬영 보조 기사 자격으로 프랑스 공보부를 위해 찍은 다큐멘터리 영화가 있다. 그는 다큐멘터리 미학을 상업 영화에까지 확대 적용했다. 사진 기자들에게 일반화되어 있던 핸드 헬드 카메라와 자연광, 그리고 생필름의 이용은 누벨 바그의 현장 촬영 기본 원칙에 이상적으로 맞아떨어졌다. 쿠타르는 주변적이긴 했지만 영향력은 컸던 「어느 여름의 연대기」(장 루슈와 에드가르 모랭, 1961)로부터, 자크 드미의 「롤라」(1961), 그리고 「피아니스트를 쏴라」(1960), 「쥘과 짐」(1961)을 비롯한 4편의 트뤼포 영화에 이르기까지 누벨 바그의 걸작들을 섭렵했다.

1970년대에 쿠타르는 텔레비전 광고와 자신의 개인 작품을 번갈아 만들며 일련의 주류 프랑스 영화를 위해 보다 전통적 스타일을 만들어 내는 능숙함을 과시했다. 베트남에서 촬영한 「호아빈」(1970)은 정치적으로 모호하다는 비난을 받고 그에 대해 쿠타르가 미학적으로는 전쟁을 〈아름답게〉 볼 수도 있는 것 아니냐며 반박하는 일이 벌어지기도 했지만, 그럼에도 장 비고상을 수상했다. 그는 아프리카에서의 군사 작전 연대기인 「콜웨지의 반란La Légion saute sur Kolwezi」(1979)으로 다시 그의 본업인 다큐멘터리로 돌아왔다. 1980년대 중반에는 고다르와 다시 손을 잡고 「미녀 갱 카르멘」(1983)과 「열정」(1982)을 만들었다.

크리스 다케

▪▫ 주요 작품

「네 멋대로 해라À bout de souffle」(고다르, 1959); 「피아니스트를 쏴라Tirez sur le pianiste」(트뤼포, 1960); 「롤라Lola」(드미, 1961); 「쥘과 짐Jules et Jim」(트뤼포, 1961); 「여자는 여자다Une femme est une femme」(고다르, 1961); 「어느 여름의 연대기Chronique d'un été」(루슈, 1961); 「비브르 사 비Vivre sa vie」(고다르, 1962); 「경멸Le Mépris」(고다르, 1963); 「부드러운 살결La Peau douce」(트뤼포, 1964); 「결혼한 여자Une femme mariée」(고다르, 1964); 「알파빌Alphaville」(고다르, 1965); 「미치광이 피에로Pierrot le fou」(고다르, 1965); 「메이드 인 유에스에이Made in USA」(고다르, 1966), 「주말Weekend」(고다르, 1967); 「고백The Confession」(코스타 가브라스, 1969); 「호아빈Hoa-Binh」(각본 겸 감독, 1970); 「미녀 갱 카르멘Prénom Carmen」(고다르, 1983); 「열정Passion」(고다르, 1985).

▪▪ 참고 문헌

Coutard, Raoul(1966), "Light of Day".
Russell, Sharon A.(1981), *Semiotics and Lighting: A Study of Six Modern French Camearmen*.

자크 드미 감독의 「롤라」(1961) 촬영장에서의 아누크 에메와 라울 쿠타르.

되었다. 특수 효과 전문가인 더글러스 트럼불에 의해 개발된 쇼스캔(1984)은 1초당 60개의 촬영된 프레임(1초당 24개가 기본이다)이 투사되는 70mm 포맷이다. 빠른 촬영 속도는 지극히 안정적이고 선명하고 세밀한 영상을 만들어 냈다. 몇 편의 단편 영화가 그 같은 방법으로 전 세계 관광지에 산재한 특별 상영관에서의 상영을 목표로 만들어졌다.

각종 엑스포, 세계 박람회, 테마 공원 등에 진출한 아이맥스와 옴니맥스 영화관도 65mm/70mm 포맷을 사용했다. 일본 오사카에서 열린 엑스포 '70에 처음 소개된 아이맥스 방식은 영화가 상영될 때, 15개 구멍 길이의 프레임을 노출시키며, 초당 24개의 프레임을 수평으로*horizontally*(비스타비전 카메라처럼) 돌아가게 하는 65mm 카메라에 의존한 방식으로, 전통적 65mm 카메라 포맷보다 무려 세 배나 넓은 이미지 영역을 만들어 낼 수 있다. 스크린에 나타난 아이맥스 영상은 1대 1.43의 화면 비율을 보이며 넓이보다는 길이가 길다는 점에서 보통의 와이드스크린 영상(1.66대 1에서 2.77대 1 사이)과는 차이가 있다.

1973년 샌디에이고의 천문관에서 첫선을 보인 옴니맥스도 (같은 카메라와 프레임 크기를 사용하는) 아이맥스와 비슷한 종류의 포맷으로 초와이드 앵글 렌즈(180도 어안 렌즈)로 촬영하고 그 촬영된 이미지를 극장 천장의 오목한 돔-스크린에 비추어 준다는 점에서 차이가 있다. 계속해서 아이맥스 기술은 옴니맥스 3D(1985), 아이맥스 3D(1986), 아이맥스 솔리도Solido(1990), 아이맥스 매직 카펫Magic Carpet(1990)을 탄생시켰다.

아이맥스 솔리도는 70mm 영상을 직경 약 79피트의 우산 모양 스크린에 비추어 주는 3-D 방식이다. 관객들은 액정 소자로 가득 찬 배터리 내장 안경을 착용한다. 왼쪽과 오른쪽 눈 장면을 차례로 보여 주는 한 쌍의 아이맥스 영사기에 따라 안경의 왼쪽, 오른쪽 렌즈도 동시에 열리고 닫힌다.

아이맥스 매직 카펫은 두 대의 아이맥스 영사기와 2개의 대형 아이맥스 스크린을 이용하여 하나의 영상은 관객 앞 스크린에, 다른 하나는 관객 아래의 스크린(투명 바닥을 통해 볼 수 있다)에 비추어 주는 방식이다. 광고 전단은 관객들에게 〈마치 아라비안 나이트의 마법 융단을 탄 것처럼 공중을 붕붕 떠다니는 듯한 느낌을 준다〉고 그것을 선전했다.

휴대용 기기

1차 대전 이후에는 영화 제작 장비에도 변화가 왔다. 35mm 카메라는 좀 더 가볍고, 좀 더 간결하고, 좀 더 휴대하기 편하게 만들어졌다. 1936년 독일에서 개발된 가벼운 무게의 아리플렉스Arriflex는 1945년에 할리우드(「어두운 통로Dark Passage」)에 도입되어 1960년대부터 광범위하게 이용되었다. 아리플렉스 카메라는 혁신적인 반사식 시계*view* 장치를 소개했는데, 이것은 즉 렌즈 축에 45도로 설치된 거울 달린 셔터가 렌즈를 통과한 이미지를 뷰파인더에 반사해 주는 장치였다. 오늘날 거의 모든 영화 카메라는 아리플렉스 스타일의 이 반사식 시계 장치를 사용하고 있다. 1947년 프랑스에서 개발된 에클레르Éclair의 35mm 카메플랙스Cameflex 카메라는 프랑스의 누벨 바그 감독들이 광범위하게 사용했고, 특히 장-뤼크 고다르와 라울 쿠타르의 「네 멋대로 해라」(1959)에서 가장 영향력 있게 사용되었다.

경량의 카메라는 35mm 영화 제작에 더 빠른 기동력과 유연성을 부여했다. 1970년대까지는 대부분의 카메라가 기사 한 명으로도 운반이 가능할 정도로 가벼워졌다. 하지만 받침대가 없는 핸드 헬드 카메라는 재래식 카메라보다 안정성 면에서 떨어졌기 때문에 할리우드에서는 별로 환영받지 못했다. 그러나 미하일 칼라토조프의 「나는 쿠바다Ya...... Cuba」(1963) 같은 영화에서도 볼 수 있듯이, 유럽과 기타 비할리우드 지역에서는 핸드 헬드 카메라가 작가의 존재를 드러내는 데 사용되었다.

1976년 카메라 기사 개럿 브라운은 카메라-고정 시스템, 스태디캠Steadicam을 완성시켰다. 스태디캠은 흔들림이나 진동 없이 카메라맨들이 자유자재로 짊어지고 다닐 수 있게 만들어진 장비였다. 「로키」(1976)의 몇몇 장면을 찍는 데 처음 사용된 스태디캠은 그동안 카메라 이동에 제한을 주었던 크레인, 이동식 촬영기대(臺), 트랙, 플랫폼 등 전통적 카메라 지탱 기기들로부터 영화 카메라를 해방시켰다. 또한 촬영기대 운반과 트랙 설치에 필요한 인원과 시간을 절감함으로써 제작비를 줄이는 효과도 가져왔다. 스태디캠은 스탠리 큐브릭의 「샤이닝」(1980) 촬영 때 광범위하게 사용되었는데, 이 영화에서 스태디캠은 호텔의 복도에서 어린아이가 세발자전거를 타고 다닐 때의 움직임을 아주 효과적으로 재현해 냈다.

아리플렉스와 에클레르(오리콘Auricon도 마찬가지)는 그 외에 경량의 16mm 카메라도 제작하여 1960년대와 이후 다큐멘터리 영화 발달에 적잖은 기여를 했다(16mm 카메라는 아마추어 홈 무비용으로 1923년 이스트먼 코닥에 의해 처음으로 개발되어 2차 대전 때에는 종군 사진 기자들이, 전후에

미켈란젤로 안토니오니 감독의 「여행자」(1975)에서 그 유명한 페널티메이트 숏*penultimate shot*을 준비하는 모습. 여기서 카메라는 유리창의 좁은 창살을 빠져나와 바깥쪽의 크레인으로 이동한다.

는 다큐멘터리와 아방가르드 영화 제작자들이 사용했지만, 전문적인 영화 촬영 기기로 자리 잡은 것은 1950년대 말과 1960년대 초이다). 이 신기술은 새롭게 등장한 영화의 한 유파에 기초를 마련해 주었다. 무게가 19파운드밖에 나가지 않는 에클레르NPR는 장 루슈, 에드가르 모랭(「어느 여름의 연대기Chronique d'un été」(1961), 그리고 크리스 마르케(「화창한 5월Le Joli Mai」(1963))) 같은 시네마 베리테 감독들의 중요한 촬영 도구가 되었다. 미국에서는 16mm 오리콘 카메라가 리처드 리콕, D. A. 페너베이커, 앨버트 메일스의 작품을 중심으로 일어난 〈다이렉트 시네마*direct cinema*〉 운동의 토대로 사용되었다. 이들은 위스콘신 주의 1960년 민주당 대통령 후보 경선을 다룬 다큐멘터리 「예비 선거Primary」(1960)를 공동으로 만들었다. 이외에도 리콕과 페너베이커는 「어머니날 축하Happy Mother's Day」(1963~4)를, 메일스는 「홍행사Showman」(1962)를 오리콘으로 만들었다.

신영화 기술의 또 다른 중요한 요소로 음의 동시 녹음과 줌 렌즈의 사용이 가능한 휴대용 나그라Nagra 테이프 레코더가 있다. 스위스의 발명가 슈테판 쿠델스키에 의해 1959년에 개발된 나그라는 동시음을 1/4인치 자기 테이프에 모노로 녹음하면서도 14파운드밖에 나가지 않는 완전 휴대용 기기였다. 이전의 자기식 음향 기기는 17.5mm와 35mm 사슬톱니식*sprocketed* 필름이나 1/4인치 테이프에 녹음하는 것은 가능했지만, 50에서 수백 파운드에 이르는 무게 때문에 휴대가 불가능했다. 상업 영화, 특히 정교한 설비가 갖추어진 스튜디오의 방음 스튜디오에서 만들어지는 영화에는 이전의 무거운 장비가 계속 사용됐으나 다큐멘터리 작가들은 저렴한 가격으로 촬영장에서의 동시 녹음이 가능한 이 새로운 기기를 즉시 채택했다.

줌

원시적인 줌Zoom 렌즈는 1920년대 말에 영국과 미국에서 처음으로 개발되어 「오늘 밤 내게 사랑을Love me Tonight」(1932)의 첫 시퀀스 〈도시 교향곡〉에서, 프랑스식 창문을 줌인*zoom in* 촬영한 것을 시작으로 몇 편의 영화에 개별적 〈특수 효과〉를 위해 사용되었다. 최초의 현대적 줌 렌즈는 1946년 프랑크 백 박사에 의해 완성되어 주마르 렌즈Zoomar lens라는 이름으로 시장에 선보였다. 초점 거리가 하나뿐인 재래식 렌즈와 달리 새로 나온 이 줌 렌즈는 와이드 앵글부터,

표준, 망원 렌즈에 이르기까지 서로 다른 다양한 초점 거리를 지닌 다초점 렌즈였다. 이로써, 불가능하지는 않았지만, 고정 초점 렌즈로는 찍기 힘들었던 장면들을 이젠 찍을 수 있게 되었다. 찍기 힘들었던 장면들이란, 말하자면 야구 경기 같은 것을 말한다. 각기 다른 위치에서 벌어지는 이런 장면들을 중심 지점에서 연속으로 잡기 위해서는 예전에는 여러 대의 카메라(즉 각각 다른 초점 렌즈)가 필요했지만(아니면 복수 카메라 장비), 이제는 줌 인하여 클로즈업하거나 줌 아웃하여 와이드 숏으로 이동하는 것이 가능한 줌 렌즈 카메라 한 대만으로도 이런 장면들을 찍을 수 있게 되었다.

1963년 프랑스 회사 앙제니외Angénieux는 12mm에서 120mm까지의 초점 거리 이동이 가능한 줌 렌즈를 시장에 내놓았는데, 이것은 17.5mm에서 70mm밖에 되지 않던 이전의 제한된 줌 비율을 혁신적으로 개량한 것이었다. 줌 촬영도 하고 〈고정〉 초점 렌즈로도 사용될 수 있는 줌 렌즈는 시네마 베리테와 다이렉트 시네마의 많은 감독들, 그리고 로베르토 로셀리니〔「루이 14세의 등극La Prise de pouvoir par Louis XIV」(1966), 「코시모 데 메디치의 시대L'età di Cosimo de'Medici」(1972)〕와 같은 〈픽션〉 영화감독들에게 최고의 (혹은 유일한) 렌즈로 부상했다. 1960년대에 줌 렌즈는 홈 무비 촬영 카메라 슈퍼 8에 상용되던 유일한 렌즈였고, 1970년대에 이르러서는 이전엔 주로 카메라의 움직임과 함께 또는 〈고정〉 초점 거리 렌즈로만 사용되던 것이, 전 세계적으로 상업 영화 촬영의 대표적 기기가 되었다. 1970년대 초반에 영화감독들은 하나의 극초점 거리에서 다른 극초점 거리로 신속히 이동하는 고속 줌 촬영을 실험하여〔「딸기 백서The Strawberry Statement」(1970)〕 어쭙잖게 신기술로의 관심을 집중시키는 듯했지만, 1970년대 말과 1980년대 초에 〈극단적인〉 줌 촬영을 포기하고 실제 카메라 움직임과 연결하면 몇 피트 확장이 가능한 중간 정도의 줌으로 다시 복귀했다.

아마추어와 실험 영화 제작

여러 가지 면에서 볼 때 아마추어들의 영화 제작은 신기술과 새로운 영화 작법이 만나는 교차점에 있다고 말할 수 있다. 그 좋은 예로 다큐멘터리와 아방가르드 영화는 신기술에 의존하는 정도를 넘어 그 힘으로 만들어지고 있다고 해도 과언이 아니다. 전후 대부분의 영화인들은 값이 비교적 저렴했던 16mm 장비로 영화를 찍었다. 1932년에 도입된 8mm 포맷은 주로 아마추어 영화인들이 홈 무비를 만드는 데 이용되었지만, 아방가르드나 다큐멘터리 영화 제작에도 간혹 이 장비를 이용한 사람이 있었다. 출발은 16mm로 하고〔「밤에 대한 기대 Anticipation of the Night」(1958), 「윈도 워터 베이비 무빙 Window Water Baby Moving」(1959)〕 후일 실험 영화는 8mm로 찍은〔「노래 1~30Songs 1~30」(1964~9)〕 스탠 브레이키지라든지, 사울 러빈〔「브레이킹 타임 1~4Breaking Time Parts 1~4」(1978~83)〕, 마저리 켈러〔「둘과 셋으로: 여인들By Twos and Threes: Women」(1974)〕 같은 감독들이 그 대표적인 예이다. 8mm 작품 중 가장 유명한 것은 아마도 에이브 재프루더라는 아마추어 사진가가 찍은 케네디 피격 다큐멘터리일 것이다.

하지만 아방가르드와 실험 영화인들의 대부분은 여전히 16mm를 사용했고, 이 포맷은 1940년대의 마야 데런의 선구적 작품들〔「오후의 올가미Meshes of the Afternoon」(1943), 「거룩한 시간의 의식Ritual in Transfigured Time」(1946)〕의 뒤를 이어 1970년대까지 영화 예술인들의 독보적 형식이 되었다. 16mm를 사용한 감독들로는 브레이키지〔「나방불Mothlight」(1963), 「도그 스타 맨Dog Star Man」(1961~4)〕, 페터 쿠벨카〔「아프리카로의 여행Unsere Afrikareise」(1966)〕, 요나스 메카스〔「리투아니아 여행의 회상Reminiscences of a Journey to Lithuania」(1972)〕, 마이클 스노〔「파장Wavelength」(1967)〕, 홀리스 프램튼〔「존스 레마Zorns Lemma」(1970)〕, 케네스 앵거〔「스코르피오 라이징Scorpio Rising」(1964)〕 등이 있다. 주류와 언더그라운드 사이에서 존 카사베티스는 「그림자들Shadows」(1960)과 「얼굴들Faces」(1968)을 촬영은 16mm로 하고 극장에서는 35mm로 확대해 상영했다.

1965년 슈퍼 8이라 불리는 새로운 아마추어 포맷이 등장했다. 천공의 크기는 줄고 프레임의 높이는 올라간 슈퍼 8은 스탠더드 8보다 50퍼센트나 더 넓은 이미지 영역을 제공할 수 있어서 영사될 때는 더 밝고 선명한 화질을 만들어 냈다(비슷한 발전이 16mm 포맷에서도 일어났다. 즉 스탠더드 16mm보다 40퍼센트 더 넓은 이미지 영역을 가진 슈퍼 16mm가 1970~1년에 등장하여, 35mm로의 확대까지 가능한 포맷으로 비교적 싼값에 영화인들에게 공급된 것이다). 자신의 〈연기〉 장면을 슈퍼 8로 멋지게 포착한 비토 아콘치〔예를 들면 「간파See Through」(1970)〕처럼 슈퍼 8은 행위 예술가들에 의하여 단순히 녹화용으로만 사용되기도 했다. 마누엘 델란다는 슈퍼 8을 이용하여 뉴욕의 거리 생활을 묘사하고〔「삼키면

해로운가 치명적인가Harmful or Fatal if Swallowed」(1975~80)〕, 분무기로 그린 자신의 낙서 예술*graffiti*을 기록 영화로 만들었다〔「주의주의Ismism」(1977~9)〕.

1974년 슈퍼 8 사운드 카메라가 등장하자 사울 러빈〔「초가을의 단상Notes of an Early Fall」(1976), 「차이나 블루의 만리장성을 두드리며Bopping the Great Wall of China Blue」(1979)〕과 같은 이전의 8mm 아티스트들은 곧바로 슈퍼 8 사운드로 장비를 교체했다. 또한 이 기기는 필리핀 영화인 레이먼드 레드〔「펠리쿨라Pelikula」(1985)〕, 펑크 페미니스트 비비언 딕〔「게릴라와의 대화Guerillere Talks」(1978), 「야수의 짝은 미녀Beauty Becomes the Beast」(1979)〕, 에리카 베크먼〔「우리는 모방했다: 우리는 깨졌다We imitate: We Break-up」(1979), 「당장Out of Hand」(1980)〕 등의 신세대 예술가들에게 널리 퍼졌고, 베스 B와 스콧 B의 「범죄자들Offenders」(1978~9) 같은 영화는 언더그라운드 펑크 클래식의 대명사가 되었다.

베스 B와 스콧 B〔「소용돌이Vortex」(1982)〕처럼 슈퍼 8에서 16mm로 장비의 고급화를 실현한 사람도 있기는 하지만 대부분의 영화인들은 아직 슈퍼 8을 계속 사용했고, 그러한 경우에는 비디오에 옮겨 담아 공개할 수밖에 없었다. 영국의 영화감독 데렉 저먼〔「템페스트The Tempest」(1979), 「영국의 최후The Last of England」(1987)〕은 값싸고 다루기 쉬운 아마추어 장비의 이점을 살려 종종 자신의 원판 영화를 슈퍼 8로 촬영했다. 영상의 질은 슈퍼 8로 찍은 필름을 1인치 비디오로 옮겨 거기에서 35mm로 찍어 놓은 필름과 간격 편집*intercut*하여, 35mm 포맷으로 극장 상영을 할 수 있을 정도로 훌륭했다.

비디오 기술의 중요성은 상업 영화 제작 부문에서 계속 증가하고 있다. 앞으로 몇 년 내에 더 많은 영화들이 HDTV 포맷으로 촬영될 것이고 극장 개봉과 케이블 TV 상영이 동시에 이뤄지는 영화도 계속 증가할 것이다. 하지만 이 모든 변화에도 불구하고 토머스 에디슨(과 그의 조수 딕슨)이 100년보다 더 이전에 발견한 35mm 영화 포맷은 앞으로도 당분간은 기록을 위한 매체*medium of record*로 남아 있게 될 것이다.

참고문헌

Belton, John(1992), *Widescreen Cinema*.

Handzo, Stephen(1985), “A Narrative Glossary of Film Sound Technology”.

Issari, Mohammad Ali, and Paul, Doris A.(1979), *What Is Cinema Verite?*

Lipton, Lenny(1975), *The Super 8 Books*.

Salt, Barry(1992), *Film Style and Technology: History and Analysis*.

Souto, H. Mario Raimondo(1977), *The Technique of the Motion Picture Camera*.

섹스와 선정성

린다 윌리엄스

1960년대 이전의 미국 영화에 나오는 등장인물들은 모두 할리우드의 악명 높은 제작 규약에 따라 총에 맞아도 피를 흘리지 말아야 했고 싸울 때도 욕설하면 안 되었으며 아기도 섹스 없이 가져야 했다. 검열은 특히, 영화에서 인간 생활로서의 성을 아예 생략하거나 차단시키려는 계획과 동기로 칼자루를 마구 휘둘렀다. 그렇다고 미국 영화에 성욕의 분출구가 아예 없었다는 의미는 아니고 단지 다른 곳으로 전도된 것뿐이었다. 이 성욕의 대상들은 흔히 이국적인 유럽의 〈요부들*femmes fatales*〉일 경우가 많았다. 자신들이 만들어 내는 욕망으로부터 육체는 늘 저만치 떨어져 있는 듯한, 가까이 할 수는 없지만 너무도 고혹적인, 가르보와 디트리히 같은 여성들.

그러나 유럽, 특히 스칸디나비아 반도에서는 성적 표현에 대한 검열이 그다지 심하지 않았다. 프랑스와 이탈리아 영화는 불륜을 비롯한 〈간통〉 표현에 좀 더 개방적이어서, 특히 간통의 경우에 행위 자체를 적나라하게 보여 주진 않았지만 내러티브에는 거의 포함되었다. 성욕의 문제만 해도 르누아르의 「나나」(1926)로부터 「원무」(1950), 「쾌락」(1952), 「아무개 부인」(1953)과 같은 막스 오퓔스의 1950년대 웅장한 영화들에 이르기까지 프랑스 무성, 유성 영화의 주제와 모티프로 이미 충분히 다루어진 상태였다. 세속적인 어떤 면이 늘 팽배해 있던 이탈리아의 경우에는 모티프 자체가 성적일 경우가 많았다. 그 좋은 예가 제임스 케인의 하드보일드 소설『포스트맨은 벨을 두 번 울린다』를 각색하여 만든 루키노 비스콘티의 「강박 관념」(1942)으로, 이 영화는 1946년 당시의 미국으로서는 감히 엄두도 못 낼 노골적인 표현으로 성욕과 물욕에 굶주린 주변인들의 모습을 그려 내고 있다. 이탈리아에서 네오리얼리즘에 의한 당대 사실성에로의 복귀 요구는, 안나 마냐니의 〈순결하고〉 깨끗한 이미지로부터 마르첼로 마스트로얀니의 퇴폐적 섹스 행위에까지 이르는 광범위한 성적 주제가 로베르토 로셀리니의 「기적」(1948), 주세페 데 산티스의 「애정(哀情)의 쌀Riso amaro」(1948), 후기 네오리얼리스트 감독들인 비토리오 데 시카의 「두 여인」(1960)과 페데리코 펠리니의 「달콤한 인생」(1960)과 같은 다양한 영화들에서 앞으로 계속 다루어지게 되리라는 것을 의미했다.

나라마다 다른 이런 차이점에도 불구하고 1960년대에는 뉴 웨이브와 다양한 르네상스의 물결을 타고 공식적이든 비공식적이든 검열이 뚜렷이 완화된 것을 느낄 수 있었다. 새로운 스타일과 좀 더 독립적이 된 제작 형태에 힘입어 각국의 영화들은 성 표현의 새로운 단계, 심지어는 전에 볼 수 없던 관능성까지도 보여 주었다. 이러한 개방화는 미국보다는 유럽이 좀 덜 두드러졌다. 일례로, 프랑스 리비에라 해변의 성적 분방함을 누리며 방황하는 여성 역을 완벽하게 소화해 낸 브리지트 바르도의 매력으로 일대 센세이션을 불러일으킨 로제 바딤의 「그리고 신은 여자를 창조했다Et Dieu créa …… la femme」(1956)는 남녀 간 접촉에 있어서는 이전의 프랑스 영화와 별다를 게 없으면서도, 그 생기발랄한 느낌과 상대적으로 많은 섹스 장면, 선명한 색상, 그리고 와이드스크린 형태로, 앞으로 도래하게 될 뉴 웨이브 운동에까지 영향을 미칠, 새로운 절박감과 충격을 영화계에 몰고 왔다. 뉴 웨이브의 무엇보다도 가장 중요한 측면 중의 하나는 침실에서 일어나는 사랑도 다른 곳에서 일어나는 사랑만큼이나 중요할 수 있다는 것을 보여 준 러브 스토리의 보급이었다. 루이 말의 「연인들Les Amants」(1958)은 연하의 남성과 유부녀 간의 사랑의 긴장감을 다룬 영화이고, 알랭 레네의 「히로시마 내 사랑」(1959)은 성욕과 죽음과 원폭의 관계를 그린 영화이며, 튀르포의 「쥘과 짐」(1961)은 여성성의 극치라 할 수 있는 영원한 여성과의 삼각관계에서 비롯된 함정을 다룬 영화이고, 고다르의 「비브르 사 비Vivre sa vie」(1962)는 졸라의 『나나 *Nana*』를 현대식으로 개작하여 돈과 섹스의 교환을 냉정하고 분석적으로 그린 작품이다.

동유럽에서 검열의 완화는 새로운 사회주의 모델의 등장, 스탈린주의의 종말, 그리고 그에 따른 공산주의의 붕괴와 함께 찾아왔다. 이들 나라들의 뉴 웨이브가 성적 표현과 사회 비판과의 결합으로 나타난 것은 그런 맥락으로 이해될 수 있다. 유고슬라비아의 「도시Grad」(1963) 같은 영화는 비평가들의 조롱 섞인 말을 빌리면, 삶을 무의미한 욕망으로 변질시켰다는 이유로 상영이 금지되기까지 했다. 하지만 1960년대 중반에 이르러 세르비아 감독 두샨 마카베예프는 자신의 두 영화 「전화 교환원Switchboard Operator」(1967)과 「W. R.: 유기체의 신비W. R.: Mysteries of the Organism」(1968)에서 성적 사회적 삶에 대한 일련의 눈부신 풍자 속으로 그 욕망을 교묘하게 밀어 넣고 있다. 빛나는 영화 전통과 함께 그 유명한 「황홀경」(1932)의 나라이기도 한 체코슬로바키아에서는 1960년대 초에, 반스탈린주의, 반사회주의적 사실주의, 분방한 성, 무정부주의적인 영화들이 등장했는데, 이러한 특징들은 무정부주의적인 두 여인에 대한 초현실적이고 풍부한 탐구로 유명한 베라 히틸로바의 「데이지 꽃Sedmikrásky」(1966) 같은 작품들에 특히 잘 나타나 있다.

스웨덴의 경우, 성은 다소 삭막한 목적으로 이용되어야 한다는 어딘지 모르게 루터교적인 죄의식에 빠져 있는 듯했다. 잉마르 베리만은 실존적 고뇌를 강조하기 위한 수단으로 성적인 장면을 계속 이용했는데, 「처녀의 샘Jungfrukällen」(1959)에서의 그 유명한 강간 장면과 「침묵Tystnaden」(1963)에서의 자위 행위 장면, 그리고 「페르소나Persona」(1966)에서의 주연(酒宴) 장면이 그 좋은 예이다.

한편, 무리 없이 굴러가는 자체 검열의 긴 역사를 지닌 할리우드의 제작 규약은 노골적인 성적 표현은 애초부터 차단해 버렸고, 혹시 그런 영화가 나올 낌새라도 보이면 옛날의 그 압제적 태도로 당장 되돌아갔다. 그 제작 규약에 첫 도전장을 던진 영화가 오토 프레민저의 「달은 푸르다The Moon is Blue」(1953)였다. 하지만 이 작품도 영화 속에 나오는 성적 언어(〈처녀*virgin*〉나 〈정부*mistress*〉와 같은 온순한 말까지도) 때문에 결국 제작 규약의 승인을 얻지 못했다. 이후에도 역시 프레민저의 「충고와 동의Advise and Consent」(1962)에서는 국회의원의 동성애 이야기로, 마이크 니콜스의 「누가 버지니아 울프를 두려워하랴Who's Afraid of Virginia Woolf?」(1966)에서는 싸움의 과장된 행동은 모두 히스테리성 임신

브리지트 바르도 (1934~)

브리지트 바르도는 프랑스 영화 스타 이상의 존재, 즉 하나의 문화 현상이다. 잡지 표지에서부터 우편엽서, 다큐멘터리, 심지어는 노래에 이르기까지 그녀의 이미지는 그녀의 별칭인 〈비비B. B.〉와 더불어, 그녀의 영화를 1편도 본 적이 없는 수백만의 사람들에게까지 알려져 있다. 그리고 바르도의 영향력은 1950년대와 1960년대 초기의 몇몇 영화들에서 프랑스 특유의 여인상을 구현했다는 사실에서 유래한다.

바르도는 파리의 상류 부르주아 집안에서 태어났다. 어릴 적에 받은 발레 교습으로 우아한 몸매를 지니게 되었고 그 자태는 관능적인 용모와 결합하여 그녀를 성공적인 모델 데뷔로 이끌었다. 1952년에 사진가(나중의 영화감독)인 로제 바딤과 결혼한 그녀는 「노르망디의 오두막」(1952) 같은 코미디와 르네 클레르의 「위대한 전략」(1955)과 같은 사극 영화에서 단역을 맡는 것으로 영화배우의 이력을 시작했다. 당시 그녀의 성적 매력은 밀렌 드몽제나 파스칼 프티 같은 〈병아리 스타〉들의 그것과 비슷한 수준(영국 영화 「바다의 박사Doctor at Sea」(1955)에서도 마찬가지)에 머물러 있었다. 그런 그녀를 스타로 만든 것이 로제 바딤의 멜로드라마 「그리고 신은 여자를 창조했다」(1956)였다. 가끔은 누벨바그의 전조로 이 영화를 꼽는 사람도 있기는 하지만, 로케이션 장소(생트로페는 이후 중요한 관광지가 되었다)를 제외하면 이 영화는 전통적 방법으로 촬영된 진부한 이야기에 불과했다. 하지만 알몸으로 일광욕하는 첫 이미지에서부터 그녀는 1950년대 프랑스의 섹스 신화로 떠올랐고, 세계 시장, 특히 유럽 여배우의 〈자연스러운〉 성적 매력을 갈망하는 할리우드에 중요한 수출 품목이 되었다.

「그리고 신은 여자를 창조했다」를 통한 바르도의 이미지는 강렬하고 제멋대로인 성적 매력과 어린애 같은 천진난만함이 결합된 말괄량이였다. 앞머리를 올렸다 내렸다 하면서, 가끔은 뒤로 묶기도 하는 〈야성적인〉 긴 머리에, 터질 듯한 풍만한 가슴과 탄력 있는 몸매. 하지만 그 폭발적인 성적 매력에도 불구하고, 그녀는 여전히 잘 토라지고 깔깔거리기도 잘하는 철부지 소녀였다. 그녀의 훈련되지 않은 자연스러운 연기(종종 비판의 대상이 되기도 하는)가 이 강렬한 결합에 확실성을 더해 주었다. 하지만 그렇게 굉장한 성공을 거두었는데도 그녀는 연기에 관심이 없음을 고백하면서 시시한 영화들에만 출연했다. 하지만 클로드 오탕라라의 「사랑은 내 직업」(1958)과 앙리 조르주 클루조의 법정 드라마 「진실」(1960)은 현대 프랑스에서의 그녀의 문화적 위치를 말해 주는 매혹적인 증언이 되었고, 이 두 영화에서 그녀의 섹슈얼리티와 그녀의 세대는 매혹의 대상임과 동시에 재판의 대상이기도 했다. 각기 다른 방법으로 그녀의 이미지를 특징으로 삼기보다는 그것에 코멘트를 던진 작품이라 볼 수 있는 루이 말의 반자전적 영화 「사생활Vie Privée」(1962)과 고다르의 「경멸」(1963)은 진정한 영화 스타로서의 그녀의 짧은 이력에 종말을 고하는 신호탄이 되었다. 그런데도 그녀의 우상적 위치는 변하지 않았다.

그녀는 우상화되었다. 오늘날 여성들이 〈슈퍼 모델〉들의 흉내를 내듯, 그 당시의 수백만 여성들은 그녀의 의상(특히 자크 샤리에와의 두 번째 결혼식 때 입은 깅엄 웨딩드레스)과 헤어스타일을 앞다투어 모방했다. 그녀는 프랑스 공화국을 상징하는 마리안Marianne의 모델이 되기도 했다. 그런가 하면 지독한 공격과 모멸의 대상이기도 했다. 바르도 매력의 열쇠는 남성들이 꿈꾸는 전형적인 환상의 대상이면서(로제 바딤의 말을 빌리면 〈결혼한 남성들의 불가능한 꿈〉) 또한 여자 제임스 딘이라고도 할 수 있는 그녀의 이미지에 있다. 그녀의 죄의식 없이 즐기는 성행위와 욕망의 적극적 표현을 본 시몬 드 보부아르는 그녀를 〈희생물이면서 또한 사냥꾼이기도 한 여성〉이라고 지칭했다. 그런 의미에서 그녀는 비록 현실적이지는 않았다 해도 1950년대의 억압적 분위기 속에서 프랑스 여성들이 동일시한 대상이었음은 분명하다.

순수한 섹스 스타로서의 그녀의 제한된 〈유효 기간〉은 1960년대 말과 1970년대 초의 급격한 쇠락으로 분명히 드러났다. 루이 말 감독의 「비바 마리아」(1965)와 우스꽝스러운 모방 서부극 「맹렬 여성들」(크리스티앙-자크, 1971)을 제외하고, 그녀의 후기작들은 모두 자의식적이고 달콤한 포르노 쪽으로 타락해 갔다.

하지만 그녀는 같은 시기에 활동했던 먼로와는 달리, 그리고 몇 번의 자살 기도에도 불구하고 여전히 스태미너와 사업 감각을 지니고 있었다. 1973년 그녀는 영화와 〈남자들〉로부터 공식적으로 은퇴하고 부유한 여인으로 자기 소유의 여러 집을 돌아다니며 수많은 동물들과 함께 살아가고 있다(1992년에 네 번째 결혼을 하긴 했지만). 1980년대와 1990년대 내내 그녀는 동물 보호 운동에 몰두하고 있다.

지넷 빈센도

▪ 주요 작품

「노르망디의 오두막Le Trou normand」(1952); 「위대한 전략Les Grandes Manœuvres」(1955); 「트로이의 헬렌Helen of Troy」(1956); 「신부는 너무 이쁘다La Mariée est trop belle」(1956); 「그리고 신은 여자를 창조했다Et Dieu créa…… la femme」(1956); 「파리 여성Une Parisienne」(1957); 「사랑은 내 직업En Cas de malheur」(1958); 「여자와 광틴La Femme et le pantin」(1959); 「바베트 참전하다Babette s'en va-t-en guerre」(1959); 「진실La Vérité」(1960); 「세기의 사랑Les Amours célèbres」(1961); 「휴전Le Repos du guerrier」(1962); 「경멸Le Mépris」(1963); 「비바 마리아Viva Maria!」(1965); 「샬라코Shalako」(1968); 「맹렬 여성들Les Pétroleuses」(1971); 「돈 주안이 여자였다면Si Don Juan était une femme」(1973).

▪▪ 참고 문헌

De Beauvoir, Simone(1961), *Brigitte Bardot and the Lolita Syndrome.*

Rihoit, Catherine(1986), *Brigitte Bardot: un mythe français.*

「그리고 신은 여자를 창조했다」(1956)의 세트에서의 브리지트 바르도.

증상이었음이 밝혀지는 내용의 그칠 줄 모르는 부부 싸움으로, 제작 규약에 대한 도전은 계속됐다.

제럴드 매스트(1986)는 섹스와 폭력이 특히 〈옛 할리우드 장르 영화를 냉소적으로 바라보는 데〉 사용된 점을 제작 규약 이후의 새로운 할리우드에 나타난 가장 특징적인 요소로 꼽았다. 매스트가 볼 때, 〈이전의 좀 더 외면적이고 적극적인 장르를 관능화한 게〉 가장 잘 드러난 곳은 「우리에게 내일은 없다」(1967)와 같은 갱스터 장르나 「와일드 번치」(1969), 「내일을 향해 쏴라Butch Cassidy and the Sundance Kid」(1969), 「매케이브와 밀러 부인」(1971)과 같은 서부극들에서 보이는 수정주의적 시각이었다. 그중 「우리에게 내일은 없다」는 섹스(남성의 성교 불능과 성적 욕구를 은행 강도로 풀곤 하는)와 폭력(발레 같은 아름다움과 솟구쳐 나온 내장을 느린 동작으로 잡아낸 그 극적인 클라이맥스)의 혼합으로 성적 동기들을 재결합했다는 점에서 가장 전형적인 작품이었다.

그러나 지금 뒤돌아보면 1960년대의 할리우드에 나타난 변화 중 가장 통찰력이 있었던 영화는 앨프리드 히치콕의 「사이코」(1960)였다. 당시 이 영화는 섹스와 폭력을 과다하게 사용했다 하여 비평가들의 조롱을 샀고 「사이코」보다 영향력은 좀 떨어지지만 통찰력의 조짐은 확실히 있었던 히치콕의 영국인 동료 마이클 파월의 「변태 성욕자」(1960)도 마찬가지였다. 이 두 영화에서 섹스는 구역질 나는 비밀로 숨겨져 있다가 마침내 벽장 밖으로 던져진다. 과연 평단의 처음 냉대에도 불구하고 이 〈비밀〉을 이용하여 거두어 낸 히치콕의 흥행 성공은 흥행 참패로 비슷한 표현의 길이 막혀 버린 파월의 영국만큼이나 향후 미국 영화의 섹스와 폭력에 대한 관능성을 결정함에 있어 중요한 요소였다고 해도 과언은 아닐 것이다. 오늘날의 관점에서 「사이코」의 과도함이 시시하고 뻔해 보이기까지 한다면 그것은 섹스와 폭력의 뒤섞임이 브라이언 드 팔마의 「드레스드 투 킬Dressed to Kill」(1980)과 보다 최근의 블록버스터 「위험한 정사Fatal Attraction」(1987)나 「원초적 본능Basic Instinct」(1992)처럼 저예산 〈사이코 호러〉만이 아닌 고예산 에로틱 스릴러에까지 반복 사용되는 하나의 전형으로 굳어 버렸기 때문이다.

「사이코」는 미국 영화사에서 하나의 중요한 전기가 되었다. 주류 영화를 보는 것이 곧 성적 스릴의 체험으로 인식되기 시작했고, 안정 상태로의 완전 복구를 거부하는 것에서 기쁨을 느끼는 일종의 사도-마조히즘적 체험이 되었다. 우리는 오직 회상을 통해서만 「사이코」를 〈호러〉라는 일반적 통칭으로 부를 수 있다. 〈호러〉라고 부를 수 있는 이유는 그 영화를 보면 오금이 저리도록 무섭기 때문이다. 하지만 당시에 우리가 느꼈던 감정은 장르 카테고리로는 분류나 설명이 불가능한 에로틱한 즐거움과 공포의 그 환상적 결합이었다.

미국 영화에서 섹스를 마침내 드러낼 수 있는 비밀로 인식했다는 것은 메소드 연기*method acting*의 새로운 유행으로도 잘 알 수 있다. 잘 알려진 바대로 그 연기의 불명료한 발음은 섹슈얼리티, 특히 남성-여성의 갈등, 마조히즘-사디즘적 갈등의 동기에 그 뿌리를 두고 있는 풍부한 육체적 표현과 결합되었다. 말런 브랜도, 제임스 딘, 몽고메리 클리프트와 같은 스타들은 존 웨인이나 케리 그랜트와 달리, 복잡하고 혼란스러운 남성미를 지닌 로버트 드니로, 알 파치노, 워런 비티 같은 전혀 새로운 남성 스타들의 시대를 여는 역할을 했다. 〈성적으로 무르익은〉 육체를 감정이 따라잡지 못하는 여자 배우들의 경우는 물론 별개의 이야기이다. 성적인 면에 대한 치중은 여배우들의 연기 폭을 좁히는 결과를 가져와 베티 데이비스의 지성과 강인함은 이제 메릴린 먼로의 녹아드는 부드러움이나 제인 폰다의 1차원적 연약함으로 보충되었다.

한때 미국 대중 영화의 위대한 두 화면 밖의 힘이었던 섹스와 폭력은 이제 1960년대의 새로운 영화 전통에 필요한 진정한 〈존재 이유*raison d'être*〉가 되었다. 주류 할리우드는 「사이코」뿐만이 아니라 스코시스, 드 팔마, 코폴라와 같은 이전의 선정*exploitation* 영화감독들까지 합법적으로, 그동안 힘들게 터득한 장르 교훈을 노골적이고 관능적인 주류 영화에 쏟아 부음으로써 그야말로 〈선정적〉이 되어 버렸다. 한편 노골적인 도색 영화는 불법 언더그라운드에서 이전의 선정 영화로 한 단계 위치가 상승했다[포르노 영화가 분명한데도 주류 관객들이 감상한 첫 영화로 엄청나게 중요한 위치를 차지한 「목구멍 깊숙이Deep Throat」(1972)가 그 좋은 예이다].

한편 초현실주의와 다다의 전통을 따르고 있던 미국의 아방가르드 언더그라운드는, 1960년대에 비트족 성향의 「시바의 여왕 아톰 맨을 만나다Queen of Sheba Meets the Atom Man」(론 라이스, 1965~7), 동성애 영화 「불타는 피조물들Flaming Creatures」(잭 스미스, 1963), 동성애를 신화화시킨 「스코르피오 라이징」(케네스 앵거, 1964)과 「루시퍼 일어서다Lucifer Rising」(1966~80), 알 듯 모를 듯한 무표정한 연기를 보여 준 앤디 워홀의 「펠라티오Blow Job」(1964)와 「누드 레스토랑Nude Restaurant」(1967), 캐럴리

슈네먼의 섹스 영화 「퓨즈Fuses」(1964~7)와 같은 영화들로, 한계 수위를 넘어서는 분방한 섹스 영화 양산지로서의 무모한 순간을 즐기고 있었다

이 아방가르드는 비디오라는 좀 더 값싼 장비의 등장과 주류 측의 남용으로 인해 결국은 서서히 사라지게 된다. 섹스는 남근 숭배적이거나 여성 혐오적이었던 것만큼이나, 인위적 문명을 거부하고 인간 존재의 원시적 기저에 도달하려 한 특권적 수단이었을 것이라는 아방가르드의 신성한 신념은 주류가 새롭게 발견한 〈진실〉이 되었다. 관능적이고 〈한계를 넘어서는〉 성적 표현은 이제 〈필수적인*de rigueur*〉 것이 되었다. 아방가르드는 더 이상 그 특권의 소유자가 아니었다.

내외적인 검열 해제의 내용이 나라마다 조금씩 달랐다고는 해도 〈개방화〉와 성적 표현의 좀 더 폭넓은 〈사실주의〉라 해도 좋을 무언가가 일어났다는 것은 의심의 여지가 없다. 당시의 역사적 관점으로 보면 이 새로운 〈사실주의〉를 가능케 한 요소는 사회적, 기술적 발전이었다. 즉, 이미 강력한 위치를 점하고 있던 사실주의를, 섹스에 좀 더 개방적인 태도를 갖게 된 시기에, 영화가 우연히 확대시킨 것에 불과하다는 것이었다. 한때는 검열의 대상이었던, 삶의 그런 측면에 대한 이러한 사실주의적 태도는 시네마 베리테 기술, 보다 사실적인 컬러 필름, 와이드스크린 포맷, 그리고 서라운드 사운드 출현과의 동시적 현상으로 설명될 수 있다. 하지만 이 기술 결정론적인 설명은 늘 사실주의가 사회적 기준이나 건전한 취미에 그어진 새로운 한계를 〈훨씬〉 초과해 버리는 듯한 지점까지 도달하곤 한다. 중요한 것은 1960년대 후반의 영화는 현재의 한계가 무엇이든 끝까지 도전해 보았다는 것이다. 사드의 『소돔의 120일』을 고통스럽게 개작하여 사드의 방탕함을 무솔리니 치하의 이탈리아 지도자들로 변모시킨 파솔리니의 「살로, 소돔의 120일Salò o le centoventi giornate di Sodoma」(1975)의 악명, 여자 하인과 주인 남자와의 불륜을 사도-마조히즘적 교살과 거세로 끝을 맺는 오시마 나기사의 「감각의 제국(愛のコリダ)」(1976)의 악명, 「요리사, 도둑, 그의 아내, 그리고 그녀의 정부The Cook, the Thief, his Wife and her Lover」(1989)에서의 피터 그리너웨이의 고도로 도식화된 퇴폐의 악명이 모두 관객의 감정을 극도로 상하게 할 수 있는 능력을 펼쳐 보인 작품이다.

미국의 도색 영화 장르는 주류 표현 기준의 한계를 뛰어넘는 것을 최우선으로 하고 있다. 성적 표현은 곧 모든 종류의

섹스와 폭력: 강력한 흡인력을 지닌 아서 펜 감독의 「우리에게 내일은 없다」(1967)에서의 페이 더너웨이와 워런 비티.

피에르 파올로 파솔리니 (1922~1975)

피에르 파올로 파솔리니는 시인, 소설가, 영화감독, 수필가이자 논객이었다. 볼로냐에서 태어나 대학도 그곳에서 나온 파솔리니는 어린 시절의 대부분을 이탈리아 동북단의 푸리울리에서 보냈다. 그의 유년 시절은 1945년 빨치산과의 격전 중에 사망한 형, 어머니, 그리고 파시스트의 전력이 있고 갈수록 술주정뱅이로 변해 가던 아버지와의 잦은 싸움에서 받은 상처로 얼룩졌다. 청년이 된 그는 공산당에 입당했으나 소년들과 성행위를 했다는 추문으로 쫓겨나고 말았다. 그는 그 제명을 분하게 여기기보다는 유감스럽게 생각하는 듯했으며 당과 당내 좌파와의 공식적 불화에도 불구하고 죽을 때까지 자신을 공산주의자로 여겼다.

1950년 파솔리니는 어머니와 함께 로마로 향했다. 그리고 얼마 안 있어 2권의 시집 — 『그람시의 재*Le ceneri di Gramsci*』(1957)와 『우리 시대의 종교*La religione del mio tempo*』(1961) — 과 로마의 방언과 속어를 창조적으로 사용한 2권의 소설 — 『삶의 아이들*Ragazzi di vita*』(1955)과 『폭력적인 삶*Una vita violenta*』(1959) — 로 명성을 획득했다. 자국어 방언의 능통한 실력은 그를 영화계로 이끌었고, 그러한 특징은 펠리니의 「카비리아의 밤」(1957)의 시나리오에 잘 나타나 있다. 감독으로서의 첫 두 작품 「걸인」(1961)과 「맘마 로마」(1962)는 로마의 범죄자를 소재로 한 것이었는데도, 사운드트랙으로 사용된 바흐와 비발디의 음악에 힘입어 유토피아적 경향을 강하게 드러낸 작품이 되었다. 오선 웰스가 파솔리니의 목소리 대역으로 출연한 단편 영화 「흰 치즈La ricotta」(1962년의 편집 영화 「로고파그RoGoPaG」 중의 에피소드)에서는 그리스도를 십자가에서 내려놓는 행위를 패러디한 장면 때문에 불경하다는 비난을 받기도 했다. 그와 달리 「마태복음」(1964)은 성서의 「마태복음」을 있는 그대로 개작한 작품인데, 이로 인해 그는 가톨릭 마르크스주의자라는 모호한 딱지가 붙게 되었다.

파솔리니의 종교관에는 사실 양면적인 면이 없지 않았다. 그는 자신이 〈신성한 것*sacrale*〉이라 불렀던 모든 측면에 관심을 갖고 있었으나, 점차 그러한 것들을 원시 종교와 신화에서 찾게 되었다. 「오이디푸스 왕」(1967), 「돼지우리」(1969), 「메데이아」(1970) 같은 작품들은 모두 원시성으로부터 문명으로의 이행(문명의 불리함을 은근히 암시하면서)에 관한 신화적 개념을 고찰한 작품들이다. 전체적으로 보아 그는 자신의 유토피아를 현대적이고 자본주의적이고 부르주아적인 세계로부터 가능한 한 멀리 떨어뜨려 놓으려 했다. 자신을 그 세계의 일원이자 또한 피해자라고 느끼면서 신화적 고향을 찾으려는 필사적인 몸부림으로, 밑으로 내려갔다가(소작인과 준프롤레타리아의 신분으로), 밖으로 나가고(남부 이탈리아로, 아프리카와 아랍 세계로, 그리고 인도로), 또다시 옛날로 돌아가는(중세와 고전 이전의 그리스로) 일련의 과정을 반복했다.

1960년대에 언어에 대한 오랜 관심으로 기호학에 빠져 든 그는 영화에 대한 자신의 접근법을 2편의 에세이, 「쓰인 언어로서의 사실Written Language of Reality」과 「시의 영화A Cinema of Poetry」(『이단적 경

험주의 *Heretical Empiricism*』(1988)로 재출간됨)로 정리했다. 여기서 그는 사실 그 자체, 즉 영화감독이 기호로 바꿈으로써 의미를 부여하는 영화 언어의 자연적 토대를 옹호했다. 그 자신의 영화 작업은 그러나 자연적인 것과는 거리가 멀었다. 파솔리니는 줄거리의 연속성을 혐오하여, 얼핏 보기에는 〈사실성〉과 아무런 연관성도 없어 보이는 단일하고 강력한 이미지를 만드는 것에 자신의 총력을 기울였다. 하지만 그 이미지의 저변에 깔린 것은 상징 이전의 진실의 일종으로, 현대인으로서는 도저히 이해할 길 없는 감정적 사실에 대한 거의 필사적인 추구였다.

「테오레마」(1968)와 「돼지우리」의 〈현대〉 부분에서 부르주아 가정을 잔인하게 해부한 파솔리니는 이후 자신의 모든 영화를 역사적, 혹은 유사 이전의 과거에 한정시켰다. 1970년에는 중세 모음집에 기초한 일련의 영화 작업에 착수하여 「데카메론」(1970), 「캔터베리 이야기 」(1971), 「천일야화」(1974)를 만들었다. 나름대로 모두 어두운 측면이 있긴 하지만, 그럼에도 불구하고 소위 〈생의 3부작〉이라 일컬어지는 이 작품들은 순수하고 기쁨에 찬 성적 분위기가 넘쳐흐르는 잃어버린 세계의 찬양으로 비쳤다. 하지만 그것이 파솔리니의 의도가 되는 순간 그는 재빨리 그것을 거부했다. 성적 자유(동성애적 자유를 포함하여)는 가짜일 뿐이라는 신념에 점점 깊이 빠져 든 그는 자신의 글 속에서 현대의 성 관습에 대해 맹렬한 비난을 퍼부었다. 1968년의 좌파 학생들에 대한 비난으로 좌파로부터 인기가 떨어지자, 그는 그것을 케케묵은 낙태법 폐지에 대한 자신의 반대와 결부시켰고, 그로 인해 혼란스럽고 조급한 상태에서 은퇴를 강요받았다. 그러고 나서 나온 작품이 「살로, 소돔의 120일」(1975)이었다. 사드 소설의 무대를 이탈리아 파시스트 정권 최후의 몇 년간에 맞춘 이 영화에서 그는 파시즘과 사디즘, 성적 분방함과 억압을 분명히 서로 연관시키고 있다. 1992년 그의 사후에 출판된 미완성 소설 『석유 *Petrolio*』를 제외하면 이 끔찍한 기록 영화는 그대로 그의 유작이 되어 버렸다. 1975년 11월 2일 아침, 온몸이 난자당한 그의 시체가 로마 외곽의 해변 휴양지 오스티아 근처의 작은 쓰레기 하치장에서 발견됐다.

제프리 노웰-스미스

▪▫ 주요 작품

장편 영화

「걸인Accattone」(1961); 「맘마 로마Mamma Roma」(1962); 「마태복음Il vangelo secondo Matteo」(1964); 「매와 참새Uccellacci e uccellini」(1966); 「오이디푸스 왕Edipo re」(1967); 「테오레마Teorema」(1968); 「돼지우리Porcile」(1969); 「메데이아Medea」(1970); 「데카메론Il decamerone」(1970); 「캔터베리 이야기I racconti di Canterbury」(1971); 「천일야화Il fior delle mille e una notte」(1974); 「살로, 소돔의 120일Salò o le centoventi giornate di Sodoma」(1975).

▪▪ 참고 문헌

Pasolini, Pier Paolo(1988), *Heretical Empiricism*.
Rohdie, Sam(1995), *The Passion of Pier Paolo Pasolini*.
Viano, Maurizio(1993), *A Certain Realism*.
Willemen, Paul(1976), *Pasolini*.

◀ 「메데이아」(1977)에 출연한 마리아 칼라스.

본질적 여자 혐오증을 드러내는 곳으로 흔히 말해지곤 하는 도색 영화가 알고 보니, 욕망의 자극을 위해 이용되고, 성적 즐거움을 찾는 여성들이 죄책감 없이 당당히 나설 수 있는 흔치 않은 장소임이 드러났다.

이 모든 작품들은 차이점보다는 유사점이 더 두드러졌다. 예술이건 착취건, 주류건 주변이건 간에 상관없이 전 세계의 모든 영화는 성의 선정성이라는 새로운 조류에 휩싸였다. 1960년대 후반의 영화에 급속도로 확산된 섹스와 선정주의를 완벽히 이해하기 위해서는 우선 미셸 푸코가 제시한 지적 틀 안에서 권력과 쾌락 관계의 보다 광범위한 모체를 이루는 섹슈얼리티의 각종 생산적인 담론 — 성 과학, 심리 분석, 광고 — 의 일부로 영화를 바라볼 필요가 있다. 이 일을 시작하기 전에 우리는 먼저 데이비드 제임스도 지적했듯, 〈다양한 사회적 입장을 지닌 영화들에서 표현의 팽창이 과연 어떻게 이루어졌느냐〉 하는 것과 〈어떤 종류의 개인적 자유를 쟁취했건…… 그 자유가 섹슈얼리티 전 분야의 산업화로 인한 개인 영역에의 전례 없는 침입과 어떻게 공존했느냐〉 하는 것부터 알아볼 필요가 있다(제임스, 1989).

제임스는 개방화만으로는 점점 과도해지는 미국 영화(혹은 그 밖의 어떤 영화라도)의 성적 〈자유〉를 충분히 설명할 수 없다고 주장한다. 그것은 사라진 제작 규약 대신 1968년에 도입된 미국영화협회(MPAA) 등급제로도 잘 알 수 있다. 성적 표현, 언어, 또는 폭력의 정도에 따라 등급을 매기게 되어 있는 이 MPAA 등급제는 마케팅의 주요 도구가 되는 결과를 초래했다. 모든 관객이 볼 수 있는 〈G(일반 관객)〉 등급은 본래의 의도와는 다르게 아이들과 뭘 모르는 사람들이나 보는 재미없는 영화를 뜻하는 말이 되어 버렸고, 〈PG(부모의 지도 아래 17세 이하 청소년도 관람 가능)〉, 〈PG 13(13세 이하 어린이 관람 불가)〉, 그리고 〈R(17세 이하 청소년은 성인의 동반이 필요함)〉 등급은 〈성인〉 영화 등급을 원하는 영화들로 하여금 불필요할 수도 있는 섹스, 언어, 폭력의 도를 자꾸만 높여 가게 만들었다. 〈성인〉 영화 등급인 〈X〉(17세 이하 관람 금지, 1990년 이후에는 NC-17로 바뀌었음)는 아예 저예산으로 한밑천 잡을 수 있는 포르노 영화의 대명사가 되어버렸다.

성적 표현과 선정성을 각각의 연령대에 맞도록 〈제한〉하려는 의도로 만들어진 등급제는 도리어 성적 표현을 선동하는 요인이 되었다. 감독들은 포르노 급인 〈X〉에 가깝게 만들어 〈R〉 등급을 받으려고 기를 쓰고 노력했다. 청소년들은 청소년 관람 금지 영화를 보지 못해 안달이었다. 미국 영화는 특별히 분류와 예측 가능한 형태로, 더 볼 만한 구경거리와 더 〈어른〉스러운 선정성을 관객들에게 제공하기 위한 연구에 돌입했다. 섹스는 어린이들에겐 허용되지 않았고 노출되면 위험하다고 여겨졌기 때문에, 일반용 오락은 텔레비전(케이블 TV가 생기기 전에)이 제공하게 되었고, 영화는 오직 〈그것〉의 연구에만 총력을 기울였다.

미국의 외설법과 등급제로 인해, 섹스는 이제 공식적으로 영화 산업의 새로운 〈동력〉으로 받아들여졌다. 성적 표현의 노골성을 정확히 규정하려는 대법원 판사 윌리엄 브레넌의 계속적인 노력이 포르노 영화를 합법화하는 길을 연 것으로 널리 인식됨에 따라 새로운 등급제도 점차 영화의 마케팅적 측면에서 성을 통제하기 시작했다. 섹스와 선정성의 생생한 표현은 제작 규약하에서는 허용되지 않았으나, 새로운 등급제하에서는 당당히 모습을 드러내게 되었다. 하지만, 그것이 엄중한 단속과 계층화된 방식으로 시행됐다는 사실은 곧 영화계가 만들어 낸 수많은 종류의 명칭, 제작 형태, 그리고 선정성에 대한 선동의 정도를 드러내는 것이기도 하다.

1960년대부터 영화가 부쩍 외설적 표현의 장이 되어 온 까닭은 — 한때는 화면 밖에 있던 것이 이제는 화면 안으로 들어왔다는 점에서, 순수하게 문자적인 의미로 — 단순히 검열의 자유화로 에로틱하고 폭력적인 장면이 허용됐기 때문만은 아니었다. 관객으로부터 그런 내용을 격리시키려고 한 검열이 도리어 관객의 시선을 끌게 하여 시장성 있는 영화로 만들어 버렸기 때문이기도 했다. 시장성이 있기만 하면 외설이란 말은 자취를 감추었다. 이제 영화에 못 나올 것은 없고, 누구에게 그리고 어떻게 보여 주는가의 문제만 남게 되었다.

참고문헌

Clover, Carol J.(1992), *Men, Women and Chain Saws: Gender in the Modern Horror Film*.

Foucault, Michel(1978), *History of Sexuality*.

James, David(1989), *Allegories of Cinema: American Film in the Sixties*.

Mast, Gerald(1986), *A Short History of the Movies*.

Mulvey, Laura(1975), "Visual Pleasure and Narrative Cinema".

Williams, Linda(1989), *Hard Core: Power, Pleasure and the Frenzy of the Visible*.

미 국 영 화
AMERICAN MOVIES

미국 영화에서 흑인의 존재

짐 파인스

초기 영화

미국의 영화 역사를 통틀어도 흑인의 이미지는 두드러진다. 흑인의 등장은 영화 매체가 등장하기 시작한 초창기로까지 거슬러 올라간다. 토머스 에디슨은 자신의 키네토스코프로 만드는 요지경 쇼*peep-show* 영화의 몇몇 작품에 흑인들을 활용했다. 에디슨의 동료인 딕슨이 에디슨 사를 위해 만든 「춤추는 흑인 아이들The Pickaninnies Doing a Dance」(1894), 「춤추는 세 남자Three Man Dance」(1894), 「흑인 댄서들Negro Dancers」(1895) 등의 작품과 「아기를 씻기는 서인도 제도의 여인A West Indian Woman Bathing a Baby」(1895) 등의 작품에 흑인들이 등장했다. 이런 사이비-민족적 이미지의 생산은 미국 영화의 태동기 내내 지속되었다. 요지경 쇼에서 시작한 영화가 커다란 스크린으로 진화하는 과정에서 만들어진 대표적인 작품들은 「춤추는 검은 소년Dancing Darkey Boy」(에디슨, 1897), 「춤추는 검둥이들Dancing Darkies」(아메리칸 뮤토스코프 컴퍼니, 1897), 「민속춤을 추는 서인도 제도의 소녀들West Indian Girls in Native Dance」(에디슨, 1903)과 「투 스텝을 하는 자메이카 흑인들Jamaica Negroes Doing a Two-Step」(에디슨, 1907) 등이다.

이들 초창기 영화들은 비록 기술적으로 유치하고 나중의 좀 더 발전된 영화 형식보다 상징적인 힘이 부족하긴 했지만 그래도 새롭게 등장한 대중오락 매체인 영화에서 흑인들을 어떻게 인종적으로 재현하는가에 대한 문화적 톤을 결정하는 데 중요한 역할을 했다. 이러한 영화 문화적 이미지화는 특히 코믹한 모티프에 의해 흐름이 이루어졌다. 이들 코믹한 소재는 주로 남부 농장 지대에 살고 있는 흑인들의 괴이한 전형들을 강조하는 경향으로 흘렀다. 따라서 흑인과 관련된 인물과 상황들의 레퍼터리는 극히 한정되어 있고, 주로 수박 먹기 대회, 생선 튀김, 인디언 춤추기, 스텝 경기*cake-walking* 등 〈농장*plantation*〉의 스펙터클에 초점이 맞추어졌다.

에디슨의 「닭 도둑Chicken Thieves」(1897), 「수박 경연 대회Watermelon Contest」(1899)와 「흑인들The Pickaninnies」(1905)은 소위 민속 코미디 단편이라고 불리는 영화의 초창기 작품들이다. 이들 짧은 영화들은 흑인의 영화적 이미지를 코믹한 심심풀이로 확립시키는 데 기여했다. 이들 초기 코미디 영화들이 채택한 주제들과 관습들은 대부분 실제로 얼굴에 검댕칠을 한 음유 시인*minstrelsy*들과 보드빌의 전통에서 따온 것들이다. 백인들이 얼굴에 검댕칠을 하고 〈흑인〉 혹은 〈검둥이〉 역을 하던 무성 영화 시절에는 이 같은 관습이 일상화되어 있었다. 말하면 잔소리지만, 이런 사이비 흑인들이 등장하는 이야기의 상황들은 완전히 비하적이지는 않았을지라도 대부분 우스꽝스러웠다.

예를 들어 「악어와 흑인The Gator and the Pickaninny」(에디슨, 1903)에서는 한 흑인 남자(얼굴에 검댕칠을 한 백인 배우)가 도끼로 악어를 내리쳐 입을 벌리게 한 후 악어가 삼킨 흑인 아이를 구출한다. 이 이야기는 초기 영화들에서 흑인 아이들이 〈꼬맹이 흑인 삼보Little Black Sambo〉의 연장선상에서 늘 재수 없는 말썽꾼들로 그려진다는 사실을 잘 보여 준다. 「검둥이의 구애와 결혼The Wooing and Wedding of a Coon」(1905)은 〈검둥이〉 커플의 연애를 캐리커처식으로 묘사한 전형적인 민스트럴 소극*ministrel farce*임에도 불구하고 〈진정한 에티오피아 코미디〉로 홍보되었다. 초창기의 이런 인종적 코미디들 중 또 한 편의 무해한 듯한 작품인 「방해된 도박 게임Interrupted Crap Game」(셀리그, 1905)은 닭 한 마리를 쫓기 위해서 주사위 게임을 내팽개치는 검댕칠을 한 음유 시인들을 묘사함으로써 아주 거칠게 인종주의적 은유들을 혼합시켰다.

초기 영화 개척자 중 상당한 주목을 요하는 또 한 명인 시그먼드 루빈은 코믹한 인종적 소재들을 활용함으로써 큰 성공을 이룩했다. 인기를 누렸던 그의 〈라스터스〉 코미디 단편들로는 「라스터스가 돼지고기를 얻은 이야기How Rastus Got His Pork Chop」(1905), 「라스터스가 칠면조를 얻은 이야기How Rastus Got His Turkey」, 「줄루랜드의 라스터스Rastus in Zululand」(1910)와 그의 〈민속적〉 풍자극 「검둥이 동네의 여권론자들Coon Town Suffragettes」(1914) 등이 있다. 「검둥이 동네의 여권론자들」은 제멋대로인 남편들을 휘어잡기 위해 스스로 조직을 만드는 흑인 청소부 여성들의 이야기를 통해 현대의 여권 운동을 조롱하는 작품이다.

초창기의 이런 인종적 소재들은 대부분 사회적, 그리고 인종적으로 격리된 상황들을 배경으로 삼고 있다. 여기에서는 검은 얼굴의 인물들이 백인 관객들의 즐거움을 위해 과장된 코미디들을 다양하게 연기해 낸다. 이야기 속에서 흑인과 백인 등장인물들 사이에는 어떠한 드라마적인 상호 작용도 없다. 실제로 여기에서 강조된 것은 그 자체로 시각적인 새로움을 제공하도록 디자인된 〈민속적〉인 장식들이었다. 때때로 영화는 앞서 언급한 「검둥이의 구애와 결혼」이 그러했듯 민속적으로 정확하다는 이유로 매우 과대선전되고는 했다. 제작사들은 그들의 상품을 다른 비슷한 민스트럴 소극들로부터 구별하기 위해 이 같은 전술을 썼다. 당시 유행한 이 민스트럴 소극은 백인 관객들을 열광시켜 큰 인기를 모았다.

이 시기에 인기를 모았던 또 다른 코미디 영화의 계보는 흑인과 백인 등장인물들 간의 성적인 만남에 초점을 맞추었다. 이들 사이비-인종 교류 코미디들의 대부분은 효과를 극대화하기 위해 검댕칠을 한 얼굴이 연출하는 시각적인 개그에 의존했다. 하지만 얼굴에 검댕칠을 했다는 것은 영화 속 백인(주로 남자) 주인공들의 조연 정도임을 예고하는 상징이었다. 「유색인 속기사The Colored Stenographer」(에디슨, 1909)는 이 장르의 전형적인 작품으로, 짓궂은 백인 남편이 아내에게 자신의 금발 비서를 숨기기 위해 비서 자리에 흑인 청소부를 앉힌다는 이야기다. 검댕칠을 한 얼굴이 제공하는 개그는 이 일련의 결혼 코미디들에서도 핵심 요소였다. 예를 들어, 「난봉꾼The Masher」(1907), 「담배 깡통의 검은 로맨스The Dark Romance of a Tobacco Can」(1911)와 「일곱 번의 기회Seven Chances」(1925)는 유산을 상속받기 위해서 빨리 결혼해야만 하는 불운한 구애자가 행운의 탈출에 의해 〈구원되기〉 직전에 우연하게도 흑인 여성과 결혼할 뻔한 이야기들이다. 이들 단편 코미디들은 그러나 그러한 논쟁적인 인종 간 결혼이라는 주제에 관심을 둔 것이 아니라 검댕칠한 얼굴이 주는 시각적인 개그와 영화 속 백인 주인공들의 잘못된 성적 모험들이 주를 이루었다.

「국가 간의 전쟁The Fights of Nations」(바이오그래프, 1907)은 그 의도가 훨씬 악의적이었으며 아마도 초기 영화들이 지녔던 흑인에 대한 경멸에 가까운 이미지화의 경향을 보다 잘 드러내 주는 작품일 것이다. 인종적인 전형들을 이것저것 끼워다 맞춘 이 작품은 유대 인, 멕시코 인, 아일랜드 인과 흑인 등 인종적인 쌍들을 차례로 묘사한다. 이들은 서로 싸우는데, 일반적으로 그들의 전형적인 역할들을 연기한다. 그러나 영화의 결말 장면은 서로 싸우던 인종들이 흑인만을 제외하고 모두 화해하는 것이다. 달리 말하자면, 상징화된 흑인들은 영화가 시민 사회와 보편적인 조화에 대해 지니고 있는 유토피아적(그리고 인종 차별적) 전망에서 제외되거나 혹은 권리를 박탈당하는 것으로 분류된다.

이처럼 흑인들을 극단적으로 경시하는 일은 무성 영화에서는 드문 일이 아니었다. 비록 흑인들의 노예 근성 표현이나 희화화에 있어서 상대적으로 인종 차별이 약화된 개념들을 강조하는 온정주의적인 경향이 강하게 자리 잡고 있었는데도 불구하고 말이다. 남부의 농장 신화는 이러한 인종 차별적인 이미지화를 즉각적으로 알아볼 수 있는 문화적인 틀 속에 정착시키는 데 핵심적인 역할을 했다. 그 신화는 영화적으로 쉽게 반복해 채택될 수 있는 백인 미국의 문화적, 문학적 모티프들의 핵심적 전형을 만들어 냈다.

이렇듯 농장 장르는 미국 영화의 초창기에 일찌감치 주요한 레퍼토리로 자리 잡았다. 그것의 문학적인 원형은 해리엇 비처 스토의 반노예제 소설의 고전인 『톰 아저씨의 오두막집 *Uncle Tom's Cabin*』(1852년 초판 발행)이다. 엄청나게 인기를 모았던 이 책은 멜로드라마적인 가족 설정, 친숙한 등장인물들(상투적인 흑인들을 포함), 드라마틱한 추격 장면, 남북 전쟁 이전 유사 귀족적 생활의 고풍스러운 묘사 등, 초기 영화 제작자들에게 농장 영화 내러티브의 원형을 제공했다. 1928년경에는 스토의 소설을 원작으로 한 영화가 최소한 17편이 되었는데 그중에는 1903년 에드윈 포터가 에디슨 사를 위해 만든 이정표적인 작품도 포함되어 있다. 이 작품은 당시로서는 사상 최고의 제작비를 들여 만든 가장 긴 영화였다.

「톰 아저씨의 오두막집」 영화들은 영화보다 앞서 이루어진 여러 연극화 작업들에 의해 이미 정립된 접근법들을 따르는

오스카 미쇼 (1884~1951)

오스카 미쇼는 처음으로 장편 영화를 제작하고 자신의 영화가 관객과 만날 수 있도록 배급사와 배급망을 설립한 최초의 아프리카계 미국인이었다. 그는 1918년 동생 스완 미쇼를 경리부장으로 삼아 미쇼 영화사 및 출판사를 차렸다. 총무부장인 찰스 벤슨이 시카고에 위치한 배급 부서에서 스완을 도왔고, 미쇼는 버지니아 주 로아노케에 남서부 배급사무소를 두었다. 미쇼의 영화들은 무엇보다도 우선 흑인 관객을 위해 만들어졌는데 1910년대와 1920년대에 이러한 문화 시장의 형성을 가능하게 한 몇 가지 요소들이 있었다. 1920년대의 할렘 르네상스는 백인 인종 차별주의자들의 공격에 대해 보복하는 것을 용인하는 자존심 있고 적극적인 새로운 흑인상*New Negro*을 표명했다. 미쇼의 영화들과 같은 새로운 문화 상품이 쿠바와 멕시코, 혹은 유럽에서 싸웠으며, 이제 미국에서 인종주의에 대항해 싸울 준비가 되어 있는 일군의 흑인들을 포함하여, 도시화되고 인종 문제를 의식하는 흑인들을 위해 만들어졌다. 할렘 르네상스의 문화적인 여세는 비록 본질적으로는 뉴욕에 기반한 것이었지만 상당한 흑인 인구가 사는 다른 주요 도시들로 번져 나갔고, 이에 따라 미 대륙에서 아프리카계 미국인 마을들을 이어 주는 확실한 연결 고리 역할을 했다. 이즈음 해서 소위 인종 음반이라는 것도 등장했다. 흑인 음악은 흑인 시장을 낳았으며, 이 시장은 할렘 르네상스 운동처럼 아프리카계 미국인 문화 시장이란 개념을 공고히 했다.

뉴욕과 시카고 같은 북부 도시 지역에서는 미쇼의 영화들이 뮤지컬 보드빌 공연과 함께 상영되었다. 백인 소유 및 흑인 소유 극장들이 모두 포함된 이 보드빌 순회공연은 흑인 취향의 오락물들이 상영될 수 있는 비교적 안정적인 시스템을 제공했다. 인종 차별이 엄격했던 남부에서는 좌석이 분리되거나 아니면 흑인 관객들이 입장할 수 있는 특정한 날들이 지정됐다.

미쇼가 제작한 작품들은 다른 흑인 영화들이 금기시해 온 주제들을 드라마화함으로써 관객들을 끌어들였다. 인종 간의 사랑, 백인으로 〈간주되는〉 흑인들의 이야기, 흑인들에 대한 린치, 그리고 도시의 부패, 매 맞는 아내, 도박, 강간, 매춘 같은 논쟁적인 주제들을 과감하게 다룬 것이다. 이러한 주제들을 다루는 미쇼의 솜씨를 가장 명확하게 볼 수 있는 영화가 아마도 「우리의 울타리 속에서」(1920)일 것이다. 이 작품은 그의 두 번째 장편 영화이자 지금까지 현존하는 가장 오래된 흑인 연출 극영화이다. 「우리의 울타리 속에서」는 아프리카계 미국인 부부에 대한 공포스러운 린치 행위와 함께 백인이 그들의 양딸을 강간하려고 하는 끔찍한 장면들을 보여 준다. 그런데 그 백인은 나중에 그 양딸의 생부임이 밝혀진다. 린치 행위와 강간 미수 장면이 너무나 상세하고 사실적으로 묘사되어, 다양한 인종으로 구성된 시카고 검열위원회는 시카고에서 가장 폭력적인 인종 폭동이 일어난 지 몇 개월 만에 이 영화가 개봉되자 시카고에서 상영을 금지시키기 위해 싸우기도 했다.

미쇼의 영화들이 다른 흑인 영화나 할리우드 영화가 피해 온 민감한 혹은 논쟁적인 주제들을 시도했다고 하지만, 그럼에도 대부분의 작품들은 아무래도 오락 지향적, 다른 말로 하자면 그 영화들이 어떤 메시지를 담고 있거나 전달하고자 했더라도 전체적으로 보면 하나의 오락적인 틀 속에서 이루어졌다. 좋은 사례가 「생의 마지막 10분Ten Minutes to Live」(1932)의 〈도시의 무고한 희생자〉 줄거리이다. 이 영화의 드라마는 아주 매혹적인 나이트클럽을 무대로 펼쳐지는데, 이곳에서는 분장한 백인의 얼굴이 아닌 2명의 흑인들에 의해 공연되는 독특한 민스트럴 소극을 포함해 다양한 연희들이 풍성하게 열린다. 이 영화의 줄거리를 구성하는 서스펜스 드라마는 — 버림받은 아가씨가 자신을 유혹한 후 버린, 도시의 사기꾼 남자를 살해하려고 클럽에 들어온다는 줄거리 — 미쇼가 영화의 느슨한 플롯 주변에 쌓아 올리는 일련의 행위들과 연관되어 있다.

미쇼는 당시에 자금 조달과 배급망을 구축하는 데 성공했을 뿐만 아니라 관객들이 보고 싶어 하는 영화들을 제작하는 데도 성공적이었다. 이들 영화는 할리우드가 2차 대전 이전에는 건드리려고 하지 않았던 주제들을 다루었다.

마크 A. 라이드

주요 작품

「소농The Homesteader」(1919); 「우리의 울타리 속에서Within our Gates」(1920); 「정복되지 않은 자들의 표지The Symbol of the Unconquered」(1921); 「건사울러스 미스터리The Gunsaulus Mystery」(1921); 「육체와 영혼Body and Soul」(1924); 「여자 심령사The Conjure Woman」(1926); 「삼나무 숲 뒤의 저택The House behind the Cedars」(1927); 「시카고에서 온 소녀The Girl from Chicago」(1932); 「베일에 싸인 귀족Veiled Aristocrat」(1932); 「신의 사생아God's Step Children」(1937); 「지하 세계Underworld」(1938); 「거짓말하는 입술Lying Lips」(1939); 「악명 높은 엘리너 리The Notorious Elinor Lee」(1940); 「배신The Betrayal」(1948).

참고 문헌

Cripps, Thomas R.(1977), *Slow Fade to Black: The Negro in American Film, 1900~1942*.

Peterson, Jr., Bernard L.(1979), "The Films of Oscar Micheaux: America's first Fabulous Black Filmmaker".

Reid, Mark A.(1993), *Redefining Black Film*.

Sampson, Henry T.(1977), *Black in Black and White: A Source Book on Black Films*.

미쇼의 1939년 영화 「거짓말하는 입술」에 출연한 에드나 메이 해리스(에드워드 맵 컬렉션 소장).

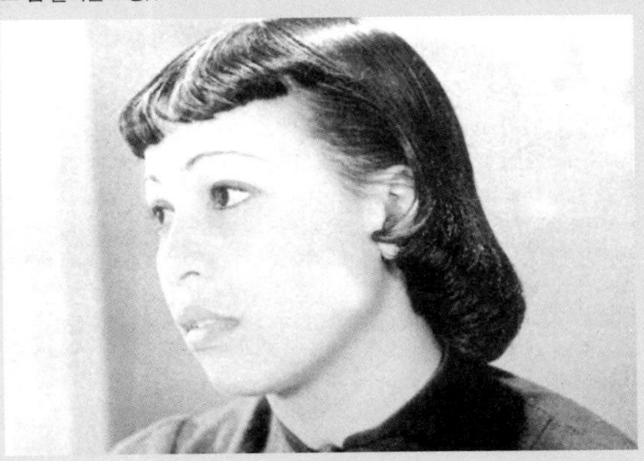

경향이 있었다. 즉 톰 아저씨의 순종적인 태도를 치하하고 톱시를 그로테스크한 민스트럴의 부랑아로 만들었다. 각색된 영화들에는 책에 깔려 있는 도덕적인 주제가 그렇게 강하게 나타나지 않는 경향이 있다. 다만 흥미로운 점은 1927년 영화(해리 폴라드 감독의 유니버설 작품)의 경우, 주연으로 발탁된 뛰어난 흑인 연극배우 찰스 길핀(그는 무성 영화 시대에 주연을 할 수 있는 몇 안 되는 진짜 흑인 배우가 되었다)이 자신의 캐릭터를 동정적으로 그리지 않는다는 사실에 항의해 출연을 거부, 논쟁을 야기했다는 사실이다. 그 배역은 그 후 다른 흑인 배우 제임스 B. 로에게 돌아갔지만 길핀의 〈정치적인〉 주장은 타당성이 인정되었다.

인종적인 형상화를 동반하는 농장 영화 장르는 무성 영화 시대에 그리피스의 걸작 「국가의 탄생」(1915)으로 그 절정에 달했다. 이 영화는 그 예술적 성취에 대해서는 그 가치에 걸맞은 존경을 받는 동시에 영화가 지닌 심한 인종 차별적인 내용 때문에 그에 걸맞은 저주 또한 받아 왔다. 영화는 남북 전쟁이라는 민감한 주제와 남부의 재건 시기를 다루고 있다. 그리피스가 이 영화를 만들 때 많은 미국인들은 여전히 이 같은 국가적 충격에서 완전히 회복되지 않은 상태였다. 그리피스 자신은 남부 출신으로 옛 남부의 보수적인 가치와 전통 속에서 성장했다. 그러나 그러한 편협한 경험을 그린 그의 서사극은 좀 더 넓은 이데올로기적인 목적들을 위해 지방적인 이해관계와 반감들을 흐릿하게 만드는 데 성공했다. 그는 북부와 남부를 각각 대표하는 두 가족의 삶을 교차시켜 넣음으로써 이를 성취했다. 두 가족의 대조적인 삶은 결국 백인들의 우월주의, 혹은 영화의 삽입 자막 중 하나에서 묘사됐듯이 〈그들의 아리아계 출신 성분의 방어〉라는 공통의 이익을 위해 서로 화해된다.

「국가의 탄생」은 「국가의 전투」 같은 초기 영화들의 특징을 이루는 그로테스크한 인종적 전형의 유형을 답습하면서 보다 확실하게 정의된 이념적인 틀 속에서, 그리고 흑인, 곧 악한이라는 이미지를 보다 더 강조함으로써 훨씬 그 강도가 높아졌다. 이 영화는 또한 백인 우월주의적인 가치관을 드러내기 위해 성적인 측면에서 흑인 남자들의 전형을 뻔뻔스럽게 남용한 몇 안 되는 영화들 중의 하나이기도 하다. 이런 성적 인종주의는 영화의 주제를 발전시키는 데 결정적인 역할을 하며 마지막 순간의 구출 피날레로 절정에 이른다. 이 마지막 장면은 그리피스에 의해 〈백인 문명의 구세주〉라는 자막과 함께 큐 클럭스 클랜Ku Klux Klan의 행동을 정당화한다.

이 영화는 상영되는 곳마다 인종 차별의 느낌을 고조시켜 미국 전역의 여러 주요 도시에서 폭동을 야기시켰다. 이로 인한 선전이 흥행 수입을 증가시켰음엔 틀림없지만, 반면 그리피스 자신은 자유 진영과 흑인 진영의 언론으로부터 뻔뻔스러운 인종주의와 악명 높은 KKK(이 단체의 회원은 영화가 개봉된 후 몇 달 사이에 세 배로 늘어났다)를 미화했다는 이유로 엄청난 공격을 받았다. 극장 앞에서는 피켓 시위가 벌어졌고, 새로 조직된 유색인종지위향상연합회(NAACP)는 여러 주에서 이 영화를 상영 금지시키는 데 성공했다. NAACP는 또한 유니버설 영화사의 칼 래믈리와 협상을 시작해 아프리카계 미국인들의 진보를 기념하는 대안 영화 「링컨의 꿈 Lincoln's Dream」을 만들자는 제의를 했지만 실행에 옮겨지지는 않았다. 이와 병행해서 아프리카계 미국인으로 흑인 인권 지도자 부커 워싱턴의 개인 비서인 에밋 스콧은 그리피스의 인종주의 걸작과 인종 차별에 맞서는 장편 서사 영화를 직접 만드는 일에 착수했다. 이 계획을 무산시킬 뻔한 조직적, 재정적 어려움에도 불구하고 1919년 마침내 계획보다 짧게 완성된 「인종의 탄생The Birth of a Race」이 개봉되었다.

「국가의 탄생」에 대한 이러한 저항의 움직임들과 인종 차별에 맞서는 영화를 만들려는 노력들은 인종주의적인 표현에 맞서기 위해서는 저항 영화의 제작이 필요하다는 것을 알려 주었다는 점에서 매우 중요한 의미를 지닌다. 하지만 이러한 활동은 또한 독립 영화사들 — 특히 영화계에 막 자리를 잡기 시작한 아프리카계 미국 독립 영화사들 — 이 새로 부상하는 스튜디오 시스템과의 관계에서 얼마나 열악한 위치에 있는가를 확연하게 보여 주었다. 다시 말해서, 대안적 혹은 반대적 움직임들은 (인종적) 표현의 지배적 양식들을 전혀 제거할 수 없었던 것이다.

사운드와 1930년대 〈옛 남부〉의 부흥 기운

1920년대 말 사운드의 등장은 (미국) 영화의 제도화된 발전을 가속화했다. 또한 인종적인 재현에도 영향을 미쳤는데, 이 영향은 전통적인 형식들에 어느 정도의 세련미를 보태는 수준에 한정됐다. 영화사들 간의 경쟁이 치열한 가운데 규모가 큰 독립 영화사 워너 브러더스는 상업적인 성공을 거둔 첫 유성 영화 「재즈 싱어」(1927)와 이듬해의 「노래하는 바보」로 주도권을 쥐게 되었다. 그러나 이 두 영화의 상업적인 성공은 무엇보다도 스타 때문이었다. 바로 검댕칠을 한 얼굴의 〈검둥이 흉내〉로 유명한 인기 백인 연극배우 겸 가수 알 졸슨이 그 주인공이다.

이들 영화에서 졸슨이 보여 준 검댕칠 얼굴의 〈예술적〉 사용은 전통적인 주제를 흥미롭게 변주한 것이었다. 어느 정도는 인종적 캐리커처에 기반하고 있음이 명백하지만 그렇다고 초기 영화에서 하나의 관습을 이루었던 그로테스크한 〈검둥이 흉내〉의 범주에 딱 맞아떨어지는 것도 아니기 때문이다. 졸슨의 검은 얼굴 분신*alter ego*은 주로 영화의 플롯이 전개되는 결정적인 순간에 등장한다. 그러나 이는 전통적인 민스트럴에서처럼 희화화된 흑인이라기보다는 서커스의 광대 같은 기능을 하는 것이었다. 따라서 「재즈 싱어」(우연하게도 유대 인의 이야기이다)의 끝 부분에서 그가 검은 얼굴로 흑인 〈마미〉 역을 하는 것은 〈검둥이〉를 그렇게 흉내 내겠다는 생각보다는 오히려 멜로드라마적인 목적을 위해서 민스트럴의 이미지가 전달하고자 하는 감정적인 내용, 혹은 파토스를 이용하자는 욕망이 훨씬 더 큰 동기로 작용한 것이다.

1929년에 이르러 몇몇 메이저 스튜디오들은 새로운 사운드 기술을 활용할 흑인들만 나오는 영화들을 계획하고 있었다. 「마음은 남부에Hearts in Dixie」(1929)를 개봉했을 때 폭스는 여전히 그들의 무비톤Movietone 사운드 시스템을 실험하고 있었다. 당시 할리우드 최초의 〈흑인만 출연하는 토키*talkie*〉란 찬사를 들었던 이 영화는 전통적인 인종에 관한 고정관념들이 등장하는 전형적인 춤과 노래의 농장 스펙터클 영화였다. MGM은 자체의 바이타폰Vitaphone 시스템을 활용해 킹 비더의 「할렐루야Hallelujah!」(1929)를 만들었다. 이 영화 또한 본질적으로는 농장 스펙터클 영화였지만 그럼에도 불구하고 예술적으로는 훨씬 뛰어난 작품이었다.

「할렐루야!」는 인종적인 이미지를 영화의 공식적인 동력 안에 분명하게 표현함으로써 영화에서의 흑인 재현에 새로운 차원을 열었다. 〈남부의 검둥이를 있는 그대로 보여 주는 것이 나의 가장 큰 관심이었다〉는 비더의 논평은 구시대적인 가부장적 구석이 있다. 그러나 그것은 또한 당시 미국 영화들에 널리 퍼져 있는 흑인들의 천편일률적인 이미지에 대한 〈자유주의적〉인 반응으로 읽힐 수 있다. 실제로 「할렐루야!」에서 비더가 보여 준 스타일에 대한 몰두와 1920년대와 1930년대 남부의 리얼리즘 문학 운동 사이에는 밀접한 유사성들이 있다. 두 가지 모두 (문학적) 〈자연주의〉의 사용을 통해 남부의 보수적인 정통성에 대한 대항을 추구했던 것이다. 따라서 비더가 보여 준 사운드와 이미지의 창조적인 사용은 시골 남부의 자연주의적인 도상학을 강조했을 뿐만 아니라 주류 영화에서는 유례가 없었던 인종적 이미지의 특정한 스타일을 유발했다.

데이비드 셀즈닉의 화려한 남부 서사극 「바람과 함께 사라지다」(1939)의 역할로 흑인 배우 최초로 오스카상을 수상한 해티 맥대니얼(왼쪽)이 트로피를 받고 있다.

「할렐루야!」를 떠받치는 이 불쾌한 가부장제는 그러나 뒤이어 나온 영화 속의 흑인 이미지에는 별로 영향을 미치지 못했다. 비더조차 「장미는 너무 빨개So Red the Rose」(1936)를 만들 즈음에는 자신의 가부장적 리얼리즘을 완전히 버렸다. 전형적인 남북 전쟁 드라마였던 이 영화는 1930년대에 만들어진 다른 많은 친남부적인 남북 전쟁 영화들과 마찬가지로 반동적인 인종 차별 내용으로 가득 차 있어 전쟁 전 남부가 지녔던 낭만적인 개념들을 지지했다.

미국 남부에 대한 좀 더 비판적인 이미지는 1930년대 일련의 사회적 리얼리즘 영화들에 의해 제공되었다. 여기에는 「나는 교도소에서 도망쳤다I Am a Fugitive from a Chain Gang」(1933), 「분노Fury」(1936), 「그들은 잊지 않을 것이다They Won't Forget」(1937),「검은 군대The Black Legion」(1937), 「공포의 군대Legion of Terror」(1937) 등의 작품이 포함됐다. 이들 영화들은 남부의 악명 높은 형법, 갱의 폭력, 린치 등 논쟁적인 현대적 주제들에 초점을 맞추었다. 남부 지역 특유의 사회적 불평등과 고립의 느낌을 강조한 이런 〈사실적인〉 이미지에 관객은 확실하게 공포를 느꼈다. 그러나 이 영화들은 할리우드가 계속해서 전파해 나간 남부의 낭만적인 이미지를 완전히 불식시키는 데는 실패했다.

남북 전쟁 전의 장르는 마거릿 미첼의 대하 소설(1936년 초판 발행)을 각색한 블록버스터 서사극 「바람과 함께 사라지다」(1939)에서 절정에 달했다. 이 영화의 제작자들은 「국가의 탄생」의 논쟁적인 색깔을 분명하게 의식하고 있었으며 「바람과 함께 사라지다」에 비슷한 접근법을 도입할 경우 흥행에 악영향을 미칠 것이라고 결론지었다. 그래서 이 장르가 지닌 인종적 캐리커처의 과도한 사용을 자제하고, 대신에 스칼릿 오하라와 렛 버틀러의 멜로드라마적인 로맨스에 집중했다. 실제로 〈마미〉 역을 맡은 해티 맥대니얼의 활기찬 연기는(그녀는 이 역으로 흑인 배우로서는 사상 처음으로 아카데미 여우조연상을 수상했다) 피상적이나마 흑인 노예에 〈인간적인〉 이미지를 보태어 이 영화의 인종적 구성이 논쟁을 피해 갈 수 있도록 해주었다.

「바람과 함께 사라지다」는 남북 전쟁 전 장르에 대한 할리우드의 환상에 종지부를 찍었다. 하지만 전쟁 전의 삶과 생활 방식에 대한 기묘한 향수를 낳고 지속시키는 데 기여했다. 이러한 향수는 대공황에서 벗어나 회복 기미를 보이면서 한편으로는 또 다른 세계 대전의 길목에 들어선 미국을 정신적으로 고양시키는 데 중요한 역할을 했다.

2차 대전 후의 자유주의

제2차 세계 대전 이후에는 미국 영화의 흑인 재현 방식에 중요한 변화들이 나타났다. 자유주의적 휴머니즘의 틀 속에서 흑백 간의 인종적 관계의 다양함을 고려하기 시작한 새로운 사회적 양심이 할리우드에 등장한 것이다. 이제 흑인들에 대한 〈긍적적인〉 이미지를 도모하고 (희화화에 반대하여) 휴머니즘적인 내용들을 강조하며, 현대 미국 사회에서 인종 관계들이 지닌 사회적, 개인적 다양성에 초점을 맞추려는 의식적인 노력들이 나타났다. 이런 이미지의 대부분은 주로 〈인종 문제〉 모티프를 중심으로 이루어졌지만 오늘날의 관점에서 보면 좀 폭이 좁고 지나치게 단순한 접근법으로 비친다. 그러나 당시에는 이전 형태의 인종적 이미지들로부터 급진적인 결별을 보여 주었다. 이러한 새로운 경향의 도착을 알린 작품은 1949년에 개봉한 4편의 영화 「무덤 속의 침입자Intruder in the Dust」, 「용감한 자의 집Home of the Brave」, 「핑키Pinky」와 「잃어버린 경계Lost Boundaries」 등이다.

윌리엄 포크너의 소설을 각색한 「무덤 속의 침입자」는 훌륭하고 귀족적인 흑인 남자(후아노 헤르난데스)에게 초점을 맞추었다. 그의 금욕주의로 인해 남부 백인 사회의 편협함이 어쩔 수 없이 노출되는 이야기다. 이러한 이미지는 새로운 것이었다. 비록 〈흑인〉이 〈백인이 주도하는 미국 양심의《수호자》〉라는 설정은 포크너의 이상주의적인 개념에서 나온 것이었다고 해도 이 같은 이미지는 특히 미국 남부의 재현 문제와 관련해서 볼 때 새로운 것이었다. 「용감한 자의 집」은 인종 문제를 꽤 색다르게 제기했다. 정신적 외상에 시달리는 흑인 병사(제임스 에드워즈)에 초점을 맞춘 것이다. 관객들은 그의 〈병〉(히스테리성 마비)의 뿌리가 백인 세계 안에서의 심리적인 불안정성에 있음을 알게 된다. 자아 정체성에 대한 일관된 감각이 결여된 〈병적인〉 흑인 주인공을 등장시킨 것은 사실 자유주의적인 영화의 전형적인 방식은 아니었으며 이후의 자유주의적인 영화들에서 다시 등장하지는 않았다.

편견에 속수무책인 희생자로서의 흑인들의 이미지는 당시 과도기의 자유주의적 양심을 보여 주는 또 다른 2편의 영화 ── 「핑키」와 「잃어버린 경계」로, 두 작품 모두 〈비극적인 혼혈아〉, 혹은 〈백인과의 접촉〉 유의 멜로드라마 ── 에서 두드러졌다. 하지만 이러한 경향은 인종 문제 내러티브에서 좀 더 무게 있는 역할을 하도록 설정된 의식화된 인물들에게 자리를 양보했다. 처음에 이들 자유주의적 성향의 흑인 〈영웅들〉은 도덕적인 면에서 전형적인 〈좋은 사람들〉이었으나

1950년대 말에 이르면 이러한 편협한 구성은 덜 두드러지게 되었다. 좀 더 세련된(즉, 덜 상징적인) 흑인 인물들이 발전되기 시작했기 때문이다.

그럼에도 불구하고 흑백 인종 간의 대결은 이 시기의 사회의식적인 영화에 반복되어 나타나는 모티프였다. 이 모티프는 주로 〈착한〉 흑인 주인공과 인정 없는 백인 상대라는 설정을 가져왔으며, 이 갈등은 서로에 대한 존경과 이해를 통해 결국 해소되게 되는 일종의 도덕적 투쟁을 상징하는 것이었다. 「노 웨이 아웃No Way Out」(1950) — 배우 시드니 포이티어의 장편 영화 데뷔작 — 은 이러한 모티프의 전형적인 사례로 〈영웅〉 포이티어가 자신을 괴롭히는 백인 인종주의자에 대해 도덕적인 승리를 이루어 낼 뿐만 아니라 용서라는 엄청난 포용력을 보여 준다.

자유주의적인 영화들 속의 흑인 〈영웅〉의 특징은 폭력을 행동과 반응의 양식으로 삼기를 기피했다는 점이다. 폭력은 흑인이건 백인이건 인종 차별이 심한 인물들에게 속하는 영역이었으며, 이들은 때때로 결말 부분에 가서는 〈죽음을 당했다〉(예를 들어 「노 웨이 아웃」에서 죽는 분노한 흑인 남자). 하지만 몇몇 영화들은 인종적 불관용이라는 주제를 서로 적대적인 흑인과 백인 인물들을 통해 탐험했다. 이들의 대결은 상호 파괴로 치닫는 것이다. 「흑과 백The Defiant Ones」(1958)은 의심할 바 없이 이러한 모티프의 고전적인 사례이다. 이 영화에서는 남부 교도소에서 탈출한 2명의 흉악한 탈주범(시드니 포이티어와 토니 커티스)이 하나의 수갑에 채워진 채 서로에 대한 적개심을 해소시킬 수밖에 없는 상황에 처한다.

「내일의 강적Odds against Tomorrow」(1959)은 인종적인 불관용이라는 주제에 대한 흥미로운 변주를 시도했다. 여기에서는 해리 벨라폰테와 로버트 라이언이 연기한 인물 사이의 인종적인 갈등이 결국 서로를 파괴함으로써 해결된다. 이러한 구성에서 특히 흥미로운 점은 영화가 갱스터/강도 장르의 관습들 안에서 작동했다는 것이다. 인종적인 긴장이 결국 결속력을 깨뜨리고 강도의 성공을 막는 가장 중요한 파괴력으로 이용된 것이다. 이러한 반인종주의적 내러티브는 또한 사회 전반에 대한 은유로 읽힐 수 있다. 인종적인 불관용은 사회의 결속과 공동의 목적 추구에 대해 하나의 위협으로 자리하기 때문이다.

1960년대의 흑인 인권이라는 주제와 이미지들

1960년대의 흑인 인권 운동은 미국의 인종 관계에 결정적인 전환점으로 작용했다. 아프리카계 미국인들의 사회적 지위가 재평가되고, 〈검은 것〉에 대한 지나칠 정도의 〈긍정적인〉 개념들(예를 들어 검은 것이 아름답다, 블랙 파워 등등)에 힘입어 새로운 자신들의 이미지를 만들어 가기 시작했다. 이러한 사회적, 정치적, 그리고 문화적 발전들은 필연적으로 지배적인 미디어의 흑인 재현 방식에 영향을 미쳤다. 이러한 영향은 급진적인 흑인 이미지화의 획득이라는 측면에서보다는 흑인과 관련된 주제들, 그리고 도덕적 자유주의의 틀 속에서 만들어지는 흑인 이미지의 범위를 확대하는 측면에 더 크게 미쳤다.

지난 10년 동안 주류를 이루어 온 인종 문제의 단순한 모티프들은 1960년대 들어서는 상대적으로 보다 더 복잡한 구성에 자리를 내주었다. 흑인들은 더 이상 단순히 상징적인 존재, 혹은 자유주의적인 통합주의자들의 이상형으로 묘사되지 않았다. 이제 그들은 사회 전반과, 혹은 자기 자신의 양심과 맞서 투쟁하는 〈개인〉으로 비치게 되었다. 흑인 남녀 배우들이 등장하는 스토리의 상황이나 장르도 매우 다양해졌다. 흑인, 혹은 인종과 관련된 주제와 특별히 연관되지 않은 역할들에도 출연하게 된 것이다. 인종적인 발언이 억제됨에 따라 인종 문제로부터 흑인들의 개인적 혹은 인간적 성격들로 내러티브의 강조점이 옮겨 가게 되었다. 바꿔 말해서 인종은 이제 더 이상 흑인 인물들이 등장하는 이야기에서 무조건 우선시되는 문제가 아니었다.

실제로 주류 장르와 스토리에 등장한 흑인 인물들은 복합 사회의 이미지를 더욱더 그럴듯하게 전달했을 뿐만 아니라 일상생활과 또 특별한 환경 속에서 흑인의 존재를 〈자연스럽게〉 만들었다. 이러한 새로운 경향의 사례들에는 「만주인 포로The Manchurian Candidate」(1962)의 제임스 에드워드, 「4인의 프로페셔널The Professionals」(1966)의 우디 스트로드, 「베드퍼드 사건The Bedford Incident」(1965)의 시드니 포이티어 등이 연기했던 인물들이 포함된다. 또한 「리오 콘초스Rio Conchos」(1964), 「열두 명의 비열한 남자The Dirty Dozen」(1967), 「북극 기상대 지브라Ice Station Zebra」(1968), 「100정의 라이플100 Rifles」(1968), 「폭동Riot」(1968)과 「엘 콘도르El Condor」(1970) 등 이 시기 짐 브라운이 출연했던 영화들도 포함된다.

서부극 등 기존 대중 장르의 틀을 유지하는 몇몇 영화들도 이 시기에는 사회의식적인 주제들을 수용했다. 예를 들어 존 포드의 「버팔로 대대Sergeant Rutledge」(1960)는 한편으로는 미국 개척 시대 흑인들의 공로를 강조하기 위해, 또 한편

할리우드 주류 영화의 스타로 떠오른 최초의 흑인 배우 중 한 사람인 도로시 댄드리지가 주연을 맡은 「카르멘 존스Carmen Jones」(1954)에서 춤을 추고 있다. 오토 프레민저가 비제의 오페라를 각색한 이 영화는 흑인 배우들로만 캐스팅이 이루어졌다.

으로는 흑인의 편을 들어 주는 인종 평등의 주제를 풀어 나가기 위해 흑인과 친숙한 투로 서부극/기병대 영화를 개조했다. 영화 제목 속 이름의 흑인 〈영웅〉(우디 스트로드)은 편견에 속수무책인 희생양으로 그려지지만 결말에 가서는 귀족적인 인물의 원형으로 부상한다. 반면에, 샘 페킨파의 「던디 소령」(1964)은 보다 복잡하게 서부극 장르를 수정했다. 스토리 속에서 인종 차별로 희생된 흑인 인물(브록 피터스)을 고상하게 만드는 일에 초점을 맞추지도 않고 자유주의적 통합주의라는 주제를 지나치게 강조하지도 않았다.

1960년대에는 또한 저예산, 독립 영화들이 쏟아져 나왔다. 이들 영화는 비록 냉소주의가 눈에 띄기는 했지만 진지한 리얼리즘과 인종 관련 주제의 섬세한 취급으로 주목받았다. 예를 들어 존 카사베티스의 「그림자들」(1960)은 〈백인과의 접촉〉이란 주제를 〈비극적 혼혈아〉라는 관습적인 개념에서 다루지 않고, 오히려 백인 인종주의를 배경으로 삼아 전개됐다. 셜리 클라크의 「냉정한 세상The Cool World」(1963)은 도시의 흑인 청년들과 뒷골목 지하 세계의 영웅을 다루었다. 인종 간의 결혼을 다룬 감동적인 드라마인 래리 피어스의 「이별의 길One Potato, Two Potato」(1964)은 인종적인 편견이 개인 간에 그리고 또 사회 관계 속에 가져오는 문제들을 강조했다. 마이클 뢰머의 「오직 남자일 뿐Nothing but a Man」(1964)은 흑인 남녀 간의 관계에 초점을 맞춘 몇 안 되는 영화 중의 하나였다. 흑인들에 의해 점령당한 광고 회사를 무대로 한 풍자 영화인 로버트 다우니의 「퍼트니 소페Putney Swope」(1969)는 백인 독립 영화 장르의 냉소주의를 가장 날카롭게 드러내 주었다.

1960년대 할리우드의 사회의식 장르는 노먼 주이슨의 「밤의 열기 속으로In the Heat of the Night」(1967)로 그 정점에 달했다. 이 영화는 「흑과 백」의 대결 내러티브를 모방하면서 점잖고 세련된 흑인 형사(포이티어)를 편견으로 가득 찬 남부 백인 경찰(로드 스타이거)과 대항시키는 고전적 인종 관계 드라마이다. 영화는 전통적인 범죄/형사 스릴러 장르의 관습 내에서 작동하지만 남부의 적대적인 백인 중심 환경 속에서 일하는 흑인 형사를 내세움으로써 살인 미스터리의 해결 등 이 장르가 내세우는 주요 요소들은 약화되었다. 하지만 이 영화의 가장 놀라운 점은 영웅 포이티어의 친숙한 〈검은 성자〉 이미지를 중심으로 상대적으로 복잡하면서 극적으로 흥미로운 측면들을 쌓아 올린 방식이다. 그러나 인종적 갈등의 중심을 이루는 긴장감은 전형적으로 사회적 변화의 가능성보다는 개인적이고 사적인 차원에서 해결되는 데 그쳤다.

1970년대 할리우드 〈블랙스플로이테이션〉 영화들

1970년대 상반기에는 소위 블랙스플로이테이션*Blaxploitation* 영화라고 불리는 흑인 선정 영화들이 확산되었다. 이들 영화는 흑인들이 관심을 갖는 주제, 등장인물, 환경 등을 설정하는 등 주로 흑인 관객을 겨냥해 만들어졌다. 이 영화들은 대부분 눈에 거슬리는 흑인 슈퍼 영웅들을 만들어 내는 일에 몰두했다. 이는 1950년대와 1960년대의 사회의식적인 이미지화로부터 커다란 전환을 이루는 것이었다. 이런 이미지 작업의 전환은 어느 정도까지는 이 시기에 표면화된 새로운 호전성, 그리고 흑인의 자부심과 동시에 일어났다. 1969년 마틴 루서 킹의 암살 이후로 특히, 비록 저변에는 냉소주의가 깔려 있었지만, 이는 후기 인권 운동의 표현을 새롭게 정의하는 것이었다. 하지만 블랙스플로이테이션이 자유주의적인 통합 모티프들을 효과적으로 전복시켰다고는 해도 그것은 여전히 본질적으로는 새로운 흑인 시장을 상업적으로 개발하기 위한 것이었다. 당시 많은 사람들은 주류 미국 영화에서 흑인들이 묘사되어 온 역사를 고려할 때 이런 상업성은 치를 만한 가치가 있는 대가라고 여겼다.

흑인 범죄 소설가 체스터 하임스의 인기 소설을 각색한 오시 데이비스의 「코튼 할렘에 오다Cotton Comes to Harlem」(1970)는 블랙스플로이테이션 영화의 범주에 드는 첫 작품이었다. 다듬어지지 않은 거침과 때때로 과장된 캐리커처에도 불구하고 영화는 어쨌든 장르의 전체적인 톤을 훌륭하게 그려 내고 있다. 그러나 고든 파크스의 「샤프트Shaft」는 전형적인 할리우드식 구성과 흑인 도시 생활의 매력적인 묘사, 매력적인 남자 주인공과 아이작 헤이스의 아카데미 수상 음악으로 블랙스플로이테이션과 상업주의를 더욱더 효과적으로 결합해 냈다. 이 영화의 상업적인 성공은 또한 이 영화가 관객들에게 친숙한 사설탐정 장르의 틀 속에 머물렀다는 것 때문이기도 했다. 영화가 흑인과 백인 관객 모두에게 호소력이 있었던 것이다. 「샤프트」는 주류 상업 영화의 틀 속에서 세련된 흑인 슈퍼 영웅이라는 개념을 확립시키는 데 기여했다.

그러나 멜빈 밴 피블스가 독립 제작 방식으로 만든 인습 타파적 영화 「스위트 스위트백의 배애애대스 송Sweet Sweetback's Baadasssss Song」(1970)은 진정한 흑인 관객 영화와 대중적인 (미국) 영화 내에서 흑인 영웅을 확립해 낸 최초의 영화로 널리 인정받고 있다. 비록 할리우드 블랙스플로이테이션 영화의 세련미를 결여하고 있긴 하지만 「스위트 스위트백의 배애애대스 송」은 눈에 거슬리는 정치적인 흑인 영화임을 확연하게 드러내는 날카로운 정치적, 문화적인 예리함들을 지니고 있었다. 밴 피블의 영화 또한 굉장한 상업적인 성공을 거두었으며, 이에 대해 많은 비평가들은 할리우드 블랙스플로이테이션 영화들이 단순히 「스위트 스위트백의 배애애대스 송」의 새로운 마케팅 덕택으로 돈을 벌었지만 「스위트 스위트백의 배애애대스 송」과 달리 흑인의 문화적인 이미지와 정치적인 급진주의를 희석한 형태를 강조했다고 결론지었다. 블랙스플로이테이션 영화들이 벌어들인 이윤은 재정적으로 힘들었던 할리우드 영화 산업을 안정화시키는 데 기여했다는 점도 의미심장하다.

탐정/갱스터 영화는 블랙스플로이테이션 영화에서 단연 대중적인 장르였다. 이들 영화는 현대의 도시를 무대로 흑인 빈민가의 도상들 — 의상, 말투, 행동과 태도의 하위 문화적인 스타일 — 을 낭만화했으며, 빈민가를 일종의 우아한 정글로 찬양했다. 이 영화들은 또한 빈번하게 많은 양의 섹스와 폭력을 담고 있었으며 주인공들은 앞장서서 백인의 질서와 대결해 승리하는 모습으로 그려졌다. 아마도 「110번가를 가로질러Across 110th Street」(1973) 정도를 제외하면 블랙스플로이테이션 범죄 영화의 대다수는 기존 탐정/범죄 장르 관습의 형식적 재정립보다는 흑인 관련 주제들과 이미지의 신화화에 더욱 몰두했다.

이와 유사하게 블랙스플로이테이션 서부극들은 비록 대다수의 작품들이 대중적인 오락이라는 차원에서 만들어지긴 했지만 서부극 장르를 흑인의 개념으로 재정립하려고 시도했다. 당시 흑인 지향적인 서부극 중 가장 흥미로운 작품은 말할 것도 없이 시드니 포이티어의 감독 데뷔작인 「검둥이와 목사」(1972)이다. 이 영화는 미국 개척기 아프리카계 미국인들의 역사적인 존재를 화려하게 조명했을 뿐만 아니라 서부극/

시드니 포이티어 (1927~2022)

1927년 플로리다 주 마이애미의 가난한 바하마 출신 부모 밑에서 태어난 시드니 포이티어는 할리우드 영화사상 가장 유명한 흑인 배우의 한 명으로 등극했다. 그는 2차 대전 직후 뉴욕 할렘의 유명한 극단 아메리칸 니그로 American Negro에 입단하면서 배우의 길에 들어섰다. 그는 거기서 해리 벨라폰테, 오시 데이비스와 루비 디를 포함한 전후 신세대 흑인 배우 그룹의 일원이 되었다. 그는 여러 편의 흑인 무대 공연에 출연했으며, 조지프 맨키위츠의 「노 웨이 아웃」(1950)으로 할리우드에 데뷔하기 전까지는 브로드웨이의 대역 배우로서 「안나 루카스타Anna Lucasta」(1946~49)의 순회공연에 참가했다. 인종적 편견을 다룬 감동적인 영화 「노 웨이 아웃」은 현대 미국 사회의 흑백 간의 관계에 초점을 맞춘 일련의 전후 사회의식을 반영한 영화의 하나였다. 백인 병원에서 근무하는 젊은 〈흑인〉 인턴이 인종 간의 긴박한 상황 속으로 던져지는 이야기 속에서 그 흑인 인턴으로 등장한 포이티어의 눈부신 연기는 비평적인 찬사뿐만 아니라 그를 미국 영화 최초의 (그리고 유일의) 스크린 속 인종 차별 철폐주의자 흑인 영웅이란 상징으로 만들었다. 이 영화는 이후 그가 출연하는 모든 영화 속 역할들의 색채를 결정했으며 인종적 편견의 책동을 극복하는 고상한 흑인 영웅이라는 이미지를 되풀이하고 또 굳건히 했다.

이러한 주제는 인종 간의 드라마를 그린 고전 「흑과 백」(스탠리 크레이머, 1958)에서 특히 날카롭게 드러났다. 포이티어가 연기한 탈옥수는 지독한 인종 차별주의자인 백인과 한 수갑을 찬 채 남부 교도소에서 탈옥하는 데 성공한다. 두 남자의 상호 적대감은 점차 마지못한 우정으로 진화하고 결국엔 상호 존경심으로 발전한다. 포이티어와 공연자 토니 커티스 두 사람 모두 뛰어난 연기로 아카데미상 후보에 지명됐으며, 포이티어는 이 역할로 1958년 베를린 영화제에서 남우주연상을 수상했다.

포이티어는 1964년 「들에 핀 백합」(랠프 넬슨, 1963)에서의 연기로 아카데미 남우주연상을 수상했다. 이 저예산 영화에서 그는 일부 비평가들이 〈착한 남자〉의 결정판이라고 묘사한 역을 맡았는데, 애리조나 사막에 성당을 지으려는 독일 수녀들을 마지못해 돕기로 약속한 자유로운 잡역부 역이었다. 포이티어의 〈검은 성자〉 이미지는 이제 확고하게 확립되었고 1960년대에 그 절정에 이르렀다. 특히 노먼 주이슨 감독의 인종 드라마의 고전 「밤의 열기 속으로」(1967)에서 두드러졌는데, 그는 흑인들에게 적대적인 남부 마을의 음모와 책략에 우연히 얽혀 든 세련된 흑인 형사 버질 팁스 역을 맡았다. 이 영화의 뒤를 이어 같은 해 「언제나 마음은 태양」이 개봉됐으며, 당시에 논쟁을 불러일으켰던 스탠리 크레이머의 로맨틱 코미디 「초대받지 않은 손님」이 이어졌다. 이 영화에서 포이티어는 도시 근교에 사는 백인 부부의 딸에게 구혼하는 사회적으로 성공한 세련된 의사 역을 맡았다. 이 세 작품은 1967년 최고의 흥행 영화들이었다.

포이티어가 할리우드 스타로 발돋움한 시기는 1950년대와 1960년대에 (백인) 미국인들의 양심을 자극한 미국 민권 운동 시기와 일치했다. 그러나 1960년대 말에 이르러 그의 스크린 이미지는 사회 정치적인 운동들과의 일치에서 벗어나는 것처럼 보였다. 역설적이게도 그는 성자 같은 사람, (흑인) 중산층의 가치관과 기대치의 귀감이라는 매우 좁은 틀 속에 이미지가 고정되게 되었다. 그는 평상시와 다른 역할들 — 예를 들어 「아이비의 사랑을 위해」(1968)에서 흑인 가정부와 사랑에 빠지는 〈쾌활한 도박가〉, 「잃어버린 양지」(1969)에서 〈투쟁〉을 돕기 위해 도둑질을 감행하는 흑인 군인 — 을 연기함으로써 그의 이미지를 바꾸려고 시도했지만 그리 성공적이지는 못했다.

그러나 연기자로서의 포이티어의 생명은 「검둥이와 목사」(1971)의 감독을 맡음으로써 또 한 번 놀라운 상승세를 탔다. 이 영화는 남북 전쟁 이후의 미국 역사에서 알려지지 않았던 측면들을 다룬 코믹 서부극으로 인간 사냥꾼들에게 추적당하는 해방 노예들이 다시 남부의 비공식적인 노예 제도로 강제 편입되는 과정을 담은 작품이다. 포이티어는 영화의 제작자이자 감독이고 주연 배우였다. 이는 그가 자신의 스크린 이미지를 스스로 통제하기로 결정했음을 알려 주는 일이었다. 「검둥이와 목사」는 서부극의 장르적인 관습들을 아프리카계 미국인의 시각에서 개정하면서 동시에 1970년대 초에 성행했던 블랙스플로이테이션의 선정적인 측면들을 피해 갔다는 점에서 특히 인상적인 감독 데뷔작이었다.

1970년대에 마침내 포이티어는 자신의 〈흑인 성자〉의 이미지를 떨쳐 내고 자신의 이미지를 자유주의적 차별 철폐주의자라는 좁은 정의에서 탈피하는 데 성공했다. 이 변화는 「검둥이와 목사」에서 신호탄을 울렸지만 그의 1974년 작 코미디 「거주 지구의 토요일 밤Uptown Saturday Night」에서 확고해졌다. 이 영화에서 그는 자신의 기존 이미지를 완전히 뒤집는 슬랩스틱 연기를 했다. 흥미롭게도 포이티어는 1970년대 중반 이후 그의 특별한 연출 분야로 코미디를 취한 듯하다. 하지만 그의 코미디들이 할리

우드에서 흑인들의 코믹 연기, 혹은 이미지에 대한 비전형적인 양식들을 확립시키는 데 크게 기여했는데도 불구하고 시드니 포이티어가 늘 「노 웨이 아웃」, 「폭력 교실」(1955), 「도시의 변두리」(1957), 「흑과 백」, 「월터의 선택」(1961)과 「밤의 열기 속으로」와 같은 걸작 영화들 속에서 맡은 진지한 역할로 기억될 것이라는 점에는 변화가 없을 듯하다.

짐 파인스

▪▫ 주요 작품

「노 웨이 아웃No Way Out」(1950); 「내 사랑 나의 조국Cry, the Beloved Country」(1952); 「폭력 교실Blackboard Jungle」(1955); 「가치 있는 것Something of Value」(1957); 「도시의 변두리Edge of the City」(1957); 「흑과 백The Defiant Ones」(1958); 「포기와 베스Porgy and Bess」(1959); 「월터의 선택A Raisin in the Sun」(1961); 「들에 핀 백합Lilies of the Field」(1963); 「언제나 마음은 태양To Sir, with Love」(1967); 「밤의 열기 속으로In the Heat of the Night」(1967); 「초대받지 않은 손님Guess Who's Coming to Dinner」(1967); 「아이비의 사랑을 위해For Love of Ivy」(1968); 「검둥이와 목사Buck and the Preacher」(1971, 연출 겸 주연); 「거주 지구의 토요일 밤Uptown Saturday Night」(1974, 연출 겸 주연); 「다시 해봅시다Let's Do It Again」(1975, 연출 겸 주연); 「피스 오브 더 액션A Piece of the Action(연출 겸 주연); 「스터 크레이지Stir Crazy」(1980, 연출); 「행키 팽키Hanky Panky」(1982, 연출); 「고스트 대디Ghost Dad」(1990, 연출).

▪▪ 참고 문헌

Poitier, Sidney(1980), *This Life*.

◀ 노먼 주이슨의 「밤의 열기 속으로」(1967)에서 팁스 형사 역을 맡은 시드니 포이티어.

역마차-기차 장르의 관습들을 매우 충실하게 따랐다. 그러나 전 미식축구 스타 프레드 윌리엄슨이 등장하는 블랙스플로이테이션 서부 액션 모험 영화 시리즈들 ―「검둥이 찰리의 전설The Legend of Nigger Charley」(1972), 「검둥이 찰리의 영혼The Soul of Nigger Charley」(1973)과 「흑인 청부 살인업자Black Bounty Killer」(1974)를 포함 ― 은 윌리엄슨의 세련된 남성미가 관객들에게 폭넓은 인기를 얻은 이유였다. 윌리엄슨은 블랙스플로이테이션의 흑인 슈퍼 영웅의 개념과 완벽하게 맞아떨어졌다.

블랙스플로이테이션 영화들은 흑인 인권 단체들과 전문가 집단들에 의해 흑인 젊은이들에게 악영향을 미친다는 비판을 받았다. 주관객층이 젊은 흑인들이었던 것이다. 예를 들어 유색인종지위향상연합회(NAACP)와 인종평등협회(CORE)가 블랙스플로이테이션의 추세를 비판하기 위해 1972년 연합했으며, 전국의 지방 단체들은 영화 시나리오들을 〈심사〉하고 흑인 마을에서의 상영 〈허가〉를 제작사에 내주기 위한 위원회들을 결성했다. 좀 더 책임감 있는 흑인 영화에 대한 요구가 커지면서 이를 위한 흑인 소유의 영화사들도 몇몇 생겨났다.

한편 특정 영화들은 흑인 생활을 의미 있게 혹은 긍정적으로 재현했다는 점에서 찬사를 받았다. 이들 작품 중에는 고든 파크스의 「배우는 나무The Learning Tree」(1969), 마틴 리트의 「사운더Sounder」(1972), 오시 데이비스의 「흑인 소녀Black Girl」(1972)와 존 코티의 「제인 피트먼 양의 자서전The Autobiography of Miss Jane Pittman」(1974) 등이 있다. 「배우는 나무」는 고든 파크스의 자전적인 소설을 각색한 영화로 1930년대 캔자스에서 성장하는 이야기를 담은 작품이고, 「사운더」 또한 1930년대를 배경으로 남부 지방에 사는 한 소년의 체험을 담은 이야기이다. 「제인 피트먼 양의 자서전」은 야심 찬 TV용 영화로 시실리 타이슨이 노예제 시절로부터 흑인 인권 운동 시기까지의 자신의 삶을 회고하는 110세 흑인 노파를 연기한다. 이들 영화는 아프리카계 미국인의 스크린 이미지에 인간적인 측면을 복원시켰다고 주장됐다. 많은 사람들은 1970년대 인권 운동 이후의 시기에 흑인 이미지에서 인간적인 측면들이 심하게 파괴되었다고 느꼈던 것이다.

1975년에서 1976년에 블랙스플로이테이션 장르의 소멸은 할리우드의 흑인 지향 추세에 완전한 반전을 가져왔다. 1970년대 중후반에는 대중적인 주류 영화 속에서 주연급의 흑인 인물들이나 이미지들이 거의 완전하게 사라졌다. 그것이 선정적이건 아니건 흑인 인물들은 여전히 할리우드 영화들에서 꽤 고정적으로 등장하긴 했지만 이제는 주변적인 인물들에 불과했다. 실제로 흑인들은 전형적인 악당들로 등장해 더티 해리와 같은 1970년대의 새로운 백인 슈퍼 영웅들에 의해 격퇴되는 역할을 맡았다. 할리우드는 전체 극장 관객 중에 흑인 관객들이 차지하는 비중이 꽤 된다는 사실을 〈발견〉함으로써 미국 영화 산업계의 시장 개념에 전환을 가져왔다. 이는 더 이상 특별히 흑인 관객을 겨냥할 필요도 없고 또 그것이 중요하지도 않게 되었음을 보여 주는 것이다. 다시 말하자면, 블랙스플로이테이션 영화들을 영화 산업의 재정 확보에 역행하지 않으면서도 버릴 수 있게 된 것이다.

1980년대와 1990년대로의 〈크로스오버〉

1980년대 초에는 또 한 차례 전환이 있었는데, 이번에는 〈크로스오버〉의 개념이 강조되었다. 즉, (그것이 무엇이 되었든 간에) 흑인 정체성의 표현을 유지하면서 보다 폭넓은 (즉 주로 백인들) 관객 대중에게 어필할 흑인 등장인물들이나 극적인 상황들을 지닌다는 의미에서의 크로스오버이다. 「사관과 신사An Officer and a Gentleman」에서 아카데미 남우조연상을 수상한 루이스 고셋 주니어가 연기한 엄격한 훈련소 교관의 역할은 흑인 재현에서의 이러한 전환을 잘 보여 준다. 흑인 〈적대자〉라는 인물을 일종의 탈인종화된 악마(주로 백인 병사들로 이루어진 사관 훈련소에서)로 보여 주었다는 점에서도 그렇고, 또 그와 백인 주인공(리처드 기어) 사이의 인종적인 긴장이 억제되어 있다는 점에서도 그렇다. 이러한 대결적인 인종 상호 간의 관계는 윤리적 혹은 도덕적 기초를 결여하고 있었다. 대신, 매우 극심한 형태의 근시안적 개인주의의 물꼬를 트는 수로 역할을 했다.

블랙스플로이테이션 영화의 여주인공: 워너 브러더스의 「클레오파트라 존스Cleopatra Jones」(1973)에서 마약 밀매 조직을 일망타진하는 CIA요원으로 출연한 타마라 도브슨.

이 시기에 크로스오버를 향한 충동을 집약해 보여 주는 3명의 할리우드 흑인 스타들이 있었다. 리처드 프라이어, 에디 머피, 우피 골드버그이다. 흥미롭게도 이들은 모두 싸구려 만화처럼 자신의 이름을 지었지만 이들은 전통적인 인종적 모티프들과 완전히 단절된 흑인 코미디의 표현을 스크린에 가져왔다. 그러나 이들 새로운 할리우드 흑인 스타들의 상업적인 성공은 언제든지 다시 불안정해질 수 있는 잠재력을 지닌 그들의 존재가 대중적인 시장을 위해 〈살균〉 혹은 〈길들여졌다〉는 사실에 크게 의존하는 것이었다. 따라서 이들은 일종의 변태적인 방식으로 미국 대중 영화에서 완전한 인종적인 통합을 상징하는 존재가 되었던 것이다.

이 시기에 이루어진 흑인을 주제로 한 영화와 흑인 이미지의 주류 대중 영화로의 편입은 또한 주요 백인 감독들의 대작 영화들에 의해 더욱 강조되었다. 이 같은 작품에는 밀로스 포먼의 「래그타임Ragtime」(1981), 프랜시스 코폴라의 「코튼 클럽The Cotton Club」(1984), 노먼 주이슨의 「어느 군인 이야기A Soldier's Story」(1984), 스티븐 스필버그의 「컬러 퍼플The Color Purple」(1985)과 클린트 이스트우드의 「버드Bird」(1988)가 포함된다. 이 영화들 중 어떤 작품도 자유분방한 할리우드 이전 세대에게 너무나도 중요했던 자유주의적이고 인도주의적인 이상주의를 보여 주지 않았다는 사실은 시대가 얼마나 달라졌는가를 단적으로 알 수 있게 해준다. 따라서 1980년대에 흑인 배우의 상황은 독립적으로 자신을 확립하든가 부풀려 묘사됐지만 본질적으로는 백인들을 위한 줄거리에서 색다른 배경으로 기능했다.

스파이크 리 (1958~)

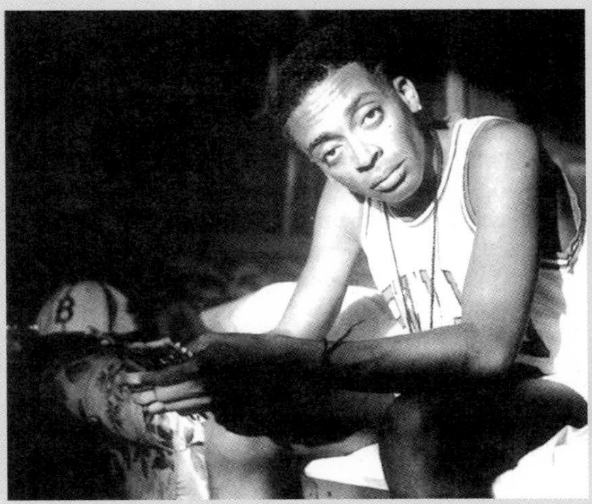

「똑바로 살아라」(1989)에서 무키 역을 맡은 스파이크 리.

스파이크 〔셸턴 잭슨〕 리는 1958년 미국 조지아 주 애틀랜타의 예술적인 가정에서 태어났다. 그는 유명한 포크/재즈 베이스 주자인 아버지 빌 리(후일 스파이크 리 영화들의 음악을 다수 작곡했다)가 1960년 가족과 함께 이주해 온 뉴욕에서 성장했다. 리는 미국 명문 흑인 대학의 하나인 애틀랜타의 모어하우스 칼리지에서 1979년 언론학 학사 학위를 받았다. 그는 이후 뉴욕 대학 영화과 대학원을 졸업했다. 졸업 작품 「조의 베드스타이 이발소: 우리는 머리통을 자른다」(1982)는 도박에 휘말리게 되는 브루클린 이발사에 관한 이야기로 1983년 아카데미 위원회의 학생상을 수상했으며, 그는 현대 아프리카계 미국인 감독들의 뉴 웨이브 안에서 가장 역동적이고 주목받는 감독으로 떠올랐다.

성적으로 개방적인 젊은 흑인 여성이 3명의 연인과 맺는 관계를 그린 리의 첫 장편 영화 「그녀는 그것을 가져야 해」(1986)는 흥행에서 유례없는 성공을 거두었으며, 사람들이 잠재적으로 폭발할 가능성을 안고 있는 것으로 여겨 온 주제를 재치 있게 다루었다는 점에서 폭넓은 찬사를 얻어 냈다. 이 작품은 1986년 칸 영화제에서 청년 영화상을 수상하면서 스파이크 리가 국제적인 명성을 얻는 데 기여했다. 이로써 그는 그러한 지위를 누리는 몇 안 되는 아프리카계 미국인 감독의 한 사람이 되었다.

도발적인 주제들을 선호하는 리의 성향은 그의 다음 영화 「스쿨 데이즈」(1988)에서 다시 한 번 발휘됐다. 이 영화는 남부의 흑인 대학 캠퍼스를 무대로 서로 대립하는 흑인 학생들을 설정해 인종 내의 계층과 계급을 주제로 다룬 세미 뮤지컬이다. 이 영화는 특히 주류 오락 영화의 틀 속에서 민감한 흑인 주제를 분석하고자 하는 리의 의지를 잘 보여 주었다. 그러나 리의 이후 영화들은 인권 운동 이후 시대인 1980년대에 리가 지니고 있던 정치적 (그리고 문화적) 입장들을 드러내면서 보다 날카롭게 흑백 인종 간의 관계를 서술하는 경향을 띠었다.

예를 들어 「똑바로 살아라」(1989)에서 리는 특히 현대 아프리카계 미국인들의 딜레마에 관객들의 주의를 집중시켰는데, 이 딜레마는 맬컴 X와 마틴 루서 킹 박사의 대조적인 정치 철학들에 의해 제시되었다. 문화적 정체성과 정치적 행동주의에 대한 리의 탐구는 1989년 뉴욕의 한 이탈리아계 동네에서 일어난 흑인 10대의 인종 살해 사건에서 모티프를 얻은 영화 「정글 피버」(1991)에서 더 심화되었다. 그러나 일부 비평가들은 특히 「정글 피버」와 관련해 리가 문화적 민족주의로 빠지는 듯하다고 비판했다. 이 영화의 중심을 이루는 비극적인 로맨스가 아프리카계 미국인들에게는 분리주의적인 문화적, 정치적 메시지를 전하는 것으로 보이기 때문이다.

그럼에도 불구하고, 리는 주류 상업 영화의 틀 속에서 아프리카계 미국인들의 문화적, 정치적 주요 주제들을 묘사하는 데서 매우 비범한 성공을 거두었다. 그런 점에서 그는 거의 혼자서 아프리카계 미국인 영화의 한 줄기를 중심 속으로 편입시킨 셈이다. 실제로 급진적인 아프리카계 미국인들의 정치적 지도자였던 맬컴 X에 관한 그의 논쟁적인 전기 영화는 리가 현재의 정치적 경험을 가지고 중요한 역사적 주제들을 통합해 내는 데 최고의 감독이라는 것을 보여 줄 뿐만 아니라 그의 영화적 테크닉이 절정에 달했음을 보여 주는 작품이다. 「맬컴 X」(1993)에서 그는 상대적으로 복잡한 카메라 움직임과 중층적인 줄거리, 그리고 등장인물의 대사에 대적하는 음악 등을 이전의 영화들에서보다 훨씬 유연하게 활용한다. 이는 이런 테크닉들이 처음으로 하나의 밀접한 스타일을 이루며 사용된 「스쿨 데이즈」와 비교해도 마찬가지다.

스파이크 리가 1980년대와 1990년대 할리우드 영화에서 아프리카계 미국인들의 이미지를 급진적으로 새롭게 대중화하는 데 결정적인 역할을 했음은 의심할 여지가 없다. 이러한 전환은 흑인 대도시권 안에서 흑인 사이의 폭력과 〈총기 문화〉가 위협적으로 늘어나던 시기에 이루어졌다는 점에서 매우 중요한 의미를 지닌다. 그러나 리의 영화들이 의식적으로 이러한 종류의 이슈들을 정면에서 다루려고 시도하는 한편, 그의 작품들은 또한 똑같이 그리고 매우 강하게 본질적으로는 (영화적이면서) 상업적인 작품으로 정의된다. 이런 점에서 리는 지금까지 어느 아프리카계 미국인도 해내지 못했던 일을 훌륭하게 성취해 냈다. 즉 흑인의 정치적, 문화적 민족주의와 효과적인 문화적 자본주의를 큰 스케일로 통합해 낸 것이다.

짐 파인스

▪▫ 주요 작품

「조의 베드스타이 이발소: 우리는 머리통을 자른다Joe's Bed-Stuy Barbershop: We Cut Heads」(1982); 「그녀는 그것을 가져야 해She's Gotta Have It」(1986); 「스쿨 데이즈School Daze」(1988); 「똑바로 살아라Do the Right Thing」(1989); 「모 베터 블루스Mo' Better Blues」(1990); 「정글 피버Jungle Fever」(1991); 「맬컴 X Malcom X」(1993); 「브루클린의 아이들Crooklyn」(1994); 「클라커스Clockers」(1995).

▪▪ 참고 문헌

Lee, Spike, *et al.*(1991), *Five for Five: The Films of Spike Lee.*

「컬러 퍼플」은 그런 점에서 눈에 띄는 예외였다. 영화가 지닌 윤리적 입장이란 측면보다는 주제를 다루는 방식에서 더욱 그랬다. 흑인 작가 앨리스 워커의 퓰리처상 수상작이자 베스트셀러 소설을 각색한 영화는 가난한 남부 시골의 흑인 여성(우피 골드버그)의 의식이 점차 깨어져 가는 과정에 초점이 맞추어져 있다. 그녀는 평생 남자들에 의해 정신적, 성적인 고통을 받았다. 할리우드가 이런 주제(흑인 남녀의 관계)에 이토록 날카롭게 초점을 맞춘 것은 이 영화가 처음이었다. 이는 명백하게 전통적인 〈유모〉 정형*stereotype*으로부터의 단절이었지만 또한 매우 논쟁적인 것임이 드러났다. 특히 드라마의 정서적인 내용들을 최대한 효과적으로 조종해 낸 스필버그의 손에서는 더욱 그러했다.

1980년대에 가장 의미 있는 전환점은 의심할 바 없이 아프리카계 미국인 감독 스파이크 리의 저예산 영화로 상업적인 히트를 기록한 「그녀는 그것을 가져야 해」(1986)이다. 한 젊은 흑인 여성의 섹슈얼리티와 남자들과의 관계를 다룬 이 영화는 「컬러 퍼플」같이 분노로 가득 찬 멜로드라마를 피하고 대신 성적인 욕망과 호기심에 대해 일종의 유머러스한 브레히트적 탐구를 강조했다. 그러나 이보다 훨씬 중요한 것은 스파이크 리의 영화가 아프리카계 미국 대중 영화의 뉴 웨이브의 색채를 효과적으로 확립했다는 점이다. 스파이크 리의 뉴 웨이브 영화는 흑인의 관점에서 다양한 주제들을 주류 상업 영화의 틀 속에서 탐색해 낸 것이다.

이러한 발전은 스파이크 리의 후속작들에서도 명백하게 보인다. 그의 영화들은 흑인 대학 내의 인종 계급과 사회 계급 간의 관계[「스쿨 데이즈School Daze」(1988)], 흑백 인종이 섞여 사는 도시 뉴욕의 한 동네에서의 인종 관계[「똑바로 살아라Do the Right Thing」(1989)], 인종 간의 남녀 관계[「정글 피버Jungle Fever」(1991)], 흑인들의 재즈/음악 문화[「모 베터 블루스Mo Better Blues」(1992)]에 초점을 맞추었으며, 이어 아프리카계 미국인의 정치적 리더인 맬컴 X의 광범위한 삶을 다룬 전기 영화를 만들었다. 리는 「스위트 스위트백스 배애애대스 송」의 컬트적 히트로 멜빈 밴 피블스가 자신보다 15년 전에 성공한 것과 같은 시장 돌파를 이룩해 냈다. 그리고 이전 영화들과 마찬가지로 리의 영화들은 1980년대 이후 다른 아프리카계 미국인 감독들(로버트 타운젠드, 마리오 밴 피블스, 빌 듀크, 존 싱글턴, 레지널드와 워링턴 허들린 등)이 만든 영화들과 함께 〈크로스오버〉의 가치들을 다 소진하지 않고서도 보다 폭넓은 관객에게 호소하는 데 성공했다.

아프리카계 미국인들의 체험에 대한 깊은 관심은 1990년대에 이르러서는 논쟁적이지만 매우 시기 적절한 주제인 내부 지향의 도시 폭력과 〈총기 문화〉에 대해 언급하기 시작했다. 지금은 신화화된 로스앤젤레스의 남부 중심 구역을 무대로 한 존 싱글턴의 「보이즈 앤드 후드Boyz N the Hood」(1991)는 1980년대 중반 이래 도시 흑인들의 생활의 일부가 된 사회적 파편화와 정치적 냉소주의에 부수하는 절망과 좌절의 분위기를 드라마화했다. 이 영화는 특히 지속적인 정부의 감시 아래 놓여 있는 도시 환경 속에서 사람들이 갖게 되는 문화적, 정치적 주변화의 느낌을 포착해 냈다.

탈출구가 없는 절망, 흑인 사회 내부 관계의 허약한 관계 등도 마리오 밴 피블스의 폭력적인 도시 범죄 드라마 「뉴 잭 시티New Jack City」(1991)에서 중요한 주제들이었으며, 매티 리치의 「브루클린 출신Straight out of Brooklyn」(1991)은 특히 탈출 욕구에 대한 영화였다. 그러나 이들 현대 아프리카계 미국인 도시 드라마는 아이러니한 측면을 지니고 있었는데 바로 자유주의적 통합주의의 전면적인 붕괴를 주장한 점이다. 이는 이상하고, 이국적이며 때로는 위험한 〈타자성〉이라는 제한된 테두리 속에서 흑인 영화의 주제가 재발명되고, 노예화가 강화되는 결과를 가져왔다. 미국 영화 100년의 역사 이후에도 흑인 재현의 문제는 전혀 해결되지 않은 문제로 남아 있다.

참고문헌

Bogle, Donald(1989), *Blacks in American Films and Television.*

Cripps, Thomas(1977), *Slow Fade to Black: The Negro in American Film, 1900~1942.*

Klotman, Phyllis Rauch(1979), *Frame by Frame:A Black Filmography.*

Leab, Daniel J.(1975), *From Sambo to Superspade:The Black Experience in Motion Pictures.*

Nesteby, James R.(1982), *Black Images in American Films, 1896~1954.*

Pines, Jim(1975), *Blacks in Films.*

Sampson, Henry T.(1977), *Blacks in Black and White: A Source Book on Black Films.*

선정 영화와 주류 영화

킴 뉴먼

「필라델피아 실험The Philadelphia Experiment」(1984)과 「백 투 더 퓨처Back to the Future」(1985) 같은 1980년대 이후의 시간 여행 영화들은 순진한 과거의 주민이 로널드 레이건을 백악관에서 발견하고 믿을 수 없는 표정을 짓는 개그 같은 것을 포함해야 할 의무를 지닌다. 〈그럼 재무 장관은 누구야〉라고 크리스토퍼 로이드가 묻자, 마이클 J. 폭스가 〈잭 베니?〉라고 대답한다. 레이건 시대 훨씬 뒤에 나온 「저녁 식사에 늦다Late for Dinner」(1990)에서도 유효한 이런 농담은 1940년대와 1950년대의 영화 관객이 이류 배우가 대통령이 되어 있는 미래 상황을 받아들이기 힘들 것이라는 자각에서 나온 것이다. 「플레이어The Player」(1992)나 「마지막 액션 히어로Last Action Hero」(1993)의 내적인 접근법에서 목격되듯이 비록 뉴 할리우드가 훨씬 자기 의식적이 되고 있기는 하지만, 어떤 시간 여행 영화도 감히 1977년 이후의 세상에 잘못 들어온 1940년대의 영화 관객이 「스타워즈」(1977, 「플래시 고든Flash Gordon」에서 기원), 「슈퍼맨」(1978), 「레이더스」(1981), 혹은 「딕 트레이시」(1990)가 거대 예산의 A급 영화라는 사실을 어이없어할 것이라고 주장하지 못한다. 이들 영화의 원작은 〈가난의 굴레〉 속에서 만들어져 토요일 아침 아이들을 위해 텔레비전에서 상영되는 저급하고 좀 떨어지는 것으로 경멸받던 작품들이었다. 새로운 베이비 붐 세대가 이 상품을 관장하는 간부들이 되면서 1960년대 이후의 시간 여행자들은 이제 그들이 어렸을 때 보았던 싸구려 프로들이 메이저 스튜디오에 의해 「배트맨」(1989), 「아담스 패밀리」(1991), 「도망자」(1992), 「매버릭」(1994) 등에서 재탄생한 미래의 스펙터클과 마주치게 되었다. 1950년대와 1960년대에는 미국 주류 영화의 모양새에 근본적인 영향을 끼친 변화들이 일어났다.

데이비드 셀즈닉과 루이스 메이어는 만약 폴 뮤니를 캐스팅할 수 있었다면 「간디Ghandi」(1982) 정도는 납득할 수 있었을지 몰라도 현재 『버라이어티』지의 박스오피스 탑 10에 들어 있는 작품들을 만들 생각은 전혀 하지 않았을 것이다. 「베벌리 힐스 캅Beverly Hills Cop」(1984)이나 「고스트버스터스Ghostbusters」(1983)는 할리우드의 황금 시대에 제작 OK 사인이 났더라도 애보트와 코스텔로나 바워리 보이스Bowery Boys 등과 함께 동시 상영 프로로 끼워져 걸렸을 것이다. 구식 사고방식의 스튜디오 간부들은 이러한 작품들이 필요하다고는 생각하였지만 그것이 「마리 앙투아네트Marie Antoinette」(1938)나 「우리 생애 최고의 해」(1946) 같은 〈중요한〉 영화들에 투입되는 스타들이나 거대 예산, 특수 효과 혹은 엄청난 홍보 예산 등을 들일 가치가 있다고는 결코 생각하지 않았다. 이러한 태도는 일반적이었다. 여배우 게일 손데고르는 말년에 자신이 아카데미상을 수상한 「풍운아 애드버스Anthony Adverse」(1936)에서의 역할보다는 B급 셜록 홈즈 영화인 「거미 여인The Spider Woman」(1944)에서의 악녀 역할로 훨씬 더 많이 기억되고 있다는 사실에 깜짝 놀랐다. 1930년대와 1940년대에는 A급 서부 영화나 공포 영화, 도시 범죄 영화 혹은 성애 멜로드라마들이 별로 없었다. 이들 장르들은 주로 작은 영화사들에 의해 만들어지거나 〈가난에 찌든〉 독립 영화사들 사이에서 번창했다. 할리우드 너머에는 흑인들만으로 구성된 〈인종〉 영화 산업〔「잉가기의 아들Son of Ingagi」(1938)〕이나 축제 때 상영되는 소위 〈교육용〉 영화들〔「약물 중독Reefer Madness」(1936)〕 등 모호한 비주류가 있었으며, 이들은 메이저 배급 권역 바깥에서 상영되었다.

1950년대에 할리우드의 산업 구조가 변하면서 영화 자체도 변화했다. 스튜디오들은 자체의 극장 체인망 포기를 강요당했으며, 이는 모든 영화의 위험 부담을 엄청나게 높이게 되었다. 외국 영화, 혹은 포르노 영화를 배급하는 새로운 대안 제도의 확립은 관객들, 특히 미래에 영화감독이 될 감수성 예민한 대학생들에게 보다 폭넓은 영화 감상을 가능하게 만들었다. 텔레비전이 주요한 오락 매체로 등장하면서 전쟁 시절 최고치를 기록했던 관객 수는 줄어들었으며, 뉴욕에 기반을 둔 텔레비전 산업이 자체의 스타 장르들과 독점 사업들을 만들어 내기 시작했다. 가족에 관한 판에 박힌 영화들이 오래 지속된 데다 부모들이 「드래그넷Dragnet」이나 「내 사랑 루시I Love Lucy」를 보기 위해 집에 머무르게 되었기 때문에 온 가족이 함께 극장에 가는 가족 관람의 형태는 깨졌다. 대신, 부모의 직접적인 감시에서 벗어나고 싶어 하는 아이들과 10대 청소년들이 극장과 드라이브인 극장에 몰려들었다. 이런 위기에 대한 할리우드의 단기적 대응은 3-D 같은 새로운 기법, 혹은 시네마스코프와 같은 혁신적 방법을 들고 나오는 것이었고, 이전보다 훨씬 폭넓게 컬러 영화로 전환하는 것이었다. 순수한 스펙터클이 잃어버린 관객을 다시 유혹해 끌어들이는 임무를 맡은 셈이다. 그러나 이런 생각은 근본적으로 시대와

잭 니컬슨 (1937~)

잭 니컬슨은 로스앤젤레스에서 연기 학교를 다니다 만난 로저 코먼을 통해 영화에 데뷔했다. 코먼은 가난한 제작자로 나서서 니컬슨에게 10대 비행 소년 영화 「크라이 베이비 킬러Cry, Baby Killer」의 주인공 역을 제안했다. 니컬슨은 10년 동안 적은 자금으로 덜컹거리며 운영되던 코먼의 세력권 안에 머무르면서 연기뿐 아니라 시나리오 집필, 제작, 심지어 연출까지 인물 자막에 이름도 올리지 않고 보수 없이 해냈다. 그중 한두 역할이 훗날의 〈광기의 니컬슨〉을 예감하게 했다. 바로 「공포의 구멍가게Little Shop of Horrors」(1960)에서의 쾌활한 마조히스트 치과 환자 역과 「갈가마귀」(1963)에서 보리스 칼로프의 마술에 홀려 심연으로 미친 듯 달려드는 남자 역이다.

1960년대 중반에 연기자로서의 활동이 침체되자 니컬슨은 몬티 헬먼과 함께 프로테우스 필름스Proteus films라는 회사를 차렸다. 두 사람은 2편의 실존주의적인 저예산 서부극 「총격」과 「회오리바람 속의 질주Ride in the Whirlwind」(두 작품 모두 1965년에 제작)를 만들었고, 니컬슨은 이들 작품을 칸 영화제에 들고 갔다. 두 작품은 프랑스에서 컬트 히트작이 되었지만 미국에서는 무시당했다. 열아홉 번째 출연작으로 행운을 거머쥐었을 때 니컬슨은 이미 30세가 넘어 있었다. 반문화의 의외의 히트작 「이지 라이더」(1969)에서 막판에 캐스팅된(립 톤을 대신해서) 니컬슨 — 데니스 호퍼와 피터 폰다의 히피 생활에 휩쓸리는 남부 변호사 역 — 은 영화와 함께 뜻밖의 성공을 거두었다. 10년 동안 간과되어 온 그의 스타 자질이 갑자기 눈에 띄게 두드러진 것이다.

뱀 같은 눈, 한쪽으로 입술이 치우치는 살인자의 냉소, 그리고 피상적인 화려함이 결여된 그는 스타로 발돋움할 때 이미 머리가 벗어지고 있었지만 애써 감추려고 하지 않았다. 니컬슨은 1970년대의 불만자와 반항아의 아이콘처럼 보였다. 동시에 그는 전설적인 아이돌의 시대를 떠올리게 했다. 그에게는 제임스 캐그니의 호전성, 험프리 보거트의 얼룩진 고결함의 흔적과 가필드와 브랜도 같은 〈부적응자〉 스타들의 면모도 있었다. 이러한 두 가지 계보의 계승은 밥 라펠슨의 「파이브 이지 피시즈」(1970)에서 결정적인 역할을 했다. 이 영화에서 니컬슨은 상류층 문화와 클래식 음악의 세계에서 탈출해 유전 노동자로 일하는 남자의 역할을 실감나게 연기했다. 이 영화는 그의 트레이드 마크인 〈폭발〉 — 식당에서 걸리적거리는 웨이트리스를 향한 분노의 카타르시스적 폭발 — 을 처음 선보인 작품이다.

위험과 불손함이 묘하게 혼합된 니컬슨의 성적인 매력은 관객의 동정을 잃지 않으면서도 불쾌한, 심지어 사이코적인 인물의 연기를 가능하게 했다. 「애정과 욕망Carnal Knowledge」(1971)에서의 못 말리는 바람둥이는 자기가 정복한 여성을 무심하게 조롱하지만 니컬슨은 그러한 행동을 유발하는 감정적인 공황 상태에 대한 동정을 불러일으키는 데 성공한다. 맡은 역할이 잔인무도할수록 관객들은 더욱더 그의 편에 섰으며, 「마지막 지령」(1973)의 원색적이고 시끄러운 졸병 역과 「뻐꾸기 둥지 위로 날아간 새」(1975)의 쾌활한 분열증적인 정신병자 역에서 눈을 떼지 못했다. 그는 대부분 아웃사이더 역을 했지만 늘 발랄한 것은 아니었다. 「마빈 가든스의 왕」(1972)에서 그는 얼굴을 실룩거리는 은둔적 인물로 나왔고, 외향적인 캐릭터 연기는 브루스 던에게 맡겼다.

영리함과 날카로움으로 니컬슨은 관습적인 스타의 역할을 걷어찼다. 그리고 라펠슨의 「마빈 가든스의 왕」과 「맨 트러블Man Trouble」(1992) 두

작품에 출연한 것처럼 어려운 친구를 돕기 위해 자신의 개런티를 포기하기도 했으며, 안토니오니의 「여행자」(1975)에서처럼 자신이 존경하는 감독의 작품에 출연하기도 했다. 유럽 감독을 좋아하는 그의 취향은 폴란스키의 「차이나타운」(1974)의 냉소적인 사설탐정 제이크 기티스 역을 맡아 자신의 가장 훌륭한 연기를 보일 수 있게 했다. 화려함에는 늘 무관심했던 그는 이 영화의 대부분을 아무렇지도 않게 코에 반창고를 붙인 채 촬영했다.

1970년대를 통틀어 니컬슨의 연기는 대담함과 신랄함, 그리고 강력함을 유지했으며, 심지어 「미주리 브레이크」(1976)에서는 철면피한 태도의 말런 브랜도에 맞서 자신의 개성을 억누르기도 했다. 그는 「샤이닝」(1980)에서 연기 인생의 전환점을 맞았다. 큐브릭 감독은 그가 도끼 살인마로 변한 작가 지망생 역할을 과감하게 해낼 수 있도록 그의 의견을 받아들이고 장려했다. 그 후 니컬슨은 똑같은 〈미친 잭〉 역할을 해내는 일이 많아졌다. 「이스트윅의 마녀들The Witches of Eastwick」(1987)과 「배트맨」(1989)에서 그의 연기는 비록 엄청나게 흥미롭고 볼 만했지만 자신의 재능을 만화로 축소시킨, 깊이가 없는 것이었다.

자신의 상상력에 도전하는 역할이 주어지면 니컬슨은 여전히 그 일에 가장 적합한 연기자이다. 워런 비티의 장황한 작품 「레즈Reds」(1981)에서 가장 빛나는 것은 니컬슨이 연기한 적개심에 찬 유진 오닐이었다. 자신이 감독까지 한 「불륜의 방랑아」(1990)에서 니컬슨이 반복한 제이크 기티스는 오리지널 제이크 기티스 못지않았다. 그리고 영화 자체도 「운전해, 라고 그는 말했다Drive, He Said」(1970)나 「남부로 간다Goin' South」(1978) 등 그의 다른 연출작들처럼 기발하고 완성도도 높지만 제대로 주목받거나 대접받지 못했다. 그러나 「마빈 가든스의 왕」의 모자란 듯한 은둔자는 이제 그의 영역 밖에 놓이게 된 것 같다. 「호파」(1992)가 증명했듯, 둔감한 역을 할 때 이제는 잭 니컬슨조차 지루할 수 있는 것이다.

필립 켐프

▪▫ 주요 작품

「총격The Shooting」(1965); 「이지 라이더Easy Rider」(1969); 「파이브 이지 피시스Five Easy Pieces」(1970); 「마빈 가든스의 왕The King of Marvin Gardens」(1972); 「마지막 지령The Last Detail」(1973); 「차이나타운Chinatown」(1974); 「여행자Professione」(1975); 「뻐꾸기 둥지 위로 날아간 새One flew over the Cuckoo's Nest」(1975); 「미주리 브레이크The Missouri Breaks」(1976); 「샤이닝The Shining」(1980); 「포스트 맨은 벨을 두 번 울린다The Postman Always Rings Twice」(1981); 「애정의 조건Terms of Endearment」(1983); 「프리치스 오너Prizzi's Honor」(1985); 「배트맨Batman」(1989); 「불륜의 방랑아The Two Jakes」(1990); 「호파Hoffa」(1992); 「울프Wolf」(1994).

▪▪ 참고 문헌

Brode, Douglas(1990), *The Films of Jack Nicholson*.

Crane, Robert David, and Fryer, Christopher(1975), *Jack Nicholson Face to Face*.

Parker, John(1991), *The Joker's Wild: The Biography of Jack Nicholson*.

◀ 체코에서 망명한 밀로스 포먼 감독이 켄 키지의 소설을 각색하여 만든 「뻐꾸기 둥지 위로 날아간 새」에 출연한 잭 니컬슨.

관객이 변했다는 사실을 이해하지 못한 데서 나온 것이었다.

1950년대 메이저 스튜디오 영화들을 둘러싸고 있던 절망의 분위기를 살짝 감지할 수 있는 전형적 작품으로는 커티스 번하트 감독, 라나 터너 주연의 리메이크 작품 「즐거운 미망인The Merry Widow」(1952), 마이클 커티스 감독의 엄숙한 스펙터클 영화 「이집트의 태양The Egyptian」(1954), 셀즈닉의 탈 많았던 특작 「무기여 잘 있거라A Farewell to Arms」(1957)와 「인류의 역사The Story of Mankind」(1957)와 같은 올스타 출연의 괴짜 영화들을 들 수 있다. 스튜디오들은 이 영화들이 1930년대의 영광을 다시 가져오리라고 생각했지만 이 시기의 진정으로 중요하고 뛰어난 영화들은 이전까지 별로 평가받지 못했던 하류 장르 영화와 영화계 A급 인재들의 결합에서 생겨나는 경우가 많았다. 로버트 올드리치의 「죽도록 키스해 주세요Kiss Me Deadly」(1954), 앤서니 만의 「래러미에서 온 사나이」(1955), 존 포드의 「수색자」(1956)와 알렉산더 매켄드릭의 「성공의 달콤한 향기」(1959) 등은 떠들썩하게 개봉하거나 주목받지 않았지만 아카데미 작품상 수상작인 「80일간의 세계 일주」(1956)나 「벤허」(1959)보다 관객 반응도 뜨겁고 흥행에서도 성공적인 영화로 떠오르게 되었다. 성공작에는 반드시 속편을 제작하기 위한 메이저 스튜디오들과 독립 영화사들 간의 공생적인 관계가 존재했다. 따라서 「폭력 교실Blackboard Jungle」(1955)과 같은 성인 영화들이 「우리 학교의 폭군High School Caesar」(1960) 유의 영화로 이어지게 되었다. 「폭력 교실」은 관객들이 문제아 역의 빅 머로보다 교사 역의 글렌 포드 편을 들도록 만들어졌지만, 「우리 학교의 폭군」에서는 교사와 부모들은 배경 인물로 주변화되고 문제아들이 드라마의 무게 중심을 이루었다. 심지어는 니컬러스 레이와 제임스 딘이 10대 관객들에게 직접적으로 다가가기 위하여 권위 있는 인물의 중재를 회피한 「이유 없는 반항」(1955)조차 심리 문제를 다룬 성인 영화 장르로 분류되었다. 이러한 분위기 속에서 영화 산업의 비주류 영역들이 상업적으로 번창하기 시작했으며 흥미로운 영화들이 메이저 스튜디오들의 산하 바깥에 존재하기 시작했다.

저예산 독립 영화사인 아메리칸 인터내셔널 픽처스(AIP)의 작은 거인들인 새뮤얼 아코프와 제임스 니컬슨은 신인 프로듀서 허먼 코언, 로저 코먼, 버트 고든을 고용해 제임스 딘과 엘비스 프레슬리를 스타로 만들었고, 1950년대의 로큰롤과 만화의 붐을 조성하는 데 기여한 10대 관객층을 겨냥해

60~70분짜리 흑백 영화도 만들게 했다. AIP는 엄밀한 의미에서의 B급 영화를 만들지는 않았다. 즉 영화사의 의도는 그들이 속성으로 제작한 영화가 메이저 스튜디오의 A급 영화에 붙여 상영될 경우 돌아오는 작은 파이보다는 동시 상영 입장권을 발행해 임대료를 전액 끌어들이자는 데 있었던 것이다. 1950년대 중반에 AIP는 전통적인 〈초저예산〉 형태로 눈을 돌려 코먼과 알렉스 고든에게 괴짜 서부극〔코먼의 「총잡이Gunslinger」(1956), 고든의 「육체와 박차Flesh and the Spur」(1956)〕 제작의 임무를 부여했으며, 코먼의 「세상이 끝난 날The Day the World Ended」(1956)과 역시 핵전쟁과 윤회에 대한 타블로이드 신문의 관심에서 영감을 얻은 에드워드 칸의 「여자 괴물The She-Creature」(1956) 유의 영화를 제작함으로써 메이저 영화사가 시도했던 공상 과학(SF) 영화들을 이어받았다.

AIP가 결코 갈망하지 않는 가치를 내세우는 「즐거운 미망인」이나 「이집트의 태양」 같은 영화들이 고교생 관객에게는 아무런 감흥도 주지 않는 화석에 불과함을 깨달은 니컬슨과 아코프는 자신들의 사단으로 하여금 괴물, 로큰롤, 10대의 반항, 섹스와 폭력, 그리고 스포츠카에 대한 영화를 만들도록 장려했다. 1956년과 1959년 사이에 AIP 영화들의 주인공 연령은 낮아졌다. 서부극은 「자동차 경주 소녀Dragstrip Girl」(1957), 「여고생 마녀들High School Hellcats」(1958) 같은 「이유 없는 반항」 이후의 10대 영화들에 자리를 내주었다. 이러한 선정 영화가 주류와 맺은 이상한 관계의 전형적인 사례는 잭 가페인의 「이상한 사람The Strange One」(1957)을 성별을 바꿔 리메이크한 코먼의 뛰어난 작품 「여학생 클럽 소녀Sorority Girl」(1957)이다. 이 영화에서 여학생 클럽의 독재자 수전 캐벗이 「이상한 사람」에서의 사관학교 독재자 벤 가자라를 대체한다.

AIP 영화의 원형은 코언이 제작한 「나는 10대 늑대 인간이었다I Was a Teenage Werewolf」(1957)이다. 이 영화는 영국의 해머 영화사가 1930년대와 1940년대 유니버설 영화사의 공포 시대를 부활시키기 위해 막 방향 전환을 한 시기에 만들어졌다. 해머가 컬러와 수준 높은 연기(조지 쿠커가 좋아할 만한 공포 영화들을 제작함으로써)와 함께 좀 더 정신적이고 진지한 시대극 스타일을 보탠 반면, AIP는 모노크롬, 현대적인 배경, 서투른 10대 연기자들과 좋게 말해서 기능적이라고 묘사할 수 있는 테크닉을 밀고 나갔다. 해머가 다채로운 초자연적 주제들을 다루기 위해 미국 괴물 영화들을 지배하고 있는 어두운 SF를 거부한 반면, AIP는 늑대 인간, 프랑켄슈타인과 흡혈귀 종속 장르 등 사이비 과학의 난센스에 매달렸다. 허먼 코언의 고교 늑대 인간(마이클 랜던)과 그의 10대 흡혈귀(샌드라 해리슨)는 어쩐지 이들 고딕 괴물들이 핵전쟁에서 생존하기에 가장 적합하다고 생각하는 미친 과학자들에 의해 창조됐다. 코먼의 영화들〔「죽지 않는 사람The Undead」(1958)〕을 위주로 한 1950년대 말 AIP의 레퍼터리에는 영리한 연출이 돋보이는 순간들이 있지만 버트 고든이나 알렉스 고든의 무뚝뚝함이 더 특징적이다.

메이저 스튜디오들은 1950년대에 SF 영화에 손을 댔지만 파라마운트의 「우주 전쟁War of the Worlds」(1953)과 폭스의 「플라이The Fly」 같은 영화들은 얼라이드 아티스츠Allied Artists의 「신체 강탈자의 침입Invasion of the Body Snatchers」(1955)이나 윌리엄 캐슬의 「팅글러The Tingler」(1959, 컬럼비아를 통해 배급)와 비교해 볼 때 평범하고 영화적으로도 단조로웠다. 아마도 1950년대 버드 보에티처와 앤서니 만이 호피와 진 오트리를 대신하기 시작한 1950년대에 절정기에 이른 서부극의 경우와 마찬가지로 이 영역의 영화는 그 가치가 가장 낮게 평가될 때 번성하고 있었다. MGM은 SF 시대에 기여한 「금단의 행성」(1956)을 셰익스피어의 『템페스트』에 기반해 프로이트적인 개념(〈괴물은 이드*id*의 산물〉)을 적용함으로써 그럴듯한 위엄으로 포장했다. A-A(이전에 경멸당하던 모노그램Monogram 사) 사에서는 돈 시겔이 자유롭게 「신체 강탈자의 침입」을 영화로 만들 수 있었다. 이 영화는 〈구체적인〉 의미를 결여함으로써 오히려 보편적인 힘을 지닐 수 있었으며 10여 가지 가능한 해석이 열려 있었다. 「금단의 행성」의 근저에 깔린 의미망들은 마치 케이크의 속처럼 조심스럽게 층이 졌지만 「신체 강탈자의 침입」의 의미망들은 스크린 전체에 신경질적으로 넘쳐 났다. 메이저 영화사들은 좀 더 나은 특수 효과를 지니고 있었지만 조지 팔의 차분한 유니버설 작품 「월세계 정복Destination: Moon」(1950)은 리퍼트가 화려하게 모방한 속성 영화 「로케트 XM Rocketship XM」(1950)보다 (드라마적으로 가치 있었고 주제는 흥미 있었지만) 재미가 훨씬 덜했다.

1950년대 말에 이르러서는 심지어 유니버설(괴물과 애보트와 코스텔로와 가장 친숙한 스튜디오)조차 SF/공포/10대 영화 제작을 냉각시켜 이 분야의 시장을 거의 AIP, 해머와 몇몇 경쟁사들에 내주었다. 이 시기가 윌리엄 캐슬과 앨버트 저그스미스〔서크의 「바람과 함께 지다」(1957), 오선 웰스의

「악의 손길」(1958), 아널드의 「고교 일급 비밀High School Confidential」(1958)]과 같은 이색적인 아웃사이더들의 영화 제작이 절정에 달한 때이다. 이들은 기존의 스튜디오 제작소 출신이지만 평생 겸손한 B급 영화만 만들기를 거부한 사람들이다. 메이저 영화사들은 관객에 대한 장악력을 잃고 있었을 뿐만 아니라 유망한 인재들에 대한 독점권도 상실하고 있었다. 스튜디오들이 자체적인 B급 영화 제작팀을 지니고 있었을 때에는 미래의 거장들을 훈련시키고 테스트할 장소가 있었다. 그러나 B급 영화 제작이 독립 영화사들에 떨어져 나가자 미래의 감독들은 더 이상 열망을 키워 갈 조직이 없어지게 되었다. 1950년대 청년 영화광들은 빈센트 미넬리나 존 포드만큼이나 베리만 혹은 코먼을 인생의 모델로 삼고 싶어 했다.

앤서니 만, 니컬러스 레이, 로버트 올드리치와 돈 시겔(샘 풀러가 빠진 게 눈에 띈다)은 유망하고 값싸며 흥미롭고 또한 중요한 1950년대 초의 작품 세계를 졸업하고 1950년대 말과 1960년대에는 새롭고 비싸며 재난을 다룬 스펙터클 영화들(올드리치와 시겔이 나중에 극복해야 할 시기)을 제작하는 길로 나아갔다. 그들이 남기고 간 관객과 날로 늘어 가는 비평가들은 로저 코먼과 그의 수많은 제자들, 동료들과 추종자들, 모방자들과 협력자들이 차지하게 되었다. 만, 레이, 올드리치, 시겔과 풀러(5명의 천성적인 독립 영화인들)는 흔들리던 시기의 스튜디오 시스템에 의해 교육받고 성장한 세대인 것이다. 그리고 샘 페킨파와 로버트 올트먼이 메이저 스튜디오들의 TV 제작국에서 쌓은 경험을 안고 영화 쪽으로 옮겨 왔다. 차세대 영화감독들은 선정 영화에서 기회를 잡았다. 학생 혹은 지하 영화들(프랜시스 포드 코폴라는 심지어 누드 영화를 촬영하는 것으로 출발했다)을 졸업하고 공포 영화나 오토바이 영화들로 옮겨 간 것이다. 1970년대와 1980년대의 할리우드 감독들 중에서 로저 코먼 밑에서 상업 영화 데뷔작을 만들지 않은 감독은 드물었다. 한때 감독들은 도제 제도를 통해서 부상했는데, 시겔은 워너 브러더스의 편집 부서, 만은 B급Bs 영화사에서 「브로드웨이 박사Dr. Broadway」(1942)를 통해 등장했다. 1960년대 이후 할리우드에는 성공한 제작자-감독-작가들이 마치 르네상스 시대의 왕자와 같은 역할을 하는 후원자 제도가 강력하게 자리 잡았다.

포스트-스튜디오 시스템의 부상에 있어 핵심적인 인물은 코먼이었다. 그는 아코프와 니컬슨을 설득해 「어셔가의 몰락The Fall of the House of Usher」(1960)에서 새로운 방식을 택하도록 했다. 간부들에게 포의 소설이 기본적으로는 괴물 영화(《오직 집만이 괴물이다》)임을 확신시킨 코먼은 (저작권 시효가 만료된 것에 한했지만) 권위 있는 문학을 선호하는 그들의 저항을 극복하고, 유명한 배우(빈센트 프라이스), 컬러와 와이드스크린, 그리고 유명한 작가(리처드 매터슨)의 고용을 위한 추가 예산을 받아 내는 데 성공했다. 해머 영화사의 테렌스 피셔의 생산 가치에 영향을 받은 매우 미국적인 고딕 영화 「어셔가의 몰락」은 「나는 10대 늑대 인간이었다」의 대중적인 공포 만화 같은 분위기를 능가했으며, 「절망의 순간The Pit and the Pendulum」(1961), 「무서운 이야기들Tales of Terror」(1962), 「유령의 궁전Haunted Palace」(1963) 등 일련의 코먼-포-프라이스 영화의 첫 테이프를 끊었다. 「갈가마귀The Raven」(1963)에서 한 시대를 조롱한 후 코먼은 제작 기반을 영국으로 옮겨 해머의 스태프들을 빌려 베리만의 영향을 받은 바로크 영화 「붉은 죽음의 가면The Masque of the Red Death」(1964)과 초기 로버트 타운의

로저 코먼이 AIP를 위해 만든 호러 코미디 「갈가마귀」에 출연한 피터 로리와 빈센트 프라이스. 이 영화에는 1935년 유니버설 스튜디오에서 같은 제목의 영화에 출연했던 보리스 칼로프도 출연했다.

시나리오인 「리게이아의 무덤Tomb of Ligeia」(1965)을 만들었다. 코먼은 또한 공포 코미디〔「피범벅A Bucket of Blood」(1959), 「공포의 구멍가게The Little Shop of Horrors」(1960)〕, 몽상적인 SF〔「눈에서 X-선이 나오는 사나이The Man with X-Ray Eyes」(1963)〕, 냉소적인 전쟁 서사극〔「기습 침공The Secret Invasion」(1964)〕, 오토바이 영화〔「와일드 엔젤The Wild Angels」(1967)〕, 갱스터 시대극〔「성 발렌타인 데이의 학살The St Valentine's Day Massacre」(1967)〕과 마약 영화〔「여행The Trip」(1967)〕라는 새로운 장르를 탄생시키는 여유를 보이기도 했다. 한편으로는 「침입자The Intruder」(1962)라는 그로서는 매우 드문 진지한 드라마도 시도했는데, 코먼의 영화 중 유일하게 흥행에서 적자를 본 것으로 알려져 있다.

코먼은 AIP에서 독립해 스스로 제작자가 되어 프랜시스 코폴라, 몬티 헬먼, 로버트 타운, 잭 니컬슨, 데니스 호퍼, 피터 보그다노비치, 마틴 스코시스, 로버트 드니로, 실베스터 스탤론, 조 단테, 조너선 드미, 배리 레빈슨, 게일 앤 허드와 제임스 캐머런에게 기회를 주었다. 1970년대와 그 후에 명성을 얻게 될 이 세대는 결국 영화 청년들에서 작은 거인들로 성장함으로써 할리우드에 하나의 확고한 사단을 형성하게 된다.

코먼은 1960년에 필름그룹Filmgroup, 1970년에 뉴 월드New World란 회사를 각각 차렸다. 이 영화사들을 통해 헬먼이 1964년 걸작 서부극 「총격」과 「회오리바람 속의 질주」를 만들었고, 코폴라는 「디멘시아 13Dementia 13」을 만들었다. 보그다노비치는 소련 SF 영화를 짜깁기하는 것을 총괄 지휘해 「선사 시대 여성들의 행성으로의 여행Voyage to the Planet of Prehistoric Women」(1968)으로 만들어 낸 데 이어 놀라운 작품 「표적들Targets」(1969)을 감독했다. 스코시스는 「공황 시대Boxcar Bertha」(1972)를 연출함으로써 처음 명성을 얻었고, 조너선 드미는 「분노의 창Caged Heat」(1974)과 「크레이지 마마Crazy Mama」(1975)를 만들었다. AIP도 뒤질세라 존 밀리어스와 브라이언 드 팔마를 고용해 각각 「딜린저Dillinger」(1973)와 「자매들Sisters」(1973)을 연출하도록 했다. 하나의 그룹으로서 이들 영화는 다른 무엇보다도 할리우드 바깥의 영향력들을 흡수했다는 점에서 주목할 만하다(헬먼, 보그다노비치 그리고 드 팔마가 이때 최고의 수준이었다고 말해도 좋다). 「표적들」은 비평가가 만든 영화답게 할리우드의 관습들과 아이콘들에 대한 찬사와 거부로 넘쳐 났다는 점에서(믿을 만한 칼로프의 말) 프랑스의 누벨바그 못지않았다. 거기에는 주류 미국 영화에서 흡수한 것 — 「공황 시대」, 「딜린저」와 「크레이지 마마」는 모두 아서 펜의 「우리에게 내일은 없다」를 출발점으로 삼고 있다 — 도 있지만, 이들 영화들은 너무나 광범위하게 세계 영화들에 문이 열려 있어서 스테파니 로스먼의 간호사 영화〔「견습 간호사들The Student Nurses」(1970)〕들에서 장 르누아르와 장-뤼크 고다르의 영향을 진지하게 구분해 내는 일이 가능할 정도였다.

이들보다 훨씬 더 할리우드와 거리가 먼 사람들은 1960년대 초 검열의 경계선을 밀어붙인 감독들이었다. 섹스 소극을 전문으로 만들었던 러스 메이어와 「피의 향연Blood Feast」(1962)으로 하드코어 고어*gore* 공포 영화를 처음 시도한 허셜 고든 루이스 등이 이들이다. 어떤 면에서 걸작이라고 할 수 있는 「더 빨리 고양이야, 죽여, 죽여Faster Pussycat, Kill, Kill!」(1964)를 만든 메이어는 진정한 외골수라고 할 수 있는데, 결국엔 20세기 폭스를 위해 「인형의 계곡 너머Beyond the Valley of the Dolls」(1970)를 만들어 할리우드를 집적거렸지만, 원시적인 제작 장비들로 영화를 만든 루이스는 거의 눈 뜨고 봐줄 수 없는 영화들을 상영하는 일과 자신의 이름이 영화 참고 자료의 한 귀퉁이를 차지하는 데 만족해야 했다. 1970년대와 1980년대에 컬트 팬들에 의해 재발견된 메이어와 루이스의 중요성은 그들의 개인적인 영화들에 있다기보다는 그들이 비할리우드 영화감독의 선구자 역할을 해냈다는 데 놓여 있다. 메이어와 루이스의 영화들을 상영할 수 있는 배급 시스템(드라이브인 극장, 대학 극장, 독립 시네마테크와 예술 영화 전용 극장 등)의 고안은 허크 하비가 캔자스에서 만든 공포 예술 영화 「영혼의 카니발Carnival of Souls」(1964) 같은 1인 영화가 스크린에서 상영될 수 있는 공간을 제공했고, 훗날 조지 로메로〔「살아난 시체들의 밤Night of the Living Dead」(1968)〕, 존 워터스〔「핑크 플라밍고Pink Flamingos」(1971)〕, 웨스 크레이븐〔「왼편의 마지막 집The Last House on the Left」(1972)〕, 토브 후퍼〔「텍사스 전기톱 살인마The Texas Chain Saw Massacre」(1973)〕, 데이비드 크로넨버그〔「전율Shivers」(1976)〕와 데이비드 린치〔「이레이저헤드Eraserhead」(1977)〕 등 혁신적인 영화들이 개봉될 수 있는 기반을 마련했다.

컬트 영화 혹은 〈심야 영화〉 현상은 「로키 호러 픽처 쇼Rocky Horror Picture Show」(1975) — 처음 폭스 사가 개봉했을 때는 흥행 참패작이었다 — 와 「엘 토포El Topo」

(1971)를 엄청난 흥행작으로 만들었으며, 작고 저급한 시장의 상대적인 개방성은 외국 영화(이탈리아 서부극과 공포 영화, 홍콩 무술 영화, 독일 소프트코어 섹스 영화)들이 미국 선정 영화가 지배하는 산업 내에 다양성을 심어 주는 것을 허용했다. 1970년대에 블랙스플로이테이션 붐 속에서 인종 영화가 부활되었다. MGM의 「샤프트」와 워너의 「슈퍼플라이Superfly」(1971) 같은 메이저 스튜디오 영화들에 의해서 촉발된 블랙스플로이테이션은 금방 AIP로 건너가 「블라큘라Blacula」(1972)와 같은 변종을 낳았고, 이어서 긴 겨울잠을 잔 후 랩이 솔 뮤직을 대체하는 「데프 바이 템테이션Def by Temptation」(1990)과 같은 형식이 생겨났다. 이즈음에는 메이저 스튜디오 대 독립 제작사라는 문제가 지니는 의미는 크게 줄어들었다. 즉, 스파이크 리의 개인적이고 불경스러운 저예산 영화 「똑바로 살아라」(1989)는 UIP를 위해 만들어진 공식적인 메이저 스튜디오 작품이었던 반면, 특수 효과와 스타 시스템을 이용한 제임스 캐머런의 블록버스터 「터미네이터 2」(1991)는 캐럴코Carolco 사에서 제작된 독립 영화였다. 옛날의 할리우드 스튜디오들은 이제 점점 더 배급사로서의 기능이 강화되어 공포 영화나 청소년 뮤지컬을 문예 작품이나 대작 전기 영화만큼이나 밀어주는 경향을 띠게 되었다.

구식 할리우드의 마지막 남은 숨결은 시대착오적이지만 엄청난 흥행을 기록한 「사운드 오브 뮤직Sound of Music」(1965)의 성공이었다. 이 영화의 성공은 메이저들로 하여금 스타들을 기용한, 엄청나게 비싼 뮤지컬 영화에 막대한 예산을 쏟아 붓게 만들었지만 이 뮤지컬들은 흥행에서 참패했다. 이는 AIP의 영화들을 보고 자란 관객들이, 코먼의 「와일드 앤젤」과 「여행」에서 파생된 작품인, 데니스 호퍼의 「이지 라이더」(1969) 로 몰려들었기 때문이다. 역사의 재난을 다시 반복하겠다는 의지가 확고한 듯 할리우드는 「사운드 오브 뮤직」의 모방작에 쏟아 붓던 돈을 거둬들여 「이지 라이더」의 모방작에 낭비함으로써 캠퍼스 저항 영화, 혹은 흥미롭긴 하지만 상업적으로는 실패작인 미켈란젤로 안토니오니의 「자브리스키 포인트Zabriskie Point」(1969)와 호퍼의 「마지막 영화The Last Movie」(1972)와 같은 잘못된 미니 장르들을 만들어 냈다. 그럼에도 불구하고 여기에서 얻은 교훈은 주류 영화에 흘러 들어가 조지 로이 힐의 「내일을 향해 쏴라Butch Cassidy and the Sundance Kid」(1967)에서 인기 포스터의 주인공인 스타들과 자의식적 아이러니로 반문화의 피상성을 포착해 냈다. 반면, 페킨파의 「와일드 번치」는 에너지와 직접성, 로메로, 헬먼과 레오네의 스타일화된 폭력을 포드와 호크스의 위대한 전통과 결합시켰다. MGM이 스탠리 큐브릭의 「2001년 스페이스 오디세이」(1968)의 제작을 허락할 수 있었던 것은 바로 이런 분위기에서 가능한 일이었다. 비록 아카데미가 1968년 작품상 수상작으로 「올리버Oliver」를 선택할 정도로 여전히 구태의연한 사고방식에 머물렀지만, MGM은 큐브릭의 영화로 히피적인 여행에 동참했던 것이다.

영화 산업이 방향타를 잃고 방황하고 있는데도 불구하고 로버트 올트먼, 로버트 올드리치, 샘 페킨파, 밥 라펠슨, 클린트 이스트우드, 돈 시겔, 아서 펜, 테렌스 맬릭과 프랜시스 코폴라는 1970년대 초 베트남 전쟁과 워터게이트 사건 직후에 일어난 미국의 자성 물결을 촉매제로 삼아 뛰어난 영화들을 만들었다. 이 재능 있는 감독들은 빈번히 메이저 영화사들의 지원을 받으면서 상업적인 성공으로 보상을 받았다. 1970년대 후반과 1980년대 들어서 언더그라운드(데이비드 린치, 데이비드 크로넨버그) 혹은 선정 영화(존 카펜터, 올리버 스톤, 웨스 크레이븐, 조지 밀러)에서 감독들이 등장하여 이전의 영화와는 전혀 다른 종류의 영화들을 내놓았다. 이들 영화는 아방가르드와 전통적인 장르 영화라는 두 가지의 필터를 다 거친 셈이다. 코먼에 의해서 훈련된 세대가 전면에 나섰을 때 그들은 자주 AIP에서 다루던 소재들을 새롭고 날카로운 지능으로 파헤치는 작업을 했다. 즉, 코폴라와 루카스는 「아메리칸 그래피티」(1973)를 만들었는데, 이 작품은 AIP의 비치 파티 뮤지컬 영화에 빚진 바가 많다. 코폴라의 「대부」(1973)와 그 속편들은 코먼의 갱스터 영화들에 빚진 것이 많지만 코폴라 감독은 이들 영화의 지능과 열정을 호화로운 파라마운트 작품에 수용했으며, 이 영화는 또한 셀즈닉(과 비스콘티)의 전통을 계승했다.

1970년대 중반 할리우드는 최고의 미국 영화들에 중요한 의미를 부여했던 진지한 관심을 버림으로써 재정적인 기반을 회복했다. 10대 영화 중 최초로 빅히트를 기록한 영화의 하나인 스필버그의 「조스」(1975)는 최고의 괴물 영화가 지닌 활기를 효과적인 스릴러로 축소시킨 작품이다. 뒤이어 수백만 달러의 예산을 들인 선정 영화들이 박스오피스의 기록을 계속 경신해 나갔다. 「스타워즈」나 인디애나 존스 영화들이 때때로 흥미롭긴 하지만 실속 없이 비싸고 예전의 어린이 장르들을 재생했음은 명백하게 알 수 있었던 반면, 리들리 스콧의 「델마와 루이스Thelma & Louise」(1991)가 본질적으로는 마이클 밀러의 「잭슨 카운티 교도소Jackson County Jail」를 배우와 제작진을 새로 써 세련되게 만들어 재상영한 것에 불과하다는 사실은 그다지 언급되지 않았다. 블록버스터들은 주류 멀티플렉스 관객들이 받아들이기에는 너무 거친 선정 영화들의 테크닉을 세련되게 함으로써 결코 세련됐다고 할 수 없는 관객들에게 흥미로울 수 있는 주제들을 취했다. 이는 메이저들로 하여금 다시 상업성의 높은 고지를 탈환하게 했으며 「나 홀로 집에」(1990)와 「원초적 본능」(1991)을 기계적으로 조합한 듯한 영화들을 낳았다.

선정 영화들은 계속해서 만들어지지만 「13일의 금요일」(1980) — 파라마운트가 배급했다는 사실은 의미심장하다 — 이후로는 독특한 취미의 관객들을 움직이는 데 별 효과가 없음을 드러냈고, 관객들은 트로마의 「중독성 복수자The Toxic Avenger」(1985)처럼 무가치하고 자기혐오적인 작품들에 지배되는 경향을 보였다. 비디오 시장 공급을 위해 문자 그대로 수백 편씩 쏟아지는 공포 영화들이 보여 주는 슬래셔 *slasher* 영화 관습의 반복은 웨스 크레이븐의 오리지널 「나이트메어A Nightmare on Elm Street」(1984)처럼 성과 있는 자의식을 낳는 경우도 있었지만 그런 경우보다는 관습을 뒤흔드는 진지한 시도들을 억압하는, 가볍고 장난스러운 계산적 태도를 낳는 경우가 더 많았다. 트로마Troma 영화들(〈불필요한 섹스와 폭력으로 가득찬 영화〉)의 가장 이상한 점은 결코 눈에 거슬리지 않는다는 것이다. 전통적인 선정 영화 배급망은 홈 비디오에 의해 추월당했고, 이 홈 비디오 시장은 중간급 영화에 대한 엄청난 수요를 낳아 더 번지레하고 공허한 영화들이 과잉 공급되는 현상을 초래했다. 이제 하나의 영화가 설혹 극장에서 참패하더라도, 혹은 TV에서만 상영된다고 하더라도 흑자를 내거나 속편을 내는 일이 가능해졌다. 이런 사실이 이전에는 제작 허락이 나지 않았을 일부 좋은 영화들에도 유용한 생명을 주기는 했지만 비디오 대여 시장이 보수적인 체인점에 의해 접수됨으로써 (영국에서 통과한 비디오 녹화에 관한 법률과 함께) 산업 초기의 흥미로운 혼란과 함께 장르 영화의 제작이 장려됐다. 선정 영화는, 특히 뉴라인New Line 영화사와 같은 회사들에 의해 실행에 옮겨진 것처럼, 이제 프랜차이즈의 문제가 되어 속편들이 마치 맥도널드의 햄버거처럼 비디오 대여점의 진열대를 점령하기에 이르렀다. 「나이트메어」 시리즈나 「악마의 유희Child's Play」 시리즈의 한 편 한 편이 모두 이전 작품과 〈똑같은〉 질을 갖추도록 요구되었다.

여름 캠프의 살인 — 두드러진 선정 영화 「13일의 금요일」(1980)의 한 장면. 이 영화는 박스오피스에서 엄청난 성공을 거두어 속편이 줄줄이 이어졌다.

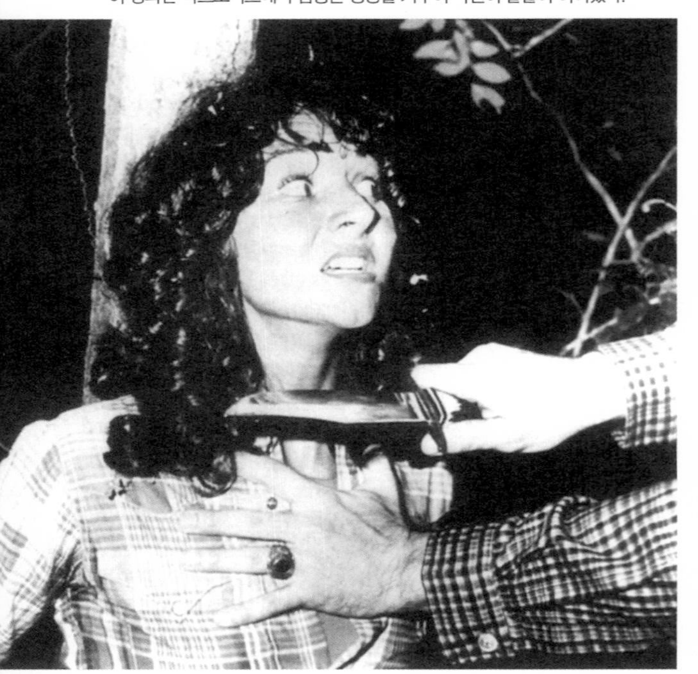

스코시스, 로메로, 올트먼을 계승한 1980년대와 1990년대의 감독들은 메이저 영화사들의 화려한 공식은 물론 싸구려 연속 상영 극장용 영화들의 공식도 거부하는 전통 속에서 성장해 나왔다. 그들은 조엘 실버가 제작하는 빅스타 액션 영화들을 찍기 전에 「나이트메어」의 속편을 찍어야 하는 〈광고 출신〉 감독들보다는 래리 코언이나 데이비드 린치 같은 괴짜들 편에 섰다. 아벨 페라라의 「킹, 뉴욕King of New York」(1989), 존 맥노턴의 「헨리: 연쇄 살인범의 초상Henry: A Portrait of a Serial Killer」(1989)과 쿠엔틴 타란티노의 「저수지의 개들Reservoir Dogs」(1992) 같은 별난 영화들은 1970년대의 호러 전통의 영향을 받았지만 1980년대와 1990년대의 호러 산업과는 거리가 있었다. 선정 영화이면서 거부감 없이 예술 영화라고도 주장된 이들 영화는 전통적인 플롯이나 주제를 해체하면서 동시에 1970년대 초 이후 영화에서 보이지 않았던 일종의 사회 상황에 대한 주장을 전달하는 포스트모던 선정 영화였다. 이들은 또한 극단적인 영화들이었고 자주 검열 논쟁의 한가운데에 놓였다. 이들 영화보다 도발성이 덜한 끔찍함은 별로 문제 삼지 않은 검열은 최소한 영화들을 있는 그대로 보는 데는 기여했다. 스튜디오에서 만드는 영화는 극도로 비선정적인 진지함과 폭력, 마약, 저속함, 남성 누드, 종교적 이미지화, 혹은 감정적인 고통의 표현이란 점에서 페라라의 「배드 캅Bad Lieutenant」(1992)만큼 선정적으로 나가지는 못할 것이다. 아이디어들은 이미지만큼이나 위험하며, 강박 관념은 외설보다 훨씬 보람 있는 일이다. 활력 넘치고 불경스러운 괴짜 영화 만들기는 여전히 미국에 존재하지만 주류와 독립 영화가 서로 거울의 이미지들처럼 하나로 굳어진 상황에서 기존의 방식에서 벗어나 새로운 돌파구를 찾아야만 했다.

참고문헌

Corman, Roger(1992), *How I Made a Hundred Movies in Hollywood and Never Lost a Dime.*

Hillier, Jim, and Lipstadt, Aaron(1981), *Roger Corman's New World.*

McCarthy, Todd, and Flynn, Charles(1975), *Kings of the 'B's.*

Newman, Kim(1988), *Nightmare Movies.*

Weldon, Michael(1983), *The Psychotronic Encyclopedia of Film.*

할리우드 블록버스터의 꿈과 악몽

조지프 사텔

1991년 최고의 블록버스터는 제임스 캐머런의 「터미네이터 2」였다. 「터미네이터 2」는 관객들에게 1970년대 말과 1980년대 초의 「스타워즈」 시대 이후 가장 스펙터클한 특수 효과를 제공해 주었다. 형식 면에서도 「터미네이터 2」는 극단적으로 빠른 속도와 인물보다 플롯을 중시했다는 점에서 당시 블록버스터들과 유사했다. 이데올로기적으로 볼 때도 영화를 이끌어 가는 불안감과 긴장은 이전 영화들과 마찬가지로 냉전에 확고한 뿌리를 둔 것이었다. 영화는 러시아 인들이 이제는 〈우리의 친구〉라는 언급을 살짝 끼워 넣긴 했지만, 이야기는 이전 40년 동안의 가장 으스스한 공포, 즉 핵 홀로코스트(영화 속의 꿈 시퀀스에서 스펙터클하게 재현된다)로 인한 인간성 파괴에 관한 것이었다. 최종적으로 「터미네이터 2」는 거대한 스케일로 자신들의 운명을 조종해 나가는 인류의 능력에 대한 믿음을 지녔다는 점에서 「스타워즈」 시대의 블록버스터를 연상하게 했다. 영화 속 영웅들이 미래의 역사를 바꾸고, 핵전쟁으로 인한 파멸을 막는 데 성공하기 때문이다.

그러나 이전 블록버스터와의 관계를 고려할 때 「터미네이터 2」는 또한 많은 것이 변했음을 보여 주었다. 1980년대 말과 1990년대 초의 다른 많은 대중 영화들처럼 영화에는 어둡고 잔인하고 판에 박힌 폭력이 있었으며, 단순한 생존의 문제에만 매달렸다. 누구의 생존이 문제인가는 2명의 백인 성인 남자 스타들(아널드 슈워제네거와 로버트 패트릭)이 둘 다 겉모습만 인간을 닮은 살인 기계 역을 했다는 사실이 단서를 제공해 주었다. 속편은 첫 편(1984년의 「터미네이터」)을 약간 비틀어 슈워제네거가 연기한 터미네이터가 이번에는 올바른 편에 서도록 했다. 아울러 영화는 백인 남자 살인 기계가 재교육을 통해 책임감 있고 남을 보호해 주는 능력이 뛰어난 사람이 된다는 서브플롯으로 코믹하면서 감동적인 두 가지 효과를 다 이루어 냈다. 그러나 터미네이터는 왜 사람들이 우는지를 이해할 만큼 계몽되자마자 그는 세상을 구하기 위해서는 자신이 파괴되어야만 한다고 주장한다. 영화는 그럼으로써 그의 정체성이 킬러 출신이라는 사실과 너무 밀접하게 묶여 있음을 보여 준다. 이는 어떠한 감수성 훈련으로도 극복할 수 없는 것이다. 요약한다면, 당시의 너무나도 많은 영화들처럼 「터미네이터 2」는 백인 남자의 문제에 대한 사색이었던 것이다.

「터미네이터 2」가 대표하는 시기는 자주 〈현대적 블록버스터〉의 시대라고 일컬어진다. 이 시기는 조지 루카스의 1977년도 최첨단 효과의 우주 오페라 「스타워즈」로부터 스티븐 스필버그의 1993년 최첨단 특수 효과 공룡 영화 「쥐라기 공원」까지 걸쳐진다. 많은 비평가들이 지적했듯이, 이 시기는 다음과 같은 의미에서 〈포스트-장르적〉이다. 즉 이 영화들은 전통적인 할리우드 장르들이 여전히 만들어지고 있는 시대에 속하면서 동시에 오래된 요소들을 다양한 방식으로 결합시키면서 폭발적으로 새롭게 등장한 영화들과 공존했다. 이러한 〈잡종〉 장르의 한 예가 바로 특수 효과를 지향하는 블록버스터이다. 이 시기는 또한 미국의 대중문화, 특히 할리우드 영화와 미국의 정치 문화가 유례없이 강하고 또 자의식적으로 상호 수렴하는 현상이 두드러진 시기이기도 하다. 이 시대는 로널드 레이건 대통령의 집권 시기로 정의되는데, 할리우드의 마이너 스타 출신인 그는 블록버스터들의 대사를 인용해 자신의 국가 정책들을 선전했다(예를 들어 「백 투 더 퓨처」에서 〈우리가 앞으로 나가는 데는 길이 필요 없다〉, 「스타워즈」의 〈포스가 우리와 함께 있다〉, 「서든 임팩트」에서의 〈어서 해봐, 날 즐겁게 해달라고〉 등이다).

이 시기에 가장 성공적이었고 또 폭넓게 인기를 누린 영화들은 미국이라는 국가가 자신의 현대사와 그 현대사가 내포하는 의미들과 맺는 관계에 대한 이데올로기적인 판타지라고 이해하는 게 가장 정확하다. 이 최근의 역사에는 1960년대의 암살 사건과 사회적인 저항, 1970년대 초 워터게이트 사건의 정치적인 스캔들과 부패가 포함된다. 하지만 이 토론의 목적을 위해 더욱더 중요한 것은 역사가 한편으로는 베트남 전쟁에서의 미국의 치명적인 경험과 패배를, 다른 한편으로는 여성과 (인종적, 민족적 그리고 성적) 〈소수 그룹〉에 의해 새롭게 대두된 전투적인 요구들을 포함하고 있다는 점이다. 이들은 모두 미국 사회와 문화의 모든 차원에서 자신들의 목소리와 평등을 요구했다.

승리의 양식

1970년대 말과 1980년대 초의 대작 블록버스터들은 현재의 현실로부터의 도피 혹은 초월을 추구하는 판타지들을 통해 역사를 부정함으로써 이런 역사에 답했다. 「스타워즈」 3부작의 경우, 이야기는 〈아주 먼 옛날, 아주 아주 먼 우주〉를 무대로 펼쳐진다. 「레이더스」(1981)는 1930년대 나치 악당들에 대해 가졌던 도덕적 확신에 대한 향수를 제공했으며, 「백 투 더 퓨처」(1985)는 1950년대의 미국 도시 근교의 평범한 세계에서 향수 어린 피난처를 찾았다. 이와 다른 일련의 영화들 중 가장 눈에 띄는 작품으로 스티븐 스필버그의 「클로스 엔카운터」(1977)와 「E.T.」(1982)를 들 수 있는데, 외계인의 중재를 일상생활에서 우리를 구원하고 구해 줄 수 있는 희망으로 제시한다(1980년대 중반의 「코쿤Cocoon」과 「2001년 스페이스 오디세이」도 마찬가지다). 이러한 영화들은 현실에서 탈출하고 싶다는 욕망을 직접적으로 고백한다는 점에서 의미가 깊다. 그러나 외계로부터의 구원에 기댄다는 점에서 미국이란 나라가 현대사의 짐으로부터 성공적으로 탈출할 수 있을까에 대한 회의를 드러냈다.

외계인의 중재를 그린 영화들의 불안한 자신감은 훨씬 더 강하게 〈의기양양한〉 감정을 담아낸 이 시기 대부분의 블록버스터들과 나란히 공존했다. 여러 가지로 이들 영화는 이제 국내 및 국제적인 실패와 모욕이라고 인식되기 시작한 10여 년간의 미국의 행위에 대한 불안감을 다루었다. 이들 영화가 공통적으로 지니고 있던 점은 강력한 백인 남성 영웅의 새로운 이미지를 통해 미국의 자신감을 회복시키는 일에 뛰어들었다는 것이다. 예를 들어 「스타워즈」와 인디애나 존스 시리즈는 국제 관계에 대한 은유이다. 즉, 이들은 세계 정치 경제학에서 성공적으로 경쟁하고 행동할 수 있는 미국의 능력에 대한 믿음의 회복을 추구했다. 「레이더스」(1981)에서 고고학자이자 모범적인 기업가인 인디애나 존스는 제1세계와 제3세계를 자유롭게 넘나든다. 그리고 항상 자기 민족의 역사적 보물들(즉 그들의 물질적인 자원)을 그가 가질 수 있도록 기꺼이 도와주려는 친절한 유색 원주민들을 만난다. 「스타워즈」 3부작은 냉전을 우주 전쟁으로 상상해 냈는데, 이 전쟁에서 미국의 자유주의적 다원주의의 잡동사니를 대변하는 백인 영웅들, 그리고 종이 다른 조력자들로 구성된 반란군 연합 *Rebel Alliance*이, 군인의 복장이 소련의 군인 복장과 비슷하다는 혐의를 지울 수 없는, 사악한 우주 제국인 갤럭시 제국을 무찌르게 된다. 심지어 미국 사회에 대해 회의적인 「클로스 엔카운터」와 「E.T.」조차 처음엔 좀 무섭기도 하지만 결과적으로는 매우 친숙하고 또 좋은 의도를 지닌 외계인들이 살고 있는 우주를 제시함으로써 국제 문제에서의 불안감들을 해소시켜 주었다.

이 모든 영화들에서 관객은 백인 남성 영웅의 성공은 자신의 능력에 대해 그가 믿음을 지니고 있는가에 달려 있음을 알도록 되어 있다. 「제국의 역습The Empire Strikes Back」(1980)의 한 장면에서 늙고 작은 제다이 마스터 요다는 포스를 이용해 루크 스카이워커의 전투기를 늪지에서 꺼내 준다. 혼자서 해낼 수 없었던 루크는 〈믿을 수 없다〉며 놀란다. 〈그래서 넌 실패한 거야〉라는 요다의 대답은 역사를 극복하는 일은 자신이 극복할 수 있다고 믿는 자신감이 있느냐 없느냐라는 간단한 문제에 달려 있다는 이들 영화의 소원을 간결하게 표현해 준다. 이런 방식으로 영화들은 레이건 행정부의 정치적 수사학과 대중적인 스펙터클(로스앤젤레스 올림픽의 개막식이 한 예)을 반영했다. 레이건 자신도 자주 자신이 할리우드 블록버스터 영화에서 연기하고 있다고 생각했던 것 같다. 가장 악명 높은 사례가 어마어마한 예산의 전략 방위 구상(SDI)에 「스타워즈」란 상표를 적극적으로 활용하려 했던 일

아널드 슈워제네거 (1947~)

1980년대에 아널드 슈워제네거의 영화들은 세계적으로 10억 달러를 벌어들인 것으로 알려져 있다. 미스터 유니버스에서 할리우드 대스타로의 성장은 영화 산업 자체의 변화 때문에 가능했다. 즉 판타지, SF와 「스타워즈」 이후의 액션 모험 장르의 부상, 1970년대의 일련의 반문화적 반영웅들 이후에 일어난 대규모 영웅주의의 부활, 그리고 1980년대에 중요하게 떠오른 육체미 문화 등이다. 마돈나처럼 슈워제네거는 성공의 판타지를 체현한다. 이 자수성가한 남자는 말 그대로 문화 산업과 건강에 관심 많은 미국 사회의 입맛에 맞춰 자신의 몸을 가꾸었으며 죽음의 스펙터클에 매혹된 동시에 죽음에 대한 공포를 체현하는 것이다. 마돈나처럼 슈워제네거의 매력은 부분적으로는 자기를 조롱하는 유머에서 나온다. 하지만 이 유머는 그의 과장된 남성성 과시가 지닌 호소력을 전혀 방해하지 않는다.

1947년 오스트리아의 그라츠에서 태어난 슈워제네거는 근육이 잘 발달된 운동 선수에서 스타로 발돋움한 조니 와이즈뮬러, 스티브 리브스와 미키 하기테이를 동경하면서 성장했고, 나중에 TV 영화 「제인 맨스필드 이야기The Jayne Mansfield Story」에서 미키 하기테이 역할을 했다. 1968년에 슈워제네거는 로스앤젤레스로 옮겨 보디빌딩 프로모터인 조 와이더에 의해 조련되었고, 그에게 돈을 빌려 첫 부동산 투자를 했다. 그는 벽돌공으로 1년에 1만 4,000달러를 벌면서 연이어 보디빌딩 타이틀을 땄는데, 미스터 유니버스와 미스터 올림피아 타이틀을 동시에 거머쥐기도 했다.

슈워제네거의 초창기 영화 출연 시도엔 운이 따르지 않았다. 첫 주연 작품은 「뉴욕의 헤라클레스Hercules in New York」(1969)란 코미디였고, 1970년대 내내 텔레비전에서는 미미한 역할, 할리우드에서는 엑스트라에 머물렀다. 로버트 올트먼의 「기나긴 이별」(1973)에선 적극적으로 옷을 벗어 근육을 자랑하는 그의 모습을 볼 수 있다. 그는 미스터 올림피아 타이틀을 향한 자신의 열망을 담은 다큐멘터리 「근육 단련」(1977), 보디 빌딩 선수와 프로모터의 사생활에 대한 밥 라펠슨의 극영화 「투지를 잃지 마라Stay Hungry」(1976)로 이전보다는 조금 더 주의를 끌었다.

「스타워즈」 이후의 SF, 판타지 영화 붐에 힘입어 슈워제네거의 〈이상적인〉 몸은 그에게 주류 영화로의 진입 기회를 제공했다. 그는 검과 마법의 폭력적인 드라마 「코난」(1982)과 「코난 2Conan the Destroyer」(1984)에서 주연을 맡았다. 이 시기에는 액션-모험 영화 장르가 확립되었는데, 클린트 이스트우드와 찰스 브론슨류의 부패 경찰 미스터리물, 무기와 근육을 극단적으로 결합시킨 개인의 힘을 정치적 문제의 해결책으로 찬양하는 레이건-부시 시대의 「람보」 시리즈가 크게 기여했다. SF 액션 영화 「터미네이터」(1984)의 의외의 흥행이 슈워제네거의 본궤도 진입을 도와주었다. 그리고 그는 새롭게 찾은 성공을 다수의 액션 영화 출연을 통해 극대화했다. 이들 영화는 「코만도」(1985), 「고릴라」(1986), 「러닝 맨」(1987), 「프레데터」(1987), 「레드 히트」(1988) 등이다. 실베스터 스탤론의 「람보」 시리즈처럼 엄청나지는 않았지만 이 영화들은 비싸지만 얼마든지 재생산 가능한 장르에서 슈워제네거가 지닌 흥행력을 확고하게 인식시켜 주었다.

슈워제네거는 「트윈스Twins」(1988)와 「유치원에 간 사나이Kindergarten Cop」(1990) 2편의 코미디에 출연함으로써 연기의 범위를 넓히려고 시도했다. 하지만 메가 히트작인 「토탈 리콜」(1990)과 「터미네이터 2」(1991)는 특수 효과로 가득 찬 거대 예산의 액션 장르에서 그의 위치를 확고하게 결정지었다. 이러한 장르 영화의 예산은 1980년대에 엄청나게 증가했으며 속편과 스타가 흥행 보장을 위한 필수 요건이 되었다. 「터미네이터 2」는 8000만 달러의 제작비가 든 것으로 알려져 있는데 그중에는 슈워제네거의 출연료 1400만 달러가 포함됐다. 이는 「터미네이터」 1편 총 제작비의 두 배가 넘는 액수이다.

「터미네이터」에서 악당 살인 기계 역을 한 후 영웅 역으로의 변신은 그의 이미지에 변화를 가져왔다. 극단적으로 폭력적인 영웅이라는 이전의 역할과 대조적으로 「터미네이터 2」는 미래의 영웅인 소년과 친해지고 좀 더 친절하고 부드러움을 배우는 살인 기계를 보여 준다(그는 더 이상 사람을 죽이지 않고 다리에만 총을 쏜다). 그리고 세상을 구원하기 위해 마지막에는 자기 자신을 파괴한다. 이러한 변신은 「마지막 액션 히어로」(1993)에서 더욱 확고해졌다. 이 영화는 젊은 관객을 대상으로 제작됐는데 폭력만큼이나 코미디와 자기 패러디가 중시되었다. 그러나 7000만 달러라는 엄청난 제작비에도 불구하고 이 영화는 기대에 미치지 못하는 결과를 낳았는데, 컬럼비아 사가 이 영화를 훨씬 더 많은 언론의 관심과 관객을 모은 스필버그의 「쥐라기 공원」과 같은 시기에 개봉할 것을 고집한 탓도 있다. 이 영화의 실패는 한때 비싼 액션 영화의 흥행 보증 수표로 여겨져 온 슈워제네거에 대한 할리우드의 믿음을 뒤흔들었다.

에드워드 오닐

▪▫ 주요 작품

「투지를 잃지 마라Stay Hungry」(1976); 「근육 단련Pumping Iron」(1977); 「터미네이터The Terminator」(1984); 「레드 소냐Red Sonja」(1985); 「코만도Commando」(1985); 「고릴라Raw Deal」(1986); 「러닝 맨The Running Man」(1987); 「프레데터Predator」(1987); 「레드 히트Red Heat」(1988); 「토탈 리콜Total Recall」(1990); 「터미네이터 2 Terminator 2: Judgement Day」(1991); 「마지막 액션 히어로Last Action Hero」(1993); 「트루 라이즈True Lies」(1994); 「주니어Junior」(1994).

▪▪ 참고 문헌

Butler, George(1990), *Arnold Schwarzenegger : A Portrait.*

존 밀리어스 감독의 「코난」(1982)에 출연한 아널드 슈워제네거.

이다. 할리우드와 레이건은 둘 다 레이건이 가장 좋아했던 경제학자 조지 길더가 1981년도 베스트셀러 『부와 가난*Wealth and Poverty*』(레이건은 이 책을 자신의 각료들에게 나누어 주었다)에서 〈신념을 가져야 할 필연성〉라고 부른 것을 미국 국민들에게 확신시키기 위한 이미지들을 제공했다. 특수 효과에 의존하는 블록버스터들과 레이건 대통령은 미국 국민들로 하여금 이러한 승리감의 태도를 공유하도록 권장했다는 점에서 서로 수렴된다. 이런 점은 이미 언급한 블록버스터 영화들은 물론 「로키」(1976), 「슈퍼맨」(1978), 「페임Fame」(1980), 「청춘 사업」(1983)과 「베스트 키드The Karate Kid」(1984) 같은 당시 영화들의 특징을 이룬다.

이 승리의 시기를 정의하는 특징들은 1985년의 「백 투 더 퓨처」에서 놀랄 만큼 충실한 형태로 요약되었다. 첫 편과 속편들에서는 1950년대와 1980년대 사이의 직접적 관련이 설정되었다. 이 시리즈는 미국의 수십 년에 걸친 개입의 역사가 남긴 상처를 다루는 데 있어서 마치 그런 역사를 효과적으로 지워 냄으로써 처음부터 아예 존재하지 않았던 것처럼 꾸미는 것으로 치유하고자 했다. 10대 소년 마티 맥플라이는 타임머신을 발명한 박사가 쇼핑몰 주차장에서 그에게 플루토늄을 공급하는 리비아 테러리스트들에게 공격당하면서 우발적으로 1955년으로 보내진다(이로써 영화는 국제 정치와 미국의 제국주의에 대한 레이건 시대의 불안감과 스스로를 연관시킨다). 과거로 돌아간 상태에서 마티는 자신의 부모가 예정된 대로 서로 만나 사랑에 빠지는 것을 확인해야 한다. 아니면 자신의 존재가 없어지기 때문이다. 마티는 부끄럼 많고 멍청한 자신의 아버지에게 그를 괴롭히는 동료들에게 어떻게 당당하게 맞서 마티의 어머니의 관심을 얻어 낼 수 있는가를 가르쳐 줌으로써 자신의 탄생을 확고히 한다. 하지만 마티는 현재를 단순히 보존할 뿐만 아니라 그것을 더 좋게 재창조한다. 왜냐하면 그는 자신의 아버지에게 (레이건의 수사학을 인용하자면) 〈당당히 서도록〉 가르쳐 주었기 때문이다. 그리고 마티가 1985년으로 돌아왔을 때 이전에는 괴상하고 황당했던 부모와 형제들이 이제는 스마트하고 멋진 사람들이 되어 있는 것이다. 그리고 그 가족은 더 많은 돈과 세련된 취향을 지녔고 마티는 자신의 꿈을 이루게 된다.

문화 다원주의

그러나 1980년대 중반에 이르러 할리우드 블록버스터와 레이건 대통령의 승리에 찬 시기는 막을 내리게 된다. 냉전 체제의 종식과 국내 문제를 도외시한 레이건 행정부가 초래한 문제들의 증가, 특히 도시 흑인들의 절망적인 상황 등 다양한 요소들이 〈미국적인〉 정체성에 대한 재정립을 강요했다. 자신감에 찬 국내 분위기는 깨지기 시작했다. 레이건 시대는 이란 콘트라 사건과 올리버 노스 스캔들로 정체가 드러나기 시작했고, 할리우드 대작 액션 영화들의 승리 무드는 어둡고 폭력적이며 생존을 추구하는 감각으로 대치되었다. 마치 미국의 베트남전 경험이 국내 문제에서 재생되는 듯했다.

1986년 최고의 흥행을 기록한 「탑 건Top Gun」과 「에이리언 2Aliens」 두 작품은 이러한 전환을 보여 준다. 현재의 미국 군대 생활을 「스타워즈」와 같은 액션과 흥분의 장치로 묘사한 「탑 건」은 새로워진 미국의 자신감과 힘에서 오는 승리감에 대한 숭배였다. 톰 크루즈의 캐릭터는 루크 스카이워커와 한 솔로(즉 오이디푸스 갈등과 무법적인 남성 포즈)의 혼합이었고, 숨 막히는 특수 효과 시퀀스는 우주선들 사이에서 펼쳐지는 것이 아니라 하이테크 전투기 사이에서 전개되었다. 냉전에 대한 영화의 불안감은 주인공 영웅이 싸우고 격추시키는 러시아 제트기들로 명시되어 나타났으며, 베트남 참전과 관련한 고민들이 암시적으로 끌어내어져 극복되었다. 영화 속의 군대가 〈포스〉가 다시 한 번 그들과 함께하고 있음을 증명하기 때문이다. 영화는 군 복무와 국가적 자존심에 대한 두 시간짜리 광고로 받아들여졌으며(감독 토니 스콧은 실제로 TV CF 감독 출신이다), 미 해군은 이 영화가 개봉된 후 지원자가 눈에 띄게 늘었다고 보고했다.

제임스 캐머런의 「에이리언 2」는 처음에 〈식민지 해병대〉란 팀을 통해 「탑 건」에서와 같은 군대의 용맹함과 〈할 수 있다〉는 믿음의 또 다른 버전을 제공했다. 해병대원들은 리플리 대위(시고니 위버)와 함께 리들리 스콧의 1979년 작 「에이리언Alien」에서 처음 만났던 살인적인 외계 괴물들이 지배하는 인간 식민지를 일소하기 위해 파견된다. 그러나 영화의 결말에 가서는 딱 한 사람, 잘생긴 백인 남성을 제외한 모든 대원들이 죽음을 당한다. 좀 더 전형적인 액션 영화(예를 들어 아널드 슈워제네거 주연의 1987년 작 「프레데터」 같은 영화)였다면 이 캐릭터는 최후의 승리를 낚은 영웅이 될 것이지만 「에이리언 2」에서는 치명상을 입어 영화의 결말이 나기 전에, 그리고 가장 중요한 전투가 시작되기 전에 스토리에서 사라진다. 거대한 여왕 괴물을 죽이는 최후의 승리는 여성(리플리 대위)에 의해 쟁취된다. 여기에는 한 소녀와 남자 앤드로이드, 다시 말하면 상징적인 〈소수 집단〉이 조력자로 활약한다. 영화는 군대를 찬양하지만 동시에 그것이 무력하다는 점도 보여준다. 그리고 주인공들이 마침내 전투에서 이기는 순간에도 영화의 분위기는 전혀 승리감에 도취되어 있지 않다. 영웅들은 승리한다기보다 생존에 성공한다고 표현하는 게 더 어울린다. 단 한 명의 대원, 딱 한 명의 식민지 인간(소녀)만 빼고 다 죽는 데다가, 생존자들도 확실하게 구조된다는 보장 없이 우주를 떠도는 것으로 끝을 맺기 때문이다.

「에이리언 2」는 살아남은 백인 남자를 혼수상태로 만들고 영웅적인 승리를 여성의 몫으로 돌렸다. 이러한 추세, 즉 지지자와 비판자 양측에서 모두 〈정치적 올바름〉이라고 표현한 문화 다원주의에 대한 의무는 미국 대중문화에서 갈수록 강화되게 된다. 1980년대 말의 시사평론가들은 인종적, 민족적 자존심에 대한 감수성의 새로운 주류로 문화 다원주의(정체성의 정치학이라고도 알려져 있다)를 논의했다. 이러한 움직임은 인종 차별 철폐주의자들이 인권 운동에서 약속한 사회적 경제적 평등을 쟁취하기 위해 소수 집단, 특히 흑인들의 무기력에 대한 보상 차원의 대응책으로 일어났다. 문화 다원주의화의 구체적인 목표는 교과서나 할리우드 영화에서 문화적 이미지의 정치학을 강조하는 것이었다. 할리우드에서 문화 다원주의적인 감수성은 우선 백인과 소수 집단(특히 흑인) 관객들에게 모두 호소력을 지니도록 기획된 영화의 수가 증가하는 것으로 나타났다. 예를 들어 에디 머피와 우피 골드버그가 등장하는 영화, 혹은 매우 인기 높은 「리설 웨펀Lethal Weapon」 시리즈처럼 백인과 흑인이 단짝을 이루는 〈버디 영화〉들이 늘어났다.

그러나 할리우드가 흑인 배우들이 등장하는 영화를 더 많이 만들었다고 해도 여전히 백인 남자들에 의해 거의 독점적으로 제작되고 있었다. 한 흑인 여성이 자신의 삶과 체험을 토대로 쓴 소설을 백인 남자가 각색한 스티븐 스필버그의 1985년 작 「컬러 퍼플」은 유색 인종과 문화에 대한 할리우드의 이미지 정치학을 둘러싼 격렬한 논쟁을 불러일으켰다. 이 논쟁에 대한 할리우드의 해결책은 소수이긴 하지만 갈수록 늘어가는 독립적인 소수 집단 영화감독들에게 대중 영화를 만드는 기회를 제공하는 것이었다. 할리우드 역사상 가장 유명하고 중요하며 영향력 큰 흑인 감독이 된 스파이크 리가 대표적인 예다. 도시 내 작은 공동체의 인종 갈등 폭발을 탐구한 스파이크 리의 1989년 작 「똑바로 살아라」의 비평적, 대중적인 성공은 1990년대 초에 흑인 배우들을 기용한 흑인 감독들의 영화가 계속해서 만들어지는 계기를 제공했다. 이 영화들은 주로 도시의 흑인 가족과 공동체를 괴롭히는 폭력을 다루었다. 이 같은 작품으로는 「보이즈 앤드 후드」, 「브루클린 출신」, 「뉴 잭 시티」와 「사회에의 위협Menace II Society」 등을 들 수 있다. 원래는 아프리카계 미국인들에 의한, 그들을 위한, 그들에 대한 영화에 한정되었던 할리우드의 문화 다원주의는 아시아계 미국인들처럼 다른 소수 집단으로 확산되는 기미를 보였다. 예를 들어, 에이미 탄의 소설을 화려한 대작으로 만든 영화 「조이 럭 클럽The Joy Luck Club」(1993)은 웨인 왕 감독에 의해 연출되었다. 웨인 왕은 스파이크 리처럼 저예산 독립 영화계 출신이다.

여성들 역시 할리우드의 문화 다원주의의 풍토로부터 혜택을 받았다. 중산층 여성의 권위 신장에 관한 판타지인 「나인 투 파이브9 to 5」(1980)로 시작해 1991년의 무법자적인 희비극 「델마와 루이스」에 이르기까지 여성 이미지 재현의 수위는 높아졌다. 몇몇 할리우드 영화들은 여성에게 주어지는 판에 박힌 역할에 대한 저항에 손을 들어 주면서 전통적으로 남성 전유물이었던 강한 캐릭터를 여성의 몫으로 주었다. 예를 들어, 「리설 웨펀」(1992)은 이 시리즈의 버디 공식에 터프한 여성 무술 전문가를 추가했다. 페미니즘에 대한 보다 더 복잡한 반응은 〈총을 든 여성〉 영화라고 부를 수 있는 장르에서 찾아진다. 이 같은 영화에는 「에이리언 2」와 1990년대 초의 「터미네이터 2」, 「블루 스틸Blue Steel」과 「양들의 침묵」(「델마와 루이스」와 함께)이 포함된다. 일부 비평가들이 이 영화들은 단순히 여성을 일종의 남성으로 변장시켜 놓은 것에 불과하다고 비판하긴 했지만 이들은 이 시기 미국 문화에서 흔들리는 젠더의 역할과 정체성의 문제에 대한 사색을 제공했다. 더불어 1980년대 말에 이르러 할리우드는 여성 관객들을 겨냥한 영화의 흥행성을 재발견했다. 이는 「철목련Steel Magnolias」(1989), 「비치스Beaches」(1988), 「프라이드 그린 토마토 Fried Green Tomatoes」(1991) 등의 영화를 낳았다.

제작 면에서는 특히 여성 감독들에게 유리한 진전이 있었다. 적지만 점차 숫자가 증가하는 여성 감독 군(群)에는 바브라 스트라이샌드, 마사 쿨리지, 수전 세이들먼, 캐스린 비겔로와 릴리 피니 재넉 등이 포함됐다. 아마도 가장 눈에 띄는 성공 스토리의 주인공은 페니 마셜일 것이다. TV 시트콤 탤런트였던 그녀는 「빅Big」(1987), 「사랑의 기적Awakenings」(1989), 「그들만의 리그A League of Their Own」(1992) 등을 포함해, 즉시 비평적인 찬사와 흥행 성공을 거둔 몇 편의 영화를 만들어 냈다.

스티븐 스필버그 (1947~)

재능 있는 젊은 TV 연출가였던 스티븐 스필버그는 불과 20년도 채 안 돼서 제작자-감독으로서 개인 재산 2억 달러를 넘어 로이 디즈니, 마크 굿선, 루 와서먼과 머브 그리핀과 같은 연예계 거물들과 함께 미국 최고 부자 중 한 사람이 되었다. 스필버그의 궤적은 스필버그 개인의 재능뿐만 아니라 이 시기 영화 산업계에 지배적인 조건들을 드러내 준다. 영화학과를 졸업한 조지 루카스, 마틴 스코시스와 달리 스필버그는 스물두 살에 TV 작품으로 연출 활동을 시작했으며 대학을 졸업한 적이 없다. 1969년부터 1973년까지 그는 「형사 콜럼보Columbo」, 「의사 마커스 웰비Marcus Welby, M. D.」, 「공포 극장Night Gallery」과 「네임 오브 더 게임The Name of the Game」의 에피소드들을 연출했으며 장편 길이의 「공포 극장Night Gallery」(1969) 에피소드를 훌륭하게 연출했다.

스필버그가 단시간 내에 할리우드를 지배할 수 있었던 것은 서스펜스 영화감독으로서의 능력과 할리우드 장르의 흥행성의 변화 추이를 따르면서 앞서 가는 재주가 함께 잘 맞아떨어졌기 때문이다. 1970년대와 1980년대에 판타지, 호러, 액션 영화 장르가 다시 한 번 흥행성을 되찾은 덕에 스필버그는 자신의 재능을 발휘하면서 돈도 많이 버는 출구를 찾을 수 있었던 것이다. 그는 「클로스 엔카운터」(1977)와 「E.T.」(1982)로 포스트-「스타워즈」 물결의 절정에 올랐으며, 「조스」(1975)로 포스트-「엑소시스트」의 공포를 확대시켰다. 그리고 「인디애나 존스」 시리즈(1981, 1984, 1989년에 친구이자 「스타워즈」의 감독인 조지 루카스와 함께 만들었다)로 액션 모험 장르에 만화적인 성격을 혼합시켰다. 스필버그는 「컬러 퍼플」(1985)과 「태양의 제국」(1987)으로 진지한 예술가로 인정을 받으려고 시도했으나 그의 시도는 감동을 불러일으키기에는 지나치게 솜씨를 부린 탓에 성공을 거두지는 못했다. 1989년부터 1991년까지 스필버그는 「영혼은 그대 곁에」(1989)와 「후크」(1991) 2편의 영화가 상업적, 비평적으로 실패하는 아픔을 맛보았다. 이는 흥행 감독으로서의 그의 지위를 위협했는데, 다시 「쥐라기 공원」과 「신들러 리스트」(2편 모두 1993년)를 감독함으로써 흥행 성공은 물론 비평적인 인정도 받게 되었다.

현대 할리우드에서 스필버그의 역할은 단지 감독으로 머무르지 않는다. 그는 자신의 연출작을 대부분 캐슬린 케네디와 프랭크 마셜과 공동 제작했을 뿐만 아니라 프로듀서로서 혹은 현장 감독*executive producer*으로도 일했고, 주로 유니버설 스튜디오와 제휴하여 다양한 영화들을 만들었는데 그중에는 1980년대 최고 흥행작들이 다수 포함되어 있다. 스필버그는 로버트 저메키스의 오랜 후원자답게 「누가 로저 래빗을 모함했는가?」(1988)는 물론 「백 투 더 퓨처」 시리즈에 깊숙이 관여했다. 이와 더불어 토브 후퍼의 「폴터가이스트Poltergeist」(1982), 조 단테의 「그렘린Gremlins」(1984)과 구로사와 아키라의 「꿈(夢)」(1990)의 제작에도 관여했다.

비록 그 자신의 영화들은 첨단 테크놀로지와 뛰어난 서스펜스 구축으로 일관했지만, 스필버그는 초기 작품 이후 눈에 띄게 다른 방향으로 힘을 기

울였다. 손에 땀을 쥐게 하는 스릴러 「대결」과 「조스」에서, 그는 무자비한 폭력이 언제 어디서 터져 평범한 개인들을 죄수로 만들지 모르는 세상의 묘사로 허무주의적인 세계관을 드러냈다. 그러나 「클로스 엔카운터」로 스필버그는 공상의 세계를 그리는 쪽으로 방향을 전환했다. 영화가 지닌 감동의 힘에 대해 어린아이와도 같은 경외감을 지녔던 스필버그는 영화의 마법을 사용해 이러한 경외감을 공상의 세계 속에 펼쳐 냈다. 스필버그의 지속적인 주제의 하나가 어른과 아이, 즉 세대 간의 화해라는 사실은 전혀 놀라운 일이 아니다. 비록 흥행에서는 실패했지만 「후크」에서 어른이 된 피터 팬이 어릴 적의 상상력을 되찾아야만 하는 설정이 그 좋은 예다. 초기 영화가 보여 주었던 어두운 면이 많이 줄어들면서 폭력에 대한 스필버그의 관심은 선과 악의 마니교적인 대립으로 단순화되었다.

스필버그의 초기 영화들이 보여 주었던 끔찍한 공포의 세계는 「쥐라기 공원」의 포악성 속에 여전히 살아 있다. 「쥐라기 공원」의 잔인함은 영화가 전달하는 도덕적 교훈과 불편한 조화를 이루고 있다. 기업의 자본가가 홀로코스트 시기에 자신의 도덕적 양심을 찾는 이야기인 「신들러 리스트」도 어두운 분위기의 도덕적 우화를 제공한다. 영화의 결말에서 오스카 신들러에 의해 구조된 실제의 생존자들과 그들의 자녀가 자신의 역할을 연기했던 배우들과 나란히 실제 신들러의 무덤을 찾아 돌을 놓는 장면은 할리우드와 역사적 현실의 화해일 뿐만 아니라 부모와 자식, 그리고 스필버그와 그의 유대 혈통 간의 화해이기도 하다.

「신들러 리스트」는 스필버그에게 오랜 숙원이었던 아카데미 감독상을 안겨 주었다. 같은 해에 「쥐라기 공원」은 「E.T.」의 기록을 깨고 역대 최고의 흥행작으로 떠올랐다. 「신들러 리스트」는 할리우드 최고의 흥행사 감독-제작자가 그동안의 진지한 노력을 인정받는 계기를 마련해 주었다. 예술적, 도덕적 열망과 흥행이라는 힘든 현실 사이에서 오랫동안 투쟁해 온 할리우드에서 스티븐 스필버그는 그 두 가지를 조화시키는 일에 성공한 셈이다.

에드워드 오닐

▪▫ 주요 작품

「대결Duel」(1972); 「슈거랜드 특급Sugarland Express」(1974); 「조스Jaws」(1975); 「클로스 엔카운터Close Encounter of the Third Kind」(1977); 「1941」(1979); 「레이더스Raiders of the Lost Ark」(1981); 「E.T.」(1982); 「인디애나 존스Indiana Jones and the Temple of the Doom」(1984); 「컬러 퍼플Color Purple」(1985); 「태양의 제국Empire of the Sun」(1987); 「인디애나 존스-최후의 성전 Indiana Jones and the Last Crusade」(1989); 「영혼은 그대 곁에 Always」(1989); 「쥐라기 공원Jurassic Park」(1993); 「신들러 리스트 Schindler's List」(1993).

▪▪ 참고 문헌

Sinyard Neil(1987), *The Films of Steven Spielberg*.
Pye, Michael, and Myles, Lynda(1979), *The Movie Brats*.

◀ 스필버그의 최초 영화이자 가장 인상적인 스릴러였던 「대결」(1972)에서 트럭에 의해 위협당하는 세일즈맨으로 나온 데니스 위버.

문화 다원주의적 감수성의 부상은 백인 남성을 제외한 모든 사람들에게 새로운 파워를 약속했다. 그러나 할리우드가 주류 문화 변두리의 시각을 제공하는 영화를 더 많이 만들기 시작하긴 했지만 대부분의 영화들은 (물론) 여전히 주류 문화의 관점을 지니고 있었다. 주류 문화적인 시각은 갈수록 문화 다원주의가 내포하고 있는 미국 사회, 그리고 지구촌 사회에서의 백인 남성들의 위치에 대해 불안해하기 시작했다. 예를 들어, 「백 투 더 퓨처 2」(1989)를 보면 첫 영화에서 역사를 새로 쓰고 현재를 개선하도록 해준 마티 맥플라이의 진취적 정신이 2편에서는 일들을 더 악화시키는 결과를 낳는다. 플롯이 연속적으로 복잡하게 꼬이면서 미래의 경기 스코어 기록책을 이용해 부자가 되려는(월스트리트의 내부자 거래 비리를 연상시킨다) 마티의 계획은 그의 중산층 백인 가족이 사는 1985년 첫 편의 도시 근교 마을이 총기 난사와 자동차 폭발 사건이 터지는 지옥 같은 빈민굴로 바뀌는 것으로 결판난다. 마티의 집은 흑인 가족에 의해 점령당하고 창문을 통해 자기 침실로 들어간 마티는 자신의 침대에서 10대 흑인 소녀를 발견하게 되고 성추행범으로 오인받는다. 첫 편에서 억압된 것이 속편에 돌아온 것이다. 「백 투 더 퓨처 2」의 그 〈대안적〉 1985년은 사실은 마티의 집에 있는 흑인들이 제시하듯이, 1980년대의 폭력적인 도시 현실인 것이다. 이는 레이건 행정부와 블록버스터의 판타지들이 그렇게도 잊게 만들려고 노력했던 것이다. 이렇게 영화는 1980년대의 두 가지 다른 삶의 경험들을 재현한다. 백인과 유색인의 관점 차이로서가 아니라 2개의 모순되고 서로 융합할 수 없는 대안들로 묘사하는 것이다. 영화는 역사에 대한 복수의 관점과 변주들 — 이는 문화 다원주의적인 의식의 기본 원칙이다 — 을 방향성 없는 혼란, 개인의 힘과 조정 능력의 상실, 그리고 심지어 이 세상의 종말과 결합시킴으로써 문화 다원주의에 대한 불안을 고백한다.

정체성의 정치학에 대한 주류 문화의 공포는 엄청난 흥행을 기록한 팀 버튼의 블록버스터 「배트맨」(1989)과 「배트맨 2」(1992)에서도 나타난다. 여기에서 문화 다원주의는 실제로는 부유한 백인 남성인 브루스 웨인이 활약하는 자경단원 영웅 배트맨과 그와 대적하는 다양한 범죄자들 사이의 투쟁으로 은유된다. 이때 범죄자 개개인은 고담 시의 〈정상적인〉 사회의 바깥에 존재한다는 점에서 확연하게 〈주변성〉을 띤 사람들이다(의미심장하게도 일부 비평가들은 「배트맨 2」에서의 펭귄 묘사를 반유대적이라고 공격했다). 그들의 별난 정체성은 명백히 도시 소수 집단의 하층 계급을 표상한다. 즉 그들은 범죄와 관련되어 있고, 갱처럼 조직되어 있으며 정치적 권력(시장이 되려고 애쓰는 펭귄의 예처럼)을 추구한다. 두 영화는 그들이 주류에서 벗어난 혹은 주변성을 지닌 사람들의 탓이라고 생각하는 사회적 부패와 타락에 대한 파시스트적인 해결책을 직접적으로 제시해 주었다. 그러나 두 영화는 또한 그 해결책의 화신인 배트맨에 대해서는 양면성을 보여주었다. 「배트맨 2」에서 펭귄이 배트맨에게 〈너는 내가 진짜 괴물이고, 넌 분장을 해야 한다는 사실 때문에 날 질투하는 것일 뿐이다〉라고 얘기했듯이 말이다. 만약 「배트맨」 시리즈의 범죄자들이 소수 그룹(캣우먼과 그녀가 지니고 있는 우스꽝스러운 〈페미니즘〉을 포함해서)을 풍자한 것이었다면 가면 복장을 한 배트맨의 존재는 소수 그룹으로의 변장이라고 할 수 있다. 즉, 부유한 백인 남성으로서 자신이 지닌 특권을 여전히 유지하면서 소수 그룹 사람들의 입장에 동참하거나 그들 중의 한 사람으로서의 위치를 차지하는 것이다. 달리 말하면, 배트맨의 판타지는 새로운 문화 다원주의적 감수성이 제기하는 위협에 대한 백인 남자 영웅의 복잡한 반응의 사례라고 할 수 있다. 즉, 마치 그가 사회적 질서 유지에 위협이 되는 존재로서 맞서야 하는 바로 그 주변적이고 일탈적인 사람들과 자신을 동일시하고 싶어 하는 것처럼 말이다.

「배트맨」 시리즈가 보여 주듯 1970년대 말과 1980년대 초에 백인 남성의 승리와 초월성의 판타지를 제공했던 할리우드의 블록버스터들은 점점 더 자기 의식적이 되어 이제 백인 남성의 정체성은 피할 수 없는 문제가 되었다. 이 같은 움직임은 처음엔 매우 다른 할리우드 장르로 여겨졌던 당시의 스타 영화들과 연관되어 있다. 이 영화들은 로버트 드니로, 알 파치노, 더스틴 호프먼과 같은 연기파 배우들의 놀라운 연기력을 보여 주는 전시장이었다. 이 3명의 배우는 모두 자기가 맡은 역할 속에 자신의 페르소나를 성공적으로 녹여 낸 인상적인 연기로 유명한 사람들이다. 이들이 맡은 역할이 평균적인 백인 남성을 제외한 거의 모든 사람의 정체성을 연기하는 일이라는 사실은 의미심장하다. 표준적인 백인 남성은 어떤 특정한 정체성도 지니고 있지 않은 사람으로 여겨졌다. 이런 영화들은 문화 다원주의의 영향력 상승에 의해 제기된 문제, 즉 백인 남성은 어떻게 정체성을 획득하는가 하는 문제에 대한 대답이었다. 스타 영화들은 백인 배우들이 표준적이지 않은 백인 남성을 연기해 내는 것을 통해 해답을 제공했다. 「성난 황소Raging Bull」(1980)에서 드니로가 백인 노동 계급 복서 제이크 라모타로 변신한다든지, 호프만이 「투씨Tootsie」(1982)에서 여자 역을 한다든지, 톰 크루즈가 올리버 스톤의 「7월 4일생Born on the Fourth of July」(1989)에서 베트남전의 상이용사이자 정치 운동가인 론 코빅의 삶을 연기한 것을 예로 들 수 있다.

「7월 4일생」이 제시하듯이, 연기 기술과 연기력을 전시하는 영화들은 1980년대 말에 〈장애자 영화〉라고 부를 수 있는 장르로 발전해 나갔다. 이 영화들에서 배우는 한 가지 이상의 장애를 지닌 백인 남자 역을 연기한다. 「레인 맨Rain Man」(1988)에서 더스틴 호프먼은 자폐증 환자 역을 했고, 파치노는 「여인의 향기Scent of a Woman」(1992)에서 시각 장애자였으며, 드니로는 「사랑의 기적」(1989)에서 수년간의 혼수상태에서 잠시 깨어난 남자 역을 맡았고, 해리슨 포드는 「헨리 이야기Regarding Henry」(1991)에서 머리에 총알을 맞고 나서야 친절하고 예의 바른 백인 남자가 되었다. 이 영화와 역할들은 희생자의 지위에 대한 일종의 부러움과 그러한 지위를 취하려는 욕망을 보여 주었다(이런 욕망은 엄청나게 인기 있는 〈슬래셔 무비〉 장르에서 좀 더 노골적으로 표현된다). 이런 역할들은 정체성의 정치학이 대두한 이후 백인 남자 배우들이 인종적, 소수 민족적 정체성을 연기하는 일에 가장 가깝게 접근할 수 있는 방법이었다(동성애자 역할은 보편적인 동성애 공포증 때문에 스타 배우들에게 지나치게 모험적인 일로 받아들여졌다. 최소한 톰 행크스가 조너선 드미의 1993년 영화 「필라델피아」에 출연하기 전까지는 그랬다. 동성애를 하나의 장애로 묘사한 「필라델피아」에서 에이즈 환자 역을 맡았던 톰 행크스는 아카데미 남우주연상을 수상했다). 이 영화들은 각기 다른 이야기를 전개했다고 하더라도 모두 정체성 변화를 다룬 판타지라는 공통점을 지니고 있다. 이는 배우들의 뛰어난 연기를 보는 스펙터클이라는 점에서도 그렇고, 또 영화 자체의 주제 면에서도 그렇다. 개인적인 연기와 변신에 대한 자기 반영적인 이야기들이 대부분이었던 것이다. 이러한 영화들이 하나의 범주로 분류될 수 있을 정도로 부상한 것은 표준적인 백인 남성(이성애자인 중산층 남자)이 다른 누군가로 변화하는 것, 특히 소수에 속하는 누군가로 변하는 것을 보고 싶어 하는 문화적 욕구를 노골적으로 반영한 현상이었다.

피해자로서의 백인 남성

1980년대 말 몇몇 이론가들은 미국 문화가 전반적으로 희생자를 숭배하는 특징을 지니게 되었다고 주장했다(예를 들어

로버트 휴스의 책 『불평의 문화*Culture of Complaint*』와 찰스 사익스의 『희생자들의 나라*A Nation of Victims*』). 백인 남성들은 인종, 민족성 혹은 젠더(문화 다원주의적 감수성에 의해 특권화된 범주들)란 측면에서 결코 희생자임을 주장할 수 없었기 때문에 장애인 영화들이 하나의 출구를 제공해 주었다. 여기에서 백인 남성들은 자신을 희생자 그룹의 하나로 상상할 수 있었던 것이다. 백인 남성이 다른 사람의 정체성을 취하는 것을 보여 주는 연기 중심의 영화들은 집단적으로 〈백인 남성 편집증 판타지들〉이라고 부를 수 있는 영화 그룹 내에서 상대적으로 온건한 편에 속한다. 앞에서 언급한 2편의 「배트맨」 영화와 「백 투 더 퓨처 2」 외에 추가할 수 있는 사례로는 1980년대 중반에 나온 「람보」, 「대특명Missing in Action」, 「지옥의 7인Uncommon Valor」과 같이 베트남으로 다시 돌아간 시리즈 영화와 「로보캅RoboCop」(1987), 「다이 하드Die Hard」(1988), 「폴링 다운Falling Down」(1993)과 「쥐라기 공원」(1993) 같은 다양한 영화들을 들 수 있다. 장애인 영화들이 현실의 고통과 자기희생에 맞서 투쟁하는 개인들의 정체성을 연기하는 백인 남자들을 보여 준 반면, 이들 다른 영화들은 — 엄청난 인기와 흥행 성공을 거두었는데 — 다양한 방식으로 표준적인 백인 남자가 희생자가 되는 것을 보여 주려고 했다. 승리 무드에 휩싸여 있던 시기의 블록버스터들처럼 이 영화들은 지독한 악당과 상황을 극복하는 백인 남성 영웅들을 보여 주었다. 그러나 이전의 영웅들과 달리 백인 남성 편집증 판타지의 주인공은 영화 내내 끔찍한 신체적, 심리적 벌을 감내해야 했다. 「로보캅」 시리즈, 혹은 「유니버설 솔저Universal Soldier」(1992), 혹은 2편의 「터미네이터」 영화에서조차 남성 액션 영웅들의 몸은 딱딱한 금속 기계와 융합되었고, 내러티브는 고통을 감내하는 영웅의 역량을 강조했다. 그는 총에 맞고, 칼에 찔리며, 던져지고, 팔다리가 절단되고, 불에 타 화상을 입거나 아니면 고문을 당한다. 이들 영웅들의 초남성적인 몸은 잔인한 폭력으로부터 그들을 보호해 주지 못했으며, 따라서 그들에 대한 처벌의 스펙터클을 더욱더 강화시킬 수 있었다.

브루스 윌리스가 강인한 뉴욕 경찰 존 매클레인으로 등장하는 블록버스터 히트작 「다이 하드」는 백인 남성이 스스로를, 또 미국이라는 국가를 역사의 희생자로 생각하고 있음을 다양한 방식으로 보여 주었다. 이야기는 거의 대부분 로스앤젤레스에 자리한 대기업의 빌딩이라는 상징적인 공간 안에서 전개되는데, 이 빌딩은 매클레인의 소원해진 아내가 취직해 있는 일본 기업의 소유다. 이 상징성을 곧바로 이해하지 못하는 사람들을 위해 부언하자면 영화의 오프닝 신 중 한 장면에서 예일 대학 출신의 일본인 상사는 매클레인이 마지못해 새 빌딩에 대해 감탄을 표시하자, 〈이봐요, 진주만이 실패했기 때문에 카세트라디오로 당신네들을 정복한 거요〉라는 농담으로 응수한다. 유럽 인이 이끌지만 다민족적이고 다인종적인 엘리트 범죄 집단이 테러리스트로 자칭하며 빌딩을 점령, 직원들을 인질로(매클레인의 아내를 포함하여) 잡고 빌딩 내에 있는 최첨단 금고에 접근하려고 시도하는 데서도 세계화와 문화 다원주의에 대한 불안감을 읽을 수 있다. 매클레인은 외국과의 경쟁뿐만 아니라 연방 정부의 관료주의에 의해서도 괴로움을 당한다. 무능한 FBI 요원들은 빌딩 안에서 혼자 외롭게 투쟁하는 매클레인의 말을 들어주지도 않고, 그를 지원하는 것도 거부한다. 매클레인을 자신들의 무능하지만 교과서적인 접근법에 대한 방해꾼 정도로 생각하는 것이다.

그러나 「다이 하드」는 또한 영화 속 백인 남자 주인공의 진짜 문제는 아내와의 관계에 있음을 보여 준다. 로스앤젤레스로의 승진 인사를 제안받자 아내는 자신의 직장 생활을 포기하기보다는 매클레인과의 별거를 택한다. 영화에서는 세계 경제 속에서 미국의 경쟁력에 대한 불안감과 가정 경제에서 남성의 역할에 대한 불안감이 평행선으로 그려지고 있는 것이다. 즉, 국제적인 경쟁이 매클레인으로부터 아내와 가족을 빼앗아 간 것이다. 매클레인이 외부 세력의 희생자라는 사실은 그가 깨진 유리 조각으로 뒤덮인 사무실 바닥을 맨발로 가로질러야 하는 장면에서 가장 명확하게 드러난다. 아내를 구출하기 위해서는 생존해야 하고, 생존하기 위해서는 맨발로 그 방을 가로질러야 했기 때문에 우리는 나중에 발바닥에서 유리 조각들을 파내는 맥클레인의 모습을 봐야 하는 것이다. 아내의 직장 생활 때문에 매클레인의 남성성이 위협받는 상황은 곧 미국 백인 남성을 희생자로 만드는 세력 중의 하나로 페미니즘을 거론하는 것이다. 이런 점에서 「다이 하드」를 비롯한 이 시기 백인 남성 편집증 판타지들은 같은 시기의 또 다른 중요한 영화 그룹과 연결된다. 즉 강하고 독립적인 여성들이 다양한 방식으로 처벌을 받은 후 그들의 원래 자리(종속적인 자리)로 되돌아가는 〈반동〉 영화들과 연결되는 것이다. 이런 영화들 중 가장 악명 높은 작품이 「위험한 정사」(1987)였지만 「베이비 붐Baby Boom」(1987), 「미저리Misery」(1990), 「귀여운 여인Pretty Woman」(1990) 등 다양한 영화들이 이 그룹에 속한다.

백인 남성 영웅: 스티븐 스필버그의 「레이더스」(1981)에서 인디애나 존스 박사로 나온 해리슨 포드는 원주민들을 구하고 나치를 이기며 돈도 번다.

백인 남성 편집증 판타지 영화들은 특권 상실에 대한 백인 남성의 반발과 분노를 표현해 냈다. 이 영화들은 사회가 아무리 백인 남성이 억압자였다고 주장해도 표준적인 미국 백인 남성은 자신을 희생자로 느끼고 있다는 사실을 우리에게 가르쳐 주었다. 하지만 「다이 하드」의 세계적, 경제적 규모에서 알 수 있듯, 이 영화들은 또한 더 큰 정치적 사안을 지니고 있었다. 즉, 하나의 기본적인 내러티브 안에 모든 불안감 — 유색 인종들의 날로 늘어 가는 경쟁력 앞에서 약화되는 미국의 힘과 특권에 대한 불안감, 이와 동시에 진행되는 미국 경쟁력의 약화에 대한 불안감 — 들을 한데 접합한 것이다. 이 영화들은 여성과의 관계에서, 다른 소수 집단과의 관계에서 전적으로 백인 남성을 대변해 주는 영웅들을 제시함으로써 문화 다원주의와 페미니즘의 부상에 대응했으며, 이와 동시에 미국에 대해 도덕적인 우위를 주장할 수 있고, 또 어떤 경우에는 미국을 능가할 수 있는 제3세계와 다른 유색 인종 국가들에 의해 위협받는 미국에 대한 판타지를 지속적으로 제공해 주었다.

돌아다보건대, 1970년대 중반부터 1980년대 말과 1990년대 초의 백인 남성 망상 영화들에 이르기까지 할리우드의 거의 모든 성공적인 영화들에서 미국의 베트남전 경험이 얼마나 중요한 자리를 차지하고 있는가를 과소평가하기는 힘들 것이다. 예를 들어, 피터 비스킨드가 관찰했듯이, 「스타워즈」 영웅담에서조차 〈파워풀한 제국과 약세인 반란군 사이의 갈등을 보며 베트남을 떠올리지 않을 수 없다〉. 따라서 루크 스카이워커와 연합군은 베트콩을 상징하는데, 특히 「제다이의 귀환」(1983)에서 엔도의 달 위에서 펼쳐진 클라이맥스 전투에서는 더욱 그러했다. 명백하게 유색 인종이며 미개적인 이웍스가 정글 같은 숲 속에서 게릴라 전술을 이용해 테크놀로지로 무장한 제국의 세력을 이기는 것이다. 은유가 이렇게 구체적이지 않더라도 「스타워즈」 영화들은 백인 남자 주인공들을 제국의 희생자들 편에서 싸우는 동정적인 약자들로 묘사했다. 제국이 100퍼센트 백인 남성으로 이루어진 조직이라는 사실은 얼굴 없는 제국 병사들이 입고 있는 흰색 갑옷에 의해 노골적으로 표현되었다. 이와 대조적으로 루크 스카이워커와 한 솔로는 다양한 〈소수 집단들〉(추바카, R2-D2, C-3PO, 그리고 3부작에서 유일하게 등장하는 흑인인 랜도 칼리시언)과 연합한다. 바꿔 말하자면, 미국인들은 제3세계 레지스탕스 운동가들로 각색되어 앞선 테크놀로지와 무기로 무장된(이는 제국이 미국과 소련을 하나로 통합시킨 것임을 상징한다) 전체주의적인 제국주의자들에 맞서 싸우는 자유의 수호자가 된 것이다. 「스타워즈」 3부작은 따라서 미국이 베트콩과 연합하는 것에 의해 결국 베트남전에서 승리를 거두는 판타지인 셈이다.

루카스와 스필버그의 「인디애나 존스」(1984)의 오프닝 추격 신은 인디애나와 동료들을 인도의 깊은 오지로 몰고 간다. 여기에서 인디애나는 (지역의 지배 계급과 연관된) 그 지역의 세력 다툼에 휘말리게 된다. 사이비 종교 집단 칼리의 사악한 암살단원들이 한 작은 마을에서 성스러운 보석과 아이들을 훔쳐가 마을이 황폐해진 것이다. 이 미국인 백인 남성은 불운한 제3세계 농부들을 구원하는 일에 나서지만 이는 오로지 인디애나가 가격을 따질 수 없는 고고학적 보물이라고 믿는 성스러운 보석에서 〈재물과 영광〉의 가능성을 보기 때문이다. 마을 사람들을 도와주는 인디애나의 이중적인 동기는 베트남에서의 미국의 역할을 떠올리게 한다. 미국은 영웅적 이타주의라는 수사학 뒤에 물질적, 경제적인 이익을 감췄던 것이다. 영화의 내러티브는 전시의 프로파간다를 충실하게 수행한다. 원주민들이 무력한 평화주의자들, 아니면 악마적인 살인마들로 양분되기 때문이다. 일단 적진에 들어간 인디애나는 사교 암살단원들에 의해 붙잡혀 마취당하고 노예화되며 고문당하고, 또 인간을 희생시키는 제의에 강제로 참여하게 된다. 인간을 제물로 바치는 제의는 인디애나의 여성 동료 윌리가 죽음에 처하기 직전에 중지된다. 사교 암살단원들에게 인디애나가 당하는 잔인하고 과도한 폭력은 그 지역 갈등에 개입한 그의 행동은 물론 고대 문화 전체를 파괴하는 행위를 합법화시켜 준다.

베트남전은 「스타워즈」와 「인디애나 존스」 영화들에서만 해도 작품 근저에 숨겨져 있었지만, 실베스터 스탤론이 베트남 참전 용사 존 람보 역을 맡은 첫 2편의 영화들에 이르러서는 표면화되었다. 람보란 이름은 레이건 대통령 시대에 부활한 제국주의적인 웅변술처럼 세계적인 의미를 지니게 되었다. 백인 남성 편집증 판타지의 초기 작품들인 「람보」 시리즈의 가장 흥미로운 점은 람보를 백인 남자 영웅이자 동시에 〈소수 민족〉 피해자로 위치시키려고 애를 썼다는 점이다. 첫 편인 「람보First Blood」(1982)에서 람보는 전쟁 포로 시절 그를 고문한 베트남 인들에 의한 희생자이자 동시에 그와 같은 참전 용사들을 존경하기는커녕 오히려 악용하는 동료 미국인들에 의한 희생자로 설정된다. 블록버스터 속편인 「람보 2」(1985)에서 람보는 미군 전쟁 포로가 생존해 있다는 증거를 찾기 위해 베트남에 파견되면서 처음부터 다시 전쟁을 치르게 되며(그러나 이번에는 〈우리〉가 이긴다), 성공적으로 전쟁 포로들을 구출해 낸다. 「스타워즈」 영화에서와 마찬가지로 「람보」는 백인 남성 주인공을 그가 싸웠던 적, 바로 베트콩들과 동일시하고 싶어 했다. 첫째, 람보는 베트남을 점령하고 있는 제국주의 세력인 소련군과 싸우고 그들을 죽인다. 이 같은 상황은 한때 베트남을 점령한 미 제국주의와 한패였던 람보를 베트콩 같은 레지스탕스 투사로 만들어 낸다. 두 번째, 「제다이의 귀환」의 이웍스 족처럼 람보는 게릴라 전술과 원시적인 무기들(칼, 돌멩이, 활과 화살)로 훨씬 앞선 기술로 무장한 적들과 싸운다. 세 번째이자 가장 중요한 사실은 람보가 심지어 베트남 인을 상징하게 된다는 점이다. 그의 베트남 인 접촉선인 코바란 이름의 여성이 죽을 때 람보는 그녀의 목걸이를 자신의 목에 걸어 그녀의 정체성을 자기의 것으로 가져온다. 영화의 결말 부분에서 람보가 학살 잔치를 시작할 때, 그는 전쟁 포로라는 희생자들을 해방시키는 영웅적인 자유의 수호자로 보이게 만들어졌다.

미국의 베트남전 패전에 대한 판타지적인 반응으로서 「람보」는 지배 그룹(백인 남성)들이 유색 인종으로부터의 경쟁에 맞서 느끼는 불안감들을 표현하는 데 있어서 베트남이 얼마나 완벽한 기본 내러티브가 되어 주었는가를 보여 준다. 완전하게는 아니더라도 최소한 할리우드가 베트남을 활용한 방식들을 효과적으로 드러내 준다. 베트남은 국제 관계와 국내의 문화 다원주의가 같이 무너지는 것을 허용했던 것이다. 이 영화들은 백인 남자들을 국내 및 국제적 세력에 의한 희생자로 묘사함으로써 지배 집단의 특권 및 힘의 축소에 대한 깊은 불안과 공포를 표현했으며, 이와 함께 어떻게든 다시 세상을 〈바로 세우고 싶은〉 욕망을 드러냈다(예를 들어 베트남으로 돌아가 〈승리〉하는 것에 의해서 말이다). 일단 백인 남성이 희생자로 상정이 되면 그는 희생자에게 따라가는 도덕적 권리를 주장할 수 있게 된다. 다시 말해, 주인공의 고통과 응징 모두를 강조하는 백인 남성 편집증 판타지는 백인 남자로 하여금 그에게 세계 최고의 억압자란 명성을 가져다준 폭력적이고 공격적인 행위들을 다시 할 수 있도록 허용해 준다. 그러면서 동시에 그러한 행위들을 복수란 이름으로 정당화함으로써 죄의식으로부터도 자유롭게 해주는 것이다.

막다른 길?

그러나 1993년 개봉된 2편의 영화, 「폴링 다운」과 「쥐라기 공원」에서 판타지는 막다른 골목에 다다른 느낌이다. 「폴링 다운」은 영화 내내 〈디펜스D-Fens〉라고 불리는 빌 포스터란 남자의 이야기인데, 이 이름은 영화의 오프닝 장면에서 로스앤젤레스의 고속도로 체증을 견디다 못한 그가 내버린 자동차의 번호판에서 따온 것이다. 이 고속도로 장면 이후 영화의 나머지 부분은 갈수록 불안정하고 폭력적이 되어 가는 디펜스와 로스앤젤레스 사회의 문화 다원주의적인 현실과 정체성 사이에서 이루어지는 일련의 만남들로 이루어진다. 다른 백인 남성 편집증 판타지 영화들과 마찬가지로 디펜스는 사회적인 세력의 일상적인 결합에 의해 이중 삼중으로 피해를 보는 희생자이다. 즉, 지구촌의 정치 경제학(그는 냉전 종식으로 인해 미 방위 산업 관련 직장에서 해고됐다), 페미니즘(아내는 그의 폭력적인 성질을 견디지 못해 그와 이혼했으며 딸에게 가까이 접근하지 못하도록 법적인 절차까지 밟아 놓았다)과 문화 다원주의(시카고의 갱 단원들이 자신들의 영역을 침범했다는 이유로 그를 괴롭힌다. 그는 그들의 낙서 예술이 갖는 문화적 의미를 몰랐던 것이다)가 바로 그런 세력들이다.

그러나 「폴링 다운」은 백인 남자를 피해자로 설정하는 데 있어서는 모호한 수준에 머물렀다. 영화는 「배트맨」의 자경단원 주인공이 편집증적 판타지의 해결책이었던 비극적인 현실에 대한 고백 같은 것을 상징했다. 디펜스로 하여금 피해를 당한 정체성들로 가득 찬 문화 다원주의적인 도시 속을 돌아다니게 함으로써, 그리고 그와 비슷한 옷차림을 하고 대출을 거절한 은행에 거세게 항의하는 흑인 남자와 여러 모로 연결시킴으로써 영화는 디펜스를 다수의 피해자들의 하나로 보이게 만든다.

백인 남성이 여기에서 〈표준적〉으로 보이는 것은 바로 그가 희생자로 받아들여지기 때문이지, 그가 미국의 성공 스토리와 모든 이가 성취하고자 하는 특권과 사회 보장을 상징하기 때문은 아니다. 이렇게 「폴링 다운」은 백인 남성 편집증의 한 사례인 동시에 그에 대한 비판이기도 했다. 「다이 하드」나 「람보」 같은 영화들은 두 가지를 모두 지니고 있다는 점에서 판타지들이다. 즉, 백인 남성이 스스로를 피해자와 동일시하고 피해자의 위치를 취하면서도 자신의 특권을 유지한다는 점이다. 이들 영화의 결론에서 백인 남자는 승리자였던 반면, 「폴링 다운」에서는 죽거나 아니면 프렌더가스트 형사처럼 퇴직 직전에 놓여 있다. 영화 끝에서 디펜스를 총으로 쏘는 프렌더가스트 형사는 영화 내내 그의 동정적인 분신(디펜스를 이해하는 유일한 사람이다)으로 기능한다.

편집증은 「쥐라기 공원」에서 또 다른 막다른 골목에 처했다. 유전 공학적으로 재생된 공룡들에 대한 스필버그의 특수

「폴링 다운」(1993)에서 〈오로지 가족을 되찾고 싶었던〉 〈디펜스〉 역의 마이클 더글러스.

효과 쇼는 「E.T.」의 기록을 깨고 역대 최고의 흥행 기록을 수립했다. 전 세계적 문화 다원주의에 대한 불안감(「폴링 다운」의 국내 문제 초점과 반대로)은 영화의 무대가 코스타리카 인근의 섬으로 설정되었다는 점과 이 섬의 〈원시적인〉 공룡들이 「인디애나 존스」의 원주민들과 똑같은 방식으로 양분되었다는 사실에 반영되어 있다. 즉, 공룡들은 평화적이고 친근하거나(초식 공룡들), 아니면 살인적이며 공포스럽거나(벨로시랩터와 티렉스), 둘 중의 하나였다. 백인 남성의 힘이 쇠퇴하고 있다는 데 대한 백인들의 공포가 직유법적으로 고백되는 부분은 공원의 최첨단 컴퓨터 시스템이 고장 난 후 암컷만으로 이루어진 공룡 〈원주민〉들이 우리에서 풀려나고, 백인 남자는 누가 봐도 명백하게 불리한 위치에 놓이게 된다는 설정이다. 이전의 수많은 특수 효과 블록버스터들과 달리 영화는 승리로 끝맺음하지 않는다. 영화의 절정을 이루는 장면에서 등장인물들이 공포스러우리 만큼 영리한 랩터들에 의해 코너로 몰려 죽기 일보 직전에 처했을 때 티렉스가 나타나 랩터들을 공격하는 것이다. 백인들은 스스로의 행동에 의해 죽음을 면하는 게 아니라 육식 공룡들이 서로 싸우기 때문에 면하는 것이다. 「폴링 다운」처럼 「쥐라기 공원」도 문화 다원주의적인 세계에서 백인 남성이 살아남지 못할까 봐 우려한 것이다.

물론 할리우드의 판타지 바깥에서 미국의 백인 남성은 전혀 생존을 위협받는 존재는 아니었다. 다만 구체적인 역사적 발전 단계에서 정체성이 새롭게 정리될 필요가 있을 뿐이었다. 「폴링 다운」과 「쥐라기 공원」이 보여 줬듯이 미국 사회의 문제는 다원화되고 폭력적인 세상, 자신의 손아귀에서 자꾸만 벗어나려고 하는 세상에서 백인 남성의 역할을 다시 상정하는 것이다. 따라서 백인 남성 편집증 판타지가 절정에 달한 후 예상된 막다른 골목을 향해 질주하는 순간 서부극이 다시 할리우드의 인기 장르로 재부상하게 된 것이다. 1990년에 개봉된 「백 투 더 퓨처 3」는 마티 맥플라이에게 또 다른 구출 임무를 부여한다. 이번에는 브라운 박사가 타임머신이 고장 나는 사고로 머물게 된 1885년도의 신화적인 서부 개척지로 보내지는 것이다. 「백 투 더 퓨처」 3부작의 제1편은 자신의 역사적인 조건에 대한 백인 남성의 승리라는 판타지를 제공했고, 제2편은 문화 다원주의적인 감수성과 연관된 정체성, 역사의 복합화라는 편집증적인 악몽이었다. 3부작의 결론은 이러한 복합화가 가져온 혼란과 분열의 해답이 미국의 기원에 대한 근본적인 판타지, 즉 서부극의 내러티브로 돌아가는 데 있다고 제안한다. 미국의 기원을 이루는 지역을 찾은 마티의 여행은 그로 하여금 마침내 새롭고 개선된 1985년을 찾아올 수 있도록 해주었다. 그가 제1편의 결말에서는 돌아왔지만 제2편에서는 잃어버린 그 집으로 말이다. 서부극의 신화적인 힘은 역사에 대한 백인의 장악력을 회복시켜 준다.

하지만 「백 투 더 퓨처 3」가 서부극을 레이건적인 방식으로 활용, 백인 남자 주인공이 다시 한 번 폼을 잡고 설 수 있도록 해준 반면, 1990년대에 들어 할리우드가 꾸준히 내놓기 시작한 실제의 서부극들은 장르가 지니는 의미와 국가적 신화로서의 유용성에 대해 훨씬 더 헷갈리고 모호한 태도를 보였다. 새 서부극들은 두 가지 기본 유형으로 이루어진 듯했다. 한편으로는 문화 다원주의적인 서부극들이 존재해 전통적인 할리우드 서부극이 이데올로기적으로 시야에서 제거해 버린 실제 미국 서부의 문화적(인종적, 민족적) 다양성, 특히 원주민인 인디언들의 문화를 재현하는 데 노력을 기울였다. 이러한 작품들로는 「늑대와 춤을」(1990), 「라스트 모히칸The Last of the Mohicans」(1992), 「제로니모Geronimo」(1993), 흑인 카우보이 밴드를 다룬 마리오 밴 피블스의 영화 「파시Posse」(1993)와 아마도 필연적이었을 〈총잡이 여성〉을 등장시켜 서부극을 변주한 「배드 걸스Bad Girls」(1994) 등을 들 수 있다. 다른 한편으로는 백인의 역사적인 역할을 살인자인 동시에 보호자라는 이중성으로 파악한 일련의 서부극들이 있다. 클린트 이스트우드의 「용서받지 못한 자」(1992), 자주 영화로 만들어진 와이엇 어프의 이야기를 다시 다룬 「툼스톤 Tombstone」(1993)과 「와이엇 어프Wyatt Earp」(1994) 등이 그런 영화들이다. 「백 투 더 퓨처 3」와 달리 이들 수정주의적인 서부극들은 백인 남자 주인공을 해답으로 제시하면서도 여전히 문제라고 여겼다. 영화는 미국 백인 남성의 정체성을 다시 상상하는 노력 속에서 장르의 요소들을 사용했다. 이때 백인 남성의 새로운 정체성은 「폴링 다운」의 편집증적인 상상력이 미국 사회를 분열시키려고 위협한 바로 그 문화 다원적인 다양성을 하나로 묶어 둘 수 있는 (아니면 최소한 그 안에서 생존할 수 있는) 그런 정체성인 것이다.

참고문헌

Biskind, Peter(1990), "The Last Crusade".
Clover, Carol J.(1992), *Men, Women and Chain Saws.*
Gilder, George(1981), *Wealth and Poverty.*
Hughes, Robert(1993), *Culture of Complaint.*
Sykes, Charles J.(1992), *A Nation of Victims.*

경계를 넓혀

EXTENDING THE BOUNDARIES

시네마 베리테와 새로운 다큐멘터리

찰스 머서

1960년대를 전후하여 도입된 휴대용 동시음*synchronous sound* 장비로 다큐멘터리 영화 제작은 혁신적인 도약을 이룩했다. 이어 1980년대에는 값싼 비디오의 공급이 확산됐고, 이 비디오를 제작의 목적으로 받아들인 곳은 영화보다는 오히려 다큐멘터리 쪽이었다. 텔레비전은 전후에 개발된 극장 이외의 배급망들을 가로채며 중요한 상영 매체가 되었고, 전례가 없을 정도로 후하게 자금 지원을 해주었으나 접근법, 스타일, 사상적 내용에 엄격한 통제를(물론 소수의 예외가 있긴 했지만) 가하려는 경향이 있었다.

1960년대 이래, 다큐멘터리 영화는 점차 국제적인 현상이 되어 갔고 인종, 성별, 성적 취향 면에서 선진국 영화인들이 다른 지역 영화인들보다는 좀 더 다양한 배경에서 출발했다. 다큐멘터리 영화인들은 또한, 이론적으로 점점 자의식적이 되어 갔는데, 그 까닭은 이전 장비의 기술적 단점이 극복되었음을 인식하고 다큐멘터리 형태의 성격과 가능성에 대해 보다 많은 생각을 하게 되었기 때문이다.

시네마 베리테의 등장

실내와 야간 촬영용의 좀 더 빠른 필름으로 보완된 휴대용 동시 음향 16mm 영화 장비의 채택을 처음 주도한 사람들은 프랑스, 캐나다, 미국의 영화인들이었다. 이들 혁신자들의 손에 들어간 신기술은 이전 다큐멘터리 작업으로부터의 이탈과 변신을 초래했고, 그것을 우리는 〈다이렉트 시네마*direct cinema*〉, 〈시네마 디렉트*cinéma direct*〉, 〈시네마 베리테 *cinéma-vérité*〉라고 부르는 것이다. 이들 용어에는 각각 다른 중요성이 내포돼 있다. 다이렉트 시네마(혹은 시네마 디렉트)가 관찰적*observational* 방법이라면, 시네마 베리테는 좀 더 대결적*confrontational* 방법이라 할 수 있다. 하지만 실제로 시네마 베리테 영화의 감독은 공동의 관찰자이기도 하다는 것이 보다 일반적인 생각이다. 감독이 영화 공간 속으로 밀고 들어가 대상을 자극하는 것에 주안점을 두는 것은 프랑스 시네마 베리테의 가장 특징적 요소였다. 이와 반대로 미국에서는 로버트 드루, 리처드 리콕, 페너베이커, 앨버트 메일스와 데이비드 메일스, 호프 라이든, 조이스 초프라, 제임스 립스컴 같이 1960년대에 드루 연합회Drew Associates를 중심으로 활동한 일군의 감독들 예로도 알 수 있듯이, 관찰적 방법이 더 우세했다.

드루 연합회와 미국 시네마 베리테에 있어 가장 획기적인 작품은 위스콘신 주의 민주당 대통령 후보 경선을 다룬「예비선거Primary」(1960)였다. 제작진들은 민주당의 두 핵심 후보 존 케네디와 허버트 험프리를 따라다니며 후보와 그들의 부인, 그리고 그들의 정견을 필름에 담았다. 이 영화는 완전히 성향이 다른 두 종류의 인간, 즉 자신만만하고 매력적이고 도시적 세련미를 지닌 케네디와, 서민적이고 비주류적이고 시골스러운 이미지를 풍기는 험프리를 나란히 병렬식으로 보여 주고 있다. 관객은 카메라맨(리콕)의 조심스러운 모습과 함께, 두 후보들의 〈무대 밖〉 모습을 훔쳐볼 수도 있었고, 기자들을 향해 포즈를 취하는 모습도 볼 수 있었다. 어쩌면 케네디의 〈진짜〉 모습을 본다고도 할 수 있고 철저하게 만들어진 이미지를 본다고도 할 수 있었다. 하지만 감독들은 그 대상들이 사람 — 오랜 친구든 휴대용 동시 음향 카메라를 가진 사람이든 — 에 따라, 자신들의 모습을 항시 바꾸어 가는 연기자라는 것을 잘 알고 있는 듯했다.

미국의 시네마 베리테는 저널리즘의 자극으로부터 나왔고 일반적으로 반심리적 경향이 매우 강했다. 카메라는 대상의 공개적이고 외면적인 모습을 뚫고 들어가 내적이고 비밀스러운 자아를 캐려고 하기보다는 대상이 스스로 드러내는 모습을 포착하여 감독과 관객으로 하여금 그 대상에 대한 의견을 형성할 수 있도록 하였다. 드루 연합회 감독들은 「온 더 폴On the Pole」(1960)의 자동차 경주 선수 에디 삭스, 「제인Jane」(1962)의 제인 폰다, 「위기: 대통령 공약의 배후Crisis: Behind a Presidential Commitment」(1963)의 케네디 형제와 같이 공적인 인물들을 주로 다루었다. 또한 위기의 순간이나 상황을 찾아, 그것을 위기, 해결, 종말의 순서로 꾸며 갔다. 인물들을 위기 상황에 빠뜨려, 그들 스스로의 판단력과 스트레스에 대응하는 능력을 드러내고 카메라에 신경 쓰는 것보다 중요하게 여길 수 있는 무언가를 그들에게 제공한다. 그렇게 한동안 따라다니다 보면 감독도 자연스레 그들 일상의 일부가 된다.

이전 방식과는 달리 미국의 시네마 베리테 감독들은 인물에게 무엇을 지시하거나 연기에 대해 언급하는 것을 가급적 삼갔다. 즉, 영화를 〈감독*direct*〉하기를 거부했다는 말이다. 인물은 물론 카메라를 의식할 수도 있고 감독들에게 말을 건넬 수도 있다. 하지만 감독은 인물이 자기가 원하는 조건으로 바깥 세계와 접촉하는 것을 가장 바람직하게 생각했다. 인물이 감독받는 것을 원할 경우, 그 소망 자체가 영화의 일부로 포함되었다. 감독이 원하는 것은 그 모습을 묘사하여 인물을 자신의 선입견으로 짜 맞추는 것이 아니라 그것에 대한 단순한 반응을 얻는 것이었다. 시네마 베리테 작품은 따라서 제작자, 카메라맨, 편집자는 있어도 감독이 없는 경우가 많았고 대개는 카메라맨이 그 영화의 〈작가〉로 간주되었다.

장 루슈, 에드가르 모랭(시네마 베리테라는 말을 만들어 낸 사회학자이다)으로 대표되는 프랑스 시네마 베리테는 미국의 시네마 베리테와는 반대적 입장에 있다. 『프랑스 옵세르바퇴르』의 1960년 1월 호에 발표한 기고문에서 모랭은 〈있는 그대로의 진정한 삶의 모습〉을 포착해 내는 다큐멘터리, 〈새로운 시네마 베리테는 가능하다〉라고 선언했다. 이 접근법에 따라 감독은 영화의 적극적 참여자가 되어 사회 드라마의 창조에 일조하게 된다. 대상에게는 자신의 삶을 감독 앞에 모두 드러내 보일 수 있는 〈정신 분석학적 진실의 가치를 지닌, 즉 숨겨지고 억압된 것이 표면화될 수 있는〉 기회가 주어진다. 심리학의 강조와 감독의 〈미장센*mise-en-scène*〉에 대한 적극적 참여는 미국 시네마 베리테의 관찰적 스타일과 뚜렷이 대비된다.

모랭과 루슈는 자신들이 옹호하는 방법으로 「어느 여름의 연대기」(1961)를 만들면서, 민족지학(民族誌學)적인 통찰력을 대도시의 중심으로 옮겨 놓고 있다. 1960년 여름, 파리와 프랑스 남부에서 촬영된 이 영화에는 당시로선 아직 드물었던 휴대용 카메라 기술이 사용되었다. 모랭과 루슈는 사람들의 범위를 점점 넓혀 가며, 그들에게 삶은 행복한지, 어떻게 살아가는지 등을 물어보았다. 그들은 무대를 설정했고(콩코르드 광장을 가로지르며, 그녀 자신과 그녀의 죽은 아버지, 그리고 마이크에 대고 말하는 마르슬랭의 모습), 주요 인물들 간의 모임(공장 직공 앙젤로와 서부 아프리카 출신 학생 랭드리와의 만남)을 주선했다. 대상들에게 질문을 던지고 카메라 앞에 자주 모습을 드러내는 것 외에 대상을 감독으로 만들기도 했다. 마르슬랭이 길거리 남자들을 상대로 일련의 인터뷰를 하고, 녹음기를 들고 다니며 독백한 것이 그 좋은 예이다. 마지막으로 영화와 관련된 사람들은 편집된 필름을 보며 그것에 대해 코멘트를 한다. 영화는 공동의 관찰자인 2명의 감독이 남성 박물관Musée de l'Homme을 거닐며, 대상들의 가끔은 예상치 않았던 반응에 대해 이야기를 나누는 것으로 끝을 맺는다. 에드가르 모랭은 말한다. 〈마릴루와 마르슬랭처럼 내가 좋아하는 사람들이 비난받는다는 사실에 나는 너무도 화가 난다. 나는 내가 좋아하는 만큼 관객들도 그들을 좋아할 것으로 생각했다.〉 그의 결론처럼, 〈그것이 바로 전달의 어려움이다. 우리는 너무도 복잡하게 얽혀 있다〉.

모랭과 루슈의 방식은 드루 연합회 감독들의 그것과는 상당한 차이가 있었다. 이동 카메라와 롱테이크를 좋아한 점은 두 그룹이 같았다. 하지만 드루 연합회는 관객(때로는 카메라에까지도)에게 자신을 노출하는 것이 익숙한 유명 인사들에게 영화의 초점을 맞추려는 경향이 있었다. 드루는 영화감독으로서의 기자와 출연자와의 사이에 명백한 선을 긋고, 주류 저널리즘의 테두리 내에서 〈이야기를 다루려고〉 했다. 반면, 프랑스 인들은 이야기 자체에는 별 관심을 두지 않고, 인류학적인 방법으로 영화를 만들었다. 영화는 느슨한 연대기적 방식으로 펼쳐지고 있다. 이들은 출연자들을 포용하면서도 막상 끝에 와서는 착취에 대한 가능성을 인정하고 예측 불허의 기쁨까지 만끽하면서, 다큐멘터리 제작 과정 자체에 대한 질문을 던지는 것으로 끝내고 있다.

「예비 선거」는 1960년과 1963년 사이에, 타임-라이프가 200만 달러 정도의 자금을 대고, 드루 연합회가 만든 총 20편의 시네마 베리테 다큐멘터리 중 첫 작품이었다. 타임-라이프가 이 작품의 대부분을 텔레비전 시장에 팔지 못하게 됨으로써 야심 찼던 이 사업의 종말도 피할 수 없게 되었다. 1962년에서 1963년에 걸쳐 드루 연합회는 파산했다. 하지만 다른

장 루슈 (1917~2004)

사실적 영화의 토템적 조상들 중에 그들 모두를 〈장 루슈〉로 이름 붙여도 좋을 3명의 특출한 인물이 있다. 이 인물들에게는 국립 토목고등학교를 나온 프랑스 관료 지식 계급이라는 것과 뒤이어 서아프리카 송헤*songhay* 사람들과 지내며 인류학적 경험을 쌓았다는 것 등, 몇 가지 공통적 특징이 있다

첫 번째 루슈는 홀림 숭배*possession cult*에 지대한 관심을 가진 민족지학자이다. 루슈는 참여-관찰 테크닉의 개념을 확대하여 자료 제공자를 단순히 관찰하기보다는 그들 속에 동참하는 방법을 사용했다. 그런 의미에서 홀림의 민족지학자인 그가 「완제르베의 마법사들Les Magiciens de Wanzerbe」(1948~9)이라든가, 「광란의 사제들」(1953~4) 같은 작품들을 〈신들린 영화*ciné-transe*〉라 칭한 것은 지극히 당연한 일이었다.

루슈는 인류학자 중 영화를 민족지학적 도구로 사용한 드문 인물이었다는 점에서 특히 중요하다. 그 때문인지 그는, 영화는 무려 75편이나 만들었으면서도 1960년에 낸 송헤 종교와 마법에 관한 박사 논문 이후로는 책과 논문은 발표한 것이 없고 기사만 이따금씩 썼을 뿐이다.

전통적 삶에 대한 그의 유별난 공감에도 불구하고, 루슈는 아프리카 인들을 〈벌레 같다〉고 묘사한 것 때문에 비난을 받았다(그 대표적 인물이 셈벤 우스만이었다). 특히 「광란의 사제들」은 많은 논란을 불러일으켰고, 활동 기간의 대부분을 그는 그런 피할 수 없는 인류학적 싸움 속에서 보내야 했다.

두 번째 루슈는 영화인이자 다큐멘터리 작가이다. 그는 2차 대전 중에는 파리 시네마테크 프랑세즈 서클 회원이었고 1960년대부터는 다큐멘터리 영화의 진위성을 가리는, 1920년대 러시아에서 있었던 논쟁의 부활에 깊이 관여한 영화감독이었다. 루슈는 시네마 베리테라는 용어를 사용하면서 「영화 카메라를 든 사나이」(1929)에서와 같이 베르토프의 회상적 다큐멘터리 기법으로 다시 돌아갔다. 또한 자신의 「인간 피라미드」(1958~9)를 찍기 위해 코트디부아르의 프랑스와 아프리카 고등학생들에게 서로 어울려 지내기를 강요했으며 자신의 그런 행동을 관객들에게 보여 주었다. 이듬해에 루슈와 사회학자 에드가르 모랭은 〈파리에 사는 이상한 종족〉을 찍으려고 프랑스로 돌아와 비슷한 〈종류의 영화적 진실〉 「어느 여름의 연대기」(1960)를 만들었다. 여기서 다큐멘터리 대상은 참여자 중에서도 특히 두드러지는 루슈, 모랭과 더불어 다큐멘터리 작업 과정 그 자체가 된다. 이러한 종류의 회상은 「활과 화살로 하는 사자 사냥」(1957~64)과 같은 보다 전통적인 민족지학 영화에까지 영향을 미쳐, 심지어 사냥꾼들을 소집하기 위해 치는 전보조차 여기서는 중요한 요소가 된다. 이 영화는 사실성 자체는 돋보이지만 너무 깊이가 없고 제한적이라는 비난을 받았다.

루슈 민족지학의 많은 부분은 혈족 관계보다는 우주론에 더 관심을 쏟는 프랑스 전통에 기인하고 있으며 그의 다큐멘터리 작업도, 크리스 마르케의 작품처럼, 프랑스의 개인 영화 스타일에서 비롯되고 있다. 그럼에도 불구하고 루슈는 독창적 인물이고 그러한 점은 〈인종 영화〉의 창시자, 즉 세 번째 루슈의 보다 난해한 작품에서 확연하게 드러나고 있다. 기니 해변으로 일거리를 찾아 나서는 송헤 젊은이들의 전통적 이주를 재구성한 작품 「재규어」(1954~67)에서 루슈는 자료 제공자들의 영화에 대한 의견 제시를 허용할 태세가 이미 되어 있었다. 루슈는 플라어티가 했던 것처럼, 일어났거나 일어났을 수도 있을 사건의 재구성에서 한 걸음 더 나아가, 영화화될 수 없었던 것, 즉 자료 제공자들의 내면적인 삶의 재구성 쪽으로 옮겨 갔다. 「나는 흑인」(1957)은 그 점이 가장 잘 드러난 작품으로, 이 영화에서 일단의 도시 아프리카 인들은 루슈의 말을 빌리면, 〈권투, 영화, 사랑, 돈으로 이루어진, 상상의 엘도라도 같은〉 곳에서 진탕 한 번 놀아 보라는 주말 초대장을 받는다.

루슈는 〈현실을 꿰뚫을 수 있는 것은 픽션뿐이다〉라고 말했다. 포스트모던 이론과 디지털 조작의 세계 속에서 증거로서의 다큐멘터리 이미지의 불확실한 위치로 볼 때, 객관성의 엄밀함을 포기하겠다는 이 의지는 아마도, 장기적인 면에서, 다큐멘터리 영화에 남기는 그의 가장 중요한 유산일지도 모른다.

브라이언 윈스턴

주요 작품

「광란의 사제들Les Maîtres fous」(1953~4); 「나는 흑인Moi, un noir」(1957); 「인간 피라미드La Pyramide humaine」(1958~9); 「어느 여름의 연대기Chronique d'un été」(1960); 「활과 화살로 하는 사자 사냥La Chasse au lion à l'arc」(1964); 「재규어Jaguar」(1954~67); 「꼬끼오 풀레 씨Cocorico Monsieur Poulet」(1977).

참고 문헌

Eaton, Michael(ed.)(1979), *Anthropology-Reality-Cinema: The Films of Jean Rouch*.

홀림 숭배를 민족지학적으로 고찰한 장 루슈의 「광란의 사제들」(1953~4).

감독들은 시네마 베리테의 원칙을 갈고 닦으며 영화 만드는 일을 계속했다. 페너베이커의 「뒤돌아보지 마라Don't Look Back」(1966)는 밥 딜런의 1965년 영국 순회공연을 기록한 작품이다. 딜런은 자신의 음악, 정치성, 개성을 〈이해〉하여 그것을 어떤 카테고리로 묶으려 하는 기자들을 적당히 받아넘기고 있다. 한편 공연의 소식통인 페너베이커는 명성을 희롱하는 딜런의 그런 생생한 모습들을 조용히 필름에 담고 있다. 딜런의 로테크*low-tech* 음악(그는 어쿠스틱 기타와 하모니를 불며 혼자 노래하고 있다)에서 페너베이커는 자신의 영화 작업, 즉 〈홈 메이드〉의 원-맨 카메라에서 나오는 자신의 영화 이미지와 닮은꼴을 본다. 계속해서 페너베이커는 초기 공연 영화(혹은 〈로큐멘터리*rockumentary*〉) 「몬터레이 팝Monterey Pop」(1968)을 만들었는데, 여기서 그의 카메라워크는 연주자와 그의 음악 — 특히 지미 핸드릭스 순서에서 — 에 감응하며, 보완하는 역할까지 해주고 있다.

드루 연합회 이후 메일스 형제는 초기 시네마 베리테의 〈위기〉 스타일에서 벗어나 평범한 것들에 초점을 맞춘 영화를 만들었다. 그러면서도 한편으로는 조지프 러빈〔「홍행사 Showman」(1962)〕, 말런 브랜도〔「말런 브랜도와의 만남Meet Marlon Brando」(1965)〕와 같은 유명 인사들의 작품도 계속 만들었다. 그들의 작품 중 「세일즈맨Salesman」(1969)은 집집마다 다니며 성서를 팔아 삶을 이어 가는 주변인들, 즉 일단의 〈보통 미국인들〉의 삶을 다룬 것으로 특히 유명하다. 다시 한 번 대상들은 연기자가 되었다. 하지만 여기서 감독은 세상에 알려진 모습 그대로의 인격 속을 파고들었다. 개인적 위기를 맞고 있는 폴 브레넌 옆에서 카메라는 정신 분석 상담자의 역할을 하고 있다. 브래넌은 상품을 팔 능력, 고객을 다룰 능력, 일을 처리해 나갈 능력 모두를 상실한 상태이다. 그의 냉소는 새로운 진실 앞에 무릎을 꿇게 되고(아마도 카메라의 자극을 받아), 그는 자신이 하는 일에 더 이상 아무런 신뢰감도 가질 수 없게 된다. 대상의 내면적, 심리적 세계는 롱아일랜드 이스트햄튼의 어느 초라한 집에 거주하는 이디스와 에디 빌 모녀의 이야기 「잿빛 정원Grey Gardens」(1975)에서 더욱 깊이 다루어졌다. 서로 의지하면서도 또한 서로에게 파괴적이기도 한 그들의 피상적 관계는 가족 병리학의 연구 대상이다. 감독들은 관찰자적 입장에서 벗어나 대상물과 적극적으로 관련을 맺으며 영화의 촉매제 역할을 한다. 메일스 형제의 기법이 루슈의 시네마 베리테 테크닉을 점점 닮아 가고 있다는 징후는 알타몬트와 캘리포니아 무료 공연, 그리고 오토바이 폭주족에게 난자당한 어느 팬의 죽음으로 막을 내린 롤링 스톤스의 미국 순회공연을 다룬, 「내게 안식처를 다오Gimme Shelter」(1969)에서 이미 명백히 드러난 바 있다. 믹 재거는 아무것도 모르는 채 편집실로 불려 와 그 살해 필름을 봄으로써 메일스 형제에게 자기 회상적 비평까지 하며 그 폭력을 철저히 선정적으로 이용할 수 있게 해주었다.

리처드 리콕은 MIT의 논쟁적 교수로서 슈퍼 8mm, 즉 원-맨 영화 제작의 옹호자가 되었다. 그가 볼 때 이 장비는 침해의 요소도 적었고 상업적 기술의 거부이기도 했다. 그는 자신의 제자들(마리사 실버, 제프 크레이니스, 조엘 드못)과 함께, 피터 데이비스의 다큐멘터리 시리즈 「미들타운Middletown」(1982)을 찍으면서, 주류 다큐멘터리로 복귀했다. 리콕(카메라)과 실버(사운드)는 신앙과 종교의 의미를 찾으려고 애쓰는 인디애나 먼시 지방의 한 가족을 소재로 한 「찬양 공동체Community of Praise」를 만들었다. 크레이니스와 드못은 일단의 고등학교 상급반 학생들을 따라다니며, 흑인 학생과의 인종 혼합적 연애 사건에 휘말린 한 백인 여성에 초점을 맞춘 영화를 만들었다. 로버트 드루도 「경매: 미국의 영웅For Auction: An American Hero」(1986)이라는 TV용 작품을 들고, 독립 영화 제작에 복귀했다. 가족 농장의 파산이 이어졌던 1980년대의 농장 위기를 다룬 이 작품에서 주인공 경매인은 요즘 말로 하면 잘 나가는 사업가였다.

미국의 시네마 베리테 〈혁명〉에 기여한 사람은 그 외에도, 마이클 뢰머와 로버트 영〔「안마당 카지노Cortile Cascino」(1961)〕, 잭 윌리스〔「걱정을 버리고Lay my Burden Down」(1965)〕, 아서 배런〔「웹스터 과수원의 열여섯 명Sixteen at Webster Groves」(1966)〕, 윌리엄 저지 주니어〔「열정의 시간A Time for Burning」(1966)〕 등 수없이 많다. 요나스 메카스의 「영창The Brig」(1964)은 해병대 영창 생활을 재현한 연극을 시네마 베리테 방식으로 찍은 다큐멘터리 영화이다. 메카스는 계속해서 「일기, 노트와 스케치(월든)Diaries, Notes and Sketches(Walden)」(1968), 「리투아니아 여행의 회상Reminiscences of a Journey to Lithuania」(1972)과 같은 일련의 일기 영화를 만들었다.

새로운 다큐멘터리는 프랑스에서도 힘을 얻고 있었다. 마리오 루스폴리는 「땅의 이름 없는 사람들Les Inconnus de la terre」(1961)과 「광기에의 일별Regard sur la folie」(1961)을 관찰자적인 시각으로 만들었다. 크리스 마르케도

크리스 마르케 (1921~2012)

〈지금 나는 이것을 먼 나라에서 쓰고 있다.〉 여행과 글쓰기에 대한 강조와 더불어, 그의 영화 「시베리아에서 온 편지」(1958)에 붙인 해설의 첫 문장은 크리스 마르케(본명 크리스티앙 프랑수아 부슈-빌뇌브)의 한 쌍을 이루는 특징과 그의 지속적인 관심이 무엇인지를 암시하고 있다.

수개 국어를 구사하는 참여 지식인 마르케는 앙드레 말로와 앙드레 바쟁이라는 전후 두 쌍둥이 같은 인물로부터 강력한 영향을 받았다. 그는 바쟁(전해지는 말로는 레지스탕스에서 함께 활동한 이후부터)과 함께 극장 부서 〈노동과 문화〉에서 일했고, 이후엔 (프랑스 공산당의 사상적 보호 아래) 초기 『카이에 뒤 시네마』의 기고가로 활동했다. 그의 문학 이력은 소설〔『순결한 마음*Le Cœur net*』(1950)〕과 장 지로두에 대한 비평서 외에도 1950년대에는 파리의 쇠이유Seuil 출판사에서 『한국인들*Coréennes*』이라는 일련의 사진 에세이집을 냈으며, 〈작은 행성Petite Planète〉 사진 기행 시리즈의 편집을 맡기도 했다. 암시적이고 시적인 해설과 함께 사진도 같이 곁들인 이 기행집의 형태는 질 자코브도 지적했듯, 그의 초기 영화 스타일에 많은 영향을 미쳤다.

1950년대와 1960년대에 마르케는 핀란드〔「올랭피아Olympia」(1952)〕, 중국〔「북경의 일요일Dimanche à Pékin」(1956)〕, 시베리아〔「시베리아에서 온 편지」(1958)〕, 이스라엘〔「어느 전투에 대한 기술Description d'un combat」(1960)〕, 쿠바〔「그래, 쿠바Cuba, si!」(1961)〕, 일본〔「구미코의 비밀Le Mystère Koumiko」(1965)〕 등 전 세계를 무대로 한 일련의 다큐멘터리 영화 에세이로 확고한 명성을 획득했다. 다큐멘터리일 수도 있고 기행 영화일 수도 있지만 어느 한 가지로는 분류될 수 없는 이 작품들은 정치적 이슈와 사건들을 주로 다루었고, 영화감독의 역할과 사건의 진상에 접근했던 내용을 상세히 보여 준 기묘하고도 회의적이며 때로는 시적인 해설로 가득 찬 아주 독창적인 작품들이었다. 그 점이 가장 두드러지게 나타난 곳이 「시베리아에서 온 편지」에 나오는 도로 건설 중인 소련 인부들 장면이었다. 여기서 마르케는 같은 필름 길이 *footage*에 내용만 약간씩 다른 3개의 해설을 덧붙여 다큐멘터리의 〈객관성〉에 대한 전통적 개념에 손상을 주려 했다. 각각의 해설에 따라, 화면에 나타나는 노동자들의 이미지는 〈행복〉할 수도 〈불행〉할 수도, 혹은 그냥 〈소비에트〉적일 수도 있었다.

마르케는 또 프랑스 누벨 바그의 소위 〈좌안*left bank*〉파들과도 연합하여, 알랭 레네와 공동으로 「조각상들 또한 죽는다」(1950)를 만들었고, 레네의 「15호실의 미스터리Le Mystère de l'atelier quinze」(1957), 요리스 이벤스의 「발파라이소에서」(1962), 프랑수아 레상바크의 「펜타곤의 여섯 얼굴La Sixième face du pentagon」(1968)에는 작품의 내레이션을 제공했다.

이 기간 내내 마르케의 작품은 장난기 섞인 문학의 여담을 현실의 무미건조함으로 보강한 극히 개인적인 영화 에세이의 특징을 보여 주었다. 「방파제」(1962)는 이 시기에 만든 그의 다른 작품들과는 뚜렷이 구분되는 작품이다. 20여 분 정도의 짤막한 공상 과학적 줄거리와 또 하나의 기행 영화 종류(단 이번에는 공간적 여행이 아닌 시간적 여행이라는 점이 다르다)로 짜인 「방파제」는 거의 스틸 이미지들의 몽타주로만 구성되어 있다. 〈이미지〉가 움직이는 순간적인 찰나, 사진이 영화로 넘어가는 순간적인 찰나, 여인이 눈을 뜨는 순간적인 찰나는 현대 영화의 가장 감동적인 장면의 하나로 꼽히고 있다.

동시대의 다른 프랑스 감독들과 마찬가지로 1968년 5월을 전후한 기간은 마르케의 활동에 있어서도 중요한 전환기였다. 영화에서 감독이 바로 영화의 작가라는 관념을 지우기 위한 생각에 발맞춰, 마르케는 SLON(Société pour le Lancement des Œuvres Nouvelles)이라는 이름하

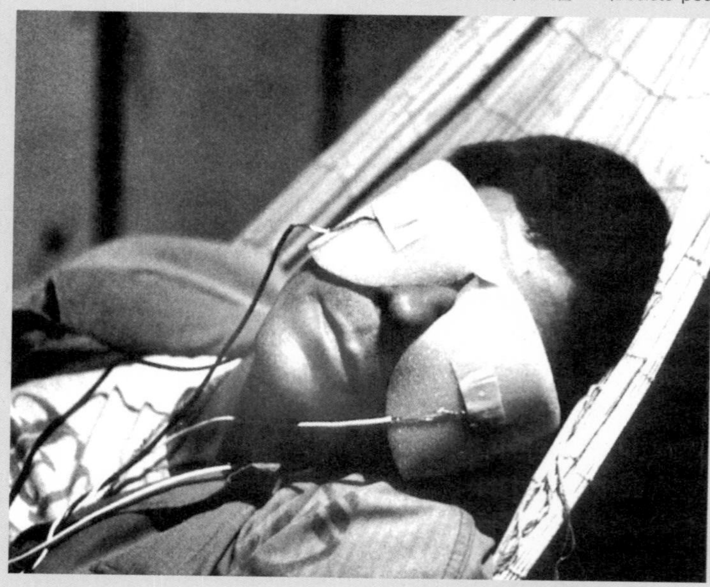

미래 투시: 크리스 마르케의 몽타주 영화 「방파제」(1962)에 나오는 가상 현실 장치.

에 개별적으로 설립하려 했던 전투적 영화감독 그룹을 조직하는 일을 포기했다. 익명으로 내놓은 다수의 〈영화 삐라 *ciné-tracts*〉와 더불어 SLON은 마르케의 초기작 「시베리아에서 온 편지」와 소비에트의 이동 프로파간다 센터였던 선동-열차 *agit-train*의 변증법적 재평가와 마르케의 전 이력에 걸쳐 등장하는 인물인 혁명적 영화감독 알렉산드르 메드베드킨의 작품을 고찰하려는 목적으로 「달리는 기차Le Train en marche」(1973)를 만들었다.

마르케의 작품은 1968년 이전, 1968년, 1968년 이후의 세 시기로 뚜렷이 구분된다. 5월 〈사건〉을 두 부분으로 나누어 평가한 「대기는 붉다」(1977)는 그 시기의 이미지와 기억으로 만들어진 솔직하고 안정된 작품이었다. 하지만 그런 만큼 또 불완전한 평가이기도 했다. 「태양이 없다면」(1982)도 같은 관심사로 만들어진 작품이다. 여기서 정치적 공약과 〈게릴라 영화〉의 이슈는 〈생존의 쌍둥이 기둥 *twin poles of survival*〉, 즉 도쿄와 기니아 비사우의 이미지와 연결되었고 시간 여행과 관련된 내러티브로 구성(「방파제」의 모방)되었다. 멀티미디어 사회에서의 이미지의 위치를 기민하고 유머러스하게 고찰한 것만큼이나, 결국은 사라져 갈 1960년대의 사상적 확신을 우울하게 바라본 마르케의 탁월한 호소력으로 「태양이 없다면」은 1980년대를 대표하는 영화의 하나가 되었다.

1980년대와 1990년대에 마르케는 새로운 시청각 기술에 대한 자신의 관심을 멀티미디어 기기〔퐁피두 센터에 전시된 〈영상의 흐름들 Passages de l'Image〉을 위한 「채널 돌리는 구역Zapping Zone」(1992)〕와 뮤직 비디오〔일렉트로닉스의 「그것과 함께 사라지는Getting Away with It」(1990)을 위한〕, 그리고 텔레비전으로 확대시켰다. 그중에서 역사에 대한 13부작 「올빼미의 유산L'Héritage de la chouette」(1989)과 메드베드킨에 대한 그의 마지막 평가이자 페레스트로이카 이후의 소련 영화감독에 대한 부고 형식을 취하고 있는 「마지막 볼셰비키」(1992)는 특히 주목할 만하다.

크리스 다케

주요 작품

「조각상들 또한 죽는다Les Statues meurent aussi」(알랭 레네와 공동 연출, 1950); 「시베리아에서 온 편지Lettres de Sibérie」(1958); 「화창한 5월Le Joli Mai」(1962); 「방파제La Jetée」(1962); 「대기는 붉다 Le Fond de l'air est rouge」(1977); 「태양이 없다면Sans soleil」(1982); 「마지막 볼셰비키Le Tombeau d'Alexandre」(1992).

참고 문헌

Bensaia, Reda(1990), "From the Photogram to the Pictogram: On Chris Marker's *La Jetée*".

Jacob, Gilles(1966), "Chris Marker and the Mutants".

Marker, Chris(1961), *Commentaries*.

2편의 시네마 베리테 작품, 「그래, 쿠바Cuba, sí」(1961)와 「화창한 5월Le Joli Mai」(1963)을 만들었다. 이 중 「화창한 5월」은 인터뷰 기술에 강하게 의존한 작품으로, 알제리 전쟁의 막이 내린 1962년 5월의 파리를 광범위한 사회학적 시각으로 바라본 영화이다. 이 작품은 16mm로 촬영하여 35mm로 확대 상영됐다.

캐나다국립영화위원회의 재정 지원을 받은 캐나다 영화인들 또한 시네마 베리테의 발전에 지대한 공헌을 했다. 프랑스와 미국의 경우처럼, 이들 작품도 제작자-감독의 협력 체제로 만들어지는 경우가 많았다. 울프 쾨니그와 로먼 크로이터가 공동으로 감독한 「외로운 소년Lonely Boy」(1961)은 처음엔 10대의 우상으로 출발했으나 날이 갈수록 깊이 있는 대중음악 가수가 되기를 소망한, 가수 폴 앵카를 신선하게 그려낸 작품이다. 클로드 쥐트라, 미셸 브롤, 클로드 푸르니에, 그리고 레퀴프 프랑세즈L'Équipe Française의 마르셀 카리에르는 레슬링의 사기성과 그것에 빨려 들어가는 팬들에 중점을 둔 상업 레슬링의 세계, 「대결La Lutte」(1961)을 만들었다. 브롤, 카리에르, 피에르 페로가 함께 만든 「후세를 위하여 Pour la suite du monde」(1963)는 퀘벡 최초의 장편 다큐멘터리로, 지리적으로 고립된 지역에서 거의 잊혀 가는 고래잡이 부활에 노력하는 일단의 프랑스계 캐나다 인들을 그린 작품이다. 청소년 정신 요양소 어린이들을 다룬 앨런 킹의 「워렌데일Warrendale」(1967)은 CBC로부터 방송 금지 처분을 받았다.

그렇다고 시네마 베리테 기법이 모든 나라들로부터 다 환영을 받았던 것은 아니다. 동유럽과 소련의 일류 다큐멘터리 작가들은 여전히 35mm를 사용했다. 하지만 전체적으로 보아 1960년대에 (최소한 평화시에는) 다큐멘터리는 전례가 없을 정도의 인기와 명예를 누렸다. 특히 스탠리 큐브릭의 「닥터 스트레인지러브」(1963), 자크 로지에의 「안녕 필리핀 Adieu Philippine」(1962), 리처드 레스터의 「하드 데이스 나잇A Hard Day's Night」(1964)과 같은 픽션 영화들에까지 이 기법이 이용됨으로써(작품에 좀 더 사실적인 기운을 불어넣기 위해), 시네마 베리테의 주가는 더욱 높아졌다.

1968년과 그 후

1968년은 베트남에서의 구정(舊正) 공습, 학생 폭동, 프랑스를 비롯한 전 세계에서의 공장 점거, 프라하의 봄, 그에 따른 소련의 무장 진압이 이어졌던 해이다. 학생과 영화에 관계된 사람들 중에는 논픽션 영화의 객관성에 대해 점차 회의적인 시각을 갖는 사람들이 생겨났다. 시간이 갈수록 다큐멘터리는 이데올로기적 표현의 이상적 수단으로 떠올랐다. 공식 프로파간다와 텔레비전의 관점에 반대하여 미국을 비롯한 다른 지역 다큐멘터리 제작자들은 베트남전에 대한 새로운 시각을 제시하기 시작했다. 퇴역 군인 요리스 이벤스는 베트남에 초대되어 「17도선」(1967)을 만들었고, 북베트남인은 미국의 폭격이 사람, 동물, 초목, 건물에 미친 영향을 상세히 밝힌 「어떤 증거Vai Toibac Cua de Quoc My」(1969)를 공개했으며, 미국에서는 다큐멘터리 작가 에밀 드 안토니오가 「돼지해In the Year of the Pig」(1969)를 만들어 미국 정부의 정책을 비판했다.

1968년과 그 후의 몇 년 동안에는 전 세계적으로 새로운 영화 집단이 형성되어 위기에 처한 세계에 급진적인 시각을 내놓았다. 프랑스에서는 장-뤼크 고다르와 장 피에르 고랭이 지가 베르토프 그룹을 만들었으며, 크리스 마르케는 그보다 젊은 영화인들과 함께 SLON을 조직했다. 일본에서는 그룹 비전Group Vision이 소규모 업체의 근로자들을 다룬 영화인 「죽음이 와서 은퇴를 가로막았다(*ししゃよきたりてわがたいろをたって*)」(1969)를 만들었다. 영국에서는 시네마 액션Cinema Action과 버윅 스트리트 콜렉티브Berwick Street Collective가 형성되었다.

뉴스릴Newsreel은 미국 주요 도시에 지부를 둔 급진적 영화 제작 그룹이었다. 1967년에 발족하여 1968년부터 활발하게 활동을 시작한 이 그룹은 1960년대 말부터 급진적으로 변해 간 〈민주 사회를 위한 학생 모임Students for a Democratic Society(SDS)〉과 긴밀히 연관돼 있었다. 남성 지배적인 경향이 좀 강하긴 했지만 뉴스릴의 종사자들은 집단의 일원으로서 정보와 조직의 목적을 가진 영화로 그 운동을 지원하려고 했다. 뉴스릴 작품의 특징을 가장 잘 보여 준 「흑표당Black Panther」(1968~9)에는 그 단원의 지도자인 휴이 뉴턴과 엘드리지 클리버와의 인터뷰, 흑표당이 보여 주는 힘의 과시, 보비 실이 만든 10개 항의 행동 강령이 포함되어 있다. 뉴스릴은 재촬영된 사진, 종사자들이 찍은 자료 필름, 다른 영상업계의 동정적 종사자들에 의해 〈해방된〉 뉴스 필름의 아웃테이크*outtake*[촬영 후 상영 필름에서 커트된 장면 — 역주], 내레이션, 동시 인터뷰 등을 결합한 혼합적 스타일로 영화를 만들었다. 모든 영화는 흑백이었고 불유쾌한 장면들은 에이젠슈테인과 베르토프의 이론에 따른, 분리성 편집 *disjunctive editing* 기법으로 모두 해결했다.

하지만 뉴스릴의 스타일에 가장 직접적인 영향을 미친 것은 라틴 아메리카, 특히 쿠바의 다큐멘터리들이었다. 쿠바의 다큐멘터리 작가 산티아고 알바레스는 그중에서도 특히 중요했지만, 생전 처음 영화를 구경하는 시골 사람들의 모습을 담은 옥타비오 코르타사르의 단편 영화 「생전 처음으로Por primera vez」(1967)같이 미국과 유럽 영화인들에게 영향을 미친 작품들은 그 외에도 많았다.

라틴 아메리카의 다큐멘터리는 2명의 아르헨티나 영화인, 페르난도 솔라나스와 옥타비오 헤티노가 1969년도에 발표한 그들의 웅변적인 선언문 〈제3의 영화를 향하여〉를 영화로 표명한 작품으로, 1966과 1968년 사이에 만든 서사시적 3부작 「불타는 시간의 연대기La Hora de los Hornos」로 그 절정을 맞이했다. 선언문에서 그들은 지배 체제에 대한 강력한 도전으로, 비식민지화를 요구하는 영화를 주창했다. 그런 영화들은 〈우리들 내부에 존재하는 적의 생각과 방식에 대항하는〉 전투의 일부였다.

> 제3의 영화의 인간은 무엇보다도, 영화가 포괄하는 무수한 종류의 카테고리(시네 레터, 시네 포엠, 시네 에세이, 시네 팸플릿, 시네 리포트 등) 내에서, 〈게릴라 영화*guerrilla cinema*〉가 됐든 〈행동 영화*film act*〉가 됐든, 등장인물이 주가 된 영화에는 하나의 주제로, 개인들의 영화에는 대중의 영화로, 작가 영화에는 집단 영화로, 신식민주의적 오보(誤報) 하나에는 정보 하나로, 도피의 그것에는 진실을 재포착하는 그것으로, 수동성에는 공격성으로 맞서 싸운다.

「불타는 시간의 연대기」는 아르헨티나를, 약간 기묘하고도 비극적인 경제 문화적 신식민주의 국가의 예로 묘사하고 있다. 아르헨티나의 천연자원은 미국과 유럽에서 수입되는 소비재의 지불 대금으로 수출된다. 문화 경제적 제국주의에 대한 분노 외에도 이 작품은 영화 자체의 역사에 대한 자료(에이젠슈테인의 「파업」의 소 도살 장면과 장 비고의 「니스에 관하여」의 묘지 장면)도 풍부히 제공하고 있다. 「불타는 시간의 연대기」는 진보적이고 완벽한 작품의 전형으로 은밀하게 공개되는 경우가 많았고 공개 뒤에는 반드시 토론이 이어졌다. 그 영화를 본다는 것은 곧 정치적 행위에 동참하는 것이었다.

새로운 다큐멘터리는 아프리카에서도 번성했다. 1960년대 말 이전의 〈아프리카〉 다큐멘터리는 대부분 백인 영화인들(1963년 세네갈에 관한 몇 편의 단편 영화를 만든 티미테 바소리와 같은 소수의 특출한 사람들은 제외하고)에 의해 만들어졌다. 하지만 1967년도부터는 아프리카 프랑스 어 지역에서도 신세대 영화인들이 등장하여 새롭게 독립한 나라의 변화된 생활양식을 필름에 담아냈다. 티미테와 앙리 뒤파르크는 1967년과 1972년 사이에 코트디부아르를 무대로 한 수많은 다큐멘터리를 제작했고, 마하마 존슨 트라오레와 사피 파이는 농촌에서 도시로의 이주와 도시 생활에 대한 영화를 만들었다. 장 루슈의 지도를 받은 니제르의 마리아마 히마는 타이어, 자동차와 같은 재활용품을 다룬 일련의 단편 영화 「바부 반자Babu Banza」(1985~90)를 만들었다. 이드리사 우에드라고, 술레이만 시세, 가스통 카보르 같은 아프리카의 대표적 영화인들 역시 다큐멘터리로 그들의 영화 이력을 시작했다.

다큐멘터리 영화 제작은 미국의 민권 운동, 그에 뒤이은 미국과 유럽의 여권 및 동성애자 운동의 등장과 함께, 서구 다큐멘터리 영화인들 사이에 조성된 새로운 다양성과 더불어 확대되기 시작했다. 시민적 무질서에 관한 커너 보고서Kerner Report의 압력에 직면한 미국의 텔레비전 방송국들은 흑인과 소수 민족의 표현에 관한 개선 방안 몇 가지를 스스로 솔선해 보여야 한다는 중압감에 시달렸다. 그리고 마침내 공영 텔레비전은 아프리카계 미국인 영화감독 윌리엄 그리브스와 윌리엄 브랜치가 공동으로 만든 다큐멘터리, 「아직도 형제: 흑인 중산층의 내막Still a Brother: Inside the Negro Middle Class」(1968)을 방영한다는 데 합의했다. 캐나다국립영화위원회에서 영화 수업을 받은 그리브스는 매거진 형식의 텔레비전 프로그램 「블랙 저널Black Journal」(1968~70)의 제작 지휘를 맡았고, 정치성 농후한 헤비급 권투 챔피언 무하마드 알리의 기록 영화 「싸움꾼 알리Ali, the Fighter」(1970)를 비롯해 아프리카계 미국인들을 소재로 한 광범위한 종류의 다큐멘터리를 제작했다. 「블랙 저널」 및 그와 유사한 종류의 프로그램들은 세인트 클레어 본[「인 모션: 아미리 바라카In Motion: Amiri Baraka」(1985)], 캐럴 패럿 블루[「두 여인Two Women」(1977)]와 같은 신세대 흑인 다큐멘터리 작가들에게 많은 기회를 제공해 주었다.

라틴 아메리카 인들(특히 멕시코계와 푸에르토리코계)도 텔레비전과 영화에서의 동등한 기회를 요구하기 시작했다. 공영 텔레비전의 「진실Realidades」에서는 3년(1972~5)에 걸쳐 일련의 논쟁적 다큐멘터리를 내보냈다. 영화감독 호세

라틴 아메리카의 다큐멘터리 작가 산티아고 알바레즈의 「린든 존슨LBJ」(1968) 스틸 사진. 필름과 촬영된 사진들을 이용한 몽타주 기법으로 린든 B. 존슨 대통령과 미 제국주의를 고발한 작품이다.

가르시아는 푸에르토리코의 유명 작가 르네 마르케스의 멜로드라마풍 희곡을 자유분방하게 〈개작〉하여 쇼 프로그램 「소달구지La carreta」(1970)에 제공했다. 이 영화는 감독과의 인터뷰로 시작하여 희곡의 몇 장면을 보여 주고, 그다음에 원래의 도시적 다큐멘터리 내용으로 돌아간다.

인종적, 성적 다양성에 따른 변화의 압력을 받기는 뉴스릴도 마찬가지였다. 한동안의 평지풍파를 겪은 뒤(뉴스릴은 이 기간 중, 잡지 『래트*Rat*』에 의해 〈남성-좌파 지상주의〉의 보루로 낙인찍혔다), 뉴스릴은 주로 제3세계에 관한 영화들을 만들기 시작했다. 그룹의 구성원도, 초창기 창립 멤버는 대부분 떠나고, 몇 명의 제3세계 영화인들만 남아 〈제3세계 뉴스릴〉로 명칭까지 바뀌게 되었다.

아시아계 미국인 크리스 초이와 아프리카계 미국인 수전 로브슨은 뉴스릴의 붕괴가 한창 진행되고 있던 그때에 「우리 아이들을 가르쳐 줘요Teach our Children」(1972)를 만들었다. 그들의 다음 작품들은 국립 예술 기금의 보조로 만들어졌고, 여자 교도소의 억압적 생활 조건을 다룬 「만약 누구든 사라진다면In the Event Anyone Disappears」(1974)도 그렇게 만들어진 작품이다. 초이가 만든 「스파이크에서 스핀들까지From Spikes to Spindles」(1976)는 중국 이민자의 체험과 뉴욕 차이나타운의 늘어나는 정치 참여에 초점을 맞춘 영화로, 이 작품을 계기로 그녀는 중국인 이민자 사회의 내

부를 다룬 영화에 본격적으로 뛰어들기 시작했다. 이후 그러한 이슈는 「미시시피 트라이앵글Mississippi Triangle」(1984)과 「누가 빈센트 친을 죽였는가Who Killed Vincent Chin?」(1989, 르네 타지마와 공동 작업)와 같은 그녀의 많은 작품에 뚜렷한 요소로 등장한다. 계속해서 초이는 한국계 미국인 타카기와 함께 「이산 가족: 한국Homes Apart: Korea」(1991)을 만들었고, 타카기는 남북 분단으로 40년 이상이나 헤어져 있던 그녀의 조국과 가족의 품으로 다시 돌아갔다.

1970년대 초에 시작된 페미니즘의 부활과 함께 많은 여성들이 다큐멘터리 영화 제작에 뛰어들었다. 그들은 다큐멘터리를 여권 운동 영화의 수단이자, 〈개인적인 것이 정치적이다〉라는 슬로건과 종종 연계되기도 했던 여성 문제를 좀 더 개인적으로 다룰 수 있는 유용한 수단으로 보았다. 바바라 코플의 「할란 카운티 유에스에이Harlan County U.S.A.」(1976)는 여자들이 결정적인 역할을 한 탄광 노조의 형성 과정을 기록한 작품이다. 조이스 초프라는 「34세의 조이스Joyce at 34」(1971, 클로디아 웨일과 공동 작업)에서 일과 아이를 갖는 문제 간에 발생하는 긴장 상태를 고찰했고, 「나나와 엄마와 나Nana, Mom, and Me」(1974)에서 아말리아 로스차일드는 자신을 포함한 여성 3대의 관계를 집중 분석했다. 캐나다에서는 안 클레르 푸아리에가 「루아의 딸들Les Filles du Roy」(1974)을 만들어 퀘벡 여인들의 역사적 투쟁

2차 대전 당시 후방 근로 여성들의 삶을 인터뷰 형식으로 만든 코니 필드 감독의 「리벳공 로지의 삶과 그녀의 시대」(1980)의 한 장면.

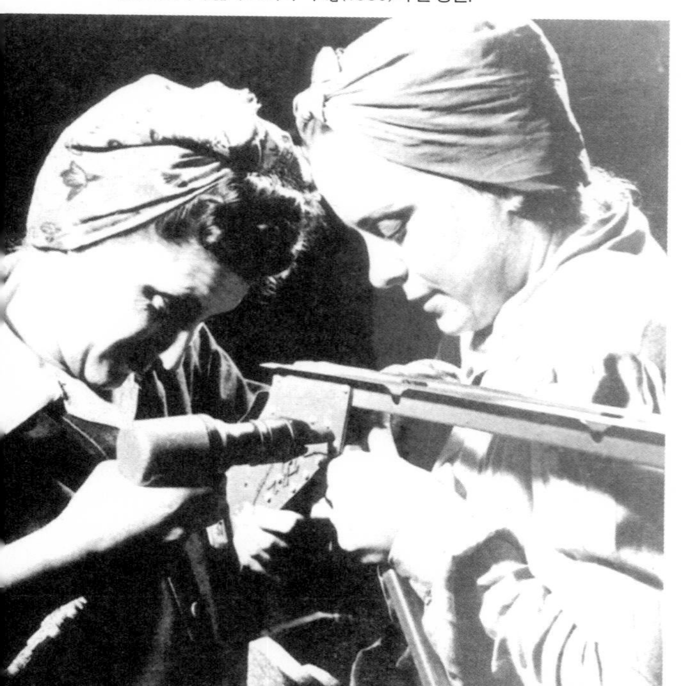

과정을 추적했고, 앤 휠러는 초원에 정착한 여인들을 다룬 「증조모Great Grand Mother」(캐나다, 1975)를 만들었다. 독일의 페미니스트들도 1970년대에 많은 다큐멘터리를 만들었다. 그중에서도 특히 걸출했던 인물이 헬케 잔더이다. 「피임약은 자유를 주는가Macht die Pille frei?」(1972)와 같은 1970년대 작품으로 여성 문제의 최전선에 나섰던 그녀는 1990년대에도 2차 대전 말 소련군에게 강간당한 독일 여성들을 다룬 역사 서사극 「해방자는 무례하다Befreier und Befreite」(1992)를 만들어, 그 정신을 계속 이어갔다. 영국에서도 「론다의 여성들Women of the Rhondda」(1971)과 같은 몇 편의 페미니스트 다큐멘터리가 만들어졌다. 하지만 전체적으로 영국의 페미니스트들은 전통 다큐멘터리 형식보다는 다큐멘터리와 허구적 방법을 함께 이용하는 방식을 더 선호했다. 이러한 경향은 페미니스트 영화의 영역을 넘어 버윅 스트리트 콜렉티브Berwick Street Collective의 「야간 청소부들Nightcleaners」(1975)과 같은 다른 다큐멘터리 제작에까지 영향을 미쳤다.

제3세계 여성들의 다큐멘터리 작업은 북미나 서유럽 여성들의 그것보다 10년 정도 늦게 시작됐다. 콜롬비아의 여성 영화 그룹, 시네 무헤르Cine Mujer는 1980년대에 허구적 요소가 곁들여진 다큐멘터리 여러 편을 만들었다. 브라질에서는 여성 비디오 그룹 릴리스 비디오Lilith Video에 의해서 단편 영화 여러 편이 만들어졌다. 실바나 아프람의 「흑인 여성들Mulheres negras」(1985)은 브라질의 인종적 정체성과 인종주의를 다룬 것이고, 자시라 멜루의 「입술에 키스를Beijo na boca」(1987)은 창녀들과의 인터뷰를 토대로 만든 작품이다.

인도 여성들에게도 새로운 기회가 찾아왔다. 극영화로 방향을 바꾸기 전 미라 네어는 뉴욕의 이민자 생활을 그린 「인도에서 너무 먼So Far from India」(1982)과 카바레 무용수들의 고달픔을 다룬 「인디아 카바레India Cabaret」(1985)를 만들었다. 여성 영화 그룹, 미디어 스톰Media Storm은 계속되는 여성들의 종속적 삶을 비디오로 만들었다. 「세속적 인도에서In Secular India」(1986)는 악명 높은 이슬람 여성법에 항거한 작품이고 「타다 남은 재 속에서From the Burning Embers」(1988)는 남편을 화장시킨 장작 위에서 산 채로 불에 태워진 18세 아내의 순사(殉死)를 폭로하고 비난한 작품이다.

남녀 동성애자 영화인들은 1970년대 중반에 일어난 동성

애자 권리 운동의 일환으로 다큐멘터리를 만들기 시작했는데, 1976년에 피터 어데어와 마리포사 영화 그룹Mariposa Film Group이 「튀어나온 말Word Is out」을 만들었고 아서 브레산 주니어와 동성애자 권리를 위한 예술가 연합Artists United for Gay Rights이 1977년 동성애자 자유의 날 장면을 찍어 「게이 유에스에이Gay U.S.A.」를 만들었다. 19세기 캘리포니아의 한 레즈비언과 샌프란시스코 시장이 된 뒤 암살당한 하비 밀크와 같은 역사적 인물들은 리즈 스티븐스와 에스텔 프리드먼의 「그녀는 담배도 씹었다She Even Chewed Tobacco」(1983)와 로버트 엡스타인과 리처드 슈미첸의 「하비 밀크의 시대The Times of Harvey Milk」(1984)를 통해 각각 되살아났다. 1980년대 말이 되면서 그들의 관심은 동성애 사회를 황폐화시킨 에이즈 문제로 돌아섰다.

<u>시네마 베리테와 그에 대한 불만</u>

1968년 이후에도 시네마 베리테는 계속되었으나, 한편으로는 또 새로운 방식으로 발전되어 갔다. 미국에서 이러한 경향은 작품의 초점을 주로 미국의 주요 공공 시설들에 맞춘 프레더릭 와이즈먼의 등장으로 분명해졌다. 그의 첫 다큐멘터리 「티티컷 폴리즈Titicut Follies」(1967)는 보스톤 외곽에 있는 매사추세츠 교정 기관을 다룬 작품으로 표면적으로는 관찰적 방법, 롱테이크(장면당 평균 32초)의 사용, 줄거리의 배제로 객관적 태도를 취하고 있는 듯하지만, 그러면서도 불쾌한 이미지들에 대한 전후 관계의 설명은 거의 하지 않고 그곳 직원들도 무능력하고 냉담하며 때로는 수용자들에게 사디스트적이기까지 한 모습으로 묘사되고 있다. 그것은 정신병자들을 공공 단체에 수용하는 것을 반대하는 것으로도 해석될 수 있고, 국가와 국민 간의 좀 더 일반적 관계에 대한 비유로도 해석될 수 있다. 매사추세츠 주는 즉각 그 영화의 상영 금지를 추진하여 결국 소수의 엄선된 전문가들밖에 그 영화를 못 보도록 하는 데 성공했다.

와이즈먼은 관찰적 접근을 (더 세련된 방식으로) 계속 사용하여, 그 후 필라델피아 고등학교[「고등학교High School」(1968)]와 뉴욕 시 병원[「병원Hospital」(1970)]을 필름에 담았다. 와이즈먼은 1년에 대강 1편꼴로 영화를 만들었는데, 자신의 영화에 관객들이 좀 더 깊이 빠져 들게 하기 위해서 영화의 길이를 점점 길게 만들었다. 중환자실을 소재로 한 「죽다 살아나기Near Death」(1989)는 358분, 「센트럴 파크Central Park」(1990)도 보통 영화보다 긴 176분이었다.

그 밖의 시네마 베리테 2세대 영화인들로는 로저 그레프와 마르셀 오퓔스가 있다. 그레프는 공공 기관의 운영 실태, 특히 고위급 간부들의 정책 결정 과정을 집중적으로 파고들었다. 이 접근법은 1970년대 초에 만들어진 영국의 BBC 시리즈 「말 사이의 공간Space between the Words」에서 한층 완숙한 모습을 보여 주었다. 그의 또 다른 작품 「철Steel」(1975)은 새로운 플랜트 사업에 5000만 달러의 투자를 고려하고 있던 국영 기관인 영국 제철British Steel Corporation을 소재로 한 작품이다. 여기서 간부들은 처음부터 그렇게 노골적이지 않았지만, 그 공장을 지으면 노동자를 효과적으로 통제할 수 있고 직공들도 그리 많이 필요하지 않을 것이므로 노동 쟁의에 특히 유리할 것이라는 암시를 준다. 정치적으로 민감한 사안에 초점을 맞춘다는 점에서는 와이즈먼과 그레프 두 사람 다 비슷한 데가 있었으나, 그럼에도 그레프의 접근법에는 분명히 다른 데가 있었다. 작품의 소재가 된 기관과 적대적 관계에 있음을 분명히 하면서도 어떻게든 〈그 기관을 파헤쳐〉 결과적으로 훨씬 개인적이고 〈예술적인〉 작품을 만들어 낸 와이즈먼에 비해, 그레프는 그 기관의 핵심을 찔러 〈그곳 종사자들〉로 하여금 〈맞아요, 바로 그 상황이었어요〉라는 말까지 나올 수 있도록 〈고도로 전문화된 관찰 테크닉〉을 구사했다. 하지만 그레프도 와이즈먼과 다를 바 없이 생소한 세계에 관객들을 몰입시키려 했고 그들에게 작품의 이해와 평가에 적극적인 참여자가 되어 줄 것을 요구했다. 〈갑자기 문이 열리자 여러분은 영국 제철의 회의실에 있다. 그들이 어떤 사람들인지 여러분은 알지 못한다. 규정도 모른다……. 자, 상황 판단은 여러분의 몫이다.〉

마르셀 오퓔스도 그만의 독특한 주제로 관객을 몰입시켰다. 상영 시간이 약 네 시간 반에 이르는 「슬픔과 연민Le Chagrin et la pitié」(1970)은 1942년 독일 점령 당시까지 비시 정부의 일부였던 클레르몽-페랑이라는 마을을 중심으로, 2차 대전 때 프랑스 인들이 보인 이적 행위와 저항 운동을 고찰한 작품이다. 오퓔스는 자주 카메라 앞에 나타나 그의 주제에 관해 부드러우면서도 집요한 질문을 던졌다. 이 영화의 〈토킹 헤드 *talking heads*〉 장면에는 특히, 뉴스릴과 다른 영화 장면들을 간격 편집*intercut*하여 영화사상 획기적이라 할 매우 감동적인 해설 장면을 만들었다. 이적 행위의 문제는 프랑스에서 그 당시에도 매우 민감한 사안이었기 때문에, 텔레비전 방송국들은 극장에서의 성공에도 불구하고 1981년까지 이 영화를 방영하지 못하고 있었다. 오퓔스는 독일의 전쟁 범죄와 뉘른베르크 전범 재판을 소재로 한 「정의의 기억The Memory of Justice」에서 한층 더 적극적 참여자가 되었다. 이 영화에서 그는 홀로코스트를 알제리와 베트남에서 프랑스와 미국이 각각 저지른 잔혹함과 비교 대조하고 있다. 영화는 뉘른베르크에서 명시된 인간애와 정의의 기준을, 책임져야 할 당사자들이 거의 책임을 져 본 일이 없는 다른 상황들에 적용시키고 있다.

오퓔스의 작품은 시네마 베리테의 무한해 보이는 가능성 앞에서 상대적으로 소외되었던 기존 다큐멘터리 장르, 즉 역사 다큐멘터리의 부활을 예고했다. 잘 만들어지면 이 장르는 특히 주류 텔레비전에 알맞은 형식임이 판명되었고, 그것을 입증해 준 것이, 제러미 아이작스가 영국의 ITV를 위해서 만든 26부작 시리즈 「제2차 세계 대전The World at War」(1974~5)이었다. 전쟁 필름과 전쟁에 참전했던 다양한 인물들과의 인터뷰를 혼합하여 만든 이 작품은 잊을 수 없는 2차 대전사를 우리에게 제공해 주었다.

1970년대와 1980년대 초의 좌파 영화인들은 노동 운동에 참여했던 사람들과의 인터뷰를 통해 노동 운동의 역사를 재정리하려고 했다. 코니 필드도 그런 인터뷰를 토대로 「리벳공(工) 로지의 삶과 그녀의 시대The Life and Times of Rosie the Riveter」(1980)를 만들어 2차 대전과 전쟁 직후의 후방 근로 여성들의 실상을 파헤치고자 했다. 주로 구술 역사에 의존하여 만들어진 「비틀거리는 사람들The Wobblies」(스튜어트 버드와 데보라 섀퍼의 공동 작품, 1979)은 1910년대와 1920년대의 전 세계 산업 노동자들을 탐구한 작품이다. 잃어버린 대의를 감동적으로 다시 살려 냈다는 의의에도 불구하고 이 영화는 다큐멘터리에서의 구술 역사의 한계를 드러내고 있다.

1970년대 말과 1980년대 초에는 픽션과 논픽션 영화 간의 구분을 최소화하거나 아예 없애 버리려는 것이 최소한 이론상으로는 유행이었다. 헤이든 화이트와 미셸 푸코의 이론서와 함께, 〈모든 영화는 픽션이다〉라는 본질에서 약간 벗어난 크리스티앙 메스의 주장이 그러한 전망을 부추겼다. 픽션과 논픽션 경계의 이러한 와해는 미셸 시트론의 「딸의 성찬식Daughter Rite」(1978)과 트린민하의 「성은 베트, 이름은 남Surname Viet, Given Name Nam」(1989)과 같은 영화들에서 뚜렷이 나타나고 있다. 이들 영화는 겉으로는 전통적 인터뷰 방식을 사용하는 것 같지만, 알고 보면 배우들로 하여금 이미 조사한 자료를 읽게 하든지 제시하는 방법을 쓰고 있다. 픽션과 사실을 결합한 이런 방법으로 종종 문제작들이 만들어지기는 했지만, 다큐멘터리의 증거적 기능을 도외시하기 위해 흥행주들이 〈담론으로서의 사실*reality as discourse*〉로 만들려는 경향은 대단히 단순한 발상이고 잠재적으로도 위험한 일이 아닐 수 없다. 다큐멘터리가 감독의 주관성에 의존하고 카메라의 존재가 대상물의 반응에 영향을 미친다고 하여 그것을 논픽션 영화 제작의 특별한 가능성에 방해적인 요소라고 보는 것은 분명 잘못된 생각이다.

1970년대와 1980년대 초는 다큐멘터리의 다양한 가능성을 시도하고, 확대시키고, 기술적 발전을 이루었다는 점에서 민족지학적 영화인들의 활약이 두드러졌다. 자기-회상에 주안점을 둔 장 루슈는 그 점에 있어 확실히 중심적 인물로 떠오를 만하다(그의 탁월함은 길이와 야망과 목적이 모두 다른 그의 수많은 작품들로도 충분히 알 수 있다).

데이비드 맥두걸이 1975년도에 쓴 「관찰적 영화를 넘어 Beyond Observational Cinema」는 시네마 베리테와 그 이후에 있어서 가장 영향력 있는 에세이의 하나가 되었다. 맥두걸은 「어느 여름의 연대기」에 나타난 루슈의 방법에 지지를 보내며 이렇게 말했다. 〈사회의 가치는 그것을 이룩한 현실만큼이나 그것의 꿈에도 존재하고 있다. 때로는 새로운 자극에 의해서만 조사자는 문화의 껍질을 벗기고 들어가 그것의 본질적인 전제를 드러낼 수 있다.〉 그는 〈이 탁월한 개념들이 10년 뒤의 민족지학적 영화인들의 머릿속에 거의 스며들지 못한 것에 대해〉 무척이나 놀랐다. 하지만 그는 영화인들의 적극적인 개입 그 이상, 즉 〈자신을 대상의 처분에 맡기고 그들과 함께 영화를 창조해 내는 인물〉을 원했다. 그 개념을 대부분 실현한 영화가 오스트레일리아의 원주민 토지법을 내용으로 한 「두 개의 법률Two Laws」(1981)이었다. 하지만 이 영화는 제작은 알레산드로 카바디니와 캐롤라인 스트레이챈이 했으나, 촬영 대상과 방법은 모두 부로룰라borooloola 토착 사회가 결정했다. 참여 다큐멘터리에 대한 가능성은 전통적으로 민족지학적 영화의 대상물이었던 사람들이 1980년대 말과 1990년대 초에 그들 스스로의 삶과 문화에 대한 영화를 만들어 봄으로써 시작되었다(솔 워스와 존 어데어는 맥신 초시와 메리 초시의 작품 「나바호의 영혼The Spirit of the Navajos」으로 참여 다큐멘터리를 실험했다). 그런 영화에는 세 아들의 성장 과정을 그린 필리핀의 키들라트 타히미크의 「나는 성난 황인종이다I am Furious Yellow」(1981~93)와 토착 영화인 프랜시스 피터스가 원주민 토지법을 소재로 하여 만든 1시간짜리 작품 「텐트 도시Tent City」(1992) 같은 집단 영화도 포함될 수 있다. 브라질 카요포Kayopó 족의 몇

몇 구성원들도 1985년도에 비디오를 사용하기 시작해, 지방 고유 의식과 연장자들이 이야기해 주는 마을의 역사를 비디오로 찍었으며, 불법 채굴업자와 밀수업자의 파괴적 행위를 필름에 담기도 했다.

제1세계의 다큐멘터리들도 점차 개인적 목소리를 내기 시작했다. 「셔먼의 행진Sherman's March」(1986)에서 로스 매컬리는 완벽한 짝을 찾아다니는 자신의 일상생활을 영화로 만들었다. 그는 어깨 위의 카메라가 돌아가는 중에 블라인드 데이트 상대 한 명을 만났다. 「로저와 나Roger & Me」(1989)에서는 제너럴모터스 사의 고액 연봉자 로저 스미스와의 인터뷰 기회를 찾는 마이클 무어 감독의 모습이 영화가 진행되는 거의 내내 스크린에 나타났다. 스미스와의 인터뷰가 불가능하게 되자 무어는 대신, GM 공장의 폐쇄 여파와 미시간 주 플린트에서 벌어진 〈산업 축소*deindustrialization*〉의 영향을 다큐멘터리로 찍었다. 영국의 다큐멘터리 작가 닉 브룸필드는 자신을 곤경에 빠뜨려 놓고 그다음에 벌어지는 일을 카메라에 담고는 했다. 「닭장Chicken Ranch」(1982)은 창녀촌의 생활을 소재로 한 작품인데, 이 영화는 편리하게도 문밖으로 내던져지는 카메라맨과 함께 대단원에 이른다. 「에일린 우어노스: 연쇄 살인범 판매Aileen Wuornos: The Selling of a Serial Killer」(1993)에서 브룸필드는 고객 7명을 죽인 혐의로 기소되어 최초의 여자 연쇄 살인범으로 낙인찍힌 창녀 우어노스를 특집으로 다룬 방송 행사에 참여했다. 그는 그녀의 변호사와 양모(養母) — 두 사람 다 앞으로 받게 될 거액의 수수료에만 관심이 있다 — 와 가진 비용 협의 과정도 영화에 포함시켰다. 마지막으로 그는 사법 제도의 부패를 폭로하면서, 그 사건도 돈을 벌기 위해 텔레비전 방송국에 사건을 팔아먹은 경찰관에 의해 이용된 사건으로 결론지었다.

「신블루 라인The Thin Blue Line」(1977)은 감독인 에롤 모리스의 모습이 실제로는 등장하지 않지만 조명, 편집, 음악의 탁월한 선택과 고도의 스타일을 자랑하는 장면 도입으로, 영화를 보는 내내 감독의 존재가 강하게 느껴지는 작품이다. 이 강렬한 다큐멘터리는 댈러스 경관을 죽인 살해범으로 부당하게 기소된 사람의 무고함을 입증하면서, 계속하여 그 사건의 진짜 살해범이면서 그 후에도 계속 살해를 자행하고 다닌 어린 10대의 애원에 간단히 농락당하는 국가의 모습을 보여 주고 있다. 그는 이 영화로 벌어들인 문화적 수입의 상당 부분을, 보장할 수는 없어도 추구는 되어야 한다는 신념하에, 지난 15년간 추락한 영화적 진실의 개념을 복원하고 정립하는 일에 투자했다. 수사나 무뇨스와 루르데스 포르티요의 「5월 광장의 어머니들Mothers of the Plaza de Mayo」(1985)에서도 아르헨티나 군부는 어린 학생과 좌파 정치인들의 〈실종〉에 자신들은 책임이 없다고 주장하지만 그런 거짓말에도 불구하고 군부의 살해 개입은 명백한 사실로 떠오른다.

이 기간의 다큐멘터리는 각기 다른 두 방향으로 발전해 갔다. 독립 다큐멘터리 작가들이 축제 때의 순회 상영 쪽에서 번성하고 평단의 주목을 받은 반면, 다른 다큐멘터리 인들은 자신들을 방송국의 요구에 따라야 하는 프로그램 편성팀의 일부로 간주한 텔레비전 방송국의 의뢰에 전적으로 의존했다. 그 결과, 많은 작품이 나라 간 공동 제작의 형태를 띠게 되었고 객

에롤 모리스 감독의 「신블루 라인」(1990)에서 랜달 애덤스(애덤 골드파인)가 댈러스의 한 수사관으로부터 심문을 받고 있는 고도의 스타일을 보여 주는 장면. 사진 제공: J&M 엔터테인먼트/미라맥스 영화사.

관성에 다소 무리가 있는 내용이더라도 상대국 정부가 자금을 대고 후원하고 통제하는 회사들이 원하는 이데올로기적 주장을 그대로 만족시켜 줄 수밖에 없었다. 그것을 증명해 준 작품이 미국의 WGBH, 영국의 CIT, 그리고 프랑스의 Antenne-2가 합작한 12부작 다큐멘터리 「베트남: 텔레비전의 역사 Vietnam: A Television History」(시리즈 제작: 리처드 엘리션과 스탠리 카노, 1983)였다. 이들 세 나라의 전쟁에 대한 인식은 각기 달랐다. 좀 더 쉽게 말하면, 방송국 중역들은 프로그램마다 그리고 매 시즌마다 모양과 톤에 일관성을 유지함으로써 특정 프로그램 시간대에 시청자들을 묶어 두려고 했다. 다큐멘터리가 스폰서의 요구에 따라야 하는 것은 어제오늘의 일이 아니다. 다큐멘터리가 확실한 형식으로 살아남기 위해서는 진실을 우위에 두고 순응을 2차적인 것으로 보면서 다큐멘터리의 권리와 의무를 존중해 줄 수 있는 올바른 스폰서를 찾는 것이 무엇보다 중요하다.

참고문헌

Barnouw, Erik(1974), *Documentary: A History of the Non-fiction Film*.

Ellis, Jack(1989), *The Documentary Idea: A Critical History of English Language Documentary Film and Video*.

Hockings, Paul(ed.)(1975), *Principles of Visual Anthropology*.

Mamber, Stephen(1974), *Cinema Verite in America*.

Nicholas, Bill(1980), *Newsreel: Documentary Filmmaking on the American Left*.

Rosenthal, Alan(1980), *The New Documentary in Action*.

Solanas, Feranado, and Getino, Octavio(1969), "Toward a Third Cinema".

Stoller, Paul(1992), *The Cinematic Griot: The Ethnography of Jean Rouch*.

아방가르드 영화: 두 번째 물결

A. L. 리스

유럽의 아방가르드 영화는 2차 대전 이후 플럭서스*Fluxus*, 레트리즘*Lettrisme*, 행위 예술 *Action-Art*에 나타난 도발적 신다다이즘과 함께 1950년대부터 놀랍게도 재등장했다. 다다이즘 잡지 『카바레 볼테르*Cabaret Voltaire*』에서처럼, 그리고 비슷한 이유로, 조롱과 과장은 사회 문화적 반항의 무기가 되었다. 하지만 〈폭탄 문화*bomb culture*〉로서의 영화는 아예 주변으로 밀리는 경우가 많아서, 언더그라운드라는 최적의 이름으로 1960년대에 대중 앞에 모습을 드러냈을 때조차도 상황은 마찬가지였다. 상황주의자 기 드보르가 만든 단 1편의 작품이 1952년에 영국의 현대미술전시관Institute for Contemporary Arts에서 상영된 영화의 전부였다는 사실이 그것을 잘 반증해 주고 있다.

그때도, 회화에서 모더니즘의 문화적 수도가 파리에서 뉴욕으로 넘어갔듯이, 선두는 미국에게 뺏기고 있었다. 추상적 표현주의가 1940년대를 지배하자 새로운 물결의 실험 영화인들은 영화를 하나의 미술 작품으로 만들기 시작했다. 유럽인들보다는 좀 더 긍정적으로 다다의 초현실주의 유산을 받아들인 미국인들은 예술의 폐지가 아닌 예술의 창조를 원했다. 그들의 특징은 개인적 시각에 있었고, 이 특징은 캘리포니아가 중심이 된 추상 영화와 로스앤젤레스, 샌프란시스코, 뉴욕의 예술인 거류지에 본거지를 둔 단편 영화시*film poem*의 기반이 되었다.

이 개인적인 태도는 관념적인 것 못지않게 물질적이기도 했다. 촬영 속도의 조절이 가능하고 다양한 렌즈가 구비된 휴대용 16mm 카메라는 전쟁에서 쓰다 남은 것과 아마추어 영화 시장에서 손쉽게 구할 수 있었다. 값싸고 편리한 기기는 제작 수단을 사실상 영화 제작자의 손으로 옮겨 놓았다. 16mm 포맷이 대학, 시네-클럽, 그리고 예술인 동아리의 일상적 촬영 기기로 자리를 잡으면서 아방가르드에도 새로운 상영 문화가 생겨났다. 최근에 몇십 년간 계속해서 증가해 온 시 낭송회처럼 영화인들도 영화를 직접 들고 나와 보여 주면서 토론하기 시작했다. 작가*auteur* 이론이 적지 않은 물의를 일으키며 주류에 적용되고 있던 그때, 이곳의 아방가르드는 사적이며 직접적인 작가 정신과 관객의 반응을 강조하면서, 제작에서 상영에까지 이르는 상업 영화의 전 체제에 도전하려고 했다.

덫에 걸린 여주인공 역의 마야 데런과 알렉산더 해미드 감독의 대표적 아방가르드 영화 「오후의 올가미」(1943)의 서명된 스틸 사진.

서부 지역에서는 오스카 피싱어가 그의 1947년도 영화 제목이었던 추상적 〈모션 페인팅Motion Painting〉의 리바이벌 행사를 가졌다. 그의 동료 망명자 렌 라이처럼, 상업 분야에서의 경력이 실패로 돌아가면서(표면적으로 그의 중대한 위기는 디즈니가 「판타지아」의 디자인을 너무 추상적이라고 거부한 데서 비롯되었다) 그의 작품은 더욱더 순수하고 절대적인 것으로 변해 갔다. 전자 비주얼 아트의 선구자 메리 엘런 뷰트, 자신의 초기 작품을 직접 손으로 그린 해리 스미스, 테크놀로지와 갖가지 조명 실험에 의존하여 마르셀 뒤샹식의 〈즉흥 연출*chance operations*〉을 시도한 존과 제임스 휘트니 형제와 같이, 소수의 본토 영화인들도 추상 애니메이션을 시도했다.

사이코드라마와 그 너머

공감각적 추상의 부활과 함께 미국의 영화인들은 내러티브적인 영화시*film-poems*를 재창조했다. 〈사이코드라마〉(혹은 〈무아지경 영화〉)의 기본 요소는 꿈, 서정적 시구, 현대 무용이었다. 일반적으로 사이코드라마는 중심적 인물이나 주인공의 개인적 갈등을 규정한다. 단일 의식의 지배를 받은 시각에서 바라본 욕망과 상실의 시나리오는 구원 아니면 죽음으로 끝이 난다. 사실주의적 표현과 달리, 몽타주 편집은 공간과 시간의 급속한 전이를 야기시킨다. 주관적이고 유동적인 카메라는 중립의 기록 행위자라기보다는 연기의 참여자가 될 때가 더 많다.

이러한 특징을 지닌 새로운 내러티브 아방가르드는 지금은 고전이 된 마야 데런과 알렉산더 해미드의 「오후의 올가미」(1943)에서 상징적으로 표현되었다. 이 영화의 차이니스 박스*Chinese-box* 내러티브 형식은 그녀를 둘러싸고 있는 해체된 가정 공간에 못지않게, 젊은 여주인공(데런)을 함정에 빠뜨리고 있다. 상징적인 칼과 열쇠는 그녀의 손을 빠져나간다. 행위는 중단되고, 빈방에서는 레코드가 돌아가고, 전화 수화기는 내려져 있다. 언뜻 보이는 주인공의 몽상적 행위는 폭력, 아마도 자살로 끝나게 된다. 에로틱하고 구제 불능일 정도로 프로이트적인(그에 대한 데런의 항의에도 불구하고) 이 작품은 영화의 나선적 구조에 회화적 카메라 작동과 난해한 매트 숏*matte shots* — 잠든 여인이 꿈속에서 계속 나오는 또 다른 〈자아〉와 마주칠 때 — 을 결합시키고 있다. 주제가 내용과 스타일에 동등하게 분배된 상황에서 주인공과 관객은 다 같이 어떤 연결 고리를 찾으려 한다.

데런이 그리도 열정적으로 캠페인을 벌인 1940년대 영화의 르네상스는 미국 문화 전반에 걸친 보다 광범위한 혁명의 일부였다. 거기에는 〈미국파*American-type*〉 회화의 등장(클레멘트 그린버그의 어구에서), 파운드 이후 시인파와 조이스 이후 작가파 간의 경쟁, 댄스의 머스 커닝엄과 음악의 존 케이지(영화 아방가르드와 밀접한 연관이 있다)의 혁신 모두가 포함됐다. 그 시점에서 예술 간의 혼합은 실용적이라기보다는 오히려 뒤범벅 수준이었다. 유럽 인들이 혼합 매체 간의 용해적 요소를 추구했다면, 미국인들은 그것들의 한계를 자유롭게 탐구하려 하기보다는 각각의 특징을 조금이라도 덜 무뎌지게 하려고 노력했다. 따라서 순수 추상 미술, 음악, 댄스에 의해 주도된 문화적 환경 속에서 영화가 재등장한 것은 어쩌면 당연한 것인지도 모른다. 그것은 조형 미술 형태로서 영화의 독특한 특성 표현은 자기들 몫이라고 서로 주장하는 회화로서의 영화*film as painting*와 카메라-눈 시각*camera-eye vision* 간의 오랜 논쟁에 또다시 불을 붙였다.

개중에는 두 형태의 중간적 입장(해리 스미스)을 취한 사람도 있기는 하지만, 대부분의 영화인들은 절대적 비구상성(휘트니 형제)을 고수했다. 그런가 하면, 비구상성을 〈있는 그대로의 모습〉을 보여 주는 카메라의 능력을 부정하는 것으로 보는 사람도 있었다(데런). 데런이 볼 때 영화에는 다른 예술에는 본질적으로 결여된 객관적 측면이 있었다. 그뿐만 아니라 시간과 공간의 조작 역시 영화 형식의 한 특성이기 때문에 그런 점에서 편집도 촬영의 표면적 사실주의에 훼손을 줄 수 있었다.

이 시기의 실험 영화로는 케네스 앵거, 커티스 해링턴, 시드니 피터슨의 데뷔작을 들 수 있다. 그들의 주안점은 블랙 유머와 오이디푸스 콤플렉스였다. 해링턴의 「가장자리On the Edge」(1949)에서 도망치는 아들은 사실상 어머니의 뜨개질에 의해 그쪽으로 끌려간 것이나 다를 바 없다. 제임스 브로튼의 「어머니날Mother's Day」(1948)에서는 아이들이 어른들의 장난감에 지나지 않는다. 전쟁 퇴역병이면서 생존자이기도 한 샌프란시스코 미술대학생들과 함께 만든 피터슨의 「납신The Lead Shoes」(1949)은 애너모픽 렌즈, 캘리포니아의 칼리Kali〔시바의 아내라고 알려진 힌두의 여신 — 역주〕인 어머니, 스쿠버 다이빙복을 입은 그녀의 아들, 귀에 익은 발라드에 어울리지 않게 귀에 거슬리는 〈긁는 소리〉를 특징으로 하고 있다(〈당신 칼에 묻은 피는 뭐죠, 에드워드?〉 불협화음의 합창이 울려 퍼진다).

그와는 달리 앵거의 「불꽃놀이Fireworks」(1947)에서 주인공을 사정없이 두드려 패는 괴상한 선원들은 미 해군이라기보다는 오히려 에이젠슈테인의 몽타주에서 뽑아 온 인간들이며, 이 영화는 〈미국의 크리스마스와 방년 17세American Christmas and being seventeen〉와 더불어 미 해군과 에이젠슈테인 모두에 경의를 표하고 있다. 강렬한 조명은 꿈속의 주인공을 충격과 죽음으로 몰아넣지만, 그는 온몸에 정액과 남근 모양의 불꽃에서 쏟아지는 빛의 세례를 받고 다시 부활한다. 그는 잠자리에서 일어나지는 않지만 〈더 이상은 혼자가 아니라는〉 새로운 의식을 갖고 잠에서 깨어난다.

마리 멘켄은 이미 오래전에 카메라를 집중된 인간의 눈에서 해방시킨 바 있는데, 이 집중된 눈은 모든 내러티브 영화들(심지어는 가장 과격하다는 사이코드라마까지)이 당연히 받아들이고 있던 방식이었다. 「노구치의 시각적 독무Visual Variations on Noguchi」(1945) — 원래는 케이지-커닝엄의 발레, 〈계절들The Seasons〉을 곁들이려고 했다 — 에서 그녀의 핸드 헬드 카메라는 추상 조각물의 상하로 움직이며, 영화 공간 내에서 즉흥적 댄스를 만들어 낸다. 춤은 추상과 조형 사이에 부드럽게 다리를 놓으며 줄거리의 매개 없이 서정적 형태를 창조해 낸다. 카메라, 조명, 픽실레이션*pixillation*〔연속적 움직임을 중단시키는 일종의 사진 기술 — 역주〕으로 〈일상성〉에 변화를 주려는 후일의 노력은 그녀의 「노트Notebook」(1963)에 잘 수록되어 있다. 멘켄의 영화 드라마로부터의 해방은(대부분 작가 출신인 다른 아방가르드들과는 달리 그녀는 화가였다) 젊은 스탠 브레이키지를 자극하여 그로 하여금 핸드 헬드 카메라로 「밤에 대한 기대Anticipation of the Night」(1958)라는 과도기적 작품을 만들게 했다.

데런과 앵거는 1950년대에 사이코드라마와도 작별했다. 그들의 영화는 갈수록 더 행위적이고 추상적인 것으로 되어 갔다. 두 사람 모두 마술에 심취하여, 데런은 아이티 섬의 부둔Voudoun을, 그리고 앵거는 알라이스터 크롤리Aleister Crowly를 자신들의 신화로 만들 만큼 그 방면에 전문가가 되었다. 그러면서도 그들의 영화는 여전히 포토제닉한 광경과 몽타주 구성에 최우선을 두는 전통에 뿌리를 두고 있었다. 이 첫 번째 전통을 가장 정교하게 구사한 영화가 앵거의 「아방궁 개업Inauguration of the Pleasure Dome」(1954~66)이었다. 앵거는 1950년대의 대부분을 이 영화에 투자했고, 그 후 20년에 걸쳐, 삼중 영사 작품을 비롯한 이 영화의 개작 영화를 계속 발표했다. 마기Magus 족(族)의 반짝이는 반지와 화려한 의상의 디졸브*dissolve*와 합성 화면*superimposition*은 주신제(酒神祭)로 인도되고, 그곳의 가면, 보디 페인팅, 엉터리 연기는 지극히 매너리즘적인 그 영화의 스타일을 깎아내리고 조롱하는 역할을 한다.

신화와 춤은 앵거와 데런에게 핵심적 요소였다. 데런의 경우 그것은 「거룩한 시간의 의식Ritual in Transfigured Time」(1949)에서처럼 고전적 형태를 띠었는데, 아나이스 닌도 출연한 이 작품은 그녀의 사이코드라마 3부작 중 마지막 작품이었다. 여기서, 칵테일파티는 아이들 놀이가 되고(정지 화면*freeze-frame* 리듬으로), 동상이 살아 움직이며(스톱-모션*stop-motion*으로), 2명의 여주인공 — 데런과 흑인 배우 리타 크리스처니 — 은 음화로 비춰지는 마지막 물속 장면 〈과부에서 신부로 가는 길〉에서 서로의 정체성을 뒤바꾼다.

그녀의 마지막 작품들에서 무아지경 상태는 더 이상 심리학적으로 고찰되지 않는다. 「폭력에 대한 고찰Meditation on Violence」(1953)에서 무아지경은 중국의 한 권법가의 발레식 제식 행위에 구현되어 있다. 그의 느리게 움직이는 솔로 연기는 플루트 선율에 맞춰 맨손 대결의 물이 흐르는 듯한 기하학을 연출해 낸다. 드럼 소리에 맞춰 속도가 급해지면서, 안쪽에서 지붕까지를 자른 몽타주가 느닷없이 나타나, 이제는 예복을 입고 손에 칼을 든 모습의 권법가가 정신없이 돌고 있는 모습을 보여 준다. 그러고는 첫 장면이, 이번에는 거의 눈치 채지 못할 정도의 역동작으로 반복된다. 초기에 받은 각광 때문에 데런의 후기작들에 나타난 형식적 미니멀리즘은 10년이 지나서야 구조주의 영화를 예고했지만, 각종 문화의 혼합과 데런이 주장한 〈여성의 목소리〉로 볼 때, 그녀의 후기작들은 시대를 훨씬 앞서 간 작품들이었다.

방법은 달랐지만 앵거의 작품도 역시 예언적인 것임이 입증되었다. 1950년대를 유럽에서 보내며 기묘한 바로크풍의 영화 「물꽃Eaux d'artifice」(1953)도 만들어 보고, 그 밖의 다른 것들에도 이것저것 손을 대고 있던 그는 미국으로 돌아와 신화적 요소가 생생한 「스코르피오 라이징」(1964)을 만들어, 그로서는 특별한, 동시대 삶으로의 급작스러운 전환을 보여 주었다. 15년 만에 돌아온 미국에서 새롭게 발견한 록과 청년 문화에 대한 반응으로 만들어진 이 영화는 앵거에게, 〈자전거 소년*bike boy*〉 숭배의 나르시시즘적 제식으로 표현된, 곧 불어닥칠 마왕의 시대Luciferian age를 예고했다. 영화는 악마적 형제에 대한 멋진 다큐멘터리 주문으로 시작되는데, 이들은 나중에 나치식 제복을 입고 성직자를 연상케 하는 포즈로 촬영에 임한다. 몽타주는 이제 서서히 주관적이 된다. 본드 냄새에 취한 자전거 소년은 말런 브랜도(TV의 「와일드 원」에서)와 예수(종교 무성 영화에서)가 연재 만화와 플래시프레임(파시즘과 섹스)과 간격 편집된 〈붉은〉 장면들을 본다. 일족의 창시와 신성 모독이 있은 뒤, 영화는 자전거 경주와 죽음, 그리고 경찰의 불빛이 뒤섞인 빠른 몽타주로 끝난다.

「스코르피오 라이징」은 부분적으로 〈운이 다한 젊음〉이라는 반종교적 주제로 인해 언더그라운드 컬트의 클래식이 되었다. 앵거에게는 유달리 개방적 구조였지만 지금은 언더그라운드에서 더 각광받는 형식이 된 구조 속에서 이 영화는 기성 화면*found footage*, 스타일 넘치는 묘사, 즉흥성 등 다큐멘터리의 모든 요소가 결합되어 있다(내부에서 외부로 이동하고, 인공 조명으로 시작과 끝을 맺는 형식적 구조 안에서). 무엇보다도 이 영화의 특기할 점은 브루스 코너의 「우주 광선 Cosmic Ray」(1961)에서 단 한 번 사용되었을 뿐인 (후일 데이비드 린치의 영화 제목이 된 〈블루 벨벳Blue Velvet〉을 비롯하여) 당대의 록 음악을 영화의 사운드트랙으로 이용하고 있다는 점이다. 어느 정도는 앵거의 영국인 숭배자 데렉 저먼의 조정을 통해, 「스코르피오 라이징」은 주제에 대한 적당한 찬양과 조롱으로 1980년대 뮤직 비디오의 발달에 지대한 영향을 미쳤다.

언더그라운드

1950년대에 〈모더니즘〉이라는 신조어 아래 진행된 현대 예술의 제도화는 반기성적이거나 그와 반대적 입장에 있는 예술인들의 반작용을 불러일으켰다. 예술을 박물관과 그 규칙의 외곽에 위치시킬 방법을 모색 중이던 이들은 〈부정적 순간〉— 현실에 대한 비판으로서의 예술 — 을 최고의 절정기로 만들었던 좀 더 이른 시기(특히 다다의 시대)로 눈을 돌리기 시작했다. 후일 〈반문화*counter-culture*〉 혹은 보다 대중적 명칭의 〈언더그라운드〉가 된 것이 바로 이 운동이다. 그것의 요체는 분명하다. 즉, 하나의 군사 용어 — 다른 병사들에 앞서는 〈척후대*avant-garde*〉 — 는 전전의 빨치산과 포로들처럼 공격하기보다는 땅굴을 파며 비밀스러운 저항을 도모하는 또 다른 군사 용어로 대체된다는 것이다.

언더그라운드는 비슷한 계열의 그룹과 유머, 인습 타파, 비타협적 태도가 혼합된 개인들로 구성되었다. 그것의 표명은 비트 시*Beat Poetry*로부터, 공격적 행위 예술, 피노-갈리치오의 오토매틱 페인팅, 플럭서스 운동의 실험, 존 케이지의 〈랜덤 뮤직*random music*〉에 이르기까지 다양하다. 언더그라운드 문화는 새로이 싹튼 〈언더그라운드 언론〉, 즉 팸플릿과 잡지에 의해 가속화되었고, 그것의 새로운 〈시대 정신*Zeitgeist*〉은 일본, 심지어는 저 멀리 소련에까지 퍼져 나갔다.

1960년대에 만개한 언더그라운드 영화는 2차 대전의 여파에 그 뿌리를 두고 있으며 1950년대 초반 〈문화 산업〉에 적대적이던 프랑스 반체제 주변인들에 의해 다시 만들어지기 시작했다. 문화에 대한 공격은 1947년 이지도르 이주에 의해 주도된 파리의 문자주의*Lettriste* 그룹과 더불어 시작되었다. 의미와 가치에 대한 이 그룹의 공격은 랭보, 니체, 다다로 거슬러 올라가면서 윌리엄 버로스를 예고했다. 〈우회〉 혹은 파괴의 방법으로 이주와 모리스 르메트르는 필름의 표면을 긁거나 그림을 그려 넣고, 본래적 의미에 혼란을 주기 위해 텍스트와 사운드트랙을 덧붙이는 방식으로 상업적 기성 화면을 말 그대로 조각내 버렸다. 가끔은 지리할 정도로 계속된 이 작업에는 콜라주시*collage-poem*, 선언, 자극 등 문자주의의 모든 방법이 동원되었다.

사회 〈간섭〉 형태로서의 예술은 (최소한 이론적으로는) 상황주의자들에 의해 한층 더 심화되었는데, 이 국제적 그룹으로 말하자면 1952년 기 드보르와 이주의 분열 뒤 드보로를 따른 문자주의의 불평분자들이었다. 또한 이들은 자신들이 발간하는 잡지 『국제 상황주의*Internationale situationniste*』(1958~69)를 통해 콜라주, 욕설, 도시 계획 이론을 혼합한 독특한 방법으로 〈구경거리로서의 사회*society of the spectacle*〉를 공격했고, 그것이 고다르에게 영향을 주었다. 그러나 상황주의자들에게 고다르는 〈또 하나의 다른 비틀Beatle〉에 불과했다. 드보르의 영화 6편(1952~78)은 대부분 인용문으로 되어 있는 보이스오버가 곁들여진, 기성 화면으로부터 엄격하게 콜라주된 작품들이었다. 극장 상영은 거의 되지 못한 채 그 작품들은 좌파 출판인 제라르 르보비시 살해 사건에 대한 항거의 표시로 드보르 자신에 의해 모두 회수되었고, 10년 뒤 드보르가 자살할 때까지 그 상태로 그냥 남아 있었다.

2차 대전 바로 직후 예술의 〈상품화〉에 적대감을 보인 것은 빈의 급진적 예술가들도 마찬가지였으나, 단 상황주의자들과 달리 이들은 예술적 행위 자체를 거부하지는 않았다. 빈의 어떤 그룹에는 펠릭스 라닥스, 페터 쿠벨카, 아르눌프 라이너와 같은 예술가와 영화인들이 포함되었다. 형식적이고 수학적 방법에 의한 그들의 실험은 「비밀의 모자이크Mosaik im Vertrauen」(1954~5)에 사용된 쿠벨카의 사운드와 움직이는 몽타주에서 보이는 바와 같이 베베른과 전전의 빈 유파*Vienna School*에 의존하고 있었다. 그의 추상적 영화 「아르눌프 라이너Arnulf Rainer」(1958~69)에서는 서로 교차되는 흑백 배열의 무늬를 미리 결정하기 위해 그래픽 선*graphic score*이 사용되었고, 「아데바르Adebar」(1957)와 「슈베하터Schwechater」(1958)에서는 인간의 작은 움직임과 유동적 색채가 주기적으로 반복 사용됐다. 순수주의에의 야망에도 불구하고 그의 몇 작품은 주문받은 것이어서, 「아데바르」 역시 순간적으로 번쩍 터지는 플래시와 함께 납작 엎드린 댄서들 장면이 포함된 동명의 카페 광고 영화였다.

쿠르트 크렌이 포함된 또 다른 그룹은 대립적인 〈실황 예술*live art*〉 퍼포먼스라는 개념에 매료되었고, 이 개념은 〈머트리얼 액션*Material-Action*〉이라는 기치 아래 헤르만 니치와 오토 뮐에 의해 실행되었다. 크렌은 뮐의 도를 넘는 사건들을 영화에 기록함과 동시에 지각과 영화-시간*film-time*을 동시에 탐구했다. 또한 일관된 시리즈 내에서, 장면을 교환하는 방법이나〔「TV」(1967)〕, 고감도 이동과 커팅〔「손디 테스트에 쓰인 48장의 사진48 Faces from the Szondi Test」(1960)〕을 이용하여 30편이 넘는 단편 영화를 만들었다. 그런가 하면, 재치 있고 자명한 작품 「먹고, 마시고, 싸고, 누는 영화Eating, Drinking, Pissing and Shitting Film」(1967)처럼 일상을 새로운 시각으로 바라본 작품이나 「가을 나무Trees in Autumn」(1960)나 「수용소Asyl」(1975)처럼 시간의 경과나 다중 노출*multiple exposure*을 통해 자연을 바라본 작품도 있었다.

미국의 언더그라운드 영화는 처음에는 다큐멘터리와 내러티브 픽션을 포함하는 비(非), 반(反), 혹은 반(半)상업적 단계에 머물러 있다가, 차츰 좁은 의미에서의 아방가르드의 한계를 훨씬 뛰어넘는 수준으로까지 확대됐다. 시네마 베리테 기법에 대한 빈번한 의존과 함께 자연스러움과 즉흥성은 미국 언더그라운드 영화의 요체였다. 존 카사베티스의 초기 작품과 댄스 영화에서 「커넥션The Connection」(1960 — 리빙 시어터와 함께), 「냉정한 세상The Cool World」(1962)과 같은 극영화 제작으로 진로를 바꾼 무용수 출신 셜리 클라크의 작품이 그 대표적 예이다. 1960년, 뉴욕 아방가르드 예술인들은 이들 독립 영화인들과 함께 뉴 아메리칸 시네마 그룹New Amercian Cinema Group을 조직했다. 그들은 〈우리는 가식적이고 세련되고 매끈한 영화를 원치 않는다 — 거칠고 투박하지만, 살아 있는 것을 원한다〉. 〈우리는 장밋빛의 영화를 원치 않는다 — 핏빛의 영화를 원한다〉라고 선언했다. 이 획기적 사건의 분위기는 아이러니컬하게도 도시 생활에 닳고 닳은 부랑자들과 현대 미술 전시회가 서로 맞닥뜨리는 내용이 담긴 존 카사베티스의 「그림자들」(1957)에서 처음 드러나고 있다.

그와 비슷한 반즉흥적 작품에, 당시 스타였던 비트 시인 앨런 긴즈버그와 그레고리 코르소(익명으로 신분을 감춘 젊은 델핀 세리그도)가 출연하고 잭 케루악이 보이스오버로 낭송한 로버트 프랭크와 앨프리드 레슬리의 「풀 마이 데이지Pulll my Daisy」(1958)가 있다. 론 라이스가 감독하고 테일러 미드가 출연한, 준내러티브 비트 영화 「꽃 도둑Flower Thief」(1960)도 그에 못지않게 재미있고 일화가 많은 영화이다. 하지만 이렇게 느슨한 내러티브들도 곧 포기되고 만다. 라이스의 「첨럼Chumlum」(1964)과 잭 스미스의 「불타는 피조물들」(1963)은 황홀하게 디졸브된 색채(라이스가 담당)나 완전 구식 필름에 의한 촬영(스미스가 담당)으로 희가극으로서의 시각적 향연을 마음껏 펼쳐 보인 작품이다.

『필름 컬처*Film Culture*』는 요나스 메카스가 새로운 다큐멘터리와 픽션 영화, 그리고 좀 더 소규모 실험 영화인들을 지원하기 위해 창간한 잡지인데, 나중에 이들은 다른 분야로 뿔뿔이 흩어졌다(뉴 아메리칸 시네마의 다큐멘터리와 내러티브 분파는 아방가르드 예술인들이 거부한 사실주의 형식에 전념했다). 1962년에 이르면 힘의 균형은 메카스와 완전히 반대 방향으로 기울어, 그의 잡지도 (완전히는 아니었지만) 주로, 『빌리지 보이스』의 그의 칼럼에서처럼, 실험 영화와 포스트-데런, 그리고 브레이키지 쪽으로 기울게 되었다. 리투아니아 전쟁 난민 출신인 메카스는 비트 시대를 다룬 내러티브 영화 「나무 위의 총Guns of the Trees」(1961) 이후로는 좀 더 개인적인 영화로 눈을 돌렸다. 「일기, 노트와 스케치(월든)」(1964～9)에서 뉴욕 생활의 단면은 핸드 헬드 볼렉스Bolex 카메라로 찍었다. 앤드루 노런, 데이비드 브룩스, 워런 선버트의 작품에서처럼, 〈일기 영화*diary film*〉는 영화를 대본이 아닌 일상생활에 의존하여 만들었다는 점에서 일상의 소사에 천착하는 NAC의 정신을 계속 유지해 갔다.

〈액션 페인팅〉도, 제이콥스, 스미스, (나중엔) 워홀에 의해 개척된, 영화를 과정과 행위적 매체 혼합의 실황 예술과의 연관 쪽으로 밀어붙였다. 그 중요한 연계의 하나가 신다다 플럭서스 운동으로 이루어졌다. 플럭서스 영화들(1962～6)은 일반적으로 극단적 클로즈업(시오미 치에코의 「표정을 위해 사라지는 음악Disappearing Music for Face」 — 느린 동작의 미소), 치환(오노 요코의 〈엉덩이들Bottoms〉 필름), 반복(존 케일의 「폴리스 라이트Police Light」), 카메라 없는 필름(조지 마키우나스), 단일 프레임 필름(폴 샤리츠), 진부한 유머(조지 랜도의 「사악한 요정The Evil Faerie」)들이 혼합된 조롱조의 작품들이 대부분이었다.

비슷한 성격으로, 브루스 코너는 영화 보관소의 필름으로 영화를 만들었다. 그의 「어떤 영화A Movie」(1958)는 신나는 장면(자동차와 카우보이의 쫓고 쫓기는 열광적인 경기)에서 불쾌한 장면(불안에 떠는 피난민들, 처형, 비행기 추락)으로의 멋진 이동을 보여 준 획기적 작품이었다. 필름 몽타주가 〈영화〉에서 동적인 것과 감정적 측면의 양면으로 작용하는 순간, 영화를 보는 행위에 대한 의문이 제기된다. 코너의 회의주의는 「미국은 기다리고 있다America is Waiting」(1982)에서도 계속되었는데, 단 여기서는 군사 기관을 브라이언 이노와 데이비드 번의 록 사운드트랙으로 풍자한 점이 달랐다.

사이코드라마적인 의미에서, 자기 표현 역시 이젠 더 이상 제이콥스의 목적이 아니었다. 그의 「황금색 코브라Blond Cobra」(1963)에는 낡아 빠진 필름이 쓰였고 극장 상영 시에는 생방송 라디오 사운드트랙이 동원되었다. 자신의 의뢰로 오스트리아 관광객들이 찍은 필름을 사용한 페터 쿠벨카의 야만적 〈사파리〉 필름 몽타주의 경우도 그건 마찬가지였다. 그의 「아프리카로의 여행」(1966)은 탐욕스러운 눈(眼)을 기

존 카사베티스 (1929~1989)

존 카사베티스는 스스로를 배우로는 〈프로페셔널〉, 감독으로는 〈아마추어〉라고 했다. 그가 할리우드의 스튜디오들과 적당한 거리를 유지하며 자신이 원하는 영화를 만들 수 있었던 것은 흥행 배우로서의 그의 성공, 즉 그것이 가져다준 재정적 독립 때문이었다.

그리스 이민자의 아들로 1929년 뉴욕에서 출생한 존 카사베티스는 뉴욕의 미국드라마학교American Academy of Dramatic Art에서 연기 수업을 받았다. 1953년 졸업과 함께 그는 연극, 텔레비전(그때는 소위 리얼리즘 TV 드라마의 〈전성 시대〉였다), 영화에서 배우로 활동했다. 1960년대에는 돈 시겔, 마틴 리트, 로버트 올드리치와 함께 활동했고, 「특공대작전」(1967)에서의 연기로 오스카상 후보에 오르기도 했다.

1960년에 개봉된 그의 첫 영화 「그림자들」은 고작 4만 달러짜리 작품이었다. 카사베티스 연기 워크숍의 즉흥성에 바탕을 두고 만들어진 이 작품은 1960년 베네치아 국제 영화제에서 비평가상을 획득했고, 이를 본 프랑스 비평가들은 카사베티스를 프랑스 누벨 바그의 미국인 동료라며 열렬히 환호했다. 평단의 이런 환호에 힘입어 그는 할리우드에서 연출할 기회를 갖게 되었다. 보비 다린이 재즈 뮤지션으로 나온 「때늦은 블루스」(1961)와 주디 갈런드가 지체 부자유 아동들과 일하는 여성으로 출연한 「기다리는 아이」(1961)는 뛰어난 기술과 스타일을 보여 준 감동적인 작품이었으나 「그림자들」이나 이후 후기작들과의 유사점은 거의 찾아볼 수 없었다. 카사베티스는 〈관심이 있다는 것만으로는 돈을 벌지 못한다〉는 말과 함께 다시는 스튜디오 영화를 만들지 않겠다고 공언했다.

그의 나머지 작품들에 대해서도 할리우드와 평단은 다양한 반응을 보여 주었다. 그의 두 번째 독립 영화 「얼굴들」(1968)은 파경을 맞은 부부가 그들의 애인들로부터 위안을 얻는다는 내용을 다룬 작품이다. 제작비 20만 달러에 16mm 흑백으로 만들어진 이 영화는 찍는 데는 6개월밖에 소요되지 않았으나, 어느 정도는 카사베티스의 지독한 성실성 때문에, 편집에만 거의 4년이 소요됐다. 그는 테이크 하나하나를 모두 인화했고, 보통은 30분밖에 걸리지 않는 그날그날의 임시 현상 필름*rush*도 두세 시간씩 들여 꼼꼼히 테스트했다. 「얼굴들」은 1968년 베네치아 국제 영화제의 5개 부문에서 수상했고, 아카데미상에서도 3개 부문 후보에 올랐다. 강렬한 연기와 대사를 보고, 관객들은 이 영화도 「그림자들」처럼 즉흥적으로 만들어졌을 거라고 생각했으나 사실은 모두 대본에 의존한 작품이었고, 그것은 이후 그의 다른 작품들도 마찬가지였다. 어느 비평가는 역사상 〈가장 길고, 가장 야심 차고, 가장 눈부신〉 가정 영화로 「얼굴들」을 요약하면서 카사베티스에 대한 긍정과 부정의 엇갈린 시각을 보여 주었다.

1970년대에 카사베티스는 감독과 배우 생활을 병행했다. 「얼굴들」 이후 할리우드를 통해 배급한 영화로는 「남편들」(1970)과 「미니와 모스코위츠」(1971)가 있다. 「술 취한 여인」(1974), 「중국인 마권업자의 죽음」(1976), 「오프닝 나이트」(1977)는 그가 스스로 배급했다. 후일 카사베티스는 「글로리아」(1980)와 캐논Cannon 사에서 제작한 「사랑의 행로」(1980)를 할리우드를 통해 배급하며 할리우드와 화해에 성공했다.

분통이 터지는가 싶으면 유쾌한 장면이 이어지고, 항상 놀라운 카사베티스의 작품들은 평단으로부터 여러 복합적인 반응을 얻었고, 그의 작품의 덩치에 걸맞은 비평 용어를 찾느라 평론가들은 늘 애를 먹어야 했다.

하지만 그의 영화 제목들은 그가 다루는 주제만이 아니라 혁신성에도 좋은 인상을 주었다. 「얼굴들」은 영화에 나타난 인간 표정의 풍부함에 대한 그의 관심을, 「오프닝 나이트」는 배우들의 연극적 행동과 대중의 사랑에 대한 그들의 끝없는 요구를, 「사랑의 행로」는 감정의 비실제적인 측면을 각각 보여 주었다. 비평가들은 배우들의 뛰어난 연기에만 신경을 쓰느라, 카사베티스 영화가 지닌 이야기 구조의 독창성과 시각적 스타일은 종종 간과하는 경향이 있다. 「그림자들」 이후 카사베티스의 즉흥성은 배우들로부터 카메라와 편집으로 옮겨 갔다. 그의 카메라는 자유자재로 움직이며 대상물을 속속들이 파헤쳤고, 연속되는 필름 컷은 그 하나하나가 이전 것과는 판이하게 달랐다.

카사베티스는 성*gender*에 대한 가차없는 탐구로 할리우드 주류와의 틈을 더욱 벌려 놓았다. 「남편들」에서 3명의 중년 남성들은 친구의 죽음을 계기로 가정에서 도망치려고 한다. 카사베티스는 할리우드의 여성관을 맹렬하게 비난했다. 할리우드에서 여성들은 〈고급 혹은 싸구려〉 정부이고 그들은 오직, 언제 어디서 누구와 얼마나 많이 자느냐에만 관심이 있는 것으로 표현된다는 것이었다. 〈여성들의 꿈과 관계있는 것은 아무것도 없다……. 변덕스러움, 경이로움과 관계있는 것도 없다.〉 「술 취한 여인」과 「사랑의 행로」 같은 영화에서 카사베티스는 세상에서 인정받지 못하고 적응에 실패한 여성들에게 전례 없는 자유를 부여해 주고 있다. 표면적으로는 가장 상업적인 영화였던 「글로리아」 같은 영화에서조차 지나 롤런즈를 강인함과 감수성이 묘하게 결합된 전 마피아 정부 역으로 기용함으로써 폭력적이고 악질적인 이 시대 경찰 영화들을 마음껏 조롱하고 있다.

친구와 가족, 남편과 아내들이 그의 영화의 일관된 주제였다면, 그 주제와 불가분의 관계에 있는 것이 그가 의존한 일단의 배우와 친구들, 피터 포크, 벤 가자라, 세이모 카셀, 그리고 그 누구보다도 「술 취한 여자」에서 경탄할 만한 정도의 탁월한 연기를 보여 준 그의 아내이자 뮤즈인 지나 롤런즈였다.

에드워드 오닐

▪▫ 주요 작품

「그림자들Shadows」(1960); 「때늦은 블루스Too Late Blues」(1961); 「기다리는 아이A Child is Waiting」(1961); 「얼굴들Faces」(1968); 「남편들Husbands」(1970); 「미니와 모스코위츠Minnie and Moskowitz」(1971); 「술 취한 여인A Woman under the Influence」(1974); 「중국인 마권업자의 죽음The Killing of a Chinese Bookie」(1976); 「오프닝 나이트Opening Night」(1977); 「글로리아Gloria」(1980); 「사랑의 행로Love Stream」(1980); 「빅 트러블Big Trouble」(1986).

▪▪ 참고 문헌

Carney, Raymond(1985), *American Dreaming: The Films of John Cassavetes and the American Experience.*
Jousse, Thierry(1989), *John Cassavetes.*

◀ 「술 취한 여인」(1974)을 촬영 중인 존 카사베티스.

록하면서 동시에 파괴한 작품이다. 지속 시간, 형태, 유추에 의해 장면을 연결한 이 작품의 복잡한 편집은 가히 준뮤지컬이라 할 만하다. 그러면서도 이 영화는 순수하게 형식적인 것하고는 거리가 먼 작품이다(쿠벨카 자신이 강조한 측면이다). 민요와 진부한 대화의 단편들은 포획되거나 죽은 동물들의 이미지에 묻혀 버리고 우주적 신화는(달을 찬미하는 관광객들이 불러일으킨 감정) 신식민주의적 사실성에 침몰된다. 이 영화는 벌거벗은 어느 아프리카 인이 저 멀리 사라지는 것을 배경으로 또 한 사람의 아프리카 인이 내뱉는 (영어로 된) 냉소적 독백으로 끝을 맺는다.

영화 제작에 있어서의 로맨틱함은 다작으로도 유명하고 영향력도 막강한 스탠 브레이키지에 의해 가장 일관성 있게 유지되었다. 초기 사이코드라마에서 보여 준 그의 비약이 심한 편집 스타일은 유사 상징주의자들의 메타포를 도출하려는 목

페터 쿠벨카의 신랄한 야유 「아프리카로의 여행」(1966)의 한 쌍의 숏.

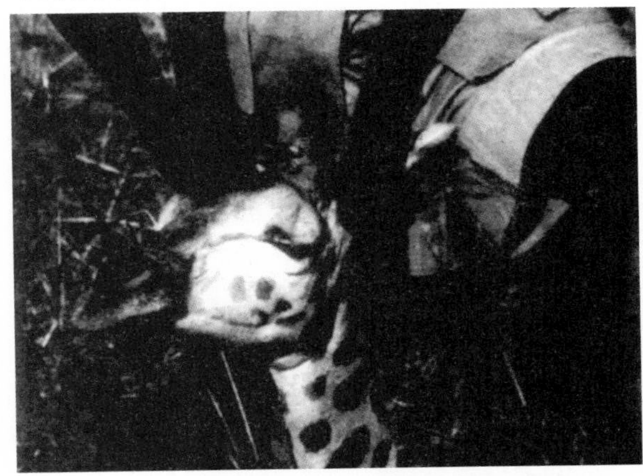

앤디 워홀 (1927~1987)

1927년 오하이오 주 클리블랜드에서 앤드루 워홀라Andrew Warhola라는 이름으로 태어난 앤디 워홀은 피츠버그의 카네기 공과대학에서 미술 공부를 한 뒤 1949년 뉴욕으로 옮겨 가 그곳에서 그래픽 아티스트와 쇼윈도 상품 진열 장식가로 일했다. 워홀은 팝 아트*pop art*의 중심적 인물이 되었고 그의 작품은 극도의 도덕적 진지함을 표방하는 모더니스트의 미학에 대한 현란한 거부로 대표된다. 워홀은 강렬하고 고독한 영웅적 주관주의의 자유와 표현성에 대한 추상적 표현주의의 낭만적 이상주의화에 반기를 들고, 현대 예술의 대량 생산과 이미지를 찬양했다.

영화를 만들기 시작할 때부터 워홀의 예술은 이미 하나의 산업으로서 그리고 사회적 현상으로서 할리우드에 깊은 영향을 주었다. 대량 생산에 대한 그의 언급은 모조 브릴로 상자와 캠벨 수프의 영역을 뛰어넘어 슈퍼맨, 배트맨과 같은 만화 영웅, 엘리자베스 테일러, 메릴린 먼로와 같은 스타들에게까지 확대됐다. 스타들에 대한 그의 묘사에는 할리우드 글래머들의 사진 복제만이 아니라, 영화 필름 스트립까지도 복제하는 일련의 반복이 포함되었다. 영화와 대중 매체 이미지의 환상적 측면을 강조한 워홀은 복제 가능한 이미지를 자신의 서명 아래 재사용하기도 했는데, 거기에는 포착이 힘들 정도의 미묘한 아름다움을 차용도 하고 강조도 하기 위한 두 가지 목적이 담겨 있었다. 워홀은 자신의 작업실을 〈공장*The Factory*〉이라 칭하면서 그것이 영화 공장으로서의 할리우드와 유사하기 때문임을 굳이 부정하지 않았다. 그는 심지어 나중에 엉망진창이 된 일종의 스타 시스템까지 만들어 비바, 울트라 바이올렛, 마리오 몬테즈, 캔디 달링, 에디 세드윅, 조 달레산드로와 같은 인스턴트 스타들을 제조도 하고 키우기도 했다.

워홀 영화는 초기, 중기, 후기로 크게 나누어 볼 수 있다. 1963년에서 1964년에 이르는 초기 영화는 조용하고 뤼미에르 형제 영화와의 가족적 유사점을 보여 주면서도, 뒤샹 방식의 미니멀리스트적인 굴곡도 지니고 있다. 「엠파이어」(1964)는 정지된 롱 숏으로 여덟 시간 동안 계속 엠파이어 스테이트 빌딩을 찍은 작품이다. 「잠」(1963)은 어떤 남자의 잠자는 모습을 여섯 시간 동안 필름에 담은 것이다. 「펠라티오」(1963)는 펠라티오를 받는 남성의 얼굴을 45분 동안 클로즈업한 작품이다. 그런 작품들에서 워홀은 영화의 지속 시간과 관객과 영화와의 관계를 철저히 재인식했다. 즉, 그는 영화를 취하거나 버릴 수 있는 하나의 가구로 생각했다. 관람은 매혹적이기보다는 산만해지기 쉽다. 당연히 이들 영화는 편집이 되지 않았고, 그것도 모자라 카메라에 필름 넣을 때 들어간 시간을 보충하겠다고 영사 속도까지도 변경했다.

워홀의 중기는 미니멀적인 환경에서 즉석 녹음된 사운드의 보다 빈번한 사용이 특징이다. 「나의 이쁜이」(1965), 「첼시 소녀들」(1966), 「외로운 카우보이」(1968) 같은 영화들은 모두, 셜리 클라크와 존 카사베티스의 뉴욕 영화 세계, 당시에 등장하고 있던 행위 예술과 〈해프닝*happenings*〉, 잭 스미스의 과장된 무대 연기의 영향을 받고 있다. 「첼시 소녀들」의 컬러와 흑백 릴은 특별한 순서 없이 나란히 화면에 영사되었다. 초기의 좀 더

예술 지향의 작품들과 달리 「외로운 카우보이」와 같은 영화들은 극장에서 공개되었고, 들어간 제작비를 고려하면 돈도 벌었다.

하지만 워홀이 점차 상업적으로 기울어 가면서 섹슈얼리티, 동성애, 복장 도착과 같은 그의 영화적 특질은 시장의 법적 한계와 정면으로 부딪치게 되었다. 그의 영화에 빈번한 누드 장면과 다양한 종류의 성적 행위가 등장하긴 해도, 워홀의 혼란과 권태의 미학은 도색 영화와는 정반대 지점에 위치해 있다. 워홀의 섹스는 행위라기보다는 말로 이루어지고, 거짓된 행위로 기분을 망치는 즐거움이 결여된 섹스이다. 그럼에도 불구하고, 「외로운 카우보이」에서 느껴지는 동성애적 뉘앙스는 FBI의 분노를 자극하여 급기야 그는 외설물 배포 혐의로 FBI의 수사까지 받게 되었다. 1969년 애틀랜타 주는 외설죄로 기소하라는 FBI의 권고를 무시하고 그 영화를 압수, 삭제한 뒤에 다시 극장으로 돌려보냈다. 그 뒤 「블루 무비/퍽」(1968)은 뉴욕에서 노골적 도색 영화로 판정받았다(대법원까지 올라간 확정 판결이었다).

워홀의 후기는 폴 모리세이와 함께 만든 일련의 영화에 그의 이름을 빌려 준 시기였다. 이들 후기작에 워홀이 어떤 식으로 관여했는지는 분명치 않지만, 추측건대 모리세이는 일반적으로 감독이 하는 일을 하고 워홀은 작품의 전체적인 일을 지휘하지 않았나 싶다. 「육체Flesh」(1968), 「쓰레기Trash」(1970), 「히트Heat」(1972)와 같은 작품들에서는 최소한의 줄거리만 제공함으로써, 일련의 즉흥적 장면이 이야기 비슷한 어떤 것(대개는 성적, 경제적 행위와 실패가 수반되는)과 자연스럽게 연결되도록 했다. 조지 쿠커는 「육체」를 일컬어 〈진짜 시궁창에서 나는 냄새〉라고 했는데, 이 어구를 워홀이 얼마나 좋아했던지, 이 말을 그는 영화의 광고 문안으로까지 사용했다. 이들 영화는 할리우드 기준의 규범 및 줄거리와는 한참 거리가 멀었으나, 그럼에도 불구하고 그가 조롱하고 사랑하고 우상화한 그 산업으로 침투해 들어간 그의 대표작들이었다.

에드워드 오닐

▪▫ 주요 작품

「타잔과 제인 귀환하다…… 말하자면Tarzan and Jane Regained…… Sort of」(1963); 「키스Kiss」(1963); 「잠Sleep」(1963); 「펠라티오Blow Job」(1963); 「엠파이어Empire」(1964); 「소파Couch」(1964); 「13명의 가장 아름다운 여성The Thirteen Most Beautiful Women」(1964); 「레스토랑Restaurant」(1965); 「부엌Kitchen」(1965); 「나의 이쁜이My Hustler」(1965); 「첼시 소녀들The Chelsea Girls」(1966); 「****/별 4개 ****/Four Stars」(1966); 「외로운 카우보이Lonesome Cowboys」(1968); 「블루 무비/퍽Blue Movie/Fuck」(1968); 「육체Flesh」(1968); 「쓰레기Trash」(1970); 「히트Heat」(1972); 「배드Bad」(1976).

▪▪ 참고 문헌

Finkelstein, Nat(1989), *Andy Warhol: The Factory Years.*
Hackett, Pat(1989), *The Andy Warhol Diaries.*
Koch, Stephen(1973), *Stargazer: Andy Warhol's World and his Films.*
O'Pray, Michael(1989), *Andy Warhol Film Factory.*
Warhol, Andy(1975), *The Philosophy of Andy Warhol: From A to B and Back Again.*

◀ 〈서부극〉 「외로운 카우보이」(1968)를 촬영 중인 앤디 워홀.

적으로 사용된 것이었다. 「흑인에 대한 회상Reflections on Black」(1955)에서 한 장님은 임차인의 닫힌 문 안에서 벌어지는 일들을 〈보고〉, 부정(不貞)한 키스는 물이 끓고 있는 주전자 장면과 결합되며, 손으로 긁은 마지막 이미지는 조명이 마치 장님의 눈에서 흘러내리는 것처럼 보이게 한다. 그와 비슷하게 「그림자 정원으로 가는 길The Way to Shadow Garden」(1955)에서는 오이디푸스 콤플렉스 때문에 스스로 장님이 된 주인공의 내적 시각으로 끝을 맺는 영화의 마지막 장면을 뒤집어진 원판 필름의 형태로 보여 주고 있다. 시력은 회복되지만 그것은 변형되어 있다.

「밤에 대한 기대」(1958)에서는 시적 신화와 조명에 대한 이러한 관심이 허구적 디에게시스 공간과 단일한 내러티브 주제에서 벗어나 조명과 색채의 형식적인 면 위에 나타난다. 단절은 끝이 아니다. 「밤에 대한 기대」는 시력을 잃은 주인공을 자살적 상황으로 몰고 간다. 하지만 카메라는 일상적인 것들의 표면 위를 배회하며, 신선한 화가의 눈으로 이 영화의 주제를 다루고 있다. 가끔은 산광(散光)과 초점이 필름 매개물의 물리성*physicality*으로 주의를 기울일 때도 있다. 다른 곳에서는 잠들어 있는 아이들의 상상의 꿈이 〈사실적인 것들〉 — 박람회, 경치, 동물들 — 에 대한 직접적 장면으로 환기되고, 주관적 관점은 이전 영화들에서 이끌어 온 음화의 잔영까지도 대체해 버린다. 그러면서도 즉각적 공감은 여전히, 반복, 클러스터 숏*cluster-shot*, 어두움, 엉뚱한 움직임으로 강조된다. 서로 짜맞추기도 하고 거리감도 두는 이러한 방법은 거투르드 스타인의 산문과 멘켄의 카메라 기법에 힘입은 바 크다.

9초짜리 「눈신화Eyemyth」(1972)에서 다섯 시간짜리 「시각 예술The Art of Vision」(1965)에 이르기까지 브레이키지는 영화 길이의 다양성으로도 영화의 관습에 도전하고 있다. 이들 영화에는 친구와 가족에 대한 내밀한 묘사, 영화시, 풍경 영화, 자서전, 그리고 최근의 작가 및 작곡가들과의 공동 작업이 포함된다. 그의 개인적 창작 신화는 촬영과 편집 행위에 집중된다. 그와 똑같은 비중으로, 리듬, 운율학, 카메라 스타일, 내용과 같은 영화의 객관적 측면은 관객들에게 의미의 도출과 구성을 요구함으로써 영화의 관심을 작가의 목소리에서 관객의 눈으로 돌리고 있다. 아방가르드 영화를 감상하는 것은 현대 미술을 감상하는 것과 별로 다를 바가 없다.

브레이키지 작품의 종류는 〈탄생 영화*birth-film*〉 「윈도 워터 베이비 무빙」(1959) — 앤서니 볼치는 이것을 보고 까무러치는 줄 알았다고 버로스에게 털어놓았다 — 에서부터 계절에 관한 영화〔「시리우스 회상Sirius Remembered」(1959)〕, 아동 영화〔「위어-팔콘 모험담The Weir-Falcon Saga」(1970)〕, 빛 영화〔「루멘의 수수께끼Riddle of Lumen」(1972)〕에 이르기까지 참으로 다양하다. 그런가 하면, 「나방불Mothlight」(1963)은 나방-날개, 꽃가루, 나뭇잎의 화려한 콜라주 작품이고, 「눈으로 직접 보는 행위The Act of Seeing with One's Own Eye」(1971)는 피츠버그의 시체 공시소를 움츠러들지 않고 기록한 작품이다(제목은 〈부검〉을 글자 그대로 풀어 놓은 것이다).

짧고 시적이고 시각적인 서정적 영화도 이 시기에, 특히 서부에서, 꽃을 피워 브루스 베일리는 「카스트로 거리Castro Street」(1966)의 위풍당당한 화물 열차 장면을 매트와 합성 화면 방식을 이용하여 만들었다. 하지만 좀 더 젊은 세대들이 볼 때 서정적 모드와 브레이키지의 시각적 핸드 헬드 카메라(경험에 대해 예술가가 보이는 반응의 흔적이나 표시)는 〈후기-회화적 추상〉과 미니멀 아트의 준비 단계로는 너무 주관적인 것으로 보였다. 반주관적 접근법의 선도자는 앤디 워홀이었다. 1963년부터 시작된 짧은 영화 이력을 통해 워홀은 도시적이고 자유롭고 비개인적 예술로 브레이키지의 낭만주의에 도전했다. 정지 카메라, 롱테이크, 무(無)편집과 같은 그의 전술은 현재의 아방가르드 스타일에 대한 대항, 그리고 꿈과 은유로서의 영화에 대한 직접적인 공격이었다. 일례로 무아지경 영화를 패러디한 「잠」(1964)에서 그는 우리는 여섯 시간을 자는 남자를 보는 것이지 그의 꿈을 보는 것이 아니라고 말한다. 다른 아방가르드 영화와는 달리 워홀의 영화가 패러디하는 것은 진정성의 추구와 자아이다. 여기서 즉흥성, 고백, 사실성은 보는 것과 아는 것의 확실성을 훼손시킬 뿐이다.

워홀의 객관적 카메라눈*camera-eye*은 영화의 물질적인 측면으로의 전환에 자극제가 되었다. 그는 루프 인화*loop printing*, 반복, 블랭크 푸티지*blank footage*를 이용하여 최고의 지속성을 가진 작품을 만들었으며, 롱테이크의 표면적 단순성에 의문을 제기하고 치밀하게 시간까지 조작했다. 거의 암흑 속에서 촬영한 「엠파이어」(1965)는 관객들로 하여금 화면을 샅샅이 훑어 변화의 뉘앙스를 찾게 함으로써 영화 감상의 새로운 경험을 만끽하게 했다.

구조주의 영화

구조주의 영화*structural film*는 구조, 과정, 우연에 대한 시각적 개념을 탐구하여 그것을 다른 예술 형태(케이지, 라우센베르크, 존스)로 표현함으로써, 아방가르드를 좀 더 고상한 위치로 끌어올렸다. 즉, 시각적 감각에서 벗어나 자기반성 쪽으로 나아가는 영화였다. 구조주의 영화에서 형식은 내용이 된다. 시각적 영화는 실험 영화를 철학적 영역으로 이동시켜 관람을 읽는 행위로 대체시켰다(마이클 스노, 홀리스 프램튼, 조지 랜도의 영화에서는 정말 그랬다).

캐나다 예술가 마이클 스노는 이 새로운 접근법의 초기 주창자였다. 그의 가장 유명한 영화 「파장Wavelength」(1967)은 깊은 우주의 환영(幻影)을 담은 작품이다. 45분 동안 카메라는 떠오르는 정현파(正弦波)*sine wave*와 함께, 다락방의 먼 벽과 창문을 서서히 그리고 불규칙적으로 확대해 간다. 그렇게 확대해 가던 줌은 필터와 필름, 그리고 반(反)내러티브적 제스처로 렌즈가 무심코 지나쳐 버린 최소한의 하위 드라마(한 번의 대화, 한 번의 과장된 죽음, 한 번의 전화 통화)가 야기시킨 컬러의 변화 때문에 중단되고 만다. 영화는 파도 사진이 담긴 극단적 클로즈업 장면으로 끝이 난다. 10년 뒤 스노는 이와 비슷한 작품, 「아침 식사Breakfast」(1972~6)를 내놓았다. 이 작품에서 카메라는 아침 식탁을 서서히 밀고 들어가며 관찰을 시작하는데, 카메라가 식탁보에 걸리고 그 앞의 모든 것이 차례로 무너지면서 관찰은 간섭으로 바뀌게 된다.

지각과 시간에 기초를 둔 스노의 실험은 「중심지La Région centrale」(1971)에서도 계속되었다. 여기서 원격 조정 카메라는 산 위를 끊임없이 오르락내리락하며 선회한다. 미로와도 같은 「라모의 조카Rameau's Nephew」(1974)에서는 영화, 드라마, 픽션이 혼합된 문자적 구조로 또 다른 길을 탐색하고 있다. 이 영화 속에서 배우들은 한 장면에서는 거꾸로 플레이되는 테이프 흉내를 내려고 거꾸로 대사를 읽다가, 다른 장면에서는 모두 다른 언어를 사용한다. 스노 작품의 이런 기호적 측면은 이후에도 계속되어 「선물Presents」(1981)에서는 무대 장치의 명백한 사실주의가 (지게차에 의해) 산산이 부서지고, 「이것도 마찬가지So Is This」(1982)는 영화 자체가 아예 관람 행위를 심문하는 말과 어구로만 이루어져 있다.

체계와 숫자와 언어학에 심취한 것은 프램튼도 마찬가지였다. 「존스 레마Zorns Lemma」(1970) ― 〈무질서의 원리〉를 암시하는 수학적 제목 ― 는 숫자 24를 기초로, 영화의 속도를 로마자(j와 v는 제외한)에 연계시켜 만든 영화이다. 언어적 입문서인 만큼이나 도덕적 입문서이기도 한, 미국의 초기

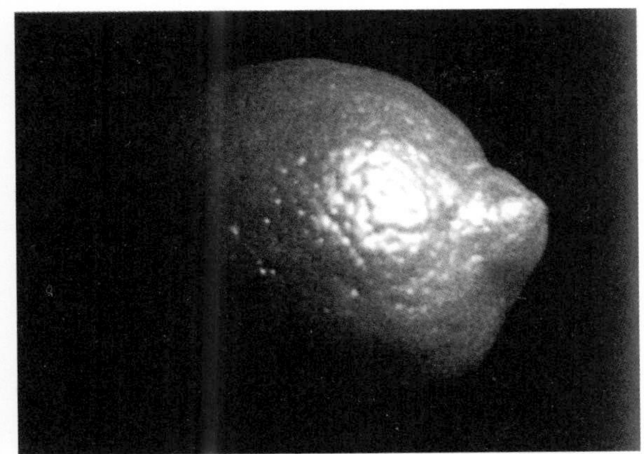

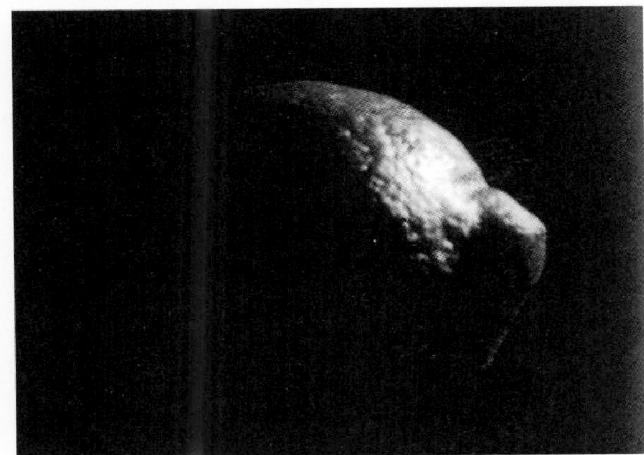

움직이지 않는 레몬: 홀리스 프램튼의 7분짜리 영화 「레몬Lemon」(1969)에서는 카메라나 물체 어느 것도 움직이지 않고 변화는 오직 화면 밖 빛의 움직임으로만 느낄 수 있다.

알파벳이 빈 화면 위에서 통독되는 순간 영화는 되풀이 읽힌 글자 하나하나를 대체해 가는 이미지들과 함께 1초짜리 알파벳 장면으로 치환된다. 어떤 이미지들은 정지해 있거나 되풀이되고(나무, 상점 간판), 어떤 것들은 순환의 마지막 지점까지 행위가 계속된다. 이제 불빛 속에서 메트로놈 박자에 맞춰 중세 독본을 읽는 여자들 목소리가 들려오면, 그와 함께 인간 모양을 한 2개의 조그만 형상과 개 한 마리가 겨울 풍경 속을 걷는 모습이 보이고, 그들은 눈 속에서 〈화이트 아웃〉되면서 희미하게 사라져 간다.

스노와 마찬가지로 프램튼도 그 시대의 광활한 우주를 지속적으로 보여 줄 수 있는 웅대한 스케일의 영화 작업 랜드 아트*land art*〔지형, 공간 등을 소재로 한 공간 예술 — 역주〕에 매료되었다. 1970년대 말에 그는 연간 매일 1편씩을 완성해 나가는 서사적 순환의 영화 「마젤란 해협The Straits of Magellan」의 제작에 들어갔다(1984년 그의 죽음으로 중단되었다). 미국의 웅장함을 보여 주는 이 거대한 스케일의 작품은 그러나 얄궂게도 1960년대 초에 프램튼과 젊은 조각가 칼 안드레가 팝 아트의 기반을 무너뜨리려는 목적으로 논의했던, 연속적 미니멀리즘에 그 개념을 통합시키고 있다.

구조주의 운동과 관련된 영화인이라고 해서 모두 시각 예술적 배경을 지녔거나 영화의 시공간적 측면에만 관심을 가진 것은 아니었다. 이본 라이너(셜리 클라크도 마찬가지)는 무용계 출신이었다. 「연기자들의 삶Lives of Performers」(1972)으로 시작되는 그녀의 초기작들은 처음에는 비〔반(反)이라기보다는〕 내러티브적 시각으로 시작되었으나 시간이 갈수록 점차 줄거리와 심리학적 요소를 작품에 결합시켰다.

영화인들은 거의 모두 〈영화의 형태를 강조하고, 내용은 최소화하며 줄거리는 부차적인〉 특징을 지닌 포스트-워홀 영화 제작을 서술하기 위해 애덤스 시트니가 1970년대 초에 도입한 〈구조주의 영화〉라는 용어를 인정하지 않았다. 아마도 예술 행위에까지 침범해 들어오는 학구적 이론에 지레 겁을 먹어서였겠지만(나중에는 정당화되었다), 그들이 볼 때 인문과학에까지 등장하는 〈구조주의〉는 프램튼, 스노, 조지 랜도가 기호학적 혹은 언어학적 특징으로 구조주의와의 연결을 모색하고 있는 것(혹은 나쁜 소식) 이상으로 달가운 소식이 아니었다.

구조주의 영화는 조명, 시간, 과정과 같은 영화의 형태를 이루는 것들로 상징주의나 내러티브에서 해방된 새로운 형태의 심미적 즐거움을 만들어 낼 것을 제안했다. 구조주의 영화는 대개 미리 정해진 요소(카메라 위치, 필름 토막이나 노출의 수, 반복)나 우연(촬영 순간에 발생하는 예기치 못한 사건)의 결합으로 이루어졌다. 랜도의 「교정적 독해Remedial Reading Comprehension」(1970)에서 뜀박질하는 남자 장면 위에 새겨진 어구 ―〈이것은 이것을 만든 사람에 대한 영화가 아니고, 당신에 대한 영화이다〉― 는 개인적 표현을 소거하고 관객의 적극적 참여를 도출해 내는 것에 목적이 있음을 보여 주는 것이다. 여기서 뛰는 남자는 랜도 자신(그가 직접 출연했으므로)이기 때문에, 그 말도 그에게 적용되는 말이다(또 다른 이미지 혹은 〈당신〉으로). 랜도는 무아지경*trance* 영화를 패러디하여 관람은 꿈꾸는 행위가 아닌 책을 읽거나 생각하는 것에 더 가깝다는 것을 보여 주려 했다.

그때까지 입체파로부터 데런과 브레이키지에 이르는 아방가르드 영화 전통은 기본적으로 회화적이고 종종 또 무성이었다. 이것은 자연주의적 유성 영화와 〈영화화된 드라마〉에 대한 하나의 대안으로서, 아방가르드 영화를 저렴하게도 하고, (브레이키지도 확인했듯이) 〈순수〉하게도 만드는 요소였다. 그보다는 좀 더 통속적인 영화가 메카스에 의해 〈보들레르적 영화〉로 명명된 「불타는 피조물들」(금지깨나 당했다)에서처럼 성적 이미지에 대한 금기를 깨뜨리면서, 언더그라운드의 절정기인 1960년대에 등장했다. 워홀〔「소파」(1966)〕, 캐럴리 슈네먼〔「퓨즈Fuses」(1968)〕, 바버라 루빈은, 에로틱한 영상을 추구한 것으로 특히 유명하다. 한편 서부의 아방가르드들(조던 벨슨, 브루스 베일리, 팻 오닐, 스콧 바틀릿)은 탄트라 상징주의와 사막 경치를 찬양하느라 여념이 없었다. 그들의 풍부한 회화적 색채-음악은 지극히 낭만적이면서도 상업적인 개작이 가능하여 광고(떠오르는 장르였다)에서 주류 영화(스탠리 큐브릭의 「2001년 스페이스 오디세이」에서와 같이 주로 〈사이키델릭〉한 장면에서)에 이르기까지 대중문화 전반에 영향을 끼쳤다. 구조주의 영화의 흥기는 이 낭만주의의 꽃을 시들게 했으나 그렇다고 완전히 죽인 것은 아니어서 1980년대에는 그 모습이 다시 드러나게 된다.

영국과 유럽

1960년대 후반에 시작된 유럽 실험 영화는 미국과 비슷하긴 했지만 완전히 동일한 것은 아니었다. 런던감독조합London Film Makers' Cooperative이 1965년에서 1969년 사이에 어느 정도 미국적 바탕 위에 성장했던 이유는 조합*Co-op*의 원칙이 뉴욕에서 유럽으로 퍼져 나갈 때, 워홀 〈공장〉의 일부였던 스티브 드워스킨, 피터 지달 같은 예술인들이 유럽 쪽으로 관심을 돌린 때문이었다. 하지만 영국 영화인들은 재빨리 그들만의 방향을 찾기 시작했다. 런던조합은 (집에서 만든) 인화 장비를 이용하여 영화학도 시절의 장인 정신으로 직접 영화를 만들었다. 많은 영화들이 그 시대의 추상적이고 미니멀리즘적인 관심을 반영했다. 인화 장비는 35mm 슬라이드, 약한 빛을 쬔*light-leaked* 필름, 봉합한*sewn* 필름을 밀착 인화기 속에 집어넣어 영화가 만들어진 과정이 그대로 드러나게 한 애너벨 니컬슨의 「슬라이드 Slides」(1971)에서처럼 물질로서의 영화 실험에 핵심적 요소가 되었다.

빌헬름 하인과 비르기트 하인이 자신들의 「생필름Rohfilm」(1968)에서 콜라주와 구불구불한 프레임-라인, 그리고 스프로켓*sprocket* 구멍을 이용하여 영사기 내에서 필름의 실체와 물리적 존재를 확인하려 했듯, 유럽의 구조주의 영화인들은 일반적으로 북미인들의 특징인 이미지나 촬영보다는 영화의 〈물질적 기질〉, 즉 그것의 물리적 특질에 더 지대한 관심을 보였다. 유럽의 초기 구조주의 영화는 〈광란적인〉 론 라이스와 잭 스미스에 대한 예찬을 쿠르트 크렌과 피터 지달의 구조주의 영화 분석과 동등하게 취급한 스티브 드워스킨의 1975년도 저서 『영화는*Film is*』(〈international free cinema〉라는 부제가 달림)에도 잘 드러나고 있듯이 언더그라운드의 자유옹호론적이고 무정부적인 신조를 함께 공유했다.

그러한 유대도 유럽과 미국 아방가르드 간에 분열이 오면서 곧 끝이 났다. 그렇다고 연결 자체가 완전히 끊어진 것은 아니었으나 여하튼 긴장 상태가 자주 유발된 것은 사실이다. 무질서한 언더그라운드 전통을 고수한 제프 킨, 데이비드 라처, 드워스킨과 같은 영화인들은 조합 구조주의자들*Co-op Structuralists*에 의해 한동안 주변으로 밀려나 있어야 했다. 그 기간에 만들어진 그들의 다양한 작품〔가끔은 구조주의 영화의 문채(文彩)를 혼합하기도 했다〕은 국내보다는 오히려 프랑스나 독일, 네덜란드 등에서 더 인정을 받았다.

필름 고유의 성질을 이용하려는 실험은 영국의 풍경화법 전통과 결합되었다. 「휘트처치 다운(지속)Whitchurch Down (Duration)」(1982)에서 맬컴 르 그리스는 각기 다른 톤과 컬러로 된 3개의 장면을 교차시켰다. 지달은 「구름Clouds」(1969)에서 균형 잡힌 비행기 날개의 모습이 흘끗 보이는 하늘 장면을 공중제비 촬영했다. 「공원 영화Park Film」(1972)에서 크리스 웰스비는 저속도 촬영법을 이용하여 복잡한 거리의 3일간을 6분으로 압축시켜 놓았다. 이런 사람들은 모두 자연의 빛과 움직임을 영화에서 찾으려 했다. 예컨대, 영화의 전체 언어 사용역*register*의 이용을 통해, 보통은 눈에 잘 띄지 않는 영화 언어의 측면(프레임, 표면, 인화 필름)과 〈실책(희미한 영상*flare*, 편차*slippage*, 이중 노출)〉을 강조함으로써 지각을 새롭게 하려는 것이다. 르 그리스에게 있어 이것은 〈지각의 정치〉를 의미했다(1970년대 초에는 일련의 영화 제목을 〈CIA 엿먹이는 법How to Screw the CIA〉으로 붙이기까지 했다). 「양치기와 양털깎이The Sheepman and the Sheared」(1970~5) 같은 라반과 마이크 레겟의 〈순수한〉 풍경화법 영화들도 역사적 시간의 흐름을 언급했는데, 이것은 후일 라반의 신다큐멘터리 「템스 필름Thames Film」(1986)과 도클랜즈[「해시계Sundial」(1986)]의 색채가 강조된 습작들에서 다시 탐구되었다. 〈요지부동의 이원론자〉 웰스비는 눈과 마음에 대한 철학적 관심을 표명했고, 지달은 〈구조주의적 물질주의〉를 통한 비판적 이론과 형식적 영화와의 제휴를 모색했다.

그런 영화들에는 허구적 내용이 없었다. 영화의 역사를 껑충 뛰어넘어 드므니, 무이브리지, 뤼미에르 형제의 실험 정신으로 다시 돌아가려는 듯했다. 그중에는 내러티브를 일종의 대장정으로 보는 최초의 영화 형태로 거슬러 올라간 것도 있다. 영화계의 규범과 노동의 구분을 무시하는 이러한 원시적 혹은 장인적 형식은 〈확장된 영화*expanded film*〉(또는 〈영사기로 만드는 영화〉)로도 발전해 갔다. 르 그리스의 「호러 영화 1Horror Film I」(1970)은 발가벗은 인물이 컬러 조명 아래 스크린 앞에서 직접 연기하는 〈그림자 연기 실황〉으로 만들어졌다. 가이 셔윈의 「거울을 가진 남자Man with Mirror」(1976)에서는 라이브 연기가 멀티-스크린 화상을 그대로 흉내 내고 있고, 애너벨 니컬슨의 「릴 타임Reel Time」(1973)에서는 필름이 재봉틀 속을 천천히 지나는 동안, 동그란 이미지(감독의 바느질)가 망가지도록 되어 있다. 이것들은 모두 고정된 물체로서의 영화를 우연의 영역으로 교묘히 확장시킨 영화들이다. 즉, 일회성을 강조하면서, 관람 행위 중에 잠깐 멈출 수도 있는 〈실제 시간〉의 착각에 도전하자는 것이다.

조합 운동은 크노케(벨기에), 베를린, 그리고 런던 국립 영화 극장National Film Theatre 영화제에 모여든 전 유럽 영화인들과의 강한 유대로 이어졌다. 구조주의 영화는 베르너 네케스, 클라우스 비보르니, 빌헬름과 비르기트 하인의 작품들이 돋보인 독일에서 특히 번성했다. 빔 벤더스는 뮌헨에서의 그의 영화 이력을 「같은 사람이 또다시 찍는다Same Player Shoots Again」(1967)와 같은 포스트-워홀적인 롱테이크 영화로 시작했다. 수많은 그룹들(혹은 분파)이 프랑스에서 생겨났고, 중요한 전초 기지가 유고슬라비아, 네덜란드, 이탈리아, 일본 등지에 세워졌다. 하지만 프랑스를 비롯한 다른 유럽 지역에서는 1968년 6월부터 대두한 강력한 정치 문화와 내러티브 주류에 가까운 새로운 독립 영화가 영화의 형식적 실험에 또 다른 공격을 가해 왔다. 프랑스의 장-뤼크 고다르와 장-마리 스트로브, 그리고 다니엘 위예(프랑스 태생이지만 작업은 주로 독일에서 했다)는 구조주의 아방가르드와 비슷하면서도 전통과 추구하는 목적은 다른, 이미지에 대해 의구심을 담은 접근법을 구사했다.

원시주의와 후기 구조주의

미국과 유럽의 초기 영화 형태에 대한 아방가르드의 관심은 초창기에 대한 수정주의 역사관과 우연히 일치했다. 영화인들과 마찬가지로 역사가들도 초기 영화를 단순한 선구자가 아니라 주류에 대한 대안으로 생각했다. 이러한 관심은 1977년과 1984년 사이 『스크린』, 『애프터이미지*Afterimage*』, 『스튜디오 인터내셔널』, 『아트 포럼*Art Forum*』과 같은 잡지에 실린 아방가르드 영화 기사와 더불어 등장한 〈새로운 영화사〉와 함께 일어나기 시작했다. 이 둘의 결합은 1905년도 빌리 비처 영화의 내용과 움직임을 철저히 재분석해 만든, 켄 제이콥스의 해체주의 영화 「톰, 톰, 파이퍼의 아들Tom, Tom, the Piper's Son」(1969~71) — 화면에서 재촬영된 그것들은 4분에서 두 시간으로 시간이 늘어났다 — 에서 처음 예고되었다. 그에 못지않게 야심만만한, 클라우스 비보르니의 「국가의 탄생Birth of a Nation」(1973)은 그리피스 이전의 영화 공간을 탐구한 작품으로 텅 빈 경치 속의 배우 몇 명으로 영화를 축소시키고 있다. 관객과의 거리감은 롱 숏과 암시로 처리하였다. 브레이키지의 교육 영화 「살인 시편Murder Psalm」(1981)은 재편집한 필름 위에 엷은 색깔을 입혀 어린 시절의 무시무시한 꿈을 재현시킨 작품이다. 어니 게어의 엄격하고도 당당한 영화 「유레카Eureka」(1974)에서는 〈헤일스 여행Hales Tours〉 장르에 속하는 초기의 원 숏 필름을 초당 8프레임으로 속도를 떨어뜨리고 있다. 이 영화의 〈전경(前景)〉은 복잡한 샌프란시스코 거리에서 종점을 향해 달려오는 전차에서 따온 것이고, 극단적 슬로-모션은 외관상의 우연적 이미지들로부터 복잡한 은유(여행, 역사, 운동, 종결)를 끌어 내는 방법으로 지각을 더욱 선명하게 해준다.

제이콥스와 게어는 초기 영화를 분석하면서 자기 표출의 과정을 통해 그것의 의미를 알아내고자 했다. 유럽 인들은 미국인들보다는 초기 필름의 권위를 그리 대단하게 여기지 않았다. 르 그리스의 「베를린의 말Berlin Horse」(1970)에서는 2개의 짧은 장면, 즉 원을 그리며 달리는 말 장면과 헵워스의 1900년 작품 「불타는 헛간Burning Barn」의 한 장면이 서로 교차되고 있다. 인화기에 덧칠한 컬러와 함께 그 두 장면은 하나의 리듬이 되어 브라이언 이노의 사운드트랙에 융합된다. 그 필름은 하나, 둘 혹은 4개의 스크린에 비춰질 수 있다. 「칼리 필름Kali Film」에서 비르기트 하인은 초기 포르노 필름에 전쟁 영화와 매춘 영화를 콜라주하여 〈공식 문화〉의 너저분한 뒤편에서 만들어진 영화의 압제와 저항을 함께 읽으려 했다.

구조주의 영화는 당대의 초현대성을 표방하는 작품이 늘 그렇듯 반내러티브 영화로 시작되었다. 르 그리스의 첫 영화 「캐슬 원(백열전구 영화)Castle One(The Light Bulb Film)」(1966)은 구조주의 영화의 기초라 할 수 있는 영화였다. 여기서 백열전구는 영사되고 있는 영화(전구가 터지는 다른 장면과 주로 산업적이거나 정치적인 TV 다큐멘터리의 콜라주가 나가고 있는) 옆에서 진짜로 터진다. 하지만 10년 뒤에 나온 그의 3부작[「하강하는 검은 새Blackbird Descending」(1977), 「에밀리 — 제3자의 관찰Emily — Third Party Speculation」(1979), 「피니건의 턱Finnegan's Chin」(1983)]에서는 관점의 영화와 내러티브 공간이 면밀히 검토되고 있다. 분위기는 가정적이고, 톤은 개인적이고 암시적이며, 색채와 시각적인 스타일은 좀 더 바로크적이다. 르 그리스는, 〈내러티브 유령〉(프램튼)이 영화 매체를 늘 쫓고 있다는 의미가 담긴 긴 성명을 발표한 이후로는 단 1편의 영화도 만들지 않았다. 그러고는 원자료 조작에 필요한 보다 개방적인 형식과 기본적인 방법을 들고, 전자 기기와 컴퓨터를 이용한 예술로 다시 돌아왔다. 국제 조합 운동의 정치성(이후 그것을 지배하게 되는 구조주의 영화도)은 (지독하게 TV화된) 베트남전을 반대하는 운동에 그 뿌리를 두고 있다. 〈지각의 정치〉는 언론의 〈신비성을 제거할 수 있는〉 정치화된 예술 무기였다. 영국에서 아방가르드 참여가 본격적으로 시작된 것은 대중 참여가 허용되는 영화 워크숍에 대한 지지 캠페인이 벌어진 1974년부터였고, 채널 4(1983년부터)도 이 논쟁으로 어느 정도 틀이 잡히긴 했으나, 그때는 이미 상황이 바뀐 뒤였다. 크로넨버그, 스코시스, 린치와 같은 늦깎이 언더그라운드 영화인들도 포함된, 〈영화 악동들*Movie Brats*〉에 의한 젊은 층 위주의 대중 영화 부활 뒤에는 요제프 보이스, 프란체스코 클레멘테, 게오르크 바젤리츠로 대표되는 격세 유전적이고 표현주의적 성격이 짙은 회화의 〈새로운 정신〉이 이어졌다. 〈상품 문화〉의 열풍, 예술계에 나타난 신매체들에 대한 회의, 이제는 다루기 힘들어진 정치적 좌파가 모두 합세하면서, 이 시대도 아방가르드의 후퇴와 함께 끝이 났다.

내러티브로의 일시적 복귀는 그동안 난해하다는 평을 들었던 아방가르드의 불안감이 표면화되는 계기가 됐다. 비내러티브 형식(시적, 서정적, 추상적 혹은 구조주의적)은 한 번도 대중적 장르가 되어 본 적이 없기 때문에, 시네마 16으로부터 조합에 이르는 그룹들도 주류 외곽에서 관객을 찾을 수밖에 없었다. 하지만 이 기간의 그런 긴장감은 또한 그리스의 3부작에서도 취급되긴 했지만, 리스 로즈의 「가벼운 독서Light Reading」(1979)에서 가장 성공적으로 시도된 자전적 방식을 아방가르드의 형식적 전통에 결합시키는 몇 명의 뛰어난 예술가를 배출해 내기도 했다

미국에서는 수 프리드리히[「흐름을 따라 살살Gently down the Stream」(1981)]와 레슬리 손턴[「애디나타Adynata」(1983)]이 무아지경 영화(꿈을 자료로 이용), 구조주의 영화(핸드메이드 과정), 직접 연기(이본 라이너를 통해), 페미니스트 이론 등 여러 요소를 뒤섞은 영화들을 만들었다. 영국에서 구조주의의 엄격함은 개인적 시각과 기억으로 완화되었다. 매력 넘치는 개인적 내러티브를 영화적 구조와 도시 역사

맬컴 르 그리스의 「뤼미에르 이후After Lumière」는 동료 감독 윌리엄 라반과 메릴린 해포드에게 정원사와 소년 역을 맡겨 뤼미에르 형제의 「물에 젖은 물 뿌리는 사람」을 재현해 보인 작품이다.

의 은유로 서서히 드러나게 만든 존 스미스의 「슬로 글래스Slow Glass」(1988~91)는 유머와 스타일 면에서 조지 랜도에 전혀 뒤질 것이 없었다. 이와 달리, 제인 파커는 생략적 은유와 깨끗한 촬영으로 감정 상태를 직접 전달하려 했다〔담화, 고백, 노출, 이중성을 복잡하게 분석한 장편 비디오테이프 「올모스트 아웃Almost Out」(1986) 같은 작품도 있긴 하지만〕. 스미스처럼 그녀도 최근에는 TV의 후원〔「콜드 재즈Cold Jazz」(1993)〕 아래, 아방가르드 〈게토〉 외곽의 관객을 끌어들이고 있다.

본래 학원 바깥에서 일어난 운동이었음에도 불구하고(크랜, 워홀, 플럭서스) 1970년대가 되면서 구조주의 영화는 버팔로에서 샌프란시스코, 런던, 함부르크, 우치에 이르기까지, 그 운동의 실천가들이 포진하고 있는 대학으로 근거지를 옮겨 갔다. 교육의 확대로 처음에는 견고하던 기반이 1970년대 말에 이르러 구조주의 영화에 현학성과 엘리트주의가 팽배하게 되면서 내용에도 변화가 오기 시작했다. 구조주의 영화의 개념적 토대를 이루고 있던 비정체성(사운드와 이미지, 말과 대상, 스크린과 관객)도 1979년도에 이르러서는 소비자 혁명 쪽으로 쏠리는 주류 영화와 포스트펑크 미학의 영향으로 구조주의적 틀에서 벗어나려는 젊은 영화인들의 등장으로 힘을 잃게 되었다.

젊은 영화인들의 반란은 로테크 8mm와 빠른 편집*fast-cut* 비디오의 물결과 함께 1980년대 초에 시작되었다. 영국의 〈스크래치*scratch*〉(다시 말해 즉흥적인) 비디오 작가들(조지 바버, 듀벳 형제, 게릴라 테이프스)은 아이버 몬태규의 「평화와 충만Peace and Plenty」과 브루스 코너 영화 스타일로 패러디한 몽타주 기법을 이용해 그들이 주목표로 삼은 레이건, 대처, 〈군수 산업 공장〉을 TV 필름과 재편집했다. 뚜렷한 정치성과 선명한 컷(흔히 록 사운드트랙을 사용)을 특징으로 하는 이 방법은 TV 광고와 홍보용으로 재빠르게 이용됐다. 폴란드 영화인 즈비그니예프 리브친스키(「탱고Tango」, 「스텝Steps」)의 조금 엄격한 몽타주 스타일은 아리스톤 세탁기 광고에 사용되어 이제는 유명해진 〈명멸 편집*flicker-edit*〉으로 모방되었다.

영국에서는 〈신낭만주의〉가 케네스 앵거, 장 콕토, 장 주네처럼 구조주의의 외곽에 있던 영화인들에 의해 다시 소생했다. 주네의 「사랑의 노래Chant d'amour」(1950)는 급진적 동성애 영화 문화의 상징이 되었다. 간수와 죄수 간의 비밀스러운 사랑은 고도의 상징주의(잠긴 창문 사이로 장미꽃을 넣어 주는 손)와 정교한 사실주의(감방 속의 남자들)로 일깨워진다. 이 영화는 특히 카리스마적 인물 데렉 저먼에 의해 장려되고 존 메이베리와 세리스 윈 에반스의 초기작에 명백히 드러난 바 있는 〈인습에 도전하는 영화*cinema of transgression*〉에 영감을 제공했다. 그런 상황에서 나온 발췌 영화는 제목도 그럴듯하게 「꿈 기계The Dream Machine」(1984)였다.

〈로테크〉와 빈번한 슈퍼 8mm의 사용은 이들이 참여한 록 비디오와 광고의 충격적 출현을 예고하는 상업적 주변인들의 등장과 우연히 일치했다. 1980년대 말에 이르면 이들은 이미 새로운 상업 록 문화의 핵심까지 파고 들어갔다. 유리스믹스Eurythmics를 위해 만든 소피 멀러의 「새비지Savage」(1987)는 아방가르드의 암시적 편집과 아메리카나에서 줄리 앤드루스에 이르는 코믹 혼성곡, 그리고 1980년대의 도시적 과대망상이 마구 뒤섞인 작품으로 이런 새로운 하위 문화 형식은 실험 영화 미학에 강하게 의존하고 있다. 신낭만주의 영화에서도 끝내 근절되지 않던 구조적 잔재들(반복, 지속, 깜빡거림, 흐릿함)은 이렇게 산업 영화와 비디오업계로 흘러 들어갔다.

구조적 형태의 붕괴는 미국과 유럽의 와해된 정치 좌파를 계승한 전투적 소수 문화의 성장과 함께 찾아왔다. 흑인과 페미니스트 영화인들은 〈동성애〉 영화에 못지않게 논쟁적 영화로도 눈을 돌렸는데, 거기에는 〈형식주의자들〉의 구조주의 영화에도 대항하고 인습 타파도 병행한다는 두 가지 목적이 담겨 있었다. 스파이크 리(미국), 아이작 줄리언, 존 아콤프라(영국) 같은 영화인들도 초기에는 이러한 포스트아방가르드적 문화 분위기 속에서, 조각과 사운드 몽타주를 이용한 작품들을 만들어, 흑인의 도시적 경험을 환기시키려 했다.

구조적 〈순수주의〉에서 방향을 튼 1980년대의 레트로가르드*retrogarde*는 도리어 실험 영화를 자기 혁신을 바라는 보다 광범위한 문화 속으로 퍼져 들어가게 하는 결과를 초래했다. 소비자 중심적인 이런 측면에 대한 반응으로 몇몇 예술가들은 1960년대와 1970년대에 독일의 볼프 포스텔, 미국의 백남준, 영국의 데이비드 홀에 의해 이미 개척된 바 있는 비디오 예술, 즉 비디오 매체를 예술의 범위 내에서 새로운 기기와 특정 장소의*site-specific* 작업에 연결시키는 방향으로 눈을 돌리기 시작했다. 서구의 비주얼 아트가 최근에 재확인한 바로크와 초현실적인 요소에 의존하고 있는 빌 비올라와 게리 힐(미국), 마리아 페더(독일), 주디스 고더드(영국)의 최근작들은 바로 이러한 변화를 잘 보여 주는 증거들이다.

실험 영화(그리고 지금은 비디오)의 현 상황을 요약한다는 것은 그리 쉬운 일이 아니다. 전성기의 아방가르드가 누렸던 것만큼의 위치는 확보하고 있지 못하지만, 입체주의에서 구조주의 영화에 이르기까지의 순간들은 그 나름대로 예술 영화와 보다 광범위한 문화적 경향 사이에서 생겨난 독특한 결합의 산물이자, 역사적 가능자의 귀중한 산물이라고 할 수 있다. 새로운 개념의 생성이 거의 불가능한 상업적 미디어 문화의 아이디어 보고는 여전히 실험 영화에 있다. 다시 말하면, 대중 매체의 복잡하고 탐욕스러운 성격은 결국 실험 예술을 〈극단적〉 거부(지달)로부터, 개입에의 요구(홀)를 거쳐, 사실상의 완전한 참여(그리너웨이)로 몰아가고 있다는 말이 된다.

아방가르드는 죽었다고들 말하고 있지만 이곳에 언급된 대부분의 예술가들은 여전히 아방가르드 영화 작업을 계속하고 있으며, 보다 젊은 세대들의 경우도 그건 마찬가지이다. 유럽의 아방가르드가 뿔뿔이 흩어져 있다면(개별 발표인 경우가 많다), 미국의 아방가르드는 『밀레니엄*Millenium*』, 『시네마토그라프』, 『모션 픽처』, 『옥토버*October*』와 같은 중요한 잡지들이 계속 나와 멘켄에서 드워스킨에 이르는 선구적 영화 제작자들이 개척한 현대의 〈몸의 도상학〉을 위해 헌신하고 있다. 한동안 휴간하고 있던 『필름 컬처』까지 옛날의 기벽을 고스란히 간직한 채 재등장했을 정도이다. 거대 예산 영화와 저예산 실험 영화 간의 간격을 전자 매체가 메워 주고 있는 점으로 볼 때, 미래 영화의 유일한 생존자는 아마도 이 극단적인 두 영화가 될지도 모를 일이다. 그렇게 된다면, 이들은 다음 세기의 영화가 필연적으로 물려받게 될 문화적 배분에서, 또 다른 첨예한 방법으로 대결을 계속하게 될 것이다.

참고문헌

Curtis, David(1971), *Experimental Cinema*.

Drummond, Phillip, Dusinberre, Deke, and Rees, A. L.(1979), *Film as Film*.

Dwoskin, Stephen(1975), *Film Is*.

Hein, Birgit(1971), *Film im Underground*.

James, David(ed.)(1991), *To Free the Cinema*.

Le Grice, Malcolm(1977), *Abstract Film and Beyond*.

MacDonald, Scott(1993), *Avant-Garde Film*.

Renan, Sheldon(1967), *An Introduction to the American Underground Film*.

Sitney, P. Adams(1974), *Visionary Film*.

후기 산업 사회의 애니메이션

윌리엄 모리츠

1960년에 이르러 애니메이션은 이제 더 이상 극장의 정기 프로그램으로 상영되지 않았고 스튜디오의 애니메이션 부도 문을 닫거나 아예 TV용으로만 제작을 국한하게 되었다. 독립 애니메이터들에게 있어 영화제는 세계적인 기업가와 전문가들에게 영화를 알림으로써 텔레비전 방영이나 패키지의 일부로 극장 상영의 길이 열릴 수도 있었기 때문에 상당히 중요한 배급 창구였다. 처음에 애니메이션은 칸이나 베네치아 같은 영화제에서 일반 영화와 경쟁을 벌여야 했다. 하지만 1960년에 국제만화영화협회the International Association for Animated Film(ASIFA)가 발족하면서 안시, 자그레브, 오타와, 히로시마 같은 도시들에서 애니메이션만을 위한 영화제가 해마다 열리게 되었고, 그 결과 애니메이터들도 서로의 작품을 공유할 수 있는 기회를 갖게 되었다.

실험적 애니메이터

소수의 실험적 애니메이터들은 이미 수십 년 동안, 실험 예술 영화의 일부로, 대안 집단으로서의 대우를 충분히 받고 있었다. 로스앤젤레스에 근거를 둔 오스카 피싱어의 존재는 존 휘트니, 제임스 휘트니 형제를 음악과 그림의 세계에서, 정확히 측정된 일련의 진자(振子)들로 필름에 정교하게 그려 넣은 〈전자〉 음악[「다섯 편의 영화 습작Five Film Exercises」(1943~4)]을 하드에지*hard-edge*[기하학적 도형과 선명한 윤곽의 추상 회화 — 역주]의 기하학적 상상계에 동조시킨 추상 애니메이션의 세계로 이끌 만큼 강력한 존재였다. 1946년, 샌프란시스코 박물관에서 열린 예술 영화제에서는 1920년대의 아방가르드 고전 영화들(부뉴엘, 만 레이, 장 콕토)과 더불어, 마야 데런, 피싱어, 그리고 휘트니 형제들의 신작이 상영되었다. 이것이 계기가 되어 또 다른 2명의 젊은 화가 조던 벨슨과 해리 스미스가 추상 애니메이션의 세계로 들어섰다. 벨슨이 역동적 다형(多形)의 컬러 현시(顯示)를 선호했던 반면〔「매혹Allures」(1961), 「사만디Samandhi」(1967), 「빛Light」(1973)〕, 스미스는 필름 스트립에 먼저 그림을 직접 그려 넣은 다음에〔「필름 No. 1과 2 Film No. 1 and 2」(1947~9)〕 스크린으로부터 재촬영한 것〔「필름 No. 7 Film No. 7」(1951)〕을 다중 영사기로 돌리며 이미 만들어진 애니메이션의 멜로디 부분을 화면합성*superimposition*하는 과정에서, 합성하는 기하학적 형태를 선호했다.

피싱어, 제임스 휘트니, 벨슨, 스미스, 이들은 모두 영적이고 신비주의적인 이상에 온몸을 바친 사람들이다. 스미스는 그의 추상적 상상계에 19세기 석판화에서 잘라 낸 형상을 결합하여, 그것을 텔로니어스 몽크와 디지 길레스피의 음악에 절묘하게 동조시킨 애니메이션을 만들었다〔「필름 No. 10과 No. 11 Film No. 10 and No. 11」(1955)〕. 이들 4명의 예술가가 〈캘리포니아 색채 음악파*California School of Color Music*〉의 핵심을 형성하고 있는 동안, 각종 예술 영화제에서는 1957년까지 서부 17개 도시와 동부 9개 도시 애니메이터들의 추상 영화들이 소개됐다. 1949년 브뤼셀 실험 영화제에서는 피싱어가 대상을, 휘트니 형제의 「다섯 편의 영화 습작」이 최우수 음향상을 수상하는 쾌거를 이룩했다. 2차 대전 후 존 휘트니는 점차 기술 실험 쪽으로 방향을 바꾸어 컴퓨터 그래픽의 선구자가 되었고, 제임스 휘트니(조던 벨슨도 마찬가지)는 아름다움과 영적인 웅장함이 어우러진 핸드메이드 애니메이션 작업을 꾸준히 계속했다〔「얀트라Yantra」(1955), 「래피스Lapis」(1963), 「우밍Wu Ming」(1976), 「캉징샹Kang Jing Xiang」(1982)〕.

다른 지역의 추상 애니메이터들도 활발한 활동을 벌였다. 뉴질랜드 인 렌 라이는 런던과 뉴욕에서 각각 1928년에는 그림과 컷아웃으로 된 「투살라바Tusalava」를, 1958년에는 검은 필름에 직접 스크래치한 「유리기(遊離基)Free Radicals」를 선보였다. 그 사이에는 영국 GPO 유닛에서 일하거나〔필름에 그림을 그려서 만든 「컬러 박스A Color Box」(1935)와 실제 연기와 추상을 동시에 광학 인화한 「문신 교환Trade Tattoo」(1937)〕, 독립적으로 그림, 조각, 상업물을 제작했다. 오하이오와 뉴욕에서는 화가 드위넬 그랜트가 극장 디자인과 의학 애니메이션 영화로 생계를 꾸려 가면서 「테미스Themis」(1940), 「입체경 악곡Stereoscopic Composition」(1945), 「콤포지션 6 〈드림 판타지〉Composition 6 'Dream Fantasies'」(1985)를 비롯한 9편의 추상 영화를 만들었다. 하이 허시도 생활은 스틸 사진 촬영으로 꾸려 가면서, 카리브 해와 아프리카 음악을 동조시킨 참신한 오실리스코프 패턴을 만들어 냈다〔3차원 영화 「좀 더 가까이Come Closer」(1952)〕. 그러고는 렌 라이가 「문신 교환」에서 했던 것처럼 실제 연기와 애니메이션 필름의 광학 인화 쪽으로 방향을 돌려, 「자이로모르포시스Gyromorphosis」, 「가을의 분광Autumn Spectrum」(1958), 「스크래치 패드Scratch Pad」, 「형태로서의 색채La Couleur de la forme」(1961)를 만들었다.

추상 애니메이션의 이런 전통은 아직까지도 계속 이어져 오고 있으며, 줄스 엥겔 같은 아티스트는 디즈니, UPA에서의 상업물과 1963년도 아카데미상 후보작 「이카루스 몽골피에 라이트Icarus Montgolfier Wright」를 비롯해 무려 30여 편의 추상 애니메이션을 만들었다. 종류도 컴퓨터 그래픽〔「침묵Silence」(1968)〕에서부터, 시각 예술의 동력 연구〔「덜거덕Rumble」(1975)〕, 본인의 유화와 비교해도 손색없을 정도의 실력으로 직접 그린 것〔「빌라 로스필리오지Villa Rospigliosi」(1988)〕에 이르기까지 다양하고, 이 모두가 개념적으로 뛰어난 재치를 바탕으로 하고 있다. 컴퓨터 아티스트 래리 쿠바〔「투 스페이스Two Space」(1978)〕와 데이비드 브로디〔「베토벤 기계Beethoven Machinery」(1989)〕는 복잡한 기술을 이용하여 섬세한 비주얼 음악을 만들어 냈다. 한편 세라 페티〔「마법 같은 시간의 서곡Prelude in Magical Time」(1987)〕와 데니스 파이스〔「루마 녹투르나Luma Nocturna」(1974)〕는 하나의 영화에 수천 개의 그림을 그려 넣는 섬세한 작업을 계속했다.

영국인 아티스트 로버트 대럴(현재는 독일 거주)은 한국 불교와 마주친 경험을 기초로 손으로 그린 복잡한 이미지층에 의한 영화 3부작인 「용Lung」(1985), 「봉황Feng Huang」(1987), 「돌사자Stone Lion」(1990)를 내놓았다. 뒤이어 나온 「멤Memb」(1992)에서는 시공적 흐름 속에 있는 추상적 우주의 강렬함을 담아내기 위해 컴퓨터의 휨*warping* 장치가 이용되고 있다. 1988년 대럴은 추상 애니메이터들을 향해 이런 말을 했다.

> 나는 시각 문학으로서의 영화나, 말로 더 잘 표현될 수 있는 다른 지식의 전달에는 흥미가 없다. 내가 흥미를 느끼는 것은 실제적 인식과 더불어 형이상학적 인식으로도 일깨워질 수 있는 시각적 과정

으로서의 영화이다. 인식에 집중해 있는 동안 각각의 회화적 영역은 하나의 닫힌 체계가 되면서 있는 그대로의 방식으로 보고 경험하고 이해할 수 있는 가능성을 보여 주게 된다 — 이미 이해된 내용을 그냥 경험하는 것이 아니라, 경험된 것을 이해하기 위해.

노먼 매클라렌은 실험 애니메이터로서의 이런 면을 모두 섭렵해 본 예술가다. 1933년에는 미술대 학생의 신분으로 필름 스트립에 직접 추상화를 그려 넣기도 했다. 존 그리어슨은 그를 런던의 GPO 영화부에 채용했고, 거기에서 그는 스페인 내전을 다룬 다큐멘터리 영화 촬영과 초현실적 표현의 항공 우편 광고, 「비행에의 사랑Love on the Wing」(1939)을 직접 그리는 등 다양한 작품 활동을 했다. 평화주의자였던 그는 1939년 1차 대전의 발발과 함께 처음에는 미국으로 도주했다가〔뉴욕에서 메리 엘런 뷰트를 위해 「도깨비 스포츠Spook Sport」(1940)라는 애니메이션을 만들었다〕, 나중에 캐나다로 옮겨 캐나다국립영화위원회에서 줄곧 활동하면서 교육, 정치, 구상, 추상에까지 이르는 총 42편의 영화를 만들었다.

그중 특별하게 〈프로파간다〉 영화라고 할 수 있는 것은 고작 8편에 불과하고, 그 가운데에서도 필름 위에 그려서 만든 「헨홉Hen Hop」(1942)은 〈전쟁 공채 판매〉 메시지 따위는 이미 오래전에 쓸모없어진 오늘날까지도 상영되고 있다. 나머지 6편의 〈교육〉 영화에는 파커와 알렉세예프의 핀스크린*Pinscreen*을 다룬 다큐멘터리 「리드메틱Rythmetic」(1956), 「카논Canon」(1964) 같은 작품들이 들어 있다. 재기가 번뜩이는 이 두 작품은 수학과 음악 지도용 외에(배운다는 의식이 전혀 들지 않도록 만들어졌다) 오락용으로도 지금까지 활용되고 있다. 다섯 작품에는 캐나다의 민속 음악이 이용되고 있고〔자연 풍광에 따라 서서히 〈줌〉되는 카누의 역동적인 모습과 더불어 「조정(漕艇)C'est l'aviron」(1944)은 특히 인상적이다〕, 그 외의 다섯 작품은 초현실적 작품 「판타지Phantasy」(1952)와 같은 구상주의적 예술 영화이다. 한 동작의 여러 단계를 같은 이미지로 동시에 광학 인화하는 방식으로 움직임을 분석한 「이인무(二人舞)Pas de deux」(1967)와, 발레의 움직임을 느리게 잡은 「발레 아다지오Ballet Adagio」(1972), 신화적 발레로 마술과 같은 발레의 세계를 보여 준 「나르키소스Narcissus」(1983)는 발레를 각각 다른 시각으로 바라본 작품들이다. 매클라렌이 국립영화위원회(NFB)에서 만든 4편의 영화는 〈정치적〉 영화의 범주에 들어간다. 전쟁으로 치달아 가는 〈정지된〉(단일 프레임으로 촬영된 실제 배우들) 이웃들의 부조리함을 보여 준 오스카상 수상작 「이웃Neighbors」(1952), 다양성을 찬양한 내용으로 흑백 필름을 긁어서 만든 「블링키티 블랙Blinkity Blank」(1955), 하인을 평등하게 대할 것을 권고하는 내용의 「체어리 테일A Chairy Tale」(1957).

NFB에서 만든 매클라렌의 영화 중 대부분을 차지하는 것은 역시 총 11편에 달하는 추상 영화이다. 서민적인 영화 「엉터리Fiddle-de-dee」(1947), 오스카 피터슨의 재즈와 더불어 최고의 추상적 표현주의라고 할 「어리석은 걱정은 집어치워Begone Dull Care」(1949), 3-D의 관능적 오실리코프 무늬가 특징인 「둥근 것은 둥근 것이다Around is Around」(1951), 구조주의적 3부작 「수직선들과 수평선들Lines Vertical, Lines Horizontal」, 「모자이크Mosaic」, 그리고 그의 최종적 발언이라 할 「싱크로미Synchromy」(1971)가 있는데 이 작품에서 그는 사운드트랙 악보를 그려, 실제의 음악적 요소를 화면 전체에 정교하게 영화로 펼쳐 보이는 방법을 사용했다. 매클라렌의 이런 장인적 업적은 45년간 중단 없이 계속된 NFB의 자금 지원과 가이 글러버, 이블린 램버트, 그랜트 먼로와 같은 동료들과의 지속적인 협력 관계가 있었기에 가능했다.

동유럽의 애니메이션

캐나다의 NFB와 같은 형식의 정부 지원 체제는 동유럽 사회주의 국가들의 애니메이션도 꽃피게 했다. 2차 대전 후 체코슬로바키아에서는 카렐 제만과 이르지 트른카가 꼭두각시와 만화 애니메이터로 두각을 나타냈다. 제만은 처음에는 전통 꼭두각시로 출발했으나 1948년에 만든 「영감Inspirace」을 계기로 새로운 차원의 예술 애니메이터가 되었다. 이 작품에서 그는 유리 제품이 살아 움직일 것이라고 상상하는 유리 부는 직공(실제 연기)의 망상을 좇아간다. 이 영화는 창문에 흘러내리는 비와 〈유리 바닥〉에 반사되는 물방울 간의, 그리고 크리스털의 깨지기 쉬운 경직성과 말들이 끄는 경주용 전차를 비롯하여 수십 개의 움직이는 유리 모형들이 만들어 내는 놀라운 유연성 간의 상상계로부터, 신중하게 끌어낸 개념적 균형에서 특히 많은 것을 얻어 내고 있다. 제만은 「새섬의 보물Poklad ptačiho ostrova」(1952)을 비롯한 어린이 영화 4편과 「선사 시대로의 여행Cesta do praveku」(1954)과 같이 실제 배우, 만화 인물, 그림을 혼합하여 만든(실제 배우들이 공룡 사냥, 즉 〈공상 과학〉 연기를 할 수도 있는 옛날 도판 책의 삽화 스타일도 가끔 사용하면서) 작품 6편 등 총 10편의 영화를 만들었다.

이르지 트른카는 원래 책의 삽화가이자 꼭두각시 인형 작가였는데 1945년 5편의 정교한 만화를 이용한 애니메이션을 그리기 시작했다. 서부극을 재미있게 패러디한 「초원의 노래 Árie Prérie」(1949), 체코의 인기 풍자 소설을 장편 영화 길이로 만든 「착한 병사 슈베이크Osudy dobrého vojáka Švejka」(1954), 셰익스피어의 동명 희곡을 대사 없이 장편 영화 길이로 개작한 「한여름 밤의 꿈Sen noci svatojánské」(1959)에서부터 보카치오의 작품을 신랄하게 풍자한 「대천사 가브리엘과 거위 부인Archanděl Gabriel a Paní Husa」(1954)에 이르기까지 계속해서 만든 16편의 인형극들은 전보다 훨씬 정교해진 모습을 보여 주고 있다. 특히 마지막 걸작 「손Ruka」(1965)에서는 거인의 손 ― 꼭두각시 도공(陶工)에게 꽃 항아리 대신 손의 이미지만을 만들라고 강요하는 ― 에 대한 개념적 비유(실제 연기)를 통해 모든 형태의 전체주의를 부정하고 있다.

체코의 애니메이션은 수십 명의 아티스트들이 만들어 낸 수백 편의 작품으로 화려하게 만개했다. 헤르미나 티를로바의 어린이용 꼭두각시 우화들, 에두아르트 호프만의 「천지 창조Stvořeni světa」(1957), 브르제티슬라프 포야르(트른카의 조수로 출발하여 1960년 제1회 안시 영화제에서 「사자와 노래Lev a písnička」로 대상을 수상했고, 나중엔 캐나다의 NFB에서 활동했다)의 작품 등이 바로 화려한 만개를 알린 작품이다. 비교적 덜 알려진 작품들도 거의가 수준급이다. 야나

체코의 애니메이터 이르지 트른카가 전체주의를 우화 형식으로 표현한 「손」(1965).

마르글로바의 섬뜩한 「창세기Genesis」(1966)(인형들은 만들어지는 족족 머리가 잘려 나간다), 마이다스의 손 우화를 환경적 우화로 현대화시킨 루보미르 베네슈의 「왕과 난쟁이Král a skřítek」(1980). 블라스타 포스피숼로바는 1982년에 2편의 작품을 공동으로 만들었다. 이르지 바르타와 함께 만든 「소멸된 장갑 세계Zaniklý svět rukavic」에서는 얄궂게도 우아한 장갑을 낀 손이 화려하게 치장된 세계를 장악하는 시대를 발굴한다는 내용으로, 트른카의 「손」에 동의를 표하고 있다. 얀 슈반크마예르와 함께 만든 「대화의 차원Možnosti dialogu」은 베를린과 안시 영화제에서 최고상을 수상했다.

그래픽 예술가이자 인형 부리는 사람이기도 한 슈반크마예르는 체코 초현실주의의 전통에 속하는 사람으로, 28편에 달하는 작품 모두에서(몇 개의 MTV 비디오 작품을 포함하여), 꿈과 같은 부조리함, 협박, 그리고 에로티시즘의 여러 측면을 진정한 초현실주의 정신 속에서 가늠해 보고 있다. 특히 실제 배우, 꼭두각시, 애니메이션, 〈특수 효과〉가 함께 어우러져 공연하는 프라하의 유명한 극장 라테르나 마지카Laterna Magika가 그에게 미친 영향은 대단하여, 그곳의 경험을 바탕으로 그는 그림과 꼭두각시로부터 진흙으로 만든 이상한 물체에 이르기까지 모든 종류의 애니메이션과 실제 연기의 결합을 시도했다. 1964년의 첫 작품을 시작으로 그의 작품들은 거의 모두 영화제에서 수상을 했다. 1971년 작 「횡설수설Jabberwocky」에서는 빅토리아 시대의 진짜 장난감들을 등장시켜 루이스 캐럴의 옛이야기에 담긴 섹슈얼리티와 잔인함을 은근히 암시하고 있다. 이것을 더욱더 정교하게 다듬어서 괴이한 장편으로 만든 1988년 작 「앨리스Alice」는 캐럴이 의도했을 법한 상황보다 더 이상하게 만들어진 애니메이션 속으로 실제 연기자인 앨리스를 들어가게 했다. 그의 놀라운 걸작 「대화의 차원」에는 3개의 에피소드가 포함되어 있다. 식품, 도구, 무기들이 엇갈려 만들어진 2개의 머리와 서로를 삼켜 버릴 수 있는 다른 대립적인 물체들 간의 대결, 결국은 하나가 되는 두 진흙 인간의 로맨틱한 만남, 제안과 도전을 주고받다가 연필깎이에 혀를 베이는 듯한 극심한 오해를 초래하게 되는 두 관리의 얄궂은 기능 장애. 1994년 작 「파우스트Faust」는 괴테를 냉전 이후의 유럽으로 옮겨 온 작품으로, 여기에서도 실제로 연기를 하는 영웅은 애니메이션과 혼합되고 있다.

슈반크마예르의 초현실주의는 다른 애니메이터들, 특히 미국의 쌍둥이 형제 스티븐 퀘이와 티모시 퀘이에게 지대한 영향을 끼쳤다. 이들 형제는 런던의 왕립 예술 학교를 나온 뒤, 영국영화협회의 키스 그리피스와 채널 4의 후원 아래 대부분의 작품을 영국에서 만들었다. 슈반크마예르를 다룬 「슈반크마예르의 진열장The Cabinet of Jan Švankmajer」(1984)의 후속작으로 만든 그들의 우울한 걸작 「악어들의 거리Street of Crocodiles」는 1942년 나치에게 살해된 폴란드 예술인 브루노 슐츠의 전기에서 모티프를 따온 것으로, 재단사 마네킹의 에로티시즘이나 오래된 동네 건물의 불길한 붕괴 같은 이야기를 고기를 꿰매는 여자 재봉사들과 속박에서 스스로 풀려나는 나사못들의 알 수 없는 행렬과 결합시켜 이야기를 엮어 가고 있다.

다른 동유럽 국가들의 애니메이션 전통(그만큼 풍부하지는 않지만)도 체코와 비슷한 양상을 보여 주고 있다. 루마니아의 이온 포페스쿠-고포〔「짧은 역사Scurta istorie」(1957)〕, 헝가리의 마르셀 얀코비치〔「시시포스Sisyphus」(1974)〕, 페렌츠 로푸스〔「벌레A bogar」(1980)〕, 크로아티아 만화가들의 모임 〈자그레브파Zagreb School〉(두샨 부코티치의 1961년 작 「수로가트Surogat」는 오스카상을 수상한 최초의 외국 만화이다)와 불가리아의 분주한 스튜디오들. 이 중 폴란드가 배출한 3명의 작가인 발레리안 보로브치크와 얀 레니차〔브뤼셀에서 그들의 공동작 「집Dom」(1957)으로 대상을 받은 뒤 프랑스와 독일로 피신했다〕, 그리고 비톨트 기에르슈는 체코 작가들에 못지않은 완벽하고 독창적인 작품을 남기고 있다.

「집」은 집에서 기다리는 여인의 환상을 다양한 방식으로 구성한 일련의 에피소드들이다. 부엌으로 쳐들어가 게걸스럽게 음식을 먹고 있는 미치광이 같은 모습의 정지된 가발, 실제의 여인과 사랑을 나누다가 그 여인의 열정 밑에서 부서져 버리는 남자 마네킹, 컷아웃*cut-out*〔애니메이션에서 움직임을 표현하는 기법 — 역주〕으로 콜라주된 옛날 우편엽서와 과학적 도표들, 부조리의 극한에 이를 때까지 계속되는 실제 연기(광학 인화를 통한). 보로브치크는 프랑스에서 만든 다른 여덟 작품들에서도 기묘한 물건〔「르네상스Renaissance」(1963)〕, 컷아웃 그래픽〔아우슈비츠 희생자들에게 보내는 비가, 「천사들의 놀이Jeux des anges」(1965)〕 등을 통하여 실제 연기를 찍기 전까지 고국에서 보여 주었던 거장의 솜씨를 드러냈다. 레니차는 「미로Labyrinth」(1962), 「코뿔소Rhinoceros」(이오네스코의 희곡 발표 뒤인 1963년), 「A」

(1964), 그리고 장편 영화 「아담 2Adam II」(1969)와 「우부로이Ubu Roi」(1977) 등 10편의 작품에서 컷아웃을 이용하고 있다.

5편의 진부한 작품을 만든 뒤 비톨트 기에르슈는 1960년작 「작은 서부극Maly Western」을 기점으로 유리 위에 그려 넣는 기법을 자신의 주된 애니메이션 수단으로 삼았다. 계속해서 「적과 흑Czerwone i czarne」(1963)에서는 투우장의 채색된 투우사들이 카메라로 영화감독을 공격하여 애니메이션 제작 과정을 인계받는 모습으로 이 기법을 이어 나가고 있다. 그의 또 다른 작품 「말(馬)Kon」(1967)과 「불Pozar」(1975)에서는 붓놀림의 감촉이 자연의 진행 과정에서 없어서는 안 될 요소가 되고 있다.

올림피아드: 세계의 애니메이션

로스앤젤레스 올림픽이 열렸던 1984년은 대규모 심사 위원단의 참관 아래 애니메이션 올림피아드가 열린 해이기도 하다. 심사 위원들은 유리 노르슈테인의 영원히 탁월한 작품으로 남을 「이야기 중의 이야기Skazka skazok」(1979)를 전 시대를 통틀어 최고의 애니메이션으로 선정했는데 이는 당연한 선택이었다. 이 영화에서 애니메이터의 〈또 다른 자아〉이기도 한 주인공 — 러시아 민요에 나오는 어린 늑대 — 은 추억의 짐을 기꺼이 받아들이면서 낭만적이었던 푸슈킨 시대, 양차 대전, 순수했던 어린 시절의 상실을 추억하는 장면에서, 과거를 살려 내는 일에 있어서의 예술가의 역할을 강조하고 있다. 노르슈테인은 그의 부인 프란체스카가 만들어 낸 컷아웃 캐릭터들을 풍부한 뉘앙스와 우아하고 활기 넘치는 애니메이션으로 만드는 데 성공했다. 또 다른 수상작(1988년 자그레브 영화제 대상 수상)으로 에스토니아 인 프리트 페른이 만든 「풀밭 위의 점심 식사Eine Murul」(1983년에 만들어졌으나 1986년까지 상영이 금지됐다) 역시, 사회 내에서의 예술가의 운명에 초점을 맞춘 작품이다. 어느 피카소적인 인물이 관료들에게 집요한 괴롭힘을 당하다, 결국 탱크에 팔이 깔리고 그 팔이 날개로 변한다는 내용을 담고 있다. 그의 이야기는 평화로운 피크닉 — 잠시 한 세기 전의 마네 그림과 합체된다 — 을 즐기기 위해 혹독한 시련과 굴욕을 감내하는 네 사람의 인생 이야기로 짜여 있다. 가늘고 들쭉날쭉한 선으로 그려진 페른의 스타일이 돋보이는 캐릭터들은 표현주의적 기괴함을 불러일으킨다. 특히 마네와의 뚜렷한 대비, 그리고 주인공의 한 명이 세계 일급 플레이보이가 되기를 꿈꾸는 부분에서 정교하게 에어 브러시*air brush*〔결점을 없애기 위해 손질하는 과정 — 역주〕된 거의 사진과도 같은 사실감으로 잠깐 등장하는 장면과의 대비로 강조되고 있다.

페른의 뒤틀린 그래픽 스타일은 러시아 영화인 이고르 코발료프의 두 작품 「암탉과 그의 아내Ego zhena kurica」(1990)와 「안드레이 스비슬로츠키Andrei Svislotsky」(1992)에 특히 많은 영향을 끼쳤다. 하지만 관료주의적 악몽에 항거를 하면서도, 코발료프의 기묘한 초현실주의는 페른의 시적 사실주의와는 날카로운 대조를 보여 주었다. 그런 코발료프도 나중엔 미국에 정착하여 「러그래츠Rugrats」 같은 사실주의 만화 시리즈를 만들었다. 노르슈테인의 컷아웃이 보여 준 부드러운 뉘앙스와 페른과 코발료프의 섬세한 스타일은 알렉산드르 페트로프의 낭만적 스타일〔「암소Korova」(1989)와 「우스운 사람의 꿈Dream of a Ridiculous Man」(1992)은 둘 다 유리에 그려진 작품이다〕과 좋은 대조를 이루었다.

캐롤라인 리프의 「거리The Street」(1976) 역시 유리에 그려진 작품으로 애니메이션 올림픽 2위, 오스카상 후보, 오타와 영화제 대상의 화려한 수상 경력을 갖고 있다. 캐나다 작가 모데카이 리츨러의 작품 하나를 애니메이션으로 만든 이 섬세한 영화는 할머니의 죽음을 바라보는 어린 소년의 시각을 담고 있다. 최고의 작품을 만들어 낸 캐나다 인들은 그 외에도 많다. 파커-알렉세예프의 핀스크린을 이용한 자크 드루앵의 「풍경화가Le Paysagiste」(1977)와 클로랭다 바르니의 「첫날Premiers Jours」(1980)(둘 다 NFB 제작물이다)도 애니메이션 올림픽에서 높은 점수를 받은 작품들이다. 한편 웬디 틸비의 「목차Tables of Content」(1987)와 존 미니스의 오스카상 수상작 「셔레이드Charade」(1983)에서는 애니메이션 콜라주가 주요소로 사용되었다. 애니메이터들은 민간 기업에서도 많은 활약을 했다. 캐나다방송Canadian Broadcast Co.의 후원을 받은 프레더릭 백은 1948년 그의 나이 24세 되던 해에 캐나다로 이주해 왔다. 그는 1970년과 1978년 사이 여섯 작품을 만들며 일단 수련을 쌓은 뒤, 마침내 1981년 그의 유명한 걸작 「삐그덕Crac」을 내놓았다. 몇 세대를 거치다 마침내 폐기 처분되고 다시 박물관 수위에게 〈재활용〉되는 흔들의자를 통해 퀘벡 문화를 요약한 영화였다. 특히 이 영화가 감상주의를 배제하면서도 진정한 감동을 줄 수 있었던 비결은 — 그림들이 살아나서 춤추는 「삐그덕!」의 마지막 장면을 보라 — 어느 정도, 프로스트 셀*frosted cel*〔조명기 앞에 장치하여 빛을 확산시키는 데 쓰이는 희고 투명한 젤라틴 — 역주〕 위에 색연필로 그린 유연한 그래픽으로 뉘앙스의 섬세함이나 디자인의 대담성을 완전히 통제할 수 있었던 백의 눈부신 역량에 있었다. 「삐그덕」은 올림피아드에서 6위를 차지하고 오스카상도 수상했다. 장 지오노의 생태학적 우화를 기초로 한 30분짜리 애니메이션 「나무를 심은 남자The Man who Planted Trees」(1987)도 오스카상을 수상했다.

전 세계 독립 애니메이터들의 활약도 눈부셨다. 좋은 작품들이 너무 많아 500페이지에 달하는 벤다치의 『카툰*Cartoons*』이 없었다면 도저히 요약이 불가능했을 것이다. 각 나라의 거장들을 살펴보면 다음과 같다. 실제 배우와 만화 캐릭터를 미묘하게 결합하여 잊을 수 없는 신화적인 걸작 「하르피아Harpya」를 만들어 낸 벨기에의 라울 세르베(1979년 칸 영화제 황금종려상 수상), 음악의 압도적 시각화를 이루어 낸 「사운드트랙Tonespor」(1983)과 초현실적 그림의 숨겨진 깊이를 10여 분간 카메라로 파고든 「대중의 목소리Den offentlige røst」(1989)를 만든 덴마크의 위대한 천재 라프 마르쿠센, 오페라를 애니메이션화한 이탈리아의 루차티와 자니니. 독일은 엄격한 개념적 선 그림을 자랑하는 라이문트 크루메의 「밧줄춤Seiltänzer」(1986)과 졸바이크 폰 클라이스트의 스크래치 영화 「크리미널 탱고Criminal Tango」(1985)와 쌍둥이 형제 크리스토프와 볼프강 라우엔슈타인의 오스카상에 빛나는 인형극 「균형Balance」(1989), 영국에는 우리 안의 동물과 이민자를 나란히 비교한 닉 파크의 「동물들의 이상Creature Comforts」(1989)과 배리 퍼비스의 매혹적인 셰익스피어적 작품 「다음Next」(1989)과 고요하고 우아한 일본풍의 「스크린 플레이Screen Play」(1992), 일본의 경우에는 대담하고 멋진 구리 요지와 인형극의 가와모토 기하치로, 그리고 만화(한정 애니메이션*limited animation*) 액션 영화 「우주 소년 아톰(鐵腕アトム)」(1963)과 「정글 대제 레오(ジャングル大帝)」(1965)를 만드는가 하면 또 한편으론 스펙터클한 실험 영화 「점핑(ジャンピング)」(1984)과 일반 개그에 중력의 법칙과 장력을 적용시켜 전통 만화를 우롱한 「망가진 영화(おんぼろフィルム)」(1985)를 만든 위대한 데즈카 오사무.

실험 애니메이터들도 발전을 계속하였다. 저속도 촬영으로 유명한 제인 에런〔「흔들리는 불빛Travelling Light」(1985)〕과 알 자노〔「달 북쪽의 입사(入射)Incidence of the Northern Moon」(1981)〕, 여성의 꿈과 미래를 그린 크리스틴 파누슈카〔「섬 오브 뎀Sum of Them」(1984)〕와 모린 셀우드〔「오달리스크Odalisque」(1981)〕와 수전 피트〔「아스파라거스Asparagus」(1979)〕, 애니메이션과 플립북*flip-book*〔책으로 된 그림을 빠른 동작으로 넘기며 만들어 내는 움직임 — 역주〕을 함께 병행한 루스 헤이스〔「개의 지배Reign of the Dog」(1994)〕와 조지 그리핀〔「혈통Lineage」(1979)〕과 게리 슈워츠〔「아니무스Animus」(1981)〕.

그런가 하면 상업 애니메이션과 개인 작품을 병행한 사람들도 있었다. 벨기에의 애니메이터 폴 드메예는 지극히 개인적인 「움직이는 종이Papiers animés」(1977)를 만들면서, 또한 전혀 다른 분위기의 어린이 영화 「거위 소녀The Goose Girl」(1989, 채널 4에서 방영)를 만들었다. 조이스 보렌스타인은 캐나다국립영화위원회(NFBC)에 적을 두고 「여행자의 손바닥Traveller's Palm」(1976)같은 개인 작품을 만들었다. 조앤 그라츠는 모형 만드는 일을 하면서 개인적으로 「계단을 내려가는 모나리자Mona Lisa Descending a Staircase」(1992)를 만들어 오스카상을 수상했다. 독립 예술가들은 또 매개물〔「캔디 잼Candy Jam」(1987)〕이라든가 사운드트랙〔「핑크 콤코머Pink Komkommer」(1990)〕처럼 애니메이션의 한 부문씩을 여러 사람이 맡아 전체 작품을 완성시키는 〈애니잼스*Anijams*〉(초현실주의자의 〈우아한 시체*exquisite corpses*〉를 연상시키는) 활동을 하기도 했다.

장 편

산업 애니메이션은 텔레비전(「심슨 가족The Simpsons」과 같은 시트콤 시리즈, 광고, MTV 록 비디오를 비롯한)을 제외하면 영화로 수용 가능한 장편 만화에서밖에 활로를 찾을 데가 없다. 세계 각국에서 수백 편의 영화가 만들어지지만 성공을 하는 예가 극히 드문 까닭은 1시간 이상 관객을 잡아 둘 만한 애니메이션만의 특징, 분위기, 전개 과정 등을 갖춘 작품이 흔치 않기 때문이다. 끝없는 가정 폭력과 그로테스크한 그래픽 장면으로 얼룩진 보로브치크의 1967년 작 「카발 부부의 극장Théâtre de M. et Mme Kabal」과 같은 실험 영화는 너무 괴이하고 관객에 대한 요구가 지나쳐 장시간 집중을 한다는 게 거의 불가능한 실정이다. 관객이 제한되어 있기는 〈주류〉 만화 영화도 마찬가지이다. 디즈니를 모방했다는 동화/동물 영화들을 보면 흥미를 끌 만한 매력이나 복잡한 요소를 거의 찾아볼 수 없다(실패의 책임은 어느 정도 디즈니식 뮤지컬 모방에 있다). 디즈니조차도 1970년대의 그 진부한 작품들(「로빈 후드Robin Hood」도 충분하게 실제 연기로 할 수

디즈니의 「판타지아」를 패러디한 브루노 보체토의 이탈리아 영화 「알레그로 논 트로포」(1976) 중, 시벨리우스의 〈슬픈 왈츠〉 부분의 한 장면.

있었다)로 수난을 당했을 정도였다. 「인어 공주The Little Mermaid」(1989), 「미녀와 야수Beauty and the Beast」(1991), 「알라딘Aladdin」(1992), 「크리스마스의 악몽Nightmare before Christmas」(1993), 「라이온 킹The Lion King」(1994) 같은 성공작들은 모두 그 이후의 젊은 인재들이 만들어 낸 작품들이다. 조지 오웰의 동명 소설을 각색한 할라스-바첼러의 「동물 농장Animal Farm」(1954) 같은 심각한 작품들은 디즈니 영화가 만들어 내는 아니꼬운 결과에 늘 신경을 곤두세워야 했다. 하지만 심각한 작품 — 모리 마사키의 「맨발의 겐(はだしのゲン)」(1985), 다카하타 이사오의 「반딧불의 묘(火垂るの墓)」(1989), 지미 무라카미의 「바람이 불어올 때When the Wind Blows」(1986)는 모두 핵폭발에 의한 방사선의 영향을 다룬 작품이다 — 중에서도 어떤 작품들은 애니메이션의 장점을 십분 활용한 덕으로 젊은 관객의 공감을 얻어 낸 경우도 있었다.

그러한 모든 장애들을 멋지게 극복한 사람들도 있다. 르네 랄루의 1973년 작 「환상의 별La Planète sauvage」과 장-프랑수아 라기오니의 1985년 작 「모래의 책Le Livre de sable」은 정교하고 환상적인 컷아웃을 이용하여 성인용의 멋들어진 생태학적 SF 우화가 된 작품들이다. 「노란 잠수함Yellow Submarine」(1968)은 비틀스의 음악과 풍부한 색채의 전위적 그래픽 스타일로 1960년대 후반에 사이키델릭 혁명을 일으킨 획기적인 작품으로 남아 있다. 조지 더닝은 실험 애니메이션에서 쌓은 오랜 시간의 경험(1940년대의 NFB와 1950년대의 UPA)을 상상력 넘치는 음악 작품의 디자인에 쏟아 부었고, 네덜란드 인 폴 드리즌(「실뜨기Cat's Cradle」, 「암소 찾기Spotting the Cow」)과 아일랜드계 미국인 밥 미첼(「엉클 샘의 두 번째 모험Further Adventures of Uncle Sam」, 「K-900」, 「스페이스 오디티A Space Oddity」) 같은 탁월한 애니메이터들의 재능도 거기에 한몫을 했다. 더닝의 1971년 작 「잔디 깎는 사람 데이먼Damon the Mower」의 그 섬세한 아름다움(동작에 따라 움직이는 작은 종이들 위에 연필로 그려진 이미지들)과 장편 애니메이션으로 기획된 셰익스피어 작품 「템페스트Tempest」의 남아 있는 장면들을 보면 1979년 그의 죽음으로 끝내지 못한 그 작품이 못내 아쉽게 느껴진다.

브루노 보체토의 1976년 작 「알레그로 논 트로포Allegro non troppo」는 권리와 노동의 관계를 크게 부각시킴으로써 스토코프스키의 오케스트라를 너무 심각하게 다룬 디즈니를 조롱하는 실제 연기 장면과 디즈니의 에피소드들을 패러디한 여섯 곡의 음악으로 「판타지아」를 멋지게 풍자한 작품이다. 라벨의 「볼레로」는 공룡과 인간이 괴물로 변해 가는 괴로운 진화 과정에 쓰였고(스트라빈스키의 「봄의 제전」에 대해), 드뷔시의 「목신의 오후」는 늙은 사투르누스가 어여쁜 요정을 유혹하려고 치근덕거리는 장면에 이용되었다(젖꼭지 없는 반인반마에 색깔만 그려 넣은 〈전원〉 교향곡의 성도착적인 섹슈얼리티에 대해). 보체토의 재치와 생생한 그래픽의 진가는 시벨리우스의 「슬픈 왈츠」에서도 잘 발휘되고 있다. 이 음악은 싸구려 축하 카드(혹은 디즈니 영화)에서 막 기어 나온 듯한 왕방울 눈 도둑고양이가 한때 자신의 보금자리였던 허물어진 아파트 사이를 배회하고 다니는 고독감을 우리가 이해하는 순간, 그 고양이를 진정한 감정을 지닌 대상으로 탈바꿈시키는 장면에 쓰이고 있다. 그와 비슷한 맥락으로 보체토는 실제 연기 애니메이터 마우리치오 니케티가 만화 인물이 그려져 있는 종이 조각을 떨어뜨리는 오싹한 장면을 연출하고 있다. 그 종이는 불이 붙고, 만화 인물이 타오르는 불길을 피하려고 헛되이 발버둥치는 가운데 서서히 불길에 휩싸인다. 이 장면은 보체토가 「알레그로 논 트로포」의 〈가짜 결말〉 클라이맥스로 고안한 수십 개의 다른 익살들과 더불어 독립 애니메이터들에 의해 가장 많이 표절되는 장면이다.

신 기 술

신기술과 현대 예술의 경향은 최근 수십 년간 애니메이션계에 급속한 변화를 초래했다. 캐시 로즈와 데니스 파이스는 퍼포먼스용으로 특별히 제작한 애니메이션 형상과 함께 라이브로 춤을 추는, 즉 〈행위 예술〉과 애니메이션을 접목시킨 작품을 만들었다. 비디오 기술은 애니메이터들이 한 장면 한 장면을 비디오에 직접 찍을 수 있을 만큼 향상되어 〔루스 헤이스의 「완다Wanda」(1989)〕 필름에 찍은 많은 애니메이션들을 이제는 비디오로만 볼 수 있다(헨리 셀릭의 1989년 작 「낮은 차원에서 느려진 밥Slow Bob in the lower Dimensions」은 MTV와 계약해서 만든 작품이다). 〈영화〉와 〈비디오〉 간의 차이는 미미할 정도여서, 현재 모든 영화제에서는 영화가 상영되는 옆에서 비디오가 나란히 상영되고 있을 정도이다. 그 전에 팻 오닐의 「소거스 시리즈Saugus Series」(1974) 같은 작품은 복잡한 매트 작업과 광학 인화 과정을 거친 뛰어난 작품이었는데도 당시에는 애니메이션으로 받아들여지지 않고 있다가 즈비그니에프 리브친스키가 그의 광학 인화된 실제 연기 영화 「탱고」(1980)로 안시 영화제에서 대상을 받고 오스카상 후보에까지 오르자, 확장된 정의에 대한 장벽, 즉 신기술 애니메이션에 대한 장벽은 완전히 허물어졌다.

초기의 실험 컴퓨터 그래픽은 비용과 시간의 부담이 너무 컸던 관계로 엉성하고 단순한 이미지밖에 만들어 내지 못했

신기술과 행위 예술: 캐시 로즈가 「제1운동인(因)들Primitive Movers」(1983)에서 자신을 모델로 한 애니메이션과 함께 춤을 추고 있다.

다. 추상적 도안에는 아주 유용한 기술이었는데도, 피터 폴즈와 같이〔「허기Hunger」(1974)〕그것을 구상적 형상에 이용할 수 있는 능력을 가진 예술가는 매우 드물었다. 1980년대 중반에 이르면, 영상 기술의 발달로 3차원 형상의 시뮬레이션이 가능해졌으나, 이번에도 예술가들은 제한된 색조의 번질거리는 모양밖에 만들어 낼 수가 없었다. 다시 한 번 독특한 예술가 — 캘리포니아 예술대학에서 전통적인 캐릭터 애니메이션을 공부한 존 래스터 — 가 나타나 이 신기술과 잘 어울리는 이야기(2개의 책상용 전등, 어머니와 아들, 공놀이에 대한 의견의 불일치)를 결합해 보이는 예술적 상상력을 발휘했다. 그렇게 만든 「룩소 2세Luxo Jr.」(1986)는 안시와 히로시마 영화제에서 수상하고 오스카상 후보에까지 올랐다.

그 후 채 몇 년이 되지 않아 개발된 스캐너는 사진 영상을 컴퓨터로 변환시킬 수 있다는 점 때문에, 애니메이션의 특수 효과 분야에도 돌연 중요한 요소로 부각됐다. 무성 영화 시절부터 지금까지 애니메이션화에 이용된 특수 효과는 수도 없이 많다. 윌리스 오브라이언은 「잃어버린 세계」(1925), 「킹콩」(1933), 「마이티 조 영Mighty Joe Young」(1947)에서 선사 시대 동물을 애니메이션 모형으로 만들었고, 워런 뉴컴은 매트에 그림을 그려 넣어〔「오즈의 마법사」(1939)를 비롯한 수백 편의 영화에〕, 배우들이 상상의 세계 속에서 연기를 펼칠 수 있게 했으며, 린우드 던은 실제 배우를 모델, 그림, 또는 다른 필름들과 함께 광학 인화했다〔「시민 케인」(1941), 「새」(1963)〕. 많은 영화들에서 이들 특수 효과는 장면들을 계속 이어가는 방식으로 편집되었다. 레이 해리하우젠의 신화를 배경으로 한 작품 「아르고 원정대Jason and the Argonauts」(1963)에서는 두 절벽(하나는 매트 그림, 하나는 모형)을 가르고 서서히 두 바위를 열며 바다에서 솟아오르는 실제 배우 넵튠의 모습을 서서히 느린 동작으로 잡음으로써, 모형 배가 떨어지는 바위 덩어리들을(실시간으로 연기하는 필름을 통해) 가까스로 피하며 항해할 수 있게 했다. 스탠리 큐브릭의 「2001년 스페이스 오디세이」(1968)는 복잡한 모형과 슬릿-스캔*slit-scan*〔특수 촬영 기법인 스트리크 촬영의 한 유형. 큐브릭의 「2001」에서 효과적으로 사용되어 유명해졌다 — 역주〕을 통제하는 카메라 워크, 25명이 넘는 전문 기술자가 포함된, 특수 효과의 모든 기술이 총망라된 작품이었다.

조지 루카스의 인더스트리얼 라이트 & 매직 사Industrial Light and Magic는 모형에서부터 메이크업, 컴퓨터 특수 효과에 이르는 모든 형태의 서비스를 통합하여 「스타워즈」 시리즈만이 아니라, 공상 과학, 호러, 판타지, 그리고 현란한 시각적 효과를 필요로 하는 액션 영화들에까지 서비스의 폭을 넓혀 갔다. 컴퓨터 스캔과 형태 변형*morphing* 기법의 도입은 필름 프레임들을 컴퓨터-비디오 위에서 변환하여(출처가 다른 2～3개의 이미지를 결합하는 것까지 포함하여), 좀 더 강화된 형태로 다시 최종 필름 원판으로 보낼 수 있게 해주었다. 이 과정은 「터미네이터 2」와 같은 순수한 실제 연기 영화의 개별적 특수 효과에도 이용될 수 있고 실제 연기와 애니메이션의 연속적 혼합으로 이루어진 영화(인화하는 과정에서 애니메이션 인물들을 실제 배우들의 동작과 일치하도록 그늘이 지게 만든 1988년도 디즈니 영화 「누가 로저 래빗을 모함했는가」에서와 같이)에도 이용될 수 있다. 「알라딘」(요술 카펫 자체는 편평한 물체로 디자인해 놓고, 그것이 날아다닐 때 생기는 움직임은 애니메이션으로 조작했다)처럼 애니메이션의 전 과정을 다 만들어 내는 통합적 부분으로도 이용될 수 있다. 「포레스트 검프Forrest Gump」의 톰 행크스가 케네디, 존 레넌과 함께 걸어가며 대화를 나눌 수 있었던 것 역시 인더스트리얼 라이트 & 매직 사의 놀라운 컴퓨터 기술 덕분이었다. 톰 행크스가 체호프의 「세 자매」에서 그레타 가르보, 마를레네 디트리히, 메릴린 먼로, 티론 파워, 로렌스 올리비에 같은 배우들과 공연할 날도 그리 멀지 않았다.

참고문헌

Bendazzi, Giannalberto(1994), *Cartoons: One Hundred Years of Cinema Animation.*

Edera, Bruno(1977), *Full Length Animated Feature Films.*

Halas, John(1987), *Masters of Animation.*

Noake, Roger(1988), *Animation: A Guide to Animated Film Techniques.*

Pilling, Jayne(ed.)(1992), *Women and Animation: A Compendium.*

Russet, Robert and Starr, Cecile(ed.)(1981), *Experimental Animation: Origins of a New Art.*

현대 영화 음악

로열 브라운

유성 영화 초기 시절, 감독들은 영화 음악에 대한 일종의 기준을 만들어 놓았는데 1960년대까지도 그 골격은 거의 변함없이 유지되었다. 그 기준에 따르면, 음악은 내러티브 세계(디에게시스)의 외곽에서 어느 특정 영화의 연기에만 특별히 사용되어야 했다. 음악의 형식도 노래든, 댄스 음악이든, 재즈든, 대중 예술 형식과는 반대적 입장에 있는 주로 콘서트용의 우리가 보통 음악이라고 정의하는 〈고전〉 음악을 사용하도록 했다.

영화 음악 작곡가 미클로슈 로서(1983)는 〈할리우드에서 받아들여지는 형식〉을 〈브로드웨이화한 라흐마니노프 작풍〉으로 표현했다. 하지만 상당히 현대적인 것들도 포함된, 수많은 종류의 고전 음악 형식과 악풍들이 무성 영화 시절부터 이미 등장하고 있어서 1960년대에 이르면 낭만주의 시대부터 현재까지 이르는 대부분의 〈고전〉 음악이 이런저런 영화 음악으로 모습을 드러내게 되었다. 그보다 중요한 것이, 전에는 디에게시스(〈원천*source*〉) 음악이나 뮤지컬 등으로만 이용되던 음악 형식 — 특히 재즈나 팝 — 이 이제는 배경 음악 부문에서도 점차 중요한 역할을 맡게 되었다는 것이다. 영화와 음악 간의 상호 작용의 가능성을 새롭게 바라보려는 시각은 상업 영화 부문에서도 일어나기 시작했는데, 그 이유는 주로 1) 관객의 태도와 취향에 나타난 변화 및 발전, 2) 영화와 녹음 같은 다른 마케팅 분야와의 상업적 이해관계, 3) 할리우드 외곽(특히 유럽)의 영화 작업에서 받은 지대한 미학적 영향 등에서 찾아볼 수 있다.

낭만주의

1960년대까지 유행했던 몇몇 〈고전〉 음악 스타일과 영화/음악 간의 상호 작용은 미학적인 동기로 중간에 약간 흥미 있는 변화를 겪기는 했지만 최소한 20년은 그 상태가 그대로 유지됐다. 웅장한 테마곡이 있는 맥스 스타이너의 「바람과 함께 사라지다」(1939)나 테마곡이 없는 에리히 콘골드의 「로빈 후드의 모험」(1939)과 같은 풍요로운 낭만적 음악이 수십 년간 영화 음악을 지배했다. 하지만 텔레비전과의 경쟁이 불가피해짐에 따라 할리우드도 서둘러 녹음 기술과 극장의 음향 시설 현대화에 박차를 가하기 시작했다. 그러한 영향은 데이비드 린의 「아라비아의 로런스」(1962)와 「닥터 지바고Doctor Zhivago」(1965) 사운드트랙에, 장대한 오케스트라 연주와 거대한 주제를 결합시킨 모리스 자르의 음악에서도 분명히 드러나고 있다. 미국에서 일어나고 있던 과거에의 향수 기운 또한 존 윌리엄스의 「스타워즈」(1977) 주제가에서와 같이, 에리히 콘골드의 낭만적이고 영웅적인 스타일로의 의식적 복귀에 중요한 역할을 하면서, 아직도 끝나지 않은 하나의 유행을 창조해 냈다. 복잡한 악단이 필요한 보다 섬세한 낭만주의 형식과 창조적 음조도 「성난 군중으로부터 멀리Far from the Madding Crowd」(존 슐레진저, 1976)와 「캐롤라인 램 부인Lady Caroline Lamb」(로버트 볼트, 1972)에 쓰인 리처드 로드니 베넷의 상큼하고 목가적인 음악과, 「헤밍웨이의 어느 젊은이의 모험Hemingway's Adventures of a Young Man」(마틴 리트, 1962)에 쓰인 베테랑 작곡가 프란츠 왁스먼의 우수적이면서 달콤쌉쌀한 음악처럼, 문학적 영감이 가득한 영화를 위해 작곡되었고 좀 더 현대적으로 작곡된 여러 음악도 빈번히 사용되었다.

프랑스에서는 액션 위주의 음악보다는 그 안에 담긴 서정성으로 감정의 평형을 잡아 줄 수 있는 좀 더 광범위한 음악 형식을 선호했다. 조르주 들르뤼가 장-뤼크 고다르의 「경멸」(1963)이나 프랑수아 트뤼포의 「부드러운 살결La Peau douce」(1964) 같은 〈누벨 바그〉 멜로드라마에 지독히도 비극적인 음악을 사용한 것이 그 좋은 예이다. 음악과 액션의 좀 더 강렬한 대조는 보통 〈벨 칸토*bel canto*〉 창법의 노래가 포함되게 마련인 거장 엔니오 모리코네의 〈스파게티 웨스턴〉 음악이 시작된 이탈리아에서 찾아볼 수 있다. 그중에서도 특히 세르조 레오네의 「웨스턴Once upon a Time in the West」(1968)과 「옛날 옛적 혁명에서A Fistful of Dynamite」(1972)에 사용된 두 주제곡은 영화의 잔인한 액션과 강렬한 대조를 이룬 것으로 유명하다.

모더니즘

초기 할리우드를 비롯한 여러 지역에서 현대적 음악 형식은 「킹콩」(1933)에 사용된 맥스 스타이너의 거의 원시주의적인 음악과 「이중 배상」(1945)에 사용된 미클로슈 로서의 음울한 불협화음처럼, 어둡고 극적인 액션 영화에 주로 사용되었다. 그런 경향은 1960년대 이후까지도 계속되어 버나드 허먼은 「사이코」(1960)에서 도저히 설명할 길 없는 무주제의 불협화음을 만들어 냈으며, 드미트리 쇼스타코비치의 섬세한 관현악 조곡과 부담스럽기만 한 하모니 역시 그리고리 코진체프의 우울한 「햄릿」(1964)에 잘 어울렸다. 하지만 1960년대에 이르러 현대적 음악 형식은 중부 유럽의 후기 낭만주의 작곡가들이 제시한 모델이 침울한 내러티브 영화에도 맞지 않고, 좀 더 특색 있는 20세기 음악에도 밀리게 됨으로써, 하나의 기준으로 굳어 버렸다. 스탠리 큐브릭의 「스파르타쿠스」가 윌리엄 와일러의 「벤허」보다 나았던 유일한 점은 조화로우면서 격정적인 관악부와 귀에 거슬리면서도 리드미컬한 타악부의 절묘한 조화가 일품인 알렉스 노스의 음악뿐이었다. 애런 코플랜드가 엘머 번스타인의 「황야의 7인The Magnificent Seven」(존 스터지스, 1960)이 야기한 미국식 영웅주의에 지대한 영향을 끼쳤다면 벤저민 브리튼은 제리 골드스미스의 「블루 맥스The Blue Max」(존 길러민, 1966)의 현악 부문에서 존재감이 뚜렷이 부각된다. 제리 골드스미스가 오케스트라 연주와 합창을 결합시킨 「오멘The Omen」(리처드 도너, 1976)의 주제가에는 스트라빈스키의 영향이 강하게 드러나고 있다. 그 외에도 스트라빈스키의 존재는 제리 필딩의 「어둠의 표적Straw Dogs」(샘 페킨파, 1976)이라든가, 피에르 장상의 「밤이 오기 직전Juste avant la nuit」(클로드 샤브롤, 1971)과 같은 1960년대 이후의 작품들에서도 많이 느껴 볼 수 있고 바르토크도 제리 필딩의 여러 곡에서 그 영향을 느낄 수 있다. 「대열차 강도The Great Train Robbery」(마이클 크라이튼, 1979)의 골드스미스 음악에서는 프로코피예프를 연상시키는 좀 더 가벼운 분위기가 느껴진다. 「헨리 5세Henry V」(케네스 브래너, 1989)와 「환생 Dead Again」(이것도 브레너, 1991)의 음악을 맡은 패트릭 도일, 「위험한 관계Dangerous Liaisons」(리카르도 프레다, 1988)와 「천사 탈주We're No Angels」(닐 조던, 1989)의 조지 펜튼을 비롯한 최근의 작곡가들도 현대적 대형 오케스트라 음악을 계속 내놓고 있다.

1960년대에 들어 현대적 스타일로 〈고전〉 음악을 만드는 작곡가들은 40~50명으로 구성된 기본 오케스트라보다 규모가 작은 앙상블만으로도 효과적인 영화 음악을 만들 수 있다는 사실을 발견했다. 모리스 자르가 「아라비아의 로런스」의 웅대한 오케스트라 주제곡으로 관객을 압도한 바로 그해에, 엘머 번스타인은 솔로 피아노, 비브라폰, 첼레스타만으로 구성된 소규모 악단의 단순한 주제곡으로 「앨라배마에서 생긴 일To Kill a Mockingbird」(로버트 멀리건)에 통렬하고도 노스탤지어적인 분위기를 한껏 고조시켰다. 프랑스에서는 피에르 장상이 피아노, 바이올린, 첼로의 무음조 음악을 만들어 「부정한 여인Le Femme infidèle」(클로드 샤브롤, 1968)의 삼각관계와 흉악한 남편의 엄격한 생활 태도를 더욱 생생하게 부각시켰다. 샤브롤의 현란한 멜로드라마 「결별La Rupture」(1970)의 악한을 위해서는 현악 4중주의 불규칙한 화음이 사용되었다. 바이올린, 비올라, 첼로, 피아노 4중주의 격렬한 하모니와 길게 이어지는 소스테누토*sostenuto* 악절이 일품인 이 스타일은 페르 뇌르가르의 「바베트의 만찬 Babettes gæstebud」(가브리엘 악셀, 1987)을 비롯하여 1980년대 영화들에도 계속 사용되었다.

알랭 제수아의 「뒤집힌 인생La Vie à l'envers」(1964)에 쓰인 자크 루시에르의 솔로 피아노라든가, 「도청The Conversation」(1974)에 사용된 데이비드 샤이어의 우울한 솔로 피아노, 「변태 성욕자」(마이클 파월, 1960)에 쓰인 브라이언 이스데일의 솔로 피아노(무성 영화 음악을 연상케 했다)와 같은 연주는 어느 특정 주인공의 심리적이고 존재론적인 고독의 강조에 특히 유용했다.

발전된 모더니즘

좀 더 발전된 〈고전〉 음악의 테크닉 또한 1960년대를 전후하여 광범위하게 퍼져 나가, 냉혹하고 침울한 내용의 영화에는 거의 예외 없이 사용되었다. 보통 사람들은 그냥 흘려듣고 마는 영화 음악이 작곡가들에게는 연주회 음악의 작곡에서는 경험해 볼 수 없는 귀중한 실험의 기회가 되었다. 1955년에 레너드 로젠먼은 빈센트 미넬리의 프로이트적 드라마 「거미줄」에 주류 영화로는 최초로 쇤베르크식의 음렬(音列)에 기초한 무조 음악을 선보였다. 하지만 피에르 바르보의 음울한 「심연Les Abysses」(1963)과 쇤베르크의 제자인 로베르토 게러드의 「고독의 보수This Sporting Life」(린지 앤더슨, 1963)에 그 같은 무조성 요소가 엿보인다고 하여, 그가 이 분야의 수문을 활짝 열었다고는 말할 수 없다. 조니 맨들은 존 부어맨의 괴상하고도 음산한 1960년대 필름 누아르 「포인트 블랭크Point Blank」(1967)에 알토 플루트로만 강조된 산만한 무조 음악을 선보였다.

한편 쇤베르크 이후의 테크닉과 그 밖의 발전된 모더니즘 형태는 비교적 성공적으로 이용되고 있었다. 1960년대 후반의 어두운 영화들에서는 단속적인 악절의 짧고 테마 없는 음절이 보다 발전된 테마와 매끄럽게 흐르는 전통 관현악 선율을 대체하는 음악의 점묘법 현상이 자주 나타났다. 한국 전쟁을 다룬 액션 영화 「만주인 포로」(1962)의 전-타이틀*pre-title* 장면에 쓰인 데이비드 암람의 음악이 바로 그 같은 경우로, 그 영화에서 암람은 무음조의 충동적 파편이 팀파니, 피치카토, 현악기, 실로폰, 솔로 클라리넷, 한 쌍의 오보에, 금관 악기 합주, 플루트, 피콜로 같은 악기들 사이를 재빨리 넘나드는 가운데, 스네어 드럼만으로 군대 분위기를 절묘하게 이끌어 내고 있다.

무음조 점묘법의 사용 예는 피에르 장상의 또 다른 영화 음악, 프랑스 어느 지방 도시의 연쇄 살인범 이야기를 다룬 클로드 샤브롤의 「도살자Le Boucher」(1969) 음악에서도 찾아볼 수 있다. 전자 오르간, 피아노(가끔 안으로부터 잡아 뜯는 현과 더불어), 기타, 비브라폰, 하프시코드, 차임, 하프, 타악기 등 주로 반향성 악기로만 이루어진 소규모 악단용의 이 음악에는 주제를 연상시킬 만한 어떠한 것도 찾아볼 수가 없다. 주제는 고사하고 불안정한 미소음(微小音)만을 만들어 낼 뿐인 잡아 뜯는 피아노 선율과 짧은 악구로 이루어진 무음조 가락만이 오락가락하고 있을 뿐이다. 그것이 주는 전체적인 효과는 영화에 한순간 나타나는 라스코 동굴 벽화나 연쇄 살인범의 마음처럼 초현대적이기도 하고 초원시적이기도 하다.

프랭클린 샤프너의 1968년 작품 「혹성 탈출Planet of the Apes」에서 제리 골드스미스는 알루미늄 믹싱 볼, 저음 슬라이드 호각, 징 긁는 삼각 막대기, 숫양의 뿔 같은 악기들을 동원하여 현대적이면서 원시적인 효과를 동시에 이끌어 내고 있다. 음악을 현대적 방식으로 전개시킨 가장 중요한 예는 어느 유부녀의 정신 분열증을 분석한 「이미지Images」(로버트 올트먼, 1972)의 존 윌리엄스 음악에서 찾아볼 수 있다. 여기

클로드 샤브롤 감독의 강렬하고 분위기 넘치는 스릴러 「도살자」(1969)에서 젊은 교사를 연기한 스테판 오드랑이 도살자 역의 장 얀과 대면하는 장면.

서 윌리엄스는 한편으로는 현악의 리듬이 깔린 피아노 독주로 극히 단조적인 장송가 같은 음악을 내보는가 하면, 다른 한편으로는 타악기를 이용하여(일본의 타악기 연주자 야마시타 스토무가 연주), 무(無)리듬이라고 해도 좋은 다양한 무음조 음악을 사운드트랙 전체에 맹렬히 폭발시킴으로써, 여주인공의 창의적인 면과 성적인 면 사이에 나타나는 균열을 생각보다는 좀 난해한 방법으로 보여 주고 있다. 야마시타가 손가락으로 문지르고 방망이로 두드리며 사용한 〈악기들〉 중에는 바셰의 금속 조각(彫刻)도 들어 있다. 이 음악에는 또한 특별히 조작된 인간의 목소리를 비롯한 〈평범한〉 악기 말고도 잉카 플루트, 가부키에 사용되는 목재 타악기, 나무 차임과 같은 비서구적 악기까지 총동원되고 있다.

그런가 하면, 보다 냉혹한 영화에 사용되어 1960년 이후 영화 음악의 독창성에 기여한 또 다른 형식의 모더니즘도 있다. 정신 분열 증세가 있는 깡패와 그 패거리 앞에서 공포에 떠는 맹인 여성의 이야기를 다룬 테런스 영 감독의 스릴러 「어두워질 때까지Wait until Dark」(1967)에서 헨리 맨시니는 4분음으로 조율된 두 대의 피아노를 이용하여 불안정한 음조를 만들어 냈다. 이 영화에 나타난 내러티브와 음악 간의 복잡한 상호 작용을 어윈 바절론(그 역시 영화 음악 작곡가이다)은 이렇게 묘사했다. 〈……정신 분열적인 킬러 역의 앨런 아킨이 오드리 헵번이 혼자 있는 방으로 들어온다. 그녀는 눈으로 볼 수는 없지만 방 안에 낯선 사람이 있다는 것을 눈치챈다. 이 시점에서 음악은 격리된 피아노 음이 하나 나오고 음은 같지만 곡조가 안 맞는 음이 곧바로 이어진다. 아킨의 혼란스러운 정신 분열적 성격은 이 음조의 뒤틀림으로 극명하게 드러난다〉(바절론, 1975). 바절론이 말한 〈곡조가 안 맞는〉 음은 전통 서구 음악(최소한 2분음)에서는 볼 수 없는 4분음 간격으로 연주되고 있다. 맨시니의 4분음은 복수심에 불타 정신 병원을 탈출한 사람의 이야기를 다룬 라즐로 베네덱의 「밤의 방문객The Night Visitor」(1970)에서 더욱 정교하게 이용되고 있다. 여기에 선보인 차거운 음악은 17개의 관악기와 4분음으로 조율된 두 대의 피아노, 그리고 하프시코드로 이루어진 키보드 앙상블이 빚어낸 결과이다.

전자 음악

2차 대전 이후에 발달한 〈고전 음악〉 분야의 주요 아방가르드 형식은 전자 음악이다. 그전에도 이미, 테레민Theremin과 온데스 마르테노트Ondes Martenot 같은 원시적 전자 악기가 사용되고 있긴 했지만 1950년대에는 발진기, 필터, 사운드 제너레이터까지 포함된, 발전된 음악 형식이 생겨나기 시작했다. 이렇게 얻어진 소리는 악기 및 그 밖의 여러 형태로 얻어진 구체적 소리(때로는 전자적으로 수정되기도 한)를 녹음한 것과 결합되어 자기 테이프 위에 정교하게 편집되었다. 「금단의 행성」(1956)에 사용된 루이스와 베베 배런의 음악은 그런 방식으로 만들어진 것 중 가장 유명한 영화 음악이다. 그렇긴 해도 사실 그런 음악은 아방가르드 영화 외에는 별 쓸모가 없었다. 그러던 차에 전자 음악계의 선구자 블라디미르 우사체프스키는 주류 영화라고는 볼 수 없지만 여하튼 내러티브 영화이기는 한, 태드 다니엘레프스키가 사르트르의 황량한 실존주의적 우화를 개작한 「출구 없음No Exit」(1962)의 영화 음악을 맡게 되었다. 이 작품에서 우사체프스키는 다양한 전자음 외에도, 바람 소리를 녹음한 순환 테이프 소리, 불탈 때 우지직하는 소리, 시곗바늘 돌아가는 소리, 돼지 꿀꿀거리는 소리, 총 발사되는 소리와 같은 〈구체적〉 소리도 함께 이용했다.

전자 음악을 재미있게 사용한 또 다른 예는 감독 겸 작가 알랭 로브그리예와 작곡가 미셸 파노와의 공동 작업에서 찾아볼 수 있다. 영화 언어의 재정립을 위한 감독의 다양한 시도의 일환으로 그들은 음악과 사운드트랙을 어떤 〈구체적 소리〉에 결합시켜 보았고 그렇게 함으로써 음악과 소리의 트랙 모두를, 로브그리예가 말하는 소위 〈사실주의 이데올로기〉로부터 벗어나게 할 수 있었다. 「거짓말하는 사나이L'Homme qui ment」(1968)에서 파노가 드문드문 이용한 아방가르드 음악은 딱따구리 소리(전자적으로 생성된), 유리 깨지는 소리, 문 삐걱거리는 소리, 도끼로 나무 찍는 소리 등의 〈구체적 소리〉가 포함된 전체 음악의 극히 일부에 지나지 않았다.

1960년대에는 프로펫Prophet, 아르프Arp, 무그Moog와 같이 세트화된 다양한 종류의 신시사이저가 개발되어, 전에는 실험실에서 여러 번의 시행착오를 거쳐야만 얻을 수 있었던 각종 소리와 음색을 자유자재로 조작할 수 있게 되었다. 이들 기기는 이전의 전자 악기도 대체했다. 무그의 개척자 월터 카를로스(나중엔 웬디)는 스탠리 큐브릭의 「시계태엽장치 오렌지」(1971)에서 순수한 신시사이저 음악도 몇 곡 작곡하고 기존의 고전 음악도 신시사이저로 연주하여 초현대적인 분위기를 만들어 냈다. 하워드 쇼는 데이비드 크로넨버그의 「스캐너스Scanners」(1981)에서 고통받는 정신적 에너지의 상호 작용을 보여 주기 위해, 신시사이저에 수록된 열두 시간짜리 즉흥곡을 24-트랙 녹음기에 옮겨 담는 방식의 복잡한 음악을 만들어, 나중에 거기에 어쿠스틱 오케스트라를 위해 작곡한 곡을 곁들여 함께 녹음했다.

신시사이저의 출현이 영화 음악에 미친 영향은 실로 대단했다. 경우에 따라서는 관현악 음악을 통째로 대체하는 일도 생겼기 때문에, 경제적으로도 상당한 의미를 지니게 되었다.

또한 전문적 기술과 훈련된 청력이 요구되었기 때문에 소수의 아마추어들도 영화 음악 작곡의 기회를 얻게 되었다. 영화감독 존 카펜터가 바로 그 같은 경우로, 그는 자신이 만든 여러 편의 영화를 혼자 혹은 공동으로 작곡했으며, 그중의 하나가 단순하지만 황홀한 서스펜스 스릴러를 역시 단순하지만 매력적인 전자 음악으로 완벽하게 보완해 준 「할로윈」(1978)이었다.

1980년대 초에는 컴퓨터 기술에 의해 보다 정교해진 전자 음악이 영화 음악의 중요한 존재로 등장했다. 디지털 샘플링(전자 음악에서 디지털 부호의 음을 인용, 재사용하는 것)으로 기타류의 악기에 플루트 음색을 낼 수도 있었고 사전 입력된 프로그램으로 리드미컬한 복잡한 패턴을 만들어 낼 수도 있었다. 전자 관악기, 전자 드럼, 모든 종류의 키보드들은 이제 스튜디오의 일상적 기기가 되었고, 관현악 연주용으로 작곡된 곡이라 해도 전자 음악이 어느 정도는 꼭 포함되기 마련이었다. 웅대한 오케스트라 음악의 열렬한 옹호자였던 모리스 자르까지도 에이드리언 라인의 「야곱의 사다리Jacob's Ladder」(1990) 같은 최근 작품들에서 거의 전자 음악만 애용하고 있다(일종의 실내악단처럼 6~7개의 전자 악기로 구성된 앙상블을 자주 이용했다). 제리 골드스미스의 보다 세련되고 현대적인 음악적 언어는 「크리미널 로Criminal Law」(마틴 캠벨, 1989)의 우울한 음색과 「런어웨이Runaway」(마이클 크라이튼, 1984)의 격렬한 음악에서도 잘 나타났듯이, 전자 음악에서 특히 잘 구현되었다(「런어웨이」에서는 특히 자기 아들은 조엘 골드스미스가 프로그래밍 한 야마하 디지털 키보드를 연주했다). 전자 음악의 보다 대중적인 특성은 블레이크 에드워즈의 「스위치Switch」(1991)에서 두 대의 신시사이저, 2개의 전자 관악기, 전자 드럼, 전자 기타, 그리고 하나의 〈어쿠스틱〉 악기만을 사용한 헨리 맨시니의 음악에서 찾아볼 수 있다.

전자음은 단순하고, 비불협화음적인, 그런가 하면 일관된 음역 내에서 최소한의 전개만으로 이루어지는 비멜로디적 패턴을 보여 주는 소위 〈뉴 에이지〉 음악의 〈불가결한〉 요소가 되었다. 이러한 스타일의 영화 음악에는 「작은 신의 아이들Children of a Lesser God」(란다 헤인스, 1986)의 주제 음악(마이클 콘버티노)에서 귀머거리 여인의 내적 세계를 암시하는 신클라비어 연주 부분과, 어느 여름날 정신의 확장을 위해 다양한 시도를 하고 있는 바이런, 퍼시 셸리, 메리 셸리, 존 폴리도리 등에게서 뿜어져 나오는 정기*ether*를 음악적으로 환기시켜 준 크리스토퍼 영의 「공포의 여름The Haunted Summer」(이반 패서, 1988)이 있다.

미니멀리즘

미니멀리즘이 전통적 의미에서 비멜로디적이고, 기본적으로 조각들인 음악의 분절을 이용하고 있다고는 해도, 화음을 이용하고 이들 분절을 정신없이 돌아가는 순환 테이프에 배열한다는 점에서 아방가르드 기술과는 반대 입장에 있다. 이러한 요소들은 점묘법적 분해에 의해서가 아니라 물리적 공간과 순차적 시간의 직선적 제한을 허물어뜨릴 정도로의 확대에 의해 음악의 속도를 재규정한다. 이런 스타일은 지형의 경관과 인간의 경관*people-scape*을 비내러티브 형식으로 고찰한 고드프리 레지오의 3부작, 「코야니스콰치Koyaanisqatsi」(1983), 「포와콰치Powaqqatsi」(1988), 「아니마 문디Anima mundi」(1992)에서 필립 글래스가 사용한 연속적인 음악 반주에 잘 나타나 있다. 글래스의 음악은 미시마 유키오에 대한 묘사가 뛰어났던 폴 슈레이더의 「미시마Mishima」(1985)와 거의 어린애 같은 시각 스타일을 음악으로 보완해 준 에롤 모리스의 1988년도 다큐멘터리 「신블루 라인」에도 등장하고 있다.

마이클 니먼의 음악에서는 〈바로크 미니멀리즘〉이라고 불러도 좋을 또 다른 종류의 스타일을 찾아볼 수 있다. 그는 바로크나 고전 시대의 음악에서 발견되는 음의 수사(修辭)를, 소규모 합주단에 의해 거칠게 연주되는 음악(비바로크적인 색소폰이 반드시 들어가는)에 빈번히 결합시키고 있다. 피터 그리너웨이의 지독히도 비낭만적인 작품 「영국식 정원 살인 사건Draughtsman's Contract」(1982)에서 니먼은 헨리 퍼셀 음악의 〈반복적 화성법〉을 모방하면서, 〈끊임없이 반복적이고/가변적이고/재순환적이고/계층적인〉 화성적 구조 안에서 그것들을 다시 시험해 보고 있는데, 그것은 그의 〈미니멀적〉인 스타일의 중심이기도 했고 그리너웨이 영화의 비슷한 구조를 반영한 것이기도 했다. 그리너웨이와 니먼의 관계는 현 영화계에서 감독과 작곡가 간의 가장 중요한 협력 사례

중 하나로 남아 있다.

재 즈

1960년을 전후해서 영화 음악은 비고전적 형식으로 방향을 돌려, 한동안 스윙이거나 비밥이거나 간에 재즈가 영화 음악을 주도해 나갈 것처럼 보였다. 1950년대 영화에 나타난 재즈는 거의 모두 범죄 영화와 관련된 것이었다. 재즈 음악은 알렉스 노스[「욕망이라는 이름의 전차」(엘리아 카잔, 1951)], 엘머 번스타인[「황금의 팔」(오토 프레민저, 1955)], 데이비드 라스킨[「빅 콤보The Big Combo」(조지프 루이스, 1955)], 헨리 맨시니[「악의 손길」(오선 웰스, 1958)]와 같은 기성 영화 작곡가에 의해서도 만들어졌고, 마일스 데이비스[「사형대의 엘리베이터」(루이 말, 1957)], 듀크 엘링턴[「살인의 해부 Anatomy of a Murder」(오토 프레민저, 1959)], 존 루이스[「내일의 강적Odds against Tomorrow」(로버트 와이스, 1959)]와 같은 재즈 음악가에 의해서도 만들어졌다.

하지만 1960년에 이르면 영화 음악 작곡가로서의 재즈 음악인들의 생명은 사실상 끝나게 된다. 마틴 리트의 「파리 블루스Paris Blues」(1961)에 나타난 듀크 엘링턴의 음악(그의 마지막이자 두 번째 영화 음악이었다)은 전통적인 의미에서의 영화 음악이라기보다는 내러티브 행위의 일부에 더 가까웠다. 마일스 데이비스는 다른 영화 음악의 연주자로도 활동했고 메리 램버트의 혼란스러우면서도 약간 초현실적인 영화 「시에스타Siesta」(1987)의 음악을 (마커스 밀러와 함께) 만들기도 했다. 재즈 음악인들은 자신들의 레코드 음악을 그냥 재탕하여 쓰는 것이 보통이었는데, 이러한 경향은 특히 1980년대의 두 영화, 버드 파월과 레스터 영의 생애에서 영감을 얻어 허구와 실제를 반반씩 섞어 만든(테너 색소폰 연주자 덱스터 고든의 연주도 곁들여) 베르트랑 타베르니에의 「라운드 미드나잇 Autour de minuit」(1986)과 찰리 파커의 생애를 다룬 클린

허비 행콕이 음악을 맡은 베르트랑 타베르니에 감독의 「라운드 미드나잇」(1986)에서 1950년대 파리의 유명한 재즈 뮤지션 데일 터너를 연기하고 있는 덱스턴 고든.

트 이스트우드의 「버드」(1988)에서 특히 정점을 이루었다.

영화 음악으로서의 재즈의 운명은 헨리 맨시니, 랄로 시프린, 데이브 그루신, 존 베리, 미셸 르그랑과 같은 기성 영화 작곡가들이 재즈 언어의 기본적 요소만 빼내어 영화의 흐름에 맞는 〈현대적〉 스타일로 통합했다는 점에서 고전 음악의 그것과 아주 흡사했다. 돈 시겔의 형사 스릴러 「더티 해리」(1971)에서 보여 준 랄로 시프린의 음악은 그것의 특징을 가장 완벽하게 보여 준 예라고 할 수 있다. 전-타이틀 살해 장면의 음악은 전자음과 여인의 목소리가 뒤섞인 어딘지 모르게 조화롭지 못한 이상한 음악이긴 했어도, 그것은 기로*guiro*의 소리가 간간이 곁들여진 스네어 드럼과 페달 심벌즈로 연주된 재즈 음악이었다. 그 외에 스윙 베이스 악절은 전체 음악의 재즈적 특성에 도움을 주었고, 허밍이 곁들여진 플루트 음처럼 다른 음악들도 아방가르드 고전으로서의 비밥으로 충분히 인식될 만했다. 다른 영화 음악에서도 시프란은 재즈와 고전을 합친 퓨전 음악을 만들어 냈고, 그에게 이런 스타일을 창조할 수 있는 기회와 자유를 부여해 준 것이 영화 음악이었다. 존 배리 역시 리처드 레스터의 코미디 「요령과 방법The Knack…… and How to get it」(1965)에서는 생기에 찬 재즈를, 그의 또 다른 작품 「페튤리아Petulia」(1968)에서는 약간 으스스한 나이트 재즈를 사용했다. 베리는 또한 그 유명한 〈제임스 본드 주제곡〉을 비롯한 007 시리즈의 몇몇 음악에서 스스로 연마한 재즈와 팝 음악 실력을 보여 주는가 하면, 다른 007 영화들에서는 지극히 현대적이고 고전적인 스타일을 구사했다. 「안녕, 내 사랑Farewell, my lovely」(1975)에서 거슈인의 영향을 받은 클래식 재즈의 우아함을 선사한 바 있는 데이비드 샤이어는 조지프 사전트의 스릴러 「펠럼 탈취하기The Taking of Pelham One Two Three」(1964)에서는 라틴 분위기가 가미된 전통 재즈로 무음조의 어두운 음색을 만들어 내고 있다. 한편, 「핑크 팬더The Pink Panther」(블레이크 에드워즈, 1964)와 같이 재즈에 의존한 헨리 맨시니의 많은 음악들은 비밥 스타일에서 좀 더 가벼운 영화(그의 주무대였다)에 맞는 대규모 악단의 스윙 스타일로 후퇴하고 있다. 맨시니 음악의 특징은 「전격 체포 작전A Shot in the Dark」(블레이크 에드워즈, 1964)과 「저녁 먹으러 온 도둑The Thief who Came to Dinner」(버드 요킨, 1973)에서와 같이 매끄럽게 잘 짜인 멜로디를 배경으로 한 정교한 베이스 선율 — 그 자체가 사실상 멜로디인 — 에 있다.

영화와 음악의 새로운 상호 작용

1960년 이후의 영화 음악에서 가장 중요한 발전은 음악의 표현 형태가 아니라 음악과 영화의 관계에서 일어났다. 1960년까지는 영화에 수록된 음악이나 각종 청각적 형태로 녹음된 음악의 질이 영화의 시각적 질과 밀접한 관련을 갖게 되었다. 뿐만 아니라 프랑스 〈누벨 바그〉 운동 등에서 일어난 형식적 변화들은 영화 제작의 종속적 요소들을 내러티브 영역으로 급속히 편입시켜 시각적 이미지, 사운드, 음악 등은 그 자체만으로도 영화의 중요한 요소가 되었다. 그 대표적인 예로 장-뤼크 고다르는 「미치광이 피에로」(1965)에서 작곡가 앙투안 뒤아멜로 하여금 완전히 독립된 4개의 〈주제곡〉을 작곡하도록 하여 그것을 단순히 액션용 음악이 아니라 시각적 이미지와 똑같이 컷과 편집이 필요한 영상물의 형태로 이용했다.

이러한 경향에서 나온 결과 중의 하나가 시각적 이미지와 동등한 입장에서 관련을 맺는 또 다른 형태의 이미지로의 발전, 즉 사운드트랙의 변화된 위치였고, 보 뷔데르베리의 스웨덴 영화 「엘비라 마디간Elvira Madigan」(1967)과 스탠리 큐브릭의 「2001년 스페이스 오디세이」(1968)는 그 점이 가장 두드러진 영화였다. 뷔데르베리는 「엘비라 마디간」의 목가적 영상과 사랑/비극의 줄거리를 보완하기 위해 모차르트 피아노 협주곡 21번 2악장을 사용하기는 하되, 처음부터 고전 음악을 그냥 사용하는 것이 아니라, 영화의 각 장면에 나타나는 시각적 이미지를 따라가며 그것을 표현해 주는 음악적 이미지로 사용하고 있다. 「2001년 스페이스 오디세이」에서 큐브릭은 처음부터 미리 생각해 두었던 것으로 보이는 음악적 과정 즉, 낭만주의(리하르트 슈트라우스)로부터 초기 현대(아람 카차투리안)를 거쳐 아방가르드 현대(죄르지 리게티)에까지 이르는 보다 정교한 음악적 이미지를 보여 주고 있다. 장-뤼크 고다르도 그의 단편 「신세계Le Nouveau Monde」(1962)와 장편 「결혼한 여자Une Femme mariée」(1964)에서 베토벤 현악 4중주 다섯 곡에서 발췌한 짤막한 음악들을 고집스럽게 계속 반복 사용함으로써, 고전 음악을 빈번히 사용하는 모습을 보여 주었다.

영화 음악의 새로운 방식은 전에는 비디에게시스 영화 음악에만 국한되었던 내러티브 음악 세계로의 침범이었고, 이것은 이미지의 주요 공급원으로서 영화와 대등한 입장에 있는 음악의 위치를 관객에게 다시 일깨워 준 것이 되었다. 일례로 큐브릭의 「시계태엽장치 오렌지」에서 〈루트비히 판〉과 같은 고전 음악 작곡가들 — 영화 속에서 이들 음악은 디에게시

대성공을 거둔 리처드 레스터 감독의 「하드 데이스 나잇」(1964)에서 폴 매카트니, 조지 해리슨, 링고 스타, 존 레넌이 팬들로부터 도망치고 있다. 이 영화의 음악은 비틀스, 편곡은 조지 마틴이 맡았다.

스 안팎을 넘나들고 있다 — 에게 빠져 드는 건달의 모습은 이런 맥락에서만 분명히 이해될 수 있다. 알베르토 카탈라니의 그저 난해한 오페라로만 알려져 있던 「라 왈리La Wally」의 아리아를 일약 세계적인 음악으로 만들어 준 「디바Diva」(1982)의 장-자크 베넥스 역시 이미지로서의 음악의 위치를 영화 탐구의 중심적 요소로 삼은 사람이다. 레오 델리베스의 오페라 「라크메Lakmé」 중에 나오는 아리아 〈비엥, 말리카 Viens, Malika〉는 토니 스콧의 「허기The Hunger」(1983)에 이용됨으로써 뉴욕의 오페라 무대에 다시 복귀함은 물론, TV 광고와 리들리 스콧의 「위험한 연인Someone to Watch over me」(1987), 토니 스콧의 「트루 로맨스True Romance」(1993), 브라이언 드 팔마의 「칼리토의 길Carlito's Way」(1993) 같은 영화 음악의 단골 메뉴로까지 떠올랐다. 현실 도피적 이미지로서의 음악과 그와 유사한 중독적 힘은 베르트랑 블리에 감독의 블랙 코미디 몇 편에서도 중요한 역할을 하고 있다. 「손수건을 준비하세요Préparez vos mouchoirs」(1978)에서 2명의 남자 주인공들이 좋아하는 모차르트는 그들의 10대 경쟁자들이 좋아하는 슈베르트에게 결국 무릎을 꿇게 된다.

대중음악

여러 형태의 대중음악이 1960년 이후의 내러티브 영화에서 이전보다 훨씬 중요한 요소로 떠오른 것 역시 미학적 이유 때문이었다. 전에는 거의 뮤지컬 영화나 〈원천*source*〉(디에게시스) 음악으로만 사용된 대중가요가, 특정 영화용으로 이미 작곡되었거나 쓰인 것에 관계없이, 영화의 시각적이고 내러티브적인 요소와 좀 더 깊은 관련을 맺기 시작했다. 정교한 타이틀 장면은, 셜리 배시의 시원한 가창력이 돋보이는 존 베리의 「골드핑거Goldfinger」(1964) 주제곡이나 「토머스 크라운 어페어The Thomas Crown Affair」(노먼 주이슨, 1968)의 주제곡 〈네 마음의 풍차The Windmills of your Mind〉 같은 대중가요의 경연장이 되었다. 기존에 이미 나와 있던 해리 닐슨의 〈모두가 떠들고 있네Everybody's Talkin〉는 존 슐레진저 감독의 「미드나잇 카우보이Midnight Cowboy」(1969) 주제곡으로 쓰였다. 대중가요는 또, 「내일을 향해 쏴라Butch Cassidy and the Sundance Kid」(1969)에 쓰인 버트 바카라의 〈머리 위에 떨어지는 빗방울Raindrops Keep Fallin' on my Head〉과 「여왕 폐하 대작전On Her Majesty's Secret Service」(1969)에 쓰인 배리의 〈우리는 세상의 모든 시간을 가졌다We have All the Time in the World〉(루이 암스트롱 노래)와 같은 중요하고 가끔은 로맨틱한 순간의 배경 음악으로 비디에게시스 사운드트랙에도 선을 보였다. 대중음악은 팝 선율의 제한까지도 뛰어넘었다. 니노 로타는 「8과 $\frac{1}{2}$」(1963), 「영혼의 줄리에타Giulietta degli spiriti」(1965), 「아마코드Amarcord」(1974)와 같은 페데리코 펠리니 작품의 자전적 요소에 맞는 음악적 분위기를 연출해 내기 위해 폭스트롯, 행진곡, 가벼운 고전 음악을 결합한 독특한 음악 스타일을 개발하여 그것을 감독이 제시하는 통합적 비전의 일부가 되게 했다.

록 그룹은 그 자체가 영화의 소재가 될 정도로 하나의 중요한 문화적 현상이 되었고, 비틀스의 세 영화, 「하드 데이스 나잇A Hard Day's Night」(리처드 레스터, 1964), 「헬프Help!」(리처드 레스터, 1965), 애니메이션 영화 「노란 잠수함」(조지 더닝, 1968)과 몽키스의 「헤드Head」(밥 라펠슨, 1968)처럼, 그룹의 멤버들은 자신들의 음악을 영화의 부수적 존재가 아니라 연기의 일부가 되게 하는 방식으로 영화에 출연했다. 그보다 더 중요한 것이 이들 그룹의 반체제적 성격에 맞추기 위해, 영화 작가와 감독들은 종종 사이키델릭한 비주얼(「노란 잠수함」과 「헤드」)과 내러티브 스타일을 선보이는 등, 완전히 자유로운 형식을 구사했다는 점이다. 오로지 영화 이미지만을 탐구하는 장-뤼크 고다르조차도 「악마에게 동정을Sympathy for the Devil」(1970)을 롤링 스톤스의 동명 음악 녹음 과정을 중심으로 만들었다. 한 걸음 더 나아가, 앨런 프라이스와 그의 밴드는 린지 앤더슨의 악당 영화 「오 러키 맨O Lucky Man!」(1973)의 안팎을 들락거리며, 마치 현대판 음유 시인처럼 자신들의 노래로 내러티브에 논평까지 가하고 있다. 로버트 올트먼의 「내슈빌」(1975)은 내러티브 대부분을 영화 속의 남녀 배우들이 주로 작곡한 이류 컨트리 & 웨스턴 송들의 콜라주로 채워 넣어 관객(청취자)의 초점을 이미지 메이킹의 정치로 향하게 하는 결과를 가져왔다.

좀 더 색다른 록 그룹들도 영화 음악의 〈작곡가〉로 활약했다. 바베트 슈뢰더의 「모어More」(1969)에서 핑크 플로이드는 여러 환상적인 곡들을 직접 만들고 연주까지 하여, 마약으로 빚어진 비극적 상황을 더욱 효과적으로 부각시켰다. 슈뢰더의 또 다른 작품 「계곡La Vallée」(1972)의 음악도 맡은 핑크 플로이드는 후일 그들의 앨범 「더 월The Wall」 전체를 애니메이션이 일부 곁들여진 장편 록 비디오 「핑크 플로이드의 벽Pink Floyd: The Wall」(앨런 파커, 1982)으로 만들었다. 최면적 현상에 바탕을 둔 전자 음악을 특징으로 하는 보컬이 없는 그룹 탠저린 드림Tangerin Dream은 윌리엄 프리드킨의 「마법사Sorcerer」(1977) 음악을 맡은 뒤로 영화 음악 주문이 끊이지 않았고, 범죄 영화, 화려한 시각적 스타일, 일렉트릭 팝을 이용한 사운드트랙〔그의 착상으로 만들어진 「마이애미 바이스The Miami Vice」 TV 시리즈와 「맨헌터Manhunger」(1986)를 참고할 것〕으로 영화계 경력을 쌓은 마이클 만의 「도둑Thief」(1981)은 그중에서도 가장 성공적인 작품이 되었다. 지극히 정교한 아방가르드-팝 사운드를 영화에 도입한 그룹은 1969년에 플로리안 프리케가 조직한 독일 그룹, 포폴 푸Popol Vuh였다. 포폴 푸의 활약은 뉴 저먼 시네마 감독인 베르너 헤어초크와의 공동 작업에서 특히 두드러졌고, 그들의 첫 작품인 「아기레, 신의 분노Aguirre, der Zorn Gottes」(1972)는 느린 박자의 낮은 전자음 위로 울려 퍼지는 대형 성가대의 동방 교회풍 성가로 특히 유명하다. 둘의 공동 작업은 「흡혈귀 노스페라투Nosferatu the Vampyre」(1979)로 정점을 맞게 되는데, 여기서 포폴 푸는 관악기와 타악기 반주에 의한 그레고리안 성가의 으스스함으로 영화의 음울한 분위기를 더욱 완벽하게 보완해 주었다.

1960년대부터 일어난 영화와 대중음악 간의 새로운 상호 작용으로 1970년에 이르러서는 뮤지컬 영화도 거의 자취를 감추게 되었고, 그나마 살아남은 것이 앨런 멘켄과 하워드 애시먼의 「미녀와 야수Beauty and the Beast」(1991)로 대표되는 1980년대 말과 1990년대 초의 디즈니 만화 영화들이다.

1980년대에 이르러 영화-대중음악의 합작 전략은 이미 음반으로 나와 있는 노래를 하나라도 더 사운드트랙에 옮겨 놓는 수준에까지 이르렀다. 대개는 원천 음악의 형태로 이루어진 이 같은 전략은 젊은 관객을 끌어들이고 음반 발매를 창출해 내기 위한 것으로, 이들 노래는 다시 〈오리지널 사운드트랙〉이라 불리는 앨범에 재수록되었다. 일반적으로 인기 있는 대중 가수가 노래하고 영화의 분위기와는 전혀 상관없는 오리지널 송이 흔히 쓰이는 곳은 인물 자막이 올라갈 때로, 아예 긴 인물 자막 시퀀스를 장식하는 하나의 정형으로 굳어 버렸다. 하지만 음악을 하나의 독립된 이미지 매개로 사용한 영화의 탁월함은 그 영화와 관련된 음악(고전, 재즈, 팝, 어느 것이든 상관없이)의 상업적 가능성을 배가시켰고, 그 결과 전에는 쳐다보지도 않던 허먼의 「찢긴 커튼」(앨프리드 히치콕, 1966)과, 노스의 「2001년 스페이스 오디세이」까지 녹음이 될 정도로, 전보다 훨씬 많은 고전 음악이 음반 발매의 대상이 되었다. 안트랙트Entr'acte(현재의 서던 크로스Southern Cross)와 바레즈 사라방드Varèse Sarabande 같은 레코드 회사들은 고전 영화 음악 발매에 회사의 사활을 걸고 있을 정도이다. 「2001년 스페이스 오디세이」와 「플래툰」(올리버 스톤, 1986) 같은 영화에 수록된 음악도 동일한 맥락에서 상업적 가능성이 크게 증가했다.

다시 본론으로 돌아와, 지난 15년간 고전 음악 음반계의 최고 인기곡이었던 헨리크 고레츠키의 교향곡 3번은 피터 위어 감독의 「용감무쌍Fearless」(1993)에 사용되었다. 랩 같은 대중음악의 여러 장르도, 앞으로 개봉될 영화 음악에 나오는 노래를 TV 스팟 광고로 내보내는 등, 사전 마케팅 전략의 일부가 될 정도로 영화 시장의 중요한 요소로 부각됐다. 1960년 이전의 영화-음악이 어떤 순수함과 일관성을 보여 주었다면, 최근의 그것은 포스트모더니즘적인 요소가 한꺼번에 뒤죽박죽된 형태라고 할 수 있다. 워런 비티의 「딕 트레이시」(1990)가 개봉되고 난 뒤 발매된 음반만도 1) 전 록그룹 연주자 대니 엘프먼이 쓴 영웅적이고 고전적인 배경 음악, 2) 앤디 페일리가 1930년대풍으로 쓴 원천 음악, 3) 브로드웨이 작곡가 스티븐 손드하임이 쓰고 마돈나가 영화에서 부른 노래 세 곡(마돈나 앨범) 등 세 장이나 되었다.

참고문헌

Bazelon, Irwin(1975), *Knowing the Score: Notes on Film Music.*

Brown, Royal S.(1994), *Overtones and Understones: Reading Film Music.*

Karlin, Fred(1994), *Listening to Movies: The Film Lover's Guide to Film Music.*

— and Wright, Rayburn(1990), *On the Track: A Guide to Contemporary Film Scoring.*

Mancini, Henry, with Lees, Gene(1989), *Did They Mention the Music?*

Meeker, David(1981), *Jazz in the Movies: A Guide to Jazz Musicians, 1917~1977.*

Prendergast, Roy M.(1992), *Film Music, a Neglected Art: A Critical Study of Music in Films.*

Rózsa, Miklós(1983), *Double Life: The Autobiography of Miklós Rózsa.*

예술 영화

제프리 노웰-스미스

1960년대 초에 유럽 영화의 전망은 좋아 보였다. 관객은 감소 추세를 보였지만 새로운 사실성을 담은 영화들이 등장하고 있었다. 합작 영화는 좀 더 광범위한 세계 영화 시장을 확보했고, 프랑스 누벨 바그는 제작비를 맞추기 위해서 많은 관객을 필요로 하지 않는 저예산 영화 제작의 길을 열어 주었다. 그러나 1980년대가 되면서 전망은 매우 불투명해졌다. 1960년대와 1970년대 초의 새로운 영화들이 다 소진되어 버렸기 때문이다. 영화 관객은 엄청난 속도로 줄어들었다. 할리우드는 주요 영화 시장의 지배력을 단단히 그러쥐고, 안 그래도 줄어드는 흥행 수입에서 점점 많은 몫을 빼앗아 갔다. 유럽의 많은 국가들, 특히 작은 나라들에서 대중적인 자국 영화 제작률 — 코미디, 범죄, 그 밖의 평범한 장르 — 은 바닥까지 떨어졌고, 제작은 국가 보조금과 가뭄에 콩 나듯 한 번씩 성공하는 국제 시장 진출로 근근히 버텨 갈 정도였다. 경제적 혹은 문화적 의미에서의 국가 영화, 즉 자국 시장을 염두에 두고 자국의 문화적 관심을 다룬 영화를 정기적으로 제작할 수 있는 나라는 서유럽과 동유럽(공산주의 붕괴 이래)을 통틀어 이제 몇 나라밖에 남지 않은 상황에 이르렀다.

그 결과 유럽 영화는 점차 중·저예산 수준의 〈예술 영화〉와 좀 더 고예산의 〈국제 영화〉로 구분되었다. 이 구분은 1980년대 이래 발생한 상황은 그런대로 정확히 반영하고 있으나, 그전 시대의 유럽 영화까지 소급하여 적용할 경우, 특히 예술 영화라는 말은 오도될 소지를 많이 가지고 있다. 〈예술 영화〉라는 이름으로 미국과 영국에서 선전되고 〈상업 영화〉와는 어느 정도 다른 것으로 말해지는 많은 영화들이, 실상은 해외의 〈예술 영화 상영관〉으로 팔려 나가기 전에 이미 흥행 성공을 거둔 자국의 주류 영화였으며(그건 지금도 마찬가지이다), 그 점에 있어서는 일본이나 인도 영화도 예외일 수 없다.

미켈란젤로 안토니오니 (1912~2007)

1960년 5월, 미켈란젤로 안토니오니의 「정사」가 칸에서 처음 개봉되었다. 관객의 빗발치는 야유가 쏟아지는 가운데 소수의 비평가들에 의해서만 열정적으로 비호된 이 영화는 그 후 9월 파리 개봉에서는 몇 달간 장기 상영되는 진풍경을 연출했다. 제작비 조달 문제가 늘 끊이지 않는 가운데, 야외 촬영으로만 제작된 「정사」는 46세에 접어든 이 감독의 여섯 번째 작품이었다.

「정사」의 스타는 그때까지는 거의 알려지지 않았던 여배우 모니카 비티였다. 이후 그녀는 그의 다음 작품 「밤」(1961)에 다시 (검은 가발을 쓰고) 출연했고, 「일식」(1962)(다시 금발 머리를 하고 알랭 들롱의 상대역으로)과 (붉게 염색한 머리로) 「붉은 사막」(1964)에도 출연했다. 비티가 맡은 지적이며 생동감이 넘쳐흐르고 노이로제 증상을 보이는(「붉은 사막」에서는 완전히 무너져 버린다) 인물들은, 강렬한 회화적 가치 추구와 전통으로부터 단절된 현대 사회의 도덕적 방향 감각 상실에 대한 우려로, 1960년대 초에 나온 일군의 이들 영화들을 특징짓고 있다.

비티가 나오는 영화의 주제들은 안토니오니의 작품에서, 좀 더 날카롭게 초점이 맞춰지고는 있지만, 그다지 새로운 것은 아니었다. 실존적 방향 감각 상실은 「어느 사랑의 연대기」(1950)로부터 시작된 그의 이전 영화 인물들의 특징이면서, 또한 그의 초기 다큐멘터리에 나오는 실제 인물들 — 특히 1953년에 만들어진 에피소드 영화 「도시의 사랑L'amore in città」에서 인터뷰한 자살 실패자들 — 의 특징이기도 했다. 그리고 인물을 그곳에 흡수시켜(특히 「붉은 사막」에서) 나약하게 보이도록 하면서 또 우발적인 것으로도 보이게 하는 그러한 경치에 인물을 배치시키는 것도, 그의 이전 영화에서 많이 써온 수법이었다. 안토니오니의 대담한 모더니즘이 예술 영화를 찾는 새로운 젊은 관객들의 가슴을 울린 것은 1960년대에 이르러서이다.

「정사」의 성공으로 안토니오니는 보다 많은 제작비로 나른해 보이는 마르첼로 마스트로얀니, 무뚝뚝한 모습의 잔 모로(「밤」), 활력 넘치는 알랭 들롱(「일식」), 어딘가 멍청해 보이는 리처드 해리스(「붉은 사막」)와 같은 세계적인 스타들과 일할 수 있게 되었다. 그 후 그는 제작자 카를로 폰티와 손잡고, 「욕망」(1966)을 시작으로 일련의 합작 영화를 만들었다. 데이비드 헤밍스가 주연을 맡고 제프 벡과 야드버즈Yardbirds가 게스트로 출연한 「욕망」은 〈자유분방한 런던〉을 섬세한 외국인의 시각으로 바라본 작품이다. 「자브리스키 포인트」(1969)의 미국 대학 폭동 장면에 비슷한 방법을 사용하여 미국 평단의 엄청난 공격을 받은 안토니오니가 다시 「여행자」(1975)를 만들어, 폰티와의 약속을 지킨 것은 그로부터 5년이 지난 후였다.

1972년, 문화 혁명의 절정기에 중국 정부의 초청을 받은 안토니오니는 그곳에서 이탈리아 텔레비전을 위한 220분짜리 다큐멘터리를 만들었다. 중국 정부는 그에게 대단한 실망감을 표시했고, 그 작품은 (미국을 잘못된 시각으로 묘사했다 하여 호된 비난을 받은 「자브리스키 포인트」처럼) 중국을 〈잘못〉 표현했다는 이유로 중국 언론의 맹렬한 비난을 받았다. 하지만 안토니오니의 「중국」은 호기심 어린 외국인의 눈앞에 조심스럽게 펼쳐진 중국, 그곳의 전환기적 사회를 지극히 부드럽게 (하지만 대단히 비공개적으로) 바라본 영화였다.

「여행자」의 마지막 장면에서 안토니오니와 그의 촬영 스태프는 영화사상 가장 뛰어난 기법의 하나로 기억될 장면을 계획하여 실행에 옮겼다 — 길고 느린 동작으로 방에서 빠져 나온 카메라는 유리창을 덮고 있는 쇠창살 문을 지나 안마당을 한 바퀴 돌아 애초에 그 인물의 시각으로 촬영이 시작된 건물, 하지만 지금은 카메라가 안마당을 이리저리 돌아다니는 사이에 언뜻 비쳤던 알 수 없는 총잡이들에게 그 인물이 살해당한 채 죽어 있는 그곳을 다시 들여다본다. 그의 다음 작품 「오베르왈드의 비밀」(1980)에서 안토니오니는 전자식 컬러 효과를 내는 비디오로 영화의 전 장면을 촬영하여 그것을 다시 35mm 필름으로 옮겨 담는 또 다른 기술적 재능을 과시해 보였다. 하지만 안타깝게도 그 기술은 안토니오니가 원했던 효과를 내지 못했고, 영화는 별 특징 없는 멜로드라마적 소재(장 콕토의 「머리가 둘 달린 독수리L'Aigle a deux têtes」)의 선택으로 더욱더 참패를 면치 못했다.

프랑스 비평가 롤랑 바르트는 1980년에 쓴 한 기고문에서 안토니오니의 모토를 〈예지〉, 〈경계〉, 〈연약함〉이라고 칭하면서 그를 전형적인 현대 예술가로 추켜세웠다. 바르트는 평범한 의미에서의 〈의미심장함〉은 유보되고, 불확실성과 유동하는 한가운데 있는 자기 정의의 덧없는 순간을 포착하는 것에 감독의 주의가 집중되어 있는 안토니오니 작품 세계의 특징을 지적했다. 그 특질이 가장 잘 드러난 작품이 아마도 새 영화의 여주인공을 찾는 과정과 자기 인생의 반려자를 찾는 일이 뒤죽박죽으로 얽혀드는 어느 영화감독의 이야기를 그린 「어느 여자의 신원 조사」(1982)일 것이다. 감독은 여주인공을 찾는 데는(자기 여자를 찾는 데도) 실패하지만 탐험의 과정은 그에게 딜레마의 해결 방법을 일깨워 준다. 안토니오니의 전 작품에서, 여정은 늘 목적지 이상의 중요성을 지니고 있다. 결론은 열려 있고 불확실한 도덕적 계몽의 획득이 이야기의 종결을 대신한다. 「외침」(1957)과 「여행자」는 죽음으로 끝나고, 「밤」의 커플은 사랑 없는 결혼에 갇히게 되지만, 그의 영화들은 주로 남녀 주인공이 미래로 나아가는 여운을 남기며 끝나는 경우가 많다. 「일식」을 종결짓는 그 탁월한 반(半)추상적 몽타주는 피에로와 비토리아의 사랑은 끝났다는 것을 암시하면서도 또 한편으로는 다시 사랑하게 될 것이라는 것을 강하게 암시하고 있다.

거의 반신불수 상태로 몰고 간 1985년의 뇌졸중으로 그의 영화 인생도 이제 끝난 것으로 생각했는데, 놀랍게도 1995년 그는 자신의 단편 모음에 바탕을 둔 「구름 저편에」로 다시 한 번 영화계의 문을 두드렸다. 전 세계에서 회고전이 열려 감독으로서의 안토니오니의 명성을 사람들이 확인하고 있는 사이에, 그는 자신의 작품이 여전히 활력에 넘치고 현대적이라는 것을 확인시켜 주었다.

제프리 노웰-스미스

주요 작품

장편 영화

「어느 사랑의 연대기Cronaca di un amore」(1950); 「정복된 사람들I vinti」(1952); 「동백꽃 없는 숙녀La signora senza camelie」(1953); 「여자 친구들Le Amiche」(1955); 「외침Il grido」(1957); 「정사L'avventura」(1960); 「밤La notte」(1961); 「일식L'eclisse」(1962); 「붉은 사막Il deserto rosso」(1964); 「욕망Blowup」(1966); 「자브리스키 포인트Zabriskie Point」(1969); 「중국Chung Kuo Cina」(1972); 「여행자Professione: reporter」(1975); 「오베르왈드의 비밀Il mistero di Oberwald」(1980); 「어느 여자의 신원 조사Identificazione di una donna」(1982); 「구름 저편에Par-delà les nuages」(1995).

참고 문헌

Barthes, Roland(1980), "Cher Antonioni".
Chatman, Seymour(1985), *Antonioni*.
Nowell-Smith, Geoffrey(1993), "Beyond the Po Valley Blues".
Rohdie, Sam(1990), *Antonioni*.

◀ 「일식」(1962)에서의 모니카 비티.

새로운 예술 영화

평범한 상업 영화와는 다른 경제 문화적 공간을 점하고 있는 〈예술 영화〉(혹은 필름 다르*film d'art*)라는 말은 사실, 영화 자체만큼이나 진부한 개념이다. 탁월한 (혹은 웬만큼 두드러지는) 예술성으로 만들어진 영화는, 비록 서로의 목적이 반드시 일치하는 것만은 아니라는 것을 알고 있기는 하지만, 감독들의 미학적 목적 못지않게 경영자와 제작자들에게는 하나의 기업적 전략이 될 수 있다. 1945년 이후 많은 나라들은 자국 문화의 표현 수단이 될 수 있는 영화를 특별히 선호하는 정책을 펴왔다. 이 정책은 의도나 효과 면에서 상당히 모호한 경우가 많았지만, 그럼에도 불구하고 비주류 영화에 어느 정도(믿을 만한 수입원은 못 되었지만) 재정 존립의 바탕을 마련해 주었다.

1960년대에 유럽에서 새롭게 태동한 예술 영화는 동질적인 현상이 아니었다. 그 안에는 프랑스 누벨 바그의 값싸고 종종은 가벼운 영화와 촬영은 이탈리아에서 하고 제작비는 20세기 폭스에서 부담한 비스콘티의 「표범」처럼, 초대형 영화까지 포함되었다. 누벨 바그 자체 내에서는 그러나 다른 경향들이 생겨났다. 장-뤼크 고다르와 같은 감독들이 혁신적 실험을 계속하고 있는 한편, 클로드 샤브롤 같은 감독들은 장르 영화 쪽으로 점차 방향을 선회했다(샤브롤의 경우, 히치콕의 영감을 받은 스릴러). 하지만 그들은 자신들이 어떤 방향으로 나아가든 다양한 영화를 포용해 줄 수 있을 정도로 국내외 시장이 유연하다는 사실을 깨닫고 있었기 때문에 제작자를 쉽게 확보할 수 있었다. 영국의 경우에는 그러나 시장 상황이 그리 순조롭지 못했다. 〈프리 시네마*Free Cinema*〉 감독들이 주류 시장에 더욱 의존하고 있었기 때문이다. 어느 정도 국제적 지명도가 있는 인물들이었음에도 불구하고, 이들은 성공의 발판을 유럽이 아닌 미국 시장에서 다져 나갔다.

유럽 예술 영화의 전기는 1959년에서 1960년 사이, 프랑수아 트뤼포의 「400번의 구타Les Quatre cents coup」, 알랭 레네의 「히로시마 내 사랑」, 장-뤼크 고다르의 「네 멋대로 해라」, 미켈란젤로 안토니오니의 「정사」, 펠리니의 「달콤한 인생」과 함께 찾아왔다. 이 새로운 영화들에 필요한 문화적 여건은 영화 단체들의 작품과 소규모 잡지들에 의해 일단 다져졌고, 그에 뒤이은 결정적 폭발은 잉마르 베리만의 「제7의 봉인Det sjunde inseglet」(1957) 같은 작품들에 쏟아진 열렬한 환호와 더불어 시작되었다. 하지만 뉴 웨이브와 그와 관련된 영화들에 쏟아진 대중적 관심은 〈예술 영화〉라는 특질보다는

유랑극단 배우들의 편력과 그리스 정치사를 파헤치는 방법으로 플래시백 구조를 이용한 테오도로스 앙겔로풀루스의 「유랑 극단 O thiassos」에 나오는 한 장면.

다양한 체험에 대한 개방성(주류 영국 영화나 여전히 검열의 제약 속에서 허우적거리고 있던 미국 영화와 비교하여)이나 성적인 솔직함과 같은 특질에 보다 많이 기인한 것이었다. 이러한 특질은 인구와 문화 면에서 점차 비중이 높아지고 있던 교육받은 젊은이들에게 특히 어필했다. 1960년대에는 실제적 결론에 도달하는 것과는 상관없이 거친 내러티브를 보여주는 소위 예술 영화와, 잘 다듬어진 예술 작품을 중도파 관객들(영화에서 점점 멀어지고 있던)에게 제공하고 있던 주류 영화(메이저 할리우드 스튜디오거나 프랑스적 〈전통〉의 잔존자들이거나에 상관없이)가 함께 공존하는 추세를 보였다.

1960년대는 또한 작가의 시대, 혹은 〈영화 작가*film d'auteur*〉의 시대이기도 했다. 할리우드 시스템 내에서는 작가 감독이라고 하여 그 개념에 어떤 법적 지위가 수반되는 것은 아니었으나, 그럼에도 불구하고 영화들은 점차 어느 감독의 작품으로 인식(광고)되기 시작했다. 작품에 대해 할리우드보다는 좀 더 유리한 재량권과 법적 보호를 받고 있던 유럽의 감독들도 새로운 관객들에게 지적 호기심과 충격을 동시에 안겨 주는 영화를 제공함으로써 그 기회를 충분히 이용하고 있었다.

이탈리아에서는 소설가 겸 수필가 피에르 파올로 파솔리니가 신화와 동시대의 정치, 문화에 대한 자신의 생각을 피력할 수 있는 또 하나의 대안적 방식으로 영화에 뛰어들었다. 프랑스에서는 〈누보 로망〉의 두 기수 마르게리트 뒤라스와 알랭 로브그리예〔두 사람 다 알랭 레네의 영화 시나리오를 썼다. 뒤라스는 「히로시마 내 사랑」(1959), 로브그리예는 「지난해 마리엔바트에서L'Année dernière à Marienbad」(1961)〕가 이번에는 감독의 위치에서 영화 내러티브의 가능성을 추구했다. 1960년대 초 멕시코 망명에서 돌아온 스페인의 루이스 부뉴엘은 그가 오랫동안 전념해 온 초현실주의 이론을 바탕으로 전통 윤리와 내러티브 논리를 함께 공박하는 일련의 영화를 만들었다.

1960년대와 1970년대 영화들의 공통적 특징은 전통적으로 연기와 줄거리에 종속되었던 내러티브 구조의 규칙을 바꾸거나 아예 무시해 버릴 수 있는 자유, 그리고 이야기를 산만하게 이끌어 가거나(고다르, 부뉴엘) 아무 상황도 벌어지지 않는 〈죽은 시간*dead time*〉(안토니오니, 에리크 로메르, 빔 벤더스)도 연기와 똑같이 취급할 수 있는 자유를 지녔다는 것이다. 프랑스 철학자 질 들뢰즈의 표현을 빌리면, 동작-이미지는 시간-이미지에 굴복당하고 있었다. 시공의 체험은 연속적 편집 과정을 통해 표현된 내러티브 전개의 압박을 이겨 내게 만들었다. 그리스의 테오도로스 앙겔로풀로스[「유랑 극단O thiassos」(1975)], 헝가리의 미클로시 얀초[「대결The Confrontation」(1968)], 브라질의 글라우베르 로샤[「죽음의 안토니오Antonio das Mortes」(1969)]와 같은 소수의 감독들은 시간이 지남에 따라 서서히 형성된 분위기가 컷에 의해서만 간간이 깨지거나, 혹은 거의 드문 경우로 클로즈업으로의 이동에 의해서만 깨질 뿐인, 파노라마식 롱테이크의 체계적인 사용을 중심으로 내러티브를 구성했다. 이미지 중심의 방식과 달리(가끔은 결합하는 경우도 있었지만), 어떤 감독들은 보이스오버와 여러 다양한 형태의 언어 삽입을 통해, 이미지의 존재를 잘라 내고 그 위에 해설을 덧붙이는 방법을 사용했다. 안토니오니의 느긋한 관찰적 스타일이 고다르의 간섭주의적 접근법과 날카로운 대조를 보이고 있는 반면, 트뤼포나 펠리니 같은 감독들은 상황에 따라 그 두 방식을 선택적으로 사용하고 있다.

이 시기에 나타난 예술 영화의 이질성을 보면, 할리우드나 다른 주류 상업 영화 속에서 번성했던 것들과 유사한 장르의 하나로 예술 영화를 취급하려 했던 그동안의 간헐적 시도에 조롱을 보낼 수도 있을 것 같다. 많은 예술 영화인들이 장르 영화의 구성 규칙을 무시하고 개방적 내러티브, 죽은 시간의 빈번한 이용, 〈소외된〉 영웅이나 반영웅 등과 같은 몇 가지 긍정적인 특징을 함께 공유했던 것은 사실이다. 하지만 주류와 구별되는 점에 있어서는 하나의 단일한 범주로 묶기에는 무리가 있는 상당히 제각각의 방식을 구사했다. 주류로부터의 일탈 정도에서도 서로 상당한 차이를 보여 주었다. 고다르와 같은 혁신적 인습 타파주의자가 있었는가 하면 샤브롤과 같은 정교한 장르 감독들도 있었고, 트뤼포와 같은 중도파 감독들도 있었다. 영화 하나하나가 모두 새로운 출발점이었던 자크 리베트와는 대조적으로 그 안에서 또 하나의 종속 장르가 파생될 정도로 시종일관 한 우물만 판 로메르 같은 감독도 있었다.

예술 영화의 좀 더 실제적인 공통 기반은 시장 부문에서 찾아볼 수 있다. 주류 외곽에서 만들어진 영화의 세계 시장에서의 성공 여부는 각종 영화제 — 칸, 베네치아, 베를린 같은 곳이 좋겠지만, 거기서 안 되면 로카르노, 산세바스찬, 카를로비바리 혹은 지명도가 좀 떨어지는 최근에 생긴 영화제에서라도 — 의 결과에 달려 있는 것이 현실이다. 그다음에 필요한 것이 비평가와 배급업자들의 노력, 그리고 무엇보다도 새로움에 대한 열정과 영화를 보는 동안의 지루함을 이겨 낼 수 있는 관객의 존재이다. 하지만 그보다 더 중요한 것이 (독창적인 작품을 후원할 준비가 되어 있으면서, 감독의 극단적 요구를 완화시키기도 하고, 시스템의 가능성을 이용할 줄도 알았던) 프랑스의 아나톨 도망이나 피에르 브롱베르제, 이탈리아의 프랑코 크리스탈디와 같은 제작자들의 헌신이다. 이러한 가능성들은 1960년대에 도입된 새로운 형태의 정부 보조금 제도(프랑스의 경우에 〈선지불*avance sur recettes*〉)와 1970년대 텔레비전의 영화에 대한 지원(특히 독일의 ZDF와 이탈리아의 RAI)으로 크게 강화되었다. 이런 장치들이 제자리를 잡음으로써 영화들은 시장에 나아갈 수 있었고(관객이 있든 없든), 〈예술 전용관〉이라는 특화된 좁은 테두리 밖의 영화를 찾는 관객들도 찾아낼 수 있었다. 1960년대와 1970년대의 유럽 영화들은 이질적이었던 만큼이나 본국의 지원을 확신하고 있었으며 라틴 아메리카, 인도, 일본 등지에서 출현하고 있던 영화들과도 판로를 함께 공유했다.

막간: 1968년 5월과 정치 영화

1968년 5월의 결정적 순간이 있기 전에도, 미국의 베트남전 참전 반대로 더욱 첨예해진 새로운 형태의 급진적 분위기는 이미 영화에 나타나고 있었다. 베테랑 다큐멘터리 작가 요리스 이벤스, 미국 독립 영화 제작자 윌리엄 클라인, 프랑스 누벨 바그 감독들 — 고다르, 레네, 바르다, 그리고 전혀 뜻밖으로 지극히 상업적인 클로드 를루슈까지 — 이 전쟁에 대한 집단 항거의 표시로 힘을 합쳐 만든 「머나먼 베트남Loin du Viêt-Nam」(1967)은 앞으로 오게 될 상황의 첫 전조가 된 작품이다. 그때까지는 우파로 분류되던 고다르의 경우는 그전에도 이미 「미치광이 피에로」(1965) 같은 일련의 난해한 영화들 속에서 베트남전에 대한 언급을 하고 있었다. 모택동주의와 극좌파의 출현을 다룬 그의 영화 「중국 여인La Chinoise」(1967)은 1년 뒤 영화 속 상황이 실제로 벌어지는 진풍경이 연출됐다.

1968년 5월의 급박한 정치 분위기 속에서 감독, 기술자를 포함한 소수의 영화인들은 〈총영화연대Estates General of the Cinema〉를 조직하여 프랑스 영화를 민주적으로 재건하

아나톨 도망 (1925~1998)

아나톨 도망은 러시아-폴란드계 유대 인 이민자 가정에서 태어나 파리 뇌이이 소재 파스퇴르 고등학교(사르트르가 선생으로, 알랭 레네와 크리스 마르케가 학생으로 있었다)에서 약식 교육을 받던 중 학교를 중퇴하고 레지스탕스 운동에 뛰어들어 뛰어난 활약을 펼쳤다. 청년 도망은 친구 필리프 리프시츠와 함께 1949년 아르고Argos 영화사를 차리고, 스스로 〈전후 제작사들이 하고 있는 룰렛 게임〉이라 표현한 계획에 착수했다.

도망은 이 사업의 위험 부담이 그리 크지 않을 것으로 확신했다. 제작, 대여, 장편 영화에 대한 보조 역할로서의 단편 영화 배급소를 설립한다는 아르고의 초기 야망이 그리 크지 않은 것이 이유 중 하나였다. 아르고는 번창했고 프랑스 영화를 변모시키고 있던 요소들을 이용함으로써 아르고만의 독자성도 확립했다. 제도적 차원에서 프랑스는 영화 제작 진흥을 위한 시책으로, 1948년 영화인들에 대한 〈자동 보조금 *aide automatique*〉 제도를 만들었고, 이것은 다시 1953년의 〈선별 보조금 *aide sélective*〉 제도와 1959년의 〈선지불〉 제도로 보완되었다. 한 사람의 독립 제작자로서의 도망은 그러한 후원에는 최적격인 인물이었다. 뿐만 아니라 그는 휴대용 카메라, 빠른 속도의 필름과 같은 기술 혁신의 혜택까지도 누렸다. 그로 인해 스태프의 규모와 비용을 줄일 수 있었고, 감독도 스튜디오 밖에서 야외 촬영을 할 수 있었다. 마르케, 아녜스 바르다의 초기 단편 영화가 어느 정도 이 기술 혁신의 덕을 본 것을 사실이지만, 아르고의 진정한 독창성은 아르고의 목적에 대한 도망의 개념화에 있었다.

도망은 조르주 드 보레가르, 피에르 브롱베르제와 더불어 누벨 바그 작품들에는 거의 빠지지 않고 따라붙는 프랑스 영화 제작자 3인방 중의 한 사람으로 자주 거론되고 있기는 해도, 사실은 누벨 바그가 형성되기 훨씬 이전부터 이미 〈작가〉라는 개념적 부담을 홀로 지고 있던 사람이다. 그것은 아르고에만 있는 탁월하고도 영속적인 독자성이었다. 알렉상드르 아스트뤼크의 독창적인 에세이 「새로운 아방가르드: 카메라-펜A New Avant-Garde: The Camera-Stylo」(1948)과 브레송의 「어느 시골 사제의 일기」(1951)는 문학 영화의 새로운 개념에 대한 아르고의 헌신을 그대로 보여 준 작품이다. 도망은 문학 영화의 개념을 〈문학의 각색물이 아니라, 텍스트와 이미지 사이에서 놀라운 관련성을 이끌어 내는 영화 작가*cinéastes*의 작품이다. 아르고 작가들이…… 그것에 성공하는 까닭은 다른 사람이 아닌 바로 그들 자신에게서 작품을 빌려 오기 때문이다. 그들은 작가이다〉라고 정의했다. 이 자발적 의무에 맞추어 아르고는 그들의 첫 장편 영화 「사랑의 범죄」(1953)를 중간 길이 영화 2편(아스트뤼크의 「진홍빛 커튼Le rideau cramoisi」과 클라벨과 베리의 「미나드 보젤 Minade Vaughel」)의 〈패키지〉 형태로 만들었다. 제작비는 각종 영화제에서 상도 받고 흥행에서도 성공한 일련의 단편 영화(다큐멘터리와 애니메이션)들로 충당했다.

도망의 〈작가〉 영화에의 헌신은 마르게리트 뒤라스와 알랭 레네의 기념비적 합작품 「히로시마 내 사랑」(1959)으로 보답받았고, 로베르 브레송의 「당나귀 발타자르」(1967)와 장-뤼크 고다르의 「그녀에 대해 알고 있는 두세 가지 것들2 ou 3 choses que je sais d'elle」(1966)처럼 다른 제작사가 거부한 작품들에 대한 아르고의 지원은 1960년대에도 계속됐다.

1970년대 말과 1980년대 초의 아르고는 소수의 작품들을 지원하여 국제적으로 크게 약진하는 성과를 거두었다. 저 악명 높은 오시마의 「감각의 제국」(1976)이 얻어 낸 〈요란한 성공 *succès de scandale*〉도 그중의 하나이다. 좀 더 평이한 찬사를 받은 작품들로는 폴커 슐뢴도르프의 「양철북」(1979)과 빔 벤더스의 「파리, 텍사스」(1984)가 있다(두 작품 다 칸 영화제 황금종려상 수상작이다). 도망과 벤더스의 협력 관계는 1980년대에도 계속되어, 이후 두 사람은 「사물의 상태」(1987)와 「이 세상 끝까지Until the End of the World」(1991)를 함께 만들었다. 타르코프스키의 유작 「희생Sacrifice」(1986)도 아르고 작품이다. 1980년대 말 이후 아르고가 관여한 작품으로는 엘리아 카잔의 새 영화 「에게 해 저 너머 Beyond the Aegean」가 있다.

1989년 10월 파리의 조르주 퐁피두 센터에서는 평생을 〈작가〉 영화 제작에만 매진한 도망의 40년 회고전이 열렸다.

크리스 다케

■□ 주요 작품

제작자로서

「사랑의 범죄Les Crimes de l'amour」(1953); 「밤과 안개Nuit et brouillard」(레네, 1955); 「시베리아에서 온 편지Lettre de Sibérie」(마르케, 1958); 「히로시마 내 사랑Hiroshima mon amour」(레네, 1959); 「지난해 마리엔바트에서L'Année dernière à Marienbad」(레네, 1961), 「당나귀 발타자르Au hasard, Balthazar」(브레송, 1967); 「감각의 제국(愛のコリダ)」(오시마, 1976); 「양철북The Tin Drum」(슐뢴도르프, 1979); 「파리, 텍사스Paris, Texas」(벤더스, 1984); 「베를린 천사의 시Der Himmel über Berlin」(벤더스, 1987).

■■ 참고 문헌

Gerber, Jacques(1992), *Anatole Dauman*.

알랭 레네가 연출하고 아나톨 도망과 공동 제작도 한 「지난해 마리엔바트에서」(1961)에서 조르조 알베르타치와 델핀 세리그.

자는 어딘가 유토피아적인 냄새가 나는 여러 항목의 다양한 제안들을 내놓았다. 드골 행정부가 표방한 질서의 회복으로 이 웅대한 계획도 일장춘몽으로 끝나고 말았지만, 그럼에도 불구하고 잠깐이나마 정치 영화는 전성기를 맞이했고, 프랑스에서 일어난 이 운동은 전 유럽의 독립 영화인들에게 영향을 주어 급진적 관객을 위한 정치 영화 네트워크의 형성으로까지 이어졌다. 주요 영화인들은 모두, 어떤 식으로든 1968년 5월과 그 후 여파의 영향을 받고 있었다. 정치에 무관심한 사람으로 알려진 샤브롤까지 〈총영화연대〉에 참여하여, 후일 〈소집단〉의 세계를 다룬 「나다Nada」(1974)를 만들었다.

정치 문제를 영화화한 감독들 간에는 그러나 기본적으로 서로 대립적 입장에 있는 2개의 뚜렷한 구분이 존재했는데, 일반 대중에게 호소할 수 있는 전통적 형식으로 다루려는 사람들과 좁은 범위의 관객들에게밖에 호소할 수 없다 해도 대안적인 방식으로 정치적 견해를 표현하려는 사람들이 있었다. 전자의 범주에는 「알제리 전투La Battaglia di Algeri」(1965)의 성공에 이어 말런 브랜도 주연의 「불태워라」(1968)와 마르탱 카르미츠 주연의 「동무들Camarades」(1969)을 만든 질로 폰테코르보가 속한다. 다른 쪽에 고다르가 서 있는데, 1960년대 말에 만든 그의 영화들은 영화 언어의 탐구[「즐거운 지식Le Gai Savoir」(1968)]와 호전적인 정치적 행보[「브리티시 사운드British Sounds」(1969)]를 병행했다.

고다르의 슬로건인 〈정치적으로 영화 만들기〉와 주류 영화(〈할리우드-모스필름Hollywood-Mosfilm〉)에 대한 그의 공격은 유럽이 아닌 라틴 아메리카, 즉 1966년 쿠바의 영화감독 훌리오 가르시아 에스피노사가 주창한 〈불완전한 영화*imperfect cinema*〉의 개념과 1969년 아르헨티나의 페르난도 솔라나스와 옥타비아 헤티노가 발표한 〈제3의 영화를 향하여〉라는 선언문에서 온 개념이었다. 결국 고다르를 비롯한 이들 영화인들에게 가장 커다란 영향을 미친 것은 할리우드와 유럽 예술 영화(다른 나라의 그것들도 마찬가지)를 똑같이 공박한 솔라나스와 헤티노의 제3세계 슬로건이었다. 1970년대 중반까지는 그러나 그런 입장을 취했던 대부분의 유럽 영화인들이 1960년대 말의 정치적, 미학적 급진주의에 의해 다양하게 변모된 모습으로 극영화 제작에 다시 복귀했다. 하지만 제3의 영화 개념은 68주의의 급박한 시기가 지난 한참 뒤까지도 계속 영향력을 발휘하여, 제3세계 영화인들과 유럽 및 북미의 흑인 집단 이주자들*diaspora*에게 특별한 영감으로 작용했다.

국제 영화

1972년, 「파리에서의 마지막 탱고」의 엄청난 대중적 성공으로, 1950년대 이후 일기 시작한 영화의 국제화에 대한 관심은 더욱 높아졌다. 말런 브랜도, 마리아 슈나이더, 장-피에르 레오가 주연하고 베르나르도 베르톨루치가 감독한 「파리에서의 마지막 탱고」는 미국의 UA가 배급을 맡고, 이탈리아-프랑스가 공동 제작한 영화이다. 이것이 물론 세계 시장을 목표로 유럽 영화가 자국 밖에서 제작자를 찾은 첫 작품은 아니다. 1960년대에 이탈리아 제작자 카를로 폰티는 미켈란젤로 안토니오니의 작품 3편 「욕망」(1966), 「자브리스키 포인트」(1969), 「여행자」(1975)를 미국의 MGM과 공동 제작한 바 있다. 1962년에는 이번에도 국제적 스타(버트 랭커스터, 알랭 들롱, 클라우디아 카르디날레)가 총동원되긴 했지만 합작 영화라고 하기에는 어딘가 미심쩍은 비스콘티의 「표범」이 만들어져, 형편없이 잘려 나가고 시각적 효과도 떨어진 상태에서 20세기 폭스에 의해 영국과 미국에서만 공개되었다.

그러나 전체적으로 유럽 영화인들은 두세 나라의 합작으로 영화를 만들더라도 일단은 자국 시장을 주목표로 하고, 그다음에 다른 시장을 찾는 방식으로 영화를 만들었다. 유럽의 작은 나라 영화인들은 영화를 살려 내기 위해서는 그들 나라보다 큰 나라 — 프랑스, 이탈리아, 독일 — 에서 합작 파트너를 찾아야 했기 때문에 특히 불리했다. 벨기에 감독 앙드레 델보가 그와 같은 경우로, 그는 대부분의 작품을 프랑스와 합작[「저녁, 기차Un soir, un train」(1968)를 시작으로]으로 만들었고, 「브레에서의 랑데부Rendezvous à Bray」(1971) 같은 영화는 독일까지 가세하여 만든 합작품이었다. 그런 경우는 그래도 운이 좋은 편이었다. 대부분의 다른 감독들은 (반드시 동정적이지만도 않은) 극히 미미한 자국 시장만을 등에 업고, 해외 영화제나 예술 영화 배급자들을 찾아다녀야 했다(그리스 독재 정권 아래 이리저리 숨어 다니며 만들어야 했던 앙겔로풀로스의 「유랑 극단」이 그 대표적인 예이다). 합작 영화는 비싼 영화가 아닐 때는 시장 확보에 그다지 큰 문제가 없었지만, 거대 제작사의 작품인 경우에는 투자된 돈을 회수해야 했기 때문에 보다 큰 시장이 필요했다.

이 큰 시장의 확보 여부는 미국의 참여 여하에 달려 있었다. 미국 유수의 배급사가 참여하면, 미국 시장만 열리는 것이 아니라 유럽 시장까지 유리하게 이끌 수 있었다. 하지만 미국 시장은 〈예술 영화〉라는 모호한 특징을 가진 영화보다는 유럽적인 〈특성〉의 인장이 찍힌 확실한 영화를 더 선호했다. 그런

잉마르 베리만 (1918~2007)

베리만은 스웨덴 웁살라에서 루터교 목사의 아들로 태어났다. 어린 시절부터 신경질적인 성격이었고 10대가 되기도 전에 인형극을 무대에 올리고 혼자 만든 영화를 사람들에게 공개할 정도로 그는 이미 어린 시절부터 무대 예술에 남다른 재능을 보여 주었다. 그는 열아홉 살 때 부모의 엄격한 도덕성에 반기를 들고 연출가가 되겠다는 결심으로 집을 나왔다. 예리한 작품들로 곧 주목을 받은 그는 1944년에 헬싱보리 시 극단장에 임명되었고, 그러한 연극계 이력은 말뫼, 고텐부리, 스톡홀름으로까지 이어졌다. 영화감독으로서의 전성기 때도 연극은 늘 그의 영화에 변화와 활력을 불어넣는 중요한 요소로 작용했다. 그는 언젠가 〈연극은 충실한 아내와 같고, 영화는 비싸고 요구가 많은 정부, 즉 하나의 거대한 모험이다〉라고 말한 적이 있다.

그는 또 스스로 각본을 쓰기도 하여, 영화계에도 처음엔 작가로 데뷔했다. 알프 셰베리를 위해 쓴 「프렌지Frenzy」는 사디스트적인 학교 선생의 횡포를 이겨 내는 한 젊은이에 대한 이야기이다. 심술궂은 아버지-인물들의 강압에 시달리는 젊은이라는 테마는 (각본을 누가 쓰든) 감독으로서 그의 초기 작품에 늘 반복되는 주제이다. 어설프고 부자연스러운 면도 종종 눈에 띄는 이들 초기작에서 그는 전전의 카르네와 이탈리아 네오리얼리즘의 채 못다 소화한 영향을 어떻게든 소화하려 애쓰며, 나름대로의 강렬한 개인적 비전을 담아내고 있다.

베리만이 자기만의 목소리를 찾은 곳은 그의 열 번째 작품 「여름 간주곡」(1951)에서였다. 참신하고 매혹적이며 서정적 느낌을 자아내는 경치로 더욱 인상 깊은 이 작품은 불운한 10대의 사랑을 애잔하게 그린 영화이다. 이와 비슷한 특질은 「모니카와 함께 여름을」(1953)에서, 하리에트 안데르손(그가 키운 첫 번째 여배우이다)의 육감적 연기를 통해 다시 한 번 나타나고 있다. 하지만 싸구려 순회 서커스단을 통해 개인의 굴욕과 고독을 조명한 「톱밥과 금속 조각」(1953)은 위안도 느낄 수 없고 매력도 거의 찾아볼 수 없는 범작이 되어 버렸다.

베리만은 우아한 아이러니, 사랑과 행복의 덧없음이 적당히 어우러진 모차르트식 코미디 「여름밤의 미소」(1955)로 국제적인 명성을 획득했다. 그 뒤에 이어진 3편의 영화는 전후 세대들에게 스칸디나비아 영화라는 울타리를 넘어 유럽 예술 영화의 한 전형으로 받아들여졌다. 「제7의 봉인」(1957)은 페스트로 신음하는 중세 유럽을 배경으로, 십자군 원정에서 돌아온 한 기사가 죽음과 체스 게임을 벌인다는 일종의 형이상학적 우화이다. 베리만의 영화 중 가장 입센적이라 할 수 있는 「산딸기」(1957)는 노령의 교수(베테랑 감독 빅토르 셰스트룀이 맡았다)가 추억 속을 파고 들어가 자기 인생의 실패와 직면한다는 내용을 다루고 있다. 다시 중세가 배경이 된 「처녀의 샘」(1960)에서는 살인과 속죄의 전설이 반복되고 있다. 이 세 영화가 말하고자 하는 것은 결국 고통과 절망의 상황에서도 뭔가 의미를 찾아야 한다는 것이다.

베리만 영상의 엄격미는 그의 극도로 심각한 목적 — 시류가 바뀌면 〈북유럽적 침울함〉의 패러디 대상으로 맨 처음 꼽히게 될 기질 — 과 잘 조화되는 듯했다. 하지만 그는 어쩌면, 그의 숭배자들이 생각한 것만큼은, 자신을 그렇게 심각하게 다루어 본 적이 없는지도 모른다. 그는 엉터리 예술가를 유쾌한 고딕식 우화로 풍자한 작품 「얼굴」(1958)과 「지금 이 모든 여성들에 관해For att inte tala om alla dessa kvinnor」(1964)와 같은 그의 냉소적 코미디를 보고 한껏 유식함을 자랑하려는 비평가들을 조롱하며 스스로를 〈착각 속에 사는…… 돌팔이 약장수〉라고 불렀다. 그러면서도 그의 작품은 늘, 피터 카위(1992)의 말을 빌리면, 〈밖이 아닌 내면, 잠재의식의 밑바닥으로〉 향하고 있었다. 시대적 부담을 털어 버리고, 출연진과 촬영진도 실내악단 수준으로 대폭 규모를 줄인 상태에서 베리만은 3편의 황량한 작품 「어두운 유리를 통해」(1961), 「겨울 빛」(1963), 「침묵」(1963)을 만들었다. 이들 영화의 등장인물들은 신이 없는 세상에서 서로 괴롭히는 방법으로 길잡이와 위로를 찾으려 한다.

정신적 충격을 입은 여배우와 그녀를 보살피는 간호사가 심리적으로 서로 괴롭히는 이야기를 담은 「페르소나」(1966)는 형이상학에서 벗어나 개인적 관계의 킬링 필드 속으로 파고 들어온, 새로운 출발점이 된 영화였다. 베리만의 영화에서 늘 결정적 요소로 작용해 온 클로즈업은 여기에서 거의 최면적인 강렬함으로 다가온다. 서로에게 상처를 주는 여성들의 관계를 다룬 밀실 공포증적인 연구, 「외침과 속삭임」(1973)에 와서야 그는 비로소 지독하게 파고드는 예전의 수준을 다시 회복하게 된다. 「늑대의 시간」(1968), 「치욕」(1968), 그리고 최초로 텔레비전과 영화, 둘 다를 위해 만

든 「의식The Rite」(1969)과 같이 중도적 성격을 띠고 사회적, 정치적, 감정적으로 예술가의 무력함을 고통스럽게 조명한 일련의 영화들도 있다.

1970년대에 들어 베리만은 자신의 국가적 기반과 가족과 같은 유대감으로 레퍼토리 극단까지 형성하고 있던 배우와 스태프들을 떠나 과감하게 모험을 시도해 보았으나 결과는 그리 신통한 것이 못 되었다. 영어로 만든 유일한 작품인 「접촉The Touch」(1971)은 어설프고 경박한 느낌이 들었고, 독일에서 만든 두 작품(세금 문제 때문에)은 강조가 지나쳐 거의 병적으로까지 보일 정도였다. 「외침과 속삭임」을 제외한 1970년대의 가장 강렬한 작품은 파열된 관계를 파고 들어간 「결혼 풍경」(1973)이었다 — 다섯 시간짜리 텔레비전 각색물에서는 이 관계가 더욱 고통을 자아내게 그려졌다.

그는 19세기 말엽의 웁살라를 배경으로 한 화려하고 장대한 가족 이야기 「파니와 알렉산더」(1982)를 들고 다시 그의 옛 뿌리로 화려하게 복귀했다. 「마술 피리」(1975)에서의 유쾌한 터치로 그러한 면모를 이미 한 번 보여 준 바는 있지만, 이 작품의 따스함과 관대함은 많은 사람들을 놀라게 했다. 이 작품 뒤로 그는 은퇴를 선언했고 TV용으로 만든 소품 몇 편을 제외하고는 오늘날까지도 그 약속은 지켜지고 있다.

베리만이 1960년대 초의 명성을 되찾기는 거의 불가능할 것 같다. 〈영화 카메라가 발명된 이래 태어난…… 가장 위대한 영화 예술가일지도…… 모른다〉고 한 우디 앨런의 그 외경심 어린 평가에 동의하는 사람도 이제는 거의 찾아보기 힘들게 됐다. 그럼에도 불구하고 한 나라의 영화를 지배한 그의 방식은 독보적이었고, 그 점에는 지금도 변함이 없다. 또한 그토록 타협 없이, 개인적이면서 유기적인 작품을 만들어 낸 사람도 흔치 않다. 지금까지의 그의 작품은 모두 좋든 나쁘든, 자기만의 뚜렷한 스타일과 목소리로 그의 개인적 관심사를 파고든 것들이었다. 그는 시종일관 영화를 철학적 성찰의 도구로 이용한 최초의 영화감독이었고, 아직까지도 그 계승자는 나타나지 않고 있다.

필립 켐프

주요 작품

「여름 간주곡Sommarlek」(1951); 「모니카와 함께 여름을Sommaren med Monika」(1953); 「톱밥과 금속 조각Gycklarnas afton」(1953); 「여름밤의 미소Sommarnattens leende」(1955); 「제7의 봉인Det sjunde inseglet」(1957); 「산딸기Smultronstället」(1957); 「얼굴Ansikret」(1958); 「처녀의 샘Jungfrukällan」(1960); 「어두운 유리를 통해Såsom i en spegel」(1961); 「겨울 빛Nattvardsgästerna」(1963); 「침묵Tystnaden」(1963); 「페르소나Persona」(1966); 「늑대의 시간Vargtimmen」(1968); 「치욕Skammen」(1968); 「열정En passion」(1969); 「외침과 속삭임Viskningar och rop」(1973); 「결혼 풍경Scener ur ett äktenskap」(1973); 「마술 피리Trollflöjten」(1975); 「파니와 알렉산더Fanny och Alexander」(1982).

참고 문헌

Bergman, Ingmar(1973), *Bergman on Bergman*.
—(1988), *The Magic Lantern: An Autobiography*.
Cowie, Peter(1992), *Ingmar Bergman: A Critical Biography*.
Wood, Robin(1969), *Ingmar Bergman*.

◀ 「페르소나」에서의 비비 안데르손과 리브 울만.

식으로 미국 시장에 진출한 영화는 베르톨루치의 최근작들과 제인 캠피언의 「피아노The Piano」(프랑스-오스트레일리아 합작), 리들리 스콧의 불운한 영화 「1492 콜럼버스1492: The Conquest of Paradise」와 같이 손에 꼽을 정도였다. 영국 영화는 공통의 언어와 두 나라 업계 간의 오랜 연계에 힘입어, 미국 시장을 비교적 쉽게 공략할 수 있었다. 하지만 여기에도, 그 시시껄렁한 〈대서양 중간주의*mid-Atlanticism*〉와 영국과 유럽을 〈유산*heritage*〉 지역으로 마케팅해야 하는 대가를 치러야 했다. 뉴 웨이브에 의해 사라진 것으로 보였던 〈예술〉 영화도 맹렬히 되살아났다. 미국에서 유럽의 예술 영화는 이스마일 머천트와 제임스 아이보리가 E. M. 포스터의 동명 소설을 각색하여 만든 「전망 좋은 방A Room with a View」(1987) 같은 영화들로 다시 인식되었다.

유럽 관객을 주 대상으로 만들어진 영화들도 어느 정도의 동질화와 진짜 유럽적인 주제를 다시 치장하는 과정을 겪어야 했다. 하지만 엄밀히 말해, 그런 영화들이 기댈 수 있는 순수한 유럽적 관객이라는 것은 존재하지 않았다. 잘 만들어진 〈유산〉 영화라고 하면 아주 익숙한 느낌 아니면 기분 좋은 이국적 정취를 느낄 수 있도록 자국의 특성을 표현한 영화를 말하는 것이기가 쉽다. 1970년대의 영화가 주로 최근의 과거(파시즘, 식민주의, 2차 대전)를 다루었다면, 1980년대의 영화는 현재와 단절된 과거, 현재의 그것에서 동떨어진 경험 쪽으로 기우는 경향이 있었다. 이 원거리감은 19세기와 20세기 초 문학 작품(여기서 영화는 〈고전〉 예술의 2차적 여과기로 간주된다)에 대한 의존으로 더욱 강조되었다. 하지만 과거가 현재에 창조적으로 분출된 경우는 그리 흔하지 않다[버지니아 울프의 동명 소설을 영화화한 샐리 포터의 「올란도Orlando」(1992)는 그런 면에서 성공적이었다].

이런 상황에서 영화의 국적은, 지역적 색채만을 제외하고는 그 중요성이 점점 떨어지고 있다. 가브리엘 악설의 「바베트의 만찬」(덴마크, 1987), 빌레 아우구스트의 「정복자 펠레Pelle erobreren」(스웨덴/덴마크, 1987), 아키 카우리스마키의 「나는 살인 청부업자를 고용했다I Hired a Contract Killer」(핀란드/스웨덴」(1990)와 같이 작은 나라 영화들은 그런 중에도 간간이 성공을 거두었다. 카우리스마키의 경우는 특히 1960년대의 프랑스 누벨 바그처럼 전통 예술 영화와 아주 대립적 위치에 있다는 것이 재미있다. 국제 영화는 이제 두 종류밖에 남지 않았다 해도 거의 틀린 말은 아닐 것 같다. 우선 영화적 가치나 배급 면에서 주류에 가까운 공식적 부류가 있다. 여기에는 유럽의 예술 영화뿐만 아니라 높은 예술성으로 세계적 명성을 얻은 장이머우, 천카이거와 같은 중국의 〈5세대〉 감독들의 작품도 포함된다. 다른 한쪽에는 미국을 비롯한 세계 각지의 저예산 독립 영화가 있다. 데이비드 린치〔「블루 벨벳」(1986)〕나 짐 자무시〔「미스터리 트레인Mystery Train」(1989)〕 같은 감독은 그들의 유럽 쪽 짝이라고 할 수 있는 벤더스나 카우리스마키처럼 이 그룹에 속한다고 할 수 있다. 성 정치학에 대한 대담한 탐구를 보여 준 스페인의 페드로 알모도바르를 포함한 감독들, 심지어 예술적 독창성을 잃지 않으면서도 주류 관객에게 어필하는 영화를 만드는 벤더스도 앞의 두 분류의 중간에 위치한다고 할 수 있다. 데이비드 린치처럼 상상력이 풍부한 고전 영화(텔레비전도) 장르도 만들고 좀 더 색다른 할리우드 선정 영화의 이국적인 주변부를 담는 감독들에게도 두 경계가 겹쳐지는 부분은 있다.

예술 영화는 이제 영화의 형태에 대한 주류 안팎의 개념들을 모두 포괄하는 혼성어가 되어 버렸다. 그럼에도 불구하고 그것이 의미하는 바는 재통합된 독점의 세계에서조차 다름의 여지는 여전히 남아 있다는 것이다.

참고문헌

Browne, Nick(1990), *Cahiers du cinéma,* vol iii.

Harvey, Sylvia(1977), *May '68 and Film Culture.*

Hillier, Jim(ed.)(1983, 1984), *Cahiers du cinéma,* vols. i and ii.

Solanas, Fernando, and Getino, Octavio(1969), "Towards a Third Cinema".

세 계 의 영 화

CINEMAS OF THE WORLD

프랑스 영화의 새로운 방향

페터 그라암

1960년부터 1993년까지 프랑스 영화는 양과 질 모두에서 유럽의 선도적 위치에 있었다. 시간이 가면서 관람객은 줄어들었지만 다른 나라에 비해서는 그래도 사정이 훨씬 좋은 편이었고, 그 상태는 홈 비디오 시장이 상승세를 타기 시작한 1980년대 후반까지도 계속 이어졌다. 1991년 한 해만 놓고 보더라도, 영화 제작 편 수(156), 상영관 수(4,531), 매표 수(1억 1750만) 면에서 프랑스는 미국을 제외한 다른 어느 서방국보다 앞서 있다. 프랑스 영화의 건재 비결에는 서로 불가분의 관계에 있는 세 가지 요인, 즉 기획에서 배급에 이르는 매 단계마다 국립영화센터Center National de la Cinématographie(CNC)를 통해 지원을 아끼지 않는 국가 주도의 영화 산업 구조, 영화 제작의 모든 부문에 포진해 있는 풍부한 인재, 대중의 높은 호응도와 활기찬 영화 문화가 있다.

프랑스 영화는 크게 누벨 바그, 1968년 5월, 1981년 사회주의 정부 출현, 세 단계로 나누어볼 수 있는데, 각각의 단계는 중요한 정치 · 문화적 사건과 함께 시작되고 있다.

산업 구조

1959년 돌연 영화계를 강타한 프랑스 누벨 바그(이 용어는 그보다 1년 전인 1958년 프랑수아즈 지루가 주간지 『렉스프레스*L'Express*』에서 처음 사용한 말이다)의 출현 배경에는 몇 가지 메커니즘이 작용하고 있었다. 우선 정치적 상황이 유리했다. 새로 출범한 드골 정부는 할리우드의 문화적 위협과 그로 인한 막대한 흥행 손실을 막기 위한 자국 영화의 부흥책으로 〈선지불〉 제도를 도입했다. 입장료에 붙은 세금으로 조성되고 매출액 비율에 따라 상환하게 되어 있는 이 보조금은 많은 무명 영화인들에게 영화 연출의 기회를 제공해 주었고, 그 기회를 누구보다 열정적으로 부여잡은 사람들이 바로 『카이에 뒤 시네마』를 중심으로 한 일단의 활동적인 비평가들이었고 많은 신진 감독들이 그 뒤를 따랐다. 고속 필름*faster film stock*, 가벼워진 카메라, 사운드 녹음 장비와 같은 기술적 발전 역시 누벨 바그의 전매특허라 할 수 있는 야외 촬영, 즉흥 작업, 그리고 영화 실험을 촉진시킨 요인이 되었다. 그 밖의 요인으로는 제작자의 태도가 있다. 28세의 로제 바딤이 감독한 「그리고 신은 여자를 창조했다」(1956)의 흥행 성공으로 젊은 감독에 대한 제작자들의 태도는 일변했다. 즉, 그들의 가능성을 확신하게 된 것이다.

1968년 5월 〈사건〉의 여파로 제작 시스템에도 상당한 변화가 일어났다. 우선 〈선지불〉 제도가 개정되어 제작자뿐 아니라 감독도 보조금을 신청할 수 있게 되었다. 공무원만으로 되어 있던 자격 심의 위원도 업계 대표와 저명한 문화계 인사까지 범위가 확대됐다. 신인 감독들을 위한 특별 기금이 조성되었고, 〈우수〉 프랑스 영화 상영관들에는 세제상의 특전이 주어졌다.

그것도 모자라 1980년대 초에는 사회주의자인 문화부 장관 자크 랑이 미국의 〈문화 제국주의〉에 대항하기 위한 캠페인의 일환으로 자국 영화 제작 촉진을 위한 보다 광범위한 조치들을 단행하기 시작했다. 먼저 〈선지불〉의 기금을 대폭 끌어올렸다. 그다음에는 극장의 현대화를 지원하고 1985년에는 개인이나 회사가 영화투자협회 소피카soficas라는 기구를 통해, 간접적으로 영화 제작에 투자할 수 있는 세금 피난*tax shelter* 제도를 시행했다. 1991년에 만들어진 프랑스 영화의 약 3분의 1이 소피카 자금으로 만들어졌다. 텔레비전도 자체적으로나 공동 제작 형태로 영화 제작에 참여하여 1990년대 초에 이르면 이미, 카날 플뤼Canal Plus 영화부를 통해, 국립영화센터(CNC)보다도 많은 돈을 영화 산업에 쏟아 붓고 있었다. 제작비 5000만 프랑 이상 작품에 대한 새로운 세제상의 특전 제도가 도입됨에 따라 값비싼 영화 제작도 점점 늘어났다. 1980년대의 행정부 교체와 1993년의 우파 정부 승리도 영화 정책의 전반적 대세에는 별 영향을 주지 않았다. 오히려 1993년도의 비디오카세트에 대한 2퍼센트 판매세 부과로 CNC 보조 기금은 점점 불어나기만 했다. 그보다 더 놀라운 것은, 새 행정부가 프랑스(와 다른 유럽 국가) 영화 시장 확보를 위해 1993년의 GATT 협정에서 할리우드의 지배력에 맞서 강력하게 싸웠다는 사실이다.

누벨 바그

경찰 영화*policiers*, 코미디, 사회 드라마, 사극 영화*costume films* 등의 프랑스 전통 영화 장르가 이 기간 내내 번성했고, 전반적으로 다른 유럽 국가들의 그것보다 형편이 훨씬 좋았다고는 해도 이 기간, 특히 누벨 바그 운동 중에 일어난 프랑스 영화의 가장 획기적인 발전은 〈작가〉 영화의 확산이었다.

직선적인 성격의 프랑수아 트뤼포와 『카이에 뒤 시네마』의 동료들이 일으킨 누벨 바그 운동은 1950년대 주류적 〈품격의 전통*quality tradition*〉, 즉 틀에 박힌 스튜디오 시스템에 반기를 들고일어난 일종의 반동이었다. 1959년 초에 공개된 첫 작품으로 언론의 주목을 받으며 누벨 바그의 첫 신호탄을 쏘아 올린 『카이에 뒤 시네마』의 두 비평가는 클로드 샤브롤〔「잘생긴 세르주Le Beau Serge」(1958), 「사촌들Les Cousins」(1959)〕과 트뤼포 자신〔「400번의 구타」(1959)〕이었다. 그들의 뒤를 에리크 로메르〔「사자 자리Le Signe du lion」(1959)〕, 자크 리베트〔「파리는 우리의 것Paris nous appartient」(1960)〕, 자크 도니올-발크로즈〔「여섯 쌍을 위한 게임L'Eau à la bouche」(1959)〕, 장-뤼크 고다르〔「네 멋대로 해라」(1959)〕와 같은, 『카이에 뒤 시네마』 동료들이 뒤따랐다. 『카이에 뒤 시네마』 출신의 감독들이 만든 이들 초기 작들에는 주류 영화 〈규칙〉에 대한 나름대로의 접근 방식, 자유로운 편집 스타일, 느슨한 짜임새의 시나리오라는 공통점이 있다. 1959년과 1960년은 또한 『카이에 뒤 시네마』 군단

프랑수아 트뤼포 감독의 세 번째 작품 「쥘과 짐」(1961)에서 삼각관계인 잔 모로, 앙리 세르, 오스카르 베르너.

이 아닌 다른 신예 감독들의 첫 번째 혹은 두 번째 작품이 공개된 해였고〔특히 알랭 레네의 「히로시마 내 사랑」(1959)〕, 그 결과 〈누벨 바그〉라는 용어도, 그중에는 상당히 전통적이거나(「히로시마 내 사랑」처럼) 새로운 방식의 도입에 매우 신중한 태도를 보인 사람이 많았는데도 불구하고, 그들 모두를 지칭하는 보다 광범위한 의미로 쓰이게 됐다.

창의력이 돋보이는 「400번의 구타」와 그보다 더욱 뛰어난 「피아니스트를 쏴라」(1960) 이후, 트뤼포는 「쥘과 짐」(1961)과 「부드러운 살결」(1964)에서 좀 더 고전적인 모델로 방향을 선회했다. 그리고 계속해서 반자전적 성격의 앙투안 두아넬 시리즈(트뤼포를 떠올리게 하는 장-피에르 레오와 함께)를 만들고, 그 외에도 경찰 영화에서 문학 작품 각색, 시대극의 재구성에 이르기까지 온갖 종류의 장르에 손을 댔다. 초연하면서도 억제된 듯한 묘사(가끔은 만능 작곡가 조르주 들르뤼의 대위법적 선율과 더불어)는 감정〔「앤과 뮤리얼Deux Anglaises et le continent」(1971)〕, 열정〔「마지막 지하철Le Dernier Métro」(1979)〕, 그리고 집착〔「녹색 방La Chambre verte」(1978)〕과 같은 여러 복잡한 느낌을 표현해 주는 그의 전매특허가 되었다. 그의 대표작이라 해도 손색이 없을 「거친 아이L'Enfant sauvage」(1965)와 「아메리카의 밤La Nuit américaine」(1972) — 두 작품 다 그가 배우로 출연했다 — 은 감독과 영화, 현실과 허구의 관계를 직간접적으로 파헤친 작품들이다.

클로드 샤브롤은 누벨 바그 출신 중에 가장 많은 작품과 일련의 완성도 높은 영화(대부분이 사이코 스릴러 장르이다)를 만들어 주류로 이동한 누벨 바그 최초의 영화감독이다. 날카로운 위트가 번뜩이는 그의 장르 영화들에는 프티 부르주아지에 대한 그의 냉소적 역겨움이 반영된 작품도 있고〔「부정한 여인La Femme infidèle」(1968)〕, 「피의 결혼식Les Noces rouges」(1972), 「비올레트 노지에르Violette Nozière」(1977), 「도살자」(1969)에서처럼 모사꾼이나 피해자로서의 여성에 대한 어떤 편견을 드러내 보인 작품도 있다.

자크 리베트는 『카이에 뒤 시네마』 그룹 중 과작(寡作)을 남긴 것으로 유명하다. 길이가 무척 길고 거의가 실험적인 그의 영화들은 픽션과 다큐멘터리를 혼합하고, 즉흥성에 의존하며, 감독과 배우, 또는 화가와 모델 간의 관계를 탐구하면서 관객들이 내러티브 과정이 아닌 신호의 체계로 영화를 이해하도록(고다르가 그랬던 것처럼) 유도하는 것이 특징이다. 그의 영화는 일반 관객, 심지어 배급업자들까지 부담스러워한 「아웃 원: 유령Out One: Spectre」(1973)과 같은 거대 작품들이 있는가 하면, 「셀린과 줄리 배 타러 가다Céline et Julie vont en bateau」(1974)처럼 적당하게 성공을 거둔 작품도 있고, 모델/뮤즈를 향한 화가의 집착을 다룬 「누드 모델Le Belle Noiseuse」(1990) — 두 시간, 네 시간짜리 두 종류로 개봉되었다 — 처럼 공전의 히트를 기록한 작품도 있다.

『카이에 뒤 시네마』 그룹 중 가장 연장자인 에리크 로메르는 뚜렷한 개인적 세계를 영화 속에 꾸준히 담아낸 감독이다. 특히 그는 허구적 단순함, 〈우아한 진지함〉, 〈경제의 기술〉이라는 그가 찬미하는 미국 영화의 특질을 무기로 등장인물 — 특히 도시와 시골, 일과 휴일, 가족과 자신의 일 사이를 오가는 여성들 — 의 감정, 성적 충동, 머뭇거림, 도덕적 딜레마를 상당히 설득력 있게 묘사했다. 그의 영화들은 대부분 시리즈로 분류되고 있다. 첫 성공작 「모드 집에서의 하룻밤Ma nuit chez Maud」(1969)을 비롯한 6편의 〈도덕극〉, 6편의 〈코미디와 교훈극〉, 4편의 〈계절극〉, 몇 편의 시대극〔하인리히 폰 클라이스트의 작품을 각색한 「O 후작 부인Die Marquiese von O……」(1976)은 특히 유명하다〕을 만들기도 했지만, 그의 관심은 주로 현대 도시의 외곽과 같은 특수 지역의 묘사에 있었다.

누벨 바그를 주도해 간 『카이에 뒤 시네마』 비평가들의 존재는 『카이에 뒤 시네마』의 숙적 『포지티프*Positif*』의 역할을 모호하게 했다. 투쟁적이고 교권 반대적 성격이 짙은 『포지티프』는 겉으로는 정치에 무관심한 척해 보였지만 실상은 가톨릭 성향이 강한 중도적인 『카이에 뒤 시네마』와 대립적 위치에 있었다. 『포지티프』의 비평가들도 고다르를 공격할 때나, 브레송의 「잔 다르크의 재판Le Procès de Jeanne d'Arc」 몽타주를 〈바보 같은 핑퐁 게임〉이라고 말할 때처럼, 트뤼포에 못지않은 독설을 내뱉을 수 있었고, 그들이 아직 신진일 때 『카이에 뒤 시네마』가 대놓고 무시한, 알랭 카발리에, 클로드 소테, 모리스 피알라와 같은 감독들에게 열렬한 환호를 보내 줄 수도 있었다. 게다가 『포지티프』는 누벨 바그가 등장하기 전부터 이미 재능을 보이기 시작한 감독들, 조르주 프랑쥐, 알랭 레네의 소위 〈좌안*Left Bank*〉 그룹, 크리스 마르케, 아네스 바르다 등을 지원하고 있었다.

앙리 랑글루아와 더불어 시네마테크 프랑세즈의 공동 설립자(1937)이기도 한 조르주 프랑쥐는 그의 나이 46세에 만든 첫 장편 영화 「벽에 기댄 머리La Tête contre les murs」(1959) 전에도 이미 여러 편의 훌륭한 다큐멘터리를 만들었던 사람이다. 1960년대와 1970년대 초에도 루이 푀야드를 기려 만든 「쥐덱스Judex」(1963)를 포함한 몇 편의 극영화를 만들었다. 극영화든 다큐멘터리든 여하간 강렬한 초현실적 분위기를 담은 무겁고 어둠침침한 세계를 그려 내는 게 그의 특기이긴 하지만, 그래도 아마 그는 다큐멘터리 작가로 더 기억될 것이다.

프랑쥐와 마찬가지로 알랭 레네도 처음에는 다큐멘터리 작가로 출발했다. 1950년대의 단편 영화 주제로 이미 떠오른 바 있는 과거와 현재, 기억과 상상의 관계는 현재의 히로시마와 전시의 프랑스를 넘나드는 그의 첫 장편 영화 「히로시마 내 사랑」과 「지난해 마리엔바트에서」(1961)의 중심적 내용이 되고 있다. 고통스러운 기억의 탐구는 그 후에도 계속되어 「뮈리엘Muriel, ou le temps d'un retour」(1963)과 「전쟁은 끝났다La Guerre est finie」(1966)에서는 알제리전과 스페인 내전을 기억의 탐구와 연관 지어 더욱 심도 있게 다루고 있다. 시대극 「스타비스키Stavisky」(1974)로부터 〈영화화된 연극〉이라 할 수 있는 「멜로Mélo」(1985), 도대체 종잡을 수 없는 「미국인 삼촌Mon oncle d'Amérique」(1979), 야유적 성격이 다분한 「인생은 소설이다La Vie est un roman」(1982), 죽어 가는 남자의 환상을 당당하게 감동적으로 그린 「섭리Providence」(1976)에 이르기까지, 그의 후속작들은 주제와 분위기 면에서 매우 다양한 양상을 보여 주고 있다. 그의 작품들에 나타나는 공통점은 감독과 관객의 내면을 무의식적으로 파고들겠다는 일종의 자기 공언적 시도에서 보이는 지독하게 형식적인 엄격함이라고 할 수 있다.

아네스 바르다의 영화는 지극히 사적인 다큐멘터리와 극영화 — 실시간으로 촬영한 「5시에서 7시까지의 클레오Cléo de 5 à 7」(1961)와 비극적인 「방랑자Sans toit ni loi」(1985)(두 작품 다 페미니즘 문제를 에둘러 이야기한 작품이다) — 로 양분되어 있다. 이 두 작품의 황량함은 「행복Le Bonheur」(1964), 「누구는 노래하고 누구는 안 하고L'Une chante, l'autre pas」(1976)의 윤택함과 좋은 대조를 이루고 있다. 「자크 드미의 세계Jacquot de Nantes」(1990)는 그녀의 사별한 남편 자크 드미의 소년 시절을 감동적으로 그린 작품이다.

루이 말은 『카이에 뒤 시네마』 그룹과 별 상관이 없으면서도 누벨 바그와 종종 연관 지어져 거론되는 감독이다. 그의 프로테우스적인 경력의 시작을 알린 것은 탁월한 스타일의 작품으로, 잔 모로의 연기 경력의 출발을 알리기도 한, 「사형대의 엘리베이터」(1957)로 시작되었다. 잔 모로가 또 한 번 주연을 맡았고 젊은 엄마의 불륜을 냉소적으로 다룬 그의 두 번째 작품 「연인들Les Amants」(1958)은 적나라한 성 묘사(그 당시로서는)로 세간의 관심을 불러일으켰다. 「연인들」 역시 「그리고 신은 여자를 창조했다」와 마찬가지로 젊은 감독의 저예산 영화도 논쟁적이고 혁신적이면 흥행에서 성공할 수 있다는 가능성을 보여 주며 누벨 바그를 위한 길을 닦는 데 많은 도움을 준 작품이다. 루이 말은 늘 터부 문제에 특별한 관심을 보여 왔고, 근친상간을 소재로 한 「마음의 속삭임Le souffle au cœur」(1971)과 어린이 매춘을 다룬 「프리티 베이비Pretty Baby」(1978)(그의 첫 번째 미국 영화이다)는 그의 그런 관심이 반영된 작품들이다. 「라콩브 뤼시앵Lacombe Lucien」(1974)은 2차 대전 중 나치에 협력한 프랑스 인들의 문제를 거론하며, 협력자들 역시 한 사람의 인간이었음을 보여 준 작품이다. 그밖에도 루이 말은 「지하철의 소녀 자지Zazie dans le métro」(1960)와 같은 코미디, 바르도가 실명으로 출연했고 브리지트 바르도의 신화를 다룬 「사생활Vie privée」(1961) 같은 영화들도 만들었다.

1958년부터 1962년 사이에 등장한 97명의 감독들은 대부분 흔적도 없이 사라졌고, 살아남은 감독 장 가브리엘 알비코코〔「황금빛 눈동자의 소녀La Fille aux yeux d'or」(1960)〕, 자크 로지에〔「아듀 필리핀Adieu Philippine」(1962)〕, 알랭 제수아〔「뒤집어진 인생La Vie à l'envers」(1964)〕, 앙리 콜피〔「여전히 오랜 부재Une aussi longue absence」(1961)〕 등도 겨우 한두 작품으로만 기억되고 있는 실정이다.

좀 더 알찬 활동을 벌인 감독들 중에 가장 독창적인 감독은 아마도 자크 드미와 알랭 카발리에일 것이다. 드미의 막스 오퓔스에 대한 숭배는 세트 디자인과 미장센의 음악성에 기울인 그의 관심에서 잘 드러나고 있다. 그의 데뷔작 「롤라Lola」(1961)도 오퓔스에게 바쳐졌다. 「셰르부르의 우산」(1964)과 「로슈포르의 아가씨들Les Demoiselles de Rochefort」(1967)은 노래만이 아니라 대사까지도 음악으로 이루어진 완전한 뮤지컬이다. 이브 몽탕이 자기 자신을 연기하고, 노스탤지어적인 우울함이 약간 배어 있는 그의 마지막 작품 「26번째를 위한 세 자리Trois places pour le 26」(1988)에는 논리적 세계를 보여 주는 그의 또 다른 면모가 잘 드러나 있다.

카발리에의 고르지 못한 영화 이력은 당시로서는 한물간 알제리전을 배경으로 1~2편의 강렬한 영화, 거의 생략적이라 할 정도로 영화 언어의 경제적 사용과 인물의 미묘한 암시

알랭 들롱 (1935~)

전후 프랑스 영화계에서 가장 활력에 찬 활동을 했던 배우의 한 사람이라고 할 수 있는 알랭 들롱은 모든 관객들이 원하는 존재가 되려는, 즉 프랑스의 〈스타〉이자 세계의 우상, 흥행성 있는 배우이자 〈진지한〉 배우이면서 감독도 되고 제작자도 되려는 욕망 때문에 그의 영화 경력에서 혜택도 입고 피해도 당한 배우였다.

인도차이나에서 낙하산병으로 복무를 마친 들롱은 친구인 배우 장-클로드 브리알리를 통해 영화계에 발을 디뎠다. 그의 영화 이력은 주로 가벼운 로맨틱 코미디로 시작되었다. 데뷔작인 「여자가 혼란스러워 할 때 Quand le femme s'en mêle」(이브 알레그레, 1957), 로미 슈나이더와 공연한 다섯 작품 중 첫 번째인 「크리스틴Christine」(피에르 가스파르위, 1958) 등이었고, 로미 슈나이더와는 나중에 약혼도 하고 비스콘티 연출의 「그녀가 창녀라니Tis Pity She's a Whore」(1961)의 파리 연극 무대에 함께 서기도 했다.

1959년, 제라르 필리프의 사망으로 프랑스 영화계는 주연 배우의 공백 상태에 빠져 들었는데, 르네 클레망 감독의 「태양은 가득히」(1960)에서, 라루스Larousse 『영화 사전*Dictionnaire du cinéma*』에 나온 표현을 빌리면, 〈천사 같은 얼굴 뒤에 가려진 악마의 모습〉이 처음 포착된 뒤로 알랭 들롱은 그의 카리스마를 대신해 줄 배우로 급부상했다. 다른 감독들이 들롱에게서 찾고 또 이용한 점이 바로 그 모호함이었다. 비스콘티의 「로코와 그의 형제들」(1960)과 「표범」(1963), 그리고 들롱의 넘치는 에너지와 안토니오니 배우들의 주특기인 위축된 남성상이 서로 충돌을 일으킨, 미켈란젤로 안토니오니의 「일식」(1962) 등도 들롱의 그런 성격이 잘 드러난 작품이다.

「보르살리노」(1973)의 알랭 들롱.

장-폴 벨몽도, 장 가뱅과 공연한 들롱의 영화들은 장 가뱅의 간결하고 흔들림 없는 연기 스타일에서 구현된 프랑스 연기 전통의 연속성을 더욱 강조해 주었다. 이들 영화는 또 말쑥한 터프가이로서의 들롱의 영화적 이미지를 고정시키는 데도 도움을 주었다. 그의 이런 특징들이 가장 잘 드러난 곳이 벨몽도와 공연한 「보르살리노」(자크 드레, 1970), 1970년대 말과 1980년대 초 · 중반에 걸쳐 연기와 감독, 제작을 간간이 병행한 「형사 이야기Pour la peau d'un flic」(1981), 「나뭇잎Le Battant」(1982)과 같은 갱스터와 경찰 영화들이다.

장-피에르 멜빌의 「고독」(1967)은 강렬한 살인적 충동에 사로잡힌 킬러의 성격 묘사에서, 그의 얼음장 같은 잔인함을 거의 완벽하게 도출해 내며 들롱의 영화적 이미지를 지적으로 이용한 작품이다. 그로 하여금 〈국제적 스타〉가 되기에 충분한 자질(벨몽도에게는 없는)을 갖췄다고 떠벌릴 수 있게 해준 요소가 바로, 거부할 수 없는 매력 지수와 결합한 이런 측면의 그의 이미지이다. 그는 1960년대 중반에 할리우드로 옮겨 왔지만 미국에서의 그의 활동은 세계 시장을 제대로 한 번 공략해 보지도 못한 채 단명으로 끝나고 말았다.

프랑스에서도 들롱은 이미지를 다양화하는 데 점점 애를 먹고 있었다. 이 상황은 1969년의 마약 스캔들과 마르세유 〈마피아〉와의 연관설을 본인이 시인함으로써 더욱 꼬였다. 1980년대에 들어 들롱의 영화 이력은 그야말로 보잘것없는 것이 되어, 「우리들 이야기」(베르트랑 블리에, 1984)에서 카이사르 역을 맡았음에도 불구하고, 「스완의 사랑」(폴커 쉴렌도르프, 1984)에서는 제러미 아이언스와 오르넬라 무티에 이어 서열 3위로 밀려나는 수모를 당해야 했다. 1964년에 설립한 그의 제작사 아델Adel은 들롱의 연기 경력에 중요한 지지 기반이 되어 주었다. 고다르의 「누벨 바그」(1990), 들롱의 이름만으로 관객을 끄는 데 실패한 「카사노바의 귀환Le Retour de Casanova」(에뒤아르 니에르망, 1992)과 같은, 최근의 그의 〈복귀〉 작품을 보면 예술 영화의 명성과 상업적 인기의 화려함 사이에서 오락가락하는 그의 전 영화 이력의 기본 패턴이 그대로 드러나고 있다. 1996년에는 그의 전 영화 인생을 돌아보는 회고전이 시네마테크 프랑세즈에서 열렸다.

크리스 다케

▪▫ 주요 작품

「태양은 가득히Plein Soleil」(1960); 「로코와 그의 형제들Rocco and his Brother」(1962); 「일식L'Éclisse」(1962); 「표범Il Gattopardo」(1963); 「고독Le Samouraï」(1967); 「보르살리노Borsalino」(1970); 「클랭 씨Mr. Klein」(1976); 「우리들 이야기Notre histoire」(1984); 「스완의 사랑Un amour de Swann」(1984); 「누벨 바그Nouvelle Vague」(1990).

▪▪ 참고 문헌

Dazat, Oliver(1988), *Alain Delon*.

가 뛰어났던「그 섬의 전투Le Combat dans l'île」(1961)와「부재자L'Insoumis」(1964)로 시작됐다. 이후 몇 편의 평이한 작품을 만들고 난 뒤 그는 다시「마르탱과 레아Martin et Léa」(1978),「낯선 여행Un étrange voyage」(1980),「테레즈Thérèse」(1986)로 본래의 특기를 되찾았다.

이 시기의 프랑스 영화 문화의 힘은 저명한 동시대 소설가들의 참여(시나리오 작가, 감독의 양면으로)로 입증되었다. 누보 로망의 기수이자「지난해 마리엔바트에서」의 시나리오 작가로도 유명한 알랭 로브그리예는「불멸L'Immortelle」(1962)로 감독 데뷔를 했다. 이 영화의 어딘가 좀 허세를 부리는 듯한 에로티시즘은 앞으로 그의 영화의 중심 사상이 된다.「히로시마 내 사랑」의 각본을 쓴 소설가 마르게리트 뒤라스는 현대성과, 특히 음악에 대한 실험 정신이 뛰어난「뮤지카La Musica」(1966)를 통해 감독 경력을 시작했다. 여기서 뒤라스는 비자연주의적인 반복적 보이스오버를 빈번하게 사용하고 있는데, 이는 아마도 소설의 우월성에 대한 자신의 공공연한 확신을 반영하려는 의도였던 것 같다.

주류 쪽으로?

많은 작품을 만들어 내면서도 엉뚱한 면이 있는 장-피에르 모키는 1950년대 말에 영화계에 뛰어든 뒤, 교회 문제〔「괴짜 신자Un drôle de paroissien」(1963)〕서부터 교육 제도〔「엄청난 두려움La Grande Frousse」(1964)〕, 텔레비전〔「대청소La Grande Lessive」(1968)〕 — 세 작품 모두 인기 코미디언 부르빌이 주연하고 있다 — 부르주아지〔「속물Snobs」(1961)〕, 축구 후원자들〔「심판을 죽여라À mort l'arbitre!」(1983)〕에 이르기까지 사회의 온갖 문제를 건드리며, 신랄하고 가끔은 천박한 야유를 보내는 데 감독으로서의 전성기를 다 소비했다. 다작으로 유명한 필리프 드 브로카 역시 장-피에르 모키와 비슷한 시기에 감독 경력을 시작했다. 원래 그는 트뤼포와 샤브롤의 조감독이었으나, 스스로 독립한 후에는 누벨 바그의 영향력에서 벗어나 가끔은 속도감 있는 액션과 대담한 선정성까지 곁들인, 가볍고 산뜻한 코미디를 주로 만들었다. 그의 단짝 시나리오 작가 다니엘 불랑제가 각본을 쓰고 장-폴 벨몽도가 주연을 맡은「리오에서 온 사나이L'Homme de Rio」(1964)로 반짝 국제적 명성을 얻은 그는 그러나 1970년대와 1980년대에 들어 모키처럼 급속도로 영감이 쇠퇴한 듯했다.

미셸 드빌은 젊은 여성들의 애정 생활에 초점을 맞춘〈마리보Marivaus〉스타일의 코미디로 감독 활동을 시작했다. 니나 콩파네 각본의, 주로 공허한 대사로 이루어진 이들 코미디에는「귀여운 거짓말쟁이Adorable Menteuse」(1962),「곰과 인형L'Ours et la poupée」(1969) 등의 작품이 있다. 말년에 들어서도 그는 예전의 세련미가 그대로 살아난 형사물「사건 번호 51 Le Dossier 51」(1978)과 사회적 코미디「책 읽어 주는 여자La Lectrice」(1987)를 만들어 장르의 폭을 더욱 넓혀 나갔다. 감독 겸 배우 피에르 에테는 자크 타티(함께 일했었다) 이래 가장 독창적인 코미디 재주꾼으로 떠오른 인물이다. 그의 영화들〔특히「소송인Soupirant」(1962),「요요Yoyo」(1964),「건강이 허락하는 한Tant qu'on a la santé」(1965)〕은 풍자 희극*burlesque*이라고 할 수 있지만, 끊임없이 1920년대 미국 무성 영화 코미디(특히 키튼)의 맥락을 끌어들이고 있다. 이후 그는 주로 서커스에서 활동했다.

그 외에도 액션 장르로 개인적 역량을 펼친 감독들이 있다. 피에르 쇤되르페는「317소대La 317ème Section」(1964)와「디엔비엔푸Dien Bien Phu」(1992)에서 그 자신의 베트남전 참전 경험을 생생하게 다시 그려 냈다.「북게Le Crabe-Tambour」(1976)와「중대장의 명예L'Honneur d'un capitaine」(1980)는 프랑스 식민지를 주제로 한 그의 또 다른 작품들이다. 클로드 소테도 출발은 비슷하게 했으나〔「모두가 위험하다Classe tous risques」(1959),「독재자를 쏘다L'Arme à gauche」(1965)〕, 시간이 가면서 주류 영화계의 가장 감수성 뛰어난 감독의 한 사람으로 부상했다.「즐거운 인생Les Choses de la vie」(1969)부터「금지된 사랑Un cœur en hiver」(1991)과 같은 후기작들에서 그는 남녀 간이나 일군의 친구들, 그들의 관계, 감정 등을 자크 베케르식의 간결함으로 묘사하고 있다. 코스타-가브라스는 경찰 영화「침대차 살인Compartiment tueurs」(1964)으로 화려하게 데뷔한 뒤에, 그리스의「Z」(1967), 체코슬로바키아의「고백L'Aveu」(1969), 우루과이의「계엄령État de siège」(1973), 점령하의 프랑스를 다룬「특별 부서Section spéciale」(1974), 칠레의「실종Missing」(1982)과 같은 각국의 정치적 억압을 전문으로 다루는 감독이 되었다.

대중적 장르를 취급한 감독들은 대부분 누벨 바그 후기에 감독 활동을 시작했다. 다소 투박한 느낌의 코미디를 주로 만들던 제라르 우리는 2차 대전 이후 최대의 히트작(당시의 기준으로),「바보Le Corniaud」(1964)와「지독한 바람둥이La Grande Vadrouille」(1966)(부르빌과 루이 드 퓌네스 주연)

로베르 브레송 감독의 「어느 시골 사제의 일기」(1950)에서 외롭고 고통스러운 젊은 사제 역을 맡은 클로드 레이뒤.

를 만들었다. 에두아르 몰리나로도 같은 장르의 영화, 「오스카르Oscar」(1966), 「이베르나투스Hibernatus」(1968)(두 작품 모두 드 퓌네스 주연), 그리고 「새장 속의 광대들La Cage aux folles」(1978)을 만들었다. 배우 겸 감독 이브 로베르도 몇 편의 영화를 만들었는데, 그중에는 희극적 요소와 등장인물에 대한 진정한 애정을 절묘하게 결합시킨 「나체 전쟁La Guerre des boutons」(1961)과 「마르셀의 여름La Gloire de mon père」(1988)처럼 엄청난 흥행 성공을 거둔 작품들도 있다. 경찰 영화의 대표적 감독으로는 자크 드레[「보르살리노」(1970)]와 피에르 그라니에-드페르[「관계없는 일Une étrange affaire」(1981)]가 있다. 클로드 를루슈는 「남과 여Un homme et une femme」(1965)의 성공으로 상당한 명성을 얻었으나, 그의 다른 작품들은 뛰어난 기교에도 불구하고 지나친 감상주의로 흐르거나[「다시 해야 한다면Si c'était à refaire」(1976)], 고지식할 정도의 가식적 메시지[「아름다운 이야기La belle Histoire」(1990)]에 머물고 말았다.

누벨 바그 운동이 일어나기 전 주류 안팎에서 이미 확고한 입지를 굳히고 있던 감독들은 1960년대와 1970년대에 들어서도 여전히 좋은 영화들을 만들어 냈고, 그중에는 『카이에 뒤 시네마』 비평가들의 호감을 산 사람들도 더러 있었다. 로베르 브레송은 주류에도 속하지 않고, 누벨 바그에도 속하지 않는 다소 독특한 위치를 점하고 있던 사람이다. 그는 구원이라는 주제를 기이하면서도 매력적인 방법 — 단조롭고 딱딱한 이미지, 불충분한 심리 묘사, 전통적 줄거리의 부재, 아마추어 배우의 비현실적인 대사 — 으로 끊임없이 추구한 「잔 다르크의 재판」(1961), 「당나귀 발타자르」(1965), 「무셰트Mouchette」(1966), 「유순한 여인Une femme douce」(1968), 「아마도 악마가Le Diable probablement」(1976) 같은 작품들을 만들었다.

여전히 왕성한 활동을 벌이고 있던 장 르누아르는 그러나 시간이 갈수록 텔레비전과 저술 쪽으로 방향을 돌렸다. 그의 「탈영한 하사Caporal épinglé」(1961)는 「위대한 환상」의 세계를 뒤돌아본 작품이다. 장-피에르 멜빌은 형사 영화라는 단일한 장르로 〈작가〉적 위치를 확고히 지켜 나간 감독이다. 그가 그리도 사랑한 미국 영화의 강렬하고 거의 의식적인 누아르적 분위기로 어두운 남자들 세계를 그린 작품들로는 「두 번째 숨결Le Deuxième Souffle」(1966), 「고독」(1967), 「리스본 특급Un flic」(1972) 등이 있다.

그 외에도 완성도 높은 영화를 만들어 누벨 바그 이전의 명성을 계속 이어 간 감독들로는 르네 클레망[「태양은 가득히」(1959), 「빗속의 방문객Le Passager de la pluie」(1969)],

앙리-조르주 클루조〔「진실La Vérité」(1960)〕, 장 가뱅을 「겨울 원숭이Un singe en hiver」(1961)에서는 벨몽도와, 「지하실의 멜로디Mélodie en soussol」(1962)에서는 알랭 들롱과 연기 대결을 하게 하고 「시칠리안Le Clan des Siciliens」(1968)을 만든 앙리 베르뇌이 등이 있다.

『카이에 뒤 시네마』의 조소를 받은 장 들라누아, 앙리 드쿠앵, 쥘리앵 뒤비비에, 마르셀 카르네와 같은 구시대 감독들은 작품을 많이 만들지는 못했지만 그래도 모두 훌륭했다. 점점 가중되고 있던 재정적 곤란에도 불구하고 자크 타티는 그의 또 다른 자아인 윌로 씨를 통해 현대 문명에 대한 신랄한 비판을 계속했다. 「플레이 타임」(1961)과 「트래픽」(1969)에서 보여 준 용의주도한 그의 익살은 이전 작품에 비해 시적 자질은 떨어지지만, 어떤 때는 감지조차 못할 정도로 미묘한 섬세함을 지니고 있다.

1968년 5월과 그 후

1968년 5월 〈사건〉은 영화의 제작 구조를 넘어 영화의 내용에까지 영향을 미쳤다. 1969년 이래 제작자들이 너도나도 〈선지불〉 제도의 혜택을 보려는 와중에 1970년대 초에는 다양한 부류의 감독들(여성들도 포함하여)이 그들의 첫 영화를 만들 수 있는 기회를 얻었다. 먼저 고다르와 장-피에르 고랭의 「만사형통Tout va bien」(1971), 마랭 카르미츠의 「주먹에는 주먹Coup pour coup」(1971), 르네 보티에와 니콜 르가레크의 「네가 발레리라고 말할 때Quand tu disais Valéry」(1975)와 같은 〈사건〉 자체와 그로 인한 영향에 초점을 맞춘 몇 편의 투쟁적인 영화가 만들어졌다. 〈즐거운 과부〉에 대한 감동적 코미디 「하찮은 노부인La Vieille Dame indigne」(1964)을 이미 만들어 본 적이 있는 르네 알리오는 1968년 5월 사건을 통해 역사를 바라본 「칼뱅파 신교도들Les Camisards」(1970)과 「나, 피에르 리비에르Moi, Pierre Rivière」(1975)를 만들었다. 그의 다음 작품 「마르세유로의 귀환Retour à Marseille」(1978)은 좀 더 지역적인 문제에 초점을 맞추고 있다.

1968년 5월 이후 프랑스 영화계는 노골적 도색 영화에 대한 규제가 풀리고(혹독한 세금을 부과하기는 했지만), 역사적 정치적으로 금기시돼 온 것들이 어느 정도 해제됨으로써, 이전보다 훨씬 자유로운 분위기를 만끽하게 되었다. 마르셀 오퓔스의 다큐멘터리 「슬픔과 연민Le Chagrin et la pitié」(1971)은 오랫동안 터부시돼 온 프랑스의 나치 협력 문제를 처음으로 심도 있게 다룬 작품이다.

1968년 5월이 사회적 태도에 미친 영향은 〈작가〉 감독 장 외스타슈의 「엄마와 창녀La Maman et la putain」(1972)와 자크 두아이용의 「머릿속의 손가락Les Doigts dans la tête」(1974)에서 가장 민감하게 느껴 볼 수 있다(두 작품 다 불같은 강렬함으로 개인 간의 관계를 묘사하고 있다). 그 후 속작으로 두아이용은 「우는 여자La Femme qui pleure」(1978), 「여인의 복수La Vengeance d'une femme」(1989)와 같은 일련의 강박적인 사이코드라마를 만들었다. 두아이용처럼 모리스 피알라도 가끔 자기 영화에 모습을 드러냈고, 즉흥성에 의존했으며, 출연 배우들에게 헌신(이해가 아닌 주로 싸움을 통해)을 요구했다. 감정의 격렬함은 모리스 영화의 표면 밑으로 가라앉아 본 적이 없어, 특히 이 증상은 젊은이들〔「먼저 대학 입시나 통과해라Passe ton bac d'abord」(1976)〕이나 남녀 간의〔「룰루Loulou」(1979)〕 문제를 주로 다룬 그의 초기작에서 더욱 강하게 나타나고 있다. 그와 유사한 〈앵티미스트*intimist*〉〔일상적 대상을 개인적 감정을 강조하여 묘사하는 작가 — 역주〕 분위기가 확연히 느껴지는 곳이 한결같지는 않지만 고상한 느낌을 주는 「프랑스의 추억Souvenirs d'en France」(1974), 「아메리카 호텔Hôtel des Amériques」(1981), 「내가 좋아하는 계절Ma saison préferée」(1993), 절찬리에 상영되었던 「야생 갈대Les Roseaux sauvages」(1994)와 같은 앙드레 테시네의 작품들이다.

두 사람 다 비평가 출신으로, 미국 영화와 문화에 대한 사랑을 자신들의 영화에 그대로 반영한 이브 부아세와 베르트랑 타베르니에는 초급진적인 인본주의적 전통으로 정치와 경찰의 횡포를 비난하는 것에 특히 능한 감독들이다. 부아세 작품의 특징은 대본이 좋으면 절제된 표현이 나오고〔여자 경찰관을 감동적으로 그린 「여순경La Femme flic」(1979)과 스파이 영화 「일어나라 스파이Espion lève-toi」(1980)〕, 그렇지 않으면 과장된 표현〔인종주의를 맹렬히 비난한 「뒤퐁 라주아Dupont Lajoie」(1975), 텔레비전의 횡포를 그린 「위험의 대가Le Prix du danger」(1979)〕이 나온다는 것이다. 가끔은 감상주의의 경계를 오락가락하는 불안한 면을 보이기도 하지만, 기본적으로 타베르니에는 심리와 역사 디테일의 묘사에 강한 확고한 정신의 소유자이다. 조르주 심농의 세계를 다룬 「생-폴의 시계 수리공L'Horloger de Saint-Paul」(1973)에서부터, 죽음〔「인생은 인생이다La Vie et rien d'autre」

(1988)], 경찰[「L. 627」(1991)], 프랑스 역사와 중세의 여러 에피소드[「베아트리스의 수난La Passion Béatrice」(1986)], 오를레앙 공 필리프의 섭정 시대(1715~23)의 퇴폐적 풍속[「축제는 시작된다Que la fête commence」(1974)], 전전 아프리카 식민지에서의 삶[「대청소Coup de torchon」(1981)]에 이르기까지, 그가 다루는 주제 역시 아주 광범위하다.

누벨 바그의 손짓에 전혀 반응을 보이지 않았던 타베르니에에 비해(튀르포가 지독히도 싫어했던 베테랑 시나리오 작가 장 오랑슈와 몇 번이나 같이 일했다), 들롱이 술고래 오입쟁이 역을 맡은 「우리들 이야기」(1983), 제라르 드파르디외가 동성애자로 나온 「야회복Tenue de soirée」(1985), 역시 드파르디외가 아내보다 못생긴 여자와 사랑에 빠지는 남편 역을 맡은 「네겐 너무 이쁜 당신Trop belle pour toi」(1988)에서 베르트랑 블리에가 보여 주는 여자 혐오증, 사실주의의 거부, 페티시즘적인 배우 기용, 역설에 대한 열광은 고다르를 연상시키는 주요 특징들이다. 블리에 영화들은 드파르디외를 스타덤에 오르게 한 「고환Les Valseuses」(1973)을 비롯하여, 그 자신의 소설을 각색하여 만든 것이 대부분이다(그의 희화적-부조리 세계의 응집력이 바로 거기서 나오고 있다).

1980년대와 1990년대의 영화

독특한 개성을 지닌 세 명의 감독 장-자크 베넥스, 뤼크 베송, 레오스 카락스가 1980년대에 새로이 등장했다. 때로는 포스트모던적이라고도, 때로는 〈시네마 뒤 룩*cinema du look*〉(이미지가 곧 메시지라는 의미)이라고도 불리는 이들의 작품은 평단보다는 관객, 특히 젊은 관객들로부터 열렬한 환호를 받았다. 시각적 영상이 뛰어난 2편의 스릴러 「디바」(1979)와 「하수구에 뜬 달La Lune dans le caniveau」(1982)로 감독 생활을 시작한 베넥스는 1985년, 베아트리스 달의 출세작이

디자이너 폭력: 뤼크 베송이 연출한 스릴 만점의 「니키타」(1990)에서 경관 살해범이었다가 국가 기관의 암살자로 변모한 안 파릴로.

며 미친 듯한 사랑(글자 그대로의 의미에서)을 도저히 종잡을 수 없게 표현한 「베티 블루 37.2° au matin」(1985)로, 일약 세계적인 컬트 감독의 위치를 획득했다. 뤼크 베송의 영화에는 상업 광고와 록 비디오의 영향 — 어떤 이는 오염되었다고도 하지만 — 을 아주 짙게 느낄 수 있다. 현란하면서도 지극히 상호 참조적인 영화 「서브웨이Subway」(1984)를 만든 뒤, 뤼크 베송은 사람과 돌고래의 단순한 이야기를 그린 「그랑 블뢰Le Grand Bleu」(1987)로 흥행에서 대박을 터뜨렸다. 그 후 좀 더 고전적인 스릴러물로 복귀한 그는 「니키타」(1990)를 만들어, 자신의 등록 상표인 디자이너의 손길이 느껴지는 폭력과 함께, 테크닉의 귀재임을 다시 한 번 입증했다.

영화에서와 같이 실생활에서도 은둔적으로 살아가는 레오스 카락스는 그가 만든 작품과 그것이 미치는 영향력 면에서, 세 사람 중 가장 기묘한 감독이라고 말할 수 있다. 저예산 흑백 영화 「소년, 소녀를 만나다Boy Meets Girl」(1983)와 원색적 컬러로 만든 「나쁜 피Mauvais Sang」(1985) — 2편 다 고다르의 영향을 강하게 받은 작품이다 — 이후 카락스는 마침내 「퐁뇌프의 연인들Les Amants du Pont-Neuf」(1990) 제작에 착수했다. 이 영화의 제작 과정은 재난, 관리 미숙, 늘어나는 제작비(몽펠리에 외곽 저수지에 만든 센 강 제방과 다리까지 포함하여)로 얼룩진 3년간의 기나긴 모험이었고, 완성된 영화는 간간이 느껴지는 거대한 힘과 함께, 활기찬 시적 사실주의의 습작이었다.

1990년대 초반 들어 신선함과 독창성, 그리고 장래성을 보인 감독들로는 에티엔 샤틸리에(「인생은 길고도 고요한 강이다La Vie est une longue fleuve tranquille」(1987)), 에리크 로샹(「동정 없는 세상Un monde sans pitié」(1988)), 에이즈에 걸린 양성애자 남성과의 성관계 묘사로 논란과 절찬을 동시에 받은 작품 「새비지 나이트Les Nuits fauves」(1991)를 감독한 시릴 콜라르가 있다. 장-마리 푸아레는 「저항하는 파피Papy fait de la Résistance」(1983)와 「비지터Les Visiteurs」(1992) — 프랑스 영화사상 최대의 흥행작이 되었다 — 에서 보인 빈틈없는 연출 솜씨로 막스 형제에 버금가는 희극적 감각을 만들어 냈다.

1980년대에는 또한 북아프리카의 젊은 2세대들이 자신들이 삶에 초점을 맞춰 만든 영화 〈시네마 뵈르*cinéma beur*〉(*beur*는 *Arabe*를 거꾸로 읽은 은어이다)라는 새로운 현상이 일어나기도 했다. 주류 영화와 저예산 8mm 영화의 두 종류로 구성된 〈시네마 뵈르〉 영화는 파리 외곽 노동자 계층의 삶을 자연주의적으로 묘사하여, 인종 문제 대신에 다양한 장르의 혼합을 시도했다. 상대적으로 매우 빈약한 제작 편 수에도 불구하고, 메디 샤레프의 「아르키메데스 하렘의 차Le thé au harem d'Archimède」(1986)와 라히드 부샤레브의 「셰브Cheb」(1990)는 프랑스 사회의 새로운 면을 사실감 있게 묘사한 독창성으로 많은 영향을 끼친 작품들이다.

기성 감독들도 신예 못지않은 왕성한 활동을 벌이며 지속적인 영향력 — 특히 흥행 면에서 — 을 발휘했다. 400편 이상의 광고물을 찍은 베테랑으로 극영화감독을 시작한 장-자크 아노는 1980년대와 1990년대에 막대한 예산이 투여된 몇 편의 영화, 새끼 곰의 이야기를 다룬 「베어L'Ours」(1989), 마르게리트 뒤라스의 소설을 각색한 「연인L'Amant」(1992) 등의 작품을 만들었다.

1970년대 중반 이후에 나타난 중요한 특징의 하나는 여성 감독의 증가 현상이다. 바르다와 뒤라스는 감독으로서의 입지를 이미 확고히 한 상태였다. 이 현상은 1968년 5월 이후에 일어난 여권 운동과, 독립 영화인들에게도 혜택이 주어지고 있던 〈선지불〉 제도로 설명될 수 있다. 여성 감독들은 처음에는 주로 페미니스트 문제만을 다루다가 1970년대 후반부터 진행된 페미니즘 운동의 퇴조와 함께, 대부분 고립된 상태로 활동하면서 조직화된 〈여성 영화〉의 개념을 회피하게 됐다. 1950년대에 아벨 강스의 조감독으로 활동한 적이 있는 넬리 카플랑은 학대받았던 여성이 창녀가 되어 마을을 장악한다는 내용의 영화 「해적의 약혼녀La Fiancée du pirate」(1969)를 만들어, 페미니스트 영화의 첫 관문을 통과했다. 몇 편의 후기작들과 마찬가지로(「사랑의 기쁨Plaisir d'amour」(1990)), 이 작품도 초현실적 유머의 교묘한 사용으로 남성의 자만심을 위축시키고 있다. 단편 영화감독으로 발군의 실력을 과시한 바 있는 야니크 벨롱은 48세에 극영화감독을 시작하여 사회의 제반 문제를 섬세하고 감동적인 방법으로 그린 「폭로된 사랑L'Amour violé」(1977), 「벌거숭이 사랑L'Amour nu」(1981), 「속임수La Triche」(1983), 「소란스러운 아이들Les Enfants du désordre」(1988)을 만들었다. 콜린 세로는 「세 남자와 아기 바구니Trois hommes et un couffin」(1985, 「세 남자와 아기Three Men and a Baby」라는 제목으로 미국에서 리메이크됨)를 만들어, 엄청난 흥행 성공을 거두었다. 그녀의 작품들은 모두 성적 진부함(「왜 안 돼요Pourquoi pas?」(1977)), 인종 문제(「로무알드와 쥘리

제라르 드파르디외 (1948~)

1990년대 초에 제라르 드파르디외는 프랑스 영화사상 초유의 세계적 스타로 발돋움했다. 1970년대 중반부터 이미 프랑스 스타의 자리(1985년부터는 흥행 1위의 스타로)를 굳히고 있던 그는 해외에서는 베르톨루치의 「1900」(1976), 모리스 피알라의 「룰루」(1980), 클로드 베리의 「마농의 샘」(1986)과 같은 〈작가〉 영화의 프롤레타리아적 우상으로 많이 알려져 있었다. 이러한 그를 〈프랑스적인〉 아이콘 — 골루아즈Gauloises를 피우며 여성을 유혹하는 음식과 와인의 전문가 — 으로 만들어 놓은 것이 할리우드 스타일의 코미디 「그린 카드」(피터 위어, 1990)였다. 그의 명성은 영화 잡지에서 타블로이드에 이르기까지 대중문화의 전 영역으로 퍼져 나갔다. 드파르디외는 영화 외에도 영화 제작, 연극 상연, 고전 영화 배급과 같은 광범위한 미디어 사업(이제는 주요 배우들의 필수 요건이 되었다)도 함께 병행했다. 1992년에는 칸 영화제 심사 위원장도 역임했다.

카리스마, 재능, 넘치는 에너지(현재까지 70편이 넘는 영화에 출연했다) 외에도, 드파르디외의 인기는 프랑스 문화의 진한 면이 느껴지는 그의 이미지와 관련이 깊다. 샤토루의 노동자 계급 가정에서 비행(후일 「그린 카드」로 오스카상 후보에 올랐을 때 다시 그를 괴롭힌다)으로 얼룩진 청소년기를 보낸 그의 전력은 프롤레타리아적 인물 연기에 더없는 현실성을 부여해 주었다. 1960년대 말, 특히 자유분방한 카페-테아트르에서 쌓은 연기 경력 또한, 그의 반항적 이미지와 자연주의적 연기에 보탬이 되었다. 마르게리트 뒤라스의 「나탈리 그랑제Nathalie Granger」(1973)를 비롯한 10여 편의 영화에서 시시한 단역만을 맡아온 그에게 어느 날 주어진 「고환」(베르트랑 블리에, 1973)의 공동 주연 역할은 그를 일약 프랑스의 젊은 우상으로 탈바꿈시켰다. 그 후 그의 인기는 끝없는 상승세를 탔다.

1968년 이후에 떠오른 드파르디외의 영화 속 이미지는 프랑스 인들에게 익숙한 민중 영화의 범죄자/노동자 상을 완전 현대판으로 바꿔 놓은 것이었다. 그런 이미지를 두 곳으로 분산시킬 수 있는 능력 — 희극적 이미지(「고환」)와 (멜로)드라마적 이미지(「룰루」) — 또한 그의 성공의 또 다른 요소가 되었다. 다시 말하면, 그는 주류 코미디〔「바뷔르 경감Inspecteur La Bavure」(1980), 「염소La Chèvre」(1981), 「은행털이와 아빠와 나Les Compères」(1983), 「도망자들Les Fugitifs」(1986)〕의 스타도 될 수 있었고, 〈고뇌하는 사나이〉 역으로, 마르코 페레리〔「마지막 여인」(1976, 이 영화에서 그의 남성성은 거세되어 있다)〕, 피알라〔「경찰 룰루」(1985)〕, 알랭 레네〔「미국인 삼촌」(1980)〕, 프랑수아 트뤼포〔「마지막 지하철」(1980)〕 같은 〈작가〉 영화의 스타도 될 수 있었다. 그의 이 두 가지 이미지는 의외로 〈여성스러운〉 면을 스스로 과장까지 할 정도의 놀라운 부드러움과 강렬한 육체성에서 비롯되고 있다. 블리에는 그의 이러한 양면성을 최대한으로 이용한 감독인데, 특히 「야회복」에서 드파르디외는 남성적 분위기를 그대로 유지하면서도, 여장까지 감행하는 〈동성애자〉 역을 맡았다.

드파르디외의 연기는 국내 소비와 해외 배급에서 점차 인기를 더해 가던 유산 영화*heritage film*〔「사간 요새Fort Saganne」(1984, 식민지 드라마)〕와 다른 장르의 영화로까지 다양하게 확대되어 갔다. 그런 점에서 「마농의 샘」은 중요한 돌파구가 되었고, 프로방스 지방에 대한 이 영화의 진한 노스탤지어적 분위기는 〈향토인*terroir*〉임을 주장하는 스크린 밖에서의 그의 이미지와 잘 조화를 이루고 있다(여권의 직업란에 그는 〈포도 재배인〉으로 기재되어 있다). 드파르디외에게는 장 가뱅과 같은 노동자 계층의 억셈과 〈진정한〉 민중의 뿌리, 그리고 낭만성이 결합된 프랑스의 이상적 남성상이 그대로 집약되어 있다. 이 특징은 프랑스 영화 수출에 지대한 공헌을 한 「시라노」(1990) 같은 시대극의 역사적 인물 묘사에 잘 적용되었다. 「그린 카드」나 리들리 스콧의 「1492 콜럼버스」에서처럼, 자신을 수출하는 과정에서 그의 복잡한 이미지도 조금은 마모되었을지 모르지만, 그럼에도 불구하고 그는 1990년대에 밀어닥친 미디어의 세계화 물결 속에서 프랑스 영화를 지키는 데 없어서는 안 될 중요한 존재였다.

지넷 빈센도

▪▫ 주요 작품

「고환Les Valseuses」(1973); 「1900」(1976); 「마지막 여인La Dernière Femme」(1976); 「화물차Le Camion」(1977); 「룰루Loulou」(1980); 「미국인 삼촌Mon Oncle d'Amérique」(1980); 「마지막 지하철Le Dernier Métro」(1980); 「마르탱 게르의 귀향Le Retour de Martin Guerre」(1981); 「당통Danton」(1982); 「마농의 샘Jean de Florette」(1986); 「야회복Tenue de soirée」(1986); 「도망자들Les Fugitifs」(1986); 「카미유 클로델Camille Claudel」(1988); 「만나기에는 부적절한 장소Drôle d'endroit pour une rencontre」(1988); 「네겐 너무 이쁜 당신Trop belle pour toi」(1989); 「시라노Cyrano de Bergerac」(1990); 「그린 카드Green Card」(1990); 「1492 콜럼버스 1492」(1992); 「제르미날Germinal」(1993); 「샤베르 대령Le Colonel Chabert」(1994).

▪▪ 참고 문헌

Gray, Marianne(1992), *Depardieu: A Biography.*

안제이 바이다의 「당통」(1982)에서의 제라르 드파르디외.

에트Romuald et Juliette」(1988)], 위선[「위기La Crise」(1992)] 등을 부드럽게 야유한 사회적 우화들이다.

이 시기에 많은 여성 감독들은 전체적으로 혹은 부분적으로 자전적인 경험에 바탕을 둔 영화들을 만들었다. 디안 퀴리의 대표작 「첫눈에 반하여Coup de foudre」(1979)와 「박하맛 디아볼로Diabolo Menthe」(1977)는 감독 자신의 유년 시절과 청소년기를 애교 있는 신선함으로 그려 낸 작품들이다. 베라 벨몽은 「붉은 키스Rouge Baiser」(1984)에서 1950년대 생제르멩데프레의 모습을 재현하고 있으며, 외잔 팔시는 자신의 고향 마르티니크 섬의 역사와 신화를 고찰한 「카스네그르 가Rue Cases-Nègres」(1983)와 「시메옹Siméon」(1990)을 만들었다.

프랑스 식민지에서 보낸 백인들의 삶에 대한 개인적 추억은 마리-프랑스 피시에의 「총독의 무도회Le Bal du gouverneur」(1989), 클레어 드니의 「쇼콜라Chocolat」(1987), 브리지트 루앙의 「바다 저편에Outremer」(1987)에 잘 묘사되어 있다. 비르지니 테브네의 「가터벨트 입은 밤La Nuit porte jarretelles」(1986), 아리엘 동발의 「푸른 피라미드들Les Pyramides bleues」(1988), 클레르 드베르의 「흑과 백Noir et blanc」(1986), 쥘리에트 베르토의 「카프 카나유Cap Canaille」(1981)는 모두 〈시네마 뒤 룩〉에 가깝다는 공통점이 있다. 알린 이세르망은 포스트모던적 분위기가 나는 두 번째 작품 「멋진 애인L'Amant magnifique」(1984)으로 그녀의 이전 작품 「쥘리에트의 운명Le Destin de Juliette」(1982)의 설득력에 깊이 감동되었던 사람들을 당혹케 했을 정도로, 대단히 힘 있는 여류 감독이다. 조시안 발라스코는 「경찰들Les Keufs」(1987)에서 〈카페-테아트르〉의 활기찬 분위기를 재현해 보였다.

위에 언급된 몇 명의 여성 감독들과 같이 — 안나 카리나, 잔 모로, 니콜 가르시아도 마찬가지 — 발라스코도 감독으로보다는 배우로 더 많이 알려진 여성이다. 그녀는 재정난에 허덕이는 극장과 1968년 5월 이후에 급부상한 카바레의 중간적 형태라 할 수 있는 카페-테아트르에서 영화를 시작했다. 자연스러움과 거리낌없는 유머 감각, 그리고 생동감이 넘쳐흘렀던 당시의 테아트르는 70년대의 분위기와 잘 맞아떨어졌고, 늘 연기자들로 북적거렸다. 테아트르를 통해 영화계에 진출한 배우는 발라스코 외에도, 제라르 드파르디외, 미우 미우, 티에리 레르미트, 콜뤼슈, 파트리크 드배르, 미셸 블랑, 도미니크 라바낭, 제라르 쥐그노, 크리스티앙 클라비에 등이 있다. 세계적 스타가 된 드파르디외와 더불어, 이들 모두 (작고한 드배르와 콜뤼슈는 제외하고) 프랑스 영화의 역동적 발전에 계속 기여하고 있다.

1960년에서 1993년 동안에는 유능한 연기자들도 많이 등장했다. 1960년대에는 페르낭델, 장 마레 같은 기존의 스타들도 건재하긴 했지만, 그 시대 최고의 인기 스타는 누가 뭐라 해도 2명의 희극 배우 코미디언 루이 드 퓌네스와 부르빌이었다. 장 가뱅은 원로 역에 점차 치중하면서도, 때로는 들롱이나 벨몽도 같은 젊은 스타들과 연기 대결도 벌이며 1976년 작고할 때까지 스타의 지위를 계속 유지했다. 들롱과 벨몽도가 지닌 독특한 개성(감정의 내면화와 외면화)은 천상의 미를 자랑하는 카트린 드뇌브와, 1970년대 중반 이래 인기 가도를 달리고 있는 폭발적인 매력의 소유자 이자벨 아자니의 모습에 어느 정도 반영되었다. 쥘리에트 비노슈와 베아트리스 달은 작품과 감독만 제대로 주어진다면 스크린의 우상이 될 수도 있는 잠재력을 보여 주었다. 그런데 묘한 것은 드뇌브를 제외하고는 1960년대 이래 어느 누구도 자기 이름만으로 흥행을 주도한 여배우가 없다는 사실이다.

지난 30년간 계속된 프랑스 영화의 우수성은 또한, 제작 과정에 참여한 다양한 스태프들의 후원 없이는 이루어질 수 없었다. 무대 감독 알렉상드르 트로네와 베르나르 에뱅, 촬영 감독 앙리 알레캉, 라울 쿠타르, 네스터 알멘드로스와 사샤 비에르니, 작곡가 조르주 들르뤼와 필리프 사르드, 시나리오 작가 장-클로드 카리에르, 제라르 브라크와 장-피에르 라페노[「성에서의 삶La Vie de château」(1966)과 「시라노」(1987)의 감독이기도 했다], 제작자 아나톨 도망, 피에르 브롱베르제, 조르주 드 보르가르, 세르주 실베르망과 클로드 베리[제작 말고도 베리는 파뇰의 소설을 영화화한 작품으로, 프로방스에 대한 노스탤지어적인 표현으로 관객의 가슴을 훈훈히 적시며, 복고적 유행을 불러일으킨 것으로 유명한 「마농의 샘 2 Manon des sources」(1986), 「마농의 샘Jean de Florette」 같은 영화들을 감독하기도 했다]. 정부 보조금 제도 및 정치적 망명에 보이는 개방적 태도와 결합된 이런 유리한 창작적 분위기는 많은 비 프랑스 인 영화감독들을 프랑스로 끌어들이는 요인이 됐다. 그중의 대표적인 인물을 꼽아 보면, 루이스 부뉴엘, 발레리안 보로브치크, 안제이 바이다, 로만 폴란스키, 샹탈 아케르망, 아그니에슈카 홀란드, 라울 루이스 등이 있다.

프랑스의 활기찬 영화 문화는 다양한 영화 잡지의 존재에서도 드러나고 있다. 그중 가장 〈진지한〉 축에 드는 『포지티프』는 지난날의 원칙에 비교적 충실해 왔으나, 지금은 전투적 성격이 많이 완화된 상태로, 판매 부수에서 앞서가는 라이벌 잡지 『카이에 뒤 시네마』와 대충 비슷한 종류의 잡지로 받아들여지고 있다. 높은 판매 부수를 자랑하는 그보다 좀 더 대중적인 잡지들로는 『프르미에르*Première*』와 『스튜디오 마가진*Studio Magazine*』이 있다. 그 밖의 다른 인쇄 매체와 라디오, 텔레비전에서도 영화는 광범위하게 다루어지고 있다. 파리는 세계 어느 곳과도 비교될 수 없는 다양한 종류의 영화를 제공한다. 어떤 상영관들은 시네마 테크 프랑세즈, 퐁피두 센터, 비디오테크 드 파리와 같이 국가 보조로 운영되는 극장들과 아주 흡사한 방식으로 영화 상영을 한 번으로 고정시키는 정책을 시행하고 있는데, 그 결과 파리에서만 매주 350편 이상의 영화들이 개봉되고 있다. 프랑스에서는 칸 영화제 말고도 매년 12개의 영화제가 열리고 있다. 호의적인 문화 환경이 프랑스의 관객과 극장 감소의 속도가 다른 유럽 국가들보다 느린 이유를 부분적으로 설명해 주고 있다.

영화에 대한 이런 관심도 당분간 지속될 게 확실하고 1993년에 새로 들어선 행정부도 국가 보조금을 대폭 삭감하지 않은 점으로 미루어 프랑스 영화는 앞으로도 계속 건재할 게 분명하다.

참고문헌

Armes, Roy(1985), *French Cinema*.

Browne, Nick(ed.)(1990), *Cahiers du Cinéma: 1969~1972: The Politics of Representation*.

Forbes, Jill(1992), *The Cinema in France after the New Wave*.

Graham, Peter(ed.)(1968), *The New Wave: Critical Landmarks*.

Hayward, Susan(1993), *French National Cinema*.

—— and Vincendeau, Ginette(eds.)(1990), *French Film: Texts and Contexts*.

Hillier, Jim(ed.)(1985), *Cahiers du Cinéma: The 1960s*.

Jeancolas, Jean-Pierre(1979), *Le Cinéma des Française Le Vème République(1958~1978)*.

이탈리아: 작가들과 그 후

모란도 모란디니

1960년은 이탈리아 영화에 눈부신 한 해였다. 1946년 이래 최초로 (그리고 유일하게) 이탈리아 영화는 국내 시장에서 할리우드의 인기를 앞질렀고 흥행에서도 총수입의 50퍼센트 이상을 차지했다. 3편의 이탈리아 영화, 루키노 비스콘티의 「로코와 그의 형제들」, 페데리코 펠리니의 「달콤한 인생」, 미켈란젤로 안토니오니의 「정사」가 그해에 개봉되었는데, 이 영화들은 해외에서도 큰 성공을 거두었다.

1960년의 승리는 2편의 이탈리아 영화, 로베르토 로셀리니의 「로베레 장군Il Generale Della Rovere」과 마리오 모니첼리의 「제1차 세계 대전La grande guerra」이 베네치아 영화제 황금사자상을 공동 수상한 1959년에 이미 예견된 일이었다. 그렇기는 해도 1960년이 영화 표현 형식에 있어 개념적 혁신의 시기를 연 분기점이었다는 것 역시 의심할 바 없는 사실이다. 「로코와 그의 형제들」(그해의 또 다른 흥행 대작인 루이지 코멘치니의 「모두 집에 돌아가다Tutti a casa」도 마찬가지)을 예전 형식으로의 후퇴라고 본다면, 「정사」와 「달콤한 인생」은 분명 과거를 벗어던지고 앞으로 나아갈 새로운 시대를 예견한 작품들이었다.

「달콤한 인생」은 미학적으로는 「정사」보다 덜 혁신적일지 모르나, 네오리얼리즘의 소멸을 입증했고(입증이 필요했다면), 검열과의 전쟁을 통해 표현의 자유를 얻어 냄으로써 좌우익의 그늘에서 이탈리아 영화를 해방시킨 일대 전환기적 작품이었다는 점에서 영화사에서는 훨씬 값어치 있는 작품이다.

1960년대와 1970년대의 신진 감독들

1961년부터 1962년에 이탈리아에서는 바로 앞서간 프랑스 〈누벨 바그〉의 폭발과 비교될 만한 신예 감독들의 데뷔작들이 연이어 쏟아져 나왔다. 파솔리니의 「걸인」, 비토리오 데 세타의 「산적과 오르고솔로Banditi a Orgosolo」, 에르만노 올미의 「직업Il posto」, 엘리오 페트리의 「암살L'assassino」

페데리코 펠리니 (1920~1993)

페데리코 펠리니 감독의 「길」(1954)에서 젤소미나 역을 맡은 줄리에타 마시나.

오선 웰스는 언젠가 펠리니의 작품을 대도시 진출의 꿈에 부푼 시골뜨기의 작품이라고 무시한 적이 있다. 1972년에 공개된 「로마」는 「달콤한 인생」(1960), 「사티리콘」(1968)과 더불어 펠리니가 그 도시를 목표로 고향 마을인 리미니를 떠났으나, 애정다운 애정 한 번 느껴 보지 못하고 적대감만을 갖게 된 영원한 도시the Eternal City — 자애로운 어머니Alma Mater이자 위대한 창녀Great Whore — 3부작 중 마지막 작품으로 받아들여졌다. 로마와 그의 고향 로마냐는 그의 근원으로서, 펠리니 영화의 두 기둥이었다. 외판원이었던 부친 우르바노는 로마냐, 모친 이다 바르비아니는 로마 출신이었다. 펠리니는 「청춘 군상」(1953) 이후 20년 만에 「아마코드」(1973)를 들고, 「광대들」(1970)로 이미 한 번 방문한 적이 있는 리미니로 다시 돌아왔다. 그에게 첫 국제적 명성을 안겨 준 작품으로 중부 이탈리아의 황량한 고지를 무대로 한 「길」(1954)까지도 로마와 로마냐 사이의 이상적 여정으로 비칠 정도였다. 이탈리아 밖을 떠난 단 두 번의 외도 — 「카사노바」(1976)와 「그리고 항해는 계속된다」(1983) — 때에도 그다지 멀리는 가지 않았다. 펠리니는 「청춘 군상」(1950, 알베르토 라투아다와 공동 연출)부터, 현대 소설(에르만노 카바치니의 1987년 소설 『변덕스러운 사람들의 시*Il poema dei lunatici*』)을 소재로 한 그의 유일한 작품 「달의 목소리」(1990)에 이르기까지 40년간 총 24편의 극영화와 3편의 단편 영화를 만들었다.

그는 네오리얼리즘의 분위기가 여전히 팽배한 상태에서 만들어진 초기작에서조차 주관적 기억과 환상(영감의 원천으로서)에 의존하는 태도를 보였다. 주관적이고 자전적인 이러한 경향은 자신의 기억을 납득하기 전까지는 영화를 결코 완성시킬 수 없는 어느 감독의 초상을 그린 「8과 $\frac{1}{2}$」(1963)에서부터 더욱 두드러지기 시작했다. 그는 일반적으로, 좋은 뜻으로든 나쁜 뜻으로든 꿈꾸는 듯하면서도 유아론적인, 거의 망상의 경계를 넘나드는 영상의 퍼레이드로 자신의 모습을 과장시켜 온 방식으로 인해, 이탈리아 영화감독 중 가장 자전적 경향이 짙은 감독으로 인식되어 왔다. 그의 자서전은 심오한 영혼의 추구라기보다는 집합적이고 개별적인 자료에서 끌어 모은 상상의 사육제 같은 자기 과시로 가득 차 있다. 자신의 그것에 못지않게 타인의 기억과 환상의 근원도 잘 이끌어 내는 그의 능력으로 미루어, 앞으로도 그의 작품은 「아마코드」에서 불러일으킨 1930년대의 〈평범한 파시즘〉으로부터 1960년대, 1970년대, 1980년대 로마의 코즈모폴리턴적인 모습에 이르기까지 20세기 이탈리아 역사에 대한 드문 통찰력을 제공해 주는 원천으로 계속 인식될 게 분명하다. 로마 상류 사회의 모습을 와이드스크린 파노라마로 그린 「달콤한 인생」도 물론 여기에 한 자리를 차지해야 되겠지만, 국내외 비평가들은 만장일치로, 현대와 과거의 혼합물인 「8과 $\frac{1}{2}$」을 펠리니의 대표작으로 꼽고 있다.

하지만 개별적 작품에 대한 감독 이상으로, 펠리니는 모든 것을 하나로 통합한 전작(全作)의 작가였다. 그도 변하고 사회와 세계도 변하듯, 세월이 가면서 작품의 형식과 분위기는 달라졌지만 그가 추구한 본질적 사상과 주제는 여전히 변함없이 그 모습 그대로였다.

모란도 모란디니

주요 작품

「청춘 군상Luci del varietà」(1950)(알베르토 라투아다와 공동 연출); 「백인 추장Lo sceicco bianco」(1951); 「청춘 군상I vitelloni」(1953); 「길La strada」(1954); 「일 비도네Il bidone」(1955); 「카비리아의 밤Le notti di Cabiria」(1956); 「달콤한 인생La dolce vita」(1960); 「보카치오 '70Boccaccio '70」(1961)(episode); 「8과 $\frac{1}{2}$」(1963); 「영혼의 줄리에타Giulietta degli spiriti」(1965); 「기상천외한 이야기들Histoires extraordinaries」(1968)(에피소드); 「사티리콘Fellini Satyricon」(1969); 「광대들I clowns」(1970); 「로마Roma」(1972); 「아마코드Amarcord」(1973); 「펠리니의 카사노바Il Casanova di Federico Fellini」(1976); 「오케스트라 연습Prova d'orchestra」(1978); 「여자들의 도시La città delle donne」(1980); 「그리고 항해는 계속된다E la nave va」(1983); 「진저와 프레드Ginger e Fred」(1985); 「인터비스타Intervista」(1988); 「달의 목소리La voce della luna」(1990).

참고 문헌

Bondanella, Peter(1992), *The Cinema of Federico Fellini*.

등은 모두 1961년에 나온 작품이고, 베르나르도 베르톨루치의 「죽음의 신La commare secca」, 타비아니 형제와 발렌티노 오르시니의 「살인하는 남자Un uomo da bruciare」는 1962년 작품이다. 그 외 틴토 브라스, 우고 그레고레티, 줄리아노 몬탈도, 알프레도 잔네티 등이 1962년에 새로 등장했다.

이 시기의 가장 이단적인 두 감독은 피에르 파올로 파솔리니와 마르코 페레리였다. 파솔리니에게 있어 영화는 스캔들을 유발시키고 자신의 목숨까지도 걸겠다는(오스티아 해변가에서 맞은 그의 비극적인 죽음은 그것을 재확인한 것에 불과했다) 맹렬한 의지와 더불어, 자기 선전에 대한 억누를 수 없는 욕구로 시, 소설, 비평, 연극, 언론에서 충분히 밝힌 바 있는 문학적, 정치적 강론을 계속한 것에 불과했다. 그는 영화를 전통적 스타일과는 완전히 다른 딜레탕트적 스타일로 시작했고, 그래서인지 「걸인」, 「맘마 로마」(1962), 「흰 치즈」(1962), 「마태복음」(1964), 「매와 참새」(1966)와 같은 그의 초기작들은 후기작들에서는 찾아볼 수 없는 인습 타파적인 참신함이 느껴진다.

1966년에서 1975년 사이에 만들어진 최고의 영화에 수여되는 〈프레미오 볼라피Premio Bolaffi〉상 수상작 결정을 앞두고 이탈리아 비평가 20명을 상대로 벌인 조사에서, 1위로 뽑힌 작품은 마르코 페레리의 「딜린저는 죽었다Dillinger è morto」(1969), 2위는 안토니오니의 「욕망」(1966), 그다음으로 「매와 참새」와 역시 페레리의 「성대한 만찬La grande abbuffata」(1973)이 이어졌다. 지독한 도덕주의자이며 가벼운 염세주의자, 그리고 〈스페인계 밀라노 인〉으로 알려진 페레리는 스페인 작가 라파엘 아스코나와 손잡고 잔인함과 고통, 조롱과 감정, 비아냥과 비애가 뒤섞인 남녀 관계를, 자신을 형성한 스페인적 기질과 문화에서 비롯된 꺼림칙하고 비정상적인 분위기로 일관성 있게 분석해 갔다.

「여왕벌L'ape regina」(1963)로 영화계에 입문한 그는 폭발적인 제목만으로도 그 내용을 짐작할 수 있는 「원숭이 여인La donna scimmia」(1964), 「하렘L'harem」(1967), 「갈보La cagna」(1970), 「마지막 여인L'ultima donna」(1977)과 같은 몇 편의 후속작을 연달아 내놓았다. 소외와 일상의 끔찍함을 그린 야행성 〈해프닝〉이라 해도 좋을 「딜린저는 죽었다」는 세계의 종말에 대한 묵시록적 우화 「남자의 정액Il seme dell'uomo」(1969) 이후에 만들어졌다. 그의 영화들은 파괴, 부정(否定), 죽음 등의 주제를 중심으로 사실주의와 은유 사이를 넘나들면서도, 가끔은 「성대한 만찬」에서와 같이 생동감과 으스스한 농담으로 그런 무거움을 완화시키기도 했다. 그런가 하면 「심문L'udienza」(카프카의 『성』을 각색, 1972), 「망명을 요청한다Chiedo asilo」(1979)와 같이 보다 낙관적인 은유로 만들어진 작품들도 있다. 1980년대에 들어 페레리는 자기 또래의 다른 영화인들과 마찬가지로 이탈리아 사회의 변화에 적응하지 못하고 위기에 빠져 듦으로써, 그의 작품들은 더 산만하고, 더 불확실하고, 덜 창의적인 것으로 되어 갔다.

1960년대를 대표할 만한 젊고 신선한 작품으로는 베르나르도 베르톨루치의 「혁명 전야Prima della rivoluzione」(1964)와 마르코 벨로키오의 「주머니 속의 주먹I pugni in tasca」(1965)을 꼽을 수 있다. 「거미의 계략Strategia del ragno」(1970)까지로 볼 수 있는 베르톨루치 영화 이력의 첫 단계가 내러티브 형식의 부활로 나아가던 1960년대의 일반적 경향에 속해 있었다면, 「순응자Il conformista」(1970)에서 「우스꽝스러운 사내의 비극La tragedia di un uomo ridicolo」(1981)까지로 대별되는 두 번째 단계는 〈작가 정신〉은 포기하지 않은 상태에서 좀 더 전통적인 방식으로 새로운 자리를 모색한 시기라 말할 수 있다. 「1900」(1976)은 강렬한 지역적 주제와 값비싼 국제 합작 영화라는 가치와의 위험한 절충으로, 「파리에서의 마지막 탱고」(1973)의 어마어마한 성공이 없었다면 절대로 제작이 불가능했을 영화이다.

「주머니 속의 주먹」은 앙토냉 아르토의 〈잔혹극〉을 연상시키는 〈잔혹 영화〉풍으로 만들어진 작품이다. 베르톨루치 영화의 힘은, 가정을 비판한 첫 작품에서부터 중도 좌파적 정치를 다룬 「가까운 중국La Cina è vicina」(1967), 가톨릭 교육에 관한 「아버지의 이름으로Nel nome del padre」(1971), 저널리즘에 관한 「슈퍼스타를 잡아라Sbatti il mostro in prima pagina」, 군대에 관한 「개선 행진곡Marcia trionfale」(1976), 정신 병원에 관한 「모 아니면 도Nessuno o tutti」(1974, 실바노 아고스티, 산드로 페트랄리아, 스테파노 룰리 등이 공동으로 제작한 2부작)에 이르기까지, 각종 제도에 대한 직접적이고 야만적이며 가끔은 그로테스크적이기까지 한 비판적 스타일에 있다.

이 시기에는 또, 나폴리 출신 프란체스코 로시, 롬바르디아 출신 에르만노 올미, 사르디니아 출신 비토리아 데 세타와 같이 나름대로의 독창적이고 참신한 에너지로 네오리얼리즘의 전통을 부활시킨 감독들도 있었다. 로시의 영화 세계는 그의 대표작이자 걸작이라 할 수 있는 「살바토레 줄리아노Salvatore

Giuliano」(1960) — 남부 이탈리아와 그곳의 문제점을 다룬 영화이다 — 에서도 볼 수 있듯이 계몽주의에서 비롯된 합리주의적인 전통에 뿌리를 두고 있다. 이 영화 속에 나오는 악명 높은 산적 줄리아노는 마피아, 산적 행위, 정치 세력, 경제력 간의 연계에 가려져 구석으로 놓인 감이 있다. 하지만 「도시를 주무르는 손Le mani sulla città」(1963), 「마테이 사건Il caso Mattei」(1972), 「러키 루치아노Lucky Luciano」(1973)에서와 같이 새로운 관점을 제시하고 엄밀한 변증법적 질문을 던지며 다큐멘터리와 픽션의 매끄러운 혼합을 이끌어 낸다는 점에서, 로시의 존재는 진정 독보적이었다. 권력과 그것을 악용하는 자들에 대한 탐구는 레오나르도 시아시아의 소설을 영화화한 「우아한 시체Cadaveri eccellenti」(1976)에서 계속되었고, 이 작품 속에 언뜻 비친 약간 추상적이면서 은유적 분위기와 형식적이고 장식적인 질감은 뒤이은 세 작품, 「삼 형제Tre fratelli」(1981), 「카르멘Carmen」(1984), 가브리엘 가르시아 마르케스의 소설을 영화화한 「예고된 죽음의 연대기Cronaca di una morte annunciata」(1987)에서 더욱 뚜렷이 부각됐다.

지난날의 농가 풍습과, 밭일, 그것의 즐거움과 고달픔에 대한 진지하고도 조화로운 1편의 시라고 할 만한, 에르만노 올미의 영화 「나막신 나무L'albero degli zoccoli」(1978)의 예기치 않은 성공은 도덕성과 예술성만을 일관되게 추구해 온 것에 대한 당연한 보답이었다. 로마 영화계의 중앙 무대에서 유리된 채 비용이 적게 드는 장인적 방법을 고수하면서도, 엄격한 스타일과 세련된 명쾌함을 잃은 적 없는 올미는 보통 사람들의 평범한 이야기를 한 번도 시도되어 본 적이 없는 새로운 방법으로 만들었고, 그것은 그의 유일한 문학 각색물이자 고예산 영화인 「거룩한 술꾼의 전설La leggenda del santo bevitore」(1988)에서도 마찬가지였다. 하지만 세월이 감에 따라 그도, 3명의 현인 이야기를 고도의 상상력으로 다시 창조해 낸 「계속해서 쉬지 않고Camminacammina」(1983)와 다큐멘터리 작품 「1983년의 밀라노Milano '83」와 같이 시적 특질을 많이 줄이고 주제를 좀 더 냉정하고 비판적으로 다룬 영화를 만들기 시작했다. 로셀리니와 파솔리니의 타계 후 올미는 종교적 심오함을 지닌 이탈리아의 유일한 감독으로 남아 있다.

비토리오 데 세타는 작품의 고립적이고 주변적인 성격과, 그 역시 다큐멘터리에 뿌리를 두고 있다는 점에서 올미와 비교될 수 있다. 그는 이탈리아 바깥에서는 거의 이름이 알려지

지 않았고 1970년대에 안타깝게도 영화를 포기하고 말았다. 그의 첫 영화 「산적과 오르고솔로」(1961)는 사르디니아의 후진성을 극적이고 서정적으로 표현하여 평단의 갈채를 받았으나, 융의 노이로제 이론을 다룬 후속작 「반인Un uomo a metà」(1966)은 그보다 훨씬 엇갈린 반응을 얻었다. 그의 대표작으로는 4개의 에피소드로 이루어진 TV 미니 시리즈 「어느 교사의 일기Diario di un maestro」(1973)를 들 수 있는데, 여기서 네오리얼리즘 윤리는 라이브 촬영 테크닉을 통해 여과되었다. 이 작품은 또한, 학교 교육에 대한 논쟁적이고

프란체스코 로시 감독의 이탈리아-프랑스 합작 「우아한 시체」(1975)에서 형사 반장 역을 맡은 리노 벤투라가 지방 관리들의 살해범을 찾기 위해 수사를 벌이고 있다.

혁신적인 책으로 그보다 5년 일찍 발간된 돈 로렌초 밀라니의 『어느 교사의 일기』에서 제시된 문제를 계속 추구해 들어간 유일한 작품이기도 했다.

투스카니 출신의 비토리오와 파올로 타비아니 형제는 제30회 칸 영화제(1977)에서, 그들의 일곱 번째 작품 「파드레 파드로네Padre padrone」로 황금종려상을 수상했다. 1954년 이래 그들은 처음에는 비토리오 오르시니 옆에서 다음에는 독자적으로 공동 작업을 계속해 왔고, 그들의 오랜 협력 관계와 성공은 머천트-아이보리 팀과 비견될 수 있는 이탈리아에서는 보기 드문 현상이었다. 「파괴자들I sovversivi」(1967)로부터 그들의 대표작이라 할 만한 「천사장 미카엘에게는 수탉이 있었다San Michele aveva un gallo」(1971)를 거쳐, 「목장Il prato」(1979)에 이르기까지, 그들의 영화는 모두 확실성, 환상, 역사적 타협, 방법, 위험, 세대 간의 갈등, 유토피아와 실용주의 간의 갈등, 성급한 혁명과 끈기 있는 노력 간의 갈등에 대한 좌파적 시각을 반영한 것들이었다. 그러나 1943년부터 1945년까지의 내전을 어린이의 시각으로 바라본 「산로렌초의 밤La notte di San Lorenzo」(1982)에서는 이데올로기적 태도가 줄거리와 어린 시절의 느낌에 대한 기억의 즐거움으로 많이 퇴색되었고, 이러한 분위기는 약간 변덕스러운 방법으로 루이지 피란델로의 단편들에서 영감을 받은 「카오스Kaos」(1984)와 「편협」을 만들다가, D. W. 그리피스의 스태프가 된 두 이탈리아 이민자의 모험담을 그린 「굿 모닝 바빌론Good Morning Babylon」(1987)에서도 계속 이어졌다.

위에 언급된 인물들이 1960년대와 1970년대에 등장한 주요 〈작가〉 감독들로 분류될 수 있다면, 이들 옆으로는 1960년대에 5편의 실험 영화로 영화계에 진출한 배우 겸 연극 연출가 카르멜로 베네, 「빵과 초콜릿Pane e cioccolata」(1974)으로 유명한 코미디 작가 프랑코 브루사티, 문학 텍스트를 세련되게 스크린에 옮긴 「안토니오Il bell'Antonio」(1960)의 마우로 볼로니니, 섬세하게 연출된 「벌거벗은 오디세이Odissea nuda」(1961)의 프랑코 로시, 이탈리아에서 유일한 노동자 계급 출신 감독이며 파솔리니의 협력자로 영화계에 입문하여 「오스티아Ostia」(1970)와 「오두막Casotto」(1977)을 만든 세르조 치티와 발레리오 추를리니처럼 전통적 기법으로 훌륭한 작품을 만든 다른 감독들도 있었다. 「뜨거운 여름Estate violenta」(1959)과 「가방을 든 여인La ragazza con la valigia」(1960) 두 작품으로 추를리니는 이탈리아 영화에서는 흔치 않은 시인 감독의 명성을 얻었으나, 해외에서는 타르코프스키의 「이반의 어린 시절Ivanovo detstvo」과 함께 1962년 베네치아 영화제에서 황금사자상을 공동 수상한 「가족 연대기Cronaca familiare」 외에는 별로 알려진 작품이 없다. 그는 이데올로기나 유행 같은 것에 전혀 동요됨이 없이 「타르타르의 사막Il deserto dei Tartari」(1976)에서도 분명히 보여 주었듯, 역사적 내러티브에 대한 무언의 사명감과 더불어 섬세한 감정 분석에 보다 치중하는 편이었다.

이탈리아 코미디

1930년대에 한 번 활짝 꽃을 피운 뒤 1950년대에 네오리얼리즘의 영향으로 다시 활력을 되찾은 이탈리아 코미디는 1960년대에 들어와서는 전 국가적 영화 산업을 떠받치는 장르로 떠올랐다. 어느 정도는 의식적으로, 해가 거듭될수록 코미디 영화감독들은 사회의 행동 양식, 가치, 관습의 변모에 초점을 맞추고, 그 단점을 비판적이고 가벼운 느낌으로 묘사하는 것에 역점을 두었다. 1960년부터 1979년까지의 문화 인류학적 사료를 찾는 역사가가 있다면, 그 기간의 코미디 영화 발전상만 읽어 보아도 충분히 해답을 구할 수 있을 정도이다. 하지만 그 시기 코미디는 다음의 두 가지 요소 때문에 가치가 떨어진다. 첫째는 감독과 작가와 배우(이들 영화의 구성과 이데올로기에 대한 중요도의 순서에 따라)가 이미 자신들의 관점을 공급한 주제적 가치의 소산이었다는 것이고, 둘째는 시간이 가면서 내러티브 형식이 점점 도식적으로 규칙화하면서 사건과 인물 분석에 대한 가능성을 막아 버렸다는 것이다.

25년간 이 분야를 장악한 5명의 주요 배우들을 열거해 보면 나태한 기회주의자, 위선에 가득 찬 가톨릭 신자, 〈맘마〉 보이 역이 주 특기였던 알베르토 소르디, 느긋하고 호흡이 긴 유머를 구사한 니노 만프레디, 극단으로 흐르기를 좋아한 비토리오 가스만, 5명 중에서 가장 융통성이 있었던(〈작가〉 감독 페레리의 영화에 출연한 유일한 배우이기도 하다) 우고 토냐치, 이들과는 약간 구별되는 인물로 유연하고 편안한 성격에 코미디 장르에 갇히지 않은 유일한 배우였고, 진정한 의미에서 국제적 명성을 얻은 마르첼로 마스트로얀니가 있다.

안토니오 피에트란젤리의 몇몇 영화들처럼 극히 드문 경우를 제외하면, 이탈리아 코미디는 기본적으로 남성적이면서 지극히 쇼비니스트적인 장르였다. 1970년대에 5명의 남자 스타와 4명의 젊은 배우 란도 부찬카, 아드리아노 첼렌타노, 조니 도렐리, 잔카를로 잔니니에게 감히 도전장을 던진 여배우는 안토니오니와의 영화를 끝낸 모니카 비티밖에 없었다. 클라우디아 카르디날레, 카테리네 스파크, 라우라 안토넬리, 스테파니아 산드렐리와 같은 다른 여배우들은 반짝 성공으로 끝나거나 조연급으로 역할이 축소되었다.

코미디의 주제는 크게 다섯 가지로 나눠 볼 수 있다. 1) 가족: 독신자, 중혼자, 휴일 별거, 간통, 이혼 — 고로 남녀 관계가 주종을 이뤘다고 볼 수 있다. 2) 지방: 특히 남부를 중심으로 한 각 지방 고유의 의식, 편견, 여자 가장들 이야기 — 피에트로 제르미의 「이탈리아식 이혼Divorzio all'italiana」(1961)과 「부도덕한 남자L'immorale」(1967)가 그 좋은 예이다. 3) 이탈리아 민주주의의 실패를 보여 준 각종 직업들. 4) 온갖 편견과 통제 불능의 방종한 모습으로 묘사된 해외의 이탈리아 인들. 5) 거의 예외 없이 성직자의 스캔들을 통해서만 비치는 가톨릭 교회. 영화의 초점은 주로 중류나 중하류층에 맞춰졌으나, 가끔은 중상류층이나 노동자 계층, 혹은 에토레 스콜라의 「지저분한 놈, 나쁜 놈, 추악한 놈Brutti, sporchi e cattivi」(1974)처럼 최하층에 맞춰지는 경우도 있었다.

주요 감독들로는 디노 리치, 마리오 모니첼리, 피에트로 제르미, 루이지 코멘치니, 알베르토 라투아다, 난니 로이, 프랑코 지랄디, 리나 베르트뮐러 등이 있다. 하지만 감독보다 더 중요한 사람들이 아제 & 스카르펠리, 로돌포 소네고, 메츠와 마르케시, 루제로 마카리(에토레 스콜라가 감독으로 방향을 바꾸기 전까지는 그와 함께 일했다), 벤베누티와 데 베르나르디, 엔니오 데 콘치니, 베르나르디노 차포니, 우고 피로와 같은 시나리오 작가들이었다.

정치 영화

1945년 이래 강력하고 오랜 정치 영화 전통을 유지해 온 이탈리아는 1950년대에 들어 돈 카밀로Don Camillo 시리즈의 두드러진 성공으로 다시 한 번 이 전통을 입증했다. 조반니 과레스키의 책을 기초로 한 이 작품에서, 남자 주인공(프랑스 배우 페르낭델)과 그의 상대역 페포네(지노 체르비)는 농촌 후진 지역에서 일어난 가톨릭 대 공산주의 분쟁의 대변자 역할을 맡고 있다. 1960년대의 이탈리아 정치 영화는 다음과 같은 네 영역으로 나누어 볼 수 있다.

1. 남부: 남부 문제는 이탈리아 통일이 초래한 가장 까다로운 정치 사회적 문제였고, 그 상황은 지금도 계속되고 있다. 「도전La sfida」(1959)에서 「팔레르모는 잊어라Dimenticare Palermo」(1990), 「나폴리 인의 일기Diario napoletano」(1992)에 이르기까지, 프란체스코 로시는 늘 이 지역의 기수 노릇을 했다. 수려한 경관과 마피아로 유명한 시칠리아 역시, 제르미, 라투아다〔「마피아Mafioso」(1962)〕, 파스콸레 스퀴티에리〔「완벽한 금속Il prefetto di ferro」(1977)〕, 다미아노 다미아니, 주세페 페라라와 같은 감독들에 의해, 정치 영화 소재로 많이 다루어졌다.

2. 전쟁, 파시즘, 반파시즘, 레지스탕스: 1945년 로셀리니의 「무방비 도시」로 시작된 이 경향은 이 주제만으로 40여 편 이상의 영화가 만들어진 1963년에서 1965년에 그 정점을 맞게 된다. 그중 대표작을 꼽아 보면, 발레리오 추를리니의 「뜨거운 여름」, 플로레스타노 반치니의 「1943년의 긴 밤La longa notte del '43」(1960), 루이지 코멘치니의 「모두 집에 돌아가다」, 디노 리시의 「고달픈 인생Una vita difficile」

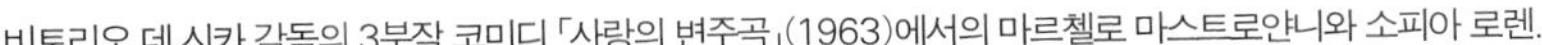

비토리오 데 시카 감독의 3부작 코미디 「사랑의 변주곡」(1963)에서의 마르첼로 마스트로얀니와 소피아 로렌.

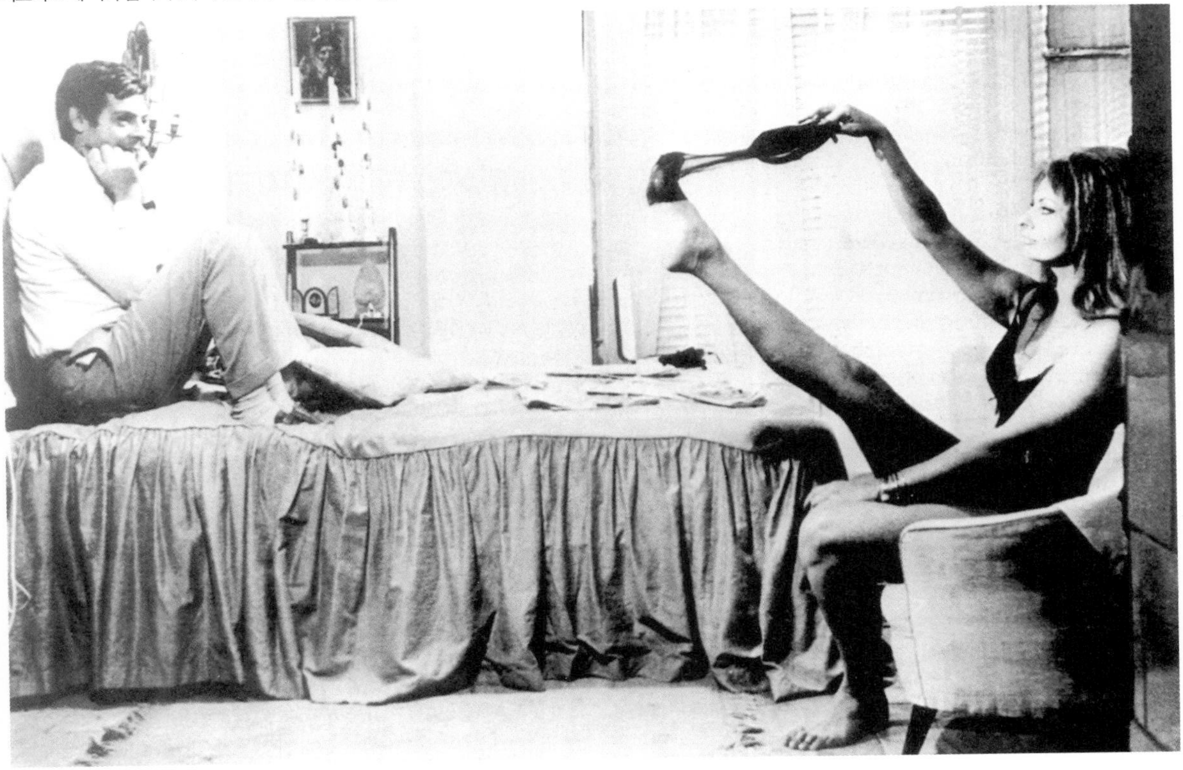

(1961), 마르코 레토의 「휴가La villeggiatura」(1973), 프란체스코 마셀리의 「용의자Il sospetto」(1975)가 있다.

3. 사법: 경찰, 치안 관계자들의 부조리, 정계와 재계의 인물과 조직 범죄자 간의 공모를 다룬 영화들이 이 범주에 들 수 있다. 이 부류의 대표적인 영화는 아마도, 우고 피로의 시나리오에 이탈리아 최고의 배우 잔 마리아 볼론테가 주연을 맡고 엘리오 페트리가 감독한 「무고한 시민의 수사Indagine su un cittadino al di sopra di ogni sospetto」(1970)일 것이다. 잔 마리아 볼론테는 페트리 감독의 다른 2편의 정치 영화인 「노동자 계급 천국에 가다La classe operaia va in Paradiso」(1971)와 레오나르도 시아시아의 소설을 영화화한 「토도 모도Todo modo」(1976)에서도 주인공을 맡고 있다.

4. 역사: 이 범주의 영화는 현재의 상황에 간접적 발언을 하는 방식으로, 역사적 사건과 인물을 재구성하는 형식을 취하고 있다. 릴리아나 카바니는 TV 드라마 「아시시의 프란체스코Francesco di Assisi」(1966)와 「갈릴레오Galileo」(1968)로 처음 이런 영화에 손을 대기 시작하여, 나치의 사도-마조히즘적 측면을 다룬 「빈 호텔의 야간 배달부Il portiere di notte」(1974)로 국제적인 명성을 얻었다. 1989년에는 미키 루크 주연으로, 아시시의 프란체스코를 다시 영화로 만들었다. 그 외에도 주목할 영화들은 줄리아노 몬탈도의 「사코와 반체티Sacco e Vanzetti」(1971)와 「조르다노 브루노Giordano Bruno」(1973), 역사가들에게 경시돼 온 〈리소르지멘토*Risorgimento*〉의 에피소드를 다룬 플로레스타노 반치니의 「브론테, 학살에 관한 연대기Bronte-cronaca di un massacro」(1970), (무대는 이탈리아가 아니지만 이탈리아인이 감독한) 질로 폰테코르보의 「알제리 전투」(1965)와 「불태워라!」(1969) 등이 있다. 「우리 주님의 해Nell'anno del Signore」(1969), 「교황과 국왕의 이름으로In nome del papa re」(1977)와 같은 루이지 마니의 사극 코미디들은 이들에 나타난 교권 반대적 풍자와 교황 도시 로마에 대한 수정주의적 역사관으로 이 범주에서 약간 독특한 위치를 차지하고 있다.

〈페플럼〉, 호러, 그리고 〈스파게티 웨스턴〉

이탈리아 영화사는 장르 하나가 생겨나면 반짝 살아났다가 그 반짝한 방식이 지겨운 재탕에 의해 소멸되고, 그 소멸된 시체들이 다시 새롭게 태어나는 것으로 점철된 역사라고 할 수 있다. 1950년대에 잠깐 유행했던 이색 〈다큐멘터리들〉이 1960년대에는 괄티에로 자코페티의 「몬도가네Mondo cane」(1962)와 「잘 있거라 아프리카Africa addio」(1966)와 같이 섹스와 폭력의 시시껄렁한(가끔은 인종적으로도 무신경한) 잡탕으로 변질되어 버린 것이 그 좋은 예이다. 스파이 영화, 경찰 영화, 포르노 영화, 끔찍한 미스터리 영화 같은 온갖 종류의 파생적 장르들도 순환을 거듭했다.

하지만 이와 달리, 비교적 장수도 누리고 흥행과 비평에도 성공을 거둔 3개의 장르가 있다. 「카비리아Cabiria」(1914)로까지 거슬러 올라가는 전통의 계승자로서의 이 〈역사-신화적〉(혹은 〈페플럼*peplum*〉) 영화 장르는 1958년 피에트로 프란치시의 「헤라클레스의 노역Le fatiche di Ercole」에서 다시 현대적인 모습으로 탈바꿈하여 1964년까지 계속 번성했다. 비토리오 코타파비의 「헤라클레스 아틀란티스를 정복하다Ercole alla conquista di Atlantide」(1961)와 두치오 테사리의 「타이탄Arrivano I Titani」(1961)과 같은 작품들로 대표되는 이 장르는 헤라클레스나 마치스테 같은 이름으로 불리고 스티브 리브스 같은 미스터 유니버스들이 연기하게 마련인 장사들을 주인공으로 설정했으며, 위트와 초연한 분위기에 힘입어 상당한 성공을 거두었다.

거의 같은 시기에 리카르도 프레다〔「뱀파이어I vampiri」(1956)〕와 마리오 바바〔「악마의 가면La maschera del demonio」(1960)〕가 탄생시킨 호러 장르는 그 후 20년간 괄목할 만한 성장을 거듭하여, 마침내 다리오 아르젠토의 손에서 가장 끔찍한 모습을 띠게 되었는데, 그의 광란에 가까운 형식적 극단은 대중과 젊은 비평가들로부터 컬트 감독이라는 별칭을 얻게 했다.

영화의 질과 존속 기간이라는 면에서 중요한 역할을 한 장르는 〈웨스턴 알리탈리아나*Western all'italiana*〉, 혹은 〈스파게티 웨스턴*Spaghetti Western*〉으로 불린 영화들이었다. 무려 398편의 서부극이 (가끔은 스페인, 프랑스, 독일과의 합작으로) 1964년에서 1975년 사이에 만들어졌다. 전성기인 1968년 한 해에만 72편이 만들어질 정도였다. 이 장르의 두드러지는 특징은 풍자와 패러디로 쏟아 놓는 사도-마조히즘적 폭력을 수단으로 이용한다는 점이다. 스파게티 웨스턴 하면 물론 세르조 레오네 감독이 단연 독보적지만, 그의 대표작은 서부극이 아닌 갱스터 서사극 「원스 어폰 어 타임 인 아메리카Once upon a Time in America」(1984) — 1980년대의 몇 안 되는 위대한 이탈리아 영화 중의 하나 — 이다.

베르나르도 베르톨루치 (1941~2018)

20세기를 빛낸 이탈리아의 위대한 시인 중의 한 사람인 아틸리오의 아들이자, 이탈리아의 또 다른 영화감독 주세페의 동생이기도 한 베르나르도 베르톨루치는 영화 「마지막 황제」(1987)로 일약 전 세계 관객과 평단, 그리고 후보에 오른 9개 부문 모두에 오스카상을 수여한 4,747명의 미국 아카데미 회원들로부터 기라성 같은 환호를 받으며 성공의 정점에 도달했다.

이 엄청난 성공은 첫 시집 『변덕스러운 사람들의 시 *In cerca del mistero*』로 〈비아레지오상〉을 수상했고, 파솔리니의 영화 「걸인」(1961)에서 조수로 일한, 파르마 출신의 21세 청년이 데뷔작으로 「죽음의 신」을 만들어 거의 무시당하다시피 한 1962년의 상황과 비교하면 그야말로 천양지차라 아니할 수 없다. 이후 그는 두 번째 작품으로 열정과 이데올로기 사이에서 번민하는 자전적 〈교양 *Bildung*〉 영화 「혁명 전야」(1964)를 만들어 좀 더 주목을 받았다. 그 후에는, 장편 TV 다큐멘터리 「석유의 길 La via del Petrolio」과 줄리언 벡, 리빙 시어터Living Theatre와 함께 만든 단편 「아고니아」, 도스토예프스키의 「동업자」에서 영감을 얻은 고다르식 실험 영화 1편을 제외하고는 수년간의 원치 않은 휴지기가 이어졌다.

1970년에 만든 2편의 영화, 「거미의 계략Stragegia del ragno」과 모라비아의 소설을 각색한 「순응자」로 그는 평단과 흥행에서 모두 성공을 거두었다. 파시스트 이탈리아를 배경으로 한 이 두 작품은 파시즘의 부르주아적 뿌리와 아버지라는 주제에 초점을 맞추고 있다. 이 작품들은 또 귀중한 협력자, 「거미의 계략」에서는 촬영 감독 비토리오 스토라로를, 「순응자」에서는 미술 감독 페르디난도 스카르피오티와 편집자 킴 아르칼리를 얻은 것으로도 중요하다. 이들 영화를 시작으로 베르톨루치 영화는 산광(散光)과 부드러운 컬러, 그리고 격렬한 폭발이 간간이 곁들여진 느긋한 리듬을 특징으로 하는 베르톨루치 작품 특유의 속도감과 〈모양〉을 갖추게 되었다.

그의 국제적 명성은 「파리에서의 마지막 탱고」(1973)로 완전히 굳어졌다. 말런 브랜도의 탁월한 연기에 힘입어 이 작품은 미국에서만 1600만 달러를 벌어들였고, 법원의 압수와 파기 명령에도 불구하고 이탈리아 영화사상 초유의 흥행 기록을 수립했다.

「1900」(1976)은 중부 이탈리아의 농장에서 1900년의 같은 달 같은 날에 태어난 농부와 지주의 삶을 비교 조명한 영화이다. 상영 시간 320분(나중에 240분으로 재편집됨)의 이 2부작 영화는 대립적인 것들의 변증법을 중심으로 한, 야망과 스케일을 갖춘 작품이다. 그런데 이 영화는 이탈리아 계급투쟁을 다루고 있으면서도 미국 달러로 만들어졌고, 국제적 배우가 출연했으며, 내용도 「바람과 함께 사라지다」의 할리우드풍 멜로드라마에, 사회주의 리얼리즘과 중국 발레 영화 같은 장면을 뒤섞은 잡탕 영화가 되어 버렸다. 결국 마르크스와 프로이트가 반반으로 갈린 가운데 베르디 쪽으로 기운 정치 멜로드라마 꼴이 되어 버렸다.

「파리에서의 마지막 탱고」와 같이 「1900」도 합작 영화였다. 형식상으로는 유럽 영화였지만 제작과 배급은 영화를 지원하고 전 세계 배급권을 가진 미국 회사들의 마케팅 요구에 따를 수밖에 없었다. 배급업자들과의 이러한 갈등(1960년대 초에 「표범」의 비스콘티가 경험했던 것과 크게 다르지 않다)은 베르톨루치로 하여금, 비교적 제약이 적은 영화 제작 형태를 찾게 만들었다. 당연히 이후 두 작품은 이탈리아 영화사 제작으로 만들어졌다. 하지만 그는 「마지막 황제」로 다시 영국인 제작자 제러미 토머스와 손을 잡았고 이후 그들은 「마지막 사랑」(1990)과 「리틀 부다」(1993), 두 작품을 더 만들었다.

「달」(1979) 또한 모자 간의 관계와 그 중심에 근친상간적 감정이 다소 느껴지는 진정한 멜로드라마였다는 점에서 「1900」과 비교될 수 있다. 「어리석은 남자의 비극」(1981)으로 베르톨루치는 난생 처음 아버지의 관점으로 이야기를 함으로써, 힘들고 복잡하고 폭력적이었던 1970년대 이탈리아 상황과의 화해를 시도했다. 폴 볼스의 소설을 영화화한 「마지막 사랑」의 안식처는 오이디푸스 콤플렉스적인 내러티브 세계를 떠나(모자 간의 관계와 관련된 2차적 줄거리는 제외하고) 러브 스토리가 되기는 했는데, 단 이 사랑은 고통과 죽음과 자기 파괴로 뒤엉킨 사랑이었다. 이와 달리 「리틀 부다」는 적어도 잠시 동안은 계급투쟁이나 섹슈얼리티의 고통이 사라진 지극히 평온한 작품이었다.

모란도 모란디니

■ 주요 작품

「죽음의 신La commare secca」(1962); 「혁명 전야Prima della rivoluzione」(1964); 「동업자Partner」(1968); 「아고니아Agonia」(「사랑과 분노Amore e rabbia」의 에피소드)(1969); 「순응자Il conformista」(1970); 「파리에서의 마지막 탱고L'ultimo tango a Parigi」(1973); 「1900」(1976); 「달La luna」(1979); 「어리석은 남자의 비극Tragedia di un uomo ridicolo」(1981); 「마지막 황제The Last Emperor」(1987); 「마지막 사랑The sheltering Sky」(1990); 「리틀 부다Little Buddha」(1993).

■■ 참고 문헌

Casetti, Francesco(1975), *Bernardo Bertolucci*.
Kolker, Robert Phillip(1985), *Bermardo Bertolucci*.

「순응자」(1970)에서 정체가 모호한 인물 장-루이 트랭티냥과 마주하고 있는 도미니크 산다.

전반적인 쇠퇴와 부분적인 회복

〈모두가 자신들을 위해, 결국 모두의 파멸〉은 1979년에 프랑스의 「르 몽드Le Monde」가 유럽 영화 산업에 대한 여론 조사 발표 결과에 붙인 제목이다. 전 유럽에 걸쳐, 서서히 그리고 회복 불능 상태로 빠져 들고 있던 영화 관객의 전반적 감소 추세를 묘사한 글이었다. 이탈리아의 경우 그것은 거의 재난에 근접한 것이었다. 1976년에 5억 1400만 장의 표가 팔렸는데 1979년에는 2억 7600만 장으로 줄어들었고, 1983년에는 1억 6500만 장, 1986년에는 1억 2000만 장, 그리고 1992년에는 다시 9000만 장으로 급격히 감소했다. 이탈리아의 실패는 동유럽을 비롯해 유럽에 공통적이었던 요인들 외에 자국만의 특이한 시장 조건에도 원인이 있었다. 가장 중요한 요인이 영화 산업에 대한 국가, 혹은 정부 지배층의 무시와 1976년 이후에 생겨난 민영 텔레비전 방송국의 급속한 증가였다. 이들 방송국들은 주당 영화 상영 편 수가 1,500편에 이를 만큼, 영화 중심으로 프로그램을 편성했다. 이러한 통제 불능의 방송국 증가 현상은 실비오 베를루스코니가 소유한 피닌베스트 Fininvest 그룹의 강력한 독점으로 이어졌고, 이 그룹 산하의 3개 텔레비전 네트워크와 간접적으로 지배하고 있던 그 외의 여러 방송국들은 국영 〈RAI〉의 3개 네트워크와 공개적인 경쟁을 벌였다. 영화 제작상의 자유에 미친 결과는 신속하고도 심각했다. 1988년 이후 제작된 이탈리아 영화의 80퍼센트가 어느 정도는 모두 이들 그룹의 자금 지원을 받고 있었다.

정치 사회적으로 나라가 악화일로를 걷고 있던(테러리즘, 조직 범죄, 마약, 압력 단체들의 요구) 1970년대의 사사분기에는 이탈리아 코미디계에도 중대한 변화가 찾아왔다. 코멘치니, 모니첼리, 리시, 스콜라와 같은 옛 〈명장들〉이 보다 강렬하고 때로는 그로테스크하기까지 한 스타일로 방향을 바꾼 것이다. 이 경향을 주도한 이들은 마시모 트로이시, 마우리치오 니케티, 카를로 베르도네, 프란체스코 누티, 로베르토 베니니처럼 1980년대에 새로 등장한 배우-감독들이었다. 이 새로운 코미디 형태는 난니 모레티의 「나는 자급자족한다Io sono un autarchico」(1976)(슈퍼 8mm로 촬영되어 16mm로 확대됐다), 「에체 봄보Ecce Bombo」(1978), 「단꿈Sogni d'oro」(1981), 「비앙카Bianca」, 「미사는 끝났다La messa è finita」(1985), 「빨간 나무 비둘기Palomebella rossa」(1989)와 같은 작품들로 시작됐다. 희극 배우라기보다는 해학가에 더 가까운 모레티는 그의 동료들보다는 1960년대의 젊은 감독들에게 더 친밀감을 느꼈다. 그의 영화들은 도시 젊은이들의 자질구레한 삶에 대한 풍자적이고 애정 어린 시선, 새로운 내러티브 형식의 문제점, 노이로제적인 우울증, 더할 수 없을 정도로 산만하고, 타락하고 추잡한 현실에 대한 반응으로 새로운 가치에의 추구가 될 수도 있고, 옛 가치로의 회귀가 될 수도 있는 요소들이 특징이다. 「죽은 것 같지만 기절한 것뿐이다Sembra morto…… ma è solo svenuto」(1986)는 펠리체 파리나의 영화 제목이었지만 1990년대 이탈리아 영화의 모토로도 쓰일 수 있는 문구였다. 이에 비하면 다른 사람들의 발언은 빙산의 일각에도 못 미치는 미미한 것에 불과했다.

1980년대에 들어 이탈리아의 영화 제작은 연평균 80편에서 90편 사이로 줄어들었고, 만들어졌다 해도 완전한 배급과 공개로까지 이어지는 비율은 그 절반에도 미치지 못했다. 할리우드 영화가 흥행 수입의 70~75퍼센트를 차지하며 시장을 지배한 가운데, 자국 영화 시장 점유율은 고작 20퍼센트 내외에 불과했다. 이런 혼수상태 속에서, 새로운 인재들(꼭 젊지는 않더라도)이 국내외에서 반향을 일으키기란 그야말로 하늘의 별 따기가 아닐 수 없었다.

아카데미 최우수 외국어 영화상의 영예는 주세페 토르나토레의 두 번째 작품 「시네마 천국Nuovo cinema paradiso」(1989)과 가브리엘레 살바토레스의 다섯 번째 작품 「지중해 Mediterraneo」(1991)에 돌아갔지만, 1980년대 말과 1990년대 초의 이탈리아 영화 침체기에서 누구보다 중요했던 인물이 잔니 아멜리오였다. 1945년생인 아멜리오는 1970년대에 RAI 텔레비전을 첫 직장으로 영화계에 몸을 담았다. 그가 영화감독으로 처음 대중적 관심을 끈 「마음의 충격Colpire al cuore」(1982)은 테러리즘을 주제로 한 드문 작품이면서 이탈리아 최고작의 하나이기도 했다. 「열린 문Porte aperte」(1990)은 시칠리아 사법 제도의 문제점을 다룬 영화였다. 하지만 아멜리오의 진정한 성공작은 세련되고 거의 귀족적이라고 할 만한 그의 영화적 개념으로 감정을 자극하는 고통스러운 이야기를 감상과 사회적인 관심의 중간에 놓고서 마침내 흥행 성공으로까지 이끈 「어린이 유괴범Il ladro di bambini」(1992)이었다.

1992년 말, 토리노 국제 청년 영화제에서는 비평가 저널리스트, 학자를 대상으로 한 〈2000년의 유망 감독 5명〉을 뽑는 설문 조사가 실시됐다. 베스트 5에 든 감독 중 로마에서 활동하는 사람은 단 한 사람밖에 없었다. 1, 2위를 차지한 브루노 비고니와 실비오 솔디니는 밀라노, 3위 다니엘 세그레는 토리노, 상당한 평가를 받고 있는 젊은 연극 연출가로 「나폴리

프랑코 크리스탈디 (1924~1992)

1945년 이후 이탈리아 영화의 강점(과 약점)은 카를로 폰티나 디노 데 라우렌티스처럼 잘 알려진 이름이거나, 별로 유명하지는 않지만 중요성에서는 떨어지지 않는 룩스Lux의 리카르도 괄리노나 티타누스Titanus의 고프레도 롬바르도 같은 제작자들의 기업가적 행위에서 많이 찾아볼 수 있다. 하지만 뭐니 뭐니 해도, 일관성과 자질, 그리고 지적이며 용의주도한 기업가라는 면에서 단연 독보적인 존재는 프랑코 크리스탈디였다.

폰티나 데 라우렌티스보다는 약간 나이가 젊은 크리스탈디가 고향인 토리노를 떠나 로마에 온 것은 1953년이었다. 그는 사업가로서의 명쾌함과 강인한 성격, 일단 선택한 것에 대해서는 온몸을 불사르는 용기와 직관 외에도, 세련된 문화적 소양과 교양을 지닌 사람이었다. 요컨대 재무제표 평가를 하는 만큼이나, 시나리오 분석과 배우의 오디션도 할 수 있는 인물이었다.

1953년부터 그의 회사 비데스Vides에서, 단독 혹은 합작의 형태로 만들어진 100여 편의 영화 중에는 프란체스코 로시, 마르코 벨로키오, 질로 폰테코르보, 엘리오 페트리, 프란체스코 마셀리의 첫 번째 혹은 두 번째 작품이 들어 있고, 특히 마지막으로 만든 주세페 토르나토레의 「시네마 천국」(1988)은 크리스탈디 자신이 다시 새롭게 개작하여, 칸 영화제 2위와 아카데미 최우수 외국어 영화상까지 수상한 작품이다.

새로운 연기자를 발굴하는 프로모터로서의 역할과 더불어 크리스탈디는 펠리니(「아마코드」(1973), 「그리고 항해는 계속된다」(1983))와 비스콘티(「백야」(1957), 그리고「오르사의 아름다운 별」(1964))를 비롯해 여러 기성 감독들의 영화를 제작했고 1981년에는 텔레비전으로까지 영역을 넓혀, 주세페 몬탈도의 「마르코 폴로Marco Polo」를 제작하기도 했다. 그의 제작으로 국제적 성공을 거둔 영화로는 마리오 모니첼리의 「미지의 사람들」(1958), 피에트로 제르미의 「이탈리아식 이혼」(1961), 루이 말의 「라콩브 뤼시앵」(1973), 장-자크 아노의 「장미의 이름」(1986)이 있다. 또한, 세 번의 오스카상, 칸 영화제에서 네 번의 황금종려상, 베네치아 영화제에서 세 번의 황금사자상을 비롯해 각종 국제 영화제의 다양한 수상 기록도 보유하고 있다. 크리스탈디는 프랑스 누벨 바그를 마음에 그리며 새로운 이탈리아 영화의 도래를 위한 하나의 집합적 미래를 구상하고, 일련의 사업을 시작하여, 자기 소유의 스튜디오를 지었고, 무명의 젊은 배우들을(후일 그의 아내가 되는 클라우디아 카르디날레도 포함하여), 위한 학교를 세웠으며 최고의 시나리오 작가를 영입하여 대본 작업을 체계화시켰다. 비데스 사는 최초의 이탈리아-소련 합작 영화, 「붉은 장막」(미하일 칼라토조프, 1969)을 제작하기도 했다. 크리스탈디는 생전에 제작 전 단계부터, 촬영, 제작 후 과정에 이르는 영화의 모든 단계를 일일이 점검했다. 크리스탈디 없는 현대 이탈리아 영화는 상상할 수조차 없을 정도이다. 그가 죽자 한 신문은 그의 부고 헤드라인을 〈한 사람의 제작자이자 한 사람의 신사〉라고 썼다.

모란도 모란디니

주요 작품

제작(괄호 안은 감독)

「백야Le notti bianchi」(비스콘티, 1957); 「미지의 사람들I soliti ignoti」(모니첼리, 1958); 「타이탄Arrivano i titani」(데사리, 1961); 「암살L'assassino」(페트리, 1961); 「이탈리아식 이혼Divorzio all'italiana」(제르미, 1961); 「살바토레 줄리아노Salvatore Giuliano」(로시, 1962); 「부베의 연인La ragazza di Bube」(코멘치니, 1963); 「친구I compagni」(모니첼리, 1963); 「꼬시고 차버리기Sedotta e abbandonata」(제르미, 1963); 「오르사의 아름다운 별Vaghe stelle dell'Orsa」(비스콘티, 1964); 「다음은 네가 털릴 차례다Ruba al prossimo tuo」(마셀리, 1968); 「붉은 장막La tenda rossa」(칼라토조프, 1969); 「아버지의 이름으로Nel nome del padre」(벨로키오, 1971); 「마테이 사건Il caso Mattei」(로시, 1972); 「아마코드Amarcord」(펠리니, 1973); 「라콩브 뤼시앵Lacombe Lucien」(말, 1973); 「장미의 이름The Name of the Rose」(아노, 1986); 「시네마 천국Nuovo cinema paradiso」(토르나토레, 1988).

마리오 모니첼리 감독의 「미지의 사람들」(1958)에서 클라우디아 카르디날레와 레나토 살바토리. 제작자 프랑코 크리스탈디의 귀염둥이 겸 후일의 아내 카르디날레는 이 영화 이후 1960년대 이탈리아 영화계의 주요 스타로 부상했다. 크리스탈디와의 이혼 후에는 잠시 침체기를 겪다가, 마르코 벨로키오 감독의 「앙리 4세Enrico IV」(1983, 루이지 피란델로의 희곡을 각색)와 루이지 코멘치니 감독의 「이야기La Storia」(1984)에서 완숙한 연기를 보여 주며 재기에 성공했다.

수학자의 죽음Morte di un matematico napoletano」(1992)을 영화 데뷔작으로 만든 4위의 마리오 마르토네는 나폴리, 5위의 카를로 마차쿠라티(베네치아 출신으로 3편의 영화를 감독했다)만이 유일하게 위대한 영화의 고향 로마에 살고 있었다. 이탈리아 영화의 부활도, 중심 로마에서 분산된 다양성으로 나아가는 그런 변화에서 시작될 게 분명하다.

참고문헌

Bondanella, Peter(1990), *Italian Cinema: from neorealism to the present.*

Brunetta, Gian Piero(1982), *Storia del cinema italiano.* Vol Ⅱ. *Dal. 1945 agli anni ottanta.*

—(1991), *Cent'anni di cinema italiano.*

Faldini, Franca, and Fofi, Goffredo(1981), *L'avventurosa storia del cinema italiano raccontato dai suoi protagonisti, 1960~1969.*

—(1984), *Il cinema italiano di oggi, 1970~1984: raccontato dai suoi protagonisti.*

프랑코 이후의 스페인

마샤 킨더

1936년부터 1939년까지의 스페인 내전이 흔히 2차 대전의 리허설로 불리고 있듯, 프랑코주의에서 민주주의로의 갑작스럽고 급속한 이행 역시 1945년 이후에 생겨난 냉전 패러다임의 갑작스러운 붕괴를 예고한 것으로 받아들여질 수 있다. 스페인 영화는 프랑코가 죽은 1975년 이후뿐만 아니라 그 일이 있기 10여 년 전부터 이미 스페인의 민주주의 형성 과정에서 중요한 역할을 하고 있었다. 그동안 밀폐되다시피 했던 스페인이 1950년대를 기점으로 외국 문물에 개방되면서 스페인 영화도 새롭게 세계 무대의 전면에 떠오르기 시작했다.

독재의 완화

역사가 스탠리 페인(1987~9)은 스페인의 파시즘 해체 과정을 3단계로 나누어 설명하고 있다. 첫째, 히틀러와 무솔리니가 2차 대전에서 패하게 되리라는 걸 프랑코가 내다보면서 시작되었고, 냉전의 절정기(1945~57)에 미국 마셜 플랜의 경제 원조로 회생한 유럽의 새로운 민주주의 쪽으로 스페인이 기울어지는 과정에서 가속화되었으며, 마지막으로 프랑코의 새로운 관광정보부 장관 마누엘 프라가 이리바르네의 적극적 주도로 진행된 1960년대의 〈개방*aperturismo*〉 정책으로 구체화되었다는 것이다. 자유화로의 이러한 움직임에는 이중의 아이러니가 내포돼 있다. 첫째, 외국 투자자들을 향한 손짓에도 불구하고, 프랑코 정부는 국내에서 획일적 문화를 계속 강요하고 있었다. 이러한 모순은 국내외에 스페인의 다른 모습을 보여 주기 위해 저항 영화를 만들고 싶어 한 영화인들에게 하나의 초점으로 작용했다. 그에 못지않은 아이러니는 이들 감독들이 이제 스페인도 저항 문화를 만들어 낼(허용해 줄) 능력이 있다는 것을 입증하는 영화로 국제 영화제에서 수상을 함으로써, 프랑코의 목적 달성에도 일조를 했다는 것이다.

이러한 모순이 가장 극명하게 드러난 작품이 칸 영화제 공식 출품작이었던 「어서 오세요, 마셜 씨Bienvenido, Mr. Marshall!」(1952)였다. 이 고단수의 풍자극(루이스 베를랑가와 후안 안토니오 공동 시나리오)은 카스티야의 한 작은 마을 주민들이 마셜 플랜의 몫을 조금이라도 더 차지하려고 가짜 영화 세트 속에서 집시와 투우사로 변장한 채, 다른 스페인 인들과 싸우는 모습을 보여 주고 있다. 이 환각은 이국적인 안달루시아의 지역적 이미지를 스페인 전체의 문화적 전형으로 선전한 〈에스파뇰라다*españolada*〔스페인식 매너리즘 — 역주〕〉, 즉 하나의 대중적 장르를 연상케 한다. 이 영화는 소위 〈국가〉 영화라 불리는 것들에 대한 이중적 태도를 죄다 폭로하고 있다 — 훌륭한 〈국가〉 상품으로의 성공적인 해외 홍보를 위해, 국내의 지역적 문화적 차이를 강제로 희생시킨 허구적 통합, 이탈리아 네오리얼리즘 영화에 표현되고 있던 것과 같이 〈진짜〉 필요한 것이 있는데도, 할리우드식 환상에 빠져 계속 빚만 불려 가는 주민들. 일련의 희극적 꿈에서 우리는 그들 속에 내면화되어 있는 외국 영화의 이미지를 통해 그들이 필요로 했던 것을 어떻게 다시 생각하는지를 보게 된다. 꿈속에서 보안관이 된 시장은 할리우드 서부극에서 보안관들이 흔히 하는 행동을 살롱에서 하고 있다. 하지만 살롱의 스타 가수가 〈에스파뇰라다〉로 다시 돌아가자, 그도 어쩔 수 없이 옛 타성에 매달리게 된다. 농부는 하늘의 비행기에서 떨어지는 트랙터 꿈을 꾼다. 그 두 물건들(비행기와 트랙터) 모두 미국 상표를 붙이고는 있지만, 드러나는 방식으로 보아 소비에트의 사회주의적 사실주의에서 나온 것임이 분명하다. 이 작품은 획일적 프랑코 문화에 도전할 능력을 가진 외래의 방식이 새로운 영화 언어의 변조를 통한 이중 교배의 방식으로, 어떻게 새롭게 각인될 수 있는지를 보여 주고 있다.

프랑코식 영화에 대한 저항파의 비판은 대학 도시 살라망카에서 1955년 5월에 열린 4일간의 전국 대회에서 그 정식 형태를 갖추었다. 1960년대의 영 저먼 시네마 운동을 주도한 오버하우젠 선언처럼, 〈살라망카 담화Salmanca Conversaciones〉도 영화의 현 상황을 맹렬히 비난하는 선언문을 채택했다. 〈60년의 역사를 자랑하는 스페인 영화는 현재 정치적으로 무력하고, 사회적으로 그릇되며, 지성적으로 무가치하고, 미학적으로 부재하며, 산업적으로 무능력하다.〉 문안 자체는 바르뎀(스페인 공산당 당원)에 의해 작성되었지만, 이 견해는 전 영화부 차관 호세 마리아 가르시아 에스쿠데로를 비롯해 그 대회에 참가한 모든 이들로부터 정파를 초월한 폭넓은 공감을 불러일으켰다. 에스쿠데로는 전 팔랑헤 당원 호세 니에베스 콘데가 연출한 스페인 최초의 신사실주의 영화인 「주름살Surcos」(1951)은 〈국가적 이익〉 카테고리에 넣어 주면서, 프랑코 개인 후원으로 만들어진 대형 역사극 「미국의 새벽Alba de América」(1951)은 넣어 주지 않았다는 이유로 1952년에 차관직 사퇴를 강요받았던 사람이다.

살라망카에 모인 영화인들은 좌우파를 막론하고, 이탈리아의 네오리얼리즘을 모범으로 받아들이면서, 그것을 할리우드 방식에 반대되는 것으로 보고, 그 논리를 영화 구성 요소로 이용하려고 했다. 이 변증법적 논리는 먼저 살라망카 대회의 조직위원, 바실리오 마르틴 파티노의 대중들의 기억에 대한 전복적인 영화 「전후를 위한 찬가Canciones para después de una guerra」로 실행에 옮겨졌다. 파티노는 1951년 이탈리아 영화 주간(바르뎀과 베를랑가에게 깊은 영향을 준)에 개봉된 영화 중 네오리얼리즘적 색채가 가장 짙었던 비토리오 데 시카의 「자전거 도둑」이 연상되는 이미지, 즉 노동자 계층의 주인공이 리타 헤이워스가 주연한 영화 「길다Gilda」의 영화 포스터를 붙이던 중, 구경꾼들과 함께 그녀의 요염한 자태를 넋을 잃고 바라보다가 길거리에 세워 둔 자전거를 잃어버리는 장면을 영화에 포함시키고 있다. 이 이미지는 사회 경제적 문제를 중시하는 네오리얼리즘 방식을 따르느냐, 아니면 스펙터클하고, 멜로드라마적이고, 스타 중심적인 할리우드 체제를 따르느냐의, 예컨대 1950년대의 스페인 감독들이 직면한 양자택일의 선택을 상징하고 있다.

스페인 최초로 국제 영화제 본상을 수상한 바르뎀의 「어느 자전거 선수의 죽음Muerte de un ciclista」(1955)은 이탈리아 네오리얼리즘과 할리우드 멜로드라마와의 사이에 이 변증법을 적용시켜, 그렇지 않았으면 표현이 불가능했을 정치적 내용을 영화 속에 포함시키고 있다. 먼저, 편집 형태, 관객을 내용에 묶어 두는 전략, 화려한 화면, 스타의 매력을 부각시키는 클로즈업의 강조와 같은 고전적 할리우드 멜로드라마의 언어를 채택하고, 그러면서도 이 방식들에 함축되어 있는 사상적인 면, 특히 부르주아지의 특권을 과장해서 보여 준 다음, 전심 초점 롱 숏으로 주인공의 모습을 축소시켜 계급 갈등의 좀 더 넓은 배경 속에 집어넣는 네오리얼리즘 방법으로 돌아가고 있다.

영화는 불륜 관계에 있는 부르주아지 커플을 태운 차와 노동자가 탄 자전거가 화면 밖에서 서로 충돌하는 장면으로부터 시작된다. 감독은 이 충돌을 스페인 내전 당시의 전투지였던 어느 황량한 도로에서 일어나게 하여, 이 지형의 현재와 과거의 폭력성 모두를 구조적 부재로 이용하고 있다. 하지만 영화의 초점이 자동차 속의 커플에 맞춰지자마자 관객들은 부르주아 멜로드라마의 내러티브 속으로 빨려 들어가면서, 길바닥에 죽어 있지만 얼굴과 시체는 화면에 드러나지 않는 희생자에게보다는 개별적 살인자(가해자)들과 자신들을 동일시하게 된다. 관객이 볼 수 있는 것은 「자전거 도둑」의 이미지를 연상시키는 바닥에서 헛돌고 있는 부서진 자전거밖에 없다.

이 두 외래적 미학 사이의 변증법적 대립은 〈새로운 스페인 영화*New Spanish Cinema*〉의 미묘하고도 간접적인 언어 형성에 일조를 했다 — 〈새로운 스페인 영화〉는 1960년에 (프라가에 의하여) 영화 총감독으로 재지명된 가르시아 에스쿠데로가 이 예술 영화를 공식적으로 해외에 홍보하면서, 〈영화는 국기와 같다……. 우리는 그 국기를 펄럭이게 해야 한다……. 할리우드식의 방식에서 할리우드를 이길 수 없을지라도(상업 영화)…… 유럽적인 홈 그라운드(지성)에서는…… 이길 수 있다〉이라고 주장할 때 처음 사용된 용어이다. 하지만 저항파 감독들에게 있어 제1의 강적은 여전히 엄격한 검열을 시행하고 있던 프랑코 정부였다.

스페인 문화의 전통적 형식에 의존한 카를로스 사우라의 「피의 결혼식Bodas de Sangre」(1981)은 로르카의 희곡을 무용으로 각색하는 리허설 과정을 쫓고 있다.

1960년대에 이 검열 제도와 가장 용감하게 맞붙어 싸운 영화인으로, 뜻이 맞는 사람끼리 팀을 만들어 정치적 발언을 교묘하게 에둘러 말하는 방법을 사용한, 바스크 태생의 제작자 엘리아스 케레헤타가 있다. 그의 팀에는 무릴로, 리베라, 수르바란, 벨라스케스와 같은 17세기 스페인 거장들의 〈어두움〉을 연마한 것으로 알려진 촬영 감독 루이스 콰드라도, 내러티브 기능을 광범위하게 이용할 수 있는 암시적 스타일을 개발한 편집인 파블로 델 아모, 언어화할 수 없는 부분을 표현주의적이고 미니멀리즘적인 음악으로 암시해 준 작곡가 루이스 데 파블로 등이 속해 있었다.

1960년대에 케레헤타가 제작한 유명 작품들은 곧 세계적인 〈작가〉 감독으로 떠오르게 되는 카를로스 사우라 감독이 주로 만들었다. 부뉴엘을 자신의 이상형으로 삼은 사우라는 영화적인 폭력의 언어를 확장했으나, 프랑코 정권하에서 그런 장면들은 정치, 섹스, 신성 모독 등과 더불어 검열에서 모두 삭제되었다. 「사냥La caza」(1965)에서 사냥의 의식화(儀式化)된 폭력은 스페인 내전과 그것과 상통하는 야만성의 대용품으로 사용되고 있다. 다른 나라 문화에서도 물론 사냥은 폭력을 비유하는 방법으로 자주 쓰이고 있지만, 스페인에서는 그것이 프랑코와 그의 측근이 가장 즐겨 한 취미였다는 점에서 좀 더 각별한 의미가 있다. 「사냥」에서는 숨 막힐 듯한 내러티브, 삭막한 경치, 대화와 미장센의 감정적 리듬, 타악기에 의한 음악과 몽타주, 억눌린 침묵과 생략, 극단적 클로즈업과 롱 숏 간의 상호 작용, 폭력적 응시의 적나라한 반영, 이 모든 것들을 마지막 총격전까지 함께 이동시켜, 거기서 한꺼번에 폭발시켜 버린다. 이 강렬한 폭력의 통합은 미국의 영화감독 샘 페킨파에게 지대한 영향을 미쳤다. 그는 사우라에게 종종 「사냥」이 그의 인생을 바꾸었노라고 말한 것으로 전해진다. 그리고 그의 영화 「와일드 번치」와 「어둠의 표적」은 스페인식 폭력을 미국식으로 개조한 작품들이다.

부뉴엘에게 바쳐진 사이코 스릴러인 「페퍼민트 프라페 Peppermint frappé」(1967)에서 사우라는 파시스트와 신가톨릭 미학의 표면적 아름다움 밑에 가려진 잔혹함의 유산을 폭로하고 있다. 화면에는 폭력이 거의 등장하지 않는다. 대신, 우리에게 보이는 것은 인물들이 내뱉는 억압과 해방의 상충적 발언들 — 스페인과 억압적 지도자 훌리안 모두를 정신병적인 극단으로 몰고 가는 것들 — 과 더불어, 정통 가톨릭주의와 포스트모던 자본주의의 이중적 정황 속에서 그들이

호세 루이스 보라우 감독의 「밀렵꾼」(1975). 아들에게서 끝내 버림받는 게걸스러운 어머니 역은 롤라 가오스가 맡고 있다.

물신 숭배화되어 가는 과정이다. 영화 제목으로 쓰인 유독성 음료수와 프랑코의 전문 관료들에 의해 홍보되고 있던 현대 스페인의 이미지처럼, 이 현란한 색채의 멜로드라마도 표면적으로는 유쾌해 보이지만, 그 깊은 속은 역시 죽음과도 같은 절망이었다.

프랑코의 죽음이 있기 5~6년 전의 〈부드러운 독재기 *dictablanda*〉로 알려진 1970년대 초는 스페인 영화인들이 정부의 검열 제도에 새롭게 맞서 싸운 기간이자 〈새로운 스페인 영화〉가 세계적으로 대성공을 거둔 기간이기도 하다.

빅토르 에리세의 「꿀벌 집의 정령El espíritu de la colmena」(1973)은 제임스 훼일의 1931년도 작품 「프랑켄슈타인Frankenstein」에서 본 이미지를 한 소녀가 다시 그려 내는 방식으로 만들어진 작품이다. 소녀는 스페인의 역사적 환경에서의 고통스러운 경험(스페인 내전 직후 카스티야의 조그만 시골 마을), 특히 쫓겨다니다 지방 관헌에 붙잡혀 살해당하는 공화파와, 정신적 유형(流刑)으로 고통받는 부친과의 관계에 대처하는 수단으로, 그 이미지들을 이용한다. 이 영화에는 프랑코의 아이들(영화에 직접적으로 묘사될 수 없는 역사적 상처 때문에, 조숙하지만 감정적으로는 발육이 멎어 버린)은 결국, 프랑켄슈타인의 아이들일지도 모른다는 암시가 담겨 있다. 첫 장면에는 거의 민족지학적인 관심으로, 한때 밀폐의 고립을 강요당했던 문화를 다시 불러 일깨우는 외국 영화 이미지의 힘을 보여 주는 할리우드 영화의 배급과 상영에 대한 문화적 특징이 상세히 열거되어 있다. 에리세가 이 영화에서 강조하고 있는 것은 다시 쓰이고 있는 특별한 방식들이 아닌, 생략적 편집, 소리와 이미지의 관계, 문화 역사적 반향에 강하게 의존하고 있는 일련의 과정, 즉 문화의 다시 쓰기 〈과정〉이다.

마누엘 구티에레스 아라곤과 시나리오도 함께 쓰고 연출도 한 호세 루이스 보라우의 「밀렵꾼Furtivos」(1975)은 다시 쓰기에 대한 또 다른 접근법을 보여 준 영화이다. 프랑코 사망 두 달 전에 마드리드에서 공개된 이 작품은 검열 없이 상영된 스페인 최초의 영화였고, 당시 수준으로는 거의 기록적인 흥행을 거두었다.

「밀렵꾼」은 프랑코가 〈평화로운 숲〉으로 묘사한 그릇된 스페인의 모습 뒤에 숨겨진 가혹한 현실을 폭로한 작품이다. 여기서 반역, 근친상간, 살인 행위에 대한 극단적 묘사는 지배자에서 피지배자로, 사냥꾼에서 먹이로, 부모로부터 아이로 이동하는 야수성의 연쇄 고리를 더욱 극대화시키고 있다. 주요 인물들은 모두 감정적으로 발육이 멎은 성인들과 피해자로서의 어린이들로 구성되어 있다 — 프랑코를 연상시키는 민간인 통치자(보로가 직접 출연했다)와 자기 어머니와의 근친상간적 관계를 끊으려 하는 소아화(小兒化)된 주인공 앙헬이 그 좋은 예이다. 보라우는 이 영화를 구상하게 된 계기를, 부뉴엘의 영화 「트리스타나」에서 사투르나 역을 맡았던 배우 롤라 가오스 때문이었다고 털어놓았다. 〈고야의 그림 속에서, 그의 아들을 탐하는 사투르누스처럼…… 사투르나도 숲 속에서 그녀의 아들을 탐했다. 그것이 시초였다.〉

보라우는 영화의 소재와 주제에 나타나는 짙은 스페인적 특성에도 불구하고, 스타일에 있어서는 명쾌함, 선적(線的)임, 박자, 경제적 편집과 같은 할리우드 액션 영화 기법을 많이 사용했다. 이 요소들은 앙헬이 신부와 잠자리에 들기 위해 자기 어머니를 침대 밖으로 밀쳐 버리는 장면에서 특히 효과적이었다. 침대 위의 젊은 남녀로부터, 탁자에서 울며 혼자 술을 마시다 마치 화풀잇거리라도 찾는 양 불안하게 방 안을 서성대는 쫓겨난 어머니(마르티나)까지는 하나의 다이렉트 컷[화면 연결이 광학적 장면 전환이 아니라 절단된 상태 그대로 연결하는 방식 — 역주]으로 이루어져 있다. 사운드트랙에서는 우리 안에 묶여 있는 암늑대의 울부짖음 소리가 바람 소리와 함께 들려온다. 그 울부짖음은 마르티나의 고통을 대변해 주는 것이기도 하고 그 고통이 옮겨 가게 될 표적을 나타내는 것이기도 하다. 암늑대가 불안스레 서성대고 있는 우리 안으로 마르티나가 들어가는 롱 숏 장면으로 카메라가 넘어가는 순간, 그다음에 벌어질 일은 너무도 명백하다. 그런데도 우리는 그 잔인한 매질, 그리고 죽어 가는 짐승의 얼굴과 마르티나의 얼굴이 함께 클로즈업된 장면에 충격을 받지 않을 수 없다. 함께 클로즈업된 이 장면으로 우리는 암늑대가 앙헬의 신부(마르티나가 나중에 살해하는)만이 아니라 마르티나 자신(아들의 손에 의해 비슷한 운명을 당하는)의 대용일 수도 있다는 것을 알게 된다. 이 말 없는 극단적 액션의 잔인함으로부터 영화는 곧장, 순수한 영화적 수단으로 그 속임수가 드러난, 프랑코의 거짓된 이미지로서의 〈평화로운 숲〉, 즉 아름다운 전원적 풍경의 롱 숏으로 넘어간다.

「하이힐Tacones lejanos」(1991)에서 빅토리아 아브릴의 연기 지도를 하고 있는 페드로 알모도바르 감독. 알모도바르의 멜로드라마 패러디의 하나인 이 작품은 그녀가 국제적인 스타가 되는 데 도움을 주었다.

자유, 위기, 그리고 한계 초과

프랑코가 죽은 지 불과 3년 만인 1978년에, 스페인은 17개의 〈자치 지구*Comunidades Autonómicas*〉로 구성된 의회 민주주의 국가가 되었다. 이 극적인 지방 분권화는 어느 정도는 방송 매체의 신속성과 일상성 때문에, 또 어느 정도는 변화된 경제 조건 때문에, 영화보다는 텔레비전에서 더 효과적으로 받아들여졌다. 당시 가파르게 감소하고 있던 영화 제작 또한 급속한 텔레비전 성장과 시기적으로 일치했다 — 방송국은 소지역 방송국(해당 지역어로 방송하고 해당 지방 관청에서 운영하는 7개의 신설 방송국과 함께)과 대지역(적어도 부분적으로는 유럽 외 자본으로 세워지고 그들의 통제하에 있던 3개의 사설 네트워크를 비롯하여) 방송국이 함께 세워졌다. 1980년대에는 다국적 기업까지 밀고 들어옴으로써, 이 시기의 스페인 텔레비전 광고 매출은 같은 시기의 다른 어느 국가보다도 높은 일곱 배의 증가율을 보여 주었다. 방송국의 증가는 영화 관람객의 급속한 감소와(1970년에 3억 3100만 명이던 관객이 1985년에는 1억 100만 명으로 뚝 떨어졌다) 함께 영화 제작 편 수의 급격한 감소를 불러왔다. 설상가상으로, 가뜩이나 위축된 국내 영화 시장에서 외화 점유 비율은 갈수록 높아졌다. 1970년에 30퍼센트이던 스페인 영화의 국내 시장 점유율이 1985년에는 17.5퍼센트로 떨어지고, 1980년대 말에는 다시 10퍼센트로 뚝 떨어졌다. 스페인 각지의 영화인들은 이 끔찍한 경제적 위기를 타개해 나가지 않으면 안 되었다. 상황은 특히 카스티야보다는 이들 지방의 언어와 문화에 대한 표현이 법적으로 자유로워진 카탈루냐와 바스크 지방 감독들에게 더 심각했다. 1983년 베를랑가는 그 상황을 〈그동안 당해 왔던 정치적 사상적 검열 대신, 지금 우리는 경제적 검열이라고 해도 좋을 그 무엇의 영향을 받고 있다〉라고 표현했다.

1982년에 새로 출범한 펠리페 곤살레스 정부는 완전한 예술적 자유를 보장하는 새로운 사회주의 시대의 도래를 알리는 신호이기라도 한 양, 영화감독 필라르 미로를 영화국장에 임명했고, 그녀는 임명되자마자 즉시 위기 타개책 마련에 돌입했다. 1977년의 법률로 검열이 폐지되었음에도 불구하고, 그녀의 영화 「쿠엔카의 범죄El crimen de Cuenca」는 시골 경찰을 부정적으로 묘사했다 하여 1980년에 경찰에 압수된 적이 있고, 1981년에 마침내 공개되었을 때는 「밀렵꾼」과 마찬가지로, 흥행 기록을 갱신하는 대성공을 거둔 바 있다. 1983년에 이르러 그녀는 도저히 살아남을 것 같지 않은 스페인 영화를 외화로부터 보호하고 정보 보조금도 늘리는 내용이 포함된 새로운 법안을 마련했다. 그런 노력에도 아랑곳없이 방화 제작 편 수는 자꾸만 떨어졌다(1989년에는 47편으로 사상 최저치를 기록했다). 늘어나는 것은 제작비와 정부 지출밖에 없었다. 미로의 혹평가들은 그녀가 시장의 현실과 관객의 취향 변화는 무시하고 〈자기 탐닉〉에 빠진 예술가들 편만 들고 있다며 그녀를 비난했다.

변화는 확실히 필요했고, 그 필요성은 페드로 알모도바르에 의해 제기됐다. 알모도바르는 다음과 같이 말했다.

> 내 영화는 프랑코 사망 이후 — 특히 1977년 이후에 나타난 스페인의 새로운 의식을 대변하고 있다……. 스페인은 지금 달라졌다는 말은 어디에서나 누구에게서나 들을 수 있다……. 그런데 스페인 영화에서만은 유독 이 변화를 쉽게 찾아볼 수 없다……. 내 영화에서 사람들은 스페인의 변화된 과정을 볼 수 있다……. 「욕망의 법칙」 같은 영화를…… 이제는 만들 수 있기 때문이다.

「욕망의 법칙La ley del deseo」(1986)이 1987년 베를린 영화제에서 평단의 환호와 함께 해외 흥행에서도 성공하자, 사회당 정부는 그것을 스페인의 문화 산업을 진흥시킬 기회로 삼았다(사우라와 케레헤타 같은 저항파 감독을 이용한 프랑코의 이전 방식과 유사한 전략). 에로틱한 동성애 장면과 동성애적 근친상간에 대한 간접적 접근에도 불구하고, 『영화와 비디오*Fotogramas y video*』(스페인 최고의 역사와 최고의 발행 부수를 자랑하는 영화 잡지)는 이 작품을 〈문화적 호기심의…… 차원만이 아닌 수출과 상업적 성공의 가능성 면에서도〉 해외의 관심을 불러 모을 수 있는 스페인 영화의 미래를 위한 하나의 모범으로 제시했다. 과연 알모도바르는 자신의 성공을 모험의 감행에 걸고 있었다. 그의 에로틱한 영화 장면들을 보면서 관객들은 그들의 미래를 다시 그려 보고, 섹슈얼리티에도 동요를 느끼며 새로운 시도를 하려는 위험을 무릅쓰게 된다 — 「욕망의 법칙」의 첫 장면에서 안토니오 반데라스가 맡은 인물이 에로틱한 동성애 포르노 사진을 보고 난 뒤에 겪는 현상과 똑같은 이치이다. 머지않아 알모도바르는 다방면의 별난 섹슈얼리티(〈에스파뇰라다〉 대신)를, 자유의 극치를 만끽하고 있는 프랑코 이후의 스페인을 대표하는 새로운 문화 전형으로 확립시키는 데 성공했다. 결국 그는 중심적인 것을 주변적인 것으로 재정립함으로써 중심을 파괴시킨 것인데, 아이러니컬하게도 이 전도는 세계 시장에서 스페인 영화의 탈주변화를 도운 요소가 되었다. 과연 1991년에 발간된 『버라이어티』지에 따르면, 미국에 수입된 스페인 영화 최고작 중 6편이 알모도바르의 작품이었다.

이러한 세계적 성공은 스페인이 유럽 연합 국가들 쪽으로 쏠리기 시작한 1990년대에 들어 더욱 중요한 요소가 되었다. 스페인의 이데올로기적 변화를 역설하면서 1983년에 미로 선언을 지지했을 때와는 딴판으로 1992년의 곤살레스는 1년 전 12월 마스트리히트에서 제시된 경제 기준에 맞추기 위해, 동료 유럽 국가들에 대해 재정적 책임을 역설하느라 여념이 없는 모습이었다. 손해를 보고 있는 기업들에 대한 정부 보조를 중단하라는 거센 압력 속에서, 영화와 텔레비전은 국가의 정체성과 관련된 문화 상품을 만들어 내므로 거기서 제외시켜야 하는가가 중요한 의제로 떠올랐다.

1992년 6월, 스페인 영화인들은 〈오디오비주얼 에스파뇰 93〉이라는 명칭으로 3일간의 대회를 마드리드에서 개최했다. 이 대회의 참가자들은 할리우드의 지배로부터 스페인 영화를 보호하고, 스페인의 문화적 독창성과 자주성을 위협하는 〈유로-푸딩*Euro-pudding*〉적 합작으로부터 스페인 영화를 보호할 수 있는 새로운 법률 제정을 정부에 촉구했다. 살라망카 대회에서처럼 이번에도 긴박한 선언문이 채택되었고, 이 대회의 의장인 로만 구베른은 정부의 보호 없이는 〈1995년에 우리는 스페인 영화 탄생 100주년을 기념하는 대신, 장례식을 치르게 될 것이다〉라고 경고하였다. 그 보호는 1993년의 GATT회의에서, 영화와 텔레비전이 제외됨으로써 가능해졌다.

마누엘 데 올리베이라 (1908~2015)

마누엘 캉디두 핀투 드 올리베이라는 포르투갈 제2의 도시 오포르투에서 부유한 부르주아 집안의 맏아들로 태어나, 포르투갈의 교권 반대 혁명과 공화주의자들의 추적을 피해, 스페인 국경 너머의 라 구아르디아에서 학교를 열고 있던 예수회 수도사들에게서 교육을 받았다.

청년 시절의 올리베이라는 만능 스포츠맨에 〈비행기〉에 열광했으며, 국내외 대회 챔피언까지 지낸 뛰어난 자동차 경주 선수였다. 영화는 그에게 어떤 새로운 시대의 조짐으로 다가왔다. 앙드레 데, 이탈리아의 디바들, 막스 랭데르, 미국의 연속극, 채플린, 이 모든 것들이 그를 매혹했다. 그에게 직접 영화를 만들도록 영감을 제공한 작품은 발터 루트만의 「베를린: 도시의 교향곡」(1927)이었다. 그는 이탈리아 인 리노 루포에게서 연기 수업을 받았고, 그의 영화 「놀라운 파티마Fatima Miraculosa」(1927)에 출연했으며, 영화 잡지의 누드 모델(뒤쪽만 보여 주는)로도 섰다. 이와 같이 그의 영화계 입문은 1920년대 말과 1930년대 초 포르투갈에 첫 영화 혁명을 일으키며 연극과 저널리즘으로부터 출발한 동시대 다른 포르투갈 영화인들과 달리 아주 색다른 길을 통해 이루어졌다.

이런 엉뚱한 출발에도 불구하고 올리베이라는 1931년에 만든 그의 첫 작품인 도시 교향곡 「두오로 강에서의 중노동」에서 본인은 알지도 못했던 그 시대 아방가르드의 몽타주 기법을 뛰어나게 구사하여, 유럽의 평단을 놀라게 했다. 그는 포르투갈 내에서 전부 촬영된 첫 유성 영화 「리스본 송 A canção de Lisboa」(코티넬리 텔모, 1933)에 출연했고, 1930년대에는 시나리오 집필도 계속했으나, 후원을 받지 못한 상태에서는 주문작밖에 만들 수가 없었다(지금은 하나도 남아 있지 않다). 한편, 올리베이라는 그의 「두오로 강에서의 중노동」을 사랑해 준 포르투갈의 지성인들과 교분을 쌓아 갔다. 그리고 마침내 민중적이고 인습적이던 당시 포르투갈 영화와는 완전히 차원이 다른 형이상학적이고 미학적인 그의 첫 장편 영화 「아니키 보보」(1942)를 만들었다. 2차 대전 후 유럽에서 공개된 「아니키 보보」는 이탈리아 네오리얼리즘과의 유사성으로 다시 한 번 유럽의 평단을 놀라게 했다(자연스러운 배경과 비전문 아역 배우를 기용한 점에서 특히).

영화를 포기하고 부친의 섬유 공장 운영을 고려하는 등, 올리베이라의 야망도 거기서 끝나는 듯했다. 하지만 예술에 대한 불안감으로 늘 괴로워하던 그는 1956년 「화가와 도시」라는 단편 영화로 다시 영화계에 복귀했다. 하지만 당시의 올리베이라에게 편집은 이제 더 이상 중요한 문제가 아니었다. 중요한 것은 영화와 연극과의 연계, 그리고 〈사실의 모든 것〉을 보여 줄 수 있는 영화의 능력이었다. 롱테이크를 사용하기 시작했으며, 연극적 정황과 배우들의 말에 세심한 주의를 기울였다. 1963년에 개봉된 「봄의 흉내」(1960)와 「사냥」은 후일 파솔리니가 〈영화-시〉라고 정의한 것을 예고한 작품들이었다. 1930년대 말, 1940년대, 1950년대에 만들어진 그의 작품들을 다큐멘터리라고 한다면, 이 두 작품은 다큐멘터리가 된 픽션이었다.

하지만 진정한 의미에서 올리베이라의 중단 없는 영화 인생은 1971년에서 1983년 사이의 〈그리스 4부극*tetralogy*에 대한 짝사랑〉과 더불어, 그의 나이 60대가 되어서야 시작됐다. 그는 〈영화는 존재하지 않는다. 연극만이 존재한다. 영화는 그것을 포착하는 하나의 방법일 뿐이다〉라고 주장했다. 1985년에 그는 클로델의 「사틴으로 만든 구두」를 일곱 시간짜리 영화로 각색하여 베네치아 영화제 황금사자상을 수상했다. 「몽 카스」(1986)는 창조적 예술가와 영화의 역할에 대한 질문을 던진 영화이다. 「신곡」(1991)에서 그는 인간의 조건에 대한 중심적 신화를 공격한다. 「그게 아니면, 사령관의 자만심」(1990)에서는 포르투갈의 역사를 그만의 독특한 시각으로 바라보고 있다. 그는 「아브라함」(1992)으로 보바리즘 *bovarism*을 재해석했으며, 「상자」(1994)에서는 인간의 소우주를 분석했다.

올리베이라는 포르투갈 영화의 공적 이미지로서 유럽과 일본, 그리고 미국에서는 대단한 영예를 누렸다. 하지만 막상 포르투갈에서는 그의 영화를 너무 어렵다고 생각한 대중들로부터 내팽개쳐진 고독한 존재일 뿐이었다. 대중의 환호에는 무관심한 채 그는 〈오디오 비주얼〉 시대에도 여전히 예술 영화의 고고함을 지켜 나가고 있다.

무성 영화로 시작하여 80세에 이르러 절정에 달한 그의 영화 이력의 놀라운 패러독스는 바로, 영화를 다시 생각해 보는 그의 방식에서 비롯되고

있다. 그는 「두오로 강에서의 중노동」에도 이미 보여 주었듯이 영화의 실험적인 측면에서 한 번도 벗어나 본 적이 없고, 추구하는 형태도 형식적 탐구가 아닌 그 이상의 영화적 예술, 혹은 예술 그 자체의 성격을 묻는 것이었다. 가끔은 10분 길이의 테이크를 이용하기도 하고(「사틴으로 만든 구두」), 「신곡」처럼 밀리미터 단위로 끊는 경우도 있었다. 파노라마적인 촬영법을 구사하는가 하면(「그게 아니면, 사령관의 자만심」의 첫 장면과, 「아브라함」의 마지막 장면), 「절망의 나날O dia do desespero」(1992)과 「상자」에서처럼, 초미니멀적이고 초해체적인 방법을 쓰기도 했다. 역사, 사랑, 죽음과 같은 거대한 주제를 다룬 영화들이 있는가 하면, 기본적인 내용 몇 줄만으로 이야기를 이끌어 간 경우도 있다. 그는 심오한 형이상학자가 될 수도 있고, 총체적 비전에 조롱을 보낼 수도 있는 사람이었다.

한 사람의 지성적 감독으로서 그는 영화 초창기를 빛낸 최후의 위대한 인물이기도 하고(드레이어와 존 포드에 비교될 수 있다), 현대 영화를 대표하는 인물이기도 하다. 그에게 있어, 보이는 세계는 최초의 그리고 궁극적 통합으로서의 꿈으로 표현되는 세계, 즉 보여 주는 세계가 되기도 한다. 또한, 모든 장면에서 그의 영화라는 것이 드러날 정도로, 자기만의 분명한 스타일을 개발해 냈으면서도 결코 하나의 이론이나 주제에 고착되지 않았다. 그의 영화는 하나하나가 모두, 우리가 그에 대해 알았다고 생각한 모든 것을 다시 생각하게 하는 영화들이다.

주앙 베나르드 다 코스타

▪▫ 주요 작품

「두오로 강에서의 중노동Douro, faina fluvial」(1931); 「아니키 보보Aniki Bóbó」(1942); 「화가와 도시O pintor e a cidade」(1956); 「봄의 흉내Acto da primavera」(1960); 「사냥A caça」(1963); 「과거와 현재O passado e o presente」(1971); 「처녀와 어머니Benilde ou a virgem mãe」(1975); 「프란치스카Francisca」(1981); 「사틴으로 만든 구두Le Soulier de Satin」(1985); 「몽 카스Mon Cas」(1986); 「식인종들Os canibais」(1988); 「그게 아니면, 사령관의 자만심Não ou a vã gloria de mandar」(1990); 「신곡A divina comédia」(1991); 「아브라함Val Abraham」(1992); 「상자A caixa」(1994).

▪▪ 참고 문헌

Bénard da Costa, João(ed.)(1981), *Manoel de Oliveira*.

— (1988), *Manoel de Oliveira: Alguns projectos não realizados e outros textos*.

Lardeau, Yann, Tancelin, Phillipe, and Parsi, Jacques(1988), *Manoel de Oliveira*.

Wakeman, John(1987), "Maneol de Oliveira" *in World Film Directors, i(1890~1945)*.

◀ 국제적 명성을 얻은 마누엘 데 올리베이라 감독의 첫 장편 영화 「아니키 보보」(1942). 오포르투의 빈민가에서 촬영되었다.

구베른의 불길한 예언에도 불구하고 1990년대 초에 스페인은 이미 알모도바르의 작품이 아닌 3편의 다른 영화, 비센테 아란다의 「아만테스Amantes」(1990), 비가스 루나의 「하몽 하몽Jamón Jamón」(1991), 페르디난도 트루에바의 「아름다운 시절Belle Époque」(1992)로 북미 시장에서 대대적인 성공을 거두고 있었다. 이들은 모두 스페인에서는 상당히 인정받고 있었지만 해외에서는 거의 알려지지 않은 감독들이었다. 그리고 모두 프랑코 후기의 극단적 자유에 그전의 저항문화를 접목시키려는 시도를 했다. 그리고 3명 모두 1920년대 부뉴엘의 초현실적인 고전 「안달루시아의 개」에서 시작되어 1980년대의 알모도바르에 의해 주류화된 전통, 즉 멜로드라마적 극단의 파괴적 가능성을 파고들고 있고, 전반적으로는 이성애적 사랑을 이야기하고 있지만, 이들 세 감독 모두 여성적 욕구의 지배를 받고 있다.

「아만테스」는 필름 누아르의 핵심에 놓인 여성 섹슈얼리티의 파괴적 힘을 보여 준 영화이다. 1950년대의 스페인에서 일어난 실제 살인 사건을 기초로 만들어진 이 영화는 〈스페인 누아르 영화*cine negro español*〉도 필름 누아르 장르에 중요한 기여를 할 수 있음을 입증하고 있다. 빅토리아 아브릴〔아란다와의 오랜 협력 관계에도 불구하고, 최초로 그녀를 세계적 스타로 만들어 준 작품은 알모도바르의 「욕망의 낮과 밤Atame!」(1989)이었다〕이 연기하는 루이사는 젊은 남자 주인공을 유혹하여 자신의 욕구를 채우는 것에 만족하지 않고, 사랑 행위의 전 과정을 지배하는 일종의 〈요부*femme fatale*〉 타입이다. 그들의 적나라한 섹스 장면을 보면, 여성 섹슈얼리티에 대한 두려움이 그 장르 구조에서 빠진 이유를 조금은 이해할 수 있을 것 같다.

「하몽 하몽」은 스페인의 민주주의로의 변화의 결과와 포스트모던 소비주의가 과연 광고되고 있는 것만큼 진정 자유로운 것인가에 대한 질문을 던지고 있는 영화라 할 수 있다. 안달루시아의 전형적 인물에 대한 대용물로서의 에로틱 이미지들은 여기에서, 후안 디에고〔하이메 카미노 감독의 「날쌘 용Dragón Rapide」(1986)에서 프랑코 역으로 영화에 데뷔했다〕가 연기하는 사업가에 의해 감시되고 있다. 첫 장면에서 우리는 거대한 고환이 대부분을 차지한 오스본 브랜디 광고의 커다란 검은 황소의 실루엣을 통해 스페인의 황량한 벌판으로 인도된다. 스페인식 남성다움에 대한 이러한 전통은 영화 후반에, 포스트프랑코식의 그에 못지않게 거대한, 삼손표 팬티(마누엘 집안이 3대째 만들고 있는) 광고판으로 다시 등장한다. 하지만 빠른 템포의 이 풍자적 멜로드라마와 과장된 줄거리 구조를 움직이는 것은 성의 반전, 즉 여성적 욕구이다. 이것은 마누엘의 아내가 자키 팬티 광고판에 쓸 모델을 찾기 위하여 열 지어 세워 놓은 팬티 모델들 중에서, 말 그대로 〈고환〉을 골라잡는 코믹한 장면에 잘 나타나 있다. 문화에 대해서 지나치게 단호한 태도로 그녀는 헤르난 코르테스 〈로스 콘키스타도레스〉 정육 회사에 살라미 소시지를 배달하며 장래의 투우사를 꿈꾸는 곤살레스의 고환을 선택한다. 그 광고판들처럼 이 영화의 섹시한 이미지들도 남녀의 에로틱한 취향에 호소하고 있는 것이 분명하다. 비가스 루나의 영화들도 역시 알모도바르에 못지않게 극단적이다. 하지만 알모도바르와는 달리 그의 영화들은 전통에서 해방된 연인들에게보다는 (사우라의 「페퍼민트 파르페」처럼), 소비적 환경 속에서 섹슈얼리티가 병적으로 변해 가는 감정적으로 불구인 인물들에게 초점을 맞추고 있다. 그의 영화들은 극단적인 자유를 만끽하고 있는 포스트프랑코의 스페인도 결국은 프랑코주의자들의 〈에스파뇰라다스〉만큼이나 가짜일 수 있다는 것을 암시하고 있다.

이와는 대조적으로, 페르난도 트루에바의 「아름다운 시절」은, 소위 이 〈새로이 해방된 의식〉은 스페인 내전이 일어나기 이전 시대(알모도바르를 스타로 만든 해외의 관객들을 위해 그가 유토피아적 환상으로 재현하고 있는)에 그 뿌리를 두고 있다는 것을 보여 주고 있다. 영화에는 그들(무정부주의적인 시골 경찰과, 우나무노 철학에 심취한 가톨릭 사제)의 특별한 문화적 의미가 아마도 스페인 관객들에게밖에 이해되지 않을, 두 인물의 자살이 삽입되어 있다. 그런데도 종교적, 도덕적 한계를 벗어난 이 코미디는 1994년의 오스카상 시상식에서 중국의 「패왕별희(霸王別姬)」를 누르고 최우수 외국어 영화상을 수상했다. 하지만 보기와 달리 이 영화는 군인 복장을 한 아름다운 레즈비언 누이가 아가씨 차림을 한 남자 주인공을 유혹하는 지극히 광란적인 장면에서조차, 크로스 드레싱 *cross-dressing*은 여전히 이성애의 범위 내에 머물고 있다는 점에서 그리 한계를 벗어난 영화라고는 볼 수 없다. 이러한 과격한 태도는 오스카상 시상식에서 트루에바의 유머러스한 수상 소감으로 다시 한 번 입증되었다. 일단 신에게 감사할 수 없는 무신론자라는 점을 밝힌 그는 빌리 와일더(알모도바르가 늘 자신에게 가장 지대한 영향을 끼친 감독으로 손꼽는 사람이다)에게 대신 감사함을 표시했다. 알모도바르처럼 와일더도 「뜨거운 것이 좋아」와 같은 이성 흉내 내기 코미디와 「선셋 대로」, 「이중 배상」과 같은 회상적 누아르로 할리우드에서 성공한 유럽 출신의 감독이다. 극도의 자유를 만끽하고 있는 스페인 영화가 현재 열렬히 추구하고 있는 것이 바로 이 세계적 성공이라는 모호한 목적이다.

참고문헌

D'Lugo, Marvin(1991), *Carlos Saura: The Practice of Seeing.*

Hopewell, John(1986), *Out of the past: Spanish Cinema after Franco.*

Kinder, Marsha(1987), "Pleasure and the New Spanish Mentality: A Conversation with Pedro Almodovar".

— (1993), *Blood Cinema: The Reconstruction of National Identity in Spain.*

Kovács, Katherine S.(1983), "Berlanga Life Size: An Interview with Luis García Berlanga".

Maxwell, Richard(1994), *The Spectacle of Democracy: Spanish Television, Nationalism and Political Transition.*

Payne, Stanley(1987~8), "Spanish Fascism".

Smith, Paul Julian(1992), *Laws of Desire: Question of Homosexuality in Spanish Writing and Film, 1960~1990.*

영국 영화: 정체성 찾기

던컨 페트리

영국 영화사는 늘 확신과 발전, 퇴보와 정체가 주기적으로 반복되는 대단히 불안정한 발전상을 보여 왔다. 1960년 이후로도 비슷한 변동 곡선을 그리고 있었으나 단 이번에는 한 가지 중요한 변화가 있었다. 1990년대 초에 이르면, 특수 산업의 하부 구조에 뿌리를 두고 극장 공개용으로 다량의 시청각 소설들을 만들어 내던 하나의 실체로서의 영국 영화계가 더 이상 존재하지 않게 되었다고 해도 무방한 상태가 된 것이다. 영화는 물론 계속 만들어졌다. 하지만 그 대부분은 텔레비전 방영용이었고, 그나마 극장 〈간판〉으로 내걸리는 것도 그저 잠시 동안의 전시에 불과했다. 지극히 〈영국적〉이라고 할 만한 영화까지도 주로 미국 자본으로, 미국 시장을 위해 만들어졌다. 그런 의미에서 이 기간은 영화의 본질, 혹은 역할을 바라보는 개개인의 관점에 따라 근본적인 변화의 과정이 될 수도, 결정적인 쇠퇴기가 될 수도 있었다. 이 현상은 갑작스럽기는 했지만, 어느 분야의 제작자들에게는 이미 지배적 산업 구조에서 어느 정도의 독립성을 확보하도록 변화를 일깨운, 그러한 붐의 와중에 시작되었다. 그런 상태의 〈독립〉은 1980년대에 더욱 중요성을 갖게 되었으나, 그때는 이미 영화 산업 자체가 회복 불능 상태에 빠져 있었다.

프리 시네마에서 〈뉴 웨이브〉로

1960년대 초는 많은 이들이 지난 10년을 부진했다고 생각한 뒤에 찾아온 영국 영화의 활황기와 우연히 시기가 일치했다. 동시대 노동자 계층의 영화를 주로 만드는 영국의 〈뉴 웨이브〉는 린지 앤더슨, 카렐 라이스, 토니 리처드슨과 같은 영화인과 비평가들이 아사 상태에 빠진 영국 영화 문화의 회생을 목표로 일으킨 〈프리 시네마〉 운동으로부터 시작되었다. 이들 영화인들은 1950년대 말에, 「엄마가 허락하지 않으셔Momma Don't Allow」(리처드슨, 1956), 「크리스마스를 제외한 모든 날Every Day except Christmas」(앤더슨, 1957), 「우리는 램버스의 소년들이다We Are the Lambeth Boys」(라이스, 1959)와 같은 청년 문화의 태동과 노동 계급의 보다 전통적인 측면을 주제로 한, 상당히 영향력 있는 내용의 다큐멘터리를 만들었다. 극영화 쪽으로 나아가려는 그들에게 필요한 것은 적절한 주제와 재원이었다.

영국 영화사에는 흔히 있었던 일이지만 이들 영화인들에게 영감의 원천이 되어 준 것은 문학과 연극이었고, 이것은 존 브레인, 앨런 실리토, 존 오스본 등의 작가들이 〈실제의 삶*real life*〉을 있는 그대로 정직하게 표현하려는 의도로 결성한 모임 〈성난 젊은이들Angry Young Men〉의 작품 형태로 나타났다. 전후 영국 사회의 자만과 거짓 희망에서 벗어나려는 그들의 집단적인 행위는 프리 시네마 주창자들에게 이데올로기적 각성을 불러일으켰다. 1959년에 토니 리처드슨과 존 오스본은 마침내 힘을 합쳐서, 미국인 흥행주 해리 솔츠먼과 함께 우드폴Woodfall 영화사를 차리고, 오스본 연극을 각색한, 리처드 버튼 주연의 「성난 얼굴로 뒤돌아 보라Look back in Anger」(1959)와 로렌스 올리비에 주연의 「엔터테이너The Entertainer」(1960)를 만들었는데, 두 작품 모두 리처드슨의 연출로 왕립 극장에서 공연됐던 작품들이다.

우드폴은 업계의 대들보 마이클 발콘이 의장을 맡고 있는 또 다른 독립 영화사 브라이언스톤Bryanston Films의 지원을 받음으로써, 브리티시 라이언 사를 통해 영화를 배급할 수 있게 되었다. 교두보가 일단 확보되자 〈프리 시네마〉 동료들도 그들에게 영감을 준 작가들과 공동 작업도 가끔 하면서, 리처드슨을 따라 영화를 만들기 시작했다. 앨런 실리토의 동명 소설을 영화화한 카렐 라이스의 「토요일 밤과 일요일 아침Saturday Night and Sunday Morning」(1960)은 특히 앨버트 피니의 호연에 힘입어, 영국 북부 노동자 계층의 〈출세에 눈 먼 젊은이〉를 가장 생생하게 그려 낸 작품이 되었다. 린지 앤더슨은 데이비드 스토리가 자신의 작품을 직접 각색한 「고독의 보수This Sporting Life」(1963)를 더욱 거칠고 적나라한 작품으로 만들었다. 하지만 프리 시네마 일원 중 가장 왕성한 작품 활동을 한 사람은 누가 뭐라 해도, 셸라 덜레이니(〈성난 젊은이들〉 중 유일한 여성 감독)와는 「꿀맛A Taste of Honey」(1961)을, 실리토와는 「장거리 주자의 고독The Loneliness of the Long Distance Runner」(1962)을 만든 리처드슨이었다

브라이언 포브스와 리처드 애튼버러가 새로이 차린 독립 영화사, 얼라이어드 필름 메이커스Allied Film Makers 역시 브리티시 라이언 산하에서 작품 활동을 했다. 이 영화사가 만든 몇 편의 영화 중에서 특히 「마음 가는 대로Whistle down the Wind」(포브스, 1961)와 「L-자형의 방The L-Shaped Room」(포브스, 1964)은 한 젊은 여성의 눈에 비친 런던의 단칸 아파트촌을 통해 동시대적 문제를 다룬 영화의 드문 예가 되었다. 우드폴과 브리티시 라이언의 후원 없이 영국의 〈뉴 웨이브〉에 기여한 대표적 인물로는 역시 다큐멘터리 작가로 출발하여 「어떤 사랑A Kind of Loving」(1962)과 「거짓말쟁이 빌리Billy Liar」(1963)를 만든 존 슐레진저가 있다. 「거짓말쟁이 빌리」도 도시 속의 노동자 계급을 다루고 있다는 점에서는 다른 뉴 웨이브 작품과 다를 바 없지만, 단 여기서는 노동자 계급의 분노와 절망이 환상 속에 사는 사무원의 삶을 중심으로, 코미디의 형태를 띠고 있다는 것이 다르다고 할 수 있다.

전체적으로 이들 영화는 사회 하류층에 대한 사실주의적

토니 리처드슨의 「꿀맛」(1961)에서 연기하는 리타 투싱엄, 로버트 스티븐스, 머리 멜빈, 도라 브라이언.

표현과 더불어 영화적 특권의 점진적 확대와 관련된 그리어슨의 〈이상적 다큐멘터리〉로부터 발전되어 온, 영국 영화의 진보적 사실주의 미학의 최근 경향을 반영한 것이라 볼 수 있다. 그중 많은 작품들이 성 차별과 남성 우월주의를 내세운 것은 비판받아야 마땅하지만, 그럼에도 불구하고 「산장의 밤 Room at the Top」, 「성난 얼굴로 뒤돌아 보라」와 같은 스튜디오 중심의 초기작들로부터, 「꿀맛」, 「장거리 주자의 고독」과 같은 보다 자유로운 〈시네마 베리테〉 스타일에 이르기까지, 뉴 웨이브 영화가 영국 영화의 미학적 발전에 끼친 영향은 지대했다. 프랑스 〈누벨 바그〉 영화인들이 파리의 거리에서 처음 시도했던 것처럼, 리처드슨과 그의 동료 촬영 감독 월터 라살리도 새로 나온 가뿐한 휴대용 카메라와 고속 필름을 이용하여 맨체스터와 솔퍼드의 북부 산업 지구의 실제 도시 지역을 영화의 중심적 요소로 삼는 데 성공했다.

뉴 웨이브 영화는 또한 로렌스 올리비에나 알렉 기네스보다는 말런 브랜도와 제임스 딘에 좀 더 가까운 터프하고 도시적이고 본능적인, 전혀 새로운 타입의 배우를 탄생시켰다. 앨버트 피니, 톰 커트니, 리타 투싱엄 등이 풍기는 용모의 〈진정성〉 또한 이전에는 찾아볼 수 없던 계급투쟁적인 격렬함을 뉴 웨이브 영화에 불어넣었다.

흥행 성공과 미국의 자본

대단히 역동적이었음에도 불구하고 뉴 웨이브는 단명하여, 1963년에 이르면, 〈스윙잉 런던*Swinging London*〉 현상과, 영국 문화에 대한 국제적 관심의 고조에 밀려 거의 빛을 잃게 되었다. 그해에 리처드슨은 헨리 필딩의 18세기 동명 소설을 각색하여, 앨버트 피니를 놀기 좋아하는 음탕한 주인공으로 출연시킨 「톰 존스Tom Jones」를 자신의 첫 컬러 영화로 내놓았다. 이 작품은 원작의 시대적 배경에도 불구하고, 라살리의 자유분방한 촬영 기법과 리처드슨의 뛰어난 연출 방식(다양한 속도, 점프 컷, 고다르 초기작의 영향을 받은 카메라에의 직접적 호소)에 힘입어, 스타일에서는 완전히 현대적이었다. 신기에 가까운 정확성으로 당시의 시대정신을 완벽하게 반영해 준 「톰 존스」는 대단한 흥행 성공을 거두었고, 영화의 중심을 지방적인 삶에서 대도시적인 삶으로, 분노나 좌절보다는 새로운 자유와 가능성을 찬미하도록 하는 1960년대 영국 영화의 새로운 상을 확립시켰다. 신사조에서 생겨난 이러한 흥분은 또한 런던을 패션과 청년 문화의 국제적 중심으로 부각시키며, 1960년대 내내 영국 영화의 버팀목 역할을 하게 될 미국 자본의 유입을 불러왔다.

UA의 지원을 받은 「톰 존스」의 성공에 힘입어 일군의 미국 제작사들이 영국 영화에 투자를 계속함에 따라 제작 분야도 부쩍 활기를 띠게 되었다. 그 제작의 열기를 디킨슨과 스트리트(1985)는 〈1961년 이후에는 영화계의 어떤 분야에 대해서도 영미*Anglo-American*라는 말을 빼고 영국이라는 말만으로 정의를 내리는 것이 점점 어려워졌다〉라고 표현했다. 거의 같은 시기에 UA는 다른 2편의 영화를 제작하여, 영국 영화의 새로운 시대를 열 정도로 엄청난 성공을 거두었다. 「하드 데이스 나잇」(1963)은 미국인 감독 리처드 레스터가 실화와 허구를 반씩 섞어 영국의 팝 우상 비틀스를 출연시켜 만든 영화인데, 지금은 팝 영화의 전형이 되어 버린, 그들의 폭발적 에너지와 젊은이 특유의 자유분방함은 스크린 속에서 금방이라도 곧 뛰쳐나올 것만 같았다. 한편 1961년에 우드빌을 떠났던 해리 솔츠먼과 그의 새로운 동료 앨버트 〈커비〉 브로콜리도 UA로부터 중간 수준의 예산을 확보하여, 이언 플레밍 원작의 「007 닥터 노Dr. No」(테런스 영, 1962)를 만들었다. 이 영화의 대중적 성공은 어울릴 것 같지 않았지만, 무명에 가까운 스코틀랜드 배우 숀 코너리를 제임스 본드 역에 전격 기용한 영감에 찬 결단에 힘입어, 영국 영화사상 초유의 흥행작 시리즈 시대를 여는 계기가 됐다. 코너리는 이후의 007 시리즈, 「위기일발From Russia with Love」(1963), 「골드핑거Goldfinger」(1964), 「선더볼 작전Thunderball」(1965), 「두 번 산다You only Live Twice」(1967), 「다이아몬드는 영원히Diamonds are Forever」(1971)에 이르기까지 계속 본드 역을 맡다가, 1970년대 초반부터는 007 역을 버리고 다른 배역을 찾기 시작했다. 한편 007 역은 코너리의 뒤를 이은 조지 라젠비가 「007 여왕 폐하 대작전On Her Majesty's Secret Service」(1969)의 실패로 물러나고, 뒤이어 1973년 로저 무어가 「죽느냐 사느냐Live and Let Die」로 3대 제임스 본드에 등극하여, 이후 14년간 본드로 군림하다가 티모시 돌턴에게 바톤을 넘겨주었다. 티모시 돌턴도 「리빙 데이 라이츠The Living Daylights」(1987)를 포함한 2편의 007 영화를 찍고 난 다음에는 할리우드에서 활동 중이던 아일랜드 태생 피어스 브로스넌에게 그 역을 넘겨주었다(1994).

007 시리즈와 더불어 다른 시리즈의 발전도 계속되었다. 1960년대에는 징병 제도를 다룬 귀여운 코믹극 「잘해 봐요 상사Carry on Sergeant」(1958)의 예기치 못한 성공으로 〈잘해 봐요〉 시리즈(피터 로저스 제작, 제럴드 토머스 감독)가 코미디의 주류를 이루게 되었다. 초창기 〈잘해 봐요〉 시리즈는 주로, 병원〔「잘해 봐요 간호사Carry on Nurse」(1959)〕, 학교〔「잘해 봐요 선생님Carry on Teacher」(1959)〕, 경찰〔「잘해 봐요 경감Carry on Clonstables」(1960)〕과 같은 영국의 기관들을 중심으로 만들어졌으나, 회가 거듭될수록 「잘해 봐요 스파이Carry on Spying」(1964), 「잘해 봐요 클레오Carry on Cleo」(1964), 「잘해 봐요 카우보이Carry on Cowboy」(1966), 「잘해 봐요…… 카이버까지Carry on…… up the Khyber」(1968)와 같은 일반적 패러디로까지 영역을 넓혀 갔다. 이들 모두 기분 좋고 친근한 느낌으로 많은 인기를 끌었고, 인기의 주요인은 아낌없이 쏟아내는 익살과 풍자에 있었다. 이렇게 인기를 끌던 〈잘해 봐요〉 시리즈는 1978년에 29편을 끝으로 대단원의 막을 내렸다(1992년에는 서른 번째 「잘해 봐요 콜럼버스Carry on Columbus」가 회고작으로 만들어졌다).

코미디와 비슷하게 강건한 체력을 지닌 영국 호러 영화는, 영화계에 기여한 공로로 1967년에 여왕으로부터 상패까지 받은 해머 영화사Hammer Films에 의해 주로 만들어졌다. 해머표 호러 영화는 존 질링〔「좀비들의 공습Plague of the Zombies」(1965)〕이나 피터 새스디〔「드라큘라의 피를 맛보자Taste the Blood of Dracula」(1970)〕 같은 감독이 후일 이미지를 바꿔 보려고 좀 노력하기는 했지만, 기본적으로 테렌스 피셔와 프레디 프랜시스가 그 성격을 주도해 나갔다. 이 장르는 또한 마이클 리브스라는 영국 영화사상 가장 젊은 유망주를 발굴해 냈으나, 안타깝게도 그는 빈센트 프라이스 주연의 「마녀 사냥 대장Witchfinder General」(1968)을 비롯해 단 3편의 영화를 만든 뒤, 마약 과다 복용으로 그만 요절하고 말았다.

젊음의 활력을 다룬 영화도 1960년대 중반까지 계속 인기를 끌어, 이번에도 레스터는 내용만 허구적으로 바꾼 비슷한 종류의 비틀스 영화 「헬프Help!」(1965)를, 「하드 데이스 나잇」의 후속작으로 내놓았다. 존 부어맨은 데이브 클락 파이브를 출연시킨 「잡을 테면 잡아 봐Catch us If you Can」(1965)를 그의 영화 데뷔작으로 만들었다. 〈스윙잉 런던〉 영화들은

조지프 로지 (1909~1984)

위스콘신 주의 라 크로세에서 태어난 조지프 로지는 친척의 대부분이 변호사인 부유하고 교양 있는 일가 중 재력이 약간 떨어지는 집에서 성장했다. 그는 하버드 대학에서 연극으로 석사 학위를 받은 뒤 1930년대 초에 뉴욕으로 옮겨 가 그곳에서 자유 기고 비평가로 활동했다.

1935년의 소련 여행에서 로지는 소련 연극계와 접촉할 기회를 가졌고, 이 경험은 향후 그의 연극, 영화 활동에 커다란 영향을 미치게 된다. 뉴욕 대공황기에는 반파시스트 카바레와 〈살아 있는 신문Living Newspaper〉을 통해 근로자들의 정치성을 일깨우는 등 일련의 정치적, 교육적 연극 활동을 벌였다. 그 외에도 전쟁 구제 기관을 돕기 위해, 마임과 보이스오버를 결합한 쇼를 만들었고, 90편의 정치 관련 쇼를 라디오용으로 제작하거나 감독했다.

처음 로지는 각종 단체와 정부 기관을 위해 영화를 만들었다. 군에 잠깐 복무할 때는 훈련용 영화를 만들기도 했다. 이후 1945년에 할리우드로 옮겨 와 MGM과 계약을 맺었으나, 활동이 부진해짐에 따라 다시 연극계로 돌아가 브레히트의 도움으로 찰스 로튼 주연의 「갈릴레오의 생애Life of Galileo」를 연출했다.

결국 영화를 1편도 만들지 못하고 MGM과의 계약을 끝낸 그는 RKO로 자리를 옮겨, 머리 색깔이 갑자기 녹색으로 변한 어느 소년의 부조리한 공포에 관한 강렬한 반매카시적 풍자극 「녹색 머리카락의 소년」(1948)을 만들었다. 계속해서 그는 자신의 이후 작품에 나타나게 될 특징적 스타일을 개발하며, 「무법자The Lawless」(1950), 「부랑자」, 「M」, 「빅 나이트The Big Night」(모두 1951년 작품)와 같은 일련의 저예산 흑백 영화를 만들었다. 시각의 스타일화, 롱테이크, 복잡한 카메라 움직임은 이들 영화에 풍부하고 극적인 효과를 주었다.

1952년에 이탈리아에서 「배회하는 이방인Imbarco a Mezzanotte」(1952)을 찍고 있던 로지는 자신이 공산당으로 지목되어 하원의 반미조사위원회의 증인으로 소환된 사실을 알게 되었다. 가봐야 감옥행이거나 블랙리스트에 오를 게 뻔한 미국으로 가는 대신에 그는 영국행을 선택했다. 영국에서는 보잘것없는 보수에도 불구하고, 할리우드 블랙리스트의 영향을 우려하여 처음에는 익명으로 저예산 영화를 계속 만들었다. 이후 로지는 상당한 성공을 거둔 배우 더크 보가드와의 우정을 토대로 「잠자는 호랑이The Sleeping Tiger」(1954)를 만들 수 있었고, 이 작품과 더불어 그의 또 다른 작품 「친밀한 이방인The Intimate Stranger」(1956)으로 마침내 상업 영화를 만들 수 있는 확고한 발판을 마련했다. 「동정 없는 시대」(1957), 「블라인드 데이트」(1959), 「범죄자The Criminal」(1960)와 같은 1950년대 말의 그의 범죄 영화들은 프랑스에서는 절찬을 받았으나, 영국에서는 잡지 『무비』가 과감히 그의 편을 들어 준 1962년이 되어서야 비로소 인정을 받았다.

1963년에 로지는 영국 극작가 해럴드 핀터와 손잡고 3편의 영화, 「하인」(1963), 「돌발 사고」(1967), 「중개인」(1971)을 만들었다. 날카롭고 양식화된 그의 사회적 비판과 미묘한 권력 투쟁에 대한 핀터의 느낌이 어우러진 이 작품들로 마침내 로지는 평단의 인정을 받게 되었고, 이들 세 작품은 나중까지도 그의 대표작으로 취급되었다. 한편 로지의 좌파적 성향은 그를 영국 계급 체계에 대한 지속적인 관심으로 이끌어 1984년 타계할 때까지도 그는 그 주제에서 손을 떼지 않았다.

자신의 전 이력을 통해 로지는 늘 재정적, 제도적 압박과 싸우며 영화를 만들었고, 영화의 내용은 주로 정치적인 것과 교육적인 것에 머물렀다. 「녹색 머리카락의 소년」, 「저주받은 자The Damned」(1962), 「왕과 국가」(1964)는 전쟁 반대 영화였고, 「무법자」는 인종주의에 반대하는 영화였으며, 「동정 없는 시대」와 「블라인드 데이트」는 사법 제도와 사형 제도를 비판한 영화였다. 좀 더 일반적인 의미에서 로지의 영화는 감옥이 됐든, 부르주아지의 결혼이 됐든, 사회 계급이 됐든, 제도의 파괴성에 대한 날카로운

분석을 주된 특징으로 하고 있다. 「이브」(1962)와 「하인」 같은 영화들에서, 사회적으로 우월한 위치에 있는 자기 환상적 인물들은 그보다 열등한 위치에 있지만 계급이나 힘의 복잡함에 대해서는 훨씬 많은 것을 알고 있는 하급자들에게 희생되고 조종당하는 자신을 발견하게 된다.

로지의 영화들에서는 건축물이 등장 인물들 간의 힘의 관계를 보여 주는 강렬한 시각적 스타일로 나타난다. 「돈 조반니」(1979)의 팔라디오풍 빌라와 같이 이미 존재해 있는 건물이거나, 영화를 위해 특별히 세운 건물이거나에 상관없이 그의 작품은 거의 모두 야외 촬영으로 만들어졌다. 특히 예술인들(처음에는 존 허블리, 나중에는 리처드 맥도널드)과의 긴밀한 협조하에 건축에서 세트의 석재, 버팀목에 이르기까지, 모든 시각적 디테일을 하나하나 꼼꼼히 챙겨 나갔다. 가끔은 「무법자」에서의 폴 스트랜드와 워커 에반스의 촬영, 「집시와 신사The Gypsy and the Gentleman」(1958)에서의 롤런드슨의 인화, 「동정 없는 시대」에서의 고야의 그림, 「여자 007 모데스티」(1966)에서의 팝 아트, 「돌발 사고」에서의 점묘법과 같은 한두 가지 중요한 시각적 요소가 영화의 전체 스타일을 결정하기도 했다. 이러한 사전 디자인은 시각적 일관성을 줄 뿐 아니라 배우와 촬영 감독에게도 행동의 자유를 부여하여, 자유와 속박 — 이 또한 로지에게는 중요한 문제이다 — 의 적절한 결합을 가능하게 했다.

스튜디오의 간섭을 비교적 적게 받은 후기작들에서는 시각적 밀도감이 로지의 교훈적이고 교육적인 경향을 다소 둔탁하게 하여, 풍부하기는 하지만 도무지 알 수 없는 이미지를 만들어 내기도 했다. 이 시각적 모호함은 「돌발 사고」, 「중개인」(1970), 「클라인 씨」(1976)에서와 같이 플래시백이나 플래시포워드로 해석될 수 있는 자율 삽입 장면의 이용으로 더욱 극대화되었다.

로지 영화의 형식적 규율성은 그가 묘사하고 있는 사회적 질서의 억압성을 반영하고 있다. 그의 영화에 나타나는 사회적 속박과 위험한 감정적 자유와의 긴장감은 자신의 정치적 양심과 사회적 분석을 섬세한 미적 이미지로 구현해 내기 위해 상업 영화의 한계에 대항해 싸우는 독립 영화인, 즉 국외자로서의 그 자신의 체험과 밀접한 관련이 있다.

에드워드 오닐

▪▫ 주요 작품

「녹색 머리카락의 소년The Boy with Green Hair」(1948); 「부랑자The Prowler」(1951); 「M」(1951); 「동정 없는 시대Time without Pity」(1957); 「블라인드 데이트Blind Date」(1959); 「이브Eve」(1962); 「하인The Servant」(1963); 「왕과 국가King & Country」(1964); 「여자 007 모데스티Modesty Blaise」(1966); 「돌발 사고Accident」(1967); 「붐Boom!」(1968); 「은밀한 의식Secret Ceremony」(1968); 「중개인The Go-Between」(1971); 「클라인 씨Mr. Klein」(1976); 「돈 조반니Don Giovanni」(1979).

▪▪ 참고 문헌

Ciment, Michael(1985), *Conversation with Losey*.

Milne, Tom(ed.)(1968), *Losey on Losey*.

◀ 조지프 로지 감독의 「하인」(1963)에서 사악한 남자 하인 역을 맡은 더크 보가드와 그의 상대역 제임스 폭스.

답답한 시골 생활을 벗어나 도시 생활의 짜릿함을 맛보는 뉴웨이브적 인물을 재현해 낸다는 점에서, 어딘지 모르게 뉴 웨이브 영화의 속편 같은 느낌이 들었고, 그 점은 「요령The Knack」(리처드 레스터, 1965)의 리타 투싱엄, 「달링Darling」(존 슐레진저, 1965)의 줄리 크리스티(「거짓말쟁이 빌리」에서 야심에 찬 틴에이저 역을 맡았었다), 맨체스터의 자기 뿌리로 돌아가는 대도시 작가 역을 훌륭하게 해낸 「찰리 버블스Charlie Bubbles」(1966)의 앨버트 피니처럼 같은 연기자를 쓴다는 사실로 더욱 분명해졌다. 한편 〈스윙잉 런던〉 시대의 말쑥한 도시풍에 보다 잘 어울리는 신진 배우들도 새로이 등장했다. 「앨피Alfie」(루이스 길버트, 1966)에서 런던 토박이 로사리오로 뚜렷한 인상을 남긴 마이클 케인은 이후 렌 데이튼의 소설을 각색한 3편의 영화, 「입크레스 파일The Ipcress File」(시드니 퓨리, 1965), 「베를린의 장례식Funeral in Berlin」(가이 해밀턴, 1967), 「10억 달러의 뇌Billion Dollar Brain」(켄 러셀, 1967)에서, 안경까지 뒤집어쓴 본드와는 정반대의 촌스러운 첩보원 해리 파머의 이미지를 만들어 냄으로써 자신의 인기를 더욱 확고히 다졌다.

신진들과 함께 기성 영화인들의 활약도 두드러졌다. 미국 컬럼비아 사 제작으로 데이비드 린은 장대한 서사극 「아라비아의 로런스」(1962)와 「닥터 지바고」(1965)를 만들었고, 캐럴 리드는 오스카상 수상작 「올리버!」(1968)로 그의 화려한 대미를 장식했다. 해외의 유명 감독들 또한 여러 가지 이유, 특히 미국 자본의 효용성 때문에, 영국에서 활동하는 사례가 늘어났다. 로저 코먼은 에드거 앨런 포 시리즈의 몇 편을 영국에서 만들었으며, 스탠리 큐브릭은 미국에서 「스파르타쿠스」를 둘러싸고 한바탕 창작상의 싸움을 벌인 뒤 영국으로 건너와 「롤리타」(1962), 「닥터 스트레인지러브」(1964)와 같은 일련의 정선된 작품으로 완전한 창작의 권리를 되찾았다. 역시 미국인 감독인 시드니 루멧은 북아프리카의 어느 영국 포로수용소를 배경으로 한 「언덕The Hill」(1965)을 1960년대의 가장 생생하고 강렬한 작품의 하나로 만들었다. 프레드 지니먼은 고뇌하는 토머스 모어 역에 폴 스코필드를 캐스팅하여, 로버트 볼트의 희곡 「사계절의 사나이A Man for All Seasons」(1966)를 영화로 만들었다.

〈할리우드, 영국〉 현상은 유럽 감독들도 예외가 아니었다. 「물속의 칼Noz w Wodzie」(1962)로 일찍이 평단의 주목을 받은 로만 폴란스키(폴란드)는 이후 영국으로 건너와 정신 질환을 내용으로 한 「혐오Repulsion」(카트린 드뇌브 주연,

1965)와 그에 못지않게 팽팽한 긴장감을 주는 「막다른 골목Cul-de Sac」(1966)을 그 후속작으로 만들었다. 기성 〈작가〉 감독들의 활약도 눈부셔, 프랑수아 트뤼포는 레이 브래드버리의 소설을 각색해 「화씨 451도Fahrenheit 451」를 만들었고, 같은 해에 미켈란젤로 안토니오니는 인식의 문제와 더불어, 현대적인 런던의 다소 변덕스러운 모습을 흥미롭게 비판한 모더니즘적인 영화 「욕망」을 데이비드 헤밍스와 바네사 레드그레이브 주연으로 만들었다.

미국인 조지프 로지는 매카시 선풍을 피해 1950년대 초에 영국으로 건너와 스릴러 감독으로 입지를 굳힌 뒤, 극작가 해럴드 핀터와 만든 3편의 영화 「하인」(1962), 「돌발 사고」(1967), 「중개인」(1970)으로 명성을 얻었다. 이들 모두 독특한 영국적 주제를 담고 있으며, 계급 제도의 중심에 있는 힘의 관계와 정략적 행위를 탐구하고 있다 — 「하인」에는 남자 하인(더크 보가드)이 젊은 귀족 주인(제임스 폭스)의 테이블을 뒤집어엎는 장면이 나오고, 「돌발 사고」는 옥스퍼드의 두 교수(스탠리 베이커와 더크 보가드)가 겪는 중년의 위기와 부정(不貞)을 다루고 있으며, 「중개인」은 신분의 차이를 무시하고 사랑하는 줄리 크리스티와 앨런 베이츠에 의해 자기도 모르게 조종당하는 한 어린 소년을 다루고 있다.

1960년대 후반에 일어난 영화 제작 붐은 텔레비전에서 쌓은 기량을 영화에서 펼치려는 사람들에게도 이득이 되었다. 그중 켄 로치는 토니 가넷과 함께 「교차로를 향해Up the Junction」(1965), 「캐시 집으로 돌아오다Cathy Come Home」(1966) 같은 텔레비전 극을 만들어 혁신적인 사회 드라마의 선두 주자가 되었던 인물이다. 아마추어 배우를 일부 고용하여 반슬리에서 촬영한 그의 첫 극영화 「케스Kes」(1969)는 노동자 계급 어린이를 다룬 진한 감동의 이야기이다. BBC에서 예술가의 전기를 다룬 TV 영화 시리즈 「모니터Monitor」 출신인 켄 러셀은 영국 영화의 〈무서운 아이*enfant terrible*〉로 영화계에 발을 들여놓았다. 일단 「프렌치 드레싱French Dressing」(1963)과 「10억 달러의 뇌」로 조용히 포문을 연 그는 아마도 앨런 베이츠와 올리버 리드의 나체 레슬링 장면으로 가장 기억에 남을, D. H. 로런스의 동명 소설을 영화화한 「사랑하는 여인들Women in Love」(1969)로 대중의 시선을 모은 뒤, 차이코프스키를 다룬 으스스한 전기 영화 「음악 애호가들The Music Lovers」(1970)과 17세기 수도원의 괴기스러운 혼령을 다룬 「데블스The Devils」(1971)(검열 과정에서 몇 장면이 잘려 나갈 정도로, 그의 작품 중 가장 극단적인 축에 드는 영화이다)로 일대 파란을 몰고 왔다. 그 후에도 그는 많은 작품을 만들며, 미국에서도 잠깐 활동하다가 1980년대 중반에 영국으로 다시 돌아와, 에너지와 위트와 논란의 극단을 넘나들며 고르지 못한 일련의 저예산 영화들을 내놓았다.

러셀과 같은 시기에 등장한 또 한 사람의 괴짜 감독으로 니컬러스 뢰그가 있다. 카메라맨 출신인 뢰그는 1960년대의 사이키델릭한 세계에, 믹 재거가 연기한 은둔적 록 뮤지션, 거기에 도주 중인 암살자(제임스 폭스)로 대변되는 런던 암흑가의 잔인함까지 결합한 「퍼포먼스Performance」(1968년 완성)를 그의 감독 데뷔작(감독 크레디트에는 도널드 캐멀이 함께 연출한 것으로 오름)으로 만들었다. 이 영화는 로이 암스(1978)의 말을 빌리면, 〈베리만과 안토니오니류의 모더니즘을 연상시키는 시각적 복잡성과 모호함을 지닌〉 기법으로 꿈과 현실을 혼합하여 음모의 실타래를 풀어내고 있는데, 그 결말이 어찌나 끔찍했던지 이 작품의 배급사 워너는 1970년까지 배급을 못하고 필름을 창고에 처박아 두어야 했다.

1960년대의 희망과 미래에 대한 전망이 불투명해지면서, 영국 영화의 요소들도 어두운 색채를 띠기 시작했다. 각종 불만, 학생 정치, 베트남전 항거와 같은 과격한 성격의 사회적 비판이 다시금 영화의 인기 주제로 떠올랐다. 사립학교와 분열된 사회상을 맹렬하게 비난한 린지 앤더슨의 「만약……If……」(1968)과 영국의 〈명예로운〉 제국주의적 과거와 베트남전을 싸잡아 공격한 토니 리처드슨의 반전 영화 「창기병대의 돌격The Charge of the Light Brigade」(1968)은 그 점을 가장 극명하게 보여 준 작품들이다.

1970년대: 거품이 터지다

1969년에 영국 영화에 투자된 제작비의 90퍼센트는 미국 자본이었다. 그런데 그 거품이 거의 하룻밤 사이에 꺼져 버렸다. 갈수록 블록버스터에 치중하던 미국의 메이저 영화사들은 「공군 대전략The Battle of Britain」(가이 해밀턴, 1969), 「크롬웰Cromwell」(켄 휴스, 1970), 「굿바이 미스터 칩스Goodbye, Mr. Chips」(허버트 로스, 1969), 「해프 어 식스펜스Half a Sixpence」(조지 시드니, 1967)와 같이 거대 예산이 투여된 일련의 영화들이 흥행에서 연달아 참패하자, 영국 영화에 너무 과도한 투자를 하고 있다는 판단을 하게 되었다. 게다가 미국 관객들의 취향도 「졸업The Graduate」(1967), 「우리에게 내일은 없다」(1967), 「이지 라이더」(1969)와 같이 영국 영화들이 더 이상 제공해 줄 수 없는 흥미진진하고 신선한 토착 영화 쪽으로 기울어 갔다. 결국 미국 자본이 우르르 빠져나감에 따라 영국 영화의 주요 재원도 몽땅 사라졌다.

1970년대가 되자, 이 공백을 메워 줄 몇 개의 거대 기업이 등장했다. 원래 음악 사업으로 발판을 굳힌 EMI는 1969년에 영국연합영화사Associated British Picture Corporation를 인수하고, 브라이언 포브스를 엘스트리Elstree 스튜디오의 제작 책임자로 임명했다. 1976년에는 브리티시 라이언을, 야심만만한 2명의 제작자 배리 스파이킹스와 마이클 델리까지 포함하여 인수했다. 브리티시 라이언에 있을 때, 뢰그의 「지구로 떨어진 사나이The Man who Fell to Earth」를 미국에서 만든 적이 있는 이 두 사람은 그때부터 줄곧 미국 시장을 목표로 미국 영화를 만들겠다는 생각을 하게 되었고, EMI 자본을 등에 업고 하려는 일도 바로 그것이었다. 그 결과, 미국 영화사가 영국 영화에 투자하는 것이 아니라 영국 기업이 미국 영화에 독점 투자를 하는 기묘한 역전 현상이 벌어졌다. EMI는 마이클 치미노의 「디어 헌터The Deer Hunter」(1977)로 성공적인 출발을 했다. 하지만 그 후로 델리가 떠나고 혼자 EMI에 남게 된 스파이킹스는 「재즈 싱어The Jazz Singer」(1980), 「음악을 멈출 수 없어요Can't Stop the Music」(1980), 「홍키 통크 프리웨이Honky Tonk Freeway」(1981)(이 영화에서만 잃은 돈이 자그만치 2500만 달러였다)와 같은 일련의 비싼 실패작들을 연이어 내놓았다. 영국적 내용은 배제하고 미국적 주제만 파고들겠다는 것을 포함한 스파이킹스의 전략은 완전 실패임이 드러났고, 급기야 이 사태는 거대 기업인 손 사Thorn Company의 개입을 불러왔다.

수익성 좋은 미국 시장의 확보는 알렉산더 코르더 이래 영국 영화 재력가들의 꿈이었고, 그것은 또한 세계 영화 시장으로 뛰어드는 모험을 감행한 루 그레이드의 숨겨진 동인이기도 했다. 인기 텔레비전 시리즈를 등에 업고 세계적으로 주가를 올린 바 있는 ITC 사의 사주 그레이드는 기본적으로 세일즈맨이었고, 따라서 그의 주특기도, 선불금과 보증 기금으로 영화 제작을 지원하는 방식으로, 만들어지기 전의 영화를 전 세계에 선매하는 기술이었다. 동시에 그는 미국 시장을 목표로, 유명 배우와 베스트셀러 소설, 고전물의 리메이크와, 〈안전한〉 주제를 다룬 일련의 거대 예산 영화를 만들기 시작했다. 하지만 결과는 관객의 냉담한 반응과 함께 대체적으로 허탈한 것이었고, 마침내 그레이드도 「타이타닉을 건져라Raise the Titanic」(1980)에서 3500만 달러를 잃는 것으로 완전히 붕괴하고 말았다(영화 속의 유명한 대사처럼 그레이드도 타이타닉과 함께 침몰했다).

EMI와 그레이드의 사업가적 전략에 대한 하나의 대안으로 개별 작품을 제작자가 단독으로 판매하는 방법이 제시되었고, 이 전략의 성공적인 예가 1970년대에 「그렇게 된다면야That'll Be the Day」(클로드 훼텀, 1973), 「스타더스트Stardust」(마이클 앱티드, 1974), 「벅시 말론」(앨런 파커, 1976)을 제작한 데이비드 퍼트냄이었다. 뒤이어 할리우드로 진출한 앱티드나 파커와 달리, 퍼트냄은 영국에 남아 자국 영화 발전에 계속 기여했다.

1980년대: 주변에서

영국 영화의 앞날이 특히 절망적으로 보이고 있던 그때, 예기치 못한 토착 영화의 부활 현상이 일어났다. 그 부활의 바람은 먼저, 퍼트냄이 제작하고 휴 허드슨이 연출한 중간 예산 규모의 「불의 전차Chariots of Fire」(1981)가 전혀 예상 밖으로 최우수 작품상을 비롯해 몇 개 부문의 상을 받은 1982년 오스카상 시상식에서 불어왔다. 흥분을 감추지 못한 작가 콜린 웰런드는 지금은 전설이 되어 버린 〈영국인들이 몰려오고 있다〉는 말로 그의 수상 소감을 대신했다. 그 예상은 이듬해에 리처드 애튼버러의 서사 대작 「간디」(1982)가 영국 영화의 부활을 예고하며, 「불의 전차」를 능가하는 8개 부문의 오스카상을 수상함으로써 적중하는 듯했다. 새로운 영국 영화의 선두에는 캐나다 인 제이크 에버츠가 운영하는 골드크레스트 Goldcrest 사(「불의 전차」 제작을 도왔고, 자금이 조성된 뒤에는 애튼버러의 영화도 지원했다)가 있었고, 이 회사는 비평과 흥행에서 모두 성공을 거둔 「시골 영웅Local Hero」(빌 포사이스, 1983), 「킬링 필드The Killing Field」(롤랑 조페, 1984), 「또 다른 나라Another Country」(마레크 카니에프스카, 1984)와 같은 작품들을 데이비드 퍼트냄과 함께 제작함으로써 자신들의 입지를 더욱 공고히했다.

이들 감독 중에 빌 포사이스는 특히 상상력이 뛰어나고 기이한 사람으로 유명하다. 「풀죽은 감정That Sinking Feeling」(1979), 「그레고리의 여자Gregory's Girl」(1980)와 같은 작품들에서 보여 준 스코틀랜드 하층민들에 대한 그만의 독특한 시각으로 퍼트냄의 주목을 받게 된 그는 일링Ealing 코미디의 전통을 따르면서도 일그러진 관찰력과 영혼의 관대함을 통해, 프랭크 캐프라, 자크 타티, 에르만노 올미와 같은 영화인들의 영향도 받고 있음을 은연중에 드러내 보였다. 그는 영국에서 2편의 영화 「시골 영웅」과 「안락과 기쁨Comfort and Joy」(1984)을 더 만든 뒤, 미국으로 건너가 데이비드 퍼트냄이 새로 제작 책임을 맡고 있던 컬럼비아 영화사를 통해 「가계 꾸리기Housekeeping」(1988) 같은 다소 질이 떨어지는 영화를 만들었다.

골드크레스트와 더불어, 영국 영화의 역동적인 개념과 맥을 같이하는 듯한 일련의 다른 회사들이 등장하기 시작했다. 그중에 전 비틀스 멤버였던 조지 해리슨이 1978년에 세운 핸드메이드 영화사Handmade films는 EMI가 포기한 「몬티 파이돈: 브라이언의 삶Monty Python's Life of Brian」을 대신 만들었다. 핸드메이드 사는 몬티 파이돈 코미디팀과 공동으로, 북미에서만 4500만 달러의 수익을 올린, 테리 길리엄의 「4차원의 난쟁이Time Bandits」(1981), 「졸병들의 열병식Privates on Parade」(1982), 「선교사The Missionary」(1983), 「사적인 의식A Private Function」(1984)과 같은 코미디를 주로 만들었다. 핸드메이드는 리처드 브랜슨의 음악제국 계열사인 버진 비전Virgin Vision과도 손을 잡고, 조지 오웰의 동명 소설을 영화화한 「1984」(마이클 래드퍼드, 1984)를 만들기도 했다. 비디오와 영화 배급을 담당하는 계열사로 닉 파월과 스티븐 울리가 세운 팰리스Palace 프로덕션 역시 안젤라 카터의 빨간 모자 이야기를 영화화한 닐 조던의 「늑대의 혈족The Company of Wolves」으로 1984년 제작에 뛰어들었다.

골드크레스트가 주도한 영화의 미니 〈르네상스〉는 그러나 오래가지 못했다. 1986년에 이 회사는 과욕을 부린 일련의 작품들인 「완전 초보자Absolute Beginners」(줄리언 템플,

도널드 캐멀, 니컬러스 뢰그의 「퍼포먼스」에서의 믹 재거. 이 작품은 1968년에 완성되었으나 공개는 1970년에야 되었다.

1986), 「혁명Revolution」(휴 허드슨, 1986), 「미션The Mission」(롤랑 조페, 1986)이 잇달아 실패하면서 붕괴하고 말았다. 첫 두 작품은 예산 초과가 실패의 요인이었고, 이들 중 어느 것도 흥행의 적정선을 넘지 못했다. 이후 골드크레스트는 판매 대행사로 기능이 완전히 축소되어 버렸다. 「완전 초보자」의 또 다른 투자자였던 버진 비전 역시 영화계에 입문한 지 4년 만에 손을 털지 않을 수 없었다. 영화계의 이런 불확실성은 업계의 지명도가 상당히 높은 팰리스까지 1992년에 제작과 배급 부서를 폐쇄하는 일이 벌어지면서 다시 한번 입증되었다.

건강한 영화 산업에 따라붙는 국제적 명성에도 불구하고, 영국 정부는 이런 상황을 보고도 그저 수수방관하고 있었다. 도움은 고사하고 1980년대에는 도리어 훼방까지 놓았다 — 투자자에게 상당한 도움이 되던 세금 우대 조치를 폐지했고 1950년대와 1960년대에 미국 스튜디오를 끌어들인 주요인이던 이디세(稅)를 중지했으며, 국립영화융자사National Film Finance Corporation까지 해산했다. 이 융자사는 1986년에 반관반민의 브리티시 스크린British Screen으로 대체되었다. 기본적으로 보조금 지급처라기보다는 자금 대여 기관에 가까운 브리티시 스크린은 전체 영화인들의 자금 제공원으로 재빨리 자리 잡아 갔다.

저예산 영화 제작 또한 업계의 생명줄로 떠올랐다. 1982년, 영국의 네 번째 텔레비전 방송국이 문을 열면서 영화와 텔레비전의 새로운 관계가 시작됐다. 채널 4의 대표 이사 제러미 아이작스는 영화를 주문하는 방식으로 제작에 직접 투자할 것임을 천명했고, 이렇게 만들어지는 영화는 텔레비전으로 방영되기 전에 극장 〈개봉 기회〉를 잠깐 가질 수도 있었다. 이전에는 방송사들이 극장에서 이미 개봉된 영화만을, 그것도 아주 헐값으로 구입하는 경우가 대부분이었다. 결과적으로 채널 4의 결정은 업계, 특히 저예산 제작 분야가 절실히 필요로 한 수혈이었음이 입증되었다. 채널 4가 처음 10년간 자금을 지원한 영화는 「나의 아름다운 세탁소My Beautiful Laundrette」(리카르도 프레다, 1985), 「브레즈네프에게 보내는 편지A Letter to Brezhnev」(크리스 버나드, 1985), 「동지들Comrades」(빌 더글러스, 1987), 「원대한 희망High Hope」(마이크 리, 1988)을 비롯해 무려 150편에 이르렀다.

자체 주문 프로그램 이외에도 채널 4는 브리티시 스크린과 영국영화제작협회British Film Institute Production

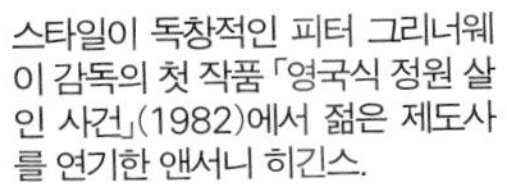

스타일이 독창적인 피터 그리너웨이 감독의 첫 작품 「영국식 정원 살인 사건」(1982)에서 젊은 제도사를 연기한 앤서니 히긴스.

Board(BFI)를 통해, 소규모이긴 하지만 혁신적인 영화 프로그램을 뒷받침해 주는 방법으로 영국 영화 발전에 상당히 기여하고 있었다. 1970년대 말 BFI는 아방가르드 영화에서, 좀 더 대중성 있는 영화 형식으로 제작 방침을 바꾸었다. 그것의 첫 타자로 크리스 페티트의 「라디오 온Radio on」(1980)이 만들어졌고, 계속해서 「영국식 정원 살인 사건」(피터 그리너웨이, 1982), 「카라바조Caravaggio」(데렉 저먼, 1986), 「아련한 소리, 고요한 삶Distant Voices, Still Lives」(테렌스 데이비스, 1988)이 그 뒤를 이었다.

채널 4와 BFI는 또한 워크숍을 통하여, 소수 민족처럼 발언권이 약한 그룹에도 제작의 기회를 제공하며 영화 문화의 저변 확대를 도모했다. 영화의 형태 또한 극영화 외에도 다큐멘터리와 애니메이션을 비롯한 모든 종류의 영화를 다 포괄했다. 영화와 비디오를 통한 흑인과 아시아 인의 참여로 신선한 미학적 접근의 길이 열리면서, 그동안 생소했던 문화를 알릴 수 있게 된 것이 그 좋은 예이다. 블랙 오디오Black Audio 집단이 「핸즈워스의 노래Handsworth Songs」(1986), 「사랑은 필요 없어Who Needs a Heart」(1991), 「맬컴 X를 위한 일곱 곡의 노래Seven Songs for Malcolm X」(1992)와 같은 시적 다큐멘터리에 치중했던 반면에, 산코파Sankofa 그룹은 「추억 속의 열정The Passion of Remembrance」(1986)과 같은 픽션의 방식을 통해 인종과 민족성, 그리고 섹슈얼리티의 문제까지도 포함된 정체성의 정치를 표현하려고 했다.

이러한 워크숍 활동은 1990년대에 들어 부쩍 줄어들었지만, 그런 가운데서도 산포카 출신의 아이작 줄리언 같은 영화인은 BFI가 제작한 「젊은 반항아Young Soul Rebels」(1991)를 자신의 첫 영화 데뷔작으로 만드는 등, 독립 영화인으로서 작품 활동을 계속했다.

채널 4와 브리티시 스크린 그리고 BFI의 협력 관계는 결과적으로, 지금까지 거의 다루어 본 적이 없는 다양한 방식으로 영국의 문화와 정체성, 그리고 역사에 대해 토론의 장을 여는 계기를 마련했다. 그런 한편, 채널 4는 영화보다는 텔레비전극의 전통과 미학에 치중한 이것도 저것도 아닌 혼합형의 영화 제작을 고무함으로써, 영화 미학을 훼손시키고 있다는 비난도 함께 받아야 했다. 그것은 또한 템스Thames의 자회사 유스턴 영화사Euston Films, 런던 위크엔드London Weekend, 그라나다Granada(「나의 왼발My Left Foot」, 「필드The Field」 등으로 영화 발전에 상당한 기여를 한 면도 있지만), 1980년대 중반에 센트럴 TV에 의해 설립된 제니스Zenith와 같이 채널 4의 예를 따라 영화에 투자하고 있던 다른 방송사들에게 쏟아진 비난이기도 했다.

BBC도 이 사업에 손을 대기는 했으나, 이번에도 극장 상영의 기회는 거의 주어지지 않는 텔레비전 드라마에만 치중된 것이었다〔마이크 뉴웰의 「4월의 유혹Enchanted April」(1991)과 리카르도 프레다의 「스내퍼The Snapper」는 아주 드문 예에 속한다〕. 그것은 영국 영화가 살아 있는 곳이 있다면 그것은 텔레비전이라는 말을 그대로 입증하여 준 현상이었다.

그런 와중에도 〈영화〉라고 불릴 수 있는 어떤 것, 흥행과 영상미 중의 한 가지 요소는 갖춘 것, 혹은 두 가지 면을 동시에 지닌 어떤 것들이 남아 있었고, 그 대표적인 예가 국내외에서 폭발적인 성공을 거둔, 이블린 워와 E. M. 포스터 같은 작가들의 원작을 기초로 영국 상류 사회를 〈우아하고〉 화려하게 그린 시대극, 〈유산〉 영화였다. 그런데 재미있는 것이 이 장르의 뿌리는 이블린 워의 「브라이즈헤드 다시 방문하다 Brideshead Revisited」(1981년에 첫 극장 개봉)가 계기가 된 방송극(BBC의 명작 극장)에 있다는 사실이다. 이스마일 머천트와 제임스 아이보리(아이러니컬하게도 두 사람 모두 영국인이 아니다) 팀의 「하워즈 엔드Howards End」(1992), 「남아 있는 나날Remains of the Day」(1993) 같은 작품으로 대변되는 이들 영화는 1990년대에도 여전히 인기를 누리고 있다. 이들 작품의 인기는 어느 정도 1980년대의 정치적 분위기가 야기한 과거에의 향수에, 편안하고 기분 좋은 영국적 이미지들을 절묘하게 조화시킨 그들의 능력에 있다. 〈영국적인 것〉과 영국 배우들의 연기력을 마케팅의 최우선 전략으로 삼긴 했어도, 기본적으로 이들 영화는 여러 나라 자본이 혼합된 합작 영화라는 점에서, 완전히 영국 영화라고 하기에는 무리가 많은 작품들이다.

하지만 그것만이 영국 영화의 맥을 이어 준 장르의 전부는 아니었다. 「크라잉게임」(닐 조던, 1992), 「올란도」(샐리 포터, 1992), 「긴 하루가 끝나다The Long Day Closes」(테렌스 데이비스, 1992)와 같은 일련의 놀라운 작품들이 (최고의 명칭으로 불러 주면) 〈예술 영화〉의 이름으로 속속 제작되기 시작했다. 정통 주류들이 빠져나간 자리에 피터 그리너웨이, 데렉 저먼 같은 주변인들은 이 시대의 최고 감독은 괴짜들이라는 사실을 일깨우며, 중앙 무대를 향해 무섭게 돌진하고 있었다.

그리너웨이는 「건축가의 배Belly of an Architect」(1987)와 「차례로 익사시키기Drowning by Numbers」(1988) 같은 영화들에서 보여 준 풍부하고 불가사의한 이미지들로 수많은 열성 팬을 확보했다. 그의 관심은 예술적이고 문화적인 면에 고도의 양식화된 연기를 혼합하는 일종의 지적 게임 같은 영화를 만드는 데 있었다. 그의 시각적 상상력은 확실히 뛰어난 점이 있지만, 그런 한편으로는 정교한 게임에 농락당하게 하거나 공허한 인물로 그리는 등, 극중 인물을 반인간적으로 다룬다는 점 때문에 많은 비난을 사기도 했다.

데렉 저먼은 데뷔〔세바스티아네Sebastiane」(1975)〕 때부터 1994년 타계할 때까지, 가장 끈기 있게 혁신성을 추구한 감독이었다. 그리너웨이처럼 그도 화가였던 경험을 살려, 영화의 이미지에 신선한 접근법을 구사했다. 슈퍼 8mm(그때까지는 아마추어 작품에만 사용되었다)의 시적 자유로움을 한껏 살린 「영국의 최후The Last of England」(1987)와 「정원The Garden」(1990)은 그 점이 가장 잘 구현된 작품들이었다. 「카라바조」(1986), 「에드워드 2세Edward II」(1992)와 같은 역사 영화에, 동시대적 문제를 연결시켜 동성애적 정체성을 찾으려 한 저먼의 관심은 박물관에 깊숙이 처박혀 있던 과거를 활발한 토론의 장으로 이끌어 내는 재미있는 현상을 유발시켰다. 저먼이 항상 요구해 온 관객의 활발한 참여는 에이즈 감염자로서의 자신의 삶을 다룬 유작 「블루Blue」(1983)에서, 푸른색 화면을 살리고 이미지들을 죽게 하여 관객 스스로 해석하도록 하는 방법을 사용함으로써 가장 극대화되었다.

저먼의 영화 이력 역시 끝없는 투쟁의 연속이었다는 점에서 영국의 다른 영화인들과 별로 다를 것이 없다. 재능은 있으나 그것을 수용해 줄 주류가 없는 현실 속에서 영화인들이 취할 수 있는 길은 재원 없는 주변인으로 남아 있든지, 할리우드로 진출(카렐 라이스, 존 부어맨, 리들리 스콧, 빌 포사이스 등)하든지 두 가지 선택밖에 없었다. 자금에 관한 한 1990년대 중반까지도 상황은 달라진 것이 없다. 지금까지는 그럭저럭 텔레비전으로 버텨 왔다고 해도, 제작 편 수가 급속도로 떨어지고 있는 현 상황 속에서는 극히 제한적인 언급 외의 미래를 점치기는 거의 불가능한 실정이다. 「네 번의 장례식과 한 번의 결혼식Four Weddings and a Funeral」(마이크 뉴웰, 1994)이 거둔 놀라운 성공으로 영국 영화에 대한 흥미가 다시 한 번 불붙은 것 같기는 한데(300만 파운드의 제작비를 들여, 전 세계적으로 2억 4000만 달러의 흥행 수익을 올렸다), 단 그러한 일시적인 자긍심으로 새로운 〈르네상스〉를 외치는 경거망동만은 삼가야 한다. 제작에 대한 열광적인 보도는 모두 미국인들이, 잠정적으로, 셰퍼튼이나 파인우드에서 영화를 만들기로 했다는 사실에 근거한 추측에 불과하다. 비슷한 경우로, 데이비드 게펜이 아이디어를 내고 자금은 워너 브러더스가 댄 「뱀파이어와의 인터뷰Interview With the Vampire」(1994)는 닐 조던의 손으로 만들어졌으면서도, 「스타워즈」나 「슈퍼맨」만큼이나 〈영국〉 영화가 아니다. 〈채널 4 영화*Film on* Four〉의 스케일을 넘어서는 영국 영화는 존재하지 않는다. 국제(미국) 영화에 투여되는 영국인의 기여만이 존재할 뿐이다. 1950년대 후반에는 보수성을 지닌 영화계 인물들이 있었기에 그나마 우드폴 같은 독립 영화사가 생겨날 수도 있었지만 1990년대에는 영화인들이 저항할 정도의 산업이라 부를 만한 것이 아예 존재하고 있지 않다. 1960년대의 영화 붐은 알렉산더 코르더와 J. 아서 랭크의 황금기만큼이나 아득한 옛날처럼 느껴진다.

참고문헌

Armes, Roy(1978), *A Critical History of British Cinema.*

Auty, Martin, and Roddick, Nick(eds.)(1985), *British Cinema Now.*

Dickinson, Margaret, and Street, Sarah(1985), *Cinema and State.*

Eberts, Jack, and Ilott, Terry(1990), *My Indecision is Final: The Rise and Fall of Goldcrest Films.*

Hill, John(1986), *Sex, Class and Realism.*

Murphy, Robert(1992), *Sixties British Cinema.*

Park, James(1990), *British Cinema: The Lights that Failed.*

Perry, George(1985), *The Great British Picture Show.*

Petrie, Duncan(1991), *Creativity and Constraint in the British Film Industry.*

—— (ed.)(1992), *New Questions of British Cinema.*

Pirie, David(1973), *A Heritage of Horror.*

Walker, Alexander(1985), *National Heroes: British Cinema in the Seventies and Eighties.*

—— (1986), *Hollywood, England: The British Film Industry in the Sixties.*

뉴 저먼 시네마

안톤 카에스

촌스러운 무명에서 세계적 명성으로 발돋움한 전후 독일 영화의 느리지만 착실한 발전은 흔히, 대담한 출발(1962년 2월 28일의 오버하우젠 선언Oberhausen Manifesto), 절정(1978년 『타임』은 독일 영화를 유럽에서 〈가장 활기찬〉 영화라 불렀다), 그리고 갑작스러운 종결(1982년 6월 10일, 파스빈더의 갑작스러운 죽음)이 있는 하나의 소설로 이야기되곤 한다. 그 외에도 이 소설에는 손상된 국가 정체성과의 화해와 관련된, 국가 영화라는 또 하나의 궤적이 존재한다. 그런가 하면 당시의 많은 독일 영화들은 앞장서서 나치의 선전 도구 역할을 한 영화 자체의 혼란된 역사에도 반응을 보이고 있다. 〈언어와 이미지가 이처럼 사악하게 악용된 예는 일찍이 그 어디에도 없었다〉라고 1977년에 빔 벤더스는 말했다. 〈자신들의 이미지 속에서, 이야기와 신화 속에서, 우리 독일 국민같이 처참하게 신뢰감을 상실당해 본 국민은 이 세상 그 어디에도 없었다.〉 국가 사회주의 영화의 유산 — 독일과 관련된 이미지와 소리에 대한 본능적인 불신 — 은 지난 사반세기 동안 독일 젊은 영화인들의 마음속에 깊숙이 뿌리박혀 있었다. 최고의 인기를 누리던 국가 사회주의 영화 산업의 그늘을 벗어난 국가의 이미지를 그들은 과연 어떻게 찾아서 창조해 낼 수 있을 것인가. 나치 영화 전통에 대한 거부 방침은 1960년대 이래 독일 영화의 정체성과 단합을 위한 하나의 초석이 되어 왔다.

〈새로운〉 영화의 창조

1961년에서 1962년은 독일로서는 위기의 순간이었다. 1961년 8월에 세워진 베를린 장벽은 2개의 분단된 체제(동/서독, 공산주의/자본주의)로 독일을 영구히 갈라놓는 듯했고, 예루살렘에서 벌어진 아돌프 아이히만의 재판(1961년 12월에 종결)은 나치 정권이 저지른 전무후무한 범죄에 다시금 휘황찬란한 빛을 던져 주었으며, 소위 〈슈피겔Spiegel〉 사건으로 언론의 자유를 짓밟으려던 아데나워 수상의 기도는 예기치 못한 격렬한 저항에 부딪혔다. 이 시기는 독일 영화에도 중대한 시점이었다. 1950년대에 인기 있고 돈 잘 벌리는 지극히 유치한 영화만을 대량으로 찍어 내던 영화업계가 시장의 갑작스러운 붕괴에 직면하게 된 것이다. 그 몇 년 새에 독일 영화는 관객의 4분의 3을 텔레비전에 빼앗겼다. 1956년에서 1962년 사이에, 텔레비전 수상기 수는 70만 대에서 720만 대로 껑충 뛰어오른 반면, 영화 관람객 수는 8억에서 1억 8000만 명으로 뚝 떨어졌다. 그러나 독일의 젊은 영화인들에게는 상업 영화의 붕괴가 하나의 기회이자, 대체 영화를 실험할 수 있는 하나의 동인으로 작용했다. 그들은 직접 만든 단편 영화로 국제 영화제에서 수상을 하기도 했다. 영국의 뉴 시네마 운동(1956~9)과 프랑스 누벨 바그(고다르, 샤브롤, 트뤼포의 데뷔작들이 1959~60년 사이에 선보였다)에 고무된 일단의 이 30대 독일 감독과 비평가들은 유럽에서 일어나고 있던 모더니즘 예술 영화와 연계될 수 있는 새로운 독일 영화를 요구했다. 1962년 2월 28일, 오버하우젠의 서독 단편 영화제West German Short Film Festival에서 채택된, 짧지만 강렬한 선언은 이런 내용으로 되어 있다.

> 전통 독일 영화의 붕괴로, 우리가 거부하는 태도와 방법으로 영화를 만들던 기존 영화 제작 방식의 경제적 기반은 완전히 무너졌다. 더불어, 새로운 영화를 만들 수 있는 기회도 생겨났다. 여기서 우리는 새로운 독일 영화를 창조하고자 하는 우리의 의지를 밝히는 바이다.
>
> 새로운 영화에는 새로운 자유가 필요하다. 기존 업계의 관습으로부터의 자유. 상업적인 것과 관련된 외부 영향력으로부터의 자유. 특수 이익 집단의 지배로부터의 자유. 우리에게는 새로운 독일 영화에 대한 지적, 형식적, 경제적 개념이 정립되어 있다. 하나의 집단으로서, 경제적 위험을 감수할 각오도 되어 있다.
>
> 구시대 영화는 죽었다. 우리는 새로운 영화를 믿는다.

역사와 전통을 부정하고, 〈무에서〉 영화를 창조하겠다는 이들의 주장은 세기 초의 미래파와 또 다른 아방가르드의 선언과 다를 바 없고, 순수한 창조에의 태도는 경제적 조건이나 관객의 유무에 구속되지 않겠다는 작가성에 대한 낭만주의적 견해를 드러내 보인 것이다. 뿐만 아니라, 〈구시대 영화〉와 젊은 영화를 가르는 분명한 선은 기존 업계와 그 도전자들과의 생산적 협조의 가능성을 완전히 배제하고 있다. 머지않아 주류로 통합된 프랑스 누벨 바그와 달리, 새롭게 일어난 젊은 영화인들에게 기존 독일 영화인들은 어떠한 재정적 지원도 하려 들지 않았고, 내부로부터 영화를 개혁해 보려는 의지 또한

▸ 「혼란에 빠진 서커스 단원들Artisten in der Zirkuskuppel Ratlos」(1968)의 하넬로레 호거. 알렉산더 클루게는 스틸 사진, 뉴스 영화, 기성 화면을 이용해, 새로운 서커스를 개발한 레니 파이케르트의 이야기를 담았다.

전혀 찾아볼 수 없었다. 구세대와 신세대, 상업 영화와 실험 영화, 대중 영화와 아방가르드 간의 이러한 공조 부재는 오늘날까지도 독일 영화를 좀먹고 있는 병폐 중의 하나이다.

선언문에는 보조금에 대한 언급이 빠져 있지만, 감독들이 〈작가〉가 되는 데에는 당연히 국가의 보조가 필요했다. 강렬한 국가 영화가 창출해 내는 문화적 이익을 깨달은 독일 정부는 〈젊은 독일 영화 관리국Kuratorium Junger Deutscher Film〉을 설치해, 500만 마르크의 기금으로 1966년에서 1968년 사이에 20편의 영화 제작을 지원했다. 하지만 1967년에는 기존 업계의 압력으로, 최소한 50만 마르크는 벌어들일 수 있는 영화들에만 보조금을 지급한다는 내용의, 소위 영화보조금법Filmföderungsgesetz이 통과되었는데, 같은 내용으로 계속 만들어지게 될 여러 법안 중의 첫 번째인 이것은 그야말로 젊은 영화인들의 의욕은 꺾고 기존 영화인들만 살찌우는 그런 법이었다. 그 후 수년간에 걸쳐 생겨난 대여금, 보조금, 장려금, 선불금, 중앙 부처 및 지방 자치 단체가 수여하는 상금 등의 여러 복잡다단한 제도는 독립 영화인들을 위원회의 결정과 관료주의적 번잡함에 더욱더 의존하게 하는 결과를 가져왔다. 1970년대 중반 이후에는 독일 텔레비전까지 합작 형식으로 영화계에 진출하여, 그렇지 않았으면 제작이 불가능했을 여러 작품들을 만들수 있었다. 하지만 대부분의 영화들은 다음 작품에 필요한 만큼의 수익을 올리지 못했기 때문에, 뉴 저먼 시네마의 영화 제작 편 수도 당연히 이용 가능한 보조금 범위 내에서 결정될 수밖에 없었다. 1981년, 주 정부와 연방 정부는 자국 영화 제작 기금으로 8000만 마르크를 조성했다. 오페라, 음악, 연극에 쏟아 붓는 돈에 비하면 턱없이 낮은 금액이었지만, 그래도 뉴 저먼 시네마에 보이는 관객의 극도의 무관심을 감안할 때, 이 정도의 거금에는 당연히 어떤 의무가 따라붙지 않을 수 없었다. 국가-보조를 받으며 〈예술성 짙은 작품을 만들려는〉 독일 영화는 영화를 통해 새로운 독일을 전 세계에 알린다는 세계 어느 나라에서도 유례를 찾기 힘든 문화적 비밀 과업을 수락하고 있었다.

1960년대의 청년 독일 영화Young German Film나, 그 계승자인 1970년대의 뉴 저먼 시네마는 단 한 번도 어떤 학파나 운동으로 결성되어 본 적이 없을뿐더러, 아웃사이더라는 것 외에는 아무 공통점이 없는 자율적인 〈작가들〉의 느슨한 연합체에 불과했다. 그들의 대부분은 경험이 없고 대개는 줄거리 위주의 극적인 종결로 끝나게 마련인 전통 영화 형식보다는 다큐멘터리의 확실성이나 에세이적인 개방성에 가치를 두며, 독학으로 영화를 공부한 사람들이었다. 그들은 독일 사회의 자본주의, 체제 순응, 자기만족적인 점을 비판한다는 점에서 의견이 일치했다. 그들은 독일 연방 공화국의 비판자 역할을 맡고 싶어 했다. 이 욕구는 아데나워 시대의 영화에서는 거의 다루어 본 적이 없는 문제, 예컨대 독일의 과거와 현재까지 이어져 오고 있는 그것의 연속성에 대한 어떤 새로운 관심과 부합되는 것이었다. 그런 면에서 〈청년 독일 영화〉가 그들의 첫 두 장편 영화에서 독일의 과거와 현재의 꺼림칙한 관계를 주제로 택한 것은 지극히 당연한 일이라 하겠다.

1960년대: 과거 다루기

알렉산더 클루게의 1966년도 데뷔작 「어제여 안녕Abschied von gestern」의 제명에는 과거로부터 도망칠 수 없다는 어떤 역설적인 의미가 담겨져 있다. 1950년대 중반을 배경으로 한 이 영화에서, 독일 민주 공화국(동독) 출신의 한 젊은 유대인 여성은 서방으로 탈출한 뒤 독일 연방 공화국(서독)에서 가정을 이루는 데 실패한다. 과거가 끊임없이 그녀를 괴롭혔기 때문이다. 뉴 저먼 시네마의 많은 후기작들처럼, 이 작품 역시 과거와의 단절보다는 연속을 더욱 강조하고 있다. 학교의 기숙사 생활을 그린 로베르트 무질의 중편 소설(1906)을 기초로 한 폴커 슐뢴도르프의 「젊은 퇴를레스Der Junge Törless」(1966)는 제3제국의 전말을 고찰한 작품으로, 여기서 한 독일 학생은 한편으로는 즐기고 한편으로는 혐오스러운 감정으로, 2명의 학생이 어느 유대 인 학생을 괴롭히는 것을 그저 바라만 보고 있다. 이 영화의 숨은 의도는 잔혹한 행위를 보고도 그냥 묵과한 나치 시대 체제 순응자들의 과거를 들춰내는 것이었다.

클루게와 슐뢴도르프의 작품은 국가 사회주의의 원인과 결과, 즉 주제를 다루는 형식 면에서 근본적인 차이를 보여 주고 있다. 슐뢴도르프의 작품이 표현력이 풍부한 잘 만들어진 흑백 영화라면, 클루게의 작품은 보이스오버 해설과, 삽입 자막, 그리고 잡다한 몽타주가 망라된, 좀 더 개방적이고 경쾌한 스타일의 실험 영화라고 할 수 있다.

1962년, 장-마리 스트로브와 다니엘 위예(두 사람 다 프랑스 태생으로 1958년부터 독일에서 살았다)는 독일 역사를 다루는 그들의 방식과 브레히트의 거리 두기 방법을 이용한 단호한 아방가르드적 미학의 사용으로, 건잡을 수 없는 맹비난을 받아야 했다. 하인리히 뵐의 소설을 기초로 한 단편 영화 「마호르카-무프Machorka-Muff」(1962)는 여전히 막강한 힘을 과시하고 있던 1950년대의 서독 군대를 풍자한 작품이었다. 〈독일은 혁명을 경험해 보지 못했고, 파시즘으로부터도 자유롭지 못하다〉라고 스트로브는 말했다. 〈이 나라는 순환만이 계속되는 과거로부터 절대 자유로울 수 없는 나라이다.〉 뵐의 소설 『아홉시 반의 당구*Billiard um halbzehn*』를 〈화해하지 않으면, 폭력이 지배하는 곳은 폭력만이 해답이 될 것이다Nicht versöhnt oder Es hilft nur Gewalt, wo Gewalt herrscht〉라는 의미심장한 제목으로 바꾼 스트로브와 위예의 다음 작품은 「마호르카-무프」보다도 더 직접적인 정치 영화였다. 여기서 과거의 파시즘과 1950년대 독일 연방 공화국은 드러나지 않는 플래시백에 의해 서로 뒤엉킨 모습으로 나타난다. 막내아들은 과거에 대한 죄의식이 없는 현재와 〈화해하기를 거부〉한다. 나치 영화의 풍부한 영상과는 대조적으로 스트로브와 위예의 이미지들은 금욕적이라 할 정도로 단조롭기 그지없다. 여기서 그들은 극적인 구성은 극히 기본적인 것에 제한시키고 카메라의 움직임을 최소화하는 방법으로, 불안한 공백, 도약, 암시의 효과를 얻어 내고 있다. 또한 아마추어들을 기용하여, 그들로 하여금 허구적 인물과 동일시하지 않고, 그것을 〈인용〉만 하게 하는 브레히트적 방법을 사용했다. 그리고 영화 속에, 영화화되는 과정을 그대로 담아내기 위해, 오리지널 사운드를 그대로 이용했다. 스트로브에게 있어 영화는 예컨대 할리우드가 만들어 낸 방법은 모조리 깨부술 수 있을 정도의 혁명적 표현이 가능한 한도 내에서만 정치적이었다. 표현에서 보이는 그의 브레히트적 비판과 과격한 정치성은 청년 독일 영화, 특히 알렉산더 클루게와 초기의 라이너 베르너 파스빈더에게 많은 영향을 끼쳤다.

청년 독일 영화는 저항의 영화였다. 나치 시대와 1950년대 오락 산업의 대량 생산에 대한 저항, 값비싼 영화의 시각적 즐거움에 대한 저항, 지난 10년간의 경제 기적 시기에 생겨난 체제 순응적 이데올로기에 대한 저항. 젊은 감독들에게 있어 1930년대에서 1960년대까지 면면히 이어 온 전통과 더불어, 독일 영화의 대표적 장르인 그 시골적인 고향*Heimat* 영화보다 더 기만적인 것은 없었다. 그들이 볼 때, 더할 수 없이 풍성한 이미지로 묘사된 독일의 숲, 경치, 풍습, 행복, 안전들은 모두 사람의 눈만 현혹시키는 천박한 영화에 불과했다. 하지만 그것이 내포하는 그 모든 부정적인 의미 — 나라와 혈통, 시골풍, 천박함 — 에도 불구하고, 독일의 이 대표적인 장르는 여전히 젊은 영화인들에게 위협적 존재였다. 페터 플라이슈만의 「바이에른 남부의 사냥 장면Jagdszenen aus Niederbayern」(1968), 폴커 슐뢴도로프의 「벼락부자가 된 가난한 콤바흐 사람들Der Plötzliche Reichtum der armen Leute von Kombach」(1971), 라인하르트 하우프의 「마티아스 크나이슬Mathias Kneissl」(1971)은 모두 장르의 관습을 허물고 〈비판적 고향 영화〉로 만든 작품들이다. 그런가 하면 에트가르 라이츠는 그의 열여섯 시간짜리 텔레비전 시리즈 「고향Heimat」(1984)에서, 장르적 〈이데올로기〉와 시각적 형식을 인용도 하고 파괴도 하는 새로운 형식을 선보였다. 1970년대와 1980년대의 〈고향〉 영화는 영화인들로 하여금 독일의 정체성을 캐고 들어가 파시즘이 태동할 수 있었던, 아니 그럴 수밖에 없었던 독일의 전통적 (가부장적, 권위주의적) 가족 제도와 사회 구조의 원인을 밝혀 낼 수 있게 했다.

독일의 이미지

1977년 가을, 전 나치 관리였던 독일 기업인의 납치 살해 사건과 감옥 안에서 발생한 3명의 바더-마인호프Baader-Meinhof 테러리스트들의 의문의 죽음, 그리고 그에 대한 정부의 대응책(뉴스 발표 금지, 좌파 지지자들의 일제 색출)으로, 연방 공화국은 건국 이래 최대의 정치적 위기에 직면해 있었다. 서독의 억압된 과거를 좀 더 깊이 있는 역사관으로 이해하고자 하는 욕구는 이제 이들 사건이 불러일으킨 히틀러 정권에 대한 심리적 테러리즘의 기억들(집단적 기억 상실증을 갑자기 파열시켜 버린)로 인해 더 이상 걷잡을 수 없는 상태가 되었다. 서독 영화인들은 이 위기의 뿌리를 독일의 과거에서 찾아야 한다고 생각했다. 9인의 영화인들이 『슈피겔』의 제안으로 뉴 저먼 시네마에 동참했고, 그중 클루게, 슐뢴도르프, 라이츠, 파스빈더는 독일의 가을에 대한 연대기 겸 기록이라 할 수 있는 영화 1편을 공동 제작했다. 「가을의 독일Deutschland im Herbst」(1978)로 명명된 이 작품은 또한 정부의 뉴스 발표 금지에 대항하는 하나의 수단이자 그 사건의 〈공식적〉 입장을 비공식적 입장으로 바꾸어 설명하려는 하나의 시도이기도 했다. 마지막 〈장면〉에서 알렉산더 클루게와 그의 편집자 베아테 마인카-옐링하우스의 솜씨가 분명히 드러나고 있긴 하지만, 각각의 영화인들이 15분에서 30분씩 분담하여 작업한 내용은 이 영화에 개별적으로 언급되지 않고 있다. 다큐멘터리식 촬영과, 인터뷰, 그리고 허구적 내용이 혼합된 이 영화는 언뜻 보면 텔레비전 방식을 모방하고 있는 것 같지만, 자세히 뜯어보면 독일 텔레비전이 만들었다면 불가능했을 이야기를 하고, 이미지를 보여 주고, 관점을 제시한다. 영화인들의

라이너 베르너 파스빈더 (1945~1982)

37세의 젊은 나이로 요절한 라이너 베르너 파스빈더의 죽음과 함께 뉴 저먼 시네마에도 때 이른 종말이 온 듯하다. 15년이란 기간 동안 무려 40여 편이 넘는 영화와 TV물을 쏟아 낸 그의 창작적 열기는 분명 뉴 저먼 시네마의 〈중심〉으로 칭송받을 만했고, 조국에 대한 그의 통렬한 비판은 그를 〈서독의 양심〉으로 떠오르게 했다. 「르 몽드」의 표현에 의하면 파스빈더는 〈국가 사회주의를 통한 독일 정체성의 파괴, 즉 구세대가 남겨 놓은 잔재에 눈을 뜨고 그 정체를 파악한 1960년대 젊은 세대의 분노〉 그 자체였다.

파스빈더는 전쟁 말기에 태어나 〈체제〉 — 자본주의 경제, 보수주의 국가, 나치와 관련된 권위주의적 구세대 — 에 반항한, 한 세대의 상징이었다. 그 세대적 불만은 베트남전, 긴급조치법, 우파 신문의 대량 배포에 반대하는 동시 데모가 독일 공화국 사상 유례를 찾기 힘들 정도의 엄청난 힘으로 일어난 1967년에 폭발했다. 1960년대 중반에 영화계에 입문한 파스빈더는 이 기간의 과격하고 무질서한 유토피아적 이상과는 거리가 멀었다. 그의 영화에서 이상들은 주인공의 현실(그리고 성실함)을 측정하는 하나의 한계로 이용되고 있고, 당연히 그의 모든 영화는 맹목적인 이상의 실패와 그것이 깨어질 때의 환멸을 주제로 하고 있다. 그의 영화들은 주로, 억압적 힘의 관계, 의존 관계, 멜로드라마적 감정, 불운한 타협, 이중 속박, 대개는 자살로 끝나게 마련인 피할 수 없는 상황 등을 다루고 있다.

바이에른의 중산층 가정에서 태어난 파스빈더는 고등학교를 중퇴하고 1967년 액션 시어터 그룹에 들어가 연기 수업을 받은 뒤 1968년 뮌헨에서 안티테아터Antiteater라는 극단을 창단하는 것으로 그의 영화 이력을 시작했다. 1969년 그는 가끔 연극과 배우 활동을 하는 외에도, 연평균 2편에서 6편까지의 35mm 영화와 텔레비전 극을 만들어 내는 10년간의 대장정 길에 올랐다. 그의 생애의 마지막 3년간은 더욱 미친 듯이 속도를 내어, 13부와 에필로그로 구성된 열다섯 시간짜리 TV 영화 「베를린 알렉산더 광장」(1979~80)과 4편의 국제 합작 영화를 만들었다. 지칠 줄 모르는 이 엄청난 에너지와 속도(나중에는 마약의 힘으로)는 영화를 만드는 그의 방식, 즉 주위에 늘 포진하고 있던 일단의 협력자들, 파스빈더의 음악은 거의 도맡다시피 한 페어 라벤, 제작 조수 하리 베르, 소수의 카메라맨(디트리히 로만, 미하엘 발하우스, 프란츠 슈바르첸베르거), 남녀 배우들(하나 시굴라, 이름 헤르만, 쿠르트 라프)과도 관계가 있다. 파스빈더는 이들과 작은 레퍼토리 극단 스타일로 일했다. 이 군단은 파스빈더 영화의 그 모든 다양한 스타일에도 불구하고, 파스빈더 영화의 〈모양〉을 결정짓는 요소로도 작용했다.

영화를 만드는 데 있어 파스빈더는 처음부터 완전히 다른 방식을 구사했다. 「사랑은 죽음보다도 차갑다」(1969)와 「미군 병사」(1970)는 미국 갱스터 영화의 장르 관습을 뮌헨 암흑가 세계로 옮겨 놓은 작품들이다. 스타일 면에서는 또 다른 극단을 찾아, 독일 이민 1세대로 착취적이고 인종 차별적인 환경에 노출된 그리스 이민 노동자를 다룬 「카첼마허」(1969)에서는 브레히트의 거리 두기 방법과 연극적 스타일이 이용되고 있다. 「카첼마허」(파스빈더가 그리스 노동자 역을 직접 맡았다)에 나타난 미니멀적이고 자기반성적인 영화 언어는 파스빈더 극단에서 잠시 객원 연출가로 일했던

장-마리 스트로브의 영향을 받은 것이다.

1971년에 함부르크 태생의 할리우드 감독 더글러스 서크의 영화를 난생 처음 보게 된 파스빈더는 파괴적인 〈유럽의〉 감성과 독특한 스타일을 잃지 않으면서도, 대중 영화를 만들어 내는 그의 능력에 깊은 감명을 받았다. 그리고 망명한 그 독일인을 자신의 정신적 〈양부〉로 삼으면서, 그도 언젠가는 독일식 할리우드 영화를 만들 수 있으리라는 은밀한 희망에 부풀었다. 그는 「사계절의 상인Händler der vier Jahreszeiten」(1971)과 「불안은 영혼을 잠식한다」(1973)에서 멜로드라마적 줄거리, 비현실적인 조명, 억지스러운 카메라 이동, 인공적이고 고도로 양식화된 장식, 극도로 복잡한 눈짓의 교환, 응시, 표정, 욕구의 표현, 인식, 소외 등 서크의 스타일을 의식적으로 이용하고 있다. 지나치게 멜로드라마적인 음악은 환상을 깨뜨리고 연극적 몸짓의 언어는 한껏 자유로운 감정의 표현에도 불구하고 관객의 접근을 허용하지 않는다.

파스빈더는 1977년부터 「절망Despair」(1977), 「마리아 브라운의 결혼」(1978), 「베를린 알렉산더 광장」(1979/1980), 「베로니카 포스의 갈망」(1981)과 같은 역사 영화를 빠른 속도로 만들어 갔다. 냉소적인 1920년대로부터 저속한 1950년대까지의 독일 역사를 배경으로 한 이들 영화는 각 개인들의 실현되지 못한 욕망, 착취와 그들 감정의 착취성, 그들 스스로가 초래하는 파멸 등을 다루고 있다. 알프레트 되블린의 1928년 소설을 TV 시리즈로 만든 「베를린 알렉산더 광장」에서 파스빈더는 서서히 정체성의 변화를 겪고 있는 한 나라의 모습을 그리고 있다. 여기서 베를린은 개심한 범죄자 프란츠 비베르코프의 삶을 결정하는 믿을 수 없고 냉정한 사회적 공간으로 표현된다. 그다음 작품 「릴리 마를렌Lili Marleen」(1980)은 공적 영역과 사적 영역을 완전히 밀착시킨 작품으로, 릴리 마를렌에 대한 노래로 일류 가수가 된 후방의 카바레 가수가 나치와 레지스탕스 모두의 냉소적 정치 음모에 휘말려 드는 이야기를 다루고 있다. 파스빈더는 이 영화의 조명, 세트, 의상, 카메라에, 그 매력을 패러디의 수준으로까지 확대시키며, 나치의 우파Ufa 영화 스타일을 채용하고 있다.

파스빈더를 가장 매혹시킨 시기는 새로운 시작이 가능했던, 아니 불가피해 보였던 1945년의 파열이 있고 난 뒤의 전후 시대, 즉 그가 살고 있던 바로 그 당시였다. 연방 공화국은 아직 확고히 자리 잡지 못했기 때문에, 파스빈더가 보기에 유토피아적인 희망이 들어설 여지는 아직 충분했다. 독일 연방 공화국 3부작은 1970년대의 관점으로 이해하고 느낀 서독의 불행에 대해 파스빈더가 점점 의기소침해하는 모습을 보여 주고 있다. 재건의 기간 중, 물질적 탐욕에 굴복하는 인간의 감정을 다룬 「마리아 브라운의 결혼」, 기회주의적 체제 순응의 시절, 어쩔 수 없이 받아들여야만 했던 부정부패의 만연을 그린 「롤라」, 떨쳐 버리려 해도 떨쳐지지 않는 고통스러운 과거를 그린 「베로니카 포스의 갈망」. 이 영화들은 과거에 대한 집단적 부정(否定)에서 비롯된 불가피한 갈등을 보여 주면서, 절멸(「마리아 브라운의 결혼」), 냉소 (「롤라」), 완전한 포기(「베로니카 포스의 갈망」)로 끝을 맺는다.

◀ 「페트라 폰 칸트의 쓰디쓴 눈물」(1972)에서의 마르기트 카르스텐센과 하나 시굴라.

독일에 대한 파스빈더의 말기작들은 〈욕망의 미시적 정치학〉(가타리) 안에서, 보통 사람들의 희망, 염원, 좌절이 구체적인 역사적 상황과 어떻게 서로 연결되는지를 보여 준다. 파스빈더의 여주인공들은 그 시대의 산물이면서 동시에 자신들의 시대를 만들어 가기도 한다. 그들은 그들 시대의 지배적 정신성에 기여도 하고 비판도 하기를 희망한다. 이처럼 파스빈더의 작품들은 공식 역사를 심리적이고 유토피아적인 특징으로 보충하고 있다. 하지만 1970년대 말이 되면서 그는 독일에 대해 가졌던 그의 희망이 착각이었다는 확신을 하게 되었고, 그의 후기작들에도 그런 압도적 절망감이 나타나고 있다. 파스빈더 영화들이 인간의 가치와 비전을 다루었다는 정도로만 보면, 그것들은 독일 역사와 정체성에 대한 그의 집착을 넘어서고 있다. 결국 그의 영화들은 〈완전한 삶〉(테오도어 아도르노)을 향한 꿈과 염원에 관한 것일 수밖에 없었다.

안톤 카에스

▪▫ 주요 작품

「사랑은 죽음보다도 차갑다Liebe ist kälter als der Tod」(1969); 「카첼마허Katzelmacher」(1969); 「왜 R 씨는 미쳐 날뛰는가Warum läuft der Herr R. Amok?」(1969~70); 「미군 병사Der americakanische Soldat」(1970); 「성(聖) 창녀를 주의하시오Warnung vor einer heiligen Nutte」(1970); 「페트라 폰 칸트의 쓰디쓴 눈물Die bitteren Tränen der Petra von Kant」(1972); 「여덟 시간은 하루로 쳐줄 수가 없어Acht Stunden sind kein Tag」(1972); 「불안은 영혼을 잠식한다 Angst essen Seele auf」(1973); 「에피 브리스트Fontane Effi Briest」(1972~74); 「여우와 그의 친구들Faustrecht der Freiheit」(1974); 「어머니 퀴스터스 천국에 가다Mutter Küsters Fahrt zum Himmel」(1975); 「마리아 브라운의 결혼Die Ehe der Maria Braun」(1978); 「베를린 알렉산더 광장Berlin Alexanderplatz」(13 parts, 1979~80); 「베로니카 포스의 갈망Die Sehnsucht der Veronika Voss」(1981); 「크베렐Querelle」(1982).

▪▪ 참고 문헌

Fassbinder, Rainer Werner(1992), *The Anarchy of the Imagination. Interviews, Essays, Notes,* ed. Michael Töteberg and Leo A. Lensing.

Katz, Robert(1987), *Love Is Colder than Death: The Life and Times of Rainer Werner Fassbinder.*

Rayns, Tony(ed.)(1976), *Fassbinder.* 2nd edn.

베르너 헤어초크 (1942~)

흔히 독일 영화의 낭만적 환상가로 불리곤 하는 베르너 헤어초크는 모험가, 방랑가, 물불을 가리지 않는 무모한 영화인의 상징이 되었다. 헤어초크에 관한 다큐멘터리 중 가장 유명한 레스 블랭크의 「꿈의 부담Burden of Dreams」(1982)은 단 1편의 영화를 위해서도 목숨을 걸 수 있는 과대망상증에 걸린 반미치광이 〈작가〉로 그를 묘사하고 있다. 반항적인 몽상가와 이교도, 광신자와 미치광이들로 이루어진 그의 영화 주인공들은 어떤 대가를 치르고서라도 자신의 환상을 실현시키려고 하는 독립 영화인, 즉 헤어초크의 대역으로 등장하고 있다. 그의 영화들은 모두 타자에 대한 탐구와 확인이며, 거의 모든 일이 남아메리카 정글(「아기레, 신의 분노」(1972))에서부터 아프리카(「코브라 대리석」(1987))에 이르기까지, 이국적 상황에서 벌어진다. 「유리 심장」(1976)에서는 그의 고향 바이에른까지 현대 이전의 저 먼 나라로 묘사되고 있다. 이국성과 원시주의 전통에 대한 헤어초크의 의식은 서구 문명과 도구적 합리성에 대한 과격하고 때로는 묵시록적인 비판에까지 이르고 있다.

1942년 베르너 스티페틱이라는 이름으로 뮌헨에서 태어난 헤어초크(그의 가명)는 15세 때부터 시나리오를 쓰기 시작하여, 몇 년의 대학 생활을 거친 뒤, (알려진 바에 따르면) 훔친 35mm 카메라로 무작정 영화 활동을 시작했다고 한다. 그의 데뷔작 「생명의 징후」(1967)는 소외, 광기, 침략의 모습을 강렬한 흑백의 이미지로 바꿔 놓은 작품이다. 여기서, 부상당한 채 그리스의 한 섬에 남겨져 아무 쓸모도 없는 탄약 창고를 지키고 있는 어느 독일 병사는 그곳의 황량한 풍경과 무자비한 태양 때문에 신경 쇠약증을 일으키게 되고, 그 증세는 상관에게 반항하는 것으로 첫 폭발을 일으키게 되는데, 이 반항은 머지않아 태양과 우주에까지 미치게 된다. 카메라는 위기와 폭발성이 광기로 변해 가는 과정을, 극단적인 와이드 앵글 숏, 점프 컷, 핸드-헬드 카메라의 불안정한 움직임으로 설명을 최소화시킨, 객관적 다큐멘터리 형식으로 기록하고 있다.

16세기의 식민주의 모험가 돈 로페 데 아기레의 생애를 그린 「아기레, 신의 분노」 역시 그와 비슷한 궤도를 지닌 작품이다. 자연과 신에 대한 노골적이고 불합리한 반항으로 아기레는(헤어초크 영화의 단골 배우로 거의 타의 추종을 불허하는 클라우스 킨스키가 맡고 있다) 상상의 엘도라도 왕국을 정복하기로 결심한다. 아마존 정글 한가운데에 거대한 왕궁을 세우려는 부조리한 집착과 더불어, 이 영화는 식민주의에 대한 1편의 패러디일 수도 있고 비판일 수도 있다. 여기서 극단적인 카메라 앵글과 롱 숏에 의해 그려진 원시성은, 식민주의자들의 힘을 약화시켜 결국은 파괴시키고 마는 적대적이고 무시무시한 힘으로 묘사되고 있다.

지독하게 힘든 4년간의 제작 기간을 거친 후 마침내 1982년 헤어초크는 식민주의를 한층 더 어둡게 풍자한 「위대한 피츠카랄도」를 세상에 선보였다. 이 영화는 이탈리아 오페라를 페루 정글 원주민 사회에 옮겨 놓으려는 한 부유한 모험가의 그로테스크한 열망을 담은 작품이다. 여기서 헤어초크는 식민주의자들의 얼토당토않은 오만함, 단순함, 그리고 타자에 대한 존중의 결여를 비판하고 있다. 그런데 재미있게도 영화에서 비난한 행위를 그 스스로 재연함으로써 이번에는 헤어초크 자신이 엄청난 비난을 받게 되었다. 헤어초크의 촬영 캠프가 원주민들의 항의로 불타 버리면서, 제작진의 원주민 구역 침범과 원주민들에 대한 착취 행위가 뉴스거리로 떠오른 것이다.

그리고 불과 1년 뒤, 헤어초크는 이번에는 경제적인 면에서 식민주의를 다룬 작품을 내놓았다. 「녹색 개미가 꿈꾸는 곳」(1984)에서 현대의 〈정복자들*conquistadores*〉, 즉 우라늄을 찾아 헤매는 광산 회사의 엔지니어들은 오스트레일리아 원주민들이 신성시하는 지역을 무자비하게 파괴한다. 원주민들은 산업의 〈진보〉와 파렴치한 부당 이득자들과의 싸움에서 패하게 되고, 발가벗겨지고 황폐한 이곳의 자연은 더 이상 인간들에게 낭만적인 장소가 아니다. 신화와 현대성은 서로 빤히 노려보고 있다.

민족지학적 요소와 내러티브를 뒤섞는 헤어초크의 독특한 스타일은 모든 전통적 장르 구분, 특히 다큐멘터리와 극영화의 구분을 허물어뜨렸다. 「파타 모르가나」(1970)는 영화적 이론을 서로 모순되게 뒤섞는 방법으로 장르의 벽을 허물어뜨린 그의 많은 다큐멘터리 작품 중의 초기작에 속한다. 쓰레기로 뒤덮인 사막의 이미지들은 로테 아이스너가 읊는 신화의 창조에 대한 낭송과 더불어 사운드트랙 위에 나열되고, 간간이 이어지는 헤어초크의 화면 밖 해설은 모든 객관적 진실을 전부 파괴시킨다. 결국 이 영화의 관점은 〈역사 이후〉가 됐건, 역사의 끝이 됐건, 진보와 현대성 이후의 허상의 세계가 지구를 파괴시켰다는 것이다.

문명과 사회적 속박에 대한 헤어초크의 비관적 관점은 그의 내러티브 영화들에서도 반복되고 있다. 「카스파 하우저의 비밀」(1974)에서는 브루노라는 일자무식에 머리가 약간 돈 베를린의 떠돌이를 배우로 기용하여, 고통과 실패로 점철된 카스파 하우저의 황폐한 모습을 19세기 초의 독일 사

회로 옮겨 놓고 있다. 여기서 헤어초크는 마을 사람들의 위선적 거드름과 우스꽝스러운 현학성을 문명화된 사회의 가짜 의식에 물들지 않은 자연인의 시각으로 비판하고 있다. 「슈트로섹」(1977)에서는 교도소에서 출감한 남자, 창녀, 괴상한 동네 노인으로 구성된 3인조 떠돌이가 미국 중서부에서 새로운 인생을 시작하려 하는데, 헤어초크는 이곳을 페루의 정글만큼이나 이국적이고 뚫고 들어가기 힘든 곳으로 묘사하고 있다.

무르나우의 그 유명한 무성 뱀파이어 영화를 리메이크한 「노스페라투, 밤의 유령」(1978) 역시 사회와 치명적인 충돌을 일으키는 사회 부적응자와 아웃사이더들의 이야기를 다루고 있다. 무르나우의 스타일과 비슷하게, 헤어초크의 영화 언어도 여기서 다큐멘터리와 몽상적 대사, 민족지학적 확실성과 초현실적 환상 사이를 오락가락하고 있다. 영상과 줄거리 간의 팽팽한 긴장감은 헤어초크의 모든 영화에 나타나는 특징이다 — 풍부한 상상계와 오페라적인 표현은 가장 최소한의 내러티브보다도 효과적일 수 있다. 사하라 유목민〔「보다아베: 태양의 목자Wodaabe: die Hirten der Sonne」(1989)〕이나 쿠웨이트〔「어둠 속의 교훈Lektionen in Finsternis」(1992)〕에 대한 좀 더 솔직한 최근의 작품에서는 허구적 인물과 줄거리의 방해 없이 이미지만으로 메시지를 전달하고 있다.

안톤 카에스

■□ 주요 작품

「생명의 징후Lebenszeichen」(1967); 「파타 모르가나Fata Morgana」(1970); 「아기레, 신의 분노Aguirre, der Zorn Gottes」(1972); 「카스파 하우저의 비밀Jeder für sich und Gott gegen alle」(1974); 「유리 심장Herz aus Glas」(1976); 「슈트로섹Stroszek」(1977); 「노스페라투, 밤의 유령Nosferatu, Phantom der Nacht」(1978); 「위대한 피츠카랄도Fitzcarraldo」(1980~81); 「녹색 개미가 꿈꾸는 곳Wo die grünen Ameisen träumen」(1984); 「코브라 대리석Cobra Verde」(1987); 「보다아베: 태양의 목자Woddabe: die Hirten der Sonne」(1988~89); 「어둠 속의 교훈Lektionen in Finsternis」(1991~92); 「심연에서 나온 종Glocken aus der Tiefe」(1993).

■■ 참고 문헌

Blank, Les, and Bogan, James(eds.)(1984), *Burden of Dreams: Screenplay, Journals, Reviews.*
Carrère, Emmanuel(1982), *Werner Herzog.*
Corrigan, Timothy(ed.)(1986), *Screenplays.*
Jansen, Peter W., and Schütte, Wolfram(eds.)(1979), *Werner Herzog.*

◀ 베르너 헤어초크의 「아기레, 신의 분노」(1972)에서의 클라우스 킨스키.

공동 작업으로, 정부의 보조금 없이 만든 이 영화는 스타일에 의해서가 아니라 대립적인 정치적 입장으로 뭉쳐진 하나의 그룹으로서, 뉴 저먼 시네마의 존재를 당당히 부각시킬 수 있음을 분명히 드러내 보이고 있다.

기업인의 국장과 테러리스트들의 매장이라는 두 건의 공식적인 애도 행사의 틀을 이용하여 이 영화는 로자 룩셈부르크로부터 야전 사령관 로멜에 이르기까지의 독일 역사에 내재한 폭력의 이미지를 보여 주고 있다. 현재와 과거의 풀리지 않는 관계들은 돌연, 슈트트가르트의 시장인 로멜의 아들 만프레트가 어느 인터뷰에서 테러리스트들에 대한 위엄 있는 매장을 요구하는 순간 분명해진다. 1978년 이 영화의 목적을 토론하는 자리에서 이들 영화인들은 테러리즘에 대한 어떤 단일한 이론을 제시하려 하지 않았음을 분명히 했다. 그것은 〈이미지가 없는 영화〉였다. 〈겉으로 보기에는 보다 단순한 어떤 것이 우리를 일깨웠다: 총체적인 독일의 기억 상실증…… 두 시간의 영화를 위해, 우리는 기억을 살려 내야 했다.〉 그러고 나서 그들은 〈우리는 우리 조국의 이미지를 다루기를 원한다〉라는 말로 그들의 분명한 결심을 밝혔다. 「가을의 독일」과 같은 공동 작품이 〈우리 조국의 이미지〉와 관련된 몇 편의 영화 제작을 고무한 것은 너무도 당연했다. 알렉산더 클루게는 삽으로 독일 역사의 뿌리를 캐려 하는 역사 선생 가비 타이헤르트에 대한 짧은 에피소드를 다룬 「애국자Die Patriotin」(1979)를 만들었다. 민주주의, 파시즘, 권위주의적 지도자의 필요성에 대해 그의 어머니와 공개적으로 나눈 대화를 계기로, 파스빈더는 부모 세대의 역사 속으로 더욱 깊이 파고들어, 소위 〈독일 연방 공화국 3부작〉 — 「마리아 브라운의 결혼Die Ehe der Maria Braun」(1979), 「롤라Lola」(1981), 「베로니카 포스의 갈망Die Sehnsucht der Veronika Voss」(1982) — 을 내놓았다. 폴커 슐뢴도르프는 귄터 그라스의 동명 소설을 영화화한 「양철북Die Blechtrommel」(1979)으로 1980년 오스카 최우수 외국어 영화상을 수상했다.

「가을의 독일」은 독일의 역사를 영화에서 과연 어떻게 비판할 수 있는지를 보여 주는 하나의 전형으로서 기능할 수도 있었다. 하지만 정치성과 실험적 몽타주 형식 모두가 관객 대부분이 영화에서 기대하는 것과 역행했기 때문에, 대중에게 미친 영향은 극히 제한적일 수밖에 없었다. 이 기대는 「가을의 독일」이 나온 1년 뒤, 수백만 유럽 유대 인의 조직적 학살과 박해를 극영화로 보여 준 최초의 중요한 상업적 시도라고 할 수 있는 미국 텔레비전 시리즈 「홀로코스트Holocaust」로 충족되었고, 당연히 이 작품은 서독 국민들(1979년 1월에 공개)의 뜨거운 반응을 불러일으켰다. 「홀로코스트」는 오랫동안 금기시되어 온 과거에의 철저한 규명과 더불어, 전례 없이 극심한 감정적 반응을 불러일으킨 점은 있지만, 독일 현대사의 이미지를 관객의 감정을 사로잡는 방식으로 포착하는 데 실패한 독일 영화인들을 위한 기록으로도 남게 됐다.

그 후 오래지 않아 에트가르 라이츠는 미국의 「홀로코스트」에 대한 하나의 요청적 응답으로, 열여섯 시간짜리 TV시리즈 「고향」(35mm로 촬영)의 제작에 들어갔다. 라인란트의 샤바흐라는 가상의 독일 마을을 배경으로 한 이 서사극은 1919년에서 1982년까지의 60년에 걸친 가족사를 연대기적으로 서술한 작품이다. 이 영화는 2부작으로 유럽 영화제에 소개된 뒤 1984년 여름에는 독일의 주요 도시에서 일제히 개봉에 들어갔고, 그해 9월과 10월에는 11부로 나눠어 TV로 방영되었다. 이 작품은 뉴 저먼 시네마의 역사물 중 가장 대중적으로 많이 알려지고(무려 2000만 이상의 독일인이 이 영화를 보았다), 평단의 절찬을 받은 작품이 되었다. 「고향」은 한 시골 마을 사람들의 삶에 미친 영향을 통해, 20세기 독일 정치사를 고찰한 작품이다. 라이츠는 미국의 「홀로코스트」(이 작품에는 〈독일적 이미지〉에 대한 감성이 전혀 묻어 있지 않다고 라이츠는 말했다)를 비롯한 이전 역사 영화와 구별되는 점으로, 이 영화에 나타난 역사적 단계의 세밀한 재구성을 꼽았다. 독일의 역사를 〈메이드 인 할리우드〉로 보여 준 「홀로코스트」를 빗대어 붙인 「고향」의 원래 제목 〈메이드 인 저머니〉는 이 영화의 첫 이미지로 아직도 생생히 살아 있다. 라이츠는 개인적인 삶을 통한 역사의 고찰을 통해, 단절된 독일 역사에 연속성을 부여하려 했다. 〈우리 독일인은 우리의 이야기로 인해 고통받고 있다. 전쟁이 끝난 지 40년이 지난 지금까지도 우리는 여전히 우리의 개인 이야기가 나치와 제3제국에 동참했던 우리의 모습을 상기시키지나 않을까 두려워하고 있다.〉 라이츠는 히틀러 정권을 역사화하여 그것을 단순하고 비정치적인 독일 국민의 삶에 통합시킴으로써, 그들을 역사의 행위자가 아닌 희생자로 보여 주려 했다.

라이츠가 순진한 이야기꾼이라면, 클루게는 지적이고 풍자적인 에세이 작가이다. 「애국자」(1980)에서 제한적 줄거리 형태로 표현된 독일의 과거는 어딘가 석연치 않은 점이 있다. 이 작품에서 역사는 더 이상 연속적인 사건이 아니다. 역사가에 의해 설명되고 정리되어야 할, 과거와 현재 간의 이질적 다수의 독특한 접촉일 뿐이다. 역사의 진보를 믿지 않는 클루게의 이러한 회의는 역사의 연속성과 직선적 발전을 믿는 내러티브 형식의 거부로 이어졌다. 그의 비판적 역사 기록은 대신에 병렬과 몽타주로 표현되었다. 그가 사용한 장면 사이의 공백과 균열, 그리고 형식의 이질성은 내러티브의 완전함과 역사 종결의 불가능성을 보여 주기 위한 의도적인 장치이다. 역사 쓰기에 대한 전통적 내러티브 형식으로부터의 그의 과격한 출발은 2,000년 독일 역사를 자유롭게 넘나드는 방랑적 접근법으로 그를 이끌었다. 시공간적 연속성을 중단시킴으로써 그는 또한 인과 관계도 함께 중단시키고 있다. 여기서 관객은 영화의 의미를 단순히 소모하는 것이 아니라, 다양한 조각들을 그러모아 함께 만들어 가는 적극적인 동참자가 된다.

「지각의 힘Die Macht der Gefühle」(1983), 「맹인 감독Der Angriff der Gegenwart auf die übrige Zeit」(1985), 「확률과 결과Vermischte Nachrichten」(1987)와 같은 클루게의 후속작들에서는 영화적 표현과 다국적 광고 및 각종 미디어가 대중적인 영역에 미치는 위험성을 관객 스스로 판단할 수 있도록, 에세이 영화 형식이 사용되고 있다. 클루게 본인은 지난 10년 동안, 저속한 상업주의에 대한 하나의 대체 영상물로, 30분짜리 주말 케이블 TV 프로그램을 꾸준히 제작해 왔다.

신화-생산자로서의 영화

고급문화, 실험주의, 자기반성의 개념으로만 볼 때, 영화계에서 클루게를 능가할 사람은 독일보다 프랑스적인 요소를 더 많이 지니고 있는 한스 위르겐 지버베르크밖에 없다. 그의 여섯 시간짜리 대작 「히틀러, 독일에서의 영화Hitler, ein Film aus Deutschland」는 궁극적으로 영화에 의한 역사 표현의 불가능성을 이야기한 작품이다. 과거로의 진입이 허용되지 않는 상태에서는 자의식적인 흉내와 재창조밖에 할 수 있는 것이 없다. 그는 과거를 재건하려는 시도조차 하지 않았다. 이 영화에는 다큐멘터리 장면도 인터뷰도 야외 촬영도 줄거리도 아무것도 없다. 모든 장면은 세트의 인공성과 표현의 연극성을 살린(전통적 나치 이미지와 반대로 가기 위해 고안된 장치) 방음 스튜디오에서 만들어졌다. 이 영화는 히틀러를 표현하는 것이 아닌, 히틀러에 대한 표현들, 즉 아마추어 화가, 나폴레옹, 그리고 전혀 뜻밖으로 양말과 속옷 문제로 늘 법석을 떨던 현학적 프티 부르주아를 보여 주고 있다. 히틀러와 나치 시대에 대한 진부한 할리우드식 표현도 지버베르크 영화에 대부분 인용되어, 아이러니와 과장된 페이소스로 다시금 해체된다.

지버베르크는 영화를, 금세기 기술 과학의 진보와 경제적 합리성에 대한 보상의 일종으로서, 신화를 만들어 내는 한 방편으로 보고 있다. 과학으로 인한 비신화화는 〈이미지와 사운드의 감각적 즉시성으로, 영화만이 만들어 낼 수 있는 재신화화〉에서 그 해답을 찾을 수 있다고 그는 말했다. 그의 초기 두 작품 「루트비히: 동정왕을 위한 진혼곡Ludwig: Requiem für einen jungfräulichen könig」(1972)과 「카를 마이Karl May」(1974)는 〈영화라는 장치를 이용한 역사의 긍정적 신화화〉이다. 지버베르크는, 동화 같은 성을 짓고 리하르트 바그너를 후원한 19세기 바이에른의 순진한 국왕 루트비히와, 단 한 번도 작센 땅을 떠나지 않고도 수백만 독일 국민들에게 인공적 낙원의 환상을 심어 준 대중 작가 카를 마이를, 잃어버린 낙원을 찾는 독일인의 상징이라 믿고 있다. 「루트비히: 동정왕을 위한 진혼곡」과 「카를 마이」에서 케케묵은 신화와 유토피아는 산업(상업)화로 치닫고 있는 세계에 대한 보상으로 받아들여진다. 과장된 풍자, 저속함, 그리고 시대착오적임에도 불구하고, 두 영화 모두 독일 역사의 신화적 특징을 진지하게 추구한 작품들이다. 하찮은 문학적 신화로 가득한 땅, 제3제국이 일어나 형태를 갖춘 땅을 다루는 데 있어서는 「루트비히」보다 오히려 「카를 마이」가 더 깊숙이 들어간 면이 있다. 「카를 마이」와 「루트비히」의 궁극적 목적은 모두 히틀러 영화이다. 이 3부작에 나타난 무언의 목적은 역사적 사건과 인물들 뒤에 숨은 변하지 않는 신화적 구조를 발견하는 것이다. 인공적 낙원을 염원하고, 성배를 찾다가 환상의 희생물이 되는 낭만적 독일 정신의 변함없는 성격을 파악하는 것이 바로 지버베르크의 목적이다.

지버베르크는 리하르트 바그너의 악극을 각색한 「파르지팔Parsifal」(1981), 서구 세계의 쇠퇴와 임박한 종말을 그린 여섯 시간짜리 오라토리오 「밤Die Nacht」(1984~5)과 같은 독특한 작품들을 연출함으로써, 비순응주의자로서의 자신의 입장을 더욱 확고히 다졌다. 「밤」은 셰익스피어, 횔덜린, 니체, 노발리스, 괴테, 리하르트 바그너와 같은 인물들의 작품 중 일부(밤을 주제로 한 2,000년간의 시와 산문 속에서 엄선한 인용구들)를 에디트 클레버가 암송하는 것으로만 이루어져 있다 — 카메라는 에디트 클레버의 표정과 행동에 고정되어 있고, 어떤 외래적 요소도 이 응축된 신화의 세계를 파고들어 갈 순 없다. 포스트모던적인 일련의 문학적 어구들은 무대 상연의 지독한 불모성과 강렬한 대조를 이루고 있다. 영화에 고전 문학 양식을 유지하기 위해 지버베르크는 영화 언어의 한계를 극단까지 밀어붙이고 있다.

베르너 슈뢰터도 역시 마리아 칼라스를 소재로 한 실험적 단편 영화(1968)로부터 잉마르 베리만의 실험 소설을 각색한 최근의 「말리나Malina」(1990, 엘프리데 옐리네크 각본)에 이르기까지, 고급문화를 지속적으로 영화에 이용해 왔다. 「마리아 말리브란의 죽음Der Tod der Maria Malibran」(1971)은 노래하는 중에 죽었다고 알려진 19세기 오페라 가수를 다룬 작품으로, 예술의 엄청난 힘(가끔은 지나치다 싶을 정도의 사치스러운 세트와 커다란 몸짓으로 표현되는)을 믿는 슈뢰터의 과격함에는 그야말로 완벽한 은유라 할 수 있다. 「팔레르모 혹은 볼프스부르크Palermo oder Wolfsburg」(1979~80)에서는 볼프스부르크의 폴크스바겐 공장 노동자로 취직한 팔레르모 출신의 젊은 이탈리아 노동자를 통해, 시칠리아의 따뜻한 삶과 독일의 차갑고 소외된 삶을 강렬하게 대비시키고 있다. 그의 다큐멘터리는 필리핀을 소재로 한 「웃는 별Der lachende Stern」(1983)이나 아르헨티나를 소재로 한 「아르헨티나로부터De l'Argentine」(1983~4)와 같이 주로 제3세계 국가를 다루고 있다. 민족지학적 관심으로 대체 영상과 이미지를 추구했다는 점에서는 슈뢰터도 헤어초크와 다를 게 없었고, 그도 결국은 이방인의 눈으로 독일을 바라보지 않을 수 없었다.

아웃사이더들의 영화: 여성과 독일 역사

독일 영화계에는 아웃사이더와 환경 부적응자들이 많다. 미국 독립 영화의 영향으로, 베를린에서는 이미 1970년대부터 상당한 규모의 언더그라운드 영화 문화가 싹트고 있었다. 로자 폰 프라운하임, 로베르트 폰 아케렌, 엘피 미케슈, 로타르 람베르트, 모니카 트뢰트 등은 전혀 새로운 방식으로 성차(性差)를 찬미한 영화들을 만들었다 — 로자 폰 프라운하임의 코미디 「베트보르스트Bettwurst」(1970)와 3부로 된 다큐멘터리 「에이즈 3부작Die AIDS-trilogie」(1989~90)에서부터 로베르트 폰 아케렌의 화려한 스타일의 스릴러 「불타는 여인Die flambierte Frau」(1982)과 「비너스의 덫Die Venusfalle」(1988), 모니카 트뢰트의 사도-마조히즘적 초현실주의 영화 「잔인한 여인Die grausame Frau」(1986)에 이르기까지. 공교롭게도 이들 영화는 모두 독일보다는 뉴욕이나 샌프란시스코에서 더 많이 촬영되었고, 전 세계 동성애 영화제 관객들에게도 문을 활짝 열어 놓는 등 국가적, 지리적 정체성의 문제를

빔 벤더스 (1945~)

뮌헨 영화텔레비전아카데미 1기생인 빔 벤더스는 주로 이론적 문제를 영화에 담아내는 일에 깊숙이 관여해 왔다. 그의 광범위한 집필물들은 그들 역시 이미지의 힘, 줄거리 전개의 어려움, 인식의 변화를 중심으로 전개되고 있다는 점에서, 그의 영화와 일종의 공생적 관계에 있다. 벤더스는 물리적 세계를 탐구하고, 재발견하여, 마침내 원상 복귀시킬 수 있는 영화의 능력을 믿고 있다.

그의 초기 단편 영화 「객석Schauplätze」(1967)과 「핀볼 게임Same Player Shoots Again」(1967)은 마치 극영화의 매개적 특성을 스스로 발견이라도 하려는 듯, 정지와 움직임을 수반하는 영화 형식에 대한 실험이다. 벤더스는 강한 내러티브에는 늘 회의적 태도를 견지해 왔다 — 아마도 세밀한 상상계를 압도할지도 모른다는 두려움 때문이 아니었을까. 아닌 게 아니라, 줄거리와 영상 간의 자의식적인 긴장감은 「도시의 여름」(1971)에서 「멀고도 가까운」(1993)에 이르기까지, 벤더스의 전 작품을 관통하고 있다. 킹크스Kinks〔영국의 록 밴드 — 역주〕에 바쳐진 「도시의 여름」에서는 소외된 청년이 친구를 갈구하는 과정을 음악과 움직임에 관련된 물리적 공간의 탐구를 위한, 하나의 구실로 이용하고 있다. 「도시의 앨리스」(1974) 역시 인식, 경험, 소외의 관계를 탐구한 작품이다. 미국에 관해 글을 써야 하는 한 저널리스트가 그동안 찍어 둔 수많은 폴라로이드 사진이 언어보다 훨씬 강력하고 진실하다는 것을 알게 되면서 글을 쓰지 못하게 된다. 그러다 우연히 버림받은 아홉 살 소녀를 만나게 되고, 방관자로서의 그의 수동적 자세는 사진 한 장만을 믿고 할머니 집을 찾아 무작정 그를 따라 그녀가 독일로 돌아온 순간 무너지고 만다. 좀 더 넓은 의미에서 이 로드 무비는 인간의 잃어버린 어린 시절과 정체성을 찾는 구도적 작품이라 할 수 있다.

괴테의 『빌헬름 마이스터의 수업 시대』를 모델로 한트케가 시나리오를 쓴 「잘못 접어든 길」(1974) 역시 독일의 자연과 도시 풍광 속으로 관객을 인도하는 로드 무비이다. 여기서 작가 빌헬름은 독일 북부에서 남부로 교육 여행을 떠나게 되는데, 여행 동료 중의 한 명인 라에르테스(전 나치 당원으로 독일의 가까운 과거를 상징하는 인물이다)의 말을 듣지 않아, 〈길을 잘못 접어들게 되었음〉을 여행 막바지에 인정한다. 이 영화에서 독일 연방 공화국은 역사로 인해 영혼을 상실한 국가로 등장한다.

〈내게 있어 처음부터 그것이 있음으로써 안전하고 파시즘과 아무런 관계도 없다고 느낀 것은 록 음악밖에 없다〉라고 1976년에 가진 한 인터뷰에서 빔 벤더스는 말했다. 벤더스는 거의 모든 영화와 글 속에서, 독일 전후 세대에 끼친 미국의 냉혹한 영향(대중문화를 통해)을 주제로 다루고 있다. 그러면서도 그의 입장은 모호하기 그지없다. 자신의 로드 무비 「시간의 흐름 속으로」(1976)의 주인공처럼, 뉴욕과 로스앤젤레스에서 수년간 살 정도로 미국에 빠져 드는가 하면, 〈양키가 우리 잠재의식을 식민지화했다〉라고 말할 만큼 적대적이기도 하다. 추종에서 회의로의 눈에 띄는 변화는 먼저, 프랜시스 포드 코폴라가 감독으로 기용한 「해밋Hammett」(1982)의 불운한 제작 과정 중에 일어났다. 1979년에서 1982년까지 거의 4년이 소요된 이 작품은 재촬영과 재편집을 수없이 거친 뒤에야 미국 관객에게 선보일 수 있었다.

「해밋」을 전후하여 벤더스는 주로 미국을 배경으로 하거나, 미국과 유럽 간의 긴장을 다룬 영화들을 만들었다. 사이코 스릴러 「미국인 친구」(1977)는 정직한 독일인 예술가와 친구가 된 뒤 그를 배신하는 사이비 미국인 예술가(데니스 호퍼)를 소재로 한 영화이다. 「해밋」 제작 과정에서 겪은 체험은 벤더스로 하여금, 미국과 유럽 영화 간의 메울 수 없는 간격을 조명한, 반자전적 흑백 영화 「사물의 상태」(1981)를 만들게 했다 — 이 영화는 주인공인 독일인 영화감독이 할리우드 가도에서 살해당하는 것으로 끝난다.

샘 셰퍼드가 각본을 쓴 「파리, 텍사스」(1984)는 제목으로도 알 수 있듯이 구세계와 신세계 사이의 긴장감을 다룬 작품이다. 영화의 초반부는 벤더스가 가장 좋아하는 장르, 즉 과거와 미래를 찾아 정처 없이 떠도는 인물

빔 벤더스의 로드 무비 「도시의 앨리스」(1974)에서 앨리스(옐라 로틀렌더)가 폴라로이드 카메라로 필리프(뤼디거 포글러)의 사진을 찍고 있다.

들에 대한 로드 무비이다. 후반부에서 카메라는 아내를 되찾으려는 남자 주인공이 한쪽만 볼 수 있도록 된 유리 거울을 통해 그녀의 스트립쇼를 훔쳐보는 위치에 고정되어 있다. 벤더스의 오랜 촬영 감독인 로비 뮐러는 이 장치를 고도의 연상적이고 자기 지시적인 카메라 워크에 이용하고 있다.

1980년대 중반에 이르러, 국가 정체성의 문제가 절정으로 치닫는 기미가 보이자 벤더스는 독일로 돌아가 베를린과 독일, 독일의 현재와 과거를 다룬 「베를린 천사의 시」(1986~7)를 만들었다. 사람의 눈에 띄지 않게 현대 베를린의 구석구석을 돌아보는 2명의 천사를 중심으로 전개되는(앙리 알레캉에 의한 고전적 흑백 영상이 두드러지는 대목이다) 이 영화는 흔히 시공적 연계의 파괴(시공을 초월하여 존재하는 천사들)와 비인간적 언어를 통합하는 불연속적이고 단편적인 내러티브로 인해, 포스트모던 영화의 전형으로 인용되곤 한다. 하지만 「베를린 천사의 시」는 벤더스의 다른 작품들에 나타나는 시간과 공간, 이미지와 내레이션, 미학과 윤리, 역사와 정체성, 욕구와 행위 간의 긴장을 더욱 심화시킨 작품에 불과하다.

로맨틱, 하이테크, 공상 과학이 어우러진 2300만 달러짜리 대작 「이 세상 끝까지Until the End of the World」(1991)는 4개 대륙에 15개 도시를 넘나들며 만든 로드 무비로, 비디오 이미지가 사방에서 우리를 포위하는 테크노적인 환경 속에서의 의사 전달과 기억의 위기를 주제로 한 작품인데, 줄거리와 이미지 통합을 위해 애써 왔던 그동안의 벤더스 영화와는 전혀 다른 모습을 보여 준 작품으로도 유명하다. 〈나는 이미지 메이커에서 이야기꾼으로 방향을 바꾸었다. 이미지에 의미와 교훈을 줄 수 있는 것은 이야기밖에 없다.〉

안톤 카에스

주요 작품

「도시의 여름Summer in the City」(1967~71); 「페널티 킥을 맞은 골키퍼의 불안Die Angst des Tormanns beim Elfmeter」(1971~2); 「도시의 앨리스Alice im den Städten」(1973~4); 「잘못 접어든 길Falsche Bewegung」(1974); 「시간의 흐름 속으로Im Lauf der Zeit」(1976); 「미국인 친구Der amerikanische Freund」(1977); 「닉의 영화: 물 위의 번개Nick's Film: Lighting over Water」(1981); 「사물의 상태Der Stand der Dinge」(1981); 「파리 텍사스Paris, Texas」(1984); 「베를린 천사의 시Himmel über Berlin」(1986~7); 「이 세상 끝까지Bis ans Ende der Welt」(1991); 「멀고도 가까운In weiter Ferne, so nah」(1993); 「리스본 이야기Lisbon Story」(1995).

참고 문헌

Dawson, Jan(1976), *Wim Wenders*.
Geist, Käthe(1988), *The Cinema of Wim Wenders*.
Grob, Norbert(1991), *Wenders*.
Kolker, Robert Phillip, and Beicken, Peter(1993), *The Films of Wim Wenders*.
Wenders, Wim(1989), *Emotion Pictures: Reflections on the Cinema*.
— (1991), *The Logic of Images: Essays and Conversations*.

회피하고 있다.

울리케 오팅거는 타자성에 매료된 나머지, 실험적이고 페미니즘적인 영화에서 민족지학적 영화로 방향을 전환했으면서도, 「몽골의 잔 다르크Johanna d'Arc of Mongolia」(1988~9)처럼 두 경계를 넘나들기도 한 감독이다. 「마담 X — 절대적 지배자Madame X — eine absolute Herscherin」(1977)와 「술고래 여인의 초상화Bildnis einer Trinkerin」(1979)는 남성의 눈길만 기다리는 수동적 존재로서의 여성에 대한 그동안의 전통적 시각을 완전히 뒤집어엎은 작품들이다(오팅어의 여주인공들은 전혀 새로운 방식으로 그들의 외양과 지위를 보여 준다). 최근의 기행 영화 「중국: 일상의 문화China: die Künste-der Alltag」(1985)와 장장 여덟 시간에 걸친 민족지학적 서사극 「타이가Taiga」(1991~2)에서는 이국성을 추구하기는 하되, 상당히 조심스럽게 접근하고 있다. 여기서 그녀는 긴 장면들과 롱-미디엄 숏을 이용하여, 차분하고 동정적으로 이 낯선 세계를 관찰하면서, 서양인들의 눈에 그곳은 영원히 이해될 수 없는 곳으로 남게 되리라는 여운을 남기고 있다.

1960년대 말의 정치색 짙은 페미니스트 영화는 의회 밖 저항 운동에 그 뿌리를 두고 있다. 일군의 여성 영화인들은 차별과 억압(동등한 권리, 동등한 보수, 낙태) 같은 여성 특유의 문제를 다룬 영화로 관객을 계몽시키고 여성의 단결을 도모하고자 했는데, 대부분이 다큐멘터리인 이들 초기작들은 주로 남성들에 의해 만들어진 소위 여성 영화로 불리는 멜로드라마와 정반대의 특징을 가진 것으로 정의되었다. 1970년대에 이르러 프랑스의 영향을 받은 독일 페미니스트 영화인들은 여성적 주제와 내러티브 형식에 대해 좀 더 과격한 이론을 발전시켰고, 그에 따라 할리우드 영화의 고전적 내러티브 형식에 반대되는 새로운 방식의 줄거리 전개와 표현이 요구되었다. 〈진정한 여성들이 있는 곳에서 그것들은 시작된다〉라고 1974년에 유럽 최초의 페미니스트 영화 잡지 『여성과 영화*Frauen und Film*』의 초대 편집장을 역임한 바 있는 헬케 잔더도 말했듯이, 페미니스트 영화는 〈대항 영화*counter-movie*〉가 되어야만 했다. 지배적 영화의 구속적인 관행을 깨뜨리려는 이 같은 계획은 페미니스트 영화와 실험 영화, 그리고 아방가르드 영화계에 깊은 공감대를 불러일으켰다.

헬케 잔더 본인은 그녀의 가장 유명한 영화 「완전히 몰락한 인간Die allseitig reduzierte Persönlichkeit: REDUPERS」(1977)에서, 메마른 도시 풍경을 〈몰락한 인간들〉에 대한 은

유로 이용하여, 분단 도시 베를린에서 페미니스트이자 미혼모로 살아가는 한 여성의 모습을 그려 내고 있다. 자동차로 움직이며 찍은 롱 숏과 단조로운 흑백 촬영의 결과로 이 영화는 (어머니, 직업 사진가, 연인, 여성 단체 회원으로서의 모순적 삶을 사는 자신의 모습에 정당성을 부여하려는) 에다에 관한 반다큐멘터리 영화가 되어 버렸다. 여기서 잔더의 보이스오버 해설은 클루게를 연상시키는 냉소적인 빈정거림과 (감독이 직접 맡고 있는) 인물에 대한 자전적 코멘트 사이에서 오락가락하는 모습을 보이고 있다. 영화의 내러티브 구조도, 너무 많은 역할로 갈가리 찢어진 여주인공의 인생만큼이나, 어수선하고 산만하게 짜여 있다. 그러면서도 강조점은 에다의 일상생활과, 평범함에 의미를 부여하고자 하는 그녀의 욕구에 맞춰져 있다. 여성을 포함시키는 데 실패한 과격한 학생 운동을 주제로 한, 고도로 풍자적이고 자기반성적인 영화 「주관적 요소Der subjektive Faktor」(1980)에서도 역시 여러 요소(허구적 줄거리, 보이스오버, 사진, 그리고 잔더가 1968년 여성 정치 집회에서 연설한 내용이 포함된 다큐멘터리 필름)가 혼합되어 있다.

헬마 잔더스브람스의 「독일, 창백한 어머니Deutschland, bleiche Mutter」(1979)는 페미니스트 영화의 형식적 요소들(말하고 듣는 데 있어서의 작가의 선택, 광범위한 동화적 장면에서 줄거리의 비정통적인 압축, 〈남성 시선〉의 기피)은 채택하면서도, 여성 특유의 전통적 관심들(남녀 관계, 모녀 관계, 가부장적 사회의 비판)은 독일사적 문맥으로 이해한 작품이다. 감독 어머니의 1939년에서 1955년까지의 삶을 딸의 관점으로 바라본 이 영화는 자전적 요소, 허구적 요소, 역사적 요소가 한꺼번에 뭉뚱그려져 있다. 잔더스브람스에게 있어 여성들의 독일 역사 체험(특히 히틀러 정권과 2차 대전)은 과거 묘사에 대한 하나의 판단 기준이 된다. 그녀의 페미니스트적 시각은 역사의 개념 그 자체를 과거에 대한 집단적 기억으로 간주한다. 이 작품에서 잔더스브람스는 대체로 남성적 역사관이 결여된 여성 특유의 삶의 경험, 즉 전쟁 중에 자신들의 강한 면을 발견했으나 그 후 전쟁에서 돌아온 남편들로 인하여 그 강한 면에 손상을 입고 공로도 평가 절하된 독일 여성들의 모습을 특히 부각시키고 있다. 언제가 「독일, 창백한 어머니」를 만들게 된 계기를 묻는 한 인터뷰에서 잔더스브람스는 히틀러, 강제 수용소, 전쟁이 독일 역사의 전부가 아니라는 것을 자기 딸에게 보여 주기 위해서라고 밝힌 바 있다. 〈이것은 2차 대전과 그 후 파시즘하의 독일에 대한 긍정적인 역사이다. 살상을 위해 남성들이 전쟁터로 떠난 동안에 삶을 영위해 간 여성들의 역사이다.〉

잔더스브람스의 영화는 죄와 속죄의 문제로부터 개인의 기억과 문제 없는 나라를 갈망하는 소망의 강조에 이르기까지, 치욕스러운 독일사에 대한 독일인의 태도 변화를 가장 으뜸으로 묘사하고 있다. 지버베르크의 히틀러 영화, 클루게의 「애국자」, 에트가르 라이츠의 「고향」을 비롯한 이 모든 영화는 그 후 머잖아 소위 〈역사가들의 반목*Historikerstreit*〉에서 역사가들의 열띤 논쟁으로 이어질 것들을 미리 예상한 작품들이다. 여성 정체성의 탐구, 어머니로부터의 독립, 아버지와의 감정 정리, 성으로 바라본 역사관, 기억의 관점과 같은 주제들은 경제 기적과 냉전 기간 중의 독일의 무감각한 분위기를 좀 더 개방적이고 에세이적인 방식으로 다룬, 유타 브뤼크너의 자전적 작품 「흉년Hungerjahre」(1980)에서도 다시 거론되고 있다. 열세 살 소녀의 관점으로 진행되는 이 영화에서 부모, 환경, 그리고 심지어는 자기 몸으로부터도 소외되는 그녀의 모습은 보이스오버, 문학적 어구의 인용, 흑백 배경 화면과의 대비로 뚜렷이 묘사되고 있다. 소녀의 자살 기도로 끝나는 이 이야기는 노스탤지어적인가 하면 또, 회고적 주제를 추억하는 관점으로 절망스럽게 표현되고 있다. 브뤼크너의 영화는 아데나워 시대의 위선적이고 억압적인 가족 구조를 반영하고 있기는 해도, 잔더스브람스의 「독일, 창백한 어머니」에서처럼, 숙명적인 전체로서의 독일에 대한 비유적 언급은 하고 있지 않다. 영화 제목은 삶, 사랑, 경험, 의미에 굶주린 세월을 암시하고 있으며, 그 불모의 기간으로 나타난 결과가 1960년대와 1970년대의 테러리즘이다. 마르가레테 폰 트로타의 「독일인 자매들Die bleierne Zeit」(1981)은 삼엄한 경비를 자랑하는 스탐하임 교도소에서의 바더-마인호프 테러리스트 그룹의 자멸적인 임무를 개인적이고 여성적인 시각으로 파헤친 작품이다. 하지만 사실적인 스타일과 취조하는 듯한 진행 방식으로 볼 때, 개인적이라기보다는 차라리 정치 영화라고 해야 알맞을 작품이다.

파스빈더 이후

파스빈더가 사라진 1982년은 어떤 의미에서 뉴 저먼 시네마의 종말이기도 했다. 1982년 그해는 다른 부분에서도 전환기적인 한 해였다. 보수적 정치성으로 헬무트 콜과 그의 기독교민주당이 승리를 거두면서 입각한 신임 내무 장관이 그의 판단으로 〈엘리트주의적이고〉 〈비판적이고〉 〈비도덕적인〉 영

마르가레테 폰 트로타 감독의 「크리스타 클라게스의 두 번째 각성Das zweite Erwachen der Christa Klages」(1977)에서 교사를 연기한 티나 엥겔이 보육원의 파산을 막기 위해 은행을 털고 있다.

화에는 재정 지원을 하지 않겠다며 일대 파란을 몰고 온 것이다. 헤르베르트 아흐테른부슈의 문제작 「유령Das Gespenst」은 예수(감독 자신이 직접 맡은 역이다)가 수녀와 함께 현대의 바이에른 지방을 걸어 다니는 장면 때문에 불경죄로 고소되어, 향후 검열 받지 않은 영화에 공공 자금을 써도 좋은가에 대해 법정 시비를 가리는 첫 출발점이 되었다. 빔 벤더스, 폴커 슐뢴도르프, 베르너 헤어초크 같은 유명 감독들까지 독일을 떠나 해외에서 합작 영화(파리와 할리우드의 작가와 배우를 기용하여)를 만드느라 여념이 없었다. 「카타리나 블룸의 잃어버린 명예Die verlorene Ehe der Katharina Blum」(하인리히 뵐 이후, 1975)와 같은 독일 소설을 각색한 작품들로 대대적인 흥행 성공을 거둔 폴커 슐뢴도르프는 프랑스-미국 합작 영화 쪽으로 방향을 돌려, 마르셀 프루스트[「스완의 사랑Un amour de Swann」(1983)]와 아서 밀러[「세일즈맨의 죽음Death of a Salesman」(1985)]의 작품을 영화로 만들었다. 독일의 저항 그룹 바이스 로즈에 대한 뛰어난 스타일의 영화 「마지막 5일Fünf letzte Tage」(1982)을 만들었던 퍼시 아들론은 「슈거 베이비Sugar Baby」(1984), 「바그다드 카페Bagdad Cafe」(1987, 마리아네 제게브레히트와 공동 감독)와 같은 작품들로, 할리우드에서도 대단한 호평을 받았다. 수정주의적 전쟁 영화 「특전 U보트Das Boot」(1980~1)로 세계적 명성을 얻은 바 있는 볼프강 페터젠은 로스앤젤레스로 무대를 옮겨, 「에너미 마인Enemy Mine」(1985), 「사선에서In the Line of Fire」(1993)와 같은 영화들을 만들었다. 독일이 여전히 미국을 비롯한 각국 신예 감독들의 안식처가 되고 있는 동안, 독일 감독과 배우들(심지어 제작자들까지)은 오히려 할리우드로 자리를 옮겨 가는 추세를 보이고 있다.

1980년대 중반에 이르러 또 한 번 〈마이너 영화〉로 전락한 독일 영화는 1993년에 무려 82.9퍼센트의 시장 점유율을 보인 할리우드 영화를 상대로 전례 없이 혹독한 자기 평가를 내리지 않을 수 없었다. 같은 해 독일 영화의 시장 점유율은 10퍼센트로 떨어졌다(프랑스의 자국 영화 점유율은 35퍼센트였다). 〈독일적 주제〉나 전통 영화의 제작을 의도적으로 촉구하는 매혹적인 영화들은 여전히 많이 만들어졌으나, 탄탄한 자국 영화 산업이나 문화적 기반이 없는 상태에서 그것들이 미치는 영향은 텔레비전의 심야 영화나 예술 영화관 상영이 고작일 정도로 극히 미미했다. 1989년의 독일 통일도 영화 발전에는 별무신통인 것 같았다. DEFA 스튜디오는 프랑스 회사에 매각되었고, 베를린 장벽 철거 후에도 가벼운 코미디와 진한 멜로드라마 종류만 줄줄이 이어졌을 뿐, 다양한 의미가 내포된 〈새로운 독일〉로 그 사건을 바라본 진지한 작품은 단 1편도 등장하지 않았다.

1960년대와 1970년대의 독일 영화가 국가의 정체성을 찾는 것에 골몰했다면, 1980년대의 독일 영화는 독일 내에서 벌어지는 다양한 문화적 경험에 치중하는 경향을 보였다. 외국인 노동자들을 다룬 파스빈더 영화의 선구자적 전통〔「카첼마허」(1969), 「불안은 영혼을 잠식한다」(1973)〕 속에서 최근에는 일군의 영화인들이 내부인과 외부인, 자국적인 것과 외래적인 것, 중심적인 것과 주변적인 것 사이의 손쉬운 대립을 영화의 주요 의제로 들고 나왔다. 지니네 메어아펠의 「터키 노동자 여인이 가다Die Kümmeltürkin geht」(1984), 하르크 봄의 「야세민Yasemin」(1987), 도리스 되리의 「해피 버스데이 터키 양반Happy Birthday, Türke!」(1991) 같은 영화들은 모두 독일인들을 자기 나라에 대한 색다르고 불편한 관점과 대비시킨 작품들이다. 특히 소라브 샤히드 살레스〔「낯선 곳에서In der Fremde」(1975)〕, 테브피크 바저〔「파라다이스와의 이별Abschied vom falschen Paradies」(1988)〕와 같은 외국 태생의 감독들이 만든 영화들 속에서 독일은 소수 민족들이 제각각의 내적인 갈등을 지니고 사는 다문화의 사회로 표현되고 있다 — 바저의 「40제곱미터의 독일40 Quadratmeter Deutschland」(1986)에서도 잘 표현되어 있듯이 베를린의 어느 터키 가정에서 행해지는 여성들에 대한 가부장적 태도가 그 좋은 예이다.

1990년대의 독일 영화는 소멸은 하지 않았지만, 파스빈더적인 충격과 끌어당기는 힘으로서의 어떤 중심적 요소가 결여되어 있다. 「가을의 독일」에 표현된 것과 같은 결속감, 공통의 목적, 정체성도 결여되어 있다. 현재의 독일 영화가 주특기로 삼는 것은 수정주의 역사관으로 만들어진 「고향」과 전쟁 영화로부터 30년 묵은 크리스토프 슐링겐시에프의 통일에 대한 반독일적 풍자극〔「독일의 대량 학살 사건Das deutsche Kettensägenmassaker」(1990)〕과 「테러 2000Terror 2000: Intensivstation Deutschland」(1992)〕, 지적이고 정치적인 영화〔하룬 파로키의 「혁명의 비디오Videogramme einer Revolution」(1993)〕로부터 저속한 코미디〔「우리도 다를 수 있다Wir können auch anders」(1993)〕, 베를린의 활기 찬 언더그라운드 영화에서 타자에 매혹된 새로운 민족지학적 영화(슈뢰터, 오팅어, 헤어초크)에 이르기까지, 정치적 의제, 스타일, 심미적 감수성으로 나타나는 놀라울 정도의 다양성이다. 사라지는 나치 시대의 기억(1960년대에서 1980년대까지의 독일 영화 대부분의 정체성을 결정한 그 기억)과 함께, 정체성보다는 다름을 우위에 두는 새로운 독일 영화가 등장하고 있다.

참고문헌

Corrigan, Timothy(1983), *New German Film: The Displaced Image*.

Elsaesser, Thomas(1989), *New German Cinema: A History*.

Kaes, Anton(1989), *From Hitler to Heimat: The Return of History as Film*.

Knight, Julia(1992), *Women and the New German Cinema*.

Rentschler, Eric(ed.)(1998), *West German Filmmakers on Film: Visions and Voices*.

동독: DEFA 이야기

한스-미하엘 보크

전후 독일의 분단은 1945년, 미국, 영국, 프랑스가 점령한 서독과 소련이 점령한 동독의 4개 점령 지구의 확립으로 시작되어 1949년 서방 3개 지구는 독일 연방 공화국으로 통합되고, 소련 지구는 독일 민주 공화국(GDR)이 되는 것으로 그 형태를 갖추게 되었다.

우파Ufa의 완전 모방품이면서, 마치 무슨 자본주의 국가 영화사처럼 들리는 독일 최대 최강의 영화 기관 DEFA(Deutsche Film AG)는 독일 주재 소련 군사 정부의 지령으로 세워져 거의 40년 동안 동독 유일의 영화 제작사로 군림해 왔다. 이 회사의 창립 멤버는 나치 시절을 망명 생활로 보냈거나 영화계에서 기술자로 일하다 1945년에 독일 영화의 재건을 위해 다시 모인 일단의 영화인들로 구성되었다. DEFA 자체는 이듬해인 1946년에 공식적으로 설립되어(소련 회사로) 1949년에 독일로 소유권이 넘어왔다. 1950년 10월 1일에는 극영화 제작 전용의 〈DEFA-영화 스튜디오Studio für Spielfilme〉가 세워졌다. 동시에 뉴스 영화, 다큐멘터리, 그리고 애니메이션을 위한 스튜디오들도 함께 세워졌다. 1953년 그것들은 정식으로, 〈인민〉이 소유한 회사, 즉 인민 기업*Volkseigener Betrieb*으로 명명되었다.

구조

DEFA는 전통적 스튜디오 구조를 이용한다는 점에서 우파나 1930년대의 할리우드와 다를 바가 없었으나 단, 경쟁사들이 존재한 할리우드나 나치 시대와 달리, 국가(와 당) 지도부의 관리만을 받는 동독 유일의 회사라는 점에서 중요한 차이점이 있다.

1954년 1월, 하우프트베르발퉁 필름Hauptverwaltung (또는 HV) Film이라고 알려진 부서 하나가 문화부에 신설되었다. 문화부 차관을 총수로 한 HV 필름은 영화 제작에서 수출입, 배급, 극장, 심지어는 영화 보관소까지, 영화 산업의 전 분야를 통제했다. 극장 공개와 수출에서 들어오는 모든 수입은 HV를 통해 국가 예산의 일부로 충당되었다. 마찬가지로 영화 제작에 필요한 자금도 HV를 통해 나가도록 하여, 국가가 예술과 선전의 방편으로 영화 산업을 중시한다는 허상을 심어 주었다. 검열은 공식적으로는 존재하지 않았으나, 모든 영화는 HV 필름의 〈승인*Zulassung*〉을 통과해야 했다.

포츠담-바벨스베르크에 위치한 DEFA(전 우파Ufa) 스튜디오는 작가, 감독, 미술 감독, 촬영 감독, 기술자, 거기에 소수의 배우들에 이르기까지 영화 제작에 필요한 거의 모든 인력을 갖춘 대형 스튜디오의 체제를 따르고 있었기 때문에, 상당히 높은 수준의 숙련도를 자랑했다(옛 독일 전통을 지닌 대가와 견습생들이 생존해 있던 미술 디자인 부문에서 특히). 하지만 이들은 예술적 모험을 거는 것에 극도의 제한을 받았다. 대본과 구상은 스튜디오와 당 간부들의 지루한 심사를 거쳐, 비밀경찰의 끄나풀도 섞여 있는 〈줄거리 편집자〉들에 의해 재구성됐다.

동독에서 바벨스베르크 영화 학교 수학과 같은 엄격한 수순을 밟지 않고 DEFA의 감독이 되기는 무척 힘들었다. 하지만 일류 작가들은 임시직 또는 정규직으로 많이 고용되었다. 좀 우스운 얘기로 유레크 베커의 「거짓말쟁이 야코브Jakob der Lügner」나 울리히 플렌츠도르프의 「젊은 베르테르의 새로운 슬픔Die neuen Leiden des jungen W.」과 같은 몇몇 중요한 문학 작품들은 시나리오로는 금지 처분을 받았다가 책과 연극으로 성공을 거둔 다음에야 영화로 만들어지는 이상한 해프닝도 벌어졌다.

다양하게 축적된 연극배우들에 힘입어 DEFA는 소수의 일류 연기자를 배출해 내기도 했는데, 그중에는 만프레트 크루크와 유타 호프만처럼 인기 스타가 되어, 서방으로 떠난 뒤까지도 계속 인기를 유지한 경우도 있다. 에르빈 게쇼네크(브레히트와도 일했다)는 그의 영향력으로 금지 처분된 영화(자기 영화도 포함하여)를 개봉시킬 수 있을 정도로 동독 최대의 스타가 되었다. 1951년에 팔크 하르나크가 만든 「반드스베크의 도끼Das Beil von Wandsbek」는 도살자에서 나치 사형 집행인으로 변신하는 역을 맡은 게쇼네크의 연기가 관례적인 흑백 논리에 부합되지 않았다는 이유로 상영이 금지됐다.

초기의 고전 작품

「반드스베크의 도끼」에 가해진 억압은 DEFA의 공식 출범이 있기도 전인 1946년 3월 16일 이미 촬영에 들어간 볼프강 슈타우테의 반나치 영화 「살인자는 우리 중에 있다Dir Mörder sind unter uns」를 시작으로 지난 5년간에 걸쳐 몇 편의 반영구적이라 해도 좋을 고전작을 만들어 낸, 한 시대에 종말을 고한 계기가 됐다.

「살인자는 우리 중에 있다」는 스타일 면에서 표현주의적 조명을 사용한 나치 전통을 따르고 있기 때문에, 초창기의 DEFA가 당면한 최대의 딜레마는 나치 영화의 〈우파Ufa 전통〉에 어떻게 대응하느냐 하는 것과, 나치의 현실 도피적 영화에 익숙해 있는 관객을 상대로 영화를 만들어 왔던 그 시대 영화인들과 어떻게 반파시스트 영화를 만들어 내느냐 하는 것이었다. 동독의 공식 입장은 선전 영화로 이름에 먹칠한 작가나 감독의 고용은 배제하고, 〈단순한〉 기술자들은 모두 받아들인다는 것이었다.

자신의 첫 작품 「어둠 속의 결혼Ehe im Schatten」(1947)에서 쿠르트 메치히는 아내가 유대 인이라는 이유로 나치에게서 자살을 강요받는 어느 배우 부부 이야기를 하고 있다. 독일의 4개 지구에서 일제히 개봉에 들어간 그 영화는 개봉 3년 만에 1000만 명의 관객을 동원하며 그 당시 최대의 히트작이 되었다. 함부르크 공개 때는 나치 시절의 감독 파이트 하를란이 극장에서 쫓겨나는 사태까지 발생했다〔그런데 재미있게도 「어둠 속의 결혼」의 작곡가 볼프강 첼러는 하를란의 「유대인 쥐스(1940) 음악도 맡았다〕.

이 시대의 가장 중요한 영화는 역사를 이용하여 동시대의 문제를 다룬 것들이었다. 에리히 엥겔의 「블룸의 스캔들Affaire Blum」(1948)은 정부 관리가 무고한 유대 인에게 죄를 뒤집어씌워 살인을 은폐한 1930년대 초에 실제로 있었던 일을 영화화한 작품이다. 메치히와 작가 프리드리히 볼프는 화학업계의 거물 파르벤과 나치 사이의 밀착 관계를 보여 주었다. 하인리히 만의 동명 소설을 영화화한 슈타우테의 「충복Der Untertan」은 독일의 프티 부르주아를 날카롭게 꼬집은 작품으로, 서독에서 수년간 상영 금지 조치를 당하기도 했다.

이러한 DEFA의 시대는 독일 민주 공화국의 창건(1949)과 함께 좀 더 학식 있고 진보적인 소련 감독관과 관리들이 총감독 제프 슈바프와 같은 스탈린주의자들에게 DEFA를 넘기고 떠나간 1950년대를 전후해서 끝이 났다.

사회주의적 사실주의에서 해빙으로

냉전과 더불어, 〈그들의〉 영화에 대한 공산주의자들의 통제도 강화되었다. DEFA의 영화 제작은 1952년에서 1953년에 연간 제작 편 수가 5편을 넘지 못할 정도로 급격히 떨어졌다. 1952년 7월에 열린 집권당인 사회주의 연합당 혹은 공산당(SED)의 당 회합과, 이어서 열린 1952년 9월의 영화인 회의에서는 〈실제의 영웅들〉을 이용하고, 〈독일 노동자 계급 운동의 문제점〉에 좀 더 치중함으로써, 〈사회주의적 사실주의 체제〉를 강화한다는 내용의 영화 제작에 대한 새로운 독트린이 선언됐다.

이 선언에 부응한 가장 유명한 작품이 1920년대와 1930년대의 독일 공산당 지도자를 왜곡시켜 그린, 쿠르트 메치히의 2부작 「텔만, 계급의 아들/계급의 지도자Thälmann — Sohn seiner Klasse/Führer seiner Klasse」(1953~5)였다. 이런 종류의 영화는 그러나 DEFA가 실러의 「밀통과 사랑Kabale und Liebe」(마르틴 헬베르크 연출, 1959), 레싱의 「미나 폰 바른헬름Minna von Barnhelm」(역시 헬베르크가 연출, 1962)과 같은 유명 동화나 고전 희곡을 영화화하는 방법으로, 동독을 독일 문화 전통의 전수자로 부각시키려는 방침을 정함에 따라 이류 영화로 떨어지게 되었다.

한편 DEFA는 국제적 명성을 얻기 위하여 프랑스〔제라르 필리프의 「장난꾸러기 틸의 모험Les Aventures de Til l'Espiègle」(1956)〕, 스웨덴, 서독 등의 나라와 일련의 합작 영화를 만들기도 했다. 원작자 토마스 만의 후원 아래, 동서독 합작으로 만들어진 「브덴브로크가의 사람들Buddenbrooks」은 서독에서 상영이 금지됐다.

제20차 소련 공산당 전당대회(1956)에서 있었던 후루시초프의 스탈린 비난 연설과 소련의 〈해빙〉 영화들(「두루미가 날다Letyat zhuravli」와 「어느 병사의 노래Ballada o soldate」)의 공개에 뒤이어, 모스크바와 프라하에서 영화를 공부했거나 바벨스베르크에서 조수로 일한 경험이 있는 일단의 참신한 독일 감독들은 반파시즘 전통과 동시대적 문제를 다룸에 있어, 덜 독단적인 그들 나름의 방법을 모색하기 시작했다. 이들의 대표 주자 격인 인물이 공산주의 작가 프리드리히 볼프의 아들인 콘라트 볼프였다. 망명지 모스크바에서 성장한 콘라트 볼프는 1945년 소련 적군(赤軍)의 장교가 되어 독일로 돌아왔다〔이 이야기는 후일 자신의 영화 「그때 나는 열아홉 살이었다Ich war neunzehn」(1967)에서 다루어진다〕. 그는 모스크바의 VGIK에서 수학을 끝내고 DEFA에서 감독으로 일하면서 1965년에는 문화계의 요직인 예술 협회장이 되어 각종 문화 정책에 영향력을 행사하는가 하면, 당국과의 사이가 원만치 않은 예술가들을 도와주기도 했다.

1940년대 말의 독일과 러시아의 우라늄 광부들을 삭막하고 세밀하게 묘사한 콘라트 볼프의 네 번째 작품 「태양을 좇는 자Sonnensucher」(1958)는 시사회 바로 직전에 몰수되어 1972년에야 정식으로 공개됐다. 「별Sterne/Zwedzy」(1959)은 서독의 개입 뒤에야, 칸 영화제에 불가리아 작품으로 출품되어 심사 위원 특별상을 수상했다.

스타일 면에서 흥미 있는 작품들은 과거의 파시즘처럼 정치적으로 확실한 분야를 다룬 영화들에서 주로 나타났다. 하이너 카로의 「그들은 그를 친구라고 불렀다Sie nannten ihn Amigo」(1958)는 강제 수용소에서 도망친 죄수를 숨겨 준 베를린의 어느 소년을 그린 작품이다. 프라하에서 공부한 프랑크 바이어는 영화의 배경으로 스페인 내전을 이용한 「다섯 개의 탄피Fünf Patronenhulsen」(1960)를 만들었다. 새로운 체코와 폴란드 영화의 영향이 가장 극명하게 드러난 작품으로는 바이어의 「고귀한 아이들Königskinder」(1962)이라든가 게르하르트 클라인(권터 뤼커와 볼프강 콜하세의 대본으로)의 「글라이비츠 사건Der Fall Gleiwitz」(1961) 같은 작품들이 있다[클라인과 콜하세는 이전에도, 「베를린-쇤하우저 모퉁이Berlin-Ecke Schönhauser」(1957)와 베를린의 일상생활을 네오리얼리즘적으로 표현한 일련의 다른 영화에서도 함께 일한 바 있다].

탄압

1961년 6월 13일, 동독 군경은 서독과의 국경을 폐쇄하고 장벽을 쌓기 시작했다. 그해가 가기 전 DEFA는 서독과 동독으로 찢어진 형제의 이야기 「……그리고 너의 사랑도……und deine Liebe auch」(프랑크 포글, 1962)의 촬영을 시작했다. 크리스타 볼프(콘라트 볼프와는 관계없음)의 소설을 영화화한 콘라트 볼프의 「나누어진 하늘Der geteilte Himmel」(1964)은 동서독의 이산 문제를 고도의 예술성으로 승화시키면서, DEFA 영화가 〈대중적, 즉 보수적*volksverbunden*〉이어야 하는지, 가끔은 〈형식주의자〉로 비난을 받더라도 현대적인 방법을 채택해야 하는지에 대해 뜨거운 논쟁을 불러일으켰다.

열린 국경의 〈쓰라린 상처〉가 봉쇄되고 난 뒤, 지식인과 예술인, 특히 사회주의 이념에 호의적인 자들은 국내의 정치 사회 문제를 비판할 수 있는 자유가 좀 더 주어지기를 갈망했다. 프랑크 바이어는 독일 최고의 코미디라 할 수 있는 「카바이드와 괭이밥Karbid und Sauerampfer」(1963)에서, 경제적 어려움에 대한 이야기를 넌지시 비쳤다. 귄터 뤼커의 감독 데뷔작 「최고의 해Die besten Jahre」(1965)는 전후 초기에 가졌던 희망을 현실과 비교한 작품이다. 그 밖의 다른 DEFA 감독들도 1965년 11월의 탄압이 있기 전까지는 비판적인 영화 작업을 계속했다. 당초 계획대로 경제 개혁만을 의제로 다루려던 제11차 공산당 중앙회의에서 당 강경파들(발터 울브리히트, 에리히 호네커)은 돌연, 문학(크리스타 볼프, 하이너 뮐러, 볼프 비어만)과 영화(특히 쿠르트 메치히의 「나는 토끼다Das Kaninchen bin ich」)의 내용을 공격하기 시작했다. 기회주의적인 판사를 비판한 내용의 비간행 소설을 영화화한 「나는 토끼다」는 〈회의주의적〉이고 〈주관주의적〉이라는 이유로 고발되었다. 뒤이어, 클라인의 「베를린의 모퉁이Berlin um die Ecke」, 에곤 귄터의 풍자극 「아담, 네가 어른이 되면Wenn du groß bist, lieber Adam」, 헤르만 초헤의 「카를라Karla」, 프랑크 포글의 「생각을 마라, 나는 울부짖는다Denk bloss nicht, ich heule」, 귄터 슈탕케의 「봄은 아직 멀었다

나치 이전 영화 미학으로의 회귀? 볼프강 슈타우테 감독의 「살인자는 우리 중에 있다」(1946)에서 에른스트 보르헤르트와 힐데가르트 크네프.

Der Frühling braucht Zeit」, 그리고 위르겐 뵈처의 「45년생 Jahrgang 45」과 같은 DEFA의 거의 모든 작품이 고발되었다. 몇 달 뒤에는 성황리에 시사회를 마치고 카를로비 바리 영화제에 동독 대표작으로 출품할 예정이던, 만프레트 크루크 주연, 프랑크 바이어 감독의 「돌의 흔적Spur der Steine」까지도 동독의 한 극장에서 당이 주도한 데모가 있고 난 뒤 상영이 중지됐다.

DEFA의 간부들은 제거되었고, 몇몇 감독의 영화 인생까지도 완전히 끝장나 버렸다. 슈탕케는 이후 단 1편의 흥미 있는 영화도 만들어 내지 못했고, 바이어는 지방 도시의 연극과 TV시리즈를 전전하다가 근 10년 만에야 영화계에 복귀했으며, 위르겐 뵈처는 극영화에서 다큐멘터리 감독과 화가로 변신했다. 콘라트 볼프는 다음과 같은 내용을 토론의 의제로 내놓았다. 〈우리는 지금 영화 제작상 최대의 난관에 봉착해 있다. 다음에는 또 무슨 일이 일어날 것인가? ……현재의 상황을 다루고 있는 영화들이 모두 잘못되었다면 — 이데올로기에도 뭔가 결함이 있는 게 분명하다 — 확실한 논리를 달라!〉 DEFA는 이후 예전의 경향에서 후퇴하여, 탐욕스러운 백인들이 인디언을 억압하는 모습을 담은 — 간혹 베트남전에 대한 암시까지 포함된 — 동독식 〈인디언 영화*Indianer-filme*〉의 제작에 주로 치중했다.

부 활

한차례 광풍이 불고 난 뒤 바벨스베르크에서 나온 영화 중 최초로 눈길을 끈 작품은 콘라트 볼프의 「그때 나는 열아홉 살이었다」(1967)였다(앞으로 계속될 볼프와 작가 볼프강 콜하세의 협력 관계가 시작된 작품이기도 하다). 한편 포츠담-바벨스베르크 영화 학교에 재학 중인 신세대 영화인들도 어서 빨리 학교를 떠나 새로운 아이디어로 DEFA에서 꿈을 펼칠 채비를 했다. 그들은 네오리얼리즘 정신으로 복귀하여 〈다큐멘터리 픽션 영화*dokumentarischer Spielfilm*(로타르 바르네케가 만들어 낸 용어)〉의 기치 아래 픽션과 다큐멘터리를 혼합한 방식으로 일상생활을 묘사하기 시작했다. 또한 〈실제의 영웅〉과 〈전형적 인물〉의 개념을 포기하고, 특수한 문제를 가진 개별적 인물의 묘사로 방향을 돌렸다. 이 경향은 전 영화학도 루돌프 위르쉬크가 초안을 잡고, SED 부속 학교가 편집한 「주관적 요소와 영화 예술Subjektiver Faktor und Filmkunst」이라는 논문으로 이론적 토대까지 갖추었다. 루돌프 위르시크는 그 후, DEFA 스튜디오의 〈예술단장〉이 되었다.

이 그룹의 모델 영화는 카메라맨 롤란트 그레프가 베를린 거리에서 찍은 작품으로, 한때 탄압의 대상이었던 위르겐 뵈처의 「45년생」이었다. 그레프는 1968년에 포글의 「일곱 번째 해Das siebente Jahr」를, 1969년에는 초헤의 로드 무비 「머나먼 길, 무언의 사랑Weite Straßen-stille Liebe」과 로타르 바르네케의 「의사 조머 2세Dr. med. Sommer II」의 촬영을 맡은 뒤, 1970년에는 감독으로 전향하여 첫 작품으로 「친애하는 로빈손Mein lieber Robinson」(1970)을 만들었다 — 이들 작품은 모두 별다른 정치적 의미 없이 동시대적 문제를 다루고 있다.

1971년 에리히 호네커가 발터 울브리히트로부터 공산당 당수 자리를 승계하면서, 보다 진보적인 문화 정책에 대한 희망도 다시 부풀어 올랐다. 그다음에 나온 영화들 중, 에곤 귄터의 「세 번째 남자Der Dritte」는 카를로비 바리와 베네치아 영화제에서는 감독상과 남우주연상(유타 호프만)을, 동독에서는 예술가에게 주어지는 동독 최고의 상인 〈국가 대상 Nationalpreise〉을 수상했다. 관객 동원 면에서도 대성공이었다. 귄터 뤼커가 대본을 쓴 「세 번째 남자」는 세 번째 남자를 찾는 어느 젊은 여성을 평범하고 유머러스하게 그린 작품이다. 귄터는 헬가 쉬츠와 공동으로 시나리오를 쓴 「열쇠Die Schlüssel」(1972)로 또 한 번 처벌받고는 동시대적 문제를 다룬 영화는 두 번 다시 만들지 않았다.

부활 기간에 나온 가장 성공적인 영화는 하이너 카로의 「파울과 파울라의 전설Die Legende von Paul und Paula」(1972)로, 이것은 온갖 장애를 무릅쓰고 사랑을 이루려고 하는 어느 젊은 여성의 씁쓸하면서도 달콤한 사랑 이야기를 그린 영화이다. 시나리오는 「젊은 베르테르의 새로운 슬픔」 — 시나리오로는 금지되었으나 책과 연극으로 유명해진 바로 그 작품 — 의 작가 울리히 플렌츠도르프가 썼다. 시나리오로는 금지되었다가 후일 책으로 유명해진 또 다른 경우로, 유레크 베커의 「거짓말쟁이 야코브」도 1974년 마침내 영화로 만들어졌다. 「돌의 흔적」 이후 처음 메가폰을 잡은 프랑크 바이어 감독에 의해 만들어진 이 작품은 나치의 게토 지구 유태인 이야기를 감상적으로 그려 냄으로써 반파시스트 장르의 전통을 무너뜨린 영화가 되었다. 「거짓말쟁이 야코브」는 베를린 영화제에서 호평받았고 오스카상 후보에도 올랐다.

경계의 시기

「경기장의 벌거숭이Der nackte Mann auf dem Sportplatz」(1973)를 만든 콘라트 볼프를 비롯하여, 동시대적 문제를 다룬 영화로 한바탕 모두 곤욕을 치른 뒤에, 동독의 내로라하는 감독들은 반파시즘 문제와 같은 〈안전한 장르〉나, 고전 문예물이나 예술가의 생애를 이용하여 개인과 사회의 갈등을 부각시키는 소위 〈위장〉 영화 쪽으로 방향을 선회하기 시작했다.

괴테는 그들이 특별히 선호하는 작가였다. 지크프리트 퀸은 「친화력Die Wahlverwandtschaften」(1974)을 만들었고, 에곤 귄터는 괴테에 관한 토마스 만의 이야기 「바이마르의 로테Lotte in Weimar」(1975)로 세계 시장을 공략한 뒤, 「젊은 베르테르의 슬픔Die Leiden des jungen Werthers」(1976)을 끝으로, 근거지를 서방으로 옮겼다. 로타르 바르네케의 유일한 역사 영화 「안녕, 피콜라 미아Addio, piccola mia」(1978)는 게오르크 뷔히너의 생애를 통해 서구의 학원 폭동을 조명한 작품이다.

카로의 「죽음이 우리를 갈라놓을 때까지Bis daß der Tod euch scheidet」(1978)나 볼프와 콜하세의 「솔로 서니Solo Sunny」(1979)처럼 동시대적 문제를 노골적으로 비판한 영화가 나오기만 하면, 당은 즉시 그것을 공식 간행물의 〈토론〉 대상에 올려놓고, 〈사회주의 국가의 이점〉에 대해 좀 더 긍정적인 시각을 가져 줄 것을 요구하곤 했다. 라이너 지몬의 「야두프와 뵐Jadup und Boel」(1981) 같은 작품은 제작자가 당과 한바탕 줄다리기를 벌여 겨우 완성시켰는데도 끝내 공개되지 못했다. 영화인들은 다시 사회 내의 여성에 관한 이야기〔바르네케의 「소란Die Beunruhigung」(1981)〕라든가 유명 작품의 영화화〔그레프의 「브란덴부르크 지역의 탐사Märkische Forschungen」(1982)〕, 반파시즘〔바이어의 「체류Der Aufenthalt」(1982), 퀸의 「여배우Die Schauspielerin」(1988)〕과 같은 간접 비판 쪽으로 방향을 돌렸다.

이들 영화는 대사에 강하게 의존하면서(부족한 것은 촬영 기술로 보완하고), 불확실한 이미지의 힘에는 모험을 걸지 않는 아주 조심스러우면서 전문가의 작품다운 모습을 보여 주었다. 하지만 아동 영화〔위르겐 브라우어(감독, 촬영)의 「그리타 폰 라텐추하우스바이운스Gritta von Rattenzuhausbeiuns」(1984)〕 같은 비교적 안전한 장르에는 창조적 이미지의 사용이 어느 정도 가능했다.

바벨스베르크 영화학교 출신으로 1970년대의 가장 특출한 감독은 울리히 바이스였다. 몇 편의 다큐멘터리와 아동 영화를 발판으로 성인 영화계에 뛰어든 그는 「미지의 형제Dein unbekannter Bruder」(1981)와 「올레 헨리Olle Henry」(1983)를 만들었으나, 이들 영화에서 보여 준 황량한 영상과 절망적인 상황의 흔치 않은 결합으로 당국의 격렬한 비난을 받아야 했다. 1980년대 내내 그의 작품들은 창고에 처박혀 있어야 했고, 그 역시 동독이 붕괴된 후에야 작품 활동을 재개할 수 있었다.

1984년에서 1985년의 기간에는 바벨스베르크 졸업생 중 비교적 신진에 속하는 감독 2명의 작품, 나치 바로 적전 시대를 배경으로 한 카를 하인츠 로츠의 「그 도시의 젊은이들 Junge Leute in der Stadt」과 페터 카하네의 「에테와 알리 Ete und Ali」가 만들어졌다. 카하네의 작품은 가벼운 터치와 일상생활에 대한 젊은이 취향의 비판이 젊은 관객들에게 크게 어필하여 커다란 성공을 거두었다. 하지만 도시 외곽을 메마르게 하는 상황을 직선적으로 비판한 그의 좀 더 과격한 작품 「건축가Die Architekten」는 수많은 난관에 부딪힌 끝에 통독 바로 직전인 1990년에야 완성할 수 있었다.

판 매

1980년대에 들어, 중앙 집권적 배급 기구를 통해 수입되는 서구 영화 수가 점점 늘어나면서, 안 그래도 위축된 DEFA 영화들은 갈수록 더 예술 영화관 쪽으로 밀려나게 되었다. 그에 따라 DEFA의 제작 총수들도 새로운 딜레마, 즉 전반적인 동독의 경제 상황이라는 새로운 문제에 직면하게 되었다. 관객을 지속적으로 확보하기 위해서는 서구 영화 기술과 보조를 맞추어야 하는데, 그에 필요한 경제적 여력이 없는 것이 문제였다. 또한 사회 문제에 좀 더 비판적인 작품을 만들어 관객의 흥미를 끌어내려 해도, 이번에는 당 지도부가 그것을 허락하지 않았다. 그러한 방향으로의 마지막 시도를 한 작품이 바르네케의 「다른 사람의 짐을 지게 하라Einer trage des anderen Last……」(1987)였다. 이 작품은 교회와 국가 간의 관용을 요구하는 부드러운 탄원이라 할 수 있는데, 커다란 성공을 거두었고, 관객들에게 교회와 국가의 문제에 대한 보다 심층적인 논쟁을 불러일으킨 계기가 되었다.

한편 DEFA는 오스트리아와 합작 영화를 만들어 서독의 방송사에 선매하고, 그렇게 벌어들인 돈으로 서구에서 컬러 필름(동독의 ORWO 필름은 느리고 색상도 밝지 못했다)이나 대중음악 판권을 사들이는 방식으로, 서방과의 관계를 강화시켜 나갔다. 서독과의 관계도 더욱 밀접해졌다. DEFA는 서독 영화〔「봄의 교향악Frühlingssinfonie」(1982, 나스타샤 킨스키 주연)]의 동독 촬영을 주선해 주고, 서독 방송사의 주문을 받아 영화를 제작하는 등, 서방 영화사와 방송사에 여러 방식으로 편의를 제공했다. 1988년 마침내 DEFA는 서독 시장을 목표로 한 그들의 첫 영화를 선보였다. 최근까지 주로 서방에서 활동하던 프랑크 바이어가 동독으로 돌아와, 볼프강 콜하세가 각본을 쓰고, 2차 대전 바로 직후의 베를린을 배경으로 그가 가장 좋아한 장르인 사실주의 코미디에 동·서독의 인기 배우를 조화시켜 만든 「브레이크Der Bruch」가 바로 그것이었다.

1988년, 공산당 중앙위원회 위원으로 오랫동안 DEFA의 총수를 맡아온 한스-디터 메데가 사임하고, 그 후임으로 전 기술 이사 게르트 골데가 임명되었다. 한때 연극 최고 고문으로서, DEFA의 예술적 시각을 넓히고 비판적 견지를 유지하려고 무진 애를 썼던(대부분은 무위로 끝났지만) 루돌프 위르시크는 예술 이사가 되었다. 옛 작품들은 다시 부활했고, 오랜 금기를 깬 새 작품들이 속속 만들어졌다. 1989년에는 영화부 장관이 DEFA와 별도로 독립 영화 제작 그룹 — 다데르 DaDaeR, 이 그룹의 첫 작품 「GDR로부터의 최근 뉴스Letztes aus der DaDaeR」(외르크 포트)에서 따온 이름이다 — 의 결성까지도 허용할 정도였다.

그리하여 마침내 1989년 말, 옛 공산당 지도부가 추방되고 베를린 장벽이 무너졌을 때에는 DEFA도 얼마든지 새로운 정치 현실을 비판하는 영화를 만들 각오가 되어 있었다. 하지만 관객이 없었다. 서독으로 다 떠나 버렸거나 옛 정권 따위에는 이제 아무런 관심도 없었다.

참고 문헌

Behn, Manfred, and Bock, Hans-Michael(eds.)(1988~9), *Film und Gesellschaft in der DDR.*

Jacobsen, Wolfgang(ed.)(1992), *Babelsberg: ein Filmstudio.*

Rülicke-Weiler, Käthe(ed.)(1979), *Film-und Fernsehkunst der DDR: Traditionen, Beispiele, Tendenzen.*

Schenk, Rolf(ed.)(1994), *Das zweite Leben der Filmstadt Babelsberg.*

동중부 유럽의 변화상

마레크 헨드리코프스키

동중부 유럽의 전후 영화사는 서방 국가들의 그것과는 사뭇 다른 전개 과정을 보여 주고 있다. 그 주요 단계들은 일련의 휴지기로 표시되는데 — 1945, 1948~9, 1956, 1968, 1970, 1980~1, 1989 — 각 단계는 동구권의 주요 정치적 사건과 연관되어 있기 때문에, 그 자체가 영화의 발달 과정에 미친 정치적, 이데올로기적인 영향을 보여 주는 것이 된다.

1945년이 독일 점령으로부터 동중부 유럽이 해방된 해라고 한다면 1948년에서 1949년은 그 해방의 부정적인 면이 나타난 시기라 할 수 있다. 그 지역의 〈위성〉 정권 수립과 더불어(유고슬라비아 일부만 제외하고) 폴란드, 체코슬로바키아를 비롯한 전 공산국들의 영화에 소련의 사회주의적 사실주의 독트린이 강요되었기 때문이다. 그런가 하면 1956년은 특히 폴란드와 헝가리에 있어서, 더디지만 거역할 수 없는 탈스탈린 움직임이 시작된 아주 중요한 시기였다. 1968년은 〈프라하의 봄〉을 불러왔고, 그해 8월에 이어진 소련의 체코슬로바키아 침공은 그동안 쌓아 올린 체코와 슬로바키아 〈뉴웨이브〉의 공적을 일시에 무너뜨리는 결과를 가져왔다. 폴란드의 경우, 1970년은 폴란드 자유 노조가 탄생한 1980년과 계엄령이 시작된 1981년 12월과 더불어 중요한 시기였음이 입증되었다. 끝으로 공산 정권이 붕괴된 1989년은 모든 공산국들에게 더할 수 없이 중요한 한 해였으나, 유고에서만은 연방이 해체되면서 내전으로 치닫는 사태가 발생했다.

이러한 시대 구분과 그것을 결정한 정치 요소들은 전후 동중부 유럽 영화의 특징적 요소가 되었고, 그런 의미에서 지난 10여 년간 비평가와 역사가들이 주로 정치 (즉 반체제) 영화에 치중하고 미학적인 면은 소홀히 다룬 것은 지극히 당연한 일이었다. 구정치 상황이 직접성과 타당성을 잃은 지금은 그러나, 본래의 예술적 기준으로 다시 돌아와, 1950년대 안제이 바이다의 전쟁 3부작 「세대Pokolenie」, 「지하 수도Kanał」, 「재와 다이아몬드Popiół i diament」, 그리고 「로트나Lotna」, 1960년대의 밀로스 포먼의 3부작 「검은 표트르Cerny Petr」, 「금발 소녀의 사랑Lasky jedne plavovlasky」, 「소방수의 무도회

Hori, ma panenko」, 1980년대 마르타 메사로슈의 〈일기〉 3부작 「아이들을 위한 일기Napló gyermekeimnek」, 「연인을 위한 일기Napló szerellmeimnek」, 「부모를 위한 일기 Napló apámnak, anyámnak」와 같은 진정한 걸작들을 얼마든지 재평가할 수 있게 되었다.

회피 전략

정치 상황과 그에 대한 영화인들의 반응은 전후 동중부 유럽 영화로 하여금 다음과 같은 몇 가지 특징적 전략을 채택하도록 했다

역사주의

헝가리와 폴란드, 그리고 그보다 정도가 조금 약하지만 체코 영화들은 불운과 거역할 수 없는 재앙의 프리즘(그것에 의해 개인과 전체 사회의 운명이 결정되는)을 통해 보이는 자국의 역사에 대해, 지나치게 과대망상적 증상을 종종 보여 주곤 한다. 이런 운명주의의 극복을 위해 지난 수년간, 안제이 뭉크 〔「에로이카Eroica」(1957), 「불운Bad Luck」(1957)〕, 보이테크 야스니〔「9월의 밤September Nights」(1957), 「내 모든 선량한 시골 사람들All my Good Countrymen」(1968)〕, 이르지 멘젤〔「정시에 도착한 기차Closely Observed Trains」(1966), 「갑작스러운 종결Cutting It Short」(1981)〕, 페터 바스코〔「목격자The Witness」(1968), 「망할 놈의 인생Oh, Bloody Life」(1983)〕와 같은 영화인들은 풍자적 거리감과 가끔은 고도로 암시적인 블랙 유머를 이용하는 갖가지 전략을 개발해 냈다 — 이들 영화에서 역사는 여전히 중심적인 위치를 차지하면서도 가끔은 씁쓸하고 카타르시스적인 웃음의 형식으로, 집단 치료 작용을 유발시키는 비극적 코미디의 형태로 나타난다.

다큐멘터리주의

동중부 유럽에서 특히 픽션 영화는 다큐멘터리적 특성과 구체적 현실에 대한 애착이 특징적이고, 그것을 토대로 하여 영화는 다시 사회 진단의 도구로 이용된다. 다큐멘터리와 픽션 사이에는 모순이나 갈등이 거의 존재하지 않고, 이 다큐멘터리로부터 픽션은 늘 영감을 끌어오고 있다. 미클로시 얀초, 안제이 뭉크, 크시슈토프 키에슬로프스키, 그리고 카로이 머크 같은 유명 감독들 대부분이 다큐멘터리 작가 출신이라는 것도 결코 우연은 아닌 것 같다. 그들의 손에서 본래의 〈기록〉은 어느 정도 양식화된 모습으로 다시 태어나지만, 그럼에도 불구하고 그것은 여전히 현실의 사소함에 확고한 뿌리를 두고 있다.

픽션과 다큐멘터리의 난해한 혼합은 특히 그들의 정치 사회적 관심을 점차 공산 당국 쪽으로 돌리고 있던 1960년대 체코 유파의 한 특징이었고, 이러한 특징은 겉으로는 단순해 보이는 포먼의 「소방수의 무도회」, 멘젤의 「변덕스러운 여름 Capricious Summer」(1968), 얀 네메치의 「파티와 손님들 The Party and the Guests」(1966)로부터, 이들보다 이름이 덜 알려진 에발트 쇼름의 「일상의 용기Everyday Courage」(1964), 「사랑의 순교자Martyrs of Love」(1966), 「어느 사제의 종말End of a Priest」(1969)에 이르기까지 광범위하게 나타나고 있다. 선택된 어느 사회의 한 단면을 전반적인 체제의 한 표본으로 분석하는 체코식 모델은 머잖아 알렉산다르 페트로비치, 지보인 파블로비치, 보로 드라슈코비치 같은 유고 영화인들과, 크시슈토프 자누시〔「수정의 구조Structure of Crystals」(1969), 「일루미네이션Illumination」(1973)〕, 마레크 피보프스키〔「순항The Cruise」(1969)〕 같은 폴란드 감독들에게 커다란 영향을 미쳤다. 그 후 10년 뒤, 프라하 FAMU 졸업생이자 「시골 배우들Provincial Actors」(1978)의 작자이기도 한 아그니에슈카 홀란드는 이 체코식 모델을 더욱 정교하게 다듬어 창조적 방향으로 발전시키는 데 성공했다.

문학과의 친연

동중부 유럽 영화에서 문학은 주제, 스타일, 삶에 대한 철학적 관조의 원천으로 상당히 중요하게 인식되고 있고, 체코, 폴란드, 헝가리의 유명 영화 상당수는 고전이나 현대 문학을 영화화한 것들이다. 영화계에서 활동하는 작가들 역시 폴란드, 체코슬로바키아, 헝가리 등지에서 영화 예술 발전에 적지 않은 기여를 해왔다. 일류 작가〔『여름의 마지막 날*The Last Day of Summer*』(1958)의 저자〕이자 영화감독으로, 주로 자기 소설을 영화의 소재로 이용한 타데우슈 콘비츠키와 폴란드 유파의 최고 시나리오 중 몇 편을 쓰기도 한 예지 스테판 스타빈스키가 그 좋은 예이다. 1960년대 이래 체코 영화는 보후밀 흐라발, 요세프 스크보레츠키, 밀란 쿤데라와 같은 작가들에게 상당히 의존해 왔다. 티보르 데리 없이 「사랑Love」(카로이 머크, 1977)과 같은 헝가리 영화의 걸작은 만들어질 수 없었다. 문학과 영화의 이러한 반공생적 관계로 1950년대

안제이 바이다 (1926~2016)

1939년 독일이 폴란드를 침공할 당시 13세였던 안제이 바이다(기병 장교의 아들로 태어났다)는 불과 16세의 나이로 레지스탕스에 입단했다. 해방 후 그는 크라코프의 미술 학교에서 3년간 수학했으나, 1949년 영화 감독이 되기로 결심하고 다시 우치의 영화 학교에 들어가 1952년 졸업 때까지 여러 편의 다큐멘터리를 만들었다. 1954년에는 레지스탕스를 소재로 한 그의 첫 작품 「세대」를, 타데우슈 롬니키를 주연으로, 로만 폴란스키와 즈비그니예프 치불스키를 조연으로 하여 만들었다. 이어 1944년 폭동 당시의 바르샤바 재봉사들을 배경으로 한 「지하 수도」(1957)의 성공에 힘입어 그는 폴란드 영화 학교의 교장으로 임명되었다. 1956년 이후 폴란드에 불어온 상대적 자유화로 바이다는 주인공 마치에크 체우미키 역으로 치불스키가 출연한 한층 뛰어난 작품 「재와 다이아몬드」(1958)를 완결작으로 한 〈바르샤바 3부작〉(그렇게 불리고 있다)을 완성할 수 있었다. 치불스키는 이 영화에서 보여 준 검은 안경과 거칠고 단단한 외모로 일약 국민적인 우상이 되면서, 전후 공산 정권 세대의 영웅으로 떠올랐다. 1967년 기차 사고로 죽은 그의 비극적 인생은 바이다의 「몽땅 세일」(1968)의 주제로 이용되었다.

바이다는 그의 「전투 뒤의 풍경」(1970)으로 2차 대전 중의 폴란드라는 주제로 다시 돌아왔으나, 그와 동시에 나폴레옹 시대의 전쟁을 배경으로 한 「재」(1965)와, 어린이 십자군을 다룬 (영국 영화) 「천국으로 가는 문」(1967)에서와 같이 역사 속으로도 깊이 빠져 들었다. 1960년대의 해빙기에는 「순진한 마법사들」(1960)과 바르샤바의 에피소드를 담은 「20세의 사랑L'amour à vingt ans」(1962)과 같은 참신한 동시대적 영화를 만들기도 했다. 하지만 1970년대에 시작된 억압과 그에 뒤이은 폴란드 자유 노조의 등장과 더불어, 그는 다시 국가적 인물로서의 역할과 〈X〉 영화 앙상블의 지도자, 그리고 폴란드의 과거 스탈린 시대와 신스탈린주의적 현재를, 당국에 비타협적이고 불편한 방식으로 파헤치며, 「몽땅 세일」에서 얻은 형식상의 실험을 정교화한 영화들 「대리석의 사나이」(1976), 「마취제 없이」(1977), 「철의 사나이」(1981) 등을 통해 저항의 중심으로 떠올랐다. 1982년에는 제라르 드파르디외와 함께 걸작 「당통」을 만들었다. 1980년대 중반을 서구에서 거의 반이민자로 살다시피 한 그는 1989년 자유노조가 정권을 잡으면서, 근 40여 년에 걸친 정치 예술의 공로를 인정받아 폴란드 상원 의원이 되었다.

제프리 노웰-스미스
마레크 헨드리코프스키

안제이 바이다의 정치적 갈등에 대한 폭력적인 이야기 「재와 다이아몬드」(1958)에서 2차 대전 말기의 폴란드 레지스탕스 투사 역을 맡은 즈비그니에프 시불스키.

■ 주요 작품

「세대Pokolenie」(1954); 「지하 수도Kanał」(1957); 「재와 다이아몬드Popiół I diament」(1958); 「로트나Lotna」(1959); 「순진한 마법사들Niewinni czarodzieje」(1960); 「삼손Samson」(1961); 「므텐스크의 맥베스 부인Sibirska ledi Magbet」(1962); 「바르샤바Warsaw」(1962); 「재Popioły」(1965); 「천국으로 가는 문Gates to Paradise」(1967); 「몽땅 세일Wszystko na sprzedaź」(1968); 「파리 사냥Polowanie na muchy」(1969); 「전투 뒤의 풍경Krajobraz po bitwie」(1970); 「자작나무Brzezina」(1970); 「필라투스와 안데레Pilatus und andere」(1972); 「결혼Wesele」(1972); 「약속의 땅Ziemia obiecana」(1974); 「그림자 선Smuga cienia」(1976); 「대리석의 사나이Człowek z marmuru」(1976); 「마취제 없이Bez znieczulenia」(1977); 「윌카의 하녀Panny z Wilka」(1979); 「지휘자Dyrygent」(1980); 「철의 사나이Człowiek z żelaza」(1981); 「당통Danton」(1982); 「독일에서의 사랑Eine Liebe in Deutschland」(1983); 「어느 사랑의 연대기Kronika wypadków milosnych」(1986); 「신들린 사람들Les Possédés」(1987); 「코르차크Korczak」(1990); 「왕관 쓴 독수리와 함께 있는 소녀The Girl with a Crowned Eagle」(1992); 「나스타샤Nastassja」(1994).

■■ 참고 문헌

Michałek, Bolesław(1973), *The Cinema of Andrzej Wajda*.

폴란드와 체코 영화는 문학 작품을 스크린에 옮겨 놓는 그들만의 독특한 형식을 발전시킬 수 있었다.

우의적 영화 언어

우의적 영화 언어는 동구권 국가의 영화와 예술에 실시된 가혹한 검열 제도에 그 뿌리를 두고 있다. 수십 년간 영화인들은 검열의 회피 수단으로 사용된 미묘한 은유와 상징, 암시, 억제된 표현, 서브텍스트 등을 통해 대중과의 교류를 이어 갈 수 있었다. 하지만 이것은 또한 난해한 문화적 암호를 만들어 내어, 그러잖아도 복잡한 바이다, 얀초, 콘비키, 예지 스콜리모프스키의 작품에 해외의 관객이 손쉽게 접근하지 못하는 요인이 되기도 했다. 직접적 묘사가 전혀 불가능한 상황에서 검열의 구멍을 빠져나갈 필요가 있을 때마다 영화인들은 여러 다양한 비유와 스타일을 구사하여, 대중과 교류하는 매체를 완벽하게 다듬었다. 이런 방법은, 안제이 바이다의 「재와 다이아몬드」와 「재」(1965, 스테판 제롬스키의 소설을 영화화한 작품)와 「결혼」(1972, 스타니스와프 비스피안스키의 정치적 상징주의 드라마를 각색), 미클로시 얀초의 「적과 백The Red and the White」(1967)과 「붉은 시편Red Psalm」(1972), 언드라슈 코바치의 「종마 사육장The Stud Farm」(1978), 카로이 머크의 「또 다른 방법Another Way」(1982)과 같은 깜짝 놀랄 정도의 예술적 걸작을 만들어 내기도 했다. 이들보다 완성도가 좀 떨어지는 작품으로는 이슈트반 서보의 「아버지Father」(1966), 언드라슈 코바치의 「미로Labyrinth」, 계엄령 이후인 1984년에 만들어진 크시슈토프 키에슬로프스키의 「결말 없음No End」이 있다. 우의적 영화 언어는 폴란드에서 1980년대까지 사용되었다.

예술적 가치

동중부 유럽에서 영화는 〈예술과의 상응*correspondance des arts*〉이라는 낭만주의에서 파생된 개념에서 늘 문학, 연극, 회화, 음악처럼 독자적인 자격을 갖춘 예술로 취급되었다. 1956년 폴란드 영화 학교가 세워진 이래, 예술 영화의 개념은 동중부 유럽 국가들에서 중요한 역할을 해왔고, 영화 역시 상당한 예술적 명예를 누려 왔다. 작가 영화는 상품이 아니라 대중을 겨냥한 현대 예술의 한 형식이다. 이러한 접근법은 예술의 사명감과, 특히 폴란드와 헝가리의 낭만주의 문화 전통에서 유래한 특징인 책임 있는 위치에 있는 예술가라는 개념과 밀접한 관련이 있으며, 공산주의 시절에 더욱 새로워졌다. 그런 의미에서 영화감독도, 사회의 양심을 일깨우고 나라의 중대사를 다룰 것이 요구되는 한 사람의 예술인이 된다. 바이다, 뭉크, 졸탄 파브리, 얀초가 생각한 영화인으로서의 역할도 바로 그것이다. 이들 못지않게 자국의 역사와 문화에 매료되고 그 기억의 영속에 일신을 바친 메사로슈, 예지 카발레로비치, 콘비키, 유라이 야쿠비스코, 로르단 자프라노비치 등도 마찬가지다.

명백히 정치적인 영화라 해도, 당시의 〈첨예한〉 정치 상황으로 그 예술적 가치가 빛을 잃었을 경우, 그 작품은 당시의 평가를 뛰어넘는 훌륭한 예술 작품일 수가 있다. 일례로, 안제이 바이다의 「대리석의 사나이」(1976)는 폴란드를 비롯한 동구권 국가들이 20년간 묵묵히 스탈린 시대를 감싸 왔던 검열의 금기를 깸으로써 유명해졌고, 그로 인해 폴란드에서 수백만의 관객을 동원하고 국제적으로도 명성을 얻게 되었지만, 한편으로 이 작품은 또 그 당장의 결과를 훨씬 상회하는 예술적인 독창성을 지닌 것으로 오래 기억될 것이고, 「대리석의 사나이」가 극장과 텔레비전에서 자주 방영된다면, 그 또한 이 작품의 예술성을 인정하기 때문이며, 따라서 이 영화는 정치적 타당성을 지닌 예술 영화로 폴란드 영화사에 길이 남을 것이다.

폴란드, 체코, 헝가리의 몇몇 영화인들에게 예술성은, 카렐 제만〔「파괴를 위한 발명An Invention for Destruction」(1958)〕, 보이치흐 예지 하스〔「사라고사 사본The Saragossa Manuscript」(1964) ― 얀 포토츠키의 소설을 토대로 만들었다〕, 졸탄 후샤리크〔「신바드Sinbad」(1971)〕, 얀 스반크마예르의 애니메이션〔「공동 주택The Flat」(1968), 「정원The Garden」(1968), 「대화의 차원」(1982), 「앨리스」(1988)〕처럼 고도로 미학적인 작품들에서 나타난 바와 같이 하나의 자주적 가치가 되었다. 예술성에 대한 숭배는 검열 당국을 만족시키고, 회피하고, 또는 싸워서라도 작품을 만들어야 한다는 강박 관념에서 예술가들을 해방시켰다.

연 보

동중부 유럽 국가의 영화 발전 과정은 크게 네 시기로 나누어 볼 수 있다.

1945~1956

1945년의 폴란드, 헝가리, 유고슬라비아, 1948년 체코슬로바키아에서, 소련의 모델에 따른 영화 산업의 국유화는 그 나

미클로시 얀초 감독의 「대결」(1968)에서 대학생들이 경찰과 대치를 벌이는 장면. 1945년 이후 헝가리 역사에 대한 우화적 표현과 거의 매너리즘에 가까운 고전적 영화 스타일을 결합한 작품이다.

름대로 이점도 있었으나, 대단히 무거운, 가끔은 견디기 힘든 부담을 영화계에 안겨 주었다. 국가 투자와 영구적 보조금이라는 명백한 이점은 극단적 중앙 집권화와 당의 행정-이데올로기적 지배라는 무거운 대가로 얻어진 결과였다. 〈진정한 사회주의〉 영화는 돈과 자유 시장 원칙에 좌우되지 않는다는 사실이 영화인들의 예술적 창작에 대한 전적인 자유를 보장한다는 의미는 아니었다. 그 자유는 오직 국가의 후원에 득이 되는 것일 때만 허용되었다. 모든 대본은 제작 허락이 떨어질 때까지 당 공식 기구의 감독, 분석을 받아야 했다. 완성된 영화는 개봉되기 전에 다시 최종 검열을 받았다. 이런 상황은 스탈린 시절에 특히 심했다. 폴란드의 경우에는 1982년까지도 이런 상태가 계속되어, 계엄령하에 개봉된 리샤르트 부가이스키 감독의 「심문Interrogation」 같은 작품은 완전 아수라장 속에서 신스탈린주의자들에 의해 필름이 거의 파손되는 사태에까지 이르러, 그런 종류의 사건으로는 동중부 유럽 영화사의 가장 악명 높은 사례로 남게 되었다.

1940년대와 1950년대의 동구권 영화가 겪어야 했던 이데올로기화의 정도를 고려해 볼 때, 그런 상황에서 어떻게 영화가 그런 엄청난 대중적 인기를 얻을 수 있었는가에 대해 의아해하는 사람이 있을 것이다. 그에 대한 해답은 당시 동중부 유럽과 서구의 근본적인 문화 차이에서 찾아볼 수 있다. 역설적으로 들리겠지만, 대중에 대한 교육은 철의 장막 속에 사는 민중의 문화적 욕구를 일깨움과 동시에, 소위 서구의 제국주의 부르주아 문화에 대한 접근을 거부하는 결과를 초래했다. 문화적 상품에 대한 그들의 자발적 수요는 엄격히 제한된 공급의 양을 훨씬 초과했다. 이데올로기적인 박탈의 시대에, 사람들은 영화의 종류에 상관없이 영화관으로 몰려들었고, 코미디, 전쟁, 빨치산, 스릴러, 스파이 탐정, 모험, 드라마, 심지어는 공장 영화까지도 거기에 담긴 이데올로기적인 메시지에 관계없이 인기를 끌 정도였다. 그런 식으로 동중부 유럽 영화는 전후 첫 10년을 버텨 나갔고, 가끔은 게자 라드바니의 「유럽의 어딘가Somewhere in Europe」(1947), 반다 야쿠보브스카의 「마지막 무대The Last Stage」(1948), 이르지 트른카의 「착한 병사 슈베이크」(1955), 카로이 머크의 「릴리옴피Liliomfi」(1954), 그리고 그 유명한 안제이 바이다의 「세대」(1954)와 같은 우수작들을 만들어 내기도 했다.

1956~1968

1953년에서 1956년에 시작된 해빙과 1956년에 일어난 정치 사회적 사건은 1950년대 후반에 폴란드 영화의 개화를 가져왔고, 그것은 다시 체코, 헝가리, 유고슬라비아 영화의 르네상스로 이어졌다. 폴란드 유파(1956년에서 1960년 사이)와 그에 뒤이은 1960년대의 체코슬로바키아, 유고슬라비아의 뉴 웨이브와 뉴 헝가리안 시네마는 폴란드의 안제이 바이다, 안제이 뭉크, 보이치흐 예지 하스, 예지 카발레로비치, 로만 폴란스키와 예지 스콜리모프스키, 헝가리의 미클로시 얀초와 카로이 머크, 체코슬로바키아의 밀로스 포먼와 이르지 멘젤, 유고슬라비아의 알렉산다르 페트로비치, 두샨 마카베예프와 같은 재능 있는 신진 감독들을 잇달아 배출했다. 이들 영화인들이 세계적 수준의 영화를 만들 수 있었던 것은 탈스탈린 과정과, 예술에 있어서의 사회주의적 사실주의 독트린의 포기에서 직접적으로 기인한 것이었다. 1956년부터 영화인들은, 중간에 물론 약간의 기복이 있긴 했지만, 창작의 자유를 꾸준히 넓혀 갔다. 1955년 6월의 폴란드 영화 개혁으로 시작된 변화는 예술가들에게 상당한 자치권을 부여해 준 독특한 형태의 자치 영화 제작 기구, 영화 제작자들의 앙상블*Ensemble* 발족으로 이어졌다. 〈카드르Kadr〉는 그중 가장 유명한 영화 앙상블로, 1955년부터 1968년까지 활동하면서 바이다, 뭉크, 카발레로비츠, 하스, 쿠츠, 콘비키 등과도 관계를 맺고 있었다. 그 후 〈카드르〉는 앙상블 〈X〉로 이름을 바꾸고 바이다의 지도 아래 1972년부터 1983년까지 활동을 계속했다. 이런 모임은 다른 나라에도 퍼져 나가 특히 페테르 버초가 결성한 부다페스트의 〈오브젝티브Objektiv〉 앙상블은 상당한 명성을 누리기도 했다.

자유의 확대와 더불어 동구권 영화의 국제 영화제 수상과 서방 예술 영화관으로의 진출도 가속화됐다. 바이다의 「지하수도」(1957)와 「재와 다이아몬드」(1958)를 시작으로, 카발레로비츠의 「악마와 수녀The Devil and the Nun」(1961), 로만 폴란스키의 데뷔작 「물속의 칼」(1962)이 연달아 해외에 소개됐다. 〈프라하의 봄〉이 찾아오기 몇 년 전의 체코에서는 밀로스 포먼의 「검은 표트르」(1963), 「금발 소녀의 사랑」(1965), 「소방수의 무도회」(1967), 히틸로바의 「데이지」(1966), 멘젤의 「정시에 도착한 기차」(1966) — 모두 뒤틀린 유머와 야릇한 에로티시즘으로 평범한 일상사에 생기를 불어넣은 작품들이다 — 가 공개되었다. 헝가리의 미클로시 얀초는 「검거The Round-up」(1965), 「적과 백」(1967), 「대결」(1968)에서 서사적 스케일, 노래, 전면적인 카메라 움직임으로 특징지을 수 있는 일련의 국가적 우화를 선보이며, 지금까지는 볼 수 없던 전혀 새로운 스타일의 영화를 내놓았다.

이들 〈동구권〉 영화들이 불러일으킨 관심이 서방에선 철의 장막 뒤에서 벌어지는 점진적인 민주화 과정의 증거로 받아들여졌고, 그 현상으로 득을 본 것은 일단 공산 당국(아니면 최소한 진보주의자들에게만이라도)이었지만, 그것은 또 영화인들에게도 용기를 주어 성공이 가져다준 자유를 더욱 폭넓게 사용하는 계기가 됐다. 하지만 겉으로는 그럴싸해 보인 이 자유는 1956년에서 1960년 사이 활동해 온 폴란드 유파가 1960년 6월 당의 공격을 받고 정치국의 명령으로 해산되면서 완전히 가짜였음이 드러났다. 그에 뒤이은 가혹한 행정-이데올로기적 경직성으로 폴란드 영화는 침체기를 맞게 되었다. 그렇다고, 폴란스키의 「물속의 칼」, 예지 스콜리모프스키의 「낙승Walkover」(1965), 하스의 「사라고사 사본」, 카바레로비츠의 「파라오Pharaoh」(1965), 바이다의 「재」(1965)와 「몽땅 세일」(1968)과 같이 산발적으로 가끔 튀어나오는 비범한 작품들까지 어떻게 할 수는 없었지만, 여하튼 전체적인 분위기는 경직된 상태로 남아 있었다. 「물속의 칼」은 〈반사회주의 영화〉로 낙인찍혀, 폴란스키는 이후 얼마 안 있어 서방으로 망명했고, 스콜리모프스키도 얼마 뒤 그 뒤를 따랐다.

체코슬로바키아에서는 그보다 더 극적인 일들이 벌어졌다. 1968년 봄, 탈스탈린 운동은 이미 기정사실이라는 분위기 속에서 체코 영화는 전례 없는 자유를 만끽하고 있었다. 반체제 영화는 거의 찾아보기 힘들었다. 정치적 주제는 던져 버리고 프라하의 봄이 가져다준 자유만을 소리 높이 구가하는 측이 있는가 하면, 체코의 상황을 그저 묵묵히 비판하는 영화인들도 있었다. 하지만 소련의 체코 침공에 이어, 슬로바키아나 체코 할 것 없이 이런 작품들은 모두 제거되고 말았다. 영화인들도 체코에 남아 허용되는 범위 내에서 활동을 계속한 사람도 있었지만, 밀로스 포먼(이 경우에는 성공적이었다)이나 이반 파세르처럼 서방으로 망명한 사람도 꽤 있었다.

체코의 상황은 또, 소위 〈보류 영화*shelf film*〉로 알려진, 동구권 영화계에 독특한 현상을 불러왔다. 〈보류 영화〉란 완성된 영화가 당국에 의해 (때로는 영구히) 금지 처분받고, 정치성을 이유로 공개가 〈보류된*Shelved*〉 경우를 말한다. 이 정책은 1965년에서 1966년 사이의 동독의 경우처럼, 특히 부분적인 자유화가 탄압으로 이어진 동구권에서 광범위하게 시행됐다. 체코의 경우, 1968년 8월 이전에 제작된 진보적 영화의 보류 판정과 그 뒤에 이어진 엄격한 검열로 예술적 경향은 완전히 소멸해 버렸고, 이후 그것은 다시 소생하지 못했다.

최악의 스탈린주의를 조금은 비껴갈 수 있었던 다민족 국가 유고슬라비아에 있어 1960년대는 새로운 예술적 성숙을 이룬 시기였다. 다큐멘터리의 본고장인 베오그라드(세르비아)와 달리, 자그레브(크로아티아)에서는 1950년대부터 두샨 부코티치와 그의 동료들이 전통 〈디즈니〉 스타일과 다른, 자유분방한 그래픽 스타일의 새로운 애니메이션을 개발해 냈다. 영화 제작이 늘어남에 따라 유고 영화의 국내외 명성도 날로 높아져, 알렉산다르 페트로비치[「나날Days」(1963), 「셋Three」(1965), 「나는 행복한 집시들까지도 만났다I Even Met Some Happy Gipsies」(1967), 「우리 마을에는 비가 온다It Rains in my Village」(1968)]와 지보인 파블로비치[「내가 죽어서 창백해질 때When I'll Be Dead and White」(1967)]와 같은 감독은 대단한 명성을 누렸다. 하지만 대중적 관심의 초점이 된 사람은 누구보다 번개처럼 왔다 번개처럼 사라진 두샨 마카베예프였다. 특히 그의 「남자는 새가 아니다Man Is Not a Bird」(1965), 「전화 교환원The Switchboard Operator」(1967), 「보호받지 못한 결백Innocence Unprotected」(1968)은 공식적 사회주의의 가치에 내재된 성적 억압을 거리낌없이 공격한 것으로 유명하다.

1970년대와 1980년대

동중부 유럽 영화의 사회적 역할은 1970년대와 1980년대에도 계속되어, 프라하의 봄 이후의 체코에서까지, 이르지 멘젤의 「숲 근처의 은둔Seclusion near Forest」(1977), 「갑작스러운 종결」(1980), 라디슬라브 스몰리야크의 「잠들어 있는 야라 침르만Jara Cimrman, Lying Asleep」(1983), 얀 스반크마예르의 「대화의 차원」(1982)과 「지하실 쪽으로Down to the Cellar」(1983), 베라 히틸로바의 「조립식 가옥 이야기Prefab Story」(1979)와 「목신의 늦은 오후The Late Afternoon of a Faun」 같은 우수 영화들이 쏟아졌다. 하지만 1970년대 중반 이래 부상한 쪽은 체코보다는 오히려 슬로바키아 쪽이었다. 슬로바키아 영화는 〈뉴 웨이브〉 기간 중에도 별로 눈에 띄는 존재가 아니어서, 〈프라하의 봄〉 이후의 검열에서도 체코보다는 훨씬 양호한 대접을 받았다. 그 결과, 슈테판 우헤르, 두샨 하나크, 유라이 야쿠비스코 같은 영화인들은 비교적 자유롭게 영화 활동을 할 수 있었다(만하임 영화제 수상작인 하나크의 1969년도 작품 「399」가 정작 체코슬로바키아에서는 상영 금지가 되기는 했지만).

1975년에서 1985년 사이에 만들어진 슬로바키아의 영화 중(소박한 스케일에 비하면 그다지 나쁜 작품은 없었다) 야쿠비스코의 「천 년 벌The Millennial Bee」(1983)은 특히 기억할 만하다. 립토프 출신 피찬트 가족의 일대기를 그린 이 서사적 작품은 떨어지는 별, 녹색비, 거대하게 내리치는 번개의 황홀하도록 감각적인 이미지와 초자연적인 영상의 일대 향연장이라 할 만하다. 이 영화는 자연과의 접촉, 그리고 일개 벌의 생명보다는 훨씬 영속성이 있는 어떤 존재와의 감정적 교류를 통해, 근면한 슬로바키아 인들을 계속 괴롭혀 온 운명을 역사적이고 철학적인 차원으로 고찰하여, 궁극적으로 미래에 대한 희망을 갖도록 유도한 작품이다.

한편, 온갖 잡다한 검열과 핍박에 시달리던 1970년대 중반의 폴란드에서는 윤리적 문제와 개인과 사회, 개인과 국가와의 관계에 특별히 초점을 맞춘, 도덕 영화*Cinema of Moral Concern*라는 새로운 영화 장르가 생겨났다. 이 경향의 주요 작품들로는 바이다의 「대리석의 사나이」(1976)와 「마취제 없이」(1977), 마르셀 워진스키의 「우리가 사는 법How Are We to Live」(1977), 자누시의 풍자극 「위장Camouflage」(1976)과 「불변의 요소Constant Factor」(1980), 키에슬로프스키의 「상처The Scar」(1976)와 「카메라 버프Camera Buff」(1979), 아그니에슈카 홀란드의 「시골 배우들Provincial Actor」(1979), 펠릭스 팔크의 「두목Top Dog」(1977)이 있다.

폴란드 자유노조 운동을 계기로 영화의 초점은 다시 정치로 옮겨 갔다. 한 다큐멘터리팀은 1980년 8월에 일어난 그단스크 조선소 파업 과정을 생생히 기록한 작품을 만들었다(「노동자 80Workers 80」). 키에슬로프스키와 홀란드 같은 주요 감독들도 당시의 정치적 소요를 영화화하며, 노조 운동에 적극적인 관심을 표명했다. 하지만 그중에서 단연 뛰어난 작품은 칸 영화제 황금종려상에 빛나는 안제이 바이다의 「철의 사나이」와 스탈린식 비밀경찰에 의한 악몽 같은 테러를 그린 리샤르트 부가이스키의 「심문」(1982)이었다.

계엄령 해제와 더불어 폴란드 영화도 점점 상업적으로 변해 갔다. 하지만 그런 분위기도 자누시의 「고요한 태양의 해The Year of Quiet Sun」(1983), 비스와프 사니예프스키의 「감시Surveillance」(1984), 키에슬로프스키의 「결말 없음」(1984) 같은 걸작들의 등장을 막지는 못했다. 그때까지는 외국에 별로 알려지지 않았던 키에슬로프스키는 모세의 십계명을 주제로 한 텔레비전 시리즈「십계Decalogue」(1988~90) — 그 중「살인에 관한 짧은 필름A Short Film about Killing」과「사랑에 관한 짧은 필름A Short Film about Love」은 해외에서도 개봉되어 크게 호평을 받았다 — 로 일약 유명 감독이 되었다.

개혁 정책으로 1980년대 말까지 자유주의와 시장 경제로의 이행을 비교적 순탄하게 이끌어 간 정부 당국에 힘입어, 헝가리의 상황은 다른 나라에 비해서 훨씬 조용한 편이었다. 한편, 얀초는 1970년대 초에도「붉은 시편」(1972),「엘렉트라 Elektreia」(1974)와 같은 정치 우화 시리즈를 계속 발표했다. 그는 또한 이탈리아-유고 합작 영화「사적인 악, 공적인 선 Private Vices, Public Virtues」으로 잠시 서방으로 외도를 했다가 다시 돌아와「알레그로 바르바로Allegro Barbaro」와「헝가리 광시곡Hungrian Rhapsody」(두 작품 다 1978)을 만들었다. 하지만 이제 그는 더 이상 헝가리 인으로, 해외에서 명성을 누리는 유일한 감독은 아니었다. 게다가 기성 감독으로 확고한 입지를 굳힌 카로이 머크와 페테르 버초 외에도, 팔 가보르[「안지 베라Angi Vera」(1978)], 언드라슈 코바치[「종마 사육장」(1978)] 같은 참신한 신예들까지 등장하고 있었다. 하지만 1980년대 헝가리 영화의 두 대들보는 누가 뭐라 해도 오스카상 수상작「메피스토Mephisto」(1981)와「레들 대령Colonel Redl」(1984)을 만든 이슈트반 서보와 마르터 메사로슈였다.

모스크바에서 수학하고 1960년대에 영화계에 입문한 메사로슈가 처음으로 세계적인 주목을 받은 작품은「어돕션 Adoption」(1975)이었다. 서방의 추종자들이 붙여 주는 페미니스트란 명칭을 본인은 늘 부정하고 있기는 해도, 그녀가 (베라 히틸로바를 제외한다면) 정치와 개인적 삶의 관계를 여성의 관점으로 바라본 영화를 만든, 동구권 최초의 여성 감독이라는 데는 의문의 여지가 없다. 사실주의와 낭만주의적 관점을 혼합한 그녀의 1970년대 영화들은 주로 여성들이 겪는 하루하루의 고난을 동정적인 시각으로 파헤친 것들이 대부분이다. 최근 들어 그녀의 이러한 관심은 특히 〈일기〉 3부작 (1982~90) —「아이들을 위한 일기」,「연인을 위한 일기」,「부모를 위한 일기」— 에서 자전적이고 감정적인 요소가 더욱 증대되어, 개인적 고통에 대한 직면만이 아니라 1956년 혁명의 진압을 비롯한 역사적 문제와도 화해하는 모습을 보여주고 있다.

오랫동안 유고 영화의 등불 역할을 해온 알렉산다르 페트로비치는 1972년에 그의 유작인「거장과 마르가리타The

로만 폴란스키가 영국에서 만든 첫 영화「혐오」(1965)에서의 카트린 드뇌브.

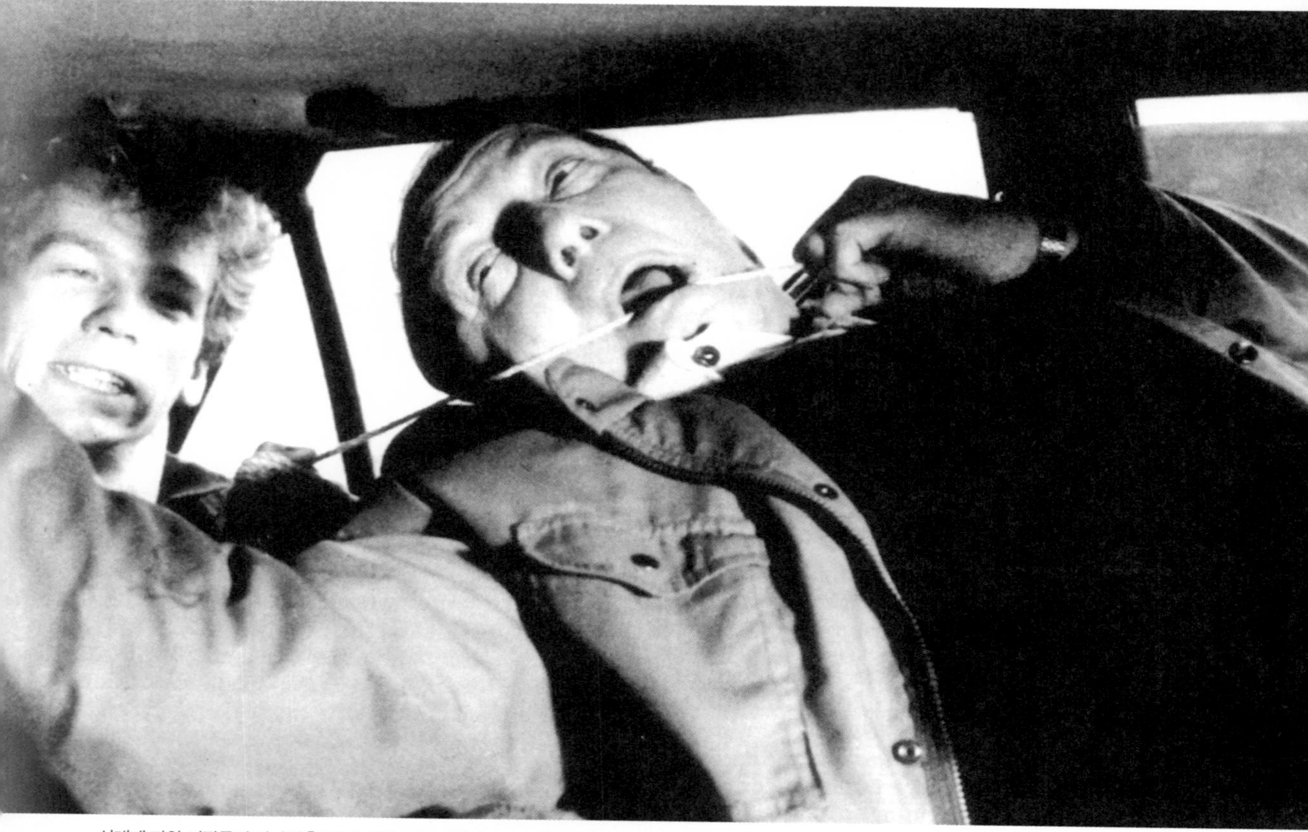

십계에 관한 연작물의 하나인 「살인에 관한 짧은 필름」(1989)의 한 장면. 크시슈토프 키에슬로프스키 감독에게 국제적인 연출 경력을 갖게 해준 연작이다.

Master and Margarita」를 만들었다. 바로 한 해 전에는 두샨 마카베예프가 「W. R.: 유기체의 신비W. R.: Mysteries of the Organism」(빌헬름 라이히의 『오르가슴의 기능*The Function of the Orgasm*』에서 약간의 힌트를 얻은 작품이다)를 만들어, 성해방주의자로서의 허용의 한계를 시험해 본 뒤 미국으로 떠났다. 이들의 상실은 새로운 세대의 등장을 불러와 로르단 자프라노비치[「26장면에 등장Occupation in 26 Scenes」(1978)과 「저녁 종Evening Bell」(1986)]와 스르디얀 카라노비치[「야생화의 향기The Scent of Wild Flowers」(1978), 「페트리야의 화환Petrija's Wreath」(1980), 「목 안 가득한 딸기A Throatful of Strawberries」(1985)] 같은 뛰어난 신예를 탄생시켰다. 하지만 해외에서의 지명도로만 따지자면 역시 최고의 자리는 「돌리 벨을 기억하나요Do You Remember Dolly Bell」로 1981년 베네치아 영화제에서 황금사자상을 수상하고, 「아빠는 출장 중When Father Was away on Business」으로 1985년 칸 영화제에서 황금종려상을 수상한 에미르 쿠스트리차에게 돌아가야 마땅할 것이다. 이후 쿠스트리차는 「집시의 시간Time of the Gypsies」(1989)으로 다시 한 번 세계적 수준의 유럽 감독임을 입증했다.

망명

전후 소련권 국가들에 행해진 그 숱한 정치적 탄압에도 불구하고 망명의 길을 택한 영화인들이 거의 없다는 사실은 분명 놀라운 일이 아닐 수 없다. 망명의 길을 택한 사람이 있다 해도, 본국에서 누린 만큼의 성공 — 아니면 1920년대 러시아와 1930년대 독일에서 탈출한 선배 망명자들의 성공이라 해도 좋고 — 을 거둔 사람은 극히 드물었다. 하지만 영구히 — 혹은 영구적이라고 해도 좋을 — 망명한 인물들 중 최소한 4명, 폴란드의 로만 폴란스키와 예지 스콜리모프스키, 체코슬로바키아의 밀로스 포먼, 유고슬라비아의 두샨 마카베예프만은 예외적 존재에 속한다. 이들 중 폴란스키와 포먼은 서구에서 뚜렷하게 자신들의 입지를 굳혔다.

1960년대에 한동안 스콜리모프스키는 철의 장막 안팎에서의 활동을 시도해 보기도 했으나, 자신의 반스탈린 영화 「장벽Barrier」(1967)이 폴란드에서 상영 금지당하는 것을 보고는 더 이상 그곳에 미래가 없다는 판단을 내렸다. 이후 그의 활동 영역은 미국, 벨기에, 프랑스, 독일, 영국으로 이어졌다. 그는 자신의 입지를 마련하는 데 무척이나 애를 먹었는데도, 행동의 뉘앙스를 파악하는 날카로움으로, 영국을 배경으로 한 역작을 최소한 2편 —「딥 엔드Deep End」(1970)와 「문라이팅Moonlighting」(1982) — 은 만들었다.

로만 폴란스키 역시 영국에서, 2편의 반초현실주의적 작품 「혐오Repulsion」(1965, 카트린 드뇌브 주연)와 「막다른 골목」(1966)을 만든 뒤 미국으로 자리를 옮겼다. 「혐오」에서 런던이라는 낯선 도시에 투영되었던 외국인의 시각은 로스앤젤레스를 소재로 한 영화 중의 최고작이라 해도 좋을 「차이나타운」(1974)에서 더욱 효과적으로 표현되었다. 하지만 폴란스키의 가장 특징적인 점은 역시 폴란드의 억압적 상황에서는 쉽게 시도해 보지 못했을, 성적 공포의 스트레스에 시달리는 인물들(특히 여성들)에 대한 관음증적이고 사디즘적인 접근과 그것을 바라보는 잔인한 시각에 있다.

폴란스키와 달리 포먼은 기질부터가 우선 온화한 감독이다. 미국에서 만든 그의 첫 영화 「가출Taking Off」(1971) 역시 체코 영화에서 보여 준 그런 섬세한 관찰력으로 미국의 가정과 10대의 반란을 그린 작품이다. 이후 그는 여러 다양한 주제를 섭렵했다. 온전함과 광기 사이의 미묘한 경계에 대한 그의 관심은 「뻐꾸기 둥지 위로 날아간 새」(1975)와 「아마데우스Amadeus」(1984) 같은 역작을 만들어 내기도 했으나, 그 밖의 다른 작품에서는 초기작에서 보여 준 스타일의 일관성을 거의 유지하지 못했다.

공산 체제 이후

1989년의 정치적 변화에 이어, 폴란드, 헝가리, 체코와 슬로바키아 공화국, 그리고 급속히 와해 중인 유고슬라비아 영화는 완전히 새로운 국면으로 접어들었다. 정치 검열은 사라졌으나, 특히 체코 공화국과 헝가리의 시장 경제로의 전환은 국가 보조금의 대대적 삭감과 자국 영화 제작의 급격한 감소를 몰고 왔다. 이전의 유고슬라비아를 구성했던 나라들(슬로베니아만 제외하고)의 영화 제작은 나라 전체가 내전으로 빠져들면서 거의 재난에 가까운 감소율을 기록했다.

폴란드의 경우는 그래도 국가 보조금 제도가 어느 정도 살아 있는 상태여서 다른 나라보다는 형편이 나은 편이었다. 1992년에만 30편이 넘는 영화가 만들어졌고, 1993년에도 비슷한 수준을 유지했다. 헝가리, 체코, 슬로바키아 공화국의 경우는 그러나 국가 보조에 의한 제작이 줄어들면서 거대한 시설이 그냥 놀고 있었고, 서방 영화사와 텔레비전 방송국들에 시설을 대여하면서 그나마 붕괴만 간신히 모면한 상태였다.

공산 정권 이후 동구권 나라들은 점차 합작을 통해 생존의 길을 모색하려고 했다. 과거에도 동서 간의 합작이 없지 않았으나, 그때는 늘 국가적인 것을 내용으로 하는 영화에 우선권을 주어야 했다. 그런데 합작이 이제 불가결한 것으로 떠오르고 보니, 다행스러운 일이기는 하되 약간 혼란스럽기도 한 것이 한편으로 그것은 악전고투 중인 영화 산업에 생명줄을 제공해 주었지만, 또 한편으로는 영화업계의 평준화와 균질화를 가져오면서 결과적으로 개인의 창의력과 국가의 특수성에 위협을 가하게 되었기 때문이다. 영화의 국제화는 작품의 성격을 변질시키고, 특히 오늘날과 같이 상업물이 판치는 세상에서는 그들의 문화적 정체성을 위협하는 요소가 되었다.

한편 뚜렷한 예술성을 지닌 영화들도 국가적 차원, 혹은 합작 형식을 통해 계속 만들어졌다. 그중 특히 언급하고 넘어갈 작품들로는 크시슈토프 키에슬로프스키의 「베로니카의 이중생활La Double vie de Véronique」(1991), 스르디얀 카라노비치의 「버지니아Virginia」(1991), 아그니에슈카 홀란드의 「유로파, 유로파Europa, Europa」(1991), 이슈트반 서보의 「비너스 만나기Meeting Venus」(1991), 크시슈토프 자누시의 「침묵의 접촉The Silent Touch」(1992), 그리고 프랑스 자본으로 만들어진 에미르 쿠스트리차의 「애리조나 드림Arizona Dream」(1991)이 있다. 재미있게도, 보스니아 출신의 망명 영화인 쿠스트리차가 해외에서 그 영화를 찍고 있을 때, 프랑스 다큐멘터리 작가 티에리 라발레와 알랭 페라리는 그들의 혼란스러운 다큐멘터리 「사라예보가 죽은 날Un jour dans la mort de Sarajevo」을 사라예보에서 찍고 있었다는 사실이다. 이제는 동중부 유럽 영화에서 그런 패러독스들이 없어지게 될까? 이들 국가가 지니고 있는 인재의 무한함과 강한 민족적 전통으로 보아, 어느 정도의 소생은 가능할 것으로 보인다. 하지만 서유럽의 작은 나라들도 이미 터득했듯, 보호 제도나 보조금 없는 영화 제작은 협소한 자국 시장을 떠난 외국과의 치열한 경쟁에서는 살아남기가 쉽지 않다.

참고 문헌

Goulding, Daniel J.(ed.)(1989), *Post New Wave Cinema in the Soviet Union and Eastern Europe.*

Liehm, Miram, and Liehm, Antonin J.(1977), *The Most Important Art: Eastern European Film after 1945.*

Michałek, Bolesław, and Turaj, Frank(1988), *The Modern Cinema of Poland.*

해빙 이후의 러시아

비다 존슨

스탈린의 유산

영화에 대한 공산당과 스탈린의 개인 지배가 1930년대부터 1950년대까지의 소련 영화(예술 형식으로서) 발전에 치명적이었다는 것은 재론의 여지가 없는 사실이지만, 그럼에도 불구하고 1930년대의 소련 영화는 영화에 보여 준 정부의 지대한 관심과 메이저 스튜디오로 흘러 들어온 재원이 없었다면 결코 거대 산업으로 성장할 수 없었다. 영화는 대중 교화를 위한 정치 이데올로기의 도구이자, 할리우드를 모방한 대중 오락의 수단이기도 했다. 지금까지 나온 소련 영화의 최고 인기작 속에는 1930년에 만들어진 바실리예프스의 「차파예프」(1934)와 그리고리 알렉산드로프의 「볼가-볼가」(1938) 같은 고전물들이 들어 있다. 스탈린 통치 말년의 〈한 줌의 영화 *few films*〉 시절에는 그 당시 만들어진 극소수의 기념비적이고, 장황하며, 따라서 지루한 서사극일 수밖에 없는 작품들이 수행해 내지 못한 대중의 오락적 요구를 이들 영화와 서구의 〈트로피*trophy*〉 영화들이 대신 충족시켜 주었다. 역설적이게도, 그 자신이 대단한 영화팬이었던 스탈린 덕분에 1930년대의, 특히 대도시 러시아 인들은 열렬한 영화광으로 변해 갔다. 영화의 인기, 새로운 영화를 갈망하는 억압된 욕구, 막강한 제작 능력, 후속작이나 데뷔작을 어서 빨리 만들어 내고 싶어 조바심을 내던 다수의 역량 있는 감독, 시나리오 작가, 카메라맨(VGIK나 국립영화제작총연맹All-Union State Institute of Film-Making에서 국비로 공부한), 이 모든 요소들이 스탈린 사후의 급속한 영화 부활에 대한 설명이 된다.

1956년에서 1960년대 초까지 소련 영화는 가끔은 엄청난 센세이션까지 일으키면서 국제 영화제의 주요 부문에서 매년 수상했다. 하지만 최근의 국영 영화 산업의 해체(특히 모스필름Mosfilm과 같은 대형 스튜디오들)와 자본주의화 과정에서 생겨난 영화 제작의 민영화로, 소비에트 이후의 영화 산업은 스탈린의 한 줌의 영화 시절보다도 한층 심각한 타격을 받고 있다.

영화인과 비평가들(진보적 정치 성향을 띤 사람들까지도) 중에는 소련의 영화 산업을 관리하는 정부 조직이었던 고스키노Goskino의 역할을 재평가하는 사람들이 생겨났다. 고스키노의 일면을 살펴보면 잘 알려진 대로 창작성까지도 지배하는 영화 지도부의 참견, 예술가들에 대한 강권, 재원의 불합리한 배분, 검열 제도와 독창성에 대한 처벌, 권위주의적 태도, 관료주의 등이었다. 하지만 다른 측면도 있었으니 세계 5위권 안에 들 수 있는 다국적 영화 전문인의 양성, 제작과 배급에 있어서 실험 영화와 예술 영화를 시도할 수 있을 정도의 넉넉한 보조금, 그루지야, 라트비아 같은 소비에트 연방 내의 다른 국가와 사회주의 국가들(폴란드, 헝가리, 체코슬로바키아)에서의 영화 교육의 장려, 창조적 인재의 육성, 영화인들의 물질적 속박으로부터의 자유, 업계 다른 부문과의 연계 등을 들 수 있다. 스탈린 시대에는 첫 번째 부분이 우세했으나 스탈린 사후 해빙기에는 나중의 실제적인 면이 훨씬 더 부각되었다.

해빙

해빙이라는 용어는 원래 작가 일리야 에렌부르그의 1954년 작품에서 유래된 것이었으나, 머지않아 모든 예술 분야에 동일한 기준으로 적용되었다. 작가들은 예술에서 〈진실〉과 〈참됨〉, 그리고 개별적 인간에 대해 새로운 관심을 갖기 시작했다. 그렇다고 사회주의적 사실주의를 전면적으로 부정하는 것은 아니었고 단지 거기에 좀 더 부드럽고 개별화된 인간적 모습을 부여하자는 것이었다. 예술가와 대중은 역사를 재탕한 것에 불과한 극도로 단순화된 기념비적 작품 속의 판에 박힌 주인공들에게 모두 넌덜머리를 냈다. 1956년 제20차 소련 공산당 전당대회에서 스탈린의 〈개인 숭배〉에 대한 후루시초프의 비난이 있고 난 뒤, 해빙은 정치와 문화생활 전반에 그 위력을 발휘하기 시작했다. 1956년에는 이미 해빙의 첫 작품들이 등장하기 시작했고, 이후 10년(1957~67)을 영화 비평가들은 진보적 〈60년대 세대*shestidesyatniki*〉가 영화를 주도한 시기로 평가했다.

이 별칭은 그들의 연령이 아니라, 새로운 영화 스타일과 주제 의식을 보고 붙인 이름이었다. 아닌 게 아니라 이 그룹에는 미하일 칼라토조프, 미하일 롬과 같은 1920년대와 1930년대에 활동을 시작한 기성 감독들, 그리고리 추흐라이처럼 전쟁과 한 줌의 영화 시대로 인해 학업과 영화 데뷔가 늦어진 참전 퇴역병, 안드레이 타르코프스키와 안드레이 콘찰로프스키처럼 1950년대 말과 1960년대 초 VGIK 졸업과 함께 산뜻하게 영화 데뷔를 한 다수의 젊은 인재들이 모두 망라되어 있었다. 이들 감독이 제출한 계획안이 행정 당국(스탈린 체제의 변화에 목말라 있던)의 신속한 승인을 받아 냄에 따라, 영화 제작은 1950년대 초에 연간 10편 미만이던 것이 1954년에는 40편, 1950년대 말에는 다시 100편으로 늘어날 정도로 급속히 증가하기 시작했다.

이후에도 영화 제작은 1970년대와 1980년대에 연간 140~150편을 만들 정도로 계속 늘어났고, 그 대부분은 러시아, 특히 모스크바와 레닌그라드 스튜디오들에서 만들어졌다. 한편 1960년대에는 스탈린 시절 탄압받았던 국가 영화 전통의 부활과 함께 지역 스튜디오들의 활동도 재개되었다. 지역 스튜디오들의 활동이 특히 두드러진 곳은 비타우타스 잘라케비치우스 감독의 본거지 리투아니아와 세르게이 파라자노프와 유리 일리엔코〔촬영 감독에서 감독으로 변신했는데, 「검은 점이 있는 흰 새Belaya ptitsa a chernoy otmetinoy」(1971)를 연출했다〕가 도브젠코의 전통을 잇고 있던 우크라이나였다.

해빙기 영화에 나타난 서구적 요소는 주로 〈진지한〉 영화들에 집중되는 경향이 강했고, 국제적 주목을 받은 장르도 주로 그런 영화들이었다. 그중에서 특히 엘다르 랴자노프(지난 40년간 가장 많은 작품을 만들고 또 성공한 감독의 한 사람이었다)의 1956년 데뷔작 「카니발의 밤Karnavalnaya noch」은 엄청난 성공을 거둔 히트작이 되었다. 코미디 영화는 2차 대전 뒤에 사라졌다가 1950년대에 들어 그에 대한 열망이 너무도 강렬해진 나머지, 공산당 간부들까지 부활을 요구할 정도였다. 「카니발의 밤」은 열렬한 콤소몰Komsomol 청년 그룹이, 고위층의 힐책이 두려워 장소에 어울리지 않는 촌스러운 공산당 슬로건을 끼워 넣음으로써, 문화관에서의 파티를 심각하고 교육적이고 도덕적인 것으로 만들려 하는 40대 중반의 자만심에 빠진 뚱보 관료들에 대항하여, 재미난 송년 파티를 계획하는 모습을 그린 영화였다. 무성 영화 시절부터 인기를 누려 온 유명한 코미디 배우 이고르 일린스키는 구역질 나는 관료 역을 알렉산드로프의 1938년 코미디 「볼가-볼가」에서부터 계속해 왔다. 「카니발의 밤」의 인기는 수십 년간이나 계속됐다.

〈글라스노스티*glasnost*〉 이전까지만 하더라도 의심조차 품을 수 없었던 관료적 공산주의 체제에 대해, 소련의 감독과 관객들은 코미디 영화를 통해 그것을 조롱할 수는 있게 되었다. 코미디는 무척 재미있고 정신 건강에 좋았을뿐더러, 소련인의 삶과 변화하는 사회 정치적 문제를 반영해 주기도 했다. 랴자노프는 이후에도 여러 히트작을 터트려서 평단과 대중, 엘리트 모두로부터 열렬한 환호를 받았고, 「자동차 조심 Beregis' avtomobila」(1965), 「오피스 로맨스Sluzhebny roman」(1978), 「두 사람을 위한 기차역Vokzal na dvoikh」(1983), 「잊어버린 플루트의 멜로디Zabytaya melodiya dlya fleyty」(1987), 그리고 가장 최근작 「약속의 천국 Nebesa obetovannye」(1992)과 같은 작품들은 지난 40여 년간 사람들이 가장 많이 본 영화의 목록에 올라 있다.

랴자노프 외에도 성공한 코미디 감독은 많았다. 소련 밖에는 전혀 알려지지 않은 레오니드 가이다이 역시 가볍고 종종 왁자지껄한 코미디를 만들어 1960년대와 1970년대 관객들에게 즐거움을 선사했다. 유명한 코미디언 레프 니쿨린이, 아내에 의해 먼저 평온한 휴양지로 가게 되는 책만 파는 실수투성이 경제학자 역으로 출연한 「다이아몬드 팔Brilliantovaya ruka」이 바로 그 같은 경우였다. 이 영화는 다이아몬드가 들어 있는 남의 깁스를 모르고 자기 팔에 걸치는 바람에 다이아몬드 도둑 사건에 휘말리게 된 경제학자를 경찰이 도둑을 잡는 미끼로 이용하면서 우스꽝스러운 추격전이 벌어지게 되고, 그 과정에서 단순한 러시아 인들과 관료들을 함께 웃음거리로 만든다는 내용의 작품이다.

소련 영화를 다시 세계 무대(먼저 칸 영화제에)에 복귀시킨 영화는 인간에게 초점을 맞추고 획일적 공산 체제의 덕목을 멸시하는 내용으로 소련의 역사를 재조명한 것이 대부분

해빙: 그리고리 추흐라이의 두 번째 장편 「어느 병사의 노래」(1959). 2차 대전 중 러시아의 보통 사람들이 당한 고통과 상실을 다루고 있다.

이었다. 10여 년의 냉전 체제 끝에 나온 소련 영화의 진지하고 정감 어린 서정성은 서방 사람들을 깜짝 놀라게 했다. 국내외의 인정을 가장 먼저 받은 작품은 무성 영화를 리메이크한 그리고리 추흐라이의 데뷔작 「마흔한 번째Sorok pervy」(1956)였다. 내란 중에 꽃핀 적군 여성 장교와 백군 포로와의 진퇴양난에 빠진 사랑은 의무를 택한 그녀가 마흔한 번째 적을 죽임으로써 비극으로 끝나게 된다는 내용으로, 러브 스토리이긴 하지만 사랑과 의무 간의 갈등보다는 인물들의 복잡한 감정에 그 초점을 맞추고 있다. 해빙에 관한 광범위한 저술을 남긴 소련의 저명한 문화-영화사가 레프 아닌스키(1991)는 이 영화를 〈인간 육체에 대한 예찬…… 사랑의 찬가〉, 〈정신성〉으로 가득 차 있어, 이 모두가 서로 균형 있게 혁명적 주제로 흘러 들어간 작품이라고 격찬했다.

1956년에는 소련 영화의 새로운 유행을 창조해 낸 영화가 최소한 2편은 만들어졌다. 니콜라이 오스트로프스키가 쓴 공산주의 교본이라고 할 수 있는 『강철은 어떻게 단련되었는가』를 로맨틱하게 개작한 알렉산드르 알로프와 블라디미르 나우모프의 「파벨 코르차긴Pavel Korchagin」과 마를렌 후치예프와 펠릭스 미로네르의 데뷔작 「자레츠나 거리의 봄Vesna na Zarechnoy ulitse」이 그것이다. 젊은이의 사랑과 인생을 소재로 한 후치예프 작품들 중의 첫 번째인 이 영화는 젊고 순수한 여선생과 그녀의 유혹을 물리치는 성숙한 학생에 관한 이야기이다. 이 영화는 러브 스토리의 마지막 과정을 결론 없이 힌트만 주고 끝냄으로써, 소련 도시 환경 속에서의 풍부한 물리적 묘사를 통해 주인공들에게 현실감을 부여하면서도 무한한 감정의 세계를 펼쳐 보이는 효과를 주었다. 이 영화는 또한 서로 다른 별개의 유행을 탄생시키기도 했는데, 감상적인 청춘 사랑 영화의 봇물을 터지게 했고, 더 중요한 것은 심리 상태와 시적 정신에 대한 표현의 길을 열어 놓았다는 것이다.

후치예프의 최고작이면서 가장 뜨거운 논쟁을 불러일으킨(잘리고 재편집되어서 「나는 스무 살Mne dvadtsat let」

(1962~5)로 제목이 바뀌어 공개된] 「레닌 게이트Zastava Ilyicha」는 새롭게 태어난 수도 모스크바에서 출세가도를 향해 달리는 3명의 젊은이를 다룬 아주 복잡한 줄거리의 작품이다. 이 영화에서 모스크바는 젊은이들 못지않게 희망과 별들로 가득 차 있다. 해빙이 일시적 현상에 불과했다는 첫 번째 징후는 스튜디오의 이 영화에 대한 공격, 검열, 그리고 훼손으로 나타났다.

해빙기에는 주로 성년에 이른 젊은이와, 전쟁의 영광이 아닌 인간의 대가에 초점을 맞춘 전쟁에 대한 수정주의적 시각이 영화 주제로 다뤄졌다. 이들 주제를 미묘하게 다룬 「나는 스무 살」 이전에도 이미 이 주제는 1950년대 말에 세계적 인정을 받은 바 있는 전쟁 3부작 칼라토조프의 「두루미가 날다」(1957), 추흐라이의 두 번째 작품 「어느 병사의 노래」(1959), 미하일 숄로호프의 단편 소설을 영화화한 세르게이 본다르추크의 데뷔작 「어느 남자의 운명Sudba cheloveka」(1959)에서 날카롭게 제기된 바 있다.

이들 영화를 통해 관객은 소련의 모든 가정에 미친 2차 대전의 고통과 상실감을 함께 나누며 일종의 카타르시스를 느꼈다. 이들 영화는 스탈린 통치 말기에 만들어진 전쟁 서사극의 인위적 영웅주의는 거부하고, 「무지개」(1944)처럼 전시에 만들어진 작품의 정서적인 면만을 새로이 부각시켰다. 하지만, 전시 영화의 러시아 군인들이 백색 군복으로 위장하고, 그에 걸맞은 상징적인 백색의 겨울 풍경 속에서 독일군과 싸워 이긴 것과 달리, 해빙기 전쟁 영화의 병사들은 진창에 빠진 채 악전고투하는 모습만을 보여 주었다. 잿더미와 진흙투성이의 황량한 풍경은 전쟁은 결코 명예로운 것이 될 수 없다는 전쟁에 대한 새로운 시각을 보여 준 장면이었다. 영화의 초점도 〈인민〉을 단결시킨 공동의 투쟁과 승리에서, 전쟁이 초래한 개별적 인간과 그들 관계의 희생 쪽으로 옮겨 갔다.

1957년 칸 영화제 황금종려상 수상작인 「두루미가 날다」에서 주인공 보리스는 소택지를 터덜거리며 걸어가던 중 보이지 않는 적의 총탄을 맞고 쓰러진다. 죽어 가는 그의 의식 속으로, 이제는 결코 이루어질 수 없는 고향에 두고 온 베로니카와의 결혼식 장면이 스쳐 간다. 이 〈전쟁〉 영화는 이제 고통과 변화 — 밝고 명랑하고 순진했던 처녀에서, 감정이 죽어 버린, 그리하여 전쟁 상이용사를 돕고 그들과 더불어 고통과 슬픔을 나눔으로써, 그리고 자기 연인과 같은 이름을 가진 보리스라는 어린 소년을 죽음에서 구해 줌으로써 마침내 구원을 얻는다는 — 를 경험하는 베로니카의 이야기로 옮겨 간다.

지극히 멜로드라마적인 줄거리임에도 불구하고, 이 영화는 알렉세이 바탈로프와 타티아나 사모일로바(보리스와 베로니카 역)의 탁월한 연기와 역동적인 촬영에 힘입어 1950년대 소련 영화의 최고봉이 되었다. 국제적인 명성 면에서도 이 작품을 능가한 것은 전시의 젊은이를 주제로 한 점은 같으나 표현 면에서 전혀 새로운 방식을 선보인 안드레이 타르코프스키의 데뷔작 「이반의 어린 시절Ivanovo detstvo」(1962) 밖에 없었다.

「이반의 어린 시절」에서 타르코프스키는 젊은 정찰병의 공훈과 그에 따른 필연적 죽음이라는 어딘지 모르게 초연하고 사실주의적인 분위기로 전쟁을 이끌어 가면서, 중간중간 행복했지만 너무 짧았던 어린 시절과 전쟁 통에 잃어버린 어머니와 누이에 대한 꿈을 간간이 섞어 넣고 있다. 그 당시의 다른 수정주의적 전쟁 영화와 다를 바 없이 이 작품도, 화면 밖 음향으로만 알 수 있는 전투의 암시와 잿더미로 화한 경치(물리적으로보다는 정신적으로 나타내는) 이외에는 이렇다 할 액션 장면이 전혀 들어 있지 않다. 하지만 「이반의 어린 시절」을 특별하게 만든 점은 바로 타르코프스키의 시청각적 표현 방식과 풍부한 스타일에 가끔은 표현주의적이기도 한 촬영과 사운드, 그 모두를 이용하여 이반의 두 세계, 즉 자연의 싱그러운 이미지와 아름다운 소리로 가득 찬 맑고 명료한 꿈의 세계와 황폐하고 소리 없는 자연과 더불어 깊은 그림자가 드리워진 컴컴하고 일그러진 현실의 세계를 날카롭게 대비시켜 준 탁월함에 있다. 이반은 전쟁으로 어린 시절을 박탈당하고 죽은 가족에 대한 복수심으로 마음이 뒤틀린 애늙은이이다. 타르코프스키가 스타일과 젊은 주인공의 표현력에서 독창성을 발휘하고 있던 그때, 다른 한편에서는 어린이의 경험을 중시하는 방식들 — 특히 데뷔작이나 영화 학교 졸업 작품에서 — 이 인기를 끌고 있었다(당시 특징을 아닌스키는 〈소아광*paedomania*〉이라는 용어로 표현하고 있다). 특히 알베르트 라모리세의 「빨간 풍선The Red Balloon」의 영향을 받은 감독들은 삶의 경험이나 정치 혹은 이데올로기의 부담에서 해방된 구김살 없는 어린이상을 추구한 작품들을 만들었다. 마를렌 후치예프의 「두 명의 페도라Dva Fedora」(1959), 그루지 다넬리아와 이고르 탈란킨의 「세료자Seriozha」(1962), 그리고 선과 악으로 이루어진 몇 개의 개별적인 사건과 마주치는 한 소년의 서정적이고 우화적인 도시 여정을 그린 영화로 이 장르의 대표작이라 할 만한 미하일 칼리크의 「태양을 쫓는 사나이Chelovek idyot za solntsem」(1962) 등이 있다.

1962년 3월, 다수의 영화인이 참석한 가운데 영화인 동맹Film-Makers' Union에서 〈영화의 언어〉를 주제로 열린 한 회의에서 타르코프스키의 스승 미하일 롬 감독은 「이반의 어린 시절」을 새롭고 진정한 의미에서 현대적 영화 언어를 구사한 작품이라며 극찬을 아끼지 않았다. 그해 8월 베네치아 영화제 황금사자상 수상으로 일약 세계적 감독으로 떠오른 타르코프스키(세르게이 파라야노프와 함께)는 그와 함께 서방에서 소련 영화의 주도적 인물로 부각되었으나, 본국에서는 도리어 그것이 영화 관료주의 및 검열 제도를 더욱 부채질하는 결과를 초래했다.

칼라토조프, 칼리크, 타르코프스키 등이 사회주의적 사실주의의 형식 내에서 풍부한 스타일을 통해 사실주의를 환기시키려 했다면, 다른 쪽에서는 또한 제한된 스타일 속에서 새로운 사실주의를 모색하려는 사람도 있었다 — 해빙기에는 다양한 스타일의 구사가 가능했기 때문에, 「이반의 어린 시절」과 같은 시적 작품과 율리 라이즈만의 「그래서 그게 사랑이라면A esli eto lyubov?」(1962) 같은 산문적 스타일이 공존할 수 있었다.

「그래서 그게 사랑이라면?」은 동네 사람들의 입방아와 순수한 사랑의 가능성을 믿지 않는 부모와 교사의 간섭으로 끝내 파괴되고 마는 로미오와 줄리엣식의 이야기이다. 사회 관습에 대한 날카로운 관찰자로서 라이즈만은 영화의 토대를 일상생활의 물리적 현실에 놓고, 시대가 바뀌면 젊은이들을 다루는 방식도 달라져야 한다는 점을 지적하고 있다. 라이즈만(1994년 현재 91세)은 생존한 러시아 감독 중 가장 고령으로 1920년대부터 1980년대 말에 이르는 소련 영화사의 거의 전 기간을 거쳐 온 인물임에도 해외에는 거의 알려지지 않고 있는데, 그 이유는 아마도 정치적 격변기를 용케 다 빠져나온 그를 서방 비평가들은 스탈린 체제에 동조한 것으로 받아들였기 때문이 아닌가 싶다. 하지만 라이즈만의 영화들은 회고할 만한 가치를 지닌 진정한 인간들을 통해 인간의 보편성을 반영한 것이 대부분이고, 그 오랜 세월을 지탱할 수 있었던 것도 바로 그 점 때문이었을 것이다.

해빙기는 각양각색의 영화 스타일과 여러 세대의 영화인이 공존한 시기로 특징지을 수 있다. 많은 감독들이 전성기를 구가하며 자신들의 최고작을 내놓았다. 라이즈만과 칼라토조프 외에도 구세대 영화인 중 가장 신선한 충격을 준 감독은 「10월의 레닌Lenin in October」(1937) 같은 작품으로 특히 서방 영화계에서 다소 보수적으로 알려진 미하일 롬이었다. 새로운 세대(타르코프스키, 콘찰로프스키, 슈크신을 비롯한 다수)의 존경받는 스승으로 해박한 지식을 자랑하는 미하일 롬은 변화의 과정에서, 그해의 가장 놀라운 작품의 하나인 「1년 중 9일Devyat dnei odnogo goda」을 1962년에 내놓았다. 「1년 중 9일」은 동시대의 이슈와 문제점을 제기하면서, 철학적인 토론과 주인공들 — 한 여인을 두고 연적으로 대결하는 2명의 과학자, 그중 한 명은 인류를 위한 일을 하다가 유해 방사선에 노출되어 시한부 삶을 선고받는다 — 의 연기를 통해 1960년대의 분위기를 절묘하게 포착한 작품이다.

뒤이어 롬은 파시즘 발흥기의 평범한 독일 병사들의 삶을 담은 몇 편의 독일 기록 영화에 보이스오버 내레이션을 첨가한 다큐멘터리 걸작 「일상의 파시즘Obyknovenny fashizm」을 후속작으로 내놓았다. 파시즘으로 치닫게 한 궁극적 요소에 답변을 시도하는 한편, 이 영화는 또 직접적으로 언급하지는 않지만 스탈린주의와 파시즘과의 비교도 병행하고 있다.

해빙기의 소산으로 1959년에 시작된 모스크바 국제 영화제는 소련 영화의 대외 홍보 및 스탈린 시절에 단절된 서구 영화와의 접촉을 재개할 수 있는 기회를 제공해 주었다. 영화인, 영화학도, 특히 인텔리겐치아들에게 있어 해빙기는 예술의 전 분야를 서구와 교류해 볼 수 있는 짜릿한 흥분의 시기였다. 이탈리아의 네오리얼리즘과 프랑스의 누벨 바그 감독들, 베리만, 구로사와 — 이들은 1920년대 소련 감독들과 더불어 보다 진실하고 새로운 사실주의를 추구하는 감독들을 위한 역할 모델이 되어 주었다.

안드레이 콘찰로프스키의 처음 두 작품은 시적이면서도 단호한 신사실주의 쪽으로의 새로운 발전을 보여 준 좋은 예가 되었다. 「첫 번째 교사Pervy uchitel」(1965)는 어느 젊고 순진한 공산주의자 선생이 그 지역의 가부장적 전통의 희생물이 된 여학생을 깨우치고 구해 주려는 내용을 담은 것으로, 키르기스의 황량한 산악 지대를 무대로 하고 있는 작품이다. 「아샤의 행복Asino shchastie」으로도 알려져 있는 「아시야 클리야치나 이야기Istoriya Asi Klyachinoy」(1966)에는 사랑과 자립의 관습을 비웃는 한 젊은 미혼모 장애인의 이야기와 더불어, 소련 집단 농장(거의 그곳 농부들을 주인공으로 삼아 촬영했다)의 고달픈 삶이 그려져 있다. 이 작품은 공산주의 경제의 실패를 너무 노골적으로 표현했다는 이유로 1967년에 전격적으로 공개가 금지됐다. 타르코프스키의 두 번째 작품 「안드레이 루블료프Andrei Roublev」와 알렉산드르 아스콜도프의 「인민 위원The Kommissar」(1967), 그리고 「아시야 클리야치나 이야기」의 공개 금지와 더불어 해빙기도 1967년에는 끝이 나고 말았다.

아스콜도프의 영화는 얼마나 부적절한 작품으로 판정을 받았던지, 영화를 금지당한 것으로도 모자라 공식적으로 감독 자리까지 박탈당하여 이후 그는 두 번 다시 영화를 만들 수 없었다. 동성애와 민족주의 선동이라는 날조된 죄목으로 투옥되었던 파라야노프 같은 인물도 풀려난 뒤에는 활동을 재개할 수 있었는데 말이다. 「인민 위원」이 금지 처분을 받은 주요인은, 러시아 혁명 전쟁에 복귀하여 싸우기 위해 자기 아이까지도 유대 인 가정에 맡길 정도로 여자 공산당원을 무자비하게 표현했다는 것과, 공산주의자 주인공보다 유대 인에게 더 동정적인 시각을 보냈다는 이유 때문이었다. 유대 인을 영화에서 다루는 것은 금기시됐고, 그 상황은 〈글라스노스티〉까지도 그대로 이어졌다.

이들 새로운 영화가 금지됨으로써 피해를 당한 쪽은 그런 영화에 접근이 거부된 대중들만이 아니었다. 영화계의 새로운 운동과 실험 정신에도 일대 변화가 초래됐다. 당과 영화계 관료는 예술가에 대한 통제권을 다시 확보했고, 검열 제도도 1960년대 말에서 1980년대 초까지의 소위 침체기 동안 금지된 작품 수가 무려 100여 편에 이를 정도로 기준이 강화됐다. 해빙기 영화인들이 싹 틔워 놓은 신사실주의는 더 이상의 성장을 멈춘 채 1970년대에는 일종의 〈교육적 사실주의〉가 영화계의 주조를 이루었다.

침체기

해빙기 걸작들이 스타일과 주제 면에서 새로운 토대를 마련했다고는 해도, 대부분의 기성 감독들은 해빙기와 침체기 동안 해외 유명 문학의 영화화를 통하여, 비정치적이고 비동시대적인 비교적 안전한 주제를 채택하려고 했다. 그중에서 그리고리 코진체프의 「돈 키호테Don Quixote」(1957), 「햄릿Hamlet」(1964), 「리어 왕Korol Lir」(1971) 같은 작품들은 원작에 대한 독창적인 해석과 소련의 현실에 대한 비판적 고찰이 돋보이는 걸작들이다. 영화인들은 검열 기준이 점점 강화됨에 따라, 직접적인 표현보다는 비유와 우화로 엮인 일종의 우의적 언어를 사용하려고 했다. 러시아 관객들은 그런 암호화된 메시지의 해석에 아주 능했다.

체호프를 영화화한 작품들에는 특히 브레즈네프 시대의 지루하고 부패한 사회와 그것의 전조라 할 수 있는 19세기 말의

보리스 파스테르나크 번역의 셰익스피어 동명 희극에 기초하여 만들어진 그리고리 코진체프의 「리어 왕」(1971).

안드레이 타프코프스키 (1932~1986)

안드레이 타르코프스키는 러시아 유리베츠 시 근처의 한 시골 마을에서 태어났다. 시인인 그의 부친 아르세니 타르코프스키 — 그의 시는 타르코프스키의 영화에 자주 등장한다 — 와 모친은 안드레이가 네 살 때 결별했다. 거의 자전적 내용으로 되어 있는 「거울」(1975)은 어린 시절의 이런 상처를 반영한 작품이고, 아버지의 부재와 가까우면서도 긴장된 어머니(사랑을 받으면서 원망도 많은)와의 관계라는 이 두 주제는 타르코프스키 초기 영화의 특징적 요소가 되었다.

타르코프스키는 소년 정찰병의 비극을 담은 그의 데뷔작 「이반의 어린 시절」(1962)로 1962년 베네치아 영화제 황금사자상을 받으면서 처음으로 국제적인 인정을 받게 되었다. 중세의 어느 유명한 러시아 초상화가의 생애에 느슨한 토대를 두고 만든 「안드레이 루블료프」는 완성은 1966년에 되었으나, 예술가와 권력층 간의 갈등 표현 때문에 소련에서는 1971년까지 공개되지 못했다. 갈수록 심해지는 문화 관료주의의 압박감 속에서도 타르코프스키는 영화 작업을 계속하여, 스타니슬라프 램의 SF 소설을 영화화한 「솔라리스」(1972), 「거울」, 보리스 & 아르카디 스투르가츠키의 소품을 영화화한 또 다른 전위적 작품 「잠입자」(1979)를 연이어 내놓았다. 이 기간 중에 불거진 소련 당국과 그의 불화는 주로, 정치적 이단성보다 — 그는 자신에게 붙은 반체제 인사라는 호칭을 계속 거부해 왔다 — 그의 영화에 나타난 개인적 성격과, 여전히 영향력을 발휘한 사회주의적 사실주의의 규범에 대한 완전한 무시 — 주제 면에서나 형식 면에서나 — 에서 비롯된 것이었다. 작품의 예술성을 망가뜨릴 우려가 있다고 생각되는 것은 그 어느 것과도 타협하기를 거부했던 그의 태도는 적대감과 대립을 유발시킨 동시에 존경도 하게 만들었다는 점에서(점점 높아 가는 국제적 명성에 힘입어), 득도 되고 실도 되는 결과를 초래했다.

소련-이탈리아 합작 영화인 「향수」(1983)의 이탈리아 로케이션 허가가 떨어지자 타르코프스키는 소련 당국이 자신에게 가한 개인적 학대와 그가 가장 소중하게 생각하고 있던 작품의 상당수를 그들이 좌절시켰다는 이유로, 해외에 계속 체류하겠다는 의사를 밝혔다. 이후 그는 스웨덴에서 「희생」(1986)을 완성한 뒤, 폐암 진단을 받고 1986년 12월 파리에서 타계했다.

타르코프스키 영화의 특징은 오직 극소수 감독들 — 특히 그가 가장 좋아하는 두 사람, 로베르 브레송과 잉마르 베리만 — 만이 필적할 수 있을 정도의 강렬한 도덕적 진지함에 있다. 자신의 책 『봉인된 시간 *Sculpting in time*』에서도 분명히 밝히고 있듯이 그는 영화를 오락으로서의 예술이 아닌, 도덕적 정신적 고찰로서의 예술이 되기를 희망했으며, 그것을 위해 필요한 경우에는 자신이나 관객 모두에게 극단적 요구까지도 할 각오가 되어 있었다. 러시아에서 서구로 옮겨 온 뒤에도 그의 영화들은 정치 체제의 상이함을 초월하는 주제와 스타일을 변함없이 견지했다. 그것은 늘 그가 영원하다고 본 그런 주제들 — 믿음, 사랑, 책임, 충성, 개인적, 예술적 성실함 — 이었다. 특히 그의 마지막 세 작품에서 이것들은 〈동〉, 〈서〉 양쪽의 메마른 물질주의와 인간 문제의 해결책으로 간주된 기술에의 의존성, 비인간화, 그로 인해 초래되는 환경 파괴에 대한 걷잡을 수 없는 비난과 결

합되었다. 이런 주제들은 복잡한 상상계와 도발적인 내러티브 구조 — 기본적으로 다져 놓은 일정한 골격을 그가 평생을 두고 가다듬은 — 를 통해 표현되었다. 타르코프스키는 늘 관객에게 자신의 영화를 〈이해〉하기 전에 먼저 〈경험〉해 줄 것을 요청했고, 자신의 작품을 상징주의적 관점으로 설명하려 한 비평에 대해서는 이의를 제기했다. 비교적 단순하게 짜인 「이반의 어린 시절」부터 시작되는 그의 내러티브들은 전통적 분석 방법을 차단하면서, 그것들의 의미에 개인적으로 반응할 것을 강요하고 있다 — 이해는 소리와 상상계의 형태, 리듬, 동작, 그리고 시공의 운용에 대한 반응으로부터 나오는 것이지, 대화와 인물의 갈등과 분석이라는 일반적 통념에서 나오는 것이 아니다. 그가 점점 롱테이크로 기울어 간 것은 — 6분간 지속되는 장면이 몇 개나 되고, 마지막 세 작품에서는 그보다 긴 장면도 있다 — 등장인물과 관객의 경험을 함께 융해시키고, 에이젠슈테인 같은 감독들의 편집 테크닉과 관계 있는 예정되고 조작된 통제로부터 관객을 자유롭게 해주기 위함이었다.

하지만 타르코프스키 영화의 가장 특징적인 점은 뭐니 뭐니 해도 꿈의 힘과, 신비, 모호함, 그리고 본질적 실체를 보여 주는 영화적 세계의 창조에 있다. 「이반의 어린 시절」에서 꿈들은 선명하게 움직이고 있는데도 일상세계와는 확연히 구분되고 있다. 「솔라리스」와 「거울」에서는 그러나 관객의 무의식을 직접 파고드는 환각적 특성을 지닌 장면들이 몇 개 나오고, 「잠입자」, 「노스탤지어」, 특히 「희생」에 이르면 그것들은 전 영화 속을 파고들어, 그 의미에 대한 혹은 그 안에서 무슨 일이 〈일어났는지〉에 대한 단일한 해석을 완전히 불가능하게 만든다. 그렇게 함으로써 타르코프스키는 자신이 그리도 불신하는 합리적이고 과학적인 분석을 무시하고, 어느 감독도 감히 흉내 낼 수 없는 강렬한 아름다움과 암시적 힘을 지닌 이미지를 통해 관객과 직접 대화를 나누는 것이다.

그레이엄 패트리

▪▫ 주요 작품

「증기 기관차와 바이올린Katok i skripka」(1960); 「이반의 어린 시절Ivanovo detstvo」(1962); 「안드레이 루블료프Andrei Roublev」(1966, 1971년 공개); 「솔라리스Solaris」(1972); 「거울Zerkalo」(1975); 「잠입자Stalker」(1979); 「노스탤지어Nostalgia」(1983); 「희생The Sacrifice」(1986).

▪▪ 참고 문헌

Johnson, Vida T. and Petrie, Graham(1994), *Tarkovsky: A Visual Fugue*.

Le Fanu, Mark(1987), *The Cinema of Andrei Tarkovsky*.

Tarkovsky, Andrei(1986), *Sculpting in Time: Reflections on the Cinema*.

—— (1991), *Time without Time: The Diaries 1970～1986*.

Turovskaya, Maya(1989), *Tarkovsky: Cinema as Poetry*.

◀ 미래주의적 판타지와 정치적 우화가 결합된 안드레이 타르코프스키의 「스토커」(1979).

사회가 풍부한 상상력으로 대비되어 있다. 콘찰로프스키의 「바냐 아저씨Dyadya Vanya」(1970)와 그의 동생 니키타 미할코프의 「자동 피아노를 위한 미완성곡Nezakonchennaya pyesa dlya mekhanicheskogo pianino」(1977)은 그중에서 단연 으뜸으로 꼽히는 작품들이다. 두 감독 모두, 빼어난 촬영과 돋보이는 연기의 조화로 아름답고 정교한 시대극을 만들어 냈다. 감독이면서 탁월한 배우이기도 한 미할코프는 내전 시기 정치의식이 싹튼 무성 영화 시절의 한 스타를, 코믹하고 멜로드라마적인 느낌을 간간이 섞어서 회고한 그의 1976년 영화 「사랑의 노예Raba lyubvi」로 이미 한 번 대성공을 거둔 바 있다. 콘찰로프스키와 미할코프의 작품들은 일반적으로 전문성을 강조하는 것이 특징이던 시대에, 기술적인 완성을 이룬 것으로 특히 유명하다. 1970년대에 들어 소련 영화계가 상업적인 성공을 꾀하기 시작하면서, 할리우드 영화는 다시 한 번 그것의 모델이 되었다.

문학 작품의 영화화 열풍은 해빙기보다는 침체기에 더욱 맹렬히 불타올랐다. 위대한 배우이자 감독인 세르게이 본다르추크도 무난하면서도 다소 장황한 스타일로 톨스토이의 「전쟁과 평화Vojna i mir」(1965년에서 1967년 사이에 4부로 나누어 공개됐다)를 영화화했고, 고스키노Goskino는 타르코프스키의 「안드레이 루블료프」를 제쳐 놓고 「전쟁과 평화」를 칸 영화제에 출품시켰다. 하지만 문학과 과거에의 회귀를 정치적 방편으로만 보는 것은 잘못이다. 감독들은 동시대적인 도시적 주제와 개개인의 비극을 버린 대신, 역사와 국가 전통에 내재한 공통의 뿌리를 찾으려 했고, 그것이 바로 위대하면서도 본질적으로는 다른 1960년대 말의 두 작품 — 금지 처분당한 「안드레이 루블료프」와 정식으로 공인된 「전쟁과 평화」 — 을 결합시켜 주는 요소이다.

영화 주제의 러시아 국토로의 회귀는(「안드레이 루블료프」로 시작되어, 그 당시에 주종을 이루었던 소위 시골 산문 *village period* 영화), 작가 겸 배우 겸 감독인 바실리 슈크신 영화와 산문의 폭발적 인기에 대한 설명이 될 수 있다. 슈크신은 공산주의 이데올로기는 기본적으로 무시한 상태에서, 부패한 현대 도시 생활로부터, 생명력과 도덕적 순수함이 살아 숨쉬는 시골 지역 — 물질적, 때로는 정신적인 빈곤은 전혀 언급하지 않고 — 으로 눈을 돌리고 있다. 그의 촌티 나는 주인공들은 익살과 활력과 정직이 몸에 밴, 그리하여 그것이 진정한 사람으로 보이게 하고 호감을 주는 그런 유형들이다. 그의 걸작 「붉은 눈뭉치 덤불Kalina krasnaya」(1974)은 마을로 돌아와 새 인생을 시작하려던 한 전과자(슈크신이 직접 출연)가 옛 패거리들에 의해 살해된다는 내용의 영화인데, 이 작품이 금지 대상에서 제외된 이유는 아마도 그 강렬한 영화의 놀라운 인기 때문이었으리라.

관객 동원과 영화의 흥행 가능성은 1970년대에 고스키노의 주요 관심사가 되었고, 그 결과 소련 영화는 내러티브 위주의 사실적인 가벼운 영화 — 자주 이데올로기를 오락으로도 이용하면서 — 가 주류를 이루게 되었다. 텔레비전과의 경쟁도 치열하여, 몇 편의 대 히트작을 냈음에도 불구하고 1960년대에 50억 장에 육박하던 티켓 판매는 1977년도에 들어 44억 장(한 사람당 16.4매로 그래도 아직은 높은 편이었다)으로 떨어졌다. 할리우드와 다를 바 없이 이곳에서도 몇 편의 영화 — 약 15퍼센트 — 가 흥행의 80퍼센트를 주도해 갔다. 러시아 관객들이 좋아한 외화의 단골 메뉴는 삼류 인도 영화와 이름 없는 제3세계 영화였다.

코미디, 멜로드라마, 공상 과학, 형사, 뮤지컬 같은 장르 영화에 대한 관심도 부쩍 높아져, 이탈리아 〈스파게티〉 웨스턴을 모방한 블라디미르 모틸의 상업적인 〈서부극〉「사막의 백색 태양Beloe solnce pustyny」(1970)은 그 시대 최고 인기작 중의 하나가 되었다. 과거 동화 속의 주인공이 살아난 것 같은 용모에 행동도 그같이 하는 혁명의 고독한 영웅이 중앙아시아의 사막을 지나 집으로 돌아가던 중, 그 지역 회교 지도자가 버리고 간 한 떼의 아내들을 모아, 그들을 보호하고 혁명으로 해방된 신여성적인 방법으로 교육시켜 약간의 흥미 있는 경험까지 한 다음, 마침내 놀라운 강적에 맞서 한바탕 신나는 액션 활극을 벌인 끝에 사악한 지도자와 일당을 쳐부수고 다시 집으로 돌아간다는 내용이었다.

1970년대에는 할리우드 스타일의 블록버스터, 블라디미르 멘쇼프의 「모스크바는 눈물을 믿지 않는다Moskva slezam ne verit」(1979, 아카데미 최우수 외국어 영화상 수상)와 안드레이 콘찰로프스키의 「시베리아 이야기Siberiada」(1979)가 만들어졌다. 이 두 영화 모두 7000만에서 8000만의 관객을 동원했다. 「모스크바는 눈물을 믿지 않는다」의 소련식 신데렐라 이야기와 러시아 혁명을 미화한 「시베리아 이야기」에 대해 지식인들이 비웃음을 보냈다는 사실에도 불구하고, 이들 영화의 줄거리와 연기에는 확실히 호소력이 있었다. 「시베리아 이야기」는 한쪽은 부자고 한쪽은 가난한 두 집안의 세기 초부터의 얽히고 설킨 관계가 러시아 혁명과 2차 대전을 거쳐 1960년대의 산업화 과정에까지 이르게 된다는 내용의 대하스토리로, 이 모두가 장엄하고 신비한 시베리아를 배경으로 만들어졌다. 이 영화에 이용된 화재 장면의 특수 효과는 할리우드 최고작들에 버금갈 만큼 훌륭했다.

「모스크바는 눈물을 믿지 않는다」는 소도시 노동자 계급 출신으로 1950년대 말에 모스크바로 상경한 3명의 여자 친구를 소재로 한 영화이다. 단순하고 착한 토냐는 동료 직공과 결혼하여 재빨리 가정을 이루고 산다. 〈불량〉 소녀 류다는 일 따위에는 추호도 관심이 없고 일확천금을 꿈꾸며 부자와의 결혼만을 원하다 결국 이혼녀가 되고 만다. 그러면서도, 강인한 생존력과 친구들에 대한 헌신, 그리고 삶에 대한 확고한 믿음을 보여 주는 사랑스러운 여인이기도 하다. 영화의 초점은 아름다우면서도 진지하고 성공에 대한 의지로 가득 찬 카티야에 맞춰져 있다. 처음에 〈실수로〉 갖게 된 아이조차, 사회주의 영웅의 길 — 단순한 직공이 20년 뒤에는 이사가 되는 — 을 따르려는 그녀의 의지를 꺾지는 못한다. 이 영화는 소련 사회의 본질적 문제를 약간 곁들여, 사회주의 사실주의의 선전 영화로 해석될 여지가 다분하기는 하지만 신뢰감과 호감 주는 인물들(특히 카티야를 맡은 발렌티나 알렌토바의 뛰어난 연기로)이 그것을 상쇄하고 있다. 생산 목표 달성에 대한 부담감이 주인공의 사생활을 압도한 스탈린 시대 영화와 달리, 성공은 했지만 고독한 이 영화 속의 카티야는 그 시대의 대표적 성격 배우 알렉세이 바탈로프가 연기한 어느 괴짜 노동자에게서 마침내 진정한 사랑을 발견한다.

코미디에서 멜로드라마까지 동시대의 사회 문제를 다룬 이런 〈인생의 단면*bytovye*〉 영화들이 1970년대와 1980년대 초의 러시아 극장가를 지배했다. 같은 종류의 다른 영화들처럼 「모스크바는 눈물을 믿지 않는다」도 소련 사회가 여성에게 요구하는 수많은 역할, 공적 생활과 사적 생활 간의 긴장감에 중요성을 부여하면서, 주로 여성 관객의 감정을 파고든 작품이다. 라리사 셰피트코[「날개Krylya」(1966)], 키라 무라토바[「짧은 해후Korotkie vstrechi」(1968), 「긴 이별Dolgie Provody」(1971)], 그루지야의 라나 고고베리제[「사생활에 관한 몇 가지 인터뷰Neskolko intervyu po lichnym voprosam」(1979)] 같은 여성 감독들은 일과 가정, 의무와 사랑 간의 갈등 속에서 생활하는 복잡한 상황의 여주인공이 해결되지 않은 문제들을 끌어안은 채 살아가는 모습을 실감나게 보여 주었다.

영화계에 종사하는 여성 감독들의 수는 극소수에 불과하지만, 이들이 만들어 내는 정직하고 강렬하고 논쟁적인 영화들로 미루어, 숫자와 그들의 기여도와는 전혀 무관한 것임이 입증되었다. 무라토바의 「짧은 해후」는 이내 자취를 감추어 버렸고, 「긴 이별」은 공개가 금지됐다. 두 작품은 모두 여성이 삶의 짐을 거의 걸머지다시피 하는 현대 소련 사회의 복잡하고 불행한 가족 관계를 그린 작품들이다. 이들은 섬세하면서도 약간은 혼란스럽게, 공산주의의 사탕발림식 여성 해방이 가져온 결과와 그 가치에 의문을 제기하고 있다.

여성들의 영화계 기여는 연출 분야에만 국한되지 않았다. 현대 러시아 영화의 가장 위대한 배우라고 해도 손색이 없을 이나 추리코바는 영화 속 여성들의 묘사가 특히 뛰어난 배우였다. 1968년부터는 주로 남편 글레브 판필로프의 작품에만 출연해 온 추리코바는 영화에서 잔 다르크 역을 맡고 실생활에서도 그처럼 용감하게 살아가는 단순한 노동자〔「시작Nachalo」(1970)〕에서부터, 소도시의 단호한 시장〔「한마디 해도 될까요Proshu slovo」(1977)〕에 이르기까지, 잊을 수 없는 여주인공의 모습을 여러 차례 보여 주었고 푸도프킨의 무성 영화 「어머니」(1926)를 리메이크한 작품에서는 혁명가가 된 유명한 농촌 여인 역을 맡기도 했다. 추리코바 연기의 탁월함은 육체적 연약함과 내적 강인함의 조화, 보기 드문 눈부신 미모, 희비가 묘하게 엇갈린 고통스럽도록 정직한 그 표정에 있다.

검열 제도, 관료적 형식주의, 감독들에게 가해지는 체제 순응의 압박에도 불구하고 금지 영화가 그렇게 많았다는 것은 허용의 한계를 뛰어넘으려는 예술가들의 끊임없는 노력과, 스튜디오들까지 때로는 문제 영화의 제작을 기꺼이 도우려 했다는 것을 보여 주는 것이다. 1970년대에 소련 최대의 스튜디오인 모스필름의 이사를 지낸 니콜라이 시조프는 감독 기구 고스키노의 요구와 영화감독들의 창의성 간에 균형을 맞추는 데 아주 능숙한 인물이었다. 타르코프스키는 그의 모든 영화를 모스필름에서 찍었고, 제작된 작품은 다 공개되었다. 「거울」 같은 극단적 실험 영화까지, 그다지 가혹한 삭제 없이 — 소량만 인화하여 배급은 저조했지만 — 공개됐을 정도였다. 자신의 영화 「이너 서클The Inner Circle」(1992)이 사장된 것은 광고와 배급이 제대로 되지 않았기 때문이라며 최근 컬럼비아 사에 불만을 표시한 콘찰로프스키의 경우는 할리우드 대형 스튜디오들의 상업적 횡포가 빚어내는 결과나, 공산주의 체제하의 정치적 통제로 초래되는 결과나 별반 다를 게 없다는 것을 보여 주는 사례라 하겠다. 상업성 있는 영화냐 아니냐의 갈림길에서 타협을 요구받는 서구 감독들의 상황은 이데올로기의 파수꾼이 되기를 강요받는 소련 감독들의 상황과 확실히 비교될 만하다.

1980년대: 글라스노스티와 페레스트로이카

글라스노스티가 시작된 후 10년간의 소련 영화는 다소 중복된 부분도 있는 세 기간으로 나눌 수 있다. 개방과 금지 영화들의 해금으로 특징지을 수 있는 글라스노스티(1986～8), 재건이라고 말할 수 있는 페레스트로이카*perestroika*(1988～91), 포스트-페레스트로이카(1991～4).

하지만, 글라스노스티의 징후가 나타나기 이전부터 이미 동시대의 사회적 이슈를 다룬 문제작들은 사회주의적 사실주의에서 사회주의적 메시지는 가급적 회피하고, 그것의 사실주의적인 측면만을 주로 부각시켰다. 1980년대 초에는 또, 소련 사회의 부패와 침체기 동안에 나타난 공산주의 이상의 상실을 본질적으로 비판한 영화들도 몇 편 만들어졌다. 롤란 바이코프의 「허수아비Chuchelo」(1984)는 교사에게 자신들을 고자질했다는 누명을 씌워 새로 전학 온 학생을 괴롭히는 시골 학생들을 잔인하고 사디즘적으로 묘사했다 하여 대중들의 거센 항의를 불러일으켰다. 바딤 압드라시토프와 시나리오 작가 알렉산드르 민다제 팀은 복잡한 내러티브 구조와 환상적이고 가끔은 비유로 가득 찬 초현실적인 사건들까지 동원하여, 소련 사회의 부조리를 폭로한 일련의 영화들을 만들었다. 열차 충돌에 대한 경찰 수사는 도시인들이 지어낸 거짓말로 갖가지 이설만을 낳게 된다는 내용의 「멈춰 선 기차Poezd ostanovilsya」(1982)는 그것의 한 예로, 위선에 익숙해진 사회에는 참으로 걸맞은 작품이라 하겠다. 영화인들은 글라스노스티를 맞을 만반의 준비가 되어 있었고, 그것에 가장 먼저 반응을 보인 것도 영화업계였다. 스탈린주의를 초현실적이고 희비극적인 방법으로 비난한 그루지야 감독 텐기즈 아불라제의 「참회Pokoyanie」(1984～6)는 글라스노스티 영화의 제1탄으로, 잠깐의 보류 기간을 거친 뒤 1986년 초에 공개되었다. 이제 영화는 소련 사회의 부패만이 아니라, 정치적 관료주의와 스탈린주의의 유산까지도 폭로할 수 있게 되었다.

영화의 침체기는 공식적으로 끝나고 1986년 5월에 열린 제5차 영화인 동맹 회의에서 1960년대 감독 엘렘 클리모프를 총수로 하는 개방적 새 지도부의 선출과, 금지작들의 중재를 맡게 될 분쟁 위원회의 발족과 더불어 새로운 글라스노스티 시대의 막이 올랐다. 1987년까지는 금지된 작품들 거의 모두가 공개되었다. 그중 몇 작품을 꼽아 보면, 아스콜도프의 그

말 많은 「인민 위원」, 키라 무라토바의 「짧은 해후」와 「긴 이별」, 글레브 판필로프의 「테마The Theme」(유대 인 이민을 주제로 다루었다 하여 금지됨), 엘렘 클리모프의 「번뇌Agoniya」(1976, 제정 러시아의 마지막 황제에 대한 동정적 묘사 때문에 금지된 작품), 알렉세이 게르만의 걸작 2편 「육로에 의한 시도Proverka na dorogax」(1971, 2차 대전 당시의 포로들을 동정적으로 묘사했다 하여 금지됨)와 「나의 친구 이반 랩신Moy drug Ivan Lapshin」(1983, 1930년대 스탈린 시절의 한 수사관을 단호하면서도 사실적으로 그린 작품) 등이 있다. 글라스노스티 시대는 또, 침체기 때에도 인재들은 넘쳐흘렀음을 입증해 보이며 영화계의 잃어버린 보물을 재발견한 시기로 특징지을 수 있다. 「향수」의 완성과 더불어 1984년부터 서방에 머물기로 결심한 뒤로는 그 존재가 잊혔던 타르코프스키는 기성 영화계에 다시 복권됨은 물론 1986년 말 타계한 뒤에는 시성(諡聖)되기에 이르렀다.

현대 영화 작가인 알렉산드르 소쿠로프는 〈까다롭고〉 비상업적이고 〈작가적〉 영화의 대명사 격인 타르코프스키 영화 전통의 맥을 잇고 있는 감독으로, 갈수록 무성 영화 쪽으로 기울고 있는 자신의 작품들을 통해 관객의 시선을, 사회주의적 사실주의 영화에서는 거의 사라졌던(그 대부분 라디오로나 듣게 되었을), 그리고 타르코프스키 영화 속에 살아남아 있던 어떤 요소인 영화의 본질적 시각성으로 되돌려 놓고 있다. 검열에서도 해방되고 영화 제작에 필요한 재원도 기적적으로 가까스로 확보한 소쿠로프는 타르코프스키, 옐친, 란즈베르기스를 소재로 한 거의 무성이나 다름없는 다큐멘터리와 놀라운 시각적 만가들을 계속 만들어 냈다.

1988년에는 소련 영화가 재건기 혹은 페레스트로이카 시대로 접어들면서 업계에도 일대 변화의 바람이 불어왔다. 1990년에 이르러 고스키노는 영화의 통제권과 검열권을 사실상 상실했고, 그 대신 영화에 필요한 재원을 감독들이 직접

글레브 판필로프의 「시작」(1970). 영화에서 맡은 잔 다르크 역이 실제 생활에도 영향을 미치는 노동자 역은 이나 추리코바가 맡고 있다.

확보해야 하는 반관반민 형태의 새로운 제작 기구가 활동에 들어갔다. 영화는 주로 회색 시장이나 불법 거래에서 얻어지는 새로운 돈의 세탁 장소가 되었다. 1991년에는 400여 편이라는 경이적인 숫자의 영화가 제작되었으나, 국영 배급업체가 도산하는 바람에 공개도 안 된 채 거의 그냥 사장되고 말았다. 소비에트 연방이 사라지면서 전국적인 영화 조직도 사라졌고, 1992년에는 특히 비러시아 공화국 출신의 젊은 감독들이 전 독립 국가 연방(CIS)을 위한 정보 보조금 제도의 재수립을 요구하기에 이르렀다.

모스크바 국제 영화제는 새로운 기업인 예술 후원자 중의 한 사람인 마르크 루딘슈테인의 후원으로 소치에서 열리는 민간 영화제, 즉 키네타우르Kinotavr에 급속히 그 주도권을 빼앗기고 있었다. 1994년 키네타우르 영화제에서 평론가와 영화인들은 너 나 할 것 없이 극장의 죽음에 탄식을 표명했다. 평균 관람객 7명에서 10명이 고작인 상태에서 대부분의 극장들은 문을 닫았고, 그나마 남아 있는 극장들도 러시아 영화보다는 구입 가격이 저렴한 미국 영화를 주로 상영했다. 극장들은 가뜩이나 비싼 관람료에, 비디오, 케이블 TV, 심지어 TV 영화와도 경쟁을 벌여야 했다. 저작권, 제작, 배급을 보호해 줄 법률적 장치가 부족한 상태에서 대체적인 의견은 고삐 풀린 자본주의가 한때 위대했던 소련 영화 산업을 망쳐 가고 있다는 쪽으로 기울었다. 하지만 1993년에만 137편의 영화가 제작됐고, 〈본토 영화*otechestvennye filmy*〉라 불리는 토착 영화에 대한 요구도 꾸준하다는 점으로 볼 때, 이들 중 상당수는 극장 공개로 이어질 게 확실하다.

이들 페레스트로이카 영화들은 스탈린주의의 유산과, 소련 사회에 뿌리박힌 부패의 폭로, 그리고 사회주의적 사실주의의 금기란 금기는 모조리 깬 것(특히 누드와 섹스 장면: 어느 비평가는 모든 영화에는 스탈린이나 벌거벗은 여인이 나오지 않으면 안 되었다는 점을 지적했다)에 그 특징이 있다. 이들 영화는 또, 너무 우울하고 혼란스럽다는 점 때문에 관객을 극장에서 내모는 결과를 초래하기도 했다. 감독들 중에는 스탈린주의 유산을 직접 분석하는 방법으로 다큐멘터리의 중요성을 새롭게 일깨운 사람들도 있다. 스탈린주의를 다룬 사실주의 영화들은 그 당시의 분위기를 재현하기 위해 흑백으로 촬영하다 보니, 종종 다큐-드라마의 형식을 띠기도 했다. 그것의 대표작으로는 니욜레 아도메나이테 감독의, 여자 포로 수용소를 다룬 최초의 작품 「코마Koma」(1989)와 1949년의 광란기에 부당하게 고발된 사람들의 누명을 벗겨 주는 과정에서, 증인으로 소환된 사람들 모두가 체포되는 결과를 맛보아야 하는 어느 변호사의 이야기를 다룬 「피고 측 변호인 세도프Zashchitnik Sedov」(1989)가 있다. 그런가 하면 스탈린주의의 광기와 모순을 효과적으로 보여 주기 위해 사실주의적 내러티브 방식을 포기하고 그로테스크한 초현실주의적 방법을 사용한 감독들도 있다. 그런 특징을 가장 잘 보여준 영화로는 발레리 오고로드니코프의 「프리슈비나의 종이 눈Bumazhnye glaza Prishvina」(1989)과 세르게이 솔로비예프의 「슬픔에는 검은 장미, 사랑에는 붉은 장미Chernaya roza emblema pechali, krasnaya roza emblema lyubvi」(1989) — 스탈린이 죽었다는 병원 발표만을 되풀이해서 듣고 있는 한 미치광이로부터 시작되는 이 작품은 전함 〈오로라〉(러시아 혁명의 상징)의 뉴스 영화에서 현대 젊은이들의 컬트 이미지까지 모든 방법이 총동원되고 있다 — 가 있다.

이 시기의 영화는 어둡고 답답한 공동 주택, 깨어진 가정, 무차별적이고 의미 없는 폭력, 강간, 마약, 매춘, 범죄, 젊은이의 철저한 소외, 그에 대해 속수무책일 뿐인 부모 세대와 같은 소재들을 꾸준히 다룸으로써 사회 정치적 변화에 대한 일종의 지표 역할을 했다. 그리고 해빙기 때와 마찬가지로, 청소년 문제를 다룬 영화들이, 발레리 오고로드니코프의 「강도 Vzlomshchik」(1987)에서처럼 때로는 로큰롤의 영향을 강하게 부각시키며 거의 주조를 이루었다. 1988년도 최고 히트작 중의 하나인 바실리 피출의 「작은 베라Malenkaya Vera」는 소련 노동자 계급과 젊은이들을 저버린 공산주의의 위선적 약속을 강렬하고 사실적으로 묘사한, 새로운 청춘 영화의 대표작이었다. 이 영화에 나오는 강하고 재치 있고 상처받기 쉬운 10대의 베라는 신인 나탈리아 네고다의 탁월한 연기에 힘입어, 그 당시 영화 중 가장 뚜렷하고 강렬한 영화 속 인물로 남아 있다(대본은 피출의 부인 마리아 흐멜리크가 썼다). 이 영화는 소련에서만 무려 5000만의 관객을 동원했는데, 그들 중 대부분은 소련 영화에 처음 등장하는 섹스 장면을 보기 위해서였다.

하지만 사회성 드라마라고 하여 모두가 사회주의적 사실주의를 포기한 것은 아니었고, 대부분은 그저 방향만 돌린 것에 불과했다. 이렇게 저렇게 살아가라는 식의 상투적 〈메시지〉와 윤나고 깨끗한 아파트 대신에 더러운 공동 아파트, 노동 영웅 대신에 사회적 부랑아, 행복한 결말 대신에 불행한 결말식으로, 모양만 바뀌었지 진부한 표현도 여전했다.

1991년부터 소련 영화는 포스트-페레스트로이카 시대로 접어들었다. 자기-탐구와 스타일과 주제 면에서 충분히 실험을 해본 감독들은 좀 더 상업성 있는 영화로 방향을 돌리기 시작했다. 〈어두움*chernukha*〉, 〈따분한 일상생활*bytovukha*〉, 〈포르노*pornukha*〉로 불렸던 어둡고 절망적인 영화들은 사라지고, 가벼운 코미디와 기분 좋은 영화들이 다시 부활했다. 3대에 걸친 여성들이 어려운 시기를 헤쳐 나가는 모습을 유머러스하고 감동적으로 그린, 비야체슬라프 크리슈토포비치의 「아담의 갈비뼈Rebro Adama」(1991)는 이 새로운 경향의 대표적인 작품이다. 이 영화는 특히 관객들이 영화 속 인물과 자신들을 동일시할 수 있을 정도로 배우들의 연기(이나 추리코바의 연기는 단연 돋보였다)가 빼어난 것으로도 유명하다. 유리 마민의 「파리 쪽으로 난 창Okno v Parizh」(1993)은 몇 명의 평범한 러시아 인들이 자신들이 사는 상트페테르부르크의 낡은 아파트에서 파리 쪽을 향해 나 있는 창을 기적적으로 발견한다는 약간 황당무계한 모험을 그린 일종의 익살극이다.

젊은 층이 태반인 〈뉴 웨이브〉 감독들은 사회주의적 사실주의나, 교육적 혹은 이데올로기적 메시지로 무장한 사회 구제적 차원의 영화들은 모두 거부했다. 그들은 다양한 경향을 지닌 그룹이었다. 이들 중에는 할리우드와 유럽의 고전 영화, 프랑스 누벨 바그, 피터 그리너웨이와 데이비드 린치의 좀 더 새로운 포스트-모더니즘과 같은 서구 영화 방식을 채택하는 사람들도 있었다. 이 그룹의 선도자는 감독이자 선생, 스튜디오의 장(長)(처음에는 모스필름, 현재는 독립 스튜디오)이기도 한 세르게이 솔로비예프였다. 그는 또한 카자흐 〈뉴 웨이브〉를 열었고, 솔로비예프 자신의 「아사Assa」(1988)와 더불어 포스트모던 컬트의 고전으로 남을 게 분명한 「바늘Igla」(1988)의 감독 라시드 누그마노프의 스승이기도 했다. 다른 감독들은 해빙기나 스탈린 초기 영화를 풍자적이고 가끔은 향수 어린 분위기로 리메이크하는 그들만의 독특한 〈복고〉 영화를 만들었다. 그런가 하면, 무성 영화와 흑백 영화의 가치를 재발견하고, 영화의 대화를 아예 없애는 사람들도 나타났다.

수작을 좀체 찾아볼 수 없다는 평단의 불평에도 불구하고, 글라스노스티 이래 소련 영화의 다양성과 활력을 한마디로 표현한다는 것은 사실상 불가능하다. 자신들의 신념을 위해 싸우는 데 익숙해 있던 노장 감독들을 처음에 좀 혼란에 빠뜨린 점이 있긴 해도, 검열 제도의 철폐는 확실히 유익했다. 자본주의로의 이행 과정에 있어서도 재원과 제작상의 어려움이 있기는 했지만, 영화는 계속 만들어졌고 영화인들도 자본주의식 원가 개념에 서서히 적응해 갔다. 아직 해결이 안 된 것이 배급이다 — 최소한 몇 편의 걸작만이라도 극장에 내걸릴 방법을 찾아야만 한다. 이런 상황에서 고스키노와 국영 영화 산업 시절을 그리워하는 사람도 적지 않다.

참고 문헌

Anninsky, Lev(1991), *Shestidesyatniki i my.*

Horton, Andrew, and Brashinsky, Michael(1992), *The Zero Hour: Glasnost and Soviet Cinema in Transition.*

Lawton, Anna(1992), *Kinoglasnost: Soviet Cinema in our Time.*

Liehm, Mira, and Liehm, Antonin J.(1977), *The Most Important Art: Soviet and Eastern European Film after 1945.*

Shlapentokh, Dmitry, and Shlapentokh, Vladimir(1993), *Soviet Cinematography 1918~1991.*

Zorkaya, Neya(1991), *The Illustrated History of Soviet Cinema.*

—(1993), *Konets stoletiya: predvaritelnye itogi.*

소비에트 공화국들의 영화

장 라드바니

소련의 여타 지역과 마찬가지로, 남부 공화국들의 영화 제작사들에게 있어 스탈린의 사망과 더불어 찾아온 해빙은 이중의 부활을 의미했다. 우선, 스탈린주의를 표방한 대작만이 만들어질 수 있었던 〈한 줌의 영화 시대〉가 끝나고, 제작 활동이 현저히 늘어났다. 한 줌의 영화 시대는 소규모 영화사들에게 특히 암흑의 시기였다. 1945년에서 1955년까지 소련에서 만들어진 290편의 영화 중, 5개 중앙아시아 공화국에서 만들어진 것이 19편, 카프카스 저편 3개국에서 만들어진 것이 고작 22

편 — 그중 12편은 상대적으로 혜택이 많았던 그루지아에서 만들어졌다 — 에 불과했다. 영화 제작의 부활은 두 나라, 투르크메니스탄과 키르기스스탄에서 특히 중요하게 부각됐다. 투르크메니스탄의 경우, 1948년의 지진으로 완전히 붕괴되었던 아슈하바드Ashkhabad 스튜디오들이 1953년에 개축되면서 이듬해인 1954년에 첫 영화가 만들어졌다. 1955년에는 바실리 프로닌이 만든 키르기스스탄 최초의 영화로 촬영은 키르기스에서 하고 제작은 모스크바에서 한 「살타나트Saltanat」가 만들어졌다. 키르기스스탄 스튜디오들은 전쟁 중에 지어졌는데, 이 영화 전에는 다큐멘터리만 만들고 있었다. 일반적으로 1950년대는 최신 소련 장비가 갖춰진 신형 스튜디오들이 각국의 수도에 세워진, 투자의 시기라 할 수 있다.

둘째, 제작의 부활은 새로운 감독 세대의 등장을 불러왔다는 점에서 중요했다. 특히 스타일 면에서 그들의 과거와의 단절은 러시아에서 추흐라이의 첫 작품들이 일으킨 파란에 비교될 만했다. 그들의 데뷔작을 꼽아 보면 그루지야는 텐기즈 아불라제와 레조 추헤이제의 「마그다나의 당나귀Magdana's Donkey」(1955), 아르메니아는 그리고리 멜리크-아바키안의 「노래하는 마음The Singing Heart」(1956), 아제르바이잔은 토픽 타기-자데의 「회합Meeting」(1956) 등이다. 중앙아시아의 부활은 다른 지역보다 조금 늦게 나타났다. 우즈베키스탄은 슈흐라트 압바소프의 「모든 마할리아 사람들이 그것에 대해 떠들고 있다All Makhallia is Talking about It」(1960)와 「너는 고아가 아니다You're not an Orphan」(1962), 투르크메니스탄은 불라트 만수로프의 「경쟁The Competition」(1963)이 있다. 짧고 단순한 이들 영화는 스탈린의 전통주의를 철저히 배격한 것이 특징이고, 영화의 주인공들은 모두 반사회학적 혹은 인종적으로 묘사된, 콘크리트 환경 속에 사는 보통 사람들이다. 과거와의 이러한 단절은 그러나 쉽게 이루어지지 않았다. 아불라제는 「마그다나의 당나귀」 영화화를 저지하고, 감독까지 바꾸려 한 트빌리시의 감독들과 격렬한 싸움을 벌여야 했다. 그 작품을 완성하기 위해서는 지식인, 특히 작가들의 도움을 받는 것이 필수였기 때문이다. 하지만 해빙이 불러온 단절로 인해 아모 벡나자로프나 미하일 치아우렐리와 같은 구세대 감독들은 여전히 정력적이긴 했지만, 더 이상 설득력 있는 작품을 만들어 내지 못했다.

모스크바의 이중적 역할

그 후 채 몇 년도 되지 않아, 모스크바의 역할은 모순적인 것이었음이 드러났다. 소련 당국은 경제적으로 취약한 소비에트 공화국들의 영화가 꽃필 수 있도록 예외적 환경을 조성해주는 척하면서도, 속으로는 교묘한 이데올로기적 지배를 통해 제작을 제한하려고 갖은 수단을 다 동원했다. 소비에트 국가들의 제작 체계에는 영화 제작과 배급 사이에 전혀 연계성이 없었다는 것과 중앙 정부(모스크바)에 의해 각 나라의 최소 제작 쿼터가 정해졌다는 두 가지 중요한 특징이 있었다. 하지만 예상과 달리 거기서 파생된 결과는 사회주의적 사실주의 영화와는 차원이 다른, 각국의 현실이 충실히 반영된 알짜배기 작품들 — 감독들의 고단한 투쟁이라는 대가로 얻어진 결과이긴 했지만 — 이었다.

모스크바 영화 학교들(VGIK, 국립촬영학교총연맹, 그리고 1960년부터는 시나리오 작가, 1963년도부터는 감독들을 위한 2년제 고급 과정)은 이들 나라의 영화 발전에 대단히 중요한 역할을 했다. 미래의 감독들은 국제적 분위기가 강한 이들 학교에서 에이젠슈테인, 푸도프킨, 트라우베르크, 도브젠코, 그리고 그들의 계승자인 사브첸코, 라이즈만, 롬, 게라시모프와 같은 저명한 대가들 밑에서 양성되었다. 〈선의〉의 선별이 가져온 긍정적 효과라고나 할까(작은 공화국들의 경우에는 학생 인원이 할당되어 있었다), 1955년에서 1965년까지 특히 풍요로웠던 모스크바의 문화적 분위기는 이들 젊고 참신한 인재들에게 커다란 영향을 미쳤고, 이곳에서 싹튼 그들의 동지애는 그 후에도 몇십 년간 지속되었다.

세트와 노련한 전문가가 부족했던 중앙아시아는 모스크바에서 양성된 신예 감독들의 놀라운 경연장이 되었다. 엘다르 셴겔라야[「차가운 심장의 전설Legend of the Icy Heart」(1958)], 라리사 셰피트코[「극심한 더위Torrid Heat」(1963)], 블라디미르 모틸[「파미르의 아이들The Children of Pamir」(1963)], 그리고 안드레이 콘찰로프스키[「첫 번째 교사The First Teacher」(1965)]와 같은 소련 내 공화국들의 보다 재능 있는 감독들이 중앙아시아에서 작품을 만들도록 초빙되었고(시선을 끌어 세트를 짓게 하려는 것이 그 목적의 하나였다), 이들은 모두 그러한 식으로 자신들의 데뷔작을 만들었다. 모스크바 출신의 이들 감독들은 그곳의 영화인들에게 많은 영향을 끼쳤다. 톨로무시 오케예프와 볼로트 샴시예프는 라리사 셰피트코의 작품에서 음향 전문가와 조수, 그리고 배우로 활약했고, 콘찰로프스키는 카자흐스탄, 키르기스, 우즈베키스탄의 영화 시나리오 몇 편을 공동으로 집필했다.

세르게이 파라자노프 감독의 「석류 빛Sayat Nova」(1968). 〈바로크 미학〉을 보여 준 아르메니아 영화의 걸작이다.

그루지야와 아르메니아 유파

1960년대와 1970년대에 모스크바에서 양성된 일군의 신진 감독들은 그들만의 독특한 방식으로 아불라제와 추헤이제가 열어 놓은 신경향의 틈새를 파고 들어왔다. 라나 고고베리제, 오타르 요셀리아니, 프룬제 도블라티안과 같은 감독들은 주제와 스타일 면에서는 다양성을 보이면서도 이탈리아 네오리얼리즘과 프랑스 누벨 바그의 영향을 강하게 드러냈다. 동시에 영화의 국가적 특색도 갈수록 강해져, 영화인들은 무성 영화에서 시작된 위대한 작품들의 전통을 다시 부활시키려 했다. 특히 그루지야와 아르메니아 영화사들이 만든 작품에서 새로 개발된 영화 언어는 척 보기만 해도 어느 나라 유파인지를 구분할 수 있을 정도로, 수세기나 묵은 두 나라의 민족적 전통에 깊숙이 뿌리박고 있다. 레조 치헤이제는 사실주의적 전통으로 보통 사람들의 일상적 영웅주의를 심도 있게 묘사했고〔「병사의 아버지The Father of the Soldier」(1964)〕, 텐기즈 아불라제는 과거를 이용한, 다시 말해서 19세기 말의 위대한 시인 바자 프샤벨라의 스타일 속에서 자연주의와 상징주의를 혼합하는 방식으로, 거대한 도덕적 문제를 제시해 보였다〔「화신The Incarnation」(1967), 「요술 나무The Wishing Tree」(1976)〕. 한편, 사회적 군상에 대한 놀라운 연구를 통해 강렬한 역사적 상황을 재현한 게오르기 셴겔라야〔「피로스마니Pirosmani」(1969)에는 옛 티플리스의 상황이, 「젊은 작곡가의 여행Journey of the Young Composer」(1984)에는 19세기 말 농촌의 위기가 잘 묘사되어 있다〕와 달리, 그의 동생 엘다르는 신랄한 유머를 알 듯 모를 듯 교묘히 구사하기를 좋아했다〔「놀라운 구경거리The Amazing Exhibition」(1968), 「계모 사마니시빌리Stepmother Samanishvili」(1978)〕.

상징적이고 은유적인 거리 두기와 시적이고 유머러스한 언어의 빈번한 사용은 사회주의적 사실주의와는 너무도 동떨어진 그루지야 영화만의 특색이라 할 수 있다 — 미하일 코바히제의 걸작 소품들〔「결혼The Marriage」(1964), 「파라솔The Parasol」(1967)〕, 그루지야 유파의 단편 영화들〔이라클리 크비리카제의 「항아리The Jar」(1971)〕, 특히 오타르 요셀리아니의 작품들〔「낙엽Fall of Leaves」(1966), 「노래하는 흑조There Was a Singing Blackbird」(1970)〕에 묘사된 세상에 대한 그 애잔하고 투명한 시적 감성은 모든 세대 사람들의 가슴을 감동으로 물결치게 했다. 현대화에 집착하면서도 전통과의 단절을 거부하는 사회의 불확실한 미래 또한 여러 영화의 주제로 사용되었고〔메라브 코코차슈빌리의 「크고 푸른 계곡The Large Green Valley」(1967), 라나 고고베리제의 「한계Limits」(1968)〕, 트빌리시의 작품들은 그중에서도 특히 강한 호소력을 보여 주었다.

제작 편 수와 감독들의 수에서는 트빌리시의 그루지야필름Gruziafilm에 비해 떨어졌지만, 아르메니아의 상황 — 이곳의 스튜디오들도 뿌리 깊은 전통을 자랑했다 — 역시 그루지야와 비슷한 양상을 보여 주었다. 아르만드 마나리안〔「테이베이크Tejvejik」(1961)〕, 드미트리 케우사이안〔「주인과 하인Master and Servant」(1962), 「아브도의 자동차Avdo's Motorcar」(1966)〕, 바그라트 호바네시안〔「청포도The Green Grape」(1973), 「가을의 태양Autumn Sun」(1977)〕 같은 뉴 웨이브 출신으로부터 시작되는 아르메니아 감독들 중 특히 뛰어난 인물로는 프룬제 도블라티안, 헨리크 말리안, 아르타바즈드 펠레치안 등이 있다.

사실주의적 특성으로 그동안 자신이 고수해 온 영화 언어를 기탄없이 사용한 도블라티안에게 처음 명성을 안겨다 준 작품은 「안녕, 나야Hello, It's Me」(1965)와 「예레반 연대기Chronicle of Erevan Days」(1972)였다. 그는 특히 아르메니아 인들의 도덕적 진화와 같은 까다로운 주제를 종교와 대량 학살이라는 금기시된 문제들로 넌지시 표현하는 그만의 독특한 방식으로 유명해진 감독이다. 말리안의 작품들〔「트라이앵글The Triangle」(1967), 「우리가 산이다We are Mountains」(1969), 「아버지The Father」(1972), 「나하페트Nahapet」(1977)〕은 아르메니아의 문화와 역사를 좁은 범위 내에서 더욱 깊이 파고들고 있다. 그는 유머의 사용을 극도로 배제한 상태에서, 최근의 민족사와 연계된 것이 분명한 비극적 진지함으로 자신의 영화를 다루고 있다. 그렇지 않았으면 비슷했을 그루지야와 아르메니아 영화를 뚜렷이 구분시켜 주는 게 바로 그 점이다. 말리안의 작품들은 비록 은유적이기는 하지만 본질적인 상실, 깨어진 조화, 아르메니아를 암시하는 나라 내에서의 통합의 상실을 보여 주고 있다. 말리안은 예레반의 스튜디오들과는 좀 소원했던 관계로 촬영은 본국에서 했으나 편집은 모스크바에서 했고, 사운드트랙도 자국어를 사용하는 다른 뉴 웨이브 감독들과는 달리 러시아 어로 만들었다.

아르타바즈드 펠레치안〔「발단Beginning」(1967), 「우리들Us」(1969), 「계절Seasons」〕은 두말할 나위 없이 아르메니아를 대표하는 혁신적 감독이고, 그의 〈거리 두기 편집*editing at a distance*〉 이론은 특히 유명하다. 이미지와 사운드를 전혀 새로운 방식으로 연결한 그의 다큐멘터리들은 아르메니아 문화의 상징물들을 놀라운 기법으로 시각화시키고 있다 — 본인이 직접 조사한 배경의 수직성에 기초하여, 산악지대로부터 종교적 장소에 이르기까지의 모든 것을 보여 주며, 국토와 민족의 가치를 일깨우고 있다.

티플리스 출신의 아르메니아 인으로, 국가적 유파와는 거리를 두고 있는 세르게이 파라자노프는 영적 전령사라는 이름에 걸맞게 분류하기가 상당히 까다로운 인물이다. 우크라이나에서 성공적인 영화 인생을 시작한 그는 쌓이는 고뇌를 참지 못해 고향인 카프카스로 돌아왔다. 수용소와 감옥을 들락거리며 근 20여 년에 걸쳐 완성한 세 작품 — 「석류 빛Sayat Nova」(아르멘필름, 1968), 「수라미 요새의 전설The Legend of the Surami Fortress」(그루지야필름, 1984), 「음유 시인 케리브Kerib the Minstrel」(그루지야필름, 1988) — 에서 그는 카프카스 지방의 모든 문화적 요소를 함께 뒤섞어 놓는 방법으로, 인종적 미학적 경계를 완전히 허물어뜨리고 있다. 이 철저하게 초문화적인 작품은 절충주의적 요소가 흘러넘치는 바로크식 심미주의와 더불어 소련 영화감독들에게는 수 세대에 걸쳐 강렬한 영향을 미쳤지만, 그루지야나 아르메니아에서는 단 한 사람의 추종자도 만들어 내지 못했다.

중앙아시아: 〈뉴 웨이브〉의 시대

중앙아시아 전역에 불어닥친 뉴 웨이브 열풍과 더불어, 카밀 야르마토프나 나비 가니예프와 같은 선구자들의 기여 없이 1960년대와 1970년대의 중앙아시아 영화는 탄생할 수 없었다. 모스크바에서 양성된 이들 젊은 감독들은 동양적 이미지를 사용하는 전통과는 결별하고 그것의 고대적 혈통에도 불구하고 제7예술의 발전에는 그다지 호의적인 것 같지 않던 국가 유산 속에서 영화 예술을 만들어 내는 작업에 착수했다. 자신들의 데뷔작을 중앙아시아에 와서 만들어 준 VGIK, 러시아, 그리고 카프카스 지방 감독들의 기여는 앞에서 이미 언급한 대로이다. 그에 못지않게 중요했던 것이 몇 명의 젊은 감독과 다수의 국민 작가를 배출해 낸 극장의 역할이다. 무흐타르 아우에조프, 친기즈 아이트마토프, 올리야스 술레이메노프와 같은 유명 작가들은 모두 자국의 영화 발전에 지대한 공헌을 했다. 아이트마토프는 키르기스스탄 영화인 동맹의 서기가 되었으며, 술레이메노프도 카자흐스탄에서 같은 직책을 맡았다. 그 밖에도 그들은 작가의 권위를 이용하여, 소련과 다른 공화국들의 〈미묘한〉 영화들에 대한 방어벽이 되어 주기도 했다.

중앙아시아 공화국들의 영화는 내전〔볼로트 샴시예프의 「카라치 관문의 총성Shots in the Karach Pass」(1968), 슈흐라트 압바소프의 「빵의 도시 타슈켄트Tashkent, City of Bread」(1968)〕, 2차 대전〔압바소프의 「너는 고아가 아니다 You're not an Orphan」(1962), 호자쿨리 나를리예프의 「며느리The Daughter-in-law」(1972)〕, 시골의 변모〔알리 캄라예프의 「희디흰 백조White, White Swans」(1966), 톨로무시 오케예프의 「어린 시절의 하늘The Sky of our Childhood」(1967)〕 등과 같이 주제 면에서는 소련의 이데올로기적 내용에 잘 부합하고 있는 듯했지만, 접근법과 영화 언어 면에서는 전혀 새로운 모습을 보여 주었다. 특히 다큐멘터리적인 특징도 종종 내비치는 시각적 스타일은, 이슬람만은 여전히 금기로 남아 있기는 해도, 기존의 유목민이나 최근에 정착한 민족의 전통에 많은 공간을 할애하고 있다. 엘리오르 이슈하메도프의 초기 작품에서도 볼 수 있듯이 프랑스와 이탈리아 뉴 웨이브의 특징 또한 분명하게 드러났다. 시적인 접근법으로 도시 환경을 고찰한 그의 「다정함Tenderness」(1967)은 예전에 볼 수 없던 참신한 기법으로 센세이션을 불러일으켰다. 구로사와나 레이 같은 일본과 인도 거장들의 영향 또한 간과할 수 없는데, 특히 오케예프의 「어린 시절의 하늘」과 알리 캄라예프의 「두려움 없이Without Fear」의 어떤 장면들은 미후네 도시로가 등장하더라도 어색하지 않을 정도이다. 그 중 알리 캄라예프는 뮤지컬〔「딜로롬Dilorom」(1967)〕, 오리엔탈 웨스턴〔「일곱 번째 총탄The Seventh Bullet」(1972)〕, 주문받아 만든 작품〔「카불의 뜨거운 여름Hot Summer in Kabul」(1982)〕과 같이 어떤 장르도 소화해 낼 수 있을 만큼 다재다능한 감독이었다. 그의 두 대표작 「새를 쫓아간 남자 Man Follows the Birds」(1975)와 「3부작Triptych」(1978)에는 중앙아시아 사회의 도덕적 심미적 전통들이 웅장하게 묘사되어 있다.

중앙아시아 5개국의 작품들은 동질성과 다양성 둘 다에 기본을 두고 있다. 주제, 리듬(가끔은 아주 느린), 그리고 접근법(환상적 장면, 어스 심볼리즘*earth symbolism*, 서사적 비극, 멜로드라마의 빈번한 사용)에 있어서는 소련이 정형화시켜 놓은 대로의 역사 문화적 전통을 그대로 나타내고 있는 반면, 정말 뛰어난 작품들에서는 키르기스스탄 산악 지대의 유목 생활, 카자흐스탄의 광활한 스텝 지역, 투르크메니스탄의 사막 문명, 우즈베키스탄과 타지키스탄의 고대 도시 문명(이 경우에 페르시아의 영향을 강하게 받았다)과 같이 국가 간의 차이점이 분명히 드러나는 진정한 다양성을 엿볼 수 있다

영화와 대중

1970년대 중반부터 연평균 4편의 장편 영화와 몇 편의 단편 영화를 만들어 내며, 많지도 적지도 않은 최적의 제작을 보여 온 중앙아시아 영화계는 1970년대 말에 들어서면서 조금씩 둔화되는 조짐이 나타나기 시작했다. 아르메니아의 수렌 바바이안〔「창조의 제8일The Eighth Day of Creation」(1980)〕이나 타지키스탄의 다블라트 후도나자로프〔「청춘의 첫 아침 The First Morning of Youth」(1979)〕와 같이 젊고 참신한 인재들조차도 좀처럼 이름을 알릴 수가 없었다. 그루지야에는 알렉산드르 레흐비아치빌리〔「19세기 그루지야의 연대기 Chronicle of Georgia in the Nineteenth Century」(1979)〕, 레조 에사제〔「그 도시의 풍차The Windmill by the Town」(1981)〕, 나나 조르자제〔「소포트로의 여행Journey to Sopot」(1980)〕, 테무르 바블루아니〔「이주하는 참새 Migrating Sparrows」(1980)〕 등 그런 인물들이 더 많았다. 하지만 그루지야의 경우에는, 트빌리시에 영화 학교를 세워 모스크바의 독점을 막으려 한 것이 결정적인 이유였다.

이미 개방성을 상실한 교육과 제작 측면에서 가해 오는 모스크바의 압박은 날이 갈수록 더 심해졌다. 감독 기관 고스키노는 대본, 제작비, 유통에 대한 통제를 더욱 강화했다. 정해진 궤도에서 이탈한 작가의 작품들은 최소한으로 배급이 이루어지기가 일쑤였다. 공인 비평가들은 그런 작품을, 신성 불가침의 사회주의적 사실주의의 경계를 무시하고 민족주의적 경향으로 빠져 든 작품이라며 비난했다. 감독들에게는 국제 영화제의 출품을 금지시켰다. 그와 동시에 고스키노는 국가 주문 제작물(텔레비전 영화 모두)의 편향성을 이용하여, 소련 대중이 원하는 상업 영화의 제작을 은근히 장려했다. 그에 따라, 그루지야는 코미디, 아제르바이잔은 형사 영화와 난센스 코미디, 중앙아시아는 서부극, 동양적 서사극, 뮤지컬 멜로드라마식으로 스튜디오마다 일종의 전문 영역이 생겨나기 시작했고, 이 모든 것들은 그때그때의 이데올로기적 득실과

연결되어 제작 순서에 반영되었다. 1968년에 타슈켄트에서 시작된 〈아시아, 아프리카, 라틴 아메리카 영화제〉는 문화적 이데올로기적 차이를 강조하는 등 처음 몇 번은 의외의 모습을 보여 주는가 싶더니, 체제 순응 쪽으로 급속히 후퇴해 버렸다. 하지만 그런 이데올로기적 책략은 소련 대중의 불만을 사게 되어, 결국 국립 영화로부터 등을 돌리게 하는 결과를 초래했다. 그들은 소련으로 가끔씩 들어오는 서구 영화를 더 좋아했고, 특히 중앙아시아와 아제르바이잔 관객들은 센티멘털리즘이 주조를 이루는 이집트와 인도 영화에 광적으로 열광했다. 독창적 작품을 만들어 내는 데 긴요한 투쟁 정신은 옛날에 이미 다 소진된 뒤였다. 그런 와중에도 오타르 요셀리아니와 알리 함라예프는 때때로 검열용과 극장용의 두 가지 방법으로 만들자는 억지까지 부려 가며, 각종 검열 기관(지방과 소련의 입김)과 맞붙어 싸웠다! 하지만 열망하는 작품을 만드는 데는 최고위층의 뒷받침이 필수였다. 일례로 스탈린의 공포 정치를 대놓고 비판한 텐기즈 아불라제의 「참회」(1984)는 처음부터 끝까지 그루지야 공산당 서기 예두아르트 셰바르드나제의 후원으로 만들어졌다.

1980년대의 격변

고르바초프가 집권한 뒤, 남부 국가 영화인들의 중앙 정부(유해한 역할)에 대한 비난은 한층 더 거세어졌다. 그리하여 급기야 1986년 5월 제6차 영화인 동맹 회의에 참석하여, 작품 선택과 관련한 고스키노의 특권을 재평가하는 일까지 일어났다. 타지키스탄의 다블라트 후도나자로프 감독은 1990년에 소련영화인동맹Union of Soviet Film-Makers 최초의 서기가 됨으로써, 새로 탄생한 의회에서 아예 정치가의 길로 접어들었다. 이 수년간의 정치적 혼란은 소비에트 연방 공화국 영화계의 일대 격변기로 특징지을 수 있다. 1991년까지는 국가별 중심의 제작 쪽으로 상황이 유리하게 돌아가는 듯했다. 연방 차원의 검열은 거의 사라졌고, 영화에 대한 국가 예산의 할당도 부활했으며, 최초의 민간 후원자까지 생겨났다. 스튜디오들도 유례없는 제작 풍년을 이루었고 민간이나 기업형의 독립 제작사들도 속속 등장하기 시작했다. 그중에는 켈레체크Kelechek(톨로무시 오케예프), 살라말레크필름Salamalekfilm(볼로트 샴시예프), +1(레조 에사제), 사마르칸트필름Samarkandfilm(알리 함라예프)처럼 유명 감독들이 차린 영화사도 있었다.

검열의 완화와 금기의 해제는 또 신세대 감독의 등장을 불러와 많은 스튜디오에서 폭넓은 기량을 발휘할 수 있게 만들었다. 다큐멘터리는 이 개방의 혜택을 받은 최초의 장르 중 하나로, 그 결과 당시까지 금기시되어 오던 문제들을 마침내 다룰 수 있게 되었다. 아르메니아 다큐멘터리 유파를 이끈 하이크Haik 스튜디오의 루벤 게보르키안츠(「섬Islands」(1984),

중앙아시아 문화: 알리 캄라예프 감독의 「3부작」의 한 장면.

「레퀴엠Requiem」(1989)]와 하루티운 하차트리안[「콘드 Kond」(1987), 「백색 도시The White Town」(1988)]이 이 장르의 대표적인 인물들이다. 이 기간의 신예 감독들로는 그루지야의 자자 할바시[「그곳에서, 우리와There, with Us」(1990)], 우즈베키스탄의 자흥기르 파이지예프[「키아디아 Kiadia」(1988), 「너는 누구냐Who Are You?」(1989)]와 줄피카르 무사코프[「어느 병사의 일대기History of a Soldier」(1989)], 타지키스탄의 바코 사디코프[「행복한 부하라Blest Bukhara」(1992)] 등이 있다. 카자흐스탄에서는 라시드 누그마노프[「바늘」(1988)], 세리크 아프리모프[「종착역 Terminus」(1989)], 바라노프와 킬리바예프[「트리오Trio」(1989)] 같은 새로 등장한 일군의 젊은 그룹이 파스빈더, 벤더스, 자무시와 같은 뉴 저먼 시네마와 미국 감독들의 영향을 받은 누아르 영화들로 스타일에 일대 새바람을 일으키며, 진정한 뉴 웨이브의 모습을 보여 주었다.

하지만 이러한 변혁과 더불어 가중되는 상업적 압력으로 중앙아시아 각국의 영화는 점점 강제 노동 수용소, 마피아, 마약, 비행과 같은 자국의 당대 이슈들을 주제로 다루게 되었다. 그 결과, 차바제(그루지야)의 「얼룩The Stain」(1985), 바지프 무스타파예프(아제르바이잔)의 「개자식The Bastard」(1989)과 같이 소수의 흥미 있는 영화들도 나오긴 했으나, 대부분은 국가 영화에 대한 대중의 환멸만을 가중시킬 뿐인 백해무익한 영화들만 쏟아져 나왔다.

1991년, 각 공화국들의 독립 이래 영화계는 전혀 새롭고 불확실한 국면을 맞이하고 있었다. 대부분이 해적판인 온갖 종류의 서구 영화와 비디오가 물밀듯이 몰려오면서, 국가 영화는 일대 위기 상황에 직면했다. 당국은 스튜디오가 자체적으로 해결할 문제라며 재정 지원의 부활에 난색을 표했고, 영화인들은 그렇게 되면 창조적 국가 영화의 죽음만이 초래될 뿐이라며 우려를 표시했다.

그 결과 몇몇 나라들(그루지야, 아르메니아, 카자흐스탄, 투르크메니스탄)은 어느 정도 재정 지원을 약속했으나, 단 스튜디오 장비 확충을 위해 가능하면 합작으로 할 것을 강력히 권고했다. 하지만 격화되는 무력 충돌과 경제 위기로 상황은 더욱 불안정해졌고, 그런 의미에서 이들 나라의 영화 번영도, 대단히 모순적인 말이긴 하지만 한때 활짝 폈다 시들었던 소련 시절의 그것과 다를 바 없는 한바탕의 일장춘몽이 될지도 모를 일이다.

참고문헌

Passek, Jean-Loup(ed.)(1981), *Le Cinéma russe et soviétique.*
Radavanyi, Jean(ed.)(1988), *Le Cinéma géorgien.*
──(1991), *Le Cinéma d'Asie centrale soviétique.*
──(1993), *Le Cinéma arménien.*

터키 영화

유수프 카플란

터키(오토만 투르크)는 서구와 거의 같은 해에 영화를 받아들였다. 터키 주재 파테 프레르Pathé Frères의 대표인 지크문트 바인베르크(루마니아 인)가 1897년 초에 이스탄불의 외국인 지역인 베요글루의 스포네크Sponeck 레스토랑에서 영화 상영을 한 것이 시발점이었다. 그 후 몇 년 새에 영화는 오토만 투르크 도시의 거의 전역으로 퍼져 나갔다.

터키 최초의 영화는 외국인 카메라맨이 만든 다큐멘터리였고, 터키 인의 손으로 직접 만든 영화는 1914년, 터키 군 장교 푸아트 우즈키나이가 만든 다큐멘터리, 「러시아 성 스테판 유적의 파괴The Demolition of the Russian Monument at St. Stephan」였다. 초창기 터키 영화인들도 이와 비슷하게, 오토만군 총사령관이자 전쟁 장관이었던 엔버 파샤가 1915년에 세운 국군 영화 제작소Army Film Center(AFC)의 다큐멘터리들을 주로 만들었다. 터키 최초의 극영화는 최초의 영화 상영이 있은 지 거의 20년 만에 만들어졌다. 이번에도 바인베르크는 AFC의 의뢰로 1916년에 「히메트 아아의 결혼The Marriage of Himmet Ağa」을 찍기 시작했으나, 이 작품은 1차 대전이 끝난 뒤에야 완성되었다. 따라서 국가 방위 연합에 의해 제작된 두 작품, 젊은 저널리스트 세다트 시마비가 만든 「순경The Claw」(1917)과 「스파이The Spy」(1917)가 터키 최초의 극영화가 되었다.

터키 최초의 영화사 케말 필름Kemal Film은 1922년 세데드 형제들에 의해 세워졌다. 불과 2년 만에 사라지긴 했으나, 이들은 과거와는 비교도 안 되는 전문적인 기술로 4편의 작품, 「이스탄불의 사랑의 비극A Love Tragedy in Istanbul」(1922), 「보스포루스의 미스터리The Mystery on the Bosphorus」(1922), 「불의 셔츠The Shirt of Fire」(1923), 「키즈쿨레시의 비극The Tragedy at Kizkulesi」(1923)(네 작품 모두 젊은 연극배우 겸 감독 무흐신 에르투룰의 작품이다)을 만들었다. 에르투룰은 이후 20여 년에 걸쳐 터키 영화를 주도해 나가게 되는데, 결론적으로 말하면 그것은 잘못된 방향이었다. 초기 터키 영화는 6편 중 5편이 연극을 각색한 것이고, 감독도 4명 중 1명은 연극 연출가였다. 그것이 터키 영화의 미래를 결정지었다.

일당 국가, 감독 1인 영화

1923년에 수립된 신생 터키 공화국은 서구 지향의 음악, 연극, 오페라에는 지원을 아끼지 않으면서도 유독 영화에만은 관심을 보이지 않았다. 공화국 수립 5년 만에 터키 영화는 완전히 시들어 버렸다. 1928년 새로운 영화사 이펙 필름Ipek film이 여러 개의 영화관을 소유하고 있던 이펙치 형제들에 의해 세워졌는데, 이 영화사는 향후 13년에 걸쳐 터키 영화의 제작을 독점하게 된다(유성 영화의 등장으로 인한 제작비 증가로 경쟁사가 별로 없었기 때문이다).

에르투룰은 1941년까지, 「이스탄불의 거리The Streets of Istanbul」(1931), 「국가의 각성A Nation Awakens」(1932), 「수백만의 사냥꾼The Million Hunters」(1934), 「욕망의 희생자Victims of Lust」(1940)를 비롯해 약 20여 편의 영화를 만들었다. 그 당시의 유일한 영화감독이었던 에르투룰은 친구들과 함께 이스탄불의 시립 극단 일을 보면서, 영화는 연극 시즌이 아닐 때만 만들었다. 당시 터키 연극은 서구 연극의 강력한 영향을 받고 있었는데, 그것은 터키의 모든 작가와 지식인들에게 서구의 문화, 사회, 정치 구조를 반영한 〈가상 사회〉를 만들어 내도록 지시한 관제 이데올로기와 일맥상통하는 것이었다. 영화도 서구 연극의 요소를 전적으로 받아들였다. 프랑스와 독일의 보드빌, 오페레타, 과장 심한 독일 멜로드라마들이 등장인물의 이름만 바뀐 채 그대로 영화로 만들어졌다. 일당 체제 국가에서 한 사람의 영화감독이 그 국가의 관심사만을 반영했다는 것은 그 자체로는 잘 부합되는 듯이 보인다. 하지만 그러한 경향은 그렇지 않았으면 터키 고유의 풍부하고 독창적인 뮤지컬과 영상물, 그리고 연극적 전통 위에 굳건한 토대를 쌓아 갈 수 있었을, 진정한 터키 영화의 탄생을 저해하는 요소가 되었다. 게다가 이탈리아 파시즘의 예를 따른 가혹한 검열법의 도입으로 터키 영화는 완전 질식 상태에 빠져 들었다. 그것의 파괴적이고 압제적인 경향은 터키 영화 제작에 심각한 결과를 초래했다.

과도기: 1939~1950

일당 체제가 무너지고 난 뒤, 이펙 필름의 경쟁사로 터키 제2의 영화사 하카 필름Ha-Ka Film이 설립됐다. 이 영화사는 파루크 켄츠와 스차단 카밀이라는 2명의 젊은 기술자에게 몇 편의 영화를 만들 수 있는 기회를 제공했다. 이것이 특히 중요했던 것은 이들이 에르투룰의 독점을 깨면서, 바하 겔렌베비와 아이딘 아라콘과 같은 젊은 감독들이 등장할 수 있는 길을 터 주었기 때문이다. 그렇다고 연극의 영향력을 완전히 벗어난 것은 아니지만, 여하튼 이들 영화인은 예술과 산업 양면으로 옛 연극인들의 지배에서 영화를 해방시키는 데 기여했고, 그것은 다른 사람들에게도 격려가 되어, 많은 젊은이들이 배우, 감독, 제작자, 기술자 등으로 영화계에 들어서는 계기가 되었다.

이 시기에 이루어진 가장 중요한 발전 중의 하나는 자국 영화에 대한 세금의 인하였다. 1948년에는 외화 세율이 70퍼센트, 방화 세율이 20퍼센트였다. 영화 산업이 흥미롭고 수익성 있는 사업으로 인식되면서, 의욕적인 신세대 영화인들의 등장도 속속 이어졌다.

1950~1960: 형성기

아드난 멘데레스 수상 집권 시기에 다당 체제가 됨으로써, 터키의 정치, 경제, 문화, 사회 조직에도 엄청난 변화가 초래됐다. 마셜 플랜에 의한 산업화 정책의 일환으로 개방 경제 체제가 기존의 경제 체제를 대신했고, 아나톨리아의 수많은 소기업가들이 이스탄불의 그린 파인 가로 옮겨 와 영화사를 차렸다. 이를 계기로 영화 제작이 폭발적으로 늘어나면서, 이후 터키 영화는 그린 파인 시네마Green Pine Cinema로 불리게 된다. 1917년에서 1947년까지 58편에 불과했던 제작 편 수가 1956년에는 359편이라는 엄청난 숫자로 늘어났다. 1957년 이후 영화 제작 편 수는 연간 100편, 150편, 200편으로 꾸준히 증가했고, 양적인 증가는 질적인 향상으로 이어졌다.

1949년에 공개된 외메르 뤼트피 아카드의 데뷔작 「창녀에게 죽음을Death to the Whore」은 터키 영화계에 새로운 인재의 등장을 예고했다. 그의 두 번째 작품 「법의 이름으로In the Name of the Law」(1952)는 내레이션, 구성, 편집 부문에서 진정한 영화적 스타일을 이룩한, 터키 영화사의 새 시대를 연 작품이 되었다. 영화계에 등장한 것은 그보다 40년 늦었지만, 터키 영화의 형식에 미친 영향력 면에서 아카드는 미국의 그리피스에 비교될 만했다. 그 외에 아카드의 주요 작품으로는 시적 사실주의가 돋보이는 「살인자 도시Killer City」(1954), 마을 주민의 현실과 그것의 문제점을 완벽하게 묘사한 「하얀 손수건The White Handkerchief」(1955)이 있다.

아카드의 뒤를 이어 메틴 에륵산, 아티프 일마즈, 오스만 세덴처럼 젊고 유능한 신진들이 속속 자신들의 데뷔작을 선보였다. 영화계에 들어와 통속 소설 각색, 〈단순한〉 멜로드라마, 코미디를 주로 만들고 있던 아티프 일마즈는 1957년에 그만의 독특한 스타일로 소도시 사람들의 삶을 코믹하게 그린 「신부의 무라트The Bride's Murat」를 내놓았다. 1959년의 두 작품 「붉은 사슴Alageyik」과 「카라자오글란의 수난The Passion of Karacaoglan」 역시 터키의 민속적 요소를 절묘하게 결합한 수작이었다.

그 시기의 대표적인 감독은 멤두 윈이었다. 〈싸구려〉 멜로드라마만을 마구 쏟아 내던 그는 「세 친구Three Friends」(1958)로 터키 영화 언어를 새롭게 변화시켰다. 오스만 세덴은 독립 전쟁을 다룬 「적이 의지를 꺾었다The Enemy Cut down the Ways」(1959), 「명예를 위하여For the Sake of Honour」(1960)와 같이 에로티시즘과 폭력적 요소를 이용한 갖가지 실험 영화를 만들었다.

이 기간에는 또한 멜로드라마, 마을 모험담, 도시 영화와 같은 터키 영화의 새로운 장르가 등장하면서, 그와 관련해 스타 시스템도 발전하여 오스만 세덴은 특히 〈스타 메이커〉로서 중요한 역할을 했다. 당시 최고 인기 스타를 꼽아 보면, 터키의 남성상을 대표하는 아이한 이시크, 상류 사회의 〈작은 아씨〉 벨긴 도루크, 희생당하는 순진한 여주인공 무테렘 누르, 낭만적인 영웅상의 괴스켈 아르소이 등이 있다.

동서 문화의 갈등을 그린 할리트 레피으 감독의 「나는 터키 인에게 마음을 뺏겼다」(1969).

일마즈 귀니 (1937~1984)

일마즈 귀니는 1937년 터키의 남부 도시 아다나에서 7명의 자녀를 둔 쿠르드 인 가정에서 태어났다. 그는 처음에는 배우로 영화계에 입문하여 60여 편이 넘는 액션물에 출연했으며, 그중 20편은 본인이 직접 대본을 쓰기도 했다. 그가 영화에서 창조해 낸 전설적 영웅 〈못생긴 왕〉이 관객으로부터 열렬한 사랑을 받은 까닭은 그들처럼 착취당하고, 억압받고, 절망에 빠진 이들의 이름으로 정의를 구현하는 그의 모습이 특별히 관객들에게 공감을 불러일으켰기 때문이다.

1960년대 중반에 귀니는 방향을 바꾸어, 터키의 위대한 감독 외메르 뤼트피 아카드의 조감독으로 그의 「국경의 법」 제작에 참여했고, 아티프 일마즈와는 몇 편의 시나리오를 공동 집필했다. 그는 이 모든 경험을 사실주의와 시적 분위기가 어우러진 서사극이자 그의 감독 데뷔작이기도 한 「세이이트 한」에 쏟아 부었다. 1970년에 만든 「희망」은 아나톨리아 농촌의 가난과 억압을 그린 자전적 작품으로, 이 작품이 터키 영화사의 위대한 금자탑이라는 데는 누구도 이의를 달지 않았다. 이 영화의 서사적 스타일, 부드러운 촬영술, 짜임새 있는 내러티브 구조가 터키 영화 언어의 발전에 기여한 공로는 이루 말로 다 표현할 수 없을 정도이지만, 단 영화의 주제에 대한 귀니의 접근법은 많은 논란을 불러일으켜 여러 분야에서 맹공격을 받아야 했다.

1971년 귀니는 4편의 영화, 농촌의 억압적 상황과 권력에 항거하는 폭동을 주제로 한 「애가」와 「슬픔」, 도시 자본주의를 중심에 두면서도 지나친 멜로드라마적 결말로 그다지 성공적이지는 못했던 「절망적인 사람들」과 「아버지」를 만들었다.

1971년 군사 혁명이 일어나면서, 얼마 안 있어 귀니도 군부에 의해 투옥되었다. 그가 만들고 있던 「가난한 사람들The Poor Ones」은 이후 아티프 일마즈가 완성했다. 1974년 석방되기가 무섭게 귀니는 다시 영화계로 복귀하여 도시의 부패를 주제로 한 「친구」를 만들어, 「희망」 이후 최고작이라는 찬사를 들었다.

그해에 귀니는 재차 투옥되어 살인 혐의로 19년형을 언도받았으나, 그런 어려운 조건 속에서도 영화만은 절대 포기하지 않았다. 대본도 계속 썼고, 〈대리인〉을 시켜 감옥에서도 연출을 계속했다. 「무리」(1979)와 「적」(1980)은 그를 대신해 제키 웍텐이, 「욜」(1982)은 세리프 괴렌이 만들었다. 「욜」은 망명지였던 파리에서 그가 직접 편집하여, 코스타-가브라스의 「실종」(1982)과 함께 1983년도 칸 영화제 최우수 작품상을 수상했다. 귀니는 그의 마지막 작품 「벽」(1983)을 프랑스에서 찍었고 1984년 프랑스에서 타계했다.

일마즈 귀니는 터키가 낳은 가장 혁신적이고, 재능 있고, 영향력 있고, 국제적인 찬사를 받은 감독이다. 그는 젊은 감독들의 영감의 원천이 되었다. 그는 터키 영화계에 참신한 청년 영화 운동을 일으켰고, 그것을 통해 터키 영화의 미래를 연 선구자였다.

유수프 카플란

▪ 주요 작품

「세이이트 한Seyyit Han」(1968); 「희망The Hope」(1970); 「애가The Elegy」(1971); 「슬픔The Sorrow」(1971); 「절망적인 사람들The Desperate Ones」(1971); 「아버지The Father」(1971); 「친구The Friend」(1974); 「무리The Herd」(1979, 제키 웍텐 연출); 「적The Enemy」(1980, 제키 웍텐 연출); 「욜Yol」(1982, 세리프 괴렌 연출); 「벽The Wall」(1983).

일마즈 귀니 감독의 유작 「벽」(1983)의 한 장면.

국가 영화의 탐색: 1960~1970

1960년에 일어난 군사 쿠데타로 터키 사회는 또 한 번의 격변을 겪어야 했다. 19세기 오토만 통치 시절에 시작되어 민간 정부 시대에 가속화된 서구화 계획의 오도는 터키 국민의 억압된 감정과 집단적 무의식을 일순간에 폭발시켰다. 1960년대의 터키 사회는 유례없는 정치, 문화의 각축장이 되었고, 그 상황은 급기야 내전으로까지 치달아 그 상태가 1970년대 말까지 계속됐다.

그것이 터키 영화에 끼친 영향은 대단했다. 새롭고 진정한 국가 영화 문화의 필요성을 절감한 영화인들은 터키의 시각, 문학, 연극, 음악적 전통에 입각한 새로운 영화 형식과 내러티브 원칙을 토의하기 — 이것은 오늘날까지도 계속되고 있다 — 시작했고, 그 결과 단명으로 끝나기는 했지만 터키 국가 영화의 문화적 토대와 미학적 원칙을 수립하려는 몇 건의 영화 운동도 일어났다. 제일 먼저 일어난 것은 메틴 에륵산이 주도한 사회적 사실주의 운동이었다. 이 운동의 대표작으로는 세덴의 「명예를 위하여」, 아티프 일마즈의 「범죄자The Criminal」(1960), 농촌의 전통적 권위에 대항해 싸우는 한 남자의 이야기를 그린 에륵산의 「뱀들의 복수The Revenge of the Serpents」(1962), 1964년 베를린 영화제 금곰상 수상작 「건조한 여름Dry Summer」(1963) 등이 있다. 이들 영화는 모두 전통적 내러티브 구조를 이용하면서도, 통속적 터키 영화의 극적인 방식을 뛰어넘어 반(半)사실주의 형식으로 터키 농촌의 갈등적 요소를 그려 내고 있다.

할리트 레피으는 터키의 위대한 소설가이며 철학자인 케말 타히르의 작품과 사상에서 깊은 영감을 받은 젊고 재기 넘치는 영화감독이자 비평가이다. 레피으는 그의 동료인 메틴 에륵산, 아티프 일마즈, 외메르 뤼트피 아카드와 함께, 중요하지만 비교적 단명한 영화 운동, 〈국가 영화 운동*Ulusa Sinema Hareketi*〉을 일으키고, 데뷔작으로 「금지된 사랑Forbidden Love」(1960), 계속해서 일련의 국가 영화 — 동서(이슬람-터키) 간 가치의 갈등을 다룬 「마을의 이방인The Stranger in Town」(1963), 「하렘의 네 여인Four Women in the Harem」(1965), 「나는 터키 인에게 마음을 빼앗겼다I lost my Heart to a Truk」(1969), 「파트마 수녀Mother Fatma」(1973)를 만들었다. 그 운동의 다른 작품들로는 메틴 에륵산의 이슬람 신비주의의 사상과 상징을 이용한 걸작 「사랑을 위한 시간A Time to Love」, 아카드의 「국경의 법The Law of the Border」(1966), 「붉은 강, 검은 양Red River, Black Sheep」(1967), 「강The River」(1972), 「신부The Bride」(1967) 3부작, 「결혼The Wedding」(1974), 「보복The Retaliation」(1975), 아티프 일마즈의 「코자놀루Kozanoğlu」(1967)와 「코롤루Koroğlu」(1968)가 있다.

레피으의 개념과 반대되는 다른 영화 운동도 일어났다. 감독이자 비평가이기도 한 위젤 차크마클리는 살리 디리클릭, 메수트 우자칸 — 이들 모두 터키학생연합National Association of Turkish Students의 멤버들이었다 — 과 함께, 이슬람 사상에 기본을 둔 밀리 시네마 운동Milli Sinema을 일으켰다. 1970년대 초에는 「만나는 길Converging Paths」과 「나의 조국My Country」을 비롯해, 이 운동이 반영된 작품 여러 편이 만들어졌다.

국가 영화를 서로 다르게 해석한 이들 감독들은 몇 편의 중요한 작품도 만들어 내고, 영화 문화에도 활력을 불어넣는 등 영화계 전반에 많은 기여를 했다. 하지만 이 운동은 첨예한 정치 이데올로기적 충돌과 강건한 영화 산업, 혹은 정부 지원의 부재로 더 이상 지속되지는 못했다. 1960년대 말에 이르러 영화 제작은 텔레비전의 출현과 그에 뒤이은 비디오 확산으로 더욱 줄어들었다. 그 타개책으로 양산된 포르노 영화는 도리어 가족 관객의 상실과 상당수의 영화관이 문을 닫는 결과를 초래했다.

뉴 터키 시네마: 1970~1994

1970년의 터키 영화계는 영화 제작에 필요한 기반도 없었고, 기댈 만한 해외 시장도 없었으며, 기술 수준도 영세했고, 텔레비전에 밀려 영화관의 반수 이상이 문을 닫아 그야말로 붕괴 일보직전이었다. 그럼에도 불구하고 터키 영화는 살아남았고, 그것은 주로 터키 영화에 뉴 웨이브 바람을 일으킨 혁신적이고 재능 있는 신세대들의 등장 때문이었다. 뉴 웨이브를 주도한 인물은 일마즈 귀니였다.

터키 국가 영화의 탄생을 둘러싼 논쟁의 열기가 한창 뜨거웠던 1960년대에 귀니는 그런 파인의 〈싸구려〉 영화감독으로 영화계에 첫발을 내디뎠다. 첫 작품이 나온 것은 1968년이었으나, 그가 진정으로 터키 영화의 새 시대를 연 것은 두 번째 작품 「희망」(1970)으로였다. 이탈리아 네오리얼리즘의 영향을 받은 귀니는 서사적이고 시적인 그만의 독특한 스타일을 개발하여, 터키 영화의 주제에 맞는 새롭고 뚜렷한 영화 언어를 만들어 냈다.

귀니에 이어 장래가 촉망되는 감독으로 떠오른 사람은 제키 왹텐이었다. 그의「병사의 귀환Return of the Soldier」(1975)에는 당시로서는 생소했던 심리학적 요소가 이용되고 있다. 후속작으로 내놓은「무리」(1978)와「적」(1980)은 수감된 관계로 감독 활동을 못하고 있던 귀니가 착상하고 대본을 쓴 작품들이다. 그 후에 나온 작품들 ―「이익을 찾아라 Strike the Interests」(1982),「레슬러The Wrestler」(1984),「목소리The Voice」(1986) ― 에서는 서사적 줄거리와 풍부한 성격 묘사, 그리고 리듬과 템포가 훌륭하게 조화를 이루고 있다. 이들 영화는 풍부한 디테일과 섬세하고 정교한 풍자성이라는 전에 없던 새로운 요소를 터키 영화에 소개했다는 점에서 특히 기억할 만하다.

뉴 터키 시네마에 기여한 그 외의 감독들로는 세리프 괴렌, 에르딘 키랄, 외메르 카부르가 있다. 귀니의 영향을 받은 세리프 괴렌은 사실적이고 시적인 터치로 내러티브 구조가 좀 약하긴 하지만, 자연의 묘사가 뛰어난 걸작들「지진The Earthquake」(1976),「강The River」(1977),「정거장Station」(1977),「치료The Remedy」(1983),「피Blood」(1985),「너의 노래를 불러라You Sing your Songs」(1986) 등 상업 멜로드라마를 몇 편 만들었다. 에르딘 키랄은 뉴 터키 시네마 운동의 인재 중의 인재였다. 그의「하카리에서의 한 철A Season in Hakkari」(1979)은 1983년 베를린 영화제에서 두 번째에 해당되는 상을 수상했고, 신비주의적 표현에 의존하여 만든「우울한 망명The Blue Exile」(1993) 역시 대단한 감동을 불러일으켰다. 파리의 IDHEC에서 영화 제작을 공부한 외메르 카브르는 놀라운 시각적 스타일을 개발하여「유수프와 케난Yusuf and Kenan」(1979),「오, 아름다운 이스탄불Oh Beautiful Istanbul」(1981),「어느 깨진 사랑 이야기A Broken Love Story」(1982),「무정한 길Merciless Road」(1985),「아나유르트 호텔The Hotel Anayurt」(1986),「은밀한 표정The Secret Face」(1991)과 같은 작품들을 만들었다.

몇몇 새로운 현상이 1980년대와 90년대의 터키 주류 영화계에 나타났다. 1980년대 내내 소위 〈여성 영화〉의 인기가 하늘을 찌른 것이 그것이다. 이들 영화는 주로 터키 사회의 외곽에 존재하는 주변인(창녀)을 소재로 하고 있다. 그 밖의 현상으로 1980년대 말에는 터키의 전통적인 내러티브 형식, 시각 문화, 예술 문화에 힘입은 작품들이 등장했다. 이 경향을 반영한 대표작들로는 할리트 레피으의 최신작「숙녀The Lady」(1988)와,「두 이방인Two Strangers」(1990), 위젤 차크마클리와 살리 디리클릭의 텔레비전 미니 시리즈 몇 편, 이스마일 귀네스의「드로잉Drawing」(1990), 레하 에르뎀의「아…… 아이A…… ay!」(1990), 오스만 시나외의「술탄의 마지막 날 The Last Day of the Sultan」(1990), 외메르 카브르의「은밀한 표정」(1991), 에르딘 키랄의「우울한 망명」(1993), 야웨즈 투르굴의「그림자놀이Shadow Play」(1993)가 있다.

어느 나라든지 국가 영화는 시각 문화, 내러티브 전통, 예술 영화 실험의 수용에 적합한 그 나라만의 고유한 촬영 기법과 영화 언어를 개발해 내는 것이 필요하다. 지금까지 나타난 결과로 볼 때 터키 영화인들은 진정한 국가 영화를 만들어 낼 수 있는 특별한 줄거리 구성 방법을 분명히 발견해 가고 있는 것 같다.

참고문헌

Armes, Roy(1987), *Third World Film Making and the West.*

Kaplan, Yusuf(1994), *Türk sinemasi: pathos ve retorik.*

Özön, Nijat(1968), *Türk sinemasi Kronolojisi: 1895～1966.*

Scognamillo, Giovanni(1987～8), *Türk sinemasi tarihi,* 2 vols.

Woodhead, Christine(ed.)(1989), *Turkish Cinema: An introduction.*

아랍 세계

로이 암스

19세기 말 전 아랍권의 사회 경제적 조건은 유럽과 미국의 그것과는 판이하게 달랐다. 영화와 산업화가 서로 밀접한 관련을 맺고 있던 미국과 유럽에서 영화는 주로, 여흥에도 눈을 돌릴 여유가 생긴 노동자와 중하류 계급을 위한 상업적 오락으로 이용되었고, 설사 수출이 되었다 해도 아랍의 전통적 여가 활동과는 무관한, 세속적이고 상업적인 오락으로 남아 있었다. 19세기 말의 아랍 세계는 식민지와 유럽 지배의 시대였고, 아랍에 소개된 초기 영화 역시 외국인 거주자들을 위해 외국인 거주자들에 의해 소개된 것이 대부분이었다.

1896년 이집트와 알제리에 처음 소개된 뤼미에르 영화들 역시, 카이로, 알렉산드리아, 알제, 오랑과 같은 외국인 거주지가 밀집한 대도시의 카페 내실에서만 볼 수 있었다 . 일반 상영은 보통 서구와 교역을 하고 있던 기업인들에 의해 이루어졌다. 1897년 튀니지에 처음 영화를 소개한 알베르 사마마(치클리로도 알려졌다)도, 그전에 이미 자전거, 스틸 사진기, 축음기와 같은 진기한 서구 물품을 수입한 전력이 있는 사람이었다. 이후에도 튀니지 최초의 단편 영화 「조라Zohra」(1922)와 역시 튀니지 최초의 극영화 「카르타고에서 온 여자Ain al-Gheza」(1924)를 만든 걸 보면, 그는 과연 한 시대를 풍미한 선구자였음이 분명하다. 두 작품 다 그의 딸 에데 치클리가 주연을 맡았고, 그 외에도 그녀는 라몬 나바로와 앨리스 테리가 주연한 렉스 잉그럼의 「아랍 인The Arab」(1924)에도 잠깐 얼굴을 내비쳤다.

아랍의 다른 지역에서는 사회적 혹은 종교적인 이유로 일반 대중에게 영화가 소개된 것은 위의 나라들보다는 조금 늦게 이루어졌다. 알레포에는 터키 사업가가 1908년에 소개했고, 바그다드의 경우에는 알-샤파al-Shafa관에서 출처 불명의 영화가 상영된 1909년이 영화가 들어온 시초였다. 때로는 뤼미에르 관계자들에 의해 아랍 풍경이 영화에 등장한 적도 있긴 했지만, 그것은 주로 서양인들을 위한(아랍 인들의 관심을 끌려는 목적도 있긴 했지만), 즉 아랍의 진기하고 이국적인 모습을 그들에게 보여 주기 위함이었다. 엘리트 관객(외국인과 서구화된 부르주아지)에게만 공개되던 영화가 얼마 안 있어 일반 대중에게도 공개되기 시작하면서, 아랍 지역에서는 호화로운 장소에서 상영되는 엘리트 관객용의 최신 수입 영화와 낡고 누추한 곳에서 상영되는 일반 대중용의 쓰레기 같은 영화를 공급하는 두 종류의 배급 체계가 공통적인 현상으로 자리 잡아 갔다.

최초의 영화 상영이 그랬듯, 아랍 최초의 영화도 대개는 서양인의 손으로 만들어졌다. 1912년 프랑스 인 드 라가르네가 외국인 카메라맨을 고용해 알렉산드리아 정경을 찍은 것이 바로 그것이다. 자국 작품이라 할 만한 것도 몇 년 후에 등장했으나, 전반적으로 1920년대 무성 영화 시절에는 영화 제작 상황이 매우 저조한 편이었다. 치클리의 선구적 작품에 뒤이어 이집트 인 모하메드 바요우미는 1922년에 단편 영화 「공무원Al bash kateb」을 만들었다. 1926년과 1932년 사이에 이집트에서는 레바논 출신 칠레 인 이브라힘 라마 감독의 「사막의 키스Qubla fil-sahara」와 이스타판 로스티, 웨다디 오르피 공동 감독, 연극배우 아지자 아미르 주연의 「레일라Leila」를 시작으로 13편의 무성 영화가 만들어졌다. 이집트 최초의 〈국가〉 영화(적어도 이집트 인들에게는)는 「레일라」로 알려져 있지만, 그 시기의 대표작은 모하메드 후세인 헤이켈의 소설을 영화화한 모하메드 칸의 「제이나브Zeinab」라는 것이 일반적 정설이다. 그 밖의 다른 나라에서는 시리아에서 두 작품 「죄 없는 희생자Al-muttaham」(1928)와 「다마스커스 하늘 아래Taht sama Dimashq」(1932), 레바논에서 한 작품 「엘리아스 마부르크의 모험Mughamarat Elias Mabrouk」(1929)이 만들어졌다. 아랍 인들의 저조함과 달리 유럽 영화인들은 1920년대 말까지 북아프리카에서만 60편이 넘는 영화를 찍을 정도로, 아랍 지역을 주요 촬영지로 이용했다.

1930년대

유성 영화의 출현으로 초기 이집트 영화계는 제작비 상승, 기술적 요구, 외국 감독의 고용(주로 이탈리아 인)이라는 전에 없던 새로운 문제에 직면했다. 그뿐만이 아니었다. 각양각색의 언어와 방언으로 시장이 쪼개지는 바람에 배급업자들에게도 초비상이 걸렸다. 하지만 유성 영화는 각 지방의 언어와 방언 그리고 무엇보다도 음악과 노래를 통해 관객과 친밀해질 수 있는 이점이 있었다. 토고 미즈라히의 소극(笑劇), 라마 형제의 베두인 족의 사랑과 모험담, 유수프 와비의 연극 각색 등에서 볼 수 있는 바와 같이 초기 이집트 영화는 〈작가〉 영화라기보다는 장르 영화였다. 장차 이집트 영화의 대표적 장르가 될 뮤지컬은 1932년 마리오 볼피의 「사랑의 노래Anshudat al-fuad」로 첫선을 보였다. 뒤이어 이집트 라디오의 후원으로 연극의 뮤지컬 연기가 영화에 도입되기 시작했고, 이때 등장한 모하메드 압델 와하브, 움 켈툼〔프리츠 크람프가 연출한 미스르 프로덕션의 첫 작품 「웨다드Wedad」(1934)에 처음 출연했다〕, 파리드 알-아트라체(앞의 두 사람보다는 조금 나중에 등장했다) 같은 가수들은 전 아랍 지역에 수많은 추종자까지 거느리게 되었다.

민족의식을 반영한 대중 예술의 창조에 진력하는 제작자들에게 수입 영화는 무척이나 상대하기 까다로운 존재였다. 관세 장벽 같은 조처로 수입 영화를 제재할 생각은 하지 않고 정부는 그저 영화를 단순한 세수의 수단으로만 보고, 서구의 그것보다 훨씬 높은 세율을 자국 영화에 부과했다. 비교적 성공했다고 평가받는 1930년대의 이집트 영화조차, 영화관이 밀

아부 세이프 감독의 「너의 날은 올 것이다Lak yawm ya Zalim」(1951). 에밀 졸라의 「테레즈 라캥」을 원작으로 한 이 작품을 계기로 하류층을 소재로 한 이집트 영화들이 쏟아져 나왔다.

집해 있는 대도시 엘리트 관객의 취향에 맞는 서구 영화와는 도저히 경쟁이 되지 않았다. 하지만 초기 이집트 영화계는 이집트 굴지의 금융 기관 미스르Misr 은행의 도움을 받아 1935년에 수입 장비와 외국에서 양성된 전문인들에 의해서 미스르 스튜디오가 세워지는 등, 다른 나라들보다는 그래도 사정이 나은 편이었다. 다른 아랍 지역의 영화 제작은 1930년대부터 2차 대전이 한참 지난 후까지도 극히 저조한 상태로 남아 있었다. 튀니지의 경우에, 치클리의 선구적 위업에도 불구하고 1966년 독립할 때까지 만들어진 유성 영화 수는 겨우 2편에 불과했다. 그나마 압델 하신의 1935년 작 「희망Tergui」은 공개도 하지 못했고, 튀니지 어로 제작되어 국가 영화라고 해도 좋을 「카이루안의 광인Majnun al-Kairouan」(1939)은 프랑스 인 감독이 만들었다. 관객 면에서 아랍 최고를 자랑한 레바논도 줄리오 데 부치와 카림 부스타니의 혁신적인 유성 영화 「발베크의 폐허에서Bayn hayakel Baalbek」(1935) 이후로는 거의 제자리걸음을 면치 못했다. 1952년까지 총 7편의 영화가 만들어졌으나 기억할 만한 작품은 하나도 없고, 시리아와 이라크에서는 1945년까지 단 1편의 영화도 만들어지지 않았다.

이집트 영화인들의 아랍 영화 시장 독점이 가속화됨에 따라, 이집트 영화가 곧 아랍 영화를 대표하게 되었다. 그런데도 발전은 느려서, 미스르 스튜디오가 문을 연 1930년대가 되어서야 이집트 영화의 연평균 제작 편 수는 두 자릿수를 넘게 되었고, 발전은 1945년까지 이어져 그해에만 25편 제작이라는 초유의 기록을 세우게 되었다. 이런 물량적 크기는 사실 개별적으로는 별 의미가 없는 것이었지만, 그래도 어쨌든 이집트 영화 전통의 확립에는 크게 기여했다. 이 시기에는 또 이집트 연극계의 세 거물 — 조르주 아비야드, 유수프 와비, 나기브 알-리하니 — 모두가 영화에 관여할 정도로, 연극의 영향도 강했다. 연극 속 인물 키시 키시 베이로 유명한 알-리하니는 마르셀 파뇰의 『토파즈*Topaze*』를 각색한, 프랑스-이집트 최초의 합작 영화 「야쿠트 씨Yacout Effendi」를 직접 감독하기도 했다. 하지만 비평가들은 이집트 인의 삶을 사실적으로 묘사한 최초의 영화이자 젊은 나이에 요절한 케말 셀림(1913~45)의 「유언Al-azima」을 최초의 온전한 이집트 영화로 꼽는다.

1945년 이후 등장한 이라크 영화는 처음에는 이집트 인 2명으로 시작되었으나, 날이 갈수록 확대되어 영국 지배의 종식을 가져온 1958년의 혁명 때까지 10여 편의 〈자국〉 영화를 만드는 수준까지 이르렀다. 그중 특히 주목할 만한 작품으로는 압델 자바 왈리의 「누구의 책임이냐Man al-mas' oul?」(1956)와 카메란 하사니의 「사이드 씨Saïd Effendi」(1958)가 있다. 이와 달리, 이집트는 2차 대전 바로 직후 영화 제작의 전성기를 맞으며 연간 50여 편까지 제작 편 수가 치솟았고, 그런 상태는 1990년대까지 계속됐다. 그 결과, 이집트 영화가 아랍 영화 시장을 석권하면서, 이집트 어도 덩달아 아랍 영화의 〈공통〉어로 자리 잡았다. 영화의 수준은 여전히, 노래와 춤으로 분위기만 약간 살린, 생각이 필요 없는 멜로드라마나 소극 수준이었으나, 1950년대 초반부터는 후일 노벨 문학상을 수상한 나기브 마푸즈와 같은 작가들이 대거 영화계에 진출하기 시작했다.

이집트 영화

1945년부터는 이집트 영화계에도 주요 감독들이 등장하기 시작했다. 살라 아부 세이프는 본래 상과 학교를 나와 직물 공장을 다니던 사람인데, 영화 관계 기고문을 쓰다가 미스르 스튜디오의 편집자로 발탁되었다. 거기서 연수 여행의 일환으로 파리와 로마에 보내졌고, 돌아오는 길에 케말 셀림 감독의 「유언」에서 조감독으로 일했다. 이후 이것저것 단편 영화만을 만들다 1946년 마침내 「워털루 거리Waterloo Road」를 개작한 「언제나 내 가슴속에Daiman fi qalbi」(1946)를 데뷔작으로 내놓았다. 그 후 20년에 걸쳐 20편이 넘는 영화를 만들면서 그는 이집트 영화계의 주도적인 인물로 부상했고 1963년부터 1965년까지는 이집트영화협회 회장직을 맡기도 했다. 그는 생기 있고 짜임새 있는 대본에 사실주의적 분위기를 가미한 드라마 형식에서 자신의 특징을 가장 잘 드러냈는데, 그러면서도 표현주의적 스릴러 「라야와 사키나Raya wa Sakina」(1953)와 같이 다른 장르로도 곧잘 외도를 했다. 그의 주요 작품으로는 「여자의 청춘Shabab imra」(1955), 「카이로'30Al-qahira thalathin」(1966), 「사건 68Al-Qadiya 68」(1968)이 있다.

유세프 샤힌은 살라 아부 세이프보다는 좀 더 코즈모폴리턴적인 인물이다. 그 역시 주류 영화의 조감독으로 영화를 시작하여 1950년대에 감독으로 데뷔했다. 그 후 사회 드라마 「나일의 아들Ibn al-Nil」(1951)로부터 멜로드라마 「계곡의 전투Sira' fil-wadi」(1954, 오마 샤리프가 데뷔한 영화), 역사 서사극 「살라딘Al-nasir Salah al-din」(1963), 농촌 드라마 「대지Al-ard」(1969)에 이르기까지, 20여 년에 걸쳐 만든 20편의 작품들은 그가 이집트 주요 영화 장르의 대가였음을 유감없이 보여 주고 있다. 그는 1990년대까지 활동을 계속하며, 후기작들에서는 비유와 자전적 요소를 결합한 아랍 영화에는 다소 생소한 영역을 선보였다.

대학에서 문학을 전공한 테우피크 살레(1926년생)는 영화계 입문은 1955년에 했으나, 이집트 영화계에서 쉽게 입지를 굳히지 못하고, 1960년대에 「반역자Al-mutamarridun」(1966)를 비롯해 고작 4편의 영화를 만드는 데 그쳤다. 하지만 살레가 이집트에서 힘들어한 까닭은 영화보다는 그의 현실 참여에 원인이 있었고, 결국 그는 1972년 시리아로 넘어가 거기서, 팔레스타인 유랑민의 처지를 다룬 가산 카나파니의 소설을 각색한 그 유명한 작품 「얼간이들Al-makhdu'un」(1972)을 만들었다. 살레가 겪은 고통만큼이나 샤힌과 아부 세이프도 1970년대에 혹독한 시련을 당해, 샤힌의 1970년대 말 세 작품들은 모두 알제리 국립 영화사 ONCIC와의 합작으로 만들어졌고, 아부 세이프의 「알-카디시아Al-qadissia」(1980)도 이라크에서 제작됐다.

1950년대부터 이집트 영화계를 주도한 이들 세 감독은 장르에 관계없이 다양한 영화를 만들었다. 하지만 에밀 졸라의 『테레즈 라캥*Thérèse Raquin*』의 한 작품을 나기브 마푸즈가 각색한 아부 세이프의 「너의 날은 올 것이다Lak yawm ya Zalim」(1951) 이후 이들은 이집트 중하류층의 삶을 소재로 한 사실주의적 작품으로 선회했다. 아부 세이프는 이어서 「십장 하산Al-usta Hassan」(1953), 「터프 가이Al-futuwa」(1957, 이 작품도 마푸즈 각본), 「하늘과 땅 사이Bayn al-sama wal-ard」(1959)를 내놓았다. 샤힌은 그 유명한 「카이로 역Bab al-hadid」(1958)을 만들었고, 살레는 마푸즈의 소설을 각색한 「바보들의 거리Darb al-mahabil」(1955)를 자신의 데뷔작으로 선보였다.

1961년 이집트영화협회 창립과 더불어 시작된 사실상의

유세프 샤힌 (1926~2008)

유세프 샤힌은 1926년 알렉산드리아에서, 국수주의적인 와프트 당의 후원자였던 변호사의 아들로 태어났다. 기독교인으로 자라난 그는 알렉산드리아의 빅토리아 대학에서 영어를 전공한 뒤 로스앤젤레스 근처 패서디나 연극 학교에서 2년간 드라마를 공부했다. 미국에서 돌아온 뒤 그는 곧바로 주류 영화의 조감독으로 영화계에 입문했다. 영화인으로서의 그는 늘 관객과의 교류를 중시한 진정한 의미의 직업 정신을 가진 감독이었다. 그러면서도 그의 중심 과제는 그가 처음부터 추구해 온 사회 내에서의 개인의 심리적 문제였다. 그의 작품을 보면 개인과 사회의 대립적 관계가 점점 극명하게 드러나는 걸 알 수 있다. 또한 스타일 면에서도 놀라운 발전을 거듭하여 초기의 평범한 내러티브 구조에서, 1950년대와 1960년대의 엄격한 사실주의, 다시 1970년대와 1980년대의 좀 더 복잡한 비유와 자기 성찰로까지 이어지고 있다. 그의 원숙해진 작품을 보면, 코즈모폴리턴적인 요소와 이집트의 강렬한 정체성이 지극히 복잡하고 결말이 유보된 줄거리 안에 녹아 있는 걸 알 수 있다.

스물네 살에 「아버지 아민」(1950)으로 데뷔한 샤힌의 감독 생활은 이집트 영화의 팽창기에 시작되었고, 따라서 그도 한동안은 상업적 제약 속에서 활동해야 했다. 또한 작가들의 영화계 진출이 시작된 때이기도 하여, 나기브 마푸즈, 압더라만 샤르카와이와 함께, 알제리전을 소재로 한 「자밀라」(1958)와 관용과 아랍 연합을 노래한 역사의 찬가 「살라딘」(1963)을 만들기도 했다. 샤힌의 초기 대표작이라 할 만한 「카이로 역」(1958)은 「자전거 도둑」처럼 가난하고 소외된 자들을 소재로 하고 있고, 영화의 표적이 되었다고 생각한 이들로부터 거부당했다는 점에서 이탈리아 네오리얼리즘과 공통점이 많은 작품이다. 「카이로 역」은 신체적 불구에 성적 욕구 불만까지 쌓인 어느 신문팔이(샤힌이 직접 출연하여 힘 있는 연기를 보여 주었다)의 정신적 붕괴를 그린 작품이다.

위대한 아랍 인 정복자를 그린 역사 서사극 「살라딘」은 가멜 압델 나세르 대통령에 의해 촉발된 국가 혁명에 대한 샤힌의 지극한 헌신을 보여 준 작품이다. 하지만 그는 후기작으로 오면서 그에 대해 점차 많은 의문을 제기하고 있다. 사실주의적 작품이면서 그의 두 번째 걸작이라 할 수 있는 「대지」(1969)에서는 좌절당한 농민의 단결과 함께 나세르의 토지 정책을 강도 높게 비판하고 있다. 이와 달리 「선택」(1970)은 1967년의 패배 이후 이집트 인텔리겐치아의 불확실하고 혼란스러운 모습을 보여 주기 위해 정신 분열증과 문학의 이중적 주제를 이용한 상징성이 매우 농후한 작품이다. 「참새」(1973)에서 샤힌은 한편으로는 그 시대의 특징인 부패를 공격하고, 다른 한편으로는 여주인공 바헤야로 대표되는 보통 사람들의 애국심을 찬양하는 식으로, 나세르 시대에 대해 직접적인 비판을 가하고 있다. 사다트 대통령이 2년간 금지 처분을 내린 것도 그런 날카로운 공격성 때문이었다. 「살라딘」 이후 샤힌은 근 10여 년에 걸친 사회 정치적 분석의 완결작으로, 이집트 벼락부자들의 열망과 가식을 노골적으로 조롱한 「돌아온 탕아」(1976)를 내놓았다.

기법적으로 원숙해지는 것과 비례하여 샤힌의 내밀한 감정도 점점 더 외부로 표출되기 시작했다. 1970년대 말 그는 후일 그의 자전적 3부작으로 불리게 될 「알렉산드리아는 왜?」(1978), 「이집트 인 이야기」(1982), 「알렉산드리아: 한 번 더 다시 한 번 더」(1990)를 만들었다. 젊은 예히아의 탈출의 꿈과 더불어 1942년 전쟁 중의 알렉산드리아에서 시작되는 이 3부작 — 재구성, 영화 필름, 익살, 유사 비극이 혼합된 — 은 샤힌의 열정과 헌신이 그대로 녹아 있는 작품이다. 이 3부작이 물론 1980년대에 만들어진 샤힌 작품의 전부는 아니지만(프랑스-이집트 합작 영화 「잘 가시오 보나파르트Alwida's Bonaparte」(1985)와 풍부한 감정이 돋보이는 멜로드라마 「여섯 번째 날Al-yawn al-sadis」(1987)도 있다), 그럼에도 불구하고 아랍 제일의 감독에게 어울리는 최고작임이 틀림이 없다. 지금까지 제3세계에서 만들어진 영화 중 가장 완벽한 자전적 작품이라 해도 틀린 말은 아닐 것이다.

로이 암스

주요 작품

「아버지 아민Baba Amin」(1950); 「자밀라Jamila al-jazairiyya」(1958); 「살라딘Al-nasir Salah al-din」(1963); 「대지Al-ard」(1969); 「선택Al-ikhtiyar」(1970); 「카이로 역Bab el Hadid」(1958); 「참새Al-'usfur」(1973); 「돌아온 탕아'Awdat al-ibn al-dall」(1976); 「알렉산드리아는 왜Iskandariya leeh?」(1978); 「이집트 인 이야기Handutha masriyya」(1982); 「알렉산드리아: 한 번 더 다시 한 번 더Iskandariya: kaman wa kaman」(1990).

참고 문헌

Bosséno, Christian(ed.)(1985), "Youssef Chahine l'Alexanerin".

「참새」(1973).

영화 산업 국유화로, 영화 제작에도 한동안 국가의 도움이 이어졌다. 1960년대에 국가 지원으로 만들어진 주요 작품들로는 헨리 바라카트(1914년생)의 「죄Al-haram」(1965), 신예 감독 후세인 카말의 「우편배달부Al-bustagi」(1968)가 있다. 살레, 세이프, 샤힌도 몇 편의 작품을 만들었다.

하지만 국유화는 재정 파탄으로 이어졌고, 그 결과 다른 이슬람 지역(그 밖의 다른 곳도)에 공통적으로 나타나고 있던 1960년대 부활의 조짐을 이집트는 전혀 느낄 수 없었다. 「햇수를 세던 밤Al-momia」(1969)으로 세계적 명성을 얻은 바 있는 샤디 압델-살람(1930~86)과 같은 감독도 꼼짝없이 주저앉을 정도였다. 연간 제작 편 수는 그럭저럭 50여 편을 유지하고 있었으나, 1960년대는 제작자와 감독 모두에게 어려운 시기였고, 그 틈에 많은 영화인들이 해외로 빠져나갔다.

그중 대표적인 곳이 레바논으로, 이집트 영화인들(한동안은 유세프 샤힌도 이들과 함께 활동했다)은 그곳에서 망명 생활하며 〈이집트〉 영화를 계속 만들었다. 이집트 영화인들의 존재는 그러나 1960년대 레바논 영화의 육성에는 별 도움이 되지 못했다. 레바논에 자국의 사회 정치적 문제를 다룬 진정한 의미에서의 영화가 등장한 것은 조르주 샹슈, 조슬린 사브, 그리고 특히 하이니 스루르와 보란 알라위야처럼 서구에서 공부한 일단의 신예 감독들이 다큐멘터리의 영향을 강하게 받은 작품들을 내놓으며 활동을 시작한 1970년대였다. 아랍 영화계의 흔치 않은 여성 감독 중의 한 사람인 수루르는 오만의 투쟁을 담은 「해방의 시간Saat al-tahrir daqqat」(1973)과 아랍 여성의 역할을 고찰한 「레일라와 늑대들Leila wal-dhiab」(1984)을 만들었다. 알라위야는 유네스코를 위해 만든 충격적인 다큐멘터리 「불쌍한 자들의 옆에 있는 것만으로는 신의 소임을 다하는 것이 아니다La yakfi an yakoun allah maa al-fuqara」(1976)와 2편의 감동적인 영화 — 팔레스타인 학살을 다룬 「카셈 마을Kafr Kassem」(1974)과 레바논의 비참함을 폭로한 「베이루트: 교전Beirut al-liqa」(1982)을 내놓았다.

이집트 국영 영화 산업은 1972년에 해체되었으나, 카이로의 상급 영화 기관은 그대로 남아 활동을 계속했다. 그 결과 이집트는 영화인 양성 기관을 소유한 아랍 유일의 국가가 되었다. 모하메드 칸을 시작으로, 이 양성 기관을 통해 1970년대 말과 1980년대 초에 등장한 새로운 세대는 이집트 영화의 역사와 스타일에 대한 확실한 지식을 갖게 되었다. 아랍 영화의 보다 놀라운 발전상을 보여 주는 예로서 아테프 알타예브, 베히르 알디크, 카이리 베샤라, 도아우드 압델 사예드 등이 포함된 비공식 단체, 소위 신이집트 사실주의 그룹 역시 민간 산업 구조 내에서 장르의 관습과 스타를 기용한 일련의 영화들을 내놓았다.

시리아에서 걸프 지역까지: 동부 아랍 지역

이집트에겐 뼈아픈 실패가 된 국영 영화 기관이 이웃 아랍 국가들에게는 하나의 귀감이 되었다. 레바논과 더불어 1960년대 이집트 망명 영화인들의 근거지였던 시리아에는 민간 업체와 국영 기관이 함께 공존했다. 종합 영화 기관은 정부 지원으로 젊은 인재들을 양성하여 1980년대 말까지 20여 편의 영화를 만들었다. 이 정책은 「반 미터 사건Hadith al-nasf metr」(1983)과 「이듬해의 행사Waqua'i' al-O'am al-muqbil」(1986)를 만든 사미르 지크라, 「도시의 꿈Ahlam al-madina」(1984)과 「밤The Night」(1992)을 만든 모하메드 말라스, 즉 1980년대에 등장한 2명의 탁월한 신인(두 사람 다 1945년생이고 모스크바에서 교육받았다)으로 그 효과를 인정받았다. 시리아 태생으로 그 외에 국제적 명성을 얻은 감독으로는 프랑스에서 공부한 다큐멘터리 작가 우마르 아미랄라이가 있다. 그는 장편 다큐멘터리 「시리아 마을의 일상생활Al-hayat al-yawmiyya fi qaria suriyya」(1974)을 만든 뒤, 시리아와 프랑스를 오가며 「모래 위의 비디오Vidéo sur sable」(1984)와 같은 텔레비전 영화를 주로 만들었다.

이라크는 그러나 1958년 이전에 세워진 기반에 민간 업체를 공존시키는 것에 실패했다. 그래도 영화는 만들어졌고, 그중의 대표작이 유명 배우 칼릴 샤우키가 연출한 「야경꾼Al haris」(1968)과 영국에서 공부한 모하메드 슈크리 자밀이 감독한 「30인Al-zaniyun」(1971)이다. 국영 업체인 총영화연합은 1964년에 자율권을 획득한 이래 1976년까지 다큐멘터리만 60여 편 만들다가 파이잘 알-야시리의 「머리Al-ras」를 시작으로 1977년부터 극영화 쪽으로 방향을 선회했다. 1980년대 초부터는 테우피크 살레, 살라 아부 세이프 같은 이집트의 베테랑 감독과 사히브 하드, 알-야시리, 슈크리 자밀 등의 이라크 감독을 영입하여, 수백만 달러를 투입한 초대형 서사극을 제작하기 시작했다. 「충성 간의 충돌Al-masala al-kubra」(1983)은 합작을 수단으로 자국 역사를 이야기하는 모순이 가장 극명하게 드러난 작품이다. 영국으로부터 독립하려는 이라크 투쟁사를 영국인을 고용하여 만든 것도 그렇지만, 그보다도 이 작품은 투쟁의 과정을 영국 식민주의자(올

레바논 여류 감독 하이니 수루르의 식민주의에 대한 탐구이자 오만 해방을 위해 싸운 인민군의 투쟁을 그린 「해방의 시대」(1973)의 한 장면.

리버 리드)의 관점으로 바라본, 대단히 자가당착에 빠진 영화였다. 그런 타협에도 불구하고, 이들 영화의 어느 것도 총영화연합이 그렇게도 바라던 세계 시장으로의 진출은 끝내 이루지 못했다.

1960년대 중반은 아랍 여러 지역에서 다재다능한 영화인들이 등장한 시기이기도 하다. 쿠웨이트 출신의 할리드 시디크는 인도의 푸나 필름Pune Film과 텔레비전 인스티튜트Television Institute에서 공부한 뒤 쿠웨이트로 돌아와, 텔레비전과 정부 각 부처의 다큐멘터리를 만들던 중, 후원자를 만나 2편의 극영화, 「잔인한 바다Bas ya bahr」(1971)와 쿠웨이트-수단 합작 영화 「자인의 결혼Urs Zayn」(1976, 타예브 살리의 소설을 기초로)을 만들었다. 아랍 인과 외국 영화인들의 수많은 다큐멘터리 주제가 되어 왔던 팔레스타인도, 미셸 흘레이피의 등장으로 마침내 진정한 그들만의 목소리를 찾게 되었다. 벨기에의 영화학교 INSAS에서 공부한 그는 벨기에를 근거지로 하여, 팔레스타인 여성들을 주제로 한 다큐멘터리 「다채로운 추억Al-dhikrayat al-khasibah」(1981)과 극영화 「갈릴리의 결혼식'Urs al-jalyl」(1987), 그리고 「돌의 노래Nashid al-hijara」(1988)를 만들었다.

마그레브 지역

1960년대에는 마그레브에서도 새로운 국가 영화가 탄생했다. 이곳의 영화인들은 유럽에서 공부하고 프랑스의 영향을 강하게 받았다는 약점에도 불구하고 독특한 표현 수단을 발견해 냈다. 알제리의 새 영화는 독립 투쟁에서 그 근원을 찾아볼 수 있다. 1962년 독립 당시 알제리에는 3개의 영화 기관이 존재하고 있었다. 우선 1950년대에 프랑스 인 르네 보티에가 국민 해방 전선의 일환으로 설립하여 6개월간 선전 선동 영화를 만들던 오디오-비주얼 센터Centre Audio-Visuel가 있고, 야세프 사디가 운영한 독립 제작사 카스바 필름Casbah Film에서는 사디가 직접 독립 전쟁의 영웅 역을 맡은 질로 폰테코르보의 「알제리 전투」(1966)와 알베르 카뮈의 동명 소설을 영화화한 루키노 비스콘티의 「이방인Lo straniero」(1967)과 같은 국제 합작 영화를 전문으로 만들었다. 끝으로 알제리 뉴스영화제작소는 모하메드 라흐다르 하미나가 창설한 뉴스영화 기관으로, 뉴스 외에 극영화 제작도 했고 1964년에는 영화 산업 국영화 계획에서 핵심 역할을 했다. 1969년에는 수입, 배급, 제작의 모든 권리를 독점한 ONCIC(Office National pour le Commerce et l'Industrie Cinématographique)가 창설됐다.

국가 통제적 성격이 강한 이런 영향 때문이었는지, 초기 알제리 영화들은 놀랍도록 비슷한 모습을 띠고 있다. 처음에 주로 다루어진 소재는 아메드 라헤디의 「저주받은 자의 새벽Fajr al-mu'adhdhibin」(1965), 모하메드 라흐다르 하미나의 「오레스에서 부는 바람Rih al-Awras」(1966)으로 대표될 수 있는 독립 전쟁이다. 두 감독은 그 후 독립의 줄거리를 재구성하여 라헤디의 「아편과 관장(官杖)Al-afyun wal-Õasa」(1969), 라흐다르 하미나의 「12월December」(1972), 그리고 그의 서사적 작품 「여신(餘燼)의 해 연대기Waga'i' sinin al-jamr」(1975)와 같이 대중을 위한 좀 더 통속적인 작품들을 내놓았다. 1972년에는 모하메드 부아마리의 데뷔작「숯가마Al-fahham」를 시작으로, 일련의 농촌 개혁 영화가 만들어졌다. 1970년대 말에는 좀 더 다양하고 개성 있는 감독들이 영화계에 등장했다. 메르자크 알루아셰는「오마르 가틀라토 Omar Gatlato」(1976)를 시작으로 몇 편의 독창적 영화를 만들어 냈고, 마흐무드 제무리는 혁명의 정치를 냉소적으로 바라본「열정의 트위스트 시대The Mad Years of the Twist」(1983)를 만들었다. 소설가에서 감독으로 변신한 아시아 제바르는 페미니즘의 시각을 반영한「몽셰누아 여인들의 향연The Nouba of the Women of Mont Chenoua」(1978)과「제르다와 건망증의 노래Zerda wa aghanial-nisyani」(1982)를 만들었다. 1980년대 중반에 국가 독점 체제가 붕괴된 후에는, 라체디의「파브르 씨의 공장 Tahunat al-sayyid Fabre」(1982), 부아마리의「거절Al-raft」(1982)처럼 전에 볼 수 없던 색다른 작품까지 등장했다.

튀니지의 경우, 알제리와 같은 국가 주도의 영화 정책은 없었으나, 1968년부터 튀니지에서 격년제로 열리는, 아랍권을 대표하는 영화제인 카르타고 영화제의 개최지라는 것으로도 알 수 있듯이, 영화 문화의 뿌리가 깊은 아랍 영화의 요충지이다. 튀니지 영화는 1960년대에 일련의 액션 영화로 부상한 자수성가형 감독 오마르 흘리피와 같은 개인들의 열성에 주로 의존하고 있다. 압델라티프 벤 아마르는 3편의 독창적인 영화「너무도 단순한 이야기Such a Simple Story」(1970),「세즈난Sejnane」(1973),「아지자Aziza」(1980)를 만들었다. 이들보다 데뷔가 좀 늦은 누리 부지드는「창백한 남자Rih al-sadd」(1986),「금 말굽Safaith min dhahab」(1989),「베즈네스Beznes」(1992) 같은 영화로 아랍 영화계의 상당히 논쟁적인 인물로 부상했고, 비평가로 잘 알려진 페리드 부게디르는 개인적인 픽션 영화「할파우인Halfaouine」을 만들었다.

모로코 영화도 튀니지와 비슷한 혼합 형태를 보여 주었다. 화려한 데뷔작「1,001개의 손Alf yad wa yad」(1972), 가르시아 로르카의 작품을 각색한「피로 물든 결혼식Urs ad-dam」(1977), 남아프리카 정치에 대한 혼란스러운 시각을 보여 준「광란Amok」(1982)의 감독 수헬 벤 바르카로 대표되는 상업적 성공을 추구하는 감독들이 있는가 하면,「동양인El chergui」(1975),「44, 혹은 베드타임 스토리Forty-four, or Bedtime Stories」(1982),「사랑의 카프탄Quftan al-hubb」(1988)을 만든 무멘 스미히,「흔적Wechma」(1970)을 만든 하미드 베나니,「신기루Le Mirage」(1980)의 감독 아메드 부아나니처럼 모로코 현실의 반영과 기법상의 혁신에 중점을 두는 감독들도 있다.

마그레브 영화는 이집트 영화의 예를 따른 대중 영화라고는 볼 수 없고, 따라서 자국에서보다는 국제 영화제에서 더 많은 환영을 받고 있는 게 사실이지만, 그럼에도 불구하고 아랍 영화계에 다양성과 생기를 불어 넣어 주는 중요한 존재이다.

참고문헌

Berrah, Mouny, Lévy, Jacques, and Cluny, Claude-Michel (eds.)(1987), *Les Cinémas arabes*.

Cinema dei paesi arabi(1976), "Pesaro: Mostra internazionale del nuovo cinema".

Malkmus, Lizbeth, and Armes, Roy(1991), *Arab and African Film Making*.

사하라 사막 이남의 영화

빈센트 메이곰브

오락 형태로서의 영화가 아프리카에 들어온 것은 지금으로부터 약 85년 전이다. 처음에는 유럽과 미국의 다큐멘터리만 들어오다가 시간이 가면서 저 악명 높은 식민지 영화 제작소 Colonial Film Units(CFU)와 〈반투 시네마 필름 프로젝트 Bantu Cinema Film Projects〉처럼 단명에 그친 회사들의 영화가 이어졌다.

영화 제작과 배급에 있어서의 이러한 식민지적 구조는 서구식 방법의 강요와 아프리카 토착 문화 및 전통에 대한 체계적 파괴 요인으로 계속 비난의 표적이 되어 왔다. 물론 아프리카의 이익에 부합되는 방식으로 현대화를 증진시킨 경우도 종종 있긴 했지만, 아프리카 영화사가 만시아 디아와라(1992)의 평가에 따르면, 식민지 영화 제작소의 전반적인 역할은 부정적이었다. 그는 CFU가 〈아프리카에 관계되는 모든 것은 미신적이고 후진적인 것으로 치부하면서, 자신들의 유효성을 증명하기 위해서는 전통 문화를 깔아뭉개어야만 한다는 듯이 아프리카를 희생시켜 유럽을 드높였다〉라고 말했다.

사하라 이남 아프리카 인들은 1950년대 중반이 되어서야 비로소 최초의 진정한 〈아프리카 영화〉를 생각하게 되었다. 세네갈 인 다큐멘터리 작가와 연구원 폴린 수마누 비에이라가 주도한 이 계획은 그러나 제작 장비와 기술적 노하우의 부족으로 수많은 제약이 뒤따랐다.

완성된 작품은 주제의 단순함과 질적인 조악함으로 비에라 본인의 논문에조차 언급이 안 됐을 정도였다. 하지만 그들의 선구적 노력이 실패로 끝나긴 했지만, 비에라와 그의 동료들은 최소한 외국 영화와 CFU의 독점에 일침을 가하려 했던 사람들로는 기억되고 있다.

프랑스 어권 지역에서의 아프리카 영화

사하라 이남 아프리카에 영화 산업이 온전하게 들어선 것은 1960년대 초였다. 아프리카 토착 영화를 만든다는 이 야심 찬 목표를 세운 사람은 세네갈의 저명한 소설가 셈벤 우스만이었다. 그는 마르크 돈스코이와 같은 노련한 러시아 영화인들의 지도 아래 1년 과정의 영화 제작 실무 과정을 마치고 1962년 세네갈로 돌아왔다.

1963년 셈벤은 최소한의 자본과 기술, 그리고 아마추어 배우와 스태프를 기용하여 그 유명한 단편 영화 「보롱 사레Borom Sarret」를 만들었다. 1965년에는 사하라 이남 아프리카 최초의 장편 영화 「흑인 소녀La Noire de……」를 만들었다. 그리고 머지않아 그는 수많은 사람들, 특히 서아프리카 프랑스 어권 사람들의 영감을 불러일으키는 블랙 아프리카 최고의 영화인이 되었다.

셈벤 우스만의 영화는 즉각적으로 세계의 이목을 집중시켰다. 「보롱 사레」는 프랑스 투르 영화제의 최우수 데뷔작으로 선정됐고, 「흑인 소녀」는 카르타고 영화제 대상, 1966년 다카에서 열린 제1회 세계 흑인 영화제 은영양상을 비롯한 다수의 상을 수상했다. 1960년대 초 이래, 그리고 식민 통치 이후, 세네갈 영화인들은 사하라 이남 영화 발전에 주도적인 역할을 해왔다. 셈벤 우스만 외에, 양과 질에서 아프리카 영화 문화를 살찌운 영화인들로는 지브릴 디오프 맘베티〔「바두 소년Badou Boy」(1970)과 「말로 해요 할머니Parlons grand-mère」(1989), 이 두 작품 다 주요 아프리카 영화제에서 수상했다〕, 트라오레 마하마 존슨〔「소녀Diankhabi」(1969)〕, 베예 벤 디오게〔「한 남자와 여자들Seye Seyeti」(1980), 와과두구Ouagadougou에서 주요 부문 상 수상〕, 바틸리 무사 요로〔「빈곤 증명서Le Certificat d'indigence」(1981), 이 작품으로 국제적인 명성을 얻었다〕 등이 있다.

세네갈은 또한 최초의 흑인 여성 감독을 탄생시킨 나라이기도 하다. 파리에서 민족지학과 영화를 공부한 사피 파이는 「고향에서 온 편지Kaddu Beykatt」(1975), 「파드 잘Fad Jal」(1979) 같은 영화들을 만들었다.

영화 산업이 들어선 1960년대 초부터 30년의 세월이 흐른 뒤에는 부르키나파소, 니제르, 카메룬, 오트볼타, 말리, 알제리, 모로코, 튀니지와 같은 다른 프랑스 어권 나라들에서도 영화 활동이 활발히 이루어졌다. 이들 나라의 야심 차고 정력적인 감독들은 남다른 재능과 창의력으로 지금은 모두 세계적인 명성을 얻고 있다. 그중 대표적 인물을 꼽아 보면, 부르키나파소의 이드리사 우에드라고〔「야바Yaaba」(1989), 「틸라이Tilai」(1990)〕, 모리타니아의 메드 혼도〔「태양Soleil O」(1970)〕가 있다. 「빛Yeelen」(1987)과 「바람Finyé」(1987)을 만든 말리의 술레이만 시세는 셈벤 우스만과 더불어 서구에 영화를 배급시킨 아프리카 유일의 감독이다. 전체적으로 보아, 프랑스 어권 지역의 영화 제작이 영어권 지역보다는 앞서 있고, 현재까지 만들어진 아프리카 영화의 80퍼센트 이상이 프랑스 어권 영화인들에 의해 만들어졌다.

빈약한 자본과 인적 자원, 그리고 낙후된 기술로 미루어 볼 때 프랑스 어권 영화인들이 거둔 성공은 가히 기적이라고 할 만하다. 그렇기는 해도 몇 가지 성공 요인은 꼽아 볼 수 있다. 우선, 셈벤 우스만과 같이 모든 역경을 헤치고 독립 영화 산업을 일으켜 세운, 개별 영화인들의 역동성과 창의력을 들 수 있다. 둘째, 특히 세네갈의 경우, 상당한 국가 보조금이 영화인들에게 주어졌다는 것이다. 하지만 영화 제작의 복잡한 과정에 수반되는 경제적 부담을 완화시켜 준 이점은 있었지만, 동시에 그것은 제작과 배급의 결정권을 정부가 장악한다는 의미이기도 했다. 세네갈 정부는 〈원치 않는〉 영화는 언제든 제작이나 유포를 금지시킬 수 있었다.

또한 프랑스 어권 나라들의 영화 발전에는 프랑스와, 그보다 좀 정도가 약하지만 벨기에 정부의 도움이 컸다. 영국과 달리, 프랑스의 식민 정책과 독립 후 정책은 〈직접〉 통치의 개념으로 상당히 부드러웠기 때문에, 제작과 배급에서 프랑스 영화계, 나아가 프랑스 대외협력부*Ministry of Co-opertion*와

셈벤 우스만 (1923~2007)

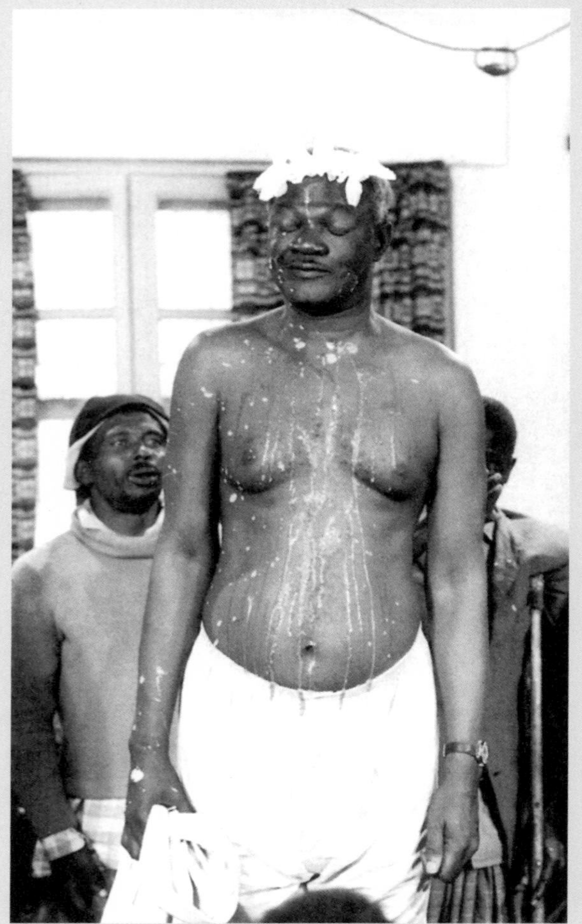

셈벤 우스만의 걸작 「잘라」(1974)에서 부유한 기업인 엘 하지 압두카데르 베예(티에르노 레예)가 정력을 되찾기 위해 굴욕적인 의식을 감내하고 있다.

셈벤 우스만은 아프리카의 가장 존경받는 영화감독이라 해도 과언이 아니다. 그의 선구적 활동은 세네갈을 넘어 전 아프리카 영화인들을 고무시켰으며, 그의 영화들은 전 세계에 공개되어 열렬한 환호를 받았다. 1년 과정의 영화 수업을 받기 위해 1960년대에 세네갈을 떠날 때만 해도 그는 이미 확고한 입지를 굳힌 소설가였다. 유학을 마치고 귀국한 그는 재정적, 기술적 뒷받침이 전무한 말할 수 없이 힘든 상황 속에서 자신의 소설을 영화화하는 것으로 영화 활동을 시작했다. 셈벤은 아프리카 문화와 전통을 영화에 담아낸다는 사실에 무척 자부심을 느꼈으며, 그러한 이유로 그의 영화는 종종 〈민속 영화〉로 불리고 있다. 하지만 전통적 형식과 이미지 외에도 그는 현대 아프리카의 문제와 갈등에도 깊은 관심을 보였다.

셈벤은 14세에 정규 교육을 포기하고, 자동차 정비공, 목수, 어부로 생계를 이어 갔다. 남는 시간은 주로 〈동호인 수준〉의 단체가 공연하는 연극 관람과 그리오*Griots*로 알려진 역사 구송자(口誦者)들의 이야기를 듣는 것으로 소일했다. 그때 들었던 세네갈의 전통과 문화에 대한 지식은 후일 셈벤의 영화와 소설 속에 그대로 반영되었다. 그의 단편 영화 「니아예」(1964)에서, 마을 추장인 아버지에 의해 임신당하는 13세 소녀 이야기를 그리오를 통해 하게 한 것이 바로 그 같은 경우이다. 이 사건은 마을 주민들이 그 소녀와 어린아이를 거부하면서도 프랑스 인들에게 자신들의 위신이 추락되는 것이 두려워 식민 당국에 사건을 폭로하지 않음으로써, 그들 자신의 비극으로까지 이어지게 된다. 셈벤은 여기서 그리오를 그저 방관자적인 내레이터로만이 아니라, 마을의 구성원으로 그 자신의 느낌까지도 표현하게 함으로써 복잡한 줄거리의 일부로 편입시키고 있다.

사하라 이남 아프리카 최초의 장편 영화 「흑인 소녀」(1966)는 세네갈의 〈전통 탈〉을 소재로 한 작품인데, 춤과 음악의 총체적 의식이 연상되는 탈의 이미지를 통해 셈벤은 그 자신의 문화와 뚜렷이 연결되는 하나의 영화 언어를 찾으려 하고 있다. 이 작품은 본국으로 귀환하는 주인과 함께 프랑스로 건너간, 디와나라는 이름의 아프리카 인 가정부가 그곳에서 겪는 일상사를 주제로 하고 있다. 견딜 수 없도록 외로운 디와나에게 유일한 위안은 아프리카의 집과 자신을 연결시킬 수 있는 탈뿐이다. 배경은 유럽에 두고 있으면서도 이 영화의 전체적 이미지는 놀랍도록 아프리카적이다 — 탈 자체가 강력한 문화적 상징으로 이용되고 있다. 디와나는 끝내 자살하고 탈은 아프리카의 집으로 보내진다. 영화는 그 가면을 쓴 소녀의 오빠가 아프리카 인 거주지에서 프랑스 인들을 내모는 극적인 장면으로 끝난다.

셈벤의 대표작이라고 할 「잘라」(1974)는 민간 치료사와 마법사의 역할을 현대 아프리카적 상황에서 고찰한 작품이다. 일부다처주의자인 도시 사업가 엘 하지 압두카데르 베예는 성적 불능을 치료하기 위해 마법사들을 찾아다닌다. 그는 자신이 전에 착복한 땅 주인이었던 맹인 거지의 저주를 받아 그렇게 된 것으로 믿는다. 거지는 그에게 성적 능력을 회복하고 싶으면, 알몸으로 그 지역 모든 거지들의 침을 다 받으라고 충고한다. 여기서 셈벤은 부유한 자본가와 정치가의 위선과 자만을 조롱하면서도, 마법사의 역할에 대한 향수나 감상은 없이 아프리카 전통 사회의 어떤 측면만을 강하게 비판하고 있다.

셈벤의 영화들에는 주로 강렬한 정치적, 도덕적 메시지가 담겨 있다. 그의 영화들은 교육적인 목적으로 만들어졌다. 정치든 경제든 문화든, 사회의 모든 악에 대항해 싸우는 〈해방의 예술〉이 되기를 원한다. 경비원에게 뇌물 줄 돈이 없어 항구에 취직을 못하고 있던 실업자 청년이 천신만고 끝에 돈을 구해 왔는데도 일자리가 날아가 버린 것을 알고는 현대 사회의 씁쓸한 진실을 터득하게 된다는 내용의 단편 영화 「타우」(1971)가 바로 그런 경우이다. 거기서 살아남으려면 경찰관이나 밀고자나 국회의원이 되는 길밖에 없다. 「돈의 법칙」(1968)은 부패의 방식에 따라 하루하루의 생존이 걸려 있는 한 세네갈 공무원에 대한 웃지 못할 코미디이다.

「돈의 법칙」이 공개되면서 셈벤은 세네갈 국민의 비참함을 대외에 폭로했다 하여 당국의 거센 비난을 받았고, 그 같은 검열과 비난은 영화 활동을 하는 내내 계속됐다. 세네갈 인들의 이슬람으로의 개종과 정치 제도의 야비함을 다룬 「사람들」(1977)은 정부에 대한 공격으로 간주되어 8년간이나 공개가 금지됐다. 17세기를 무대로 하고 있는 이 영화는 아프리카 전통 습속과 대륙으로 침투해 들어오는 외래 문화와의 갈등에 초점을 맞추면서 이슬람, 기독교, 식민주의의 출현에 다차원적인 반응을 보이는 아프리카 전통주의자들의 태도를 분석하고 있다.

사하라 이남의 다른 아프리카 영화인들과 다를 바 없이, 셈벤도 아프리카를 넘어선 외부의 지원자, 특히 프랑스 어권 아프리카에 기술적, 재정적 지원을 아끼지 않은 프랑스로부터도 검열의 압박을 받아야 했다. 「흑인 소녀」는 흑인 이주자 — 이 경우에는 가정부 — 의 착취에 초점을 맞추었다 해서 프랑스 대외협력부로부터 상영 제한 압력을 받았다. 1972년도 작품 「진노한 신」은 프랑스 식민 통치를 비판적으로 묘사한 것 때문에 5년간 유포가 금지됐다. 막상 공개가 되었을 때도, 학살 뒤의 시체들 장면 대신 텅 빈 화면으로 영화의 마지막 장면이 바뀌어 있었다.

셈벤은 사하라 이남 영화의 기술적, 예술적, 정치적, 서술적 발전에 결정적인 기여를 함은 물론, 아프리카와 유럽 인들의 마음속에 대륙의 정체성을 심어 놓은 아프리카 최초, 최고의 흑인 영화감독이다.

빈센트 메이곰브

주요 작품

단편

「보롱 사레Borom Sarret」(1963); 「니아예Niaye」(1964); 「타우Taaw」(1971).

장편

「흑인 소녀La Noire de……」(1966); 「돈의 법칙Mandabi」(1968); 「진노한 신Emitai」(1972); 「잘라Xala」(1974); 「사람들Ceddo」(1977); 「티아루아의 캠프Camp de Thiaroye」(1987).

참고 문헌

Diawara, Manthia(1992), *African Cinema*.

의 직접 교류가 가능했다. 프랑스는 제작 후 과정을 위해 프랑스의 현대식 스튜디오를 이용할 수 있게 하는 등 아프리카 영화인들에게 상당히 중요한 자금 제공자가 되어 주었다. 많은 아프리카 영화인들이 프랑스 최고의 영화 학교에서 수학했고, 프랑스 대외협력부나 영화인들과 개별 합작 계약을 맺는 경우도 종종 생겨났다. 프랑스 인과 아프리카 인 스태프를 동시에 거느리고 있는 술레이만 시세의 제작팀이 바로 그 같은 경우이다.

필연적이지만, 외국으로부터의 도움은 대가를 요구했다. 프랑스 대외협력부 관리와 영화인들은 흔히 〈아프리카 영화에 자신들의 미학적 기준을 강요하려 한다〉는 비난을 받아 왔다(디아와라, 1992). 이러한 강요는 프랑스 당국의 영화 제작에 대한 검열과 통제의 형태로 분명히 드러난 바 있다.

영어권 아프리카

가나, 나이지리아와 같이 애초부터 프랑스 어권 나라와는 비교가 안 될 정도의 특권을 누린 경우도 물론 있기는 하지만, 전반적으로 영어권 아프리카의 영화는 프랑스 어권 지역에 비해서 상당히 발전이 더딘 편이었다. 영어권 아프리카의 기술 장비는 다른 곳보다 훨씬 앞서 있었기 때문에 잘만 이용했으면 괄목할 만한 영화 산업을 일으킬 수도 있었을 것이다. 지금은 불명예의 상징이 되어 버린 〈반투 필름 프로젝트Bantu Film Projects〉는 프랑스 식민지에서는 구경도 할 수 없던 제작 스튜디오와 영화 실험실을 가나와 나이지리아에 제공했다. 가나는 셈벤 우스만이 아프리카 최초의 영화를 만들기도 전에 이미 아프리카 최고의 스튜디오를 소유하고 있었다. 한편 나이지리아의 영화 제작자들은 소위 〈민속 영화〉로 일컬어지는 것의 선구자들로서 영화 혁신의 수준을 끌어올렸다.

식민 시대와 독립 이후 영국이 펼친 소위 간접적 식민 정책은 이 지역에 강력한 영화 산업이 부재한 원인으로 자주 거론되는 부분이다. 영국의 식민주의자들은 아프리카 토착 영화 산업의 발전에는 그다지 열의를 보이지 않았다. 아프리카 인들에게 발전의 기회를 제공해 준 프랑스와 달리, 영국은 기술자나 감독, 배우, 제작자의 양성에 아무런 관심도 보이지 않았다. 영국의 이런 무관심은 아프리카 영화 발전에 치명적인 결과를 초래했다. 오늘날 영어권 나라들의 영화 제작이 프랑스 어권 나라들의 그것과는 비교도 안 될 만큼 뒤진 이유도 바로 그 때문이다. 거론할 만한 영화인들도, 하일레 게리마(에티오피아), 콰 안사(가나), 올라 발로군(나이지리아), 소아

감바(케냐), 압둘카데르 사이드(소말리아) 정도로 손에 꼽을 정도밖에 되지 않는다. 남아프리카에서도 몇 명의 영화인을 배출하여, 그중 아난트 싱은 「사라피나Sarafina」를 만들어 평단과 흥행에서 모두 성공을 거두었다.

남아공 인종 차별 정책의 붕괴와 그곳의 풍부한 재정적, 기술적 자원(너무도 오랫동안 백인들이 지배해 온)으로, 영어권 아프리카 영화도 이제 커다란 도약을 이룰 날이 멀지 않았다.

영화인 양성과 배급의 문제점

아프리카에 영화가 도입된 이래 그곳 영화인들은 엄청난 교역상의 어려움에 직면해 왔다. 그런 상황 속에서도 그만큼이나마 만들어졌다는 게 기적이었다.

아프리카 영화의 최대 취약점 중의 하나는 영화인 양성 기관의 부족과 그로 인해 초래되는 빈약한 제작 여건, 그리고 기술 및 전문 인력의 부족이다. 훈련되지 않은 아마추어 배우와 전문 인력의 도움 없이 만들어지는 상황에서 영화의 질은 당연히 떨어질 수밖에 없다. 아프리카에 영화인 양성소를 만들려는 노력이 아주 없었던 것은 아니다. 가나와 부르키나파소, 그리고 좀 미흡하긴 하지만 케냐와 탄자니아에서 그런 시도가 있었는데, 안타깝게도 지속적인 양성 기관이 되는 데는 실패했다.

가나의 경우에, 가나 영화 학교가 설립되어 쿠아메 느쿠르마 대통령의 독려 속에서 발전을 거듭하며 아프리카 전역에 명문으로 한때 이름을 날리기도 했으나, 경제적 붕괴와 여러 문제점들이 불거지면서 기술적, 인적 기반이 아주 취약한 학교로 전락해 버렸다. 와가두구에 소재한 부르키나파소의 아프리카 영화 학교Institut Africain d'Éducation Cinématographique(INAFEC) 역시 긴박한 경제 상황 때문에 어쩔 수 없이 문을 닫아야 했다.

사정이 이렇다 보니, 영화인들은 해외 양성 기관에 의존하지 않을 수 없었다. 아프리카 인들이 주로 유학한 나라는 러시아(모스크바 영화 학교), 프랑스(특히 IDHEC와 프랑스 영화 학교Conservatoire Indépendent du Cinéma Français), 벨기에였다. 하지만 해외 유학에 지나치게 의존하는 것은 개개인의

두 학생과 대학 폭동에서 그들이 맡은 역할을 그리면서 사회 비평과 화려한 이미지를 결합시킨 술레이만 시세의 「바람」(1982).

독창적인 방법과 태도를 기르는 데 장애가 될 수도 있다.

아프리카 영화인들에게 골칫거리는 늘 배급이었다. 상황은 지금도, 아프리카 내에서조차, 마찬가지이다. 국제 전매업자들의 횡포로, 아프리카 인들은 같은 아프리카 인이 만든 영화도 제대로 볼 수 없는 상황이 되었다. 영화 시장은 미국, 유럽, 인도의 극소수 해외 배급업자들이 유통시킨 영화들로 넘쳐 났고, 이 독점의 횡포를 막으려는 노력이 아프리카 영화인들에 의해 지속적으로 펼쳐졌다. 1969년에, 그 노력의 일환으로 범아프리카영화연맹Fédération Pan-africaine des Cinéastes(FEPACI)이 창설됐다. 이후에 생겨난 지역 혹은 나라별 영화 기관들은 아프리카 내에서 제작되는 영화와 배급 과정에 미약하기는 하지만 조금씩 영향력을 행사하기 시작했다. 개중에는, 영화관의 국유화와 영화 배급 기구의 설립 등, 정부가 직접 팔을 걷어붙이고 나서는 경우도 있었다.

해외 시장으로의 진출에 관한 한, 아프리카 영화는 국제 영화제에 활발히 참여함에도 불구하고 아직 주변부에 머물러 있다. 미국과 유럽의 극장들은 한 번도 이들 영화를 상영해 보지 않은 극장이 태반이고, 교육 기관이나 연구소의 비치 상황도 부끄러울 정도로 빈약한 수준에 있다. 현재 아프리카 영화계에 가장 절박한 요소는 아프리카와 해외 시장에서의 좀 더 공정한 배급 관행이다.

하지만 그보다 더 시급한 과제는 영화의 질을 개선시켜 국내외의 경쟁력을 갖추는 일일 것이다. 그리고 그 경쟁력을 저해하는 요소는 기술 장비와 전문 인력의 부족에 있다는 사실은 두말할 여지가 없다.

국제 영화제

아프리카 내외에서 열리는 아프리카 영화제들은 아프리카 영화인들의 창의력 증진과 모험 정신에 많은 기여를 해왔다. 최고작 선정은 건전한 경쟁심을 유발시켜, 보다 우수한 영화를 만들게 하는 결과를 가져왔다. 영화제는 또, 영화 제작 전문인들 간의 대화만이 아니라, 감독과 관객 그리고 구매자들과도 교류할 수 있는 효과적인 만남의 장이기도 했다. 대륙 전체, 혹은 지역 간의 협력도 증진하고, 아프리카 영화를 홍보하며 국내외의 시장성도 타진해 볼 수 있는 이상적인 토론의 장이었다.

아프리카 최대의 영화제는 1969년 이래로 부르키나파소의 와가두구에서 매년 열리고 있는 범아프리카 영화 텔레비전 축제Pan-African Film and Television Festival(FESPACO)이다.

1993년 10월에는 남부 아프리카 영화제Southern Africa Film Festival가 짐바브웨의 하라레에서 개최됐다. 아프리카 전역에서 몰려든 수많은 영화인과 관객을 보고, 영화제 위원장 키스 시리는 영어권 아프리카 영화의 새로운 전성기가 도래한 것으로 평가했다. 영화제의 성공은 확실히 아프리카 영화의 보다 밝은 미래를 보여 준 징표였다.

참고문헌

Diawara, Manthia(1992), *African Cinema*.

Rouch, Jean(1967), *Films ethnographiques sur l'Afrique noire*.

Shiri, Keith(ed.)(1993), *Africa at the Pictures*.

이란 영화

하미드 나피시

무성 영화 시대

이란 최초의 극영화가 만들어진 1930년대까지도 이란 영화의 주 장르는 논픽션이었다. 1차 대전 전에는 대부분의 다큐멘터리가 카자르 왕족과 상류층의 후원 아래 그들을 위해 만들어졌고, 그것이 그대로 개인 스폰서 영화의 전례가 되었다. 작품의 질은 뉴스, 있는 그대로의 사실, 충성과 관련된 스펙터클 등을 롱 숏으로 촬영한 〈원시적인〉 수준에 머물렀다.

이란 최초의 논픽션 영화는 벨기에를 방문 중이던 이란 국왕이 50여 대의 〈환영 꽃수레〉로부터 꽃다발 세례를 받고 있던 1900년 8월 18일 벨기에의 오스탕드에서 처음 만들어졌다. 그 장면은 왕궁 전속 사진가인 미르자 에브라힘 칸 아카스바시가 이란 국왕의 명으로 그가 도착하기 몇 주 전 파리에서 구입한 고몽 카메라로 촬영했다. 이란으로 돌아와서는 모하람Moharram 종교 의식과 왕궁 동물원의 사자와 같은 다양한 구경거리들을 필름에 담았다. 이렇게 만들어진 영화는 프랑스 및 러시아 뉴스 영화와 함께, 결혼식, 생일잔치, 할례식이 벌어지는 고관들의 저택이나 왕궁에서 상영되었다.

이란 최초의 영화관은 1900년 타브리즈의 가톨릭 선교사들이 지은 비영리 목적의 솔리Soli 극장이었고, 상업적 극장의 개념을 처음 도입한 사람은 에브라힘 칸 사하프바시에 테흐라니라는 기업가였다. 처음 그는 유럽에서 수입한 영화를 자신의 골동품 가게 뒷마당에서 상영하다가 1904년 11월에서 12월 사이, 금방 문을 닫기는 했지만 상업용 극장을 잠시 테헤란에서 열기도 했다.

초기 이란 영화 발전에는 인종적, 종교적 소수 민족의 도움이 컸다. 뿐만 아니라 선구적 영화인들 중에는 해외에 유학하고 통치 계급과 연고가 있는 사람도 꽤 많았기 때문에, 영리 기관이 출현했다고는 해도 영화는 주로 상류 계층의 영역에 속해 있었다 — 뉴스 영화의 내용도 그랬고, 영화가 상영된 장소 면에서도 그랬다. 이런 식의 개인 스폰서 영화가 지속된 데는 적어도 세 가지 요인이 존재했다. 첫째, 정부나 왕궁의 후원을 받은 영화인들은 상류층 고객에게만 그들의 영화를 공개했다. 지금도 이란에서는 정부 후원으로 다큐멘터리가 만들어지고 있다. 둘째, 영화가 자생적으로 일어나는 데 필요한 인프라(실습실, 연기 학교, 전문인 양성 기관, 법규 등과 같은)가 전혀 구축되어 있지 않았다. 셋째, 국내 영화 산업의 성장을 저해한, 전반적인 사회 조건과 문화적 태도를 들 수 있다. 영화 관람은 도덕적 타락을 불러온다는 믿음, 높은 문맹률, 영화 관람과 연기에 대한 (특히 여성에게) 종교적 금기 등이 그것이다. 수입 영화에 대한 엄격한 검열도 빼놓을 수 없는 요인이다.

미국계 이란 인 아바네스 오하니안이 만든 이란 최초의 극영화「아비와 라비Abi va Rabi」(1930)는 키가 큰 한 남자와 키가 작은 한 남자의 모험담을 그린 흑백 코미디 무성 영화이다. 처음에는 영화를 증오하다가 나중에는 이란 인의 개화에 필수적인 것으로 받아들이게 되는 전통적으로 신앙심이 깊은 어떤 인물의 변모 과정을 담은 그의 두 번째 작품「영화배우 하지Haji Aqa, actor-e, sinema」(1932)는 영화를 도덕적 타락의 주범으로 모는 사회와 정면으로 충돌을 일으키는 내용을 자기 회상적인 방법으로 그린, 기법적으로 좀 더 세련된 작품이다.

유성 영화 시대: 1930~1960

1930년대 초가 되면서 이란에도 외국의 유성 뉴스 영화(파라마운트, 메트로, 무비톤, 우파, 파테)가 등장했다. 이란 영화는 인종적 혼합, 이주, 서구식 교육을 받은 영화인들이 포진해 있다는 유리한 조건 외에, 인접국들과의 교류에서도 많은 혜택을 입었다. 1932년 이란 전역에서 선보인 최초의 유성 페르시아 어 뉴스 영화도 터키의 카메라맨이 만든 것이었다. 이란 수상 모하메드 알리 포루기가 터키의 케말 아타투르크와 회담한 뒤 페르시아 어로 짧게 연설하는 모습을 담은 이 뉴스 영화는 영화 속의 페르시아 어가 생소했던 관객들을 무척이나 놀라게 했다.

최초의 페르시아 어 유성 극영화「로르의 딸Dokhtar-e Lor」(1933)은 이란 시인 압돌호사인 세펜타가 대본을 쓰고, 아르데시르 이라니가 감독한 작품으로 인도에서 촬영됐다. 이란 민족주의에 대한 찬양과 멜로드라마적 러브 스토리로 구성된 이 영화는 이란에서 대단한 성공을 거두었다. 이후 세펜타는 자신의 근거지인 인도에서, 이란 민간 설화와 서사시를 소재로 한 영화를 만들었다. 형식과 주제 면에서 이들 영화는 인도 영화의 인기 장르인 〈서사극*epicals*〉과 아주 흡사했다. 이란 내에서 만들어진 최초의 페르시아 어 영화로는 에스마일 쿠샨의「폭풍의 인생Tufan-e zendegi」(1948)이 있다. 1년 뒤에는 좀 더 세련된「국왕의 포로Zendani-e Amir」(1949)를 만들었다. 쿠샨의 파르스 필름Pars Film 스튜디오에서 제작된 영화가 잇달아 성공을 거둠에 따라, 이란 영화계에도 활기가 돌면서 새로운 영화사들이 생겨나기 시작했다. 이란 영화 산업의 성장에는 또한 외국 영화의 수입을 막은 1940년대 초의 그 숨 막힐 듯한 검열 제도도 한몫했다. 그러한 상황은 1940년도 한 해에만 무려 263편(미국 159편, 독일 32편, 프랑스 31편, 영국 19편)이 상영 금지 처분되었다는 것만 봐도 쉽게 짐작할 수 있다. 검열의 주 대상은 혁명, 반란, 파업, 외설, 평화주의 혹은 반이슬람적인 내용이 담긴 영화들이었다.

2차 대전의 결과로 나타난 미국의 세계 제패는 이란 다큐멘터리 영화에 커다란 영향을 미쳤다. 비공산권 국가, 특히 소련과 국경을 접하고 있는 이란과 같은 나라들의 환심을 사려는 외교 정책의 일환으로 미 정보부는 이들 나라에서 야심 찬 영화 프로젝트를 시작했다. 1950년대 초에, 미국 정보부의 후원으로 이란에 파견된 일단의 교수와 영화인들(시러큐스 대학 팀)은 16mm 영화 실습실을 짓고, 이란 인들을 교육시켜서 다큐멘터리와 교육용 영화를 만들었다. 그들이 개발한 친국왕*Shah*, 친미적 뉴스 영화 프로그램「이란 뉴스Akhbar-e Iran」는 이란 전역에서 402회에 걸쳐 상영되었다.

근대: 1960~1978

1960년대의 이란은 오일 달러와 자본의 세계화가 몰고 온 자유, 그리고 그들 스스로(비서방국으로서)가 자초한 구속을 동시에 경험한 격변의 시대였다. 모하메드 레자 팔레비 국왕 정권은 국가 안보 기구의 중앙 집권화와 세력의 확대(미 CIA와 이스라엘 모사드의 도움을 받아), 그리고 영화 산업의 국가 통제를 통해 정치력 강화를 모색했다. 유럽에서 공부한 신예 감독들의 강한 사회적 의식이 깃든 영화들은 국가에 의해 모조리 금지 조치됐다. 가난에 찌든 남부 테헤란 지역을 사실적이고 비판적으로 묘사한 「도시의 남쪽Jonub-e Shahr」(1958) 같은 경우는 이 영화를 감독한 파로크 가파리에 따르면, 금지당한 것으로도 모자라 필름의 원판까지 난도질당했다고 한다.

그보다 더 치명적이었던 것은 이란 영화를 서구식으로 현대화하려고 한 국왕 정부의 계획이었다. 국왕과 지배 엘리트의 이러한 기도는 전 세계적으로 시장 확대를 모색하고 있던 미국 영화사와 텔레비전 업계의 이해관계와 잘 맞아떨어졌다. 지역별 미디어업계는 다국적 기업들로 대체되었고, 이후 미국 회사들은 극영화에서 텔레비전 프로그램, TV 수상기에서 방송 스튜디오, 통신 기술에서 전문 인력 양성에 이르기까지, 온갖 종류의 상품과 서비스를 내다 팔기 시작했다. 요컨대 소비재만이 아니라 소비의 이데올로기까지 함께 팔아먹은 것이었다. 그 실태는 이란 최초의 텔레비전 방송국의 발전 과정으로도 잘 알 수 있다. 애초에 이 방송국은 가족이 RCA와 펩시콜라 중개상을 하고 있던 하버드 경영대학원 출신의 이라이 사벳에 의해 설립되었는데, 입안과 실행 과정에서 미국 회사들의 도움을 받음으로써 앞으로 이란 방송 체계는 다른 제3세계 국가들과 달리, 비영리 국영 기업이 아닌 영리 위주의 민간 기업이 될 것임을 분명히 예고했다. RCA 기술진이 직원들을 교육시켰고, 프로그램의 대부분은 미국 광고주들이 수입한 외화들(주로 MGM 영화와 NBC의 연속극들)로 채워졌다. 1966년 이란 정부가 방송의 국가 지배권을 확보하기 위해 이 방송국을 인수할 때도, 민간 기업의 조직만은 그대로 유지했다.

그러나 대중의 호응도 면에서 보면 이란 영화에 지역적 영향력은 아직 강했다. 특히 이집트와 인도의 멜로드라마와 노래와 춤이 있는 영화들은 관객들에게 매우 인기가 높았고, 그 노래를 담은 음반 시장이 번성하면서 이들 영화의 인기도 계속 치솟았다. 이들 노래를 발매하고 방송한 음반사와 라디오 방송국은 대개는 서구적 냄새가 물씬 나는 대중문화 산업의 선도자 역할까지 했다.

1960년대 말, 그동안 주로 저질 멜로드라마, 코미디, 강인한 사내*luti* 영화들만을 만들어 오던 이란 영화계는 후일 뉴웨이브로 불리게 되는 전혀 새로운 두 영화의 등장으로 뜻밖의 충격에 휩싸였다. 「카이사르Qaisar」(1969)에서 마수드 키미아이는 착한 남자와 나쁜 남자의 강렬한 이원적 대립 구도와 선을 이란의 전통과 문화에, 악을 그것의 침해적 요소(어떤 평자들은 그것을 서구화와 세속화로 해석한 경우도 있다)에 연결시킴으로써, 〈루티〉 영화 장르의 차원을 한 단계 끌어올리고 있다. 대개는 여자를 구해 주는 것을 주 내용으로 하고 있는 루티 장르의 복수적 줄거리도 여기서는 이란의 진정성을 지키는 어떤 것으로 해석되도록 짜여 있다. 게다가 액션 위주의 스타일, 극적인 카메라 앵글, 경쾌한 음악을 이용하여 영화에 박진감까지 더해 주고 있다. 이란 영화계와 관객을 다 같이 놀라게 한 또 다른 작품으로 다리우슈 메흐류이의 「암소Gav」(1969)가 있다. 생계 수단인 소를 잃고 그 소의 영혼과 몸을 자기 안에 구현시켜 가는 어느 농부의 이야기를 다룬 이 작품은 가파리가 10여 년 전에 시도했던 사회적 사실주의 경향을 다시 부활시킨 영화이다. 이 영화에서, 이야기의 초점을 마을 주민들에게 맞춘 것은 뿌리로의 귀환으로 해석되었고, 이란 인들의 궁핍한 삶을 정직하게 표현한 것은 한줄기 신선한 바람으로 받아들여졌다. 이 영화는 또한 이란의 대표적인 작가 골람호사인 사에디의 소설을 이용함으로써, 영화인과 작가 간의 새로운 유대를 예고한 작품이기도 하다.

「암소」는 국가(문화예술부, MCA)의 후원으로 제작되고, 국가(같은 문화예술부)의 검열을 받고, 국가에 의해 금지됐다(1년간)는 점에서, 뉴 웨이브 운동의 특징이 된 모순의 모든 것을 보여 준 영화였다. 이러한 모순은 아마도 「암소」의 국제 영화제의 잦은 등장과 그에 쏟아진 환호, 그리고 그에 따른 국제적인 명성으로 이런 유의 영화에 대한 정부 지원의 길은 열렸지만, 동시에 점점 소란스러워지고 있던 해외의 이란 유학생들로부터는 비난을 산 이율배반적인 현상으로 가장 잘 설명될 수 있을 것이다. 다부드 몰라푸르의 「아후의 남편Showhar-e Ahu Khanom」(1966), 바흐람 바이자이의 「폭우Ragbar」(1970), 메흐루이의 「우편배달부Postchi」(1970)와 같은 일련의 영화들이 그러한 불안한 관계 속에서 만들어졌다.

뉴 웨이브 작품들은 1960년대 말과, 1978년에서 1979년 혁명 기간 동안에 형성된 복잡한 영화 문화의 촉진제이면서, 또 그 일부이기도 했다. MCA와 이란 국영 텔레비전 라디오 방송국National Iranian Television and Radio(NIRT)은 늘어나는 오일 달러를 밑천으로, 국왕의 신뢰를 받고 있던 왕족들에 의해 설립된 기관이다. 두 기관 다 다큐멘터리와 극영화를 후원했고 이런저런 종류의 문화 행사에도 막대한 투자를 했다. 종교 영화를 보며 토론 행사를 갖는 정부 후원, 혹은 국립대학 영화 동아리들도 생겨났다. 영화제도 자주 열려 작품의 소개, 인재의 발굴, 외국 영화를 접할 기회 등을 제공했으며, 외국 대사관의 문화원들은 자국 영화 상영회를 정기적으로 개최했다. 이란 정부는 또 국영 기업에 대한 투자 형식으로 영화 제작에 뛰어들어, 그 시대의 대표작이라 할 만한 작품을 몇 편 만들었다. 아동청소년개발위원회는 아미르 나데리의 「하모니카Saz-e Dahani」(1973)를 비롯한 단편 영화와, 이란의 대표적 애니메이션 몇 편을 만들었고, 텔필름Telfilm과 영화산업발전위원회도 여러 편의 우수한 작품을 내놓았다.

정부 주도의 이러한 성장과 더불어 이란의 영화 문화는 사데크 추바크, 마흐무드 돌라타바디, 후샹 골시리와 같은 반정부 작가들과 하지르 다리우시, 바흐만 파르마나라, 파로크 가파리와 같은 일단의 해외 유학파들로 구성된 영화인 집단의 등장으로 더욱 활기를 띠어 갔다. 이들은 전통 장르를 벗어나, 사실주의와 개인의 심리 묘사, 그리고 기술적 발전이 뛰어난 작품들을 선보였다. 영화 학교 설립과 슈퍼 8mm 제작 네트워크가 형성되면서(시네마예 아자드Cinemay-e Azad/프리 시네마) 신인 영화인들도 대거 양성됐다. 그런가 하면, 정부의 간섭에 불만을 느낀 일단의 뉴 웨이브 감독들은 뉴 필름 그룹New Film Group을 결성하여, 소흐라브 샤히드 살레스의 「정물화Tabi'at-e bijan」(1975)나 파르비즈 사야드의 「궁지Bonbast」(1979) 같은 작품을 만들기도 했다.

바이자이의 「이방인과 안개Gharibeh va meh」(1975)처럼, 독립 혹은 상업적으로 제작된 작품도 있긴 했으나, 수적인 면에서 뉴 웨이브 작품들은 정부나 반관영 기관의 후원으로 만들어지는 영화들과는 적수가 되지 못했다. 많은 우수작들을 내놓았는데도 이 시기의 전체 물량 중 뉴 웨이브가 차지한 부분은 극히 일부에 불과했고, 연간 45편에서 75편까지 쏟아져 나오는 이란 영화들은 현실 도피적이고 상투적인 것이 대부분이었다.

표면적으로는 건강해 보였던 이란 영화계는 그러나 1970년대 중반이 되면서 사회, 경제적 기반이 한꺼번에 붕괴돼 버렸다. 개정된 수입법으로, 국내 제작보다는 외화 수입이 훨씬 수지맞는 장사가 되었으며, 입장료 수입의 4분의 1이 세금으로 빠져나갔다. 인플레이션으로 인해 원자재, 장비, 서비스, 인건비 등의 제작비는 천정부지로 치솟고 있는데, 최고의 대중오락에 대한 왕의 법령은 요지부동으로 바뀔 줄을 몰랐다. 금리도 엄청나게 높아, 작품의 완성과 개봉 사이의 공백 기간에도 제작사는 쉽게 도산의 위기에 빠져 들었고, 정치적 검열의 강화로 몇 달 혹은 몇 년을 기다려야 개봉 허가가 떨어지는 일도 있었다. 그것은 제작사의 재정 상태만을 악화시킨 것이 아니라 감독들까지 소심하게 만들어, 주제에 대한 운신의 폭을 좁히는 결과를 가져왔다. 얄궂게도 뉴 웨이브 영화는 관객을 분산시키는 간접적인 방법으로 국내 영화계에 역효과를 초래했다. 노래하고 춤추는*song and dance* 천편일률적인 영화에 신물이 난 관객들이 뉴 웨이브 영화를 찾기 시작했지만, 가혹한 검열 제도로 인해 관객의 기대를 충족시켜 주지 못하는 경우가 많았다. 지나치게 체제 순응적이거나 검열 회피용으로 사용된 난해한 영화 언어를 기피하여, 외화로 눈을 돌리는 사람들도 있었다. 또한 영화 제작에 대한 정부의 직접적 간여는 경쟁을 더욱 치열하게 하여 민간 기업의 건강한 성장을 저해하는 결과를 초래했다.

업계의 붕괴에 직면한 이란 정부는 1976년 영화 산업을 소생시키기 위한 방안으로 35퍼센트 관람료 인상과 유럽 및 미국 회사들과 합작 영화 계약을 체결했다. 그것은 일시적으로는 효과가 있었으나, 하지만 이미 내부적으로는 영화도 깊숙이 연루되고 1년도 채 안 되어 혁명으로 이어지게 될 혼란이 진행 중이었다.

혁명 이후: 1978~1994

과도기: 1978~1982

혁명 초기에 영화는 팔레비 정부의 서구화 계획의 공범이었다고 비난받았다. 특히 전통주의자들은 서구에 의한 이란 문화 식민지화 과정에서 영화가 앞잡이 노릇을 한 것으로 비난했고, 그 결과 영화는 혁명의 분노를 폭발시킬 가장 손쉬운 공격 대상이 되었다. 1978년 8월, 아바단의 렉스Rex 극장에서는 방화에 의한 화재로 영화를 관람하던 관객 400여 명이 숨졌다. 불탄 극장 자리에는 팔레비 정권 해체 본부가 들어섰다. 이슬람 정부가 들어선 1979년까지, 이란 전역에서 파괴된 극장 수는 무려 180개에 이르며, 이는 영화관의 심각한 부족 현상을 초래하여 오늘날까지도 이란 영화에 막대한 피해를 주고 있다. 혁명 정부가 추진한 정화 작업의 일환으로 외화 수입은 대폭 축소되었고, 이미 들어와 있는 외화들도 이슬람적 가치에 맞지 않는다 하여 재심의 과정에서 대부분 탈락되었다. 898편의 외국 영화 중 513편 — 거의 서구 영화 — 이 탈락되었다. 사정은 국내 영화도 마찬가지여서 2,208편의 영화 중 1,956편이 공개 금지 처분을 받았다. 나체 혹은 음란성 판정을 받은 장면들은 교묘한 편집 과정을 거쳐 적합한 영화로 둔갑시켰다. 잘려 나간 부분 때문에 줄거리 연결이 안 될 때에는 음란한 부분만을 가리는 수법을 썼다. 시나리오의 사전 검열에서도, 심사 대상의 불과 25퍼센트만이 합격 판정을 받았다. 연예인, 배우, 영화인들도 〈정화〉 대상으로 지목되어 법적 고발, 투옥, 재산 몰수, 영화 속에 얼굴 · 목소리 · 신체 공개를 금지하는 등의 각종 제재를 받았다. 허용의 정도를 가늠할 수 없는 불확실성은 영화 속에서 여배우의 얼굴을 사라지게 만들었다.

이런 상황에서 우수작이 나올 리 만무했으나, 그래도 몇 편을 꼽아 보면, 나데리의 「수색Jostoju」(1982), 금지된 바이자이의 작품 2편, 「타라의 발라드Cherikeh-ye Tara」(1980)와 「야즈데 게르드의 죽음Marg-e Yazd-e Gerd」(1982)이 있다.

영화인들 중에는 혁명과 함께 나라를 탈출한 사람들도 꽤 있었는데, 현재까지도 이란 영화 제작자의 커다란 분견대가 망명 상태에 있다. 그들 모두는 낯선 나라의 힘든 여건 속에서도 〈망명 장르〉라고 불릴 만한 작품들을 만들어 조국을 떠난 고통과 비극, 그리고 정체성 형성의 혼란스러움을 보여 주었다.

아미르 나데리의 「주자Davandeh」(1985).

통합기: 1983~1986

이슬람 지도자들은 영화 자체를 무조건 반대한 것은 아니었다. 그들은 아야톨라 호메이니가 표현한 대로 팔레비 정권이 이란 인들을 타락, 복종시키려는 목적으로 영화를 〈오용한〉 부분에 대해서만 거부감을 가진 것이었다. 영화를 〈적절하게〉 이용하기 위해 1982년 6월 이란 내각은 영화와 비디오에 관련된 일련의 획기적인 법률을 통과시키고, 문화이슬람선도부Ministry of Culture and Islamic Guidance(MCIG)를 그 소관 부서로 지정했다. 정치력 강화에 문화 강화가 필수인 것은 혁명 전이나 후나 마찬가지였다. 1983년 MCIG는 영화의 수출입 관리와 국내 영화 진흥을 담당하게 될 파라비 영화재단Farabi Cinema Foundation을 설립했다. 뒤이어 〈이슬람적 가치〉의 강조와 우수 영화 제작의 장려가 주 내용으로 된 여러 법규들이 시행에 들어갔다. 방화에 대해 지방세가 감면되었고, 관람료가 인상되었으며, 수입 장비, 필름, 화학 제품은 스무 배나 높았던 변동 환율 대신에 국가 통제 환율로 계산되었고, 제작자와 극장주들도 영화관 유치와 영화 확보에서 발언권을 점차 얻게 되었다. 이 모든 조치들은 모든 권한을 MCIG 내로 집중시킨 점은 있었으나, 영화도 그럭저럭 합리적으로 취급되어 이 기간 중의 영화 제작 편 수는 전에 비하여 무려 세 배까지 치솟아, 1983년도에 22편이던 것이 1986년도에는 57편으로 늘어났다. 또한 팔레비 시절의 베테랑 감독들과 더불어 일단의 신예 감독들도 등장하여 우수한 영화를 내놓기 시작했다. 이 시기를 빛낸 작품들로는 바이자이의 「귀여운 이방인 바슈Bashu, gharibeh-ye kuchak」(1985), 나데리의 「주자Davandeh」(1985), 타크바이의 「호르시드 선장Nakhoda Khorshid」(1986), 메흐류이의 「거주자Ejarehneshinha」(1986) 등이 있다. 혁명 후에 등장한 신세대 감독 중에선, 모흐센 마흐말바프가 「행상인Dastforush」(1986) 같은 작품들로 논쟁을 불러일으키며 다재다능함을 과시했다.

영화 속에 여성이 등장하는 장면도 점점 늘어났다. 단순하고 1차원적인 것이 아니라 복잡한 신학적, 이데올로기적, 정치적, 미학적 중요성이 내포된 역이었다. 장면의 구도, 연기, 접촉, 남성과 여성 간의 표정 교환 등과 관련된 영화 작업상의 원리도 새로이 개발되었다. 기본적으로 이 원리는 〈표정과 연기의 소박함〉을 장려하고, 특히 성욕이 내재된 연기일 때는 직접적인 응시보다는 슬쩍 〈회피하는 눈길〉로 쳐다볼 것을 강조했다.

성숙의 고통: 1987~1994

우수 영화의 상업적 성공으로 은행들이 영화사에 장기 대여를 해줌으로써, 영화계도 어느 정도 재정적 안정을 이루게 되었다. MCIG는 우수 영화에 유리한 등급 제도를 가동시켰다. 그 결과 우수 영화들은 고급 상영관에서 성수기에, 장기간 상영되었고, 이 모든 요소들이 영화의 흥행 수입을 배가시켰다. 또한 정부는 동시 녹음을 원하는 영화인들에게, 국가 통제 환율을 낮게 적용하여 생필름의 3분의 1을 더 얹어 주는 형식으로, 동시 녹음 영화 제작도 장려했다. 이것은 그동안 영화의 질을 떨어뜨렸던 대사의 후시 녹음 전통을 바로잡기 위함이었다. 국제 영화제에도 적극적으로 참여하여 마흐말바프의 「복 받은 자들의 결혼Arusi-ye Khuban」(1988)과 「옛날 옛적의 영화Nasereddin Shah, aktor-e sinema」(1992), 사이드 에브라히미니안의 「석류나무와 갈대Nar O Nay」(1988), 마수드 자파리 조자니의 「바람의 눈으로Dar cheshm-e tond-e bad」(1988), 키미아이의 「뱀의 독니Dandan-e mar」(1990), 메흐류이의 「우리가 다닌 학교Madreseh-e keh miraftim」(1989), 「하몬Hamoun」(1990), 키아로스타미의 「숙제Mashq-e shab」(1988), 「클로즈업Close-up」(1990), 「그리고 삶은 계속된다Zendegi va digar hich」(1992), 바이자이의 「여행자들Mosaferan」(1992)과 같은 작품들은 각종 영화제에서 좋은 결과를 얻어 냈다.

그간 줄거리나 배경 역할만 했던 여성들도 전경으로 등장했다. 남성들과의 디에게시스적 관계를 가로막았던 제한적 영화 원리도 자유로워졌다. 회피적 눈길은 좀 더 노골적인, 때로는 성욕으로 가득 찬 눈길로 바뀌었다. 여성 감독들의 등장도 이전 시기를 모두 합친 것보다 많을 정도로 두드러졌다. 그들의 대표작을 꼽아 보면, 라흐샨 바니에테마드의 「출입 금지Kharejaz mahdudeh」(1987)와 「수선화Nargess'」(1992), 푸란 데라흐샨데의 「행복한 작은 새Parandeh-ye kuchak-e khoshbakhti」(1989), 타흐미네 밀라니의 「뭐야 Tazeh cheh khabar?」(1992) 등이 있다.

검열은 그러나 팔레비 시대와 다를 바 없이 영화인들에게 큰 골칫거리로 남아 있었다. 개봉 허가를 받으려면 시놉시스서부터 시나리오, 배우와 스태프, 완성된 영화에 이르기까지 네 단계 과정에서 모두 승인을 받아야 했다. 1989년에는 이란 영화사상 최초로, 특히 이전에 최고작 등급을 받은 적이 있는 영화인들에게, 대본 승인 과정이 폐지되었다. 하지만 영화의 질을 높이기 위한 조처로 알았던 그것은 영화인 스스로 절차와 이데올로기를 통제하여 자발적으로 검열을 하게 하는 아주 고등한 술수임이 드러났다. 그마저도, 이 방법이 보장한 명목상 자유에 대한 보수주의자들의 공격으로 1992년에는 번복되고 말았다. 그리고 정치 사회적인 비판은 허용되었으나, 성직자나 종교적 교리, 성자에 대한 모욕은 엄격히 금지되었다. 그 결과, 혁명 이후에 나온 이란의 영화들에서 이슬람에 대한 언급은 거의 찾아볼 수 없게 되었다.

고품질 영화 제작에 필요한 재정적, 법규적, 기술적, 인프라 조직의 대부분은 이 시기에 조성되었다. 하지만 인프라 구축의 성공, 15년 만에 두 배로 증가하여 거의 5600만에 이르는 인구, 다른 오락물에 비해 상대적으로 낮은 관람료, 영화의 전반적인 인기와 명성, 이 모든 것들은 영화계에 숨어 있는 또 다른 구조적 결함을 강조하는 역할도 했다. 혁명의 분노로 파괴된 극장들은 거의 재건되지 않았다. 설사 되었다 해도 불어나는 인구를 감당하기에는 역부족이었다. 1993년 초에 이란의 전체 극장 수는 268개로, 인구 20만 9,000명당 1개꼴이었다. 극장 시설과 영사기, 음향 기기의 수준도 최악에 가까웠다. 국회 의장과 같은 보수적 성직자까지 나서서 긴급 조치의 필요성을 역설할 정도였다. 하지만, 기존 극장의 개축과 신축을 위한 거대 예산 할당의 필요성은 하필이면 국내 경제가 침체의 늪에 빠져 혁명 후 처음으로 이란이 세계 은행을 비롯한 여러 나라에서 외채를 얻어 와야 하는 상황에서 찾아왔다. 이라크와의 전쟁(1980~8)과 걸프전(1990~1) 이후, 북미 주도의 이란에 대한 경제 제재가 계속되고 있는 가운데서도 이란 정부는 경제 복구를 위해 총력을 기울여 왔다. 정부의 이 같은 노력은 특히 3단계 환율의 단일화 조치로 그동안 영화를 지원해 왔던 정부 보조금이 폐지됨으로써, 영화계에 예상치 못한 낭패를 몰고 왔다. 이 정책들로 인한 장기적인 결과는 아직 두고 볼 일이다.

상영관과 배급 제도의 미비만이 영화계에 닥친 위기의 전부는 아니었다. 값싼 소형 위성 접시의 공급으로, 이란의 이슬람 정책에 적대적이던 터키를 비롯하여 이웃 나라들의 다중 채널 수신이 가능해짐에 따라, 영화계의 상황은 더욱 꼬여들기만 했다. 위기를 타개해 보려는 시도로 공개 토론이 이어졌다. 그중에 묘안으로 떠오른 것이 새로운 영화와 비디오 영화 상영에 맞는 거대 극장의 신속한 건축, 복합 상영관, 좀 더 공격적이고 광범위한 광고, 제대로 효력 한번 발휘해 보지 못하고 해외 불량 비디오 암시장만 번성하게 만든 VCR과 비디오 금지법의 철폐 등이었다. 방송사들은 특히 중앙아시아 국가들과 같은 인접국에도 닿을 수 있는 방송망의 확대, 채널 용량의 강화, 그리고 케이블 방송의 준비를 위해 통신 위성 사용을 지지하는 쪽이었다. 나라 경제가 휘청거리고 있는 상황에서 영화 · 텔레비전 · 비디오의 배급, 공개, 전달 체계에 불어온 이 같은 광범위한 혁명의 바람으로, 이란 영화계도 이젠 더 이상 국내 관객에만 안주할 수는 없게 되었고, 세계 시장을 개척해야 하는 위기에 봉착했다. 그러기 위해서는 우선 해외의 상업적인 배급 시장에 진출해야 한다. 12년 전의 반왕정 혁명에 버금갈 정도로 중요한 매스미디어 혁명이라고도 할 수 있는 변화의 그런 다각적 시나리오는 업계 스스로 자활 능력이 생길 때까지, 정부와 업계가 미래에 대한 비전을 갖고 정치적 의지의 강화, 사회적 안정, 경제 성장을 이루기 위해 다 같이 힘을 모을 때만이 실현 가능하다. 그러나 최근의 상황을 볼 때, 이란은 정치적 의지, 사회적 안정, 경제적 성장 면에서 모두 허약한 상황에 놓여 있는 듯하다.

참고 문헌

Gaffary, Farrokh(1973), *Le Cinéma en Iran*.

Issari, Mohammad Ali(1989), *Cinema in Iran, 1900~1979*.

Naficy, Hamid(1979), “Iranian Feature Films: A Brief Critical History”.

——(1992), “Islamizing Cinema in Iran”.

인도: 영화에 국가를 담기

아시시 라자댜샤

1971년에 인도는 총 431편의 영화를 제작하여 일본을 제치고 세계 최대의 영화 제작국으로 부상했다. 인도 영화는 60년대에도 꾸준히 증가세를 보였으나, 1970년대의 10년 동안 특히 급성장을 보이며 1979년도 한 해에만 700편을 제작하는 놀라운 기록을 수립했다. 유네스코의 1975년 통계에 따르면, 인도는 제3세계 국가 중 외화 관객보다 방화 관객이 많은 유일한 나라였다. 인도의 영화 배급 부문에서 외화가 상대적으로 주변적 위치에 머물러 있고, 미국영화수출협회의 두 번에 걸친 인도 시장 보이콧 선언이 이어진 가운데서도 북아프리카, 중동, 극동(특히 말레이시아) 지역에서 보여 준 인도 영화의 선전은 이들 지역에서의 할리우드 영향력과 맞먹을 정도, 아니 가끔은 앞지를 정도의 문화적 힘으로 작용했다.

그런 관계로 인도 영화는 나라마다 각각 다른 의미로 받아들여졌다. 인도 영화는 국가 보조금 없이(카르나타카, 안드라 프라데슈, 오리사와 같은 주 정부는 제외하고) 지탱해 나가면서, 도움은 고사하고 오히려 영화 성장을 저해하는 요소인 세금 제도와 싸워 가며, 국가의 도움과 무관하게 하나의 문화적 힘을 이루었다. 물론 정치적 효용이 아주 배제되었다고는 볼 수 없지만, 주류 영화를 〈공식〉 문화라고 보기에는 많은 무리가 있다. 게다가 이들은 업계 간행물과 대중오락 잡지, 음반 산업, 통속 소설 시장의 상당 부분, 1957년부터 시작된 〈전 인도 라디오All-India Radio〉의 유일한 상업 〈오락〉 채널인 비비드 바라티Vividh Bharati, 1990년대에 들어서는 두르다르샨Doordarshan(국영 TV)과 케이블 TV(특히 스타-TV에 방송을 내보내는 힌디 지-TV Hindi Zee-TV 채널)의 프로그램 편성에 이르기까지 다양한 부수적 산업을 거느리고 있었다. 그리고 영화가 본국과의 유일한 문화 교류 수단인 수많은 해외 이주자들에게 있어 주류 영화는 디아스포라*diaspora* 문화 언어의 주요 원천이었다. 영국을 예로 들어 보면, 살만 루슈디의 소설에서부터 아파치 인디언 음악에 이르기까지, 아시아 예술은 다양한 문화적 목적으로 인도 영화의 어법을 끌어 오고, 그것에 대해 언급하고, 다른 문화에 그것을 접목시켜 왔다.

1960년대 이래 대중적인 면으로 인도 영화는 크게 〈힌디 영화〉와 〈사티야지트 레이〉 영화의 두 종류로 분류되어 왔다. 전자는 국가의 가장 귀중한 재산은 주류 문화라는 것을 내세우며, 12개 이상의 언어로 만들어지는 노래-춤-활극의 판에 박힌 영화를 말하고, 후자는 문화의 〈뿌리〉를 각자의 배경에 두고 있다는 점으로 칭송받고 있는 여러 부류의 감독이 포함된 상당히 일반화된 범주의 영화를 뜻한다. 이 분류는 판촉의 전략으로도 이용되었고, 열성 팬들에 의해 영화를 구분하는 방법으로도 이용되었다.

여기서 가장 중요한 요소는 〈국가〉이다. 아닌 게 아니라 인도 민족주의 문화 운동과 관련된 어떤 것을 끌어들이지 않고 인도 영화를 말하는 것은 불가능하고, 인도 독립 후 국가적 유토피아를 온갖 종류의 문화 행위로 대신하거나 바꾸는 일 또한 무난히 성공했으며, 약속의 〈나라〉는 인도라는 국가에 그 자리를 내주었다.

전후의 변모

1950년의 독립 국가 선포와 더불어 인도 정부는 2차 대전 이래 붐을 이루고 있던 영화 산업에 일련의 조치를 단행했다. 그 첫 번째가 S. K. 파틸 영화 조사 위원회에 대한 네루의 약속이었고, 이것은 전전의 스튜디오를 대체한 새로운 독립 투자 영역에 대한 정부의 첫 공식 선언이 되었다. 〈2차 대전 동안〉이라는 제목으로 파틸 보고서는 이렇게 기록하고 있다.

> 모든 계급의 사람들이 구매력이 늘어나면서, 영화 관람도 급속하고 광범위하게 퍼져 나가고 있다. 전쟁이 끝난 지 불과 3개월 만에 업계 상층부는 제작자들에서 각계각층의 인물로 바뀌었다. 주연급 〈스타〉, 가혹한 〈금융 기관〉, 약삭빠른 배급업자들이 등장하기 시작했다. 예술, 산업, 흥행의 결합체인 영화 제작은 벼락부자가 되려는 사람들의 손쉬운 치부 수단이 되었다.

파틸 위원회의 관점은 최소한 3개의 서로 다른 경향에 바탕을 두고 있다. 첫 번째는 영화로 흘러 들어오는 새로운 종류의 돈에 위원회가 노골적인 공격을 퍼붓고 있다는 점이다. 두 번째는 어느 쪽 영화 — 정부 선전 부서인 영화부와 인도 독립 후 국가 지원의 정당한 수혜자로 여기고 있는 좌파 민족주의 영화가 이에 포함된다 — 를 지원할 것인가에 대한 정부의 정책 전개이다. 그리고 세 번째는 힌디 어 영화로 대표되고, 뒤이어 각 지역 영화사들이 한편으로는 힌디 어 영화 시장을 넘보고, 다른 한편으로는 특히 인도 남부 지역에서 민족주의 문제를 지역주의 문제로 확대하면서 하나 둘씩 모방하기 시작한, 문화적 범민족주의를 둘러싼 장르 문제가 그것이다.

1950년대 중반까지는 대부분의 주요 스튜디오들이 문을 닫거나 부동산을 임대용으로 활용했다. 스튜디오의 최고 감독 V. 샨타람을 잃은 후유증을 끝내 극복하지 못한 프라바트 Prabhat는 예슈완트 페트카르의 「앞으로 나아가라Aage Badho」(1947, 미래의 힌디 스타 데브 아난드의 데뷔작)와 같은 작품으로, 뭄바이 주류 영화 시장을 뚫어 보려고 안간힘을 쓰다가 1953년에 완전히 문을 닫고 말았다. 뉴 시어터는 1955년에 문을 닫았고, 뭄바이 토키 사와 마드라스 소재의 보히니Vauhini 스튜디오는 필르미스탄Filmistan과 비자야

Vijaya 스튜디오의 영화 제작소에 각각 흡수되었다. 한편 1943년 전시 조치로 시행되었던 생필름에 대한 정부 규제가 철회되면서, 영화 제작도 엄청나게 늘어 1945년에 99편이던 것이 1946년에는 199편, 1947년에는 280편으로 증가했다. 1947년에는 또, 앞으로 수십 년간 인도 남서 지방어(말라바르에서 쓰는 언어) 영화 제작의 주도적 위치를 점하게 될 우다야Udaya 스튜디오가 케랄라에 설립되었다. 이듬해인 1948년, S. S. 바산의 「찬드랄레카」는 뭄바이와 콜카타를 넘어 인도 전역에서 초대형 히트를 기록한 인도 최초의 영화가 되었다. 1949년에는 주로 영화인들로 구성된 타밀 분리주의자들의 드라비다 무네트라 카자감(DMK) 당이 창당되어, AVM 영화사(1947년에 창립)와 같은 스튜디오의 후원하에, 대중적 분권주의론을 펴나갔다. 인도 전역에서 일어난 마하-구자라트, 사미육타 마하라슈트라, 아칸다 카르나타카와 같은 분권주의 운동은 구자라티 어, 칸나다 어, 마라티 어로 된 영화 산업의 주된 문화적 토대를 이루었다.

IPTA

파틸 보고서 내에서 각축을 벌이는 이데올로기의 대부분은 독립 후 일어난 현상들, 즉 현실적 뿌리 대 토착적 대중문화, 국가적 유토피아 대 지역적 민족주의처럼 정통성을 둘러싼 논쟁들이다. 지금까지 이 구분의 유리한 도덕적 고지는 공산당 후원의 막강한 극장(영화) 조직, 인도민중연극협회Indian People's Theatre Association(IPTA)가 거의 전유해 오다시피 했다. IPTA는 진보작가협회Progressive Writers Association를 거쳐, 전전 유럽의 반파시스트 운동에 그 뿌리를 두고 있다. 500만 명이 죽어 간 1943년의 벵골 기아 사태를 소재로 한, 비존 바타차리야의 사실주의적 다큐멘터리 희곡을 솜브 미트라가 무대에 올린 「나반나Nabanna」(1944)는 IPTA 운동을 전혀 새로운 방향으로 전개시킨 작품이다. IPTA는 아삼, 케랄라, 안드라 프라데슈, 마하라슈트라, 펀자브 같은 지역으로 범위를 확대해 가면서, 민속 전통에 현대의 정치 강론, 그리고 브레히트와 피스카토르 연극으로 처음 시도된(우트팔 두트의 작품에서처럼) 아방가르드의 국제주의를 융합한 각 지역 사람들의 예술 활동에도 적극 참여하여, 시장의 상품화와 현재의 영화 정책과 더불어 도입된 새로운 개념의 저술 활동에 대해, 전후와 독립 후의 태도 변화를 무리 없이 다루어 나갔다.

IPTA는 〈인민 극장은 인민을 주역으로 한다〉는 유명한 슬로건을 내걸고, K. A. 압바스의 데뷔작 「지상의 아이들Dharti Ke Lal」(1946)을 들고 영화계에 직접 뛰어들었다. 이 영화는 「나반나」에 크리셴 찬데르의 소설을 결합하여, 앞으로 오게 될 민족주의적 사실주의에 대한 하나의 표상, 즉 도시로 이주한 벵골 가족의 이야기, 집단성을 향한 그들의 몸부림, 사회주의 미래에 대한 그들의 신념을 이야기하고 있다. 뒤이어 비슷한 주제에 좀 더 정교한 사실주의로 만들어진, 네마이 고슈의 「뿌리 뽑힌 사람들Chinnamul」(1950)이 이어졌다. 사티야지트 레이의 협조를 받아 쓰인 대본에 리트윅 가탁이 배우 겸 조감독으로 참여하고 있는 이 영화의 주요 장면은 벵골 동부 지역 피난민 가족을 콜카타의 실다 역에서 노숙 중인 수천 명 이주민의 모습이 담긴 다큐멘터리 필름 한복판에 넣어 촬영했다. 이 영화는 또, 당국의 검열에 쫓겨 거칠게 편집된 모습을 보여 줌으로써 힘든 조건에서 만들어졌다는 것을 의식적으로 강조하고 있다. 형식적인 면으로나 정치적인 면으로나 IPTA의 주요 작품들은 거의 모두 리트윅 가탁과 므리날 센에 의해 만들어졌다. 가탁의 데뷔작 「시민Nagarik」(1952)은 「뿌리 뽑힌 사람들」의 연장선상에서 중산층 피난민 가족의 프롤레타리아화 과정을 담고 있으면서도, 거기서 더욱 발전하여 아직도 봉건적 향수나, 달력의 싸구려 그림, 그리고 급속히 썩어 들어가는 전전의 신분 정치로나 정의되고 있는 빈곤층의 소외와 관련된 어떤 것을 함께 보여 주고 있다. 두 사람 다 기본적으로 브레히트의 영향을 강하게 받고 있으며, 특히 센은 이후 10년에 걸쳐, 좌파의 와해, 1960년대 말 농민 학생 운동, 1975년의 비상 사태로까지 이어진 인디라 간디의 통치 스타일과 관계된 반고전적 선전 선동 영화만을 줄기차게 만들었다.

가탁과 센의 중요성은 물론 재론할 여지가 없지만 그 외에도 IPTA가 영화에 미친 영향은 지대했다. 1950년대 초에는 IPTA의 몇몇 회원과 국민회의 사회주의 좌파 동조자들도 주류 힌디 영화로 옮겨 와, 다양한 언어로 지역 영화 운동의 혁신에 일조했다. 아삼에서는 지오티프라사드 아가르왈라가 조상의 차 농장을 영화 세트로 최초로 이용해, 라힌드라나스 베즈바루아의 전투적 희곡을 각색한 「조이마티Joymati」(1955)를 만들었다. 케랄라에서는 케랄라인민예술클럽Kerala People's Arts Club(KPAC: IPTA의 지부)의 이전 회원 몇 명이 영화감독 P. 바스카란과 라무 카리아트, 작곡가 데바라잔, 작사가 비얄라르 라마 바르마, 작가 토필 바시〔KPAC의 연극 「당신 때문에 공산주의자가 되었다Ningalenne

힌디 감독 난드랄 자스완트랄의 후기작 「아켈리 마트 자이요Akeli mat Jaiyo」(1963).

Communistaki」(1952)의 작가]와 푼쿤남 바르케이 같은 인물들을 영화계에 진출시켰다. 이들 대부분은, 독재자 데완 라마스와미 아이예르에 항거하여, 안드라 프라데슈에서 텔란가나Telangana 운동이 일어난 해와 같은 해(1946)에 푼나푸라-비얄라르Punnapra-Vyalar 봉기로 이어진 CPI의 폭동이 있던, 독립 전 트라반코르(현재 케랄라의 일부)의 격동기에 이미 상당한 명성을 날린 인물들이다. 바스카란과 카리아트의 데뷔작 「푸른 뻐꾸기Neelakuyil」(1954)는 힌두 카스트 제도의 억압을 비판한 작가 우르브의 소설을 영화화한 작품이다. 이것보다 나중에 나온 「방탕한 아들Mudiyanaya Puthran」(1961)과 「새우Chemmeen」(1965)는 봉건 제도에 대한 사회주의적 비판이라는 인기 주제를 다룬 작품들이라는 것 외에도, 케랄라에서 최초로 흥행에 성공을 거둔 것으로도 유명하다.

힌디에서는 K. A. 압바스가 선봉장 역할을 했다. 3권짜리 책 『인도의 마르크스주의 문화 운동*Maxist Cultural Movement in India*』(1979)의 저자 수디 프라단은 압바스의 IPTA 총서기직 임명에 동의하는 연설에서 다음과 같이 말했다. 〈정치적 노선의 관점에서, 특히 그가 춤과 드라마 전문의 그룹을 선택할 때부터 CPI는 이미 그를 적임자로 거론하고 있었다. 뭄바이 영화계와 그의 친교가 없었다면 인도 영화에 우리 이미지를 심는 일도 불가능했을 것이다.〉 뭄바이에서 히트한 토키 영화 「신세계Naya Sansar」(1941)의 대본을 쓴 바 있는 압바스는 그 후 「다르티 케 랄Dharti Ke Lal」을 만들고, 계속해서 인도의 의료 선교단이 중국인들과 힘을 합쳐 일본의 제국주의에 맞서 싸우는 이야기를 담은 V. 샨타람의 「코트니스 박사의 불후의 이야기」(1946), 라즈 카푸르의 블록버스터 「방랑자」(1951), 「미스터 420」(1955)과 같은 일련의 고전 멜로드라마를 집필했다. 이들 작품은 모두 현대화된 IPTA의 사실주의로, 문화적 의미에서의 독립 후 국가 시대를 새롭게 하는 중요한 역할을 했다. 「방랑자」에서 산적 손에서 자란 아버지의 사생아 아들 역을 맡은 카푸르는 양아버지를 죽이고 친아버지도 거의 죽음으로 몰고 가는 오이디푸스 콤플렉스의 이중적 행위를 범하게 되는데, 그 행위는 영화 속에서 성인, 현대, 그리고 독립으로 이어지는 하나의 통과 의례로 제시된다. 카푸르의 행위는 가난하지만 정직한 채플린 같은 떠돌이가 뭄바이의 부패한 부자의 꼬임에 빠져 그 도시의 헐벗은 노숙자들을 갈취하는 사기꾼으로 전락하는 내용의 「미스터 420」에서 더욱 확대된다. 여기서 부는 서구화를, 부자는 도박을 의미하며, 독립과 함께 힘을 얻은 자본주의자들은 초보 단계의 혁명적 〈민중〉만으로도 충분히 전복할 수 있을 정도의 서투른 모방자들로 묘사되고 있다.

압바스의 선구적 작품들에 뒤이어 나온, 비말 로이의 「2에이커의 땅」(1954)은 어쩔 수 없이 도시로 이주하게 된 농부의 이야기를 그린 작품이다. 이 작품에서 농부 역을 맡은 발라즈 사니와 작곡가 살릴 초두리는 IPTA 연극의 주요 인물들이다. 나브케탄Navketan 영화 제작소는 체탄 아난드가 그의 두 형제 데브와 비제이 아난드와 함께 「네차 마을Neecha Nagar」(1946)을 만든 뒤 창업한 회사로, 그 후 20년간 뮤지컬 멜로드라마와, 가끔은 포스트-IPTA 사실주의도 곁들인 러브 스토리 분야의 독보적 존재가 되었다. 비제이 아난드의 클래식 「칼라 시장Kala Bazaar」(1960)에서는 초대형 스타 데브 아난드가 메부브 칸의 「어머니 인디아Mother India」(1957)의 개봉식장에서 표를 파는 얄궂은 일자리를 얻은 뒤 개심하게 되는 조무래기 암표상 역을 맡고 있다. 1950년대의 전설적 감독 구루 두트도 나브케탄에서 활동하다가 스스로 독립 제작자가 되어, 자신의 대표작 「끝없는 갈망Pyaasa」(1957)을 만들었다. 인도 영화사상 가장 유명한 멜로드라마의 하나인 「끝없는 갈망」에서 두트는 천대받고 무시만 당하다가 〈궁궐, 가시, 왕관…… 그리고 상처받은 사람들〉로 가득 찬 세상을 원망하며 죽은 것으로 알려지면서, 일약 베스트셀러 작가로 떠오르는 사랑에 번민하는 시인 역을 직접 맡고 있다.

이 영화는 IPTA 운동의 가장 영속적인 유산임이 입증된 초기의 급진적 작품들로의 복귀라기보다는 주류 영화 속에 성공적으로 진입했음을 알리는 작품이 되었다. 샨타람, 카푸르, 메부브 칸, 나브케탄, 비말로이 구루 두트, 이들은 모두 중요한 제작자로서, 전통적 스튜디오 영화의 종말과 함께, 파틸 보고서에 언급된 투기꾼들이 가장 극성을 부린 시대적 상황 속에서, 각자의 독립 스튜디오를 차리거나 각종 제작 사업을 벌이는 방법으로 1960년대까지 활동을 계속했다.

국가 정책

이 시기의 서사적 멜로드라마는 분할의 고통, 파키스탄의 형성으로 인한 대량 이주, 통제 불능의 도시 확산, 인도의 거의 모든 주를 황폐화시킨 종교적, 지역적 갈등의 설명과 이해를 도운 문화 상품 제공자로서의 토착적이고 자립적인 경제 인도의 민족주의를 가장 잘 구현한 대중문화의 형태로 남아 있다. 특히 독립을 둘러싼 주요 갈등의 어떤 면들을 사실주의적 멜로드라마를 통해 보여 주는 놀랍도록 효과적인 방법, 즉 예전의 급진적 아방가르드와 당대의 국가 정책이 성공적으로 결합할 수 있었던 데는 몇 가지 요인이 존재했다. 압바스, 카리아트, 혹은 구루 두트에 있어서의 지배적 규범은 지역 사회, 가족, 그리고 때로는 (메부브의 경우처럼) 종족의 정의에 이용되는 〈국가〉의 패러다임을 사회의 합법화와 해방의 원리로 이용하는 것이었다. 새로운 IPTA의 공언으로, 이전에 〈인도적인 것〉의 보고였던 팔케의 주류 스와데시*Swadeshi* 신화들은 이제 사실주의의 한 장르로 자리 잡게 되었고, 좀 더 〈사실적〉으로 보이고 따라서 다른 이미지들보다 좀 더 토착적이라 할 수 있는 마을, 노동자, 농부와 같은 이미지를 의미하는 말이 되었다.

이러한 사실주의적 이상은 먼저 1949년에 다큐멘터리 부서로 출발하여 영화 제작에 직접 뛰어든 최초의 정부 기관이 된 필름 디비전Films Division의 설립으로 사실상 국가 문화 정책이 되었다. 전쟁 선전 단편 영화를 만들던, 이전의 인도 정보 영화Information Films of India와 영화 고문단Film Advisory Board에 뿌리를 두고 있고, 따라서 존 그리어슨과 배절 라이트(배절 라이트는 1960년대 후반에 인도 영화부에서 일하게 된다)의 영국 다큐멘터리 전통과의 연계까지 거슬러 올라가는 이 기관은 연간 200편 이상의 작품을 제작하고, 그것을 다시 18개 언어로 9,000개의 프린트를 만들어 전국의

사티야지트 레이 (1921~1992)

인도 제일의 영화감독 사티야지트 레이는 사회 개혁가 사다란 드라모 사마즈 일가에 속하는 명문 집안의 아들로 콜카타에서 태어났다. 그의 조부 우펜드라 키쇼레 레이-초두리는 작가이자 출판인으로, 자신이 간행하는 어린이 잡지 『산데슈*Sandesh*』에, 구피와 바가(후일 레이에 의해 「구피와 바가의 모험」(1968)을 비롯한 몇 편의 영화에 이용되었다)라는 소설 속 인물을 창조해 낸 사람이었다. 레이의 부친 수크마르 레이도 리머릭*limerick*과 난센스 시(詩)를 즐겨 쓴 인기 풍자 시인이었다. 사티야지트는 한동안 집안 친구 라빈드라나트 타고르가 운영하는 미술 학교 샨티니케탄에서 수학했는데, 장차 그의 사상적 기반이 될, 타고르와 난달랄 보세의 아시아적 오리엔탈리즘을 처음 접한 곳이 바로 이곳이었다.

하지만 그가 처음 발을 디딘 곳은 광고계였고 1950년대 초에는 이미 상당히 유명한 일러스트레이터였다. 그는 광고 일을 하면서, 한편으로는 1947년에 그가 공동으로 창립한 콜카타 영화 연구회Calcutta Film Society가 제공하는 미국과 유럽, 소련 영화들을 열심히 보았고, 벵골에서 「강」(1951)을 촬영 중이던 장 르누아르와 몇 번의 만남을 갖기도 했다. 하지만 후일 본인이 스스로 밝힌 바에 따르면, 그가 진정으로 영화감독이 될 생각을 한 것은 런던에서 「자전거 도둑」을 보고 나서였다고 한다.

20세기 초 벵골의 유명 소설을 영화화한 「길의 노래」(1955)는 야외 촬영과 자연광을 중시하는 네오리얼리즘의 영향이 강하게 느껴지는 작품으로, 스튜디오 촬영 중심의 인도 영화 전통과 일대 결전을 벌인 것을 비롯하여 영화를 만드는 과정에서 갖은 우여곡절을 겪은 것으로 유명하다.

이 작품은 대성공을 거두었고 그 성공의 요인은 주로 자신의 사실주의를 당시 진행 중이던 산업화와 비동맹 성립의 측면에서, 네루식의 관점과 독립 후의 관점에서 인도의 역사 재서술로까지 확대해 간 방식에 힘입은 바 크다. 1946년에 발간된 네루의 민족주의자로서의 야심작이자 기초 저작인 『인도의 발견*The Discovery of India*』은 외래 침략과 식민 통치를 이겨 낸 인도의 〈가치 있는 어떤 것〉을 파헤친 여행기 겸 자서전 겸 역사 교훈이었다. 레이의 사실주의는 가끔은 신비적인 방식, 특히 사실주의 자체를 〈과거〉 재연 — 역사의 도래를 마침내 찬양할 수 있게 된 나라의 기억을 재현시킨다는 의미에서 — 의 관점에서 상징화하는 방식으로, 반복해서 이 책의 분위기를 살려 내고 있다.

그는 표면적으로는 네루의 제안을 받아들여, 이후 아푸 3부작으로 불리게 되는 2편의 속편을 더 만들었다. 그의 1960년대 작품들 중에는 19세기와 20세기 초의 벵골을 그의 스승 타고르의 눈으로 바라보는(스스로 자신의 대표작이라고 말하는 「외로운 아내」(1964)가 그 한 예이다), 과거에 배경을 둔 작품들도 더러 있다. 그리고 「음악 살롱」(1958), 「여신」(1960), 「세 딸들」(1961) 같은 작품들에 나타난 그의 사실주의는 공들여 개조한 배경 속에 지극히 타성적인 몸짓의 모자이크가 되어, 극도로 기호화되고 억제된 그의 연기와 대본에 익숙하지 않은 관객들이 과연 그런 작품들을 이해할 수 있는지에 대한 논쟁을 불러일으켰다.

그의 첫 시나리오 작품인 「칸첸중가」(1962)를 시작으로 사티야지트는 세밀하게 묘사된 각각의 인물이 주어진 시간의 틀 속에서 상대적으로 무의미한 일을 경험하지만 어떤 면으로는 변화를 일으키기도 하는 예컨대 소수의 인물로 구성된 꽉 짜인 일련의 대본 속에 시대적 주제를 결합해 가기 시작했다. 「주인공Nayak」(1966)은 기차 여행 중에 만난 영화배우와 저널리스트가 스물네 시간 동안 함께 지내는 모습을 담은 영화이고, 「카푸루슈Kapurush」(1965)는 어떤 낯선 사람의 호의를 받아들여 옛 애인을 만나는 한 남자의 이야기이며, 「숲 속의 낮과 밤」(1969)은 콜카타 출신의 4중주 합주단이 숲 속으로 소풍을 가는 내용을 담은 영화이다. 그의 콜카타 3부작 중의 하나인 「적」(1970)은 심리적 사실주의가 또 다른 영역으로 확장된 중요한 작품이다. 때는 낙살바리의 농민 폭동, 경찰에 의해 무자비하게 진압된 콜카타 학생 봉기, 새로운 형태의 부당 이득자의 등장, 관료의 부패, 고질적 실업으로 얼룩진 격동의 시대였다. 레이의 동시대인으로, 그 자신의 콜카타 3부작에서 정치에 직접 참여할 길을 모색한 므리날 센과는 달리 「적」, 「주식회사Seemabaddha」(1971), 「중개인」(1975) 같은 레이의 작품들은 전통적 가치의 붕괴와 정치 엘리트를 비판하면서도, 낙살라이트 운동의 좌파적 급진성과는 거리를 두는 예컨대 몽매함을 깨우치는 멜로드라마가 대부분이었다.

레이가 상업적으로 첫 성공을 거둔 작품은 어린이 영화 「구피와 바가의 모험」(1968)이었고, 계속해서 1970년대에는 형사 펠루다 시리즈가 이어졌다. 구피-바가 시리즈의 하나인 「다이아몬드 왕국」(1980)은 인디라 간디의 비상 사태를 거의 직설적으로 공격한 작품이다. 레이의 표현 방식 — 아니면 보통 지역적 사실주의의 〈레이 유파〉로 알려진 방식 — 이 점차 국가 지원에 적합한 〈진정한〉 인도 영화로 인디라 간디 정부의 인정을 받아 가던 그때에, 상업적 성공률이 높고 비교적 말썽의 소지가 적은 어린이 영화로의 그의 이러한 후퇴를 두고 많은 사람들은 그가 당시의 정치권에서 벗어나려는 의도라고 해석했다.

계속되는 지병으로 인해 거의 은퇴하다시피 했던 그는 입센의 작품을 각색한 「민중의 적」(1989)과 2편의 멜로드라마(「가족의 재회」와 「이방인」)로 다시 영화계에 복귀했다. 말년에는 아들 산디프 레이를 위한 몇 편의 영화 대본을 썼고, 〈사티야지트 레이 제공Satyajit Ray Presents〉이라는 제목의 TV 시리즈 2편을 제작했으며, 『산데슈』에 기고했던(1961년 부터 편집해 둔) 몇 편의 단편 소설을 모아 책으로 엮어 냈다.

아시시 라자댝샤

▪▫ 주요 작품

「길의 노래Pather Panchali」(1955); 「정복당하지 않은 사람들Aparajito」(1956); 「철학자의 돌Parash Pather」(1957); 「음악 살롱Jalsaghar」(1958); 「아푸의 세계Apur Sansar」(1959); 「여신Devi」(1960); 「세 딸들Teen Kanya」(1961); 「칸첸중가Kanchanjungha」(1962); 「외로운 아내Charulata」(1964); 「동물원Chidiakhana」(1967); 「구피와 바가의 모험Goopy Gyne Bagha Byne」(1968); 「숲 속의 낮과 밤Aranyer Din Ratri」(1969); 「적Pratidwandi」(1970); 「머나먼 천둥소리Ashani Sanket」(1973); 「황금 요새Sonar Kella」(1974); 「중개인Jana Aranya」(1975); 「체스 선수들Shatranj ke Khiladi」(1977); 「코끼리 신Joi Baba Felunath」(1978); 「다이아몬드 왕국Hirak Rajar Deshe」(1980); 「집과 세계Ghare Baire」(1984); 「민중의 적Ganashatru」(1989); 「가족의 재회Shakha Proshakha」(1991); 「이방인Agantuk」(1992).

▪▪ 참고 문헌

Das Gupta, Chidananda(1980), *The Cinema of Satyajit Ray*.

— (ed.)(1981), *Satyajit Ray: An Anthology of Statements on Ray and by Ray*.

Ray, Satyajit(1976), *Our Films, their Films*.

Robinson, Andrew(1989), *Satyajit Ray: The Inner Eye*.

◀ 영국 통치하의 인도를 우화적으로 표현한 사티야지트 레이의 「체스 선수들」(1977).

모든 극장에서 상영하는 세계 최대의 다큐멘터리 제작사의 하나로 성장했다. 필름 디비전은 폴 질스의 「말라바르의 무도Martial Dances of Malabar」(1958)로 대표되는 민족지학적 고전 다큐멘터리나 산업화에 대한 초현대적 네루식 도해(圖解)를 찬양하는 단편 영화[이것의 고전적인 예로는 하리사단 다스굽타 감독, 사티야지트 레이 각본, 판디트 라비 샨카르 음악, 흐리시케슈 무케르지 편집, 클로드 르누아르 촬영의 「철 이야기The Story of Steel」(1958)를 들 수 있다]를 만들거나 혹은 후원했다.

1955년 레이는 「길의 노래Pather Panchali」를 만들었다. 잘 알려져 있다시피 이 영화는 레이가 아내의 보석까지 저당잡힐 정도로 무척이나 힘든 조건에서 만들어졌고, 결국은 영화의 다큐멘터리적 모양과 〈길의 노래Song of the road〉라는 영문 제목만 보고 내용을 착각한 서벵골 정부가 도로 건설에 쓸 돈을 영화 제작비로 보태 주어 겨우 완성할 수 있었다. 〈비동맹〉을 제3의 포괄적 대안으로 제시한 역사적인 그 반둥 회의가 열린 해에 만들어졌고, 역사가 수미트 사르카르가 인도의 〈가장 소박한 부르주아지〉라 부른 최초의 문화적 걸작 「길의 노래」는 필름 디비전-타입의 민족지학적 프로파간다에 대해, 네루에 찬성하는 지식인 계급의 대안적 야망을 표현한 작품이었다. 이 작품은 하나의 〈독립된〉 영화임을 주장하면서도 인도의 민족주의를 서구 모더니즘에 대한 제3세계의 상대물로도 보는, 예컨대 전후/독립 후 재건의 토대가 될 수 있는 과거에 대한 하나의 새로운 의식을 제시했다.

서구의 그것과 마찬가지로 레이의 모더니즘(파틸 보고서의 언어도)도 초기에는 주류 상업 영화와는 전혀 별개의 완전히 반대적 위치에 있었다. 1950년대 중반에, 파틸 위원회로부터 영화 재정 조합과 영화 학교 설립 권고를 받은 인도 정부는 상업 주류 〈힌디 어 영화〉와 〈사티야지트 레이〉 영화라는 역사상 유례없는 영화계의 양분 사태를 맞게 되었다. 힌디 어로 더빙된 「찬드랄레카」의 전국적인 성공은 1950년대 내내 지속된 남동부 영화에 힌디 어 영화 공식의 성공적인 이식으로 이어졌다. 벵골에서는 우탐 쿠마르와 수키트라 센이 생기발랄한 코미디 「샤레이 추아타르Sharey Chuattar」(1953)에 출연하여 벵골 역사상 가장 성공적인 영화 스타가 되었고, 계속해서 아그라가미의 우울한 사랑 이야기 「사가리카Sagarika」(1956)가 이어졌다. 라마 라오의 신화적 작품 「벤카테슈와라 마하티얌 선생Shri Venkateshwara Mahatyam」(1960)에서는 라마 라오가 티루파티 소재의 인도에서 가장 부유한 사원 성소의 신 역할을 직접 맡음으로써, 〈살아 있는 신〉으로서 정계 입문(나중에는 안드라 프라데슈 주 장관도 된다)의 첫 신호탄을 올렸다. 타밀과 텔루구에서는 K. 프라티야가트마와 프라카샤 라오가 이끄는 L. V. 프라사드 영화인 유파가 저예산 신파 영화 장르와 남부 인도어 영화를 힌디 어와 힌디 스타를 써서 리메이크하는 방법을 완성시켰다.

한편 텔랑가나 봉기에 뒤이어 CPI에 대한 금지령이 내려지면서, IPTA의 주요 멤버들도 추방되거나 아니면 스스로 조직을 떠났고, 그들 대부분은 뭄바이와 콜카타의 주류 상업 영화계로 자리를 옮겼다.

그러고 나서 1960년대 초반, 영화 재정 조합이 제작 순서를 결정하기 위한 선별 작업을 시작함에 따라, 제각각으로 쪼개졌던 영화계의 초기 분열 현상도 차츰 단합의 양상을 보이게 되었고, 구성과 내러티브 구조, 사운드 믹싱과 그 밖의 기술적 과정에 있어서의 전반적 통일에 힘입어, 거대한 시장-통합 현상까지 일어났다. 이 통합의 주요 이론가인 레이의 제자 치다난다 다스 굽타는 〈사회 경제적 변화에 통합의 요소를 《굳건히 하고》…… 지도자급인 지식인과 대중 간의 유리로 그동안 부재했던 《지도력》에 대한 일종의 하위 대안으로서…… 문화 지도력〉을 행사할 수 있는 주류 문화-영화의 전국적 통합, 즉 〈전 인도 영화*All-India film*〉를 주창했다. 1960년대를 통해, 그리고 낙살라이트 운동Naxalite movement이 계급으로 규정되지 않은 〈대중〉의 단순한 조직화는 무조건 반대하고 나설 때까지도 다스 굽타식의 문화적 통합은 영화에 대한 확실한 국가 정책으로 남아 있었고 1972년 이후에는 텔레비전으로까지 확대 시행되었다.

뉴 인디안 시네마

영화 재정 조합(1960)은 인도 정부가 파틸 보고서 추천에 따라, 필름 디비전 이후 두 번째로 세운 영화 기관이다. 수년 동안 독립 영화인들의 유일한 자금원이었다는 사실, 다양한 활동, 갈팡질팡 거듭한 사업 방향 등은 모두 영화계에 대한 정부의 변덕스러운 태도와 이 기관이 영화계 전반에 휘두른 커다란 영향력을 보여 주는 증거들이다. 출범 당시만 해도 이 기관은 재무부 소속으로 제도 금융이나 〈우수 영화 제작을 위한 다양한 편의〉 제공만을 목적으로 하고 있었다. 그러던 것이 1964년, 정보방송부 산하로 소속이 바뀌면서 첫 변화를 겪게 되었고, 그 후 사티야지트 레이의 작품[「외로운 아내」(1964), 「주인공」(1966), 「구피와 바가의 모험」(1968)]을 비롯해 50여 편의 영화에 자금을 지원했다.

1964년이 인도로서는 여러 면으로 다사다난한 해였다. 네루가 사망했고, 1962년에 일어난 중국과의 전쟁으로 공산당은 격심한 내부 분열을 일으켰다. 거기서 떨어져 나온 한 주도적 분파는 원외(院外) 농민 기구 창설에 박차를 가했다. 파키스탄과의 전쟁은 금방이라도 재발될 듯했고, 힌디 어를 인도의 〈공용〉어로 채택하느냐의 문제를 둘러싼 언어 폭동이 인도 남부 지역을 휩쓸었다.

낙살라이트 운동 ― CPI(ML)의 주도하에 일어난 원외 운동으로 낙살라이트라는 명칭은 첫 군중 집회가 열린 벵골의 낙살바리 마을의 이름을 따서 붙여졌다 ― 이 벵골, 안드라 프라데슈, 케랄라, 타밀나두에서 확고한 뿌리를 내리고, 고립무원에 당쟁으로 얼룩진 인도 국민회의가 새 지도자 인디라 간디를 중심으로 재결집을 시도하는 가운데, 인도의 분위기는 점차 사회주의 쪽으로 기울어 갔다. 1969년 인디라 간디는 국민회의를 분당하고, 인도의 14개 주요 은행의 국영화를 선언했다. 그리고 모든 좌파에 대한 무자비한 진압을 지지함으로써, 군경과 〈낙살라이트〉 운동원들 간의 수많은 〈충돌〉을 야기시켰다.

영화 재정 조합이 〈재능 있고 유망한 감독들의 소박하고 특징 있는 작품들〉에 대여금을 지급한다는 인도 영화사상 가장 효과적이고 최단명으로 끝난 계획을 시도한 게 바로, 간디 여사가 정보방송부 장관으로 잠시 재직하면서 영화에 직접 관여를 하고 있을 때였다. 이 새로운 정책은 즉각 효과를 초래하여, 신예 감독들은 너 나 할 것 없이 제작 기회를 갖게 되었고, 이들은 후일 뉴 인디안 시네마라 불리는 어떤 것을 창조하기에 이르렀다. 뉴 인디안 시네마 운동은 보는 이에 따라, 두 가지 방식으로 기록될 수 있다. 전제적 벵골 관료와 그와 함께 거위 사냥을 가는 구자라티 처녀를 주인공으로 한 므리날 센의 자크 타티식 코미디 「부반 쇼메Bhuvan Shome」(1969)(상업적 성공도 거두었다)를 출발점으로 볼 수도 있고, 마니 카울의 딱딱한 흑백 실험 영화 「우리의 일용할 양식Uski Roti」(1969)을 그 시작으로 볼 수도 있다.

므리날 센은 종잡을 수 없는 예측 불허성과 극적인 형식의 변화에도 불구하고, 급변하는 정치 상황을 뉴 인디안 시네마 운동에 입각하여 가장 적절히 대변하고 또한 일관성 있게 기록한 감독이다. 앞에서 이미 언급했듯이 IPTA에서의 그의 전력(CPI 멤버였다)과 「푸른 하늘 아래Neel Akasher Neechey」(1958)와 「결혼식 날Baishey Shravan」(1960)과 같은 초기작들은 주로 IPTA의 정치적 지시 범위(코민테른의 지시에 따른 CPI의 반파시즘, 농촌 시위의 강조, IPTA 활동의 주요 동기인 1943년의 기근) 내에서 만들어진 멜로드라마들이었다. 1965년에 그는 「구름 저편에Akash Kusum」를 내놓으며, 프랑스 누벨 바그의 영향을 받았음을 선언했다. 1970년도 이후에는 낙살라이트 학생 운동, 고질적 실업과 경찰의 무자비함에 노출된 그들의 미래, 현재의 조건으로 벵골과 인도 정치 역사를 다시 쓰려는 그들의 노력을 주제로 다루고, 그것에 기여한 일련의 작품을 만들었다. 그의 두 작품 「인터뷰Interview」(1970)와 「콜카타 '71 Calcutta '71」(1972)은 정치적 파문 *causes célèbres*으로 비화되어, 이 작품들을 상영한 극장들은 좌파 시위장으로 돌변했고, 상영 자체도 경찰의 급습에 의해 계속 중단됐다.

사티야지트 레이도 그 자신만의 콜카타 3부작을 만들어, 가끔 낭만화시킨 점은 있으나, 보다 계몽적인 방법으로 그 시대를 대변했다. 므리날 센의 방식은 시암 베네갈에게 계승되어, 안드라 프라데슈의 낙살라이트 운동을 주제로 한 일련의 영화들〔「무형Ankur」(1973)은 봉건 제도를, 「평화로운 곳 Nishant」(1975)은 부패한 지주에 항거하여 일어난 폭동을 다루었다〕이 만들어졌다. 「무형」은 특히 대단한 성공을 거두어, 재정 독립을 이룬 영화의 전형이 되었는데, 어찌 보면 그것은 미국영화수출협회의 첫 보이콧과 외국 영화의 철수, 그 결과 나타난 규격화된 중산층 관객의 등장 — 그 때문에 후일 〈중도*middle-of-the-road*〉 영화로 불리게 되는 — 이라는 당시 벵골의 특수 상황이 빚어낸 결과이기도 했다.

이러한 전체적 상황과는 무관하게 마니 카울의 「우리의 일용할 양식」은 인도 영화사상 팔케 이래 최초로 영화 자체의 문제를 둘러싼 논쟁을 불러일으킨 작품이다. 그의 첫 세 작품들은 모두 문학, 특히 극작가 모한 라케슈와 단편 소설가 비제이단 데사의 작품을 영화화한 것들로 그러한 문학적 요소 위에 그는 영화를 재창조하고, 그 스스로 다른 예술 형식에 대한 기생적 의존이라고 본 것들, 그보다 중요하게 당시의 정치적 수사(修辭)로부터 자유로워지려는 시도에서 고전 음악, 시각 예술, 연극적 전통, 심미적 표현 등의 다양한 요소들을 결합

므리날 센의 「에크딘 프라티딘Ekdin pratidin」(1979). 영어권 나라에는 〈고요한 새벽And Quiet Rolls the Dawn〉, 〈고요한 하루And Quiet Rolls the Day〉 등의 여러 제명으로 알려져 있다.

리트윅 가탁 (1925~1976)

리트윅 쿠마르 가탁은 동벵골(현재의 방글라데시)의 다카에서, 부유한 행정관의 아홉 자녀 중 막내아들로 태어났다. 그의 가족은 수백만의 동벵골 피난민들이 1943년의 혹독한 기근과 1946년의 인도 분할을 피해 콜카타로 밀려들기 바로 직전에 그곳으로 이사했다. 이 피난민 물결과의 동일시는 문화적 단절과 유랑에 대한 가장 중요한 은유를 제공하며 이후 그의 영화의 특징이 된다.

막심 고리키의 지대한 영향을 받은 그의 형 마니슈 가탁은 카롤Kallol 문학 그룹의 전통에 속하는 유명 작가가 되었다. 리트윅 자신은 10대에 직물 공장에서 일했는데 후일 이 경험은 그가 단편 소설(특히 1948년에 발간된 「라자Raja」에서)을 쓸 때 많은 도움이 되었다. 하지만 그는 〈소수의 사람들에게밖에 도달하지 못한다〉는 이유로 소설을 포기하고, 대신 연극으로 방향을 돌려 인도민중연극협회(IPTA)의 회원으로 1943년의 기근을 다룬 비존 바타차리아의 연극 다큐멘터리 「나반나Navanna」를 비롯한 몇 편의 획기적인 작품 제작에 참여했다. 이후 그는 대본 집필, 연출, 연기, 브레히트와 고골리의 벵골 어 번역 등 연극계에서 다방면의 활동을 펼치다가 네마이 고슈의 「뿌리 없는Chinnamul」(1950)을 계기로 (배우와 조감독으로) 영화계에 입문했다.

「뿌리 없는」은 2년 뒤 가탁이 그의 감독 데뷔작으로 만든 「시민」(1952)과 더불어 인도 영화의 중요한 돌파구가 되었다. 가탁의 이 초기작은 다큐멘터리 사실주의, 가끔은 민중 연극적 요소를 가미시키기도 한 고도의 양식화된 연기, 브레히트적 영화 도구의 사용 등 지금까지는 볼 수 없던 요소를 결합시켜 영화에서의 연극적, 문학적 특징을 추구한 작품이었다. 「시민」은 인도 분할의 피해자로서 동부에서 이주해 온 어느 가족이 점차 빈곤의 나락으로 떨어져 가는 모습을 그린 작품으로, 결국 이 가족은 공산당 인터내셔널 혁명가가 사운드트랙으로 울려 퍼지는 가운데 — 가탁의 유일한 프로파간다 장면 — 노동자 계급이라는 새로운 신분을 받아들이며 빈민가로 옮겨 가게 된다. 「시민」은 수년간 공개되지 못하고 그대로 묻혀 있었던 것으로 전해진다. 그의 두 번째 영화 「서글픈 오류」(1957)는 자신의 폐차 처분된 자동차가 살아 있다고 믿는 어느 택시 기사가 온갖 종류의 기계들이 그의 주위에서 난무하는 가운데, 비하르의 오라온Oraon 부족의 애니미즘 제식(祭式)에서 그것의 본질을 찾는다는 내용의 상당히 우화적인 작품이다. 이 영화에서 가탁은 와이드 앵글 렌즈의 절묘한 사용과 등장인물의 〈비평범성〉 — 주로 에이젠슈테인을 참고했다 — 을 이용하여, 「시민」에서의 도시 사실주의를 그것의 구성 요소들, 특히 여기서는 부족, 민중, 전통적 형식과 태도의 혼합적 요소로 이루어진 역사적 과정들로 바꿔 놓는 데 성공하고 있다. 20세기 인도의 서구화된 모더니스트들로부터는 거부를, D. D. 코삼비, 데비프라사드 차토파데이에와 같은 마르크스주의 역사가들로부터는 호응을 얻은 인도 서사극 전통의 중심적 요소인 이러한 일련의 변증법적 교환 방식은 지금도 여전히 가탁 예술의 상징으로 남아 있다.

가탁의 대표작으로 알려진 콜카타 3부작 — 「구름 사이의 별」(1960), 「사랑스러운 간다르」(1961), 「수바르나레카」(1962) — 은 대단한 논란을 불러일으킨 끝에, 그의 영화 활동을 10년이나 가로막는 결과를 초래했다. 이 세 작품에서 그는 시청각 언어를 짙게 겹치게 하는 방식으로 일정 수준의 신화적 요소를 가미시킨, 기본적이면서 때로는 지독하게 사실적인 줄거리 구조를 사용하고 있다. 「구름 사이의 별」은 피난민 가정 출신의 어느 근로 여성이 가족의 생존을 위해 처음에는 자신의 자유를 나중에는 목숨까지도 희생하는 이야기를 다룬 작품으로, 벵골의 여신 두르가Durga 전설이 신화적 요소로 사용되고 있다. 여기서 전설은 여인들을 억압하는 수단이면서 바로 그 때문에 또 정치적 승인의 수단이 되기도 한다. 점점 올라가는 고전 음악 소리, 타고르의 시, 채찍 소리, 두르가 전설을 상징하는 플루트 주제곡 — 이 모든 것과 어우러진 경관과 자연음, 그리고 인간 노동과의 지극히 불연속적인 결합은 사실적 줄거리 구성을 거의 변형시키는 수준으로까지 나아가고 있다. 「수베르나레카」에서 가탁은 한 걸음 더 나아가 그의 영화, 그리고 인도 영화사상 처음으로 서사적 형식의 동시대에의 적용 가능성까지 모색하고 있다. 이 작품은 타고르식 벵골 르네상스의 적통인 한 남성이 그를 버리고 〈불가촉〉 천민과 결혼한 여동생 때문에 인생에 점차 환멸을 느껴 가는 줄거리를 담고 있다. 하지만 줄거리는 이처럼 단순하지만, 대부분의 고전적 장면들 — 방치된 채 부서진 비행기 잔해에서 아이들만 한가롭게 놀고 있는 2차 대전의 비행기 활주로, 여동생의 강요된 결혼과 가출, 그리고 마지막 장면으로, 술 취한 주인공이 펠리니의 「달콤한 인생」 중의 스트립쇼 장면 음악이 흐르는 가운데, 나이트클럽에서 우파니샤드와 엘리어트의 시를 읊고 있는 모습 등 — 은 인용과 정치적 언급, 그리고 서사적 구조의 복잡한 혼합으로 이루어져 있다.

「수바르나레카」(두 극단 간의 피 튀기는 경쟁을 다룬 작품으로 IPTA에 대한 회고적인 면이 드러났던 「사랑스러운 간다르」도 마찬가지)로 가탁은

리트윅 가탁의 유작 「추론, 토론 그리고 이야기」(1974)의 마지막 장면.

결국 인도 영화계에서 쫓겨나고 말았다. 이후 그는 푸나에 잠시 머물며, 그곳 영화 학교에서 마니 카울, 존 아브라함을 비롯한 많은 제자들을 길러 냈다. 그중 쿠마르 샤하니는 가탁의 후계자로 1970년대와 1980년대의 인도 영화계에 많은 업적을 남겼다.

가탁은 1970년대가 되어서야 다시 영화계에 복귀하여, 방글라데시 제작자의 자본으로 서사극 「티타슈라는 이름의 강」(1973)을 만들었지만 1980년대 중반까지는 일반에게 공개되지 못했다. 티타슈 강가의 말로 Malo 어부들을 배경으로 한 이 뛰어난 작품은 줄거리보다는 도해적 논리로 이야기를 이끌어 가며, 인도풍 조각의 어떤 특징을 영화 속으로 옮겨 놓고 있다. 쿠마르 샤하니(1986)는 이 작품을 〈이것은 투명한 영화가 아니다. 여기, 화강암과 본질적 에너지에 굴복한 암석의 조각으로부터 우리에게 도달한 차가운 색조와 함께 빛으로 조각된 1편의 영화가 있다〉라고 평했다.

그의 마지막이자 가장 독특한 작품으로 〈자전적〉 내용을 담고 있는 「추론, 토론 그리고 이야기」(1974)는 헤어진 아내를 만나기 위해 벵골 지방을 여행하고 다니는 술 취한 지식인으로 가탁이 직접 출연하고 있는 일종의 악한 영화이다. 그는 숲 속에서 낙살라이트 청년들과 우연히 마주치게 되고, 그들의 은신처를 찾아낸 경찰의 급습으로 이튿날 아침 죽고 만다.

아시시 라자댝샤

■□ **주요 작품**

「시민Nagarik」(1952); 「서글픈 오류Ajantrik」(1957); 「도주Bari Theke Paliye」(1959); 「구름 사이의 별Meghe Dhaka Tara」(1960); 「사랑스러운 간다르Komal Gandhar」(1961); 「수바르나레카 Subarnarekha」(1962); 「티타슈라는 이름의 강Titash Ekti Nadir Naam」(1973); 「추론, 토론 그리고 이야기Jukti Takko Aar Gappo」(1974).

■■ **참고 문헌**

Bannerjee, Haimanti(1985), *Ritwik Kumar Ghatak.*
Bannerjee, Shampa(ed.)(1982), *Ritwik Ghatak.*
Ghatak, Ritwik(1987), *Cinema and I.*
Rajadhyaksha, Ashish(1982), *Ritwik Ghatak: A Return to the Epic.*
— and Gangar, Amrit(eds.)(1987), *Ritwik Ghatak: Arguments / Stories.*
Shahani, Kumar(1986), "The Passion of Resurrection".

시키고 있다. 힌디 어 작가 가자난 마다브 묵티보드의 작품에 대한 일종의 논픽션 영화라 할 수 있는 「표면에서 일어나는 Satah Se Utatha Admi」(1980)을 시작으로 하여 카울은 지극히 엄숙하고 딱딱한 고전 음악으로 여러 면에서 인도 예술에 나타나는 추상의 근원이라고 할 수 있는 드루파드 음악의 특징을 영화 속에 점차 강조하는 경향을 보였다. 즉흥성, 전치, 그리고 추상은 드루파드 음악을 다룬 「드루파드Dhrupad」(1982), 테라코타 장인을 소재로 한 「점토의 마음Mati Manas」(1984), 툼리Thumri 음악 형식으로 만들어진 「시데슈와리 Siddheshwari」(1989), 도스토예프스키 소설로의 복귀를 보여 주는 「나자르Nazar」(1990), 「백치Idiot」(1991) 같은 1980년대에 만들어진 영화들의 중요한 형식적 요소로 남아 있다.

카울만큼 다작을 만들어 내지는 못했지만 영향력 면에서는 더욱 중요했던 사람이 카울의 옛 영화 학교 동기인 쿠마르 샤하니였다. 카울보다 약간 늦게 영화계에 등장한 그는 뉴 인디안 시네마로서는 첫 번째 시도이자 결과적으로 유일한 시도가 된, 컬러에 의한 전면적인 실험 영화[「환영의 거울Maya Daran」(1972)]를 철저히 뉴 인디안 시네마 운동의 맥락에서 만들었다. 그는 인도 미학 이론의 형식적 명제를 내놓고 있는 점에서는 카울과 다를 바 없었으나, 서사극이라는 용어로 그것의 의미를 보다 폭넓게 확장시켰다는 점에서 약간 차이가 있었다. 샤하니는 그의 스승 가탁을 통해, 브레히트의 사상을 새롭게 개조하여 실제와 전통에 있어서의 서사극의 근원을 강조하고, 문명의 담론(그것의 하위 형태인 기술과 생산 양식을 포함하여)을 견고히 함에 있어서의 서사극의 역할을 강조했다. 그리고 그것의 중요한 토대가 되어 준 서사시 『마하바라타*Mahabharata*』를 각색하여 그의 필생의 대작인 멜로드라마 「파도Tarang」(1984)를 만들었다. 가정불화로 갈갈이 찢어진 어느 기업인 가족과 자기 한정(限定)으로 그와 똑같은 함정에 빠진 한 노동자 계층을 소재로 하고 있는 「파도」는 의식적으로 멜로드라마의 전통을 통해 인도 민족주의의 역사를 말하고 있다. 이 작품은 또 1964년 이후의 인도 정치에 대한 언급으로 므리날 센과 베네갈의 뒤를 잇고는 있으나, 새로운 시각, 즉 정해진 담론이나 기존의 적대감을 통해서가 아니라 형성 중인 하나의 역사로 동시대를 바라봄으로써, 그들과 달리 문화적 개입에 대한 폭넓은 가능성을 열어 놓고 있다. 샤하니의 작품에 나타난 이러한 과격한 잠재력은 제도화되기가 무섭게 그들 스스로 만들어 놓은 독립 영화 정책을 모두 부정하고 나선 인도 정부의 태도를 다소간 반영하는 것이기도 하다.

두르다르샨과 매스컴 정책

1971년 군대를 투입해 방글라데시를 해방시킨 간디 총리는 인도 국민의 압도적인 지지 아래 다시 권좌에 복귀했다. 하지만 그로부터 2년도 채 되지 않아 그녀의 사회주의 체제는 독재로 변해 갔고, 계속해서 대통령에 의한 벵골 통치 선언과 의회를 최고 권력 기구로 만들기 위한 헌법 개정이 뒤따랐다. 1973년 인도 대법원은 그 헌법 개정을 무효로 선언했다. 그리고 이듬해 구자라트에서 일어난 나브 니르만 학생 폭동과 자야프라카슈 나라얀 주도로 비하르에서 전개된 야당 지원의 반정부 운동으로 인도는 마침내 국가 비상 사태(1975)를 맞게 되었다. 그 후 4년간에 걸쳐 모든 반대파를 투옥시키고 최고 권력을 행사한 인디라 간디는 주의를 분산시켜 줄 일련의 정책으로 경직된 정치 상황을 극복하려 했고, 그중의 하나로 시도된 것이 매스컴 기술 분야에 대한 집중 투자였다.

1975년 인도 최초의 전국 방송이 두르다르샨Doordarshan 텔레비전 방송국의 전신인 위성 교육 텔레비전 방송Satellite Instructional Television Experiment(SITE)에 의해 시도되었다. SITE 프로그램들은 베네갈식의 농촌 사실주의를, 인도의 거대한 오지를 동질화하는 것을 주 내용으로 하는 개발적 유사 다큐멘터리 형식으로 개조한 것이 대부분이었다. 1976년 공공사업조사위원회는 앞으로 생겨날 텔레비전 방송국을 대변하여 〈예술 영화와 상업 영화와의 사이에는 어떠한 모순도 존재하지 않는다〉라는 주장을 펴면서, 영화재정조합Film Finance Corporation의 〈예술 영화〉 정책을 강도 높게 비난했다.

그런데 재미있게도, 앞으로 정부 지원을 받을 영화는 〈인간적 관심을 주제로 할 것〉, 〈인도적일 것〉, 〈관객이 동일시할 수 있는 인물을 설정할 것〉의 예술적 기준이 제시되면서 〈사티야지트 레이식〉 사실주의가 국가 방송 정책이 되는 아이러니를 연출했다.

비상 사태가 선포된 1975년은 또한 인도 영화사상 최고의 히트를 기록한 두 작품, 라메슈 시피의 〈카레〉 웨스턴 「이글거리는 태양Sholay」과 저예산 신화극 「어머니 산토시를 찬미하며Jai Santoshi Maa」가 개봉된 해이기도 했다. 상대적으로 영화 제작이 한산했던 이전 기간에는 샥티 사만타가 블록버스터 러브 스토리 「헌신적인 삶Aradhana」(1969)으로 1960년대를 마감하면서, 라제슈 카나라는 희대의 스타를 탄생시켰다. 「이글거리는 태양」도 그에 질세라 아미타브 바츠찬을 인도 최대의 스타로 만들었다.

중요한 문화적 힘으로서의 영화의 지속적인 힘과 나날이 쇠퇴하는 해외 시장과 비디오의 위협이라는 문제도 거뜬히 해결해 낸 영화의 이러한 성공은 두르다르샨 텔레비전 출범을 앞둔 정부의 방송 정책에 지대한 영향을 미쳤다. 1969년 인도의 과학자 비크람 스라바이는 인도의 미래를 위협하는 두 가지 문제, 즉 지리적 거리감과 상대적으로 낙후된 운송과 통신 체계의 관점에서 본 인도 대륙의 크기와 언어의 다양성(그로 인해 1950년대의 〈전 인도 영화〉 논쟁은 텔레비전 보급 문제로 외양을 바꾸었다)을 동시에 해결할 수 있는 소위 국영 TV 방송이라는 유토피아적 비전을 제시한 바 있다.

1980년 권좌에 복귀한 인디라 간디 여사는 이전의 사회주의 노선을 포기하다시피 하고 자유 시장 경제 체제로 다시 돌아섰고, 경제 자유화의 새로운 정책으로 그녀가 처음 내세운 것이 텔레비전이었다. 1981년에는 결과적으로 현재의 외채 위기를 초래한 국제통화기금(IMF)으로부터의 막대한 차관 도입 외에도 컬러 TV 수상기 수입을 자유화했고, 애플 APPLE(Araine Passenger Payload Experiment) 위성 방송을 실시했다. 계속해서 1983년의 INSAT 1-B로 이어진 이 시책은 인도 문화 정책의 새로운 시대를 예고했다. 텔레비전 발전 특별안이 수립되었고, 44개의 방송국이 신설되었으며, 200개가 넘는 고 · 저출력 트랜스폰더로 인도 인구의 70퍼센트 이상이 텔레비전 시청을 할 수 있게 되었다. 1985년 두르다르샨은 이 거대한 네트워크의 프로그램 편성을 민간 영역, 특히 영화계에 제의하면서 소프트웨어, 기술 인력, 저녁 상업 방송 시간대에 필요한 장비 일체를 공급해 줄 것을 요청했다.

1985년에 상업 〈광고 프로그램〉이 시작된 이래 계속된 텔레비전의 주도 현상은 인도 영화계에 근본적인 변혁을 초래했다. 베네갈, 사에드 아크타르 미르자, 케탄 메타, 심지어 므리날 센까지 포함한 대부분의 뉴 인디안 시네마 감독들이 TV로 자리를 옮겨 텔레비전 영화와 시리즈를 만들었다. 「이글거리는 태양」의 감독 라메슈 시피와 라마난드 사가르(「라마야나Ramayana」), B. R. 초프라(「마하바라타Mahabharata」)와 같은 주류 감독들도 그 뒤를 따랐다. 치트라하르Chitrahaar 프로그램(각종 영화의 노래 장면을 연결해 만든 프로그램으로, TV 시청률 조사에서 지속적으로 1위를 달렸다)이 만들어 낸 현상 — 흥행에서 성공하려면 최소한 하나의 히트송은 있어야 한다는 — 으로도 알 수 있듯, 광고 수단으로는 더할 수 없이 효과적인 두르다르샨을 홍보 수단으로 이용하기 위해서는 광범위한 형식적 변화가 필요했다. 이런 현상은 부수적으로 카세트테이프 혁명까지 몰고 와, (「파이낸셜 타임스Financial Times」의 회보 「음악과 저작권Music & Copyright」에 따르면) 1987년에서 1988년까지의 불과 1년 사이에 레코드 판매 증가율은 열네 배로 껑충 뛰었다.

1980년대 말 이래, 인도의 전역(영화 배급 면에서 인도는 다섯 지역으로 나뉘어 있다)에서 들어오는 흥행 수입과 거의 동등한 수익 효과를 가져온 개봉 전 영화 음악 판권의 선매 또한, 「카야마트에서 카야마트까지Qayamat Se Qayamat Tak」(1988) 같은 러브 스토리 장르와 N. 찬드라의 「테자브Tezaab」(1988)와 1990년대 초대형 스타 샤 루크 칸의 히트작(「곡예사Baazigar」와 「다르Darr」, 둘 다 1992년 작)으로 시작된 일련의 흥행 성공작들의 수명 연장 효과를 가져왔다.

이런 현상의 대표적인 인물이 최근 인도 영화계에서 이름이 가장 많이 오르내리는 타밀 출신의 영화인 마니 라트남이다. 타밀 감독으로는 보기 드물게, 「대부」를 기초로 한 카말라 하산의 범죄 영화 「영웅Nayakan」(1987)으로 인도 전역에서 입지를 굳힌 그는 이후 「아그니의 별Agni Nakshatram」(1988)이나 「안잘리Anjali」(1990)와 같은 MTV 스타일의 록 비디오 영화로 방향을 선회했다. 이 두 작품에서 라트남은 지극히 단순한 줄거리(첫 작품은 두 형제간의 싸움, 두 번째 작품은 장애아를 둔 중산층 가족 이야기)를 음악, 현란한 조명, 산광 카메라 등으로 보완하면서, MTV 스타일의 편집을 각 지역의 분위기에 맞게 모방해 내는 놀라운 능력을 보여 주었다. 이 중 「안잘리」는 힌디 어 더빙으로도 성공을 거두어, 라트남은 최근의, 그리고 가장 뜨거운 논란을 불러일으킨 「로자Roja」(1992)가 나오기 훨씬 이전부터 이미 인도의 유명 인물이 되어 있었다. 「로자」는 갓 결혼한 타밀의 영웅이 인도군에 의해 카슈미르 지방으로 보내지고, 거기서 친이슬람 테러리스트들에게 납치된다는 내용의 영화이다. 1992년 힌두 근본주의자들에 의한 바브리 마스지드Babri Masjid 파괴 이래 줄곧 인도를 괴롭혀 온 지방 학살의 측면에서 볼 때, 이 주제에 내포된 중요성은 무척이나 의미심장하다. 농촌 처녀와의 결혼에서부터 포로로서의 〈애국심〉에 이르기까지, 힌두교가 그의 전 행동 양식을 지배하고 있는 서구화된 이 영웅은 이슬람

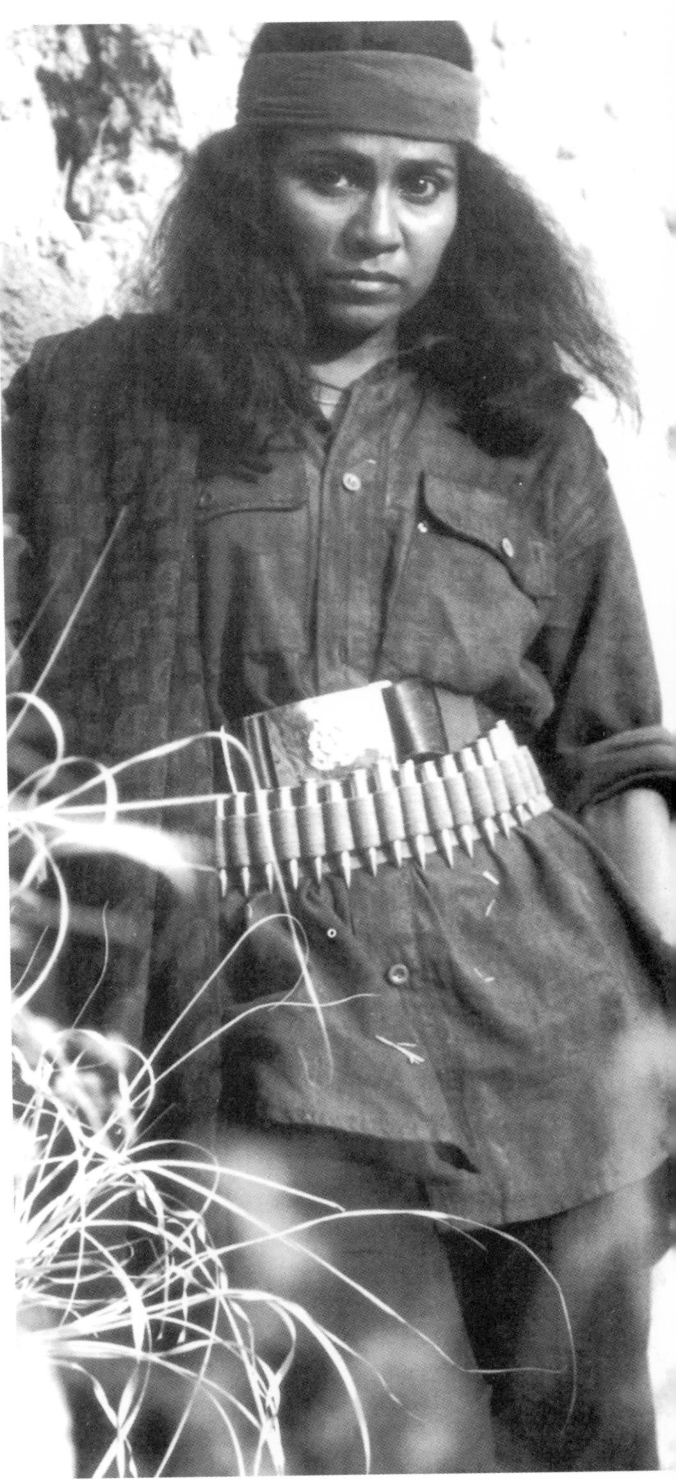

서사 복수극 「밴딧 퀸The Bandit Queen」(1994)에서의 시마 비스와스. S. S. 베디 제작, 샤카르 카푸르 연출의 이 작품은 인도 당국의 검열 때문에 공개가 지연되었다. 사진: S. S. 베디.

교도임이 분명한 일단의 사람들과 반인도 테러리스트들과는 현저한 대조를 이루고 있다. 〈애국적 러브 스토리〉로 광고된 이 영화는 타밀 어와 힌디 어 판 모두 그해의 최고 히트작으로 기록되었다. 이러한 공전의 히트는 〈힌두트바*Hindutva*〉 호전성을 이용한 일련의 최근 히트작들에 함께 묶일 수 있는 이 영화의 정치성과, 타밀 중년 여성들이 부르는 합창에 랩 곡 〈루크미니*Rukmini*〉를 결합시킨 혁신적 음악의 사용, 둘 다에 기인한 것으로 보인다.

인도 영화의 전성기에 나온 많은 영화들이 어리석고 조악한 대중문화로 전락하지 않고 궁극적으로 국가에 기여할 수 있었던 것은 민족주의와 〈소속감〉 간의 적절한 균형이 있었기 때문이고 국가를, 힌두적 권리에서 나오는 분열적인 도전에 대해 〈세속적〉 다중 문화의 실체로서 파악했기 때문이었다. 지역 차이와 분리주의를 선전할 때조차 인도 영화는 그런 차이를 종교-공산 사회적 단계로까지는 끌어올려 본 적이 없다. 인도 영화를 위협하는 두 가지 요소는 텔레비전과 관련된 신제국주의와의 타협에서 나오는 정치-상업적 요소와 국가의 세속적 이상의 약화에서 오는 좀 더 협소해진 정치적이고 공산 사회적인 요소이다. 이 중 두 번째 현상이 두드러진다면 그건 좀 위험한 징조이다.

참고문헌

Barnouw, Eric, and Krishnaswamy, S.(1980), *Indian Film*.

Das Gupta, Chidananda(1968), "The Cultural Basis of Indian Cinema".

Patil, S. K.(1951), *Report of the Film Enquiry Committee*.

Pradhan, Sudhi(ed.)(1979), *Marxist Cultural Movement in India(1936~1947)*.

Rajadhyaksha, Ashish, and Willemen, Paul(eds.)(1994), *Encyclopaedia of Indian Cinema*.

Vasudev, Aruna, and Lenglet, Phillipe(eds.)(1983), *Indian Cinema Superbazaar*.

인도네시아 영화

데이비드 해넌

1만 3,000개의 섬으로 구성된 인도네시아 군도의 1993년도 총인구는 300개 인종에, 300개 이상의 언어와 방언을 쓰는 1억 8500만 명이었다. 그중 가장 인구 밀도가 높은 지역은 1억이 모여 살고 있는 자바 섬이다. 소련 연방의 해체와 더불어 인도네시아는 세계 4위의 인구 대국이 되었다.

독립 전 네덜란드령 동인도에서는 영화가 많이 만들어지지 않았다. 1926년과 1950년 사이에 약 110편의 영화가 주로 중국 회사와 네덜란드 인에 의해 만들어졌을 뿐이다. 본격적인 인도네시아 영화는 네덜란드로부터 독립한 1950년이 되어서야 비로소 등장했다. 그 후 10년간 인도네시아에서는 주로 수도 자카르타에서 말레이 어와 비슷한 인도네시아 국어 바하사Basaha 어로, 연평균 35편의 영화가 만들어졌다.

1950년대와 1960년대의 중요한 발전

1950년 이후 인도네시아 영화의 발전은 1971년 타계하기 전까지 25편의 영화를 만든 우스마르 이스마일 감독의 선구적인 업적에 힘입은 바 크다. 독립 후 우스마르의 첫 작품들 — 「대장정Darah dan doa'」(1950), 「조그자에서의 여섯 시간Enam djam di Djogdja」(1951), 「통금 시간 이후Lewat djam malam」(1954) — 은 독립 투쟁 시절을 찬양하면서도, 혁명 후 작품들답지 않게(1920년대의 소련과는 아주 달리) 어딘지 모르게 회의적인 느낌을 강하게 풍기며, 지극히 조심스럽고 미묘한 방식으로 혁명기가 만들어 낸 도덕적 혼란을 강조했다. 지금은 사라진 그의 최고 성공작 「위기Krisis」는 독립 초기의 주택 문제를 다룬 코미디 영화였다. 1955년에는 인도네시아의 카리스마적 정치 지도자를 기발하면서도 예언적으로 풍자한 「고귀한 손님Tamu agung」에서, 은연중에 수카르노 대통령을 비판했는데도 개봉은 이루어졌다.

우스마르의 제작사 퍼르피니Perfini는 젊은 인재들이 등장할 수 있는 일종의 등용문 역할을 했다. 그 혜택을 특히 많이 받은 사람이 전통 문화와 지역적 다양성에 관심을 갖고 있던 자야쿠스마로, 1953년에 나온 그의 영화 「참파의 호랑이Harimau Tjampa」는 바로 그런 문제를 주제로 서수마트라의 호신제(護身祭) 〈펀카크 실랏pencak silat〉과 그 밑에 깔린 이슬람 극기 철학을 탐구한 작품이다. 하지만 그의 가장 야심만만한 작품은 뭐니 뭐니 해도, 촌장의 압제에 대항하여 싸우는 마을 사람들의 이야기를 다룬 「불의 채찍Tjambuk api」(1959)이었다. 이 영화는 특히 다양한 지역의 문화 전통을 서로 혼합시킴으로써, 인도네시아의 국가 모토인 〈다양성 속의 조화〉가 영화 형식으로도 가능하다는 것을 입증해 보이고 있다.

퍼르피니 산하에서 등장한 또 다른 작가-감독으로, 저명한 시인이자 우스마르 이스마일의 「통금 시간 이후」의 각본을 쓰기도 한 아스룰 사니와 코미디 영화감독 니야 압바스 아큅이 있다. 니야 압바스 아큅의 「3인의 도망자Tiga buronan」(1957)는 평온한 이슬람 마을 사람들을 괴롭히는 3인의 악당을 다룬 영화인데, 부드러우면서도 편안한 위트를 사용하여, 〈르농 버타위*lenong Betawi*〉(19세기 네덜란드 식민 통치하에 있던 바타비아 주민들의 오락용으로 개발된 서정적이면서 전복적인 연극의 일종)식 유머와 스타일에, 점잖은 인도네시아 방식으로 할리우드를 조롱하면서도 할리우드 서부극의 흔적을 가미한 구성과 시각적 스타일을 서로 혼합시킨 작품이다. 1950년대의 또 다른 감독 윔 움보의 「케마요란의 호랑이Matjan Kemayoran」(1965)는 그 당시 통속 전설을 토대로, 식민지 시대의 저항과 이적 행위를 낭만적으로 그린 작품이다.

교도 민주주의*Guided Democracy* 시대(1957~65)에는 인도네시아 영화도 내리막길을 걸었고, 수카르노 대통령이 공산당의 힘을 증대시키자, 정부 기관 PAPFIAS(미 제국주의영화불매위원회)는 향후 2년간 미국 영화의 수입을 전면 금지했다. 1965년 9월에 군 좌파 집단에 의해 6명의 군장성 살해 사건이 일어나 그 결과 인도네시아 좌파는 완전히 절멸되고, 신체제New Order로 알려진 수하르토 장군 휘하의 군부 우파가 득세하여 그 후 30년 이상 권력을 장악했다. 바치티아르 시아기안, 바소에키 에펜디와 같은 좌파 감독들이 만든 작품은 몇몇 대본들만을 제외하고는 이 시기에 거의 자취를 감추었다. 신체제가 미국 영화 수입 금지 조치를 철회하고, 상업 영화에 우선권을 주는 정책을 폄에 따라 1970년대 초를 시작으로 인도네시아 영화는 부쩍 상업적인 성격을 띠게 되었다.

1970년대와 1980년대의 업계 현황

1970년대와 1980년대에 인도네시아의 연평균 영화 제작 편수는 60편에서 70편 정도였다. 이 시기에 제작자는 대부분 중국인과 인도인이었던 데 반해, 작가와 감독은 거의가 인도네시아 인(자바 인, 수마트라 인, 술라웨시아 인, 그리고 최소한 1명의 발리 인)이었다. 1967년부터는 영화 수입에서 나오는 돈으로 업계에 보조금 지급이 시작되었고, 1970년대 중반에는 수입 영화에 대한 쿼터제가 도입되었다. 1980년대에 수입된 외화는 연간 약 180편 정도 되고, 이 시기의 관객을 영화가 수입된 나라별로 분석해 보면, 방화를 본 관객이 평균 35~40퍼센트, 미국 영화 20~25퍼센트, 홍콩과 인도가 각각 15퍼센트와 12퍼센트를 차지한 것으로 나타났다. 하지만, 미국 영화의 상영이 관람료가 서구와 엇비슷한 도시 지역에서만 이루어진 점을 감안하면, 수익 면에서의 실속은 미국 영화가 다 차린 셈이 된다.

1970년대와 1980년대에는 또, 인도네시아 영화 몇 편이 말레이시아와 싱가포르로 수출되기도 했다. 싱가포르에 기반을 둔 말레이 영화는 1950년대에 인도네시아에서 많은 인기를 끌다가 1959년부터는 정부의 보호 정책으로 더 이상 들어오지 못하고 있었는데, 1990년대에 이르러 특히 말레이시아 토착의 〈부미푸테라*Bumiputera*(순수한 말레이 족)〉 영화가 개발되면서, 인도네시아와 말레이시아 간에 몇 편의 합작 영화가 만들어졌다. 동남아시아에서는 그 밖에도 필리핀 영화가 대량 유입되었고, 태국 영화도 종종 들어왔다. 하지만 이들 나라의 영화인들은 일단 자국어권 내에서 활동하는 것을 원칙으로 했다.

1970년대 초에는 모스크바에서 수학하고 1956년부터 시나리오 집필을 해온 스주만 자야, 〈민중 연극Teater Populer〉 집단을 만들어 25년간 유능한 인재를 양성해 낸 테구 카리야 감독과 같은 새로운 세대의 인재들이 등장했다. 슬라멧 라하르조 감독과 다수의 수상 경력이 있는 여배우 겸 사업가 크리스틴 하킴이 처음 데뷔한 곳도 바로 이 테구 집단이었다.

스주만 자야의 다이내믹한 초기작「시 두엘, 버타위의 소년 Si doel anak Betawi」(1973)은 자카르타의 대중문화와 그곳의 아이들을 찬양한 뮤지컬이었지만, 그 외에도 그의 작품들은 문학과 역사 각색물에서부터 정치 사회 비판물에 이르기까지 다양하게 분포되어 있다. 「무신론자Atheis」(1974)는 이슬람과 마르크스주의 간의 조화의 어려움을 다룬 영화이고, 「R. A. 카르티니R. A. Kartini」(1983)는 여성 해방론자의 편지를 토대로 한 전기 영화이며, 「시 마마드Si mamad」(1973)는 자카르타의 부패를 풍자한 작품이고, 「날카로운 조약돌Kerikil kerikil tajam」(1985)은 시골 여인들의 대도시 여행의 위험성을 보여 준 작품이며, 「사랑에 빠진 젊은이 Yang muda, yang bercinta」(1977)는 신체제 정책에 반대

자바 전쟁 때의 레지스탕스 전투를 그린 고전 드라마로 테구 카리야가 연출한 「1828년 11월」(1979).

로미오와 줄리엣 이야기를 각색하여 17세기를 배경으로 만든 아미 프리요노 감독의 「로로 먼둣」(1983).

하는 학생 시위가 한창일 때 연금 상태에 있던 시인 렌드라를 출연시켜 만든 작품으로, 온전한 상태로는 한 번도 개봉된 적이 없다.

1970년대에 테구 카리야는 대중 상업 영화 — 스타들을 길러 내는 한편 — 와 역사 대작 「1828년 11월November 1828」과 같은 대작 프로젝트를 골고루 섞어 만드는 방식으로 그의 〈민중 연극〉 운영에 필요한 재원을 충당해 갔다. 자바 전쟁을 다루면서 한편으로는 또한 자바적 가치와 서구적 가치, 그리고 신체 언어 간의 문화적 대비도 함께 곁들인 「1828년 11월」은 인도네시아 최초로 해외에 소개된 영화의 하나가 되었다. 그의 또 다른 작품 「어머니Ibunda」(1986)는 인도네시아 내의 다른 소수 민족 — 이 경우에는 자카르타의 이리안 자야 인(즉 파푸아 인) — 에 대한 자카르타 인들의 태도를 비판한 영화이다. 자연주의적 가족 드라마에 표현주의적 민속 오페라를 결합한 「어머니」는 표면적으로는 공산당을 겨냥하고 있는 것 같지만 실제로는 보다 넓은 확대 해석이 가능한, 제도화된 정치 폭력에 대한 일종의 우화적 작품이다. 스주만 자야의 「날카로운 조약돌」과 마찬가지로, 제3세계 도시로 흘러드는 유랑인들 이야기를 다룬 「쓰디쓴 커피Secangkir kopi pahit」(1985)는 자카르타 빈민가를 플래시백과 플래시포워드 방식으로 보여 줌으로써, 혹독하고 복잡한 느낌을 동시에 만들어 내고 있다.

신체제하의 인도네시아 영화는 대본 단계부터 완성 때까지 검열을 받아야 했다. 그런 상황에서 어떤 감독들은 검열의 요구 조건을 침해하지 않으면서도, 정치 사회 체제를 교묘히 건드리는 비유적 방법의 전문가가 되기도 했다. 신체제하의 인도네시아에서는 국가 이데올로기(〈판카실라*Pancasila*〉)나 정부에 대한 비판이 금지되어 있었다. 한쪽은 찢어지게 가난하고 한쪽은 엄청나게 부자인 두 소년의 우정을 다룬 「나의 하늘, 나의 집Langitku, rumahku」은 국가 이데올로기를 이용하여 1970년대부터 부쩍 심해진 빈부 격차를 비판한 영화로, 검열에서는 통과했으나 거대 배급 기관의 제한적 공개로 1990년대 초 인도네시아 사회에 커다란 물의를 일으켰다.

그 당시의 또 다른 감독들로는, 17세기 마타람Mataram 제국의 어느 강력한 장군에 대항하여 싸운 저항 여성의 전설을 독특한 형식으로 그린 「로로 먼둣Roro Mendut」(1983)의 감독 아미 프리요노와, 크리스틴 하킴이 20세기 초 아세 산에서 활동한 게릴라 두목 역으로 출연한 「추트 냐 딘Tjoet Nja' Dhien」(1988)을 만들어 인도네시아 영화사상 최초로 칸 영화제에 출품시킨 에로스 자롯(슬라멧 라하르조와 형제간이다)이 있다. 「추트 냐 딘」은 아스룰 사니의 「자유의 선구자 Para Perintis Kemerdekaan」(1980)와 수마트라를 배경으로 한 「나가보나르Nagabonar」(1987)와 더불어, 지역주의 문제를 인도네시아 영화에 부각시킨 작품이다.

1970년대와 1980년대의 대중 영화

인도네시아 대중 영화의 강점 중의 하나는 그 어디에서도 동일한 유형을 찾아볼 수 없는 몇 가지 뚜렷한 장르를 발전시켜 온 방식에 있다. 1970년대 중반의 대표적인 스타는 〈버타위 Betawi〉 코미디언과 가수 벤야민 S였는데, 이들은 「르농의 왕Raja Lenong」, 「벤야민 사랑에 빠지다Benyamin jatuh cinta」, 「도망자 카우보이Koboi Nungsi」, 「은퇴한 타잔 Tarzan pensiunan」처럼 서둘러 저급하게 만들어진 일련의 영화들을 통해, 현대화에 대한 비판이라 해도 좋을 어떤 것을 만들어 냈다. 이 영화들은 1970년대에 급속도로 발전한 자카르타의 국제적인 비즈니스 세계와 수상쩍은 토지 거래를, 좋은 게 좋은 거라는 버타위의 기본 모토까지 흔들릴 정도로 비판적으로 꼬집기도 했고, 서구 대중문화의 이미지를 조롱의 대상으로 삼기도 했다.

이 시기의 또 다른 혁신적 장르는 〈당두트*Dangdut*〉 뮤지컬이다. 당두트는 1970년대에 폭발적 인기를 불러 모았던 대단히 리드미컬한 인도네시아 대중음악으로, 록 음악과 비슷한 점이 있으면서도 지극히 선율적이고 인도와 아랍 음악이 교묘하게 결합된 멜라유Melayu의 〈크론콩*kroncong*〉 음악을 통해 지속적으로 발전해 왔다. 엘비 수케시가 공동으로 개발한 이 음악에는 또 〈동양적〉 스타일을 추구하는 로마 이라마에 의해, 아주 의식적으로 이슬람적인 요소가 추가되기도 했다. 이라마는 국가에 적대적인 이슬람적 입장을 취했다 하여 10년간 텔레비전 활동이 금지되었으나, 영화는 대단한 성공을 거두었다. 그의 영화들은 줄거리는 단순했지만 강렬한 음악의 영향으로 대중, 특히 빈곤층으로부터 폭발적인 인기를 얻었다.

이 시기에 개발된 세 번째 장르로는, 남쪽 바다 밑으로 추방당한 신화적 여왕 니이 로로 키둘과 선의일 때도 있지만 대개는 악의로 생물을 잡아먹는 그녀의 딸 니이 블로롱의 전설을 토대로 한 〈남쪽 바다 여왕Queen of the Southern Ocean〉 장르가 있다. 이 장르와 그와 비슷한 〈악어 여왕Crocodile Queen〉 영화들은 말하자면 〈괴물 여성〉 혹은 모호하고 부정적인 어머니상을 인도네시아식으로 변형시킨 것이다. 이들 영화가 인도 영화의 지대한 영향을 받았음에도 인기를 끌 수 있었던 것은 자바 인 사회에 존재하는 모권적 요소와 대중들의 기억 속에 살아 있는 이슬람 시대 이전의 힌두 불교적 신화 때문이었다.

그 밖에 1970년대와 1980년대를 풍미한 장르를 종류별로 나누어 살펴보면, 인도네시아식 무술 영화(*silat*), 10대 영화(*remaja*), 통속적 이슬람 역사 영화(이슬람의 인도네시아 출현에 관한 것이 대부분), 힌두 불교적 역사 영화, 식민지 시대를 다룬 영화, 정부 지원의 정치 역사 영화 등이 있다. 1980년대에는 〈와룽 커피Warung Coffee〉로 알려진 일종의 서구적 그룹이 나타나, 익살스러운 유머와 농담이 어우러진 영화들을 만들어 관객을 기쁘게 했다.

1990년대에 들어 인도네시아 영화계는 대규모 상업 텔레비전의 등장으로 위기를 맞이했다. 그런데도 인도네시아 국민의 자국 영화에 대한 관심은 식을 줄 몰랐다. 서구에서는 주로 전문가들의 영역인 영화 문화에 대한 토론이, 인도네시아 신문에서는 거의 매일 다루어지다시피 하고 있다. 인도네시아에는 국립영화위원회National Film Council, 자카르타 예술대학 소속의 영화 학교(영화계에 종사하는 사람들이 직접 가르친다), 영화 보관소 시네마테크 인도네시아 Sinematek Indonesia가 있다. 국립영화위원회는 예술가, 행정가, 기업인들로 구성된 일종의 반자율적 자문 기관으로 영화계의 위상을 높이는 데 많은 역할을 했다. 검열 때문에 인도네시아 국내 문제 언급에 많은 제약을 받고 있을 때에도, 그렇지 않았으면 제기되지 못했을 국가의 주요 현안들을 취급해 준 것이 바로 영화 문화이다.

참고 문헌

Ardan, S. M.(1992), *Dari gambar idoep ke sinepleks*.

Biran, Misbach Yusa(1982), *Indonesian cinema: lintasan serajah*.

Heider, Karl(1991), *Indonesian Cinema. National Culture on Screen*.

Said, Salim(1991), *Shadows on the Silver Screen: A Social History of the Indonesian Film*.

Sen, Krishna(1994), *Indonesian Cinema: Framing New Order*.

공산 혁명 이후의 중국

에스더 야우

1949년 공산 정권이 들어선 이후의 중국 본토 영화사는 크게 4개의 시기로 나누어 볼 수 있다.

토착적 〈혁명 영화〉의 확립을 위해, 국영 영화 기관에서 사회주의적 사실주의 〈노동자-농민-군인〉 영화만을 집중적으로 제작한 1949년에서 1966년까지가 첫 번째 시기이다. 10편의 가극 영화(《혁명적으로 모범이 될 만한 가극》)를 제외하고는 중국 극영화의 제작이 사실상 중단된 것이나 다름없었던 1966년에서 1972년까지의 문화 혁명 초기가 두 번째 시기이다. 혁신적이고 〈탐험적인 영화들〉이 그동안의 혁명적 사실주의 방식을 해체하여 중국 영화 언어를 재정립한 문화 혁명 이후의 몇 년이 세 번째 시기이다. 국가로부터 재정적 책임을 완전히 떠맡은 스튜디오들이 상업 영화로의 점진적 발전에 기대를 걸고 오락 영화 제작을 시작한 1987년이 네 번째 시기이다.

혁명 영화

1948~1956: 정치와 영화 산업

1949년 이후, 중국 영화의 제작, 배급, 공개, 검열은 처음에는 선전부, 그리고 나중에는 문화부 영화국 산하로 떨어졌다. 1951년을 기점으로 1949년 이전에 상하이에서 만들어진 영화와 할리우드, 홍콩 영화들은 중국 본토에서 모두 상영이 금지됐다. 대신, 노동자, 농민, 군인들에 대한, 그리고 그들을 위한 영화들(公農兵電影)이 사회주의 국가의 재건을 위해 만들어졌다. 소련의 도움으로 얼마 안 있어 영화계는 기술적으로도 자급자족이 가능하게 됐다. 1959년에 이르러 중국 주요 도시에는 10개의 극영화 스튜디오와 1개의 애니메이션 스튜디오가 세워졌고, 1950년대 말에는 지방 도시의 소규모 스튜디오들도 뉴스 영화와 과학 교육 단편 영화들을 제작하기 시작했다.

전국적인 배급은 각 성(省), 도시, 현(縣)에 사무소를 둔 중국영화배급공개회사를 통해 이루어졌다. 영화국도 대중 영화 상영관을 증설해 1949년에 646개이던 극장 수가 1965년에는 1만 3,997개의 영사팀 — 16mm 영사기와 슬라이드 영사기로 시골 농민들에게 봉사했다 — 에, 2만 363개의 상영관으로 늘어났다. 연간 관람객 수 역시 1949년에 1억 3881만 4,000명이던 것이 1965년에는 46억 명으로 증가했다. 1956년에는 중국 유일의 영화 교육 기관인 베이징영화아카데미가 설립되어, 처음에는 시나리오 작가, 감독, 촬영 감독, 미술 감독, 배우를, 그리고 나중에는 오디오 기술자와 관리자까지 양성했다.

1949년 7월 영화와 문학인 전국 대회는 마오쩌둥의 〈옌안 강화(延安講話)〉(1942) 발언을 예술과 문학 작품의 지침으로 채택했다. 마오쩌둥이 혁명적 사실주의로 칭한 노동자-농민-군인 영화의 창조는 이제 공식 명령이 되었다. 하지만 1930년대 지하 좌파 운동의 주요 멤버, 상하이 민간 스튜디오에 소속돼 있던 인물, 옌안 시절부터의 군 위문대와 같은 다양한 전통을 지닌 영화인들은 배경으로 보나 관점으로 보나 획일성과는 거리가 멀었다. 그 결과, 전통 연극과 문학에, 그리고 1930년대와 1940년대의 소련과 할리우드 영화에 사용된 내러티브와 방법들이 혁명 역사와 계급투쟁을 다룬 정통 영화들 속에 한꺼번에 등장하는 일이 생겨났다. 영화인들이 중국 고유의 연극과 문학적 전통에 보이는 집착 현상은 〈경극 영화〉와 〈문학 작품의 각색〉(중국 현대 문학)에서도 그대로 드러났다.

일본이 만주에서 퇴각한 바로 뒤인 1946년 10월, 둥베이영화촬영소는 하얼빈 북부 광산 도시 싱산에서 영화 제작을 시작했다. 일본인 소유의 만주영화협회에서 조달한 구조 장비와 인정 있는 일본인 기술자들의 도움으로, 이 스튜디오는 뉴스 영화, 소련 영화 번역, 그리고 2편의 애니메이션을 만들었다. 1949년 5월 1일, 유민 각본에, 옌안 합류가 있기 전 상하이에서 활동했던 왕빈 감독의 「다리(橋)」가 이 촬영소 최초의 장편 영화로 개봉됐다. 이 영화를 위해 두 사람은 공장 노동자들의 삶을 실제로 살아 봄으로써 영화인들에게 〈체험 학습〉의 전례를 남겼다.

1949년에서 1950년까지 둥베이영화촬영소에서 만들어진 약 18편의 저예산 영화는 혁명적 사실주의의 초기 모델이 되었다. 이 작품들은 모두 전사, 희생자, 순교자로서의 여성들의 삶을 감동적으로 그린 「중국의 딸들(中華女兒)」(1949), 「흰머리 소녀(白毛女)」(1950), 「자오이만(趙一曼)」(1950)처럼 영웅적 인물과 특기할 만한 혁명적 이야기를 주제로 하고 있다. 특히 이들 영화에서 사용된 다큐멘터리 필름, 민속, 전통 음악, 성인전(聖人傳)과 같은 다양한 요소들은 여성 투사들에 대한 대중적 이미지를 크게 부각시키는 역할을 했다.

공산 혁명 이후, 상하이에 남아 있던 쿤룬Kunlun, 웬후아Wenhua, 구오타이Guotai, 다통Datong과 같은 민간 스튜디오들은 변화의 시기를 다룬 작품을 만들도록 유도되었다. 1949년에서 1951년 사이 이들은 약 47편의 영화를 만들었으나, 머지않아 정치적 문제에 연루되면서, 일부는 해체되고 일부는 1953년에 확장된 상하이영화스튜디오에 흡수 통합됐다.

쑨위 감독의 「우쉰전(武訓傳)」(1950)은 민간 촬영소에서 만들어진 영화 중 특히 정치적 비난의 표적이 되었던 작품이다. 이 영화는 거리에서 거의 구걸을 통해 혼자 힘으로 학교를 세운 어느 교육자에 대한 이야기를 담고 있다. 세월이 한참 지난 1985년의 한 캠페인에서 〈편파적이고, 극단적이고, 폭력적〉이었다고 공식적으로 비판받은 이 영화는 부르주아지 개혁을 프롤레타리아 혁명으로 표현한 것 때문에, 심각한 정치적 오류를 범했다고 비난받았다. 「우쉰전」에 대한 마오쩌둥의 비난에 뒤이어, 이 영화 관계자들은 재교육을 받았고, 향후 모든 영화 대본은 영화운영위원회의 철저한 검열을 받게 되었다. 영화 1편에 집중된 이 같은 가혹한 비판은 영화인들의 역사 · 정치관에 대한 당의 통제권을 강화시켰을 뿐만 아니라, 상하이 예술인들 위에 옌안파가 군림하는 상황을 몰고 왔다.

1953년에는 행정 검열에 대한 기준이 마련됐다. 제2차 중국 문학 예술인 전국대회에서 저우언라이는 중국적 상황에서의 사회주의적 사실주의는 혁명적 사실주의와 혁명적 낭만주의로 이루어지는 것임을 선언했다. 이 말에 내포된 공식적 의미와 형식적 의미는 해석의 지평이 열려 있었지만, 기본 원칙은 어디까지나 중국 공산당의 지침에 따른 혁명적 투쟁에서의 프롤레타리아 지도력과, 현재와 미래에 대한 이상주의적 표현에 있었다. 따라서, 혁명적 사실주의는 기술적이거나 형식적인 의미가 아니라 이데올로기적인 의미로 받아들여져야 했다. 형식적인 면에서 보면 영화는 박진성의 원리에 따른 시공적 조직과 전통적인 극의 패턴을 취한다는 점에서, 고전적 사실주의 쪽에 가까웠다. 하지만 계급적 배경과 정치성으로 드러난 인물의 동기와 행위는 개인적이고 심리적인 〈부르주아지 사실주의〉를 집단적, 대중적, 투쟁성 위주의 〈혁명적 사실주의〉로 변모시켰다.

1950년대 중국 영화계에는 시골 영화, 혁명의 역사 혹은 전쟁 영화, 스릴러(혹은 스파이 영화), 소수파 영화, 산업 영화, 1920년대 5·4 운동을 다룬 문학 작품의 각색물과 같은 몇 개의 새로운 장르가 생겨났다. 시청각적 방법에 의한 이들 영화의 계속적인 반복은 상징의 중요성을 확립시켰다. 농촌 풍경과 근면하고 활기찬 농부들이 나오는 장면에 흥겨운 민요 가락을 섞어 넣은 시골 영화, 잔인한 고문실 장면으로 당원들을 시험하고 대형 적색기로 최후의 승리를 찬양한 역사 영화, 이국적 노래와 춤으로 비한족적(非漢族的) 요소를 강조한 소수 민족 영화, 끝으로 당의 지위와 정책을 대변하는 조언자와 중재자로서의 당 간부의 모습은 어느 장르에나 다 등장하고 있다. 1930년대와 1940년대의 영화들에서 중국 현대화의 상징으로 묘사되었던 유럽식 건축과 도시적 생활 방식은 1950년대 영화들에서 사라지고, 그 자리에는 소련식 건물과 농촌적이고 토착적인 (다시 말해 비서구적인) 것들이 대신 들어섰다.

1956~1959: 〈백화제방〉과 반우익 시기

1956년 5월, 마오쩌둥의 〈백화제방(百花齊放), 백가쟁명(百家爭鳴) 운동〉이 시작됐다. 영화계는 영화에 미치는 정치적 압력의 부정적 영향을 은근히 내비치며, 개방적 분위기에 열렬한 박수를 보냈다. 영화에 무관심한 이유를 창작물에 대한 제약 때문으로 돌리는 영화감독과 관리들의 글이 등장하기 시작했다.

이 기간에는 또한 5명의 중국 대표가 칸 영화제에 참가하고, 뒤이어 이탈리아, 영국, 유고슬라비아의 영화계를 돌아보는 등 유럽과의 연계도 강화되었다. 중국의 대도시에서는 이탈리아 네오리얼리즘 영화가 상영되었고, 그에 대한 영화인들의 연구도 활발히 진행됐다. 이탈리아, 일본, 인도, 멕시코의 진보적 영화들도 속속 선을 보였다.

영화와 전통 가극, 민속 음악, 문학과의 연계성을 찾는 작업도 시작되었다. 영화의 국민화 논의에서는 문화적 기반으로 혁명적 사실주의가 강조되었다. 〈중국적 분위기가 느껴지는 영화〉 제작의 필요성을 확인함으로써, 중국의 멋을 지닌 예술가와 관객을 높이 평가하게 되었고, 이것은 곧 소련식 모델로부터의 독립을 의미했다. 한편, 전통적 러브 스토리를 토대로 한 가극 영화 「량산보와 주잉타이(梁山泊與祝英臺)」(1954)와 루쉰의 동명 소설을 시아얀이 각색한 「축복(祝福)」(1956)(두 작품 다 초기 컬러 영화에 속한다) 같은 작품들에서는 전통 예술과 마르크스-레닌 세계관의 통합이 시도되었다.

혁신의 분위기 속에서, 반관료적 내용을 담은 영화들도 여러 편 만들어졌다. 그중에서 특히 날카로운 비판력을 보여 준 작품이 당 간부들의 위계질서를 폭로한 「신임 국장이 오기 전에(新局長到來之前)」(1956)와 3편의 에피소드를 통해 관료와 독단론자들의 장수(長壽)를 은근히 비꼰 「미완성의 코미디(未完成的喜劇)」(1957)와 같은 뤼반의 풍자적 코미디들이다. 청인의 「상하이에서 온 여인들(上海姑娘)」(1956)은 인종적, 성적 차별을 비판한 영화이다. 이들 영화는 모두 도시적인 광경을 과감히 채택하여 당원의 비행까지도 폭로하는 대담성을 보여 주었다.

1957년 초에는 감독 중심의 제작 기구가 베이징, 상하이, 창춘의 스튜디오들에 도입되었다. 검열 제도가 그대로 살아있는 가운데서도 감독의 중요성은 인정되어, 이들 기구는 대본과 인력의 선택, 예산 수립과 흥행 관리 면에서 보다 많은 자율권을 갖게 되었다. 상하이 촬영소는 각각 2~3명의 감독 아래, 장난Jiangnan, 티안마Tianma, 하이옌Haiyen의 3개 지부로 나누어졌다.

그러던 차에 1957년 8월, 반우익 운동이 영화계를 강타했다. 많은 영화감독과 작가들이 우익으로 지목되고, 〈부르주아 사상〉을 유포한 혐의로 공개 비판을 받았다. 뤼반의 「미완성의 코미디」도 〈독초〉로 분류되어, 이후 그는 감독 활동을 할 수 없게 되었다. 1958년 4월이 되면서 반우익 운동은 전혀 새로운 국면으로 접어들었다. 후일 사인방(四人幫) 중의 일인이 되는 캉성이 일련의 영화들을 노동자-농민-군인 영화 정신에 위배되는 〈백기(白旗)〉로 지목한 것이다. 1957년에서 1958년 사이에 나온 영화 중 24편이 〈백기〉 선고를 받고 유포가 금지됐다.

반우익 운동에 뒤이은 2년간은 억압적 분위기가 팽배한 가운데서도 1958년의 대약진 운동과 1959년의 중화 인민 공화국 10주년 기념 행사라는 두 사건 덕분으로, 영화계에 활기가 돌았다. 1958년 스튜디오들은 예산 감축과 스케줄 단축을 감행했다. 〈예술성이 깃든 기록 위주의 영화〉 제작에 주력하라는 저우언라이 수상의 요구에 따라, 다큐멘터리 필름에 노동자들의 생산력 증가의 사례들을 결합시킨 다큐-드라마들이 만들어졌다. 공장에 다니며 가극 공부를 하는 섬유 공장의 한 모범 직공이 마침내 꿈을 이루어 요정 같은 옷을 입고 공장에서 춤을 추게 된다는 내용의, 셰진 감독의 「황바오메이(黃寶

妹)」(1958)는 노동자, 당원, 예술가 간의 협동의 모범을 보인 영화로 열화 같은 찬사를 받았다. 하지만 그해에 제작된 영화들은 촬영소의 쿼터를 맞추고 능률 기록을 깨기 위해 만든 것이 대부분이어서 조잡하고 시대에 뒤진 것들이 많았고, 그나마 만들어진 것들도 1962년까지는 대부분 유포가 금지됐다.

중화 인민 공화국 10주년은 당의 업적을 찬양하는 좀 더 수준 높은 작품을 요구했다. 그 결과, 중국 현대사의 매력적인 인간에 초점을 맞춘 영화들이 대거 쏟아져 나왔다. 추이웨이와 천화이아이의 「청춘의 노래(青春之歌)」는 5·4 운동 문화의 고매함에 질식당한 어느 젊은 여성이 공산당 운동에 참여함으로써 마침내 진정한 해방을 찾는다는 내용의 작품이고, 아편 전쟁 때 판무관이었던 린쩌쉬의 반제국주의적 집념을 그린, 정쥔리의 「린쩌쉬(林則徐)」는 당시의 생생한 재현과 광범위한 역사적 배경을 린쩌쉬의 개인적 삶으로 보완시킨 점이 특히 두드러진 작품이다. 왕얀의 「전장의 나날(戰火中青春)」은 남장한 게 들통나 군을 떠나게 된 어느 젊은 여성의 이야기를 다룬 작품이다. 이 작품들은 모두 정치와 예술을 성공적으로 결합시킨 수준작들이다. 당시에는 흥행 기록이라고 해봐야 정부가 관람료를 지불한 노동자들의 단체 관람으로 수립되는 게 보통이기는 했지만, 그럼에도 불구하고 한 해 관람객 41억 7000만 명이라는 놀라운 숫자는 10여 년의 노력 끝에 관객 속에 자리 잡은 혁명 영화의 성과를 보여 주는 증거였다.

1960~1966: 고전적 혁명 영화

1960년대 초는 기근, 소련의 재정적·기술적 원조의 중단, 반우익 운동의 여파 등으로 사회적으로 매우 힘든 시기였다. 그런 상황에서도, 혁명적 사실주의와 낭만주의를 미학적으로 확장시킨 감독들에 힘입어 고전적 혁명기의 대표작 몇 편이 이 시기에 만들어졌다. 정쥔리의 「소생한 나무(枯木逢春)」(1962)는 조발성 치매에 걸린 어떤 농부를 서양 의학과 중국 한의학의 성공적인 결합으로 고친다는 내용의 영화인데, 국민의 질병 치료에 기여한 모택동 찬양이 1차적 목표이기는 했지만, 이산과 결합, 죽음과 생존의 가슴 절절한 이야기를 중국화, 시, 연극의 요소들과 절묘하게 결합시킨 매우 아름다운 작품이었다. 1950년대 말에 새롭게 등장한 셰진은 전통 할리우드식 줄거리와 성격 묘사를 혁명 영화에 도입한, 당시로서는 아주 드문 재주를 보여 준 감독이다. 그의 군사 영화 「홍색 낭자군(紅色娘子軍)」(1960)은 중국 남부의 〈이국적〉 분위기에 스릴러적 요소를 가미한 작품이었고, 또 다른 작품 「무대 자매(舞臺姐妹)」(1964)는 두 여성 가극 가수의 성격을 정교한 멜로드라마적 수법으로 파헤친 수작이었다.

1960년대 초는 또 여러 장르의 다양한 영화들이 등장한 시기이기도 하다. 2편의 담묵 애니메이션 영화, 「엄마 어디 있어(下課都招媽媽)」(1960)와 「목동의 피리The flute of cowherd」(1960)는 중국화의 기예를 섬세하게 포착한 작품들이고, 셰테리의 「2월의 이른 봄(二月早春)」(1963)은 5·4 운동 작가 러우스의 중편 소설을 영화화한 작품으로, 감정적으로 복잡하게 뒤얽힌 상황을 결론 없이 끝내는, 당시 중국 영화로서는 보기 드문 모습을 보여 주었다. 수이화의 「혁명 가정(革命家庭)」(1960)과 링쯔펑의 「붉은 깃발의 연대기(紅旗譜)」(1960)는 혁명에 헌신한 이들의 자취를 기록한 작품들이다. 쑤리의 「류씨네 세 자매(劉三姐)」(1960), 왕자웨이의 「다섯 송이의 금화(五朵金貨)」(1959), 루칭의 「아스마(阿詩馬)」(1964)와 같은 소수 민족 영화도 그들만의 독특한 민속 음악과 상큼한 연애 이야기로, 비한족적인 요소를 극복하고 대중적으로 인기를 얻었다. 당시의 유일한 여성 감독 왕핑과 둥커나는 강인함과 단호함으로 상실감을 극복하고 어려운 혁명 과업을 완수해 내는 여성들의 모습을 「연의 장원(槐莊樹)」(1962)과 「쿤룬산 위의 유리 조각(昆崙山上一棵草)」(1962)에서 각각 그려 보였다.

문화 혁명

문화 혁명은 연극과 영화에 대한 공격으로 막이 올랐다. 1964년 6월 마오쩌둥은 관리들의 개혁이 시급하다는 점과, 다수의 영화, 특히 선푸의 「북국과 강남(北國江南)」(1963)과 셰테리의 「2월의 이른 봄」을 본 57개 도시의 관객들이 이들 작품의 〈부르주아〉 이데올로기를 비판하고 있다는 점을 지적했다. 1964년 12월까지는 「혁명 가족」, 「아스마」, 「무대 자매」를 비롯한 또 다른 10편의 영화가 추가로 〈독초〉 판정을 받았다. 그 후 2년에 걸쳐, 계급투쟁을 정석으로 다룬 1950년대와 1960년대 초의 영화들 대부분은 1957년에 〈백기〉를 공격한 바 있는 캉성의 영향력 아래 〈독초〉로 지목되었고, 많은 작품들이 유포가 금지되었으며, 설사 되었다 해도 대중의 비난만을 불러일으킬 뿐이었다.

문화 혁명에서 비롯된 정치적 격변은 중국인들의 공적, 사적 삶 모두에 엄청난 소용돌이를 몰고 왔다. 영화계도 예외가 될 수는 없었다. 감독, 작가, 배우들은 투옥되었고, 혁명 기간

에 죽은 사람도 있었으며, 영화계 종사자 상당수가 당 교육대나 농촌의 노동 봉사대로 보내졌다. 1949년 이후에 나온 대부분의 영화는 〈반공산당, 반사회주의, 독초〉로 지목되어 유포가 금지됐다. 영화 관계 간행물과 자료도 완전 파기됐다.

1967년에서 1972년까지 극영화 제작은 사실상 중단 상태에 빠져 들었다. 그 후 특별 선발된 일부 감독들이 〈사인방〉의 주문으로 가극을 영화화하기 시작하면서 부분적으로 활동이 재개됐다. 〈혁명적으로 모범이 되는 가극(革命樣板戱)〉과 같은 문혁 시기의 작품들은 마오쩌둥의 부인 장칭의 엄중한 감독하에 계급의 적은 가차없이 비난하고, 가난한 농민-노동자-군인들은 극구 찬양했다. 각각의 작품은 중국과 서양 악기로 조화를 이룬 관현악과 합창의 연주 속에, 베이징 가극 형식과 서구 발레 스텝을 정교하게 결합시킨, 활기차고 스타일 넘치는 무대 연기로 이루어졌다. 인물의 배치, 길이 종류, 촬영 각도, 편집과 같은 영화의 모든 요소들은 장칭의 〈부각 3원칙*three prominences*〉(긍정적 인물의 부각, 영웅적 인물들의 부각, 한 사람의 두드러진 영웅의 부각)에 따라 결정되었다. 클로즈업, 정면과 낮은 앵글 촬영, 붉은 조명(컬러 영화에서)은 남녀 주인공들에게 사용되었고, 롱 숏, 비스듬하고 높은 앵글 촬영, 초록빛 조명은 계급의 적에게 사용되었다. 당시의 유명 가극 영화들을 꼽아 보면, 셰테리의 「지략으로 호랑이산을 얻다(智取威虎山)」(1970), 청인의 「홍등 이야기(紅燈記)」(1970), 쌍후의 「흰머리 소녀(白毛女)」(1970), 판완잔과 푸지에의 「홍색낭자군(紅色娘子軍)」(1971) 등이 있고 — 이 중 1950년대와 1960년대의 동명 영화들을 토대로 한 「흰머리 소녀」와 「홍색낭자군」은 애초부터 완벽한 계급의 영웅이었다는 것을 보여 주기 위해 주인공들의 성장 과정을 생략하고 있다. 이들 작품은 짙은 색조, 롱테이크, 계급의 영웅과 적을 이분법적으로 재현하는 등의 요소가 혼합된 독특한 무대 영화로, 그 자체가 하나의 영화 장르가 되었다.

1973년 이후에는 영화인들이 노동 봉사대에서 돌아오면서 영화 제작도 서서히 재개되기 시작했다. 1973년에서 76년까지, 약 80편의 영화가 주로 창춘, 베이징, 상하이의 스튜디오에서 만들어졌다. 영화의 소재로는 안전하고 비정치적이라는 이유로 민담을 각색한 고전 가극 영화가 몇 편 만들어지기도 했으나, 그 대부분이 미공개된 채 사장되고 말았다. 결국 할 만한 것은 〈혁명적으로 모범이 되는 가극〉밖에 없었고, 이

◀ 장칭(마오쩌둥의 부인)의 〈모범적 혁명 가극〉 개념에 따라 만들어진 셰테리 감독의 「지략으로 호랑이산을 얻다」(1970)에서의 양식화된 재현과 연기.

경우에 장칭의 〈부각 3원칙〉을 따르지 않은 작품은 그 즉시 비판 대상에 올랐다. 1975년과 1976년에는 사인방의 주문으로 그들의 정적을 〈부르주아지〉로 비유한 셰진의 「춘먀오(春苗)」, 리원화의 「결렬(決裂)」 같은 작품들이 만들어졌다.

문화 혁명 이후

1977~1984: 〈상처〉 혹은 〈흉터〉 영화

1977년 사인방의 공식적인 실각과 함께 한때 비판의 대상이었던, 1949년에서 1965년 사이에 만들어진 영화가 공개되면서 영화인들의 복권도 이루어졌다. 반사인방적인 내용이 대부분인 50여 편의 영화가 1977년과 1978년 사이에 일반에게 공개됐다. 군수 공장의 사인방 동조자들에게 항거하여 힘을 합쳐 싸우는 당원과 노동자들 이야기를 담은 장이의 「10월의 폭풍(十月風雲)」(1977)은 열다섯 달 동안 공개되어 무려 6700만 명의 관객을 동원했다. 하지만 반사인방 영화나 이전의 친사인방 영화나 진부하고 도식적인 것은 마찬가지였기 때문에, 이들 역시 곧 관객에게 외면당하고 말았다.

1983년 이전에는 〈상처〉 혹은 〈흉터〉 문학을 각색하여, 문화 혁명 전이나 그 당시의 부당한 박해로 손상된 인간관계와 직업에 초점을 맞춘 영화들이 주로 만들어졌다. 이들은 플래시백과 보이스오버를 내러티브 방식으로 사용하고 있으며, 예전의 설교적 방법 대신에 멜로드라마적이고 시적인 접근법을 구사하고 있다. 또한 정치적 부정에 대해서도 상당히 솔직하게 진술하며, 〈다시 인간으로 돌아가자〉가 영화의 목적임을 분명히 하고 있다. 양옌진과 덩이민의 「고뇌하는 자의 미소(苦惱人的笑)」(1979)는 관료의 억압에 좌절하는 저널리스트의 모습에 초점을 맞춘 영화이고, 우이궁의 「희망의 산에 내리는 밤비(巴山夜雨)」(1980)는 홍위병의 냉정함과 보통 사람들의 인간적인 따스함을 대비시킨 영화이며, 셰진의 멜로드라마 「톈윈산의 전설(天雲山傳奇)」(1980)은 정치적 이유로 남자를 버리도록 강요당한 어느 젊은 여인의 회상을 통해, 반우익 운동 시기에 지식인이 겪었던 고통을 생생하게 묘사한 영화이다. 당은 정치적 박해를 담은 이러한 폭로성 영화를 그대로 인가해 주었다. 「희망의 산에 내리는 밤비」와 「톈윈산의 전설」은 1981년 관리와 비평가들로 구성된 심사 위원단 투표에 의해 제1회 금계상을 수상했다. 이 시기의 영화들은 또한 지식인을 희생시켜 농민을 찬양해 온 그동안의 표현 방식을 지양하고, 의식적으로 새로운 인물상을 정립하려고

했다. 왕치민과 쑨위의 「중년에(人道中年)」(1982)는 헌신적인 여의사의 육체적, 정신적 고갈을 탄식한 작품이며, 우텐밍의 「부표 없는 강(沒有航標的河流)」(1983)은 〈모범 가극〉에 대한 노동자들의 무관심을 강조하고 있다. 이런 유의 〈상처〉 혹은 〈흉터〉 영화는 작가와 감독들의 관심이 중국의 현대화로 옮겨 가기 시작한 1984년부터 차츰 소멸해 갔다.

1984: 현대화 과정

우텐밍의 「인생(人生)」은 체제 순응적 환경에서의 개인의 갈등을 다룬, 이 시기에 나온 일련의 영화들 중의 첫 작품이다. 이 영화에서 고등학교 졸업장을 취득한 한 젊은 농민은 자신의 비참한 가정환경을 받아들이기를 거부한다. 영화의 답답한 배경은 주인공의 좌절을 시각적으로 강조하며, 시골 장르 영화에 대한 그동안의 서정적 시각을 뒤집어엎는 역할을 하고 있다. 그가 진정한 반항아인지 철저한 기회주의자인지에 대한 의문은 사랑의 삼각관계에 빠진 그가 시골과의 인연을 끊고 애인을 찾아 마을을 떠나려 함으로써, 끝내 풀리지 않는 숙제로 남게 된다. 루샤오야의 「붉은 제복의 소녀(紅衣少女)」 역시 호기심 많은 한 여고생이 선생의 부당한 처벌을 거부하는 내용으로 그와 비슷한 유의 젊은이의 반항을 다룬 영화이다. 특히 이 영화는 경쾌한 색조를 사용하여, 신세대의 순수함과 생동감을 아주 효과적으로 묘사하고 있다. 경제 개혁의 초기에, 사기업에서 일한다는 것은 한 사람의 운명을 바꿀 수도 있는 수단이 되었고, 그것이 많은 영화의 주제로 사용되었다. 베이첸의 「다리 아래(大橋下面)」는 봉제사의 눈을 통해 바라본 젊은 기업인의 고립을 다룬 영화이고, 장량의 「야마하 생선 가게(雅馬哈魚檔)」는 쉽게 흥했다 쉽게 망하는 구멍가게의 속성을 중국 남부 청년 실업자들의 경험으로 그린 작품이며, 후속작 「비행 청소년(少年犯)」은 소년원에 수용되어 있는 10대들을 배우로 출연시켜, 그때까지 한 번도 다루어 본 적이 없는 중국 사회의 일면을 묘사해 사회적으로 대단한 파장을 불러일으킨 작품이다. 개인의 욕망이라는, 1984년도 영화의 한 특징인 이 같은 주제는 일률적 방식으로부터의 독립과 〈자연스러운〉 스타일의 추구로 더욱 부각되었다.

1980년대에는 두 가지 획기적인 사건이 일어나 영화계를 일신시켰다. 1978년 12월에 열린 공산당 제3기 중앙위원회 11차 본회의는 경제 개혁의 필수 요건으로 개방 정책을 지지하고, 〈백화제방〉의 제2시대를 개막했다. 1979년에는 여성 감독 장놘신과 작가 리퉈가 공동으로 작성한 〈영화 언어의 현대화에 대하여〉라는 제목의 글이 발표되었다. 30년 만에 처음으로 내레이션, 미장센, 촬영, 음향, 리듬과 같은 요소들이 정치 사상과 무관하게 영화만을 위해 강조되었다. 이 현상은 영화의 성격(특히 연극으로부터의 분리 가능성), 미학의 문제, 작가 정신, 관객에 대한 열띤 토론으로까지 이어졌다. 1980년대 초반, 혁명적 사실주의로부터 감독들이 점차 등을 돌리자, 중국 영화는 서둘러 서구의 영화 이론에서 그 대안을 찾으려 했다.

한편, 계획 경제 체제와 시장 경제 체제를 통합시키려는 정부의 정책에 따라, 당/국가 영화계, 관객 간의 관계도 새로운 면모를 띠기 시작했다. 정부의 지원금도 거의 중단되어 스튜디오들은 자체적으로 예산 수지를 맞추어야 했고, 그 결과 관객의 취향이 영화 제작의 새로운 변수로 떠올랐다. 1993년까지는 그러나 중국영화배급공개회사가 영화 배급의 독점권을 갖고, 각 지역 사무소로 하여금 흥행 가능성에 맞추어 일정량의 프린트를 주문하게 하는 방식을 취했기 때문에, 흥행 수입과 제작사의 수익성 간에는 별 상관 관계가 없었다. 이 방식은 교화용으로 영화가 많이 소진된 덕분에, 그럭저럭 스튜디오에 재정적인 완충 역할을 해주었다. 하지만 1984년부터는 관객 수도 줄어들고, 중국영화배급공개회사의 지방 사무소와 극장들도 자체적으로 수지를 맞추어야 하는 상황이 벌어지면서 영화사들도 일정량의 프린트 판매를 더 이상 보장받지 못하게 됨에 따라 제작비 벌충이 불가능하게 되었다. 관객 중심 영화 시장으로의 전환은 정치 설교 영화의 때 이른 소멸을 불러오면서 오락 영화의 양산을 불러왔다. 하지만 오락 영화 시장의 극심한 경쟁은 1980년대 초에 시작된 영화 형식의 실험에 매우 해로운 것임이 입증되었다.

제5세대

1984년, 「하나와 여덟(一個和八個)」이 등장하기 전까지만 해도, 영화 언어를 현대화하려는 노력은 인본주의적 사실주의의 수준을 넘지 못하고 있었다. 그런 점에서, 1982년 베이징영화아카데미 출신들인 장쥔자오 감독과 촬영 감독 장이머우가 영화적 공간을 다루는 전례 없는 능숙한 솜씨(특히 클로즈업과 외화면 *off-screen*을 이용하여 등장인물들 사이의 긴장감을 조성한 점에서), 부족하다 싶을 정도로 암시적인 대사, 중국 영화에서는 찾아볼 수 없던 남성다움의 창조를 통해 중국 영화계에 불러일으킨 충격은 대단한 것이었다. 항일 전쟁 당시 공산당의 사슬에 묶인 죄수들이라는 독특한 소재를 다루고 있는 「하나와 여덟」은 검열의 통과를 위해 수많은 부분을 수정해야 했고, 그러고서도 한동안 공개되지 못했다.

같은 해, 역시 베이징영화아카데미 1982년도 졸업 동기인 천카이거가 이번에도 장이머우를 촬영 감독으로 참여시켜 「황토지(黃土地)」를 만들었다. 이 영화는 비평가들에게는 깊은 인상을 주었으나, 관료들에게는 너무 난해한 영화로 받아들여졌고, 이후 홍콩 국제 영화제에 출품되어 평단과 관객으로부터 열렬한 환호를 받은 뒤에야 비로소 진가가 인정되었다. 「황토지」는 4명의 상징적 인물과 대사가 거의 없는 지극히 간단한 줄거리를 통해 중국의 현대 정치 문화를 비판한 매우 독창적인 작품이다. 중국 전통 음악이 민족지학적 측면을 강조하는 가운데 펼쳐지는 황하 황토 지대의 서사적 장면은 중국 전통 회화의 그것처럼, 엄격하면서도 풍부한 의미를 지닌 영상으로 창조되었다.

천의 다음 작품 「대열병(大閱兵)」(1985)은 다름을 인정하지 않는 중국 사회의 억압된 모습을 군대 훈련에 비유한 작품이고, 「아이들의 왕(孩子王)」(1987)은 중국에 존재하는 상징적 질서의 억압을 강도 높게 비판한 영화이다. 장과 천의 동급생이었던 톈좡좡이 만든 「사냥터에서(獵場扎撒)」(1985)와 「말도둑(盜馬賊)」(1986)은 영화의 초점을 위엄 있는 몽골 인들에게 맞추어, 한족의 우월성과 한족 중심주의에 대한 경멸감을 간접적으로 표현하고 있다. 유명한 다큐멘터리 작가 요리스 이벤스는 톈좡좡의 작품들을 보고 〈중국 영화의 가능성은 무궁무진하다〉라며 찬사를 아끼지 않았다. 하지만 중국 관객들에게는 그의 영화가 너무 난해하게 받아들여져, 극소수의 프린트만이 배급업자들에게 팔려 나갔을 뿐이다.

주제나 스타일 면에서는 서로 달랐지만, 비평가들은 이들 신예 감독들을 〈제5세대 감독〉, 이들의 실험작들은 〈탐구 영화*exploratory film*〉라 불렀다. 여기서 〈탐구〉라는 말은 예전에 볼 수 없던 현대 영화 언어의 사용과 나중에는 국제 영화

제5세대 영화의 중요한 작품 중 하나인 천카이거 감독의 「황토지」(1984).

제의 잦은 수상에도 불구하고 국내 흥행에서는 실패한 까닭에 너무 엘리트적이라고 비난받은 비타협적 비판 의식을 이르는 말이었다. 제5세대의 명칭에는 또한 이전 세대의 공로도 인정한다는 의미가 담겨 있었다.

베이징영화아카데미 출신의 신예 감독들은 청년기에 겪었던 문화 혁명의 억압과 도시로부터의 추방이라는 주변적 경험을 함께 공유했으며, 국가에 대한 환멸의 표현에 전혀 거리낌없는 모습을 보여 주었다. 아니, 그보다 더 중요했던 것이 제5세대 운동으로 야기된 이들 영화인과 기존 사실주의 간의 단절이었다. 기성 정치 문화 언어와 이데올로기를 철저히 해체하는 방식으로 이들 제5세대 감독들은 혁명적 사실주의와 인본적 사실주의의 드라마틱한 패턴을 포기하고, 대신에 내러티브와 형식을 비판 위주로 이끌어 가는 전략을 채택했다. 즉, 이 말은 제5세대는 〈새로운〉 시대의 도래를 알리는 관공서의 공식 선언과는 타협하지 않겠다는 말이었다.

작품 속에서 전혀 동질성을 찾아볼 수 없다는 점에서 제5세대 감독들은 진정 이단자들이었다. 우쯔뉴의 「마지막 겨울날(最後一個冬日)」(1986)은 북서부 사막의 강제 노동 수용소를 다룬 영화이고, 후메이의 「여간호병(女兒樓)」(1985)은 억압된 사랑을 하는 젊은 여성의 감정에 초점을 맞춘 영화이며, 황젠신의 「흑포사건(黑炮事件)」(1985)은 중국 정치 문화의 허약한 면을 폭로한 블랙 코미디이고, 그의 또 다른 작품 「전위(錯位)」(1987)는 공상 과학 판타지이다. 조샤오원의 「그들의 전성기(他們正年輕)」(1986)는 중국-베트남전의 황량하고 비극적인 측면을 강조한 영화이고, 장쩌밍의 「백조의 노래(絶響)」(1985)는 광둥 음악가들의 삶 속에 밴 실망과 배신을 다룬 영화이다. 제5세대 감독에 속하지는 않지만, 황젠중도 그의 초현실적인 작품 「산 자에 대한 죽은 자의 질문(一個死者對生子的訪問)」(1986)으로 제5세대 운동에 많은 기여를 했다.

혁명 시대의 교훈 영화들에 결여된 것이 비극과 풍자였다면 비극, 부조리, 모호함은 제5세대 영화의 특징이었다. 그들의 〈탐구적〉 태도에 대한 상하이와 베이징 비평가들의 변함없는 찬사에도 불구하고 1987년부터는 이들 제5세대 영화인들도 흥행의 압박과 비판을 받기 시작했다.

1980년대 중반은 장이머우가 촬영 감독에서 감독과 배우로 변신한 시기이다. 같은 제5세대 출신이면서도 장이머우는 그의 동기들에 비해 보다 관능적이고 대중적인 스타일을 구사했고, 욕망을 전설적이고 신화적인 차원으로까지 끌어올린 그의 영화들은 특히 매혹적이었다. 그의 예술 영화가 국내외의 인정을 받음으로써 엄격하고 어려운 〈탐구 영화〉도 종말을 고하게 되었다.

제4세대

소위 〈제4세대〉 감독들은 제5세대 감독들보다는 좀 더 인간적이어서, 중국 영화를 새롭게 하려는 면에서는 그들 못지않게 의욕적이면서도 대중성 면에서는 오히려 수용도가 높았다. 〈제5세대〉가 등장하고 난 바로 직후에 생겨난 이 〈제4세대〉 그룹에는 1966년 이전에 영화 수업을 마치고 문화 혁명으로 활동이 중단된 감독들이 포함되었다. 1980년대 중반에 나온 이들 영화는 주제와 스타일 면에서는 각기 다른 면모를 보여 주었지만, 기존 체제와의 단절 과정에서 야기되는 개인의 갈등과 좌절이라는 문제에서는 시각을 공유했다. 황젠중의 「양갓집 여인(良家婦女)」(1985)은 꼬마 신랑과 결혼한 뒤 농부와 간통하는 젊은 여성의 욕망을 프로이트적 상상력으로 표현한 영화이고, 셰페이와 위란의 「후난의 소녀(湘女蕭蕭)」(1986)는 내용은 비슷하지만 그런 불합리한 제도의 존속을 가능케 한 봉건적 이데올로기의 억압과 내면화에 초점을 맞춘 영화이다. 1985년도 금계상 수상작인 옌쉐수의 「야산에서(野山)」(1985)는 경제 개혁이 가져온 기회를 한쪽은 받아들이고 한쪽은 받아들이지 않으면서 야기되는 두 농부 집안의 변화를 그린 영화이고, 후빈리우의 「시골 사람들(鄕民)」(1986) 역시 달라진 경제 분위기와 그에 대응하는 농부들의 이야기를 다룬 작품이다. 「고향 마을의 부름(鄕音)」과 「시골 부부(商界)」를 포함한 그의 시골 3부작은 농촌의 전통적 가치와 현대적 가치의 충돌을 주제로 한 작품이다. 우톈밍의 「오래된 우물(老井)」(1987)은 물을 찾아 헤매는 어느 시골 마을의 필사적인 노력과 도시에서 돌아와 그의 가족과 마을을 돕는 한 젊은 농부의 희생적인 모습을 그린 영화이다. 이들 영화에서 성적 사랑은 개성과 변화에의 욕구를 담고 있다는 점에서 구원적 가치로 받아들여졌다.

1980년대 중반부터 부상한 시안영화촬영소(西安電影制片廠)는 〈탐구 영화〉 운동의 발전에 커다란 도움이 되었다. 시안은 우톈밍 감독의 주도로, 예산은 「마법의 채찍(神鞭)」(1986) 같은 히트작들로 맞춰 가며, 제5세대 감독의 실험작들을 지원했다. 「흑포 사건」, 「말도둑」, 「그들의 전성기」, 「아이들의 왕」 같은 작품들은 우톈밍이 재정적, 정치적 위험까지 감수하며 만든 작품들이었다. 〈한편으로는 이익을 내고 다른 한편으로는 수상(受賞)을 한다〉는 시안의 목표는 장이머우 감독의 「붉은 수수밭(紅高粱)」(1987)이 1988년 베를린 영화제에서 금곰상을 수상하고, 그 여파로 국내 흥행에서도 성공함으로써 멋지게 실현되었다. 〈탐구 영화〉 운동은 1989년 이후 계속된 우의 장기 미국 체류로 차츰 소멸해 갔다.

상업화: 1990년대를 향해

현대도시영화

1980년대 말에 시작된 경제 개혁으로 옛 생활 방식은 급속히 와해되고, 대중들은 선진화된 생활 방식에 대한 기대로 한껏 부풀어 올랐다. 이러한 분위기에 편승하여 도시적 배경에 도시적 주제를 다룬, 소위 도시 영화들도 흥행의 전성 시대를 맞게 되었다. 광둥의 펄 리버 스튜디오Pearl River Studio는 현대화가 사회적, 감정적으로 젊은이들에게 의미하는 바를 다룬 일련의 영화들을 제작했다. 쑨저우와 장쩌밍은 상품 문화의 양면성을 조명하여 존재와 인간관계의 의미를 새롭게 규정한 「커피에 설탕을 약간 넣으세요(給咖啡加點糖)」(1987)와 「햇빛과 소나기(太陽雨)」(1987)를 각각 만들었고, 저우샤오원의 「절망(最后的瘋狂)」(1987)과 「망상(瘋狂的代价)」(1988)은 욕망의 끝없는 확대를 주제로 한 액션 영화들인데, 같은 액션 영화라고는 해도 홍콩의 싸구려 모방작들과는 차원이 다른 작품들이다.

1980년대 말이 되면서, 경제 개혁의 실속은 결국 고위 관리와 그 일족이 다 챙겼다는 점에서, 대부분의 공산당원들에게 사회주의는 속 빈 강정임이 입증되었다. 이러한 후기 사회주의의 징후는 베이징의 분위기, 즉 명랑하면서도 신랄한 그곳 방언과 정치에 대한 젊은이들의 냉소주의를 아주 맛깔스럽게 그려 낸 왕숴의 소설들에서 가장 생생하게 느껴 볼 수 있다. 왕숴에 대한 그 같은 열기는 1988년 그의 소설 4편, 황젠신의 「윤회(輪回)」, 시아강의 「반쪽의 불꽃, 반쪽의 바다(一半是火焰一半是海水)」, 예다잉의 「가쁜 숨을 몰아쉬며(打喘氣)」, 미지아샨의 「고장 수리원(頑主)」이 영화화되면서 절정에 올랐다.

1989년부터는 정부에 대한 환멸을 도시 생활의 황량함으로 표현한 영화들의 등장이 두드러졌다. 베를린 영화제 은곰상 수상작인 「운명의 해(本命年)」(1989)에서 셰페이는 개심한 전과자가 고독을 견디지 못하고 끝내 살인으로 생을 마감하는 모습을 그려 보였고, 장놘신의 「안녕, 베이징(北京你早)」(1990)은 젊은 버스 여차장의 단조로운 일상에서 어떤 존엄성을 찾고, 그녀를 통해 위안을 얻는다는 내용의 영화이다.

여성감독들

1980년대에 등장한 여성 감독은 약 20여 명이고, 이들 대부분이 1990년대 초까지 활발한 활동을 벌였다. 흥행 압박 같은 문제는 제쳐 두더라도, 그들로서는 일단 남성 감독들의 비판적 발언에 여성의 희생이 이용되었고, 페미니즘은 〈외래적인〉 것으로 거부당했으며, 여성의 지도력 또한 장칭의 옛 세도와 관련지어 달갑지 않게 받아들여진 남성 위주의 환경에서 자신들의 입지를 굳히는 것이 급선무였다. 그런 상황에서 〈여성 영화〉는 전통적 역할에 대한 순응을 강요하는 사회적 압력에 대항하여 여성의 주관성과 욕구를 표현하며 서서히 등장하기 시작했다. 장놘신은 「필승의 의지(沙鷗)」(1983), 「청춘제(青春祭)」, 「안녕, 베이징」에서 시적이면서 섬세한 접근법을 보여 주었고, 황수친은 동시대 가극 가수의 일생(이 가수도 남자 귀신 역을 맡아 영화에 출연했다)을 그린 「인간·영혼·감정(人·鬼·情)」(1988) 외에도, 여성의 예술 활동과 가정생활 사이의 갈등을 다룬 여러 혁신적인 작품을 내놓았다. 그녀의 다음 작품 「화혼(畵魂)」(1993)은 1910년대 초의 전설적 여류 화가 판율량을 다룬 영화로, 누드 장면 때문에 검열 당국으로부터 심한 제재를 받아야 했다. 왕준젱의 「숲 속의 첫 여인(山林中頭一個女人)」(1987)과 「여자 택시 여자Woman Taxi Woman」(1991)는 성적으로 활발한 여성이 다른 면에도 능란하다는 것을 보여 준 작품들이다. 베이징영화아카데미를 1982년에 졸업한 것치고는 출발이 좀 늦은 리사오홍은 가브리엘 가르시아 마르케스의 중편 소설을 영화화한 「붉은 새벽(血色淸晨)」(1990)에서, 원작의 배경을 중국의 농촌 상황에 옮겨 놓고 남성 우월주의를 분석하는 방법으로, 1989년 천안문 사태의 고통을 다시 환기시키고 있다. 중년의 사진사를 주인공으로 한 그녀의 후속작 「사십불혹(四十不惑)」(1992)은 문화 혁명의 기억들을 되살아나게 하는 상당히 시사하는 바가 많은 에피소드들을 담고 있다. 여류 감독 중의 선배 격이라 할 수 있는 왕하오웨이는 「매혹의 음악 밴드(迷人的樂隊)」(1985), 「아! 샹쉐(哦, 香雪)」(1989)와 같은 짜임새 있는 드라마를 전통적인 방법으로 만들어, 중국 정부로부터 대환영을 받기도 했다. 하지만 1990년 초가 되면서 여성 감독들은 오락이나 액션 영화에서나 그들의 일자리를 찾을 수 있었다.

장이머우 (1952~)

중국 제5세대 영화인 중 가장 다재다능하고 중요한 인물은 누가 뭐라 해도 장이머우일 것이다. 연기, 촬영, 감독, 다방면에 걸쳐 국제 영화제 수상 경력을 가진 그는 여배우 궁리와 팀을 이뤄 만든 「붉은 수수밭」(1988), 「국두」(1990), 「홍등」(1991), 「귀주 이야기」(1992), 「상하이 트라이어드」(1995)의 다섯 작품으로 가장 널리 알려져 있다.

당 간부의 자제였던 천카이거 같은 감독과 달리 처음부터 아웃사이더였던 장은 「황토지」(1984)와 「붉은 수수밭」의 배경이 되었던 산시 지구 시안 근교에서 1952년 출생했다. 혁명 전, 현 타이완 정부를 이끌고 있는 국민당과의 연루로 인해 그의 부친은 정규 직업을 가질 수 없었고, 그 때문에 아들 장이머우의 교육도 대부분 집에서 이루어졌다.

문화 혁명 중에 장은 처음에는 시골로 보내졌다가 그곳에서 다시 목화 공장으로 전출되었고 그곳에서 취미로 사진을 찍게 되었다. 그냥 사장되었을지도 모를 한 인물이 탄생하게 된 계기는 지금도 사람들 입에 회자될 정도로 유명하다. 애초에 장은 1978년 베이징영화아카데미가 다시 문을 열었을 때 연령 초과로 입학이 거부되었다. 하지만 탄원에 탄원을 거듭한 결과 겨우 입학 허가가 떨어지긴 했는데, 원하던 감독과에는 여전히 들어갈 수가 없어 차선으로 선택한 것이 촬영과였다.

하지만 결론적으로 말하면 장의 이러한 연줄 부족은 도리어 그에게 득이 되었다. 1982년 졸업과 동시에 그는 지도 없이는 찾아가기도 힘든 남서부의 궁벽한 도시 난닝에 새로 문을 연 광시영화촬영소에 배속되었다. 하지만 그런 시골구석일수록 인재가 부족했던 터라, 학교를 갓 나온 신출내기였는데도 장은 곧바로 일을 시작할 수 있었다.

당시 젊은 신예 감독들은 기존의 사회주의적 사실주의 영화와는 분명히 선을 긋겠다는 단호한 의지 아래, 중국 공산당 혁명사의 가장 영예로운 시기로 알려진 1930년대와 1940년대에 의문을 제기하며, 「하나와 여덟」(1984), 「황토지」 같은 영화들을 만들었다. 촬영 감독으로서의 장은 주제에 따라 촬영 기술을 적절히 구사하여 이들 도전적 영화의 모습을 더욱 완벽하게 했다. 예전의 중국 영화 기법이 환한 조명에 완벽한 균형, 현란한 그것을 특징으로 했다면, 장의 촬영법은 어둡고 균형이 잡히지 않은 비대칭적 — 가끔은 인간이 거대한 자연 속의 수평선 저 멀리 하나의 작은 점으로 나타나기도 한다 — 인 것의 혼합이라 할 수 있다. 그 결과물은 중국 영화계에는 놀라움을 안겨 주었고 국제적으로 엄청난 성공을 거두게 되었다.

장의 촬영 스타일은 「대열병」(1985)과 스스로 주연을 맡아 1988년 동경 영화제 최우수 남우주연상을 수상한 「오래된 우물」(1987)로 정교함을 더해 갔고, 이듬해인 1988년 「붉은 수수밭」으로 마침내 그는 감독 데뷔를 했다. 궁리를 발굴해 낸 것으로도 유명한 이 소란스럽고도 활기찬 영화에 중국 젊은이들이 보인 반응은 과연 대단했다. 주인공들의 자유로운 관능성에 자신들을 동일시하면서, 영화가 끝난 뒤에도 몇 달간이나 주제가를 흥얼거리고 다닐 정도였다. 「붉은 수수밭」으로 장은 중국의 영화감독으로서는 최초로 베를린 영화제 금곰상을 수상했다.

봉건적 가부장제에 반기를 들고 일어선 여성에 초점을 맞춘 또 다른 시대극 「국두」(1990) — 칸 영화제와 시카고 영화제 수상작이다 — 는 「붉은 수수밭」과 비슷한 것 같으면서도 두 가지 면에서 확실히 다른 점을 보여 주고 있다. 천안문 사태 이후 「붉은 수수밭」의 진취적 기상이 「국두」의 옛 족장들에 대한 묵시록적 분노와 울분으로 바뀌었다는 것과, 정치적 검열과 제작비 축소에 직면한 장이 이 영화를 계기로 해외 합작 영화에 눈을 돌리게 되었다는 것이다. 이러한 패턴은 강렬하면서도 어딘가 모르게 황량하고 절망적인 느낌이 드는 「홍등」에서도 계속됐다.

「국두」와 「홍등」은 중국 본토에서는 한동안 공개가 금지됐다. 최근작들은 그러나 그런 어려움은 겪고 있지 않다. 「귀주 이야기」는 장이머우의 의식 변화와 대가다움을 드러내는 스타일의 변화를 잘 보여 준 작품이다. 이전 작들의 화려함과 웅장함과는 상당히 거리가 있는, 약간 뒤틀린 내용의 이 작품은 중국의 복잡한 사법 체계 속에서 정의를 찾으려 하는 어느 농촌 여인의 모습을 그린 영화이다. 여기서 카메라는 배우들의 즉흥적 대사에서도 볼 수 있듯이 시네마 베리테 다큐멘터리를 연상시키는 롱 숏을 가끔씩 구사하면서 대부분 정지해 있다. 이 새로운 시도로 장이머우는 베네치아 영화제 황금사자상을, 그리고 귀주 역을 하느라 평소의 매력을 포기해야 했던 그의 반려 궁리는 여우주연상을 수상했다.

크리스 베리

주요 작품

촬영 감독

「하나와 여덟(一個和八個)」(1984); 「황토지(黃土地)」(1984); 「대열병(大閱兵)」(1985); 「오래된 우물(老井)」(1987).

감독

「붉은 수수밭(紅高粱)」(1988); 「암호명 푸마(代號美洲豹)」(1989); 「국두(菊豆)」(1990); 「홍등(大紅燈籠高高挂)」(1991); 「귀주 이야기(秋菊打官司)」(1992); 「인생(活着)」(1994); 「상하이 트라이어드(搖啊搖搖到外婆橋)」(1995).

「홍등」(1991)에서 송리안 역을 맡은 장이머우 영화의 단골 주연 배우 궁리.

천안문 사태 이후: 상업 영화 대 언더그라운드

1989년 천안문 사태 이후 2년간에 걸쳐 교체된 정부 요직의 분포로 볼 때 보수파의 득세는 확실했다. 결과는 보잘것없었지만, 〈반부르주아 자유화〉 운동도 시작되었다. 한편, 서구 및 홍콩 영화 비디오와의 경쟁, 가정용 음악 기기와 가라오케 업소의 인기, 관객의 감소, 제작비 증가 등의 여러 복잡한 문제에 봉착한 영화사들은 상업 영화만을 양산해 냈다.

이러한 상황 속에서, 추락하고 있는 공산당의 위상을 드높이기 위한 차원에서 서사 영화 몇 편이 정부 지원으로 만들어졌다. 그런데, 황젠의 「루이진에서의 어린 시절(童年在瑞金)」(1989), 왕지싱의 「자오 율루Jiao Yulu」(1989)와 「중대한 교전(打決戰)」(1991) 같은 영화들은 모두 1980년대의 노력의 결실인 예술성과 휴머니즘적 요소가 풍부한 영화 언어로 만들어지는 아이러니를 연출했다. 이 중에서 정부로부터 총 2,000위안을 지원받은 것으로 알려진 「중대한 교전」은 공산당과 국민당 간에 벌어진 세 차례의 대격전을 6명의 감독이 합동으로 만든 3부작이다. 그러나 이런 작품들은 극히 예외적인 경우였고, 영화사들은 여전히 폭력과 누드로 점철된 싸구려 오락 영화만을 만들어 냈다.

다양한 실험작을 통해 새로운 형식과 스타일을 선보였던 1980년대 감독들은 1990년대에 들어서면서 좀 더 이해하기 쉬운 영화를 만들 것을 강요받았다. 그것에 동조하지 않으면, 문화 혁명 기간 중의 이야기를 다룬 톈좡좡의 「푸른 연(藍風箏)」(1992)과 중국과 베트남의 전쟁을 소재로 한 우쯔뉴의 「비둘기 나무(鴿子樹)」(1987)처럼 가위질 혹은 공개 금지였다.

1990년대 초부터는 방송 아카데미 학생들 사이에 다큐멘터리 운동이 조심스럽게 확산되기 시작했다. 비디오 포맷으로 촬영된 이들 저예산 다큐멘터리들은 주어진 질문에 자신들의 솔직한 의견을 내놓는 대학생들과의 현장 인터뷰로 이루어지는 것이 보통이었다. 화가, 사진가, 작가, 연출자가 되기를 소망하는 동급생들과의 인터뷰로 만들어진 우웬광의 「베이징의 건달 생활, 최후의 몽상가(流浪北京最後的夢想者)」(1988)는 이런 종류의 다큐멘터리로는 최초의 작품이 되었다. 정부 지원의 35mm 〈다큐멘터리들〉이 천편일률적으로 사전 각본에 의한 선전물이었던 반면, 우의 작품은 중간 매개물의 개입이 거의 없는 관객과 영화 속 대상의 만남이 직접 이루어지게 한 점이 특징이었다. 〈구조, 물결, 젊은 실험 영화 그룹〉이 만든 또 하나의 다큐멘터리 「나 졸업했다(我畢業了)!」는 7~8명의 학생을 대상으로 사랑, 섹스, 앞으로의 진로, 국내에 머물 것인가 해외로 진출할 것인가, 천안문 사태의 영향 등에 관한 질문을 하여 그것을 정리 기록한 작품이다. 1992년 7월 5일에서 11일 사이에 만들어진 이 작품은 핸드헬드 카메라 장면과 베이징 대학 경찰의 검문을 피할 수 있는 곳은 오직 뒷문 출입구밖에 없었다는 점을 관객에게 밝히는 내용의 보이스오버로 시작되어, 학생 기숙사 인터뷰 장면, 학내 경찰의 간섭과 기차역 출발을 담은 몰래 카메라 장면, 그리고 마지막으로 총성과 탱크 소리를 모방한 사운드트랙이 흐르는 가운데 텅 빈 천안문 광장의 밤 풍경으로 끝을 맺고 있다. 이 작품은 개인적이면서도 아주 강렬한 기록이었고, 다큐멘터리 포맷의 융통성은 스튜디오 영화들에서 흔히 사용되는 간접적이고 비유적인 표현에서 영화인들을 해방시켰다.

소규모 스튜디오 활동으로는 제5세대 영화인들의 발전 속도를 도저히 따라잡을 수 없다고 판단한 1989년 베이징영화아카데미 졸업생들은 독립 제작이라는 어려운 과업의 착수에 돌입했다. 이들은 상업 광고와 뮤직 비디오 제작으로 창업비 문제를 해결한 다음에, 나머지 비용과 기술 장비는 친구와 동급생, 그리고 실험실 기자재로 충당하여 평균 예산 20만 위안(미화 약 2,000달러) 미만의 영화들을 제작하기 시작했다. 제작사 쿼터가 없는 그들의 작품은 그러나 공식 통로로는 배급이 불가능한 〈언더그라운드〉 영화로 남아 있었다. 그런 식으로 1992년에 만들어진 그들의 대표작으로는 왕샤오솨이의 「겨울과 봄의 날들(冬春的日子)」, 우디의 「황금 소나기(黃金雨)」, 장위안의 「마마(媽媽)」가 있다. 장위안은 흑백으로 찍은 「마마」를 약 20여 곳의 영화제에 출품하여 낭트, 에딘버러, 베를린, 그리고 대중가수 취지안의 뮤직 비디오로 미국 MTV상을 수상했고, 그 상금과 프랑스 영화 개발 협회 기금을 합쳐서 「북경 녀석들(北京雜種)」(1993)을 만들었다.

자칭 〈제6세대〉 영화인들이 제작비 마련에 부심하는 동안, 기존의 제4~5세대 영화인들은 국제적 명성을 착착 쌓아 가며 해외 투자도 성공적으로 이끌어 냈다. 1993년에는 중국 영화들이 유럽의 영화제를 거의 휩쓸다시피 했다. 셰페이의 「향혼녀(香魂女)」는 베를린 영화제 금곰상을 수상했고, 장이머우의 「귀주 이야기」는 베네치아 영화제 금사자상을, 타이완 자금으로 만들어진 천카이거의 「패왕별희(霸王別姬)」는 중국 영화로는 최초로 칸 영화제 황금종려상을 수상했다. 하지만 언더그라운드 다큐멘터리와 영화 운동으로 어렵게 돌파구를 연 흑백의 독립 영화들과 비교하면 이들 수상작들은 다소 맥빠진 감이 든다.

참고문헌

Bergeron, Régis(1984), *Le Cinéma chinois, 1943~1983.*

Berry, Chris(ed.)(1991), *Perspectives on Chinese Cinema.*

Browne, Nick, Pickowicz, Paul, Sobchack, Vivian, and Yau, Esther(eds.)(1994), *New Chinese Cinema: Forms, Identities, Politics.*

Cheng Jihua, Li Xiaobai, and Xing Zuwen(1963), *Zhongguo dianying fazhanshi.*

Chen Kaige, Zhi Wan, and Rayns, Tony(1989), *'King of the Children' and the New Chinese Cinema.*

Clarke, Paul(1987), *Chinese Cinema: Culture and Politics since 1949.*

Leyda, Jay(1972), *Dianying: Electric Shadows.*

Raynes, Tony, and Meek, Scott(1980), *Electric Shadows: 45 Years of Chinese Cinema.*

Semsel, George S.(ed.)(1987), *Chinese Film: The State of the Art in the People's Republic.*

홍콩의 대중 영화

리축토

1949년 이후 중국 본토 영화는 공산당의 통제 아래 국영 선전 기관이 되어, 〈노동자-농민-군인〉 관객을 목표로 한 〈사회주의적 사실주의〉 영화만을 만들었다. 1945년 이전에는 영화 산업이 아예 존재하지 않았던 대만의 영화계도 사정은 마찬가지여서 국민당 정부의 엄격한 통제하에 놓였다. 1949년 이후의 홍콩 영화는 그러나 중국어권 지역에서 가장 활발한 모습을 보여 주었다. 처음에 홍콩 영화는 상하이 영화의 장르 관례를 그대로 따르다가 정치적 금기 사항이 거의 없는 자유로운 풍토의 이점을 살려, 점차 그들만의 독자적인 모델을 개발해 냈다.

2차 대전 이후의 홍콩 영화사는 크게 세 시기로 나누어 볼 수 있다. 소위 고전기로 불리는 1946년에서 1970년까지는 만다린 어(중국 공용어)와 광둥 어(지역 방언) 영화의 대부분이 스튜디오를 중심으로 만들어졌다. 할리우드와 일본 영화 장르를 모방한 오락 영화 장르도 개발되었다. 그와 동시에 형성된 국내외 배급망은 오늘날까지도 변함없이 그 형태가 유지되고 있다. 1971년에는 광둥 영화의 소멸과 함께 홍콩 영화도 새로운 전환기로 접어들었다. 이 시기는 쿵푸 영화와 광둥 어가 다시 홍콩 영화의 공용어로 슬그머니 자리 잡으면서, 홍콩 토착 영화 문화가 형성된 시기로 특징지을 수 있다. 1979년부터 홍콩 영화는 현대기로 접어들기 시작하면서, 새로운 세대가 영화계 안팎의 주도권을 잡고, 스튜디오의 음향 무대*sound stage* 제작 방식에서 영화를 해방시켰다. 또한 국제적 수준에 버금가는 영화의 질과 마케팅 기술을 바탕으로 세계적인 주목과 갈채를 받은 시기이기도 하다.

고전기

만다린 어 영화

1930년대 홍콩 영화의 대부분이 광둥 어로 만들어지긴 했지만, 2차 대전 이후 홍콩 영화에 나타난 가장 중요한 현상은 상하이 영화인들의 거대한 유입과 만다린 어 영화인들의 등장이었다. 1946년 이후 홍콩으로 이주해 온 영화인들의 대부분은 이미 상하이 영화계에서 이름을 날린 사람들이었다. 이들은 일본의 상하이 점령 기간 동안에 일본인 관리하의 화잉Huaying 촬영소에서 일한 전력 때문에, 전쟁 후 이적 행위나 매국노로 블랙리스트에 오를 위험에 처해 있었다. 업계 동료들로부터의 따돌림과 박해의 두려움에 시달리던 이들은 자진하여 홍콩 망명길에 올랐다.

상하이의 거물 리주용이 1947년에 설립한 용화 영화사(永華電影公司)는 중국이 내전 상태에 빠지면서, 상하이의 인재를 더욱 많이 끌어 모으게 되었다. 리는 미화 375만 달러 투자에 최신 장비까지 구비한 자신의 스튜디오가 전전 상하이의 리안화(聯華)나 몽싱(明星)의 위대함에 버금가거나 능가할 수 있게 되기를 열망했다. 홍콩에서 만다린 어 영화를 만들어 중국 본토로 배급하려는 것이 그의 사업 계획이었다. 용화 영화사의 첫 〈100만 달러짜리 대작〉「중국의 혼(國魂)」(부완캉, 1948)은 엄청난 흥행 성공을 거두었다. 더 나아가 이 회사는 1950년 로카르노 영화제에 출품되어 평단의 열렬한 환호를 받은「금단의 도시의 비애(淸宮秘史)」(주시린, 1948)와 같은 비싼 역사 서사극을 만들어 서구 시장에 내다 팔기까지 했다. 하지만 공산당의 중국 점령 속도에 대한 리의 판단은 완전히 착오였음이 드러나면서, 그의 생명줄인 본토 시장도 완전히 사라져 버렸다. 막대한 재정적 부담으로 회사가 거의 제 기능을 할 수 없게 되자, 상하이 출신 인재들도 어쩔 수 없이 회사를 떠났으나, 홍콩에는 그대로 눌러앉은 채 자체 제작을 모색하거나 새로운 회사로 자리를 옮겼다. 이들 영화인들은 그들의 문화적 특질을 잃지 않고, 영화에도 만다린 어만을 고집스럽게 사용했다.

망명 영화인들은 대부분은 국민당 정부에 의한 본토의 조속한 수복을 기대하며 강한 문화적 쇼비니즘을 드러냈고 그것이 그대로 영화에 반영되었다. 현실적 문제를 다룰 때조차도 배경은 홍콩이 아닌 상하이에 더 가까웠고, 스타일과 내용면에서도 1949년 이전의 상하이 영화를 많이 연상케 했다(아예 직설적으로 리메이크하는 경우도 있었다).

만다린 어 영화를 광둥 어 지역에 뿌리내리게 하기 위해 무엇보다 필요한 것은 시장의 확대와 폭넓은 관객층의 확보였다. 관객 확보 문제는 고향의 그리움을 달래려는 본토 이주자들의 지지로 일단 해결되었고, 대만으로의 시장 확대도 이루어졌다. 1895년 일본으로 영토가 양도되었던 대만은 그런 이유로 이후 50년간은 온통 일본 수입 영화 일색이었다. 하지만 2차 대전이 끝나고 본토인들이 국민당 정부를 따라 대거 대만으로 이주해 오면서 관객층을 형성함에 따라, 홍콩은 자연히 중국 영화의 공급지가 되었다.

홍콩의 소규모 독립 영화사들에게 대만 시장은 생명줄이나 다름없었다. 하지만 국민당 정부는 재빨리 그런 상황을 정치적 목적에 이용하기 시작했다. 1953년, 대만 정부는〈홍콩-구룡영화드라마자유협회Hong Kong-Kowloon Film and Drama Free Association〉로 알려진 기구를 설립하여, 이 협회 회원사의 영화만을 대만에서 상영하도록 함으로써, 홍콩의 거의 모든 영화사들을 대만 정부의 영향력 아래 묶어 놓았다.

가장 막강하다는 영화사조차 용화의 세력에는 감히 도전할 엄두를 내지 못하던 1940년대 말의 상황과 달리 1950년대 초에 이르러선 부완캉이 거느리던 타이산(太山) 장샹쿤의 신화(新貨)와 같은 독립 영화사들도 차츰 힘을 얻기 시작했다. 독립 영화사 중, 대만영화협회와 거리를 둔 경우는 중국 공산당 정부의 재정 지원을 받고 있던 〈좌파〉 회사들밖에 없었다. 그 중 최대 회사인 만리장성사는 주시린의 지휘 아래 1950년도의 조직 개편을 거쳐 자회사 봉황과 용마를 통합한 뒤 새로운 세대의 영화인들을 양성했다.

전쟁 통의 고통스러운 기억을 수반한 멜로드라마가 주류 영화의 장르로 떠올랐다. 하지만 이들 〈좌파〉나 독립 영화사들이 만든 영화는 심지어 코미디까지도 반봉건주의 설교로부터 여성들이 받는 고통에 대한 반페미니즘적 관점, 그리고 계급투쟁에 대한 마르크스주의 이데올로기에 이르기까지 온통 교훈적인 내용뿐이었다.

1950년대 초에는 사회의식이 강한 영화들이 등장했다. 이러한 등장의 지지 기반이 되어 준 것은 물론 본토 이주민들의 변함없는 민족의식이었다. 한국 전쟁과 중국에 대한 통상 금지 조치에 따른 경기 후퇴가 시작되면서, 현실 도피적인 할리우드 오락 영화 전통과는 무관하게 홍콩에서는「꽃 소녀(花姑娘)」(1951)와「달 축제(中秋月)」(1953) 같은 1930년대 상하이 영화의 고전적 사실주의 전통이 다시 고개를 들기 시작했다.

본토 이주민들이 홍콩에 정착하는 것을 영구적인 것으로 받아들이고, 홍콩의 젊은 영화인들이 원숙의 경지에 접어들기 시작한(그중에서도 탁월했던 인물이 타오친과 리한샹이다) 1950년대 중반부터 만다린 어 영화는 차츰 홍콩 사회 속으로 통합되면서 교훈보다는 오락적 내용에 치중하게 되었다. 할리우드 분위기가 짙게 깔린 청소년 뮤지컬「맘보 걸(曼派女郎)」(이웬, 1957)에서, 오래전에 잃었던 생모를 찾아 헤매다 끝내는 양부모 곁으로 돌아가는 여주인공의 모습은 상하이 출신 감독이 홍콩에 보내는 연애편지로 해석될 수도 있다.

광둥어 영화

만다린 어 영화의 홍콩 문화로의 점진적인 통합에도 불구하고 1949년 이후 홍콩으로 넘어온 본토 이주민의 대부분이 남부 출신이고, 그들의 80퍼센트가 광둥 어를 사용하고 있다는 사실은 변함이 없었다. 저렴한 오락거리를 찾고 있던 이들은 광둥 어 영화가 자신들에게 익숙한 세계와 눈에 익은 생활양식을 보여 줌에 따라 자연히 그 영화의 열렬한 팬이 되었다. 1946년에서 1969년 사이 홍콩에서 제작된 광둥 어 영화는 만다린 어 영화의 세 배가 넘는 무려 3,500여 편에 이르렀다.

하지만 이런 경이적인 제작 편 수는 심각한 질적 저하를 초래하여, 대부분의 영화가 싸구려 쓰레기 영화를 면치 못했다. 이러한 위기를 타개하고자 감독, 제작자, 배우로 구성된 19명의 영화인들이 1952년에 설립한 것이 유니언 영화사Union Films Enterprises Ltd.이다. 이 회사의 창립 멤버들은 6만 2,000 홍콩 달러를 공동으로 출자한 뒤, 기본 급여의 절반 혹은 3분의 1만 받고 일한다는 데 우선 동의했다. 1953년부터 1964년 사이에 만들어진 44편의 작품 중 20편이 대중 소설이나 고전, 혹은 현대 문학을 각색한 것이었다. 그중 대표작을 꼽아 보면, 중국의 유명 작가 바진의 3부작 소설을 영화화한 「가족(家)」(우휘, 1953), 「봄(春)」(리천펑, 1953), 「가을(秋)」(친지안, 1954)과 톨스토이의 『안나 카레리나』를 기초로 한 「깨어진 봄날의 꿈(春殘夢斷)」(리천펑, 1955)이 있다. 순수한 시나리오에 의한 작품은 「파괴에 맞서(危樓春曉)」(리티에, 1953)와 「부모의 마음(父母心)」(친지안, 1975)처럼 당시의 사회 문제를 반영한 것이 대부분이었다.

유니언 사에서 나온 우수작들에 힘입어, 광둥 어 영화는 이제 홍콩 국내외에서 진지한 영화로 받아들여지기 시작했다. 이러한 활력에 힘입어 1950년대 중반을 기점으로 광둥 어 영화 제작은 급속도로 늘어나기 시작했고, 그 여파로 관위Guanui(1955)와 화치아오Huaqiao(1956), 두 영화사가 새로이 설립됐다. 유니언 사, 신리안Xinlian 사와 더불어 이들 4개 사는 진지한 주제를 담은 고품질 영화를 추구하는 업계의 동지로서, 이후 〈빅 포*Big Four*〉로 알려지게 되었다.

광둥 어 영화는 대부분, 거의가 무학인 노동자 관객의 취향을 고려하여, 세련된 시각적 이미지보다는 정형화된 인물과 방언의 복잡한 어투와 변화무쌍한 속어를 이용한 구어체 언어를 그들 영화의 중심축으로 삼았다. 줄거리는 주로 가극이나 민담, 혹은 통속 소설에서 빌려 왔다. 1950년대에 최고의 인기를 구가한 장르는 광둥 어 가극 영화[예컨대 컬트의 고전이 된 리티에의 「자주색 머리핀(紫釵贊)」(1959)과 같은], 무협 영화(1949년에서 1970년까지 관더싱 주연으로 75편이 만들어진 황비홍 시리즈), 코미디, 그리고 멜로드라마였다.

1960년대: 새로운 관객, 새로운 영화

1960년에 광둥 어 영화계는 그해 한 해만 무려 200편이 넘는 영화를 제작함으로써 최고의 전성기를 구가했다. 그러한 발전은 주로 인구 변화에 기인한 것인데 베이비 붐 세대가 청년기 후반으로 접어들면서 영화 관객 수가 늘어났기 때문이다. 상업 항구 도시에서 공업 지구로 변모 중인 홍콩의 과도기적 성격 또한 새로운 주제와 소재를 제공하며 영화 발전에 한몫했다.

친지안의 「난형난제(難兄難弟)」(1960)와 「아내 얻는 법How to Get a Wife」(1961)은 화이트컬러와 블루컬러 노동자를 소재로 한, 당시를 대표하는 도시 코미디라 할 수 있다. 늘어나는 공장 여직공들을 겨냥해서는 「공장의 여왕(工廠皇后)」(뤄캉, 1963), 「자가용 운전사는 여자였다(女司机)」(우후이, 1965)와 같은 판타지, 멜로드라마, 코미디들이 주로 만들어졌다. 경찰 스릴러, 뮤지컬, 가벼운 포르노 영화들도 등장하여, 홍콩에 밀어닥친 외국 영화의 영향을 실감케 했다.

10대 관객이 새로이 형성되면서 홍콩 영화계에는 천바오주, 샤오팡팡과 같은 10대 우상들이 생겨났다. 맵시 있는 의상과, 춤과 노래에 탁월한 솜씨를 지닌 샤오가 학생 관객의 인기를 독차지한 반면, 천은 이웃집 소녀 같은 분위기로 중하류층 소녀들의 우상이 되었다. 새로이 생겨난 젊은 관객층과 생활수준의 향상 말고도 관객의 교육 수준이 높아지고 서구화됨에 따라, 영화계에도 변화의 바람이 불어왔다. 가족과 사회성 멜로드라마는 사라지고, 대신에 휘황찬란한 할리우드 영화가 그 자리를 차지했다.

그러한 변화에 가장 발 빠르게 대응한 회사가 영화감독 친지안이 관리하고 있던 광위Guangyi 영화사였다. 1950년대에 문학 작품을 주로 만들던 이 회사는 도시 코미디로 재빨리 장르를 바꾸었다. 하지만 어느 정도의 성공에도 불구하고 광둥 어 영화의 현대화와 서구화는 끝내 실패하고 말았다. 배경과 인물을 제아무리 현대적으로 꾸며도 드러나는 지역색은 어쩌지를 못했다. 서구 사상은 제대로 소화시킬 사이도 없이 홍콩 문화에 그대로 스며들었다.

1960년대 후반부터 광둥 어 영화 제작은 급격한 감소를 보이기 시작하여 1970년대에는 불과 20여 편만이 만들어졌을 뿐이고, 그 후 머지않아 제작은 완전 정지 상태에 이르렀다. 악화된 시장 상황, 요컨대 주 공급처인 동남아시아 관객들의 취향은 날로 다양해졌고, 공급은 수요를 훨씬 초과했으며, 컬러 영화의 등장으로 제작비는 천정부지로 치솟았고, 1967년에는 공짜로 볼 수 있는 텔레비전까지 생겨나, 그러한 몰락은 피할 수가 없었다.

과도기

광둥 어 영화인들이 시대의 변화에 적응하느라 악전고투를 벌이고 있는 동안, 만다린 어 영화인들은 서서히 자신들의 약

홍콩 무술 영화의 인기는 중국어권을 벗어나 전 세계로 확산되었다. 리샤오룽이 주연한 할리우드 최초의 쿵푸 영화인 「용쟁호투(龍爭虎鬪)」(1973).

점을 강점으로 바꿔 놓기 시작했다. 한때 광둥 인들에게는 너무 도시적인 것으로 받아들여졌던 만다린 어 영화 — 거의가 상하이 망명 영화인들의 작품이다 — 가 1970년대에 들어선 그들 취향에 딱 맞는 영화로 각광받기 시작했다. 만다린의 액션 무협 영화가 극장가에 봇물을 이루면서, 광둥 어 영화(지나친 주제 의식과 구식 기술도 함께)는 더욱더 시대착오적인 영화가 되어 버렸다.

만다린 어 영화의 부활은 총영화투자회사Motion Picture & General Investment Co.와 쇼 브러더스Shaw Brothers라는 두 거대 기업이 없었다면 불가능했을 것이다. 총영화투자회사는 싱가포르 주재 캐세이 그룹이 1956년에 설립했는데, 이 그룹이 파산한 용화스튜디오를 인수한 바로 그 회사이다. 쇼 집안은 1920년대에 상하이에서 영화 제작을 시작했으나 중일 전쟁이 일어나는 바람에 홍콩으로 옮겨 왔다. 이들은 싱가포르, 말레이시아에서 배급으로 방향을 돌린 첫 회사로 1957년 회사를 재정비하여 MP & GI를 물리치고 시장의 선두 주자가 되었다. 1961년에는 거대 복합 스튜디오 단지, 쇼 무비타운Shaw Movietown이 클리어워터 베이에 세워져, 한창 전성기 때는 20여 명의 감독과 140여 명의 배우를 포함해 1,000여 명의 스태프를 거느리고, 연간 40～50여 편의 영화를 만들어 낼 정도로 세력을 과시했다.

수년 동안 쇼 브러더스와 MP & GI는 같은 내용의 영화를 제작하지 말 것을 서로에게 강요하며 치열한 경쟁을 벌였다. 하지만 MP & GI 소속 감독, 스타들이 대거 쇼 브러더스로 자리를 옮긴 1960년대 초부터는 쇼가 시장의 주도권을 잡게 되었다.

두 회사 모두 다양한 장르의 영화를 만들었다. MP & GI는 특히 아일린 창과 왕류자오와 같은 유명 작가들의 대본을 토대로 한 코미디와 로맨틱 드라마를 전문으로 했다. 중국 뮤지컬 희가극의 선구자이자 MP & GI 최초의 컬러 영화인 「캘린더 걸Long xiang feng wu」(타오친, 1959)은 코미디 장르 영화의 고전이 되었다. 쇼 브러더스의 경우는 「끝나지 않은 사랑(不了情)」(타오친, 1960), 「홍콩 야상곡Xiangjiang hua yue ye」(이노우에 우메쓰구, 1967)과 같은 로맨스와 뮤지컬이 일단은 전문 분야였지만, 역사 시대극도 그에 못지않게 많이 만들었다. 황메이*huangmei* 가극 영화는 이후 3년간 하나의 유행을 만들어 낼 정도였고, 「량산보와 주잉타이(梁山泊與祝英臺)」(리한샹, 1963)는 대만에서, 홍콩 달러로 120만 달러라는 엄청난 흥행 기록을 수립했다.

대만과 홍콩의 쿵푸 영화

황메이 가극 영화의 인기가 치솟고, 그 굉장한 장면들에 광둥 출신 관객들이 매료되었다고는 해도, 광둥 어 영화에 진짜 결정타를 먹인 것은 바로 새로운 스타일의 무협 영화였다. 1967년에 창체의 「외팔이 검객(獨臂刀)」은 흥행 신기록을 수립했고, 같은 해에 후진취안의 대만 영화 「용문의 결투(龍門客棧)」는 200만 홍콩 달러의 흥행 수입을 올렸다. 빠른 속도감을 자랑하는 이들 영화는 일본 사무라이 영화에 중국 무술을 합친 박진감 넘치는 격투 장면이 인상적이었고, 빠르게 발전하는 홍콩의 요구에는 더할 나위 없이 어울리는 장르임이 판명되었다.

이 새로운 무협 영화는 대만 영화에도 중대한 영향을 미쳤다. 사실 1960년대는 인기 작가 김용의 작품을 각색한 무협 영화와 로맨틱 영화들이 홍콩 시장으로 속속 수출되고 있었기 때문에, 대만 영화도 황금기를 구가하고 있었다.

새로운 변화는 「량산보와 주잉타이」가 1963년에 엄청난 성공을 거둔 뒤, 이 영화의 감독 리한샹이 몇 명의 기술자까지 데리고 쇼 브러더스를 떠나, 자신의 회사 구올리안Guolian을 차리면서 시작되었다. 쇼와의 계약으로 인한 법적 분쟁을 피하기 위해 리는 홍콩을 떠나 대만으로 자리를 옮겼고, 그곳에서 캐세이 그룹(1965년에 MP & GI가 되는)과 또 다른 두 회사의 재정 지원을 받았다. 구올리안은 대만에서 만다린 어 영화의 붐을 조성하는 데 성공하여 1964년에 10편이던 것이 1967년에는 46편으로 제작 편 수가 치솟았다. 이어 1968년에는 116편으로 껑충 뛰었고 1970년에는 홍콩의 배가 넘는 163편을 기록했다. 이러한 기현상은 무협 영화의 인기와 거대 스튜디오의 편법 운영에 의한 업계의 기회주의적 성격으로밖에 달리 어떻게 설명할 방법이 없다.

하지만 대만 영화계의 부흥은 단명임이 판명되었고 1970년대 중반에 이르러 무협 영화의 종주국 자리는 다시 홍콩으로 돌아갔다. 구올리안도 1960년대 말에 파산하면서 리한샹을 빚더미에 올려놓았다. 상황이 상황이었던지라 그는 1972년 홍콩의 쇼 브러더스로 다시 자리를 옮겼다. 갑작스럽게 귀환한 이 탕아는 무서운 배신자 쩌우원화이의 도전에 직면해 있던 쇼 브러더스에 아주 귀중한 보배임이 곧 입증되었다. 쩌우는 본래, 쇼의 인력 — 일군의 중역, 감독, 배우 — 을 빼내 1970년 4월 골든 하베스트Golden Harvest 사를 차리기 전까지만 해도 쇼에서 제작부장이었던 인물이다. 그런데 이 새 회사가 오래지 않아 싱가포르와 말레이시아에 배급망을 갖고 있던 캐세이 그룹의 지원을 받으면서, 쇼의 시장 독점권이 그만 무너져 버리고 만 것이다.

처음에 좀 부진한 듯하던 골든 하베스트는 리샤오룽의 「당산대형(唐山大兄)」(로웨이, 1971)으로 드디어 돌파구가 열리기 시작했다. 이 영화는 300만 홍콩 달러의 입장료 수입을 올리며 흥행의 신기원을 이룩했다. 이 작품은 또한 영화의 중심을 무술에서 배우로 바꾸어 놓은 계기도 되었다. 새로운 무협 영화의 자연스러운 결과라 할 수 있는 쿵푸 영화는 1970년대 홍콩 영화계를 석권함은 물론, 세계 시장에까지 영향을 미쳤다. 이 장르의 인기로 홍콩 영화계는 드라마보다 액션을 높이 사고 흥행의 주도권이 여배우에서 남배우로 옮겨 가는 근본적이고 항구적인 변화를 맞게 되었다. 그 여파로 할리우드를 앞지른 홍콩 영화의 기세는 1990년대까지 계속되었다(50퍼센트에서 70퍼센트의 시장 점유율을 보였다).

1973년에 찾아온 리샤오룽의 사망과 기회주의적 제작자들의 과도한 선정성으로 쿵푸 영화도 점차 쇠퇴 징조를 보이기 시작했다. 하지만 대만에서 만들어진 장체의 초기작 「대결투Heroes Two」(1973)와 「소림 제자(紅拳小子)」(1974)로, 이 장르는 다시 한 번 소생할 기미를 보였다. 이 두 작품에서 장체는 소림 권법의 전설을 소개하면서 격투 장면과 스타일을 극도로 세밀하게 표현해 냈다. 이러한 요소들은 장 영화의 무술 감독을 맡았던 류자량이 이후 감독으로 변신하면서 새로운 정점을 맞게 되었다. 그는 쿵푸 10년사를 빛낸 가장 뛰어난 감독이자, 스튜디오 시스템하에서 활동한 유일한 〈작가〉 감독이었다. 1985년, 쇼를 떠날 때까지 류는 「육아채와 황비홍(陸阿采與黃飛鴻)」(1976), 「야비한 호(爛頭湖)」(1979)와 같은 고전물을 비롯한 17편의 작품을 만들었다. 무협 영화의 또 다른 대가인 후진취안은 활동하기가 좀 더 수월한 대만으로 옮겨 가 그의 대표작이라 할 만한 「협녀(俠女)」(1972)를 비롯한 여러 편의 작품을 그곳에서 더 만들었다.

〈광둥 어〉 영화의 부활

1960년대 후반에서 1970년대 초반까지 이어진 무협 영화와 쿵푸 영화의 인기는 자본주의와 물질주의가 전면적으로 확산기에 접어들고 있던 당시의 홍콩 상황이 빚어낸 결과였다. 분위기 자체가 감각적 즐거움과 짜릿한 흥분을 찾고 있었다. 하지만 1973년의 주식 시장 붕괴로 경기가 후퇴하면서 영화 취향도 변하기 시작했다. 광둥 어로 더빙된 부패 풍자극 「72가구가 사는 집(七十二家房客)」(추위안, 1973)은 리샤오룽이 세웠던 흥행 기록을 갱신하며 토착 영화 부활에 일조를 했다.

쇼 브러더스의 「대군벌(大軍閥)」(리한샹, 1972)로 처음 영화에 데뷔한 마이클 휘는 골든 하베스트로 적을 옮긴 뒤, 홍콩 영화사에 길이 남을 코미디언으로 대성했다. 그의 감독 데뷔작 「귀마쌍성(鬼馬雙星)」(1974)은 「72가구가 사는 집」의 뒤를 이어 흥행의 신기록을 수립했다. 1970년대 말에 이르면, 전체 물량 중 만다린 어 영화가 차지하는 비중은 20퍼센트에 불과할 정도로 광둥 어 더빙 영화는 새로운 유행이 되었다. 그 점에 있어서는 또 텔레비전의 역할을 간과할 수 없는 것이 만다린 어 영화가 일색을 이루고 있던 지난 몇 년간 텔레비전만은 광둥 어 방송을 계속하여, 그것이 결국 광둥 어 영화 시장을 살린 셈이기 때문이다. 또한 마이클 휘의 첫 TV 출연작인 「휘 브러더스 쇼Hui Brothers' Show」(1970)의 개그 쇼 포맷은 1970년대의 에피소드 극 형태와 홍콩 영화의 〈즉석 포만감*instant gratification*〉 측면에 상당한 영향을 미쳤다.

쿵푸 액션 장르 외에 또 다른 유행을 불러일으킨 것이 광둥 어 코믹 풍자 영화이다. 그런데 묘하게도 이것은 옛 광둥 어 영화의 부활로까지는 이어지지 않았다. 모든 작품은 일단 기존 제작 시스템(예전의 만다린)하에서 만들어지고, 대사 녹음(광둥 어가 됐건 만다린 어가 됐건)만 나중에 하는 방식으로 이루어졌다. 두 영화를 위한 별도의 배급망이나 극장 시설이 되어 있지도 않았고, 방화와 외화 간의 관람료도 예나 지금이나 변함없이 똑같았다. 이것은 즉, 2차 대전 이후 만다린 어 영화와 광둥 어 영화라는 이분법은 사실상 사라졌고, 새로운 홍콩 영화가 등장하여 1980년대를 장식하게 되었다는 말이다. 계몽적, 교육적인 예술 형태로서의 영화에 대한 믿음도 사라졌다. 오락을 제외한 1970년대 영화의 주된 흐름은 냉소주의였다. 비평가들조차 아연해 할 정도로 섹스, 폭력 영화가 봇물을 이루었다. 유혈 낭자한 피투성이 영화의 유행을 몰고 온 인물이 장체라면, 포르노 영화 장르를 도입한 감독은 「욕망의 전설(風月奇談)」(1972)을 시작으로 가벼운 포르노, 풍자, 코미디를 섞은 일련의 〈평유에(風月)〉 영화들로 대성공을 거둔 리한샹이었다. 인간의 기본 특질을 천박함으로 표현하고 있는 이들 영화는 광둥 어 코미디가 나아갈 방향을 예고하면서 1970년대 영화 문화의 한 풍조를 만들어 냈다.

1970년대 말에 이르러, 홍콩 영화계에는 쿵푸 영화와 1970년대 초의 사회 풍자극을 혼합한 일종의 하위 장르로 소위 쿵푸 코미디라는 것이 등장했다. 류자량에 이어 홍진바오, 위안허핑 같은 무술 지도자들이 이 장르의 감독으로 데뷔했다. 청룽은 위안허핑의 「취권(醉拳)」(1978)으로 일약 스타덤에 오른 배우이다. 쿵푸 코미디는 속어, 익살, 특정 그룹에만 통용되는 조크*in-joke* 등의 기발한 말장난에 통쾌하고 유머러스한 액션을 결합한 영화라 할 수 있는데, 기회주의적이고 될 대로 되라는 식의 평범한 인물을 주인공으로 삼는 것이 특징이라면 특징이다. 이들 영화에서 보여 준 서로 등쳐 먹기식의 인간관계로 냉소주의는 새로운 정점을 맞게 되었다.

그런 약점에도 불구하고 쿵푸 코미디는 어린 시절부터 무술과 베이징 가극 등에서 혹독한 훈련을 받고, 옛 스튜디오 시스템하에서 엑스트라로 영화계에 발을 들이민, 예컨대 중국 전래의 풍부한 문화적 배경을 지닌 장인들의 영화라 할 수 있다.

현대

1979년에 별안간 나타난 〈뉴 웨이브〉 현상으로 홍콩 영화계는 홍콩 영화의 정체성 확립과 예술인과 전문인들이 영화와 텔레비전과 대중음악 사이를 자유롭게 넘나드는, 다시 말해 토착 문화의 완숙기임을 알려 주는 새로운 시대로 접어들었다. 〈뉴 웨이브〉 감독들은 홍콩에서 태어나 홍콩에서 교육받고, 서구의 영화 학교에서 실전 경험을 쌓은 뒤, 텔레비전에서 기량을 펼쳐 보인 다음 영화계에 입문한 사람들이 대부분이었다. 그렇다고 전통과 완전히 맥을 끊은 건 아니었지만, 쉬안화의 「비밀(瘋劫)」(1979), 쉬커의 「접변(蝶變)」(1979), 팡위핑의 「부자정(父子情)」(1980) 같은 뉴 웨이브 감독의 초기작들은 전임자들보다 분명히 세련된 시각 스타일과 서구화된 의식(현대 홍콩의 문맥 안에서)을 보여 주고 있다.

〈뉴 웨이브〉 감독들의 작품은 일반적으로 사실주의적 내용과 완성도 높은 영화 기법을 공통적으로 지니고 있다. 대부분의 작품이 현대적 배경에, 알렉스 청의 범죄 스릴러 「경찰과 도둑Dian zhi bing」(1979)처럼 인기 장르를 다루고 있다. 〈뉴 웨이브〉는 1960년대에 실패한, 서구적 장르에 의한 광둥 어 영화의 현대화 계획의 성공적인 재현이라 할 수 있다. 이들 감독들은 폭력과 선정성을 최대한 이용하여 상업성을 추구했고, 그런 요소를 주류 상업 영화에 통합시키는 방법으로 새로운 피를 공급하고 영화계의 변화를 촉진했다. 이들이 영화업계에 기여한 점은 많았지만, 그중에서 특히 중요한 것이 기술 수준의 향상이었다. 이들의 전문가적인 접근으로 각 분야, 특히 쿵푸 영화에서 자주 간과되었던 미술 분야의 직능별 한계는 더욱 분명해졌다.

그러한 점에서 쉬커는 〈뉴 웨이브〉의 대표 주자라고 할 수 있다. 3편의 작품에서 흥행 참패를 맛본 그는 시네마 시티 사Cinema City Company에 들어가 마침내 그의 첫 히트작

「귀마지다성(鬼馬智多星)」을 내놓았다. 이 영화에 이용된 현란한 영상과 빠른 속도의 편집은 시네마 시티 사의 후속작들에 커다란 영향을 미쳤다. 이 회사는 대형 스타의 기용, 막대한 제작비, 〈다양한 장르〉의 영화, 최첨단 광고 전략의 면에서 타의 추종을 불허했다. 뿐만 아니라, 판촉적 요소를 취합하고 각 장면의 코믹 효과를 극대화하기 위해, 대본 작업도 공동으로 했다. 당연히 이 회사의 전문 분야는 최대의 관객 동원을 목적으로 한 구경거리(스턴트), 트릭, 개그 등을 결합한 코미디가 주류를 이루었다.

과연 시네마 시티 사는 무서운 속도로 영화계를 정복했다. 「최가박당(最街拍撞)」(청지웨이, 1982)은 2600만 홍콩 달러의 흥행 기록을 세웠고, 이후 7년간 4편의 속편이 더 만들어졌다. 서구화된 현대적 도시 코미디는 일순간에 쿵푸 영화(역사적 혹은 중국 재래의 전통을 무기로)를 누르고 유행의 선두 주자로 올라섰다. 다른 영화인들도 발 빠른 움직임으로 시네마 시티의 성공에 편승했다. 특히 홍진바오와 청룽은 「오복성(五福星)」(1983), 「폴리스 스토리(警察故事)」(1985) 같은 새로운 장르를 개척하여 자신들의 입지를 더욱 확고히 했다.

업계

1986년, 쇼 브러더스의 폐업과 더불어 옛 스튜디오 시스템도 1980년대에는 종말을 고하고, 영화 제작은 이제 좀 더 융통성 있는 개별 제작 형태로 바뀌었다. 하지만 주요 자금원은 여전히 홍콩 영화의 배급권을 장악하고 있던 대형 3개 사(골든 하베스트, 시네마 시티의 후원자인 골든 프린세스, 그리고 쇼 브러더스의 극장 부문을 인수한 D. & B.)가 쥐고 있었고, 그런 연유로 이익 분배 조건도 이들 배급사에 전적으로 유리하게 되어 있었다(광고비는 제작사가 부담하고 이익의 60퍼센트를 이들 배급사가 차지했다). 3개 영화사가 거느리고 있는 극장 규모는 영화인들에게 커다란 압박감으로 작용하여, 지극히 상업적인 주류 영화밖에 만들 수 없도록 이들을 옥죄었다.

제4, 제5의 배급사 설립(1988년의 뉴포트, 1993년의 만다

아찔한 폭력과 스타일이 결합된 우유썬 감독의 「첩혈속집(喋血續集)」(1992)에서 저우룬파가 량차오웨이를 위협하는 장면.

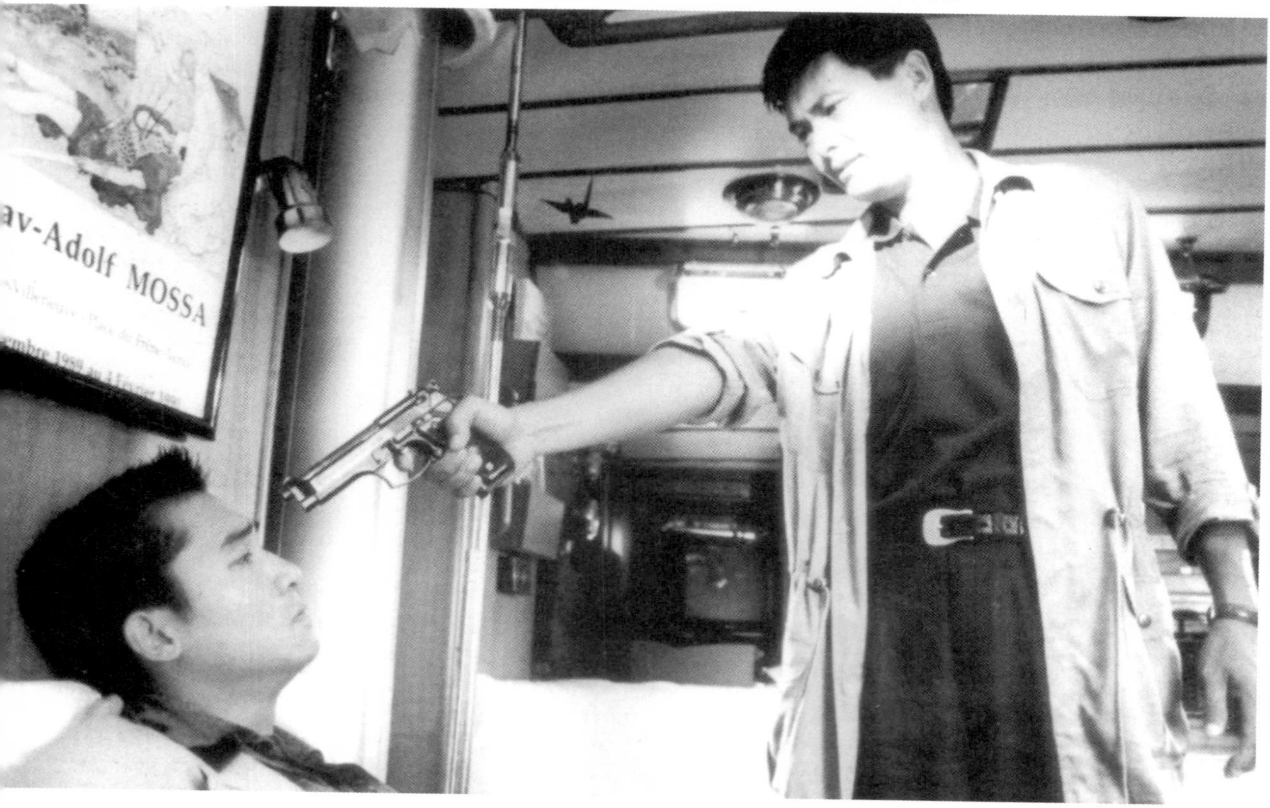

린)도 1980년대 말에 늘어난 극장들 때문에, 상황 호전에는 별무신통이었다. 호전은커녕, 영화 제작은 늘어나는데 관객의 신뢰도만 떨어뜨리게 될 평균 이하의 저질 영화만 범람하면서 상황은 더욱 악화되기만 했다. 영화 1편당 시장 점유율은 대폭 줄어들었고, 이러한 상황은 특히 수익성을 기대하고 1990년대에 주류에서 이탈한 독립 영화사들에게 더욱 심각했다.

이러한 영화 제작 편 수의 증가는 대만으로부터의 외자 유입 없이는 불가능했다. 다시 말해 이것은 대만의 경제 소생과 더불어 그곳의 기민한 투자가들이 대만의 영세한 영화계를 피해 수익성 좋은 홍콩에 돈을 쏟아 부은 결과 나타난 현상이었다. 그런 면에서 1988년에 6600만 명까지 치솟았던 관람객 수가 연간 25퍼센트의 감소율을 보이고 있는 것은 1980년대에 홍콩 영화가 해외에서 누렸던 막대한 성공의 간접적 결과라 할 수 있다.

새로운 장르?

서구에서 들여온 특수 효과 장비와, 20여 년에 걸친 쿵푸 영화 제작에서 얻은 노하우를 밑천으로, 이 시기의 홍콩 영화는 뛰어난 액션 스턴트들과 화려한 시각 효과를 만들어 낼 수 있었고, 그런 요소들이 가장 효과적으로 구현된 곳이 청룽, 쉬커, 우유썬의 작품들이었다. 이들 영화는 일본, 한국과 같은 새로운 시장의 개척은 물론, 미국과 유럽에서의 개봉으로까지 이어졌다.

장르 발전 면으로 보면 홍콩 영화의 현대기는 1970년대의 주요 경향인 쿵푸와 코미디의 연장선상에 있다고 할 수 있다. 영상의 세련미와 도시적 배경을 제외하면, 홍콩 영화의 주 장르는 여전히 무협 액션과 코미디에 머물러 있다.

현대 홍콩 영화의 특징은 내용 전체가 코미디를 위한 수단으로 이용되는 장르의 결합에 있고, 이런 현상은 시장과 관객을 어떻게든 많이 확보하려는 업계의 노력에 그대로 반영되고 있으며, 시네마 시티의 뒤를 따라 제작비가 폭등함으로써 더욱 절실해졌다. 과도함, 무질서, 빠른 리듬감, 개그로 이루어진 익살극이 대부분인 코미디 영화는 여전히 압도적인 인기 장르로 남아 있다.

뉴 웨이브 감독들로부터 시작된 쿵푸 영화의 다른 장르로의 개조와 발전 과정은 대단히 복잡한 양상을 보여 주었다. 이들의 범죄 스릴러 초기작들은 할리우드의 영향을 더욱 강하게 받아, 대로에서 직접 촬영을 감행함으로써 관객에게 신선함을 주는 데 성공했다. 청룽도 도시 영화로 방향을 선회하면서 같은 장르를 선택했으나, 기본적으로 그것은 전통 쿵푸 권법으로 〈정장〉한 위에다가 껍데기만 현대 의상을 걸친 격이었다. 쿵푸 영화의 대표적 하위 장르는 현대판 무협 영화, 즉 우유썬의 「영웅본색(英雄本色)」(1986)으로 시작되는 소위 〈영웅 영화〉였다. 하지만 칼싸움에서 총싸움으로 모양만 바뀌었을 뿐, 쿵푸 영화에서 강조된 명예, 동지애, 의리와 같은 주제는 변함없이 그대로 사용되었다. 그럼에도 불구하고, 쿵푸 권법으로부터 총싸움, 폭발, 액션 스턴트로의 성공적인 개조는 그 어느 것과도 비교될 수 없는 독특한 스타일의 폭력 미학을 만들어 냈다. 우유썬 감독, 제임스 룽과 존 청의 미술, 윙윙행의 촬영이 만들어 낸 그야말로 아찔할 정도의 폭력 스펙터클 「첩혈속집(牒血續集)」(1992)은 그런 특징이 가장 잘 드러난 작품이었다.

1980년대에는 또한 요정과 악마, 미신, 운명론, 초자연적인 현상 등에 관한 모든 요소를 포괄하는 귀신 영화가 인기 장르로 떠올랐다. 이 장르에는 호러, 코미디, 쿵푸, 특수 효과, 서스펜스, 멜로드라마의 모든 요소가 총망라되어 있다. 귀신 영화 발전에는 최첨단 특수 효과의 막대한 투자에 힘입은 제작 수준의 향상이 큰 도움이 되었다. 대표작으로는, 홍진바오의 작품들과 청샤오둥의 「천녀유혼(倩女幽魂)」(1987) 등이 있다.

1980년대 초의 이 같은 귀신 영화의 인기는 미래의 불확실함에 대한 홍콩인들의 두려움으로 해석될 수 있다. 곧 다가올 1997년 중국으로의 이양은 홍콩인들을 근심과 불안에 잠기게 했다. 귀신 영화 장르의 특징인, 영혼, 귀신, 미신적 운명론은 홍콩인들의 불안감을 그대로 반영한 것이다.

참고문헌

Teo, Stephen(1996), *Hong Kong Cinema: The Extra Dimension*.

대만의 뉴 시네마

준 입

대만 영화 하면 서구에서는 세계 시장에서 홍콩 영화와 한동안 경합을 벌였던, 쿵푸와 그 외의 다른 액션 영화의 대명사로만 알려져 있지만, 알고 보면 대만은 허우샤오셴으로 대표되는 〈대만 뉴 시네마〉 운동의 본거지이기도 하다.

1980년대 초에 시작된 뉴 시네마 운동은 1970년대에 대만을 휩쓴 〈뿌리 찾기〉 문화 민족주의의 정점으로 받아들여졌다. 1980년대가 대만으로서는 미국, 일본을 비롯한 우방국들의 일방적인 외교 단절, UN으로부터의 제명, 올림픽 참여 배제라는 일련의 당혹스러운 정치적 패퇴로 시작된 매우 중대한 변화의 시기였다. 이를 계기로 대만은 자기반성의 시대로 접어들었고, 그것은 부분적으로 민족성에 대한 각성, 토착 문화 전통에 대한 새로운 관심, 〈향토〉 혹은 토착 문학의 등장으로 극명하게 드러난 사회 정치적 자각의 개화 현상으로 나타났다. 〈대만을 중심으로〉의 기치를 내건 〈향토〉 문학은 본토 망명 작가들의 향수 어린 문학, 서구의 영향을 받은 지식인 문학, 당시의 현실 도피적 통속 소설로부터의 단절을 선언하고, 전후 대만인들이 겪은 사회 문화적 변화에 초점을 맞추었다.

많은 점에서, 대만의 뉴 시네마는 이러한 향토적 전통의 계승자라고 할 수 있다. 뉴 시네마의 〈탄생〉을 예고한 2편의 혼합 영화 중 하나인 「아들의 커다란 인형(兒子的大玩偶)」(1983) 역시 대만의 대표적 〈향토〉 작가 황춘밍의 단편 소설 3편을 각색한 작품이다. 문학의 전례를 따라 뉴 시네마 운동도 기존의 전통으로부터의 일탈을 주요 특징으로 하고 있다. 1970년대의 대만 영화는 거의 아사 상태에 빠져 있었고, 그 책임은 어느 정도 정부의 엄격한 검열에 있었다. 그로 인해 사회 정치 문제를 깊이 있게 다룰 수 없었던 할리우드 스타일의 상업 스튜디오들은 판타지 오락 영화 — 주로 현실 도피적인 검술, 무협, 판에 박힌 멜로드라마, 사춘기 연애 영화 — 만을 양산해 냈고, 머지않아 그것들은 미국, 일본, 홍콩 영화(비디오)들에 주도권을 빼앗기면서, 흥행의 참패만이 아니라 방화에 대한 대중의 신뢰까지 잃는 결과를 초래했다. 제작상의 규제가 빚은 이 같은 결과는 1980년대 초에 이르러, 업계도 살리고, 잃었던 관객도 되찾고, 방화에 대한 체면을 살릴 필요성이 제기됨에 따라 약간이나마 풀리게 되었다.

이 문화 자유화의 주된 수혜자는 1940년대 말에서 1950년대 초에 태어나 미국에서 공부하고, 1980년대 초에 영화계에 막 발을 들여놓은 젊은 영화인들이었다. 그들은 이 기회에 기술적 혁신뿐만 아니라 현대 대만을 압박하고 있는 사회 문화적 어려움까지도 함께 다루는 영화를 만들려고 했다. 1947년 중국 본토 광둥 성 태생인 허우샤오셴은 1949년 공산당이 정권을 인수하자 가족과 함께 대만으로 탈출한 감독으로, 뉴 시네마의 다른 동료들과 마찬가지로, 51년간의 일본 점령에서 벗어나 국민당 정권과의 조화를 거쳐 농경 사회에서 도시 산업 사회로 변모한 대만의 발전 과정을 직접 체험한 세대에 속했다. 하지만 허우는 해외 유학파는 아니었고 1973년부터 시나리오 작가, 제작 보조, 조감독 등 스튜디오의 여러 잡다한 일을 하며 잔뼈가 굳은 사람이었다. 상업 영화로 만들어진 그의 첫 세 작품은 그리 중요하게 받아들여지지 않았다.

그의 네 번째 작품이자 도약의 계기가 된 「아들의 커다란 인형」으로 마침내 허우는 돈벌이 영화의 부담에서 벗어나 자기만의 목소리를 찾기 시작했다. 이어서 나온 「펑구이에서 온 소년(風櫃來的人)」(1983), 「둥둥의 여름 방학(冬冬的假期)」(1984), 「동년왕사(童年往事)」(1985) 역시, 빠른 편집의 액션 중심 오락 영화와는 완전히 차원이 다른, 그만의 독특한 스타일을 보여 주었다. 허우의 이야기 전개 방식은 사소한 일상을 느긋하게 바라보는 방법으로 극적 긴장감을 도외시하고, 삐딱하면서도 간결하게 이끌어 가는 것을 특징으로 하고 있다. 촬영은 미디엄이나 롱 숏으로 최소한의 카메라 움직임만을 이용한 사념적 롱테이크를 선호한다. 사운드트랙이나 화면 밖 공간을 자유자재로 이용하는 능란함까지 과시하며, 등장인물이 들어오기 전이나 방금 떠난 빈방을 카메라가 그냥 멀거니 비추는 기법은 그가 특히 애용하는 방식이다. 허우와 가장 빈번히 비교되는 감독이지만 허우 본인은 그런 영향을 부정하는 일본의 오즈 야스지로와 마찬가지로 허우도 시골 풍경, 을씨년스러운 복도, 쓸쓸한 기차역, 적막한 당구장, 텅 빈 식당 등의 모습을 카메라에 담기를 좋아했다. 그의 영화 스타일은 중국의 고전 시, 전통 풍경화, 불교 미술에 흔히 비교되어 왔다.

대만에서 현대인이 된다는 것의 의미는 허우의 영화에서 계속 반복된 또 하나의 중심적 테마이다. 그의 첫 걸작이라 해도 좋을 「동년왕사」는 한 개인의 성장담을, 1949년 국민당 정부의 대만 망명으로부터, 수십 년에 걸친 그들의 유사 식민 통치, 그리고 점차 사그라지는 본토 귀환에의 꿈으로 이어지는 현대 대만인의 삶의 뿌리를 고찰하는 차원으로까지 끌어올린 작품이다. 「펑구이에서 온 소년」, 「둥둥의 여름 방학」, 「연연

대만의 허우샤오셴이 감독한 「비정성시」(1989). 1989년 베네치아 영화제에서 황금사자상을 수상했으나 중국 정부의 항의로 대만 국기는 게양되지 못했다.

풍진(戀戀風塵)」(1987)은 모두 대만의 급속한 도시화가 야기시킨 사회적 긴장감, 특히 산업화된 도시인들의 가치관 및 생활 방식과 농촌 사람들의 그것과의 격차를 다룬 작품들이다. 「나일의 딸(尼羅河的女兒)」(1987)은 도시를 배경으로 한 허우의 몇 안 되는 작품 중 하나이지만, 정신없이 변해 가는 사회 속의 젊은이들 문제를 주제로 하고 있다는 점에서는 다른 작품들과 별반 다를 것이 없다. 이 작품은 일본과 미국의 문화 제국주의에 의한 전통적 가치의 붕괴라는 문제를 제기한 영화이다.

1989년 그의 야심작 「비정성시(悲情城市)」가 베네치아 영화제 황금사자상을 수상함으로써 허우의 국내외적 입지는 완전히 굳어지게 되었다. 허우의 작품치고는 가장 역사적이라 할 수 있는 이 영화는 일본 통치가 끝나고 국민당 정부가 들어선 1945년에서 1949년 사이의 격변기를 대만의 어느 대가족 이야기를 통해 그린 작품이다. 이 영화는 또, 정부와 국민 간에 빈번하게 야기되는 적대적 관계, 본토인과 대만인들 간의 계속되는 긴장 등 현대 대만 사회가 안고 있는 문제점을 이해하기 위해서는 반드시 알아야 할 대만의 역사를 복구함으로써 국가의 정체성을 찾으려 한 시도이기도 했다. 「비정성시」는 국민당의 부당한 정책에 항거하는 대만 토착민들을 무자비하게 탄압한 저 악명 높은 1947년 2월 사건을 중심으로, 국민당의 정권 인수와 더불어 시작된 부패, 탐욕, 야만성 등을 숨김없이 드러냄으로써, 대만 내에 상당한 논란을 불러일으켰다. 해방 후 막 움트려던 대만의 민족주의 운동은 섬 전역에서 자행된 수만 대만인들의 살육 속에 그렇게 사라져 갔다.

「비정성시」는 허우가 계획한 대만 역사 3부작의 중간에 해당하는 작품이다. 「희몽인생(戱夢人生)」은 대만의 과거사를 계속해서 다루고 있기는 하되, 연대기적으로는 「비정성시」를 앞서 있다. 다큐멘터리와 픽션이 반반씩 섞인 이 작품은 「연연풍진」 이후 허우의 모든 작품에 출연한 꼭두각시 인형극의 대가 리티엔루의 다채로운 인생 역정을 통해 대만인의 삶을 고찰한 작품이다. 이 영화는 1993년 베를린 영화제 금곰상 공동 수상의 영예를 안았다. 3부작 중의 마지막인 「호남호녀(好男好女)」는 1947년 2월 사건 이래 죽 수감 생활을 해온 정치범이 풀려나고 보니 1980년대 계엄령 이후의 대만 사회에 있더라는 립 밴 윙클식의 이야기 구조로 되어 있다. 현대적 복합문화 도시로 변한 대만 사회에 적응해 가는 그의 이야기는 허우샤오셴이 바라보는 대만의 현대사이자, 대만과 대만 영화의 정체성 확인에 기여한 그의 노력을 반증하는 것이기도 하다.

참고문헌

Chiao Hsiung-p'ing(ed.)(1988), *T'ai-wan hsin tian-ying*.

Li You-hsin(ed.)(1986), *Kant-t'ai liu-ta tao-yen*.

Stanbrook, Alan(1990), "The Worlds of Hou Hsiao-hsien".

일본 영화의 현대화

고마쓰 히로시

유성 영화가 무성 영화를 대체하기 시작한 1930년대 중반부터 일본의 스튜디오들은 할리우드 시스템을 모방하기 시작했다. 그 모방은 제도만이 아니라, 모든 테크닉을 이야기 전개를 위한 수단으로 이용하여 특별한 감정을 도출해 내는 내러티브 전개 방식에 기초한 영화의 형식에도 해당되는 말이었다. 하지만 이러한 시스템이 전후 일본 영화를 지배하긴 했지만, 이 방법만이 획일적으로 사용된 것은 아니었다. 미조구치의 영화들은 그것으로부터의 이탈로 볼 수 있고, 구로사와의 「라쇼몽」(다이에이, 1950)은 그것과의 완전한 단절이었다. 「라쇼몽」은 줄거리의 〈사실〉뿐 아니라, 같은 사건에 대한 다각적이고 상충적인 관점을 제시함으로써, 수많은 해석의 여지를 남기며 관객의 적극적 참여를 요구했고, 그런 점에서 일본 영화에 현대의 개념을 도입한 최초의 영화였다.

일본 영화의 현대화는 먼저 내용상의 변화로 나타났다. 이시하라 신타로의 소설을 영화화한 닛카쓰 사의 「태양의 계절(太陽の季節)」(후루카와 다쿠미, 1956)은 현대 젊은이의 분노라는 주제를, 구세대에 대한 청소년의 반항을 노골적으로 묘사하는 방법으로 다룬 작품이다. 이 작품은 형식면에서는 그다지 혁신적이지 않았지만, 고전적 내러티브 방식을 이용함으로써, 새로운 도덕과 행위로 대변되는 전통에 대한 도전에 관객의 주의를 집중시키고 있다. 같은 해 닛카쓰는 이시하라의 새 소설을 각색한 「일그러진 과일(狂るった果實)」(나카히라 고, 1956)을 만들어, 니컬러스 레이의 「이유 없는 반항」과 잉마르 베리만의 「모니카와 함께 여름을」과 비슷한, 〈성난 젊은이〉 영화 장르를 만들어 냈다. 그러나, 이들 작품은 이시하라 문학의 특징인 부르주아의 이상주의를 그대로 반영하여, 계급의식의 차원은 완전히 무시한 채, 젊은이의 반항을 상상의 세계 속에서만 다루고 있다. 사실주의가 결여된 이러한 경향은 앞으로 수년간 닛카쓰 청춘 영화와 액션 영화의 중요한 요소가 된다.

그 후 1950년대에 들어 닛카쓰는 좀 더 젊은 세대에 초점을 맞추고 또 그들을 겨냥한 새로운 장르의 개발로 일본 영화를 현대화시키려 했다. 하지만 대중적인 인기에도 불구하고 그런 작품들은 B급 영화의 수준에 머물며 지속적인 관심을 이끌어 내는 데는 실패했고, 그 원인은 주로 스튜디오들의 감독에 대한 제약과 관련이 있었다. 유능한 감독들은 이 장르에 전혀 관심을 보이지 않았고, 이 장르로 배출된 감독도 없었다. 딱 한 사람, 닛카쓰의 액션 영화를 발판으로 영화감독이 된 스즈키 세이준만이 예외였다. 1956년에서 1963년 사이에 그는 B급 영화로 분류되긴 하지만 당시의 다른 작품들과는 뚜렷이 구분되는 일련의 액션 영화를 만들었다. 그는 액션 영화 장르의 틀에 박힌 이야기 구조를 정교한 인공적 이미지로 갈고 닦았을 뿐 아니라, 멋들어진 촬영의 배합과 독특한 미장센의 사용으로, 지극히 평범한 액션 영화를 특별한 어떤 것으로 만드는 데 성공했다. 1964년부터는 B급 영화에서 좀 더 발전하여 문학 작품의 영화화도 시도했으나, 액션 영화에서 확립한 스타일만은 계속 지켜 나갔다. 시간이 가면서 스즈키는 일반적인 방식이었다면 분명했을 내용을 미궁 속에 빠지도록 한, 갱스터 영화 「살인의 낙인(殺しの烙印)」(닛카쓰, 1967)에서처럼 합리적이고 논리적인 이야기 비중을 점차 줄여 가기 시작했다. 그런 식으로 복잡성과 난해함을 더해 가더니만 급기야 1968년 닛카쓰에서 해고되고 말았다.

닛카쓰 청춘 영화가 상상 속의 부르주아적 환경에 머물러 있는 동안, 같은 회사 소속의 이마무라 쇼헤이는 전혀 새로운 하나의 환경을 만들어 냈다. 이마무라는 본래, 쇼치쿠 사에서 오즈 야스지로의 조감독으로 있었으나, 가와시마 유조와 같이 일하려고 닛카쓰로 옮겨 왔다. 1958년에 데뷔작을 낸 이래 이마무라의 관심은 늘 일본 부르주아지 사회의 뒤편에 남겨진 세계와 그 속에서 정력적으로 살아가는 사람들에게 가 있었다. 그의 영화는 사실주의적 방법에 좌우되지 않는다는 점에서, 닛카쓰 액션 영화들과는 근본적으로 차원을 달리했다. 영화 속에 나오는 이상한 사람들을, 민족지학적이고 사회학적인 관심과 가와시마에게서 물려받은 유머를 혼합하여, 만화식으로 묘사한 것이 그 좋은 예이다. 이 시기에 나온 그의 영화들은 닛카쓰 같은 메이저 영화사들 작품보다는 오히려 독립 영화사 작품들과 비슷한 점이 많았다. 「일본 곤충기(にっぽん昆蟲記)」(닛카쓰, 1963)를 끝으로 이마무라의 관심은 성으로 이동하여, 이후 그의 영화들은 모든 이들에게 잠재해 있다고 믿는 성적 충동을 주 내용으로 하게 되었다.

우라야마 기리로는 닛카쓰에서 사회적 메시지를 담은 사실주의 영화를 주로 만든 감독이다. 처음에 그는 이마무라의 조감독으로 있다가 1962년에 데뷔작을 만든 이후 줄곧 청춘 영화에 치중해 왔다. 하지만 「용광로가 있는 거리(キュポラのある町)」(닛카쓰, 1962)와 「불량 소녀(非行少女)」(닛카쓰,

1963) 같은 작품들은 정치적 요소를 담고 있다는 점에서 판에 박힌 닛카쓰 영화들과는 분명히 달랐다. 1960년대 말이 되면서 이마무라와 우라야마 두 사람은 영화에 형이상학적 요소를 도입하기 시작했다. 닛카쓰에서 만든 우라야마의 마지막 작품「내가 버린 여자(私が捨てた女)」(1969)는 한 여자를 버린 어느 남자의 주관적 경험을 집중적으로 다룬 작품이다. 환각적 장면까지 포함된 극도로 내성적인 이 작품은 그러나 닛카쓰 중역들에게 너무 추상적인 것으로 받아들여졌다. 영화사 관계자들은 자사 영화에 그런 실험적 요소가 들어 있는 것을 달가워하지 않았다. 그들은 감독이 장르의 규범을 따르고, 회사가 정한 규칙의 한계 내에서 활동해 주기를 원했다. 실험 영화를 만들려는 감독은 따라서 보수적인 회사 중역들과 끊임없는 마찰에 시달려야 했고, 그 같은 싸움에서 감독은 늘 지게 마련이었다. 이마무라도 예외는 아니었다. 대형 영화사에서는 원하는 작품을 만들 수 없다는 것을 깨달은 그는 「붉은 살의(赤い殺意)」(1963)를 끝으로 닛카쓰를 떠나 자신의 독립 영화사를 설립했다.

1950년대의 독립 영화사 대부분은 사회주의 동조자 그룹에 의해 설립되었다. 이마이 다다시와 야마모토 사쓰오 같은 감독들은 정치적 메시지를 담은 영화들을 만들었다. 그들은 영화 형식의 개발 같은 것에는 관심이 없었고, 따라서 아방가르드라고는 말할 수 없었다. 변화는 새로운 독립 영화사들이 대형 영화사들은 만들 수 없는, 다시 말해 특정 당의 정치적 메시지보다는 일본 영화의 경계 확장을 우선으로 하는 영화를 만들기 시작한 1960년대에 찾아왔다. 소위 일본의 뉴 웨이브는 그런 신설된 독립 영화사들 속에서 태어났다.

메이저 영화사들의 위기

1960년도에 일본에는 닛카쓰(日活), 다이에이(大映), 도호(東寶), 도에이(東映), 쇼치쿠(松竹), 신도호(新東寶)의 6개 메이저 영화사가 있었다. 이 중 신도호는 흥미 위주의 영화만을 만들다 끝내 시장의 벽을 허물지 못하고 1961년에 파산함으로써 1961년에는 5개의 영화사만 남게 되었다.

1950년대 말부터 닛카쓰는 청춘 영화와 액션 영화 장르가 주종을 이루었다. 구로사와의 「라쇼몽」, 미조구치의 「우게쓰 이야기」(1953), 「지카마쓰 이야기(近松物語)」(1954), 나루세 미키오의 「번개(稲妻)」(1952), 기누가사 데이노스케의 「지옥문(地獄門)」(1953), 요시무라 고자부로의 「밤의 강(夜の川)」(1956) 같은 1950년대의 일본 영화의 고전들은 주로 다이에이 사에서 만들어졌다. 다이에이 사는 마스무라 야스조와 같은 젊은 감독들을 양성했고, 이치카와 곤에게 「불꽃(炎上)」(1958), 「들불(野火)」(1959), 「남동생(おとうと)」(1960)과 같은 일련의 문예물을 만들게 하여, 미조구치 겐지의 타계(1956년)로 생긴 예술 영화 분야의 공백을 메우려고 했다.

도에이 사는 1957년부터 와이드스크린 영화 제작에 주력

연애와 복수를 기둥 줄거리로 하여 일본 영화계에 청춘 영화의 보급을 시도한 나카히라 고 감독의 「일그러진 과일」(1956).

구로사와 아키라 (1910~1998)

「7인의 사무라이」(1954).

구로사와 아키라의 「라쇼몽」(1950)이 1951년 베네치아 영화제 황금사자상을 수상함으로써, 일본 영화도 마침내 서구 영화계에 진입하게 되었다. 「라쇼몽」은 귀족에 대한 산적의 공격이라는 동일한 사건을 4개의 이야기로 구성한 작품인데, 일본적 배경에도 불구하고 영화의 주제는 지극히 서구적인 것을 다루고 있다. 일본적 요소와 서구적 경향의 이러한 결합은 구로사와 영화의 한 특징으로, 향후 그가 서구에서 각광받는 하나의 요인으로 작용했다.

이미지를 통해 이야기를 전개시키는 구로사와식의 역동성은 늘 주제에 대한 그의 인본주의적 접근법과 함께해 왔다. 사회적 문제와 인간성에 대한 매혹은 구로사와의 전 세계를 형성하면서, 폭력적 봉건 서사극과 현대극 간의 연결 고리로 사용되었다. 데뷔작 「스가타 산시로」(1943)에서도 명백히 보여 주었듯이, 구로사와는 누구도 흉내 낼 수 없는 독특한 방법으로 강렬한 허구적 세계를 창조해 내는 감독이다. 사실주의적 묘사와 로맨틱한 순간의 드문드문한 결합을 통해 클라이맥스에 이르게 하는 그의 이야기 구성 체계는 「들개」(1949)에서 유럽과 할리우드가 혼합된 서구적 스타일의 고전적 완벽함을 보여 줌으로써 완성되었다. 구로사와 영화의 형식은 태반이 서구적 스타일의 몽타주에 토대를 두고 있다. 「호랑이 꼬리를 밟은 남자들(虎の尾を踏む男たち)」(1945)과 『멕베스』를 각색한 「거미집의 성」(1957)에서처럼, 노(能)나 가부키(歌舞伎) 같은 일본 전통 예술을 사용할 때조차 형식만은 서구식을 취하고 있다. 구로사와는 도스토예프스키, 고리키, 셰익스피어와 같은 외국 문학 작품을 영화화해, 비일본적 주제에 대한 그의 관심을 분명히 하고 있다.

하지만 외국 문학에 대한 지적인 세계관이 구로사와가 추구한 모든 것은 아니었다. 그는 오락으로서의 영화도 개발했고, 특히 존 포드의 작품을 비롯한 할리우드 영화의 영향을 강하게 받았다. 존 포드가 서부극을 통해 표현한 것들을 구로사와는 「7인의 사무라이」(1954), 「숨겨진 요새의 세 악인」(1958), 「요짐보」(1961), 「쓰바키 산주로」(1962)와 같은 〈시대극〉의 형태로 표현했다. 「요짐보」, 「7인의 사무라이」 같은 사무라이 영화는 이후 세르조 레오네와 존 스터지스에게 영향을 주어, 그들로 하여금 구로사와, 미국 장르 영화, 유럽 예술 영화의 잡탕인 「황야의 무법자」(1964)와 「황야의 7인」(1960)을 각각 만들게 했다.

인간애는 처음부터 구로사와 세계관의 토대를 형성하며, 그의 영화의 중심 테마가 되어 왔고, 그것이 가장 극명하게 드러난 두 작품이 괴테의 『파우스트』에서 영감을 받은 「인생」(1952)과 「붉은 수염」(1965)이다. 구로사와의 이 같은 인간애는 보편적인 것이었음에도, 일본 신예 감독들의 혁신적 작품과 해외 신세대 감독들의 영화가 일본으로 쏟아져 들어온 1960년대 말의 혼란스러운 사회 분위기 속에서는 어딘지 모르게 무정부주의적인 것으로 느껴졌다. 「도데스카덴」(1970)의 형식에서 드러난 난맥으로도 분명히 알 수 있듯이 당시 구로사와의 영화 예술은 진부한 것으로 받아들여졌고, 그의 창조력도 막다른 골목에 다다른 듯했다. 1971년 12월에 있었던 자살 시도도 그러한 예술적 문제와 관련지을 수 있다. 하지만 1975년 소련에서 만든 「데르수 우잘라」로 구로사와는 그런 문제들을 극복하고, 자신의 스타일을 서사적 형식으로 확장시키는 데 성공했다. 「가게무샤」(1980)와 「란」(1985)은 길이, 주제, 스펙터클의 모든 면에서 웅대함을 보여 준, 구로사와의 대표작으로 꼽히는 작품들이다. 그 후에는 예전에 볼 수 없던 좀 더 개인적인 시각으로 「꿈」(1990)과 「마다다요」(1993)를 내놓았다.

고마쓰 히로시

주요 작품

「스가타 산시로(姿三四郎)」(1943); 「들개(野良犬)」(1949); 「라쇼몽(羅生門)」(1950); 「인생(生きる)」(1952); 「7인의 사무라이(七人の侍)」(1954); 「거미집의 성(蜘蛛巣城)」(1957); 「숨겨진 요새의 세 악인(隠し砦の三悪人)」(1958); 「요짐보(用心棒)」(1961); 「쓰바키 산주로(椿三十郎)」(1962); 「붉은 수염(赤ひげ)」(1965); 「도데스카덴(どですかでん)」(1970); 「데르수 우잘라(デルスウザラ)」(1975); 「가게무샤(影武者)」(1980); 「란(亂)」(1985); 「꿈(夢)」(1990); 「마다다요(まだだよ)」(1993).

참고 문헌

Desser, David(1983), *The Samurai Films of Akira Kurosawa*.
Richie, Donald(1984), *The Films of Akira Kurosawa*.

했다. 오락적 〈시대극〉의 관객 동원 목표(특히 남성)가 주효하여 대단한 성공을 거둠에 따라 1960년대에 도에이 사는 일본에서 가장 번창하는 회사가 되었다. 하지만 그 성공은 주로 졸속으로 찍어 낸 평범한 장르에 의존한 것이었기 때문에, 도에이 사의 와이드스크린 〈시대극〉도 예술성 높은 작품이라고는 말할 수 없었다. 도에이 사는 또한 이토 다이스케, 다사카 도모타카, 우치다 도무와 같은 전전 거장들의 예술성 높은 작품들을 만들어 내기도 했으나, 혁신적인 아이디어를 가진 젊은 인재들에게는 기회를 제공해 주지 않았다.

그 점은 도호 사도 마찬가지여서, 나루세 미키오, 도요타 시로 같은 전전 감독들은 활발하게 활동할 수 있었지만, 젊은 감독들은 이곳에서도 역시 한계에 부딪혔다. 결과적으로 젊은 인재들이 기댈 곳은 닛카쓰와 쇼치쿠의 두 회사밖에 없었다. 독립 영화사에서 활동하던 몇 명의 젊은 감독들과 더불어 1960년대 일본의 뉴 웨이브를 주도한 감독들이 바로 이들이다.

닛카쓰에서 일찍이 재능을 개발한 젊은 감독들(스즈키 세이준, 이마무라 쇼헤이, 우라야마 기리로와 같은)은 예술적 비전의 확대를 위해 회사를 떠나기 시작했고, 쇼치쿠 사에서도 같은 현상이 벌어지고 있었다. 쇼치쿠 사는 아주 보수적인 회사여서 자사 작품의 성격을 아예 규정으로 정해 놓을 정도였다. 오즈 야스지로는 1년에 1편꼴로 이 회사 작품을 만들었으나, 그를 빼고 쇼치쿠 사에서 자율권을 보장받은 사람은 기노시타 게이스케밖에 없었다. 하지만 그도 꼭대기로부터의 간섭은 어쩌지를 못했다. 기노시타가 「나라야마부시코(楢山節考)」(1958)라는 약간 대담한 작품을 내놓자, 이 회사 사장인 고도 시로는 대번에 이 영화의 폭력성을 문제 삼으며 줄거리에 이의를 제기했다.

쇼치쿠의 보수주의는 닛카쓰와 타 영화사들이 성공적으로 진행하던 새로운 장르(액션 영화와 같은)로의 도전을 가로막는 요소로 작용했고, 그로 인해 쇼치쿠의 흥행 수입도 급격히 감소했다. 수익률이 떨어지면서 대형 영화사로서의 위치도 흔들리기 시작했다. 그런 위기감 속에서 1960년 쇼치쿠는 전통 영화는 계속 만들어 나가되, 젊은 감독들에게도 재량권을 부여한다는 새로운 방침을 마련했다. 이 방침의 주목적은 그동안 쇼치쿠 영화에 냉담했던 젊은 관객의 확보에 있었다. 오시마 나기사, 요시다 요시시게, 시노다 마사히로와 같은 소위 쇼치쿠 뉴 웨이브 감독이 일본 영화의 전면에 떠오르게 된 것은 바로 이런 배경에서였다.

오시마 나기사의 「청춘 잔혹 이야기(青春殘酷物語)」(쇼치쿠, 1960)는 이전의 청년 영화에서는 찾아볼 수 없던, 즉 가혹한 현실 속에 자기 파괴를 일삼는 젊은이들의 이야기를 그린 작품이다. 미일 안보 조약 반대 시위가 한창일 때 만들어져 정치적 요소도 약간 가미되기는 했지만, 기본적으로 이 영화의 메시지는 독립 영화사의 좌파 정치 영화와 달리 관객 스스로의 정체성과 독립심에 맞춰져 있고, 그런 점에서 아방가르드와의 경계에 있다고 할 수 있다. 강제 노동 수용소를 다룬 알랭 레네의 「밤과 안개」의 제목을 의도적으로 모방한 「일본의 밤과 안개(日本の夜と霧)」(쇼치쿠, 1960)는 쇼치쿠가 수용하기 힘들 정도로 정치적 의제를 영화의 중심으로 부각시킨 작품이다. 이 작품으로 오시마는 쇼치쿠를 떠날 수밖에 없었고, 이후로는 독립 영화사를 차려 주류 외곽에서 주로 활동했다.

요시다 요시시게의 「건달(碌で無し)」(1960)은 많은 점에서 오시마의 「청춘 잔혹 이야기」와 비슷한 작품이다. 네 학생의 범죄를 다룬 이 영화에서 요시다는 쇼치쿠의 전통적 이념을 파괴함으로써 새로운 종류의 드라마를 만들어 내려고 했다. 그다음 작품 「건조한 피(血は乾いてる)」(1960)도 역시 범죄 영화였지만, 도덕적인 구질서를 분해하여 파헤쳐 보려는 사회성 짙은 작품이라는 점에서 단순한 범죄 영화와는 차원을 달리했다. 시노다 마사히로의 「메마른 호수(乾いた湖)」(1960)도 대학생들을 주인공으로 한 작품이다. 쇼치쿠의 이들 세 감독은 그들이 속한 세대의 삶과 행동 양식에 영화의 초점을 맞춤으로써 현대 사회의 폭력적 현실을 폭로하려고 했다. 하지만 「일본의 밤과 안개」를 만든 바로 뒤 오시마가 회사를 떠나는 바람에, 쇼치쿠의 뉴 웨이브는 단명에 그치고 말았다. 요시다와 시노다는 1960년대 중반까지 쇼치쿠에 남아, 회사가 허용하는 한도 내에서 흥미로운 영화들을 계속 만들었다.

뉴 웨이브 감독 중에는 대형 영화사 주변에서 등장한 사람도 있었다. 하니 스스무는 교육 과학 영화를 주로 만들던 출판사 영화부인 이와나미 에이가(岩波映畵)에서 활동하던 사람인데, 바로 그런 이유로 주류 영화계 감독들의 스타일과는 판이하게 달랐다. 1961년 그는 다큐멘터리와 픽션을 혼합한 자신의 첫 영화 「불량 소년들(不良少年)」을 내놓았다. 갱생원 원생들의 삶을 다룬 이 작품에서 하니는 기성 배우 대신, 갱생원 출신의 소년들을 기용하여 즉흥 연출 방식을 이용했다. 이 같은 다큐멘터리 방식은 그의 후속작들에 계속 이용되면서 극영화의 새로운 형식으로 받아들여지게 되었다. 이 방식은

오시마 나기사 (1932~2013)

사회 비평가, 정치 선동가, 그리고 지금은 텔레비전의 유명 인사로 자리 잡은 오시마 나기사에게 있어 영화는 늘 그가 추구해 온 문화 전략의 일부일 뿐이었다. 같은 맥락에서 그의 영화는 전통 영화의 범위에 머물러 있지 않았다. 작품 속에서 오시마의 관심은 허구적 줄거리의 전개 방식인 환영의 경계를 넘어서는 것이었고, 그러한 태도는 그를 1960년대 일본 아방가르드의 선두 주자로 나서게 하여, 일본 영화사의 가장 영향력 있는 인물의 한 사람이 되게 했다.

그의 데뷔작 「사랑과 희망의 거리」(1959)는 쇼치쿠에서 제작된 것이었던 만큼 그 회사의 공식에 완전히 부합되는 것이어야 했다. 하지만 완성된 작품은 그것과는 완전히 동떨어지고, 영화의 제목 〈희망〉과도 정반대로 하층 계급 소년의 절망으로 끝을 맺고 있다. 오시마는 회사가 원하는 전통 영화 제작에는 관심이 없었고, 따라서 자신의 이상과 야망에 맞는 작품을 만들며 회사에 그대로 남아 있는다는 것이 결코 쉬운 일은 아니었다. 그런 상황에서도 그는 1960년에 쇼치쿠에서, 당시의 정치 운동과 그것의 와해를 다룬 3편의 영화를 만들었다. 그의 정치적 발언은 영화 밖에서도 계속되어, 영화는 그에게 중요한 일부이면서 또한 표현의 여러 수단 중 하나에 불과한 것임을 분명히 했다.

오시마의 영화는 평범한 형식으로 특정 정당의 정책만을 반영해 온 전후 일본의 공식 정치 영화와는 완전히 차원을 달리했다. 사상적으로도 반스탈린적 신좌파의 입장을 분명히 했고, 50개 미만의 장면으로 이루어진 「도쿄의 밤과 안개」(1960)에서도 알 수 있듯이 형식에서도 혁신적인 모습을 보여 주었다. 롱테이크와 파노라마식 촬영, 복잡한 플래시백으로 재현되는 등장인물들의 기억과 더불어, 강렬하면서도 지루한 정치 문제를 중심으로 전개되는 이 작품은 제작사의 오락적 요구를 묵살한 전형적인 아방가르드 영화였다. 이 영화에서 사용된 방법들은 이전의 일본 영화에서는 찾아볼 수 없던 것들이었고, 그것이 젊은 감독들에게 불러일으킨 파급 효과는 엄청난 것이었다.

오시마의 작품은 일본 사회에 실재하는 사건, 변화, 문제들에 대한 일종의 반응이라는 점에서, 필연적으로 당시의 사회와 불가분의 관계에 있었다. 내용뿐만 아니라 형식도 마찬가지였다. 또한 그는 한 가지 형식에 집착하기보다는 그때그때의 상황과 주제에 맞는 아방가르드 테크닉을 구사하고 발전시켰다. 「도쿄의 밤과 안개」와 달리 「백주의 살인마」(1966)는 수많은 장면들로 이루어져 있고, 「교사형」(1968), 「돌아온 술주정뱅이」(1968)처럼, 같은 해에 만들어진 것이라도 주제에 따라 다른 방법을 사용했다.

오시마는 논쟁적이고 동시대적인 현상에 늘 민감한 반응을 보여 왔다. 「열락」(1965)과 「백주의 살인마」는 일본의 포르노 영화(특히 와카마쓰 고지의 작품들)를 주제로 한 작품들이다. 한편 섹스와 정치는 오시마 영화의 핵심 주제였고, 그런 의미에서 「감각의 제국」(1976)은 섹스와 폭력의 대담하고 노골적 표현을 통해, 영화 검열 제도에 정면으로 도전한 작품이었다. 그의 도전은 「도쿄 전쟁 전후 비사」(1970)와 「신주쿠 도둑 일기」(1969)에서 소위 실험 영화와 언더그라운드 영화를 언급함으로써 영화의 제도적 형식으로까지 이어졌다.

걸작 「의식」(1971)을 만든 뒤 오시마는 자신의 정치적 메시지가 더 이상 힘을 발휘하지 못한다는 사실을 깨닫고, 「여름의 여동생」(1972)을 끝으로 제작사를 해산했다. 1976년 이후로는 일본 현대 영화에서는 손을 떼고, 외국과의 합작 영화만을 주로 만들었다. 「열정의 제국」(1977), 「전장의 메리 크리스마스」(1982), 「막스 내 사랑」(1986)의 그 어디에서도 정치적 메시지나 아방가르드의 도전 정신은 찾아볼 수 없다. 현재 오시마는 그의 영화적 업적을 무색케 할 정도로 논평가와 TV 명사로 이름을 날리고 있다.

고마쓰 히로시

▪▫ 주요 작품

「사랑과 희망의 거리(愛と希望の街)」(1959); 「일본의 밤과 안개(日本の夜と霧)」(1960); 「열락(悅樂)」(1965); 「백주의 살인마(白晝の通り魔)」(1966); 「교사형(絞死刑)」(1968); 「돌아온 술주정뱅이(歸って來たヨッパライ)」(1968); 「신주쿠 도둑 일기(新宿泥棒日記)」(1969); 「도쿄 전쟁 전후 비사(東京戰爭戰後秘話)」(1970); 「의식(儀式)」(1970); 「여름의 여동생(夏の妹)」(1972); 「감각의 제국(愛のコリダ)」(1976); 「열정의 제국(愛の亡靈)」(1977); 「전장의 메리 크리스마스(戰場のメリクリスマス)」(1982); 「막스 내 사랑(マックスモンアムル)」(1986).

▪▪ 참고 문헌

Oshima, Nagisa(1992), *Cinema, Censorship, and the State.*

「의식」(1971).

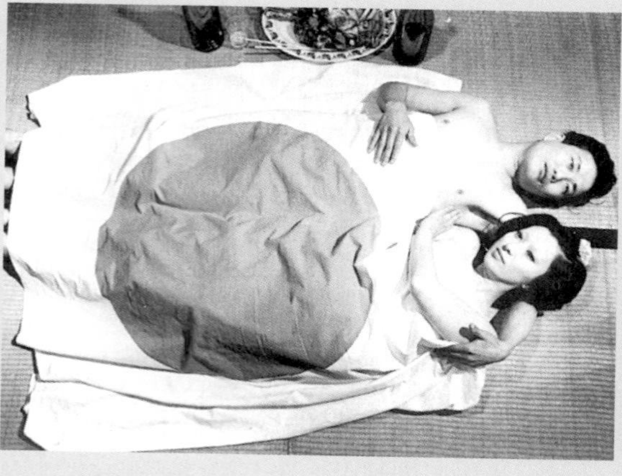

또 다른 감독들에게도 영향을 주어, 이마무라 쇼헤이는 비슷한 방법으로 「인간증발(人間蒸發)」(1967)을 만들었다.

독립 영화계 출신 데시가하라 히로시도 뉴 웨이브에 빼놓을 수 없는 감독이다. 데시가하라의 성공 역시 하니 스스무와 마찬가지로, 주류 영화계 외곽에서 쌓아 올린 그만의 독특한 연출 방식에 있었다. 하니처럼 그도 1950년대에 다큐멘터리를 만들었고, 그것을 자신의 극영화 출발점으로 삼았다. 첫 작품 「함정(おとし穴)」(1962)을 시작으로 그는 줄곧 아베 고보의 소설들만을 영화로 만들었다. 1960년대 내내 그의 관심사는 실존주의 소설의 영화화에 있었고, 「모래의 여자(砂の女)」(1964)는 그것의 대표적인 성공작이다.

창조성이 돋보이는 뉴 웨이브 작품들은 주류 일본 영화계의 위기와 함께 등장했다. 1953년에 도입된 텔레비전 방송과 수상기 보급의 확산은 영화 관객에도 영향을 미치기 시작했다. 1958년까지 지속적으로 성장세를 보이던 관객 수가 그 후로는 감소세를 면치 못했다. 영화사들은 컬러 영화 제작과 기성 스타를 기용하는 방법으로 관객을 끌어 모으려 했다. 1957년, 도에이 영화사가 와이드스크린 제작 방식을 도입하자, 다른 영화사들도 곧 그 뒤를 따르기 시작했다. 1962년, 다이에이 사는 일본 최초의 70mm 영화 「부처의 일생(釋迦)」(미스미 겐지)을 만들어, 대형 스크린 위에서 펼쳐지는 장대한 스펙터클의 묘미를 찾는 관객들에게 만족감을 선사했다.

기술은 새로웠지만, 일본은 원래 매 여름마다 나오는 귀신 영화와 12월만 되면 새롭게 등장하는 47인의 사무라이 영화와 같은 스펙터클 영화의 전통이 무척 강한 나라였다. 1954년에 나온 「고지라(ゴジラ)」(혼다 이시로)의 엄청난 흥행 성공 이후 도호는 매년 수많은 괴물 영화와 공상 과학 영화를 선보였다. 대형 영화사들은 철이 바뀔 때마다 개인적이면서 특별한 어떤 것을 찾는 일본인들의 관습을 그들의 제작 방침으로 활용했다. 1969년부터 쇼치쿠는 「남자는 괴로워(男は辛いよ)」(야마다 요지) 시리즈를 계절 영화로 내놓기 시작했다. 일련의 작품들 속에서 가장 스펙터클한 것을 하나 골라 재생시키는 것은 무성 영화 시절 이래 계속되고 있는 일본 영화의 한 전통이다. 스펙터클 영화의 이러한 반복 제작은 일본 영화의 중요한 일부가 되었고, 예술 영화 출현에도 방해됨이 없이 늘 공존하는 방식으로 이어져 왔다. 매해 반복되는 스펙터클 영화 제작은 상당한 흥행 수입을 보장해 주었다. 거의가 비슷한 내용이었는데도 이들 영화의 인기가 계속되었다는 것은 텔레비전으로부터 관객을 지키기 위해 대형 영화사가 이들 영화를 이용했다는 것을 보여 주는 증거이기도 했다.

괴물, 귀신, 〈남자는 괴로워〉 시리즈 같은 스펙터클 영화들은 특별히 계절 작품으로 만들어졌다. 하지만 1960년대 초부터 텔레비전 시청자가 영화 관객 수를 압도하자, 5대 영화사들은 자사만의 독특한 장르 영화를 개발하기 시작했다. 흥미 만점의 폭력을 위주로 한 도에이의 〈야쿠자〉 장르는 가장 대표적인 예라 할 수 있다. 〈야쿠자〉 영화는 1960년대 말부터 1970년대까지 만들어졌다. 도호는 계절 작품으로는 괴물 영화와 전쟁물을 내놓고, 평소에는 청소년 영화와 코미디에 주력했다. 쇼치쿠 역시, 〈남자는 괴로워〉 시리즈의 본거지라는 사실로도 알 수 있듯이 코미디를 주력 상품으로 내세웠다. 하지만 닛카쓰와 다이에이는 그러한 장르의 선을 끝내 넘지 못하고 서서히 무너져 갔다.

섹스와 폭력

1971년에 다이에이는 파산하고, 닛카쓰도 〈로망 포르노〉라 불리는 가벼운 포르노 영화 제작으로 극적인 변화를 모색했다. 섹스 영화는 1963년경부터 〈핑크 영화〉라는 이름으로 독립 영화사들에 의하여 제작되기 시작했다. 그 당시 섹스 영화는 주류 평단으로부터 호평을 받은 것도 있을 정도였고, 포르노와 주류 사이에는 그다지 선이 엄격하지 않았다. 정치 풍자와 아방가르드적 요소도 포함된, 와카마쓰 고지의 섹스 영화는 처음부터 아주 높은 평가를 받았다. 닛카쓰의 〈로망 포르노〉가 등장하기 전에는 다케치 데쓰지의 작품들이 섹스 영화로 이름을 날렸다. 다케치의 영화는 도색 영화들과 달리 주류 영화사를 통해 배급되어 일반 극장에서 상영되었다. 다케치의 섹스 영화 「백일몽(白日夢)」(1964)과 「진홍색 꿈(孤閨夢)」(1964)은 특히 환각적 장면의 이용으로 예술적 가치까지 인정받고 있다.

1971년 11월 이후 닛카쓰에서 제작된 영화의 대부분은 섹스 영화였고, 그 결과 메이저 영화사의 포르노 영화사로의 변신이라는 아주 독특한 현상을 만들어 냈다. 하지만 〈로망 포르노〉가 섹스 영화의 한 장르이기는 했지만, 기본적으로 그것은 섹스 장면만 많을 뿐이지 줄거리가 있는 내러티브 영화였고, 따라서 〈포르노 영화*blue films*〉라 불리는 노골적 섹스 영화와는 거리가 있었다. 〈로망 포르노〉 영화 초창기에 구마시로 다쓰미, 무라카와 도루, 후지타 도시야 같은 감독들이 개발해 낸 흥미 있는 영화 덕분으로, 이 장르는 머지않아 신예 감독들이 내러티브 영화의 미장센을 배우는 장소로 각광받게

전통적 가족 영화 장르를 뒤틀어 해부한 모리타 요시미쓰의 「가족 게임」(1983).

되었다. 후일 일본 영화의 중추적 역할을 한 감독들 중에도 〈로망 포르노〉에서 기량을 쌓은 사람들이 적지 않다.

1970년대의 일본 영화계는 다이에이의 파산, 닛카쓰의 〈로망 포르노〉로의 변신, 진부한 영화만을 만들어 내는 3개 메이저 사들로 인해, 고품질 예술 영화가 나올 여지는 그 어디에도 없어 보였다. 예술극장조합Arts Theatre Guild(ATG)과의 합작이 그나마 유일한 돌파구였다. ATG는 고전극, 현대극에 관계없이 우수 외화 수입을 목적으로 설립된 회사였다. 1968년, ATG는 다른 독립 제작사들과 합작 영화를 제작하는 방식으로, 메이저 영화사를 떠난 감독들에게 근거지를 제공해 주었고, 이마무라 쇼헤이, 오시마 나기사, 시노다 마사히로, 요시다 요시시게 같은 감독들의 신작 개발에도 일조를 했다. 이 회사는 1960년대 뉴 웨이브 감독들을 지원했을 뿐 아니라, TV 연출가 짓소지 아키오, 시인 데라야마 슈지와 같은 신예 감독들에게도 기회를 제공했다. 하지만 ATG의 황금기도 10년을 넘기지 못하고 1970년대 말에 이르러서는 일본 영화의 창조적 중심으로서의 역할을 상실하게 되었다.

1970년대 말이 되면서 일본 영화의 질적 저하는 분명해졌다. 1975년에는 수입 영화의 연간 수익이 일본 영화를 앞질렀다. 당시 일본의 극장 관람료는 세계 최고 수준이었기 때문에, 비싼 돈을 내고 일본 영화를 보러 가는 관객은 점점 줄어들었다. 도에이는 여전히 〈야쿠자〉 영화를 만들었고, 닛카쓰도 계속 〈로망 포르노〉만을 만든 점으로 미루어, 두 회사 모두 남성 관객의 확보가 주목적이었다는 것을 알 수 있다. 일본 영화관의 반수 이상은 여성의 발길이 닿지 않았다. 도에이 사는 여름과 겨울에 계절 작품으로 아동 영화를 만들었는데, 그 결과 방학 때만 되면 극장들은 온통 아이와 부모들로 인산인해를 이루었다. 그러다 보니 남성용의 섹스와 폭력 영화가 공개되는 틈새에 가족 시즌이 끼이는 웃지 못할 현상이 벌어졌다.

1970년대에 제작사들은 인재 개발 능력을 거의 상실한 듯했다. 하세가와 가즈히코, 야나기마치 미쓰오 같은 재능 있는 감독들의 등장이 물론 없었던 것은 아니지만, 이들은 모두 대형 영화사 바깥에서 등장했다. 1960년대의 뉴 웨이브 감독들처럼 이들 신예 감독들도 폭력을 그들의 출발점으로 삼았다. 폭력의 묘사는 진부한 일본 전통 영화를 비켜 가며, 새로운 창조적 형식으로의 길을 여는 듯했다. 하지만 충격적 폭력 묘사의 효과도 1980년대까지는 다 사그라져 버렸다.

1970년대 말에는 일본 영화에 새로운 현상이 나타났다. 10대, 20대 젊은이들이 8mm나 16mm 카메라로 만든 영화를 일반에게 공개하기 시작한 것이다. 이들 아마추어 영화인 중에는 오모리 가즈키, 오바야시 노부히코, 이시이 소고와 같이 이후에도 활동을 계속하여 쓰러지기 일보 직전의 일본 영화계에 활력을 불어넣은 사람도 있다. 이시이의 다이내믹한 연출 스타일과 반(半)초현실적 이야기들은 일본 영화에는 찾아

볼 수 없던 전혀 새로운 특징이었다. 그의 폭력적 요소의 특징은 코믹하다는 데 있었고, 그것이 바로 1960년대 뉴 웨이브와의 연계를 끊지 못하고 있던 다른 감독들과 다른 점이었다.

새로운 발전

1980년대의 일본 영화는 폭력의 부재를 그 특징으로 하고 있다. 오구리 고헤이는 흑백과 표준 스크린 포맷을 이용하여 1950년대를 배경으로 한 그의 데뷔작 「진흙강(泥の河)」(1981)을 만들었다. 옛 영화 형식에 대한 향수는 구마이 게이의 「기나긴 암흑(忍ぶ側)」(도호, 1972)에서도 나타났다. 하지만 오구리의 방법이 구마이보다 좀 더 사실주의적인 경향이 강했고, 시적인 특성을 통해 현대의 일본인들이 자주 망각하곤 하는 아름다운 순간들을 묘사했다. 모리타 요시미쓰도 「가족 게임(家族ゲーム)」(1983)에서, 가족이라는 일본 영화의 전통적 주제를 풍자적으로 다룸으로써 평범한 테마에서도 얼마든지 새로운 가능성을 찾을 수 있음을 보여 주었다. 일상생활의 이미지를 매력 있게 포착한 작품들인 쇼치쿠 사의 가족 영화 장르와 오즈 야스지로의 영화들은 1980년대의 새로운 주제로 부활했다. 「태풍 클럽(颱風クラブ)」(소마이 신지, 1985)과 「불안한 가족(ウホッホ探險隊)」(네기시 기치타로, 1987)은 일상생활 속에서의 섬세한 마음의 움직임을 잘 표현해 준 작품들이다. 이들 작품과 비교하면, 폭력 속에서 살아가는 남자들의 사실적 모습을 그린 오시마 나기사의 「전장의 메리 크리스마스」는 다소 시대착오적인 면이 없지 않다.

1984년에는 배우 이타미 주조가 「장례식(お葬式)」으로 감독 데뷔를 했다. 이 작품은 일본 영화에서 자주 묘사되는 하나의 사건을 토대로, 장례식에 모인 사람들의 행위를 코믹하게 그린 작품이다. 이 영화에서 이타미의 출발점은 매뉴얼의 개념에 있다. 현대 일본 사회에서, 특히 뭔가 새로운 것을 시작함에 있어 매뉴얼은 필요 불가결한 것이 되었다. 컴퓨터를 새로 들여놓아도 매뉴얼 없이는 작동할 수 없고, 장례식도 매뉴얼 없이는 치를 수 없다는 것이 이타미의 시각이다.

인기 코미디언이던 기타노 다케시도 감독 데뷔작으로 「그 남자 흉포하다(その男, 凶暴につき)」(1989)를 내놓았다. 기타노 다케시 외에도 1980년대 말부터 1990년대 초까지 일군의 TV 스타와 소설가들이 등장하여 영화를 내놓았으나, 기타노를 제외하고는 거의 아마추어 수준을 넘지 못했다.

1980년대 중반 들어 영화사들은 〈만화〉에서 영화의 소재를 찾기 시작했다. 잡지의 줄거리나 등장인물에서 이미 엄청난 인기를 누렸던 터라, 이들 영화의 흥행 성공은 따놓은 당상이나 마찬가지였다. 일본 영화에서 〈만화〉의 힘은 거의 문학의 힘에 필적할 정도였다. 하지만 만화에서는 아직 문학에서와 같은 진정한 영화는 등장하지 못했다.

일본의 만화 영화는 무성 영화 시절부터 만들어졌다. 오후지 노부로의 실험 만화 시리즈 〈치요가미 아니메(千代紙アニメ)〉를 비롯한 여러 편의 만화들은 이미 1910년대 중반부터 등장하고 있었다. 전후 장편 만화 영화 제작에 특히 중점을 둔 회사는 도에이였다. 일본에서는 만화 영화들이 주로 어린이용으로 TV를 위해 제작되었다. 하지만 1980년대에 들어 상황이 바뀌면서 좀 더 다양한 관객층을 위한 만화 영화가 만들어지기 시작했다. 그 대표적 인물이 미야자키 하야오로, 그의 「이웃의 토토로(となりのトトロ)」(1988)는 가히 현대 일본 예술의 대표라 할 만하다.

1970년대까지 영화는 텔레비전과 긴밀한 협력 관계를 유지해 왔다. 모든 대형 영화사들은 극장용과 텔레비전용 영화를 함께 만들었다. 하지만 1980년대에 들어 비디오가 확산되면서 상황이 조금 복잡해졌다. 영화사들은 텔레비전과 비디오 시장 양쪽에 영화를 공급하게 되었는데, 영화 공급이 늘어날수록 극장 관객은 줄어들었다. 극장 공개 몇 달 뒤면 영화들을 텔레비전이나 비디오로 볼 수 있었다. 비디오테이프의 공급으로 고전 영화의 명성과 생명은 길어졌으나, 값싼 비디오 대여료 때문에 극장 고객은 날로 줄어들었다. 그뿐만이 아니었다. 포르노 비디오의 유통으로 〈로망 포르노〉도 타격을 입었다. 1980년대 말부터 점점 수익이 떨어지더니, 급기야 1993년에는 일본 최고의 역사를 자랑하는 닛카쓰까지 파산했다.

최근 몇 년 사이에 일본에서는 몇 개의 서로 다른 장르가 흥행의 주도권을 놓고 싸움을 벌였다. 1980년대에는 동물을 주인공으로 한 영화가 인기를 끌더니, 미야자키 하야오의 영화들에도 관객이 몰리기 시작했다. 영화사들로서는 안전한 수입을 보장해 주는 일반 관객과 어린이용의 영화를 만드는 것이 유리했다. 일본 영화의 한 부분에 유치한 면이 있는 것은 사실이지만 영화사들은 관객을 끌기 위해서 그런 영화를 만들 수밖에 없었다. 30년 전에는 사람들이 텔레비전에 안 나오는 배우를 보려고 극장을 찾았는데, 지금은 도리어 TV 스타를 영화에 출연시켜 10대 관객을 잡으려 하고 있다.

1990년대에 들어서도 일본 영화는 여전히 저조한 관객 수와 더불어 어려운 상황에 놓여 있다. 이러다 일본의 극장 영화가 완전히 사라져 버리는 건 아닐까 싶을 정도로 위험에 처해 있다. 〈남자는 괴로워〉 시리즈와 가족 만화 영화는 아직 안전한 수입원으로 남아 있지만, 상황은 이제 뉴 웨이브 감독들이 누린 창작의 자유로는 더 이상 영화를 만들지 못할 정도로 심각해졌다.

참고 문헌

Anderson, Joseph L., and Richie Donald(1982), *The Japanese Film: Art and Industry*.

Desser, David(1988), *Eros Plus Massacre: An Introduction to the Japanese New Wave Cinema*.

Noletti, Arthur, Jr., and Desser, David(eds.)(1992), *Reframing Japanese Cinema: Authorship, Genre and History*.

Sato, Tadao, *et al.*(eds.)(1986), *Koza Nihon Eiga*, vols. vi and vii.

Tanaka, Junichiro(1976), *Nihon Eiga Hattatsu Shi*, vols. iv and v.

새로운 오스트레일리아 영화

스티븐 크로프츠

오스트레일리아 영화는 평단의 환호를 받은 「행잉 록에서의 소풍Picnic at Hanging Rock」(피터 위어, 1975), 「나의 화려한 경력My Brilliant Career」(질리언 암스트롱, 1979)을 시작으로, 세계적 성공을 거둔 「매드 맥스Mad Max」(조지 밀러, 1979), 「크로커다일 던디Crocodile Dundee」(피터 페먼, 1986), 「댄싱 히어로Strictly Ballroom」(바즈 루어만, 1992)에 이르기까지 1970년대부터 세계의 주목을 받기 시작했다. 이어 1993년에는 뉴질랜드 태생의 여성 감독 제인 캠피언이 프랑스-오스트레일리아 합작 영화 「피아노The Piano」(1993)로 천카이거의 「패왕별희」(1993)와 공동으로 칸 영화제 황금종려상을 수상함으로써, 칸 영화제 최초의 황금종려상 여성 수상자가 되었다. 그것은 인구 1800만의 나라, 특히 1960년대 내내 영화계가 아사 상태를 면치 못하던 나라로서는 대단한 기록이 아닐 수 없었다.

1960년대

1960년대에 오스트레일리아에서 만들어진 장편 영화는 모두 합쳐서 15편이었고, 그중 8편이 완전, 혹은 상당 부분 외국의 자본으로 만들어졌다. 전후 극영화 제작의 빈곤 속에서도 다큐멘터리 제작은 면면히 이어져 왔으나, 극장만은 영국 영화가 간간이 섞인 가운데, 온통 할리우드 영화 일색이었다. 1960년대 오스트레일리아의 대표적 영화로는 이탈리아계 오스트레일리아 여성의 러브 스토리를 그린 「그들은 이상한 패거리They're a Weird Mob」(마이클 파월, 1966) — 영국과의 합작 영화 — 와 영화의 르네상스를 예고하면서 자의식적인 냄새도 물씬 풍기는 「2000주2000Weeks」(팀 버스톨, 1969) 정도를 들 수 있다.

1970년대 오스트레일리아 영화의 부활은 사반세기 동안 지속된 최소 영화 제작기 이후에 찾아왔다. 하지만 이 부활은 또 다른 역사적 배경, 다시 말해 혁명으로 나라를 쟁취한 것이 아니라(인도가 아니라 캐나다와 비슷한) 자치령이라는 식민지 이후의 역사로 인해 악전고투를 벌여야 했다. 그런 의미에서 영화 르네상스에서 부르짖는 오스트레일리아의 문화적 주장은 다른 국가(영국)의 경제적, 정치-전략적, 그리고 문화적 이해관계를 자진해서 도와 온 오랜 역사와의 투쟁일 수밖에 없었다.

1970~1975: AFDC 기간

시사 해설자 톰 위어, 실비아 로슨, 그리고 영화 제작자 앤터니 버클리의 로비에 힘입어 1970년 오스트레일리아 정부는 마침내 영화 산업의 인프라 구축에 나섰다. 당시 수상 존 고튼은 〈아방가르드 캥거루나 네드 켈리가 아닌 어떤 것〉을 새로운 오스트레일리아 영화는 보여 줄 수 있을 것으로 기대했다. 하지만 이 인프라는 오스트레일리아의 문화 민족주의 욕구와 미국/할리우드 이익 간의 힘의 불균형이 불거진 형태로 제공되었다. 문화 민족주의자들은 오스트레일리아 영화발전협회 Australian Film Development Corporation(AFDC), 실험영화텔레비전기금Experimental Film and Television Fund(EFTF), 오스트레일리아 영화텔레비전학교Australian Film and Television School(AFTS) 같은 영화 제작과 영화인 양성에 필요한 기관 설립으로 자신들의 토대를 확고히 했다. 한편, 어느 정도의 문화적 소극성과 정치적 의지의 결여는 할리우드에 지배당하고 있던 배급 분야에 대한 오스트레일리아 정부의 간섭과 같은 중차대한 문제를 의제에서 탈락시킨 원인이었다. 1970년부터 현재까지의 영화 부활기를 통해, 할리우드 영화의 평균 흥행 수익은 다른 나라에서의 그것을 훨씬 앞지르는 80퍼센트 이상을 차지한 반면, 자국 영화 수익률은 5퍼센트를 채 넘지 못하여, 약 70퍼센트의 오스트레일리아 영화가 손해를 보고 있었다.

1970년부터 1975년까지의 주된 기금 조성 기관은 상업적 투자 중심의 정책을 표방한 AFDC였다. 기본적인 인프라, 제작 경험이나 전통, 인력이나 마케팅 전문가가 제대로 갖추어지지 않은 상태에서 결정된 후원금 지급은 체계가 없는 마구잡이식일 수밖에 없었다. EFTF는 만화가 브루스 페티의 18분짜리 「오스트레일리아의 역사tour de force, Australian History」(1971), 피터 위어의 단편 블랙 코미디 「홈즈데일Homesdale」(1972)과 같은 단편 영화와 실험 영화를 주로 지원했다. 이 시기의 영화계는 50만 오스트레일리아 달러 미만의 예산에, 기술자 한 사람이 여러 일을 담당하고, 뚜렷한 전문가도 없이 텔레비전, 다큐멘터리, 상업 광고 분야에서 약간의 경험을 가진 사람들이 열정만으로 영화를 만드는, 말하자면 모든 면에서 아마추어 수준을 면치 못한 상태였다.

배급업자들은 또한 자국 영화에 아주 적대적이었다. 「앨빈 퍼플Alvin Purple」(팀 버스톨, 1973) 이전의 영화 제작자들은 미국 자본에 잠식당한 배급업자들이 흥행 결과를 입증할 수 있는 작품이나 홍보가 잘된 미국 영화를 더 선호했기 때문에, 싸구려 개인 극장을 돌아다니며 직접 자신들의 작품을 팔아야 했다. 하지만 1973년 관세 위원회 보고서에 의해 〈영화의 소유권과 통제권을 규제할 법 규정〉의 필요성이 제기됨에 따라, 비록 원안대로 법제화된 건 아니었지만 제기됐다는 자체만으로도 배급업자와 극장주들에게는 충분한 위협이 되었다. 그리하여 「앨빈 퍼플」이 오스트레일리아 전역에서 공개된 1973년부터는 배급업자들의 자국 영화에 대한 투자와 지원도 속속 이어졌다. EFTF의 지원 대상이었던 저예산 실험 영화들도 이 영역권에 포함되었다. 거의 눈치 채지 못할 정도로 이루어진 정부 지원금의 변칙 사용도 이와 같은 그리고 계속된 영화 부활기에, 단편 영화뿐 아니라 장편 영화와 관련하여 자주 언급되었다.

자국 영화를 회피하는 배급업자들 문제는 별도로 하더라도, 관객에 대한 개념 정립을 못하고 있는 영화인들도 문제였다. 1960년대의 아방가르드와 다큐멘터리, 그리고 흉내 내기에 불과한 몇 편의 영화로는 부활한 영화계를 이끌어 간다는 것이 거의 불가능했다. 1970년부터 1972년까지 만들어진 30편의 영화를 종류별로 살펴보면, 학생들의 고다르에 대한 경배작*hommage*에서부터, 실험 영화, TV 모조 영화*spin-off*, 사회적 사실주의, 그리고 「네드 켈리Ned Kelly」(토니 리처드슨, 1970, 믹 재거 출연), 「떠돌이Walkabout」(니컬러스 뢰그, 1971), 「공포의 아침Wake in Fright」(테드 코체프, 1971)과 같은 합작 영화들로 이루어져 있다. 특정한 형식이 생겨나지 못한 이유는 스타일과 소재의 이러한 뒤죽박죽 현상만 보아도 금방 알 수 있다.

오스트레일리아 영화에 장르가 등장하기 시작한 것은 1972년부터였다. 「배리 매켄지의 모험The Adventures of Barry McKenzie」(브루스 베리즈퍼드, 1972)은 「황새Stork」(팀 버스톨, 1971)로 시작된 〈오커*ocker*〉 코미디의 부활을 확실히 다지며, 영화계의 부활을 알린 결정적인 작품이 되었다. 이 장르는 특히 AFDC가 지원하던 시기에 많이 만들어졌다. 연극적 전통과 TV 코미디 레뷔*revue*에 토대를 둔 오커 코미디는 남성들의 술과 섹스 탐닉, 저속함과 불경함에 대한 찬양, 관객의 대부분을 차지한 노동자 계층과 무학자, 수십 년간의 영국 굴종에 저항하는 문화 민족주의의 일부로 오스트레일리아 속어를 강조하는 문화 현상을 일으켰다. 「배리 매켄지의 모험」에서 사용된 언어는 대본 작가 배리 험프리스와 브루스 베리즈퍼드가 만들어 낸 많은 구어체와 더불어 하나의 〈표준구*locus classicus*〉가 되어, 시간이 가면서 민중의 속어로 변해 갔다. 이 영화는 또한, 여러 영국식 제도를 풍자하면서, 〈포미랜드*Pommieland*에서 총천연색 영화*Chunderdrama*(*chunder*는 〈토하다〉라는 뜻의 오스트레일리아 속어로 오스트레일리아에서 영화 광고에 사용된 단어임)를 찍는 젊은 오스트레일리아 인*Aussie*의 뻔뻔스러운 모험담〉을 이용하여, 제국주의자에게 보내는 오스트레일리아 인들의 경의에도 조롱을 보내고 있다.

〈오커〉 코미디의 성 표현은 1971년의 검열법 완화와 함께 대담해지기 시작했다. 새로운 등급 체계에서 생겨난, 따라서 할리우드의 손길이 아직 뻗치지 못한 성인 시장은 한동안 컬트 관객이 주도해 갔다. 오커 코미디는 외설을 찾는 사람과 중산층 취향의 자유분방하고 반문화적인 관객 모두로부터 인기를 끌었다. 분명한 도덕성과 고급 예술의 진지함이 결여되었다 하여 평단으로부터는 혹평을 받았지만, 그럼에도 불구하고 오커 코미디는 오스트레일리아 사회 내에 깊숙이 뿌리박힌 유머와 성차별, 그리고 시끄러운 자기 과시의 문화적 특질을 새롭게 일깨운 코미디 장르였다. 이 코미디의 주인공들은 감정 이입적 동일시와 그것을 언제고 부인할 준비가 되어 있는 초연함에 이르기까지, 관객의 다양한 특성을 모두 소화해 내고 있다. 「황새」, 「배리 매켄지의 모험」, 「앨빈 퍼플」, 그리고 그 속편들은 오스트레일리아 영화도 충분히 대중의 인기와 흥행 성공을 거둘 수 있음을 입증해 보였다.

다큐멘터리나 반사회학적 스타일로 만들어진 가벼운 섹스 영화 역시 오커 코미디에 못지않은 흥행을 보여 주었다. 「넘버 96 Number 96」(피터 베나도스, 1974), 외설스러운 TV 드라마의 모조 영화 「해진 뒤의 오스트레일리아Australia after Dark」(존 라몬드, 1975) 같은 작품들은 모두 저렴한 제작비로 높은 수익을 올린 작품들이다.

오스트레일리아 인들의 무모한 개방성과 경솔한 성차별을 다룬, 덜 민중적인 작품도 몇 편 만들어졌다. 그것의 대표작으로는 오지의 한 마을에 갇혀 버린 젊은 학교 선생의 이야기를 통해 오스트레일리아 남권주의를 날카롭게 비판한 「공포의 아침Wake in Fright」과 실험 영화에 가까운 「셜리 톰프슨 대 외계인Shirley Thompson versus the Aliens」(짐 샤먼, 1972), 그리고 「파리를 삼켜 버린 자동차The Cars that Ate Paris」(피터 위어, 1974) 등이 있다. 그중 「셜리 톰프슨 대 외계인」은 교외 생활의 정상성을 뒤집어엎은 작품이고, 피터 위어의 데뷔작 「파리를 삼켜버린 자동차」는 오지 마을의 야만적 자동차 문화를 통해 공포를 재현한 작품이다.

1970년대 초에는 유럽 예술 영화와 아주 근접한 일군의 영화들이 등장했다. 그중에서 특히 「전쟁 사이에Between Wars」(마이클 손힐, 1974)는 1, 2차 대전 중에 오스트레일리아가 안고 있던 다양한 문제들 — 파시즘, 심리적 분석, 문화적 보수주의, 다른 세계와 동떨어진 오스트레일리아의 지리적 상황 — 을 주인공의 유리된 의식을 통해 대담하게 그린 수작이다.

「머나먼 일요일Sunday Too Far Away」(켄 해넌, 1975)은 칸 영화제 감독 주간 상영의 행운을 안은 오스트레일리아 최초의 영화가 되었다. 1955년에 일어난 양털깎이들의 파업을 배경으로 한 일종의 시대극인 이 작품은 지난 5년간 영화의 배경으로는 거의 나온 적이 없는 오스트레일리아의 숲과, 그 숲 신화의 중심인 남성적 동지애를 재발견한 영화였다. 이 영화는 또 코미디나 섹스 영화의 일회적이고 허무맹랑한 줄거리에서는 찾아볼 수 없는 탄탄한 내러티브 구조에, 남성들로만 이루어진 등장인물과 시대적 배경으로, 후속작도 많이 기대되었던 작품이다.

〈바자Bazza〉와 〈앨빈Alvin〉 영화가 오스트레일리아 영화의 상업적 생존력을 소생시켰다면, 「전쟁 사이에」, 「셜리 톰프슨 대 외계인」, 「파리를 삼켜 버린 자동차」와 같은 영화들은 문화적 신임장을 부여해 준 작품들이다. 한편 오커 코미디와 섹스 영화에 보여 준 평단의 경멸은 비평계와 흥행계를 양분시켜, 그 현상이 1990년대까지 이어졌다. 오커 코미디와 가벼운 포르노, 그리고 이따금씩 오토바이 족 영화의 명백한 상업적 성공도 AFDC의 지원금 결정에 대한 광범위한 비판을 경감시켜 주지는 못했다. 사실, 이들 영화의 상업적 성공이 가져온 오스트레일리아의 노골적 이미지 때문에, 어떤 사람들은 당혹감까지 느끼고 있었다. 해외에서 성공하고자 하는 문화적 열망과 AFDC에 대한 비판과 결합된 그 당혹감은 문화적 향기가 느껴지는 영화 제작을 독려하게 될 오스트레일리아 영화위원회Australian Film Commission(AFC)의 발족을 불러왔다.

1975~1980: AFC 기간

「머나먼 일요일」이 오스트레일리아 영화계를 예술 영화 문화로 이끈 분기점 같은 작품이었다면, 「행잉 록에서의 소풍」은 AFDC 시기를 특징지은 오커 코미디와 섹스 영화에 반기를 든 공식적 운동의 완결작이라 할 수 있다. 그렇게 말할 수 있는 것은 가벼운 포르노가 흥행의 연전연승을 거두고 있는 동안, 시대극 장르 또한 나름대로 새로운 법적 기구의 확고한 승인을 받아 냈기 때문이다.

1975년에서 1980년까지는 AFC의 자금과 감독하에 제작업계의 통합이 이루어진 시기였다. GUA(Greater Union Organization) 같은 몇몇 배급업자들이 제작에 대한 투자를 늘렸다고는 하나, 기업 운영 체계를 갖춘 배급-상영 부문에 비해 제작 분야는 여전히 수공업적인 수준을 면치 못하고 있었다. 그런 가운데서도 자금, 제작, 배급 분야에서는 통합이 시작됐다. 1970년대 말에 이르면, 배급의 대부분은 대형 영화사에 의해 이루어졌고 피터 위어, 질리언 암스트롱, 프레드 셰피시, 필 노이스, 조지 밀러, 오커 코미디에서 간단하게 시대극으로 옮긴 브루스 베리즈퍼드와 같은 1980년대의 인재들도 대거 등장했다. 오스트레일리아 영화는 해외 평단으로부터도 호평받았고, 그 여파로 국내 평단의 찬사도 쏟아졌다.

하지만 예산 규모는 평균 50만 오스트레일리아 달러 정도로, 국제적 수준에 훨씬 못 미치는 아주 낮은 단계에 머물러 있었다. 그러나 제작은 약간의 기복에도 불구하고 상승세를 보여 1979년에는 21편의 영화를 제작하기에 이르렀다.

이러한 성공에도 불구하고 AFC는 AFDC의 경우에는 통속 영화의 지원으로 피할 수 있었던 일종의 딜레마에 빠져 들었다. AFC로서는 언젠가는 민간 기업으로 넘어갈 게 분명한 업계 지원도 해야 하고, 문화 표현 형식으로서의 영화 개발도 해야 한다는 이중적 부담에서 해방되는 것이 급선무였다. 오커 코미디는 당시 평판이 나빴기 때문에 그 대안으로 떠오른 것이 1975년에 평단의 열렬한 환호를 받은 바 있고, 자금 회수도 1년 내에 가능하다는 점에서 우수 예술 영화와는 성격이 다른, 「행잉 록에서의 소풍」류의 시대극이었다.

그런 배경에서 시대극은 1970년대 사사분기의 핵심적 장르로 떠오르게 되었다. 오커 코미디의 노골적 저속함과, 남권주의, 육체적 기능의 집착에 대한 반작용을 특징으로 하는 이 장르는 강하고 독립적인 여성을 전면에 내세우고 소극적이고 감성적인 남성은 외곽으로 빠지게 하는 형식을 흔히 사용했다. 그런가 하면 문학 작품을 이용하여 문화적 향기도 드높이면서, 유럽 예술 영화의 원형에 영국 고품격 드라마의 그것을 혼합한 상류층의 고상함, 약간의 순수함, 보통의 문화 수준, 도덕적 정치적 온후함을 표현하기도 했다. 인물이 액션을 우선했고 감성이 윤리를 압도했다. 줄거리는 주로 청소년의 성장 과정을 쫓아가는 식의 일회적이고 결론 없는 형태를 띠는 경우가 많았다. 카메라와 미장센은 나른하게 움직이며, 오스트레일리아의 빛과 자연, 동식물 군, 시대 의상과 장식 등을 느릿느릿 보여 주었다. 이들 영화에서 사용된 촬영법은 섬뜩할 정도로 황폐한 오스트레일리아 지형을 때로는 하이델베르크 화풍으로 미화시키기도 하면서, 오스트레일리아 문화에 대한 정의와 조국애를 새롭게 일깨우는 역할을 했다.

그러나 역사로 간주되는 시대극은 과거를 그린다는 점에서 별로 특별할 것이 없었다. 그것은 단지 역사를, 미학과 옛날 의상과 골동품의 꼼꼼한 미장센 속으로 집어넣는 행위에 불과했다. 하지만 시대극의 역사적 배경만은 흥미롭게도 영국으로부터 명목상의 독립을 이룬 세기말 오스트레일리아의 반란의 순간에 맞춰지고 있다. 1975년 휘틀람 정부의 퇴장 뒤에 이어진 정치적 도덕적 불확실성 속에서, 이들 시대극은 분명 현재로부터의 탈출구이자 백인의 오스트레일리아에도 역사와 과거가 있다는 자부심의 원천이었을 것이다.

시대극은 대부분의 작품이 제작비도 못 건지는 가운데, 본국에서는 급속히 모습을 감췄다. 하지만 해외에서는 세계무대에 등장한 새로운 〈민족의 소리〉라는 계산된 순수성이 주효하여, 너무 늦은 감은 있었지만 공급 요청이 잇따랐다. 시대극은 미학이라든가 국가 정체성 확립의 측면만을 파고든 대단히 빈약한 내용의 작품이었으나, 여하튼 그것은 AFC가 상업적 부담을 덜기 위해 선택한 장르였던 것이다.

병들어 가던 그 당시 시대극을 가장 멋지게 정당화시켜 준 작품이 1979년까지 공개가 되지 않은 「나의 화려한 경력」이다. 이 작품은 질리언 암스트롱의 스타일 넘치는 연출과 주제에 대한 몰입, 주디 데이비스의 빛나는 연기(이 작품이 그녀의 데뷔작이었다), 그리고 현대 커리어 우먼의 페미니즘을 다루고 있다는 점에서 모든 시대극의 대표라 할 만하다. 또한, 감독 질리언 암스트롱, 제작 마거릿 핑크, 시나리오 엘리너 윗콤브, 주연 주디 데이비스 등, 여성들이 주축이 되어 만든 최초의 오스트레일리아 영화이기도 했다. 그 밖에 「대장장이 지미의 노래The Chant of Jimmie Blacksmith」(프레드 세피시, 1978)는 오스트레일리아 토착 흑인이 내지르는 격렬한 분노로 이 맥 빠진 장르의 한계를 무너뜨리는 데는 성공했으나, 그와 동시에 〈미치광이 원주민〉도 있다는 것을 알림으로써 토착민에 대한 인상을 흐리게 하는 결과를 가져왔다.

시대극과 달리, 진지한 역사 영화는 AFC 기간에 거의 등장하지 않았다. 그래도 하나 꼽으라면 밥 엘리스가 대본을 쓴 「뉴스프론트Newsfront」(필 노이스, 1978)가 가장 적당할 것 같다. 이 작품은 뉴스 영화 카메라맨의 생애가 곁들여진 뉴스 영화를 통해 1948년에서 1956년 사이의 사회 정치사를 교차 편집*cross-cutting*하여, 공적인 면과 사적인 면의 연결을 대담하게 시도한 작품이다. 오스트레일리아 좌파 노동당의 대변자인 렌 매과이어(뉴스 영화 카메라맨)는 멘지스 보수당 정부의 경직된 통치 스타일, 멘지스 정부가 공산당 추방을 목적으로 실시한 국민 투표, 미국의 소비 중심주의 가치관과 텔레비전의 영향 등을 광범위하게 다룸으로써, 한 시대의 도덕적 기준을 제시하고 있다. 주인공을 역사의 수동적 피해자로 그리고 있는 시대극과 달리, 「뉴스프론트」에서는 최소한 렌을 상황에 맞서 싸우는 인간으로 묘사하고 있다.

이 기간의 두 번째 장르로, 사회적 사실주의 영화가 있다. 시대극의 학습된 우아함에 대한 일종의 반동으로 이 영화는 도시적이고 현대적인 배경을 이용했고 젊은이, 여성, 이주자, 중독자와 같은 소외된 이들을 주로 다루었으며, 시대극의 자

「나의 화려한 경력」: 마일스 프랭클린의 소설을 영화화한 질리언 암스트롱 감독의 영화에서 작가의 꿈을 키워 나가는 주디 데이비스.

의식적인 서정성과는 달리, 어수선한 다큐멘터리적 방식을 이용했다. 이 분야에도 물론 선구자는 있었지만, 그보다도 이 장르는 시대극에 맞서 싸워야 한다는 어떤 절박감으로 결속되었다. 주요 작품으로는 모두가 50분짜리 단편 영화인 「퀸즐랜드Queensland」(존 루안, 1976), 「테랄바 로드에서 온 연서Love Letters from Teralba Road」(스티븐 윌리스, 1977), 「FJ 홀든The FJ Holden」(마이클 손힐, 1977), 「입에서 입으로Mouth to Mouth」(존 두이건, 1978)가 있다. 미화 12만 9,000달러로 만든 「입에서 입으로」는 멜버른에서 거의 밑바닥 생활을 하다시피 하는 4명의 10대 부랑아들이 우정을 만들어 가는 과정을 그린 영화로, 청소년 배우를 기용한 두이건의 예외적인 작품으로 높이 평가받고 있다.

이 시기의 작품들은 어느 일정한 장르에 귀속되기를 꺼려해서인지, 그 외에는 뚜렷하게 장르라고 할 만한 것이 없다. 「오지의 길Backroads」(필 노이스, 1977)은 토착민의 삶을 다룬 짤막한 자연주의적 줄거리와, 흑-백의 외국인, 오지-해변가 사람들의 관계를 우화적으로 묘사한 로드 무비를 상큼하게 결합한 영화이다. 「밤과 부랑자The Night the Prowler」(짐 샤먼, 1978)는 교외 생활의 질식할 듯한 규범과 싸우는 셜리의 계속적인 투쟁을 그린 작품이다. 노련한 아방가르드 감독 앨비 톰스는 「팜 비치Palm Beach」(1979)에서 4개의 줄거리를 혼합하여 시드니 북부 해안 지구에 대한 하위 문화적 에세이로 귀착시키는 내러티브의 콜라주 기법을 선보였다. 그 결과 AFC 지원금으로 시도되는 모험의 한계도 훨씬 넓어지게 됐다.

AFC 기간의 가장 중요한 영화는 두말할 여지 없이 「매드맥스」(1979)이다. 밀러와 제작자 바이런 케네디는 이런 유의 폭력적 미래 영화에는 AFC가 자금 지원을 하지 않으리라는 것을 애초부터 알고 있었다. 결국 그들은 사적으로 조달한 제작비로 그런 엄청난 성공작을 만들어 냄으로써, 업계의 민영화를 바라는 영화인들을 고무시킴은 물론 오스트레일리아 영화 발전에도 지대한 영향을 끼치게 되었다. 이 영화로 멜 깁슨은 1980년대의 새로운 우상으로 떠올랐다. 이 작품은 또 액션 장르와는 양립하지만 시대극이나 사회적 사실주의 영화와는 양립하지 않는 오스트레일리아의 남권주의적 특징과의 연결에도 성공하고 있다.

1980～1988: 〈10BA〉 기간

1970년대 말에는 방화의 흥행 참패, 시대극의 소멸, 사기업의 자금으로 만들어진 「매드 맥스」의 국내외적 성공이 엇갈리는 가운데, 오스트레일리아 영화계에도 변화의 바람이 불어왔다. 회계사 피트, 마윅, 미첼은 오스트레일리아 영화 산업에 대한 보고서 작성을 맡게 되었다. 그 보고서는 다음과 같은 한 문장으로 요약될 수 있다. 〈AFC는 영화 기관이 아닌 영리 기관이다.〉 그들의 제안으로 AFC는 영화 제작 기관이 아닌 서비스 기관으로 남게 됐다. 제작 기금을 주물러 온 문화 관료들 대신 주주들이 들어서면서 민영 기업들도 하나 둘씩 생겨나기 시작했다.

소득세 평가법 이후인 1980년부터, 영화금융협회Film Finance Corporation가 설립된 1988년까지는 〈10BA〉라 불리는 세금 보상 제도가 실시되었다. 민영화를 목적으로 한 이 제도는 투자자들에게 10퍼센트의 세금 환급만으로도 수지를 맞출 수 있는 관대한 세제상의 특전을 부여하면서, 국가의 직접 간여도 간접 간여 형태로 바꾸고, 작품의 질과 무관하게 대본만으로도 제작비를 조달할 수 있도록 한 제도이다. 그 결과 세제상의 특전은 점점 줄어든 반면 재정적, 법적 인프라는 확고하게 자리를 잡아 갔다. 변호사, 회계사, 제작 감독에게 지급되는 수수료는 미화 50만 달러까지 치솟았고, 중개 수수료와 각종 보험료도 만만치 않았다. 뿐만 아니라 임금 상승과 블록버스터 위주의 영화 제작으로 제작비도 엄청나게 불어났다. 1980년에 미화 59만 9,000달러이던 편당 제작비가 1982년에는 평균 200만 달러로 치솟았다.

내국 시장의 협소함과 치솟는 제작비, 그리고 1980년대에 줄어든 세제상의 특전으로 제작자들은 점차 안전한 해외 배급망과 선매 방식으로 눈을 돌리기 시작했다. 가장 중요한 시장은 물론 규모가 열세 배나 크고 같은 영어권 나라인 미국이었다. 그리하여, 중간 규모의 영화 혹은 비디오 배급업자들과 흥정을 하게 되었고, 출연 배우, 감독, 내용 변경 등과 같은 잡다한 문제도 손쉽게 해결되어, 메릴 스트립 주연의 「사악한 천사Evil Angels」(프레드 셰피시, 1988)와 같은 작품들이 만들어졌다. 따라서, 10BA 기간은 민족적인 것과 국제적인 것에 대한 첨예한 문제를 제기하며, 할리우드의 그늘 밑에서 움

도로 위의 전쟁: 「매드 맥스 2」(1981).

직이고 있던 다른 나라의 영화인들에게도 영향을 끼쳤다. 사실 영화의 내용에 대한 10BA 규정은 오스트레일리아에 〈의미가 있는 내용〉을 담을 것과 〈전부, 혹은 상당 부분〉을 오스트레일리아에서 만들 것을 요구함으로써, AFC나 AFDC의 그것과 거의 같았다. 이러한 갈등적 상황 속에서 문화 민족주의의 방패막 역할을 한 것이 오스트레일리아적 배우, 악센트, 행동, 이미지를 위해 싸운 배우 조합 Actors' Equity이었다.

10BA 제도가 위축된 영화계를 소생시킨 것은 분명한 사실이다. 10BA 시행 첫해에만 이전의 네 배가 넘는 미화 4500만 달러의 사적 자금이 유입되었고, 그 결과 영화 제작 편 수도 1970년대에 15편에서 1981년에서 1987년 사이에는 27편에 이를 정도로 크게 늘어났다.

10BA 제도는 또한 여러 편의 영화, 특히 자금주들이 선호하는 고예산 영화의 확실한 성공을 불러왔다. 1988년 현재 오스트레일리아 최고의 흥행 수익을 기록한「크로커다일 던디」(1986),「크로커다일 던디 2」(1988),「스노이 강에서 온 사나이The Man from Snowy River」(1982),「갈리폴리 Gallipoli」(1981),「매드 맥스 2」,「파 랩Phar Lap」(1983),「스노이 강에서 온 사나이 2」,「매드 맥스 3」(1985) 8편 모두가 고예산 대작이었다. 오스트레일리아의 가장 중요한 수출 시장인 미국에서 이들 8편의 흥행 대작은 모두 놀라운 성적을 거두었다. 미국 메이저 사들을 통한 안전한 배급으로 이들 영화가 성공을 거둠에 따라, 오스트레일리아 영화의 미국 내 인지도는 크게 높아졌고 — 이전에는「나의 화려한 경력」과「브레이커 모란트Breaker Morant」(브루스 베리즈퍼드, 1980) 정도의 작품이 예술 전용관에서 상영되었을 뿐이다 — 그 결과 오스트레일리아 시장에도 매우 긍정적인 파급 효과가 미치게 되었다. 흥행 수입으로만 따지면, 위에 언급한 8편이 이전 10년간의 영화 모두를 합친 것보다도 많았다. 이들 영화의 성공으로, 오커 코미디와 가벼운 포르노 이래 찾아볼 수 없던 새로운 대중 영화가 이번에는 좀 더 광범위한 관객층을 형성하며 다시 등장했다.

이들 블록버스터 영화에서 그려진 오스트레일리아에 대한 전반적인 이미지는 숲 신화였다. 오스트레일리아 병사들이 대영 제국의 제단 위에 희생되는 이야기를 그린「갈리폴리」(피터 위어, 1981), 미국에 닿기 전까지는 멈출 수 없는 말 이야기「파 랩」, 척박한 땅과 고집불통의 여자를 길들이고 오스트레일리아 남성 특유의 케케묵은 동지애(일종의 백인 클럽)와 불량기(식민 당국을 멸시하는)를 과시해 보이는 오지의 앵글로-켈트 인들을 다룬「크로커다일 던디」와「스노이 강에서 온 사나이」, 자기 도취에 빠진 고독한 남성을 주인공으로 한「매드 맥스」. 이들 영화에 나타난 비도시적 배경은 세계에서 두 번째로 도시화된 국가가 보여 주는 숲 신화에 대한 엄청난 집착을 반영한 것이고, 이 기간에 거둔 남자 배우들의 계속적인 성공은 높아 가는 국가적 신뢰도를 보여 주는 것이며(아니면 할리우드 방식에 따라 기꺼이 투자할 준비가 되어 있는 제작자에게만이라도), 여덟 작품 중 남녀의 결합으로 끝나는 것이 절반(할리우드의 영향을 가장 많이 받은 작품들이기도 하다)밖에 되지 않는다는 사실은 할리우드 성공담의 오이디푸스 콤플렉스 측면에 대한 오스트레일리아의 계속적인 저항감을 나타내는 것이다.

여덟 작품 중「갈리폴리」와「매드 맥스」를 제외한 5편의 성공은 특히 텔레비전 출신 감독들과 제작자 일부 그리고 스타 폴 호건의 열연에 힘입은 바 컸다. 하지만 대중적 방식으로 관객의 인기는 끌었을지 몰라도, 그런 텔레비전 미학으로는 상상력 넘치는 시각적 영화는 만들 수 없었다. 그러던 차에 1980년대 초, 영화 형태로 〈미니 시리즈〉와 텔레비전에 선매된 〈우수〉 텔레비전 드라마가 등장하면서 인력, 자금, 미학의 모든 면에서 영화와 텔레비전의 상호 침투가 가능하게 됐다.

하지만 블록버스터 영화라고 다 성공을 거둔 것은 아니었다.「쿨란가타 골드The Coolangatta Gold」(이고르 오진스, 1984)로 말할 것 같으면 젊음, 경쟁, 가정 멜로드라마, 록 뮤지컬, 러브 스토리 등 시장성이 있어 보이는 요소는 모조리 뒤범벅을 하여 관객을 잡으려다 참패한 영화의 전형이 되어 버렸다.

자금주들이 두 번째로 좋아한 장르, 즉 공식*formula* 영화는 흥행 면에서나 비평 면에서나 블록버스터보다는 덜 성공적이었다. 이들 영화는 주로 선매라는 특성 때문에 정칙 영화를 선호하게 마련인 비디오나 케이블 같은 비극장 영역으로 팔려 나갔다. 별다른 전략 없이 오스트레일리아와 미국 시장만을 염두에 두고 만든 이들 영화는 지형과 문화 같은 오스트레일리아적 요소를 완전히 배제했거나, 코알라나 물총새 같은 것들로 저급한 오스트레일리아화를 꾀한, 요컨대 이것도 아니고 저것도 아닌 문화적 미아 같은 존재가 되고 말았다. 또한 미국 배우를 기용하고 반은 미국 시장을 목표로 만들다 보니, 미국인이 오스트레일리아*Down Under*에 있는 이산 가족을 찾는다는 내용의 다양한 줄거리가 등장했다.

블록버스터와 공식 영화 외에도 10BA는 풍부한 유동성을 이용하여, 미학이 뛰어난 작품과 문화적 깊이가 있는 다양한 장르의 영화도 지원했다. 중간이나 중간 이하의 예산 범위 내에서 공식 영화보다는 좀 더 수수하고 일상적인, 그러면서도 특별한 문화적 이미지가 담긴 작품이 우선 지원 대상이었다. 이런 소규모 예산은 종종 「매드 맥스」 1, 2편과 같은 독창적이고 흥미로운 작품을 만들어 내기도 했다.

사회적 사실주의 장르는 여전히 오스트레일리아의 계급 — 그리고 발전하여 성차까지 — 의식의 선봉장 역할을 하면서, 거칠고 닳고 닳은 도시인의 삶을 다룬 「엄청난 타격Hard Knocks」(돈 매클레넌, 1990)과 3명의 자녀를 둔 어머니의 복잡한 심경을 그린 「프란Fran」(글렌다 햄블리, 1985)과 같은 작품을 내놓았다. 그런가 하면, 뮤지컬과 혼합된 「스타를 꿈꾸는Starstruck」(질리언 암스트롱, 1982), 멜로드라마와 혼합해 모녀 간의 관계를 은유적으로 그린 「만조High Tide」(질리언 암스트롱, 1987), 서부극과 혼합해 오지 마을에서 일어난 강간과 경찰의 문제점을 강렬하게 그린 「수치Shame」(스티브 조드렐, 1988)처럼, 다른 장르와의 혼합으로도 뛰어난 작품이 만들어졌다. 그 외에도 로드 (무비)를 살인 장소로 굴절시킨 「매드 맥스」 1, 2편처럼 〈오스트레일리아화〉시킨 할리우드 장르가 있다.

코미디 장르는 상냥하고 대중적인 평등주의와 고의로 자기 비하적 유머를 일삼는 「크로커다일 던디」와 「젊은 아인슈타인Young Einstein」(야후 시리어스, 1988)류의 영화가 주종을 이루었다. 이 기간의 코미디는 일반적으로, 게이 의사와 성병 클리닉 세계를 적나라하게 묘사한 「클리닉The Clinic」(데이비드 스티븐스, 1983)에서처럼, 1970년대 오커 코미디적 요소를 완전히 떨쳐 버리거나, 나약한 주인공이 자기가 싫어하는 액션 페인팅 화가를 공원의 동상으로 만들어 버리는 「꽃 같은 남자Man of Flowers」(폴 콕스, 1983)에서처럼, 블랙 코미디적인 요소를 특징으로 했다.

1980년대에는 또 시대극과 전쟁 영화를 혼합한 작품이 잠깐 만들어지기도 했다. 오스트레일리아의 두 대표적 감독이 영국의 거만함, 묵인, 무능력에 자기 나라를 대비시켜 정체성을 파악하는 방법으로, 민족주의의 기개를 펼쳐 보인 「브레이커 모란트」와 「갈리폴리」가 그 좋은 예이다. 시대극은 이후 「바디라인Bodyline」(1984)과 같은 미니 시리즈로 옮겨 갔다.

주제와 형식 면에서 대담함을 보인 실험 영화는 거의가 극장 공개로는 이어지지 않은 초저예산 영화와 단편 영화 부문에서 등장했다. 독립 영화 부문에서는, AFC의 두 부서인 창작 개발부(1978～90)와 여성 영화 기금(1980년에 생겼다 1987년 여성 프로그램으로 바뀌었다)의 지원으로 약 600편의 영화와 비디오가 제작되었다. 저예산 영화는 다큐멘터리와 픽션의 혼합 형태로 사회 정치 문제를 다룬 영화들이 주로 만들어졌는데, 사회적 이슈를 주제로 한 빌 베넷의 고엽제에 대한 다큐 드라마 「죽음의 거리A Street to Die」(1985)에서부터, 주류 정치에 대한 강력한 비판이 돋보이는 「함정Traps'」(존 휴스, 1986)에 이르기까지, 다양한 실험 정신을 보여 주었다. 고독한 멜버른 사람들의 삶을 실존주의적으로 성찰한 브라이언 매켄지의 「내 곁의 사람에게 사랑을With Love to the Person Next to Me」(1987)은 다큐멘터리와 액션의 혼합 방식을 일상적인 에피소드로 분해하여 줄거리의 비극화 *de-dramatize*를 시도한 작품이다.

단편 영화 부문에서 가장 일관성 있게 혁신을 추구한 부류는 여성 영화인들이다. 그중에서도 특히 성적 차이를 토대로 오스트레일리아 역사와 문화 다시 쓰기를 주장한 「중요한 임무Serious Undertakings」(1983)와 오스트레일리아 토착 여인과 백인 남성들 간의 관계를 흑인 페미니스트의 시각으로 재평가한 「착한 흑인 소녀들Nice Coloured Girls」(1987)을 만든 헬렌 그레이스와 트레이시 모팻은 브레히트적 테크닉을 개념적으로 이용하는 놀라움을 보여 주었다.

필름 오스트레일리아Film Australia의 〈공식 이미지부〉 외곽에서 다큐멘터리 부문은 두 공영 방송국, 즉 오스트레일리아 방송 공사(ABC)와 다문화적인 SBS(Special Broadcasting Service)를 상대로 한 로비 활동에 막대한 시간을 투자한 결과, 다큐멘터리의 방영 횟수를 늘리는 데 성공했다. 그것이 만일 1980년대 초였다면, 정치적 타협으로 인해 성공하기가 힘들었겠지만, 국영 텔레비전이 점차 대중화되어 가고, 계급 정치의 대립적 태도도 완화되어 그 에너지를 다른 곳에 쏟는 등, 전반적 상황이 많이 달라진 1980년대 말에는 별문제 될 게 없었다. 이 기간의 가장 유명한 다큐멘터리 「케미라: 파업 일기Kemira: Diary of a Strike」(1984)에서 톰 주브리키가 보여 준 놀라운 작가적 일관성은 그 합의에서 얻어진 중요한 결과라 할 수 있다.

이처럼 좋은 점과 나쁜 점이 뒤섞인 10BA 기간은 수상쩍은 거래와 싸구려 영화를 양산하기도 했지만, 전반적으로 오스트레일리아 영화의 부활, 다양화, 그리고 국내외적으로 인지도를 굳힌 중요한 기간이었다. 블록버스터 전략이 가져온 이익도 엄청났다. 그 작품들의 고집과 성공으로 이후의 후속 작품들은 오스트레일리아 영화라는 부담 없이 1편의 순수한 영화로 소개될 수 있는 여유를 갖게 되었다. 1970년대의 오스트레일리아 영화는 오커 코미디의 독기 어린 반영국적 메시지나, 시대극의 고상한 유럽적 분위기를 통해, 민족성 확립이라는 자의식적 부담을 짊어진 것이 특징이었다. 하지만 공식 *formula* 영화는 그런 꼴불견 없이 할리우드를 역이용해서 이기려 하거나, 미국을 모델로 한 과도기 문화를 창조해 내는 역할을 했다. 1980년대 말에는 오커 코미디의 대중성이라든가 유럽의 예술성과 같은 이전의 어쭙잖은 방식 대신, 일상적이고 평범한 오스트레일리아의 이미지를 부각시킨 작품들이 나타났다. 이 시기에 등장한 「수치」와 「만조」는 할리우드 장르에 지역적 주제를 결합하여, 오스트레일리아 문화의 잡종성을 사실상 인정한 대표작이라 할 수 있다.

1989년 이후: FFC 기간

1980년대 중반, 재무부 관리들이 경제적 합리주의를 제기함에 따라, 10BA의 세금 낭비 문제가 다시금 첨예한 의제로 떠올랐다. 10BA의 대체 기관으로 1988년 영화금융협회(FFC)가 영화 은행으로 설립되었다. 이 기관은 첫해에 7000만 달러의 투자액을 계상하여 놓고, 일정 기간이 지나면 정부 보조금이 필요 없는 민영 기관이 되리라는 예상하에, 투자 액수를 매년 조금씩 줄여 나갔다. 민간 거래를 주로 한다는 방침 때문에 FFC는 전체 물량의 35~50퍼센트는 선매 방식을 취해야 했고, 10BA 때와 마찬가지로 FFC도 외국 배우의 기용을 필요로 했으며, 그로 인해 다시 불거진 배우 조합과 제작자들 간의 갈등으로, 오스트레일리아 역사를 배경으로 한 「범법자들 The Delinquents」(크리스 톰슨, 1989)에서 카일리 미노그의 상대역으로 미국의 무명 배우 찰리 슐레터를 캐스팅하는 문제와 같은 적지 않은 충돌을 야기시켰다. 할리우드의 사전 대본 심사에 쏟아지는 질타 때문이었는지는 몰라도 여하튼 FFC는 해마다 영화 기금을 조성했다. 편당 제작비를 500만에서 1300만 달러로 계상해 놓은 상황에서, 영화 기금은 첫 4년간, 편당 380만 달러(85퍼센트까지 FFC 지원을 받아)의 제작비로 15편의 영화를 만들어, 그것들을 해외 배급을 전문으로 하는 자국 영화사를 통해 배급했다.

한편, AFC는 연간 예산 1700만 달러 수준으로 기구가 대폭 축소된 상태에서 영화 제작, 문화, 정책의 발전 기관 역할을 하면서, 「증거물Proof」(조슬린 무어하우스, 1991)과 같은 소규모 영화에 투자를 계속했다. 자금의 규모 면에서는 옛 창작 개발부나 여성 영화 기금에 미치지 못했으나, 소규모 작품일 경우에는 도리어 지원의 비율이 높아지는 이점이 있었다.

어느 나라나 다 마찬가지겠지만, 합작 영화는 국가 정체성이라는 난해한 코드에 혼동을 야기시키며 뜻밖의 문제를 불러올 수도 있다. 하지만 그것은 문화의 복합성이 인간들에게 점점 중요하게 인식되어야 하는 시대에 있어서는 아주 유익한 것일 수 있다. 경제적인 면에서 합작 영화는 비용 증가의 부담 없이 관객의 저변을 넓혀 주는 효과가 있다. 「그린 카드」처럼 많은 돈을 벌어 FFC의 다른 작품 제작에 도움을 줄 수도 있다. 기업적 측면에서도, 미국의 이익과 오스트레일리아 민족주의 간에 흔히 발생하는 적대 관계를 해소시켜, 협조적인 관계 속에서 일자리를 지켜 나갈 수 있는 이점이 있다. 그럼에도 불구하고 미국은 한편으로는 비미국적 배경이나 비할리우드적 배우가 나오는 영화를 꺼리는 배타적 면을 보이면서도, 또 한편으로는 「그린 카드」의 뉴욕 촬영과 앤디 맥다월의 캐스팅, 그리고 「피아노」의 홀리 헌터와 하비 카이틀의 캐스팅을 독려할 만큼 대중적이기도 하다는 그 양면성 때문에, 여전히 다른 나라의 합작 영화에 막대한 영향을 미치고 있다. 오스트레일리아를 상징하는 것들은 영국과의 합작 영화 「걱정 뚝 No Worries」의 전면에 팔짝 뛰어든 캥거루처럼, 대개는 다른 나라의 그것에 뒤질 때가 많다. 「들개Dingo」(롤프 드헤어, 1992) 같은 영화는 오지를 경멸하거나 낭만화시킨 것도 아니고, 그렇다고 활기찬 파리 분위기를 치켜세운 것도 아닌 어정쩡한 합작 영화의 본보기라 할 수 있다.

AFC와 FFC의 분리가 가져온 예술 대 상업, 민족주의 대 국제주의, 고예산 대 저예산의 표면적 입장 차이에도 불구하고, 이 형식적 분극화 사이에는 사실 상당한 정도의 친선적 요소가 존재했고, 그것은 주로 고예산 영화 옹호자의 입장이 약해진 것과 관련이 깊다. 국가 보조금으로 제작되는 영화 비율은 50퍼센트로 떨어졌고, FFC 기금 수준으로는 300만 달러 정도의 영화가 가장 적당했다. 할리우드가 오스트레일리아의 명망 있는 감독들을 다 빼어 감에 따라서 고예산 영화는 든든한 지지 기반을 많이 잃게 되었다. 피터 위어, 브루스 베리즈퍼드, 프레드 셰피시, 필 노이스, 조지 밀러를 포함한 이들 감독들은 거의가 돌아올 기미를 보이지 않고, 할리우드와 조국에 충성을 양분하는 사람은 질리언 암스트롱, 존 두이건, 조지 밀러 2세 등 극히 일부에 불과하다. 블록버스터에 대한 열망도, FFC가 편당 약 1300만 달러라는 최고의 제작비를 투여한 2~3편의 작품이 모두 실패로 끝남으로써, 마지막 임종을 고하게 되었다. 「당신이 있기까지Till there Was You」(존실, 1989)는 공개조차 되지 않았고 「거북이 해변Turtle Beach」(스티븐 월리스, 1992)은 흥행 참패를 맛보았으며, 「무모한 켈리Reckless Kelly」(야후 시리어스, 1993)는 500만 달러의 미미한 실적만을 올렸을 뿐이다. FFC의 고예산 영화들 중 흥행 성공을 거둔 작품은, 미국으로 귀화한 감독이 미국을 배경으로 만든 「그린 카드」(1991)밖에 없다. 영화 제작비는 내국 시장용이 350만 달러 이하, 해외 시장용은 600만 달러 이상으로 양극화되었으나, 해외 시장용은 거의 성공을 거두지 못했다.

한편 1980년대 말과 1990년대의 규제 철폐 분위기로, 그동안 적대 관계에 있던 분파들이 힘을 합쳐 제작비 지원과 문화 보호 정책을 계속 펴도록 정부에 압력을 가함으로써, 문화파와 상업파 간에도 화해의 무드가 조성되었다. 영화인들은 점차 AFC와 FFC, 필름 빅토리아Film Victoria와 같은 반연방 기관과 선매 등의 다양한 재원을 필요로 하게 됐고, 10BA 시대보다 훨씬 넓은 범위의 이익을 고려해야 했다.

이러한 요소들은 업계를 더욱 밀착시켜, 결과적으로 이 시기는 오스트레일리아 영화 부활의 가장 성공적인 기간이 되었다. 그런 점에서 국내의 신진 감독들에게 영광의 길을 열어주고 할리우드로 떠난 감독들의 기여 또한 무시할 수 없다. 뿐만 아니라 토착 블록버스터의 실질적인 사망으로, 오커 코미디의 비평 졸중*apoplexy* 이후 찾아 볼 수 없던, 비평적 성공과 흥행적 성공 간의 상호 관련성도 어느 정도 되살아났다. 그것의 대표적인 예가 칸 영화제 수상작이면서 1992년에서 1993년에 공개된 영화 중 가장 높은 수익을 기록한(350만 달러 제작비를 기준으로 계산했을 때) 「댄싱 히어로」이다. AFC의 발전 기금이 투자된 제인 캠피언의 「피아노」(1993)는 출연 배우와 멜로드라마적인 힘, 그리고 칸 영화제 황금종려상 수상작이라는 위신과 관계된 쇼비니즘적인 이유가 물론 컸겠지만, 여하튼 전통 예술 영화 관객의 범위를 뛰어넘은 오스트레일리아 최초의 예술 영화가 되었다.

FFC 기간의 또 다른 성공 요인으로는 20년간의 전문적 노하우에서 얻어진 이익과 10BA에서 터득한 교훈을 들 수 있다. 무책임하게 졸속으로 만들어진 영화들과 달리 이 시기의 영화들은 「실리아Celia」(앤 터너, 1989)가 4년, 「증거물」은 6년, 「포비아Phobia」(존 딩월, 1990)는 다시 고쳐 쓰는 데만 16년이 걸렸을 정도로, 대부분 오랜 제작 기간을 통해 만들어졌다. 뿐만 아니라 시나리오 전개와 본인의 시나리오를 직접 감독하는 영화인들에 대해서도 특별 관리가 행해져(FFC의 방침으로), 결과적으로 「증거물」과 「피아노」 같은 성과를 얻어 낼 수 있었다.

좀 더 넓은 의미에서 보면, 문화적 요인들도 무시할 수 없는 조건이었다. 이 기간은 앵글로-켈트적 오지 남성과 판타지가 미국의 미디어와 결합한 「크로커다일 던디」류의 단일 문화 시대는 가고, 문화적으로 보다 성숙해진 시기라고 할 수 있다. 그리고 그것은 엘리자베스 2세 여왕의 대리, 즉 총독에 의한 1975년 고프 휘틀람 개혁 노동당 정부의 해산과 미국을 위한 베트남전 참전이라는 최근에 일어난 두 역사적인 사건을 다룬 미니 시리즈 「해산The Dismissal」(1983)과 「베트남Vietnam」(1987)에서 볼 수 있는 바와 같이 시대극으로는 해낼 수 없었던 역사에 대한 깊은 이해를 가능케 했다.

그 밖에 최근에 일어난 일들은 국가의 지배적 정체성을 억압받는 여성 및 흑인과 화해하는 쪽으로 나아가게 했다. 1980년대부터 시작된 페미니스트의 차별 철폐 조처*affirmative action*는 지극히 남성 지배적인 업계 풍토 속에서도 상당한 결과를 얻어 내어 1985년에서 1986년에 6퍼센트에 불과한 여성 감독 비율이 1990년에는 23퍼센트로 늘었고, 이 시기에 나온 힘 있는 작품들의 대부분도 여성 감독에 의해 만들어졌다. 냉전의 억압을 매혹적인 역사 우화로 풀어낸 「실리아」, 가족 멜로드라마를 예술 작품으로 승화시킨 「스위티Sweetie」(제인 캠피언, 1989), 10대의 매력 넘치는 로맨틱 코미디 「빅 스틸The Big Steal」(나디아 타스, 1990), 맹인이 사진을 찍는다는 매혹적인 가설과 함께 남성들의 결속감을 (무의식적으로/혹은 모호하게?) 인정한 「증거물」, 예절에 대한 위트 넘치는 코미디 「대기Waiting」(재키 매키미, 1991), 중년의 위기를 다룬 「우리 집에서의 마지막 날들The Last Days of Chez Nous」(질리언 암스트롱, 1992), 그리고 두말할 필요 없이 페미니스트 멜로드라마인 「피아노」 — 프랑스 자본, 뉴질랜드 태생의 감독과 주연, 2명의 미국인 주연, 뉴질랜드적 배경에도 불구하고, 오스트레일리아에서 제작되고 오스트레일리아 제작진을 썼다는 이유로, 지금까지 그냥 오스트레일리아 영화로 불려 왔다. 남성 감독들의 작품 중에서 비교적 강렬한 것을 꼽아 보면, 사회적 사실주의 영화 「귀향Return Home」(레이 아골, 1990), 「포비아」(돈 딩월, 1990), 세상사에서 소외된 1960년대의 오스트레일리아 시골 청소년들의 이야기와 더불어 종속적 관계의 정신 역학에 대해 스트린드베리식 강렬함을 보여 준 「희롱Flirting」(존 두이건, 1991), 뒤끝이 상쾌한 「댄싱 히어로」, 인종 차별이 심한 멜버른을 강렬한 사회적 사실주의 시각으로 그린 「롬퍼 스톰퍼Romper Stomper」(제프리 라이트, 1992)가 있다.

1988년 오스트레일리아 건국(백인 정착) 200주년 기념 행사로 열린 남성 우월주의적 잼버리의 최대 성과는 원주민의 토지 소유권과 흑백의 조화를 주장하게 할 만큼 흑인들의 저항감을 부추긴 것이었다. 토착 영화인들은 맹렬한 기세로 오스트레일리아 영화계를 잠식해 들어가고 있다. 「토착민으로 살아남기My Survival as an Aboriginal」(에시 코피, 1970)와 「착한 흑인 소녀들」(트레이시 모팻, 1987)과 같은 단편 영화 이후 1993년에는 2명의 흑인 감독이 토착민의 오페라를 각색한 「검은 강Black River」(케빈 루카스, 1993)과 3개의 귀신 이야기를 스튜디오를 배경으로 각색한 「귀신Bedevil」(트레이시 모팻, 1993)을 만들었다. 백인 감독 작품으로는 제임스 리켓슨의 「흑인 친구들Blackfellas」(1993)이 있다.

토착민과는 다른 인종적인 면에서 이 기간은 앵글로-켈트적 규범에서 뒤늦게 벗어나, 오스트레일리아 인구의 상당 부분을 차지하고 있는 비영어권 사람들에게도 폭넓은 수용 태도를 보인 시기라고 말할 수 있다. 「유망한 여성Promised Woman」(톰 카원, 1975), 「실버 시티Silver City」(소피아 투르키위츠, 1984)와 같이 이전에도 인종 문제를 다룬 영화들은 산발적으로 가끔 등장했다. 하지만 그때와 다른 점은 인종적 문제가 주변에서 주류로 옮겨 왔고, 동화주의에서 복수 인종적 다중 문화의 그것으로 바뀌었다는 것이다. 「댄싱 히어로」에서의 스페인적인 요소는 그 뻔한 탱고일지 모르지만, 그러나 이 동화 같은 이야기에도 심각한 사회 문제가 담겨져 있고, 그것이 바로 이 영화를 훌륭하게 만든 점이다. 그리스, 이탈리아, 베트남, 캄보디아 인들이 뒤섞인 학교 교실의 다중 문화적 성격은 마이클 젠킨스의 「상처받은 소년The Heartbreak Kid」(1993)과 그것의 텔레비전 속편인 「속 상처받은 소년 Heartbreak High」에서 다루어졌다. 한편 「롬퍼 스톰퍼」는 베트남 폭력단과 그 폭력성에 대해 불가지론적 입장을 보여 준 작품이다. 1950년대를 배경으로 한 「아야Aya」(솔런 호아스, 1991)가 오스트레일리아에 대한 일본 전쟁 신부(新婦)의 긍정적 시각을 그린 작품이라면, 「피의 맹세Blood Oath」(스티븐 월리스, 1990)는 결코 초당적이라고는 볼 수 없는 시각으로 오스트레일리아에서 저지른 일본의 전쟁 범죄를 폭로한 작품이다.

결론적으로 FFC 기간은 FFC의 투자가 3편의 수익성 높은 작품(「댄싱 히어로」, 「그린 카드」, 「빅 스틸」)에만 주로 집중되었고, 상업성 있는 작품 이외의 투자에는 뚜렷한 방침이 없었다는 점에서 오칭(誤稱)일 수도 있지만, 여하튼 대단히 성공적인 시기라 할 수 있다. 칸 영화제 수상, 국내외적인 흥행 성공, 신예 감독들에 대한 기회 제공, 틀에 박힌 장르의 외면, 이 모두가 낙관성에 대한 충분한 이유가 될 수 있다. 그럼에도 불구하고, 시대적 우연이 아니라면 이런 발전은 과연 어느 정도나 구조적인 것인가, 오스트레일리아와 같은 추종적 경제 조건에서 정책이 영화의 미래에 미치는 영향은 어느 정도인가라는 의문은 남는다. 지난 3년간에 걸쳐 「증거물」, 「댄싱 히어로」, 「피아노」의 칸 영화제 석권 — 뒤이은 흥행 성공과 더불어 — 이 오스트레일리아 영화의 완전한 성공담을 말해 주는 것이라면, 제인 캠피언 있는/혹은 없는 오스트레일리아 영화는 변덕스러운 세계 영화 시장에서 언제 사라질지 모를 일이며 1988년에서 1991년 사이의 방화 흥행 점유율도, 3660만 달러의 흥행 수익을 올린 「크로커다일 던디 2」에 힘입어 23.8퍼센트를 차지했던 1988년에 비해 1990년에는 오스트레일리아 최고작으로 평가받은 「빅 스틸」이 2400만 달러의 흥행 수입에 그치며 2.6퍼센트로 떨어질 만큼, 지극히 불안정한 양상을 보여 주었다. 흥행 수입의 대부분은 물론 할리우드 영화가 차지했다. 자 이제, 미래에 관한 질문은 분명해졌다. 「댄싱 히어로」와 「피아노」 같은 작품을 오스트레일리아는 과연 얼마나 더 만들 수 있는가?

참고문헌

Croft, Stephen(1993), *Identification, Gender and Genre in Film: The Case of Shame.*

—(1995), *Australian Cinema as National Cinema.*

Dermody, Susan, and Jacka, Elizabeth(1987), *The Screening of Australia: Anatomy of a Film Industry.*

— (1988a), *The Screening of Australia: Anatomy of a National Cinema.*

— (1988b), *The Imaginary Industry: Australian Film in the Eighties.*

Moran, Albert, and O'Regan, Jon(eds.)(1989), *The Australian Screen.*

뉴질랜드 영화

빌 루트

뉴질랜드 영화는 지금까지 한 번도 확고한 제작 기반을 갖춰 본 적이 없지만, 그럼에도 불구하고 1930년대에 혁신적인 애니메이션을 개발한 렌 라이로부터 제인 캠피언에 이르기까지, 세계 영화 문화에 막대한 영향을 끼친 훌륭한 영화인들을 배출시켰다.

뉴질랜드의 초기 영화 제작은 지극히 산발적으로 이루어졌다. 1940년대부터 1970년대까지 만들어진 영화라고 해야 고작 3편, 그것도 모두 존 오시아의 작품이었다. 1977년에는 영화 위원회의 활동과 더불어, 제작에 활기를 불어넣기 위한 세금 우대 제도가 도입되었고, 그 결과 로저 도널드슨, 제프 머피, 빈센트 워드와 같은 훌륭한 감독들의 작품이 배출됨으로써 누구도 예측하지 못한 훌륭한 성과를 얻어 냈다.

세금 우대 제도가 1984년에 폐지되면서 영화계도 타격을 입었지만, 그렇다고 완전히 중단된 것은 아니었다. 근래에는 세계적 명성을 얻은 빈센트 워드와 제인 캠피언의 작품이 보통 수준으로 자유 분방한 영화를 지지하는 분위기 속에서 만들어졌고, 그러한 영화의 성격은 특히 이언 먼, 샘 필즈버리, 배리 바클리의 작품, 피터 잭슨의 고어 코미디*gore-comedy*, 앨리슨 매클린의 「크러시Crush」(1993)에서 쉽게 볼 수 있는 저예산*poverty-row* 예술 영화들에 잘 나타나 있다. 1994년 말에 뉴질랜드 영화는 피터 잭슨의 네 번째 작품 「천상의 피조물들Heavenly Creatures」과 리 타마호리의 데뷔작 「전사의 후예Once Were Warriors」로 국제적인 명성을 얻었다.

뉴질랜드 태생으로, 가장 유명한 감독이 제인 캠피언이라면, 영화사적으로 가장 중요한 감독은 이언 먼이다. 1977년 이래 먼은 연기, 시나리오 집필, 연출 등 다방면에 걸쳐 활동해 왔다. 하지만 그의 진정한 중요성은 뉴질랜드 내에서 뉴질랜드에 관한 영화만을 고집스럽게 만들어 온 그의 열정에 있고, 그 과정에서 현대 뉴질랜드 영화사의 가장 중요한 인물로 자리 잡게 되었다.

뉴질랜드같이 협소한 영화업계는 소수의 작품에 거는 기대가 너무 크기 때문에, 장래를 점치기도 그만큼 어려울 수밖에 없다. 최근의 비평적 흥행적 성공도 전혀 예측하지 못한 결과였다. 하지만 그런 예외가 이 작은 나라의 영화계를 살릴 수도 있는 것이다.

참고문헌

Reid, Nicholas(1986), *A Decade of New Zealand Film: Sleeping Dogs to Came a Hot Friday.*

Sowry, Clive(1984), *Film Making in New Zealand.*

캐나다 영화

질 맥그릴

16세기와 17세기부터 흘러 들어온 이주민들이 본토의 원주민을 몰아내고 세운 국가라는 점에서는 캐나다도 미국과 다를 것이 없다. 하지만 미국과 달리 캐나다는 한 번도 식민 당국에 대항해 본 적이 없을 뿐 아니라, (최소한 최근까지는) 다양한 인종의 도가니가 되어 본 적도 없다. 캐나다는 기본적으로, 프랑스와 영국이라는 분명하고 적대적인 2개의 민족적 요소로 구성되어 있고, 과거의 분쟁은 아직도 분리를 주장하는 퀘벡과 전통과 충성을 지지하는 지역 간의 쓰디쓴 반목의 형태로 남아 있다. 1982년 헌정*Constitution*으로의 복귀와 더불어 캐나다는 영국으로부터 완전 독립을 이루게 되었으나, 전 수상 피에르 트뤼도가 묘사한 —〈마치 코끼리 옆에서 잠자는 것 같다〉— 대로, 이제는 미국의 그늘에 가린 처지가 되고 말았다.

캐나다국립영화위원회(NFB)와 다큐멘터리

캐나다에서 문화는 무기라기보다는 하나의 도구였고, 그것을 가장 잘 보여 준 예가 〈캐나다 인과 다른 나라 국민들에게 캐나다를 이해시키기 위한 목적으로〉 1939년에 발족된, 캐나다국립영화위원회National Film Board of Canada(NFB)였다. NFB는 진정 성공의 본보기라고 할 수 있다. 할리우드의 강력한 수직적 통합 기구에 굴복하여 캐나다 영화 산업이 사실상 붕괴한 직후 설립된 NFB는 영감 넘치는 연방법이 빚어낸 결

과였다. 할리우드와의 직접 경쟁의 비실효성을 간파한 NFB 기획부는 국가 기관을 만들어 그 안에서 영화인들이 할리우드와 대적할 수 있는 대체 영화 문화를 창조할 수 있게 했다. 존 그리어슨의 영화 국장 지명도 그에 못지않게 고무적이었다. 존 그리어슨은 1930년대에 이미 영국의 GPO와 크라운 필름 유닛Crown Film Unit에서 입지를 확고히 함과 동시에, 당시에 떠오르고 있던 다큐멘터리 형식을 세계 영화계의 새로운 힘으로 부각시킨 인물이었다.

NFB는 1941년 「처칠 섬Churchill's Island」으로 첫 오스카상을 수상했다. 프로파간다 영화 시리즈의 일부로 만들어진 이 작품은 적군 포로의 모습이 담긴 필름을 상상력 있게 사용한 점과 론 그린이 처음 시도한 보이스오버의 실감 나는 감정 전달이 특히 인상적이었다. 그리어슨의 넘치는 에너지와 다른 사람의 재능을 이끌어 내는 능력은 이미 두각을 나타낸 지 오래였다. 1940년대 초에는 노먼 매클라렌이라는 젊은 영화인이 그리어슨의 NFB에 합류해 필름 위에 그림과 스크래치를 직접 그려 넣는 무(無)카메라, 무프레임 애니메이션 기법으로, 「헨 홉」(1942), 「어리석은 걱정은 집어치워」(1949)와 같은 애니메이션의 고전을 만들었다. 후일 매클라렌은 그만의 새로운 픽실레이션*pixillation* 기법(오브젝트 애니메이션)을 창안했고, 1952년에는 평화주의를 제창한 영화 「이웃」으로 오스카상을 수상했다.

다큐멘터리와 애니메이션 스튜디오의 때 이른 성공으로, 영화 미학과 자금 확보 면에서 NFB의 장래는 더욱 밝아졌다. 1950년대와 1960년대 내내 스튜디오들은 번영을 구가하며, 콜린 로의 「가축 우리」(1954), 「이인무(二人舞)」(1967)와 같은 서정적 형식의 다큐멘터리, 광학 인화기를 이용하여 춤을 곁들인 매클라렌의 낭만적 실험작을 비롯한 일종의 사회적 다큐멘터리를 만들어, 영화에 대한 그리어슨의 초기 개념을 계속 발전시켜 갔다. 텔레비전의 영향과 함께 1960년대 초에는 가벼운 카메라와 음향 기기가 도입됨으로써, 카메라의 직접 이동이 가능해졌다. 톰 데일리 관리로 운영되던 스튜디오 B는 바로 이 기술을 이용하여 「캔디드 아이Candid Eye」 영화 시리즈를 만들었다. 그 결과, 직접 녹음을 곁들여 상세하게 묘사한 영화가 보이스-오버에 의한 기존 정보 제공 영화를 대체하게 됐다. 이 시기에 만들어진 영화들로는 대중 가수 폴 앵카를 주인공으로 한 울프 쾨니그와 로먼 크로이터의 「외로운 소년」(1961), 온타리오 담배 경작자들의 삶을 기록한 테런스 매카트니-필게이트의 「노고의 이파리The Back-Breaking Leaf」(1959)가 있다.

◀ 자신들의 공동체를 파괴시킨 대상을 찾아 복수하는 내용의 「우투Utu」(제프 머피, 1982) 에서 반항적인 전사 역을 맡은 잭 윌리스.

NFB 내에서도 그리어슨 전통을 유독 고집한 사람이 도널드 브리튼이다. 그의 처음 두 작품 「희생의 들판Fields of Sacrifice」(1963)과 「비망록Memorandum」(1965)은 NFB의 어느 감독도 손대기를 꺼리는 주제를 — 해외의 캐나다 인 전몰자 묘역과 홀로코스트 — 다루어, 결과적으로는 모든 영화인들이 선망하는 영화가 되게 했다. 브리튼의 천재성은 NFB의 기본 다큐멘터리를 영혼이 깃든 작품으로 변모시킨 점에 있었다. 이후로는 전기적인 내용, 즉 전설적이거나 영웅적인 위치를 점한 캐나다 인들을 선택해, 그들의 내면세계를 파고드는 작품을 주로 만들었다. 앨런 킹도 다른 감독들이 회피하는 쟁점 있는 다큐멘터리를 만든 점에서는 브리튼과 비슷했으나, 단 NFB 소속이 아니라는 점이 그와 달랐다. 그는 토론토의 정서 장애아들에게 〈홀딩*holding*〉 요법을 시술한 어느 고아원을 주제로 한 「워런데일」(1967)을 만들어 칸 영화제 비평가상 수상의 영예를 안았다. 킹의 다른 작품들과 마찬가지로, 이 작품에서도 논란이 되었던 것은 주제와 카메라 개입이었다. 결과는 영화와 내용 모두에 대한 토론이 이어졌다는 것이다.

NFB 본부가 오타와에서 몬트리올의 현재 건물로 자리를 옮긴 것은 1952년이었으나, 퀘벡 인들이 이 기관에서 자신들의 입지 강화를 위해 선동을 시작한 것은 1950년대 말부터였다. NFB 내에서 퀘벡 인 간부들이 감수해야 했던 차등 급여와 발언권 제한은 캐나다 전 역사를 통해 하나의 고질병으로 자리 잡은 퀘벡 인에 대한 차별을 그대로 반영하는 것이었다. 그 외에 퀘벡 영화인들의 불만은 자신들의 문화가 거의 반영되지 않은 영화 자체에 있었다. 하지만 1957년 퀘벡 출신 영화 국장 지명과 1960년 〈조용한 혁명〉의 슬로건을 내건 르네 레베스크의 자유당이 퀘벡 주에서 승리를 거둠에 따라, 그런 현상도 완전히 뒤집어지게 되었다. 1962년에 이르면, 미셸 브로, 질 그루, 피에르 페로와 같은 영화인들의 터전이 되어 줄, 프랑스 인 전용 스튜디오까지 하나 생겼다.

다이렉트 시네마*direct cinema*를 가능케 한 기술적 발전은 이제 퀘벡과 퀘벡의 〈훌륭함〉을 찬양하는 수단으로 이용되었다. 그루의 「눈신 신은 사람들Les Raquetteurs」은 각계의 반대에도 불구하고 공개되어 퀘벡 영화인들을 위한 일종의 선언이 되었다. 이 영화는 1958년에 열린 연례 눈신 클럽

NFB의 투자를 받고 울프 쾨니그와 로만 크로이터가 함께 연출하여 찬사를 받은 다이렉트 시네마 다큐멘터리 「외로운 소년」(1961)의 주역 폴 앵카.

대회에서 촬영되었는데, 미셸 브로의 카메라는 아예 그 행사의 거리 축제와 경연의 일부가 되었다. 퀘벡 인들 스스로 자신들이 창안했다고 여기는 다이렉트 시네마의 원리 — 자유로이 이동하는 카메라, 대상물의 가치를 높이거나 이상화하는 것에 대한 거부, 무해설, 관광 혹은 회화적인 이미지 사용의 거부, 감독과 대상물과의 호흡의 일치 — 는 영화를 제작하는 데 있어 전적으로 정치적인 견지에서 접근함을 의미했다. 미셸 브로의 촬영으로 일오코드르에서 열린 흰돌고래잡이 연례 행사를 기록한 피에르 페로의 「세계의 지속을 위하여Pour la suite du monde」(1963)는 그런 방법으로 만들어진 NFB의 후속 작품 중 가장 두드러진 작품이라 할 수 있다. 페로의 〈말의 영화*cinéma de parole*〉는 집단적 삶과 민족의 의지에 대한 하나의 표현으로, 단순한 관찰 영화에서 벗어나, 대상물에 대한 보다 직접적인 참여와 전통의 중요성을 강조하는 것으로의 발전이었다.

NFB는 캐나다 영화와 텔레비전 발전사에서, 미디어계 인력 양성 기관의 중추적 역할을 담당했다. 영화계 관리자, 제작자, 일류 감독들 거의 모두가 NFB 출신이라 해도 과언은 아니다. 1960년대 영국 텔레비전계의 원로인 시드니 뉴먼과 다수의 애니메이터들이 리처드 윌리엄스[「누가 로저 래빗을 모함했나」(1988)]와 조지 더닝[「노란 잠수함」(1968)]의 예를 영국에 도입했고, 그중 많은 이들이 NFB에서 양성되었다는 점에서, 직접적이진 않지만 영국도 그 혜택을 입었다. 하지만 NFB의 역할 중 그보다 더 중요한 것은 보다 넓은 의미에서 뚜렷한 국가 영화를 만들어 냈다고도 할 수 있는 캐나다 영화 미학에 남긴 뚜렷한 발자취였다.

극영화 제작

1920년대에 어니 십먼은 주로 캐나다 지형과 기후를 주제로 한 무성 영화를 만들며 자신의 트렌턴에 있는 스튜디오를 성공적으로 운영하고 있었다. 하지만 메리 픽포드, 페이 레이, 월터 피전, 노마 시어러를 시작으로 스튜디오 소속 스타들이 속속 할리우드로 소속을 옮기면서 쇠퇴기를 맞게 되었다(제시카 탠디, 도널드 서덜랜드, 주느비에브 뷔졸드, 댄 에이크

로이드, 마이클 J. 폭스, 릭 모라니스, 존 캔디, 노먼 주이슨, 이반 라이트먼, 제임스 캐머런도 머지않아 그 뒤를 따랐다). 완전히 무너진 건 아니었지만, 토키의 도입도 캐나다 영화계의 붕괴에 한몫을 했다. 1930년대에는 연합수사법Combines Investigation Act의 비호 아래 페이머스 플레이어스 사의 회사 활동에 대한 수사를 벌임으로써, 캐나다 배급 시장에 침투한 미국에 대해 반격을 시도했다. 하지만 공공의 이익에 위배되는 행위를 했다는 혐의가 무죄로 입증되면서 수사의 동기 자체 — 보호하려는 것이 문화인지 통상인지 — 가 불분명해졌다. 결국 그 사건은 적극적 기업 전략의 결과였을 뿐 페이머스 플레이어스 사의 활동에는 아무런 법적 하자도 없다는 결론이 남으로써 완전 실패로 끝나고 말았다. 하지만 보다 본질적인 문제는 미국 회사들의 공격적 배급 관행이 아니라, 상업적으로나 문화적으로나 미국 영화와는 경쟁이 안 되는 캐나다 영화의 전반적인 취약성에 있었다.

캐나다는 한편으로는 미국 영화계의 지부로 전락했고, 다른 한편으론 저 악명 높은 〈쿼터용 졸속 영화*Quota quickies*〉를 위한 영국의 양순한 숙주 노릇을 했다. 1930년대에 캐나다에서 만들어졌다고 알려진 13편의 영화 중, 프린트가 남아 있는 것은 하나도 없다. 1940년대와 1950년대에는 몇 편의 영화가 퀘벡에서 만들어지기도 했으나, 캐나다에서 극영화 제작이 다시 본격적인 의제로 떠오르게 된 것은 1960년대이다.

1963년 돈 홀데인은 NFB에서 「황야의 사람들Drylanders」을 만들었다. 1920년대와 1930년대에 캐나다 목초지 농장 지역에 들이닥친 가뭄과 불황을 소재로 한 이 작품은, NFB의 다큐멘터리 계율에 충실하다기보다는 다소 기계적으로 따라, 영국 사실주의 영화의 신선함이 결여된 비관적 사실주의 영화가 되고 말았다. 하지만 다른 작품들이 곧 그 뒤를 이었다. 30페이지 대본 분량을 경량의 카메라로 찍은 돈 오언의 「아무도 작별 인사를 하지 않았다Nobody Waved Goodbye」(1964)는 10대의 불만을 무의식적이고 즉흥적인 방법으로 그린 작품이다. 답답한 면이 줄어든 대신에 허식적인 면은 오히려 더 늘어난 이 작품은 뉴욕에서 대성공을 거두며, 그곳에서 캐나다 영화 공개의 돌파구를 마련했다. 프랑스 인 스튜디오에서는 프랑스 누벨 바그의 영향을 받은 질 그루가 「가방 속의 고양이Le Chat dans le sac」(1964)를 만들었다. 국가의 정체성과 개인의 자유라는 문제를 정면으로 다루었다는 점에서 오언의 작품보다는 좀 더 세련된 이 영화는 나오기가 무섭게 퀘벡 영화의 문화 상표로 열렬한 환영을 받았다. 질 카를의 첫 작품 「레오폴드 Z의 행복한 인생La Vie heureuse de Léopold Z」은 원래는 겨울에 몬트리올의 눈 치우는 광경을 담은 다큐멘터리로 시작된 영화인데, 실수로 극영화가 된 작품이다. 카를은 극영화감독으로 1970년대 내내 발전을 계속하여, 「나무꾼의 죽음La Mort d'un bûcheron」(1972), 「천사와 여자L'Ange et la Femme」(1977)를 비롯한 많은 작품을 만들며, 여배우 카롤 로르의 관능미를 통한 그만의 상상력 넘치는 스타일을 개발해 냈다.

퀘 벡

1970년대에 시드니 뉴먼은 영국(BBC)에서 캐나다로 돌아와 영화 국장이 되었다. 뉴먼은 비프랑스 어권 사람으로 NFB 영화 국장에 지명된 마지막 인물이었고, 그의 재직 기간은 우연히 전투적 성격을 띤 새로운 퀘벡 민족주의 기간과 맞아떨어졌다. 1960년대 말 퀘벡의 정치 상황은 1967년 드골의 그 유명한 〈자유 퀘벡 만세〉 연설의 영향으로 지극히 불안정한 상태에 놓여 있었다. 1968년에는 옛 자유당원 르네 레베스크 주도로 퀘벡 당(PQ)이 창당되었고, 퀘벡 해방 전선(FLQ)은 시위를 벌이며 작은 충돌까지 일으켰다. 상황은 1970년에 FLQ가 영국 대사관 상무관과 퀘벡 장관을 납치하면서 더욱 심각해졌다. 장관 살해와 더불어 10월 위기는 연방 정부군의 투입과 전시법 선포로 시작되었다. 이 사건의 처리 과정에서 퀘벡의 집권 자유당은 수백 명의 체포와 기본 인권의 정지라는 미숙한 정치적 조처를 취함으로써 1976년 선거에서 퀘벡 당 승리의 길을 열어 준 꼴이 되고 말았다.

그 기간이 퀘벡 영화계로서는 황금기였다. 영화인들은 너나 없이 퀘벡 인들의 삶을 반영하고, 찬양하고, 기록하고, 극화하느라 여념이 없었다. 칸 영화제 감독상 공동 수상작인 미셸 브로의 「명령Les Ordres」(1974)은 10월 위기 때 발생한 다섯 건의 체포 사건을 〈독립주의자〉의 사례로 극화시킨 작품이다. 퀘벡 섬유 공장 노동자들의 근로 조건을 다큐멘터리로 만든 드니 아르캉의 「우리는 솜 위에 있다On est au coton」(1970, 공개는 1976)는 NFB 관리층을 자극하여 내용이 부정확하다는 이유로 공개 금지 처분을 받았다. 그래도 굴하지 않고 아르캉은 퀘벡 정치 엘리트의 부패를 폭로한 「레잔 파도바니Réjeanne Padovani」(1973)를 계속 만들었다. 감독으로서의 원숙기에 접어든 장 피에르 르페브르는 느린 속도의 미니멀리즘적인 두 작품, 노부부의 삶을 다룬 「마지막 약혼Les Dernières Fiançailles」(1973)과 삶에 지친 아내의

데이비드 크로넨버그 (1943~)

윌리엄 버로스의 악몽 같은 세계를 놀랍도록 생생하게 옮긴 데이비드 크로넨버그의 「네이키드 런치」(1992).

대중적인 면과 컬트적 요소를 함께 지닌 작가 겸 감독 데이비드 크로넨버그는 캐나다 국가 보조금 제도와 1970년대 호러 장르에 그의 영화적 배경을 두고 있다. 이후 그는 할리우드와의 느슨한 관계를 바탕으로 괴벽스럽고 강렬한 작품을 만들어 미국을 비롯한 전 세계에서 대단한 성공을 거두었다.

비종교적인 토론토 유대 인 가정에서 자란 크로넨버그는 어린 시절을, 음악가인 어머니와 저널리스트이자 책 수집광인 아버지의 영향 아래, 온통 책과 음악에 둘러싸여 지냈다. 어린 크로넨버그가 가장 좋아한 것은 SF 소설과 공포 만화였다. 토론토 대학에서는 생화학을 공부하다 나중에 영어로 전공을 바꾸었는데, 그의 영화들에는 과학과 문학의 이런 초기 관심사들이 묘하게 서로 결합되어 있다.

그의 초기작 「스테레오Stereo」(1969)와 「미래의 범죄들」(1970)은 예술 영화와 SF 소설이 마구 뒤섞인 언더그라운드 작품들이었다. 1970년대와 1980년대의 호러 영화의 인기와 이 장르에 보인 그의 유별난 애착만 아니었다면 아마도 그는 주류가 아니라 아방가르드 영역에 그대로 머물러 있었을지도 모른다. 캐나다 거의 모든 지역에서 공개된 「파편들」(1975), 「열외인간」(1977), 「종족」(1979)의 첫 세 작품은 모두 NFB의 자금으로 만들어졌다. 하나의 통일된 3부작이라고 할 수 있는 이 작품들에서 크로넨버그는 사회 붕괴의 위협도 되고 개개인의 자기 통제력도 잃게 만들 수 있는 인간 육체의 은유적 돌연변이를 시도하고 있다.

하지만 그런 종류의 호러 영화에 대한 정부 보조금 지급의 적합성 여부가 캐나다 의회의 의제로 채택되면서 크로넨버그의 위치도 조금 불안해졌으나 다행히 위 작품들의 흥행 성공에 힘입어 상업 영화로 완전히 방향을 바꿀 수 있었다. 「스캐너스」(1980)는 바로 그런 변화를 확인한 영화였다. 이 영화의 엄청난 성공으로 그는 개인적으로 초유의 제작비와 배급망을 유니버설 사로부터 보장받게 되었다. 「비디오드롬」(1982)은 텔레비전으로 방영된 폭력과 그 폭력이 정치 통제의 수단으로 인간 육체에 침투해 들어가는 것을 그린, 아주 혼란스러운 판타지 영화이다. 이 작품은 많은 인기를 끌지는 못했으나 크로넨버그의 미국 영화계 진출 교두보가 되기에는 충분했다. 이후 그는 그 스스로 위험한 〈악마와의 거래〉라고 묘사한, 할리우드와 느슨한 관계를 유지하며 메이저 스튜디오를 통해 배급을 보장받는 한편, 캐나다에서의 활동도 계속했다. 디노 데 라우렌티스의 제작으로 시작된 「데드 존Dead Zone」은 라우렌티스의 만성적 지불 불능 상태로 인해 거의 제작 중단 상태에 빠져 있던 것을 20세기 폭스가 구해 줘서 완성된 작품이다. 과학 기술에 의한 어느 과학자의 돌연변이 과정을 그린 「플라이」(1986)는 멜 브룩스의 회사가 제작하고 20세기 폭스가 배급을 맡았다.

이후 크로넨버그는 환각적이고 끔찍한 분위기만은 여전했지만 호러 장르 자체에서는 손을 뗐다. 「데드 링거」(1986)는 일란성 쌍생아인 부인과 의사의 심리적 와해 과정을 그린, 실화에 바탕을 둔 작품이다. 크로넨버그는 이전부터, 작가 윌리엄 S. 버로스와 마약, 과학, 마인드 컨트롤에 대한 그의 생각을 영화에 많이 이용해 왔고, 「네이키드 런치」(1992)는 바로 버로스의 가장 유명한 소설을 영화화한 작품이다. 「M. 버터플라이」(1993)는 역사적 인물에 대한 성공적인 희곡을 각색하여 만든 작품이다. 이 모든 작품들에서 크로넨버그는 그의 주인공들로 하여금 정상의 경계 저 너머의 외롭고 험난한 길을 방황하게 함으로써, 인간의 한계와 인간에 대한 정의라는 그가 가장 좋아하는 주제를 계속 발전시켜 갔다. 또한 관객의 의식 속에 불안정하고 비실재적인 효과를 불러일으킬 수 있는 영화 기술의 가능성도 계속 모색했다.

그의 작품에 대한 평단의 반응은 매번 극렬한 양분 현상을 보여 왔다. 크로넨버그 본인과 대부분의 비평가들이 그의 작품을 비극적이고 반(半)셰익스피어적이라고 본 반면, 로빈 우드를 비롯한 그 밖의 비평가들은 인간의 육체와 섹슈얼리티에 대한 혐오감만을 보고, 그것을 정치적인 반동이라고까지 몰아붙였다. 아마도 그러한 반응은 크로넨버그의 작품은 해방, 섹스, 혹은 그 밖의 다른 자유의 정치학과는 결코 조화될 수 없다는 사실로부터 기인한 것이 아닌가 싶다. 크로넨버그 영화의 〈해방〉은 결코 단순하게 기분 좋은 것이 아니라 기계적이고 합리적인, 그러면서도 혼란된 사회 내의 개인적, 사회적, 심리적, 기술적인 모든 힘이 한꺼번에 뭉뚱그려진 권력의 일대 경연장인 것이다.

에드워드 오닐

주요 작품

「미래의 범죄들Crimes of the Future」(1970); 「파편들Shivers」(1975); 「열외인간Rabid」(1977); 「종족The Brood」(1979); 「스캐너스Scanners」(1980); 「비디오드롬Videodrome」(1982); 「데드 링어Dead Ringer」(1986); 「플라이The Fly」(1986); 「네이키드 런치Naked Lunch」(1992); 「M. 버터플라이M. Butterfly」(1993).

참고 문헌

Cronenberg, David(1992), *Cronenberg on Cronenberg*.

Handling, Piers(ed.)(1983), *The Shape of Rage: The Films of David Cronenberg*.

모습을 그린 「축복받은 사랑L'Amour blessé」(1975)(두 작품 모두 르페브르가 말하는 소위 〈문화 상업주의〉와 민간 부분의 〈산업화된 영화〉에 반기를 들고 있다)을 내놓았다. 하지만 이 기간을 가장 사랑스럽게 떠올리게 하는 작품은 뭐니 뭐니 해도, 성직자의 위세가 등등하고 늘 눈으로 뒤덮이고는 했던 1950년대 퀘벡 어느 작은 마을의 크리스마스 풍경을 흥미롭고도 정감 있게 그려 낸 클로드 쥐트라의 두 번째 작품으로 통과 의례를 다룬 영화 「앙투안 삼촌Mon oncle Antoine」(1971)일 것이다. 지방적 색채를 파고든 쥐트라의 능력으로 이 영화는 퀘벡을 넘어 전 세계적인 성공을 거둠으로써 국가 영화도 잘만 만들면 국내외에서 얼마든지 성공할 수 있다는 것을 입증해 보였다.

CFDC와 텔레필름 캐나다

1968년, 몇 년간의 숙고 끝에 연방 정부는 극영화 제작에 공공 자금을 투자함으로써 민간 분야의 영화 제작을 촉진시키는 것을 주요 기능으로 하는 캐나다 영화개발협회Canadian Film Development Corporation(CFDC)를 설립했다. 법률이 시행되자마자 비캐나다 인들, 특히 미국 회사들은 캐나다 국민의 세금을 빼앗아 가기 위해 법의 허점을 교묘히 이용하여, 미니 골드러시를 방불케 할 정도로 물밀 듯이 쇄도해 들어왔다. 1974년에는 100퍼센트 자본 비용 공제 추가와 합작 영화에 대한 새로운 유행으로 세금 피난기가 생겨났다. 처음에 쏟아져 나온 영화들은 대부분 범작에 그쳐 쓸 만한 게 별로 없었으나, 장 자크 아노의 태초의 인간에 대한 서사극 「불을 찾아서Quest for Fire」(1981)와 자존심을 회복해 가는 노회한 조무래기 사기꾼 역으로 버트 랭커스터가 출연한 루이 말의 「애틀랜틱 시티」(1980)와 같이 나중에 나온 프랑스와의 합작 영화 몇 편은 그런대로 흥행에서 성공을 거두었다. 스튜어트 쿠퍼가 연출하고 도널드 서덜랜드가 주연한 영국과의 합작 영화 「실종The Disappearance」(1977)은 뭐가 뭔지 도무지 알 수 없는 스릴러로 완전히 잊힌 작품이 되어 버렸다. 그편의 10대를 위한 영화인, 밥 클라크의 「포키Porky's」(1981)와 빌 머리가 주연한 이반 라이트먼의 「미트볼Meatballs」(1979)은 흥행에서는 캐나다 영화사상 최고의 수익을 올렸으나, 평단으로부터는 일고의 가치도 없는 것으로 외면당했다. 영국에서 활발하게 활동을 벌이고 있던 테드 코체프는 CFCD의 배려로 캐나다에 돌아와 「더디 크라비츠의 도제 생활The Apprenticeship of Duddy Kravitz」(1974)을 만들었다. 하지만 코체프에게 있어 캐나다는 잠시 쉬어 가는 경유지에 불과했고 그 뒤 미국으로 건너가 람보 시리즈 첫 편이자 가장 나은 「람보」(1982)를 멋지게 날렸다.

세금 피난기에는 또 민간 분야의 제작자와 제작진의 양성이 많이 이루어졌는데, 데이비드 크로넨버그라는 특출한 감독도 바로 그런 과정에서 배출된 인물이다. 그의 살아 움직이는 내장 같은*visceral* 세계는 이미 실습 단편 영화와 초기 영화들에서 뚜렷이 나타난 바 있다. 그는 캐나다 평의회에서 받은 집필 보조금으로 「스테레오」(1969)를 만들었고, 「미래의 범죄들」은 CFDC에서 투자한 1만 5,000달러로 만들었다. 하지만 크로넨버그의 진정한 데뷔작은 CFDC가 투자하고 이반 라이트먼 외 몇 명이 제작에 참여한 「파편들」(1975)이었다. CFDC는 「파편들」의 대본을 보고 그 메스꺼움에 완전히 질려 버렸다. 그것은 말 그대로 〈폭력과 비명〉에 대한 투자였고, 막상 공개되었을 때는 그런 작품에 투자했다는 이유로 갖은 험담을 다 들어야 했다. 「파편들」은 캐나다의 비평가 마틴 넬먼이 펴낸 책자에 CFDC 최악의 작품으로 기록됨과 동시에 영화여론위원회로부터도 심하게 매도당했다. 그럼에도 불구하고 몬트리올의 한 아파트촌에 창궐한 괴상한 질병을 소재로 한 이 작품은 40개국에 수출되어, 18만 달러의 투자비에 500만 달러라는 엄청난 흥행 수익을 올리며 CFDC 교역사상 최대의 재정 흑자를 기록한 작품이 되었다. 「열외인간」(1977)의 개봉과 더불어 작은 마을의 고리타분한 설교가 아닌 크로넨버그 영화의 이미지와 내용은 비평적 찬사를 받게 되었고, 프랑스와 영국에서는 그의 팬 클럽까지 생겨났다. CFDC는 「종족」(1979), 「스캐너스」(1980), 「비디오드롬」(1982)을 비롯하여, 이후 캐나다에서 제작된 그의 모든 작품에 참여했다.

1980년대 초에 캐나다 연방 정부는 텔레필름 캐나다 Telefilm Canada를 발족시켜, 캐나다 고유의 내용에 대한 보다 엄격한 통제와 투자액의 증가를 통해 영화에 대한 정부의 보호를 강화하려 했다. 이번 보호 정책은 특히 텔레비전을 위한 것이었다. 올라가 봤자 20퍼센트 시청률(500만 명 이상)이 고작인 다중 채널 상황에서 광고 수입만으로 제작비를 충당한다는 것은 사실상 무리였다. 캐나다 텔레비전 드라마 1편 제작비면, 비슷한 종류의 미국 드라마를 몇 편이나 수입할 수 있었다. 하지만 방송 프랜차이즈를 캐나다적인 내용을 다룬 것에 우선권을 주려고 하면 일단은 캐나다 프로그램이 많이 제작되는 것이 급선무였기 때문에 텔레필름 캐나다는 방송 기금을 운영하면서, 제작할 드라마에 대한 방송국의 의 향서를 소지한 프로듀서면 누구든 그 자금을 이용할 수 있게 했다. 방송 기금은 49퍼센트를 투자 한도로 모든 종류의 프로그램을 지원했다.

CFDC에서 텔레필름 캐나다로 넘어가는 과도기에 필립 보소스는 리처드 판스워스와 캐나다 여배우 재키 버로스를 주연으로 한 「회색 여우The Grey Fox」를 만들었다. 19세기 말 캐나다의 어느 노령의 카우보이 신사에 대한 이야기를 발라드풍으로 만든 이 작품의 짭짤한 국제적 성공으로 영화계는 모든 면에서 활기가 돌기 시작했다. 이후 몇 년에 걸쳐 여러 편의 캐나다 영화가 전 세계에 공개됐다. 캐나다 출신의 대니얼 페트리는 본국으로 다시 돌아와 키퍼 서덜랜드 주연의 청소년 영화 「불량 소년The Bad Boy」(1984)을 만들어, 서덜랜드를 일약 1980년대 중반 미국에서 젊음의 우상으로 만들었다. 서부 지역에서 활동 중이던 샌디 윌슨은 또 청소년 영화이기는 했지만, 이번에는 우울하고 불안한 소년 대신, 반항적인 어린 소녀를 주인공으로 한 「나의 미국인 사촌My Amercian Cousin」(1985)을 만들어 장르의 변신을 시도했다. 1985년 존 파이즈는 펑크 문화를 저예산의 캐나다 대초원 문화로 바꾼 「크라임 웨이브Crime Wave」를 만들었고, 레온 마르는 「어둠 속의 춤Dancing in the Dark」을 만들어 영국에서 공개한 결과, 처음에는 데렉 맬컴의 신랄한 공격을 받았으나, 나중에 맬컴 스스로 「가디언Guardian」지의 칼럼을 통해 그 비난을 공개적으로 취소하고 1985년도 10대 영화 목록에 끼워 주는 등, 여러 해프닝을 겪기도 했다.

1980년대 중반이 되면서 텔레필름 캐나다의 업무는 극영화 제작에까지 확대됐고, 별도로 영화 기금까지 창설되어, 제작자는 이제 방송 수수료만이 아니라 배급의 선불금까지 지원받을 수 있게 되었다. 1986년에는 이 기간의 가장 중요한 영화 3편, 퍼트리샤 로즈머의 「인어의 노랫소리I've Heard the Mermaids Singing」, 드니 아르캉의 「미 제국의 쇠퇴The Decline of the American Empire」, 아톰 에고얀의 「패밀리 뷰잉Family Viewing」이 만들어졌다. 칸 영화제 젊

드니 아르캉의 「몬트리올 예수」(1988): 수난극에서 예수 역을 맡기로 해 인생에 큰 전기를 마련한 로테르 블뤼토는 이 영화에서의 연기로 전 세계의 찬사를 받았다.

은 영화인상을 수상한 로즈머의 「인어의 노랫소리」는 사진가 지망생 폴리로 출연한 실라 매카시의 환상을 낟알 모양의 흑백 촬영으로 묘사하여, 여성 동성애자의 사랑을 탐구한 작품이다. 로즈머는 후속 작품들에서도 같은 유형을 찾으려고 무척이나 고심했다. 하지만 이번에도 실라 매카시를 주연으로 기용한 「하얀 방White Room」은 막강한 캐나다 배우들의 출연에도 불구하고 실망스러운 작품이 되고 말았다. 매카시도 그 후로는 「다이하드 2」의 그다지 필요도 없는 조연으로 얼굴을 내미는 등 옆길로 새어 버렸다.

로즈머와 달리 아르캉과 에고얀은 자신들의 성공을 더욱 굳건히 했다. 영화와 종교의 위험한 결합인 아르캉의 「몬트리올 예수Jesus of Montreal」는 1989년 런던 영화제에서 기립 박수를 받았고, 이 영화의 스타 로테르 블뤼토는 그 후 국제 연극 무대의 총아가 되었다. 에고얀은 「스피킹 파츠Speaking Parts」(1989)와 「어저스터The Adjuster」(1991), 「엑조티카Exotica」(1993) 같은 작품들에서, 내러티브와 주제에 자유롭게 접근하는 그만의 방식에 맞게, 영화 매체를 이용하는 능란함을 다시 한 번 과시해 보였다. 아르캉과 에고얀은 모두 동시대적인 문제를 논쟁적으로 다루기를 즐겨 하여, 아르캉은 성적 관습과 종교적 위선을 넓은 구도와 배경을 지닌 스펙터클이나 서사극의 형식으로 표현하기를 좋아했고, 에고얀은 비디오 필름이나 그 밖의 다양한 이미지 왜곡으로 강조된 답답하고 내면적인 스타일을 통해 어지럽고 냉담한 인간관계를 묘사하려고 했다. 에고얀의 작품에는 특히 영화의 역동성을 위해 전통적 이야기 구조는 그리 필요하다고 보지 않는 독립영화적 요소가 많이 들어 있다. 1980년대 경향의 끝물을 탄 감독들 역시 이들 못지않은 위치를 점하고, 나름대로의 국제적 명성을 이어 갔다. 브루스 맥도널드는 특히 록 뮤직과 로드 무비의 영향을 받은 저예산 작품 「로드킬Roadkill」(1989)과 「61번 고속도로Highway 61」(1991)로 새로운 인재가 도래했음을 알렸다.

텔레필름 캐나다는 이 모든 작품의 자금원으로 중요한 역할을 했고, 온타리오영화개발협회Ontario Film Development Corporation(OFDC)와 브리티시 콜럼비아, 노바 스코샤, 서스캐처원 지역의 그와 유사한 지역 자금 기구들의 창설에도 견인차 역할을 했다. 퀘벡에서는 1970년대에 유럽의 그것을 모델로 한 퀘벡영화협회Institut Québécois du Cinéma가 설립되었는데 1981년에는 퀘벡의 전 문화계를 통합한 총영화협회Société Générale Cinématographique(SGC)가 다시 세워졌다. 앨버타에도 1981년에 영화개발협회Motion Picture Development Corporation가 발족되었다. 이렇게 본다면, 이 기간의 영화 제작은 몬트리올이나 토론토와 같은 인구 밀집 지역에서만 일어난 현상은 아니었다. 가이 매딘은 캐나다 대초원에서, 무성 영화 시대를 연상시키는 스타일과 테크닉을 구사하여 북부인들의 신비한 전설을 소재로 한 「김리 병원 이야기Tales from the Gimli Hospital」(1988), 「대천사Archangel」(1990), 「경계Careful」(1992)와 같은 아주 별스럽고 이상한 작품들을 만들었다. 동부 지역에서는 마이클 존스가 지방 정치를 신랄하게 풍자한 2편의 뉴펀들랜드 소극 「파우스터스 비드굿의 모험The Adventure of Faustus Bidgood」(1986)과 「비밀 국가Secret Nation」(1991)를 만들었다.

한편 NFB도 동시대 캐나다 인들의 문제를 다룬 저예산 영화를 계속 만들어 냈다. 우편 주문 신부(新婦) 이야기를 따뜻한 코미디로 만든 자일스 워커스의 「90일90Days」(1985)과 뉴펀들랜드 해안에 불법 입항한 타밀 피난민에 초점을 맞춘 존 M. 스미스의 「캐나다에 온 걸 환영합니다Welcome to Canada」(1989)는 모두 이민을 주제로 한 작품들이다. 스미스는 또, 몬트리올의 흑인 문제를 다룬 「연옥에 앉아Sitting in Limbo」(1986)와 빈곤과 범죄를 주제로 한 「일련의 꿈Train of Dreams」(1987)과 같이 동시대의 가장 첨예한 문제를 다룬 작품들을 만들기도 했다. 이들 영화에 출연한 배우들은 거의가 아마추어였고, 그들을 통해서 NFB 감독들은 사실주의 영화의 진면목을 보여 줄 수 있었다. 하지만 이 기간에 나온 NFB의 가장 성공적인 작품으로는 관광버스의 고장으로 퀘벡의 어느 시골 마을에서 오도 가도 못하게 된 일단의 할머니들의 이야기를 그린 신시아 스콧의 「낯선 사람들과 함께Company of Strangers」였다. 이 작품에서 스콧은 기성 배우가 아닌 80대 보통 할머니들을 기용하여, 서로에게서 위안을 찾고 모든 수단을 강구하여 위기를 타개하려고 하는 할머니들의 모습을 차분한 분위기로 그려 냈다.

애니메이션

이 기간 동안 NFB는 상당한 양의 우수 다큐멘터리를 만들어 전 세계 텔레비전 방송사에 판매했다. 하지만 NFB가 거둔 가장 커다란 업적은 애니메이션 분야였다. 매클라렌은 1987년에 타계했지만, 그의 혁신성과 실험 정신만은 여전히 살아 있었다. 1970년대 초에는 유리 위의 모래를 이용한 애니메이션으로 영화제 수상 경력이 있는 캐롤라인 리프가 미국에서 NFB로 옮겨 왔다. 1974년 리프는 같은 기술을 이용하여 고대 이뉴잇의 전설을 소재로 한 「거위와 결혼한 올빼미The Owl Who Married a Goose」를 만들었다. 「거리The Street」(1976)에서는 모데카이 리츨러의 단편을 화면으로 옮기기 위해, 유리 위의 그림이라는 좀 더 색다른 방법을 이용했다. 1984년 로스앤젤레스 애니메이션 올림픽에서 「거리」는 세계적인 영화인과 비평가들로 구성된 50인의 쟁쟁한 심사 위원단에 의해 노르슈테인의 「이야기 중의 이야기」 다음으로 차석의 영예를 차지했다. 애니메이션을 떠나 잠시 휴식을 취한 리프는 1990년 NFB의 프랑스 애니메이션 스튜디오로 다시 돌아와 「두 자매Two Sisters」를 만들었다. 이 작품에서 그녀는 에멀션*emulsion* 밑의 컬러층이 드러나는 에칭의 깊이를 얻기 위해 장장 1년 반에 걸쳐 70mm 필름 위에 직접 스크래칭을 했고, 「두 자매」는 국제 영화제에서 무려 10개가 넘는 트로피를 얻었다.

수년간 NFB는 폭넓은 테크닉과 스타일을 구사하는 세계적인 애니메이터들의 본거지 역할을 했다. 이러한 영향은 NFB 애니메이션 문화에 그대로 반영되어, NFB 스튜디오(영국인과 프랑스 인 모두)에서 만들어진 작품은 국제 영화제와 애니메이션 행사에 빠지지 않고 출품되었다. NFB의 객원 애니메이터 중에는 「민둥산에서의 하룻밤」(1933)에 사용되었던 그 유명한 핀 스크린 기법의 고안자들인 알렉산더 알렉세예프와 클레어 파커도 포함되어 있었다. 자크 드루앵은 핀스크린 기술을 이용해 NFB에서 만든 그들의 두 번째 작품 「풍경화가Mindscape」(1976)로 영화제 수상의 영예를 안았다. 네덜란드 출신의 폴 드리즌, 코 회더먼, 미국 출신의 캐롤라인 리프, 인도 출신의 이슈 파텔 역시, NFB의 애니메이션부에서 활동하며 수많은 수상작을 만들어 냈다. 리처드 콘디와 코델 바커는 최근의 수상자들로서, 이들의 유머러스한 애니메이션 「거창한 흥분The Big Snit」(1985)과 「돌아온 고양이The Cat Came Back」(1988)는 NFB 애니메이션의 고전이 되었다. 지금은 영국에 정착한 앨리슨 스노든과 데이비드 파인도 「조지와 로즈메리George and Rosemary」(1987)를 만들어 오스카상 후보에 오르는 기염을 토했다.

NFB 외곽에서도 애니메이션은 번성하여, 특히 상업 분야의 어린이 만화 영화는 커다란 사업 분야였다. 하지만 NFB 외곽에서 홀로 작업하여 세계를 석권한 한 사람이 있었다. 프레더릭 백은 프랑스 어 공영 방송사인 소시에테 라디오 캐나다에 적을 두고 「삐그덕Crac」을 만들어 1982년에 첫 오스카상을 수상했고, 장 지오노의 단편 우화 소설을 각색한 「나무를 심은 사람」(1989)으로 두 번째 오스카상을 수상했다. 1993년에는 성(聖) 로렌스 시웨이의 이야기를 아지랑이처럼 반짝이는 애니메이션으로 만든 「거대한 강The Mighty River」을 필생의 역작으로 내놓았다.

실험 영화

캐나다 평의회와 그와 동일한 기능을 하는 지방 조직들도 예술 영화인들을 위한 공공 자금을 별도로 확보하고 있었다. 이 자금으로 그들은 공동 작업과 배급 기관 그리고 고객 관리의 전반적 체제를 유지했다. 캐나다 실험 영화인 중 가장 유명한 사람은 1960년대와 1970년대의 작품을 통해 구조주의적 영화 제작 세대에 상당한 영향을 끼친 마이클 스노이다. 그에게 국제적인 명성을 안겨 준 단편 영화 「파장」(1967)은 아방가르드의 교본이 된 지 오래이다. 스노의 관심사는 주로 카메라와 주체, 즉 보는 주체(관객)와 필름의 주체와 카메라의 위치와의 관계에 있다.

캐나다 실험 영화는 식민지풍의 회화적 전통과도 무관하고, 캐나다의 풍광도 멀리하는 특징을 보이고 있다. 18세기 중반 이래의 모든 예술 형식에서, 서정적이고 낭만적인 전통과 의식적으로 융합된 모습을 보이고 있는 영국의 지형과는 달리, 마이클 스노에게 있어서 캐나다 지형은 「중앙 지대La Région Centrale」(1971)의 사나운 카메라 움직임으로 그것(관객도)에 대해 공격하지 않을 수 없을 정도로 너무도 황량하고 끔찍했다. 하지만 대부분의 경우에, 실험 영화와 언더그라운드 영화는 산이라든가 숲, 호수, 바다와 같은 지형은 무시하고, 민족성이나 섹슈얼리티 같은 보다 동시대적이고 도시적인 문제를 다루었다. 한 가지 놀라운 사실은 정치적인 면을 도외시했다는 것이다. 조이스 윌런드는 극히 예외적인 존재로, 그녀는 미국의 정치적 억압을 코믹하게 그린 「북미에서의 쥐의 삶과 식생활Rat Life and Diet in North America」(1968)과 캐나다 지형 자체에서 솟아오르는 거친 열정과 힘을 트뤼도 수상 연설의 정서와 대비시킴으로써 캐나다의 정체성이라는 본질적인 문제를 파고든 「정열 이전의 이성La Raison avant la passion」(1969, 제목도 트뤼도의 연설에서 따온 것이다)을 만들었다. 이 작품의 특징은 전례를 찾아보기 힘들 정도로 정치 문제를 역동적으로 다루고 있다는 점이다. 동시대인이면서 한동안 부부이기도 했던 스노와 윌런드의 재능은 거기서 끝나지 않았다. 스노의 조각품은 캐나다 전역에서 주문이 쇄도했고, 윌런드도 세계 각지에서 전시회를 열 만큼 퀼트와 유화에 남다른 재능을 보여 주었다.

이후 등장한 실험 영화인들의 작품도 세계적 명성을 얻기에 충분했다. 서해안 지역에서는, 구조주의적 전통에서 활동하고 있던 데이비드 리머가 기성 화면*found footage*도 종종 이용하면서, 20여 년에 걸쳐 만든 「템스 강의 수면Surfacing on the Thames」(1970)을 포함한 많은 우수작들을 내놓았다. 동부에서는 퍼넬Funnel과 토론토의 캐나다영화제작자배급센터Canadian Filmmakers Distribution Centre를 중심으로 한 일군의 영화인들이 좀 더 사적인 환경에서 개인의 혈통을 다룬 「횡단/분열된 대형passing through/torn formations」(필 호프먼, 1990)이라든가 성 문제를 주제로 한 「10센트짜리 댄스Ten Cents a Dance」(미디 오노데라, 1985) 같은 작품들을 만들었다. 특히 「10센트짜리 댄스」에서 다루어진 주제는 레아 풀의 「앤 트리스터Anne Trister」(1986)와 같은 주류 영화로부터, 린 퍼니와 에얼린 와이즈먼의 「금단의 사랑Forbidden Love」(1992)과 같은 NFB 다큐멘터리, 에이즈 바이러스의 근원을 컬트 뮤지컬 형식으로 추적한 존 그레이슨의 최근작 「제로 페이션스Zero Patience」와 같은 언더그라운드 영화에 이르기까지, 모든 종류의 캐나다 영화에 유행처럼 번져 나갔다.

미래

현재의 캐나다는 퀘벡 당이 또 다시 승리를 거둔 가운데, 캐나다로부터 퀘벡 분리를 결정지을 두 번째 국민 투표를 약속한 상태이고 세계적 불경기는 문화 프로그램에 짙은 그림자를 드리우고 있다. 그런 가운데서도 텔레필름 캐나다, NFB, 캐나다 평의회와 같은 기구들을 통한 연방 정부의 공공 보조금 제도는 변함없이 계속되고 있다. 영화는 각종 영화제, 영화 공개 프로그램, 외부 영화인 초빙, 대사관 등을 통한 대외 영화 프로그램과 전 세계 주요 도시에서의 순회 영화 상영 등, 거의 모든 부문에서 정부의 강력한 지원을 받고 있다. 대중오락 측면에서 보호주의자들에게 늘 문제시되어 온 문화 대 상업의 논쟁도, 두 요소의 혼합으로 해결되었다.

영화는 이제 문화 산업으로 알려진 영역의 일부가 되었고, 쉽게 계산하기 힘든 금전적인 가치에 힘입어 정계에서의 입지도 강화되었다. 영국, 프랑스와 같은 나라들의 영화 산업이 붕괴하거나 약화되고 있는 상황에서, 캐나다의 모델은 목적과 헌신에 대한 비타협에 토대를 두고 있다는 점에서 특히 주목할 만하다.

참고문헌

Desbarats, Carole, *et al.*(1993), *Atom Egoyan.*

Garel, Sylvain, and Pâquet, André(eds.)(1992), *Les Cinémas du Canada.*

Handling, Piers(ed.)(1983), *The Shape of Rage: The Films of David Cronenberg.*

Lowder, Rose(ed.)(1991), *The Visual Aspect: Recent Canadian Experimental Films.*

Morris, Peter(1978), *Embattled Shadows: A History of Canadian Cinema 1895~1939.*

—— (1984), *The Film Companion: A Comprehensive Guide to More than 650 Canadian Films and Filmmakers.*

라틴 아메리카의 새로운 영화

마이클 채넌

1950년대 말부터 라틴 아메리카에는 약간의 틈새라도 생기면 그것을 발판으로 삼고, 지극히 불리한 상황일 때조차 성장을 거듭하며, 비참함의 고발이나 저항의 찬양에 바쳐진 영화라는 점에서 더욱더 번성할 수밖에 없는 일종의 뉴 시네마 운동이 일어났다. 10년에서 15년에 걸쳐 일어난 이 운동은 아메리카 전 대륙에 영향을 끼친 것은 물론, 라틴 아메리카 영화가 사상 최초로 세계적 주목을 받기에 이르렀다. 이 운동은 아르헨티나의 산타페 다큐멘터리 영화학교Documentary Film School of Santa Fe로부터, 브라질의 시네마 노보Cinema Novo의 등장, 아바나의 영화 협회 신설에 이르기까지, 개별적인 나라에서 불연속적이고 분산된 형태로 일어났다. 운동이 일어난 날짜와 장소는 라틴 아메리카의 현대사를 그대로 보여 준다. 아르헨티나와 브라질의 경우, 영화 운동의 발전과 쇠퇴는 민주주의의 번영 및 쇠퇴와 함께 했고, 쿠바 영화는 쿠바 혁명과 동의어였으며, 칠레 영화는 1970년대 초 살바도르 아옌데를 대통령으로 뽑은 민중 통일 운동의 또 다른 이름이었다. 10년 뒤에는 니카라과, 엘살바도르와 함께, 체 게바라의 활동기였던 1960년대에 처음 생겨난 전투적 영화 개념이 다시 꽃피었다.

초창기의 운동 중에는 1955년에 영화 클럽이 생기고 마누엘 참비와 같은 영화인들이 민족지학적이고 사회-문화적인 주제의 다큐멘터리를 만들어 온 페루의 쿠스코와 같이 아주 외딴 지역에서 시작된 것들도 있었다. 1950년대에는 라틴 아메리카 전역에 생겨난 영화 모임과 더불어 영화 실기 강좌와 경연의 확산, 그리고 잡지 발간 등이 이어졌고, 1960년대와 1970년대에는 페루의 〈영화 토론Hablemos de cine〉, 베네수엘라의 〈오늘의 영화Cine al día〉와 같은 기사 제목으로도 알 수 있듯이 영화 운동의 가치와 정체성에 대한 논의가 활발하게 이루어졌다.

이들 그룹의 대부분은 1950년대 초 아바나의 청년 공산주의자가 이끈 누에스트로 티엠포Nuestro Tiempo 문화 클럽(몇몇 미래의 쿠바 영화감독의 은신처이기도 했다)과 같은 사회 운동과 연계되어 있었다. 1954년에는 젊은 영화인들을 위한 첫 국제 행사로, 우루과이 국영 라디오 방송이며 진보적 문화 후원자 역할을 한 SODRE가 주최한 몬테비데오 영화제가 열렸다. 존 그리어슨이 주빈으로 초청된 1958년 영화제에는 페루의 참비, 브라질의 넬송 페레이라 두스 산투스, 산타페의 페르난도 비리가 참석했다. 페레이라 두스 산투스의 「리우, 북쪽 지대Rio zona norte」(1957)는 리우데자네이루의 〈판자촌*fevelas*〉 이야기를 네오리얼리즘 형식으로 표현하여 영화 내러티브에 새로운 예를 제시한 영화였다. 몇 년 뒤 페레이라 두스 산투스는 글라우베르 로샤의 말을 빌리면, 브라질 시네마 노보의 지도적 정신이자 〈양심〉으로 떠올랐다. 비리와 그의 제자들이 함께 만든 「동전 한 닢만 주쇼Tire die」는 산타페 주위의 판자촌을 기록한 영화인데, 후일 이 작품은 새로운 영화 운동에서 사회 다큐멘터리 부문의 고전으로 칭송됐다. 단순히 신라틴 아메리카 영화Nuevo Cine Latinoamericano로 알려진 이 용어의 기원은 1963년부터 8mm와 16mm 영화제가 열리고 있던 칠레의 해변 도시 비냐 델 마르에서 라틴 아메리카의 전 영화인들이 참석한 가운데 그곳의 한 영화 클럽 주관으로 열린 1967년의 모임으로 거슬러 올라간다.

브라질과 시네마 노보

1950년대 초, 로마에서 영화를 공부한 신라틴 아메리카 영화 선구자들은 본국에 돌아오자마자, 여건상 어쩔 수 없이 아마추어 배우만을 기용하여, 다큐멘터리 스타일의 야외 촬영을 특징으로 하는 네오리얼리즘 형식의 영화를 찍기 시작했다. 하지만 그런 현실적 요인 외에도 그들이 네오리얼리즘을 채택한 데는 영화 미학이라는 또 다른 중요한 이유가 있었다. 비리도 지적했듯이, 이탈리아 네오리얼리즘은 이탈리아의 발전을 찬양하는 외적 과시와 미사여구의 와중에 발견한 또 다른 이탈리아의 모습, 즉 후진적 이탈리아를 표현한 영화였다. 초라하고 학대받은 자들의 영화, 라틴 아메리카가 절실히 필요로 하는 것이 바로 그런 영화였다.

1963년, 브라질 영화감독 넬송 페레이라 두스 산투스는 벽촌 중에서도 최악이라 할 수 있는 브라질 북동부 농촌 지역 주민들의 끔찍한 삶을 그린 그라실리아노 라무스의 소설을 「메마른 삶Vidas secas」으로 영화화해, 네오리얼리즘의 새로운 영역을 개척했다. 동일한 미학과 동일한 배경을 이용하여 루이 게라는 〈세르탕sertão〉 인들의 굶주림과 군인들과 농부들 간의 격렬한 대립을 그린 「대포Os fuzis」를 만들었고, 17세기 팔마레스의 마룬*maroon* 이야기를 다룬 카를루스 디에게스의 「강가 줌바Ganga Zumba」는 역사적 주제를 다룬 시네마 노보 최초의 영화가 되었다.

이 정도만으로도 상당한 성과라고 볼 수 있는 이 작품들은 그러나 서막에 불과했다. 시네마 노보는 기회를 얻기만 하면 신속히 방향을 바꾸어, 브라질과 쿠바의 노예를 소재로 역사 영화 장르를 개척한 「강가 줌바」에서처럼 새로운 장르와 새로운 영화 언어를 추구했다. 브라질과 쿠바 영화인들은 역사적 장르나 현대적 배경을 이용하여 아프리카계 브라질 인과 아프리카계 쿠바 인들의 전통을 집중 탐구했다. 20세기를 주제로 한 영화로는 브라질 최고의 인기 코미디언 그란데 오텔로가 출연한 조아킴 페드루 데 안드라데의 무정부적인 악한*picaresque* 코미디 「마쿠나이마Macunaima」(1969)가 있다. 그란데 오텔로는 음악계의 부패에 맞서는 문맹의 삼바 작곡가 역으로 페레이라 두스 산투스의 「리우, 북쪽 지대」에도 출연했다. 역사 영화로는 고결한 야인(野人)의 전원생활을 어둡게 풍자한 페레이라 두스 산투스의 「너무도 고상한 나의 프랑스 인Como era gostoso o meu francés」(1971)과 토마스 구티에레스 알레아의 역동적 작품 「악마와 싸우는 쿠바인Una pelea cubana contra los demonios」(1971)을 들

글라우베르 로샤 (1938~1981)

고도의 스타일을 자랑하는 글라우베르 로샤의 전도된 서부극 「죽음의 안토니오」(1969).

글라우베르 로샤는 브라질 영화계의 유성이었으며 1960년대 시네마 노보의 〈무서운 아이〉였다. 브라질 북동부 바이아에서 태어나 열여섯 살에 시네마 클럽을 통해 영화계에 입문한 그는 2년간의 법률 공부 끝에 제작사를 차려 몇 편의 단편 영화를 만든 뒤 리우로 자리를 옮겨, 그곳에서 넬송 페레이라 두스 산투스(로샤는 그를 시네마 노보의 아버지라 불렀다)가 중심이 된 그룹에 들어가 1962년에 그의 첫 작품을 만들었다.

「바람의 전환」은 기본적으로 어촌의 종교적 신비주의를 사실주의적으로 그린 작품이었으나, 로샤는 거기서 그치지 않고 변증법적 정치 메시지를 이용하여 이 영화를 비유적 차원으로 끌어올렸으며, 그 속에는 이미 브라질의 반(半)이교적 민간 신앙들을 바라보는 사회의 모호한 태도에 대한 그의 매혹 등을 비롯하여, 미래의 그의 작품의 본질적 요소를 이루는 특징들이 이미 나타나고 있다. 이 영화로 그는 그 자신의 말을 빌리면, 〈머리로는 생각을, 손에는 카메라를 들고〉 이루어 낸 노보 시네마의 주도적 인물이 되었다.

로샤는 1965년에 그의 「굶주림의 미학The Aesthetics of Hunger」 선언문에서, 시네마 노보의 독창성은 〈굶주리는 자들에게 폭력은 일상적 행위이다〉, 〈폭력의 순간은 식민지 개척자들이 식민지인들의 존재를 알게 되는 순간〉을 드러내는 것에 있음을 주장했다. 그런 의미에서 굶주림의 미학은 제국주의 영화 가치에 반대되는 방향으로 나아가는 것이고, 로샤의 손에서 그것은 내러티브의 분명함 대신에 폭력적 표현의 이미지로 나타났다.

프랑스 〈작가 정치*politique des auteurs*〉의 지적 영향과, 체 게바라와 프란츠 파농의 사상이 결합된 로샤의 작품은 스타일로 말하면, 들쭉날쭉하고 가파른 몽타주, 대립적인 것들의 끊임없는 이동, 종종 이용되는 연극적 미장센으로, 고다르나 파솔리니와 강한 연관성을 보여 주고 있으며, 로샤의 손에서 그것은 아프리카-브라질 신앙의 영감을 받은 브레히트와 의식주의적 요소의 혼합으로 나타났다. 이러한 그의 특징들은 메시아적인 종교 지도자(검은 신)와도 관련을 맺고, 〈캉가세이루*cangaçeiro*〉 또는 산적(흰 악마)과도 관련을 맺게 되는 브라질 북동부 내륙 오지, 세르탕의 어느 농민 부부 이야기를 짙은 은유적 표현으로 그려 낸 「검은 신, 흰 악마」(1964)에서 처음 발견되었다.

그로부터 3년 뒤에 나온 「고통의 땅」은 로샤의 영화적 토대가 농촌으로부터, 라틴 아메리카의 쿠데타(특히 1964년 브라질의 그것)와 자신의 환상과 대립할 수밖에 없는 사회 참여 예술가의 모순에 대한 매혹적인 알레고리 속에서, 도시와 정치 권력에 대한 투쟁으로 옮겨 간 작품이었다. 그 다음 그는 1969년에 풍부한 스타일의 전도된 서부극, 「죽음의 안토니오」(본래 그는 이 영화의 제목을 〈성인 전사에 대항한 사악한 용O dragao da maldade contra o santo guerreiro〉이라 붙였다)로, 다시 오지의 영역으로 돌아왔다. 그 지역의 명칭의 시조가 된 영웅은 이미 산적, 교회와 지주들의 청부 살인업자 역으로 「검은 신, 흰 악마」에 등장했던 인물이다. 하지만 여기서 로샤는 초기 영화의 상징성을 뒤엎고, 사회적 산적 행위와 메시아적 종교가 혼합된 혁명의 열정을 찬양하고 있다.

1968년에 일어난 브라질의 두 번째 쿠데타로 정치적 억압이 심해지자 로샤는 항거의 표시로 망명길에 올랐다. 그런 브라질 현실과의 단절이 그의 작품을 약화시켰다는 데에 대부분의 비평가들은 동의하고 있다. 그는 브라질 밖에서 2편의 영화를 만들었다. 프란츠 파농의 식민주의에 대한 논쟁에 고무되어 만든 「일곱 개의 머리를 가진 사자」(콩고의 수도 브라자빌에서 촬영했다)는 브라질 문화의 아프리카적 뿌리를 찾는 내용을 로샤 특유의 도식적 알레고리 형식으로 풀어낸 작품이다. 죽어 가는 통치자 디아스 2세 역으로 프란시스코 라발을 출연시켜, 스페인에서 찍은 두 번째 작품 「잘려 나간 머리」는 기본적으로 개인적인 신화에 머물고 말았다. 장편 다큐멘터리 「브라질의 역사」(1973)는 이데올로기의 명확성을 상실한 작품으로 평가받았고, 이탈리아 텔레비전을 위해 만든 「클라로Claro」(1975)는 범작에 그치고 말았다. 1975년 로샤는 군 장성들과 화해하고 브라질로 돌아와, 가톨리시즘과 혁명, 그리고 원시주의의 유토피아적 통합을 현란한 시각적 태피스트리로 표현한 「땅의 나이」(1980)를 그의 마지막 작품으로 만들었다.

마이클 채넌

▪▫ **주요 작품**

「바람의 전환Barravento」(1962); 「검은 신, 흰 악마Deus e o diabo na terra do sol」(1964); 「고통의 땅Terra em transe」(1967); 「죽음의 안토니오Antonio das Mortes」(1969); 「잘려 나간 머리Cabezas cortadas」(1970); 「일곱 개의 머리를 가진 사자Der leone have sept cabezas」(1970); 「브라질의 역사Historia do Brasil」(1973); 「땅의 나이A idade da terra」(1980).

▪▪ **참고 문헌**

Rocha, Glauber(1981), *Revolucião do Cinema Nôvo.*
— (1983), "The Aesthetics of Hunger".

수 있다. 두 작품 다 몇 세기 전의 정복(스페인, 포르투갈)을 주제로 하고 있으며, 실험적 접근법으로 역사의 진실을 캐고 있다. 그 후 알레아는 19세기 문학 원전을 해체한 인상적인 작품 「또 하나의 프란시스코El otro Francisco」(세르지오 지랄, 1973)의 시나리오를 공동 집필했고, 뒤이어 블랙 코미디 「최후의 만찬La última cena」(1976)을 만들었는데, 두 작품 다 19세기를 배경으로 한 노예에 관한 영화이다.

코미디이건 비극이건 이 작품들에는 모두 과거와 현재를 동시에 말한다든지 종교와 정치를 동시에 말하는 등, 영화의 주제를 여러 단계에서 동시에 표현하는 우화적 특질이 포함되어 있고, 이러한 요소는 향후 시네마 노보 운동의 뚜렷한 특징이 된다. 한편, 그러한 주제의 선택은 네오리얼리즘 미학을 급속히 후퇴시키고, 감독과 카메라맨으로 하여금 주제의 전설적인 특징에 맞는 시각적 스타일의 추구로 나아가게 했다. 카를루스 디에게스는 「강가 줌바」의 단순한 흑백 내러티브 형식으로부터, 열대주의로 알려진 강렬한 음악(아니면 최소한 브라질 대중문화의 핵심인 카니발에서 직접 도입한 그것의 변형이라도)과 더불어, 화려한 시각 스타일로의 놀라운 발전을 보여 준, 2편의 노예 영화 「시카 데 실바Xica de Silva」(1976)와 「킬롱보Quilombo」(1984)를 만들었다. 이 중 「시카 데 실바」는 식민지 관리와 결혼한 마술적이고 에로틱한 힘을 지닌 18세기 한 노예의 흥망성쇠를 그린 작품이고, 「킬롱보」는 새로 조사한 사료를 토대로 팔마레스의 마룬 이야기를 재해석한 작품이다. 하지만 디에게스의 진짜 관심사는 객관적 내러티브보다는 의식(儀式) 형태를 통해 아프리카계 브라질 문화의 역사를 말하고, 이들 영화의 내러티브 형식을 삼바 춤의 한 형태로 만드는 것이었다. 한편, 넬송 페레이라 두스 산투스는 아프리카-브라질 신화의 주문(呪文)으로 스릴러적 효과를 얻어 낸 「오굼의 부적O amuleto de Ogum」(1974) 같은 영화에서, 그만의 아주 독창적인 비유적 방식을 창안해 냈다. 다른 주제에서는 그러나 예전의 사실주의 방식을 그대로 고수하여, 정치적 억압에 관한 그라실리아누 라무스의 자전적 소설 「감옥의 기억Merorias do carcere」을 영화화하여 1984년 칸 영화제 비평가상을 수상했다.

시네마 노보 영화인 중 가장 대중적인 감독이 디에게스였다면, 열대주의*tropicalist* 형식의 악명 높은 대변자는 글라우베르 로샤였다(1981년 젊은 나이에 요절). 프랑스의 고다르처럼 시네마 노보의 〈무서운 아이〉로 통했던 로샤는 영화인들이 역사의 모순을 규명할 수 있고, 작가가 정치적 대항 세력의 중앙에 설 수 있는, 즉 말하자면 〈작가의 정치성〉을 주장했다. 라틴 아메리카 전역에서 재판(再版)을 거듭한 「굶주림의 미학」과 「폭력의 미학」 선언문에서 그는 굶주림이 일상화된 사람들에게 폭력은 바로 그들을 굶주리게 만드는 사회 제도임을 주장했다. 그는, 우리는 이 굶주림이 온건한 개혁으로는 치유될 수 없고, 그것의 종양도 테크니컬러의 가면으로 숨겨지기는커녕 도리어 악화만 될 뿐이라는 것을 잘 알고 있다고 선언했다.

그의 걸작 「죽음의 안토니오」(1969)는 브라질 북동부를 배경으로, 사실과 전설, 서사와 서정의 특이한 브라질적 융합 속에서 상징적 인물들이 펼치는 형식미 넘치는 액션 영화이다. 로샤에게 있어, 가톨릭과 노예 무역으로 이식된 아프리카 종교와의 혼합적 융합, 즉 대중 종교의 신비주의는 이중적 패러다임의 구성 요소이다. 그는 그것을, 수세기 동안 일반 민중의 삶의 조건이었던 거부와 거절의 상황, 즉 끝없는 억압에 대한 영원한 반항심의 표현, 그리고 그 자신의 영화 언어에 대한 혼합주의의 모델로 사용했다. 페터 슈만(1987)의 말을 빌리면 로샤는 넘쳐흐르는 이미지, 신비주의와 전설, 제식, 의식의 혼합을 초현실적 상징주의와 결합시켜, 그 안에서 환상적인 힘을 얻어 낸 감독이었다.

쿠바의 경우

쿠바는 대중적으로나 비평적으로나, 국가적 규모에서, 비리가 생각한 종류의 새로운 영화 문화를 꿈꿔 볼 수 있었던 라틴 아메리카 최초의 국가였다. 1959년 혁명 정부가 영화 산업의 통제 및 제작과 배급을 맡아 볼 기관으로 쿠바영화예술산업협회 Instituto Cubano de Arte y Industria Cinematogrficos (ICAIC)의 설립을 포고할 당시, 쿠바에서 영화는 음악 다음으로 인기 있는 오락물이었다. 알프레도 게바라(체 게바라와는 관련이 없었지만 피델 카스트로와는 막역한 사이였다)를 총수로 한 ICAIC는 이후, 영화계에 국가가 개입한 하나의 모델로서, 라틴 아메리카 전역에서 단 하나만을 제외하고는 가장 성공적인 기관으로 성장했다. 그런데 아이러니하게도 그 예외는, 1980년대에 민주화가 된 뒤 파산하고 1990년도에 해산된, 1960년대에 브라질의 군 장성들이 만든 엠브라필름 Embrafilme이었다.

엠브라필름은 브라질 군부 독재의 기적적 성과를 해외에 홍보하려고 만들었다가 페레이라 두스 산투스의 표현을 빌리면, 〈그 정권에 기를 쓰고 반대한〉 영화인들의 돈줄 역할만 하

토마스 구티에레스 알레아 (1928~1996)

쿠바의 대표적인 감독으로서의 토마스 구티에레스 알레아의 명성은 쿠바 혁명 및 1959년 혁명 때 창립되고 그가 창립 멤버로 참여한 혁명 영화 기구 ICAIC와 뗄래야 뗄 수 없는 불가분의 관계에 있다.

아바나 태생인 알레아는 법률을 공부한 뒤 로마로 건너가 실험 센터에서 영화감독 수업을 받았으며, 그곳에서 또 다른 쿠바 유학생 훌리오 가르시아 에스피노사를 만났다. 라틴 아메리카 젊은 감독들에게는 공통된 현상이듯, 이탈리아 네오리얼리즘은 그들 나라의 상황에 가장 적합한 미학으로 이들의 상상력에도 불을 질렀다. 쿠바로 돌아온 이들은 우리 시대 Nuestro Tiempo라는 이름의 좌파 클럽 회원들과 함께, 아바나 남부의 시에나가 습지 목탄 노동자들을 소재로 한 다큐멘터리 「모래 언덕El megano」(1955)을 은밀히 만들었다. 이 작품에 참여한 영화인들은 바티스타 비밀경찰에 체포되었고 필름은 몰수당했다. 4년 뒤 두 사람은 다시 뭉쳐, 농지 개혁의 필요성을 다룬 다큐멘터리 「우리의 이 나라Esta tierra nuestra」(1959)를 쿠바 혁명 승리 후의 최초의 작품으로 만들었다. 1960년대 말, 가르시아 에스피노사는 〈불완전한 영화〉의 논쟁을 통해 경제적 한계를 힘으로 보는 새로운 관점을 주장했고, 알레아는 그 〈불완전한 영화〉의 예를 실제로 입증해 보였다.

알레아의 첫 네 작품에는 네오리얼리즘과 코미디가 번갈아 사용되었다. 「혁명의 역사Historias de la Revolucion」(1960) 다음으로는, 소련 혁명에 대한 일리프와 페트로프의 유명한 풍자를 쿠바식으로 개작한 「열두 개의 의자」(1962)가 이어졌고, 그다음에는 쿠바 거주 아이티 인들을 배우로 기용하여 아이티의 저개발 상황을 그린 「쿰비테」(1964), 1966년 카를로비 바리 영화제 심사 위원 특별상을 수상하여 알레아의 이름을 해외에 드높인 블랙 코미디 「어느 관료의 죽음」이 각각 이어졌다. 그리고 1968년, 내용과 형식의 독창성으로 정치 영화의 개념에 전혀 새로운 의미를 부여한 「저개발의 기억」이 마침내 선을 보였다. 이 작품에서 부르주아 지식인들의 회의와 소외는 걷히게 되고 동시에 혁명에 수반되어 나타난 사회 격변에 미묘한 논평으로 이용되었다.

이 작품을 시작으로 알레아 영화는 현실에 대한 그만의 비판적 태도에, 영화 언어에 대한 실험적 태도나 기술적 즉흥성을 결합한 형태로 나타났다. 종교적 광신을 다룬 2편의 역사극 중 하나인 「악마와 싸우는 어느 쿠바 인」(1971)은 17세기를 무대로 한 작품이고, 두 번째 작품 「최후의 만찬」(1976)은 18세기 말을 배경으로 한 작품이다. 역사적 사건을 토대로 한 이 두 작품은 역사 다시 쓰기라는 영화의 소명 의식을 잘 보여 준 대표적 예라 할 수 있다. 「악마와 싸우는 어느 쿠바 인」은 영화가 진행될수록 현대 정치의 독단에 대한 비판적 태도를 점점 분명히 하고 있는 알레아 영화 중 가장 실험적인 작품으로, 이 영화 이후 그의 협력자가 된 마리오 가르시아 호야가 처음으로 촬영을 맡은 작품이다. 칠레 배우 넬손 비야그라의 출중한 연기가 돋보인 「최후의 만찬」은 아프리카-쿠바주의의 찬양과 위선을 통렬하게 꼬집은 일종의 풍자극이다. 알레아의 또 다른 블랙 코미디 「생존자들Los sobrevivientes」(1978)은 혁명에 반대하는 자들의 사고방식과 고립의 정치 둘 다를 풍자의 대상으로 삼은 작품이다. 그 후 5년 뒤에 나온 「그 지점까지」에서 알레아는 쿠바 영화인들에 대한 풍자적 이야기를 통해, 그를 비롯한 그의 동료들의 가식과 모순을 철저히 파헤치고 있다.

가브리엘 가르시아 마르케스의 소설을 토대로 한 「공원에서 온 편지 Cartas del parque」(1988)는 20세기 초 마탄사스라는 어느 소도시를 배경으로 한 단순하고 흥미로운 러브 스토리로 알레아의 작품답지 않게 정치적 의도가 전혀 깔리지 않은 순수한 로맨틱 시대극이다. 그러나 쿠바의 정치 위기는 알레아의 비판 의식까지도 잠재웠다고 한 평단의 발언은, 동성애자인 사진가와 청년 공산당원 간의 단순한 우정 이야기가 정치적 독단과 편협에 대한 강렬하고 적나라한 비판으로 발전해 간 「딸기와 초콜릿」(1993)으로 잘못된 것임이 판명되었다. 그 영화는 창조력의 정점에 있던 한 영화인의 작품이었다.

마이클 채넌

주요 작품

「열두 개의 의자Las doce sillas」(1962); 「쿰비테Cumbite」(1964); 「어느 관료의 죽음Muerte de un burócrata」(1966); 「저개발의 기억 Memorias del subdesarollo」(1968); 「악마와 싸우는 어느 쿠바 인 Una pelea cubana contra los demonios」(1971); 「최후의 만찬La última cena」(1976); 「그 지점까지Hasta cierto punto」(1983); 「딸기와 초콜릿Fresa y chocolate」(1993); 「관타나메라Guantanamera」(1995).

참고 문헌

Chanan, Michael(1985), *The Cuban Experience*.
Fornet, Ambrosio(ed.)(1987), *Alea: una retrospetiva critica*.

세르지오 코리에리가 우유부단한 지식인 역을 맡은 토마스 쿠티에레스 알레아의 「저개발의 기억」(1968).

게 되었다는 점에서, 정치적 자가당착 그 자체였다. 이와 달리 쿠바 정권은 예술인과 지식인들(쿠바 정권은 ICAIC와 같은 기구를 여럿 만들어 쿠바 역사상 한 번도 향유해 보지 못한 환경을 이들에게 제공해 주었다)의 광범위한 지지를 받았다. 무엇보다도 중요한 것은 ICAIC는 경제적으로 성공을 거두었다는 것이다. 배급의 통제권을 쥐고 1,000여 명의 직원을 거느린 상태에서, 할리우드 블록버스터 1편 제작비의 절반도 안 되는 연간 1000만 달러의 예산으로, 매년(1980년대의 경제 붕괴 때까지) 6편 정도의 극영화와 정기적인 뉴스 영화, 그리고 40여 편의 다큐멘터리를 만들었다. 공산주의의 평등주의와 경쟁의 부재가 결국 제작비 상승을 억제하여 이들 가난한 영화를 살찌운 것이다.

ICAIC는 예술적인 면에서도 성공을 거두었다. 쿠바 영화의 엄청난 인기는(1951년 텔레비전이 보급되긴 했으나, 1970년대까지는 널리 보급되지 못한 상태였다) ICAIC가 그만큼 쿠바 문화 정책의 핵심 속으로 재빨리 진입했다는 것을 의미했다. 쿠바 혁명이 공산주의를 노선으로 택함에 따라 알프레도 게바라는 영화인들에게 편협하고 제한적인 사회주의 정통 사실주의 이데올로기는 철저히 배격하게 하고, 스타일의 다원성과 예술적 자유를 제공했다. 국가적 열기와 거리를 둔 촬영 감독 네스토르 알멘드로스를 비롯해 적지 않은 영화인들은 불화를 일으킨 뒤 ICAIC를 떠나 버렸다. 하지만 대부분의 영화인들은 그대로 남아 서로의 열정을 자극하며 함께 했다.

심미적인 면에서 가장 대담했던 인물은 자신이 이끌고 있던 ICAIC 뉴스 영화부를 군사 다큐멘터리 학교로 바꾸어 버린 산티아고 알바레스였다. 그는 「지금Now」(1965), 「하노이 13번째 화요일Hanoi martes 13」(1967, 베트남에서 촬영), 「린든 존슨L. B. J.」과 같은 단편에서부터, 「돌 위의 돌Piedra sobre piedra」, 「나는 아메리카의 아들이다De América soy hijo……」 — 1970년 페루, 1972년 칠레에서 각각 촬영 — 와 같은 장편 다큐멘터리에 이르기까지, 팜플렛에서 풍자에 이르는 온갖 종류의 다큐멘터리 장르를 전쟁과 평화의 보도 형식으로 섭렵해 보이는 능력을 과시했다. 뉴스 영화 푸티지*footage*로부터 스틸, 기록 필름, 잡지에서 오려 낸 것에 이르기까지 온갖 종류의 시각적 이미지를 이용하고, 거기에 생생한 기록과 상징적 음악을 결합시키는, 예컨대 자신의 창조적 도벽을 〈목공업자*bricoleur*〉의 기술과 융합시키는 방법으로 알바레스는 소비에트의 몽타주를 카리브 해를 배경으로 재창조했다.

1960년대 말에 이르러 이러한 실험 정신은 픽션으로까지 확대되어, 장르의 구분까지 무시한 일련의 놀라운 작품들이 만들어졌다. 훌리오 가르시아 에스피노사는 무질서한 코미디에 전혀 새로운 차원을 부여한 「후안 킨킨의 모험Las aventuras de Juan Quin Quin」(1967)으로 엄청난 성공을 거두었고, 움베르토 솔라스는 역사 서사극 「루시아Lucia」(1968)를 각기 다른 역사 시기에 속한 세 여인으로 그리되, 그것을 다시 비스콘티식의 〈루시아 1895〉, 할리우드의 엘리아 카잔식 〈루시아 1933〉, 누벨바그식의 〈루시아 196-〉로 재창조했다(아니면 이들 모두를 그만의 독창적인 방법으로 시네마 노보와 결합한 것일 수도 있다).

세계적으로 혁명의 열기가 최고조에 달한 1968년 그해, 알레아는 혁명 속에 고립된 부르주아 지식인의 상황을 난해하게 고찰한 「저개발의 기억」(1968)을 만들었다. 이듬해에는 마누엘 옥타비오 고메스가 1868년부터 시작된 쿠바 혁명사의 일화를 마치 현대적 다큐멘터리처럼 기록한 「최초의 돌격La primera carga al machete」을, 1972년에는 마누엘 에레라가 당시의 참가자들을 출연시켜 카메라 앞에서 그때의 상황을 직접 말하도록 하는 등 1961년 미국의 쿠바 침공 사태를 와이드스크린 포맷의 후기 브레히트적 방식으로 만든 「피그만Giron」을 내놓았다. 그다음으로는, 현대의 아바나 이야기를 허구적 인물과 실제의 인물을 뒤섞어 만든 사라 고메스(그녀의 비명횡사로 1974년의 영화 공개는 연기되었다)의 「이것 아니면 저것De cierta manera」이 공개됐다. 이들 네 작품 모두 드라마와 다큐멘터리의 새로운 결합을 시도한 강렬한 작품들이다.

훌리오 가르시아 에스피노사는 이런저런 실험들에 대해, 많이 유포되고 또한 잘못 이해된, 〈불완전한 영화를 위하여〉라는 제목의 논쟁을 유발시킨 장본인이다. 그는 쿠바 영화인들이 10년 만에 누리게 된, 그리고 이루어 낸 기술적 성과에 대한 위험을 경고하면서, 후진국에서 기술과 예술적 완전함을 이루려는 것은 잘못된 생각임을 강조했다. 그에 따르면, 대형 상업 영화와 경쟁하는 것은 재원의 낭비일 뿐이며, 관객의 직접 참여와 어떤 절박함 속에서 드러내는 미숙함이 오히려 더 많은 것을 얻게 해준다는 것이었다. 그것의 목적은 의미의 고정을 거부하고 관객의 활발한 참여를 유도하는, 다시 말해 움베르토 에코가 또 다른 맥락에서 열린 작품이라 부른 그것이었다.

라틴 아메리카 전역

주요 배급사들의 독점으로 인해 관객보다는 주로 여행도 자유롭고 각종 영화제와 모임을 통해 다양한 작품과 영화계 인사들을 접할 수 있었던 영화인들에게 해당되는 말이기는 했지만, 쿠바 영화가 라틴 아메리카 전역에 미친 영향은 대단했다. 쿠바 다큐멘터리의 자극을 받아 각국의 삶의 조건을 소재로 한 영화들이 멕시코로부터 저 대륙 남단의 티에라 델 푸에고에 이르기까지 봇물처럼 쏟아져 나왔다. 프랑스 시네마 베리테와 북미의 다이렉트 시네마를 결합한 새로운 정치 다큐멘터리 형식도 등장하여, 브라질 감독 제랄두 사르누의 「지구촌Viramundo」(1964), 콜롬비아 다큐멘터리 작가 마르타 로드리게스와 호르헤 실바의 「벽돌 공장Chircales」(1972), 파울 레두크의 「문화 말살: 메스키탈의 노트Etnocidio: notas sobre Mezquital」(1976), 시로 두란의 「가민Gamin」(1978) 같은 작품들이 만들어졌다. 가뭄으로 황폐화된 브라질 북동부 농민들의 상파울루로의 이주를 다룬 「지구촌」은 사회 참여 르포르타주라는 다큐멘터리의 새로운 기준을 제시한 작품이고, 보고타 외곽 벽돌공들의 삶을 분석한 「벽돌 공장」은 정치, 시, 시각적 인류학이 한데 어우러진 작품이며, 존 킹(1990)이 〈현대화 과정을 밟고 있는 국가에 대한 고발의 모든 것〉이라고 한 레두크의 작품은 멕시코 최고의 실험 영화임을 다시 한 번 입증해 보였고, 「가민」은 보고타 거리를 배회하는 소년들의 세계를 도발적이고 간섭적인 다이렉트 시네마 방식으로 찍은 작품이다. 그런가 하면, 브라질의 기적을 우화화한 레온 히르스만의 「상 베르나르두São Bernardo」(1972)(라무스의 소설을 각색한 또 하나의 작품)와 같이 다큐멘터리 사실주의의 영향을 강하게 받은 극영화도 있다. 제작사가 파산할 때까지 검열 위원회의 보류 판정을 받은 이 작품은 정치적 공격으로 남미의 모든 나라들이 한 번씩은 당한 경험이 있는 수많은 금지 영화들의 대역 노릇을 하고 있었던 게 분명하다.

1960년대의 정치적 억압으로 영화 발전이 주춤했던 아르헨티나에서는 정치가 무엇보다 영화계의 화두였고, 그 절박감은 정치와 영화 시학 양면에서 과격한 양상을 보인 자유 영화 그룹Grupo Cine Liberación의 특별한 열정으로 표현되었다. 1968년에 완성된 러닝 타임 네 시간 반의 맘모스 3부작 다큐멘터리 「불타는 시간의 연대기La hora de los hornos」는 한편으로는 1966년 쿠데타 이후에 들어선 군정의 압박을 받고, 다른 한편으로는 그에 맞선 조직적인 저항으로 힘을 얻어 가며, 페론주의 운동 핵심 요원들과의 은밀한 연계하에 만들어진 작품이다. 로버트 스탬(1990)의 말을 빌리면, 그것은 〈제작에서는 독립적으로, 정치에서는 투쟁적으로, 언어는 실험적인 방식으로…… 체제의 틈새를 이용하고, 체제에 대항하며〉 만들어진 영화였다.

그 뒤를 이어 페르난도 솔라나스와 옥타비오 헤티노는 그들 스스로 해방의 영화라고 정의한 〈제3의 영화를 향하여〉라는 제목의 선언문을 발표하면서, 〈그것의 동력은 제3세계 국가들에서 얻게 될〉 것임을 분명히 했다. 그 도식에 따르면 제1, 제2의 영화는 제1, 제2의 세계와 일치하는 것이 아니라, 그것이 속한 가상의 지리적 위치를 말하는 것이 된다. 여기서 제1의 영화는 그것이 어디에 속하든 — 로스앤젤레스가 됐건 멕시코 시티가 됐건 뭄바이가 됐건 — 미국 영화 산업이 강요한 모델, 즉 할리우드 영화가 된다. 제2의 영화는 예술 혹은 〈작가〉 영화를 말하는데, 그렇다고 반드시 유럽적인 것만은 아니고 부에노스아이레스 같은 곳에서도 만들어질 수 있다. 또한 정치 개혁을 지향하긴 하되, 심각한 변화를 초래할 정도는 아니고, 특히 라틴 아메리카 군부와 같은 신파시스트 권력이 휘두르는 억압 앞에서는 완전히 속수무책이다. 따라서 그에 대한 유일한 대안은 〈노골적으로 명백하게 체제와 싸울 태세가 되어 있고〉 체제와의 동화가 불가능한 제3의 영화밖에 없다.

1960년대 말에는 여러 종류의 다양한 전투적 영화가 얄궂게도 몇몇 경우에는 개혁 정부의 지원을 받아, 라틴 아메리카 전역에서 만들어졌다. 볼리비아의 경우에는 스페인 어가 소수 민족의 언어였기 때문에, 호르헤 산히네스와 우카마우Ukamau 그룹은 아마추어 배우를 기용하여 몇 편의 토착어 영화를 만들 수 있었다. 아이마라Aymara 말로 〈있는 그대로의 방식〉을 뜻하는 이 그룹의 명칭도, 아내의 강간에 대한 한 남자의 복수극을 그린 그들의 첫 작품(1966)에서 따온 것이다. 두 번째 작품은 부족 여성들에게 불임을 강요한 미 평화 봉사단 산부인과 병원에 대한 케추아Quechua 족의 반응을 다룬 「콘도르의 피Yawar Mallku」(1969)였는데, 이 영화의 성공으로 볼리비아 정부는 2년 뒤 평화 봉사단을 추방해야 했다. 그런 성공에도 불구하고 산히네스는 시골 사람들에게 이 영화를 공개한 뒤로는 자신들이 사용하는 스타일의 유효성에 대해서 의문을 갖기 시작했다. 「우카마우Ukamau」와 「콘도르의 피」에서 주인공들에 대한 묘사는 여전히 개인의 영역에 머물러 있었다. 하지만 1967년 시글로 XX 마을에서 일어난 광부들의 학살을 재현한 「민중의 힘El coraje del pueblo」(1971)에서의 주인공은 집단이었다. 「콘도르의 피」가 플래

볼리비아의 우카마우 집단이 만든 「콘도르의 피」(1969). 인디오 여성들에 대한 강요된 불임을 미 제국주의의 사례 겸 메타포로 이용한 작품이다.

시백을 중심으로 한 복잡한 내러티브 구조로 되어 있었던 반면, 이 작품은 직선적 내러티브 구조와 순차적 촬영 방식을 따르고 있었다. 다시 말해 구술적 내러티브 전통을 따르고 있었다. 연기자들은 영화에서 묘사되고 있는 사건의 실제 인물들이었고, 그들의 연기 역시 실제 상황이었다. 이 영화는 또 롱테이크를 사용하여 집단 기억을 표현할 수 있는 기회를 최대한으로 부여함으로써, 그 결과 새로운 종류의 대중 영화 탄생을 불러왔다. 그런데 영화를 마무리하는 중에 쿠데타가 일어나는 바람에 산히네스는 국외로 망명할 수밖에 없었고, 이후 후속 작품들도 페루와 에콰도르에서 만들어졌다.

1960년대 칠레에서는 새로운 영화인들이 힘을 합쳐, 민중연대Popular Unity라고 알려진 좌익 당파 간의 통합에 일조를 했다. 살바도르 아옌데가 1970년도 선거에서 승리하기까지의 그 몇 년간, 칠레의 극영화와 다큐멘터리 부문에는 하나의 새로운 경향이 생겨났다. 1950년대 실험 영화 그룹의 방식이 영화 기술 및 언어의 혁신성에 정치 캠페인을 결합한 일종의 절박한 영화 형식으로 바뀌면서, 후진국 고유의 주변성을 비난하고 나선 것이다. 그 같은 정신은 라울 루이스의 실험적 정치 사회 코미디 「세 마리의 슬픈 호랑이Tres tristes tigres」(1968), 불우한 어린이들을 서정적인 네오리얼리즘으로 그린 알도 프란시아(1967년도 비나 델 영화제의 주창자였다)의 「내 사랑 발파라이소Valparaiso mi amor」(1969), 미겔 리틴의 「나우엘토로의 자칼El chacal de Nahueltoro」(1969)(나중 두 작품은 실화를 근거로 한 영화들이다)과 같은 1960년대 후반에 나온 일련의 영화들에서도 발견된다.

이런 활동을 좀 더 확고하게 하려던 계획은 그러나 1973년의 그 악명 높은 쿠데타로 갑자기 막을 내리게 되었다. 쿠데타가 일어나기까지의 몇 달간을 기록한 파트리시오 구스만의 다큐멘터리 3부작 「칠레 전투La batalla de Chile」(1975)는 이 시기 후반기에 나온 칠레 영화 중 가장 뛰어난 작품이다. 직접 영화의 관찰법과 르포르타주 조사 방식을 풍부하게 혼합한 이 다큐멘터리 필름은 아옌데가 실각하자마자 쿠바로 곧장 빼돌려져 ICAIC에서 편집되었는데, 결과적으로 영화사에서 유례를 찾기 힘든 통렬한 역사의 증언이 되었다.

우파로 정권이 넘어간 다른 나라들처럼, 칠레 영화인들 역시 망명을 강요당했고, 망명을 거부하거나 탈출을 못한 경우에는 흔적도 없이 사라졌다. 다행히 국제적 연대에 힘입어 해외의 칠레 인들은 1970년대에 급성장한 망명 영화의 주도적 위치를 점하게 되었다(기록에 따르면, 1973에서 1983년까지의 10년간 그들이 만든 작품 수는 극영화 56편을 포함하여 총 176편이다). 하지만 리틴처럼 라틴 아메리카에 그냥 남아 작품 활동을 계속한 사람도 있었다. 특히 그가 멕시코에서 이탈리아 배우 잔 마리아 볼론테와 작곡가 미키스 테오도라키스를 기용하여 만든 「마루시아에서 온 편지Actas de Marusia」(1975)는 1973년의 쿠데타를 1907년에 일어난 칠레 광부 학살 사건에 빗대어 묘사한 걸작 중의 걸작이었다. 그럼에도 불구하고 민중 연대 기간의 정치적 긴박감은 특히 1980년대에 유럽 아방가르드 영화의 대표 주자가 되었고 지금은 프랑스에서 활동하고 있는 라울 루이스의 작품에서처럼, 투쟁적 성격이 개인적이고 모호한 입장에 양보를 함에 따라 서서히 변모해 가기 시작했다. 한편, 망명을 영화의 주제로 삼는 칠레의 특별한 상황으로 세계 영화사에는 망명 영화라는 새로운 장르가 하나 추가됐다. 그중 첫 번째 작품인 루이스의 세미 다큐멘터리 「망명자들의 대화Dialogo de exilados」(1974)는 망명자들의 삶을 경멸조로 비꼬듯이 표현했다 하여 망명자 사회로부터 지독한 푸대접을 받아야 했다. 그 뒤에 나온 마릴루 말레트의 지극히 개인적인 다큐멘터리 「미완성 일기Journal inachevé」(1982)와 호르헤 두란의 극영화 「그의 다채로운 운명A cor de seu destino」(1986) — 캐나다와 브라질에서 각각 제작 — 은 망명자들의 정체성을 이해하려고 노력한, 그와는 대조적인 작품들이었다. 하지만 망명 영화의 걸작은 뭐니 뭐니 해도 아르헨티나 감독 페르난도 솔라나스가 파리의 아르헨티나 망명자 사회를 배경으로 만든 실험적 뮤지컬 「탱고: 가르델의 망명Tangos: el exilio de Gardel」(1985)이었다.

1980년대로

주제의 변화는 망명 영화에만 국한된 현상이 아니었다. 쿠바 감독들은 1970년대 중에 이미 「마이시니쿠에서 온 사나이El hombre de Maisinicú」(1973)와 「리오 네그로Río Negro」(1977) — 2편 다 마누엘 페레스 감독의 작품 — 같은 작품을 통해, 영화의 새로운 장르, 즉 좋은 남자들은 혁명 투사, 악한들은 반혁명 투사로 묘사되는 남자들의 모험 영화를 개척한 바 있다. 1980년대에는 롤란도 디아스의 「거꾸로 선 탁자Los Pájaros tirandole a la escopeta」와 후안 카를로스 타비오의 「집 교환Se permuta」 같은 사회 코미디가 주조를 이루었다. 한편, 베네수엘라와 콜롬비아를 비롯한 몇몇 나라에서는 국가의 개입으로 제한적이나마 정기적으로 영화 제작이 가능해짐에 따라 새로운 영화가 뿌리내리기 시작했다.

베네수엘라의 경우, 라틴 아메리카의 전통적 장르를 새로운 정치 영화로 변모시킨 로만 찰바우드를 대표적 예로 꼽을 수 있다. 그는 「스모킹 피시El pez que fuma」(1977)에서는 멕시코 매음굴 영화를 권력 관계와 부패의 메타포로 바꿔 놓았고, 「게Cangrejo」(1982)에서는 스릴러를 경찰 부정에 대한 비난 영화로 바꿔 놓았다. 이들 영화는 예술적 측면에서 항상 성공을 거둔 것은 아니지만, 흥행 면으로는 할리우드 최고작에 버금갈 만큼 본국에서 대단한 성공을 거두었다. 국제 배급권을 독점하고 있는 미국만 아니었다면, 세계 시장으로 진출하여 더 많은 수입을 올릴 수도 있었을 것이다. 여하튼, ICAIC 주관으로 아바나 국제 영화제가 시작된 1979년까지는 이들 몇몇 나라의 대중 영화도 마침내 꿈이 아닌 현실로 자리 잡아 가는 듯했다.

1980년대에는 아르헨티나 영화의 르네상스, 여러 나라에서(특히 브라질과 멕시코에서) 여성 영화의 등장, 멕시코 영화 산업의 부활, 베네수엘라의 슈퍼 8mm 운동과 같은 다양한 발전이 이루어졌다. 이 모든 영화들의 정치적, 미학적 다양성으로 1960년대에 생겨난 운동의 개념은 이제 시들해지기 시작했다. 하지만 상업 영화와 신념 영화 사이의 구분이 모호해졌다면, 그 이유는 주로 나라마다 다른 정치 현실 때문이었다. 멕시코의 파울 레두크 같은 감독은 여전히 「프리다Frida」(1984)나 「달러 맘보Dollar Mambo」(1993) 같은 소신 있는 실험 영화를 만들었다. 직선적 내러티브 대신, 움직이는 이미지가 사용된 「프리다」에서는 프리다 칼로의 인생, 사랑, 그림, 정치가 동시적이고 현란한 일련의 시각적 활인화(活人畵)로 묘사되고 있다. 「달러 맘보」는 1989년의 미국의 파나마 침공을 무언의 댄스 드라마 형식으로 표현한 작품이다. 「프리다」는, 브뉴엘의 멕시코 영화 2편(「잊힌 사람들」과 「멸종된 천사」)의 제작자이기도 한 마누엘 바르바차노 폰세와, 감독으로 더 많이 알려져 있고 「외양의 덫Las aparencias engañan」(1977), 「도냐 에를린다와 그녀의 아들Doña Herlinda y su hijo」(1984) 같은 금지된 게이 영화의 주창자이기도 한 멕시코의 하이메 움베르토 에르모실로에 의하여 제작된 작품이다.

라틴 아메리카에서 여성 영화 발전의 징후가 처음 포착된 곳은 결혼 제도의 붕괴를 그린 아나 카롤리나의 「장미의 바다 Mar de rosas」(1977)와 일본인의 브라질 이민 이야기를 다룬 야마사카 티수카의 「외국인Gaijin」으로 대표되는 1970년대 말의 브라질이었다. 1980년대 초에는 브라질과 멕시코에서는 여성 다큐멘터리 그룹이 아르헨티나와 베네수엘라에서는 각기 다른 시대에 속하는 여성들 이야기를 페미니스트 멜로드라마 형식으로 표현한 마리아 루이사 벰베르그[「카밀라 Camila」(1984)], 피나 토레스[「오리아나Oriana」(1985)]와 같은 또 다른 유형의 극영화감독들이 등장했다. 그러나 이 시기의 가장 뛰어난 작품은 상파울루에서 살아남으려 애쓰는 북동부 출신 젊은 여성의 모습을 감동적이면서도 유머러스하게, 부드러우면서도 날카롭게 묘사한 브라질 여성 감독 수자나 아마라우(이 작품을 만들 때 그녀의 나이는 64세였다)의 데뷔작 「별의 시간A hora da estrela」이었다.

아르헨티나에서는 군부의 힘이 약화되면서 장르 영화가 소생할 기미를 보였다. 1981년 아돌포 아리스타라인은 상관에게 복수하는 노동자 이야기를 통해, 서스펜스 스릴러 형식으로 권력의 행태를 묘사한 「복수의 시간Tiempo de revancha」을 내놓았고, 1년 뒤에는 암살단 이야기를 다룬 「희생자 최후의 날들Ultimos días del victima」을 만들었다. 군부가 포클랜드/말비나전에서 패하고 실각한 뒤에는 영화계에도 자유의 바람이 불어와, 1970년대 페론주의자들의 모습을 블랙 코미디로 만든 엑토르 올리베라의 「우습고 더러운 전쟁No habrá más penas ni olvido」(1983)과 실종자들의 아이들의 운명을 그린 루이스 푸엔소의 강렬하고도 애통한 드라마 「오피셜 스토리La historia official」(1986년 오스카상 수상작)와 같은 영화들이 등장하기 시작했다. 민주주의가 경제 회복까지 불러온 건 아니라는 메시지는 카를루스 소린이 같은 해에, 촬영장의 악조건, 배우들의 무단 이탈, 무일푼 상태에서도 어떻게든 시대극을 만들어 보려는 젊은 영화감독의 이

아나 카롤리나 테익세라 소아레스의 「장미의 바다」(1977)에서 남편의 목을 벤 뒤 딸과 함께 도망치는 여인.

야기를 환상적일 정도의 돈강법(頓降法)으로 그린 「왕과 그의 영화La Película del rey」에 잘 묘사되어 있다. 그런데 이 영화는 베네치아 영화제 수상작임에도 불구하고 제작비도 못 건진 실패작이 되고 말았다. 북미, 유럽, 일본 영화가 후진성을 경험해 보지 못했다면 〈제3세계 영화는 한 번도 그 후진성에서 벗어나 본 적이 없다〉고 한 브라질 영화 평론가 사에스 고메스(1980)의 말을 연상시키는 아이러니가 아닐 수 없다. 그것은 제작의 규모나 질의 문제가 아니었다. 인도나 이집트 영화는 어느 대륙에도 뒤지지 않을 만큼 거대 규모를 자랑하고 있으며, 라틴 아메리카도 1950년대부터는 세계 영화의 선도자 역할을 꾸준히 해오고 있다. 하지만 다른 면과 마찬가지로 영화 역시, 사에스 고메스의 말을 빌리면, 어떤 단계나 국면이 아닌 하나의 상태, 즉 조건이고, 이런 조건을 한 번도 겪어 보지 못한 선진국에 비해 남아메리카의 나라들은 그 조건에 고착되는 경향이 있다. 그런 조건 하에서도 영화가 계속 살아남는다는 사실이 그저 놀라울 뿐이다.

참고문헌

Burton, Julianne(ed.)(1986), *Cinema and Social Change in Latin America: Conversations with Filmmakers.*

—— (ed.)(1990), *The Social Documentary in Latin America.*

Chanan, Michael(ed.)(1983), *Twenty Five Years of the New Latin American Cinema.*

Johnson, Randal, and Stam, Robert(eds.)(1982), *Brazilian Cinema.*

King, John(1990), *Magical Reels: A History of Cinema in Latin America.*

—— *et. al.*(eds.)(1993), *Mediating Two Worlds: Cinematic Encounters in the Americas.*

Pick, Zuzana(1993), *The New Latin American Cinema.*

Salles, Gomes, Paulo Emilio(1980), "Cinema: trajetória no subdesenvolvimento".

Schumann, Peter B.(1987), *Historia del cine latinoamericano.*

Solanas, Fernando, and Getino, Octavio(1969), "Towards a Third Cinema".

Stam, Robert(1990), "The Hour of the Furnaces and the Two Avant-Gardes".

결　　　　론

CONCLUSION

영화의 새로운 개념

제프리 노웰-스미스

영화가 변해 온 만큼이나, 영화를 논하는 개념에도 많은 변화가 있었다. 1960년대와 1970년대에는 영화 비평과 이론에 혁명이 일어났다. 영화 전문 잡지를 필두로 시작된 이 혁명은 언론계와 학계의 영화 관계 저술뿐 아니라, 주변과 주류를 막론하고 영화 제작 전반에 광범위한 영향을 미치게 되었다.

그런 혁명이 으레 그렇듯, 이 혁명의 결과도 대부분 철회되었다. 좀 더 대담한 식견을 갖춘 새로운 글은 일반적으로 용인을 받지 못한 반면, 기존의 급진적 사상은 대학의 영화 강좌 확대와, 학계와 외부 세계와의 연계 부족으로 점점 더 기계적이고 학구적인 방향으로 변해 갔다.

혁명의 올바른 이해를 위해 우선 이 혁명을 뚜렷하면서도 겹치는 부분이 있는 몇 단계로 나누어 생각해 보는 것이 좋을 듯싶다. 매 단계는 토대가 확실했기 때문에, 그 위에 뭔가를 더 쌓아 올리거나, 그것의 한계를 거부하고 새로운 방향으로 나아갈 수도 있었다. 여러 사건과 이곳에 서술된 순서가 반드시 일치하지는 않았고, 계속 작용하고 있는 다른 경향들도 있었지만, 그럼에도 불구하고 서너 단계로 정리해 보니, 대단히 혼란해 보였던 당시 상황에도 나름대로의 어떤 논리가 숨어 있었다.

1960년대 초에 시작된 첫 단계는 개별적 〈작가 감독〉의 기여와, 영화 예술로 볼 수 있는 영역의 확장을 강조하면서 주류, 특히 할리우드 영화에 대한 예술적 가치의 총체적인 재평가를 내린 시기로 정의할 수 있다. 계속해서 1960년대 말과 1970년대 초에는 같은 영화에 대한 마르크스주의적 비평이 이어졌는데, 이 경향의 특징은 개별 예술인의 역할은 무시하고 그들이 만든 영화도, 그 안에서 전개되는 양상이 재미있을지 몰라도 영화 전반의 총체적인 이데올로기적 성격에는 감히 도전할 수 없다는 판단하에, 손상된 이데올로기의 단일체로 본다는 점에 있었다. 영화의 이데올로기적 효과에 대한 그러한 분석은 2개의 상반된 결과를 초래했다. 우선, 이데올로기적 비평을 받아들이는 쪽은 〈할리우드-모스필름Hollywood-Mosfilm〉의 단일체를 탈출하는 방편으로, 〈대항 영화 *counter-cinema*〉와 주류 내에서의 파괴적 영화 개념으로 나아갔고, 또 다른 쪽은 어찌 됐든 단일함보다는 분파가 더 중요하고, 영화의 수용도 이데올로기적 비평이 주장하는 것보다는 훨씬 복잡하고 개방적이라는 의견으로 기울어졌다.

혁명 이전

1940년대와 1950년대 영화 이론의 대부분은 무성 영화 시대의 미학 기준으로 만들어진 영화 예술 이론을 겨우 재검토한 정도에 불과했다. 이 이론의 골자는 하나의 혹은 병렬의 형식으로 몽타주를 통해 이미지가 되는 영화적 특질의 개념에 있었다. 영화에 대한 견해상의 이견은 주로 사상적(寫像的) 이미지와 연관이 있었다. 어떤 작가들(그리고 영화인들도)은 그것을 처음부터 조작이 가능하기 때문에 영화의 기술도 그것을 얼마만큼 변형시켜 새로운 의미와 효과를 만들어 낼 수 있느냐의 정도에 있다고 본 반면, 다른 편에서는 영화의 독특함을 카메라로 포착해 내는 현실의 요구에 대한 종속에 있다고 보는 사람도 있었다. 소리는 사상적 가치를 완전하게 해주는 추가적 장치이면서, 또 다른 견해에 따르면 사실주의에 대한 영화 본연의 소명을 충족시켜 주는 보조적 기능으로도 간주되었다. 이 밖에도 영화 이론은 예술 행위와 약간 모호한 방식의 예술 영화 만들기의 개념 쪽에도 많은 비중을 두었다. 그리고 이론의 주안점은 관객의 영화 독법보다는 감독의 연출 의도의 효과에 놓였다.

주류 영화의 재평가

1950년대의 영화 이론은 예술적임을 스스로 의식한 영화나,

심리적 혹은 사회적 의미로 사상적 이미지 속에 사실주의가 포함된 영화들을 높이 사는 경향이 있었다. 예술적 흉내는 아예 낼 생각도 하지 않고 사실주의적인 요소도 찾아볼 수 없는 대부분의 주류 영화에 대해서는 따라서 할 말이 별로 없었다. 비평가들은 호크스나 프레민저보다는 포드나 웰스를 훨씬 선호했다. 개성을 높이 사고, 스튜디오 시스템은 독창성보다 공식과 반복에 더 많은 가치를 두는 것으로 생각되었기 때문에 장르 영화의 우수성도 그대로 간과되는 일이 많았다. 따라서, 비평과 이론적 혁명의 첫 단계는 장르 영화 일반과 그 장르의 틀 속 — 그들의 개성을 연마하고 전달한 통로이기도 한 — 에서 활동하는 감독들의 확인에 있었다. 그와 함께, 한편으로는 할리우드 영화 전반의 풍부한 주제와, 또 한편으로는 예술적 허세를 부리지 않는 소수의 스튜디오 감독들의 작품에서 발견되는 미장센의 미묘한 진가도 인정하게 되었다. 하지만 얼마 안 있어 스튜디오 시스템에는 개성뿐 아니라 사상의 표현에도 한계가 있다는 것을 깨닫게 되었다. 『카이에 뒤 시네마』, 『무비』, 그 밖의 다른 잡지들에서 발견되는 그 정신없이 흥분한 듯한 과대평가와 확대 해석 역시, 할리우드 감독들이 할 수 있었고, 그렇지 못했던 것에 대한 좀 더 냉정한 평가에 자리를 내주게 되었다.

마르크스주의

1972년 영국 잡지 『모노그램*Monogram*』에 기고한 「음향과 분노의 이야기Tales of Sound and Fury」라는 한 독창적인 기사에서 토마스 엘제서는 좀 더 광범위한 지적 틀 안에서 만들어지는 새로운 비평들을 통합하고 1950년대 할리우드 멜로드라마가 프로이트 학설의 융합을 비롯해 당시에 만연한 이데올로기적 가설에 의해 어떻게 형성됐는지를 보여 주고자 시도했다. 하지만 그때는 이미 『카이에 뒤 시네마』가 1968년 5월 소요로 정치적으로는 급진적 성향을 보이고, 사상적으로는 마르크스주의, 정신 분석, 구조주의의 영향력 아래 놓여 있을 때였다. 영국에서는 1974년부터 『스크린』에 나타나기 시작한 새로운 세력이 미국으로 퍼져 나가 거기서 한동안 새로운 학계 정설로 자리 잡았다.

『카이에 뒤 시네마』와 『스크린』의 작가들은 영화 일반과 특히 할리우드를, 내용과 형식 모두에서 부르주아 이데올로기의 필연적인 사례라고 간주했다. 하지만 그 이전이나 이후의 마르크스주의자들과 달리 이들은 그것을 비난하기보다는 그것의 모순, 그리고 실리적인 결정과 영화에서 보이는 실제적 의미 구조 간의 복잡함을 다루는 것에 더 흥미를 나타냈다. 존 포드의 1939년 작 「젊은 날의 링컨」에 대한 분석(지금은 유명해진)에서 『카이에 뒤 시네마』의 편집자들은 이 영화가 그것이 스튜디오의 의도인지, 좀 더 일반적으로 말해, 대공황 중에 느껴진 자본주의의 위기와 뉴딜 정책에 의한 재건에 대한 필요성 때문인지는 모르겠지만, 여하튼 하나의 순수한 이데올로기적 표현으로 응축되지 않은 점을 강조했다. 응축은커녕, 겉으로 드러나는 정치성과 감독으로서 포드 자신이 집어넣으려 했던 것 사이에는 엄청난 모순이 존재하고 있으며, 의미 구성 방법에 있어서도 이데올로기가 영화적으로 표현된 것에 대한 자연스러운 해석을 전혀 불가능하게 하고 있다고 주장했다. 하지만 이 영화의 의미는 마르크스식의 일률적 해석이 의도한 것보다는 훨씬 복잡하고 불확실하며, 관객을 참여시키는 방식에서도 내용보다는 주제와 더 관련이 있다.

정신 분석

『카이에 뒤 시네마』와 『스크린』의 작가들은 영화가 관객을 끌어들이는 방식을 설명함에 있어, 정신 분석, 특히 자크 라캉이 제시한 프로이트적 해석에 주로 의존했다. 하지만 마르크스주의자들이 선택한 학파, 즉 루이 알튀세의 그것이 마르크스주의의 자기 충족성을 부정하고 외부로부터의 투입*input*을 요구했다는 점에서, 비평계에 주로 긍정적인 효과를 미친 반면, 라캉의 선택은 그보다 좀 더 논란의 여지가 많았다. 라캉은 지독하게 난해한 인물이고, 정신 분석 정통 학파와의 차이점도 모호하기 그지없다. 기본적으로 영화 이론가들이 다른 곳에서는 취하지 못했을 것을 라캉에게서 취한 것은 주제를 알고 지각함에 있어서의 잡힐 듯 말 듯함과, 한편으로는 본능적 욕구로, 또 한편으론 언어와 시각의 구조로 제공된 의미와의 관련성 속에서 만들어지는, 즉 주제가 형성되는 방식에 있어서의 잡힐 듯 말 듯함이었다. 이 이론으로부터 형성된 개념이 이른바 주제를 영화적 장치와 교차 편집, 시점 화면*point of view shot*과 같은 특별한 메커니즘 옆에 두는, 다시 말해 영화 해석에 대한 특별한 틀을 하나 만들어 놓고 그 조건을 받아들이자는 것이었다. 이 개념에 따르면, (극단적인 의미에서) 영화는 그 자체로 〈부르주아 이데올로기〉였고, 관객에게 인상을 심어 주는 방식에 있어서도 그들로 하여금 신경증적이거나 왜곡된 것이기 십상인 극히 제한적인 견해밖에 가질 수 없도록 한다는 것이었다. 그러나 실제의 상황은 다르게 나타났다. 이데올로기가 분열적이고, 모순적이고, 영화마다 다

장뤼크 고다르 (1930~2022)

고다르는 파리 토박이 중상류층 출신이지만, 교육은 스위스(2차 대전 중에는 스위스로 귀화했다)와 파리를 오가며 받았다. 소르본 대학에서 민족학을 공부하던 1950년대 초에는 영화 감상, 세계 여행, 자립을 위해 온갖 잡다한 일을 하는 것으로 보냈다. 그 시기에 그는 『라 가제트 뒤 시네마 *La Gazette du cinéma*』의 창간을 도왔고, 『카이에 뒤 시네마』와 『아르 *Arts*』의 기고자였으며, 할리우드에 대한 열정과 국가 영화에 대한 나름대로의 비판 의식을 키웠고, 일단의 단편 영화를 만들었으며, 시나리오도 썼다. 그 후 1950년대 말에는 프랑스 〈누벨 바그〉의 기수가 되었고, 1960년대에는 트뤼포, 샤브롤, 로메르, 리베트가 그와 합류했다.

그의 초기작들은 주로 범죄와 여성 섹슈얼리티의 불가사의함에 초점을 맞춘, 혁신적인 영화들로 이루어져 있다. 「네 멋대로 해라」(1959)는 경찰에게 총을 쏘고 도주하던 중 여자 친구의 배신으로 끝내 잡히고 마는 혼란스럽고 제멋대로인 어느 도둑의 이야기를 그린 작품이고, 「국외자들」(1964)은 사랑하는 여자(안나 카리나)를 사이에 두고 그녀를 감동시키려고 되지도 않을 범죄를 계획하는 두 청년의 이야기를 다룬 작품이다. 1960년에서 1965년까지 고다르의 아내이기도 했던 안나 카리나는 이 작품 외에도, 흥겨운 와이드스크린 뮤지컬 「여자는 여자다」(1961, 고다르의 첫 컬러 영화)의 아이를 갖기를 원하는 스트리퍼 역, 일상적 성의 억제된 모습을 12개의 엄격한 회화 장면처럼 찍은 「비브르 사 비」(1962)의 창녀 역으로 출연했다.

고다르의 중요한 상업 영화 「경멸」(1963)은 한 영화감독(프리츠 랑)을 위해 『오딧세우스』를 각색하려고 하는 남편의 파멸적 시도로 인한 압박감 때문에 헤어지게 되는 어느 부부 이야기를 다룬 작품으로, 여기서 핵심적 사안은 여성의 주관성이다. 「결혼한 여자」(1964)는 자기가 임신하고 있는 아이가 남편의 아이인지 애인의 아이인지를 헷갈려 하는 어느 여인의 하루를 그린 영화이다. 고다르는 1960년대 중반의 모험 영화들에서도 이성애적인 로맨스를 다루고 있다. 「알파빌」(1965)은 스타일 넘치는 공상 과학 영화라고도 할 수 있고, 인간의 사랑과 신기술 간의 주도권 싸움을 그린 사회 통념적 영화라고도 할 수 있다. 미래를 배경으로 한 이 작품은 강한 콘트라스트의 초고감도 흑백 필름을 이용하여 파리에서 모두 촬영되었다. 「미치광이 피에로」(1965)는 컬러와 여백의 화려하고도 희비극적인 몽타주를 통해, 파리를 탈출하여 프랑스 남부에서 위험천만하고도 미치광이 같은 도망자 생활을 하는 어느 연인의 이야기를 다룬 작품이다.

1960년대 중반이 되면서 고다르의 딜레탕트적 정치성(그의 초기작 「작은 병정」은 알제리전의 우파 테러리스트를 동정적으로 그렸다는 이유로 3년간 공개가 금지됐다)은 좌파에 대한 진지한 참여 쪽으로 방향을 바꾸었다. 「그녀에 대해 알고 있는 두세 가지 것들」(1966)은 부업으로 매춘을 하는 파리의 한 가정 주부 이야기를, 현대 파리에 대한 좀 더 광범위한 사회학적 맥락 속에서 다룬 작품이다. 「중국 여인」(1967)에서는 일군의 젊은 마오쩌둥주의자들이 문화 혁명의 교훈을 프랑스로 끌어들이려 한다. 「주말」(1967)은 프랑스 부르주아의 가정생활에 대한 암담한 풍자로 시작하여, 갈수록 묵시록적인 로드 무비가 되어, 일단의 야만적 히피 혁명 분자들에 의해 파리가 함락되는 것으로 끝을 맺고 있다.

1968년에 고다르의 관심사는 극영화로부터, 급박한 정치 현실을 다루는

다큐멘터리와 에세이 영화 쪽으로 옮겨 갔다. 「유쾌한 지식」(1968)은 이미지와 소리의 언어로, 새로운 정치 교육장이 된 TV 스튜디오를 그린 작품이고, 「원 플러스 원」은 녹음실에서 작업 중인 롤링 스톤스가 나오는 장면에, 기발한 정치성 주제를 토막토막 삽입해 넣은 작품이다. 1968년 5월 사건 이후 고다르는 〈예술〉 영화와는 손을 끊고, 지가 베르토프 그룹(기본적으로 고다르와 장-피에르 고랭)의 일원으로 독자적 작가성을 추구하며, 정치와 이데올로기를 다룬 실험 영화 에세이 쪽으로 방향을 전환했다.

잔 마리아 볼론테가 주연으로 출연한 「동풍」(1969)은 서부극을 해체한 이 그룹의 실험 영화였다. 하지만 거칠고, 불완전하고, 종종 확신에 목말라 하는 그룹의 독창성이 가장 응집력 있게 표현된 것은 1971년에 일어난 고다르의 오토바이 사건 이후 그와 고랭이 다시 주류로 복귀한 다음부터이다. 이브 몽탕과 제인 폰다가 주연한 「만사형통」(1972)은 성, 기업, 정치(1968년 5월 이래 프랑스에서 일어난 일을 뒤돌아보는)의 관계를 브레히트적 방법으로 고찰한, 고예산의 정치 로맨스 영화였다. 이 작품은 고다르와 고랭의 에세이 영화 「제인에게 부치는 편지」에서 제인 폰다의 재현의 정치학과 베트남전과의 관계를 혹독하게 비난하면서 다시 혼란스럽게 설명되고 있다.

고다르는 1970년대의 남은 기간을 비디오라는 새로운 매체를 이용한 작품을 만들며 스위스에 있는 자신의 실험 스튜디오에서 보냈다. 새로운 동료 안-마리 미에빌과 함께 만든 작품들 중 특히 대표적인 것을 꼽아 보면, TV 시리즈 「커뮤니케이션의 위와 아래」(1976), 「두 어린이의 프랑스 일주」(1978), 극영화 「넘버 2」(1975)가 있다. 특히 「넘버 2」에서는 복합적 비디오 이미지들이 노동과 성의 관계가 특별히 강조된 프랑스 노동자 계층의 삶에 대한 복잡한 표현으로 메워져 있다.

고다르는 「재주껏 도망쳐」(1980)와 「열정」(1981)으로 다시 내러티브 장르로 복귀했다. 그의 1980년대 작품들은 장난기 섞인 가짜 스릴러 「탐정」(1984)으로부터 로맨틱 범죄 영화 「누벨 바그」(1990), 많은 스타들과 함께 개작한 「리어 왕」(1987 — 노먼 메일러, 우디 앨런, 피터 셀러스, 버지스 메레디스, 몰리 링월드와 함께), 현대의 스위스를 배경으로 성서 이야기를 하여 논란을 불러일으킨 「마리아에게 경배를」(1983)에 이르기까지, 장르의 전시장을 방불케 할 만큼 다양했다. 하지만 무엇보다 이들 후기작들에서 두드러지는 점은 이젠 노령기에 접어들고 있는 감독이 또다시 자기 자신을 잃어버린 또는 사라져 가는 몽상가로 규정하려 한다든지 다시 한 번 제도 정치를 파고들려 한다는 점, 그리고 이미지 메이킹과 영화 줄거리의 복잡하고 환각적인 면을 이들 영화의 진지하고 때로는 코믹한 중심 테마로 삼고 있다는 점이다. 극영화를 만드는 중에도 그의 비디오 작업은 쉼 없이 계속됐다. 그의 분야 중에 비교적 소홀히 다루어지던 이 영역은 1992년 뉴욕 현대미술관에서 전시회가 열리는 것으로 얼마간 명예를 회복했다.

고다르 영화는 단순히 주제만이 아니라, 〈정치 영화〉에 대한 고집과 〈영화를 정치적으로 만든다〉는 면에서도 가장 정치성이 높은 영화라고 할 수 있다. 그의 주요 테마는 돈, 성, 정치, 그리고 표현적 장치로서의 영화 자체이다. 그는 강렬한 낭만성을 지닌 유물론자이고, 실존적 경향이 강한 마르크스주의자이다. 할리우드의 고전주의 냄새를 물씬 풍기는 그의 영화들은 최상의 상황에서 전혀 새로운 영상의 체계를 만들어 내는 철저한 유럽식 모더니즘을 특징으로 하고 있다. 그는 여전히 현실을 최우선으로 하는 급진적인 반현실주의자이다. 그는 매체 안에서 말할 수도 있고 안 할 수도 있는 수많은 이야기를 지닌 뛰어난 내레이터이자, 인간적 주제와 사회적 주제를 다룸에 있어 영화의 소리와 이미지 간의 복잡한 연결과 간격의 탐구에 평생을 바친, 탁월한 영화 기호론자이기도 하다.

필립 드루몬드

◀ 장-뤼크 고다르의 「국외자들」(1964)에서 안나 카리나, 클로드 브라쇠르(왼쪽), 사미 프레이(오른쪽)가 즉흥적으로 춤을 추는 장면.

주요 작품

「네 멋대로 해라À bout de souffle」(1959); 「작은 병정Le Petit Soldat」(1960); 「여자는 여자다Une Femme est une femme」(1961); 「비브르 사 비Vivre sa vie」(1962); 「기관총 부대Les Carabiniers」(1963); 「경멸Le Méprise」(1963); 「국외자들Bande à part」(1964); 「결혼한 여자Une femme mariée」(1964); 「알파빌Alphaville: une étrange aventure de Lemmy Caution」(1965); 「미치광이 피에로Pierrot le fou」(1965); 「남성 여성Masculin féminin」(1966); 「메이드 인 유에스에이Made in USA」(1966); 「그녀에 대해 알고 있는 두세 가지 것들2 ou 3 choses que je sais d'elle」(1966); 「중국 여인La Chinoise, ou plutôt à la chinoise」(1967); 「주말Weekend」(1967); 「다른 영화들과 비슷한 영화Un Film comme les autres」(1968); 「유쾌한 지식Le Gai Savoir」(1968); 「하나 더하기 하나One Plus One」(1968); 「브리티시 사운드British Sounds」(1969); 「프라우다Pravda」(1969); 「동풍Le Vent d'est」(1969); 「만사형통Tout va bien」(1972); 「제인에게 부치는 편지Letter to Jane, or Investigation about a Still」(1972); 「여기 그리고 다른 곳Ici et ailleurs」(1974); 「넘버 2Numéro deux」(1975); 「잘 지내Comment ça va?」(1976); 「커뮤니케이션의 위와 아래Sur et sous la communication」(1976); 「두 어린이의 프랑스 일주France/tour/détour/deux enfants」(1978); 「재주껏 도망쳐Sauve qui peut (la vie) (Slow Motion)」(1980); 「열정Passion」(1982); 「미녀 갱 카르멘Prénom Carmen」(1982); 「마리아에게 경배를Je vous salue, Marie」(1983); 「탐정Détective」(1984); 「영화의 작은 거래에서의 위엄과 퇴폐Grandeur et décadance d'un petit commerce de cinéma」(1985); 「오른쪽에 주의하라Soigne ta droite」(1987); 「리어 왕King Lear」(1987); 「누벨 바그Nouvelle Vague」(1990); 「영화사Histoire(s) du cinéma」(1994).

참고 문헌

Bellour, Raymond, and Bandy, Mary Lea(eds.)(1992), *Jean-Luc Godard: son + image 1974～1991*.

Brown, Royal S.(ed.)(1973), *Focus on Godard*.

Cerisuelo, Marc(1992), *Jean-Luc Godard*.

Godard, Jean-Luc(1980), *Introduction à une véritable histoire du cinéma*.

— (1985), *Jean-Luc Godard*.

Lesage, Julia(1975), *Jean-Luc Godard: A Guide to References and Resources*.

MacCabe, Colin(1980), *Godard: Images, Sounds, Politics*.

Milne, Tom(ed.)(1973) *Godard on Godard*.

Roud, Richard(1970), *Godard*.

르게 표현되었듯이 다양한 영화와 다양한 스타일은 관객의 견해의 폭을 더욱 넓게 열어 놓았다. 성별에 관계없이 여체에 대한 맹목적 숭상을 관객들에게 강요한 스턴버그 스타일의 영화가 있는가 하면, 그와는 대조적인 다른 영화도 있는 것이다. 또한 숏/역숏 편집을 사용하여 관객들로 하여금 자기도 모르게 영화 속의 주인공과 동일시하도록 하는 대부분의 영화와 달리, 브레송 같은 감독은 숏/역숏 편집을 전혀 사용하지 않음으로써 주제의 표현에 보다 광범위한 자율성을 부여하고 있다. 이렇게 본다면 라캉식 방법은 영화의 이데올로기적 작용을 비판할 수도 있고, 대안을 제시할 수도 있는 두 가지 해석이 가능하다는 말이 된다.

구조주의와 기호학

라캉식의 정신 분석이 영화의 의미가 관객에게 작용하는 방법상의 이론을 제시한 것이라면, 그에 앞서 영화는 우선 의미의 한 수단이라는 것이 밝혀져야 했다. 영화가 어떤 종류의 의미를 관객에게 전달하는 것은 분명한 사실이지만, 그렇다고 언어학자가 언어에 적용하는 정확도로 분석될 수 있는 구조화된 의미의 집합으로 작용한다고는 볼 수 없다. 반(半)언어학적 영화 해석의 중요한 첫 단계는 1964년에 출간된 롤랑 바르트의 『기호학의 요소*Eléments de Sémiologie*』와 함께 시작되었다. 20세기 초, 스위스 언어학자 페르디낭 드 소쉬르에 의해 처음 표명된 사상적 노선에 따라 바르트는 언어는 의미 전달에 사용된, 뭔가를 나타내는 암호의 한 특이한 사례(선택된 경우이긴 했지만)에 불과한 것일 뿐이라고 주장했다. 영화를 하나의 언어로 취급한다는 생각은 1920년대와 1930년대에 이미 주창된 바 있지만, 컷을 콤마로 본다든가 페이드*fade*를 세미콜론으로 보는 것과 같은 영화적 장치에 문법적 의의를 적용하는 데 있어서의 어려움 때문에(가끔은 그 불합리함 때문에도) 당시에는 실패했다. 바르트가 주장하는 바는 언어와 그 밖의 다른 전달 체계, 혹은 의미 체계 간의 유추는 주로 구조화된 전달에 필요한 소수의 일반적 특징들의 수준에서만 일어난다는 것이었다. 이 수준에서 필요한 것은 전달의 어떤 위치에 놓일 수 있는 요소들의 암호화된 기록과, 그 요소들이 자리할 수 있는 순서 혹은 배열이었다. 의미가 어떻게 전달될 것인가는 — 외연적이든 내포적이든, 전통적 상징이든 아이콘적 기호든 — 체계의 특성에 따라 좌우될 문제였다.

바르트의 기호학은 인류학자 클로드 레비스트로스의 명성과 관련된, 예컨대 신화에서 시, 패션에 이르기까지, 인간 문화 전반을 의미의 본질적 구조로 파악하는 보다 광범위한 구조주의 정신의 일부로 생각할 수 있다. 이 기호학은 1960년대의 영화 이론, 특히 서부극 같은 장르 영화의 분석에 영향을 미쳤다. 하지만, 기호학이 본격적으로 적용된 예는 이미지, 구어와 문어, 음악, 자연음의 사용 등과 같은 영화의 의미적 특징에 대한 과학적 규명을 시도한 크리스티앙 메스의 방법에서 찾아볼 수 있다. 언어학적 기준으로 보면 이 시도는 그저 부분적인 성공으로만 그쳤을 뿐이다. 영화 〈언어〉의 유동적이고 다형적인 성격, 언어와 더불어 작용하는 기본 단위들의 규명에 따르는 어려움으로 보건대, 이것이 얻어 낸 결과는 기껏해야 일시적인 것에 불과했다. 그 결과, 이 이론의 지망생들도, 언어학과 유사한 기호학의 체계적인 연구, 즉 어용론(語用論)*Pragmatics*이라 알려진 덜 구조적이고 문맥 위주의 전달 방식과 관계가 깊은 일종의 대체 학문으로 연구하려던 계획에서 손을 떼어 버렸다.

이러한 실망에도 불구하고 기호학이 영화 이론에서 일상적인 비평 분야에 이르기까지, 영화 관계 저술 전반에 끼친 영향은 막대했다. 어법과 행위에 포함된 의미의 가능성에 주의를 돌리게 한 것이 그 한 예이고, 또한 영화감독의 관점이 아닌 관객의 관점에서 영화를 분석하기 때문에, 텔레비전에서 많이 볼 수 있는 일상화된 전달 방식의 해석에도 특히 유용한 것으로 판명되었다. 한편, 난해한 영화 언어를 최소한의 단위로 규명해 내지 못한 점은 영화 구조의 보다 넓은 범위, 특히 내러티브 분석에 좀 더 초점을 맞추도록 하는 결과를 가져왔다. 내러티브에 의해 의미가 어떻게 표현되느냐에 대한 구조주의적인 기호학적 접근(이 경우에는 소쉬르의 언어학이 아닌 1920년대 러시아의 형식주의에서 비롯된)은 「밤비」로부터 「북북서로 진로를 돌려라」, 「스타워즈」에 이르기까지, 많은 내러티브 형식의 심층 구조(종종 오이디푸스 콤플렉스적인 면이 강한)를 설명하는 것에 특히 유용한 것으로 입증되었다.

대항 영화

대부분의 영화는 관객을 이데올로기적으로 한정된 의미들의 특별한 배열에 묶어 두는 거의 비슷한 방식으로 작동한다는 생각은 영화인들로 하여금 색다른 의미를 전달하고 관객에게 보다 폭넓은 논거를 제공해 줄 수 있는 대항 영화*counter-cinema*의 조건을 부지런히 찾게 했다. 여기에 중요한 영향을 미친 것이 연기나 극중 인물들과의 동일시를 완전히 배제시킨 상태에서 관객을 끌어들이는 베르톨트 브레히트의 서사

샹탈 아케르망 (1950~2015)

가정생활의 단조로움. 「잔 딜망」(1975)에서 주부/창녀 역을 한 델핀 세리그.

유대계 폴란드 인을 부모로 벨기에 브뤼셀에서 태어난 아케르망은 고다르의 「미치광이 피에로」(1965)를 보고, 어릴 적 소망이던 작가의 꿈을 접고 영화감독이 되기로 결심했다. 부엌을 폭파시켜 버리는 그녀의 〈폭발적인〉 첫 단편 「우리 마을을 날려 버려라Saute ma ville」(1968)는 충격적이고 놀랍고 혼란스러운 기대감을 항시 불러일으키게 될 영화의 접근법을 주제로 한 영화였다.

첫 장편 영화 「나, 너, 그와 그녀」(1974)에서 아케르망은 주인공과 내레이터로 직접 영화에 출연했다. 그녀의 강한 개성이 돋보이는 이 작품에는 정지된 카메라와 정면 구도*frontal framing*, 관점이나 클로즈업이 완전 배제된 촬영법을 비롯하여, 그녀에게 〈미니멀리스트〉라는 별칭을 안겨 준 수많은 특징들이 나타나 있다. 아방가르드, 모더니즘, 구조주의 형식에 빠져 든 동안에도, 초기에 가졌던 이런 집착들은 영화 활동을 하는 내내 그녀 곁을 떠나지 않았다.

두 번째 작품 「잔 딜망」(1975)은 그녀에게 오명과 명성을 동시에 안겨 주었다. 창녀 겸업 주부의 3일간의 일상생활을 그린 이 작품은 페미니스트들로부터 걸작이라는 찬사를 받았다. 이 작품에서 아케르망은 여성을 매력적인 존재로 이용하기를 거부하고, 주인공 잔 자신의 의식(儀式), 시간, 공간으로만 영화를 짜 맞추었다. 잔의 반복되는 일상에 대한 꼼꼼한 기록, 보통은 보여 주게 마련인 것(성행위)의 계속적인 생략은 내러티브와 이미지 모두에서 일반적인 중요성의 순서를 깡그리 무시한 방법들이다. 여기서 감자의 껍질을 벗기는 일은 고객을 살해하는 것만큼이나 중요하고 따라서 시간도 똑같이 할애되고 있다.

「고향으로부터 온 소식」(1976)에서는 카메라가 영화에 거의 포착되어 본 적이 없는 뉴욕의 곳곳을 탐험하고, 그림 같은 일련의 장면들을 통해 관객은 허구의 이면과 함께 거리, 지하철 정거장, 쇼윈도 같은 다양한 공간을 체험한다. 줄거리도 등장인물도 없는 이 작품에서 볼 수 있는 것은 영화의 허구와 관련된 것이 아니라, 모습을 보여 주기 위해 정지한 구도, 보이는 것 자체의 특질에 주어진 강조에 대한 가능성들과 연관된 것들이다. 영화의 즐거움은 관객과 이미지 간의 친밀감을 불러일으키는 카메라의 망설이는 듯한 응시 안에 숨어 있다.

오로르 클레망이 쾰른에서 파리로 여행하는 (반자전적) 벨기에 영화감독 역을 맡은 「안나의 랑데부」(1978)와, 최초로 장르 형식(멜로드라마 형식으로)을 이용한 「매일 밤마다」(1982) 이후 아케르망의 영화는 고전적 줄거리의 매력적 측면을 직접 이용하는 등, 점차 쾌활한 성격으로 변해 갔다. 아케르망의 작품 중 최고의 제작비가 투여된 「황금의 80년대」(1986)는 사랑도 옷처럼 사고팔 수 있다는 생각으로 쇼핑 몰을 영화적 배경으로 이용하여 스펙터클과 인공성, 그리고 연기의 삼박자를 화려하게 펼쳐 보인 뮤지컬 작품이다. 하지만 그 같은 매력과 생동감에도 불구하고 이 영화는 성공을 거두지 못했다. 그 때문이었는지는 몰라도 그녀는 「아메리카 이야기」(1989)로 다시 소규모 영화 제작에 복귀했다. 이 작품은 「고향으로부터 온 소식」처럼 뉴욕을 배경으로 아케르망이 직접 인터뷰하고 조사한 것을 바탕으로 만들어졌다. 또한 유대 인 배우만을 캐스팅하여 만든, 유대 인 문화에 대한 찬양이자 이산으로 흩어진 모든 이들에 대한 얘기이기도 하다.

파리를 배경으로 사랑의 삼각관계를 그린 「밤과 낮」(1991) 이후 아케르망은 행위, 얼굴, 반복되는 일상을 중심으로 동유럽으로의 여정을 기록한 다큐멘터리 「동쪽에서」(1993)를 들고 다시 자신의 뿌리가 있는 동유럽으로 돌아왔다. 이 영화에서 아케르망이 주제에 기울이고 있는 관심은 자신의 영화를 지배적인 영화의 배타적 영역으로 취급하고, 〈이미지와 이미지 사이〉를 영화화하려 했던 그녀의 초기 계획을 그대로 보여 주는 것이다. 그런 면에서 그녀의 영화는 주변적이라고 할 수 있지만, 그것의 본질적 의도가 영화는 무엇이 될 수 있고 무엇이 되어야 하는가에 대한 우리의 인식을 일깨우는 것이었다는 점에서 또한 주변적이 아니기도 하다.

캐서린 파울러

주요 작품

「나, 너, 그와 그녀Je tu il elle」(1974); 「잔 딜망Jeanne Dielman 23 Quai du Commerce 1080 Bruxelles」(1975); 「고향으로부터 온 소식News from Home」(1976); 「안나의 랑데부Les Rendez-vous d'Anna」(1978); 「매일 밤마다Toute une nuit」(1982); 「황금의 80년대Golden Eighties」(1986); 「아메리카 이야기Histoires d'Amérique」(1989); 「밤과 낮Nuit et jour」(1991); 「동쪽에서D'est」(1993).

참고 문헌

Atalier des Arts, 1(1982).

Bergstrom, Janet(1977), "Jeanne Dielman".

Champetier, Caroline(1978) "*Les Rendez-vous d'Anna*: rencontre avec Chantal Akerman".

Mayne, Judith(1990), *The Woman at the Keyhole: Feminism and Women's Cinema*.

극이었다. 브레히트적 방법에 있어 무엇보다 중요한 개념은 관객은 연극적 공간에 속한 배우의 연기와 대사를 보고 듣는 한 사람의 구경꾼일 뿐이라는 의식을 결코 잊어서는 안 된다는 생각이었다. 브레히트가 배우와 관객 간의 〈낯설게 하기 *Verfremdung*〉를 주장했듯 1920년대의 러시아 형식주의자들도 예술과 문학에서 〈낯설게 하는*ostranenie*〉이라는 그와 비슷한 형식(때로는 그것을 예술 전반의 뚜렷한 특징으로 보는가 하면, 목적에 대한 결과로 보기도 했다)을 주장했다.

그러한 선례를 바탕으로 1960년대 말 몇몇 영화인과 이론가들은 영화를 신비화시키지 않고도 관객에게 다가갈 수 있는 일련의 장치를 고안해 냈다. 그것을 선도한 이들은 고다르와 스트로브 같은 영화인들이었으나, 그것의 의미는 고다르의 가장 매력적인 작품 하나를 골라 거기에 사용된 장치들을 하나하나 열거하고 그 적합성에 대해 총체적인 비평을 가한, 피터 월런의 『대항 영화: 「동풍」』(1972)과 같은 저술 속에서 보다 상세히 다루어졌다. 월런은 고다르의 「동풍」을 예로 들면서, 현재 보고 있는 영화는 사실이고 따라서 진실된 표현으로 받아들여져야 한다는 가식 속으로 관객을 끌어들이기를 일관성 있게 거부한 점은 높이 평가하면서도, 관객을 공격한 만큼 그에 대한 대안적 즐거움을 제공하지 않은 점에 대해서는 경고를 보냈다. 하지만 안타깝게도 이러한 경고는 전통 영화의 거부가 주요 관심사인 차세대 비평가와 영화인들에게 무시당했고, 그 결과 영화인들은 관객의 입장은 전혀 고려에 넣지 않고 아무런 즐거움도 없는 영화만을 만들어 냈다. 1970년대의 한동안은 세칭 정치 영화와 아방가르드 예술 영화가 비대화된 이론의 희생양이 되어 심각한 인기 하락을 맛보아야 했다.

페미니즘

새로운 이론이 가장 실질적으로 이용된 곳이 페미니즘 분야였다. 인종적, 성적 소수파의 비판과 더불어, 한동안 주류 영화에 대한 페미니스트들의 비판은 틀에 박힌 부정적 표현과 멍청한 금발 여인, 말괄량이, 심술궂은 노인네 등의 전반적인 여성의 이미지와 관련된 지극히 단세포적인 것들에만 집중되었다(이 모든 것이 가부장적 사회 내에서의 여성의 분수를 일깨우는 것으로 비쳤다). 하지만 얼마 안 있어 여성 문제는 사회 내에서의 그런 종속적 지위와 특정 영화들에서 그것이 취급되고 강조되는 방식보다는 훨씬 심각하다는 주장이 제기되었다. 클레어 존스턴, 팜 쿡, 로라 멀비 같은 페미니스트 작가들은 영화 전반에 표현된 여성과 성적 관계는 그런 것들에 비해 훨씬 불평등하다고 주장했다. 그 말은 곧, 대부분의 영화가 이성 간의 연애를, 여성들이 남성과의 관계 속에서 자신들의 위치를 찾도록 미리부터 짜놓은 각본 속에서 말하고 있다는 것만을 뜻하는 것이 아니라(그 점이라면 고전 문학도 별다를 게 없으니까), 남성의 지배적 위치에 대한 일종의 패턴을 만들어 내고 있는 표현의 수단이 문제라는 것이었다. 액션은 남자다움과 동일시되었고, 여성의 육체는 남성의 시선이나 욕망의 대상으로서의 구경거리로 전락했다. 그것은 너무도 고질적으로 만연된 현상이어서, 강렬한 여성 캐릭터의 창조나 여성의 일방적 승리로 끝나도록 만든 줄거리로도 어떻게 하지 못할 만큼 난공불락이었다.

이러한 입장은 주류 영화의 해석만이 아니라, 페미니스트 영화 작업과 페미니스트 대항 영화의 개념과도 관련이 있었다. 그리고 이 문제는 사실적 작품을 위해 픽션(그에 따라 구경거리가 되는 것의 위험성도)을 회피하는 것만으로는 충분치 않다는 인식으로 더욱 복잡해졌다. 사실적 다큐멘터리 이미지는 역사의 전 과정을 통해 여성들을 소외시켜 온 관습의 껍질에 불과하다는 점에서, 픽션 못지않게 오염되어 있었다. 영화인들에게 있어 역사적 주제를 회피하는 것은 픽션의 유혹을 물리치는 것만큼이나 중요한 일이 되어 버렸다. 그런데 여성 영화인들은 관객들에게는 남성 감독들보다 좀 더 융통성이 있어, 그들에게 예술가의 작품을 분석하도록 강요하려는 충동보다는 동지를 찾으려는 정치적 필요성에 더 중점을 두었다.

1980년대에 페미니스트 영화 이론은 많은 발전을 이룩했다. 관심의 대상은 주로, 영화 관람 시의 여성 관객의 복잡한 양가감정과, 여성들이 영화에서 추구하는 즐거움이었다. 그 결과, 멜로드라마와 여성 영화, 그리고 영화 전반에 나타난 여성성의 허식이 완전히 그릇된 것만은 아니라는 인식에 대해 좀 더 긍정적인 시각을 갖게 되었다. 다른 이론과 마찬가지로 페미니스트 이론 역시, 여성과 페미니즘은 종속적 위치에 놓일 수밖에 없다는 논리로 짜인 이데올로기적 구조보다는 줄거리에 대한 관객의 해석이라든가 불편해하는 부분에 더 많은 강조점이 주어졌다.

동성애와 동성애 영화

새로운 이론의 중심 개념은 영화는 욕망을 부추기면서 동시에 억제도 하는 하나의 메커니즘이라는 생각이었다. 하지만

아녜스 바르다 (1928~2019)

벨기에와 그리스계 부모 사이에서 태어나, 프랑스 국적을 선택한 아녜스 바르다는 11편의 장편 영화(그중 5편이 국제 영화제 수상작이다)와 16편의 단편, 혹은 다큐멘터리를 만들었다. 그녀는 스스로를 작가로, 자신의 작품은 〈수공예품 *artisanale*〉과 같다고 묘사한다. 다큐멘터리 작업으로 연마된 그 모든 기예는 그녀의 작품들에 초연한 객관성의 형태로 나타난다. 한편, 영화적 실험에 나타나는 그녀의 초연함과 기술은 사진가, 화가, 조각가, 사진 기자로서의 그녀의 전력에서 비롯된 것이다. 바르다는 자신의 작품을 사실적 허구와 허구적 사실의 접점에 위치시키고, 환경의 객관성과 관련된 상황 속의, 개인의 주관성을 영화로 만들어 낸다. 그 개인은 사회라는 정황 속에 놓이고 관찰되게 마련인데, 그래서인지 바르다의 영화는 유난히 시대의 관심을 반영하고 있다(1960년대는 암, 1970년대는 페미니즘, 1980년대는 사회의 타락). 또한 그녀는 어떤 문제를 대립적이지 않은 방법으로 풀어 나감으로써 이데올로기적이지는 않아도, 사회적 사실주의에 충실하다.

그녀에게 있어 모든 영화는 새로운 출발점이지만, 그럼에도 불구하고 그녀의 영화 작법에는 대위법, 거리, 그리고 그녀 스스로 〈영화 쓰기 *cinécriture*〉라고 부른 것 등을 비롯한 몇 가지 뚜렷한 특징이 있다. 바르다는 대위법(이를테면, 2개의 이야기를 포크너식으로 나란히 계속해 가는)을 영화적 형태(개인과 사회의 문제를 동시에 표현해 주는)로 이용하는 방법을 이해한 최초의 영화인이었다. 그녀의 초연한 대위법적 편집 스타일은 아주 독특하여, 누벨 바그 영화인들(특히 레네와 고다르)도 그들의 작품에 도입할 정도였다. 주관적인 것/개인적인 것, 객관적인 것/사회적인 것은 모두, 두 줄거리의 충돌에서 일어나는 사실주의로 냉정하게 이해되지 않으면 안 된다. 바르다가 자주 폭력에 호소하고 있는 것도 바로 이 같은 맥락에서이다.

바르다는 등장인물들로부터도 똑같이 초연한 입장을 취한다. 그들에게 정신적인 면을 전혀 부여하지 않기 때문에 당연히 깊이도 없다. 그 말은 등장인물이 영화의 중심이 아니라는 이야기이다. 그들의 이야기는 모두의 이야기가 될 수 있다. 결과적으로 장소, 일반적 개념, 혹은 움직임에 관련된 명칭들에 더 비중을 둔다.

바르다는 공간, 시간, 줄거리의 절단을 통해 거리감을 얻어 낸다. 고전 영화의 법칙과 관례를 뒤집어엎고, 장르를 해체하여 다른 것으로 재구성한다(여성들의 생식권을 다룬 뮤지컬 「누구는 노래하고 누구는 안 하고 L'Une Chante, l'autre pas」(1977)가 좋은 예이다). 그녀의 영화는 역(逆)관객 동일시, 즉 저만치 거리를 두고 관객으로 하여금 영화를 평가하게 만든다. 비슷한 이야기로 그녀의 〈영화 쓰기〉도 영화를 만드는 과정으로 주의를 집중시킨다. 바르다는 그 과정을, 그것의 구조적 합성, 질감, 색조의 면에서 회화의 기법과 아주 유사한 것으로 본다. 아닌 게 아니라 그녀는 종종 자신의 작품을 회화적 용어로 설명하고는 한다(「방랑자」(1985)에서는 고독의 질감에 시네-페인팅을 한다고 말했다).

바르다는 페미니스트이고, 그녀의 작품 대부분은 전통 영화에 비친 대로 여성들의 모습을 영원하고 변하지 않는 호기심의 대상, 남성 시선의, 그리고 남성 시선을 위한 대상으로 영원히 고정되어 있는 양 표현하고 있다 — 그런 의미에서 여성들은 다른 것과 마찬가지로, 역사와 무관하다. 바르다는 자신의 영화 작업을, 질문은 하되 매우 불편한 방식으로 하는 것이라고 말했다. 지배적 남성 이데올로기의 특권을 박탈하고 제도적 미신을 폭로하는 것에 중점을 두고, 지극히 혼란스럽게 영화 언어를 사용한다. 여성들은 역사와 무관하고, 타자로서 구현되고 따라서 주관성이 없다는 점에서, 그들의 비존재성을 존재감 있게 표현한다(「5시부터 7시까지의 클레오」(1961)에서처럼). 여성들은 언어 외곽에 존재하기 때문에, 사용 가능한 언어를 끄집어내어 그것을 뒤집어엎는 식으로 보여 준다(「방랑자」에서처럼).

그렇게 함으로써 바르다는 영화 언어를 만들어 내고 통제하는 것은 바로 그녀 자신이라는 것을 보여 준다. 소수의 비평가들이 똑같은 면에 대해 브레송이나 레네의 작품에는 찬사를 보내면서도, 그녀의 차가운 초연함과 카메라 기법에 대한 집착에 독설을 퍼붓는 이유가 바로 거기에 있다. 언어를 통제한다는 것은 현실의 표현을 통제한다는 말이고, 언어는 곧 남성의 개념이나 마찬가지인 현재의 상황에서, 그녀의 작품을 〈여성스럽지 않다〉라고 깔아뭉개는 것 외에 달리 무슨 말을 할 수 있겠는가? 페미니스트 비평가들의 의견 역시 제각각이다. 그녀의 작품을 유럽 예술 영화 (요컨대 남성) 스타일의 연장선상에 있다고 보는 사람들이 있는가 하면, 기, 뒬락, 엡스탱처럼 프랑스 초기 페미니스트 영화인들의 맥을 잇고 있다고 주장하는 사람들도 있다.

수전 헤이워드

▪ 주요 작품

「라 푸앵트 쿠르트로의 여행La Pointe courte」(1954); 「5시에서 7시까지의 클레오Cléo de 5 à 7」(1961); 「행복Le Bonheur」(1965); 「피조물들Les Créatures」(1966); 「사자의 사랑Lion's Love」(1969); 「나우시카Nausicaa」(1970); 「은판사진법Daguerréotypes」(1975); 「하나의 이미지를 위한 1분Une minute pour une image」(1983); 「방랑자Sans toit ni loi」(1985); 「아녜스 V에게 비친 제인 B Jane B. vue par Agnès V.」(1987); 「아무도 모르게Kung Fu Master」(1987); 「자크 드미의 세계Jacquot de Nantes」(1991).

▪▪ 참고 문헌

Flitterman-Lewis, Sandy(1990), *To Desire Differently: Feminism and French Cinema*.

Hayward, Susan(1990), "Beyond the gaze and into femme-film écriture: Agnès Varda's Sans toit ni loi".

아녜스 바르다의 「5시에서 7시까지의 클레오」(1961)에서의 코린 마르샹.

그것은 전혀 새로운 것이 아니었고, 영화에만 적용되는 것도 아니었다. 흐름과 억제, 실망과 만족은 뮤지컬 형식의 기본 요소였고, 내러티브 이론 역시 모든 내러티브는 일반적 질서에서 무질서로, 거기서 다시 새로운 경향을 확립해 가는 것으로, 오래전부터 주장되어 왔다. 내러티브의 내용 또한 전통적으로, 커플의 형태, 결혼, 전 세계인들의 명백한 혹은 암시적인 목적으로서의 번식, 억제되고 물리쳐야 될 위협으로서의 근친상간과 동성애 등의 이야기로, 사회의 결합을 위해 욕망을 표현하고 전달하는 것으로 생각되어 왔다.

영화처럼 이성애가 규범화되고, 동시에 그것의 한계를 넘고 싶은 유혹을 많이 느끼는 곳도 아마 없을 것이다. 영화는 대부분의 기간을 가족 오락의 필요성으로 인해 불안하게 구속당해 온 일종의 에로틱 예술이라 할 수 있다. 영화 통제와 검열의 거대한 장치는 그것의 목적에 걸맞게 성적 무질서를 야기할 가능성이 상존하는 인간 육체의 이미지(움직이거나 혹은 정지된 자세에서)에 대해 일정한 규정을 마련해 놓고 있다.

하지만 영화의 규범화처럼 부자연스러운 것도 없거니와, 또한 그것은 쉽고 편안하게 해결될 문제도 아니다. 게이 비평가들은 재빨리, 영화들이 겉으로는 규범화의 허울을 쓰고 있는 것 같지만 동성애적 욕망은 결코 사라지지 않았고, 에이젠슈테인, 비스콘티, 호크스 같은 감독들의 작품에서도, 천차만별로 다른 그들의 경향만큼이나 혼란스러운 형태로 남아 있다고 일침을 가했다. 이것은 전에는 게이 비평이 동성애와 동성애적 행위가 전통적으로 영화에 표현된 문제들(놀랍게도 이 답변은 쉽게 나오지 않았다)로 인해 소외되었다는 점에서, 특히 상상력 넘치는 연구로 생각되었다. 비평가들은 1980년대 말에 등장한 〈동성애 영화*queer cinema*〉에 대한 좀 더 광범위한 개념들에 힘입어, 명백한 것으로부터 암시적인 것, 포르노로부터 점잖은 주류에 이르기까지, 영화 속에 표명된 다양한 동성애적 특징을 하나의 분야로 묶는 데 성공했다(이 모두가 어떤 면으로는 이성애적 규범에 도전하는 행위로 보일 수도 있었다).

동성애 영화의 등장을 도왔던 조건은 무엇보다도 1960년대 말부터 미국, 유럽, 일본에서 일어난 영화의 자유화와 개방, 그와 함께 무르익은 정치적 차별 철폐 운동이었다. 게이와 레즈비언의 러브 스토리에 대한 캠페인 영화부터, 동성애를 주제로 한 주류 영화에 이르기까지, 하나의 새로운 영화가 생겨나기 시작했다. 영화의 동성애적 요소는 비스콘티[특히 「루트비히 2세」(1972)에서], 파솔리니[「천일야화」(1974)], 파스빈더[「여우와 그의 친구들」(1974)]처럼 이미 확고한 입지를 굳힌 유럽 감독들의 작품에서 보다 대담하게 표현되기 시작했고, 좀 더 젊은 감독들 중에는 성의 관습을 의도적으로 경멸하는 작품으로 영화계 이력을 쌓아 간 페드로 알모도바르[「욕망의 법칙」(1987)]가 있다. 할리우드는 오랫동안 관망만 해왔고(밥 포스의 1972년 작품 「카바레Cabaret」는 용기 있는 예외였다), 1990년대에 들어서도 거스 밴 샌트의 「아이다호My Own Private Idaho」(1991) 같은 영화는 주변부에서만 받아들여진 것에 반해, 「필라델피아」 같은 주류 영화는 에로틱한 장면이 없는 안전한 작품을 제공했다.

동성애 영화는 그러나 단순히 동성애 문제만을 다루지 않고 훨씬 광범위한 분야, 즉 일반 영화 속에 포함된 동성애-에로적인 서브텍스트, 〈동성애적*camp*〉 현상, 그 밖의 다른 영화들에 대한 부정적인 해석까지도 포함시켰다. 그런 면에서 동성애 영화는 예상치 못한 온갖 종류의 장소에서 영화 본래의 특질과 규범적 이성애가 뒤엎어질 수도 있는 상황, 그리고 관객의 수용도 및 같은 영화를 다른 그룹의 관객이 전용할 수도 있는 것과 관련된 문제들도 함께 지적했다고 할 수 있다. 특히 나중의 관점에서 볼 때 동성애 영화는 많은 영화들이 동성애적 해석에 개방돼 있다고는 해도, 그것을 그런 식으로, 때로는 영화의 본래 의미와는 동떨어지게 해석하는 것은 (따라서 예상치 못한 만족을 얻어 낼 수도 있는 것은) 결국 관객이라는 점에서, 의미는 영화 속에 반드시 존재하는 어떤 것이라는 개념에 제동을 거는 수많은 경향의 하나에 불과하다고 할 수 있다.

수용

영화의 의미를 결정함에 있어서 관객의 중요성을 강조한 것은 동성애 영화 지지자들만이 아니었다. 페미니스트 비평가들은 이미 오래전부터, 여성 관객의 위치는 몇몇 〈구조주의〉 작가들이 주장한 것처럼 결코 고정된 것이 아니고, 실베스터 스탤론의 람보 시리즈 같은 할리우드 영화에 가하는 반동적이고 인종 차별주의적인 비난 역시, 부정적인 의미에서 생각이 굳어버린 일부 관객들이 그런 영화들을 통해 판에 박힌 사고의 수용을 최소화하고 나름대로 즐길 수 있는 방법을 개발했다는 사실 앞에서, 종종 손을 들 수밖에 없었다는 점을 강하게 제기한 바 있다. 스스로 영화에 대한 해석을 할 수 있는 관객의 이러한 능력은 자크 데리다, 장 보드리야르와 같은 〈포스트모던〉 사상가들과 관련된 보다 유동적인 의미론과, 다양하게 구성된 관객 집단의 영화 해석에서의 커다란 차이점을 보여 준 경험주의적 관객 연구의 지지를 이끌어 내며 1980년대의 주요 관심사로 떠올랐다. 한편 관객들도 점점 세분화되는 양상을 보여 왔고, 고전 영화 시절보다 대중의 지지를 더욱 열망하게 된 영화들은 관객의 그런 다양한 해석을 고려하지 않을 수 없었다. 그런 의미에서 영화는 하나의 수용 방식에서 다른 수용 방식으로 언제든 이동할 준비가 되어 있는 관객의 성향을 정확히 포착하여 만든 「마지막 액션 히어로」(1993) 같은 영화로도 알 수 있듯이, 포스트모던화되었다고도 할 수 있다.

영화 연구와 규범

고등 교육의 확대와 영화 연구에 대한 새로운 원칙의 정립으로, 진지한 학자적 저술의 중심도 비공식적인 영화광의 세계에서 대학이라는 좀 더 체계적인 환경으로 옮겨 갔다. 이것은 양면적인 결과를 초래했다. 우선, 영화사의 저술이 보다 정교해지고 내용이 풍부해진 것은 긍정적으로 볼 수 있다. 영화사가들은 자신들의 기량을 최대한으로 발휘할 기회를 얻었을 뿐 아니라, 경제사나 문화사와 같은 관련 학문의 도움도 받을 수도 있었다. 다양한 자료를 바탕으로 철저하게 이루어진 연구에서 얻어진 광범위한 식견은 20세기 문화와 세계 자본주의 경제 속에서의 영화의 위치가 20~30년 전보다는 훨씬 제대로 이해되고 있음을 보여 주는 증거였다.

비평에서는 그러나 상황이 혼란스러웠다. 1970년대 많은 영화 이론의 혁명가들은, 파악될 수 있는 영화에 대해 주관적으로 반응하는 것으로 알려진 비평적 개념에 대해 아주 강한 반감을 보이며 그것을 보다 정교하고 엄격한 형태의 영화 분석의 형식으로 대체하려고 했다. 결과적으로 비평 분야는 전반적으로 하향 국면을 보이게 되었는데, 그 이유는 주로 그런 개념에 가한 공격의 설득력 때문이라기보다는 주요 영화들의 폭넓은 비평에 잡지 편집장들이 지면 할애를 꺼렸기 때문이었다. 한편, 학술 분야는 점차 폐쇄성을 띠면서, 학계 이외에는 별 영향을 미치지 못하는 문제들(그들의 주장이라는 것이 대개 정치적이었기 때문에)에 집착하는 경향을 보였다. 그것은 얼마간 1960년대와 비교하여 상대적으로 영화 제작(아니면 배급)이 줄어든 까닭에 할리우드 고전 영화나 유럽, 일본 혹은 인도 영화에 대한 세밀한 미학적 분석이 요구된, 즉 비평계 자체의 변화에도 원인이 있었다. 영화 인식 형성의 기반인 메커니즘이 녹슬었고 인식에 변화를 주는 영화들이 거의 전무한 상황에서, 한편으로는 생명감 없는 저널리즘에 다른 한편으로 흠집 내는 것이 주목적인 학계에, 영화 비평이 무릎을 꿇었다는 것은 어쩌면 지극히 당연한 일인지도 모른다.

그 문제는 규범적 가치 의식의 부재로 더욱 복잡해졌다. 1960년대까지는 어떤 가치가 중요하고, 어떤 영화와 감독이 그것을 가장 잘 표현해 내는가에 대한 일반적인 합의가 이루어졌다. 1950년대 말과 1960년대 초의 작가주의 비평가들은 전면적으로 철폐하지는 않으면서도, 포드보다는 호크스를, 데시카보다는 로셀리니를, 구로사와보다는 미조구치를 우위에 두는 식으로 기존의 가치 규범을 바꾸려고 노력했다. 이후의 작가들은 때로는 기묘하고 비규범적인 것을 선호하는 자신들의 개인적 취향 때문에, 때로는 규범이라는 개념 자체에 이미 위험한 엘리트 의식이 깔려 있다는 생각 때문에, 모든 형태의 영화 규범을 불신했다.

이것은 영화의 올바른 이해를 매우 어렵게 만들었다. 규범은 여전히 존재했지만, 그것은 태만과, 어떤 형태의 논리적 주장도 없는 일시적 변덕과 우발적 효용성으로 결정된 것이었다. 그리고 그러한 논리적 주장의 부재는 영화 자체의 중요성에 대한 개념에 손상을 입혔다. 모든 영화가 다 중요하고, 유사 역사적 혹은 개인적 궤변이 미학적 논리를 대신한다면, 그것은 아무리 초보자라도 영화를 진지하게 받아들이는 목적에 도전할 수 있다는 말이나 마찬가지였다. 보다 중요한 것은 지난 100년간 영화가 이룩해 낸 업적과 그 업적의 흔적을 찾아보려는 의식이다. 이 업적은, 지속될 수 있고, 과거에 관객들에게 특정한 방식으로만 이해되었던 것이 이제는 현재 또는 미래의 새로운 평가라는 도전도 받아들일 수 있는 작품이라는 형태를 띠고 있다.

하지만 어떤 규범도 영원히 고착될 수는 없고, 따라서 영화의 규범도 문학의 그것처럼 새로운 도전을 허용하지 않는 옛 작가들의 작품 목록(대개는 이미 고인이 된 백인 남성의 그것)으로 전락하게 해서는 안 된다. 다행스럽게도 영화의 경우에는 이러한 일이 일어날 것 같지 않다. 그 이유는 연구자들도 주장하고 있듯이, 대부분의 작품들(특히 할리우드 고전 영화 부문에서)은 개인의 산물임과 동시에 시스템의 산물(「바람과 함께 사라지다」, 「오즈의 마법사」, 이 두 작품 모두 중간에 감독이 교체됐다)이고, 비평 기구도 늘 국제적이었으며, 평단 역시 주류에 대항한 새로운 가치와, 선진국의 산업 문화적 지배에 대한 제3세계의 가치에 대한 홍보에 늘 주력해 — 앞으로도 계속되기를 바랄 뿐이다 — 왔다는 점에서,

영화의 업적은 작가들에게만 전적으로 한정된 것이 아니기 때문이다.

여성 영화 문제는 좀 더 불확실하다. 영화에서 여성의 힘은 늘 제작 쪽보다는 소비 쪽에 있어 왔고, 영화 창조에 있어서의 역할도 무시당하기는 했지만 여성 영화 제작자들이 중요했다는 것 역시, 어느 정도는 지배 가치에 반대되는 반규범(혹은 대항-규범)적 실천을 보여 주었기 때문이다. 하지만 여기서의 주장이 규범의 편에 있다고 하여 그것이 반드시 현 상태의 서열을 고착시키기 위한 것은 아니다. 그보다는 오히려 주장을 위한 주장이며, 미학적 측면과 다른 선택들을 위한 논리의 방어와 선언에 대한 주장이라 함이 더 온당할 것이다.

참고문헌

Andrew, J. Dudley(1976), *The Major Film Theories*.

Barthes, Roland(1967), *Elements of Semiology*.

Cook, Pam, and Johnston, Claire(1974), "The Place of Women in the Films of Raoul Walsh".

Elsasser, Thomas(1972), "Tales of Sound and Fury".

Metz, Christian(1971), *Language and Cinema*.

Mulvey, Laura(1975), "Visual Pleasure and Narrative Cinema".

Wollen, Peter(1972), "Counter-cinema: *Vent d'est*".

—(1972), *Signs and Meaning in the Cinema*.

영화의 부활

제프리 노웰-스미스

1960년대 이래 세계의 영화는 지역과 시기에 따라 제각각 양상은 달랐지만, 전혀 회복될 것 같지 않은 쇠퇴기에 자주 빠져 들고는 했다. 그러한 징후는 먼저 관객의 감소, 작품의 다양성의 결핍, 그리고 가장 두드러진 현상으로, 이전의 극장이 헐려 나가고 그 자리에 주차장, 오락실, 볼링장, 창고 같은 것들이 들어서는 애처로운 형태로 나타났다. 눈에 띄지 않았지만 그에 못지않게 실망스러웠던 것이 영화가 다른 미디어나 문화 형식에 지반을 빼앗기고 (특히 유럽에서) 중심적 위치를 상실한 것이었다.

하지만 좀 더 자세히 살펴보면, 영화의 쇠퇴는 양과 질적인 면 모두에서 외관상 그러할 뿐이다. 영화는 변했다. 성격도 변하고 위치도 변했다. 이제 한 세기의 생을 막 끝내고 두 번째 생으로 접어드는 영화의 모습은 따라서 무척이나 활기 있게 느껴진다. 이 두 번째 세기에 영화는 텔레비전, 비디오, 멀티미디어의 등장과 같은 환경의 변화만으로도 아주 많이 달라질 것이다. 하지만 분명한 것은 앞으로도 영화는 계속 존속하면서, 뚜렷한 예술과 오락의 매체로 수천 혹은 수백만 관객들에게 무엇과도 바꿀 수 없는 체험을 선사하며 계속 발전할 것이라는 사실이다.

영화 상영 형태의 변화

우선, 영화의 쇠퇴를 가장 명백하게 보여 주는 징후부터 생각해 보기로 하자. 극장의 숫자가 특히 도심과, (매우 안타깝게도) 지금은 아예 극장이 전무한 중소 도시들에서 계속 감소 추세를 보여 왔다는 것은 분명한 사실이다. 하지만 대형 극장들은 상영관 수를 두 배, 세 배, 혹은 네 배까지도 확대한 경우가 허다하다. 그렇게 확대 개조를 하는 과정에서 건물의 모양도 흉측하게 변하고 영사의 질이 떨어지면서, 관객들이 쾌적한 영화 관람을 방해하는 일이 종종 발생했다. 하지만 복수 상영관은 주류와 비주류 관객에게 최소한 어떤 선택권을 제공해 주었고, 선택권과 편안함을 함께 갖춘 상영관이 늘어나면서, 유럽도 뒤늦게나마 미국의 예를 따라 새로운 멀티플렉스를 교외에 세우기 시작했다. 개중에는 수십 개의 상영관에, 레스토랑과 다양한 오락 시설까지 갖춘, 엄청난 규모를 자랑하는 것들도 있었다. 일례로 브뤼셀의 키네폴리스Kinepolis 극장에서는 1995년 초의 어느 한 주에 28개의 상영관에서 26편의 영화가 상영되고 있었다(2편의 중복 상영은 월트 디즈니의 「라이온 킹」이 프랑스 어와 플랑드르 어로, 아널드 슈워제네거의 「주니어」는 영어와 프랑스 어로 상영된 데서 비롯된 현상이다).

멀티플렉스의 등장으로 분명해진 사실은 영화 관객의 감소는 최소한 영화의 관심도가 줄어들었기 때문이 아니라, 극장의 위치와 시설에도 원인이 있었다는 것이다. 통계에 따르면, 1970년대와 1980년대에 서구 세계에 거의 공통적으로

표 1. 유럽 각국의 자국 영화 시장 점유율(%), 1995

	1980	1981	1982	1983	1984	1985	1986	1987	1988	1989	1990	1991	1992	1993	1994	1995
벨기에	3.0	1.0	1.0	2.0	1.0	1.0	1.0	3.0	4.0	3.0	4.0	3.0	3.0	3.0	3.0	3.0
덴마크	23.0	25.0	20.0	20.0	23.0	19.0	25.0	21.0	19.0	17.0	10.0	11.0	12.0	13.0	13.0	14.0
프랑스	47.0	50.0	53.0	47.0	49.0	45.0	43.0	34.0	38.0	34.0	38.0	30.0	35.0	35.0	32.0	33.0
독일	9.0	19.0	12.0	14.0	17.0	23.0	22.0	18.0	23.0	17.0	9.7	11.0	10.0	10.0	11.0	11.0
그리스	28.0	39.0	33.0	30.0	25.0	12.0	12.0	11.0	10.0	9.0	8.0	7.0	6.0	5.0	5.0	6.0
아일랜드	1.0	1.0	1.0	1.0	1.0	2.0	2.0	2.0	2.0	2.0	5.0	2.0	2.0	2.0	2.0	2.0
이탈리아	43.0	44.0	46.0	39.0	33.0	31.0	31.0	33.0	28.0	22.0	19.0	18.0	17.0	17.0	16.0	15.0
룩셈부르크	3.0	3.0	3.0	3.0	3.0	3.0	3.0	3.0	3.0	6.0	2.0	3.0	3.0	3.0	3.0	3.0
네덜란드	8.0	13.0	13.0	14.0	19.0	4.0	14.0	21.0	12.0	5.0	3.0	2.0	3.0	3.0	3.0	4.0
포르투갈	1.0	2.0	1.0	0.7	2.0	1.0	4.0	7.0	4.0	1.0	1.0	1.0	1.0	1.0	1.0	1.0
스페인	19.0	18.0	18.0	17.0	17.0	16.0	16.0	15.0	12.0	7.0	10.0	10.0	11.0	12.0	12.0	13.0
영국	15.0	15.0	14.0	13.0	12.0	15.0	15.0	10.0	15.0	19.0	18.0	17.0	18.0	18.0	19.0	20.0
EU	27.0	29.0	30.0	27.0	28.0	26.0	25.0	22.0	22.0	19.0	18.0	16.0	17.0	18.0	17.0	18.0

Source: Merged Database/BIPE.

표 2. 미국 영화의 유럽 시장 점유율(%), 1995

	1980	1981	1982	1983	1984	1985	1986	1987	1988	1989	1990	1991	1992	1993	1994	1995
벨기에	47.0	48.0	49.0	52.0	56.0	68.0	72.0	62.0	64.0	68.9	73.5	80.2	78.0	79.0	79.0	79.0
덴마크	44.5	49.0	50.0	53.0	51.0	61.2	61.0	55.8	60.0	63.6	77.0	83.0	82.0	80.0	79.0	77.0
프랑스	35.2	30.8	30.0	35.0	36.8	39.1	43.3	43.8	45.9	55.3	56.9	58.7	58.0	57.0	58.0	58.0
독일	52.0	52.9	55.4	60.4	65.8	59.0	62.6	58.3	64.4	70.0	74.8	76.4	82.9	79.0	76.5	75.0
그리스	58.0	56.0	51.0	56.0	63.0	77.0	79.0	81.0	85.0	86.0	87.0	88.0	88.0	89.0	88.0	87.0
아일랜드	88.0	87.0	86.0	84.0	83.0	83.0	81.0	80.0	79.0	75.0	87.0	91.5	91.0	90.0	89.0	88.0
이탈리아	33.7	32.6	32.0	41.6	46.0	47.0	50.0	46.1	56.0	65.1	75.0	69.0	70.1	71.0	73.0	74.0
룩셈부르크	60.0	60.0	62.0	62.0	64.0	65.0	65.0	65.0	65.0	68.0	78.0	8.0	82.0	83.0	84.0	85.0
네덜란드	49.0	46.0	51.0	59.0	60.0	72.0	74.0	63.0	76.0	77.0	86.0	93.0	91.0	90.0	89.0	88.0
포르투갈	46.0	56.0	44.0	47.0	48.0	51.0	64.0	67.0	72.0	78.0	81.0	85.0	81.0	80.0	8.0	82.0
스페인	44.0	46.0	48.0	50.0	52.0	54.0	56.0	58.0	64.0	73.0	72.0	69.0	69.0	67.0	66.0	64.0
영국	80.0	80.0	81.0	82.0	83.0	80.0	80.0	89.0	77.0	79.0	78.0	80.0	79.0	77.0	76.0	75.0
EU	46.0	45.0	44.0	50.0	52.0	54.0	58.0	58.0	64.0	69.0	72.0	72.0	73.0	71.0	71.0	71.0

Source: Merged Database/BIPE.

전 세계를 위한 〈예술 영화〉? 중국의 역사를 다룬 서사시로 오스카상을 휩쓸고 전 세계적으로 찬사를 받은 베르톨루치의 서사시 「마지막 황제」(1987).

나타난 흥행 저조 현상이 지금은 다소 주춤하고 있는 것으로 나타나고 있다. 영국의 경우, 1984년에 5000만 명까지 떨어졌던 관객 수(인구 1명당 극장을 찾은 비율이 연간 한 번에도 못 미치는 숫자다)가 지금은 1억 명 수준까지 회복되었다. 감소 추세가 뒤늦게 나타난 다른 나라들도 바닥을 벗어나고 있는 상태이고, 미국의 경우만은 놀랍게도 몇 년째 흔들림 없는 수치를 보여 주고 있다.

유럽을 포함해 전 세계적인 관점에서 더욱 근심스러운 일은(이번에도 그 중요성은 오판될 소지가 많지만), 주류 영화 상영관에서 점점 심해지고 있는 할리우드와 유사 할리우드 영화의 독점 현상이다. 영화 상영 형태가 변함으로써 피해를 받은 쪽은 주로 옛날 영화(과거 이들 영화의 주 상영관이었던 제2, 제3개봉관들도)와 외국 영화들이었다. 〈표 1〉과 〈표 2〉의 수치에서도 볼 수 있듯이 미국 영화는 현재 대부분의 서유럽 시장에서 80퍼센트를 점하고 있고, 그 나머지를 자국 영화와 거기서 남는 극히 일부를 다른 유럽 국가 및 비유럽 영화들이 나눠 먹고 있는 실정이다. 시장이 개방된 동유럽도 사정은 비슷했다. 아시아에서는 중국어와 힌디 어 영화들이 국제 무대에서 강세를 보이고, 필리핀, 이란, 인도네시아 같은 나라의 자국 영화 산업이 여전히 건재를 과시함에 따라 상황이 좀 더 복잡했다. 그런 곳에서조차 할리우드 영화 중심의 시장 〈합리화〉는 진행 중에 있고, 그 결과는 조만간에 나타날 것이다.

세계 영화의 할리우드화는 그 자체로서는 전혀 새로울 것이 없다. 이탈리아와 캐나다 같은 나라들에서는 1920년대에 이미 80퍼센트의 시장 점유율을 기록했고, 서구에서의 시장 점유율도 50퍼센트 이하로 떨어져 본 적이 없다. 하지만 무성 영화 시절과 지금이 다른 점은 그 당시에는 상당한 양의 비미국 영화도 함께 유통이 이루어졌다는 점이다. 또한 나라에 따라 선택적으로 시장 폐쇄가 가능했고, 많은 나라들이 실제로 그것을 실행했다. 유성 영화의 출현으로 각국의 영화 산업이 긴 휴지기를 맞게 되었을 때도, 그에 따라 무한 확장의 기대에 부풀었던 할리우드의 희망도 저지되었다.

작금의 상황이 새롭고도 놀랍다는 사실은 시장을 멋대로 좌지우지하는 할리우드 메이저 사들의 힘을 견제할 장치가 아예 없다는 것과, 대안 영화가 생산될 수 있는 여지가 미국 내에서조차 심각하게 줄어들었다는 사실이다. 할리우드화는 이제 하나의 기정사실이 되었고, 아시아를 제외한 지역에서의 다른 영화의 생존은 지배 세력과 소규모 틈새시장 확보와의 복합 공생 문제가 되어 버렸다. 세계 대부분의 나라들에서 자국 영화의 상황은 상어 입속의 방어 신세와 비슷하다고 해도 과언은 아니다. 한편, 세계 시장의 독점화로, 많은 영화들, 특히 작은 나라의 영화들은 자국 내에서만 상영이 되고 이따금씩 영화제에나 모습을 드러냄으로써, 이들 영화의 경제성은 더욱더 비관적이 되었다. 유럽산 영화의 〈공동 시장〉을 만들어 할리우드 영화와 집단 경쟁을 벌이게 하겠다는 유럽 연합의 노력은 주류 영화 쪽에서는 그리 성공적이었다고 볼 수 없지만, 다른 분야에서는 상당히 중요한 성과를 얻어 냈다.

최소한 할리우드와 나머지 세계 영화와의 공생 관계만큼이나, 영화와 다른 미디어(텔레비전, 비디오 같은) 간의 공생 관계가 중요해진 현재, 상황은 전체적으로 좀 더 고무적이 되었다. 예전에는 영화 산업(물론 상영관들이 특히)이 텔레비전과 비디오를 무조건 적대적인 경쟁자로 간주했으나, 지금은 일종의 상호 의존적인 형태를 띠게 되었다. 우선 텔레비전 채널이 증가하면서 옛 영화와 새 영화의 수요가 함께 증가했다. 방송사들은 영화 스튜디오와 배급사들의 옛날 영화 목록을 사들이는가 하면(그중 가장 볼 만했던 것이 유선 방송계의 거물 테드 터너가 MGM과 워너 사 영화 목록 대부분을 인수한 것이었다), 새로 제작되는 영화(특히 유럽의)에도 많은 투자를 했다. 과거 전성기 때보다 더 많은 영화를 TV와 비디오에서 볼 수 있게 되었으며, 영화가 벌어들이는 총수익(대부분이 소형 스크린 영화)도 영화 관람이 세계 최고의 인기 오락물이었을 때를 훨씬 상회했다. 현재, 영화에서 얻어지는 수입의 절반은 음반 판매, 멀티미디어, 그리고 각양각색의 스틸 사진 복제 판권과 같은 〈3차〉 시장의 원조에 힘입은 TV와 비디오의 〈2차〉 시장으로부터 나오고 있다.

1993년 GATT 우루과이 라운드 협상은 할리우드와의 경쟁에서 유럽 영화(특히 프랑스) 시장의 보호라는 문제에서 다소 난항을 보였다(혹은 그런 것처럼 보였다). 하지만 그 논

피투성이 강도 행위가 실패로 돌아간 뒤의 미스터 오렌지(팀 로스)와 미스터 화이트(하비 카이틀): 쿠엔틴 타란티노의 「저수지의 개들」(1992).

마틴 스코시스 (1942~)

마틴 스코시스는 뉴욕 시 리틀 이탈리아, 엘리자베스 가의 시칠리아 인 동네에서 성장했다. 부모는 이민 자손으로 일찍이 봉제일을 했다. 어린 시절부터 천식을 앓았던 스코시스는 힘든 운동을 하지 못했던 관계로 영화에 몰입했고, 그때 지녔던 영화에 대한 열정과 해박한 지식은 이후 그의 작품들에 고스란히 반영되었다.

스코시스는 처음 뉴욕 대학에서 신학을 공부했으나 나중에 영화로 전공을 바꾸고, 프랑스와 이탈리아 뉴 웨이브, 셜리 클라크, 존 카사베티스가 주도하는 뉴욕 언더그라운드 영화의 열렬한 찬미자가 되었다. 뉴욕 대학에서는 처음에는 학생으로 나중에는 교수가 되어 단편 영화를 만들어 일찍이 인정받았고, 제작비를 마련하자마자 첫 장편 영화 「누가 내 문을 두드리는가Who's that Knocking at my Door」(1969)를 만들었다.

당시의 많은 감독들이 그랬던 것처럼 스코시스 역시 첫 상업 영화의 기회는 대공황기의 범죄 영화 「공황 시대」(1972)의 감독을 의뢰한 로저 코먼으로부터 왔다. 스코시스는 저예산 선정 영화라는 제한된 환경 속에서도 주제와 스타일 면에서는 상당한 자유를 누렸다.

다음 작품의 배급을 책임지겠다는 코먼의 약속하에 스코시스는 그의 첫 작품에서 다루었고 앞으로도 계속 다루게 될 이탈리아계 미국인 사회(「성난 황소」(1980), 「좋은 친구들」(1990), 부모의 삶을 다큐멘터리로 만든 「이탈리아계 미국인Italianamerican」(1974) 등에서)를 배경으로 한 「비열한 거리」(1973)를 만들었다. 「비열한 거리」는 이웃과 그곳에 속한 인물들, 즉 찰리(하비 카이틀)와 무모한 조니 보이(로버트 드니로)와의 관계를 폭력적이고 사실적으로 그린 작품이다. 그 외에도 이 영화에는 실험적이고 풍부한 스타일의 카메라 워크 — 특히 긴 궤도 화면*tracking shot*과 완만한 움직임 — 완전히 새로운 느낌의 현대 음악, 이미지에 가깝게 편집하여 연기에 안무적 느낌을 주는 등, 여러 특징적인 요소들이 포함되어 있다(이 방법은 그의 후기작들 특히 「성난 황소」의 권투 장면에서 다시 쓰였다). 이 작품은 또한 앞으로 더욱 정교하게 다듬어질 확고한 시각적 스타일의 조짐을 보여 주면서, 그의 이후 작품에서 반복되는 주제, 즉 죄와 구원의 종교적 문제(이 작품에선 성직자와 깡패를 중심으로 전개된다)에도 초점을 맞추고 있다. 시각적 스타일과 마찬가지로 이들 주제도, 반자전적 사실주의와 영화사에서 받은 강렬한 영향과의 혼합으로 이루어져 있다. 〈동시에, 이탈리아계 미국인들을 이토록 정확히 묘사할 수 있게 해준 워너 브러더스의 갱스터 영화들에도 경의를 표하고 싶다〉고, 스코시스는 말했다.

「앨리스는 더 이상 여기서 살지 않는다」(1975, 스코시스에 어울리지 않게 여성을 주제로 한 영화)와 강렬하고 눈부신 작품 「택시 드라이버」(1976)가 흥행과 비평 양면에서 성공을 거둔 이후 스코시스는 「성난 황소」, 「뉴욕, 뉴욕」(1981), 「코미디의 왕」(1983)과 같은 일련의 작품들을 만들어 흥행 참패의 고배를 마셨으나 나중에는 모두 1980년대의 대표작으로 등재되었다. 이후 스코시스는 업계의 요구에 맞게 수준을 조금 낮춘 블랙 코미디 「일과 이후」(1985)와 TV 영화까지 손을 댄 뒤, 「허슬러The Hustler」(1961)의 속편 격인 「컬러 오브 머니」(1986)로 마침내 상업적 성공을 거두었다. 이 작품의 성공으로 스코시스는 그동안 진행하고 있던(1983년에는 프리-프로덕션까지 진행된 상태였다), 니코스 카잔차키스의 「그리스도 최후의 유혹」 제작비를 마침내 확보할 수 있게 되었다. 그리스도의 인간적인 면과 신적인 면의 갈등을 그린 이 작품은 종교 집단으로부터 거센 항의를 받으며 몇몇 극장에서는 상영이 금지되는 사태까지 벌어졌다.

스코시스와 할리우드와의 관계는 약간 미묘했다. 흥행의 성공과 실패 사이를 오락가락하며 그는 자신이 진정으로 원하는 작품을 만들기 위해서는 「컬러 오브 머니」, 「케이프 피어」(1991) 같은 스튜디오 작품도 얼마든지 만들겠다는 자세를 보여 왔다. 이러한 미묘함은 상업 영화와 좀 더 독립적인 영화 사이에서 엉거주춤한 자세를 보이고 있는 그의 영화 작법에서도 잘 나타나고 있다. 코먼과의 첫 상업적 작품 「공황 시대」에서 스코시스는

매 장면을 치밀한 계산하에 촬영했고, 이 방법은 컬럼비아의 저예산 영화 「택시 드라이버」에서도 똑같이 적용되었다. 한편 「비열한 거리」, 「앨리스는 여기서 더 이상 살지 않는다」, 「뉴욕, 뉴욕」, 「코미디의 왕」(이들 작품에서 그는 배우들의 즉흥적 행위를 녹음해 두었다가 그것을 대사로 고쳐 쓰는 방법을 사용했다) 같은 작품들에서는 배우들의 즉흥성을 이용하는 보다 느슨한 방법을 이용했다.

스코시스가 배우들에게 보이는 개방성과 섬세함은 널리 알려진 바이고, 결과적으로 그것은 강렬한 연기를 이끌어 내는 요소가 되었다. 엘렌 버스틴, 로버트 드니로, 폴 뉴먼 등은 모두 그의 작품에 출연하여 오스카상을 수상했다. 스코시스의 작품은 또 하비 카이틀, 조 페시 같은 단골 배우들이 출연하는 것으로도 유명한데, 그중에서 가장 기억에 남을 배우는 아마도 스코시스와 일곱 작품에서 호흡을 맞춘 로버트 드니로일 것이다. 특히 「비열한 거리」, 「택시 드라이버」, 「성난 황소」, 「코미디의 왕」, 「케이프 피어」 같은 작품들에서 스코시스는 로버트 드니로에게 연기의 완전 재량권을 부여하여 그로 하여금 그의 트레이드 마크라 할 수 있는 편집광적인 성격을 만들어 낼 수 있게 했다.

스코시스 하면 우선 떠오르는 것이 이탈리아계 미국인 사회를 전문적으로 다루는 감독이겠지만 그 외에도 그는 음악 영화, 권투 영화, 시대극, 종교 서사극 등 다양한 장르의 영화를 만들고 또 혁신을 이루었다. 그리고 그의 작품들은 이전 영화들에 대한 찬탄과 그것들에 대한 정밀한 연구에 토대를 두고 만들어졌다. 또한 그에게 지대한 영향을 미친 마이클 파월의 명성을 되살리려고 하는 등, 영화 보존을 위한 홍보 작품과 다른 영화인들을 위한 지원에도 많은 시간을 할애하고 있다. 스코시스는 자신의 예술적 열망을 영화 미학과 대중적 성공에 대한 현대의 관점과 가끔 상충되기도 하는 영화 작법의 오랜 전통과 철저히 조화시켜 가는 감독이다.

에드워드 오닐

▪▫ 주요 작품

「공황 시대Boxcar Bertha」(1972); 「비열한 거리Mean Streets」(1973); 「앨리스는 더 이상 여기에 살지 않는다Alice doesn't Live Here Anymore」(1975); 「택시 드라이버Taxi Driver」(1976); 「라스트 왈츠The Last Waltz」(1978); 「성난 황소Raging Bull」(1980); 「뉴욕, 뉴욕New York, New York」(1981); 「코미디의 왕The King of Comedy」(1983); 「일과 이후After Hours」(1985); 「컬러 오브 머니The Color of Money」(1986); 「그리스도 최후의 유혹The Last Temptation of Christ」(1988); 「좋은 친구들Goodfellas」(1990); 「케이프 피어Cape Fear」(1991); 「순수의 시대The Age of innocence」(1993); 「카지노Casino」(1995).

▪▪ 참고 문헌

Kelly, Mary Pat(1991), *Martin Scorsese: A Journey*.

Keyser, Les(1992), *Martin Scorsese*.

Thompson, David, and Christie, Ian(eds.)(1989), *Scorsese on Scorsese*.

Weiss, Marion(1987), *Martin Scorsese: A Guide to References and Resources*.

◀ J. 리 톰슨의 1960년 스릴러를 리메이크한 「케이프 피어」(1991)에서 복수심에 불타는 전과자 맥스 코디 역을 맡은 로버트 드니로.

쟁의 속 내용은 사실 유럽의 완패로 이미 끝나 버린 영화에 관한 것이 아니라, 영화 자체로 보면 부차적이지만 전체적으로는 더욱 값어치가 있고 여전히 치열하게 쟁탈전이 벌어지고 있는 또 다른 시장(텔레비전, 비디오, 디지털 방식의 멀티미디어, 〈정보 고속도로*information superhighway*〉에 대한 방송 전파와 케이블 링크를 둘러싼 통제권)에 관한 것이었다. 그리고 현 시장에서나 (여전히 중요한) 전통 영화와 독립 영화를 상영하는 옛 시장에서나, 유럽과 일본을 비롯한 세계 여러 나라는 최소한 당장은 자신들의 입장을 지켜 가고 있다.

영화와 그 밖의 다른 미디어

영화는 이제 어떻게 될 것인가? 소형 화면으로 감상하는 영화는 영화가 아니고, 소형 화면을 염두에 두고 만들다 보니 영화 자체도 줄어들었다고 하는 것은 분명 어폐가 있는 말일 것이다. 하지만 알고 보면 순수한 의미에서 영화는 여전히 복잡한 멀티미디어의 세계에서조차 움직이는 이미지의 중심으로 남아 있다. 영화 시장은 비디오나 텔레비전만으로는 불충분하다. 〈텔레비전용 영화〉나 〈비디오용 영화〉, 필름에 의존하지 않는 전자식 영화, 소형 화면 전용 영화도 물론 있기는 하지만, 35mm 극장 상영은 여전히 대부분의 중요한 영화들의 필수 형식으로 남아 있다. 영화가 유명해지는 것은 극장 공개를 통해서이며, 영화 감상을 제대로 할 수 있는 곳 역시 영화관밖에 없다. 현대 과학 기술의 힘으로 영화 감상은 이제 그 어느 때보다도 강렬한 시청각 체험이 되었으며, 극장에 가는 횟수가 줄어들기는 할지 몰라도 그 체험만은 계속 관객들에게 높은 평가를 받게 될 것이다. 새로운 공생 관계 속에서 출현한 고화질 TV 역시 영화 산업에 대한 TV의 계속적인 잠식이 아니라, 영화 가치의 가정오락 분야로의 새로운 확산으로 볼 필요가 있다. 과학 기술 발전의 다음 단계로 컴퓨터와 연계된 영화의 디지털화는 미디어 간의 상호 이용 범위를 넓혀 주기는 하겠지만, 그렇다고 흥미의 중심으로서, 그리고 움직이는 이미지의 평가 기준으로서의 영화의 역할에까지 도전할 정도는 되지 못할 것이다.

새로운 공생 관계 속에서 영화의 역할은 마치 새로운 것과 굉장한 구경거리(전 세계의 대형 스크린을 장악한 할리우드 영화에 대한 일부 설명이 된다)의 견본 시장이 되어 버린 듯하다. 문화, 지리, 역사적 다양성을 지닌 세계의 영화는 이제 대형 화면보다는 소형 화면으로 상영되는 추세를 보이고 있다. 최소한 유럽과 미국에서, 극장용 혹은 비극장용으로 배급

가능한 옛날 영화 수는 줄어들었고, 새로운 면도 없고, 주류 영화도 아니고 볼 만한 구경거리도 없는 극장 영화(물리적 조건도 조잡한 상태이기 십상인)의 관객 역시 줄어들었다. 하지만 그런 가치들은 소형 화면에서는 크게 중요하지 않고, 관객과 폭넓고 깊이 있는 세계 영화 문화와의 접촉이 이루어지는 곳 역시 텔레비전(황금 시간을 피해서 편성되고 있긴 하지만)과 비디오 대여점을 통해서이다. 종종 재공개를 가로막는 난해한 판권 시비로 인해, 공개되기도 하고 안 되기도 하는 이상한 일이 벌어지기도 하지만, 그렇더라도 영화 감상의 기회가 이처럼 폭넓고 다양했던 적은 일찍이 없었다.

하지만 영화 감상의 형태가 텔레비전과 비디오용 영화는 맨 밑바닥을 차지하고, 극장용 영화는 맨 꼭대기를 차지하는 피라미드 형상이 되어 가는 상황은 좀 생각해 볼 필요가 있다.

할리우드와 〈유산 영화〉?

할리우드 영화는 숫자로만 영화관을 독점한 것이 아니라(위에서 언급한 키네폴리스에서 상영 중이던 영화 26편 중 20편이 미국 영화였다), 특별한 형식의 영화로도 관객을 사로잡았다. 유럽 영화가 성과 빗나간 도덕의 표현에 열을 올릴 때, 제작 규약의 압제 밑에 신음하고 있던 할리우드의 옛 시절은 이제 지나갔다(이 부분에 있어서는 여전히 유럽 영화가 좀 더 솔직한 편이지만 그건 별개의 문제이다). 갈수록 줄어드는 〈가족〉 영화도 일부 만들어지고 있긴 하지만, 할리우드 영화의 대부분은 청소년용이고, 비속어, 섹스, 폭력의 표현에 있어서도 가히 무제한적 자유를 누리고 있다. 그것은 이제 더 이상 사실주의를 향한 행위로 해석될 수 없다. 그보다는 차라리(린다 윌리엄스도 위에서 지적했듯) 도발적이고, 흥미롭고, 그리고 무엇보다도 영화와 TV를 구분 짓는 새로운 표현법으로 보는 것이 적당하다. 한계를 넘어 버린 듯한 표현법도, 그것에 익숙한 관객(뜨내기 관객은 아니겠지만)에게는 별로 특이할 것이 없는 일상적 요소가 되어 버렸다는 점에서, 더 이상 충격적일 것이 없다. 성과 폭력, 그리고 이따금씩 나타나는 그로테스크한 장면 뒤에서는, 새로운 할리우드 영화도 별수 없이 내러티브 형식과 도덕적 가치 면에서 관습의 틀을 벗어나지 못하고 있음을 보여 주고 있다.

미국 영화의 활력은 주로 주류 배급업자들이 가끔씩 대규모로 배급을 하는 독립 영화 부문, 즉 주변에서 나오고 있고, 다양한 영화적 자료의 이용으로 재기와 경쾌함과 위트가 어우러진 폭력 미학을 구사해 보였던 쿠엔틴 타란티노의 「저수지의 개들Reservoir Dogs」(1992)과 「펄프 픽션Pulp Fiction」(1994) 같은 작품들이 그 대표적 예라 할 수 있다. 타란티노는 그러나 미국의 B급 영화와 그 후계자들(1970년대에 별난 서부극과 로드 무비를 만들었던 몬티 헬먼은 「저수지의 개들」의 제작자 중 한 사람이었다)뿐 아니라 프랑스 누벨 바그로부터도 영감을 얻었다. 「펄프 픽션」은 고다르 자신이 1950년대 미국 범죄 영화에 미쳤던 것과 똑같은 영향을 고다르에게 미쳤다. 타란티노에 대한 찬사가 미국보다 유럽에서 더 높다는 것도 결코 우연은 아니다. 거스 밴 샌트 같은 젊은 감독들도, 「드러그스토어 카우보이Drugstore Cowboy」(1989)에서의 마약 중독자나 「아이다호」(1991)에서의 길거리 사기꾼 같은 비주류적 소재를 신선하게 편견 없이 다룸으로써, 세계 시장을 뚫고 들어가는 데 성공했다. 한편, 리처드 링클레이터는 할리우드의 내러티브 방식을 완전히 뒤집어엎는가 하면, 주제도 전혀 새로운 방식으로 접근한 「게으름뱅이Slacker」(1991)와 「멍하고 혼란스러운Dazed and Confused」(1993) 같은 작품들을 만들었다. 이와 달리, 미국 내에서의 외국 영화의 배급은 갈수록 줄어들어, 미국 관객들은(미래의 감독들도) 세계 영화에 늘 중요한 요소로 작용해 온 비교 문화 체험의 기회를 박탈당하고 있다.

미국 영화가 젊은 관객과 더불어 〈거리〉 문화를 완전 장악했고, 현대성의 상징으로 확고히 자리매김했다는 사실은 두 가지 면에서 매우 중요하다. 일단 그것은 미국 영화가 아직은 혁신과 관객의 요구 변화에 대응할 능력이 있다고 볼 수 있다. 그런데 문제는 그것이 다른 나라 제작자들에게 문제가 된다는 점이다. 경쟁을 해야 할 것인가(할 수는 있겠는가)? 할리우드와 비할리우드적 스타일 그리고 제작 방식 간의 융합의 가능성은 없는가? 이것도 저것도 안 되면 다른 분야로 후퇴하여 미국 영화가 모방해 낼 수 없는 독특한 질로 승부를 걸어야 할 것인가? 그에 대한 가장 적극적인 답변은 유럽식도 약간 가미한 (특히 〈스파게티〉 웨스턴) 중국식의 독특한 작품을 개발하여, 형식미 넘치는 폭력적 표현으로 할리우드를 당당히 이겨 낸 홍콩의 우유썬 감독으로부터 나왔다. 한편, 이탈리아에서는 주로 텔레비전이나 카바레에서 실력을 닦은 감독/연기자들이 현대인의 삶, 특히 젊은이들이 겪는 삶의 긴장감을 〈새로운 희극*nuovi comici*〉으로 알려진 작품 속에 표현해 내고 있다. 유럽의 다른 지역에서도, 프랑스의 〈시네마 뵈르 *cinéma beur*〉와 젊은 페미니스트 감독들의 작품, 영국의 하니프 쿠레이시와 리카르도 프레다 작가/감독으로 팀을 이룬 작품들, 폴란드 태생의 감독 크시슈토프 키에슬로프스키의 「3색Trois Couleurs」 시리즈 — 「블루Bleu」(1993), 「화이트Blanc」(1994), 「레드Rouge」(1994) — 같은 작품들에서처럼 정치, 도덕, 생활양식과 같은 동시대적 문제의 위기감을 다룬 작품들이 만들어졌다.

하지만 아쉽게도 유럽의 영화인들은 현대적 삶의 불만을 너무 쉽게 저버리고 좀 더 안락했던 옛날로 도피하려는 경향이 있는 것 같다. 1980년대와 1990년대를 통해 꾸준히 등장하고 있는 〈유산 영화〉는 소위 그런 배경하에서 생겨난 장르이다. 프랑스와 영국 영화는 특히 역사를 주제로 한 에밀 졸라[「제르미날Germinal」(클로드 베리, 1995)]로부터 E. M. 포스터[「인도로 가는 길A Passage to India」(데이비드 린, 1984)]에 이르는 19세기와 20세기 초 문학의 영화화에 많이 의존하고 있다. 그렇다고 그것이 퇴보적이라는 의미는 아니다. 풍요로운 과거가 거기 있는데 쓰지 않고 내버려 두는 것은 분명 유감스러운 일이고, 역사와 문학도 오래전부터 영화에 많이 이용된 소재들이다. 또한 역사적 주제를 다룬다고 하여 반드시 과거에 얽매일 필요는 없는 것이며, (좋든 나쁘든) 현재를 위한 비유적 수단으로도 쓰일 수 있는 것이다. 하지만 「완다라는 이름의 물고기A Fish Called Wanda」(1988)나 「네 번의 결혼식과 한 번의 장례식」(1994)과 같이 배경은 현대에 두고 주제는 회상적이고 〈복고적〉인 방식으로 다룬 영화들이 성공한 것과 관련하여 생각해 볼 때, 유산 영화가 얻어내고 있는 현재의 결과는 유럽 영화의 심히 우려되는 부분이라 아니할 수 없다. 이 말은 단순히 이들 작품이 비판 의식 없이 종종 드러나는 역겨움은 곁가지로 흘려버려도 좋은 행복한 과거의 이미지만을 복제해 내고 있다는 의미는 아니다. 유럽 영화의 장래를 생각할 때 그보다 더 위험한 것은 이들 작품이 영화의 한 테마 파크가 되어, 그 안에서 현대의 불만은 간단히 잊힐 수 있는 유럽풍의 디즈니화된 고급스러운 시장으로 후퇴하고 싶은 유혹을 느끼도록 한다는 데 있다.

유산 영화인가 영화 유산인가?

한편 영화사 자체의 복구에 영향을 미치는 아주 모호한 요소가 하나 있다. 영화의 역사가 화려하다는 것은 누구나 다 알고 있는 일인데, 문제는 이 인정이 흥행과는 상관없는 곳에서만 일어난다는 사실이다. 옛날 영화는 TV와 비디오로 방영되거나 영화학도들의 연구용, 그 외에는 현재와의 연결은 명맥만을 유지한 채 과거의 문화 형태로 박물관에 모셔져 있는 것이 전부이다. 이런 바람직하지 못한 현상은 대중 예술이라는 영화의 가장 분명한 특징에서 비롯된 결과이다. 애초부터 영화는 새로움을 무기로 발전해 왔고, 초창기에는 지난해 작품 — 아니, 지난주 작품 — 이 새 작품에 자리를 물려주고 파기되는 일까지 허다하게 벌어졌다. 지금은 그것들이 필름 보관소의 덕분이기도 하지만, 대부분은 2차 시장에서 계속적인 수입을 얻고 있고 모두 보존되고 있다. 하지만 새로움은 여전히, 영화 및 스타의 사생활과 관련된 홍보가 집중되게 마련인, 개봉의 제1차 시장에서 가장 중요한 요소로 남아 있다. 대중 영화는 한 번도 음악, 그림, 연극처럼 〈레퍼토리〉나 전통(전통에 대항한 반항의 필요성도 포함하여)의 방식으로 발전된 적이 없다. 레퍼토리를 재생한다는 면에서는 (노래나 연주 방식에서) 오히려 대중음악이 훨씬 앞서 가고 있다. 이러한 상황을 변화시키기는 어려운 일이고, 영화계와 기록 보관소 모두의 상상력을 요구하는 힘든 일이 될 것이다. 하지만 변화하는 미디어 환경 속에서 그것은 가능하고 또 필요한 일이기도 하다. 케빈 브라운로와 데이비드 질이 아벨 강스의 「나폴레옹」을 오케스트라 연주와 TV 방영을 위해 복구한 것이나, 마틴 스코시스 같은 감독들이 고전 작품에 쏟는 헌신처럼 이따금씩의 행사로 그치고 마는 현재의 상황은 영화사와 영화사의 걸작들의 공개에 똑같이 비중을 두고, 멀티미디어의 발전이라는 좀 더 일관된 프로그램으로 변화시킬 필요가 있다. 그러한 노력이 계속된다면, 영화는 다음 세기를 분명 넘치는 희망으로 맞이할 수 있을 것이다.

용어 설명

간격 편집*intercut*
2개의 다른 행동을 교대로 보여 줌으로써 동시에 발생한 행동처럼 보이게 하는 편집 기법. 간격 편집은 한 행위의 도중에 다른 상황의 행위에 연결되었다가, 다시 다른 행위의 앞 장면이나 전혀 다른 상황의 행위로 연결되기 때문에 실제의 시간을 압축시키거나 연장시키는 효과가 있다.

감광 유제*emulsion*
할로겐화 은*silver balides*과 젤라틴을 포함한 감광 물질로 빛과 반응하여 필름에 영상을 기록한다.

교차 편집*cross cutting*
각기 다른 장소에서 동시에 발생하는 행위를 시간상 전후 관계로 병치시키는 편집 기법. 극적 긴장감을 높이는 데 효과적이어서 추적 장면 등에서 많이 쓰인다.

기성 화면*stock footage*
이전에 촬영되어 현재 보관 중인 자료 필름 중 다른 작품을 위해 사용된 장면.

뉴스 영화*newsreel*
극장 상영을 목적으로 제작된 시사 보도 영화. 실제 사건을 기록하여 상영하는 뤼미에르의 전통은 이국적 풍물이나 행사를 소개하던 기행물이나 선전물을 통해 구미 전체로 확산되고, 양차 대전 시기의 전쟁 보도 영화에서 전성기를 맞았다. 그러나 TV의 출현과 함께 점차 사라져 갔다.

디에게시스*diegesis*
서술된 사건들이 일어난 허구의 세계를 가리키기 위해 서사 이론에서 쓰는 용어로, 어떤 스토리와 그 스토리에 관련된 실제의 말하기를 구분하기 위한 용법에 사용된다. 미메시스(*mimesis*: 모방)가 사건을 가능하면 완전하게 재현하는 것을 의미한다고 할 수 있는 반면, 디에게시스는 사물이나 사건에 관해 이야기하는 것을 의미한다. 연극 공연에서 어떤 특수한 장면의 연기를 미메시스라 한다면, 무대 밖에서 일어났거나 그 연극에 재현된 행동(연기)에 앞서서 일어난 다른 행동(이 행동은 관객이 볼 수 없으며 다만 이야기로 알려주는 것을 듣게 된다)에 관하여 등장인물이 이야기하는 것을 디에게시스라고 구분할 수 있다.

로토스코프*rotoscope*
실사 화면을 확대하여 애니메이션 셀 위에 투사하는 애니메이션 기법. 이 기법은 실사 화면을 애니메이션으로 바꾸거나, 실제 장면에 애니메이션 효과를 추가할 때 사용되는데, 「스타워즈」의 광선검 결투 장면 등을 예로 들 수 있다.

리미티드 애니메이션*limited animation*
1초당 24프레임에 해당되는 모든 동작을 각 프레임별로 그려 내는 풀 애니메이션에 비해 움직임에 절대적으로 필요한 캐릭터의 일부 동작과 키 포즈*key pose*에 해당하는 움직임만을 골라 그려 1초당 약 1～12장 정도의 수준으로 셀을 그려 내는 애니메이션 제작 방식이다. 리미티드 애니메이션은 풀 애니메이션보다 빠르고 경제적으로 제작할 수 있기 때문에 TV 시리즈 애니메이션 제작 방식으로서 전 세계의 애니메이션 제작 스튜디오에서 적극적으로 활용하고 있다.

마스킹*masking*
카메라·인화기·영사기 내부에 있는 마스크를 이용해 화면의 일부분을 가리고 촬영·인화·영사하는 기법. 마스킹 촬영은 가려진 부분에 다른 영상을 합성하기 위한 과정이고, 마스킹 인화 또는 영사는 화면의 크기를 바꾸기 위한 과정이다.

매치 컷*match cut*
한 장면의 사건을 편집할 때, 배경 또는 인물의 행동이 방향·

위치 · 시점에서 일관성을 갖도록 하는 기법을 일컫는다. 점프 컷*jump cut*은 이러한 일관성을 불가피하게 또는 고의적으로 파괴하는 것이다.

매칭*matching*
편집을 마친 편집 작업용 필름을 촬영 원본 필름과 대조하여 일치시키는 편집 과정의 하나. 네가 컷*cutting negative*이라고도 한다.

매트*matte*
카메라 또는 인화기의 렌즈 앞에서 화면의 일부분을 가리는 장치로 합성된 영상을 만들기 위한 과정이다. 또한 매트 숏*matte shot*은 매트를 이용해 촬영하고 합성하여 만든 숏이며, 매트 박스*matte box*는 매트를 삽입할 수 있게 카메라 앞에 부착한 장치이다.

멜로드라마*melodrama*
본래 음악*melo*과 드라마*drama*의 결합을 의미하는 용어로, 18세기에 나타나 19세기에 전성기를 구가한 연극 형식의 하나이다. 당시에 음악 반주와 함께 진행되던 이 연극은 단순한 인물 구도와 감성적 장치를 통해 권선징악 같은 도덕적 주제를 주로 표현하였다. 영화에서 이러한 특징들은 하나의 장르로 양식화되었다.

무비*movie*
*motion picture*의 대중적 약칭. 유성 영화*sound motion picture*를 〈토키*talkie*〉라 부르는 것도 비슷한 경우이다.

미키 마우징*mickey-mousing*
화면상의 동작을 음악에 정교하게 일치시키는 기술을 일컫는 용어로, 미국의 유명한 영화 제작자인 데이비드 셀즈닉이 처음 사용하였다. 월트 디즈니 사의 애니메이션에서 모든 캐릭터들은 춤 장면이 아닌 일상적 동작마저도 음악과 정확하게 동조된 움직임으로 표현된다.

사극 영화*costume film*
역사적인 배경을 바탕으로 풍속이나 의상 등의 풍부한 구경거리를 제공하는 시대극. 극영화 초창기에 상업 영화의 주류를 이루었다. 이탈리아의 대형 사극과 그리피스와 세실 데밀 등의 작품을 통해 보편화됐다.

삽입 자막*insert title*
영화 속 시퀀스의 제목이나 어떤 장면의 시간이나 장소를 설명하기 위해 쓰인다. 그 외 영화에 사용되는 자막에는 여러 가지가 있는데, 영화 제목은 메인 타이틀*main title*, 출연진과 제작진의 이름이 차례로 나타나는 크레디츠 타이틀*credits title*, 영화의 끝을 알리는 엔드 타이틀*end title*, 외국어 영화의 경우 번역 대사를 화면 옆에 새겨 넣는 서브타이틀*subtitle* 등이 있다.

생필름*raw film*
노출되거나 현상되지 않은 영화용 필름으로 촬영, 복사, 인화에 사용되는 원래 상태의 모든 필름을 말한다.

셀룰로오스 아세테이트*cellulose acetate*
아세테이트 필름의 베이스에 사용되는 소재의 일종.

스프로켓*sprocket*
카메라 또는 영사기 내부에서 필름을 이동시키는 역할을 하는 톱니바퀴 장치.

시네마*cinema*
움직임을 뜻하는 그리스 어 *kinema*에서 유래한 말로서, 1895년 뤼미에르가 자신이 발명한 촬영 · 영사 장치를 시네마토그라프라 명명함으로써 처음 사용되었다. 그 뒤 점차로 영화 예술 전체를 일컫는 말로 의미가 확장되었다. 유럽에서 주로 쓰이며, 영국에서는 영화 상영관의 의미로 한정되어 사용된다.

실내극 영화*kammerspiel film*
20세기 초반에 나타난 독일의 실내극*kammerspiele*에서 유래한 영화 형식. 실내극은 막스 라인하르트가 정립한 절충주의 연극의 산물로서, 빈약한 무대 장치와 소수의 연기자, 심리학적인 내용 등이 특징이다. 이 경향의 대표작으로는 F. W. 무르나우의 「마지막 웃음」(1924)이 있다.

실사 영화*actualité*
현실의 사건을 그대로 기록했던 초기 영화의 경향을 지칭하는 말. 현실, 시사, 뉴스 등을 뜻하는 프랑스 어로, 뤼미에르부터 시작된 이러한 영화 경향은 사실성에 대한 복잡한 개념을 수반하는 다큐멘터리 또는 뉴스 영화로 발전했다.

아세테이트 필름*acetate-base film*
필름의 감광 유제층을 받치고 있는 베이스의 소재로 셀룰로오스 트리아세테이트*cellulose triacetate*를 사용한 필름. 그 밖에 폴리에스터 소재를 이용한 필름 베이스가 있다.

애너모픽 렌즈*anamorphic lens*
카메라 또는 영사기에 장착하여 와이드스크린 영화를 만들어 내는 특수한 렌즈. 표준 사이즈의 필름에 영상을 수평으로 압축시켜 기록하고, 수평으로 확장시켜 영사하면 보통 화면보다 두 배 정도 넓은 영상이 파노라마처럼 펼쳐진다.

역숏*reverse angle shot*
하나의 숏에 대응하는 상대 숏. 영화 문법에서 말하는 숏/역숏 기법은 한 장면 내에서 연기하는 사람과 그것에 반응하는 사람을 각각 반대 각도에서 촬영하여 편집하는 것을 말한다. 서로 대응하는 이 숏들은 재차 숏/역숏 관계를 형성하게 된다.

영화 궁전*movie(picture) palace*
시설과 규모에서 최상을 자랑하는 영화 상영관을 일컫는 말. 1910년대부터 1930년대까지 미국과 유럽에서는 영화사 또는 국가가 주도하는 영화의 산업화가 급속하게 추진되었다. 이 과정에서 고급 문화 수용자임을 자부하는 계층을 영화로 끌어들이려는 상업 전략의 하나로 궁전 같은 화려함을 갖춘 극장이 등장했다.

자기 음대*magnetic sound track*
오디오 신호를 녹음하기 위해 필름의 가장자리를 따라 코팅된 산화 금속 띠. 필름의 종류에 따라 여러 개의 트랙을 가질 수 있으며, 그 밖에 광학적으로 녹음하는 옵티컬 사운드 트랙 *optical sound track*이 있다.

조이트로프*zoetrope*
1834년, 영국의 윌리엄 호너William Horner가 발명한 동영상 장치. 회전이 가능한 원통에 여러 개의 긴 구멍을 뚫고, 각 구멍을 통해 보이는 원통 안쪽 면에 그림을 순서대로 그려 넣은 장치로, 원통이 회전하면 잔상 효과에 따라 원통 안쪽의 그림이 움직이는 영상이 된다.

컷아웃*cutout*
애니메이션에서 움직임을 표현하는 기법. 신체의 각 부분의 조각을 따로 만들어 매 프레임마다 조금씩 이동시키면서 촬영한 뒤 이를 연결시키면 움직임을 느끼게 된다.

코메디아 델라르테*commedia dell'arte*
16세기 이탈리아에서 발생하여 17세기에는 유럽 전역으로 퍼졌다가 18세기에 사라진 연극 형식. 이 연극은 대강의 시나리오에 기초를 두고 유능한 희극 배우들의 즉흥 연기를 통해 당시의 대중 관객을 사로잡았다. 현대에 와서 즉흥 대본 또는 즉흥 연기를 사용하는 연극 및 영화의 기원으로 인용되고 있다.

큐 시트*cue sheet*
편집한 장면에 필요한 음원(즉, 대사, 효과음, 음악 등)의 정확한 믹싱을 위해 각 음원의 시작과 끝을 타임 코드*time code* 형식으로 트랙별로 기록한 표.

타블로*tableaux*
본래 캔버스나 종이에 그린 평면 그림을 뜻하는 프랑스 어로, 초기 영화에서는 카메라와 배경을 고정시킨 채 한 장면을 촬영했던 방식을 일컫는 용어이다.

트리 에르곤 프로세스*Tri Ergon process*
1922년, 베를린에서 트리 에르곤 사가 발표한 유성 영화 시스템으로, 가변 농도*variable density* 형태의 광학 녹음 방식. 그러나 이 시스템은 어떤 영화사에도 채택되지 않았고, 결국 1926년에 폭스Fox 사가 개발하여 발표한 무비톤Fox-Movietone 방식에 의해서 최초의 유성 영화가 출현하였다. 1928년, 미국 유성 영화의 시장 지배에 위협을 느낀 독일 정부가 트리 에르곤 방식에 대해 국가적인 지원을 시작하면서, 유럽 영화 시장을 둘러싼 기나긴 특허 분쟁으로 이어졌다.

팬 앤드 스캔*pan and scan*
와이드스크린 화면의 영화를 TV 화면으로 전환하면서 TV에 맞게 화면 비율을 조절하는 방식의 하나. TV 화면의 높이와 영화 화면의 높이를 일치시키고, 좌우로 이동*pan*하면서 화면을 전환*scan*하는데, 이때 양옆에 남는 영화 화면은 제거되는 단점이 있다.

포토제닉*photogenic*
스크린에 하나의 영상이 영사되었을 때 나타나는 아름다움. 프랑스 어로서 *photo*(사진)와 *genie*(특성)의 합성어이다. 이 용어는 일반적으로 형용사인 〈포토제닉〉으로 많이 쓰이고 있다. 1919년 프랑스 영화 이론가 L. 델뤼크가 처음 사용하였으며 영화 용어로서는 카메라를 잘 받는 배우를 뜻한다. 무성 영화 시대 영화 미학으로서의 영화사적 의미를 지니는 말로, 일찍이 세계 시장을 지배하던 프랑스 영화계에서는 영화의 본질이 사진에 있다 하여 사진의 특성을 최대한 살려 아름다운 영화를 만들어야 한다는 주장이 있었는데 이를 포토제닉 운동이라 한다.

푸티지*footage*
피트 단위를 이용해서 필름의 길이와 시간을 측정하는 방법. 예컨대 35mm 필름의 90피트는 1분간 촬영 또는 영사된다. 미터법을 사용하는 프랑스에서는 메트라지*métrage*라 한다.

프로덕션 유닛*production unit*
특정 영화의 행정, 기술, 예산, 일정, 관리, 섭외 등 제작 전반에 대한 관리와 감독을 제작자로부터 위임받아 독립적으로 진행하는 영화 제작진의 단위를 말한다.

필름*film*
본래 *motion picture film*, 즉 영화용 필름의 의미로 사용되었으나, 점차 영화 전체를 의미 용어로 확장되어 오늘날에는 가장 광범위하게 사용되고 있다.

필름 게이트*film gate*
카메라 또는 영사기에서 필름을 빛에 노출시키는 장치. 게이트에 단단히 밀착되어 있는 필름은 렌즈와 조리개를 통과한 빛에 노출된 뒤, 이동 장치에 의해 한 프레임만큼 감기게 된다. 이 과정이 빠른 속도로 반복되면 일정 길이의 필름이 일정 시간의 영상을 기록하게 된다.

필름 스트립*film strip*
본래 슬라이드에서 영사하기 위해, 다양한 내용의 영상을 조합해 만든 필름 띠. 오늘날에는 음향과 동조된 장치에서 영사된다. 정지된 화면이 연속적으로 흐르는 효과가 나타난다.

활동사진*motion picture*
활동사진, 즉 영화를 의미하는 용어로 처음부터 쓰이기 시작하였다. 오늘날에는 *film*보다 공식적인 뉘앙스를 띤다.

참고 문헌

ABBAS, KHWAJA AHMED. *I Am Not an Island*. New Delhi: Vikas, 1997.

ABEL, RICHARD. *The Ciné Goes to Town: French Cinema, 1896~1914*. Los Angeles: University of California Press, 1993.

— *French Cinema: The First Wave, 1915~1929*. Princeton, NJ: Princeton University Press, 1984.

— *French Film Theory and Criticism: A History/Anthology*. Vol. i: *1907~1929*. Princeton, NJ: Princeton University Press, 1988.

— "The Magnetic Eyes of Ivan Mozzhukhin". *Griffithiana*.

— "Pathé's Stake in Early Russian Cinema". *Griffithiana* 38/39 (Oct. 1990).

ABRAMSON, ALBERT. *The History of Television, 1880~1941*. Jefferson, NC: McFarland, 1987.

ADAMSON, JOE. *Bugs Bunny: Fifty Years and Only One Grey Hare*. New York: Henry Holt, 1990.

AGEE, JAMES. *Agee on Film*. New York: Grosset & Dunlap, 1969.

AGEL, GENEVIÈVE. *Hulot parmi nous*. Paris: Cerf, 1955.

AITKEN, IAN. Film and Reform: *John Grierson and the Documentary Film Movement*. London: Routledge, 1990.

AKRAMI, JAMSHEED. "Cinema II: Feature Films". In Ehsan Yarshater(ed.). *Encyclopedia Iranica*. Costa Mesa, Calif.: Mazda Publishers, 1991.

ALDGATE, TONY. "Comedy, Class, Containment: The British Domestic Cinema of the 1930s". In James Curran and Vincent Porter(eds.). *British Cinema History*. London: Weidenfeld & Nicolson, 1983.

ALEINIKOV, M. N. *Zapiski kinematografista* ("Notes of a film-maker'). Arkhiv TsGALI, no. 2734/1/21.

ALEKAN, HENRI. *Des lumières et des ombres*. Paris: Le Sycomore, 1984.

ALEXANDER, WILLIAM. *Film on the Left: American Documentary Film from 1931 to 1942*. Princeton: Princeton University Press, 1981.

ALLEN, JERRY C. Conrad Veidt: *From Caligari to Casablanca*. Pacific Grove, Calif.: Boxwood Press, 1987.

ALLEN, ROBERT C. "The Silent Muse". *Sight and Sound* 42 (1973).

ALTMAN, RICK. *The American Film Musical*. Bloomington, Ind.: Indiana University Press, 1987; London: BFI, 1987.

— (ed.)*Genre: The Musical*. London: Routledge & Kegan Paul, 1981.

— (ed.)*Sound Theory, Sound Practice*. New York and London: Routledge, 1992.

ANDERSON, GILLIAN. "No Music until Cue: The Reconstruction of D. W. Griffith's *Intolerance*". *Griffithiana* 38~39(Oct. 1990).

ANDERSON, JOSEPH L., and RICHIE, DONALD. *The Japanese Film: Art and Industry*. Princeton, NJ: Princeton University Press, 1982.

ANDERSON, LINDSAY. *About John Ford*. London: Plexus, 1981.

ANDREW, DUDLEY. *The Major Film Theories: An Introduction*. London and New York: Oxford University Press, 1976.

ANNINSKY, LEV. *Shestidesyatniki i my*('The generation of the sixties and me'). Moscow: VTPO Kinocentr, 1991.

APRÀ, ADRIANO, and PISTAGNESI, PATRIZIA(eds.). *The Fabulous Thirties*. Milan: Electa, 1979.

ARDAN, S. M. *Dari gambar idoep ke sinepleks* ('From early actualities to the multiplex cinemas'). Jakarta: GPBSI, 1992.

ARIOTTI, PHILIPPE, and COMES, PHILIPPE DE. *Arletty*. Paris: Henri Veyrier, 1978.

ARLETTY. *La Défense*. Paris: Ramsay, 1971.

ARMES, ROY. *A Critical History of British Cinema*. New York: Oxford University Press, 1978.

— *French Cinema*. London: Secker & Warburg, 1985.

— *Third World Film Making and the West*. London and Berkeley, Calif.: University of California Press, 1987.

ARNHEIM, RUDOLF. *Film*. London: Faber & Faber, 1933.

— *Film as Art*. Berkeley, Calif.: University of California Press, 1957.

— "A New Laocoön: Artistic Composites and the Talking Film". In *Film as Art*. London: Faber, 1983.

ARROY, JEAN. "Ivan Mosjoukine". In *Des grands artistes de l'écran*. Paris, 1927.

Artes de México. Mexico City, 1988.

ASPINALL, SUE, and MURPHY, ROBERT(eds.). *Gainsborough Melodrama*. London: BFI, 1983.

ASTAIRE, FRED. *Steps in Time*. New York: Harper, 1959.

Atelier des arts, 1(1982).

ATWELL, DAVID. *Cathedrals of the Movies*. London: The Architectural Press, 1980.

AUTY, MARTIN, and RODDICK, NICK(eds.). *British Cinema Now*. London: BFI, 1985.

BALÁZS, BÉLA. *Theory of the Film: The Character and Growth of a New Art*. London: Dennis Dobson, 1952.

BALCON, MICHAEL. "Realism or Tinsel". Paper presented to the Workers' Film Association, 1943.

BALIO, TINO. *History of the American Cinema*. Vol. v: *Grand Design: Hollywood as a Modern Business Enterprise, 1930～1939*. New York: Charles Scribner's Sons, 1993.

— (ed.) *Hollywood in the Age of Television*. Boston: Unwin Hyman, 1990.

— *United Artists*. Madison, Wis.: University of Wisconsin Press, 1976.

— (ed.) *The American Film Industry*. Madison, Wis.: University of Wisconsin Press, 1985.

BANDY, MARY LEA(ed.). *Rediscovering French Film*. New York: The Museum of Modern Art, 1983.

BANNERJEE, HAIMANTI. *Ritwik Kumar Ghatak*. Pune: National Film Archive of India, 1985.

BANNERJEE, SHAMPA(ed.). *Ritwik Ghatak*. New Delhi: Directorate of Film Festivals, 1982.

BARBOUR, ALAN G. *Cliffhanger: A Pictorial History of the Motion Picture Serial*. Secaucus, NJ: The Citadel Press, 1977.

BARNES, JOHN. *The Beginnings of the Cinema in England*. London: David & Charles, 1976.

BARNOUW, ERIK. *Documentary: A History of Nonfiction Film*. New York: Oxford, 1974.

—, and KRISHNASWAMY, S. Indian Film. New York: Columbia University Press, 1963(Revised edn. New Delhi: Oxford University Press, 1980).

BARR, CHARLES. *Ealing Studio*. London: Cameron & Tayleur and David & Charles, 1977(Revised edn. London: Studio Vista, 1993).

— (ed.) *All our Yesterday: 90 Years of British Cinema*. London: BFI, 1986.

BARSACQ, LÉON. *Caligari's Cabinet and Other Grand Illusions: A History of Film Design*. Boston: New York Graphic Society, 1976.

BARSAM, RICHARD. *Non-fiction Film*. Revised edn. Bloomington, Ind.: Indiana University Press, 1992.

BART, PETER. *Fade Out*. New York: William Morrow & Company, 1990.

BARTHES, ROLAND. "Cher Antonioni". *Cahiers du cinéma*, 311 (May 1980).

— *Elements of Semiolgy*. London: Jonathan Cape, 1967.

BARTOŠEK, LUBOŠ. *Naš film: kapitoly z dějin, 1896～1945* ('Our[Czechoslovak] film: chapters from history'). Prague, 1986.

BATHRICK, DAVID, and HANSEN, MIRIAM(eds.). "Special Issue on New German Cinema". *New German Critique* 24～25(Fall-Winter 1981～2).

BAUMERT, HEINZ, and HERLINGAUS, HERMANN(eds.). *20 Jahre Spielfilm*. Berlin: Henschel, 1968.

BAUSCHINGER, SIGRID, *et al.*(eds.). *Film und Literatur: literarische Texte und der neue deutsche Film*. München: Francke, 1984.

BAXTER, JOHN. *Hollywood in the Thirties*. London: Zwemmer, 1968.

BAXTER, PETER. *Just Watch! Sternberg, Paramount and America*. London: BFI, 1993.

BAZELON, IRWIN. *Knowing the Score: Notes on Film Music*. New York: Van Nostrand Reinhold, 1975.

BAZIN, ANDRÉ. "The Destiny of Jean Gabin". In Mary Lea Bandy(ed.). *Rediscovering French Film*. New York: The Museum of Modern Art, 1983.

— "The Evolution of the Language of Cinema". In *What is Cinema?*, vol. i. Berkeley, Calif.: University of California Press, 1967.

— "The Evolution of the Western". In *What is Cinema?*, vol. ii. Berkeley, Calif.: University of California Press, 1971.

— "The Virtues and Limitations of Montage', in *what is cinema?*, vol. i. Berkeley, Calif.: University of California Press, 1967.

— "The Western or the American Film Par Excellence". In *what is cinema?*, vol. ii. Berkeley, Calif.: University of California Press, 1971.

— *Jean Renoir*. Edited by François Truffaut. New York, Simon & Schuster, 1974.

— *Orson Welles: A Critical View*. Foreword by François Truffaut. Profile by Jean Cocteau. New York: Harper & Row, 1978.

— *What is Cinema?* 2 vols. Berkeley, Calif.: University of California Press, 1967 and 1971.

BECK, JERRY, and FRIEDWALD, BILL. *Looney Tunes and Merrie Melodies*. New York: Holt, 1989.

BEHN, MANFRED, and BOCK, HANS-MICHAEL(eds.). *Film und Gesellschaft in der DDR: Material-Sammlung*. 2 vols. Hamburg: Cinegraph/ Initiative Kommunales Kino e.V. 1988～9.

BELLOUR, RAYMOND. *L'Analyse du film*. Paris: Albatros, 1979.

— (ed.)*Le Western*. Paris: Union Générale d'Éditions, 1966.

—, and Bandy, Mary Lea(eds.). *Jean-Luc Godard: Sound + Image, 1974～1991*. New York: Museum of Modern Art, 1992.

BELTON, JOHN. *The Hollywood Professionals*. Vol. iii: *Hawks, Borzage and Ulmer*. London: A. S. Barnes, 1974.

— *Widescreen Cinema*. Cambridge, Mass.: Harvard University Press, 1992.

BENDAZZI, GIANNALBERTO. *Cartoons: One Hundred Years of Cinema Animation*. London: John Libbey, 1994.

BENSAIA, REDA. "From the Photogram to the Pictogram: On Chris *Marker's La Jetée*". *Camera Obscura*, 24 (Sept.

1990).
BENSON, THOMAS W., and ANDERSON, CAROLYN. *Reality Fictions: The Films of Frederick Wiseman*. Carbondale, Ill.: University of Southern Illinois Press, 1989.
BERG, SCOTT A. *Goldwyn*. New York: Knopf, 1989.
BERGER, JÜRGEN, *et al*.(eds.) *Zwischen Gestern und Morgen: Westdeutscher Nachkriegsfilm, 1946~1962*. Frankfurt am Main: Deutsches Filmmuseum, 1989.
BERGERON, RÉGIS. *Le cinéma chinois, 1905~1949*. Lausanne: Alfred Eibel, 1977.
— *Le cinéma chinois, 1943~1983*. 3 vols. Paris: Harmattan, 1984.
BERGMAN, INGMAR. *Bergman on Bergman: Interviews with Ingmar Bergman by Stig Björkman, Torsten Manns and Jonas Sina*. London: Secker & Warburg, 1973.
— *The Magic Lantern: An Autobiography*. London: Hamish Hamilton, 1988; New York: Viking, 1988.
BERGMAN, INGRID, and BURGESS, ALAN. *Ingrid Bergman: My Story*. London: Hamish Hamilton, 1980.
BERGSTROM, JANET. "Asta Nielsen's Early German Films". In P.Cherchi Usai and L. Codelli(eds.). *Before Caligari: German Cinema, 1895~1920*. Pordenone: Edizioni Biblioteca Dell'Immagine, 1990.
— "*Jeanne Dielman, 23, Quai du Commerce, 1080 Bruxelles* by Chantal Akerman". *Camera Obscura*, 2(Fall 1977).
BERNARDINI, ALDO. *Cinema muto italiano, 1896~1914*. 3 vols. Bari: Laterza, 1980~2.
— (ed.). *Archivio del cinema italiano*. Vol. i: *Il cinema muto, 1905~1931*. Rome: Edizioni Anica, 1991.
— (ed.). "I comici del muto italiano". *Griffithiana* 24~25 (Oct. 1985).
— and GILI, JEAN A.(eds.). *Le cinéma italien*. Paris: Centre Georges Pompidou, 1986.
— and Martinelli, Vittorio. *Il cinema italiano degli anni Venti*. Rome: Centro Sperimentale di Cinematografia, 1979.
BERNARDONI, JAMES. *George Cukor: A Critical Study and Filmography*. Jefferson, NC: McFarland, 1985.
BERRAH, MOUNY, LÉVY, JACQUES, and CLUNY, CLAUDE-MICHEL(eds.). *Les Cinémas arabes*(*CinémAction*, 43). Paris: Éditions du Cerf/Institut du Monde Arabe, 1987.
BERRY, CHRIS(ed.). *Perspectives on Chinese Cinema*. London: BFI, 1991.
BERTIN, CELIA. *Jean Renoir: A Life in Pictures*. Baltimore and London: Johns Hopkins University Press, 1991.
BERTRAND, INA(ed.). *Cinema in Australia: A Documentary History*. Kensington: New South Wales University Press, 1989.
BESSEN, URSULA(ed.) *Trümmer und Träume*. Bochum: Brockmeyer, 1989.
BEYLIE, CLAUDE. *Max Ophuls*. Paris: Lherminier, 1984.
BIRAN, MISBACH YUSA. *Indonesian Cinema: Lintasan Sejarah*(Indonesian cinema: a historical perspective). Jakarta: PT Perfin Pusat, 1982.
BISKIND, PETER. "The Last Crusade". In mark Crispin Miller(ed.). *Seeing through Movies*. New York: Pantheon, 1990.
BITZER, BILLY. *Billy Bitzer: His Story*. New York: Farrar, Straus & Giroux, 1973.
BLAKE, MICHAEL F. *Lon Chaney: The Man behind the Thousand Faces*. New York: Vestal Press, 1993.
BLANK, LES, and BOGAN, JAMES(eds.). *Burden of Dreams: Screenplay, Journals, Reviews*. Berkeley, Calif.: North Atlantic Books, 1984.
BLESH, RUDI. *Keaton*. London: Secker & Warburg, 1967.
BOCK, HANS-MICHAEL, and TÖTEBERG, MICHAEL(eds.). *Das Ufa-Buch: die internationale Geschichte von Deutschlands größtem Film-Konzern*. Frankfurt: Zweitausendeins and Verlag 2001, 1992.
BOGDANOVICH, PETER. *Fritz Lang in America*. New York: Praeger, 1969.
— *The Cinema of Alfred Hitchcock*. New York: Museum of Modern Art Film Library, 1963.
— *The Cinema of Orson Welles*. Garden City, NY: Film Library of the Museum of Modern Art and Doubleday, 1961.
— *John Ford*. 2nd edn. Berkeley, Calif.: University of California Press, 1987.
BOGLE, DONALD. *Blacks in American Films and Television*. New York: Garland Publishing, 1988.
BÖHM-CHRISTL, THOMAS(ed.). *Alexander Kluge*. Frankfurt: Suhrkamp, 1983.
BONDANELLA, PETER. *The Cinema of Federico Fellini*. Princeton, NJ: Princeton University Press, 1992.
— *Italian Cinema: From Neorealism to the Present*. New York: Continuum, 1990.
BORDWELL, DAVID. *The Cinema of Eisenstein*. Cambridge, Mass: Harvard University Press, 1993.
— *The Films of Carl Theodor Dreyer*. Berkeley, Calif.: University of California Press, 1981.
— *French Impressionist Cinema: Film Culture, Film Theory and Film Style*. New York: Arno Press, 1980.
— *Ozu and the Poetics of Cinema*. London: BFI, 1988; Princeton, NJ: Princeton University Press, 1988.
—, Staiger, Janet, and Thompson, Kristin. *The Classical Hollywood Cinema: Film Style and Mode of Production to 1960*. London: Routledge, 1985; New York: Columbia University Press, 1985.
— and Thompson, Kristin. *Film Art*. 4th edn. New York: McGraw Hill, 1993.
BOSSÉNO, CHRISTIAN(ed.). *Youssef Chahine l'Alexandrin* (CinémAction, 33). Paris: Éditions du Cerf, 1985.
BOURGET, JEAN LOUP. *Robert Altman*. Paris: Édilig, 1980.
BOUSQUET, HENRI(ed.). *Catalogue Pathé des années 1896 à 1914: 1907~1909*. Paris: By the Author, 1993.

BOWSER, EILEEN. *History of the American Cinema*. Vol. ii: *The Transformation of Cinema, 1907~1915*. New York: Charles Scribner's Sons, 1990.

BRANDO, MARLON. *Songs My Mother Taught Me*. London: Century, 1994.

BRIGGS, ASA. *The History of Broadcasting in the United Kingdom*. Vol. iv: *Sound and Vision*. London: Oxford University Press, 1979.

BRODE, DOUGLAS. *The Films of Jack Nicholson*. New York: Citadel Press, 1990.

BROSNAN, JOHN. *Future Tense: The Cinema of Science Fiction*. New York: St. Martin's Press, 1978.

BROWN, ROYAL S. "Herrmann, Hitchcock, and the Music of the Irrational". *Cinema Journal*, 21/2 (Spring 1982).

— *Overtones and Undertones: Reading Film Music*. Los Angeles: University of California Press, 1994.

— (ed.) *Focus on Godard*. London: Prentice-Hall, 1973.

BROWNE, NICK(ed.). *Cahiers du cinéma*. Vol iii: *1969~1972: The Politics of Representation*. London: Routledge, 1990.

— PICKOWICZ, PAUL, SOBCHACK, VIVIAN, and YAU, ESTHER(eds.). *New Chinese Cinemas: Forms, Identities, Politics*. London: Cambridge University Press, 1994.

BROWNLOW, KEVIN. *The Parade's Gone by*. London: Secker & Warburg, 1968.

— *The War, the West and the Wilderness*. New York: Knopf, 1979; London: Secker & Warburg, 1979.

BRUNETTA, GIAN PIERO. *Cent'anni di cinema italiano*. Rome/Bari: Laterza, 1991.

— *Storia del cinema italiano*. Vol. i: *1905~1945*. Rome: Editori Riuniti, 1980.

— *Storia del cinema italiano*. Vol. ii: *Dal 1945 agli anni ottanta*. Rome: Editori Riuniti, 1982.

BRUNETTE, PETER. *Roberto Rossellini*. New York: Oxford University Press, 1987.

BUCHSBAUM, JONATHAN. *Cinema Engagé: Film in the Popular Front*. Urbana: University of Illinois Press, 1988.

BUNCHKA, PETER. *Augen Kann man nicht kaufen: Wim Wenders und seine Filme*. München: Hanser, 1983.

BUÑUEL, LUIS. *My Last Sigh*. New York: Knopf, 1983 (Published in UK as *My Last Breath*, London: Jonathan Cape, 1983).

BURCH, NOÉL. *To the Distant Observer: Forms and Meaning in the Japanese Cinema*. Berkeley, Calif.: University of California Press, 1979; London: Scolar Press, 1979.

BURGESS, MURIEL, and KEEN, TOMMY. *Gracie Fields*. London, 1980.

BURTON, JULIANNE(ed.). *Cinema and Social Change in Latin America: Conversations with Filmmakers*. Austin, Tex.: University of Texas Press, 1986.

BURTON, JULIANNE(ed.). *The Social Documentary in Latin America*. Pittsburgh: University of Pittsburgh, 1990.

BUSCOMBE, EDWARD(ed.). *The BFI Companion to the Western*. London: André Deutsch, 1993.

BUTLER, GEORGE. *Arnold Schwarzenegger: A Portrait*. New York: 1990.

CABARGA, LESLIE. *The Fleischer Story*. New York: Da Capo Press, 1988.

CALDER-MARSHALL, ARTHUR. *The Innocent Eye: The Lift of Robert J.Flaherty*. New York: Harcourt, Brace, World, 1963.

CALLOW, SIMON. *Charles Laughton: A Difficult Actor*. London: Methuen, 1987.

CAMERON, IAN(ed.). *Movie Reader*. London: November Books, 1972.

— *A Pictorial History of Crime Films*. London: Hamlyn, 1975.

CANEMAKER, JOHN. *Felix: The Twisted Tale of the World's Most Famous Cat*. New York: Pantheon Books, 1991.

— *Winsor McCay: His Life and Art*. New York: Abbeville Press, 1987.

— (ed.). *Storytelling in Animation*. Los Angeles: American Film Institute, 1988.

CANTRIL, HADLEY, with GAUDET, HAZEL, and HERZOG, HERTA. *The Invasion from Mars: A Study in the Psychology of Panic*. Princeton, NJ: Princeton University Press, 1940.

CANUDO, RICCIOTTO. *L'Usine aux images*. Geneva: Office Central d'Édition, 1927.

CAREY, GARY. *Cukor & Co.; The Films of George Cukor and his Collaborators*. New York: Museum of Modern Art, 1971; Greenwich, Conn.: New York Graphic Society, 1971.

CARNEY, RAYMOND. *American Dreaming: The Films of John Cassavetes and the American Experience*. Berkeley, Calif.: University of California Press, 1985.

CARRÈRE, EMMANUEL. *Werner Herzog*. Paris: Èdilig, 1982.

CARRICK, EDWARD[Edward Craig]. *Art and Design in the British Film*. London: Dennis Dobson, 1948.

CARRINGER, ROBERT L. *The Making of Citizen Kane*. Berkeley, Calif.: University of California Press, 1985.

— and Sabath, Barry. *Ernst Lubitsch: A Guide to References and Resources*. Boston: G. K. Hall, 1978.

CASETTI, FRANCESCO. *Bernardo Bertolucci*. Florence: La Nuova Italia, 1975.

CAUGHIE, JOHN. "Broadcasting and Cinema 1: Converging Histories". In Charles Barr(ed.). *All Our Yesterdays: 90 Years of British Cinema*. London: BFI, 1986.

CAWELTI, JOHN. *The Six-Gun Mystique*. Bowling Green, Oh.: Bowling Green University Popular Press, 1970.

CERISUELO, MARC. *Jean-Luc Godard*. Paris: Éditions des Quatre-Vents, 1992.

CHAMPETIER, CAROLINE. "*Les Rendez-vous d'Anna*: rencontre avec Chantal Akerman". *Cahiers du cinéma*, 288 (May 1978).

CHANAN, MICHAEL. *The Cuban Image*. London: BFI, 1985.

— *The Dream that Kicks: The Prehistory and Early Years of Cinema in Britain*. London: Routledge & Kegan Paul, 1980.
— (ed.). *Twenty-Five Years of the New Latin American Cinema*. London: BFI and Channel 4, 1983.
CHAPLIN, CHARLES. *My Autobiography*. London: The Bodley Head, 1964.
CHATMAN, SEYMOUR. *Antonioni: The Surface of the World*. Berkeley, Calif.: University of California Press, 1985.
CHENG JIHUA, LI XIAOBAI, and XING ZUWEN. *Zhongguo dianying fazhanshi* ('History of the development of Chinese cinema'), Vols. i and ii. Beijing: China Film Press, 1963.
CHEN KAIGE, ZHI WAN, and RAYNS, TONY. *'King of the Children' and the New Chinese Cinema*. London: Faber & Faber, 1989.
CHERCHI USAI, PAOLO. *Burning Passions: An Introduction to the Study of Silent Cinema*. London: BFI, 1994.
— and CODELLI, LORENZO(eds.). *Before Caligari: German Cinema, 1895~1920*. Pordenone: Edizioni Biblioteca dell'Immagine, 1990.
—, CODELLI, LORENZO, MONTANARO, CARLO, and ROBINSON, DAVID(eds.). *Silent Witnesses: Russian Films 1908~1919*. London: BFI, 1989; Pordenone: Edizioni Biblioteca dell'Immagine, 1989.
CHIAO HSIUNG-P'ING(ed.). *Tai-wan hsin tain-ying* ('Taiwanese New Cinema'). Taipei: Jen-chien Books and China Times Publishing. 1988.
CHION, MICHEL. *Jacques Tati*. Paris: Cahiers du cinéma, 1987.
CHIRAT, RAYMOND, and ICART, ROGER(eds.). *Catalogue des films français de long métrage: films de fiction, 1919~1929*. Toulouse: Cinémathèque de Toulouse, 1984.
— and Le Roy, Eric(eds.). *Le cinéma français, 1911~1920*. Paris: La Cinémathèque Française, 1994.
CHOLODENKO, ALAN(ed.). *The Illusion of Life: Essays on Animation*. Sydney: Power Publications and the Australian Film Commission, 1991.
CHOUDHURY, ASHIM. *Private Economic Power in India*. New Delhi: People's Publishing House, 1975.
CHRISTIE, IAN. *Arrows of Desire*. Revised edn. London: Faber & Faber, 1994.
— (ed.). *Powell, Pressburger and Others*. London: BFI, 1978.
CIMENT, MICHEL. *Conversations with Losey*. London and New York: Methuen, 1985.
— *Kubrick*. Paris: Calmann-Lévy, 1980.
Cinema dei paesi arabi. Pesaro: Mostra Internazionale del Nuovo Cinema, 1976.
CLAIR, RENÉ. *Cinema Yesterday and Today*. New York: Dover Publications, 1972.
CLARENS, CARLOS. *George Cukor*. London: Secker & Warburg, 1976.
CLARK, PAUL. *Chinese Cinema: Culture and Politics since 1949*. New York: Cambridge University Press, 1987.
CLINCH, MINTY. *Burt Lancaster*. London: Arthur Barker Ltd., 1984.
CLOVER, CAROL J. *Men, Women and Chain Saws: Gender in the Modern Horror Film*. Princeton, NJ: Princeton University Press, 1992.
COISSAC, G. MICHEL. *Histoire du cinématographe: de ses origines jusqu' à nos jours*. Paris: Cin opse, 1925.
COMITO, TERRY(ed.). *Touch of Evil*. New Brunswick, NJ: Rutgers University Press, 1985.
COMOLLI, JEAN-LOUIS. "Machines of the Visible". In Teresa de Lauretis and Stephen Heath(eds.). *The Cinematic Apparatus*. New York: St. Martin's Press, 1980.
CONVENTS, GUIDO. *À la recherche des images oubliées: Préhistoire du cinéma en Afrique, 1897~1918*. Brussels: OCIC, 1986.
COOK, PAM, and Johnston, Claire. "The Place of Women in the films of Raoul Walsh"(1974). Repr. in Constance Peuley(ed.). *Feminism and Film Theory*. New York: Routledge, 1988.
COOKE, ALISTAIR. *Douglas Fairbanks: The Making of a Screen Character*. New York: Museum of Modern Art, 1940.
COOPER, MERIAN *C. Grass*. New York: G. P. Putnam's Sons, 1925.
COPLAND, AARON. *Our New Music*. New York: McGraw-Hill, 1941.
CORMAN, ROGER. *How I Made a Hundred Movies in Hollywood and Never Lost a Dime*. New York: Random House, 1990.
CORRIGAN, TIMOTHY. *New German Film: The Displaced Image* Austin, Tex.: University of Texas Press, 1983.
— (ed.). *The Films of Werner Herzog: Between Mirage and History*. New York and London: Methuen, 1986.
COSANDEY, ROLAND, GAUDREAULT, ANDRÉ, and GUNNING, TOM(eds.). *Une invention du diable? Cinema des premières temps et religion*[An Invention of the Devil? Religion and Early Cinema]. Quebec: Sainte-Foy Les Presses de l'Université Laval, 1992; Lausanne: Éditions Payot Lausanne, 1992.
COURTADE, FRANCIS, and CADARS, PIERRE. *Le Cinéma nazi*. Paris: Losfeld, 1972.
COUTARD, RAOUL. "Light of Day". *Sight and Sound* 35 (Winter 1965~6).
COWIE, PETER. *Ingmar Bergman: A Critical Biography*. 2nd edn. London: André Deutsch, 1992.
COWIE, PETER. *The Cinema of Orson Welles*. South Brunswick, NY: A.S. Barnes, 1978.
COYLE, WALLACE. *Stanley Kubrick: A Guide to References and Resources*. Boston: G. K. Hall, 1980.
COYLE, WILLIAM(ed.). *Aspects of Fantasy: Selected Essays from the Second International Conference on the Fantastic*

in Literature and Film. London: Greenwood Press, 1981.
CRAFTON, DONALD. *Before Mickey: The Animated Film, 1898~1928*. Chicago: University of Chicago Press, 1993.
— *Émile Cohl, Caricature and Film*. Princeton, NJ: Princeton University Press, 1990.
CRANE, ROBERT DAVID, and FRYER, CHRISTOPHER. *Jack Nicholson Face to Face*. New York: M. Evans & Co., 1975.
CRIPPS, THOMAS. *Slow Fade to Black: The Negro in American Film, 1900~1942*. New York: Oxford University Press, 1977.
CROCE, ARLENE. *The Fred Astaire and Ginger Rogers Book*. New York: Galahad Books, 1972.
CROFTS, STEPHEN. *Australian Cinema as National Cinema*. Oxford: Oxford University Press, forthcoming.
— *Identification, Gender and Genre in Film: The Case of Shame*. Melbourne: Australian Film Institute, 1993.
CRONENBERG, DAVID. *Cronenberg on Cronenberg*. Edited by Chris Rodley. Toronto: Knopf Canada, 1992.
CROWTHER, BRUCE. *Burt Lancaster: A Life in Films*. London: Robert Hale, 1991.
CULHANE, SHAMUS. *Talking Animals and Other People*. New York: St Martin's Press, 1986.
CUNNINGHAM, STUART. *Featuring Australia: The Cinema of Charles Chauvel*. Sydney: Allen & Unwin, 1991.
CURRAN, JAMES, and PORTER, VINCENT(eds.). *British Cinema History*. London: Weidenfeld & Nicolson, 1983.
CURTIS, DAVID. *Experimental Cinema*. London: Studio Vista, 1971.
CURTISS, THOMAS QUINN. *Von Stroheim*. New York: Farrar, Straus & Giroux, 1971.
DALL'ASTA, MONICA. *Un cinéma musclé: le surhomme dans le cinéma muet italien(1913~1926)*. Crisnée: Éditions Yellow Now, 1992.
DAS GUPTA, CHIDANANDA. *The Cinema of Satyajit Ray*. New Delhi: Vikas, 1980.
— (ed.). *Satyajit Ray: An Anthology of Statements on Ray and by Ray*. New Delhi: Film India and Directorate of Film Festivals, 1981.
— "The Cultural Basis of Indian Cinema". In *Talking About Films*. New Delhi: Orient Longman, 1981.
DAVIS, BETTE. *The Lonely Life: An Autobiography*. New York: G. F. Putnam's Sons, 1962.
DAWSON, JAN. *Wim Wenders*. New York: Zoetrope, 1976.
DAZAT, OLIVIER. *Alain Delon*. Paris: Seghers, 1988.
DE BEAUVOIR, SIMONE. *Brigitte Bardot and the Lolita Syndrome*. London: André Deutsch and Weidenfeld & Nicolson, 1961.
DEGRAZIA, EDWARD. *Girls Lean Back Everywhere: The Law of Obscenity and the Assault on Genius*. New York: Random House, 1992.
DELAHAYE, MICHEL. "Carl Dreyer". In Andrew Sarris(ed.). *Interviews with Film Directors*. New York: Avon, 1967.
DE LAURETIS; TERESA; and HEATH, STEPHEN(eds.). *The Cinematic Apparatus*. New York: St Martin's Press, 1980.
DELLUC, LOUIS. *Cinéma et cie*. Paris: Grasset, 1919.
DELMAR, ROSALIND. *Joris Ivens: Fifty Years of Films making*. London: BFI, 1979.
DE LOS REYES, AURELIO. *Cine y sociedad en México, 1896~1930*. Mexico City, 1983.
"Delon/Borsalino". *The Little Film Gazette of NDW4*(Aug. 1973).
DEMILLE, CECIL B. *The Autobiography of Cecil B. DeMille*. Englewood Cliffs, NJ: Prentice-Hall, 1959.
DENNING, MICHAEL. *Mechanic Accents*. London: Verso, 1987.
DERMODY, SUSAN, and JACKA, ELIZABETH. *The Screening of Australia: Anatomy of a Film Industry*. Sydney: Currency Press, 1987.
— *The Screening of Australia: Anatomy of a National Cinema*. Sydney: Currency Press, 1988.
— *The Imaginary Industry: Australian Film in the Eighties*. Sydney: Australian Film, Television and Radio Board, 1988.
DESAI, A. R. *Social Background of Indian Nationalism*. Bombay: Popular Prakashan, 1948.
DESBARATS, CAROLE, RIVIÈRE, DANIÈLE, LAGEIRA, and VIRILIO, PAUL. *Atom Egoyan*. Paris: Èditions Dis Voir, 1993.
DESSER, DAVID. *Eros Plus Massacre: An Introduction to the Japanese New Wave Cinema*. Bloomington, Ind.: Indiana University Press, 1988.
— *The Samurai Films of Akira Kurosawa*. Ann Arbor, Mich.: UMI Research Press, 1983.
DIAMANT-BERGER, HENRI. *Le cinéma*. Paris: La Renaissance du Livre, 1919.
DIAWARA, MANTHIA. *African Cinema*. Bloomington, Ind.: Indiana University Press, 1992.
DICKINSON, MARGARET, and STREET, SARAH. *Cinema and State: The Film Industry and the Government, 1927~1984*. London: BFI, 1985.
DIORIO, AL, JR. *Barbara Stanwyck*. New York: Coward McCann, 1983.
— *Little Girl Lost*. New Rochelle, NY: Arlington House Publishing, 1973.
D'LUGO, MARVIN. *Carlos Saura: The Practice of Seeing*. Princeton, NJ: Princeton University Press, 1991.
DOMARCHI, JEAN. *George Cukor*. Paris: Seghers, 1965.
DOVZHENKO, ALEXANDER. *Alexander Dovzhenko: The Poet as Filmmaker*. Edited and translated by Marco Carynnyk. Cambridge, Mass.: MIT Press, 1973.
DROUZY, MAURICE. *Carl Th. Dreyer né Nilsson*. Paris: Éditions du Cerf, 1982.
DRUMMOND, PHILLIP, DUSINBERRE, DEKE, and REES, A. L.(eds.). *Film as Film*. London: Arts Council of Great Britain/Hayward Gallery, 1979.
DUBERMAN, MARTIN. *Paul Robeson: A Biography*. New

York: Ballantine Books, 1989.

DUMONT, HERVÉ. *Frank Borzage: Sarastro à Hollywood*. Milan: Edizioni Gabriele Mazzotta and Cinémathèque Française, 1993.

DURGNAT, RAYMOND. *Jean Renoir*. Berkeley, Calif.: University of California Press, 1974.

— and Kobal, John. *Greta Garbo*. New York: E. P. Dutton, 1965.

DU YUNZHI. *Zhongguo Dianyingshi*('History of Chinese Cinema'). Taipei: Commercial Press, 1972.

DWOSKIN, STEPHEN. *Film Is*. London: Peter Owen, 1975.

DYER, RICHARD. *Heavenly Bodies: Film Stars and Society*. London: Macmillan, 1986; New York: St Martin's Press, 1986.

— and VINCENDEAU, GINETTE(eds.). *Popular European Cinema*. London and New York: Routledge, 1992.

EATON, MICHAEL(ed.). *Anthropology-Reality-Cinema: The Films of Jean Rouch*. London: BFI, 1979.

EBERTS, JACK, and ILOTT, TERRY. *My Indecision Is Final: The Rise and Fall of Goldcrest Films*. London: Faber & Faber, 1990.

EDERA, BRUNO. *Full Length Animated Feature Films*. New York: Hastings House, 1977.

EISENSCHITZ, BERNARD. *Nicholas Ray: An American Journey*. London: Faber & Faber, 1993.

EISENSTEIN, SERGEI. *Film Form: Essays in Film Theory*. Edited and translated by Jay Leyda. New York: Harcourt, Brace, 1949.

— *Towards a Theory of Montage*. Edited by Richard Taylor and Michael Glenny. Translated by Michael Glenny. London: BFI, 1992.

— *Writings, 1922～34*. Edited and translated by Richard Taylor. London: BFI, 1988; Bloomington, Ind.: Indiana University Press, 1988.

— *The Film Sense*. Translated and edited by Jay Leyda. New York: Harcourt, 1970(reprint of 1947 edn.).

EISNER, LOTTE. *Fritz Lang*. London: Secker & Warburg, 1976(Revised and augmented edn. Paris: Éditions de l' Étoile/Cinémathèque Française, 1984).

— *The Haunted Screen*. London: Thames & Hudson, 1969; Berkeley, Calif. and Los Angeles: University of California Press, 1969.

— *Murnau*. London: Secker & Warburg, 1973; Berkeley, Calif.: University of California Press, 1973.

ELLIS, JACK. *The Documentary Idea: A Critical History of English-Language Documentary Film and Video*. Englewood Cliffs, NJ: Prentice Hall, 1989.

ELSAESSER, THOMAS. *New German Cinema: A History*. London: Macmillan, 1989.

— "Tales of Sound and Fury". *Monogram*, 4(1972).

— "Vincente Minnelli". In Rick Altman(ed.). *Genre: The Musical*. London: Routledge & Kegan Paul, 1981.

— (ed.). *Early Cinema: Space, Frame, Narrative*. London: BFI, 1990.

EMERY, WALTER B. *National and International System of Broadcasting*. East Lansing, Mich.: Michigan State University Press, 1969.

ENGBERG, MARGUERITE. *Dansk Stumfilm*. Copenhagen: Rhodos, 1977.

EPSTEIN, JEAN. *Bonjour cinéma*. Paris: Éditions de la Sirène, 1921.

— *Le Cinématographe vu de l'Etna*. Paris: Les Écrivains R éunis, 1926.

ERDMANN, HANS, and BECCE, GIUSEPPE. *Allgemeines Handbuch der Film-Musik*. 2 vols. Edited by Ludwig Brav. Berlin-Lichterfelde and Leipzig: Schlesinger, 1927.

ESSER, MICHAEL. "Poeten der Filmarchitektur: Robert Herlth und Walter Röhrig". In *Das Ufa-Buch*. Frankfurt: Zweitausendeins, 1992.

ESTÈVE, MICHEL. *Wim Wenders*. Paris: Seghers, 1989.

EVANS, GARY. *In the National Interest: A Chronicle of the National Film Board of Canada from 1949～1989*. Toronto: University of Toronto Press, 1991.

EYLES, ALLEN. *John Wayne*. London: The Tantivy Press, 1979.

EYMAN, SCOTT. *Five American Cinematographers*. Metuchen, NJ: Scarecrow Press, 1987.

— *Mary Pickford: From Here to Hollywood*. Toronto: Harper Collins, 1990.

FALDINI, FRANCA, and FOFI, GOFFREDO. *L'avventurosa storia del cinema italiano raccontato dai suoi protagonisti, 1935～1959*. Milan: Feltrinelli, 1979.

— *L'avventurosa storia del cinema italiano raccontato dai suoi protagonisti, 1960～1969*. Milan: Feltrinelli, 1981.

— *Il cinema italiano di oggi, 1970～1984: raccontato dai suoi protagonisti*. Milan: Mondadori, 1984.

FANO, MICHEL. "Film, partition sonore". *Musique en jeu*, 21(Nov. 1975).

FASSBINDER, RAINER WERNER. *The Anarchy of the Imagination: Interviews, Essays, Notes*. Edited by Michael Töteberg and Leo A. Lensing. Baltimore and London: Johns Hopkins University Press, 1992.

— *Filme befreien den Kopf: Essays und Arbeitsnotizen*. Edited by Michael Töteberg. Frankfurt and Main: Fischer, 1984.

FBI file on Paul Robeson(on microfilm). Wilmington, Del.: Scholarly Resources, 1987.

FELDMAN, SETH. *Dziga Vertov: A Guide to References and Resources*. Boston: G. K. Hall, 1979.

FELL, JOHN L. *Film and the Narrative Tradition*. Berkeley, Calif.: University of California Press, 1986.

— *Film before Griffith*. Berkeley, Calif.: University of California Press, 1983.

Fellini on Fellini. New York: Delacorte Press, 1976.

FENIN, GEORGE N., and EVERSON, WILLIAM. *The Western from Silents to the Seventies*. New York: Penguin, 1973.

FESCOURT, HENRI. *La Foi et les montagnes*. Paris: Paul Montel, 1959.

FEUER, JANE. The *Hollywood Musical*. London: BFI, 1982; Bloomington, Ind.: Indiana University Press, 1982.

FIAF. *Le Cinéma français muet dans le monde, influences réciproques*. Perpignan: Institut Jean Vigo, 1989.

FIELDING, RAYMOND(ed.). *A Technological History of Motion Pictures and Television: An Anthology*. Berkeley, Calif.: University of California Press, 1967.

FIELDS, GRACIE. *Sing as we Go*. London, 1960.

15th Hong Kong International Film Festival. *Hong Kong Cinema in the Eighties*. Hong Kong: Hong Kong Urban Council, 1991.

Film in Norway. Oslo: Norsk Filminstitutt, 1979.

Films and Filming, 329(May 1987).

FINKELSTEIN, NAT. *Andy Warhol: The Factory Years*. London: Sidgwick & Jackson, 1989.

FINLER, JOEL. *The Hollywood Story*. New York: Crown, 1988.

— *Stroheim*. London: Movie Paperbacks, 1968; Berkeley, Calif.: University of California Press, 1968.

FISCHER, LUCY. *Jacques Tati: A Guide to References and Resources*. Boston: G. K. Hall, 1983.

FISCHER, ROBERT, and HEMBUS, JOE. *Der neue deutsche Film, 1960～1980*. München: Goldmann, 1981.

FISCHETTI, RENATE. *Das neue Kino: acht Porträts von deutschen Regisseurinnen*. Dülmen: Tende, 1992.

FITZGERALD, F. SCOTT. *The Collected Short Stories*. London: Penguin, 1986.

FLAHERTY, ROBERT J. *My Eskimo Friends*. New York: Doubleday, 1924.

FLITTERMAN-LEWIS, SANDY. *To Desire Differently: Feminism and French Cinema*. Urbana: University of Illinois Press, 1990.

FOFI, GOFFREDO. "The Cinema of the Popular Front in France(1934～8)". *Screen* 13/4, Winter 1972～3.

— *Totò: l'uomo e la maschera*. 1977.

FONER, PHILIP S.(ed.). *Paul Robeson Speaks: Writings, Speeches, Interviews, 1918～1974*. New York: Brunner & Mazel, 1978.

FORBES, JILL. *The Cinema in France after the New Wave*. Basingstoke: Macmillan, 1992.

— "France: Modernization across the Spectrum". In Geoffrey Nowell-Smith(ed.). *The European Experience*. London: BFI, 1989.

FORD, DAN. *Pappy: The Life of John Ford*. Englewood Cliffs, NJ: Prentice Hall, 1979.

FORDIN, HUGH. *The World of Entertainment*. New York: Equinox, 1975.

FORGACS, DAVID(ed.). *Rethinking Italian Fascism: Capitalism, Populism and Culture*. London: Lawrence & Wishart, 1986.

FORNET, AMBROSIO(ed.). *Alea: una retrospetiva crítica*. Havana: Editorial Letras Cubanas, 1987.

FORSLUND, BENGT. *Victor Sjostrom. His Life and his Work*. New York: Zoetrope, 1988.

FOUCAULT, MICHEL. *History of Sexuality*. Vol. i: New York: Random House, 1978.

FRANCE, RICHARD. *The Theatre of Orson Welles*. Lewisburg, Pa.: Bucknell University Press, 1977.

FRANK, GEROLD. *Judy*. New York: Harper & Row, 1975.

FRANKLIN, JAMES. *New German Cinema: From Oberhausen to Hamburg*. Boston: Twayne, 1983.

FRAYLING, CHRISTOPHER. *Clint Eastwood*. London: Virgin Publishing, 1992.

— *Spaghetti Westerns: Cowboys and Europeans from Karl May to Sergio Leone*. London: Routledge & Kegan Paul, 1981.

FREIBERG, FREDA. "Genre and Gender in the Wartime Japanese Cinema". *Historical Journal of Film, Radio and Television*, 12(1992).

— *Women in Mizoguchi Films*. Melbourne: Japanese Studies Centre, Monash University, 1981.

FRIEDEN, SANDRA, *et al.*(eds.). *Gender and German Cinema: Feminist Interventions*. 2 vols. Providence, RI: Berg Publishers, 1993.

FRIEDLÄNDER, SAUL. *Reflections of Nazism: An Essay on Kitsch and Death*. Translated by Thomas Weyr. New York: Harper & Row, 1984.

FURHAMMAR, LEIF, and ISAKSSON, FOLKE. *Politics and Film*. London: Studio Vista, 1971.

GAFFARY, FARROKH. *Le Cinéma en Iran*. Tehran: Le Conseil de la Culture et des Arts and Centre d'Étude et de la Coordination Culturelle, 1973.

— "Cinema I: History of Cinema in Persia". In Ehsan Yarshater(ed.). *Encyclopedia Iranica*, vol. 5. Costa Mesa, Calif.: Mazda Publishers, 1991.

GALLAGHER, TAG. *John Ford: The Man and his Films*. Berkeley, Calif.: University of California Press, 1986.

GAREL, SYLVAIN, and PÂQUET, ANDRÉ(eds.). *Les Cinémas du Canada*. Paris: Centre Georges Pompidou, 1992.

GARRI, A. *I.I. Mozzhukhin*. Moscow and Leningrad: Kinopechat, 1927.

GAUTEUR, CLAUDE, and VINCENDEAU, GINETTE. *Anatomie d'un mythe: Jean Gabin*. Paris: Éditions Nathan Université, 1993.

GEDULD, HARRY M. *The Birth of the Talkies*. Bloomington, Ind.: Indiana University Press, 1975.

GEIST, KÄTHE. *The Cinema of Wim Wenders*. Ann Arbor, Mich.: UMI, 1988.

GERBER, JACQUES. *Anatole Dauman: Pictures of a Producer*. London: BFI, 1992.

GHATAK, RITWIK. *Cinema and I*. Calcutta: Ritwik Memorial Trust and Rupa, 1987.

GIDAL, PETER. *Andy Warhol: Films and Paintings*. New York: Dutton, 1971.

GIFFORD, DENIS. *American Animated Films: The Silent Era, 1897~1929.* Jefferson, NC: McFarland, 1990.

— *British Animated Film, 1895~1985: A Filmography.* Jefferson, NC: McFarland, 1987.

GILDER, GEORGE. *Wealth and Poverty.* New York: Basic Books, 1981.

GINZBURG, SEMION. *Kinematografiya dorevolyutsionnoy Rossii*('The cinema of pre-revolutionary Russia'). Moscow: Iskusstvo, 1963.

GIRARD, JEAN. *Le Lexique français du cinéma, des origines à 1930.* Paris: Centre National de la Recherche Scientifique, 1958.

GISH, LILLIAN. *The Movies, Mr. Griffith and Me.* Englewood Cliffs, NJ: Prentice-Hall, 1969.

— *Dorothy and Lillian Gish.* London: Macmillan, 1973.

GODARD, JEAN-LUC. *Jean-Luc Godard.* Paris: Éditions de l' toile, 1985.

— *Introduction à une véritable histoire du cinéma, vol.* i. Paris: Éditions Albatros, 1980.

GOLDBERG, JUDITH N. *Laughter through Tears: The Yiddish Cinema.* London and Toronto: Fairleigh Dickinson University Press, 1983.

GOLDMAN, ERIC A. *Visions, Images and Dreams: Yiddish Film Past and Present.* Teaneck, NJ: Ergo Media, 1988.

GOMERY, DOUGLAS. *The Hollywood Studio System.* New York: St Martin's Press, 1986.

— *Movie History: A Survey.* Belmont, Calif.: Wadsworth, 1991.

— *Shared Pleasures: A History of the Movie Presentation in the United States.* Madison, Wis.: University of Wisconsin Press, 1992.

— (ed.). *The Will Hays Papers.* Frederick, Md.: University Publications of America, 1986.

GORBMAN, CLAUDIA. "Music as Mirror: *Cleo from 5 to 7". Wide Angle,* 4(1981).

— "Music as Salvation: Notes on Fellini and Rota". *Film Quarterly,* 28(Winter 1974~5).

— *Unheard Melodies: Narrative Film Music.* Bloomington, Ind.: Indiana University Press, 1987; London: BFI, 1987.

GORHAM, MAURICE. *Television: Medium of the Future.* London: Percival Marshall, 1949.

GÖTTLER, FRITZ, GRAFE, FRIEDA, JACOBSEN, WOLFGANG, PATALAS, ENNO, and ULLMANN, GERHARD. *Friedrich Wilhelm Murnau.* München: Carl Hanser Verlag, 1990.

GOULDING, DANIEL J.(ed.). *Post New Wave Cinema in the Soviet Union and Eastern Europe.* Bloomington, Ind.: Indiana University Press, 1989.

GRAFE, FRIEDA, PATALAS, ENNO, PRINZLER, HANS HELMUT, and SYR, PETER, *Fritz Lang.* München: Carl Hanser Verlag, 1976.

GRAHAM, COOPER C. *Leni Riefenstahl and Olympia.* Metuchen, NJ: Scarecrow Press, 1986.

GRAHAM, PETER(ed.). *The New Wave: Critical Landmarks. London:* Secker & Warburg, 1968; Garden City, NY: Doubleday, 1968.

GRANT, BARRY KEITH. *Voyages of Discovery: The Cinema of Frederick Wiseman.* Urbana, Ill.: University of Illinois Press, 1992.

— *Film Genre Reader.* Austin, Tex.: University of Texas Press, 1986.

GRAY, MARIANNE. *Depardieu: A Biography.* London: Warner Books, 1992.

GREEN, STANLEY, and GOLDBLATT, BURT. *Starring Fred Astaire.* New York: Dodd, Mead & Company, 1973.

GREENE, GRAHAM. *The Pleasure-Dome.* London: Secker & Warburg, 1972.

GRIERSON, JOHN. *Grierson on Documentary.* Edited by Forsyth Hardy. London: Faber & Faber, 1966.

GROB, NORBERT. *Wenders.* Berlin: Volker Spiess, 1991.

GROBEL, LAWRENCE. *The Hustons.* New York: Scribner's, 1989.

GUARNER, JOSÉ LUIS. *Rossellini.* London: Studio Vista, 1970.

GUBACK, THOMAS. *The International Film Industry: Western Europe and America since 1945.* Bloomington, Ind.: Indiana University Press, 1969.

GUIBBERT, PIERRE(ed.). *Les Premiers Ans du cinéma français.* Perpignan: Institut Jean Vigo, 1985.

Guide du cinéma et de l'audiovisuel en Europe centrale et orientale. Paris: Institut d'Études Slaves, 1992.

GUNNING, TOM. "The Cinema of Attractions: Early Film, its Spectator and the Avant-Garde', *Wide Angle,* 8(Fall 1986). Reprinted in Thomas Elsaesser(ed.). *Early Cinema: Space, Frame, Narrative.* London: BFI, 1990.

— *D. W. Griffith and the Origins of American Narrative Film: The Early Years at Biograph.* Chicago and Urbana, Ill.: University of Illinois Press, 1991.

HACKETT, PAT. *The Andy Warhol Diaries.* New York: Warner Books, 1989.

HAINING, PETER. *The Legend of Garbo.* London: W. H. Allen, 1990.

HALAS, JOHN. *Masters of Animation.* Boston: Salem, 1987.

HALL, STUART. "The Whites of Their Eyes". In George Bridges and Rosalind Brunt(eds.). *Silver Linings.* London: Lawrence & Wishart, 1981.

HALLIDAY, JON. *Sirk on Sirk.* London: Secker & Warburg, 1971.

HALLIWELL, LESLIE. *The Dead that Walk.* London: Grafton, 1986.

HAMBLEY, JOHN, and DOWNING, PATRICK. *The Art of Hollywood: Fifty Years of Art Direction.* London: Thames Television, 1978.

HAMES, PETER. "Czechoslovakia: After the Spring". In Daniel J. Goulding(ed.). *Post New Wave Cinema in the Soviet Union and Eastern Europe.* Bloomington, Ind.:

Indiana University Press, 1989.

HAMMEN, SCOTT. *John Huston*. Boston: Twayne, 1985.

HAMMOND, PAUL. The *Shadow and its Shadow: Surrealist Writing on the Cinema*. London: Polygon, 1991.

HAMPTON, BENJAMIN B. *A History of the Movies*. New York: Covici Friede, 1931.

HANDLING, PIERS(ed.). *The Shape of Rage: The Films of David Cronenberg*. Toronto and New York: General Publishing Co. Ltd. and Zoetrope, 1983.

HANDZO, STEPHEN. "A Narrative Glossary of Film Sound Technology". In Elisabeth Weis and John Belton(eds.). *Film Sound: Theory and Practice*. New York: Columbia University Press, 1985.

HANSEN, MIRIAM. *Babel and Babylon*. Cambridge, Mass.: Harvard University Press, 1991.

— "Deadly Scenarios: Narrative Perspective and Sexual Politics in Pre-Revolutionary Russian Film". *Cinefocus*, 2/2 (Spring 1992).

HARDING, JAMES. *Jacques Tati: Frame by Frame*. London: Secker & Warburg, 1984.

HARDY, PHIL. *The Western*. London: Aurum Press, 1983.

HARDT, URSULA. *Erich Pommer: Film Producer for Germany*. Los Angeles: University of California Press, 1993.

HARDY, PHIL. The Western. London: Aurum Press, 1983.

HARVEY, STEPHEN. *Directed by Vincente Minnelli*. New York: Cambridge University Press, 1993.

HARVEY, SYLVIA. *May '68 and Film Culture*. London: BFI, 1978.

HASUMI, SHIGUEHIKO. *Kantoku Ozu Yasujiro*('Director Yasujiro Ozu'). Tokyo: Chikuma Shobo, 1983.

HAYMAN, RONALD. *Fassbinder Filmmaker*. London: Weidenfeld & Nicolson, 1984.

HAYS, WILL H. *The Memoirs of Will H. Hays*. Garden City, NY: Doubleday, 1955.

HAYWARD, SUSAN. *French National Cinema*. London: Routledge, 1993.

— "Beyond the gaze and into femme-film écriture: Agnès Varda's *Sans toît ni loi*". In Susan Hayward and Ginette Vincendeau(eds.). *French Film, Texts and Contexts*. London: Routledge, 1990.

— and Vincendeau, Ginette(eds.). *French Film, Texts and Contexts*. London: Routledge, 1990.

HEATH, STEPHEN. "Film and System, Terms of Analysis". *Screen* 16(1975).

HEIDER, KARL. *Indonesian Cinema: National Culture on Screen*. Honolulu: University of Hawaii Press, 1991.

HEIN, BIRGIT. *Film im Underground: von seinen Anfängen bis zum unabhängigen Kino*. Frankfurt am Main: Ullstein, 1971.

HEMBUS, JOE. *Der deutsche Film kann gar nicht besser sein*. München: Rogner & Bernhard, 1981.

HENDRYKOWSKA, MAŁGORZATA. "Was the Cinema Fairground Entertainment? The Birth and Role of Popular Cinema in the Polish Territories up to 1908". In Richard Dyer and Ginette Vincendeau(eds.). *Popular European Cinema*. London: Routledge, 1992.

— *Śladami tamtych cieni: Film w kulturze polskiej prze omu stuleci, 1895~1914* ('In search of distant shadows: film in Polish turn-of-the-century culture'). Poznan: 1993.

HEPWORTH, CECIL. *Came the Dawn: Memories of a Film Pioneer*. London: Phoenix House, 1951.

HERLTH, ROBERT. "Dreharben mit Murnau". In Lotte Eisner(ed.). *Murnau*. Frankfurt: Kommunales Kino, 1979.

HERZOG, WERNER. *Screenplays*. New York: Tanam, 1980.

HIGASHI, SUMIKO. *Cecil B. DeMille: A Guide to References and Resources*. Boston: G. K. Hall, 1985.

HIGHAM, CHARLES. *Bette*. New York: New England Library, 1981.

— *Cecil B. DeMille*. New York: Charles Scribner's Sons, 1973.

— *Hollywood Cameramen: Sources of Light*. London: Thames & Hudson, 1970; Bloomington, Ind.: Indiana University Press, 1970.

— *Brando: The Unauthorizd Biography*. London: Sidgwick & Jackson, 1987.

HIGSON, ANDREW. "Addressing the Nation: Five Films". In Geoff Hurd(ed.). *National Fictions: World War Two in British Films and Television*. London: BFI, 1984.

HILL, JOHN. *Sex, Class and Realism: British Cinema, 1956~1963*. London: BFI, 1986.

HILLIER, JIM(ed.). *Cahiers du Cinéma*. Vol i: *The 1950s*. London: Routledge and Kegan Paul, 1985.

— (ed.). *Cahiers du Cin ma*. Vol ii: The 1960s. London, Routledge and Kegan Paul, 1986.

— and Lipstadt, Aaron(eds.). *Roger Corman's New World*. London: BFI, 1981.

HILMES, MICHÈLE. *Hollywood and Broadcasting: From Radio to Cable*. Urbana, Ill.: University of Illinois Press, 1990.

HIRANO, KYOKO. *Mr. Smith Goes to Tokyo*. Washington, DC: Smithsonian Institution Press, 1992.

HIRSCHHORN, CLIVE. *The Hollywood Musical*. London and New York: Octopus Books and Crown Books, 1981.

HOBERMAN, JIM. *Bridge of Light: Yiddish Film between Two Worlds*. New York: The Museum of Modern Art and Schocken Books, 1991.

HOCKINGS, PAUL(ed.). *Principles of Visual Anthropology*. The Hague: Mouton Publishers, 1975.

HODGKINSON, ANTHONY W., and SHERATSKY, RODNEY E. *Humphrey Jennings, More Than a Maker of Films*. Hanover, N. H. and London: University Press of New England, 1982.*

HOLM, BILL, and QUIMBY, GEORGE IRVING. *Edward S. Curtis in the Land of the War Canoes: A Pioneer Cinema-*

tographer in the Pacific Northwest. Seattle: University of Washington Press, 1980.

HOLMAN, L. BRUCE. *Puppet Animation in the Cinema, History and Technique*. London: The Tantivy Press, 1975.

HOLMAN, ROGER(ed.). *Cinema 1900~1906: An Analytic Study by the National Film Archive (London) and the International Federation of Film Archives*. Brussels: FIAF, 1982.

HOPEWELL, JOHN. *Out of the Past: Spanish Cinema after Franco*. London: BFI, 1986.

HORTON, ANDREW, and BRASHINSKY, MICHAEL. *The Zero Hour: Glasnost and Soviet Cinema in Transition*. Princeton, NJ: Princeton University Press, 1992.

HOUSEMAN, JOHN. *Front and Center*. New York: Simon & Schuster, 1979.

HUETTING, MAE D. *Economic Control of the Motion Picture Industry*. Philadelphia: University of Pennsylvania Press, 1944.

HUFF, THEODORE. *Charlie Chaplin*. London: Cassell, 1952.

HUGHES, ROBERT. *Culture of Complaint*. New York: Oxford University Press, 1993.

HUGUES, PHILIPPE D', and MARTIN, MICHEL. *Le Cinéma français: le muet*. Paris: Atlas, 1986.

HUNNINGS, NEVILLE MARCH. *Film Censors and the Law*. London: Allen & Unwin, 1967.

HURD, GEOFF(ed.). *National Fictions: World War Two in British Films and Television*. London: BFI, 1984.

HUTCHINSON, TOM. *Horror and Fantasy in the Movies*. New York: Crescent Books, 1974.

ICART, ROGER. *La Révolution du parlant, vue par la presse française*. Perpignan: Institut Jean Vigo, 1988.

INDIANA, GARY. "Getting Ready for the Golden Eighties: A Conversation with Chantal Ackerman". *Artforum*(Summer 1983).

INSDORF, ANNETTE. *Indelible Shadows: Film and the Holocaust*. New York: Random House, 1983.

ISSARI, MOHAMMAD ALI. *Cinema in Iran, 1900~1979*. Metuchen, NJ: Scarecrow, 1989.

— and PAUL, DORIS A. *What is Cinema Verité?* Metuchen, NJ: Scarecrow, 1979.

Istoriya sovietskogo kino v chetyryokh tomakh('A history of the Soviet cinema in 4 volumes'). Vol. i: *1917~1931*. Moscow: Iskusstvo, 1969.

IVENS, JORIS. *The Camera and I*. Berlin: Seven Seas, 1969.

JACKSON, KEVIN(ed.). *The Humphrey Jennings Film Reader*. Manchester: Carcanet Press, 1993.

JACKSON, MICHAEL. "Cinema versus Television". *Sight and Sound*(Summer 1980).

JACOB, GILLES. "Chris Marker and the Mutants". *Sight and Sound*(Autumn 1966).

JACOBS, LEA. *The Wages of Sin: Censorship and the Fallen Woman Film, 1928~1942*. Madison, Wis.: University of Wisconsin Press, 1991.

JACOBS, LEWIS(ed.). *The Documentary Tradition*. 2nd edn. New York: W. W. Norton, 1979.

JACOBSEN, WOLFGANG. *Erich Pommer: Ein Produzent macht Filmgeschichte*. Berlin: Argon, 1989.

— (ed.). *Babelsberg: Ein Filmstudio 1912~1992*. Berlin: Argon, 1992.

— (ed.). *Conrad Veidt: Lebensbilder*. Berlin, 1993.

—, KAES, ANTON, and PRINZLER, HANS HELMUT(eds.). *Geschichte des deutschen Films*. Stuttgart: Metzler, 1993.

JAMES, C. VAUGHAN. *Soviet Socialist Realism*. London: Macmillan, 1973.

JAMES, DAVID. *Allegories of Cinema: American Film in the Sixties*. *Princeton,* NJ: Princeton University Press, 1989.

— (ed.). *To Free the Cinema*. Princeton, NJ: Princeton University Press, 1992.

JANSEN, PETER W., and SCHÜTTE, WOLFRAM(eds.). *Film in der DDR*. München: Hanser, 1977.

— (eds.). *Rainer Werner Fassbinder*. Frankfurt am Main: Fischer, 1992.

— (eds.). *Werner Herzog*. München: Hanser, 1979.

— (eds.). *Wim Wenders*. München: Hanser, 1992.

JARRATT, VERNON. *The Italian Cinema*. London: Falcon Press, 1951.

JARVIE, IAN C. *Window on Hong Kong*. Hong Kong: University of Hong Kong, 1977.

— *Hollywood's Overseas Campaign: The North Atlantic Movie Trade, 1920~1950*. Cambridge, Mass.: Cambridge University Press, 1992.

JEANCOLAS, JEAN-PIERRE. *Le Cinéma des Français: La Ve République(1958~1978)*. Paris: Stock, 1979.

— *D'un cinéma à l'autre: notes sur leécin ma des années cinquante*. Paris: Centre Georges Pompidou, 1988.

JEANNE, RENÉ, and FORD, CHARLES. *Histoire encyclopédique*. Vol. i: *Le Cinçma franéais*. Paris: Robert Laffont, 1947.

— *Victor Sjöström*. Paris: Éditions Universitaires, 1963.

JENKINS, STEPHEN(ed.). *Fritz Lang*. London: BFI, 1980.

JENNINGS, HUMPHREY. *Pandaemonium*. London: André Deutsch, 1985.

JENNINGS, MARY-LOU(ed.). *Humphrey Jennings: Filmmaker, Painter, Poet*. London: BFI, 1982.

JOBS, GERTRUDE. *Motion Picture Empire*. Hamden, Conn.: Archon, 1966.

JOHNSON, RANDAL, and STAM, ROBERT(eds.). *Brazilian Cinema*. Toronto: Associated University Presses, 1982.

JOHNSON, SHEILA. *Wim Wenders*. London: BFI, 1981.

JOHNSON, VIDA T., and PETRIE, GRAHAM. *Tarkovsky: A Visual Fugue*. Bloomington, Ind.: Indiana University Press, 1994.

JONES, CHUCK. *Chuck Amuck*. New York: Farrar, Straus & Giroux, 1989.

JOSSÉ, HARALD. *Die Entstehung des Tonfilms: Beitrag zu*

einer faktenorientierten Mediengeschichtesschreibung. Freiburg: Alber, 1984.

JOUSSE, THIERRY. *John Cassavetes*. Paris: Éditions de l'Étoile and Cahiers du Cinéma, 1989.

JOWETT, GARTH. *Film: The Democratic Art*. Boston: Little, Brown and Co., 1976.

Jump Cut, 31 (Mar. 1986).

Jump Cut, 34 (Mar. 1989).

KAEL, PAULINE. *The Citizen Kane Book*. New York: Bantam, 1974.

KAES, ANTON. *From Hitler to Heimat: The Return of History as Film*. Cambridge, Mass.: Harvard University Press, 1989.

KAGAN, NORMAN. *American Skeptic: Robert Altman's Genre-Commentary Films*. Ann Arbor, Mich.: Pierian, 1982.

— *The Cinema of Stanley Kubrick*. New York: Holt, Rinehart & Winston, 1972.

KALBUS, OSKAR. *Vom Werden deutscher Filmkunst: der Tonfilm*. Altona-Bahrenfeld: Cigaretten-Bilderdienst, 1935.

KALINAK, KATHRYN. *Settling the Score: Music and the Classical Hollywood Film*. Wisconsin Studies in Film. Madison, Wis., and London University of Wisconsin Press, 1992.

KAPLAN, YUSUF. *Turk sinemasi: pathos ve retorik* ('Turkish cinema: pathos and rhetoric'). Istanbul: Agaç, 1994.

KARLIN, FRED. *Listening to Movies: The Film Lover's Guide to Film Music*. New York: Schirmer Books, 1994.

— and Wright, Rayburn. *On the Track: A Guide to Contemporary Film Scoring*. New York: Schirmer Books and Macmillan, 1990.

KATZ, ROBERT. *Love is Colder than Death: The Life and Times of Rainer Werner Fassbinder*. New York: Random House, 1987.

KEATON, BUSTER. *My Wonderful World of Slapstick*. London: Allen & Unwin, 1967.

KELLY, MARY PAT. *Martin Scorsese: A Journey*. New York: Thunder's Mouth Press, 1991.

KEMP, PHILIP. *Lethal Innocence: The Cinema of Alexander Mackendrick*. London: Methuen, 1991.

KENDRICK, WALTER. *The Secret Museum: Pornography in Modern Culture*. New York: Viking Press, 1987.

KENEZ, PETER. *Cinema and Soviet Society, 1917～1953*. Cambridge, Mass.: Cambridge University Press, 1992.

KEPLEY, VANCE. *In the Service of the State: The Cinema of Alexander Dovzhenko*. Madison, Wis.: University of Wisconsin Press, 1986.

KERMABON, JACQUES. *Les Vacances de M. Hulot*. Crisnée: Yellow Now, 1988.

KERR, WALTER. *The Silent Clowns*. New York: Knopf, 1975.

KERSTEN, HEINZ. *Das Filmwesen in der Sowjetischen Besatzungszone Deutschlands*. 2 vols. Bonn and Berlin: Bundesministerium für gesamtdeutsche Fragen, 1963.

KEYSER, LES. *Martin Scorsese*. New York: Twayne, 1992.

KEYSSAR, HELENE. Robert Altman's America. New York: Oxford University Press, 1991.

KHANZHONKOV, ALEXANDER. *Pervyie gody russkoi kinematografii: vospominaniya* ('The first years of Russian cinema: memoirs'). Moscow and Leningrad: Iskusstvo, 1937.

KHRENOV, NIKOLAI. *Sudba Ivana Mozzhukhina: Iz istorii kino*. Moscow: Iskusstvo, 1977.

KINDEM, GORHAM(ed.). *The American Movie Industry*. Carbondale, Ill.: Southern Illinois University Press, 1982.

KINDER, MARSHA. *Blood Cinema: The Reconstruction of National Identity in Spain*. Berkeley, Calif., and London: University of California Press, 1993.

— "Pleasure and the New Spanish Mentality: A Conversation with Pedro Almodóvar". *Film Quarterly* (Fall 1987).

KING, JOHN. *Magical Reels: A History of Cinema in Latin America*. London: Verso, 1990.

—, LOPEZ, ANA M., and ALVARADO, MANUEL(eds.) *Mediating Two Worlds: Cinematic Encounters in the Americas*. London: BFI, 1993.

KINNARD, ROY. *Fifty Years of Serial Thrills* . Metuchen, NJ: Scarecrow Press, 1983.

KIRIHARA, DONALD. *Patterns of Time: Mizoguchi and the 1930s*. Madison, Wis.: University of Wisconsin Press, 1992.

KITSES, JIM. *Horizons West*. London: Thames & Hudson, 1969.

KLOTMAN, PHYLLIS RAUCH. *Frame by Frame: A Black Filmography*. Bloomington, Ind.: Indiana University Press, 1979.

KNIGHT, JULIA. *Women and the New German Cinema*. London and New York: Verso, 1992.

KOCH, STEPHEN. *Stargazer: Andy Warhol's World and His Films*. London: Calder & Boyars, 1973.

KOLKER, ROBERT PHILLIP. *Bernardo Bertolucci*. London; BFI, 1985; New York: Oxford University Press, 1985.

—, and BEICKEN, PETER. *The Films of Wim Wenders: Cinema as Vision and Desire*. New York: Cambridge University Press, 1993.

KOPPES, CLAYTON R., and BLACK, GREGORY D. *Hollywood Goes to War: How Politics, Profits and Propaganda Shaped World War II Movies*. New York: Macmillan, 1987.

KORDA, MICHAEL. *Charmed Lives*. London: Allen Lane, 1980.

KOSANOVIC, DEJAN. *Poceci kinematografija na tlu Jugoslawije, 1896～1918* ('The beginnings of cinema in Yugoslavia, 1896 ～1918'). Belgrade: 1986.

KOSZARSKI, DIANE KAISER. *The Complete Films of William S. Hart: A Pictorial Record*. New York: Dover Publications, 1980.

KOSZARSKI, RICHARD. *History of the American Cinema*.

Vol iii: *An Evening's Entertainment: The Age of the Silent Feature Picture, 1915~1928*. New York: Charles Scribner's Sons, 1990.

— *The Man You Loved to Hate: Erich von Stroheim and Hollywood*. New York: Oxford University Press, 1983.

KOVÁCS, KATHERINE S. "Berlanga Life Size: An Interview with Luis García Berlanga". *Quarterly Review of Film Studies*(Spring 1983).

KRACAUER, SIEGFRIED. *From Caligari to Hitler*. Princeton, NJ: Princeton University Press, 1947.

KREIMEIER, KLAUS. *Die Ufa-Story: Geschichte eines Filmkonzerns*. München and Wien: Hanser, 1992.

KUENZLI, RUDOLF E.(ed.). *Dada and Surrealist Film*. New York: Willis, Locker & Owens, 1987.

KULIK, KAROL. *Alexander Korda: The Man Who Could Work Miracles*. London: W. H. Allen, 1975.

KÜNTZEL, UWE. *Wim Wenders: Ein Filmbuch*. Freiburg: Dreisam, 1989.

LACASSIN, FRANCIS. *Louis Feuillade*. Paris: Seghers, 1964.

— *Pour une contre histoire du cinéma*. Paris: Union Générale d'Éditions, 1972.

LACOMBE, ALAIN(ed.). "Cinéma et musique(1960~1975)". Écran 75 (Sept. 1975).

LAHUE, KALTON C. *Continued Next Week: A History of the Moving Picture Serial*. Norman, Okla.: University of Oklahoma Press, 1964.

— *Kops and Custard*. Norman, Okla.: University of Oklahoma Press, 1967.

— *World of Laughter*. Norman, Okla.: University of Oklahoma Press, 1966.

LAMBERT, GAVIN. *On Cukor*. New York: Putnam, 1972.

LAMPRECHT, GERHARD. *Deutsche Stummfilme, 1903~1931*. Berlin: Deutsche Kinemathek, 1976~80.

LAMSTER, FREDERICK. *Souls Made Great through Love and Adversity*. Metuchen, NJ: Scarecrow Press, 1981.

LÄNGSFELD, WOLFGANG(ed.). *Filmarchitektur Robert Herlth*. München: Deutsches Institut für Film und Fernsehen, 1965.

LANGTON, MARCIA. "*Well, I Heard It on the Radio and Saw It on the Television*". Sydney: Australian Film Commission, 1993.

LANT, ANTONIA. *Blackout: Reinventing Women for Wartime British Cinema*. Princeton, NJ: Princeton University Press, 1991.

LAPIERRE, MARCEL. *Les Cents Visages au cinéma*. Paris: Grasset, 1948.

LAWDOR, STANDISH. *The Cubist Cinema*. New York: New York University Press, 1975.

LAWTON, ANNA. *Kinoglasnost: Soviet Cinema in our Time*. Cambridge and New York: Cambridge University Press, 1992.

LEAB, DANIEL J. *From Sambo to Superspade: The Black Experience in Motion Pictures*. London: Secker & Warburg, 1975.

LEAMER, LAWRENCE. *As Time Goes By*. New York: Harper & Row, 1986.

LEAMING, BARBARA. *Bette Davis, A Biography*. London: Weidenfeld & Nicholson, 1992.

— *Orson Welles: A Biography*. New York: Viking, 1985.

LEBEDEV, N. A. *Ocherk istorii kino SSSR: Nemoye kino, 1918~34*('An outline history of cinema in the USSR: silent cinema, 1918~34'). Moscow: Iskusstvo, 1965.

LEE, SPIKE, *et al. Five for Five: The Films of Spike Lee*. New York: Stewart, Taboti & Chang, 1991.

LEES, DAVID, and BERKOWITZ, STAN. *The Movie Business*. New York: Vintage, 1981.

LE FANU, MARK. *The Cinema of Andrei Tarkovsky*. London: BFI, 1987.

LEFF, LEONARD J., and SIMMONS, JEROLD L. *The Dame in the Kimono: Hollywood Censorship and the Production Code from the 1920s to the 1960s*. New York: Grove Weidenfeld, 1990.

LE GRICE, MALCOLM. *Abstract Film and beyond*. London: Studio Vista, 1977.

LENT, JOHN A. *The Asian Film Industry*. London: Christopher Helm, 1990.

LEPROHON, PIERRE. *The Italian Cinema*. London: Secker & Warburg, 1972; New York: Praeger, 1972.

LESAGE, JULIA. *Jean-Luc Godard: A Guide to References and Resources*. Boston: G. K. Hall, 1975.

LEUTRAT, JEAN-LOUIS. *Le Western*. Paris: Armand Colin, 1973.

LEVIN, G. ROY. *Documentary Explorations: 15 Interviews with Filmmakers*. Garden City, NY: Doubleday, 1971.

LEVY, EMANUEL. *John Wayne: Prophet of the American Way of Life*. Metuchen, NJ: Scarecrow Press, 1988.

LEWANDOWSKI, RAINER. *Die Oberhausener: Rekonstruktion einer Gruppe, 1962~1982*. Dieckholzen: Regie, 1982.

LEYDA, JAY. Dianying: *Electric Shadows, an Account of Films and the Film Audience in China*. Boston: MIT Press, 1972.

— *Kino: A History of Russian and Soviet Film*. London: Allen & Unwin, 1960; New York: Macmillan, 1960. (Revised edn. Princeton, NJ: Princeton University Press, 1983).

— and Voynow, Zina(eds.). *Eisenstein at Work*. New York: Pantheon, 1982.

LIEHM, MIRA. *Passion and Defiance: Film in Italy from 1942 to the Present*. Berkeley, Calif.: University of California Press, 1984.

— and Liehm, Antonin J. *The Most Important Art: Eastern European Film after 1945*. Berkeley, Calif.: University of California Press, 1977.

LIESEGANG, FRANZ PAUL. *Moving and Projected Images: A Chronology of Pre-Cinema History*. London: The Magic Lantern Society of Great Britain, 1986.

LIKHACHEV, BORIS. *Kino v Rossii*('Cinema in Russia'). Moscow, 1926.

LIMMER, WOLFGANG. *Rainer Werner Fassbinder, Filmemacher.* Reinbek: Rowohlt, 1981.

LINDER, MAUD. *Les Dieux du cinéma muet: Max Linder.* Paris: Éditions Atlas, 1992.

LIPTON, LENNY. *The Super 8 Book.* San Francisco: Straight Arrow Books, 1975.

LI YOU-HSIN(ed.). *Kang-tai Liu-ta Tao-yen*('Six major directors from Hong Kong and Taiwan'). Taipei: Tzu-li Evening Post Publications, 1986.

LONG, CHRIS. *Australia's First Films.* Melbourne: Oxford University Press, 1994.

LOW, RACHAEL. *The History of the British Film.* Vol. ii: *1906～1914.* London: George Allen & Unwin, 1949.

— *The History of the British Film.* Vol. iii. *1914～1918.* London: Allen & Unwin, 1950.

— *The History of the British Film.* Vol. iv: *1918～1929.* London: Allen & Unwin, 1971.

—, and Manvell, Roger. *The History of the British Film.* Vol. i: *1896～1906.* London: George Allen & Unwin, 1948.

LOWDER, ROSE(ed.). *The Visual Aspect: Recent Canadian Experimental Films.* Avignon: Archives du Film Expérimental, 1991.

LYONS, BRIDGET GELLERT(ed.). *Chimes at Midnight.* New Brunswick, NJ: Rutgers University Press, 1988.

LYONS, TIMOTHY J. *Charles Chaplin: A Guide to References and Resources.* Boston: G. K. Hall, 1979.

MCBRIDE, JOSEPH. *Hawks on Hawks.* Berkeley, Calif.: University of California Press, 1982.

—, and Wilmington, Michael. *John Ford.* New York: Da Capo, 1975.

MACCABE, COLIN, MULVEY, LAURA, and EATON, MICK. *Godard: Images, Sounds, Politics.* London: Macmillan, 1980.

MCCABE, JOHN. *Charlie Chaplin.* New York: Doubleday, 1978.

MCCAFFREY, DONALD W. *Four Great Comedians.* London: Tantivy Press, 1968.

MCCANN, GRAHAM. *Rebel Males: Clift, Brando and Dean.* New York: Viking Press, 1991; and London: Hamish Hamilton, 1991.

— *Marilyn Monroe.* New Brunswick, NJ: Rutgers University Press, 1988.

MACCANN, RICHARD DYER. *The People's Films: A Political History of US Government Motion Pictures.* New York: Hastings House, 1973.

MCCARTHY, TODD, and FLYNN, CHARLES(eds.). *Kings of the 'B's.* New York: E. P. Dutton, 1975.

MCCARTY, CLIFFORD. *Film Composers in America: A Checklist of their Work.* New York: Da Capo, 1972.

MCCORMICK, RUTH(ed.). *Fassbinder.* New York: Tanam, 1981.

MCDONALD, KEIKO. *Mizoguchi.* Boston: Twayne, 1984.

MACDONALD, KEVIN. *Emeric Pressburger: The Life and Death of a Screenwriter.* London: Faber & Faber, 1994.

MACDONALD, SCOTT. *Avant-Garde Film.* Cambridge: Cambridge University Press, 1993.

MCGILLIGAN, PATRICK. *George Cukor: A Double Life.* New York: St Martin's Press, 1991.

— *Robert Altman: Jumping off the Cliff.* New York: St Martin's Press, 1989.

MCROBBIE, ANGELA. "Passionate Uncertainty". *Sight and Sound*(Sept. 1992).

MCSHINE, KYNASTON(ed.). *Andy Warhol: A Retrospective.* New York: Museum of Modern Art, 1989.

MAGLIOZZI, RONALD S.(ed.). *Treasures from the Film Archives: A Catalog of Short Films Held in FIAF Archives.* Metuchen, NJ: Scarecrow Press, 1988.

MAHIEU, JOSÉ AGUSTIN. *Breve historia del cine argentino.* Buenos Aires: Editorial Universitaria, 1966.

MALKMUS, LIZBETH, and ARMES, ROY. *Arab and African Film Making.* London: Zed Press, 1991.

MALTBY, RICHARD. "The Production Code and the Hays Office". In Tino Balio(ed.). *Grand Design: Hollywood as a Modern Business Enterprise.* New York: Charles Scribner's Sons, 1993.

MALTIN, LEONARD. *The Art of the Cinematographer.* 2nd edn. New York: Dover Publications, 1978.

— *Of Mice and Magic: A History of American Animated Cartoons.* New York: New American Library, 1980.

MAMBER, STEPHEN. *Cinema Verite in America: Studies in Uncontrolled Documentary.* Cambridge, Mass.: MIT Press, 1974.

MANCINI, ELAINE. *Luchino Visconti: A Guide to References and Resources.* Boston: G. K. Hall, 1986.

MANCINI, HENRY, with LEES, GENE. *Did They Mention the Music?.* New York: Contemporary Books, 1989.

MANVELL, ROGER, and HUNTLEY, JOHN. *The Technique of Film Music.* Focal Press Library of Communications Techniques. New York: Hastings House, 1975(2nd edn., revised and enlarged by Richard Arnell and Peter Day).

MARCUS, MILLICENT. *Italian Film in the Light of Neorealism.* Princeton, NJ: Princeton University Press, 1986.

MARGOLIT, E. Y. *Sovietskoie kinoiskusstvo: Osnovnyie etapy stanovleniya i razvitiya*('Soviet film art: the main stages of its growth and development'). Moscow: Vsiesoyuzniy Zaochniy Narodniy Universitiet Iskusstv, 1988.

MARKER, CHRIS. *Commentaires.* Paris: Éditions du Seuil, 1961.

MARKS, MARTIN. *Music and the Silent Film: Contexts and Case Studies, 1895～1924.* New York: Oxford University Press, 1996.

MARTIN, LÉONA BÉATRICE, and MARTIN, FRANÇOISE. *Ladislas Starewitch,* JICA(Annecy Film Festival), 1991.

MARTINELLI, VITTORIO. "Il cinema muto italiano,

1915~1931', *Bianco e nero,* 41(1980), 42(1981), 50(1989), 51(1990), and 52(1991).

MASI, STEFANO, and FRANCO, MARIO. *Il mare, la luna, i coltelli: per una storia del cinema muto napoletano.* Naples: Pironti, 1988.

MAST, GERALD. *Howard Hawks, Storyteller.* New York: Oxford University Press, 1982.

— *A Short History of the Movies.* New York: Macmillan, 1986.

MAXWELL, RICHARD. *The Spectacle of Democracy: Spanish Television, Nationalism and Political Transition.* Minneapolis: University of Minnesota Press, 1994.

— (ed.). *Focus on Howard Hawks.* Englewood Cliffs, NJ: Prentice-Hall, 1972.

MAYNE, JUDITH. *The Woman at the Keyhole: Feminism and Women's Cinema.* Bloomington, Ind.: Indiana University Press, 1990.

MEEKER, DAVID. *Jazz in the Movies: A Guide to Jazz Musicians, 1917~1977.* New York: Da Capo, 1981.

MERRITT, RUSSELL, and KAUFMAN, J. B. *Walt in Wonderland: The Silent Films of Walt Disney.* Berkeley, Calif.: University of California Press, 1994.

MICHAŁEK, BOLES ŁAW. *The Cinema of Andrzej Wajda.* London: Tantivy Press, 1973.

— and TURAJ, FRANK. *The Modern Cinema of Poland.* Bloomington, Ind.: Indiana University Press, 1988.

MILNE, TOM(ed.). *Godard on Godard.* London: Secker & Warburg, 1973.

MILNE, TOM. "Victor Sjöström". In Richard Roud(ed.). *Cinema: A Critical Dictionary,* vol. ii. London: Secker & Warburg, 1980.

— (ed.). *Losey on Losey.* Garden City, NY: Doubleday, 1968.

MINNELLI, VINCENTE, with ARCE, HECTOR. *I Remember It Well.* London: Angus & Robertson, 1975.

MITRY, JEAN. *Histoire du cinéma.* Vol. i: 1895~1914. Paris: Éditions Universitaires, 1967.

— *Histoire du cinéma.* Vol. ii: *1915~1923.* Paris: Éditions Universitaires, 1969.

— *Histoire du cinéma.* Vol. iii: *1923~1930.* Paris: Éditions Universitaires, 1973.

— "Ivan Mosjoukine". *Anthologie du cinema,* no. 48(Oct. 1969).

— *Max Linder.* Paris: L'Avant-Scene, 1966.

MIX, PAUL E. *The Life and Legend of Tom Mix.* South Brunswick, NY, and New York: A.S. Barnes, 1972.

MODLESKI, TANIA. *The Women Who Knew Too Much: Hitchcock and Feminist Theory.* New York: Routledge, 1989.

MÖHRMANN, RENATE. *Die Frau mit der Kamera: Filmemacherinnerern in der Bundesrepublik Deutschland; Situation, Perspektiven; Zehn exemplarische Lebensläufe.* München and Wien: Hanser, 1980.

MOLEY, RAYMOND. *The Hays Office.* Indianapolis: Bobbs-Merrill, 1945.

MONACO, PAUL. *Cinema and Society: France and Germany during the Twenties.* New York: Elsevier, 1976.

MONTGOMERY, JOHN. *Comedy Films:* 1894~1954. London: George Allen & Unwin, 1954.

MONTY, IB. *Portrait of Carl Theodor Dreyer.* Copenhagen: Danish Government Film Foundation, 1965.

MORAN, ALBERT, and O'REGAN, JON(eds.). *The Australian Screen.* Ringwood: Penguin, 1989.

MORIN, EDGAR. *The Stars.* New York: Grove Press, 1960.

MORRIS, MICHAEL. *Madam Valentino.* New York: Abbeville Press, 1991.

MORRIS, PETER. *Embattled Shadows: A History of Canadian Cinema, 1895~1939.* Montreal: McGill-Queens University Press, 1978.

— *The Film Companion: A Comprehensive Guide to more than 650 Canadian Films and Filmmakers.* Richmond Hill, Ont.: Irwin Publishing, 1984.

MOUSSINAC, LÉON. *Naissance du cinéma.* Paris: Povolovsky, 1925.

— *Panoramique du cinéma.* Paris: Le Sans Pareil, 1929.

MUELLER, JOHN. *Astaire Dancing: The Musical Films.* New York: Knopf, 1985.

MULVEY, LAURA. "Visual Pleasure and Narrative Cinema". *Screen* 16(1975).

MUNSTERBERG, HUGO. *The Photoplay: A Psychological Study.* New York: Appleton, 1916.

MURPHY, ROBERT. "Rank's Attempt on the American Market". In James Curran and Vincent Porter(eds.). *British Cinema History.* London: Weidenfeld & Nicolson, 1983.

— *Sixties British Cinema.* London: BFI, 1992.

MURRAY, BRUCE. *Film and the German Left.* Austin, Tex.: University of Texas Press, 1990.

MURRAY, SCOTT(ed.). *Australian Film, 1978~1992: A Survey of Theatrical Features.* Melbourne: Oxford University Press, 1993.

MUSSER, CHARLES. *Before the Nickelodeon: Edwin S. Porter and the Edison Manufacturing Company.* Berkeley, Calif.: University of California Press, 1991.

— *History of the American Cinema.* Vol. i: *The Emergence of Cinema: The American Screen to 1907.* New York: Charles Scribner's Sons, 1990.

—, with NELSON, CAROL. *High Class Moving Pictures: Lyman H. Howe and the Forgotten Era of Traveling Exhibition, 1880~1920.* Princeton, NJ: Princeton University Press, 1991.

NAFICY, HAMID. "Iranian Feature Films: A Brief Critical History". *Quarterly Review of Film Studies,* 4(1979).

— "Islamizing Cinema in Iran". In Samih K. Farsoun and Mehrdad Mashayekhi(eds.). *Iran: Political Culture in the Islamic Republic*. London: Routledge, 1992.

NAREMORE, JAMES. *The Films of Vincente Minnelli*. New York: Cambridge University Press, 1993.

— *The Magic World of Orson Welles*. New York: Oxford University Press, 1978.

NEALE, STEPHEN. *Cinema and Technology: Image, Sound, Colour*. London: Macmillan, 1985.

— Genre. London: BFI, 1980.

NELSON, THOMAS ALLEN. *Kubrick: Inside a Film Artist's Maze*. Bloomington, Ind.: Indiana University Press, 1982.

NESTEBY, JAMES R. *Black Images in American Films, 1896～1954: The Interplay Between Civil Rights and Film Culture*. Lanham, Md.: University Press of America, 1982.

NEWMAN, KIM. *Nightmare Movies: A Critical History of the Horror Film*. London: Bloomsbury, 1988.

NICHOLS, BILL(ed.). *Movies and Methods: An Anthology*. Berkeley, Calif.: University of California Press, 1980.

— *Movies and Methods, Volume II: An Anthology*. Berkeley, Calif.: University of California Press, 1985.

— *Newsreel: Documentary Filmmaking on the American Left*. New York, 1980.

— *Representing Reality: Issues and Concepts in Documentary*. Bloomington, Ind.: Indiana University Press, 1991.

NIPPON HOSO KYOKAI. *The History of Broadcasting in Japan*. Tokyo: NHK and Radio & TV Culture Research Institute, 1967.

NIZHNY, VLADIMIR. *Lessons with Eisenstein*. Translated and edited by Ivor Montagu. New York: Hill & Wang, 1962.

NOAKE, ROGER. *Animation: A Guide to Animated Film Techniques*. London: Macdonald, 1988.

NOAM, ELI. *Television in Europe*. New York: Oxford University Press, 1991.

NOLLETTI, ARTHUR, JR., and DESSER, DAVID(eds.). *Reframing Japanese Cinema: Authorship, Genre and History*. Bloomington, Ind.: Indiana University Press, 1992.

NORIEGA, CHON A., and RICCI, STEVEN(eds.). *The Mexican Cinema Project*. Los Angeles: UCLA Film and Television Archive, 1994.

NOWELL-SMITH, GEOFFREY. "Beyond the Po Valley Blues". *Pix,* 1(1993).

— *Visconti*. Revised edn. London: Secker & Warburg, 1973; New York: Viking, 1973.

— (ed.). *The European Experience*. London: BFI, 1989.

NUSSINOVA, NATALIA. *Koster pylaiushchii Ivana Mozzhukhina: vybor ivorcheskogo puti kak poisk novoi rodiny Kinovedcheskie zapiski*. Moscow: VNIIK, 1989.

OBERHOLTZER, ELLIS P. *The Morals of the Movies*. Philadelphia: Penn Publishing Co., 1922.

OGLE, PATRICK L. "Technological and Aesthetic Influences upon the Development of Deep Focus Cinematography in the United States". *Screen,* 13(1972).

OMS, MARCEL. *Alexandre Dovjenko*. Lyons: Premier Plan, 1968.

On Film, 14(Spring 1985).

O'PRAY, MICHAEL(ed.). *Andy Warhol: Film Factory*. London: BFI, 1989.

OSHIMA, NAGISA. *Cinema, Censorship, and the State: The Writings of Nagisa Oshima*. Cambridge, Mass.: MIT Press, 1992.

— *Écrits, 1956～1978: Dissolution et jaillissement*. Paris: Gallimard, 1980.

OZIMEK, STANISLAW. *Film polski w wojennej potrzebie* ('Polish film under the stress of war'). Warsaw, 1974.

ÖZÖN, NIJAT. *Türk Sinemasi Kronolojisi: 1895～1966* ('The chronology of Turkish cinema: 1895～1966'). Ankara: Bilgi, 1968.

PALMER, CHRISTOPHER. *The Composer in Hollywood*. London and New York: Marion Boyars, 1990.

PALMIERI, EUGENIO FERDINANDO. *Vecchio cinema italiano*. Venice: Zanetti, 1940.

PANDIAN, M. S. S. *The Image Trap: M. G. Ramachandran in Film and Politics*. New Delhi: Sage, 1992.

PAOLELLA, ROBERTO. *Storia del cinema muto*. Napoli: Giannini, 1956.

PARISH, JAMES ROBERT. *The Tough Guys*. New York: Arlington House, 1976.

PARK, JAMES. *British Cinema: The Lights that Failed*. London: Batsford, 1990.

PARKER, JOHN. *The Joker's Wild: The Biography of Jack Nicholson*. London: Anaya, 1991.

PASOLINI, PIER PAOLO. *Heretical Empiricism*. Bloomington, Ind.: Indiana University Press, 1988.

PASSEK, JEAN-LOUP(ed.). *Le Cinéma russe et soviétique*. Paris: Centre Georges Pompidou, 1981.

PATHÉ, CHARLES. *De Pathé-frères à Pathé-cinéma*. Lyons: SERDOC, 1970.

PATIL, S. K. *Report of the Film Enquiry Committee*. New Delhi: Government of India Press, 1951.

PAYNE, STANLEY. "Spanish Fascism". *Salmagundi,* 76～77 (Fall～Winter 1987～8).

PEARSON, GEORGE. *Flashback: The Autobiography of a British Filmmaker*. London: Allen & Unwin, 1957.

PEARSON, ROBERTA E. *Eloquent Gestures: The Transformation of Performance Style in the Griffith Biograph Films*. Berkeley, Calif.: University of California Press, 1992.

PECORI, FRANCO. *De Sica*. Florence, La Nuova Italia, 1980.

PENSE, HANS. *Seastrom and Stiller in Hollywood*. New York: Vantage Press, 1969.

PÉREZ TURRENT, TOMÁS, and DE LA COLINA, JOSÉ. *Objects of Desire: Conversations with Luis Buñuel*. New York: Marsilio, 1992.

PERKINS, V. F. *Film as Film*. Harmondsworth: Penguin, 1972.

PERRY, GEORGE. *Forever Ealing*. London: Pavilion and Michael Joseph, 1981.

— *The Great British Picture Show*. London: Pavilion, 1985.

PETERSON, BERNARD L., Jr. "The Films of Oscar Micheaux: America's First Fabulous Black Filmmaker". *In The Crisis of 86*. 1979.

PETLEY, JULIAN. *Capital and Culture: German Cinema 1933~45*. London: BFI, 1979.

PETRIC, VLADA. *Constructivism in Film: The Man with the Movie Camera: A Cinematic Analysis*. Cambridge: Cambridge University Press, 1987.

PETRIE, DUNCAN. *Creativity and Constraint in the British Film Industry*. London: Macmillan, 1991.

— (ed.). New *Questions of British Cinema*. London: BFI, 1992.

PETRO, PATRICE. *Joyless Streets*. Princeton, NJ: Princeton University Press, 1989.

PFLAUM, HANS GÜNTHER. *Rainer Werner Fassbinder: Bilder und Dokumente*. München: Edition Spangenberg, 1992.

— and PRINZLER, HANS HELMUT. *Cinema in the Federal Republic of Germany: The New German Film, Origins and Present Situation: A Handbook*. Bonn: Inter Nationes, 1983.

— *Film in der Bundesrepublik Deutschland: der neue deutsche Film, von den Anfängen bis zur Gegenwart: mit einem Exkurs über das Kino der DDR. Ein Handbuch*. Bonn: Inter Nationes, 1992.

PHILIPE, ANNE. *No Longer than a Sigh*. London: Michael Joseph, 1962.

PHILLIPS, KLAUS(ed.). *New German Filmmakers from Oberhausen through the 1970s*. New York: Ungar, 1984.

PICK, ZUZANA. *The New Latin American Cinema: A Continental Project*. Austin, Tex.: University of Texas Press, 1993.

PICKFORD, MARY. *Sunshine and Shadow*. Garden City, NY: Doubleday, 1955.

PIKE, ANDREW, and COOPER, ROSS. *Australian Film, 1900~1977: A Guide to Feature Film Production*. Melbourne: Oxford University Press and Australian Film Institute, 1980.

PILLING, JAYNE(ed.). *Women and Animation: A Compendium*. London: BFI, 1992.

PINES, JIM. *Blacks in Films*. London: Studio Vista, 1975.

PINTER, HAROLD. *The Proust Screenplay: À la recherche du temps perdu*. New York: Grove Press, 1977.

PIOTROVSKY, *A. Teatr, Kino, Zhizn* ('Theatre, cinema, life'). Leningrad: Iskusstvo, 1969.

PIRIE, DAVID. *A Heritage of Horror: The English Gothic Cinema, 1946~1972*. London: Gordon Fraser, 1973.

PLUMMER, THOMAS *et al*. *Film and Politics in the Weimar Republic*. New York: Holmes & Meier, 1982.

POAGUE, LELAND. *Howard Hawks*. Boston: Twayne, 1982.

POITIER, SIDNEY. *This Life*. London: Hodder & Stoughton, 1980.

POLLITT, ELIZABETH. *Our Gracie*. Rochdale, 1978.

PORTER, VINCENT. "The Context of Creativity: Ealing Studios and Hammer Films". In James Curran and Vincent Porter(eds.). *British Cinema History*. London: Weidenfeld & Nicolson, 1983.

Positif, 223(Oct. 1979).

Positif, 224(Nov. 1979).

POWELL, MICHAEL. *A Life in Movies*. London: Heinemann, 1986.

— *Million Dollar Movie*. London: Heinemann, 1992.

PRADHAN, SUDHI(ed.). *Marxist Cultural Movement in India(1936~1947)*, vol. 1. Calcutta: Santi Pradhan/National Book Agency, 1979.

PRATLEY, GERALD. *The Cinema of John Huston*. London: Tantivy Press, 1977.

PRÉDAL, RENÉ. *La Photo de cinéma*. Paris: Éditions du Cerf, 1985.

— *La Société française(1914~1945) à travers le cinéma*. Paris: Armand Colin, 1972.

PRENDERGAST, ROY M. *Film Music, a Neglected Art: A Critical Study of Music in Films*. 2nd edn. New York: W. W. Norton, 1992.

PRINZLER, HANS HELMUT, and PATALAS, ENNO(eds.). *Lubitsh*. München and Lucerne: Bucher, 1984.

PUTTNAM, DAVID. "Filmmaker in Wonderland". In Brian Wenham(ed.). *The Third Age of Broadcasting*. London: Faber & Faber, 1982.

PYE, MICHAEL, and MYLES, LYNDA. *The Movie Brats*. New York: Holt, Rinehart, & Winston, 1979.

QUAGLIETTI, LORENZO. *Storia economico-politica del cinema italiano, 1945~1980*. Rome: Editori Riuniti, 1980.

QUIQUEMELLE, MARIE-CLAIRE, and PASSEK, JEAN-LOUP(eds.). *Le Cinéma chinois*. Paris: Centre Georges Pompidou, 1985.

QUIRK, LAWRENCE J. *The Films of Ingrid Bergman*. New York: Citadel Press, 1970.

RADVANYI, JEAN(ed.). *Le Cinéma géorgien*. Paris: Centre Georges Pompidou, 1988.

— *Le Cinéma d'Asie centrale soviétique*. Paris: Centre Georges Pompidou, 1991.

— *Le Cinéma arménien*. Paris: Centre Georges Pompidou, 1993.

RAINSBERGER, TODD. *James Wong Howe, Cinematographer*. New York: A. S. Barnes, 1981; London: Tantivy Press, 1981.

RAJADHYAKSHA, ASHISH. *Ritwik Ghatak: A Return to the Epic*. Bombay: Screen Unit, 1982.

— and GANGAR, AMRIT(eds.). *Ritwik Ghatak: Arguments/Stories*. Bombay: Screen Unit and Research Centre for Cinema Studies, 1987.

— and WILLEMEN, PAUL(eds.). *Encyclopaedia of Indian*

Cinema. London: BFI, 1994.
RAMIREZ BERG, CHARLES. "The Cinematic Invention of Mexico". In Chon Noriega and Steven Ricci(eds.). *The Mexican Cinema Project*. Los Angeles: UCLA Film and Television Archive. 1994.
RANVAUD, DONALD, and UNGARI, ENZO. *Bertolucci by Bertolucci*. London: Plexus, 1987.
RAPÉE, ERNO(comp. and ed). *Motion Picture Moods*. New York: G. Schirmer, 1924.
— *Encyclopedia of Music for Pictures*. New York: Belwin, 1925.
RATHBUN, JOHN B. *Motion Picture Making and Exhibiting*. Chicago: Charles C. Thompson, 1914.
RAUH, REINHOLD. *Wim Wenders und seine Filme*. München: Heyne, 1990.
RAY, SATYAJIT. *Our Films, their Films*. New Delhi: Orient Longman, 1976.
RAYNS, TONY(ed.). *Fassbinder*. 2nd ed. London: BFI, 1976.
— and MEEK, SCOTT(eds.). *Electric Shadows: 45 Years of Chinese Cinema*. London: BFI, 1980.
REDI, RICCARDO. *Ti parlerò ··· d'amor: cinema italiano fra muto e sonoro*. Turin: RAI, 1986.
REEVES, NICHOLAS. *Official British Film Propaganda during the First World War*. London: Croom Helm, 1986.
REFIĞ, HALIT. *Ulusal Sinema Kavgasi*('The struggle for a national cinema'). Istanbul: Hareket, 1971.
REID, MARK A. *Redefining Black Film*. Berkeley, Calif.: University of California Press, 1993.
REID, NICHOLAS. *A Decade of New Zealand Film: Sleeping Dogs to Came a Hot Friday*. Dunedin: John McIndoe Ltd., 1986.
REITZ, EDGAR. *Liebe zum Kino: Utopien und Gedanken zum Autorenfilm, 1962~1983*. Cologne: Verlag KÖLN 78, 1984.
— and STEINBACH, PETER. *Heimat: eine deutsche Chronik*. Nördlingen: Greno, 1985.
RENAN, SHELDON, *An Introduction to the American Underground Film*. New York: Dutton, 1967. (Published in the UK as *The Underground Film: An Introduction to its Development in America*. London: Studio Vista, 1968.)
RENOIR, JEAN. *Renoir, my Father*. Boston: Little, Brown & Co., 1962.
— *My Life and my Films*. New York: Atheneum, 1974.
RENTSCHLER, ERIC. *West German Film in the Course of Time: Reflections on the Twenty Years since Oberhausen*. Bedford Hills, NY: Redgrave, 1984.
— (ed.). *German Film and Literature: Adaptations and Transformation*. New Brunswick, NJ: Rutgers University Press, 1986; New York and London: Methuen, 1986.
— (ed.). *West German Filmmakers on Film: Visions and Voices*. New York and London: Holmes & Meier, 1988.
Report of the Indian Cinematograph Committee, 1927~28, Calcutta, 1928.
RHODE, ERIC. *A History of the Cinema*. London: Allan Lane, 1976.
RICH, B. RUBY. "Nobody's Handmaid", *Sight and Sound* (Dec. 1991).
RICHARDS, JEFFREY. *The Age of the Dream Palace: Cinema and Society in Britain, 1930~1939*. London: Routledge & Kegan Paul, 1984.
— "British Imperial Cinema in the 1930s". In James Curran and Vincent Porter(eds.). *British Cinema History*. London: Weidenfeld & Nicolson, 1983.
— "Gracie Fields: The Lancashire Britannia', *Focus on Film*, 33(Summer 1979) and 34(Winter 1979).
RICHIE, DONALD. *The Films of Akira Kurosawa*. Berkeley, Calif.: University of California Press, 1984.
— *Ozu*. Berkeley, Calif.: University of California Press, 1974.
RICHTER, HANS. *The Struggle for the Film*. London: Scolar Press, 1986.
RICHTER, ROLF(ed.). *DEFA-Spiefilm-Regisseure und ihre Kritiker*. 2 vols. Berlin: Henschel, 1983.
RIHOIT, CATHERINE. *Brigitte Bardot: un mythe français*. Paris: Livre de Poche, 1986.
RINGGOLD, GENE, and BODEEN, DEWITT. *Chevalier: The Films and Career of Maurice Chevalier*. Secaucus, NJ: The Citadel Press, 1973.
RITTAUD-HUTINET, JACQUES. *Le Cinéma des origines: les frères Lumière et leurs opérateurs*. Seyssel: Éditions du Champ Vallon, 1985.
RIVA, MARIA. *Marlene Dietrich by her Daughter*. New York: Alfred A. Knopf, 1993.
ROBINSON, ANDREW. *Satyajit Ray: The Inner Eye*. London: André Deutsch, 1989.
ROBINSON, DAVID. *Buster Keaton*. London: Secker & Warburg, 1969.
— *Chaplin: His Life and Art*. London: Collins, 1985.
— *The Great Funnies: A History of Film Comedy*. London: Studio Vista, 1969.
ROCHA, GLAUBER. *Revolução do cinema novo*. Rio de Janeiro: Alhambra/Embrafilme, 1981.
— "The Aesthetics of Hunger". In Michael Chanan(ed.). *Twenty Five Years of the New Latin American Cinema*. London: BFI and Channel 4, 1983.
RODDICK, NICK. "The British Revival". In Gilbert Adair and Nich Roddick(eds.). *A Night at the Pictures: Ten Decades of British Film*. London: Columbus, 1985.
ROHDIE, SAM. *Antonioni*. London: BFI, 1990.
— *The Passion of Pier Paolo Pasolini*, London: BFI, 1995.
ROHMER, ERIC. *L'Organisation de l'espace dans le 'Faust' de Murnau*. Paris: Union Générale d'Éditions, 1977.
— and CHABROL, CLAUDE. *Hitchcock: The First Forty-Four Films*. New York: Frederick Ungar, 1979.
ROSENTHAL, ALAN. *The New Documentary in Action: A Casebook in Film Making*. Berkeley, Calif.: University of

California Press, 1980.
ROSSELLINI, ROBERTO. *Quasi un'autobiografia*. Milan: Arnoldo Mondadori, 1987.
ROSSI, PATRIZIO. *Roberto Rossellini: A Guide to References and Resources*. Boston: G. K. Hall, 1988.
ROSTEN, LEO. *Hollywood: The Movie Colony*. New York: Harcourt, Brace, 1941.
ROUCH, JEAN. *Films ethnographiques sur l'Afrique noire*. Paris: UNESCO, 1967.
ROUD, RICHARD(ed.). *Cinema: A Critical Dictionary*. 2 vols. London: Secker & Warburg, 1980.
— *Godard*. Revised edn. London: Secker & Warburg, 1970.
RÓZSA, MIKLÓS. *Double Life: The Autobiography of Miklós Rózsa*. New York: Hippocrene Books, 1983.
RÜLICKE-WEILER, KÄTHE(ed.). *Film und Fernsehkunst der DDR: Traditionen, Beispiele, Tendenzen*. Berlin: Henschel, 1979.
RUSSELL, SHARON A. *Semiotics and Lighting: A Study of Six Modern French Cameramen*. Ann Arbor, Mich.: UMI Research Press, 1981.
RUSSELL TAYLOR, JOHN, and JACKSON, ARTHUR. *The Hollywood Musical*. London: Secker & Warburg, 1971.
RUSSET, ROBERT, and STARR, CECILE(eds.). *Experimental Animation: Origins of a New Art*. New York: Da Capo, 1988.
RYALL, TOM. *Alfred Hitchcock and the British Cinema*. Urbana, Ill.: University of Illinois Press, 1986.
RYAN, PAUL. *Marlon Brando: A Portrait*. London: Plexus, 1991.
SADOUL, GEORGES. *Dictionary of Filmmakers*. Berkeley, Calif.: University of California Press, 1992.
— *Dictionary of Films*. Berkeley, Calif.: University of California Press, 1992.
— *Gérard Philipe*. Paris: Seghers, 1967.
— *Histoire générale du cinéma*. Vol. iii: *Le Cinéma devient un art, 1909~1920(l'avant-guerre)*. Paris: Denoël, 1951.
— *Histoire générale du cinéma*. Vol. iv: *Le Cinéma devient un art, 1909~1920*(la première guerre mondiale). Paris: Denoël, 1974.
— *Histoire générale du cinéma*. Vol. *v: L'Art muet(1919~1929)*. Paris: Denoël, 1975.
SAID, SALIM. *Shadows on the Silver Screen: A Social History of the Indonesian Film*. Jakarta: Lontar Foundation 1991.
SALLES GOMES, PAULO EMILIO. *Cinema: Trajetória no subdesenvolvimento*. Rio de Janeiro: Editorial Paz e Terra and Embrafilme, 1980.
SALT, BARRY. *Film Style and Technology: History and Analysis*. London: Starword, 1983. (Revised edn., 1992.)
— "Schiave bianche e tende a strisce. La ricerca del 'sensazionale'". In *Schiave bianche allo specchio: le origini del cinema in Scandinavia(1896~1918)*. Pordenone: Studio Tesi, 1986.
SAMPSON, HENRY T. *Blacks in Black and White: A Source Book on Black Films*. Metuchen, NJ: Scarecrow Press, 1977.
SANDERS-BRAHMS, HELMA. *Deutschland, bleiche Mutter: Film-Erzählung*. Reinbek: Rowohlt, 1980.
SANDFORD, JOHN. *The New German Cinema*. New York: Da Capo, 1980.
SANNWALD, DANIELA. "Continental Stranger: Conrad Veidt und seine britischen Filme". In G. Dunkhase and Jörg Schöning(eds.). *London Calling*. München: Cine-Graph, 1993.
SANTNER, ERIC L. *Stranded Objects: Mourning, Memory and Film in Postwar Germany*. Ithaca, NY, and London: Cornell University Press, 1990.
SARRIS, ANDREW. *The John Ford Movie Mystery*. London: Secker & Warburg, 1976.
— (ed.). *The American Cinema: Directors and Directions, 1929~1968*. New York: E. P. Dutton, 1968.
— (ed.). *Interviews with Film Directors*. New York: Avon, 1967.
SATO, TADAO, *et al.(eds.). Koza Nihon Eiga*. 7 vols. Tokyo: Iwanamishoten, 1985~6.
SAVIO, FRANCESCO. *Ma l'amore no: realismo, formalismo, propaganda e telefoni bianchi nel cinema italiano di regime(1930~1943)*. Milan: Sonzogno, 1975.
SCANNELL, PADDY, and CARDIFF, DAVID. *A Social History of British Broadcasting*. Vol. i: *1922~1939*. Oxford: Basil Blackwell, 1991.
SCHARY, DORE. *Heyday*. Boston: Little, Brown & Co., 1979.
SCHATZ, THOMAS. *The Genius of the System*. New York: Pantheon, 1988.
— *Hollywood Genres: Formulas, Filmmaking and the Studio System*. New York: Random House, 1981.
SCHENK, ROLF(ed.). *Das zweite Leben der Filmstadt Babelsberg: DEFA Spielfilme 1946~1992*. Berlin: Henschel, 1994.
Schiave bianche allo specchio: le origini del cinema in Scandinavia(1896~1918). Pordenone: Studio Tesi, 1986.
SCHICKEL, RICHARD. *D. W. Griffith: An American Life*. New York: Simon & Schuster, 1984.
— *Brando: A Life in our Times*. London: Pavilion, 1991.
— and FAIRBANKS, DOUGLAS, JR. *The Fairbanks Album*. Boston: New York Graphic Society, 1975.
SCHIFANO, LAURENCE. *Luchino Visconti: The Flames of Passion*. London: Collins, 1990.
SCHNEIDER, STEVE. *That's All Folks!* New York: Henry Holt, 1988.
SCHNITZER, LUDA, and SCHNITZER, JEAN. *Alexandre Dovjenko*. Paris: Éditions Universitaires, 1966.
SCHRADER, PAUL. *Transcendental Style in Film: Ozu, Bresson, Dreyer*. Berkeley, Calif.: University of California Press, 1972.
SCHUMANN, PETER B. *Historia del cine latinoamericano*. Buenos Aires: Editorial Legasa, 1987.
SCHYGULLA, HANNA. *Bilder aus Filmen von Rainer*

Werner Fassbinder. München: Schirmer & Mosel, 1981.
SCOGNAMILLO, GIOVANNI, *Turk sinemasi tarihi* ('The history of Turkish cinema'). 2 vols. Istanbul: Metis, 1987~8.
SELEZNYOVA, T. *Kinomysl 1920-ykh godov* ('Cinema thinking in the 1920s'). Leningrad: Iskusstvo, 1972.
SEMSEL, GEORGE S.(ed.). *Chinese Film: The State of the Art in the People's Republic*. New York: Praeger, 1987.
SEN, KRISHNA. *Indonesian Cinema: Framing the New Order*. London: Zed Books, 1994.
SESONSKE, ALEXANDER. *Jean Renoir: The French Films, 1924~1939*. Cambridge, Mass.: Harvard University Press, 1980.
SETON, MARIE. *Sergei M. Eisenstein: A Biography*. London: John Lane, The Bodley Head, 1952.
SEYDEL, RENATE, and HAGEDORFF, ALLAN(eds.). *Asta Nielsen: ihr Leben in Fotodokumenten, Selbstzeugnissen und zeitgenössischen Betrachtungen*. München: Universitas Verlag, 1981.
SHEPHERD, DONALD. *Jack Nicholson: An Unauthorized Biography*. New York: St. Martin's Press, 1991.
—, and SLATZER, ROBERT, with GRAYSON, DAVE. *Duke: The Life and Times of John Wayne*. London: Weidenfeld & Nicolson, 1985.
SHIRI, KEITH(ed.). *Africa at the Pictures*. London: BFI, 1993.
SHIRLEY, GRAHAM, and ADAMS, BRIAN. *Australian Cinema: The First Eighty Years*. Revised edn. Sydney: Currency Press, 1983.
SHLAPENTOKH, DMITRY, and SHLAPENTOKH, VLADIMIR. *Soviet Cinematography 1918~1991: Ideological Conflict and Social Reality*. New York: Aldine de Gruyter, 1993.
SHMERUK, CHONE. *Historia literatury jidisz* ('History of Yiddish literature'). Wrocław, 1992.
SIEGEL, JOEL E. *Val Lewton: The Reality of Terror*. London, Secker & Warburg, 1973; New York: Viking, 1973.
SILVERMAN, KAJA. *Male Subjectivity at the Margins*. London: Routledge, 1992.
SINCLAIR, ANDREW. *John Ford: A Biography*. New York: Dial, 1979.
SINGER, BEN. "Fictional Tie-ins and Narrative Intelligibility, 1911~18". *Film History*, 5/4 (Dec. 1993).
SINYARD, NEIL. *The Films of Steven Spielberg*. London: Bison Books, 1987.
SITNEY, P. ADAMS. *Visionary Film*. New York and London: Oxford University Press, 1974.
SIVATHAMBY, KARTHIGESU. *The Tamil Film as a Medium of Political Communication*. Madras: New Century Book House, 1981.
SKLAR, ROBERT. *Film: An International History of the Medium*. New York: Abrams, 1993; London: Thames & Hudson, 1993.
— *Movie-Made America*. New York: Vintage, 1976.
—, and MUSSER, CHARLES(eds.). *Resisting Images: Essays on Cinema and History*. Philadelphia: Temple University Press, 1990.
SKORODNIKOVA, SVETLANA. "Ivan Ilich Mosjoukine". In P. Cherchi Usai *et al.*(eds.). *Silent Witnesses: Russian Films, 1908~1919*. London: BFI, 1989; Pordenone: Biblioteca dell'Immagine, 1989.
SLIDE, ANTHONY. *The Big V: A History of the Vitagraph Company*. Metuchen, NJ: Scarecrow Press, 1987.
— *The Griffith Actresses*. New York: A. S. Barnes, 1973.
SLOTKIN, RICHARD. *Gunfighter Nation: The Myth of the Frontier in Twentieth Century America*. New York: Atheneum, 1992.
SLUSSER, GEORGE, and RABKIN, ERIC S.(eds.). *Shadows of the Magic Lamp: Fantasy and Science Fiction in Film*. Carbondale, Ill.: Southern Illinois Press, 1985.
SMITH, ALBERT. *Two Reels and a Crank*. New York: Doubleday, 1952.
SMITH, ELLA. *Starring Miss Barbara Stanwyck*. Revised edn. New York: Crown Books, 1985.
SMITH, PAUL. *Clint Eastwood: A Cultural Production*. Minneapolis: University of Minnesota Press, 1993.
SMITH, PAUL JULIAN. *Laws of Desire: Questions of Homosexuality in Spanish Writing and Film, 1960~1990*. Oxford: Clarendon Press, 1992.
SNYDER, ROBERT L. *Pare Lorentz and the Documentary Film*. Norman, Okla.: University of Oklahoma Press, 1968.
SOBCHACK, VIVIAN. *Screening Space: The American Science Fiction Film*. New York: Ungar Publishing Co., 1987.
SOLANAS, FERNANDO, and GETINO, OCTAVIO. "Towards a Third Cinema'(1969). In Michael Chanan(ed.). *Twenty Five Years of the New Latin American Cinema*. London: BFI and Channel 4, 1983.
SOLOMON, CHARLES. *Enchanted Drawings: The History of Animation*. New York: Knopf, 1987.
SONTAG, SUSAN. "Fascinating Fascism". *In Under the Sign of Saturn*. New York: Vintage, 1981.
— *On Photography*. New York: Farrar, Straus & Giroux, 1977.
SORLIN, PIERRE. *European Cinemas, European Societies, 1939~1990*. London: Routledge, 1991.
SOUTO, H. MARIO RAIMONDO. *The Technique of the Motion Picture Camera*. 3rd edn.. New York: Hastings House, 1977.
SOWRY, CLIVE. *Film-Making in New Zealand*. Wellington: New Zealand Film Archive, 1984.
SPOTO, DONALD. *Blue Angel: The Life of Marlene Dietrich*. New York: Doubleday, 1992.
— *The Dark Side of Genius: The Life of Alfred Hitchcock*. Boston: Little, Brown & Co., 1983.
— *Marilyn Monroe: The Biography*. London: Chatto & Windus, 1993.

SQUIRE, JASON E.(ed.). *The Movie Business Book*. New York: Simon & Schuster, 1992.

STAIGER, JANET. "Individualism versus Collectivism". *Screen*, 24 (Autumn 1983).

STAM, ROBERT. "The Hour of the Furnaces and the Two Avant-Gardes". In Julianne Burton(ed.). *The Social Documentary in Latin America*. Pittsburgh: University of Pittsburgh, 1990.

STANBROOK, ALAN. "The Worlds of Hou Hsiao-hsien". *Sight and Sound* (Spring 1990).

STEAD, PETER. *Film and the Working Class: The Feature Film in British and American Society*. London: Routledge, 1989.

STEDMAN, RAYMOND WILLIAM. *The Serials: Suspense and Drama by Installment*. Norman, Okla.: University of Oklahoma Press, 1977.

STEELE, JOSEPH H. *Ingrid Bergman: An Intimate Portrait*. New York: David McKay Co., 1959.

STEEN, MIKE. *Hollywood Speaks: An Oral History*. New York: Putnam's, 1974.

STERNBERG, JOSEF VON. *Fun in a Chinese Laundry*. New York: Collier Books, 1965.

STETTNER, PETER. *Von Trümmerfilm zur Traumfabrik: die 'Junge Film-Union', 1947~1952*. Hildesheim, Zurich, and New York: Olms, 1992.

STITES, RICHARD. *Revolutionary Dreams: Utopian Vision and Experimental Life in the Russian Revolution*. Oxford: Oxford University Press, 1989.

— *Soviet Popular Culture: Entertainment and Society in Russia since 1900*. Cambridge: Cambridge University Press, 1992.

STOLLER, PAUL. *The Cinematic Griot: The Ethnography of Jean Rouch*. Chicago: University of Chicago Press, 1992.

STUDLAR, GAYLYN. "Valentino, 'Optic Intoxication' and Dance Madness". In Steven Cohan and Ina Rae Hark (eds.). *Screening the Male*. London: Routledge, 1993.

— *Von Sternberg, Dietrich and the Masochistic Aesthetic*. Urbana, Ill.: University of Illinois Press, 1988.

— and Desser, David(eds.). *Reflections in a Male Eye: John Huston and the American Experience*. Washington, DC: Smithsonian, 1993.

SUROWIEC, CATHERINE A. *Accent on Design: Four European Art Directors*. London: BFI, 1992.

SUSSEX, ELIZABETH. *The Rise and Fall of British Documentary: The Story of the Film Movement Founded by John Grierson*. Berkeley, Calif.: University of California Press, 1975.

SYBERBERG, HANS JÜRGEN. *Der Wald steht schwarz und schweiget*. Zurich: Diogenes, 1984.

— *Die Freudlose Gesellschaft*. München and Wien: Hanser, 1981.

— *Hitler: A Film from Germany*. Translated by Joachim Neugroschel. New York: Farrar, Straus & Giroux, 1982.

SYKES, CHARLES J. *A Nation of Victims*. New York: St Martin's Press, 1992.

TABORI, PAUL. *Alexander Korda*. London: Oldbourne, 1959.

TALON, GÉRARD. "Cinéma français: la crise de 1928". In *Synchronismes: 1928*. Paris: Éditions du Signe, 1975.

TANAKA, JUNICHIRO. *Nihon Eiga Hattatsu Shi*. 5 vols. Tokyo: Chuei Koron, 1957~76.

TAYLOR, PHILIP M.(ed.). *Britain and the Cinema in the Second World War*. London: Macmillan, 1988.

TAYLOR, RICHARD. *The Politics of the Soviet Cinema, 1917~29*. Cambridge: Cambridge University Press, 1979.

—, and CHRISTIE, IAN(eds.). *The Film Factory: Russian and Soviet Cinema in Documents*. London: Routledge & Kegan Paul, 1988.

TEO, STEPHEN. *Hong Kong Cinema: The Extra Dimensions*: London, BFI, 1996.

TESSIER, MAX. "Yasujiro Ozu". *Anthologie du cinéma*, 64 (July~Oct. 1971).

THARRATS, JUAN-GABRIEL. *Los 500 films de Segundo de Chomón*. Zaragoza: Prensas Universitarias, 1988.

THOMAS, BOB. *Brando: Portrait of the Rebel as an Artist*. New York and London: W. H. Allen, 1973.

THOMAS, HANS. *Die deutsche Tonfilmmusik: von den Anfängen bis 1956*. Neue Beiträge zur Film und Fernsehforschung 3. Gütersloh: Bertelsmann, 1962.

THOMAS, TONY. *Film Score: The Art and Craft of Movie Music*. Burbank, Calif.: Riverside Press, 1991.

THOMAS, FRANK, and JOHNSTON, OLLIE. *Disney Animation: The Illusion of Life*. New York: Abbeville, 1981.

THOMPSON, DAVID, and CHRISTIE, IAN(eds.). *Scorsese on Scorsese*. London: Faber & Faber, 1989.

THOMPSON, KRISTIN. "Boredom on the Beach: Triviality and Humor in *Les vacances de M. Hulot*". In *Breaking the Glass Armor: Neoformalist Film Criticism*. Princeton, NJ: Princeton University Press, 1988.

— *Exporting Entertainment: America in the World Film Market, 1907~1934*. London: BFI, 1985.

— "*Late Spring* and Ozu's Unreasonable Style". In *Breaking the Glass Armor: Neoformalist Film Criticism*. Princeton, NJ: Princeton University Press, 1988.

— "*Play Time*: Comedy on the Edge of Perception". In *Breaking the Glass Armor: Neoformalist Film Criticism*. Princeton, NJ: Princeton University Press, 1988.

— and BORDWELL, DAVID. *Film History: An Introduction*. New York: McGraw-Hill, 1994.

THOMSON, VIRGIL. "A Little about Movie Music". *Modern Music*, 10(Nov. 1932~June 1933).

TOEPLITZ, JERZY. *Geschichte des Films, 1895~1933*. München, 1987.

— *Historia sztuki filmowej*('History of film art'). Vol. v. Warsaw, 1970.

TOLAND, GREGG. "Realism for *Citizen Kane*". *American Cinematographer*(Feb. 1941).

TOROPTSEV, SERGEI. *Ocherk istorii kitaiskogo Kino, 1896~1966*('Essays on the history of Chinese cinema'). Moscow: Nauka, 1979.

TRAUBERG, L. Z. *Leonid Trauberg et l'excentrisme*. Edited by Natalia Noussinova. Brussels: Yellow Now-STUC, 1993.

TRAUDISCH, DORA. *Mutterschaft mit Zuckergurs? Frauenfeindliche Propaganda im NS-Spiefilm*. Pfaffenweiler: Centaurus, 1993.

TRUFFAUT, FRANÇOIS. "A Certain Tendency of the French Cinema". In Bill Nichols(ed.). *Movies and Methods*. Berkeley, Calif.: University of California Press, 1976.

—, with SCOTT, HELEN G. *Hitchcock*. New York: Simon & Schuster, 1984.

TSIVIAN, YURI, "Some Preparatory Remarks on Russian Cinema". In P. Cherchi Usai *et al.(eds.)*. *Silent Witnesses: Russian Films 1908~1919*. London: BFI, 1989; Pordenone: Edizioni Biblioteca dell'Immagine, 1989.

TUDOR, ANDREW. *Monsters and Mad Scientists: A Cultural History of the Horror Movie*. Oxford: Basil Blackwell, 1989.

TULLOCH, JOHN. *Legends on the Screen: The Narrative Film in Australia 1919~1929*. Sydney: Currency Press, 1981.

TURCONI, DAVID, and BASSOTTO, EMILIO. *Cinema scritto: il catalogo delle riviste italiane di cinema, 1907~1944*. Edited by Riccardo Redi. Rome: Associazione Italiana per le Ricerche di Storia del Cinema, 1992.

TURNER, GEORGE. "Xanadu in Review: *Citizen Kane Turns* 50". *American Cinematographer*(Aug. 1991).

TURNER, FREDERICK JACKSON. *The Frontier in American History*. New York: Holt, Rinehart & Winston, 1962.

TUROVSKAYA, MAYA. *Tarkovsky: Cinema as Poetry*. London: Faber & Faber, 1989.

TUSKA, JOHN. *The Filming of the West*. Garden City, NY: Doubleday, 1976.

TYLER, PARKER. *Magic and Myth of the Movies*. London: Secker & Warburg, 1971.

UKADIKE, NWACHUKWU FRANK. *Black African Cinema*. Berkeley, Calif.: University of California Press, 1994.

URICCHIO, WILLIAM, and PEARSON, ROBERTA E. *Reframing Culture: The Case of the Vitagraph Quality Films*. Princeton, NJ: Princeton University Press, 1993.

UUSITALO, KARI. "Finnish Film Production(1904~1918)". *Facts about Film in Finland*, 1(1975).

VASEY, RUTH. *Diplomatic Representations: The World According to Hollywood, 1919~1939*. Madison, Wis.: University of Wisconsin Press, 1995.

VASUDEV, ARUNA, and LENGLET, PHILIPPE(eds.). *Indian Cinema Superbazaar*. New Delhi: Vikas, 1983.

VERTOV, DZIGA. *Kino-Eye: The Writings of Dziga Vertov*. Edited and introduced by Annette Michelson. Berkeley, Calif.: University of California Press, 1984.

VERTREES, ALAN. "A Singular Vision: David O. Selznick and the Film Production of *Gone with the Wind*". Ph. D. dissertation, Columbia University, 1991.

VIANO, MAURIZIO. *A Certain Realism: Making Use of Pasolini's Film Theory and Practice*. Berkeley, Calif.: University of California Press, 1993.

VINCENDEAU, GINETTE. "Hollywood Babel". *Screen*, 29/2 (1988).

VIRILIO, PAUL. *Guerre et cinéma 1: logistique de la perception*. Paris: Éditions de l'Étoile, 1984.

VISHNEVSKY, VIENIAMIN E. *Khronologicheskiie tablitsy i stat'i po istorii sovietskogo kino*('Chronological tables and articles on the history of Soviet cinema'). Gosfilmfond Manuscript Archive no. 27.

—, and FIONOV, P. V.(eds.). *Sovietskoie kino v datakh i faktakh, 1917~69*('Soviet Cinema dates and facts, 1917~69'). Moscow: Iskusstvo, 1974.

VRIELYNCK, ROGER. *Le Cinéma d'animation avant et après Walt Disney*. Brussels: Meddens, 1981.

WALKER, ALEXANDER. *Greta Garbo: A Portrait*. London: Weidenfeld & Nicolson, 1980.

— *Hollywood, England: The British Film Industry in the Sixties*. London: Harrap, 1986.

— *National Heroes: British Cinema in the Seventies and Eighties*. London: Harrap, 1985.

— *The Shattered Silents: How the Talkies Came to Stay*. London: Harrap, 1986.

— *Valentino*. London: Penguin, 1976.

WARHOL, ANDY. *Blue Movie*. New York: Grove Press, 1970.

— *The Philosophy of Andy Warhol: From A to B and Back Again*. New York: Harcourt Brace Jovanovich, 1975.

WARSHOW, ROBERT. "The gangster as tragic hero". *The Immediate Experience*. New York: Doubleday, 1962.

WEINBERG, HERMANN G. *The Lubitsh Touch*: A Critical Study. New York: Dover Publications, 1977.

WEIS, ELISABETH, and BELTON, JOHN(eds.). *Film Sound: Theory and Practice*. New York: Columbia University Press, 1985.

WEISS, MARION. *Martin Scorsese: A Guide to References and Resources*. Boston: G. K. Hall, 1987.

WELDON, MICHAEL. *The Psychotronic Encyclopedia of Film*. New York: Ballantine Books, 1983.

WELLES, ORSON. *Orson Welles on Shakespeare: The WPA and Mercury Theatre Playscripts*. Edited by Richard France. New York: Greenwood Press, 1990.

—, with BOGDANOVICH, PETER. *This is Orson Welles*. Edited by Jonathan Rosenbaum. New York: Harper Collins, 1992.

WENDERS, WIM. *Emotion Pictures: Reflections on the Cinema*. Translated by Sean Whiteside. London: Faber & Faber, 1989.

— *The Logic of Images: Essays and Conversations*. London: Faber & Faber, 1991.

WENDERS, WIM, SHEPARD, SAM, and CARSON, L. M. KIT. *Paris, Texas*. New York: Ecco, 1990.

WERNER, GÖSTA. *Den svenska filmens historia*('History of Swedish film'). Stockholm: P. A. Norstedt & söners, 1978.

— *Mauritz Stiller: ett livsöde*('Mauritz Stiller: a biography'). Stockholm: Bokförlaget Prisma, 1991.

WEXMAN, VIRGINIA WRIGHT, and BISPLINGHOFF, GRETCHEN. *Robert Altman: A Guide to References and Resources*. Boston: G. K. Hall, 1984.

Wide Angle, 11(1989).

WILLEMEN, PAUL(ed.). "Andaz". In Wimal Dissanayake (ed.). *Melodrama and Asian Cinema*. Cambridge: Cambridge University Press, 1993.

— (ed.). *Ophuls*. London: BFI, 1978.

— (ed.). *Pasolini*. London: BFI, 1977.

WILLIAMS, ALAN. *Max Ophuls and the Cinema of Desire*. Ann Arbor, Mich.: University Microfilms International, 1977.

— *Republic of Images: A History of French Filmmaking*. Cambridge: Harvard University Press, 1992.

WILLIAMS, LINDA. *Hard Core: Power, Pleasure and the Frenzy of the Visible*. Berkeley, Calif.: University of California Press, 1989.

WINDELER, ROBERT. *Burt Lancaster*. London: W. H. Allen, 1984.

WINKLER-BESSONE, CLAUDE. *Les Films de Wim Wenders: la nouvelle naissance des images*. Berne, New York, and Frankfurt am Main: Peter Lang, 1992.

WITTE, KARSTEN. "Filmkomödie im Faschismus". Dissertation, Johann Wolfgang Goethe-University of Frankfurt, 1986.

— "Gehemmte Schaulust: Momente des deutschen Revuefilms". In Helga Belach(ed.). *Wir tanzen um die Welt: deutsche Revuefilm, 1933~1945*. München and Wien: Hanser, 1979.

WOLLEN, PETER. "Counter-cinema: *Vent d'est*". *Afterimage*, 4(1972).

— *Readings and Writings: Semiotic Counter-Strategies*. London: Verso, 1982.

— *Signs and Meaning in the Cinema*. Revised edn. London: Secker & Warburg, 1972.

WOOD, NANCY. "Towards a Semiotics of the Transition to Sound: Spatial and Temporal Codes". *Screen*, 25(1984).

WOOD, ROBIN. *Hitchcock's Films Revisited*. New York: Columbia University Press, 1989.

— *Howard Hawks*. London: BFI, 1981.

— *Ingmar Bergman*. London: Studio Vista, 1969.

— "An Introduction to the American Horror Film". In Bill Nichols(ed.). *Movies and Methods*. Berkeley, Calif.: University of California Press, 1985.

WOODHEAD, CHRISTINE(ed.). *Turkish Cinema: An Introduction*. London: Centre of Near and Middle Eastern Studies, SOAS, Apr. 1989 (Occasional Paper 5).

WRIGHT, WILL. *Sixguns and Society*. Berkeley, Calif.: University of California Press, 1975.

WYVER, JOHN. *The Moving Image: An International History of Film Television and Video*, Oxford: Basil Blackwell, 1989.

YAMAGUCHI, YOSHIKO, and FUJIWARA, SAKUYA. *Ri Ko Ran: Watashi no Hansei*. Shincho Bunko, 1987.

YOUNGBLOOD, DENISE JEANNE. *Soviet Cinema in the Silent Era, 1918~1935*. Ann Arbor: UMI Research Press, 1985.

ŽIŽEK, SLAVOJ. *Everything You Always Wanted to Know about Lacan (but Were Afraid to Ask Hitchcock)*. London: Verso, 1992.

ZMIJEWSKY, STEVE, ZMIJEWSKY, BORIS, and RICCI, MARK. *The Complete Films of John Wayne*. Secaucus, NJ: Citadel Press, 1983.

ZORKAYA, NEYA. *The Illustrated History of Soviet Cinema*. New York: Hippocrene Books, 1991.

— *Ivan Mozzhukhin*. Moscow: Znanie, 1990.

ZWERENZ, GERHARD. *Der langsame Tod des Rainer Werner Fassbinder*. München: Schneekluth, 1982.

인명 색인

ㄱ

ㄴ

ㄹ

ㅂ

ㅅ

인명 색인

ㅈ

ㅊ

ㅋ

ㅌ

ㅍ

ㅎ

영화 색인

ㄴ

ㄷ

ㄹ

ㅁ

ㅂ

ㅇ

ㅋ

ㅌ

ㅍ

ㅎ

사진 출처

52 (C) Danish Film Museum. 56 (C) Museum of Modern Art, Nwe York. 60 Photo: Kobal Collection. 67 Photo: Kobal Collection. 72 (C) Turner Entertainment Co. All Rights Reserved. 77 (C) 1930 Turner Entertainment Co. All Rights Reserved. 84 (C) 1919 by Universal City Studios, Inc. Courtesy of MCA Publishing Rights, A Division of MCA Inc. All Rights Reserved. 94 (C) 1927 Twentieth Century Fox. 99 (C) 1925 Twentieth Century Fox. 104 (C) 1996 DACS, London. 108 (C) Felix the Cat Productions Inc. 109 (C) 1928, Saturn Film. 117 (C) Pathé Television. 118 (C) Chaplin Films. 127 (C) Fox/Europa. 128 (C) Mosfilm. 135 (C) 1996 DACS, London. 137 (C) Pathé Television. 140 (C) Palladium, Denmark. 162(*bottom*) (C) Pathé Television. 177 (C) By courtesy of the Rank Organisation Plc. 182 (C) Rohauer Pendemis. 184 (C) Still courtesy of CTE and the Samuel Goldwyn Co. 186 (C) Friedrich-Wilhelm-Murnau-Stiftung. 190 (C) Friedrich-Wilhelm-Murnau-Stiftung. 194 (C) Friedrich-Wilhelm-Murnau-Stiftung, MGM Costume Dept. 198 (C) Svensk Filmindustri. 201 (C) Svensk Filmindustri. 202 (C) Svensk Filmindustri. 214 (C) 1944 Mosfilm. 215 (C) 1937 Mosfilm. 221 (C) 1929 Sovkino. 224 (C) 1936, Greenfilm. 240 (C) 1928 Turner Entertainment Co. All Rights Reserved. 250 (C) 1927 Turner Entertainment Co. All Rightss Reserved. 258 (C) 1939 Turner Entertainment Co. All rights Reserved. 260 (C) 1927 Turner Entertainment Co. All Rights Reserved. 264(*top and bottom*) (C) BIP. 267 (C) 1952 Turner Entertainment Co. All Rights reserved. 268 (C) 1928 Paramount Pictures. 274 (C) 1938 Turner Entertainment Co. All Rights Reserved. 276 (C) 1943 Warner Brothers. 280 (C) 1944 Turner Entertainment Co. All Rights Reserved 284 (C) 1949 Excelsa Film/Renzo Rossolini. 286 (C) Still courtesy of CTE and the Samuel Goldwyn Co. 296 (C) 1932 by Universal City Studios, Inc. Courtesy of MCA Publishing rights, A division of MCA Inc. All Rights reserved. 300 (C) 1933 Universal Elekta Film. 302 (C) 1934 Turner Entertainment Co. All Rights Reserved. 309 (C) By courtesy of the Rank organisation Plc. 314 (C) 1938 Turner Entertainment Co. All Rights Reserved. 316 (C) Range/Bettmann/UPI. 322 (C) 1941 Turner Entertainment Co. All Rights reserved. 324 (C) 1953 Twentieth Century Fox. 331 (C) 1944 Turner Entertainment Co. All Rights Reserved. 333 (C) 1949 Warner Brothers. 340 (C) 1944 Turner Entertainment Co. All Rights Reserved. 343 (C) 1946 Turner Entertainment Co. All Rights Reserved. 344 (C) 1940 Turner Entertainment Co. All Rights Reserved. 346 (C) 1944 by Universal City Studios, inc. Courtesy of MCA Publishing Rights, A Division of MCA Inc. All Rights Reserved. 349 (C) 1923 Paramount. 350 (C) 1946 Twentient Century Fox. 352 (C) 1949 Turner Entertainment Co. All Rights Reserved. 354 (C) 1950 by Universal City Studios, Inc. Courtesy of MCA Publishing Rights, A Division of MCA Inc. All Rights Reserved. 359 (C) 1933 Turner Entertainment Co. All Rights Reserved. 360 Photo: Kobal Collection. 362 (C) 1936 RKO Pictures Inc. Used by Permission of Turner Entertainment Co. All Rights Reserved. 366 (C) 1955 Turner Entertainment Co. All Rights Reserved. 370 (C) 1931 Turner Entertainment Co. All Rights Reserved. 372 (C) 1939 Ste UGC. 373 (C) 1947 RKO Pictures Inc. Used by permission of Turner Entertainment Co. All Rights Reserved. 374 (C) 1960 by Universal City Studios, Inc. Courtesy of MCA Publishing Rights, A Division of MCA Inc. All Rights Reserved. 375 (C) 1972 by Universal City Studios. Inc. Courtesy of MCA Publishing Rights, A Division of MCA Inc. All Rights Reserved. 380 (C) 1935 Turner Entertainment Co. All Rights Reserved. 383 (C) 1931 by Universal City Studios, Inc. Courtesy of MCA Publishing Rights, A Division of MCA Inc. All Rights Reserved. 384 (C) 1943 Turner Entertainment Co. All Rights Reserved. 386 With thanks to pandora and to the C.L.T. (C) Visionlight. 389 (C) 1935 British Gas Sponsored. 390 Resettlement Administrative Unit. 394 Crown copyright. Reproduced by Permission of the Controller of HMSO. 398 Mme Loridan Ivens/Capi Films. 404 (C) Still courtesy of CTE and the Samuel Goldwyn Company. 406 (C) Les Grands Films Classsiques, Paris. 409 (C) 1936 by Universal City Studios, Inc. Courtesy of MCA Publishing Rights, A Division of MCA Inc. All rights Reserved. 414 (C) Ste UGC. 415 (C) 1945 Pathé Television. 416 (C) 1953 VGC. 417 (C) 1951 Les Films Ariane. 419 Caday/Discina 424 1937 ENIC. 430 1951 Janus. 431 1948 MOMA, NY. 444 (C) By courtesy of The Rank Organisation Plc. 446 (C) 1934 Lumière Picturis Ltd. 448 (C) By courtesy of The Rank Organisation Plc. 451 (C) 1951 Lumière Pictures Ltd. 453(*top*) (C) By Courtesy of The Rank Organisation Plc. (*bottom*) (C) Hammer Films/Lumière Pictures Ltd. 460 (C) Friedrich-Wilhelm-Murnau-Stiftung. 462 (C) Courtesy of the

Rank Organisation. 468 1936 Barrandov Studios. 470 (C) Stefan Themerson Estate, 1996. Themerson Archive, 12 Belsize Park Gardens, London NW3 4LD. 475 1937 Lenfilm. 476 1934 Lenfilm. 496 (C) Twentieth Century Fox. 504 1939 Daiei Film Productions. 518 (C) Courtesy of Clasa Films Mundiales. 520 1961 UNICI. 523 1957 Argentina Sono Film. 527 1946 Excelsa Film/Renzo rossolini. 529 (C) Lumière Pictures Ltd. 530 1954 Janus/Lux. 534 (C) 1951 Warner Bros. 537 (C) 1948 RKO Pictures Inc. Used by Permission of Turner Entertainment Co. All Rights Reserved. 538 (C) By courtesy of Romulus Films. 544 1963 Seven Arts/Joel/John Frankenheimer. 546 Internaccional Films Espanola. 549 (C) 1955 by Universal city Studios, Inc. Courtesy of MCA Publishing Rights, A Division of MCA Inc. All Rights Reserved. 550 (C) 1961 Turner Entertainment Co. All Rights Reserved. 543 (C) 1975 Warner Bros. 561 (C) Hammer Films. 562 1977 Twentieth Century Fox. 564 1964 Eastwood. 569 (C) Paramount. 572 (C) Orion Pictures Corp. 575 (C) 1979 Metro Goldwyn Mayer Inc. 576 (C) 1982 by Universal City Studios, Inc. Courtesy of MCA Publishing Rights, A Division of MCA Inc. All Rights Reserved. 581 1961 Rome-Paris/Euro International. 587 (C) Ste Les Films Ariane. 589 (C) Warner Bros. 590 Janus. 595 Courtesy of the Edward Mapp Collection. 597 (C) 1939 Turner Entertainment Co. All Rights Reserved. 600 (C) Twentieth Century Fox. 602 (C) 1967 Metro Goldwyn Mayer Inc. 604 (C) Warner Bros. 605 Uip/Forty Acres and a Mule Filmworks. 608 (C) 1975 The Saul Zaentz Company. All Rights Reserved. 611 (C) Orion pictures. 614 (C) Warner Bros. 617 (C) 1981 by Universal City Studios, Inc. Courtesy of MCA Publishing Rights, A Division of MCA Inc. All Rights Reserved. 620 (C) 1972 by Universal City Studios, Inc. Courtesy of MCA Publishing Rights, A Division of MCA Inc. All Rights Reserved. 624 (C) 1981 Lucas film Ltd. 626 (C) Warner Bros. 630 (C) Les Films Du Jeudi. 632 (C) Ste Argos Films. 635 1968 ICAIC. 636 1980 Clarity Educational Productions. 639 (C) 1990 J & M Entertainment Ltd./Miramax Film Corp. 641 MOMA, New York. 648 The Andy Warhol Foundation for Visual Arts. Photoo: John Chamberlain. 663 (C) 1976 Bruno Bozzetto. 668 (C) Ste Artedis. 671 (C) Warner Bros. 673 (C) Apple Corps Inc./Walter Shenson. 676 1962 Interopa-Cineriz, paris Film. 680 (C) UGC DA. 682 (C) Svensk Filmindustri. 686 (C) Ste AFMD. 689 (C) Ste Pathé Cinema. 691 (C) 1950 Robert & Mylène Bresson. 693 (C) Gaumont/Walt Disney (France) SA. 695 (C) Gaumont/Walt Disney (France) Ltd. 698 (C) MOMA, Yew York/Film Stills Archive. 700~701 1975 PEA/UA. 703 1963 CCC/Concordia. 705 1970 Mars/Marianne/Maran. 707 1958 Vides. 710 1981 Emiliano Piedra Produccion/Edificio Luna. 711 (C) El Imar Cine y TV SA. 712 Photo: Mimmo Catarinich/Ell Deseo SA. 718 (C) Woodfall Films. 720 (C) By courtesy of the Rank organisation plc. 724 1968 Warner Brothers. 725 (C) 1982 BFI/Channel 4. 729 (C) 1968 Kairos Film. 732 (C) Filmverlag der Autoren. 734 1972 Hssischer Rundfunk. 738 1974 Film Verlag der Autoren. 741 (C) 1977 Bioskop Film. 745 1946 DEFA. 750 1958 Film Polski. 755 (C) Euro London Films Ltd. 756 Film Polski/Tor. 760 (C) 1959 Mosfilm. 763 1971 Lenfilm. 764 1979 Mosfilm. 768 1970 Lenfilm. 772 1968 Armenfilm. 775 1978 Uzbekfilm. 779 1983 Contemporary/Guney Prod/MKZ Prod/TFI Films. 792 1982 Les Films Cissé 797 1985 Institute for the Intellectual Development of Young Children and Young Adults, Teheran. 804 1977 Devki Chitra. 811 1994 Mainline/Kaleidoscope/Channel 4. 823 Guangxi Film Studio. 826 1991 Century Communications Ltd. 831 (C) 1973 Warner Bros. 834 Still courtesy of Video Tartan. 837 Artificial Eye. 840 1954 Toho/Eastwood. 850 With thanks to the NSW Film and Television Office. 851 1981 Warner/Kennedy Miller Entertainment. 858 1982 Glitteron 83, NZ. 860 National Film Board of Canada. 862 1992 First Independent. 864 (C) Max Films. 869 1969 Embra Line. 871 1968 ICAIC. 874 (C) Ukamau Limitada Films. 876 1977 Embra Line. 880 (C) Ste Gaumont/Walt Disney (France) SA. 883 (C) By courtesy of Paradise Films. 885 (C) Ste Cine Classic. 890 1987 Columbia Pictures. 891 (C) Polygram. 892 (C) 1991 by Universal City Studios, Inc. Courtesy of MCA Publishing Rights, A Division of MCA Inc. All Rights Reserved.

책임 편집

제프리 노웰 스미스 Geoffrey Nowell-Smith

『세계 영화 대사전』의 책임 편집자인 제프리 노웰 스미스는 유럽 영화 작품 목록 공동 연구소Joint European Filmography의 소장이며 옥스퍼드 대학의 유럽 인문학 연구소European Humanities Research Centre의 특별 연구원으로 있다. 『할리우드와 유럽: 1945년에서 1995년까지*Hollywood and Europe: 1945~1995*』, 『장벽 이후: 독일의 방송*After the Wall: Broadcasting in Germany*』등을 공동 저술했고, 이탈리아의 네오 리얼리즘 작가들에 관한 『정사*L'Avventura*』와 『루키노 비스콘티 *Luchino Visconti*』등의 저서가 있다. 최근엔 1960년대 영화사를 재조명한 『메이킹 웨이브즈: 1960년대 영화들*Making Waves: New Cinemas of the 1960s*』을 펴냈다.

옮긴이들

김경식

1956년에 태어나 서울대 불어교육과를 졸업했다. 영화 조감독으로 충무로에 입문한 후 영화 기획자로 일하다가 삼성, 현대 그룹의 영화 사업 관련 부서에서 영화 제작 투자, 외화 수입, 배급 등의 일을 했다. 로저 코먼의 『나는 어떻게 할리우드에서 백 편의 영화를 만들고 한 푼도 잃지 않았는가』, 폴 오스터의 『오기 렌의 크리스마스 이야기』, 『다리 위의 룰루』, 『마틴 프로스트의 내면의 삶』, 피터 바트의 『할리우드의 영화 전략』 등을 우리 말로 옮겼다. 이 책에서는 2부의 〈소리〉와 〈스튜디오 시대〉를 옮겼다.

이남

1960년에 태어나 서울대 국문과를 졸업하고 서강대 언론대학원 영상과 석사 학위를 취득했다. 중앙일보 영화 담당 기자로 일하다가 미국으로 건너가 남가주대(USC)에서 영화학 석사와 박사 과정을 마쳤다. 스티그 비에르크만의 『우디가 말하는 앨런』을 우리말로 옮겼다. 이 책에서는 2부 〈각국의 영화〉 중 중국, 일본 영화 부분과 3부의 〈미국 영화〉를 옮겼다.

이순호

1956년에 태어나 홍익대 영어교육과를 졸업하고 미국 뉴욕 주립대학에서 서양사로 석사 학위를 취득했다. W. 워런 와거의 『인류의 미래사』를 비롯해 피터 히더의 『로마제국 최후의 100년』과 『로마제국과 유럽의 탄생』, 존 R. 헤일의 『완전한 승리, 바다의 지배자』, 마크 마조워의 『발칸의 역사』, 데이비드 프롬킨의 『현대 중동의 탄생』 등 지금까지 30여 종의 책을 우리말로 옮겼다. 이 책에서는 중국, 일본 영화 부분을 제외한 2부 〈각국의 영화〉와 〈2차 대전 이후의 세계〉, 그리고 〈미국 영화〉를 제외한 3부 전체를 옮겼다.

이영아

1976년에 태어나 서강대학교 영어영문학과를 졸업하고 성균관대학교 평생교육원에서 전문번역가 양성 과정을 수료하였다. 현재 전문번역가로 활동 중이다. 옮긴 책으로는 제이시 두가드의 『도둑맞은 인생』, 앤젤러 카터의 『매직 토이숍』, 스티븐 레벨로의 『히치콕과 사이코』, 켄 베인의 『최고의 공부』, 브루스 파일러의 『가족을 고쳐드립니다』 등 다양한 장르의 책이 있다.

이유란

1970년에 태어나 서울대 역사교육과를 졸업하고 중앙대 첨단영상대학원 영상예술학과를 수료했다. 『씨네21』에서 5년간 기자로 일하면서 2년간 「영화사 신문 코너」를 연재했다. 이 책에서는 1부의 〈무성 영화 체험〉을 옮겼다.

전찬일

1961년에 태어나 서울대 독문과를 졸업하고 동 대학원에서 드라마 전공 석사 학위를 받았다. 현재 한국영화평론가협회 총무, 국제영화비평가연맹 한국본부 출판 간사, 부산국제영화제 크리틱스 초이스 담당 비평가를 맡았다. 현재 전주대학교 영화영상전공 객원교수로 지내며 부산국제영화제 아시아필름마켓 운영위원회 부위원장으로도 활동 중이다. 영화 평론집 『영화의 매혹, 잔혹한 비평』을 냈다. 이 책에서는 1부의 〈할리우드의 부상〉을 옮겼다.

주영상

1967년에 태어나 서울대 인류학과를 졸업했다. 중앙대 첨단영상대학원 디지털영상아카데미, 미디어센터 미디액트 등에서 시나리오 강의와 창작 워크숍을 진행했으며, 현재는 한국문화교육진흥원의 영화예술 강사로 일하고 있다. 번역서로 윌리엄 필립스의 『단편영화 시나리오 이렇게 쓴다』, 앤드루 호튼의 『캐릭터 중심의 시나리오 쓰기』, 마리사 드바리의 『시나리오 쓰기의 마법』 등이 있다. 이 책에서는 1부의 〈초창기〉와 〈무성 영화〉를 옮겼다.

허인영

1964년에 태어나 고려대 철학과를 졸업하고 동국대 연극영화학과 대학원을 마쳤다. 공주영상정보대학, 가야대학, 동국대학, 상명대학 등에서 영화 실기 등에 대해 강의했으며, 전주대 영상학부 겸임교수와 용인대학교 영화영상학과 교수로 일했다. 단편 영화 작업을 10여 편했고, 마틴 메이어의 『아드보카트의 열정 매니지먼트』, 로스 로웰의 『영상 조명 강의』를 번역했으며, 공저로 『영상제작입문』을 썼다. 이 책에서는 1부 〈각국의 영화〉를 옮겼고, 〈용어 해설〉을 정리했다.

세계 영화 대사전

책임 편집 제프리 노웰 스미스 **옮긴이** 이순호 외 **발행인** 홍예빈·홍유진 **발행처** 미메시스 **주소** 경기도 파주시 문발로 253 파주출판도시
대표전화 031-955-4000 **팩스** 031-955-4004 **홈페이지** www.openbooks.co.kr
ISBN 979-11-5535-038-6 03680 **발행일** 2005년 1월 20일 초판 1쇄 2006년 3월 20일 2판 1쇄 2010년 6월 10일 2판 7쇄 2015년 9월 20일 3판 1쇄 2023년 11월 10일 3판 5쇄

이 도서의 국립중앙도서관 출판예정도서목록(CIP)은 서지정보유통지원시스템 홈페이지(http://seoji.nl.go.kr)와 국가자료공동목록시스템(http://www.nl.go.kr/kolisnet)에서 이용하실 수 있습니다(CIP제어번호: CIP2015002626).

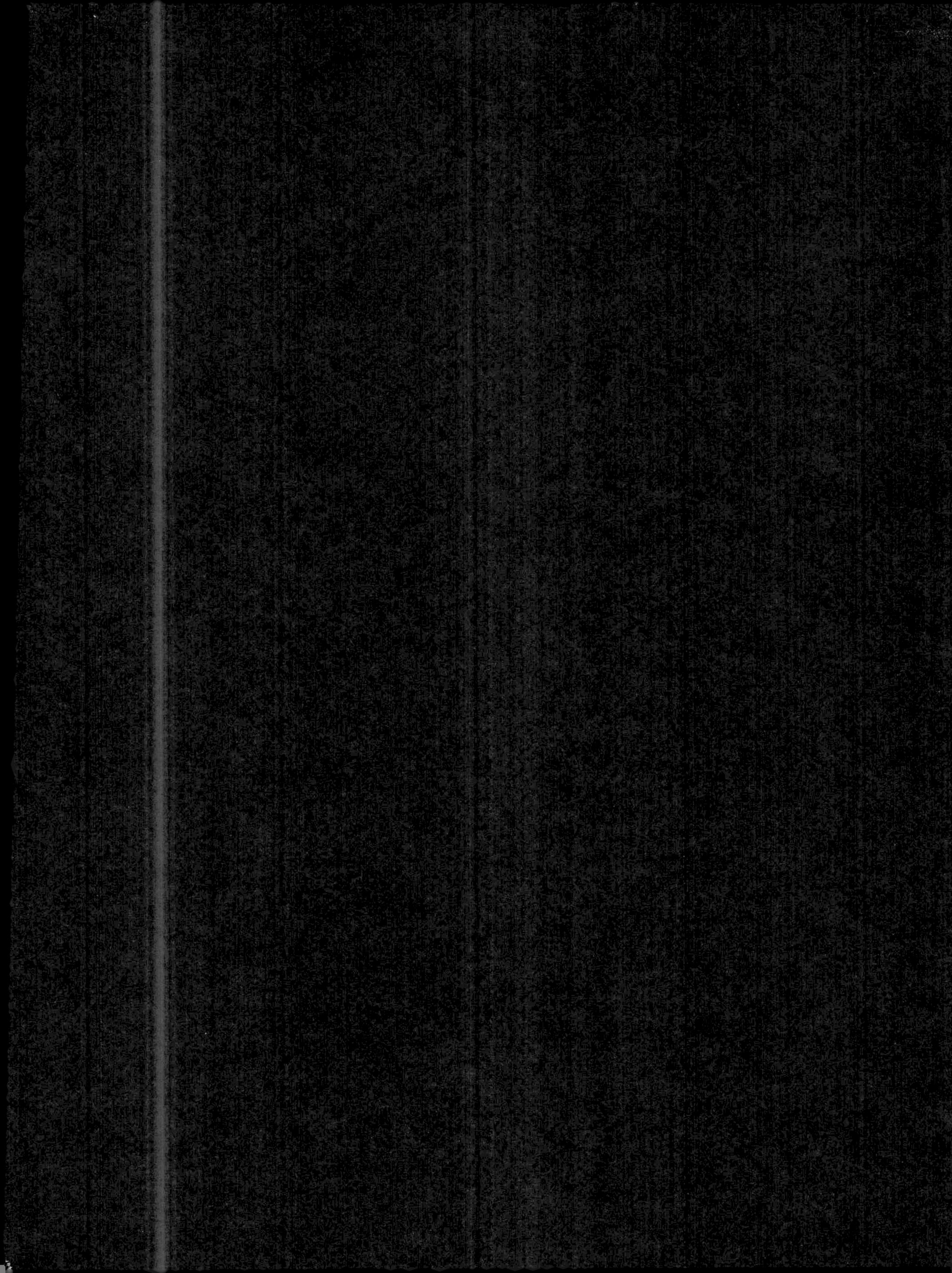